U0922480

中华人民共和国审计署主办
《中国审计年鉴》编委会编

2019
中国审计年鉴

中国时代经济出版社有限公司

图书在版编目(CIP)数据

中国审计年鉴. 2019 / 《中国审计年鉴》编委会编.
—北京 ：中国时代经济出版社有限公司，2021.5
ISBN 978-7-5119-3077-4

Ⅰ. ①中… Ⅱ. ①中… Ⅲ. ①审计－中国－2019－年鉴 Ⅳ. ①F239.22-54

中国版本图书馆CIP数据核字(2021)第030574号

书　　名：中国审计年鉴2019
Zhongguo Shenji Nianjian 2019
作　　者：《中国审计年鉴》编委会

出版发行：中国时代经济出版社
社　　址：北京市丰台区玉林里25号楼
邮政编码：100069
发行热线：（010）63508271 63508273
传　　真：（010）63508274
网　　址：www.icnao.cn
电子邮箱：shenjinianjian@163.com
经　　销：各地新华书店
印　　刷：北京盛通印刷股份有限公司
开　　本：787×1092 1/16
字　　数：2087千字
印　　张：正文74印张 彩插2印张
版　　次：2021年5月第1版
印　　次：2021年5月第1次印刷
书　　号：ISBN 978-7-5119-3077-4
定　　价：330.00元

3月19日，审计署党组书记、审计长胡泽君在人民大会堂“部长通道”接受采访

6月20日，受国务院委托，审计长胡泽君在第十三届全国人民代表大会常务委员会第三次会议上作《国务院关于2017年度中央预算执行和其他财政收支的审计工作报告》

12月24日，受国务院委托，审计长胡泽君在第十三届全国人民代表大会常务委员会第七次会议上作《国务院关于2017年度中央预算执行和其他财政收支审计查出问题整改情况的报告》

2019年1月13日，全国审计工作会议在北京召开，会议对2018年优秀审计项目进行表彰

2月8日，审计署驻上海特派员办事处召开审计工作会议暨中央在沪单位审计工作会议，上海市委副书记、市长应勇（主席台中）出席会议并讲话

3月2日，审计署召开党员大会传达学习党的十九届三中全会精神

3月23日，审计署召开干部职工大会传达学习全国“两会”精神

4月3日至4日，审计博物馆在京召开2018年审计文物联络员会议，审计署党组成员、副审计长孙宝厚（前排右七）出席并讲话

4月26日，审计署党组书记、审计长胡泽君（主席台中）在中共审计署党校（审计干部教育学院）与参加新任省级审计机关主要负责人专题研讨班的学员座谈

8月20日至24日，由中国审计学会主办的2018海峡两岸暨港澳地区审计理论与实务研讨会在内蒙古自治区鄂尔多斯市召开

会议回放

9月11日，全国内部审计工作座谈会在京召开

10月8日，审计署召开党员干部警示教育大会

10月11日，审计署举办全国审计机关领导干部自然资源资产离任审计研讨会暨“领导干部自然资源资产离任审计助力绿色发展”高端论坛

10月15日，全国审计机关深化国企国资审计视频会议在京召开

12月11日，第十八届海峡两岸内部稽核交流研讨会在台北市召开，中国内部审计协会派员出席

12月17日，审计署召开全国审计机关驻村第一书记优秀代表座谈会。审计署党组书记、审计长胡泽君（前排中），审计署党组成员、副审计长孙宝厚（前排右二）、王文斌（前排左二）与代表合影

12月21日，审计署举办庆祝改革开放40周年演讲会

11月14日，江苏省政府召开关于进一步加强审计整改工作新闻发布会

11月21日，北京市审计局审计人员到北京冬奥组委，与冬奥组委有关部门正式对接北京冬奥会和冬残奥会跟踪审计及相关监督服务工作

11月29日，江西省第十三届人大常委会第九次会议对2017年度省级预算执行和其他财政收支审计查出问题整改情况开展满意度测评

1月31日，审计署党组成员、副审计长袁野（右二）在审计署驻上海特派员办事处参加领导班子民主生活会

2月9日，山东省委书记刘家义（左一）到审计署驻济南特派员办事处走访慰问

6月12日，审计署党组成员、副审计长王文斌（左一）在江苏省南京市审计局调研“全国示范数字档案室”建设情况

9月7日，审计署党组书记、审计长胡泽君（左侧左三）赴内蒙古自治区呼和浩特市调研指导工作。自治区党委常委、政府常务副主席马学军（左侧左四）陪同调研

10月25日，审计署副审计长秦博勇（右三）一行在广西壮族自治区进行专项调研

10月31日，广东省省长马兴瑞（前排左六）出席中共广东省委审计委员会办公室挂牌仪式

2月22日，海南省人民政府省长沈晓明（左二）、常务副省长毛超峰（左一）等省领导到省审计厅看望慰问审计干部

3月2日，广西壮族自治区党委常委、组织部部长、领导干部任期经济责任审计工作领导小组组长喻云林（左三）深入自治区审计厅了解大数据审计工作进展情况

6月11日，辽宁省省长唐一军（中）到省审计厅调研审计工作

9月14日，吉林省省长景俊海（左四）到省审计厅进行工作调研

7月12日，四川省省长尹力（主席台中）赴省审计厅宣讲省委十一届三次全会精神

11月27日，河南省常务副省长黄强（右一）为中共河南省委审计委员会办公室揭牌

9月19日至22日，亚洲审计组织第十四届大会在越南河内召开，中国审计署审计长胡泽君（右一）在大会上正式接任亚洲审计组织秘书长

11月9日，南太平洋地区高级审计研讨班在黑龙江省哈尔滨市召开座谈会

7月，审计署驻长春特派员办事处开展“学习大飞机精神　努力建功新时代”主题学习教育活动，邀请C919大型客机首飞机组机长及工程师作专题讲座

8月28日，审计署驻哈尔滨特派员办事处召开建办30周年座谈会

为纪念审计机关成立35周年，审计博物馆于9月15日正式对外展出“不忘初心　砥砺奋进——党的十八大以来全国审计工作情况专题展”

10月9日，审计署驻成都特派员办事处在泸定县开展“根在基层　青春助力脱贫攻坚”扶贫调研活动

10月15日，审计署2018年度复核审理能力提高培训班在审计干部教育学院开班。审计署党组成员、总审计师陈健（主席台左二）为培训班学员上第一课

10月24日，审计署企业审计五局党支部组织参观北京市朝阳区“纪律教育在身边”宣教展，接受廉政教育

10月30日，审计署驻昆明特派员办事处到宜良监狱开展警示教育活动

11月30日，审计署驻深圳特派员办事处前往深圳改革开放展览馆参观“大潮起珠江——广东改革开放40周年展览”

11月21日，南京审计大学“中内协内部审计学院”在审计干部教育学院成立

6月26日至27日，安徽省审计厅举办“一先两优”表彰暨先进事迹报告会

6月29日，海南省审计厅组织计算机初级水平考试

7月11日，新疆生产建设兵团第八师石河子市审计局联合石河子市艺术剧院绿洲乐团、努尔巴克村党支部共同在努尔巴克村委会举办纪念建党97周年文艺演出

9月29日，《京津冀审计协同发展合作框架协议（2018—2020）》签约仪式在京举行，审计署党组成员、副审计长孙宝厚（后排左三）出席签约仪式

9月至10月，江苏省审计厅开展“不忘初心勇担当　牢记使命展风采”全省审计系统先进典型事迹巡回演讲

12月13日，中央军委审计署驻北部战区审计局与吉林省审计厅召开座谈会，并赠送“军地联审、助力反腐”锦旗

12月21日，山东省审计厅审计人员在分析模拟实验室模拟大数据分析

审计署驻广州特派员办事处为即将赴西藏自治区审计的审计组临时党支部授党旗

审计署驻太原特派员办事处在国家重大政策措施落实情况跟踪审计中实地查看贫困县产业扶贫试点项目实施进度和效果

审计署驻武汉特派员办事处审计人员到南京华能金陵电厂实地延伸，了解电量关口计量过程

审计署驻郑州特派员办事处审计人员现场查看青海省旅游扶贫项目建设情况

审计署驻济南特派员办事处西藏扶贫审计组在海拔4600米的南木林县索金乡噶孜村实地查看农牧户饮水情况

江苏省南通市审计人员在南通市水利局原局长经济责任审计项目整改督查中，现场查看河道治理情况

福建省福州市审计人员关注农村广播电视无线覆盖情况

广西壮族自治区南宁市审计人员运用探地雷达机对南宁市轨道交通3号线的隧道衬砌工程进行无损检测

重庆市审计人员到彭水苗族土家族自治县开展扶贫调研

云南省审计人员在丽江市原市长自然资源资产离任审计中实地查看玉龙雪山水生态工程建设情况

《中国审计年鉴 2019》编辑委员会

姜跃山（审计署宣传审计局局长）
鲍洪湘（审计署统战审计局局长）
涂　莹（审计署外交审计局局长）
张振良（审计署政法审计局局长）
张广春（审计署教育审计局局长）
丁仁立（审计署科学技术审计局局长）
樊　华（审计署工信建设审计局局长）
孙　波（审计署民政社保审计局局长）
金　莹（审计署资源环境审计局局长）
彭　琦（审计署交通运输审计局局长）
郑博奎（审计署农业水利审计局局长）
赵保林（审计署贸易审计局局长）
张宣波（审计署卫生体育审计局局长）
李志民（审计署社会管理审计局局长）
贺秉国（审计署经济执法审计局局长）
胡力勇（审计署广电通讯审计局局长）
蔡　峰（审计署发展统计审计局局长）
刘晓梅（审计署群团文化审计局局长）
娄　仲（审计署金融审计一局局长）
马学斌（审计署金融审计二局局长）
罗　键（审计署金融审计三局局长）
朱登云（审计署企业审计一局局长）
曲建坤（审计署企业审计二局局长）
王建雄（审计署企业审计三局局长）
禾　云（审计署企业审计四局局长）
刘　珊（审计署企业审计五局局长）
张　方（审计署企业审计六局局长）
李迎珠（审计署企业审计七局局长）
李玉萍（审计署企业审计八局局长）
胥连碧（中共审计署党组京津冀特派员办事处分党组书记、特派员）
庄　军（中共审计署党组驻太原特派员办事处分党组书记、特派员）
马文辉（中共审计署党组驻沈阳特派员办事处分党组书记、特派员）
尹树伟（中共审计署党组驻哈尔滨特派员办事处分党组书记、特派员）
鲍朔望（中共审计署党组驻上海特派员办事处分党组书记、特派员）
周敦祥（中共审计署党组驻南京特派员办事处分党组书记、特派员）
夏循福（中共审计署党组驻武汉特派员办事处分党组书记、特派员）
章　轲（中共审计署党组驻广州特派员办事处分党组书记、特派员）
王彦斌（中共审计署党组驻郑州特派员办事处分党组书记、特派员）
许永利（中共审计署党组驻济南特派员办事处分党组书记、特派员）
洪承旭（中共审计署党组驻西安特派员办事处分党组书记、特派员）
马晓方（中共审计署党组驻兰州特派员办事处分党组书记、特派员）
周应良（中共审计署党组驻昆明特派员办事处分党组书记、特派员）
武晓晨（中共审计署党组驻成都特派员办事处分党组书记、特派员）
程　光（中共审计署党组驻长沙特派员办事处分党组书记、特派员）
段大波（中共审计署党组驻深圳特派员办事处分党组书记、特派员）
常　利（中共审计署党组驻长春特派员办事处分党组书记、特派员）
吕劲松（中共审计署党组驻重庆特派员办事处分党组书记、特派员）
杨　莉（审计署计算机技术中心副主任）

《中国审计年鉴 2019》编辑部

《中国审计年鉴 2019》特邀编辑

北　京　于　晨
天　津　张锦琳（组长）　张雁森
河　北　李永新（组长）　尹　卿
山　西　秦　旭
内蒙古　于小满　狄智荟
辽　宁　郑希超（组长）　仲继超　于　滨
吉　林　张连鹏
黑龙江　黄　洋
上　海　奚　怡
江　苏　印兴国（组长）　杨　珺　胡松涛
浙　江　陈振宇
安　徽　程　敏
福　建　王康力
江　西　邹水成（组长）　陈义平　元丽花
山　东　于　力（组长）　李晨锋　冉　瑾
河　南　刘翔煜（组长）　赵　斌　侯雪珍
湖　北　刘彩霞（组长）　邢秋华　石　方
湖　南　周阳品（组长）　赵文曙
广　东　卢荣春（组长）　黄建勋　蓝炳祥
广　西　苏海棠（组长）　睦国华　陈勇新　田茂祥
海　南　高　原
重　庆　陈　驰
四　川　康东进（组长）　韩　勇　青林林
贵　州　朱　平（组长）　许海峰　刘光美
云　南　崔龙封
西　藏　曲　鹏
陕　西　高　航
甘　肃　张卫东（组长）　梁馨予
青　海　安志宙
宁　夏　金　荣
新　疆　李　喜
新疆生产建设兵团　丁　博

编辑说明

一、《中国审计年鉴 2019》是由中华人民共和国审计署主办并组织编纂的第二十三部年鉴，具有较强的权威性、资料性、实用性、前瞻性和馆藏价值。

二、本卷年鉴全面、系统、集中地反映了我国 2018 年审计工作发展的总体概况，起讫时间为 2018 年 1 月 1 日至 2018 年 12 月 31 日。

三、本卷年鉴基本保持了以往的编纂体例和风格。文字部分由“特载”“审计署工作概况”“地方审计机关”“科研、培训、出版、学术团体”“审计理论与科研”“重要财经审计法规文件”“审计结果公告”“大事记”“审计工作统计”“附录”10 部分组成。

图片部分有“特载”“会议回放”“领导调研”“国际交往”“基础建设”“一线风采”等 6 部分，形象直观地反映了审计工作风貌。

本卷年鉴没有收录解放军审计署的内容。

四、本卷年鉴采用栏目、条目、统计表等体例分类排列，栏目下设类目和条目。各类目和条目在字号、字体及编排上有所区别，以便读者阅读。

五、本卷年鉴采用的稿件均由审计系统提供。在编辑过程中得到了各级审计机关的大力支持和协助，在此深表谢意。

由于编辑人员水平有限，遗漏和不足之处在所难免，敬请广大读者批评指正。

《中国审计年鉴》编辑部

2019 年 12 月

目　录

特　载

审计署工作概况

地方审计机关

科研、培训、出版、学术团体

审计理论与科研

重要财经审计法规文件

审计结果公告

大 事 记

审计工作统计

附 录

Table of Contents

Special Issues

Overview on the Work of CNAO

Local Audit Institutions

Scientific Research, Training, Publication and Academic Institutions

Audit Theories and Researches

Major Laws and Regulations for Finance, Economics and Audit

Audit Findings Announcements

Chronicle of Events

Audit Statistics

Appendix

特 载

国务院关于2017年度中央预算执行和其他财政收支的审计工作报告

——在第十三届全国人民代表大会常务委员会第三次会议上

审计署审计长 胡泽君

(2018年6月20日)

委员长、各位副委员长、秘书长，各位委员：

我受国务院委托，报告2017年度中央预算执行和其他财政收支的审计情况，请予审议。

根据党中央、国务院部署和审计法律法规，审计署对2017年度中央预算执行和其他财政收支情况进行了审计。审计中，我们坚持以习近平新时代中国特色社会主义思想为指导，全面贯彻党的十九大和十九届二中、三中全会精神，认真执行十二届全国人大五次会议决议，落实全国人大常委会审议意见和全国人大财经委审查意见，贯彻新发展理念，落实“三个区分开来”的重要要求，聚焦打好三大攻坚战，着力推动供给侧结构性改革和“三去一降一补”任务落实，深入推进党风廉政建设和反腐败斗争，促进经济社会持续健康发展。现将审计结果报告如下：

2017年，在以习近平同志为核心的党中央坚强领导下，各地区各部门认真贯彻党中央、国务院决策部署，全面深化改革开放，创新和完善宏观调控，高质量发展取得良好开端。从审计情况看，中央预算执行情况总体较好，财政保障能力进一步增强。

——经济保持平稳运行，质量效益持续提升。经济运行保持在合理区间，经济实力稳步提高。以供给侧结构性改革为主线，持续深化放管服改革，扎实推进“三去一降一补”，大力发展新兴产业，深入实施创新驱动发展战略，结构调整对经济发展的支撑作用明显。

——着力打好三大攻坚战，补短板强弱项取得明显成效。强化地方政府债务限额管理，加强金融监管统筹协调。中央财政补助地方专项扶贫资金比上年增长30.3%，1289万农村贫困人口实现脱贫。中央本级节能环保、社会保障和就业、教育等支出分别增长18.6%、12.4%、7%，享受国家重点生态功能区转移支付的县域增至819个。

——积极财政政策有效实施，财税体制改革不断深化。中央财政一般公共预算收入和支出分别增长7.1%、5.3%，保障了重点领域发展需要。营改增全面推开，小微企业税收优惠措施有效落实，全年为各类市场主体减负超1万亿元。

13个省*制订了中央与地方财政事权和支出责任划分改革方案。

——审计查出问题整改成效较好，体制机制进一步健全。对上一年度审计查出的问题，各地区、部门和单位按照党中央、国务院部署，认真落实整改主体责任，审计署按项、逐条跟踪督促。目前，审计查出的突出问题都得到了整改，推动制定完善规章制度2000多项。

一、中央决算草案和预算管理审计情况

重点审计了财政部具体组织中央预算执行和编制中央决算草案、发展改革委组织分配中央基建投资情况。财政部编制的中央决算草案列示的决算收支表明，2017年，中央一般公共预算收入总量82756.73亿元、支出总量98256.73亿元，赤字15500亿元；预算稳定调节基金年底余额4838.46亿元；政府性基金收入3824.77亿元、支出3669.19亿元；国有资本经营收入1244.27亿元、支出1001.71亿元。从审计情况看，财政部、发展改革委深化财税体制改革，加强预算和计划管理，优化财政支出结构，优先保障基本民生和重点项目，预算管理水平和财政资金使用绩效有所提高。存在的主要问题：

（一）中央决算草案编制不够准确完整。

1. 少计中央一般公共预算收支20.13亿元。一是以退库方式安排资金16.53亿元，未作收支反映；二是国际金融组织赠款未纳入预决算，涉及收支3.6亿元；三是核算不准确，将收回的农业保险保费补助支出3.01亿元，抵减税收返还支出3.01亿元。

2. 两个重大事项披露不充分。未单独反映政府投资基金中央财政2017年出资358.11亿元及收益分配，6964亿元中央特别国债2017年8月到期续作情况。

3. 部分收支事项列示不细化。收入方面，未分税种列示进出口环节增值税、消费税收入及退税情况。支出方面，执行中调整为补助地方支出的70.11亿元直接列入“其他支出”；中央基本建设支出中，部分本级支出只列示到类级科目，转移支付未按投资专项分项列示。

审计指出问题后，财政部在决算中增加了中央对地方税收返还3.01亿元，披露了政府投资基金注资和特别国债续作情况，细化了进出口环节税收及退税、补助地方其他支出以及中央基本建设支出等情况。

（二）预算分配管理存在薄弱环节。

1. 预算安排与存量资金盘活统筹衔接不够。一是财政部对累计结转42.3亿元的48个项目，仍安排预算49.01亿元，年底结转增至59.11亿元；13个部门及18家所属单位结余3.43亿元未及时上交。二是发展改革委安排支持的18个项目无法按计划实施或超过1年未开工，地方未及时申请调整，导致中央基建投资2.55亿元闲置。三是17个部门未将4160个项目结转资金86.65亿元统筹纳入部门预算。

2. 预算分配标准不够明确或执行不严格。一是未明确规定分配因素或权重，涉及24项专项转移支付。二是分配标准不细化或不合理，涉及1项专项转移支付、3个投资专项，资金33.33亿元。三是分配中未严格执行规定的办法和标准，涉及一般性转移支付、7项专项转移支付、11个投资专项，资金2501.12亿元，如发展改革委超出标准向16个项目多安排4794.9万元，低于标准向23个项目少安排5163.4万元，向不符合条件的17个项目分配1.26亿元。

3. 部分预算安排和下达不够规范。一是预算级次不清，在5个部门的项目支出中安排补助地方支出20.86亿元；有133.38亿元对地方的基建投资，在执行中被调整为中央本级支出。二是预算编制不细化，22项专项转移支付预算编制时未落实到具体地区，其中11项连续2年以上未落实。三是预算下达不及时，9个部门的19个项目预算至12月才追加，下达的1.46亿元当年全部结转。转移支付中，财政部和发展改革委分别有3833.03亿元、212.18亿元未在规定时间内下达，40项专项提前下达比例偏低，其中24项全部未提前下达。

4. 国有资本经营预算范围不够完整。截至2017年底，中央部门所属事业单位的4900余户企业中，有4100余户（占83%）尚未纳入国有资本经营预算范围，当年净利润约240亿元。

5. 部门间对接还不够顺畅。发展改革委未及

* 本报告对省级行政区统称为省，地市级行政区统称为市，县区级行政区统称为县。

时将对地方的投资专项予以细化，财政部估算编制的年初预算与发展改革委实际下达计划差异较大，有18个地区多346.77亿元，其余18个地区少213.15亿元；财政部未及时将发展改革委安排的35.68亿元投资计划批复到部门年初预算，年底形成结转15.07亿元。抽查3519.61亿元投资发现，从下达计划到下达预算平均耗时74天。

（三）转移支付管理仍不够完善。

1. 具有指定用途的转移支付占比仍较高。2017年中央对地方转移支付中，专项转移支付占比下降1个百分点，但一般性转移支付中有37项12434.42亿元资金指定了用途，加上专项转移支付，地方无法统筹使用的资金占比仍达60%。

2. 专项转移支付退出机制不完善。现有76项专项转移支付中，52项未明确规定实施期限或退出条件，支出项目只增不减的格局尚未根本改变。定期评估覆盖面较窄，2017年仅对32项专项转移支付开展评估，其中11项评估内容不完整。

3. 部分转移支付安排交叉重叠。主要是对同类事项或支出通过多个渠道安排资金。一是多本预算安排，如对旅游基础设施建设等事项，一般公共预算和政府性基金预算分别安排24.6亿元、29.76亿元。二是多个部门安排，如对11类具体事项，财政部、发展改革委分别安排1570.6亿元、472.6亿元。三是多个专项安排，财政部2项专项转移支付和发展改革委2个投资专项，均安排资金用于高标准农田建设；发展改革委2个投资专项安排同一地区重大项目前期工作经费，涉及1950万元。

（四）部分财税领域改革有待深化。

1. 预算绩效评价不到位。主要是实际推进中存在评价覆盖面小、指标不细化、自评不严格等问题。2017年，财政部对16个中央本级项目支出进行了绩效评价，项目资金覆盖面仅1.38%，结果也未全部公开；发展改革委未按要求对分配的中央本级项目开展绩效目标管理。抽查还发现，8个部门24个项目的绩效目标脱离实际或指标不够细化；8个部门14个项目自评结果不实，其中资金使用率自评100%的2个项目实际支出为零。

2. 中央政府投资基金管理不规范。由于基金设立采取一事一议方式，对政策目标、职能划分等缺乏统筹规划，审计发现国家新兴产业创业投资引导基金和先进制造产业投资基金分别投资同一公司4亿元、15亿元。个别基金未充分发挥政策引导作用，如中国政企合作投资基金2016年3月成立，截至2017年底到位资金中有639亿元（占88.7%）未投资项目，用于购买理财产品。

3. 税收优惠政策后续管理不到位。财政部尚未建立税收优惠政策定期评估机制，无法全面掌握执行效果，不利于政策调整完善。如固定资产加速折旧政策未覆盖一些新能源、新材料等新兴制造业，2017年由国税征管的制造业企业仅有1.71万户享受了此项优惠。

审计指出问题后，财政部出台了税收优惠政策定期评估相关规定。对其他问题，财政部、发展改革委等部门正在整改。

二、中央部门预算执行审计情况

重点审计了57个中央部门本级及所属365家单位，涉及财政拨款预算2115.99亿元（占这些部门财政拨款预算总额的35.28%）。审计结果表明，2017年度部门预算管理不断加强，预算执行总体较好，财政资金使用绩效有所提高。审计发现的主要问题：

一是预决算编报还不够准确。涉及35个部门和81家所属单位、金额35.04亿元。其中：6个部门和9家所属单位编报预算时，虚报项目内容或人员等多申领资金2.16亿元；11个部门和11家所属单位存在代编预算等问题12.62亿元；28个部门和64家所属单位的决算草案存在多列支出、少计收入等问题，涉及20.26亿元。

二是资金资产管理还不够规范。涉及23个部门和89家所属单位、金额11.25亿元。其中：1个部门和10家所属单位账外存放或通过虚假票据等套取资金4409.55万元；4个部门和11家所属单位违规理财或出借资金等2.58亿元；7个部门和31家所属单位未严格执行“收支两条线”规定，涉及租金等收入5.4亿元；16个部门和40家所属单位部分资产违规处置或闲置浪费等，涉及2.83亿元。

三是“三公”经费和会议费管理不严问题在一些部门依然存在。涉及34个部门和101家所属单位、金额5721.71万元。因公出国（境）方面，5个部门和1家所属单位超计划、超限量、超人数安排出国团组 113 个；4 个部门和 10 家所属单位无预算、超预算列支或转由其他单位承担出国（境）费用 852.86 万元。公务用车方面，6 家所属单位未按规定完成公车改革；10 个部门和 25 家所属单位超标准超编制、违规或变相配备、未按规定使用公务用车等 240 辆；2 个部门和 2 家所属单位无预算、超预算、超标准支出公务用车购置及运行维护费 649.76 万元。会议和培训管理方面，11 个部门和 18 家所属单位无计划、计划外召开会议或举办培训等 578 个；3 个部门和 17 家所属单位违规在非定点饭店或京外召开会议 98 个；12 个部门和 12 家所属单位超预算、超标准、超范围列支，或转由其他单位承担会议费、培训费 2808.91 万元。此外，还有 10 个部门和 29 家所属单位存在违规发放津贴补贴、违规兼职或取酬等问题，涉及 1204.04 万元。

四是一些部门和单位依托管理职能或利用行业影响力违规收费。涉及 5 个部门和 75 家所属单位、金额 1.69 亿元。其中：62 家所属单位通过组织资格考试、开展检测等取得收入 1.61 亿元；5 个部门和 14 家所属单位开展评比表彰、举办论坛等收费 829.56 万元。

审计指出问题后，有关部门和单位通过归还资金原渠道、上缴国库、调整账目等方式整改 5.06 亿元，清退超编制或违规占用其他单位公务用车 10 辆，出台和完善制度 5 项。

三、重大专项资金和民生工程审计情况

（一）乡村振兴相关资金审计情况。重点调查了 9 个省农村土地承包经营权确权、28 个省农业信贷担保体系建设和 8 个省畜禽养殖业粪污资源化利用等 3 项重点工作的推进情况。截至 2017 年底，全国已完成土地确权面积 11.59 亿亩，投入 584 亿多元设立农业信贷担保机构 528 个，畜禽粪污处理综合利用率有所提高，但有些工作进展较慢，部分政策落实与要求还有较大差距。截至 2018 年 2 月底，9 个省土地确权资金累计结存 61.46 亿元（占收到额的 44%），部分闲置 1 年以上，7 个省土地承包经营权证颁证率最高 12%、最低为零；抽查 7 个省级农业信贷担保机构 2017 年 5 月后开展的 66 亿多元担保业务中，符合规定标准的仅占 22%、最低 7%；7 个省未出台粪污资源化利用绩效考核办法，由于养殖业与种植业对接困难，抽查 5 个县 2017 年产生的 1395.61 万吨畜禽粪污中，仅 34.2 万吨（占 2.5%）作为有机肥利用。审计指出问题后，有关地方和部门正在整改。

（二）医疗保险基金审计情况。截至 2017 年底，审计的 9 个省基本建立大病保险、疾病应急救助等制度，将 4100 多家医院纳入跨省异地就医结算系统，城乡居民政策范围内住院费报销比例比上年平均提高 2 个百分点，但一些地方统筹和保障还不到位，3 个省尚未实现新农合与城镇居民医保药品目录、筹资政策等“六统一”；9 个省 43 个市县的 125.9 万人未参加城乡居民医保或未能按政策享受新农合保费补贴。4 个省 21 家企业的 166.65 万名职工医保基金未实行属地管理；2 个省的 3 个市未及时拨付医保费用 9500 多万元。审计指出问题后，相关地方已拨付大病保险 1319 万元。

（三）工程项目薪酬发放审计调查情况。审计抽查了 19 个省 188 个工程项目，推动为 3.4 万余名农民工追回欠薪 5.94 亿元、问责 182 人。从抽查情况看，欠薪的原因主要是有的地方超财力投资工程、前期工作不到位、工程款拨付不及时；一些施工企业为竞揽工程，超越自身实力先行垫付建设资金，后因资金不足而欠薪；落实工资保证金、工资专用账户等保障政策也不到位。

（四）结构调整专项奖补资金审计情况。重点抽查了 22 个省和 2 户企业收到的工业企业结构调整专项奖补资金管理使用情况。总的看，相关资金管理使用逐步规范，有力推动了化解过剩产能，但仍发现有 4 家地方单位和 1 户企业将 7 亿元违规用于偿债、理财、发放在职人员工资等，2 户企业以虚假材料申报违规获取 2954 万元；有 17 个省多报或少报去产能职工安置人数 5.07 万人，加之有些地方未按要求明确奖补范围，导致 16.91 亿元结存或无法分配。审计指出问题后，有关地方和企业正在整改。

（五）全国保障性安居工程跟踪审计情况。重点抽查了全国 1.77 万个项目，涉及投资 2.52 万亿元。从审计情况看，各地积极探索建立和完善多主体供给、多渠道保障、租购并举的住房制度，大力推进项目建设，群众居住条件明显改善，但部分资金和住房仍存在被挤占挪用、违规获取或空置等问题，涉及资金 30.84 亿元、住房 16.87 万套，还有 620.46 亿元未及时安排使用。后续监管也未及时跟进，3.53 万户不再符合保障条件的家庭仍享受住房 2.75 万套和补贴 1384.43 万元；1211 个项目建成后因手续不完备无法办理竣工验收备案。审计指出问题后，有关地方已追回或盘活资金等 26.07 亿元，取消或调整保障待遇 1.68 万户，收回和加快分配住房 8602 套。

四、三大攻坚战相关审计情况

为贯彻落实党中央、国务院部署，审计署先后印发了关于加强审计监督推动打好三大攻坚战的 3 个实施意见，各项审计都高度关注相关重点任务推进情况。

（一）防范化解重大风险相关审计情况。重点关注了地方政府债务、金融运行和基本养老保险基金支付等风险及防范情况。

1. 地方政府债务风险防控情况。在 2017 年持续组织开展地方政府债务审计基础上，2018 年一季度重点审计了 5 个省本级、36 个市本级和 25 个县级政府债务的管理情况，截至 2018 年 3 月底这些地方出台债务管理制度 132 项。2017 年 7 月全国金融工作会议后，相关地区风险防范意识进一步增强，举债冲动得到有效遏制，违规举债问题明显减少，目前债务风险正得到有序有效防控，但仍发现 5 个地区 2017 年 8 月以后违规举债 32.38 亿元，还有 3 个地区政府违规提供担保 9.78 亿元；11 个地区发行的政府债券筹集资金中，有 39.22 亿元结存在财政部门，其中 29.2 亿元闲置 1 年以上。一些地方落实债务管理要求还不到位，有 14 个地区化解债务方式过于简单，造成重点项目建设资金接续不畅等；5 个省本级尚未筹建债务大数据监测平台，14 个市县未按要求全面摸排融资担保行为或未按时整改到位，5 个市县未将政府购买服务等事项纳入监测范围。审计指出问题后，有关地方正在整改。

2. 金融风险防控情况。各项审计都关注了金融风险防范化解情况。从审计情况看，金融机构和有关企业风险防控工作持续加强，监管部门也加大了对高风险行业和领域整治力度。审计发现，9 家大型国有银行违规向房地产行业提供融资 360.87 亿元，抽查的个人消费贷款中也有部分实际流入楼市股市；一些金融机构通过发行短期封闭式理财产品吸收资金，用于投资长期项目等，存在期限错配风险。网络贷款领域风险管控还不到位，抽查在重庆注册的 29 家网络小额贷款公司中，有 12 家主要在浙江等地经营，以规避实际经营地区的准入审查，由此导致的网络客户信用识别不精准、非法冒用他人名义借贷等问题较突出；抽查 60 家“现金贷”机构发现，其中 40 家无从业资质，有的以学生为主要客户，存在较大隐患。审计指出问题后，有关方面正在整改，8 家银行已收回贷款等 45.86 亿元。

3. 基本养老保险基金支付风险防控情况。截至 2017 年底，审计的 9 个省企业职工基本养老保险基金累计结余 1.82 万亿元，同比增长 12.8%，总体收大于支，但省级统筹在一些地方落实还不到位，6 个省有 60 个市 2017 年当期结余 554.25 亿元，而省内其他 45 个市当期缺口 460.55 亿元。32 个市存在通过占用财政资金和失业保险基金、向银行贷款等方式弥补基金缺口的现象。还有 4 个省存在违规调整缴费基数下限等问题，造成少缴或欠缴保费 11.94 亿元。审计指出问题后，相关地方和单位已收回财政资金 8000 多万元。

（二）扶贫政策落实和资金管理审计情况。组织重点审计了 21 个省的 312 个国定贫困县（含 114 个深度贫困县），抽查 2500 多个乡镇、8000 多个行政村，走访 2.9 万多户家庭，涉及资金 1500 多亿元。总的看，各地区各部门积极贯彻落实党中央、国务院决策部署，脱贫攻坚取得重大进展，贫困地区生产生活条件显著改善，贫困群众获得感明显增强。审计发现的主要问题：

1. 一些地方扶贫工作还不够扎实。主要表现为形式主义、弄虚作假及违反中央八项规定精神。其中：37 个县把 10.92 亿元投向企业、合作社和大户，但未与贫困户建立利益联结；13 个县将 3.21 亿元产业扶贫等“造血”资金直接发放给贫困户；5 个县将 540 多万元用于景观修建、外墙粉饰等；4 个县在易地扶贫搬迁范围、建设标准等环节层层加码，形成资金缺口 2.97 亿元，原定任务也未完成；12 个市县存在虚报脱贫数据等问题；12 个市县扶贫工作中存在超标准接待问题，涉及 1700 多万元。

2. 有的扶贫政策落实不够精准。96 个地区建档立卡数据不够完整、准确，50 多万贫困户

（人）未按规定享受助学金、危房改造等补贴2.86亿元；23个地区易地扶贫搬迁规划不合理、配套不齐全等，影响2万多贫困户（人）安置；30个地区脱贫标准把握不准或未按规范验收，将“两不愁三保障”未落实的8万多贫困人口认定为脱贫。“三区”教师扶贫专项计划落实不到位，2017年有160多个贫困县未获安排支教教师，3万多名支教教师中有71%是从贫困县选派到贫困县。

3. 一些地方涉农资金统筹整合试点推进不畅。25个县的19亿多元未按规定纳入统筹整合范围；23个县纳入统筹整合的70多亿元实际仍专款专用；4个县将已挪作他用的1.8亿元纳入统筹整合范围，影响数据真实性。

此外，部分扶贫资金和项目监管仍较粗放，有28.11亿元被骗取套取或挪用，举借的11.75亿元闲置，还有261个项目（投资2.88亿元）长期闲置或未达目标。

审计指出问题后，有关部门和地方已追回或盘活6.64亿元，完善规章制度74项，处理处分231人。

（三）污染防治资金和项目审计情况。重点开展了长江经济带生态环境保护审计和46个地区领导干部自然资源资产离任审计。审计结果表明，有关地区和领导干部认真落实自然资源资产管理和生态环境保护责任，长江经济带“共抓大保护、不搞大开发”取得一定成效，生态环境质量有所改善，但仍发现一些问题：

1. 生态环境保护协同机制仍不够健全，跨地区、跨领域防控仍是难点。如湖北重要水源地王英水库地跨3市县，上游地区污染治理不够到位，下游虽多次通报上游，始终未有效解决。网络销售电鱼机等问题缺乏监管，影响对非法电鱼的打击整治效果，近4年非法电鱼案件年均增长8.8%，破坏长江流域水生态系统健康。

2. 开发管控不够到位，生态修复尚未达到预期。抽查发现，长江经济带11个省现有开发区中，8个是2016年以来未经批准新建的，62个坐落在国家重点生态功能区或与自然保护区等重叠，176个未建设污水集中处理设施或配套设施不完备；小水电开发强度较大，10个省累计建成2.41万座，平均每万平方公里118座，最小间距仅100米。持续整治的5个国家重要湖泊，由于统筹治理不到位等，2017年湖水水质仍为Ⅳ类及以下。

3. 部分资金和项目绩效不高。有关地区少征或违规使用相关资金177.25亿元，62.79亿元专项资金闲置1年以上；206个污染防治和生态修复项目未按期开（完）工，43个项目建成后效果不佳。

审计指出问题后，有关地方已整改14.14亿元，完善制度62项，处理处分105人。

五、重大政策措施落实跟踪审计情况

2017年以来，全国共跟踪审计7.53万个项目，抽查7.66万个单位，推动下达和落实、收回沉淀和统筹安排资金506.59亿元，促进减少或清退收费等122.08亿元，推动新开（完）工或加快进度项目5789个，促进建立健全规章制度1076项，相关地方和部门处理处分2514人。近期审计发现的主要问题：

（一）制造业增值税抵扣链条还须进一步完善。调查营改增等落实情况发现，实施营改增试点以来，累计减税超过2万亿元，其中简易征收等过渡性优惠政策对于保证试点行业税负只减不增发挥了积极作用，但也增加了开具增值税普通发票的上游企业数量，使一些接受增值税普通发票的下游制造企业无法用于抵扣，相关政策还须进一步完善。

（二）一些地方营商环境不够优化。11个部门和地区的11项放管服事项改革不到位，2个地区的3家单位违规继续征收行政事业性收费1387.74万元，12个省的27个部门向2000多家单位收取或转嫁审批前置中介等费用4.57亿元，还有9个地区的23家单位违规预留或未及时清退企业保证金16.72亿元。

（三）一些重大工程项目推进较慢。对“十三五”规划纲要中的20个重大工程项目（占规划总数的12%）审计发现，截至2018年3月底，由于未及时制订具体方案或任务清单、未分解落实责任、未出台配套政策等，10个项目的41项任务有部分具体事项进展较慢，不利于任务如期完成。

（四）创新创业相关制度还不完善。主要是科研项目预算和经费管理不完全适应科研创新的需要，科研考核评价机制难以有效发挥激励作用，重论文和外语、轻创新成果实际应用和转化的问题仍然存在。抽查4个高校双创示范基地2016年4614项专利授权发现，平均转化率不足7%。抽查11个省36支创业投资引导基金中，有6支从未对外投资，涉及资金7.8亿元。

（五）政务信息系统整合和安全管理要求未有效落实。2017年7月至9月，对71家中央部门3188个政务信息系统（总投资375.19亿元）审计发现，4个部门信息系统存在重复开发问题，416个系统仅在司局甚至处室内部应用，部分系统未确定安全等级或未按规定进行安全管理。

（六）淘汰落后产能不够到位。吉林1处30万吨/年煤矿产能未按规定退出；云南违规新增水泥产能450万吨。

审计指出问题后，有关地方和部门正在整改。

六、金融和企业审计情况

主要审计了9家大型国有银行和35户央企。结果表明，这些金融机构和企业能够贯彻落实相关政策措施，不断深化改革，完善法人治理结构，提升经营管理水平，实现国有资产保值增值。审计发现的主要问题：

（一）部分改革试点任务未及时完成。4户纳入国有资本投资运营公司试点、落实董事会职权试点或混合所有制改革试点的企业未及时制订有关工作方案或具体细则；4户未在规定时间内完成本企业全面深化改革实施方案的制订完善工作。

（二）违规决策和经营问题仍较突出。有3家大型国有银行违反程序、违规承诺等办理信贷、理财业务945.99亿元，违规向“两高一剩”行业等提供融资1222.29亿元，虚增存款规模45.1亿元。审计35户央企发现，2016年多计利润28.65亿元，占同期利润的0.77%；有175项重大经济决策事项涉嫌违规或盲目决策等，556项经营管理事项不够规范，共造成资产损失、损失风险和闲置等203.67亿元。

（三）违反中央八项规定精神等问题依然存在。30户央企和3家大型国有银行购买礼品、旅游和违规兼职取酬等3.06亿元；21户央企超标准购车3405.14万元、超标准乘坐交通工具768.32万元；7户央企下属单位的142人违反廉洁从业规定，存在经商办企业等问题，涉及金额6.4亿元。

审计指出问题后，有关金融机构和企业补缴税款9100万元，推动增收节支和挽回损失25亿元，制定和修订制度1742项，处理处分1883人。

七、审计移送的重大违纪违法问题线索情况

上述各项审计中，发现并移送重大问题线索300多起，涉及公职人员500多人，造成损失浪费340多亿元。主要特点：

（一）“微腐败”侵害群众利益。共发现此类重大问题线索50多件，主要是侵占扶贫、涉农、社保、环保等民生资金，涉案人员多为基层公职人员。如扶贫审计发现，32个市县及有关单位的153名干部（其中乡镇村干部110人）利用职务便利优亲厚友等，侵吞扶贫资金等3700多万元。

（二）涉众类金融乱象亟待整治。共发现非法集资、地下钱庄等重大问题线索40多件，主要是一些不法团伙通过快速增值、保本高息等虚假承诺宣传，或幕后操纵标的物市场行情，诱骗社会公众参与，如善林（上海）金融信息服务有限公司及其关联企业非法高息集资数百亿元，审计移送后，公安机关已介入侦查。

（三）涉税违法问题不容忽视。共发现此类重大问题线索50多件，涉嫌偷逃税款270多亿元，集中在成品油、进口农产品、白酒、手机等领域，主要是利用税收征管漏洞，通过虚构销售业务、串通定价等，虚开发票抵扣以偷逃税款。特别是在成品油领域，相关涉案企业跨省联手操作，形成一套完整的虚假抵扣链条，相关监管核查也存在薄弱环节。

（四）国有企业管理中滥用职权违规操作等问题仍然存在。共发现此类问题27个，造成国有资产损失等60多亿元。主要是低价转让国有资产、违规开展融资性贸易或对外出借资金等，有的企业领导人员还利用职务之便为特定关系人谋取不当利益。

八、审计建议

从审计情况看，对照建设现代化经济体系、实现高质量发展的要求，财政资金提质增效尚有较大空间，一些基础性关键领域改革还须加快推进，重大任务相关配套措施还须健全完善，正向激励、容错纠错和约束管控等机制还须同步发力。为此，应进一步加大改革开放力度，完善各领域政策措施和制度规则，在改革举措的落地见效上下更大功夫。

（一）切实提高财政资源配置效率。一是统筹考虑中央与地方财政事权和支出责任划分、税收制度改革和税收政策调整，健全地方税体系，优化转移支付制度，健全专项转移支付定期评估和退出机制，加快转移支付立法，尽快修订预算法实施条例。二是进一步优化财政支出结构，加大对扶贫、污染防治、创新创业、民生等重点领域的支持力度。三是全面实施绩效管理，加大财政资金统筹力度，建立绩效评价结果与预算调整和政策调整挂钩机制，明确部门和地区主要负责人绩效评价考核第一责任人责任，切实推进财政提质增效。

（二）夯实基础推动高质量发展。一是巩固扩大放管服改革成效，切实遏制违规收费，完善营改增相关配套措施，加快推行营商环境评价体系，充分激发各类市场主体活力。二是建立健全各类国有资产监管法律法规体系，加快国有经济布局优化、结构调整、战略性重组，聚焦实体经济，突出和做强主业。三是深化科技体制改革，推动产、学、研融合，加大对领军企业牵头实施的重大科技项目的扶持力度，改进科研考核评价激励政策，提高科研成果转化效率。

（三）完善打好三大攻坚战相关措施。一是切实防范地方政府债务风险，积极稳妥化解存量、严控增量。结合金融监管机构改革，统筹抓好金融领域风险防范，完善金融机构绩效评价体系，完善对问题金融机构、非法金融活动有序处置的相关法律法规，推进网络贷款领域风险专项整治。尽快建立企业职工基本养老保险基金中央调剂制度及配套措施，积极推进养老保险全国统筹。二是深入开展扶贫领域专项整顿，严肃惩处贪污侵占、虚报冒领等行为，加强跨部门涉贫信息整合共享，精准施策、强化监管，提高扶贫资金和项目绩效。三是健全生态环境保护协同机制，进一步扩大横向生态补偿试点范围，强化生态环境修复源头治理。

（四）健全激励干事创业的相关配套制度。认真落实中共中央办公厅《关于进一步激励广大干部新时代新担当新作为的意见》要求，结合深化党和国家机构改革，一是全面清理、废止、修订不利于改革发展和干事创业的法规制度，对经过实践检验效果良好但尚未明确法律依据的事项，优先制定相关制度予以规范和扶持，尽快补齐制度短板。二是将完善容错纠错机制与整治不作为问题相结合，明确界定容错范围、严格落实纠错措施，进一步将“三个区分开来”的重要要求落到实处。三是加快制定和完善权责清单，依法制权限权，切实加大追责问责力度。

本报告反映的是中央预算执行和其他财政收支审计发现的主要问题，有关具体情况以附件形式印送各位委员，并向社会公告。下一步，审计署将认真督促整改，国务院将在年底前向全国人大常委会专题报告整改情况。

委员长、各位副委员长、秘书长，各位委员：

我们将更加紧密地团结在以习近平同志为核心的党中央周围，高举中国特色社会主义伟大旗帜，以习近平新时代中国特色社会主义思想为指导，全面贯彻落实党的十九大和十九届二中、三中全会精神，自觉接受全国人大的指导和监督，依法履行审计监督职责，锐意进取、尽责担当，为决胜全面建成小康社会、加快推进社会主义现代化、实现中华民族伟大复兴的中国梦而奋斗！

附件：已发布的审计结果公告（略）

国务院关于2017年度中央预算执行和其他财政收支审计查出问题整改情况的报告

——在第十三届全国人民代表大会常务委员会第七次会议上

审计署审计长　胡泽君

（2018年12月24日）

委员长、各位副委员长、秘书长，各位委员：

受国务院委托，我向全国人大常委会报告2017年度中央预算执行和其他财政收支审计查出问题的整改情况，请予审议。

党中央、国务院高度重视整改工作。习近平总书记在中央审计委员会第一次会议上强调，各地区各部门特别是各级领导干部要积极主动支持配合审计工作，依法自觉接受审计监督，认真整改审计查出的问题，深入研究和采纳审计提出的建议，完善各领域政策措施和制度规则。李克强总理主持召开国务院常务会议专题研究部署整改工作，要求制定台账、明确时间表，集中攻关、确保销账，并加大督促检查。有关部门、单位和地方认真学习贯彻习近平总书记在中央审计委员会第一次会议上的重要讲话精神，按照国务院常务会议要求，全面落实十三届全国人大常委会第三次会议关于“扎实做好整改工作，坚持问题导向，强化主体责任，严肃追责问责”的审议意见，扎实推进审计查出问题的整改工作，自觉接受审计跟踪检查，同时以整改为契机，进一步推动深化改革，建立健全相关长效机制。

一、整改工作总体推进情况

（一）审计机关加强跟踪检查。按照国务院要求，审计署向有关部门、单位和地方印发了整改通知和详细问题清单，并按照“谁审计谁负责跟踪检查”的原则，组织各级审计机关对照问题清单，按项逐条跟踪检查整改情况，涉及80多个中央部门、31个省（对省级行政区统称为省，地市级行政区统称为市，县区级行政区统称为县）和2300多家单位，重点检查整改措施的真实性和效果，督促对整改进展慢的问题制定针对性措施。

（二）被审计单位认真落实整改主体责任。有关部门、单位和地方通过召开党委（组）会、专题业务会等研究部署整改工作，按要求建立整改台账，逐条研究整改措施，落实责任主体，层层压实责任。有的地方要求审计查出问题整改要比照巡视整改进行。很多部门和地方成立了由主要负责同志任组长的整改工作领导小组，有7个部门还专门制订了整改分工方案，并将整改工作纳入督查督办，实时跟踪整改进度，限时整改到位。同时，深入剖析问题原因，认真研究采纳审计建议，着力破除体制机制性障碍，堵塞管理漏洞，建立健全长效机制。

（三）主管部门切实履行监督管理责任。有关主管部门认真指导、监督本行业扎实推进整改，并建立部门间整改协调机制，形成整改合力。如国资委出台《关于督促中央企业整改审计问题工作方案（试行）的通知》（国资厅财管〔2018〕475号），要求“整改全覆盖、问题零容忍”，全委联动督导整改，针对重点问题进行跟踪督导。

国务院扶贫办会同财政部印发《关于认真做好扶贫审计发现问题整改工作的通知》（国开办司发〔2018〕33号），督促各地坚决纠正违规问题，期间约谈了两个县的主要负责人。有的还举一反三，开展全行业整治行动，从体制机制上巩固整改成果。

二、审计查出问题的整改情况

截至2018年10月底，有关部门、单位和地方通过上缴国库、补征税款、收回贷款、归还原资金渠道、统筹盘活、调账等，整改问题金额2955.58亿元，制定完善相关规章制度2944项，问责处理3299人次。

（一）中央决算草案和预算管理审计查出问题的整改情况。

财政部、国家发展改革委和有关地方已整改7.66亿元，完善预算管理、税收征管、行政审批等方面制度8项。

1. 关于中央决算草案编制不够准确完整的问题。

一是少计中央一般公共预算收支问题。财政部正在研究加强对通过退库方式安排资金的管理。对国际金融组织赠款，正在研究制定办法纳入一般公共预算管理。对中央返还地方的税收3.01亿元，已列入决算。

二是重大事项披露不充分问题。对中央政府投资基金有关情况，财政部已向全国人大财经委报告，正在研究预算草案反映的具体方式；对政府投资基金注资和特别国债到期续作情况，已在决算中披露。

三是部分收支事项列示不细化问题。对进出口环节增值税、消费税收入及退税情况，已在决算中按税种分4个科目列示，并细化补助地方的其他支出，同时要求细化中央基建投资决算。

2. 关于预算分配管理存在薄弱环节的问题。

一是预算安排与存量资金盘活统筹衔接不够问题。财政部督促相关部门加快预算执行，及时调剂部门预算，对执行较慢的项目调减下年度预算，减少结转资金；按规定收回结余，6个部门和13家所属单位已上交1.14亿元，其他部门正在与财政部进一步沟通协商。对无法按计划实施或超期未开工的项目，国家发展改革委督促加快建设进度或调整投资计划，有9个项目已开工、6个作出调整，1个项目的1.17亿元财政补助已缴回国库，另2个项目正在履行调整手续。财政部要求各部门编制2019年部门预算时，充分准确预计资金结转情况，加大统筹力度。

二是预算分配标准不够明确或执行不严格问题。财政部制定修订管理办法，明确相关专项转移支付的分配因素、权重，涉及的24项专项转移支付中，除1项已清理整合外，1项已完成办法修订，22项正在抓紧推进。对分配标准不细化或不合理的专项转移支付和投资专项，财政部已研究调整补助办法，编制2019年预算时将审慎从严核定补助标准；国家发展改革委将提前在公告中明确资金安排具体比例、档次划分和定额标准等。对未严格执行规定办法和标准问题，财政部将严格按照因素法分配资金，优化因素设置、严控特殊事项；国家发展改革委明确和细化补助标准，将强化中央基建投资与下达任务量详细核算，对不符合条件的17个项目，已调减6个项目投资2515万元，对资金已全部支出的4个项目加强事后监管，完善1个项目的备案手续，6个项目单位整改了失信行为。

三是部分预算安排和下达不够规范问题。对预算级次不清问题，财政部督促相关部门将补助地方支出转列转移支付或调整使用方向等，并核减其2019年部门预算中编报的补助地方支出；国家发展改革委将进一步提前年度投资计划编制，尽早确定中央本级和补助地方投资规模。对预算编制不细化问题，财政部将进一步细化转移支付预算，提高年初落实到地区的比例。对预算下达不及时问题，财政部将从严控制代编预算的范围和规模，规范使用程序，督促相关部门加强预算执行管理；对转移支付预算，财政部将严格按时限下达，国家发展改革委要求各地方、部门提前报送投资计划草案，做好项目储备，加快计划下达。

四是国有资本经营预算范围不够完整问题。财政部梳理了尚未纳入预算的中央部门和单位所属非金融类一级企业户数及财务情况，研究起草了进一步扩大中央国有资本经营预算实施范围的初步工作方案。

五是部门间对接还不够顺畅问题。国家发展改革委已将3092亿元中央基建投资明确到地方，相当于上年执行数的78.4%。财政部请国家发展改革委协助做好中央基建投资对地方转移支付2019年至2021年支出规划和2019年预算编制工作，国家发展改革委将中央基建投资计划下达文件同步抄送财政部并强化对账工作。两部门将进一步提高计划编制的准确性和精细化程度，优化审核流程，加快审核速度，缩短下达时间。

3. 关于转移支付管理仍不够完善的问题。

一是具有指定用途的转移支付占比仍较高问题。财政部正在研究完善中央对地方转移支付制度，已形成初步报告。

二是专项转移支付退出机制不完善问题。财政部正在修订相关资金管理办法，明确实施期限或退出条件，除2项专项转移支付已整合外，3项已完成修订、9项已起草修订稿，其他38项正结合机构改革、完善转移支付制度和相关领域改革等抓紧推进，力争年底前完成。编制2019年预算时，财政部进一步增强专项转移支付评估的完整性和科学性，将评估结果作为转移支付取消、调整或整合的重要参考。

三是部分转移支付安排交叉重叠问题。相关部门进一步加强统筹，财政部将建立查重机制，加强投资计划审核，减少拼盘支持、重复安排、多头支持等问题。对高标准农田建设，财政部正会同农业农村部整合相关资金；对两个投资专项安排同一地区重大项目前期工作经费问题，国家发展改革委将从2019年起只在一个专项中安排。

4. 关于部分财税领域改革有待深化的问题。

一是预算绩效评价不到位问题。财政部进一步扩大绩效评价范围，健全绩效指标体系，推进评价结果公开，2018年对51项（比上年增加16项）重大政策和项目开展评价，已向全国人大提交15项的评价结果，以及中央部门182个项目的自评结果。国家发展改革委2018年对安排地方的投资支出，按专项填报绩效目标，并要求各地方、各部门2019年在申报投资计划草案时填报绩效目标。对部门预算绩效评价问题，相关部门通过增设或细化二三级绩效指标、组织专家评审等，提高指标科学性、有效性，并组织专人复审、排查指标和开展不定期检查等，提高自评结果的真实性、准确性。

二是中央政府投资基金管理不规范问题。财政部会同有关部门研究加强基金设立的统筹协调，规范设立程序，推动整合同类或同一领域基金，尽快制定统一的管理办法；对两只基金投资同一公司问题，财政部会同国家发展改革委，要求基金管理机构加强尽职调查，避免与其他中央政府投资基金投资同一个项目。对中国政企合作投资基金未充分发挥政策引导作用问题，财政部发文督促基金管理机构充实项目储备，加快项目审批和资金拨付，提高运营水平，已累计拨付165.45亿元，占到位资本金的23%。

三是税收优惠政策后续管理不到位问题。财政部印发《税收优惠政策评估规范（试行）》（财办〔2018〕19号），对相关工作作出规定。为解决加速折旧政策未覆盖一些新兴制造业问题，财政部会同税务总局发布覆盖所有行业的《关于设备器具扣除有关企业所得税政策的通知》（财税〔2018〕54号），明确对新购进单价不超过500万元的固定资产，允许一次性税前扣除。税务总局通过制发配套政策、修改报表、辅导培训、宣传解读等，促进优惠政策落实。

（二）中央部门预算执行审计查出问题的整改情况。

审计的57个中央部门本级及365家所属单位已整改47.26亿元，完善规章制度36项。

1. 关于预决算编报还不够准确问题。对多申领资金问题，1个部门和4家所属单位上缴国库5504.52万元，4个部门和5家所属单位通过调整预算、加强管理等整改1.05亿元；对代编预算等问题，相关部门将严格按照规定完整编制各级次预算；对决算草案多列支出、少计收入等问题，2个部门和4家所属单位归还原资金渠道1665.74万元，20个部门和54家所属单位调账16.96亿元，6个部门和6家所属单位完善了预决算编报。

2. 关于资金资产管理还不够规范问题。对账外存放或套取资金等问题，4家所属单位归还原资金渠道2024.84万元，1个部门和1家所属单位将2210.76万元纳入账内核算，2家所属单位通过追回资金等整改16.55万元；对违规理财、出借资金等问题，1个部门归还原资金渠道920.91万元，1个部门和1家所属单位收回借款4707万元，2个部门和10家所属单位通过清退理财产品、严格制度执行等整改2.02亿元；对未严格执行“收支两条线”问题，5个部门和26家所属单位已上缴国库2亿元，1个部门和4家所属单位通过分年度上缴国库等整改1731.69万元；对违规处置资产或闲置浪费等问题，12个部门和30家所属单位通过报批、收回、清理处置等整改2.53亿元。

3. 关于“三公”经费和会议费管理不严问题。因公出国（境）方面，1个部门和6家所属单位归还了由其他单位承担的费用96.5万元，相关部门将加强预算管理，增强出国（境）团组的计划性。公务用车方面，相关单位正在推进公车改革，6个部门和10家所属单位已清退、处置违规配备或使用的公务用车54辆，3个部门和10家所属单位完善了制度，相关部门将进一步加强公务用车购置及运行维护费预算管理。会议和培训方面，相关部门将进一步加强计划管理，严格执行有关规定，7个部门和4家所属单位归还了由其他单位承担的费用235.64万元。对违规发放津贴补贴和兼职取酬等问题，2个部门和10家所属单位已清退543.53万元，7个部门和19家所属单位通过约谈相关人员、停止兼职行为等加强了管理。

4. 关于依托管理职能或利用行业影响力违规收费问题。3家单位将取得的收入72.79万元上缴国库或退回，5个部门和72家所属单位已取消违规开展的资格考试、质量检测、评比表彰等活动，继续开展的将停止收费，并进一步规范管理。

（三）重大专项资金和民生工程审计查出问题的整改情况。

1. 关于乡村振兴相关资金方面的问题。对土地确权资金结存量大、农村土地确权登记颁证率较低等问题，有关地方加快数据汇交进度、及时拨付资金，3个省已拨付资金9.62亿元；一些地方通过县级自查、市级核查、省级统一验收方式提高农村土地确权颁证率，其中3个省已颁发证书364.9万份，青海的颁证率达96%。对省级农业信贷担保机构部分业务不符合标准问题，相关机构积极拓展政策性业务，化解存量政策外业务，加大对农业新型经营主体的扶持，其中2个省2018年新增贷款在保余额中，符合标准的已分别达84%和94%。对一些地方未出台粪污资源化利用绩效考核办法等问题，相关地区相继出台考核办法；5个县制订了资源化利用实施方案，加大财政投入力度，逐步提高粪污资源化利用率，其中3个县预计将达80%。

2. 关于医疗保险基金方面的问题。有关地方通过补充拨付资金等整改9521万元，完善规章制度8项。对一些地方统筹和保障不到位问题，1个省已统一城乡居民医保药品目录，2个省通过深化机构改革完成整改；对125.9万人未参加城乡居民医保或未享受保费补贴问题，均已纳入医保或予以补助；对职工医保基金未实行属地管理问题，10家企业的职工医保已纳入属地管理，其他11家企业所在地方政府已出台制度文件，积极推进相关工作；对未及时拨付医保费用问题，已拨付到位或列入下半年拨款计划。

3. 关于工程项目薪酬方面的问题。有关地方和项目单位边审边改、即审即改，已为3.4万多名农民工发放欠薪5.94亿元，处理处分182人。各地积极建立欠薪应急处置机制，完善农民工工资保证金和欠薪应急周转金等制度，促进联合惩戒措施落地生效。

4. 关于结构调整专项奖补资金方面的问题。对违规获取或使用奖补资金问题，有关地方单位和企业通过退回资金、统筹不同年度资金、调账等整改6.3亿元。对奖补资金结存问题，有关地方指导企业制订职工安置方案、加快资金拨付，2家企业已归还或拨付7.68亿元。

5. 关于保障性安居工程方面的问题。各地已整改594亿元，处理处分525人次，制定完善相关制度和措施494项。对挤占挪用、违规获取或闲置空置资金和住房问题，通过追缴、归还、拨付或调账等整改416.75亿元，有177.12亿元已明确使用计划，将按工程进度拨款；通过清理退出、提高租金、补收差价和完善政策等整改住房1.73万套，有11.72万套空置住房已分配使用、明确分配方案或正在办理手续。对后续监管未及时跟进问题，已对3.18万户不再符合条件的家庭取消资格或调整待遇，有2.03万套住房清理退出、提高租金或补收差价等，追回资金1332.35万元。对无法办理竣工验收备案问题，有693个项目已补办完善建设审批手续，进行竣工验收备案。

（四）三大攻坚战相关审计查出问题的整改情况。

1. 关于防范化解重大风险方面的问题。

一是地方政府债务风险防控问题。对一些地区违规举债或提供担保问题，3个地区通过财政资金偿还或项目市场化运作等纠正14.32亿元。对政府债券筹集资金闲置问题，8个地区已拨付15.95亿元，其他地区正加快项目建设。对一些地方落实债务管理要求不到位问题，4个地区通过调整融资模式、补充增信措施、更换融资产品等完善后续融资方式，保障重点项目建设资金接续，其他地区正与债权人协商解决；5个地区已完成政府融资担保情况摸排，其他地区正在推进统计摸排工作。目前，各地正在按照财政部统一部署，健全政府债务台账制度，做好债务统计监测和报告工作。

二是金融风险防控问题。对国有银行违规向房地产行业提供融资和个人消费贷款流入楼市股市问题，住房城乡建设部、人民银行、银保监会等部门开展专项整治，有关金融机构通过收回贷款、调账等整改219.83亿元，其余141.04亿元已制订清收计划。对期限错配风险问题，有关金融机构依照资管新规调整业务模式，优化产品结构，定期开展流动性压力测试，压降错配程度。对网络贷款风险管控问题，重庆市将注册地与经营地分离的机构落地问题纳入整治重点，涉及的12家小额网贷公司均已落地重庆；互联网金融风险专项整治工作领导小组、银保监会要求限期整改无资质小贷公司校园贷问题，开展P2P网络借贷机构合规检查，P2P网贷机构已暂停校园贷。

三是基本养老保险基金支付风险防控问题。对一些地方省级统筹不到位问题，4个省出台了省级调剂金制度或提高省级调剂金比例，2个省加大了财政补助力度。对占用财政资金等弥补基金缺口现象，有关地方通过归还原资金渠道、补拨财政资金等整改。对少缴或欠缴保费问题，3个省补缴3171.36万元。

2. 关于扶贫政策落实和资金管理方面的问题。有关地方已整改154.89亿元，推动落实精准扶贫政策措施151项，完善扶贫政策制度185项，处理处分649人次。

一是一些地方扶贫工作不够扎实问题。有关地方积极推进建立与贫困户利益联结，通过收回资金、归还原资金渠道、加强拨后监督、补签带动贫困户协议等整改10.92亿元；对直接发放给贫困户的3.15亿元“造血”资金，通过调整扶贫项目收益分配方案、细化贫困户帮扶措施等整改；对用于景观修建、外墙粉饰的540多万元，有关地方已追回资金、规范资金使用、严格项目管理；对资金缺口问题，各地通过借款或统筹资金等补齐缺口2.97亿元，并加快项目建设，确保如期完成搬迁任务；对虚报脱贫数据问题，有关地方加大项目招投标、建设进度等信息公开力度，进一步健全接受扶贫捐款等项目管理和资金使用办法；对超标准接待问题，相关资金已全部追回，处理处分23人。

二是扶贫政策落实不够精准问题。对建档立卡数据不够完整准确、部分贫困户未按规定享受补贴等问题，国务院扶贫办开展建档立卡数据更新和贫困识别常态化管理，加强与各行业部门数据交换比对；有关地方向符合条件的贫困家庭子女、危房改造户等补发或退还费用2.86亿元，有的地方还主动扩大范围自查，促进补助到位。对一些地方易地扶贫搬迁规划不合理、配套不齐全等问题，国务院扶贫办会同相关主管部门完善带贫减贫机制，指导各地做好产业扶贫规划；有关地方严格执行易地扶贫搬迁规定，完善产业扶持等配套制度，加快项目建设。对脱贫标准把握不准或未按规范验收问题，有关地方逐一核查、细化脱贫人口收入计算办法，规范脱贫退出公示公开程序和档案管理。对“三区”教师扶贫专项计划落实不到位问题，教育部商财政部印发《关于做好2018年“三区”人才支持计划教师专项计划有关实施工作的通知》（教师厅〔2018〕4号），要求有关地方严把支教教师选派条件，确保按时上岗，相关地区正按要求推动工作。

三是地方涉农资金统筹整合试点推进不畅问题。有关地方健全协调机制，细化财政涉农资金统筹整合使用方案，通过约谈通报、加强项目调度、完善项目库建设等，加快方案实施和项目建设进度，下拨使用结存资金、收回盘活无法实施项目资金或结余等88.52亿元。

四是扶贫资金和项目监管粗放问题。有关地方逐一核实，已追回资金11.17亿元，并通过加强后续管理、调整实施方案、完善审批手续等整改15.95亿元，处理处分243人；对闲置资金，各地已归还原资金渠道或收回借款等11.75亿元；对长期闲置或未达目标的项目，有关地方通过修补损毁设施、补种苗木、补发物资、落实后期管护责任等整改2.66亿元。

3. 关于污染防治资金和项目方面的问题。有关地方已整改63.98亿元，完善规章制度8项，处理处分8人。

一是生态环境保护协同机制不够健全问题。湖北王英水库下游城市主动与水库管理局和上游城市沟通协调，将建立联合整治工作机制，促进跨区域污染防治，上游养殖企业已完成整改2家、关停4家。农业农村部将打击电鱼确定为“中国渔政亮剑2018”系列专项执法行动重点内容，联合公安、市场监管等部门，对电鱼设备生产、销售及电商平台等开展检查，没收、取缔违禁渔具；建立渔业行政执法与公安刑事司法衔接机制，严厉打击非法捕捞行为。

二是开发管控不够到位问题。自然资源部启动长江经济带国土空间用途管制和纠错机制研究，加快编制相关国土空间规划，推动违规设立的开发区逐步退出；105个开发区污水集中处理设施或配套设备已经建成。对小水电开发强度较大问题，水利部、国家发展改革委、能源局联合开展长江经济带农村小水电生态环境突出问题全面排查，水利部派出10个工作组在全国开展农村小水电建设管理专项检查和调研；有关地方组织推进小水电整改拆除。对5个国家重要湖泊水质问题，有关地方突出抓好总磷总氮控制，加快化工企业关停，开展印染、电镀等行业整治，落实“河长制”“湖长制”，打造环湖生态保护圈。

三是专项资金和项目绩效不高问题。有关地方通过上缴国库、归还原资金渠道、统筹盘活、补拨资金、终止合同等整改63.98亿元。对项目未按期开（完）工或建成后效果不佳问题，有关地方倒排工期，加快施工进度，其中88个项目已开（完）工，5个已建成项目开始发挥效益。

（五）重大政策措施落实跟踪审计查出问题的整改情况。

1. 关于制造业增值税抵扣链条不够完善问题。除已纳入小规模纳税人自行开具增值税专用发票试点范围的行业外，税务总局还将继续选择条件成熟的行业纳入试点，扩大政策覆盖面。各级税务机关创新发票服务举措，为纳税人升级开票系统、变更税控设备、领用增值税发票等提供便利，并做好辅导和培训。

2. 关于一些地方营商环境不够优化问题。对“放管服”事项改革不到位问题，2个省已整合13项投资项目报建审批事项，2个省已清理5项前置审批，2个省停止或减少2项行政审批，4个省实现建设项目在线审批、监管和服务，1个部门所属单位取消其违规批准的行业技能鉴定资格。对违规继续征收行政事业性收费问题，2个省的3家单位公示停止3项收费，清退184.95万元、上缴国库1202.79万元。对收取或转嫁费用问题，12个省的相关部门已停止收费，退还费用1.59亿元。对违规预留或未及时清退企业保证金问题，9个省全面清查、逐笔梳理，已清退6.55亿元，其他保证金正在联系相关企业办理清退手续。

3. 关于一些重大工程项目推进较慢问题。国家发展改革委进一步细化“十三五”规划纲要相关专栏的具体任务，已分解细化10项任务，明确了时间表和路线图，有的已将重点区域明确到县级单位；13项任务已完善规章制度，健全监测监督机制。

4. 关于创新创业相关制度还不完善问题。科技部等5部门认真落实《中共中央办公厅　国务院办公厅印发〈关于深化项目评审、人才评价、机构评估改革的意见〉的通知》、《国务院关于优化科研管理提升科研绩效若干措施的通知》（国发〔2018〕25号）等文件精神，联合发布《关于开展清理“唯论文、唯职称、唯学历、唯奖项”专项行动的通知》（国科发政〔2018〕210号），对清理范围、方向等作出具体部署。对专利授权转化率低的问题，国家发展改革委会同相关部门正在研究相关措施，着力破解影响创新创业发展的政策瓶颈，教育部等积极推动科技成果资产评估项目备案。未对外投资的6支创业投资引导基金中，有4支已开始投资运营，另外2支正在积极寻找投资对象。

5. 关于政务信息系统整合和安全管理未有效落实问题。政务信息系统整合共享推进落实工作领导小组多次召开专题会议，加强统筹协调，有序推动相关工作，正在研究制定国家政务信息系统项目管理办法，推动解决多头审批、信息孤岛等问题，并会同财政部、中央网信办对政务信息系统资源共享和网络安全要求落实情况进行联合考核。国务院办公厅分批次印发国务院部门数据共享责任清单，对整合共享和清单落实情况开展专项督查，并纳入2018年国务院大督查内容，推动相关部门进行整改。

6. 关于淘汰落后产能不够到位问题。吉林、云南制订计划并组织分批次清理，其中吉林30万吨产能煤矿已关闭，云南315万吨水泥产能已停产，另135万吨水泥项目已完成产能置换。

（六）金融和企业审计查出问题的整改情况。

相关金融机构已整改1489.05亿元，中央企业已整改127亿元，共完善规章制度2023项，处理处分1996人次。

1. 关于改革试点任务未及时完成问题。涉及的9个具体问题中，有8个通过加快制定企业改革实施方案、修订制度落实董事会职权改革试点等完成整改。

2. 关于违规决策和经营问题。对违规办理业务、向“两高一剩”行业融资、虚增存款规模等问题，有关国有银行通过收回贷款、调账等整改1488.66亿元，其余724.72亿元正按计划逐步清收。对中央企业多计利润问题，涉及的194个具体问题中，有189个通过调账、补税等完成整改。对违规决策造成损失和风险等问题，有关企业通过健全内部控制制度、完善决策及风险控制体系、落实事前审批与事中事后监管等进行整改，共完善制度1165项，增收节支和统筹盘活资金97.47亿元。

3. 关于违反中央八项规定精神等问题。相关中央企业和国有银行要求责任人员将旅游、兼职取酬等费用退回，并通过组织处理、扣减薪酬、禁入限制、纪律处分、移送司法机关等严肃追责问责，追回或归还资金6227.88万元，处理处分622人次。

（七）审计移送的重大违纪违法问题线索查处情况。

有关部门正在组织调查或已立案查处，并针对线索集中领域研究完善改革举措，加大整顿打击力度。对侵吞扶贫资金问题，已追缴、核减资金3658万元，剔除优亲厚友、识别不精准的建档立卡贫困人口，处理处分责任人81名，完善制度6项；对涉众类金融乱象，银保监会、人民银行、公安部等部门开展专项整治，部署全国非法集资案件处置3年攻坚工作，有关部门和地方共同研判风险、强化源头治理，完善监测预警、向社会发布风险提示，做好查处、维稳等工作；对偷逃税问题，税务总局组织查补税款247.70亿元，配合公安机关抓捕75人，并进一步加强成品油、白酒等消费税的征管；对国有企业管理中存在的问题，有关部门已处理处分30人，挽回损失2亿多元，进一步建立健全资产处置、投资融资等重大决策制度，制定中央企业违规经营投资责任追究办法等。

（八）审计建议落实情况。

1. 关于提高财政资源配置效率的建议。一是财政部等进一步深化财税体制改革，合理确定地方税种，通过立法授权适当扩大地方税收管理权限；加快非税收入立法进程，推进清理收费改革，适当下放部分非税收入管理权限；在基本不改变中央和地方及地区间分配格局的前提下，推进转移支付改革；积极推动预算法实施条例修订。二是进一步优化财政支出结构，中央财政专项扶贫资金进一步向深度贫困地区聚焦发力，增量资金重点用于“三区三州”等深度贫困地区；2018 年中央财政安排大气、水、土壤污染防治资金同比增长 19%，规模为近年最大；落实创新驱动发展战略，实施科技人员职务科技成果转化现金奖励个人所得税优惠政策，扩大创业投资税收优惠实施范围；保障和改善民生，巩固落实义务教育经费保障机制，划转部分国有资本充实社保基金，深化公立医院综合改革。三是认真贯彻落实《中共中央国务院关于全面实施预算绩效管理的意见》，制定相关配套政策措施，推进构建全方位预算绩效管理格局，建立全过程预算绩效管理链条，完善全覆盖预算绩效管理体系，硬化预算绩效管理约束。

2. 关于夯实基础推动高质量发展的建议。一是有关部门进一步巩固“放管服”改革成效，财政部集中公布了全国政府性基金和行政事业性收费、政府定价的经营服务性收费目录清单，加大乱收费典型案例曝光力度，做好涉企收费投诉处理工作；国家发展改革委全面梳理行政审批及核准事项，新取消 1 个行政许可事项；税务总局推出多项“营改增”配套政策措施，开展多轮政策辅导，帮助纳税人更充分享受改革红利。二是持续转变国资监管机构职能，深化国有资本授权经营体制改革和混合所有制改革，推动中央企业整合重组；进一步优化产业结构，严控非主业投资和金融业开展，促进中央企业做强做优实业主业；推动去库存、清应收、降杠杆，减少企业法人户数、压缩管理层级。三是推进中央财政科技计划和科研项目资金管理改革，修订完善科研资金管理制度，扩大科研经费使用自主权试点；开展减轻科研人员负担专项行动，改进科研项目经费管理和评价制度，切实增强科研人员成就感、获得感。

3. 关于完善打好三大攻坚战相关措施的建议。一是认真贯彻党中央、国务院关于防范化解地方政府隐性债务风险的部署要求，研究制定配套措施，坚决遏制隐性债务增量，有序推进隐性债务存量化解，制定融资平台公司市场化转型等办法，健全债务管理长效机制；人民银行、银保监会等部门深入整治银行业市场乱象，取缔非法金融机构，防范和处置非法集资，规范整顿“现金贷”等互联网金融，并出台一系列文件，弥补制度短板、提升监管效能；已在全国层面建立并实施企业职工基本养老保险基金中央调剂制度，作为实现养老保险全国统筹的第一步，人力资源社会保障部、财政部正在抓紧研究养老保险全国统筹方案。二是在全国范围内开展扶贫领域作风问题专项治理，着力解决“四个意识”不强、责任落实不到位、工作措施不精准、资金管理使用不规范等问题；建立扶贫、纪检监察、财政等部门的沟通协调机制，丰富和完善扶贫开发大数据，推动信息共享和政策衔接，形成监督合力。三是进一步扩大横向生态补偿试点范围，有关地方共同实施赤水河流域跨省横向补偿，有的制定了省内水环境、水污染等生态补偿制度；进一步强化生态环境修复和污染源头治理，对国家重点湖泊生态保护项目开展精确调度，严控投资方向和工程质量，着力改善水质。

4. 关于健全激励干事创业相关配套制度的建议。一是有关部门结合深化机构改革，正在清理、修订现行法规制度，将经实践检验效果良好的经验和做法予以固化。二是有关部门和地方认真贯彻落实中共中央办公厅印发的《关于进一步激励广大干部新时代新担当新作为的意见》，结合本单位、本地区实际制定实施意见，充分调动和激发干部队伍的积极性、主动性、创造性。三是有关部门加快制定和完善权责清单，如国家发展改革委进一步完善权责事项办事指南，将权责事项全部纳入政务服务大厅一口受理、网上办理、全程督办，减少自由裁量；海关总署印发《海关权力和责任清单管理办法》（署法发〔2018〕58 号），实行动态调整，并制定权力运行流程图，方便群众办事。

三、其他正在整改中的问题及下一步安排

除上述情况外，由于体制机制改革、客观环

境变化及历史遗留等原因，部分问题的整改仍在持续推进，尚需一定时日。主要有以下几种情况：

（一）*涉及重大改革事项，需通过深化改革稳步推进*。如对具有指定用途的转移支付占比仍较高等问题，其彻底解决有赖于现代财政体系的健全完善，短期内难以一步到位；对国有资本经营预算范围不够完整问题，由于部分中央部门所属企业产权归属不清、主营业务不突出、市场化程度不高，需逐步纳入预算范围；对部分“放管服”事项改革不到位问题，由于涉及地方部门职能调整划转，个别地方在线审批监管平台与各信息系统尚未完全实现互联互通。

（二）*涉及较复杂外部环境，需结合实际审慎处理*。有的问题是长期形成的，有的问题依存的政策法规有所调整，有的对应的经济环境发生较大变化，整改时不宜“一刀切”，需要根据形势发展变化相机抉择。如对少缴或欠缴基本养老保险基金问题，有关地方将按照国务院统一部署处理；对部分地方欠缴矿山环境恢复保证金等问题，因国家政策调整暂时不宜追缴，一些财力薄弱地区重复申领的补助资金，已统筹用于公益林管护、生态补偿脱贫等，无力归还原资金渠道；对开发管控不够到位问题，一些开发区的形成具有长期性，需分阶段有序清退。

（三）*涉及多部门或多主体协调，需履行相关必要程序*。如对部分中央部门出租出借房产、结余资金未及时清理等问题，需有关方面进一步厘清产权关系、审批资金清缴手续等；对保障性安居工程无法办理竣工验收备案问题，由于工程项目竣工验收程序复杂，加之前期准备不足，有关部门补齐手续的过程较长，短期内难以整改到位；对违规举债或担保问题，因个别地区受财力限制、需履行相关程序等，正与债权人沟通协商；对国有资产损失问题，有关中央企业正在通过经济手段协商解决或申请强制执行，也需要履行仲裁或司法程序。

对这些问题的整改，有关部门、单位和地方已作出安排和承诺。一是加大改革创新力度。对重大改革事项，结合党和国家机构改革，深入开展调查研究，形成管当前、利长远、可操作性强的意见和方案，并上报党中央、国务院审批。对一些具体事项，待机构改革到位后，尽快推进整改。二是加快有关工作进度。分类施策，对整改难度不大的问题，加快相关工作流程，争取尽快整改到位；对历史遗留或涉及诉讼等问题，加强与主管部门、司法机关等沟通协调，稳步推进整改。三是加强跟踪督促检查。审计机关将继续加强跟踪检查，督促被审计单位进一步落实整改主体责任，推动有关主管部门认真履行监督管理责任，确保整改效果。

委员长、各位副委员长、秘书长，各位委员，我们将更加紧密地团结在以习近平同志为核心的党中央周围，高举中国特色社会主义伟大旗帜，以习近平新时代中国特色社会主义思想为指导，全面贯彻落实党的十九大和十九届二中、三中全会精神，自觉接受全国人大的指导和监督，进一步巩固和深化整改工作，建立健全长效机制，为决胜全面建成小康社会、加快建设社会主义现代化国家、实现中华民族伟大复兴的中国梦而奋斗！

附件：1. 相关部门关于重点问题的整改情况（略）

2. 中央预算单位 2017 年度预算执行等审计结果公告问题的整改情况（略）

深入学习贯彻党的十九大和十九届三中全会精神　推动新时代审计事业实现新发展

——在新任省级审计机关主要负责人专题研讨班和部分市县审计局长培训班上的讲话

审计署党组书记、审计长　胡泽君

（2018年4月26日）

同志们：

大家上午好！

审计是党和国家监督体系的重要组成部分，党中央、国务院高度重视审计工作，近年来，就加强审计工作、完善审计制度、改革审计管理体制等作出一系列重大决策部署。习近平总书记多次对审计工作作出重要批示指示，并亲自担任中央审计委员会主任；李克强总理直接领导审计署，多次作出具体部署要求。作为审计干部，我们倍感骄傲与自豪，也深感责任重大。同志们都是近一两年走上审计机关主要领导岗位的，能够为我国审计事业发展做一些事情，很难得，也很光荣。

党的十八大以来，我国发展进入新时代，审计工作面临新形势新任务新要求，为了适应形势发展需要，更好地完成新时代审计任务，署党组决定举办新任省级审计机关主要负责人专题研讨班和部分市县审计局长培训班，主要目的就是认真贯彻落实党的十九大和十九届三中全会精神，提高地方审计机关依法组织领导本地区审计工作的能力，扎实推进审计管理体制改革，更好履职尽责。根据安排，这一讲由我与大家一起共同学习研究。借这个机会，与大家一起探讨新形势下如何推动审计事业实现新的发展。我主要讲3个方面：

一、新中国国家审计走过极不平凡的发展历程

古人讲，知史以明鉴，查古以知今。1982年，第五届全国人民代表大会第五次会议通过的新宪法，正式确立我国实行审计监督制度。2018年是新中国审计机关成立35周年。35年来，伴随着改革开放和社会主义现代化建设进程，我国审计事业走过了一段从无到有、由弱到强、由鲜为人知到社会影响力不断扩大的极不平凡历程，大致可以分为以下5个发展阶段。

（一）1978年至1985年，改革开放初期，确立审计制度、建立审计机关。党的十一届三中全会决定把党和国家工作重心转移到经济建设上来，实行改革开放。这一时期，迫切需要加强财政经济管理、建立健全经济监督机制、维护国家财经法纪、保障改革开放和经济建设健康发展。国家审计应运而生。1982年宪法确定建立国家审计制度。1983年审计署成立，在随后两年多时间里，县级以上地方各级政府普遍建立审计机关。组建初期，审计署按照“边组建、边工作”的方针，围绕经济工作中心，以促进增收节支、确保当年财政收支基本平衡为目标，重点审计预算外资金的使用、企业亏损、生产经营中的损失浪费以及严重违反财政纪律等，在严肃财经法纪、纠正不正之风，促进改善管理、提高经济效益，加强宏观控制和管理方面，发挥了积极作用。这一时期，还结合审计工作实践，尝试建立审计工作规范，为规范审计行为进行了有益探索。

（二）1986年至1993年，从计划经济向社会

主义市场经济转变时期，国家审计积极探索发展。党的十三大提出“一个中心、两个基本点”的社会主义初级阶段基本路线。党的十四大提出建立社会主义市场经济体制的改革目标。这一时期，党和国家有关社会主义建设、经济体制改革和治理整顿的目标任务，对审计工作方针、审计实践、审计制度等产生了重要影响。在审计工作上，审计机关提出了“抓重点、打基础”，“积极发展、逐步提高”，“加强、改进、发展、提高”等工作方针，要求审计工作必须围绕经济工作中心任务，抓影响、干扰经济体制改革的要害问题，开展了行业审计、专项资金审计、专项审计调查，审计领域向政府部门、国家财政金融机构、基建投资、农业资金和利用外资等方面拓展，审计内容向管理和效益方面延伸，为严肃财经纪律、促进治理整顿、保障经济体制改革顺利进行等发挥了重要作用。在基础建设上，1988 年国务院印发《中华人民共和国审计条例》，明确了审计监督的三项原则为依法审计、独立审计、双重领导。为贯彻执行审计条例，审计署制定了一系列规章制度，推动审计法制化、制度化建设。根据国务院机构改革要求和审计工作需要，调整内部机构，设立驻地方特派员办事处和派驻中央部门审计局，审计组织体系不断健全。

（三）1993 年至 2002 年，社会主义市场经济体制建立时期，国家审计持续发展。党的十四届三中全会明确了社会主义市场经济体制的基本框架。与此相适应，要求提高审计监督的层次和水平。1994 年颁布审计法，推动了我国审计工作法制化建设。这一时期，在审计工作上，确立了“依法审计、服务大局、围绕中心、突出重点、求真务实”二十字方针，坚持“全面审计、突出重点”的审计工作原则，紧紧围绕转变经济体制和经济增长方式，提高经济质量和效益这一中心，以审计财政财务收支的真实、合法为重点，加强和改进财政、企业和金融机构财务收支审计，打假治乱，维护财经秩序，揭露和制止财政资金损失浪费、国有资产流失、舞弊和腐败等问题，促进各部门各单位建立和完善内部控制制度，加强廉政建设，提高资金使用效益。审计署自 1995 年开始，每年都以审计结果报告、审计工作报告的形式分别提交国务院和全国人大常委会。在基础建设上，初步形成了以宪法为依据、审计法及其实施条例为主体、国家审计准则为基础，比较完善的审计法律规范体系。在 1998 年国务院机构改革中，调整了审计署的部分职能和机构，将派驻中央部门审计局改为派出审计局，由审计署直接领导；增加了组织党政领导干部经济责任审计的职能，进一步强化了审计的独立性和专业性。

（四）2003 年至 2012 年，社会主义市场经济完善时期，审计工作不断规范。党的十六届三中全会提出完善社会主义市场经济体制的目标任务、深化经济体制改革的指导思想和原则。党的十六届四中全会指出，要加强对权力运行的制约和监督。这一时期，在审计工作上，继续坚持二十字方针和“全面审计、突出重点”工作原则，以真实性为基础、以打假治乱为重点，积极开展预算执行审计和领导干部经济责任审计，探索开展重大政策落实情况、灾后重建等跟踪审计，探索组织各级审计机关开展全国社会保障资金等大项目审计，加强对权力运行的制约和监督，加大对严重违纪违法问题和经济犯罪的查处力度，加大审计结果公告力度，审计监督在维护经济秩序、推动依法行政、促进廉政建设、推进民主法制建设等方面，发挥了积极作用。在基础建设上，健全审计干部教育职业培训体系，加强廉政制度建设，从严治理审计队伍；推动修订审计法及其实施条例，建立审计质量控制体系，完善国家审计准则，规范审计行为；先后构建起“3＋1”和六大审计业务格局；大力推进以“金审工程”为核心的审计信息化建设，积极开展联网审计；在审计方式方法上突出体现为不同审计类型相“结合”，审计质量和效率不断提高。

（五）党的十八大以来，审计工作迈上新的台阶。党的十八大提出了全面建成小康社会和全面深化改革的目标，对推进经济建设、政治建设、文化建设、社会建设、生态文明建设和全面提高党的建设科学化水平作出全面部署。党的十八届三中、四中全会对审计工作作出决策部署，党中央、国务院先后印发了《国务院关于加强审计工作的意见》《关于完善审计制度若干重大问题的框架意见》及相关配套文件，对完善审计制度、加强审计工作、保障依法独立行使审计监督权作出总体部署和安排。党的十九大、十九届三中全会要求改革审计管理体制，着力构建集中统一、全面覆盖、权威高效的审计监督体系，审计进入了全面发展的新阶段。在审计理念上，以习近平新时代中国特色社会主义思想为指导，紧紧围绕统筹推进“五位一体”总体布局和协调推进“四个全面”战略布局，坚持依法审计、文明审计，客观求实、审慎包容。在审计工作上，组织全国审计机关开展全国政府性债务、土地出让收支和耕地保护情况、保障性安居工程等审计，持续开展国家重大政策措施落实情况跟踪审计，探索并推开领导干部经济责任审计和自然资源资产离任审计，在维护党中央权威和集中统一领导、促进政令畅通、推动深化改革和科学发展、保障国家经济安全和人民利益、推进民主法治建设和反腐败斗争等方面发挥了重要作用。在改革创新上，扎实推进对公共资金、国有资产、国有资源和领导干部履行经济责任情况的审计全覆盖，大力推广运用大数据审计；研究建立领导干部自然资源资产离任审计、深化国有企业和国有资本审计监督相关制度，组织修订领导干部经济责任审计规定；在7个省（市）开展省以下地方审计机关人财物管理改革试点，积极探索审计职业化建设；进一步完善和规范投资审计，加强对内部审计的指导和监督；加强审计查出问题整改跟踪督促，推动建立整改长效机制。在基础建设上，认真落实全面从严治党要求，成立中共审计署党校和审计干部教育学院，加大教育培训力度，打造审计铁军，努力建设信念坚定、业务精通、作风务实、清正廉洁的高素质专业化审计干部队伍。加强审计信息化建设，完成“金审工程”二期建设，正式启动三期建设，持续加大数据采集、数据标准化、数据关联分析力度。探索建立大型项目统一组织审计模式，提升审计工作质量和效率，增强审计监督整体效能。

回顾35年的工作，我们深切地感受到，审计工作取得的成效，得益于党中央、国务院和地方各级党委、政府的坚强领导，得益于各有关单位和社会各界的理解支持，得益于全体审计干部的共同努力。35年来，几代审计人艰辛探索、奋力拼搏，积累了很多宝贵经验，需要在今后工作中继续坚持，在坚持中不断完善，在完善中不断提高。

一是必须始终坚持党对审计工作的集中统一领导。审计作为党和国家监督体系的重要组成部分，必须始终坚持党的领导，旗帜鲜明讲政治，牢固树立“四个意识”，坚决维护党中央权威和集中统一领导。唯有如此，才能把握正确的政治方向，确保审计工作不冒进、不掉队、不跑偏。

二是必须始终坚持围绕中心、服务大局。审计机关必须站在党和国家事业发展全局的高度，顺应经济社会快速发展、转型升级的需要，紧紧围绕党和国家在不同历史阶段制定的改革发展举措，自觉融入并有效服务经济社会发展大局。唯有如此，才能充分发挥在党和国家监督体系中的重要作用。

三是必须始终坚持依法审计、客观求实。审计机关必须牢固树立法治观念，强化法治思维，在宪法和法律规定的职责权限范围内行使审计监督权，做到审计程序合法、审计方式遵法、审计标准依法、审计保障用法，实事求是地揭示和反映问题，做到“三个区分开来”。唯有如此，才能保证审计监督的权威性和公信力。

四是必须始终坚持与时俱进、改革创新。审计机关必须牢牢把握时代发展脉搏，善于根据形势的发展变化，总结经验、把握规律，解放思想、锐意创新，实现审计理念思路、方式方法、制度机制与时俱进，不断提高审计工作的层次和水平。唯有如此，才能保证审计事业持续健康发展。

五是必须始终坚持以队伍建设为本、夯实事业发展根基。审计机关必须把干部队伍建设作为审计事业发展的基础性工程抓实抓细，从严管理干部队伍，强化干部教育培训和人才培养，不断增强干部队伍的政治素质和专业能力，不断改进干部队伍作风。唯有如此，才能保证审计事业薪火相传、青蓝相继。

二、认真贯彻落实党中央决策部署，积极推进审计管理体制改革

党的十九届三中全会审议通过《中共中央关于深化党和国家机构改革的决定》和《深化党和国家机构改革方案》，对深化党和国家机构改革作出全面规划和系统部署，对改革审计管理体制作出具体安排，决定组建中央审计委员会，优化审计署职责，构建统一高效审计监督体系。这次改革，进一步加强了党中央对审计工作的领导，整合了审计监督力量，充分体现了党中央对审计机关的信任和厚爱，也是对我们的鞭策和激励。我们要站在党和国家事业发展全局的高度，深刻认识深化党和国家机构改革的重大意义，深刻领会审计管理体制改革的部署要求，把思想和行动统一到中央精神上来，把党中央决策部署学习好、领会好、落实好。

（一）*深刻认识深化党和国家机构改革的重大意义*。这次党和国家机构改革，是一场系统性、整体性、重构性的变革，实现了国家机构职能体系的全方位优化和重构，对于坚持和完善党的领导、坚持和发展中国特色社会主义、推进国家治理体系和治理能力现代化、实现中华民族伟大复兴的中国梦具有重大现实意义和深远历史意义。一是有利于坚持党的全面领导和加强党的长期执政能力建设。改革着眼加强党对各领域各方面工作的领导，把党的领导贯彻落实到党和国家机关履行职责的各领域各环节，确保党始终总揽全局、协调各方，发挥领导核心作用，为保证党的长期执政和国家长治久安提供了坚强制度保障。二是有利于新时代坚持和发展中国特色社会主义。改革针对上层建筑还不完全适应生产力进步和经济基础变化的根本性问题，改革机构设置，优化职能配置，深化转职能、转方式、转作风，提高效率效能，使党和国家机构职能体系与新时代中国特色社会主义发展要求相适应，为新时代坚持和发展中国特色社会主义保驾护航。三是有利于推进国家治理体系和治理能力现代化。改革着眼破除制约市场在资源配置中起决定性作用、更好发挥政府作用的体制机制弊端，围绕推动高质量发展，建设现代化经济体系，加强党对重点工作的全面领导，重组、优化、调整国务院组成部门和其他机构，加强和完善政府经济调节、市场监管、社会管理、公共服务、生态环境保护等职能，为持续深化各领域改革，推进国家治理体系和治理能力现代化，提供了强有力的体制机制支撑。四是有利于实现“两个一百年”奋斗目标和中华民族伟大复兴。改革着力理顺和优化党的部门、国家机关、群团组织、事业单位的职责，增强党的领导力、提高政府执行力、激发群团组织和社会组织活力；着力理顺中央和地方职责关系，更好发挥中央和地方两个积极性，为决胜全面建成小康社会、开启全面建设社会主义现代化国家新征程、实现中华民族伟大复兴的中国梦提供了有力的制度保障。

（二）*准确领会和把握审计管理体制改革的部署要求*。党的十八大以来，党中央、国务院对审计改革作出一系列部署，从十八届四中全会提出完善审计制度，保障依法独立行使审计监督权，探索省以下地方审计机关人财物统一管理，到中共中央办公厅、国务院办公厅印发《关于完善审计制度若干重大问题的框架意见》及相关配套文件，再到十九大提出改革审计管理体制，十九届三中全会作出重大部署，审计改革的力度不断加大、深度不断拓展。我们要准确领会中央改革精神，牢牢把握构建集中统一、全面覆盖、权威高效的审计监督体系的改革目标，全面落实各项改革任务。

加强党对审计工作的集中统一领导，是改革的核心要义。《中共中央关于深化党和国家机构改革的决定》强调，建立健全党对重大工作的领导体制机制，加强和优化党对深化改革、依法治国、经济、农业农村、纪检监察、组织、宣传思想文化、国家安全、政法、统战、民族宗教、教育、科技、网信、外交、审计等工作的领导；并将审计列入宏观管理部门，强调构建统一高效审计监督体系，实现全覆盖。《深化党和国家机构改革方案》进一步明确，为加强党中央对审计工作的领导，构建集中统一、全面覆盖、权威高效的审计监督体系，更好发挥审计监督作用，组建中央审计委员会，作为党中央决策议事协调机构，中央审计委员会办公室设在审计署。中央审计委员会主要职责是：研究提出并组织实施在审计领域坚持党的领导、加强党的建设方针政策，审议审计监督重大政策和改革方案，审议年度中央预算执行和其他财政支出情况审计报告，审议决策审计监督其他重大事项等。前不久，中央已经下发文件，习近平总书记担任中央审计委员会主任，李克强总理、赵乐际书记担任副主任。按照党中央部署，审计署正在积极筹备中央审计委员会第一次全体会议。

《深化党和国家机构改革方案》还指出，深化地方机构改革，要着力完善维护党中央权威和集中统一领导的体制机制，省市县各级涉及党中央集中统一领导和国家法制统一、政令统一、市场统一的机构职能要基本对应。按此要求，地方党委也将组建审计委员会，加强对审计工作的领导。加强党对审计工作的集中统一领导，为更好发挥审计在党和国家监督体系中的重要作用，提供了更加坚强的领导和组织保障，这是改革的关键所在，我们一定要牢牢把握。

优化审计机关职责、整合优化审计监督力量，是改革的重要举措。《深化党和国家机构改革方案》指出，为整合审计监督力量，减少职责交叉分散，避免重复检查和监督盲区，增强监督效能，将国家发展改革委重大项目稽察、财政部中央预算执行情况和其他财政收支情况监督检查、国务院国资委国有企业领导干部经济责任审计和国有重点大型企业监事会的职责划入审计署，相应对派出审计监督力量进行整合优化，构建统一高效审计监督体系。这项改革举措，可以说解决了多年来想解决而没有解决的难题、办成了多年来想办却没有办成的大事，充分体现了“坚持优化协同高效”的改革原则，既有效避免了交叉重复监督，也是对审计工作的极大加强。目前，审计署已研究起草“三定”方案草案，正按程序报批。4月19日，国家发展改革委和国资委部分同志已转隶到审计署。下一步，审计署将按照中央批复的“三定”方案，优化署机关和派出机构设置，根据工作需要合理配置人员。

地方审计机关改革也应当按照党中央的决策部署，通过改革加强党对审计工作的领导，切实优化审计机关职责、整合优化审计监督力量。对此，各级审计机关要准确把握中央精神，加强调查研究，早谋划、早准备，积极推进审计管理体制改革。

（三）扎实推进审计管理体制改革各项任务落地见效。地方审计机关改革是深化地方党政机构改革的重要内容，也是审计管理体制改革的重要组成部分，对全国审计工作的健康发展具有重要意义。各级审计机关要在省级党委的统一领导下，精心组织、周密实施，确保各项改革举措落实落地。

要旗帜鲜明讲政治，牢固树立“四个意识”。中央领导同志强调，没有“四个自信”，就提不出深化党和国家机构改革方案；没有“四个意识”，就落实不好深化党和国家机构改革方案。审计干部特别是各级党员领导干部，要牢固树立“四个意识”，坚定“四个自信”，以习近平新时代中国特色社会主义思想为指导，坚决维护以习近平同志为核心的党中央权威和集中统一领导，坚决贯彻好、落实好党中央的决策部署和地方党委的具体安排，自觉做改革的拥护者、支持者、参与者。

要严守改革纪律，服从组织安排。这次党和国家机构改革，中央要求必须以严格的纪律抓好改革任务落实，强调严明政治纪律、组织纪律，严肃机构编制纪律、干部人事纪律、财经纪律，严格保密纪律。审计干部特别是各级党员领导干部，要站在推进国家治理体系和治理能力现代化的高度，深刻认识改革的重要性和紧迫性，讲党性、守纪律、顾大局，服从组织安排、接受组织考验，正确对待个人进退留转，当好改革的促进派。

要切实发挥党组织的政治引领作用，加强思想政治工作。机构改革是一项重大而严肃的政治任务，是对各级党组织和广大党员干部的政治考验。审计机关各级党组织要强化政治功能，加强党员干部思想教育，把改革的重大意义、实施路径、相关政策、纪律规矩讲清楚说明白，教育引导广大党员干部做改革的促进派、实干家，大力营造齐心协力推进改革的浓厚氛围。要做好深入细致的思想政治工作，关口前移、及时了解党员干部思想动态，科学分析研判、提出应对措施，确保思想不乱、工作不断、队伍不散、干劲不减。

要统筹考虑超前谋划，积极稳妥推进改革。按照党中央要求，省以下党政机构改革2018年9月底上报改革方案，2019年3月底前基本完成。改革时间紧、任务重，省级审计机关要统筹考虑本地区审计机关改革工作，落实责任、超前谋划、加强调研，抓紧提出改革的想法和建议，及时向省委汇报，争取支持。重大事项在向地方党委、政府汇报的同时，还要向上级审计机关报告，确保上下沟通衔接顺畅。

三、做好新时代审计工作，需要重点把握的几个问题

改革审计管理体制为审计事业发展创造了前所未有的良好环境，同时也对审计工作提出了更高要求。做好新时代审计工作，必须适应新形势新任务新要求，围绕中心、服务大局，进一步解放思想、开拓创新、主动作为，奋力开创审计事业发展新局面。各级审计机关要按照全国审计工作会议的安排部署，紧扣“四个围绕”谋划和抓好今后一个时期的审计工作，按照“八个扎实”的要求做好今年的审计工作。工作中，要重点把握好以下几个问题。

（一）坚持依法审计、文明审计。多年来，各级审计机关一方面严格按照宪法和法律的规定，全面履行审计监督职责，做到应审尽审、凡审必严；另一方面依法独立行使审计监督权，严格规范审计行为，确保审计过程和结果经得起检验。依法审计、文明审计作为审计工作的一项基本原则，必须长期坚持。

审计必须在推动社会主义市场经济健康发展中更好发挥作用。经过40年的改革开放，我国社会主义市场经济体制不断完善，经济市场化程度不断提高。推动经济持续健康发展，必须进一步完善市场经济体制，突出表现为处理好政府与市场的关系。审计机关作为各级政府的组成部门，承担着重要的经济监督职责，应当在这方面发挥模范带头作用。审计中，要着眼于规范市场经济秩序，推动营造各类市场主体依法经营、公平竞争的良好环境，促进激发企业家精神，充分发挥市场在资源配置中的决定性作用。比如投资审计，作为国家审计特别是基层审计机关的一项重要业务，多年来在促进经济社会发展、推动深化改革、加强反腐倡廉建设、提高政府投资绩效等方面发挥了十分重要的作用。但在具体工作中，一些地方法规强制要求以审计结果作为工程竣工结算的依据，限制了市场经济中平等民事主体的权利。2017年，全国人大法工委专门印发《对地方性法规中以审计结果作为政府投资建设项目竣工结算依据有关规定的研究意见》，要求清理纠正。署党组对此高度重视，反复研究并商全国人大法工委，制定了《关于进一步完善和规范投资审计工作的意见》，并召开全国审计机关电视电话会议、举办专题培训班进行部署安排，目的就是为了依法规范开展投资审计工作，更好地发挥投资审计在规范市场经济秩序中的作用。通过这些工作，各级审计机关转变了观念、提高了认识、厘清了思路，投资审计得以更好开展，社会各界也积极点赞。

履行审计职责要于法有据、专业文明。审计监督权作为一项公权力，必须坚持法定职责必须为、法无授权不可为。审计机关和审计人员要增强法治意识和法治思维，自觉把宪法精神和法律要求贯穿于审计活动的全过程，坚持权由法定、权依法使，提高自觉遵法、全程用法、模范守法的能力和水平。审计机关不是干部管理部门，也不是纪检监察机关，更不是司法机关，不能“包打天下”，审计发现违纪违法问题线索，应当依法移送相关部门处理。工作中，要严格规范审计取证、资料获取、账户查询等行为，坚决杜绝“海查”。文明审计既是工作要求，也是职业操守。审计中，要注重与被审计单位和相关方面交流沟通，不能居高临下、口大气粗，要谦虚谨慎、平等待人，严谨细致、以理服人；要讲究方式方法和工作技巧，以相互平等的姿态、相互尊重的态度，多沟通、多商量，耐心听取各方面意见包括不同意见，让审计结论更客观更公允更有力。

（二）既要敢于揭示问题，又要善于从体制机制上提出解决问题的意见建议。习近平总书记强调，审计工作既要敢于和善于发现问题，更要积极推动解决问题。能够发现和揭示被审计单位和相关领域存在的问题，是审计人员的基本功，也是发挥审计监督作用的起点。但仅仅这样是不够的，更重要的是对发现的问题研肌析理、深入分析，查找问题产生的深层次原因，提出解决问题的办法。党中央、国务院和地方党委、政府高度重视、充分信任审计工作，一个重要原因就是审计不仅揭示问题实，而且有力推动了相关方面问题的解决。2017年底，李克强总理在听取审计署工作汇报时，对此予以充分肯定，指出审计机关在我们国家的经济社会发展和反腐倡廉工作中，发挥了不可替代的而且是卓有成效的作用。各级审计机关要紧密结合本地区经济社会发展实际，进一步找准审计定位和切入点，更好发挥审计的建设性作用。

揭示问题要坚持原则、客观求实。一方面，要坚持问题导向，敢于坚持原则，顶住各种干预阻挠、说情风乃至威胁利诱，发现问题线索要盯住不放，在审计职权范围内一查到底，严肃揭示损害国家和人民利益、重大履职不到位、重大损失浪费、重大环境污染和资源毁损、重大风险隐患等问题，对以权谋私、假公济私、权钱交易、骗取财政资金、失职渎职、贪污受贿、内幕交易等重大违纪违法问题，做到“零容忍”。另一方面，要紧扣中央精神和改革发展要求，按照“三个区分开来”的要求，对发现的问题进行认真分析，坚持历史全面客观地看待问题，让审计评价更准确客观、问题定性更令人信服。同时，要积极推动建立健全容错纠错机制，保护各级干部干事创业的积极性，促进想干事、敢干事、真干事、干成事。

推动解决问题要在完善体制机制制度上聚焦发力。改革开放40年来，我国经济社会发展取得了举世瞩目的成就，破解了许多影响和制约发展的重大难题，但一些深层次矛盾和问题尚未得到根本解决。随着国际国内形势深刻变化，又面临一系列新问题、新挑战。新老问题相互交织，国内国际因素相互影响，迫切需要攻克体制机制上的顽瘴痼疾。党的十九大指出，全面深化改革的总目标是完善和发展中国特色社会主义制度、推进国家治理体系和治理能力现代化。各级审计机关要准确把握全面深化改革的基本特征，及时揭示和反映不合时宜、制约发展、阻碍改革的制度规定，在推动深化改革、完善体制机制制度上下功夫。

（三）*着力提高审计工作质量和效率。*质量是审计工作的生命线。党中央决定组建中央审计委员会，加强党对审计工作的集中统一领导，并将审计机关列为宏观管理部门，强调构建统一高效审计监督体系，实现全覆盖。这些既为更好发挥审计监督作用提供了坚强保障和更大平台，对审计工作质量的要求也更高了。各级审计机关要适应新形势新要求，切实采取有效措施，在提高审计质量和效率、提高审计工作层次和水平上下功夫、见成效。

要积极推进审计全覆盖。对公共资金、国有资产、国有资源和领导干部履行经济责任情况实行审计全覆盖，是党中央、国务院交给审计机关的重大任务，也是在更高层次发挥审计监督作用的基本路径。对此，各级审计机关要有清醒认识，摸清底数、科学安排、统筹资源、创新方法，不折不扣落实好审计全覆盖任务。实现审计全覆盖必须坚持科技强审。审计实践表明，要切实化解审计机关人手少任务重的矛盾，在传统审计方法上打转转是不行的，只有依靠科技强审，广泛运用现代信息化技术，大力推广大数据审计，向信息化要资源、向大数据要效率，通过审计工作信息化、数字化、网络化，提高审计作业、过程控制、决策支持能力，才能为审计全覆盖提供强力支撑。

要立足微观精准揭示问题，着眼大局服务宏观决策。审计工作以对微观经济活动的监督、鉴证和评价为基础，一个鲜明特征就是用事实和数据说话，有理有据，让人信服。我们撰写的审计报告、编写的审计信息，每一句表述、使用的每一个数字，都应该来之有据、用之可信。这也是审计监督权威性和公信力的源泉所在。比如，前几年开展的全国政府性债务审计，各级审计机关通过“见账、见人、见物，逐笔、逐项审核”，摸清了政府性债务底数，以翔实的数据、缜密的分析，客观反映我国政府性债务有关情况，有力地驳斥了国外有关机构唱衰中国经济、诋毁经济发展成就的行为，也让社会各界吃了“定心丸”。各级审计机关要继续坚持质量至上，进一步加强审计业务管理，严格审计质量控制，确保不出现审计质量问题。同时，要提高宏观思维能力，把重点审计事项置于经济社会运行的大背景下进行分析，把审计发现的具体问题放在改革发展大局下进行审视，避免就事论事、只见树木不见森林，达到以点带面、点面结合的效果，为党中央、国务院和各级党委、政府宏观决策提供完整准确参考依据。还要注重提高审计工作的时效性，防止事过境迁、结论失效。

（四）着力建设高素质专业化的审计干部队伍。审计干部队伍建设是审计事业健康发展的基础性工程，要把培养高素质专业化的审计干部队伍摆在更加突出的位置，努力建设信念坚定、业务精通、作风务实、清正廉洁的高素质专业化审计干部队伍。

要抓好领导班子建设。抓班子、带队伍是领导干部的重要职责。领导班子是一支队伍的“龙头”，一把手则是“领头雁”。抓好领导班子建设，是一把手的首要任务。要带头执行民主集中制，主动把自己置于集体领导之下，凡是重要审计项目、重要人事安排、重大财务支出等，都要充分发扬民主，坚持集体决策，杜绝“拍脑袋”，反对“家长制”“一言堂”，努力形成民主作风。要维护班子团结，带头讲党性、讲原则、顾大局、识大体，善于抓方向、议大事、管全局，工作中要宽容、宽厚、宽松，支持、信任班子成员开展工作，充分发挥班子成员作用，营造良好的工作环境。要健全完善监督约束机制，养成在监督下工作生活的习惯，注重完善和落实自我监督约束机制，通过多种形式拓宽监督渠道，强化外部监督机制，把权力晒在阳光下，始终沿着法治的轨道正确运行。

要抓好干部队伍建设。没有高素质专业化的干部队伍，审计工作就会成为无根之木、无源之水。要加强理想信念教育，扎实开展“不忘初心、牢记使命”主题教育，引导审计人员牢固树立“四个意识”，坚定“四个自信”，忠诚于党、忠诚于人民、忠诚于审计事业，不断增强政治责任感、历史使命感和职业荣誉感。要严格纪律要求，坚持打铁必须自身硬，以比监督别人更高的标准要求自己，严格遵守党的各项纪律，严格落实中央八项规定及其实施细则精神，严格执行审计“八不准”工作纪律，着力提高各项制度的执行力。要完善教育培训机制，注重运用网络、视频、交流、传帮带等多种方式方法，针对审计人员能力短板，分层分类开展审计职业教育培训，提高培训实效，帮助审计人员提升专业胜任能力。要建立健全考核激励机制，研究建立健全符合基层审计机关工作特点的考核评价制度，充分调动和激发审计人员的积极性和创造性，坚持能上能下的选人用人标准，将想干事、能干事、干成事的审计干部选任到重要岗位，形成风清气正的用人环境。

要抓好作风建设。坚持作风建设永远在路上，以好的作风维护审计机关的良好形象。抓作风要严，对照作风建设要求，坚决向违纪行为叫板，真正让纪律和规矩严起来、立起来，做到在纪律规矩面前没有例外，作风监督没有盲区。抓作风要细，从小事、细节、“小问题”入手，严格执行中央八项规定及其实施细则精神，持续整治“四风”，将作风建设融入日常工作。抓作风要深，密切注意“四风”问题的新动向、新表现，针对形式主义、官僚主义的新表现深挖细查，找准病灶病因，抓住主要矛盾，强化对策措施，逐项抓好整改落实。抓作风要实，盯住具体事、找准突破口，从具体问题抓起、从现实问题改起，找准作风建设中存在的突出问题，尤其是那些带有反复性、典型性的问题，真查真改，务求实效。

今天就谈这些体会和想法，不足之处请同志们批评！

谢谢大家！

强基固本谋发展　奋力推进审计事业新时代有新作为

——在2018年全国审计机关集中整训动员会上的讲话

审计署党组书记、审计长　胡泽君

（2018年8月16日）

同志们：

为认真学习贯彻习近平总书记在中央审计委员会第一次会议上的重要讲话精神，努力建设信念坚定、业务精通、作风务实、清正廉洁的高素质专业化审计干部队伍，根据工作需要，审计署党组决定，从今天开始，在全国审计机关组织开展为期2周的集中整训。之前，署里已下发集中整训通知，明确了整训目标、内容、方式和有关要求，希望各级审计机关和全体审计干部聚精会神投入到集中整训中来，取得实实在在的效果。

署党组决定开展这次集中整训，主要有3个方面的考虑：

一是深入学习贯彻习近平总书记在中央审计委员会第一次会议上的重要讲话精神的需要。中央审计委员会第一次会议是在中国特色社会主义审计事业进入新时代的关键时期召开的一次十分重要的会议，在我国审计事业发展进程中具有划时代的里程碑意义。习近平总书记发表重要讲话，从新时代党和国家工作大局出发，深刻阐述了审计工作的一系列根本性、方向性、全局性问题，指明了新时代审计事业的前进方向，为新时代审计工作提供了根本遵循。我们必须认真学习领会总书记重要讲话精神，贯彻落实好党中央对审计工作的部署和要求。

二是加强审计机关政治建设的需要。党的十八大以来，以习近平同志为核心的党中央把党的政治建设摆在突出位置，提出一系列加强党的政治建设的重大思想，带领全党进行了卓有成效的改革实践，党的创造力、凝聚力、战斗力显著增强，党的团结统一更加巩固。党的十九大报告提出"改革审计管理体制"，十九届三中全会决定组建中央审计委员会，办公室设在审计署，因此审计机关不仅是国家机关，首先是政治机关，是党的工作部门。我们必须牢固树立"四个意识"，自觉在政治立场、政治方向、政治原则、政治道路上同以习近平同志为核心的党中央保持高度一致，在推进党的政治建设上走在前、作表率。

三是努力提高审计队伍自身素质的需要。围绕新时代、新部署、新要求，审计干部必须进一步提高自身的素质和能力，切实增强宏观思维、辩证思维、法治思维能力，努力培养专业能力和专业精神。不仅审计干部自己要主动学习、增强本领，各级审计机关也要组织各种学习活动，有计划地举办讲座和辅导培训，注重运用网络、视频等现代化手段，扩大培训覆盖面、提高培训效率，这次集中整训也是一种探索和示范。

下面我讲几点意见，与同志们交流。

一、深入学习贯彻习近平总书记重要讲话精神，更好发挥审计在党和国家监督体系中的重要作用

习近平总书记的重要讲话内涵丰富、思想深刻，是审计工作的行动指南，我们要切实把思想和行动统一到总书记重要讲话精神上来，把党中央决策部署学习好、领会好、落实好。

（一）深刻领会加强党对审计工作集中统一领导的重大意义。党政军民学，东西南北中，党是领导一切的。习近平总书记指出，改革审计管理体制，组建中央审计委员会，是加强党对审计工作领导的重大举措；要落实党中央对审计工作的部署要求，加强全国审计工作统筹，优化审计资源配置，做到应审尽审、凡审必严、严肃问责，努力构建集中统一、全面覆盖、权威高效的审计监督体系，更好发挥审计在党和国家监督体系中的重要作用。审计工作涉及党和国家事业全局，必须在党的集中统一领导下开展。各级审计机关和全体审计干部要牢固树立“四个意识”，进一步提高政治站位，坚定政治方向，做到党中央提倡的坚决响应，党中央决定的坚决执行，党中央禁止的坚决不做。要把坚持和加强党对审计工作的集中统一领导，贯彻落实到审计工作的全过程和各环节，审计署要严格执行向党中央请示报告制度，审计工作重大事项，包括出台重大政策和改革方案、制订重大发展规划和年度计划（含领导干部经济责任审计和自然资源资产离任审计计划）、提交重要审计情况和年度审计报告、请示重大违纪违法问题处理等，都要向中央审计委员会报告，经批准后，再按照相关法定程序办理。地方各级审计机关也要严格落实相关要求。

（二）*深刻领会新时代审计工作职责和使命，在国家治理体系和治理能力现代化进程中充分发挥审计监督作用。*习近平总书记指出，审计机关要坚持稳中求进工作总基调，坚持新发展理念，紧扣我国社会主要矛盾变化，促进经济高质量发展，促进全面深化改革，促进权力规范运行，促进反腐倡廉。审计机关要坚持问题导向，着眼大局服务党中央决策，善于把重点审计事项置于经济社会运行的大背景下进行分析，把审计发现的具体问题放在改革发展大局下进行审视。7 月 31 日，中央政治局召开会议分析研究当前经济形势，部署下半年经济工作。会议指出，当前经济运行稳中有变，面临一些新问题新挑战，外部环境发生明显变化，要求做好稳就业、稳金融、稳外贸、稳外资、稳投资、稳预期工作；要求把补短板作为当前深化供给侧结构性改革的重点任务，增强创新力、发展新动能；把防范化解金融风险和服务实体经济更好结合起来，坚定做好去杠杆工作，把握好节奏和力度；下决心解决好房地产市场问题，坚持因城施策，促进供求平衡，合理引导预期，整治市场秩序，坚决遏制房价上涨；做好民生保障和社会稳定工作，确保工资、教育、社保等基本民生支出，强化深度贫困地区脱贫攻坚工作，等等。

对党中央的决策部署和任务要求，各级审计机关和全体审计干部要深入理解、牢记于心，与时俱进地开展审计监督工作。要聚焦深化供给侧结构性改革、打好三大攻坚战等重点工作，密切跟踪党中央重大政策措施贯彻落实情况，推动经济发展实现质量变革、效率变革、动力变革；要坚持深入分析问题背后的体制障碍、机制缺陷、制度漏洞，既要敢于和善于发现问题，更要积极推动解决问题，充分发挥审计的建设性作用，从宏观层面更高层次发挥好审计职能作用；要聚焦权力运行和责任落实，不断深化领导干部经济责任审计和自然资源资产离任审计，深入揭示重大改革事项推进、重大经济决策落实、“三重一大”制度执行等方面的突出问题，促进领导干部依法用权、秉公用权、廉洁用权，同时认真落实“三个区分开来”的重要要求，鼓励干部干事创业，积极推动建立健全容错纠错机制，促进干部想干事、敢干事、真干事、干成事；要聚焦重点领域和关键环节靶向发力，着力揭示重大违纪违法以及发生在群众身边的“微腐败”“小官巨贪”等问题，推动标本兼治。

（三）*深刻领会审计全覆盖的要求，着力推进审计信息化建设。*习近平总书记指出，要拓展审计监督广度和深度，消除监督盲区，加大对党中央重大政策措施贯彻落实情况跟踪审计力度，加大对经济社会运行中各类风险隐患揭示力度，加大对重点民生资金和项目审计力度。加强对公共权力运行、公共资金使用、公共资源交易、公共资产运营、公共工程建设的审计监督，实行审计全覆盖，这是党中央、国务院交给审计机关的重大政治任务，必须不折不扣地贯彻落实。实现审计全覆盖，更好发挥审计监督作用，就必须认真学习贯彻习近平总书记关于“坚持科技强审，加强审计信息化建设”的重要指示精神，拓展信息化技术运用，推广数字化审计模式，向信息化要资源，向大数据要效率，切实提高审计发现问题、评价判断、宏观分析的能力，增强对风险因素的感知、预测、防范能力，提升审计监督、过程控制、决策支撑能力，努力抢占审计事业发展制高点，推动新时代审计事业新发展。

（四）深刻领会建设高素质专业化审计干部队伍的要求。习近平总书记指出，要加强审计机关自身建设，以审计精神立身、以创新规范立业、以自身建设立信，努力建设信念坚定、业务精通、作风务实、清正廉洁的高素质专业化审计干部队伍。审计干部队伍建设关乎审计事业长远发展，是审计事业薪火相传、青蓝相继的重要基础。各级审计机关要以立身立业立信为标尺，准确把握信念坚定、业务精通、作风务实、清正廉洁的精神内涵，要以政治建设为统领，筑牢理想信念的堤坝，把坚定理想信念、对党忠诚体现在做好本职工作上，把“四个意识”转化为听党指挥、为党尽责的实际行动，始终保持昂扬奋进的精神状态；要坚持终身学习，努力建设学习型审计机关，把理论学习同工作实践结合起来，提高发现问题、分析问题、解决问题的能力；要坚持依法审计、文明审计，坚持用事实和数据说话，时刻保持谦虚谨慎，有强烈的责任意识和担当精神，面对困难、矛盾、阻力要无私无畏，敢于查真相、说真话、报实情，切实维护审计监督的权威性和公信力；要始终紧绷廉政建设这根弦，严格落实党风廉政建设责任制。今年6月，我们全系统集中开展了“纪律作风专项整治月”活动，取得明显成效。纪律建设和作风建设不是一阵风，要着力构建长效机制。根据审计工作面临的新形势、新情况、新问题，署党组经过认真研究，提出审计“四严禁”工作要求，即严禁违反政治纪律和政治规矩，不严格执行请示报告制度；严禁违反中央八项规定及其实施细则精神；严禁泄露审计工作秘密；严禁工作时间饮酒和酒后驾驶机动车。各级审计机关要严格遵照执行。今后，各单位制发审计通知书时，审计“四严禁”工作要求和审计“八不准”工作纪律一并作为通知书附件送达被审计单位，审计组进点时一并张贴公示，主动接受被审计单位监督。

二、旗帜鲜明讲政治，坚持不懈推进审计机关党的政治建设

党的政治建设是党的根本性建设，决定党的建设方向和效果。6月29日，习近平总书记在中央政治局第六次集体学习时，深刻论述了加强党的政治建设的重大意义，就全党把准政治方向、坚持党的政治领导、夯实政治根基、涵养政治生态、防范政治风险、永葆政治本色、提高政治能力提出了明确要求。前不久，习近平总书记又对中央和国家机关推进党的政治建设作出重要批示，明确了中央和国家机关党的政治建设的总体要求，为推进新时代中央和国家机关党的建设特别是党的政治建设指明了前进方向、注入了强大动力。各级审计机关要认真学习、深刻领会，把深入推进审计机关党的政治建设作为一项重大政治任务抓细抓实抓出成效。

（一）审计机关必须旗帜鲜明讲政治。习近平总书记强调，中央和国家机关首先是政治机关，必须旗帜鲜明讲政治。这首先是由中央和国家机关的地位、性质和职责所决定的。中央和国家机关处于国家政治架构和组织体系的中枢位置，是党中央治国理政、管党治党的“参谋助手”，是执行党中央决策部署的“第一棒”，是推动党中央决策部署贯彻落实的领导机关，对全国具有示范导向作用。中央和国家机关党的政治建设抓得怎样，直接影响党中央权威和集中统一领导，直接关系党的领导能力和执政水平。从马克思主义政治理论上讲，国家是政治产物，政党是政治组织。我们党作为执政党，讲政治是本分、是天性，是理所应当、是天经地义，必须理直气壮、旗帜鲜明。中国共产党与其他政党相比，突出表现就是最讲政治，最懂政治，最善于运用政治规律治理国家和服务人民。我们党讲的政治，不是封建社会封官许愿、人身依附的庸俗政治，不是资产阶级争权夺利、尔虞我诈的政客政治，而是有着远大理想和共同目标、没有丝毫政党私利的崇高政治，是全心全意为人民服务、领导实现中华民族伟大复兴的民心政治。

审计机关是国家重要的监督机关，是宏观管理部门。审计工作关注的是经济社会运行状况及发展方式，关注的是支配或影响经济社会运行的公共权力及其所掌握的公共资源。因此，审计的政治性和政策性都非常强，必须时时刻刻讲政治。审计机关讲政治，关键就是要站稳政治立场、坚定政治方向、提高政治站位，把落实党中央对审计工作的部署要求作为义不容辞的政治责任，把推动党中央重大政策措施贯彻落实作为审计工作的重中之重，善于从政治上谋划、部署、推动工作，善于从政治上把大局、看问题、提建议。

（二）深入推进党的政治建设，着力避免“两张皮”。总的看，我们审计机关党的政治建设是好的，能够自觉在思想上政治上行动上同以习近平同志为核心的党中央保持高度一致，坚决贯彻执行党的路线方针政策和党中央重大决策部署，在大是大非问题上立场坚定。但也要清醒看到，一些地方和单位还存在抓党建与抓业务脱节和形式主义的现象，一些党员领导干部乐于从事具体业务，不愿也不会开展党建工作；个别单位党的建设说起来头头是道、落实起来空空荡荡，既无实招又无实效，等等。避免“两张皮”始终是我们抓党建必须注意的问题，我们学习党的理论、贯彻党中央精神，实现途径是做好业务工作，以高质量的工作业绩完成党中央对审计工作的部署和要求，不断推进审计事业发展。但如果只重业务不讲政治、不讲大局，就如同闭眼走路、低头拉车，不仅工作效果不理想，搞不好还要摔跟头。今年7月，署机关党委（人事教育司）专门下发通知，要求深入查找党的政治建设中存在的突出问题和薄弱环节。各级审计机关要高度重视，坚持问题导向，认真查找本单位党的政治建设存在的短板不足，切实整改到位，把审计机关党的政治建设推向深入。

（三）强化责任担当，准确把握审计机关党的政治建设的着力点。

一是带头做到“两个维护”。一个国家、一个政党，领导核心至关重要。党的十八届六中全会正式确立习近平总书记为党中央的核心、全党的核心，是全党全军全国各族人民的共同心愿，是历史和时代的选择、全党和全国人民的选择、社会主义伟大事业的选择，是党和国家根本利益所在。坚决维护习近平总书记核心地位，坚决维护党中央权威和集中统一领导，具有重大意义。党的理论和路线方针政策，党中央作出的各项决策部署，是全党全国各族人民统一思想、统一意志、统一行动的依据和基础。只有党中央有全国人民爱戴拥护的核心，有一锤定音、定于一尊的权威，才能把全党牢牢凝聚起来，把全国各族人民紧密团结起来，共同建设社会主义伟大事业。

二是坚决做到“三个表率”。习近平总书记强调，中央和国家机关各级党组织和广大党员干部要在深入学习贯彻新时代中国特色社会主义思想上作表率，在始终同党中央保持高度一致上作表率，在坚决贯彻落实党中央各项决策部署上作表率。习近平新时代中国特色社会主义思想是我们做好一切工作的“定盘星”。深入学习贯彻习近平新时代中国特色社会主义思想，是加强党的政治建设的思想理论基础，必须持续深入学习。要原原本本学、老老实实学、反反复复学、联系实际学，在学懂弄通做实上下功夫，切实把学习成果转化为指导实践、推动工作的行动自觉。要牢固树立“四个意识”，增强“四个自信”，自觉在政治立场、政治方向、政治原则、政治道路上同以习近平同志为核心的党中央保持高度一致。要坚决贯彻落实党中央各项决策部署，这是审计机关加强党的政治建设最直接、最具体的体现。党的十八大以来，以习近平同志为核心的党中央提出了一系列治国理政新理念新思想新战略，这些理念战略确定后，关键在执行。中央和国家机关是贯彻落实党中央决策部署的“最先一公里”，如果“最先一公里”出了问题，党中央的决策部署就很可能在后面的环节变形走样。所以，审计工作任何时候都要把准政治方向，把坚决贯彻落实党中央决策部署作为第一位的任务，坚定不移地推进。

三是努力建设模范审计机关。习近平总书记强调，中央和国家机关各级党组织和广大党员干部要建设让党中央放心、让人民群众满意的模范机关。这既是期望，更是鞭策，可谓字字千钧。各级审计机关和全体审计干部要忠诚于党、忠诚于国家、忠诚于人民，以维护党中央权威和集中统一领导为己任，以推进国家治理体系和治理能力现代化为己任，以维护最广大人民群众的根本利益为己任，依法全面履行审计监督职责，努力向党中央、向人民交出合格的审计答卷。要解放思想、与时俱进，创新审计理念，及时揭示和反映经济社会各领域的新情况、新问题、新趋势，认真落实“三个区分开来”的重要要求，全面辩证看待审计发现的问题，客观审慎作出评价和结论，积极推动建立健全激励干部干事创业的机制和制度。

四是严守党的政治纪律和政治规矩。党的纪律是多方面的，政治纪律是最重要、最根本、最关键的。各级审计机关要时刻绷紧政治纪律和政治规矩这根弦，严格遵守党章、贯彻党章、维护党章，坚决防止“七个有之”，切实做到“五个必须”。要时刻保持政治定力，做政治上的明白人，对那些质疑党的基本路线、歪曲党的历史、诋毁党的领袖等问题，要敢于亮剑，不随波逐流。要在日常学习、生活和工作中时刻对照检查、反躬自省，坚决杜绝妄议中央，或者在重大问题上信口开河，传播小道消息等。

三、切实加强审计机关能力建设

党中央、国务院高度重视审计工作，为我们依法独立行使审计监督权提供了坚强有力的领导和保证。党的十八大以来，全国各级审计机关勠力同心、砥砺前进，持续推动重大政策措施贯彻落实和提高公共资金使用绩效，充分发挥揭示防范风险的功能，切实促进反腐倡廉，审计工作取得了显著成效。但与党中央、国务院的新部署新要求相比，与人民群众的期望相比，我们还有差距和不足，特别是在审计能力建设方面，还有很多不适应的地方，能力恐慌问题还普遍存在。我们要在新时代有新气象、新作为，就必须提升能力，积极推进审计干部队伍的专业化、职业化建设。

（一）*着力提升政治能力*。讲政治，不仅有个政治态度问题，还有个政治能力问题。仅有政治态度而无坚强的政治能力，讲政治就会力不从心；而没有鲜明的政治态度和正确的政治立场，所谓“政治能力”就是一味“毒药”，轻则自毁前程，重则误党误国。周永康、薄熙来、郭伯雄、徐才厚、孙政才、令计划等党内阴谋家、野心家，冠冕堂皇喊政治口号，实则政治野心膨胀，暗地里拉帮结派、结党营私、贪赃枉法，最终走向犯罪深渊、身败名裂。广大审计干部要切实引以为戒，牢固树立政治理想，正确把握政治方向，坚定站稳政治立场，严格遵守政治纪律，加强政治历练，积累政治经验，注重提高政治能力，自觉把讲政治贯穿于党性锻炼全过程，使自己的政治能力与担任的职责相匹配。

（二）*着力提升专业能力*。审计的专业性强、涉及面广，不断加强审计专业能力建设，是对各级审计机关和广大审计干部的基本要求。我们承担的各项审计任务，无论是重大政策措施落实情况跟踪审计还是财政、金融、国企审计，无论是重大民生资金和项目审计还是领导干部经济责任审计和自然资源资产离任审计，都需要审计干部具备良好的专业素养（包括扎实的专业基础和相关领域的知识）。多年来，审计机关在推进专业化职业化建设方面做了大量工作，在新时代，我们还须继续努力。尤其要看到，审计监督的对象很多都承担着国家宏观政策制定与执行的重要职责，审计机关和审计干部必须熟悉掌握审计对象的职责任务、业务流程、工作特点，必须熟悉掌握所负责审计领域的基本情况、政策要求、发展趋势，做到知己知彼、心中有数；对于审计查出的问题，不仅要知其然，还要知其所以然，更要能够把脉问诊、开出药方，提出的意见要实事求是，让人心服口服，不能当外行人、说外行话、做外行事。

（三）*着力提升宏观政策研究能力*。增强对党的理论和路线方针政策、党中央重大决策部署的学习领会能力，是全体审计干部的重要任务，这实际上也是由审计工作的政治性所决定的。审计计划的制订、审计方案的实施、审计重点内容的确定，都与审计干部对宏观政策的把握能力息息相关。审计机关和审计干部是否具备较强的政策研究能力，在很大程度上决定了审计任务的成败、审计结果的运用和审计作用的发挥。做好政策研究工作，就需要努力提高宏观分析和研判的能力。要把政治学习同审计实践充分结合起来，学会从宏观着眼，从微观入手，防止只见树木、不见森林。不仅要善于发现问题，还要善于从政策研究中去思考和分析问题的前因后果、来龙去脉，提出推动问题解决的有效方法，这样才能切实促进审计监督职能的充分发挥。

（四）*着力提升审计信息化能力*。审计信息化是提升审计监督效能、实现审计全覆盖的必由之路，是事关审计事业长远发展的重大工程，绝不是阶段性工作和权宜之计。在实践中，解决“人少事多”的出路只能是科技强审，特别是面对海量信息和数据，要实现审计全覆盖，仅靠人海战术和传统审计方式是行不通的，必须在提高审计监督效能上找差距、下功夫、见成效。这次集中整训，署党组把审计信息化建设作为重点内容之一，也是基于以上考虑。各级审计机关要从更好服务党和国家大局、更好推进审计事业长远发展的高度，去认识和推进信息化建设和大数据审计，坚持走科技强审之路，着力强化大数据审计思维、增强大数据审计能力，为实现审计全覆盖提供强大支撑。

一是加快推进“金审工程”三期建设，为提升大数据审计能力提供基础保障。要认真落实《金审工程三期项目重点任务实施方案》，明确责任，强力推进，确保按时保质完成各项建设任务。

要坚持统一规划，加强顶层设计，从全局视野出发，着眼全国审计工作一盘棋，积极构建国家审计数据中心、数字化审计平台，全面系统地推进审计信息化建设。要坚持两级部署，协调推进建设，实现数据集中共享和上下贯通。要坚持以用为本，以审计工作需求为导向，扎实做好本领域的数据采集、数据标准化、数据挖掘、关联分析和成果提炼，确保数据有用、能用、好用，避免出现“闲置数据”“僵尸数据”。

二是强化大数据审计思维，为提升大数据审计能力提供智力保障。数据运用是审计干部的基本功和专业要求。目前，署机关各单位和派出审计机构很多都有数据分析团队，很多地方审计机关也采取有力措施加强信息化队伍建设。但总体上看，我们的审计信息化专业建设与审计事业发展的要求还有差距，比如专业人才比较短缺，行业、区域发展不平衡，实践运用深度不够等。各级审计机关要进一步加大人才培养力度，加强学习培训和实战锻炼，推广运用“总体分析、发现疑点、分散核实、系统研究”的数字化审计模式，积极开展业务数据与财务数据、单位数据与行业数据以及跨行业、跨领域数据的综合比对和关联分析，提高运用大数据查核问题、评价判断、宏观分析的能力。这里特别要强调的是，各级审计机关领导班子尤其是“一把手”，要带头强化大数据思维，带头增强数据先行的观念，不仅要带头学习相关知识（对领导干部而言，不求做到专精，但不能甘当“门外汉”），而且要带头强力推进数据采集和分析运用，把数据工作落到实处。

三是切实加强数据保密管理，为提升大数据审计能力提供安全保障。习近平总书记强调，各地区各部门特别是各级领导干部要及时、准确、完整地提供同本单位本系统履行职责相关的资料和电子数据，不得制定限制向审计机关提供资料和电子数据的规定，已经制定的要坚决废止。总书记的重要指示为我们开展大数据审计提供了强有力的保障，各级审计机关要协同、督促各被审计单位认真抓好落实。同时，我们也要看到，各地区各部门将电子数据交给审计机关，是对审计工作的支持和信任。依法取得电子数据，是审计工作的需要；确保取得的电子数据安全，是审计机关的责任。各级审计机关一定要高度重视数据安全，严格落实网络安全工作责任制，强化属地管理责任，细化措施，责任到人。要加强网络技术防护，加大关键信息基础设施安全保护力度和网络安全检测力度，提升网络安全应急处置能力，健全完善数据管理制度规范，严格数据访问权限管理，确保数据没有任何安全隐患。

四、强化对集中整训工作的组织领导，务求取得实效

（一）精心组织，落实责任。在当前审计任务十分紧张繁忙的情况下，署党组下决心拿出2周时间，集中组织开展全国审计机关学习整训，就是要发挥集中整训优势，突出重点、解决难点，打基础、利长远。各单位一定要高度重视。署有关职能部门要各司其职、通力配合，做好集中整训相关组织工作。署机关各单位、各派出机构、地方各级审计机关“一把手”要对本单位集中整训工作负总责，周密布置、精心组织。

（二）统分结合，务求实效。这次整训内容重点突出，有分有合。集中整训期间，由署领导和专家作专题讲座和辅导报告，各单位开展学习讨论。今天我讲第一课，下周一上午由署党组成员、副审计长袁野同志讲大数据审计相关内容。今后集中整训，涉及署领导分管工作的整训内容，都要安排署领导作相关专题报告，这要形成制度。同时，整训也不搞大包大揽，而是统分结合，各单位要充分结合实际情况搞好自选动作、抓好本地本单位的集中整训，可以采取授课研讨、自学联学、交流座谈等多种方式。不管是统还是分，都要务求实效，真正丰富知识储备、完善知识结构、增强业务能力、做好成果转化，不搞中看不中用的“花架子”。

（三）端正态度，严守纪律。集中整训不是休息，更不是放假。希望同志们端正学习态度，严格遵守整训纪律，不能“三天打鱼两天晒网”，确有情况不能参加的，要严格履行请假手续。各单位“一把手”要亲自抓出勤纪律和学习纪律。署有关职能部门要做好考勤管理，对无故不参加整训的干部、出勤率低的单位，要通报批评。总之，希望大家通过2周的集中整训，能够真正得到充实和提高，以饱满的工作热情和过硬的业务本领，圆满完成下半年各项工作！

我就讲这些，谢谢大家！

凝心聚力　携手共进
奋力开创内部审计工作新局面

——在全国内部审计工作座谈会上的讲话

审计署党组书记、审计长　胡泽君

（2018 年 9 月 11 日）

同志们：

我们召开这次全国内部审计工作座谈会的主要任务是，深入贯彻落实习近平总书记在中央审计委员会第一次会议上的重要讲话精神，交流内部审计工作经验做法，研究加强对内部审计工作业务指导和监督，推动内部审计工作更好发展。下面，我讲三点意见。

一、提高政治站位，深刻认识新时代加强内部审计工作的重要意义

加强对内部审计工作的指导和监督，既是法律赋予审计机关的重要职责，也是党中央对审计工作的部署和要求。在今年 5 月 23 日召开的中央审计委员会第一次会议上，习近平总书记发表重要讲话，深刻阐述了审计工作的一系列根本性、方向性、全局性问题，指明了新时代审计事业的前进方向，为新时代审计工作提供了根本遵循。总书记指出，要加强对内部审计工作的指导和监督，充分调动内部审计和社会审计的力量，增强审计监督合力。各级审计机关、内审机构和协会要深入学习贯彻习近平总书记重要讲话精神，站在党和国家事业全局的高度，充分认识加强内部审计工作的重要性，准确把握内部审计工作的职责定位，推动内部审计工作在新时代有新发展。

（一）加强内部审计工作是推进国家治理体系和治理能力现代化的需要。党的十八大以来，以习近平同志为核心的党中央明确提出，全面深化改革的总目标是完善和发展中国特色社会主义制度、推进国家治理体系和治理能力现代化。内部审计作为单位经济决策科学化、内部管理规范化、风险防控常态化的一项重要制度设计，既是各部门、各单位强化内部控制不可或缺的重要手段，又是国家治理体系的基础环节和重要组成部分。内部审计具有全面性、专业性、连续性等特点，对各部门、各单位事业可持续发展的影响是全方位、全过程和全局性的，通过建立健全内部审计机制，能够摸清真实情况、反映突出问题、揭示风险隐患，并推动及时有效解决问题，对于推进国家治理体系和治理能力现代化具有重要意义。

（二）加强内部审计工作是实现审计全覆盖的需要。党的十九大和十九届三中全会作出改革审计管理体制的重大决策部署，加强党对审计工作的领导，构建集中统一、全面覆盖、权威高效的审计监督体系，更好发挥审计监督作用。对公共资金、国有资产、国有资源和领导干部履行经济责任情况实行审计全覆盖，是党中央、国务院交给审计机关的一项重大任务，也是全面履行审计监督职责、充分发挥审计监督作用的必然要求。审计全覆盖对审计监督的力度、广度和深度提出了很高的标准和要求，这就必然要求加强内部审计工作。一方面，内部审计是实现审计全覆盖的一支生力军，整合内部审计资源、统筹内部审计力量、加强内部审计成果运用，实现国家审计与内部审计优势互补，能够减少审计监督盲区，有力拓展审计监督深度和广度。另一方面，加强对内部审计工作的指导和监督，推动内部审计工作质量上层次、上水平，不仅能够强化各单位自身的风险防控，而且能够为国家审计监督创造良好的执法环境，为审计机关防范审计风险、提高工作效率提供有力支撑，有效提升审计全覆盖的质量。

（三）加强内部审计工作是推动实现经济高质量发展的需要。社会主义市场经济是法治经济，需要每一个市场经济主体守法诚信、充满活力、公平竞争。只有每一个市场经济主体的细胞是健康的，市场经济才能减少出问题的风险；只有每一个市场经济主体都做到风险可控，才能实现经济健康平稳运行。在我国，作为社会主义市场经济的管理者、参与者，党政机关和国有企事业单位几乎涵盖了我国经济社会的各个领域、各个方面。每个部门和单位又下辖若干层级，只有每个层级、每个单位、每个市场主体都健康、依法、诚信，才能有效抵御风险，实现经济高质量发展。作为部门、单位的一种内部自我约束机制，内部审计越有效，出现违法违规问题和绩效低下问题的可能性越小。因此，要推动市场经济健康发展和建设现代化经济体系，就必须加强内部审计，强化风险防控，减少问题的发生，提升管理经营绩效。

二、认真履职尽责，内部审计工作成效显著

自1983年我国建立内部审计制度以来，内部审计已走过了35年历程。据中国内部审计协会统计，截至2017年底，全国共建立内部审计机构7万多个，配备内部审计人员26万多人。35年来，伴随着改革开放和中国特色社会主义现代化建设进程，我国内部审计事业走过了一段从无到有、由弱到强，社会影响力不断扩大的不平凡历程。特别是党的十八大以来，内部审计工作的制度机制不断完善，审计领域不断拓展，审计质量和成效得到显著提升，在促进各部门各单位完善内部治理、提升发展质量、推动深化改革、促进反腐倡廉等方面发挥了积极作用。

一是注重揭示本单位发展中的风险隐患，切实保障国有资产安全。多年来，各级内部审计机构密切关注本单位发展和深化改革中的不确定因素，注重揭示组织运行、事业发展中的薄弱环节和重大缺陷，及时发现苗头性问题，及时作出预警，及时提出加强监管和风险防控等建议，推动及时完善防范措施，促进本单位健康发展。比如我们在企业和金融审计中了解到，很多中央企业和金融机构的内部审计部门持续关注“三重一大”决策、信贷资金发放、境外资产管理等重要领域，着力揭示风险和提出建议，及时避免和挽回大量损失，在维护国有资产安全和防范风险方面发挥了积极作用。

二是注重对公共资金使用绩效的审计，促进安全高效和厉行节俭。多年来，各级内部审计机构坚持“公共资金流到哪里，审计就跟进到哪里”，加强对公共资金使用和绩效情况的审计监督，密切关注财政资金、经营收入、银行存款等公共资金的分配、拨付、管理、使用等各个环节，着力推动提质增效。据内部审计协会统计，党的十八大以来，全国内部审计工作促进增收节支达8.31万亿元，有力推动了本单位公共资金的安全高效和厉行节俭。

三是注重揭露违纪违法问题，助力反腐倡廉建设。内部审计熟悉单位内部运作情况和廉政风险点，在反腐倡廉中具有独特的优势。多年来，各级内部审计机构始终坚持严肃揭露违纪违法问题，突出重点，抓住要害，盯住关键环节，不断加大对权力集中、资金密集、资源富集、资产聚集的重点岗位、重点事项和重点环节的监督力度，有力地促进了党风廉政建设。

四是注重建立健全内部审计查出问题的整改长效机制，推动完善制度和加强管理。各级内部审计机构紧紧抓住本部门本单位改革重要领域和关键环节，坚持问题导向，着力关注和及时揭示制约阻碍改革推进、激发活力、转型升级等深层次问题，从体制机制层面提出审计建议，推动完善制度和深化改革。党的十八大以来，全国各级内部审计机构提出完善制度、深化改革等方面的意见建议被采纳1618.79万条。同时，加强审计成果运用，通过建立审计整改台账定期督办报告和销号制度，明确主要负责人为整改第一责任人，推行审计整改结果内部通报或公告制度等方式，着力构建审计查出问题整改长效机制。很多单位将内部审计结果作为单位考核、奖惩和干部任免的重要参考依据，将经济责任审计结果纳入领导班子民主生活会及党风廉政建设责任制检查考核的范围，有效提升了内部审计成效。

五是注重加强内部审计的制度建设和队伍建设。各级审计机关和内部审计协会积极贯彻落实党中央、国务院关于加强内部审计的工作要求，按照审计法及其实施条例的相关规定，及时出台相关规范性文件。各部门各单位建立健全内部审计工作机制，制定符合本单位特点的内部审计制度规定，全面提升内部审计工作水平。截至2017年底，省级审计机关和内部审计协会共制定内部审计相关制度规定13项，推动省级政府制定内部审计规章制度12项，有力推进了内部审计工作的制度化、科学化、规范化。同时，还积极组织专业培训，举办业务研讨，开展“以审代训”，促进内部审计人员的能力素质不断提高，培养和锻炼了一支职业胜任能力较强的内部审计队伍。

在总结成绩的同时，我们还要清醒地认识到，与新时代新要求相比，内部审计工作还存在一些问题和不足，主要是：内部审计工作发展不平衡，不同省份、不同行业和单位之间内部审计作用发挥差异较大；一些部门和单位对内部审计工作的重要性认识还不到位；内部审计人员的能力素质还不完全适应新时代内部审计工作要求；审计机关对内部审计工作的指导监督有待进一步加强等。这些问题需要在今后的工作中努力改进。

三、凝心聚力，奋力开创新时代内部审计工作新局面

当前，审计事业正处于历史上最好的发展机遇期。习近平总书记在中央审计委员会第一次会议上指出，新时代审计工作要更好承担起职责和使命。对于内部审计工作而言，要取得新发展、实现新作为、开创新局面，根本在于把握大局、明辨方向、找准路子、扎实工作。

（一）坚持党对审计工作的集中统一领导。党政军民学，东西南北中，党是领导一切的。内部审计肩负着全方位监督本部门本单位经济运行的重要职责，必须坚持党的领导。各级内部审计机构和内部审计人员要始终坚持以习近平新时代中国特色社会主义思想为指导，不断增强“四个意识”，提高政治站位，准确理解和把握习近平总书记重要讲话的精神实质和深刻内涵，用以武装头脑、指导实践、推动工作。内部审计工作要自觉在本部门本单位党委（党组）的领导下开展，严格执行重大事项报告制度，凡是涉及审计计划确定、审计情况报告、违规事项处理、违法问题移送等重大事项的，都要向党委（党组）报告。这是内部审计坚持党的集中统一领导的具体体现，也是内部审计工作行稳致远的关键所在。

（二）坚持将推动党中央、国务院重大决策部署在本地区本部门本单位的有效落实作为首要职责。党的十八大以来，对中央重大政策措施落实情况进行跟踪审计，是党中央、国务院交给审计机关的一项重大政治任务。在座同志们都来自党和国家机关、国有企事业单位等，我们所在单位是党和国家重大政策和社会责任的主要参与者、推动者、承载者、落实者。因此，通过内部审计，推动中央重大政策措施真正在本地区本部门本单位得到忠实执行和有效落实，是大家的首要职责，这是关乎内部审计工作定位的原则性问题。同时，要着力推动每个单位的工作目标与国家宏观政策目标的有机统一。内部审计机构是内生于单位组织的，所在单位最强烈、最迫切的工作重点难点、风险控制点，就是内部审计工作的着力点。

（三）坚持把握内部审计工作的原则和规律。与国家审计相比，内部审计有其特殊性，希望大家着力把握规律，创新理念，转变方式，提高工作质量和效果。当前，尤其要把握：一是依法审计。内部审计要始终坚持依法依规开展，不断提高自觉遵法、模范守法的能力和水平。切实规范审计取证、资料获取、审计处理等行为，明确各环节责任，强化审计质量控制，防范审计风险。要坚持用事实和数据说话，注重与审计对象和相关方面交流沟通，做到谦虚谨慎、平等待人，严谨细致、以理服人，使审计结果经得起实践和历史检验。二是主动作为。有为才有位。从实践看，单位组织越发展，内部控制链条越长，内部审计越重要。这些年，内部审计在理念转变、职能拓展、内容延伸等方面取得很大进展。理念上，由维护财经法纪向主动服务国家经济社会发展大局转变；职能上，由单纯查错纠弊向内部控制、风险管理拓展；内容上，由财政财务收支监督检查向经营管理全方位监督延伸。正是由于这些变化，内部审计才取得了更大成效，在组织内部的地位才得到不断提升。三是敢于碰硬。审计在本质上是经济监督，面对违纪违法问题，审计人员要不怕得罪人，敢于担当、敢于碰硬、敢于揭示。同时，要认真贯彻落实“三个区分开来”的重要要求，紧扣中央精神和改革发展要求，实事求是地分析问题，看是不是在推进改革中因缺乏经验、先行先试出现的失误，是不是上级尚无明确限制的探索性试验中的失误，是不是为推动发展的无意过失，要坚持历史全面客观地看待问题，让审计评价更准确客观、问题定性更令人信服，积极推动建立健全容错纠错机制，鼓励干部担当作为、干事创业。

（四）坚持不断完善内部审计组织和工作模式。一是要加强内部审计机构或专职人员的配备。为保证内部风险的及时防控，审计机关法定审计对象一般应当单独设置内部审计机构，或由专职人员开展内部审计工作。主管部门内部审计机构应制定行业性内部审计指导意见，加强对下指导和监督；各单位内部审计应积极推动其他部门配合、支持审计工作，不能设置障碍；国有企业应按规定落实总审计师制度。二是要创新审计组织方式。随着改革开放的深入和社会主义市场经济的不断发展，对内部审计工作的要求越来越高，因此，内部审计也要与时俱进，要积极引入专项调查、政策评估、调查研究、咨询鉴证等非传统审计方式，切实提高内部审计成果的质量和层次。三是要加强内部审计发现问题的整改。各部门各单位应认真整改内部审计发现问题，及时研究分析审计建议，完善内部控制，堵塞管理漏洞。对纠正不及时、不到位的问题，审计机关将依法提出处理意见并督促进一步整改。四是要加强与国家审计的协调配合。各部门各单位应积极支持配合审计机关依法履行对内部审计工作的指导和监督责任。审计机关在依法履职的同时，也不能将内部审计当成自己的内设机构，不得随意安排项目、调配人员，既不能缺位、也不能越位。

（五）坚持打造一支信念坚定、业务精通、作风务实、清正廉洁的高素质专业化内部审计队伍。随着内部审计工作专业化、复杂化、精准化程度的日益提高，对内部审计人员专业知识、专业能力、专业精神等要求也越来越高。选好配强内部审计人员是各部门各单位的重要责任，应选择那些思想和作风过硬、有一定专业能力、综合素质较好的优秀人才承担内部审计工作，使内部审计队伍不断得到充实和加强。审计机关、内部审计协会和所在单位要有针对性地组织好各类教育培训，为内部审计人员提升综合素质提供支持。同时，审计科研工作者要立足国情、加强研究，努力构建内部审计理论体系，力求把当前最鲜活的实践上升为具有指导性的理论。

（六）坚持充分发挥内部审计协会的作用。内部审计协会是我国内部审计领域的专业社团组织，要切实加强自律、优化服务，发挥好理念引领、职业代言、实践推动和智力支撑的作用。目前，按照党中央、国务院关于行业协会商会与行政机关脱钩的部署要求，中国内部审计协会与审计署已经完成脱钩改制，各地也要按要求做好相关工作，努力创新管理体制和运行机制，建立完善产权清晰、权责明确、运转协调、制衡有效的法人治理结构。一方面，内部审计协会与审计机关要坚持脱钩不脱管、脱钩不脱服务、脱钩不脱联系，成为协助审计机关指导和监督内部审计的重要力量，并始终坚持以会员需求为导向，谋划推进好业务规范、执业培训、学术研讨、经验交流等各项工作，为会员提供高水平的专业服务，努力成为广大会员信赖和依靠的团体。另一方面，审计机关要加强和改进对内部审计协会的政策和业务指导。根据中央批准的审计署机构改革“三定”方案，审计署将成立内部审计指导监督司，将对内部审计的指导和监督纳入年度工作，与审计业务工作同部署、同落实、同检查、同考核。从全国情况看，目前仅有约18%的审计机关单独设立了专职机构，很多是通过相关人员兼职或委托内部审计协会等代为履职的。下一步，各地审计机关要按照《审计署关于内部审计工作的规定》（2018年审计署第11号令）、《审计署关于加强内部审计工作业务指导和监督的意见》（审法发〔2018〕2号）等要求，结合机构改革，配备专职机构或人员，制定符合实际的具体细则，加强对内部审计工作的指导和监督。

同志们，构建集中统一、全面覆盖、权威高效的审计监督体系，更好发挥审计监督的作用，需要国家审计、内部审计、社会审计密切配合、通力协作、形成合力。让我们齐心协力推动内部审计工作健康发展，为建设中国特色社会主义做出积极贡献。

提高站位　精准发力　全力做好2018年养老和医保审计工作

——在养老和医保审计视频培训班上的讲话

审计署党组成员、副审计长　孙宝厚

（2018年4月20日）

同志们：

大家好！根据审计署审计项目计划安排，养老保险基金和医疗保障基金审计原定下半年，现调整到上半年实施。署党组对养老和医保审计非常重视，署党组书记、审计长胡泽君同志专门主持审计业务会议，审定了审计工作方案。为了开好头、起好步，落实这个审计工作方案，切实搞好这次养老和医保审计，我们专门组织这次视频培训。在此，我要讲的题目是：提高站位、精准发力，全力做好2018年养老和医保审计工作。

一、提高站位，全面贯彻中央要求

2018年是我国审计事业发展史上极不平凡的一年。党的十九大和十九届三中全会作出了改革审计管理体制的重大决策部署。为加强党中央对审计工作的领导，构建集中统一、全面覆盖、权威高效的审计监督体系，更好发挥审计监督作用，决定组建中央审计委员会，优化审计署职责。这既为审计事业发展提供了前所未有的机遇，也对审计工作提出了更高的要求。今天的视频培训，就是在这样的新形势下举办的。我们一定要提高站位，在养老和医保审计中全面贯彻好中央各项要求。

一是要进一步提高对做好民生审计重要性的认识。民生连着民心，民心关系国运。党的十八大以来，以习近平同志为核心的党中央始终坚持以人民为中心的发展思想，高度重视民生保障网的织密扎牢。党的十九大把“坚持在发展中保障和改善民生”作为新时代中国特色社会主义基本方略之一，提出“全面建成覆盖全民、城乡统筹、权责清晰、保障适度、可持续的多层次社会保障体系”。当前，推进保障和改善民生，着力解决突出民生问题，加大困难群众保障力度，改革养老和医保管理体制等任务很重，党中央很重视，人民群众很关注。我们要坚持以习近平新时代中国特色社会主义思想为指导，践行以人民为中心的发展思想，进一步提高对民生审计重要性的认识，通过开展养老和医保审计，促进保障和改善民生，推动实现“病有所医、老有所养”，维护最广大人民群众的根本利益。

二是要进一步增强维护党中央权威和促进中央政令畅通的政治自觉、思想自觉和行动自觉。审计机关首先是政治机关，必须坚决维护习近平总书记党中央的核心、全党的核心地位，坚决维护党中央权威和集中统一领导。养老和医保问题，党中央、国务院高度关注，作出了一系列重要决定，出台了一系列重要政策，实施了一系列重大措施。参加审计的各特派办和审计人员，要牢固树立政治意识、大局意识、核心意识、看齐意识，从讲政治的高度，不折不扣促进中央重大决策部署落实，促进中央政令畅通，以实际行动坚决维护以习近平同志为核心的党中央权威和集中统一领导。这里要强调，作为党和国家监督体系的重要组成部分，我们在审计时，对一些地方自行出台或实施的一些具体政策措施，凡是违反中央规定与中央要求不一致的，要站在维护党中央权威和集中统一领导、促进中央政令畅通的高度，深入揭示和如实反映，绝不允许遮掩不报，同时，还要把这些要求提给被审计单位。

三是进一步加强对养老和医保审计的组织领导。在多年审计实践中，社保审计从无到有、从点到面，近年来先后组织开展了保障性安居工程、彩票资金、医疗保险基金、工伤保险基金等民生资金审计项目，审计在民生领域发挥了重要作用，取得了很好的成效。事实证明，一个审计组能不能干好，首先看这个单位领导是不是真正重视，有没有真正把审计力量投入到项目中来。本次审计是党的十九大、十九届三中全会以来，审计署组织特派办开展的第一个社保审计项目，请各位特派员及各个特派办领导班子要高度重视这次审计。首先，要明确责任。请特派员务必亲自抓、分管办领导要到审计一线具体抓，及时研究解决工作中的困难和问题，保障审计现场人员数量、时间和工作落实，不能只挂名不出征，不能只是口头落实而无具体行动。第二，要增强紧迫感。各办要按时间节点要求尽快行动起来，不能因难作为而徘徊等靠，不能因不善为而踟蹰不前，不能因不作为而错失良机，也不能因多头作为而顾彼失此。在具体工作中，办领导不能仅仅满足于开会部署、下达指令，要扑下身子、深入一线，研究审计重点如何确定、人员如何分工、具体进度如何推进，与审计人员共同研究新情况、探索新方法、解决新问题、形成新成果、做出新贡献。

前几年我们搞过这两项基金的审计，在间隔时间不长的情况下再次开展审计，就是要在过去工作的基础上，无论是从深化工作的角度、防范风险的角度，还是从更好发挥作用的角度，拿出新的成果。我们要确保审计之后，不再担心其中隐藏的重大风险，不会错失提出促进改革建议的良机。当前正处于加紧研究探索推进改革的关键时期，全国人大对这两项基金高度关注，并安排进行专门的监督检查，迫切需要这方面的信息，这也正是我们发挥作用的大好时机。

二、精准发力，围绕重点揭示问题

养老基金、医保基金覆盖面广、资金量大、涉及人群分散，审计中不能面面俱到，必须突出重点、精准发力，坚持问题导向。这次养老和医保审计，都要紧紧围绕打好三大攻坚战的目标，分别确定重点，认真抓好落实，确保抓出成效。其中，养老审计要重点关注可持续性，而医保审计重点则是骗取套取等造成医保基金损失的问题。关于养老和医保审计的主要内容和重点，社保司同志将专门讲解审计工作方案，我主要强调三点。

一是突出重大风险。养老和医保是人民群众最关心最直接最现实的重大利益问题，我们要在审计中进一步强化风险意识，发挥好审计机关的优势，及时发现和揭示养老、医保基金征缴、管理、使用等各个环节存在的重大问题和风险隐患，最终提出防范化解风险的建议。比如，地方政府违规举债发放养老金、部分民营医疗机构欺诈骗保导致医保基金流失等，对这些重大问题和风险，我们要查清事实、分析原因、提出建议，推动养老和医保体系更加健康有序运行，促进改革发展成果更多更公平惠及全体人民，增强人民群众的获得感、幸福感、安全感。

二是突出重大政策。养老、医保政策涵盖内容多，涉及广大群众利益。不管是养老还是医保审计，都要把中央出台重大政策的贯彻落实情况放在突出位置，深入揭示落实中央政策过程中存在的假作为、慢作为、不作为等突出问题。比如，我们在医保审计中，就要关注城乡居民医保整合过程中存在的问题，对有的地方制度整合不到位的问题，要深入分析原因，提出建议。再比如，近几年国家出台了一系列关于药品价格问题的重大政策，我们在审计中，就要关注这些政策的执行效果究竟如何，“看病贵”问题的根源究竟在哪里。比如，药品价格问题，我们要思考实行“两票制”后到底能不能控制住药价，如果还是不能有效控制虚高的药价，我们要深入研究，分析原因。

三是突出重点人群。社会保障体系是社会的

安全网，保障公民依法应当享有的权益。但是，目前还有一部分人群特别是困难群众游离于社会保障制度之外或者保障不到位，这是影响社会保障制度公平正义的重大问题。这次养老和医保审计，要坚决贯彻习近平总书记有关指示精神，进一步加大对精准扶贫对象等困难群众的关注力度，在选取抽查地区时，要有重点地选择贫困地区，关注这些困难群众有没有解决基本养老和医保问题，有没有按时发放养老金，有没有因贫看不起病或者因病返贫等问题，维护好困难群众的切身利益。

请大家务必注意，对发现的重点、疑点问题，要决不放过，务必一查到底，切实查深查透，切不可半途而废或者无功而返。如果说查不出问题是能力问题，但如果查出问题后半途而废，那就是不作为、乱作为，甚至是失职渎职。

三、深入研究，着力推动深化改革

在2016年下半年开展的医保基金审计中，我们深入贯彻落实习近平总书记和李克强总理在全国卫生与健康大会上的重要讲话精神，结合审计发现的问题，提出了整合医保机构等审计建议，有力推动了相关领域改革进一步深化。这次审计，我们必须进一步增强政治责任感、历史使命感和职业荣誉感，要深入研究，在分析审计发现问题的基础上，注重从推动养老、医保体制机制改革层面，提出切实可行的建议。这次审计的面不是很大，我们要更加注重宏观视角，提出宏观层面的建议意见，而不是具体的某个问题。为此，要努力做到：

一是吃透政策。养老和医保政策种类繁杂，相互交织。有些同志以前没有做过养老、医保审计，这就要求我们必须加强学习。通过自学、讨论、座谈等方式尽快熟悉相关政策、法律法规以及当前的热点难点问题。我曾经要求社保司的同志，不仅要熟悉政策本身，还要知道政策的演变过程和背景，以便更好地理解和掌握政策。所有参加这次审计的同志，都应当做到这样。如果我们对养老和医保理论、社会保障事业发展状况不甚了解，对老龄化、卫生医疗改革等前沿问题关注不够，就很难站在更高层面提升审计成果。我们要做到功底扎实，基础深厚，视野广阔。请各位参加这次审计的同志一定要加强学习，努力提高政策水平，这是做好这次乃至以后审计工作的重要前提。

二是抓住本质。审计发现的问题可能多种多样，纷繁复杂。审计人员应当提高自身的能力和本领，善于化繁为简，透过现象抓住事物的本质，准确揭示和反映问题。随着我国经济进入新常态，特别是人口老龄化加快，社会保障制度的可持续发展将面临重大挑战。社会保险，特别是养老保险进入了一个新的发展时期，养老保险基金收支呈现收入增速放缓、增幅收窄、刚性支出持续增长、分布不均衡等新的特点，我们必须紧紧抓住这些新特点进行认真剖析，查找体制机制性障碍和管理漏洞，并进行由现象到本质的深入研究，以推动相关问题及时有效解决。审计过程中，社保司要及时了解、跟进、协调、深化，拿出有分量的审计成果。

三是提好建议。在深入研究的基础上，如何推进相关问题解决，关键在于我们能否提好审计建议。从最近几年组织的保障性安居工程、彩票资金、医保基金审计，我们都在开展审计的同时，组织专门人员对相关问题或事项进行同步研究，借鉴国际经验，在审计发现问题的基础上，提出深化改革的建议。不仅出了一份高质量的审计报告，同时更是一份高质量的研究报告，实现审计发现问题与研究解决问题同步开展、相互促进。所谓好的建议，首先是基于审计发现的问题，不能无病呻吟、无关痛痒，要有现实的针对性；其次要符合中央改革总体方向，符合中国国情，使建议具备被采纳的价值；第三不能笼而统之提建议，要有可操作性，谁来执行、如何执行应该尽可能明确，这样才有利于被付诸实践并取得应有的效益。

四、加强创新，全面提升质量效率

本次养老和医保审计时间短、任务重、难度大、要求高，我们要进一步加大创新力度，不断提高审计工作质量和效率。这里讲的创新不仅仅指审计技术方法的创新，还包括审计组织方式和审计管理创新。

一是深入推进大数据审计。署党组书记、审计长胡泽君同志在今年的全国审计工作会议上要求“要向信息化要资源，向大数据要效率”。养老和医保审计，需要处理上亿人的缴费参保信息。有没有过硬的数据分析处理能力，能不能从海量数据中进行总体分析，发现异常情况，筛选有价值的问题线索，很大程度上决定了这次养老和医保审计的成效。各办要把本次养老和医保审计作为践行大数据审计的重要练兵场，进一步创新数据分析思路，有效发挥数据分析对现场审计的引领和支撑作用。结合以往审计经验，我们不但需要人力资源社会保障、扶贫、民政、公安等多部门数据，可能还需要药店、药厂和医院等相关单位数据，数据分析任务较重，各单位务必要提前谋划，实施一次有计划、用真招、出结果的大数据审计，切实推动审计信息化建设迈上新台阶。

二是深入推进审计组织方式创新。本次工作安排涉及的养老基金、医保基金 2 个审计项目，各个项目分别由 9 个特派办具体实施，同期开展。2 个项目既有共性又有差异，社保司及各特派办要注意沟通协调，同心协力，共同完成好本次任务。对于跨养老、医保两个领域的事项，如医养结合事项的调查，要创新组织方式，共同研究，统一行动。各特派办应积极协调各参审处室，打破处室分工界限，根据需要更加灵活地分组开展审计，逐项落实审计工作方案规定的内容，确保审计现场工作有序推进。

最后，我还是要强调常抓不懈的事项，即依法审计、文明审计。养老和医保审计，群众及社会关注度高，政策性和敏感性强。各个单位必须牢记和遵循依法审计的原则，认真履行职责，找准定位和角度，恪守审计的权力边界。做到善于发现问题、敢于揭露问题，能够深入分析问题、如实反映问题，全面提升审计成果质量。要认真落实“三个区分开来”的要求，坚持历史全面客观地看待问题，使审计评价更准确客观，问题定性更令人信服，审计处理更有利于开展。本次审计正值机构改革启动，各单位要坚决贯彻党中央、国务院的重大部署，注重与被审计单位进行交流沟通，合理安排审计事项，客观审慎作出结论。要严格执行中央八项规定及其实施细则精神，遵守审计“八不准”工作纪律及各项廉政规定，严格遵守保密纪律，不得随意对外透露审计情况和工作思路，切实做到依法审计、文明审计。

同志们，党的十九大及十九届三中全会规划了审计改革的蓝图，审计工作前景广阔，审计事业大有可为！让我们在习近平新时代中国特色社会主义思想指引下，以时不我待的使命感和责任感，锐意进取、攻坚克难，共同推动民生审计有新作为、新气象，并取得新发展、新进步，为决胜全面建成小康社会、开启全面建设社会主义现代化国家新征程做出积极贡献！

谢谢大家！

在全国审计机关领导干部自然资源资产离任审计研讨会暨"领导干部自然资源资产离任审计助力绿色发展"高端论坛上的致辞

审计署副审计长　秦博勇

（2018 年 10 月 11 日）

同志们：

去年 9 月 19 日，中共中央办公厅、国务院办公厅印发了《领导干部自然资源资产离任审计规定（试行）》（以下简称两办《规定》）。一年以来，全国各级审计机关在审计署党组的领导下，深入学习党的十九大精神和习近平新时代中国特色社会主义思想，牢固树立"四个意识"，坚定"四个自信"，做到"两个维护"，始终提高政治站位，扎实开展领导干部自然资源资产离任审计工作，确保两办《规定》贯彻落实。今天我们在这里召开研讨会，举办"领导干部自然资源资产离任审计助力绿色发展"高端论坛，恰逢两办《规定》出台一周年，既是对这项工作开展四年来各级审计机关积极探索、勇于实践的回顾和总结，也是对未来如何更好地贯彻落实两办《规定》、谋划组织好这项工作进行深入探讨和研究。

今天到会的有各省、自治区、直辖市、计划单列市，以及各特派员办事处负责领导干部自然资源资产离任审计工作的分管领导，也有相关业务处的处长，可以说群贤并至、济济一堂。正是在大家的共同努力下，全国审计人员坚持边实践探索、边总结研究，锐意进取，踏实付出，领导干部自然资源资产离任审计工作才取得了今天阶段性的工作成效。四年来，我们深化了审计内容，探索了审计方法，创新了审计技术，初步构建起了常态化的审计体系，有力地促进了各级领导干部认真履行自然资源资产管理和生态环境保护责任，为生态文明建设、绿色发展贡献了审计力量。同时，我们也清醒地认识到，领导干部自然资源资产离任审计是一项全新的工作，无论是在审计组织、审计重点还是审计评价、审计方法等都还有许多值得改进和研究的方面。今年 4 月，为开展理论研讨，进行经验总结，审计署发出征集领导干部自然资源资产离任审计研讨论文的通知。各级审计机关和各特派员办事处非常重视，认真思考，总结经验，撰写论文。截至 7 月 20 日，共收到地方各级审计机关、特派员办事处、署机关、有关单位选送、报送的论文共 165 篇。审计署资环司和科研所组织专家，对论文进行了查重和匿名评审，评选出 18 篇主题鲜明，具有实用性、创新性、时代性和一定理论深度的优秀论文。相信通过组织这样的理论研究和探讨活动，将加深审计人员对领导干部自然资源资产离任审计重大意义的理解，提高认识，凝聚共识，为今后实施好这项审计工作，更好地贯彻落实两办《规定》发挥积极作用。我讲三点意见：

一、进一步提高政治站位。党的十九大作出了"改革审计管理体制"的重大决策部署，十九届三中全会决定组建中央审计委员会。审计机关不仅是国家机关、宏观管理部门，首先是政治机关，是党的工作部门。审计工作进入了新时代，需要有新气象、新作为。开展领导干部自然资源资产离任审计是党中央布局生态文明建设赋予审计机关的一项重大政治任务。各级审计机关和审计人员一定要深刻认识开展这项工作的重要意义，始终坚持以习近平生态文明思想为根本遵循，进一步提高政治站位，不仅要知其然也要知其所以然。组织和实施领导干部自然资源资产离任审计要体现“五位一体”总体布局的要求，体现“五大发展理念”的要求，体现党中央对资源环境工作的要求，体现国家建设美丽中国进程的要求，体现人民群众对美好生态环境的要求。全体资源环境审计人员要以更为强烈的政治责任感、历史责任感、职业荣誉感承担起和完成好这项重大政治任务。

二、进一步深化审计实践。“纸上得来终觉浅，绝知此事要躬行”。领导干部自然资源资产离任审计是一项全新的审计工作，没有现成的经验可以借鉴，需要各级审计机关和审计人员勇敢的闯、大胆的试。我们必须不折不扣地坚决贯彻落实两办《规定》。但同时，两办《规定》作出了统一性、普遍性、原则性的要求，东部和西部、南方和北方的自然资源禀赋和生态环境特点是不一样的，各个地区的主体功能定位也是不同的，各级审计机关要结合各地实际情况，不断地探索和总结经验。据不完全统计，从2014年开展审计试点以来，全国各级审计机关共组织开展审计和试点项目3000多个，共涉及各级领导干部4000多人。虽然我们已经有了很好的开端，但还要继续扩大审计力度，强化审计的深度。各级审计机关要继续不折不扣贯彻落实两办《规定》的要求，坚决执行中央审计委员会的部署，积极开展领导干部自然资源资产离任审计，认真组织实践，并深入探索和深化实践。要紧紧围绕领导干部履职尽责情况开展审计，客观准确进行审计评价，推动生态文明建设责任制的落实。

三、进一步加强理论研究。实践是理论的源泉，理论是实践的指南。理论水平决定视野，视野决定工作成效。领导干部自然资源资产离任审计为理论研究工作提供了广阔的天地和肥沃的土壤，各级审计机关和审计人员要继续坚持边实践、边研究的工作思路，注重加强理论研究，提高理论素养，不断提高宏观思维能力、辩证思维能力、法治思维能力。加强研究需要下真功夫、需要下硬功夫。既要加强理论研究又要加强工作实务研究，用研究成果来指导审计实践；要强化领导，特别要加强上级审计机关对下级审计机关的指导；要加强协调统筹，争取各个部门和单位的支持；要敢于创新，探索审计的各类方式方法；要勇于探索，大力推进坚持大数据审计；同时要注重积累，认真组织学习和开展总结，加强对审计实践的指导，来进一步提升研究工作的针对性、指导性和实效性，坚把研究工作与审计实践有机地结合起来，并指导实践。

同志们，开展领导干部自然资源资产离任审计是党中央交给审计机关和审计人员的重大任务和光荣使命，我们一定要以习近平新时代中国特色社会主义思想为指导，深入贯彻落实两办《规定》，凝心聚力、扎扎实实做好这项工作，在新时代为推进生态文明建设进程，建设美丽中国贡献我们的力量！

在加强内部审计指导监督工作专题座谈会上的讲话

审计署党组成员、副审计长　王文斌

（2018 年 12 月 12 日）

同志们：

这次在中央和国家机关、中央企业、中央金融行业和地方省级审计机关中分别选取 10 家单位，集中召开 4 个座谈会，是在改革审计管理体制、优化审计署职责重点任务基本完成，审计署内部审计指导监督司（以下简称内审司）正式成立后，开展的关于内部审计工作情况的专题座谈。座谈会上，同志们汇报了近年来，特别是《审计署关于内部审计工作的规定》《审计署关于加强内部审计工作业务指导和监督的意见》（以下分别简称《规定》《意见》）发布以来，各部门各单位内部审计及其指导监督工作开展情况，好的做法和经验，下一步工作思路，以及对内部审计情况报表等材料的意见建议。通过座谈，了解情况，分享经验，查找不足，为今后深入做好内部审计及其指导监督工作提供了基础信息和借鉴参考。

从座谈的情况看，各部门各单位都能够深入学习领会中央审计委员会第一次会议精神，学习和贯彻落实《规定》《意见》，以及胡泽君审计长在全国内部审计工作座谈会上的讲话精神，积极采取有效措施，履行内部审计及其指导监督职责，各项工作取得良好成效。

一是不断完善领导体制，内部审计权威性进一步提高。各部门各单位普遍重视内部审计工作，积极构建有效领导体制，为增强审计工作独立性、更好发挥审计监督职能、提升审计价值提供体制保障。农业农村部成立了由部党组书记、部长任组长的内部审计工作领导小组；教育部成立了由部党组书记、部长任组长的经济责任审计工作领导小组；中国银行在四大国有银行中率先实行总审计师制度，明确党委对内部审计工作的领导，明确总审计师协助党委、董事会及主要负责人管理内部审计工作；长城资产管理公司等单位内部审计工作均由董事长直接分管、监事长协助分管；中核集团在集团公司设置总审计师岗位，同时选取 7 家二级单位进行总审计师试点；中国化工在集团公司设立副总审计师岗位等。

二是不断完善制度体系，内部审计规范化水平进一步提升。各部门各单位注重规范化建设，普遍建立了内部审计制度体系。通过制度建设，进一步完善内部审计监督机制、明晰内部审计职责权限、规范内部审计业务行为，保障工作有序开展。文化和旅游部、卫生健康委等部门根据《规定》要求，及时修订原有制度，明确今后一个时期重点任务和工作措施，为更好开展内部审计工作提供制度依据；农业银行围绕审计业务管理、项目管理、境外机构和子公司内部审计管理等出台一系列制度办法，制定 14 项审计准则和 8 个审计手册；中信集团建立了包括《中信集团内部审计工作条例》在内的，由 8 项内部审计制度、14 项内部审计业务规范和 19 项内部审计工作指引组成的内部审计制度体系；太平保险集团等多家单位都制定或修订了《内部审计章程》，对内部审计的职能定位、组织架构、工作流程等内容作了规定；中航工业修订或制定《航空工业集团内部审计工作规定》《内部审计工作“十三五”规划》《关于进一步加强和改进内部审计工作的意见》等制度；中煤集团全面梳理现行审计业务工作制度，补充完善了《中煤集团审计问题整改工作指导意见》《中煤集团基建项目委托中介机构审计监督管理办法》等规定。

三是不断拓展业务类型，内部审计工作成果进一步扩大。各部门各单位立足主责主业，通过有效开展风险管理审计、绩效审计、IT审计、反洗钱审计、基建工程审计和经济责任审计，不断规范权力运行，防范廉政风险，促进责任落实，取得较好成效。公安部开展了执法活动财物审计；中国科学院开展了科研经济业务真实性合法性专项审计；体育总局借助主要领导干部经济责任审计实现对总局直属事业单位及其投资所办企业的审计全覆盖；国家开发银行加强了对棚改、基金、扶贫等国家战略性和政策性业务跟踪审计；建设银行建立针对信贷和类信贷风险、重点客户、操作风险的3项日常监督机制，揭示了信贷等业务存在的风险和问题；中国海油开展了党和国家方针政策落实情况专项审计、IT审计和经责审计；中钢集团开展了对总部职能部门履职履责管理审计、股权变更审计等。

四是不断加大技术投入，内部审计监督实效进一步增强。各部门各单位坚持创新驱动，加大审计技术投入力度，不断研究新方法、新技术，多角度获取、分析数据，优化审计项目实施过程控制，扩大审计经验和成果共享范围，不断提升审计监督的广度和深度。工商银行完成了基础数据层、中间应用层、上层展示层3个层面的审计信息系统建设，组建10个模型专家团队，优化、整理、完善近500余个优质高效模型；交通银行已形成“审计支持系统＋在线审计系统＋审计数据挖掘系统，数据分析工具（SPSS、I2）＋数据库语言”的“3＋2”审计技术体系；中国联通积极推进审计系统2.0升级，构建“集团DW＋源系统＋本地关键数据”采集模式，逐步建成面向互联网时代的大数据审计架构；中交集团坚持自主研发，加强审计信息平台与财务系统、经营管理系统、人力资源系统对接，深入探索“大数据”“云计算”等新型审计手段，增强数据采集、存储、加工、处理、挖掘和分析能力。

五是不断强化整改落实，内部审计监督成效进一步显现。各部门各单位采取多项举措，切实督促内部审计发现问题的整改工作，提升内部审计监督工作成效，使内部审计真正发挥应有作用。工业和信息化部开发审计信息台账系统，定期提醒审计查出问题整改时限，分析同类问题发生概率和频次，有针对性加强指导监督；水利部开展直属单位审计回访，核实整改情况，并对审计后应当注意的新问题、新情况提出合理化预防性建议；市场监管总局通过将审计整改情况纳入绩效管理，审计结果报告归入领导干部个人档案，对审计发现的代表性问题进行通报等方式推动审计发现问题的整改工作；人寿保险（集团）公司建立了审计整改评估机制和审计发现问题台账登记制度，通过“整改评估意见书”“风险提示函”“审计联席会议”等方式提升整改力度；中国铁路总公司对审计发现问题整改实行闭环管理和销号制度，坚持问题整改与完善制度相结合，堵塞漏洞与责任追究相结合，根据问题不同类型，采取收缴、追回违规款项、冲转调整账项、完善相关制度等整改措施，对问题整改不到位的进行追责，并约谈单位主要负责人；中国烟草总公司成立内部审计委员会，加强对审计整改工作统筹和审计结果运用，组织人事部门把审计结果和整改报告作为干部业绩考评、职务任免和奖惩的重要依据，纪检监察部门对审计查出的领导干部违纪违法问题，依法依规予以处理，纪检、组织人事部门将审计整改落实情况纳入单位年度目标责任制考核内容，并对整改措施不力或整改不到位的，予以问责。

六是推动内部审计法规制度进一步健全完善。各省级审计机关普遍重视顶层设计，积极推动出台内部审计地方性法规、政府规章和规范性文件。安徽等省审计厅推动人大常委会通过《内部审计条例》；山西等省审计厅推动本级政府出台加强和改进内部审计工作的意见，对规范内部审计工作、充分发挥内部审计作用提供了强有力的制度保障；四川省审计厅推动公安、教育、监狱管理、工会、地勘等行业系统积极推进内部审计工作的规范化、标准化建设，全面提升行业系统内部审计工作水平。

七是探索创新内部审计指导监督工作。各省级审计机关通过加强日常监督、结合审计项目监督、专项检查等方式，促进内部审计工作开展。第一，强化日常指导监督。浙江等省审计厅梳理近年来审计发现的典型性、普遍性、倾向性问题，编制“风险清单”，督促指导内部审计机构对照清单内容加强监管。第二，结合审计项目开展监督。上海市审计局在经济责任审计项目中，明确将被审计单位内部审计工作开展情况列为审计内容，并在审计报告中作出评价。第三，开展专项检查。河北等省审计厅对被审计单位内部审计工作情况开展专项检查，督促规范内部审计行为。

八是多措并举提升内部审计人员的能力素质。各省级审计机关采取多种方式，加大对内部审计人员能力素质的培养。第一，拓展培训范围提升内部审计人员专业技能。江苏省审计厅和省教育厅联合举办了省属高校内部审计处长经济责任审计培训班，73 所省属高校 87 名内部审计处长参加了培训。第二，"以审代训"培养内部审计人员实战能力。天津市审计局等审计机关通过"以审代训"提升内部审计人员业务能力，建立内部审计人才库。

九是进一步发挥考核评优的激励引导作用。各省级审计机关充分发挥考核评优的指挥棒作用，督促下级审计机关加大指导监督力度，促进各单位重视内部审计工作。其一不断完善指导监督工作考核机制。湖北省审计厅每年对下级审计机关工作进行量化考核时，将内部审计工作作为重要内容一并考核，考核结果在年度全省审计工作会议上予以通报，并将考核结果告知当地党委、政府。其二陆续开展对被审计单位内部审计情况考核评价工作。辽宁等省审计厅积极开展内部审计工作年度考核评价，对被审计单位内部审计机构建设、制度建设、计划制订及完成、审计质量管理、审计档案管理等情况开展评价。

座谈中大家也反映了目前内部审计工作中存在的一些问题，主要有：部分单位内部审计独立性还有待进一步加强，内部审计人员力量相对不足，对内部审计成果的运用不够充分，内部审计人员缺乏交流、培训、学习的平台；在开展指导监督方面，除了培训座谈、经验交流等形式比较普遍以外，专项检查、结合审计项目检查等方式开展的指导监督还不够充分；对内部审计协会的业务指导不够到位，需要进一步加大有效利用行业自律组织平台开展内部审计指导监督工作的力度。

下面，我就进一步做好内部审计及其指导监督工作讲几点意见，供大家在工作中参考。

一、深入学习习近平总书记在中央审计委员会第一次会议上的重要讲话精神，深刻理解新时代党中央对内部审计工作的新要求

习近平总书记在中央审计委员会第一次会议上指出，要加强对内部审计工作的指导和监督，充分调动内部审计和社会审计的力量，增强审计监督合力。这是新时代推动内部审计工作发展的根本遵循。各部门各单位要充分认识加强内部审计及其指导监督工作的重要性，准确把握工作的职责定位，推动内部审计在新时代有新发展。

一是加强内部审计及其指导监督工作，是推进国家治理体系和治理能力现代化的必然要求。国家治理体系是在党的领导下管理国家的制度体系，是一整套紧密相连、相互协调的国家制度；国家治理能力则是运用国家制度管理社会各方面事务的能力。推进国家治理体系和治理能力现代化，就是要使各方面制度更加科学、更加完善，实现党、国家、社会各项事务治理制度化、规范化、程序化。中央和国家机关是党和国家重大政策和社会责任的主要参与者、推动者、承载者、落实者；中央金融机构在整个金融体系中居于核心地位，其经营和风险状况直接关系到我国金融体系稳健性以及服务实体经济的能力；国有企业是中国特色社会主义的重要物质基础和政治基础，在关系国家安全和国民经济命脉的主要行业和关键领域占据支配重要地位；审计机关是党和国家决策部署的推动者和监督者。各部门各单位运转正常与否，直接关乎国家治理水平和经济发展质量。内部审计是各部门各单位经济决策科学化、内部管理规范化、风险防控常态化的一项重要制度设计。因此，加强内部审计工作既是各部门各单位强化内部风险防控不可或缺的重要手段，又是国家治理体系的基础环节和重要组成部分。

二是加强内部审计及其指导监督工作，是构建集中统一、全面覆盖、权威高效的审计监督体系的必然要求。构建集中统一、全面覆盖、权威高效的审计监督体系，是党中央改革审计管理体制的重大决策部署。内部审计作为各部门各单位内部的自我约束机制，是审计监督体系中不可或缺的重要组成部分，对于拓展审计监督深度和广度，实现审计全覆盖具有重要作用。一方面，中央和国家机关、中央企业和中央金融机构覆盖面广、服务线长、辐射点多，建立健全内部审计机制，不仅能够强化自身风险防控，摸清真实情况、反映突出问题、揭示风险隐患，而且能够有效减少审计监督盲区，实现审计全覆盖，提升审计全覆盖的质量。另一方面，中央和国家机关、中央企业和中央金融机构具有很强的表率和示范效应，通过统筹和整合内部审计力量，加强对内部审计成果的综合利用，不仅可以为审计机关全面依法履行审计监督职责创造良好的环境，还可以为国家审计提供重要的信息参考，实现国家审计与内部审计优势互补，共同提高审计监督层次和水平。

三是加强内部审计及其指导监督工作，是贯彻落实党中央、国务院重大决策部署的必然要求。我们的内部审计机构和人员，在工作中紧紧围绕健全党和国家监督体系以及建设现代化经济体系的部署要求，提高政治站位，用习近平新时代中国特色社会主义思想武装头脑、指导实践、推动工作，在本部门本单位党组织、董事会的领导下，有效履职尽责，强化风险防控，提升经营绩效，就能够有效推进党中央、国务院重大决策部署的贯彻落实，促进经济高质量发展。各省级审计机关要充分认识加强内部审计指导监督工作对强化单位内部管理、增强审计监督整体效能、推进审计事业发展的重要意义，按照党中央、国务院要求和相关法律法规的规定，建立健全内部审计指导监督制度，探索内部审计指导监督路径，创新内部审计指导监督方式方法，发挥内部审计在规范管理、防范风险、提质增效等方面的积极作用。

二、认真贯彻落实全国内部审计工作座谈会部署，持续增强内部审计工作价值创造和风险防范功能

胡泽君审计长在全国内部审计工作座谈会上的重要讲话，从新时代内部审计工作的全局出发，深刻阐述了加强内部审计工作的重要意义，对内部审计工作的发展目标、工作思路和具体举措提出明确要求，作出全面部署，务必认真贯彻落实。

一是抓住新时期着力点，加强基本防控点。党的十八大以来，党中央、国务院对中央重大政策措施落实工作高度重视。我们所在的各部门各单位，都肩负着推动这些重大政策措施得到忠实执行和有效落实的责任。新时期中央和国家机关内部审计，以及审计机关指导监督内部审计工作，要牢牢抓住推动中央重大政策措施落实这个着力点；中央金融机构内部审计，要牢牢抓住做好对国家重大发展战略、重大改革举措、重大工程建设的金融服务这个着力点；中央企业内部审计，要牢牢抓住推动贯彻执行党中央决策部署、贯彻新发展理念和全面深化改革这些着力点。各部门各单位基于这些着力点，合理制订内部审计计划和内部审计指导监督工作计划，统筹安排部署，有效开展监督，促进政策措施目标落实。同时，要在工作中不断总结经验，结合本部门本单位实际，采取有效措施继续揭示发展中的风险隐患。通过加强对这些基本防控点的监督，为完善内部治理、提升发展质量、推动深化改革提供基础保障。

二是紧盯整改关键点，严控审计风险点。内部审计结果运用取决于内部审计整改情况，内部审计整改情况体现内部审计工作的成效。各部门各单位内部审计机构，要注重建立健全内部审计查出问题整改的长效机制，继续紧盯督促整改这个关键点，持续推动解决阻碍改革推进、激发活力、转型升级的深层次问题。同时，还要切实采取措施防控审计风险点，及时研究分析内部审计发现问题产生的规律和根源，推进相关机构制定有效措施，避免屡审屡犯的风险。审计机关在这些过程中，要起到有效的督促和指导作用。

三是把握制度落脚点，培养队伍增长点。各部门各单位内部审计机构，要以制度规范为依据开展内部审计工作，切实抓好制度规范的落实工作，随着形势的发展及时修订相关制度，不断适应内部审计工作新需要。内部审计队伍素质，是内部审计工作不断向前发展的根本增长点。内部审计机构需要通过培训、交流等多种途径，努力建设信念坚定、业务精通、作风务实、清正廉洁的高素质专业化内部审计队伍，让内部审计工作队伍永葆蓬勃生机。各省级审计机关也要始终以制度规范作为开展内部审计指导监督工作的落脚点，推动各部门各单位切实抓好内部审计制度建设，督促及时修订相关制度，适时检查各项制度实际执行情况。同时，要通过培训、研讨等多种途径，组织内部审计机构和人员加强业务学习和交流。审计署也将充分利用座谈调研各项成果，有针对性地组织好各类培训、交流，将提高内部审计队伍素质这个增长点真正做稳、做实。

三、全面落实《规定》《意见》，努力开创新时代内部审计工作新局面

座谈中大家谈了很多好的经验和做法。当前和今后一段时间，仍然应当精准把握，统筹推进，全面贯彻落实《规定》《意见》。

一是认真学习，进一步领会《规定》《意见》内涵。《规定》《意见》以审计法及其实施条例、《国务院关于加强审计工作的意见》和中共中央办公厅、国务院办公厅《关于完善审计制度若干重大问题的框架意见》等一系列法律法规和文件要求为依据，科学界定内部审计概念，依法确立内部审计定位，充分赋予内部审计职权。各部门各单位内部审计机构和内部审计人员、各省级审计机关和审计人员，都要进一步学习研究，更加全面、深入地领会《规定》《意见》的各项要求，真正学懂弄通，让广大审计人员明确职责权限，增强职业荣誉感，更好履行内部审计及其指导监督职责。

二是强化落实，进一步使《规定》《意见》要求落地。各部门各单位要按照要求，结合各自实际情况，推进《规定》《意见》落实：第一，进一步健全完善内部审计制度，明确内部审计工作有效领导体制，保障履职经费；第二，录用、配备内部审计人员要严格标准，并保障其依法依规独立履行职责，提高职业荣誉感；第三，将有关资料及时报送审计机关，建立有效的信息沟通渠道；第四，建立健全审计发现问题整改机制，明确整改第一责任人及时组织整改并书面告知整改结果；第五，积极主动争取党组织、董事会支持，落实《规定》各项要求，定期汇报内部审计工作，真正实现将内部审计重要事项管理纳入党组织、董事会的重要议事日程。各级审计机关要按照《规定》《意见》要求，积极对内部审计机构进行业务指导；加强对内部审计工作质量的监督，发现问题及时督促整改；有效利用内部审计力量和成果，对内部审计发现且已经纠正的问题，不再在审计报告中反映；充分发挥自身优势，积极帮助内部审计机构协调解决遇到的实际困难和问题，让内部审计机构找到归属感，自觉接受指导监督，推动内部审计工作发展。

三是深入研究，进一步细化完善内部审计工作规定。与2003年审计署颁发的内部审计工作规定相比较，《规定》提出了一系列加强内部审计工作的新措施和新办法。内审司在调研中了解到，其中一些要求的实施还缺乏具体的操作办法。各部门各单位应当充分结合各自特点，深入研究实践，为制定更加具体的操作办法总结实践经验、提出宝贵意见。比如，本次征求意见的《内部审计情况统计报表》《内部审计资料备案管理办法（试行）》等3个办法和2套评价指标体系，内审司在制定过程中，已经努力将工作需要与简化实际操作结合考虑，也分析、讨论、修改了很多次，但距离真正“有用、好用、管用”的要求还有很大距离。这次调研座谈会是听取情况会，也是征求意见会，各领域、各行业的实际情况千差万别，我们不了解的、考虑不到的关键环节仍有很多。大家提出的意见和建议都很好、很中肯，请内审司在会后深入研究，积极采纳，不断完善各项制度办法，切实发挥好指导监督作用。

以习近平新时代中国特色社会主义思想为指导　在新的起点上推进投资审计工作新发展

——在2018年投资审计研讨班上的讲话

审计署党组成员、副审计长　陈尘肇
（2018年11月29日）

同志们：

这次投资审计研讨班是署党组研究决定举办的。主题是：以习近平新时代中国特色社会主义思想为指导，全面贯彻落实党的十九大精神和习近平总书记在中央审计委员会第一次会议上的重要讲话精神，总结审计署关于进一步完善和规范投资审计工作电视电话会议一年来取得的经验成效，研究新情况、解决新问题，站在新的历史起点，迎接新挑战、把握新机遇，实现新发展。希望大家在研讨中发扬理论联系实际的优良传统，解放思想，开拓视野，坚持问题导向，总结经验、探索规律、开创新路，把我们的事业不断推向前进。

一、投资审计法治化、规范化工作取得明显成效

投资审计是国家审计的重要组成部分，是公共投资和公共工程的主要监督力量。新中国审计制度建立30多年来，投资审计从无到有、从小到大、从弱到强，始终坚持“围绕中心、服务大局”，在促进经济社会发展、深化改革、保障国家重大政策措施贯彻落实、提高政府投资绩效、保障和改善民生、推进反腐倡廉建设等方面发挥了重要作用。审计署党组历来高度重视投资审计，胡泽君审计长多次强调“投资审计历来是审计工作的亮点和品牌”，并把投资审计与财政、金融、企业、民生、经济责任并列，体现了对投资审计的新认识、新定位、新要求。

投资审计在取得巨大成绩的同时，也存在与社会主义市场经济发展某些不相适应的问题，如审计结果运用不规范和相关制度机制还不够完善等。2017年9月，为更好地贯彻落实党中央全面深化改革、全面依法治国的战略部署，顺应中国特色社会主义市场经济发展要求，落实全国人大法工委的研究意见和回应社会关切，提升审计机关依法履职能力，署党组在投资审计面临转型发展的新形势下，及时研究出台了《审计署关于进一步完善和规范投资审计工作的意见》（审投发〔2017〕30号，以下简称《意见》）。审计署随后召开了全国审计机关贯彻落实《意见》电视电话会议（以下简称电视电话会议），胡泽君审计长出席会议，并发表了讲话。一年多的实践证明，《意见》出台和电视电话会议的召开取得了很好的效果。《意见》作为投资审计规范化、制度化的基础性文件，明确了新时代投资审计发展的方向，破解了投资审计多年累积的突出矛盾，解决了投资审计人员存在的误解、疑惑等思想认识问题。《意见》下发后，社会反映良好，针对投资审计的信访明显下降，做到了平稳过渡。从调研和检查情况看，《意见》贯彻落实情况整体较好。

（一）投资审计全面发展取得新成效。

各级审计机关在当地党委、政府和上级审计机关的领导指导下，加强公共投资建设项目审计监督，揭示社会经济运行中各类风险隐患，围绕三大攻坚战开展民生资金和项目审计，促进了重大政策措施贯彻落实和投资绩效提高，保障了当地经济社会持续稳定健康发展。如北京、河北审计机关和相关特派办在冬奥会跟踪审计中认真贯彻落实习近平总书记批示，紧紧围绕“四大办奥理念”和京津冀协同发展战略开展工作，为促进北京冬奥会顺利举办提供保障。辽宁、黑龙江、江苏、福建、湖北、江西等审计机关围绕党委、政府中心工作，对“三去一降一补”、经济结构调整和转型升级、“放管服”改革政策落实情况等全省深化改革发展具有重大影响的项目和关键领域开展审计监督，得到省委、省政府主要领导的充分肯定，取得了良好的效果。

（二）法治意识明显增强。

一是投资审计制度“废、改、立”取得预期成效。《意见》下发后，各地审计机关认真传达贯彻落实电视电话会议精神，推动了各级地方人大、政府及有关部门及时清理、修订、完善有关地方法律法规和规章制度，全国人大法工委研究意见指出的第一、二种情况全部得到清理纠正。从各级审计机关上报情况来看（下同），截至今年 8 月底，全国共清理、修订、制定相关地方性法律法规 900 余部、规章制度 2700 多个。如云南、青海、新疆生产建设兵团等审计机关配合省政府和兵团新修订出台了政府投资项目审计监督办法等文件，为强化投资审计职能，加强审计结果运用提供了制度保障。二是“监管分离”逐步规范。投资审计介入建设项目管理的现象逐步扭转。各级审计机关开展“以审代结”的投资审计项目呈现收缩趋势。特别是，吉林、上海、广东、西藏、深圳、厦门等审计机关在投资审计项目中不再实施“以审代结”项目。

（三）投资审计“三个转变”稳步推进。

一是各级审计机关紧紧围绕《意见》和胡泽君审计长讲话要求，采取有效措施，努力推进“三个转变”（从数量规模向质量效益转变、从单一工程造价审计向全面投资审计转变和从传统投资审计向现代投资审计转变）。如安徽、湖南、重庆等审计机关统筹审计资源，坚持“五审并举”“4＋N”公共工程投资审计等全面投资审计模式，推进改变传统投资审计的方法、模式，进一步强化了投资审计监督。二是地方各级审计机关按照全覆盖和“突出重点、量力而行、确保质量”的要求，不断提升审计计划的约束力。片面追求“凡投必审”，项目过多、任务繁重、质量没保证的情况有了明显好转。据统计，2018 年各级审计机关投资审计年度计划项目比 2017 年减少了三成。三是各级审计机关积极采取有效措施，规范聘用社会中介机构参与投资审计工作。如贵州、新疆、四川成都等审计机关通过制定《审计机关向社会购买专业审计辅助服务管理办法》、“四书一表”、结果复核等制度机制，明确了购买服务基本原则、用管分离、监督管理等要求，进一步强化了对购买服务的管理。为统一思想，提高认识，地方各级审计机关召开贯彻落实《意见》精神培训会、研讨班，培训人员 14 万人次，做到了对投资审计人员培训的全覆盖，取得良好效果。

在看到成绩的同时，我们也要清醒地认识到，与新时代新要求相比，投资审计工作还存在一些发展不充分、不平衡和不规范的问题，各地对《意见》的贯彻落实，全面正确理解也还存在一定差距和不足，有的地方投资审计尚未全面退出项目建设管理，有的审计项目计划管理有待加强，有的投资审计结果运用有待继续规范，有的过度依赖外聘中介服务存在风险，有的投资审计转型推进较慢。这些问题希望大家一起认真讨论，畅所欲言、集思广益，由固定资产投资审计司（以下简称投资司）集中解答，我就不多讲了。调研检查中发现的《意见》贯彻落实不到位问题，各地审计机关要高度重视，认真做好“回头看”，做好对照检查，举一反三，逐条梳理并提出针对性的整改措施，制定详细的时间表和路线图，并将整改结果向当地审计委员会（党委）、政府和上一级审计机关报告。对《意见》贯彻落实不到位问题的整改工作，务必抓落实、见成效，投资司要切实加强督促检查。

二、新时代审计监督的新定位、新要求，为投资审计开辟了广阔的前景

今年是庆祝改革开放 40 周年。新中国审计制度是改革开放的产物，投资审计伴随着我国改革开放和现代化建设不断成长壮大，成绩斐然。今天，中国特色社会主义事业进入了新时代，审计事业正处于历史上最好的发展时期，投资审计面临着前所未有的发展机遇。

（一）新时代党中央对审计工作提出了更高的要求。

党的十九大作出改革审计管理体制的决策，

党的十九届三中全会决定组建中央审计委员会，办公室设在审计署。目前，中央审计委员会已经成立，地方党委也陆续设立了审计委员会。这标志着中国的审计事业进入了一个崭新时代，平台更大、地位更高、作用更突出、责任更重大，同时，也意味着党中央对审计工作提出了更高的要求和新的期待。中央审计委员会第一次会议明确提出，改革审计管理体制，组建中央审计委员会，是加强党对审计工作领导的重大举措。要落实党中央对审计工作的部署要求，加强全国审计工作统筹，优化审计资源配置，做到应审尽审、凡审必严、严肃问责，努力构建集中统一、全面覆盖、权威高效的审计监督体系，更好发挥审计在党和国家监督体系中的重要作用。这要求我们必须坚决维护习近平总书记党中央的核心、全党的核心地位，坚决维护党中央权威和集中统一领导，牢固树立“四个意识”，坚定“四个自信”，坚持以习近平新时代中国特色社会主义思想为根本遵循，指导新时代审计工作，深刻认识和把握新时代的新特点、新使命、新部署、新要求，围绕贯彻落实党的十九大作出的重大决策部署，围绕统筹推进“五位一体”总体布局和协调推进“四个全面”战略布局扎实开展审计监督，紧扣我国社会主要矛盾变化，按照“突出抓重点、补短板、强弱项”的要求，聚焦促进解决发展不平衡不充分问题，聚焦促进提升发展质量和效益，聚焦促进满足人民日益增长的美好生活需要，坚持依法审计、文明审计，客观求实、开拓创新，对公共工程等领域实行审计全覆盖，把党的十九大精神贯彻落实到各项投资审计工作中。

（二）经济高质量发展和深化投融资体制改革为投资审计提出了更高更大更新的需求。

进入新时代，我国经济由高速增长阶段转向高质量发展阶段。党的十九大报告提出，深化供给侧结构性改革，加强水利、铁路、公路、水运、航空、管道等基础设施网络建设。今年7月，中共中央政治局召开会议分析研究当前经济形势明确提出，当前经济形势稳中有变，经济下行压力有所加大。要把补短板作为当前深化供给侧结构性改革的重点任务，加大基础设施建设。同时强调，做好“六稳”，即稳就业、稳金融、稳外贸、稳外资、稳投资、稳预期工作。10月，国务院办公厅印发《关于保持基础设施领域补短板力度的指导意见》，要求保持基础设施领域补短板力度，聚焦铁路、公路水运、机场、水利、能源等重点领域短板，加快推进已纳入规划的重大项目。今年下半年以来，各种补短板基建项目迅速落地，第一产业投资始终保持较快增长，1至8月份同比增长14.2%，水利工程在建项目投资总规模超过1万亿元，基础设施传统投资重点的“铁公机”后劲昂扬，这些投资客观上对投资审计监督产生了巨大的外部需求。与此同时，党中央、国务院明确要求深化投融资体制改革，要将投资管理工作重心逐步从事前审批转向事中事后监管，加强投资项目审计监管，健全政府投资责任追究制度等。这也为投资审计发展创造了新的机遇，投资审计要紧紧围绕党中央、国务院的决策部署，以及当地党和政府中心工作，贯彻新发展理念，不仅要强化对项目建设的审计监督，还要着力在推动投融资体制改革、放管服改革，推动降低制度性交易成本，推进PPP等政府和社会资本合作项目健康发展，促进政府投资绩效以及引导和带动作用发挥等方面积极作为。

（三）改革审计管理体制为投资审计注入了新的动力和活力。

首先，改革审计管理体制，优化审计署职责，扩大了审计监督职责，为投资审计工作创新发展和更好发挥审计监督作用，提供了强有力的体制保障。其次，将财政部、国资委、发展改革委有关与审计重复交叉的监督职责整合到审计署，实行资源优化配置，形成监督合力，审计力量和职能进一步加强。目前，审计署新印发的“三定”方案，投资审计职责由原先的5项增加为6项，更加完整强化。要认真贯彻落实党中央关于审计监督全覆盖的要求，进一步拓展投资审计监督的广度和深度，投资审计未来舞台更大，发展空间更广阔，将大有可为。

三、勇于担当、锐意进取，努力开创投资审计工作新局面

新的机遇伴随着新的挑战。在新的历史条件下，投资审计要牢牢抓住机遇，乘势而上，保持来之不易的良好发展势头，新时代、新气象、新作为，努力开创新时代投资审计工作新局面。

（一）提高政治站位，拓宽发展视野。

习近平总书记关于新时代审计监督的重大论述，思想深刻，内涵丰富，是我们做好审计工作包括投资审计工作的根本遵循和行动指南，我们要认真学习，深刻领会，进一步提高政治能力和政策水平，进一步拓宽发展视野。

一是提高政治能力，深刻领会新时代审计工作的新定位。首先，审计机关是政治机关，要旗帜鲜明讲政治，把党对审计工作的领导贯穿始终。审计工作涉及党和国家事业全局，我们要坚决做到“两个维护”，牢固树立“四个意识”，坚定“四个自信”，提高把握方向、把握大势、把握全局的能力，辨别政治是非、保持政治定力、驾驭政治局面、防范政治风险的能力，始终在思想上、政治上、行动上与党中央保持高度一致，从讲政治的高度，贯彻落实党中央各项决策部署，推动改革发展，推动投资审计工作新发展。其次，审计监督的基本功能是经济监督，主要对所有管理、分配和使用公共资金、国有资产、国有资源的部门单位是否忠实履行法定职责、是否严守财经纪律，其经济活动是否真实、合法、有效，依法进行检查和评价。我们开展投资审计业务，都必须准确定位，恪守审计的权力边界，避免职责不清、方向不明，重点不突出的问题，切实做到审计监督不缺位、不错位、不越位。要认真落实全覆盖的要求，将应审项目全部纳入视野，一方面要研究新情况、解决新问题、把握新趋势，把投资规划、投资结构、投资效率等重点关注内容置于经济社会运行的大背景下进行分析，把审计发现的具体问题放在改革发展大局下进行审视，如研究分析国土空间规划、交通和信息网络布局是否科学，不仅要考虑经济效益，也要考虑政治、社会、生态、民生等多方面综合效益；另一方面，要加大对重点领域、重点环节、重要事项和重要岗位的审计监督力度，揭示资金使用和资产管理运营中的重大违纪违法问题。第三，坚持问题导向。我们不仅要善于发现问题，还要认真分析研究，提出恰当的、可行的处理意见建议，促进问题的解决，切实发挥投资审计的重要作用。

二是提高政策水平，深化和拓宽投资审计领域。习近平总书记在中央审计委员会第一次会议上指出，要拓展审计监督广度和深度，消除监督盲区，强调“三个加大”，即加大对党中央重大政策措施贯彻落实情况跟踪审计力度，加大对经济社会运行中各类风险隐患揭示力度，加大对重点民生资金和项目审计力度。要求“四个促进”，即促进经济高质量发展，促进全面深化改革，促进权力规范运行，促进反腐倡廉。这要求我们必须与时俱进，转型发展，持续深化和拓展投资审计新领域。首先，坚持全覆盖，公共工程审计中要高度重视对党中央重大决策部署贯彻落实情况的审计，特别要关注重大公共工程建设政策目标是否实现，政策措施是否落实，重点任务是否完成，绩效情况如何。其次，要着力揭示经济运行中的各类风险隐患，如地方政府性债务、污染防治、生态环境保护等方面存在的薄弱环节、风险隐患和政策倾向性、苗头性问题。第三，始终把保障和改善民生作为投资审计的出发点和落脚点。加大对投资领域的民生资金和项目审计力度，关注拖欠农民工工资、拖欠工程款、侵占基本农田等问题，促进让人民群众有更多获得感，把党的爱民惠民温暖送到千家万户。审计中还要特别关注促进深化商事制度改革，优化营商环境，完善监管体制，坚持“两个毫不动摇”，审计延伸民营企业务必严格依法依规，审慎稳妥，坚决维护好公平竞争的市场环境，促进民营企业为我国经济高质量发展做出新贡献。第四，加大对腐败高发领域的审计力度，着力查处征地拆迁、招投标、设备材料采购、工程结算等重点环节的腐败问题，促进每一项公共项目都成为阳光项目、廉洁项目和安全项目，维护社会主义市场经济秩序。我们要主动认识这些新变化，适应新常态，通过投资审计的“三个转变”，努力提升审计层次和水平，认真贯彻今年7月和10月的两次中央政治局会议和年底前将召开的中央经济工作会议精神部署要求，践行新发展理念，推动经济高质量发展，促进国家“十三五”规划的实施，全力推动供给侧结构性改革、“三去一降一补”、三大攻坚战和“六稳”等任务落实。

（二）严格依法审计，服务全面依法治国战略部署。

全面依法治国是“四个全面”战略布局的重要内容，习近平总书记指出，要坚定不移走中国特色社会主义法治化道路。依法治国首先是依宪治国。审计监督权是宪法确立的，作为一项公权力，我们都要切实增强法治意识和法治思维，自觉把宪法精神和法律要求贯穿于审计活动的全过程。胡泽君审计长也多次强调要严格依法审计，恪守权力边界。在投资审计工作中，我们要严格依照法律规定的职责、权限、范围和程序实施审计，依据法律、法规和国家有关规定进行评价，并在法定职权范围内作出处理。当前特别要重点关注4个方面的问题：

一是进一步促进完善部门和地方法规。认真梳理不符合国家法律法规要求、《意见》要求的部门和地方法规及规章制度，及时提请相关部门进行清理、修订和完善。我们要研究审计署等六部委1996年印发的《建设项目审计处理暂行规定》执行中的有关问题，将其合理内容吸纳到其他相关法规中。

二是注意保持审计的独立性。要准确把握投资审计监督和建设项目管理的边界，基层审计机关要切实纠正"以审代结"的做法。各级审计机关要采取切实手段，从参与项目建设管理和各种议事机构中退出来。同时，要积极向地方党政领导同志汇报，保证审计经费等方面的独立性，不得再要求被审计单位支付应由财政承担的聘请社会中介机构的审计费用。

三是坚决防止审计监督权力滥用风险。投资审计工作专业性强、工作量大，在人力资源不足的情况下，可以采取购买服务和聘请专家参与审计的方式开展工作，这种由政府购买服务的方式也是国际上通行做法，但是绝对不能由社会中介机构代替审计监督，把审计项目完全委托给社会中介机构审计，对其审计结果不作审查，甚至"一委了之"，当甩手掌柜，这是不行的。据调研，近两年审计机关完全委托中介机构进行审计的投资项目，尤其是地市、县区两级的比例还较高。这种做法会弱化国家审计的监督权，也容易产生质量和廉政风险问题。各级审计机关要采取切实有效的手段和措施，规范购买和使用中介审计服务，加强全过程监管。对弄虚作假、恶意串通等严重失信和违反职业道德的社会中介机构、执业人员要依法依规加大通报和责任追究力度。

四是审慎稳妥、客观求实，不断提高投资审计的层次水平。首先，要坚持法定职责必须为、法无授权不可为，认真履行法定职责。据了解，有的县区级审计机关2017年、2018年未开展投资审计，还有没有个别省级审计机关2018年未开展投资审计工作的？长期不开展投资审计和片面理解《意见》，放弃投资审计阵地搞"一退了之"是错误的，这些问题要尽快纠正。同时，做好投资审计的全口径统计等工作，除了投资审计部门开展的投资审计项目外，还要包括在其他专业审计领域的投资审计内容。对确实没有开展投资审计或放弃投资审计职责的，投资司要在调研摸底的基础上，要求其全面贯彻落实《意见》。其次，要坚决纠正"审计包打天下"的思想和行为。特别是，不得违规干预、插手审计对象的合法生产经营和管理活动。第三，要认真落实"三个区分开来"的要求，要历史全面客观求实地看待审计发现的问题，耐心听取审计对象的意见，认真研究审计对象提供的资料，充分沟通，使审计结论更客观、公允，更经得起历史的检验。

（三）加强对地方投资审计工作的领导和指导。

我们要切实加强党对审计工作的领导。按照全国"一盘棋"的要求，进一步加强对地方审计机关的领导，特别是对市、县一级审计机关的领导。

一是要做好上下级审计机关之间的联通。审计署投资司和省级审计机关要深入开展调查研究，做好顶层设计，加强宏观政策分析，认真研究全覆盖的范围和路径，做好行业发展规划引导，总结推广成熟经验，做好审计工作统筹谋划。上级审计机关要加强对下级审计机关的领导，并加强监督检查。各级审计机关要强化上下联动，推进优化配置审计资源。

二是做好各审计机关之间的横向联系，要加强特派办和地方审计机关之间，不同地区审计机关之间的横向业务交流和沟通，以审代训，相互学习借鉴、相互支援协作。

三是做好各审计项目之间的统筹，按全覆盖的要求，统筹安排好投资审计与其他审计项目。

审计署投资司和省级审计机关要突出抓好基层投资审计工作。投资审计的力量很重要的是在基层、成果很大部分在基层，经验创新有很多是在基层，当然问题不少也出在基层。要高度重视市、县级审计机关面临的困难和压力，要坚持从实际出发，坚持问题导向，定实策、出实招、见实效，对重点事项要重点督办，支持和督促市、县级审计机关规范完善，切实实现“三个转变”。市、县级审计机关一定要自觉主动适应“三个转变”，依法履行好投资审计监督的职责。

（四）坚持科技强审，大力推进投资审计信息化建设。

一是高度重视审计信息化建设。我们正处于一个高度信息化、现代化时代，各种新技术新业态新模式层出不穷，科学技术进步不断改变和影响着人们的思维方式和行为方式。我们一定要牢固树立战略思维和全局视野，认真学习践行习近平总书记提出的“坚持科技强审，加强审计信息化建设”的重要指示精神，创新审计理念，充分运用现代技术和手段开展投资审计工作，落实好胡泽君审计长“向信息化要资源、向大数据要效率”的要求，不断提高投资审计全覆盖的科技支撑。在审计实践中，要广泛运用大数据分析和现代工程技术、智能化技术，解决投资审计实践中突出问题。如利用卫星、航天、航空遥感测绘，无人机监测技术开展征地拆迁、生态环境保护方面的审计，运用地质雷达探测隐蔽工程，应用智能化软件快速开展工程造价审计等。同时，做好与财政、金融、企业等多维关联分析，及时推进这些新技术、新手段，并在实践中不断创新投资审计的新思路和新方法。

二是把握规划要求，统筹协调推进。署党组高度重视信息化建设，成立了审计署网络安全和信息化领导小组，以“金审工程”三期建设为契机，着力提升大数据审计能力。投资司要按照“统一规划、两级部署、以用为本”总体思路，加强《投资审计数据规划》《投资项目数据采集标准》《投资审计项目库》《投资项目数字化审计操作指引》的制定，目的是做好顶层设计，强化全国审计大数据“一盘棋”，全面系统地推进审计信息化建设。各省级审计机关要按照审计署的统一规划，结合本地区实际情况落实好，确保三期工程整体协调推进，特别是要结合审计相关改革，统筹考虑信息化建设问题。要加强与电子数据审计司、投资司沟通联系，交流实践成果，多提意见建议，汇聚全行业智慧，促进尽快形成可操作、可推广、可复制的投资项目大数据审计工作模式。

三是以用为本，关键在实践。坐而论道、纸上谈兵，将一事无成。从各地反映的情况和总结的经验来看，天津滨海新区、山东青岛、山西阳泉等审计机关已开展了利用现代化手段和大数据审计的先行先试，取得了很好成效。大家要在思想上高度重视现代技术的学习和推广，正确研判形势，深刻认识到大数据审计是新时代审计发展的大势所趋，审计信息化是提升审计监督效能、实现审计全覆盖的必由之路，主动对标先进。地方审计机关，尤其是市县，也要积极开展投资审计数字化实践。可以按照“全面投资审计”相关要求，坚持问题导向，围绕某项或某几项数据条件较好的审计内容，如投向、结构、结算、招投标、财务管理等，积极开展数字化审计，重点解决技术瓶颈问题。要将投资审计的新实践与当前工程建设新技术、信息化建设新手段等深度融合，充分发挥投资审计后发优势，尽快将现代科学技术转化为生产力，进一步提升投资审计工作成效。

（五）加强队伍建设，提高综合素质。

习近平总书记指出，要加强审计机关自身建设，以审计精神立身，以创新规范立业，以自身建设立信。审计机关各级党组织要认真履行管党治党政治责任，努力建设信念坚定、业务精通、作风务实、清正廉洁的高素质专业化审计干部队伍。这是新时代党和国家对我们寄予的殷殷厚望。在新的起点上，只有不断提高专业能力、综合素质，才能不断推动投资审计工作的新发展。

一是加强党的建设。党的建设统领工作全局，关系到教育党员、培养干部、指导推进业务等一系列重大而现实的问题。我们要深入学习贯彻党的十九大精神和习近平新时代中国特色社会主义思想，在加强党的政治建设、强化理论武装、选好人用好人、抓好基层党组织建设以及锻造党建队伍上下功夫，坚持“严”字当头，坚定不移推动全面从严治党向纵深发展。要全面把握党的政治建设的丰富内涵和具体要求，坚决做到“两个维护”，牢固树立“四个意识”，增强“四个自信”，并以党建促业务，认真贯彻落实党中央各项决策部署，充分发挥党员干部的先锋模范作用，自觉做党的政治路线的拥护者、支持者和参与者。各单位党员领导干部要切实履行管党治党责任，特别是“一把手”要负起第一责任人责任，各分管领导要切实履行“一岗双责”，从实际出发，组织推动本单位党建工作，切实做到全面从严，严字当头，一严到底，加强和规范党内政治生活。严格落实“三会一课”等制度，提高质量效果，加强党员教育管理监督，使党建工作与业务工作有机融合，有效防止“两张皮”现象。

二是持续加强党风廉政建设。作风建设永远在路上，坚持抓小、抓早，抓实、抓细，抓严、抓久。这里我重点强调3个方面：第一，要严格遵守党纪国法，遵守各项廉政纪律，严格执行中央八项规定及其实施细则精神，执行审计“四严禁”工作要求和“八不准”工作纪律。投资审计是廉政风险防控重点领域，今年我署通报的廉政案例，近三成是发生在与投资审计有关的领域。这些案例警醒我们要深刻汲取教训，警钟长鸣，举一反三，防微杜渐，尤其是和审计对象等的接触过程中，一定要做到公私分明，坚守住廉政纪律的红线，并切实抓好教育、管理和监督。严管就是厚爱，要把全面从严治党和党风廉政建设的部署，把从严管理干部的要求，贯彻落实到工作的全过程。同时要用科学方法进行管理，切实严到位，严到点子上。第二，要做好保密工作，保密工作无小事，要始终绷紧保密这根弦，不能心存侥幸，安而忘危、忙而不顾。第三，要严谨细致，提高审计报告质量，强化过程监督和审理审核制度，决不能出现重大问题没有核实清楚就上报的情况。特别是，各级领导干部要发挥“头雁效应”，驰而不息整治“四风”，坚决反对以会议落实会议，以文件落实文件等形式主义、官僚主义，要狠抓落实，坚持问题导向和结果导向，发现问题要严肃问责。坚决防止出现表态多、调门高、行动少、落实差的问题。

三是持续加强能力建设。胡泽君审计长在今年集中整训上提出，审计人员要具备政治能力、专业能力、宏观政策研究能力和审计信息化能力。政治能力就是正确把握政治方向，坚定站稳政治立场，严格遵守政治纪律，善于从政治上把大局、看问题的能力。专业能力就是具备良好的专业素养（包括扎实的专业基础和相关领域的知识），在审计工作中做内行人、说内行话、办内行事的能力。宏观政策研究能力就是善于从政策研究中去思考和分析问题、提出推动问题解决有效方法的能力。审计信息化能力就是具备大数据审计思维，善于运用大数据查核问题、评价判断、宏观分析的能力。这“四种能力”非常重要，请大家采取切实可行的方法，在实践中不断总结提高。此外，要加强对干部，特别是青年审计干部的培养和培训工作，开展有重点、抓实效、重实战的培训工作，在政治上教育、引导他们，在工作上相信、锻炼他们，在生活上关心、关怀他们，严暖结合，不断提高投资审计人员的专业化素质和审计工作能力，努力培养优秀青年审计干部队伍，保障投资审计工作长远发展。

同志们，让我们认真学习贯彻习近平新时代中国特色社会主义思想，以及中央审计委员会第一次会议精神，通过这次研讨班，进一步统一思想、提高认识、凝聚共识，以时不我待、只争朝夕的精神，用投资审计不断开创的新业绩为改革开放和现代化建设持续添瓦增砖！

以科技强审理念为引领　奋力开创新时代大数据审计工作新局面

——在2018年度大数据审计研讨班上的总结讲话

审计署党组成员、副审计长　袁　野

（2018年12月3日）

同志们：

2018年5月23日，在中央审计委员会第一次会议上，习近平总书记明确指出，“要坚持科技强审，加强审计信息化建设”。署党组深入学习贯彻习近平总书记重要讲话精神，全面落实党中央、国务院对于审计工作的各项决策部署。为了准确把握和适应新时代赋予审计的新定位、新使命、新任务，胡泽君审计长提出，“向信息化要资源，向大数据要效率”，为全国审计机关开展大数据审计工作指明了方向。全国各级审计机关深入践行科技强审理念，提高政治站位，探索信息化审计路径方法，不断加大数据分析和运用力度，持续提升能力。各业务司充分发挥引领指导作用，梳理、总结和推广本领域的经验做法，共同推动大数据审计工作迈上新台阶。

今天，我们举办这个研讨班，就是为了深入学习贯彻党的十九大精神和习近平总书记在中央审计委员会第一次会议上的重要讲话精神，展示各领域在科技强审理念的指引下，开展大数据审计的主要做法和成果。在形式上，这也是“金审工程”建设实施以来，首次由我们各业务司主要负责同志，就本领域开展大数据审计的思路、取得成果和典型案例进行报告展示。受胡泽君审计长委托，我讲三点意见，供同志们研究参考。

一、持续提升应用能力，大数据审计工作成效显著

多年来，各级审计机关不断强化大数据审计理念，持续加强网络信息基础设施平台建设，健全完善大数据审计体系，大力推进数据集中，深化数据分析运用，注重维护网络信息安全，着力打造高素质专业化数据团队，为履行审计监督职责提供了重要保障。

（一）科技强审理念不断强化。党中央、国务院一直高度重视信息化工作，习近平总书记在党的十九大报告中指出，要增强改革创新本领，善于结合实际创造性推动工作，善于运用互联网技术和信息化手段开展工作。当前，审计署各单位、地方各级审计机关旗帜鲜明讲政治，牢固树立“四个意识”，坚决做到“两个维护”，从更好服务党和国家大局、更好发挥审计监督作用、更好推进审计事业长远发展的高度，充分认识审计信息化建设的重要性和紧迫性，积极主动适应信息化、网络化的时代要求，立足实际、长远规划、持续推进，把信息化作为解决现实紧迫问题和发展难题的重要手段和实现途径，充分发挥信息技术在各领域的作用。实践证明，信息化建设在提升审计工作质量和效益方面取得了明显成效，为审计事业发展提供了重要的推动力。

（二）大数据审计平台建设扎实推进。一是注重“统一规划、两级部署”，不断加强顶层设计，审计署印发了《金审工程三期项目重点任务实施方案》和网络系统建设指南等7个指导性文件，着力构建互联互通的基础平台。二是坚持“以用为本”，以做好需求分析作为切入点，确保应用系统可用、实用、好用。前一阶段，各业务司已经向署“金审工程”三期项目建设办公室（以下简称项目办）提出了需求，通过各方的共同努力，已基本完成国家审计大数据中心等年底需上线试运行的应用系统需求梳理，为软件开发奠定良好基础。三是加强统筹协调，加快推进“金审工程”三期建设。在项目办统一组织协调下，署各相关单位和地方审计机关，相互协作，共同推进，先后完成了招投标、技术路线确定和方案制订等工作，目前“金审工程”三期建设已进入全面研发阶段。

（三）大数据审计体系日益健全。大数据是信息化发展的必然趋势，大数据审计是审计机关适应时代发展的必然选择。不断强化制度建设，先后出台了审计业务电子数据管理和共享审计业务电子数据等规定，明确了数据采集、管理、使用、安全等各环节要求，各业务司、派出局、特派办全面强化数据采集、标准化和应用工作，初步构建了较为完备、规范的大数据审计体系；地方各级审计机关也结合实际构建大数据审计体系，取得较好成效。从今天各业务司的报告情况来看，各领域大数据体系建设日渐完善，取得较好效果。税收审计领域，积极应用“政策＋数据”大数据审计模式，找准征管漏洞，打破数据藩篱，透过数据看政策效果和征管职责履行，不断推动税收审计全覆盖；教科文卫审计领域，梳理众多被审计单位及信息系统，下大力气做好数据采集和标准化等基础工作，制定发展规划，明确未来大数据审计工作的方向和重点；固定资产投资审计领域，围绕全覆盖目标，制定投资审计项目库、数据规划、数据采集标准和数字化审计操作指引，深化投资审计的高度、广度和深度；社保审计领域，初步形成多层次审计数据分析指导体系，利用大数据开展总体分析和趋势分析，揭示社会保险基金存在的风险和制度缺陷，推动相关制度的健全和完善；涉外审计领域，研究制定境外国有资产审计信息化管理和数据分析方法操作指引，为境外大数据审计实践提供操作层面的具体指导；经济责任审计领域，通过数字化对审计对象实施动态管理，建立了大数据审计联动工作机制，运用大数据追踪机制促进审计整改，资源成果共享程度不断提高。

（四）大数据审计运用初见成效。今天的研讨班既是大数据审计培训班，实际上也是在信息化条件下如何利用大数据开展审计业务的培训班。各业务司、各领域条线，都在积极推进大数据审计工作，通过信息化、数字化、网络化，践行“总体分析、发现疑点、分散核查、系统研究”的数字化审计模式，提高审计监督、过程控制、决策支撑能力，提升了审计质量和效率。从展示的成果和典型案例看，成效还是显著的。财政审计领域，积极总结地方经验成果，实现中央财政指标账、国库支付账、部门预决算和财务核算数据的大关联，初步形成总体和重点问题分析模型体系，为做好中央一级预算单位数据分析全覆盖打下坚实基础；企业审计领域，持续优化大数据环境下的审计组织模式，积极创新大数据审计技术应用方法，把握总体、聚焦重点、锁定疑点，提升审计质量和效率；农业农村审计领域，聚焦脱贫攻坚，努力做好数据采集规范化、覆盖范围全面化、技术手段高新化等5方面工作，推进全国扶贫审计提质增效；资环审计领域，运用大数据从宏观上把握资源环境总体情况，核实自然资源资产实物量，服务于领导干部自然资源资产离任审计评价，助力审计在更高层次发挥建设性作用；金融审计领域，以大数据审计新技术为依托，在“大联行”和“大市场”的新思路指引下，打造金融信息资源格局，让金融各领域的数据资源互联互通，为实现审计监督的全覆盖奠定坚实基础。

二、提高站位，充分认识大数据审计面临的新形势和新任务

党的十九大以来，党中央明确了“改革审计管理体制”的决策部署，强调“构建集中统一、全面覆盖、权威高效的审计监督体系，更好发挥审计监督作用”。党中央和国务院对审计工作提出了更高的要求，社会各界对国家审计有了更多的期盼。为了完成好党中央和国务院的要求，不辜负人民群众的期盼，大数据审计在国家审计事业中所扮演的角色日益重要，所承担的责任更加重大。我们要提高政治站位，充分认识当前大数据审计面临的新形势和新任务。

（一）推动大数据审计，数据的采集是基础。数据量大，数据多样性，数据要素全，是大数据最基本的几个特征。缺少了数据，大数据审计就

会变成无本之木，无源之水。要想使数据真正实现价值，真正发挥作用，势必首先进行数据采集集中，只有数据积累到一定程度，不同领域、不同行业、不同层级数据之间的真正关系才能显现出来，数据价值才能真正实现从量变发展到质变。过去相当长一段时间，数据采集是个难题，受一些政策和制度的约束。随着国家法律法规的进一步完善，特别是 2018 年 5 月，习近平总书记在中央审计委员会第一次会议上指出，“各地区各部门特别是各级领导干部要及时、准确、完整地提供同本单位本系统履行职责相关的资料和电子数据，不得制定限制向审计机关提供资料和电子数据的规定，已经制定的要坚决废止”。总书记的这一要求，为各级审计机关采集电子数据提供了最坚实有力的支撑和保障。从体制机制上来说，数据采集的障碍已经基本解决了。但目前，数据采集仍存在能力不足，采集数据没有对标审计目标和审计要求的问题。有些数据采集方案中，明确要求采集被审计单位的全库数据，这不是审计数据采集之道。数据采集，要对标审计目标，要紧紧围绕习近平总书记要求，立足加大对中央政策措施落实情况的跟踪审计力度，立足加大对经济社会运行中各类风险隐患揭示力度，立足加大对重点民生资金和项目审计力度，有针对性的采集数据，而不是简单的全库采集。如果将存储量大、质量差、价值不高的数据，纳入采集范围，反而会造成大量的资源浪费，影响我们挖掘真正需要的数据。

（二）推动大数据审计，数据的标准化是关键。运用数据，首先要做的就是标准化。只有经过标准化处理、审计人员可以理解的、与业务建立逻辑映射的数据，对审计工作才有真正的价值。同时，我们也注意到受审计对象信息化发展水平的制约，电子数据呈现系统多样、结构不一、格式各异等零散化、碎片化特点，部分现有电子数据质量不高，给标准化和整合带来极大困难。如全国各市县财政信息系统设计不统一、功能不一致、结构差异大。作为大数据审计基础工作，数据标准化任务重、周期长、工作烦琐，少数单位和人员对数据标准化工作的意义认识不足，工作主动性不强。我们要认识到，大数据审计，是事关审计事业长远发展的重大工程，而数据标准化，好比古代的“书同文、车同轨”，是做好大数据审计的关键，是各级审计机关、全体审计人员共同的责任。但目前，审计机关采集到的数据完成标准化的比例还不够高，数据标准化工作任重道远。

（三）推动大数据审计，数据的运用是目标。2017 年 12 月中共中央政治局第二次集体学习时，习近平总书记指出，善于获取数据、分析数据、运用数据，是领导干部做好工作的基本功。各级领导干部要加强学习，懂得大数据，用好大数据，增强利用数据推进各项工作的本领，不断提高对大数据发展规律的把握能力，使大数据在各项工作中发挥更大作用。胡泽君审计长多次强调，加强审计信息化建设，要牢牢把握“统一规划、两级部署、以用为本”的总体思路，统筹推进各项工作任务。对于审计数据来说，采集的目标就是要分析运用，如果只采集不用，我们的数据就会成为“闲置数据”“僵尸数据”，而且还耗费了大量的资源。我们不光要积极运用，还要运用好。对于审计人员而言，积极运用好数据，既是全面贯彻落实总书记重要指示的需要，也是每个审计人员的职责和使命，同时对审计人员的基本功和专业水平提出了更高要求。但目前，各单位数据运用不平衡、不充分的问题仍然存在，对运用大数据查核问题、评价判断、宏观分析的能力和水平也参差不齐，高素质的大数据分析人才较为缺乏，在分析思路上创新还不够，技术水平还须进一步提高，“五个关联”的数据运用目标尚未完全实现。

三、适应时代发展要求，进一步强化大数据思维和应用能力

随着互联网、大数据等信息技术深入发展，网络化、信息化、智能化已融入人类生产生活的方方面面，对经济社会发展及国家治理方式产生巨大影响。对审计机关来讲，党政机关、金融机构、国有企业等审计对象都在加快信息化建设，信息系统日趋复杂、数据规模急剧增长，审计机关只有坚持科技强审，特别是要持续做好数据采集管理和标准化、人机协同、共创分享及跨界融合等方面的强化、创新、发展，才能查出问题、提出建议，否则，就会被时代淘汰。

（一）数据驱动，夯实大数据审计基础。通过相关单位定期报送、审计项目实施期间采集等方式，我们收集了大量数据，涉及财政、金融、企业、社保、资源环保等领域，为开展审计工作提供了数据基础。下一步，署各业务司、派出局、特派办和地方审计机关要群策群力，结合审计工作的重点任务和关注点，深入分析被审计单位履行职责情况和财务、业务特点，把好数据入口关，不断提升采集数据的精准度和重要性水平。要做到对审计工作最有价值的数据全部优先采集，其他次要的数据，依据工作实际和要求，逐步推进采集。采集只是开始，更加重要的是做好数据标准化工作。一方面，审计机关可以通过审计进一步推动完善被审计单位和部门数据标准的统一，推动被审计单位配合做好标准接口，从源头上提升数据的规范化。另一方面，审计机关要苦练内功，持续推进已采集数据的标准化。2018 年，各业务司牵头制定了领域内的数据规划，为数据标准化提供了规范指引。但目前还没有覆盖所有的业务和领域，随着审计对象信息系统和数据内容的变化，数据规划也要及时调整，及时完善丰富，确保涵盖被审计单位履行职责的各个方面。同时，要注重应用新技术和新工具，提高标准化工作的自动化、智能化水平。目前，很多单位都与被审计单位建立了数据标准化采集的工作流程，但是很多流程往往只用一次，还没有建立长效机制。今后，一定要逐步建立标准化的采集流程、技术和方法，形成长效机制，进一步在数据分析上加大力度，践行数字化审计模式，加强跨行业、跨部门、跨地区电子数据关联分析，深耕大数据审计在各业务领域的应用。

（二）人机协同，充分发挥“金审工程”三期建设成果作用。2018 年底，“金审工程”三期部分系统主体开发即将完成，2019 年将完成所有开发任务并推进地方部署。届时，将为每个审计人员提供分析和应用数据的硬件平台支撑，既全面提升全系统审计人员的获得感，又保证数据安全。胡泽君审计长多次听取相关单位关于业务需求和技术方案等方面的汇报，要求各个业务司局切实负起责任，重点在重大政策跟踪落实、财政、国有企业、金融、民生审计等五大领域，研究数据建设与应用需求，梳理和提炼大数据审计方法和经验，建立数据分析模型体系，让审计人员应用本领域内专业的数据分析软件开展相关工作。各业务司局按照要求，在认真总结审计思路的基础上，积极探索利用信息化技术对审计方法进行模型化、模块化，进而建立体系，打造智慧化审计。在“金审工程”三期建设过程中，我们充分注重对人工智能等前沿技术吸收利用。如在审计知识利用系统中，我们开发知识问答、订阅推送等智能模块，对审计人员提出的业务问题，由智能机器人从审计知识库中搜寻答案，按照关联程度，提供相关知识和答案，并将审计人员感兴趣和需要的最新内容，推送到个人知识库，真正让计算机成为服务审计人员更快、更好开展大数据分析和审计业务的利器。对审计人员而言，除了要主动适应技术应用的快速发展，了解技术、熟悉技术、掌握技术，还要积极提升信息化条件下对新技术、新方法、新工具的驾驭能力，在运用中积极思考，提高技术与业务的融合度，形成技术与业务互相促进、不断完善的闭环。

（三）共创分享，推进审计资源最大化利用。共创分享，代表了未来数字时代发展的一种新模式。数据释放能量的基础是数据的流通，这决定了大数据审计架构必须具有共创和分享的属性。一方面，通过大数据技术进一步打破信息孤岛，实现数据共创共享。在传统模式下，大量的信息孤岛把数据“困”在不同的领域和系统中，没有数据的流通，数据的“威力”非常有限。我们在建设“金审工程”三期过程中，借助大数据之力，使数据获得流通的自由，建立完整、统一、无缝隙的大数据审计体系。从技术角度看，通过大数据存储技术等，可以直接改变不同领域间数据隔离的状况，为进一步实现数据交换打下物理基础；从应用角度看，逐步改变数据分立使用的格局，避免金融审计只使用金融数据，企业审计只使用企业数据，数据的归属权不再被认为是某些部门所专有，不同部门可以共同使用大数据平台中的不同数据信息。另一方面，我们要实现“智慧”共创分享。30 多年来，审计机关和审计人员始终勇于实践探索，不断摸索，不断改革创新，积累了一大批各有侧重、各有特色的优秀审计方法、思路和经验，对于审计工作来说是一笔宝贵的财富，我们应该充分传承好、运用好审计人员的“智慧”。通过大数据审计，打造具有中国审计特色的交流平台，审计人员可以学习知识，总结工作得失，分享感悟体会，随时随地交流思想、交换意见、研究讨论，互相学习借鉴，碰撞出思维的火花，实现审计资源的最大化聚集和利用。

（四）跨界融合，提升大数据思维能力和水平。大数据的价值绝非只是数据分析及预测的工具，它并非独立存在，而是渗透到各行各业并成为推动行业转型、升级的重要组成部分。今天，总结报告的各单位都对本领域要实现的审计目标，对本行业数据如何深度挖掘及其成果进行了展示，同时也就如何进一步拓宽本领域审计思路，下一步工作的方向，从数据分析的角度提出了相关的观点。从方法论的层面看，大数据是可以看作是一种全新的思维方式，所有的审计工作、方法、技术都是在这种思维的指导下建立开展起来的。审计人员要注重大数据多维跨界思维的培养，用大数据武装头脑，更好地指导审计实践。要培养这种多维跨界思考的能力不是一蹴而就的，需要长期实践的积累，需要不同审计领域的融会贯通。如核查企业营业收入真实性，审计人员的思考维度，就包括很多：横向来看，财政审计可以从财政补贴、政府购买服务角度去核实，金融审计可以从资金走向、信贷规模角度去追踪，税务审计可以从纳税状况去比较，企业审计可以从库存、物流、用水用电、财务报表等多个维度去分析等；纵向来看，既可以与以往年度开展趋势比较分析，也可以与行业平均水平开展归纳、相似性和类比分析。数据跨界融合，可以使我们通过大数据审计，既实现本领域审计目标，又进一步拓宽审计思路，提升审计质量。

（五）安全至上，为科技强审保驾护航。党的十八大以来，以习近平同志为核心的党中央高度重视网络安全工作，提出事关网络安全的一系列重大理论，就如何做好国家网络安全工作提出明确要求、作出重要指示。习近平总书记强调，没有网络安全就没有国家安全，就没有经济社会稳定运行，广大人民群众利益也难以得到保障。我们应该清醒地认识到，在推进大数据审计工作的过程中，随着数据规模的快速增长，网络和数据面临的安全威胁和风险也日益突出。安全是发展的前提，发展是安全的保障。署各单位、地方各级审计机关一定要高度重视，充分认识网络和数据安全保护的重要性和紧迫性，统筹处理好安全和发展的关系，做到协调一致、齐头并进。严格落实网络安全工作责任制，不断增强网络安全意识，健全网络安全和数据管理制度，及时排查风险隐患，堵塞漏洞，不断提升网络安全保障能力和水平，全方位打造网络安全的“金钟罩”，做到关口前移，防患于未然，确保数据安全。

同志们，大数据审计工作意义重大、责任艰巨、使命光荣，让我们更加紧密地团结在以习近平同志为核心的党中央周围，以时不我待的使命感和责任感，锐意进取、攻坚克难、奋发有为、真抓实干，认真落实署党组的部署要求，坚持科技强审，扎实推进“金审工程”三期建设，健全优化大数据审计体系，努力开创大数据审计工作新局面，推动新时代审计事业新发展。

在审理能力培训班上的讲话

审计署党组成员、总审计师　陈　健

（2018年10月15日）

同志们：

大家上午好！

欢迎全国审计系统的审计骨干和审理人员来参加这个培训班。这个班的主要任务是深入学习贯彻习近平新时代中国特色社会主义思想，特别是习近平总书记5月23日在中央审计委员会第一次会议上的重要讲话精神，通过培训进一步提高审理工作能力，更好地发挥审理工作在构建集中统一、全面覆盖、权威高效的审计监督体系中的作用。

审计署党组历来高度重视审计质量控制工作，胡泽君审计长多次讲到审计质量控制，强调“审计质量是我们审计工作的生命线”。从事审理工作的同志必须牢牢记住这句话，因为审理工作是审计质量控制的重要环节，也可以说是严守审计工作生命线的一道重要防线。审理工作的重要性体现在三个方面：第一是规范审计权力运行，通常我们认为审理主要是审项目、审数字，这是对的，但是我们审项目、审数字的本质是对审计权力进行有效约束。第二是确保审计质量，保障审计程序合法合规、证据合法合规、定性合法合规、处理合法合规，力争审计成果得到党中央和人民群众认可，被审计单位信服。第三是防范审计风险，如果审计工作在程序上、证据上、定性处理上偏离了党中央的要求，偏离了法律法规的规定，偏离了实际情况，就有可能发生审计风险，最终将危及审计质量，影响审计的权威性和公信力。要解决这些问题，需要对审计工作质量进行全员全流程控制，各环节、各方面共同努力。审理工作在其中发挥着不可替代的作用，业务部门甚至审计机关的领导在某种程度上对审理工作有一定的依赖性，审理工作有时夹在中间看似很难，实际这项工作非常光荣。特别是当前审计工作进入新的历史时期，对审理工作也提出了更高要求。广大审理人员要以习近平新时代中国特色社会主义思想为指导，全面贯彻党的十九大、十九届二中、三中全会精神，贯彻党中央对审计工作的决策部署，进一步提高政治站位，强化“四个意识”，坚定“两个维护”，持续提高政治能力、专业能力和实践本领。下面，我就这次培训谈三点认识：

一、关于培训目的

审理能力提高培训班作为固定的培训项目，每年都要举办，但这次培训班确有它的特殊之处。党的十八大以来，党和国家各项事业发生了历史性变革，取得了历史性成就。特别是习近平总书记在党的十九大报告中作出了关于中国特色社会主义进入新时代的重大判断，提出我国社会主要矛盾已经转化为人民日益增长的美好生活需要和不平衡不充分的发展之间的矛盾。那么人民日益增长的美好生活需要体现在哪些方面呢？第一是对民主法治的需求提高了，维权意识不断增强，近年来我署行政复议和行政诉讼办件数量成倍增长就说明了这一点。第二是对公平正义的要求提高了。第三是对安全环保的要求提高了。审计机关成立初期，审计工作主要是财政财务收支审计，现在发展到对公共资金、国有资产、国有资源、领导干部履行经济责任情况、自然资源资产实行审计全覆盖。审计手段也从人工、计算器、计算机辅助发展到大数据审计，未来可能还要走向智能审计、智慧审计。中央对审计工作的要求从维护财经纪律，到促进廉政建设，现在要求不仅要事后监督，还要有事中过程监督和事前预警预防。习近平总书记在中央审计委员会第一次会议上要求审计要促进经济高质量发展，促进全面深化改革，促进权力规范运行，促进反腐倡廉。由此我们可以看出，党中央对审计工作的要求已经远远超出最初财务监督的范畴，而是涉及经济、政治、文化、社会和生态文明建设多个领域。审计部门作为党和国家监督体系的重要组成部分，党的工作机构、政治机关，审计工作要从以前主要关注微观审计转变为宏观着眼微观入手，这个变化是很大的。习近平总书记在中央审计委员会第一次会议上强调要加大对经济社会运行中各类风险隐患揭示力度，对风险的揭示力度是系统性的，不是单个项目可以做到的。比如金融风险怎么样，需要通过对整个金融审计成果的综合分析，得出对系统风险情况的评价。此次培训班与以往不同，是在审计新时代举办的重要培训班，新时代主要体现在新的领导体制、新的审计内容、新的审计方式、新的审计要求。这些变化有的是在原有基础上的深化，有的是根本性的变化。从事审理工作的同志首先要抬头看路，把握方向、厘清思路；同时也要埋头拉车，脚踏实地、真抓实干。为适应上述新形势和新要求，这次培训力求在三个方面为大家提供帮助。

（一）提高审理人员的政治能力。

改革审计管理体制，组建中央审计委员会，是加强党对审计工作领导的重大举措，标志着审计机关不仅是国家机关，更是党的工作机构、政治机关。习近平总书记对推进中央和国家机关党的政治建设作出重要批示强调，中央和国家机关首先是政治机关，要做到“三个表率，一个模范”，即在深入学习贯彻新时代中国特色社会主义思想上作表率，在始终同党中央保持高度一致上做表率，在坚决贯彻落实党中央各项决策部署上做表率，建设让党中央放心、让人民群众满意的模范机关。这也是对审计干部的要求。胡泽君审计长指出，讲政治，不仅有个政治态度问题，还有个政治能力问题。仅有政治态度而无坚强的政治能力，讲政治就会力不从心；而没有鲜明的政治态度和正确的政治立场，所谓“政治能力”就是一味“毒药”，轻则自毁前程，重则误党误国。对于政治能力，习近平总书记明确指出，政治能力就是把握方向、把握大势、把握全局的能力，就是辨别政治是非、保持政治定力、驾驭政治局面、防范政治风险的能力。把握方向的能力从根本上讲就是坚定“四个自信”。在这个背景下，我们必须坚定信心，坚定方向。从大的趋势看，中国特色社会主义必将取得胜利，但目前中国可能会遇到各种各样的风险和挑战，我们必须把握大势、把握全局，做好自己的事情。在审理工作中，要将是否有利于促进经济高质量发展作为判断问题、辨别是非的重要标准。要防止在考核中单纯追求审计问题和审计移送问题线索的数量。在当前和今后一段时期，考核审计工作质量，从根本上讲，就是要看审计服务经济高质量发展、服务全面深化改革、服务权力规范运行、服务反腐倡廉的作用发挥得怎么样。这就要求审理人员要牢固树立“四个意识”，坚决维护习近平总书记党中央的核心、全党的核心地位，坚决维护党中央权威和集中统一领导，坚决落实党中央对审计工作的部署要求，切实担负起新时代审理工作的职责和使命。审计工作要服务于党中央各项决策部署，通过审计推动党中央重大政策措施贯彻落实，促进令行禁止。当前审计工作的重中之重是服务于“六稳”，即，稳就业、稳金融、稳外贸、稳外资、稳投资、稳预期。例如目前防范地方政府债务风险、国有企业债务风险、金融风险的大环境对基础设施建设资金来源提出了新的要求，稳投资与防风险之间存在矛盾，如果我们能够通过审计揭示问题，总结经验做法，为中央推进稳投资决策提供一些好的建议，将更好地体现审计的作用。所以牢固树立“四个意识”、带头做到“两个维护”具体到实际工作中就是通过审计促进落实习近平总书记的重要指示，落实中央的重大决策部署。审理工作对待审计发现的问题，首先要过政治关，即是否符合中央的决策意图，是否符合当前的发展方向。其次要过政策关，即涉及的一些创新举措是否符合中央财政政策、货币政策、产业政策和区域协调发展的政策。第三要过法规关，即是否符合当前法律法规及相关制度规定。新时代的审理工作要提高政治站位，具体要求是判断是非首先要从政治上看问题。只有从政治上看问题才能看到本质，从政治上解决问题才能抓住根本。这两句话需要从事审理工作的同志认真领会。从政治上看问题与依法审计并不矛盾，审计机关作为党和国家监督体系的重要组成部分，其中很重要的一条就是不但要依法，还要依规，党章党规也是审理的依据。

以上主要谈了面对新时代，特别是面对当前经济社会的突出矛盾，审理工作在理念、思路和政策上如何来把握。新时代还要求审计加强对经济权力的制约和监督，做到应审尽审、凡审必严、严肃问责，促进领导干部依法用权、秉公用权、廉洁用权。审计质量控制工作必须适应新时代新要求，立足党中央治国理政的总体目标，立足党和国家经济社会发展大局，进一步增强政治意识，提高政治水平，增强政治能力，进一步提高审理工作的层次，充分发挥审理工作在规范审计权力，提高审计质量和防范审计风险中的作用，切实维护党的领导，维护被审计单位的合法权益，维护人民群众的根本利益，为更好发挥审计在党和国家监督体系中的重要作用保驾护航。

（二）提高审理人员的专业能力。

审计质量对于维护审计机关的权威性和公信力至关重要，也是发挥审计在党和国家监督体系中作用的重要保障。在新时代，党中央持续深化供给侧结构性改革，努力满足人民群众多样性、个性化、高品质的需求。这对审理工作带来什么影响呢？审理工作也要向跨专业、跨学科高质量发展，现在的审计项目涉及政策、经济、科技、金融、信息化等多个方面，这对审理人员的专业能力提出了新的要求。多年来，广大审理人员以高度的政治责任感，恪尽职守，全身心投入审理工作，在控制审计质量、防控审计风险方面发挥了重要作用。但与党中央的新部署新要求相比，与人民群众的新期待相比，能力不足，本领恐慌问题还在一定程度上存在。广大审理人员要坚决落实习近平总书记提出的以审计精神立身、以创新规范立业、以自身建设立信的要求，按照信念坚定、业务精通、作风务实、清正廉洁的高素质专业化审计干部队伍标准，通过自学讨论、案例教学、有针对性的专业培训和经验交流等方式，切实锤炼队伍、精进业务、提高能力，服务大局。审理工作提出的意见既要依法依规，又要实事求是，确保审计成果让党中央放心、让人民群众满意、让被审计单位信服。这个要求也是比较高的。在实际工作中，不仅审理自身的工作要做好，还要加强与审计业务流程中各环节、各参与主体的沟通协调。对于审计报告中定性不准确或法规适用不恰当的问题，要及时研究提出定性和适用法规建议；对于证据不充分的问题，要及时并且最好是一次性指明补证建议。要研究思考如何分类确定审计证据的标准和要求，把握好不同审计成果证据的适当性。对于违反财经纪律的问题，属于审计职责范围内的工作，审计手段也能够做到，审计取证的要求是明确的。对于审计移送的问题线索审计证据要做到什么程度，特别是涉嫌犯罪的问题线索如何把握审计证据的适当性，需要我们深入思考并进行研究、探讨。从执法主体的角度看，审计发现的涉嫌犯罪问题线索，有些事项牵涉到被审计单位之外，有的限于审计手段有限，难以查深查透。而且对于纪检监察和司法机关等办案单位，对于问题线索的时效性和保密性较高，如果我们内部反复补证，来来往往，拖上一年甚至两年，不仅使问题线索失去了价值，还可能存在泄密风险，为下一步办案增加难度。审计反映的只是线索，且相关问题线索是限于审计职权和手段范围内获取的。如果按照成案的要求来审核移送线索的证据是不现实的，我们可以尝试对审计发现的问题进行分类，属于审计职权范围内的工作，该查证的要查证到位；属于其他单位职责范围的工作，在可能的范围内进行查证并取得一些证据材料，及时移送。

（三）提高审理人员的实践本领。

习近平总书记在中央审计委员会第一次会议上强调，审计机关要加大对党中央重大政策措施贯彻落实情况跟踪审计力度，加大对经济社会运行中各类风险隐患揭示力度，加大对重点民生资金和项目审计力度。审计机关要紧扣我国社会主要矛盾变化，紧紧围绕统筹推进“五位一体”总体布局和“四个全面”战略布局，依法全面履行审计监督职责。这对审理工作的质量水平、审理人员的能力素质也提出了更高的要求。当前经济正处于新旧动能转换时期，情况发展变化快，审理人员不在审计第一线，如何更好地把握实际、把握本质、把握规律对审理人员是一个挑战。我们现在整体上说是第三次科技革命，或者说产业革命，是一次以信息技术变革引发的产业革命。信息技术最大的特点是互联网，是融合。有人曾比较夸张地说，未来企业只有一个，即互联网企业。所以这个时期，审理工作对审计定性、评价要客观审慎。审理人员要更好地熟悉情况、把握本质和规律，切实提高在复杂情况下解决实际问题的能力，使审理确定的定性和处理更接近实际、更能经得起实践的检验。再如我们在企业审计中发现，企业为了适应新形势、解决新问题有一些创新的做法。这些问题该如何处理？经济工作有其自身规律，大家遇到这类问题要实事求是，企业该做未做的要打板子，创新的做法应予支持，确有困难的我们要帮助反映、促进解决。工作中不能拿着斧子闷头就砍，一方面要抓落实，一方面还要反映情况、反映问题。习近平总书记指出审计机关要做到“三个加大”，其中加大对党中央重大政策措施贯彻落实情况跟踪审计力度，就是要求审计要抓落实，加大对经济社会运行中各类风险隐患揭示力度，就是要求审计要反映问题。胡泽君审计长在 2018 年全国审计机关集中整训动员会上强调，审计机关和审计干部是否具备较强的政策研究能力，在很大程度上决定了审计任务的成败、审计结果的运用和审计作用的发挥。审理人员要通过实践把握事实、把握本质、把握规律，以适应新形势新要求，切实担负起新时代审计工作的职责和使命。

二、关于培训内容

为落实胡泽君审计长关于培训工作要针对审计人员的能力短板，分层分级开展培训，提高培训实效的指示精神，确保本次培训真正起到拓宽视野、提升能力的作用，培训课程重点围绕审计质量控制中应关注的重点环节和重要内容进行深入讲解，主要包括四个方面：

一是关于审计程序的审理。胡泽君审计长明确指出，要坚持依法审计、文明审计，切实提高审计工作质量和效率；开展审计要于法有据，要坚持在法定职责权限范围内开展审计工作，确定审计对象和范围、执行审计的过程都必须依法；要依照法律法规，不断完善审计相关操作程序，严格规范审计取证、资料获取、账户查询等行为。把审计程序放在第一位，是因为程序体现权限，程序体现公正。我们现在讲的审计程序在某种程度上突破了原有的概念，传统的审计程序是从制发审计通知书开始的，而现在的审计程序要从审计计划开始。按照现行工作规则，审计计划要按程序审批。可以说审计工作从审计计划开始就成了法定程序。所以国家审计准则着眼于审计计划、实施和报告全流程管理，对审计计划、方案制订调整的报批，审计取证、账户查询的实施程序，审计报告的研究起草、征求意见、审核审定程序等都有明确要求。在审计程序的审理中，要重点关注审计实施方案是否落实了审计项目计划的要求，是否落实了审计机关审计业务会议审定的审计工作方案的要求；有无以“简易程序”代替法定程序实施审计；审计工作方案和审计实施方案是否得到严格落实，有无超出审计方案规定的范围随意开展延伸调查；有无违反金融机构账户查询的相关规定，未经批准查询银行账户等情况。

二是关于审计证据的审理。审计证据是审计人员获取的能够支撑审计结论的全部事实，审计取证是审计实施阶段的核心工作，也是全部审计工作质量的基石，是整个审计工作质量的重要支撑。这就要求审计人员获取的审计证据，应当具有适当性和充分性。习近平总书记提出要坚持用事实和数据说话，胡泽君审计长反复强调审计报告内容要客观求实，说理要充分，事实要有足够证据支撑。在审计证据的审理中，要关注审计文书信息反映的问题是否存在违反审计程序或超越审计权限违法取证；是否存在关键证据缺失，而无关证据冗余的情况；审计人员有无进行选择性取证，只取对自己定性有利的证据，或者审理时只提供对己方观点有利的证据；现场审计时审计取证等基础工作是否扎实，有无与被审计单位沟通交流不够，造成事后反复补证或征求意见等情况。

三是关于审计定性的审理。胡泽君审计长明确要求要认真分析实际情况和把握主流，全面、客观、历史地看待问题，做到“三个区分开来”；定性、定责要准确，避免大帽子小问题，做到令人信服。在审计定性的审理中，要关注审计问题定性是否有充分的证据支撑、是否有相应的法律法规作依据；是否存在超出审计范围或对未经审计核实的事项发表评价意见，比如有的经济责任审计报告中，评价直接使用被审计单位的总结材料，并没有进行深入核实，使得审计评价意见不够严谨或与审计发现的问题矛盾；对审计发现问题是否就事论事，只表述事实，没有调查清楚前因后果，原因分析不够客观，审计结论不够恰当，比如在经济责任审计中不能直接认定出了问题领导一定有责任，没出问题领导一定没有责任，如有的地方生态环境原本就很好，单纯以此为依据评价领导干部自然资源资产履职情况是否恰当？而有些地方原本工作基础差，接任领导虽尽职尽责但目前仍未扭转，这种情况该如何评价？因此要注重履职、责任、原因、后果之间的关联分析，不能简单以问题和结果论英雄。

四是关于审计处理的审理。审计法和审计法实施条例都明确规定了对审计发现的被审计单位违反预算的行为或者其他违反国家规定的财政财务收支行为，审计机关在法定职权范围内，依照法律、行政法规的规定进行处理处罚。审理要关注是否存在审计处理意见缺失或不恰当，应下达未下达审计决定，或对非财政财务收支问题、已整改问题等不应下达审计决定的问题下达审计决定，比如内部审计已经查处并整改的问题；有无超越职责权限对被审计单位罚款或对个人追责；有无应移送未移送，或对应在审计报告反映的问题办理移送等。

此次培训课程，围绕财政、企业、金融、投资、经济责任等各领域审计报告、审计决定和审计信息在上述方面审理中存在的突出问题，对真实的审理案例进行分析解剖，供大家深入学习借鉴。

三、关于培训要求

（一）加强党性修养。共产党员讲党性修养，重在解决好为了谁的问题。党的十九大报告再次强调，“必须坚持和完善我国社会主义基本经济制度和分配制度，毫不动摇巩固和发展公有制经济，毫不动摇鼓励、支持、引导非公有制经济发展”。“两个毫不动摇”是我国经济领域工作的一项长期大政方针，是对我国公有制经济和非公有制经济在经济社会发展中地位的充分肯定与阐述，是我国基本经济制度的内涵，是我们党对多年来发展社会主义市场经济的经验总结和概括。但是市场在资源配置中发挥决定性作用的同时，会产生一些负面效应，对此我们既要平等对待各类市场主体，也要注意及时发现问题、解决问题。中国特色社会主义的特色在于坚持党的领导，坚持为人民服务。作为从事审理工作的同志来说，党性修养归根结底就是一句话：维护党的领导和人民群众的利益。这是大是大非问题，我们在判断是非时，要看是否有利于党的领导，是否有利于维护人民群众的利益，防止就事论事、就条文套条文。此次培训班有专项安排为大家讲党课，帮助大家更加深刻领会习近平总书记的党建思想，更好地把握政治方向，辨别大是大非，坚定站稳政治立场。

（二）坚持问题导向。培训中，大家要紧紧围绕审理工作中发现的审计业务质量问题，深入思考、举一反三，研究提出强化审计质量控制、防范审计风险的具体举措，促进各单位在审计和审理工作中进一步树立和增强依法审计理念，严格贯彻落实“三个区分开来”的要求，确保审计程序合法、审计行为守法、审计定性依法、审计处理合法，真正使审计工作质量经得起历史、实践和法律的检验。

（三）推动教学相长。与往期审理培训班相比，此次培训参训单位最多，包括了所有的省、自治区、直辖市审计厅（局），计划单列市和新疆生产建设兵团审计局和审计署所有业务部门；参训人员最广，涵盖了审计业务骨干和审理工作骨干；办班规模最大，达到了 197 人。希望大家珍惜此次学习培训的机会，认真学习、专心听讲、深入思考、积极讨论，切实做到学有所思、学有所获。同时，我们审理司的同志在授课之余，也要认真听取大家对日常审理工作、培训工作以及在指导地方审计机关开展审计质量控制等各方面的意见和建议，并将其转化为改进今后工作的具体措施，真正做到教学相长。

（四）严守纪律规定。今年 6 月，审计署在各级审计机关开展了纪律作风专项整治月活动，目前正在按照中央和国家机关工委统一部署，在全署集中开展警示教育活动。在座的各位同志都是各个单位的处级干部或业务骨干，对于严守纪律的重要性，我想大家心里都非常清楚。希望大家在学习培训期间，时刻牢记党员身份、公职人员身份，严格遵守审计署和审计干部教育学院的各项纪律，尊重各位授课教师，自觉服从教育学院和培训班的管理，树立和维护审理人员的良好形象。同时也请审计干部教育学院和培训班临时党支部积极加强管理监督，关心学员生活，确保心情舒畅、学有所获。

我就讲这些，不当之处请大家批评指正。祝本次培训班圆满成功！

审计署工作概况

审计署党组成员·署领导

审计署党组书记：胡泽君
审计署党组成员：孙宝厚
王文斌（3月—）
陈尘肇
袁　野
陈　健（8月—）
宋依佳（11月—）
李晓钟（—5月）
郑振涛（—11月）
刘正均（—10月）
审计署审计长：胡泽君
审计署副审计长：孙宝厚
秦博勇
王文斌（3月—）
陈尘肇
袁　野
审计署总审计师：李晓钟（—6月）
陈　健（9月—）
中央纪委驻审计署纪检组组长：
郑振涛（—11月）
中央纪委国家监委驻审计署纪检察组组长：
宋依佳（11月—）

审计署机关

【审计工作简述】　2018年，全国审计机关坚持以习近平新时代中国特色社会主义思想为指导，牢固树立“四个意识”，坚定“四个自信”，坚决做到“两个维护”，深入贯彻落实党中央、国务院各项决策部署，扎实推进审计管理体制改革，依法履行审计监督职责，不断加强自身建设，工作取得较好成效。

认真贯彻党中央决策部署，扎实推进审计管理体制改革　深入贯彻落实党中央关于改革审计管理体制的决策部署，认真做好机构职责划转、人员转隶、审计署“三定”等工作，相关改革任务顺利完成。

提高政治站位，深刻学习领会党中央改革精神。通过召开会议、专题研讨、集中整训等，深入学习贯彻习近平总书记相关重要讲话精神，及时传达党和国家机构改革推进会、国务院机构改革推进会等会议精神，教育引导全体审计干部切实把思想和行动统一到党中央决策部署上来，自觉做改革的拥护者、支持者、参与者。

健全工作机制，履行好审计委员会办公室职责。审计署认真执行《中央审计委员会工作规则》和《中央审计委员会办公室工作细则》，严格执行请示报告制度，建立健全向中央审计委员会报送审计工作重要事项和重要文稿的工作机制，确保将党的领导落实到审计工作全过程各环节。各省（市、区）相继成立省级审计委员会，建立相关工作机制。审计机关机构改革基本完成。

加强组织领导，确保机构改革各项措施落地见效。成立审计署机构改革工作小组，加强与相关部门沟通协调，重大事项及时向中办口、国务院口专项协调小组请示报告。扎实做好发展改革委、财政部、国资委相关职能划转和340名人员转隶工作，成立9个临时党支部，加强政治引领，开展岗前培训，搭建实战平台，做好服务保障和思想政治工作。认真做好“三定”方案起草、报批和执行工作，实现机构合理设置和职能优化整合。改革后，在派出审计局设置上实现对中央部门、中央企业和金融机构的全覆盖。

依法履行审计监督职责，全力服务党和国家工作大局 不断深化重大政策措施落实情况跟踪审计以及财政、金融、企业、民生、资源环境等各领域审计，审计署对中央一级预算单位和中央企业总部基本实现审计全覆盖。2018 年全国审计机关共审计（调查）11 万多个单位，促进压缩一般性支出、挽回经济损失、盘活存量资金等 4900 多亿元，推动建立健全规章制度 7000 多项，向司法、纪检监察机关移送事项 1.8 万多件。

开展重大政策措施落实情况跟踪审计，促进中央政令畅通。始终把这项工作作为重大政治任务来抓，重点关注供给侧结构性改革、“放管服”改革、国资国企改革等重大改革推进，创新驱动发展、乡村振兴等重大战略实施，以及金融服务实体经济、减税降费、全面实施预算绩效管理等重大任务落实情况。

开展打好三大攻坚战相关审计，促进经济高质量发展。向全国审计机关印发 3 个指导意见，全力以赴推动打好三大攻坚战。防范化解重大风险方面，组织全国审计机关开展地方政府债务审计及部分县级地方财力保障情况调查，密切关注中美经贸摩擦和国际经济波动，紧盯财政、金融、国资国企、境外投资等领域，着力揭示股市、债市、汇市等运行中的风险隐患，及时反映国资国企领域高杠杆运营、核心技术“卡脖子”等问题，推动早预防、早化解、早处置，维护国家经济安全。精准脱贫方面，组织开展扶贫领域腐败和作风问题专项审计，聚焦“精准、安全、绩效”，加大对深度贫困地区审计力度，统一组织审计 382 个贫困县，推动追回或盘活资金 39 亿多元、处理处分 630 多人。污染防治方面，组织开展长江经济带生态环境保护专项审计，推动相关部门开展全面排查整治。深入推进《领导干部自然资源资产离任审计规定（试行）》贯彻落实，全国审计机关共对 3330 多名领导干部开展自然资源资产离任审计。

开展重大民生项目审计，促进提升人民群众获得感、幸福感和安全感。牢固树立以人民为中心的发展思想，组织开展养老和医疗保险基金、保障性安居工程等审计，揭示养老金发放、药价治理、分级诊疗建设、安居工程住房分配使用等方面存在的问题，推动保障和改善民生，兜牢社会保障底线。

开展经济责任审计，促进权力规范运行和反腐倡廉。审计中，紧扣经济责任，聚焦权力运行和责任落实，重点关注领导干部贯彻落实中央决策部署和重大政策措施、推动本地区本部门高质量发展，以及个人廉洁从政（业）情况，促进领导干部依法用权和担当作为。同时，各项审计聚焦财政资金分配、国有资产处置、公共资源交易等重要领域和关键环节靶向发力，深入揭示重大违纪违法问题，以及发生在群众身边的“微腐败”“小官巨贪”问题，推动全面从严治党向基层延伸。

注重从制度机制层面提出建议，促进全面深化改革。坚持把重点审计事项置于经济社会运行的大背景下分析，把审计发现的具体问题放在改革发展大局下审视，及时反映财税体制、金融监管、科技创新、国资国企等方面存在的体制机制问题，分析原因、提出建议，推动完善制度和深化改革。全国审计机关共出具审计报告 13 万多份，向社会发布审计结果公告 11 万多篇，提交审计信息 9 万多篇，提出建议 25 万多条，推动建立健全规章制度 7300 多项。

坚持科技强审，着力推进大数据审计 适应审计全覆盖要求，按照“统一规划、两级部署、以用为本”的总体思路，加快推进“金审工程”三期建设。进一步健全完善数据采集和定期报送机制，加大数据集中力度，推进数据标准化工作，采集的数据已涵盖经济社会主要领域，财政审计基本实现中央到地方的纵向数据采集全覆盖和部门预算执行横向数据采集全覆盖。积极探索运用“总体分析、发现疑点、分散核实、系统研究”的数字化审计模式，开展大数据分析。严格落实网络安全工作责任制，完善数据管理制度规范，确保数据安全。

坚持全国审计工作统筹，加强对地方审计工作的指导 优化审计资源配置，组织全国审计机关统一开展涉及全局的审计项目，充分发挥审计监督整体效能。深入开展调查研究，认真落实审计署领导基层联系点制度，组织全国审计机关对 9 个专题集中开展调研，共收到调研报告 329 篇。

建立省级审计机关主要负责人每年向审计署党组述职报告工作制度，举办新任省级审计机关主要负责人研讨班，统一组织全国审计机关开展集中整训，每月举办一期“审计大讲堂”并直播至县级审计机关，抽调地方审计人员参加审计署项目，“以审代训”提高实战能力。加强对内部审计工作的指导和监督，印发内部审计工作规定等文件，召开全国内部审计工作座谈会，明确内部审计发展目标、工作思路和具体举措。

坚持立身立业立信，努力建设高素质专业化审计干部队伍 认真履行管党治党政治责任，积极推进“两学一做”学习教育常态化制度化，严格执行新形势下党内政治生活若干准则，加强基层党组织建设，进一步完善考核办法，推进机关党建与审计业务深度融合。按照“信念坚定、业务精通、作风务实、清正廉洁”的要求，坚持以审计精神立身、以创新规范立业、以自身建设立信，严格落实中央八项规定及其实施细则精神，组织全国审计机关集中开展纪律作风专项整治月活动，出台审计“四严禁”（严禁违反政治纪律和政治规矩，不严格执行请示报告制度；严禁违反中央八项规定及其实施细则精神；严禁泄露审计工作秘密；严禁工作时间饮酒和酒后驾驶机动车）工作要求，重申审计“八不准”工作纪律。认真开展警示教育活动，组织开展2轮审计署内部巡视。加大干部培训力度，充分发挥审计干部教育学院和审计署党校作用，全年组织各类培训80多期，培训全国各级审计机关审计干部7000多人次。举办第四届全国审计青年论坛，组织开展“‘三区三州’扶贫审计行”“新时代　新作为——国家审计走进高校”等主题宣传活动，组织审计机关驻村第一书记代表座谈会和主题宣讲活动，讲好审计故事，弘扬正能量。

服务国家外交大局 积极开展国际交流。2018年9月顺利当选亚洲审计组织秘书长。

（撰稿人：张　杨）

【中央审计委员会办公室秘书局】 2018年，中央审计委员会办公室秘书局人员实有8人，设有一处、二处、三处。

领导成员

副 局 长：尚　锐（9月—）

工作综述 2018年9月中央审计委员会办公室秘书局成立以来，坚持边组建、边工作，健全完善工作机制，加强内外沟通协调，落实重点工作任务，努力开好头、起好步，保障中央审计委员会办公室高效运转，切实把加强党中央对审计工作的集中统一领导落到实处。

交办任务 建立健全请示报告制度，严格落实党中央集中统一领导。在中央办公厅指导下，建立健全向中央审计委员会报送审计工作重大事项和重要文稿的工作机制，明确年度审计项目计划、综合和单项审计报告、审计信息和中央审计委员会办公室简报、年度审计工作总结和审计领域重大事项报告的程序和要求，全年组织起草、审核报送各类重大工作请示、审计报告等50多篇，确保全方位、全过程落实党中央对审计工作的集中统一领导。

服务审计工作大局，努力发挥参谋助手作用。围绕落实中央审计委员会办公室和审计署党组推进审计事业科学发展的工作思路，认真用心起草好重要报告、重要文稿、重要信息，做好组织起草2018年审计查出问题整改报告、2019年全国审计工作会议报告、2019年审计工作要点等重点工作；会同政策研究室研究起草《关于深入推进审计全覆盖的指导意见》，明确全覆盖的目标任务，提出组织实施的措施要求，经审计署党组审议后提交全国审计工作会议讨论；对接中办等信息需求，会同政策研究室加强审计信息审核编报，及时反映审计发现的新情况新问题。

加强内外沟通协调，充分发挥职能作用。主要做好四个方面的沟通协调：一是注重加强向上级领导机关请示汇报，及时得到工作指导，确保大事不误、落实有力；二是加强与署机关各单位的协调沟通，对各类商请办理和征求意见事项认真研究，及时反馈，全年共办结各类事项40多件；三是加强与省级审计机关的沟通联系，及时了解各省改革进展情况，认真研究、慎重答复有关咨询请示事项，促进中央改革审计管理体制重大决策部署加快落实落地；四是加强与中央军委审计署的工作对接，牵头办理各类军地审计协作事项，畅通军地审计工作联系渠道。

相关工作 以纪律作风为重点，不断深化党风廉政建设。按照党中央部署和审计署党组安排，积极推进“两学一做”学习教育常态化制度化，坚持读原著、学原文、悟原理，坚持集中学与个人自学、工作研学相结合，推动学习贯彻习近平新时代中国特色社会主义思想往深里走、往心里走、往实里走。着力加强纪律作风建设，强化日常监督，促进党员干部严守审计“四严禁”工作要求和“八不准”工作纪律，深入查找纠正形式主义、官僚主义，认真整治“灯下黑”问题，始终保持勇担当、勤作为、讲奉献的良好状态。

把握职责定位，建立日常运转协调机制。立足秘书局工作职责，与办公厅、政研室、机关党委（人教司）等单位共同研究，进一步明确加强党建、材料起草、信息报告审核、重大事项督办、文件管理等方面的工作协调，既明确分工，理顺工作程序，避免交叉重复，又强化协作，有序衔接配合，形成工作合力；同时，进一步细化秘书局“三定”职责要求，明确局内各处室工作分工，促进各项工作有序、高效运转。

以政治建设为统领，打造高素质专业化干部队伍。对新组建的干部队伍，秘书局注重上好入门第一课，突出讲政治，将其作为第一要求、第一要务，着力锻造政治能力、强化政治担当、坚定政治定力；突出讲学习，要求加快知识更新、强化能力培训、加大实践锻炼，克服本领恐慌、本领落后问题；突出讲纪律，要求时时心存敬畏、谨言慎行，切实做到平时立得住、关键时刻过得硬；突出讲协调，要求及时了解汇集各方面情况，从审计工作大局出发做好统筹协调、沟通联络、督促落实；突出讲和谐，营造团结向上的氛围，锤炼严谨细致的作风，确保不出错、多出彩。

（撰稿人：王　颖）

【办公厅】　2018 年，办公厅实有 54 人。设有办公室、审计长办公室、督查处、计划统计处、财务一处、财务二处、秘书处、保密处、新闻宣传处、档案处、信访处、电子政务（政务公开）处、资产管理处。主要职责：负责机关日常运转，承担信息、文秘、督查、安全、保密、信访、财务、档案、对外联络、政务公开、新闻宣传、统计等工作；拟订年度审计项目计划；办理人大代表建议和政协提案；联系特约审计员；承办审计署交办的其他事项。

领导成员

主　　任：魏　强

副 主 任：文华宜（—3 月）　武晓晨

孙玉花（11 月—）　罗　泉

副巡视员：许荣荣　赵素琴

工作综述　2018 年，办公厅在审计署党组的正确领导下，坚持以习近平新时代中国特色社会主义思想为指导，深入学习贯彻党的十九大和十九届二中、三中全会精神，认真落实习近平总书记在中央审计委员会第一次会议上的重要讲话精神，树牢“四个意识”，坚定“四个自信”，做到“两个维护”，按照习近平总书记视察中共中央办公厅提出的“五个坚持”重要指示要求，紧紧围绕全署中心工作，认真履行职责，圆满完成各项任务。

调查研究　陪同审计署领导到基层调研 10 多次，协调组织特约审计员开展集体调研 2 次、专题调研 2 次，对各省级审计机关年度审计项目计划安排情况、审计署审计管辖范围内的 244 家中央单位内部审计工作开展情况进行调研，并围绕督查、预算管理、无纸化办公、精简公文简报、定密、信访、档案管理等方面开展调查研究，提升相关工作水平。

审计计划统计管理　积极适应审计管理体制改革要求，及时调整审计项目计划安排，确保改革期间审计项目计划顺利实施。组织谋划 2019 年至 2020 年 5 月间审计计划工作，起草统一组织审计项目计划草案。严格审计计划管理，加强审计项目计划执行情况跟踪检查。完善统计制度及报表指标体系，向国家统计局办理统计制度备案。全年编发审计计划执行简报、统计简报、工作要报 36 期。

审计宣传　起草《审计署关于加强新时代审计宣传思想工作的意见》。进一步改进宣传报道方式，健全和完善以审计结果公告为核心、涵盖重大审计政策发布、具有审计工作特点的全方位政策解读机制。全年通过署内外媒体公开各类信息 4 万余篇（次），其中发布年度审计工作报告、审计发现问题整改报告、单项审计结果公告 52 期，并组织做好“两个报告”、审计整改报告的宣传工作，组织署管媒体和部分中央媒体开展“‘三区三州'脱贫攻坚审计人在行动"系列宣传报道工作；组织开展"最美审计人——驻村第一书记"主题巡展活动。全年累计编发50余份宣传和舆情动态、舆情要报。

督查督办 紧紧围绕党中央、国务院重大决策部署，按照审计署党组要求，开展督查工作，促进全署重大事项顺利完成。全年列入全署督查工作范围的重要事项共624项。制定全署落实《全国审计机关2019年工作要点》任务分工，督促省级审计机关制定措施2936条。组织参加国办督查室督查实践案例征集活动，1篇入选全国政府系统督查实践精品案例，并荣获"全国政府系统督查实践案例征文活动优秀组织奖"。

纪律作风整治月活动 根据审计署党组安排，具体组织全国审计机关开展纪律作风专项整治月活动，制订方案，起草印发4个文件；组织4个检查组，对2个业务司、2个派出局、3个审计厅进行实地检查，编发《审计工作通讯》15期，组织署管媒体编发稿件10余期，3次向党组会和署领导汇报专项活动进展情况。起草制定《审计"四严禁"工作要求》和释义，推动建立纪律作风建设长效机制。

制度建设 根据审计署党组要求，组织《审计署制度（2015年版）》修订完善工作，并于5月发布实施。配套开发《审计署制度》（专网版）专业知识数据库。研究起草省级审计机关主要负责同志向审计署党组述职办法、派出审计局参加列席被审计单位会议暂行办法、统筹规范审计业务情况通报的办法等。

配合中央巡视 修订完善审计署与中央巡视办的协作配合机制；认真落实中央巡视办交办的事项，2018年在党的十九大第一轮、第二轮中央巡视期间，及时向中央巡视办提供有关资料、介绍审计情况，全力配合做好巡视工作。

机要、值班值守工作 认真做好文件资料接收和有关文件资料销毁工作；高质量承办审计署党组会议、审计长会议、审计业务会议、全国审计工作会、视频会议、专家座谈会等各类会议。

文秘公文工作 严格贯彻落实中央八项规定及其实施细则精神，进一步精简文件简报。全年共处理各类文件、信函6.98万件，保障公文处理运转高效有序。全年报送党中央、国务院等重要文稿实现文字格式零差错。对公文处理、公文复核、简报办理情况进行检查通报。

财务和资产管理工作 全力做好审计外勤经费、培训费、"金审工程"三期建设等重点工作的经费需求保障工作。积极沟通协调财政部、发展改革委、国资委，做好机构改革经费预算划转工作。组织完成中国内部审计协会脱钩资产划分使用方案的报批工作。认真做好审计署预决算公开工作，开展预算绩效管理。组织编制资产年报和决算，规范资产日常管理和处置审批。加强审计署本级预算管理，及时编报审计署本级用款计划。为持残疾证的退休干部办理个税减免优惠；继续做好代扣个税调整、调整退休人员养老金待遇、特岗通讯补贴、交通补贴统筹等工作。2018年，审计署在中央部门决算工作、政府采购工作中考核等次为优，中央行政事业单位资产管理绩效评价工作中得分与国务院办公厅并列最高并获通报表扬，预算管理工作获得三等奖。

保密和密码工作 认真贯彻落实习近平总书记关于保密工作的重要指示批示精神，制订印发《审计署保密委员会2018年工作方案》。对转隶人员先后开展3次专门的保密教育培训，并赴地方审计厅局和署各单位开展定制化保密宣讲。组织自查自评工作和各类保密及密码检查，全年利用网络版保密检查系统在线抽查计算机5041台（次），采取突击检查方式抽查计算机1030余台次。接受国家保密局进驻式检查，工作得到检查组充分肯定。组织对转隶人员和涉密等级发生变化的人员进行审查，为因私出国（境）人员提供保密审查意见，对离职人员提供保密审核和相关手续办理。组织做好机构改革期间保密管理和解密工作试点两项重点任务。

信访工作 制定《审计署通过法定途径分类处理信访投诉请求清单》并向社会公开。全年接收群众来信近万件，办理信访事项2000多件。认真组织开展矛盾纠纷排查化解工作，筛选信访举报线索，及时转业务司局结合审计核查。

档案工作 全年共审查接收审计署机关、派出局35个部门审计档案1588卷，45个部门的文书档案7169件、基建档案7盒，接收党中央、国务院文件731件；提供查阅2480人次，纸质档案2659（卷）件，电子档案13718卷（件）。扎实做好向中央档案馆首次移交档案工作。认真做好机构改革中档案接收与管理工作，积极推进数字档案室项目建设进程。

电子政务和政务公开工作 做好“金审工程”三期有关工作，编制《审计署电子政务内网门户网站栏目设置方案》，完成内网、门户网站页面设计，网站建设有序推进。向中央网信办报送2018年审计署电子政务发展情况报告。编制《审计署政府信息主动公开基本目录》。依法完成信息公开申请答复书219份，完成行政复议答复意见118份。（撰稿人：朱 君）

【政策研究室】 2018年，政策研究室实有11人。设有一处、二处、三处、四处。主要职责：组织对审计工作相关重要问题进行调查研究；承担重要文稿的起草和审核有关工作；牵头起草年度中央预算执行和其他财政支出情况审计报告、审计结果报告、审计工作报告、审计查出问题整改情况报告，参与重要审计报告的起草；承担审计信息、审计结果公告的审核工作；对审计成果进行整理研究和综合利用；承办审计署交办的其他事项。

领导成员

主 任：郭彩云

副主任：尚 锐（—9月） 胡治海

工作综述 2018年，政策研究室在审计署党组正确领导下，把握新形势新要求，紧密围绕中心工作，推进党建和业务工作深度融合，务实进取，担当作为，全年起草、修改各类综合文稿500多篇，审核编发审计报告、审计信息、审计结果公告等业务文稿290多篇，较好完成全年任务。政研室党支部被评为审计署先进基层党组织。

贯彻落实审计署党组部署，落实好审计管理体制改革各项工作任务 认真履行审计署全面深化改革领导小组办公室职责，按照中央改革办要求做好改革任务落实情况评估和督察工作，促进党中央关于审计改革的任务落实落地。一是做好中央审计委员会第一次会议相关工作。认真做好中央审计委员会第一次会议筹备及文件准备工作。与中央办公厅沟通联系，建立健全向中央审计委员会报送审计工作重大事项和重要文稿的工作机制。严格落实请示报告制度，做好向中央审计委员会报送请示、报告、信息等工作。二是落实进一步推进审计制度改革相关工作。派员参加审计法修订工作，参与审计法总则部分条文的研究、修订、意见整理汇总，编辑汇编材料，开展专题研究，参与《党政主要领导干部和国有企业领导人员经济责任审计规定》修订工作。会同秘书局研究深入推进审计全覆盖的意见，进一步明确全覆盖的标准、任务和路径。三是组织开展审计改革任务评估和督察相关工作。根据中央改革办工作安排和审计署党组要求，全面梳理党的十八大以来审计署牵头的改革任务，将审计管理体制改革、审计全覆盖等5项任务作为年度督察工作重点，与牵头单位加强沟通联系，稳步有序推进改革督察工作。根据改革任务进展情况，起草改革督察工作总结报告、改革评估报告，两次报送中央改革办。

优化完善工作机制，努力提升“三个报告”起草等工作质量 适应新形势新要求，加强沟通联系，努力构建高效运作机制，全面客观反映审计结果，提升报告质量。一是理顺报告工作机制。在时间投入上，作为全年重点任务，倒排工期、稳步推进；在力量配备上，统筹全室力量，抽调专门人员形成工作小组，全力投入报告起草工作；在执行报送程序上，做好向中央审计委员会、国务院和全国人大常委会提交报告相关工作的衔接，并与全国人大常委会就有关审议意见落实情况等工作协调，努力实现质量和效率双提升。二是更加全面客观反映审计结果。紧紧围绕党中央、国务院重大决策部署和政策措施，落实审计署党组的指导要求，在汇总提炼2017年6月之后全署400多份审计结果资料的基础上，系统反映审计中发现的情况问题，根据国际国内形势发展变化捕捉经济社会重点、热点问题，努力将相关新情况、新问题、新趋势充分体现在报告内容中。在报告组织起草过程中，认真落实“三个区分开来”重要要求，选取恰当角度，明确责任主体，把握反映深度，力求更加客观反映情况。三是更加注重沟通协调。进一步加强与相关业务司的沟通协作。会同有关业务司将审计工作报告反映问题按责任主体逐一细分至1万多条，分发给120个部门、单位和地方整改落实。密切与署外单位的联系，与中办、国办、全国人大常委会预算工委等沟通100余次，认真传达落实相关指示要求。联系相关司局配合全国人大财经委、全国人大常委会预算工委对重点问题开展跟踪调研，汇总审核相关部门的整改结果作为整改情况报告附件，一并向社会公告。注重做好报告相关配套工作，起草各类汇报材料、解读文章等10多篇。

围绕审计工作中心，做好综合文稿起草工作 贯彻落实审计署党组决策部署，加强宏观政策学习和研究，全年起草审核修改重要文件、综合文稿、各类总结报告、宣传稿件等500多篇，较好发挥参谋助手作用。加强党中央重大决策部署学习和研究，力求准确把握党中央要求，通过相关会议材料起草为审计管理体制改革服务。全年撰写相关会议材料20多篇，各类总结、汇报30多篇，为审计署党组决策部署提供参考，为统一全国审计机关思想提供保障。全年围绕重点工作起草各类重要文稿50多份。为进一步推进审计全覆盖，会同有关单位研究起草指导意见；为推动打好三大攻坚战，与相关业务司研究起草审计推动打好三大攻坚战的3个意见，审核修改贯彻落实脱贫攻坚战三年行动指导意见、在乡村振兴战略实施中加强审计监督的意见等；为推进科技强审，在准备相关会议材料过程中，充分理解审计署党组思路，全面贯彻审计署党组部署。起草审计署重大会议材料、总结材料，以及向党中央报告贯彻落实重大会议、重要文件的相关报告20多份。加强对重要宣传稿件的审核把关，在审计工作报告、审计查出问题整改、重大会议等重大事项中，撰写、核改多篇宣传文稿，强化重大事项的舆论引导。

以需求为导向，提升审计成果运用水平 坚持服务大局、精准聚焦，围绕需求导向，持续改进工作机制，全面提升审计成果综合运用能力。全年编报审计业务重要情况180多份；编发《审计工作通讯》43期，推广地方审计机关和特派办经验做法520多篇。对近年审计信息工作进行全面梳理，深入剖析突出问题及原因，提出加强选题立意、综合研判、审核把关、职责分工、统筹管理等对策建议，研究起草进一步加强和改进信息管理的意见。构建全国审计机关四级联动的审计工作通讯全覆盖格局，建立省级审计机关联络员机制，定期发布约稿信息和稿件采用情况，促进稿件数量和质量齐升。对外进一步加强与中办、国办沟通，加大综合性、全局性、战略性稿件的主动报送力度。编报中，更加强调党中央需要了解和需要党中央了解的信息，对内充分发挥牵头引领作用，编发审计信息要点，引导业务司着眼服务大局，更加注重反映新情况新问题，更加注重总结回顾揭示新趋势新变化，聚焦重点领域，提高选题立意精准度。科学把握报送节奏，围绕党中央阶段性工作重心，向相关业务司约稿、组稿，做好选题预研、资料储备，提升决策参考价值。根据报送对象变化，及时调整报送流程及信息格式，明确信息提交要求，规范报送程序；优化室内编审程序，进一步压缩重要信息办理时限，确保信息时效；建立信息流转台账，跟踪掌握信息各环节办理情况，提高办理效率；结合信息网上流转存在的突出问题，提出“金审工程”三期改进需求，推动流程再造。着重把好政治关、政策关、内容关、文字关，坚持“三个区分开来”重要要求，在实质内容上做加法，在文稿篇幅上做减法，在服务效果上做乘法，确保选题聚焦、结构清晰、逻辑严密、判断明确、分析透彻、文字精练、表述规范、平实易懂。增加报出前业务司的校核环节，实行信息质量每月通报，强化各环节审核把关责任。坚持“引进来”和“走出去”双向发力，邀请中办信息综合室有关同志来署开展信息专题培训；派员分赴3个特派办的年度培训班、4个业务司组织的全国培训班授课；年中整训期间与各业务司加强交流，讲解信息编发中出现的新问题、标准的新变化、编报的新要求，注意收集反馈意见，改进信息工作管理与服务。

（撰稿人：张　杨）

【法规司】 2018年1月至9月，法规司实有26人，设有法规准则处、审理一处、审理二处、审理三处、检查指导处、法律事务处。9月25日按照审计署“三定”方案调整后，法规司实有10人，设有检查指导处、法规准则处、法律事务处。主要职责：承担审计法律法规草案、规章制度、国家审计准则和指南的起草工作，参与起草财政经济相关法律法规草案工作，承担机关有关规范性文件的合法性审查工作，承担机关行政复议、行政应诉等工作。

领导成员

司　　长：刘正均（—10月）

副 司 长：季怀银（—1月）

　　　　　张　琦（—9月）

　　　　　王　芳（4月—9月）

　　　　　彭新林（9月—）

正司级审计员：季怀银（1月—）

副司级审计员：程　军（—9月）

　　　　　　　董继红（—10月）

工作综述　2018年，法规司在审计署党组和分管署领导的正确领导下，认真学习贯彻习近平新时代中国特色社会主义思想，全面贯彻落实中央审计委员会第一次会议精神，紧紧围绕审计中心工作，勇于担当，忠诚履职，较好地完成各项审计法治工作任务。

审计立法　根据审计管理体制改革的顶层设计已明确的实际情况，重启审计法修订工作，成立修订工作组，研究形成《中华人民共和国审计法（修订审议稿）》及其起草说明等材料。印发《审计署关于内部审计工作的规定》和《审计署关于加强内部审计工作业务指导和监督的意见》，并起草答记者问作制度解读。配合经济责任审计司、税收审计司等研究修订或起草《党政主要领导干部和国有企事业单位主要领导人员经济责任审计规定》《审计署　国家税务总局关于税收征管体制改革后有关问题的通知》《电子数据审计证据规则》《审计移送事项审理规则和业务流程》等制度规定。完成2部审计指南合规性审核。完成署外立法协调和政策征求意见答复等工作106件。

行政复议和应诉　依法审理行政复议案件232起，办结204起，其中撤销原行政行为10起、确认原行政行为违法1起、变更原行政行为1起。向原国务院法制办报送审计署2017年行政复议和应诉工作情况；向司法部报送审计署2013年以来行政复议和应诉工作情况。与北京市高级人民法院和第二中级人民法院座谈研讨经济责任审计信息是否属于政府信息等重点难点问题，统一此类案件认定标准。赴北京、上海、河南、湖北等地方审计机关开展行政复议工作有关情况调研。

积极应对行政诉讼案件50起。其中，法院一审判决或者裁定驳回原告诉讼请求14起，二审判决或者裁定驳回原审原告上诉7起，已审结案件全部胜诉。

审计机关法治政府建设　向党中央、国务院报送《审计署2017年度法治政府建设情况报告》，同时将报告全文在审计署门户网站和政务微信刊载，接受社会监督。建立法治政府建设考核机制，首次将法治建设和普法责任制落实情况纳入各单位领导班子和领导干部年度综合考核。继续聘任两家律师事务所担任外部法律顾问，7名内部法律顾问获得公职律师证书。组织举办依法审计能力培训班，共计培训106人。印发审计法治工作动态2期。

普法依法治理　核定审计署普法责任清单。印发《2018年审计机关普法工作要点》《审计署开展宪法学习宣传教育的工作方案》等文件。向全国普法办报送审计署“七五”普法中期自查评估情况报告，向中央全面依法治国委员会报送宪法学习宣传实施情况自查报告。组织开展好宪法宣传系列活动，制作宪法修正案展板，在审计专网加载《提高领导干部运用法治思维和法治方式的能力推进法治政府建设专题讲座》培训课件，推荐15件作品参加司法部、全国普法办“我与宪法”优秀微视频展播活动并于“宪法宣传周”期间在审计署机关大楼电子屏幕滚动播放。法规司荣获司法部、全国普法办“我与宪法”优秀微视频展播活动优秀组织奖。加大以案释法力度，在《中国审计报》设置以案说法专栏，组织撰写、发表行政复议、行政诉讼案例解读9篇。

合法性审核　对《党政主要领导干部和国有企事业领导人员经济责任审计规定》进行合法性审核。对政府信息公开申请答复审核222件。对中国时代经济出版社《公司制改制工作方案》及“金审工程”三期项目合同等重大事项进行合法性审核50余件次。

其他工作　报送各类立法规划和计划6件次；办理署内外征求意见92件、人大议案1件、地方审计机关请示2件、人民来信1件，信访事项答复22件。

（撰稿人：李永佩）

【行政政法审计司】　2018年1—9月，行政政法审计司实有19人。设有一处、二处、三处、四处。主要职责：组织审计中央纪律检查委员会（监察部）、中央组织部、中央宣传部、中央统战部、中央对外联络部、中央机构编制委员会办公室、中共中央直属机关事务管理局、最高人民法院、最高人民检察院、全国人大常委会办公厅、政协全国委员会办公厅、审计署、国管局、中华全国总工会、中国共产主义青年团中央委员会、中华全国妇女联合会、中国国民党革命委员会中央委员会、中国民主同盟中央委员会、中国民主建国会中央委员会、中国民主促进会中央委员会、中国农工民主党中央委员会、中国致公党中央委员会、九三学社中央委员会、台湾民主自治同盟中央委员会、中央党校、中央社会主义学院和国家互联网信息办公室等单位及上述部门（单位）下属单位的预算执行情况、决算（草案）和其他财政财务收支；开展相关专项审计调查；督促被审计单位整改；指导地方审计机关行政政法审计业务；承办审计署交办的其他事项。9 月 25 日按照审计署“三定”方案，行政政法审计司不再设立，相关职能调整至其他司、局。

领导成员

司　　长：胡家俊（—9 月）

副 司 长：丁伏圣（—9 月）

　　　　　陈　峰（—9 月）

工作综述　2018 年，行政政法审计司以习近平新时代中国特色社会主义思想为指导，深入学习贯彻党的十九大和十九届二中、三中全会精神，认真贯彻落实习近平总书记在中央审计委员会第一次会议上的重要讲话精神，树牢增强“四个意识”，坚定“四个自信”，做到“两个维护”，切实落实全面从严治党主体责任，加强领导班子和干部队伍建设，依法全面履行审计监督职责，把深化中央部门预算执行审计和国家重大政策措施落实情况跟踪审计作为工作重点，着力推动中央重大决策部署贯彻落实，编发和办理 15 件重要审计信息和审计移送、转送事项，更好发挥审计在党和国家监督体系中的重要作用。按照审计署机关机构改革部署做好相关工作，坚决拥护服从审计管理体制改革，确保干部队伍思想不乱、工作不断、队伍不散、干劲不减。

国家重大政策措施落实情况跟踪审计　组织开展对国家电网公司和南方电网公司的 2018 年国家重大政策措施落实情况跟踪审计，着力把握项目落地、资金保障、简政放权、政策落实、风险防范、民生改善“六个抓手”。一是促进重大投资落地。紧盯重大工程建设，持续跟踪规划立项、投资审批、项目建设、竣工验收等重要环节。二是推动重大政策落实。紧盯电网企业贯彻落实新发展理念工作进展情况，重点关注供给侧结构性改革，揭示部分地区国有企业职工家属区“三供一业”供电设施移交的电力设施维修改造未完成等突出问题。三是推动减轻企业负担。紧密结合电网企业职能特点，重点关注部分省份三级保供电比重偏高且计划性差，部分保供电工作必要性不足等问题，督促有关主管部门积极落实整改。四是推动民生短板有效解决。紧贴重要民生领域，积极督促有关地区供电局通过抢修、建立长效机制等措施，妥善解决部分老旧小区、城中村因配电设备改造不及时出现用电高峰集中停电问题，推进公共服务升级提质。

财政审计　牵头组织对 9 个中央党群部门和新闻单位 2017 年度预算执行情况进行审计。组织实施过程中，坚持依法审计，文明审计，加强与各审计组的沟通，积极发挥组织协调作用。以问题为导向，紧紧围绕工作方案重点，切实加大对贯彻落实中央八项规定精神情况的审计力度，重点反映部门单位预算执行不到位、预算不细化编报不规范、“三公”经费和会议费管理不规范、违规发放津贴补贴和其他福利、有关人员违规兼职取酬等突出问题，相关结果纳入审计署“两个报告”。关注体制机制，切实加大对体制机制问题和普遍性倾向性问题的揭示反映力度，深入研究中央新闻单位和工会系统等存在的共性问题，深刻剖析问题背后体制机制和制度性障碍，起草 3 篇专题报告呈报中央领导，编发办理 8 起审计移送或转送事项等，取得较好成效。此外，直接实施的全国总工会、全国妇联和审计署的年度预算执行审计也都按照要求顺利完成，特别是全国总工会和全国妇联审计，聚焦重点，查深查透，成果突出，查出违纪违法问题线索，揭示行业系统体制机制问题。

交办任务　按照审计署的安排和要求，组织对中央某部门有关工程项目进行专项核查，短时间、高质量完成此项重要交办任务，为妥善解决有关历史遗留问题提供决策参考，受到该部门领导的高度肯定。抽调专人参加党政主要领导干部和国有企业领导人员经济责任审计规定修订、审计法修订、督查调研和干部考察等多项专项工作。

相关工作 提高政治站位，坚决做到“两个维护”。加强政治理论学习，深入学习领会习近平新时代中国特色社会主义思想的丰富内涵和核心要义，坚持不懈用马克思主义最新理论成果武装头脑、指导实践、推动工作，坚决维护习近平总书记核心地位，坚决维护党中央权威和集中统一领导。深入开展“两学一做”学习教育，落实“三会一课”制度，通过党支部书记讲党课、党日专题活动、主题联学等学习活动，引导党员干部坚定理想信念、加强党性修养。组织专题学习习近平总书记在纪念马克思诞辰 200 周年大会上的重要讲话，参观主题展览，坚持和发展马克思主义，坚持以习近平新时代中国特色社会主义思想为指导，坚持用先进的理论思想指导审计业务实践。

加强党风廉政建设，扎实推进作风建设。将加强党风廉政建设纳入全年总体工作计划，统一部署落实。持续加强党性教育，组织学习党章、准则、条例、中央八项规定等党内规章制度。按照审计署党组部署和要求，深入组织开展纪律作风专项整治月活动，坚持问题导向，做好“三个结合”，即与“两学一做”学习教育相结合、与巡视整改“回头看”相结合、与加强机关自身建设相结合，积极完善纪律作风建设制度机制，切实提高整治活动成效。加强廉政警示教育，切实筑牢廉政防线，将廉政教育融入业务工作，教育引导党员干部严格执行审计“四严禁”工作要求和审计“八不准”工作纪律，依法履行审计监督职责。

提升能力，加强审计干部队伍建设。认真贯彻落实习近平总书记关于以审计精神立身、以创新规范立业、以自身建设立信的要求，打造信念坚定、业务精通、作风务实、清正廉洁的高素质专业化审计干部队伍。提升审计人员的政治能力、专业能力、实践本领，在全方位培养上下功夫，结合干部特点，着力搭建全方位培养平台，做到分层推进、全员培养，审计项目人员搭配“老中青”结合，通过现场审计提升实战能力，开展课题研究提升综合能力。（撰稿人：张　欣）

【审理司】 2018 年 9 月，根据审计署“三定”方案，设立审理司。审理司实有 17 人。设有一处、二处、三处、四处、五处、六处。主要职责：审理有关审计业务事项；监督检查审计署派出机构及地方审计机关的审计业务质量；依法纠正或责成纠正地方审计机关违反国家规定作出的审计决定；负责对重大违纪违法问题线索的移送协调；指导地方审计机关审计质量控制工作；组织开展全国审计机关优秀审计项目评选；承办审计署交办的其他事项。

领导成员

司　　长：胡家俊（9 月—）

副 司 长：张　琦（9 月—）

　　　　　王　芳（9 月—）

副司级审计员：程　军（9 月—）

工作综述 2018 年 9 月组建以来，审理司以习近平新时代中国特色社会主义思想为指导，深入学习贯彻党的十九大和十九届二中、三中全会精神，贯彻落实中央审计委员会第一次会议精神，树牢“四个意识”，坚定“四个自信”，做到“两个维护”，认真履行全面从严治党主体责任，深入开展“两学一做”学习教育。作为新组建司，审理司认真学习领会审计管理体制改革和审计署机构改革决策部署，在审计署党组的正确领导下，凝聚共识谋篇布局，科学划定内部职责，全力做好新司新开局。根据审计署“三定”方案，把握“五位一体”总体布局的要求，经分管署领导批准，科学设置各处室职责分工。确立“政治统领、服务大局，依法审理、求真务实，团结进取、创新发展”的工作理念，以“服务审计事业发展大局，严守审计质量控制防线，打造高素质专业化审理队伍”为工作目标，较好地完成各项工作任务。

制度建设 为进一步落实好中央审计委员会第一次会议会议精神，构建集中统一、全面覆盖、权威高效的审计监督体系，解决当前审计工作中与新形势新要求还不适应的突出问题，按照审计署党组要求，审理司研究起草《加强和改进审计业务管理若干重点工作分工方案》，从深化审计制度改革、加强对全国审计工作的统筹、加强审计质量管理、加强审计成果运用、加强审计机关自身建设等5个方面的14项重点工作入手，加强和改进审计业务管理，着力推动改革创新，切实提高审计质量和效率，协助分管署领导推动落实方案各项重点工作。按照方案，负责制定审计署复核审理质量管理责任制办法、审计移送事项办理规则，修订经济责任审计报告模板，完善综合考核办法（业务部分）。修订审计发现党员干部或公职人员涉嫌违纪违法问题线索的移送办法，完善审理业务管理流程；研究修订全国审计机关优秀审计项目评选办法，简化评选流程，优化评审指标，更好地发挥优秀审计项目的示范和引导作用。

审计项目审理 严格依法依规审理，坚持把重点审计事项置于经济社会运行的大背景下分析，把审计发现的具体问题放在改革发展大局下审视，严格落实“三个区分开来”的要求，努力把好政治关、政策关、法规关，严格按照“六要素”进行审理，准确客观地出具审理意见。2018年，原法规司与审理司共审理（抽查）审计报告和审计信息等文书180份（其中审理司47份），出具审理（抽查）意见书170份（其中审理司46份）；对重点难点审计报告和审计业务信息开展会审，出具会审意见书106份（其中审理司19份）；加强与中央纪委国家监委、公安部的会商协作，会商问题线索16件（其中审理司7件），起草会商纪要7期（其中审理司3期）。

优秀审计项目评选 按照“公开、公平、公正”的原则和“把握项目总体，突出评审重点，严格依法依规评审”的要求，先后分两批组织对审计署机关业务司、特派办推荐的42个参评审计项目3662卷项目档案和地方审计机关推荐的68个参评审计项目1804卷项目档案进行评选。评选出审计署优秀审计项目10个，审计署表彰审计项目16个；地方优秀审计项目15个，地方表彰审计项目30个。评选工作结束后，加强对入选项目的经验总结和宣传推广，充分发挥优秀审计项目的示范和引导作用。

审计质量管理 承接原法规司对内蒙古、湖南、广东、重庆、云南、甘肃等6个省级及其所属12个市县审计机关审计业务质量检查的收尾工作。按照审计业务质量检查实施方案的要求，审核6省检查项目是否突出重点，检查发现的问题事实是否清楚、定性是否准确、归类是否恰当等。起草关于2018年部分地方审计机关审计业务质量检查情况的报告，向署领导汇报检查总体情况和发现的主要问题，提出改进审计业务质量管理的意见建议；将检查结果在全国省级审计机关范围内进行通报，督促被检查单位加强整改、举一反三、完善制度，有利于其他地方审计机关参考借鉴、对照检查、防患于未然，促进全面提升地方审计机关业务工作质量。

审理工作研究 探索开展研究式审理，切实提高政治站位，落实求真务实的工作作风，真正做到统观全局、把握总体、突出重点，全面提升审理质量和效率。要求审理人员主动获取信息，了解、收集、梳理、研究、跟踪各领域、各行业国家政策、决策部署、规划任务等，全面加强宏观法律政策研究，跟踪学习党中央关于依法治国、深化改革等方面的重大方针政策和决策部署，充分了解相关政策措施出台的背景、目标和要求，系统梳理相关领域法律法规和制度规定，把准国家发展战略和改革方向。运用研究的思路和方法开展审理工作，要求审理人员有意识地将研究的理念和思维融入审理工作，总体把握相关领域政策、行业特点、审计项目目标和重点内容，积极主动地运用研究的思路和方法解决新情况和新问题，有针对性地提出审理意见和建议，实现政策研究与审理工作相辅相成。

相关工作 加强党建工作。审理司作为新组建的单位，按照中共审计署机关委员会通知要求，设立审理司党支部，选举成立支部委员会，党支部书记认真履行“一岗双责”主体责任，分管司领导积极履行支部副书记和支委职责，各处处长兼任党小组组长具体组织、推动和指导每个党员的日常活动。紧密结合工作实际和干部队伍特点开展党建工作，把党的政治建设摆在首位，旗帜鲜明讲政治，贯彻落实习近平总书记关于党的政治建设重要指示精神。强化思想理论武装，深入学习贯彻习近平新时代中国特色社会主义思想，推进“两学一做”学习教育常态化，夯实理想信念宗旨根基。加强党支部建设，落实“三会一课”制度，切实履行“一岗双责”，充分发挥党支部的战斗堡垒作用和党员的先锋模范作用。加强作风纪律建设，持之以恒正风肃纪，用正面党规党纪教育和反面典型案例警示教育相结合，着力加强纪律作风和廉政建设，保障各项工作的完成。对照中央要求，结合司工作职责，查找纪律作风和廉政风险点，建立权力运行流程图、廉政风险点及防控措施一览表，建立健全有效的防控机制，实现监督提醒常态化、制度化。

加强队伍建设。贯彻落实“以审计精神立身、以创新规范立业、以自身建设立信”的重要要求，通过教育引导、实践锻炼、培训交流等方式，努力提升审理人员政治能力、专业能力和实践本领，打造出一支信念坚定、业务精通、作风务实、清正廉洁的高素质专业化审理干部队伍。秉承“以人为本、团结融合、严管厚爱”的理念，构建起相互尊重、相互学习、相互帮助、精诚团结、和谐发展、共同进步的良好氛围，在政治上和事业上帮助干部成长，在生活上和学习上关心爱护干部，按照“全员发展一个也不能少”的目标，形成百舸争流、共同进步的干部成长良好局面。开展以“忠诚、公正、严谨、廉洁、奉献”为核心的审理文化建设，增强干部队伍的凝聚力、创造力和战斗力，推进审理工作发展

加强内部管理。为切实履行法律赋予的审计监督职责，确保完成审计署交办的各项任务，依法审理、规范工作，全面提升审理工作的质量和效率，根据《审计署工作规则》和审理司工作实际，制定审理司工作规则，对人员职责、会议制度、印章使用管理制度、请示报告制度、考勤和请销假制度、办公设备管理制度、业务经费管理制度、作风建设、廉政建设、保密工作制度、涉密网络管理制度和公文登记、审批、督办、档案管理制度等进行明确。 （撰稿人：刘　诚）

【内部审计指导监督司】 2018 年 9 月，根据审计署“三定”方案，设立内部审计指导监督司。内部审计指导监督司实有 12 人。设有 3 个处。主要职责：履行推动建立健全内部审计制度，对内部审计机构进行业务指导，监督内部审计职责履行情况，检查内部审计业务质量；组织协调对社会审计机构出具的相关审计报告的核查；组织对审计署预算执行情况、决算草案和其他财政收支的审计等职责。

领导成员

司　　长：李凤雏（9 月—）

副 司 长：刘　贝（9 月—）

工作综述 加强内部审计法制建设。按照党中央、国务院关于内部审计工作的新指示新要求，修订《审计署关于内部审计工作的规定》于 2018 年 1 月 12 日印发。本次修订补充完善内部审计职责范围、强化内部审计独立性、加强对内部审计成果的运用等内容，细化完善审计机关对内部审计的指导监督职责。配套起草制定《审计署关于加强内部审计工作业务指导和监督的意见》，为强化对内部审计的指导监督工作、统筹整合审计资源、增强审计监督整体效能、推进审计事业发展奠定制度基础。

全国内部审计工作座谈会 9 月 11 日至 12 日在北京召开全国内部审计工作座谈会。中央有关部门单位，国务院各部门、直属特设机构、直属机构、办事机构、直属事业单位，相关社会团体、民主党派中央委员会，相关中央企业、金融机构、高等院校，各省级审计机关、中国内部审计协会等单位的 350 多名代表参加会议。中央审计委员会办公室主任、审计署党组书记、审计长胡泽君同志以“凝心聚力　携手共进　奋力开创内部审计工作新局面”为题作主题报告，深刻阐述新时代加强内部审计工作的重要意义，全面客观地回顾总结党的十八大以来内部审计工作取得的重大成就，结合目前内部审计工作存在的一些问题，对下一步全国内部审计工作提出明确要求，对开创新时代内部审计工作新局面进行动员部署。

开展调查研究 围绕“如何加强对被审计单位内部审计工作的指导和监督，更好发挥内部审计作用”，对山西、浙江、湖北、四川等 4 个省内部审计工作开展专题调研，并汇总研究有关省市提供的调研情况，充分提炼调研成果。加强分层次分领域调研，按照“分类指导，分层推进，分步实施”的思路，以摸清底数、梳理思路、推动内部审计机构队伍建设、促进内部审计规范业务工作、提升内部审计工作质量为目标，有针对性开展调研。一方面在中央和国家机关、中央企业、中央金融行业和地方审计机关中分别选取 10 家单位，集中召开 4 个座谈会，共计 86 人应邀参加座谈；另一方面在中央和国家机关、中央企业、中

央金融行业和地方审计机关中各另选 2 家单位，开展实地调研。通过调查研究，充分了解内部审计工作制度建设、机构设置、人员结构、职责权限以及工作质量等方面情况，丰富规划决策内部审计指导监督的第一手资料，为更好地开展工作奠定基础。

开展审计署内管干部经济责任审计 根据审计署统一安排，全年组织开展对审计博物馆原副馆长，中国时代经济出版社原社长、总编辑，审计署驻济南特派员办事处原特派员等 3 名审计署内管干部的经济责任审计。 （撰稿人：池海滨）

【电子数据审计司】 2018 年，电子数据审计司实有 21 人。设有一处、二处、三处、四处、五处、六处、七处。主要职责：组织开展审计业务电子数据的采集、验收、整理和综合分析利用，组织对有关部门和国有企事业单位网络安全、电子政务工程和信息化项目以及信息系统的审计。

领导成员

副 司 长：邵永春（10 月—） 王 忠

工作综述 2018 年，电子数据审计司在审计署党组的正确领导下，以习近平新时代中国特色社会主义思想为指导，全面贯彻落实党的十九大和十九届二中、三中全会精神，深入学习贯彻习近平总书记在中央审计委员会第一次会议上的重要讲话精神，紧紧围绕新时代审计事业发展的中心任务，严格按照胡泽君审计长对审计信息化建设和大数据审计工作的要求，牢固树立“四个意识”，努力做好各项工作，全年上报审计要目 14 篇、专题材料 4 篇；“金审工程”三期项目取得实质性进展，基础环境搭建基本完成，标准规范、应用系统、网络安全等重点任务建设全面展开。

审计业务 牢固树立“四个意识”，坚持“四个服从”，深刻领会新时代审计工作职责和使命，响应胡泽君审计长“向信息化要资源，向大数据要效率”的号召，切实履职尽责，充分利用大数据为审计事业服务。加强数据标准化，做好数据集中管理，为审计全覆盖奠定基础。2018 年组织编制并印发 22 个审计业务数据规划，基本建成数据定期报送机制，数据安全管理得到强化。创新技术方法应用，推进审计全覆盖。在数据报送方面，开发 12 种数据校验工具统一校验全国财政标准表，提升数据报送质量；在审计业务方面，协助财政司开展中央一级预算单位预算执行审计全覆盖数据分析，完成对 117 家中央一级预算单位（部委改革前）数据采集的全覆盖，设计 26 类数据分析模型，分析发现数千条问题线索下发核实。大力推进数据综合分析利用，拓展审计监督广度和深度。在加大对党中央重大政策措施贯彻落实情况跟踪审计、加大对经济社会运行中各类风险隐患揭示力度、加大对重点民生资金和项目审计力度等方面发挥积极作用，全年上报审计要目 14 篇、专题材料 4 篇。积极推进信息系统和网络安全审计相关工作。认真贯彻落实中央审计委员会第一次会议精神和有关文件要求，印发审计署关于加强信息系统审计工作的指导意见；按照网络安全工作责任制有关要求，印发相关文件明确审计项目编制、重点审计内容、报告组织方式等，并起草 2018 年度网络安全审计工作方案，将网络安全建设审计作为重要内容纳入中央部门预算执行和企业负责人经济责任审计项目中。

信息化建设 深入学习习近平总书记在中央审计委员会第一次会议关于“要坚持科技强审，加强审计信息化建设”的重要讲话精神，积极践行科技强审理念，依托信息化增强审计能力。坚持“统一规划、两级部署、以用为本”原则，有序推进“金审工程”三期建设。加强顶层设计，着力构建全国审计“一盘棋”，全年印发网络系统建设指南等 8 个指导性文件；把需求分析作为重点，建立署内各单位需求沟通协调机制和中央地方需求会商机制，确保系统实用、好用；积极沟通协调，解决建设中的问题和困难，如在发展改革委的支持下，联合印发加快推进“金审工程”三期建设的通知，明确“金审工程”三期地方项目加快立项、审计云与地方政务云关系等事宜，为地方“金审工程”建设提供很好的依据。坚持深入调查研究，确保信息化建设紧贴审计实践。灵活采取现场研讨、视频会商等形式，开展经常性的调查研究，及时掌握地方审计机关、特派办等单位情况；组建地方专家组在署全程参与“金审工程”三期建设，充分听取地方审计机关声音；积极走出去、请进来，深入实际、调查研究，及时掌握审计一线实际情况，及时掌握政策方向和内涵、学习先进经验。2018 年，“金审工程”三期设备已完成上线运行数千台（套），第一阶段应用系统开发已经完成，待系统测试和安全测评后即可上线部署。

政务信息系统整合共享 根据《促进大数据发展行动纲要》要求和政务信息系统整合共享推进小组工作安排，组织完成审计署承担的16家单位和地方的信息系统整合共享督导工作，完成8个地市级、6个区县级单位的群众办事堵点问题暗访调研工作，并撰写多篇报告上报国办。参加大数据部际联席会议20余次，为国家大数据战略制定与贯彻落实建言献策。组织编写审计署关于加强信息系统审计工作的指导意见，以促进政务信息系统整合、安全和绩效为目标，落实《促进大数据发展行动纲要》和《政务信息系统整合共享实施方案》的相关要求。

党建工作 按照习近平总书记在中央审计委员会第一次会议上的要求，突出党建工作的引领作用，落实新时代党的建设总要求，加强基层党组织建设，带动全司凝聚力、战斗力进一步增强。始终把政治学习放在首要位置，深入学习贯彻习近平新时代中国特色社会主义思想以及党的十九大精神和十九届二中、三中全会精神，引导全司党员干部树牢“四个意识”，坚定“四个自信”，坚决做到“两个维护”，用习近平新时代中国特色社会主义思想武装头脑，并坚持学以致用、知行合一、推动工作。突出党建工作引领，充分发挥基层党组织战斗堡垒作用，落实全面从严治党责任，严格党内日常管理，严格组织生活制度，针对支部成员年纪轻、学历高、思维活跃的特点，司领导率先垂范、以上率下，并持续开展针对性的谈心谈话等思想政治工作。严格执行廉政纪律，不断强化作风和党风廉政建设，组织开展纪律作风专项整治月、警示教育等活动，结合数据司工作特点，梳理六大纪律风险点并逐一制定防控措施，建立风险防控体系，不断强化制约监督。

队伍建设 按照审计长在听取审计信息化建设相关情况汇报时关于“采好管好用好数据，人是核心和决定因素”的要求，电子数据审计司注重队伍建设，加强学习研究、强化实战锻炼、全面提升本领。通过积极开展大数据培训、经验交流和大数据应用协作等方式，助力各级审计机关培养既懂审计业务又懂大数据的专家型人才。一方面加强学习研究工作，提升司团队自身能力，为大数据审计打好理论、技术和实践基础。围绕党中央、国务院中心工作和最新要求，聚焦经济社会运行状况及社会热点、改革走向和重大风险，与国内领先团队组建智库，共同开展宏观研究，探索构建经济社会运行监测预测指标体系和分析模型。强化技术创新应用，积极开展复杂网络技术、可视化、网络爬虫等技术创新的应用实践。强化一线审计实践，深入现场审计。另一方面加强培训宣传服务工作，发挥大数据审计排头兵作用，推动大数据审计工作开展。全年组织或配合完成大数据专题培训3次、大数据审计研讨2次、网络安全宣传周1次，组织多场分专题交流研讨；向全国征集经验方法，择优编发3期专题审计工作通讯；通过参与撰写中国审计年鉴和中国信息年鉴、起草数据审计相关标准用语等方式，促进大数据广泛应用。

国际交流 2016年，由中美两国审计署联合提议，经世界审计组织大会批准，成立大数据审计工作组，中国审计署任组长，秘书处设在电子数据审计司。2018年，组织召开世界审计组织大数据工作组第二次会议，就大数据审计在实现国家可持续发展目标中的作用议题，进行研讨交流，对法规政策、分析技术、质量控制等开展讨论，向知识分享委员会提交工作组报告。工作组发展8名新成员，增强在世界审计组织成员国中的影响力。参与世界审计组织第二十三届大会第一主议题主论文的撰写和讨论，大力推广中国审计署大数据审计理念。 （撰稿人：熊宛皎　许　芳）

【财政审计司】 2018年，财政审计司实有25人。设有一处、二处、三处、四处、五处、六处、七处。主要职责：负责国家重大政策措施贯彻落实情况跟踪审计和财政审计的归口管理；组织审计国家有关重大政策措施贯彻落实情况；组织审计中央预算执行、决算草案和其他财政收支，省级人民政府预算执行、决算草案及其他财政收支，以及中央财政转移支付资金；具体审计财政部、国家发展改革委贯彻落实国家有关重大政策措施情况，财政部组织中央预算执行、国家发展改革委组织分配中央财政投资情况，以及财政部、国家发展改革委部门预算执行、决算草案和其他财政财务收支情况；组织开展相关专项审计调查；会同经济责任审计司组织实施对中央部门和人民团体等单位党政主要领导干部和省级党委、人民政府主要领导干部经济责任审计；协助起草年度中央预算执行和其他财政支出情况审计报告、审计结果报告、审计工作报告及审计查出问题整改情况报告；督促被审计单位整改；联系协调派出机构国家重大政策措施贯彻落实情况跟踪审计和财政审计业务工作；指导地方审计机关国家重大政策措施贯彻落实情况跟踪审计和财政审计业务；承办审计署交办的其他事项。

领导成员

司　　长：郝书辰

副 司 长：彭新林（—9 月）

　　　　　孙亚男（10 月—）

　　　　　陈　磊

司长助理：卓　嘎（西藏自治区审计厅挂职，3 月—）

工作综述　2018 年，财政审计司在审计署党组的正确领导下，在各司局办帮助支持下，深入学习贯彻党的十九大、十九届二中、三中全会和中央审计委员会第一次会议精神，坚持以习近平新时代中国特色社会主义思想为指导，不断强化“四个意识”，坚决做到“两个维护”，全面落实从严治党主体责任，严明各项纪律，强化队伍建设。认真履行财政审计工作领导小组办公室职责，组织实施 2018 财政审计年度各个审计项目，审计工作紧紧围绕稳中求进工作总基调，坚持新发展理念，落实高质量发展要求，扎实推进。审计工作过程中按照“三个区分开来”和“两手抓、两手硬”的要求，突出审计重点。全年完成编发各类审计信息 40 余篇，依法向社会发布中央部门预算执行审计结果公告 57 篇、国家重大政策措施落实情况跟踪审计结果公告 4 篇。

由财政审计司牵头组织实施的财政部具体组织 2016 年度中央预算执行和编制中央决算草案情况审计项目，被审计署评为优秀审计项目。

国家重大政策措施落实情况跟踪审计　继续组织 18 个特派办、相关派出局和业务司对 31 个省、自治区、直辖市、新疆生产建设兵团和 37 个中央部门、15 户中央企业和金融机构，开展国家重大政策措施落实情况跟踪审计。直接审计抽查单位 7635 个、项目 4617 个，涉及资金 11866.6 亿元，其中中央财政资金 1106.19 亿元，按季度上报综合报告并公告，重大事项随时上报。制定并下发《审计署 2018 年国家重大政策措施落实情况跟踪审计工作指导意见》《审计署关于进一步加强减税降费政策措施落实情况审计监督的意见》《审计署关于进一步加强审计监督推动清理拖欠民营企业中小企业账款的意见》等文件，更加注重反映科教兴国、人才强国、创新驱动发展、乡村振兴、区域协调发展、可持续发展、军民融合发展等国家重大战略实施情况，更加注重反映“一带一路”、京津冀协同发展、长江经济带等国家重大规划推进情况，更加注重反映打好三大攻坚战相关政策措施落实情况，更加注重反映“三去一降一补”等重大任务落实情况，更加注重反映“放管服”改革深化、新旧动能转换等情况，更加注重反映重大专项资金绩效情况。出版《国家重大政策措施落实跟踪审计结果公告及解读汇编》，集中反映政策落实跟踪审计成果，整理下发“放管服”改革政策文件汇编，指导审计组进一步聚焦重点工作，致力于推动经济高质量发展。

财政审计　围绕“改革、发展、安全、绩效”，以财政部具体组织中央预算执行情况、编制决算草案情况和发展改革委组织分配中央财政投资为主线，重点审计预算分配和管理、资金安全和绩效、财政政策实施和财税改革推进、财政管理等情况。围绕推动投融资体制改革和经济高质量发展落实审计任务，全面梳理并跟踪审计党中央、国务院确定 2017 年由发展改革委牵头完成或落实的关于深化经济体制改革、政府工作报告分工任务等任务 628 项。在查处问题的基础上，督促财政部、发展改革委组织整改，推动出台有关制度文件，改进预算管理和资金拨付方式，提高预算管理和财政资金使用绩效。

组织相关业务司和派出审计局完成对 57 个中央部门 2017 年度预算执行等情况的审计，重点延伸审计所属单位 365 个，审计财政拨款预算 2115.99 亿元，占这些部门财政拨款预算总额的 35.28%。审计过程中，注重加强与 57 个审计组横向联动，形成合力，共同促进建立全面规范透明、标准科学、约束有力的预算制度。审计结果表明，2017 年度部门预算管理不断加强，预算执行总体较好，财政资金使用绩效有所提高，但仍存在一些问题。通过中央预算执行和中央部门预算执行联动审计，实现对预算分配、批复、执行、调整到决算编制的全环节覆盖和全流程监控。

聚焦财政安全和绩效，开展地方政府性债务审计。以核实各地区政府债务和隐性债务及其风险状况为目标，周密部署，组织对部分地区开展3次抽查，对其地方政府债务和隐性债务规模、结构和风险情况进行核实。深入分析地方政府性债务领域的新问题新形势，持续关注其变化以及新型融资方式等情况，督促各级地方建立健全债务台账，为防范化解债务风险奠定基础，及时向党中央、国务院报告，审慎提出审计建议。

推进各项财政改革，促进加快建立现代财政制度。推进政府综合财务报告试审工作，根据国务院制定的改革方案关于“到2020年制定政府综合财务报告审计制度、公开制度”的要求，两次派员赴山西、陕西、重庆、浙江调研政府综合财务报告编制进展情况，反映在推进政府综合财务报告中存在的突出问题，提出进一步完善政府综合财务报告的建议；发挥财政审计优势，积极配合全国人大、中央财办等部门对预算、债务等财政重点领域的监督工作。推动建立健全预算审查重点向支出政策拓展、规范转移支付、建立地方政府违规举债追责问责制度等工作。起草出台《审计署贯彻落实〈关于人大预算审查监督重点向支出预算和政策拓展的指导意见〉的意见》，指导全国各级审计机关开展工作。

切实履行财政审计工作领导小组办公室职责，优化审计组织方式。凝聚财政大格局审计共识，推动财政审计内容整合。巩固以财政部和发展改革委审计为龙头，以部门预算执行和地方财政收支审计为基础的“一体两翼”的项目组织方式，更加注重横向配合和纵向联动。在省部级党政领导干部经济责任审计中，形成以省委、省政府落实国家重大经济方针政策和决策部署、重大决策情况为龙头，以财政收支为主线，以重大投资项目、国土等自然资源资产管理、地方金融和国资管理等为支撑的架构，基本形成点面结合、突出重点、数据先行、分散核查、综合利用等一整套审计方法。探索预算执行（地方财政收支）审计、政策落实跟踪审计、经济责任审计三类审计项目实施的有机结合，实现现场审计时点、人员、内容和成果的“四贯通”。全年编发财政审计工作动态30期指导审计组开展工作。

经济责任审计　加强党对经济责任审计工作的领导，深入开展省级党政领导干部经济责任审计。2018年，审计署对8名中央部门领导干部、11名省级地方党政领导干部开展经济责任审计。不断加大对中央重大经济改革任务、深化供给侧结构改革、精准脱贫攻坚战任务完成等重大经济责任履行情况的审计力度，以促进全面深化改革；持续加大对重点民生资金和项目审计力度，将国家重大规划和重大项目推进落实情况、重点公共资金分配管理使用情况等作为审计重点，以促进权力规范运行，促进反腐倡廉。对省委书记和省长继续进行同步审计，不断提高政治站位，审计覆盖面更广。

地方财政收支审计　组织完成7个省级地区的2017年地方财政收支审计，其中连续第二年完成对新疆生产建设兵团财政收支审计工作。在国家重大政策措施跟踪审计中，组织完成对18个县财力状况专项审计调查。

大数据分析　为构建集中统一、全面覆盖、权威高效的审计监督体系，在运用大数据审计的基础上，充分采集中央财政、中央基建投资、中央各部门、全国各省市财政收支及相关业务数据，横向链接、纵向贯通，持续开展大数据分析。通过大数据分析，揭示地区经济发展存在的风险隐患，以及财政收支等情况。充分利用国家重大项目库、在线审批平台、企业信用信息平台等各类数据，反映中央基建投资安排的299个项目推进缓慢等典型问题。制定印发《加强数据分析应用进一步深化中央预算执行审计全覆盖工作方案》，实现中央一级预算单位预算执行审计全覆盖。

审计整改　根据全国人大常委会办公厅意见和国务院要求，会同相关部门加强对审计查出问题整改情况的跟踪检查。

在组织跟踪审计项目实施中，持续跟踪审计发现问题的整改情况，进一步推动完善审计发现问题整改长效机制。2018年，全国各级审计机关共促进取消、合并或下放行政审批事项、职业资格、取消违规设置的限制性条件等300余项，促进清退各类保证金、减少或清退收费 9 亿余元，促进加快项目实施 4000 余项，促进完善各项制度 700 余项，促进及时下达和落实资金、收回沉淀资金和统筹安排使用财政资金 200 余亿元。

在组织中央预算执行审计方面，推进边审边改，提高审计反映问题的及时性，在 2017 年中央决算草案提交全国人大常委会审议前，审计即反映当年决算草案披露不够充分、收支不够完整准确等问题，促使财政部提交审议决算草案时做出相应修改。推动完善制度，确保整改的长效性，针对审计多年持续反映的预算安排和下达不规范、专项转移支付占比较高等问题，推动相关部门完善转移支付制度，出台一批有针对性的整改措施。及时移交、推动问责，审计对发现的违法违规举债问题，发现一起、移送一起，推动财政部门及相关地方严肃处理违法违规举债问题。

加快推进中央财政投资项目建设，盘活闲置资金。针对审计报告中反映的投资项目开工慢、资金闲置等问题，相关部门通过督促开工、调整投资计划、完善制度等方式挽回和避免损失 3.4 亿元，督促各相关单位和地方按照职责分工做好投资项目的日常调度监管工作。完善制度，优化中央财政投资管理。制定完善预算绩效目标管理、资源循环利用基地建设、公共实训基地建设等方面的专项管理制度 3 项；进一步加快投资计划下达工作，促进项目资金及时到位。

审计科研 加强理论研究，与中科院财经战略研究院合作承担《国家重大政策落实情况跟踪审计全覆盖研究》等研究课题，青年干部李萌撰写的《国家重大政策措施落实情况跟踪审计评价体系研究》论文获得第四次全国审计青年论坛一等奖，2 人入选中央国家机关会计领军人才，4 人具备对外援助培训师资格，1 人参加“金砖五国推动可持续发展的政策审计体系研究”课题研究。建立司业务分析会商制度，定期进行信息统筹和研讨，拓展处室间横向交流和纵向思考的维度，通过学思践悟，丰富学识。

参与国际审计事务 为进一步对接世界审计组织公共债务审计准则，提高我国在世界审计组织债务审计工作组的影响力和发言权。5 月，财政司组建世界审计组织公债审计工作组中国事务组，代表中国审计署与 IMF 中国代表处开展磋商会谈，代表中方参加国际视频协调会。组织对《世界审计组织公债审计指南》进行研究和翻译，即将印刷成册。第一次参与更新公债审计指南，致力于推广中国经验和中国做法，该指南已提交世界审计组织相关机构审核。派员参加在印度举行的世界审计组织公共债务工作组“最高审计机关促进公共债务审计健全发展”会议并作主题发言。

（撰稿人：王艳青）

【税收征管审计司】 2018 年，税收征管审计司实有 17 人。设有一处、二处、三处、四处、五处。主要职责：组织审计中央预算收入执行、税收征管和社会保险费征收等情况，组织审计税务总局、海关总署的预算执行情况、决算草案和其他财政财务收支。

领导成员

司　　长：王爱梅

副 司 长：许　斌（—10 月）

　　　　　籍吉生（11 月—）

审计成果 2018 年，税收征管审计司共实施审计项目 3 个，出具审计报告 9 篇，报送审计信息 12 篇，移送有关部门处理事项 3 件；通过审计，推动被审计单位建立健全制度规范 30 余项、查补税款 300 多亿元。

税收征管审计司实施的经济责任审计项目，被评为审计署优秀审计项目。

国家重大政策措施落实情况跟踪审计 坚持目标导向与问题导向相结合，对标对表国家重大决策措施部署，开展落实情况跟踪审计。持续关注减税降费情况，围绕重点行业、重大税收政策和重点收费项目，揭示部分税收优惠政策覆盖面窄、力度有待加大，税收优惠政策定期评估和退出机制不健全，部分经济实体依托政府行政资源收费等问题，推动有关部门完善相关政策，切实减轻企业负担。持续关注三大攻坚战、高质量发展、“放管服”改革等情况，重点揭示和反映相关领域政策落实不到位、现行政策不适应经济形势或中央要求、制度缺失等导致影响工作任务完成和质量等问题，促进相关部门切实优化营商环境，加强依法治税。加大对不法企业利用征管漏洞偷逃税款问题的查处力度，利用数据分析，揭示有关问题线索移交有关部门。

财政审计 在2017年度预算执行审计中，进一步提高政治站位，注重提高整体效能，以“一审多项、一审多果、一果多用”的思路，分层次多角度反映问题。揭示预算编报和执行、资金资产管理、“三公”经费管理等方面存在的不规范、不严格等问题，多个问题被纳入审计工作报告反映。

审计整改 坚持抓紧抓实审计查出问题的整改工作，将以前年度审计整改情况作为审计重点内容；对重点事项，坚持逐项核实并实地走访，深入了解整改成效，推动健全制度、做到标本兼治。推动有关部门建章立制，进一步规范相关工作，扩大税收优惠政策覆盖面，提高政策精准度。

信息化建设 深化大数据审计思维，坚持把大数据审计作为实现审计全覆盖的重要抓手，对单项涉税政策实施效果开展全国层面的数据分析，实现对同类政策全国范围数据分析全覆盖，进一步完善税收数据常态化分析模型，揭示相关政策落实过程中的突出问题，有力推进大数据审计常态化，逐步提升税收审计全覆盖质量。

综合管理 深入研究税收政策，聚焦减轻企业税负，明确审计重点，参与起草《审计署关于进一步加强减税降费政策措施落实情况审计监督的意见》（减税部分），切实加强对全国审计机关减税政策措施落实情况审计的总体谋划和具体指导。审计过程中，从政策理解和数据分析层面细化对审计组的具体指导，帮助厘清思路、少走弯路。对审计署驻地方特派员办事处上报的审计成果，从宏观层面分析提炼，严格复核把关，明确补证要求。结合政策落实跟踪审计和工作职责，分类开展专题调研。坚持上下结合，坚持深度和广度并重，走访多家政府部门和数十户企业，现场观摩海关通关作业和税务管理流程，形成调研报告并指导审计工作。通过书面调研和现场座谈等方式，对地方审计机关税收审计情况开展全覆盖调研，谋划税收征管体制改革后的税收审计模式，为全面深化税收审计提供参考。

党建工作 以政治建设统领各项工作，把深入推进党的政治建设作为一项重大政治任务抓细抓实、抓出成效，推动全面从严治党政治责任落地落实。开展“不忘初心、牢记使命”主题教育，坚持“两学一做”学习教育常态化制度化，建立学习成果转化机制，利用组织生活会开展学习教育效果评估反馈，注重把学习成果转化为审计成果，推动党中央重大政策措施贯彻落实，以有效的审计工作业绩践行“两个维护”。

队伍建设 以高素质和专业化为目标，强化干部队伍能力素质建设。以审计署年度集中整训为契机，精准聚焦“四个能力”安排自主培训内容，组织5次讲座、4次主题研讨。安排10名干部参加党建、数据分析等脱产培训班，全司通过计算机中级考试人数已超过80%。坚持在审计实践中推进队伍建设，通过审计实践锤炼队伍，除文书岗位外，其余干部全部参加审计项目。全年采取项目融合、处室联合、人员整合等方式，较好地完成同步实施的3个审计项目，进一步提升干部队伍的审计实战能力。 （撰稿人：吕 瑶）

【教科文卫审计司】 2018年，教科文卫审计司实有23人。设有一处、二处、三处、四处、五处。主要职责：组织审计国务院相关部门及直属单位、省级政府管理的教科文卫专项资金。

领导成员

司　　长：崔振龙

副 司 长：周　晖　崔　明

审计成果 2018年，教科文卫审计司完成审计项目4个。查出主要问题金额11.29亿元，其中违规金额1977万元、管理不规范金额11.09亿元。审计发现非金额计量问题26个；损益（收支）不实金额1977万元；出具审计报告和专项审计调查报告6篇，被批示2篇。审计处理处罚金额6971万元，其中应归还原渠道资金1977万元、应调账处理金额4994万元；移送有关部门处理事项4件，移送处理人员11人，移送处理金额1.38亿元。审计促进整改落实有关问题金额9.03亿元。审计提出建议15条，全部被采纳；推动被审计单位制定整改措施45项；提交审计信息2篇，被批示、采用2篇。向社会公告审计结果2篇。

国家重大政策措施落实情况跟踪审计 继续对中国电信、中国移动、中国联通3家电信运营商进行政策跟踪审计。审计中，围绕三大运营商贯彻配合三大攻坚战、供给侧结构性改革、创新发展、“一带一路”等审计重点，着重推动电信行业的重大政策措施贯彻落实，加大对各类风险隐患揭示力度。审计反映出国家科技重大专项课题未按期完成、电信扶贫优惠资费与精准扶贫有差距、手机实名制落实不完全到位等问题，针对问题分析原因，提出合理化建议。审计中，注重紧跟国家宏观政策导向，积极反映中国电信提出“容量银行”模式、建立跨多国陆地光缆系统等正面案例。审计中还对创业资金引导、科技成果转化等政策措施落实情况进行调查，揭示创新企业融资、科技成果转移转化等方面的政策瓶颈和制度障碍，并纳入审计署“两个报告”，有效促进“双创”和科技政策措施落实。

财政审计 开展对中科院预算执行情况的审计。聚焦重点领域和关键环节，促进权力规范运行和责任落实，反映其预算编报不完整、“三公”经费和会议费等管理使用不规范等方面的问题，其中，预算绩效评价不到位的问题，被审计工作报告采用反映；揭示的私设小金库、侵占单位资金等违纪违法问题，移送至中科院相关部门。审计在推动《国务院关于优化科研管理提升科研绩效若干措施的通知》《科技部 教育部 人力资源社会保障部 中科院 工程院关于开展清理“唯论文、唯职称、唯学历、唯奖项”专项行动的通知》等文件的出台方面，发挥积极作用。

经济责任审计 牵头组织对中国农业大学、中山大学2所高校党政主要领导干部开展经济责任审计。通过聚焦权力运行，关注与履职有关的国家重大方针政策和决策部署的贯彻落实情况，履行重大经济决策、预算编报执行、财务管理情况、科研项目和资金管理、附属单位和对外投资、基建项目和国有资产管理，以及落实党风廉政建设责任和遵守廉洁从业规定情况，推动领导干部依法作为、主动作为、有效作为、廉洁从业，促进高校内涵式发展。根据学校党委书记和校长任职期间的职责分工、履职情况和学校特点，坚持“三个区分开来”，以是否符合党的十九大精神、是否符合新时代中国特色社会主义基本方略和重大改革方向作为审计定性判断的重要标准，历史全面看待问题、合理准确界定责任、客观审慎作出评价，依法依规、客观求实认定各自的责任。

党建工作 提高政治站位，贯彻落实新时代党建工作的各项要求，多次召开支部会议，带领全体党员干部认真学习党的十九大及十九届二中、三中全会文件，学习习近平新时代中国特色社会主义思想的系列内容，学习习近平总书记在中央审计委员会第一次会议上的重要讲话精神。学习中突出基层党组织的政治功能，严守政治纪律和政治规矩。在学习中，贴近实际，深入查找问题，研究制定改进措施。不断创新支部学习的形式和内容，落实“三会一课”组织生活制度，深入推进“两学一做”学习教育常态化制度化。全年共组织开展6次专题党课教育，召开党员大会10次、支部委员会14次、党小组会52次，召开组织生活2次、专题民主生活会1次。认真学习贯彻《中国共产党支部工作条例（试行）》，发挥基层党组织战斗堡垒作用，严抓党风廉政建设，细化各项规章，签订党风廉政建设责任承诺书，认真履行“两个责任”，召开“汲取警示教训，强化纪律约束”为主题的专题组织生活会，开展纪律作风专项整治活动，把各项制度要求落在实处。严格管理审计现场，项目负责人通过审计回访座谈，了解审计人员执行审计“四严禁”工作要求和审计“八不准”工作纪律情况，保证审计现场风清气正。

队伍建设 加强干部政治理论学习，通过书目推荐、研讨交流等方式学会用马克思主义立场、观点、方法来观察问题、分析问题、解决问题，坚定理想信念。采取多方举措，通过自学、司内培训、整训等形式，让全体干部熟知相关主管部门法律法规制度和监管政策，了解被审计行业领域的发展现状、前沿理论、相关研究成果，掌握被审计单位的运行模式、岗位职责、关键环节和重点岗位、重大风险点等，切实增强宏观思维、辩证思维、法治思维能力，提高干部专业能力和素养。通过两期培训班以及系统内的研讨交流、典型案例讲解以及邀请科技部门、卫生部门的专家授课，着力提升干部的专业能力。结合党的理论、党章和党史学习，以及参观学习改革开放40周年成就展，培养审计干部的家国情怀，把个人理想与审计事业、个人发展与国家兴衰紧密联系在一起，切实增强全司干部担当作为、敬业奉献的精气神，培养爱岗敬业、恪尽职守的实干精神，历练务实干业的作风。严明纪律，始终将严守党的各项纪律，严格落实中央八项规定及其实施细则精神，严格执行审计“四严禁”工作要求和

“八不准”工作纪律作为干部思想工作的底线。全年未发生任何纪律问题。（撰稿人：郭　东）

【农业农村审计司】 2018 年，农业农村审计司实有 19 人。设有一处、二处、三处、四处、五处。主要职责：组织审计农业农村、扶贫开发以及其他相关公共资金和建设项目。

领导成员

司　　长：和　杰（4 月—）

副 司 长：和　杰（—4 月，主持工作）

张新芳　高　宇（4 月—）

副司级审计员：胡安明（—12 月）

审计成果 2018 年，农业农村审计司完成审计项目 3 个。抽查扶贫等资金 1600 多亿元；审计发现非金额计量问题 349 个；出具审计报告 7 篇，被批示、采用 4 篇次。移送司法机关、纪检监察机关和有关部门处理事项 51 件，移送处理人员 175 人，移送处理金额 4789 万元。审计促进整改落实有关问题资金 164.58 亿元；审计促进拨付资金到位 19.45 亿元；审计后挽回（避免）损失 2.31 亿元；核减投资额 528 万元；移送处理落实事项 204 件。审计推动被审计单位制定整改措施 152 项；促进被审计单位建立、健全规章制度 186 项；提交审计信息 16 篇，被批示、采用 9 篇次，审核特派办审计简报并由特派办办理移送 55 篇。向社会公告审计结果 5 篇。

国家重大政策措施落实情况跟踪审计 以脱贫攻坚和乡村振兴战略作为重点开展政策措施落实情况跟踪审计。围绕乡村振兴战略规划，组织特派办对农业绿色发展相关政策和资金开展审计，检查 2017 年以来实施的果菜茶有机肥替代化肥、畜禽粪污资源化利用等 7 项工作的政策措施落实、任务完成和财政专项资金管理使用情况。围绕精准扶贫精准脱贫、产业脱贫等政策落实情况，检查国务院扶贫办易地扶贫搬迁等政策执行情况、光伏发电等产业脱贫政策落实情况，揭示国务院扶贫办修订扶贫资金绩效考评制度不及时、部分扶贫资金分配不科学、部分扶贫制度及资金公告公示不到位等问题，促进出台扶贫资金及项目管理制度。

财政审计 开展对国务院扶贫办 2017 年度预算执行等情况的审计，发现已处置固定资产未及时核销、公车拍卖收入未及时上缴国库、采购的无形资产未按规定入账等问题。

民生资金（项目）审计 统筹全国各级审计机关力量，采取“上审下”“交叉审”等方式，分别组织开展中西部 20 个省 145 个贫困县扶贫审计、东部 9 个省东西部扶贫协作资金项目审计、237 个贫困县扶贫政策措施落实跟踪审计。全国各级审计机关累计对国家扶贫开发工作重点县开展审计 462 县次，抽查扶贫资金 2100 多亿元，其中由审计署统一组织的开展审计的有 382 个贫困县，抽查扶贫资金 1500 多亿元。

信息化建设 推动采集 6 个扶贫相关系统数据，初步建立扶贫审计数据库，梳理已采集的 29 种审计数据，并推送到专题数据分析环境中。按照“金审工程”三期项目安排，完成《扶贫审计数据规划》和《农业审计数据规划》的制定工作。

综合管理 完成审计署扶贫审计工作领导小组办公室日常综合管理工作。起草审计署《关于贯彻落实脱贫攻坚战三年行动指导意见　进一步深化扶贫审计的通知》和《关于在乡村振兴战略实施中加强审计监督的意见》等文件，对各级审计机关开展扶贫和乡村振兴审计工作提出明确要求。组织召开全国审计机关“聚焦脱贫攻坚三年行动，进一步深化扶贫审计”视频会议，审计长胡泽君对扶贫审计工作作出具体全面部署。组织对 2016 年至 2017 年由各特派办和地方审计机关直接实施的扶贫审计项目首次开展评优。组织对各级审计机关 300 余份扶贫审计报告和 4000 多个审计发现的问题进行逐一审核，以进一步提高扶贫审计项目质量。与中央纪委建立典型案件线索移交机制，共向中央纪委移交 88 项扶贫领域典型案件线索。配合中办督查室、中央纪委、中央巡视办、全国人大、全国政协等单位和部门，做好巡视、审计整改督促和推进等工作。参加深度贫困地区困难群众生活保障情况督查和宁夏回族自治区 2017 年扶贫开发工作绩效考核问题整改及脱贫攻坚工作推进情况督查，组成多个调研组对湖南、西藏等 20 多个省份扶贫审计开展情况进行调研，组织河北、安徽等 9 个中西部省份审计机关对 11 个市、23 个县（区）扶贫审计开展情况进行调研。组织举办全国扶贫审计培训班，推广交流扶贫审计先进经验做法。协助做好扶贫审计宣传工作，派员参加“中巴审计研讨会”并介绍扶贫审计情况，向WGEA提供扶贫政策精准落实、扶贫资金安全使用和扶贫项目建设运营绩效等问题审计案例。

党建工作 组织全司认真学习习近平总书记关于中央和国家机关党的政治建设的重要批示精神、党的十九大关于坚决打赢脱贫攻坚战、实施乡村振兴战略的决策部署和习近平总书记关于扶贫工作和实施乡村振兴战略的重要论述，及时传达中央经济工作会议、中央农村工作会议、全国扶贫开发工作会议精神。扎实推进思想建设，以专题学习、讨论交流等方式，组织党员干部深入学习新修订的党章和《中国共产党纪律处分条例》《中国共产党支部工作条例（试行）》等。持续推进“两学一做”学习教育常态化制度化，深化巩固2017年“灯下黑整治”成果。切实加强支部建设，制订年度党建工作计划，规范“三会一课”等党的组织生活制度，做好各项支部会议记录，全年共召开党员大会21次、支委会17次、组织生活会2次、民主生活会1次。组织开展参观小汤山国家农业科技示范园等具有农业农村、扶贫特色的主题联学和党日活动，建立支部党员干部微信群。持续加强廉政建设，开展纪律作风专项整治和警示教育活动，对活动中排查出的纪律作风、廉政风险等方面存在的问题和隐患，制定整改措施台账和《农业司防控纪律作风和廉政风险隐患相关工作指引及行为规范》。组织司党员干部前往“明镜昭廉”明代反贪尚廉历史文化园开展廉政教育和观摩活动。在重要节假日做到节前有纪律提醒、节后有“四风”问题自查自纠，推动党的纪律建设抓好、抓实、抓细、抓常，全年未发生违反纪律的情况。农业农村审计司党支部荣获审计署2016—2018年度先进基层党组织称号，2人分别获评优秀共产党员、优秀党务工作者。

队伍建设 将扶贫审计一线作为锻炼考察干部的重要平台，连续3年选派年轻干部到扶贫审计一线开展工作。按照审计署的安排，组织38名以转隶干部为主的审计干部，到四川等深度贫困地区扶贫审计一线，参加为期45天的审计工作，审计长胡泽君主持召开扶贫审计工作座谈会，对青年审计干部和深化扶贫审计工作提出明确要求。邀请农业农村部专家开展专题讲座，与署农业水利审计局开展主题联学，组织全司干部参加“审计大讲堂”，选派年轻业务骨干参加审计署统一组织的各类培训班，推荐司内同志为市县审计局局长培训班、审计组组长和主审案例研讨班等授课，参与审计案例教材编写等，为审计人员提供多种学习形式和机会。　（撰稿人：杨　旸）

【固定资产投资审计司】 2018年，固定资产投资审计司实有22人。设有一处、二处、三处、四处、五处、六处。主要职责：组织审计中央投资、以中央投资为主的建设项目以及其他关系到国家利益和公共利益的重大公共工程项目。

领导成员

司　　长：许　亚

副 司 长：吴旭东　宋　晖（11月—）

正司级审计员：卢华胜

审计成果 2018年，固定资产投资审计司完成北京冬奥会跟踪审计、三峡水利枢纽升船机工程竣工财务决算审计、国务院南水北调办预算执行审计等多项审计任务，向中央审计委员会、国务院报送综合报告2篇，编发信息要目4篇、审计署简报1篇、审计信息转送函2篇，移送重大问题线索3件。

坚持党建统领，突出政治建设 认真学习习近平新时代中国特色社会主义思想，贯彻落实中央审计委员会第一次会议精神，以及《中国共产党支部工作条例（试行）》《中国共产党纪律处分条例》等，牢固树立“四个意识”，坚定“四个自信”，做到“两个维护”，不断提高把握方向、把握大势、把握全局的能力，辨别政治是非、保持政治定力、驾驭政治局面、防范政治风险的能力。从投资审计实际工作出发，做到党建工作与投资审计业务工作“两手抓、两促进、两不误”。

夯实基层党组织建设，提升党组织的凝聚力和战斗力。召开支部大会8次，支部委员会16次，党小组会51次。重视思想建设，增强做好新时代思想政治工作的新本领，联系工作实际，坚持问题导向，提高党课质量，讲党课3次。组织参观延庆冬奥场馆等北京冬奥会项目现场、“802”军事演习纪念馆等爱国主义教育场所，与中直机关管理局审计室等党支部开展主题联学，以及参加审计署庆祝改革开放40周年宣讲等学习活动，增强党员干部的政治责任感、历史使命感、职业荣誉感。

加强党风廉政建设，落实主体责任。发挥党支部书记、司领导“头雁效应”，将纪律挺在前面，组织全体党员认真执行“六大纪律”风险排查防控，制定切实可行的整改措施，严格党务政务公开，规范审计业务办理流程，加强保密廉政宣传教育和管理监督检查，促进相互监督。固定资产投资审计司主要负责人应邀为中央办公厅组织的中直机关有关部门警示教育大会，作题为《加强重大公共工程项目审计监督　建设阳光工程、廉洁工程和安全工程》的专题辅导报告。

固定资产投资审计　组织北京冬奥会跟踪审计。组织召开北京冬奥会跟踪审计领导小组第二次会议，总结 2017 年跟踪审计工作经验、研究解决共性问题，部署 2018 年度审计工作。举办北京冬奥会跟踪审计培训班，开展跟踪审计，审计长胡泽君专程到现场看望慰问一线审计人员，听取专题汇报，与审计组座谈，对进一步做好跟踪审计提出明确要求。实施北京冬奥组委 2017 年度第二阶段财务收支审计和张家口市冬奥会绿化项目、配套电力建设项目跟踪审计，实施场馆、相关配套基础设施项目审计和冬奥会促进京津冀协同发展重大政策措施落实情况跟踪审计。向中央审计委员会和国务院提交综合报告 1 篇，编发信息要目 2 篇、信息转送函 2 篇。国务院领导批阅肯定北京冬奥会跟踪审计成果，认为整改审计发现问题对于推进北京冬奥会筹办、促进京津冀协同发展具有重要作用，要求相关单位认真整改。

开展三峡水利枢纽升船机工程竣工财务决算审计。审计中揭示工程概算编制、建设运营等方面存在的问题，向中央审计委员会和国务院提交综合报告 1 篇，编发信息要目 1 篇。水利部、交通运输部、财政部等有关部门认真研究审计建议，推动相关政策措施更好落实。

完成国务院南水北调办公室 2017 年度预算执行审计。严格依法，客观求实，编发信息要目 1 篇，办理移送处理书 1 件。

围绕中央政治局会议和中央经济工作会议提出“六稳”决策部署，抓牢“三个突出”，把“补短板、稳投资、促发展”作为当前投资审计的主要任务，向审计署提出 2019 年项目审计计划和政策跟踪审计方案的建议。

赴贵州等 14 省对《审计署关于进一步完善和规范投资审计工作的意见》贯彻落实情况进行调研和检查。情况表明，审计署规范投资审计工作意见的文件出台和贯彻落实均收到良好的效果，解决投资审计多年累积的突出问题，审计人员的法治意识明显增强，投资审计“三个转变”稳步推进，促进地方投资审计全面发展取得新成效。为解决文件执行中遇到的题，起草《〈关于进一步完善和规范投资审计工作的意见〉贯彻落实中容易出现的常见问题解读》，对 14 类常见问题进行梳理解读。

赴新疆等 10 余省就对口援疆审计工作开展情况进行实地调研。针对调研发现的情况和问题，起草印发《审计署关于进一步加强对口援疆审计工作的意见》，从充分认识对口援疆审计工作的重大意义、准确把握审计工作的总体要求和主要内容、提高审计工作质量、进一步完善审计结果运用和进一步加强组织领导等 5 个方面，提出切实加强新形势下对口援疆审计工作的要求。

审计科研　开展投资审计基础理论和新技术方法研究课题，组织修订、撰写《公共投资审计新技术应用》《公共工程竣工决算审计指南》等课题报告 4 个，其中《公共工程竣工决算审计指南》已正式印发。成立信息化审计领导小组，统筹组织投资司、特派办和地方骨干力量，全力推进大数据探索实践。赴上海等 9 省（市）调研先进经验做法，组织制定《投资审计数据规划》《国家重大建设项目库》和《投资项目数据采集标准》等规划方案 5 个。组织召开投资审计大数据研讨会，推广大数据审计理念，推进技术创新。并通过北京冬奥会跟踪审计等具体项目审计，验证数据规划、采集标准的实用性，为大数据审计培养人才、积累经验、拓宽视野。

投资审计经验交流　按照审计署的安排，为解放军审计署、澳门审计署、中直机关管理局、中直机关审计室、地方审计厅局、地震系统等进行公共投资审计业务交流和培训。派出 3 名司处级干部向坦桑尼亚、毛里求斯等 3 个来华访问代表团、外国审计人员培训班等，介绍交流中国灾后恢复重建等重大公共工程审计和重大公共事项审计的情况，协调和陪同参观三峡大坝、京张高

铁八达岭车站建设现场及南水北调泵站等国家重点建设工程和审计现场。（撰稿人：陈丙欣）

【社会保障审计司】 2018年，社会保障审计司实有17人。设有一处、二处、三处、四处、五处。主要职责：组织审计国务院相关部门、省级政府管理和其他单位受国务院及其部门委托管理的社会保障基金、社会捐赠资金以及其他有关基金、资金的财务收支。

领导成员

司　　长：文华宜（4月—）

副 司 长：华海峰（12月—）　余　林

正司级审计员：杨　明

审计成果 2018年，社会保障审计司直接实施全国老龄办预算执行审计，具体组织开展9省养老保险基金、9省市医疗保障基金，以及全国保障性安居工程审计；向纪检监察、司法机关等移送问题线索多件，已处理处分相关人员数百人次；促进完善相关制度和政策措施500余项，有效推动保障和改善民生，兜牢民生保障底线。全年编发审计要情1篇、重要信息要目12篇。

国家重大政策措施落实情况跟踪审计 组织有关审计机关对2017年全国保障性安居工程继续开展跟踪审计。审计内容为保障性安居工程的计划、投资、建设、分配、运营及配套基础设施建设等情况，重点审查安居工程项目1.77万个，涉及项目投资2.52万亿元；对13.03万户农村危房改造家庭开展入户调查，揭示30.84亿元资金和住房16.87万套仍存在被挤占挪用、违规获取或空置，以及620.46亿元资金未及时安排使用等问题。通过审计，向纪检监察和公安等部门移送一批违纪违法问题线索。审计指出问题后，各地已整改594亿元，处理处分525人次，制定完善相关制度和措施494项。对挤占挪用、违规获取或闲置空置资金和住房问题，通过追缴、归还、拨付或调账等整改416.75亿元，有177.12亿元已明确使用计划，将按工程进度拨款；通过清理退出、提高租金、补收差价和完善政策等整改住房1.73万套，有11.72万套空置住房已分配使用、明确分配方案或正在办理手续。对后续监管未及时跟进问题，已对3.18万户不再符合条件的家庭取消资格或调整待遇，有2.03万套住房清理退出、提高租金或补收差价等，追回资金1332.35万元。对无法办理竣工验收备案问题，有693个项目已补办完善建设审批手续，进行竣工验收备案。

财政审计 实施对原全国老龄工作委员会办公室预算执行的审计。重点检查办本级和所属中国老龄科学研究中心、中国老龄协会机关服务中心等5个单位，对有关事项进行延伸。审计查出老龄科研中心事业收入1200.1万元未纳入预算等问题。原全国老龄办通过纳入预算编制、调整账目等方式进行整改。

民生资金（项目）审计 组织有关审计机关对9个省（直辖市）的医疗保障基金进行审计。审计发现，到2017年底9个省（直辖市）基本建立大病保险、疾病应急救助等制度，将4100多家医院纳入跨省异地就医结算系统，城乡居民政策范围内住院费报销比例比上年平均提高2个百分点。审计发现一些地方统筹和保障还不到位，有3个省尚未实现新农合与城镇居民医保药品目录、筹资政策等“六统一”；有43个市县的125.9万人未参加城乡居民医保或未能按政策享受新农合保费补贴；有4个省21家企业的166.65万名职工医保基金未实行属地管理；2个省的3个市未及时拨付医保费用9500多万元。审计指出问题后，有关地方已补充拨付资金9500多万元，将125.9万人纳入医保或予以补助，10家企业的职工医保已纳入属地管理，主管部门出台完善相关规章制度8项。

组织有关审计机关对9个省的养老保险基金进行审计。审计查明，9个省企业职工基本养老保险基金累计结余1.82万亿元，同比增长12.8%，总体收大于支。审计也发现，省级统筹在一些地方落实还不到位，6个省中有60个市2017年当期结余554.25亿元，而省内其他45个市当期缺口460.55亿元。32个市存在通过占用财政资金和失业保险基金、向银行贷款等方式弥补基金缺口的现象。审计指出问题后，相关地方和单位已收回财政资金8000多万元。审计同时提出尽快建立企业职工基本养老保险基金中央调剂制度及配套措施，积极推进养老保险全国统筹等审计建议。4个省出台省级调剂金制度或提高省级调剂金比例，2个省加大财政补助力度，解决省级统筹不到位问题。对占用财政资金等弥补基金缺口现象，有关地方通过归还原资金渠道、补拨财政资金等方式进行整改。

相关工作 采用多种形式，强化对司内人员的培训，先后邀请住房城乡建设部政策研究中心主任秦虹、中国劳动和社会保障科学研究院院长金维刚等知名专家学者 15 人，中国人寿保险股份有限公司、龙湖地产等知名企业多位高管，就社会保障改革与发展形势、养老保险精算等作专题讲座，促使全司人员紧跟社会保障理论和实务发展实际，保持审计思维和技术方法的适用性、专业性。组织审计署 23 名审计业务干部赴加拿大进行社会保障审计专题培训，实地考察研究加拿大社保制度和绩效审计方式方法，达到增进知识、拓展思路的培训效果。

举办为期 7 天 2018 年度社保知识更新和审计能力提升研讨班。审计署各特派办和地方省级审计机关分管社保审计的领导和社保审计处负责人共 110 多参加，通过领导讲话、专家授课、论坛辩论、座谈交流等方式，拓宽视野，交流方法，武装思想，明确思路，实现更新知识、提升审计能力的培训目标。

派员赴美国审计署参加第四届中美审计研讨会，宣传中国审计机关加强民生社保审计的经验和做法，交流审计在应对老龄化中发挥积极作用的意见，受到与会代表的关注和好评。

选派 1 人到地方政府挂职，2 人结束挂职。吴星同志荣获 2018 年度全国五一劳动奖章。

（撰稿人：庄作钦）

【自然资源和生态环境审计司】 根据审计署“三定”方案，设立自然资源和生态环境审计司，承担原资源环境审计司职责。2018 年，自然资源和生态环境审计司实有 20 人。设有一处、二处、三处、四处、五处。主要职责：组织开展领导干部自然资源资产离任审计以及自然资源管理、污染防治和生态保护与修复情况审计。

领导成员

司　　长：李　锋（9 月—）
副 司 长：丁　雁（9 月—）
　　　　　刘　峰（9 月—）
　　　　　苏　莉（9 月—）
副司级审计员：葛晓东（9 月—）
　　　　　　　丁世平（9 月—）

审计成果 2018 年，自然资源和生态环境审计司直接实施 1 个审计项目，组织实施 3 个审计项目，起草上报综合报告 1 篇、审计报告 1 篇、审计决定 1 篇、审计公告稿 1 篇；向中共中央办公厅报送专题材料 2 篇；编发重要信息要目 16 篇。

财政审计 实施原国土资源部 2017 年度预算执行等情况审计，起草审计报告 1 篇、审计决定 1 篇。

农业与资源环保审计 组织对长江经济带 11 个省市开展生态环境保护审计，向中共中央办公厅报送专题材料 1 篇，向国务院报送综合报告 1 篇，编发重要信息要目 8 篇。组织对辽宁、福建、海南、四川、新疆、广州和哈尔滨 7 个省（市）的党政主要领导干部以及原农业部、原环境保护部的主要领导干部开展自然资源资产离任（任中）审计。向中共中央办公厅报送专题材料 1 篇，编发重要信息要目 8 篇。

综合管理 开展领导干部自然资源资产离任审计专题调研和督导。围绕如何加强领导干部自然资源资产离任审计，推动污染防治开展专题调研，涉及 19 个省、44 个市（州、盟）、72 个县（区、旗）、150 个审计机关。通过座谈交流、查阅档案资料、赴实地了解情况等方式，督促各地贯彻落实《领导干部自然资源资产离任审计规定（试行）》。起草《关于做好 2018 年领导干部自然资源资产离任审计相关工作的通知》，组织编写《自然资源资产离任审计操作指引》，汇编 3 册《领导干部自然资源资产离任审计法律法规汇编》，指导地方工作。全年各级审计机关实施领导干部自然资源资产离任（任中）审计项目 2500 余个，涉及领导干部 3500 余人。

开展领导干部自然资源资产离任审计理论研究，举办全国审计机关领导干部自然资源资产离任审计研讨会暨“领导干部自然资源资产离任审计助力绿色发展”高端论坛，征集论文 165 篇，审计工作经验总结 235 篇。参与世界审计组织环境审计工作组生物多样性审计指南更新、绿色城市研究、能源可持续利用等多个项目。全年组织 4 期领导干部自然资源资产离任审计培训班，培训地方审计机关业务骨干 500 余人。采取“送教上门”的方式，为各级地方审计机关授课 30 余次。派员作为对外培训师资，先后向老挝、毛里求斯等国审计官员讲授中国资源环境审计。

完成亚洲审计组织环境审计委员会秘书处日常工作。派员参加世界审计组织环境审计工作组第 18 届大会、亚洲审计组织环境审计委员会第 7 次研讨会暨第 6 次工作会议等多项国际交流活动，加强资源环境审计领域的国际交流。

（撰稿人：李长松）

【金融审计司】 2018 年，金融审计司实有 20 人。设有一处、二处、三处、四处、五处、六处。主要职责：组织审计中央国有金融机构和国务院规定的中央国有资本占控股或主导地位金融机构的资产、负债和损益，组织审计金融管理部门预算执行情况、决算草案和其他财政财务收支。

领导成员

司　　长：王志成

副 司 长：王晓东（10 月—）　赵圣伟

工作综述 2018 年，金融审计司组织实施审计项目 28 个。包括人民银行财务收支情况审计和原银监会、证监会、原保监会、社保基金理事会预算执行情况审计；人民银行、银保监会、证监会贯彻落实国家重大政策措施情况跟踪审计；工商银行等 9 家重点商业银行和国家开发银行等 4 家政策性金融机构防范化解风险和政策落实情况跟踪审计；中国投资有限责任公司、中国银行、中国建设银行、信达资产管理公司、东方资产管理公司（原）主要领导人员经济责任审计；上海浦东发展银行和兴业银行资产负债损益审计。上报重要信息要目等各类信息成果 50 余篇次；查出各类违法违规问题金额数百亿元。

有 4 个项目被审计署评为优秀审计项目或者表彰审计项目。

聚焦经济金融政策贯彻落实 坚持围绕党中央、国务院各项重大决策部署，聚焦事关改革发展大局、事关当前金融经济体系整体运行的大事、要事，开展金融审计项目，形成多项审计成果被上级机关以专报形式采用。包括持续追踪小微企业融资状况，关注专项基金在“稳投资”方面发挥作用情况，揭示“融资难、融资贵”问题长期未得到有效缓解的制度症结，促进有关部门优化工作举措；密切关注金融机构对民营企业融资支持情况，研究上市公司民营股东股权质押融资困局，督促金融机构稳妥有序处理，推动改善企业营商环境；关注中美贸易摩擦背景下，汇率波动和外汇资金异常流动情况，形成系统性的分析材料上报，为中央决策提供有效参考。

防范化解重大金融风险 将“稳金融”作为主要工作目标，从机构、市场和业务等不同层面捕捉潜在风险隐患，关注出现苗头的风险暴露和处置情况，推动风险提前防范、有效化解，促进金融稳定。在金融机构层面，持续关注大型商业银行等重点金融机构，重点分析近年来增长较快、监管相对薄弱的私募机构、地方性银行的风险；在金融市场层面，跟踪股、债、汇等主要市场的波动风险以及风险在市场间的传导，关注政府债务、房地产市场风险对金融市场的波及；在金融业务层面，关注信用卡、结构性存款等业务及其创新情况。通过上述工作，推动监管部门完善监管，划定红线，促进金融行业的健康和稳定。

揭示重大违规违纪违法问题线索 坚持发挥金融审计“治乱惩腐”的重要作用，揭示金融领域各类乱象和违法违规问题线索，促进金融领域权力规范运行和反腐倡廉，全年移送重大违法违规问题线索数十起。紧紧围绕权力运行，注重揭示公职人员或金融机构掌握资源分配权力的人员贪污受贿的问题线索；更加注重贴近群众，密切关注“微腐败”“小官巨贪”在金融领域的具体表现，揭示涉及金融机构基层分支机构、农村信用社的问题线索，对涉及群众人数众多的涉众诈骗类问题线索保持打击力度；密切关注金融乱象和违规行为的新苗头、新手法，工作方式方法的创新也得到有关部门肯定。

持续加强金融审计工作统筹 以机构改革为契机，强化与新设 3 个金融审计派出局的联动，组织开展“一司三局”联训，做好“一行两会”总行（会本级）的审计工作交接，强化对金融派出局的指导，合力形成更多工作成果。组织派出机构人员，联合组建金融审计数据分析团队。融合开展经济责任审计、政策措施跟踪审计等项目，提高审计效能。在整合审计资源的基础上，扎实推进审计全覆盖重点任务有效落实，十九大之后至 2018 年末，中央金融机构审计覆盖率已超过

80%，四大资产管理公司等首次纳入经济责任审计范围，部分规模较大、在全国金融体系中占据重要位置的地方性股份制商业银行首次纳入审计范围。

金融信息化建设有所突破 以信息化建设为引领，持续强化数据治理和大数据审计技术探索。有序推进金融审计数据规划，商业银行数据 2.0 标准申请成为国家标准进展顺利，2.0 标准采集范围进一步扩大，为实现数据层面“中国大联行”奠定基础。深挖机器学习等前沿技术方法潜力，一批新的技术方法从实验室阶段进入实践，在开展跨市场和跨领域分析、综合研判风险等方面显著提升效率和精准度，为开展金融审计创造更好条件。

理论研究和培训进一步强化 进一步巩固金融审计基础培训班、骨干培训班和高级研讨班的分层培训结构，将派出机构和地方审计机关金融审计力量全面纳入培训规划。配合培训工作，汇编金融领域最新法律和政策要求和国家审计案例集（金融部分），将基础理论、实战经验、法规参考、具体案例传导至更大范围。提升“鹿鸣讲堂”“金融资讯”等品牌建设成果，组织模式更加成熟，品牌效应持续发挥。巩固浓厚科研氛围，全国社科基金课题、审计署重点课题顺利开题并取得进展，在《中国金融》《审计研究》《中国审计》等期刊发表多篇文章。

宣传和对外交流取得新进展 在审计公告期间配合专题录制《焦点访谈》，集中展现金融审计在推动防范化解风险成果方面取得的成果；司领导带头，派出多人参加“新时代新作为 国家审计走进高校”主体宣传活动，获得热烈反响。继续深化金融审计国际交流，会同国际司成功筹办世界审计组织金融工作组会议，成为首个在中国审计署机关举办的有超过 10 个国家或国际组织参加、有多名外方部级领导到会的国际性会议，得到审计署领导和参会各方高度认可，对提高我国金融审计国际话语权、在国际舞台上讲好中国审计故事起到积极作用。 （撰稿人：周 颖）

【企业审计司】 2018 年，企业审计司实有 21 人。设有一处、二处、三处、四处、五处、六处、七处。主要职责：组织审计中央国有企业和国务院规定的中央国有资本占控股或主导地位企业的资产、负债和损益以及财务收支。

领导成员

司 长：郑新举

副 司 长：赵喜林 梁璐璐

工作综述 2018 年，企业审计司根据审计署项目计划安排，组织开展对中国石油等 52 户中央企业的专项审计调查，对国家电网等 6 户中央企业的重大政策落实跟踪审计，对铁路总公司等 22 户中央企业的经济责任审计。针对审计发现的有关情况和问题，向党中央、国务院报送多篇专题材料，依法依规向有关部门移送相关审计事项，向企业出具审计报告、审计决定，督促企业加强审计整改，建立健全规章制度，堵塞管理漏洞。

国家重大政策措施落实情况跟踪审计 牵头组织企业审计局、特派办对国家电网等 6 户中央企业贯彻落实国家重大政策措施情况开展审计。以推进深化供给侧结构性改革为主线，以资金、项目、政策和重大改革任务推进情况为抓手，聚焦“六稳”、减税降费、“放管服”改革。统筹协调，由 5 个企业审计局、1 个特派办牵头，其他企业审计局和特派办派员参与，形成审计合力，较好地实现跟踪审计的目标。

经济责任审计 企业审计司牵头组织 18 个特派办、8 个企业审计局对中国铁路总公司等 22 户中央企业开展经济责任审计。在 2017 年对部分中央企业开展经济责任审计、2018 年上半年对部分中央企业开展专项审计调查的基础上，通过安排对 22 户中央企业的审计，实现对中央企业集团层面的审计全覆盖。通过深入揭示中央企业在重大政策措施落实、重大改革事项推进、重大经济决策制定和执行、企业财务的真实合法效益等方面存在的突出问题，从体制机制制度层面分析原因、提出建议，客观评价企业领导人员经济责任履行情况，针对发现的问题准确界定责任，促进企业领导人员守法、守纪、守规、尽责，促进经济高质量发展，促进深化改革，促进权力规范运行，促进反腐倡廉，实现国有资产保值增值，维护国有资本安全，推动国有资本做强做优做大。本次审计是新设立的 8 个企业审计局第一次参加中央企业经济责任审计项目，企业审计司牢固树立“一盘棋”思想，统筹协调 18 个特派办和 8 个企业审计局审计力量，促进资源融合互补。实施过程中，三方面参审人员沟通顺畅、配合有力，实现深度融合、各施所长，充分发挥整体合力。

企业审计 牵头组织对52户中央企业开展资产负债损益和境外投资及境外国有资产管理使用情况专项审计调查，18个特派办和原监事会转隶人员参加项目。在项目组织中，坚持“一盘棋”，统筹做好审前培训，组织各参审特派办和转隶人员混合编组讨论，进行集中答疑，奠定良好开局。统筹做好资源配置，项目审计组组长由各牵头特派办主要负责同志担任，副组长由分管副特派员和转隶的司局级干部共同担任，根据专业特长混合编组，促进优势融合互补。统筹做好业务实施，抓好资产负债损益与重大政策措施之间的关系、境内和境外之间的关系、数据分析与现场核查的关系、共性规定动作和特色自选动作的关系，提升工作质量效率和层次水平。统筹做好现场管理，学习和贯彻落实中央审计委员会第一次会议精神，发挥好临时党支部职责，推动党建和业务“双融合、双促进、两不误”，组织好纪律作风整顿和现场监督检查等工作。通过实战锻炼队伍，并取得一批富有成效的审计成果，报送多篇审计要情、重要信息要目和专题报告。

综合管理 根据党中央改革审计管理体制的重大决策部署，国资委的国有企业领导干部经济责任审计和国有重点大型企业监事会的职责等划入审计署，相应对派出审计监督力量进行整合，新设立8个企业审计局，国企国资审计力量得到加强。企业审计司坚持以习近平新时代中国特色社会主义思想为指导，深入学习贯彻党的十九大精神和习近平总书记在中央审计委员会第一次会议上的重要讲话精神，按照审计署党组工作部署，认真履行全面从严治党主体责任，加强司领导班子和干部队伍建设，依法履行企业审计监督职责，贯彻落实“三个加大”“四个促进”等重要指示要求，及时揭示和反映国有企业改革发展中的新情况、新问题、新趋势，取得一批有深度、有影响的审计成果。（撰稿人：张世鹏 刘 菡）

【涉外审计司】 2018年，涉外审计司实有14人。设有一处、二处、三处、四处。主要职责：组织审计中央国有企业和金融机构、国务院规定的中央国有资本占控股或主导地位的企业和金融机构的境外国有资产投资、运营和管理情况，组织审计国家驻外非经营性机构的财务收支以及国际组织和外国政府援助、贷款项目。

领导成员

司　　长：陈达时（9月—）

副 司 长：胡学文（9月—）

审计成果 2018年，涉外审计司全年组织全国各级审计机关完成国外贷援款审计项目291个，具体组织实施“一带一路”政策和外资政策措施落实情况跟踪审计、援外资金管理使用情况专项审计、境外经贸合作区专项审计调查和中国残联2017年度预算执行审计，参与组织实施中央企业境外投资及境外国有资产管理使用情况专项审计调查。

国家重大政策措施落实情况跟踪审计 组织开展“一带一路”政策措施落实情况跟踪审计，制订并印发工作方案，提出以“一带一路”建设相关规划制定、政策落实、重点建设项目进展等情况为关注重点的工作思路，相关审计成果被审计署2018年重大政策措施落实情况跟踪审计报告采用。组织开展外资政策措施落实情况跟踪审计，重点关注“稳外资”相关政策落实情况，11个案例汇入审计署上报国务院的报告，2个问题依法移交相关部门处理。

财政审计 与国外贷援款项目审计服务中心组成联合审计组，对中国残联2017年度预算执行、其他财政收支和决算草案以及参与分配中央财政专项转移支付资金等情况进行审计。审计以推动部门预算和财政管理体制改革为目标，重点关注体制机制问题，发现项目资金管理不规范等方面的问题33个，编发审计要情1篇，1个事例被重要信息要目采用，21个案例被审计署“两个报告”汇总采用。

外资运用审计 组织全国各级审计机关完成291个国外贷援款审计项目，重点围绕国外贷援款资金合规高效使用、项目管理等方面，加大对重大损失浪费、重大违纪违法等问题的查处力度。统筹审计资源，结合预算执行审计，组织实施对外援助资金管理使用情况专项审计。审计重点关注援外工作战略规划、主管部门统筹协调、援外项目立项和实施、资金管理使用和效益、援外工作规范化法治化建设等情况，审计结果以专题报告形式，上报中央审计委员会和国务院。根据审计署党组立足境内、坚持境内与境外审计一体化的要求，探索改进境外审计方式方法，结合重大政策措施落实情况跟踪审计，组织开展境外经济贸易合作区建设情况专项审计调查，重点揭示主管部门统筹协调、政策制度、项目建设、资金管理和风险防范等方面存在的问题。

综合管理 研究制定并以审计署名义印发《国有企业境外国有资产审计操作指引（试行）》，细化中办、国办《关于深化国有企业和国有资本审计监督的若干意见》中关于加大境外国有资产审计力度、建立健全境外国有资产审计监督机制等要求，重点围绕“审什么”和“怎么审”，归纳总结境外审计的组织方式和技术方法，为各级审计机关开展国有企业境外国有资产审计提供操作指引。组织6个调研组分别赴山东、云南等省开展专题调研，通过座谈交流、调阅档案、查看现场等方式，摸清地方审计机关涉外审计工作现状，交流经验做法，探索发展思路。继续做好全国涉外审计人员能力提升工作，在审计干部教育学院举办3期培训班。探索涉外领域大数据审计路子，研究总结经验做法，在全国大数据审计研讨班上作交流发言。

队伍建设 注重加强领导班子建设，班子成员坚持以身作则，发挥“头雁效应”，带头加强学习，带头严守纪律规矩，带头发扬民主集中制，做到团结和谐、坚强有力。注重对司内干部的培养锻炼，连续第4年选派1人借调到联合国秘书处工作，连续第2年选派1人赴日本留学，选派8人次参加各级党校、行政学院、计算机中级班的脱产学习，选派多名年轻干部赴泰国审计署开展国际组织审计培训、到境内培训班授课，选派年轻干部担任审计项目主审等。坚持事业为上、公道正派，做好干部教育培养和选拔任用工作。坚持对干部严暖结合、严管厚爱，通过开展经常性的谈心谈话，了解干部职工思想动态；对家庭有困难的同志，在政策允许和力所能及的范围内，积极提供帮助；组织全司党员干部参加向贫困母亲捐款、开展学雷锋公益活动等，营造集体关心、同志安心、同事贴心的和谐机关氛围。

（撰稿人：王　旭）

【经济责任审计司】 2018年，经济责任审计司实有17人。设有一处、二处、三处、四处。主要职责：组织对省部级党政主要领导干部、国有企事业单位主要领导人员以及省级审计机关主要负责人的经济责任审计，承担中央经济责任审计工作部际联席会议有关工作。

领导成员

司　　长：胡利民

副 司 长：李珊珊　庞淑芬

宋晋钧（4月—）

工作综述 2018年，在审计署党组的领导下，在分管署领导的带领下，经济责任审计司以习近平新时代中国特色社会主义思想为指导，深入学习贯彻党的十九大和十九届二中、三中全会精神以及中央审计委员会第一次会议精神，认真履行中央经济责任审计工作部际联席会议办公室和审计署经济责任审计工作领导小组办公室工作职责，认真落实全面从严治党主体责任和监督责任，切实加强领导班子和干部队伍建设，开拓进取、扎实工作，努力推动经济责任审计工作深化发展。

党建工作 制定完善《司党支部工作制度》，实施审计项目时及时成立临时党小组，全年召开党员大会9次，支委会13次，党小组会54次，开展主题党日活动7次。编写《党的十九大学习参阅材料》发司党员干部学习，建立“致远书屋”，组织世界读书日系列活动，策划“经责之窗”党建宣传文化专栏，1人获评审计署主题党课宣讲活动优秀党课，2人分别获评“我与党的十九大”主题征文二、三等奖。落实主体责任和监督责任，认真开展纪律作风专项整治月活动，与多家单位开展主题联学，组织“汲取警示教训强化纪律约束”专题组织生活会，排查廉政风险制定整改措施，在节假日等重要节点强调纪律要求，实施审前廉政提醒、审中严格落实廉政监督员责任、审后开展检查反馈、存档审计廉政记录等全过程风险防控措施，持续加强党风廉政建设。

中央经济责任审计工作部际联席会议办公室工作 提出优化完善经济责任审计计划制订程序的意见，会同有关司局研究提出2018年经济责任审计建议计划名单，研究年度审计计划。加强协调，组织审计署有关司局听取中央组织部、国资委介绍审计对象情况，协调中央组织部派人参加审计进点会。会同有关司局整理形成整改情况报告送中央组织部，中央组织部根据2017年审计结果，对部分审计对象进行相关处理。组织召开2018年中央经济责任审计部际联席会议办公室会议；起草印发《2018年经济责任审计工作指导意见》；研究提出推进领导干部经济责任审计全覆盖建议，向中央组织部提出进一步优化完善经济责任审计工作的意见建议；完成2016年和2017年经济责任审计结果中央领导签批情况落实等工作；完成中央组织部关于中管主要领导干部履行经济责任"常见问题清单"征求意见反馈；按程序终止1个经济责任审计和自然资源资产离任审计项目。

经济责任审计 实施原国务院三峡办2017年度预算执行审计和原主任经济责任审计。具体组织实施4个经济责任审计项目，组织实施省级法院检察院主要领导干部经济责任审计项目，协调各审计组同步开展项目，组织复核审计报告。对省级审计机关4名领导干部、特派办2名特派员开展经济责任审计，针对审计发现问题，推动审计署相关部门出台《关于进一步规范聘请中介机构参与投资审计工作的通知》。

健全完善经济责任审计制度体系 加快推进《党政主要领导干部和国有企业领导人员经济责任审计规定》修订，完成送审稿，经审计署党组会议审议通过后向中央审计委员会报告，同时报国务院和中央改革办审核。完成相关释义等的起草。按计划积极推进《经济责任审计读本》《经济责任审计100问》的编写。配合相关业务司共同做好审计署经济责任审计项目质量控制，首次办理2件地方审计机关经济责任审计对象的复核申请。

信息化建设 根据"金审工程"三期建设任务安排，研究制定经济责任审计数据规划。课题组从经济责任审计管理出发，统筹考虑各项业务需求，与署内相关司局以及地方审计机关反复沟通，形成包括审计项目情况、审计项目结果文书情况、审计建议情况、移送处理情况、审计整改情况等16个表306个字段的经责审计数据规划。

培训交流 组织召开经济责任审计高级研讨班，对审计署各业务司、派出局、特派办以及地方审计机关的110多名专业人员进行培训。对全国各级审计机关在经济责任审计中运用大数据情况进行收集整理、讨论研究和归纳总结，在审计署大数据审计研讨班进行专题汇报交流。派员代表中国审计署参加世界审计组织反腐败反洗钱工作组会议，为哈萨克斯坦审计署司局长国际培训班、国际留学生等国内外培训班授课。组织编写《中国共产党审计史》《中国审计思想史》《中国国家审计学案例》（经济责任审计部分）。

（撰稿人：王　祥）

【国际合作司（港澳台办公室）】 2018年，国际合作司（港澳台办公室）实有17人。设有一处、二处、三处、四处。主要职责：承担与外国审计机关和国际审计组织的交流合作事宜，开展审计涉外宣传和国际政府审计研究，承担港澳台事务和日常外事工作。

领导成员

司　　长：姜海鹰

副 司 长：周文华

副司级巡视员：朱伟定　赵　兵

工作综述 2018年，国际合作司（港澳台办公室）以习近平新时代中国特色社会主义外交思想为指引，在审计署党组的正确领导下，坚持服务新时代中国特色大国外交、服务审计事业的工作目标，认真开展审计领域国际和港澳台交流活动，继续强化管理，不断提高工作质量，各项工作进展顺利，取得较好成绩。全年审批因公出国（境）团组56个，因公出国人数254人次，其中省部级9人次、司局级62人次、处级及以下183人次。

成功接任亚洲审计组织秘书长 2018年9月，审计长胡泽君赴越南出席亚洲审计组织第14届大会、第7届研讨会暨第52次理事会，主持第53次理事会，正式接任亚洲审计组织秘书长。亚洲审计组织秘书处新建网站、开设账户、申办证照、拟定工作制度等接任工作有序进行。中国审计署接任亚洲审计组织秘书处是继担任联合国审计委员会委员、世界审计组织主席后，又一次担任国际组织重要职务。这是在中国国力不断增强、国际影响力日益增大、外交理念受到广泛认同的重要体现，也是审计署坚持服务国家外交大局，在审计领域有效开展双边、多边等国际交流活动的重要成果。

开展对外交流 积极践行习近平新时代中国特色社会主义外交思想，以高访团为重点，充分利用国际审计舞台宣传中国审计经验，在国际审计领域发挥重要建设性作用。审计长胡泽君赴吉尔吉斯斯坦出席上海合作组织最高审计机关领导人第4次会议，并访问塔吉克斯坦、蒙古；副审计长孙宝厚、秦博勇、王文斌、陈尘肇、袁野和总审计师李晓钟等审计署领导，结合参加审计领域国际会议出访有关国家审计机关。出访期间，审计署领导大力推动审计领域各种合作机制建设，交流总结审计理论和实践经验，积极引导各国增进对中国特色社会主义道路、理论、制度、文化的理解和认同，取得积极成效。

双边交流和机制性国际审计交流活动 不断完善审计对外交往布局，扩大审计对外交往“朋友圈”。依托现有双边合作协议和审计长会商机制，继续推进同俄罗斯、美国等大国最高审计机关的协调和合作；继续完善同蒙古、泰国、老挝、越南等周边国家的务实合作机制，深化同周边国家最高审计机关关系。顺利接待巴基斯坦、日本、坦桑尼亚、厄瓜多尔、牙买加、老挝、波兰、俄罗斯等国审计长来华访问。全年接待各类来访团组20个；成功举办中俄审计研讨会、中印青年研讨会；派团赴美国参加中美研讨会，赴印度参加中印审计研讨会，赴日本参加中日韩工作层会议，赴科威特参加中科审计研讨会；与吉尔吉斯斯坦、厄瓜多尔、波兰3国最高审计机关签署双边合作协议。配合国家外交政策，派员参加中日、中韩青年交流项目。

国际审计组织工作 组织举办各类国际组织会议，充分发挥“主场外交”优势。在北京举办世界审计组织金融现代化与监管改革工作组第五次会议；在南京举办亚洲审计组织合作审计与科研项目联合启动会议；在杭州举办国际标准化组织“审计数据采掘”PC295项目委员会及工作组会议。

组织协调世界审计组织第23届大会主议题一的研究，完成主议题一主论文；作为世界审计组织大数据工作组主席，派团赴美国主持召开工作组第2次会议；作为世界审计组织有关工作组成员，参加知识分享与服务委员会指导委员会、职业准则委员会指导委员会、环境审计工作组、最高审计机关责任与作用工作组、公共采购审计工作组、公共债务工作组、反腐败反洗钱工作组、计算机审计工作组、区域协作平台等组织会议。为世界审计组织发展培训委员会举办联合国可持续发展目标审计培训班，派专家参加世界审计组织发展培训委员会的相关活动。

审计对外援助 根据国家外交政策的重点和援外工作的需要，开展审计对外援助，推进“一带一路”沿线国家审计合作，助力“一带一路”建设。先后为南太平洋岛国、柬埔寨、老挝、毛里求斯政府审计人员举办培训班，接收80人来华参加培训，其中部长级3人。继续做好“中国政府审计奖学金”留学生工作，首届“中国政府审计奖学金”47名来自世界各国审计机关的留学生顺利毕业，获颁审计硕士学位。顺利完成第三期“中国政府审计奖学金”招生工作，招收亚非拉及太平洋地区52名留学生来华攻读审计硕士学位。“中国政府审计奖学金”项目受到发展中国家审计机关的热烈欢迎，已成为中国审计在世界政府审计界的重要品牌。

港澳台审计交流 认真履行审计署港澳台事务办公室职能，继续做好对港澳地区审计交流，在一个中国原则下妥善处理好对台审计交往。接待香港、澳门审计署来访；顺利组织召开“海峡两岸暨港澳地区审计理论与实务研讨会”；协调澳门审计署2人参加计算机中级培训；协调香港、澳门派员参加亚洲审计组织大会；协调香港审计署派员参加美国审计署培训；派8名专家赴澳门讲学。

对外宣传 落实对外宣传工作要求，讲好中国审计故事，推动中国审计同世界深入交流、互学互鉴。注重国际合作司网站的更新和维护，对重要政策信息、重大外事活动时点、对外交流成果以及团组公示及时上网，丰富学习园地内容，信息上载量连续三年列署内第一名。组织向有关国际刊物投稿，其中审计长胡泽君专访文章《提高站位》在《国际政府审计杂志》上发表，副审计长秦博勇署名文章《共迎挑战　共话未来》在《欧洲审计院院刊》上发表。编辑出版《中日韩三国最高审计机关交流论文集》。

综合管理 履行好外事管理职责，严格执行中央各项外事规定和精神，坚持做好因公出国（境）管理各项工作，修订出国（境）团组管理相关制度规定。坚决杜绝无实质性内容、内容不切实际的团组，严控双跨团组和前往“热门”国家的团组，严控团组数量，严格管理天数、人数、路线、费用，出访报告中有关增加廉政和纪律情况的内容。通过团组回访和报告公示等手段，强化出访团组成果意识。加强证照管理，全年办理护照158本、港澳通行证5本，签证158份、港澳签注5份，无丢失证照或拒签情况。

（撰稿人：尹　强）

【机关党委（人事教育司）】 2018年，机关党委（人事教育司）实有39人。设有办公室、组织一处、组织二处、组织三处、组织四处、组织五处、组织六处、宣传处、教育处和监督处10个处室。主要职责：负责机关、派出机构和直属单位的党群、干部人事、机构编制、劳动工资、教育和审计专业技术职称考评等工作，承办协管省级审计机关负责人的有关事项。

领导成员

常务副书记、司长：胡大华

副 司 长：张　俊　苏　丹（4月—）

许　君（4月—）

工作综述 2018年，在审计署党组的正确领导下，机关党委（人事教育司）坚持以习近平新时代中国特色社会主义思想为指导，认真贯彻落实党的十九大和十九届二中、三中全会精神，深入学习贯彻习近平总书记关于党的建设和组织工作重要思想，牢固树立“四个意识”，坚定“四个自信”，坚决做到“两个维护”，紧紧围绕审计中心工作，积极推进党的建设与干部人事工作深度融合，改革创新，攻坚克难，扎实工作，为审计改革和审计各项任务完成提供坚强的组织保证。

推进审计机关党的建设 加强党的政治建设。将党的政治建设纳入审计署党组中心组学习会和年中整训的主题，邀请中共中央党校（国家行政学院）副校（院）长谢春涛来审计署作政治建设专题讲座。举办审计署学习习近平总书记关于党的建设和组织工作重要思想培训班。下发《关于深入学习贯彻习近平总书记关于中央和国家机关党的政治建设重要批示精神的通知》，召开党支部书记和党务干部专题座谈会。组织19个督导组对全署各司局级单位民主生活会开展情况进行全覆盖督导，组织69个基层党组织负责人向审计署机关党委书面述职、16个基层党组织书记现场述职。审计署先后两次在中央和国家机关工委相关会议上交流党的政治建设思路经验做法。

推进“两学一做”学习教育常态化制度化。在全国审计机关持续开展主题党课宣讲、主题征文、“我为新时代审计献一策”等系列活动。开辟“新时代党建”专栏，编发《基层党组织学习参考》，将《习近平新时代中国特色社会主义思想三十讲》课件上传内部网站，供党员干部随时学习。利用移动网络平台开展每日一学、每日一答，组织党员干部参加“学用新思想、笔谈千字文”活动。组织开展“不忘初心、重温入党志愿书”主题党日、学习“全国优秀共产党员”先进事迹、学习身边审计人审计事的鲜活案例、庆祝改革开放40周年系列活动；督促基层党组织通过“三会一课”、党日活动、主题联学，引导党员干部将理论学习融入日常。

抓深抓实基层党建日常工作。建立健全党支部换届提醒督促机制，认真做好党费收缴管理和使用，持续推动基层党建重点任务贯彻落实。积极推动党建工作向审计最前沿延伸覆盖，因地制宜加强临时党支部建设。严把党务干部入口关，选优配强支部领导班子，加强党务干部培训，切实加强党务干部队伍建设。持续推动党建工作创新，全面总结各基层党组织创新做法经验。组织开展2016—2018年度优秀共产党员、优秀党务工作者和先进基层党组织评选表彰，进一步营造争当先进的氛围。坚持党建带群建，宣传贯彻工会十七大、共青团十八大、妇女十二大精神，组织“青年大学习”行动、“巾帼心向党·建功新时代”主题活动等，更好地发挥群团组织桥梁纽带作用。

加强人文关怀，打造党员之家、干部之家。在组织生活、谈心谈话等各项组织人事工作中，耐心解释政策，设身处地为干部着想，及时帮助解决工作生活中的困难，化解干部思想波动。加强与有关主管部门的沟通和联系，反映职工实际困难，办理京外调干、夫妻两地分居配偶调京等工作。严谨细致做好审计署机关工资保险福利发放工作，按期对统发工资数据库进行维护和调整，及时维护养老保险数据库信息，发放职工生活困难补助。全年为干部职工办理因私出国 283 人次；为 30 余名干部职工子女协调解决入托入学需求；走访慰问 40 余名生活困难或遭遇变故的职工。

持续做好定点扶贫和对口支援工作。经审计署党组批准，向定点扶贫和对口支援 3 个扶贫县划拨补交党费 53.6 万元，用于村级党组织活动场所修缮、党建工作信息平台建设等。丹寨县甲石村、顺平县西南蒲村甩掉后进党支部帽子。帮助贫困县引进帮扶资金 2 亿多元，培训基层干部和技术人员 350 多名。选派 3 名政治强、懂党建的优秀干部赴帮扶县挂职、担任第一书记，另有 1 人主动申请延长挂职期限。1 人获“中央和国家机关脱贫攻坚优秀个人”称号。

干部考核、录用、选拔任用和交流 牵头修订《综合考核办法》，进一步树立科学的考核导向，突出全面考核，优化相关考核指标。设计领导班子和领导干部主要特征测评表，探索建立领导班子和领导干部特征库。组织开展援藏援疆援青干部期中考核，干部试用期满考核、挂职期满考核等。完成中国时代经济出版社负责人 2017 年度经营业绩考核，有效发挥考核的激励作用。坚持好干部标准，把政治标准放在第一位，注重选拔工作扎实、担当负责、敢抓敢管的干部。审计署机关、派出局新录用公务员 24 人，接收军转干部 6 人。选拔任用司局级干部 39 名、处级干部 349 名（其中特派办 216 名）。组织 49 人在署内各单位交流，推荐 36 名干部到署外挂职、借调或参与专项工作。

干部监督工作 开展选人用人专项检查和“一把手”离任检查。全面组织开展“一报告两评议”工作，加强对选人用人工作民主监督，选人用人工作总体评价满意率持续保持较好水平。加强领导干部日常管理监督，全面摸清在职干部兼职情况，对苗头性、倾向性问题，及时提醒、函询或诫勉，做到警钟长鸣。切实提高个人有关事项报告质量，全年报告率 100%，组织开展抽查核实 33 批 688 人次，对少数干部漏报、瞒报问题，按照规定精准科学提出处理意见。认真做好信访核查工作，严肃开展执纪问责，对违纪干部依纪依规作出处理；对 2017 年以来地方审计机关违纪违法情况进行统计分析，针对问题提出建议。

审计管理体制改革 制订机构改革组织实施工作方案，接收 340 名转隶干部，组织 10 个工作组与转隶干部逐一谈话，听取意见建议。明确审计署机关、派出局机构设置和职责分工，研究起草“三定”规定。组建 9 个临时党支部，及时把转隶党员干部纳入党组织的教育、管理、监督之中。开展为期 10 天的岗前集中培训，促进转隶干部尽快熟悉环境、融入团队。研究起草新组建单位干部配备方案，开展 800 余人的职务任免工作。完成 331 卷转隶干部档案的审核、登记、接收工作。做好转隶人员工资接收、标准确定工作。及时了解省级审计机关机构改革整体进展和相关部门职能、机构、编制划转等情况，介绍审计署机构改革的经验做法，答疑解惑，指导省级审计机关结合当地实际做好机构改革工作。

教育培训及专业队伍建设 全年培训审计干部 8600 余人次，组织实施 8 期“审计大讲堂”，首次开展全国审计机关统一集中整训。选派 65 名司处级干部参加中央组织部调训。组织开展审计专业技术资格考评、各类人才推荐申报工作。推动设立审计博士专业学位的研究论证，完成 13 家审计专硕培养单位的评估。

地方审计机关工作 认真履行对省级审计机关领导班子协管职能，动态掌握省级审计机关领导班子成员信息，全年对 23 家省级审计机关 72 名领导干部职务任免事项提出意见。举办 1 期新任省级审计机关主要负责人专题研讨班，22 名新任职审计厅（局）长参加学习研讨，进一步提升履职尽责的能力和水平。组织对浙江、广西和四川 3 省（区）的 30 个县级审计机关领导班子和干部队伍建设进行专题调研，为审计署领导决策提供参考。

相关工作 严肃党内政治生活，党支部及各党小组全年认真开展全体党员大会、支委会、党小组会等，组织讲党课 7 次。组织党课宣讲、主题征文、“不忘初心、重温入党志愿书”主题党日等系列活动；开设“组工书架”，开展读书交流和分享活动。运用支部工作 App、利用“组工干部之家”微信群，打造常态化学习平台，推动学习内容迅速传播。组织开展的《以提升组织力为重点 加强机关党支部建设研究》课题，被全国党建研究会评为2018年党建课题研究成果一等奖；《特派办干部离职情况统计分析报告》被中组部评为全国优秀统计分析报告三等奖。以“金审工程”三期建设为契机，以“完全准确、实时动态、统计分析、指导工作”为目标，推进党建人事信息系统建设。加快人事档案电子化扫描，注重日常工作资料的收集和归档、利用和分析。

（撰稿人：周巍巍）

【机关纪委（巡视工作办公室）】 2018年，机关纪委（巡视工作办公室）实有16人。设有综合室、纪律审查室一室、纪律审查二室、巡视督查室。主要职责：负责机关、派出机构和直属单位的纪检和巡视工作。

领导成员

机关党委副书记、机关纪委书记、巡视工作办公室主任：王　刚（4月—）

机关纪委副书记：刘森标

巡视工作办公室副主任：刘　贝（—9月）

孙振宇（4月—）

工作综述 2018年，机关纪委（巡视工作办公室）以习近平新时代中国特色社会主义思想为指导，深入学习党的十九大、十九届中央纪委二次全会和国务院第一次廉政工作会议精神，坚持把党的政治建设摆在首位，牢固树立“四个意识”，坚决做到“两个维护”，切实履行机关纪委、党风廉政建设领导小组办公室和巡视工作办公室职责，持之以恒正风肃纪，深化政治巡视，为营造风清气正的政治生态提供有力保障。

深入学习贯彻习近平新时代中国特色社会主义思想和党的十九大精神 按照审计署党组部署，深入学习贯彻习近平新时代中国特色社会主义思想，在学懂弄通做实党的十九大精神上下功夫，扎实推进“两学一做”学习教育常态化制度化。十九届中央纪委二次全会召开后，立即组织召开审计署党组派驻纪检组长和署机关纪委有关同志专题学习会，参加全会的审计署领导传达学习习近平总书记在全会上的重要讲话精神和赵乐际同志代表中央纪委常委会所作的工作报告相关内容，分管署领导作专题辅导讲话。坚持政治理论学习常态化，指定专人负责收集整理编发45期习近平总书记重要讲话，以及23期赵乐际同志和52期胡泽君同志讲话的新闻通稿和公开文件内容，召开41次支部专题学习会，由党员干部领学领讲，切实提升政治站位，增强政治意识。与经责司、科研所、机关服务局、资环司、金融司和中国进出口信用保险公司机关纪委开展交流联学，不断丰富党日活动载体，进一步增强党员干部政治责任感、历史使命感和职业荣誉感。

履行教育监督职责 筹备组织全国审计机关党风廉政建设工作视频会议。组织开展全国审计机关防控审计廉政风险情况专题调研，对广东、黑龙江省审计厅及相关市县审计局和广州、深圳、哈尔滨3个地方特派办进行实地调研。按照纪检监察工委和审计署党组的要求，组织在全署集中开展警示教育活动月，深入开展学习宣传贯彻《条例》、廉政教育基地参观观摩、党支部书记讲授党课、召开专题组织生活会、排查纪律作风和廉政风险等活动。及时传达学习中央和中央纪委关于违纪违法典型案件情况通报，选取近年来全国审计机关28起违纪违法典型案例，编印《审计干部反腐倡廉教育警示录（三）》。组织15个检查组对52户中央企业专项审计调查项目的130个审计现场开展检查，增强审计人员纪律规矩意识，促进加强现场管理。进一步完善处级干部廉政档案制度，设立廉政档案室，不断充实更新干部廉政动态内容。针对节假日“四风”问题易发多发情况，通过审计署微信公众号、支部工作App等渠道方式，发送廉政提醒，重申纪律要求，多渠道受理举报。

查处违规违纪问题 完善信访举报处置工作，通过健全信访登记台账、理顺处置流程、及时跟踪督办，确保处置科学有序。严格按照《中国共产党纪律检查机关监督执纪工作规则（试行）》等有关规定，对新增和结转问题线索进行处置。依纪依规做好立案审查工作，充分考虑违纪事实的客观情况和被举报人的认错态度，依纪依规定性量纪，严肃处理违纪违规问题。中央国家机关纪检监察工委通报2017年度执纪审查工作评估考核情况，审计署在78个部门机关纪委中排名第4位。

开展政治巡视 草拟并报审计署党组审定颁布《中共审计署党组巡视工作规定》《中共审计署党组巡视工作规划（2018—2022年）》《中共审计

署党组巡视工作领导小组工作规则》《中共审计署党组巡视工作领导小组办公室工作规则》《中共审计署党组巡视组工作规则》等巡视制度规定。按照审计署党组巡视工作领导小组部署安排，紧紧围绕党的政治建设、思想建设、组织建设、作风建设、纪律建设和夺取反腐败斗争压倒性胜利6个方面及巡视整改工作情况，开展审计署党组巡视工作。7月启动党的十九大以来审计署党组首轮巡视，对6个特派办进行巡视。巡视组紧扣“六项纪律”，紧盯“重点人、重点事、重点问题”，坚持问题导向，深入查找问题，进行反馈并提出明确整改要求，充分发挥巡视监督的利剑效应。被巡视单位根据巡视指出的118项问题制定明确的责任清单和任务清单，召开专题民主生活会深刻剖析问题根源、举一反三，制订整改方案，提出277条整改措施，严格推进整改，确保巡视指出的问题条条都整改、件件有着落。11月启动审计署党组第二轮巡视工作，对30个派出审计局进行巡视，在巩固第一轮巡视成果的基础上，紧密结合党和国家机构改革的背景和客观实际、派出审计局党组织和干部队伍建设实际以及审计业务实际开展巡视工作，确保工作实效。

加强纪检队伍建设 加强机关纪委全委会和内设机构建设，在机关纪委委员与机关纪委各处室之间建立联系机制。按照审计署机构改革的要求，设置纪律审查一室和二室，对执纪工作职责进行重新划分，进一步理顺内部工作关系，增强机关纪检工作力量，优化监督执纪工作流程，提升工作质量水平。按照审计署党组要求，起草重申审计署党组派驻纪检组长工作要求的通知，督促派驻纪检组长履行职责，确保不断提升政治站位，充分发挥“探头”作用。5月下旬组织召开审计署党组派驻纪检组长述职会议，全体审计署党组成员当面听取各派驻纪检组长的工作述职，统一思想和行动，传导责任压力。同时组织各派驻纪检组长进行年中书面述职，对监督特派办分党组工作情况作专题报告，督促严格落实监督提醒报告责任，及时研究解决监督执纪中遇到的困难问题，总结推广经验做法。举办2018年纪检干部培训班，组织开展视频联学，不断提升能力水平。

（撰稿人：赵广礼）

【离退休干部办公室】 2018年，离退休干部办公室实有15人。设有综合处、服务一处、服务二处、服务三处。主要职责：负责机关、派出审计局的离退休干部工作，指导驻地方特派员办事处、直属单位的离退休干部工作。

领导成员

巡 视 员：王雅静

副 主 任：宫雁军

工作综述 2018年，离退休干部办公室在审计署党组的正确领导下，以习近平新时代中国特色社会主义思想为指导，认真贯彻全国老干部局长会议精神，全面落实新时代党的建设总要求，牢固树立“四个意识”，坚定“四个自信”，坚决做到“两个维护”。扎实推进“两学一做”学习教育常态化制度化，坚持稳中求进工作总基调，坚持精准服务工作理念，坚持求真务实工作作风，进一步加强离退休干部政治建设、思想建设和党组织建设，精心做好离退休干部服务管理工作，不断规范和改进内部管理，各项工作取得新成绩。全年接收新退休干部报到23人。

离退休干部服务工作 认真落实政治待遇。进一步健全完善重要文件报刊阅读、重要情况定期通报等制度。充分利用《离退休干部园地》、离退休干部网站、离退休干部微信群等平台，开辟宣传学习专栏，登载权威政论解读、好的经验做法、学习体会文章，深入学习宣传党的十九大精神。全年组织审计署老领导到机关听取传达有关文件精神4次，为审计署老领导送阅文件214人次1025份，向各党支部及全体离退休干部发放学习书籍12次共计3255册，组织离退休干部参加中央组织部组织的老同志专题报告会3次，组织离退休干部参加“两优一先”评比表彰，引导离退休干部争当新时代合格党员。春秋季组织200余名离退休干部到中粮集团智能农场和大兴区热带珍稀植物园参观。

精准服务落实生活待遇。离退休干部办公室领导到离退休干部党支部书记、审计署老领导和全体离休干部家中走访看望、了解情况。要求党支部联系人要经常主动深入老同志中去摸情况、察实情、听意见，及时了解老同志的所思所想、所需所盼，为精准服务打下坚实基础。通过探视慰问、走访、巡诊、看望生病住院等多种方式关心离休、行动不便、生病住院、空巢的老同志，室领导及联系人上门看望部级老领导、离休干部、支部书记等400余人次，到医院探视住院老同志180人次，巡诊离休干部74人次。为70岁以上老同志祝寿34人次，上门为8对结婚满50周年的老同志庆贺金婚，送上鲜花、礼物和审计署党组的贺卡。在重阳节前夕，组织开展全面走访活动，把组织的温暖送到每一位老同志的手中。办理离退休干部出国（境）审批手续50人次；组织完成离退休干部206人次的年度健康体检；协助家属妥善办理4位去世老同志的丧葬善后；为因病生活困难的两位老同志申请办理“夕阳红”救助资金3万元；为8位年满75周岁的老同志申请“一键通”安装服务；为离休干部发放住院补助11人次24000元；协商机关服务局医疗保健处为4名老同志重新办理医保卡，为20名老同志更改就近医院。配合慈爱加护理公司，完成失能、半失能老同志居家养老护理229次，在引入市场化、服务专业化方面积累经验，受到老同志一致欢迎和好评。

老年大学成果显著。全年参加各类班次的老干部共计3260人次，平均每周上课人数达160人次。通过参加老年大学学习，老同志增长知识技能，培养兴趣爱好，愉悦心情、促进健康，取得丰硕成果。

党建工作 旗帜鲜明讲政治。组织离退休干部办公室全体在职干部深入学习习近平总书记对推进中央和国家机关党的政治建设的重要批示精神，坚持以习近平总书记关于老干部工作重要论述为遵循，全面贯彻党的十九大部署要求，贯彻落实新时代党的建设总要求，推动老干部工作更好地融入新时代党的建设伟大工程

加强理论学习。坚持“每周一学”学习制度，持续推进“两学一做”学习教育常态化制度化。坚持以习近平新时代中国特色社会主义思想武装头脑、指导实践、推动工作。

加强组织建设。着力提升党内政治生活质量，全年召开党员大会13次，支委会20次，党小组会39次，党课教育4次，开展主题党日活动7次，严格落实组织生活制度，班子成员以普通党员身份参加双重组织生活、主动交纳党费。认真落实年度党建活动计划，组织在职党员干部开展内容丰富的主题活动。

加强老干部工作研究。对《离退休干部党支部工作制度》《党支部联系人工作制度》等10余项内部制度逐一梳理、研究和修订，切实解决制度缺失和制度障碍问题。先后到审计署机关7个离退休干部党支部调研，实地开展老干部工作重点课题调研；向16个特派员办事处离退休干部工作部门发出调研提纲，并选取5个具有代表性的特派办一同参与课题，提出新形势下提升离退休干部党支部组织力的思路和建议，上报中央组织部老干部局。

加强党风廉政建设。认真贯彻全国审计机关党风廉政建设工作视频会议精神，离退休干部办公室主要负责同志与审计署党组签订《2018年落实全面从严治党责任承诺书》，建立主体责任与监督责任层层传导，逐级履职、人人担当的保障机制。要求党员干部严格执行廉政规定、审计“四严禁”工作要求和审计“八不准”工作纪律，增强底线意识和纪律意识。通过组织观看《审计干部反腐倡廉教育警示录》宣传教育片，传达有关审计干部违纪情况通报。通过经常性短信、微信和腾讯通提醒等方式，强化廉洁自律意识。

队伍建设 加强纪律作风建设。立足自身实际，制订纪律作风专项整治活动方案和警示教育活动计划，召开专题组织生活会，每名同志撰写发言提纲，认真查摆自身在执行纪律规矩方面存在的问题，实事求是地开展批评和自我批评。组织党员干部参观圆明园廉政教育基地，集中学习《中国共产党纪律处分条例》，开展安全、保密、法治教育提醒，要求党员干部遵规守纪，不信谣，不传谣，维护国家公职人员的良好形象。

树立正确选人用人导向。坚持好干部标准，坚持公道对待干部、公平评价干部、公正使用干部，提高选人用人导向上的公信度。注重遵循干部成长规律，拓宽培养渠道，搭建历练平台，教育引导干部积极担当作为、干事创业。审计署机关处级干部选拔任用工作中，经民主推荐、考察和任前公示，提拔1名副处级干部，推荐1名干部到特派办交流锻炼。

加强思想政治工作。离退休干部办公室领导与全体干部定期开展谈心谈话，及时了解掌握干部思想状况；加强人文关怀，提升队伍的凝聚力

和归属感。针对室内人员大多数是军转干部的特点，在“八一”建军节前夕召开“发扬传统，再立新功”主题座谈会，组织党员干部讲述部队生活的难忘记忆和从事老干部工作的体会，评选出身边榜样人物6人，召开专题学习会，请6人介绍工作经验，大力弘扬奉献精神、务实作风，强化责任担当，提振干部信心，增强做好老干部工作的政治责任感、历史使命感、职业荣誉感。

（撰稿人：戈　咏）

【机关服务局】 2018年，机关服务局实有70人。设有办公室、基建办公室、保卫处、机关事务管理处、事业单位财务处、医疗保健处、服务一部、服务二部、文印室、怀柔机构管理处等10个处室。主要职责：为职工提供就餐、卫生保洁、饮用水、报纸信件收发、理发等服务；为办公楼和自管宿舍楼提供维修服务；为署机关职工提供医疗保健和职工子女统筹医疗服务；为署领导提供专用车、为署机关提供公用车服务；为署内各种会议提供后勤保障服务；为审计署干部培训提供住宿、就餐和培训场地等服务；负责对独立法人服务机构的财务管理和监督。

领导成员

审计署总经济师、机关服务局局长：张　力

副 局 长：潘述功（12月—）　熊国威

彭德兴（4月—）

工作综述 2018年，机关服务局在审计署党组领导下，以习近平新时代中国特色社会主义思想为指导，认真学习贯彻党的十九大、十九届二中、三中全会精神和习近平总书记在中央审计委员会第一次会议上的重要讲话精神，紧紧围绕审计中心工作，忠实履行服务管理保障职责，创新服务方式方法，着力打造高素质专业化干部队伍，较好地完成全年工作任务。

机关事务管理 做好机构改革保障服务工作。认真贯彻落实审计署党组部署要求，积极创造条件，保障机构改革人员增加、机构调整后的集中办公。严格按标准合理调配办公用房，组织3家事业单位搬至双榆树事业单位综合楼办公，为审计署30个派出审计局在驻在部门协调办公用房。为审计署机构改革后新划入人员配备办公用品，制作“一卡通”、停车证，发放服务指南，增配餐桌椅。切实做好转隶资产管理，确保资产安全完整。全局人员甘于奉献、敢于担当、加班加点，高效完成机构改革各项服务保障工作。

积极创建平安单位。组织各位单签订社会治安综合治理工作目标管理责任书；组织开展2018年度审计署社会治安综合治理暨应急管理工作培训班；逢节日和重大活动前，均组织审计署各单位开展安全隐患排查，切实杜绝安全隐患，落实各项安全管理措施，加强内部安全防范，营造安全稳定环境。协助办公厅履行审计署国家安全领导小组职责，多措并举推进审计署国家安全工作。审计署被评为2018年度综治目标管理考核、交通安全管理考核优秀部门和单位。

创建节约型公共机构示范单位。扎实推进节能降耗，严格执行节能环保产品强制采购制度；推动实行无纸化办公，倡导干部职工绿色出行；科学下达节能指标，确保2018年各单位能源资源消耗稳中有降。审计署和沈阳特派办、长春特派办等3家单位创建的公共机构节能示范单位，已通过国家机关事务管理局预验收。

推进重点建设项目工作。顺利完成职工周转住房验收移交，确保满足入住需要；圆满完成“915”项目收尾；加快推进老旧小区综合整治改造工程收尾。

规范职工住房和资产管理。持续更新职工住房档案库，整理审计署产权住房档案，为新划入、新招录职工建立住房档案；严格落实房改房上市政策，做好部分房改房上市、继承和产权人变更等工作；定期对资产进行清查盘点，保证审计署本级固定资产账账、账卡、账物相符。

抓细抓实各项服务保障。扎实做好大中型会议以及公务员招录、选调等会务保障，加强会务人员定期培训，保障各类会议服务未出现差错。持续提供“高效、及时、高质量”文印服务，保质保量完成机关文件资料录入、扫描和印制。严把食品安全关，认真落实餐饮服务工作职责。做好审计署机关一般性医疗保健门诊服务，主动到审计一线提供医疗服务，开展职工健康教育讲座，有效做好疾病防治工作。确保物业服务畅通，协助交流干部搬家、采购物品，为出差审计干部提供上门物业服务，切实解决审计干部后顾之忧。增设后勤服务保障意见箱，对提出意见“周处理”

"月汇总"，真正发挥后勤服务对审计中心工作的保障作用。

综合管理 夯实制度基础。局领导分别带队到9个特派员办事处及审计干部教育学院进行后勤保障与管理工作调研，深入了解各单位在节能降耗、办公用房维修改造、资产置换等工作中的需求；机构改革期间，赴8个派出审计局调研，针对机构改革中划转家具老旧等问题进行研究，结合实际提出解决方案。牵头制定印发《审计署公务用车管理办法》；制定完善派出审计局办公业务用房管理、节能降耗管理、消防安全保障、医疗门诊服务等相关办法规定，探索职工宿舍制度化管理。

加强对特派办服务保障工作的指导。协助部分特派员办事处做好办公用房综合维修改造和闲置房产置换工作；加大为特派办购置职工周转住房力度，切实缓解职工住房困难。

党建工作 提高政治站位，进一步统一思想认识。服务局党总支认真落实管党治党责任，组织全体干部职工深入学习贯彻习近平新时代中国特色社会主义思想和党的十九大，十九届二中、三中全会精神，强化思想引领，提高政治站位，树牢"四个意识"，坚定"四个自信"，坚决做到"两个维护"。

推进学习教育，学深悟透党的十九大精神。每季度通过个人自学、专题研讨、主题党日党课、主题联学等方式组织全局职工开展学习；以集中整训为契机，狠抓学风建设，汇编4期《党建基础知识册》，组织40岁以下青年干部围绕机关事务工作撰写论文16篇；邀请"雪龙"号船长和南极昆仑站站长作英雄事迹报告，邀请节能专家进行节能政策讲座；赴上海中国共产党第一次全国代表大会会址进行红色教育，重温入党誓词，集中收看《榜样3》专题教育片，组织参观马克思诞辰200周年主题展和庆祝改革开放40周年大型展览。

狠抓党风廉政和干部监督工作。认真落实"三会一课"、民主集中制、重大事项报告、谈心谈话等制度；严格落实责任制，做好重大事项、重要工作事中、事后督办催办，建立专项督办台账，使督办工作常态化、制度化；加强日常监督提醒，使严守纪律规矩内化于心；开展警示教育月活动，组织学习《中国共产党纪律处分条例》和警示教育案例素材，组织职工前往十三陵"明镜昭廉"明代反贪尚廉历史文化廉政教育基地参观，邀请审计署机关纪委（巡视工作办公室）书记讲廉政党课；严格落实保密规定，切实加强服务局保密工作；年末开展服务局财务、资产自查，邀请审计人员进行财务核查，规范完善财务和资产管理。

队伍建设 加强干部队伍建设，提升干部综合素质。提拔1名正处长至副局长岗位；聘任中层管理人员3人，7人在局内轮岗交流，向社会公开招聘工作人员3人；2名处级干部结束交流，选派1人前往派出局交流。积极派员参加业务培训，全体司局级干部参加中央干部网络学院组织的网上专题学习班，组织新入职员工参加审计署初任培训。执行绩效工资考核办法，通过考核实现责权统一和奖勤罚懒，充分调动全员工作积极性；加强对干部职工的关心关怀，及时了解职工困难，想方设法协助解决，体现集体大爱。

（撰稿人：王秋悦）

审计署派出审计局

【审计署中央机关审计局】 2018年，审计署中央机关审计局实有14人。设有一处、二处、三处。主要职责：按照审计署统一部署开展工作；负责审计中央纪委国家监委、中央组织部、中央机构编制委员会办公室、中央军民融合发展委员会办公室、中央直属机关事务管理局、全国人大常委会办公厅、国务院办公厅、国家机关事务管理局、中央人民政府驻香港特别行政区联络办公室、中央人民政府驻澳门特别行政区联络办公室、国务院港澳事务办公室贯彻落实国家有关重大政策措施情况，以及预算执行、决算和其他财政财务收支；开展相关专项审计调查；承办审计署交办的其他事项。

领导成员

局　　长：茅东萍（9月—）

副 局 长：马晓利（9月—）

肖振东（9 月一）

审计成果 2018 年，审计署中央机关审计局共审计中央一级预算单位 10 个，其中部门预算执行审计项目 2 个、预算执行审计全覆盖项目 8 个。

财政审计 对国家机关事务管理局和中共中央直属机关事务管理局的预算执行审计进行审计，对中共中央组织部等 8 家一级预算单位进行全覆盖审计。审计实施过程中，中央机关审计局面临时间紧、任务重、人员少的现实局面，深入做好审计项目审计组织方式“两统筹”。提前学习以前年度审计档案，形成审计发现问题和定性法规“两张清单”，整理编制《中央机关审计局常用法规汇编》（上、下）两卷；对 11 个监督对象开展全面审计调研，熟悉情况，明确审计重点，形成审计调研报告 9 份，在此基础上突出审计实施方案的指导性和可行性，强化重点聚焦，做到忙而不乱，忙而有序。优化组合、合理分工，综合考量每一名审计干部的专业背景、业务特长、工作经验，实施“全局一盘棋”的战略安排。由于审计项目数量较多，每一名审计人员都需要多线作战、统筹兼顾。中央机关审计局激励全体审计干部珍惜锻炼机会，勇于担当，在“有难度、有压力”的工作环境里充分地提升自我、发挥作用、体现价值。

信息化建设 坚持以培养专门人才，学习技术方法、实践数据分析为抓手，以带动提升全局信息化审计水平为目标。成立专门的数据分析小组，并派员参加审计署计算机中级培训。重视数据收集工作，在零起点的情况下，及时上报 9 个被审计部门的预决算、财务和部分业务数据，配合电子数据审计司开展数据分析实务指引的试点实施工作。在审计项目中注重对被审计部门的信息化建设情况开展摸底调查，了解熟悉有关业务信息系统的数据内容。想方设法自主开展数据分析，努力提升大数据审计思维和信息化应用水平。

党建工作 坚持把党的建设放在更加突出的位置，扎实做好党建工作。先后开展党支部和党小组专题学习 21 次，在局微信工作群中开设微信课堂，作为集中学习模式的有效补充，持续推送党建相关内容共 6 期 137 条。坚持把制度建设作为严肃党内政治生活重要抓手，制定党支部工作规则、党支部政治理论学习制度、会议制度、业务学习制度、计算机及网络使用管理规定、考勤管理办法等 18 项制度，为支部政治生活和审计工作严格化、规范化打下扎实基础。为构筑制度防线，更好履行职责打下坚实基础，以警示教育活动为契机，对照“六项纪律”系统排查风险点 14 个并提出风险防控措施 31 条，形成《执行六项纪律风险排查防控表》。

队伍建设 审计署中央机关审计局成立以来，为使来自不同单位和背景的干部尽快适应新岗位、融入新集体，局领导班子着重从思想政治、干部队伍、作风形成、文化塑造等方面下功夫，以解决思想问题为核心，搭建学习实践平台为抓手，提升能力为目标，开展“能力提升年”主题活动，切实加强干部队伍思想、作风和能力建设。

（撰稿人：周晓波）

【审计署宣传审计局】 2018 年，审计署宣传审计局实有 16 人。设有一处、二处和三处。主要职责：负责对中央宣传部、中央网络安全和信息化委员会办公室（国家互联网信息办公室）、人民日报社、求是杂志社、光明日报社、中国日报社、经济日报社、全国哲学社会科学工作办公室、国家保密局贯彻落实国家有关重大政策措施情况，以及预算执行、决算和其他财政财务收支的审计监督。

领导成员

局　　长：姜跃山（9 月一）

副 局 长：武　伟（9 月一）

习为国（9 月一）

副局级审计员：张玉亭（9 月一）

审计成果 2018 年，审计署宣传审计局扎实做好原文化体育审计局等 4 个单位的当年审计项目后续相关工作，确保机构改革期间工作不断，查证落实和办理移送处理事项 4 件，其中已移送有关部门处理事项 2 件，移送处理人员 7 人。组织开展对中央网络安全和信息化委员会办公室、国家保密局 2018 年度预算执行审计工作。

党建工作 深入学习领会习近平总书记在中央审计委员会第一次会议上的重要讲话精神，深刻理解和把握审计机关首先是政治机关、是党的工作部门的职责定位，引导全局同志提高政治站位，善于从政治上把大局、看问题、提建议，始终围绕党中央最关心、人民群众最关切的问题思考、谋划和开展审计工作，通过审计促进中央令行禁止，坚决做到“两个维护”。采取每周一学、领学领读、全员学全员讲等方式，推动用习近平新时代中国特色社会主义思想武装头脑、指导审计工作，切实把“四个意识”转化为听党指挥、为党尽责的实际行动，着力围绕“三个加大”和“四个促进”依法全面履行好审计监督职责。坚持把纪律规矩挺在前面，组织学习新修订的《中国共产党纪律处分条例》，抓好集中警示教育活动，开展以案释纪、以谈促廉、排查廉政风险点、全员签订遵规守纪承诺书等，引导全体党员干部知敬畏、存戒惧、守底线，严格落实中央八项规定及其实施细则精神，不折不扣执行审计“四严禁”工作要求和审计“八不准”工作纪律，驰而不息改进作风，推进全面从严治党和党风廉政建设不断深入。认真学习贯彻《中国共产党支部工作条例（试行）》，制定党支部工作规则等12项内部管理制度，重大事项均经过集体研究决定，严格落实“三会一课”、主题党日、组织生活会、谈心谈话等组织生活制度，积极组织参加署庆祝改革开放40周年职工书画摄影展、健步走等各项文体活动，加强人文关心，营造风清气正政治生态，确保党支部各项工作规范推进。

队伍建设　坚持以强化自身建设为抓手，努力推进高素质专业化干部队伍建设。科学配置处室职能和人员，努力形成梯队。抽调4名业务骨干组成数据分析小组，建立工作机制，推进大数据审计应用。实行实务导师制，通过参加培训、授课研讨、经验介绍、业务指导等方式“传帮带”，加强业务技能学习实践，着力提升“四项能力”。以审计实践为“第一跑道”，给青年干部搭舞台、压担子，4人担任预算执行审计项目主审，2人参加扶贫审计，3人协助相关业务司开展工作。

（撰稿人：秦　琴）

【审计署统战审计局】　2018年，审计署统战审计局实有21人。设有一处、二处、三处、四处。主要职责：按照审计署统一部署开展工作；负责审计中央统战部、中央台湾工作办公室（国务院台湾事务办公室）、中央社会主义学院、国家民族事务委员会、政协全国委员会办公厅、中华全国台湾同胞联谊会、中华全国归国华侨联合会、中华全国工商业联合会等中央一级预算单位贯彻落实国家有关重大政策措施情况，以及预算执行、决算和其他财政财务收支；开展相关专项审计调查；承办审计署交办的其他事项。

领导成员

局　　长：鲍洪湘（9月—）

副 局 长：方　超（9月—）

郭文光（9月—）

山军辉（9月—）

副局级审计员：艾宇光（9月—12月）

审计成果　2018年，审计署统战审计局共审计单位2个。查出主要问题金额14.27亿元，其中违规金额3186.87万元、管理不规范金额13.95亿元；审计发现非金额计量问题4个；出具审计报告4篇，被批示、采用1篇次。审计提出建议14条，被采纳14条；推动被审计单位制定整改措施58项。提交审计信息1篇，被批示、采用1篇次。

国家重大政策措施落实情况跟踪审计　审计署统战审计局在原民族宗教审计局完成的对国家民委2018年第一、二季度政策跟踪审计工作基础上，召开审计业务会，调整实施方案，有重点分步骤地开展第三、四季度相关审计工作，强化对中央重大政策措施和国家民委部门职能总体变化情况的分析。揭示反映国家民委未制订“十三五”相关重大工程项目下具体任务的实施方案、未按要求研究清理规范和优化审批事项、所属企业对外投资未按规定履行申报程序并以代持股份名义向民营企业收取费用等10个问题，其中：民族文物未纳入国家标准管理问题编发上报重要信息要目，并得到国务院副总理孙春兰批示。

财政审计　承担中央台湾工作办公室和国家民委2家单位2018年预算执行审计任务。两个审计组已完成前期调查和进点工作，持续收集分析被审计单位有关数据资料，根据工作方案要求拟订实施方案，稳步开展现场审计工作。

民生资金（项目）审计　派出2人参加扶贫审计。对国家民委贯彻落实少数民族地区扶贫政策情况进行深入调查，撰写《关于迪庆州对国家民委相关政策落实和资金使用情况汇报》。

信息化建设　构建统战审计局大数据分析团

队，向大数据要资源，向信息化要效率。结合工作实际研究制订《统战审计局数据采集分析应用实施方案》，明确数据采集、整理、分析及疑点线索核查的人员分工与具体要求。及时采集对口联系的被审计单位预决算和财务数据并上交数据司。通过对采集的预决算数据进行分析，编制近 3 年预决算数据基本情况表，利用 SQL 等分析工具发现 6 方面 13 个问题疑点，将数据司下发的疑点与统战审计局数据分析发现的疑点归类整理，逐个查核落实，与现场审计组联动，取得初步成效。

相关工作 积极稳妥完成组建工作，持之以恒加强党的建设。9 月 29 日经批准成立统战审计局党支部，以处为单位成立 4 个党小组。统战审计局领导班子全面落实从严治党主体责任，及时组织党员干部认真学习习近平新时代中国特色社会主义思想、中央审计委员会第一次会议精神、新修订的《中国共产党纪律处分条例》《中国共产党支部工作条例》等政治理论和党规党纪。从统战审计工作需要出发，邀请中央社会主义学院专家教授座谈授课，学习掌握我国统一战线基本理论、民族宗教基本现状和习近平总书记关于统战工作、民族宗教工作的重要讲话精神，有效促进政治理论学习与审计业务工作的融合。

认真贯彻管党治党政治责任，持续巩固反腐倡廉成效。通过开展警示教育等活动，努力营造尊廉崇廉的氛围，局领导以上率下，带头执行中央八项规定及其实施细则精神，并多次强调审计“四严禁”工作要求和审计“八不准”工作纪律。从讲政治的高度抓好巡视配合工作，梳理统战审计局自组建以来的各项工作情况，及时完整提供资料，深入剖析存在问题，实事求是查找根源，并根据初步反馈情况稳步推进问题整改。

切实发挥领导干部的领学示范作用，不断打造学习型团队。通过组织全局干部参加集中整训、“审计大讲堂”、大数据审计培训及邀请财政审计司有关同志做专题辅导讲解等方式，强化学以致用，不断推进干部队伍整体能力素质的提升。在集中整训第二阶段，组织开展行业理论与政策学习、审计业务学习、“守底线”和“立高线”4 个专题集训活动，局领导按照各自分管事项带头领学领讲，分别作政治学习、廉洁纪律、保密规定、审计业务等专项辅导。

持续强化内部管理，不断提高办事效率。在认真研究审计署有关制度规定的基础上，结合统战审计局实际，制定和完善保密、行文、印章、请销假、统筹补贴资金管理与使用等方面的 13 项工作制度。在具体工作中严格落实岗位责任，采取 AB 角方式，有条不紊地完成各项任务。重视保密工作，将保密与审计业务同研究、同部署、同落实、同检查，持续加强涉密信息和涉密载体管理，强化保密责任落实。 （撰稿人：薛　卓）

【审计署外交审计局】 2018 年，审计署外交审计局实有 17 人。设有一处、二处、三处。主要职责：按照审计署统一部署开展工作；负责审计中央对外联络部、外交部、中国人民对外友好协会贯彻落实国家有关重大政策措施情况，以及预算执行、决算和其他财政财务收支；开展相关专项审计调查；承办审计署交办的其他事项。

领导成员

局　　长：涂　莹（9 月—）

副 局 长：陈晓飞（9 月—）

陈　高（9 月—）

副局级审计员：陈　捷（9 月—）

审计成果 2018 年，审计署外交审计局完成外交部 2017 年度预算执行审计、外交部 2018 年贯彻落实国家重大政策措施情况跟踪审计和中国日报社 2017 年度预算执行审计等 3 个审计项目，审结审计项目 3 个，查出主要问题金额 4114.51 万元；审计发现非金额计量问题 20 个，提出审计建议 6 条；出具审计报告 6 篇，向社会公告审计结果 2 篇。先后派出 7 人次参加文化部部长经济责任审计、四省藏区扶贫资金审计等审计项目。被评为 2016 年至 2018 年度审计署先进基层党组织，继续保持“审计署司局级文明单位”称号。

国家重大政策措施落实情况跟踪审计 2018 年是外交部被纳入国家重大政策措施落实情况跟踪审计范围的第一年。外交审计局围绕中央重大外交政策，梳理外交部具体落实措施、任务分解、工作进展和完善制度保障等情况，形成政策任务台账、路线图、时间表。以落实措施的具体内容、执行进度以及取得的实际效果为审计重点，聚焦“一带一路”建设和简政放权等重点任务，揭示存在的问题，深入分析原因，提出对策建议。审计查出问题得到外交部高度重视，提交的“外交部积极推动往来便利化，优化领事服务工作”正面案例被纳入审计署综合报告反映。

财政审计 按照习近平总书记“坚持科技强审”，推动审计监督全覆盖的指示，在外交部2017年度预算执行审计中，将境内外资金相结合，积极探索大数据审计模式，加大对驻外机构业务、财务等数据收集和挖掘力度，对驻外机构财务数据进行纵向分析，拓展审计深度广度，实现“境外审计境内审，内外统筹”的目标。

党建工作 始终把抓党建作为做好一切工作的法宝，通过抓党建，教育引导党员干部树牢“四个意识”，坚定“四个自信”，做到“两个维护”，做好“三个表率”。加强政治学习，增强学习效果。组织参观纪念马克思诞辰200周年等大型展览，编写《十八大以来常用的50个名词解释》等材料，与外交部财务司、原审计署文化体育审计局等单位开展支部联学联建活动4次。严格落实“三会一课”制度，积极开展主题党日活动。开展重温入党志愿书活动，强化党员意识。组织到上海和浙江嘉兴开展“不忘初心，牢记使命，重整行装再出发”活动，通过瞻仰一大会址等方式，感悟入党初心。完善支部党建规章制度。及时修订《外交审计局党支部及支部委员工作职责》等7项支部工作规章制度。开展各种活动，增强党组织凝聚力。局内广泛开展谈心谈话，引导大家保持积极心态。向确有困难的同志开展“送温暖”活动。

队伍建设 贯彻习近平总书记关于要加强审计机关自身建设，以审计精神立身，以创新规范立业，以自身建设立信的重要指示，通过规范管理、强化培训、强化大数据思维和给青年干部压担子等多种方式，不断提高干部履职能力。及时修订完善《外交审计局岗位职责管理办法》等6项行政工作制度。制订全年业务培训计划，先后组织开展业务学习11次。邀请外交部办公厅、安全司等部门领导授课，与领事司等8个司局15个处室座谈，详细了解领事保护、“一带一路”建设等工作情况，加深对外交工作的了解。积极开展理论研究，承担财政司《基金会运营管理体制问题研究》课题。全年选派6人次到审计干部教育学院参加各类培训班，选派1名处级党员领导干部参加审计署党校脱产学习。专题安排大数据培训，提升大数据审计思维水平，促进“科技强审”理念进一步深入。全年选派3人次参加署大数据审计研讨班、国产数据库应用骨干培训班和审计数据分析能力提高班等。 （撰稿人：乔　林）

【审计署政法审计局】 2018年，审计署政法审计局实有18人。设有一处、二处、三处、四处。主要职责：按照审计署统一部署开展工作；负责审计最高人民法院、最高人民检察院、公安部、安全部、司法部、国家移民管理局、中央档案馆（国家档案局）、中国法学会、公安部特勤局贯彻落实国家有关重大政策措施情况，以及预算执行、决算和其他财政财务收支；开展相关专项审计调查；承办审计署交办的其他事项。

领导成员

局　　长：李秀才

副 局 长：张振良　赵京琳

正局级审计员：吴华松

审计成果 2018年，审计署政法审计局完成审计项目2个。查出主要问题金额6.74亿元，其中违规金额2342.78万元、管理不规范金额6.51亿元；审计发现非金额计量问题11个。审计处理处罚金额9835.72万元，其中应上缴财政1624.27万元、应缴纳其他资金342.5万元、应调账处理金额7868.95万元。审计提出建议6条，被采纳3条。出具审计报告2篇，提交审计信息3篇，审计揭示问题被审计署报国务院和全国人大常委会的审计结果报告和审计工作报告采用多项，上报的审计信息被审计署采用3篇。向社会公告审计结果2篇。

国家重大政策措施落实情况跟踪审计 按照审计署统一安排，完成公安部国家重大政策措施落实情况跟踪审计和政务信息系统审计，审计揭示有关问题被《审计工作报告》采用多项。

财政审计 完成公安部、司法部2017年度预算执行等情况审计项目2个。审计发现公安部存在未按规定清理上报结余资金、个别内设机构违规发放津补贴、资产账实不符、所属单位违反规定从零余额账户向实有资金户划拨资金等14个问题。审计发现司法部预算编报不完整、违反规定从零余额账户向实有资金户划拨资金、未按规定上缴非税收入以及所属单位未按规定履行政府采购程序等 10 个问题。审计项目结束后，政法审计局分别与公安部和司法部召开审计情况通报会，向两个部门及其所属单位通报审计情况。公安部、司法部均高度重视审计情况，截至 2018 年底，除个别问题尚未整改到位外，其他问题已经全部整改完毕。审计促进整改落实有关问题金额 53690.54 万元，促进被审计单位制定、完善规章制度 2 项，推进被审计单位构建问题整改长效机制。

其他审计项目 派员参与原国家旅游局局长任期经济责任审计和四川、青海藏区脱贫攻坚审计，取得较好成效。

审计调研 贯彻落实审计署机构改革统一部署，政法审计局主动作为，自 2018 年 10 月起组织对新划入的最高人民检察院、最高人民法院、国家档案局和中国法学会等被审计单位进行调研。通过调研熟悉被审计单位基本情况，锻炼队伍，促进干部之间的配合和融合，为下一步审计工作奠定良好的基础。调研成果报分管审计长和财政司后，得到领导的肯定。

党建工作 开展学习型党支部建设，坚持“每周一学”，分专题学习党的十九大报告、习近平总书记在中央审计委员会第一次会议上的重要讲话精神等共 30 余次，引领全体党员深刻把握新时代赋予审计工作的新使命。不断强化党支部政治建设，加强理论学习，强化政治担当，严明政治纪律。注重加强基层组织建设，组织支部换届，保证支部工作连续规范开展，认真落实“三会一课”制度，一年来，党支部共组织召开党员大会 38 次，支委会 12 次，党小组会 22 次，讲党课 4 次。切实抓好党风廉政建设，筑牢党员干部思想防线，持续健全和完善管理制度，坚持把纪律挺在前面，抓好抓实党员干部的日常监督管理工作。

队伍建设 注重加强队伍建设，努力打造高素质、专业化的审计干部队伍。以上率下，强化领导干部模范带头，在理论学习中带头领读领学、讲党课；在审计项目中发挥“关键少数”的示范和表率作用。主动作为，不折不扣落实机构改革各项要求。结合人员调整变动情况，及时做好干部职工思想政治工作，利用整训机会，组织学习讨论、主题研讨、党日活动等，充分促进团队融合，确保机构改革顺利进行，各项工作平稳开展。以提升能力为重点，加强干部队伍建设。建立审计工作交流分析制度，及时分析研讨审计项目中遇到的问题和具体措施，推动干部队伍审计专业能力提升。选送干部参加审计署组织的各类培训 17 人次，其中 3 个月以上的长期培训 2 人次。结合机构改革人员变化情况，修订完善相关制度，将工作事项分解落实到人，确保各项工作职责明确、运转顺利。 （撰稿人：周建设）

【审计署教育审计局】 2018 年，审计署教育审计局实有 20 人。设有审计一处、审计二处、审计三处、审计四处。主要职责：按照审计署统一部署开展工作；负责审计中央党校（国家行政学院）、教育部、中国文学艺术界联合会、中国作家协会贯彻落实国家有关重大政策措施情况，以及预算执行、决算和其他财政财务收支；开展相关专项审计调查；承办审计署交办的其他事项。

领导成员

局　　长：罗　键（—4 月）

　　　　　张广春（7 月—）

副 局 长：袁静怡　孙继宇

　　　　　周国栋（交流干部）

副局级审计员：王　勇

审计成果 2018 年，审计署教育审计局完成审计项目 3 个。提交审计（调查）报告 6 份，查出的各类违法违规和管理不规范问题涉及金额近 119 亿元，政策跟踪审计中查出的 6 个问题被署专题报告采用，参与编报的 3 篇审计信息被审计署重要信息要目采用，提出 19 个完善体制机制和加强管理的审计建议。

国家重大政策措施落实情况跟踪审计 对教育部负责的国家重大政策措施落实情况进行跟踪审计，以教育部部门特点和管理职责为抓手，重点关注教育扶贫、“放管服”改革等重大事项、重大改革、重大战略中相关政策落实情况，共抽查 20 个单位，发现教育部在“放管服”改革落实、重大项目推进和精准脱贫等方面存在的 24 个问题，涉及问题金额近 2 亿元，其中天津大学未及时清退工程质量保证金等 4 个问题被署专题报告采用；反映教育部积极主动作为的 2 个典型事例和整改措施，其中教育部组织教授服务团深入贫困地区助力精准脱贫的典型事例和教育部全面取消国内高等教育学历学位认证服务收费的整改措施被署专题报告采用。同时，着力督促被审计单位整改，推动有关单位积极采取措施加快项目推进，促进各项政策尽快落地。

财政审计 组织开展对教育部和原国家行政学院预算执行等情况审计，在审计中注重把握中央部门预算改革方向，在关注预算真实性的基础上，重点突出预算执行是否约束有力，资金使用是否有效，共揭示预决算编制不完整、扩大支出范围、违规持有理财产品等各类问题37个，涉及问题金额117亿元。通过紧盯审计发现问题的整改情况，推动部门建章立制，规范管理，提高资金使用效益。

相关工作 结合机构改革后干部队伍情况和派出局的工作实际，创新管理机制，制定《教育审计局关于成立全面从严治党领导小组的决定》，成立由党支部书记任组长的全面从严治党领导小组，下设党务管理领导小组、业务管理领导小组和局务管理领导小组，分别由局领导班子副职任组长，统筹协调负责党务、业务和局务相关工作。在保持原有4个业务处室工作分工基础上，所有党员干部又分别归属于3个领导小组，每位党员干部都同时承担着部分党务、业务和局务等多项工作任务，形成以党建为统领，党务、业务、局务管理一体化专门分工与全员参与的融合式管理模式。局支部以政治建设为统领，将“每月第一周的星期一”固定为“月度党支部活动日”，全面落实“三会一课”制度，组织开展参观恭王府廉政教育基地、“伟大的变革——庆祝改革开放40周年大型展览”等主题党日活动。

将理论学习和审计实战相结合，全方位培养干部，先后组织相关同志介绍教育部政策落实跟踪审计情况，与教科司举行联学，请阿里云计算专家讲大数据的应用和区块链等，开设“学习大讲堂”，提供干部展示提高平台；选派多名干部参加计算机中级、大数据审计等培训班，抽调5人参加中国农业大学、中山大学的校长经济责任审计，抽调2人参加扶贫审计。（撰稿人：秦　雪）

【审计署科学技术审计局】 2018年，审计署科学技术审计局实有20人。设有审计一处、审计二处、审计三处和审计四处。主要职责：按照审计署统一部署开展工作；负责审计科学技术部、国家自然科学基金委员会、中国社会科学院、中国科学院、中国工程院、中国科学技术协会贯彻落实国家有关重大政策措施情况，以及预算执行、决算和其他财政财务收支；开展相关专项审计调查；承办审计署交办的其他事项。

领导成员

局　　长：涂　莹（—7月）
　　　　　丁仁立（7月—）
副 局 长：江显华（7月—）
　　　　　成佳富（7月—）
　　　　　张保国（4月—）
副局级审计员：祝旭霞（—7月）
　　　　　　　李晓南（7月—）

审计成果 2018年，审计署科学技术审计局完成审计项目4个。查出主要问题金额26.34亿元，其中违规金额5872.09万元、管理不规范金额25.78亿元；审计发现非金额计量问题33个；审计处理处罚金额4036.84万元，其中应调账处理金额3732.16万元；出具审计报告和专项审计调查报告7篇。审计促进整改落实有关问题金额4719.02万元，其中已调账3708.16万元、其他整改落实金额1010.86万元。移送司法机关、纪检监察机关和有关部门处理事项1件。提出审计建议11条，被采纳11条；推动完善规章制度4项。向社会公告审计结果2篇。

国家重大政策措施落实情况跟踪审计 开展对科技部的2018年国家重大政策措施和宏观调控部署落实情况跟踪审计。重点审计农村“双创”、重大科研基础设施、诚信体系建设、污染防治行动计划以及国家科技重大专项等69项政策措施落实情况，抽查项目18个，涉及金额26.75亿元。出具审计报告（代拟稿）4份，反映科技成果转化、科研诚信体系建设、科技重大专项立项审批、科技项目绩效评价等体制机制、内部管理以及放管服改革方面的28个问题，涉及金额22.09亿元。其中，国家科技重大专项（民口）项目立项审批周期较长等3个问题被审计署采用报国务院。针对审计发现的问题，提出审计建议。科技部高度重视审计建议并积极整改，修订完善相关制度4项，出台政策1项，优化项目管理流程2项，收回结存资金688.96万元，资金加快拨付321.9万元，加快重大项目建设2项，完善17个项目绩效管理。在揭示问题的同时，反映科技部在“放管服”改革、大气污染防治、研发费用加计扣除等方面积极作为的典型案例。

财政审计 对科技部2017年预算执行等情况进行审计。重点审计科技部本级和所属科技部火炬高技术产业开发中心、中国科学技术交流中心、科技部科技评估中心（以下简称评估中心）等5个单位，对有关事项进行延伸审计。审计涉及科技部本级及所属单位2017年度财政拨款预算共计215.47亿元，占部门财政拨款预算总额的52.17%。审计主要发现科技部在预算执行和决算草案方面存在的问题包括：计划外召开四类会议21次；未按规定履行政府采购程序，涉及金额1426.12万元；科技合作援外经费报销不及时，涉及金额241.82万元；未按规定对软件资产进行管理，涉及金额2438.95万元；所属专家公寓未经批准对外出租行政房产，房租收入250.83万元未执行“收支两条线”；所属评估中心1269.21万元预收账款未及时确认收入。

对中国工程院2017年度预算执行情况等进行审计。审计涉及工程院2017年度财政拨款预算共计5.09亿元，占93%。审计发现多申报公务车辆运行维护费用预算40.55万元；1辆公务用车未纳入统一管理；未按规定制订年度会议计划；14个结题项目结余资金309.68万元未及时收回，26个项目未按时结题；未按规定履行政府集中采购程序，涉及资金122.92万元；公务机票未执行政府采购，涉及金额59.22万元；决算多计支出24万元等问题。

经济责任审计 牵头组织开展1个经济责任审计项目。

（撰稿人：焦广耀）

【审计署工信建设审计局】 2018年，审计署工信建设审计局实有21人。设有一处、二处、三处、四处。主要职责：按照审计署统一部署开展工作；负责审计工业和信息化部、住房和城乡建设部、国家国防科技工业局贯彻落实国家有关重大政策措施情况，以及预算执行、决算和其他财政财务收支；开展相关专项审计调查；承办审计署交办的其他事项。

领导成员

局　　长：李树廷（9月—）

副 局 长：樊　华（9月—）

　　　　　苏惠娟（9月—）

　　　　　吴一亮（9月—）

副局级审计员：石绍懿（9月—）

审计成果 2018年1月至7月，原建设审计局审计2个单位。查出主要问题金额3.91亿元，其中违规金额1.31亿元、管理不规范金额2.6亿元；审计发现非金额计量问题20个；损益（收支）不实金额400万元；出具审计报告和专项审计调查报告6篇。审计处理处罚金额1657.71万元，其中应上缴财政642.4万元、应调账处理金额1015.31万元；提交审计信息1篇。向社会公告审计结果2篇。

2018年1月至7月，原工业审计局审计3个单位。查出主要问题金额34.89亿元，其中违规金额15.13万元、管理不规范金额34.89亿元；审计发现非金额计量问题30个；出具审计报告4篇。审计处理处罚金额1.64亿元，其中应归还原渠道资金15.13万元、应调账处理金额1.63亿元。审计提出建议26条，被采纳26条；提交审计信息2篇。向社会公告审计结果2篇。

2018年8月至12月，审计署工信建设审计局审计2个单位。查出管理不规范金额19.22亿元；审计发现非金额计量问题7个；出具审计报告4篇。审计提出建议12条，被采纳12条。

国家重大政策措施落实情况跟踪审计 上下联动，信息互通，注重宏观分析，由面及点，组织实施对住建部、工业和信息化部2018年度国家重大政策措施落实情况跟踪审计，审计中积极落实习近平总书记“3个加大力度”的具体要求，紧紧围绕供给侧结构性改革、“放管服”改革、减税降费、《国家“十三五”规划纲要》等重大政策规划，全年抽审单位16个，指出住房和城乡建设部政务信息系统未完成整合、个别国家“十三五”165项重大工程项目未按规定承担牵头责任等政策措施落实不到位的问题。发现工业和信息化部未及时清理规范行政审批前置中介服务等问题31个，反映工业和信息化部钢铁去产能超额完成目标任务、军民融合公共服务平台助力军民融合发展等正面案例11个，其中国家工业信息安全发展研究中心等未经审批组织开展评比达标表彰活动、中国信息通信研究院违规开展本部门行政审批的前置中介服务并收取检测费等6个案例被审计公告和审计署报国务院综合报告采用。

财政审计 围绕“发展、改革、安全、绩效、反腐”的目标要求，推动部门建立标准科学的预算制度，组织实施对住房和城乡建设部、国家知识产权局、工业和信息化部、国家国防科技工业局2017年度预算执行等情况审计4个审计项目。

在对住房和城乡建设部2017年预算执行等情况审计项目中，重点检查部本级和所属城乡规划管理中心、中国城市规划设计研究院等12个单位，查出所属事业单位违规收取会议费、所属事业单位房租收入未执行“收支两条线”管理等问题。

在对国家知识产权局2017年预算执行等情况审计项目中，重点检查局本级和所属专利局本级、专利复审委员会、机关服务中心等4个单位，查出骗取套取、贪污侵占、损失浪费等违纪违法问题，以及财政事权和支出责任不匹配等改革不到位、公务用车管理不规范、所属事业单位违规对外出租房屋等其他问题。

在对工业和信息化部预算执行等情况审计项目中，重点检查财政财务收支预决算管理、落实中央八项规定精神等方面内容，发现部本级未履行审批立项程序、本级支出列入下属单位预算、超标准支出国际会议费等问题。

在对国家国防科技工业局2017年度预算执行等情况审计项目中，重点检查落实中央八项规定精神、预算管理合规性等情况。发现变相保留越野车、违规向实有资金账户转移资金、未经批准出借机关办公用房等问题。

经济责任审计 根据审计署统一部署，原建设审计局与原工业审计局分别牵头实施对住房和城乡建设部原部长和国家烟草专卖局原局长的任期经济责任履行情况审计。

相关工作 认真贯彻党的十九大和十九届二中、三中全会，十九届中央纪委第二次全体会议，以及习近平总书记在中央审计委员会第一次会议上的重要讲话精神，制订《工信建设审计局政治理论学习教育活动计划》，组织全体党员开展集中整训，领导干部带头讲党课，全局同志认真学习《中国共产党廉洁自律准则》《审计现场管理规定》等制度文件，深入开展纪律作风专项整治活动，组织主题党日教育活动。注重人才培养，全年参加机关举办的“审计大讲堂”、大数据培训等业务培训100多人次，派出2名处级以上干部参加参加党校学习、派出2名年轻同志参加计算机中级审计培训班，派出1名副局长及1名正处级审计员到少数民族地区挂职。完善规章制度，制定会议制度、公文处理办法、保密管理规定等9项管理规章。 （撰稿人：董佳丽　卓小靖）

【审计署民政社保审计局】 2018年，审计署民政社保审计局实有21人。设有一处、二处、三处、四处。主要职责：按照审计署统一部署开展工作；负责审计民政部、人力资源和社会保障部、国家医疗保障局、中国福利彩票发行管理中心、中国老龄协会贯彻落实国家有关重大政策措施情况，以及预算执行、决算和其他财政财务收支；开展相关专项审计调查；承办审计署交办的其他事项。

领导成员

局　　长：贾有长（—9月）
　　　　　孙　波（9月—）
副 局 长：方炳兴（9月—）
　　　　　秦　洁（9月—）
　　　　　张新竹（9月—）
　　　　　俞　立（—9月）
副局级审计员：张东华

审计成果 2018年，审计署民政社保审计局完成审计项目8个。查出主要问题金额3.25亿元，其中违规金额3225万元、管理不规范金额2.93亿元；审计发现非金额计量问题18个；损益（收支）不实金额6021万元；审计期间整改金额96万元；出具审计报告8篇，被批示、采用4篇次。审计处理处罚金额134万元，其中应归还原渠道资金44万元、应缴纳其他资金90万元；移送纪检监察机关处理事项2件。审计促进整改落实有关问题资金134万元；审计促进拨付资金到位1040万元。审计提出建议20条，被采纳20条。向社会公告审计结果1篇。

国家重大政策措施落实情况跟踪审计 按照审计署重大政策措施落实情况跟踪审计工作指导

意见，组织实施对人力资源和社会保障部、民政部的国家重大政策措施贯彻落实情况跟踪审计项目 6 个。重点关注脱贫攻坚、简政放权、涉企收费、职业资格改革、社会救助和社会组织管理，揭示在国家重大政策措施落实情况中存在的“中梗阻”等问题。查出两部存在的职业资格清理不到位、所属企事业单位依托政府影响力收费、全国性行业协会商会未按时完成脱钩试点任务等多个违规问题，其中职业资格清理不到位等问题被审计署重要信息要目采用 3 篇；1 个问题整改案例被审计署作为典型案例向社会进行公告。

财政审计 组织实施预算执行审计项目 2 个。按照“单位全覆盖、资金划重点”的思路，围绕审计实施方案确定的各项审计内容和重点，揭示两家单位在会议费、出国费、领导干部兼职取酬、资产管理、政府采购、存量资金管理、涉企收费等方面多类问题，其中利用行政权力获益问题被审计署重要信息要目采用，上报国务院后得到李克强总理重要批示。审计中发现 2 起重大问题线索，移送相关部门。

经济责任审计 选派 5 人参加住房和城乡建设部原部长经济责任审计项目，揭示所属单位违规开展评比表彰、自行设置职业资格考试并收费、违规处置资产和未严格执行政府采购等问题。

扶贫审计 选派 2 人赴青海、甘肃参加扶贫审计任务，揭示被审计地区安全饮水项目通过虚假工程骗取国家扶贫资金等问题。

信息化建设 认真贯彻落实审计署党组关于大数据审计的工作要求，积极探索实践新形势下的大数据审计方式方法。在对人力资源和社会保障部和民政部扶贫领域数据建设及管理情况进行深入调查的基础上，揭示人力资源和社会保障部未与国务院扶贫办共享相关信息数据、民政部社会救助与扶贫政策衔接不到位等问题，并向审计署农业司报送专题材料。通过挖掘分析人力资源社会保障部博士后基金会相关数据，将博士后资金下达计划和博士后招生数据、评审专家信息和参评人员数据进行比对，发现博士后日常经费下达与使用脱节，参评专家未严格执行回避制度等问题；利用民政部管理的低保和殡葬等数据进行关联分析，揭示部分省市存在冒领已故人口低保资金的问题。落实审计署关于数据采集的有关要求，对原审计范围内的 7 家中央部门预决算、会计和相关业务数据进行采集整理，上报审计署数据处理中心。

相关工作 以党建统领全局，深入学习习近平新时代中国特色社会主义思想，认真开展“不忘初心、牢记使命”主题教育，不断推进“两学一做”学习教育常态化制度化，持续加强作风建设，规范党建基础工作，认真履行全面从严治党主体责任。坚持严管与厚爱相结合，持续增强领导班子建设，加强干部队伍的日常监督和管理，推进全局干部队伍的深度融合，建设一支高素质干部队伍。推进局务管理工作规范化，加强审计现场管理，夯实审计工作基础，不断完善内部管理工作。

（撰稿人：葛鹏辉）

【审计署资源环境审计局】 2018 年，审计署资源环境审计局实有 19 人。设有一处、二处、三处和四处。主要职责：按照审计署统一部署开展工作；负责审计自然资源部、生态环境部、国家林业和草原局（以下简称国家林草局）、中国地质调查局、中国地质调查局自然资源综合调查指挥中心贯彻落实国家有关重大政策措施情况，以及预算执行、决算和其他财政财务收支；开展相关专项审计调查；承办审计署交办的其他事项。

领导成员

局　　长：茅东萍（—9 月）
　　　　　金　莹（8 月—）
副 局 长：景贵亮（8 月—）
　　　　　魏东平（8 月—）
　　　　　安志蓉（4 月—）
副局级审计员：黄树平

审计成果 2018 年，审计署资源环境审计局（含原资源环保审计局）审计 3 个单位。查出主要问题金额 3.05 亿元，其中违规金额 3981.69 万元、管理不规范金额 2.65 亿元；审计发现非金额计量问题 55 个；出具审计报告和整改建议函 12 篇。审计处理处罚金额 4056.64 万元，其中应上缴财政 265.39 万元、应减少财政拨款或补贴 2470.62 万元、应归还原渠道资金 1245.68 万元、应调账处理金额 56.04 万元。审计促进整改落实有关问题资金 3.05 亿元。审计提出建议 9 条，被采纳 9 条；推动被审计单位制定整改措施 49 项；

促进被审计单位建立、健全规章制度 4 项；撰写或参与撰写的审计信息被重要信息要目采用 13 篇，均被中办、国办采用。

国家重大政策措施落实情况跟踪审计 开展对自然资源部（原国土资源部）、生态环境部（原环境保护部）、国家林草局的国家重大政策措施落实情况跟踪审计。以资金、项目、政策和重大改革任务推进情况为抓手，聚焦重点领域，围绕污染防治攻坚战，揭示生态环境部《打赢蓝天保卫战三年行动计划》部分任务未完成，自然资源部《土壤污染防治行动计划》部分任务未落实也未开展相关工作等问题；围绕深化“放管服”改革，揭示自然资源部、生态环境部和国家林草局所属单位违规收费，原国家林业局无依据设置前提条件限制林权市场流动等问题；围绕稳就业、稳金融、稳外贸、稳外资、稳投资、稳预期等政策措施落实情况，反映国家林草局落实 2018 年《政府工作报告》和《“十三五”促进就业规划》相关工作不到位、自然资源部现行规章中涉及外商投资准入的个别条款未及时进行修订等问题；围绕重大项目推进和重点资金使用，反映生态环境部个别中央预算内投资项目未及时发挥效益，自然资源部有关历史遗留矿山地质环境恢复治理任务进展缓慢等问题。着力督促被审计单位整改，推动有关单位积极采取措施加快项目推进，促进各项政策尽快落地。

财政审计 组织开展原环境保护部 2017 年度预算执行等情况审计，将合规性审计与绩效审计相结合，把财政支出绩效和积极财政政策的实施效果等方面作为审计重点，突出对落实中央八项规定精神和国务院“约法三章”要求情况的审计，查出原环境保护部编报虚假项目多获取财政资金 2000 余万元、个别项目预算执行缓慢影响财政资金使用效益，以及计划外出国，特种专业技术用车管理使用不规范、超人数天数和计划外召开会议等问题。通过紧盯审计发现问题的整改情况，推动部门建章立制，规范管理。

经济责任审计 作为牵头实施单位，组织开展对原环境保护部部长的经济责任审计项目。围绕贯彻执行国家经济决策、履行重大经济决策和管理职责等方面，反映在完成党中央、国务院重点交办事项过程中和在履行部门核心职能过程中存在的履职不到位、部分重大规划指标和任务未完成、排污许可相关目标任务未按照国务院要求时限完成、《水污染防治行动计划》等部分重点任务完成推进不力、国家级自然保护区定期评估制度落实不到位、个别行政审批事项管理不规范、部分专项资金分配依据不充分影响专项资金使用进度、部分所属单位“三公”经费管理不严等问题。审计中强调聚焦经济责任，坚持多作沟通、多听意见，严格把握“三个区分”，客观求实作出审计结论。

民生资金（项目）审计 派出两名年轻业务骨干，参加审计署统一组织开展的深度贫困地区扶贫审计，发现由于部门间协调沟通不到位导致不符合贫困户条件的群众享受各项扶贫政策资金 828.31 万元、某县饮用水安全工程质量不达标、违规套取“五小水利”工程资金等问题。

（撰稿人：郭宝宁）

【审计署交通运输审计局】 2018 年，审计署交通运输审计局实有 18 人。设有一处、二处、三处、四处。主要职责：按照审计署统一部署开展工作；负责审计交通运输部、国家铁路局、中国民用航空局、国家邮政局贯彻落实国家有关重大政策措施情况，以及预算执行、决算和其他财政财务收支；开展相关专项审计调查；承办审计署交办的其他事项。

领导成员

局　　长：矫　强

副 局 长：周子祥（—9 月）

彭　琦（9 月—）

邢伟彬（9 月—）

正局级审计员：赵文彪（9 月—）

副局级审计员：彭碧莲（—9 月）

审计成果 2018 年，审计署交通运输审计局完成审计项目 6 个。查出主要问题金额 9.43 亿元，提交审计报告、专题报告 11 篇，提交的审计信息被重要信息要目采用 5 篇，2017 年度中央预算执行和其他财政财务收支的审计情况报告采用案例 3 个，2018 年重大政策措施贯彻落实跟踪审计结果报告和报国务院专题报告采用单独案例 8 个，参与发现重大违纪违法线索 1 件移交四川省纪委。

参与实施的财政部具体组织2016年度中央预算执行和编制中央决算草案情况审计在2018年被评为审计署优秀审计项目。

国家重大政策措施落实情况跟踪审计 实施对交通运输部和中国民用航空局的国家重大政策措施落实情况跟踪审计。按照审计署跟踪审计工作指导意见要求，重点关注两部、局打好三大攻坚战相关政策措施落实情况，“三去一降一补”等重大任务落实情况，“放管服”改革深化、新旧动能转换等情况以及重大专项资金绩效情况等。反映交通运输部牵头负责的港航设施等项目尚未分解到各参与部门，也未与参与部门协商建立跨部门实施方案，未细化年度目标和任务等问题；中国民用航空局部分项目存在的绩效目标未细化、量化，目标设定不合理，未能清晰反映预算资金的预期产出和效果等问题。其中4个案例被审计署重大政策贯彻落实跟踪审计结果和报国务院专题报告采用。审计中，积极发现和反映被审计部门主动作为、可复制可推广的经验做法，以及落实审计整改成效较好的案例，其中交通运输部出台指导意见加强交通运输行业债务风险防控，中国民用航空局发力民航供给侧改革、服务“一带一路”和京津冀协同发展等4个案例被审计署重大政策贯彻落实跟踪审计结果和报国务院专题报告采用。

财政审计 实施交通运输部、邮政局2个单位的2017年度预算执行等情况审计。关注交通运输部和邮政局部门预算决算管理、参与分配的中央专项转移支付资金管理、结转结余资金分配和管理使用、“三公”经费管理、政府采购预算编制和采购实施等方面情况，发现并反映交通运输部未经批准出租出借办公用房、交通运输部所属海事局使用财政专项资金为全体人员购买人身意外险、交通运输部所属公路科学研究院部分会议费收入等在所属承办企业核算、邮政局分营资金未纳入部门预算管理、邮政局本级未履行政府采购程序将项目直接委托所属单位实施、邮政局本级未及时调整会议计划等24个问题。

经济责任审计 根据审计署统一安排，抽调业务骨干6人参与农业农村部部长经济责任审计和领导干部自然资源资产离任（任中）审计，派出2人分别参加四川省木里藏族自治县扶贫审计项目和云南省迪庆藏族自治州香格里拉市扶贫审计项目。

党建工作 深入学习贯彻习近平新时代中国特色社会主义思想和党的重大会议精神，研究制订《2018年度党支部工作计划》，组织全局党员干部集体学习9次，讲党课4次；开展“不忘初心，重温入党志愿书”主题党日等活动，参观纪念马克思诞辰200周年主题展览、李大钊故居、恭王府博物馆，在党旗下重温入党誓词、分享入党初心、交流学习心得；组织全局党员干部认真学习习近平总书记在庆祝改革开放40周年大会上的重要讲话，参观庆祝改革开放40周年大型展览，感受改革开放辉煌成就，凝聚干事创业信心决心；严肃“三会一课”等党内政治生活，召开民主生活会1次、组织生活会2次、支部党员大会9次、支委会会议26次、党小组会议27次；严格落实支部书记第一责任人责任和班子成员“一岗双责”，加强党风廉政建设，精心组织、扎实开展纪律作风专项整治月和警示教育活动，积极配合好署党组第二轮巡视工作，自觉接受监督，认真落实整改。

队伍建设 稳步推进队伍建设和综合管理工作，落实机构改革的任务部署。推进深度融合，把机构改革任务落到实处，统筹兼顾审计项目推进、资料交接、驻地搬迁等工作，增设局内处室，优化处室分工和审计组建设；加强能力建设，全员参与“审计大讲堂”等在署机关举办的培训，选派8人赴审计干部教育学院参加培训，提升适应新时代审计工作的能力；加强制度建设，修订行政工作规定、考勤管理办法等内部管理制度9项，有效提升管理制度化规范化水平；优化内部文件登记传阅、完善综合工作档案管理；规范会议管理和记录，确保重要会议讨论和决策过程有记录、可追溯；组织全局干部认真学习各项保密制度和规定，签订保密承诺书，组织开展6次保密自查工作，补充申报涉密人员等级和岗位，派员参加署保密检查工作和署保密内训师选拔方案设计工作。

（撰稿人：冯　辉）

【审计署农业水利审计局】 2018年，审计署农业水利审计局实有21人。设有一处、二处、三处、四处。主要职责：按照审计署统一部署开展工作；负责审计水利部、农业农村部、国务院扶贫开发领导小组办公室贯彻落实国家有关重大政策措施情况，以及预算执行、决算和其他财政财务收支；开展相关专项审计调查；承办审计署交办的其他事项。

领导成员

局　　长：娄　仲（—7月）

　　　　　郑博奎（8月—）

副 局 长：孔繁杰（—7月）

　　　　　孙庆红（8月—）

　　　　　王　华（8月—）

　　　　　郭文艺（8月—）

副局级审计员：乔红兵

审计成果　2018年，审计署农业水利审计局完成审计计划确定的审计项目，提交各类审计报告和审计信息等25篇，揭示违规、损失浪费和管理不规范等问题金额超过20亿元。其中，11篇信息被审计署采用；移送农业农村部处理事项1件。向社会公告审计结果2篇。

国家重大政策措施落实情况跟踪审计　组织实施对农业农村部（原农业部）、水利部和原国家林业局等部门的国家重大政策措施落实情况跟踪审计，围绕推进实施乡村振兴战略、“放管服”改革、精准脱贫等中心目标，全面梳理2018年重大任务情况，重点关注重大水利工程、“放管服”改革、扶贫、“三大战略”、重点工作任务等重大决策部署贯彻落实情况，坚持“三个区分开来”，揭示履职不到位问题，推动政策落地。出具10份审计报告，反映重大问题42个。

财政审计　完成原农业部、水利部2017年度预算执行等情况审计，围绕“发展、改革、安全、绩效、反腐”，助力部门预算和财政管理体制改革，推动全面实施预算绩效管理。审计涉及2017年度部门财政拨款预算149.6亿元。审计反映的农村土地承包经营权确权登记颁证等问题被审计署采用，中央部门项目支出结余结转资金情况等问题在“两个报告”中采用。发现的违规处置国有资产问题已移送农业农村部处理。

经济责任审计　组织开展对农业农村部（原农业部）部长经济责任审计和领导干部自然资源资产离任（任中）审计。

交办任务　先后派出8人参加审计署统一组织的保密检查、扶贫专项审计、发展改革委及国务院扶贫办2018年度预算执行审计，支持署业务司局的重点工作。　（撰稿人：陈智勇）

【审计署贸易审计局】　2018年，审计署贸易审计局实有20人。设有一处、二处、三处、四处。主要职责：按照审计署统一部署开展工作；负责审计商务部、国家国际发展合作署、中国国际贸易促进委员会、中华全国供销合作总社（以下简称供销合作总社）贯彻落实国家有关重大政策措施情况，以及预算执行、决算和其他财政财务收支；开展相关专项审计调查；承办审计署交办的其他事项。

领导成员

局　　长：许永利（—4月）

　　　　　赵保林（4月—）

副 局 长：刘晓越（7月—）

　　　　　王　磊（—7月）

　　　　　李光林（7月—）

　　　　　王淑敏（7月—）

审计成果　2018年，审计署贸易审计局完成审计计划确定的审计项目。查出主要问题金额73.72亿元，其中违规金额1.43亿元、管理不规范金额72.29亿元；审计发现非金额计量问题44个；损益（收支）不实金额3.66亿元；出具审计报告和专项审计调查报告10篇。审计处理处罚金额1.66亿元，其中应上缴财政1.63亿元、应归还原渠道资金22万元、应调账处理金额249万元。审计促进整改落实有关问题资金9005万元。审计提出建议41条，被采纳41条；推动被审计单位制定整改措施5项。向审计署上报重要审计情况5篇，审计简报2篇，有关审计事项被署审计要情、重要信息要目采用。办理审计移送1件、信息转送函1篇，15个典型案例被审计署重大政策跟踪审计报告采用，并与审计署境外审计司共同上报专题审计报告。

国家重大政策措施落实情况跟踪审计　组织开展对商务部、供销合作总社的国家重大政策措施落实情况跟踪审计。审计中，紧扣党中央决策部署，定期梳理商务部、供销合作总社负责贯彻落实的重大政策措施，实行清单化管理，列出政策清单，明确任务，细化分工，按照“查要求、卡进度、看效果、找原因”的思路，将稳外贸、稳外资、首届进口博览会等党中央重大政策措施贯彻落实情况和三大攻坚战等重大战略部署的落实作为审计要点。按照审计署跟踪审计工作指导意见关于“突出抓重点、补短板、强弱项”的要求，研究每个季度跟踪审计的重点，确保问题查找更加精准。围绕中央提出的“六稳”要求，揭示稳外贸、稳外资方面存在的一些问题；针对供销合作总社现有体制，揭示供销合作总社系统综合改革推进缓慢等问题。紧扣中央部门贯彻落实重大政策的路线图和时间表，注重推动政策落实。审计中以推进深化供给侧结构性改革为主线，以资金、项目、政策和重大改革任务推进情况为抓手，盯紧政策落实。在对商务部的跟踪审计中，关注外贸资金使用、外资企业“负面清单”落实、重大项目绩效等事项，有效推动商务重大政策措施贯彻落实；在对供销合作总社的跟踪审计中，关注全面深化综合改革、推动解决体制机制性问题等。

财政审计 开展商务部、供销合作总社 2017 年度预算执行审计。审计中坚持围绕重点职责，加大延伸审计力度。为摸清商务部储备物资管理情况，提前谋划，选派审计业务骨干，开展审前调查，深入开展现场审计，发现储备专项资金未按标准拨付等问题。按照供销合作总社职能，关注违规收费、规范职业资格管理等问题，重点梳理职业技能鉴定及相关收费项目，发现所属 3 家单位无资质开展职业技能鉴定并收费的问题。围绕单位特点，选取重点审计事项。在对商务部的审计中，综合分析二级单位情况，针对所属单位具有经营业务的特点，选取“三公”经费使用和部分经营事项作为重点审计事项，发现部分所属单位存在违规经营，查出违纪违法及管理不规范问题金额 2.08 亿元，提出需要相关部门研究解决的问题 5 个，办理移送案件 1 件。在对供销合作总社的审计中，关注预算编制执行的真实性、合法性和绩效，关注社有企业和社有资产管理情况，审计发现虚报编制人数多申领公用经费等 12 个问题，涉及金额 4.66 亿元。其中 8 个问题被审计工作报告汇总采用。围绕审计方案，开展数据分析。树立数据先行理念，安排专人，将部门预算数据、决算数据、财务标准表、国库集中支付数据结合起来进行分析和比对。编写 SQL 语句，构建模型，查出商务部部分专项资金未按零余额账户管理规定使用等问题。

其他审计项目 局领导带队，派出 4 名审计业务骨干参加原文化部部长任期经济责任履行情况审计，负责对原文化部部本级、2 家事业单位和 4 家企业的审计，提出原文化部存在相关立法工作进展缓慢、制度建设不完善等问题。派出 2 人参加甘肃省玛曲县深度贫困地区扶贫审计，揭示推动光伏扶贫项目建设不力导致项目竣工滞后等问题。

（撰稿人：米春云）

【审计署卫生体育审计局】 2018 年，审计署卫生体育审计局实有 21 人。设有一处、二处、三处、四处。主要职责：按照审计署统一部署开展工作；负责审计国家卫生健康委员会（以下简称卫生健康委）、国家体育总局（以下简称体育总局）、国家中医药管理局（以下简称中医药局）、中国计划生育协会、体育总局体育彩票管理中心（以下简称体彩中心）贯彻落实国家有关重大政策措施情况，以及预算执行、决算和其他财政财务收支；开展相关专项审计调查；承办审计署交办的其他事项。

领导成员

局　　长：张宣波

副 局 长：陈维薇　宋　波　崔一贺

副局级审计员：刘亚明

审计成果 2018 年，审计署卫生体育审计局组织开展审计项目 7 个。查出虚列支出、违规收费、套取财政资金等违纪违规和管理不规范问题金额 4.98 亿元，所反映问题中有 10 个在报送国务院的相关专题报告中单独采用，多个被综合采用，报送的相关信息被重要信息要目采用 4 篇。

国家重大政策措施落实情况跟踪审计 开展审计前，卫生体育审计局先后与卫生健康委、中医药局、体育总局、体彩中心等单位进行调研座谈，了解部门重大改革任务，加深政策理解，为开展落实情况跟踪审计奠定基础。在对卫生健康委的审计中，抽查 15 个单位，发现涉及项目绩效和执行、重大工程项目建设、违规开展评选活动、非税收入、招投标采购、评审工作效率低、推进工作任务缓慢等方面的问题 15 个，反映卫生健康委积极作为并取得明显成效的案例3个。卫生健康委高度重视发现问题的整改，至年底审计报告中反映的问题已整改完毕四分之三。在对体育总局的审计中，抽查15个单位，发现涉及行政事业性收费、行政许可事项、职业资格准入、重大工作推进较慢、项目绩效管理、违规经营问题、协会竞赛活动管理、违规开展评比达标表彰等方面的问题19个。体育总局高度重视发现问题的整改，至年底审计报告中反映问题，已整改完毕半数以上。

财政审计 组织实施对国家卫生健康委（原国家卫生和计划生育委员会）2017年度预算执行等情况审计。审计发现存在未按规定履行政府采购程序、政府采购预算编报不完整，违规转包中标项目等问题，涉及金额8712.27万元；参与分配的专项转移支付项目未按规定开展绩效评价，涉及金额74.61亿元；会议和会议费管理不规范，未编制会议计划、计划外召开会议、违规在京外开会等涉及金额70.68万元；结余资金未及时清理上报并按规定处理，涉及金额255.82万元；部分已完工并交付使用的基建项目未按规定办理竣工财务决算，涉及项目投资6054.3万元；未经报批出租房产1045.38平方米，取得租金收入200万元，其中2017年100万元。

组织实施对国家食品药品监督管理总局2017年度预算执行等情况审计，审计发现因公临时出国限量团组数和人数超标；未经批准召开二类会议，涉及金额26.94万元；未按规定编制会议计划，召开四类会议278个，共计支出670.75万元；未按规定实施政府采购或政府采购预算编制不完整，涉及金额5039.62万元；部分项目的支出绩效指标不明确、不细化，影响项目绩效及资金使用效果；财政项目结余资金11552.02万元未及时清理；违规发放挂职人员劳务补贴264.3万元。

其他审计项目 派员参与国家知识产权局、中山大学领导干部经济责任审计；抽调7人次分别参加扶贫审计、发展改革委预算执行审计、数据审计等。

相关工作 认真落实署党组要求，政治理论学习常抓不懈，采取分散与集中、学习与交流、撰写心得与主题发言相结合等方式，多层次多形式组织政治理论学习，全年组织党小组学习64次、全体党员干部集中学习交流30次，上报“学用新思想，笔谈千字文”心得材料23份。经民主选举和署机关党委批准产生的新一届支委会，职责分工明确，积极组织形式多样的活动，参观“明镜昭廉”明代反腐尚廉历史文化园、体育总局训练局荣誉馆，与署科研所和体育总局开展主题联学等10余次主题党日和联学活动；结合机构改革和人员调整，支部成员与党员干部广泛谈心交心，促进机构改革后人员、工作和思想的整合融合，真正做到思想不乱、工作不断、队伍不散、干劲不减。落实好干部标准，重视青年干部培养，指导相关同志参与部门预算执行和政策跟踪审计、高校领导干部经济责任审计、扶贫审计等项目，在实践中得到锻炼和成长。参加署里组织的各类专题培训，加强学习不断增强自身的专业素质，3人分别通过司法考试、注册会计师考试和中级审计师考试。加强纪律作风建设，通过廉政监督和回访、纪律作风专项整治月、警示教育等，切实把纪律规矩立在前边。卫生体育审计局荣获2016至2018年度审计署先进基层党组织光荣称号。

（撰稿人：朱向宇）

【审计署社会管理审计局】 2018年，审计署社会管理审计局实有18人。设有一处、二处、三处、四处。主要职责：按照审计署统一部署开展工作；负责审计退役军人事务部、应急管理部、国务院参事室、中国气象局、国家信访局、中国地震局、国家煤矿安全监察局、消防救援局、森林消防局贯彻落实国家有关重大政策措施情况，以及预算执行、决算和其他财政财务收支；开展相关专项审计调查；承办审计署交办的其他事项。

领导成员

局　　长：李志民（9月—）

副 局 长：杨健奎（9月—）

孔秋敏（9月—）

邢胜强（9月—）

副局级审计员：焦津强（9月—）

审计成果 2018年，审计署社会管理审计局完成审计项目3个。查出主要问题金额6.49亿元，其中资金滞留闲置金额6.38亿元，其他管理不规范金额1070万元。审计发现非金额计量问题6个。

国家重大政策措施落实情况跟踪审计 完成对中国气象局和中国地震局的国家重大政策措施落实情况跟踪审计，查出存在大量财政资金长期闲置、“放管服”改革不到位、公务出差超标准乘坐头等舱、转嫁差旅费、违规设立评比表彰等问题。其中关于地震局预算项目绩效评价存在的不规范、不客观等两个问题被署财政司政策跟踪报告汇总反映。完成对应急管理部的贯彻落实国家重大政策措施情况跟踪审计，查出两项行政审批中介服务事项未纳入国务院审改办公布的中介服务事项汇总清单、安全生产标准化一级企业评审工作存在利用行政权力排除限制竞争的行为、中国煤炭工业协会等5家协会未如期完成脱钩工作、原国家安监总局重大建设项目2017年末结转资金支出效益低等问题。

民生资金（项目）审计 根据审计署统一安排，派出2人分别参加四川省凉山彝族自治州木里藏族自治县扶贫审计、云南省迪庆藏族自治州香格里拉市扶贫审计。

信息化建设 重视审计信息化人才培养，以局内通过计算机中级考试的同志牵头，召集其余年轻同志组建数据小组，对接署电子数据审计司，按要求开展各项目的大数据审计分析。进一步探索通过联网方式开展非现场审计的模式，应用计算机辅助审计技术，提高全局的审计业务能力，提升审计成果。

相关工作 狠抓单位党建工作，强化党支部建设，严格落实“三会一课”制度，扎实推进“两学一做”学习教育，深入学习贯彻落实党的十九大和十九届二中、三中全会精神。牢固树立政治意识、大局意识、核心意识、看齐意识，坚持以习近平新时代中国特色社会主义思想为指导，坚定维护以习近平同志为核心的党中央权威和集中统一领导。认真落实党风廉政建设责任制和各项审计纪律，加强惩防体系建设和廉政风险防控，层层传导压力，层层落实责任，加强干部队伍作风建设，努力打造一支干净清廉的审计铁军。强化干部队伍建设，努力提升审计技能和疑难问题突破能力，通过让年轻同志担任项目主审压担子，加强与署业务司以及有关特派办的业务对接与交流，邀请一批审计经验丰富的领导干部来局开展讲座，培养分析能力和突破能力，提高审计业务水平。

（撰稿人：杨钰清）

【审计署经济执法审计局】 2018年，审计署经济执法审计局实有20人。设有一处、二处、三处、四处。主要职责：按照审计署统一部署开展工作；负责审计国家市场监督管理总局（以下简称市场监管总局）、国家药品监督管理局（以下简称国家药监局）、国家知识产权局贯彻落实国家有关重大政策措施情况，以及预算执行、决算和其他财政财务收支；开展相关专项审计调查；承办审计署交办的其他事项。

领导成员

局　　长：梁丽军

副 局 长：张　进（—8月）

　　　　　贺秉国（9月—）

　　　　　陈　翔（9月—）

　　　　　崔　鹏（9月—）

正局级审计员：黄致敏

副局级审计员：丁　玎（—3月）

审计成果 2018年，审计署经济执法审计局完成审计项目5个。查出主要问题金额5.16亿元，其中违规金额9524万元、管理不规范金额4.2亿元；出具审计报告和专项审计调查报告10篇。审计处理处罚金额5230万元，其中应减少财政拨款和补贴54万元，应归还原渠道资金2363万元、应调账处理金额2812万元。提出审计建议7条，提交审计信息4篇，被批示、采用4篇。向社会公告审计结果1篇。

国家重大政策措施落实情况跟踪审计 完成对市场监管总局、国家药监局、国家知识产权局3个部门的重大政策措施落实情况跟踪审计，出具审计报告8篇，反映部门涉企收费清理、行政审批改革不到位等问题16个，其他问题4个。深入分析被审计单位的管理体制、运行机制和具体业务开展情况，提炼出被审计单位在贯彻落实国家宏观经济政策中存在的主要问题，逐季度确定审计重点并填报《政策跟踪审计滚动计划清单》，主动改进审计方法，改变“以账论账”和“资金流向”的旧思路。深入研究被审计单位“三定”方案，先后3次邀请专家介绍新组建部门工作职责情况、部门简政放权改革情况；2次赴国家药监局等部门调研。通过深入学习市场监管、药品监管和知识产权领域业务，全面梳理国家重大政策措施落实进展情况，为开展涉企收费清理情况审计、查找深层次体制机制问题等打下坚实基础。将两部门和原食药监总局“简政放权”作为政策跟踪审计的重点内容，紧盯涉企收费问题，对所属企事业单位利用行政资源和垄断地位涉企收费情况进行检查，发现所属集团下属公司利用部门资源搭车收费等问题，审计成果被重要信息要目采用，国务院领导作出重要批示；审计发现所属协会、研究所等占据垄断资源，长期面向认证人员和培训机构开展垄断服务，未经批准开展评奖、举办节日庆典和论坛开展全国医药经济信息发布会等活动收取参会企业各类费用5700多万元。紧盯部门“慢作为”问题。揭露涉企信息数据归集公示率低、认证人员国家职业资格制度改革进展缓慢；对药品零售企业营业场所监管不到位、未按规定组织清理废除妨碍统一市场和公平竞争的规定等问题。

财政审计 完成对原工商总局和原质检总局的预算执行审计，审计本级及所属单位共17个。审计中严格执行中央部门预算执行情况审计工作方案的要求，聚焦财政资金使用合规性问题，以政府采购为突破口、深挖细作，发现两个总局在政府采购方面存在未履行政府采购招投标程序、虚假招投标问题等8000余万元；聚焦预算编制等重点，发现超范围编制预算12000多万元等问题；聚焦中央八项规定精神执行和“三公”经费问题，发现召开计划外会议，会议费由下属企业承担；违反规定购买高档酒水、在国家禁止的风景名胜区召开会议等；聚焦预算资金绩效方面存在的问题，关注重大项目支出绩效目标设定及评价结果应用等情况，发现所属单位开展绩效目标自评的21个二级项目绩效指标不够细化量化、自评评价过高、绩效自评表设定不科学及预算执行率与实际不符等问题。（撰稿人：梁雁玲）

【审计署广电通讯审计局】 2018年，审计署广电通讯审计局实有20人。设有一处、二处、三处、四处。主要职责：按照审计署统一部署开展工作；负责审计国家广播电视总局、新华通讯社、中央广播电视总台、中国外文出版发行事业局、中华全国新闻工作者协会贯彻落实国家有关重大政策措施情况，以及预算执行、决算和其他财政财务收支；开展相关专项审计调查；督促被审计单位整改；承办审计署交办的其他事项。

领导成员

局　　长：胡力勇（9月—）

副 局 长：秦　洁（—9月）

周志杰（9月—）

俞　立（9月—）

正局级审计员：周建军（9月—）

副局级审计员：厉从斌（—9月）

审计成果 2018年，审计署广电通讯审计局审计3个单位。查出主要问题金额34.24亿元，其中违规金额1121万元、管理不规范金额34.12亿元；审计发现损益（收支）不实金额12.63亿元；出具审计报告6篇，被批示、采用4篇次。审计处理处罚金额14.18亿元，其中应上缴财政1384万元、应调账处理金额14.04亿元。审计促进整改落实有关问题资金412万元。审计提出建议5条；推动被审计单位制定整改措施4项。向社会公告审计结果2篇。

国家重大政策措施落实情况跟踪审计 根据审计署统一部署，开展对原国家新闻出版广电总局、国家广播电视总局的国家重大政策措施落实情况跟踪审计。围绕党的路线方针政策和重大决策部署，坚持问题导向，重点关注深化广播电视行业供给侧结构性改革情况，“放管服”改革措施落实情况，推动减税降费情况，重大项目推进情况等。审计发现的组织开展电视广告精准扶贫等3个正面案例和中央广播电视节目无线数字化覆盖工程未按期完成等5个问题被审计署专题审计报告采用。

财政审计 完成人民日报社和光明日报社2017年度预算执行等情况审计，查出超标准配置公务用车、未经审批处置旧办公楼并新建办公楼、账外存放资金、固定资产丢失、个别领导干部退休干部未经批准兼职、未经审批举办评奖活动并收取费用、项目资金连续结存时间超过两年、团队建设费中报销个人因私费用、资产账实不符等问题。

其他审计项目 派1人参加审计署组织的债务审计；派2人参加国家烟草专卖局局长经济责任审计；派2人参加2018年第四季度深度贫困地

区扶贫审计。

相关工作 以习近平新时代中国特色社会主义思想为根本指导，全面贯彻党的十九大和十九届二中、三中全会精神以及习近平总书记在中央审计委员会第一次会议上的重要讲话精神，认真落实署党组决策部署，提高政治站位，坚决落实全面从严治党。认真落实“三会一课”和党员领导干部民主生活会、组织生活会、民主评议党员、党员领导干部参加双重组织生活等基本制度。建立微信党支部、微信党小组等方式全面推进党的建设。通过学习《中国共产党纪律处分条例》等党纪党规，开展理想信念教育、警示教育、剖析违纪案例、参观廉政教育基地等活动，梳理纪律作风和廉政风险隐患并制定防控措施，加强廉政建设。学习《深化党和国家机构改革方案》，坚决服从署党组的一切安排，新建或修订规章制度14项，确保各项工作有章可循，有序运转。按照习近平总书记对审计干部的“信念坚定、业务精通、作风务实、清正廉洁”要求，了解党和国家重大部署，提升宏观政策研究能力、信息化能力、履职能力、专业能力，打造高素质队伍，适应新时代审计工作要求。（撰稿人：夏赞勋）

【审计署发展统计审计局】 2018年，审计署发展统计审计局实有20人。设有一处、二处、三处和四处。主要职责：按照审计署统一部署开展工作；负责审计国家统计局、国务院发展研究中心、国家粮食和物资储备局、国家能源局、国家信息中心贯彻落实国家有关重大政策措施情况，以及预算执行、决算和其他财政财务收支；开展相关专项审计调查；承办审计署交办的其他事项。

领导成员

局　　长：蔡　峰

副 局 长：杨亦工　李纯琳　徐新宇

审计成果 2018年，审计署发展统计审计局完成审计项目4个。查出主要问题金额12.02亿元，全部为管理不规范金额；审计发现非金额计量问题24个；损益（收支）不实金额25万元；出具审计报告10篇，被批示、采用8篇次。审计促进整改落实有关问题资金2598万元。审计提出建议28条，被采纳26条；推动被审计单位制定整改措施33项；促进被审计单位建立、健全规章制度3项；提交审计信息9篇，被批示、采用7篇次。向社会公告审计结果2篇。

国家重大政策措施落实情况跟踪审计 完成对国家能源局、国家统计局的贯彻落实中央政策措施情况跟踪审计，出具审计报告8篇，查出问题20个，形成审计信息3篇，被审计署上报国务院综合报告采用案例11个，共促进19个项目开工、完工或加快进度。针对部分地区未严格落实可再生能源发电全额保障性收购政策等问题提出建议，推动国家能源局制定《可再生能源电力配额和考核办法》。

财政审计 完成对国家能源局、国务院发展研究中心的预算执行审计，出具审计报告2篇、审计决定2篇，查出问题12个，推动国务院发展研究中心废止《国家高端智库专项经费管理办法》，出台《中国经济年鉴社国有资产管理处置办法》。（撰稿人：周伽骐）

【审计署群团文化审计局】 2018年，审计署群团文化审计局实有15人。设有一处、二处、三处。主要职责：按照审计署统一部署开展工作；负责审计文化和旅游部、国家文物局、中华全国总工会、中国共产主义青年团中央委员会、中华全国妇女联合会、中国残疾人联合会、中国宋庆龄基金会、中国红十字会总会贯彻落实国家有关重大政策措施情况，以及预算执行、决算和其他财政财务收支；开展相关专项审计调查；承办审计署交办的其他事项。

领导成员

局　　长：刘晓梅（9月—）

副 局 长：郑云龙（9月—）

　　　　　邬彦如（9月—）

副局级审计员：于占文（9月—12月）

审计成果 2018年，审计署群团文化审计局审计2个单位。审计发现非金额计量问题4个；出具审计报告1篇。审计提出建议4条，被采纳4条；推动被审计单位制定整改措施4项；促进被审计单位建立、健全规章制度1项。

国家重大政策措施落实情况跟踪审计 完成对文化和旅游部的第三、四季度国家重大政策措施落实情况跟踪审计，发现文化和旅游部非物质文化遗产保护相关制度建设滞后、3项政策文件未按期制定出台、文化和旅游部未对文化文物单位文化创意产品开发中反映出的问题进一步研究解决、文化和旅游部未在部委层面有效实施对全国艺术考级活动的监督检查职责、个别不符合要求的单位持续开展社会艺术水平考级业务、部分文化演艺类企业营改增后税负不降反升等问题，提出加强和改进管理的建议 4 条，促进文化和旅游部出台《国家级文化生态保护区管理办法》。

财政审计　按照署统一安排，组成两个审计组分别进驻文化和旅游部、国家文物局，开展对两家单位 2018 年度预算执行等情况的审计。

其他审计项目　按照署农业审计司要求，派出 2 人参加对甘肃、青海两省的扶贫审计。完成报送文化企事业单位减费降税情况的专题报告。配合电子数据审计司完成全国总工会、共青团中央和全国妇联的数据采集。配合财政司完成相关重要信息要目中涉及全国总工会、共青团中央和残联有关问题的整改落实反馈。

相关工作　根据所联系部门的行业特点，组织全局同志学习习近平总书记在中央审计委员会第一次会议上的讲话精神、学习习近平总书记关于群团和文化工作的相关论述等。完成局党支部成立及支委会选举工作，制定党支部工作细则。组织开展警示教育活动，包括组织专题学习会和廉政教育观摩活动，开展审计干部违纪案例警示教育，支部书记为全体党员干部讲授廉政党课，召开专题组织生活会。根据机构改革之后的工作任务，确定局班子分工、处室职责和人员配备，迅速进入审计工作状态，建立局内规章制度 6 项。配合完成署机关党委巡视、署领导和部门领导到局调研等工作。　　（撰稿人：周建春）

【审计署金融审计一局】　2018 年，审计署金融审计一局实有 20 人。设有一处、二处、三处、四处、五处。主要职责：按照审计署统一部署开展工作；负责审计中国人民银行本级、国家外汇管理局本级财务收支情况；按照审计署统一安排，对相关金融主管部门和金融机构贯彻落实国家有关重大政策措施等情况开展审计；开展相关专项审计调查；承办审计署交办的其他事项。

领导成员

局　　长：娄　仲（9 月—）

副 局 长：刘　春（9 月—）

　　　　　班东启（9 月—）

国家重大政策措施落实情况跟踪审计　完成对中国人民银行的 2018 年三、四季度贯彻落实国家重大政策措施情况跟踪审计。围绕服务实体经济方面，重点关注小微企业贷款政策实施情况及效果，中国人民银行及下属企事业单位、协会涉企收费等问题，揭示再贷款再贴现支持民营及小微企业投放不到位、国家外汇管理局有偿向商务部和部分金融机构提供公开外汇统计数据等问题；围绕防控金融风险方面，重点关注跨境资金流动违法违规行为、监管层政策文件出台情况等，反映存款准备金管理存在薄弱环节、对存款类金融机构结构性存款业务监管履责不到位、个别企业跨境人民币业务存在违规行为等问题；围绕深化金融改革方面，重点关注政策执行效果、构建大数据征信体系、人民银行行政许可事项等，提出“断直连”工作目标未按规定完成等问题。

财政审计　有序推进中国人民银行 2018 年度财务收支审计。召开审计进点会，向各司局、各直属企事业单位近 50 个部门宣传审计工作；制订审计实施方案，细化审计重点内容，落实责任分工，明确审计工作节点；组建数据分析团队，对 19 个重要信息系统的基本情况、功能、数据字典等进行全面梳理，选取支撑货币政策和会计核算的中央银行会计核算数据集中系统等 3 个系统，做好数据的整理、采集、转换、分析工作。初步形成对中国人民银行和国家外汇管理局审计工作三年“三步走”的思路：2018 年基本实现对人民银行本级财务收支审计全覆盖；2019 年通过数据分析实现地市以上机关的全覆盖；2020 年实现对人民银行资产负债损益审计的全覆盖。同时对所属事业、企业、社团等二级单位开展审计，3 年轮审一遍。

金融审计　选派 9 人参加金融审计司统一组织的 9 家银行政策跟踪审计组，分别参与商业银行不良资产处置专题调查、政策性银行专项建设基金专项检查、金融大数据分析和经济责任审计等。审计中揭示出商业银行和政策性银行在金融扶贫、粮棉油购销差价挂账、政府购买服务、地方政府隐性债务、巨额不良资产不清洁出表等方面存在的问题。　　（撰稿人：王英鑫）

【审计署金融审计二局】 2018年，审计署金融审计二局实有22人。设有一处、二处、三处、四处、五处。主要职责：按照审计署统一部署开展工作；负责审计中国银行保险监督管理委员会（以下简称银保监会）本级预算执行情况、决算草案和其他财政财务收支；按照审计署统一安排，对相关金融主管部门和金融机构贯彻落实国家有关重大政策措施等情况开展审计；开展相关专项审计调查；承办审计署交办的其他事项。

领导成员

局　　长：马学斌（9月—）

副 局 长：连启华（9月—）

　　　　　李　丹（9月—）

副局级审计员：杨保钢（9月—）

审计成果 2018年，审计署金融审计二局审计5个单位。查出主要问题金额500.06亿元，均为资金管理不规范问题；审计发现非金额计量问题6个；出具审计报告和专项审计调查报告2篇。审计提出建议9条，被采纳9条；推动被审计单位制定整改措施9项；提交审计信息5篇，被批示、采用5篇次。

国家重大政策措施落实情况跟踪审计 开展对银保监会的2018年度第三、四季度国家重大政策措施落实情况跟踪审计。在第三季度的跟踪审计中，紧盯银保监会责任和任务清单，详细梳理《政府工作报告》中有关银保监会的重点工作分工、国务院常务会议拟定事项、中央重要专题会议拟定事项及“十三五”规划重大工程项目，逐项检查落实任务内容及完成情况。在跟踪审计报告反映和揭示银行业国家安全审查机制和对外开放措施实施进度不匹配，意外险定价机制改革方案出台滞后，保险业信用信息系统建设进度缓慢等5个问题。在第四季度的跟踪审计中，梳理党中央、国务院对银保监会的重点任务和要求，重点关注银行业、保险业“六稳”的落实情况，反映金融领域苗头性、倾向性的突出问题；深入分析银保监会服务实体经济的情况，重点关注其服务实体经济的目标、举措和实效；强化金融监管机构主体责任，重点关注银保监会对监管的再监督情况。在跟踪审计报告中，反映银保监会对信用债市场资金供给关注不够，未加引导和在商业银行股权监管中存在的监管问责不到位等问题。

财政审计 对银保监会开始实施银保监会2018年度预算执行审计，重点关注部门本级财政资金使用效益和决算草案编制的真实性、完整性和合规性及中央八项规定精神和厉行节约反对浪费规定的贯彻落实情况；调查分析银保监会大额政府购买服务项目、项目资金使用的合规性，筛选出预算执行序时进度缓慢、预算资金结余大、年底突击提高预算执行率的部门和项目；以部门“三定”方案为抓手，关注预算体制与其新的机构设置和职责履行是否匹配，项目整合是否落实到位，中期规划年度预算是否调整等问题。

金融审计 选派10人参与署金融司组织的商业银行防范化解重大风险和政策落实跟踪审计以及领导干部经济责任审计等审计项目，在署金融审计司的统一领导下，完成有关巨灾保险、大病平台、非法集资、专项基金和村镇银行、支持中非合作等内容的6篇重要信息要目撰写。

相关工作 坚持把党的政治建设摆在首位，旗帜鲜明、多措并举，努力提升党建工作的引领作用。凡是要求传达的中央重要会议和文件精神，凡是署党组贯彻落实党中央、国务院重大决策的安排部署，都第一时间传达、落实，学习务求真学真懂，落实务求细致到位，做到在思想上政治上行动上同以习近平同志为核心的党中央保持高度一致。党支部成立后，制定组织制度、“三会一课”制度、党内民主与监督、党风廉政建设等10个方面的工作制度。加强日常监督，强化纪律约束，通过编制廉政风险点及防控措施表、廉政风险防控职权目录、权力运行流程图，在办公室及审计现场张贴《审计“四严禁”工作要求》和《审计“八不准”工作纪律》，开展廉政谈话，签订廉政承诺书，营造廉政氛围，增强廉政意识。认真贯彻落实习近平总书记关于纠正“四风”不能止步、作风建设永远在路上的重要指示精神，持续整治“四风”，抓好作风建设。夯实基础、锻炼队伍，派出8人参与署金融司组织的九大商业银行政策落实和风险防范专项审计，抽调2人参加金融机构领导干部经济责任审计，组织8人参加金融审计突破能力培训、复核审理能力培训、国产数据库应用培训等专题培训班，并分享交流培训收获；派出2人参加计算机审计中级培训；

创造条件参加银保监会业务培训。

（撰稿人：高国强）

【审计署金融审计三局】 2018年，审计署金融审计三局实有22人。设有一处、二处、三处、四处、五处。主要职责：按照审计署统一部署开展工作；负责审计中国证券监督管理委员会（以下简称证监会）本级预算执行情况、决算草案和其他财政财务收支；按照审计署统一安排，对相关金融主管部门和金融机构贯彻落实国家有关重大政策措施等情况开展审计；开展相关专项审计调查；承办审计署交办的其他事项。

领导成员

局　　长：罗　键（9月—）

副 局 长：嵇永如（9月—）

赵宏越（9月—）

王　磊（9月—）

工作综述 审计署金融审计三局组建后，以创建一流派出局为目标，边组建、边学习、边开展工作，克服团队新、业务生、任务紧、人手少、条件艰苦等困难，迅速投入工作，确保各项业务工作不断线，起草审计报告2篇，参与编发《重要信息要目》3篇。

国家重大政策措施落实情况跟踪审计 在对证监会的贯彻落实国家重大政策措施情况跟踪审计中，密切关注金融监管部门贯彻落实国家重大政策措施效果，紧扣政府职能转变，推进简政放权，揭示部分行业协会擅自设立行政许可并利用行政影响力收取高额培训费等问题，推动相关部门规范管理，支持实体经济发展；紧扣经济高质量发展要求，打好防范和化解重大风险攻坚战，揭示资本市场股票质押业务面临的重大风险隐患，为推动相关部门有效防范和化解金融风险建言献策；坚持问题导向，分析全国中小企业股份转让系统目前面临的困境及其原因，推动资本市场更好地服务中小微企业发展。

财政审计 组织开展对证监会2018年度预算执行和其他财政支出情况审计，按照审计工作方案和实施方案开展现场审计。

其他审计项目 派出2人参加金融司组织的对中国东方资产管理股份有限公司、中国信达资产管理股份有限公司领导人员的经济责任审计。派出10人参加金融司组织的对9家重点商业银行和4家政策性金融机构跟踪审计。

相关工作 深入学习贯彻党的十九大精神，坚定不移以习近平新时代中国特色社会主义思想为指导，全面贯彻中央审计委员会第一次会议精神，加强党的建设，认真落实全面从严治党主体责任。制定党建工作要点，加强党支部建设，切实履行基层党组织职责，召开党员大会7次，支委会5次，主题党日活动3次，专题组织生活会1次，支部书记讲党课1次，充分发挥每个党员的先锋模范作用。推动学习教育常态化；加强党的政治建设，坚持将党建工作与业务工作融合发展，高起点建设基层战斗堡垒，努力建设模范机关；扎实开展学习教育，加强党风廉政建设，强化纪律约束，严格依法审计，履行好审计监督职责。在机构改革过程中注重做好深入细致的思想工作，营造和谐融洽、心齐气顺的良好氛围，做好职责分工和人员安排，做到人岗相适，提高凝聚力和向心力。强调规范治局、制度治局，制定包括职责分工、党建、保密、公文、印章、档案、资产、考勤等在内的10多项管理制度。加强队伍建设，为青年同志搭建快速成长平台，以审计项目为载体进行学习和实战锻炼，派出10人次参加署党校等各种培训班，2人基层交流锻炼，1人赴河北省顺平县挂职。

（撰稿人：朱　钊）

【审计署企业审计一局】 2018年，在原国资监管审计局基础上设立的审计署企业审计一局实有22人。设有一处、二处、三处、四处、五处。主要职责：按照审计署统一部署开展工作；负责审计国务院国有资产监督管理委员会（以下简称国资委）贯彻落实国家有关重大政策措施情况，以及预算执行、决算和其他财政财务收支；审计国家电网有限公司、中国华能集团有限公司等中央企业贯彻落实国家有关重大政策措施、资产负债和损益以及财务收支情况；开展相关专项审计调查；承办审计署交办的其他事项。

领导成员

局　　长：朱登云（9月—）

副 局 长：张世雯（—9月）

周正良（9月—）

孙建萍（9月—）

钱　缨（9 月—）

副局级审计员：石绍懿（—9 月）

张春雷（9 月—）

审计成果　2018 年，审计署企业审计一局完成审计项目 7 个，参与审计项目 2 个。查出违规金额 4.11 亿元、管理不规范金额 542.48 亿元；出具审计报告和专项审计调查报告 12 篇。审计处理处罚金额 2.33 亿元，其中应上缴财政 1.59 亿元、应归还原渠道资金 1899 万元、应调账处理金额 5478 万元。促进整改落实有关问题资金 2.33 亿元，其中增收节支 1.68 亿元（其中已上缴财政 1.59 亿元，已归还原渠道资金 920 万元）、已调账处理金额 5478 万元。提出审计建议 9 条；促进被审计单位建立健全规章制度 8 项。

国家重大政策措施落实情况跟踪审计　完成对国资委、原国家安全监管总局、国家电网有限公司的重大政策措施落实情况跟踪审计。审计中围绕统筹推进“五位一体”总体布局、协调推进“四个全面”战略布局、深化供给侧结构性改革、打好三大攻坚战等重大政策措施的贯彻落实，聚焦深化国企国资改革、央企风险防范和社会责任落实等重点审计领域，紧跟中美贸易摩擦、“一带一路”建设、电力体制改革、央企负责人薪酬等热点问题，创新工作方式，深入揭示风险隐患，其中查出的 2 个协会违规开展评比达标表彰活动问题，被政策跟踪审计综合报告采用。配合相关司局起草反映关于国有资本经营预算等问题的重要审计信息 4 篇。

财政审计　完成对国资委和原国家安全监管总局的预算执行审计，查出问题金额 531.25 亿元。1 个违规收费问题作为单独案例被重要审计信息采用，1 个违规开展安全评价服务的问题作为单独案例在中央部门预算执行审计结果报告中反映，国资委所属协会违规收费、部分国有企业未纳入国有资本经营预算范围、部分所属单位虚报人员数量申领财政资金等多个问题被重要审计信息采用。

经济责任审计　抽调人员参加对国家烟草专卖局局长、对中国大唐原法定代表人的经济责任审计。

相关工作　加强党的建设。坚持把抓党建作为首要任务，把抓好党建作为最大的工作业绩，以年度党建工作目标为统领，进一步强化政治意识和责任意识；严格落实“一岗双责”，层层压实局领导、处长、支委、党小组长的党建责任；认真落实“三会一课”制度，严肃开展党内政治生活；坚持以“两学一做”学习教育为主要抓手，统筹安排学习内容和方式，加强学习互动交流，营造浓厚学习氛围；与国资委相关司局建立主题联学机制，重点围绕学习贯彻落实党的十九大和十九届二中、三中全会以及中央经济工作会议精神开展主题联学活动。

加强队伍建设。坚持以上率下、思想引领、从严要求，进一步提高干部队伍综合能力、促进干部思想深度融合；坚持加强领导班子自身建设，带头讲政治、讲团结、讲奉献、讲纪律、讲责任，在工作、学习、生活等各个方面做好表率；开展“不忘初心，重温入党志愿书”主题党日活动，引导党员干部忆初心、守初心、践初心，切实增强做好新时代审计工作的政治责任感、历史使命感和职业荣誉感；结合机构调整人员变动较大的实际情况，局主要领导与每位同志深入谈心谈话、解疑释惑、听取意见，形成干部队伍思想工作状况分析及工作措施，努力促进融合团结；制订“业务回炉、能力再造、一人一策”长期培养计划，运用实务导师指导、审计业务培训和项目实践锻炼等手段，引导全局干部提升综合素质、增强实战能力、锤炼顽强作风；注重严暖结合，主动关心干部群众工作生活，竭尽所能帮助解决实际困难，努力营造风清气正、健康向上、团结和谐的良好工作氛围。

加强廉政建设。开设“党章党纪党规”专题学习版块，以纪律作风整顿月、党风廉政教育月、集中警示教育等活动为平台，开展警示教育；学先进学典型，激发党员干部遵守纪律的自觉性和主动性；把好风险关口，健全廉政风险防控机制，廉政提醒常态化。组织党员干部签订全面从严治党责任书和加强纪律和作风建设承诺书，坚持在重点节假日开展廉政提醒、出京备案和“四风”问题检查反馈报告，严格执行个人重大事项报告制度，完善廉政档案建设，完善审计现场管理细则，推行审计项目廉政纪律总结报告制度，构建全覆盖的廉政情况报告制度。

加强内部管理。持续加强制度建设，围绕着

提升工作业绩、规范内部管理、提高工作效率，先后制定或修订党建、业务和管理等方面规章制度20多项；研究制定运用大数据分析推进审计全覆盖的实施意见；注重处理好与驻在部门的各项关系，提高依法行政水平；建立工作任务动态管理制度，按月计划、督促检查和通报，提高工作效率。（撰稿人：籍秀红）

【审计署企业审计二局】 2018年，审计署企业审计二局实有23人。设有一处、二处、三处、四处、五处。主要职责：按照审计署统一部署开展工作；负责审计中国石油天然气集团有限公司、中国石油化工集团公司等中央企业贯彻落实国家有关重大政策措施、资产负债和损益以及财务收支情况；开展相关专项审计调查；承办审计署交办的其他事项。

领导成员

局　　长：曲建坤（9月—）

副 局 长：张世雯（9月—）

廖国华（9月—）

杨文生（9月—）

副局级审计员：余其汉（9月—）

审计成果 2018年，审计署企业审计二局实施或参与4个审计项目。查出各类问题共计47个，上报专项审计报告等信息7篇，其中2篇被审计署采用，1个问题被审计署用于政策跟踪审计公告案例。

国家重大政策措施落实情况跟踪审计 按照审计署统一部署，围绕中心任务，精准开展对中国联通公司的2018年第三、四季度国家重大政策措施落实情况跟踪审计，切实提高政治站位，聚焦三大攻坚战、“六稳”、减税降费、混合所有制改革等重大政策措施的贯彻落实情况，系统梳理中国联通重大政策清单，在集团总部及所属4个单位开展审计，揭示拖欠民营企业欠款、投资进度缓慢等23个问题，以专题报告等形式向审计署上报信息5篇，其中影响企业税负、公司制改革和投资项目整改等被审计署用于审计公告和编发综合信息。

经济责任审计 派出人员参与中核集团有限公司和原中核建集团2个企业的领导人员经济责任审计，独立承担境外资产和金融板块审计任务。紧扣经济责任，突出对权力运行和责任落实的审计，发现境外投资决策制度不健全、管控体系不完善、投资监管不力、决策程序不合规、核算不准确等问题；在金融板块审计中，发现投资购置办公楼程序不合规、“三重一大”违规决策等重大问题。

建立与对口企业沟通联系机制 企业审计二局成立后，立足职责定位，及时建立与对口企业沟通联系机制。按照审计署关于企业派出局与对口企业联系办法等规定要求，及时组织召开工作情况说明会，向中国石油等6个对口中央企业通报有关情况，并就列席会议、信息报送、数据采集等建立工作机制，以便于动态掌握企业信息，加强经常性监督。通过多种方式调查石油天然气化工行业基本情况、发展趋势和国家产业政策，收集整理有关政策法规，为开展审计监督工作打好基础。

党建工作 把学习习近平新时代中国特色社会主义思想作为首要政治任务，制订2018年8月至12月学习计划，坚持系统学习、跟进学习、联系实际学习。严格开展“三会一课”，召开支部党员会议7次，支委会3次，党小组会15次，支部书记讲党课1次。经党支部会议研究，确定1名入党积极分子为重点培养对象。严格落实“两个责任”，切实履行“一岗双责”，并通过完善制度体系筑牢制度防线和思想防线。重视党风廉政建设工作，严格落实“两个责任”，切实履行“一岗双责”，认真落实中央八项规定及其实施细则精神，严格遵守审计署“四严禁”工作要求和审计“八不准”工作纪律，制定《党支部组织生活和廉政纪律执行情况内部检查工作暂行办法》和《廉政提醒制度》，强化审计现场廉政教育和廉政管理，紧盯重点环节和时点，通过会议和微信进行廉政提醒，防范“节日腐败”和“四风”问题。

队伍建设 把加强领导班子建设和队伍建设摆在重要位置，不断加强自身建设，以审计精神立身，以创新规范立业，以自身建设立信，努力打造一支信念坚定、业务精通、作风务实、清正廉洁的高素质专业化审计干部队伍。领导班子自觉做好“领头雁”，带头履职尽责，发挥“四个表率”作用。在审计工作中，所有班子成员常驻项目一线，带领大家制订工作方案，聚焦审计重点，探讨重大问题，严格依法审计、文明审计，严肃现场审计纪律，把审计实践作为干部队伍锻炼成长的主战场，不断提高审计专业素质和专业精神，形成敢打善战的优良作风。

相关工作 制定会议、保密、信访、督办、公文处理、印章使用等制度共计18项。对审计署安排部署或者发文要求办理的事项，指定专人具体督办，确保各项工作安排和部署落到实处。开展保密宣传教育和人员定密，定期向审计署保密办报送保密工作开展情况。组织健步走活动、开展工会慰问等活动，在同事出现突发情况时，多方争取和协调，申请工会补助及特别补助，以组织的关怀温暖大家的心田，为新设派出局营造良好的氛围。（撰稿人：甘国强）

【审计署企业审计三局】 2018年，审计署企业审计三局实有21人。设有一处、二处、三处、四处、五处。主要职责：按照审计署统一部署开展工作；负责审计国家能源投资集团有限公司、中国铝业集团有限公司等中央企业贯彻落实国家有关重大政策措施、资产负债和损益以及财务收支情况；开展相关专项审计调查；承办审计署交办的其他事项。

领导成员

局　　长：王建雄（9月—）

副 局 长：王登平（9月—）

　　　　　张　静（9月—）

正局级审计员：张　进（9月—）

副局级审计员：祝旭霞（9月—）

工作综述 2018年，按照署“三定”方案，审计署企业审计三局对口监督企业共12家，主要涉及能源、矿产行业。根据局班子和处室职责分工，及时建立与企业的日常联系机制和工作协调机制，确定对口联系部门和人员，打通信息传递通路，确保重要资料及时报送，重要事项及时通报，重要会议及时通知，确保信息对称和知情权。与对口监督企业取得联系，通过与12家企业见面座谈，熟悉企业所在领域的基本情况、政策要求、行业趋势等，及时跟进企业经营管理状况、发展前景、问题不足等方面情况。同时，向企业全面介绍企业审计三局的工作职责、工作纪律。合理调配力量，参加对中国联通集团政策跟踪审计；分别与审计署驻南京特派员办事处、审计署驻兰州特派员办事处联合开展对原国家电力集团、中煤能源集团的经济责任审计；组织精干力量开展清欠专项审计，部署对国家能源集团2019年国家重大政策措施落实情况的跟踪审计。

党建工作 按照“把政治规矩立起来、把组织纪律严起来、把工作作风实起来、用党的建设把业务工作统起来”的总体思路，局领导班子率先垂范，全体同志严格执行，多措并举推动落实全面从严治党各项要求。坚持以政治建设为统领，牢固树立“四个意识”，坚定“四个自信”，坚决维护习近平总书记核心地位，坚决维护党中央权威和集中统一领导，在思想上政治上行动上同以习近平同志为核心的党中央保持高度一致。持之以恒抓好思想政治学习，推动学习教育活动常态化，多次组织认真学习贯彻习近平新时代中国特色社会主义思想和党的十九大精神，认真学习贯彻习近平总书记在中央审计委员会第一次会议上的重要讲话精神，以学习促进观念转变和业务能力提升，将党中央重大决策部署、重要会议精神、法律和法规修订，进行全面梳理，作为开展审计工作的重要指导，通过党支部、党小组集中学习和党员自学、支部书记讲党课、每日微信微党课、集中参观恭王府廉政教育基地和改革开放40周年成就展等多种活动形式，不断拓展学习内涵，提高学习成效。局领导班子坚持高标准严要求，坚持以上率下，主要负责同志切实履行第一责任人责任，局领导班子其他成员认真履行“一岗双责”，带头严格遵守党纪党规。坚持将党风廉政建设与业务工作同部署、同落实、同检查，及时设立局廉政监督员，建立全局党员干部廉政档案，认真梳理廉政风险点，紧盯重点人、重点事、重点环节，制定措施防范化解廉政风险，通过纪检委员前往审计现场进行检查，核查与企业餐费、交通费等费用结算情况，促使全体人员树立廉政意识，守住廉政“底线”“红线”。

内部管理 以“基本覆盖、突出主干”为设计思想，经过4个月工作实践，集思广益，广泛讨论，形成企业审计三局党支部工作制度和企业审计三局工作规范和工作制度。把严明纪律体现在对干部的日常管理中，把各项党规党纪要求融入各项具体工作中，严格落实重大事项请示报告制度，严格考勤管理，严格保密管理。以审计精神立身，以创新规范立业，以自身建设立信，形成“团结、学习、廉洁、效率”的企业审计三局文化。（撰稿人：郑 欣 刘鸿儒）

【审计署企业审计四局】 2018年，审计署企业审计四局实有23人。设有一处、二处、三处、四处、五处。主要职责：按照审计署统一部署开展工作；负责审计中国铁路总公司、中国邮政集团公司等中央企业贯彻落实国家有关重大政策措施、资产负债和损益以及财务收支情况；开展相关专项审计调查；承办审计署交办的其他事项。

领导成员

局　　长：禾　云（9月—）

副 局 长：史英利（9月—）

周子祥（9月—）

刘丽杰（9月—）

副局级审计员：胡　华（9月—）

审计成果 2018年，审计署企业审计四局完成审计项目2个，参与审计项目1个。查出主要问题金额67.35亿元，其中违规金额3.92亿元、项目进展缓慢、效益不佳涉及投资额63.43亿元。审计发现非金额计量问题13个；出具审计报告2篇和专项审计报告2篇。审计促进整改落实有关问题资金2亿元；推动被审计单位制定整改措施1项；提交审计信息1篇。对中国铁路总公司重大政策措施落实情况跟踪审计发现的问题中，有9个纳入上报国务院的综合报告，并被审计署审计公告采纳。

国家重大政策措施落实情况跟踪审计 开展对中国铁路总公司的2018年三、四季度国家重大政策措施落实情况跟踪审计，围绕完成铁路投资任务落实情况、推进三大攻坚战任务和减税降费政策落实情况、国企国资改革情况、深化“放管服”改革情况、清理拖欠民营企业中小企业账款问题，以及以往跟踪审计发现问题的整改情况等方面，抽查资金总量130.27亿元，发现问题19个，反映落实国家重大政策措施较好案例3个。

经济责任审计 参与对中国铁路总公司原法定代表人任职期间经济责任履行情况审计。

相关工作 以习近平中国特色社会主义思想为指导，深入贯彻落实党中央国务院各项决策部署，凝心聚力、统筹谋划、真抓实干，实现机构改革的平稳过渡和各项工作良好开局。牢固树立“四个意识”，坚定“四个自信”，做到思想融合、业务融合，以履职尽责为担当，在思想上与审计事业和工作要求达到高度统一。坚持以政治建设为统领，党组织建设为龙头，建立健全党支部工作制度体系。坚持重大事项报告制度和“三会一课”制度，共组织党小组学习讨论28次、支部委员会7次、党员干部集中学习讨论4次。严格落实党风廉政建设责任制，持续加强廉政、保密、基础管理等各项工作，研究出台27项支部党建和内部管理制度，梳理风险点和防范措施共21项，制定审计业务权力运行及风险流程图、廉政风险分析及防控措施明细表等。加强干部队伍建设，先后派出13人次参加计算机审计中级等7个培训班，在审计项目实施中，新老同志建立“传帮带”机制，沟通交流，互学互帮，取得“1＋1＞2”的效应。（撰稿人：周年平）

【审计署企业审计五局】 2018年，审计署企业审计五局实有24人。设有一处、二处、三处、四处、五处。主要职责：按照审计署统一部署开展工作；负责审计中国机械工业集团有限公司、国家开发投资集团有限公司等中央企业贯彻落实国家有关重大政策措施、资产负债和损益以及财务收支情况；开展相关专项审计调查；承办审计署交办的其他事项。

领导成员

局　　长：刘　珊（9月—）

副 局 长：孔繁杰（9月—）

郭小伟（9月—）

张素荣（9月—）

副局级审计员：彭碧莲（9月—）

审计成果 2018年，审计署企业审计五局配合其他派出局、审计署驻地方特派员办事处审计5家企业：配合企业审计七局实施对2018年第三、四季度中国电信集团有限公司的国家重大政策措施落实情况跟踪审计；分别配合审计署驻昆明、长沙、广州、沈阳特派员办事处，实施对中国恒天集团有限公司、新兴际华集团有限公司、中国诚通控股集团有限公司、中国华录集团有限公司领导人员的经济责任履行情况审计。

党建工作 落实“三会一课”制度，严格落实署党组统一部署，做到学习内容不缺项，加强党性修养。全年召开支部大会 13 次、支委会 8 次、党小组会议 4 次、领导班子成员讲党课 3 次。突出学好《中国共产党纪律处分条例》并开展讨论交流；结合审计项目，深入学习贯彻审计署“八不准”工作纪律和“四严禁”工作要求；开展党课教育，激励全体党员坚定理想信念，强化纪律意识；参观北京市朝阳区纪委公示案例并研讨座谈，以案明纪、以案释纪；召开“汲取警示教训，强化纪律约束”专题组织生活会，深入交流思想，实事求是地开展批评和自我批评，做到真查实改，建立廉洁从政长效机制。组织参观“伟大的变革——庆祝改革开放 40 周年大型展览”，了解改革开放 40 年来伟大成就，进一步增强党员干部“四个自信”；组织参观“纪律教育在身边”宣教展，教育党员干部知敬畏、存戒惧、守底线。主动配合署党组第二巡视组对企业审计五局开展的巡视，认真撰写相关材料，向巡视组说心里话，客观真实地向巡视组展现各项工作，对巡视组指出的问题立行立改。

队伍建设 落实审计署“三定”方案，坚决执行机构改革重大任务，带领队伍转变职能定位，尽快进入新角色。针对人员来自“四面八方”、队伍刚刚组建的特点，在深度融合上做文章。班子成员带头讲政治、讲团结、讲奉献、讲担当、讲纪律，落实署党组的各项工作要求，在处室分工、集中整训、干部晋升、工作建议、审计业务等各方面，坚持民主集中制，依靠集体智慧保证顺利平稳开局。广泛开展谈心谈话，及时掌握干部思想状况和工作动态，做到深度融合。重视制度建设工作，制定保密、文书、业务、人事管理、印章管理、党建工作等 6 大类 21 项局内部制度。将纪律纳入专题学习内容，提出“提高政治站位、讲团结、讲学习、讲纪律”的总体要求，纪律要求逢会必提，把纪律约束与警示层层传达，时刻紧绷纪律和规矩这根弦。建立“五类学习”体系，一是向业务司局学习，除参加署机关组织的相关培训外，还联系企业司领导授课，讲解企业审计实务；二是向相关单位学习，邀请国资委同志，剖析解读国资监管文件；三是向优秀的业务骨干学习，了解先进经验，掌握行之有效的工作实务；四是向被审计单位学习，请他们介绍自身业务板块与流程、改革发展等情况；五是局内互相学习，把内部业务交流当作一项常规工作，不定期召开业务学习交流会。 （撰稿人：宋　宇）

【审计署企业审计六局】 2018 年，审计署企业审计六局实有 24 人。设有一处、二处、三处、四处、五处。主要职责：按照审计署统一部署开展工作；负责审计中国核工业集团有限公司、中国航天科技集团有限公司等中央企业贯彻落实国家有关重大政策措施、资产负债和损益以及财务收支情况；开展相关专项审计调查；承办审计署交办的其他事项。

领导成员

局　　长：张　方（9 月—）

副 局 长：周树大（9 月—）

朱　琳（9 月—）

齐　影（9 月—）

副局级审计员：厉从斌（9 月—）

审计成果 2018 年，审计署企业审计六局参与审计项目 5 个。参与编写重要信息要目、重要审计情况等审计信息 12 篇，编制审计取证单 80 个，有关问题纳入审计报告。

审计业务工作 按照企业审计司的统一部署和要求，召开所联系的 11 户企业进驻见面会，与企业建立工作联系机制。派出 2 人配合企业审计八局开展对中国移动的政策措施落实情况跟踪审计，承担对国家减税降费政策措施落实情况、公司制改制、网间结算政策执行情况、设备进网试验等审计内容，参与编写审计信息 2 篇。

分别参与审计署驻成都、重庆、武汉、沈阳特派员办事处对航天科技、航天科工、兵器工业集团、兵器装备集团等 4 户央企领导人员开展的经济责任审计，参与被审计单位所属企业财务数据采集，依托被审计单位内网搭建数据分析平台，对财务数据进行穿透分析和初步核实等工作；参与编写重要信息要目、重要审计情况等审计信息 10 篇。

党建工作 坚持将政治建设放在突出地位，围绕“五个着力”，扎实开展党建工作，教育引导全体党员干部增强“四个意识”，坚定“四个自信"，做到"两个维护"，做好"三个表率"，自觉在思想上政治上行动上同以习近平同志为核心的党中央保持高度一致。落实"三会一课"制度，召开全体党员大会3次，支委会1次，各党小组会议20余次，支部书记讲廉政党课1次，局领导班子召开专题民主生活会，各党小组分别召开组织生活会，并赴恭王府、国家博物馆等地开展形式多样的廉政教育和主题党日活动。结合审计工作，深入开展谈心谈话，做好干部思想工作，要求严格遵守驻在企业相关管理规定，认真贯彻落实中央八项规定及其实施细则精神以及审计"四严禁"工作要求和审计"八不准"工作纪律。支部书记和纪检委员带领全体党员学习讨论新修订的《中国共产党纪律处分条例》，学习传达中央国家机关廉政警示教育有关案例，深入查摆执行纪律方面存在的问题，编制《执行六大纪律风险排查防控表》。主动配合署党组巡视工作，全面如实地向巡视组汇报组建以来的工作情况，客观报告存在的问题。

队伍建设 明确局领导工作分工、处室人员安排，完成办公室分配、审计专网搭建等工作，制定公文处理等8项制度，满足内部管理现实需要，各项工作开展规范运行。积极参加"审计大讲堂"等各种培训，派1人赴中央党校、1人赴德国学习培训，选派多名干部参加审计署举办的审理业务、大数据审计、信访以及处级干部任职等专项培训。结合工作需要，加强保密教育，强化保密意识。明确局长负总责、各分管局领导负责分管处室的保密领导责任制，研究制定保密管理办法，对涉密载体管理、计算机设备管理、联网办公设备管理和手机管理等提出具体的管理要求，组织全体干部签订《保密责任书》。邀请署办公厅保密办负责同志讲授署保密工作有关要求，邀请中核集团等企业保密工作负责同志讲解军工企业保密要求，多次组织观看保密警示教育片，多次开展保密自查和软件正版化自查等保密检查工作。

（撰稿人：白子骞）

【审计署企业审计七局】 2018年，审计署企业审计七局实有23人。设有一处、二处、三处、四处、五处。主要职责：按照审计署统一部署开展工作；负责审计中国烟草总公司、中国出版集团公司等中央企业贯彻落实国家有关重大政策措施、资产负债和损益以及财务收支情况；开展相关专项审计调查；承办审计署交办的其他事项。

领导成员

局　　长：李迎珠（9月—）

副 局 长：吴荣奎（9月—）

朱文山（9月—）

杨雅君（9月—）

副局级审计员：刘　洁（9月—）

审计成果 2018年，审计署企业审计七局对1个单位实施审计。发现非金额计量问题24个；出具审计报告和专项审计调查报告2篇。审计提出建议17条，被采纳17条；推动被审计单位制定整改措施26项。

国家重大政策措施落实情况跟踪审计 由审计署企业审计七局牵头，审计署企业审计五局，审计署京津冀、驻南京、驻深圳特派员办事处等4个单位派员参加，开展对中国电信集团有限公司的2018年贯彻落实国家重大政策措施情况审计项目。出具2018年第三、四季度审计报告和减税降费专题报告，推动清理拖欠民营企业中小企业账款，对完善电信企业增值税政策提出建议。

企业审计 分别配合审计署驻太原、广州、昆明特派办，开展对中国农业发展集团有限公司、中国国际技术智力合作有限公司、中国出版集团公司3户中央企业（原）法定代表人任职期间经济责任履行情况审计项目，以"人员走出去，经验带回来"为目标，全方位融入审计各环节工作。

相关工作 深入学习贯彻习近平新时代中国特色社会主义思想，树牢"四个意识"，坚定"四个自信"，坚决做到"两个维护"。扎实推进"两学一做"学习教育常态化制度化，深入学习习近平总书记在中央审计委员会第一次会议上重要讲话精神，深刻领会习近平总书记对新时代审计工作、审计机关和审计队伍建设的要求。全体审计人员充分认识党和国家机构改革的重大意义，以实际行动拥护和支持改革，坚决服从署党组的安排，在最短时间到岗到位，真正做到思想不乱、工作不断、队伍不散、干劲不减。严肃党内政治生活，认真落实"三会一课"、请示报告、主题党日等制度，充分发挥党支部战斗堡垒作用和党员先锋模范作用。

成立制度建设工作小组，制定《审计署企业审计七局制度汇编（暂行）》，实现按制度办事、用制度管人。切实贯彻中央八项规定及其实施细则精神和党风廉政建设工作有关要求，认真落实监督责任，强化纪律意识，防范廉洁风险。认真落实审计“四严禁”工作要求和审计“八不准”工作纪律，严格做好保密和廉政风险防控工作，坚持依法审计、文明审计、廉洁审计。

注重培养审计人员“四种能力”，先后选派12人次参加中共审计署党校处级干部进修班、计算机审计中级培训班、复核审理能力提高培训班和保密、信访工作培训班等学习。鼓励年轻同志轮流担任项目主审、审计现场负责人等重要岗位，积极运用大数据开展审计，不断提升业务能力。

（撰稿人：刘　麒）

【审计署企业审计八局】 2018年，审计署企业审计八局实有24人。设有一处、二处、三处、四处和五处。主要职责：按照审计署统一部署开展工作；负责审计中国建筑集团有限公司、中国国际工程咨询有限公司等中央企业贯彻落实国家有关重大政策措施、资产负债和损益以及财务收支情况；开展相关专项审计调查；承办审计署交办的其他事项。

领导成员

局　　长：李玉萍（9月—）

副 局 长：薛梅梅（9月—）

汪春贵（9月—）

张庆跃（9月—）

副局级审计员：廖　辉（9月—）

审计成果 2018年，审计署企业审计八局对1个单位实施审计。查出主要问题金额9149.77万元，其中违规金额8216万元；审计发现非金额计量问题4个；出具审计报告和专项审计调查报告2篇，被批示、采用1篇次。审计处理处罚金额8216万元，其中应归还原渠道资金8216万元。审计提出建议4条；推动被审计单位制定整改措施6项。

国家重大政策措施落实情况跟踪审计 由企业审计八局牵头，对中国移动通信集团有限公司的2018年第三、四季度国家重大政策落实情况进行跟踪审计。审计围绕促进减税降费政策落实、清理规范违规涉企收费和清理拖欠民营企业中小企业账款等内容开展。其中，第四季度审计报告相关内容被审计署审计结果公告（2019年第1号）采用。

经济责任审计 派出人员参与特派办牵头开展对中国建筑科学研究院有限公司、中国国际工程咨询有限公司和中国工艺集团有限公司领导人员的经济责任审计项目。

党建工作 认真贯彻落实全面从严治党要求，切实强化管党治党政治责任和“一岗双责”意识，以政治建设为统领，不断提高政治站位，把抓好党建工作摆在首要位置。组织学习习近平新时代中国特色社会主义思想和党十九大精神，认真学习中央审计委员会第一次会议等党中央有关会议和文件精神，采取局领导班子成员领学、集中学习研讨、现场观摩教育、参加在线课程及每日答题等多种方式开展学习交流。组织梳理党员干部应知应会党建知识215条。加强组织建设，提升支部组织力。召开局领导班子会议28次、全局会议22次；召开党员大会4次、支委会7次，组织支部书记讲授党课1次，召开专题组织生活会1次，支部开展现场观摩学习活动2次，各党小组累计开展学习24次。加强党员干部廉政教育，组织开展集体学习研讨、赴国家机关廉政教育基地现场观摩、剖析审计干部违纪违法典型案例、支部书记讲授廉政党课、召开专题组织生活会等活动，强化廉洁意识。党支部书记积极履行党风廉政建设第一人的职责，通过抓支部建设、领导班子建设、党小组建设等把党建责任落到实处。党支部通过开展专题廉政辅导、节假日等重要时间节点提示提醒、审前廉洁提示、审计期间组织开展机动检查等方式，引导党员干部知戒惧、守法纪，树立底线思维。坚持抓纪律作风建设不放松，严格执行请休假和离京报备制度。

队伍建设 坚持正确用人导向，严明组织纪律，配合审计署机关党委（人事教育司）开展干部选拔、考察、考核等工作。结合年度组织生活会开展个人述职、同志间互评、局领导点评并进行业绩评价打分，公开公平公正评选年度优秀个人和优秀党员建议人选。根据审计署相关制度规定，结合本局实际制定2项党建工作制度和6项行政管理制度，坚持凡事讲规矩、讲制度。编制年度学习计划，组织宪法、党纪党规、审计法律法规、业务知识等专题学习。开展学习培训，结合参与经济责任审计工作实践举行审计案例分享会；成立大数据审计组，开展大数据分析；先后派出12人次参加计算机中级、政策跟踪审计、法规审理、党务工作、保密等各类培训学习；邀请署机关有关司局、特派员办事处和部分中央企业同志针对不同专题授课，采用多种形式，提升全局人员的审计能力，为履行审计职责打好基础。

（撰稿人：吴竞男）

审计署驻地方特派员办事处

特派员办事处根据审计署的授权，依据法律法规和审计署的规定，履行下列职责：审计省级人民政府的预算执行情况、决算和其他财政收支，中央财政转移支付资金；审计海关总署、国家税务总局等中央单位驻地方分支机构或派出机构的预算执行情况和其他财政收支情况；审计中国人民银行、国家外汇管理局驻地方分支机构的财务收支；审计中央所属驻地方的事业单位和社会团体的财务收支；审计中央投资和以中央投资为主的建设项目的预算执行情况和决算；审计中央国有企业、中央国有资本占控股地位或主导地位的企业的资产、负债和损益；审计中央金融机构、中央国有资本占控股地位或主导地位的金融机构驻地方分支机构的资产、负债和损益；审计省级人民政府管理和其他单位受国务院及其部门委托管理的社会保障基金、社会捐赠资金及其他有关基金、资金的财务收支；审计国际组织和外国政府援助、贷款项目的财务收支；对国家财经法律、法规、规章、政策和宏观调控措施执行情况、财政预算管理或国有资产管理使用等与国家财政收支有关的特定事项进行专项审计调查；承办审计署交办的其他事项。

【审计署京津冀特派员办事处】 2018年，审计署京津冀特派员办事处（以下简称京津冀特派办）实有156人。设有办公室、法规处、财政审计一处、财政审计二处、行政事业审计处、资源环保审计处、固定资产投资审计处、金融审计一处、金融审计二处、企业审计一处、企业审计二处、社会保障审计处、外资运用审计处、计算机审计处、机关党委（人事教育处）、机关纪委（纪检监察处）等16个处室。

京津冀特派办审计范围：北京、天津、河北。

领导成员

特 派 员：胥连碧

纪检组长：孙雅琴

副特派员：李伟光（—10月）

丛　娜（—10月）

吕建伟（10月—）

胡尊锴（—10月）

陈　峰（9月—）

许朝阳　刘　焱

副司级审计员：程　军（10月—）

审计成果 2018年，京津冀特派办完成审计项目33个。发现主要问题金额3164.76亿元，促进财政资金拨付到位3.64亿元，促进被审计单位制定整改措施和规章制度583项，办理移送事项18件。上报的审计信息被审计要情采用2篇，被重要信息要目采用61篇。

京津冀特派办组织实施的中国储备粮管理总公司原法定代表人任期经济责任审计、北京市2017年贯彻落实国家重大政策措施情况审计等2个项目，被审计署评为表彰审计项目。财政审计司具体组织，京津冀特派办参与实施的2016年度中央预算执行和编制中央决算草案情况审计项目，被审计署评为优秀审计项目。金融审计司、京津冀特派办、审计署驻重庆特派员办事处等单位联合实施的人民银行2016年度财务收支等情况审计、中国工商银行股份有限公司原法定代表人任期经济责任审计等2个审计项目，被审计署评为表彰审计项目。京津冀特派办实施的河北省2017年第一季度扶贫审计项目，被审计署评为扶贫审计表彰项目。

国家重大政策措施落实情况跟踪审计 坚持新发展理念，不断深化京津冀三地贯彻落实国家重大政策措施情况审计，重点关注供给侧结构性改革、“放管服”改革、减税降费、精准脱贫等重大任务落实情况，三地审计组共同分析问题特征，共同研究审计方法，并将同质性问题进行汇总提炼，形成反映京津冀协同发展重大政策落实情况的多项审计成果。全年反映问题 243 个，审计署公告采用案例 42 个，推动取消、合并或下放行政审批、职业资格、违规收费 40 项，清退违规收取或应予返回的各类费用 7.5 亿元，促进加快实施项目 94 个，落实和统筹盘活资金 16 亿元。在冬奥会政策落实情况跟踪审计中，紧紧围绕冬奥会筹办促进京津冀协同发展战略部署落实的 4 项重点任务，关注交通网络配套基础设施建设、治气治沙治水等环境整治措施落实等任务开展情况，促进相关政策落地落实。

经济责任审计 紧扣经济责任，聚焦权力运行和责任落实，实施司法机关领导干部经济责任审计、高校领导人员经济责任审计、国有企业领导人员经济责任审计和国有金融机构领导人员经济责任审计，重点关注党和国家经济政策、决策部署落实情况，国有资本保值增值、自主创新情况，以及党风廉政建设有关规定执行情况等，强化对权力运行的监督和制约，揭示涉及粮食安全、金融机构信贷管理、物资服务采购、国家核心科技自主发展等领域的突出问题和重大安全隐患。审计中坚持“三个区分开来”，聚焦主责主业，促进被审计单位完善制度、深化改革。

民生资金（项目）审计 开展扶贫审计。在全面掌握各项扶贫政策落实总体情况的基础上，按照“中央统筹、省负总责、市县落实”的总体要求，紧紧围绕“两不愁三保障”具体帮扶政策落实情况，以“精准、安全、绩效”为主线，从扶贫项目资金分配管理使用等环节入手，重点突出精准扶贫精准脱贫相关政策落实不到位、工作作风不严不实的问题，反映的 40 余个典型案例被审计署上报国务院的综合报告采用，揭露的扶贫工作中脱贫对象不精准、作风不实、地方财政涉农资金统筹整合不力、优亲厚友虚报冒领扶贫资金严重侵害贫困群众利益等问题被重要信息要目采用，发现的个别干部违纪违规问题线索移送至相关纪检监察部门。

开展社保审计。按照“兜底线、织密网、建机制”的要求，加强对医疗保障体系建设、重大改革措施落实以及医疗保障基金管理使用情况的审计监督，推动解决医疗保障发展中不平衡不充分的问题，推动制度整合衔接，促进医疗保障体系健全完善，由点及面着力揭示与人民利益息息相关的体制机制方面存在的漏洞，政策措施未落实到位、未实现预期目标等问题。揭示“两票制”政策执行效果不佳、虚构销售费用变相抬高药价等问题，促进药价管理体制改革。揭露民营医疗机构通过虚假住院、虚假购药等方式骗取医保资金等案件线索，推动案件线索的移送处理，维护人民群众的利益。

农业与资源环保审计 围绕三地自然资源禀赋特点和生态环境保护重点开展审计，依托政策落实跟踪审计平台和自然资源资产离任审计等平台，以水污染防治等为专题探索多年持续关注和研究模式，编发雄安新区水资源保护独立重要信息要目。同时拓宽资源环境审计技术方法，构建数据问题模型，揭示部分地市机动车尾气检测数据大量失真的问题。

金融审计 着眼于守住不发生系统性金融风险底线，重点关注信贷资金流向、信贷资产质量、表外业务、影子银行、金融创新、互联网金融等，促进金融更好服务小微企业、“双创”等实体经济领域，对金融机构信贷资产风险、信贷资产和同业投资资产质量分类准确度、市场竞争力和发展定位清晰度等进行重点审查，揭示股票质押融资和外汇储备安全等重大风险隐患并有针对性地提出审计建议。

企业审计 以推动企业实现国有资产保值增值、提高国有经济竞争力、放大国有资本功能、提升国际化经营能力和抗风险能力为目标，通过调查国有企业的资产负债损益和境外投资及境外国有资产管理使用情况，摸清家底，深入研究单个事项、局部问题背后可能存在的系统性、制度性问题，为体制机制的完善提出合理化建议。揭示企业去杠杆效果不佳、混合所有制改革试点工作推进不力、企业办社会职能剥离工作进展缓慢、“处僵治困”不彻底、多项“卡脖子”技术依赖进口等一系列问题，编发的审计信息被重要信息要目采用 11 篇。

（撰稿人：刘秀芳）

【审计署驻太原特派员办事处】 2018 年，审计署驻太原特派员办事处（以下简称太原特派办）实有 137 人。设有法规处、财政审计处、行政事业审计处、资源环保审计处、农业审计处、固定资产投资审计处、金融审计处、企业审计处、社会保障审计处、外资运用审计处、计算机审计处等 11 个业务处室，以及办公室、机关党委（人事教育处）和机关纪委（纪检监察处）等 3 个综合管理处室。

太原特派办审计范围：山西、内蒙古。

领导成员

分党组书记、特派员：庄　军

分党组成员、副特派员：张晓霞　杨卫东
刘　宇（—10 月）
安志蓉（—4 月）
王景东（4 月—）

分党组成员、纪检组长：王　华（—4 月）
丛　娜（10 月—）

正司级审计员：刘文杰

副司级审计员：乔元明（2 月—）

审计成果　2018 年，太原特派办完成审计项目 19 个，其中专项审计调查项目 4 个。查出主要问题金额 1807.16 亿元，其中违规金额 3401 万元、损失浪费金额 119.66 亿元、管理不规范金额 1687.16 亿元；审计发现非金额计量问题 313 个；损益（收支）不实金额 180.37 亿元；审计发现侵害人民群众利益 392 万元；出具审计报告和专项审计调查报告 19 篇。审计处理处罚金额 130.71 亿元，其中应上缴财政 251 万元、应归还原渠道资金 1260 万元、应调账处理金额 130.56 亿元；移送司法机关、纪检监察机关和有关部门处理事项 52 件，移送处理人员 63 人，移送处理金额 1.34 亿元。审计促进整改落实有关问题资金 166.27 亿元；审计促进拨付资金到位 107.27 亿元；审计后挽回（避免）损失 1.73 亿元。审计提出建议 150 条，被采纳 143 条；推动被审计单位制定整改措施 241 项；促进被审计单位建立、健全规章制度 37 项；提交审计信息 45 篇，被批示、采用 94 篇次。

太原特派办同署金融审计司、审计署驻哈尔滨特派员办事处等单位联合实施的中信集团法定代表人经济责任审计项目被审计署评为优秀审计项目。署财政审计司组织太原等 18 个特派员办事处、部分派出局参与实施的财政部预算执行审计项目被审计署评为优秀审计项目。

国家重大政策措施落实情况跟踪审计　把握经济社会发展的阶段性特征和审计范围的地域性特点，持续开展对山西、内蒙古两省区的重大政策措施落实情况跟踪审计，围绕“六稳”，着力关注中央重大决策部署落实情况，针对性地提出审计建议，注重从体制机制制度层面解决问题。审计发现的内蒙古自治区某县政府涉农民生工程建设项目存在拖欠工程款导致农民工欠薪、某市政府承诺以财政资金偿还 4 家融资平台借款形成政府隐性债务等问题，被重要信息要目采用上报，获得中央主要领导的批示。

经济责任审计　组织实施中国工艺集团有限公司、中国农业发展集团有限公司领导人员经济责任审计，重点关注企业领导干部贯彻执行党和国家经济方针政策、决策部署情况，推动企业可持续发展情况，遵守有关法律法规和财经纪律情况等，紧扣经济责任，遵循“三个区分开来”，坚持历史全面客观地看待问题，促进领导干部守法守纪守规尽责，廉洁用权、干净干事。发现的央企资本聚焦主业、国有资本经营预算管理等问题，被重要信息要目采用，获得中央领导重要批示。

民生资金（项目）审计　突出抓好财政扶贫资金审计，组织开展山西省养老保险基金和医疗保险基金审计，围绕解决不平衡不充分问题，重点关注民生政策贯彻落实、资金筹集管理使用情况等。揭示的山西省某地产业扶贫项目未与贫困户建立利益联结机制、扶贫资金投向非农企业等问题，被央视《焦点访谈》报道。发现的两票制政策落实存在的问题，被审计署综合报告和重要信息要目采用，山西省省长对审计整改工作作出重要批示，分管副省长组织召开专题会议全面部署落实整改。

农业与资源环保审计　开展浙江省长江经济带生态环境保护情况审计，发现浙江省个别江岸线保护不到位、某基建建设项目未批先建、对河道安全运行造成一定隐患问题，揭示土壤污染防治项目推进缓慢、配套资金严重不足、专项资金使用效益低下等问题，被重要信息要目采用。

金融审计　开展中国人民银行财务收支审计、兴业银行子公司资产负债损益审计等，深入揭示突出问题和潜在风险，密切关注金融领域发展风险、管控薄弱等问题，推动及时完善防范措施，切实维护经济安全。发现某地方资产管理公司存在监管缺失、变相从事贷款业务等问题，推动中国银行保险监督管理委员会出台加强对地方资产管理公司监督的专项意见，划定其经营红线。

外资运用审计 开展世界银行贷款呼张铁路项目2017年度财务收支和项目执行情况审计，查出内蒙古某监理公司串通投标、河北省某县土地局局长违规办理土地证致使民营企业获利、河北省某县城建局局长编造测绘数据骗取征地补偿款等问题，分别移送相关单位。项目审计报告被涉外审计司评为2018年优秀审计报告。

企业审计 开展国家电力投资集团有限公司、中国航空集团有限公司、中国通用技术（集团）控股有限责任公司、中国中钢集团有限公司资产负债损益和境外投资及境外国有资产管理使用情况专项审计调查，审计中关注各项改革措施落实、法人治理结构、经营业绩真实性、自主创新等情况，促进国有企业深化改革，推动国有资本做强做优做大，实现国有资产保值增值。发现的央企“处僵治困”工作中存在的问题，被重要信息要目引用，获得中央领导重要批示。

信息化建设 召开大数据审计推进会，推动实施科技强审，研究出台《审计署太原特派办关于推进大数据审计工作的意见》，成立专门领导小组，采取“4＋2”模式组建核心团队。加大数据归集力度，实现山西省税务系统业务数据的审计采集全实时。探索无项目非现场分析新模式，通过数据集中分析发现30余户企业涉嫌接受虚开发票偷逃税款的问题线索，报经批准后已办理移送。

党建工作 办分党组研究印发《关于深入学习贯彻习近平新时代中国特色社会主义思想和党的十九大精神的通知》，多措并举，深入推进，掀起学用新高潮。认真学习贯彻中央审计委员会第一次会议精神，在审计现场召开办分党组学习（扩大）会深入学习讨论，研究制定7方面贯彻落实具体举措。办分党组坚持先学一步、学深一步，共开展中心组学习、专题学习20次，重点发言21人次，撰写学习体会20篇。不断推进“两学一做”学习教育常态化制度化，组织开展“启智明德、笃行致远”学习系列活动，通过邀请专家授课、设立学习专栏和微课堂、开展共建共创先进党组织、编发党建季报、举办征文竞赛等，以贴近实际抓特色、求实效为重点，开展专题学习。扎实做好巡视整改的“后半篇文章”，明确7个方面29项整改任务，细化69条整改措施，紧盯整改进度，扣紧压实责任，确保所有问题清仓见底。以办内开发的党建和党风廉政建设信息化监督管理平台为重要抓手，提高党支部工作的精准化、科学化水平。全年共对9个审计项目开展10次现场综合检查，对51家被审计单计位进行实地和函询廉政回访。加强干部选拔任用监督，出具9份廉政意见，探索实行机关财务季度抽查制度。坚持廉政教育定期提醒，加大警示案例教育力度，用好身边活例子，营造学纪、明纪、守纪的浓厚氛围。

队伍建设 研究出台《审计署太原特派办关于进一步加强创新工作的意见》，成立创新委员会，统筹6个专项小组工作，系统全面总结近年来工作成果、经验做法，分析存在的差距和不足，提出进一步提升审计质量水平的具体举措。深化机关管理，着力提升效能。主动对接使用山西省公文电子化系统，大力推行网络办公，优化文件流转程序。在署国际合作司的指导下，成功举办中俄审计研讨会，受到中外双方参会代表充分肯定。

办分党组始终把班子建设置于队伍建设的首位，认真贯彻民主集中制原则，共组织召开办分党组会议、特派员办公会议39次，进一步贯彻落实胡泽君审计长调研时强调的“四个表率”具体要求，明确提出坚持“三个坚决摒弃”和“五个过硬”等要求。

扎实做好干部选拔任用、交流轮岗、公务员招录等工作，为干部干事搭建创业干事平台，选派和组织干部参加署各类培训、交流挂职共100余人次，综合运用“审计大讲堂”、学习论坛、研究小组等各类载体，持续开展“向身边人物学习”系列访谈活动，探索深化审计实务导师制，组织新录用青年干部到基层学工、学农。

根据署党组安排部署，扎实开展“纪律作风专项整治月”、警示教育活动，严格做到“六查六看”，严格落实“四明确五清单一承诺”。有序开展“抓重点、强弱项、促发展”调研活动，办领导深入一线加强指导，各调研小组灵活采用座谈会、书面调研等方式，与政府部门、地方审计机关等单位开展专项调研，创新思路、解决问题、做实工作。

强化机关服务和管理，持续为职工办理实事，坚持“六必谈，三必访”，扎实开展走访慰问、青年志愿者服务等活动。创建办史室，改造办公楼阳台，购置健身器材，不断提升餐厅、物业服务和安全保卫水平，持续做好社会治安综合治理各项工作。（撰稿人：李　妍）

【审计署驻沈阳特派员办事处】 2018年，审计署驻沈阳特派员办事处（以下简称沈阳特派办）实有141人。设有办公室、法规处、财政审计处、行政事业审计处、农业审计处、资源环保审计处、固定资产投资审计处、金融审计处、企业审计处、社会保障审计处、外资运用审计处、计算机审计处、机关党委（人事教育处）、机关纪委（纪检监察处）等14个处（室）。

沈阳特派办审计范围：辽宁、大连。

领导成员

分党组书记、特派员：马文辉

分党组成员、副特派员：李伟光（10月—）
潘述功（12月—）
孙玉花（—10月）
王晓东（—10月）
贺建荣（援疆）

分党组成员、纪检组长：宋　民

副司级审计员：李正辰　郑广民

审计成果 2018年，沈阳特派办完成审计项目12个。查出问题金额3282.43亿元，其中违规金额689.64亿元、管理不规范金额2592.79亿元；审计发现非金额计量问题296个；审计处理处罚金额66.13亿元，其中应调账处理金额55.43亿元；出具审计报告和专项审计调查报告8篇。审计促进整改落实有关问题资金534.56亿元；署办两级移送案件线索42件；提出审计建议297条；审计信息被审计署采用63篇；67个案例被审计署审计结果报告和专题报告采用，其中2个被审计结果报告独立采用。

沈阳特派办实施的辽宁省2017年国家重大政策措施落实情况跟踪审计项目被审计署评为优秀审计项目，中国移动通信集团公司原法定代表人任期经济责任履行情况审计项目被审计署评为表彰审计项目。沈阳特派办牵头实施的中国农业银行股份有限公司原法定代表人任期经济责任履行情况审计项目被审计署评为表彰审计项目。署财政审计司组织，沈阳等18个特派员办事处、部分派出局参与实施的财政部预算执行审计项目被审计署评为优秀审计项目。

国家重大政策措施落实情况跟踪审计 围绕促进政策落实开展政策措施落实情况跟踪审计力度，出具审计报告4篇，反映污染防治、重大项目推进等方面问题及典型事例171个，被审计署《审计结果报告》和专题报告采用案例67个，其中2个案例被《审计结果报告》独立采用。关注区域性突出问题，沈阳特派办牵头，与长春、哈尔滨两个特派员办事处合作，完成关于制约东北振兴突出问题的专题调查。

财政审计 围绕深化财政体制改革开展对财政资金的审计。在某省政府性债务审计中，查出预算编制不规范、人为调节收入进度、未及时下达中央专项转移支付资金和跨级次安排财政专项资金等问题，推动该省财政部门加强对全省债务数据的清查和甄别，设立该省隐性债务全口径检测平台，将全口径债务及隐性债务纳入监管，促进国家关于政府债务政策的落实。

经济责任审计 完成经济责任审计项目5个。在对某省原省长任职期间经济责任与自然资源资产管理责任履行情况的审计中，关注生态工程建设、环境治理等方面的突出问题，揭示某海域海水水质下降、菱镁优势资源战略性价值面临挑战等多方面问题。在对某央企领导人员的经济责任审计中，揭示被审计单位违规决策导致巨额国有资产面临损失风险、大量土地和厂房以及资金长期闲置等问题。审计中遵循“三个区分开来”原则，坚持为敢于负责的干部负责，为敢于担当的干部担当，注重听取多方意见，全面客观历史地看问题，沿着违规情节、法规依据、实质后果、责任主体四个维度挖掘，实事求是作出审计结论。

民生资金（项目）审计 关注精准脱贫和社保政策、资金使用、项目推进的落实情况，开展民生资金（项目）审计，查出公职人员涉嫌套取扶贫资金、某村主任涉嫌截留侵占“扶贫贷”分红款、某公司社保主管履职不当导致养老保险基金被骗、多家医院涉嫌通过虚假采购药品等方式骗取医疗保险基金、某医药公司涉嫌虚开增值税发票造成国家税款流失等多件问题线索，50 余人受到党纪政纪处分。审计揭示的某地违规扩大养老保险参保范围加剧地方财政支付养老保险压力案例，被审计结果报告采用。

农业与资源环保审计 关注某省畜禽养殖废弃物资源化利用情况，从涉农政策落实、资源环境保护等多维度着眼，查出地方政府引导不到位、未有效建立种养结合农牧循环发展通道、未落实绩效评价考核机制等问题，其中某省 5 个县 2017 年产生的 1395.61 万吨畜禽粪污中仅 34.2 万吨作为有机肥利用的案例被审计署审计结果报告采用。

金融审计 助力打好防范化解重大风险攻坚战，围绕深化金融体制改革、增强金融服务实体经济能力，做好金融审计。在审计中，揭示出金融机构应加强对海外机构的经营管控、地方资产公司帮助银行不良资产不洁净出表和其他违规经营掩盖金融风险、大量向非合格投资者销售的私募投资基金集中兑付风险亟须关注等一系列问题，均被重要信息要目采用，为守住不发生区域性系统性风险的底线发挥积极作用。

企业审计 以推动国有企业改革、促进国有企业提质增效为目标，强化对国有企业的监督。在审计中，反映央企应对贸易纠纷并提出有针对性解决措施的审计信息被审计要情采用；反映海底光缆建设管理使用中存在问题的审计信息被重要信息要目独立采用，受到党和国家领导人高度重视，维护国家网络安全。

信息化建设 从硬件和软件两方面着力，加强信息化建设，推进大数据审计。设立数据分析室，抽调计算机骨干组建数据分析团队，引领全办信息化方向。组织全办数据审计思路评选活动，编写深化数据分析、审计现场数据采集处理等工作指引，推动审计方式方法的创新。搭建地方金融机构数据分析平台，引入交互式可视化数据分析工具，利用跨平台计算机程序设计语言 Python 实现贷款资金流向自动追踪的审计方法，被审计署金融审计司推广。

审计科研 抽调理论骨干组建宏观分析团队，引领带动全办干部进一步提升宏观分析能力和理论研究水平，强化对审计实践的理论总结和指导。开通中国知网账户，为审计干部开展理论研究提供丰富资料和素材。组织全办季度理论成果评选活动，参与审计署组织的论文评选，调动干部的理论研究热情，有 2 篇论文入围全国第四届青年审计论坛、2 篇论文入围中国审计学会专题研讨会。审计署自然资源和生态环境审计司邀请沈阳特派办参与亚洲审计组织环境审计委员会重点科研项目。

党建工作 牢固树立“抓好党建是最大的政绩”的理念，认真落实全面从严治党主体责任和监督责任，严格落实意识形态工作责任制。学习宣传贯彻习近平新时代中国特色社会主义思想和党的十九大精神，严格执行党章党规，落实“三会一课”和民主生活会、组织生活会、民主评议党员等制度，做好发展党员、换届补选、党费收取等工作。办分党组中心组学习和专题学习 8 次，办领导班子成员讲党课 17 次；全办集中学习 4 次，编发《全面从严治党资料摘编》12 期，购发学习资料 500 余本，组织全员学习文件资料 60 余篇次。依托“沈办微工作”微信平台，推出“网上微课堂”、视频教学，开展“我为大家读党章”“说出我的政治生日感言”等活动近 10 次和“党章知识每日一测”等网上答题 3 次共 20 期，打造“指尖党建”模式。注重发挥基层党组织战斗堡垒作用，异地大型审计项目均成立临时党组织，通过讲党课、主题联学、参观教育基地、读书会等学习活动强化党建。赴西藏扶贫审计组临时党支部提出“缺氧但不能缺精神”，充分发挥党员先锋模范作用，战胜高寒缺氧等困难，圆满完成任务。

办分党组履行党内监督主体责任，办分党组书记是第一责任人，纪检组长和机关纪委突出监督责任，对重大事项的决策过程全程监督。通过建立纪检工作报告联系机制、逢会必讲廉政、关键节点的廉政提醒、关键人员的廉政谈话，每月编发《廉政信息摘编》，开展纪律作风专项整治月等措施，强化廉政教育。出台运用监督执纪“第一种形态”管理办法等 5 项廉政制度，建立审计干部和审计项目廉政档案；专项检查支部党建台账 4 次、支部活动记录本 2 次，检查结果均通报全办；组成综合检查组对审计现场的党建、廉政、依法文明审计、安全、保密等情况开展全面检查，实现检查全覆盖；严格执行中央八项规定及其实施细则精神、审计“四严禁”工作要求和审计“八不准”工作纪律，全年未发生违纪问题。

队伍建设 建设信念坚定、业务精通、作风务实、清正廉洁的高素质专业化审计干部队伍。办领导班子认真落实胡泽君审计长强调的“四个带头”，坚持民主集中制，重大事项均集体决策，全年召开办分党组会议和特派员会议44次；办领导班子成员坚持靠前指挥，全年深入一线465天。抽调各专业领域骨干人员组成宏观分析团队、数据分析团队、重大审计问题线索查证团队、审理团队等4个团队，发挥相关领域的引领带动作用。搭建培训平台，开展“全员学、全员讲、全员考”、青年特训等活动7次，培训460人次；组织231人次参加审计署各类培训。对18名干部交流轮岗，选送6名青年骨干到署机关交流锻炼，组织新录用公务员到企业实习，使干部在不同岗位锻炼成长。注重人文关怀，落实谈心谈话制度，组织心理健康讲座，开展职工思想状况调查和分析，为在外审计人员家庭提供房屋水电维修等服务，“三必访”走访慰问203人次。

（撰稿人：赵　静）

【审计署驻哈尔滨特派员办事处】 2018年，审计署驻哈尔滨特派员办事处（以下简称哈尔滨特派办）实有133人。设有办公室、法规处、财政审计处、行政事业审计处、农业审计处、资源环保审计处、固定资产投资审计处、金融审计处、企业审计处、社会保障审计处、外资运用审计处、计算机审计处、机关党委（人事教育处）和机关纪委（纪检监察处）等14个处室。

哈尔滨特派办审计范围：黑龙江。

领导成员

特 派 员：尹树伟

副特派员：范东军　董耀文

孙亚男（—10月）

姚洪敏（10月—）

纪检组长：汪春贵（—4月）

王雷鸣（10月—）

副司级审计员：连鸿裕　朱志义

审计成果 2018年，哈尔滨特派办完成审计项目16个。查出违规和管理不规范问题金额1900余亿元。提交的审计信息共被审计要情、重要信息要目等采用68篇，中央领导同志批示24篇。74个典型案例被综合报告采用。由审计署向司法、纪检等部门移送审计事项6件，自行移送20件，推动处理问责37人次。

哈尔滨特派办组织实施的黑龙江省2017年国家重大政策措施落实情况跟踪审计等5个项目，被审计署评为优秀审计项目或者表彰审计项目。

国家重大政策措施落实情况跟踪审计 持续开展对国家重大政策措施贯彻落实情况的跟踪审计，揭示问题158个，促进财政资金下达等17亿元，清退违规收费等1.07亿元，推动处理问责22人次，审计揭示的某市在中央金融工作会议后仍违规举借政府债务10余亿元等61个典型案例被审计署综合报告采用。揭示的政府部门将应由自身承担的技术服务费、审批费用转嫁企业承担和违规收费等问题，引起地方政府高度重视，立即整改，切实推动减轻企业负担，优化营商环境。

经济责任审计 在某市党政主要领导干部经济责任审计中，坚持聚焦党中央重大政策措施落实情况、国家规划指标完成情况和重要风险隐患，共反映企业升级改造不到位、重点项目推进缓慢等问题43个，有效促进政府完善制度、推动改革。在企业领导人员经济责任审计中，共反映企业落实国家重大政策措施不到位、损益不实、“三重一大”事项不合规等问题70余个，促进企业深化改革，规范领导人员权力运行。

民生资金（项目）审计 对某省养老保险基金开展审计，揭示养老保险基金收支管理和政策执行等方面的问题27个，涉及金额300余亿元，3个典型案例被审计署综合报告采用，移送问题线索9件。揭示的部分区县截留养老保险统筹基金1800多万元等问题，推动养老保险基金规范管理。围绕精准脱贫目标开展扶贫专项审计，反映扶贫政策落实不到位、扶贫项目效益不佳等72个问题，28个典型案例被审计署扶贫专题报告和综合报告采用，向纪检部门移送问题线索7件。揭示某县将应由财政承担的危房改造鉴定费转嫁贫困户等问题，促使地方政府立即整改，切实维护群众利益。

农业与资源环保审计 在长江经济带生态环境保护审计中，重点反映某市过度开发小水电项目，2座电站最小间距仅100米的问题，被审计署综合报告和审计结果公告采用，央视《焦点访谈》节目报道。在某市党政领导干部自然资源资产离任审计中，坚持聚焦责任，反映秸秆焚烧严重污染大气环境、非法侵占湿地资源等问题35个，客观全面评价领导干部履行自然资源资产管理和生态环境保护职责情况。

信息化建设 制定信息化建设发展三年规划，强化制度保障，坚持科技强审，向信息化要资源，向大数据要效率。采集9个行业、27个单位的2.7TB数据，为开展数据分析奠定基础。坚持“以用为本”，加强大数据分析在企业、社保、农业等项目中的运用，对审计署数据中心查询平台查询数据量大、利用审计署数据库分析使用次数多，在各特派办中名列前茅，得到审计署通报表扬。自主研发一些小型审计工具，在金融、资源环境等审计中应用，提高审计工作效率。哈尔滨特派办在全国审计机关国企国资审计视频会上和审计署集中整训中，作为特派办代表交流大数据审计经验做法，获得好评。

党建工作 哈尔滨特派办分党组认真组织学习总书记关于党的政治建设重要论述和指示精神，引导干部增强“四个意识”，坚定“四个自信”，坚决做到“两个维护”。扎实推进“两学一做”学习教育常态化制度化，开展学习提高年建设活动，落实每月集中学习日制度，运用手机App等丰富学习方式，坚持把学习成果用于指导审计实践，使学习和工作相得益彰。强化党支部组织力，打造坚强战斗堡垒，持续加强一线党员动态跟踪教育、管理、监督，实现无缝衔接，持续推进党建与业务相融合，创新开展支部书记述职评议，图文并茂展示工作亮点，激发党建活力。加大廉政监督力度，实现廉政检查全覆盖，组织调研和问卷调查，开展纪律作风专项整治月和集中警示教育活动，持续改进作风。

队伍建设 研究制定人才培养规划和个性化培养计划，明确干部培养的方向和重点。通过办好审计讲坛，强化“四会”制度，加强“四个团队”建设，实施岗位练兵，鼓励青年干部担任主审，有效促进队伍能力提升。持续强化作风建设，坚持问题导向、从严管理，集中专业人员组建审理团队，形成审中跟踪审理、审后集中审理、重大分歧集体讨论的审理模式，落实“首办责任制”“四个清单”“审计报告（征求意见稿）预上会”等制度，强化审计质量全过程控制。倡导新时代工匠精神，强化督办和通报力度，定期向全办通报审计质量情况，提示问题、分析原因，促进高效执行，相关做法在审计署督办工作会上进行经验交流。持续狠抓公文质量，各环节层层严格把关，对于质量不高的公文实施退稿制，切实培养严谨细致、精益求精的作风，在2018年全署公文质量检查中，获审计署通报表扬。进一步优化干部队伍结构，推荐1名司局级干部、选拔任用18名处级干部，安排36名干部轮岗、交流，激发队伍干劲。加强人文关怀，全年走访慰问生病住院和困难职工58人次，传递组织温暖。组织开展拓展训练等9次全办性集体活动，营造凝心聚力、昂扬奋进的和谐氛围。（撰稿人：朱　晶）

【审计署驻上海特派员办事处】 2018年，审计署驻上海特派员办事处（以下简称上海特派办）实有137人。设有办公室、法规处、财政审计处、行政事业审计处、资源环保审计处、固定资产投资审计处、金融审计一处、金融审计二处、企业审计处、社会保障审计处、外资运用审计处、计算机审计处、机关党委（人事教育处）和机关纪委（纪检监察处）等14个处室。

上海特派办审计范围：上海、浙江。

领导成员

分党组书记、特派员：鲍朔望

分党组成员、正司级审计员、纪检组长：
陈顺华（—10月）

分党组成员、副特派员：倪志伟
邵永春（—10月）
丁伏圣（9月—）

分党组成员、副特派员、机关党委书记：
徐　勇

分党组成员、纪检组长：王小霞

副司级审计员：夏明东

审计成果 2018年，上海特派办完成审计项目15个。查出主要问题金额2979.59亿元，其中违规金额613.84亿元、损失浪费金额79.59亿元、管理不规范金额2286.16亿元；发现非金额计量问题360个；损益（收支）不实金额32.68

亿元；出具审计报告和专项审计调查报告 13 篇。审计处理处罚金额 1931.72 亿元，其中应归还原渠道资金 1128.61 亿元、应调账处理金额 796.56 亿元。审计促进整改落实有关问题金额 772.95 亿元；审计促进拨付资金到位 49.74 亿元；移送有关部门处理违纪违法案件线索 17 件。审计提出建议 62 条，被采纳 29 条。上报的审计信息被审计要情采用 1 篇、重要信息要目采用 58 篇，34 个案例被审计公告采用。

上海特派办实施的 1 个审计项目，被审计署评为表彰审计项目。2 个联合实施的审计项目，被审计署评为优秀审计项目。

国家重大政策措施落实情况跟踪审计 以推动改革和落实政策为主线，促进中央政令畅通。重点关注简政放权、放管结合、政府优化服务等方面内容，反映行政审批中介服务事项不到位等问题，推动政府权力规范运行。关注重大政府投资建设项目违规收取保证金情况，督促有关部门逐项清理，减轻企业负担，改善营商环境。以清理盘活财政存量资金为抓手，揭示上海市松江、奉贤等区财政存量资金未发挥效益等问题，督促地方政府提高财政资金使用绩效。关注沪浙甬地方政府债务情况，揭示违规举债形成政府隐性债务等典型案例，推动防范化解债务风险。

经济责任审计 在对福建省原省长的经济责任审计中，统筹实施党政领导干部经济责任与自然资源资产离任审计，重点关注贯彻执行重大经济方针政策及决策部署、自然资源环境资产管理和生态环境保护、财政管理、防范区域经济发展隐患等方面情况，反映海洋资源开发不够规范、湿地保护重视不够、国家公园体制等改革任务推进缓慢、部分水污染防治目标任务未完成等问题。运用“三个区分开来”，审慎作出评价和处理，促进领导干部更好履职尽责。

民生资金（项目）审计 围绕东西部协作开展扶贫审计，揭示沪浙与云南等地的帮扶工作领导体制衔接及干部选派不到位等问题，督促沪浙两地进一步完善扶贫政策体制机制。开展西藏自治区亚东县扶贫资金审计，促进扶贫脱贫政策措施落地惠民。开展医保资金审计，关注医疗保障体系建设、基金筹集管理和使用中存在的突出问题，查出杭州等地市困难群众未参加基本医疗保险、城乡居保财政补贴资金未及时到位、定点医疗机构套取医保费等问题，反映分级诊疗和“两票制”实施中存在的问题，促进医保体制机制健全完善。针对上海老龄化严重的区域特点，反映上海市积极扶持发展小规模多功能的社区养老服务机构的正面事例，为推动养老服务业的发展提供经验。

农业与资源环保审计 重点关注长江经济带资源生态保护、污染防控、生态环境保护治理项目实施等方面成效，揭示上海在国际航运中心建设中存在的短板并提出审计建议，推动相关部门及时妥善处置审计发现的上海港废油违规处置问题，排除重大环境风险隐患，并移送处理部分企业非法转运废油的案件线索。

金融审计 加强对信用风险、流动性风险及交叉性金融风险等各类风险的排查分析，重点关注可能引发的财政金融风险交叉传导和社会不稳定因素。运用数字化审计模式揭示沪浙两地非法集资犯罪线索，典型案例被央视《焦点访谈》栏目报道。深入调查分析小微企业融资难融资贵的体制机制问题，促进金融企业服务实体经济。

企业审计 聚焦提质增效、优化布局、完善管理等方面，对东方航空集团和宝武钢铁集团资产负债损益开展专项审计调查，揭示资产负债损益不实、特困企业治理困难、去杠杆压力大、走出去过程中存在经营风险等问题，促进企业提高经营管理水平，防范化解风险。查处多起企业高管违反中央八项规定精神的案例，推动国企进一步深化全面从严治党。

信息化建设 完善和优化数据分析平台，及时采集上报沪浙甬三地有关政府部门和地方商业银行数据，加强大数据审计应用基础。通过综合运用查询分析、统计分析、多维分析等技术方法，将政府部门数据与行业数据相结合进行关联分析，构建重点事项数据分析模型，推动大数据审计覆盖所有审计项目，在各项审计中发挥更大作用。

党建工作 分党组始终坚持以政治建设为统领，强化领导班子头雁作用，大力加强党的政治建设和思想建设。坚决执行党中央决策部署和署党组的指示要求，坚持按民主集中制原则研究决定“三重一大”事项；落实领导班子民主生活会制度，制定整改措施，确保查摆的问题整改到位；

落实支部组织生活会制度，规范基层党组织建设，强化党员干部的党性修养。领导班子成员以普通党员身份参加所在支部组织生活，全年共讲党课15次。召开4次分党组中心组学习扩大会、5次专题学习会，推动“两学一做”学习教育常态化制度化。组织“两优一先”评选，宣传先进典型。邀请党史专家和十九大代表讲专题党课、介绍先进基层党支部工作经验，提高党组织的凝聚力和战斗力。创新“线上线下”学习机制，将“互联网+”与党建工作有机融合，组织党员干部利用碎片化时间打卡自学，结合庆祝建党97周年和改革开放40周年等，各党支部组织主题联学和审计现场交流，促使支部党建与中心工作双融合。将党建工作责任制、“一岗双责”主体责任与审计工作同谋划、同部署、同考核，层层抓落实。强化监督执纪问责，严格执行重大事项报告制度，梳理审计现场管理5个方面21项廉政风险点，在重大审计项目实施、干部选拔任用等关键节点开展提醒教育，通过上好“廉政第一课”、闭卷测试、瞻仰烈士陵园、集体学习廉政纪律警示案例等活动，加强日常党规党纪教育。

队伍建设 通过“解难题、提业绩，抓好干部队伍建设”专题调研，全面了解队伍的实际状况，统筹谋划队伍建设的具体举措。研究制定《处级干部选拔任用工作纪实办法》，切实保障公道对待干部、公平评价干部、公正使用干部。在对干部队伍现状进行充分研究的基础上，集中选拔任用18名处级干部，改善干部队伍结构。根据干部年轻化、学历高的特点，探索青年干部培养之路，通过加强专业培训和多岗位锻炼，培养“五手”审计干部，引导干部立足本职，提升队伍专业能力。持续开展普法教育，加强审计人员的法治思维，使法制观念融入审计全流程，认真贯彻落实“三个区分开来”和“十五个凡是”的要求，全方位提升审计质量管理水平。制定《审计署上海特派办上海市金融创新奖奖励资金使用管理办法（试行）》，鼓励研究创新、服务审计，1篇论文获第四届全国审计青年论坛三等奖。

机关管理 严格执行财政部与审计署财务管理、固定资产管理、计划统计等有关规定，完善制度，规范核算，不断提高预决算和财务管理水平。围绕国家安全及保密要求，通过严格开展保密自查及检查、保密知识教育培训、分党组书记讲保密专题党课等途径，进一步增强全员保密意识，切实做到高质高效安全运行。坚持以人为本，严暖结合，不断提高后勤服务工作水平，帮助解决干部职工在周转住宿、子女入学入托方面等后顾之忧，做好老党员、困难党员及职工的帮扶和走访慰问。协调解决看病难、住院难等问题100余人次。落实新闻宣传审核机制，整修办审计历史陈列展示厅，通过宣传进高校讲好审计故事、弘扬审计正能量。全年宣传稿件被审计署网站等宣传媒体采用40篇次。持续精神文明创建活动，制订创建方案，成立创建领导小组，发挥工青妇等群众组织的作用，广泛开展富有特色创建活动，高起点、高质量推进创建工作，顺利通过上海市、长宁区两级文明办初评。 （撰稿人：冷萌晓）

【审计署驻南京特派员办事处】 2018年，审计署驻南京特派员办事处（以下简称南京特派办）实有131人。设有办公室、法规处、财政审计处、行政事业审计处、农业审计处、金融审计处、资源环保审计处、企业审计处、固定资产投资审计处、社会保障审计处、外资运用审计处、计算机审计处、机关党委（人事教育处）、机关纪委（纪检监察处）等14个处室。

南京特派办审计范围：江苏、安徽。

领导成员

分党组书记、特派员：周敦祥

分党组成员、正司级审计员兼纪检组长：
陈顺华（10月—）

分党组成员、副特派员：钱夫中
刘　军（—10月）
王平凡　范厚胜

分党组成员、纪检组长：张文莉（—3月）

副司级审计员：刘步龙　于新生（1月—）

审计成果 2018年，南京特派办实施或参与实施审计项目19个。查出违规和损失浪费问题金额601.05亿元，其中直接侵害人民群众利益问题涉及金额5434万元，并对涉嫌违纪违法个人办理办移送29篇、移送处理32人。被审计署采用信息成果62篇，其中审计要情6篇、重要信息要目56篇。

实施或参与实施的2个审计项目，被审计署

评为优秀审计项目，1个审计项目被审计署评为表彰审计项目。

国家重大政策措施落实情况跟踪审计 持续开展对国家重大政策措施落实情况的跟踪审计，聚焦防范化解重大风险、精准脱贫、污染防治的三大攻坚战，聚焦稳就业、稳金融、稳外贸、稳外资、稳投资、稳预期等“六稳”政策措施落实，跟踪重大民生工程项目推进、重点资金使用情况，按照“一项决策一条线、一个项目全过程”的思路，揭示江苏、安徽两省在重大项目推进、政府性债务管理、财政资金整合、减费降税、“双创”等方面问题69个。反映安徽省委、省政府依托电子政务内网搭建四大平台、五大系统实行账单式管理、苏州市建立一站式综合金融服务平台等正面案例，被审计署审计结果公告采用17个。

财政审计 开展江苏省2017年地方财政收支审计，重点揭示和反映地方预算管理、财政收入、财政支出、政府采购、财政存量资金、政府投资基金等方面的问题，提出进一步加强地方财政收入管理，确保非税收入应缴尽缴；加强地方财政支出管理，提高专项资金因素法分配比例，促进专项分配科学合理；进一步盘活财政存量资金，提高财政资金使用效率，合理安排预算支出计划，避免形成新的资金沉淀；进一步加强对部门预算单位的监督与管理，完善采购制度，防范廉政风险；进一步健全政府投资基金招募、投资和管理方面各项制度，及时建立政府投资基金绩效考评机制，提高基金使用效益等方面的建议。

固定资产投资审计 组织实施某高速铁路建设情况跟踪审计。审计关注高铁建设过程中地方人民政府、参建单位贯彻党中央和国务院重大决策部署和政策措施落实情况、建设管理、资金管理、征地拆迁、生态环保等情况。审计还对高铁建设应用BMI（建筑信息模型）的情况作为检查内容，揭示参建单位使用BMI中存在的普遍性、倾向性问题，促进其提升系统使用效益，保障建设过程安全和质量。

民生资金（项目）审计 实施某省养老保险基金审计。从抓数据、抓思路，抓总体、抓典型入手，创新审计理念，揭示和反映民生资金和社保管理的新情况、新趋势，更好地聚焦体制机制问题，分析问题背后的体制性障碍、制度性缺陷和管理漏洞，努力推动深化改革和规范管理。在审计中发现的某地房产管理部门在购房资格审核中把关不严，大量不符合条件人员利用虚假材料违规购房的问题，受到当地有关部门的高度重视，一批内外勾结从中牟利的人员得到查处。

对利辛县等5个国定贫困县扶贫政策措施和资金管理使用等情况进行审计，围绕扶贫资金的分配、管理和使用等环节，重点排查脱贫攻坚“十大工程”实施效率效果，所揭示的安徽省某县农村道路建设项目监管不力、村干部贪污侵占财政扶贫资金等问题，已列入中纪委督办案件。审计中创新审计思路，探索运用大数据手段进行涉农财政资金审计，着力解决涉农财政资金分散、涉农项目基础数据质量差、部门间信息共享机制差等缺陷，由点及面反映具有典型性和普遍性的问题，揭露安徽省某区以农户名义编造虚假材料套取农村危房改造项目专项扶贫补助资金等问题，提高审计工作的效率和质量。

农业与资源环保审计 实施江苏省长江经济带生态环境保护专项审计，围绕中央共抓大保护，不搞大开发的精神，立足审计重点、地域特点、社会热点，创新审计思路，发现重点污染源自动监控管理存在较大缺陷、非法电鱼严重影响内陆水域生态、环境监管治理需重点解决三大弱项、长江流域部分湖泊污染治理亟待加强和改进等一系列值得关注的问题。

金融审计 参与实施某国有银行原领导人员的经济责任审计，发现该行“三重一大”决策程序制度缺失、对精准扶贫的信贷支持力度不足等问题。在地方政府债务和金融机构资产质量核查审计项目中，持续关注系统性金融风险和重大违法违规线索，揭示出某省农村商业银行系统掩盖不良信贷资产风险隐患，多名相关责任人被追责，该问题被审计署审计结果公告采用。审计发现的某上市公司大股东内幕交易获利近亿元的线索被审计署移送至证监会立案调查。

企业审计 实施2个中央企业资产负债损益和境外投资及境外国有资产管理使用情况专项审计调查项目、1个中央企业法定代表人任期经济责任审计项目。审计中突出问题导向，坚持严肃查处重大违纪违法、重大违反国家政策、重大损失浪费、重大经营业绩不实、重大风险隐患等问题，维护国有资产安全，促进国有资产保值增值；同时注重揭示重大体制性障碍、制度性缺陷和重大管理漏洞，督促企业完善相关管理制度，实现健康可持续发展。在对中央企业法定代表人任期经济责任审计中，围绕火电企业成本构成，重点对业务和财务系统中燃料辅助核算数据进行多维对比分析，分析业务和财务系统中电费收入、燃料成本的匹配度，最终查实某下属企业未按规定核算燃煤成本，月度燃煤耗用量依据煤耗考核指标倒轧计算，且未按煤种合理分配，多计燃煤 20 多万吨、金额 8000 余万元的重大管理问题。

信息化建设 推进以大数据为核心的信息化建设，在审计中坚持数据分析先行、数据分析全覆盖，将现场审计与非现场审计相结合，注重数据资源的整合，提升大数据综合分析能力和水平。在政策跟踪审计中，利用已有的苏皖两省税收、海关、工商等数据进行多维分析，发现疑点、查核验证后形成审计思路，由署业务司组织全国性的分析查核，发现一批营改增税收改革中出现的重大问题；开发综合事务管理 App，实现对数据查询申请、用车申请、会议室申请等机关行政管理事务的在线实时审批，提升办公效率，实现数字化的新工作方式。

审计科研 参与审计学会组织的经济责任审计创新与发展合作课题研究，参加相关专题研讨会。坚持审计基础理论研究和现实问题研究并重，结合本办审计工作实践，自主安排理论研究活动，开展大数据审计研讨、审计项目“得与失”总结、“青年·大数据”演讲比赛等系列业务交流活动，《英国的环境审计及其借鉴》《突出质量和效益进一步深化外资审计》等研究成果在《中国审计》等期刊发表。

相关工作 把党的政治建设摆在首位，全年组织中心组学习会 5 次、专题学习会 6 次，办分党组书记为全办党员干部讲授“提高政治站位，从严管党治党，依法全面履行审计监督职责”党课，邀请党的十九大代表孙金娣等来办授课；创新政治理论学习方法，重要内容学习在班子成员、处室负责人主题发言的基础上，采取“双随机”的办法抽取人员上台谈学习体会、作现场点评；组织全办同志参加的党建知识竞赛，各支部组成参赛队、党员干部循环答题，以考促学。强化审计现场管理，对各项审计任务实施全过程扫描、集团化作战、扁平化管理、阶段性汇报、倒计时完成；坚持实行审计组离开驻地审批备案制度和审计现场八小时之外报备制度，实行审计事项及发现问题线索“两项清单”以及双汇报、双点评制度，强化现场审计全过程管理，明细到事，落实到人。制定《高素质专业化审计干部队伍建设规划》，实施青年审计人才培养、业务骨干人才培养等“六项工程”；为每名干部建立一套业绩档案，对业绩突出的同志，在职务晋升、出国培训等方面予以倾斜；根据人岗相适原则，综合考虑工作表现、家庭情况、个人意愿等因素，统筹规划，推荐优秀人才到纪检监察等部门任职，提升全办干部队伍的整体活力。 （撰稿人：高　瞻）

【审计署驻武汉特派员办事处】 2018 年，审计署驻武汉特派员办事处（以下简称武汉特派办）实有 145 人。设有办公室、法规处、财政审计处、行政事业审计处、农业审计处、资源环保审计处、固定资产投资审计处、金融审计处、企业审计处、社会保障审计处、外资运用审计处、计算机审计处、机关党委（人事教育处）、机关纪委（纪检监察处）等 14 个处室 。

武汉特派办审计范围：湖北、江西。

领导成员

分党组书记、特派员：程　光

分党组成员、副特派员：夏循福　余远华　郝云松　张海燕

分党组成员、纪检组长：杨选留

副司级审计员：罗旭光　吴陵涌（10 月—）

审计成果 2018 年，武汉特派办组织实施审计项目 21 个。向司法、纪检、监察机关移送案件线索和事项 20 件。

武汉特派办实施的 1 个审计项目，被审计署评为表彰审计项目。武汉特派办与其他单位联合实施的 1 个审计项目被审计署评为优秀审计项目、2 个审计项目被审计署评为表彰审计项目。

国家重大政策措施落实情况跟踪审计 开展对湖北、江西 2 省的 2018 年国家重大政策措施贯彻落实跟踪审计。在审计中关注“三去一降一补”任务完成、“放管服”改革深化等情况，揭示湖北省部分地区未按规定用途使用化解过剩产能奖补

资金等问题；关注支持民营企业改革发展政策落实情况，发现某公司未及时清退招投标保证金；关注国家创新驱动发展战略实施情况，揭示江西省工业创业投资引导基金有财政资金闲置等问题。积极挖掘反映两省在推动中央政策措施贯彻落实方面的好经验好做法，如湖北省潜江市以“虾稻共作”模式打造特色农业产业、江西省鹰潭市推进移动物联网建设及应用等，促进地方经济社会不断发展。

财政审计 对湖北、江西2省及部分地市政府债务和隐性债务开展专项审计，关注地方政府债务管理相关政策措施落实情况，摸清相关地方政府隐性债务规模和结构，审计反映棚户区改造、政府购买服务、公益性PPP项目等可能引发地方政府隐性债务风险的问题，揭示部分地区地方政府债务管理系统的数据更新不及时，对债务单位、债务余额变动情况未切实做到动态管理等问题。通过审计提出健全债务管理系统、妥善化解存量债务、提高资金使用效率、加强债务风险监测和防控等建议，规范地方政府的举债融资行为。

金融审计 对兴业银行2017年度资产负债损益开展审计；参加中国东方资产管理股份有限公司法定代表人经济责任审计、政策性金融机构和商业银行政策跟踪审计以及债券市场专项调查等项目。在审计中，密切关注支持民营企业发展等相关政策措施落实情况，围绕改进和完善小微企业金融服务，充分利用相关数据平台和资源，发现商业银行贷款资金实际流向非小微企业等突出问题，揭示商业银行财政性存款和结构性存款管理不规范甚至违规操作，信用债券市场存在潜在违约风险等问题。对发现的相关管理人员涉嫌受贿和金融网络犯罪线索，进行移送处理。

农业与资源环保审计 开展湖北省2016年至2017年长江经济带生态环境保护等项目。围绕习近平总书记对长江经济带“共抓大保护，不搞大开发”的重要指示精神，根据湖北省“千湖之省”的特点，重点对水资源、水生态和水环境方面开展审计。反映部分污水处理厂提标改造未完成、未按要求完成换罐或防渗改造任务等问题、个别地区越权审批、违规占用等长江岸线、部分关停企业工业污染地块矿山及尾矿库恢复治理不及时、危险化学品危险废弃物处置不规范、饮用水源地保护不到位等问题。审计指出这些问题后，地方政府按照审计意见，进行积极整改。

民生资金（项目）审计 开展湖北、江西两省扶贫审计。审计中重点关注精准扶贫精准脱贫政策措施落实情况，利用财政、民政、人社、残联和扶贫等领域数据开展多维数据分析，反映部分地区建档立卡贫困家庭学生未享受教育资助，以及个别地区建档立卡贫困户中有部分残疾人员应享受未享受生活补贴和护理补贴等问题。持续加大对扶贫领域腐败和作风问题的揭示力度，着力揭露在扶贫工作中弄虚作假甚至失职渎职、贪污侵占等问题，推动追责问责，审计对相关基层干部违规操作优亲厚友、违规装修办公楼等问题进行移送处理。加大对以往扶贫审计发现问题的跟踪整改工作，往年审计的湖北省恩施市、江西省南康区等10个县（区）的扶贫领域相关问题获得整改、相关扶贫政策得到落实。

对湖北省医疗保障基金进行审计。审计中关注民生政策贯彻落实、资金筹集管理使用等情况，反映基层医疗机构弄虚作假，分级诊疗推进缓慢，辅助用药控制不严，医保欠费导致医院长期拖欠药款，以及个人账户资金大量闲置、共济作用有限等问题，对多家民营医院通过虚构医疗检查项目和医疗记录、虚开药品等方式骗取套取医疗保险资金等线索进行移送处理。审计还揭露部分地方通过违规操作提高药品出厂价格、影响“两票制”实施效果的突出问题。

企业审计 对国家电网有限公司、东风汽车集团有限公司、武汉邮电科学研究院有限公司、中国对外文化集团公司等中央企业开展2017年度资产负债损益和境外投资及境外国有资产管理使用情况专项审计调查。通过审计揭示部分中央企业自主创新能力不足、核心技术和关键设备进口依赖度高的情况，发现相关电力企业通过调节固定资产折旧方式多计折旧等手段隐瞒利润、因信托项目等逾期不能兑付相关企业资金面临损失风险等问题。在对中央企业境外投资及境外国有资产管理的审计中，发现境外投资决策不当、境外投资偏离主业开展高风险投资、资金管理不规范监管不严格、境外资产存在风险隐患等问题。

信息化建设 推进审计信息化建设，深化大数据审计，贯彻落实科技强审理念，全力配合做好“金审工程”三期建设，强化对特派办数据分析网和审计数据分析室的综合利用，完成国家审计数据中心对审计数据资源的常规化数据归集工作，全年累计报送数据 8.6TB。组织大数据审计培训研讨会和大数据审计优秀案例评选活动，承担审计署 2018—2019 年度重点科研课题“大数据审计流程研究”。主动践行“总体分析、发现疑点、分散核实、系统研究”的数字化审计方式，制定年度大数据审计工作实施意见，将财政数据贯通、商业银行数据分析、医保审计和扶贫审计大数据应用等作为重点，利用图形数据库等技术实现中央资金分配结存以及支付流程的直观再现；提交的利用大数据分析“两票制”实施效果的审计案例和利用大数据分析开展中央企业境外资产监督的审计经验，在全国大数据审计研讨班上进行交流。

相关工作 深入学习贯彻习近平新时代中国特色社会主义思想和党的十九大精神，引导干部增强“四个意识”，坚定“四个自信”，坚决做到“两个维护”。扎实推进“两学一做”学习教育常态化制度化。分党组坚决扛起全面从严治党主体责任，持续推动党建与业务相融合，持之以恒加强思想政治建设，严格落实“三会一课”、双重组织生活等党内生活制度，发挥“关键少数”的示范和表率作用，履行好“一岗双责”，不断提高党建工作水平。领导班子严格遵守议事规则，执行民主集中制，始终做到科学决策、民主决策、依法决策。按照胡泽君审计长来武汉特派员办事处调研时提出的要求，全面部署开展“提升士气 提升业绩”活动，不断加强审计干部知识技能的更新培训，组织安排培训班 71 个，组织 905 人次参加培训，人均学时数 188 小时，连续 4 年安排新录用公务员到企业参加实践锻炼，努力建设适应新时代要求的高素质专业化审计干部队伍。加强审计质量管理，树立审计精品意识，强化业务链条质量控制，严格落实分级质量控制责任，对审计项目实行三轮交叉复核审理，对审计项目质量检查和考核情况及时通报。坚持严管厚爱相结合，从严做好日常考勤和请（销）假管理，严格执行节假日异地休假备案等制度，反复强调审计“四严禁”工作要求和审计“八不准”工作纪律，加强党员干部八小时之外监督管理。注重人文关怀，做深做细思想政治工作，开展谈心谈话和困难干部家访，注重发挥群团组织作用，用心用情做好老干部工作。注重审计宣传，在武汉大学举办“新时代 新作为——国家审计走进高校”财经法治宣传教育活动，在国家宪法日参加“宪法进高铁，法治护路行”主题活动，扩大审计影响力。

（撰稿人：熊 莹）

【审计署驻广州特派员办事处】 2018 年，审计署驻广州特派员办事处（以下简称广州特派办）实有 145 人。设有办公室、法规处、财政审计处、农业审计处、行政事业审计处、资源环保审计处、投资审计处、金融审计处、企业审计处、社会保障审计处、外资运用审计处、计算机审计处、机关党委（人事教育处）和机关纪委（纪检监察处）等 14 个处室。

广州特派办审计范围：广东、福建。

领导成员

特 派 员：章 轲

纪检组长：纪 兵

副特派员：刘 丹 漆江梅

刘 宇（10 月—） 张冬霁

正司级审计员：朱惠红

副司级审计员：李钢锋 代 斌

审计成果 2018 年，广州特派办完成审计项目 12 个。查出主要问题金额 6633.18 亿元，其中违规金额 85.19 亿元、损失浪费金额 5.66 亿元、管理不规范金额 6542.33 亿元；审计发现非金额计量问题 584 个，损益（收支）不实金额 61.24 亿元。审计处理处罚金额 84.46 亿元，其中应上缴财政 15.73 亿元、应归还原渠道资金 0.91 亿元、应调账处理金额 67.82 亿元；提交的审计信息被审计署采用 64 篇次。

广州特派办实施的广东省 2017 年国家重大政策措施落实情况跟踪审计项目，被审计署评为优秀审计项目；审计署财政审计司组织，广州特派办等单位联合实施的 2016 年度中央预算执行和编制中央决算草案情况审计和税务总局局长、党组书记任期经济责任履行情况审计 2 个项目，被审计署评为优秀审计项目。广州特派办与其他单位联合实施的人民银行 2016 年度财务收支等情况审计、中国农业银行股份有限公司原法定代表人任期经济责任履行情况审计、中国有色矿业集团有限公司原法定代表人任期经济责任履行情况审计等 3 个项目，被审计署评为表彰审计项目。

国家重大政策措施落实情况跟踪审计 开展政策措施落实情况跟踪审计，坚持以防范化解重大风险、精准脱贫、污染防治三大攻坚战、“三去一降一补”、减税降费和贯彻落实中央八项规定精神等为审计重点，着力查找制约、影响稳增长等政策措施落实的机制体制性障碍，有针对性地提出审计建议，推进整改落实。

财政审计 开展财政收支审计，揭示某省财政预算编制不细化、擅自改变预算级次、擅自调整专项资金用途、虚增财政收入和财政收入空转等问题。通过督促整改强化预算编制管理和财政收入管理，促进财政存量资金尽快形成有效支出。在减税降费审计中，从减轻企业税收负担和清理规范涉企收费两个方面，深入分析原因，为进一步完善政策措施提出切实可行的意见建议，推动减税降费政策措施贯彻落实。

经济责任审计 提高政治站位，突出经济责任审计重点，高度关注审计对象贯彻落实中央重大决策部署情况。聚焦经济责任，紧盯权力运行，围绕干部守法、守规、守纪、尽责情况，集中力量对重大经济决策、重大项目进行梳理，加强总体分析和疑点筛选，揭示领导人员重大决策违规问题。

固定资产投资审计 关注中央预算内投资重大项目建设等方面政策措施的落实情况和成效，针对投资项目政策性强、数据量大等特点，紧抓政策研究和数据分析两条主线，揭示影响重大项目实施的因素和财政资金闲置、大量财政资金二次沉淀等情况。围绕公权力运行，突出审计重点，密切关注和反映在项目审批、管理、资金使用环节的问题。

民生资金（项目）审计 组织开展东西部协作扶贫审计，揭示东西部协作政策落实及相关经费管理使用中的多类突出问题，充分发挥审计在促进中央重大政策措施落地生根，促进经济社会健康发展和维护人民财产安全及社会安全稳定的重要作用。在养老保险审计中，聚焦养老保险“不平衡、不充分、不到位、不安全”问题，揭示基金地域间严重不平衡影响可持续性、部分建档立卡贫困人员等三类困难群众和被征地农民未得到养老保障等问题，关注部分经办机构违反规定为参保人办理一次性补缴保费，部分补贴政策落实不到位，以及养老保险省级统筹信息系统建设滞后，统筹层次低等问题，推动解决养老保险基金等发展不平衡不充分问题，促进保障和改善民生。

农业与资源环保审计 树立以人民为中心的发展思想，关注涉农事项，关注乡村振兴规划制定和实施情况、乡村振兴各项政策措施落实情况、乡村振兴投入保障情况，以及乡村振兴资金安全和绩效情况，揭示出贫困地区农村公路安全生命防护工程建设管护机制不健全、农村饮水安全项目建设不达标、“最后一公里”未完全打通、水质检测有效机制未建立、产业扶贫项目效益不佳等突出问题，促进乡村振兴政策措施落实和制度完善。牢固树立“绿水青山就是金山银山”的发展理念，开展自然资源资产离任审计，聚焦某市黑臭水体治理、固体废物处置管理等重点领域，紧密结合被审计领导干部的职责履行情况，系统揭示存在的自然资源资产方面的问题。

金融审计 落实中央关于防范化解重大风险的各项部署要求，按照“小切口、大关联、高站位、快反应”要求，结合广东省金融业发达、金融创新活跃、金融开放程度高、外贸外资比重大和跨境资金流动大等特点，聚焦重大经济金融政策失灵风险和区域性金融风险，查处多起地市政府官员联手外贸掮客虚假完成出口任务，骗取巨额财政补贴问题；查处不法票据中介通过伪造增值税发票，协助相关企业非法开立银行承兑汇票，造成银行资金面临巨额损失问题；查处某地区不法团伙通过注册多家空壳公司，涉嫌非法经营地下钱庄问题。审计通过打击各类违法犯罪行为，消除各类风险隐患，维护广东金融稳定和社会公平正义，保障人民群众切身利益。

企业审计 贯彻落实党中央关于国资国企改革一系列决策部署精神，围绕深化国有企业改革，重点关注国有资本运营公司试点、资产经营公司试点、中央企业“稳就业”等深化国有企业改革的贯彻落实情况开展企业审计工作。在对某中央企业审计中，对所发现的下属二级单位与外方合作投资的项目存在的问题，从影响“一带一路”

发展战略的角度揭示问题，分析原因，促进问题解决。

信息化建设 贯彻胡泽君审计长关于“向信息化要效率，向大数据要资源”的指示要求，坚持科技强审理念，改进技术方法，重点研究大数据背景下审计技术方法的创新。注重大数据审计人才培养，成立 ArcGis、R 语言、Python、Neo4j、SPSS、Tableau 等 6 个专题学习兴趣小组，有 58 名年轻同志参与，通过内部学习、聘请外部专家讲解、上机测试检验学习效果等方式开展 13 次学习活动，有效促进审计信息化能力的提高。

审计科研 每月定期组织全办干部学习交流大会，搭建交流审计经验方法的平台，并开设公益书架鼓励干部加强政策研究和理论学习，营造良好学习研究氛围。办领导带头参加课题研究和撰写理论文章，组织开展青年论坛活动，组织收录各类理论研究文章 30 篇，择优推选参加全国审计青年论坛活动。中标审计署重点科研课题“大数据背景下国家审计技术方法创新研究”。

相关工作 坚持以习近平新时代中国特色社会主义思想为指导，树牢“四个意识”，坚定“四个自信”，坚决做到“两个维护”，扎实推进“两学一做”学习教育常态化制度化。分党组持续推动党建与业务相融合，持之以恒加强思想政治建设，严格落实“三会一课”、双重组织生活等党内生活制度，履行好“一岗双责”，发挥“关键少数”的示范和表率作用。狠抓班子队伍建设，着力提升干部履职本领。通过召开专题学习会等方式，强化办处两级领导干部思想理论武装。组织开展党建法规保密等知识竞赛，选派干部参加审计署培训班。经常开展办内专题培训、学习交流等活动，推动学习型机关建设。改进思想政治工作，提振干部队伍精神状态。办领导人均与 20 名以上干部开展谈心谈话，及时了解掌握干部思想状况。进一步落实保密、国家安全和社会管理综合治理、网络和信息化安全等专项工作责任制，健全组织机构，抓好责任落实。强化法规审理，完善质量管控体系，防范审计风险。修订完善处室考核制度和公务员考核办法。修订预算和财务管理办法，健全外勤经费管理。配合审计署有关部门做好“国家审计走进高校”中山大学站宣讲活动，在审计现场宣讲习近平总书记对审计工作重要指示精神。加强教育和监督考核。制作专题板报，经常性短信、微信和腾讯通提醒，组织观看宣传教育片，强化全办安全、保密、依法和廉洁审计的教育提醒，办领导逢会必讲、到场必查、汇报必听、定期必商。（撰稿人：甄　晖）

【审计署驻郑州特派员办事处】 2018 年，审计署驻郑州特派员办事处（以下简称郑州特派办）实有 143 人。设有办公室、法规处、财政审计处、行政事业审计处、农业审计处、资源环保审计处、固定资产投资审计处、金融审计处、企业审计处、社会保障审计处、外资运用审计处、计算机审计处、机关党委（人事教育处）、机关纪委（纪检监察处）等 14 个处室。

郑州特派办审计范围：河南、青海。

领导成员

特 派 员：赵继旺

副特派员：王彦斌　李　伟　郭　西
　　　　　杨任杰

纪检组长：薛　亮

副司级审计员：康俊廷

审计成果 2018 年，郑州特派办实施审计项目 14 个。查出主要问题金额 970.01 亿元，其中违规金额 25.48 亿元、损失浪费金额 20.8 亿元、管理不规范金额 923.73 亿元；审计发现非金额计量问题 936 个；损益（收支）不实金额 314.16 亿元；审计发现侵害人民群众利益 6679 万元。审计处理处罚金额 215.85 亿元，其中应上缴财政 3.12 亿元、应减少财政拨款或补贴 73 万元、应归还原渠道资金 16.92 亿元、应缴纳其他资金 18.76 亿元、应调账处理金额 177.05 亿元；移送司法机关、纪检监察机关和有关部门处理事项 19 件，移送处理人员 323 人，移送处理金额 86.83 亿元。审计促进整改落实有关问题资金 25.27 亿元，促进拨付资金到位 12.57 亿元；审计后挽回（避免）损失 124 万元。审计提出建议 171 条，推动被审计单位制定整改措施 208 项；促进被审计单位建立、健全规章制度 70 项；提交的审计信息被批示、采用 60 篇次。

郑州特派办实施的 2 个项目，被审计署评为表彰审计项目。郑州特派员办事处参与实施的 2

个项目，被审计署评为优秀审计项目。

国家重大政策措施落实情况跟踪审计 围绕推动打好三大攻坚战，持续开展对河南、青海两省的2018年国家重大政策措施落实情况跟踪审计，出具审计报告8篇，24个案例分别被审计署综合报告采用。

经济责任审计 首次实施对高级人民法院的经济责任审计，形成审计报告（代拟稿）和审计结果报告（代拟稿），从进一步推进司法体制改革，提升服务保障经济社会发展能力等4个方面提出审计建议。

民生资金（项目）审计 结合对河南、青海两省的国家重大政策措施落实情况开展的跟踪审计，每季度重点抽审1个县，对脱贫攻坚政策贯彻落实、扶贫资金管理使用和扶贫项目建设管理等情况进行审计。对河南省养老保险基金筹集、管理、使用情况以及养老保险政策执行情况进行审计，重点抽审河南省本级、2个地市本级和2个区养老保险管理部门、征收经办机构等。

农业与资源环保审计 牵头对江西省长江经济带生态环境保护情况进行审计，抽查江西省本级和7个地市，揭示出生态环境等方面的问题和风险隐患260多项，其中非法电鱼、小水电等问题引起国务院及相关部委高度关注，中央领导作出批示。审计促进江西省及所属部门和地区出台整改制度19项。

金融审计 对中国人民银行某中心支行2017年度财务收支情况，中国银行业保险监督管理委员会某监管局2017年度预算执行、其他财政收支和决算草案情况进行审计。对兴业银行某分行2017年资产负债损益情况进行审计。参与实施某国有金融企业领导人员的经济责任审计，主要负责对非金不良业务和投资业务板块的审计。对工商银行河南省分行进行跟踪审计。

外资运用审计 对亚洲开发银行贷款中广核德令哈50兆瓦光热发电项目2017年度财务收支和执行情况进行审计，出具审计报告（征求意见稿）。

企业审计 郑州特派员办事处原有审计人员与机构改革中的转隶人员，混合编成4个审计组，对4户中央企业2017年度资产负债损益和境外投资及境外国有资产管理使用情况开展专项审计调查。

信息化建设 出台数据分析网管理办法，实现从设备分配、分类授权、查询分析、传送输出全过程控制；利用年中整训对数据现状、使用方式、保密要求等内容详细讲解，推动数据分析网全面应用。采集、验收、报送河南、青海两省财政、金融等行业数据6TB，充实数据仓库；依托审计项目，由数据分析人员与业务骨干组团，构建一个中心、多向发力的分析格局，抓住关键数据源，有效利用百度地图API服务、自然语言处理技术等对数据等进行解析，发现问题线索百余个，形成的论文在全国研讨会上交流。全面排查四套网络运行隐患，对中心机房、数据分析室等重点部位的设备运行及外部环境进行监控巡查，实现全年信息安全零事故。

审计科研 审计学会合作完成经济责任审计创新与发展研究课题，形成课题研究报告；组织对生态环境审计项目进行全面总结，对创新审计组织方式等进行专题研究，《资金流向追踪的算法设计》等20余篇文章被《中国审计》等期刊采用，2篇论文分别在审计署办公厅举办的研讨会、中共中央国家机关工委旗帜杂志社《紫光阁》举办的庆祝改革开放40周年征文活动中获得二等奖。

审计宣传 坚持“党管宣传”原则，建立办分党组书记负总责、分管办领导具体抓、办公室牵头负责、各处室参与的新闻宣传工作格局，将审计宣传作为一项重要内容纳入年度处室考核，全年编发宣传稿件130余篇，被各类媒体采用106篇（次）。讲好审计故事，配合审计宣传中心完成青海扶贫审计采访，经批准配合中央电视台对生态环境保护审计发现的小水电无序开发问题进行跟踪采访；组织宣传驻村第一书记郭春伟同志事迹，配合审计宣传中心《审计青年》栏目组做好采访拍摄工作，郭春伟被评为全国审计机关驻村“第一书记”优秀代表，赴署机关、湖南和四川审计厅宣讲。响应审计署号召，与审计宣传中心、中国青年报和郑州大学共同完成“国家审计走进高校”财经法治宣传教育校园宣讲活动。

相关工作 推动学习贯彻习近平新时代中国特色社会主义思想和党的十九大精神走向深入。召开4次分党组中心组学习、8次专题学习，其中3次扩大到各处室负责人、1次扩大到全办处级干部、2次扩大到全体党员干部，为全办党员干部订购《习近平谈治国理政》等书籍，组织开展“学用新思想、笔谈千字文”“我最喜爱的习总书记的一句话”读书交流活动等。开展“强党建严作风、固基础精管理、创佳绩求发展”年活动，各支部在审计一线开展活动400余次，开展“不忘初心、重温入党志愿书”系列主题党日活动，组织开展“重温入党誓词　永葆党员本色”等主题演讲比赛。

加强党风廉政建设。办分党组书记分别与署党组、办领导班子成员，办领导班子成员与分管处室分级签订全面从严治党承诺书，逐级分解任务、层层压实责任。出台加强审计权力运行监督暂行办法等规定，完善处级干部纪律和作风档案，切实加强干部“八小时之外”管理，织密监督的“网子”。扎实开展纪律作风专项整顿月活动，组成6个督导组由办领导带队奔赴一线督导，集体警示教育2次，廉政谈话19人次，对41个现场进行监督，对21家单位进行回访。

加强队伍建设。优化干部结构，新招录6名硕士研究生，组织8人次完成处室岗位调整，选派3人到署机关交流、1人到河北省顺平县贫困村挂职。用好教育培训资源，选派993人次参加审计署培训，利用年中整训，邀请外部专家和单位骨干，分别作当前经济形势分析与政策研判、机关党支部工作实务、审计质量控制等专题讲座。完善实务导师制，精选25名实务导师对19名青年干部实行“多对多”“一对一”培养。

加强机关综合管理。修订出台45项制度，更新完善2018年版制度汇编，组织开发办公助理App。邀请专家来办开展保密知识讲座，认真开展保密自查，扎实管好涉密人员，维护国家秘密安全。抓好综治和平安建设，维修改造办公楼，安装智能管理系统，更新完善消防设施，强化安保措施，开展3次安全排查，在河南省2017年度综合治理和平安建设考评中获得优秀等次。推动精神文明创建工作，参加河南省第十三届运动会，获得多个单项奖和团体奖；开展组织开展慰问残疾儿童、结对帮扶贫困农村、大病医疗互助、金秋助学、无偿献血暨造血干细胞捐献等活动90余次，举办道德讲堂4期，走访慰问干部职工121人次，编发文明简报20余期，圆满通过省直文明单位复查。郑州特派员办事处被河南省政府授予2017年度服务河南经济社会发展优秀中央驻豫单位称号；有1个处室被评为“2016—2017年省直机关工人先锋号”。有2个党支部被审计署评为先进基层党组织，11名同志被评为审计署优秀共产党员或优秀党务工作者。　（撰稿人：潘小苏）

【审计署驻济南特派员办事处】　2018年，审计署驻济南特派员办事处（以下简称济南特派办）实有129人。设有办公室、法规处、财政审计处、行政事业审计处、农业审计处、资源环保审计处、固定资产投资审计处、金融审计处、企业审计处、社会保障审计处、外资运用审计处、计算机审计处、机关党委（人事教育处）、机关纪委（纪检监察处）等14个处室。

济南特派办审计范围：山东。

领导成员

特 派 员：王志伟（—4月）
　　　　　许永利（4月—）
副特派员：王　成（9月—）
　　　　　李　菁（—10月）
　　　　　左东明（—10月）　马敏周
纪检组长：黄　涛（—10月）
　　　　　左东明（10月—）
副司级审计员：吴天赞

审计成果　2018年，济南特派办完成审计项目11个。查出主要问题金额1957.6亿元，其中违规金额4.47亿元、损失浪费金额22.75亿元、管理不规范金额1930.37亿元；发现非金额计量问题214个，损益（收支）不实金额938.71亿元，侵害人民群众利益418万元。出具审计报告、专项审计调查报告13篇，审计处理处罚金额829.03亿元，其中应归还原渠道资金8000万元、应调账处理金额828.23亿元；移送司法机关、纪检监察机关和有关部门处理事项22件（含审计署移送案件线索2件），移送处理人员100人，移送处理金额59.54亿元；审计促进拨付资金到位2.25亿元；审计后挽回（避免）损失83万元。审计提出建议81条，被采纳74条。提交审计信息27篇，审计信息被审计署采用60篇。

财政审计司组织济南等18个特派员办事处、

部分派出局参与实施的财政部预算执行审计项目，济南特派办参与实施的中信集团法定代表人任期经济责任履行情况审计项目，被审计署评为优秀审计项目。济南特派员办事处参与实施的人民银行2016年度财务收支等情况审计项目，被审计署评为表彰审计项目。

国家重大政策措施落实情况跟踪审计 完成某省2018年国家重大政策措施贯彻落实跟踪审计。抽查单位345个和项目242个，查出部分地市虚报城镇新增就业人数、扶贫资金大量闲置等影响党中央重大政策部署落地的问题82个，涉及资金49亿元。按季度出具审计报告4篇，反映积极主动作为的事例9个，典型事例被审计署报国务院综合报告采用，促进问题完成整改68个。审计聚焦推动深化供给侧结构性改革、打好三大攻坚战、做好“六稳”等重大决策部署。按照审计工作一盘棋、推进审计全覆盖的思路，主动与省人民政府办公厅对接，建立起与省政府各部门和各地市政策跟踪审计联络协调机制；主动与省审计厅对接，建立起政策跟踪审计工作沟通协调机制，实现信息共享，加强统筹配合。在对某铁路局审计中，围绕铁路企业贯彻落实减税降费等重大政策情况，查出环保政策执行不力、违规收费、向国家特困县不合理收费等问题。

财政审计 完成对某省2018年地方政府性债务抽查核实审计项目，以推动积极妥善化解地方政府性债务风险为目标，摸清抽审地区地方政府性债务底数和结构，查出少报隐性债务等问题。上报多篇审计信息，提出化解风险、完善管理、健全制度等方面的审计建议。

民生资金（项目）审计 完成某省所辖1市、2县（市）及某自治区所辖1县的专项扶贫审计，反映扶贫政策落实不到位，扶贫资金管理不规范、统筹整合不力，资金长期闲置和项目效益不佳等方面问题。查出的某村镇银行截留扶贫贷款资金、某镇主要领导干部扶贫验收弄虚作假侵害群众利益等问题已移送相关部门处理。完成某省医疗保险基金审计项目，以医保体系建设、改革措施落实和基金管理使用为重点，查出大病保险倾斜性支付政策未落实，“两票制”实施后部分药价依然虚高等影响民生的问题；核实某医药企业大量偷逃税款、向医生行贿等问题线索。

农业与资源环保审计 参与完成某省长江经济带生态环境保护审计项目，发现某省生态保护红线划定、重点城市城镇污水处理设施建设运行、小水电开发建设管理、某湖泊生态环境状况呈恶化态势等方面存在的问题。

金融审计 完成人民银行某市分行2017年度财务收支情况、某省证监局2017年度预算执行情况等2个审计项目，参与完成某银行资产负债损益审计以及9家重点商业银行分支机构延伸审计等3个审计项目，发现人民银行、证监局2家分支机构预算执行和财务收支等方面问题20余项，重点关注2家单位行业监管权力运行情况，揭示某省地方金融交易所发行金融产品“旁氏”现象突出；反映不良资产认定和化解、私募债兑付风险等方面典型问题；对股票质押业务等风险隐患问题进行专题调查。

企业审计 完成4户中央企业资产负债损益及境外资产管理专项审计调查项目，反映部分企业通过新型金融工具融资隐藏真实负债水平、利用转口贸易循环销售虚增收入等问题。

信息化建设 召开大数据专题研讨会、座谈会，强化科技强审理念，培养大数据思维；研究出台加强大数据审计的实施意见，修订审计数据综合利用管理办法等4项制度，确保有章可循；注重经验交流，借助地方审计机关力量，对非结构化、分散数据进行整理挖掘，制订多行业数据采集方案，全方位采集数据；组建跨项目数据分析组，开展跨行业、跨部门、跨地域数据综合比对和关联分析，提升多维跨界分析运用能力。通过关联分析财政和金融数据，发现某领导干部将公款转存至其亲属工作的银行进行牟利的违纪案件线索；利用地理信息数据分析，发现岸线利用不规范、红线划定不准确等影响长江经济带生态环境的问题。

审计科研 组织实施关于深化国有企业经济责任审计方面的课题研究，举办审计青年论坛，在全办征集理论文章66篇，其中在《审计研究》《中国审计》《中国审计报》等公开发表11篇。围绕新形势新要求，对如何推进审计全覆盖等进行初步探索；围绕改进技术方法，组织开展案例研究，《谁动了贫困户的牛羊》等成果为解决审计难点、提高审计效率和质量提供宝贵经验；坚持基本理论研究和现实问题研究并重，发挥审计科研的理论支撑和实践指导作用，组织完成《以立身立业立信为标尺　不断推进特派办自身建设》《以社会主义核心价值观为基础构建新时代审计文化》等论文。

党建工作　以党章为根本遵循，旗帜鲜明讲政治。组织召开办分党组中心组学习和专题学习会 16 次，持续学习中央审计委员会第一次会议精神，深刻领会习近平总书记关于中央和国家机关党的政治建设的重要论述和批示精神，确保在思想上政治上行动上同以习近平同志为核心的党中央保持高度一致；组织制定坚决维护党中央集中统一领导和贯彻落实中央八项规定精神等 9 项措施，修订办分党组工作规则、中心组学习实施细则和意识形态工作责任制实施细则，3 次召开中心组专题学习会研究意识形态工作，坚决做到“两个维护”；调整党建工作领导小组，严格落实全面从严治党工作要点，修订机关党务工作规则，推进“两学一做”学习教育常态化制度化，不断强化“抓好党建是最大政绩”的理念，做到党建工作与审计业务工作同谋划、同部署、同落实、同检查；深入开展党建工作现场检查、基层党建述职评议考核、各党支部改选及换届等工作，保证机关党建各项工作任务落到实处。督促各支部认真学习《中国共产党支部工作条例（试行）》，严格落实“三会一课”等组织生活制度，加强党员管理监督，结合审计工作实际开展丰富多彩的主题党日活动，发挥战斗堡垒作用，不断提升组织力和战斗力。

深入开展党风廉政教育，及时传达学习十九届中央纪委二次全会等会议精神，邀请山东省纪委监委和省委党校专家学者讲解党纪党规，组织收看警示教育片、观摩廉政教育基地，深入开展纪律作风专项整治和警示教育活动，持续纠正“四风”，强化监督检查。审计项目实施前逐人谈话提醒，审计项目实施过程中适时跟进，坚持教育提醒到位、风险防控到位、监督检查到位。全年没有发生干部违纪违法问题。

队伍建设　以立身立业立信为标尺，推动干部队伍持续健康发展。实施“头雁”工程，领导干部带头讲党性、抓学习、钻业务、转作风，发挥表率作用；注重思想政治工作，教育引导干部增强政治责任感、历史使命感、职业荣誉感；制定加强青年干部培养工作意见和人才培养规划，调动干部干事创业积极性；加大审计业务培训力度，组织收看“审计大讲堂”，派员参加教育学院各类培训班，邀请外部专家、办内同志开展专题讲座和案例交流；开展庆祝改革开放 40 周年和建办 30 周年系列宣传活动，邀请首任特派员讲述建办故事、传承审计初心，开展“审计，我与奋斗”主题演讲、“道德讲堂”、帮扶审计专业贫困大学生等深化文明单位建设的有益活动；注重谈心谈话，看望慰问退休干部和生病职工，在政策范围内主动解决干部的实际困难。

机关管理　加强制度建设，提升内部管理效能。落实制度治党要求，围绕规范权力运行和强化内部管理，对办内规章制度开展“废改并立”，修订印发 40 项、合并 8 项、废止 12 项，通过完善制度着力解决钱怎么花、权怎么用、人怎么管等问题；加强机关精细化管理，防范安全风险。认真落实署党组关于国家安全、综合治理、消防安全、信息安全、保密管理和信访维稳等工作部署安排，签订责任书、明确时间表、细化任务单，定期开展保密自查、办公楼风险隐患排查、信访举报事项督办追踪，全年没有发生安全责任事故。

（撰稿人：郑秀芹）

【审计署驻西安特派员办事处】　2018 年，审计署驻西安特派员办事处（以下简称西安特派办）实有 143 人。设有办公室、法规处、财政审计处、行政事业审计处、农业审计处、资源环保审计处、固定资产投资审计处、金融审计处、企业审计处、社会保障审计处、外资运用审计处、计算机审计处、机关党委（人事教育处）、机关党委（纪检监察处）等 14 个处室；下设机关后勤服务中心。

西安特派办审计范围：陕西、宁夏。

领导成员

办分党组书记、特派员：洪承旭

办分党组成员、副特派员：张全廉

姚洪敏（—10 月）

刘占波　雷　达

办分党组成员、纪检组长：张晓青

副司级审计员：罗湘萍

审计成果 2018年，西安特派办完成审计项目15个，其中专项审计调查项目3个。查出主要问题金额7525.98亿元，其中违规金额43.72亿元、损失浪费金额6375万元、管理不规范金额7481.63亿元；审计发现非金额计量问题249个；损益（收支）不实金额120.32亿元；审计发现侵害人民群众利益8.9亿元；出具审计报告和专项审计调查报告15篇。审计处理处罚金额1275.85亿元，其中应上缴财政7.57亿元、应归还原渠道资金28.4亿元、应调账处理金额1239.88亿元；移送司法机关、纪检监察机关和有关部门处理事项43件，移送处理人员54人，移送处理金额1.32亿元。审计促进整改落实有关问题资金365.87亿元；审计促进拨付资金到位3.65亿元。审计提出建议66条，被采纳66条；提交审计信息44篇，被批示、采用111篇次。推动被审计单位制定整改措施183项，促进被审计单位建立、健全规章制度15项。

西安特派办实施的陕西省2017年国家重大政策措施落实情况跟踪审计项目，被审计署评为表彰审计项目。署财政审计司组织，西安等18个特派员办事处、部分派出局参与实施的财政部预算执行审计项目，被审计署评为优秀审计项目。西安特派办参与实施的人民银行2016年度财务收支等情况审计，中国工商银行、中国农业银行原法定代表人任期经济责任履行情况审计等项目，被审计署评为表彰审计项目。西安特派办实施的陕西省2016年第四季度扶贫审计项目，被审计署评为扶贫审计表彰项目。

国家重大政策措施落实情况跟踪审计 在对陕西、宁夏的政策措施落实情况跟踪审计中，紧紧围绕审计工作方案和指导意见要求，以政策、资金、项目和重大改革任务推进情况为抓手，深入推进重大政策措施有效贯彻落实，促进提高发展质量和效益。审计发现的地方政府债务、精准扶贫、污染防治、“放管服”等方面的一系列问题，被审计署结果公告采用事例40多个，移送违法违规问题线索10件，审计反映的建设部门变相设置多项国家已明令取消的建筑施工企业人员资格等问题，推动“放管服”改革和职业资格清理规范。

财政审计 在陕西省2017年度财政收支审计中，以供给侧结构性改革为主线，深入剖析问题产生原因，促进规范财政收支管理，提高财政资金使用绩效，推进国家治理体系和治理能力现代化。在全面摸清陕西省财政收支总体情况的基础上，重点审计陕西省本级、西安市本级及新城区本级财政收支总体情况、预算管理、财政收入及支出和财政存量资金等内容。揭示并反映预算分配管理、财政收入、财政支出、财政存量资金、财政资金管理、政府投资基金及其他方面共7类28个问题。

民生资金（项目）审计 高度重视脱贫攻坚项目审计，将其作为重要政治任务组织实施。审计组不断探索、创新审计思路和方法，加大计算机审计力度，区分资金规模、地域特点、贫困性质、以前审计结论等多种因素，围绕重大违规、资金安全和效益、损害群众切身利益、质量安全隐患等问题，根据现场具体情况动态调整思路和方向，查出各类问题75个。

在陕西省医疗保障基金审计中，审计组拓宽渠道收集人社、民政、医保等电子数据，充分利用已采集的财政、税务、工商等数据，构建分析模型，充分发挥大数据分析引导作用，揭示药价虚高导致看病贵问题、分级诊疗制度落实不到位制约看病难问题解决等体制机制问题；查出药品生产厂家弄虚作假抬高药价、医疗机构和个人骗取医保资金影响基金安全等问题，被审计要情采用1篇、重要信息要目采用5篇。

金融审计 参与实施上海浦东发展银行2018年度资产负债损益审计和中国银行股份有限公司原法定代表人任期经济责任审计。面对银行金融市场业务类型复杂、品种多样、业务创新多的特点，审计组一方面不断加强学习掌握金融市场业务的运作模式和方法；另一方面搭建并充分利用数据分析平台，从中锁定异常的交易环节和时间点，精确打击贷款诈骗等扰乱金融市场行为，加大对非法集资案件的查处力度。审计揭示和发现某民营企业骗取多家金融机构资金、某团伙非法吸收巨额资金等案件线索，被审计要情采用。

企业审计 牵头组织中国联通、中国烟草资产负债损益及中国大唐集团原法定代表人任期经济责任审计。审计组积极推动技术方法创新，加大审计数据归集力度，加强利用大数据的比对分析，梳理企业管理薄弱环节，聚焦中央重大决策部署落实和集团重大经济决策事项，为查处重大违纪违法问题线索提供有力支撑。审计发现和反映资产收入和成本费用不实、拆除设备未计提减值准备等问题以及某公司违规决策致使国有收益流失等重大违纪违法问题线索。

信息化建设 认真贯彻科技强审理念，调整优化审计数据分析团队，开展大数据审计基础培训和案例交流，强化全办大数据审计思维。紧密依托审计项目锤炼信息化审计能力，不断拓展大数据审计应用范围，在政策跟踪审计、医保审计、金融审计、企业审计、财政审计、扶贫审计等领域积极运用大数据审计，取得显著成果，大数据审计经验方法被审计署工作动态采用。

（撰稿人：侯青杨）

【审计署驻兰州特派员办事处】 2018 年，审计署驻兰州特派员办事处（以下简称兰州特派办）实有 136 人。设有办公室、法规处、财政审计处、行政事业审计处、农业审计处、资源环保审计处、固定资产投资审计处、金融审计处、企业审计处、社会保障审计处、外资运用审计处、计算机审计处、机关党委（人事教育处）、机关纪委（纪检监察处）等 14 个处室。

兰州特派办审计范围：甘肃、新疆。

领导成员

分党组书记、特派员：马晓方

分党组成员、副特派员：景东华（—10 月）
张燕飞　赵旭东
李冬波

分党组成员、纪检组长：邓海仪

副司级审计员：张新勇　郭永贵（1 月—）

审计成果 2018 年，兰州特派办完成审计项目 11 个。查出违规金额 46.89 亿元、损失浪费金额 6.03 亿元、管理不规范金额 2957.48 亿元；移送司法部门及相关单位处理事项 9 件；审计促进整改落实有关问题金额 225.74 亿元。

组织或参与实施的甘肃省 2017 年国家重大政策措施落实情况跟踪审计等 3 个审计项目，被审计署评为优秀审计项目或表彰审计项目。

国家重大政策措施落实情况跟踪审计 抓住地方特点，以推进深化供给侧结构性改革为主线，以资金、项目、政策和重大改革任务推进情况为抓手，重点揭示不作为、慢作为、假作为等懒政怠政庸政问题，以及国家重大战略、重大规划、重大改革任务推进缓慢等情况，反映职工养老保险基金存在运行风险等民生领域突出问题。省（区）政策措施跟踪审计全年共发现问题 162 个，其中 41 个典型案例被审计署公告，促进被审计单位修订、出台制度 27 项，问责追责 174 人。

财政审计 在财政收支审计中，坚持围绕中心、服务大局，关注地方财政收支的真实合法效益、地方政府性债务风险和专项重点资金使用绩效，推动财政资金规范、高效使用。针对政府隐性债务风险问题，大力揭示地方政府违规变相举债、债务风险防范化解措施仍须完善等问题，促进纠正违规举债、担保等 40 余亿元，推动坚决遏制隐性债务增量、积极稳妥化解隐性债务存量。

经济责任审计 紧扣经济责任，立足审计对象特点抓住关键事项，历史全面客观分析研究问题。在地方党委、政府主要领导干部经济责任审计中，围绕党中央、国务院决策部署，反映贯彻落实国家重大政策措施、履行重大经济决策职责等 7 方面 19 个问题；在中央企业及金融机构领导人员经济责任审计中揭露的重大案件线索，中央纪委已立案查处，并移送其他部门案件线索 3 件。

民生资金（项目）审计 围绕“两不愁三保障”“精准、安全、绩效”，加大对深度贫困地区、民族地区的扶贫审计力度，突出精准脱贫政策落实以及作风和腐败问题，揭露扶持对象不精准、资金使用不精准、政策执行不精准等方面问题 38 个，骗取套取扶贫资金等资金安全方面问题 25 个，项目未充分发挥效益等绩效方面问题 31 个，反映的重大案件线索被审计要情采用。

农业与资源环保审计 关注生态环境保护和污染防治方面的突出问题，反映的重大问题被重要信息要目采用，移送相关单位案件线索 2 件。在领导干部自然资源资产离任审计中突出生态环境状况和问题与领导干部履职尽责情况的关联，揭示 7 大类 26 个问题，推动地方政府及部门出台 5 项制度和 3 项环境治理方案。

金融审计 发挥计算机数据分析优势，挖掘金融数据中所表现出的异常特征，着重揭示金融信贷领域重大违法违规问题，发现部分信贷资金流向限制性行业、个别金融机构管控不力虚增存贷款规模、一些不法集团违法从事非法集资和地下钱庄等问题，在推进反腐倡廉方面发挥积极作用。

企业审计　提高政治站位，切实推动落实党中央关于国企国资改革发展的重大政策措施贯彻落实，突出企业业务特点，注重“点”“线”“面”结合，加大从企业到行业再到宏观层面的分析，着重揭示和反映体制机制制度性问题。推进数字化审计模式，一方面对基础数据进行深度关联和挖掘，另一方面积极与环保、工商等数据贯通，发现某企业通过虚构贸易业务虚增收入和违规开展融资性贸易等问题。

审计质量管理　坚持依法审计，严格规范审计取证、资料获取、账户查询、延伸审计、审计处理等行为，强化审计现场管控，组织开展审计现场审计质量、保密、党建、廉政综合检查，坚持立查立改，督促提高审计现场管理水平。抓好审计质量全流程管控，深化“两单一会”管理，加大跟踪审理力度，开展项目审计档案检查，发现问题及时督促整改。推进大数据审计，推动构建以业务为主导、信息技术为保障的数据分析组织模式，围绕三大攻坚战建立3个专业数据库，组织自主开发审计数据管理系统和财政数据处理软件，实现数据全过程管理和财政数据处理自动化。

党建工作　坚持以学懂弄通做实为目标，以分党组中心组学习为引领，层层深入推进学习贯彻习近平新时代中国特色社会主义思想和党的十九大精神，围绕加强特派办党的建设和审计中心工作，以工促学、以学助工，深化学习效果。将2018年确定为支部组织力提升年，大力推动特色党支部创建，组织召开机关党建和党风廉政建设推进会，支部书记、委员培训会和座谈会，推动严格落实“三会一课”等组织生活制度，探索完善审计组临时党组织制度，将党建工作延伸到审计工作最前沿、体现在审计一线，充分发挥党建引领作用。在扎实开展纪律作风专项整治月活动、警示教育活动的基础上，自加压力、自加内容，持续开展“严规守纪　改进作风”大整治活动，全面查摆廉政风险点，突出八小时之外的管理，修订完善办分党组贯彻落实监督执纪“四种形态”实施办法等7项党风廉政建设相关制度，积极践行监督执纪“四种形态”，强化监督执纪问责。

队伍建设　坚持带好头、选好人，办领导班子和班子成员严格执行民主集中制，充分发挥“头雁效应”，深入调研、靠前指挥，提出思路、指出问题；加强处级领导班子建设，优化处级干部结构，通过开展专题培训、交流党建经验等活动，提升处级干部党建工作及政策理论水平。搭建办处两级干部培养平台，探索开展多点导师制、实务导师团队，加大培训交流力度，开展全办范围案例教学，深化打造“财政学堂”“思源讲堂”等7个处室学习平台。开展计算机审计中级培训，选派10余名干部外出交流授课，参与完成审计署加强机关党支部建设研究等课题9项；圆满承办第九届中印青年审计论坛，充分展示青年干部的良好素质和扎实作风。积极构建“大监督”干部管理格局，完善干部请销假和因私出国（境）管理制度、梳理需请示和报告事项、明确领导干部个人有关事项报告填报及抽查核实工作，高度重视干部职工思想状态和身心健康，为条件艰苦的审计组准备药品和御寒物品等，协调解决干部困难，组织开展形式、内容多样的文体活动，真诚关心关爱干部。

机关管理　完善用制度管人管事的长效机制，组织全面清理制度，全年废止制度20项，新增及修订30项。牢固树立总体国家安全观，认真履行工作责任，组织自主开发保密检查软件，每月开展安全检查，做实做细保密和安全工作。加强档案管理，档案工作被评定为甘肃省档案规范化管理一级单位。拓展宣传工作思路，主动适应新媒体时代要求，提升宣传效果，全办发布对外宣传稿件97篇次。　（撰稿人：吴建卓　王　芸）

【审计署驻昆明特派员办事处】　2018年，审计署驻昆明特派员办事处（以下简称昆明特派办）实有125人。设有办公室、法规处、财政审计处、行政事业审计处、农业审计处、固定资产投资审计处、金融审计处、企业审计处、社会保障审计处、外资运用审计处、资源环保审计处、计算机审计处、机关党委（人事教育处）、机关纪委（纪检监察处）等14个处室。

昆明特派办审计范围：云南、贵州。

领导成员

分党组书记、特派员：杨宁生（—12月）

分党组成员、副特派员：周应良　文卫国
林　清
王云峰（4月—）
分党组成员、纪检组长：哈耀卿
副司级审计员：程一平（—10月）
李厚琼（1月—）

审计成果　2018年，昆明特派办完成审计项目21个。审计挽回经济损失4.06亿元，推动建立健全制度62项。审计信息被审计要情采用3篇，审计要目采用58篇，有79个典型案例被审计署审计工作报告、审计结果公告等采用，向有关部门移送重大问题线索15件。

昆明特派办参与实施的中国农业银行法定代表人经济责任审计项目，被审计署评为审计署表彰项目。组织实施的云南省扶贫审计项目，被审计署评为扶贫审计优秀项目。

国家重大政策措施落实情况跟踪审计　完成对云南、贵州两省的国家重大政策措施落实情况跟踪审计，出具跟踪审计季度报告8篇，42个审计案例被审计署采用，重点揭示某省国土部门未及时清退矿业权价款保证金13.56亿元；某省贯彻落实国家利用外资政策不及时，未及时制定出台具体措施；某省部分环保部门和住建部门违规设置行政审批或备案前置中介服务事项增加企业负担等问题。

财政审计　完成云南、贵州两省政府本级和部分州市、县债务和隐形债务审计，对武定县财力的专项审计调查。参加财政部组织的2017年中央预算执行和编制中央决算草案情况审计项目，着力揭示一些地方仍违法违规举借政府隐性债务，虚增财政收入等问题。

民生资金（项目）审计　完成云南、贵州两省8个州市本级及8个贫困县扶贫政策和资金跟踪审计，揭示某市40个农村饮水安全工程损毁后未及时修复，影响7103人稳定供水；某县贫困家庭学生未按规定享受国家助学金等问题。29个扶贫审计案例被审计署采用，3起移送案件查处结果被审计署移送处理结果公告采用。促进出台、完善配套政策、建立健全规章制度5项，推动146个扶贫项目加快建设及发挥效益，促进9281名贫困户及其子女按政策享受到教育、低保、住房安全政策，收回、调整违规使用的扶贫资金26959.56万元，避免和挽回损失8305.77万元，促进29446.65万元扶贫资金发挥效益。有关部门依据审计情况处理处分80人，其中给予党纪政纪处分8人。

农业与资源环保审计　组织实施云南省长江经济带生态环境保护情况审计，揭示云南省生态保护红线未将全部自然保护区划入红线内；部分工业园区布局不合理未按照规定建成污水集中处理设施等问题。参与组织报送的云南省小水电开发建设存在问题亟待规范等5篇材料汇总后被重要信息要目采用，其中小水电开发建设问题被中央电视台采访和报道。

金融审计　参与完成兴业银行北京分行及兴业金融租赁有限公司资产负债损益审计、东方资产管理有限公司法定代表人经济责任审计、中国人民银行昆明中心支行和云南省银监局预算执行和财务收支审计，揭示某银行通过多种渠道违规向房地产行业融资100多亿元，虚增存款20多亿元；部分管理人员利用职务便利收受贿赂数百万元等违法案件线索。查出主要问题金额100多亿元，金融审计上报的各类信息被采用17篇，其中被审计要情采用1篇，重要信息要目采用9篇，移送案件线索6件。

企业审计　完成对中国石油天然气集团有限公司、中国有色矿业集团有限公司、中国电力建设集团有限公司等3户中央企业2017年度资产负债损益和境外投资及境外国有资产管理使用情况专项审计调查，实施对中国出版集团经济责任审计、中国恒天集团经济责任审计。揭示对外合作开采陆上石油资源条例修订滞后，影响天然气资源开发利用；进口出版物管理制度不完善、监管不到位，存在文化安全风险；个别人员利用职务便利侵占国有资金，涉嫌贪污和违规出借资金等问题。

信息化建设　强化非现场审计与现场审计融合，审计进点前，坚持“数据先行”，通过大数据分析，明确审计重点和范围，再由现场审计组有的放矢进行现场核查，提升审计成果。应用大数据分析技术，实现对8个国定贫困县扶贫审计全覆盖。完成对云南、贵州两省财政、国税、地税、工商、民政等部门的数据采集、整理、标准表抽取，两次上报数据共1.5TB。清理完善或者建立数据管理使用、设备管理和安全保密管理等方面的制度12项。开展对大数据、云计算、人工智能、图形图像、非结构化等技术的培训，组织人员参加审计署计算机中级、大数据审计研讨培训、审计数据分析师高级培训、审计数据分析能力提高班培训，提高审计人员的信息化能力水平。组织网络安全、计算机保密、软件正版化等检查，开展应急演练，保障信息系统安全。

党建工作 组织全办党员干部深入学习党的十九大报告和新修订党章、《习近平谈治国理政》（第一、二卷）和《习近平新时代中国特色社会主义思想学习纲要》《习近平新时代中国特色社会主义思想30讲》等，编印《党建知识应知应会》口袋书，推送党建知识短信100余条。制定完善《审计署党组昆明特派办分党组工作细则》《审计署党组昆明特派办分党组关于坚决维护党中央集中统一领导和贯彻落实中央八项规定精神的实施办法》等党建管理制度。创新支部学习教育方式方法，组织开展纪律作风专项整治月、“不忘初心、牢记使命”主题教育、党课宣讲等活动。全年成立临时党支部24个，指导和督促各临时党支部在审计现场组织开展一系列的学习教育活动，对17个审计项目组、14个审计小组开展党建工活动、现场纪律执行、审计监督权运行、坚持文明审计等4个方面的情况进行现场检查并对被审计单位进行廉政回访。

队伍建设 新录用公务员6人，完成10名科级干部晋升、4名新录用公务员转正定级；安排1名干部到扶贫挂钩点担任驻村党支部第一书记、工作队员。全年安排300人次参加审计署组织的境内（外）培训、审计业务培训、管理培训、技能补充和更新知识等各类培训。组织完成全办53名处级干部集中报告个人有关事项，随机抽查核实6人报告。评选出上年度工作表现突出的优秀处室5个、优秀公务员25名，先进党支部3个，优秀党务工作者4名，优秀共产党员8名。

机关管理 完善制度促规范，及时修订内部管理办法，提升财务精细化管理水平，组织对机关本级和机关后勤服务中心及金审大酒店2017年度财务收支情况的内部审计，促进各部门严格执行财经纪律、严控“三公”经费。强化责任意识，提升公文质量，起草或者核改各类政策性文件、年度工作总结、领导讲话、阶段性汇报材料等综合材料和文件800余份，审计报告、重要审计情况、审计简报等各类审计业务文书90余篇，未出现重大质量问题。加强保密和国家安全管理责任，开展4次专网计算机及移动存储介质保密检查、4次常规性普通密码保密自查，接受1次地方保密主管部门组织的检查并获得优秀等次。持续推进档案工作规范化，完成审计档案616卷，文书档案532件的立卷工作，通过向审计署移交完成向中央档案馆移交文书档案128卷（2157件）的工作。有效发挥群团组织桥梁纽带作用，机关工会组织开展积极向上的工会活动，团支部组织“青年读书分享会”“每季度读一本好书”和青年志愿者活动，妇委会开展“巾帼心向党　建功新时代”主题活动。做好挂钩扶贫工作，指导驻村扶贫队员扎实完成昆明特派办以前年度协调投入的交通、饮水项目；14个处室党支部组织100余人次到会泽县以礼社区走访、慰问贫困户；直接投入扶贫资金9.2万元、驻村队员工作经费4万元，重点对68名贫困学生、第三四村民小组饮水设施建设进行扶持。

（撰稿人：李　丹）

【审计署驻成都特派员办事处】 2018年，审计署驻成都特派员办事处（以下简称成都特派办）实有142人。设有办公室、法规处、财政审计处、行政事业审计处、农业审计处、资源环保审计处、固定资产投资审计处、金融审计处、企业审计处、社会保障审计处、外资运用审计处、计算机审计处、机关党委（人事教育处）、机关纪委（纪检监察处）等14个处室。

成都特派办审计范围：四川、西藏。

领导成员

分党组书记、特派员：吴兆军（—4月）

分党组成员、副特派员：王端述
景东华（10月—）
徐永胜
吕建伟（—10月）
戴华虎（—10月）

分党组成员、纪检组长：屠红梅

正司级审计员：王永红（—10月）

副司级审计员：程一平（10月—）

审计成果 2018年，成都特派办完成审计项目17个，其中专项审计调查项目2个。查出主要问题金额6238.47亿元，其中违规金额8.66亿元、损失浪费金额705万元、管理不规范金额6229.74亿元；审计发现非金额计量问题888个；损益（收支）不实金额60.4亿元；审计发现侵害人民群众利益2117万元；出具审计报告和专项审计调查报告13篇。审计处理处罚金额32.86亿元，其中应归还原渠道资金8.32亿元、应调账处理金额24.55亿元；移送司法机关、纪检监察机关和有关部门处理事项31件，移送处理人员214人，移送处理金额30.18亿元。审计促进整改落实有关问题资金1.83亿元；审计促进拨付资金到位3910万元。审计提出建议303条，被采纳240条；提交审计信息64篇，被批示、采用227篇次。

成都特派办实施的四川省2017年国家重大政策措施落实情况跟踪审计、四川省2017年第一季度扶贫审计、西藏自治区党政原主要领导干部任期经济责任与自然资源资产管理责任履行情况审计，联合或参与实施的中信集团法定代表人任期经济责任履行情况审计、财政部具体组织2016年度中央预算执行和编制中央决算草案情况审计等5个项目，被审计署评为优秀审计项目或者表彰审计项目。

国家重大政策措施落实情况跟踪审计　完成对四川省的国家重大政策措施落实情况跟踪审计。重点聚焦防范化解重大风险、精准脱贫、污染防治三大攻坚战，持续跟踪供给侧结构性改革、“放管服”改革等重大决策部署在四川省的贯彻落实情况，先后对泸州市等4个市州开展延伸审计，上报审计报告4份，发现扶贫、环境保护、减税降费等领域问题204个，涉及金额2978.59亿元，有70个审计案例被审计署综合报告或审计结果公告采用。完成对西藏自治区的国家重大政策措施落实情况跟踪审计，发现金融扶贫政策落实不到位、污水垃圾处理设施建设缓慢、闲置浪费等问题。西藏自治区政府及有关部门高度重视，制定、完善相关规章制度15项。

财政审计　完成四川省2017年度财政收支审计项目，审计发现预算编制不准确、不完整、不细化；预算收入未及时缴库；虚列财政支出、未按规定用途使用财政资金；无项目结转财政资金、财政资金出借；未按规定及时分配财政资金；挤占挪用财政资金等问题。

经济责任审计　完成四川省省长经济责任审计。审计发现部分国家政策和重大项目推进落实不到位、精准脱贫部分任务落实不到位个别重大经济决策不规范、部分生态环境保护任务未完成、遵守自然资源资产管理和生态环境保护法律法规和监管责任不到位、预算管理和财政资金绩效管理不规范等6类问题。

民生资金（项目）审计　完成对四川省叙永县、马边县、黑水县、稻城县、木里县等5个国家级贫困县的扶贫审计，重点围绕扶贫政策措施落实、扶贫资金管理使用、扶贫项目建设运营及效益等3个方面开展审计，发现在扶贫资金管理分配使用、扶贫政策落实、扶贫项目推进等3个方面存在的问题，相关内容被新华网、工人日报等媒体报道。完成对四川省养老保险基金的审计，以养老保险制度推进、基金收支和结余情况为主线，聚焦养老保险基金制度可持续性、制度公平性和资金安全性3个方面，审计发现养老保险系统整合和数据共享层次较低等问题。

农业与资源环保审计　完成四川省长江经济带生态环境保护情况审计，在贯彻中央重大方针政策和决策部署、资源生态保护、污染防控、工业布局优化调整和工业园区建设、项目和资金管理等5方面发现生态保护红线划定不完善，部分环境治理目标未完成，部分小水电站建设忽视生态环境保护，一些流域总磷污染防治工作不到位，部分城市污水收集处理能力不足，污水管网建设不完善，部分工业园区未经审批自行设立，一些农村水电增效扩容资金面临发挥效益不佳等问题。完成对四川省省长自然资源资产任中审计，围绕自然资源资产管理和生态环境保护目标完成、遵守自然资源资产管理和生态环境保护法律法规、自然资源资产管理和生态环境保护监督责任履行、相关资金征管用和项目建设运行情况等4个主要方面，发现部分开发建设与长江上游重要生态屏障的主体功能区定位不符，部分自然资源底数质量不高，一些国家要求的专项工作目标任务未按期完成，部分环保投入资金使用和项目建设运行状况不佳等问题。

金融审计　派员参与商业银行跟踪审计和资

产负债损益审计。审计发现部分商业银行在贯彻执行国家经济金融政策和决策部署、同业投资和同业负债等方面存在问题。

企业审计 完成对中国建材集团有限公司2017年度资产负债损益和境外投资及境外国有资产管理使用情况的专项审计调查，发现公司在会计核算、资产质量、债务风险以及盈利能力和发展质量等方面存在问题。完成对中国工程物理研究院资产负债损益的专项审计调查，发现其在会计核算、资产质量以及盈利能力和发展质量等方面存在问题。

信息化建设 按照署领导关于“组织对财政数据横向到边、纵向到底的攻关”的有关指示要求，在审计署财政审计司、电子数据审计司等单位的指导支持下，与四川省审计厅、成都市审计局合作，打破“一级政府、一级财政”模式下形成的信息壁垒，探索完成从中央——四川省——成都市——23个区县财政—用款单位的财政数据贯通工作。通过财政数据的归集、整理、补充和标准化，开发财政大数据审计分析系统，为非计算机专业审计人员提供一个可视化的财政大数据贯通分析平台，使审计人员足不出户就能看到中央及省市专项转移支付的逐层分配和使用情况，实现从预算指标到资金支付的正向追踪和逆向回溯。通过与工商等外部数据相关联，为审计人员提供综合判断财政资金分配和使用情况的依据，提高审计数据分析效率，为实现财政审计全覆盖创造有利条件。

审计科研 系统总结近年来利用大数据审计技术核查证券市场违法违规问题的技术方法，形成《基于金融审计大数据的证券市场异常交易模型探讨》等国家社科基金项目课题研究成果，在《审计研究》发表。组织理论研究征文活动，提交的2篇论文被收入第四届全国审计青年论坛论文集，1篇荣获论坛二等奖；提交的1篇论文获全国审计机关领导干部自然资源资产离任审计研讨会三等奖。

党建工作 持续深入学习贯彻习近平新时代中国特色社会主义思想。利用中心组学习会、分党组会议、专题学习等平台，围绕党的十九大精神十个深刻领会、习近平谈治国理政等重点内容组织专题学习，深入推进“两学一做”学习教育常态化制度化，制订学习贯彻方案，组织开展系列学习活动，切实用习近平新时代中国特色社会主义思想武装头脑、指导实践、推动工作。切实履行全面从严治党责任。坚持把党的政治建设摆在首位，强化“抓好党建是最大政绩”的理念，组织开展“不忘初心，重温入党志愿书”等活动。切实加强基层党组织建设，加大调查研究力度；强化组织力建设，配齐配强各党支部班子力量，组建审计项目临时党支部；充分发挥党支部战斗堡垒作用。创新党建工作方式方法，将每月第一个周五确定为支部主题党日，开展支部微党课视频比赛等活动，推动党建工作与业务工作深度融合。加强机关党风廉政建设，强化廉政教育，开展“纪律作风专项整治月”和集中警示教育活动，把纪律和规矩挺在前面，组织审计现场检查或廉政回访，督促审计组严格落实审计“四严禁”工作要求和审计“八不准”工作纪律及其他各项纪律，为审计工作顺利实施提供强有力的政治和纪律保障。深入贯彻落实中央八项规定及其实施细则精神。严控公文数量，切实改进文风会风，公文数量较2017年同期减少12.62%。公务接待用餐全部安排在机关食堂，定期公示公务用车使用情况，公车运行维护费用较2017年同期下降17.41%。加强机关文明创建，开展选树先进典型、定点扶贫等活动。

队伍建设 组织研究制定关于建设高素质专业化干部队伍的意见，不断提升干部队伍政治能力、专业能力、宏观政策研究能力、审计信息化能力。持续深化完善“135＋”跟踪培养体系和主辅导师制，组织召开青年干部培养推进会、开展“根在基层”实践锻炼活动等，不断优化“一人一策”培养模式。抓好集中整训和日常培训，组织参加审计署各类培训，邀请高校、党校的专家学者来办授课。重视思想政治工作，深入了解职工家庭困难，研究修订完善送温暖办法，通过选树“成都办之星”等活动加强正面引导。

（撰稿人：赵洪超）

【审计署驻长沙特派员办事处】 2018年，审计署驻长沙特派员办事处（以下简称长沙特派办）实有136人。设有办公室、法规处、财政审计处、行政事业审计处、农业审计处、资源环保审计处、固定资产投资审计处、金融审计处、企业审计处、社会保障审计处、外资运用审计处、计算机审计处、机关党委（人事教育处）、机关纪委（纪检监察处）等14个处室。

长沙特派办审计范围：湖南、广西。

领导成员

分党组书记、特派员：赵保林（—4月）

分党组成员、副特派员：车列武　谢岳山

黄建宇　辛　风

分党组成员、纪检组长：余宁琪

副司级审计员：孙　剑

审计成果　2018年，长沙特派办完成审计项目15个。审计发现问题金额6781.47亿元，其中违规金额375.95亿元；审计整改金额57.69亿元。出具审计报告和专项审计调查报告21篇。提出审计建议57条；被审计单位根据审计建议制定整改措施210项。被审计署采用信息77篇次，其中审计要情3篇次、重要信息要目71篇次、信息转送函3篇次；审计报告反映的问题被审计署公告案例采用100个；相关问题线索办理审计署移送5件，特派办移送51件。长沙特派办审计信息、案例采用和审计移送成果在18个特派办中均排名前列。

长沙特派办实施的广西壮族自治区2017年国家重大政策措施落实情况跟踪审计、湖南省2017年国家重大政策措施落实情况跟踪审计，与金融审计司等联合实施的中国工商银行股份有限公司原法定代表人任期经济责任履行情况审计等3个审计项目，被审计署评为表彰审计项目。

国家重大政策措施落实情况跟踪审计　开展对湖南、广西两省区的国家重大政策措施落实情况跟踪审计。按照“抓重点、补短板、强弱项”的要求，进一步突出审计重点，更加注重反映乡村振兴、区域协调发展等国家重大战略实施情况，更加注重反映“一带一路”、长江经济带等国家重大规划推进情况，更加注重反映打好三大攻坚战相关政策措施落实情况，更加注重反映“三去一降一补”等重大任务落实情况，更加注重反映“放管服”改革深化、减税降费等方面的情况，更加注重反映稳就业、稳金融、稳外贸、稳外资、稳投资、稳预期方面的情况。湖南、广西两省区政策落实情况跟踪审计中的90余个案例被审计署综合报告采用。

经济责任审计　牵头承担新兴际华集团有限公司、中国建筑科学研究院有限公司（原）法定代表人任职期间经济责任审计。审计组高度重视审前调查，运用数字化审计模式，聚焦总部，紧扣责任，坚持全过程质量、进度控制，在财政收支、重大经济决策、廉洁从业等方面揭示一批典型问题。两个审计项目发现各类问题180多个，涉及金额760亿元，查出损失、闲置资金等100多亿元，多个案例被综合报告采用。

民生资金（项目）审计　完成湖南省养老保险基金审计，重点关注湖南省贯彻落实国家相关养老保险政策的情况，着力反映养老保险基金内部控制管理存在薄弱环节、职工养老保险基金收支缺口持续加大、养老保险基金收益率较低、违规发放养老保险待遇等问题。通过数据分析，查出并移送多件骗取养老保险基金的问题线索，社会反响良好。审计反映的职工养老保险缴费比例、养老保险缴费年限等问题，被编入重要信息要目。

完成对湖南、广西两省区的扶贫审计项目。审计紧紧围绕习近平总书记重要指示精神和《关于打赢脱贫攻坚战三年行动的指导意见》要求，聚焦“精准、安全、绩效”，持续关注相关地区和部门贯彻落实产业扶贫、健康扶贫等政策措施情况，关注脱贫攻坚质量和实效，将质量和绩效理念贯穿于扶贫审计全过程和各环节。审计中揭示的一批政策落实不到位、骗取套取扶贫资金、资金分配优亲厚友等典型问题，被审计署综合报告采用。

农业与资源环保审计　完成湖南省长江经济带生态环境保护审计。以全面加强生态环境保护，坚决打好污染防治攻坚战为目标，围绕水和土壤生态环境保护、工业结构和工业布局优化调整等方面开展审计工作，揭露洞庭湖污染防治不到位、非法电鱼、生态保护红线划定不合理、小水电过度开发以及粮食重金属污染等重大生态环境问题，报出的信息中有10篇被重要信息要目采用。利用外部环保监督技术力量，揭露多起非法排污问题并移送有关部门。

金融审计　参与对浦发银行和建设银行的审计项目。在浦发银行审计中，牵头负责资产管理业务的审计任务，从理财销售、理财资产配置合规风险、信用风险、流动性风险和道德风险等多个角度全面深入开展审计，全面深入揭示资产管理业务的风险和违规点，多个典型案例被采用，发现并移送重大违纪违法问题线索5件、编发审计要目2篇。在建设银行审计中，主要负责资产管理业务、同业业务、投行业务、地方政府性债务专题和服务实体经济专题，发现并移送重大违纪违法问题线索3件、编发审计要目4篇。

企业审计 牵头承担中国铝业集团有限公司、中国航空发动机集团有限公司、中国航空器材集团有限公司、中国海洋石油集团有限公司等4户企业资产负债损益和境外投资及境外国有资产管理使用情况专项审计调查，出具专项审计调查报告8份，揭示企业在财务收支、境外投资、境外资产管理等方面的问题120多个，涉及金额2600多亿元；查出损失、闲置资金等金额70亿元。审计中搭建数据分析平台，紧扣工作方案，结合企业特点，挖掘重要信息要目题材，16篇信息被重要信息要目采用，其中独立形成要目1篇、起主要作用10篇。

信息化建设 做好定期数据报送，大力推进数据采集工作。出台《大数据审计专家库管理办法（试行）》，鼓励业务处培养大数据审计人才。出台《审计业务电子数据管理实施细则（试行）》，进一步规范数据管理，开发依托数据分析网运行的电子数据管理平台，提升数据管理水平。数据分析团队通过对湖南、广西两省区工商、民政及农村信用社数据的深入分析，发现部分公务员借农村信用社改革、补充资本实力和充足率之机，违规参股持股多家农村金融机构的问题线索，被审计署审计要目采用。

审计科研 中标审计署重点科研课题《国家审计在乡村振兴战略实施中的作用途径研究》，成功申获中国审计学会合作课题《经济责任审计研究》。承办中国审计学会组织的“经济责任审计研究中期研讨会”。继续推动研究型审计开展，组织政策理论专题研究，1篇论文入选第四届全国审计青年论坛论文集，全年编撰《政策研究与工作参考》9期。

党建工作 坚持以习近平新时代中国特色社会主义思想为指导，全面贯彻党的十九大精神和习近平总书记在中央审计委员会第一次会议上的重要讲话精神。坚持全面从严治党，坚持政治引领，出台分党组坚决维护党中央集中统一领导和贯彻落实中央八项规定精神具体措施、分党组执行党的“六项纪律”监督检查暂行规定。开展纪律作风专项整治和问题风险专项排查，严肃监督执纪问责，全面防范化解风险。

队伍建设 加大干部培养力度，13名干部走上新的工作岗位，10人轮岗交流历练；全年选派干部参加署各类培训班40余期，累计培训100余人次。

机关管理 加强审计质量控制管理，围绕质量检查台账，追踪审计流程进行全过程检查；定期对审计项目质量问题进行通报点评，做好审计重大违纪违规问题线索库收集和维护。加强机关内部管理，全面提高安全意识，防范财务、保密、审计质量、社会治安综合管理等各类风险。深化精神文明创建，完成省文明单位复查验收，配合审计署宣传中心做好国家审计走进高校、审计青年等重要宣传活动，树立和维护审计机关良好形象。

（撰稿人：刘　亮）

【审计署驻深圳特派员办事处】 2018年，审计署驻深圳特派员办事处（以下简称深圳特派办）实有105人。设有办公室、法规处、财政审计处、固定资产投资审计处、金融审计处、企业审计处、社会保障审计处、外资运用审计处、境外审计处、计算机审计处、机关党委（人事教育处）、机关纪委（纪检监察处）等12个处室。

深圳特派办审计范围：海南、深圳；港澳中资机构。

领导成员

办分党组书记、特派员：段大波

办分党组成员、副特派员：张在银　郝士坤

李　菁（10月—）

胡尊锴（10月—）

办分党组成员、纪检组长：杨恒田

正司级审计员：张在银　赖汉雄

副司级审计员：陈彦钊

审计成果 2018年，深圳特派办完成审计项目22个。查出违纪违规问题金额300多亿元，促进增收节支和挽回损失57亿元，移送重大违纪违法问题线索16件，提交审计信息11篇，多篇信息成果被审计要情或重要信息要目采用。

深圳特派办参与实施的人民银行 2016 年度财务收支等情况审计、中国农业银行股份有限公司原法定代表人任期经济责任履行情况审计、中国有色矿业集团有限公司原法定代表人任期经济责任履行情况审计等 3 个项目，被审计署评为优秀审计项目。

国家重大政策措施落实情况跟踪审计 开展对深圳市和海南省的国家重大政策措施落实情况跟踪审计，聚焦三大攻坚战，紧紧围绕习近平总书记在海南和深圳考察的指示精神，密切关注优化营商环境、地方政府性债务风险、污染防治、脱贫攻坚等方面政策的落实情况，揭示深圳市在线审批存在的问题，反映海南省债务风险，着力推动国家重大政策措施贯彻落实，促进提高发展质量和效益。

经济责任审计 对海南省原党政主要领导干部开展经济责任审计。重点关注海南省落实习近平总书记海南考察讲话精神的情况，揭示部分领域落实不到位的问题，审计报告得到署领导的肯定。在对海南省高级人民法院原院长经济责任审计中，揭示出一些违纪违法问题，并且针对发现的问题分析产生原因。

民生资金（项目）审计 开展海南省扶贫资金审计，重点关注精准扶贫精准脱贫政策措施落实、资金使用管理情况等，揭示形象工程等案例 9 起，被审计署扶贫资金审计综合报告采用。审计发现的超标准公务接待等问题，被中纪委作为违反中央八项规定精神 6 起典型问题公开曝光。在海南医保基金审计中，揭示反映某医院虚假骗取医保基金的问题。

农业与资源环保审计 在贵州长江经济带生态环境保护审计中，发现公职人员涉嫌滥用职权等问题线索，提交 3 篇信息被重要信息要目采用。

金融审计 在对深圳证券交易所的审计中，关注内地及香港资本市场互联互通，发现两地市场交易不匹配等方面的问题。在对兴业银行的审计中，关注财政性存款的绩效挂钩问题，审计发现的问题被重要信息要目采用。

企业审计 在对华润集团和招商局集团有限公司资产负债损益和境外国有资产管理使用情况专项审计调查中，查出企业在资产质量、债务风险等 5 个方面共 130 个问题，涉及问题金额合计 480 亿元。编发的信息被审计要情和重要信息要目采用。

信息化建设 坚持数据先行、强化工作统筹。针对人力资源紧缺的难题，集中统一调配人员，每一个项目都由计算机处牵头与审计业务处组建数据分析小组，根据审计需求开展综合数据分析。在海南省原党政主要领导干部经济责任审计中，通过对 10 个部门的数据进行综合对比分析，揭示地方经济发展面临区域金融风险的问题。注重数据库、网络爬虫、图斑数据分析等新技术在审计工作中的运用，与北京某信息技术公司合作开发的审计大数据检索工具，已取得阶段性成果。

党建工作 坚持以党的政治建设为统领，深入学习贯彻习近平新时代中国特色社会主义思想。坚持办分党组中心组学习制度，全面系统学习《习近平谈治国理政》《习近平新时代中国特色社会主义思想三十讲》等原著，学习习近平总书记在庆祝改革开放 40 周年大会上的讲话等原文，以“三会一课”为抓手，制订“两学一做”学习教育常态化制度化实施方案，推进学习教育不断深化，全年开展中心组学习 12 次。加强党的基层组织建设，共召开民主生活会或专题民主生活会 3 次，各党支部组织党支部集中学习 110 余次，办领导班子成员自觉以普通党员身份参加双重组织生活，在全办党员大会上讲党课 5 次，组织赴深圳市改革开放纪念馆、惠州花果村等地开展主题党日活动。办分党组切实履行党风廉政建设领导责任，组织召开专题会议，分析党风廉政建设形势，针对存在问题提出要求。成立巡视整改工作领导小组，组织召开全办党员大会对巡视反馈意见进行通报，对署党组巡视指出问题，能即时整改的已全部整改到位，需要持续整改的，已纳入年度工作要点。制定年度纪检监察工作安排，明确纪检监察工作思路，建立审计项目廉政台账，推广审计现场管理督导表，督促审计组落实好以审计现场管理办法为重点的审计项目管理制度，规范对审计权力运行的监督，全年共对 25 个审计项目小组开展廉政巡查。在纪律作风专项整治月活动和集中警示教育活动中，坚持问题导向、全面排查执行纪律规矩方面存在的问题，切实做到知错就改。开展各种活动，加强党性修养，观摩深圳监狱廉政教育基地，学习讨论《中国共产党纪律处分条例》，开展警示教育；在办内网站开辟纪检园地等栏目，在审计现场对审计人员开展党建知识学习，组织党纪法规在线测试；针对深圳毗邻港澳的特点，通过专家讲座、实地参观等方式加强国家安全意识；开展“我为深办添光彩”活动，激发干事创业的热情。

队伍建设 强化办处两级领导班子建设，提高政治理论水平，坚持深入审计一线、靠前指挥、真抓实干、亲力亲为，谋方案、定步骤、抓成效。制定深圳特派办《加强干部队伍建设的实施意见（试行）》，从宏观层面指导干部队伍建设，推动干部整体能力提升。严格按照制度要求开展处级干部选拔、科级干部晋升和干部轮岗工作，不断优化处室人员结构。修订审计实务导师制实施细则，采取日常指导和项目指导相结合方式，发挥审计实务导师“传帮带”作用。坚持培训工作服务审计一线的原则，开展分类别、分层次的培训模式，切实加强能力建设。（撰稿人：戴小六）

【审计署驻长春特派员办事处】 2018 年，审计署驻长春特派员办事处（以下简称长春特派办）实有 107 人。设有办公室、法规处、财政审计处、行政事业与资源环保审计处、固定资产投资审计处、金融审计处、企业审计处、社会保障审计处、外资运用审计处、计算机审计处、机关党委（人事教育处）、机关纪委（纪检监察处）等 12 个处室。

长春特派办审计范围：吉林。

领导成员

分党组书记、特派员：常　利

分党组成员、副特派员：王　波　刘险峰

王雷鸣（—10 月）

许　斌（10 月—）

分党组成员、纪检组长：李雪斌

副司级审计员：周　矫　王玉芳

审计成果 2018 年，长春特派办完成审计项目 10 个，其中专项审计调查项目 3 个。查出主要问题金额 4255.25 亿元，其中违规金额 4.14 亿元、损失浪费金额 58.16 亿元、管理不规范金额 4192.95 亿元；审计发现非金额计量问题 262 个；损益（收支）不实金额 377.45 亿元；审计发现侵害人民群众利益 5677.66 万元；出具审计报告和专项审计调查报告 12 篇。审计处理处罚金额 95.19 亿元，其中应上缴财政 585.51 万元、应归还原渠道资金 8.7 亿元、应缴纳的其他资金 25.57 亿元、应调账处理金额 60.86 亿元；移送司法机关、纪检监察机关和有关部门处理事项 8 件，移送处理人员 3 人，移送处理金额 1208.09 万元。审计促进整改落实有关问题资金 96.82 亿元；审计促进拨付资金到位 58.53 亿元；审计后挽回（避免）损失 2340.68 万元；移送处理落实事项 18 件。审计提出建议 197 条，被采纳 197 条；推动被审计单位制定整改措施 49 项；促进被审计单位制定、完善规章制度 30 项；提交审计信息 22 篇，被批示、采用 152 篇次。

长春特派办实施的吉林省 2017 年国家重大政策措施落实情况跟踪审计，被审计署评为优秀审计项目；吉林省 2017 年第四季度扶贫审计项目，被审计署评为扶贫审计表彰项目。长春特派办参与实施的 2016 年度中央预算执行和编制中央决算草案情况审计、中信集团法定代表人任期经济责任审计等 2 个项目，被审计署评为优秀审计项目；参与实施的中国有色矿业集团有限公司原法定代表人任期经济责任审计，被审计署评为表彰审计项目。

国家重大政策措施落实情况跟踪审计 密切关注“稳就业、稳金融、稳外贸、稳外资、稳投资、稳预期”等政策措施的落实，揭示出吉林省多个市县财政部门通过挪用中央和省级专项资金用于保工资、保运转以及偿还债务，财政支付风险与地方政府性债务风险相互叠加，个别市县财政运行风险不断加剧的问题，通过提出预警，促使地方政府防范、遏制风险继续扩大。

民生资金（项目）审计 开展扶贫政策落实及扶贫资金分配管理使用情况审计，围绕吉林省“十三五”脱贫攻坚任务，重点关注精准识别以及产业扶贫、易地搬迁等政策落实效果，发现非贫困人口违规重复享受扶贫待遇、应享受未享受扶贫政策等问题 80 余个。开展吉林省养老保险基金审计，利用信息化技术，系统摸查吉林省养老保险管理情况，揭示出吉林省在现行体制下存在的职工养老保险自身“造血”功能不强、养老保险基金可持续运行压力大等多个问题。

农业与资源环保审计 围绕习近平总书记“共抓大保护，不搞大开发”指示精神，在长江经济带生态环境保护审计中，聚焦“沿江一公里”化工项目搬迁、中华鲟保护等审计重点，反映三峡枢纽工程污染安全隐患问题的审计信息，国家发展改革委专门组织调研，各部门积极落实整改，收到较好效果。

金融审计 围绕互联网金融、表外融资、信贷资金“脱实向虚”等金融监管中存在的薄弱环节，重点关注金融风险。在参与实施的浦发银行资产负债损益审计中，开发的“打捞贷款”金融审计模型得到审计署领导肯定，被金融审计司在大数据审计研讨班展示材料中推广。

企业审计 在中国石油化工集团、华能集团、电信科学技术研究院3户中央企业资产负债损益、境外投资和管理情况专项审计调查中，关注企业真实合法效益、贯彻落实“走出去”战略中存在的突出问题，发现企业境外投资效益差债务风险巨大、电源结构优化进展缓慢、以融资性贸易虚增经营业绩等方面的问题百余个。在对中国一汽集团原法定代表人的经济责任审计中，围绕国企国资运营管理及领导人员经济责任履行，累计发现企业贯彻执行重大经济决策和宏观调控措施、深化改革、公司治理和内部管理等多个问题，紧扣经济责任客观开展审计评价，至年底项目已进入收尾阶段。

信息化建设 坚持向信息化要资源，向大数据要效率，将计算机审计人员与业务骨干“结对子”打造团队，在项目前期扎实做好数据采集、数据挖掘、数据比对工作，发挥大数据分析对确定审计重点、明确审计方向的支持引领作用。同时，开展对国家重大政策措施落实、阶段性中心任务完成以及东北全面振兴、全方位振兴等区域重点问题的跟踪分析，揭示风险隐患和问题线索。与审计署计算机技术中心、北京信息科技大学共同完成《云计算环境下审计大数据智能应用》课题研究，起到以理论研究推进信息化审计实务的作用。

党建工作 强化思想武装，扎实推进“两学一做”学习教育常态化制度化，组织“不忘初心 忠诚履职”主题教育活动，开展重温入党志愿书恳谈会等系列活动，引导全办党员干部进一步牢固树立“四个意识”，坚定“四个自信”，做到“两个维护”。持续抓好年初明责、年中督责、年底评责的全链条支部党建重点工作，开展“一支部一特色”党建工作总结活动，坚持“四同步四融合”方法推进临时党组织建设，审计组的凝聚力和战斗力进一步提升。把持续整治“四风”、严格执行审计“四严禁”工作要求和审计“八不准”工作纪律摆在突出位置，扎实开展纪律作风专项整治活动和集中警示教育月活动，聚焦审计现场风险防控抓好廉政监督检查，并通过制定审计项目廉政工作手册、建立廉政谈话室等，进一步夯实廉政建设基础工作，有效保障全办廉洁从审的良好势头。

队伍建设 坚持把纪律规矩挺在前面，严格落实民主集中制和特派办分党组工作规则，突出办领导班子成员在带头强化政治建设、带头遵规守矩、带头尽责担当方面的示范带动作用。坚持树立正确用人导向，不断充实和优化处级干部队伍，并将干部轮岗交流作为复合型审计人才培养的重要手段，促进中坚力量做大做强。建立“一人一策”的青年干部培养机制，购置《审计技巧丛书》，开展重要审计文书撰写点评活动等，全方位落实培养措施，助力青年干部脱颖而出。举行“爱办兴办从我做起”演讲比赛，组织郑德荣先进事迹报告会，邀请C919首飞团队和基层优秀青年干部来办作专题讲座，多角度引导审计干部进一步提升政治责任感、历史使命感、职业荣誉感。

机关管理 开展制度“废、改、并、立”工作，对全办11类制度进行全面系统梳理，进一步补充和构建科学完善的管理工作机制。与驻地医院联合开展医疗健康讲座，成立瑜伽、书法、乒乓球、篮球兴趣小组，坚持办好假期小餐桌、配送病号饭等纾困解难工作，用心消解干部职工后顾之忧。全面落实署党组关于社会综治、保密、信访等任务安排，及时部署开展保密自查、办公楼日常检查和隐患排查等工作，平稳完成老旧供暖管线和监控系统改造，并被国家机关事务管理局、国家发展改革委、财政部评为“节约型公共机构示范单位”。

（撰稿人：纪　楠）

【审计署驻重庆特派员办事处】 2018年，审计署驻重庆特派员办事处（以下简称重庆特派办）实有106人。设有办公室、法规处、财政审计处、行政事业与资源环保审计处、固定资产投资审计处、金融审计处、企业审计处、社会保障审计处、外资运用审计处、计算机审计处、机关党委（人事教育处）、机关纪委（纪检监察处）等12个处室。

重庆特派办审计范围：重庆。

领导成员

分党组书记、特派员：吕劲松

分党组成员、副特派员：王　斌

籍吉生（—11月）

宋　晖（—11月）

戴华虎（11月—）

分党组成员、纪检组长：吴正恩

副司级审计员：赵田录

审计成果　2018年，重庆特派办完成审计项目15个。审计查出主要问题金额2730.57亿元，其中违规金额9136万元、损失浪费金额193.97亿元、管理不规范金额2535.68亿元；审计发现非金额计量问题2634个；损益（收支）不实金额217.62亿元；审计发现侵害人民群众利益3629万元；出具审计报告和专项审计调查报告12篇。审计处理处罚金额339.14亿元，其中应归还原渠道资金87.36亿元、应调账处理金额251.78亿元；移送司法机关、纪检监察机关和有关部门处理事项11件。审计促进整改落实有关问题金额84.34亿元；审计促进拨付资金到位1.87亿元；审计后挽回（避免）损失45万元。审计提出建议42条，被采纳42条；推动被审计单位制定整改措施15项；促进被审计单位制定、完善规章制度2项。上报审计信息被审计署采用69篇次。

重庆特派办实施或者参与实施的重庆市2017年国家重大政策措施落实情况跟踪审计、重庆市2017年第一季度扶贫审计、财政部具体组织2016年度中央预算执行和编制中央决算草案情况审计等3个项目，被审计署评为优秀审计项目；重庆特派员办事处实施或者参与实施的中国交通建设集团有限公司法定代表人任期经济责任审计、人民银行2016年度财务收支等情况审计、中国工商银行股份有限公司原法定代表人任期经济责任审计等3个项目，被审计署评为表彰审计项目。

国家重大政策措施落实情况跟踪审计　将跟踪审计国家重大政策措施落实情况作为重要政治任务，在所有审计项目中均重点关注，促进提高公共资金、公共资产、公共资源绩效，为推动经济发展实现质量变革、效率变革、动力变革贡献更多审计力量，有效助推打好打赢三大攻坚战。审计揭示的网络小额贷款公司规避实际经营地区准入审查导致网络客户信息识别不精准、非法冒用他人名义借贷等问题，被作为典型案例在2017年度审计工作报告中采用。持续关注机构改革、“放管服”、涉企收费等多项重点改革事项，一批典型案例被审计结果公告采用。

财政审计　在地方政府性债务审计中，着力揭示典型问题和潜在风险，督促有关地区完善风险管理体系，保障经济平稳安全运行。根据审计揭示问题和提出建议，相关地区已成立债务管理机构，并有针对性地出台债务风险防控政策制度，切实保证财政收入的真实性和准确性，守住不发生系统性和区域性风险的底线。

固定资产投资审计　对某公共工程建设项目竣工财务决算开展审计，坚持提高政治站位，突出工程招标、价款结算、资金使用管理等重点环节，严肃财经纪律，深入揭示重大问题。系统排查项目运行中可能存在的安全隐患，深入分析体制机制和管理原因，上报审计信息被重要信息要目独立采用。

民生资金（项目）审计　开展扶贫审计，围绕“精准、安全、绩效”，探索大数据审计实践应用，促进精准脱贫各项政策措施落地落实。揭示的贫困残疾人未按规定享受每月生活补贴的问题线索，其相关思路方法被中国残联推广运用，推动相关地区积极履责。开展医疗保障基金审计，密切关注重点人群参保及享受缴费补助情况，关注药价改革、支付方式改革进展情况，持续关注分级诊疗、异地就医联网结算等医疗体制改革进展情况，发现有关地区实施“两票制”后对降低药价作用不够明显、药品交易制度有待进一步完善、基本医疗保障政策落实不到位等问题。

农业与资源环保审计　开展长江经济带环境保护审计，正确把握生态保护和经济发展的关系，严肃查处破坏生态、污染环境等重大典型问题，重点关注绿色发展政策措施落实、资金到位、项目完成和效益发挥情况，揭示国家级自然保护区核心区内违规建设小水电站未及时关闭，且继续获得中央财政补助资金问题，生态环境部紧急部署专项清理整顿工作，中央电视台《新闻直播间》进行深度报道，引起社会各界关注。

金融审计　在商业银行审计中，关注财政金融风险的产生、集聚、形式、政策情况，揭示金融机构通过信贷或类信贷业务，直接或间接向地方政府融资平台、类平台、土地储备机构、医院等提供融资等问题，反映的信用卡领域违约风险影响区域金融稳定的问题，被重要信息要目独立采用。在金融机构领导人员经济责任审计中，关注党中央、国务院重大经济决策贯彻落实情况，揭示违反廉洁从业规定、违反中央八项规定精神等违纪违法问题，促进正风肃纪、秉公用权。在政策性农业信贷担保专项审计中，揭示出有关地区风险分担机制不完善、企业内控制度不健全等问题，督促相关部门及时防范农业信贷担保领域风险，确保相关惠农政策落实到位。

企业审计 在对中央企业领导人员的经济责任审计中，以推动中央重大决策部署落实和国有企业高质量发展为审计目标，聚焦权力运行和责任落实，依托梳理“三重一大”决策事项清单和问题线索清单，逐项核查领导人员经济决策事项。探索优化企业审计组织方式和技术方法，深入揭示重大改革事项推进、重大经济决策落实、“三重一大”制度执行等方面的突出问题。查出的中国电子等2户企业所属单位领导人员受贿问题被纳入审计署公告，3名涉案人员被追究刑事责任。根据审计情况，归纳反映的某行业重大设备自主研发能力亟待提高等问题，被重要信息要目独立采用。

信息化建设 坚持科技强审，不断提升大数据审计能力和水平，为履行审计监督职责提供重要保障。印发《加强审计信息化建设工作的意见》，明确大数据审计发展的指导原则、主要目标、行动思路、重点任务、措施要求。制定数据中心数据利用操作指引，对审计作业、资源访问等加强权限管理。集中遴选专家和骨干人才28人，打造以“库、团、组”为核心的数据分析队伍，发挥引领先行作用。在扶贫、资源环境审计中，运用地理信息技术开展图层影像数据叠加分析，揭示部分区县在退耕还林中违规占用基本农田等问题线索，实现精准制导，助力打通政策落实“最后一公里”。强化关键信息基础设施运行管理，落实网络安全工作责任制，做好软件正版化工作。

党建工作 全方位落实新时代党的建设总要求。始终把政治建设摆在首位，多措并举抓好思想建设，不断提升组织建设成效，锲而不舍深化作风建设，持之以恒加强纪律建设，不断提高党建工作质量。办主要负责同志讲授党课获评全国审计机关“学习宣传贯彻党的十九大精神”主题党课宣讲活动优秀党课，《一位审计特派员的“初心”》《真情实意话扶贫》2篇作品在审计署“我与十九大”主题征文活动中分获一等奖、三等奖。2个党支部被评为审计署先进基层党组织，6人被评为审计署优秀共产党员、优秀党务工作者。开展党风廉政建设问卷调查的做法获驻审计署纪检监察组充分肯定，调查问卷被《审计纪检信息》全文刊发并转发各单位参鉴。

队伍建设 多举措建设高素质专业化干部队伍。组织近700人次参加署“审计大讲堂”和网络专题培训，邀请专家来办作乡村振兴战略等专题讲座15次，打造实务导师制升级版，继续推出“掌上微课堂”。严格按照规定程序要求，做好公务员招录和处级干部选拔任用工作，评议结果较以前年度有较大提升。认真贯彻落实中央《关于进一步激励广大干部新时代新担当新作为的意见》，加大干部交流力度，修订考核办法，强化激励引导。重庆特派办保持重庆市文明单位荣誉称号，7个处室获评重庆市青年文明号集体。

机关管理 坚持推进“七五”普法，全面落实“谁执法谁普法”普法责任制要求，不断增强运用法治思维和法治方式开展工作的能力。修订印发《审计业务综合管理规定实施细则》，扎实开展法制审理，坚持季度质量通报制度，进一步强化审计质量控制。坚持精细化管理，提高机关综合管理水平，保密、宣传、督查工作获得审计署充分肯定，细化预算执行等财务管理做法被审计署领导肯定并要求在其他特派办推广。承办由审计署、共青团中央主办的国家审计走进高校财经法治宣传教育活动，分党组书记带队赴中央财经大学、北京交通大学、重庆大学等3所高校开展宣讲，展示审计机关的风采和良好的职业形象。贯彻执行《审计署关于内部审计工作的规定》，应邀安排业务骨干赴公安、交通等部门授课、赴高校开展座谈，为构建集中统一、全面覆盖、权威高效的审计监督体系贡献力量。承担的国家社会科学基金项目《建立扶贫政策跟踪审计机制研究》课题稳步推进，形成2篇阶段性研究成果；与中国审计学会合作课题《审计机关审计风险管理研究》顺利结题；《乡村振兴战略背景下扶贫审计路径创新研究》等一批研究成果被《审计研究》采用。

（撰稿人：赵　拓）

地方审计机关

北京市

【北京市审计局】 2018年，北京市审计局实有干部职工608人。设有办公室、行财处、综合处、研究室、法制处、人事处、机关党委、离退休干部处、机关工会、驻局纪检监察组（派驻）、审理处、内部审计指导处、经济责任审计办公室（分局）、经济责任审计一处、经济责任审计二处、财政审计处（分局）、行政事业审计处（分局）、农业与资源环保审计处（分局）、固定资产投资审计一处（分局）、固定资产投资审计二处（分局）、经贸审计处（分局）、社会保障审计处（分局）、金融审计处、第一派出局、第二派出局、第三派出局、第四派出局、第五派出局、第六派出局、第七派出局、第八派出局、第九派出局、第十派出局、宣传教育中心、审计项目绩效考评中心、计算机中心、机关服务中心、审计数据中心等38个处、室、中心。

领导成员

局　　长：马兰霞

副 局 长：徐　涓　郭　彤　王　涛
　　　　　曾晓冬

总审计师：石　铝（—6月）

驻局纪检监察组组长：徐纪铭

副巡视员：陈应兵（—6月）　匡贡献

审计成果 2018年，北京市审计本级完成审计项目243个，其中审计项目235个、专项审计调查项目8个。查出主要问题金额3602.47亿元，其中违规金额28.1亿元、损失浪费金额21.78亿元、管理不规范金额3552.58亿元；审计发现非金额计量问题1000个；损益（收支）不实金额179亿元；出具审计报告和专项审计调查报告251篇，被批示、采用18篇次。审计处理处罚金额18.59亿元，其中应上缴财政15.57亿元、应归还原渠道资金2.34亿元、应缴纳其他资金145万元、应调账处理金额6558万元；移送司法机关、纪检监察机关和有关部门处理事项108件，移送处理人员99人，移送处理金额24.55亿元。审计促进整改落实有关问题资金384.71亿元；审计促进拨付资金到位17万元；审计后挽回（避免）损失1860万元；核减投资额909万元；移送处理落实事项26件。审计提出建议768条，被采纳668条；推动被审计单位制定整改措施1086项，促进被审计单位建立、健全规章制度219项；提交审计信息162篇，被批示、采用101篇次。向社会公告审计结果66篇。

国家重大政策措施落实情况跟踪审计 持续开展政策措施落实情况跟踪审计，关注北京市198项重点工作任务落实情况，对“疏解整治促提升”专项行动落实以及北京市重大项目进行跟踪监督，组织开展“三城一区”科技专项资金、“一会三函”政策落实情况等专项审计，为促进重大政策落实、重点项目推进、重要资金落地发挥积极作用。围绕防范化解重大风险，组织开展政府性债务、政府投资基金、地方金融机构和区级财政收支等审计，促进提高风险防范能力、保障财政安全。

大数据审计 坚持科技强审，推进大数据审计应用，制订《北京市审计局大数据审计三年行动计划（2018—2020年）》，开展“2018年大数据审计深化应用年”活动；推进数字化审计模式，以大数据推进部门预算执行领域审计全覆盖；加大数据集中力度，完善数据采集和管理，推进数据资源整合与共享；组建北京市审计局数据分析团队，建立数据分析人才数据库。

财政审计 加强全口径预算监督，四本预算全部纳入审计范围。以大数据审计方式，对北京市123家市一级预算单位进行2017年度预算执行和决算草案审计，同时开展对市农业局两家基层预算单位的2015年至2017年预算执行和其他财务收支审计，采集转换财务账套325套，获取并整理12类数据库，采集数据库达100GB。

经济责任审计 坚持党政同责，同责同审，持续加大领导干部经济责任审计力度，共审计区、局级领导干部和国有企业领导人员22人。紧盯公共资金、国有资产、国有资源，突出关注财政资金分配、重点项目建设等重点领域和关键环节，着力推动经济责任审计从“查问题”向“查责任”转变，进一步提升经济责任审计结果的实用性。

固定资产投资审计 聚焦重大项目落地，开展北京市2022年冬奥会和冬残奥会、北京城市副中心行政办公区工程建设跟踪审计，强化过程监督，确保工程建设真实、合法、有序推进；开展北京大兴国际机场建设重点工作任务落实和配套道路建设跟踪审计，推动北京大兴国际机场建设重点工作任务有效落实，促进项目严格控制投资成本，提高建设资金的使用效益；对北京市政务服务中心工程进行结算审计，有效保障工程建设成本的真实性合理性。

民生资金（项目）审计 持续开展保障性安居工程跟踪审计，对住房公积金、学前教育、医疗保险、医药分开及药品阳光采购政策等开展专项审计。聚焦精准脱贫，制订《2018—2020年三年扶贫协作和支援合作项目审计工作方案》，组织开展北京市扶贫协作和对口支援帮扶项目、促进低收入农户增收及农村经济薄弱地区发展政策落实情况等审计，客观评价民生政策实施效果，促进提升民生资金使用效益。

农业与资源环保审计 紧跟大气污染防治新特点，抓住大气污染主要矛盾，开展对机动车污染控制情况的审计，重点关注北京市机动车污染控制政策措施执行、财政资金的管理使用及相关项目实施等情况，采用数字化审计模式和大数据分析手段，提高审计效率，挖掘审计成果。紧盯大气治理中“燃气锅炉低氮改造”措施开展研究型审计，注重从制度设计、工作机制、资金运行、实施效果方面揭示管理中存在的问题，促进治理工作精细化。实行领导干部自然资源资产离任审计，起草《北京市贯彻落实〈领导干部自然资源资产离任审计规定（试行）〉实施细则》。组织全市审计机关开展领导干部自然资源资产离任审计，揭示资源环境法律法规执行不到位、目标任务未完成、政府部门监管执法不严等问题，促进领导干部牢固树立绿色发展理念。

金融审计 完成市属3家银行政策落实、信贷资金流向和风险防控等情况跟踪审计，审计中利用在3家银行建成的审计专用数据库平台，运用大数据审计模式开展集中分析、确定疑点，采用“穿透式”审计方式，跟踪资金流向、查证业务实质，取得良好效果。实施完成地方金融企业国有资产管理情况专项审计，形成专项审计工作报告，并向市人大常委会作书面报告。

外资运用审计 完成中德财政合作“京北风沙危害区植被恢复与水源保护林可持续经营”项目、世界银行贷款北京市节能减排示范项目、全球环境基金赠款中国城市建筑节能和可再生能源应用项目等3个国外贷援款审计项目，审计单位分别为市园林绿化局、市财政局、北京源深节能技术有限责任公司，审计结果通过市审计局官网公告。

企业审计 组织开展对首开集团、北京建工集团、北京环卫集团、京演集团、北京房地集团、北京一轻公司6家市属国有企业领导人员经济责任审计，涵盖市场竞争、公共服务和特殊功能3大类国有企业，起到示范效应。编制审计方案，全面涵盖领导干部贯彻执行党和国家重大政策措施情况、贯彻落实“三重一大”决策制度情况、企业法人治理和管控情况、企业经营现状和可持续发展情况、境外国有资产投资、运营和管理情况等重点内容，聚焦企业重点所属单位、大额资金、重大项目、重要业务、关键环节靶向发力。项目开展过程中，紧紧围绕“质量、责任、绩效”开展工作，坚持把检查企业绩效状况与促进落实国家宏观调控政策相结合；把检查企业高风险业务与保障国有资产安全和国家金融安全相结合；把检查企业节能降耗指标完成情况与落实国家节能环保政策相结合；把检查企业决策效果与提高国有资产使用效率相结合。开展市属国有企业境外投资、运营和管理情况审计调查，调查显示目前市属国有企业境外投资涉及63个国家和地区，投资企业或非法人机构1100多个，投资额2100多亿元。该项审计调查紧紧围绕决策链条、资金链条、数据链条、股权链条实施，促进提升国有企业国际化经营能力和抗风险能力。

信息化建设 聚焦重点，抓实“金审工程”三期前期工作，编写完成北京市“金审工程”三期项目可研报告。推动北京审计信息管理系统全面应用。推进应用系统完善，完成新版预算执行系统的技术开发、“网上培训”系统政务云迁移和完善、审计指挥系统平台建设。强化网络信息安全管理，开展3次网络安全专项检查，制订专项方案采取24小时监控等措施，确保安全值守有序到位。完成信息化管理制度修订，形成信息化管理制度3项。

内部审计 持续推进内部审计政府立法，经广泛调研、深入研究、起草撰写、公开征求意见、专家论证、局党组和办公会审议等环节，于7月将《北京市内部审计规定（草案）》及其说明提交市政府法制办。面向市属各部门、企事业单位及全市审计机关制定发布年度内部审计指导意见和要点，明确内部审计及其指导监督工作的方向目标和重点。持续深化教育系统内部审计质量工作检查，强化针对性的指导服务。着力提升内部审计人员职业素质，组织《审计署关于内部审计工作的规定》系列宣讲活动，举办业务培训13期，覆盖内部审计人员近3000人。组织开展以“新时代内部审计的创新发展”为主题的全市内部审计理论研讨活动，征集论文122篇。

相关工作 贯彻落实中央京津冀协同发展重大战略决策，推动与津、冀审计机关签署《京津冀审计协同发展合作框架协议》，加强在计划制订、项目实施、成果利用、组织方式改进、技术方法创新等方面的合作，全面开启三地审计协同联动新模式。深入贯彻落实市委、市政府关于进一步支持民营经济发展的有关部署，召开民营企业座谈会，倾听民营企业家意见建议，共商审计助力民营企业发展良策。

组织开展“基础工作深化年”工作，明确6方面20项具体任务。涉及审计业务管理、行政管理、党的建设等方面的50余项制度修订工作全部完成，审计实施方案论证、审计结果质量把控等机制建立并有效运转，机构职能发挥、机关运行、业务管理、大数据管理运用等进一步规范、顺畅。研究制订大数据审计三年行动计划和党建、人事等8项年度要点计划，通过强化顶层设计、健全工作机制、加强指导和督促等措施，进一步提升审计管理的科学化、制度化、精细化。

围绕建设高素质专业化审计干部队伍目标，加强处级领导班子和干部队伍建设，干部工作突出政治标准，坚持事业为上，注重培养审计干部的专业能力和专业精神。持续开展干部工作纪律作风整治工作，加强对干部的日常管理监督，建立健全激励和约束并重的考核管理机制。

在充分调研培训需求的基础上，以围绕中心、服务大局为原则制订年度教育培训计划，共设置7类24个培训项目，构建全方位的培训体系，注重做到“人员分层次、项目分类别、计划分阶段，全覆盖与精准化相结合”，更加合理地设计培训课程。全年累计培训4100余人次，进一步拓宽审计干部视野，提升审计业务技能，促进审计干部改进作风、强化能力、提升素质。

（撰稿人：于　晨）

【东城区审计局】 2018年，东城区审计局实有66人。党组书记、局长侯立华，副局长李辉良、刘立新、田熙娟、于永兵。设有办公室、人事科、综合科、复核法制科、信息管理办公室、内部审计指导科、固定资产投资审计科、经贸审计科、行政事业审计科、财政审计科、街道财政审计科、社保环保审计科、经济责任审计科13个科室和东城区审计事务中心1个事业单位。

审计成果 2018年，东城区审计局全年完成审计项目53个，其中审计项目46个，专项审计调查项目7个。查出主要问题金额31.15亿元，其中违规金额821万元、管理不规范金额31.07亿元；审计发现非金额计量问题140个；损益（收支）不实金额37万元；出具审计报告和专项审计调查报告83篇，被批示、采用41篇次。审计处理处罚金额890万元，其中应上缴财政890万元；移送司法机关、纪检监察机关和有关部门处理事项1件，移送处理金额13万元。审计促进整改落实有关问题资金20万元。审计提出建议114条，被采纳49条；推动被审计单位制定整改措施91项；提交审计信息188篇，被批示、采用66篇次。

行政事业审计科张玫撰写的《基于DC审计

局数字化审计平台的数据分析模型构建及应用》获第四届北京审计青年论坛征文二等奖。

国家重大政策措施落实情况跟踪审计 围绕违法建设拆除、核心区街巷环境整治、厕所革命等重点任务部署推进情况，促进政策落实到位。利用大数据审计、地理信息检测技术、现场核查等方式延伸审计覆盖面。

财政审计 开展东城区2018年度区级预算执行和其他财政收支审计，确定教委、卫计委、城管委为每年必审重点部门。对机关事务管理中心代管的41家单位“揭盖”，启动对17个街道办事处的轮审机制，2018年共延伸审计31个二级及以下单位，提高审计按照资金流布阵的能力。

经济责任审计 坚持离任与任中审计相结合，党政同责、同责同审，在政府部门及国有企业均开展党政领导干部同步审计工作。开展服务区级领导党政同步经济责任审计。

固定资产投资审计 以审计专报等方式按年度及重要事项向政府报送审计结果，实现质量效益型转变。结合疏整促工作的推进，加强对百街千巷、架空线入地等非基建项目的审计，实现资金流向的全面监督。采取跟踪审计动态监督与专项审计、决算审计常态化监督相结合、对建设项目指导和检查相结合的方式，实现对政府投资项目进行全面监督的转变。选取社会机构出具的结算报告进行复核，实现审计质量水平把控方式的转变。

专项资金审计 围绕区委区政府中心工作，开展戏剧东城等项目审计调查；围绕百姓关注的热点难点，在学前教育、燃气（油）锅炉改造等方面增加绩效审计内容；围绕重点项目，对雪亮工程、次支路建设工程进行跟踪审计。与区纪委、城管执法局等部门配合，多次联合开展拆违封堵专项检查工作，充分发挥审计监督职能。

信息化建设 探索大数据背景下的数字化审计方式，利用信息化技术实现审计管理机制创新，成立数据分析团队。

相关工作 完善党组中心组学习制度，深入学习习近平同志系列重要讲话精神及《准则》《条例》。切实选优配强中层领导干部，通过民主推荐干部进行交流轮岗，起草《东城区审计局科级领导职务选拔任用工作实施方案》，严格组织人事纪律。制订年度教育培训计划，组织各类学习教育培训，全面提升审计干部综合能力。以加强督察督办为抓手提高行政运行效率，全年完成督察督办事项130项，从办公微环境、会场秩序、保密意识等入手，在“中非论坛”等重要节假日期间，综合治理办公室领导小组开展经常性检查，做到有方案、有记录、有措施、有整改，提升工作效能。

内部审计 坚持内部审计自查自纠，结合“三公”经费大数据筛查和区委巡察要求现场走访查验，走访比例继续提升。组织15家单位内部审计人员对区重点投资项目进度及资金支付情况进行自查，形成专项报告报区政府。利用《东城内审》专刊宣传审计知识，加大问题披露，扩大审计影响力。（撰稿人：吴　兰）

【西城区审计局】 2018年，西城区审计局实有69人。局长涂云国，副局长耿兵、周春青、张博威、朱岩，总审计师姜宏杰，调研员赵敬书。设有综合科、财政金融审计科、固定资产投资审计科、经济责任审计科、科教文体审计科、行政事业审计科、内部审计指导科、社保经贸审计科等15个科室。

审计成果 2018年，西城区审计局完成审计项目49个，其中审计项目44个，专项审计调查项目5个。查出主要问题金额61248万元，其中违规金额35391万元、管理不规范金额25857万元；审计发现非金额计量问题145个；损益（收支）不实金额62万元；出具审计报告和专项审计调查报告47篇，被批示、采用7篇次。审计处理处罚金额33395万元，其中应上缴财政4812万元、应减少财政拨款或补贴12159万元、应归还原渠道资金12276万元、应调账处理金额4147万元。审计促进整改落实有关问题资金24878万元；审计后挽回（避免）损失1万元；核减投资额12071万元。审计提出建议209条，被采纳209条；推动被审计单位制定整改措施27项，促进被审计单位建立、健全规章制度15项；提交审计信息128篇，被批示、采用42篇次。

区属12个示范中学2015年度至2017年6月运行资金管理使用绩效情况审计调查项目被市审计局评为优秀审计项目。

国家重大政策措施落实情况跟踪审计 结合全区重点工作，按季度开展国家重大政策措施落实情况跟踪审计，监督棚户区改造、低端业态调整、违法建设拆除、开墙打洞治理等重点工作，抽查任务进度，核实工作质量，助力区域经济转型发展。助推京津冀协同发展，按照协同发展任务分解交办表的要求，通过审查项目进度、实施环节、资金配套及使用情况，对承担任务的部门逐项核实交办任务完成情况。

财政审计 开展2017年度区本级预算执行和17个区级部门预算执行审计项目。创新组织方式，运用大数据审计分析，建立大数据审计应用模型，发现7类共65个指向型疑点，经审核，形成问题21个，涉及人员定额、政府采购、劳务管理、固定资产等多方面内容，进一步建立“集中分析，分散核查，统一处理”的“总分总”式审计组织方式，提高审计质量和效率。项目结束后，通过演讲交流、集中座谈等方式及时开展数据分析经验交流。

经济责任审计 共对14名处级领导干部开展经济责任审计。制定经济责任审计中长期规划，加大对重点部门、重点单位、关键岗位领导干部的审计力度，实施街道党政主要领导同步审计。扩大任中审计比例，注重关口前移，发挥审计预警作用。与区纪委建立线索互通机制，就审计对象履行经济事项、落实中央八项规定精神等方面问题线索进行沟通，形成合力；首次联合区委组织部开展审计整改督查，促进审计整改工作制度的常态化和长效化。首次开展月坛街道办事处自然资源资产离任审计项目，以落实河长制工作为切入点，对辖区内通惠河河道管理情况进行审查。关注生态文明建设政策法规落实、年度各项任务和考核完成、生态安全隐患防范、重大生态环境损害处置、资金使用效果等情况，整体评价领导干部任职期间生态环境保护责任履行情况，推动生态保护。

固定资产投资审计 重点对教育、老旧小区整治、微循环道路、景观提升工程等政府投资项目开展审计。坚持计价规则与尊重客观事实并重，深入施工现场，充分考虑工程实际情况，依据图纸测量、抽查数量、多方询价的方式获取参考价格。坚持造价核减与工程管理并重，在核减工程款的同时，从项目立项的科学性、工程设计的深入性、施工合同的严谨性、工程洽商的必要性等环节入手，关注项目审批、招投标、合同审核、现场管理、造价控制、资金财务等，纠正在基本建设程序和资金管理使用中存在的问题。

企业审计 开展北京广安控股有限公司董事长任期经济责任审计、区国有资产经营公司资产负债及损益审计项目。制订国有企业五年轮审计划，统筹开展国有企业审计工作。严格按照法定权限开展工作，持续完善协同机制，对不属于审计机关管辖的事项移交处理，推进国有企业审计全覆盖。

专项资金审计 开展区属八个小学教育集团牵头校资金绩效、区属二级医院财务管理、残疾人社会保障和残疾人事业发展资金绩效、文化创意产业资金绩效等专项审计调查。以专项资金预算编制、财务核算为基础，突出真实合法性审查，注重评价资金的经济性、效率性和效果性，监督检查落实各项民生政策措施的具体部署、执行进度、实际效果等情况。

信息化建设 贯彻落实大数据审计深化应用年要求，建立11人非专职跨部门数据分析团队，负责划定数据分析方向、编制数据分析方法、构建数据分析模型、数据关联分析等事项。会同区政府办、科信委、发展改革委、财政局联合发布《关于推进西城区政务信息系统整合共享的实施方案》，探索共享数据利用模式，为开展大数据审计提供数据支撑。推行“1＋N＋1”大数据审计模式，即由1名大数据攻关人员深入审计一线，借助N名审计现场核实人员经验，了解被审计单位的行业运行机制、重点业务流程模式，现场编写模型，将模型回传至1名大数据模型管理人员审核入库，并最终应用于全区各相关单位，达到以点带面的目的。

内部审计 全区共有专职内部审计机构31个，专（兼）职内部审计人员271人。赴区教委、公安分局、区国资委等单位调研，了解掌握内部审计机构设置及工作开展情况。调整和细化《西城区内部审计指导意见》，不断完善区内部审计制度体系建设。结合年度审计计划，对被审计单位内部审计机构设置、内部审计领导体制、建章建制、审计结果运用及近两年开展审计项目的情况进行问卷调查。

审计质量管理 从计划、实施、报告、终结四个环节入手，绘制审计项目全流程图，进一步规范审计作业规程，形成审计准备阶段、实施阶段、终结阶段、重要事项讨论、业务委员会流程五大类标准审计作业模板。

审计整改 重新修订制发《审计项目整改落实情况统计表》，首次制定审计整改清单，做到账对号销。集中开展审计整改情况的检查和回访，对整改问题一一落实。贯彻执行审计整改问责制度，跟踪检查被审计单位执行审计决定、采纳建议的结果情况。贯彻执行审计整改结果报告制度，通过内部沟通、联席会议、人大监督、政治协商、信息公开等方式，公布各单位审计整改结果，谋求和形成监督合力。 （撰稿人：赵 曦）

【朝阳区审计局】 2018 年，朝阳区审计局实有 76 人。局长战春燕，党组书记于良佐，副局长于良佐、文晓辉、付秀莲、王颖（5 月—）、石磊，副调研员韩淑文、尹建华、夏梅（5 月—）、王信增（1—2 月）。设有办公室、综合科、法制科、信息化办公室、财政金融审计科、行政事业审计科、经济责任审计科、经济责任审计指导科、固定资产投资审计一科、固定资产投资审计二科、经贸审计科；下设审计指导中心（事业单位）。

审计成果 2018 年，朝阳区审计局完成审计项目 44 个，其中专项审计调查项目 4 个。查出主要问题金额 17.03 亿元，其中违规金额 14886 万元、损失浪费金额 363 万元、管理不规范金额 15.5 亿元；审计发现非金额计量问题 190 个；损益（收支）不实 128 万元；出具审计报告和专项审计调查报告 55 篇，被批示、采用 55 篇。审计处理处罚金额 17971 万元，其中应上缴财政 14886 万元、应减少财政拨款或补贴 3084 万元。审计促进整改落实有关问题资金 11923 万元；核减投资额 5029 万元。审计提出建议 202 条，被采纳 202 条；推动被审计单位制定整改措施 144 项，促进被审计单位建立、健全规章制度 63 项；提交审计信息 192 篇，被采用 260 篇次。向社会公告审计结果 22 篇。

1 个项目被市审计局评为表彰审计项目；1 篇论文被评为第四届北京市青年审计论坛一等奖，并入选第四届全国审计青年论坛论文集。

国家重大政策措施落实情况跟踪审计 对疏解整治促提升专项行动推进、政府债务管理等政策落实情况进行跟踪审计。

财政审计 完成对区级预算执行及其他财政收支审计，以及 17 个部门预算执行和决算草案审计。

经济责任审计 完成 30 名领导干部经济责任审计和 12 名领导干部自然资源资产离任审计。

固定资产投资审计 完成红领巾公园基础设施改造等 8 个项目的决算审计，并对垂杨柳医院改扩建工程等 2 个项目进行跟踪审计。

民生资金（项目）审计 完成大兴（亦庄）保障性安居工程跟踪审计等项目。

企业审计 完成 2 个区属国有企业资产、负债、损益审计。

专项资金审计 完成清洁空气行动计划等 5 项专项审计调查。

信息化建设 出台《朝阳区审计局大数据审计三年行动计划（2018—2020 年）》，开展大数据审计。

内部审计 制定《朝阳区 2018 年内部审计工作指导意见》，加强对内部审计单位指导监督。

（撰稿人：崔 洋）

【丰台区审计局】 2018 年，丰台区审计局实有 56 人。局长陈燃，副局长刘月梅、刘海梅，总审计师郭凤芝，副调研员田胜民。设有办公室、人事监察科、综合科、行政事业审计科、财政金融审计科、固定资产投资审计科、经济责任审计一科、经济责任审计二科、内部审计指导科、经贸社保审计科、农林环保审计科；下设园区审计办事处（事业单位）。

审计成果 2018 年，丰台区审计机关完成审计项目 58 个。查出主要问题金额 148.34 亿元，其中违规金额 6.1 亿元、管理不规范金额 142.24 亿元；审计发现非金额计量问题 177 个。审计处理处罚金额 11.21 亿元，其中应上缴财政 6.1 亿元、应调账处理金额 5.11 亿元。审计促进整改落实有关问题资金 122.79 亿元，其中增收节支 4.06 亿元、已调账处理金额 28.94 亿元；提交审计报告和专项审计调查报告 76 篇。移送司法机关、纪检监察机关和有关部门处理事项6件。提交审计信息127篇，被采用50篇次。提出审计建议215条，被采纳66条；推动完善规章制度4项。向社会公告审计结果20篇。

国家重大政策措施落实情况跟踪审计 围绕区委区政府重大决策和中心工作落实，开展重大政策落实情况跟踪审计；围绕防范化解重大风险，配合开展政府性债务审计。

财政审计 对丰台区2017年度本级预算执行情况和18个区级部门预算执行情况进行审计，进一步加大问题整改、处理处罚和成果转化力度。审计完毕将部门预算执行审计结果全部公开。以市审计局大数据审计案例为范本，以区委区政府需求为根本导向，以解决突出问题为着力点，探索将数据分析实践应用于今年的部门预算执行审计项目中，并收获问题疑点，为审计项目的有效实施提供技术保障；开展并完成财政信息系统审计和调研工作，为2019年实现一级预算执行审计全覆盖打下坚实基础。

经济责任审计 对16个部门21名领导干部开展经济责任审计，在全市率先制定《经济责任审计标准化定责体系》，对各项问题表现对应的党政领导干部分别应负何种责任进行明晰界定，为解决定责标准不细化、可操作性不强、来自被审计领导干部阻力和受审计干部专业水平影响等难题提供依据。

民生资金（项目）审计 推动安居工程政策落地，开展保障性安居工程跟踪审计；规范养老机构运营管理，开展养老机构管理运营情况审计；促进农村住宅条件持续改善，开展农宅抗震节能改造情况审计。

农业与资源环保审计 开展自然资源资产（水资源）专项审计调查和领导干部自然资源资产离任审计，助推生态文明建设；开展河道建设管理情况专项审计调查，促进河道有效治理与工程规范建设。

企业审计 围绕深化国有企业改革，对丰台科技园区属7家企业开展财务收支审计、领导干部经济责任审计。

相关工作 全面贯彻习近平新时代中国特色社会主义思想和党的十九大精神，认真落实新时代党的建设总要求和市委、区委关于全面从严治党的工作部署，完善细化党建工作责任制，逐级传导分解责任，不断推动主体责任落实。深入开展经常性纪律教育，让党员干部知敬畏、存戒惧、守底线。发挥基层党组织，创新工作模式，开展“换位思考、主动报到”主题党日活动。党支部被区委评为先进基层党组织，1名同志被区委评为优秀共产党员。

内部审计 建立健全内控管理规范，组织协调各委办局、街乡（镇）、国有企业130余家单位召开全区内部审计工作部署会；协调区财政局等6家内部审计骨干参加经济责任审计专题培训；与市内部审计协会联合举办两期专题培训班，组织召开“新时代内部审计创新发展”交流研讨会。

（撰稿人：张　华）

【石景山区审计局】 2018年，石景山区审计局实有45人。局长王亚兰，副局长庞晨潮、张凯、马岩。设有办公室（主体责任办公室）、审计综合科（信息科）、财政金融审计科、固定资产投资审计科、经济贸易审计科、行政事业审计科、经济责任审计科；下设石景山区审计局经济责任审计中心和石景山区审计指导中心两个事业单位。

审计成果 2018年，石景山区审计局完成审计项目23个，其中专项审计调查项目4个。查出主要问题金额52363万元，其中违规金额100万元、管理不规范金额52263万元；审计发现非金额计量问题137个；损益（收支）不实金额1473万元；出具审计报告和专项审计调查报告29篇，被批示、采用23篇次。审计处理处罚金额12177万元，其中应上缴财政68万元、归还原渠道资金134万元、应调账处理金额11972万元。审计促进整改落实有关问题资金10915万元。审计提出建议145条，被采纳141条；推动被审计单位制定整改措施89项，促进被审计单位建立、健全规章制度39项；提交审计信息202篇，被批示、采用116篇次。向社会公告审计结果17篇。

石景山区审计局实施的石景山区教育委员会2014年1月至2017年6月校园文化建设专项资金管理使用情况专项审计调查项目和石景山医院党委书记苏砚军、院长刘鹏任职期间经济责任审计项目被市审计局评为表彰审计项目。

国家重大政策措施落实情况跟踪审计 对石

景山区减税降费政策措施的落实情况、“疏解整治促提升”专项行动推进情况、架空线入地工作推进情况、广告牌匾规范设置情况、公共厕所改造升级情况、地方政府债务等情况进行跟踪审计。

财政审计 对区级预算执行和其他财政收支进行审计。对区住建委、区环保局、八宝山街道等13个部门的预算执行和决算草案进行审计，并代政府向区人大常委会作《2017年度预算执行和其他财政收支的审计工作报告》及《2017年度预算执行和其他财政收支审计查出问题整改情况的报告》。两份报告及13个部门预算执行审计结果全部向社会公开。

经济责任审计 对5家单位8位领导干部开展任中经济责任审计，其中对3家单位进行党政同审，对老山街道主要领导同步开展自然资源资产（任中）审计。

固定资产投资审计 围绕区重点“折子工程”和政府中心工作，对区老旧小区综合改造、黑石头沟治理工程等74个重点建设项目开展跟踪审计监督。

民生资金（项目）审计 根据市审计局统一安排，对昌平区2017年保障性安居工程的计划、投资、建设、分配、运营情况及配套基础设施建设情况进行审计。

企业审计 对北京石泰基础设施投资有限公司2017年度财务收支情况进行审计，重点审计石泰公司内控制度及执行、财务管理、财务核算等情况，对项目管理、资金管理等重要事项作必要的延伸和追溯，对衙门口棚户区改造土地开发项目运行及风险情况进行调查分析。

专项资金审计 对石景山区城市管理委员会2015年至2017年环境建设重点项目资金管理使用绩效情况和石景山区文化委员会2016年1月至2018年6月文物保护资金管理使用情况进行专项审计调查

交办任务 抽调近30人次参加异地扶贫挂职、市委巡视、2019年北京世园会筹办、署市联动审计和区委巡察及区委区政府临时交办的工作任务。

信息化建设 完善石景山区审计局办公系统现有流程，完成龙图财务集中核算系统数据的采集转换，借鉴市审计局预算执行数据审计经验，结合石景山区情况，逐步实现本土化。探索大数据审计，不断提高审计监督效率。

相关工作 履行全面从严治党和党风廉政建设主体责任，深入落实新时代全面从严治党新要求，以开展“不忘初心、牢记使命”主题教育为契机，把讲政治贯彻审计工作全过程和各环节，坚持把主题教育延伸到审计一线，与审计业务紧密结合。落实“基础工作深化年”各项要求，以培训学习为着力点，夯实基础，提升审计队伍能力。

内部审计 组织全区29名内部审计人员到南京审计大学培训；注重对内部审计人员的培养锻炼，择优抽调5名内部审计骨干参与全区部门预算执行现场审计工作；组织全区内部审计人员参加《审计署关于内部审计工作的规定》知识竞赛。

（撰稿人：邵建设）

【海淀区审计局】 2018年，海淀区审计局实有61人。党组书记、局长王彩霞，副局长段敬德、薛为民、苏立杨，总审计师蔡文，正处级领导干部邬斌锋。设有办公室、人事监察科、行政科、财政金融审计科、行政事业审计科、经济贸易审计科、经济责任审计科、固定资产投资审计一科、固定资产投资审计二科、审计项目复核科、审计督查科等11个职能科（室）；下设海淀审计信息中心（事业单位）。

审计成果 2018年，海淀区审计局组织开展审计及专项审计调查项目34个。查出问题金额16亿元，上缴财政1.74亿元。向被审计单位提出审计建议109条，促进制定整改措施89项，完善管理制度21项；促进整改到位金额7.8亿元。移送处理事项1件，根据审计线索5人受到党纪问责处理。组织完成政府投资审计项目51个，审计核减财政资金3.82亿元。提交审计专题、综合性报告和信息简报106篇；向社会公告审计结果20篇。

海淀区圆明园管理处主任曹宇明任职期间经济责任审计项目被市审计局评为2018年度区审计局优秀审计项目。

国家重大政策措施落实情况跟踪审计 聚焦海淀区“疏解整治促提升”专项行动、政府债务管理等内容，开展重大政策措施跟踪审计，按季度审查各项政策落实中的问题及难点，推动各项重点工作任务顺利完成。

财政审计 首次实现对“四本预算”的全口径监督，审计一级预算单位16家，重点加强财政资金的存量和增量、支出合规性、效益性的审查。首次以清单形式公布预算单位审计查出问题，进一步加大审计工作透明度。

经济责任审计 围绕推进全面从严治党加大审计力度，完成12家单位15名主要领导干部的经济责任审计工作；同步扎实开展镇领导干部自然资源资产离任审计，促进资源环境保护。参与市审计局《部门类主要领导干部经济责任审计定责指南》编制，完成11个案例分析配套材料。

固定资产投资审计 对棚户区改造等政府投资建设项目开展跟踪审计，组织完成审计项目51个，核减财政资金3.82亿元，平均审减率约10.37％。

其他审计项目 结合经济责任审计，完成对4家区属国有企业的审计项目；开展环境卫生服务资金、智慧海淀专项资金管理使用情况的专项审计；开展公证系统财务收支审计；完成保障性安居工程交叉跟踪审计。

相关工作 局党组认真履行全面从严治党主体责任，以全面从严治党统领全局工作，把方向、管大局，抓班子、带队伍，切实发挥领导核心作用。加强思想政治建设，强化理论学习；严肃党内政治生活，严格落实各项制度；细化年度党建工作细则，强化纪律作风建设，多措并举抓好党建工作；层层压实主体责任，抓好党风廉政建设；严格干部管理，加强队伍建设。

扎实开展“基础工作深化年”，全面清理修订完善审计业务制度以及机关各项行政管理、党建工作和廉政建设制度，强化审计质量效率，提升审计业务能力和行政管理水平。加强审计成果应用，编写审计发现问题分类读本，印发全区各单位引以为鉴。

内部审计 出台《海淀区2018—2019年内部审计工作的指导意见》，组织开展4期培训交流研讨活动，指导各单位内部审计机构开展内部审计500多项。

（撰稿人：尹广景）

【门头沟区审计局】 2018年，门头沟区审计局实有30人。局长王培训，副局长邢世悦、张胜、王青。设有经济责任审计科、行政事业审计科、固定资产投资审计科、经贸审计科、财政金融审计科、人事教育监察科、综合法制科、办公室；下设门头沟区审计指导服务中心（事业单位，实有8人）。

审计成果 2018年，门头沟区审计局完成审计项目33个。指明纠正金额共15.11亿元，其中管理不规范金额15.11亿元。提出审计建议130条。

财政审计 预算执行审计取得明显成果，部门覆盖面达到20％以上。审计中，通过数据分析选择审计对象，确定审计重点；在取得预算、指标、国库集中支付、国库账务、部门账务等区域财政财务数据基础上，由审前调查分析小组根据“围绕中心、全面覆盖、突出重点、问题导向”的工作原则进行数据分析；以部门资金规模、审计全覆盖要求、数据分析疑点等方面为切入点，有针对性地确定预算执行审计对象和审计重点。2018年度预算执行和其他财政收支审计项目共出具审计报告16篇，指明纠正金额11.77亿元。提出审计建议68条。

经济责任审计 对领导干部任职数据和近5年各部门接受审计情况数据进行详细分析，在保障落实审计全覆盖的基础上，改变逢离必审的被动局面，加大任中审计比例。进一步优化审计项目结构，明确经济责任审计定位，紧扣“经济责任”主题，遵循“三个区分开来”客观界定领导责任和问题定性。出具审计报告15篇，指明纠正金额3.3亿元，提出审计建议57条。

其他审计项目 开展北京恒溢源园林工程中心2016年度财务收支情况审计，指明纠正金额342万元，提出审计建议3条。开展天山陵园2017年财务收支审计，指明纠正金额24万元，提出审计建议2条。

（撰稿人：刘皓楠）

【房山区审计局】 2018年，房山区审计局实有43人。局长马俊怀，党组书记陈建民（—12月）、马俊怀（12月—），副局长李亮、范江梅、刘志勇、隗永强，总审计师许春成。设有办公室、综合科、人事教育科、行政财政审计科、工商基建审计科、干部经济责任审计科、农业环保审计科和内部审计指导中心（事业单位）。

审计成果 2018 年，房山区审计局完成审计项目 49 个。查出主要问题金额 31.3 亿元，其中违规金额 3799.25 万元、管理不规范金额 30.83 亿元；出具审计报告 80 篇。审计处理处罚金额 143101 万元，其中应上缴财政 3802 万元、应归还原渠道资金 18247 万元、应调账处理金额 3638 万元；审计核减投资 117413 万元。向纪监委移送线索 5 件，提出建议 110 条；提交审计信息 38 篇。向社会公告审计结果 16 篇。

国家重大政策措施落实情况跟踪审计 围绕疏解整治促提升，组织实施稳增长、调结构、促改革、惠民生、防风险政策落实、推进简政放权政策落实等情况开展跟踪审计，重点把握政策落实、项目资金筹集、项目实施进展等重要环节，推动南水北调绿道工程整改完成。

财政审计 开展区本级 2017 年度预算执行和 11 个部门预算执行情况审计工作，揭示财政对外借款未得到有效控制、新增债券使用效率不高、部分单位超预算支出、未按要求进行政府采购、固定资产及财务管理不规范等问题，提出审计建议 20 余条。9 月 29 日召开的房山区八届人大常委会第 17 次会议，审议通过审计工作报告。

经济责任审计 对 7 名领导干部开展经济责任审计，查出违规金额 5.62 万元、管理不规范金额 6017.19 万元，上缴财政 5.62 万元，提出审计建议 20 条。对石楼镇党政领导干部进行自然资源资产离任审计，重点关注河长制、打赢蓝天保卫战、疏解整治促提升等专项行动以及项目、重大决策事项对资源环境的影响及效益，推动解决石楼镇资源环境领域的突出问题。

固定资产投资审计 完成固定资产投资审计项目 22 个，审计资金 157.47 亿元，核减工程款 12.56 亿元，查出违规金额 2704.14 万元、管理不规范金额 11.11 亿元。针对审计发现的普遍性、倾向性问题，代区政府起草《房山区进一步加强政府投资建设项目管理规定》，经区政府常务会议审议，以区政府名义印发。派出审计组，完成西城区保障性安居工程跟踪审计工作。

民生资金（项目）审计 组织对 2016—2017 年度农村地区煤改电、煤改气项目进行审计，审计资金 21.73 亿元，重点检查任务完成、项目申请资料完整、相关资金补助政策执行、资金投入管理及使用等情况，提出审计建议 4 条。完成 2016—2017 年度农村地区减煤换煤项目审计工作，共抽查 14 个乡镇、25 个村、116 户，抽查资金 6741.42 万元。查出管理不规范金额 348.26 万元，提出审计建议 4 条。

企业审计 组织对区属 10 家企业财务收支和经营管理情况进行审计，审计资金 320.22 亿元，查出违规金额 1100.91 万元、管理不规范金额 1614.37 万元、损失浪费资金 856.36 万元。

审计科研 论文《基于风险导向的乡镇党政领导干部经济责任审计实践》获得北京市审计局和北京审计学会联合举办的第四届北京审计青年论坛三等奖。

相关工作 开展机关作风整顿活动，推进制度“废改立”，对机关现有制度进行全面梳理，形成包括机关党的建设、行政管理、业务管理、干部考核奖励等制度 75 项。组织开展纪念改革开放 40 周年暨审计机关建立 35 周年系列活动，编辑制作房山审计 35 周年改革实录和《致敬改革开放 40 周年暨房山区审计局成立 35 周年》纪念册，进一步激发审计人员的使命感和荣誉感。通过组织参观“伟大的变革”——庆祝改革开放 40 周年大型展览、北京市审计局“弘扬改革精神 铸就强审之路”主题图片展等教育引导审计干部牢固树立“四个意识”，坚定“四个自信”，更好地履行审计监督职能。

内部审计 落实《审计署关于内部审计工作的规定》，对 10 个区直单位、10 个乡镇的内部审计机制建设、质量管理、审计整改等情况开展专项检查，检查内容涉及 15 个方面，对促进内部审计机制建设起到一定作用。 （撰稿人：陈 莉）

【通州区审计局】 2018 年，通州区审计局实有 47 人。局长周东振，副局长黄海青、梁萍、彭凯泉，副调研员唐传军、姜东升。设有财政金融审计科、行政事业审计科、经贸投资审计科、经济责任审计科、办公室、人事教育科、内部审计指导科、综合指导科；下设专项审计中心（事业单位）。

审计成果 2018 年，通州区审计局完成审计项目 43 个。查出主要问题金额 7.5 亿元，其中违规金额1.85亿元、管理不规范金额5.66亿元；审计发现非金额计量问题129个；出具审计报告和专项审计调查报告71篇。审计处理处罚金额20235万元，其中应上缴财政15033万元、应归还原渠道资金34万元、应调账处理金额5167万元；移送处理事项6项，移送处理金额4736万元。审计促进整改落实有关问题金额15299万元；审计提出建议136条。促进被审计单位制定、完善规章制度3项；提交审计信息71篇，被批示、采用35篇。

国家重大政策措施落实情况跟踪审计 围绕疏解整治促提升专项行动推进和减税降费政策措施落实等内容，按季度开展重大政策措施落实情况跟踪审计项目。

财政审计 开展区财政局具体组织预算执行情况审计，以及区教委、区卫计委等17个区级部门预算执行和决算草案审计，预算执行审计覆盖面高于20%。

经济责任审计 完成17个领导干部经济责任审计项目，其中任中审计3个、离任审计14个。聘用自然资源资产行业专家，首次运用遥感影像技术开展通州区西集镇原党委书记、镇长自然资源资产离任审计项目。

固定资产投资审计 开展潞河医院四期建设工程项目审计；完成上级党委、政府临时交办政府投资审核工作任务167项。

企业审计 围绕国有企业贯彻执行经济政策和决策部署、国有资产保值增值等内容，对通州区房地产开发有限公司进行审计。

其他审计项目 完成公证系统财政财务收支审计和疏解整治促提升专项行动中拆迁、拆违资金管理使用情况的审计。完成农村在建自住房审计等任务。

相关工作 完成区委巡视、村和社区“两委”换届选举、“三公”经费检查等交办任务；加强党组织队伍建设，开展党风廉政等主题教育，健全完善党建考评体系。

内部审计 全年完成审计项目1900个，审计总金额841.08亿元，提出建议意见被采纳1092条。

（撰稿人：付立志）

【顺义区审计局】 2018年，顺义区审计局人员实有54人。局长范士永，副局长西连仲、绳桂华、侯健，副处级调研员王惠芳、田学光、肖建民。设有办公室、综合业务科、财政金融审计科、行政事业审计科、经济贸易审计科、经济责任审计科、固定资产投资审计科、社会保障审计科；下设事业单位顺义区内部审计指导所。

审计成果 2018年，顺义区审计局完成审计项目68个。查出主要问题金额3.61亿元，其中违规金额3524万元、管理不规范金额3.26亿元；审计发现非金额计量问题133个；出具审计报告和审计结果报告119篇，被批示、采用7篇次。审计处理处罚金额2.38亿元，其中应上缴财政3472万元、应归还原渠道资金133万元、应调账处理金额2.02亿元；移送司法机关、纪检监察机关和有关部门处理事项2件，移送处理金额78万元。审计促进整改落实有关问题资金1.39亿元；移送处理落实事项1件。审计提出建议118条，被采纳88条；推动被审计单位制定整改措施30项，促进被审计单位建立、健全规章制度9项；提交审计信息81篇，被批示、采用5篇次。向社会公告审计结果34篇。

顺义区北务镇党委副书记、镇长王颀任期经济责任审计项目被市审计局评为表彰审计项目。

国家重大政策措施落实情况跟踪审计 根据审计署统一安排部署，按季度开展重大政策落实跟踪审计，对顺义区“疏解整治促提升”专项行动工作进展情况、政府债务管理情况、广告牌匾规范设置情况以及“厕所革命”、减税降费政策措施的落实情况进行跟踪审计。

财政审计 组织开展2017年度本级预算执行情况审计以及32家单位部门预算执行和决算草案审计，实现全口径预算审计，部门预算审计覆盖面提升至34%。查出管理不规范金额11478万元、违规金额1979万元、非金额计量问题64个。加强审计整改督促力度，首次代区政府向区人大常委会汇报预算执行审计整改情况。

经济责任审计 完成27个处级领导干部的经济责任审计项目。出具审计（结果）报告78篇，查出管理不规范金额19756万元、违规金额1545万元，非金额计量问题34个，向区纪委移送问题线索1个。开展顺义区北小营镇党委书记土地自然资源资产离任审计，重点审计领导干部履行土地资源管理和保护职责情况，审计发现问题1个，提出审计建议1条。

固定资产投资审计 开展顺义新城再生水厂工程跟踪审计、小城镇污水处理市场化建设配套管网工程跟踪审计、牛栏山再生水厂配套管网工程跟踪审计、后沙峪镇西泗上村棚户区改造土地开发项目跟踪审计，查出管理不规范金额1324万元，非金额计量问题10个。

民生资金（项目）审计 完成顺义区2017年农村地区取暖“煤改电”项目资金管理使用情况跟踪审计、顺义区2017年农村地区电量饱和村庄“煤改气”工程跟踪审计、养殖业退出项目补偿资金管理使用情况跟踪审计，查出管理不规范问题金额44万元，非金额计量问题27个。

其他审计项目 按照市审计局统一安排部署，开展北京市龙诚公证处财务收支审计，查出管理不规范问题金额3.99万元，非金额计量问题1个，向区税务局移送问题线索1件。

相关工作 全面推进从严治党，研究制定党建、宣传、意识形态、纪检监察工作要点。落实党风廉政建设责任制，修订完善50余项制度，强化“四风”问题监督检查。强化党建引领作用，领导班子开展中心组理论学习26次，专题研讨、读书活动、讲党课10余次，班子成员开展各类约谈近百人次。开展“审计质量提升年”主题活动，修订完善一系列业务制度，规范业务流程；加大审计实施方案的审核力度；构建“培训—研讨—考试”业务能力提升链条，推进审计工作提质增效。

内部审计 全区现有专职内部审计机构17个，专（兼）职内部审计人员385名。区审计局制定印发《2018年度内部审计工作指导意见》。与通州、怀柔、丰台、昌平、平谷区共同召开内部审计工作经验交流座谈会；组织召开顺义区镇街2018年度内部审计工作经验交流暨审计档案观摩会。全区内部审计人员在内部审计人员网络后续教育平台上累计完成12322有效学时。

（撰稿人：王一康　董晓艳　刘海迪）

【昌平区审计局】 2018年，昌平区审计局实有46人。局长秦建柱，副局长张爱平（—4月）、刘会春、田希玲（—8月）、王文。设有办公室、综合法制科、经济责任审计科、财政金融审计科、农林行政文教审计科、经贸审计科、固定资产投资审计科；下设重点工程审计中心和内部审计指导所2个事业单位。

审计成果 2018年，昌平区审计局完成审计项目62个。查出问题金额46813万元，出具审计报告和专项审计调查报告62篇，移送处理线索11件。被采纳审计建议141条；提交审计信息114篇，被采用审计信息67篇。向社会公告审计结果12篇。

国家重大政策措施落实情况跟踪审计 按季度完成昌平区重大政策措施落实情况跟踪审计。重点对昌平区违法建设拆除、街巷环境整治等4项内容，及政府性债务和减税降费落实情况进行审计。协调配合京津冀特派办开展区政府债务审计，作为审计署对北京重大政策措施落实情况跟踪审计的延伸。

财政审计 对区财政的四本预算进行全口径审计，对12个单位开展部门预算执行审计，超过20%审计覆盖面，审计查出问题金额5326万元。其审计结果已全部公开。

经济责任审计 研究制订部门和镇街经济责任审计工作方案，进一步明确审计内容和重点。完成经济责任审计10个，查出管理不规范金额2亿余元。规范审计报告报送制度，区别审计情况，移交主管部门处理。完成区水务局党委副书记、局长任职期间自然资源资产审计，重点审计2015年3月至2017年12月的自然资源资产管理和生态环境保护责任履行情况，并对重要事项进行必要的延伸和追溯。

固定资产投资审计 完成工程结算清理审计33个，完成率达72%。对历年结存的85个重点工程实施跟踪审计，清理退出4个，完成2个。完成集体土地非住宅房屋腾退、美丽乡村建设、新一轮百万亩造林行动等3个区域重点项目审计。

企业审计 完成对区属企业北京铭嘉房地产开发有限公司2017年度财务收支情况的审计工作。

其他审计项目 配合市审计局开展区委、区政府主要领导经济责任审计以及政府隐性债务审计、保障性安居工程审计、扶贫资金审计、公证系统审计；开展昌平区公证系统审计，对区司法局所属的北京市利兆公证处2015年至2017年财政财务收支进行审计；按照区领导部署和局工作安排，完成昌平区北企公司清产核资审计。

相关工作 配合市审计局审计组，会同区政府办公室研究制订《审计发现问题整改分工方案》，将其纳入区委、区政府督查重点内容。完成区委、区政府交办的北企公司清产核资、党费专项资金检查，配合市、区委开展巡视巡察等。

内部审计 制定《昌平区内部审计工作指导意见》；组织参加市内部审计协会主办的培训班。据统计，全区开展内部审计项目805个，涉及资金210亿元，增收节支970万元，审计提出建议747条。 （撰稿人：马 韬）

【大兴区审计局】 2018年，大兴区审计局实有55人。党组书记、局长瞿春生，党组成员、副局长张强、于洁（—2月）、沈建宙（2月—），调研员梁萍，副调研员王亚男。设有人事教育科、财政金融审计科、行政事业审计科、企业经济审计科、经济责任审计科、投资审计科、内部审计指导科、审计综合科、办公室；下设内部审计指导所、审计事务管理中心2个事业单位。

审计成果 2018年，大兴区审计局完成审计项目69个，其中专项审计调查项目5个。查出主要问题金额30.62亿元，其中违规金额1213.94万元、管理不规范金额30.5亿元；审计发现非金额计量问题47个；损益（收支）不实金额716万元；出具审计报告和专项审计调查报告95篇。审计处理处罚金额8295万元，其中应上缴财政1260万元、应减少财政拨款或补贴10万元、应缴纳其他资金22万元、应调账处理金额7003万元；移送纪检监察机关处理事项1件，移送处理人员1人，移送处理金额0.47万元。审计促进整改落实有关问题金额1239万元；核减投资额7.1亿元；移送处理落实事项1件。审计提出建议103条，被采纳103条；提交审计信息203篇，被采用55篇次。向社会公告审计结果15篇。

国家重大政策措施落实情况跟踪审计 按照市审计局具体要求实施跟踪审计，按季度对拆除违法建设、"开墙打洞"治理、建设提升基本便民商业网点、推进"厕所革命"、减税降费政策措施落实和加强政府债务管理情况等开展政策跟踪审计，延伸10余个部门、镇街和企业。

财政审计 对区本级预算执行和决算草案情况、区委办等14个预算单位执行部门预算情况、教育专项资金管理使用情况及大气污染防治进行审计或专项审计调查。共查出违规金额1036.94万元、管理不规范金额19.74亿元，出具审计决定书3份，向社会发布审计公告15篇。重点审计部门预算单位14个，审计覆盖面达到区属一级预算单位的21%。通过大兴区政府政务信息重点领域公开栏目，向社会公告13个部门2017年度预算执行和决算草案情况审计结果、1个教育专项资金管理使用情况审计结果及1个大气污染防治专项资金专项审计调查结果。

经济责任审计 完成20个部门单位26名领导干部的经济责任审计，查出违规金额177万元、管理不规范金额10.75亿元，出具审计决定书2份。在市审计局的指导下，结合本区不同功能定位和资源禀赋，开展2018年榆垡镇党政主要领导干部自然资源资产审计，发现1个非金额计量问题。

固定资产投资审计 以规范政府投资管理、提高投资效益、促进宏观投资政策的落实为目标，坚持促进投资领域"依法规范、优质高效、廉洁透明"的工作思路，完成审计项目37个，出具审核意见7份，核减投资额70962.18万元。

专项资金审计 开展北京新机场项目2017年度管控奖励资金和管理费使用情况的审计，查出管理不规范金额21万元。

其他审计项目 按照市审计局统一部署，抽调业务骨干完成保障性安居工程跟踪审计、进一步推进低收入农户增收和低收入村发展政策落实情况审计2个联动项目。对北京南海子投资管理有限公司、北京南海子郊野公园管理处开展清产核资审计。

内部审计 全年完成审计项目2044个，其中财务收支审计项目586个、效益审计项目42个、经济责任审计项目336个、内部控制评审项目69个、基本建设审计项目777个、其他审计项目234个，审计资金958.42亿元，提出审计意见建议被采纳2168条。 （撰稿人：王 硕）

【怀柔区审计局】 2018年，怀柔区审计局实有 57 人。党组书记、局长周榕立，党组副书记张艳萍，副局长张文龙、李建华、张红艳、杨封伟，调研员陈志林。设有办公室、综合科、财金科、行财科、固定资产审计科、农林科、社保科 7 个行政科室；下设内部审计业务指导所、经济责任审计事务所、计算机中心、审理中心、镇乡审计中心 5 个事业单位。

审计成果 2018 年，怀柔区审计局完成审计项目 53 个。查出主要问题金额 145160 万元，其中违规金额 4 万元、管理不规范金额 14.52 亿元；审计发现非金额计量问题 228 个；出具审计报告和专项审计调查报告 75 篇。审计处理处罚金额 29014 万元，其中应上缴财政 1103 万元、应归还原渠道资金 5 万元、应调账处理金额 27906 万元；移送纪检和有关部门处理事项 3 件，移送处理金额 755.64 万元。审计促进整改落实金额 29117 万元，其中上缴财政 1046 万元、已归还原渠道资金 5 万元、调账处理 28039 万元、其他整改落实金额 27 万元。提出审计建议 86 条，被审计单位采纳审计建议 53 条；提交审计信息 144 篇，被批示、采用 141 篇次。向社会公告审计结果 13 篇。

国家重大政策措施落实情况跟踪审计 对国家重大政策措施落实情况进行跟踪审计，全年重点对治理违法建设、疏解一般制造业和“散乱污”企业治理、养殖场户腾退等“疏解整治促提升”专项行动的部署推进情况进行审计。

财政审计 完成区本级部门预算执行及其他财政收支审计、13 个部门单位预算执行及决算草案审计和 14 个镇乡预算执行及其他财政收支审计。查出主要问题金额 10.07 亿元，审计发现非金额计量问题 60 个。对预算执行审计中发现的问题，提出整改建议。

经济责任审计 完成经济责任审计项目 23 个。查出主要问题金额 44369 万元，发现非金额计量问题 168 个。针对审计中发现的未严格执行本单位“三重一大”决策制度、对专项资金使用监管不到位、应缴未缴非税收入、会计核算不准确等问题，提出审计建议。完成怀柔区渤海镇自然资源资产离任审计项目 2 个，查出管理不规范金额 95 万元，对遵守自然资源资产管理和生态环境保护法律法规、完成自然资源资产管理和生态环境保护目标、履行自然资源资产管理和生态环境保护监督责任方面存在的问题，提出审计建议。

固定资产投资审计 开展政府委托重点建设项目同步跟踪审计。聘请汇德源会计师事务所等中介机构协助，对怀柔区新城 04 街区一级开发安置房项目、中小河道治理竣工决算等 80 个重点建设项目实施同步跟踪审计。至年底，已经完成的 10 个项目，报审金额 44.4 亿元，审减金额 4585.54 万元。其中针对百万亩造林工程审计发现问题形成的审计专题报告，得到区政府的高度重视，要求对审计揭示的问题逐一进行整改。

民生资金（项目）审计 配合署、市联动项目，完成对密云区 2017 年度保障性安居工程跟踪审计，出具小组审计报告。完成对密云区和房山区促进低收入农户增收及农村经济薄弱地区发展政策落实情况审计。

党建工作 强化政治理论学习，提高党性修养，召开理论中心组学习 13 次，党员月度学习 12 次，党课 10 次，党务干部学习 8 次。利用北京长城网、党员 e 先锋等网络平台，引导党员干部强化“四个意识”，坚定“四个自信”，坚决落实“两个维护”，做到“三个一”和“四个决不允许”。加强制度建设，建立党务干部学习制度，严格落实述职评议制度，实现支部书记履行党建工作责任述职评议全覆盖。全面推行党支部规范化建设，落实基层党建工作任务；严肃党内政治生活；落实“三会一课”。深入落实怀柔区创建全国文明城区工作推进会精神，贯彻党政机关“包街”活动实施方案要求，推动“包街”工作常态化开展。

相关工作 组织审计业务干部赴南京审计大学培训教育学院，请专家、教授对审计人员进行水污染防治审计、固定资产投资审计的培训。

内部审计 6 月 6 日至 8 日，在北京首农香山会议中心组织全区一级预算单位内部审计人员共 50 人，参加由北京市内部审计协会举办的后续教育培训。

（撰稿人：刘雍君）

【平谷区审计局】 2018 年，平谷区审计局实有 46 人。党组书记、局长曹玉敏，副局长于长松、王海顺、梁景文，调研员秦东英，副调研员陈静梅。设有政办室、综合科、行政事业审计科、财政金融审计科、经贸投资审计科、经济责任审计科；下设经济责任审计所和项目投资审计中心2个事业单位。

审计成果 2018年，平谷区审计局完成审计项目41个。查出主要问题金额56.84亿元，其中违规金额7207.94万元、管理不规范金额56.11亿元；损益（收支）不实金额6.49亿元；审计处理处罚金额858.55万元，其中应上缴财政366.1万元（包括4万元罚款）、应减少财政拨款或补贴492.44万元；审计发现非金额计量问题90个；审计促进整改落实有关问题资金39.98亿元，其中已上缴财政1488.01万元、已归还原渠道资金1.03万元、已调账处理金额37.83亿元，向纪检监察机关移送处理事项1件。出具审计报告45篇，提出审计建议242条，被采纳审计建议229条，推动完善规章制度5项，被审计单位制定整改措施294项。提交审计信息99篇。向社会公告审计结果17篇。

国家重大政策措施落实情况跟踪审计 根据审计署的统一部署，围绕促进实施京津冀协同发展战略和落实北京城市功能定位的中心工作，按照“市区联动、分级实施”的组织方式，对10家重点工作单位落实北京市“疏解整治促提升”专项行动推进情况实施跟踪审计。

财政审计 开展2017年度区财政具体组织区级预算执行和17个一级预算单位年度部门预算执行审计。针对财政预算执行审计中发现的部分非税收入未应缴尽缴、社会保险基金部分调整预算数据不准确等问题；部门预算执行审计过程中发现的普遍存在的决算草案编制不完整不准确等问题，提出具体的审计建议；针对在部门预算执行审计过程中发现“私存私放”财政资金的问题向区纪检监察部门作出移送处理。审计结果已向区政府、区人大常委会、区委作专题报告。

经济责任审计 完成17名处级领导干部经济责任审计，其中离任审计9个、任中审计8个。完成黄松峪乡2017年地方党政主要领导干部自然资源资产离任审计，检查在进行自然资源资产管理和生态环境保护过程中存在的突出问题，并从遵守法律法规情况、完成目标情况、履行相关职责情况和组织建设运行情况四方面提出审计问题及建议。

固定资产投资审计 完成平谷区再生水厂二期及再生水利用工程结算及相关费用情况审计，审计发现重复申报拆迁补偿款、多计工程造价及其他费用、应记未记收入、未按合同约定支付工程款、中标单位未按照合同计划完工等问题。区政府领导对审计报告作出重要批示。

企业审计 对北京倚基土地开发有限公司和北京绿都基础设施投资有限公司两家企业的资产、负债、损益及政府投资建设项目履职情况进行审计，对下属企业进行延伸审计。被审计单位根据审计建议已作出整改。

专项资金审计 区审计局完成对区财政局拨付区农委、区农业局资金和区交通局2016年度公交补贴资金使用效益情况的审计。重点审查资金在立项及批复、收支管理及监管的全过程中的真实性、合法性，针对存在的资金使用效率和效益有待提高、立项科学性有待提高等问题，提出审计建议，并督促相关单位进行整改。

相关工作 进一步建立健全审计移送处理协作配合机制，向纪检监察机关移送案件线索1件。参与联合巡查，开展区水务局和区教委的专项审计。完成区政府临时交办的环境整治专项资金绩效审计任务。落实市审计局“审计基础工作深化年”要求，修改和完善各项具体规章制度31项，梳理机关工作流程19项，研究制定并以区政府名义出台《关于进一步加强审计整改工作的意见》。

内部审计 出台《平谷区审计局关于加强乡镇街道内部审计工作的意见》，抽调18名审计干部作为内部审计指导员，非全脱产分包各镇乡街道，强化乡镇内部审计指导工作。

（撰稿人：刘兰兰）

【密云区审计局】 2018年，密云区审计局实有53人。党组书记、局长孙绍志，副局长王明如、任双喜、谢卫东，党组成员王立新。设有办公室、综合科、经济责任审计科、财政金融审计科、行政事业审计科、农业与资源环保审计科、经贸审计科、固定资产投资审计科、社会保障资金审计科；下设经济责任审计中心和政府投资审计中心2个事业单位。

审计成果 2018年，密云区审计局完成审计项目84个。查出主要问题金额41.06亿元，其中违规金额 4252.66 万元、损失浪费金额 2.49 亿元、管理不规范金额 38.15 亿元；审计发现非金额计量问题 153 个；损益（收支）不实金额 4540.28 万元；出具审计报告和专项审计调查报告 68 篇。审计处理处罚金额 6189.06 万元，其中应上缴财政 1821.54 万元、应归还原渠道资金 259.22 万元、应调账处理金额 4108.3 万元；移送纪检监察机关和有关部门处理事项 7 件，移送处理金额 1668.41 万元。审计促进整改落实有关问题资金 3577.45 万元；核减投资额 331.32 万元。审计提出建议 165 条，被采纳 80 条；促进被审计单位建立、健全规章制度 2 项；提交审计信息 89 篇，被批示、采用 58 篇次。向社会公告审计结果 18 篇。

国家重大政策措施落实情况跟踪审计 对 10 大专项行动中的拆除违法建设、“开墙打洞”等情况进行跟踪审计，涉及 5 个企业、7 个区直单位、20 个镇街及地区办事处，促进“疏解整治促提升”专项行动顺利开展。

财政审计 对区财政局组织 2017 年度区本级财政预算执行以及 15 个部门（单位）预算执行和决算草案情况进行审计，延伸审计所属单位 96 个，审计预算资金 37.3 亿元，实现公共资金全过程监督，向社会公告审计结果。对政府性债务规模、风险进行审计，对隐性债务规模及存在风险进行特别关注，查明截至 2018 年 6 月底，全区债务总额 192.59 亿元，其中政府债务 65.61 亿元，政府隐性债务 126.98 亿元。

经济责任审计 对 19 个单位 22 名党政领导和国有企业负责人开展经济责任审计，对溪翁庄、冯家峪两个水库周边镇的领导干部开展自然资源资产管理和环境保护责任履行情况审计。涉及被审计单位 106 个次，提交经济责任审计报告 31 篇，审计发现问题金额 8210.43 万元，上缴财政 465.41 万元，提出审计建议 40 条。

固定资产投资审计 开展京沈客专、中医院迁址新建、白河城市森林公园建设等重点项目跟踪审计和历史遗留项目的一级开发成本审计。完成政府投资审计项目 2 个，出具阶段性审计报告 2 篇。

民生资金（项目）审计 按市审计局要求，按时完成延庆区 2017 年保障房审计，揭示延庆区在保障房分配和资金使用方面存在的问题，审计结果得到市审计局的认可。完成密云区幸福晚年驿站建设及运转情况和密云区新城蔬菜零售网络建设及资金使用情况专项审计调查，关注和检查惠民政策落实情况，揭示和纠正损害群众切身利益行为。

企业审计 对首云、云冶等 4 家矿山企业和渔阳旅游集团开展审计，审计揭示发现其存在的内部控制制度不健全、制度执行不到位等普遍性问题。

交办任务 统筹安排审计力量，开展区政府、区纪委和区组织部临时交办的不老屯镇库区高程 148 米、155 米以下土地禁种补偿资金和农业设施资金使用情况和水库上游水产养殖污水治理和清退项目资金管理使用情况、补交党费调研检查等 20 个审计项目。

相关工作 强化党建统领，坚持党对审计工作的统一领导。成立党建办，签订党风廉政建设责任书，对标“三立”要求，创新审计方式。坚持“走出去”“请进来”，分层次，多渠道多途径为审计干部提升业务素养提供保障。组建科研课题小组，完成成果性论文《基层审计机关的审计风险及防范》。

内部审计 制定下发《密云区审计局关于内部审计工作的指导意见》。采取以干代训的形式，组织 5 家内部审计单位 7 名内部审计人员参与本局审计项目，进行实战培训。（撰稿人：胡艳红）

【延庆区审计局】 2018 年，延庆区审计局实有 57 人。局长焦万宏，党组副书记张平利，副局长马海林（调研员）、丁继玲、刘银燕，副调研员杨喜元。设有办公室、综合科、企业审计科、行政事业审计科、财政金融审计科、经济责任审计科、基建审计科、信息中心、内部审计指导中心和委托审计管理中心 10 个部门。

审计结果 2018 年，延庆区审计局完成审计项目 20 个，完成政府交办、配合事项 15 项。通过审计查出主要问题金额 4.46 亿元，其中违规金额 147 万元、管理不规范金额 4.44 亿元；审计发现非金额计量问题 43 个；出具审计报告 22 篇。审计期间整改金额 30829 万元。审计处理处罚 4059 万元，其中应上缴财政 147 万元、应调账处理金额 3912 万元。审计促进整改落实有关问题资金（含上年度）6507 万元，包括归还原渠道资金 23 万元、缴纳其他资金 2255 万元、调账处理金额 4081 万元、上缴财政 147 万元。提出审计建议 83 条，提交审计信息 5 篇。审计报告、审计信息和审计建议被批示、采用 135 篇/条。

国家重大政策措施落实情况跟踪审计 分季度对延庆区 2018 年政策措施落实情况进行跟踪审计，重点检查“疏解整治促提升”专项行动推进情况、政府债务管理情况、财政收入真实性情况和减税降费等政策措施落实情况，促进完成 75 个便民网点改造提升任务。

财政审计 对区财政局、国库延庆支库本级预算执行情况进行审计，重点审计区级预算管理、预算收入完成、财政资金分配和预算资金收纳划解情况；对区市政市容委、区教委等 13 个一级预算单位的预算编制及执行、“三公”经费等情况进行重点审计，对预算管理、资金使用、项目管理和财务管理等方面存在的问题进行纠正和处理，并提出规范预算管理的审计意见和建议。7 月 26 日，受区政府委托，向区第二届人大常委会第十二次会议报告本级预算执行审计工作情况。9 月 30 日，通过延庆政务网将 13 个部门预算执行和其他财政收支审计结果向社会公告。

经济责任审计 对区农委、区住建委、区园林绿化局、区环保局、区农机中心、区残联、康西草原管理处、八达岭旅游总公司、市规土委延庆分局和康庄镇、旧县镇、井庄镇、珍珠泉乡、百泉街道，共 14 个单位 19 名党政领导干部开展经济责任审计。

根据市审计局工作安排，突出区域特色，对珍珠泉乡水资源资产管理和生态环境保护责任履行情况进行审计。

固定资产投资审计 组织对世园围栏区征地拆迁工程、百眼泉—南辛堡—民主村拆迁改造等 12 项重点工程投资项目实施跟踪审计；对公共安全视频监控建设联网应用项目、城西再生水厂工程和平原区地表水供水工程（一期）项目实施竣工决算阶段性审计。核减拆迁补偿资金总计 8199 万元，向公安部门移送审计案件线索 2 件。

其他审计项目 开展京津风沙源治理工程、公证系统财政财务收支专项资金、北京夏都信达国有资产经营管理中心 2017 年度资产负债损益情况等 3 项专项资金审计。与市审计局联动开展 2022 年冬奥会和冬残奥会延庆区建设项目 2018 年阶段性跟踪审计、促进低收入农户增收及农村经济薄弱地区发展政策落实情况审计。

（撰稿人：刘宝生）

【燕山审计分局】 2018 年，燕山审计分局实有 17 人。局长葛千，副局长王冬卉、王丽丽。设有综合法制指导科、经济贸易审计科、财政金融审计所、行政事业审计科、办公室、经济责任审计所和行政事业贸易审计所。

审计成果 2018 年，燕山审计分局完成审计项目 23 个。查出主要问题金额 2020.09 万元。提出审计建议 35 条，提交审计信息 115 篇。

财政审计 2018 年度预算执行审计工作向预算编制延伸，针对存在的项目预算编制不细化、无具体明细项目内容等问题提出建议。关注燕山地区重大改革措施落实情况、存量资金盘活清理情况，注重反映风险隐患。

经济责任审计 受燕山工委组织部委托，开展经济责任审计项目 5 个，对领导干部任期内所在部门、单位财务收支真实性、合法性、效益性进行审计，对领导干部履职情况进行审计。

固定资产投资审计 通过对多项涉及百姓生活的项目进行竣工结算审计，及时纠正结算过程中的偏差和遗漏，确保财政资金有效运行，经济和社会效益有效发挥。

其他审计项目 对燕山教研中心、燕山教委教育信息中心、嘉诚公证处 3 个单位开展财务收支审计。

交办任务 配合燕山纪委完成节前“四风”检查；配合燕山民政分局完成燕山地区脱钩行业协会资产清查；配合燕山教委完成秋季收费联合检查。

相关工作 增加业务相关培训，提高审计人员业务能力，两次到房山区审计局进行交流座谈，学习先进经验，拓宽工作思路。开展“重走背篓路”徒步体验等活动，充分发挥党建工作的引领、保证作用。

内部审计 召开内部审计工作交流会，邀请相关单位就内部审计工作进程及如何推进等问题进行深度交流。到内部审计成员单位进行工作调研，进一步了解工作开展情况，及时发现并促进解决内部审计工作指导中存在的问题。

（撰稿人：王晓晨）

2018 年北京市本级及所辖区、县(市)级审计工作统计表

金额单位:万元

审计机关	完成审计项目/个	审计查出主要问题金额	审计发现非金额计量问题/个	审计期间整改金额	出具审计报告和审计调查报告/篇	审计处理情况		审计促进整改落实有关问题资金	审计提出建议/条	提交审计信息/篇
						审计处理处罚金额	移送处理事项/件			
北京市本级	243	36024686	1000		251	185854	108	3847093	768	162
东城区审计局	53	311489	140		83	890	1	20	114	188
西城区审计局	49	61248	145	26472	47	33395		24878	209	128
朝阳区审计局	44	170290	190	225	55	17971		11923	202	192
丰台区审计局	58	1483432	177		76	112127	6	1227862	215	127
石景山区审计局	23	52363	137	53	29	12177		10915	145	116
海淀区审计局	34	160033	55	78304	47	6527	3	6919	109	106
门头沟区审计局	33	151093	202	62	33	24			130	
房山区审计局	49	312960	25	10663	80	143101	5	44499	110	14
通州区审计局	43	75084	129	265	71	20235	6	15299	136	71
顺义区审计局	68	36129	133	6305	119	23831	2	13889	118	81
昌平区审计局	62	46813	105	593	62	1384	11	1207	200	114
大兴区审计局	69	306166	47	11538	95	8295	1	1239	103	203
怀柔区审计局	53	145160	228	24519	75	29014	3	29117	86	144
平谷区审计局	41	568352	90	872	45	858	1	399757	242	99
密云区审计局	84	410617	153	4501	68	6189	7	3577	165	89
延庆区审计局	20	44563	43	30829	22	4059	2	6507	83	5
燕山审计分局	23	2020	9	1941	23			1941	35	115

天津市

【天津市审计局】 2018 年，天津市审计局实有 316 人。设有办公室、行政财务处、法规处（执法监督处）、综合处、内部审计指导监督处、财政审计一处、财政审计二处、行政事业审计一处、行政事业审计二处、行政事业审计三处、行政事业审计四处、金融审计处、企业审计一处、企业审计二处、社会保障审计处、固定资产投资审计一处、固定资产投资审计二处、联网审计处（数据管理处）、经济责任审计处、农业与资源环保审计处、信息化处、人事教育处、老干部处、机关党委、市纪委驻市审计局纪检组；下设审计科研培训中心（直属事业单位）。

领导成员

局　　长：刘　健

副 局 长：谢津秋　管兴桥

王维章（2月—）

孙建国（2月—）

纪检组长：郑若冰

总审计师：童仕欢（2月—）

经济责任审计工作联席会议办公室主任：

王志楠（—1月）

副局级审计专员：郑国强（2月—）

刘金龙（2月—）

审计成果　2018年，天津全市审计机关完成审计项目553个，促进增收节支21.4亿元，提交报告和信息1535篇，审计意见建议被采纳587条，市主要领导对审计工作批示45次。荣获天津市政府依法行政考核“优秀”等次、第五届“中国法治政府奖提名奖”。

审计管理体制改革　深入学习贯彻习近平总书记在党的十九届三中全会和中央审计委员会第一次会议上的重要讲话精神，站在“两个维护”高度推进审计改革，及时研究制订机构改革工作方案，做好组建市委审计委员会和召开第一次会议筹备工作；严密组织完成市发展改革委、财政局、国资委47名人员转隶，确保思想不乱、工作不断、队伍不散、干劲不减；研究起草新“三定”规定，促进机构合理设置和职能优化整合。

国家重大政策措施落实情况跟踪审计　全年实施4轮跟踪审计，共涉及各类审计对象329个、项目292个，审计各类财政资金、公共资金、建设项目资金和国有资产132.99亿元。审计发现36个问题，问题金额20.84亿元。审计促进中央和市委、市政府政策贯彻落实，宣传介绍天津的创新经验，通过问题整改促进财政资金加快拨付和统筹使用1.64亿元，促进收回结转结存资金2.25亿元，停止或取消违规收费1.8亿元，促进0.09亿元扶贫资金发挥效益。

联网实时审计　在173家联网单位的基础上，将新调整为市级一级预算单位的区级法院、检察院、市经济发展研究院39个单位纳入联网范围。新增市卫生健康委、市科技局、市戒毒局二级单位52家。根据审计业务需求，新增水务集团用户购水业务系统数据，不断充实联网数据资源。联网一级单位达212家，账套5900余个，业务系统29个。推进立项审计、无项目审计、实时监控三种审计方式的深度融合，做好审前推送、审中互动。将与被审计单位有关的发票、备案银行账号、国库集中支付、政府采购、财务账套等数据信息推送19个项目审计组。完成市、区提交的数据查询申请246次，为业务部门分析导账738套，有效支撑现场审计。与相关部门建立联动防控与监督机制，对农村危房改造资金和困难劳模帮扶金在申报阶段，利用大数据筛查疑点，促进扶贫政策精准落实；为市住房城乡建设委筛查16批申报信息，涉及农户16988户，市住房城乡建设委已取消1442户无低保、无残疾人信息、有投资的家庭申请资格。加大模型研发力度，在审计监督“一张网”上新增审计模型178个，涉及国企、社保、金融、财政等行业。开展无项目审计数据分析，通过对一个年度内住院医疗费用总额大于15万的人群进行分析，重点分析低保、低收入、残疾人等困难群体大额医疗保险自费、增负支出情况，相关数据分析情况由业务部门以专报形式上报市领导，建议相关部门研究现有大额医疗保险报销政策。对低保、低收入、残疾人家庭应享受未享受政府缴纳城乡居民基本医疗保险情况进行分析，疑点推送业务部门进一步核查。利用非税收入征缴系统和工商系统等联网数据对减税降费政策落实情况进行跟踪。

财政审计　完成市级预算执行和决算草案编制情况审计，重点审查天津市财政局组织实施的预算执行和编报决算草案情况。完成市地方税收征管情况审计，重点审查房产税等13个税种征收、减免、税源管理以及税务稽查情况。完成市级部门预算执行情况审计，重点对113个市级预算单位进行联网审计，对其中11个单位进行重点现场审计。完成区级财政决算审计，重点对16个区财政决算进行联网审计。

经济责任审计　受市委组织部委托，完成对39个单位（含地方党委政府、党政部门单位等）56名党政领导干部经济责任审计。完成对2个市管单位2名市管主要领导干部自然资源资产离任（任中）审计。完成对李伏安2015年5月至2017年12月担任渤海银行股份有限公司党委书记、董事长期间经济责任履行情况审计。完成对郭金利

2015 年 5 月至 2018 年 4 月担任天津津融投资服务集团有限公司党委书记、董事长、总经理期间经济责任履行情况审计。

固定资产投资审计 完成对天津市中心城区东南部重点区域开发建设项目的审计，发现多计工程款、质量验收标准未执行国家和行业标准、部分市政工程未批先建、未按工程概算内容审批项目资金等方面的问题。对宝坻区体育馆全运会项目建设管理和资金使用情况开展审计，审查项目政策落实、资金筹集使用、概算执行情况、内控制度执行、工程质量管理、项目建设管理及项目运营（开放）状况等情况。完成对天津科技大学体育馆全运会项目建设管理和资金使用情况审计，发现决算工作进展缓慢、座椅和运动地板采购过程中全部有效投标单位涉嫌串通投标等问题。完成对天津理工大学、天津职业技术师范大学、天津中医药大学、天津财经大学、天津农学院、天津商业大学和天津体育学院体育馆、田径场，天津市体育局承建的健康产业园体育基地橄榄球、射箭比赛场、女子足球比赛场、小轮车比赛场地及海河后五公里河段赛艇皮划艇比赛场，天津市武清区国有资产经营投资公司承建的武清区新建综合体育馆等全运会项目的建设管理和资金使用情况的审计。

民生资金（项目）审计 完成对天津市 2017 年保障性安居工程跟踪审计。完成对天津市 2017 年度失业保险基金、工伤保险基金、生育保险基金等社会保险基金联网审计。完成对天津市对口支援新疆和田地区策勒县、于田县和民丰县（以下简称东三县）自 2017 年 9 月至 2018 年 8 月末援疆资金的管理使用和项目实施情况跟踪审计。开展对天津市农村工作委员会第一轮困难村帮扶政策落实与资金管理使用情况进行专项审计调查。

外资运用审计 完成对亚洲开发银行贷款海河河口地区污染控制与生态恢复项目审计。

企业审计 在对姚国强 2014 年 1 月至 2017 年 5 月担任天津城建集团有限公司党委副书记、总经理期间经济责任履行情况审计，对翟乃满 2016 年 4 月至 2017 年 12 月担任天津市政建设集团有限公司党委书记、董事长期间经济责任履行情况审计，对刘凤山 2014 年 7 月至 2017 年 7 月担任今晚报社（今晚传媒集团）党委书记、社长、总编辑期间经济责任履行情况审计，对王俊明 2015 年 1 月至 2017 年 12 月担任南港工业区开发有限公司党委书记、总经理期间经济责任履行情况审计，对曾小平、王志勇自 2015 年 1 月至 2017 年 12 月在天津津联投资控股有限公司（香港津联集团有限公司）任职期间经济责任履行情况审计，对孟爱英 2015 年 2 月至 2017 年 4 月担任天津食品集团有限公司党委书记、董事长，郝非非 2015 年 2 月至 2017 年 12 月担任党委副书记、总经理期间经济责任履行情况审计等项目中，同时对任职企业的资产、负债、损益进行检查，发现经营管理中存在的问题，提出整改意见和建议。

信息化建设 按照审计署“金审工程”总体建设方针和工程项目建设进度要求，结合天津审计工作实际，经市委网信办专家评审，形成天津市“金审工程”三期项目初步设计。按照审计署统一部署要求，开展“金审工程”三期 IPV6 试点。完成全市审计系统范围内的移动审计支撑系统部署工作，中心机房动态环境监测系统建设，存储扩容项目建设，机关大楼视频监控系统建设，门户网站升级改造项目建设。“一张网”管理系统优化完善项目和数据采集门户网站项目建设已进入项目收尾阶段。组织开展对各区审计局信息系统的等保定级和加固，市审计局和 16 个区审计局通过测评。

审计科研 申请并中标审计署“大数据审计”重点科研课题，就大数据条件下审计组织方式、结果利用、风险防范、人员激励及考核等方面进行深入研究，初步形成课题报告。申报并中标中国审计学会开展的合作课题“大数据背景下深化预算执行审计研究”。对 2017 年 10 个课题进行结题评审，其中 6 个研究报告被评为优秀课题。举办 120 余人参加的“科技强审大数据审计”研讨会，8 篇优秀课题论文参加现场交流和研讨。举办青年论坛，共收到论文 68 篇，2 篇优秀论文推选上报中国审计学会参评，其中 1 篇荣获全国一等奖并在大会发言。参加中国审计学会以“国家审计的改革、创新与未来发展”为主题的第四次理事论坛交流活动，2 篇论文入选第四次理事论坛优秀文集。编印《天津市国家审计与内部审计优秀课题论文选编》和《天津市联网审计案例集》。

党建工作 深入学习贯彻习近平新时代中国特色社会主义思想和党的十九大精神，制订2018年党组中心组学习计划，印发党员政治理论学习计划，组织各支部开展多种形式的学习活动；举办习近平新时代中国特色社会主义思想和党的十九大精神培训班，安排10场专题辅导；组织党员干部参加《习近平谈治国理政》学习竞赛，利用局域网“机关党建”和“群团工作”两个栏目唱响主旋律、宣传正能量；高标准落实局党组“政治强审”工作要求，将2018年作为“党建质量年”。

扎实开展“对照正反典型、深入查摆反思”教育活动、“以案为警为鉴、忠诚干净担当”廉政警示教育月活动，组织全体党员干部观看电影《第一大案》，组织机关纪委委员、支部纪检委员参观“弘扬廉洁理念，传播廉政文化”反腐倡廉文化作品展览。党风廉政建设和反腐败工作着力在运用“第一种形态”常态化上下功夫，5个党支部对6名党员干部进行警示提醒和批评教育，到审计现场检查25个审计组执行纪律情况。对100个审计组、652人（次）审计人员开展审前廉政教育。

坚持把政治标准放在首位，严把党员发展入口关，确保党员的发展质量，确定11名同志列入发展计划。

队伍建设 坚持正确选人用人导向，突出政治标准，严把政治首关，选拔1名正处级领导干部，推荐5名优秀副处级干部主持部门工作。全年安排13名干部分别在市区两级审计机关“挂职”。新选派1名优秀干部参加援疆，选派63名干部借调市委组织部、市纪委、市委巡视组协助工作。完善优秀人才和年轻干部发现培养机制，制定《天津市审计机关大数据审计人才库建设和管理办法》《天津市审计局职业指导师管理暂行办法》等文件，有效激励和整合全市审计人才资源。突出向基层一线审计人员倾斜的原则，修改完善高级审计师（副高）评审办法，开展2018年高级审计师（副高）评审工作。扎实开展领导班子年度考核和绩效考核，落实细化分解任务，建立工作台账，按时完成月自查、季自评和半年、年度总结。选派局处级干部31人参加26批次的理论学习综合班次、专题班次和中青年干部培训班的调训任务。选派62人次分别参加审计署组织的专项审计能力提升和以干代训等40余个班次的培训。组织全市审计机关干部参加审计署组织的网络专题培训班，业务处60多人、16个区局相关业务科室参加培训。制订《天津市审计局转隶人员集中培训工作方案》，开展转隶人员集中培训，让转隶人员尽快与审计工作融合，适应新岗位的需要。

相关工作 在2018年审计重点工作中提出提升审计质量实施计划，推行审计任务清单和改革审计现场取证、优化审计业务流程、制定审计结果公告和干预审计工作行为登记报告及审计项目总结讲评操作指南等制度规范，扎实推进质量强审。重视审计整改，对48个项目出具整改情况检查报告，涉及问题事项888个，对22个单位35个项目组织“回头看”。开发《审计整改检查系统》，推动审改分离工作向系统化、规范化方向转变。完成对口支援甘肃省甘南藏族自治州审计局和州属8个县（市）审计局的50名干部审计业务培训。

内部审计 天津市共有内部审计机构826个，其中专职机构195个；内部审计人员2376人，其中专职人员650人。开展财务收支审计、经济效益审计、经济责任审计、内部控制评审、基本建设审计等各类审计项目7841个，审计总金额14123.77亿元，提出审计意见被采纳6902条，促进增收节支3.03亿元。完成全年4次国际内部注册审计师机考报名审核工作，全年共有80名考生全科通过考试，取得CIA资格。

（撰稿人：张雁森）

【和平区审计局】 2018年，和平区审计局实有41人。局长赵强，副局长杨士军、马洪新。设有办公室、人事教育科、法制科、内部审计指导科、经济责任审计科、财政审计科、行政事业审计科、企业审计科、固定资产投资审计科、联网审计科。

审计成果 2018年，和平区审计局完成审计项目50个，其中专项审计调查项目24个。查出违规金额67.62万元、管理不规范金额37234.88万元，核减政府投资建设项目工程造价1540.79万元。出具审计报告47篇；提交审计信息114

篇，被市审计局采用96篇次，被和平区委和区政府采用34篇次。

国家重大政策措施落实情况跟踪审计 按照市审计局的统一部署，对和平区盘活空置楼宇情况、存量资金情况、部门预算全覆盖审计情况、东西部扶贫协作资金情况和市级财政专项资金滞留情况进行跟踪审计。

联网实时审计 坚持围绕财务管理、政策执行、资金使用三条主线开展联网实时审计监督，深入开展部门预算执行及其他财政收支全覆盖审计工作，配合区纪委持续做好扶贫助困领域腐败和作风问题专项治理联网审计抽查工作。2018年共下达审计疑点核查通知书310份，借助大数据分层次精准分析促进预算项目资金管理使用，上缴财政4390.38万元。持续清理其他应付款中的各类沉淀资金1616.86万元，进一步增强预算执行的刚性和财政资金的规范使用。

财政审计 以财政资金运行为重点，除对本级财政预算执行情况审计外，还利用联网数据对和平区2017年部门预算执行和其他财政收支情况进行全覆盖审计。在对全区部门预算执行情况进行整体分析的基础上，重点对一级预算单位进行网上审计。

经济责任审计 受区纪检委、区委组织部的委托，对和平区15个单位22名党政领导干部和企业领导人员的任期经济责任情况进行审计，提出审计处理意见58条、审计建议47条，向有关部门移送问题线索26条。向区委常委会、区政府常务会、区人大主任会报告经济责任审计中发现的问题及整改情况，区领导对存在问题的被审计单位领导干部进行集体约谈。

固定资产投资审计 围绕区委、区政府工作中心，关注政府投资项目履行基本建设程序、工程招投标、政府采购和建设资金来源与使用等重点环节，完成20项区政府投资建设项目的专项审计调查。

相关工作 抓好党建工作，以高质量党建推动审计工作高质量发展。落实“三会一课”制度，开展主题党日活动24次；落实意识形态工作责任制，召开3次领导小组会议专题研究部署；切实把纪律建设摆在更加突出位置，推动不作为不担当专项治理工作，制订《进一步激励干部新时代新担当新作为实施方案》；大力抓好机关党风廉政建设，局领导班子全面落实主体责任；开展警示教育，正确运用“四种形态”，开展履职谈话廉政提醒谈话、警示提醒谈话，严肃党内政治生活；严格执行审计“八不准”工作纪律，进一步规范现场审计行为。

内部审计 以《和平区进一步加强内部审计工作方案》为抓手，对区属内部审计机构和内部审计人员进行摸底调查，核实全区内部审计机构设置情况，向全区各单位发布内部审计工作指导要点，组织参加天津市内部审计协会开展的理论研讨活动。

（撰稿人：原　敏）

【河东区审计局】 2018年，河东区审计局实有39人。党组书记关建海，局长张大勇，副局长彭承荣、杨城，处级调研员吴海龙。设有办公室、法制科、内部审计指导科、财政审计科、经济责任审计科、社会保障审计科、联网审计科、固定资产投资审计科、行政事业审计科、人事科、财务科。

审计成果 2018，河东区审计局完成审计项目35个，其中专项审计调查项目1个。查出主要问题金额17936万元，其中违规问题金额47万元、管理不规范金额17888万元；出具审计报告和专项审计调查报告35篇。审计处理处罚金额17936万元，其中应上缴财政47万元、应调账处理金额17888万元；审计促进整改落实有关问题金额9万元。审计提出建议11条；提交审计信息38篇，被批示、采用28篇。

国家重大政策措施落实情况跟踪审计 在市审计局统一指导下，围绕项目落地、资金保障、简政放权、政策落实、风险防范“五个抓手”，对空置楼宇盘活情况、中央及市财政拨付的专项资金滞留河东区财政有关情况、“散乱污”企业整治情况、东西部对口扶贫等情况进行跟踪审计。

财政审计 充分运用全市审计监督“一张网”数据资源，先后对52个一级预算单位和57个二级预算单位2017年度部门预算实行联网审计全覆盖，对区级财政2017年度决算实行全覆盖审计，共筛查核实审计疑点数据1527条，对19个单位下达审计整改意见，规范财政资金381.62万元。对审计中发现的带有普遍性、典型性的5大类12

种问题进行归纳总结，形成分析案例，对全区财务负责人和内部审计人员进行宣讲、培训，起到警示教育，提升各单位财务管理水平的作用。审计中催缴入库财政资金达1.79亿元。按季度组织力量对全区政府性债务有关情况进行跟踪审计调查。

经济责任审计 召开河东区2018年经济责任审计工作联席会议，通报联席会议成员调整情况，审议并通过2018年度河东区经济责任审计工作计划安排。根据市审计局统一部署，按照“摸清情况、揭示问题、分析原因、合理评价”的总体思路，以区环保局主要职责为主线，以推动落实美丽天津建设“四清一绿”行动和污染减排等大气、水、土壤污染防治目标任务完成情况以及环保专项资金使用情况为重点，开展自然资源资产离任专项审计。

交办任务 按照全市统一部署，统筹安排力量对天津市全运会场馆维修资金和保障性安居工程进行跟踪审计，对东丽区法院院长经济责任进行审计。按照区委、区政府要求，对河东区房管局下属11家单位地铁项目征收服务费使用情况、河东区大直沽东孙台棚户区改造项目进展情况、河东区市容委“6·8”重大保障活动项目资金使用情况进行专项审计调查。按照区纪委的统一部署，安排力量对扶贫助困领域腐败和作风问题进行审计调查。按照区委组织部的要求，对补交党费管理使用情况开展专项审计调查。抽调7人次配合市、区纪委开展工作。

党建工作 落实严治党部署要求，召开党组会议专题研究，制定《审计局2018年度党建工作要点》；结合审计工作实际，细化全面从严治党责任清单和任务清单，定期听取班子成员和各科室负责人履职尽责汇报，确保责任有效落实；坚持思想建党，深入学习《党章》《条例》和《准则》等党内法规，推进“两学一做”学习教育常态化制度化，自觉用习近平新时代中国特色社会主义思想武装头脑；严格执行《关于新形势下党内政治生活的若干准则》，规范落实“三会一课”等组织生活制度；以正反面典型案例教育为抓手，开展廉政党课，组织参观廉政展览，不断筑牢审计干部的思想防线。

队伍建设 深入开展“不作为不担当问题专项治理三年行动暨作风建设年”活动、全国审计系统“纪律作风专项整治月”和巡察整改工作，强化作风建设，提高审计队伍战斗力和凝聚力；持续抓好中央八项规定精神、审计“四严禁”和审计“八不准”纪律要求的贯彻落实，督促审计干部严格遵守廉政纪律、审计纪律和工作纪律；健全监督管理制度，强化对审计权力运行机制的制约和监督；坚持党管干部原则，把好干部标准落到实处，深化重德才、重实绩的选人用人导向，优化审计干部队伍结构；加强对年轻干部教育培养，成立“审计先锋号”，开展以弘扬“团结和谐、拼搏向上”为主题的审计主流文化建设，提升年轻干部的政治素养和理论水平。

内部审计 召开河东区2018年内部审计工作会议，总结2017年内部审计工作，安排部署2018年工作任务，表彰2017年度内部审计工作先进单位及个人。按照“三年审一次、一次审三年”的工作原则，继续组织全区各单位内部审计机构对各单位所属基层预算单位有计划地开展2018年度河东区基层预算单位内部定期审计工作，发挥内部审计第一道监督关口的职能作用。

（撰稿人：王敬军）

【河西区审计局】 2018年，河西区审计局实有35人。局长陈丁，副局长赵艳、张钟、丰珊。设有办公室、法规科、内部审计指导科、社会保障审计科、财政审计科、行政事业审计科、经济责任审计科、固定资产投资审计科、资源环保审计科、企业审计科、联网审计科、审计执行监督科；下设河西区审计事务服务中心（事业单位）。

审计成果 2018年，河西区审计局完成审计项目24个，其中专项审计调查项目1个。查出主要问题金额10.97亿元，其中违规金额241万元、管理不规范金额10.95亿元；审计发现非金额计量问题21个；出具审计报告和专项审计调查报告24篇。审计处理处罚金额3546万元，其中应上缴财政240万元、应调账处理金额3306万元；移送司法机关、纪检监察机关和有关部门处理事项9件，移送处理人员46人，移送处理金额315万元。审计促进整改落实有关问题金额89011万元；移送处理落实事项6件。审计提出建议19条，被采纳2条；提交审计信息64篇，被批示、采用27篇。

国家重大政策措施落实情况跟踪审计 围绕河西区空置楼宇盘活、中央及市级财政专项资金滞留区财政、“散乱污”治理情况开展跟踪审计，摸清空置楼宇底数和实际盘活情况，采集驻区医院“散乱污”治理资料，调查财政资金闲置原因，发挥审计对政策落实的促进作用。

财政审计 开展2017年度部门预算执行全覆盖审计，对银行账户未备案、物业服务未执行政府采购等17个事项进行联网审计，覆盖全区230个一、二级预算单位，推送疑点7948条，共发现3大类6个问题，金额合计930万元。采用“七层分析法”开展区级预算执行和其他财政收支情况全覆盖审计，涉及100万元以上资金项目347个，资金覆盖率达98.36%；提出规范预算编制、加强预算执行管理等审计建议7条。

经济责任审计 督促河西区60个经济责任审计单位开展自查。受区委组织部委托，对17个单位41名的处级党政领导干部开展经济责任审计。研究审计自然资源资产审计的方式、指标和评价标准，对河西区环保局开展自然资源资产离任审计。

固定资产投资审计 完成涉及学校修缮、楼宇提升、旧楼改造等政府投资建设项目结算审计42项，涉及资金1.91亿元，累计节约财政资金1921.56万元。开展陈塘科技商务区建设项目资金管理使用情况跟踪审计，提出加快土地出让、拓宽融资渠道、压缩经营开支的审计建议。

民生资金（项目）审计 运用联网审计平台数据，对河西区低保救助金、残疾人生活救助资金等进行审计，将审计发现问题移送相关部门处理。

审计科研 组织撰写的《新时代国家审计内部指导监督与内审机构协同发展路径研究》一文获得2018年中国内部审计理论研讨二等奖。

相关工作 审计局党组以习近平新时代中国特色社会主义思想为指导，深入学习贯彻党的十九大精神，树牢“四个意识”，坚定“四个自信”，做到“两个维护”，全面落实从严治党责任。选拔2名青年干部任正科级非领导职务，招录选调生1名充实审计一线，选派1名科级青年干部到街道任职。

内部审计 对河西区60个单位内部审计机构设置情况、人员配置情况进行摸底调查，对区国有企业系统、区工会系统财务人员进行财务管理培训。

（撰稿人：王洪艳）

【南开区审计局】 2018年，南开区审计局实有44人。局长张金刚，副局长魏丽娟、秦剑宇，副处级调研员武桂敏。设有办公室、法制科、内部审计指导科、行政事业审计科、财政金融审计科、企业审计科、固定资产投资审计科、人事教育科、经济责任内部审计科、联网审计科。

审计成果 2018年，南开区审计机关完成审计项目39个，其中专项审计调查项目1个。查出主要问题金额86643万元，其中违规金额73万元、管理不规范金额86569万元；审计发现非金额计量问题45个；损益（收支）不实金额416万元；出具审计报告和专项审计调查报告62篇。审计处理处罚金额3028万元，其中应上缴财政73万元；移送司法机关、纪检监察机关和有关部门处理事项5件，移送处理人员2人，移送处理金额286万元。审计促进整改落实有关问题金额2954万元；核减投资额212万元。审计提出建议101条；提交审计信息96篇，被批示、采用95篇。

国家重大政策措施落实情况跟踪审计 对南开区2017年盘活空置楼宇情况、南开区支持企业通过融资租赁加快装备改造升级专项资金管理使用情况进行动态跟踪审计。

财政审计 首次开展部门预算执行全覆盖立项审计，对审计中发现的项目资金执行率偏低、预算编制不够科学、预算编制不够精细、利息收入在往来款核算、往来款长期挂账等问题，提出审计建议。

经济责任审计 编制《领导干部履行经济责任重点风险防范清单》，推行经济责任风险告知制度。受区委组织部委托，完成22个经济责任项目，涉及24名领导干部经济责任审计。首次对2个单位开展党政同责经济责任审计，对3个单位开展届中经济责任审计。移送案件线索5件。

固定资产投资审计 对黄河医院投资情况及天津市第66中学竣工决算进行审计，探索建立由审计机关主导、产管部门和建设单位协同、社会审计参与的审计监督体系。送审金额1.37亿元，核减212万元。

民生资金（项目）审计 依托联网审计平台数据，组织开展残疾人四项补贴资金专项审计。采取现场与非现场审计相结合的方式，通过运行审计模型将相关数据进行比对、筛选，对审计中发现困难残疾人生活补贴、重度残疾人护理补贴和困难残疾人家庭取暖补贴发放不符合条件等问题，提出审计整改建议。

农业与资源环保审计 按照“摸清情况、揭示问题、分析原因、合理评价”的总体思路，首次对领导干部自然资源资产离任审计进行探索。

企业审计 完成对4个国有企业5名领导干部经济责任审计。

专项资金审计 对南开区2017年社区服务群众专项经费收支情况、专项经费使用的合规合法性等情况进行审计，覆盖12个街道办事处、171个社区居委会，涉及金额3420万元。

内部审计 制定并向全区转发《关于进一步加强南开区内部审计工作的实施意见》，组织全区单位（部门）分管财务的领导及内部审计人员培训。

（撰稿人：马少波）

【河北区审计局】 2018年，河北区审计局实有39人。局长李文涛，副局长刘金贵、程凤香。设有办公室、法制科、内部审计指导科、经济责任审计科、财政审计科、行政事业审计科、固定资产投资审计科、企业审计科、联网审计科、人事教育科、审计督查科。

审计成果 2018年，河北区审计局完成审计项目45个。查出主要问题金额9.84亿元，其中违规金额5309.82万元、损失浪费金额329.07万元、管理不规范金额9.27亿元；审计发现非金额计量问题65个；损益（收支）不实金额141.15万元；出具审计报告和专项审计调查报告57篇。审计处理处罚金额6391.53万元，其中应上缴财政5309.82万元、应调账处理金额1081.71万元；移送司法机关、纪检监察机关和有关部门处理事项2件，移送处理人员2人，移送处理金额555.19万元。审计提出建议140条；推动被审计单位制定整改措施106项；提交审计信息104篇，被批示、采用135篇。向社会公告审计结果1篇。

国家重大政策措施落实情况跟踪审计 开展3个季度的政策跟踪审计和1个减税降负专题审计，完成5个专题的跟踪审计。

财政审计 完成预算执行和其他财政收支审计。按照全市统一部署，对区级预算执行和区级财政决算开展大数据全覆盖审计，大数据审计应用进一步深化。

经济责任审计 按照区委组织部的委托，开展经济责任审计项目20个，涉及20个单位25名领导干部，对其中5个单位开展党政主要负责人同步审计，对区环保局原局长开展首次自然资源资产管理及生态环境保护责任履行情况审计。

民生资金（项目）审计 对河北区对口帮扶专项资金开展专项检查，涉及17个扶贫相关单位的项目和资金。继续开展保障性安居工程跟踪审计。

专项资金审计 根据市审计局的统一安排，开展静海区补交党费管理使用情况专项审计，派出审计人员参加全运会场馆项目及奥体中心维修资金审计。

交办任务 根据市审计局安排，对网络安全建设等情况开展专项审计调查。按照河北区委、区政府的部署要求，开展工资津贴补贴发放情况、泰嘉供热站建设项目投资及运营损益情况、汇仁云居还迁安置住房工程项目、教育局教育收费情况、补交党费使用和管理情况、建昌道菜市场政府补贴款、区供热燃气工作资产状况等专项调查。

相关工作 持续推进精神文明建设，通过全国文明单位复查，继续保持“全国文明单位”荣誉称号，并被评为2015—2017年度天津市文明单位。

（撰稿人：李仲渊）

【红桥区审计局】 2018年，红桥区审计局实有35人。党组书记、局长李萍，副局长（调研员）纪耀章，副局长王凤英、卢敢（7月—）。设有办公室、法制科、内部审计指导科、财政审计科、行政事业审计科、企业审计科、固定资产投资审计科、经济责任审计科、联网审计科、人事教育科。

审计成果 2018年，红桥区审计局完成审计项目36个，其中专项审计调查项目2个。查出主要问题金额 1.37 亿元，其中违规金额 3159.49 万元、管理不规范金额 1.05 亿元；出具审计报告和专项审计调查报告 46 篇，被批示、采用 16 篇。审计处理处罚金额 7133.91 万元，其中应上缴财政 2209.91 万元、应归还原渠道资金 151.43 万元、应调账处理金额 4772.56 万元；移送司法机关、纪检监察机关和有关部门处理事项 6 件，移送处理人员 219 人，移送处理金额 117.2 万元。审计促进整改落实有关问题金额 1713.07 万元；移送处理落实事项 2 件。审计提出建议 32 条，被采纳 17 条；提交审计信息 196 篇，被批示、采用 178 篇次。向社会公告审计结果 1 篇。

国家重大政策措施落实情况跟踪审计 对红桥区盘活空置楼宇工作目标完成情况、财政存量资金、“十三五”期间红桥区东西部扶贫协作和对口支援帮扶情况开展审计调查，提出审计建议，督促整改落实。

联网实时审计 实现对全区 52 家一级预算单位和 24 家二级预算单位的实时监督，核查疑点单位 31 家，开具疑点核查通知书 48 份，向纪检、组织部门移送问题线索 3 件，区纪委监委对 30 名经商办企业的区财政供养人员立案，4 人给予党纪处分。

财政审计 开展区级预算执行、部门预算执行和决算大数据全覆盖审计，对预算执行进度、“三公”经费使用、政府采购、利息收入挂账等情况进行审计，审计报告得到区人大充分肯定。

经济责任审计 受区委组织部委托，对 13 个单位 14 名领导干部开展经济责任审计。查出违规问题金额 3057.27 万元、管理不规范金额 1828.9 万元。按照市审计局统一部署，对西青区法院院长开展经济责任审计。组织召开红桥区经济责任审计工作联席会议，调整联席会议成员单位。

固定资产投资审计 对红桥区老旧小区住房改造工程、红桥中医医院临时周转用房改造项目进行审计。

民生资金（项目）审计 开展红桥区卫生信息化建设项目资金、就业创业服务补贴资金、环保专项资金、和苑智慧社区项目资金审计。参加全市保障性安居工程审计，查出违纪问题移送相关部门。赴甘肃省合水县、碌曲县对东西部扶贫协作和对口支援资金管理使用情况进行审计。对红桥区重度残疾人护理补贴应补尽补情况审计及普通高中国家助学金政策落实情况进行审计。

企业审计 对红环乐业再就业公司等 4 个区属国有企业开展资产负债损益审计，重点关注国有企业的经营状况、资产管理以及内控制度建设等内容。

内部审计 召开全区内部审计工作会议，下发工作要点，举办案例培训，开展调研，制定《关于进一步加强内部审计工作的实施意见》，指导全区各单位开展内部审计工作。向区政府提出在重点部门、单位设立专职内部审计机构的建议。

（撰稿人：陈柏羽）

【东丽区审计局】 2018 年，东丽区审计局实有 31 人。局长时卷林，副局长魏金凤、朱德勇。设有办公室、法制科、内部审计指导科、财政审计科、行政事业审计科、固定资产投资审计科、经济责任审计科、国有企业审计科、信息化科、联网审计科、村居审计科。

审计成果 2018 年，东丽区审计局完成审计项目 32 个，延伸审计 41 个单位。查出管理不规范金额 4 亿元、违规金额 7870.21 万元，核减工程造价 6988.25 万元，上缴财政 7870.21 万元。提出审计建议 13 条，移送区监察委 2 个案件线索。向相关部门报送审计信息 84 篇。

国家重大政策措施落实情况跟踪审计 完成东丽区盘活空置楼宇工作目标完成情况及财政存量资金情况跟踪审计；完成项目资金执行率情况跟踪审计，发现全区 2017 年立项执行率不足 30%的项目 148 个，涉及 25 家单位，结转结余资金 3.35 亿元，影响全区资金的有效分配和使用效率，发现 18 家单位项目结余资金 7023.1 万元未及时上缴国库；完成市级转移支付资金滞留情况跟踪审计，发现区民政局退役士兵安置补助费因学历教育学制问题滞留，该资金现已全部结算使用完毕。

联网实时审计 运用联网审计平台数据，完成区级决算审计，推送疑点数据 4 批，涉及 23 家单位，经过现场核实，发现利息收入未上缴国库、会计核算错列科目等问题，相关单位已整改完毕；完成区级预算单位 2017 年预算执行情况审计，发现 18 家单位完结项目资金滞留账户、往来款长期挂账、物业管理服务未执行政府采购、财政供养人员经商办企业等问题，查出管理不规范金额556.2万元，违规金额7023.1万元。

财政审计 延伸审计区工信委、区民政局、区教育局、区农委等8个单位，发现专户利息收入未缴国库、预算单位项目资金连续两年未使用等问题。审计查出违规金额838.21万元，上缴财政838.21万元。提出规范专户核算等审计建议3条，出具审计决定书1份。

经济责任审计 受区委组织部委托，完成16个单位16名党政领导干部经济责任审计，延伸审计31个单位，审计查出管理不规范金额251.7万元、违规金额8.9万元，上缴财政8.9万元，提出审计建议6条。组织开展区环保局环境治理、污染防治专项审计和无瑕街道办事处主任自然资源资产离任审计。

固定资产投资审计 完成津塘二线绿化提升工程、贯庄粮库竣工决算、京津城际铁路沿线绿化等七项工程及军粮城示范小城镇一期农民还迁住宅建设项目竣工决算审计等项目，查出管理不规范金额3.47亿元，核减工程造价6988.25万元。

企业审计 完成东方财信、东丽城投、滨丽公司及东丽湖开发建设有限公司等10家国有企业审计。查出管理不规范金额4537.04万元，提出审计建议2条，出具审计决定书2份。

交办任务 按照审计署、市审计局和纪检部门安排，派出2位审计骨干参加区委巡视准备工作；派出3人次配合区委监察委开展工作；派出1人参加市委巡视组工作。此外，按照市审计局统一安排，对和平区法院及和平区党费使用情况开展审计。

内部审计 实地检查区教育局、区园林局、区卫计委、区民政局等46个内部审计机构工作开展情况、内部审计制度建立执行情况，进行分类指导工作。

（撰稿人：王　凯）

【西青区审计局】 2018年，西青区审计局实有27人。局长高志，副局长魏奎成、魏津元，四级调研员陈建茹。设有办公室、法制科、行政事业审计科、财政金融审计科、经济责任审计科、固定资产投资审计科、内部审计指导科、联网实时审计科。

审计成果 2018年，西青区审计局完成审计项目34个，其中专项审计调查项目1个。查出主要问题金额57.51亿元，其中管理不规范金额57.5亿元、违规金额171.55万元，审计上缴财政296.87万元。出具审计报告和专项审计调查报告27篇，被西青区领导批示10件次。撰写审计信息被采用133篇次。被评为2018年全国审计宣传工作先进单位。

国家重大政策措施落实情况跟踪审计 每季度开展重大政策落实跟踪审计，并坚持所有项目都将重大政策措施落实情况作为必审内容。聚焦打好三大攻坚战，开展政府性债务跟踪审计3项、困难村帮扶政策专项审计调查1项，推动各项政策措施落地实施。对保障性安居工程等3个事项进行专项跟踪审计。

联网实时审计 利用国库集中支付、工商管理等10类数据，对49家一级预算单位和145家二级预算单位进行部门预算执行全覆盖审计。针对2055万元项目资金结转时间超过两年、未收回预算统筹安排使用的问题，对2个单位下发审计整改通知。针对公职人员经商办企业的问题，向西青区纪委出具《审计移送处理书》2份，提供问题线索2件。

财政审计 与区财政决算全覆盖审计相融合，持续开展预算收支、中央八项规定落实情况等的审计，提出加快预算执行进度、盘活沉淀资金等审计意见建议8条。受西青区政府委托，向西青区人大作《2017年度区级预算执行和其他财政收支的审计工作报告》和《关于天津市西青区2017年区级预算执行和其他财政收支审计查出问题整改情况的报告》。

经济责任审计 对13个单位的19名干部进行审计，出具审计报告19篇、审计决定书2份，审计查出违规金额152.2万元，上缴财政46.22万元，退回原渠道资金2.27万元，促进资金拨付到位13.38万元。完成西青区西营门街道办事处和区环境保护局2个单位的3名领导干部自然资源资产离任审计，出具审计意见2份，查出未完成耕地保护任务等问题5个，提出审计意见建议4条。

交办任务 根据西青区委区政府和有关部门

要求，开展燃煤清零审计 1 项、国企审计 2 项、其他审计工作任务 6 项。

内部审计 以西青区政府名义下发《关于加强和完善内部审计的实施方案》，构建全区内部审计发展整体框架。举办 4 期审计培训班，对西青全区范围内的街镇、委局和村居组织党政一把手、内部审计人员开展全覆盖式审计培训。

（撰稿人：邢　佳）

【津南区审计局】 2018 年，津南区审计局实有 34 人。党组书记魏瑞荣，局长王玉爱，副局长王会芬、王凤海。设有办公室、党建办、法规科、内部审计指导监督科、经济责任审计科、财政金融审计科、行政事业审计科、固定资产投资审计科、联网实时审计科。

审计成果 2018 年，津南区审计局完成审计项目 31 个。查出主要问题金额 69.88 亿元，其中违规金额 1.01 亿元、管理不规范金额 68.86 亿元；审计发现非金额计量问题 45 个；出具审计报告和专项审计调查报告 26 篇，被批示、采用 16 篇。下达《联网实时审计监督整改通知》13 份、《审计监督整改建议函》4 份。审计处理处罚金额 1.03 亿元，其中应上缴财政 8499 万元、应归还原渠道资金 1611 万元、应调账处理金额 142 万元；移送纪检监察机关和有关单位处理事项 1 件，涉及人员 117 人。审计促进整改落实有关问题金额 9297 万元。审计提出建议 73 条，被采纳 40 条；提交审计信息 109 篇，被批示、采用 99 篇。

对宋兴良 2014—2016 年任津南区残疾人联合会理事长期间经济责任审计项目被市审计局评为优秀审计项目。

国家重大政策措施落实情况跟踪审计 按照审计署、市审计局统一安排，将重大决策部署贯彻落实情况纳入每个审计项目之中，完成 4 个季度的跟踪审计，重点关注财政存量资金、空置楼宇、减税降费等相关政策落实情况，出具审计报告 3 篇。完成煤改清洁能源专项资金跟踪审计项目。

财政审计 完成区级预算执行情况审计 1 个、镇级预决算情况审计 1 个、预算部门财政财务收支审计 2 个。利用联网审计平台数据，对 56 家一级预算单位及部分下级单位进行全覆盖审计，首次尝试对全区 8 个镇镇级财政预决算情况进行全覆盖审计。审计查出主要问题金额 67.78 亿元，发现非金额计量问题 3 个，出具审计报告 6 篇。

经济责任审计 受区委组织部委托，对 13 名领导干部开展经济责任审计，尝试开展党政同责同步审计。以土地自然资源资产管理情况为重点，对咸水沽镇 2 名领导干部实施自然资源资产离任审计。

其他审计项目 开展固定资产投资审计项目 1 个。开展困难村帮扶专项审计调查，对区内 8 个困难村帮扶政策落实、项目和资金管理使用情况进行审计。完成环境保护和污染治理专项审计，查出非金额计量问题 6 个。完成咸水沽医院网络安全建设审计项目。

交办任务 配合审计署、市审计局完成保障性安居工程审计、区级财政决算大数据全覆盖审计、法院院长经济责任审计、补交党费审计、全运会场馆建设项目审计等 5 项任务；完成 区委、区政府及相关部门交办任务 7 项。

信息化建设 加强网络安全管理，增强全局干部网络安全防范意识。严格联网数据使用管理，建立数据使用台账，确保联网数据在可控范围内使用。信息系统达到三级等级保护要求。

相关工作 坚持把党的政治建设摆在首位，深入学习贯彻党的十九大精神，坚持全面从严治党，全面加强审计机关党的政治建设、思想建设、组织建设、作风建设、纪律建设，坚决维护以习近平同志为核心的党中央权威和集中统一领导。扎实开展“不担当、不作为”专项整治，运用监督执纪“四种形态”抓早抓小，推进全面从严治党覆盖到审计一线。以审计项目为主线，从审前、审中、审后三个阶段入手，深化廉政风险防控。完善以审计业绩为导向的干部考核机制，开展案例交流、“审计大讲堂”等活动，加强干部队伍建设。

内部审计 全区设立内部审计机构 22 个，其中专职机构 3 个；配备内部审计人员 190 人，其中专职人员 8 人；全年开展内部审计项目 281 个，促进增收节支 4260 万元；提出建议被采纳 313 条。津南区政府印发《津南区人民政府办公室转发区审计局关于进一步加强内部审计工作实施方案的通知》，将各单位内部审计工作纳入全区绩效

考核。（撰稿人：王凤海）

【北辰区审计局】 2018年，北辰区审计局实有37人。局长张柏林，副局长季建虎、刘妍、李军、龚宝环。设有办公室、法制综合科、行政事业审计科、财政审计科、固定资产投资审计科、经济责任审计科、工商企业审计科、内部审计指导科、联网审计科9个科室；管理事业单位农村集体经济组织审计中心。

审计成果 2018年，北辰区审计局完成审计项目42个。查出问题金额148289万元，其中违规金额1428万元、管理不规范金额143798万元、损失浪费金额3063万元。出具审计报告59篇。提交审计信息等107篇，其中区领导作出批示18篇次，市审计局和有关部门采批134篇次。

国家重大政策措施落实情况跟踪审计 根据市审计局统一安排，按季度对空置楼宇盘活、财政存量资金等重大政策措施落实情况开展4轮跟踪审计，及时反馈政策落实情况，揭示存在的问题。

财政审计 开展2017年度区级预算执行及其他财政收支审计，并向区人大作审计报告。按照市审计局统一部署，开展区财政决算非现场全覆盖审计。按季度对区政府性债务开展调查，撰写动态分析报告。向区人大汇报上年度同级财政审计整改情况。

联网实时审计 运用联网审计平台数据，对57家一级预算单位进行联网批量审计。发送《联网实时审计监督核查通知》111份、《联网实时审计发现问题确认书》24份、《联网实时审计监督整改通知》17份，督促各单位落实整改。发现问题移送区纪检委、公安北辰分局纪检组案件2件。

经济责任审计 受区委组织部委托，完成对13个单位18名处级领导干部经济责任审计。与区委组织部一起完成对16名领导干部离任交接监督工作。按照市审计局统一安排，完成对红桥区法院经济责任审计。完成对区环保局党政主要领导自然资源资产离任审计工作和天穆镇领导干部自然资源资产离任（任中）审计。

固定资产投资审计 配合市审计局完成对津南区八里台镇农民还迁房项目跟踪审计；对辰兴公司承建的潞江东路等7个道路及配套管线工程项目开展审计。

专项资金审计 按照市审计局统一安排，完成对市卫生局清缴党费管理使用情况专项审计；完成对北辰区困难村帮扶资金专项审计。

企业审计 以采用购买社会服务参与国家审计的方式，开展对区建开中心和区担保中心两家国有企业的资产负债损益审计。

相关工作 严格落实《关于新形势下党内政治生活的若干准则》，开展“三会一课”活动，围绕纪念马克思诞辰200周年座谈会、“双创”、“万名党员联万户”帮扶、纪念改革开放40周年等主题组织党日活动12次。2018年8月完成机关党支部换届，进一步发挥战斗堡垒作用。按照组织发展程序发展预备党员1名，预备党员转为正式党员1名。配合区纪检巡察组提供以前年度审计报告。规范建立干部廉政档案。完成《审计志》编撰工作，于年内正式出版发行。

（撰稿人：李　娜）

【武清区审计局】 2018年，武清区审计局实有37人。设有办公室、法制科、行政事业审计科、财政金融审计科、经济责任审计科、固定资产投资审计科、企业审计科、建设工程审计科、联网审计科、整改督查科。

审计成果 2018年，武清区审计局完成审计项目42个，对全区39个单位进行审计。出具审计报告54篇。审计查出主要问题金额573567万元，已上缴财政521万元。

国家重大政策措施落实情况跟踪审计 对2017年度盘活空置楼宇、农村生活污水处理设施建设情况、武清区东西部扶贫协作与对口支援情况、农村饮水提质增效项目进行跟踪审计。开展债务审计，对全区全部单位截至2018年8月底的债务总体情况进行摸底调查。按照中共中央、国务院关于防范化解地方政府隐性债务风险的意见要求，督促各单位强化偿债意识，规范债务管理，合理控制债务规模，优化债务结构，及时偿还到期债务。建议区财政部门尽快建立并运行债务监控平台，分层级监测债务变化情况，建立预警机制，防范债务风险。

财政审计 完成2017年财政决算和其他财政财务收支审计，形成《关于武清区财政局2017年度财政预算执行和其他财政收支情况的审计结果报告》和《关于武清区2017年区级财政预算执行和其他财政收支情况的审计工作报告》。

经济责任审计 受区委组织部委托，对16名处级领导干部进行经济责任审计，查出违规金额6993.78万元。完成2个自然资源资产审计项目。

国企清产核资 指导第三方事务所完成对第一批次10家区属国有企业的清产核资工作，并根据事务所提供的清核报告撰写完成《第一批十家区属国有企业清产核资汇总报告》，并完成对区属16家国有企业及其下属公司全口径债务的甄别汇总工作。

信息化建设 完成信息系统的等保测评工作，完成应用系统正版化、移动办公终端部署及相关网络配置工作。 （撰稿人：杨 浩）

【宝坻区审计局】 2018年，宝坻区审计局实有34人。局长杨有生，副局长陈建波、王洗强、付建军，副调研员李建营。设有办公室、法制综合科、财政金融审计科、行政事业审计科、农业与资源环保审计科、企业审计科、经济责任审计科、固定资产投资审计科、联网审计科、内部审计指导监督科。

审计成果 2018年，宝坻区审计局完成审计项目34个，其中专项审计调查项目1个。查出主要问题金额28.76亿元，其中违规金额16.35亿元、损失浪费金额80万元、管理不规范金额12.42亿元；审计发现非金额计量问题42个；损益（收支）不实金额1866万元；出具审计报告和专项审计调查报告31篇，被批示、采用29篇。审计处理处罚金额6.3亿元，其中应上缴财政2151万元、应减少财政拨款或补贴125万元、应归还原渠道资金4678万元、应缴纳其他资金2万元、应调账处理金额5.6亿元；移送纪检监察机关和有关部门处理事项8件，移送处理人员2人，移送处理金额3636万元。审计促进整改落实有关问题金额5.94亿元；审计后挽回（避免）损失15万元；核减投资额65万元；移送处理落实事项6件。审计提出建议14条，被采纳14条；推动被审计单位制定整改措施52项；提交审计信息84篇，被批示、采用65篇。

国家重大政策措施落实情况跟踪审计 对2017年度宝坻区空置楼宇盘活和财政存量资金情况、卫生和计划生育管理委员会专项转移支付资金结转情况、农村饮水提质增效项目实施及资金拨付使用情况、东西部扶贫协作及对口支援工作情况等开展审计。发现专项资金超半年未安排使用、区级投资未到位等问题7个，涉及资金1.95亿元。

财政审计 完成2017年度区级预算执行和其他财政收支、部门预算执行情况的审计，审计全部区级预算单位51家、基层预算单位73家、街镇6家，审计各类财政资金196.4亿元。查出违规使用财政专户核算资金、违规使用偿债准备金、超规模设置预算稳定调节基金等各类问题18个，涉及违规金额8.32亿元，均已整改。

经济责任审计 受区委组织部委托，对11个单位13名领导干部进行经济责任审计，揭示出违规发放津贴补贴、套取项目资金、财务管理不规范等问题16个。对2个街镇4名领导干部进行自然资源资产离任审计，在林木、水资源和相关生态环境保护审计基础上，对土地资源进行审计探索，揭示出违法占地、粪污直排污染河道水资源、污水厂超标排放、未缴纳地下水资源费和对部分企业的排污费征收不齐等问题14个。

固定资产投资审计 对12项政府投资工程进行跟踪审计，涉及投资额13亿元。探索购买社会服务进行工程结算审计，首次应用短脉冲雷达技术进行工程质量检测。

民生资金（项目）审计 对宝坻区第一轮困难村帮扶政策落实与资金管理使用情况进行专项审计调查。审计发现个别村经济发展方案调整未经市级部门审批、部分村“一村一策”项目未执行“六步决策法”、会计核算不规范等问题。

农业与资源环保审计 根据市审计局统一安排，对区环境保护局2015年至2017年环境保护和污染治理情况进行审计。

相关工作 切实履行全面从严治党主体责任，坚持抓好主题教育活动，扎实推进各项工作任务落实落地。围绕纪律、作风、廉政、文明、环境、安全、道德等7个方面，列出108条负面问题，按照《机关建设负面清单管理办法》每月督查整改。严格执行“三会一课”等组织生活制度，组织开展特色主题党日活动、谈心谈话，营造良好政治生态。

内部审计 对全区内部审计情况开展调研，重点了解各街镇、行政事业单位及区属国有企业的内部审计机构设置、内部审计队伍建设和内部审计工作开展等情况，制订出台《宝坻区进一步加强内部审计工作方案》。（撰稿人：周健娜）

【滨海新区审计局】 2018年，滨海新区审计局实有66人。局长李向前，副局长沐伟、张武、张金友（8月—）。设有办公室（法规处）、财政审计处、行政事业审计处、企业审计处、投资审计处、资源环保审计处、综合业务处、经济责任审计处。

审计成果 2018年，滨海新区审计局完成审计项目23个。审计查出主要问题金额58.96亿元，其中违规金额2.26亿元、管理不规范金额56.7亿元、损失浪费金额28万元；审计发现管理问题37个。出具审计报告和专项审计调查报告21篇，提交审计专题、综合性报告4篇。移送纪检监察机关和有关部门7项。报送更新各类信息、舆情专报和舆情信息4156条，其中，提交审计信息38篇，审计署、市审计局、区委区政府共采用信息171篇次。完成区政府临时交办的单项审计事项4件。

国家重大政策措施落实情况跟踪审计 实施全年4个季度的3次重大政策落实情况跟踪审计和1次减税降费政策落实专项审计调查，对空置楼宇盘活等情况进行跟踪审计。

联网实时审计 运用联网审计平台数据，首次对全区49家一级预算单位全部实施部门预算执行审计。根据数据分析结果下发疑点核查函，出具7份整改通知书，移送纪检监察部门线索2件。

财政审计 对区本级预算执行情况进行审计，并重点审计区城市维护管理专项资金、扶贫助困等5个专项资金。审计查出新区本级及本级部门预算管理中存在资金缴库不及时、城镇垃圾处理费征缴不到位、一些部门单位预算执行不严格、部分部门单位资金管理和决算编报不规范等问题。对城镇垃圾处理费征缴不到位的问题，向区政府作专题汇报。受区政府委托向区人大常委会作审计工作报告和整改情况报告。

经济责任审计 完成对天津金元宝商厦集团有限公司、滨海新区海滨街道等新区重点国有企业、行政机关5名领导干部经济责任审计，完成市审计局交办配合经济责任审计项目1个。以领导干部任期内主要自然资源资产的实物量及生态环境质量变化为基础，以其任职期间履行自然资源资产管理和生态环境保护责任情况为主线，以上级对下级政府相关目标考核完成情况为依据，对大港街道办事处和区环境局2个单位领导干部履行自然资源资产管理和生态环境保护责任情况进行审计，作出合理客观的审计评价。

固定资产投资审计 开展国家海洋博物馆临时指挥部、西部新城起步区还迁住宅建设工程等区属重点建设项目和各类市容整治及城市绿化工程、热电供热管网工程、学校提升改造等多项工程的审计。全年完成计划内项目和计划外项目57个，对779份合同进行审计，报审金额15.99亿元，审定金额13.31亿元，审减2.68亿元，平均审减率为16.76%。

民生资金（项目）审计 开展社会救助资金、残疾人补贴资金、困难村帮扶资金、东西部对口援建资金等扶贫项目的专项审计。对审计发现的重复报销、大额现金流向不明等问题已移交纪检部门。在对口援建的青海省黄南藏族自治州开展异地审计中，发现违规发放互助资金的问题，并与区财政局及时联合发函，要求黄南藏族自治州财政局清查和限期整改。

企业审计 对滨海新区文化中心投资管理有限公司财务收支进行审计，从项目管理、经营管理、财务管理以及法人治理4个方面揭示问题，并向区政府报送专题报告。

其他工作 参加由审计署组织的中国农业大学经济责任审计；完成市审计局统一组织的减税降费政策落实情况审计、补充党费专项审计、天津市补交党费使用和管理情况专项审计、河东区钢渣山保障房项目审计、区本级债务数据季度审核等工作；完成新区村级组织和社区组织换届联合审查工作，向区委组织部出具联合审查报告67篇；完成区妇联代表、工会代表、先进人员候选人资格的联合审查工作，审查人员548人；完成天津金元宝商厦集团有限公司混合所有制改革专项审计；完成天津滨城龙达集团有限公司审计报告和资产评估报告的审核。（撰稿人：李兰英）

【宁河区审计局】 2018年，宁河区审计局实有29人。党组书记、局长吴凤友，副局长刘玉恒、张维众、兰宝来（1月—），调研员王治轩、周春芬。设有办公室、财务人事科、综合法制科、行政事业审计科、经济责任审计科、金融基建审计科、财政审计科、农业资源环保审计科、内部审计指导科、联网审计科。

审计成果 2018年，宁河区审计局完成审计项目27个。查出主要问题金额115.37亿元，其中违规金额440万元、管理不规范金额115.33亿元。出具审计报告21篇。审计期间整改金额646万元，审计促进上缴财政248万元、归还原渠道资金4万元，审计发现非金额计量问题12个。提交审计信息37篇，被采用37篇；审计要情专报20篇，被批示10篇。

宁河区审计局荣获市审计局颁发的审计创新奖。

国家重大政策措施落实情况跟踪审计 完成审计署统一部署的跟踪审计项目。

财政审计 对2017年度区级预算执行和其他财政收支情况进行审计，对区级预算单位2017年度预算执行和其他财政财务收支情况开展联网实时审计；对七里海湿地自然保护区管理委员会、环保局、林业局、安全生产局等4个单位2017年度部门预算执行情况进行审计；对俵口镇2017年度财政决算情况进行审计。开展2018年第一季度债务核查。

经济责任审计 配合市审计局实施北辰区人民法院党组书记、院长张长山和党组原书记、院长孙勇经济责任审计。对区芦台一中、区环保局、区交通局、区综合执法局、区卫计委、区俵口镇、区潘庄镇、区板桥镇8名党政领导干部经济责任履行情况进行审计审计。对方玉田任区环保局局长、书记期间履行自然资源资产管理和生态环境保护责任情况实施审计。对刘宝君任区俵口镇党委书记、李宗江任区大北镇党委主要负责人期间自然资源资产管理和生态环境保护责任履行情况实施审计。

固定资产投资审计 开展宁河区2018年政府投资项目审计调查；选派两人参加市审计局固定资产投资审计处组织的17个全运会场馆项目及奥体中心维修资金审计。

民生资金（项目）审计 配合审计署实施河北区隆成家园保障性安居工程跟踪审计。按照市审计局统一要求，开展宁河区对口帮扶困难村政策、项目和资金管理使用情况专项审计调查。

其他审计项目 开展宁河区医院网络安全建设等情况专项审计调查。完成中共河北区委2017年6月至2018年6月补交党费管理和使用情况专项审计。完成区委、区政府临时交办的天津市诚通创远城镇投资建设有限公司托管愉悦港湾项目情况专项审计调查，金华道道路及排水管道改造、商业道雨水管道、光明路改造等重点工程项目建设推进情况审计调查，潘庄镇、北淮淀镇示范小城镇农民安置用房建设项目的建设管理情况审计调查，宁河区机关食堂运营管理情况专项调查，农村生活污水处理设施建设情况专项调查。

信息化建设 完成宁河区审计监督“一张网”系统等保定级工作。开通“宁河审计”微信公众号。办公用计算机操作系统和办公软件正版化比例达到100％。

相关工作 落实全面从严治党主体责任制，签订目标责任书15份，召开专题会议5次。规范组织生活，组织党组中心组学习12次，党员大会8次，党员集中学习13次，主题党日10次，开展宣讲和讲党课9次。实施“支部＋项目”党建模式，在保障性安居工程审计、北辰法院交叉审计项目中建立临时党支部。加强审计队伍建设，参加审计署“审计大讲堂”培训8次，组织参加各类培训200余人次。

内部审计 完成78个内部审计项目，审计总额2.32亿元，提出审计建议246条。

（撰稿人：苏　盛）

【静海区审计局】 2018年，静海区审计局实有28人。局长周俊明，副局长刘树发、王立俊、刘秀华。设办公室（人事教育科）、综合法制科、行政事业审计科、财政金融审计科、企业审计科、固定资产投资审计科、经济责任审计科、农业和资源环保审计科、联网审计科、内部审计指导科；下设审计事务中心（事业单位）。

审计成果 2018年，静海区审计局完成审计项目41个，其中专项审计调查项目5个。查出主要问题金额18.52亿元，其中违规金额3177万元、管理不规范金额18.2亿元；审计发现非金额计量问题45个；审计处理处罚4.74亿元，其中应上缴财政2989万元、应调账处理金额4.44亿元；出具审计报告和专项审计调查报告73篇，被批示、采用3篇。审计提出建议61条，被采纳61条；提交审计信息74篇，被批示、采用51篇。

国家重大政策措施落实情况跟踪审计 重点关注有关部门和单位涉及重大项目建设进度及基础设施建设情况、资金保障、简政放权等政策措施落实情况，揭示有关部门和单位不作为、慢作为、乱作为的现象，反映体制机制和管理中存在的突出问题，提出相应对策和建议。全年完成4个季度跟踪落实审计项目，查出管理不规范金额3515.31万元，提出审计建议3条。

财政审计 对本级财政预算执行及其他财政收支情况、52家区直一级预算单位、18个乡镇进行审计，查出主要问题金额176946万元，发现财政部门未按照规定设置预备费、社会力量举办养老机构一次性建设补贴区级资金未匹配等问题。

经济责任审计 受区委组织部委托，完成对24个单位31名领导干部任期经济责任审计，审计查出管理不规范金额2493万元，出具区纪检委提供线索核查函1份，提出审计建议18条。根据市审计局统一部署，配合完成天津市一中院院长任期经济责任审计。

农业与资源环保审计 对2个单位4名领导干部进行审计，查出主要问题金额300万元，非金额计量问题18个。提出审计建议11条。

固定资产投资审计 对1个单位进行审计，查出管理不规范金额59.6万元，提出审计建议3条。

专项资金审计 完成生态储备林资金、农机专项资金、乡镇卫生院财务管理、教育局网络安全建设等专项审计调查。审计查出问题金额1183.7万元，提出审计建议12条。

交办任务 受区委、区政府委托，对区医院2017年财政收支情况、杨家园信访案、独流镇尚庄子村资金使用、静海区卫生监督所账目审计、静海区补交党费使用情况审计等15个项目进行审计，审计结果为区委、区政府判断、解决焦点问题，出台具体政策规定提供重要参考依据。

内部审计 各内部审计机构共完成各类审计项目73个，审计总金额9.22亿元，促进增收节支125万元，提出并被采纳建议意见129条。

（撰稿人：于晓璐）

【蓟州区审计局】 2018年，蓟州区审计局实有38人。局长夏景泽，副局长张维东、金宝泉，调研员张士海、苏昌春。设有办公室、法制综合科、行政事业审计科、财政金融审计科、农业资金审计科、基建审计科、经济责任审计科、企业审计科、联网审计科、内部审计指导科（挂靠法制综合科）。

审计成果 2018年，蓟州区审计局完成审计项目41个，其中专项审计调查项目2个。查出主要问题金额18.77亿元，其中违规金额13.97亿元、管理不规范金额4.8亿元；审计发现非金额计量问题33个；损益（收支）不实金额3.61亿元；侵害人民群众利益2145万元；审计期间整改金额2642万元；出具审计报告和专项审计调查报告44篇。审计处理处罚金额14.26亿元，其中应上缴财政13.63亿元、应归还原渠道资金6万元、应调账处理金额6365万元；移送司法机关、纪检监察机关和有关部门处理事项14件，移送处理人员32人，移送处理金额1696万元。审计促进整改落实有关问题资金1.71亿元；审计促进拨付资金到位1512万元；移送处理落实事项2件。审计提出建议103条，被采纳81条；提交审计信息4篇，被批示、采用3篇。

国家重大政策措施落实情况跟踪审计 按照审计署、天津市审计局的统一部署，完成蓟州区一至四季度稳增长政策落实跟踪审计调查任务，出具审计调查报告。

财政审计 完成蓟州区2017年度财政预算执行和其他财政收支情况审计，对蓟州区财政局以及其他59个部门单位延伸审计，涉及金额42亿元，查出应缴未缴一般预算收入、应拨未拨专项资金、项目结余存量资金、购置固定资产未执行政府采购、项目建设存在工程手续和管理不合规等问题。完成9个行政事业单位财务收支审计，完成4个镇乡财政收支审计。在部门预算执行审计中，依托审计监督“一张网”，运用联网审计平台数据，完成对全区52个一级预算单位联网实时全覆盖审计，下发审计整改通知书45份，涉及问题总金额7.81亿元。

经济责任审计 受区委组织部委托，完成对10个单位11名主要领导干部经济责任审计；完成对2个镇2名领导干部自然资源资产离任审计；完成天津广成投资集团、天津蓟州旅游文化集团2个企业2名领导人经济责任审计。

固定资产投资审计 完成幼儿园基础设施安全提升工程建设及资金使用情况审计、城乡生活垃圾处理体系建设及运营情况审计，分别在资金管理、工程项目手续等方面提出整改意见建议。

民生资金（项目）审计 按照市审计局统一部署，完成宝坻区2017年保障性安居工程项目审计；完成蓟州区第一轮困难村帮扶政策和资金使用专项审计调查。

农业与资源环保审计 完成大中型水库库区和移民安置区基础设施项目资金专项审计调查；完成蓟州区环保局环境保护和污染治理专项审计。

其他审计项目 按照市审计局统一安排，完成蓟州区级财政决算全覆盖审计项目，宝坻区法院领导干部任期经济责任审计项目，宁河区补交党费管理和使用情况专项审计项目，天津农学院、宝坻区全运会场馆专项审计项目，蓟州区一、二季度债务数据动态监控审计调查，援疆工作专项审计。按照区领导要求，对各单位申请财政资金情况进行审计，完成各类资金申请审计72项，涉审金额7.4亿元。完成天津盘山文化产业园管理委员会、蓟州区光荣院、盘山烈士陵园、军队离休退休干部休养所资产负债及收支情况审计。完成2个企业审计项目。

交办任务 完成区委、区政府交办的：配合区换届办进行换届人选集中会审，配合区委组织部推荐优秀人员审查，配合区委组织部完成补交党费自查，配合区财政局完成区级债务整改，配合区纪委监委完成案件查办、违规发放津补贴情况专项检查等工作。抽调人员配合市纪委、区纪委进行的巡视、信访工作。

相关工作 强化党组理论中心组学习、“党员政治学习日”集中学习，严格落实“三会一课”制度，学习贯彻习近平新时代中国特色社会主义思想和党的十九大精神，不断强化“两个维护”思想认同。开展“沉基层强作风促发展”鼓励敢“闯”敢“突”活动、纪律作风专项整顿月活动，推进不作为不担当专项治理三年行动，扎实有效推进纪律作风建设，持续净化政治生态。针对2018年每季度党建巡察存在的问题，制订整改方案，建立整改台账，明确整改措施，逐条整改到位。围绕创建“五好党支部”目标，在局机关党支部和全体党员中开展“三亮三比三创”活动，设立“党员示范科（室）”和“党员示范岗”推进机关党支部建设。在蓟州区2018年度落实全面从严治党主体责任检查考核中，蓟州区审计局被评为优秀单位。

内部审计 全区共有内部审计机构48个，内部审计人员121人，完成审计项目74个，审计促进增收节支97万元，提出意见建议被采纳152条。区人民政府转发《蓟州区进一步加强内部审计工作实施方案》。 （撰稿人：王大为）

2018年天津市所辖区、县(市)级审计工作统计表

金额单位:万元

审计机关	完成审计项目/个	审计查出主要问题金额	审计发现非金额计量问题/个	审计期间整改金额	出具审计报告和审计调查报告/篇	审计处理情况		审计促进整改落实有关问题资金	审计提出建议/条	提交审计信息/篇
						审计处理处罚金额	移送处理事项/件			
和平区审计局	50	37313	24	10819	47	7877	22	8379	81	114
河东区审计局	35	17936	5		35	17936	1	9	11	38
河西区审计局	24	109721	21	946	24	3546	9	89011	19	64

续表

审计机关	完成审计项目/个	审计查出主要问题金额	审计发现非金额计量问题/个	审计期间整改金额	出具审计报告和审计调查报告/篇	审计处理情况		审计促进整改落实有关问题资金	审计提出建议/条	提交审计信息/篇
						审计处理处罚金额	移送处理事项/件			
南开区审计局	39	86643	45		62	3028	5	2954	101	96
河北区审计局	45	98356	65	1	57	6391	2	3231	140	104
红桥区审计局	36	13657	24	972	46	7133	6	1713	32	196
东丽区审计局	32	47867	7870	1	50	957	3	49	13	84
西青区审计局	34	575145	43	51	27	152	2	63709	69	174
津南区审计局	31	698750	45		26	10252	1	9297	73	109
北辰区审计局	42	148289	309	28069	59	716	7	630	213	107
武清区审计局	42	573567	46	145	54	555415	1	103976	36	98
宝坻区审计局	34	287756	42	160714	31	62984	8	59426	14	84
滨海新区审计局	23	589629	37	5452	21	7710	7	41089	25	42
宁河区审计局	27	1153724	12	646	21	1043		1076	1	37
静海区审计局	48	117928	45	191	73	47407	14	122	43	78
蓟州区审计局	41	187731	33	2642	44	142644	14	17056	103	4

河北省

【河北省审计厅】 2018 年，河北省审计厅实有 139 人。设有办公室、机关党委、法规处、人事处、离退休干部处、财政审计处、金融审计处、行政事业审计处、社会保障审计处、固定资产投资审计处、农业与资源环保审计处、外资运用审计处、企业审计处、内部审计管理处、经济责任审计局综合处、省直部门经济责任审计处、省属院校及国有企业经济责任审计处、市县经济责任审计处、经济执法派出审计处、贸易交通派出审计处、文体卫派出审计处、科教派出审计处、农林水派出审计处、发展建设派出审计处；下设河北省审计系统教育中心、河北省审计厅计算机信息审计中心、河北省财政审计中心、河北省电子数据审计中心等 4 个事业单位。

河北省委于 2018 年 12 月 2 日成立河北省委审计委员会和审计委员会办公室，省委审计委员会办公室设在省审计厅。

领导成员

厅　　长：杨晓和

副 厅 长：张明利　赵建护　韩　龙

总审计师：段　宁

经济责任审计联席会议办公室主任：刘西春

审计成果 2018 年，河北省三级审计机关完成审计项目 3021 个，其中专项审计调查项目 67 个。查出主要问题金额 5586.88 亿元，其中违规金额 69.84 亿元、损失浪费金额 6.79 亿元、管理不规范金额 5510.25 亿元；审计发现非金额计量问题 6347 个；损益（收支）不实金额 1033.95 亿元；审计发现侵害人民群众利益 13.9 亿元；出具审计报告和专项审计调查报告 3535 篇，被批示、采用 80 篇次。审计处理处罚金额 156.08 亿元，其中应上缴财政 47.06 亿元、应减少财政拨款或补贴 14.53 亿元、应归还原渠道资金 7.49 亿元、应缴纳其他资金 3.42 亿元、应调账处理金额 83.57 亿元；移送司法机关、纪检监察机关和有关部门处理事项 581 件，移送处理人员 74 人，移送处理金额 12.75 亿元。审计促进整改落实有关问题资金 122.33 亿元；审计促进拨付资金到位 8.95 亿元；审计后挽回（避免）损失 13.72 亿元；核减投资额 27.93 亿元；移送处理落实事项 84 件。审计提出建议 6142 条，被采纳 4349 条；推动被审计单位制定整改措施 129 项，促进被审计单位建立、健全规章制度 18 项；提交审计信息 1715 篇，被批示、采用 1189 篇次。向社会公告审计结果 36 篇。

2 个项目被审计署评为全国优秀审计项目和地方优秀扶贫审计项目；3 个项目被审计署评为地方表彰项目和地方表彰扶贫审计项目。

国家重大政策措施落实情况跟踪审计 全省审计机关围绕打好防范化解重大风险、精准脱贫、污染防治三大攻坚战，按照“审计要促改革促发展”的工作思路，全年共投入审计人员 4560 多人次，抽审单位 7205 个、项目 6691 个，抽审资金总量达 3683 亿元。制定《河北省审计厅 2018 年度重大政策措施落实情况跟踪审计安排意见》《重大政策措施落实情况跟踪审计发现问题的整改方案》。审计中关注地方政府隐性债务风险，突出重大隐性债务风险情况审计，围绕有效化解政府风险，揭示地方政府违规融资、担保等违法违规举债问题；围绕转型升级，组织开展冀中能源集团、开滦集团和河钢集团的“去产能”专项跟踪审计，查出产能交易、妥善安置职工、闲置资产处置和企业债务风险等方面存在的问题。在精准扶贫、精准脱贫审计方面，组织全省审计机关对涞源县等 49 个贫困县进行集中审计。在污染防治审计方面，加大资源环境审计力度，重点关注地方贯彻落实中央关于生态文明建设重大决策部署落实情况。

财政审计 全省审计机关共开展预算执行和财政决算审计项目 1528 个，查出问题金额 2837.7 亿元。省本级预算执行审计在制度建设、组织方式、技术方法、质量控制等多个维度不断完善，实现省本级 119 家一级预算部门审计全覆盖。组织实施全省各市县政府债务清理统计及化解专项审计、审计署统一安排的 8 市 8 县政府债务和隐性债务抽查核实工作。

经济责任审计 围绕规范权力运行，坚持党政同责、同责同审，紧扣领导干部经济责任，全省共审计领导干部 566 人，提出审计建议 1011 条，促进领导干部依法依规履职尽责。审计中，创新实施“三个清单”式审计，在突出审计重点、精准实施审计、明确责任界定、客观公正评价等方面取得良好成效。

固定资产投资审计 全力开展北京冬奥会建设工程项目跟踪审计，对冬奥会已开工的 55 个项目进行跟踪审计。在重大建设项目审计中，重点关注城市道路、高速公路、市政地下管网、城市供水排水防涝和防洪设施、城市污水生活垃圾处理等城市基础设施建设领域影响项目推进方面存在的问题，弥补基础设施建设和民生建设短板，解决城市基础设施和公共服务设施建设滞后等问题。

民生资金（项目）审计 连续第六年组织全省保障性安居工程跟踪审计，审计资金总量 625.91 亿元，提出 370 多项审计建议。组织全省社会保险基金征缴管理使用情况审计。全省组成 185 个审计调查组，开展退役军人政策落实专项审计调查，促进省政府出台《河北省退役军人管理服务工作暂行办法》。组织全省审计机关对 49 个贫困县进行集中审计，审计重点抽审涉农资金 120.72 亿元，抽审项目 2530 个，抽审单位 1056 个，抽审乡镇 487 个，抽审行政村 1722 个，入户调查 7283 户。有易地扶贫搬迁任务的 35 个县审计局，发现 3 大类 41 个问题，涉及 23 个县（市、区）。

对省直和邯郸、邢台等 9 个市（不含唐山、廊坊）扶贫、发改、住建等 8 个职能部门自 2015 年以来贯彻落实中央和省委、省政府脱贫攻坚政策、扶贫资金分配管理使用、扶贫项目建设运营监管等情况进行审计，涉及资金 1858.48 万元。

农业与资源环保审计 围绕京津冀协同发展，加强三地审计机关协作。9 月，与京、津两地审计机关共同签订《京津冀审计协同发展合作框架协议（2018—2020 年）》，三地审计机关交流 2017 年开展领导干部自然资源资产离任审计项目的协作配合的做法。7 月 21 日，以省委办公厅、省政府办公厅名义印发《关于贯彻落实〈领导干部自然资源资产离任审计规定（试行）〉的意见》。全省审计机关对邢台市和峰峰矿区等 13 个县（区）领导干部开展自然资源资产离任审计。

金融审计　紧盯地方金融安全，完成对除廊坊银行以外的10家地方城商行和70%以上农村信用社等地方金融机构的审计及审计调查，报送的多期审计专报得到省主要领导多次批示，为领导宏观决策提供参考依据。

外资运用审计　完成9个国外贷援款审计项目，涉及城镇基础设施建设、水利、能源、环境治理等行业。特别是世界银行贷款河北大气污染防治项目，是我国首个结果导向型世界银行贷款项目，审计采取省市县上下联动、同步推进的新模式，为国内开展此类项目审计提供审计经验和审计模式，省审计厅两次在审计署相关会议上作经验交流发言。

企业审计　推进省级经营性国有资产集中统一监管和混合所有制改革，对省国资委18家监管企业资产负债损益情况进行审计调查，为省委、省政府提供国企改革决策依据。为改善营商环境，开展全省优化营商环境审计调查。省审计厅组织开展“气代煤、电代煤”工程质量安全状况审计调查和“气代煤、电代煤”政策落实情况审计抽查，促进河北省生态文明建设。

交办任务　对省属33所高校开展债务和2017年度财政资金使用情况专项审计调查，该项目从7月开始，历时5个多月。审计结果得到省政府主要领导批示。

信息化建设　推进“智慧审计”，加快审计信息化发展步伐。加大“金审工程”三期建设力度，加强数据分析网、审计云支撑环境和应用系统建设，在完善原有“三个平台一个系统”（省审计厅指挥平台、大数据分析平台、审计项目管理平台和移动办公系统）基础上，建成河北省扶贫审计监督平台、医保审计平台、经济责任审计平台等应用系统。省审计厅建成财政、地税、社保等多个行业审计数据库，厅本级所有审计项目都运用数据分析方式。

审计科研　围绕当前审计中的难点热点问题发布5个课题研究方向：领导干部自然资源资产离任审计研究、大数据可视化技术在审计中的应用研究、大数据环境下国有企业审计研究、重大公共工程跟踪审计研究和新经济常态下经济责任审计研究。确定12个课题组，并签订承担2018年重点科研课题任务的协议。

相关工作　制定临时党支部工作制度，将临时党支部建到审计一线，推进机关党建与审计业务深度融合。开展纪律作风专项整治月活动和干部不担当、不作为专项整治工作，修订完善相关制度，强化审计现场管理，防控各环节风险。采用理论中心组学习、集中培训、“审计大讲堂”、书记讲党课等形式，加强思想教育。全省审计机关共1690多人参加中级审计师考试、120多人参加高级审计师评审，参考参评人数为历年之最。举办全省审计系统培训班11期。

内部审计　按照审计署加强内部审计工作的要求，加大对内部审计的指导和监督。设计并且建立内部审计管理系统，使内部审计与国家审计有机衔接，促进形成集中统一、全面覆盖、权威高效的审计监督体系。　（撰稿人：尹　卿）

【石家庄市审计局】　2018年，石家庄市审计局实有67人。局长裴晓青，副局长张建国、赵英然、钱国伟、尹建明、李国辉（12月—），总审计师刘建新，经济责任审计中心主任李强平，园区分局局长李国辉（—12月），党组成员牛胜辰（—12月）、赵培森（12月—）、高力（12月—）。设有办公室、人事处、政策法规处、财政审计处、行政事业审计处、农业与资源环保审计处、固定资产投资审计处、企业金融外资审计处、社会保障审计处、机关党委（机关纪委）；下设园区分局、经济责任审计中心、审计干部培训中心、计算机信息中心。

审计成果　2018年，石家庄市县两级审计机关完成审计项目271个。查出主要问题金额677.58亿元，其中违规金额7.39亿元、损失浪费金额1114万元、管理不规范金额670.08亿元，查出非金额计量问题700个；审计处理处罚金额34.35亿元，其中应上缴财政5.76亿元、应归还原渠道9249万元、应调账处理26.27亿元、应缴纳其他资金1.4亿元。审计促进整改落实金额25.57亿元，其中已上缴财政4.02亿元、已归还原渠道5160万元、已调账21.03亿元；移送纪检、司法机关或其他部门处理事件57件，移送违纪违法案件线索110个，涉及金额71022万元。审计提出建议562条，提交审计信息314篇。

衡水市桃城区委原书记刘永军经济责任审计

项目、新华区教育局原局长李彬经济责任审计项目被省审计厅评为优秀审计项目；承德市围场满族蒙古族自治县扶贫审计被省审计厅评为优秀扶贫审计项目。

国家重大政策措施落实情况跟踪审计 共抽审 623 个单位、215 个项目，抽审资金总量 462 亿元，项目涉及总投资额 520 多亿元，发现问题 91 个。

财政审计 采用“1＋N”审计模式，大数据分析覆盖 114 家市级一级预算单位，审计成效明显；代市政府向市人大常委会作的预算执行审计工作报告获得高度评价。

经济责任审计 完成对 46 人的经济责任审计；实施赞皇县委书记和县长的领导干部自然资源资产离任审计。

民生资金（项目）审计 实施 2017 年保障性安居工程审计，共抽审 159 个单位、54 个项目，发现 68 个问题，已全部整改。对蔚县和石家庄市 4 个国定贫困县和 12 个非贫困县进行审计，共抽审资金 11 亿元，审计发现涉及问题资金 7440 多万元，发现资金安全问题 512 项，落实政策绩效管理问题 156 项。

企业审计 对北国及广电传媒、报业、演艺等企业进行审计；开展 9 个国有企业资产负债损益情况审计项目。

信息化建设 搭建市县两级政府债务监控平台，运行审计项目进度监督管理系统和审计工作督办平台。

相关工作 修订《石家庄市建设项目审计条例》，并经人大通过正式实施。持续做好“双问计”活动和精神文明创建工作，成效明显。

（撰稿人：刘曼曼）

【唐山市审计局】 2018 年，唐山市审计局实有 111 人。局长王洪江，副局长卢翠娟、葛庆学、易敏、李富，总审计师方文亮，纪检组长刘树元，副调研员李建华、赵宗文（—10 月）、邢瑶。设有办公室、法规内审处、经济责任审计一室、经济责任审计二室、财政审计处、行政事业审计处，经贸外资审计处、固定资产投资审计处、农业与资源环保审计处、社保金融审计处和机关党委（机关纪委）、离退休干部处（人事处）；下辖高新技术产业开发区审计局、海港开发区审计局 2 个分局；下设教育培训中心、政府投资审计中心、计算机审计中心 3 个事业单位。

审计成果 2018 年，唐山市县两级审计机关完成审计项目 457 个。查出主要问题金额 376.75 亿元，其中违规金额 14.17 亿元、损失浪费金额 908 万元、管理不规范金额 362.49 亿元；损益（收支）不实 126.29 亿元；审计处理处罚金额 50.16 亿元，其中应上缴财政 10.66 亿元、应减少财政拨款或补贴 13.6 亿元、应归还原渠道资金 1.7 亿元、应调账处理金额 24.15 亿元；审计发现非金额计量问题 599 个；审计促进整改落实有关问题资金 44.12 亿元，其中增收节支 25.53 亿元，其中已上缴财政 10.25 亿元、已减少财政拨款或补贴 13.6 亿元、已归还原渠道资金 1.68 亿元、已调账处理金额 18.59 亿元；审计后挽回（避免）损失 13.6 亿元；核减投资额 13.75 亿元。移送司法机关、纪检监察机关和有关部门处理事项 34 件。出具审计报告和专项审计调查报告 535 篇，被批示、采用 3 篇。提出审计建议 937 条，提交审计信息 109 篇，被批示、采用 82 篇。向社会公告审计结果 33 篇。

唐山市审计局领导班子被市委考评为优秀；唐山市审计局再次被评为全国文明单位和省级文明单位；唐山市审计局被省审计厅评为全省审计系统创建竞赛优胜单位；被市政府评为全市依法行政先进单位、“六五”法治宣传教育先进集体。

国家重大政策措施落实情况跟踪审计 围绕简政放权优化营商环境情况、财政资金统筹使用情况、重大项目建设推进情况和稳就业、稳金融、稳外贸、稳外资、稳投资、稳预期等政策落实情况进行重点审计，共审计 450 多个单位，揭示各类问题 91 个，涉及财政资金 4.98 亿元，促进中央和省市重大政策措施的有效落实。按照省审计厅要求，对全市 14.75 万户“气代煤、电代煤”改造任务进行跟踪审计，促进“双代”顺利推进。对市县两级政府清理统计的截至 2017 年底债务情况、截至 5 月底隐性债务化解情况进行专项审计，在促进防范化解重大风险方面发挥积极作用。

财政审计 对 146 个预算执行单位进行重点审计，查出主要问题金额 260.75 亿元；对 40 个单位开展财政决算审计，查出主要问题金额

84.52亿元。市审计局对2017年度市本级财政和高新、海港、芦台、汉沽开发区预算执行及税收征管情况进行审计，重点检查19个单位部门预算执行和99个重点建设项目决算情况，共揭示出7个方面23项问题，涉及问题金额13.18亿元，上缴财政2.43亿元。对92个行政事业单位进行财务收支审计，查出主要问题金额9.32亿元。市审计局对12个行政事业单位进行审计，延伸审计单位95个，查出主要问题金额5.17亿元。

经济责任审计 对119名领导干部和国有企业领导人员进行任期经济责任审计，查出涉及领导责任违规金额5317万元，管理不规范金额103.57亿元。市审计局通过对22名领导干部和国企领导人员经济责任审计，查出涉及领导责任违规金额4934万元，纠正管理不规范金额99.59亿元。完成丰南区原区长自然资源资产离任审计项目。

固定资产投资审计 审计项目122个，涉及项目投资额146.03亿元，查出主要问题金额14.19亿元，核减投资额（工程款）13.75亿元。市审计局对80个重点项目进行审计，查出主要问题金额120.6亿元，核减投资额（工程款）11.47亿元。坚持前移审计监督关口，对中国海监唐山维权执法基地、唐山新科技馆装修及布展、唐山市民政综合服务中心、市中心老旧小区综合提升改造等重点工程项目实施跟踪审计。

民生资金（项目）审计 按照省审计厅统一部署，完成承德市滦平县2017年度扶贫政策落实和扶贫资金分配管理使用情况审计；对唐山各县（市、区）2016年至2018年上半年社会保险基金进行审计。对全市2015—2017年度扶贫领域惠农资金管理使用情况和扶贫政策措施落实情况进行专项审计，揭示出3大类65个问题，涉及问题金额1.39亿元；组织完成市本级和14个县（市、区）2017年保障性安居工程跟踪审计，共揭示出5个方面41个问题，涉及问题资金4.46亿元。

专项资金审计 市审计局对市本级行政机关、事业单位2017年“三公”经费及会议费、培训费管理开支情况进行审计（调查），对推动各单位部门认真落实中央八项规定精神起到促进作用。

（撰稿人：孙亚东）

【秦皇岛市审计局】 2018年，秦皇岛市审计局实有62人。局长刘忠全，副局长王海堂、唐继华、殷建兵，总审计师刘勇，纪委驻局纪检组长刘跃文（—2月）、周贤发（7月—），副调研员张伟。设有办公室、党总支、法制科、金融外资审计科、科教卫审计科、投资审计科、经贸审计科、行政事业审计科、农业与资源环保审计科、财政审计科、经济责任审计办公室、社保资金审计科；下设基本建设审计中心（事业单位）。

审计成果 2018年，秦皇岛市县两级审计机关完成审计项目111个。查出主要问题金额93.17亿元，发现非金额计量问题202个，移送问题案件线索14件，提出审计建议270条，审计促进整改落实有关问题资金1.53亿元。其中：市本级完成审计项目41个，审计查出主要问题金额50.83亿元，非金额计量问题131个，移送问题案件线索13件，提出审计建议128条，审计促进整改落实有关问题资金7846万元。提交审计信息120篇，被批示、采用95篇。

张家口市万全区扶贫审计项目被省审计厅评为优秀扶贫审计项目，抚宁区台营镇经济责任审计项目被省审计厅评为表彰审计项目。

国家重大政策措施落实情况跟踪审计 对全市401个单位进行审计，投入242人次，抽审资金总量226.47亿元。完成省“气代煤、电代煤”政策执行跟踪审计和退役士兵安置政策落实情况专项审计调查。

财政审计 市审计局审计一级预算单位8个，延伸下属及相关单位79个、国有企业4个、各类重点项目10个，共查出各类违规违纪金额1.28亿元，向纪委和相关部门移送案件线索7件。首次将秦皇岛经济技术开发区和北戴河新区纳入市本级审计范围。开展税收征管审计，重点审计房地产、金融等行业的12家企业，延伸2017年度办理税收优惠金额较大的前5户企业，抽查10户小微企业所得税优惠政策落实情况。

经济责任审计 对8名县处级领导干部开展经济责任审计，查出主要问题金额4.58亿元，其中违规金额1.21亿元，查出非金额计量问题9个，移送有关部门问题线索3件，审计促进整改落实有关问题资金9872.2万元。完成昌黎县党政主要领导干部自然资源资产离任（任中）审计。

固定资产投资审计 完成市六合公司近岸海域治理工程9个项目结算和北戴河供水总公司与首创制水合资相关事项审核工作；组织对北戴河机场开展竣工决算审计，对北戴河机场快速通道PPP项目实施跟踪审计。

民生资金（项目）审计 根据省审计厅的统一安排，对张家口市赤城县开展扶贫审计，发现精准扶贫政策措施落实不到位、非建档立卡贫困人口享受产业扶贫项目财政补贴等6大类33项问题，涉及问题资金总额1.22亿元，移送案件线索1件。组织全市审计机关对保障性安居工程进行跟踪审计，发现违规金额4283.45万元，非金额计量问题24个，提出审计建议20条。结合年度预算执行审计，组织实施市级扶贫、住建8个相关职能部门扶贫专项审计。完成全市社会保险基金审计。

金融审计 完成秦皇岛银行风险状况专项审计调查，发现银行资产质量不实、贷款改变用途违规向关系人发放信用贷款、住房按揭首付款比例不足等问题，共涉及金额10.72亿元。

外资运用审计 完成世界银行贷款河北省大气污染项目2016年至2017年秦皇岛市大气污染专项资金审计，审计专项资金6214.1万元。

企业审计 对秦皇岛市商贸国有资产经营有限公司2017年度资产、负债、损益情况实施审计。参与省属国有企业资产负债损益审计。

信息化建设 运用省审计厅扶贫审计监督平台，对全市扶贫项目、资金、贫困人口实施动态监测，通过筛选比对，对发现的疑点实施精准审计。

审计科研 秦皇岛市审计局撰写的《领导干部经济责任审计与自然资源资产离任审计统筹实施的方式与路径探讨》入选中国审计学会举办的“经济责任审计创新与发展”合作研究课题成果汇报交流暨专题研讨会。

相关工作 开展撰写学习中央审计委员会第一次会议精神心得体会活动，召开全市审计机关党风廉政建设工作会议，提高认识，强化责任，落实习总书记提出的“立身、立业、立信”要求。开展党员志愿服务活动，多次到对口帮扶贫困户家中走访慰问，访民情、解民忧，宣传精准扶贫精准脱贫政策，鼓励村民坚定脱贫致富信心。在全市审计机关启动实施“学宪法、学党章；讲理论、讲心得；考法纪、考时政”行动计划，增强审计干部的政治认同、理论认同，提高法治素质。

（撰稿人：李　卓）

【邯郸市审计局】 2018年，邯郸市审计局实有84人。党组书记、局长刘斌，党组成员、副局长李文灿、王金全，党组成员、总审计师刘九思，党组成员、经济责任审计办公室主任张大鹏，调研员张文玲，副调研员戴笑丛。设有办公室、人事处、法规处、财政审计处、行政事业审计处、农业与资源环保审计处、固定资产投资审计处、金融审计处、企业审计处、社会保障审计处、外资运用审计处、计算机审计信息处等12个内设机构，另设机关党委；下设经济责任审计办公室、政府投资项目审计中心、内部审计指导中心等3个事业单位。

审计成果 2018年，邯郸市县两级审计机关完成审计项目223个。查出主要问题金额213亿元，发现非金额计量问题709个，移送处理事项41件，提出审计建议619条。

市审计局1个审计项目被审计署评为地方优秀审计项目，1个审计项目被审计署评为地方优秀扶贫审计项目。全市审计机关有6个审计项目被省审计厅评为优秀或表彰审计项目。

国家重大政策措施落实情况跟踪审计 重点关注供给侧结构性改革、“放管服”改革、国资国企改革等重大改革推进等，建立“三台账，一轮审”制度，即计划台账、问题及整改台账、信息宣传台账，定期对相关县区进行轮审。

财政审计 将预算执行审计同重大政策落实审计相结合，累计促进各类财政收入上缴入库2.8亿多元，加快各类财政专项资金拨付7亿多元，推进重点项目建设。市人大常委会对审计工作报告满意度测评达96%。

经济责任审计 创新实施“一个前置”“三个清单”“四个编组”审计方式，重点关注领导干部政策执行权、经济管理权、经济决策权和廉政建设情况，对12名县级领导干部进行经济责任审计。完成峰峰矿区党政主要领导干部任中自然资源资产责任审计，探索运用“3S”技术，提升审计效率和效果。

固定资产投资审计　对11个政府重点投资项目实施审计，探索应用BIM技术，审计投资总额49亿元，审减近4亿元，揭示问题30余类。向市政府提交《政府投资建设项目存在的问题及建议》审计专报。

民生资金（项目）审计　持续开展保障性安居工程和“7·19”特大洪水灾害灾后恢复重建跟踪审计，实施退役士兵政策落实情况专项审计调查，组织全市各项社会保险基金审计，揭示安居工程住房分配使用等方面存在的问题，促进市级层面出台8个规范性文件办法。完成对6个贫困县（区）的扶贫审计及其所属73个乡（镇）的全覆盖集中核查，并对市直8个职能部门实施审计。组织全市审计机关对14个非贫困县（市、区）扶贫情况实施审计。

金融审计　对邯郸市水利水电建设有限公司实施专项审计，促进全市投融资平台公司做大做强。对全市担保行业进行深入调查研究，预警潜在风险，提出合理化建议。按照省审计厅授权，对河北省产业投资集团有限公司、承德银行股份有限公司、定州农村商业银行和石家庄汇融农村合作银行实施审计。

外资运用审计　根据省审计厅授权，对世界银行贷款邯郸市大气污染防治项目实施审计。审计采取“上审下”和“同级审”相结合、定点送达和集中送达相结合的方式，构建起市县联动、协同审计格局，按时向省审计厅提交专项资金使用情况汇总表等资料。

信息化建设　建立市直单位定期报送数据机制，采取“单位报送、物理拷贝、网络隔绝”的方式，定期收集市直重点单位财务和业务数据。研发财政涉农专项资金数据分析模型软件。

相关工作　中共邯郸市委多次召开常委会、专题会，市政府多次召开常务会、市长办公会研究审计工作，多位领导对市审计局呈报的扶贫审计、领导干部自然资源资产责任审计、预算执行审计等报告、专报作出批示。全面推进从严治党，积极推进“两学一做”学习教育常态化制度化，将支部建在审计点，实施“审计组进点前上一堂廉政课”制度，推进机关党建与审计业务深度融合。在涉县党校举办为期3天的“全市审计机关落实两个责任全面推进从严治党专题培训班”。

内部审计　召开邯郸市内部审计工作暨内部审计“双优双先”表彰大会。举办3期内部审计人员业务知识培训班。　（撰稿人：李　岳）

【邢台市审计局】　2018年，邢台市审计局实有69人。局长关峰，副局长刘孟起、杨正学、颜住山、刘金锋，纪检组长刘兴泉，总审计师赵春敏，正处级干部赵兰云（—8月）、宋万达，副调研员李永泽（9月—）、董瑞强。设有办公室、人事教育科、机关党委、法规科、财政审计科、金融外资审计科、行政审计科、事业审计科、农业与资源环保审计科、固定资产投资审计科、企业审计科、社会保障审计科、经济责任审计局（下设经济责任审计综合科、经济责任审计一科、经济责任审计二科）、高新技术开发区办事处、政府投资审计中心（事业单位）。

审计成果　2018年，邢台市县两级审计机关完成审计项目259个。审计查出主要问题金额70.38亿元，移送处理案件线索17件，提出审计建议262条，被采纳212条。其中，市本级全年完成审计项目71个；查出主要问题金额37.47亿元，其中管理不规范金额33.99亿元、违规金额3.48亿元；审计促进整改落实有关问题资金2.8亿元；移送处理案件线索12件。

市审计局实施的沧州市东光县原县委书记袁永江任期经济责任审计、张家口市怀安县2015年至2016年扶贫政策落实和扶贫资金分配管理使用情况审计、南和县审计局实施的南和县2016年度预算执行及其他财政收支情况审计等3个项目，被省审计厅评为表彰审计项目。

国家重大政策措施落实情况跟踪审计　通过“五围绕”促进稳增长信息管理平台，汇总上报审计报告、报表，及时给各审计组提供法律法规、技术、信息等多方面的支持，重大政策跟踪审计工作得到省审计厅领导的认可和表扬。完成“气代煤、电代煤”审计和市领导交办的清洁型煤审计任务，完成邢台市生活垃圾压缩转运站工程、莲池大街上跨京广铁路立体交叉工程、邢台市中兴大街雨污分流工程3个城市基础设施建设项目的跟踪审计。

财政审计　利用电子表格等计算机辅助审计方法，对财务和业务数据进行查阅、筛选、对比，揭示邢台市预算支出进度较慢、预算支出进度不够均衡、暂存款和暂付款未及时清理等问题。本级预算执行审计工作得到市政府、市人大的高度评价和充分肯定。

经济责任审计 完成市委组织部委托的经济责任审计项目 15 个，查出违规违纪金额 24 亿元、管理不规范金额 24.85 亿元，提出审计建议 48 条。改进审计工作，增加处理反馈环节；坚持党政同审、任离结合，任中审计比重达到 60%以上。完成隆尧县领导干部自然资源资产离任（任中）审计试点。

民生资金（项目）审计 根据省审计厅统一安排，采取“上审下”和“交叉审”相结合的形式，对 8 个贫困县、9 个非贫困县开展扶贫审计，实现扶贫审计监督全覆盖。完成 2017 年度保障性安居工程审计，并延伸调查 996 户农村危房改造家庭，对 52 个安居工程项目的建设管理情况进行检查。完成全市社保基金审计工作，针对审计中发现的问题，从完善信息监管系统等方面提出建设性意见。

固定资产投资审计 完成邢台市第三医院改扩建项目竣工决算审计、中兴大街雨污分流工程审计、市煤气热力管道建设审计等。

其他审计项目 开展符合政府安排工作条件退役士兵政策落实情况专项审计调查、宁晋县开展优化营商环境审计调查，受托开展市人大、市政协、市政法委、市委办、市物价局等机关的财务收支审计。加强开发区办事处的审计工作，健全开发区政府投资项目审计程序并出台相关审计制度，开展 55 项政府投资项目审计，完成开发区预算执行及其他财政收支情况审计、税收征收管理情况审计、隐性债务清理统计及化解情况专项审计、开发区火炬办 10 个划转村资金往来情况审计、中兴东大街旧区改造审计等项目。

（撰稿人：贯杨博）

【保定市审计局】 2018 年，保定市审计局实有 71 人。局长李习谦，副局长葛新军、范国庆、陈仕强、安清林，总审计师梁丽卿，纪检组长朱春友（—11 月）、王敏（11 月—），市经济责任审计办公室主任刘栓乔，副调研员张建波、苏海彬、赵卫军（11 月—）。设有办公室、人事处、法制审理处、财政审计处、金融审计处、行政事业审计处、社会保障审计处、外资运用审计处、经贸审计处、农业与资源环保审计处、固定资产投资审计处、计算机审计处、经济责任审计一处、经济责任审计二处等 14 个职能处室，另设机关党委；下设经济责任审计办公室和基建审计中心 2 个事业单位。

审计成果 2018 年，保定市审计局完成审计项目 90 个，其中专项审计调查项目 1 个。查出主要问题金额 35.13 亿元，其中违规金额 1.21 亿元、损失浪费金额 116 万元、管理不规范金额 33.91 亿元；审计发现非金额计量问题 253 个；损益（收支）不实金额 1.19 亿元；出具审计报告和专项审计调查报告 122 篇。审计处理处罚金额 1.46 亿元，其中应上缴财政 7185 万元、应归还原渠道资金 599 万元、应调账处理金额 6784 万元；移送司法机关、纪检监察机关和有关部门处理事项 34 件，移送处理金额 4107 万元。审计促进整改落实有关问题金额 1.39 亿元。提出审计建议 172 条；被采纳 172 条；提交审计信息 84 篇，被采用 65 篇。

高阳县 2016 年度县本级预算执行及其他财务收支情况审计被省审计厅评为优秀审计项目；保定市审计局实施的张家口市桥东区委原书记罗利民经济责任审计、曲阳县 2015—2016 年度扶贫政策落实和扶贫资金分配管理使用情况审计被省审计厅评为表彰审计项目。

国家重大政策措施落实情况跟踪审计 关注防范化解重大风险、精准脱贫、污染防治、深化供给侧结构性改革、“放管服”改革落实、重大战略实施等 6 个方面内容，开展国家重大政策措施落实情况跟踪审计。

财政审计 对市本级及 12 个部门预算执行、决算草案和其他财政收支情况进行审计。向市政府提交审计结果报告，代市政府向市人大作《关于 2017 年度市本级预算执行和其他财政收支情况的审计工作报告》及审计发现问题整改情况的报告。

经济责任审计 审计领导干部 22 人，查出主要问题金额 8.65 亿元，促进增收节支 3280 万元。对满城区党政主要领导同志任期内履行自然资源资产管理职责情况开展审计试点。

固定资产投资审计 围绕推动重大建设项目落地，对保定市复兴路西延建设、保定市北三环综合管廊建设和保定市污水深度处理等3个重大投资项目进行跟踪审计。

民生资金（项目）审计 指导全市非贫困县审计机关对本区域内扶贫工作开展审计。市审计局对顺平县、唐县、涞水县、博野县、望都县等5个贫困县及13个市直部门扶贫工作进行全面审计，审计扶贫专项资金14.58亿元，查出扶贫领域作风问题156件，涉及人员158人；对京冀扶贫协作对口支援资金进行专项审计。对全市2017年保障性安居工程进行审计，涉及问题资金2.37亿元，审计发现的问题已全部整改到位。对全市社保基金开展专项审计。开展退役士兵政策落实情况专项审计调查。

农业与资源环保审计 对“电代煤、气代煤”政策落实情况进行跟踪审计，助推“双代煤”政策加快落实。开展保定市新能源汽车专项审计调查，揭示存在的问题，提出针对性的审计建议。

金融审计 对霸州市农村信用合作联社2015—2017年度资产负债损益进行审计。

外资运用审计 配合省审计厅开展世界银行贷款河北大气污染防治项目审计。

企业审计 对保定市交投集团、公交公司、保运集团、百世开利进行债务专项审计调查，为化解债务风险提供依据。

信息化建设 按照河北省扶贫审计工作安排，建立保定市扶贫审计监督平台。在财政审计、民生审计、经济责任审计等审计项目中，推广运用大数据审计模式，提升审计效率。

相关工作 进一步强化全体审计干部“四个意识”，“四个自信”更加坚定，“两个维护”更加坚决。组织全市审计机关业务骨干180余人，进行为期一周的集中封闭培训；组织新进审计局人员赴南京审计大学进行系统培训；对全市审计质量进行全面检查，开展审计质量专题培训，健全问题整改的长效机制。狠抓廉政建设和作风建设。认真履行精准脱贫“五包一”“一包一”村帮扶责任，驻村工作队扎实工作，完成年度精准脱贫任务目标。

（撰稿人：郭新正）

【张家口市审计局】 2018年，张家口市审计局实有53人。局长刘全文，副局长李家富、胡学渊、孟贤君，总审计师赵乃[illegible]，纪检组长林平，调研员宁存英，副调研员贺培峰，副处级领导干部王凤山。设有办公室、机关党委办公室（干部人事科）、法制科、财政审计科、行政事业审计科、固定资产投资审计科、企业审计科（外资运用审计科）、农业和资源环保审计科、金融审计科、社会保障审计科、经济责任审计一科、经济责任审计二科；下设电子数据分析中心、公共投资项目审计中心2个事业单位。

审计成果 2018年，张家口市县两级审计机关完成审计项目235个，其中专项审计调查项目3个。查出主要问题金额695.81亿元，其中违规金额1.41亿元、损失浪费金额991万元、管理不规范金额694.3亿元；审计发现非金额计量问题401个；损益（收支）不实金额137.48亿元；出具审计报告和专项审计调查报告267篇，被批示、采用4篇次。审计处理处罚金额1.35亿元，其中应上缴财政27万元、应归还原渠道资金144万元、应缴纳其他资金691万元、应调账处理金额1.26亿元；移送司法机关、纪检监察机关和有关部门处理事项7件，移送处理人员1人，移送处理金额236万元。审计促进整改落实有关问题资金1.27亿元，审计促进拨付资金到位3.12亿元；审计后挽回（避免）损失84万元；核减投资额2032万元。审计提出建议349条，被采纳审计意见63条；推动被审计单位制定、完善规章制度26项；提交审计信息465篇，被批示、采用72篇。

大厂县委书记张秉舜任职期间经济责任履行情况审计项目、原香河县县委书记王凯军任职期间（2014—2016年）履行经济责任情况审计项目被省审计厅评为优秀审计项目；保定市涞水县2015—2016年度扶贫资金审计项目被省审计厅评为表彰审计项目。

国家重大政策措施落实情况跟踪审计 按照省审计厅安排，完成稳增长政策措施落实情况跟踪审计、“三去一降一补”及大气污染防治政策落实情况审计、“气代煤、电代煤”政策执行跟踪审计。配合省审计厅完成审计署统一安排的债务清查审计工作。

财政审计 完成市本级预算执行及其他财政

收支情况审计；组织实施全市债务清理统计及化解情况专项审计；完成市卫计委、扶贫办等8个市直单位预算执行情况审计。预算执行审计工作报告及审计整改工作报告，在张家口市人大常委会评议中全票通过。

经济责任审计 完成宣化区、涿鹿县、察北管理区、下花园区党政主要领导任期经济责任审计，结合经济责任审计在涿鹿、下花园等县区开展自然资源资产审计。

固定资产投资审计 完成27个冬奥会建设项目跟踪审计、5个京津冀协调发展项目跟踪审计、4个市政府安排的重点建设项目跟踪审计。

民生资金（项目）审计 完成市本级保障性安居工程跟踪审计、全市2016年至2018年6月社保基金审计、张家口符合政府安排工作条件退役士兵政策落实情况专项审计调查。结合预算执行审计对涉及扶贫8个市直部门进行扶贫资金、项目全覆盖审计。组织4个调查组，对12个贫困县区易地扶贫搬迁、金融扶贫、农村专业合作社和光伏扶贫等工作推进情况进行调查督导。对全市贫困县区"四方联动"推动落实情况进行审计调查。

农业与资源环保审计 开展以造林绿化和自然资源资产审计为重点的生态文明建设审计。组织审计系统160余人，在全市开展造林绿化交叉审计，持续推动全市生态文明建设快速显效。对怀安县、万全区美丽乡村建设完成情况、全市退耕还林补贴发放情况进行审计调查。

金融审计 完成张家口银行董事长经济责任审计、张家口银行唐山分行财务收支情况审计。

外资运用审计 组织实施张家口市2016—2017年度世界银行贷款河北省大气污染防治项目审计，完成对市财政局2016—2017年度大气污染防治专项资金的管理拨付情况审计。

企业审计 配合省审计厅完成对唐山三友集团有限公司2017年度资产负债损益情况审计。

交办任务 组织实施全市税收审计调查，完成2017年全市公务支出及公款消费情况统计上报。配合市委组织部完成基层党组织设施建设经费使用情况检查工作。

信息化建设 完成扶贫大数据审计信息平台建设，实现政策法规宣传、数据信息管理、问题分析预警、规范管理机制四项功能，初步达到推进全市扶贫审计提高管理、规范完善的目标。推进张家口公共投资项目审计信息平台建设，探索使用手机App采集工程图片资料，进行项目进度跟踪，实现数据收集、实时跟踪、分析研判三大功能，为冬奥会、京津冀协同发展、省市重点建设项目跟踪监督搭建平台。

相关工作 提出讲政治、讲三观、讲正气、讲集体、讲品格、讲无私的"六个讲"要求，作为"两学一做"专题教育"做"的抓手，激励审计人员形成正确的价值取向。连续三年开设"审计论坛"，为审计人员搭建思想碰撞、业务交流的平台。以开好党组民主生活会、开好支部组织生活会、讲好党课、写好个人对照检查材料为抓手，抓严抓实党内政治生活制度。实行所有一线审计组全覆盖、所有群众和党外人士全覆盖、所有抽调人员全覆盖的组织生活全覆盖，探索深化审计机关党建工作新途径。全市市直机关基层党支部规范化建设现场会于9月11日在市审计局机关召开，81个市直单位的党务干部前来观摩学习。2018年市审计局领导班子被评为实绩突出领导班子，局机关党委被市直机关工委评为先进基层党组织。 （撰稿人：邢　宇　叶庆红）

【承德市审计局】 2018年，承德市审计局实有65人。局长王允昌，副局长王双清、刘国锋、刘俊、魏景林，总审计师谷锦川，调研员陈宝春。设有办公室、人事科、经济责任审计一科、经济责任审计二科、法规科、财政审计科、金融审计科、行政事业审计科、农业与资源环保审计科、固定资产投资审计科、企业审计科、社会保障审计科、机关党委、离退休干部科；下设计算机审计办公室、政府投资项目审计中心2个事业单位。

审计成果 2018年，承德市县两级审计机关完成审计项目178个，其中专项审计调查项目11个。查出违规金额636.81亿元，其中损失浪费金额97万元、管理不规范金额634.97亿元；审计发现非金额计量问题517个；损益（收支）不实金额6.46亿元；审计发现侵害人民群众利益452万元；出具审计报告和专项审计调查报告204篇，被批示、采用19篇次。审计处理处罚金额2764

万元，其中应上缴财政 56 万元、应减少财政拨款或补贴 1327 万元、应归还原渠道资金 257 万元、应缴纳其他资金 1107 万元、应调账处理金额 15 万元；移送司法机关、纪检监察机关和有关部门处理事项 46 件，移送处理人员 5 人，移送处理金额 4393 万元。审计促进整改落实有关问题资金 2464 万元；审计后挽回（避免）损失 20 万元；核减投资额 1.06 亿元；移送处理落实事项 17 件。审计提出建议 372 条，被采纳 231 条；推动被审计单位制定整改措施 25 项，促进被审计单位建立、健全规章制度 5 项；提交审计信息 356 篇，被批示、采用 162 篇次。

石家庄新乐市原市委书记凌青利经济责任审计项目被省审计厅评为优秀审计项目，张家口市崇礼区 2015 年至 2016 年扶贫政策落实和扶贫资金分配管理使用情况审计项目被省审计厅评为表彰审计项目。

国家重大政策措施落实情况跟踪审计 抽审单位 336 个，抽审项目 168 个，抽审资金总量 21.95 亿元，发现问题 28 个，涉及问题金额 1.7 亿元，推动项目建设 6 个，促进污染防治资金发挥效益 629.68 万元，促进取消下放行政审批事项 304 项，促进落实降税政策 8 项。组织实施“气代煤、电代煤”政策措施落实情况、易地扶贫搬迁跟踪审计以及对承德市符合政府安排工作条件退役士兵政策落实情况的专项审计调查。

财政审计 对 77 个单位开展预算执行情况审计，查出主要问题金额 563.07 亿元。其中市审计局审计单位 12 个，查出主要问题金额 539.52 亿元，延伸企业 6 家，抽查资金 4.94 亿元。人大常委会对预算执行和其他财政收支审计工作报告及审计整改工作给予充分肯定。

经济责任审计 对 28 名领导干部开展任期经济责任审计，查出主要问题金额 5937 万元。其中市审计局审计 6 个单位领导人，查出主要问题金额 5584 万元，下达移送处理书 9 份。市审计局组织开展围场、隆化和市农牧局原局长张学东自然资源资产离任审计。各县（市、区）审计局也进行审计试点。

固定资产投资审计 完成投资审计项目 21 个，项目投资额 11.53 亿元，查出问题金额 6613 万元。其中市审计局完成审计工程决（结）算项目 19 个，核减投资额 3826 万元。代市政府起草印发《关于进一步完善和规范投资审计有关工作的通知》，明确界定建设单位、财政部门和审计机关职责界限，破解县区“以审代结”等难题。

民生资金（项目）审计 对 2017 年度保障性安居工程跟踪审计，查出主要问题金额 3.41 亿元，提出审计建议 29 条。组织市县审计力量对 3 个贫困县及市教育、住建、人社等 8 个涉及精准扶贫精准脱贫牵头部门进行审计，实现贫困县和重点部门扶贫审计全覆盖。完成省审计厅授权的青龙县 2017 年扶贫政策落实及扶贫资金分配使用情况审计，审计查出主要问题金额 1.6 亿元，下达移送处理书 15 份。组织各县区审计机关对 5 个非贫困县、区扶贫政策落实和扶贫资金、项目管理审计。对 6 个国定贫困县 2016 年以来扶贫领域审计发现问题整改落实情况进行全面梳理和督导落实。对被征地农民养老保险专项进行审计调研，向市委、市政府提交专项审计调查报告。

企业审计 开展承德公交集团有限责任公司财务收支审计及承德市国控投资集团有限责任公司经营情况审计调查。

交办任务 对全市 57 家市直部门政务信息系统和丰宁、滦平两县北京市对口帮扶项目资金管理使用情况，以及一些地区单位补交党费情况进行检查。参与全市乱摊派清理整改“回头看”，对各一级预算单位以往查出问题的整改到位情况进行抽查核实。

信息化建设 建设审计数据分析网和数据分析室，部署审计分析基础平台和电子数据报送平台，制定大数据环境下审计业务规范要求、审计业务操作指南等相关制度，数据分析在审计项目中得到更广泛应用。 （撰稿人：焦红煜）

【沧州市审计局】 2018 年，沧州市审计局实有 40 人。局长梁治国，纪检组长张勇军，副局长郑瑞强，总审计师刘根常，副调研员李振义。设有办公室、法规科、财政审计科、行政事业审计科、社会保障审计科、农业和环境资源审计科、金融外资和企业审计科、沧州市经济责任审计局、机关党委（人事科）9 个职能科室；下设政府投资审计中心、计算机信息审计中心 2 个事业单位。

审计成果 2018 年，沧州市县两级审计机关完成审计项目 253 个。查出主要问题金额 504.6 亿元，其中违规金额 9.05 亿元、损失浪费金额 5855 万元、管理不规范金额 494.97 亿元；审计发现非金额计量问题 585 个；损益（收支）不实金额 19.57 亿元；审计发现侵害人民群众利益 1.25 亿元；出具审计报告和专项审计调查报告 282 篇。审计处理处罚金额 14.44 亿元，其中应上缴财政 2.7 亿元、应减少财政拨款或补贴 2266 万元、应归还原渠道资金 1.15 亿元、应缴纳其他资金 1.83 亿元、应调账处理金额 8.54 亿元；移送司法机关、纪检监察机关和有关部门处理事项 115 件，移送处理人员 23 人，移送处理金额 1.18 亿元。审计促进整改落实有关问题资金 7.02 亿元；审计促进拨付资金到位 7214 万元；审计后挽回（避免）损失 49 万元；核减投资额 5898 万元；移送处理落实事项 13 件。审计提出建议 518 条，被采纳 345 条；推动被审计单位制定整改措施 5 项，促进被审计单位建立、健全规章制度 3 项；提交审计信息 228 篇，被批示、采用 185 篇次。

阳原县 2015 年至 2016 年扶贫政策贯彻落实和扶贫资金分配管理使用情况审计项目被省审计厅评为优秀扶贫审计项目，唐山市开平区原书记和春军任职期间经济责任履行情况审计项目被省审计厅评为表彰审计项目。

国家重大政策措施落实情况跟踪审计　累计投入审计人员 384 人次，抽审 492 个单位、612 个项目，抽审资金总量达 233.59 亿元。重视跟踪审计发现问题的整改，截至年底，以前反映的 148 个问题已全部整改到位。

财政审计　完成财政预算执行审计项目和财政决算审计项目 165 个，审计查出主要问题金额 349.54 亿元。受市政府委托所作的《关于市本级 2017 年度预算执行及其他财政收支情况的审计工作报告》得到市人大常委会的充分认可并首次对审计工作报告作出决议。

经济责任审计　完成经济责任审计项目 30 个，查出主要问题金额 55.35 亿元，被采纳审计建议 56 条。市委组织部门结合审计结果报告中提出的问题，约谈 9 名县处级领导干部。以海兴县为试点，对党政领导干部履行自然资源资产管理和生态环境保护责任情况进行审计。

固定资产投资审计　完成投资审计项目 76 个，涉及投资金额 12.68 亿元，审减工程造价 1.62 亿元。将渤海新区结算金额 500 万元以上，及其他各类开发区结算金额 200 万元以上的政府投资建设项目明确纳入审计监督范围。

民生资金（项目）审计　组织开展 4 轮扶贫审计，实现全市扶贫审计全覆盖，审计扶贫资金总量达 37.49 亿元，揭示问题 232 个，涉及问题金额 7.53 亿元。对沧州市本级及 16 个县（市、区）2017 年度各类保障性安居工程进行全面审计，共查出虚报骗取和重复领取保障房补助资金等问题 50 个，移送纪检监察机关问题线索 3 件。

农业与资源环保审计　对全市大气污染防治专项资金进行审计，抽查资金量达 7.97 亿元，审计发现的 15 个问题全部挂账督办。对“气代煤、电代煤”政策落实情况进行审计抽查。

企业审计　完成企业审计项目 2 个，查出主要问题金额 135.83 亿元，其中违规经营 127.2 亿元、资产质量不实 6.9 亿元。

专项资金审计　完成专项资金审计项目 54 个，延伸审计单位 35 个，涉及资金总额 65.86 亿元。审计查出主要问题金额 14.59 亿元。

信息化建设　开发部署审计发现问题定性及处理应用平台，把行之有效的做法上升为可参考、可借鉴的规范化模板，为审计实施阶段和审计报告起草阶段提供指引。开发部署工程建设项目审计平台，可通过数据关联、问题验证、层级比对等方式，生成疑点线索，提高审计效率和质量。

相关工作　建设以“铸魂”为主题，由党史长廊、党员活动室、文化书屋为主阵地的“一廊一室一屋”党员活动阵地。建设沧州审计荣誉室，集中展示和讲述国家审计和沧州审计事业从无到有，不断壮大的发展历程。建立每日例会制度和审计问题疑点即报制度，进一步保障审计质量。

（撰稿人：王一伟）

【廊坊市审计局】　2018 年，廊坊市审计局实有 64 人。局长曹希恩，副局长薛冬、万茂才、赵志生，总审计师施文河。设有办公室、人教科、法制科、财政审计科、金融审计科、行政事业审计科、社会保障审计科、经贸审计科、固定资产投资审计科；下设政府投资审计中心、经济责任审计局 2 个事业单位。

审计成果 2018年，廊坊市县两级审计机关完成审计项目166个，其中专项审计调查项目1个。查出主要问题金额82.14亿元，其中违规金额15.67亿元、损失浪费金额2046万元、管理不规范金额66.27亿元；审计发现非金额计量问题256个；损益（收支）不实金额2.68亿元；审计发现侵害人民群众利益4.7亿元；出具审计报告和专项审计调查报告176篇，被批示、采用6篇次。审计处理处罚金额15.89亿元，其中应上缴财政12.48亿元、应归还原渠道资金2441万元、应调账处理金额3.17亿元；审计促进整改落实有关问题资金15.51亿元；审计促进拨付资金到位2.89亿；审计后挽回（避免）损失639万元；核减投资额793万元；移送处理落实事项2件。审计提出建议330条，被采纳171条；推动被审计单位制定整改措施5项；提交审计信息47篇，被批示、采用22篇次。

国家重大政策措施落实情况跟踪审计 投入492人次，抽查单位298个、项目129个，涉及资金67.7亿元，审计发现问题7个，问题金额2880.7万元。通过跟踪审计，推动扶贫项目建设发挥效益25个；纠正违规生产、排放等行为9起；促进重污染企业搬迁、改造18户；清退违规占压企业保证金等1.33亿元；加快财政资金下达8.94亿元，落实配套资金7.86亿元。

财政审计 对市财政局、市国有资产管理经营有限公司、市中级人民法院等单位开展预算执行和决算草案审计，做好审计“后半篇文章”，落实审计发现问题整改督导责任。市人大常委会对查出问题整改报告满意率的测评为100%。统筹市、县审计人员57人，组成12个审计组，对全市债务情况及隐性债务化解情况进行专项审计。

经济责任审计 对29名领导干部开展经济责任审计，尝试推广运用“三个清单”和“一竿子插到底”等方式方法，落实“三个区分开来”要求进行责任界定，促进领导干部依法用权、担当作为。

固定资产投资审计 组织召开全市投资审计工作统筹管理动员大会，派出调研组、督导组赴各县（市、区），与各县（市、区）政府、审计局负责同志座谈交流，形成《廊坊市投资审计工作管理和统筹暂行办法（试行）》。面向全市投资审计人员及入库中介机构人员组织3次专题培训班。

民生资金（项目）审计 实施保障性安居工程审计，上报审计署4个方面15个问题，涉及家庭454户，资金147.22万元。在实施全市扶贫资金审计中，运用扶贫审计监督平台采集填报扶贫项目资金数据，将线上疑点数据与具体扶贫情况进行比对分析，提升扶贫审计工作的精准度。开展全市社保基金审计，利用3年财务数据和业务数据进行分析比对。组织实施廊坊市本级及11个县（市、区）退役士兵政策落实情况专项审计调查。

农业与资源环保审计 以市委办公厅和市政府办公厅名义印发《廊坊市贯彻落实〈领导干部自然资源资产离任审计规定（试行）〉的意见》。实施霸州市领导干部自然资源资产离任审计。

外资运用审计 开展世界银行贷款河北省大气污染防治项目审计，重点审计2016年度结存资金支出情况以及2017年度省级专项用于新能源汽车推广应用资金2743万元的预算投入、支出和结转、结余情况。

企业审计 以市委办公室和市政府办公室名义印发《关于深化国有企业和国有资本审计监督的实施意见》。组织实施“气代煤、电代煤”工程审计。围绕《河北省优化营商环境工作方案》确定的内容，开展营商环境审计调查，收回调查情况表510份。完成廊坊市投资控股集团有限公司清产核资。

信息化建设 投资审计平台功能进行全面升级，开发完成机关事务管理系统三期工程、移动视频会议系统等；重新规划机房网络拓扑结构，增加设备，升级管理软件，提升网络安全性、稳定性。

相关工作 召开全市审计系统党风廉政建设工作会议，组织党组成员、班子成员签订党风廉政建设主体责任承诺书。举办经济责任审计、财政审计等专题培训班，选派部分局领导带队赴外地学习取经，提升审计人员素质能力。制订2018年审计能手选拔方案，评出38名审计能手并推荐其中18名参评省级审计能手，14人荣获全省审计能手称号，按市统计，审计能手数量位列全省前列。

内部审计 开展市辖区行政事业单位内部审计工作调查，以书面形式向省审计厅提交情况

汇报。（撰稿人：孟　楷）

【衡水市审计局】　2018年，衡水市审计局实有33人。局长葛殿朋，副局长赵春峰、许世红（—6月）、骆卫华、潘振兴、刘毓韬，调研员高振华。设有办公室、法制科、财政与投资审计科、经贸审计科、行政事业审计科、农业外资与资源环保审计科、经济责任审计办公室、社会保障和金融审计科；下设基建审计中心、计算机辅助审计中心、重点项目建设审计监督中心3个事业单位。

审计成果　2018年，衡水市审计局完成审计项目70个。审计发现问题涉及资金规模33.47亿元，审计发现非金额计量问题388个；提出审计建议224条，被采纳审计建议197条；通过审计促进增收节支628万元，调账处理1.51亿元；向有关部门移送处理事项27件，涉及金额2288万元。

1个项目被省审计厅评为优秀扶贫审计项目，1个项目被省审计厅评为表彰审计项目。

国家重大政策措施落实情况跟踪审计　共抽审单位188个，抽审项目126个，抽审项目涉及资金总额24.68亿元，总结衡水创新创业孵化基地在落实创新驱动发展战略方面开展“双创”的经验做法，揭示衡水高铁站站前广场项目土地证手续不完备、肃宁至临清公路肖张至枣强南段工程项目进展缓慢的问题。

财政审计　对28个单位实施预算执行审计，查出预算编报不真实不完整、违规变更调整预算等问题涉及资金规模9.06亿元。对79个部门一级预算单位“三公”经费及会议费、培训费实行审计全覆盖，促使财政局建立“三项费用”执行与预算安排挂钩机制。将与扶贫相关的8个市直部门纳入预算执行审计范围，摸清政府债务情况，揭示部分政策未落实、个别单位整改底数不清、违规发放低保、五保金等问题。完成对桃城区政府2016—2017年度的财政决算审计。

经济责任审计　完成7名领导干部经济责任审计，查出主要问题涉及资金规模7788万元，促进增收节支239万元。试行“三个清单式”审计，通过掌握领导干部任职期间的“重要决策事项清单”，明确“审计核查事项清单”，认定“审计发现问题清单”，界定责任、做出评价。组织市县两级业务骨干到山东省胶州市审计局学习领导干部自然资源资产审计经验。对安平县领导干部自然资源资产进行审计，审计中首次运用地理信息系统进行图斑比对，发现问题线索。

固定资产投资审计　开展政府重大投资项目跟踪审计，完成11个投资项目的审计，核减工程款1131万元。落实审计署30号文件，修订《衡水市政府投资项目审计监督办法》，取消“按项目合同金额20%的比例预留待结价款，竣工决算审计结果作为工程价款结算的依据”的强制性规定；重新招标确定20家中介机构纳入委托审计备选库，聘请中介机构参与投资审计费用列入财政预算予以保证。

民生资金（项目）审计　组织市县两级审计机关连续第六年对全市保障性安居工程计划、投资、建设、分配、运营以及配套基础设施的建设情况进行审计，重点抽查安居工程项目3个，对48户农村危房改造家庭进行入户调查。完成3个国定贫困县、2个省定贫困县及5个非贫困县的扶贫审计，涉及资金规模2.22亿元，查出建档立卡数据不准、金融扶贫政策推进不到位等问题，对优亲厚友发放扶贫资金等问题进行移送处理。

企业审计　对全市89户国有企业进行摸底调查，对市直61家单位内部审计开展情况进行调查。对衡运集团2017年度资产负债损益情况进行审计，在财政审计中将3个投融资公司纳入审计范围。（撰稿人：袁瑞倩）

2018年河北省所辖区、县(市)级审计工作统计表

金额单位:万元

审计机关	完成审计项目/个	审计查出主要问题金额	审计发现非金额计量问题/个	审计期间整改金额	出具审计报告和审计调查报告/篇	审计处理情况		审计促进整改落实有关问题资金	审计提出建议/条	提交审计信息/篇
						审计处理处罚金额	移送处理事项/件			
石家庄市										
石家庄市本级	271	6775759	700	115832	318	338374	57	255740	562	314
长安区审计局	6	45539	2		7	8686		8215	10	
桥西区审计局	7	36653	3		11	2469			8	
新华区审计局	8	226389	12		10	112	4	112	21	38
井陉矿区审计局	7	14381	7		8				13	
裕华区审计局	7	25398	4	81	9	13459			6	
藁城区审计局	6	322	2	104	6				1	
鹿泉区审计局	11	10405	2		12				10	19
栾城区审计局	7	75346	6	71	7	69318		57946	11	
晋州市审计局	11	74136	8	21	13	14257		14257	25	
新乐市审计局	14	60972	16	18	16	21384		21293	18	
井陉县审计局	9	69282	18	6000	10	15		13	18	
正定县审计局	9	57616	12	53353	10	2012			17	14
行唐县审计局	7	91831	2	8	7	49566		49565	6	
灵寿县审计局	6	28428	5	866	6				12	
高邑县审计局	9	35454	3	1391	10	4	1	2	18	78
深泽县审计局	10	2306			11	2305	1	1659	16	
赞皇县审计局	6	48767	3	158	7	3817		3817	14	17
无极县审计局	12	132568	5	3	12	4871		4695	30	
平山县审计局	9	133202	15	27	10	59456		49503	22	
元氏县审计局	8	85580	38	29071	8				18	36
赵县审计局	13	832417	13	39	17	28			30	
唐山市										
唐山市本级	166	1889260	446	116091	188	198902	30	196809	351	104
路南区审计局	15	4520	11		15	1574		1570	28	
路北区审计局	13	227234	6		16	4032		852	29	
古冶区审计局	16	48793	17		17	16553	2	16553	30	
开平区审计局	16	105240	13		16	1		1	50	
丰南区审计局	46	46473	12		58	16636		16636	58	
丰润区审计局	17	166091	6	365	21	299		299	31	

（续表）

审计机关	完成审计项目/个	审计查出主要问题金额	审计发现非金额计量问题/个	审计期间整改金额	出具审计报告和审计调查报告/篇	审计处理情况		审计促进整改落实有关问题资金	审计提出建议/条	提交审计信息/篇
						审计处理处罚金额	移送处理事项/件			
曹妃甸区审计局	24	729233	17		25	7488		7488	53	
遵化市审计局	14	84588	7		18	61992		7358	18	
迁安市审计局	22	23027	10		31	562		562	53	
滦州市审计局	15	87645	5	4	16	30597		30597	25	
滦南县审计局	30	55691	20		45	22716		22716	78	
乐亭县审计局	22	132239	5		22	132203		132203	39	
迁西县审计局	20	11837	7	756	26	7592	2	7592	33	5
玉田县审计局	21	155672	17	5710	21	10		10	61	
秦皇岛市										
秦皇岛市本级	41	508310	131	14764	50	11662	13	7846	128	120
海港区审计局	6	104605	24		11	5			22	25
山海关区审计局	7	135502	2	11	12	2			21	56
北戴河区审计局	7		8		11				11	12
抚宁区审计局	12	53097	1	206	21	195		16	27	22
青龙满族自治县审计局	8	673		362	14	14		14	12	45
昌黎县审计局	13	42467	15		18	44		44	18	25
卢龙县审计局	12	79435	19	2	18		1		16	5
秦皇岛经济技术开发区审计局	5	7605	2		5	98			15	2
邯郸市										
邯郸市本级	62	1096619	430	12937	70	45563	30	29883	220	64
邯山区审计局	10	48204	15	4473	10			52	28	
丛台区审计局	8	23358	22	21	9	4		4	19	
复兴区审计局	11	45624	29		18	4221			29	
峰峰矿区审计局	7	357074	30		8				46	
肥乡区审计局	7	28564	21	2836	7	6783		6783	12	
永年区审计局	9	699485	16		10	25		25	17	
武安市审计局	9	70190	9	3128	13				24	
临漳县审计局	8	10700	24		8	9740		9740	13	
成安县审计局	6	14766			5	10	1		11	1
大名县审计局	7	13153	4	48	10	13102			8	
涉县审计局	10	8631	10	73	12	2353			30	
磁县审计局	18	238251	31		21	361	3	279	69	4

（续表）

审计机关	完成审计项目/个	审计查出主要问题金额	审计发现非金额计量问题/个	审计期间整改金额	出具审计报告和审计调查报告/篇	审计处理情况		审计促进整改落实有关问题资金	审计提出建议/条	提交审计信息/篇
						审计处理处罚金额	移送处理事项/件			
邱县审计局	9	4037	14	7	9	3	7		10	
鸡泽县审计局	9	8826	14		12	2		2	22	
广平县审计局	7	13371	6		8				11	
馆陶县审计局	8	97799	14		13	5218		676	27	
魏县审计局	6	4430	3	343	6				4	
曲周县审计局	12	43470	17	120	12	4		4	19	
邢台市										
邢台市本级	73	375579	180	20	89	34928	12	28096		
桥东区审计局	9	566			9				16	10
桥西区审计局	28	4482			28				87	76
南宫市审计局	12	4066			12				21	
沙河市审计局	13	6700			11	59			33	
邢台县审计局	14	25252	3		15					
临城县审计局	8	5022	1		8	3532		3531	10	
内丘县审计局	8	995	24	1607	8			112	31	
柏乡县审计局	10	16276	12	5553	10	13		13	31	
隆尧县审计局	9	1549			9					
任县审计局	10	6443	1		150		1	10	20	36
南和县审计局	9	53091	4	99	9	10500	2	10498	27	103
宁晋县审计局	14	1964	7		14				35	4
巨鹿县审计局	8	24243	16		8		2			
新河县审计局	15	782			15				38	
广宗县审计局	12	22373		558	12			21815	15	20
平乡县审计局	4	33130	3	2	4		1		9	2
威县审计局	11	49660	7		11	4		26768	38	5
清河县审计局	8	318	2		8	1			8	15
临西县审计局	11	56494	5		11	2		2	20	
保定市										
保定市本级	90	351325	253		122	14568	34	13947	172	65
竞秀区审计局	18	503	14		18	40	4		1	20
莲池区审计局	13	957	11		13	30		30	38	1
满城区审计局	8	55691	9		8	38391		218	19	
清苑区审计局	9	52	4	28	11	28	2		10	

（续表）

审计机关	完成审计项目/个	审计查出主要问题金额	审计发现非金额计量问题/个	审计期间整改金额	出具审计报告和审计调查报告/篇	审计处理情况		审计促进整改落实有关问题资金	审计提出建议/条	提交审计信息/篇
						审计处理处罚金额	移送处理事项/件			
徐水区审计局	24	76419	5		34	8			42	
涿州市审计局	15	171111	27		18	955		385	51	
安国市审计局	13	7862	20		15				20	
高碑店市审计局	14	7776	5		14	64	2	64	10	12
涞水县审计局	16	27791	13		22	15901		503	43	6
阜平县审计局	15	28606	31		20	51		44	10	
定兴县审计局	10	166972	17		10	2		2	26	2
唐县审计局	41	44054	34		65	684	18	149	100	12
高阳县审计局	10	21087	11		11	14666	1	1472	16	3
容城县审计局	11	239	10		14	10		7		2
涞源县审计局	12	1805	2		12	412		409	27	10
望都县审计局	9	155	5		9	123			4	37
安新县审计局	11	1783	14		11	1755	1	1755	14	
易县审计局	11	31734	9		11	59	4	36	28	
曲阳县审计局	14	30221	17		14	5		5	8	
蠡县审计局	13	37256	5		13				20	7
顺平县审计局	12	33812	8		13	2486			18	5
博野县审计局	12	19772	4		12	16571			22	
雄县审计局	10	52662	3		10	27637		18319	5	12
张家口市										
张家口市本级	43	3064654	166	18	48				98	256
桥东区审计局	7	75739	8		9				17	
桥西区审计局	12	2949337	4		18					2
宣化区审计局	10	291068	13		12	7	1		32	56
下花园区审计局	6	1707			7				10	10
万全区审计局	8	49469	102		7				18	10
崇礼区审计局	8	38771	5		10				15	2
张北县审计局	12	16107	12	107	12	691		691	18	10
康保县审计局	17	68022	8		21	120			33	18
沽源县审计局	9	15460	11		11	8105		7497	21	7
尚义县审计局	22	4852		19	27		5		2	20
蔚县审计局	19	32861	38		17	30	1	30	41	18
阳原县审计局	12	33502	12	11	14	12			18	11

（续表）

审计机关	完成审计项目/个	审计查出主要问题金额	审计发现非金额计量问题/个	审计期间整改金额	出具审计报告和审计调查报告/篇	审计处理情况		审计促进整改落实有关问题资金	审计提出建议/条	提交审计信息/篇
						审计处理处罚金额	移送处理事项/件			
怀安县审计局	6	28674	1		6					18
怀来县审计局	8	34015	19		8	4525		4525		2
涿鹿县审计局	9	133795			10	2				20
赤城县审计局	8	356		50	9	12			13	5
经济开发区审计局	8	119679	1		8				11	
察北区审计局	5				5				2	
塞北区审计局	6	2	1		8					
承德市										
承德市本级	60	6100081	454	7182	62	1566	45	1327	190	356
双桥区审计局	13	29995	9		15	34	1		54	23
双滦区审计局	11	96794	8	643	11				14	24
鹰手营子矿区审计局	12	459	2		15	4			15	23
平泉市审计局	15	17920	9	155	17				18	38
承德县审计局	9	23173	5	23132	9				12	32
兴隆县审计局	10	1313	1	12	13	1136				28
滦平县审计局	9	489	5	31	15	22			20	40
隆化县审计局	8	29302	2	29302	9				50	15
丰宁满族自治县审计局	7	49847			7				2	45
宽城满族自治县审计局	13	4	4		18					38
围场满族蒙古族自治县审计局	12	18718	19		15					28
沧州市										
沧州市本级	94	4104250	451	137969	105	81529	89	51932	244	115
新华区审计局	12	119524	20	70	16		1		38	
运河区审计局	14	36376	4		16	217			60	
泊头市审计局	14	37915	31	18	16	2413	7		38	1
任丘市审计局	15	60791	3	154	19	8615		8455	7	23
黄骅市审计局	9	219114	2		11	42543		3999	16	
河间市审计局	6	10009	8	641	6	9	1		6	
沧县审计局	7	133785		1	7	54		25	14	2

（续表）

审计机关	完成审计项目/个	审计查出主要问题金额	审计发现非金额计量问题/个	审计期间整改金额	出具审计报告和审计调查报告/篇	审计处理情况		审计促进整改落实有关问题资金	审计提出建议/条	提交审计信息/篇
						审计处理处罚金额	移送处理事项/件			
青县审计局	9	17141	12		9	42	4		16	30
东光县审计局	10	109102	7		10					
海兴县审计局	7	12519	5	11886	7	633		8	14	
盐山县审计局	11	32749	6	444	11	30	3	30	18	47
肃宁县审计局	7	122190	6	18	7	36		36	11	
南皮县审计局	7	2573		2286	7	16	6	2302		
吴桥县审计局	10	3045	4		10				16	
献县审计局	9	13077	5	1	10	5694	2	5688		10
孟村回族自治县审计局	12	11880	21	37	10	2517	2		17	1
廊坊市										
廊坊市本级	52	533178	181	3088	53	4638	27	1144	145	1
安次区审计局	9	3526			9				10	
广阳区审计局	19	6912	4	239	26		1		45	6
霸州市审计局	11	536	9		11	346		7		5
三河市审计局	11	2672	9		11	2229		2229	25	13
固安县审计局	11	287	11	21	11	5		5	23	
永清县审计局	8	15110	4		8	3		3		6
香河县审计局	8	151993	10		8	151629		151629	15	8
大城县审计局	10	28738	8		13	69		52	12	
文安县审计局	13	52127	1	29735	13	16		16	28	
大厂回族自治县审计局	12	26332	12		11				25	8
开发区审计局	2		7		2				2	
衡水市										
衡水市本级	70	334679	388	6305	74	15714	27	15714	224	193
桃城区审计局	33	13353	42	3	33	1535	4	1215	106	40
冀州区审计局	26	16732	24	68	33	109		100	75	17
深州市审计局	17	2979	35	8	22	441		28	59	27
枣强县审计局	24	84016	3		28	27479		27419	52	10
武邑县审计局	22	460	19		22	26		26	52	23
武强县审计局	19	19711	4	17	19	3			46	35
饶阳县审计局	8	568	1	1	8	1		1	19	21

（续表）

审计机关	完成审计项目/个	审计查出主要问题金额	审计发现非金额计量问题/个	审计期间整改金额	出具审计报告和审计调查报告/篇	审计处理情况		审计促进整改落实有关问题资金	审计提出建议/条	提交审计信息/篇
						审计处理处罚金额	移送处理事项/件			
安平县审计局	20	43631	17	65	23	1231		1231	43	17
故城县审计局	31	15473	68		41	636	18	636	98	19
景县审计局	16	75884	17	4	20	11		11	54	9
阜城县审计局	26	1644		864	26	886		21	44	8
省直管										
辛集市审计局	40	20518	10	52	43			220	60	23
定州市审计局	27	5422	48	69	27	5	1	1	3	

山西省

【山西省审计厅】 2018 年，山西省审计厅实有 337 人。设有办公室、人事教育处、法规处、综合处、财政审计处、行政事业审计处、农业与资源环保审计处、固定资产投资审计处、金融审计处、企业审计处、社会保障审计处、外资运用审计处、党政领导干部经济责任审计处、事业单位领导人员经济责任审计处、国有企业领导人员经济责任审计处、计划管理处、督查处、内部审计监督指导处、电子数据审计处、机关党委、离退休人员工作处、发展计划审计处、经济贸易审计处、政法审计处、经济执法审计处、农林水审计处、科技文化审计处、建设交通审计处、人事劳动民政审计处、旅游外事审计处、党群审计处、资源环保审计处、教育卫生审计处、税费征管审计处 34 个职能处（室）；下设后勤服务中心、计算机技术中心、审计科学研究所、审计人力资源中心、审计业务指导中心、政府投资项目审计中心 6 个事业单位。

领导成员

厅　　长：王　亚

副 厅 长：宋世华（12 月—）　姚安政

　　　　　南春林　李建国

　　　　　张红谱（—12 月）

总审计师：王银燕

纪检组长：闫建科（—10 月）

　　　　　芮辰文（12 月—）

副巡视员：孙　翔　檀吉忠（9 月—）

副厅级领导干部：王克建（11 月—）

　　　　　　　　王士桦（11 月—）

　　　　　　　　张　铁（11 月—）

审计成果 2018 年，山西省审计厅完成审计项目 150 个。查出违纪违规金额 398.29 亿元；发现非金额计量问题 2323 个；出具审计报告和专项审计调查报告 170 篇，被批示、采用 43 篇。提出建议 421 条，被采纳 190 条。在推动政策落实、推进依法行政、促进深化改革、保障改善民生、维护经济安全、加强廉政建设等方面发挥积极作用。

国家重大政策措施落实情况跟踪审计 组织市县审计机关对各地打好三大攻坚战的政策措施、“三去一降一补”任务等重大政策措施落实情况进行跟踪审计，共审计项目 1499 个，抽查单位 1562 个，推动下达和落实、收回沉淀和统筹安排资金 10.39 亿元，推动新开（完）工或加快进度项目 49 个，促进建立健全规章制度 51 项，推动重大政策措施落地见效。

财政审计 对 20 个省级部门预算执行情况进行审计，延伸审计预算单位 256 个，涉及资金 361.11 亿元。查出乱收费、虚列支出以及“三公”经费和会议费、培训费管理不规范，政府采购、招投标制度执行不严格，国有资产监管不到位等问题。组织开展对 5 市 5 县政府债务和隐性债务抽查核实审计。

经济责任审计 创新“经济责任审计＋”模式，坚持书记、市长（县长）与财政决算、部门单位主要领导与预算执行、企业领导干部与资产负债损益、校（院）长与书记、董事长与总经理“五个同步审”，共安排审计省管领导干部 45 人。对 1 市 11 县领导干部开展自然资源资产离任审计，紧紧围绕责任落实，严肃查处重大资源毁损、重大生态破坏、重大环境污染、重大职责履行不到位等问题，促进领导干部认真落实自然资源资产管理和生态环境保护责任。

固定资产投资审计 对全省 15 条公路和 3 条铁路等政府投资项目进行审计，对太原至焦作高速铁路建设征地拆迁情况进行专项审计调查，围绕重大项目审批、征地拆迁、环境保护、工程招投标、物资采购、工程结算、资金管理等环节，着力查处工程建设领域的突出问题和腐败行为。

民生资金（项目）审计 组织市县审计机关对全省 2017 年保障性安居工程进行审计，重点审查安居工程项目 825 个，入户调查农村危房改造家庭 6510 户。揭示部分市县存在骗取、侵占、挪用安居工程资金和住房，安居工程政策和帮扶措施未落实到位等问题。组织对 25 个贫困县 2017 年度脱贫攻坚政策措施落实、扶贫资金分配管理使用及项目建设管理情况进行审计，共审计扶贫资金 117.94 亿元，抽查扶贫 222 个镇、962 个行政村和 940 个单位，推动脱贫攻坚任务完成。

农业与资源环保审计 组织开展全省 2015 年至 2017 年大气环境保护和污染防治专项审计，重点揭示存在的大气污染防治政策不到位、防治措施不得力、资金管理使用不规范等问题。

金融审计 对国信集团、晋商银行资产负债损益进行审计，揭示突出问题和潜在风险，发现一些苗头性、倾向性问题。

外资运用审计 对世界银行贷款山西煤层气综合利用项目、世界银行贷款山西长治市交通可持续发展项目等 7 项国外贷援款项目进行审计，保障外资项目的顺利实施。

企业审计 对太钢集团、山西建设投资集团、阳煤集团等 4 户国有企业资产负债损益进行审计，全面监督国有企业财务收支的真实、合法和效益。对省属七大煤企及太钢、太重集团公司资产负债情况开展审计调查，促进深化国企国资改革，优化国有资产布局。

信息化建设 与审计署就“金审工程”三期项目重点任务实施方案进行视频会商。对关键基础设施、网站、信息系统进行网络安全自查。举办两期审计管理系统应用培训班，对厅机关 60 余名干部进行审计管理系统应用培训。

审计科研 组织完成对 2017—2018 年度 38 个重点研究课题论文评审，将有关重点科研课题立项书报送中国审计学会。向中国审计学会推荐的《论大数据技术在扶贫资金审计实践中的务实运用》《国有企业内部审计中大数据应用研究》入选《第四届全国审计青年论坛论文集》。

相关工作 深入学习习近平新时代中国特色社会主义思想，全面贯彻落实党中央、国务院和审计署、省委、省政府决策部署。扛牢抓实政治责任，制定厅党组全面从严治党责任清单和厅党组贯彻落实中央八项规定精神的实施细则，以上率下，不断加强作风建设。进一步完善厅领导班子成员党风廉政建设主体责任落实情况向驻厅纪检组报告、廉政承诺等制度，为 117 名处级以上干部建立廉政档案。（撰稿人：秦 旭）

【太原市审计局】 2018 年，太原市审计局实有 123 人。负责人连金会，副局长李德明、杨玲，总审计师何茜，调研员李贵生，副调研员徐国强、马晋达。设有办公室、人事教育处、法规处、财政审计处、金融审计处、行政事业审计处、企业审计处、农业与资源环保审计处、社会保障审计处、外资运用审计处、机关党委、离退休人员管理处、经济责任审计分局、政府投资项目审计分局、开发区审计分局、园区审计分局、综合示范区分局、党群审计处、社会和经济发展审计处、政法审计处、文教科卫审计处、城建审计处、经贸审计处；下设后勤服务中心、计算机技术中心 2 个事业单位。

审计成果 2018 年，太原市县两级审计机关完成审计项目 198 个，审计及延伸审计单位 535 个。查出违法违规、损失浪费和管理不规范金额 248.5 亿元，非金额计量问题 787 个；收缴及原渠道上缴资金34.38亿元，审计期间整改金额56亿元；移送案件线索66件。提出审计建议174条。

太原市审计局实施的太原市国土资源局2016年度预算执行及其他财政财务收支情况审计项目被省审计厅评为优秀审计项目，太原市饮食服务集团有限公司原经理经济责任审计项目被省审计厅评为表彰审计项目。获得全省审计系统目标责任考核优秀单位，连续第六年被评为全市目标责任考核优秀单位和好班子，保持省级精神文明和市双拥标兵单位。

国家重大政策措施落实情况跟踪审计 组织10县（市、区）开展全市2018年重大政策措施落实情况跟踪审计，抽查300个单位249个项目，涉及资金总量216.36亿元；发现问题110个，涉及资金54.79亿元。对2017年第四季度以来跟踪审计发现问题整改情况进行持续跟踪，发现问题数的90%已整改，整改资金30多亿元。

财政审计 开展对市财政局等11个单位的预算执行审计，对市房地局等9个单位的财政财务收支审计，对古交市、清徐县等7个县（市）区2016年和2017年的财政决算审计，共延伸审计单位201个。查出违法违规、损失浪费和管理不规范金额134.7亿元，非金额计量问题144个；收缴及原渠道上缴资金27亿元。

经济责任审计 对近年来全市市管干部经济责任审计情况进行调查摸底，提出全覆盖对策建议，经市委书记批示同意，对各类市管干部经济责任分别采取有效的全覆盖措施。对市中心医院院长李新华、太原日报社原社长李树人两名领导干部进行经济责任审计。开展阳曲县委书记、县长的自然资源资产经济责任审计。

固定资产投资审计 按照上级审计机关安排，完成对吕梁环城高速公路竣工决算草案审计，查出主要问题金额5.88亿元，移送征地拆迁、招投标等事项14项，其中移送纪检监察机关7件，核减投资额1708万元。

民生资金（项目）审计 开展大同市2017年保障性安居工程审计，重点检查项目69个，入户调查1188户，查出主要问题金额63.48亿元，移送有关问题13个。开展宁武县、柳林县、汾西县2017年度扶贫专项资金审计，延伸审计单位73个，共查出违法违规、损失浪费和管理不规范金额7744万元；收缴资金1663万元；移送案件线索11件。

农业与资源环保审计 组织市县两级审计机关，对晋中市2015年至2017年大气环境保护和污染防治情况进行专项审计，涉及项目161个、财政资金15.52亿元，查出管理不规范金额4.98亿元，提交专题报告3篇。开展全市供热系统2016年至2017年建设运营管理情况审计调查，对区域内11户供热企业、54个管网建设项目进行审计调查，查出主要问题金额6.93亿元。

其他审计项目 开展对市教育系统“公参民”学校、市直卫生机构“百院兴医”建设工程、市委10部门财务情况等专项审计调查。开展山西转型综合改革示范区政策合规性、可行性及执行情况专项审计调查，揭示政策体系不够完善等问题6大类40多个。

相关工作 根据机构改革统一部署，开展审计管理体制改革有关准备工作；负责娄烦县庙湾乡走马湾村的对口脱贫，在综合检查考评中获得先进；配合有关部门开展市管干部“六查”38批次201名。推进审计创新工程，着力在审计理念和审计管理手段上创新，特别是在信息化审计和大数据运用上下功夫，投入40多万元完善内网设施；对102个市直部门及所属单位进行财务电子数据采集和数据分析；对2个单位进行信息化审计。

党建工作 深入学习贯彻落实党的十九大精神，以“不忘初心、牢记使命”教育为主线，深入开展思想教育活动和正规化建设主题年活动。始终把讲政治放在一切工作的首位，严把政治方向、严守政治纪律。弘扬集体主义和牺牲奉献精神，提出并贯彻“不批评人的领导是不合格的领导”的理念，组织开展纪律作风专项整治月、集中整训和集中整治“形式主义、官僚主义”等活动，从小处入手严明纪律、抓好养成。

（撰稿人：韩翠峰　韩文俊）

【大同市审计局】 2018年，大同市审计局实有100人。局长于雅丽，副局长李毓智、李江涛、刘向东、徐利民，总审计师孟建春，调研员张晓民（11月—）、曹锦，副调研员白铎、尉进恒。设有办公室、政策法规科、财政审计科、金融审计科、行政事业审计科、企业审计科、经济责任审计科、社会保障审计科、固定资产投资审计科、农业环保审计科、外资运用审计科、编制人事教育科、离退休人员工作科、机关党委办公室；另设政法审计科、经济执法审计科、发展经济贸易审计科、农林水审计科、科教文卫审计科、城建交通审计科、党政群审计科 7 个派出机构；下设审计复审中心、计算机技术中心 2 个事业单位。

审计成果 2018 年，大同市县两级审计机关完成审计项目 318 个。查出主要问题金额 203.89 亿元，其中违规金额 66.14 亿元、损失浪费金额 6049 万元、管理不规范金额 137.15 亿元；发现非金额计量问题 477 个；损益（收支）不实金额 76 万元；出具审计报告和专项审计调查报告 318 篇，被各级领导批示 12 篇次。审计处理处罚金额 57.48 亿元，其中应上缴财政 1.57 亿元、应减少财政拨款或补贴 1 万元、应归还原渠道资金 25.75 亿元、应缴纳其他资金 10.92 亿元、应调账处理金额 19.24 亿元；移送司法机关、纪检监察机关和有关部门处理事项 29 件，移送处理人员 54 人，移送处理金额 8406 万元。审计促进整改落实有关问题资金 49.99 亿元；审计促进拨付资金到位 5056 万元；审计后挽回（避免）损失 686 万元；移送处理落实事项 17 件。审计提出建议 379 条，被采纳 293 条；推动被审计单位制定整改措施 639 项；促进被审计单位建立、健全规章制度 14 项；提交审计信息 118 篇，被批示、采用 42 篇次。

市审计局实施的浑源县 2016 年度扶贫政策措施落实和扶贫资金分配管理使用情况审计、大同县农村信用合作联社 2015 和 2016 两个年度资产负债损益审计两个项目被省审计厅评为表彰审计项目。

国家重大政策措施落实情况跟踪审计 完成对市本级和各县（区）2018 年 4 个季度涉及 11 大类 16 个项目的重大政策措施落实情况跟踪审计，抽审单位 214 家，抽审项目 143 个，出具审计报告 35 篇。完成省审计厅对大同市 2017 年四季度重大政策措施落实情况跟踪审计整改报告的汇总整理上报等工作。

财政审计 对 2017 年市本级财政及 9 个市直一级预算单位的预算执行和其他财政收支情况进行审计，其中财政局、发展和改革委员会是每年重点审计单位，金融工作办公室和市政府发展研究中心是审计未涉及的单位，延伸审计二级预算单位 19 个。审计发现问题 23 个，涉及违规金额 15.38 亿元，盘活存量资金 56.99 万元。对左云县人民政府 2016 年、2017 年财政决算进行审计。对市中医院实施财务收支审计，查出问题金额 3844.47 万元。组织完成省审计厅对大同市 2015 年和 2016 年财政决算审计查出问题的整改情况的检查，经市领导同意后将整改情况报告上报省审计厅。

按照市委、市政府的安排，组织实施对原南郊区、原矿区行政区划调整审计，将两区的财政财务收支审计、重大政策措施落实情况跟踪审计、财政决算审计、领导干部经济责任审计、扶贫审计等项目结合起来，统筹安排，综合协调，进行全面审计，出具审计报告 10 篇。

经济责任审计 结合预算执行审计、企业资产负债损益审计等项目完成 54 名市管领导干部经济责任审计，开展左云县原县委书记胡勇、原县长苏智自然资源资产离任审计。

固定资产投资审计 按照省审计厅安排，完成朔州环线西南段高速公路建设项目竣工财务决算草案审计，发现问题 31 个，涉及金额 23.15 亿元。按照市委、市政府要求，完成大同市南瓮城广场及地下空间建设项目跟踪审计，市北都街道路及管廊工程的跟踪审计，城市智慧照明工程、大同市光荣院（一期）、大同市车管所等建设项目的竣工决算审计。

民生资金（项目）审计 按照省审计厅的统一安排，完成对朔州市山阴县、平鲁区 2017 年度扶贫交叉审计，审计覆盖 95％的开工项目、99％的到位资金。完成对大同市国定贫困县扶贫审计的全覆盖和对非贫困县扶贫审计的全覆盖。市县两级审计机关抽调 90 多人组成审计组，完成对晋中市 2017 年城镇保障性安居工程跟踪审计。根据市政府安排，开展同煤集团医疗保险、生育保险移交大同市社会统筹审计工作，重点对大同煤矿集团有限责任公司医疗保险、生育保险基金收缴、使用、结余情况进行审计，审计后医疗保险基金累计结余增加22.8亿元。完成对全市城市供热行业2016年和2017年建设运营管理情况审计调查。对省审计厅在对大同市的审计项目中提出的政府回购存量商品房存在的问题进行专项审计，厘清政府回购存量商品房情况。

农业与资源环保审计 按照省审计厅统一安排，完成对长治市2015年至2017年大气环境保护和污染防治情况的交叉审计，发现该市大气污染防治存在大量专项资金闲置滞留、淘汰落后产能措施执行不到位等问题。

金融审计 在金融工作办公室、人民银行等部门的配合和帮助下，对大同全市金融机构及类金融机构进行摸底审计调查；对大同银行股份有限公司2016、2017年度资产负债损益情况进行审计；按照省审计厅安排，对2017年大同银行所属的1个营业部、2个支行262笔、1310万元扶贫贷款进行摸底。

企业审计 对大同市热力有限责任公司、市供水排水集团有限责任公司和市保安服务总公司开展2016、2017年度资产负债损益情况审计，查出问题金额41.76亿元，审计促进整改落实有关问题资金1.36亿元。

信息化建设 完成“金审工程”系统建设和审计管理信息系统等级保护及测评，全市审计部门高清会商系统年内全部开通；成立网络安全和信息化领导小组，制定完善审计业务电子数据管理等制度。在保障性安居工程跟踪审计、大气环境保护和污染防治专项审计、朔州环线西南段高速公路建设竣工决算草案审计、扶贫审计、金融审计等项目中运用计算机进行数据审计，提高审计效率。

党建工作 党的政治路线和思想路线，牢固树立“四个意识”，坚定“四个自信”，做到“四个服从”，践行“两个维护”。发挥党组把关定向作用，切实扛起意识形态工作主体责任，将意识形态工作列入重要日程；以集中学习、专题党课、交流研讨等形式，重点学习党章、宪法、习总书记视察山西重要讲话等，引导广大党员干部深入领会精神实质，维护党规党法；充分发挥党内民主，增强党组织活力，加强党员管理，坚持“三会一课”制度；从制度建设入手，规范权力运行，严抓班子，严带队伍；进一步健全完善党组主体责任是核心、班子成员“一岗双责”是基础、机关纪委监督责任是保证、支部书记和科室负责人是关键的党风廉政建设责任体系；加强廉洁教育，落实中央八项规定精神，严肃执行审计“八不准”工作纪律，加强“三公”经费管理；以“不作为、慢作为、乱作为”集中整治、纪律作风专项整治和集中整治形式主义、官僚主义为抓手，进一步纠正“四风”。

相关工作 按照程序对13名科级干部进行调整和充实，配齐配强科级干部。通过轮岗交流，加强对年轻科级干部的培养锻炼。通过专题讲座、以审代训、以老带新、以考促学等多种途径，组织并参与各类培训99期，参训3170人次，6人通过高级审计师笔试和考评。组织领导干部、职务调整的科级干部、新招录人员进行宪法宣誓。开展精准帮扶贫，在云州区的3个村派驻第一书记，为帮扶村村民送去价值6万多元的化肥，市审计局干部职工与帮扶村村民一对一结对帮扶，每月不定期进村入户。开展宪法学习活动，送法下乡，普及宪法知识。2018年，大同市审计局被省人社厅、省政府法制办联合授予“山西省依法行政先进集体”。

内部审计 对全市内部审计机构设置和内部审计工作开展情况进行调查摸底，至年底，大同市有13个单位设有专职内部审计机构，12个单位设有兼职内部审计机构或成立内部审计领导组；有专职内部审计人员109人，兼职50人。

（撰稿人：陶雁飞）

【阳泉市审计局】 2018年，阳泉市审计局实有44人。党组书记、局长巨建军，党组成员、副局长郭海天、彭乃良、陈锋，党组成员、总审计师李军，调研员张东明、李燕飞。设有办公室（党组办公室）、人事教育科、法制科、计划管理科、财政审计科、行政事业审计科、农业与资源环保审计科、固定资产投资审计科、金融审计科、企业审计科、社会保障审计科、外资运用审计科、经济责任审计科、政策研究室（内审指导科）；下设机关后勤服务中心、审计信息中心、固定资产投资审计中心等3个事业单位。

审计成果 2018年，阳泉市县两级审计机关完成审计项目288个，其中专项审计调查项目1

个。查出主要问题金额 144.3 亿元，其中违规金额 4.72 亿元、损失浪费金额 1579.05 万元、管理不规范金额 139.43 亿元；审计发现非金额计量问题 641 个；损益（收支）不实金额 6.57 亿元；出具审计报告和专项审计调查报告 288 篇，被批示、采用 8 篇次。审计处理处罚金额 24.27 亿元，其中应上缴财政 14.78 亿元、应减少财政拨款或补贴 324.85 万元、应归还原渠道资金 1.37 亿元、应缴纳其他资金 5553.26 万元、应调账处理金额 7.53 亿元；移送司法机关、纪检监察机关和有关部门处理事项 27 件，移送处理人员 2 人，移送处理金额 5.77 亿元。审计促进整改落实有关问题资金 2.79 亿元；审计促进拨付资金到位 35.77 亿元；核减投资额 9827.55 万元；移送处理落实事项 1 件。审计提出建议 376 条，被采纳 128 条；推动被审计单位制定整改措施 1 项，促进被审计单位建立、健全规章制度 17 项；提交审计信息 13 篇，被批示、采用 6 篇次。

国家重大政策措施落实情况跟踪审计 组织市、县两级审计机关对防范化解地方政府债务风险、精准扶贫、转型项目建设推进、稳就业、清理规范涉企收费、清理拖欠民营企业中小企业账款、户籍制度改革等 17 个方面政策措施落实情况进行跟踪审计，累计投入审计人员 255 名，抽查 240 个单位，抽查 157 个项目，共发现审计问题 20 个。

财政审计 开展市财政本级和 6 个市直部门的预算执行审计，盂县 2016 年、2017 年财政决算审计，阳煤集团医保移交工作审计和阳泉经济技术开发区社会管理职能剥离资产移交审计，延伸审计 380 个单位，查出问题金额 124.38 亿元，出具审计报告 64 篇。

经济责任审计 对 12 名领导干部开展经济责任审计，查出主要问题金额 16.26 亿元，提交审计报告和审计结果 11 篇。实施平定县委书记申济、县长韩加政自然资源资产任中审计，发现 4 方面 11 类问题。对阳泉市商业银行董事长李首明任期内执行国家宏观经济政策情况、经营业绩、重大经营管理决策行为和事项以及改革发展情况等方面进行审计。

固定资产投资审计 组织实施 2 项竣工决算审计、8 项长期跟踪审计和 15 项工程结算审计。利用自行研发的政府投资审计监督平台，横向打通各职能部门和建设责任单位的数据共享通道，对全市 2015—2017 年度固定资产投资建设项目推进情况进行审计调查。

民生资金（项目）审计 开展全市保障性安居工程跟踪审计中，查出 8 类 49 个问题，管理不规范金额 6.14 亿元。开展昔阳和盂县脱贫攻坚、市旅发委 2017 年专项资金以及城乡居民大病保险基金运行审计。

农业与资源环保审计 按照省审计厅统一安排，在晋城首次开展大气环境保护和污染防治专项审计，审计时直接从其监控中心的后台数据库中提取全部 66GB 的在线监控数据 1 亿多条，从中筛查、提取、分析出近 2.4 万条的超标数据。

企业审计 对全市城市供热系统 2016 年和 2017 年建设运营管理情况，市烟花爆竹专营有限公司资产、负债和所有者权益实施审计，查出主要问题金额 1.17 亿元。

信息化建设 阳泉市审计局大数据应用管理平台建设项目通过财政信息化建设项目评审，进入采购流程。政府投资项目审计监督平台在审计中发挥积极的作用，在审计署投资审计研讨班上，进行经验交流。在昔阳县扶贫资金审计中，审计组采集 30 类 29 万条数据，涵盖 60 个项目 172 家单位，受众 10641 人，涉及资金量 2.5 亿元，通过对数据进行深度挖掘和分析，查出各类问题 20 个，移送案件线索 4 件。

相关工作 坚持党对审计工作的统一领导，树立“审计机关不仅是国家机关，更是政治机关”的意识，在外出审计组建立临时党支部（党小组），确保审计队伍到哪里，党的活动就开展到哪里。强化警示教育，抓日常规范，开展纪律作风专项整治月活动，落实中央八项规定精神、审计“八不准”工作纪律和审计“四严禁”工作要求。

内部审计 大同市 32 个政府部门单位设立内部审计机构，有内部审计人员 75 人，完成财务收支审计项目 46 个、效益审计项目 10 个、经济责任审计项目 6 个、内部控制评审和信息系统审计项目各 1 个，审计总金额 3.15 亿元。

（撰稿人：石守柱）

【长治市审计局】 2018 年，长治市审计局实有106人。局长贾文革，副局长张国庆、江宏凌（—11月）、车建科，总审计师李秋生，调研员马宏斌、侯成（—9月）、赵治兴（—6月）、吕双河，副调研员宋宏斌、段建斌。设有财政审计科、金融审计科、行政事业审计科、固定资产投资审计科、经济责任审计科、企业审计科、农业与资源环保审计科、外资运用审计科、社会保障审计科、办公室、计划管理科、人事教育科、老干部管理科、法制科、督查科、机关党总支；下设经济责任审计分局、固定资产投资审计中心、计算机信息管理中心、机关后勤服务中心、内审业务指导中心。

审计成果 2018年，长治市审计局完成审计项目67个。查出主要问题金额142.24亿元，其中违规金额11.34亿元、管理不规范金额130.9亿元；审计发现非金额计量问题341个；损益（收支）不实金额1989万元；出具审计报告和专项审计调查报告67篇。审计处理处罚金额2732万元，其中应上缴财政45万元、应归还原渠道资金594万元、应调账处理金额2092万元；移送司法机关、纪检监察机关和有关部门处理事项94件，移送处理金额43119万元。审计促进整改落实有关问题资金67436万元；审计促进拨付资金到位3251万元。审计提出建议199条，被采纳155条。

长治市审计局实施的长治市公共交通总公司2013年至2017年5月底资产负债损益情况审计项目被省审计厅评为表彰审计项目。

国家重大政策措施落实情况跟踪审计 围绕防范化解重大风险、精准脱贫、污染防治和“放管服效”改革、减税政策落实和清理拖欠民营企业中小企业账款等方面政策措施的落实情况，分季度实施国家重大政策措施情况跟踪审计，并对襄垣等5个县（区）进行直接审计。

财政审计 完成市本级及16个部门（单位）2017年度预算执行情况审计、壶关等3个县人民政府财政决算审计和长子县人大常委会财政收支审计。

经济责任审计 将监督关口前移，加大对重点部门、重点岗位、重点环节的审计力度，逐步提升任中经济责任审计比例，突出提醒、教育、规范和促进作用，组织对30名党政领导干部进行经济责任履行情况审计、对1名县级主要领导实施自然资源资产离任审计。

固定资产投资审计 探索投资审计转型发展，稳步推进“三个转变”，按照“突出重点、量力而行、确保质量”的要求，组织实施长治市精神卫生中心住院楼竣工决算审计、长治市体育局第二届青年运动会场地改造项目跟踪审计等4个审计项目，促进政府投资提质增效。

民生资金（项目）审计 完成扶贫审计、城镇保障性安居工程跟踪审计，组织壶关等8个县级审计机关，对襄垣等6个插花贫困县2016—2017年度以及平顺县、沁县2个贫困县2017年度扶贫情况开展交叉审计，实现对全市2016—2017年度扶贫审计全覆盖，扶贫审计综合报告得到市委、市政府主要领导批示。

企业审计 组织实施全市供热行业2016年和2017年建设运营管理情况审计调查。通过审计调查，摸清各级政府投入供热行业的资金规模及使用绩效、全市集中供热普及情况及供热企业经营状况等，为加快清洁供热步伐、保障和改善民生发挥促进作用。

专项资金审计 根据省审计厅统一部署，按照“资金审计要扎实、地域特色要突出、审计重点要精准”的基本思路，综合运用实地调查、数据分析和综合分析研判等审计方法，完成对太原市2015年至2017年大气环境保护和污染防治的专项审计。（撰稿人：崔一博）

【晋城市审计局】 2018年，晋城市审计局实有67人。局长李天胜，副局长王建芳（—8月）、曹和生、郭义光，总审计师张向阳，纪检组长王玉亭，调研员王瑞祥、王建芳（8月—），副调研员鲁正义。设有办公室、人事教育科、法规审理科、督查科、财政预决算审计科、金融外资审计科、国有资产及企业审计科、民生及社会保障审计科、固定资产审计管理科、行政事业审计科、农林水审计科、经济责任审计科、资源环境审计科、内部审计管理科、重点项目审计科、计划数据信息科；下设审计稽查一所、二所、三所、四所、五所，晋城经济开发区审计稽查所，审计信息中心等事业单位。

审计成果 2018年，晋城市审计局完成审计项目 77 个。查出违规金额 10.7 亿元、管理不规范金额 71.83 亿元；审计处理处罚金额 22.98 亿元，其中应上缴财政 12.27 亿元；审计发现非金额计量问题 248 个；审计促进整改落实有关问题金额 1.72 亿元；审计核减投资额 0.37 亿元。向有关部门移送处理违规违纪线索 6 件。提出审计建议 95 条。

国家重大政策措施落实情况跟踪审计 按照审计署统一部署，开展每季度一次的重大政策落实情况跟踪审计。重点审计防范化解重大风险、推进“放管服”改革等 11 个方面政策措施的落实情况，针对以前跟踪审计反映问题的整改情况进行督查。

财政审计 对市本级 18 个部门和单位 2017 年度预算执行及其他财政财务收支情况进行审计，对所属 3 个县（区）和晋城经济技术开发区管委会 2016 年和 2017 年财政决算进行审计。

经济责任审计 实施经济责任审计项目 28 个，促进领导干部依法履职尽责。全年开展领导干部自然资源资产审计项目 9 个。

固定资产投资审计 完成太原科技大学晋城校区学生宿舍楼、南村门站及燃气配套工程等审计项目 8 个。

民生资金（项目）审计 根据省审计厅统一安排，对晋中市和顺县、临汾市安泽县和晋城市泽州县、高平市、阳城县等 5 个县（市）2017 年脱贫攻坚政策贯彻落实、扶贫资金分配管理使用、扶贫项目建设管理使用等情况进行审计。根据省审计厅统一部署，对晋城市全市 2017 年保障性安居工程的计划、投资、建设、分配、运营及配套基础设施建设情况进行审计。

农业与资源环保审计 根据省审计厅统一安排，完成对朔州市 2015 年至 2017 年大气环境保护和污染防治专项审计。

企业审计 按照晋城市委、市政府的要求，对山西兰花煤炭实业集团有限公司国有资本投入收益及企业经营效益开展审计调查。

（撰稿人：赵　斌）

【朔州市审计局】 2018 年，朔州市审计局实有 71 人。局长刘彪，副局长谷如发、雷占虎，总审计师韩杰，副处级调研员高志勇、谭国栋。设有办公室、财政审计科、金融审计科、经贸审计科、行政事业审计科、农业外资审计科、法规科、社会保障审计科、资源环保审计科、固定资产审计科、督查科、经济责任审计科；下设审计信息中心、建设项目审计监督中心、审计听证中心。

审计成果 2018 年，朔州市审计局完成审计项目 97 个。查出主要问题金额 285.2 亿元，其中违规金额 128.27 亿元、损失浪费金额 0.03 亿元、管理不规范金额 156.9 亿元；审计处理处罚金额 9.91 亿元，其中应上缴财政 1080 万元、应减少财政拨款或补贴 4192 万元、应归还原渠道资金 9.38 亿元；审计发现非金额计量问题 28 个；审计促进整改落实有关问题金额 9.12 亿元，其中增收节支 2381 万元；审计促进拨付资金到位 1877 万元；审计后挽回（避免）损失 8381 万元。移送司法机关、纪检监察机关和有关部门处理事项 27 件，涉及 24 人。出具审计报告和专项审计调查报告 106 篇，被批示、采用 18 篇；提交审计信息 96 篇，被批示、采用 10 篇。提出审计建议 222 条，被采纳 61 条；推动完善规章制度 12 项。

国家重大政策措施落实情况跟踪审计 对稳增长、促改革、调结构、惠民生政策措施贯彻落实情况进行跟踪审计，查出 5 方面 36 个问题，促进问题整改 22 项。

财政审计 从监督检查预决算管理法律法规和财经纪律执行情况入手，关注财政支出绩效和积极财政政策的实施效果，促进整合专项、盘活存量、用好增量、优化结构、深化改革、提高绩效。全年共盘活资金 0.45 亿元。

经济责任审计 完成经济责任审计项目 24 个，查出领导干部负有直接责任的问题金额 1238 万元、负有领导责任的问题金额 1.34 亿元，揭示制度体制性问题 8 项。

固定资产投资审计 完成政府投资 14 个项目的审计，送审金额 13.7 亿元，核减工程价款 8381 万元。

民生资金（项目）审计 持续开展全国城镇保障性安居工程跟踪审计，严肃查处虚报冒领、骗取套取、截留侵占资金等行为。审计移送相关部门处理 5 人。

相关工作 对全市产业结构开展审计调查。

开展领导干部自然资源资产离任审计评价指标体系的构建和创新的研究。开展审计职业化培训，选派人员参加审计署和审计厅的培训；市县审计机关共 11 人通过中级审计资格考试，2 人通过高级审计资格考试。

内部审计 组织召开全市内部审计工作会议，交流内部审计工作情况，研究内部审计进一步发展的措施。（撰稿人：伊建业）

【晋中市审计局】 2018 年，晋中市审计局实有 64 人。党组书记、局长李保安，党组成员、副局长张海涛、石红红、常青。设有办公室、法制科、人事教育科、信息管理科、财政审计科、金融外资审计科、行政事业审计科、社会保障审计科、经贸审计科、农业审计科、固定资产投资审计科、经济责任审计科、计划督查科；下设后勤服务中心、经济责任审计中心、投资审计中心、金审中心 4 个事业单位。

审计成果 2018 年，晋中市县两级审计机关完成审计项目 466 个，其中专项审计调查项目 9 个。查出主要问题金额 922.19 亿元；发现非金额计量问题 1476 个；损益（收支）不实金额 40.41 亿元；出具审计报告和专项审计调查报告 618 篇，被批示、采用 31 篇次。审计处理处罚金额 109.36 亿元，移送司法机关、纪检监察机关和有关部门处理事项 67 件，移送处理人员 4 人，移送处理金额 1.82 亿元。审计促进整改落实有关问题资金 16.41 亿元；审计促进拨付资金到位 7729.31 万元；审计后挽回（避免）损失 229.91 万元；核减投资额 9086.78 万元。审计提出建议 1540 条，被采纳 731 条；推动被审计单位制定整改措施 42 项，促进被审计单位建立、健全规章制度 5 项；提交审计信息 163 篇，被批示、采用 12 篇次。

晋中广播电视台原台长易仲林任职期间经济责任审计项目被省审计厅评为表彰审计项目。

国家重大政策措施落实情况跟踪审计 以推进深化供给侧结构性改革为主线，以资金、项目、政策和重大改革任务推进情况为抓手，开展重大政策措施落实情况跟踪审计。

财政审计 开展市财政局等 17 个市直部门（单位）2017 年度预算执行情况审计和太谷等 6 个县（市）2016—2017 年度财政决算审计。完成对左权县 2015 年、2016 年财政决算审计项目的复审。

经济责任审计 完成寿阳县委书记郝鹏鸿、县长史洁自然资源资产审计，以及包括寿阳县县长史洁在内的 22 名党政领导干部经济责任审计。

固定资产投资审计 完成省审计厅统一安排的吉县至河津高速公路竣工决算草案审计，开展晋中市区公共安全视频监控系统项目（一期）竣工决算审计。

民生资金（项目）审计 完成省审计厅统一安排的中阳、壶关、沁源 3 个县扶贫审计和吕梁市 2017 年保障性安居工程跟踪审计；开展太谷、祁县、平遥、灵石、寿阳、榆社 6 个县扶贫审计；开展汾西矿务局医保审计、全市公立医院医改政策执行及财务收支审计。

农业与资源环保审计 完成省审计厅统一安排的运城市 2015 年至 2017 年大气环境保护和污染防治专项审计。

金融审计 开展晋中银行及所属各分支机构 2016 年、2017 年资产负债损益情况审计。

企业审计 开展全市城市供热行业 2016 年、2017 年建设运营管理情况审计调查，市公用基础设施投资控股（集团）有限公司 2016—2017 年度资产负债损益情况审计，市属国有及国有控股企业资产负债损益及法人治理结构审计调查。

信息化建设 基本实现对市直单位（部门）、市属企业和金融机构等的电子数据采集报送全覆盖，完成数据分析平台数据还原转换软件升级、配置更新工作，建立计算机审计人才库。

相关工作 开展“党建引领、集成提升”行动，推动审计机关统一思想、建强队伍。以《审情摘要》形式，向市委、市政府反映审计发现的事关全局、体制机制制度层面的重大问题并提出建议。推动市政府出台《关于进一步加强审计发现问题整改工作的意见》，健全责任落实、报告评议、督查问责和结果运用机制。

内部审计 推动市政府出台《关于进一步加强内部审计工作的实施意见》，对市县两级内部审计机构设立和制度建设情况开展摸底调查。

（撰稿人：闫　蕙）

【运城市审计局】 2018 年，运城市审计局实有 107 人。局长任永吉（—11 月）、王继宏（11 月—），副局长马丽娟、张卫宏，总审计师任兴龙，调研员董焕朝、牛永贵，副调研员姚向国、王志刚。设有办公室、综合计划科、人事教育科、法制科、财政审计科等；下设固定资产投资审计中心、自然资产资源审计中心、经济责任审计中心等事业单位。

审计成果 2018 年，运城市县两级审计机关完成审计项目 702 个，查出问题金额 172.93 亿元，移送案件 105 起 357 人。其中市审计局完成审计项目 84 个，查出问题金额 126.61 亿元，移送案件 45 起 305 人。

国家重大政策措施落实情况跟踪审计 市审计局对 22 个部门及所属单位进行政策落实跟踪审计，发现财政资金盘活进度慢等 64 个问题，促进出台《运城市环境空气质量达标规划》。

财政审计 市审计局对 18 个单位进行预算执行审计，查出问题 168 个，问题金额 41.75 亿元，提出整改意见和建议 54 条，审计期间收回转贷资金 2596 万元，上缴或收回财政资金 8.42 亿元，促进财政资金加快使用 1.95 亿元，推动制定和完善相关制度 9 项。

经济责任审计 市审计局完成 18 名党政主要领导干部的经济责任审计，查出问题 155 个，问题金额 9.6 亿元，审计期间整改金额 3384 万元，提出整改意见和建议 54 条。研究制定《自然资源资产审计操作指南》，对夏县、盐湖等 6 个县开展自然资源资产审计，上报《审计要目》2 个。

固定资产投资审计 市审计局对市民服务中心、姚暹渠综合治理、中心城区热电联产集中供热二期等投资项目进行审计，提出审计建议 50 余条，核减投资额 1.54 亿元。

民生资金（项目）审计 开展保障性住房跟踪审计，督促整改涉及 54 个棚改项目。开展社保审计，查出 284 人违规享受待遇，移送案件线索 19 件。开展扶贫审计，抽查资金 14.1 亿元，发现问题金额 5.3 亿元，移交问题线索 11 件，督促医疗单位归还不规范资金 1159 万元。在临汾市大气污染防治审计中查出各类违规金额 7.19 亿元，向纪检部门移送审计案件线索 3 件。

相关工作 以党建为龙头，以创新为动力，以“三大攻坚战”为重点，以“立身、立业、立信”要求为基本遵循，加强审计队伍建设，强化审计质量管理，通过“明确整改时限、及时书面反馈；定期跟踪督促，深入关注成效；完善报告机制，及时汇报进展；强化整改措施，堵塞侥幸拖延；明确责任主体，公开整改结果”五项举措推动审计整改工作。 （撰稿人：石之坚）

【忻州市审计局】 2018 年，忻州市审计局实有 57 人。局长韩计才，副局长顾连宽、李月文、陈建忠，总审计师韩建柱，调研员李进明，副调研员陈诚（—7 月）。设有办公室、人事教育科、财政审计科等 13 个内设机构，4 个派驻机构，3 个下属事业单位。

审计成果 2018 年，忻州市县两级审计机关完成审计项目 653 个。查出主要问题金额 148.64 亿元；审计处理处罚金额 21.83 亿元；审计发现非金额计量问题 495 个；审计促进整改落实有关问题资金 7.8 亿元；核减投资额 41.64 亿元；移送司法机关、纪检监察机关和有关部门处理事项 63 件，移送处理人员 93 人；出具审计报告和专项审计调查报告 653 篇，被批示、采用 87 篇；提出审计建议 1050 条，被采纳 663 条；提交审计信息 595 篇，被批示、采用 113 篇。

五寨县政府 2016 年、2017 年扶贫专项审计项目被审计署评为表彰扶贫审计项目；河曲县政府 2014 年度和 2015 年度财政决算审计、五寨县 2016 年扶贫专项审计被省审计厅评为优秀审计项目。

国家重大政策措施落实情况跟踪审计 对市本级及 14 个县（市、区）贯彻落实三大攻坚战、“三去一降一补”等重大政策措施情况进行跟踪审计，共抽查 115 个部门单位、23 个项目，涉及财政资金 86.64 亿元。通过发现问题、找准对策、跟踪整改，促进重大政策措施的贯彻落实和经济社会发展持续向好。

财政审计 组织完成 8 个部门和单位的预算执行情况审计和 5 个县（市）财政决算审计，重点抽查原平市隐形债务情况，揭示预算收入、支出、管理、执行各个方面存在的突出问题。各有关单位按照审计处理意见进行认真整改。

经济责任审计 组织完成 10 名市直部门和单

位的领导干部经济责任审计项目，以及神池县委书记曹爱民、县长孟宏斌，市环保局局长徐国平，芦芽山风景区管理中心主任梁海宏等4名领导干部自然资源资产任期审计项目。以市委办公厅、市政府办公厅文件印发《忻州市领导干部自然资源资产离任审计操作指南（试行）》。

固定资产投资审计 对忻州城区2018年道路新建改造工程、“五馆一院”续建工程等建设项目开展跟踪审计。核减征地补偿款及工程造价1.01亿元，撰写跟踪审计简报34篇。市政府办公厅印发《忻州市政府投资建设项目审计建设单位承诺书》《忻州市培育和规范社会中介机构提供审计（咨询）服务实施方案》。

民生资金（项目）审计 按照省审计厅的统一安排，组织完成太原市保障性安居工程跟踪审计；完成浑源县、右玉县2017年扶贫审计项目；组织完成忻府区、定襄县、原平市、五台山风景名胜区管委会2017年度扶贫审计。

企业审计 对忻州全市城市供热行业2016年至2017年建设运营管理情况审计调查，查出企业违规收费、偷逃税金等问题，促进供热行业的规范管理。

（撰稿人：康　晓）

【临汾市审计局】 2018年，临汾市审计局实有72人。党组书记、局长陈焕成，党组成员、副局长毛志中、焦宗宁、张临萍，党组成员、总审计师孙成选，副调研员卫传茂（10月—）、宋建荣（11月—）。设有办公室、人事教育科、法制科、综合科、财政审计科、经济责任审计科、金融审计科、农业环保审计科、社会保障审计科、固定资产投资审计科、外资运用审计科、行政事业审计科、工商企业审计科；下设经济责任和固定资产投资审计中心、审计信息中心、审计职教中心。

审计成果 2018年，临汾市审计局完成审计项目61个。查出主要问题金额51.46亿元，其中违规金额28.72亿元、管理不规范金额22.74亿元；审计发现非金额计量问题255个；出具审计报告和专项审计调查报告61篇。审计处理处罚金额14.34亿元，其中应上缴财政4.22亿元、应减少财政拨款或补贴569万元、应归还原渠道资金515万元、应缴其他资金1.83亿元、应调账处理金额8.18亿元；移送司法机关、纪检监察机关和有关部门处理事项126件，移送处理人员175人。审计促进整改落实有关问题资金2775万元；核减投资额1.09亿元；移送处理落实事项113件。审计提出建议151条，被采纳151条；促进被审计单位建立、健全规章制度42项；提交审计信息80篇，被批示、采用7篇。向社会公告审计结果4篇。

临汾市审计局在省审计厅2018年度目标责任考核中被评为先进单位。

国家重大政策措施落实情况跟踪审计 全年完成4个季度的工作任务；牵头完成6次上级审计机关稳增长等政策审计查出问题的督促整改，追回财政资金1.9亿元，督促拨付资金4311.9万元。

财政审计 对21个部门进行预算执行审计，延伸审计单位16个，查出管理不规范和违规金额10.27亿元。开展浮山县、乡宁县2016年、2017年财政决算审计，查出问题57个。

经济责任审计 完成10名市管领导干部的经济责任审计任务，其中市直部门负责人6人，县长2人，县市公安局局长2人。对乡宁县、浮山县主要领导开展自然资源资产审计。

固定资产投资审计 完成市党纪教育基地工程、市区街巷道路改造工程等14个项目，查出26个问题，核减工程投资1.09亿元，有效规范工程建设项目管理，节约公共财政建设资金。

民生资金（项目）审计 完成5个国家贫困县、7个平川插花县扶贫资金审计。根据审计署和审计厅安排，完成2017年保障性安居工程跟踪审计，发现问题34个，促进住房保障政策措施的落实。根据省审计厅的统一安排，完成对运城市闻喜县、夏县的扶贫交叉审计，查出问题27类，督促资金加快拨付1.82亿元，推进项目加快建设21个；对忻州市开展大气污染防治交叉审计，查出9方面34个问题。

企业审计 根据市政府的要求，完成市城投公司、供热公司资产负债损益情况审计，摸清家底，厘清债权债务，向市政府提出完善法人治理结构、妥善化解债务风险的审计建议，服务全市工作大局。

相关工作 组织开展“三会一课”、组织生活会、民主评议等活动，强化干部职工思想政治建设；外出审计组全部建立临时党支部，发挥党组织在审计中的战斗堡垒作用；开展廉政约谈，集体约谈全局科级以上干部 3 次，审前约谈 50 余次，抓早抓小，推进全面从严治党的落实。

（撰稿人：郭迎建　姜海伦）

【吕梁市审计局】　2018 年，吕梁市审计局实有 50 人。局长赵学安，副局长贾桥（—11 月）、高博、赵晓岗，总审计师高树泽，调研员王建平。设有办公室、人事教育科、法制科、督查科、财政审计科、金融经贸审计科、经济责任审计科、固定资产投资审计科、社会保障审计科、行政事业审计科、农业与资源环保审计科、外资运用审计科；下设审计复核审理中心、网络管理中心、经济责任审计中心、档案管理中心。

审计成果　2018 年，吕梁市县两级审计机关完成审计项目 870 个。查出主要问题金额 288.08 亿元，其中违规金额 49.41 亿元、管理不规范金额 238.67 亿元；审计发现非金额计量问题 4147 个；出具审计报告和专项审计调查报告 870 篇，被批示、采用 5 篇次。审计处理处罚金额 72.14 亿元，其中应上缴财政 3.31 亿元、应减少财政拨款或补贴 93 万元、应归还原渠道资金 3.37 亿元、应缴纳其他资金 44.01 亿元、应调账处理金额 21.43 亿元；移送司法机关、纪检监察机关和有关部门处理事项 51 件，移送处理人员 26 人，移送处理金额 9879 万元。审计促进整改落实有关问题资金 8.07 亿元；审计促进拨付资金到位 1.11 亿元；审计后挽回（避免）损失 62 万元；核减投资额 1.59 亿元；移送处理落实事项 14 件。审计提出建议 1103 条，被采纳 227 条；推动被审计单位制定整改措施 82 项，促进被审计单位建立、健全规章制度 1 项；提交审计信息 82 篇，被批示、采用 19 篇次。向社会公告审计结果 1 篇。

国家重大政策措施落实情况跟踪审计　累计抽查单位 575 个，查出问题 252 个；整改资金 13.29 亿元，其中促进资金拨付到位 4.04 亿元、盘活存量资金 3.6 亿元、资金配套到位 1.35 亿元、促进收回资金 7150.92 万元、调整账务处理 118.65 万元、其他形式整改资金 3.57 亿元；落实简政放权、生态环境和节能环保、精准扶贫、项目建设、民生保障等方面政策 53 项。

财政审计　对 160 个预算执行单位 2017 年度预算执行情况进行审计，对 8 个事业单位财务收支情况进行审计，对 2 个县级人民政府财政决算进行审计，查出主要问题金额 278.57 亿元。

经济责任审计　共对 120 名领导干部进行经济责任审计，包括县处级干部 26 人、乡科级干部 94 人。查出主要问题金额 17.35 亿元，其中违规金额 9.52 亿元，应负直接责任金额 159 万元、应负主管责任金额 150 万元、应负领导责任金额 9.49 亿元。

固定资产投资审计　完成政府投资建设项目审计 556 个，送审金额 9.64 亿元，核减工程建设资金 1.59 亿元，核减率 16.49%。

民生资金（项目）审计　对扶贫资金、保障性安居工程、供热系统建设运营管理情况等开展审计和专项审计调查。

金融审计　完成地方金融机构扶贫小额信贷台账数据采集。

专项资金审计　完成专项资金审计项目 29 个，审计专项资金总额 26.21 亿元。

农业与资源环保审计　开展大气环境保护和污染防治审计工作。

相关工作　深入推进“两学一做”学习教育常态化制度化，严格执行廉政纪律和审计“八不准”工作纪律，开展“纪律作风专项整治月活动”、全市审计系统找差距查问题活动，组织开展西柏坡红色教育活动，常态化开展警示教育，进一步筑牢反贪拒腐的思想防线。

（撰稿人：汪甘霖）

2018年山西省所辖区、县(市)级审计工作统计表

金额单位:万元

审计机关	完成审计项目/个	审计查出主要问题金额	审计发现非金额计量问题/个	审计期间整改金额	出具审计报告和审计调查报告/篇	审计处理情况		审计促进整改落实有关问题资金	审计提出建议/条	提交审计信息/篇
						审计处理处罚金额	移送处理事项/件			
太原市										
太原市本级	44	2485000	787	561323	44	343800	66	330833	174	74
小店区审计局	11	36132	4		11			11600	26	17
迎泽区审计局	17	348622	17	14	19	16		348607	46	58
杏花岭区审计局	20	298300	70	2	22		8	298300	60	15
尖草坪区审计局	3	3309		1735	3	2946	1	1735	6	2
万柏林区审计局	27	141155	27		27	1729	8	1729	49	129
晋源区审计局	15	3532	36	765	15	3532	2	2767	39	35
古交市审计局	15	66351	20		18	5		2	38	21
清徐县审计局	27	57815	28	818	27	21054	1	20491	60	36
阳曲县审计局	10	7474	12		10	218		4	17	
娄烦县审计局	9	34530	9	8467	9			14088	11	5
大同市										
大同市本级	112	1960000	444	88	112	558143	29	493823	321	69
新荣区审计局	8	106		92	8	92				6
平城区审计局	16	7824	14	3927	16	9		9	36	9
云冈区审计局	4	6438			4				1	
云州区审计局	9	10056		3082	9	3082		3082		5
阳高县审计局	12	2469			12	2469		9		1
天镇县审计局	10	18935	4		10	554			7	1
广灵县审计局	23	2937	1	404	23	2937		2926		11
灵丘县审计局	94	7391		1086	94	1602				4
浑源县审计局	11	21975	12	13	11	5887		16		
左云县审计局	19	807	2	5	19			23	14	12
阳泉市										
阳泉市本级	66	1277989	487	137294	67	163676	25	26346	95	11
城区审计局	197	4348	31	247	197	247		247	17	11
矿区审计局	16	6138	55		19	14		21	59	25
郊区审计局	24	45862	12		24	6731		1576	25	
平定县审计局	84	18242	99		65		6			4
盂县审计局	74	93766	27		74	76742		71027	204	

（续表）

审计机关	完成审计项目/个	审计查出主要问题金额	审计发现非金额计量问题/个	审计期间整改金额	出具审计报告和审计调查报告/篇	审计处理情况		审计促进整改落实有关问题资金	审计提出建议/条	提交审计信息/篇
						审计处理处罚金额	移送处理事项/件			
长治市										
长治市本级	67	1422412	341	8	67	2732	94	67436	199	
潞州区审计局	21	61728	23		21		14		52	
上党区审计局	26	33042	74		26			297		
屯留区审计局	35	63947	45		35	295	10	285	81	
潞城区审计局	26	63563	1	11553	26	62252	10	6379	57	
襄垣县审计局	40	87232		3	40	87042	25	78782		
平顺县审计局	27	30447	40		27	2	3		65	
黎城县审计局	22	13188	112		22		9		43	
壶关县审计局	24	65587	44	2	24	3291	4	3291	66	
长子县审计局	26	107784	35		26	29453	1	19248	73	
武乡县审计局	13	59401	58	21237	13		10	16859	45	
沁县审计局	21	55846	48	1098	21	1014	5	12	111	
沁源县审计局	25	95141	475		25	26859		7371	61	
晋城市										
晋城市本级	41	825304			41	12270	2		95	5
城区审计局	36	86636			36				123	
高平市审计局	69	317273			69				159	
沁水县审计局	65	18312			65	6090	4		131	
阳城县审计局	30	197762			30	789			92	2
陵川县审计局	69	9698			69	8			104	14
泽州县审计局	96	53685			96	2042			285	7
朔州市										
朔州市本级	97	2852000			106	99072	27		222	96
朔城区审计局	43	69700			43				102	15
平鲁区审计局	70	8900			92	8464			180	45
怀仁市审计局	102	51006			102	3500	1		205	42
山阴县审计局	21	6044			21	6044			43	6
应县审计局	55	12474			55	352	2		92	20
右玉县审计局	47	8108			47	481	1		87	24
晋中市										
晋中市本级	178	8450911	926	86654	67	1071096	38	5530	210	16

（续表）

审计机关	完成审计项目/个	审计查出主要问题金额	审计发现非金额计量问题/个	审计期间整改金额	出具审计报告和审计调查报告/篇	审计处理情况		审计促进整改落实有关问题资金	审计提出建议/条	提交审计信息/篇
						审计处理处罚金额	移送处理事项/件			
榆次区审计局	32	133449	25		33	148		2238	75	
介休市审计局	53	63807	43		51	43	2	25414	76	30
榆社县审计局	145	21960	50	99	28	1	3	8080	202	14
左权县审计局	76	17941	70	4832	76	16		16665	125	2
和顺县审计局	25	20500	49		37		1		81	26
昔阳县审计局	58	100390	153	100390	58	30	15	100390	148	24
寿阳县审计局	42	23979	20		42	19518	2	3390	66	12
太谷县审计局	35	128379	59	793	36	805		805	115	26
祁县审计局	28	94484	14		33	7			60	
平遥县审计局	79	21787	32		79	1645	2	1598	162	
灵石县审计局	78	144341	35	29	78	243	4	32	220	13
运城市										
运城市本级	90	1449544	433	16852	107	175434	45	146982	220	60
盐湖区审计局	57	59531	17	194	78	5640	1	194	60	50
永济市审计局	70	9829			70		5	967	149	40
河津市审计局	44	13902			44	11	10	1166	181	40
临猗县审计局	38	136457	40	321	44	38721	3	38721	89	23
万荣县审计局	30	10857	37	4	48	2320	5	2107	71	46
闻喜县审计局	49	28683	9	1272	40			19351	15	42
稷山县审计局	63	31265	88		63	47		47	134	40
新绛县审计局	69	1560	6	485	88	2	3	1075	34	12
绛县审计局	42	4826	4	753	44	4	4	532	76	40
垣曲县审计局	49	9000	102	3600	49	11	38	3300	156	38
夏县审计局	41	8058		1486	45	2893		1490	113	25
平陆县审计局	36	129513	30	906	31		1	38072	91	37
芮城县审计局	63	11343	117	167	78	167	7	167	135	51
忻州市										
忻州市本级	46	903921	261	8973	46	175996	57	46299	131	109
忻府区审计局	36	63355	18		36	19		22	57	12
原平市审计局	24	307215	2		24	759	2	759	37	19
定襄县审计局	114	49639	92		114	21109		21109	273	31
五台县审计局	48	3033		3033	48	2			99	48

（续表）

审计机关	完成审计项目/个	审计查出主要问题金额	审计发现非金额计量问题/个	审计期间整改金额	出具审计报告和审计调查报告/篇	审计处理情况		审计促进整改落实有关问题资金	审计提出建议/条	提交审计信息/篇
						审计处理处罚金额	移送处理事项/件			
代县审计局	11	31699		18264	11				11	15
繁峙县审计局	28	1828	51	1065	28	1796		1065	31	7
宁武县审计局	139	49833	30		139	13609	4		160	23
静乐县审计局	41	7936	30	6403	41	3		7936	70	12
神池县审计局	15	6401	1		15				6	28
五寨县审计局	51	8872	4		51	1312		778	49	16
岢岚县审计局	14	20429	2		14				37	72
河曲县审计局	60	15218	4		60	7		7	64	48
保德县审计局	10	14220			10	839			18	5
偏关县审计局	16	2826			16	2826			7	150
临汾市										
临汾市本级	59	514625	255	2835	61	143385	126	2775	151	80
尧都区审计局	50	172174	49	269	50	12863	23	151	36	25
侯马市审计局	49	16698	19	6	49	7009	10	5976	57	100
霍州市审计局	22	11733	116	60	22	85	3		34	36
曲沃县审计局	31	10126	21	980	31	1375	12	26	84	53
翼城县审计局	75	21284	47		75	34	12		136	70
襄汾县审计局	36	46608	9		36	1880	46	1632	81	34
洪洞县审计局	36	214015	35	2707	36	8016	8	2843	79	37
古县审计局	20	44023	17	5204	20	5706	6	5204	59	33
安泽县审计局	37	81788	21	1369	37	1881	13	1410	118	40
浮山县审计局	52	15446	12	279	52	7140	3	7140	53	33
吉县审计局	30	3378	67	50	30	488	3	488	86	65
乡宁县审计局	47	25847	13		47	3164	9		73	80
大宁县审计局	55	2867	9	87	55	164		161	96	9
隰县审计局	45	11209	16	314	45	941	18	887	114	53
永和县审计局	15	3605	8	13	15	1955	6	138	38	42
蒲县审计局	24	74575	37		24	28446	2	35003	42	33
汾西县审计局	18	23926	17	1523	18	7623	1	7548	54	5
吕梁市										
吕梁市本级	56	1438088	3766	3529	56	676368	38	26560	96	7
离石区审计局	35	290038	30	219	35	14			108	

（续表）

审计机关	完成审计项目/个	审计查出主要问题金额	审计发现非金额计量问题/个	审计期间整改金额	出具审计报告和审计调查报告/篇	审计处理情况		审计促进整改落实有关问题资金	审计提出建议/条	提交审计信息/篇
						审计处理处罚金额	移送处理事项/件			
孝义市审计局	24	355304			24				61	
汾阳市审计局	42	75316	73	2912	42	1072			93	
文水县审计局	29	43996	19		29	29		4441	70	
交城县审计局	20	69257	36		20	12000	1	854	134	8
兴县审计局	9	116439	31		9	31728				
临县审计局	57	95095	41	49	57	20		48857	81	40
柳林县审计局	307	24200		5031	307				70	
石楼县审计局	28	11532	2		28				22	
岚县审计局	76	62459	75	308	76	29	10		162	14
方山县审计局	45	182146	35		45	12		12	104	
中阳县审计局	15	24455	24	90	15	132	2		78	
交口县审计局	127	92425	15	23	127	16			24	13

内蒙古自治区

【内蒙古自治区审计厅】 2018 年，内蒙古自治区审计厅实有 196 人。设有办公室、综合督查处、人事处、机关党委、法规处、审理处、电子数据审计处、财政审计处、税收征管审计处、行政政法审计处、教科文卫审计处、农业农村审计处、固定资产投资审计处、政府投资审计处、社会保障审计处、社会民生审计处、自然资源和生态环境审计处、金融审计处、企业审计一处、企业审计二处、涉外审计处、离退休人员工作处、经济责任审计局；另设有党委机关审计处、政府机构审计处、企事业单位审计处、金融企业审计处等派出机构，驻海拉尔审计处、驻赤峰审计处、驻乌海审计处等驻外审计机构；下设审计科研宣教中心、计算机审计管理中心、机关事务服务中心、内部审计管理中心等事业单位。

内蒙古自治区党委审计委员会办公室设在自治区审计厅，设自治区党委审计委员会办公室秘书处。

领导成员

自治区党委审计委员会委员、党委审计委员会办公室主任、审计厅党组书记、厅长：靳素平

副 厅 长：吕靖原

党组成员、副厅长：郭少华 刘文磊

冯 茂（7 月—）

党组成员、总审计师：张洪甫

党组成员、驻审计厅纪检组长：张 笑

党组成员：刘玉瀛（10 月—）

张 良（10 月—）

乔 燕（10 月—）

经济责任审计工作联席会议办公室专职副主任：武志杰

审计成果 2018 年，内蒙古自治区审计机关完成审计项目 2536 个。为国家增收节支 31.2 亿元、挽回或避免损失 2.7 亿元、核减投资额 24.5 亿元；出具审计报告和审计信息 3367 篇，被批示、采用 633 篇；审计提出建议 2251 条，被采纳 1531 条；移送处理事项 404 件，移送处理人员 28

人；移送重大问题线索845件。完成自治区党委、政府及当地党委、政府临时安排的审计任务623项。

包头市稀土高新技术产业开发区审计局实施的包头稀土高新技术产业开发区卫生监督所原所长任期经济责任履行情况审计项目被审计署评为优秀审计项目。自治区审计厅实施的通辽市科尔沁区党政主要领导干部自然资源资产离任审计项目被审计署评为表彰审计项目。

三大攻坚战审计 自治区审计厅在实现对全区57个贫困旗县审计全覆盖基础上，完成审计署统一安排9个旗县的审计任务，组织对2017年已脱贫的14个旗县审计整改落实情况“回头看”。完成对未脱贫的34个贫困旗县扶贫资金的现场审计。开展化解地方政府债务情况专项审计调查，组织完成审计署关于地方政府债务两个阶段的抽查核实工作；完成对全区12个盟市、满洲里市、二连浩特市及所属101个旗县化解地方政府债务专项审计调查任务，向自治区党委、政府上报结果报告。完成“十个全覆盖”内外工程债务的调查核实工作。组织12个盟市、100个旗县审计机关对党的十八大以来全区环境保护专项资金开展审计。

国家重大政策措施落实情况跟踪审计 按照审计署的统一安排，组织全区审计机关重点开展全区推进供给侧结构性改革专项转移支付资金管理使用、内蒙古银行防控金融风险、创新驱动发展战略和减税降费4个方面重大政策措施落实情况跟踪审计。审计抽查部门单位992个，揭示各类问题350个，移送案件线索2件。

财政审计 完成财政类审计项目1471个。全区审计机关组织对财政资金统筹使用和绩效、“三公”经费、会议费管理使用等情况进行审计。完成对18个自治区本级预算部门的预算执行审计，组织全区审计机关完成对12个盟市，满洲里、二连浩特市及所属105个旗县（市、区）纪律检查委员会监察委员会2016—2017年度预算执行及其他财政财务收支情况的审计。各级审计机关受地方政府委托，向各级人大常委会作《关于2017年本级预算执行和其他财政收支审计查出问题整改情况的报告》和《关于2018年度本级预算执行和其他财政收支的审计工作报告》。

经济责任审计 全区审计机关对1048名领导干部开展经济责任审计。自治区审计厅组织对自治区政府主要领导任职以来履行经济责任情况进行自查，此项审计在全国属于首创，得到中央审计委员会办公室、审计署和自治区主席的肯定。

自治区审计厅指导全区12个盟市及满洲里、二连浩特市审计局全面推开领导干部自然资源资产离任（任中）审计工作，自治区审计厅对乌兰浩特市主要领导干部自然资源资产责任实施任中审计。

固定资产投资审计 全区审计机关完成内蒙古高等级公路建设开发有限责任公司组织建设的京新高速公路集宁至呼和浩特段建设项目竣工决算、乌兰察布市人民政府负责实施的京新高速公路集宁至呼和浩特段建设项目乌兰察布市境内征地拆迁资金等固定资产投资审计项目239个。

民生资金（项目）审计 全区审计机关对470个安居工程项目的建设管理情况进行审计，共查出问题504个，向司法、纪委监委移送违纪违法案件线索17件，向政府及其有关主管部门移送审计事项18件。

外资运用审计 开展外资项目和外资管理使用情况审计，完成审计署授权审计国外贷援款项目5个，完成财政部门管理的外债项目专户资金及相关费用收支审计。

企业审计 结合2017年预算执行及其他财政财务收支和局长任职期间经济责任履行情况审计项目，对自治区原粮食局进行审计；对10户自治区直属国有企业对外投资、经营业绩真实性和债务等情况开展专项审计调查。

信息化建设 加强数据分析的组织领导，组建50人的数据分析团队。建立审计电子数据定期报送机制，全面归集全区财政、社保、地税、地理测绘数据和部分预算单位财务和业务数据，数据存储量达到50TB。建立覆盖全区三级审计机关的社保联网审计分析平台，利用其开展全区社保资金和全国医保资金大数据审计。在基于大数据技术架构的数据中心之上部署领导干部自然资源资产离任（任中）审计数据平台。加强复合型人才培养，全区审计机关通过审计署中级考试认证人数已达271人，高级数据分析师已有7人。

审计科研 自治区审计学会编著的《领导干

部自然资源资产离任审计理论与实践初探》获得内蒙古自治区第七届哲学社会科学优秀成果政府奖；编著的《领导干部自然资源资产离任（任中）审计常见问题定性与评价指南》被中国时代经济出版作为2018年度重点图书在全国予以推介；编辑出版《内蒙古领导干部履行经济责任风险防范清单》手册。由自治区审计学会组织的“领导干部自然资源资产离任审计全口径数据综合分析路径与方法研究”课题中标审计署2018年度重点课题，与中国审计学会合作完成“领导干部经济责任审计工作全覆盖探析”合作课题。协助中国审计学会在鄂尔多斯市举办海峡两岸暨港澳地区审计论坛。组织开展全区青年审计论坛征文评选活动，评选优秀青年理论骨干参加全国审计青年论坛。组织内部审计人员开展以“新时代内部审计的创新发展”为主题的理论研讨活动，评选出3篇优秀论文推荐给中国内部审计协会，并获得全国内部审计理论研讨评选活动三等奖。

相关工作 全面加强党建和党风廉政建设，始终把党建工作和党风廉政建设摆在各项工作首位；落实“三会一课”和各项组织生活制度，扎实推进“两学一做”学习教育常态化制度化；开展“不忘初心、牢记使命”主题教育。自治区审计厅党组严格落实民主集中制和“三重一大”、民主生活会等制度，定期听取机关党建工作情况汇报，结合审计工作任务，安排部署党建工作。强化对下级审计机关领导班子建设的领导，听取下级审计机关履职情况的述职汇报，不断提升领导班子谋全局、促发展、带队伍的能力。自治区审计厅党组开展集中学习28次，撰写理论研讨文章40余篇、完成多篇调研报告。开展学习先进模范事迹、参观红色革命教育基地、表彰“先进支部、优秀党务工作者、优秀共产党员”等活动，取得良好效果。

自治区审计厅制定下发《内蒙古自治区审计厅关于实行审计干部导师制的意见》《内蒙古自治区审计厅新录用人员管理办法（试行）》等制度性文件，严格规范干部选拔任用程序，把好干部民主推荐关、组织考察关、讨论决定关和公示关。采取“传、帮、带、管”，抽调部分审计专业人员参加行业性审计项目，推荐10名年轻干部到审计署沈阳特派办、长春特派办等上级机关单位参加实践锻炼等方式，提高审计人员业务水平。

审计管理体制改革 2018年，按照中央审计委员会办公室、审计署关于审计管理体制改革的部署要求，自治区审计厅及时向自治区党委、政府汇报有关情况，提出自治区审计管理体制改革原则性总体方案及初步实施方案，成立自治区审计厅审计管理体制改革领导小组，全面负责领导、组织、协调、推进体制改革工作，起草《自治区审计委员会工作规则》《自治区审计委员会办公室工作细则》等制度。11月20日，中共内蒙古自治区委员会审计委员会成立，委员会办公室设在内蒙古自治区审计厅。

内部审计 经内蒙古自治区民政厅民间组织管理局重新认定，内蒙古自治区内部审计师协会更名为“内蒙古自治区内部审计协会”。召开内蒙古内部审计协会新一届理事会，努力构建现代社会组织治理新机制。开展内部审计情况调研，在国有企业、民营企业召开不同形式的座谈会5次。举办4期内部审计人员培训班，培训1300人。

（撰稿人：于小满　狄智荟）

【呼和浩特市审计局】 2018年，呼和浩特市审计局实有87人。局长张俊江（2月—），副局长王丽萍、郭厚成，总审计师王晓燕，纪检组长赖继礼（4月—）。设有办公室、人事科、法规科、督查执行科、固定资产投资审计科等18个职能科室；下设内部审计管理中心、经济责任审计办公室、审计信息中心和机关事务服务中心等事业单位。

审计成果 2018年，呼和浩特市县两级审计机关完成审计项目187个。查出主要问题金额86.9亿元，其中违规金额11.5亿元、损失浪费金额35万元、管理不规范金额75.5亿元；审计发现非金额计量问题65个；审计促进整改落实有关问题金额9.14亿元，其中增收节支1.49亿元、已调账处理金额4.43亿元；审计促进拨付资金到位8714万元；审计后挽回（避免）损失87万元，移送纪检监察机关和有关部门处理事项11件。出具审计报告和专项审计调查报告187篇，提出审计建议270条，被采纳148条。

国家重大政策措施落实情况跟踪审计 按季度分别开展对呼和浩特市金谷农村商业银行股份

有限公司落实防控金融风险相关政策措施情况的审计、呼和浩特市推进供给侧结构性改革专项转移支付资金管理使用相关政策措施落实情况的审计、内蒙古银行呼和浩特分行落实防控金融风险相关政策措施情况的审计、呼和浩特市及部分旗县区相关单位落实国家和内蒙古自治区减税降费政策措施情况的审计。

财政审计 重点对呼和浩特市本级（财政地税）2017 年预算执行及其他财政收支情况进行审计。审计查出预算未细化到项目和单位、未按规定及时拨付各项资金、未按照规定期限缴纳税款、应退未退多预缴企业所得税等问题。受市政府委托，向市人大常委会作上年度审计查出问题整改情况专题报告；代市政府向市人大常委会作 2017 年度预算执行情况审计工作报告。

经济责任审计 完成 85 名科级以上领导干部的经济责任审计，其中任中审计 13 人、离任审计 72 人；提交审计报告和审计结果报告 98 篇，提出审计建议 113 条，被采纳 63 条。其中市审计局实施 14 名处级领导干部的经济责任审计，任中审计 4 人、离任审计 10 人。

呼和浩特市全面深化改革领导小组召开会议，专题听取市审计局关于全市自然资源资产离任审计情况的工作汇报。市审计局在和林格尔县实行一个项目框架下，水、林两项审计同时推进的自然资源资产离任（任中）审计，发现被审计地区水、森林资源资产和生态建设方面存在的问题 27 个，移送案件线索 1 件，提出审计建议 9 条。

固定资产投资审计 完成对呼和浩特市赛罕区滨河新区建设指挥部征地拆迁项目的资金使用专项审计调查；开展对呼和浩特市建委债务及征拆资金的前期审计调查，对市政道路、桥梁、路灯等工程项目债务总额进行审计抽查；组织开展对呼和浩特市地铁一、二号线和三环快速路、巴彦路、哲里木路、昭乌达路、金盛路 5 条重点道路建设项目资金的跟踪审计；开展对京新高速公路临河至白疙瘩段（阿拉善境内）建设项目预算执行情况的审计。完成对呼和浩特市 9 个旗县区和经济技术开发区“十个全覆盖”项目工程造价评审专项审计调查。

民生资金（项目）审计 完成对呼和浩特市本级 2017 年城镇保障性安居工程及配套基础设施的计划、投资、建设、分配、运营等情况的审计。组织开展对呼和浩特市肉类蔬菜流通追溯体系试点项目审计。按照呼和浩特市委要求，参加脱贫攻坚督查审核组，到各旗县区和开发区开展为期 6 个月的扶贫资金督查审核。

交办任务 与市财政局联合组成审计组，对呼和浩特市 9 个旗（县）区及开发区各单位上报的政府性债务情况，化解地方政府性债务目标完成情况、新增债务情况进行专项审计调查。对第 26 届金鸡百花电影节财务收支情况进行审计。对市委组织部、9 个旗县区委组织部、开发区党工委的党费管理、使用情况，实施审计调查。组织抽调 19 名审计干部配合自治区党委巡视组、市委巡查办、市纪委案件查办开展工作，按要求提供各类审计报告和审计资料。

相关工作 扎实落实党风廉政建设主体责任，认真履行“第一责任人”职责和“一岗双责”。年内召开 7 次党组会议专题研究解决党风廉政建设具体问题，制订《呼和浩特市审计局扶贫领域腐败和作风问题专项治理的实施方案》，及时调整成立集中整治“雁过拔毛”式腐败问题领导小组和办公室，组织具体实施。按照审计署、自治区审计厅要求，开展纪律作风专项整治月活动。

（撰稿人：郝敏丽）

【包头市审计局】 2018 年，包头市审计局实有 109 人。局长李平，副局长白有明、史晓红，驻局纪检监察组组长郭建祥，调研员王成虎，副调研员任长武。设有科室 17 个，其中业务科室 12 个，行政科室 5 个；下设政府投资审计中心（审计培训中心）、计算机审计管理中心、内部审计管理中心（绩效审计中心）等事业单位。

审计成果 2018 年，包头市县两级审计机关完成审计项目 246 个。查出主要问题金额 85.46 亿元，促进增收节支和挽回损失 2.13 亿元，核减投资额 0.13 亿元，移送问题线索 84 件。

包头稀土高新技术产业开发区卫生监督所原所长张世英任期经济责任履行情况审计项目被审计署评为优秀审计项目。还有 2 个审计项目被自治区审计厅评为全区优秀审计项目。

三大攻坚战审计 对 8 个旗县区的政府债务进行核查，对化债情况进行审计，在完善债务化解方案、强化债务管理、密切关注债务风险等方面发挥积极作用。对5家地方金融机构进行审计，推动风险控制度完善，密切关注金融风险。对土默特右旗、达尔罕茂明安联合旗的扶贫资金开展延伸审计，实施固阳县扶贫资金审计，促进精准脱贫目标实现。完成全市环保专项资金审计，促进提高污染防治资金使用效益。

国家重大政策措施落实情况跟踪审计 完成推进供给侧结构性改革专项转移支付资金、内蒙古银行防控金融风险、创新驱动发展战略和减税降费相关政策落实情况的跟踪审计，全市相关单位贯彻减税降费政策措施落实情况跟踪审计。

财政审计 完成对市本级财政、地税和市经信委、房管局、体育局、林业局4个部门的预算执行审计，代市政府向市人大常委会作审计工作报告、审计整改报告。实施对昆都仑区、土默特右旗的财政决算审计。

经济责任审计 对23名县级主要领导干部实施经济责任审计，任中审计比例达70%。在完成对包头市昆都仑区、东河区、九原区森林资源资产试点审计的基础上，继续实施对土默特右旗领导干部森林和水资源资产审计，指导各旗县区同步实施审计，实现对大青山沿线森林资源资产审计的全覆盖。

固定资产投资审计 继续对北梁棚改项目进行持续跟踪审计，重点推动已完工项目加快结算，探索对项目绩效进行分析。完成对地铁项目的跟踪审计。

民生资金（项目）审计 按照自治区审计厅的统一部署，全市组成11个审计组，以“交叉审”或“同级审”的方式，完成2017年全市保障性安居工程跟踪审计，市政府要求相关部门按照审计意见限期整改。按照市委、市政府的要求，实施对医保基金有关定点医疗机构和药店的审计。

信息化建设 做好启动实施“金审工程”三期各项准备工作，不断提高审计人员运用信息化技术查核问题的能力。完成2002年以来的审计档案和人事档案的数字化工作。

相关工作 把党的政治建设摆在首位，研究制定《关于进一步加强意识形态工作的实施意见》，建立党建工作领导机制，被市委组织部确定为全市基层党组织建设示范点。落实党风廉政建设责任制，紧盯审计权力运行的关键环节，坚持用制度管人管权管事。履行“一岗双责”，夯实“两个责任”，实现廉政建设关口前移。开展“作风建设年”活动，坚持边学边查边改，全面查摆问题35个，已全部整改落实。扎实做好扶贫工作，市审计局被评为全市优秀单位，驻村干部被确定为新时代新担当新作为先进典型。继续实施第二轮干部教育培训五年规划，采取“审计大讲堂”、集中整训、以审代培等形式，鼓励干部职工提高学历、职称和计算机等级水平，被市直机关工委评为“十佳”学习教育示范点。

（撰稿人：王蒙超）

【乌海市审计局】 2018年，乌海市审计局实有70人，其中购买社会化服务人员23人。局长傅庭琳（—5月）、薛峰（5月—），副局长韩文生、刘军甫，纪检组长申建文，副调研员张丽坪（—12月）、白永耀。设有办公室、经济贸易审计科、农业与资源环保审计科、固定资产投资审计科、行政事业审计科、财政金融外资审计科、法规科、经济责任审计局、社会保障审计科、资源环境审计科、综合督查科。设有内部审计管理中心。

审计成果 2018年，乌海市区两级审计机关完成审计项目44个。查出主要问题金额26.68亿元，其中管理不规范金额23.1亿元；审计处理处罚金额5.04亿元，其中应上缴财政2.2亿元、应减少财政拨款或补贴2.26亿元、应归还原渠道资金0.35亿元、应调账处理金额0.23亿元；移送司法机关、纪检监察机关和有关部门处理事项24件，金额0.88万元。出具审计报告和专项审计调查报告32篇，提交审计信息86篇，提出审计建议74条，被采纳37条。

乌海市本级2015年度预算执行和其他财政收支审计项目被自治区审计厅评为表彰审计项目。

国家重大政策措施落实情况跟踪审计 按照审计署和自治区审计厅统一部署，按季度组织安排对国家重大政策措施落实情况的跟踪审计。审计中发现的典型性问题向审计厅报送的同时，以专报形式上报市委、市政府。

财政审计 对乌达区财政决算、市地税局、市财政局进行审计，发现存在的预算编制不完整、财政收入账实不符、应征未征、应缴未缴非税收入和专户收入等问题。

经济责任审计 受市委组织部委托，完成5个经济责任审计项目，向市委、市政府提交审计结果报告。开展乌海市林业局局长任期森林和湿地资源资产责任审计，共发现问题12个，上报综合材料4篇，信息5篇，调研报告1篇。

固定资产投资审计 对10个政府投资项目进行审计，审计资金总额41.98亿元，核减工程价款2.12亿元。按照审计厅和市政府要求，协同乌海市三区紧抓“十个全覆盖”工程审计进度，完成10项内容审计。

民生资金（项目）审计 按照审计署和自治区审计厅统一安排，先后开展2017年乌海市保障性安居工程跟踪审计、市妇幼保健院2015—2016年度财务收支审计等6个专项审计项目。提交的相关审计报告得到市领导的高度评价。

农业与资源环保审计 实施市本级及海勃湾区2016年至2018年5月底环境保护专项资金管理和使用情况审计等专项审计。审计结果均以审计专报的形式上报市委、市政府。

交办任务 市审计局选派20人次参加审计署、自治区审计厅的审计相关工作，自治区党委巡视组、乌海纪检巡察等专项工作，选派业务骨干参加纪委案件查办工作。

相关工作 学习宣传贯彻党的十九大精神和习近平总书记在中央审计委员会第一次会议上的重要讲话精神，深入推进“两学一做”学习教育常态化制度化。制订《乌海市审计局意识形态工作责任制实施方案》，利用各种形式宣传社会主义核心价值观。组织召开党风廉政建设工作会议，落实主体责任，落实执行审计“四严禁”工作要求和审计“八不准”工作纪律，加强审计现场管理和审计各环节廉政风险防控。结合创城、创卫工作实际，先后3次组织乌海市审计局干部职工对包联社区和结对创建文明村镇的志愿服务。

（撰稿人：孔繁强）

【赤峰市审计局】 2018年，赤峰市审计局实有45人。局长杨树友（12月—），副局长于宝珠、程秀明（—12月）、高忠泽（12月—）、杨树友（—12月），总审计师曹立新，调研员寇国安。设有办公室、法制科、财政审计科、外资审计科、固定资产投资审计科、社会保障审计科、经贸审计科、金融审计科、行政事业审计科、农业与资源环保审计科、经济责任审计办公室；下设计算机审计管理中心等事业单位。

审计成果 2018年，赤峰市县两级审计机关完成审计项目455个。查出并纠正主要问题金额63.1亿元，审计后上缴财政6.58亿元，累计促进增收节支16.9亿元，向纪检监察系统和上级主管部门移交案件线索59件。向市委、市政府和上级审计机关提交专题报告、综合报告和审计信息331篇。

国家重大政策措施落实情况跟踪审计 根据自治区审计厅的统一安排，实施供给侧结构性改革专项转移支付资金和创新驱动发展战略政策落实等重大政策落实情况跟踪审计任务，查出各类问题24项，审计结果得到市政府领导肯定。

财政审计 对10个市本级预算执行部门开展审计，受市政府委托向市人大常委会审计工作报告，就上年审计查出违规问题整改情况的报告。市审计局打破科室界限，集中力量，完成对阿鲁科尔沁旗、巴林左旗、克什克腾旗、翁牛特旗、元宝山区和松山区6个旗县区的财政决算审计，审计查出预算批复及预算调整不规范、违规承包租赁国有资产、挪用占地补偿资金等问题89项。

经济责任审计 根据市委组织部委托，市审计局开展对旗县区和市直部门主要负责人经济责任审计项目14个，其中任中审计13个、离任审计1个。

组织11个旗县区审计机关全面推进领导干部自然资源资产管理审计，市审计局完成对林西县委书记、县长任中土地、矿产资源资产管理情况的审计。

民生资金（项目）审计 完成对全市2017年保障性安居工程的投资、建设、分配、运营等情况的审计。组织全市10个旗县区审计局119名审计人员，组成39个审计组，对赤峰市10个贫困旗县区在扶贫资金审计中发现问题的整改情况进行排查，对扶贫资金管理使用情况展开审计。审计结果专报得到市长孟宪东的高度肯定。配合中央脱贫攻坚巡视工作，协调汇总并及时报送近3年来全市扶贫资金审计报告及整改报告。

农业与资源环保审计 组织全市11个旗县区审计局65名审计人员，组成13个审计组，对全市135个环保专项资金进行重点审计。

专项资金审计 按照自治区审计厅统一组织，完成对包头市纪委系统2016—2017年财务收支审计。根据自治区审计厅和市委组织部安排，组织全市审计机关对党费收缴、管理和使用情况开展专项审计。完成对赤峰二中建设债务情况、市政府部门政务信息系统建设管理使用情况、环城水系治理工程征拆资金管理和使用情况、赤峰市综合检验检测中心项目前期费用情况等的专项审计。对高新技术产业开发区管委会、市红十字会开展财务收支。

信息化建设 继续推进赤峰市“金审工程”三期建设，加强对大数据的收集和分析。全市已有25人通过计算机审计中级水平考试。

相关工作 深入学习习近平总书记在参加内蒙古代表团审议时的重要讲话和中央审计委员会第一次会议精神，以“三会一课”为载体，推动“两学一做”学习教育常态化制度化。参与审计管理体制改革。把“两个责任”摆在首要位置，压实意识形态工作责任，把握正确政治方向。加强机关基层党组织建设，选优配齐党组织书记和党务干部。严格落实中央八项规定及《实施细则》精神，纪律更加严明，机关“三公”经费支出同比下降47%，会议和文件数量持续降低。

（撰稿人：刘金超）

【通辽市审计局】 2018年，通辽市审计局实有70人。局长史厚纯，副局长王志刚、马砚春、刘庆林，派驻纪检组长李显芳，调研员杜金山。设有办公室、审理法制科、财政税务审计科、行政事业审计科、农业审计科、固定资产投资审计科、金融外资审计科、经贸审计科、社会保障审计科、经济责任审计科、政府投资审计科、计算机审计科、环境资源审计科、开发区审计分局；下设政府投资评审中心、计算机信息服务中心等事业单位。

审计成果 2018年，通辽市县两级审计机关完成审计项目577个。查出主要问题金额58.15亿元，审计促进整改落实有关问题金额8.88亿元，核减投资17.5亿元；审计后挽回（避免）损失4170.64万元。移送问题33个，其中向纪检部门移送案件线索3件。出具审计报告和专项审计调查报告577篇，被批示、采用12篇；提交审计信息382篇，被批示、采用264篇。提出审计建议788条，被采纳193条；推动完善规章制度13项。

国家重大政策措施落实情况跟踪审计 按照自治区审计厅的统一安排，每季度实施一个重点项目，完成2016年至2018年一季度全市落实推进供给侧结构性改革专项转移支付资金使用情况的跟踪审计、内蒙古银行通辽分行2016年1月至2018年3月末国家及自治区防控金融风险相关政策措施落实情况的跟踪审计、创新驱动发展战略政策措施落实情况跟踪审计、减费降税政策措施落实情况跟踪审计。开展全产业链项目审计督查，完成对全市高效节水农业项目、沙产业、煤化工产业等产业项目的审计督查，针对发现的问题，形成并向市委、市政府主要领导提交审计专报信息。

财政审计 完成对9个市级预算单位的预算执行审计，促进市财政局制定《市本级财政预算资金管理办法》。受政府委托向市人大常委会作本级预算执行及其他财政收支审计工作报告和上年度审计发现问题整改情况报告。完成对库伦旗2016—2017年度财政决算审计。开展政府性债务锁定工作，通过对政府性债务底数和管理情况的审计，锁定政府性债务底数及化解情况，为领导决策提供准确的依据。

经济责任审计 对73名地方党政主要领导干部，132名党政工作部门、事业单位领导干部、2名国有企业领导人实施任期经济责任审计。对奈曼旗党政主要领导开展自然资源资产责任审计。

民生资金（项目）审计 对9个旗县市区医保基金的运行、管理和使用情况进行审计，抽审定点医疗机构48个。按照自治区审计厅的统一组织，对全市未脱贫旗县开展扶贫资金审计。梳理全市2015—2017年度扶贫资金审计发现的问题，点对点下发到各旗县市区政府，督促各地认真落实整改责任。

农业与资源环保审计 组织开展对全市2016年至2018年5月底环境保护重大政策执行情况及重点环节、重大资金、重要项目的实施、管理、绩效情况专项审计。

企业审计 对市直国有资本参控股企业开展专项审计调查；牵头组织市国税局、市地税局对通辽市域内企业开展税收征管情况调查，摸清税源情况及增长潜力。

信息化建设 与通辽市智慧城市建设办公室沟通协调，整合信息化发展资源，实现共建共享。在财政预算执行、医保基金、扶贫资金等审计项目中，拓展审计思维，应用数据比对，查找疑点。

相关工作 深入学习宣传贯彻习近平新时代中国特色社会主义思想和党的十九大、全国两会以及习近平总书记在中央审计委员会第一次会议上的讲话，履行管党治党责任，通过建立完善党员之家、搭建网上党建微课堂等形式，抓好党建工作。落实责任，市审计局党组 9 次召开党组会，专题研究党建和党风廉政建设工作，严格执行“三重一大”“一把手五个不直接分管”等集体决策机制，廉洁从审的环境更加清明。

推动审计监督关口前移，对市委、市政府确定的九大产业链年度行动计划，进行全过程审计监督，对扶贫资金开展全程跟踪审计。依托“审计大讲堂”、审计系统业务培训、青年审计论坛、“微课堂”等载体，组织干部学习业务知识，提高队伍综合素质。举办通辽市审计系统第一届审计青年论坛，共收到论文 21 篇。选派 1 名年轻干部到所包联的奈曼旗东明镇浩特村驻村扶贫。

（撰稿人：江飞雨）

【鄂尔多斯市审计局】 2018 年，鄂尔多斯市审计局实有 91 人。局长王苏和，副局长杨敏、杨培峰，总审计师董政华，纪检组长陈骏驰，正处级干部武占才。设有办公室、法规科、财政审计科、行政事业审计科、农牧业科、资源环保审计科、固定资产投资审计科、金融外资审计科、经贸审计科、社会保障审计科、资源环境审计科、审理科、经济责任审计办公室；下设政府投资项目审计中心、审计信息网络中心、审计干部教育培训中心等事业单位。

审计成果 2018 年，鄂尔多斯市审计局完成审计项目 43 个。审计查出主要问题金额 51.91 亿元，审计促进整改落实有关问题资金 29.64 亿元，向纪检监察机关移送处理事项 5 件，向有关部门移送处理事项 70 件；固定资产投资项目送审总金额 73.12 亿元，审计核减金额 6562 万元；出具审计报告 56 篇，被批示、采用审计报告 5 篇次，提出各类审计建议 57 条，被审计单位采纳 32 条。

市审计局组织实施的乌审旗 2015—2016 年度财政决算审计项目被自治区审计厅评为表彰项目。

国家重大政策措施落实情况跟踪审计 按照自治区审计厅的统一安排，完成市本级 2018 年第一、三、四季度重大政策措施落实情况的跟踪审计，重点审计推进供给侧结构性改革专项转移支付资金管理使用相关政策措施落实情况、创新驱动发展战略相关政策措施落实及专项资金管理使用情况。

财政审计 完成 2017 年度市本级和 10 个部门（单位）预算执行和其他财政收支情况审计和 2 个旗的决算审计。受市政府委托向市人大常委会作本级预算执行和其他财政收支审计工作报告和上年度审计查出问题整改情况的报告。按照市委、市政府和自治区审计厅的部署要求，组织市旗（区）两级审计机关对全市“十个全覆盖”工程资金筹集、管理和使用进行跟踪审计，对 10 项工程内、外债务底数情况进行核实汇总上报。派出 8 个工作组，对市本级和各旗区 2017 年及 2018 年 1 月至 6 月化解地方政府性债务情况实施专项审计调查。

经济责任审计 坚持“党政同责、同责同审”，对 8 名领导干部经济责任情况开展审计。反馈市委办公厅、组织部等征求意见函 15 份，经济责任审计结果得到充分利用。按照《全区审计机关 2018 年领导干部自然资源资产离任（任中）审计工作方案》统一部署，开展鄂托克旗领导干部土地、森林资源资产任中审计。

固定资产投资审计 完成 10 个工程项目的竣工决算审计，审计项目金额 36.18 亿元，为政府投资节约资金 0.66 亿元。

民生资金（项目）审计 完成 2018 年鄂尔多斯市保障性安居工程的跟踪审计，以及上年度保障性安居工程跟踪审计发现问题的整改情况检查。组织全市审计机关对 2016 年 8 月至 2017 年底市本级和 9 个旗区的扶贫资金、项目、绩效进行审计；对全市 2018 年 1 月至 9 月底扶贫政策措施落实和扶贫资金分配管理使用情况等进行审计和审计调查。

企业审计 对鄂尔多斯市水务投资有限公司、市铁路集疏运公司进行资产负债损益计。

交办任务 按照自治区审计厅的工作要求，对乌海市纪委监委财政财务收支情况进行审计。完成联合国防治荒漠化公约第十三次缔约方大会鄂尔多斯筹备工作委员会各专项工作组2017年度财政财务收支情况审计。派员参加自治区党委、市委巡视工作，参加全市三大攻坚战、干部“吃空饷”检查等工作。协助中国审计学会、自治区审计厅在鄂尔多斯市成功举办2018年海峡两岸暨港澳地区审计理论与实务研讨会。

信息化建设 完成审计管理系统（OA）的安装调试、局域网络的综合布线，加快审计管理系统（OA）的全面应用步伐。

党建工作 深入学习宣传贯彻习近平新时代中国特色社会主义思想、党的十九大精神和习近平总书记在第一次中央审计委员会上的讲话，扎实推进“两学一做”学习教育常态化制度化。落实全面从严治党政治责任，调整党建工作领导小组，召开全市审计系统党建工作交流会。加强对意识形态工作的领导，集中研究意识形态工作2次。选派86名党员干部和18名党务干部进行能力提升培训。深化党员进社区志愿服务，在职党员走访慰问14个困难户，开展义务劳动、普法、送医送药活动4次。（撰稿人：王栓忠）

【呼伦贝尔市审计局】 2018年，呼伦贝尔市审计局实有65人。局长包宝龙，副局长胡长珍、秦远飞、常雅君，经济责任审计办公室主任黄恩国，副处级调研员桑玉萍、赵银辉。设有办公室、法制科、审理室、财政审计科、行政事业审计科、农业审计科、固定资产投资审计科、金融外资审计科、经贸审计科、社会保障审计科、资源环境审计科、经济责任审计一科、经济责任审计二科、党总支、离退休人员管理科；下设审计信息中心暨固定资产投资审计中心（事业单位）。

审计成果 2018年，呼伦贝尔市审计机关完成审计项目322个，查出主要问题金额91.95亿元。呼伦贝尔市审计局完成审计项目（单位）89个，查出主要问题金额60.96亿元，其中违规金额26.44亿元、管理不规范金额34.52亿元。通过审计，上缴财政0.53亿元、归还原渠道资金18.75亿元、减少财政拨款0.8亿元、核减投资额0.86亿元。向被审计单位或有关单位提出审计建议123条，被采纳53条。提交审计报告和审计信息132篇。向纪检机关和有关部门移送处理事项37件。

国家重大政策措施落实情况跟踪审计 按照自治区审计厅统一安排，完成对推进供给侧结构性改革专项转移支付资金管理使用及相关政策措施落实情况、防控金融风险相关政策措施落实情况、相关部门创新驱动发展战略相关政策措施落实情况及专项资金管理使用情况、“减税降费”相关政策措施落实情况的审计。

财政审计 开展2017年度市本级预算执行和其他财政收支情况的审计。

经济责任审计 坚持“经济责任审计+”的模式，审计工作得到强化，质量明显提升。在对市政府驻呼和浩特办事处原主任任职期间经济责任履行情况审计中，发现截留坐支收入、扩大支出范围、资产购置不合规等，查出问题金额723.48万元。在对呼伦贝尔市安全生产监督管理局原局长任职期间经济责任履行情况审计中，发现存在违规发放职工福利费，2017年度“三公”经费超预算、违规将零余额账户资金转存基本户等问题。

固定资产投资审计 开展政府投资审计项目13个，其中对市人力资源和社会保障服务业务用房工程和海拉尔河治理（呼伦湖引水口上下游段）工程竣工决算审计已完成，审计资金2.18亿元，审定金额1.59亿元，核减投资金额0.59亿元。

民生资金（项目）审计 对2017年保障性安居工程进行审计，重点关注政府购买棚改服务和货币化安置、安居工程建设管理和保障性住房分配使用情况；对74个安居工程项目的建设管理情况进行重点检查，入户调查164户农村危房改造家庭。（撰稿人：王莹莹）

【巴彦淖尔市审计局】 2018年，巴彦淖尔市审计局实有77人。局长杜振荣，副局长杨胜、常泉亮、王秉章，总审计师聂玉梅。设有办公室、政策法规科、财政审计科、金融贸易审计科、行政事业审计科、社会保障审计科、农业与资源环保审计科、资源环境审计科、固定资产投资审计科、政府投资审计科、经济责任审计分局；下设事业单位计算机审计中心。

审计成果 2018年，巴彦淖尔市审计机关完成审计项目202个。查出主要问题金额56亿元，其中违规金额6.94亿元、管理不规范金额49.06亿元；审计处理处罚金额1.14亿元，上缴财政5120万元、归还原渠道资金3462万元，缴纳其他资金1978万元，调账处理金额873万元；审计挽回损失668万元；核减工程结算1.32亿元；移送处理事项80件；提出审计建议410条，被采纳329条；向各级党政机关和上级审计机关提交审计工作报告179篇，被各级领导批示、采用336篇；向社会公告审计结果19篇。

2018年度巴彦淖尔市审计局通过复验，继续保持全国文明单位称号。有2个项目分别被自治区审计厅评为优秀审计项目和表彰审计项目。

三大攻坚战审计 对6个旗县2017年及2018年1月至6月化解地方政府性债务情况进行审计调查，对7个旗县区“十个全覆盖”（内与外）债务情况进行进一步核实，推进防范化解重大风险。完成7个旗县区全市精准扶贫精准脱贫政策措施落实和重点扶贫资金、扶贫项目的两轮审计，组织3轮审计问题整改督查，落实精准脱贫工作。完成全市环境保护专项资金审计和乌拉特后旗党政主要领导干部自然资源资产（矿山、草原）审计，为打赢污染防治攻坚战做出贡献。

国家重大政策措施落实情况跟踪审计 开展保障性安居工程跟踪审计、推进供给侧结构性改革专项转移支付资金管理使用、创新驱动发展战略相关政策落实及专项资金管理使用情况等跟踪审计，做到边审边改、立行立改，每季度向自治区审计厅上报本季度审计综合情况和上季度审计查出问题整改情况。

财政审计 完成开发区及市财政局等17个市直单位2017年度预算执行和其他财政收支审计，受市政府委托向市人大常委会作本级预算执行和其他财政收支的审计工作报告和上年度审计查出问题整改情况的报告，得到人大常委好评；开展4个旗县区的财政决算审计；完成市本级2017年度公务支出和公款消费审计。

经济责任审计 完成市直12名主要领导干部经济责任审计、旗县区公检法系统11名领导干部离任审计和旗县区3名党政主要领导经济责任审计。完成乌拉特中旗港务局和聚兴公司主要领导离任经济责任审计。

固定资产投资审计 完成政府重点工程投资审计项目64个，对双河区城市道路建设工程、市委党校新校区工程进行跟踪审计。

其他审计项目 按照市委、市政府的要求，完成历年来各级政府及相关单位截至2018年3月底在甘其毛都口岸形成的投入、资产和债权债务情况审计。完成市属14家国有企业资产负债损益审计。完成头道桥原种场等5处林场清产核资审计。完成市人大办公厅、市纪委、9个旗区财务收支审计。对全市党费收支情况进行专项审计调查。

信息化建设 市审计局加大信息化软硬件投入，新建局门户网站，印发《巴彦淖尔市审计局推进全市金审工程三期建设与大数据审计工作的实施意见》，明确网络和信息化安全、复合型人才培养等7项工作任务。全市共有25名审计人员通过审计署计算机审计中级水平考试。

相关工作 市审计局以“三四五”为目标，搞好审计机关建设，即创“三强”（政治强、能力强、绩效强）班子、建“四型”（学习型、服务型、廉洁型、文明型）机关、做“五好”（学习好、业务好、作风好、创新好、业绩好）审计干部。鼓励考取专业职称，对年轻干部自学和考取专业证书做出年度规划，给予一定的奖励。组织机关科室与旗县审计局对口股室开展业务讨论会，每季度组织全市计算机审计成员开展交流研讨。

（撰稿人：贾伟强）

【乌兰察布市审计局】 2018年，乌兰察布市审计局实有64人。局长陈明（—3月）、安军（3月—），副局长吕君亮、林永青、周济生，总审计师严立新，调研员董鹏飞，副调研员兰志军。设有办公室、法规科、固定资产投资审计科、财政金融审计科、行政事业审计科、社会保障审计科、经贸审计科、农业审计科、经济责任审计科、资源环保审计科；下设审计综合服务中心、建设项目审计辅助服务中心、审计信息中心、重大项目审计辅助服务中心等事业单位。

审计成果 2018年，乌兰察布市县两级审计机关完成审计项目143个。查出主要问题金额9.25亿元，其中违规金额6.65亿元、管理不规范金额2.6亿元。审计期间整改金额1.2亿元，减少财政拨款1528万元，归还原渠道资金6.26亿元，向有关部门移送案件线索26件，审计报告、信息被市委、市政府及上级审计机关批示、采用132篇。

国家重大政策措施落实情况跟踪审计 开展持续推进供给侧结构性改革专项转移支付资金管理使用情况的审计，审计抽查57个单位、4个项目。开展对内蒙古银行乌兰察布市分行2016年1月至2018年3月贯彻落实防控金融风险相关政策措施情况的审计，并于年内对审计发现问题的整改进行督查。

财政审计 完成对市财政局等37个部门2017年度预算执行和其他财政财务收支审计；完成2个旗县的财政决算审计。配合自治区审计厅开展对本市11个旗县市区政府2017年至2018年6月底化解地方性债务进行审计。完成对锡林郭勒盟阿巴嘎旗、正蓝旗等4个旗县2016年度财政收入质量的审计调查。完成对锡林郭勒盟及所属12个旗县纪律检查委员会2016—2017年度预算执行及其他财政财务收支情况的审计。

经济责任审计 按照对公共资金、国有资产、国有资源和党政领导干部履行经济责任情况实行审计全覆盖的要求，受市委组织部委托，完成对市公安局等25个市直部门主要负责人的经济责任审计，完成全市1323个嘎查村民委员会成员任期经济责任的审计。完成对察哈尔右翼后旗旗委政府主要领导的自然资源资产管理情况的任中审计，在土地、森林、草原等面积界定方面，通过信息技术的跨专业应用，取得较好的效果。

固定资产投资审计 完成29个政府投资建设项目审计，审计总金额22.96亿元，核减工程款2.66亿元，审减率11.6%。通过审计，揭露和纠正管理不善、高估冒算等问题。

民生资金（项目）审计 实施保障性安居工程审计。抽调100多人，组成8个审计小组，对8个旗县扶贫资金进行审计。对全市11个旗县市区2016年至2018年3月末扶贫资金、京蒙对口帮扶资金的分配管理使用效益和涉农涉牧资金统筹整合使用情况开展审计“回头看”，对2017年审计厅组织的扶贫审计发现问题整改落实情况进行督查。

企业审计 按照市委、市政府要求，完成本市四大融资平台（旅投公司、城投公司、交投公司、国源公司）财务收支情况的审计。完成对乌兰察布市新奥气化采煤技术公司勘探投入及成本费用的审计。完成乌兰察布市机场公司财务收支审计。

农业与资源环保审计 组织11个审计小组，完成全市2013—2017年度环保专项资金投入、管理、使用效益和工程管护情况审计。推动凉城县岱海湖流域生态环境退化、丰镇市黑河水质下降等反馈问题整改工作如期完成。

交办任务 配合通辽市审计局完成对本市两级纪检机关的财政财务收支情况审计。对全市党费收支情况进行专项审计。

信息化建设 结合“金审工程”三期建设标准，申请资金120万元购置软硬件设备，充实工作人员，建设大数据管理中心。对口自治区审计厅相关处室，组织开展审计业务电子数据的归集、加工、管理、分析和应用。 （撰稿人：张 宏）

【兴安盟审计局】 2018年，兴安盟审计局实有63人。局长孙静波（—5月）、孙兴宇（5月—），副局长梁喜发、高明喜，总审计师包书明，经济责任审计工作联席会议办公室主任朱永林，党组成员、办公室主任王甫俊，副调研员于景友。设有办公室、法制科、财政审计科、金融外资审计科、农业审计科、固定资产投资审计科、经贸审计科、行政政法审计科、社会保障审计科、经济责任审计办公室、审理科、资源环境审计科、科教文卫审计科；下设内部审计管理中心（事业单位）。

审计成果 2018年，兴安盟县两级审计机关完成审计项目190个。查出主要问题金额166.49亿元，其中违规金额25.29亿元、损失浪费金额0.23亿元、管理不规范金额140.98亿元；损益（收支）不实金额2.64亿元；审计处理处罚金额27.2亿元，其中应上缴财政4亿元、应减少财政拨款或补贴4496万元、应归还原渠道资金11.45

亿元、应调账处理金额 4.05 亿元；审计发现非金额计量问题 320 个；审计促进整改落实有关问题金额 4.09 亿元，其中增收节支 3.76 亿元、已调账处理金额 2769 万元；审计促进拨付资金到位 4042 万元；审计后挽回（避免）损失 1.32 亿元。移送移交纪检监察机关、司法机关和有关部门线索处理事项 31 件，移送金额 3820 万元。出具审计报告和专项审计调查报告 247 篇，被批示、采用 5 篇；提交审计信息 437 篇，被批示、采用 21 篇。提出审计建议 340 条，被采纳 340 条；向社会公告审计结果 4 篇。

国家重大政策措施落实情况跟踪审计 根据审计署和自治区审计厅的统一部署，完成推进供给侧结构性改革专项转移支付资金管理使用相关政策措施落实情况跟踪审计、内蒙古银行兴安盟分行落实防控金融风险相关政策措施情况审计、创新驱动发展战略政策措施落实情况审计。

财政审计 完成对盟财政局、盟地税局、盟发展改革委等 10 个部门、单位财政预算编制和预算执行情况的审计。首次将三大攻坚战“破解三大难题”相关审计及开展容错纠错相关情况写入“两个报告”。

经济责任审计 与其他审计项目相结合，实现经济责任审计的常态化制度化，完成经济责任审计项目 83 个。按照自治区审计厅要求和兴安盟全面深化改革及生态文明建设工作安排，完成对科右中旗党政主要领导干部草原、矿产等资源资产离任（任中）审计。

固定资产投资审计 完成审计项目 119 个，其中临时交办项目 71 个。组织“十个全覆盖”工程竣工结（决）算审计，审结项目 7727 个。

民生资金（项目）审计 开展保障性安居工程项目审计，加强整改情况督促检查，根据审计发现的问题，追回被挤占资金、取消不具备保障房资格、追回重复享受补贴资金、腾退不该占用的保障房，确保保障性正确使用。开展医疗保险基金、环保专项资金、就业培训专项资金的审计。

信息化建设 推进盟审计局、盟人大工委与盟财政局预算执行平台联网监督工作；成立“金审工程”三期建设推进专项组、电子数据采集专项组，明确职责分工，建立推进相关工作的组织保障。

相关工作 组成两个审计整改督查组，分赴 6 个旗（县、市），对 2015 年以来中央巡视组、自治区党委巡视组、审计署太原特派办、自治区审计厅、兴安盟审计局发现的 481 条扶贫领域问题进行逐条梳理，督促整改落实。经盟直属机关党委批准，成立中共兴安盟审计局总支部委员会，设 4 个党支部；成立共青团兴安盟审计局支部委员会。与帮扶村党支部、包联社区党支部达成党建共建协议，开展志愿服务，推进驻村帮扶、包联小区“五城同创”工作。（撰稿人：马彩云）

【锡林郭勒盟审计局】 2018 年，锡林郭勒盟审计局实有 43 人。局长包海山，副局长刘兴友、陈金旺、白凤云，总审计师李姝芳（3 月—），调研员钱文会（3 月—）、托雅（—5 月）。设有办公室、法制审理科、财政审计科、金融外资审计科、农牧审计科、资源环保审计科、固定资产投资审计科、行政事业审计科、经贸审计科、社会保障审计科、经济责任审计办公室、内部审计管理办公室。

审计成果 2018 年，锡林郭勒盟县两级审计机关完成审计项目 175 个，其中盟审计局完成 23 个。查出违规金额 67.6 亿元、损失浪费金额 0.87 亿元、管理不规范金额 68.2 亿元；促进增收节支 0.64 亿元，上缴财政 0.74 亿元。向被审计单位或有关单位提出审计建议 169 条，被采纳 62 条。

国家重大政策措施落实情况跟踪审计 关注供给侧结构性改革专项转移支付资金、防控金融风险、创新驱动发展战略、减税降费相关政策落实、资金使用、项目开展、经济社会效益情况等，按自治区审计厅要求如期完成重大政策措施落实情况跟踪审计，按时上报审计结果和整改报告。

财政审计 完成锡林郭勒盟本级财政预算执行和其他财政收支情况审计，对查出的问题均依法依纪依规进行处理。受盟行署委托，向盟人大作盟本级预算执行和其他财政收支情况的审计报告。完成苏尼特左旗、太仆寺旗财政决算，全盟党费专项审计调查和阿拉善盟纪委监委系统财政财务收支审计。对全盟 12 个旗县市（区）隐形债务进行审计甄别；完成全区统一部署的政府债务情况审计调查工作；对全盟地方政府及相关部门截至 2018 年 8 月底地方政府债务和隐性债务数据重新进行核实。开展“十个全覆盖”工程结算审计结果汇总上报和债务基数核实工作。

经济责任审计 完成 33 名科级以上干部任中审计、62 名科级以上干部离任审计。盟审计局实施盟财政局、水利局、文体广电局、卫计委、民政局、生态委、盟医院，太仆寺旗政府，东苏旗政府和公安局，锡林浩特市法院和检察院主要领导干部经济责任审计。按照自治区审计厅统一安排，受盟委组织部委托，组织实施阿巴嘎旗委主要领导任职期间草原资源、水资源资产管理和生态环境保护责任履行情况审计。指导旗县审计机关积极开展自然资源资产离任审计工作，组织阿巴嘎旗审计局对查干淖尔镇开展自然资源资产离任审计。

固定资产投资审计 对锡林郭勒职业学院新校区建设项目竣工决算开展审计，重点审计新校区项目土建、装修、弱电、消防、绿化等 55 项单项工程，对工程造价进行抽查。

民生资金（项目）审计 对 2017 年全盟保障性安居工程进行跟踪审计，锡林浩特市、多伦县、西乌珠穆沁旗 3 个旗县实施异地“交叉审”。组织实施全盟 2016 年至 2018 年 5 月底环境保护专项资金审计项目，对正镶白旗实施“上审下”。对多伦县、太仆寺旗、正镶白旗 2017 年 7 月至 2018 年 8 月末扶贫资金和涉农涉牧统筹整合资金分配、管理和使用及效益情况进行审计，审计主管部门和用款单位 69 个、调查农牧户 271 户。开展全盟新一轮草原生态保护补助奖励政策落实情况审计调查，对东乌珠穆沁旗、西乌珠穆沁旗和乌拉盖管理区 3 个重点地区实施“上审下”。

相关工作 盟审计局党组自觉履行“第一责任人”责任，制定“两个责任”清单，落实意识形态工作责任，实行党建工作与思想政治工作、审计业务工作同安排、同布置、同考核、同奖惩的考核制度。开展“不忘初心、牢记使命、做合格的审计人”主题教育活动，创建和实施“北疆先锋”工程，开展形式多样的活动，推进党的基层组织建设。坚持防控在前，落实党风廉政建设和反腐败工作，配合中央、自治区巡视组开展工作，全面落实盟委第四巡察组巡察盟审计局反馈意见整改工作。先后派出 2 人参加锡林郭勒盟委巡察组巡察工作。 （撰稿人：刘国宾）

【阿拉善盟审计局】 2018 年，阿拉善盟审计局实有 36 人。局长李东亮，副局长王继平、杨信华，总审计师韩燕，副调研员萨茹拉、黄庭国（—5 月）。设有办公室、法制审理科、财政审计科、行政事业审计科、金融外资审计科、社会保障审计科、农牧业与资源环保审计科、经贸审计科、固定资产投资审计科、经济责任审计科；下设审计信息化科研中心（事业单位）。

审计成果 2018 年，阿拉善盟县（旗）两级审计机关完成审计项目 87 个。审计查出主要问题金额 47.27 亿元，其中违规金额 8.11 亿元、管理不规范金额 39.16 亿元；促进增收节支 2.83 亿元；核减工程投资额 2.86 亿元；移送有关部门处理事项 16 件。审计提出建议 135 条；提交审计专题、综合性报告和审计信息 149 篇，被采用 132 篇（次）。

盟审计局实施的对乌兰布和生态沙产业示范区政府投资项目审计和审计调查项目被自治区审计厅评为表彰审计项目。

国家重大政策措施落实情况跟踪审计 按季度组织完成供给侧结构性改革专项转移支付资金管理使用相关政策措施落实情况、创新驱动发展战略相关政策措施落实及专项资金管理使用情况、落实减税降费政策措施情况的跟踪审计项目。

财政审计 组织完成本级预算执行情况审计，对盟本级 4 个单位进行预算执行审计，延伸审计 6 个单位。开展对额济纳旗 2016—2017 年度财政决算情况审计，延伸审计旗发改局等 7 个部门和额济纳旗信达投资公司等 5 个企业。完成全区化解额济纳旗政府性债务专项审计调查，配合盟财政局完成全口径地方政府性债务认定填报工作。根据自治区审计的统一安排，组织实施兴安盟及所属 6 个旗县（市）纪律检查委员会 2016—2017 年度预算执行及其他财政财务收支情况审计。

经济责任审计 盟审计局本级统一组织，完成阿拉善盟委组织部委托的 7 个单位 10 名领导干部经济责任审计。组织实施对阿拉善经济开发区党工委书记、管委会主任大气污染防治审计和审计调查，额济纳旗委书记、旗长任中自然资源资产（森林及土地资源）审计和审计调查。

固定资产投资审计 完成乌兰布和生态沙产业示范区土地征收及出让等情况的专项审计调查。

民生资金（项目）审计 开展全盟2017年度城镇保障性安居工程跟踪审计工作（跨年度项目）。与盟扶贫办对阿拉善左旗等区县的扶贫项目实施情况进行监督检查，与盟财政局、扶贫办对脱贫攻坚的各项资金进行检查和专项督查。

农业与资源环保审计 根据自治区审计厅的要求，完成对全盟环境保护专项资金审计工作，重点审计环境保护、污染防治和污染减排（主要是大气、水、土壤项目）专项资金投入、使用和项目管理、管护和效益的情况，并对阿拉善左旗实施“上审下”。

信息化建设 落实《自治区审计厅关于加强审计信息化工作的意见》，提升计算机辅助审计的水平，在财政预算执行审计、财政决算审计、领导干部自然资源资产责任审计、投资审计等多个领域和审计项目中积极推广运用计算机辅助审计方法。

相关工作 加强对党建和党风廉政建设工作的领导，召开党组会议对党建和党风廉政建设工作进行研究和部署。持续开展“四风”问题监督检查工作，加强审计干部纪律规矩意识，坚持立身立业立信，改进工作作风，严守审计“四严禁”工作要求和审计“八不准”工作纪律。与纪检监督机关协调配合，开展集中整治“雁过拔毛”式腐败问题。

内部审计 推进内部审计职业化建设，组织全盟各内部审计单位的审计人员87人（次）参加由自治区内部审计师协会举办的《内部审计后续教育》等培训班；开展内部审计理论研讨，组织内部审计单位参加知识竞赛活动，强化内部审计宣传与交流，深入企业座谈，邀请企业内部审计人员到盟审计局参观学习。（撰稿人：胡　杰）

【满洲里市审计局】 2018年，满洲里市审计局实有17人。局长程义峰，副局长陈文春、李惠忠、周晓玲。设有办公室、法制科、行政事业金融审计科、农业与社会保障审计科、经济责任审计科、经贸审计科、固定资产投资审计科、资源环境审计科；下设政府投资项目审计中心（计算机信息中心）。

审计成果 2018年，满洲里市审计局完成审计项目18个。查出违规和管理不规范金额14.65亿元。完成工程决算审核项目102个，出具审核意见书46篇，审核资金8.05亿元，审定资金6.4亿元，核减资金1.65亿元，核减比例20.56%。出具审计报告18篇，提出审计建议16条，提交审计信息24篇。

国家重大政策措施落实情况跟踪审计 按季度完成国家重大政策措施落实情况跟踪审计，抽查8家单位、8个项目。查出项目审批业务管理不规范、专项资金下拨不及时等问题，涉及资金108万元。

财政审计 审计发现预算编制不完整、不细化，预备费动用不规范，上级专项资金拨付不及时，违规从零余额账户向实有资金账户转款，非税收入未及时缴入国库等问题，查出违规和管理不规范金额14.15亿元。

经济责任审计 对7个单位开展领导干部经济责任审计，查出违规和管理不规范金额4920.2万元。发现被审计单位普遍存在违规转用零余额账户资金、固定资产管理不规范、政府采购制度执行不严格等问题。首次对领导干部任职期间履行草原资源资产情况开展审计。

专项资金审计 对满洲里市环境保护专项资金的管理和使用情况开展审计；对2014—2017年度自治区文化产业发展专项资金使用情况进行调查；对“博爱一日捐”善款募集、管理和使用情况进行审计；与市财政局共同完成对40余家单位的财经纪律专项检查。

相关工作 以深入学习贯彻习近平新时代中国特色社会主义思想和党的十九大精神为主线，深入推进“两学一做”学习教育常态化制度化，全面落实从严治党。以“不忘初心、牢记使命”为主题，同审计厅驻满洲里审计组联合开展“不忘初心，做新时代合格共产党员”主题党日活动、开展“审计积累与审计创新孰更重要”主题辩论赛等一系列优秀主题党日活动。

（撰稿人：王　刚）

【二连浩特市审计局】 2018年，二连浩特市审计局实有19人。局长裴智汇，副局长张全刚、赵振哲，副调研员白耀武。设有办公室、经济责任审计科、财税行政事业审计科；下设审计内审管理中心、资源环境审计中心等事业单位。

审计成果　2018年，二连浩特市审计局完成审计项目24个。查出管理不规范金额8.21亿元；审计发现非金额计量问题26个；出具审计报告16篇。移送有关部门处理事项1件。审计促进整改落实有关问题金额2.12亿元。提交审计报告和审计信息32篇，被批示、采用4篇。

国家重大政策措施落实情况跟踪审计　按照自治区审计厅统一安排部署，按季度完成推进供给侧结构性改革专项转移支付资金管理使用情况，内蒙古银行二连浩特分行落实防控金融风险相关政策措施情况，二连浩特市教科局、城投公司及财政局创新驱动，二连浩特市住建局、国土局、执法局及农村合作银行降费等跟踪审计，查出管理不规范金额2865.65万元。

财政审计　组织实施对市财政局和地方税务局的本级预算执行和其他财政收支的审计，查出管理不规范金额7.6亿元。受市政府委托，向人大常委会作2017年度本级预算执行和其他财政收支的审计工作报告和上年度审计查出问题整改情况的报告。按照自治区审计厅的安排部署，扎实开展对“十个全覆盖”10项工程内债务基数核查工作。

经济责任审计　受市委组织部委托，完成对市社区建设管理办公室、教育科技局及劳动就业局3个单位主要领导干部的经济责任审计，查出管理不规范金额2218.82万元。按照自治区审计厅的统一安排部署，开展市农牧林业局局长自然资源资产任中审计。

固定资产投资审计　对二连浩特市教科局2015年校舍维修工程的资金使用、建设程序、工程造价进行审计，对市会展中心、内蒙古师范大学二连浩特国际学院新建工程和民族学校的竣工决算进行审计。

民生资金（项目）审计　按照自治区审计厅统一安排，对本市2017年保障性安居工程及配套基础设施的计划、投资、建设、分配、运营等情况进行审计。根据市委、市政府的要求，对本市2013—2017年度扶贫资金管理使用情况实施审计调查。

农业与资源环保审计　按照自治区审计厅统一安排部署，对本市2016—2018年度环境保护专项资金的投入、管理、使用、效益和工程管护情况进行审计。

交办任务　按照自治区审计厅的统一安排，完成满洲里市纪律检查委员会2016—2018年度预算执行审计和其他财务收支情况的交叉审计；开展党费专项审计调查，审计资金总额244.34万元，查出管理不规范金额4.57万元。

相关工作　深入学习宣传贯彻习近平总书记重要讲话精神、习近平总书记在参加十三届全国人大一次会议内蒙古代表团审议的重要讲话精神、习近平总书记在中央审计委员会第一次会议上的重要讲话精神，领会精髓要义，统一思想认识。扎实推进“两学一做”学习教育常态化制度化，落实基层党组织建设的各项要求，制定和修订20项规章制度，发挥党支部的战斗堡垒作用。将意识形态工作落到实处，形成从内容到形式、从落实到评估一整套较为完整的工作责任机制。加强党风廉政建设，将廉政教育贯穿于各类审计工作中，在党员干部中开展集中整治形式主义、官僚主义“十种表现”专项活动，开展纪律作风专项整治月活动。（撰稿人：乌仁图雅）

2018 年内蒙古自治区所辖区、县(市)级审计工作统计表

金额单位:万元

审计机关	完成审计项目/个	审计查出主要问题金额	审计发现非金额计量问题/个	审计期间整改金额	出具审计报告和审计调查报告/篇	审计处理情况		审计促进整改落实有关问题资金	审计提出建议/条	提交审计信息/篇
						审计处理处罚金额	移送处理事项/件			
呼和浩特市										
呼和浩特市本级	26	432072	13	63	24	347606	11	89457	53	71
新城区审计局	17	2710		112	22					8
回民区审计局	12	367300	3	71	11	156			27	2
玉泉区审计局	15	2734	23	1190	26	444		351	42	4
赛罕区审计局	11	21283	19	20	11	2143		89	40	12
土默特左旗审计局	30	532		26	44	97		86	1	2
托克托县审计局	30	1386	2	9	30	759		759	22	10
和林格尔县审计局	16	37478	5	50	18	37451		61	34	2
清水河县审计局	19	3230		2483	17	1385			30	1
武川县审计局	11	1211		543	11	543		543	21	8
包头市										
包头市本级	42	554916	248	10009	42	90144	44	12860	34	409
东河区审计局	40	88866	7	118	40	84439	12	619	25	121
昆都仑区审计局	18	36008	4	11	18	582	2	582		89
青山区审计局	25	75707	7	1504	25	1502	1	1478	63	121
石拐区审计局	10	2597	6	1	10	7	1	1	19	31
白云鄂博矿区审计局	17	1649	23	266	17	1222		26	56	69
九原区审计局	15	3476	7		15	3056	1	2932		52
土默特右旗审计局	16	35796	9		16	32089	5	31540		60
固阳县审计局	10	12141	6		10	11670	2	11670	22	101
达尔罕茂明安联合旗审计局	43	15711	16	103	43	1927	16	1895	84	51
稀土高新区审计局	10	27722	17	20201	10	551		89	19	97
乌海市										
乌海市本级	30	266816	33	266816	32	266816	24	421	74	86
海勃湾区审计局	10	1712	7	1677	10	1712		1677	10	20
海南区审计局	18	4971	1	23	18	3598	7	851	38	73
乌达区审计局	7	15824		15824	12					5

（续表）

审计机关	完成审计项目/个	审计查出主要问题金额	审计发现非金额计量问题/个	审计期间整改金额	出具审计报告和审计调查报告/篇	审计处理情况		审计促进整改落实有关问题资金	审计提出建议/条	提交审计信息/篇
						审计处理处罚金额	移送处理事项/件			
赤峰市										
赤峰市本级	68	504020	35	54972	65	502486	7	54985	77	90
红山区审计局	45	84266			45	84251		84251	118	145
元宝山区审计局	21	9032	48	822	37	315	4		88	10
松山区审计局	42	235		235	68	235	13	235	15	15
阿鲁科尔沁旗审计局	39	3680			47	3594		1135	81	50
巴林左旗审计局	100	1892			74	1090	27	1110	200	127
巴林右旗审计局	46	1135		269	46	1135			73	10
林西县审计局	8	138	4		5	138		138	11	5
克什克腾旗审计局	24	121		37	24	38		37	101	65
翁牛特旗审计局	8	16403	11	16403	7	16403	1	16354	15	6
喀喇沁旗审计局	7	863		835	7	835		835	109	21
宁城县审计局	38	539		493	47	493		493	41	168
敖汉旗审计局	17	9226	45	5235	41	9598	1	9598	35	33
通辽市										
通辽市本级	43	111139	150	15656	43		33	175000	138	198
科尔沁区审计局	332	28	73	1	332			1	78	5
霍林郭勒市审计局	29	9959	3	6483	29			6483	62	13
科尔沁左翼中旗审计局	39	103932	25	8311	39		11	8311	117	15
科尔沁左翼后旗审计局	27	11305			27				114	68
开鲁县审计局	30	7812			30				89	10
库伦旗审计局	18	4553	6		18				32	23
奈曼旗审计局	21	15158	6	62	21			62	63	16
扎鲁特旗审计局	38	318061	19	7974	38		3	317974	95	34
鄂尔多斯市										
鄂尔多斯市本级	43	519109	55	58632	56	296548	33	296377	57	47
东胜区审计局	34	241440	19	2275	34	1392	15	749	52	1
康巴什区审计局	29	150524	5	189	29	118312	6	118411	72	58
达拉特旗审计局	16	98811	30	3	16	5367	6	38774	46	15

（续表）

审计机关	完成审计项目/个	审计查出主要问题金额	审计发现非金额计量问题/个	审计期间整改金额	出具审计报告和审计调查报告/篇	审计处理情况		审计促进整改落实有关问题资金	审计提出建议/条	提交审计信息/篇
						审计处理处罚金额	移送处理事项/件			
准格尔旗审计局	32	118329	399		29	116834	17	116834	56	11
鄂托克前旗审计局	38	41984	15	6	45	5633	18	5576	90	179
鄂托克旗审计局	54	47324	96	17120	67	44880	12	13822	112	3
杭锦旗审计局	57	48963	10	4532	125	13	9	7390	44	145
乌审旗审计局	55	625744	60	548	50	583002	27	451724	143	22
伊金霍洛旗旗审计局	122	158964	131		127	112888	71	54847	311	122
呼伦贝尔市										
呼伦贝尔市本级	46	609628	88	1593	41	201424	18	7761	123	76
海拉尔区审计局	18	148081	19		19	2345	7	234	5	55
牙克石市审计局	37	30778	35	47	55	12478	10	8045	36	8
扎兰屯市审计局	53	256104	27	112	57	31454	37	26676	19	48
额尔古纳市审计局	21	63017	1	1223	23	21	4	593	8	19
根河市审计局	23	16157	11		28	57		7	38	2
阿荣旗审计局	31	10343		9	41	1		1009		28
莫力达瓦达斡尔族自治旗审计局	24	62058	14		24	5314	1	2743	4	68
鄂伦春旗审计局	33	7244	2	943		2		943	18	12
鄂温克族自治旗审计局	43	6007	10				3	477	44	24
陈巴尔虎旗审计局	48	58	32		87				39	
新巴尔虎左旗审计局	108	208418	34	3917	52	3639	2	3634	65	7
新巴尔虎右旗审计局	15	114358	14		15	2713	1	2713	19	32
巴彦淖尔市										
巴彦淖尔市本级	59	438252	149	91	44	8277	49	7165	146	157
临河区审计局	13	3677	3	148	9		1		29	101
五原县审计局	25	17511	3		24	188	18	188	42	49
磴口县审计局	24	4442			23	271	3		36	341
乌拉特前旗审计局	7	26648	12	3041	7	523		523	20	36
乌拉特中旗审计局	18	8207	6	277	18	944	1	28	54	22
乌拉特后旗审计局	34	29765	11	23	33	1227	6	1223	61	84

（续表）

审计机关	完成审计项目/个	审计查出主要问题金额	审计发现非金额计量问题/个	审计期间整改金额	出具审计报告和审计调查报告/篇	审计处理情况		审计促进整改落实有关问题资金	审计提出建议/条	提交审计信息/篇
						审计处理处罚金额	移送处理事项/件			
杭锦后旗审计局	22	31494	4		21	1	2	1	22	1
乌兰察布市										
乌兰察布市本级	3	36786		21	3	36509	2	36131		55
集宁区审计局	18	3860	1		18	290		403	43	43
丰镇市审计局	51	526			51	193		526	20	
卓资县审计局	23	311		311	21			311	64	18
化德县审计局	40	4080		4080	40	4080		3964		15
商都县审计局	29	3999	44	2329	29			1669	87	2
兴和县审计局	6	164			26	164	2		27	
凉城县审计局	26	38626	34	4512	27	31446	1	31437	27	
察哈尔右翼前旗审计局	24	7444	19	33	36	4417		4371	71	21
察哈尔右翼中旗审计局	5	9474	8	2114	61	1194	11	8870	53	294
察哈尔右翼后旗审计局	5	4156	4124		23	9		9	10	24
四子王旗审计局	176	3773	10	3773	57	229		3544	19	29
兴安盟										
兴安盟本级	35	559095	168	24245	50	68595	23	3436	95	196
乌兰浩特市审计局	14	422105	10		23	22	2		23	61
阿尔山市审计局	40	63593	121	2681	47	6868	1	6868	101	51
科尔沁右翼前旗审计局	13	144086	1	263	19	31544	5	254	17	50
科尔沁右翼中旗审计局	29	158389	12	69491	31	30491		30383	40	24
扎赉特旗审计局	53	58821	2		71	868			64	53
突泉县审计局	6	258838	6	383	6	133661				2
锡林郭勒盟										
锡林郭勒盟本级	23	662421	85	14766	18	31882	19	6719	55	1
锡林浩特市审计局	30	161175	3	258	31	2894	5	31	37	
阿巴嘎旗审计局	27	96373	8	88	27	333	4	1	29	24
苏尼特左旗审计局										
苏尼特右旗审计局	17	18753		43	16	18753	2	18753		
东乌珠穆沁旗审计局	14	110054		571	12	110007	4	571	27	129

（续表）

审计机关	完成审计项目/个	审计查出主要问题金额	审计发现非金额计量问题/个	审计期间整改金额	出具审计报告和审计调查报告/篇	审计处理情况		审计促进整改落实有关问题资金	审计提出建议/条	提交审计信息/篇
						审计处理处罚金额	移送处理事项/件			
西乌珠穆沁旗审计局	8	200226	130860		8	200226		228	11	240
太仆寺旗审计局	16	24		24	11				36	
镶黄旗审计局	6				9					
正镶白旗审计局	3				3				9	3
正蓝旗审计局	17	96268	8	113	15	5		64818	34	54
多伦县审计局	18	21790		21790	18	220			32	11
乌拉盖管理区审计局	4	3			4	3			9	18
阿拉善盟										
阿拉善盟本级	20	205475	10	56923	19	164877	5	26176	45	149
阿拉善左旗审计局	24	21361	1	91	25	2025	7	118	30	
阿拉善右旗审计局	8	110331	6		8	6871		6054	13	
额济纳旗审计局	18	117736			18		1		15	34
开发区审计局	17	17838	20	4173	17	6025	3		32	
省直管										
满洲里市审计局	18	15	24	500	18			62237	16	25
二连浩特市审计局	12	82109	26	21250	16		1			32

辽宁省

【辽宁省审计厅】 2018 年，辽宁省审计厅实有 201 人。设有秘书处、办公室、法规计划处、审理处、电子数据审计处、财政审计处、行政政法审计处、教科文卫审计处、农业农村审计处、自然资源和生态环境审计处、固定资产与涉外投资审计处、社会保障审计处、企业与金融审计处、经济责任审计处、内部审计指导监督处、机关党委办公室（人事处），19 个派出审计处；下设辽宁省审计服务中心（事业单位）。

领导成员

厅党组书记、厅长：邢恩先（—1 月）
　　陈　勇（1 月—）
党组成员、副厅长：刘建亭　陆小平
　　张　勇　温向伟（8 月—）
党组成员、纪检组长：姜长全（—12 月）
　　那家强（12 月—）
党组成员、总审计师：郑希超
省经济责任审计工作领导小组办公室主任：
　　张兴民
厅级领导干部：张连义（—10 月）
　　刘建君（—10 月）

审计成果 2018 年，辽宁省审计厅完成审计项目 191 个。查出违规金额 75.96 亿元、损失浪费金额 1.55 亿元；审计发现非金额计量问题 2293 个；损益（收支）不实金额 6.42 亿元；出具审计报告和专项审计调查报告 238 篇。移送司法机关、纪检监察机关和有关部门处理事项 103 件，移送处理人员 112 人，移送处理金额 12.51

亿元。审计促进整改落实有关问题资金107.06亿元；审计促进拨付资金到位6.54亿元。审计提出建议564条，被采纳293条；推动被审计单位制定整改措施213项；促进被审计单位建立、健全规章制度55项；提交审计信息37篇，被批示、采用28篇次；向社会公告审计结果12篇。

国家重大政策措施落实情况跟踪审计　持续跟踪重要经济指标完成、重点任务落实、重大项目推进情况，重点关注各市财政收支、地方政府性债务、企业职工养老保险基金缺口、民生与其他项目推进情况、五大区域发展战略相关产业创业基金、专项资金管理使用等方面，对部分政府投资项目和民生资金、部分亿元以上重大工程项目推进情况、高新技术企业、县域经济、优化营商环境、国有企业改革、生态建设、粮食生产等方面进行重点延伸。同时，各季度还对前期审计发现问题整改情况进行跟踪。

财政审计　组织开展财政预算执行和其他财政财务收支情况审计，突出关注预算收支的完整性、财政财务收支的真实合法效益、地方政府性债务、专项资金统筹整合、存量资金管理使用、中央八项规定精神落实等内容。对重点领域、重点行业专项资金采取省、市、县三级审计机关联动方式予以重点关注。开展全省部分公检法机关非税收入和涉案财物管理情况审计调查，揭示非税收入在收、管、缴等环节和涉案财物在案、账、实管理及处置方式方法等方面存在的问题，向有关部门移送案件线索33件。

经济责任审计　围绕对权力运行的监督制约，重点审计领导干部贯彻落实重大方针政策和决策部署、统筹推进地区或部门经济社会发展、重大经济决策和重大目标任务完成情况，开展对50名领导干部经济责任审计。审计中突出关注领导干部任期内地方政府性债务风险防控和推进改革振兴的创新举措，遵循“三个区分开来”，保护领导干部改革创新和发展作为的积极性。深化经济责任审计制度建设，在全省实施领导干部任前告知、离任交接工作，促进领导干部对需要履行的经济责任认识不清、新官不理旧账等问题的解决。

按照省委办公厅省政府办公厅《关于贯彻〈领导干部自然资源资产离任审计规定（试行）〉的实施意见》要求，结合经济责任审计开展领导干部自然资源资产离任审计，重点关注土地资源、林业资源、水资源、矿产资源和自然保护区、湿地及森林公园等自然资源资产情况，对自然资源资产实物量与生态环境质量状况进行对比分析，针对审计发现的问题，提出审计建议。

固定资产投资审计　开展全省2017年保障性安居工程跟踪审计，对14个市保障性安居工程的计划、投资、建设、分配、运营等情况，以及配套基础设施建设情况进行审计，追回违规资金、盘活专项资金等14.88亿元，促进清退不符合条件保障对象448户。开展2018年度辽宁省援疆资金和项目跟踪审计，重点跟踪审计2018年开工建设项目和正在实施以前年度项目共计101个，并对15个已经完工援建项目实施竣工决算审计。

民生资金（项目）审计　围绕打赢精准脱贫攻坚战，对15个省级贫困县实现审计全覆盖，重点关注精准扶贫、精准脱贫政策措施落实、扶贫资金分配管理使用、扶贫项目绩效等情况，揭示精准扶贫政策落实不到位、项目资金管理不规范等问题，促进规范扶贫项目和资金管理。开展农村养老保险基金收支管理情况审计调查，揭示基金征收、支出、管理等方面存在的问题，推进妥善解决遗留问题，推动与城乡居民养老保险制度并轨衔接。

金融审计　围绕打好防范化解重大风险攻坚战，开展省金融办、省农信社和辽阳银行审计，重点关注贯彻落实国家金融政策、信贷业务合规性、资产质量真实性、业务管理规范性等方面，审计反映的问题促进省金融办加强风险管控。

外资运用审计　开展亚洲开发银行贷款辽宁中部重点城镇综合发展、世界银行贷款辽宁沿海经济带城市基础设施和环境治理等6个项目2017年度财务收支及项目执行情况审计，审计报告在厅机关门户网站上予以公开，亚洲开发银行专家对辽宁中部重点城镇综合发展项目的审计报表质量给予充分肯定，在全国外资审计会议得到通报表扬。

企业审计　开展28户省属企业经营业绩审计调查，揭示省属企业在法人治理结构、“三重一大”制度落实、企业决策管理、法规制度执行、会计核算真实性等方面存在的问题。开展全省建筑市场监管情况审计调查，重点关注招投标监管、资质审批、专项检查和市场收费等情况，推动取消违规收费事项，每年为企业节约招投标费5000余万元，减轻企业负担。

其他审计项目 开展省属高校财务管理情况审计调查，重点关注省属高校资产负债、财务收支、资产分布等情况，揭示资产管理、经费管理、科研政策落实、财务管理等方面存在的问题，推动省属高校系统整改。

信息化建设 推进“金审工程”三期项目，率先在全国审计机关完成厅本级移动审计支撑系统部署。加强省审计数据中心建设，实现省域数据统一集中管理，完成社保数据标准表编制、省属企业、省属高校、自然资源资产、经济责任审计数据集；完成2017年市县两级财政数据处理工作，社保、地税、公积金数据处理；结合审计项目，完成审计业务子系统数据采集建设。在审计项目实施前开展数据分析，编制数据分析报告，为现场审计“定位”和“导航”，探索大数据审计模式。

审计科研 全年完成《构建统一高效审计监督体系的思考》《关于辽宁省开展领导干部自然资源资产离任审计的调研报告》《关于加强对被审计单位内部审计工作指导监督调研报告》《关于推进审计监督全覆盖发挥促进财政管理的重要作用的调研报告》《关于推进审计职业化建设提升审计队伍的专业和水平的调研报告》《辽宁省审计机关运用“三个区分开来”的实践与思考》《深化预算执行审计研究》重大审计科研成果7项。

相关工作 把学习贯彻习近平新时代中国特色社会主义思想和党的十九大精神作为首要政治任务和头等大事，采取支部集体讨论、党员干部自学、邀请党代表和讲师团专家上党课等多种形式强化学习，提高政治站位，牢固树立“四个意识”，坚定“四个自信”，做到“两个维护”。坚持党建工作与业务工作同步统筹部署，同步组织实施，确保党建与审计两融合两促进。落实全面从严治党党组主体责任和主要负责人“第一责任”、领导班子其他成员“一岗双责”，层层压实廉政责任，持续推进厅机关纪律作风整治，严格执行审计“四严禁”工作要求和审计“八不准”工作纪律，使文明审计和廉洁从审内化于心、外化于行。强化干部能力素质提升，通过编发《理论学习条目》、开设审计讲堂、邀请专家授课、组织研讨交流、提倡报考职业资格等工作，实现讲学互促，提升审计专业素养；落实新时代好干部标准，营造风清气正的选人用人环境。改进审计管理，加强对下级审计机关的领导，完善重大事项报告和述职制度，推进全省审计工作统筹；系统制定完善各类制度80项，梳理规范25个审计业务法律文书，研究制定《关于实行审计业务全链条管理的意见》，明晰审计项目实施全过程和各环节的关键工作，保障审计质量和效率。扎实推进审计管理体制改革，落实省委改革部署，组建省委审计委办公室，完成省委审计委交办重点事项，优化省审计厅职责，完成职能划转和人员转隶工作。

（撰稿人：乔鹏程）

【沈阳市审计局】 2018年，沈阳市审计局实有151人。党组书记、局长韩力，副局长高洪光，党组成员、副局长刘宝石、周成铀，党组成员、市经济责任审计工作领导小组办公室主任石静华，党组成员、总审计师康健。设有办公室、机关党委、行政处、信息化处、人事处、离退休干部处、法规处、经济责任审计处、经贸审计处、固定资产投资审计一处、固定资产投资审计二处、财政审计处、金融审计处、行政政法审计处、科教文卫审计处、农业审计处、资源环境审计处、社会保障审计处、外资运用审计处、案件审计处、地铁审计处。

审计成果 2018年，沈阳市审计局完成审计项目49个，涉及1234个单位。查出主要问题金额893.72亿元，移送有关部门处理事项7件，出具审计报告和审计调查报告60篇，审计报告和审计要情先后被市领导批示13篇次。

沈阳市部分公、检、法机关非税收入和涉案财物管理情况专项审计调查、沈阳市2016年保障性安居工程跟踪审计等2个项目，被省审计厅评为表彰审计项目。

国家重大政策措施落实情况跟踪审计 对13个区、县（市）政府一般公共预算收支和债务情况进行专项审计调查，揭示3大类8个方面的问题。对沈阳恒信融资担保等4家国有独资融资担保公司开展审计调查。持续开展对全市和康平县脱贫攻坚政策措施落实情况的跟踪审计，揭示财政扶贫专项资金落实不到位、少数民族发展项目建设进展缓慢等问题。对全市黑臭水体治理工程、运河水系治理工程进行跟踪审计调查。

财政审计 实现对全市74个一级预算部门和592个二级预算部门的预算执行审计全覆盖，揭示8大类18个方面262个问题，已整改到位254个，占总数的97%。

经济责任审计 对全市20个单位的25名市管领导干部开展经济责任审计。开展3个地区领导干部自然资源资产离任审计。以市委、市政府办公厅名义印发《沈阳市关于贯彻落实〈领导干部自然资源资产离任审计规定（试行）〉的实施意见》。

其他审计项目 对外经贸产业发展开展专项审计，揭示预算执行率逐年下降等6个方面问题，共追回财政补助专项资金500余万元。对2017年就业补助资金管理使用情况、《沈阳市加强基层医疗卫生服务体系建设与发展行动计划（2016—2018年）》落实情况开展专项审计调查。根据市委、市政府领导交办先后开展全市国资委重点监管的市属国有及国有控股企业境外投资情况专项审计调查、农村饮用水安全工程审计调查、水务集团拖欠市财政原水费和污水处理费情况专项审计、苏家屯区沈阳南部污水处理厂等3个项目征地拆迁情况审计调查，开展全市公、检、法机关非税收入和涉案财物审计调查和审计整改情况"回头看"。 （撰稿人：陈新平）

【大连市审计局】 2018年，大连市审计局实有135人。党组书记、局长于保和，党组副书记、副局长宫本胜，党组成员、副局长张学贵，副局长刘文辉，副巡视员宋盛英，总审计师于雷。设有办公室、法制处、电子数据审计处、财政审计处、税收征管审计处、经济责任审计一处、经济责任审计二处、行政政法审计处、教科文卫审计处、农业审计处、资源环境审计处、固定资产投资审计一处、固定资产投资审计二处、企业审计处、社会保障审计处、金融审计处、外资运用审计处、内部管理审计处、人事处（机关党委）。

审计成果 2018年，大连市审计局完成审计项目63个，其中专项审计调查项目15个。查出主要问题金额621.59亿元，其中违规金额1.62亿元、管理不规范金额619.97亿元；审计发现非金额计量问题441个；出具审计报告和专项审计调查报告合计103篇，被批示、采用10篇。

大连大学2015年度预算执行及书记、校长经济责任履行情况审计被省审计厅评为优秀审计项目，大连市外事办公室原主任经济责任履行情况审计被省审计厅评为表彰审计项目。

国家重大政策措施落实情况跟踪审计 围绕"重实干、强执行、抓落实"专项行动，开展扶贫攻坚政策措施落实情况跟踪审计、农村环境连片整治项目建设情况专项审计调查、战略性新兴产业相关政策执行情况的专项审计调查等项目，促进政策落实、项目落地、资金保障。

财政审计 开展2017年度市本级预算执行及决算草案情况审计、2017年度市本级部门（单位）预算执行情况审计等项目，对民政局、林业局等12个市直部门及其所属的部分单位预算执行情况进行审计，揭示无预算安排支出、代编预算不合理、年初预算不细化等问题。

经济责任审计 完成21个领导干部经济责任审计项目，查出违规金额1.41亿元，增收节支1.37亿元。以大连市政府名义印发《关于深入贯彻〈领导干部自然资源资产离任审计规定（试行）〉的实施意见》。

固定资产投资审计 开展2018年援疆项目跟踪审计、2017年环境品质提升工程专项审计调查、金普铁路跟踪审计等项目，揭示项目基本建设程序不规范、建设缓慢、投资概算编制不规范等问题。对2016—2017年度政府投资计划、财政资金投入情况进行梳理，向市委、市政府提交近年来政府投资项目审计情况的专题报告，揭示政府投资计划安排与财力不匹配等问题6个。

民生资金（项目）审计 开展2017年保障性安居工程跟踪审计、全民健身体育场地设施及体育发展资金管理使用效益情况的审计调查、全市养老机构建设运营情况专项审计调查等项目，揭示部分地区安居工程资金闲置、电子政务缺乏统一协调、资金使用效益不佳等方面问题。

其他审计项目 开展市政府各部门政务信息系统整合共享专项审计调查。 （撰稿人：蔡丹丹）

【鞍山市审计局】 2018年，鞍山市审计局实有91人。党组书记、局长原丹（—12月）、阚小阳（12月—），党组成员、副局长徐威、李久韬（12月—）、张小川（—12月）、邵伟，党组成员、总审计师王立辉（12月—）。设有办公室、法规科、经责科、财政科、行政政法科、农业与资源环保科、投资与外资科、综合计划科、经贸与金融科、社保科、派出审计科、教科文卫科、审计督查与经济案件科、指导科研科、计算机审计科、人事科、机关党委。

审计成果 2018年，鞍山市审计局完成审计项目52个，其中专项审计调查项目7个。查出主要问题金额27.21亿元，其中违规金额2.1亿元、管理不规范金额25.11亿元；移送纪检监察审计案件线索12件。促进整改落实有关问题资金4297万元，其中增收节支3660万元。

国家重大政策措施落实情况跟踪审计 重点关注围绕国家、省重大政策措施落实和市委、市政府重点工作部署，审计抽查鞍山市民生、环保等方面重大项目62个，发现因项目用地未落实、资金不到位，10个项目存在未开工、推进迟缓、资金闲置等情况，涉及中央资金2.03亿元。

财政审计 开展2017年度市本级财政预算执行审计，揭示部分预算资金下达不及时、预算绩效管理工作推进缓慢、预算编制不实不细不精准、专项资金当年结余等问题，以及13个部门扩大开支范围、5个部门财政收入未及时上缴、3个部门政府采购违规，乡镇财政违规向派出机构拨款等问题。

经济责任审计 开展领导干部经济责任项目14个，其中党政同步审计项目2个，促进领导干部履职、尽责、担当、作为。对台安县人民政府原县委书记和农村经济委员会原党委书记、主任开展自然资源资产离任审计试点工作。

固定资产投资审计 开展西部污水处理厂污水截流工程、辽宁中部工业走廊出海通道、沈营线延伸端新建工程、八中体育馆、鞍山市中心医院全科医生培训基地等5个投资项目的审计。审计投资额8.18亿元，核减工程投资454.9万元。

审计科研 《浅谈2018年公、检、法非税收入和涉案财物审计》获得全省审计机关年度优秀审计论文三等奖，《面向新时代国家审计监督重点与对策》在2018年全省青年审计论坛论文评比中获得二等奖。（撰稿人：王振铎）

【抚顺市审计局】 2018年，抚顺市审计局实有97人。党组书记、局长胡乃涛，党组成员、副局长杨玉利、胡恩刚、孔祥禄（12月—），副局长周连霞，党组成员、总审计师杨一凡，党组成员、市经济责任审计办公室主任孔祥禄（—12月）。设有办公室、综合科、人事科（机关党委）、法规科、电子数据审计科、经济责任审计一科、经济责任审计二科、经济责任审计三科、财政审计科、审计整改督察科、行政政法审计科、教科文卫审计科、经贸审计科、农业审计科、资源环境审计科、社会保障审计科、固定资产投资审计一科、固定资产投资审计二科、固定资产投资审计三科、外资金融审计科。

审计成果 2018年，抚顺市审计局完成审计项目84个。查出主要问题金额153.04亿元，审计发现非金额计量问题566个，出具审计报告和专项审计调查90篇，向有关部门移送违纪违法案件线索4件。

抚顺新抚钢有限责任公司改制以来经营情况审计项目被省审计厅评为优秀审计项目，抚顺市农委主任经济责任履行情况审计项目被省审计厅评为表彰审计项目。

国家重大政策措施落实情况跟踪审计 跟踪审计全市列入省级亿元以上重点建设项目情况，每季度形成阶段性调查报告。开展“重实干、强执行、抓落实”专项行动的跟踪审计，报送25期跟踪审计专报或要情，得到抚顺市政府主要领导批示。对清原县、新宾县脱贫攻坚政策措施落实情况跟踪审计。

财政审计 开展市本级2017年度预算执行及其他财政收支情况审计，追回、补缴资金2.31亿元，盘活使用资产资金5009万元，促进建立健全管理制度9项。

经济责任审计 开展领导干部经济责任项目16个，向纪委监委移送涉嫌未正确履行职责等案件线索3件共5人；开展清原县和市环保局等5个单位领导干部履行自然资源资产管理和生态环境保护责任审计，促进领导干部认真履行自然资源资产管理和生态环境监管职责。

固定资产投资审计 开展抚顺大学概算外项

目、抚顺雷锋大剧院室内装饰工程、保障性安居工程等17个项目的审计和审计调查，审计资金总额36.82亿元，审计核减工程投资3996万元。

民生资金（项目）审计 开展企业职工基本养老保险基金、农村社会养老保险、新农合基金市级统筹、民政专项资金、教育费附加等方面的审计或审计调查，促进中央和地方各项惠民政策措施落实。

企业审计 开展城市建设发展有限公司等三家市属大型企业绩效审计，对企业集团公司组建运营、国有企业闲置土地、闲置厂房情况专项进行审计调查，为深化全市国资国企改革、促进企业规范化管理发挥重要作用。（撰稿人：唐东宏）

【本溪市审计局】 2018年，本溪市审计局实有89人。党组书记、局长崔保民，党组副书记、副局长富国义，党组成员、副局长邹新鹏、丁吉忠，副局长田伟。设有办公室、机关党委、综合科、法规科、经济责任审计一科、经济责任审计二科、财政金融审计科、行政政法审计科、科教文卫审计科、农业与资源环保审计科、固定资产投资审计一科、固定资产投资审计二科、经贸审计科、社会保障审计科、外资运用审计科、经济案件审计科、电子数据科、离退休干部科。

审计成果 2018年，本溪市审计局完成审计项目48个。出具审计报告和专项审计调查报告63篇；审计处理处罚金额3.68亿元，移送司法机关、纪检监察机关和有关部门处理事项7件；向社会公告审计结果1篇。

本溪满族自治县县委县政府主要领导干部自然资源资产管理经济责任履行情况审计项目被省审计厅评为优秀审计项目。

国家重大政策措施落实情况跟踪审计 开展简政放权、“放管服”改革、优化营商环境、涉企收费等政策措施落实情况的跟踪审计，助推5大板块27个具体项目落地生根、持续推进、发挥实效。

财政审计 开展市本级2017年度预算执行及其他财政收支情况的审计，移送处理事项2件，上缴、追缴、归还资金392万元，促进拨付使用资金2.64亿元，建立健全管理制度8项。

经济责任审计 开展领导干部经济责任审计项目28个，其中同步开展4个党政领导干部经济责任审计，移送处理事项4件。对本溪县、平山区人民政府原区委书记、区长和南芬区人民政府原区委书记开展自然资源资产离任审计，全市两县四区人民政府实现自然资源资产离任审计全覆盖。印发《关于贯彻〈领导干部自然资源资产离任审计规定（试行）〉的实施意见》。

民生资金（项目）审计 开展城镇保障性安居工程、农村社会养老保险基金收支、就业再就业专项资金管理使用等审计项目，反映政策落实和制度运行情况及资金管理使用等方面存在的问题，推动完善民生政策、加强资金管理。

审计科研 《关于精准扶贫审计的探讨》《基层审计机关跟踪审计实务研究与探讨》招标课题通过省审计厅审核。《领导干部自然资源资产离任审计中大数据应用的关键问题探讨》获得省审计厅2018年度优秀定向合作审计课题。

（撰稿人：唐荣海）

【丹东市审计局】 2018年，丹东市审计局实有58人。党组书记、局长张羽（—12月）、马文艳（12月—），党组成员、副局长张作群（—12月）、吕亚军（12月—）、李殿卉，党组成员、总审计师张爱兵（—12月）。设有办公室、法规计划科、审理科、内部审计指导监督科、电子数据审计科、财政审计科、行政事业审计科、农业农村审计科、自然资源和生态环境审计科、固定资产投资审计科、社会保障审计科、企业与金融审计科、经济责任审计科、机关党委办公室（人事科）、市委审计委员会办公室秘书科。

审计成果 2018年，丹东市审计局完成审计项目51个。查出问题金额19.35亿元，其中违规金额1339万元；上缴财政1264万元；审计发现非金额计量问题42个；提出审计建议73条，被采纳31条。

财政审计 以促进财政管理体制完善、维护公共资金安全为目标，重点关注部门预算执行和其他财政收支情况，揭示转移支付资金管理、国库资金安全管理、非税收入征管、预算支出、财政资金使用绩效等方面问题，促进盘活存量资金和加快财政拨付工程资金。

国家重大政策措施落实情况跟踪审计 市、

县（市）区审计机关联动，按季度完成重大政策措施落实情况跟踪审计，揭示政策措施落实不到位、不及时等问题，促进政令畅通。

固定资产投资审计 对2017年保障性安居工程进行跟踪审计，督促拨付工程款200万元，拨付廉租房补贴64万元，完成206套公租房竣工验收；收回超进度拨付的工程款210万元；新增公租房分配指标35套；规范销售收入纳入预算管理276.53万元；取消81户不符合条件家庭的保障资格，追回违规发放补贴6.06万元，上缴财政640.86万元。

经济责任审计 开展13名领导干部经济责任审计，开展3名领导干部自然资源资产离任审计，较好地解决领导干部对需要履行的经济责任认识不清、新官不理旧账等问题，促进领导干部认真履行自然资源资产管理和生态环境监管职责。

内部审计 市政府召开内部审计工作会议，落实《审计署关于内部审计工作的规定》，建立内部审计工作机制和工作机构，促进内部审计工作发挥重要作用。（撰稿人：张胜伟）

【锦州市审计局】 2018年，锦州市审计局实有97人。党组书记、局长马志军，党组副书记、副局长李犁，党组成员、副局长丁立（12月—）、李春利，副局长牛继强，党组成员、总审计师王新，党组成员、调研员吕家广，党组成员、市经济责任审计工作领导小组办公室主任赵长海。设有办公室（审计办秘书科）、法制审理科、综合计划科、内部审计指导监督科、电子数据审计科、财政审计科、行政政法审计科、教科文卫审计科、农业农村审计科、自然资源和生态环境审计科、固定资产与涉外投资审计科、社会保障审计科、企业与金融审计科、经济责任审计科、审计督察科、机关党组织办公室（人事科）。

审计成果 2018年，锦州市县两级审计机关完成审计项目121个。查出主要问题金额177.09亿元，其中违规金额65.54亿元、管理不规范金额96.49亿元；移送处理事项6项，审计发现非金额计量问题793个；出具审计报告和专项审计调查报告161篇，被市领导批示的审计报告和审计要情专报26份。

锦州市2014年至2016年涉农资金管理使用绩效情况专项审计调查项目被审计署评为表彰审计项目。

国家重大政策措施落实情况跟踪审计 重点对资金落实、项目落地以及国家取消、下放、调整的行政审批事项落实情况进行跟踪审计，揭示资金效益发挥不及时、专项资金闲置、项目建设进展缓慢等问题，有效促进国家重大政策措施落实。

财政审计 开展市本级以及滨海新区、松山新区预算执行审计，揭示违规补助下级支出、无预算拨款、专项转移支付资金下达不及时、存量资金未纳入财政集中管理等问题，涉及金额46亿余元，审计缴款6100万元。

经济责任审计 开展领导干部经济责任审计项目67个，查出问题金额6.4亿元，向市政府报送审计要情专报2份，相关部门根据审计建议修改部门规定2项。召开全市经济责任审计领导小组会议，制定下发《全市领导干部经济责任与自然资源资产审计计划草案》《领导干部自然资源资产离任审计报告模板》，经济责任审计工作得到进一步规范。

固定资产投资审计 开展保障性安居工程、南山公园项目一期工程、滨海新区基础设施工程等10个项目的跟踪审计和工程结算审计，审减资金2300余万元，节约政府投资，规范工程管理，促进项目建设顺利推进。

审计整改 采取人大、组织部、纪检（监察）委、市委、市政府一起抓督察整改的方法，审计整改率达到94%；市委、市政府出台《审计整改事项提请责任追究程序》，对两个单位的主要负责人进行审计整改约谈，促进解决屡审屡犯问题。

（撰稿人：宋子辉）

【营口市审计局】 2018年，营口市审计局实有48人。党组书记闫海广，局长闫海广（—12月）、张丽杰（12月—），党组成员、副局长王世强、许林、徐仁彪，党组成员、市经济责任审计工作联席会议办公室主任李鑫。设有机关党总支办公室、政策法规科、审理科、内部审计指导监督科、电子数据审计科、财政审计科、行政政法审计科、教科文卫审计科、农业农村审计科、自然资源和生态环境审计科、固定资产投资审计科、社会保障审计科、企业与金融审计科、经济责任审计科。

审计成果 2018年，营口市审计局完成审计项目47个。出具审计报告和专项审计调查报告69篇，被批示、采用28篇次；审计处理处罚金额5.9亿元，移送司法机关、纪检监察机关和有关部门处理事项5件；向社会公告审计结果2篇。

国家重大政策措施落实情况跟踪审计 以供给侧结构性改革为主线，重点对营口市房地产去库存、民生工程推进、贯彻“重强抓”、保障性安居工程配建门市房、县区财政往来款项及预拨经费挂账等情况进行跟踪审计。审计客观评价两级政府稳增长政策落实情况，揭示工程完工不及时、专项资金拨付不到位、非税收入应征未征等问题，提出具有针对性的建议，推动政策落实、项目落地、资金到位。

财政审计 开展市本级预算和部门预算执行以及县（市）区财政决算审计，反映和揭示预算资金沉淀较大、上级专项指标分配不及时、专项资金分配不及时、应缴未缴国库收入、养老保险基金运行风险剧增、政府性债务负担沉重等问题。

经济责任审计 对17名领导干部进行经济责任审计，对2个县级市市委书记开展自然资源资产离任审计，客观真实反映自然资源资产管理和生态环境保护中存在的体制、机制、制度和管理方面的问题，促进领导干部守法守纪、守规尽责。

民生资金（项目）审计 开展保障性安居工程跟踪审计，发现7个方面55个问题，移送重大违纪违法线索49件，并向市政府报送审计要情。开展脱贫攻坚审计、农村社会养老保险基金审计调查、全市卫生系统专项资金审计、全市教育系统国有资产及专项资金审计、粮食储备及专项资金审计调查等工作，注重揭露民生领域深层次问题，为民生政策见实效做好保障。

（撰稿人：栾洪勋）

【阜新市审计局】 2018年，阜新市审计局实有50人。党组书记、局长于国忠，党组副书记、副局长李志宇，副局长金长起，党组成员、副局长张文，党组成员、总审计师马丽娟，党组成员、市经济责任审计工作联席会议办公室主任谭玉民。设有机关党委办公室（办公室、人事科）、审计委办秘书科（综合法规科）、经济责任审计科、审理监督科、财政金融审计科、行政政法审计科、教科文卫审计科、农业农村审计科、自然资源和生态环境审计科、固定资产与涉外投资审计科、社会保障审计科、企业审计科、电子数据科、内部审计指导监督科。

审计成果 2018年，阜新市审计局完成审计项目64个。出具审计报告和专项审计调查报告95篇，被批示、采用14篇次。审计处理处罚金额10.41亿元，移送司法机关、纪检监察机关和有关部门处理事项6件。

阜新市审计局驻村第一书记先进事迹被审计署评为全国审计机关50个先进典型之一。

国家重大政策措施落实情况跟踪审计 聚焦深化供给侧结构性改革、加快产业结构调整、提高科技创新能力等重点工作，持续跟踪“放管服”改革、重大项目推进、优化营商环境、减税降费、政府性债务等情况。审计报告提出的政府性债务问题得到积极整改，阜新蒙古族自治县、彰武县共化解政府性债务5.25亿元。

经济责任审计 完成领导干部经济责任审计项目28个，提出审计建议67条，促进增收节支432万元。开展彰武县党政主要领导干部自然资源资产任中审计，移送6件违法占地线索，促进领导干部增强资源环保意识。代市委、市政府起草《关于贯彻〈领导干部自然资源资产离任审计规定（试行）〉的实施意见》。

固定资产投资审计 完成中小学生实践学校、高铁站前基础设施配套工程、辽宁援疆等政府投资项目审计。开展的农村义务教育改薄项目审计调查，涉及阜新蒙古族自治县、彰武县71所学校、131个项目，两县政府均召开专题会议研究审计整改工作。

民生资金（项目）审计 开展阜新蒙古族自治县和朝阳市建平县扶贫政策落实情况跟踪审计，促进真脱贫、脱真贫。按照市政府领导批示要求，开展打击医疗保险欺诈骗保专项行动。在全市农村养老保险基金审计中，发现农保人员涉嫌贪污挪用的案件线索并移送监察部门，2人受到开除党籍、开除公职处分。持续开展保障性安居工程跟踪审计，追回8户违规享受的补贴资金。

外资运用审计 在昌图县世界银行贷款可持

续发展农业项目审计中，发现虚报冒领贷款资金的问题线索，3名涉案人员被立案审查。

（撰稿人：金石开）

【辽阳市审计局】 2018年，辽阳市审计局实有62人。党组书记杨挺，局长张迎胜，党组成员、副局长王东、李锡明，总审计师姜铁男，市经济责任审计办公室主任曹福刚，河东新城审计分局副局长刘志明。设有办公室、综合研究室、法规科、经济责任审计办公室、财政审计科、财政收入征管与金融审计科、行政政法审计科、教科文卫审计科、农业审计科、环境资源审计科、政府绩效投资审计科、城市建设管理审计科、经济贸易审计科、社会保障审计科、电子数据审计科、人事教育科、河东新城审计分局；下设审计信息中心（事业单位）。

审计成果 2018年，辽阳市审计局完成审计项目51个。出具审计报告和专项审计调查报告58篇，被批示、采用4篇次。审计查出违规违纪及管理不规范问题金额68.29亿元，移送司法机关、纪检监察机关和有关部门处理事项6件。

2017年保障性安居工程跟踪审计项目被省审计厅评为表彰审计项目。

经济责任审计 对15名市管领导干部开展经济责任审计，揭示违纪违规、决策失当等问题，向有关部门移送审计线索3件，涉及3人。贯彻“三个区分开来”，保护领导干部改革创新和发展作为的积极性，促进领导干部守法守纪、守规尽责。

民生资金（项目）审计 坚持“上审下”与“同级审”相结合，对灯塔市、辽阳县脱贫攻坚政策措施落实情况进行审计，提出完善当地扶贫资金项目库、整合扶贫资源、统筹项目规划等建议，督促问题整改，有效巩固精准扶贫成果。

农业与资源环保审计 在灯塔市党政领导干部自然资源资产审计中，充分发挥地理信息系统和审计移动办公平台作用，实现对重点问题实地延伸的精准定位，有效提升精准度，促进领导干部认真履行自然资源资产管理和生态环境保护职责。

企业审计 开展市直属17家国有企业改制（含破产）预留资金管理使用情况审计，发现各类管理不规范和违纪问题12个，查出违规金额1.49亿元，向市纪委监委移送审计线索1件，涉及具体事项9项，涉及相关人员4人，涉及违纪金额130.64万元，保障国有资产安全、促进国有企业提质增效。

信息化建设 持续加大硬件投入，完善审计进度管理平台程序。对重点项目大数据应用进行集中分析研讨，强化大数据技术推广和成果转换，1项优秀计算机应用成果获得省审计厅表彰。

内部审计 对全市内部审计情况进行摸底，结合审计项目和机构改革宣传内部审计工作，41家被审计单位采纳审计意见增设内部审计机构或职能。把内部审计指导工作与审计业务工作同部署、同检查，坚持成果采用与结果复核同步开展。

（撰稿人：曲姝繁）

【盘锦市审计局】 2018年，盘锦市审计局实有42人。党组书记、局长王贺广，党组成员、副局长闫志刚、王钧、郭铧震（8月—），总审计师张伟，经济责任审计办公室主任孙宏。设有办公室、法制综合科（计算机审计科）、经济责任审计办公室（经济责任审计一科）、经济责任审计二科、财政与金融审计科、行政事业审计科、经贸与农业审计科、经建与社保审计科、固定资产投资审计科。

审计成果 2018年，盘锦市审计局完成审计项目32个。出具审计报告和专项审计调查报告46篇，被批示、采用13篇次；审计处理处罚金额2.14亿元，移送司法机关、纪检监察机关和有关部门处理事项5件。

国家重大政策措施落实情况跟踪审计 开展去产能、商品房去库存、燃气壁挂炉安装、残疾人困难补助、减税降费、一般公共预算收支和债务风险防范6个方面的政策落实情况跟踪审计。促进被审计单位制定整改措施20项、建立健全规章制度16项，保证政令畅通和各项政策措施落实到位。

财政审计 开展市本级预算执行和其他财政收支审计，查出违规及管理不规范金额50余亿元。通过督促整改，纠正各类违规及管理不规范金额6.29亿元，减少财政拨款6.12亿元，取消9户违规享受的保障住房待遇，对已满60岁未及时领取养老金人员 9186 人发放养老金，对 125 名死亡人员完成退保工作。对市直 257 家预算单位财政性账户和其他账户结余资金以及财政账户清理审计，清理回收财政存量资金 10.36 亿元，清理取缔账户 31 个。

经济责任审计 对辽河口生态经济区土地资源、水资源、保护区管理和生态环境治理等开展领导干部自然资源资产离任审计，揭示自然资源资产基础数据缺失、自然保护区核心区和缓冲区内存在旅游及生产经营设施、饮用水水源地一级地保护区内存在与取水无关的设施、二级地保护区内农业面源污染、生活面源污染、交通穿越、部分农村水源水质检测结果不符合标准要求等问题。

企业审计 对辽宁金社裕农供销集团有限公司进行审计，摸清企业资产负债损益状况，揭示财务管理混乱等问题，将该集团法人代表涉嫌严重违纪违法问题线索移送纪委监委调查处理。对盘锦文旅、水务、国投、金控四大集团及其下属公司的资产、负债及所有者权益开展审计，发现企业亏损、资产及经营成果不实、支出不合规、滥发津补贴等问题，违规及管理不规范金额 3.8 亿元。

（撰稿人：赵庆举）

【铁岭市审计局】 2018 年，铁岭市审计局实有 55 人。党组书记、局长张波，党组成员、副局长杨占荣、李化山、邵荣、赵国东，党组成员马可。设有办公室、人事教育科、法制科、综合科、经济责任审计办公室、固定资产投资审计一科、固定资产投资审计二科、财政审计科、金融审计科、教科文卫审计科、行政政法审计科、经贸审计科、农业与资源环境审计科、外资运用与社会保障审计科、电子数据审计科、机关党委。

审计成果 2018 年，铁岭市审计局完成审计项目 43 个，其中专项审计调查项目 10 个。查出违规金额 5220 万元、管理不规范金额 35.1 亿元；审计发现非金额计量问题 227 个；出具审计报告和专项审计调查报告 58 篇。

2017 年度全市就业补助资金分配使用和管理情况审计项目被省审计厅评为优秀计算机审计成果。

国家重大政策措施落实情况跟踪审计 围绕市政府“重强抓”专项行动重点任务，持续跟踪重点工作开展、重大项目推进等开展重大政策措施落实情况跟踪审计，重点关注全市保障性安居工程、全市脱贫攻坚政策措施落实、昌图县改善营商环境推进简政放权、铁岭市创业孵化基地运营管理等情况。

财政审计 对市级财政管理和 5 个市直部门及 45 个下属单位预算执行情况进行审计或者专项审计调查。按照省委审计委员会部署和省审计厅统一安排，完成县区一般公共预算收支和债务情况审计。

经济责任审计 开展经济责任审计项目 18 个，自然资源资产离任审计项目 2 个。统一部署全市村级负责人经济责任审计，共审计 23 个村 36 名村干部。

民生资金（项目）审计 开展一事一议、就业补助、优抚资金、农村义务教育薄弱学校改造计划补助资金、农村社会养老保险基金等的审计或者专项审计调查，指出并纠正资金拨付使用、项目管理等方面存在的问题，促进民生政策落实。

信息化建设 印发《铁岭市审计局关于进一步推进审计信息化工作的指导意见》，配套制定《审计业务电子数据管理办法》《重点计算机审计项目管理办法》《审计信息化队伍建设行动纲要》等制度，审计信息化发展格局初步形成。

相关工作 强化思想建设，增强政治理论水平；强化制度建设，推进全面从严治党；强化支部建设，夯实党建工作基础；强化载体建设，提高党建工作实效；强化意识形态建设，牢牢掌握主动权；强化纪律作风建设，提升审计形象。

（撰稿人：王　辉）

【朝阳市审计局】 2018 年，朝阳市审计局实有 36 人。党组书记、局长王福辉，党组成员、副局长谭立波、周军昌、鲁秀静，党组成员、总审计师佟宝钧。设有办公室、机关党总支、人事教育科、法制综合科、经济责任审计办公室、财政审计科、行政政法审计科、教科文卫审计科、经贸审计科、农业审计科、资源环境审计科、社会保障审计科、固定资产投资审计一科、固定资产投资审计二科、信息化管理与应用科。

审计成果 2018 年，朝阳市审计局完成审计项目 82 个。出具审计报告和专项审计调查报告 108 篇，被批示 11 篇次；查出违规问题金额 9.73 亿元，移送司法机关、纪检监察机关和有关部门处理事项 40 项；向社会公告审计结果 2 篇。

朝阳市本级 2016 年度财政预算执行和其他财政收支审计项目被省审计厅评为表彰审计项目。

国家重大政策措施落实情况跟踪审计 通过四个季度的跟踪审计，揭示出政府债务负担沉重，财政转移支付资金未及时分解下达指标，短期偿债压力较大等问题，促进各项政策措施落实。通过全市“三减（简）一降”政策落实情况跟踪审计，助推降低企业制度性交易成本、优化营商环境建设。

财政审计 开展市本级 2017 年度预算执行和其他财政收支审计，揭示出未及时下达专项转移支付指标 17.9 亿元、新增财政对外借款管理不规范 2338.5 万元、列支县级财政项目资金 7331.6 万元等问题，提出规范财政资金管理、强化追责问责等审计建议。

经济责任审计 开展经济责任审计项目 15 个，涉及 19 名领导干部和企业领导人员，查出主管责任问题金额 8152 万元。在对建平县党政主要领导干部经济责任审计中，同步开展自然资源资产离任（任中）审计，揭示出批而未建建设用地 19.86 公顷、滞留资源税 4633 万元等问题，强化被审计人自然资源资产管理和生态环境保护责任。

固定资产投资审计 开展鸟化石地质公园、燕都新城保障房、市环卫工程等 16 个重大投资项目审计，涉及投资额 6.16 亿元，审减工程造价 2370 万元。

民生资金（项目）审计 开展脱贫攻坚、保障性安居工程等 9 项民生项目和资金审计。脱贫攻坚审计，筛查出不符合标准的贫困人口疑点数据 3583 条；保障房审计，揭示出骗取侵占征地拆迁补偿、多计算补偿费等问题，涉及资金 1590 万元。

信息化建设 自主研发审计整改管理系统，实现资料录入、整改销号、信息共享的办公自动化，提高工作效率。

审计科研 《政府审计如何利用内部审计、社会审计资源实现审计全覆盖》被省审计厅评为 2018 年度优秀定向合作审计课题。

（撰稿人：张立军）

【葫芦岛市审计局】 2018 年，葫芦岛市审计局实有 35 人。党组书记、局长梁成栋，党组成员、副局长赵素芝、蒋晓东，副局长赵兰新，党组成员、总审计师王丽君。设有办公室、人事科、综合法规科、经济责任审计科、财政金融审计科、行政事业审计科、社会保障审计科、经济贸易审计科、农业资源环保审计科、固定资产投资审计科、教科文审计科。

审计成果 2018 年，葫芦岛市审计局完成审计项目 57 个。出具审计报告和审计调查报告 61 篇，移送司法机关、纪检监察机关和有关部门处理事项 4 件，审计处理处罚金额 2305 万元，向社会公告审计结果 2 篇。

国家重大政策措施落实情况跟踪审计 按照省审计厅和市委、市政府要求，重点关注脱贫攻坚、东北振兴政策举措贯彻落实，政府隐形债务、拖欠中小企业账款等项目，较好地完成年度计划和市委、市政府临时交办的任务，促进各项重大政策措施的落实。

财政审计 完成年度审计项目，查出主要问题金额 47.75 亿元。受市政府委托，向市人大常委会作 2017 年度市本级预算执行和其他财政收支情况的审计工作报告和上年度提出问题处理结果的报告，得到市人大的充分肯定。

经济责任审计 对 13 名领导干部开展经济责任审计，开展领导干部自然资源资产离任审计试点工作，提交审计报告和审计结果报告 13 篇，提出审计建议 52 条。

固定资产投资审计 开展龙湾中央商务区、经济技术开发区北港工业园区基础设施建设、打渔山棚户区改造、渤海船舶学院新校区工程部分、葫芦岛市龙背山生态公园改造工程、葫六线改造拓宽、青山水库建设等项目的审计或者专项审计调查，共核减工程造价 1.06 亿元，审减率 10%。

民生资金（项目）审计 对葫芦岛市农村社会养老保险基金收支管理情况、2017 年保障性安居工程、2017 年市住房公积金筹集、管理及使用情况等进行审计，发现基金管理违规投保、违规出借资金、部分安居工程专项资金管理不合规、征收补偿发放管理不到位、骗取公积金贷款等问题，骗取公积金贷款问题线索移交公安部门。

交办任务 对全市1—10月重要经济工作完成情况进行专项审计调查，向市政府报告全市主要指标的完成情况及存在的不足，为市政府督促各部门保质保量完成省、市各项指标任务提供依据，发挥审计参谋助手作用。（撰稿人：李卫东）

2018年辽宁省所辖区、县(市)级审计工作统计表

金额单位：万元

审计机关	完成审计项目/个	审计查出主要问题金额	审计发现非金额计量问题/个	审计期间整改金额	出具审计报告和审计调查报告/篇	审计处理情况		审计促进整改落实有关问题资金	审计提出建议/条	提交审计信息/篇
						审计处理处罚金额	移送处理事项/件			
沈阳市										
沈阳市本级	49	8937204	463	24230	60	200792	7	40539	152	17
和平区审计局	19	2423	16		29				4	10
沈河区审计局	19	318594	56	334	29	1572		1219	85	
大东区审计局	15	47165	43	52	21	73			42	
皇姑区审计局	16	167115	62		24	55203		49260	73	29
铁西区审计局	23	695			33				26	1
苏家屯区审计局	38	9808	56	145	40	305			90	40
浑南区审计局	21	350071	31		20		1		2	27
沈北新区审计局	28	295277		51	28	60			91	4
于洪区审计局	17	295			12	285		5	17	
辽中区审计局	28	11256		740	41	3013		2697		
新民市审计局	51	5729	22	11	87	2060	3	306	10	1
康平县审计局	48	14314	34	7	81	2455		2455	108	
法库县审计局	15	103781	15	923	28	233	1	1052	54	2
开发区审计局	10	3311			14				12	
大连市										
大连市本级	63	6215825	31218		1072		16	103	827	309
中山区审计局	23	13314	104					41	36	5
西岗区审计局	11	5774	6			82	1	20	48	1
沙河口区审计局	11	197244					1	15	50	15
甘井子区审计局	18	97129						30	41	5
旅顺口区审计局	17	594783						28	79	11
金州区审计局	31	1056122	5597		1045	222		55	86	195
普兰店区审计局	13	92617						20	39	10
瓦房店市审计局	25	28093						52	95	34

（续表）

审计机关	完成审计项目/个	审计查出主要问题金额	审计发现非金额计量问题/个	审计期间整改金额	出具审计报告和审计调查报告/篇	审计处理情况		审计促进整改落实有关问题资金	审计提出建议/条	提交审计信息/篇
						审计处理处罚金额	移送处理事项/件			
庄河市审计局	41	109458	586					62	118	
长海县审计局	41	37479	4258			536	3	60	51	75
鞍山市										
鞍山市本级	58	275995	163	2393	67	14195	11	4297	209	60
铁东区审计局	13	1395	17		16				22	
铁西区审计局	19	127	8	13	19				8	
立山区审计局	9	11514			13				31	
千山区审计局	15	108356	8		25				30	
海城市审计局	43	362970	33	255	79	3264		1064	83	3
台安县审计局	62	129118	41	2948	96				126	
岫岩满族自治县审计局	40	24387	38		50				12	
抚顺市										
抚顺市本级	84	1530420	566	94320	90	128337	4	96029	192	74
新抚区审计局	21	5911	2	3	26	5219		826	53	
东洲区审计局	14	190353	18		14	3885			1	
望花区审计局	20	11402	37		28	13	2		39	
顺城区审计局	26	12629		155	34	3			27	
抚顺县审计局	36	9323		123	46	4806		6	45	
新宾满族自治县审计局	43	23474	58	15	50	157		15	100	
清原满族自治县审计局	45	2339		244	55	1515		296	85	
抚顺经济开发区审计局	14	11317	9		21				35	
本溪市										
本溪市本级	48	153677	925	5	2766	32769	7	63	103	90
平山区审计局	38							48	3	
溪湖区审计局	13	1716					1	11	14	
明山区审计局	132	94884		670				149	277	
南芬区审计局	39	1408	78	889		59		37	44	
本溪满族自治县审计局	11	18122						9	35	
桓仁满族自治县审计局	42	31589	575		157	20878	2	59	66	

（续表）

审计机关	完成审计项目/个	审计查出主要问题金额	审计发现非金额计量问题/个	审计期间整改金额	出具审计报告和审计调查报告/篇	审计处理情况		审计促进整改落实有关问题资金	审计提出建议/条	提交审计信息/篇
						审计处理处罚金额	移送处理事项/件			
丹东市										
丹东市本级	40	193528	42	5460	25	3780	1	2109	73	70
元宝区审计局	12	895	1	895	11		1		23	7
振兴区审计局	15	17389	17		15		1	1967	24	
振安区审计局	17	101888		150	15	101888			30	5
东港市审计局	25	226063		131820	25	1044		225019	25	
凤城市审计局	24	38806	31	5034	24	1997		1141	48	42
宽甸满族自治县审计局	17	11667	24	51	33	52		52	12	39
锦州市										
锦州市本级	70	1461185	743	1727	70	14987	6	486	95	66
古塔区审计局	5	9839			5				10	4
凌河区审计局	10	2981			19				22	5
太和区审计局	15	6673	15		15	87		87	32	3
凌海市审计局	11	4729	31	221	13	956		418	38	12
北镇市审计局		16867	5		16				21	18
黑山县审计局	16	218293	7	40	17	356		40	49	13
义县审计局	24	51120	6	7627	45	180		179	36	6
营口市										
营口市本级	47	846126	167	41518	69	59046	5	34003	99	82
站前区审计局	19	6915	1	1	16	1		100	20	10
西市区审计局	6	14555	8		6				5	2
经济技术开发区审计局（鲅鱼圈区）	9	90179	63	631	9			1432	37	10
老边区审计局	20	7989	1	1259	20			602	23	2
盖州市审计局	23	6457	21	118	33	220		72	27	8
大石桥市审计局	21	25526	11	943	36	10951		943	50	12
阜新市										
阜新市本级	64	1057090	830	4689	95	104077	6	1442	150	1
海州区审计局	12	1333	16	13	22	21			20	22
新邱区审计局	11	11895	12	21	11	7187			46	
太平区审计局	15	3814			28				50	
清河门区审计局	13	15383	7	2204	24	14997		2204	25	22

（续表）

审计机关	完成审计项目/个	审计查出主要问题金额	审计发现非金额计量问题/个	审计期间整改金额	出具审计报告和审计调查报告/篇	审计处理情况		审计促进整改落实有关问题资金	审计提出建议/条	提交审计信息/篇
						审计处理处罚金额	移送处理事项/件			
细河区审计局	19	117791	22		19		1		39	
阜新蒙古族自治县审计局	35	239882	22		57	1		14	135	
彰武县审计局	27	131043	4		48			11	51	
辽阳市										
辽阳市本级	51	684700	130	49191	58	54516	6	532	122	70
白塔区审计局	6	8947			6				10	
文圣区审计局	18	1980	6	1	18				20	2
宏伟区审计局	23	4280		99	23				7	18
弓长岭区审计局	18	12	25	102	20	106		102	20	36
太子河区审计局	35	2870		112	35			106	10	10
灯塔市审计局	65	3444			65	1075			18	12
辽阳县审计局	65	11000			65		5		15	17
盘锦市										
盘锦市本级	32	1191257	271	21800	46	21415	5	15768	103	16
双台子区审计局	8				8					
兴隆台区审计局	10	67114	1		10				29	
大洼区审计局	28				44				68	8
盘山县审计局	12	25370			12	6499				1
铁岭市										
铁岭市本级	43	356377	227	29488	58	223829		4	119	35
银州区审计局	10	30903	155		15				19	24
清河区审计局	7	19782	2		10				25	
调兵山市审计局	40	12707	13		55				35	28
开原市审计局	14	151618	13		21	6571			8	
铁岭县审计局	25	67489		64998	25	65175	1	68	5	
西丰县审计局	16	250	3		21		1			
昌图县审计局	41	4554	18		60	3517			107	
经济技术开发区审计局	7	229	3	28	11	201		28	7	
朝阳市										
朝阳市本级	82	1913445	246	720	108		21	54937	248	232
双塔区审计局	24	3978	15		24		1	1524	36	12

（续表）

审计机关	完成审计项目/个	审计查出主要问题金额	审计发现非金额计量问题/个	审计期间整改金额	出具审计报告和审计调查报告/篇	审计处理情况		审计促进整改落实有关问题资金	审计提出建议/条	提交审计信息/篇
						审计处理处罚金额	移送处理事项/件			
龙城区审计局	36	5406	50	2400	47	390	1	557	54	46
北票市审计局	104	5918	37	770	104	5918		5918	125	6
凌源市审计局	48	191770	61	1	56	4819	8	4817	295	38
朝阳县审计局	31	89066	99	833	28	15662		15635	88	26
建平县审计局	32	114540	4	105	49	14			42	25
喀喇沁左翼蒙古族自治县审计局	60	181486	13		59	2672		993	73	51
葫芦岛市										
葫芦岛市本级	57	477509	141	1102	61	2305	4	5011	216	4
连山区审计局	47	13611	9	354	47	13573		501	34	1
龙港区审计局	34	2713	8		37	2731		1829	26	1
南票区审计局	14	62230	20	90	14	62230		90	43	1
兴城市审计局	27	17140	16	24	27	8295		1714	71	2
绥中县审计局	20	6698	9		21	6698		698	39	1
建昌县审计局	22	6985	11	752	22	6985		2318	110	1

吉林省

【吉林省审计厅】 2018 年，吉林省审计厅实有 153 人。设置中共吉林省委审计委员会办公室秘书处、机关党委。设有办公室、政策研究室、审理处、内部审计指导监督处、电子数据审计处、财政审计处、税收征管审计处、教科文卫审计处、农业农村审计处、固定资产投资审计处、社会保障审计处、自然资源和生态环境审计处、金融审计处、企业审计处、涉外审计处、经济责任审计处、人事处 17 个内设机构；设立派出审计一处、二处、三处、四处、五处、六处、七处、八处、九处、十处 10 个派出机构；下设经济责任审计中心、重大项目审计中心、审计研究和计算机技术中心、机关服务中心等 4 个直属事业单位。

领导成员

厅　　长：赵振民

副 厅 长：徐彦夫（—5 月）　邹积新

　　　　　李茹宝（7 月—）　高玉红

总审计师：金顺爱

纪检组长：程　柯（—11 月）

　　　　　韩万志（12 月—）

经济责任审计工作联席会议办公室主任：

　　　　　李茹宝（—7 月）

巡 视 员：徐彦夫（5 月—）

副巡视员：潘恒仁　于文国

　　　　　程　柯（11 月—）

审计成果 2018 年，吉林省市县三级审计机关完成审计项目 1978 个，审计单位 3077 个，促进增收节支和挽回损失 210.9 亿元。全省共审计领导干部 1057 人，查出负直接责任问题 44 个，金额 6.14 亿元。共向纪检监察、司法机关移送问题线索 76 件。全省共报送审计报告和信息 3642

篇，提出建议 3019 条，推动健全完善制度 495 项。

省审计厅完成审计项目 205 个，促进增收节支和挽回损失 136.76 亿元。向纪检监察部门和有关部门移送问题线索 17 件，涉及问题 64 个，提出审计建议 352 条，被采纳 178 条，向省政府、审计署报送审计结果报告 20 篇，其中省领导批示 16 篇。

国家重大政策措施落实情况跟踪审计 对省政府办公厅、省公安厅、省发展和改革委员会等省政府 54 个部门的 734 个政务信息系统开展专项审计调查，重点摸清省政府各部门政务信息系统和网络使用的基本情况。审计查出部分部门存在网站系统未进行有效整合、非涉密政务信息系统未进行安全等级保护定级等问题，通过提出审计建议，促进政务信息系统统筹整合和政务信息资源共享。分两次共对 16 个市县债务和隐性债务情况进行抽查核实，重点关注市县政府违规举债，违法违规融资担保等问题，通过审计查出部分市县地方政府对隐性债务概念认识模糊，地方政府债务和隐性债务数据不够完整和准确等问题，向省政府提交抽查核实情况报告，提出化解风险的措施建议。组织开展对通化市本级、松原市本级、长白山管委会、梅河口市、蛟河市、辉南县 6 市（县）“只跑一次”改革政策措施落实情况跟踪审计。

财政审计 省审计厅对省金融办、省精神文明办、省水利厅、省民政厅、省检察院、省文化厅等 22 个省级一级预算管理部门及 94 家所属单位预算执行和财政收支进行审计，发现部分部门（单位）存在扩大开支范围、未经批准处置资产、往来款长期挂账未清理等问题。对吉林农业大学、长春理工大学、省经济管理干部学院、白城师范学院、吉林财经大学等 5 所省属高校财务收支进行审计。对白山市、白城市洮北区、松原市、辉南县、长白山管委会等 5 个市县政府 2017 年度财政收支进行审计。省审计厅向省人大常委会作《关于 2017 年度省级预算执行和其他财政收支的审计工作报告》。报告反映省级财政管理、省级部门预算执行和财务收支、重大政策措施落实、固定资产投资、专项资金、国企改革等 6 个方面存在违规和管理不规范问题 601 个，涉及金额 191.2 亿元。

经济责任审计 省审计厅按年度计划安排及省委组织部委托，共对 99 名党政领导干部和国有企业领导人员任期内履行经济责任情况开展审计，通过审计客观评价领导干部应负的领导、主管及直接责任。向全省审计机关印发出台《2018 年经济责任审计指导意见》《省管干部经济责任审计工作规则》等 5 项制度文件。与环保、国土、林业、测绘等部门沟通协作，组织全省审计机关对 111 名领导干部开展自然资源资产离任（任中）审计，推动领导干部任期内切实履行自然资源资产管理和生态环境保护责任。

固定资产投资审计 省审计厅对龙井至大蒲柴河、集双高速东丰至双辽段、吉林西部供水工程等项目进行跟踪审计，审计发现部分项目未批先建、未按批复建设内容完成建设任务、单项投资超概算未经审批等问题，查出管理不规范金额 2.17 亿元，核减工程款 840.19 万元，20 个问题依法移交主管部门处理。

民生资金（项目）审计 组织全省审计机关开展扶贫政策措施落实和扶贫资金分配管理使用情况审计，抽查扶贫资金 33.05 亿元，调查农户 3277 户，发现部分县（市、区）存在扶贫项目受益对象不精准等问题，移送问题线索 20 件，处理处分 33 人。印发《关于贯彻落实脱贫攻坚战三年行动相关要求进一步深化扶贫审计的通知》和《关于在乡村振兴战略实施中加强审计监督的实施意见》等文件，对全省当前和今后的扶贫审计工作作出系统安排部署。组织实施吉林省 2017 年城镇保障性安居工程跟踪审计，发现项目管理不到位、资金管理存在薄弱环节、财务管理不规范等问题，移交违纪违法问题线索 4 件。

农业与资源环保审计 省审计厅对榆树市、舒兰市、敦化市、梅河口市、公主岭市等 8 县（市）社会主义新农村建设政策措施落实及资金管理使用情况进行审计，发现部分县（市）项目存在应完工未完工，项目因后续维护不到位导致部分设施损坏、项目未按设计和技术标准施工，工程质量未达设计或使用标准等问题。对榆树市、舒兰市、敦化市、梅河口市、公主岭市等 8 县（市）现代农业发展政策措施落实及资金管理使用情况审计，发现部分项目未实施或建成后闲置、项目推进缓慢或未达到预期效益、将资金用于偿还工程款等问题。对榆树市、舒兰市、敦化市、梅河口市、公主岭市等 8 县（市）农村厕所改造政策措施落实及资金管理使用情况审计，查出部分市县项目建设由政府直接选定施工单位、未按约定提供配套设施、农村厕所未达到验收标准或未验收等问题。组织对长春等 12 个市县省级节能减排和生态保护专项资金管理使用情况开展专项审计调查，查出专项资金分配计划下达不及时、资金安排分散、支持重点不突出等问题，移送问题线索 19 件。

金融审计　省审计厅对省金融控股集团有限公司开展审计，查出存在再贷款公司超比例发放贷款、未按借款合同约定用途使用贷款、违规签订补充协议、代建单位资质不满足代建项目要求等问题。

外资运用审计　省审计厅对处理日本遗弃在华化学武器销毁工程项目、亚洲开发银行贷款吉林省农业综合开发项目、世界银行贷款吉林省农产品质量安全项目等进行审计，查出部分项目存在扩大开支、未按项目建设合同期限完工、项目核算不规范等问题。

企业审计　省审计厅对省交通投资集团有限公司财务收支情况进行审计，重点关注落实国家宏观政策、“三重一大”执行和风险控制情况等。通过审计，查出违规使用银行借款发放委托贷款及开展资管计划业务、未履行相关程序进行股权和资产收购等问题。对省农村信用联社开展审计，发现部分行社存在未严格落实国家宏观调控的金融政策，非标资产投向房地产、政府融资平台和“两高一剩”行业，非信贷金融资产占比高等问题。

专项资金审计　组织开展科技创新政策措施落实及专项资金管理使用情况审计，对 2015 年至 2017 年省级技术研究与开发等专项资金的筹集、分配、管理、使用及效益发挥情况进行审计，查出部分高校、科研院所未及时制定出台相关政策法规，创新型企业科技创新资金未按指南要求连续扶持项目，部分科技项目未按时完成结题验收等问题。组织对长春市、吉林市、延边州、松原市、四平市和省直福利彩票资金筹集管理使用和效益情况进行审计，查出部分市（州）存在贯彻落实政策制度不到位、资金拨付不及时、资金闲置未发挥效益等问题。

信息化建设　完成审计管理系统（OA）和全省审计机关审计专网门户网站等保三级安全改造、测评和备案工作，对全省审计专网进行安全改造，启动审计数据分析网项目建设。与省政府政务云管理部门沟通联系，推进审计云与政务云对接工作。采集 2017 年及 2018 年上半年省以下财政数据、业务报表数据及总预算会计标准表数据。

相关工作　扎实推进“两学一做”学习教育常态化制度化落实，激励审计干部争做合格共产党员。省审计厅组织开展支部学习活动 700 余次，制定出台《关于坚决维护党中央集中统一领导和贯彻落实中央八项规定精神的实施办法》《关于加强机关党建工作的实施意见》《关于加强审计机关基层党组织建设的实施意见》，召开全省审计机关党风廉政建设工作视频会议，开展纪律作风专项整治月活动和干部作风大整顿活动。全年派出 197 人参加审计署等部门举办的 73 期脱产培训班，1300 余人次参加审计署各项网络专题培训，学习时长累计超过 17000 课时。

内部审计　印发《吉林省审计厅关于深入贯彻落实〈审计署关于内部审计工作的规定〉的实施意见》。与内部审计协会共同在全省范围内开展优秀审计报告质量评比活动和内部审计协会情况调查。内部审计协会全年共为 84 人次完成 CIA 考试的报考、年检、考务咨询及证书发放工作。组织全省范围内开展优秀论文评选工作，33 篇优秀论文获奖。（撰稿人：张连鹏）

【长春市审计局】　2018 年，长春市审计局实有 102 人。局长李志刚，副局长赵力彦、李贵军、孙忠林、于明军，总审计师常志德。设有办公室、机关党委、法制处、人事处、财政金融审计处、教科文卫审计处、行政政法审计处、社会保障审计处、经贸外资审计处、农业与资源环保审计处、固定资产投资审计处、经济责任审计处、派出审计一处、派出审计二处、派出审计三处；下设审计学会和机关服务中心 2 个事业单位。

审计成果　2018 年，长春市审计局完成审计项目 282 个。查出主要问题金额 65.83 亿元，审计发现非金额计量问题 429 个，审计期间整改金额 5.98 亿元，审计处理处罚金额 51.79 亿元，审计促进整改落实有关问题资金 36.03 亿元，向纪检监察机关及有关部门移送事项 23 件。提出审计建议 597 条，出具审计报告和审计调查报告 263 篇，提交审计信息 126 篇。

国家重大政策措施落实情况跟踪审计 组织开展政府信息系统专项审计调查，全面梳理 54 个市直部门及下属单位 691 个信息系统，涉及资金近 16 亿元，数据存储量 9312TB，按时向市政府、省审计厅提交审计调查报告。组织开展现代农业发展政策措施落实及资金管理使用情况跟踪审计，抽查 30 多家被审计单位，涉及资金 6000 多万元，提出意见建议 38 条，推进资金盘活 12 万元，推进资金拨付 534 万元，推进加快项目进度 4 项。对就业政策措施落实情况开展跟踪审计，重点关注就业补助发放情况、社会保险补贴申领情况等。

财政审计 对 15 个重点部门开展预算执行审计，对 2 个开发区、1 个区政府开展财政收支审计，查出主要问题金额 13.99 亿元。代市政府向市人大常委会作预算执行审计报告，得到充分肯定。

经济责任审计 受组织部门委托，对 30 名领导干部开展任中和离任审计，查出主要问题金额 20.51 亿元。制定《长春市审计局经济责任审计工作规则（暂行）》和《长春市审计局经济责任审计报告复查复核工作暂行规定的实施办法》。对农安县党政主要领导干部开展任职期间履行自然资源资产管理和生态环境保护责任情况开展审计，进一步摸清被审计领导干部任职期间自然资源资产的实物量和生态环境质量状况的变化情况。

民生资金（项目）审计 对 42 个安居工程项目进行重点检查，对 302 户农村危房改造家庭入户调查，发现安居工程目标任务未完成、配套资金不到位等问题金额 1.04 亿元，督促 607 套公共租赁住房 70 套农村危房改造任务建设完成、危房改造补助资金 64.42 万元拨付到位、1500 万元上级补助资金分配使用到位，取消保障对象资格 125 户等。对长春市扶贫政策措施落实和扶贫资金分配管理使用情况开展审计，发现问题 48 个，金额 7937 万元。

固定资产投资审计 对旧城改造、伊通河综合治理等 11 个项目开展审计，单项工程 214 个，项目投资额 35 亿元，发现主要问题金额 9.7 亿元，审减多计工程款 9680 万元。

企业审计 对长春市中小企业担保公司开展资产负债损益审计，对供热集团等单位的领导干部开展经济责任审计，查出违规处置资产、财务收支核算不实、账外资产、会计信息不实等问题，金额 1.6 亿元。对天景玉米有限责任公司近年来的资产负债损益情况开展审计。

交办任务 派出业务骨干 27 人次参加市委巡察、长春长生生物疫苗案件调查等，组织对长春市援藏资金的规范性开展审计。

（撰稿人：付 港）

【吉林市审计局】 2018 年，吉林市审计局实有 73 人。局长姜亚男，副局长赵世海、尹永全，纪检组长尹绍群，总审计师孙江旭。设有办公室、法规处、财政审计处、金融审计处、行政事业审计处、经贸审计处、农业与资源环保审计处、社会保障审计处、固定资产投资审计处、外资运用审计处、经济责任审计处、派出审计工作处、人事处、机关党委；下设吉林市审计中心（事业单位）。

审计成果 2018 年，吉林市审计局完成审计项目 100 个，其中专项审计调查项目 3 个。查出主要问题金额 4.02 亿元，其中违规金额 2.24 亿元、管理不规范金额 1.79 亿元；审计发现非金额计量问题 86 个；出具审计报告和专项审计调查报告 84 篇。审计处理处罚金额 4545 万元，其中应上缴财政 4244 万元、应归还原渠道资金 158 万元、应调账处理金额 142 万元；移送司法机关、纪检监察机关和有关部门处理事项 34 件，移送处理人员 6 人，移送处理金额 746 万元。审计促进整改落实有关问题资金 3878 万元；审计促进拨付资金到位 420 万元；移送处理落实事项 17 件。审计提出建议 76 条，被采纳 55 条；推动被审计单位制定整改措施 26 项；提交审计信息 664 篇，被批示、采用 247 篇次。向社会公告审计结果 3 篇。

吉林市城市建设控股集团有限公司 2014—2016 年度资产负债损益审计、桦甸市人民政府 2016 年扶贫政策措施落实和扶贫资金管理使用情况审计等 2 个项目，被省审计厅评为优秀审计项目；2017 年第三季度放管服跟踪审计项目被省审计厅评为嘉奖项目。

国家重大政策措施落实情况跟踪审计 开展行业协会商会与行政机关脱钩改革等政策措施落实情况及会费等收入管理使用情况、市本级贯彻落实国家政务信息系统整合共享政策措施落实情况、四城区清收还林政策措施落实及资金筹集管理使用情况、市本级收费清理改革等跟踪审计项目。

财政审计 完成市本级预算执行审计项目17个，二级预算单位财务收支审计项目72个，审计出未足额批复预算、使用项目支出安排基本支出内容、无预算支出、决算不实、非税收入未及时缴库问题，为财政增收节支9314.1万元。

经济责任审计 对30名市管领导干部开展经济责任审计，发现未及时上缴财政收入、应缴未缴结余资金、多提专项经费管理费、部分收入和保证金款未及时纳入账内核算、将财政资金存放于非国有直接管控银行等属于领导责任的问题。实施对桦甸市党政主要领导干部2016年至2017年自然资源资产管理和落实生态环境保护责任的审计，通过审计共发现自然资源管理、责任落实、目标任务完成；以及落实河长制、湖长制等方面的问题14个。

固定资产投资审计 对市卫生学校新建（二期）项目的工程质量、工程造价、征地拆迁、银行存款等方面进行审计，通过审计发现项目未经审批、超概算范围实施智能化系统工程、经办人名下挂账临时费用、多计建设单位管理费、超付征地费用、超付工程款等问题。

民生资金（项目）审计 开展保障性安居工程审计，规范各部门保障性安居工程资金528.98万元，督促相关单位以加强稽核、清退、提高租金、补收差价等方式对查出问题进行整改。开展扶贫审计，抽查62个乡镇、117个村，入户调查农户168户，扶贫资金12828.87万元，涉及项目147个。完成农村公路建设情况专项审计调查。

企业审计 国投公司、吉林化纤集团公司的资产负债损益进行审计，发现账务处理不规范致使损益不实、将房产无偿借给改制企业以及税收、融资、贷款，会计账务处理等方面的问题31个。完成东电管理部撤并前资产负债及公积金归集、管理使用情况的专项审计调查。

内部审计 吉林市共注册登记内部审计机构226个，其中专职机构91个；内部审计人员636人。完成审计项目和审计调查项目2105个，查出违纪违规金额936万元，促进增收节支6.2亿元，提出建议被采纳835条。 （撰稿人：卜　伟）

【四平市审计局】 2018年，四平市审计局实有56人。局长孟宪国，副局长董柏成、马冀、吴琳，总审计师于秋野，调研员郑斯忠。设有办公室、人事科、法制科、财政审计科、金融审计科、行政事业审计科、经贸审计科、农业与资源环保审计科、社会保障审计科、固定资产投资审计科、经济责任审计科、外资运用审计科、政法审计科、科教文卫审计科、商粮审计科、稳增长审计科、计算机审计科、督查整改审计科18个科室和1个审计中心，另设机关党委。

审计成果 2018年，四平市审计局完成审计项目39个。查出主要问题金额79.04亿元，审计发现非金额计量问题119个，审计期间整改金额5034万元，审计处理处罚金额78.22亿元，审计促进整改落实有关问题资金23.89亿元，出具审计报告40篇，提出审计整改建议91条。

国家重大政策措施落实情况跟踪审计 实施对市人力资源和社会保障局及相关单位2017年以来职业资格改革政策措施落实情况进行跟踪审计，发现存在未按照规定及时清理规范各种行业准入证、上岗证的问题，提出相应意见建议。

财政审计 开展对财政部门、市司法局、市工业和信息化局、市文广新局、市交警支队、市园林中心等单位的预算执行审计，查出预算编制不细化、支出管理不严格、转移支付不规范、贷款使用不合规，以及机关事业单位基本养老保险基金、职业年金基金管理不到位等问题。

经济责任审计 对8名领导干部实施任职期间经济责任审计，通过审计发现存在购买服务未履行政府采购程序、违反规定扩大开支范围等问题。对伊通县委书记、县长任职期间履行自然资源资产管理和生态环境保护责任情况开展审计，发现未批先建违规占用土地、毁坏树木、已批项目未实施、已完工程未竣工验收等问题，提出审计建议3条。

固定资产投资审计 对城市地下综合管廊、

金融街（2个标段）、市大剧院等重点建设项目进行跟踪审计，审核工程量87266万元。

农业与资源环保审计 对双辽市和伊通县社会主义新农村建设和现代农业发展政策及资金使用情况进行审计。

民生资金（项目）审计 对四平市及县（市）住房和城建局、发展改革委、财政局、国土资源局等有关部门以及城投公司、住房保障管理中心、棚改领导小组办公室等经办管理机构开展审计。对四平市本级、梨树县、伊通县2017年度扶贫政策措施落实和扶贫资金分配管理使用情况开展审计，发现建档立卡贫困人员信息不精准、超标准发放C级危房修缮资金、农村饮水巩固提升工程未经竣工验收已投入使用等问题。

其他审计项目 对市政府44个部门（单位）信息系统数量、名称、功能、使用范围、使用频度、审批部门、审批时间、经费来源等方面开展专项审计调查，发现部分信息系统存在应计未计资产现象、未与运行维护单位签订保密协议、未完成安全等级定级和分级保护定级；数字城管信息系统建设进度缓慢，历经近7年尚未投入使用。提出审计整改建议4条。 （撰稿人：邹玉秀）

【辽源市审计局】 2018年，辽源市审计局实有25人。局长贺诗俊，副局长姜元东、王彦明，总审计师孙欣，副调研员武国臣。设有财政审计科、金融审计科、行政事业审计科、经贸审计科、农业与资源环保审计科、固定资产投资审计科、社会保障审计科、经济责任审计科、审计监督科、内审指导科、办公室、法制科和机关党委；下设审计中心、政府投资审计中心2个事业单位。

审计成果 2018年，辽源市审计局完成计划内部审计计项目80个，计划外审计项目和单项工作30个，实际完成110个。审计查出违规问题资金6.62亿元，审计信息被各级媒体采用110篇次。

国家重大政策措施落实情况跟踪审计 组织开展政务信息系统专项审计调查。摸清市直党政群各部门政务信息系统和专网使用的基本情况，掌握市直党政群各部门信息系统数量、名称、功能、审批部门、购置运行费用等方面情况的底数，推动政务信息系统整合。

财政审计 完成安监局、质监局等6个部门的预算执行情况审计，龙山区纪委、西安区纪委等6个部门的财政收支情况审计，市农发办、市特检中心等7个部门的财务收支情况审计。

经济责任审计 完成市农发办、市安监局和东辽县公安局等19个部门的经济责任审计。对东辽县党政领导开展自然资源资产离任（任中）审计，抽查县委办、县政府办、国土、水利林业、环保、发改等7个部门，查出问题11个，提出审计建议5条。

民生资金（项目）审计 组织开展保障性安居工程跟踪审计、农村厕所改造专项资金审计、养老服务示范中心老年养护楼建设项目审计。开展扶贫专项资金审计，全面掌握扶贫专项资金整体情况，严肃查处脱贫攻坚政策措施落实和扶贫资金分配管理使用中存在的重大违法乱纪、损失浪费以及风险隐患等问题，提出审计建议4条，向省审计厅提交审计报告。

农业与资源环保审计 对全市2017年度现代农业发展及社会主义新农村建设专项资金政策措施落实、分配管理使用情况进行审计，并对重要事项进行必要的延伸和追溯，查出问题6个，提出审计建议3条。

信息化建设 定期更新财政、地税、社保、公积金等行业审计数据库，进一步探索国土、环保政府投资等审计专业数据的应用。组织审计业务骨干和计算机专业人员共同开展数据分析，提高审计人员运用信息化技术发现问题、评价判断、宏观分析能力，逐步形成“横向到边、纵向到底”的大数据审计应用态势。

相关工作 安排13名青年干部实行“一人双岗”，即鼓励青年干部在完成主科室（主岗）工作的同时，将副科室作为第二岗位（副岗），形成“主岗＋副岗”工作模式，解决审计力量不足难题。探索实施兼职审理员制度，由31名审计干部担任兼职复核审理员，有效弥补审理力量薄弱，增强一线审计人员依法审计意识。开展干部作风大整顿和纪律作风专项整治月活动。

内部审计 指导全市内部审计机构实施审计项目10余项。选派186名审计业务骨干参加省内部审计协会在厦门举办的新形势下内部审计理论

与实务提升培训班、在成都举办审计全覆盖下的内部审计培训班　（撰稿人：姚宜佟）

【通化市审计局】　2018年，通化市审计局实有52人。局长杨辉，党组书记、副局长董德恩，副局长陈卿、蒋辉，驻审计局纪检组长梁秀。设有办公室、人事教育科、监察室、法制科、财政审计科、行政事业审计科（加挂教科文审计科）、政法审计科、经贸金融审计科、农业与资源环保审计科、固定资产投资审计科、社会保障审计科、执行科、经济责任审计科13个科（室）；下设审计中心、审计信息中心2个事业单位。

审计成果　2018年，通化市审计局完成审计项目60个，其中专项审计调查项目2个。查出管理不规范金额37.1亿元；审计发现非金额计量问题50个；损益（收支）不实金额18万元；出具审计报告和专项审计调查报告55篇，被批示、采用6篇。审计处理处罚金额6373万元，其中应上缴财政1533万元、应归还原渠道资金37万元、应缴纳其他资金3172万元、应调账处理金额1628万元。审计促进整改落实有关问题金额5.16亿元；审计促进拨付资金到位1.44亿元。审计提出建议70条，被采纳49条；推动被审计单位制定整改措施3项；被批示、采用信息70篇。

国家重大政策措施落实情况跟踪审计　按季度分别对市本级“放管服”改革政策措施落实情况、通化市智能立体停车场建设项目、市本级旅游服务政策措施落实情况、全市农村厕所改造政策措施落实情况开展跟踪审计。在对重点建设项目开展跟踪审计中，实地踏查施工现场4处，对工程项目的立项、招投标、施工进度和资金收支情况进行重点审查，查出管理不规范金额22561.3万元。

财政审计　对市本级预算执行和决算草案开展审计，对市安监局、环保局等单位开展预算执行审计，组织开展2017年度二道江区财政决算审计。审计中重点关注省专项资金的拨付使用情况、“三公”经费、会议费、培训费以及津贴补贴发放情况。

经济责任审计　完成经济责任审计项目23个。按照省审计厅统一部署，抽调9名业务骨干组成联合审计组，对通化县党政主要领导开展领导干部自然资源资产任中审计，实现“零”的突破。

民生资金（项目）审计　抽调46人组成9个审计组，按照“五统一”原则要求，以“上审下”审计方式，对全市各县（市、区）2017年度扶贫政策措施落实和扶贫资金分配管理使用情况进行审计。按照市委、市政府要求，组成8个整改自查组，分别对市本级及相关县（市）和通化医药高新区2016度扶贫政策措施落实审计问题整改情况进行检查和回访，促进上年度审计发现问题的整改，整改率达到100%。

固定资产投资审计　对市直及东昌区、二道江区、开发区、港务区的城镇保障性安居工程开展跟踪审计，对审计发现的问题，提出审计建议。

企业审计　对市公共汽车公司2017年度资产负债损益进行审计。　（撰稿人：杜国鹏）

【白山市审计局】　2018年，白山市审计局实有39人。局长张建波，副局长田成鹏，总审计师胡长顺，纪检组长卫雪鹏，助理调研员杨秀华。设有办公室、综合科、人教科、法制科、投资科、财政科、经贸科、行政科、文教科、农林科、政法科、外金科；下设审计中心、审计信息中心2个事业单位。

审计成果　2018年，白山市县两级审计机关完成审计项目198个，查出主要问题金额73.9亿元。出具审计报告和专项审计调查报告87篇，提出审计意见建议124条。

市审计局组织实施的扶贫审计项目被省审计厅评为优秀审计项目。

国家重大政策措施落实情况跟踪审计　组织开展社会主义新农村建设跟踪审计，共查出问题6个，涉及金额198万元。组织开展高标准农田审计，发现违规问题18个，移送当地纪检部门违规案件线索1件。完成减税降费政策落实情况、市政府50个部门的327个政务信息系统建设情况的专项审计调查。

财政审计　完成部门预算执行及其他财政财务收支审计项目58个，其中市审计局完成32个，被审计单位已采纳审计提出的建议和意见，进行整改。

经济责任审计　对86名领导干部开展经济责

任审计，查出负有领导责任问题 99 个，有效促进领导干部依法用权和担当作为。

固定资产投资审计 开展政府重大投资项目审计 17 个，查出违规金额 2100 多万元、管理不规范金额 540 多万元，核减工程款 620 多万元。

农业与资源环保审计 开展审计项目 6 个，审计领导干部 7 人，揭示存在的风险，推动自然资源资产体制机制改革和生态环境保护。

相关工作 坚持立身立业立信，推进“两学一做”学习教育常态化制度化，不断增强党组织的领导核心作用。严格落实中央八项规定精神、审计“八不准”工作纪律和审计“四严禁”工作要求，强化审计干部队伍作风建设。

（撰稿人：姜　皓）

【松原市审计局】 2018 年，松原市审计局实有 44 人。局长王凤文，副局长吕龙、张伟，总审计师宋国范，副调研员张庆华、王凤鸣。设有办公室、法制科、财政金融审计科、行政事业审计科、科教文卫审计科、农业与社会保障审计科、经贸审计科、经济责任审计科、内部审计学会、松原市审计学会和机关党办；下设松原市审计中心（事业单位）。

审计成果 2018 年，松原市审计局完成审计项目 67 个。查出主要问题金额 12.03 亿元，审计发现非金额计量问题 66 个，审计期间整改金额 9661 万元，审计处理处罚金额 6.72 亿元，向纪检监察机关及有关部门移送事项 7 件。出具审计报告和审计调查报告 95 篇，提交审计信息 4 篇。

国家重大政策措施落实情况跟踪审计 对市本级政策措施落实情况和 2017 年尚未整改完成的问题进行跟踪审计。对市政务服务中心及相关部门行政审批改革相关政策落实情况进行审计。按照省审计厅部署，按季度完成确定的重大政策措施落实情况跟踪审计内容，提交审计报告。

经济责任审计 完成 26 名领导干部经济责任审计项目并出具结果报告，促进领导干部守法守纪守规尽责。对陈德明担任长岭县委书记、包春晖担任长岭县县长期间自然资源资产管理和生态环境保护责任履行情况进行审计。

民生资金（项目）审计 组织实施对松原市（不含长岭县）2017 度扶贫政策措施落实情况和扶贫资金分配管理使用情况的审计。

交办任务 根据市政府部署，组织县（市）、区审计机关，对松原地区 2017 年底市县两级政府全口径政府性债务规模进行专项审计调查。组织对全市 2016 年以来的重点招商引资工作任务落实情况进行专项审计调查。协助配合有关部门开展专项检查和案件查办工作，抽调业务骨干参与巡视巡察工作。

（撰稿人：曲　巍）

【白城市审计局】 2018 年，白城市审计局实有 39 人。局长沈雪松，副局长陈桂侠、于长水、刘志新，总审计师郑国华。设有办公室、机关党总支、法规科、投资审计科、财政审计科、科教文审计科、金融审计科、行政政法审计科、社保审计科、农林审计科、经贸审计科、经济责任审计科；下设审计中心（事业单位）。

审计成果 2018 年，白城市审计局完成审计项目 61 个。查出违规问题金额 11.08 亿元，审计发现非金额计量问题 70 个，审计处理处罚金额 6.41 亿元，移交案件线索 3 件，提出审计建议 92 条、被采纳 75 条，促进市委、市政府出台相关制度规定和方案 10 项；审计报告、审计专报得到省市政府领导批示 16 篇。

通榆县人民政府 2016 年扶贫政策措施落实和扶贫资金管理使用情况的审计项目，被省审计厅评为扶贫审计优秀项目、年度优秀项目；第二季度“放管服”政策跟踪审计项目，被省审计厅评为全省重大政策措施落实跟踪审计嘉奖项目。

国家重大政策措施落实情况跟踪审计 采取融合式、嵌入式的方式实施跟踪审计，即在开展专业审计项目中，同时关注稳增长等政策措施贯彻落实情况。上报市政府的各季度重大政策措施落实情况跟踪审计报告，镇赉县、洮南市扶贫政策措施落实和扶贫资金分配管理使用审计报告，市本级政府各部门政务信息系统专项审计调查报告等，得到市政府主要领导签批。

财政审计 对 5 个部门的预算执行情况、1 个市的政府财政收支情况开展审计，发现应缴未缴预算收入、违规动用预备费、应缴未缴存量资金等问题，查出问题金额 1.8 亿元。代市政府向市人大常委会作 2017 年度市级预算执行和其他财政收支审计工作报告，得到市人大常委会充分肯定。

经济责任审计 完成38名领导干部经济责任审计，查出违规金额3074.4万元、归还原渠道金额2828万元、上缴财政228万元、挽回经济损失17.4万元，向纪检部门移交案件线索1件。按照中共中央办公厅国务院办公厅印发的《领导干部自然资源资产离任审计规定（试行)》要求，协调市委组织部将领导干部自然资源资产离任审计结果作为干部管理、考核、评价、选拔、任用的重要依据，以提高领导干部自然资源环境保护意识。开展洮南市领导干部自然资源资产管理责任审计，对1个部门、1个开发区主要领导开展自然资源资产离任审计。

固定资产投资审计 对市海绵城市建设暨老城区综合提升改造工程建设情况、市本级水利建设项目情况、重点行业企业国有资产管理使用情况开展审计或者专项审计调查。

民生资金（项目）审计 组织开展2017年保障性安居工程跟踪审计，形成的审计报告和审计专报得到市领导批示。市政府采纳审计建议，先后印发《关于成立白城市无籍房工作领导小组的通知》《关于成立全市“大棚房”问题专项清理整治行动协调推进小组的通知》，加大推动相关工作的力度。

其他审计项目 对全市河湖连通建设项目效益情况、全市住房公积金归集管理使用情况、市本级重点行业国有资产管理使用情况、全市扶贫资产管理使用情况等，实施9个专项审计调查项目。

信息化建设 使用AO（现场审计实施系统）推进数据审计，在市本级预算执行审计、全市保障性安居工程跟踪审计、领导干部自然资源资产离任审计和市中心医院主要领导经责审计等项目中，发挥计算机在审计中的作用。与财政、住建、林业、农业、环保、医保等部门合作，采集财务数据，审计中运用语句查询、表格链接、对比分析等方法，查找异常数据、生成审计疑点、形成审计证据，实现从查账、审计证明材料到审计工作底稿的全过程电子化操作，提高审计质量和行政效能。

（撰稿人：蒋玉民）

【延边朝鲜族自治州审计局】 2018年，延边朝鲜族自治州审计局实有45人。局长文金哲，副局长朴红花、曲立军、赵卫民，总审计师金昌赫。设有办公室、法制处、财政金融审计处、经济贸易审计处、农业与环境保护审计处、行政事业审计处、固定资产投资审计处、社会保障审计处，政法审计处和经济责任审计处；下设审计中心。

审计成果 2018年，延边朝鲜族自治州审计局完成审计项目80个。查出主要问题金额6.34亿元，其中查出管理不规范金额6.05亿元、违规金额2940万元；提出审计建议98条；移送纪检监察及部门（单位）处理5件；提交并被州委、州政府领导批示采纳审计要情5件；审计信息被省及以上报纸杂志及网站采用12条；被州委《延边信息》采纳2条、动态信息2条。

州审计局获吉林省保障性安居工程跟踪审计先进集体；龙井市审计局和安图县审计局实施的两个扶贫审计项目，全州住房公积金归集、管理和使用情况审计项目被省审计厅评为优秀审计项目。

国家重大政策措施落实情况跟踪审计 聚焦生态环境保护和污水处理建设，实施全州2016年至2017年度污水处理项目建设、管理及运营情况的审计调查；聚焦农村农民生态环境，着力实施全州2016年至2017年度农村厕所改造补助资金专项审计调查；聚焦农村公路环境，实施延吉市和敦化市2016—2017年农村公路建设政策落实、项目管理和资金使用情况专项审计调查。

经济责任审计 出台《2018年全州审计机关开展领导干部自然资源资产离任审计工作方案》。对延吉市委书记、市长任职期间履行自然资源资产管理和生态环境保护责任情况探索性地开展审计。

固定资产投资审计 完成政府投资项目审计4项，涉及单位18个，发现违纪违规金额1.82亿元，发现主要问题122个，移交有关部门处理1件，提出审计建议43条。

民生资金（项目）审计 开展保障性安居工程跟踪审计，揭示安居工程管理分配中存在的诸多问题。对全州基本医疗保险基金管理和使用情况的审计，查处医保基金违规结算未定级医疗机构使用的限制类用药和实施的限制类手术费用等问题。重点对龙井、和龙、安图3个国家级贫困县的扶贫政策落实情况进行审计或者专项审计调查。

信息化建设 将数据分析技术运用于财政集中支付、医保资金报账、财政资金最终报账、资金拨付等方面的审计中，提高审计工作效率，为今后持续开展计算机审计锻炼队伍。

交办任务 按照地方政府领导指示，开展对东西部扶贫战略宁波市的援建资金使用情况的审计。对州林业局所属事业单位上报的资产情况进行全面调查核实查证。

相关工作 采取“支部＋N”的方式，把党小组设在一线，保障审计干部的廉洁自律，该做法得到地方党委的认可和推广。参与扶贫攻坚，协调争取和龙市有关部门支持对口扶贫对象。

内部审计 组织全州内部审计人员认真学习宣传贯彻新颁布的内部审计规定，参与审计署、省审计厅组织的内部审计论文征集，依托省内部审计协会，组织培训内部审计人员156人。

（撰稿人：石兴策）

【长白山管委会审计局】 2018年，长白山管委会审计局实有17人。局长姜万生，调研员郑世君。设有综合科、业务一科、业务二科、经济责任审计科、稳增长审计科、政府投资项目评估审计中心（经济责任审计中心）。

审计成果 2018年，长白山管委会审计局完成审计项目43个，其中专项审计调查项目1个。查出主要问题金额6.48亿元，其中违规金额1131万元、损失浪费金额1045万元、管理不规范金额6.26亿元；审计发现非金额计量问题210个；损益（收支）不实金额6114万元；出具审计报告和专项审计调查报告43篇，被批示、采用4篇次。审计处理处罚金额6.26亿元，其中应上缴财政592万元、应归还原渠道资金3.44亿元、应调账处理金额2.76亿元。审计促进整改落实有关问题资金4.95亿元；核减投资额225万元。提出审计建议121条，被采纳102条；提交审计信息1篇，被批示、采用1篇次。

国家重大政策措施落实情况跟踪审计 组织实施2018年度“只跑一次”政策、长白山管委会2018年以来节能减排政策措施、养老保险政策等5个重大政策措施落实情况跟踪审计。

财政审计 完成长白山管委会2017年度本级预算执行情况审计、国资委2016—2017年度财政收支审计、社会管理办公室2016—2017年度财务收支审计等12个机关事业单位预决算审计。

经济责任审计 对10名党政主要领导干部、企事业单位主要负责人进行经济责任审计，查出违规金额79万元；损失浪费金额885万元；管理不规范金额5242万元，直接责任103万元。

固定资产投资审计 完成长白山公安局业务技术用房、池北区第一幼儿园、池北区山门至镇区污水管线支线并线改造等4个工程决算审计。通过审计，进一步规范政府投资项目的管理行为，有效降低工程建设成本。

民生资金（项目）审计 完成长白山管委会2017年度扶贫政策措施落实和扶贫资金分配管理使用情况审计、2017年度保障性安居工程跟踪审计、劳动就业保障资金管理使用和效益情况审计等3个事关民生的审计项目。

农业与资源环保审计 对山水林田湖草生态保护修复工程专项资金使用情况进行跟踪审计。完成第一、二阶段山水林田湖草生态保护修复工程专项资金使用情况跟踪审计。审计涉及3个区、10个部门，已建、续建、新建山水林田湖草（生态保护修复）项目。审计对项目建设资金使用、工程实施进度进行审计评价，对后期建设中应注意的问题提出合理化建议。

企业审计 完成长白山基础设施建设有限公司、长白山房地产有限公司、长白山旅游股份有限公司等4家国有企业的资产负债损益情况审计。

专项资金审计 完成长白山保护开发区2017年度铁路护路联防经费管理和使用情况审计和长白山保护开发区2016—2017年度体育、福利彩票资金筹集、管理使用和效益情况审计。

（撰稿人：钟海笛）

【公主岭市审计局】 2018年，公主岭市审计局实有27人。局长孙延平，副局长田凤彩（—10月）、李梅，纪检组长郑士仁（—7月）。设有办公室、综合科、法制科、经济责任审计科、财政金融审计科、教育文卫审计科、固定资产投资审计科、农林水审计科、行政司法审计科、经贸审计科、乡镇审计科、专项资金审计科、机关党总支。

审计成果 2018年，公主岭市审计局完成审计项目24个。查出主要问题金额37.76亿元，审计发现非金额计量问题16个，审计期间整改金额1.73亿元，出具审计调查报告24篇，审计处理处罚金额37.61亿元，审计促进整改落实问题金额1.73亿元，审计提出建议43条，提交审计信息10篇。

国家重大政策措施落实情况跟踪审计 开展科技创新政策落实情况审计，对依据公主岭市科技局《支持创新创业发展的实施办法》发放的奖励资金进行审计，涉及申报2018年省级科技发展计划项目的14家企业，审计奖金总额1705.7万元，未发现违纪问题。

财政审计 对公主岭市财政局组织的2017年度本级财政预算执行和其他财政收支情况审计，发现未按规定使用预备费、挪用专项指标资金平衡当年预算、扩大费用支出范围、向非预算单位拨款、政府性债务未纳入债务系统等问题金额37.69亿元。向市政府报告审计结果，并受市政府委托向人大常委会作工作报告。

经济责任审计 对13名领导干部实施经济责任审计，其中乡镇和街道领导8名，部门领导4名，企业领导1名。查出挪用专项资金、白条列支费用、扩大费用支出等主要问题金额1583万元，分清责任，提出改进意见和建议。

民生资金（项目）审计 对上年扶贫审计查出的问题进行整改督促。组织开展保障性安居工程审计，发现工程目标任务应完成3930套实际完成1030套、棚户区安置住房3386套未达到基本建成标准、项目未取得建设用地批准非法占地5156平方米、7个项目未按规定办理竣工验收就交付使用等问题。

相关工作 开展“两学一做”学习教育，把学习教育作为首要政治任务和重大政治责任。全面推行主题党日活动，与“三会一课”相并行。深入开展“学习习近平总书记重要指示精神，争做郑德荣黄大年式共产党员”主题教育。组织党员进社区，认领群众“微心愿”，密切党群干群关系，展现新时期党员新面貌。（撰稿人：田国刚）

【梅河口市审计局】 2018年，梅河口市审计局实有30人。局长刘成业，纪检组长杨光辉。设有综合法制科、行政科、人事财务科、经济责任审计科、财政与经贸审计科、固定资产投资审计科、农业资源与环保审计科、行政事业审计科、社会保障审计科、政法审计科。

审计成果 2018年，梅河口市审计局完成审计项目47个，完成政府临时交办任务10余项。查出管理不规范问题金额2626万元，审计处理处罚上缴财政1949万元。出具审计报告和专项审计调查报告55篇，提出审计建议36条，提交审计信息20篇。

梅河口市扶贫政策措施落实和扶贫资金分配管理使用情况审计项目，被省审计厅评为表彰项目。

国家重大政策措施落实情况跟踪审计 对梅河口市直部门政务信息系统政策落实及建设管理情况、污染防治和监测等生态环境保护重点领域资金政策落实情况、农村义务薄弱学校改造资金政策落实情况等进行跟踪审计，涉及部门、单位45个，抽查项目21个。

财政审计 对市财政局、发改局、住建局、民政局4个部门进行预算执行情况审计，向人大常委会提交审计工作报告，受到人大党委的好评。市人大要求各单位对审计报告中指出的问题及时整改，并上报审计整改情况。

经济责任审计 完成经济责任审计项目29个，其中任中审计13个、离任审计16个。开展水道镇领导干部自然资源资产离任审计。

民生资金（项目）审计 对全市城镇保障性安居工程进行跟踪审计，发现违规享受保障性住房10套、违规领取住房租赁补贴2户的问题。对上年扶贫审计、农村厕所改造项目审计发现的问题进行整改督查，推动整改落实，整改率达到100％。

相关工作 落实“一岗双责”主体责任，党组书记严格履行党风廉政建设第一责任人职责，层层签订党风廉政建设责任书。局领导为党员干部上党课，强化干部职工廉政典型案例警示教育。参与脱贫攻坚工作，为海龙、曙光两镇各投入10万元的扶贫和农村建设资金，其中近5万元用于包保户冬季建暖棚。开展“党员干部集中奉献日”

活动，为1名贫困户维修房屋和1名残疾人申请轮椅，为31户贫困户送去慰问金和米面等生活必需品。发挥产业发展组成员单位作用，完成10余个单位产业发展项目扶持基金审核。派出11名审计干部参与省委市委巡视巡察。

（撰稿人：马宏飞）

2018年吉林省所辖区、县(市)级审计工作统计表

金额单位:万元

审计机关	完成审计项目/个	审计查出主要问题金额	审计发现非金额计量问题/个	审计期间整改金额	出具审计报告和审计调查报告/篇	审计处理情况：审计处理处罚金额	审计处理情况：移送处理事项/件	审计促进整改落实有关问题资金	审计提出建议/条	提交审计信息/篇
长春市										
长春市本级	282	658325	429	59779	263	517879	23	360318	597	126
南关区审计局	15	923	16		10	130		130	34	49
宽城区审计局	23	1244	10	1	23	739		739	25	62
朝阳区审计局	85	382750	301	22051	74	366446	20	241321	279	4
二道区审计局	9	19520	2	1	9	19520		18158	15	
绿园区审计局	19	97462	9	5134	19	324		70	39	
双阳区审计局	19	61364	2		19	41869	1	41869	34	
九台区审计局	20	33297	26		18	32535	1	14843	52	
榆树市审计局	40	6543	2		40	1779		1539	27	
德惠市审计局	21	1930	45		20	1930		1497	50	
农安县审计局	14	44331		32592	14	44331		31876	16	
吉林市										
吉林市本级	123	40246	86	5025	84	4545	34	3878	76	11
昌邑区审计局	19	1248	11		27		1	5282	37	7
龙潭区审计局	16	29901	12	2123	18				22	
船营区审计局	28	13973	10	6876	28			13407	36	6
丰满区审计局	13	7	3		13			3	7	19
蛟河市审计局	19	29737	3	1616	15		4	1590	26	110
桦甸市审计局	24	66386	31	626	24		5	12000	34	
舒兰市审计局	20	49627	8	14424	20	49102	1	21260	27	
磐石市审计局	15	4449	21	3799	15		1	3967	37	1
永吉县审计局	17	41097	100		17			41097	45	13
四平市										
四平市本级	39	790407	119		422272	359282		40	91	10
铁西区审计局	19	523						19	16	

（续表）

审计机关	完成审计项目/个	审计查出主要问题金额	审计发现非金额计量问题/个	审计期间整改金额	出具审计报告和审计调查报告/篇	审计处理情况		审计促进整改落实有关问题资金	审计提出建议/条	提交审计信息/篇
						审计处理处罚金额	移送处理事项/件			
铁东区审计局	8	40030					1	7	9	
双辽市审计局	27	20837	2583		4775	13479		28	16	1
梨树县审计局	37	68317			26	95		36	57	
伊通满族自治县审计局	24	45252			45151			24	4	
辽源市										
辽源市本级	65	52925	53	7686	76	20828	2	8288	72	117
龙山区审计局	14	3738	1		15				19	1
西安区审计局	22	17928			22			4582	32	7
东丰县审计局	25	551570			40				13	57
东辽县审计局	24	21337	20		24			54	30	3
通化市										
通化市本级	55	370958	50	737	55	6373		51618	66	70
东昌区审计局	13	9608	2		13			1441	10	24
二道江区审计局	23	9110	3		21			7535	16	
集安市审计局	13	25305	3		13	257		337	6	2
通化县审计局	32	5515	6		32	5247		3368	86	
辉南县审计局	26	13311	20		26			1136	43	44
柳河县审计局	39	580	37	320	39		6	470	98	86
白山市										
白山市本级	72	739025	76	34543	87	433261	8	431360	124	89
浑江区审计局	25	173403	6		36	162556	1	160698	29	27
江源区审计局	15	46966	1	758	19	172		172	10	37
临江市审计局	15	82451	7		8	82451		2927	24	8
抚松县审计局	16	47420	31	1426	26	415	2	415	29	6
靖宇县审计局	23	18793			22	1689		219	84	
长白朝鲜族自治县审计局	32	10087	8		11	9792		886	8	48
松原市										
松原市本级	67	120310	66	9661	95	67244	7	81272	8	4
宁江区审计局	31	1960	12	63	33	1604		1067	22	60
扶余市审计局	46	19805			49	1271		8485	49	

（续表）

审计机关	完成审计项目/个	审计查出主要问题金额	审计发现非金额计量问题/个	审计期间整改金额	出具审计报告和审计调查报告/篇	审计处理情况		审计促进整改落实有关问题资金	审计提出建议/条	提交审计信息/篇
						审计处理处罚金额	移送处理事项/件			
前郭尔罗斯蒙古族自治县审计局	35	7163	4	6	38	40		176	16	19
长岭县审计局	41	39435	4	33675	52	16466		38640	78	
乾安县审计局	94	24888	13	1367	94		5	2068	102	
白城市										
白城市本级	61	110800	70	705	61	64093	3	15000	92	42
洮北区审计局	35	21857	5		35			12987	15	4
洮南市审计局	25	115993	33	4185	26	4163		4102	67	1
大安市审计局	64	21856	1		95	5870		5870	136	
镇赉县审计局	33	109478	10	48	33	1		50	30	
通榆县审计局	36	61226	15		53	166		157	61	10
延边朝鲜族自治州										
延边朝鲜族自治州本级	80	63970	268	1573	100	31848	5	33105	98	12
延吉市审计局	30	62201	9	15877	52	60703	2	42490	10	8
图们市审计局	14	16748	12	10129	24	16641			21	54
敦化市审计局	26	403150	18	321615	35	7		5	25	
珲春市审计局	20	252901		125331	33	162347		162047		
龙井市审计局	6	1031			9	49				
和龙市审计局	23	2742	2	147	37	2741		2629	95	88
汪清县审计局	29	1322	5	1134	53	1322		188		
安图县审计局	14	105163			26	4100		4100	3	14
长白山管委会										
长白山管委会审计局	43	64821	210	17	43	62541		49494	121	1
省直管										
公主岭市审计局	24	377626	16	17256	24	376119		17256	43	10
梅河口市审计局	47	2626	1949		55	1949			36	20

黑龙江省

【黑龙江省审计厅】 2018年，黑龙江省审计厅实有234人。设有办公室、法规与审理处、综合计划处、财政审计一处、财政审计二处、金融审计处、行政事业审计处、企业审计处、农业与资源环保审计一处、农业与资源环保审计二处、社会保障审计处、固定资产投资审计局一处、固定资产投资审计局二处、外资境外审计处、经济责任审计局一处、经济责任审计局二处、绩效审计处、人事教育处、离退休干部工作处、审计督察处、机关党委、纪检监察室、派出经济管理审计处、派出经济执法审计处、派出农林水审计处、派出交通运输审计处、派出资源环保审计处、派出公检法司审计处、派出科技文化审计处、派出教育审计处、派出社保审计处、派出卫生医疗审计处、派出社会管理审计处；下设机关服务中心、政府投资审计中心（审计科学研究所）、审计信息中心、内部审计服务中心4个事业单位。

领导成员

党组书记、厅长：李广智

巡视员、副厅长：王学文

党组成员、副厅长：舒沫南

孙 钢（10月—）

党组成员、总审计师：吴艳龙

党组成员、纪检组长：崔治春

审计成果 2018年，黑龙江省市县三级审计机关完成审计项目3158个。查出违规问题金额82.51亿元、损失浪费问题金额0.94亿元、管理不规范问题金额1025.29亿元；促进增收节支37.98亿元；移送问题线索1952件。其中，省审计厅完成审计项目185个，查出违规问题金额52.21亿元、损失浪费问题金额0.49亿元、管理不规范问题金额583.46亿元；投资审计核减13.06亿元，促进增收节支5.62亿元；移送问题线索1566件。省委、省政府领导对审计报告、要情、专报作出重要批示72件。

国家重大政策措施落实情况跟踪审计 组织全省审计机关860余人开展涉农资金项目审计，对70个县（市、区）2013年以来涉农重点资金和产业项目、惠农补贴、乡村资产资源及财务管理情况进行审计，对农机合作社补贴资金进行审计调查，发现违规和管理不规范问题资金87亿元，向纪检监察等有关部门移送问题线索1300多件。根据审计移送问题线索，已追责问责1367人。审计促进有关主管部门制定和完善涉农资金项目监管制度规定70余项，加强对涉农资金监管。

伊春市审计局实施的带岭区（局）原区（局）长离任经济责任审计被审计署评为地方表彰审计项目。

财政审计 开展本级财政及部门预算执行审计、决算草案审计。省本级预算执行和决算草案审计主要揭示决算草案编制不够准确；年初预算不够细化，省本级一般公共预算代编项目资金，需要在执行中落实到具体部门；专项资金未在规定时限内下达；省级政府采购预算执行进度较慢等问题。省本级部门预算执行审计主要揭示部门预决算编制不够准确完整；预算执行方面还存在超预算、超范围支出、虚列支出等问题。省审计厅运用数据筛查方法，首次实现对省本级166家一级预算单位和1411家二、三级预算单位国库集中支付资金管理使用情况审计全覆盖，发现未严格执行国库集中支付、公务卡和政府采购制度等问题。

经济责任审计 对1783名党政主要领导干部和国有企业领导人员开展经济责任审计，其中省本级审计47人。省审计厅完成省人社厅主要负责人离任经济责任审计，揭示全省人力资源和社会保障事业发展计划部分指标未完成，未能有效落实省政府政策文件精神、部分非办公类资产清理处置未到位，应缴未缴存量资金和租赁、承包收入，账外资产，对专项资金使用监管不到位、部分市（地）挤占就业专项资金，对大学生创业种子资金管理使用指导不到位、部分市（地）剩余资金较大、未发挥资金引导拉动作用，省级技能大师工作室建设项目投入和监管不到位，国家级高技能人才培训基地建设项目进展缓慢，部分公益性岗位人员以灵活就业人员身份参加社保、一种身份两种待遇，职业技能培训情况未履行公示制度等问题。

省审计厅对《领导干部自然资源资产离任审

计规定》贯彻落实情况进行专项督查，制订《黑龙江省审计厅关于贯彻落实〈领导干部自然资源资产离任审计规定（试行）〉的工作方案》；组织全省各级审计机关实施自然资源资产离任审计（任中）项目 96 个，查出违法违规金额 6177.34 万元，促进增收节支或挽回损失 1400.67 万元，提出审计建议 142 条，推动政府和相关部门制定整改措施 110 项，推动建立健全制度 10 项，编发审计信息 19 篇。其中省审计厅对鸡西市和省国土资源厅实施审计，审计中充分利用地理信息系统开展辅助审计，发挥“天眼”的作用。

民生资金（项目）审计 组织对 7 市 43 县（区）企业养老保险基金审计，揭示政策落实不到位，因企业应参保未参保、少缴漏缴保险费、少计基金利息等造成基金歉收；人社部门经办人员审核不严，因违规审批、档案造假、重复领取保险、死亡后领取保险等造成基金流失；养老保险基金管理不规范，因挤占、挪用、投资亏损等造成基金损失或难以归还原渠道；工作人员贪污养老保险基金等问题。对经办机构公职人员及个人涉嫌套骗养老保险基金的 97 件问题线索移送纪检监察及公安机关处理。

外资运用审计 对全省执行的 9 个国外贷援款项目 2017 年度财务收支和项目执行情况进行公证审计，出具审计报告 9 篇；涉及 1 个世界银行贷款项目、3 个亚洲开发银行贷款项目、3 个全球环境基金赠款项目、1 个国际组织赠款项目和 1 个德国复兴信贷银行贷款项目。项目投资总额 54.35 亿元，其中利用外资 4.01 亿美元，2017 年审计资金总额 5.34 亿元，当年提款报账 1.41 亿元。9 个国外贷援款项目查出应缴未缴印花税等违纪违规问题金额 19 万元，配套资金不到位、会计核算不实等管理不规范问题金额 2785 万元，未对赠款资金专账核算、会计科目设置不完善等非金额问题 13 项。提出并被审计单位采纳审计建议 17 条。省审计厅于 2018 年 11 月 13 日对本年度审计的 9 个国外贷援款项目汇总发布审计结果公告。

企业审计 对黑龙江广播电视传媒网络集团股份有限公司原董事长、党委书记离任经济责任和企业资产负债损益情况进行审计。发现在重大经济决策方面存在董事会履行监管职责不到位，总经理越权决策经营事项，造成赔偿损失及经营收入减少等问题；发现该集团下属某公司员工伪造发票造成企业损失问题，移送哈尔滨市公安局（已立案）；对某会计师事务所出具年审财务报表存在瑕疵造成账实不符、违规核销等问题移送省财政厅会计局。

信息化建设 按照审计署办公厅关于定期报送审计电子数据范围、地方财政电子数据标准化的要求，完成全省财政收支电子数据的报送工作。完成审计项目中采集电子数据的处理和转换工作，至年末共处理、转换、存储各类财务、业务数据 3.74TB。通过专线方式，接入省公安厅人口信息查询边界网络接口，实现省审计厅与省公安厅人口信息系统的连通。按照审计署社会保障审计司的要求，完成《工伤保险审计数据规划》《失业保险审计数据规划》编制，通过审计署验收。

审计科研 组织自主立项并发布 2018 年度全省审计理论研究重点课题 8 个。其中省审计科研所和省审计学会秘书处独立承担 3 个，与省审计厅业务处合作开展 2 个，与市县审计学会合作开展 6 个。被中国审计学会列为 2018 年度合作课题的“深化预算执行审计研究——黑龙江省审计厅开展大数据审计探索与实践”，已经通过中国审计学会组织的结项验收，入选并参加中国审计学会举办的专题研讨会。完成的“深化市县审计机关发展的途径和对策研究”课题，在中国审计学会举办的专题研讨会上作交流发言，被研讨会论文集收录，刊发在《审计研究》2018 年第 2 期。与驻厅纪检组共同完成《审计现场权力制约监督机制研究》，并在此基础上形成《黑龙江省审计厅关于加强审计现场权力制约监督若干办法（试行）》。组织开展全省优秀审计论文评选，共收到 77 篇论文，评选出优秀论文 40 篇。

相关工作 印发《2018 年全省审计系统深化作风整顿优化营商环境工作方案》《黑龙江省审计厅作风整顿问题整改责任分工》和《关于认真做好厅机关作风整顿“集中攻坚强化专项整治”阶段各项工作的通知》等文件，组织召开全省审计系统深化作风整顿促进优化营商环境工作动员视频会议。按照省审计厅人教处制订的年度培训计划，合理规划培训时间，利用现有培训设施和师资力量，完成全省审计机关计划统计、转隶人员培训班共计 2 期、培训审计人员 79 名。

（撰稿人：黄　洋）

【哈尔滨市审计局】 2018 年，哈尔滨市审计局实有 151 人。局长马有伟，副局长金瑞生、贾洪涛，总审计师吴延林，副巡视员柳春英。设有办公室、法制处、财政审计处、信息计算机审计处、金融审计处、行政事业审计处、经贸审计处、农业与资源环保审计处、社会保障审计处、固定资产投资审计处、外资运用审计处、经济责任审计处、人事处、离退休干部工作处、机关党委。市审计局设置哈经开区审计分局、哈高新区审计分局、群力新区审计分局 3 个派出分局；下设审计培训中心（事业单位）。

审计成果 2018 年，哈尔滨市县两级审计机关完成审计项目 596 个。审计查出主要问题金额 159.2 亿元，其中违规金额 7.41 亿元、损失浪费金额 207 万元、管理不规范金额 151.76 亿元；损益（收支）不实金额 1.14 亿元；审计处理处罚金额 30.69 亿元；审计发现非金额计量问题 1168 个；审计促进整改落实有关问题资金 19.09 亿元；审计促进拨付资金到位 14.41 亿元；审计后挽回（避免）损失 2500 万元。移送司法机关、纪检监察机关和有关部门处理事项 56 件，涉及 80 人，涉及金额 2.05 亿元。出具审计报告和专项审计调查报告 971 篇，提出审计建议 742 条，被采纳 725 条。其中，市审计局完成审计项目 132 个；查出主要问题金额 106.04 亿元；审计处理处罚金额 29.07 亿元；审计发现非金额计量问题 492 个；移送司法机关、纪检监察机关和有关部门处理事项 44 件；出具审计报告和专项审计调查报告 210 篇。

市审计局实施的依兰县人民政府原县长何宪光任职期间经济责任履行情况审计、阿城区原书记王文力和区长牟宏峰任职期间经济责任履行情况审计，木兰县审计局实施的木兰县国土资源局 2016 年度部门预算执行情况审计等 3 个项目，被省审计厅评为优秀审计项目。

财政审计 完成市本级预算执行审计，揭示出决算草案编制不够完整、预算分配管理执行不够规范、资金滞留闲置等突出问题，涉及金额 43.79 亿元。完成对市国土局、市发展改革委等 11 个市直部门和所属 35 个单位预算执行审计，揭示出预算执行不够严格、财务管理制度执行不够到位等问题。

经济责任审计 完成对区县（市）、市直部门、国有企业党政主要领导经济责任审计项目 79 个，涉及领导干部 86 人。审计查出应负领导干部直接责任金额 4821 万元，应负主管责任金额 23.45 亿元，应负领导责任金额 23.96 亿元。重点关注领导干部贯彻执行国家、省、市重大政策措施情况、目标工作完成情况、“三重一大”事项决策执行情况等。开展对呼兰区委书记朱辉、区长于传勇自然资源资产离任审计项目，查出国土、采砂等规划不合理、违法占用河道建设湿地公园、环保任务指标未完成、国控重点污染源超标排放等问题。对审计中发现重大违规事项，已经移送相关部门处理。

民生资金（项目）审计 完成对哈尔滨市 2016 年至 2017 年住房公积金管理情况专项审计、对哈尔滨市 2 个区 9 个县（市）人民政府 2015 年至 2017 年企业职工养老保险基金审计、对呼兰区、阿城区 2015—2017 年度新型农村合作医疗基金审计等社会保险基金类审计项目 14 个，审计查出问题金额 4.88 亿元。

企业审计 完成对哈尔滨轴承集团公司董事长庞军任期经济责任审计、对哈尔滨北方资产管理公司资产负债损益审计等企业审计项目 7 个，发现欠缴社会保险费、未经审批为与关系业务单位提供贷款担保、账外资产等问题金额 4.49 亿元。

专项资金审计 完成对市服务业引导资金、科技研发资金、农业发展资金、旅游发展资金、棚户区改造资金等 21 项专项资金的管理和使用情况审计及审计调查，审计专项资金总额 281.79 亿元，全面反映专项资金管理使用情况，查出问题金额 2.25 亿元，促进各项专项资金及时有效发挥作用。

（撰稿人：李　雪）

【齐齐哈尔市审计局】 2018 年，齐齐哈尔市审计局实有 76 人。党组成员、局长赵树学，党组成员、副局长段芃、刘强、赵焕成，党组成员、总审计师张蕊，党组成员、副调研员郝胜哲，副调研员左玉东、闫晓光、田凯（12 月—）。设有机关党委、办公室、财政审计处、固定资产投资审计处、经济责任审计一处、经济责任审计二处、人事编制科、综合督察科、法制科、社会保障审计科、行政事业审计科、教科文卫审计科、农业审计科、资源环境审计科、经贸审计科、金融外资审计科、绩效审计科、信息化管理审计科、审计学会；下设固定资产投资审计中心（事业单位）。

审计成果 2018年，齐齐哈尔市审计局完成审计项目91个，其中专项审计调查项目8个。查出主要问题金额20.1亿元，其中违规金额1.25亿元、损失浪费金额18万元、管理不规范金额18.84亿元；审计发现非金额计量问题615个；损益（收支）不实金额2105万元；出具审计报告和专项审计调查报告127篇。审计处理处罚金额2.33亿元，其中应上缴财政4494万元、应减少财政拨款或补贴7054万元、应归还原渠道资金2838万元、应缴纳其他资金5826万元、应调账处理金额3086万元；移送有关部门处理事项50件，移送处理金额1.72亿元。审计促进整改落实有关问题金额9755万元；审计后挽回（避免）损失3172万元；核减投资额3035万元。审计提出建议84条，被采纳17条，推动被审计单位制定整改措施2项，促进被审计单位制定、完善规章制度3项；提交审计信息91篇，被批示、采用67篇。向社会公告审计结果16篇。

拜泉县精准扶贫跟踪审计项目被省审计厅评为优秀审计；房屋维修资金审计项目被省审计厅评为表彰审计项目。5个审计组被省审计厅评为涉农重点资金项目审计优秀审计组。

国家重大政策措施落实情况跟踪审计 完成涉农重点资金和项目审计、地方债务抽查核实审计、保障性安居工程跟踪审计等审计署定、省审计厅统一安排项目；完成装备整机制造等6个全市重点产业跟踪审计等市定项目。

财政审计 完成市本级预算执行及决算草案审计，延伸审计9个市直部门，加大对“三公”经费的审计监督力度，力促预算单位厉行节约。

经济责任审计 完成经济责任审计项目54个，修订区委书记、县（市）区长、部门单位主要领导经济责任审计工作方案。完成3个领导干部自然资源资产任中审计项目。

固定资产投资审计 实施国道京漠公路昂昂溪至齐齐哈尔改扩建工程等4项重点工程竣工决算审计，完成省援疆投资项目审计，对234个政府投资项目开展审核工作，审核总金额12.4亿元，审减投资额1.4亿元，核减率为11.5%。

民生资金（项目）审计 完成龙江等5个县（市）扶贫情况跟踪审计、市本级医疗救助资金管理使用情况审计。

企业审计 完成对齐翔建工集团天翔建筑公司、中翔建筑公司的资产负债损益审计。

交办任务 完成对市报社、电视台的资产负债损益审计、建北片区往来资金核实等交办任务，参与省委、市委巡视及人防系统专项巡察等工作。

（撰稿人：张乃晨）

【鸡西市审计局】 2018年，鸡西市审计局实有46人。局长董玉玲，副局长舒全、肖卫东，总审计师李俊峰，经济责任审计办公室主任凌宗风，正处级调研员孙永宏，副处级调研员杨丽萍、刘巍。设有办公室、综合科、法制科、财政审计科、行政事业审计科、农业与资源环保审计科、金融审计科、经贸审计科、社会保障审计科、外资运用审计科、审计督察科、固定资产投资审计办公室、经济责任审计办公室等14个科室，下设审计培训中心（事业单位）。

审计成果 2018年，鸡西市审计局完成审计项目66个。查出主要问题金额18.99亿元，其中违规金额5461万元、管理不规范金额18.41亿元；审计促进整改落实有关问题金额2.63亿元，其中增收节支4136万元、已调账处理金额1676万元。移送司法机关、纪检监察等有关部门处理事项27件，出具审计报告和专项审计调查报告87篇，被批示22篇次。推动完善规章制度10项。

建三江至鸡西高速公路虎林至鸡西段建设项目竣工决算审计、鸡东县2016年财政扶贫资金管理和使用情况跟踪审计等2个项目，被省审计厅评为优秀审计项目；虎林市2016年财政扶贫资金管理和使用情况跟踪审计项目，被省审计厅评为表彰审计项目。

国家重大政策措施落实情况跟踪审计 重点对城镇低保资金的筹集管理及使用、救济救灾救助、扶贫资金分配管理使用和扶贫项目建设管理等开展跟踪审计。开展全市税收优惠政策制定和执行情况的审计。

财政审计 对2017年度市本级预算执行情况、市本级决算（草案）和7个部门预算执行情况进行审计或者专项审计调查。受市政府委托，向市人大常委会作2017年度市级预算执行和其他财政收支审计工作报告，得到充分肯定和高度评价，认为审计工作报告为人大常委会强化预算监督提供有力的依据。

经济责任审计 全年共开展经济责任审计项目21个，查出违纪违规金额5.88亿元。开展麻山区领导干部自然资源资产离任审计试点工作。

固定资产投资审计 开展建鸡高速竣工决算审计、市检察院办案用房和专业技术用房竣工决算审计、滴道过境铁路立交桥新建工程项目竣工结算审计、热力公司2015年城市集中供热老旧管网改造工程竣工结算审计、左家立交桥竣工决算审计、鸡冠老工业区雨污水管网改扩建工程二期竣工结算审计等项目，审计核减工程款9316万元。

民生资金（项目）审计 开展3个县（市）城镇保障性安居工程跟踪审计，2017年度城镇低保资金的筹集、管理及使用情况审计，企业职工养老保险等民生项目和资金的审计。

企业审计 对鸡西市热力公司的资产负债损益真实性、企业内控制度的建立和执行情况进行审计。开展对东北亚矿业资源有限公司资产负债损益情况和2018年五区财政资金使用情况的调研。

相关工作 以抓好党建为保证，推动审计工作健康开展。集中学习研讨习近平新时代中国特色社会主义思想、十九大精神、省市党代会精神16次，领导干部讲党课8次，与市委党校联合举办学习贯彻党的十九大精神专题研讨班。

内部审计 鸡西市本级有内部审计机构12个，完成审计项目64个，审计总金额14.51亿元，通过审计增收节支58万元。

（撰稿人：高长伟）

【鹤岗市审计局】 2018年，鹤岗市审计局实有50人。局长司成斌，副局长于长生、武春荣、高永强，副处级调研员、党组成员杨晓光，纪检组长成泉，副处级调研员郭伟。设有办公室、法制科、人事教育科、固定资产投资审计科、经济责任审计办公室、财政金融审计科、行政事业与社会保障审计科、经贸审计科、农业与资源环保审计科、计算机审计科、区级审计办公室、派出科教文审计科、派出公检法审计科、派出公共事业审计科；下设国家建设项目评审中心（事业单位）。

审计成果 2018年，鹤岗市审计局完成审计项目31个。查出主要问题金额16.19亿元，其中违规金额5.33亿元、损失浪费金额3310万元、管理不规范金额10.52亿元；审计发现非金额计量问题62个；损益（收支）不实金额169万元；审计发现侵害人民群众利益335万元；出具审计报告和专项审计调查报告53篇，被批示、采用5篇。审计处理处罚金额4.76亿元，其中应上缴财政209万元、应归还原渠道资金4.67亿元、应调账处理金额713万元；移送司法机关、纪检监察机关和有关部门处理事项11件，移送处理金额2209万元。审计促进整改落实有关问题金额4.38亿元；审计促进拨付资金到位4.31亿元；审计后挽回（避免）损失110万元；核减投资额91万元；移送处理落实事项5件。审计提出建议74条，被采纳59条；促进被审计单位制定、完善规章制度1项；提交审计信息42篇，被批示、采用31篇。向社会公告审计结果1篇。

佳木斯郊区、桦南县涉农重点资金和项目审计组被省审计厅评为涉农重点资金项目审计优秀审计组。

国家重大政策措施落实情况跟踪审计 开展拖欠民营企业中小企业账款情况跟踪审计，发现拖欠账款4245.21万元。

财政审计 完成市本级预算执行和决算草案编制情况审计，发现6方面12个问题。市十六届人大常委会第十三次会议对此项工作给予充分肯定。

经济责任审计 健全《鹤岗市经济责任审计领导小组议事规则》等制度，制发《经济责任分类管理办法》。全年完成领导干部经济责任审计项目23个。

固定资产投资审计 对边防公路同仁北口子

至延军三队段财务竣工决算进行审计，审减投资金额 91.2 万元。对鹤岗市生活垃圾焚烧发电项目前期投入情况进行审计，审减投资金额 225.75 万元。

民生资金（项目）审计 开展保障性安居工程、涉农重点资金和项目、医疗保险基金、扶贫资金等重点民生资金和项目审计。保障性安居工程审计向两县级纪检监察部门移交案件线索 8 件，已审结 5 件，处理 6 人。佳木斯郊区、桦南县涉农重点资金和项目审计移交案件线索 41 件。其中，桦南县明义乡三合村“黑心”村委会一案，被作为典型案例在中国纪检监察报上公布。

企业审计 对市宝泉粮库有限责任公司、原市农委及 7 个所属单位资产负债损益进行审计，揭示出违规组织有偿集资、弄虚作假套取资金等问题。移送市纪检监察部门案件线索 3 件。

（撰稿人：孙跃明）

【双鸭山市审计局】 2018 年，双鸭山市审计局实有 53 人。局长孟钰，副局长汝兴华、宋宇宝，总审计师赵亚莉，经济责任办公室主任杨瑞红，副调研员梁望秋。设有经济责任办公室（副处级）、固定资产投资审计中心、固定资产投资审计科、财政审计科、金融审计科、农业与资源环保审计科、企业审计科、行政事业审计科、社会保障审计科、外资运用审计科、计算机审计科、办公室、人事教育科、政策法规科、督查科、综合审计科、乡镇企业科、绩效审计科。

审计成果 2018 年，双鸭山市县两级审计机关完成审计项目 152 个。查出违规金额 18.99 亿元，出具审计报告和审计调查报告 196 篇，提出审计建议 444 条。市审计局完成审计项目 38 个，查出违规问题金额 13.78 亿元，提出审计建议 119 条，审计移送问题线索 21 件，向市委、市政府领导报送审计专报 6 期，市领导批示 10 件（次）。

国家重大政策措施落实情况跟踪审计 对双鸭山重大政策措施落实情况开展跟踪审计，抽审 11 个项目，查出违纪违规金额 1193 万元。揭示出中央专项补助资金长期结余等问题 7 个。牵头对审计署驻哈办重大政策措施落实情况跟踪审计提出的问题，督促相关责任单位进行整改落实。

财政审计 开展财政预算执行和其他财政收支审计，揭示出预算编制不完整、财政资金分配管理使用和政府采购程序不规范等问题。受市政府委托，向市人大常委会作 2017 年度市级财政预算执行和其他财政收支情况的报告和审计发现问题整改落实情况的报告。对市执法局、市住建局等 4 个部门开展预算执行审计，揭示出个别单位预算管理不严格、部分事项处理不规范等问题。根据审计署工作安排，市审计局派出审计组，对集贤县本级政府债务和隐性债务数据进行抽查核实，发现存在的债务数据尚不够完整和准确、债务募集资金使用效益还有待提高、短期偿债压力较大等问题，以审计专报向市委、市政府报告。

经济责任审计 完成经济责任审计项目 21 个，审计发现问题 138 个，查出违规金额 3.47 亿元。起草《双鸭山市贯彻落实〈领导干部自然资源资产离任审计规定（试行）〉实施方案》，以市委市政府办公室文件下发。对饶河县相关领导干部开展自然资源资产离任审计。

固定资产投资审计 开展国道集贤至当壁公路双鸭山段改扩建工程征地拆迁补偿情况的专项审计调查，调查集当公路指挥部等 20 多个单位及乡镇村，调查资金额 4.6 亿元，市纪委监委机关依据审计部门提供的问题线索，收缴违规资金近 500 万元。开展市政工程项目、市司法局强制戒毒所项目的竣工决算审计。

民生资金（项目）审计 根据省审计厅工作安排，对 22 个保障性安居工程项目进行审计，延伸检查 182 户农村危房改造家庭，揭示出安居工程目标任务管理、资金筹集使用等 8 个方面 40 个问题，向市纪委监委机关移送问题线索 14 件。开展集贤县扶贫政策落实及资金管理使用情况审计，对 5 个乡镇 10 个村 25 个扶贫项目建设情况进行实地调查，发现问题 12 个，以审计专报向市委、市政府报告审计情况。对市辖 4 个县开展企业职工养老保险审计，发现问题金额 2467 万元，向市纪委监委机关移送问题线索 6 件。

企业审计 起草《双鸭山市深化国有企业和国有资本审计监督实施方案》，以市委、市政府办公室文件下发。对双鸭山市龙双供热有限公司资产负债损益、国有资本投资及运营监管情况进行审计。

专项资金审计 对市农开办管理的龙煤集团转岗分流人员安置资金的计划、投资、建设情况进行跟踪审计调查，揭示项目管理、资金筹集使用等方面存在的问题9个。 （撰稿人：田杨勇）

【大庆市审计局】 2018年，大庆市审计局实有45人。局长徐丽艳，副局长彭连怀、王文忠、范广斌，总审计师王文忠（兼），副调研员李甲宝、陶秀杰、孙继春，副处级干部李永芬（12月—）、付方达（12月—）、于化春（12月—）。设有办公室、法制督察室、计算机审计科、财政审计科、行政事业审计科、农业与资源环保审计科、固定资产投资审计科、金融与企业审计科、社会保障审计科、绩效与外资运用审计科、经济责任审计科；下设国家建设项目审计中心（事业单位）。

审计成果 2018年，大庆市审计局完成审计项目74个，其中专项审计调查项目1个。查出主要问题金额22.46亿元，其中违规金额2.86亿元、损失浪费金额907万元、管理不规范金额19.51亿元；审计发现非金额计量问题457个；损益（收支）不实金额6147万元；出具审计报告和专项审计调查报告106篇，被批示、采用8篇。审计处理处罚金额10.88亿元，其中应上缴财政5425万元、应减少财政拨款或补贴1.2亿元、应归还原渠道资金4354万元、应缴纳其他资金1115万元、应调账处理金额8.59亿元；移送处理事项21件，移送处理人员4人，移送处理金额66.78亿元。审计促进整改落实有关问题金额8.47亿元；审计后挽回（避免）损失核减投资额1.21亿元；审计提出建议206条，被采纳198条；提交审计信息87篇，被批示、采用43篇。

肇源县2015年和2016年扶贫专项资金情况审计、大庆新闻传媒集团2014年至2016年资产负债经营损益情况审计等2个项目，被省审计厅评为优秀审计项目；林甸至依安公路林甸镇至林依界段改扩建工程竣工决算审计、大庆市民政局局长冯建国同志任期经济责任审计、肇州县2015年和2016年扶贫专项资金情况审计等3个项目，被省审计厅评为表彰审计项目。

国家重大政策措施落实情况跟踪审计 完成黄标车淘汰补贴政策落实、财政存量资金、创新创业资金、环保资金中退耕还林资金管理使用情况审计。

财政审计 全面运用数字化审计模式，对存量盘活、支出控制、专项使用绩效等方面靶向发力，揭示问题金额4亿元。

经济责任审计 完成29个领导干部经济责任审计项目，查出主要问题金额9亿元。完成大同区政府原区长自然资源资产离任审计。完成2017年43名领导干部经济责任审计汇总报告。

固定资产投资审计 市审计局完成审计项目14个，核减多计工程价款1.19亿元；组织社会审计机构完成项目24个，核减多计工程价款1.14亿元。

民生资金（项目）审计 完成肇州县、肇源县、大同区扶贫审计，4个县企业职工养老保险基金审计，4个县保障性安居工程跟踪审计等11个民生审计项目。

企业审计 完成市城投公司4家市属国有企业审计，揭示企业经营管理等方面问题133个。完成市本级国有资产审计调查，涉及单位313个，揭示资产闲置等方面问题30个。

专项资金审计 完成廉政保证金收支审计和科技专项审计。

交办任务 参加审计署、省审计厅重要审计项目10人次、261天次，参与省委巡视、市纪委巡察和案件办理7人次、165天次。

（撰稿人：陈 斯）

【伊春市审计局】 2018年，伊春市审计局实有42人。局长岳宏伟，副局长李玉玲、李庆涛、崔卓军，总审计师赵瑞林，副调研员董洪峰、乔明云。设有办公室、法制审理科、人事科、行政事业审计科、农业与资源环保审计科、固定资产投资审计科、财政金融审计科、经贸审计科、社会保障审计科、林业审计科、经济责任审计办公室、审计督察科、计算机审计科、资源审计科、机关党总支等科室；下设固定资产投资评审中心和伊春市审计学会2个事业单位。

审计成果 2018年，伊春市审计局完成审计项目56个。查出问题金额19.44亿元。其中违规金额105万元、损失浪费问题金额326万元、管理不规范金额19.39亿元，审计发现非金额计量问题339个。通过审计促进增收节支251万元。提交审计报告以及审计专报、审计信息163篇，被国家、省、市采用及领导批示57篇，向社会公告审计结果6篇。

带岭区领导干部经济责任审计项目被审计署评为表彰审计项目。2个审计项目被省审计厅评为优秀审计项目，1个审计项目被省审计厅评为表彰审计项目。

国家重大政策措施落实情况跟踪审计 开展市本级国库集中支付制度改革情况审计、“简政放权”政策落实情况专项审计调查、水热价格制定执行情况专项审计调查，促进重大政策落实到位。在防范化解重大风险方面，督促财政部门开展隐性债务调查统计，摸清隐性债务底数。在精准脱贫方面，开展南岔区、铁力市、嘉荫县扶贫领域作风问题专项审计，指导扶贫资金较少的区（局）自行开展审计，实现全市扶贫审计全覆盖。在污染防治方面，组织开展乌马河区污水管网改造工程项目跟踪审计，促进防范污染隐患。

财政审计 开展2017年度市本级预算执行、决算草案编制情况审计以及6个部门预算执行审计。

经济责任审计 完成党政领导干部经济责任审计项目22个，领导干部自然资源资产审计项目2个。

固定资产投资审计 开展五营区、南岔区汤旺河治理项目和带岭区、乌伊岭区、桃山林业局城市排水及污水治理项目竣工决算审计。

民生资金（项目）审计 开展铁力市、嘉荫县保障性安居工程跟踪审计，金山屯区、美溪区低保资金审计，铁力市、伊春区、新青区、南岔区、友好区医保基金审计，以及南岔区就业专项资金审计。

企业审计 开展桃山林业局资产负债损益审计，乌马河、新青林业局财务收支审计以及伊林集团盘活闲置国有资产专项审计调查，促进国有企业深化改革、国有资产安全和保值增值。

信息化建设 完成120余家被审计单位财务数据采集，提升大数据审计能力。在财政、民生、医院经济责任等审计中有效运用计算机审计方法，提高审计效率和质量。 （撰稿人：范宝俊）

【佳木斯市审计局】 2018年，佳木斯市审计局实有47人。局长李纲，副局长关胜超、蒋红军、张鑫裕，驻审计局纪检组组长裴新，固定资产投资专业审计局局长丛培鑫。设有办公室、法规科、财政审计科、行政事业审计科、农业与资源环保审计科、固定资产投资审计科、金融审计科、企业审计科、社会保障审计科、外资运用审计科、经济责任审计办公室、审计督察科、人事教育科、计算机管理科、离退休干部工作科、机关党委、派出公检法司审计科、派出文教卫生综合审计科、派出企业审计科、派出社会保障审计科、派出农林水审计科；下设固定资产投资专业审计局。

审计成果 2018年，佳木斯市审计局完成审计项目58个。审计查出问题金额3.56亿元，发现问题300余个，提出审计建议106条；移送违纪违法案件线索16件。

国家重大政策措施落实情况跟踪审计 把政策措施落实情况跟踪审计作为各项审计报告中必须反映的首要内容。重点关注政策措施落实情况，促进国家、省市重大政策措施全面有效贯彻落实。对6县（市）1区开展扶贫审计。开展桦南县政府债务数据检查。

财政审计 开展部门预算执行审计项目19个，实现对96个一级预算部门、363家预算单位国库集中支付系统数据全覆盖，揭示出80余家单位在预算管理执行、重大政策措施落实、民生社保工程以及重点公共投资建设等领域存在的50余个问题，查出违纪违法及管理不规范金额2亿余元，审计工作报告得到市人大常委会的肯定。

经济责任审计 研究制定《2018年度领导干部经济责任审计指导意见》，明确年度领导干部经济责任审计10项内容及相关要求，完成经济责任审计项目19个。对6县（市）1区开展领导干部自然资源资产离任审计。

固定资产投资审计 通过公开招标方式确定17家中介机构，组织部分中介机构开展购买社会服务试审工作。完成投资审计项目11个，送审金额4.06亿元，审定金额2.85亿元，核减金额1.21亿元，审减率29.8%。开展政府投资建设项目调查，筹建政府投资建设项目审计数据库。

民生资金（项目）审计 按照省审计厅的统

一部署，对6个县（市）企业职工养老保险基金进行审计，摸清基本养老保险制度建设和执行的基本情况，揭示出少缴养老金、重复领取待遇、多头开户等问题62个，审计查出涉及问题资金4411万元，移送涉案线索8件。按照市委、市政府要求，对6县（市）1区产业扶贫项目运营管理、投资效益、利益联结、利益分配等情况进行审计，实地检查63个乡（镇）272个村，延伸产业扶贫项目180个，涉及扶贫产业项目资金11.36亿元，基本实现产业扶贫项目审计全覆盖，审计情况向市委第52次常委会作专题汇报，发现的问题向全市进行通报。

相关工作 召开纪念改革开放40周年暨审计机关成立35周年庆祝大会，开展口述历史采集、图片展及征文系列纪念活动。对市审计局2017年财务收支情况开展内部审计。持续开展“戒酒令”“刹三风”活动，加强对审计纪律作风和执法监督权的监督制约，被评为2017年全市政治生态考核优秀单位。（撰稿人：王进兴）

【七台河市审计局】 2018年，七台河市审计局实有25人。局长崔玉平，副局长张玉星、迟宗祥、董红兵，总审计师高英。设有办公室、法制科、财政审计科、金融审计科、行政事业审计科、企业审计科、固定资产投资审计科、农业与资源环保审计科、经济责任审计科、社会保障审计科、外资运用审计科共11个职能科室；下设国家建设项目审计中心（事业单位）。

审计成果 2018年，七台河市审计局完成审计项目29个。审计查出问题金额11.94亿元，其中违规金额7097万元、管理不规范金额11.23亿元。出具审计报告38篇，审计查出非金额计量问题307个，审计促进整改落实金额3910万元，核减投资额868万元，移送处理问题2个，提出审计建议98条，上报审计信息36篇。

七台河市中医院医院后续工程审计项目、七台河市人民医院外科楼综合楼建设项目竣工决算审计项目，被省审计厅评为优秀审计项目。

国家重大政策措施落实情况跟踪审计 组织开展全市关闭小煤矿奖补资金的使用情况专项审计，推动煤矿企业实施兼并重组。完成勃利县2017年城镇保障性安居工程审计，发现农村危房改造实施中多支付房屋鉴定费、违规分配住房保障等问题，提出进一步规范内部监管、制定保障房管理办法等建议。

财政审计 开展市本级预算执行和其他财政收支审计，运用信息化手段扩大审计覆盖面，数据采集覆盖全市20余家预算单位，对长期没有审计过的财政项目预算评审、小额贷款担保进行审计，消除财政审计的死角。受市政府委托向市人大常委会作预算执行审计工作报告，获得市人大常委充分肯定。

经济责任审计 完成市司法局等单位12名领导干部经济责任审计，查出办公费超预算、扩大支出范围、专项资金未能发挥效益等问题。组织开展勃利县原县长自然资源资产离任审计试点，审计采取与国土、水利、环保等资源主管部门协作联动的组织方式，收到较好的效果，为全面推开自然资源资产离任审计积累经验。

固定资产投资审计 完成城市西环公路工程竣工决算、市棚户区改造工程择址新建医院竣工决算、污水处理场外配套工程竣工决算、城市集中供热管网工程跟踪审计，审计将事前预防、事中控制和事后监督有机结合，发挥投资审计促进项目管理、控制建设成本的作用。

民生资金（项目）审计 开展市本级扶贫专项资金审计，揭示精准扶贫政策措施落实不到位、扶贫资金形成的固定资产未及时入账、扶贫项目逾期未建成等问题。组织开展污染防治资金审计，查出排污费征收不到位、套取专项资金等问题，将发现的违规线索移交纪检部门。组织实施城乡低保资金、医疗保险基金、社会救济资金审计，揭示政策落实不到位、制度缺失、管理漏洞和资金使用效益等方面存在的问题。

企业审计 开展市热力公司、市供排水总公司资产负债损益审计，查出应收未收供热基础设施配套费、固定资产未入账、已交付使用资产未决算等问题。（撰稿人：金　成）

【牡丹江市审计局】 2018年，牡丹江市审计局实有70人。党组书记、局长倪金亭（—5月）、谢北寒（6月—），党组成员、副局长刘佳祥、杨国安、田方，副局长姜涛，调研员杨国安（12月—），副处级调研员李淑莲（—7月）、张少亮（—3月），副处级干部尹明霞。设有办公室、法制审理科、人事教育科、党委办、督察审计科、计算机应用审计科、财政审计科、金融审计科、企业审计科、行政事业审计科、社会保障审计科、农业与资源环保审计科、外资运用审计科、固定资产投资审计办公室、经济责任审计办公室、公检法审计科、科教卫生审计科、发展计划审计科、总审计师办公室、交通水利审计科、新闻通讯审计科。

审计成果 2018年，牡丹江市县两级审计机关完成审计项目303项。查出主要问题金额81.54亿元，其中违规金额4.82亿元、损失浪费金额51万元、管理不规范金额76.71亿元；审计发现非金额计量问题1310个。审计处理处罚金额57.95亿元，其中应上缴财政1.42亿元、应减少财政拨款或补贴2591万元、应归还原渠道资金12.48亿元、应调账处理金额43.79亿元。审计促进整改落实有关问题资金2.01亿元。移送案件线索及处理事项58件，移送处理金额5.14亿元。上报提交专报、信息各类宣传稿189篇，被批示采纳109篇。其中，市审计局审计项目123个，查出主要问题金额59.49亿元，发现非金额计量问题1085个；审计处理处罚金额47.51亿元，审计促进整改落实有关问题资金1.77亿元。移送案件线索及处理事项46件，上报提交专报、信息各类宣传稿101篇，被批示采纳94篇。

国家重大政策措施落实情况跟踪审计 围绕防范化解债务和隐性债务审计风险，对东宁市本级截至2017年底的政府债务和隐性债务进行抽查，经核实东宁市政府债务为15.26亿元，由财政资金偿还的地方政府隐性债务11.77亿元，已纳入债务系统管理的政府负有担保责任的债务3.15亿元，政府负有救助责任的债务200万元。根据审计署统一安排，市审计局派出6个审计组对6县（市）2017年度保障性安居工程开展跟踪审计，审计资金8.27亿元，住房保障对象户数9509户，发现公租房分配任务未完成等20个问题。

财政审计 组织完成2017年度市级预算执行情况和决算（草案）审计，延伸25个部门，查出主要问题金额19.34亿元。对国土、环保、交通、民政等7个部门进行部门预算审计，查出主要问题金额4.5亿元。

经济责任审计 对75名领导干部开展经济责任审计，发现存在应缴未缴财政收入、“三公”经费超预算支出、不合规票据列支、未履行政府采购程序、在下属单位列支经费、往来长期挂账等问题。对宁安市原市长及穆棱市原市长进行离任经济责任审计，同步开展自然资源资产离任审计。

固定资产投资审计 完成政府投资项目审计4项，审计项目资金12.42亿元，查出涉及工程结算、建设程序履行、招投标、建设资金管理等多方面的问题，问题资金1.88亿元，核减工程价款3722万元。通过政府购买中介机构服务完成审计项目75个，涉及项目资金9.49亿元，核减工程价款1.1亿元。

民生资金（项目）审计 完成阳明区、西安区和市林业局财政专项扶贫资金使用情况审计，以及林口县2017年至2018年9月末精准扶贫精准脱贫政策落实情况审计。按照省审计厅计划统一安排，完成市本级及所属6个县（市）2015年至2017年企业职工养老保险基金审计，涉及养老保险基金收支148.51亿元，审计发现部分企业应参保未参保、低报缴费基数导致少缴养老保险费、违规为不符合条件人员办理特殊工种提前退休或病退、养老保险档案管理不规范等5类30余个问题，向有关单位移送案件线索4件。抽调58名审计干部，配合省审计厅对6县（市）开展涉农资金及项目审计，根据审计查出的问题，纪委监委立案34件，追责问责直接责任人35人次、领导责任人1人次；移送司法部门案件线索5件，涉及12人。

企业审计 对新创新公司经营情况开展专项审计调查，发现主要问题金额4.85亿元。开展新闻传媒集团资产负债损益审计，发现法人治理结构不完善、国有资产管理不规范等问题。在开展交通局领导干部离任经济责任审计项目中，延伸审计下属广运集团。

外资运用审计 配合省审计厅完成亚洲开发银行贷款农业综合开发富锦和桦川子项目、亚洲开发银行贷款佳木斯集中供热项目、全球环境基金赠款野生动物保护景法项目、亚洲开发银行贷款农村能源项目和全球环境基金赠款中国缓解大城市拥堵和减少碳排放项目等5个外资运用审计

项目。（撰稿人：张春艳）

【黑河市审计局】 2018年，黑河市审计局实有36人。局长丁爱辉（—12月）、倪雪松（12月—），副局长仲建彬、刘伟宏、姚富利，市经济责任审计联席会议办公室主任胡铁军，调研员王鹏锐（—6月）、李树林（1月—），副调研员张世杰（—5月）。设有经济责任审计科、财政金融审计科、企业审计科、农业与资源环保审计科、固定资产投资审计科、政府项目资金管理监督审计科、社会保障审计科、行政事业审计科、计算机审计科、法制审理科、人事教育科、办公室，边境经济合作区分局和五大连池风景名胜区自然保护区分局；下设固定资产投资审计中心（事业单位）。

审计成果 2018年，黑河市审计局完成审计项目35个。查出主要问题金额8.03亿元，其中违规问题金额2099万元、管理不规范金额7.82亿元；移送问题线索20件。提出审计建议93条；报送审计信息54篇。

财政审计 开展市本级预算执行审计，关注财政资金的存量和增量，审查财政资金安排、分配、使用环节存在的问题。

经济责任审计 除对领导干部任职单位的财政财务收支、固定资产管理情况外，增加贯彻落实国家宏观政策、职能目标任务完成情况、编制情况等方面的审计内容，规范权力运行。开展领导干部自然资源资产离任审计，审计内容包括对饮用水水源地生态保护和水环境综合整治、矿产资源的保护与开采、节能减排工作措施落实等方面。

固定资产投资审计 开展保障性安居工程跟踪审计，促进住房保障目标任务完成。按照市委、市政府的要求，以跟踪检查房屋征收资金流向的方法，开展市区棚户区改造工程审计，查出因文件送达不及时致多付棚改资金、因审核不严致多付补助资金、虚报低保残疾信息骗取补助资金等问题金额384.5万元。

民生资金（项目）审计 按照省审计厅统一安排，参与涉农资金项目审计百日会战，推动党和政府强农惠农政策贯彻落实；对各县（市）医疗保险基金进行审计。对北安市、五大连池市、逊克县精准扶贫精准脱贫政策落实情况进行审计，查出脱贫攻坚领域作风不严不实、资金管理使用不规范、未与贫困户建立利益联结机制等突出问题。（撰稿人：安　佶）

【绥化市审计局】 2018年，绥化市审计局实有50人。局长吴云峰，副局长田学斌、李永志、张立君，调研员赵德河，总审计师杨旭，纪检组长赵达洲，副调研员刘平录、贾广灵、周则朴，副处级干部刘凤军。设有办公室、法规科、审计督察科、财政审计科、行政事业审计科、农业与资源环保审计科、固定资产投资审计科、金融审计科、经贸审计科、社会保障审计科、信息化科、人事教育科、经济责任审计一科、经济责任审计二科、经济责任审计三科、绩效审计科、开发区分局；下设干部培训中心（事业单位）。

审计成果 2018年，绥化市县两级审计机关完成审计项目238个。查出主要问题金额17.88亿元，其中违规金额2024万元、管理不规范金额15.84亿元；审计发现非金额计量问题358个；损益（收支）不实金额330万元；审计期间整改金额5184万元；出具审计报告和专项审计调查报告284篇，被批示、采用审计报告和专项审计调查报告3篇；审计处理处罚金额5453万元，其中应上缴财政31万元、应归还原渠道资金1093万元、应缴纳其他资金213万元、应调账处理金额4113万元；移送司法机关、纪检监察机关和有关部门处理事项14件，移送处理人员17人，移送处理金额885万元。审计促进整改落实有关问题金额2365万元；审计促进拨付资金到位244万元；核减投资额146万元；审计提出建议281条，被采纳审计建议230条；提交审计信息14篇，被指示、采用1篇，向社会公告审计成果2篇。市审计局完成审计项目142个，查出主要问题金额11.33亿元；发现非金额计量问题265个；出具审计报告和专项审计调查报告170篇；审计处理处罚金额2364万元；移送司法机关、纪检监察机关和有关部门处理事项11件，移送处理人员17人。

国家重大政策措施落实情况跟踪审计 对绥化市2017年度科研经费使用情况、肇东市和北林区2017年度精准扶贫政策落实情况、绥化市住房公积金政策落实情况进行审计。组织全市审计机关开展清理拖欠民营企业中小企业账款审计。

财政审计　完成财政类审计项目216个，包括市本级预算执行审计、财政决算审计、行政事业审计、专项资金审计、投资审计。审计专项资金总额2.75亿元，审计项目投资额2.68亿元；出具审计报告266篇，其中预算执行审计报告25篇、财政决算审计报告1篇、行政事业审计报告207篇、专项资金审计报告14篇，投资审计报告19篇。

经济责任审计　对71名领导干部开展经济责任被审计，其中任中审计12人、离任审计59人，审计单位72个，查出主要问题金额9.32亿元，其中违规金额44万元。提交审计报告和审计结果报告124篇，被批示、采用审计报告和审计结果报告1篇；审计提出建议48条，被采纳36条。

民生资金（项目）审计　完成城镇职工基本养老保险项目9个，查明城镇职工基本养老保险收入36399万元，支出35130万元，滚存结存206万元，查出主要问题金额1.87亿元，其中未按规定征收、缴存社保费和公积金金额236万元。

企业审计　完成企业审计项目13个，查出主要问题金额3734万元，其中财务收支核算不实225万元。（撰稿人：李　勋）

【大兴安岭地区行署审计局】　2018年，大兴安岭地区行署审计局实有31人。局长解学民（—6月）、边爱萍（6月—），副局长戴新竹、朱立成、郭银杉、刘守岭，纪检组长丁子良，经济责任委员会办公室主任王玉红，副调研员马树声。设有办公室、法制审理科、财政审计科、行政事业审计科、农林资源环保外资审计科、固定资产投资审计科、社会保障审计科、经济责任审计一科、经济责任审计二科、金融与企业审计科、审计督察科、重点投资项目监督科等12个内设机构；下设投资审计中心（事业单位）。

审计成果　2018年，大兴安岭地区行署审计局完成审计项目39个。查出主要问题金额2.02亿元，其中违规金额7114万元、管理不规范金额1.31亿元，审计发现非金额计量问题105个，损益不实金额90万元。审计处理处罚金额7858万元，其中应上缴财政574万元、应调账处理金额951万元、应归还原渠道资金6332万元，移送有关部门处理事项5件。审计促进整改落实问题资金281万元，核减投资额236万元。提出建议审计48条。

国家重大政策措施落实情况跟踪审计　按照审计署、省审计厅开展“稳增长、促改革、调结构、惠民生”政策措施落实情况跟踪审计要求，分季度开展并完成跟踪审计，审计内容包括军队转业安置、体育彩票、“三公”经费等的资金使用效果及效益情况。

财政审计　对本级预算编制、预算执行进行审计，调查行署本级债务情况。审计发现存在代编预算规模较大、财政资金结余过大，资金使用效率低下等问题。

经济责任审计　完成经济责任审计项目26个，其中任中审计5个、离任审计21个。加强经济责任审计的组织领导，创新审计理念，完善经济责任联席会议工作机制，发挥各部门的职能作用。对塔河县自然资源资产管理和生态环境保护责任履行情况进行审计。延伸审计塔河县财政局、规划局、国土资源局等部门和单位，发现土地确权登记颁证进展缓慢、饮用水水源地管理不到位、政府预算安排资金投入不足造成重大项目垃圾处理工程无法实施等问题。

固定资产投资审计　完成地本级及塔河县、漠河县、呼玛县保障性安居工程跟踪审计，重点关注政策落实、资金筹集管理使用、工程建设管理、住房分配管理情况。

民生资金（项目）审计　按照省审计厅统一安排，参与涉农资金项目审计百日会战，集中所有审计力量投入对大兴安岭地区呼玛县、漠河县、塔河县、加格达奇区2013年至2017年9月涉农重点资金和项目审计。完成塔河县2017年至2018年9月末的扶贫政策措施落实情况、上级财政资金投入和地方财政配套的财政扶贫专项资金的管理使用和效益情况审计，发现县级匹配资金不到位、建设项目未经设计擅自施工等问题。

（撰稿人：孙春云）

【抚远市审计局】　2018年，抚远市审计局实有19人。局长孔宪海，副局长张军山、张永胜、尹作勇。设有办公室、法规审理科、财政金融审计科、文行审计科、农林审计科、经济责任审计科、经贸审计科等部门。

审计成果 2018年，抚远市审计局完成审计项目22个，其中专项审计调查项目4个。查出主要问题金额9550.96万元，其中违规金额4007.89万元、管理不规范金额5543.07万元；审计发现非金额计量问题26个；出具审计报告和专项审计调查报告22篇。审计处理处罚金额6181.42万元，其中应调账处理金额73万元。审计促进整改落实有关问题金额508.18万元。审计提出建议46条，被采纳44条；推动被审计单位制定整改措施10项；促进被审计单位制定、完善规章制度13项。

国家重大政策措施落实情况跟踪审计 对抚远市2016年秋季水稻育秧大棚建设项目、抚远市第二小学教学楼改扩建工程等项目进行跟踪审计。出具审计报告4篇，查出主要问题金额62.74万元，提出审计整改建议4条，推动被审计单位制定整改措施3项。

财政审计 开展财政预算执行审计，对抚远市国资办、安监局、中医院、水利局等相关单位进行延伸审计，主要内容包括对社会保障资金拨付管理情况、财政存量资金情况、规模盘活使用情况、政府性债务情况的审计，发现违规金额3617.5万元，提出并被采纳审计建议6条。

经济责任审计 完成领导干部经济责任审计项目14个、领导干部自然资源资产离任审计项目1个，查出违纪违规金额193.73万元，向被审计单位提出整改意见和建议18条，上报审计结果报告15篇。 （撰稿人：王丽娜）

【绥芬河市审计局】 2018年，绥芬河市审计局实有16人。局长孙德忠，局长舒巍，副局长刘振昌（8月—）。设有办公室、法制审理科、财政金融审计科、行政事业审计科、固定资产投资审计科；下设经济责任审计中心、政府投资审计中心。

审计成果 2018年，绥芬河市审计局完成审计项目34个。查出主要问题金额4.32亿元，其中违规金额3874万元、管理不规范金额3.93亿元；审计发现非金额计量问题60个；损益（收支）不实金额3979万元；审计发现侵害人民群众利益54万元；出具审计报告和专项审计调查报告47篇。审计处理处罚金额3954万元，其中应上缴财政3050万元、应归还原渠道资金824万元、应调账处理金额79万元；审计促进整改落实有关问题金额818万元；核减投资额1469万元。提出审计建议56条，被采纳56条。提交审计信息1篇，被批示、采用审计信息1篇。

国家重大政策措施落实情况跟踪审计 开展财政存量资金、软件正版化审计、“三公”经费和会议费审计等政策落实审计项目4个。

财政审计 开展预算执行审计，查出违规金额763万元、管理不规范金额30734万元。

经济责任审计 完成经济责任审计项目12个、领导干部自然资源资产审计项目1个，查出违规金额3111万元、管理不规范金额3521万元。

固定资产投资审计 完成政府投资项目结算审计项目1个，查出管理不规范金额142万元。

企业审计 完成企业审计项目1个，查出主要问题金额1万元。 （撰稿人：赵　鹏）

2018 年黑龙江省所辖区、县(市)级审计工作统计表

金额单位:万元

审计机关	完成审计项目/个	审计查出主要问题金额	审计发现非金额计量问题/个	审计期间整改金额	出具审计报告和审计调查报告/篇	审计处理情况		审计促进整改落实有关问题资金	审计提出建议/条	提交审计信息/篇
						审计处理处罚金额	移送处理事项/件			
哈尔滨市										
哈尔滨市本级	132	1060413	492	8839	210	290678	44	182887	214	6
道里区审计局	10	13997	3		16	28			5	1
南岗区审计局	39	46925	32		75	3318		44		
道外区审计局	15	9813	22		28	5		31	6	1
平房区审计局	6	15365	4	4	11	4		4	11	
香坊区审计局	14	55476	11		26		5		26	1
呼兰区审计局	21	58407	2		24	896		880	34	2
阿城区审计局	34	153160	73		65	3306	2	2842	21	
双城区审计局	17	19344	17	8	31	197		179	30	
尚志市审计局	70	27173	138		119	2044		51	118	
五常市审计局	38	33686	20		67	117		107	6	
依兰县审计局	42	3644	72	34	71	520		7	74	
方正县审计局	27	3450	55	582	47				66	
宾县审计局	25	39246	94		32	2182		299	41	
巴彦县审计局	55	18215	35		77	1360	1	1350	18	1
木兰县审计局	16	6727	28		27	19	4	1	23	
通河县审计局	27	628	65	74	36	122		122	34	
延寿县审计局	8	26369	5	3	9	2135		2132	15	
齐齐哈尔市										
齐齐哈尔市本级	91	200976	615	131	127	23300	50	9755	84	91
龙沙区审计局	10	87	2		18	87		87		19
建华区审计局	6	6078	9		13	4995		3673	3	
铁锋区审计局	6	2374			6			2136	15	5
昂昂溪区审计局	6	1708	7		9	38		38		
富拉尔基区审计局	22	13307	2	1097	43			75	7	3
碾子山区审计局	12	2089	3		23	1		1	11	
梅里斯达斡尔族区审计局	23	1951	54		35	106		89	13	
讷河市审计局	32	19386	25		59	6417	1	5187	59	

（续表）

审计机关	完成审计项目/个	审计查出主要问题金额	审计发现非金额计量问题/个	审计期间整改金额	出具审计报告和审计调查报告/篇	审计处理情况		审计促进整改落实有关问题资金	审计提出建议/条	提交审计信息/篇
						审计处理处罚金额	移送处理事项/件			
龙江县审计局	43	147518	104		66	936	22	936	36	
依安县审计局	19	13253	4	135	33	312		312		
泰来县审计局	31	5141	11		31	835		760	50	
甘南县审计局	31	13238	36	585	58	1697	2	1680	3	
富裕县审计局	20	3832	95		16	509	1		29	2
克山县审计局	12	147344			12		1		26	
克东县审计局	27	10194	5	1939	27	2051		1939	31	
拜泉县审计局	41	59423	7		59	44422		26160	1	
鸡西市										
鸡西市本级	66	189784	261	3066	87	20814	27	26310	130	55
鸡冠区审计局	7	14260	13	131	13			890	10	38
恒山区审计局	3	2540	2	487	4	538		523	10	
滴道区审计局	4	8557			7				12	4
梨树区审计局	4	451	7	200	7	241		187	8	8
城子河区审计局	4	8358	6		7	110		7	9	
麻山区审计局	1	3982	1	3028	1	260		140	2	3
虎林市审计局	38	20501	53		63	6806	1	1749	10	24
密山市审计局	39	9203	34		69	1277		1275	95	
鸡东县审计局	29	15779	36	10	44	1000	4		43	
鹤岗市										
鹤岗市本级	31	161944	62	40	53	47585	11	43844	74	42
萝北县审计局	12	9845	6		19	9719		8901	32	26
绥滨县审计局	25	18365	16	1587	38	14745		14745	34	20
双鸭山市										
双鸭山市本级	38	137755	130	118	38	8009	21	2021	119	30
尖山区审计局	7	12			7			12	16	
岭东区审计局	9	479	9		9				22	
四方台区审计局	9	82			9			9	21	8
宝山区审计局	7	107	10		7			48	28	
集贤县审计局	20	9058	8	323	24	5197	1	4924	5	1
友谊县审计局	17	15345	4		33	70			25	
宝清县审计局	33	10701	25	4	57	98		84	183	16

（续表）

审计机关	完成审计项目/个	审计查出主要问题金额	审计发现非金额计量问题/个	审计期间整改金额	出具审计报告和审计调查报告/篇	审计处理情况 审计处理处罚金额	审计处理情况 移送处理事项/件	审计促进整改落实有关问题资金	审计提出建议/条	提交审计信息/篇
饶河县审计局	12	16389	227		12	2594		12	25	
大庆市										
大庆市本级	74	224616	457		106	108785	21	84705	206	87
萨尔图区审计局	17	6353	83		28	5529		149	142	10
龙凤区审计局	24	649	11		34	377		360	62	48
让胡路区审计局	74	15315	38	1048	90	2992		2992	140	1
红岗区审计局	15	891	17		21	818		575	26	
大同区审计局	18	1010	5		32	114		1	32	3
肇州县审计局	28	6393	27		38	3627	4	3627	27	3
肇源县审计局	72	41531	181	98	107	11403	4	4917	204	13
林甸县审计局	27	10456	38	1515	42	3790		1541	52	
杜尔伯特蒙古族自治县审计局	38	7154	46	1653	64	4974	3	4494	27	9
伊春市										
伊春市本级	56	194381	339	2072	83	55716	54	55716	94	81
伊春区审计局	12	2387	13	59	19			1092	15	5
西林区审计局	6	108	10	108	10				10	5
铁力市审计局	26	11842	41	4	50			205	69	70
嘉荫县审计局	17	1822	26	284	27	276	2	276	27	25
佳木斯市										
佳木斯市本级	58	35595	93	3093	64	3094	16	2674	106	
向阳区审计局	11	117	5	53	20			53	24	
前进区审计局	8	710				706		15	11	
东风区审计局	37	167	1	167	37	1		167	15	20
郊区审计局	10	91	8		15		12	20	55	3
同江市审计局	14	3798	7		24	1			38	11
富锦市审计局	132	13394			132				6	12
桦南县审计局	17	502			140				38	
桦川县审计局	29	1518	341		25	1123	1	233	44	52
汤原县审计局	10	178		178	10	178		178	21	10
七台河市										
七台河市本级	29	119392	307	2623	38	10948	2	3910	98	32
新兴区审计局	5	171			5			171	13	1

（续表）

审计机关	完成审计项目/个	审计查出主要问题金额	审计发现非金额计量问题/个	审计期间整改金额	出具审计报告和审计调查报告/篇	审计处理情况		审计促进整改落实有关问题资金	审计提出建议/条	提交审计信息/篇
						审计处理处罚金额	移送处理事项/件			
桃山区审计局	2	4112							5	
茄子河区审计局	7	228	10	228	7				7	
勃利县审计局	53	18422	49	16152	56	18	2	7658	75	15
牡丹江市										
牡丹江市本级	105	594920	1085	706	172	475083	46	17690	321	123
东安区审计局	6	138	6		10	7			13	
阳明区审计局	4	3955	4		6	236			17	
爱民区审计局	4	1641	3		6	1308			12	
西安区审计局	3	33		33	3				3	
海林市审计局	16	3231	13		28		2		14	23
宁安市审计局	26	130902	30	44	48	82833	4	10	49	15
穆棱市审计局	30	4213	28		43	12			44	
东宁市审计局	34	13104	22		58	1681	6	258	45	27
林口县审计局	41	20081	59	53	71	14392		1306	59	
黑河市										
黑河市本级	27	68510	37		35	6436		5728	66	54
爱辉区审计局	8	146	5		10	64		64	12	12
北安市审计局	7	6620	7		14	3220		3220	15	
五大连池市审计局	39	765		680	39	85			42	12
嫩江县审计局										
逊克县审计局	12	1611	6		19				43	9
孙吴县审计局	16	5437			134	1720	1	32	102	
绥化市										
绥化市本级	142	113328	265	4235	170	2364	11	304	196	14
北林区审计局	10	6612	6	131	10	79		79		
安达市审计局	26	1558	12		36	1553	2	1553		
肇东市审计局	9	19058			11			11	13	
海伦市审计局	9	1354	8		10	957	1	194	22	
望奎县审计局	7	854	7	805	3	6				
兰西县审计局	13	31170	33		20	224		224	25	
青冈县审计局	6	1022	11		6				17	
庆安县审计局	6	528	2		7					

（续表）

审计机关	完成审计项目/个	审计查出主要问题金额	审计发现非金额计量问题/个	审计期间整改金额	出具审计报告和审计调查报告/篇	审计处理情况		审计促进整改落实有关问题资金	审计提出建议/条	提交审计信息/篇
						审计处理处罚金额	移送处理事项/件			
明水县审计局	5	3078	12		6					
绥棱县审计局	5	282	2	13	5	270			8	
大兴安岭地区行署										
大兴安岭地区行署审计局	39	20222	105	87	85	7858	5	281	48	22
漠河市审计局	10	13121							17	2
呼玛县审计局	51	5919	85	1	71	2554		1593	104	
塔河县审计局	18	3376	32	4	18	127		122	28	
加格达奇区审计局	22	517	45		42	107		10	58	17
松岭区审计局	4	6	19		8				19	14
呼中区审计局										
新林区审计局	2		2		2				4	
省直管										
抚远市审计局	22	9551	26	5274	22	6181		508	46	
绥芬河市审计局	34	43181	60		47	3954		911	56	1

上海市

【上海市审计局】 2018 年，上海市审计局实有 339 人。设 17 个内设机构，并按有关规定设置机关党委；下设审计科学研究所、审计培训中心、审计信息中心 3 个事业单位。

领导成员

局　　长：王建平

副 局 长：于万云　孙　琪　徐　伟

　　　　　段际凯

总审计师：吴晓玲

纪检监察组组长：刘　平

巡 视 员：江小民（—7 月）

　　　　　吴茵蝶（—11 月）

正局级干部：江小民（7 月—）

审计成果 2018 年，上海市审计局完成审计和专项审计调查项目 97 个。促进财政增收节支、避免和挽回损失 22.66 亿元，向纪检监察机关、司法机关和相关主管部门移送处理事项 23 件，推动建立健全制度 171 项。市领导对市审计局报送的审计结果报告、审计情况专报和审计调研报告作出批示 27 篇次。

1 个审计项目被审计署评为优秀审计项目。

国家重大政策措施落实情况跟踪审计 围绕深化供给侧结构性改革、优化营商环境、提升城市精细化管理水平、保障改善民生等方面开展政策跟踪审计，促进政策落地生效。

财政审计 组织对一般公共预算、政府性基金预算、国有资本经营预算、社会保险基金预算等“四本”预算执行情况及决算草案、市级部门预算执行情况及决算草案、各类重点专项资金开展审计，推动财税政策贯彻落实，提高财政资金使用绩效。对政府投资项目开展审计，推动加强财政资金管理和提高使用效益。

经济责任审计 对44名市管领导干部（人员）开展经济责任审计，对1名区领导和1名部门领导干部开展自然资源资产离任审计，将自然资源资产离任审计与党政领导干部经济责任审计统筹组织、同步开展，提高审计监督整体效能。

民生资金（项目）审计 根据审计署统一部署，完成对口支援帮扶项目和资金使用情况审计、保障性安居工程跟踪审计等，重点关注民生领域资金管理和项目推进情况，着力促进改善民生。

农业与资源环保审计 根据审计署统一部署，开展长江经济带生态环境保护审计。在各个审计项目中，密切关注本市环境保护和生态文明建设中土壤污染防控、垃圾处置、水环境保护等方面的问题和风险隐患。

金融审计 围绕村镇银行资产质量、小额贷款公司经营管理等开展专项审计调查，发挥审计在防范重大金融风险中的作用。

信息化建设 推进审计业务与信息技术深度融合，提高审计的精准度和效率。完善相关制度措施，规范数据的采集、管理和使用。借助大数据审计，深入查找问题，提高审计质量。

审计整改 推进审计发现的问题“清单式”管理，明确整改责任部门和配合单位，明确整改时间节点，持续跟踪审计整改结果，督促落实整改。

审计公开 依法推进审计公开，公开审计整改情况报告、审计工作报告、重点审计项目计划，以及部门预算执行审计和专项审计（调查）结果37篇。

（撰稿人：奚　怡）

【黄浦区审计局】 2018年，黄浦区审计局实有52人。局长徐建荣，副局长朱润杰、虞海琴、李娜、胡依萍，纪检组长邓雨生。设有办公室、综合法规科、财政金融审计科、行政事业审计科、固定资产投资审计科、党政领导干部经济责任审计科、企业领导人员经济责任审计科、计算机审计科。

审计成果 2018年，黄浦区审计局完成审计和专项审计调查项目35个，查出主要问题金额13.49亿元。审计提出建议256条。提交审计信息38篇，采用18篇。

1个审计项目被市审计局评为优秀审计项目三等奖。

财政审计 按照审计全覆盖要求，推进“全口径”预算审计，完成区本级、7家部门预算执行和其他财政收支情况审计。

经济责任审计 完成对18名区管领导干部（人员）的经济责任审计，注重根据不同履职特点和经济责任内容，突出审计重点。牵头召开经济责任审计工作联席会议，总结2017年经济责任审计工作，通报发现问题，研究部署2018年经济责任审计工作任务。

固定资产投资审计 以促进重点建设资金落实到位和合理有效使用，节约财政建设资金，提高投资效益为目标，完成6个政府投资项目竣工决算审计和1个工程项目跟踪审计（含竣工决算）。

专项资金审计 组织开展2个专项审计调查项目，从体制、机制、制度层面提出审计意见和建议，提升审计调查效果。

审计整改 推进审计发现问题的“清单式”管理，坚持边审边改边规范，统一组织整改落实“回头看”，持续加大跟踪检查、督促推动力度。

内部审计 组织开展“审计全覆盖背景下的政府审计与内部审计”大调研，走访部门、街道和企业集团51家。牵头召开区内部审计工作会议，修订完善《黄浦区关于加强内部审计工作的指导意见》和《黄浦区单位内部管理的领导干部（人员）任期经济责任审计实施办法》，为推进审计全覆盖提供制度支撑。

（撰稿人：曹　群）

【徐汇区审计局】 2018年，徐汇区审计局实有32人。局长沈洁，副局长王海燕、申志敏，副调研员梁瑜。设有办公室、法规科、财政审计科、经济责任审计科（内设内部审计指导科）、绩效审计科、固定资产投资审计科、企业审计科。

审计成果 2018年，徐汇区审计局完成审计和专项审计调查项目33个。查出主要问题金额25.72亿元。出具审计报告和专项审计调查报告58篇，被批示、采用8篇。审计提出建议57条，被采纳57条，促进被审计单位制定、完善规章制度38项。提交审计信息49篇，被采用35篇次。

通过上海徐汇门户网站向社会公告审计结果19篇。

财政审计 完成区本级、6个单位预算执行和其他财政收支情况审计；对6个单位2017年度项目支出经费管理使用情况开展审计调查，聚焦程序依法合规和资金使用效益，提高公共资金使用效益。

经济责任审计 完成对20名区管领导干部（人员）经济责任审计，共反映问题97个，审计提出意见88条、建议31条，促进领导干部切实履职尽责。

固定资产投资审计 完成9个政府投资项目竣工决算审计，关注重点领域和关键环节中的建设管理情况，提高建设项目管理水平。

专项资金审计 对区中小河道治理经费、住宅小区综合治理经费等使用绩效开展审计调查，提出管理意见，发挥审计建设性作用。

审计整改 开展“审计问题督促整改”专项工作，实行“对账销号”制度，共对34个单位的172个审计发现问题进行回访检查。

信息化建设 加大对数据库的综合分析运用，逐步建立和完善数据采集、管理和使用等运行机制，推动大数据技术在审计各领域中的应用，有效延伸审计覆盖面和审计精准度。

内部审计 制订内部审计培训指导计划，开展3次全区性内部审计工作培训，并对虹梅街道、建交委和信访办等部门开展专项内部审计工作指导。通过内部审计工作报送制度，加大对内部审计结果的利用。（撰稿人：曹　娴）

【长宁区审计局】 2018年，长宁区审计局实有30人。局长徐姗姗，副局长王智华（—3月）、任卫红、周静（4月—）。设有办公室、法规科、行政事业审计科、固定资产投资审计科、经贸审计科、财政金融审计科、经济责任审计科。

审计成果 2018年，长宁区审计局完成审计和专项审计调查项目23个。查出主要问题金额6.46亿元。出具审计报告和专项审计调查报告33篇，被批示、采用6篇。向相关主管部门移送处理事项1件。审计提出建议68条，被采纳63条，推动被审计单位制定整改措施18项。提交审计信息132篇，被批示、采用61篇次。向社会公告审计结果9篇。

国家重大政策措施落实情况跟踪审计 围绕区优化营商环境产业扶持资金绩效、区残疾人就业培训和职业康复专项资金使用情况，完成政策措施落实情况跟踪审计2个，推进重大政策落实。

财政审计 完成区本级预算执行和其他财政收支情况审计以及决算草案审计，加大延伸审计力度，重点延伸土地征收、土地储备管理情况。对7个部门及下属单位开展预算执行和其他财政收支情况审计。

经济责任审计 完成对13名区管领导干部（人员）任期经济责任审计。

固定资产投资审计 完成9个政府投资项目审计，核减投资额3793万元。

审计整改 制定《审计整改管理制度》，完善审计整改检查督促流程，落实审计整改的督促跟踪责任，实施审计问题整改销号标准和整改“回头看”，推动审计整改工作系统化和常态化。

信息化建设 加大信息技术手段在审计领域的应用，在本级预算执行和其他财政收支情况审计中，加强对预算指标、国库集中支付、公务卡结算等数据关联分析。在重大政府投资项目和重要民生类修缮项目审计中引入可视化分析、测绘比对等技术方法并取得较好效果。

内部审计 修订《关于加强长宁区内部审计工作的实施意见》，从建立完善内部审计工作体系、明确工作任务和重点、突出内部审计工作成效和加强指导监督4个方面提出明确要求。强化考核管理，首次出台区内部审计工作3个方面9项评价指标，对52个委办局和10个街镇的相关工作推进情况进行综合评价。（撰稿人：高洁楠）

【静安区审计局】 2018年，静安区审计局实有46人。局长陈士林，副局长陈一、魏勇、张雪云，纪检组长魏勇。设有办公室、人事教育监察科、综合计划科、审理法规科、财政财务审计科、经济责任审计科、国有企业审计科、固定资产投资审计科、绩效审计科。

审计成果 2018年，静安区审计局完成审计和专项审计调查项目40个。查出主要问题金额87.13亿元。出具审计报告和专项审计调查报告46篇，区领导批示8篇。审计提出建议152条。

提交审计信息38篇。

1个审计项目被市审计局评为优秀审计项目三等奖。

财政审计 以财政审计为龙头，将各类审计有机结合，实现财政审计成果共享。审计中，持续加大对财政体制机制、重大政策执行、财政资金存量等方面的审查力度，将资金、资产、资源全部纳入“全口径”预算执行审计范围。

经济责任审计 完成对9名区管领导干部（人员）任期经济责任审计。加强制度建设与完善，制定《关于建立和推行本区区管单位领导干部（人员）任期内轮审制度的意见》。推动分类管理制度落实，强化经济责任审计分类管理和审计整改。

固定资产投资审计 持续加大对政府投资项目及社会关注的民生工程审计力度，有力促进政府投资项目建设效果，共开展6个跟踪审计和竣工决算审计。

专项资金审计 将审计视角投向区公共财政对区域经济发展、民生保障和政策目标的实现上，开展2项专项资金审计。 （撰稿人：章云波）

【普陀区审计局】 2018年，普陀区审计局实有27人。局长黄继文，副局长王廉之、王春蕾，纪检组长王廉之（兼）。设有办公室、综合业务指导科、财政审计科、经济责任审计科、行政事业审计科、经济贸易审计科、固定资产投资审计科。

审计成果 2018年，普陀区审计局完成审计和专项审计调查项目38个。查出主要问题金额7.82亿元。出具审计报告和专项审计调查报告65篇，被批示、采用13篇次。审计提出建议92条，被采纳82条，推动被审计单位制定整改措施60项，促进被审计单位制定、完善规章制度13项。提交审计信息2篇。向社会公告审计结果20篇。

财政审计 完成区本级、5家部门预算执行和其他财政收支情况审计以及决算草案审计，促进各部门深化预算改革，提高财务管理水平。

经济责任审计 完成对33名区管领导干部（人员）任期经济责任审计。重点检查贯彻落实国家重大方针政策、遵守财经纪律、执行财务管理制度等情况。

固定资产投资审计 组织开展竣工决算审计和改造项目土地储备费用阶段性审计。

（撰稿人：应　迪）

【虹口区审计局】 2018年，虹口区审计局实有27人。局长、党组书记陈健，副局长徐涛、景峥嵘，纪检组长徐涛（兼）。设有办公室、综合法规科、业务审理科、财政金融审计科、经济责任审计科、城市建设审计科、国资国企审计科、政策执行审计科。

审计成果 2018年，虹口区审计局完成审计和专项审计调查项目40个。查出主要问题金额43.03亿元。出具审计报告和专项审计调查报告62篇。向纪检监察机关、司法机关和相关主管部门移送处理事项11件。

1个审计项目被市审计局评为优秀审计项目三等奖。

国家重大政策措施落实情况跟踪审计 对2017年区保障性安居工程的计划、投资、建设、分配、运营等情况，以及配套基础设施建设情况进行审计。

财政审计 完成区本级预算执行和其他财政收支情况以及决算草案审计。开展部门预算执行和其他财政收支情况审计，更加关注政策执行、内部控制、“三公”经费及中央八项规定精神落实情况。

固定资产投资审计 完成10个政府投资项目审计，提出相关建议，促进完善制度，规范管理。

经济责任审计 完成对16名区管领导干部（人员）任期经济责任审计，共延伸审计下属单位77个。紧盯内部控制薄弱环节，找准问题产生的根源，完善内外制度体系，促进领导干部履职尽责。

专项资金审计（调查） 完成7个审计调查，从体制、机制、制度层面提出审计意见和建议，提升审计调查效果。

内部审计 全区完成内部审计项目887个，提出的建议、意见被采纳313条。

（撰稿人：林　蔚）

【杨浦区审计局】 2018年，杨浦区审计局实有33人。局长周兰萍，副局长贺东明、金迪，纪检组长贺东明（兼）。设有办公室、法规科、财政审计科、行政事业审计科、经济责任审计科、固定资产投资审计科、经贸审计科、鉴证审计科。

审计成果 2018 年，杨浦区审计局完成审计和专项审计调查项目 32 个。查出主要问题金额 9502 万元。出具审计报告和专项审计调查报告 40 篇，审计提出建议 135 条。向纪检监察部门移送处理事项 1 件。提交审计信息 14 篇。

财政审计 完成对区本级和 5 个单位预算执行和其他财政收支情况审计，重点关注预算分配和调整情况、资产管理等方面情况，全面推行绩效管理，促进节约型机关建设和党风廉政建设。

经济责任审计 完成 20 名区管领导干部（人员）的经济责任审计。以领导干部守法、守纪、守规、尽责情况为重点，加强对权力运行的制约和监督，促进领导干部依法依规，正确行使权力，正确履行经济责任。

固定资产投资审计 完成 8 个政府投资项目竣工决算审计，核减投资额 993.53 万元。重点关注政府投资管理情况、征收补偿过程中各项政策的落实情况及财政资金使用的规范性、效益性，推动政府投资工作完善制度、规范管理。修订《杨浦区区级建设财力项目审计监督办法》，进一步完善和规范投资审计工作。

专项资金审计 完成专项审计调查项目 5 个。通过现场走访、查阅台账，延伸审计等手段，深化对重点民生工程、民生资金的审计，保障民生工程公平、公正，跟踪检查相关政策的贯彻落实情况。

审计整改 对 2016、2017 两个年度部分审计项目开展审计整改“回头看”，加大督查力度，实行闭环管理。

（撰稿人：付　强）

【闵行区审计局】 2018 年，闵行区审计局实有 34 人。局长周国强，副局长周明、任筱华、徐红，纪检组长封永平。设有办公室、综合法规科、财政审计科、经济责任审计科、固定资产投资审计科、经贸审计科和绩效审计科。

审计成果 2018 年，闵行区审计局完成审计和专项审计调查项目 33 个。查出主要问题金额 51.37 亿元。出具审计报告和专项审计调查报告 48 篇，审计提出建议 95 条。向纪检监察机关、司法机关和相关主管部门移送处理事项 5 项。向社会公告审计结果 28 篇。

1 个审计项目被市审计局评为优秀审计项目三等奖。

国家重大政策措施落实情况跟踪审计 开展 4 个专项审计调查项目，关注重大政策和决策部署落实情况，加大对经济社会运行中重大风险隐患揭示力度。

财政审计 关注重点财政资金使用绩效，开展区本级预算执行和其他财政收支情况审计以及决算草案审计。

经济责任审计 完成对 17 名区管领导干部（人员）的经济责任审计，重点关注行政审批、企业扶持、节能降耗、环境保护、工程管理、投资管理等热点事项。

审计整改 逐一核对、分析被审计单位的问题清单和整改清单，落实整改情况督办工作，实现审计整改工作的闭环管理，确保审计发现的问题整改到位。

（撰稿人：包梦倩）

【宝山区审计局】 2018 年，宝山区审计局实有 30 人。局长张晓宁，副局长邱大德、张海雁、张明华。设有办公室（人事科）、综合法规科、财政审计科、资源环保审计科、基建审计科、企业审计科、经济责任审计科。

审计成果 2018 年，宝山区审计局完成审计和专项审计调查项目 34 个。查出主要问题金额 8.71 亿元。出具审计报告和专项审计调查报告 34 篇，审计提出建议 130 条，促进被审计单位建立、健全规章制度 60 项。提交审计信息 94 篇。向社会公告审计结果 15 篇。

1 个审计项目被市审计局评为优秀审计项目三等奖。

国家重大政策措施落实情况跟踪审计 聚焦稳增长、促改革、调结构、惠民生、防风险等重点领域，着力检查政策措施的落实和效果，促进政策落地和不断完善。完成 4 个审计调查项目，提出对策建议 36 条，推动完善相关制度 11 项，获得领导批示 7 篇次。

财政审计 持续推进全口径预算审计监督，推动完善部门预算编制管理，提高预算执行效率，推动制定和完善制度 8 项。对 11 个单位开展预算执行和其他财政收支情况及决算草案审计，促进相关单位完善内部管理，有效规范支出行为。

经济责任审计 完成对31名区管领导干部（人员）的经济责任审计。将领导干部自然资源资产审计工作新要求融入经济责任审计，对3个单位试点开展结合型审计。

固定资产投资审计 对区域3个重大政府投资建设项目开展跟踪审计或竣工决算审计，开展中小型政府投资项目竣工决算审计集中管理，积极发挥审计监督作用。

审计整改 推行“问题清单”“整改清单”“督查清单”对接和对账销号制度，以清单销号促整改；坚持审计结果公开、被审计单位主动公开，以公开促整改；对2015年至2017年实施的107个审计项目及市审计局对本区实施的审计项目整改情况开展“回头看”，以跟踪回访促整改。

交办任务 组织开展全区行政事业单位银行账户开设及资金存放情况调查；对全区内部审计工作开展情况进行专题调研，并开展内部审计工作指导和业务培训；对扶贫帮困救助资金使用管理情况开展专项检查；派专人参与区委巡察和市委组织部有关党费使用情况专项检查工作。

（撰稿人：张秀敏）

【嘉定区审计局】 2018年，嘉定区审计局实有49人。局长陆俊敏，副局长徐青、苑鼎宏、刘东，纪检组长苑鼎宏（兼）。设有办公室、人事监察科（纪检监察室）、综合法规科、计算机审计与信息技术科、财政金融行政审计科、经贸审计科、经济责任审计科、农业与资源环保审计科、固定资产投资审计科一科、固定资产投资审计科二科、社会保障审计科。

审计成果 2018年，嘉定区审计局完成审计和专项审计调查项目31个。查出主要问题金额20.28亿元。出具审计报告和专项审计调查报告40篇，审计提出建议39条，促进被审计单位建立、健全规章制度14项。向纪检监察机关、司法机关和相关主管部门移送处理事项7件。提交审计信息83篇。向社会公告审计结果12篇。

1个审计项目被市审计局评为优秀审计项目三等奖。

国家重大政策措施落实情况跟踪审计 结合全年审计项目，对科创中心重要承载区建设、营商环境优化、保障性安居工程建设、土地减量化、美丽乡村建设、镇级资源环境保护等进行跟踪审计。

财政审计 按照审计全覆盖的要求，组织对“三本”预算及决算、10个部门预算、各类重点专项资金，以及区级建设财力项目开展审计。

经济责任审计 完成对20名区管领导干部（人员）任期经济责任审计。开展对2个镇领导干部自然资源资产离任审计。加强经济责任审计成果运用，促使领导干部规范履职、守纪守法。

固定资产投资审计 对4个政府投资项目进行竣工决算审计。委托区级财政性资金建设审计项目67个，对其中57个500万元以上的审计项目进行复核和考核。

专项资金审计 围绕区委、区政府重点工作和民生、环保等热点问题，开展美丽乡村建设情况、土地减量化项目情况2个专项审计调查项目。

交办任务 完成区委区政府交办的配合区领导干部经济责任审计和自然资源资产离任审计查出问题的整改工作，配合区委巡察办12项巡察工作，区纪委监委2项专案工作等。

相关工作 制定实施《嘉定区审计局审计项目质量评估办法（试行）》《嘉定区审计局审计干部业绩评估体系（试行）》等16项制度。

内部审计 内部审计机构完成各类审计项目2876个。

（撰稿人：金 辙）

【浦东新区审计局】 2018年，浦东新区审计局实有53人。局长康晴华，副局长吕军、马文清、朱慧、龚建伟。设办公室（组织人事处、综合法规处）、财政审计处（行政事业审计处）、经济责任审计处（内部审计工作指导处）、综合经济审计处、投资建设审计处（资源环保审计处）、绩效审计处（审计稽查处）；下辖浦东新区审计管理与信息中心。

审计成果 2018年，浦东新区审计局完成审计和专项审计调查项目61个。查出主要问题金额569.78亿元。出具审计报告和专项审计调查报告79篇，被批示、采用48篇。审计提出建议159条。向纪检监察机关、司法机关和相关主管部门移送处理事项11件。提交审计信息91篇，被批示、采用86篇。向社会公告审计结果30篇。

2个审计项目分别被市审计局评为优秀审计项目一等奖、三等奖。

财政审计 完成区本级预算执行和其他财政收支情况审计，将本级预算、政府性基金预算、国有资本经营预算等全部纳入审计范围，关注政府性债务、政府采购管理等领域；完成对6个部门预算执行和其他财政收支情况审计，进一步促进财政资金的安全规范高效使用，防范化解风险。

经济责任审计 完成对44名区管领导干部（人员）经济责任审计，对1名镇领导干部开展自然资源资产任中审计，加强对有关改革发展责任、民生保障责任、资源环境保护责任、廉政建设责任的定性分析和综合评价。

固定资产投资审计 完成58个政府投资项目竣工决算审计，核减不实金额68300万元。加大跟踪审计力度，着力加强对项目建设和资金管理的事中监督，推动即知即改，促进政府有关决策落实。

企业审计 加强对国有企业和国有资本经营的审计监督，关注经营决策、投资绩效、资产负债损益、内控制度等，掌握有关国资运行和国企管理状况，维护国资安全和保值增值。

专项资金审计 围绕住房、养老等重点民生工程和资金，开展专项审计调查，促进各项惠民政策措施落地生根。

内部审计 首次组织召开新区内部审计工作会议，总结和分析近年来新区内部审计工作运行情况，通报综合考评结果，部署新区年度内部审计工作。会同区编办、地区工委对新区13个委办局、12个街道和24个镇，开展内部审计机构和人员现状调查摸底，形成调研报告，并提出对策建议，得到区委区政府领导的重要批示。

（撰稿人：姜学诗）

【金山区审计局】 2018年，金山区审计局实有35人。局长李永革，副局长胡炎培、朱萃新、陈建鲁，纪检组长胡炎培（兼）。设有办公室、法规审理科、财政审计科、行政事业审计科、经济责任审计科、固定资产投资审计科、国有资产鉴证审计科、内审指导科、绩效审计科、资源环保审计科；下设审计中心（事业单位）。

审计成果 2018年，金山区审计局完成审计和专项审计调查项目44个。查出主要问题金额7.24亿元。出具审计报告和专项审计调查报告69篇，被批示、采用8篇次。审计提出建议34条。提交审计信息108篇，被批示、采用30篇次。向社会公告审计结果9篇。

国家重大政策措施落实情况跟踪审计 重点关注重大实事项目推进、落实简政放权等十大方面政策措施落实情况，有针对性地提出切实可行的审计建议。

财政审计 完成区本级和9个部门预算执行及其他财政收支情况审计，抽查所属预算单位25家。

经济责任审计 完成对20名区管领导干部（人员）经济责任审计。组织召开区经济责任审计工作联席会议和本年度经济责任审计集中进点会议。

固定资产投资审计 完成政府投资项目审计18个。区审计局政府投资项目储备库网上申报全年开放4次。

专项资金审计 围绕“三农”、住房等民生领域，开展专项审计调查，促进民生资金安全高效和惠民政策落地生效。

内部审计 全区镇级、部门内部审计完成审计项目1807个，查出损失浪费和促进增收节支金额2893.85万元，查出违规金额24.13万元，基建审计核减金额2865.37万元，被采纳审计意见823条。

相关工作 出台《审计项目台账管理制度》《审计业务分级质量控制责任制》，加强审计项目精细化管理，提高审计质量。出台《区级建设财力项目审计监督办法》《区级建设财力项目跟踪审计办法》《委托审计管理办法》《区级建设财力项目委托审计管理细则》《定点社会中介机构考核办法》等制度，完善制度机制，依法依规开展投资审计工作。

（撰稿人：何玉凤）

【松江区审计局】 2018年，松江区审计局实有32人。党组书记杜泓飚，局长吴玲，副局长汤巧芳、张皓，纪检组长汤巧芳（兼），调研员吴慰民。设有办公室、综合业务科、财政金融审计科、行政事业审计科、社保资源审计科、经济责任审计科、国资经贸审计科、基本建设审计科、信息技术科。

审计成果 2018年，松江区审计局完成审计和专项审计调查项目18个。查出主要问题金额13.13亿元。出具审计报告和专项审计调查报告30篇，被批示、采用7篇次。向纪检监察机关、司法机关和相关主管部门移送处理事项7件。审计提出建议62条，被采纳49条；推动被审计单位制定整改措施77项，促进被审计单位建立、健全规章制度15项。提交审计信息4篇，被批示、采用2篇次。向社会公告审计结果4篇。

1个审计项目被市审计局评为优秀审计项目二等奖。

财政审计 对区本级预算执行和其他财政收支情况、预算追加情况进行审计，对3个单位预算执行及其他财政收支情况进行审计，从推进预算支出安排优化、财政资金使用统筹化、财政资金使用规范化、基础工作管理精细化4个方向入手，把握财政审计的关键所在。

经济责任审计 完成对13名区管领导干部（人员）经济责任审计，以查问题防风险为导向，以促管理助廉政为目标，促进权力规范运行。

固定资产投资审计 对4个政府投资项目进行审计。审计中，充分利用审计资源，增强审计力量，提高审计效率；深挖审计疑点，及时上报重大问题，提高审计时效性和效果性。

专项资金审计 对本区旅游专项资金管理使用情况等4个专项进行审计或者专项审计调查，关注党委、政府重大政策措施落实情况和文体、民生方面专项资金使用绩效情况。

内部审计 组织全区33家内部审计单位的相关人员进行两次培训。召开2次内部审计会议，对内部审计工作开展情况进行专题调研，形成调研报告2份，上报信息6篇，针对内部审计工作存在的薄弱环节，提出意见建议，发挥指导作用。

（撰稿人：车懿栋）

【青浦区审计局】 2018年，青浦区审计局实有31人。局长张国兴，副局长赖伟春、章福生、汪畅，纪检组长赖伟春（兼）。设有财政审计科、绩效审计科、经济责任审计科、经贸审计科、固定资产投资审计科、内审指导科、综合法规科、办公室。

审计成果 2018年，青浦区审计局完成审计和专项审计调查项目60个。查出主要问题金额164.34亿元。出具审计报告和专项审计调查报告60篇，被批示、采用15篇次。审计提出建议72条，被采纳72条。推动被审计单位制定整改措施429项。促进被审计单位建立、健全规章制度23项。提交审计信息272篇，被批示、采用90篇次。向纪检监察机关、司法机关和相关主管部门移送处理事项9件。向社会公告审计结果20篇。

2个审计项目分别被市审计局评为优秀审计项目二等奖、三等奖。

国家重大政策措施落实情况跟踪审计 聚焦国家、市、区重大战略部署，参与开展重大政策落实跟踪审计，组织开展生态环境综合治理、财政性资金投资信息化项目等绩效审计调查，促进各项政策落地生根。

财政审计 完成区本级、6家部门预算执行和其他财政收支情况审计。审计中着力突出财政收入收缴、财政支出结构和绩效、财政管理改革推进、财经纪律执行等效果，促进深化财政体制改革、防范财政风险、推动财政政策落实。

经济责任审计 完成对14名区管领导干部（人员）任期经济责任审计。注重计划科学管理、推进基础规范管理、突出过程质量管理，坚持“一公示、三联合”。

固定资产投资审计 完成3个跟踪审计，19个区重大实事项目、22个限额以上政府性投资项目竣工决算审计，参与66个进口博览会项目稽查。提高重大项目限额标准，完成“1+8”政府投资管理制度审计条款修订，健全委托项目三级质量控制体系，加强投资审计风险防控。

农业与资源环境审计 完成固体废物处置绩效情况审计调查，健全固体废物处置机制、严格处置管理、提升处置绩效，促进生态环境保护及改善。开展领导干部自然资源资产离任审计，推动领导干部树立绿色政绩观。

审计整改 区级层面出台《审计结果整改标准认定办法》，坚持整改跟踪回访制、对账销号制、结果反馈制、分析点评制、评估报告制，深化以公开促整改。区委书记专题会、区委常委会、区政府常务会议8次听取审计情况汇报，研究提出处置意见，开展追责问责，涉及诫勉谈话 2 人、批评教育 10 人。健全与区纪委监委协作配合的联动机制，总结形成投资审计闭环管理意见，探索专项审计调查闭环管理。

内部审计 开展工作调研，加大村级组织审计指导力度，制发内部审计工作规范和质量标准、内部审计查出问题定性及处理处罚依据手册，开展内部审计同步审计。组织开展 6 人次专题讲座、6 次工作片会、19 名内部审计人员档案实务培训、67 名内部审计人员参加审计专业能力提升班。

（撰稿人：姚真君）

【奉贤区审计局】 2018 年，奉贤区审计局实有 26 人。局长徐秋官（2 月—），副局长王斌、宋亮，纪检组长洪德福。设有办公室、法规科、固定资产投资审计科、财政审计科、经济责任审计科、行政事业审计科、经贸审计科。

审计成果 2018 年，奉贤区审计局完成审计和专项审计调查项目 52 个。查出主要问题金额 26.5 亿元。向纪检监察机关、司法机关和相关主管部门移送处理事项 3 件。审计提出建议 77 条，推动被审计单位制定整改措施 212 项，促进被审计单位建立、健全规章制度 6 项。提交审计信息 10 篇。向社会公告审计结果 33 篇。

1 个审计项目被市审计局评为优秀审计项目三等奖。

国家重大政策措施落实情况跟踪审计 开展政策落实跟踪审计，重点揭示政策措施落实衔接不到位、项目建设推进速度不够、项目资金拨付不及时等问题，紧盯审计整改，促进政令畅通。

财政审计 采取数字化审计方式，重点关注预算管理、国库管理等，对 7 个部门（单位）预算执行和其他财政收支情况进行审计。

经济责任审计 完成对 38 名区管领导干部（人员）经济责任审计。按照“三个区分开来”的精神，进一步规范经济责任审计领导归责。在对镇党政领导干部开展经济责任审计中，把自然资源资产审计作为重点。

固定资产投资审计 完成 8 个政府投资项目竣工决算审计，将审计工作重点从工程造价核减向全面投资审计转变，推动建设单位进一步完善项目建设管理。修订《奉贤区政府投资项目审计监督办法》，推进投资项目建设制度化、规范化。

专项资金审计 开展专项资金审计项目 2 个，重点关注项目的预算编制、采购程序、资金使用管理等情况。

内部审计 内部审计平台共纳入内部审计单位 35 个，内部审计人员共计 133 人。各内部审计机构完成审计项目 1036 个，提出建议意见被采纳条数 1011 条。修订《关于进一步加强和改进内部审计工作的实施意见》，建立健全内部审计制度。

（撰稿人：郑伟丹）

【崇明区审计局】 2018 年，崇明区审计局实有 33 人。局长施蕾（—4 月）、郑勇（4 月—），党组书记姚美琴（—3 月）、郑勇（3 月—），副局长黄幸家（2 月—）、祖红耘，纪检组长黄幸家（兼，—2 月）。设有办公室、综合法规科、财政审计科、行政事业审计科、经贸审计科、经济责任审计科和固定资产投资审计科。

审计成果 2018 年，崇明区审计局完成审计和专项审计调查项目 114 个。查出主要问题金额 12.63 亿元。出具审计报告和专项审计调查报告 124 篇。审计提出建议 172 条，被采纳 167 条。提交审计信息 53 篇，被批示、采用 41 篇。向社会公告审计结果 16 篇。

财政审计 加强对财政资金的监管，完成区本级、7 家部门预算执行和其他财政收支情况审计。

经济责任审计 完成对 12 名区管领导干部（人员）任期经济责任审计，在 2 个乡镇领导干部的经济责任审计中，同步实施结合式领导干部自然资源资产离任（任中）审计。

固定资产投资审计 对 93 个政府投资项目实施竣工决算审计，有力促进政府投资项目建设效果。

专项资金审计 完成专项资金审计项目 3 个，摸清项目资金的筹集、管理和使用情况，促进被审计单位进一步完善制度，规范管理，防范风险，确保资金安全运作。

内部审计 全区内部审计机构完成审计项目 1232 个，促进增收节支 468 万元，提出建议意见被采纳 472 条。

（撰稿人：孙文渊）

2018 年上海市本级及所辖区、县(市)级审计工作统计表

金额单位：万元

审计机关	完成审计项目/个	审计查出主要问题金额	审计发现非金额计量问题/个	审计期间整改金额	出具审计报告和审计调查报告/篇	审计处理情况		审计促进整改落实有关问题资金	审计提出建议/条	提交审计信息/篇
						审计处理处罚金额	移送处理事项/件			
上海市本级	97	8995251	2304	257061	108	182002	23	2442123	595	75
黄浦区审计局	35	134851	117	312	60	42706	12	151029	256	38
徐汇区审计局	33	257161	67	366	58	16281		16281	57	49
长宁区审计局	23	64578	64	380	33	1308	1	8065	68	132
静安区审计局	40	871311	712	9113	46	6602	1		152	38
普陀区审计局	38	78233	79	1123	65			3314	92	2
虹口区审计局	40	430285	137	17	62	373292	11	23506	199	8
杨浦区审计局	32	9502	104	376	40	4552	1	1948	135	14
闵行区审计局	33	513651	133	3980	48	2859	5	1651	95	28
宝山区审计局	34	87095	122	8139	34	34833	1	51407	130	94
嘉定区审计局	31	202751	410	22594	40	30319	7	107094	39	83
浦东新区审计局	61	5697773	463	3461	79	65241	11	613040	159	91
金山区审计局	44	72488	92	16297	69	16305		16295	34	108
松江区审计局	18	131251	300	112331	30		7	3022	62	4
青浦区审计局	60	1643378	253	102482	60	106485	9	1581241	72	272
奉贤区审计局	52	264957	505	15223	68	157468	3	5486	77	10
崇明区审计局	114	126330	35		124	10838		10838	172	53

江苏省

【江苏省审计厅】 2018 年，江苏省审计厅实有 221 人。设有办公室、法规处（审计督察处）、财政审计处、行政事业审计处、农业与资源环保审计处、固定资产投资审计处、金融审计处、企业审计处、社会保障审计处、外资运用审计处、经济责任审计一处、经济责任审计二处、经济责任审计三处、经济责任审计局（内部审计指导处）、计算机审计处、人事教育处（离退休干部处）、机关党委、综合处、绩效督查处等 19 个部门；下设审计科研所、厅机关服务中心等 2 个事业单位。

领导成员

厅　　长：顾树生（—3 月）
　　　　　侯学元（3 月—）
副 厅 长：葛笑天　褚宗明（—10 月）
　　　　　王晓红　李海洋（10 月—）
总审计师：葛红民
纪检组长：鄂忠伟（—9 月）
巡 视 员：褚宗明（10 月—）
副巡视员：谈惊雷　高崇华（—9 月）
　　　　　王金富（3 月—）

审计成果　2018 年，江苏省市县三级审计机

关完成审计项目 2865 个、专项审计调查项目 178 个。查出主要问题金额 13574.31 亿元，其中违规金额 137.58 亿元、损失浪费金额 10.87 亿元、管理不规范金额 13425.86 亿元；审计发现非金额计量问题 13924 个；损益（收支）不实金额 761.46 亿元；审计发现侵害人民群众利益 2.41 亿元；出具审计报告和专项审计调查报告 3986 篇，被批示、采用 401 篇次。审计处理处罚金额 1005.38 亿元，其中应上缴财政 154.39 亿元、应减少财政拨款或补贴 70.51 亿元、应归还原渠道资金 141.44 亿元、应缴纳其他资金 23.53 亿元、应调账处理金额 615.51 亿元；移送司法机关、纪检监察机关和有关部门处理事项 590 件，移送处理人员 358 人，移送处理金额 53.04 亿元。审计促进整改落实有关问题资金 552.34 亿元；审计促进拨付资金到位 9.25 亿元；审计后挽回（避免）损失 40.66 亿元；核减投资额 137.99 亿元；移送处理落实事项 85 件。审计提出建议 8715 条，被采纳 7001 条；推动被审计单位制定整改措施 1684 项；促进被审计单位建立、健全规章制度 399 项；提交审计信息 2256 篇，被批示、采用 1558 篇次。向社会公告审计结果 522 篇。

江苏省审计厅实施的江苏银行股份有限公司党委书记、董事长及行长任期经济责任履行情况审计，南京市审计局实施的 2016 年度市本级城市管理维护专项资金管理和使用情况专项审计调查，响水县审计局实施的响水县建设发展有限公司原董事长、总经理任期经济责任履行情况审计等 3 个项目，被审计署评为 2018 年地方表彰审计项目。

审计管理体制改革 8 月，中共江苏省委成立审计委员会，作为省委的议事协调机构，省委书记娄勤俭任主任，省长吴政隆、常务副省长樊金龙、省纪委书记蒋卓庆和省委组织部部长郭文奇任副主任，江苏省委审计委员会办公室设在江苏省审计厅，省审计厅党组书记、厅长侯学元任办公室主任。12 月，江苏省发展和改革委员会的重大项目稽查职责，江苏省财政厅的省级预算执行情况和其他财政收支情况的监督检查职责，江苏省政府国有资产监督管理委员会的省属国有企业领导干部经济责任审计职责和省属国有企业监事会、省属国有文化企业监事会等职责以及相应人员、编制全部划入江苏省审计厅。

国家重大政策措施落实情况跟踪审计 省审计厅按季度组织跟踪审计。一季度对无锡、苏州、泰州 3 市长江经济带生态环境保护情况进行审计，共抽查 103 家单位和企业，涉及生态环境保护资金 25.19 亿元、治理项目 38 个。二季度组织 13 个设区市审计局，对 12 个省重点帮扶县（区）扶贫政策落实和财政专项扶贫资金管理使用情况进行审计，涉及扶贫项目 406 个、财政扶贫资金 9.1 亿元。三季度对全省地方政府债务和隐性债务情况进行审计，促进加强和改进债务管理。四季度对省、市、县三级“减税降费”相关政策措施落实情况进行跟踪审计，共抽查 324 个部门，邀请 1252 户小微企业、1171 户科技型企业进行座谈，走访重点企业 705 户。

财政审计 省审计厅围绕健全财政预算体系、完善预算管理制度、提高资金使用绩效和维护财政资金安全，对省级预算执行和决算草案、省级部门预算执行情况、重大政策措施落实跟踪情况、重点项目和资金情况进行审计。重点关注省级预算执行的合规合法性、财政收支真实完整性、财政存量资金管理使用、专项资金统筹整合和分配使用绩效、政府购买服务和政府采购制度执行，地税部门执行国家税收政策、履行征管职责、强化稽查执法，部门预算收支的完整性、重点项目实施情况、中央八项规定贯彻落实等情况。组织对 121 个省级一级预算单位和 500 多个二级预算单位 2017 年度预算执行电子数据进行总体分析，重点检查省教育厅等 40 个单位，涉及决算支出 191.89 亿元。7 月 25 日受江苏省政府委托，江苏省审计厅党组书记、厅长侯学元向省十三届人大常委会第四次会议作江苏省关于 2017 年度省级预算执行和其他财政收支情况的审计工作报告，同步向社会公布审计结果。

经济责任审计 省市县三级审计机关对 1335 名领导干部实施经济责任审计。查出领导干部负有直接责任的违规问题金额 3651 万元，提出审计建议 3569 条，被采纳 2736 条。省审计厅根据江苏省委组织部委托，当年组织对 58 名省管领导干部开展经济责任审计，其中任中审计占比达到 78%，实现审计关口前移。省审计厅对党的十八大以来对 129 名地方党政领导干部、2017 年以来

11名地方法院院长检察院检察长的经济责任审计项目中发现的共性问题，进行梳理汇总，总结提炼、分析研究。

省市县三级审计机关开展130名领导干部自然资源资产离任审计项目，重点关注自然资源资产管理和开发利用过程中贯彻执行中央和省重大决策部署、遵守法律法规、目标任务完成、履行监督责任等情况。省审计厅在宿迁市原市长自然资源资产离任审计中，创新审计技术方法，查出部分项目未履行环评审批程序、个别生态环境保护目标未按时完成等问题。结合江苏自然资源资产禀赋特点，研究起草《江苏省领导干部自然资源资产离任审计办法（试行）》，由省委办公厅、省政府办公厅印发。

民生资金（项目）审计 省审计厅组织对94个涉农县（市、区）“四好农村路”建设、管理、养护、运营，以及资金筹集、拨付和使用情况进行审计，涉及省级财政资金73.42亿元，推动更好地发挥农村交通建设在实施乡村振兴战略、打赢脱贫攻坚战中的重要作用。开展对江苏省对口支援新疆发展资金和项目开展跟踪审计，共出具审计报告19篇，提出审计建议68条，促进建立健全规章制度6项，核减工程结算价款1282.44万元。连续六年组织市县审计机关开展保障性安居工程跟踪审计，对全省73个任务区2017年度保障性安居工程的计划、投资、建设、分配和运营等情况进行审计，实地调查农村危房改造家庭2915户，安居工程项目537个，持续推进全省安居工程目标任务如期完成，长期空置等问题逐年好转。

金融审计 组织开展省属金融企业去杠杆防风险专项审计调查，通过调查相关金融监管部门和部分省属金融企业，重点检查近年来在贯彻落实去杠杆、防风险方面采取的应对措施，贯彻落实国家宏观政策、开展资管业务、处置不良资产等情况，揭示风险隐患，提出对策建议。

外资运用审计 根据审计署授权，组织开展亚洲开发银行贷款盐城湿地保护项目、全球环境基金中国缓解大城市拥堵和减少碳排放项目（苏州）等2个国外贷援款审计项目，对审计结果进行公告，促进国外贷援款项目及资金的规范运作。

企业审计 组织开展省级商务发展和战略性新兴产业专项资金审计，重点审计专项资金的安排、使用、管理和绩效情况，延伸调查部分重点扶持企业，涉及财政资金42.09亿元。研究起草《关于贯彻落实深化国有企业和国有资本审计监督的实施意见》，由省委办公厅、省政府办公厅印发，推动国有企业、国有资本和国有企业领导人员履行经济责任情况的审计全覆盖。结合经济责任审计，对省粮食集团、南京金陵饭店等省属企业开展审计。

信息化建设 把科技强审作为事关江苏省审计事业长远发展的战略性工程，推进“金审工程”三期项目建设，完成省级层面初步设计招标工作。推进大数据技术与审计业务的深度融合，加大跨行业、跨领域数据的综合比对和关联分析力度。智慧审计监督工程被纳入智慧江苏建设三年行动计划，为江苏审计信息化发展提供政策支撑。

审计科研 省审计厅完成审计署年度重点课题“国家审计创新和未来发展研究”、中国审计学会年度合作课题“经济责任审计创新与发展研究”、省社科联应用精品课题“基于‘两聚一高’视角的市县审计机关发展研究”。举办以“互联网+、大数据驱动下的审计创新”为主题的全省审计机关第七届青年审计论坛，召开全省“市县审计机关发展和推进审计职业化建设”研讨会。在《审计研究》《江苏社会科学》等核心期刊发表成果多篇。

相关工作 组织市县三级审计机关开展解放思想大讨论活动，引导全省审计干部自觉与新思想对标找差，以改革的魄力、创新的理念和办法，破除工作中存在的思维定式、工作惯性和路径依赖，提出要正确处理依法审计与实事求是，审计全覆盖与突出审计重点，发现揭示问题与推动问题解决，人与技，审计独立性与开放性，政府审计与内部审计、社会审计等6个方面关系。省委办公厅、省政府办公厅转发《江苏省审计厅关于进一步加强审计整改工作的意见》，江苏省政府专门召开新闻发布会进行解读，当年省级预算执行和财政收支审计发现问题整改率达到94.9%。与江苏省纪委监委联合出台《关于纪检监察机关与审计机关进一步加强协作配合的意见》，构建联系协作、业务沟通、线索移送、成果运用等多项工作机制。建立审计机关述职报告制度，首次开展

13 名设区市审计局局长向省审计厅党组述职工作。组织开展“不忘初心勇担当，牢记使命展风采”先进典型事迹巡回演讲、“传承红色基因、汲取信仰力量、打造审计铁军”红色教育专题培训。

内部审计 加强对脱钩改制后内部审计协会的政策和业务指导，充分调动内部审计力量，推动前移监督关口。先后召开全省审计机关内部审计工作会议和全省省属单位内部审计工作推进会，组织开展 2018 年度全省优秀内部审计报告评选，推动审计机关、主管部门和内审部门三方同向发力，构建有效发挥内部审计作用的长效机制。对省属高校内部审计人员开展专题培训，组织内部审计人员参加政府审计项目，促进提高内部审计工作水平。 （撰稿人：胡松涛）

【南京市审计局】 2018 年，南京市审计局实有 160 人。局长姬桂玲，副局长周奇、万晓义、朱益强、张彦勤，总审计师任慧莉，巡视员林林，副巡视员赵镭裕、陈永康。设有办公室、法规处（审计督查处）、财政审计处、行政政法审计处、科教文审计处、农业审计处、资源环境审计处、固定资产投资审计处、企业审计处（金融处）、社会保障审计处、外资运用审计处、任期经济责任审计与内部审计指导处、计算机审计处、人事教育处（离退休干部处），另设机关党委；下设南京市政府投资项目审计中心、南京市审计干部培训中心 2 个事业单位。

审计成果 2018 年，南京市区两级审计机关，完成审计项目 222 个。查出主要问题金额 699.4 亿元，审计处理处罚金额 206.45 亿元，核减投资额 14.24 亿元；移送司法、纪检监察机关和有关部门处理事项 78 件；向社会公告审计结果 11 篇。

1 个审计项目被审计署评为表彰审计项目，3 个项目被省审计厅评为优秀审计项目或表彰审计项目。

国家重大政策措施落实情况跟踪审计 按照省审计厅的统一安排，聚焦打好三大攻坚战，实施无锡市长江经济带生态环境保护政策措施落实、常州市政府隐性债务、南京市黑臭水体整治等审计调查。围绕深化改革和创新名城建设，实施科技创新、高层次人才、“互联网＋政务服务”、“放管服”等政策落实情况跟踪审计调查。

财政审计 坚持向支出预算和政策拓展，对“四本预算”进行全面审计的基础上，聚焦生态环境等重点领域政策落实和专项资金绩效，开展上下联动的预算执行审计，助力推动财政资金聚力增效。

经济责任审计 建立经济责任审计和自然资源资产离任审计“一体两翼”经济责任审计领导小组组织架构。以任中审计为主，对 20 名市管领导干部、13 名区法检两长开展经济责任审计，对 6 个单位实施“三责联审”重点监督。对 13 名新任领导干部开展任职经济责任告知。

固定资产投资审计 推进投资审计转型，聚焦维护资金安全、规范项目管理、提高投资绩效，对 2017 年至 2018 年市政府投资建设项目政策落实情况开展专项审计调查，涵盖六大领域 49 个建设项目，涉及投资金额 1800 亿元。援疆审计工作取得明显成效。

民生资金（项目）审计 实施保障房、儿童福利院、“四好农村路”建设情况专项审计调查，对全市 2013 年至 2017 年美丽乡村建设情况进行专项审计调查，促进相关主管部门建立完善 6 项管理制度。推动市政府出台新一轮高质量推进“四好农村路”建设实施意见。

相关工作 强化审计项目现场管理，制定《南京市审计局审理工作规程》，重点项目实行跟踪审理，全面实施审计项目二次审理。出台《审计整改标准认定办法》，将审计整改列入市委和市政府督查办督查事项，与市纪委监委联合出台《关于纪检监察机关进一步加强协作配合的实施意见》，与市委巡察工作领导小组办公室联合出台《加强巡察与审计工作协作配合实施办法》，增强监督合力。

信息化建设 推进市、区审计信息系统“一体化”建设，开展自然资源资产大数据审计平台可行性研究。审计查出问题整改挂销号系统获国家计算机软件著作权，政府投资审计系统入选 2018 年智慧江苏省级信息化应用示范工程。推进档案数字化建设，国家档案局授予市审计局“全国示范数字档案室”。 （撰稿人：李　扬）

【无锡市审计局】 2018 年，无锡市审计局实有91人。局长刘燕萍，副局长谢浩峻、龚备英、潘海刚、唐盈洁。设有办公室（信息处）、法制综合处（审计督察处）、财政审计处、金融审计处、行政事业审计处、社会保障审计处、企业审计处、农业与资源环保审计处、固定资产投资审计处、外资运用审计处、开发区审计处、经济责任审计与内部审计指导处、计算机审计处、人事教育处、机关党委等职能处（室）。

审计成果 2018年，无锡市审计机关共完成审计项目286个。查出主要问题金额475.51亿元；审计发现非金额计量问题1028个；出具审计报告和专项审计调查报告417篇。审计处理处罚金额36.98亿元；移送司法机关、纪检监察机关和有关部门处理事项81件。审计促进整改落实有关问题资金73.08亿元。审计提出建议653条；提交审计信息463篇。

市审计局实施的无锡市涉农村（社区）经济运行及“三资”管理情况专项审计调查项目被省审计厅评为表彰审计项目。

国家重大政策措施落实情况跟踪审计 按照省审计厅的统一安排，实施长江经济带生态环境保护情况审计、扶贫政策跟踪审计、地方政府隐性债务审计、“放管服”改革政策跟踪审计。聚焦精准脱贫和污染防治，组织实施无锡市“经济薄弱村脱困致富工程”“两减六治三提升专项行动”政策措施落实情况审计。

财政审计 市县两级审计机关实施财政预算执行情况审计、部门预算执行审计项目94个、专项资金审计项目23个，促进建立全面规范透明、标准科学、约束有力的预算制度，保障公共资金安全、高效实用。

经济责任审计 市县两级审计机关完成领导干部经济责任审计项目76个，自然资源资产审计项目9个，其中任中审计占半数。查出领导干部负有直接责任和主管责任的违规金额1919万元。

固定资产投资审计 市县两级审计机关完成政府投资审计项目51个，核减投资额28.65亿元。其中市审计局完成轨道交通1、2号线工程竣工决算审计，核减投资金额21.06亿元。

民生资金（项目）审计 市审计局组织实施医保、养老、保障性住房等民生资金（项目）审计，完成对全市352个村（社区）的审计，占村（社区）总量的31.8%。

企业审计 市县两级审计机关完成国企国资审计项目19个，促进国有企业深化改革，推动国有资本做强做优做大。

相关工作 市审计局全力推进审计发现问题整改销号工作，2017年市本级审计发现的1105个问题，2018年已整改“销号”785个，整改问题金额54.17亿元。创新构建“党建联盟”新格局，通过组织联建、工作联促、队伍联抓、活动联办、信息通联，实现党建资源共享、工作优势互补。市审计局承担的课题“聚焦农村三资管理，着力推进‘两聚一高’——无锡市涉农村（社区）‘三资’管理中存在的问题及对策研究”获无锡市社会科学成果一等奖，课题“服务生态文明建设，推动高质量发展——无锡市‘两减六治三提升’专项行动政策执行情况审计研究”获无锡市社科学术大会论文二等奖。

信息化建设 出台《无锡市审计局关于加快推进大数据审计工作的实施意见》，组建大数据审计公关团队。

内部审计 以“会议＋考核”方式，联合人大、纪委、组织部、国资委等部门，通过召开全市内部审计工作推进会、对内部审计工作进行专项检查、考核、评比等方式，推进内部审计发展。以“调研＋督查”方式，开展内部审计工作调研，对内部审计机构的设置、人员配备情况进行专项督查，促进完善内部审计机制。以“培训＋支持”方式，组织内部审计人员培训，提供专业支持，提升内部审计能力。组织指导6个内部审计机构开展处级干部经济责任审计。（撰稿人：伏小军）

【徐州市审计局】 2018年，徐州市审计局实有75人。局长刘新川，副局长卢海良（—10月）、冯志强、马绪明、屈哲、王锐英。设有办公室、机关党委（人事处）、法规处、计算机处、财金处、行事处、社保处、企业处、农环处、投资处、外资处、经审处、国土处等13个职能处（室）。

审计成果 2018年，徐州市审计机关共完成审计项目283个。查出主要问题金额1015.25亿元；审计提出建议669条；提交审计信息164篇。

农业资源开发局经济责任审计项目被评为

2018年度江苏省表彰审计项目，徐州市审计局、邳州市审计局及4名审计人员被评为全省政府债务审计先进集体和先进个人。

国家重大政策措施落实情况跟踪审计 开展扶贫政策落实、地方政府债务和隐性债务、“放管服”改革举措推进情况三大审计项目。其中全市扶贫政策落实情况审计查出5个方面68条问题，涉及农民25905人、项目272项、违规金额9695.85万元。

财政审计 市县两级审计机关对86个单位开展财政类审计项目，查出主要问题金额311.63亿元。

经济责任审计 市县两级审计机关实施181名党政负责人的任期和离任经济责任审计，查出违规金额8124万元、管理不规范金额709.05亿元，促进增收节支5.48亿元。

固定资产投资审计 对城市轨道交通、三十四中新校区等城建重点工程开展跟踪审计、工程结（决）算审计，并对第一人民医院、恩华药业等地块开展复核审计。

民生资金（项目）审计 开展保障性安居工程、城市生活垃圾处理费、慈善捐赠资金、智慧城市专项资金等9个民生项目和资金审计项目。其中保障性安居工程审计对3个县区政府和2家单位作出审计决定，移送问题线索3件，有关单位收缴财政资金2049万元，追回被骗取的经适房1套，清退不再符合公租房保障条件的家庭10户。

企业审计 市县两级审计机关对5个企业进行审计和审计调查，查出主要问题金额3.37亿元。

信息化建设 利用数字化审计平台，在保障性安居工程、慈善捐赠资金审计以及体育局、民政局经济责任审计中，开展结构分析、趋势分析、对比分析、进度分析，迅速发现审计疑点。通过审计模型揭示违规投资经营性项目等违纪问题，为市委、市政府制定社会保障政策提供依据和支持。开展全市政务信息系统审计，揭示立项审批缺乏统一管理、部门信息化管理机制不健全等问题。

相关工作 2018年度，徐州市审计局在全省地市级审计机关中首家实施巡审同步监督，率先出台《关于建立巡审结合工作机制的意见（试行）》《“巡审同步”监督工作实施办法》；理论研究成果入选中国审计学会“经济责任审计创新与发展”研讨会；获得全省审计信息宣传、通联工作成绩突出单位等荣誉。 （撰稿人：朱　真）

【常州市审计局】 2018年，常州市审计局实有77人。局长钱亚明，副局长吕全斌、罗志敏、朱亦萍，总审计师王祥君，专职委员邹启堂。设有办公室、法制综合处、财政审计处、金融审计处、行政事业审计处、经贸审计处、社会保障审计处、固定资产投资审计处、农业水利与环保审计处、外资审计处、经审指导处、计算机审计处、审计业务监督处、人教处、机关党委。

审计成果 2018年，常州市审计机关共完成审计项目137个。查出主要问题金额421.33亿元；审计发现非金额计量问题1239个；出具审计报告和专项审计调查报告222篇。审计处理处罚金额209.46亿元；移送司法机关、纪检监察机关和有关部门处理事项29件。审计促进整改落实有关问题资金66.15亿元。审计提出建议587条；提交审计信息37篇。

常州市审计局实施的常州市广播电视台原党委书记、台长任期经济责任审计被省审计厅评为优秀审计项目。

国家重大政策措施落实情况跟踪审计 根据省审计厅的统一安排，到苏州、泰州参加对长江经济带生态环境保护情况集中审计；到淮安涟水就省重点帮扶县精准扶贫精准脱贫政策措施落实、扶贫资金分配管理使用等情况，参与异地交叉扶贫审计；到宿迁市对其下辖3县2区的政府债务和隐性债务管理情况开展审计。关注减税降费政策措施落实情况，开展“放管服”改革政策跟踪审计。

财政审计 对市教育局、农委、卫计委、质监局、外办、国资委等6个部门预算执行情况进行审计；围绕现代服务业发展专项资金、农业生态补偿专项资金、商务发展和战略性新兴产业发展专项资金、市级事业单位对外投资收益情况等进行审计。

经济责任审计 市区两级审计机关对78名领导干部开展经济责任审计。根据省审计厅授权和市委组织部委托，市审计局共对溧阳市、市教育局、司法局、建设局、交通局等23个地区和部门的30名领导干部开展经济责任审计，在对溧阳市党政领导干部经济责任审计中，还结合开展自然资源资产离任审计。根据全覆盖要求，首次组织对辖市区法检两院5名领导干部开展交叉审计。

固定资产投资审计 市审计局在往年对轨道交通1、2号线和文化广场、青果巷、中医院、钟楼新医院、报业大厦、传媒大厦等9项工程进行跟踪审计的基础上，将市一中、江边污水处理四期、机场路高架改造工程等3项工程新增为跟踪审计项目。完成报业大厦、传媒大厦项目的竣工决算审计。2018年核减工程造价、促进节约投资超过3亿元，推动建设单位完善制度10余项。

民生资金（项目）审计 按照审计署统一部署，市区两级审计机关联动开展保障性安居工程审计；根据省审计厅要求，市审计局联合溧阳、金坛和新北区审计局，对全市“四好农村路”建设情况进行审计和检查。市审计局和武进区审计局分别完成对新疆乌恰县和尼勒克县援建资金和项目的审计任务。

相关工作 按照市人大和市政府要求，市审计局牵头对“同级审”查出问题整改情况进行督促和汇总，到年底62个具体问题有56个已经整改，市财政缴库4.22亿元，税务部门查补和追缴税费900多万元，相关单位上缴财政近700万元、收回专项资金近1600万元；处理相关责任人员1人。牵头起草的有关深化国企国资审计监督、政府投资审计监督和政务系统审计方案等3个文件已经市委、市政府审议通过，印发执行。配合市人大制定《审计查出问题整改监督办法》。选派6人到省委巡视组、市委巡察组参与工作，抽调骨干财务人员参与政府债务督查、“三公”经费、市作风建设自查自纠专项行动等专项检查。

（撰稿人：陆华东）

【苏州市审计局】 2018年，苏州市审计局实有84人。局长顾浩，副局长陆旭东、徐敏华，总审计师吉宁，党组成员张海昌。设有办公室、法制综合处（审计督察处）、财政审计处、行政事业审计处、农业与资源环保审计处、固定资产投资审计处、金融审计处、经贸审计处、社会保障审计处、外资运用审计处、任期经济责任审计与内部审计指导处、计算机审计处、信息处、组织人事处，设有事业单位经济责任审计中心。

审计成果 2018年，苏州市审计机关共完成审计项目238个。查出主要问题金额464.08亿元；审计发现非金额计量问题1609个；出具审计报告和专项审计调查报告389篇。审计处理处罚金额30.05亿元；移送司法机关、纪检监察机关和有关部门处理事项27件。审计促进整改落实有关问题资金28.88亿元。审计提出建议953条；提交审计信息119篇。

昆山市审计局实施的昆山市住房维修基金专项审计调查被省审计厅评为优秀审计项目，常熟市审计局实施的梅李镇镇长经济责任审计、姑苏区审计局实施的姑苏区民政局局长任职期间经济责任审计等2个项目被省审计厅评为表彰审计项目。

国家重大政策措施落实情况跟踪审计 市区两级审计机关根据省审计厅统一部署，集中全市审计骨干力量开展保障房审计、淮安市扶贫审计、无锡市政府债务审计、“四好农村路”建设专项审计和援疆跟踪审计，政策跟踪审计成效明显。苏州市审计局获评江苏省政府债务审计先进集体第一名。

财政审计 市区两级审计机关加强“全口径”预算审计和大数据分析比对，“同级审”报告得到本级人大常委会的高度肯定。张家港市“同级审”报告首次以表格形式反映6大类59个问题，相城区审计局首次尝试决算草案审计。市审计局首次开展市级产业引导基金审计调查。

经济责任审计 市区两级审计机关对120名干部开展经济责任审计，其中县处级领导干部34人。受省审计厅委托，开展对镇江市丹徒区委书记、区长和苏州卫生职业技术学院书记、院长领导干部经济责任审计。太仓市审计局实现第一轮经济责任审计对象全覆盖。苏州高新区审计局首次对团委等资金较少、经济责任较小的部门领导单位实施离任交接审计。

苏州市领导干部自然资源资产离任审计协调领导小组成立，组长由市委常委、常务副市长王翔担任，副组长由市政府分管副秘书长和市审计局局长担任，发改、财政、国土、住建、水利、环保等部门作为成员单位共同参与工作联动和协作。市审计局同步开展对黄埭镇领导干部经济责任和自然资源资产离任审计。

固定资产投资审计 市审计局完成轨道交通2号线结算审计，持续对苏化厂一期污染土壤治理等重大项目开展跟踪审计，结合苏州市园林局局长、苏州城投公司董事长、苏州市住建局局长等经责审计项目开展投资审计专题调查，发现移送案件线索2件。太仓市审计局将结算审计实施主体调整为固定资产投资评审中心。

民生资金（项目）审计 市区两级审计机关加大对社保基金、残疾人就业保障金、市区公共自行车运营情况、全球环境基金苏州缓解城市拥堵减少碳排放等民生资金和项目的审计力度，促进增强人民群众的幸福感、获得感。

企业审计 市审计局对相关国资公司是否按要求将国有资本经营收益及时、足额上缴财政，国有资本经营预算支出安排是否细化到相应的项目或单位等事项进行检查。

信息化建设 市审计局制定《2018～2020年电子政务工作规划》，召开苏州市审计系统科技强审工作现场会，修订审计业务电子数据管理、大数据审计内部管理等办法。充实国有企业数据分析平台建设，将数据报送范围扩大到一级公司及所属二级子公司，企业数量增加到近200家。对20个部门及其下属单位信息系统的建设、运行以及运维等情况，开展政务信息系统专项审计，对问题较多的8个单位单独出具审计建议函。举办苏州市审计系统计算机审计技能竞赛，全市45岁以下审计干部全员参与。 （撰稿人：杨 洋）

【南通市审计局】 2018年，南通市审计局实有102人。局长顾宗瑜，副局长陈铭鑫、张亚萍、施宏伟、庄爱张，总审计师陆海燕，局长助理彭建新、蔡忠兵，机关党委书记鲍丹，副调研员朱新一、魏燕。设有财政金融审计处、行政事业审计处、农业与资源环保审计处、固定资产投资审计处、固定资产投资审计二处、经贸审计处、社会保障审计处、外资运用审计处、开发区审计处、经济责任审计处（内部审计指导处）、计算机审计处、办公室、法规综合处（审计督察处）、人事教育处、机关党委；下设固定资产投资审核中心（事业单位）。

审计成果 2018年，南通市审计机关共完成审计项目260个。查出主要问题金额564.75亿元；审计发现非金额计量问题1273个；出具审计报告和专项审计调查报告451篇。审计处理处罚金额68.5亿元；移送司法机关、纪检监察机关和有关部门处理事项106件。审计促进整改落实有关问题资金51.25亿元。审计提出建议981条；提交审计信息53篇。

南通市港闸区审计局实施的港闸区街道（开发区）国有资产管理使用情况专项审计调查项目被省审计厅评为优秀审计项目。

国家重大政策措施落实情况跟踪审计 根据省审计厅统一安排，市审计局赴盐城市响水县开展扶贫审计，全覆盖检查36个扶贫项目和6335万元资金；赴泰州市开展长江经济带审计，促进该市废止自行制定的生态红线保护规定，整改问题金额734万元，拆除长江边趸船上违规建设酒楼1处；赴江阴市和苏州市开展债务审计，在苏州市坚持乡镇园区抽查全覆盖。市区两级审计机关开展减税降费政策落实审计。

财政审计 对市级预算执行及其他财政收支审计突出对政府专项资金安排使用、税收和非税收入征管、市区科技型中小企业金融扶持等开展专题审计监督，促进12.05亿元未及时缴入国库预算收入全额缴库，推动盘活财政存量资金2.81亿元，促进2.58亿元财政专项资金拨付到位，整合市级生态建设专项资金。

经济责任审计 区两级审计机关对173名领导干部开展经济责任审计。南通市出台《关于开展领导干部自然资源资产审计工作的实施意见》，市审计局对全市3个区、8个省级开发园区、7个镇及2个职能部门27名领导干部开展自然资源资产离任（任中）审计。

固定资产投资审计 区两级审计机关审计固定资产投资审计金额447.62亿元，核减38.53亿元，平均核减率8.6%。出台《南通市政府投资建设项目审计监督办法》，促进建设单位加强基本建设项目管理，规范投资审计行为。

民生资金（项目）审计 市审计局开展市区国家助学政策落实情况审计，促进相关地区及部门出台完善规章制度10项。开展保障性安居工程审计，促使应减免1.01亿元税费全部退还，促进709万元经济适用房补贴发放到位。开展市区公共停车场管理情况审计，助推市政府调整市区占道停车管理体制。

相关工作 市审计局联合市委巡察工作办公室实行巡审计划共享，完善协作机制，在8个省级开发园区项目中实行审计和巡察相关问题交接单制度。加强审计整改，市审计局开展审计整改专项督查活动，对上年审计报告揭示问题较多的6个单位列出问题清单，进行现场检查，逐一销号；向48个部门和单位发出审计整改交办单。

内部审计 全市内部审计机构实施4902个审计项目，促进增收节支43.69亿元。市审计局实施“以审代训”计划，安排有关部门和单位31名内部审计业务骨干参与17个国家审计项目。依托浙江大学等名校组织培训班4期，参加培训内部审计人员462人次。（撰稿人：陈　洋）

【连云港市审计局】 2018年，连云港市审计局实有87人。局长秦洁，副局长杨成功、刘林（—8月）、郑厚明、马强，总审计师刘善法，纪检监察组组长李文林，经济责任审计局局长郑厚明（兼），副调研员刘林（8月—）、许翠娥。设有办公室、法规处（审计督察处）、财政金融审计处、行政事业审计处、农业与资源环保审计处、固定资产投资审计处、企业审计处、社会保障审计处、外资运用审计处、任期经济责任审计和内部审计指导处、计算机审计处、人事教育处、机关党委；下设经济责任审计局、投资建设资金审核中心。

审计成果 2018年，连云港市审计机关共完成审计项目138个。查出主要问题金额842.44亿元；审计发现非金额计量问题662个；出具审计报告和专项审计调查报告179篇。审计处理处罚金额7.52亿元；移送司法机关、纪检监察机关和有关部门处理事项31件。审计促进整改落实有关问题资金2.89亿元。审计提出建议409条；提交审计信息121篇。

连云港市审计局组织实施的徐州经济技术开发区党工委原书记经济责任审计被省审计厅评为优秀审计项目，灌云县审计局实施的灌云县2014年至2015年科技专项资金专项审计调查被省审计厅评为表彰审计项目。

国家重大政策措施落实情况跟踪审计 完成沭阳县扶贫政策措施落实情况跟踪审计、2017年商务发展和省级战略性新兴产业发展专项资金审计、“减税降费”政策落实情况审计。根据省审计厅的统一安排，完成对淮安市、如皋市的政府性债务审计。

财政审计 市审计局完成2017年市本级预算执行情况和预算收入情况审计。完成民革、民盟、民建、民进、农工党、致公党、九三学社连云港市委员会及市委宣传部、市工商联、市法制办、市委党校、市人社局、市林业局、市民宗局、连云港中医药高等职业技术学校等16个部门和连云港仲裁委员会秘书处预算执行情况审计。

经济责任审计 市审计局完成中共连云港市连云区委书记任中审计；完成市人社局、市民宗局、市法制办、市委党校、连云港中医药高等职业技术学校等单位领导干部的任中审计和市林业局局长的离任审计。根据省审计厅的统一安排，对盐城市政协副主席、中共阜宁县委书记和中共阜宁县委副书记、县长开展三责联审任中审计。对连云港市林业局原局长开展自然资源资产离任审计。

固定资产投资审计 市审计局开展援疆审计。对市康复（优抚）医院迁建工程、全民健身活动中心工程、金融新天地工程、东港污水处理厂一期工程、海通公共交通有限公司充电站等项目，开展预算执行审计。完成全市“四好农村路”建设情况审计。

民生资金（项目）审计 市审计局完成市本级2017年保障性安居工程跟踪审计，并组织各县（区）审计局实施交叉审计。

农业与资源环保审计 对大浦河、排淡河等5条黑臭水体整治情况开展跟踪审计，组织赣榆区、东海县、灌云县、灌南县审计局实施交叉审计。

企业审计 对连云港市金融控股集团有限公司董事长开展任中审计，同时进行2016—2017年度资产负债损益情况审计。

相关工作 在征得连云港市委组织部同意后，全部取消县（区）审计局领导班子“退二线”政策。（撰稿人：仲崇鑫）

【淮安市审计局】 2018 年，淮安市审计局实有 70 人。局长贺宝祥，副局长冯长尧、狄运中、蒋启波、王烨晔，总审计师刘孝武，机关党委书记孙德军。设有办公室、法规处、财政金融审计处、行政事业审计处、社会保障审计处、农业与资源环境审计处、固定资产投资审计处、外资运用审计处、企业审计处、任期经济责任与内部审计指导处、计算机审计处、园区审计处、人事教育处；下设固定资产投资审计中心（事业单位）。

审计成果 2018 年，淮安市审计机关共完成审计项目 886 个。查出主要问题金额 131.2 亿元；审计发现非金额计量问题 953 个；出具审计报告和专项审计调查报告 820 篇。审计处理处罚金额 15.51 亿元；移送司法机关、纪检监察机关和有关部门处理事项 19 件。审计促进整改落实有关问题资金 16.33 亿元。审计提出建议 1851 条；提交审计信息 274 篇。

淮安市审计局实施的金湖县戴楼镇财政财务收支及部分村（居）财务收支情况审计项目被省审计厅评为表彰审计项目。

国家重大政策措施落实情况跟踪审计 根据省审计厅的统一安排，组织审计人员赴宿迁市泗洪县开展扶贫政策落实情况审计，组织审计人员赴盐城市开展政府隐性债务专项审计。

财政审计 采用“2＋4＋N”的审计模式，关注财政、金融、国有资产等方面存在的薄弱环节和风险隐患，紧盯风险易发高发的领域和环节开展财政和预算执行审计，构建财政同级审大格局。

经济责任审计 市审计局代拟提请市纪委、市委组织部共同出台《市管领导干部离任经济责任事项交接暂行办法》，促进任职时间较短、承担经济事项较少的领导干部离任后尽快厘清经济责任。组织开展淮安工业园区党工委原主要负责人自然资源资产离任审计，对园区范围内土地资源、水环境、大气环境的保护利用情况进行审计监督。

固定资产投资审计 对城建重点项目、内环高架一期建设工程等百余个重点项目实施跟踪审计或结算审计。组织市县两级审计机关对全市“四好农村路”建设情况进行全面摸底，审计涉及资金近 2 亿元。对重点区域棚改项目开展专项审计调查。

民生资金（项目）审计 开展政府为民十件实事跟踪审计，实行市县联动的组织方式，明确县区审计机关的工作职责，强化对项目实施过程的监督。市审计局赴县区重点对农村饮水安全等问题进行抽查，就超范围建设、重复建设等问题提出审计建议。开展扶贫资金专项审计、镇村联审、百村居审计，加大对涉农补助、农村社会事业发展、农村公共卫生服务等方面内容的检查力度。

农业与资源环保审计 探索实施“推进基层联审，护航乡村振兴”审计模式，将乡村振兴政策落实情况与村级财务审计、村居负责人经济责任审计、扶贫审计、专项资金审计相结合，充分发挥审计部门在乡村振兴战略中的重要作用。

企业审计 组织对国有投资担保公司经营情况进行审计，关注国有资金在支持地方中小企业发展、解决中小企业融资难过程中是否发挥作用，成功推进整合组建担保集团。

信息化建设 启动市直部门预算执行审计系统电子数据平台建设，将全市 95 个一级预算部门、30 个预算拨付 20 万以上的二级预算部门纳入平台，建立数据定期报送、采集制度。

内部审计 联合淮安市国资委对国有企业内部审计机构建立情况进行督导调研，推动国有资本做优做强做大，实现国有资本保值增值。

（撰稿人：张路路）

【盐城市审计局】 2018 年，盐城市审计局实有 80 人。局长吴先国，副局长孙红青、陈献东、刘秋凤、张晓鸣，总审计师李树峰。设有办公室、组织人事处、计算机审计处、法制处、督查执行处、固定资产投资审计一处、固定资产投资审计二处、财政金融审计处、任期经济责任审计办公室（自然资源资产审计处、内审工作指导处）、经贸审计处、行政事业与社会保障审计处、农业与资源环保审计处（外资运用审计处）等 12 个内设机构；另设有机关党委；下设政府公共工程审计中心（事业单位）。

审计成果 2018 年，盐城市审计机关共完成审计项目 312 个。查出主要问题金额 781.08 亿元；审计发现非金额计量问题1605个；出具审计报告和专项审计调查报告385篇。审计处理处罚金额177.45亿元；移送司法机关、纪检监察机关和有关部门处理事项140件。审计促进整改落实有关问题资金77.11亿元。审计提出建议996条；提交审计信息459篇。

响水县审计局实施的响水港城发展有限公司原董事长、总经理经济责任审计项目被审计署评为地方表彰审计项目，被省审计厅评为优秀审计项目。

审计管理体制改革 市委决定成立审计委员会，各县（市、区）也积极筹建审计委员会。至年末，市审计局机构增设、编制增配、职能划转和人员转隶等在积极推进中。市审计局党组首次听取各县（市、区）审计局局长述职报告。

国家重大政策措施落实情况跟踪审计 聚焦供给侧结构性改革、降税减费、政府债务和隐性债务、精准扶贫、“放管服”改革、重大项目推进、“四好农村”公路建设、长江经济带生态环境保护、援疆援陕等领域开展审计。

财政审计 对市财政和市本级430多家一、二级预算单位实施预算执行审计“全覆盖”，重点监督检查中央八项规定精神执行情况、财政资金统筹使用和绩效情况。参与宕欠公款清理、党费清查等专项整治。

经济责任审计 对150多名领导干部实施任期经济责任审计，其中任中审计超过80%。有1名厅级干部、2名处级干部经审计移送，被给予党政纪处分或司法处理。对50多个村级组织负责人开展审计，移送案件线索78件。选取部分县市区和乡镇实施自然资源资产审计。

固定资产投资审计 依法依规实施工程决算审计，改进跟踪审计工作思路、介入时间和具体流程，促进节约财政资金26.1亿元。内环高架路网项目和新水源地建设项目2个跟踪审计组，被授予市级“工人先锋号”荣誉称号。

民生资金（项目）审计 组织实施民生领域的审计项目10个，促进惠民政策落实。

企业审计 对13户国有企业经营绩效实行专项审计，促进国有经济布局优化、结构调整、提质增效、防控风险和转型升级。

信息化建设 审计大数据分析中心建成并投入使用，采集1900多套财务数据并完成整理入库，提交15大类近万条疑点记录，开始由“以单位为主体实施全面审计”向“以内容为主线实施全覆盖审计调查”转变。

相关工作 出台《关于纪检监察与审计机关进一步加强协作配合的意见》。连续第15年获评全市优秀党组织，因地制宜、务实创新、彰显特色的党建工作做法受到省级机关工委领导的充分肯定。市审计局组织的1项研究成果获评省政府优秀社科研究成果。

内部审计 市政府出台《盐城市内部审计工作规定》。市审计局继续组织全市优秀内部审计项目评选和内部审计审工作考核评比。

（撰稿人：郭　红　陶振华）

【扬州市审计局】 2018年，扬州市审计局实有54人。局长蔡先建，副局长袁竹青、李永高、周春山、潘宝庆，总审计师高金松。设有办公室、法规处、财政金融审计处、行政事业审计处、农业与资源环保审计处、固定资产投资审计处、企业审计处、社会保障审计处、外资运用审计处、任期经济责任审计与内部审计指导办公室、计算机审计处、人事教育处等12个职能处室；下设固定资产投资审核中心、经济责任审计中心等事业单位。

审计成果 2018年，扬州市审计机关共完成审计项目219个。查出主要问题金额442.66亿元；审计发现非金额计量问题798个；出具审计报告和专项审计调查报告242篇。审计处理处罚金额60.66亿元；移送司法机关、纪检监察机关和有关部门处理事项2件。审计促进整改落实有关问题资金1.39亿元。审计提出建议529条；提交审计信息134篇。

国家重大政策措施落实情况跟踪审计 按照省审计厅统一安排，参与实施长江经济带生态环境保护审计、徐州睢宁县扶贫政策措施落实情况跟踪审计、泰州市本级政府债务政策落实情况审计、减税降费政策措施落实情况跟踪审计。

财政审计 连续3年对市本级和4个功能区预算执行情况实施审计；首次开展市级政府投资基金运营绩效审计。参与江苏省第十九届运动会扬州市筹备委员会财务收支审计，荣获集体二等功，并被表彰为重大专项特别贡献单位。

经济责任审计 市县两级审计机关实施经济责任审计项目65个，其中任中审计37个。按照省审计厅授权，对仪征市委原书记实施离任审计。对邗江区委书记、区长实施党政同审，同时开展自然资源资产审计。配合省纪委开展镇江经济技术开发区党工委原书记经济责任审计案件线索查办工作。

固定资产投资审计 市县两级审计机关完成政府投资审计项目68个。应邀参加由南京审计大学主办的全国科技强审论坛，就投资审计方面的经验做法作现场发言。

企业审计 结合经济责任审计，开展6户企业财务收支审计，首次实现市国资委监管范围内市属国有企业审计全覆盖。

专项资金审计 持续关注农业、养老、住房保障等民生事业，对保障性安居工程、"四好农村路"建设情况以及商务发展和战略性新兴产业、农机现代化工程、小微企业服务券、养老服务事业费、市区生活垃圾焚烧处理补贴、市政设施养护等专项资金进行审计或者专项审计调查，以专题结果报告形式上报市委、市政府。

（撰稿人：吴佳佳）

【镇江市审计局】 2018年，镇江市审计局实有81人。局长刘晓东，副局长蒋建军、孙浩琦、吴小红，总审计师田茂松。设有办公室、人事教育处、法制综合处、计算机审计处、财政金融审计处、行政事业审计处、固定资产投资审计处、经济责任审计和内部审计指导处、农业与资源环保审计处、企业审计处、外资运用审计处、社会保障审计处。

审计成果 2018年，镇江市审计机关共完成审计项目178个。查出主要问题金额646.19亿元；审计发现非金额计量问题772个；出具审计报告和专项审计调查报告213篇。审计处理处罚金额46.74亿元；移送司法机关、纪检监察机关和有关部门处理事项13件。审计促进整改落实有关问题资金11.79亿元。审计提出建议393条；提交审计信息329篇。

市审计局实施的市直2016年度预算执行和其他财政收支情况审计被省审计厅评为表彰审计项目。

国家重大政策措施落实情况跟踪审计 完成镇江市"四好农村路"、泗阳县扶贫政策和扶贫资金、扬州市政府性债务等政策跟踪审计项目。派员参加省审计厅组织实施的长江经济带生态环境保护专项审计，重点揭示上级政策执行不到位、本级政策配套不健全、政策文件滞后于发展改革步伐等问题。

财政审计 对市直、新区管委会2017年度预算执行和其他财政收支情况进行审计，出具审计决定书2份，报送审计专报2份。推动《关于进一步规范市级政府性专项资金管理的通知》《关于进一步加强和完善市级政府投资项目资金监管的实施意见》等文件的出台。

经济责任审计 在市区两级审计机关推开领导干部自然资源资产离任（任中）审计，市审计局开展市水利局原局长、党委书记自然资源资产离任审计。

相关工作 审计查出问题及整改情况纳入镇江市级机关作风效能考核，市审计局制定《审计整改跟踪监督办法》，成立审计整改情况跟踪监督领导小组，建立审计整改事项数据库并实施动态销号管理。在全市开展审计项目质量互评，抽查22个审计项目，揭示问题，总结经验。制定出台《关于在全市审计机关全面实施"导师制"工作的意见》，审计业务"导师制"培养范围扩大到全市近3年新进干部50多人。构建涵盖法规库、案例库、问题库、优秀审计项目库和业务处室讲业务课案的"四库一案"镇江审计实验室。

（撰稿人：史　宏　王振宇　李晓凤等）

【泰州市审计局】 2018年，泰州市审计局实有49人。局长方捷（—12月），副局长叶兵、张连璋、顾军、于飞，总审计师孙宏伟。设有办公室、法规处、审计督察处、财政金融审计处、行政事业审计处、农业与资源环保审计处、固定资产投资审计处、经贸审计处、社会保障审计处、外资运用审计处、经济责任审计办公室、计算机审计处、人事教育处、内部审计指导处；下设城市土地经营审计处（事业单位）。

审计成果 2018年，泰州市审计机关共完成审计项目190个。查出主要问题金额1711.15亿元；审计发现非金额计量问题 493 个；出具审计报告和专项审计调查报告 222 篇。审计处理处罚金额 82.2 亿元；移送司法机关、纪检监察机关和有关部门处理事项 42 件。审计促进整改落实有关问题资金 5.93 亿元。审计提出建议 645 条；提交审计信息 52 篇。

市审计局实施的泰兴市 2016 年和 2017 年上半年扶贫资金管理使用情况专项审计调查项目被省审计厅评为优秀审计项目。

国家重大政策措施落实情况跟踪审计 组织市区两级审计机关对全市 18 个省级以上园区 294 家单位集资和出借资金、23 家市级融资公司融资风险等方面开展审计，揭示 18 个单位违规借款 153 亿元、70 家单位违规出借 87 亿元等问题，促进归还集资款 79 亿元，收回债权 17 亿元。

财政审计 首次将泰州医药高新区、农业开发区预算执行情况纳入同级财政审计范围。通过“定期审”“轮流审”和“跟踪审”等方式，对市级财政四本预算、部门预算实现审计全覆盖。在审计中关注国有资本经营预算编制的完整性，促进 2015 年至 2017 年实现利润的 21 家国有企业被纳入 2019 年国有资本经营预算编制范围。

经济责任审计 在市域范围全面推行异地交叉审计，提高审计评价的客观公正性，增加审计结果的可靠性，任中审计的比例由 10%提高至 40%。出台《关于规范市管领导干部经济责任审计文书相关事项的通知》，强化各环节文书质量管控。

固定资产投资审计 出台《政府投资项目跟踪审计质量控制办法》《政府投资项目跟踪审计操作指南》等规范性文件，规范投资审计行为。全面使用固定资产投资审计应用系统，对近三年投资审计的成果和经验进行总结，强化投资审计成果综合运用，向市委、市政府报送《关于政府投资项目审计情况的报告》。

民生资金（项目）审计 组织实施“农村四好公路”、商务发展专项资金、省级战略性新兴产业发展专项资金、部门政务信息系统等审计项目，调查 16 家资金主管部门、实地核查 130 个项目，揭示招投标管理不规范、部分项目资金被挪用等问题，提出审计建议 20 条。对市区农贸市场提档升级开展专项审计调查，督促项目补贴及时发放和加快工程验收。在保障性安居工程、扶贫等审计项目中，审计 14 个安居工程项目、257 户农村危房改造家庭、135 个扶贫项目、205 个经济薄弱村。

农业与资源环保审计 持续开展跟踪水资源管理责任落实、长江经济带生态环保、领导干部自然资源资产离任等审计项目。

（撰稿人：沈金勇）

【宿迁市审计局】 2018 年，宿迁市审计局实有 57 人。局长沈家山，副局长王新明、张建华、潘宏江，总审计师李中平。设有办公室（人事教育处）、法规综合处（审计督察处）、经济责任审计室、计算机审计处、财政金融审计处、行政事业审计处、农业与资源环保审计处、固定资产投资审计处、企业审计处（外资运用审计处）、社会保障审计处等 10 个处（室）；下设经济责任审计中心、固定资产投资审计评审中心等事业单位。

审计成果 2018 年，宿迁市审计机关共完成审计项目 173 个。查出主要问题金额 179.06 亿元；审计提出建议 273 条；提交审计信息 20 篇。

沭阳县审计局实施的沭阳县教育局原局长经济责任审计被省审计厅评为表彰审计项目。

国家重大政策措施落实情况跟踪审计 根据省审计厅统一安排，对徐州丰县扶贫政策落实情况、连云港地方政府债务和隐性债务进行跟踪审计。对宿迁减税降费政策措施落实情况开展跟踪审计。在对沭阳、泗阳、泗洪扶贫政策实施跟踪审计的基础上，组织对 2 个区、3 个功能区开展扶贫政策跟踪审计，实现全市扶贫审计“全覆盖”。

财政审计 市县两级审计机关对 43 个财税部门和预算执行单位进行审计。市审计局在市级财政预算执行审计中，共发现预算管理不规范、预算支出绩效不高等 5 个方面问题；运用大数据分析的方法，对部门预算执行情况开展审计；受市政府委托向市人大常委会作审计工作报告和审计查出问题整改报告。

经济责任审计 市县两级审计机关完成 73 个部门和单位的领导干部经济责任审计，任中审计比例由上年的 28%提高到 70.59%。推动市“两办”出台领导干部自然资源资产离任审计暂行办法，对南通市崇川区和市林业局主要领导开展自然资源资产审计，5 个县（区）审计机关完成自然资源资产审计项目 7 个。

固定资产投资审计 市县两级审计机关围绕中心城市和基础设施建设，开展 20 个政府投资审计项目审计。对“四好农村路”进行审计，促进市政府研究出台关于进一步加强“四好农村路”建设的实施意见。

民生资金（项目）审计 市县两级审计机关完成保障性安居工程、省级商务发展和战略性新兴产业资金等专项审计调查项目 10 个，审计专项资金总额 64.47 亿元。推动市相关部门出台《省级跨境电子商务试点城市资金管理办法》等。

（撰稿人：仲　鹏）

2018 年江苏省所辖区、县(市)级审计工作统计表

金额单位：万元

审计机关	完成审计项目/个	审计查出主要问题金额	审计发现非金额计量问题/个	审计期间整改金额	出具审计报告和审计调查报告/篇	审计处理情况		审计促进整改落实有关问题资金	审计提出建议/条	提交审计信息/篇
						审计处理处罚金额	移送处理事项/件			
南京市										
南京市本级	57	3604981	454	325577	78	1322098	48	1121457	215	429
玄武区审计局	10	178324	49	7747	16	127457	1		47	32
秦淮区审计局	15	72434	20	4119	19	33306	2	33086	28	28
建邺区审计局	13	7519	11		19				76	60
鼓楼区审计局	15	84356	59		18	10164	23	10164	38	55
浦口区审计局	18	840988	38		21		2		37	58
栖霞区审计局	14	271884	42	31	21	214317			38	58
雨花台区审计局	22	50805	49		33				303	35
江宁区审计局	10	162594	108	16	14	1356			31	34
六合区审计局	16	375289	84	74616	24	168490		13452	53	66
溧水区审计局	16	852353	139	33565	23	87821		87821	44	53
高淳区审计局	16	492472	34	3922	25	99489	2		60	57
无锡市										
无锡市本级	81	3898323	436	160468	134	333756	32	462778	234	4
锡山区审计局	39	128843	92	14415	51		2	30498	11	37
惠山区审计局	21	70925	118	33	21	563	16	563	52	32
滨湖区审计局	20	231273	26	298	30		3	34144	37	63
梁溪区审计局	14	30451	43	20000	22	794	1	30451	88	30
新吴区审计局	22	172264	63		35		3	142272	51	4
江阴市审计局	48	200367	80	151	63	23579	13	20566	64	82
宜兴市审计局	41	22700	170		61	11100	11	9500	116	211
徐州市										
徐州市本级	63	7076830	6304		322	5930	17	63	71	127
鼓楼区审计局	15	42685	2970					21	18	21

（续表）

审计机关	完成审计项目/个	审计查出主要问题金额	审计发现非金额计量问题/个	审计期间整改金额	出具审计报告和审计调查报告/篇	审计处理情况		审计促进整改落实有关问题资金	审计提出建议/条	提交审计信息/篇
						审计处理处罚金额	移送处理事项/件			
云龙区审计局	6	2067	1607		2	42		6	15	
贾汪区审计局	21	204018	7					21	48	
泉山区审计局	5	11706	6223					11	17	4
铜山区审计局	41	366528	369		14287	348725		79	133	
新沂市审计局	9	323375					2	12	19	4
邳州市审计局	42	186630	30				21	64	73	4
丰县审计局	25	595549	410		619	18215		25	136	
沛县审计局	44	1098552	132		12	143421	4	43	85	4
睢宁县审计局	12	244598	178631		38808	3659	1	23	54	
常州市										
常州市本级	45	1660370	583	15274	78	710487	17	61744	154	9
天宁区审计局	4	680853	7		8	680853			28	
钟楼区审计局	9	6050	40		17				45	
新北区审计局	6	75227	27		9			26066	45	9
武进区审计局	16	625170	418	2053	23	246061	3	243967	102	16
金坛区审计局	24	224666	103	3251	41	91384	8	90892	82	3
溧阳市审计局	33	941004	61		46	365848	1	238845	131	
苏州市										
苏州市本级	36	1712371	351	23053	58	68878	3	58722	138	77
虎丘区审计局	16	67093	51		29	31949		31949	44	
吴中区审计局	37	112845	114	537	56	4302	2	4302	91	1
相城区审计局	25	305248	219		42	6		6	89	20
姑苏区审计局	15	55944	187		23	44459	7	44459	64	1
吴江区审计局	16	568106	180	64606	29	496	5	437	47	
常熟市审计局	29	539281	91	4	68	7925		7925	121	
张家港市审计局	19	187266	226	65	24	127240		127240	114	
昆山市审计局	20	895803	106	407	24	12044	3	10532	51	
太仓市审计局	25	196807	84	2	36	3232	7	3232	194	20
南通市										
南通市本级	45	1958411	372	122966	74	176556	35	253806	127	3
崇川区审计局	19	50978	61	5	18	43556		31	28	3
港闸区审计局	18	121250	119	1519	45	50900	7	6528	58	4

（续表）

审计机关	完成审计项目/个	审计查出主要问题金额	审计发现非金额计量问题/个	审计期间整改金额	出具审计报告和审计调查报告/篇	审计处理情况		审计促进整改落实有关问题资金	审计提出建议/条	提交审计信息/篇
						审计处理处罚金额	移送处理事项/件			
通州区审计局	27	475984	165		46	49125	14	107	64	1
启东市审计局	29	291928	119	4532	66	111476	1	53149	67	2
如皋市审计局	34	1373027	63	11665	45	98115	2	92511	36	
海门市审计局	36	622092	129	109	55	51163	3	50555	113	3
海安市审计局	29	201756	95	1715	64	26706	38	26748	425	34
如东县审计局	23	552108	150	11975	38	77451	6	29048	63	3
连云港市										
连云港市本级	33	6044687	229	74	43	218	3	51	102	86
连云区审计局	15	218151	64		20		1		80	15
海州区审计局	11	151334	33		22		6		30	11
赣榆区审计局	22	66769	69	8630	31	21644	3	21644	61	9
东海县审计局	22	177548	50		28	6221	1	5847	37	
灌云县审计局	17	1467446	173		17	84	7	1305	45	
灌南县审计局	18	298432	44	101	18	46996	10	83	54	
淮安市										
淮安市本级	50	1029799	258	16505	55	86946		81043	133	20
淮安区审计局	36	23600	153	10860	38		2	10860	126	74
淮阴区审计局	28	40661		8	28	41910		27816	70	
清江浦区审计局	27	97830	42	177	27	88	6		48	64
洪泽区审计局	315	25100	57	3800	315	1200	1	21500	276	58
涟水县审计局	61	11851	262	7346	61		1	7346	138	18
盱眙县审计局	246	11712	158	4765	213	32	9	5475	750	34
金湖县审计局	123	71450	23	2	138	24881		9241	310	6
盐城市										
盐城市本级	67	4275699	325	1512064	73	1524330	31	659559	127	78
亭湖区审计局	23	51153	91	43	23	381	8	1	69	
盐都区审计局	10	221820	17	24	10	24078	9	24078	19	12
大丰区审计局	27	1516956	554	23115	34	206574	11	62289	113	2
东台市审计局	23	299152	81	29	33	99	3	99	81	127
响水县审计局	23	151330	115	632	23	238	33	2311	63	10
滨海县审计局	19	345658	25	8689	34	3461	3	7392	63	
阜宁县审计局	32	308820	122		54		22		207	12

（续表）

审计机关	完成审计项目/个	审计查出主要问题金额	审计发现非金额计量问题/个	审计期间整改金额	出具审计报告和审计调查报告/篇	审计处理情况		审计促进整改落实有关问题资金	审计提出建议/条	提交审计信息/篇
						审计处理处罚金额	移送处理事项/件			
射阳县审计局	39	182078	46	1204	52	11816	14	11816	101	39
建湖县审计局	49	458180	229	3200	49	3549	6	3549	153	179
扬州市										
扬州市本级	59	3051008	279	4123	63	593972	2	2644	161	19
广陵区审计局	21	80838	55	1367	21	1367			34	
邗江区审计局	24	257332	175		24				70	20
江都区审计局	37	511692	57	7	37				73	93
仪征市审计局	25	56705	124		25				80	
高邮市审计局	30	452383	74		39	11215		11215	54	2
宝应县审计局	23	16662	34		33				57	
镇江市										
镇江市本级	43	3931504	305	527	59	189208	7	43935	91	62
京口区审计局	10	211866	29	45	10	10725	1	10674	19	13
润州区审计局	11	30769	11		11	13739		13739	3	
丹徒区审计局	33	640708	33		33	7642		7642	51	38
丹阳市审计局	27	1077376	217		28	5534	1	5547	95	95
扬中市审计局	25	291227	74	25635	33	8855	3	15842	72	65
句容市审计局	24	248019	42	2928	34	231739	1	20500	36	32
镇江新区审计局	5	30406	61	18	5				26	24
泰州市										
泰州市本级	32	8981935	187	13519	34	42687	14	144	280	15
海陵区审计局	16	207674	41	150	16	81994		8473	48	
高港区审计局	17	56267	23	6923	17	6923		6923	43	16
姜堰区审计局	37	6087672	49	23971	43	31230	5	27466	58	3
兴化市审计局	29	735698		41	29	71	10	70	61	18
靖江市审计局	27	314728	61	163	39				81	
泰兴市审计局	32	727546	132	84	44	659069	13	16194	74	
宿迁市										
宿迁市本级	37	366116	149	1015	43	60582	12	77641	104	6
宿城区审计局	26	488568	33		26	42			59	9
宿豫区审计局	24	628596	39	140	24					

（续表）

审计机关	完成审计项目/个	审计查出主要问题金额	审计发现非金额计量问题/个	审计期间整改金额	出具审计报告和审计调查报告/篇	审计处理情况		审计促进整改落实有关问题资金	审计提出建议/条	提交审计信息/篇
						审计处理处罚金额	移送处理事项/件			
沭阳县审计局	26	65748	1798	4	26	385	4		19	
泗阳县审计局	30	138132	77	1955	30	7054	9	6184	43	
泗洪县审计局	30	103414	71	190	30	5281	9	2361	48	5

浙江省

【浙江省审计厅】 2018 年，浙江省审计厅实有 208 人。设有办公室、法规和审理处、内部审计指导监督处（审计整改督查处）、电子数据审计处、财政审计处（政策跟踪审计处）、教科文审计处、农业农村审计处、固定资产投资审计处、社会保障审计处、自然资源和生态环境审计处、金融和外资审计处、企业审计处、经济责任审计一处、经济责任审计二处、经济责任审计三处、行政事业审计处、干部处、人事处、机关党委（机关纪委）；下设计算机审计中心、省审计科研所等事业单位。

领导成员

厅　　长：朱忠明

副 厅 长：康跃西（—9 月）　陈焕昌

毛子荣　金建培（10 月—）

谢永刚

总审计师：金建培（兼）

经济责任审计联席会议办公室主任：高占江

纪检组长：庄莉萍（—12 月）

巡 视 员：陈焕昌（9 月—）

副巡视员：徐超光　施松青（9 月—）

审计成果 2018 年，浙江省市县三级审计机关完成项目 2733 个，其中专项审计调查项目 388 个。查出主要问题金额 3391.9 亿元，其中违规金额 132.23 亿元、损失浪费金额 9.54 亿元、管理不规范金额 3250.13 亿元；审计发现非金额计量问题 22800 个；损益（收支）不实金额 36.67 亿元；审计发现侵害人民群众利益 3.99 亿元；出具审计报告和专项审计调查报告 3469 篇，被批示、采用 328 篇次。审计处理处罚金额 653.16 亿元，其中应上缴财政 105.66 亿元、应减少财政拨款或补贴 19.37 亿元、应归还原渠道资金 104.29 亿元、应缴纳其他资金 5.44 亿元、应调账处理金额 418.39 亿元；移送司法机关、纪检监察机关和有关部门处理事项 714 件，移送处理人员 712 人，移送处理金额 169.22 亿元。审计促进整改落实有关问题金额 629.31 亿元；审计促进拨付资金到位 11.67 亿元；审计后挽回（避免）损失 60.92 亿元；核减投资额 66.93 亿元；移送处理落实事项 213 件。审计提出建议 8109 条，被采纳 6662 条；推动被审计单位制定整改措施 1713 项，促进被审计单位制定、完善规章制度 494 项；提交审计信息 6429 篇，被批示、采用 4024 篇。向社会公告审计结果 1243 篇。

浙江省审计机关有 2 个项目被审计署评为优秀审计项目、2 个项目被审计署评为表彰审计项目。省审计厅在 2018 年度省政府部门绩效考评中获评优秀单位，B 类单位第 1 名。

国家重大政策措施落实情况跟踪审计 以政策跟踪审计统揽审计项目计划，采取“+政策”审计模式，围绕打好三大攻坚战、高质量发展组合拳、富民强省十大行动计划等重点工作，实施政策落实情况跟踪审计，确保政令畅通。连续第二年开展“最多跑一次”改革推进情况审计调查，发现跨部门联办系统部分数据流未贯通等改革“卡脖子”问题，推动全省边审边改问题 497 个，相关审计专报得到国务院领导批示。

财政审计 围绕财政预决算编制和执行、资金使用绩效等热点难点问题开展财政预算执行审计。组织实施政府性债务审计，发现部分市县违规或变相举债导致隐性债务增加等问题，为此省委、省政府召开专题会议进行部署，有序推进政府债务化解工作。受省政府委托所作的2018年审计工作报告，围绕预算法贯彻实施、打好三大攻坚战、支持实体经济发展等方面揭示和反映问题105个、点名79个单位118次，省人大常委会组成人员给予高度评价。

经济责任审计 主动融入干部大监督工作机制，省市县三级审计机关对903个单位1195名领导干部进行经济责任审计，首次在8个县（市、区）党政领导干部经济责任审计中探索“大项目”实施模式。全面开展自然资源资产离任（任中）审计，全省安排实施审计项目128个、审计领导干部210名，推动关停、拆除一批污染源企业和违建房屋。

固定资产投资审计 加大对投资领域重大违纪违规问题的监督力度，省审计厅安排实施浙江省残疾人康复中心迁建工程决算审计、省廉政教育基地配套项目跟踪审计等项目，发现违法分包、工程存在安全隐患等问题，移送问题线索8件。持续推动投资审计转型，全省修订完善相关地方法规38个、出台制度157项。

民生资金（项目）审计 重点对扶贫、社会救济、保障性住房等资金和项目开展审计，切实维护群众利益。社会救助政策落实情况审计发现部分人员虚报冒领、重复享受救助资金等问题，移送问题线索32件，39人受到党纪政务处分，推动省民政厅出台社会救助家庭供养能力计算办法。对淳安县等29个县（市、区）开展扶贫专项审计，推动省财政厅出台扶贫资金和项目绩效评价管理办法。连续第6年开展保障性安居工程跟踪审计，2018年共移送问题线索31件、涉及金额4.34亿元。

农业与资源环保审计 实施长江经济带生态环境保护审计，促进美丽浙江建设。在审计中发现电镀污水预处理后直排入江等问题，省委主要领导作出批示，要求有关部门研究解决。围绕全面落实“土十条”，对12个县开展土壤污染防治情况专项审计调查，推动完善相关制度8项。

金融审计 实施村镇银行防范风险及服务“三农”情况审计调查，促使23家村镇银行健全制度、流程184项。

外资运用审计 根据审计署委托，组织开展世界银行贷款浙江农村污水处理和饮用水工程、法国开发署贷款仙居县域生物多样化保护和发展利用示范工程审计，揭示合同违规分包等问题，推动被审计单位边审边改。

企业审计 省审计厅实施对省供销社、杭钢集团、浙江安邦护卫集团等企业的领导人员经济责任审计，促使省供销社整改清退2700多万元违规资金。开展全省产业基金投资业务情况审计调查，揭示产业基金投向不合理等问题，省政府召开专题会议研究部署政府产业基金2.0版，完善基金投资运作机制。

审计管理体制改革 根据中央和省委、省政府部署，积极稳妥抓好机构改革各项任务的落实，省审计厅本级已全面完成职责划转、人员转隶、“三定”规定印发、内设机构和人员配置等工作。强化上级审计机关对下级审计机关的领导，年内对11个设区市审计机关开展领导班子运行情况专题调研分析，研究同意任免市县审计机关领导干部40人次；建立设区市审计机关述职报告制度，11名设区市审计局局长向省审计厅党组现场述职；对各市的审计工作报告进行实质性审核，提出审核意见被采纳286条；采取集中审核与按业务条线分头审核相结合方式，审批市县两级审计机关年初项目计划2360个。

审计整改 省委办公厅、省委组织部、省直机关纪工委根据审计结果印发4个通报，对审计发现的少数领导干部违规兼职取酬等典型案例在全省范围内通报。配合省委组织部举办领导干部经济责任风险防范网络专题培训班，省审计厅主要负责人作专题讲座。出台进一步加强审计成果运用指导意见和异地审计项目成果共享管理办法，推动审计成果叠加运用。审计整改情况督查首次纳入省委督查检查活动计划和省政府对省直部门绩效考评内容，推动问题金额整改率达到95.77%。首次启动审计整改追责程序，1名城建档案馆馆长因虚假整改被诫勉谈话和通报批评。

信息化建设 制定推进科技强审建设意见；做好“金审工程”三期试点和审计监督大数据应用示范工程建设，建立财政、社会保险等审计电子数据一年两次定期归集机制；加强数据标准化管理，对全省财政数据实施标准化验证，制定保障房等行业大数据审计数据规划；在全省遴选计算机审计专业领军人才，按行业分类组建大数据审计专家团队。

党建工作 扎实推进“两学一做”学习教育常态化制度化，深入学习贯彻党的十九大、十九届二中、三中全会精神及省第十四次党代会、省委十四届三次、四次全会精神，树牢“四个意识”，坚定“四个自信”，做到“两个维护”。深入学习习近平总书记关于审计工作重要论述精神，相关课题成果在中央党校《理论动态》发表。贯彻落实新时代党的组织路线，树立党的一切工作到支部的鲜明导向，深入开展党支部标准化规范化建设，健全审计组临时党支部制度，持续深化主题党日活动，审计机关凝聚力、战斗力显著增加。建立审计组临时党支部的做法获全省机关党建工作十佳创新成果。严格落实中央八项规定及其实施细则精神、省委省政府“36条”办法、审计“四严禁”工作要求和审计“八不准”工作纪律，制定省审计厅“23条”实施办法。贯彻落实省委关于推进清廉浙江建设的决定精神，出台推进清廉审计建设实施意见，在全省审计机关开展清廉审计建设，推动全面从严治党向纵深发展，省纪委将清廉审计建设实施意见刊发各部门参考。

相关工作 贯彻落实“三个区分开来”要求，对某地采用BT模式推进安置房建设等15个容错纠错事项进行认定，客观审慎作出审计结论，容错纠错机制落地见效，其做法被评为省政府部门和全省政府法制工作“双十佳”改革创新项目。制定坚持质量立审“九项标准”的意见，细化18项具体举措，强化“九项标准”对审计业务的引领作用。对各市审计执法检查全覆盖，扎实做好优秀审计项目和优秀审计报告评选活动。开展“大学习大调研大抓落实”活动，围绕审计事业发展和全省经济社会发展开展两轮大调研，全省审计机关共5篇调研报告被审计署转发全国审计机关参考，向省委、省政府提出一批有针对性、前瞻性的工作建议。加大干部培训力度，举办18期培训班，参训干部1700多人次。成功举办第六届全省审计青年论坛、第十届全省审计机关干部职工运动会等活动，提升审计干部精气神。承办国际标准化组织“审计数据采集”项目委员会第四次会议。

内部审计 贯彻审计署加强内部审计工作业务指导和监督的意见，出台配套措施，召开全省内部审计工作会议；探索建立国家审计与内部审计协同机制，在原省农业厅等7个单位开展首批试点，推动内部审计机构加强自我监管。

（撰稿人：陈振宇）

【杭州市审计局】 2018年，杭州市审计局实有98人。局长王剑，副局长吴志明、王军、刘炎，总审计师王坚，经济责任审计联席会议办公室主任李行健，纪检组长楼宏基，巡视员徐志龙。设有办公室、组织人事处、法规处、综合处、财政审计处、行政事业审计处、经贸审计处、农业与社会保障审计处、开发区与资源环保审计处、固定资产投资审计处、经济责任审计处、计算机审计处、文教审计处、机关党委。

审计成果 2018年，杭州市区两级审计机关完成审计项目306个。查出主要问题金额532.1亿元，审计发现非金额计量问题2669个。审计处理处罚金额113.53亿元；移送司法机关、纪检监察机关和有关部门处理问题线索99件、涉及92人。审计促进整改落实有关问题金额59.08亿元，审计后挽回（避免）损失1.19亿元，核减投资额1.19亿元。审计提出建议983条，被采纳794条；促进被审计单位制定、完善规章制度16项；提交审计信息966篇，被批示、采用677篇。向社会公告审计结果198篇。

杭州市部分城区社会保险基金运行管理情况审计项目被审计署评为优秀审计项目。

国家重大政策措施落实情况跟踪审计 开展相关项目29个，获省市各级领导批示60人/篇次。

财政审计 组织审核13个县（市、区）审计工作报告，获市人民政府和市人大常委会肯定。

经济责任审计 对12个单位的14名领导干部开展经济责任审计，向巡察组反馈25家单位审计情况，对6家市直单位同步实施机构编制评估。开展领导干部自然资源资产离任（任中）审计，组织全市各县区实施21个自然资源资产审计项目。

固定资产投资审计 对轨道交通等重大建设

项目开展跟踪审计，启动2022年第19届亚运会跟踪审计，实施亚组委（杭州）财务收支审计、亚运会杭州场馆项目建设管理情况专项审计，助推第14届FINA世界游泳锦标赛（25米）成功举办。

民生资金（项目）审计 对萧山区、余杭区、富阳区开展社保基金审计，补缴财政资金20.7亿元，调整社保基金列支不规范、垫支等金额5.04亿元，收回个人或单位欠缴保费1887.93万元，追回违规发放社保资金147.75万元。

企业审计 实施市交通投资集团、钱江新城投资集团、市属国有投资房地产企业经营情况等7个审计项目，移送市纪委监委等单位问题线索15件，促使3人被判有期徒刑3年至6年、1人被免职、3人受党内警告处分、3人被诫勉谈话。帮助市安居中心收回安置房质保金2000余万元。

相关工作 对6个问题事项启动“容错免责”认定；“智慧审计”项目一期投入试运行。

（撰稿人：何　宵）

【宁波市审计局】 2018年，宁波市审计局实有96人。局长陈佳强，副局长张列群、徐善燧、姚尧岳、李杰，总审计师何小宝，纪检组长聂咸俊，经济责任审计联席会议办公室主任金万贯，巡视员沈林桥，副巡视员沈巍。设有办公室、法规处、财政审计处、金融外资审计处、行政事业审计处、固定资产投资审计处、经济责任审计处、经贸审计处、审计整改督查处、农业环境资源审计处、开发园区审计处、机关党委等12个职能处（室）；下设经济责任审计服务中心、政府投资审计中心等事业单位。

审计成果 2018年，宁波市区两级审计机关完成审计和专项审计调查项目366个。查出违规金额17.59亿元、损失浪费金额0.22亿元，审计发现非金额计量问题3660个。审计处理处罚金额32.76亿元，移送司法机关、纪检监察机关和有关部门处理事项97件、涉及79人。审计促进整改落实有关问题金额36.44亿元，审计后挽回（避免）损失36.27亿元，核减投资额45.08亿元。审计提出建议1375条，被采纳1172条；促进被审计单位制定、完善规章制度222项；提交审计信息500篇，被批示、采用405篇。向社会公告审计结果179篇。

宁波市北仑区文化广电新闻出版局（体育局）原局长任期经济责任审计项目被审计署评为表彰审计项目；2个审计项目被省审计厅评为表彰审计项目。

国家重大政策措施落实情况跟踪审计 对保障性安居工程、“最多跑一次”改革、“中国制造2025”试点示范城市建设等相关政策落实情况开展跟踪审计，推动资金到位、项目实施、政策落地。

财政审计 围绕党委、政府中心工作和公共政策执行绩效、公共项目实施绩效、公共资源（资金）使用绩效合理安排审计项目计划，提升“两个报告”水平，形成绩效专项报告。

经济责任审计 对132名领导干部开展经济责任审计。印发《关于市管领导干部经济责任审计成果运用长效机制建设的工作意见》，推动经责审计成果运用规范化和制度化。

固定资产投资审计 市审计局对轨道交通、栎社国际机场三期、杭甬高速公路复线等17个政府重点投资项目开展跟踪审计或竣工决算审计，核减投资额18.41亿元，规范宁波市建筑市场秩序。

民生资金（项目）审计 组织开展垃圾分类、公共自行车运营、公共厕所管理、体育彩票公益金管理等多个专项审计调查项目，助推城市精细化管理。

农业与资源环保审计 持续关注污染防治，启动部门（市水利局）自然资源资产离任审计，加大对水利专项资金的审计监督力度。

金融审计 开展村镇银行服务“三农”及防范风险情况专项审计调查，强化惠民金融导向，切实发挥审计在防范化解重大金融风险中的作用。

企业审计 对城投公司、报业集团、旅投公司等开展审计，对国企从事房地产开发情况进行审计调查，推动国有资本做强做优做大。

（撰稿人：芦锦心）

【温州市审计局】 2018年，温州市审计局实有69人。局长林琼，副局长陈健、尤业先、谢立、姚志泉，总审计师李秀峰，纪检组长潘建国，经济责任审计联席会议办公室主任高勇。设有办公室、人事处、法制处、财政金融审计处、行政事业审计处、文化教育审计处、经贸审计处、农业与资源环保审计处、固定资产投资审计处、温州市经济责任审计局、计算机审计处、机关党委；下设开发区审计处（事业单位）。

审计成果 2018 年，温州市县两级审计机关完成审计和专项审计调查项目 266 个。查出违规金额 1.7 亿元、损失浪费金额 5153 万元，审计发现非金额计量问题 3208 个。审计处理处罚金额 38.42 亿元，移送司法机关、纪检监察机关和有关部门处理事项 116 件，涉及 90 人。审计促进整改落实有关问题金额 19.23 亿元，审计后挽回（避免）损失 4631 万元，核减投资额 4322 万元。审计提出建议 856 条，被采纳 651 条；提交审计信息 293 篇，被批示、采用 390 篇次。向社会公告审计结果 159 篇。

4 个审计项目被省审计厅评为优秀项目、2 个项目被省审计厅评为表彰审计项目。

国家重大政策措施落实情况跟踪审计 开展“最多跑一次”改革、政府产业基金、村镇银行服务“三农”政策、人才经费等重大政策落实情况跟踪审计，推动“最多跑一次”改革向基层延伸，促成市政府对有投资风险的 1.05 亿元政府产业基金实行回购。

财政审计 开展市本级财政预算执行审计，推动全市开展公款竞争性存放摸底大清查，补征土地增值税和清收欠税 2682 万元。开展部门预算执行情况专项审计调查，促成相关主管部门追回重复发放的产假工资 9098 万元，8 名公职人员经商办企业受到行政警告处分或诫勉谈话。

经济责任审计 对 105 个单位 124 名领导干部进行经济责任审计，查出违规金额 5098 万元；组织开展 14 个自然资源资产责任审计项目，推动相关部门完善管理机制和履行生态保护责任。

固定资产投资审计 开展市区道路综合整治、肯恩大学、援疆项目等工程项目审计，促进规范招投标、项目建设等程序；出台《政府投资项目价款结算审计情况定期报送制度》，推进投资审计转型。

民生资金（项目）审计 对保障房、扶贫、社会救助等项目和资金进行审计，推动全市取消和清退 212 户不符合条件的保障房申请对象资格，促进民政系统追回重复发放的社会救助资金等 144 万元，有关民生领域问题移送查处后 4 人被判刑、4 人受处分。

农业与资源环保审计 开展全市矿产资源管理情况审计，向纪检监察等机关移送问题线索 5 件，推动税务、国土部门建立矿产资源使用情况信息交互机制。

信息化建设 完成全省住房公积金审计数据规划，部署 44 类数据采集工作，出台审计数据管理办法，健全数据共享机制。入选审计署案例选编 1 篇；入选全省计算机成果案例 11 篇。

（撰稿人：林 颖）

【嘉兴市审计局】 2018 年，嘉兴市审计局实有 40 人。局长江强，副局长蒋朝晖、叶常青，总审计师朱伟，纪检组长冷海林，经济责任审计联席会议办公室主任宣玉泉。设有办公室、法规处、财政金融审计处、行政与社会保障审计处、经贸审计处、农业与资源环境审计处、固定资产投资审计处、经济责任审计处、直属分局、计算机审计中心。

审计成果 2018 年，嘉兴市县两级审计机关完成审计和专项审计调查项目 169 个。查出违规金额 7.35 亿元、损失浪费金额 665 万元，审计发现非金额计量问题 1516 个。审计处理处罚金额 44.59 亿元，移送司法机关、纪检监察机关和有关部门处理事项 35 件、涉及 17 人。审计促进整改落实有关问题金额 43.25 亿元，审计后挽回（避免）损失 318 万元，核减投资额 63 万元。审计提出建议 587 条，被采纳 473 条；促进被审计单位制定、完善规章制度 189 项；提交审计信息 220 篇，被批示、采用 127 篇。向社会公告审计结果 34 篇。

有 4 个审计项目被省审计厅评为优秀审计项目。

国家重大政策措施落实情况跟踪审计 组织实施政策跟踪审计项目 24 个，为市委、市政府决策提供参考依据。审计成果被各级领导批示 42 篇次，通过审计推动完善各类政策制度 23 项。

财政审计 市本级 2018 年审计工作报告共反映 4 方面 36 个具体问题，对此市人大常委会在审议中给予充分肯定。市政府召开审计整改工作会议部署整改事项，推动收缴入库资金 22 亿元。

经济责任审计 对 10 个部门单位的 12 名领导干部开展经济责任审计。推动有关单位对 51 名内管干部开展任期经济责任审计，促进完善制度 62 项，基本实现五年轮审一次的要求。结合领导干部经济责任审计，对 9 个镇和部门开展领导干部自然资源资产责任审计。

民生资金（项目）审计 开展市本级公共体育投入及设施运行情况专项审计调查，审计报告得到市领导批示；组织开展全市社会救助政策落实情况审计，促进完善社会救助体系建设。

农业与资源环保审计 开展市本级镇村两级公共资金管理使用情况审计，移送问题线索 5 件。实施土壤污染防治情况专项审计调查，推动相关政策有效落实。

企业审计 组织实施市属国企风险防控情况专项审计调查，推动有关部门完善《国有企业国有资产交易监督管理暂行办法》等制度。

信息化建设 探索市县一体化大数据审计，组织审计骨干对此进行集中研讨分析。35 个项目运用大数据技术开展审计。

内部审计 加强内部审计协会建设，重点推动开展内管干部经济责任审计。举办内部审计人员培训班 9 期，培训 2053 人次。

（撰稿人：徐博源）

【湖州市审计局】 2018 年，湖州市审计局实有 35 人。局长童建华（—4 月）、费林海（4 月—），副局长费林海（—4 月）、丁颂辉、汤晓龙、汤政强，总审计师施瑜，经济责任审计联席会议办公室主任何斌。设有办公室、组宣人事处、法规处、财政金融审计处、行政事业与社会保障审计处、农业与资源环保审计处、经济贸易审计处、固定资产投资审计处、经济责任审计处；下设市国家建设项目审计中心、电子数据审计中心、预概算审查中心。

审计成果 2018 年，湖州市县两级审计机关完成审计和专项审计调查项目 374 个。查出违规金额 8248 万元，审计发现非金额计量问题 805 个。审计处理处罚金额 39.59 亿元，移送司法机关、纪检监察机关和有关部门处理事项 22 件、涉及 19 人。审计促进整改落实有关问题金额 39.53 亿元，审计后挽回（避免）损失 9.52 亿元，核减投资额 9.06 亿元。审计提出建议 685 条，被采纳 653 条；促进被审计单位制定、完善规章制度 48 项；提交审计信息 535 篇，被批示、采用 326 篇。向社会公告审计结果 125 篇。

全市有 5 个审计项目被省审计厅评为优秀审计项目或者表彰审计项目。

国家重大政策措施落实情况跟踪审计 完成相关审计项目 17 个。

财政审计 查出主要问题金额 11.81 亿元，依法向社会公告市本级 2018 年预算执行及其他财政收支审计情况。完成市领导交办的 2019 年度部门预算编制审查工作。

经济责任审计 完成 56 名党政领导干部经济责任审计，查出主要问题金额 3948 万元。组织市县两级审计机关对 5 个乡镇（街道）和 3 个部门的党政主要领导干部实施自然资源资产离任（任中）审计。

固定资产投资审计 实施的投资审计项目涉及投资总额 108.12 亿元，经审计核减工程款 9.06 亿元。

农业与资源环保审计 开展德清县土壤污染防治情况专项审计调查，取得明显成效。

其他审计项目 完成金融专项审计调查项目 1 个，查出主要问题金额 517 万元；完成企业审计 2 个，查出主要问题金额 1.17 亿元；完成专项资金审计项目 12 个，查出主要问题金额 26.38 亿元。

信息化建设 完成 2012 年至 2016 年“金审工程”相关建设项目的验收。开展数据归集，构建电子数据目录清单，为大数据审计奠定基础。

内部审计 推动 360 个内部审计机构完成审计项目 2665 个，促进增收节支 2.11 亿元。

（撰稿人：仇　捷）

【绍兴市审计局】 2018 年，绍兴市审计局实有 36 人。局长潘旺明，党组副书记、市委审计委员会办公室专职副主任王文伟（12 月—），副局长董学强（4 月—）、徐建华，总审计师沈大军，党组成员章朔风，经济责任审计联席会议办公室主任丁美玲，调研员郭春敖，副调研员张仲芦（—3 月）。设有办公室、内部审计指导处、法规处、经济责任审计处、财政审计处、金融经贸审计处、行政事业与外资运用审计处、投资审计处、农业和环资审计处、社保审计处、开发区审计处、机关党总支；下设政府投资项目审计中心、计算机中心、审计干部培训中心。

审计成果 2018年，绍兴市县两级审计机关完成审计和专项审计调查项目148个。查出违规金额9.13亿元、损失浪费金额1638万元，审计发现非金额计量问题2202个。审计处理处罚金额23.76亿元，移送司法机关、纪检监察机关和有关部门处理事项45件、涉及57人。审计促进整改落实有关问题金额20.36亿元，审计后挽回（避免）损失2839万元，核减投资额6748万元。审计提出建议697条，被采纳658条；推动被审计单位制定、完善规章制度44项；提交审计信息278篇，被批示、采用152篇。向社会公告审计结果93篇。

有1个审计项目被审计署评为表彰审计项目，4个审计项目被省审计厅评为优秀审计项目。

国家重大政策措施落实情况跟踪审计 制定《关于推进政策跟踪审计平台建设的实施意见》，探索“＋政策”审计模式，围绕打好三大攻坚战、“最多跑一次”改革、社会救助等重大政策落实，开展政策跟踪审计项目12个。

财政审计 制定《关于构建财政审计大格局平台的实施意见》，通过“财政＋”“1＋N”等方式，统筹审计资源和项目计划，聚焦资金保障、政策执行、权力运行，组织开展财政预决算审计、市本级预算绩效管理情况专项审计调查等项目。

经济责任审计 市县两级审计机关实施经济责任审计项目77个、涉及109名领导干部。制订《关于构建经济责任审计全覆盖平台的实施方案》《内部管理领导干部经济责任审计实施办法》，拓展经济责任审计监督覆盖面。完善经济责任审计对象库，落实经济责任任前告知、年度报告、离任交接等事项，对领导干部履职情况进行常态化监督。

民生资金（项目）审计 组织实施绍兴市人才经费管理使用情况、柯桥区土壤污染防治情况、生态环境保护责任落实情况等审计项目。

信息化建设 开展财政审计标准化数据质量验证试点，全面启用经济责任审计全覆盖管理系统，建成审计项目信息库、领导干部信息库、被审计单位信息库等基础数据库，实现领导干部经济责任审计数据互通、信息互用。

内部审计 出台内部审计工作指导员制度，制订国家审计与内部审计协同机制试点工作方案，探索清单指导、行政指令、联动审计、履职联审、渗透指导、审训结合等6种协同模式。

（撰稿人：裘立周）

【金华市审计局】 2018年，金华市审计局实有35人。局长董巧娟（—12月）、卢文浩（12月—），局党组书记卢文浩，局党组副书记雷寿华（3月—），副局长雷寿华（4月—）、留义华、任川，总审计师留义华（—5月）、李虹（5月—），经济责任审计联席会议办公室主任李虹，其他领导成员马晓光（12月—）、施关强。设有办公室、法规处、财政金融审计处、行政事业与社会保障审计处、经贸与外资审计处、农业与资源环保审计处、固定资产投资审计处、经济责任审计处；下设计算机审计和内部审计指导中心。

审计成果 2018年，金华市县两级审计机关完成审计项目332个。查出违规金额1.38亿元、损失浪费金额702.44万元，审计发现非金额计量问题1091个。审计处理处罚金额10.77亿元，移送司法机关、纪检监察机关和有关部门处理事项41件、涉及38人。审计促进整改落实有关问题金额15.14亿元，审计后挽回（避免）损失6.33亿元，核减投资额5.17亿元。审计提出建议667条，被采纳544条；促进被审计单位制定、完善规章制度32项；提交审计信息229篇，被批示、采用159篇。向社会公告审计结果44篇。

有2个审计项目被省审计厅评为优秀审计项目，2个审计项目被省审计厅评为表彰审计项目。

国家重大政策措施落实情况跟踪审计 开展“最多跑一次”改革情况专项审计调查，推动有关单位出台11项制度。

财政审计 在市本级财政预算执行及其他财政收支审计中采取“1＋X”审计模式，同步开展产业基金投资运行情况、企业清费减负、财政存量资金盘活、工业企业亩产效益等政策跟踪审计。

经济责任审计 对14个单位开展领导干部经济责任审计，揭示集体决策规范性不够、执行招标采购制度不严等问题，客观评价领导干部履职，鼓励干部担当有为。开展金义都市新区自然资源资产责任审计，推动自然资源资产管理和生态环境保护履责到位，出具的审计报告被省审计厅评为优秀审计报告。

固定资产投资审计 对9个重大投资项目开展专项审计，协助金华市委将相关项目列入“蜗牛项目”并由市督考办专题督查，有效推动项目实施。

民生资金（项目）审计 组织开展社会救助政策落实情况专项审计调查、保障性安居工程审计等。通过兰溪市扶贫资金专项审计，推动出台6项政策制度，取消不符合条件人员的低保资格，并向符合救助条件的人员补发救助款。

专项资金审计 开展市本级和永康市人才经费专项审计，推动出台《关于加快发展人力资源服务业的实施意见（试行）》等制度，促进人力资源服务创新发展。

信息化建设 实现审计数据在线共享和数据采集流程再造，该事项列入2018年浙江审计十大事件。（撰稿人：黄　登）

【衢州市审计局】 2018年，衢州市审计局实有41人。局长刘石平，副局长毛金有、周波、舒峰，总审计师王国榕，经济责任审计局局长楼雯琳，其他领导成员叶雪飞、汪建文。设有办公室、法规处（审理处）、财政审计处、经贸社保审计处、外资金融审计处、行政事业审计处、环境资源与农业审计处、投资审计处、绿色产业集聚区审计处、整改督查处；下设经济责任审计局、计算机审计中心。

审计成果 2018年，衢州市县两级审计机关完成审计和专项审计调查项目125个。查出违规金额2.2亿元、损失浪费金额1792万元，审计发现非金额计量问题1426个。审计处理处罚金额58.77亿元，移送司法机关、纪检监察机关和有关部门处理事项72件，涉及135人。审计促进整改落实有关问题金额52.3亿元，审计后挽回（避免）损失2847万元，核减投资额3965万元。审计提出建议369条，被采纳161条；促进被审计单位制定、完善规章制度2项；提交审计信息479篇，被批示、采用214篇。向社会公告审计结果131篇。

衢州市2015年至2016年农村公路建设和管理情况专项审计调查项目被省审计厅评为优秀审计项目。组织市县两级审计机关开展的扶贫专项审计项目被审计厅评为优秀扶贫审计项目。

财政审计 市七届人大常委会第十次会议听取并审议市本级2018年审计工作报告，报告共反映5大类38个问题，引起强烈反响。

经济责任审计 市本级全年开展领导干部经济责任和自然资源资产审计项目11个，对9家单位主要领导干部开展离任经济责任事项交接工作，并组织编写《2018年领导干部履行经济责任风险防范清单》手册。

民生资金（项目）审计 开展全市扶贫专项审计，向市纪委、市监委移送问题线索8条、问责处理162人。

审计整改 审计整改事项列入市级机关部门综合考核和党风廉政建设考核内容，市人大财经工委、市政府督查室、市审计局联合开展整改专项督查，审计整改工作报告由常务副市长向市人大常委会报告。

相关工作 与市纪委、市监委联合出台加强协作配合的意见，与市公安局、市检察院建立协作配合机制。建立县（市、区）审计局主要负责同志向市审计局党组述职报告制度，制定《关于全市审计机关推进清廉审计建设的实施意见》《中共衢州市审计局党支部标准化建设工作手册》等制度。建立审计组“两设立双委托双报告”管理制度。（撰稿人：柳学铭）

【舟山市审计局】 2018年，舟山市审计局实有49人。局长陆沧波，副局长钱宁、翁维波，总审计师王海芬，市经济责任审计联席会议办公室主任邱浩勇。设有办公室、组织人事处、法规处（审计整改督查处）、财政金融审计处、经贸审计处、固定资产投资审计处、行政事业审计处、经济责任审计处（市经济责任审计联席会议办公室）、直属审计分局；下设计算机审计中心、政府投资项目审计中心。

审计成果 2018年，舟山市县两级审计机关完成审计和专项审计调查项目97个。查出违规金额3.46亿元、损失浪费金额174万元，审计发现非金额计量问题632个。审计处理处罚金额5.28亿元，移送司法机关、纪检监察机关和有关部门处理事项32件、涉及45人。审计促进整改落实有关问题资金2.97亿元，审计后挽回（避免）损失2230万元，核减投资额6.19亿元。审计提出建议324条，被采纳261条；促进被审计单位制定、完善规章制度13项；提交审计信息1190篇，被批示、采用672篇。向社会公告审计结果34篇。

1个审计项目被省审计厅评为优秀审计项目，1个审计项目被省审计厅评为表彰审计项目。

国家重大政策措施落实情况跟踪审计　开展“最多跑一次”改革、村镇银行服务“三农”及风险防控等政策落实情况跟踪审计，促进政令畅通。

财政审计　开展财政预算执行和决算草案审计、政府向社会力量采购服务审计等，揭示大额采购未经招投标违规发包等问题，促进财政资金规范管理。

经济责任审计　市县两级审计机关完成经济责任审计项目42个，发现部分单位职责履行不到位、决策不规范、内部管理不健全等问题。编印《领导干部履行经济责任风险防范清单》手册。

固定资产投资审计　开展征地拆迁、329国道舟山段改建工程等重点项目审计。推动投资审计转型，全面退出政府投资项目工程造价结（决）算审核。

民生资金（项目）审计　组织开展保障性安居工程跟踪审计，促进提高公租房租赁补贴标准和最低保障面积，惠及享受租赁补贴住户共计1559户。

信息化建设　落实“金审工程”三期建设规划，加快建设舟山审计数据中心，成立全市审计系统信息技术应用和攻关小组。

审计整改　推进审后披露问题和督促整改全过程清单制，列出50类63项问题。推进被审计单位主动公告整改结果，20家被审计单位出具审计整改结果公告。

内部审计　修订完善《舟山市审计局内部审计工作指导监督办法（试行）》等5项制度；开展市属国有企业内部审计工作开展情况专项审计调查，推动11家企业建立健全内部审计制度24项；举办第一届内部审计青年论坛。

（撰稿人：刘丹薇）

【台州市审计局】　2018年，台州市审计局实有46人。局长吴一林，副局长林永兴、王掌兴、彭雪君，总审计师杨野群，纪检组长郭文明，党组成员瞿秀根，市经济责任审计联席会议办公室主任刘文辉。设有办公室（人事教育处）、法规处、审计整改督查处、经济责任审计处、财政审计处、行政事业与社会保障审计处、农业与资源环保审计处、经贸金融外资审计处、固定资产投资审计处；下设直属分局和审计信息中心。

审计成果　2018年，台州市县两级审计机关完成审计项目260个。查出违规金额3.91亿元、损失浪费金额960万元，审计发现非金额计量问题2591个。审计处理处罚金额7.41亿元，移送司法机关、纪检监察机关和有关部门处理事项54件，涉及9人。审计促进整改落实有关问题金额7.74亿元，审计后挽回（避免）损失1.6亿元，核减投资额1.59亿元。审计提出建议673条，被采纳585条；促进被审计单位制定、完善规章制度11项；提交审计信息646篇，被批示、采用341篇。向社会公告审计结果225篇。

3个审计项目被省审计厅评为优秀审计项目，3个审计项目被省审计厅评为表彰审计项目。

国家重大政策措施落实情况跟踪审计　组织开展“最多跑一次”改革、社会救助、扶贫、招商引资、土壤污染防治等政策跟踪审计项目，其中“最多跑一次”跟踪审计调查推动市区两级21个部门修订47个事项的办事指南；招商引资政策落实情况审计调查促使9个项目退出浙商回归项目库、收回财政补助资金123万元。

财政审计　加强对预算执行和财政管理情况的审计监督，推动收回、核销财政专户长期挂账资金1721万元，清理盘活部门结余资金609万元。

经济责任审计　市县两级审计机关完成62个单位、85名领导干部的经济责任审计，查出违规金额6174万元，增收节支3829万元。编制《台州市领导干部履行经济责任风险防范清单及案例》，共梳理出风险点102个、具体案例56个，分发给台州市各级领导干部和内部审计、财务人员学习使用。开展领导干部自然资源资产责任审计，撰写的综合报告得到市政府主要领导批示。

固定资产投资审计 完成台州市对口支持新疆建设资金和项目跟踪审计、保障性安居工程跟踪审计、政府投资项目建设管理程序执行审计调查等项目。

信息化建设 利用大数据技术对台州市本级226家预算单位开展部门预算执行审计，审计覆盖面达63%。市县两级财政审计数据分析平台初步建成，多部门数据的采集管理工作日趋完善。

内部审计 全年累计培训内部审计人员2123人次。市域内内部审计机构获得省优内部审计项目3个、表彰内部审计项目5个。出台内部审计指导与监督意见和内部审计成果利用办法，市审计局与公安系统等建立3个工作协同机制。

（撰稿人：郑卫敏）

【丽水市审计局】 2018年，丽水市审计局实有47人。局长潘建青，党组副书记、副局长陈锡星，副局长傅代兴、阎家骥、颜登亮，纪检组长傅绍林，总审计师刘松文。设有办公室、法制处、财政审计处、计算机审计处、行政事业审计处、农业审计处、经济责任审计处、文教卫审计处；下设直属分局（内审指导中心）和审计培训中心。

审计成果 2018年，丽水市县两级审计机关完成审计项目198个。查出违规金额2.26亿元、损失浪费金额1550万元，审计发现非金额计量问题1713个。审计处理处罚金额2亿元，移送司法机关、纪检监察机关和有关部门处理事项58件，涉及52人。审计促进整改落实有关问题资金1.48亿元，审计后挽回（避免）损失2.98亿元。审计提出建议646条，被采纳476条；促进被审计单位制定、完善规章制度67项；提交审计信息541篇，被批示、采用355篇。向社会公告审计结果236篇。6个审计项目被省审计厅评为优秀审计项目，1个审计项目被省审计厅评为表彰审计项目。

国家重大政策措施落实情况跟踪审计 开展“最多跑一次”改革推进、政府采购政策执行等政策跟踪审计，促进丽水市行改审批服务管理办公室完善“一窗式受理”机制、市财政局启动政采云平台等。

财政审计 开展市本级财政预算执行审计，促使上缴国库资金2255.28万元。开展市民政局、环保局、水利局等部门的预算执行审计。发现1100多万元资金未纳入年初预算、650多万元收入未征收到位等问题。

经济责任审计 完成114名领导干部《年度履职自检表》填报工作。出具市本级首份部门领导干部自然资源资产审计意见，组织指导全市19个乡镇、部门领导干部自然资源资产离任审计，编印《丽水市乡镇（街道）党政主要领导干部自然资源资产审计实务指南（试行）》。

固定资产投资审计 在征收安置情况专项审计调查中，对部分涉嫌诈骗人员移送公安部门立案处理，推动市征收办出台《丽水市中心城区房屋征收公寓安置期房回购若干规定（试行）》等制度。

民生资金（项目）审计 在丽水市莲都区扶贫专项审计中，促使莲都区下达2018年度低收入农户产业扶持资金402万元、专项扶贫资金365万元。在保障性安居工程跟踪审计中，推动有关部门分配保障房181套，促使10位不符合条件的承租人退租。

内部审计 开展全市乡镇内部审计调查，推进审计机关与内部审计协同机制的构建。印发内部审计规定汇编，分类编印内部审计案例，供各单位在内部审计项目中学习参考和对照检查。

（撰稿人：叶伟平）

2018 年浙江省所辖区、县(市)级审计工作统计表

金额单位:万元

审计机关	完成审计项目/个	审计查出主要问题金额	审计发现非金额计量问题/个	审计期间整改金额	出具审计报告和审计调查报告/篇	审计处理情况		审计促进整改落实有关问题资金	审计提出建议/条	提交审计信息/篇
						审计处理处罚金额	移送处理事项/件			
杭州市										
杭州市本级	41	1362176	656	128729	45	284936	52	794464	136	90
上城区审计局	17	39626	117		22				67	60
下城区审计局	26	1107340	85	4006	35	7089		7089	69	145
江干区审计局	15	45549	137		19				49	10
拱墅区审计局	17	132865	174	2718	17		4		58	57
西湖区审计局	16	861087	101	164418	26	1075	5	1074	52	109
滨江区审计局	12	93607	63	433	12	93218		97012	28	41
萧山区审计局	30	159883	78	25050	30	53389		4786	103	79
余杭区审计局	12	797682	90	1001	17	695086	1	826302	56	59
富阳区审计局	25	24515	143		37	91	22	91	70	84
临安区审计局	16	8046	102		24	47	1	47	46	85
建德市审计局	27	481178	797	492	26	185	3	77	123	72
桐庐县审计局	24	193373	59	3128	34	68	5	285	65	30
淳安县审计局	28	14021	67	242	40	108	6	27	61	45
宁波市										
宁波市本级	76	545156	747	54107	78	102488	34	107861	182	76
海曙区审计局	14	49503	126	308	14	41367		41367	144	16
江北区审计局	22	23293	110	47	22	22661		68976	70	22
北仑区审计局	37	53072	308	4176	37	25681	10	29943	81	43
镇海区审计局	17	30399	449	16	17	7419		6805	68	46
鄞州区审计局	30	202965	313	1116	30	77545	17	51318	113	121
奉化区审计局	54	104740	448		54	5998	10	5998	469	21
余姚市审计局	24	36391	151	9312	24	6830	8	14480	63	25
慈溪市审计局	18	18299	548	8147	18	3248	11	3426	45	35
象山县审计局	39	19434	213	5687	39	1694	6	1604	46	20
宁海县审计局	35	54596	247	54	35	32648	1	32648	94	75
温州市										
温州市本级	50	1808224	1593	57407	56	179353	32	16159	170	28
鹿城区审计局	14	102000	154	921	15	1871	6		55	

（续表）

审计机关	完成审计项目/个	审计查出主要问题金额	审计发现非金额计量问题/个	审计期间整改金额	出具审计报告和审计调查报告/篇	审计处理情况		审计促进整改落实有关问题资金	审计提出建议/条	提交审计信息/篇
						审计处理处罚金额	移送处理事项/件			
龙湾区审计局	14	42974	84	547	13	27641	7	19315	46	
瓯海区审计局	18	136231	105	3301	21	101973	6	100182	72	10
洞头区审计局	21	73602	112	10	20	2844	1	2846	39	1
瑞安市审计局	26	78921	160	792	32		7	335	91	18
乐清市审计局	18	110071	272	34398	20	36488	8	34327	78	129
永嘉县审计局	16	14196	161	87	24	2732	5	2677	57	35
平阳县审计局	29	23549	169	9215	35	21102	10	426	75	115
苍南县审计局	30	87710	154	63	28	1183	11		77	6
文成县审计局	15	14981	68	468	31	3821	4	1180	46	8
泰顺县审计局	15	107749	176	16	30		19		50	58
嘉兴市										
嘉兴市本级	34	3133578	348	16175	35	246815	18	247054	103	62
南湖区审计局	13	106402	77	2610	18				46	
秀洲区审计局	18	12416	133	532	19	338	2	200	61	7
海宁市审计局	33	91661	220	65639	40	2757	11	2650	131	75
平湖市审计局	25	227000	212	52571	34	4074			70	
桐乡市审计局	11	9171	109	4020	9	6549		4299	37	19
嘉善县审计局	16	176310	146		19				51	
海盐县审计局	21	526771	271	242748	39	185363	4	178323	88	57
湖州市										
湖州市本级	60	501235	195	11811	91	335376	15	335236	79	135
吴兴区审计局	47	39719	124	674	57	24237	3	24237	97	61
南浔区审计局	44	16372	82		54	16287	4	16287	128	46
德清县审计局	31	15684	138	2987	34	4333		4333	71	120
长兴县审计局	152	16801	103	2324	157	12158		12086	186	90
安吉县审计局	22	755	78		31				44	55
开发区审计局	18	3529	85	45	18	3529		3529	80	28
绍兴市										
绍兴市本级	36	212322	547	93914	47	1100	15		118	31
越城区审计局	13	776	183		22		3		41	6
柯桥区审计局	36	141099	418	1142	51	6887	6		143	110
上虞区审计局	25	48510	150	503	29	37446	3		56	24

（续表）

审计机关	完成审计项目/个	审计查出主要问题金额	审计发现非金额计量问题/个	审计期间整改金额	出具审计报告和审计调查报告/篇	审计处理情况		审计促进整改落实有关问题资金	审计提出建议/条	提交审计信息/篇
						审计处理处罚金额	移送处理事项/件			
诸暨市审计局	34	214388	235	1700	54				162	39
嵊州市审计局	22	194445	649	284	42	191829	13		138	13
新昌县审计局	16	206152	12	13	24	35	5		39	55
金华市										
金华市本级	59	212725	378	4707	73	65025	15	112788	119	37
婺城区审计局	18	33682	27	175	29	53	1	638	39	9
金东区审计局	12	54171	27	2116	19	9556		9556	11	2
兰溪市审计局	24	43333	38	23454	39	4473	8	4416	106	21
义乌市审计局	27	39198	135	252	48	11697	1	12659	73	31
东阳市审计局	102	305911	203	2455	110	8143	1	7776	51	37
永康市审计局	25	12029	108	296	33	4500	3	515	97	28
武义县审计局	29	23083	143	10326	43	1942	12	658	90	57
浦江县审计局	15	415		8	27	108		157	41	7
磐安县审计局	21	49431	32		39	2254		2254	40	
衢州市										
衢州市本级	45	731337	712	170267	62	518286	38	476582	141	57
柯城区审计局	7	61070	196	14353	11	397	5		22	24
衢江区审计局	11	9042	154	64	14	8882	14	8638	49	56
江山市审计局	18	65330	144	2320	24	1978	9		39	191
常山县审计局	15	34435	95	99	22	3334			35	20
开化县审计局	15	19909	56	14942	20	5368	1	5368	49	42
龙游县审计局	14	823668	69	1274	79	49455	5	32425	34	89
舟山市										
舟山市本级	34	272018	295	39	38	44653	16	21634	97	579
定海区审计局	12	39247	79	19	17	6533		6533	36	126
普陀区审计局	20	27433	129	11	26		2		69	172
岱山县审计局	15	7889	40	153	15	153	8	153	38	139
嵊泗县审计局	16	22724	89	309	22	1415	6	1415	84	174
台州市										
台州市本级	28	715086	539	28642	29	14313	13	23180	88	155
椒江区审计局	15	30851	129	7940	15	327	5	275	19	78
黄岩区审计局	21	80288	203	5491	21	14837	2	14284	62	71

（续表）

审计机关	完成审计项目/个	审计查出主要问题金额	审计发现非金额计量问题/个	审计期间整改金额	出具审计报告和审计调查报告/篇	审计处理情况		审计促进整改落实有关问题资金	审计提出建议/条	提交审计信息/篇
						审计处理处罚金额	移送处理事项/件			
路桥区审计局	11	30109	88	24996	16	1590	3	1590	18	108
温岭市审计局	20	795623	346	631	20	11741	20	11741	65	70
临海市审计局	34	166025	268	51398	38	6421	2	1797	114	43
玉环市审计局	81	197942	190	205	90	16511	7	16511	146	39
三门县审计局	20	96585	74	454	25	7238	2	6974	59	47
天台县审计局	14	149132	630	16	14	114		114	50	35
仙居县审计局	16	15369	124	4321	21	958		948	52	30
丽水市										
丽水市本级	35	541398	431	3793	60	108	19	95	93	19
莲都区审计局	14	83716	126	139	16		9		53	10
龙泉市审计局	19	72827	143	1292	24	564	10	564	66	32
青田县审计局	19	19188	227	2376	21	4367	1	2924	59	91
缙云县审计局	17	67972	148	156	23	7027	5	6841	36	67
遂昌县审计局	21	5964	149	479	29	656	5	648	71	14
松阳县审计局	19	111026	227	19	19	10		10	131	130
云和县审计局	20	56769	156	1019	28	5733	6	3645	62	162
庆元县审计局	17	8909	53	22	17	1529	2	82	53	9
景宁畲族自治县审计局	17	56711	90	15	17	15	1		32	7

安徽省

【安徽省审计厅】 2018 年，安徽省审计厅实有 244 人。设有省委审计委员会办公室秘书处、办公室、综合法规处、审理处、内部审计指导监督处、电子数据审计处、财政审计一处、财政审计二处、农业农村审计处、固定资产投资审计处、社会保障审计处、自然资源和生态环境审计处、金融审计处、企业审计处、涉外审计处、人事教育处、机关党委（机关纪委）、省经济责任审计局、发展统计审计室、经济贸易审计室、科技教育审计室、交通建设审计室、政法审计室、文化卫生审计室、新闻广电审计室、党委群团审计室、国有企业审计一室、国有企业审计二室、国有企业审计三室、国有企业审计四室 30 个职能处室（局）；下设固定资产投资审计中心、机关服务中心、审计科学研究所、安徽审计职业学院 4 个直属事业单位和安徽省审计学会 1 个社会团体。

领导成员

厅　　长：刘大群

副 厅 长：杨寿桃　何结华　程家楷

　　　　　方　正

纪检组长：贾宝明

经济责任审计局局长：夏瑜保

总审计师：费明清

副巡视员：张海珍（—3 月）

审计成果 2018年，安徽省市县三级审计机关完成审计和专项审计调查项目5887个。查出违规问题金额511.41亿元、损失浪费问题金额21.33亿元、管理不规范金额3797.23亿元。审计促进整改落实有关问题资金548.42亿元，其中，增收节支204.26亿元；已调账处理120.25亿元；审计促进拨付资金到位39.25亿元；审计后挽回或避免损失72.04亿元。全省审计移送处理事项221件，其中省审计厅移送事项12件。提交的各类报告、信息被批示、采用2445篇次，提出的审计建议被采纳12405条；被省两办采用的审计信息56篇，省领导作出有关批示43件。向社会发布审计结果公告899篇。

安徽省审计厅实施的安徽建工集团有限公司董事长任期经济责任履行情况审计、安徽省宿州市审计局实施的砀山县原县长任期经济责任履行情况及财政扶贫资金情况审计等2个审计项目，被审计署评为表彰审计项目。

国家重大政策措施落实情况跟踪审计 组织全省审计机关围绕深化供给侧结构性改革等6个方面13项政策措施，分季度开展跟踪审计；从第二季度开始，将扶贫审计纳入全省政策措施跟踪审计之中；在其他各项审计任务中，密切关注国家及安徽省重大政策措施落实情况。分阶段完成八市八县政府债务和隐性债务审计，开展徽商银行主要领导人员经济责任审计和全省部分政策性融资担保机构审计调查，在其他审计项目中密切关注政府债务管理和金融风险防控情况。

财政审计 组织完成对省本级“四大预算”以及11个部门的预算执行情况审计，开展20个省直部门重点事项审计调查；首次实行“预算执行＋政策跟踪”审计模式，组织全省审计机关围绕3个方面6项政策措施联动开展重点事项调查；完成“同级审”年度工作任务，受到省人大、省政府的充分肯定。

经济责任审计 研究起草全覆盖工作方案，启动2018—2022年的新一轮经济责任审计全覆盖，将于五年内完成306个地区、部门、单位共433名领导干部经济责任审计，2018年已完成106名。在经济责任审计中，密切关注生态环境保护情况，完成铜陵市原市长自然资源资产离任审计，指导市县审计机关实施125个自然资源资产离任审计项目。

固定资产投资审计 加强对省级重大公共工程投资项目的审计监督，揭示工程建设领域存在的突出问题，探索政府投资审计管理新模式。全年对引江济淮工程（安徽段）、岳西至武汉高速公路建设等21个政府投资建设项目开展跟踪审计或竣工决算审计，促进提高投资绩效和工程质量。

民生资金（项目）审计 围绕改善民生，组织开展全省保障性安居工程跟踪审计，加大对安居工程重大政策措施执行情况，以及重点环节、重点资金、重点项目的审计监督，推动解决安居工程建设发展不平衡不充分问题，促进提高安居工程建设管理质量和效益，更好地保障人民群众住有所居。组织全省灾后水利薄弱环节治理建设项目审计，组织完成6个贫困县扶贫审计，组织完成3个市长江经济带生态环境保护情况审计。

外资运用审计 对全省12个国外贷援款项目实施审计，抽查138个子项目中的55个（含12个项目办）。审计过程中坚持以问题为导向，强化对项目审计的质量管理和过程指导，查出违反法律法规、管理不规范等问题金额4.58亿元，提出审计建议30条，出具审计报告12篇，提交审计信息5篇，其中被省政府办公厅《政务要情》采用1篇。

信息化建设 完成安徽省“金审工程”三期项目建设规划的编制，成立“金审工程”三期项目建设办公室，完成初步预算及厅本级2019年信息化项目预算申报评审。完成全省财政收支管理数据的收集、清洗、验收、汇总上报；完成地税、工商、质监等部门（行业）数据，以及省直部门一、二级财务数据的收集、整理、入库；开通省审计厅数据中心电子数据申请使用功能，实现省、市审计机关数据共享。选取预算执行审计、地方性政府债务审计等15个项目开展数字化审计，通过跨行业、跨部门、跨地区的电子数据综合分析，推行数字化审计方式，提高审计精准度和效率；将审计数据中心平台已有行业数据和现场数据相结合，加快由现场审计向现场与非现场审计结合转变的步伐。开展“互联网＋政务服务”专项审计调查。

审计科研 组织全省审计机关、有关高等院校围绕“国家审计防范化解重大风险路径研究”

等 5 个重点课题开展研究。参与中国审计学会组织开展的合作课题“深化预算执行审计研究”，形成研究报告；中标并实施省社科院“加快推进安徽自贸区建设的对策研究”课题，形成研究报告。参与省委宣传部开展的“部门出题　智库解题”活动，提出的“审计管理体制改革及审计管理创新研究”“深化预算执行审计研究”两个选题入选智库。

审计整改　督促被审计单位及其主要负责人落实整改责任，重点跟踪预算执行审计、经济责任审计查出问题整改情况。截至 2018 年底，2017 年度预算执行审计工作报告反映的涉及金额 92.91 亿元的 75 个具体问题，已整改完成 59 个；2017 年度对省本级经济责任审计涉及 36 个地区和部门单位、37 名领导干部的 663 个具体问题，已整改到位 578 个。省委、省政府继续将审计及整改情况纳入年度综合考核，省两办印发《安徽省经济责任审计结果运用办法》，完善审计结果运用机制。建立健全审计与其他部门单位的工作协调机制，把审计监督与党管干部、纪律检查、追责问责结合起来，强化审计结果在干部管理和综合考核中的运用，维护审计监督的严肃性和权威性。

党建工作　多形式、分层次、全覆盖地组织全厅党员干部读原著、学原文、悟原理，切实做到学思用贯通、知信行统一。省审计厅领导班子成员及各党支部结合工作调研，分赴基层单位进行宣讲，开设学习贯彻党的十九大精神网络专栏，推动党的十九大精神走进基层干部群众。把学习宣传贯彻党的十九大精神纳入厅机关各项学习培训之中，创新培训形式，参加省委组织的轮训，开展全省审计机关基层党支部书记专题培训，党组中心组学习 17 次、党支部学习 360 多次，举办培训班 29 个班次、培训 9860 人次，实现全覆盖。省审计厅领导班子成员每人确定 1 个国家级贫困县审计局作为联系点。组织全省审计机关围绕 13 个主题开展调研，形成 52 篇调研报告，其中 7 篇在审计署《审计工作通讯》上刊发。自觉全面贯彻党的十九大精神，按照省委十届六次、七次、八次全会部署，认真谋划审计工作，提升审计成果水平，完善审计结果运用机制，注重从宏观层面综合分析，反映体制障碍、机制缺陷、制度漏洞，提出有针对性的意见建议，把党中央关于审计工作的决策部署落实到位。（撰稿人：程　敏）

【合肥市审计局】　2018 年，合肥市审计局实有 118 人。局长程林（—2 月）、昂朝晖（2 月—），副局长郭洪群、周顺翠、张仁山，纪检监察组组长钱昌雨，经济责任审计局局长徐伟。设有办公室、综合处、法规审理处、机关党委、审计信息技术应用处、财政审计处、金融审计处、行政事业审计处、经贸审计处、农业与资源环保审计处、社会保障审计处、固定资产投资审计处、外资运用审计处、科教文卫审计室、建设审计室、农业派出审计室 16 个职能科室；下设经济责任审计局、审计局直属分局 2 个直属行政机构和投资审计中心 1 个事业单位。

审计成果　2018 年，合肥市县两级审计机关完成审计项目 346 个，其中专项审计调查项目 27 个。审计查出主要问题金额 998.62 亿元，其中违规金额 120.25 亿元、损失浪费金额 678 万元、管理不规范金额 878.3 亿元；审计发现非金额计量问题 2925 个；损益（收支）不实金额 37.85 亿元；出具审计报告和专项审计调查报告 1424 篇，被批示、采用 66 篇次。审计处理处罚金额 120.06 亿元，其中应上缴财政 36.81 亿元、应减少财政拨款或补贴 4.82 亿元、应归还原渠道资金 6016 万元、应缴纳其他资金 6981 万元、应调账处理金额 77.13 亿元；移送司法机关、纪检监察机关和有关部门处理事项 23 件，移送处理人员 11 人，移送处理金额 8224 万元。审计促进整改落实有关问题资金 103.83 亿元；审计促进拨付资金到位 2.5 亿元；审计后挽回（避免）损失 695 万元；核减投资额 22.13 亿元；移送处理落实事项 7 件。审计提出建议 760 条，被采纳 625 条；推动被审计单位制定整改措施 226 项；促进被审计单位建立健全规章制度 84 项；提交审计信息 1653 篇，被批示、采用 1304 篇次；向社会公告审计结果 247 篇。

合肥市文化广电新闻出版局原局长任期经济责任履行情况审计，巢湖市黄麓镇原党委书记、原镇长任期经济责任履行情况审计等项目，被省审计厅评为优秀审计项目。合肥市审计局被市委评为第十四届合肥市文明单位，在市管领导班子考核中被评为“优秀”等次。

国家重大政策措施落实情况跟踪审计 对深化供给侧结构性改革、精准脱贫、清理拖欠民营企业中小企业账款、清理规范涉企收费及大气、水、土壤污染防治等10项重大政策措施贯彻落实情况进行跟踪审计，以信息专报等形式向市委、市政府报送的审计情况，被市领导批示76次，被综合快报、政务信息等采用152篇次。

财政审计 对合肥市财政局、地税局实施市级预算执行审计，对新站高新区、安巢经开区等2个市属开发区和市民政局等10个部门实施预算执行情况审计，对合肥市101个预算部门及所属二级单位年度预算执行情况进行联网跟踪审计。将各专项审计调查、政策措施落实情况跟踪审计、政府投资审计等审计结果纳入市政府向人大常委会提交的审计工作报告，得到市人大常委会的充分肯定。

经济责任审计 联合合肥市纪委监委、市委组织部，出台《合肥市经济责任审计问题责任界定实施办法》。完成长丰县等4个县区，合肥市财政局等19个部门，国风塑业等企业领导干部经济责任审计，对59名领导干部开展离任交接。首次组织实施对市民进、民建、侨联、红十字会主要负责人经济责任审计。指导内部审计机构开展内管干部和村居负责人经济责任审计。对4个县区9名现任或原任领导干部开展自然资源资产离任（任中）审计，指导县（市）区审计局实施10个乡镇（街道）党政领导干部的自然资源资产离任（任中）审计。

固定资产投资审计 组织开展轨道交通、环巢湖生态示范区建设、安徽创新馆、合肥市保障性安居工程等14个重大项目跟踪审计及77个薄弱环节建设项目的联动审计，向市政府提交跟踪审计报告，得到主要领导的充分肯定。完成环巢湖生态示范区、滨湖新区等建设项目中的954个单项工程价款结算审计，以及国家家电检测中心等5个项目的竣工财务决算审计，审计投资完成额144.29亿元，核减投资额6.3亿元。

民生资金（项目）审计 出台《关于加强审计监督推进乡村振兴战略实施的实施意见》。组织开展保障性安居工程、普惠性学前教育、住房公积金和城乡居民基本养老保险服务、扶贫政策落实及扶贫资金分配管理使用等专项审计调查。对合肥市住房公积金2017年资产负债和财务收支开展审计。

农业与资源环保审计 参加审计署组织实施的长江经济带生态环境审计。开展大气环境治理状况专项审计调查，并在自然资源资产离任（任中）审计中延伸审计县区资源环境保护、农林水专项资金、节能环保专项资金管理使用等情况。开展环巢湖综合治理项目跟踪审计，持续关注水污染防治、水生态修复、水资源管理，推进环巢湖项目实施。

其他审计项目 完成合肥市战略性新兴产业集聚发展状况、市级政府性债务风险防范情况、县（市）区属开发园区运行情况、合肥市城区道路临时停车位管理情况、合肥市出租汽车购买服务运营情况等专项审计调查。完成合肥市委、市政府交办的社会团体专项审计，世界制造业大会和徽商大会合肥市经费审计。完成省审计厅交办的灾后水利薄弱治理建设审计和4个外资项目的公证审计。

审计整改 坚持采取“建立台账、专人跟踪、逐项督改，清单销号、专文报告”的方式，认真落实整改“销号”制度，对跟踪审计中发现的问题实行边审计边督改，对整改不到位的相关单位发出书面《督促审计整改函》，提升整改执行力。

信息化建设 以“金审工程”总体规划为依托，推进合肥审计数据中心建设，构建包含财政、地税、社保、金融、资源环保等行业的审计专业数据库和审计分析平台，分专业对数据进行集中管理。

内部审计 组织开展全市内部审计先进集体、先进工作者表彰活动。推荐合肥供电公司、合肥热电集团、合肥烟草公司参加全省内部审计优秀项目评选，其中2个项目获省级表彰。协助市政府督查和目标办做好内部审计专项督查。

（撰稿人：吴婷婷）

【芜湖市审计局】 2018年，芜湖市审计局实有62人。局长王志鹏（2月—），副局长张自道、杨凛、王钢，总审计师张文清，经济责任审计局局长吴勇。设有办公室、综合法规科、财政审计科、行政事业审计科、农业与资源环保审计科、固定资产投资审计科、金融审计科、经贸审计科、社会保障审计科、外资运用审计科、内部审计管理科、人事教育科、机关党总支、市经济责任审计局14个职能科室；下设固定资产投资审计中心（计算机审计中心）1个事业单位。

审计成果 2018年，芜湖市县两级审计机关完成审计项目258个。审计查出违规和管理不规范金额20.56亿元，减少财政拨款和补贴4223万元，调账和归还原渠道资金13.13亿元，上缴财政3909万元。

国家重大政策措施落实情况跟踪审计 组织审计人员138人次，重点对全市范围内简政放权、供给侧改革、精准扶贫等13项重大政策贯彻执行情况开展专项审计，审计对象包括市发展改革委、财政局等多个政府部门以及8个县区、132个单位、65个项目，涉及财政资金63.84亿元。

财政审计 市本级预算执行审计结果在人大常委会上通过审议，同步向市政协主席会议进行通报、召开新闻发布会向社会公告，得到市人大、市政协和社会各界的高度重视和一致好评。审计中延伸调查土储中心和相关平台公司，关注土地出让金和企业奖补资金情况。对市直机关工资统发平台的工资发放情况进行专项审计调查。

经济责任审计 市县两级审计机关对275位审计领导干部实施经济责任审计，查出违纪违规及管理不规范金额5.76亿元，责令被审计单位上缴财政799万元，减少财政拨款或补贴230万元，归还原渠道资金20万元，提出审计建议540条。借助信息化手段对经济责任审计对象动态管理，实现纪检监察、组织、财政、发改等部门信息资源共享。加强对领导干部的监督，组织开展17个单位的巡前审计。将经济责任审计和自然资源资产离任审计统筹结合，实现同步进点、同步实施，整合资源，提高效率，避免重复审计。

固定资产投资审计 市县两级审计机关对232个工程项目造价进行审价确认，核减率9.07%，审计发现并揭示部分建设项目在造价控制方面存在项目报价偏高、决算虚增工程量、工程实际施工与设计不符等问题。市审计局对火车站新建项目、青弋江防洪墙加固改造、轨道交通一号线及二号线项目等10个投资大、工期紧的项目实施跟踪审计，通过建立跟踪审计工程期报和日常控制工作台账，强化现场审计质量控制。

（撰稿人：胡媛媛）

【蚌埠市审计局】 2018年，蚌埠市审计局实有69人。局长王莉敏，副局长周勤、戚大庆，总审计师汤瑶泉，经济责任审计局局长陈前超（4月—）。设有办公室、综合法规科、财政审计科、金融审计科、行政事业审计科、企业审计科、农业与资源环保审计科、社会保障审计科、固定资产投资审计科、外资运用审计科、计算机审计科、派出审计一室、派出审计二室、人事教育科、机关党委15个职能科室；下设经济责任审计局、政府投融资审计中心2个事业单位。

审计成果 2018年，蚌埠市县两级审计机关完成审计项目359个，其中专项审计调查项目7个。审计查出主要问题金额84.48亿元，其中违规金额1.94亿元、损失浪费金额1065万元、管理不规范金额82.43亿元；审计发现非金额计量问题629个；损益（收支）不实金额25.08亿元；出具审计报告和专项审计调查报告373篇，被批示、采用127篇次。审计处理处罚金额10.31亿元；移送司法机关、纪检监察机关和有关部门处理事项33件，移送处理人员19人，移送处理金额630万元。审计促进整改落实有关问题资金3.88亿元，审计后挽回（避免）损失1.54亿元；核减投资额5.01亿元。审计提出建议590条，被采纳474条；提交审计信息340篇，被批示、采用151篇次。向社会公告审计结果17篇。

蚌埠市审计局实施的蚌埠市2015—2016年度美丽乡村（乡镇）建设财政专项资金使用管理情况审计调查、五河县审计局实施的五河县2016年度县本级财政预算执行情况和其他财政收支审计等2个项目，被省审计厅评为表彰审计项目。

国家重大政策措施落实情况跟踪审计 实施宏观政策措施落实情况跟踪审计和全省重点事项上下联动审计，揭示出“放管服”改革推进、降成本减轻实体经济企业负担、阶段性降费政策接续、涉企收费清理、金融服务实体经济、融资担保服务小微企业情况等方面存在的问题。

财政审计 完成预算执行和财政决算审计项目69个，查出主要问题金额56.39亿元，累计收回财政资金2.19亿元，补缴税款238.37万元。

预算执行审计工作报告和审计查出问题整改报告得到市人大常委会的充分肯定。

经济责任审计 完成领导干部经济责任审计项目71个，指导市教育局、市卫计委等有关部门开展内管领导干部经济责任审计项目21个。完成领导干部自然资源离任（任中）审计项目9个，实现市、县（区）两级项目全覆盖。起草并提请市委、市政府出台《推进领导干部履行经济责任审计监督全覆盖工作方案（2018—2022年）》《领导干部自然资源资产离任审计工作方案》。

固定资产投资审计 完成政府投资建设项目审计170个，审计项目投资额19.71亿元，核减工程价款5亿元。投资审计节约政府资金，提高政府资金使用效益。

民生资金（项目）审计 完成扶贫审计项目7个，实现对市辖3县扶贫工作的3轮全覆盖审计监督。

企业审计 审计查出主要问题金额16.05亿元，其中违规经营5653万元、资产质量不实9.99亿元、财务收支核算不实2404万元，对存在的潜在风险进行提示，为党委、政府强化决策管理和有效化解风险提供准确信息。

信息化建设 构建“信息资源存储、审计数据分析、模拟审计”三个中心，实现对市本级276个预算单位审计监督全覆盖，注重利用python语言等技术，加强对非结构化数据的爬取和分析，扩大审计数据分析的广度和深度。

（撰稿人：朱　杰）

【淮南市审计局】 2018年，淮南市审计局实有62人。局长陈寅，副局长王林、陶保华、王宜君，纪检监察组组长汪正明，总审计师李宗林，经济责任审计局局长范淮涛。设有办公室、人事教育科、机关党委、综合法规科、审理科、计算机审计科、财政金融审计科、经济贸易审计科、社会保障审计科、行政事业审计科、农业与资源环保审计科、外资运用审计科、城市建设与固定资产投资审计科、科教文审计科、市经济责任审计局、经济技术开发区直属分局、山南新区直属分局、内部审计协会18个职能科室；下设固定资产投资审计中心、审计干部培训中心2个事业单位。

审计成果 2018年，淮南市县两级审计机关完成审计和专项审计调查项目583个。查出违规金额8.91亿元、管理不规范金额72.27亿元。审计促进整改落实有关问题资金11.2亿元。移送纪检监察机关和有关部门处理事项3件，根据审计建议建立健全规章制度55项。

八公山区委原书记、原区长任期经济责任履行情况审计，凤台县第一中学校长任期经济责任履行情况审计2个项目被省审计厅评为表彰审计项目。

财政审计 连续4年运用财政联网审计系统和数据分析技术手段，对全市一级预算单位预算进行综合分析，对2017年度市本级预算执行情况及市交通局、市环保局、市发展改革委、市经济技术开发区等9个部门预算执行情况重点实施审计，市人大常委会高度评价并全票通过审计工作报告、整改情况报告。

固定资产投资审计 完成投资类审计及专项审计调查项目13个，对淮上淮河大桥建设等24个在建项目进行跟踪审计，推动出台《淮南市政府性投资工程建设项目管理办法》等5个制度，促进市奥林匹克体育场和市精神病医院等4个项目复工建设，对9家建设主管部门和8家监理单位进行问责，审计核减固定资产投资项目投资结算额2.75亿元。

经济责任审计 出台《淮南市领导干部履行经济责任主要风险防控清单》和2018—2022年经济责任审计全覆盖工作方案，对130个单位的142名领导干部开展经济责任审计，查出违规问题金额3.75亿元、管理不规范金额19.6亿元。组织实施凤台县委县政府、市发展改革委、市环保局、市林业局主要负责人任职期间履行自然资源资产管理和生态环境保护责任情况审计。

民生资金（项目）审计 开展保障性安居工程跟踪审计、城乡居民基本养老保险服务情况等多项专项审计，及时追回45户虚报冒领农村危房改造补助资金40.2万元，并促成相关部门对相关责任人员进行问责，给予2人行政警告处分、12人党内警告处分、1人停职处分。

相关工作 开展审计整改“回头看”督查活动，对2016年以来已实施的152个审计项目进行审计整改“回头看”督查，促进财政增收节支

6.95亿元、盘活存量资金16.17亿元、加快项目资金推进1.37亿元。（撰稿人：周　楠）

【马鞍山市审计局】 2018年，马鞍山市审计局实有46人。局长方成，副局长王明营、王斌、黄志宇，总审计师何祥俊，经济责任审计局局长马有发。开发区分局局长曹福和，副调研员尹晓菊、王新。设有办公室、综合法规科、党支部、审理科、计算机审计中心、市经济责任审计局、开发区审计分局、财政审计科、固定资产投资审计科、经济社会建设审计科、企业审计科11个职能科室；下设工程价款结算审计中心（事业单位）。

审计成果 2018年，马鞍山市审计局完成审计项目61个，其中专项审计调查项目6个。审计查出主要问题金额59.19亿元；审计后挽回（避免）损失1.23亿元。

2016年度市本级基本医疗保险基金专项审计调查项目被省审计厅评为表彰审计项目。

国家重大政策措施落实情况跟踪审计 以全省重点事项上下联动审计为契机，重点关注实施“五大发展行动计划”、简政放权、减税清费、降低实体经济成本、防范金融和企业风险、基本公共服务均等化、污染防治等重大政策措施落实情况开展跟踪审计，揭示问题32个，推动完善制度8项。

财政审计 开展市本级预算执行及4个部门预算执行审计，对市本级81个一级预算部门的项目预算执行进度和对下级转移支付项目执行情况审计调查。

经济责任审计 运用任前告知、任中审计、离任交接（离任审计）的闭环式审计监督机制，对45名领导干部经济责任实施离任或任中审计，督促35个单位办理经济责任离任交接手续。组织开展江东控股集团原董事长经济责任离任审计项目。

固定资产投资审计 开展政府和社会资本合作（PPP）项目管理情况审计调查、“四合一”计划中市本级政府投资建设项目管理审计调查，审计揭示问题23个。组织开展部分政府投资建设项目工程量变更情况调查，审计揭示问题3个，推动市政府出台工程量变更制度。

企业审计 组织开展对市属国有企业运转情况摸底调查，建立市本级国有企业审计对象库。出台深化国有企业和国有资本审计监督实施意见，对国有企业和国有资本审计方式、重点、频次等进行具体安排。

内部审计 开展全市内部审计工作“全面提升年”活动，明确项目计划等8个方面指标，对实施情况进行督查通报。与南京审计大学合作，举办内部审计业务培训班多次，通过“以审代训”方式邀请内部审计人员参与国家审计项目，提升内部审计人员水平。

（撰稿人：芮绍文　周香和　笪玮玮）

【淮北市审计局】 2018年，淮北市审计局实有59人。局长赵拥军，副局长项珺、高抗抗，总审计师周玉贞，经济责任审计局局长朱金亮，副调研员孟祥龙。设有办公室（综合法规科）、人事教育科、审计整改监督科、审理科、财政金融审计科、固定资产投资审计科、行政事业审计科、农业与资源环保审计科、社会保障审计科、企业审计科、经济责任审计局；下设市计算机审计中心、淮北市投资审计局2个事业单位；设有派出机构经济开发区审计分局。

审计成果 2018年，淮北市县两级审计机关完成审计项目74个。审计查出主要问题金额43.69亿元，其中违规金额10.83亿元、损失浪费金额767万元、管理不规范金额32.79亿元；审计发现非金额计量问题100个；损益（收支）不实金额1375万元；出具审计报告和专项审计调查报告87篇。审计处理处罚金额14.3亿元，其中应上缴财政10.76亿元、应减少财政拨款或补贴560万元；移送司法机关、纪检监察机关和有关部门处理事项4件，移送处理人员8人。审计促进整改落实有关问题资金2.54亿元，核减投资额1.57亿元。审计提出建议291条，被采纳270条；提交审计信息99篇，被批示、采用17篇次。向社会公告审计结果9篇。

濉溪县2014—2016年度财政专项扶贫资金专项审计调查项目被省审计厅评为优秀审计项目。

国家重大政策措施落实情况跟踪审计 围绕大气、水、土壤污染防治、固体废弃物和垃圾处置、政策性融资担保机构政策执行及经营管理情况、清理规范涉企收费等审计事项，组织实施重大政策措施落实情况跟踪审计。加强政策落实跟踪审计与各专业审计的融合，做到项目同步安排、协同实施、成果共享，确保项目按时高效完成。

财政审计 组织实施2017年度淮北市本级预算执行审计，实行“预算执行＋政策跟踪”审计模式；开展淮北市本级决算草案审计；对255家市直预算单位财政财务数据进行分析。代市政府向市人大常委会报告市本级预算执行审计情况，得到充分肯定。

固定资产投资审计 完成政府投资建设项目结算审计等项目104个，审计工程款10.85亿元，核减工程款1.23亿元。完成烈山区壇山棚户区项目、杜集区童台谢台棚户区项目征收补偿费用审计，协议补偿金额6.83亿元，审计核减征收补偿资金3449.2万元。对117个建设项目实施跟踪审计。市政府印发《关于进一步加强政府投资建设项目审计监督的实施意见》，科学调整投资审计方向。

民生资金（项目）审计 组织实施保障性安居工程、抗洪抢险救灾款物、农产品食品安全工程、农村道路畅通工程、财政环保专项资金等审计或跟踪审计项目，提高财政资金使用绩效。根据省审计厅统一部署，组织实施重点事项上下联动审计、灾后水利薄弱环节治理建设项目审计、政策性融资担保机构政策执行及经营管理情况审计等，按时高效完成审计任务。

审计整改 重视审计整改，开展整改检查，并将检查结果纳入单位目标管理考核之中。相关单位通过加快资金拨付、调整账务处理、建章立制等方式进行整改。市委常委、常务副市长向市人大常委会专题报告2017年度本级预算执行审计查出问题的整改情况，得到市人大常委会的高度评价。

（撰稿人：惠　薏）

【铜陵市审计局】 2018年，铜陵市审计局实有43人。局长陈延友，副局长丁兴虎、王华、王世清，总审计师朱永宏，副调研员刘崧梓。设有办公室、综合法规科、财政金融审计科、企业审计科、行政事业审计科、资源环保审计科、社会保障审计科、农业经济审计科、投资审计科、文化教育审计科、计算机审计科、人事教育科，经济责任审计局13个科室；下设政府性投资审计中心（事业单位）。

审计成果 2018年，铜陵市审计局完成审计项目38个，其中专项审计调查项目2个。查出主要问题金额58.37亿元，其中违规金额24.28亿元、损失浪费金额1.04亿元、管理不规范金额33.05亿元；审计发现非金额计量问题194个；损益（收支）不实金额5.1亿元；出具审计报告和专项审计调查报告34篇，被批示、采用53篇次。审计处理处罚金额18.26亿元，其中应上缴财政5.33亿元、应归还原渠道资金12.58亿元、应调账处理金额3497万元；移送司法机关、纪检监察机关和有关部门处理事项2件，移送处理金额1.76亿元。审计促进整改落实有关问题资金7.7亿元；审计促进拨付资金到位247万元；审计后挽回（避免）损失59万元。审计提出建议90条，被采纳30条。向社会公告审计结果9篇。

铜陵市经济技术开发区管委会2015年至2016年财政财务收支审计项目被省审计厅评为表彰审计项目。

国家重大政策措施落实情况跟踪审计 按季度4次对全市各级各部门贯彻落实国家重大政策措施情况开展跟踪审计，重点关注小微企业税收优惠政策执行情况、小微企业续贷过桥资金运行管理情况以及简政放权、涉企收费、融资担保等政策落实情况。

财政审计 采取“预算执行＋政策跟踪”的审计模式，对市本级预算执行情况、市直部门预算执行情况开展审计。

经济责任审计 对19个市直部门开展经济责任审计或离任交接审计。根据省审计厅授权完成铜陵职业技术学院领导干部经济责任审计。对3个镇开展党委主要领导自然资源审计。

固定资产投资审计 完成261个政府投资项目价款结算审计，送审金额20.2亿元，核减金额1.32亿元。对8个重点项目实施跟踪审计，涉及投资额19.98亿元。开展灾后水利薄弱环节治理建设项目审计。

民生资金（项目）审计 开展保障性安居工程跟踪审计以及铜陵市安置房建设和分配管理情况、融资担保机构、医保基金、扶贫资金和道路征迁资金专项审计调查。

外资运用审计 开展宣城承接东部地区产业转移基地基础设施示范项目审计。

企业审计 对华盛化工公司、市发投公司、市建投公司、市港投公司、市文投公司、普济圩农场等单位开展经营业绩考核审计，对原市交通投资有限公司开展资产负债交接审计，对承接产业转移示范园区管委会开展资产负债审计。

相关工作 学习宣传贯彻习近平新时代中国特色社会主义思想和党的十九大精神，召开“讲政治、严纪律、立政德”专题警示教育民主生活会，开展“纪律作风专项整治月”活动。落实党风廉政责任制，落实“两个责任”全程纪实管理。选举产生新一届市审计局机关党委。人民医院信息系统审计案例在审计署教科文卫数据审计研讨班上进行交流。 （撰稿人：朱美和）

【安庆市审计局】 2018年，安庆市审计局实有59人。局长朱菊云，党组书记陶永生（12月—），副局长汪传华、汪定节，纪检组长黄斌，经济责任审计局局长沈遵如，副调研员叶青。设有办公室、人事教育科、综合法规科、财政审计科、金融和社会保障审计科、行政事业审计科、企业审计科、农业与资源环保审计科、固定资产投资审计科、外资运用审计科、审计信息管理科、机关党总支12个职能科室；下设经济责任审计局和投资审计中心、派出机构经济技术开发区分局。

审计成果 2018年，安庆市县两级审计机关实施审计和专项审计调查项目787个。查出违规金额4.93亿元，上缴财政9720万元，减少财政拨款或补贴5.53亿元，归还原渠道资金6795万元，核减工程投资4.63亿元。移送纪检监察和有关主管部门处理事项17件。提交审计专题报告、综合性报告和信息简报及各类信息共计734篇，其中被上级有关部门采用242篇次。

安庆市2015年小型水利工程改造提升资金（项目）审计项目被省审计厅评为优秀审计项目。

国家重大政策措施落实情况跟踪审计 根据上级审计机关和市委、市政府的要求，组织开展加快工业发展和促进现代农业发展、现代服务业发展及科技创新“四大产业政策”“1+4”公共服务体系建设、2015年至2017年土地出让金收支、简政放权及涉企收费、小微企业续贷过桥资金、小微企业税收优惠政策执行情况等重点事项的跟踪审计。

财政审计 完成市本级财政决算审计项目；完成预算执行审计项目51个。延伸审计调查单位379个，审计查出主要问题金额134.78亿元。

经济责任审计 对2名地厅级、26名县处级、65名县处级以下领导干部开展经济责任审计，查出违规金额5882万元、管理不规范金额27.9亿元。对10个县（市）区开展自然资源资产离任审计。

固定资产投资审计 对350个工程项目进行审计或专项审计调查，审计投资完成额30.68亿元，核减工程投资额4.63亿元。

民生资金（项目）审计 组织开展城镇保障性安居工程跟踪审计。根据审计署和省审计厅统一部署，组织开展岳西县、太湖县和宿松县3个国定贫困县扶贫审计、全市灾后水利水毁修复项目专项审计调查。 （撰稿人：方　敏）

【黄山市审计局】 2018年，黄山市审计局实有26人。局长徐东海（—1月）、江卓琪（1月—），党组书记徐东海（—2月）、洪绍球（2月—），副局长汪桂进、程祖杰、方霞，总审计师余根长，经济责任审计局局长汪利兵，副调研员梅文秋。设有办公室（审计信息技术应用科）、综合法规科、财政金融审计科、行政事业审计科（农业资源环保审计科）、社保外资审计科（民生工程审计科）、固定资产投资审计科、经贸审计科和经济责任审计局8个职能科室。

审计成果 2018年，黄山市县两级审计机关完成审计和专项审计调查项目701个。查出主要问题金额65.15亿元；发现非金额计量问题202个；损益（收支）不实金额2024万元；出具审计报告和专项审计调查报告722篇，被批示、采用101篇次。审计处理处罚金额9.61亿元，其中应上缴财政1200万元、应减少财政拨款或补贴2.58亿元、应归还原渠道资金7122万元、应缴纳其他资金2656万元、应调账处理金额5.73亿元。审计促进整改落实有关问题资金4.75亿元；审计促进拨付资金到位1608万元；审计后挽回（避免）损失2853万元；核减投资额2亿元。审计提出建议672条，被采纳455条；提交审计信息 106 篇次。向社会公告审计结果 246 篇。

国家重大政策措施落实情况跟踪审计 涉及 7 个方面，涉及资金 15.32 亿元，发现问题 26 个，提出建议 20 条。

财政审计 对市直 5 个部门及二级机构实施重点审计，对重点事项展开上下联动审计。

经济责任审计 对 7 个党政部门负责人展开经济责任审计，开展市信投集团有限公司董事长经济责任审计。对黟县县长进行自然资源资产离任审计。

固定资产投资审计 出台《黄山市政府投资建设项目审计监督办法》，市审计局完成工程造价审计项目 53 个，核减 5526 万元，连续第 4 年对月潭水库项目跟踪审计。

民生资金（项目）审计 对扶贫、外资等专项资金展开审计，连续第 6 年对保障性安居工程进行跟踪审计。

其他审计项目 开展政策性融资担保机构政策执行及经营管理情况审计调查；组织全市信息系统审计调查；组建内部数据中心集中存放审计数据；开展两个专题计算机审计。

相关工作 认真学习习近平在中央审计委员会第一次会议上的讲话等内容，及时传达学习上级关于意识形态工作的决策部署及指示精神，将落实意识形态工作责任制情况纳入绩效考核；推进基层党组织标准化建设，切实履行“一岗双责”，全面加强从严治党能力；积极开展纪律作风专项整治月活动和“1＋N”专项整治，严格执行制度规定；配合其他部门完成考核、检查、核查等工作，主动抓好审计整改。（撰稿人：张冰岩）

【滁州市审计局】 2018 年，滁州市审计局实有 60 人。局长杜永珍，副局长钱朝农、朱哲、高中伟，总审计师郝玉瑰，纪检组长赵永学，经济责任审计局局长郭德泉，调研员宋洪波，副调研员戴敏。设有办公室、综合调研科、财政金融审计科、农业与资源环保审计科、投资外资审计科、经贸审计科、社会保障审计科、法规审理科、经济责任审计局、信息技术科、固定资产投资审计中心

审计成果 2018 年，滁州市县两级审计机关完成审计和专项审计调查项目 431 个。查出主要问题金额 52.09 亿元，整改落实有关问题金额 15.7 亿元，其中促进增收节支 11.57 亿元。滁州市审计局完成审计和专项审计调查项目 52 个。查出主要问题金额 32.3 亿元；整改落实有关问题金额 4.71 亿元，其中促进增收节支 4.18 亿元。向市纪委监委和相关县政府移送审计问题线索 7 件。向被审计单位或有关单位提出审计建议 185 条，被采纳 182 条。提交审计信息 443 篇，其中被党政领导和有关部门批示、采用 76 篇次。向社会发布审计结果公告 27 篇。

国家重大政策措施落实情况跟踪审计 分季度围绕深化供给侧结构性改革、精准脱贫扶贫、政策性融资担保等 6 大方面政策措施落实情况，组织对 8 个县市区、196 个单位、103 个项目进行跟踪审计，发出审计建议函 18 份，先后两次会同市政府督查室就审计中发现的问题进行整改督办，建立审计查出问题整改责任清单，实行销号管理。

财政审计 围绕 13 个方面的重点事项对 15 家市直单位开展预算执行情况审计，组织实施市本级 2017 年度财政预算、社保基金预算、税收征管及税收计划完成情况审计，连续第 3 年由副市长代表市政府向市人大常委会作审计工作报告和审计发现问题整改报告。

经济责任审计 组织对 18 名领导干部开展经济责任审计；督促指导部门单位推进内管干部经济责任审计工作。会同市委组织部，组织 24 名新任职的领导干部签订《领导干部经济责任告知书》。各县市区结合各自实际全面开展村居主要负责人经济责任审计。在连续两年试点的基础上，采取“1＋8”市县联动模式，指导 8 个县市区全面开展县乡两级领导干部自然资源资产离任审计。市审计局组织实施天长市领导干部自然资源资产离任审计项目。

固定资产投资审计 完成 5 个项目竣工决算审计、190 个政府投资项目竣工结算审计，出具审核意见 112 份，提出整改建议意见 63 条。出台《滁州市政府投资建设项目审计监督办法》，8 个县市区相应修订出台投资审计监督办法。借助“1 拖 N”模式建成政府投资项目审计系统，共 184 个政府投资项目纳入管理系统，涉及投资额 180.6 亿元，实现全项目监督、全过程监管。

民生资金（项目）审计 开展全市保障性安

居工程跟踪审计、市级社保基金预算执行审计、市本级城乡居民最低生活保障资金专项审计等民生审计项目。市审计局组织实施定远县扶贫资金专项审计调查，7个县市区同步开展2017年扶贫资金专项审计调查。配合财政局完成对城镇职工医疗、生育、城乡居民基本医疗保险市级统筹的资金移交的监交，配合市国土房产局完成6500户棚户区改造的审计监督。按照审计署和省审计厅的统一部署，市审计局赴马鞍山市开展长江经济带生态环境保护审计，就审计中存在的共性问题及思考，结合滁州市情撰写审计专报，提交市委、市政府。

外资运用审计 按照省审计厅的统一安排，组织3个对亚洲开发银行贷款、世界银行贷款项目的执行情况进行审计，查出管理不规范金额217.92万元，审计提出建议4条。

企业审计 对市城投公司、市融资担保公司进行经济责任审计和专项审计调查，对公交公司出具审计效益评价报告，牵头组织市直部门开展国有企业和国有资本审计监督督察的自查工作。

信息化建设 制定《滁州市审计局计算机网络安全管理制度》等11项制度，保证办公系统正常运转和信息网络安全，实现全部审计项目OA与AO的交互管理。“政府投资审计管理系统”应用成效显著，连续3年得到省审计厅通报表彰。网站发布信息1380篇，转播视频会议25次。明光市审计局提供的《地理信息系统软件ArcGIS在自然资源审计中的应用》在全省数据审计分析研讨班上作典型交流发言。

相关工作 市审计局党组牢固树立不抓党风廉政建设就是严重失职的意识，不断强化主体责任，把落实党风廉政建设主体责任作为重大政治任务，把责任牢记在心、扛在肩上、抓在手上。全年共抽调12人次配合省委巡视、市委巡察、纪委办案和市直部门专项监督检查工作，累计120余天。推进审计实务导师制，通过双向选择新增“师徒结对”12对。（撰稿人：吕　钢　戴荣宇）

【阜阳市审计局】 2018年，阜阳市审计局实有64人。局长刘兴民，副局长方向阳、胡玲玲、夏全胜，经济责任审计局局长李安义。设有办公室、财政金融审计科、农业资源环保与外资运用审计科、经济贸易审计科、行政事业与社会保障审计科、监察室、综合法规科、人事教育科、机关党委、审理科、审计信息技术应用科、经济责任审计局和经济技术开发区审计分局13个职能科室；下设固定资产投资审计中心（事业单位）。

审计成果 2018年，阜阳市县两级审计机关完成审计项目1001个。审计查出主要问题金额241.76亿元，其中违规金额16.82亿元、管理不规范金额224.81亿元、损失浪费金额1268万元，审减投资额6.13亿元；审计提出建议1768条，被采纳1590条；提交审计信息75篇，其中信息简报43篇。

财政审计 对市财政局、市地税局、阜阳经济技术开发区、阜合产业园区、市文广新（体）局等13个单位2017年度预算执行情况进行审计，利用数据分析平台，对带有普遍性、倾向性问题进行归纳总结，提出对策建议，全面提升审计成果的转化利用，实现审计成果最大化。

经济责任审计 安排市级经济责任审计项目15个，其中地方党政领导干部经济责任审计项目2个，结合县市区党政领导干部经济责任审计开展领导干部自然资源资产离任审计项目1个，市直部门（单位）党政领导干部经济责任审计项目11个，完成省审计厅授权实施高职院校经济责任审计项目1个。审计中重点关注“三去一降一补”任务落实、自然资源资产管理和生态环境保护、精准扶贫精准脱贫、贯彻落实中央八项规定精神，以及领导人员遵守有关廉洁从政规定情况等。

固定资产投资审计 完成政府投资审计项目120个，审计项目金额199.53亿元，审减工程价款21.42亿元。

信息化建设 按照“金审工程”建设指引，投入资金组织、设计、研发审计数据中心及分析平台，构建财政性资金全覆盖审计应用。提请市政府印发《关于做好定期报送审计电子数据工作的通知》，建立财政财务电子数据报送长效机制。采取系统研究、集中分析的方式，对市直90家一级预算单位（部门）及253个二级机构（单位）的数据进行比对分析，审计资金总量达60.88亿元，形成财政审计、部门预算执行审计等数据分析思路、方法100余个，筛查审计疑点32条，核查审计问题20个，涉及金额15.49亿元。

（撰稿人：刘婉君）

【宿州市审计局】 2018年，宿州市审计局实有50人。局长胡兴无，副局长张钰生、张奇，总审计师凌传芳，经济责任审计局局长吴剑，固定资产投资审计局局长张浩，调研员孙勇，副调研员陈立新、华颖涛、牛海宽。设有办公室、综合法规科、机关党总支、审计信息化管理科、财政金融审计科、行政事业审计科、农业与资源环保审计科、企业与外资审计科、社会保障审计科、人事教育与内部审计指导科、经开区审计分局、宿马区审计分局12个职能科室；下设经济责任审计局、固定资产投资审计局等事业单位。

审计成果 2018年，宿州市审计局完成审计项目198个。查出问题金额51亿元，审计发现非金额计量问题65个，审计期间整改金额6000万元，审计处理处罚金额4.3亿元。审计提出建议156条，出具审计移送处理书12份。

国家重大政策措施落实情况跟踪审计 围绕加快精准扶贫精准脱贫、深化供给侧结构性改革、清理规范涉企收费、地方政府隐性债务及防范金融和企业风险等9项政策措施的落实情况进行跟踪审计，审计80个政府部门、99个单位、73个项目，涉及财政资金5.89亿元，其中中央财政资金0.48亿元。审计发现问题30个，涉及财政资金1222.52万元，出具整改建议函27件。

财政审计 提升财政预算执行审计的广度、深度和精度，促进财政精细化管理和财政资金使用提质增效，提出审计建议，促使相关部门制定完善规章制度80余项。推动市政府出台《市级财政专项资金管理办法》。

经济责任审计 完成经济责任审计项目26个，实现有重点、有深度的审计监督全覆盖，审计查出问题金额9.3亿元。

固定资产投资审计 完成政府投资审计项目179个，送审金额74.28亿元，审减金额3.63亿元。

民生资金（项目）审计 对全市2017年保障性安居工程的计划、投资、建设、分配、运营等情况及配套基础设施建设情况进行审计，资金分配使用、工程建设管理及住房分配方面存在的问题24个，涉及金额2484.2万元，涉及保障性住房14373套，涉及土地面积41.2万平方米。通过审计，追回资金2152.67万元，清退违规分配使用的保障性住房47套，取消保障对象资格或调整保障待遇户数98户。按照市委、市政府工作部署，组织开展两次扶贫审计，抽查62个单位、61个乡镇、103个贫困村、435户贫困户、26个扶贫项目，移送案件线索1件。

其他审计项目 承接并按时圆满完成省审计厅上下联动、统一安排审计项目5个，其中国外贷援款项目2个，专项审计调查项目2个，重点事项上下联动审计调查项目1个。

（撰稿人：丁树宝）

【六安市审计局】 2018年，六安市审计局实有42人。局长涂成富，副局长胡正才、朱维清、朱晓琳，纪检监察组组长唐锐，直属分局局长虞国彪，经济责任审计局局长崔久松，副调研员金持平。设有办公室（人事教育科）、综合法规科、财政审计科、行政事业审计科、社会保障审计科、经贸审计科、农业与资源环保审计科、审计信息技术应用科、金融与外资审计科、审理科10个职能科室；下设经济责任审计局、投资审计局、直属分局3个事业单位。

审计成果 2018年，六安市县两级审计机关完成审计项目779个。查出主要问题金额132.42亿元，促进收入缴库40.87亿元，补缴税收8700万元，追回拨付不当资金及沉淀结余2.52亿元，收缴违规发放津补贴853.35万元，审计发现非金额计量问题1006个；出具审计报告和专项审计调查报告769篇，被批示、采用158篇次。审计处理处罚金额19.53亿元；移送司法机关、纪检监察机关和有关部门处理事项30件，审计促进整改落实有关问题资金31.36亿元；核减投资额9.52亿元。审计提出建议1285条，被采纳500多条；推动被审计单位制定整改措施380多项，促进被审计单位建立、健全规章制度220多项，修改法规300多条；提交审计信息125篇，被批示、采用50篇次。向社会公告审计结果500多篇。

滁州市二院院长任期经济责任审计、舒城县中医院院长任期经济责任审计等2个项目，被省审计厅评为表彰审计项目。

国家重大政策措施落实情况跟踪审计 开展放管服改革、简政放权、税费减免、学前教育等政策落实跟踪审计，督促7个县区31个部门严格执行本级政府制定的行政事业性收费、政府性基金目录清单，取消行政审批事项143项，承接16项，调整合并103项，推进18个行业协会商会加快脱钩改制进程。

财政审计 全市审计机关同步开展财政预算执行审计，对11个市直部门和六安经济开发区等进行预算执行审计。对83个一级预算单位“三公”经费及培训费、会议费等五项费用进行专项审计调查，开展公车平台运行情况审计调查。

经济责任审计 完成经济责任审计项目124个、离任经济事项交接91个，审计发现问题涉及金额59848万元。立足监督关口前移，对25个单位主要负责人发放领导干部任前经济责任告知书。印发《关于推进领导干部履行经济责任审计监督全覆盖的工作方案（2018—2022年）》，建立并完善市管干部经济责任审计对象数据库。出台《六安市村居主要负责人经济责任审计暂行办法》，推动全面从严治党向基层延伸。出台《六安市党政领导干部自然资源资产离任审计工作的实施意见（试行）》，市审计局对金安区委书记、区长开展自然资源资产审计，各县区分别对1个乡镇开展自然资源资产审计试点。

固定资产投资审计 完成价款结算审计、预算控制价审计和跟踪审计项目2558个，核减投资额11.72亿元。对六安市城区历年未清理的25个安置房项目开展专项审计，促进市政府制定出台政府投资项目管理导则、实行中心城市征迁安置管理体制改革。修订《政府投资建设项目审计监督办法》，加强对政府投资项目立项审批、招投标、资金拨付和使用、监理等环节的审计监督，落实政府投资审计“三个转变”。

民生资金（项目）审计 组织全市审计机关开展扶贫资金专项审计，发现3大类100多个具体问题，促进收回资金92万元，退回原渠道归还不当使用资金3000余万元。

金融审计 关注地方政府隐性债务和PPP项目投融资，组织开展全市政府债务、融资担保机构政策执行和经营管理情况专项审计调查。

相关工作 参与脱贫攻坚，为霍山县大化坪镇王家河村争取各类帮扶资金700万元，实施道路硬化20余公里，解决9个村民组1050人饮水问题，投入180余万元实施危房改造易地搬迁41户。

（撰稿人：王修炮）

【亳州市审计局】 2018年，亳州市审计局实有45人。副局长王玉红（主持工作）、赵峰、袁芬。设有办公室、综合法规科、财政审计科、行政事业与社会保障审计科、农业与外资审计科、经贸与金融审计科、经济责任审计局、审计整改监督科；下设固定资产投资审计中心（计算机审计中心）。

审计成果 2018年，亳州市审计局完成审计项目231个。查出违规金额13.98亿元、损失浪费金额294万元、管理不规范金额66.11亿元。核减政府投资工程结算价款2.56亿元。提交审计报告245篇，提出审计建议700余条，向纪检监察机关和有关部门移送案件线索16件。

国家重大政策措施落实情况跟踪审计 按季度开展国家重大政策措施落实情况跟踪审计4次，抽查项目30个，67个单位，涉及深化行政审批制度改革、政策性融资担保机构政策执行及经营管理、地方政府隐性债务等。开展扶贫资金跟踪审计8次，印发《扶贫资金跟踪审计专报》8期，发现问题109个，审计提出建议25条。完成保障性安居工程跟踪审计，移送有关线索10件。

财政审计 完成市本级2017年度市本级财政预算执行和其他财政财务收支审计，查出预算编制管理、预算收入管理等方面存在的问题违规金额8169.33万元。开展亳州市农委、亳州市妇联等7个部门的公务支出和公款消费审计，查出管理不规范金额42.57万元。

经济责任审计 市审计局完成对2名厅局级、15名县处级领导干部和2名国有企业领导人的经济责任审计，查出违规金额12.9亿元，移送案件1起。市委市政府办公室制发领导干部履行经济责任审计监督全覆盖的工作方案（2018—2022年）、经济责任审计结果运用实施细则等文件。

固定资产投资审计 市审计局审计投资项目186个，涉及项目资金34.11亿元，审减金额2.56亿元。对16个重大项目开展跟踪审计，涉及合同金额74.48亿元，审计提出建议600余条。实施引江济淮工程亳州段建设项目跟踪审计。

其他审计项目 市审计局实施市公交公司

2017年度盈亏情况审计，经济开发区道东2号、3号地征迁安置资金和2017年度征迁经费专项资金收支情况审计，查出违规金额1736.97万元，移送案件线索5件。

相关工作 通过党组中心组理论学习、局机关例会集体学习、党支部集体学习和个人自学等形式，把学习宣传贯彻党的十九大精神作为首要政治任务，坚持在学懂、弄通、做实上下功夫。落实党建工作责任制，明确党总支、各党支部主要职责、工作目标和主要工作措施。严格执行“三会一课”等党内生活制度，市审计局3个党支部均通过市级基层党组织标准化验收。在全市审计机关开展“审计管理创新年”活动，制定考核办法，加强跟踪检查，确保取得成效。重视审计整改，对审计发现问题进行梳理，建立整改台账，对整改情况进行多轮督查。推进审计信息化建设，完善数据采集和管理工作，明确数据采集具体科室责任，强化数据保密安全管理，加强在扶贫审计、保障性安居工程审计、财政审计中的数据应用。 （撰稿人：代鹏山 郭建国）

【池州市审计局】 2018年，池州市审计局实有30人。局长徐友华（—7月），副局长胡以民、桂良友，总审计师杨正发，经济责任审计局局长王孟春，调研员吴明楣，副调研员汪冰冰。设有办公室、综合法规科、财政审计科、行政事业审计科、经贸审计科、农业与资源环保审计科、审计信息技术应用科、经济责任审计局8个职能科室；下设政府投资审计中心（事业单位）。

审计成果 2018年，池州市审计局完成审计项目48个，其中专项审计调查项目5个。查出管理不规范金额16.81亿元；审计发现非金额计量问题148个；出具审计报告和专项审计调查报告55篇，被批示、采用6篇。审计处理处罚金额1.44亿元，其中应上缴财政261万元、应减少财政拨款或补贴3810万元、应缴纳其他资金1.03亿元；移送司法机关、纪检监察机关和有关部门处理事项7件，移送处理金额36万元。审计促进整改落实有关问题金额1.3亿元；核减投资额3810万元；移送处理落实事项7件。审计提出建议99条，其中被采纳69条；推动被审计单位制定整改措施49项；促进被审计单位制定、完善规章制度10项；提交审计信息43篇，其中被批示、采用16篇。向社会公告审计结果6篇。

国家重大政策措施落实情况跟踪审计 实施精准脱贫、政策性融资担保机构政策执行及经营管理情况审计调查和2017年保障性安居工程的跟踪审计，揭示企业欠缴污水处理费、保障性住房分配管理使用等10个方面40多个问题。

财政审计 完成财政预算执行审计项目2个、部门预算执行审计项目10个、专项审计调查项目5个、政策跟踪落实审计项目1个、“四区”财政审计项目4个。代表市政府向市人大常委会作本级预算执行和其他财政收支情况的审计工作报告，得到与会代表的一致肯定和好评。

经济责任审计 制订新一轮经济责任审计对象轮审计划，起草《推进领导干部履行经济责任审计监督全覆盖的工作方案（2018—2022年）》，安排市本级8名重要岗位和部门领导干部的经济责任审计、14名一般部门领导干部任期内公务支出专项审计调查，延伸审计领导干部8名。同时，将领导干部经济责任审计与资源环保审计相结合，开展贵池区政府原区长自然资源资产离任审计。

固定资产投资审计 对市本级3000万元以上的政府投资建设项目实现政府跟踪审计全覆盖。完成池青九快速通道等6个项目决算审计，报审金额4.76亿元，核减金额2594.81万元；对水环境综合整治PPP项目、垃圾焚烧发电等6个跟踪审计项目，向市政府作专题报告。

民生资金（项目）审计 组织开展深化简政放权和规范涉企收费情况、城乡居民基本养老保险服务情况以及2016—2017年度全市失业保险基金审计等5个民生审计项目。

信息化建设 完成“金审工程”三期国产化改造升级，建立审计数据中心和审计数据分析平台。选定16个审计对象，在财务支出、公务卡结算和公务车辆运行费等项目之间建立关联分析模型，筛查出审计疑点43个，涉及不规范金额1100万元。

党建工作 深入学习贯彻党的十九大、十九届二中、三中全会精神，习近平总书记对审计工作重要论述精神，牢牢把握审计工作的正确政治方向，自觉增强做好新时代审计工作的政治责任感、历史使命感、职业荣誉感。持续加强党支部标准化规范化建设，建立“党员政治生日”制度，在审计组建立临时党支部，强化党支部政治功能和组织力。市审计局机关党支部被评为市先进基层党组织。（撰稿人：朱兆龙）

【宣城市审计局】 2018年，宣城市审计局实有39人。局长黄煌，副局长章捷、丁宏林，总审计师肖远会，经济责任审计局局长李诗银，副调研员张贤才、程国成、程林。设有办公室、综合法规科、财政审计一科、财政审计二科、市经济责任审计局、金融与外资审计科、企业与社会保障审计科、审计信息技术应用科8个职能科室；下设政府投资项目审计中心（事业单位）。

审计成果 2018年，宣城市县两级审计机关完成审计项目1429个，其中专项审计调查项目62个。查出主要问题金额111.13亿元，其中违规金额1.42亿元、损失浪费金额342万元、管理不规范金额109.68亿元；审计发现非金额计量问题533个；损益（收支）不实金额2.76亿元；审计发现侵害人民群众利益851万元；出具审计报告和专项审计调查报告1513篇。审计处理处罚金额19.87亿元，其中应上缴财政1.2亿元、应减少财政拨款或补贴3.68亿元、应归还原渠道资金1.19亿元、应缴纳其他资金1.3亿元、应调账处理金额12.5亿元；移送司法机关、纪检监察机关和有关部门处理事项51件，移送处理人员16人，移送处理金额2.62亿元。审计促进整改落实有关问题金额18.39亿元；审计促进拨付资金到位1万元；审计后挽回（避免）损失5.82亿元；核减投资额5.48亿元；移送处理落实事项51件。审计提出建议2596条，被采纳2596条；推动被审计单位制定整改措施34项；促进被审计单位制定、完善规章制度8项；提交审计信息808篇，被批示、采用370篇。向社会公告审计结果232篇。

国家重大政策措施落实情况跟踪审计 按照省审计厅组织的全省联动项目安排，开展保障性安居工程、地方政府隐形债务、国家医疗卫生改革促进结果导向型贷款项目，以及普惠性学前教育、小微企业税收优惠政策执行情况等审计（审计调查）等项目。市审计局对全市117个政府部门和单位开展审计，共抽查27个项目、审计资金总额20.8亿元，审计发现问题18个，提出建议19条。

财政审计 对市本级和市开发区财政预算执行、税收征管以及市司法局、供销社等5个部门的预算执行等情况开展审计，代表市政府向市人大常委会作审计工作报告。市政府常务副市长代表市政府向市人大常委会作审计整改报告。

经济责任审计 出台2018年至2022年经济责任审计全覆盖工作方案，推进党政主要领导干部经济责任同步审计。市审计局对宣州区、绩溪县、宣城职业技术学院、市商务局等12个地方和部门领导干部开展经济责任审计。印发《领导干部自然资源资产离任审计工作意见》，要求各县市区审计机关将此项审计纳入年度审计计划，建立经常性审计制度。对宣州区、绩溪县主要负责人开展领导干部自然资源资产离任审计。

固定资产投资审计 市审计局实施宣泾路改建工程、合工大宣城校区二期等竣工决算审计项目20个，核减工程价款2265万元；实施阳德路改造、宣十路改建等工程跟踪审计项目10个，涉审金额28.36亿元。

民生资金（项目）审计 完成扶贫专项资金审计调查、城镇保障性安居工程跟踪审计等。

审计整改 市政府召开全市审计整改工作专题会议，就审计整改工作进行全面部署，对2014年以来审计发现问题整改情况开展“回头看”，组织对214个审计项目共984个问题的整改情况开展检查核实，并向市政府专题报告。

（撰稿人：蒋佩珊）

2018 年安徽省所辖区、县(市)级审计工作统计表

金额单位:万元

审计机关	完成审计项目/个	审计查出主要问题金额	审计发现非金额计量问题/个	审计期间整改金额	出具审计报告和审计调查报告/篇	审计处理情况		审计促进整改落实有关问题资金	审计提出建议/条	提交审计信息/篇
						审计处理处罚金额	移送处理事项/件			
合肥市										
合肥市本级	62	8704365	1513	512925	92	980713	10	994896	178	1229
瑶海区审计局	81	104907	63		82	65		40941	57	111
庐阳区审计局	13	53376	78		287				55	
蜀山区审计局	16	239026	26	15	16		8	15	128	111
包河区审计局	15	19090	96		431				65	71
巢湖市审计局	46	21623	1004	82	46	3610			83	
长丰县审计局	54	26022	121	190	54	6080		1783	95	15
肥东县审计局	24	190231	15	9	380	3	4		49	110
肥西县审计局	18	614280	17	1707	18	209393		209393	18	5
庐江县审计局	17	14142	22	518	17	685	1	516	43	1
芜湖市										
芜湖市本级	45	110512	5	698	43	106475		102813	96	143
镜湖区审计局	10	1862	28		10				19	5
弋江区审计局	13	11626	26		20	6821		1923	47	35
鸠江区审计局	30	1768	48		30				72	17
三山区审计局	22	118	46		22				61	26
芜湖县审计局	41	15556		3408	41	2298		2297	289	20
繁昌县审计局	44	3294		106	47	106		106	166	52
南陵县审计局	24	39163			24	12094		12094	133	16
无为县审计局	49	21705		264	49	14265	1	14253	272	40
蚌埠市										
蚌埠市本级	80	565407	219	67229	89	4638	6	36	102	145
龙子湖区审计局	17	531			24				36	8
蚌山区审计局	12	125		120	8	6		6		
禹会区审计局	9	13846	25	85	16		2		36	
淮上区审计局	9	22698	21		12	22692		22368	34	19
怀远县审计局	58	215852	259	12008	59	59245	13		183	53
五河县审计局	47	6825	71	121	39	151	12	102	91	9
固镇县审计局	127	19498	34	18	126	16322		16322	108	106

（续表）

审计机关	完成审计项目/个	审计查出主要问题金额	审计发现非金额计量问题/个	审计期间整改金额	出具审计报告和审计调查报告/篇	审计处理情况		审计促进整改落实有关问题资金	审计提出建议/条	提交审计信息/篇
						审计处理处罚金额	移送处理事项/件			
淮南市										
淮南市本级	58	541218	433	3707	58	63342	2	38411	265	50
大通区审计局	27	792	25	206	27	619		152	37	2
田家庵区审计局	60	2232	135	842	60	1862		817	179	16
谢家集区审计局	52	2918	118	77	52	154		50	69	25
八公山区审计局	26	170	53	8	26	105	1	105	68	38
潘集区审计局	14	27973	85	13265	14	22		22	34	
凤台县审计局	113	89602	89	199	113	3612		18605	322	54
寿县审计局	31	146800	119	2405	31	89478		53889	105	49
毛集实验区审计局	14	49	30		14				69	16
马鞍山市										
马鞍山市本级	61	591930	230	4560	93	20891	7	20891	301	197
花山区审计局	32	143	19		32	77		77	42	
雨山区审计局	57	4080	58	1539	57				89	3
博望区审计局	15	934	49	214	15			720	56	2
当涂县审计局	201	103989	3	658	218	387	2	425	276	2
含山县审计局	126	53561	74	3504	155			3504	736	58
和县审计局	12	90706	25	7934	17				35	92
淮北市										
淮北市本级	42	52231	51	328	42	22747	4	6949	203	91
杜集区审计局	3	1823			5	298			7	
相山区审计局	2	18419	1		4	18410		18410	5	1
烈山区审计局	12	13108	17		22	23			38	
濉溪县审计局	15	351349	31	217	14	101512			38	7
铜陵市										
铜陵市本级	38	583719	194	53102	34	182604	2	76965	90	5
铜官区审计局	104	88490	47	20800	28		4	25318	79	2
义安区审计局	16	76374	64	20	20	70182	1	2182	44	3
郊区审计局	171	11019		336	171	11019		11019	35	11
枞阳县审计局	69	3365	4	3365	88	10	23	3365	34	19
安庆市										
安庆市本级	107	31680	114	19502	107	2908	5	269280	242	46

（续表）

审计机关	完成审计项目/个	审计查出主要问题金额	审计发现非金额计量问题/个	审计期间整改金额	出具审计报告和审计调查报告/篇	审计处理情况		审计促进整改落实有关问题资金	审计提出建议/条	提交审计信息/篇
						审计处理处罚金额	移送处理事项/件			
迎江区审计局	91	13357	37	3	91	5	2	12406	69	47
大观区审计局	27	5564	14	203	27	192		5371	86	38
宜秀区审计局	98	60845	18	28	98	586	2	16676	287	13
桐城市审计局	30	48313	19	5870	30	38867		5905	30	13
怀宁县审计局	109	22681	148	3954	109	8	3	22606	243	32
潜山市审计局	119	16244	218		136	1	1	1	162	56
太湖县审计局	17	6858	13	2121	10	65	1	179	9	30
宿松县审计局	109	131973		2509	108	7240		1115	453	10
望江县审计局	68	65240	280	2020	68	8778	3	8149	237	98
岳西县审计局	12	41251	12	38088	149	2			69	2
黄山市										
黄山市本级	68	383469	45	12961	73	12995		13000	84	25
屯溪区审计局	120	22075	2		131	2858		2844	57	20
黄山区审计局	121	4638	54	3081	128	3042	2	3752	190	1
徽州区审计局	119	60283	33		117	57857		8619	129	1
歙县审计局	15	32158	23	864	15	2757		2757	33	11
休宁县审计局	154	18495	42		154	4542		4542	53	26
黟县审计局	84	121501	3	1003	84	3339		3272	117	10
祁门县审计局	20	8864		1	20	8723		8713	9	12
滁州市										
滁州市本级	52	322981	274	852	69	56832	7	47104	185	443
琅琊区审计局	68	15659	51	80	76	8992		8992	104	116
南谯区审计局	24	7218	18	2423	27	7218		7218	18	50
天长市审计局	131	69129	102	1507	156	35520	12	35216	373	9
明光市审计局	39	7406	40		69	2502		2482	138	19
来安县审计局	25	27978	73	17520	34	27978	1	27978	90	9
全椒县审计局	19	29049	56	6	22	25780		25267	35	10
定远县审计局	31	38879	36		31	1512	4	133	120	28
凤阳县审计局	42	2602			36	2602		2602	111	16
阜阳市										
阜阳市本级	115	1857838	52	4642	15	561422		19532	98	
颍州区审计局	35	22891			5	22891		22891	92	54
颍东区审计局	148	6383			2	219		219	427	21

（续表）

审计机关	完成审计项目/个	审计查出主要问题金额	审计发现非金额计量问题/个	审计期间整改金额	出具审计报告和审计调查报告/篇	审计处理情况		审计促进整改落实有关问题资金	审计提出建议/条	提交审计信息/篇
						审计处理处罚金额	移送处理事项/件			
颍泉区审计局	72	208314	10	93	84	68			47	
界首市审计局	47	9387			2	8544			90	
临泉县审计局	61	233295	50		42				147	
太和县审计局	72				2					
阜南县审计局	112	74527	52		18	916		916	44	
颍上县审计局	339	4925	24		5				823	
宿州市										
宿州市本级	198	510215	65	6017	200	42869	12		156	144
埇桥区审计局	214	33769	24	1156	216	727	13	727	99	115
砀山县审计局	346	284787	18	9004	346	33	4		36	156
萧县审计局	206	19471	3	19471	206	172	3	19471	112	38
灵璧县审计局	285	453327	27		286	131824		115457	102	20
泗县审计局	522	80710	28	30348	522	3116	14	69890	77	41
六安市										
六安市本级	35	965003	432	189634	36	35741	7	146320	122	5
金安区审计局	41	79068	60	3846	52	15103	2	20032	305	26
裕安区审计局	15	7310	18	2486	15	1265		4213	50	2
叶集区审计局	198	3822	25	16	198	114	4	1555	43	17
霍邱县审计局	271	14797	268		271		2	14797	307	27
舒城县审计局	134	88030	96		125	88030	1	88030	303	16
金寨县审计局	29	37298	48	13725	29	23570	6	249	90	4
霍山县审计局	56	38845	59	31543	43	31442	4	38359	65	28
亳州市										
亳州市本级	231	801214	905		1104	4006	16	245	798	112
谯城区审计局	196	3013			517	187		307	144	500
涡阳县审计局	372	27271	40				13	389	589	67
蒙城县审计局	221	104210	563		2827	66988		244	230	120
利辛县审计局	108	83184	30		435	7883	2	143	178	36
池州市										
池州市本级	43	168113	261	3810			7	55	99	43
贵池区审计局	26	50518	32253		1166	44	1	26	80	45
东至县审计局	49	20354	127					49	138	12
石台县审计局	27	6601	1	1717	13		2	24	31	38
青阳县审计局	72	10916		4516			4	81	220	3

（续表）

审计机关	完成审计项目/个	审计查出主要问题金额	审计发现非金额计量问题/个	审计期间整改金额	出具审计报告和审计调查报告/篇	审计处理情况		审计促进整改落实有关问题资金	审计提出建议/条	提交审计信息/篇
						审计处理处罚金额	移送处理事项/件			
宣城市										
宣城市本级	50	324014	7540	2369	7538	25495	39	61	164	168
宣州区审计局	255	613961		6445	2	94765		256	344	77
宁国市审计局	252	29170		6860	496			264	515	90
郎溪县审计局	148	27824	223	12238	337			158	300	76
广德县审计局	155	47800					5	155	227	117
泾县审计局	158	14150	640	4195	64	3096	2	171	433	123
绩溪县审计局	332	14930	7	3014	3426	1610		347	493	84
旌德县审计局	79	39492	3580	1641	41	11		89	120	73

福建省

【福建省审计厅】 2018 年，福建省审计厅实有 245 人。厅机关设有办公室、法规处、综合处、经济责任审计处（经济责任审计联席会议办公室）、计算机审计处、财政审计处、金融审计处、行政事业审计处、经贸审计处（中央属单位审计处）、农业与资源环保审计处、社会保障审计处、固定资产投资审计处、外经贸审计处、人事处、经济执法审计处、教育审计处、卫生社保审计处、政法审计处、机关事务审计处、建设审计处、农林水审计处和科文体审计处，机关党委、驻厅纪检组；下设审计举报中心、审计科研所（政府投资项目和国外贷援款项目审计服务中心）、计算机应用中心。

领导成员

省委审计委员会办公室主任、党组书记、厅长：杨　红

党组成员、副厅长：王成章　吴克昌

许克付

廖德铨（1 月—）

党组成员、总审计师：林建苍

党组成员、纪检组长：林亚贵

副厅级稽查专员：周银芳（9 月—）

林志坤（9 月—）

陈敬辉（9 月—）

陈躬仙（9 月—）

副巡视员：叶晓钢（9 月—）

审计成果 2018 年，福建省市县三级审计机关完成审计项目 2736 个，其中专项审计调查项目 200 个。出具审计报告和专项审计调查报告 3636 篇，提出审计建议 7558 条，被采纳 6043 条。审计促进整改落实有关问题资金 90.97 亿元；审计促进拨付资金到位 12.04 亿元；审计后挽回（避免）损失 9.96 亿元；核减投资额 11.51 亿元。移送司法机关、纪检监察机关和有关部门处理事项 279 件，移送处理人员 170 人，移送处理金额 10.53 亿元。推动被审计单位制定整改措施 765 项；促进被审计单位建立、健全规章制度 293 项；提交审计专题报告、综合性报告和信息共 4612 篇，被批示、采用 2644 篇次。

厦门市审计局实施的厦门市第三医院 2015 年度财务收支审计、上杭县审计局实施的上杭县旧县镇原党委书记镇长任期经济责任审计等 2 个项目，被审计署评为表彰审计项目。

审计管理体制改革 中共福建省委审计委员会成立，中共福建省委审计委员会办公室设在省审计厅。12 月 5 日省委书记、省委审计委员会主

任于伟国主持召开省委审计委员会第一次会议。按照省委统一部署，福州市、三明市、莆田市成立市委审计委员会。根据《福建省省级机构改革实施方案》，优化省审计厅职能，将省发展改革委的重大项目稽查职责，省财政厅的预算执行情况和其他财政收支情况监督检查职责，省国资委的相关经济责任审计职责以及省属国有大中型企业监事会等职责划入省审计厅。11 月中旬，省审计厅完成转隶干部接收工作。

国家重大政策措施落实情况跟踪审计 全省审计机关共有 435 名审计人员开展政策跟踪审计工作，全年审计抽查单位 2625 个（次），涉及资金总量 2256.37 亿元，抽查项目个数 3783 个（次），涉及项目总投资额 3404.98 亿元。聚焦政策落实、项目落地、资金保障、简政放权、风险防范五个方面，结合福建省区域特点和部门实际，持续跟踪查出省重点项目推进、生态环保、减税降费、普惠金融、健康养老等诸多领域问题，促进国家重大政策措施落地生根。提交各类审计报告和信息简报 584 篇，全省已整改问题 411 个，促进被审计单位根据审计建议建立健全规章制度 111 项，推进各类重点建设项目开工、完工和加快项目建设进度 166 个、促进项目单位规范管理和完善基建手续 123 个；促进各类生态环保专项资金下达或拨付 1.1 亿元，促进污染企业改造搬迁 44 个；推动多项养老政策出台。

财政审计 全省审计机关对 685 个部门、单位预算执行审计和 118 个单位实施财政决算审计，延伸审计单位 1042 个。省审计厅加强全省审计资源统筹，省市县三级审计机关同步联动实施预算执行和决算草案审计。实现对 131 个省一级预算单位电子数据分析全覆盖，对省级部门预算安排资金的年初细化率、二次分配、支出进度、提前下达转移支付比例、转移支付资金按时限下达、税收征管等情况进行核查，根据数据分析结果对 16 个省直部门单位开展重点抽查。审计发现存在财政管理有待进一步强化、部分税收征管不够到位、对下转移支付管理不够严格、国有资本经营预算管理有待加强、国库集中支付管理有待完善、财政绩效评价管理有待加强、部分市县决算草案编制不实等 7 个方面问题，并对进一步落实推动高质量发展和实现赶超工作相关部署、进一步落实打好三大攻坚战相关举措、进一步提高财政资金配置效率、进一步发挥经济政策的叠加效应和进一步激活财政管理机制等 5 个方面提出审计建议。

省人大常委会听取审计工作报告、2017 年度省级预算执行和其他财政收支审计查出问题整改落实情况的报告。

三大攻坚战审计 结合预算执行和决算草案审计对 4 个市本级和 20 个县（市、区）开展政府隐性债务审计，分两个阶段对 7 个市本级和 9 个县（市、区）开展政府债务核查，摸清现状，揭示风险，提出规范债务管理、化解存量债务的建议。开展 3 家省属地方金融机构风险状况专项审计调查和 17 家省属国有企业高风险业务隐患排查。探索建立地方政府债务、地方金融运行、国有企业高风险业务、自然资源管理与生态环境保护监测等 4 个风险预警审计防控机制，对主要指标实行监控，从体制机制层面分析原因、提出建议，促进系统性、区域性风险的防范。组织开展 23 个省级扶贫开发重点县审计，将扶贫审计与推动福建省实施乡村振兴战略相关政策的落实有效衔接。全省抽查扶贫项目 534 个、单位 395 个、乡镇 130 个、行政村 450 个，入户调查 2679 户，审计期间各地立审立改问题资金 7531 万元。组织开展全省生态建设和环境保护政策资金专项审计，包括美丽乡村建设、重点流域生态补偿等 10 个专项，涉及 69 个县（市、区）、490 个乡镇。

经济责任审计 深化以领导干部责任为主体、经济责任审计和自然资源资产离任审计为两翼的领导干部责任审计制度，实行“一次审计，两份报告”。围绕新常态下党中央、国务院作出的重大决策，按照高质量发展与实现赶超有机统一、生态环境“高颜值”和经济发展“高素质”协同共进的要求，紧扣党政主要领导干部履行经济决策权、经济政策执行权、经济管理监督权，以领导干部权力运行轨迹为主线，全省完成经济责任审计项目 835 个，涉及领导干部 1014 人。提交审计报告和审计结果报告 1726 篇，提出审计建议 2697 条，被采纳 2003 条。建立由省经济责任联席办公室牵头，纪委、组织部、教工委、国资委、审计厅等多部门共同实施的审计整改联合督查机制。省审计厅对近三年厅本级实施的经济责任审计项目整改情况进行“回头看”，建立审计整改挂销号清单，逐一对账整改、销号，实行动态管理。

建立经常性领导干部自然资源资产离任审计制度，促进各地加强资源管理和生态环境保护。全省完成领导干部自然资源资产离任审计项目117个，涉及各级地方党政主要领导干部198人、自然资源资产管理和生态环境保护工作部门的主要领导干部13人。审计结果评价为“好”等次2个、“较好”等次104个、“一般”等次11个。每个县级审计机关都组织开展1个乡镇或街道的自然资源资产离任审计，打通省市县乡四级审计监督链条。探索自然资源资产离任审计大数据分析先行，对2018年开展审计地区的自然资源资产变化情况进行分析，共发出核查单44个，涉及问题类型72个。国家发展改革委在厦门举办的生态文明试验区建设现场经验交流会上，省审计厅作自然资源资产离任审计在推动试验区建设的情况介绍。

固定资产投资审计　全省共对510个单位开展固定资产投资审计，涉及项目投资额2439.94亿元。省审计厅组织省市两级审计机关、省交通运输厅内部审计机构对5条高速公路建设项目开展竣工决算审计，概算投资共142.05亿元。审计查出资本金未及时足额到位、多计工程款、勘察设计深度不足、多计征地拆迁补偿费用、非包干项目按包干处理、多预留尾工费用等问题，下达审计决定书5份，出具审计报告5份，出具审计移送处理书1份，提出审计建议16条。经省政府同意，省审计厅印发《关于进一步完善和规范投资审计工作的通知》，针对当前全省投资审计存在的突出问题提出要求，推动完善和规范投资审计工作。

民生资金（项目）审计　全省各级审计机关派出88个审计组、498名审计人员，检查388个安居工程项目的建设管理情况，并延伸调查3447户农村危房改造家庭，完成2017年度全省保障性安居工程跟踪审计。完成省本级落实加快养老事业发展政策措施情况专项审计调查，并对三明市、宁德市、莆田市人民政府，平潭综合实验区管委会及三元区、沙县、蕉城区、福鼎市、涵江区、仙游县政府贯彻落实政策措施情况进行延伸审计调查。对福建省医疗保障局管理的2017年度城镇职工基本医疗保险基金、生育保险基金等省级社会保险基金的筹集、管理和使用情况进行省本级社保基金专项审计。对14家省属公立医院在管理体制、人事分配制度、绩效考核、内部运行机制及科学补偿机制等综合改革情况进行专项审计调查。

信息化建设　召开大数据审计工作推进会，制定2018—2020年大数据审计工作指导意见。运用数据定期报送机制，公布审计电子数据清单，新增自然资源资产、社保和质监等行业数据的采集，实现公安车辆数据在线采集推送，归集电子数据累计约51TB。推动审计数据应用，“横向到边”“纵向到底”分析整理财政数据，建立审计中间表近200张；完善财政、金融、扶贫、社保、自然资源资产管理等大数据审计分析平台，充分运用大数据开展税收征管、精准扶贫、保障性安居工程和自然资源资产管理等领域审计，实现数据批量检索，集中分析、分散核查，为审计全覆盖和精准审计提供技术支撑。

相关工作　全面加强机关党的建设，开展习近平新时代中国特色社会主义思想“大学习”活动，形成“党组每周例会学、中心组每月集中学、全厅每季度专题研读”的学习制度和“党组书记领读领学、党组中心组示范学、处级以上干部集中学、党支部讨论交流学、全体党员跟进学”的“五学”模式，全年共组织28次党组中心组学习和3期新思想专题学习研讨周。以党的政治建设为统领，制定“两个责任”清单，按照审计署的统一部署，在全省开展纪律作风专项整治月活动，进一步严明政治纪律和政治规矩。推进政治文化建设，坚持开展“共产党人价值观论坛”，弘扬审计正能量。加强干部队伍建设，省审计厅党组认真落实新时代党的组织路线，构建个人定期自我评估、所在处室评价、机关党委评议、人事部门考察、驻厅纪检组监督、党组分析研究“六位一体”的干部成长综合分析研判机制，全方位、多角度深入了解和识别干部在政治忠诚、政治定力、政治担当、政治能力、政治纪律等方面的表现，激励干部新时代新担当新作为。

（撰稿人：王康力）

【福州市审计局】　2018年，福州市审计局实有86人。党组书记、局长林良云，党组成员、副局长郑生明、刘小红（—12月）、林光明、林芳，党组成员、总审计师陈立武，党组成员、纪检监察组组长王陈峰，党组成员、副调研员潘忠杰，经济责任审计工作联席会议办公室主任刘小红（兼，—12月），稽查专员余新彬（12月—）、卓秀琼（12月—），调研员刘小红（12月—），副调研员翁国荣、林先。设有办公室、综合业务处、法规处、财政金融审计处、行政事业审计处、固定资产投资审计处、经贸审计处、社会保障审计处、农业与资源环保审计处、经济责任审计处、园区经济审计处、计算机审计处、人事处，局机关委员会；下设政府固定资产投资审计中心。中共福州市委审计委员会办公室设在市审计局。

审计成果 2018年，福州市县两级审计机关完成审计和专项审计调查项目305个。出具审计报告和专项审计调查报告395篇。审计处理处罚金额13.28亿元，审计后促进增收节支和挽回损失等11.64亿元。移送有关部门处理事项31件76项，发出问责建议函3份20条，涉及金额7935.62万元，推动被审计单位制定整改措施204项。审计信息被批示、采用639篇；审计提出建议874条。向社会公告审计结果11篇。

福州民天集团有限公司党委书记、董事长林慈经济责任审计经省审计厅考核为质量优秀项目。

国家重大政策措施落实情况跟踪审计 分季度持续开展生态建设和环境保护、精准扶贫、加快养老事业发展等9项重大政策及120个“抓项目促发展”省市重点建设项目跟踪审计，涉及部门（项目单位）405个。促进整改发现问题36个，挽回和避免财政资金损失1.45亿元，推动加快项目建设25个，推动完善制度16项。

财政审计 依托数据采集报送机制，对市本级财政和512个部门（单位）预算执行数据分析全覆盖，完成126个预算执行审计项目，查出管理不规范等问题金额164.99亿元，促进增收节支等8.31亿元。对市县两级215个部门（单位）2017年度公用经费管理使用情况进行专项审计检查，移送相关部门违规违纪线索5件。

经济责任审计 对85个单位的92名党政及国有企业领导人员进行任期经济责任审计，其中任中审计48人。印发《福州市党政领导干部自然资源资产离任（任中）审计实施意见》《福州市乡镇（街道）党政主要领导干部自然资源资产离任（任中）审计工作的指导意见》，建立常态化的自然资源资产审计制度，完成23项领导干部自然资源资产离任（任中）审计。提交审计报告和审计结果报告175篇，查出违规金额2506.31万元，移送纪检监察机关和有关部门处理事项21件，移送处理人员15人，提出审计建议272条。

固定资产投资审计 对29个公共投资项目、120个省市重点建设项目进行审计和专项审计调查。揭示部分项目进度慢、结算不及时、基建程序滞后等问题。5个县区政府投资审计中心对3455个工程项目开展造价审计，核减投资额11.39亿元。

民生资金（项目）审计 对67个重点民生项目（资金）开展审计或者专项审计调查，查出问题金额8.18亿元，移送侵害群众利益等问题线索和追责事项43项。组织抽查福州市及甘肃省定西市9个县区163个扶贫项目，涉及159个镇村176户，查出问题金额7039.12万元。开展保障性安居工程审计，促进增收节支1.12亿元，取消保障资格303户，234套闲置保障房投入使用，462套非标准面积房源调出公租房项目清单。

相关工作 《福州市审计志》正式出版，成为福州市第一部记载国家审计的专业志书。

（撰稿人：方韶玲）

【厦门市审计局】 2018年，厦门市审计局实有81人。党组书记林起核（—7月）、陈添友（7月—），局长陈添友，党组成员、副局长陈爱忠、洪再福，党组成员总审计师王庭亮，党组成员卢晓聪、刘海山，纪检组组长钟少伟。设有机关党委、办公室、综合计划处、审理处、人事处、经济责任审计处（市经济责任审计联席会议办公室）、财政审计处、行政事业审计处、农业与资源环保审计处、社会保障审计处、固定资产投资审计处、金融与外资审计处（计算机审计处）、企业审计处。

审计成果 2018年，厦门市区两级审计机关完成审计项目168个，其中专项审计调查项目31个。出具审计报告和审计结果报告253篇；损失浪费金额3.6亿元，审计发现非金额计量问题

1027个，损益（收支）不实13.37亿元。审计处理应上缴财政1.03亿元、应减少财政拨款或补贴868万元、应归还原渠道资金12.52亿元、应调账处理金额2.11亿元；向司法、纪检监察及有关部门移送处理案件30件。审计促进整改落实有关问题资金9.19亿元，其中已上缴财政1.91亿元、已归还原渠道资金6.38亿元、已调账处理金额8078万元；审计提出建议560条，被采纳576条；提交审计信息450篇，被批示、采用审计信息236篇。

市审计局实施的厦门市第三医院2015年度财务收支情况审计项目被审计署评为表彰审计项目。

国家重大政策措施落实情况跟踪审计 2市区两级审计机关抽查13个市直相关政府部门、6个区、104个单位，抽查资金总量45.05亿元；抽查项目185个，抽查项目总投资额54.88亿元。审计发现重大项目推进方面问题8个，涉及投资额27.84亿元；推动3个重大项目的进程，促进18项重大政策落实，促进建立健全制度12项。

经济责任审计 开展领导干部经济责任审计和自然资源资产离任（任中）审计项目27个，其中任中审计19个。《厦门市党政领导干部自然资源资产离任审计实施方案（试行）》由市委、市政府印发全市实施，推动自然资源资产审计常态化。厦门市海洋与渔业局领导干部经济责任和自然资源资产责任同步审计项目获得厦门市政府主要领导批示肯定。对特房集团、路桥集团主要领导人员任期经济责任审计项目、在经济责任审计中形成的南安市的经济责任审计报告，《厦门市属事业单位资产管理情况的监督检查工作有待加强》《部分土地出让后的监管力度有待加强》专报获得市政府主要领导批示肯定。

相关工作 市审计局制定《厦门市审计局审计专家库管理办法》，从相关单位选聘166名具有专业特长和技能，在内部审计（含财务）、工程、造价、土地、矿产、水利、海洋、环保、金融、计算机等领域具有一定权威的专家、学者、专业人员作为审计专家组成审计专家库，以期通过建立一套行之有效的专家遴选、激励、退出机制，把社会上的专家资源有机整合起来，充实审计力量，提高审计水平。 （撰稿人：陈城辉）

【莆田市审计局】 2018年，莆田市审计局实有48人。市委审计委员会办公室主任、党组书记、局长黄锦华，党组成员、副局长张文庆（—8月）、蔡振华、陈建华，党组成员、总审计师邓超庸，纪检组组长曾志明，稽查专员邱玉良（12月—）、黄素彬（12月—）、郑锦权（12月—）、郑明森（12月—）、谢云和（12月—）、欧国民（12月—），副调研员陈国忠、林金顺。设有办公室、法制科、财政金融审计科、社会保障审计科、经济责任审计室、经济责任审计联席会议办公室、行政事业审计科、农业与资源环保审计科、经贸审计科、固定资产投资审计科、特派审计室、驻北岸湄洲岛审计室；下设计算机应用技术中心、政府投资审计中心；市委审计委员会办公室设在市审计局。

审计成果 2018年，莆田市县两级审计机关完成审计项目201个，其中专项审计调查项目12个。查出主要问题金额154.52亿元，其中违规金额8.9亿元、管理不规范金额145.62亿元；审计发现非金额计量问题1989个；损益（收支）不实金额8.08亿元；出具审计报告和专项审计调查报告288篇。移送司法机关、纪检监察机关和有关部门处理事项14件，移送处理金额6.78亿元。审计提出建议720条，被采纳556条；提交审计信息280篇，被批示、采用199篇次。向社会公告审计结果6篇。

市审计局组织实施的涵江区2016年度精准扶贫和城乡医疗救助资金“最后一公里”审计、仙游县2016年度精准扶贫和城乡医疗救助资金“最后一公里”审计等2个项目，经省审计厅考核为质量优秀项目。

国家重大政策措施落实情况跟踪审计 完成32个省市重点项目推进，城厢区、秀屿区地方政府隐性债务、生态建设和环境保护专项资金、科技专项资金、促进就业及养老事业发展惠民政策措施落实情况的跟踪审计，揭示政府债务举借方式不合规、专项资金管理不规范等突出问题191个，提出审计建议82条，被采纳57条。

财政审计 完成预算执行审计项目60个，延伸审计35个下属单位，查出主要问题金额72.08亿元，揭示存量资金未及时清理等问题，提出审计建议172条。市县（区）人大常委会均对审计工作报告给予充分肯定和高度评价。

经济责任审计 对95个单位的105名领导人员开展经济责任审计，揭示贯彻落实上级决策部署不够到位、财务收支管理不够规范等问题，审计提出建议291条。按照省审计厅的统一安排，市审计局组织实施漳州市漳浦县党政主要领导干部自然资源资产离任（任中）审计；开展市林业局主要领导干部自然资源资产离任审计。各县（区）局组织实施乡镇（街道）领导干部自然资源资产离任审计。

民生资金（项目）审计 重点围绕涉及群众利益的保障房建设、教育工程包、就业专项基金等民生资金和项目进行审计，揭示专项资金补助不够精准、项目进度缓慢、专项资金闲置等问题。

信息化建设 市审计局积极构建市本级数据集市，实现业务数据和财务数据集中存放；在全市范围内继续推广AO（现场实施软件系统）与OA（审计管理系统）交互，购买中友金审数据采集大师，解决AO采集模板更新问题。

相关工作 市县两级审计机关坚持以党的政治建设为统领，扎实抓好党建、党风廉政、精神文明创建、综治平安建设、队伍建设等工作。莆田市审计局连续第三届被评为省级文明单位，仙游等5个县（区）审计局获莆田市第十三届精神文明建设先进单位称号。 （撰稿人：翁梅娟）

【三明市审计局】 2018年，三明市审计局实有人数42人。党组书记、局长卢维沙，党组成员、副局长林寿佰、郭澍锡、周永东，党组成员、总审计师罗发淦，纪检组长刘继善，副调研员林建明、徐小华。设有办公室、人事教育科、法规科、任期经济责任审计科、财政金融审计科、社会保障审计科、固定资产投资审计科等10个科室；下设网络审计工作站。三明市委审计委员会办公室设在市审计局。

审计成果 2018年，三明市县两级审计机关完成审计项目283个。出具审计报告和专项审计调查报告416篇，提出审计建议743条、被采纳694条；审计信息被批示、采用594篇。全年查出损益（收支）不实金额7.11亿元、侵害人民群众利益191万元、非金额计量问题1111个，处理处罚金额24.75亿元。移送处理事项10件，涉及35人、1257万元。审计促进整改落实有关问题金额9.98亿元、促进拨付资金到位1.2亿元。

市审计局实施的市环保局局长任期经济责任审计、永安市2016年度市本级预算执行情况及决算草案审计2个项目，经省审计厅考核为质量优秀项目。三明市审计局获得市级文明单位称号。

国家重大政策措施落实情况跟踪审计 开展减税降费、棚户区改造及保障性安居工程建设、生态建设和环境保护及大田县养老事业发展等方面政策措施落实情况的跟踪审计，完成3个县地方政府债务审计，对35个省级重点建设项目及2个区重点项目开展跟踪审计。

财政审计 市县两级审计机关完成预算执行审计项目88个，查出主要问题金额24.17亿元，市政府针对审计发现的问题制定《市本级专项资金管理办法》。市人大常委会专题审议审计工作报告和发现问题整改情况报告，对市审计局如实揭示的问题、提出合理的审计建议、审计发现问题整改的长效机制，给予充分肯定。

经济责任审计 对132个单位的143名领导干部开展经济责任审计，向有关移送重大案件线索2件。完成三明市国投公司董事长任期经济责任审计，揭示公司在经营、管理、股权投资中存在的问题，查出问题金额366万元。完成南平市松溪县党政主要领导自然资源资产离任（任中）审计、市林业局局长自然资源资产离任审计，指导各县（市、区）局完成1个乡镇（街道）党政主要领导干部自然资源资产审计。

固定资产投资审计 完成投资项目审计658个，核减工程造价7.47亿元。历时6年完成三明沙县机场建设项目跟踪审计，共进行预算控制价审核62个、结算审计86个，核减造价1.24亿元，出具审计建议函22份。

民生资金（项目）审计 完成市本级及10个县的保障性安居工程审计，联合市政府督查室开展专项督查，督促101个问题的整改落实到位；开展5个省级扶贫开发重点县的精准扶贫暨民生重点专项资金“最后一公里”审计，移送违纪问题线索5件，规范2.11亿元问题资金管理使用。

信息化建设 制订实施2018—2020年大数据审计工作实施方案、大数据（计算机）审计工作责任分解清单，举办二期信息化专题培训班。两

个计算机审计应用案例在省审计厅评比中分获优秀奖、应用奖。（撰稿人：林慧升）

【泉州市审计局】 2018 年，泉州市审计局实有 54 人。党组书记、局长骆振军，党组成员、副局长黄清安，副局长李小玲，党组成员、总审计师李锦忠，纪检组长赖发泽，副调研员张素卿。设有办公室、综合科、法制科、经济责任审计科、财政金融审计科、行政事业审计科、企业审计科、固定资产投资审计科、计算机审计科、机关党总支；下设计算机审计中心。

审计成果 2018 年，泉州市县两级审计机关完成审计项目 318 个。查出违规金额 9.97 亿元，处理应上缴财政 9.65 亿元；审计促进整改落实有关问题金额 15.35 亿元，其中增收节支 11.16 亿元，挽回（避免）损失 0.23 亿元；移送处理事项 22 件 5 人。出具审计报告和专项审计调查报告 385 篇，被批示、采用 160 篇次；提交审计信息 1156 篇，被批示、采用 785 篇次。审计提出建议 1015 条，被采纳 803 条；推动完善规章制度 141 项。

市审计局实施的安溪县人民政府 2016 年精准扶贫和城乡医疗救助资金“最后一公里”专项审计项目经省审计厅考核为质量优秀项目。

国家重大政策措施落实情况跟踪审计 围绕供给侧结构性改革重点任务，开展 7 个政策专题、52 个重点建设项目跟踪审计。促进减税降费约 19.3 亿元、清理涉企政府性收费项目 44 项，盘活国家自主创新示范区等专项资金 3128 万元；推动建立特困（低保）失能老人补助制度，惠及 13.13 万高龄老年人；推进省市重点建设项目开工完工 10 个、加快项目建设进度 22 个。开展泉港、石狮 2 个重点区（市）政府隐性债务审计。

财政审计 对市财政、市政公用、林业、经信等部门开展预算执行审计，促进财政部门补入库预算资金 1.75 亿元，盘活存量资金 0.38 亿元，清理往来款 36.36 亿元。关注分级诊疗和医疗联合体建设，推动财政部门提供 2168.4 万元专项资金用于提升基层服务能力，促进优质健康服务资源下沉。

经济责任审计 统筹推进领导干部经济责任审计和自然资源资产离任审计，实行“一体两翼”，同步审计。对 75 名领导干部开展经济责任审计，查出违规金额 3151 万元。

固定资产投资审计 开展保障性安居工程跟踪审计，以腾退、改变租房、调整保障等方式清理违规享受保障性住房 320 套，督促整改金额 9911 万元，审计提出建议 44 条，移送案件线索 3 件。对重大民生项目医疗卫生系统 3 个重点建设项目进行专项审计调查。开展援疆项目绩效审计，反映援疆 3 年来取得的成效、不足和问题。

民生资金（项目）审计 实施扶贫村建档立卡的南安、安溪、永春、德化 4 个县市精准扶贫审计，促进“一革命四行动”专项资金 3778 万元及时下拨，精准识别、调整扶贫对象 93 人，收回不符合条件 89 户对象扶贫补助资金 48.9 万元，促进 1898 名贫困人员及时享受医疗救助 194.7 万元，移送处理扶贫领域违纪案件线索 4 件。实施全市医保基金审计，发现较多企业未参保、欠缴医保金等问题，推动多项医保政策出台，每年增加医疗保险基金支出 2.68 亿元，提高城镇职工医保待遇水平。

企业审计 开展省五建、市路桥公司等市属重点国企审计，检视当前国企运营体制、机制、制度缺陷问题，提交的规范联营工程项目管理等专报得到市领导的批示和肯定。

农业与资源环保审计 对 5 部门 10 个专项的生态环保政策和资金开展三级联动审计，促进各类生态环保专项资金下达或拨付 5845 万元、推进生态环保项目完工 34 个；提交的小流域整治及林地数据与国土数据交叉重叠等问题的专报得到市政府主要领导批示，要求相关部门落实整改。

相关工作 对接审计管理体制改革和机构改革，出台落实审计制度改革若干问题的实施意见、构筑审计大格局推进审计全覆盖的实施意见、推进审计结果整改落实情况跟踪检查管理办法、推进大数据应用构建高效审计的实施意见等。建立审计与人大、政府、巡视巡察、被审计单位及特约审计员“五个联动”督促整改共推举措，推动整改率提升。（撰稿人：张志文）

【漳州市审计局】 2018 年，漳州市审计局实有 62 人。党组书记、局长曾妙玲，副局长张孔亮，党组成员、副局长郑清松、吴春金，党组成员、市经济责任审计联席会议办公室主任高振强，纪检组组长李华英，稽查专员钟志刚（12月—）、张伟成（12月—）、杨跃光（12月—）、吴强（12月—），正处级干部郭进福（—9月），副调研员李瑞富。设有办公室、法制科、经济责任审计科、财政金融审计科、行政事业审计科、经贸外经审计科、农业与资源环保审计科、社会保障审计科、固定资产投资审计科、莆田开发区审计科（台商投资区审计办事处）、机关党委；下设计算机应用技术中心、固定资产投资审计中心、政府性资金风险防控中心等事业单位。

审计成果 2018年，漳州市县两级审计机关完成审计项目342个，其中专项审计调查项目47个。查出损益（收支）不实金额9.52亿元；非金额计量问题1602个；审计发现侵害人民群众利益474万元；出具审计报告和专项审计调查报告430篇。审计处理处罚金额9.43亿元，其中应上缴财政4.83亿元、应减少财政拨款或补贴1956万元、应归还原渠道资金1.94亿元、应调账处理金额2.47亿元；移送司法机关、纪检监察机关和有关部门处理事项27件，移送处理人员28人，移送处理金额2399万元。审计促进整改落实有关问题资金4.86亿元；审计促进拨付资金到位1427万元；审计后挽回（避免）损失4217万元；核减投资额4127万元；移送处理落实事项1件。审计提出建议982条，被采纳693条；推动被审计单位制定整改措施119项；提交审计信息322篇，被批示、采用228篇次。向社会公告审计结果1篇。

市审计局实施的开发区国土资源分局原局长任期经济责任审计、龙文区审计局实施的城乡建设局原局长任期经济责任审计等2个项目，经省审计厅考核为质量优秀项目。

国家重大政策措施落实情况跟踪审计 组织11个县（市、区）审计局同步开展52个重点项目和15个专题的跟踪审计，推进9个重点项目开工、完工，加快5个项目建设进度，促进3个项目单位规范管理和完善基建手续。

财政审计 对97个预算单位开展审计。市审计局利用采集报送的数据，对374个一级预算单位国库支付、预算编制情况进行数据分析，揭示问题。根据市人大常委会就审计报告的审议意见，以问题清单方式推动审计整改。

经济责任审计 完成83个单位110名领导干部任期经济责任审计。实施漳州市水利局原党组书记、局长周肖峰经济责任审计和自然资源资产离任审计项目。根据省审计厅统一安排，实施龙岩市永定区委书记、区长经济责任审计和自然资源资产离任（任中）审计。

固定资产投资审计 完成援疆项目和资金审计、国道324线角美段路改造工程竣工决算审计、漳州三湘江引水泵站工程竣工决算审计、漳州市龙江路道路改造工程竣工决算审计等55个投资审计项目，核减工程款0.41亿元。

民生资金（项目）审计 完成保障性安居工程跟踪审计、精准扶贫暨民生重点资金“最后一公里”专项审计等14个项目审计或者专项审计调查。全市村镇污水治理情况跟踪审计项目呈报的《我市2018年村镇污水治理工作存在的问题及建议》市委书记的批示。在云霄、平和、诏安等3个省级扶贫开发重点县精准扶贫暨民生重点资金“最后一公里”专项审计中，向有关部门移送“微腐败”问题线索2件。

信息化建设 制定2018—2020大数据审计工作实施办法，开展市直各部门政务信息系统调查。多行业联网审计系统社保子系统通过验收并应用于全市城乡居民医保基金审计。

（撰稿人：李伟光）

【南平市审计局】 2018年，南平市审计局实有65人。党组书记、局长陈建新，党组成员、副局长刘剑锋、陈卷宝、李华，党组成员、总审计师上官登川，纪检组组长陈观增。设有办公室、机关党委、法规科、经济责任审计科、财政金融审计科、行政事业审计科、经贸审计科、固定资产投资审计科、社会保障审计科、武夷新区分局；下设固定资产投资审计中心、计算机审计中心。

审计成果 2018年，南平市县两级审计机关完成审计项目377个。出具审计报告和专项审计调查报告493篇。查出损益（收支）不实金额0.65亿元，发现非金额计量问题1925个；审计处理处罚金额13.56亿元，其中应上缴财政1.99亿元、应减少财政拨款或补贴2.41亿元、应归还原渠道资金6.08亿元、应调账处理金额2.95亿元；移送司法机关、纪检监察机关和有关部门处理事项 110 件，移送处理人员 40 人，移送处理金额 0.6 亿元。审计促进整改落实有关问题金额 10.85 亿元，促进拨付资金到位 0.21 亿元，挽回（避免）损失 2.48 亿元；核减投资额 3.56 亿元；移送处理落实事项 33 件。审计提出建议 783 条，被采纳 719 条；推动被审计单位制定整改措施 3 项。提交审计信息 380 篇，被批示、采用 235 篇。

市审计局等实施的建阳区 2017 年党政主要领导干部自然资源资产离任审计试点等 2 个项目，经省审计厅考核为质量优秀项目。南平市审计局被省委、省政府授予第十三届“福建省文明单位”荣誉称号。

国家重大政策措施落实情况跟踪审计 抽调组织全市审计人员 120 余人，对全市贯彻落实国家重大政策措施和宏观调控部署情况进行跟踪审计，促进资金拨付使用 9021.56 万元，上缴财政 817.75 万元，归还原渠道资金 745.72 万元。

财政审计 市审计局对南平市财政局 2017 年度市本级财政预算执行情况和其他财政收支情况以及决算草案进行审计，查出主要问题金额 8.29 亿元。

经济责任审计 市县两级审计机关完成经济责任审计项目 100 个，审计党政领导干部 142 人，共查出问题金额 14.13 亿元。市审计局组织全市骨干 133 人次完成 24 个领导干部自然资源资产离任（任中）审计项目。乡镇领导干部自然资源资产离任审计“五围绕五突出”的南平方法，被市委推荐为全面深化改革复制推广典型经验案例，上报省改革办；依此撰写的《乡镇领导干部自然资源资产离任审计探索》，被审计署评为获奖课题。

固定资产投资审计 将市委、市政府确定的重点工程纳入审计“绿色通道”，简化程序、马上就办、限时完结，完成固定资产投资审计项目 145 个，核减投资额 3.56 亿元，审计提出建议 66 条。

民生资金（项目）审计 开展安居保障房审计，促进盘活闲置专项资金 1.25 亿元，纠正和追回专项资金 1100 余万元，发现不符合享受保障性住房条件的保障对象 259 户（人），清退或取消住房补贴的保障对象 123 户（人）。开展扶贫资金审计，抽调市域审计骨干 40 余人，对 5 个扶贫开发工作重点县开展精准扶贫暨民生重点专项资金审计，抽审 120 个扶贫项目，涉及扶贫资金 9.86 亿元，65 个单位、25 个乡镇，入户调查 581 户。

企业审计 实施南平工业园区开发建设有限公司、荣华山工业园区建设有限公司等企业审计项目，查出主要问题金额 1796 万元。

相关工作 认真履行管党治党政治责任，努力建设信念坚定、业务精通、作风务实、清正廉洁的高素质专业化审计干部队伍。坚持以审计精神立身，以创新规范立业，以自身建设立信。开展“纪律作风专项整治月”活动，严格落实中央八项规定精神，以及审计“四严禁”工作要求和审计“八不准”工作纪律。充分发挥“党建带群建、群建壮党建”作用，市审计局通过“福建省青年文明号”和“福建省模范职工之家”初评。

（撰稿人：陈薛良　吴珊珊）

【龙岩市审计局】 2018 年，龙岩市审计局实有 52 人。党组书记、局长郑贵豪，党组成员、副局长黄文安、王思水、钟江泓、陈振书，党组成员、总审计师赖日章，党组成员、稽查专员戴桂芳（12 月—），调研员段渭景，副调研员张彩俤。设有办公室、综合计划与法规科、财政金融审计科、行政事业审计科、经贸外资审计科、固定资产投资审计科、农业与资源环保审计科、经济责任审计科、社会保障审计科、机关党委、经济责任审计联席会议办公室；下设审计举报中心、计算机辅助审计中心和固定资产投资审计中心。

审计成果 2018 年，龙岩市县两级审计机关完成审计和专项审计调查项目 244 个。查出违规金额 8073 万元，损失浪费金额 9358 万元；审计处理处罚金额 10.25 亿元；移送处理事项 5 件；审计提出建议 663 条，被采纳 404 条；促进被审计单位制定整改措施 29 项，建立健全规章制度 22 项；出具审计建议函 5 份，提交审计专题、综合性报告和审计信息 685 篇，审计专题、综合性报告被批示、采用 203 篇次。

市审计局实施的龙岩市交通综合行政执法支队 2016 年度预算执行情况及支队长任期经济责任审计、上杭县审计局实施的上杭县旧县镇原党委书记原镇长任期经济责任审计、上杭县第五中学校长任期经济责任审计等 3 个项目，经省审计厅考核为质量优秀项目。

国家重大政策措施落实情况跟踪审计 紧扣“政策落实、项目落地、资金保障、激活主体、培育动能、风险防范”六个方面，开展重大政策措施落实情况跟踪审计，按季度形成审计报告。

财政审计 开展2017年度市级财政预算执行情况审计，对市农业局、林业局、水利局、环保局等单位开展部门预算执行情况审计。结合同级审，8个市直部门单位开展“1＋X”专项督查，对开展永定区、上杭县地方政府隐性债务专项审计。对11家社团单位开展“三公”经费专项审计。

经济责任审计 构建以领导干部责任为主体、经济责任审计和自然资源资产离任审计为两翼的领导干部责任审计制度框架，结合同级审对市林业局、农业局、水利局、环保局等单位开展领导干部经济责任审计；结合企业资产负债损益审计对市人才集团公司、水发集团公司、水电站库区移民局等单位开展领导干部经济责任审计。对市国土资源局开展自然资源资产任中审计。按照省审计厅统一安排，对三明市建宁县开展党政主要领导任期经济责任审计和自然资源资产离任审计。

固定资产投资审计 对永杭高速公路等8个省市重点建设项目实施跟踪审计，重点检查招投标、物资采购、投资控制、土地征用、环境保护、工程质量等方面存在的突出问题。对14个政府投资项目开展结算或决算审计，审核结（决）算总造价14.66亿元核减工程结（决）算造价1.8亿元。开展全市保障性安居工程跟踪审计、援疆项目及资金专项审计、龙岩第一医院分院空调招标采购工作滞后问题审计调查等。

民生资金（项目）审计 对武平、长汀和连城3个省级扶贫开发重点县开展精准扶贫暨民生重点资金“最后一公里”专项审计，审计涉及资金15.22亿元，延伸检查42个项目、52个部门单位、18个乡镇、87个村、353个贫困户，及时揭示政策不落实、措施不得力、资金不到位、项目不落地、成效不真实等问题。

农业与资源环保审计 结合对环保、林业部门预算执行审计，开展森林资源保护、生态效益补偿、危险废物治理等生态建设和环境保护政策资金、重点水流域环境综合整治资金、城乡环境综合治理资金、美丽乡村建设政策资金的专项审计。

外资运用审计 对龙岩市世界银行贷款医改项目涉及的5个项目管理部门进行审计。

企业审计 对市水务发展集团公司和市人才发展集团公司实施资产负债损益审计。检查市委“人才战略”落实情况，对连城铅锌矿尾矿库闭库工程开展审计。

其他审计项目 开展政府性投资信息系统专项审计调查，促进市数字办出台《龙岩市政务信息系统整合共享实施方案》。开展加强基础教育工作“十条措施”落实情况专项审计。

信息化建设 按照实用的原则，设立数据分析室；组织定期采集报送审计电子数据，扩大数据采集范围，增加采集数量，提高数据审计支撑能力。

内部审计 召开全市内部审计工作推进会，学习贯彻习近平总书记在中央审计委员会第一次会议上的重要讲话精神和全国内部审计工作座谈会精神，对内部审计工作情况进行回顾总结，就加强对内部审计工作的指导监督进行部署。

（撰稿人：卢彩花）

【宁德市审计局】 2018年，宁德市审计局实有36人。党组书记曾家庆，局长黄颖倩，党组成员、副局长陈端浦、吴纯强，党组成员、总审计师林挺仲，纪检组长袁瑞荣，党组成员、副调研员汤万冰，党组成员、经济责任审计联席会议办公室主任郑司扬，调研员谢坚（—9月），副调研员钱冠中。设有办公室、法规科、财政金融审计科、行政事业审计科、经贸审计科、农业与资源环保审计科、社会保障审计科、经济责任审计科、固定资产投资审计科；下设固定资产投资审计中心、网络审计工作站。

审计成果 2018年，宁德市县两级审计机关完成审计和审计调查项目371个，其中专项审计调查项目53个。出具审计报告和专项审计调查报告460篇，被批示、采用103篇次。审计处理处罚金额6.05亿元，其中应上缴财政2588万元、应减少财政拨款或补贴4.14亿元、应归还原渠道资金1.28万元、应调账处理金额3788万元。审计移送司法机关、纪检监察机关和有关部门处理事项 26 件，移送处理人员 18 人。审计促进整改落实有关问题资金 4.76 亿元，促进拨付资金到位 6609 万元，挽回（避免）损失 4.32 亿元，核减投资额 4.15 亿元，移送处理落实事项 1 件。审计提出建议 885 条，被采纳 781 条。提交审计工作报告信息 477 篇，被批示、采用 96 篇次。

市审计局实施的柘荣县 2016 年精准扶贫和城乡医疗救助资金“最后一公里”专项审计等 3 个审计项目，经省审计厅考核为质量优秀项目。

国家重大政策措施落实情况跟踪审计 抽查部门单位 356 个、乡镇 69 个、项目 560 个，审计资金总量 171.2 亿元。

财政审计 对 56 个单位开展财政审计，延伸审计单位 181 个。代市政府向市人大常委会作审计工作报告，得到充分肯定。

经济责任审计 对市县 81 个单位的 95 名党政领导干部、事业单位领导人员开展经济责任审计，出具审计报告和审计结果报告 153 篇，被批示、采用 44 篇次，审计提出建议 248 条，被采纳 219 条。将国土、林业部门领导干部自然资源资产与经济责任、预算执行情况及决算草案同步审计，开展 9 个乡镇领导干部自然资源资产离任（任中）审计。根据省审计厅的统一安排，完成莆田市秀屿区党政主要领导干部经济责任和自然资源资产任中审计。

固定资产投资审计 完成投资审计项目 103 个，涉及项目投资额 88.8 亿元，核减项目投资额 4.1 亿元。

民生资金（项目）审计 开展城镇保障性安居工程跟踪审计，揭示安居工程目标任务管理等 8 个方面 67 个问题；开展精准扶贫暨民生重点专项资金“最后一公里”审计，抽查资金 11.54 亿元，移送案件线索 18 件，出具移送处理书 12 份，审计期间收回或纠正不规范金额 3866.51 万元。

其他审计项目 对 11 个援疆项目和资金开展年度审计，审计资金总量 1625.5 万元。对 2017 年政府购买民办园教育服务奖补资金管理使用情况开展专项审计调查，查出未及时兑现奖补资金 2102.08 万元。开展中央八项规定和实施细则精神“1＋X”专项督查，移送问题线索 13 件，涉及金额 126.79 万元。

内部审计 完成第三届宁德市内部审计协会换届选举，举办 13 个单位参与的理论研讨和经验交流会，组织集中学习培训 220 多人次，6 篇内部审计典型经验得到《中国审计报》宣传报道。

（撰稿人：陈绍伟）

【平潭综合实验区审计办公室】 2018 年，平潭综合实验区审计办公室实有 14 人。审计办公室主任、审计监督室主任阳泽伟，审计监督室副主任念保金。设有审计监督室；下设审计事务中心。

审计成果 2018 年，平潭综合实验区审计办公室完成审计项目 24 个。审计发现非金额计量问题 184 个；损益（收支）不实金额 67 万元；出具审计报告和专项审计调查报告 27 篇，被批示、采用 33 篇次。审计期间整改金额 5059 万元。审计处理处罚金额 5724 万元，其中应上缴财政 4441 万元、应归还原渠道资金 1274 万元、应缴纳其他资金 1 万元、应调账处理金额 6 万元；移送纪检监察机关处理事项 4 件，移送处理金额 86 万元。审计促进整改落实有关问题金额 5703 万元；审计促进拨付资金到位 6.68 亿元；审计后挽回（避免）损失 487 万元；核减投资额 4422 万元；审计提出建议 88 条，被采纳 76 条；推动被审计单位制定整改措施 1 项；提交审计信息 41 篇，被批示、采用 28 篇次。

国家重大政策措施落实情况跟踪审计 对 10 个项目进行跟踪审计，出具审计报告 10 篇，其中 6 篇得到管委会领导批示。

财政审计 对 2017 年度预算执行、财政决算草案和其他财政收支情况进行审计，揭露在预算编制不够细化、预算收入未及时上缴、预算支出执行率不高、对国有企业监管薄弱等方面存在的突出问题，涉及问题金额 21.32 亿元。通过审计，促进整改落实有关问题金额 4424.22 万元，促进拨付资金到位 4.11 亿元，推进政府全口径预算和财政改革。

经济责任审计 开展 3 个单位经济责任审计，涉及 5 名党政干部和国有企业领导，出具审计报告和审计结果报告 7 篇，查出管理不规范金额 6.54 亿元，其中应负主管责任金额 225 万元，应负领导责任金额 6.5 亿元。

固定资产投资审计 对 7 个造价已审结的工程项目进行决算审计，挽回政府性资金损失 487

万元，核减投资额 4422 万元，移送处理事项 1 件。

民生资金（项目）审计 对 2017 年保障性安居工程的计划、投资、建设、分配、运营及配套基础设施建设等情况进行审计，涉及问题金额 5000.83 万元。

农业与资源环保审计 对平潭综合实验区 2017 年度生态建设、环境保护政策和资金情况审计，涉及问题金额 7336.27 万元，移送处理事项 1 件。

（撰稿人：颜素明）

2018 年福建省所辖区、县（市）级审计工作统计表

金额单位：万元

审计机关	完成审计项目/个	审计查出主要问题金额	审计发现非金额计量问题/个	审计期间整改金额	出具审计报告和审计调查报告/篇	审计处理情况		审计促进整改落实有关问题资金	审计提出建议/条	提交审计信息/篇
						审计处理处罚金额	移送处理事项/件			
福州市										
福州市本级	77	909750	510	5902	99	61480	21	83081	272	404
鼓楼区审计局	14	180025	159	1	16	22382	2	16084	41	78
台江区审计局	13	1630	37		17	4		62	35	36
仓山区审计局	13	372484	35		17	209		209	33	65
马尾区审计局	17	22200	56	4	22	14578		14366	45	34
晋安区审计局	13	2634	46	65	16	578		77	33	39
长乐区审计局	31	414451	71	3900	42	658	3	626	82	98
福清市审计局	28	27503	30	400	40	629		616	63	78
闽侯县审计局	26	145337	355	201	36	648	2	568	67	68
连江县审计局	21	7752	55		28	6768		6310	72	47
罗源县审计局	20	19779	97	1	26	7256	1	6723	58	50
闽清县审计局	13	24151	64		15	11429	1	11308	36	42
永泰县审计局	19	46526	80		21	6172	1	4825	37	47
厦门市										
厦门市本级	56	1808352	5797		95185	19587	18	73	196	223
思明区审计局	22	25606	273	16	24006	310	1	32	53	57
海沧区审计局	15	2935	132		197			29	55	21
湖里区审计局	21	34327			21		1	38	72	2
集美区审计局	14	9941	3154		1713	166	4	21	49	40
同安区审计局	20	11651	2			601	1	31	65	35
翔安区审计局	20	22089	978	852	4058	465	5	29	70	72
莆田市										
莆田市本级	74	698240	465	7041	114	142241	11	13969	212	255
城厢区审计局	25	37137	80		37	1328		577	73	6

（续表）

审计机关	完成审计项目/个	审计查出主要问题金额	审计发现非金额计量问题/个	审计期间整改金额	出具审计报告和审计调查报告/篇	审计处理情况		审计促进整改落实有关问题资金	审计提出建议/条	提交审计信息/篇
						审计处理处罚金额	移送处理事项/件			
涵江区审计局	19	46362	80		19	489		179	59	8
荔城区审计局	21	22352	855		28	3310		1576	78	3
秀屿区审计局	32	646304	320	15	47	1304		96	214	8
仙游县审计局	30	94844	189	45	43	28202	3	17477	84	
三明市										
三明市本级	44	153041	214		61	156613	7	50695	119	273
梅列区审计局	27	4570	87		47	4549		5171	89	3
三元区审计局	16	8712	60		28	922		922	30	29
永安市审计局	25	51717	136		35	22818	1	3998	48	79
明溪县审计局	23	5578	137		35	750		375	68	84
清流县审计局	17	22758	63		26	12194		1251	45	
宁化县审计局	21	25064	43		23	3662	1	1887	60	36
大田县审计局	18	104707	73		23	1506		459	32	34
尤溪县审计局	24	9894	48		38	8988		5814	37	23
沙县审计局	21	29521	101		32	20300		20084	108	127
将乐县审计局	19	2842	46		27	2841		2773	39	86
泰宁县审计局	14	18553	40		21	1866		1178	33	22
建宁县审计局	14	11256	63		20	10447	1	5203	35	16
泉州市										
泉州市本级	46	68418	391	10154	55	22470	9	39983	173	285
鲤城区审计局	47	6718	78	1	51	587		416	106	131
丰泽区审计局	15	6348	79		15	45		47	44	187
洛江区审计局	17	7454	48	674	17				26	21
泉港区审计局	10	84339	152	5112	13	692		1910	38	11
石狮市审计局	13	5062	114	18	18	18		18	46	15
晋江市审计局	35	107830	326	23273	46	17762	2	20297	117	54
南安市审计局	33	190257	151		39	138006		79219	148	146
惠安县审计局	21	2647	154		32	345	10		67	11
安溪县审计局	35	8977	86	130	45	333		64	97	14
永春县审计局	23	34440	112	534	23	6509	1	6086	71	184
德化县审计局	23	13811	57	326	31	2546		5471	82	97
漳州市										
漳州市本级	61	504974	298	23556	68	47542	8	28869	177	221

（续表）

审计机关	完成审计项目/个	审计查出主要问题金额	审计发现非金额计量问题/个	审计期间整改金额	出具审计报告和审计调查报告/篇	审计处理情况		审计促进整改落实有关问题资金	审计提出建议/条	提交审计信息/篇
						审计处理处罚金额	移送处理事项/件			
芗城区审计局	20	48482	55	83	26	3497		3597	44	5
龙文区审计局	24	11149	174		28	595	3		67	
龙海市审计局	30	53926	181	5259	42	17162	2	776	107	
云霄县审计局	23	15424	45	15	32	359			38	
漳浦县审计局	40	41221	236	64	47	7856	4	3738	114	21
诏安县审计局	27	72833	49	601	32	565	1	3464	80	
长泰县审计局	20	4138	108	1	21	1532	4	1263	66	
东山县审计局	10	61517	5		12	3		1		8
南靖县审计局	26	28085	74	1	32	344		289	71	
平和县审计局	26	40556	60	1726	38	10075		6642	56	35
华安县审计局	35	5349	317	1	52	4815	5	8	162	32
南平市										
南平市本级	103	219291	677	1836	120	42403	8	29731	216	145
延平区审计局	11	10125	101	27	18	836	21	796	35	
建阳区审计局	49	30304	109	82	55	12519	12	12145	74	3
邵武市审计局	27	58263	135	3842	35	22273	12	20132	85	35
武夷山市审计局	17	4090	77		29	994	5	364	57	23
建瓯市审计局	24	65189	271	440	38	17701	26	10311	76	9
顺昌县审计局	43	26044	152	2178	66	2982	8	1352	55	17
浦城县审计局	25	28609	172	20977	40	4911	6	3888	58	6
光泽县审计局	15	2546	173		21	1543	7	401	39	110
松溪县审计局	12	18702	39		17	16746	4	16746	32	26
政和县审计局	51	12759	19	42	54	12650	1	12650	56	6
龙岩市										
龙岩市本级	49	884765	432	52	63	77021	2	33856	150	206
新罗区审计局	43	18567	60	6643	57	4917	1	4709	76	87
永定区审计局	27	52435	91	14576	34	2780		1124	74	96
漳平市审计局	13	28281	100	186	21	911		677	32	117
长汀县审计局	44	24405	296	858	70	4496		1882	86	55
上杭县审计局	32	28150	200		71	1477	2	73588	108	66
武平县审计局	20	354639	172	186	27	2757		1429	64	37
连城县审计局	16	13121	87	212	22	8146		8050	73	21

（续表）

审计机关	完成审计项目/个	审计查出主要问题金额	审计发现非金额计量问题/个	审计期间整改金额	出具审计报告和审计调查报告/篇	审计处理情况		审计促进整改落实有关问题资金	审计提出建议/条	提交审计信息/篇
						审计处理处罚金额	移送处理事项/件			
宁德市										
宁德市本级	56	1359772	166	1784	65	38251	6	35732	141	286
蕉城区审计局	28	2439	63		50	14	1	6	80	31
福安市审计局	39	70378	71	5	53	5709	6	5631	45	59
福鼎市审计局	51	24629	135		51	1596			118	32
霞浦县审计局	21	60160	112	304	31	743	5	681	46	2
古田县审计局	22	8398	59		31	20	1	20	75	2
屏南县审计局	27	6689	59		37	5587		3792	55	27
寿宁县审计局	16	38161	59		21	502		202	46	30
周宁县审计局	20	2096	59	5	30	1069		1062	55	8
柘荣县审计局	91	13227	210	140	91	7044	7	428	224	
省直管										
平潭综合实验区审计办公室	24	265329	184	5059	27	5724	4	5703	88	41

江西省

【江西省审计厅】 2018 年，江西省审计厅实有 189 人。设有办公室、综合处、法规审理处、电子数据审计办公室、财政与金融审计处、行政事业审计一处、行政事业审计二处、农业审计处、资源环保审计处、固定资产投资审计一处、固定资产投资审计二处、经贸审计一处、经贸审计二处、社会保障审计处、外资运用审计处、经济责任审计处、政法审计处、教育审计处、人事处、机关党委；下设厅机关后勤服务中心、审计科研所、审计信息中心、审计干部培训中心和庐山培训基地 5 个事业单位。

领导成员

厅　　长：辜华荣

副 厅 长：刘　达　邹水成（—7 月）

　　　　　胡志勇　黄正宇

总审计师：刘斌良

纪检组长：罗伟华（10 月—）

经济责任审计办公室专职副主任：胡雅萍

巡 视 员：邹水成（7 月—）

副巡视员：项志锋（1 月—）

审计成果　2018 年，江西省市县三级审计机关完成审计项目 5616 个，其中专项审计调查项目 91 个。查出主要问题金额 1633.74 亿元，其中违规金额 91.68 亿元、损失浪费金额 3.94 亿元、管理不规范金额 1538.12 亿元；审计发现非金额计量问题 9198 个；损益（收支）不实金额 87.03 亿元；审计发现侵害人民群众利益 278 万元；出具审计报告和专项审计调查报告 6472 篇，被批示、采用 83 篇。审计处理处罚金额 194.67 亿元，其中应上缴财政 15.57 亿元、应减少财政拨款或补贴 2.94 亿元、应归还原渠道资金 45.2 亿元、应缴纳其他资金 16.61 亿元、应调账处理金额 114.36 亿元；移送司法机关、纪检监察机关和有关部门处理事项 589 件，移送处理人员 3428 人，移送处理金额 34.55 亿元。审计促进整改落实有关问题金额 156.66 亿元；审计促进拨付资金到位 15.71 亿元；审计后挽回（避免）损失 31.1 亿元；核减投资额 25.55 亿元；移送处理落实事项 62 件。审计提出建议 11679 条，被采纳 7615 条；推动被审计单位制定整改措施 202 项；促进被审计单位建立、健全规章制度 116 项；提交审计信息 1286 篇，被批示、采用 509 篇。向社会公告审计结果 17 篇。

省审计厅实施的永修县财政惠农补贴“一卡通”资金和村级使用的涉农财政资金审计项目被审计署评为优秀审计项目，宜春市审计局实施的宜春市公安局袁州分局原局长任期经济责任审计项目被审计署评为地方表彰审计项目。

国家重大政策措施落实情况跟踪审计　全省完成政策跟踪审计项目 1398 个，审计 1072 个部门单位、资金 278 亿元。省审计厅要求所有的审计项目将贯彻落实重大政策措施情况纳入审计范围。审计发现部分地方“放管服”改革政策落实不到位、未对与国家环保政策不符的地方性规章制度进行清理、税收优惠政策执行不到位、存在违规收费、减税降费政策落实有差距、专项资金未及时拨付或安排使用等问题。按季度向省政府和审计署上报跟踪审计综合报告，均获得省领导的肯定性批示。

财政审计　全省完成预算执行和决算草案审计或者专项审计调查项目 1077 个，查出主要问题金额 738.2 亿元。省审计厅组织对 13 个省级部门预算执行及决算草案审计，查出主要问题金额 250.35 亿元。省人大对审计工作报告给予充分肯定。省政府、省人大高度重视审计整改工作。省长主持召开省政府常务会议专题研究部署审计整改，责成有关部门和市、县认真落实整改责任，举一反三、以点带面，按照时间节点抓好整改落实。

经济责任审计　全省审计机关按照《江西省 2017—2021 年省管领导干部经济责任审计项目五年规划》，安排确定审计项目，对 1630 名领导干部开展经济责任审计，查出主要问题金额 72.46 亿元。省审计厅组织对 41 名市厅级领导干部实施经济责任审计，查出主要问题金额 43.29 亿元。省审计厅重新修订印发经济责任审计结果报告模板，进一步规范结果报告的格式和内容；派出督导组对 2015 年至 2017 年省审计厅实施的经济责任审计项目整改情况进行现场督导，推动问题整改落实；与省委巡视工作领导小组办公室联合出台《关于建立省委巡视办与省审计厅沟通协作机制的意见》。萍乡、吉安、景德镇等市也相继出台加强经济责任审计结果利用力度的文件。

固定资产投资审计　对彭泽、安义、分宜、浮梁、高安、广昌、吉安、宁都、上栗、余干、余江等 11 个县（区）2017 年度高标准农田建设情况以及 2017 年至 2020 年高标准农田建设规划情况进行审计调查。审计发现，11 个县（区）均存在重复建设、任务完成数量不实；资金拨付率不到 50%，大量资金结余滞留；项目未履行招投标程序、违规分包转包现象严重；部分工程质量不达标等问题。省领导对审计反映的情况高度重视，作出重要批示，要求相关部门进一步查明情况，严肃对待，对不负责、不履职的要依规严肃追究责任。省高标办对审计反馈的问题进行全面梳理，要求各地建立问题台账，实行销号整改，切实加强项目和资金管理，推动乡村振兴战略实施。对省文化中心建设项目投资的真实、合法、效益情况进行跟踪审计，揭示建设单位在内部控制及其执行、项目招投标、合同订立、设计变更和计量支付方面存在的问题，向有关部门移送问题线索 1 件。

民生资金（项目）审计　组织 22 个审计组对 11 个设区市中心城区民生保障资金和惠民项目进行专项审计调查。查出违规金额 38.42 亿元；向纪检、司法等部门移送人员 1278 人，涉及金额 17.97 亿元；审计调查期间相关单位和个人主动上缴、归还违规金额 7.11 亿元。审计中形成 13 篇审计专报呈送省委、省政府，省长主持召开省政府常务会议，专题研究部署审计整改工作。已追缴资金 11.62 亿元，其中缴入省级财政专户 9050 万元；归还原渠道资金 4.13 亿元；272 人受到党纪政纪处分，223 人被采取诫勉谈话。组织吉安、上饶、赣州、九江等 4 个设区市审计局对 6 个县开展扶贫资金审计，揭示出部分涉农资金拨付缓慢、效益不高、项目管理不规范等问题。针对发现的问题，主动加强与扶贫办等部门的沟通，形成问题清单，实行对账销号，督促立审立改。组织省市县三级审计机关采取上审下、交叉审方式，连续第6个年头组织开展保障性安居工程审计。查出问题资金22.19亿元，推动取消保障对象资格或调整保障待遇5762户，清退违规分配使用的住房或提高租金、补收差价住房5375套，闲置住房投入使用9259套，党纪政纪处分或追究法律责任46人。

金融审计 组织省、市两级审计机关对省农村信用社联合社及31家成员农商行资产负债损益情况进行审计。审计结果表明，31家农商银行整体系统性风险可控，但区域性风险值得警惕。部分农商银行存在法人治理结构不完善、政策执行不严格、风险管控不到位、多项指标数据超越监管红线、资产质量不实等问题。多位省领导分别作出重要批示，要求全省农商行按照"整治违规、惩处违纪、分类处置、构建长效"的原则，深入整改审计查出的问题。为加强对全省金融审计工作的统筹和指导，制定《农村商业银行审计操作指南》，建立全省金融机构基本情况台账，摸清金融审计家底。

外资运用审计 实施国外贷援款等外资运用审计项目17个，查出主要问题金额18.53亿元，向纪委移送问题线索5件。

企业审计 省审计厅结合经济责任审计，对省高投集团、省盐业集团、省建工集团、江中集团等企业的债权债务及投融资情况进行专项审计。审计发现，部分企业缺乏风险意识，虚假收购、虚假转让国有资产，虚增销售收入，违规决策造成重大投资损失，违规融资、违规出借资金形成巨大财务风险。审计后向省委、省政府提交专题报告，揭示风险隐患，提出对策建议。

信息化建设 省发展改革委批复同意"金审工程"三期工程初步设计。江西省数字化审计监督平台顺利试运行，完成数据管理、指挥管理、审计管理模块建设，已上线财政、部门预算执行、金融、医保等审计分析应用模型351个，已入库省直部门一、二、三级874家预算单位财务数据和20个行业业务电子数据，实现省直部门财务数据横向到边。

相关工作 省审计厅在南昌及井冈山接续举办一期全省审计机关党员学习习近平新时代中国特色社会主义思想和党的十九大精神专题培训班，全厅党员、各设区市审计局局长、驻各设区市审计局纪检组长等170余人参加培训。培训班邀请井冈山干部学院、省委网信办和驻厅纪检组的专家、领导主题授课，厅党组书记辜华荣同志为全体党员讲党课。组织党员干部学习贯彻习近平新时代中国特色社会主义思想和党的十九大精神知识测试，组织开展"学典型读红书践初心""看党的十九大带来的新变化""唱红歌奏红曲诵红书"等主题党日活动。

举办江西省审计机关运动会，省审计厅和各设区市审计局的12支代表队参加运动会。运动会设广播体操、4×100米、羽毛球、乒乓球、网球、游泳和趣味运动等7个项目。举办江西省审计机关纪念改革开放40周年文艺调演，省审计厅和各设区市审计局等12个单位参演，审计干部职工共计300人观看演出。 （撰稿人：周　波）

【南昌市审计局】 2018年，南昌市审计局实有83人。局长万仁如，副局长张根全、彭艳云、徐宝华，调研员詹善平、刘承万，副调研员廖金红、肖林（—6月）、何稳庚。设有办公室、综合处、财政与金融审计处、行政事业审计处、农业与资源环保审计处、固定资产投资审计处、经贸审计处、社会保障审计处、经济责任审计室、审计信息处、人事教育处、综合审计一处、综合审计二处、法规处、机关党委；下设审计干部培训中心。

审计成果 2018年，南昌市县两级审计机关完成审计项目335个，其中专项审计调查项目14个。查出主要问题金额418.6亿元，其中违规金额3.31亿元、损失浪费金额48万元、管理不规范金额415.29亿元；审计发现非金额计量问题1034个；损益（收支）不实金额67.49亿元；出具审计报告和专项审计调查报告363篇。审计处理处罚金额6.15亿元，其中应上缴财政3.44亿元、应减少财政拨款或补贴4327万元、应归还原渠道资金5514万元、应缴纳其他资金1.24亿元、应调账处理金额4835万元；移送司法机关、纪检监察机关和有关部门处理事项66件，移送处理人员49人，移送处理金额18.91亿元。审计促进整改落实问题金额53.94亿元、拨付资金到位305万元；审计后挽回（避免）损失789万元；核减投资额8958万元。审计提出建议947条，被采纳864条；提交审计信息213篇，被批示、采用63篇。

新建区2014年至2016年财政惠农补贴“一卡通”资金和村级使用的涉农财政资金审计、南昌市红谷滩新区2015年度财政财务收支审计等2个项目，被省审计厅评为优秀审计项目。

国家重大政策措施落实情况跟踪审计 以政策落实跟踪审计为平台，采取“1＋N”模式，抽审186个部门单位、172个项目，抽审资金总量近26亿元。跟踪审计（汇总）报告反映问题14个。

财政审计 市人大常委会审议审计工作报告和审计查出问题整改情况报告，给予充分肯定和高度评价。市政府召开整改工作专题部署会，督促财政“同级审”查出问题的整改落实工作。

经济责任审计 市县两级审计机关开展领导干部自然资源资产离任审计项目10个，查出各类问题82个。市审计局对32名领导干部实施经济责任审计，查出违规金额178.28万元、管理不规范金额4.71亿元、损失浪费金额36.59万元。

固定资产投资审计 市政府出台《南昌市政府投资项目审计监督实施细则》，对投资项目审计作出规范。

民生资金（项目）审计 对九江市濂溪区的民生资金和惠民项目开展审计，查出问题金额1.04亿元，追缴、归还违规金额2538万元；移送案件线索10件，涉及责任人员32人。开展保障性安居工程审计，向市纪委监委等移送案件线索11件，涉及金额2443万元。对南昌市4个中心城区的棚改项目及市土地储备中心的棚改项目收支执行情况进行审计。

金融审计 对2个农村商业银行的资产负债损益情况进行审计，查出管理不规范金额27.65亿元，非金额计量问题40个，出具审计移送处理书11份。

相关工作 深入开展“党建＋审计”活动，获得市直机关“五星级”党支部、“六型六有”五星级工会等多项表彰，市审计局被评为“法治南昌建设考评优秀单位”。挂点扶贫村于2018年通过省脱贫攻坚绩效考核，退出贫困村。聘请特约审计员10名。

内部审计 完成各类审计项目1124个，查出管理不规范金额2.99亿元，促进增收节支1315万元；提出建议意见被采纳526条。

（撰稿人：范梅生）

【景德镇市审计局】 2018年，景德镇市审计局实有55人。局长周镇清，副局长陈志坚、王桦、占玉芳、章琍，纪检组长鲍桂顺，经济责任审计办公室专职副主任吴新国，正县级纪检员詹鎔文，调研员汪晓敏，副调研员王民森、周先法。设有办公室、综合科、法规科、财金科、投资科、经贸科、农资科、行事科、经责科、园区科、社保科；下设事业单位审计信息中心、工程决算审计中心。

审计成果 2018年，景德镇市审计局完成审计项目52个，专项审计调查项目1个。查出主要问题金额31.75亿元，其中违规金额651万元、管理不规范金额31.69亿元；审计发现非金额计量问题235个；损益（收支）不实金额7万元；出具审计报告和专项审计调查报告72篇。审计处理处罚金额1942万元，其中应上缴财政1361万元、应归还原渠道资金298万元；移送司法机关、纪检监察机关和有关部门处理事项42件，移送处理人员487人，移送处理金额957万元。审计促进整改落实有关问题金额1942万元；核减投资额1.44亿元；移送处理落实事项12件。审计提出建议186条，被采纳114条。

浮梁县2014年至2016年财政惠农补贴“一卡通”资金和村级使用的涉农财政资金审计项目被省审计厅评为优秀审计项目。

国家重大政策措施落实情况跟踪审计 制订《关于开展国家重大政策措施落实情况跟踪审计工作方案》，建立政策审计指挥中心，编制清单，推进以政策审计统领项目计划，明确政策审计常态任务，强化考核，推进政策审计全覆盖。

财政审计 根据新常态下财政审计工作的新要求，改变审计重点，将化解风险和扶贫等事项作为重点审计内容，重点关注各类风险以及风险化解措施。

经济责任审计 制定《关于加强领导干部经济责任审计工作的指导意见》《景德镇市领导干部

自然资源资产离任审计实施意见》，两项意见经市委常委会专题审议通过。对乐平市自然资源资产管理情况实施审计，发现侵占新增耕地、部分重大项目未履行环评程序、生态环境规划编制不科学不规范等问题。查出违规和管理不规范金额1.24亿元，提出审计建议4条。督促指导各县（市、区）审计局开展自然资源资产审计。

固定资产投资审计 政府投资审计改革已产生良好的经济效益和社会效益，节约政府资金，增强审计“威慑”力。推行内行监督、同行竞争的投资审计复核新机制，强化社会中介机构一审库和复核库建设，规范中介机构执业行为。抽取部分工程建设项目进行复核审计，复核成果超出预期。

民生资金（项目）审计 开展乐平市、浮梁县扶贫资金审计。审计中对可疑资金一查到底，发现并移送有关部门问题线索3件。开展南昌市新建区民生保障资金和惠民项目专项审计调查。审计查出违规金额1亿多元，向纪检、司法等部门移送问题线索8件，涉及责任人员10余名。

金融审计 对景德镇农商行以防范金融风险为重点，对收入支出、资产负债进行全方位审计，审计时对所有数据进行比对分析，查出违规和管理不规范金额18.46亿元，提出审计建议9条，移送问题线索4件，追缴税款436.85万元。

（撰稿人：黄镇斌）

【萍乡市审计局】 2018年，萍乡市审计局实有37人。局长黄百灵，副局长彭青兰、汤晓伟，总审计师蔡常萍，经济责任审计联席会议办公室主任苏青，调研员邓克坚。设有办公室、综合科、经贸科、行文科、农水科、固投科、社保科、经责科、机关党总支；下设政府投资项目审计中心、信息中心（事业单位）。

审计成果 2018年，萍乡市县两级审计机关完成审计项目165个，其中专项审计调查项目1个。查出主要问题金额132.01亿元，其中违规金额5.1亿元、损失浪费金额5848万元、管理不规范金额126.32亿元；审计发现非金额计量问题339个；损益（收支）不实金额3.61亿元；出具审计报告和专项审计调查报告168篇，被批示、采用5篇。审计处理处罚金额6.64亿元，其中应上缴财政2566万元、应归还原渠道资金7930万元、应缴纳其他资金1.58亿元、应调账处理金额40168万元；移送司法机关、纪检监察机关和有关部门处理事项29件，移送处理人员59人，移送处理金额7587万元。审计促进整改落实有关问题金额6.62亿元；审计促进拨付资金到位4564万元；移送处理落实事项2件。审计提出建议492条，被采纳239条；推动被审计单位制定整改措施8项；促进被审计单位建立、健全规章制度10项；提交审计信息23篇，被批示、采用5篇。

萍乡市审计局的2个审计项目、安源区和湘东区审计局各1个项目，被省审计厅评为优秀审计项目。

国家重大政策措施落实情况跟踪审计 各项审计都关注政策措施落实情况，揭示部分县区在流域生态保护和环境治理、化解过剩产能、金融支持小微企业等政策落实方面存在的问题。

财政审计 开展市财政同级审及部门预算执行、开发区管委会预算执行审计，各县区审计局开展财政同级审，揭示政府采购预算编制、预算执行及债务管理不规范，基层政府财政收入不实，个别国有企业资金管理存在风险及监管不够等问题。

经济责任审计 对124名领导干部实施离任审计，揭示土地管理政策执行和项目建设管理不到位、财政财务管理不规范等主要问题。市审计局对上栗县县长利军、5个县区审计局对7名乡镇党政领导干部实施领导干部自然资源资产审计。

民生资金（项目）审计 开展青云谱区中心城区民生保障资金和惠民项目专项审计调查，发现挤占挪用、私设“账外账”、工程未按规定招投标等问题，审计调查期间，相关单位和个人主动上缴违规金额1608.74万元。开展保障性安居工程跟踪审计，通过整改，追回相关资金、违规补贴，清退违规享受的保障性住房，追缴公租房租金，促进空置房的尽快分配。

金融审计 开展萍乡农商银行2017年度资产、负债、损益情况审计，查出主要问题金额731495万元。

相关工作 持续开展“微信夜话大讨论、微型党课人人讲”活动，加强队伍政治建设。

（撰稿人：付江华）

【九江市审计局】 2018年，九江市审计局实有78人。局长胡伟华，副局长何斌、汪建荣、钱炎如、杨利发（8月—），党组成员、副调研员陈义远，总审计师杨利发（—8月）、湛新民（8月—），纪检组长杨斌，经济责任审计处处长曹素芳，经济技术开发区审计分局局长湛新民（—8月）。设有办公室、综合科、法规科、人事科、机关党总支、经济责任审计处、财政与金融审计科、行政事业审计科、社会保障审计科、经贸审计科、外资运用与园区审计科、固定资产投资审计一科、固定资产投资审计二科、农业与资源环保审计科；下设信息中心、培训干部中心和派出机构经济技术开发区审计分局。

审计成果 2018年，九江市县两级审计机关完成审计项目939个，其中专项审计调查项目14个。查出主要问题金额61.64亿元，其中违规金额2.53亿元、损失浪费金额503万元、管理不规范金额59.06亿元；审计发现非金额计量问题1131个；损益（收支）不实金额2.8亿元；出具审计报告和专项审计调查报告1013篇，被批示、采用42篇。审计处理处罚金额45.72亿元，其中应上缴财政2.26亿元、应减少财政拨款或补贴3886万元、应归还原渠道资金3.54亿元、应缴纳其他资金2.39亿元、应调账处理金额37.13亿元；移送司法机关、纪检监察机关和有关部门处理事项56件，移送处理人员765人，移送处理金额2919万元。审计促进整改落实有关问题金额15.53亿元；审计促进拨付资金到位2670万元；审计核减投资额7.24亿元；移送处理落实事项8件。审计提出建议1979条，被采纳766条；推动被审计单位制定整改措施26项；提交审计信息21篇，被批示、采用14篇。

永修县审计局、共青城市审计局、修水县审计局实施的4个审计项目，被省审计厅评为优秀审计项目。

国家重大政策措施落实情况跟踪审计 根据审计署的统一部署，对全市重大政策落实情况进行跟踪审计，重点关注“三去一降一补”任务落实、“放管服”改革深化等政策的落实情况。

财政审计 市县两级审计机关审计324个部门和单位，查出主要问题金额24.12亿元。市长主持召开审计查出问题整改交办会，亲自研究部署审计整改工作。市审计局组织全市审计机关对13个县（市、区）2014年至2017年政府性债务进行审计。市政府出台《九江市政府债务风险应急处置预案》《九江市地方政府债务管理风险内部控制办法》等文件。

经济责任审计 市县两级审计机关对219名领导干部开展经济责任审计，发现主要问题金额4.64亿元，提交审计报告和审计结果报告271篇，提出审计建议473条。市经济责任审计工作领导小组出台《九江市2018—2022年市管领导干部经济责任审计项目五年规划》。全市组织实施自然资源资产离任审计项目25个，发现违规占用长江岸线等多方面问题，促进增收1113.58万元。市委、市政府出台《九江市领导干部自然资源资产离任审计实施意见》。

固定资产投资审计 市县两级审计机关完成政府投资审计项目541个，涉及投资额54.38亿元，核减造价7.14亿元。参与《九江市政府投资项目管理办法》的起草工作。

民生资金（项目）审计 根据审计署的统一安排，开展九江市2017年保障性安居工程跟踪审计，发现违规享受租赁补贴等问题，移送纪检监察等机关处理39人。根据省审计厅的统一安排，抽调30名审计业务骨干参加南昌市西湖区和新余市中心城区民生保障资金和惠民项目审计调查。市审计局组织全市审计机关开展2017年扶贫政策落实情况和扶贫资金管理使用情况审计，查出违纪违规问题金额1.83亿元，向纪检监察等部门移送问题线索8件。

金融审计 根据省审计厅统一部署，市审计局对九江市、修水县、都昌县农商行2017年资产负债损益进行审计，审计移送案件线索2件。

交办任务 受市委组织部委托，市审计局对九江市2016年党费补交进行专项审计。

信息化建设 市审计局开发运行医院联网审计平台，实施市第一人民医院、九江学院附属医院联网审计。 （撰稿人：胡　齐）

【新余市审计局】 2018年，新余市审计局实有38人。局长彭水萍（7月—），副局长彭多林、曾长生，总审计师稂小毛，副调研员廖志强。

设有人秘科、综合法规科、财政金融审计科、行政事业审计科、农业资源环保审计科、固定资产投资审计科、经济贸易审计科、经济责任审计科、审计信息中心、政府投资项目审计中心。

审计成果 2018 年，新余市县两级审计机关完成审计项目 82 个，其中专项审计调查项目 5 个。查出主要问题金额 40.25 亿元，其中违规金额 4041 万元、损失浪费金额 2 亿元、管理不规范金额 37.85 亿元；审计发现非金额计量问题 200 个；损益（收支）不实金额 1715 万元；出具审计报告和专项审计调查报告 122 篇。审计处理处罚应上缴财政 4016 万元，应归还原渠道资金 1.03 亿元，应调账处理金额 4.15 亿元；移送纪委监委等有关部门处理事项 24 件，移送处理人员 53 人，移送处理金额 2592 万元。审计促进整改落实有关问题金额 3.34 亿元；核减投资额 212 万元。审计提出建议 218 条，被采纳 111 条；促进被审计单位制定、完善规章制度 2 项；提交审计信息 14 篇，被批示、采用 9 篇。向社会公告审计结果 5 篇。

新余农商银行资产负债损益审计项目被省审计厅评为优秀审计项目。

国家重大政策措施落实情况跟踪审计 围绕项目落地、资金保障、简政放权、政策落实、风险防范，对新余市中心城区雨污分流改造一期项目实施情况等 3 个项目实施情况等进行跟踪审计。

财政审计 完成对市商务局等 6 个单位预算安排的专项资金绩效审计，揭示部分专项资金未及时拨付使用、挤占挪用专项资金等问题。完成市本级预算执行、高新区财政决算审计，揭示财政资金管理分配使用中的问题。

经济责任审计 完成对市政府驻上海联络处原主任等 22 名领导干部的任中和离任经济责任审计，监督关口前移，发挥审计的预警和预防作用，促进领导干部规范权力运行。开展分宜县主要负责同志自然资源资产任中审计和生态补偿资金专项审计。

固定资产投资审计 完成市投控集团 2016 年和 2017 年政府投资项目专项审计调查、仙女湖河平路新建项目等投资项目审计，核减工程款 212 万元，通过审计揭露建设单位在项目财务管理、履行基本建设程序等方面存在的诸多问题。

民生资金（项目）审计 开展全市保障性安居工程跟踪审计、分宜县和南昌市湾里区中心城区民资金审计，揭示向不符合条件人员发放补助资金、虚报骗取民生资金和待遇、资金闲置等问题；开展扶贫资金审计，查出资金违规使用、资产收益扶贫项目未按要求进行、扶贫项目缺乏监管等诸多问题。

金融审计 对新余农商银行 2017 年度资产负债损益情况进行审计，审计重点关注农商银行国家重大政策措施贯彻落实、经营管理、风险防控等情况。

审计整改 对审计发现问题的整改纳入市人大监督和测评范围，市人大常委会审议审计工作报告和审计整改报告，并对新余市供销合作社等 5 家单位开展整改满意度测评，督促被审计单位落实整改要求并加强跟踪监督。以公开促整改，整改报告报市政府批准后向社会公开。

（撰稿人：石志刚）

【鹰潭市审计局】 2018 年，鹰潭市审计局实有 30 人。局长杨芳，副局长王国军、李金生，总审计师阮春玲，调研员王惠斌。设有办公室、综合法制科、财政与金融审计科、文教与政法审计科、农业与资源环保审计科、投资建设与社会保障审计科、经贸审计科、经济责任审计科，另有机关党总支；下设事业单位基本建设审计中心（审计信息中心）。

审计成果 2018 年，鹰潭市审计局完成审计项目 39 个，查出问题金额 71.24 亿元，其中违规金额 2.13 亿元，管理不规范金额 69.11 亿元，向纪委监委、司法部门移送案件线索 14 件。

国家重大政策措施落实情况跟踪审计 结合实际，重点聚焦防范化解重大风险、精准脱贫、污染防治三大攻坚战相关政策措施落实情况、“放管服”改革深化、重大项目建设推进等方面情况、持续关注“三去一降一补”任务落实情况，重点对鹰潭市房地产去库存方面国家重大政策措施落实情况进行专项审计。

财政审计 组织实施 2017 年度市本级、高新区、龙虎山景区、信江新区财政预算执行及其他财政财务收支审计、余江区财政收支管理审计及原市地税局税收征收管理情况审计。

经济责任审计 市审计局建立经济责任审计对象管理系统，对审计对象进行分类及动态管理；组织实施10名领导干部的离任经济责任审计项目，安排3名领导干部的任中经济责任审计。完成3名领导干部自然资源资产审计；代鹰潭市委办、鹰潭市政府办草拟《关于进一步加强领导干部自然资源资产离任审计的实施意见》。

固定资产投资审计 完成审计项目5个，专项审计调查项目1个，出具审计报告和专项审计调查报告7篇，查出主要问题金额7.52亿元，移送司法机关、纪检监察机关和有关部门处理事项13件，移送处理人员48人。审结经济大厦、信江北路等工程结算项目59个，项目送审金额17.06亿元，审减金额2.14亿元。

民生资金（项目）审计 组织对广丰区2016—2017年度中心城区民生保障资金和惠民项目进行专项审计调查，查出问题85个，涉及金额4.09亿元，移送处理事项10件，追究21人的责任。开展保障性安居工程跟踪审计，查出主要问题金额2.83亿元，非金额计量问题39个，移送处理事项3件，追究3人责任。组织对市社会保险事业局2015年至2016年工伤、生育保险基金进行专项审计。

金融审计 按照江西省审计厅的统一部署，开展鹰潭农村商业银行股份有限公司2017年资产负债损益情况审计。

其他审计项目 完成贵溪市2017年高标准农田项目审计调查；对全市补交党费的管理使用等情况开展审计检查，组织或者参与完成9个企业审计项目、7个文教政法类审计项目。

（撰稿人：曾　妮）

【赣州市审计局】 2018年，赣州市审计局实有51人。局长朱敏（—6月）、谢京华（6月—），副局长赖欣、谢忠祥（—6月）、罗淑芳，总审计师曾毓东，纪检组长王斌，经济责任审计联席会议办公室专职主任彭洪德，调研员郭德明，副调研员郭竞。设有办公室、行政事业审计科、经贸审计科、经济责任审计科、社会保障审计科、财政金融审计科、农业和外资审计科、资源环境审计科、固定资产投资审计科、信息科、法规科、机关党总支；下设市经济责任审计工作办公室（事业单位）。

审计成果 2018年，赣州市审计局完成审计项目100个，其中专项审计调查项目4个。查出主要问题金额55.62亿元，其中违规金额23.65亿元、管理不规范金额31.97亿元；审计发现非金额计量问题321个；损益（收支）不实金额6388万元；出具审计报告和专项审计调查报告100篇，被批示、采用1篇。审计处理处罚金额37.71亿元，其中应上缴财政11.7亿元、应归还原渠道资金20.28亿元、应调账处理金额3.35亿元；移送司法机关、纪检监察机关和有关部门处理事项42件，移送处理人员36人，移送处理金额1.52亿元。审计提出建议202条，被采纳104条；提交审计信息2篇。

章贡区审计局对实施的区市场建设服务中心2011年1月至2016年9月的财务收支情况审计、会昌县审计局实施的对廖仕洲任会昌县希望小学校长任职期间经济责任情况审计等2个审计项目，被省审计厅评为优秀审计项目。

国家重大政策措施落实情况跟踪审计 结合2017年度城镇保障性安居工程审计、扶贫专项审计、农商银行资产负债损益审计及领导干部自然资源资产离任审计等项目的组织实施，每季度上报政策措施落实情况跟踪审计报告。

财政审计 完成2017年度市本级财政同级审、安远县等3个县财政决算及其他财政收支审计和市教育局等5个部门预算执行审计。

经济责任审计 完成领导干部经济责任审计项目56个，查出问题金额146.68亿元。完成领导干部自然资源资产审计项目19个，审计领导干部32人。

固定资产投资审计 完成大广高速龙杨段、寻全高速A3标、市人民医院新院二标段、章江新区农民返迁房等固定投资审计项目4个。

民生资金（项目）审计 制定《赣州市2018—2020年扶贫审计实施意见》，完成赣县区、会昌县2017年扶贫审计。实施2017年度市本级和18个县（市、区）保障性安居工程跟踪审计，查出问题金额13.65亿元，移送问题线索16件，受到党纪政纪处分8人。完成全市公共卫生服务专项资金审计，查出问题金额4.99亿元，移送问题线索5件。

相关工作 派出市县区审计局局长和业务骨干共55人参加审计署在审计干部教育学院举办2018年度对口支援和定点扶贫地区审计机关审计业务培训班。（撰稿人：周中华）

【吉安市审计局】 2018年，吉安市审计局实有38人。局长黄廉传，副局长罗文青、周木栋、曹智远，总审计师肖军，副调研员吴兴平。设有办公室、综合审理科、财金科、经贸科、行事科、农业科、固投科、经责科、社保科；设有局机关党总支、经济责任审计工作联席会议办公室；下设计算机审计中心、井冈山经济技术开发区分局2个事业单位。

审计成果 2018年，吉安市县两级审计机关完成审计项目1101个，其中专项审计调查项目3个。查出主要问题金额12.62亿元，其中违规金额1.14亿元、损失浪费金额127万元、管理不规范金额11.47亿元；审计发现非金额计量问题527个；损益（收支）不实金额3154万元；出具审计报告和专项审计调查报告1336篇，被批示、采用14篇。审计处理处罚金额11.83亿元，其中应上缴财政4742万元、应减少财政拨款或补贴1731万元、应归原渠道资金5.33亿元、应缴纳其他资金1.94亿元、应调账处理金额3.91亿元；移送司法机关、纪检监察机关和有关部门处理事项23件，移送处理人员98人，移送处理金额425万元。审计促进整改落实有关问题金额1.05亿元；审计促进拨付资金到位167万元；审计后挽回（避免）损失1851万元；核减投资额4.44亿元；移送处理落实事项1件。审计提出建议1795条，被采纳1493条；推动被审计单位制定整改措施7项；提交审计信息172篇，被批示、采用68篇（次）。向社会公告审计结果4篇。

3个审计项目被省审计厅评为优秀审计项目。

国家重大政策措施落实情况跟踪审计 将贯彻落实国家重大政策措施审计情况纳入重点审计项目组织实施，推动项目建设5个，规范收费行为、优化营商环境1项，取消、下放行政审批事项4项，收回结转结存资金1581.83万元。

财政审计 完成81个单位的部门预算执行审计，其中市审计局完成对市本级10个部门和单位的财政预算执行审计，配合市人大常委会对市直部门和单位审计整改情况进行满意度测评。

经济责任审计 完成230名领导干部的经济责任审计。市审计局联合市委组织部制定并经市委常委会审议通过《吉安市2017—2021年市管干部经济责任审计项目五年规划》《吉安市经济责任审计结果运用办法（试行）》。市审计局开展对青原区党政主要领导干部自然资源资产审计，各县（市、区）审计局至少对辖区内1个乡镇党政主要领导干部进行自然资源资产审计。市审计局代拟并经市委常委会审议通过《吉安市领导干部自然资源资产离任审计暂行办法》。对水资源的开发利用及河长制实施效果进行水资源管理情况责任审计。

固定资产投资审计 完成对753个工程项目审计，核减造价4.44亿元；其中市审计局完成15个项目，核减造价1.73亿元。市审计局代市政府修改完善并经市政府常务会议审议通过《吉安市政府投资建设项目审计监督办法》。

民生资金（项目）审计 在省审计厅的统一部署下，采取上审下、交叉审方式，连续第6年组织开展保障性安居工程审计，查出问题83个，移送案件线索11件，涉及86人。持续跟踪督促全市“一卡通”涉农资金审计整改，整改问题2688条，促使出台相应规章制度44个。开展井冈山市、吉安县扶贫专项审计。按照省审计厅统一部署，抽调业务骨干开展赣州市赣江新区、章贡区城市民生资金项目审计。

金融审计 组织开展对3个农商银行和市本级新庐陵、惠庐陵、家庐陵、吉庐陵、绿庐陵5个市本级投融资平台公司审计，监督金融风险防范和处置，打击违法违规金融活动，督促加强薄弱环节制度建设。

相关工作 保持省级文明单位称号。参与脱贫攻坚，落实帮扶资金40万元。

（撰稿人：周　戈）

【宜春市审计局】 2018年，宜春市审计局实有55人。局长邓余平，副局长张长根、陈琪、樊秀江，总审计师王孝军，经济责任审计联席会办公室主任谢建新，调研员邹包寅（9月—），副调研员肖平、付慧兰（10月—）。设有秘书科、综合法规科、财政与金融审计科、行政事业审计科、政法社保审计科、农业与资源环保审计科、固定资产投资审计科、经贸审计科、经济责任审计一科、经济责任审计二科、信息科、机关党总支；下设工程决算审计中心。

审计成果 2018年，宜春市县两级审计机关完成审计项目785个，其中专项审计调查项目11个。查出主要问题金额109.39亿元，其中违规金额1.28亿元、损失浪费金额344万元、管理不规范金额108.08亿元；审计发现非金额计量问题617个；损益（收支）不实金额4.46亿元；出具审计报告和专项审计调查报告925篇，被批示、采用32篇。审计处理处罚金额2.6亿元，其中应上缴财政5779万元、应减少财政拨款或补贴621万元、应归还原渠道资金5290万元、应缴纳其他资金918万元、应调账处理金额1.34亿元；移送司法机关、纪检监察机关和有关部门处理事项97件，移送处理人员369人，移送处理金额3918万元。审计促进整改落实有关问题金额1.6亿元；审计促进拨付资金到位538万元；审计后挽回（避免）损失3.32亿元；核减投资额6.78亿元；移送处理落实事项74件。审计提出建议1661条，被采纳1491条；推动被审计单位制定整改措施98项；促进被审计单位建立、健全规章制度46项；提交审计信息17篇，被批示、采用14篇。向社会公告审计结果1篇。

市审计局实施的宜春市公安局袁州分局原局长杨振耀任期期间经济责任被审计署评为地方表彰审计项目，被省审计厅评为优秀审计项目。市审计局、万载县审计局、奉新县审计局实施的宜丰县财政惠农补贴“一卡通”资金和村级使用的涉农财政资金3个审计项目被省审计厅评为优秀审计项目。奉新县审计局实施的县人民医院财务收支及财政资金绩效情况审计、市审计局实施的市本级预算执行和其他财政收支审计等2个审计项目，被省审计厅评为优秀审计项目。

国家重大政策措施落实情况跟踪审计 按照审计署的统一部署，关注三大攻坚战相关政策落实，对农村公路、精准扶贫、高标准农田建设、产业教育和异地搬迁扶贫等项目进行跟踪审计。

财政审计 市县两级审计机关分别对本级财政预算执行和税收征收管理情况和141个部门（单位）预算执行情况进行审计；对丰城市、明月山风景名胜区2个县（市、区）和51个乡镇进行财政决算审计，对8个单位的12项财政资金进行绩效审计。完成地方政府隐性债务专项审计调查。

经济责任审计 对184名领导干部任期经济责任进行审计，其中任中审计35人、离任审计149人。完成2个县、18个乡镇主要领导自然资源资产离任审计。

固定资产投资审计 市本级完成明月南路、科技之窗和北湖公园3个建设项目决算审计和市人民医院北院、东升花园、秀江东路三期道路和温汤大布片区棚户区改造4个建设项目跟踪审计。市县两级审计机关对357个政府投资项目进行工程竣工结算审计，审计工程投资总额65.6亿元，核减工程造价6.78亿元。

民生资金（项目）审计 完成保障性安居工程跟踪审计、设区市中心城区民生资金和惠民项目专项审计调查。

企业审计 完成对市城市建设投资开发总公司、市创业投资有限公司、市发展投资集团有限公司资产负债损益情况审计。对市本级59家改制企业资产处置和改制经费使用情况专项审计。

金融审计 完成对宜春、高安、上高、万载4家农商银行2017年度资产负债损益情况审计。

（撰稿人：贾　菁）

【抚州市审计局】 2018年，抚州市审计局实有45人。党组书记、局长魏建平，副局长刘冰冰、李兆龙、万高峰、杨心灵，总审计师陈国华，调研员吴晓兰，副调研员曾希国。设有人事秘书科、机关党委、综合法规科、财政金融审计科、行政事业审计科、经贸审计科、固定资产投资审计科、经济责任审计科、农业资源环境审计科；下设培训中心、电子数据审计中心、审核中心和审计学会4个事业单位。

审计成果 2018年，抚州市县两级审计机关完成审计项目946个，其中专项审计调查项目50个。查出主要问题金额190.93亿元，审计发现非金额计量问题597个；出具审计报告和专项审计调查报告937篇。审计处理处罚金额4.25亿元，其中应上缴财政9983.73万元；移送司法机关、纪检监察机关和有关部门处理事项82件，移送处理人员274人。审计促进整改落实有关问题金额

134.43亿元；审计核减投资额1.67亿元；移送处理落实事项82件。审计提出建议1268条，被采纳1053条；促进被审计单位建立、健全规章制度80项；提交审计信息372篇，被批示、采用367篇。

市审计局、乐安县审计局、南丰县审计局实施的财政惠农补贴“一卡通”资金审计，南丰县审计局实施的医疗保险基金审计，金溪县审计局实施的林业局原局长经济责任审计等5个项目，被省审计厅评为优秀审计项目。

国家重大政策措施落实情况跟踪审计 完成2018年稳增长等政策措施落实情况跟踪审计，通过审计揭示和查处部分县未完成农村危房改造任务、部分安居工程专项资金管理使用不合规、资金拨付不及时、部分单位安居工程专项资金统筹管理不到位等问题。

财政审计 完成对市本级2017年度财政预算执行和市供销合作社、市科技局2016年至2017年度预算执行及决算草案审计，发现违纪违规问题金额16.64亿元。市审计局与市财政局共同组成检查组，对市直政府系统49个部门共159个独立核算单位开展专项治理检查，发现违反中央八项规定精神、违反公务消费支出、私设“小金库”和账外账等违纪违规问题6089.72万元。

经济责任审计 完成对广昌县政府主要领导自然资源资产审计和市人社局局长、市食品药品监督管理局原局长等6位领导干部任期经济责任审计。各县区按照年初的审计计划，根据当地组织部门的委托认真做好领导干部的自然资源资产和经济责任审计。

固定资产投资审计 全市审计机关完成审计的工程结（决）算项目1148个，核减投资额1.67亿元，要求建设单位按照有关规定完善建设手续，规范建设管理和会计核算。

民生资金（项目）审计 保障性安居工程审计查出各类违纪违规问题金额3.43亿元。东乡、广昌等6县（区）向当地纪委监察委移送案件线索12件，36人受到党纪政纪处分。组织市各县（区）审计局对扶贫资金开展同级审，共查出各类违规金额1.3亿元。根据省审计厅的统一部署，市审计局赴赣州市南康区开展民生保障资金和惠民项目专项审计调查，查出违规金额10.86亿元，向南康区纪委监委及公安机关移送案件线索52件，38人受到党纪政纪处分，76人被约谈、诫勉谈话或作书面检查。

金融审计 根据省审计厅的统一部署，市审计局对抚州、崇仁、南城、南丰4家农商银行资产负债损益情况进行审计，发现违纪违规金额133.06亿元，移送案件线索1件。

外资运用审计 市审计局配合江西省审计厅完成金溪世界银行可持续发展农业项目贷款、南丰县世界银行贷款城镇发展示范项目（南丰特大桥）等4个审计项目。

相关工作 市审计局挂点的东临新区湖南乡灵谷峰村，经省第三方评估组的评估、市脱贫攻坚考核组的考核、省环评组的检查验收，实现贫困村的脱贫工作。对接市大数据服务平台建设，向大数据服务平台公布各类审计报告、决定共30项。市审计局增设3个内设机构，增加行政编制4人。

内部审计 内部审计机构完成内管领导干部经济责任审计项目8个，信息化建设项目审计13个，执法活动财物专项审计9个，财务收支审计7个，基本建设和采购项目审计82个，审计发现违规金额2142万元，审计减少损失浪费资金853.6万元。

（撰稿人：管大平）

【上饶市审计局】 2018年，上饶市审计局实有47人。局长朱建业，副局长周锋、乐以群、李长水、张金亮（6月—），经济责任审计领导小组办公室主任王正华，副调研员胡跃明。设有办公室、法规科、财政与金融审计科、行政事业与社会保障科、农业与资源环保审计科、经贸科、固定资产投资审计科、经济责任审计科、机关党委；下设经济责任审计中心、基本建设审计中心、开发区审计中心、电子数据审计办公室。

审计成果 2018年，上饶市县两级审计机关完成审计项目1162个，其中专项审计调查项目3个。查出违规金额1.97亿元、管理不规范金额85.67亿元；审计发现非金额计量问题426个；损益（收支）不实金额9920万元；出具审计报告和专项审计调查报告907篇，被批示、采用1篇。审计处理处罚金额1.92亿元，其中应上缴财政6379万元、应减少财政拨款或补贴9336万元、应归还原渠道资金1852万元、应调账处理金额1016万元；移送司法机关、纪检监察机关和有关部门处理事项36件，移送处理人员63人，移送处理金额1.07亿元。审计促进整改落实有关问题金额6840万元；审计后核减投资额3.08亿元。审计提出建议1697条，被采纳769条；推动被审计单位制定整改措施481项；促进被审计单位制定、完善规章制度24项；提交审计信息144篇，被批示、采用72篇。

市审计局实施的市农业局原局长徐裕兵离任经济责任审计、德兴市审计局开展的银城街道办原主任刘德波任职期间自然资源资产责任履行情况审计、广丰区审计局开展的横峰县2014年至2016年财政惠农补贴“一卡通”资金和村级使用的涉农财政资金审计等3个项目，被省审计厅评为优秀审计项目。

国家重大政策措施落实情况跟踪审计 通过实施政策落实情况跟踪审计项目，督促取消、合并行政审批事项53项、下放行政审批事项46项、加快实施进度项目17个，加快资金下达1.16亿元，收回结转结存资金金额4787万元，整合后统筹安排使用5553.75万元。

财政审计 市审计局对市本级、市司法局、市建设局、市公安局、市卫计委等10个部门2017年财政预算执行情况进行审计，揭示部分单位预算编制未细化、不完整，非税收入管理不规范、征收不到位等96个问题。

经济责任审计 市县两级审计机关完成对171名领导干部的经济责任审计，其中任中审计18人。市审计局完成对市粮食局、市人民警察学校、市广播电视台19名领导干部的经济责任审计；开展横峰县委、县政府和上饶市三清山风景名胜区管理委员会主要领导任职期间自然资源审计。

固定资产投资审计 市县两级审计机关实施工程审计项目1560个，已出具审计报告1368个，核减投资金额3.08亿元。其中市审计局实施工程审计项目42个，核减投资金额8611.93万元。

民生资金（项目）审计 根据省审计厅统一安排，市审计局赴景德镇昌江区开展民生资金和惠民项目专项审计调查。审计共查出违规金额1.15亿元，涉及责任人员113人；向纪检、司法等部门移送问题线索10件，涉及金额2318.65万元，涉及人员33人。

企业审计 市审计局开展对市农商行、市农商行广信分行、德兴市农商行、弋阳县农商行及鄱阳县农商行5家农商行资产负债损益审计。

相关工作 开展扶贫工作，完成基础设施项目建设11个，投资帮扶资金272万元。保持江西省级精神文明单位荣誉称号。（撰稿人：傅雅静）

2018年江西省所辖区、县(市)级审计工作统计表

金额单位：万元

审计机关	完成审计项目/个	审计查出主要问题金额	审计发现非金额计量问题/个	审计期间整改金额	出具审计报告和审计调查报告/篇	审计处理情况		审计促进整改落实有关问题资金	审计提出建议/条	提交审计信息/篇
						审计处理处罚金额	移送处理事项/件			
南昌市										
南昌市本级	72	4016930	29697	4229	2979		66	88	235	208
东湖区审计局	37	7572	62	97		2256		37	56	
西湖区审计局	13	5847	6					12	44	
青云谱区审计局	32	27412	134					27	117	
湾里区审计局	19	36806			20			19	68	2

（续表）

审计机关	完成审计项目/个	审计查出主要问题金额	审计发现非金额计量问题/个	审计期间整改金额	出具审计报告和审计调查报告/篇	审计处理情况		审计促进整改落实有关问题资金	审计提出建议/条	提交审计信息/篇
						审计处理处罚金额	移送处理事项/件			
青山湖区审计局	23	48750	21					24	85	3
新建区审计局	38	12929	834					38	92	
南昌县审计局	33	18546	3419		217	2547		32		
安义县审计局	40	5336	47		968	32		57	151	
进贤县审计局	28	5915	206		1329			29	99	
景德镇市										
景德镇市本级	52	317518	235	1241	72	1942	42	1942	186	1
昌江区审计局	13	17510	117		13	16		16	74	
珠山区审计局	6	16648	2		10	3		3	27	
乐平市审计局	27	19177	4		34	25		25	80	
浮梁县审计局	26	1202	63		26				63	
萍乡市										
萍乡市本级	70	1060931	320	2630	71	23980	28	23756	223	8
安源区审计局	21	171833	4	1	22	698		698	22	
湘东区审计局	10	39523			10	39261		39261	35	
莲花县审计局	10	10751	15		10	25		25	38	
上栗县审计局	30	13420		7	31	435	1	435	90	
芦溪县审计局	24	23603			24	2032		2032	84	
九江市										
九江市本级	71	319087	305	24139	71	284722	18	24567	195	15
濂溪区审计局	108	28302	92		108	12376		12376	216	
浔阳区审计局	41	11836		346	41	11822		11822	123	
柴桑区审计局	76	31964	65		81	9680		9106	141	2
瑞昌市审计局	82	38568	38	23984	99	16978	1	16978	86	
共青城市审计局	22	17782	41	15947	22	17261		17081	74	
庐山市审计局	59	14472	19	359	59	14368	2	9076	394	
武宁县审计局	110	14818	49		119	7408	4	7238	88	
修水县审计局	36	22917	84	22697	36	22891		22882	86	4
永修县审计局	127	37743	162	21	163	33432	26	18416	206	
德安县审计局	17	16158	154	7774	24	8718		1340	52	
都昌县审计局	38	43034	56	1657	38	2566		2566	101	
湖口县审计局	95	13048	14		95	13048	3		150	
彭泽县审计局	57	6709	52	1872	57	1916	2	1833	67	

（续表）

审计机关	完成审计项目/个	审计查出主要问题金额	审计发现非金额计量问题/个	审计期间整改金额	出具审计报告和审计调查报告/篇	审计处理情况		审计促进整改落实有关问题资金	审计提出建议/条	提交审计信息/篇
						审计处理处罚金额	移送处理事项/件			
新余市										
新余市本级	37	356571	3928		274	34336	24	51	115	14
渝水区审计局	30	38318	4		10033	7182		50	101	
分宜县审计局	15	7657	76					21	40	
鹰潭市										
鹰潭市本级	39	712365	2829		18448		14	54	132	
月湖区审计局	21	12997		348	6	11		23	61	
余江区审计局	18	22930	8	130				29	47	
贵溪市审计局	52	55899	12322	451	1233				97	
赣州市										
赣州市本级	100	556193	321	2520	100	377119	42	343686	202	132
章贡区审计局	28	5982	83		28	67	3	99	71	70
南康区审计局	41	368521	39	5728	65	315		315	118	1
赣县区审计局	44	4599	42	28	80	199		199	65	
瑞金市审计局	19	5801	27		19	45			42	52
信丰县审计局	35	49403		8319	35	35		32	82	31
大余县审计局	165	2399	137	1816	165	168	1	125	314	26
上犹县审计局	20	55599	27		20	164		164	49	147
崇义县审计局	19	22444	10	179	29	195		207	26	
安远县审计局	126	15678	14	15	126	6672	2	773	452	58
龙南县审计局	27	103856	11	50	48	261		261	14	6
定南县审计局	47	24936	43		47	370		370	15	24
全南县审计局	17	2410			33	6			23	14
宁都县审计局	27	5614	4		26	516		113	39	1
于都县审计局	7	6534	20	129	5	607	1	656	17	35
兴国县审计局	32	49916	27		32	345	2	179	75	26
会昌县审计局	58	83478	114		58	292		292		26
寻乌县审计局	6	58994			11	34		24	14	3
石城县审计局	44	10438		5482	44	571		4956	67	
吉安市										
吉安市本级	91	62573	288	9770	118	61094	19	60051	251	27
吉州区审计局	58	2047	10	37	75	1984		341	107	
青原区审计局	80	23895	8	219	99	23336		15276	93	

（续表）

审计机关	完成审计项目/个	审计查出主要问题金额	审计发现非金额计量问题/个	审计期间整改金额	出具审计报告和审计调查报告/篇	审计处理情况		审计促进整改落实有关问题资金	审计提出建议/条	提交审计信息/篇
						审计处理处罚金额	移送处理事项/件			
井冈山市审计局	35	4999	39	3528	39	3852		3720	50	23
吉安县审计局	100	202	21	46	129	202		202	89	14
吉水县审计局	188	772			234	217	3	217	340	16
峡江县审计局	29	1175	2	438	38	450		443	58	
新干县审计局	47	638		521	58	138		138	320	
永丰县审计局	81	6368			96	6368	1	6368	95	7
泰和县审计局	27	1895	909		39	1895		1895	61	
遂川县审计局	25	10321	50		32	8828		7961	35	4
万安县审计局	57	3267	68		83	1887		1780	86	75
安福县审计局	213	6482	16	3424	226	6482		5215	82	
永新县审计局	70	1551	25		70	1551		1551	128	6
宜春市										
宜春市本级	159	350895	345	2908	201	8218	42	6464	412	8
袁州区审计局	15	115075	4	82	16	1214	12	1143	27	
丰城市审计局	78	19986	70	1894	107	1305	32	502	98	3
樟树市审计局	49	146582	1	802	49	8		8	92	1
高安市审计局	42	131724	1	21	42	7948		1158	88	
奉新县审计局	89	163415	102	3	112	424	1	202	239	3
万载县审计局	127	7537	56		146	471	5	469	249	
上高县审计局	60	132941	12	40	60	111	2	111	161	2
宜丰县审计局	41	2189			44		1		76	
靖安县审计局	86	16364	22		85	37		30	160	
铜鼓县审计局	39	7208	4		63	6248	2	5929	59	
抚州市										
抚州市本级	101	1702654	111	447054	106	39731	58	1295386	457	25
临川区审计局	135	10200		637	135	298		339	68	53
东乡区审计局	143	4435			143	25		4208	129	155
南城县审计局	23	8426		2973	23	16		4972	60	
黎川县审计局	101	30006		28490	98				63	32
南丰县审计局	92	51356	134	2906	92	1357	7	429	64	36
崇仁县审计局	62	1904		89	62		2	1815	98	15
乐安县审计局	52	1161	21	1154	52	29		1162	26	
宜黄县审计局	68	3694	270	692	68	647	1	12	5	

（续表）

审计机关	完成审计项目/个	审计查出主要问题金额	审计发现非金额计量问题/个	审计期间整改金额	出具审计报告和审计调查报告/篇	审计处理情况		审计促进整改落实有关问题资金	审计提出建议/条	提交审计信息/篇
						审计处理处罚金额	移送处理事项/件			
金溪县审计局	25	27134		17619	25	219	12		116	
资溪县审计局	75	40554		30737	75	154	2	14396	71	47
广昌县审计局	58	27806	61	281	58	24		21623	111	9
上饶市										
上饶市本级	51	2006	18	543	78	1124	26	1124	229	12
信州区审计局	128	3272	28	67	128	278	3	21	64	5
广丰区审计局	92	32201	67	18	106	52	2	51	204	4
德兴市审计局	31	3821			31	203		173	92	6
上饶县审计局	30	57296	18	543	33	1124		1124	77	
玉山县审计局	160	15134	34		160	538	5	63	368	
铅山县审计局	13	3878	6		22	81		81	35	7
横峰县审计局	24	183	2		30				50	16
弋阳县审计局	378	30733	18		28	1130		3	128	6
余干县审计局	26	4672	15		40	77		30	55	72
鄱阳县审计局	90	4741		5	90	35		29	158	
万年县审计局	65	12571	35		76	235		107	126	1
婺源县审计局	51	35888	9		65	631		64	47	15
三清山审计局	20	417	5		20	21		21	64	

山东省

【山东省审计厅】 2018 年，山东省审计厅实有 306 人。设有 35 个处室。

领导成员

厅　　长：孙成良（3 月—）

　　　　　马青山（—3 月）

副 厅 长：魏惠育　杨统海　栾心勇

　　　　　许庆豪

总审计师：鲁玉芹（—2 月）

纪检组长：崔良桐

经济责任审计联席会议办公室主任：孙明禄

一级巡视员：黄利明

二级巡视员：孙承明　朱丽娟（—10 月）

审计成果 2018 年，山东省市县三级审计机关完成审计项目 7165 个，其中专项审计调查项目 425 个。查出违规金额 307.24 亿元、损失浪费金额 50.11 亿元、管理不规范金额 16785.87 亿元；审计处理决定应上缴财政 174.78 亿元、应减少财政拨款或补贴 85.72 亿元、应归还原渠道资金 231.63 亿元、应调账处理金额 423.26 亿元；审计后挽回（避免）损失 87.38 亿元，为国家增收节支 162.41 亿元，核减投资额 95.78 亿元；向纪检监察、司法机关和有关部门移送处理事项 1860 件，移送涉案人员 2277 人，涉及金额 142.48 亿元；提交审计报告和信息被批示、采用 2826 篇次，提出的审计建议被采纳 12406 条，促进被审计单位制定整改措施 4521 项、建立健全规章制度

745 项，向社会公告审计结果 231 篇。其中，省审计厅完成审计项目 138 个，查出违规金额 39.01 亿元、损失浪费金额 9.05 亿元、管理不规范金额 5827.56 亿元；审计决定应上缴财政 14.66 亿元、应归还原渠道资金 23.03 亿元、应调账处理金额 43.55 亿元，促进增收节支 10.95 亿元；向纪检监察、司法机关和有关部门移送处理事项 45 件，移送涉案人员 51 人，涉及金额 3.65 亿元；提交审计报告和信息被批示、采用 178 篇次，提出审计建议被采纳 330 条，7 篇调研报告获得全省政府系统优秀调研成果表彰。

省审计厅及淄博、潍坊、济宁、威海、临沂、聊城、德州 7 个市审计局继续保持“全国文明单位”称号。全省有 6 个项目被审计署评为优秀审计项目或者表彰审计项目。

国家重大政策措施落实情况跟踪审计 把重大政策措施落实跟踪审计作为政治任务，印发加强重大政策措施落实跟踪审计以及服务保障新旧动能转换重大工程、乡村振兴战略、海洋强省建设、防范化解重大风险、精准脱贫、污染防治“1＋6”工作意见，组织对全省地方政府债务和隐性债务情况进行全面核查，及时部署开展“温比亚”台风灾害抗灾救灾和灾后重建跟踪审计，对“放管服”改革、安全生产、污染防治、科技创新、黄河滩区居民迁建等政策措施落实情况进行跟踪审计，推动完善相关规章制度、规范收费行为等事项 48 项，促进简政放权 109 项，收回财政结转资金 2.03 亿元，落实财政配套资金 29.61 亿元。

财政审计 开展财政预算执行审计，重点关注预算编制审批、预算资金分配、非税收入征缴、存量资金盘活使用等情况。连续三年开展省直部门单位预算绩效管理审计调查，组织省市县三级审计机关对扶贫、机构编制、人力资源社会保障、食品药品监管等 4 个行业系统进行全面审计，选择城镇化建设、中小企业创新补助等 10 项资金开展纵向贯通审计，增强审计的整体性和系统性。按照省委、省政府关于定期报送审计发现的乱作为、不作为、慢作为典型问题的要求，对 2017 年度省级预算执行和其他财政收支审计发现问题整改情况跟踪督查，推动问题整改，促进规范管理事项 302 件，完善制度办法 180 项，问责处理 587 人。省级预算执行和其他财政收支审计工作报告及整改情况报告受到省人大常委会好评，省审计厅在全国人大常委会召开的人大预算审查监督重点拓展改革工作座谈会上介绍开展财政绩效和政策跟踪审计的经验做法。

经济责任审计 省市县三级审计机关对 3701 名党政领导干部和国有企业领导人员进行经济责任审计或者自然资源资产离任（任中）审计，关注领导干部贯彻落实重大决策事项和推进重点改革任务等情况，揭示懒政庸政怠政等问题，聚焦权力运行和责任落实。省审计厅与省委组织部建立每季度会商机制，按照与纪检监察、组织等 7 部门联合印发《领导干部经济责任审计结果运用办法》，规范和推进工作开展，对经济责任审计结果分类汇总，形成专题报告，深化审计结果运用，省审计厅报送的审计报告和信息被省领导批示 90 余篇次。

企业审计 关注省委、省政府关于加快推动国企改革十条意见等政策的落实，对涉企收费和国有企业境外投资管控、企业运营及资产质量等情况进行审计。

外资运用审计 完成涵盖节能减排、农业和水利等行业领域的 6 个国外贷援款项目审计。省审计厅就开展境外审计、外资审计的做法在审计署相关专题会议上作交流。

信息化建设 健全完善网络安全和信息化领导小组，推进“金审工程”三期建设，归集审计数据达 450TB，建立 10 多个行业的数据标准体系，实现严格授权下的全省数据共享使用。以省审计厅为中心，探索构建一个数据综合分析团队对接多个现场作业团队，辐射各行业、各市县的“1＋N”大数据应用机制，创新智能关系发现、审计地理信息应用“一张图”等前沿技术方法，拓展运用数字化审计模式，提升审计监督质效。先后两次在审计署召开的全国性会议上介绍大数据审计经验做法，并被确定为全国唯一的“金审工程”三期项目 IPv6 和应用系统地方部署“双试点”单位。

审计管理体制改革 履行省委审计委员会办公室职责，筹备召开省委审计委员会第一次会议，组织学习贯彻、推进落实各项工作部署和要求，启动省委审计委员会办公室工作。执行省委审计委员会工作规则及其办公室工作细则，严格落实请示报告制度，初步建立起向省委审计委员会报送重要工作事项的常态化机制。推进省级审计机构改革，成立厅机构改革工作小组，制订工作方案，与相关部门加强沟通对接，扎实做好相关职能划转和人员转隶工作，成立临时党支部，加强岗前教育培训，做好服务保障和思想政治工作。完成厅机关“三定”规定起草和报批工作，进一步优化审计机关职责和内设机构设置。加强全省审计工作统筹，强化上级审计机关对下级审计机关的领导，建立市级审计机关主要负责同志向省审计厅党组述职报告制度，举办全省市县审计局长培训班，开展全省审计机关集中整训；加强审计业务指导，统一组织重大项目审计，制定出台重大政策措施落实跟踪审计、投资审计、自然资源资产离任审计等工作意见和制度，加强审计质量检查和项目评优，统筹推进全省工作开展；召开全省内部审计工作视频会议，明确工作思路和举措，加强对内部审计工作的指导和监督，发挥审计监督整体效能。

相关工作　履行全面从严治党责任，深入推进党的建设和干部队伍建设。深入学习习近平新时代中国特色社会主义思想和党的十九大精神，持续推进“两学一做”学习教育常态化制度化，强化理论武装。健全完善党的建设领导小组、党风廉政建设责任制领导小组，落实意识形态工作责任制，建立与驻厅纪检监察组沟通协调机制，进一步加强基层党组织建设，推进全面从严治党向纵深发展。深化纪律作风建设，制定贯彻落实中央八项规定精神实施办法，扎实开展“大学习、大调研、大改进”和审计机关纪律作风专项整治月活动，对落实中央八项规定精神和执行审计“四严禁”工作要求、审计“八不准”工作纪律等情况进行专项检查。集中整治形式主义、官僚主义，改进工作作风，加强工作调研，推进重点领域工作落实。

加强干部培养和队伍能力建设，强化正向激励，在全省评选出31名“担当作为审计能手”和19个“干事创业好团队”。树立正确选人用人导向，选派干部参加“千名干部下基层”、担任第一书记、驻村书记挂职任职，培养锻炼和选拔优秀干部、年轻干部。加大干部培训力度，全年组织6大类40个班次的培训，培训全省审计干部4200多人次，并举办第五届全省审计青年论坛，推动审计干部提升能力素养。

内部审计　组织对1306个行政事业单位、国有企业开展内部审计工作情况专项检查。全省已建内部审计机构7951个，配备内部审计人员20195人，完成审计项目84639个，促进增收节支140.6亿元，向司法机关移送案件线索5件，涉及8人。

（撰稿人：冉　瑾）

【济南市审计局】　2018年，济南市审计局实有150人。局长黄厚安，副局长刘继强、丁小玲（—1月）、李传凤、仪红军、张传堂、于洋，总审计师仪红军（兼），纪检监察组组长宋修海，经济责任审计办公室主任吴冬梅，巡视员丁小玲（1月—），副巡视员张峻峰、沈鲁。设有经济责任审计办公室、办公室、法规处、组织人事处、财政审计处、金融审计处、行政事业审计一处、行政事业审计二处、行政事业审计三处、农业与资源环保审计处、固定资产投资审计一处、固定资产投资审计二处、固定资产投资审计三处、企业审计一处、企业审计二处、社会保障审计处、外资运用审计处、计算机审计技术处（信息处）；按照有关规定设机关党委、工会等。

审计成果　2018年，济南市县两级审计机关完成审计项目614个，其中各级交办审计任务271项。查出问题资金583.46亿元，促进整改落实有关问题资金13.59亿元，提出审计建议1106条，移送各类案件、问题线索266件；编发各类信息宣传稿件、审计情况专报（汇报）、审计报告等800余篇次，被各级批示、采用370余篇次。

国家重大政策措施落实情况跟踪审计　对政府举债融资防控政府性债务风险、保障性安居工程、义务教育均衡发展等12项重大政策措施落实情况进行跟踪审计。

财政审计　对15个市直部门、73个区县部门进行预算执行审计，首次组织对全市机构编制、人社、食药监和扶贫等4个行业系统进行全面审计。

经济责任审计　对177个部门单位的195名领导干部开展经济责任审计，实施领导干部自然资源资产审计项目7个，查出承担相应责任的问题资金103.47亿元。

固定资产投资审计 对轨道交通、丁字路瓶颈路等建设项目进行审计，揭示在征地拆迁、建设程序、建设资金管理等方面存在的问题。

民生资金（项目）审计 重点对拆违拆临建绿透绿、居民养老保险收缴管理、精准扶贫等情况进行审计。

信息化建设 升级改造审计数据中心和审计项目信息化管理系统，组建大数据分析团队，举办济南市审计系统计算机审计技能竞赛，进一步强化审计干部大数据审计应用能力。

相关工作 完成各级党委、政府、上级审计机关交办的工作任务271项。加强审计规范化、信息化、制度化建设，提升审计工作质量。开展“三个区分开来”调研活动，印制《“三个区分开来”论述摘编》，在政治上、行动上落实“为担当者担当”和“容错纠错机制”要求。

（撰稿人：宋　欣）

【青岛市审计局】 2018年，青岛市审计局实有172人。局长侯杰，副局长王健、孙可君、潘强，总审计师管卫东，纪检组长孙一宇，经济责任审计办公室主任张祚锡，政府投资审计专业局局长张伟，巡视员王大平、王建（2月—），副巡视员孙开芬（—7月）、宋志刚。设有办公室、法规、人事和财政、行政事业、农业与资源环保、金融、企业、社会保障、外资运用、经济责任、政府投资审计及机关党委等20个职能处室；下设计算机信息中心、审计干部培训基地等事业单位。

审计成果 2018年，青岛市审计局完成审计项目88个，其中专项审计调查项目25个。查出主要问题金额511.15亿元，其中违规金额12.38亿元、管理不规范金额498.55亿元；审计发现非金额计量问题331个；损益（收支）不实金额34.61亿元；出具审计报告和专项审计调查报告122篇，被批示、采用37篇。审计处理处罚金额22.8亿元，其中应上缴财政11.77亿元、应减少财政拨款或补贴9.2亿元、应归还原渠道资金5771万元、应调账处理金额1.19亿元；移送司法、纪检等处理事项48件，移送处理人员31人，金额63.97亿元。审计促进整改落实有关问题资金11.06亿元；审计后挽回（避免）损失9.2亿元；核减投资额10.57亿元；移送处理落实事项2件。审计提出建议214条，被采纳120条；推动被审计单位制定整改措施17项，完善规章制度1项；提交审计信息192篇，被批示、采用43篇。向社会公告审计结果6篇。

国家重大政策措施落实情况跟踪审计 开展精准扶贫、商事制度改革、企业税费、区市政府债务等9项政策措施落实情况审计调查，组织区（市）审计局对本地区落实国家和省、市政策措施情况进行跟踪审计。累计审计部门单位554个、抽查项目351个。审计促进重大项目加快实施16个，推动加快财政资金下达1亿元。

财政审计 完成审计项目18个，查出主要问题金额427.74亿元。

经济责任审计 对21名领导干部开展经济责任审计，查出主要问题金额395.41亿元（与财政审计统计数字有交叉）。

固定资产投资审计 完成审计项目23个，审计项目投资额1417.67亿元，核减投资额10.57亿元，查出主要问题金额27.65亿元。

金融审计 完成审计项目4个，查出主要问题金额18.17亿元。

外资运用审计 完成审计项目2个，项目投资额5.6亿元，其中外资3.22亿元。

企业审计 完成审计项目8个，查出主要问题金额14.04亿元。

专项资金审计 完成审计项目22个，审计专项资金总额162.06亿元。审计查出主要问题金额20.3亿元。

信息化建设 被审计署确定为“金审工程”三期项目应用系统试点单位。完成审计署《住房公积金审计数据规划编制》课题。研发的“审计大数据综合作业平台”获青岛市优秀大数据应用案例。

相关工作 青岛审计学会中标成为中国审计学会“深化预算执行审计研究”课题研究的合作单位。被山东省委授予“上合组织青岛峰会筹备工作先进集体”。印发审计现场监督检查方案、机关作风建设监督检查方案等，加强审计制度建设。

内部审计 全市内部审计机构完成审计项目3332个，审计资金总金额3344万元，提出建议意见被采纳4396条。（撰稿人：潘铎印）

【淄博市审计局】 2018年，淄博市审计局实有109人。局长勾东升，副局长杜贞耐、梅立凯、房虹，工会主席冯淑青，总审计师荆开学，经任审计办公室主任孙雅娟，政府投资审计中心党支部书记李兆永，副调研员刘可贵、周长银、王兰军、徐发亮。设有办公室、人事科、法规科、财政审计科、金融和社会保障审计科、行政事业审计科、经贸审计科、农业与资源环保审计科、外资运用审计科、政法审计科、科教文卫审计科、经济责任审计办公室、经济责任审计一科、经济责任审计二科、计算机审计管理科、审计执行科、内部审计指导科、村居审计办公室等18个内设机构；下设政府投资审计中心、审计干部培训中心2个事业单位。

审计成果 2018年，淄博市审计局完成审计项目103个，其中专项审计调查项目19个。查出主要问题金额196.73亿元，其中违规金额4.2亿元、损失浪费金额270万元、管理不规范金额192.5亿元；审计发现非金额计量问题406个；损益（收支）不实金额7.67亿元；审计发现侵害人民群众利益4718万元；出具审计报告和专项审计调查报告165篇。审计处理处罚金额10.18亿元，其中应上缴财政3.57亿元、应减少财政拨款或补贴5571万元、应归还原渠道资金1964万元、应缴纳其他资金328万元、应调账处理金额5.82亿元；移送司法机关、纪检监察机关和有关部门处理事项19件，移送处理人员3人，移送处理金额1.25亿元。审计促进整改落实有关问题资金5.33亿元；审计促进拨付资金到位9004万元；审计后挽回（避免）损失5561万元；核减投资额4.19亿元。审计提出建议270条，被采纳229条；推动被审计单位制定整改措施39项；促进被审计单位建立、健全规章制度3项；提交审计信息32篇，被批示、采用17篇次。向社会公告审计结果1篇。

淄博市精准扶贫专项资金专项审计调查项目被审计署评为地方优秀扶贫审计项目、被省审计厅评为优秀审计项目。

国家重大政策措施落实情况跟踪审计 实施煤炭压减政策落实情况专项审计调查、“工业强市”财政扶持政策审计、村居审计。撰写的《我市煤炭压减审计调研情况》被市委主要领导批示。

财政审计 开展预算执行审计，审计工作报告得到市人大常委会高度评价。

经济责任审计 开展经济责任审计，总结的“一二三四五”工作法，在全省经济责任审计工作会议上做典型发言。

固定资产投资审计 对全市“三改三建”旧村改造、太河水库综合整治等10个项目进行结算审计，审计提报投资额4.97亿元，审减金额0.77亿元。

民生资金（项目）审计 对2017年保障性安居工程进行审计。开展精准扶贫审计项目，建立脱贫攻坚政策落实和重点资金项目跟踪审计机制。

金融审计 实施2次全市规范政府融资行为防控政府性债务风险审计调查。

相关工作 市政府出台《淄博市人民政府关于进一步加强审计工作的意见》加强审计整改。先后与南京审计大学、山东理工大学签订战略合作协议共建合作基地。在西南财经大学组织审计业务能力培训班。市审计局“智能化考核”做法获淄博市组织工作创新三等奖。

（撰稿人：张丽璇）

【枣庄市审计局】 2018年，枣庄市审计局实有50人。局长窦建军，副局长于晨、韩荣昌、许国强，经济责任审计办公室主任许国强（兼），调研员李黎，副调研员张鲁平、张本良。设有办公室、法制科、人事科、财政审计科、行政事业审计科、农业与资源环保审计科、固定资产投资审计科、金融与外资审计科、企业审计科、社会保障审计科、计算机审计管理科；下设经济责任审计办公室、政府投资审计办公室等事业单位。

审计成果 2018年，枣庄市区两级审计机关完成审计项目168个。查出主要问题金额141.74亿元，其中违规金额2.68亿元、管理不规范金额139.06亿元；损益（收支）不实11.12亿元；审计处理处罚金额14.71亿元，其中应上缴财政2.68亿元、应归还原渠道资金4.23亿元、应调账处理金额5.03亿元；审计发现非金额计量问题506个；审计促进整改落实有关问题资金4.29亿元，其中增收节支2亿元、已调账处理金额1.12亿元、审计促进拨付资金到位6422万元；提交审计报告和专项审计调查报告232篇，被批示、采用13篇；审计提出建议被采纳266条，提交审计信息82篇，被批示、采用15篇。

市审计局实施的滕州市原党政领导干部经济责任审计项目被省审计厅评为表彰审计项目。

国家重大政策措施落实情况跟踪审计 组织开展规范政府举债融资行为、防控政府性债务风险等14个政策措施落实情况跟踪审计项目。其中，保障性安居工程跟踪审计促进拨付到位资金1186.4万元；精准扶贫政策落实及资金管理使用情况专项审计调查项目从完善扶贫体制机制、优化统筹资金整合等方面提出审计建议。

财政审计 市区两级审计机关完成预算执行审计项目65个，延伸审计单位31个，查出主要问题金额614731万元。首次开展编办、扶贫办、人力资源和社会保障局、食品药品监督局等4个行业系统的预算执行和预算绩效管理审计。

经济责任审计 市区两级审计机关完成领导干部经济责任审计项目75个。统筹开展台儿庄区党政领导干部经济责任审计和自然资源资产任中审计。

固定资产投资审计 推动固定资产投资审计创新，实现投资审计从财务收支审计向工程项目审计转变。开展市特殊教育学校、市公安局业务用房审计，核减投资额21万元，规范政府投资行为。

企业审计 对9个企业开展审计，查出主要问题金额29.91亿元。开展对丰源集团资产负债情况、亿太建材集团企业绩效情况的审计。

（撰稿人：江庆玉）

【东营市审计局】 2018年，东营市审计局实有68人。局长魏光青，副局长成志强、张安民（—11月）、张冬梅（2月—），经济责任审计办公室主任王利民，开发区分局分党组书记张波，开发区分局局长温绍云，副调研员王国军、李建华、袁伍中、卢祥滨（12月—）。设有办公室（人事教育科与其合署）、法规科、财政审计科、行政事业审计科、农业与资源环保审计科、金融审计科、社会保障审计科、经济责任审计办公室、政府投资审计办公室、审计执行科；设派出机构经济技术开发区审计分局（挂东营港开发区审计分局牌子），事业单位计算机审计中心。

审计成果 2018年，东营市县两级审计机关完成审计项目247个，其中专项审计调查项目10个。查出主要问题金额173.21亿元，其中违规金额3.78亿元、管理不规范金额169.42亿元；审计发现非金额计量问题993个；损益（收支）不实金额7亿元；出具审计报告和专项审计调查报告373篇，被批示、采用3篇次。审计处理处罚金额12.83亿元，其中应上缴财政3.66亿元、应减少财政拨款或补贴1.98亿元、应归还原渠道资金3.72亿元、应缴纳其他资金428万元、应调账处理金额3.43亿元；移送处理事项23件，移送处理人员1人，移送处理金额1.12亿元。审计促进整改落实有关问题资金41.56亿元；审计促进拨付资金到位1.41亿元；审计后挽回（避免）损失2.1亿元；核减投资额1.91亿元；移送处理落实事项1件。审计提出建议468条，被采纳178条；推动被审计单位制定整改措施74项；促进被审计单位建立、健全规章制度1项；提交审计信息126篇，被批示、采用75篇次。向社会公告审计结果8篇。

市审计局实施的市地税局2016年度税收征收管理情况审计项目被省审计厅评为表彰审计项目。

国家重大政策措施落实情况跟踪审计 对“放管服”改革和台风“温比亚”抗灾救灾等政策措施落实情况实施跟踪审计。

经济责任审计 对129名领导干部开展经济责任审计，完成大王、六户、利津开发区3个单位的领导干部自然资源资产离任审计。

固定资产投资审计 完成351个重点投资项目结算（决算）审计，审减工程造价6.8亿元；对188个在建项目实行全过程跟踪审计；对72个援疆项目8.82亿元资金开展审计。

民生资金（项目）审计 开展保障性安居工程跟踪审计，查出虚报骗取住房待遇34户，资金安排使用不规范金额2532万元；对2016年至2018年扶贫资金管理使用情况实施审计。

信息化建设 开发审计项目进度和成果管理模块、市直预算单位账务系统专用数据采集转接工具和标准表，建成东营市智慧审计平台、政府投资项目审计管理平台。

相关工作 实行党建“九个一”工作法，全年累计推送落实党建任务139项，机关第三支部被评为市直机关首批示范支部。开展纪律作风专项整治月活动，严格党风廉政建设主体责任。成立协审员队伍，已有14名协审员到岗。1篇省审计厅评定的优秀论文入选全国“深化预算执行审计”研讨会。

内部审计 全市域设立内部审计机构46个，配备内部审计人员177人，完成审计项目1020个，审计查出主要问题金额244.82亿元。

（撰稿人：张　洁）

【烟台市审计局】 2018年，烟台市审计局实有76人。局长王清东，副局长董瑞锋、钟方新、翟宇翔，经济责任审计办公室主任周强，总审计师常宗杰，调研员张邦业。设有办公室、法规科、财政审计科、经贸审计科、社会保障审计科、农业与资源环保审计科、外资运用审计科、金融审计科、人事教育科、信息管理科、内审指导科、行政事业审计一科、行政事业审计二科、行政事业审计三科、行政事业审计四科等15个职能科室，另设经济责任审计办公室、审计执行科，事业单位政府投资审计服务中心。

审计成果 2018年，烟台市县两级审计机关完成审计项目618个，其中专项审计调查项目21个。查出主要问题金额742.91亿元，其中违规金额28.79亿元、损失浪费金额39.41亿元、管理不规范金额674.71亿元；审计发现非金额计量问题1037个；损益（收支）不实金额16.43亿元；出具审计报告和专项审计调查报告923篇，被批示、采用4篇次。审计处理处罚金额51.81亿元，其中应上缴财政27.43亿元、应减少财政拨款或补贴1.89亿元、应归还原渠道资金11.96亿元、应缴纳其他资金868万元、应调账处理金额10.45亿元；移送司法机关、纪检监察机关和有关部门处理事项131件，移送处理人员56人，移送处理金额2.44亿元。审计促进整改落实有关问题资金15.83亿元；审计促进拨付资金到位1672万元；审计后挽回（避免）损失1.89亿元；核减投资额1.89亿元；移送处理落实事项26件。审计提出建议580条，被采纳123条；推动被审计单位制定整改措施71项，促进被审计单位建立、健全规章制度6项；提交审计信息643篇，被批示、采用375篇次。向社会公告审计结果16篇。

国家重大政策措施落实情况跟踪审计 聚焦各级重大政策措施落实，完成6大类政策落实跟踪审计，推动各级各项决策部署落细落地落实。

财政审计 市县两级审计机关实施预算执行和财政决算审计项目596个，查出各类问题金额619.9亿元。市审计局完成2017年度市级预算执行审计、税收征管审计及4个行业系统部门预算执行和绩效管理等情况审计。

经济责任审计 市县两级审计机关对405名党政领导干部和国有企业领导人员进行任中、离任经济责任审计。

固定资产投资审计 完成对东部新区建设投资情况专项审计，查出违规金额3.3亿元、管理不规范金额8.4亿元。

民生资金（项目）审计 完成2017年度全市保障性安居工程等审计，维护群众切身利益。

其他审计项目 完成对烟台SOS儿童村和节能减排2个国外贷援款项目审计；完成全市企业境外投资管理情况审计调查；完成对万华集团3个工业园投资项目建设管理情况审计；按照上级审计机关部署，完成对青岛银行的审计，并配合完成对烟台银行的审计。

信息化建设 完成审计管理数据平台迁移上云工作，扎实推进审计信息公开、政务信息资源整合，市审计局被评为全省信息化建设先进单位。

相关工作 深入推进审计文化建设，积极参与全国文明城市创建工作，被评为“创建第五届全国文明城市先进集体”，政府投资审计服务中心首次获评省级文明单位；扎实开展“大学习、大调研、大改进”工作，完成34个创新工作项目；论文《新常态下审计职业化建设探究》被省审计厅评为一等奖。（撰稿人：朱荣华）

【潍坊市审计局】 2018年，潍坊市审计局实有98人。局长宫智，副局长刘树龙、李宏德，总审计师郑栋强。设有办公室、组织人事科、研究室、法制科、财政审计科、行政事业审计科、农业审计科、资源环保审计科、社会保障审计科、金融审计科、经贸与外资运用审计科、计算机审计管理科、市经济责任审计办公室、审计结果执行科；下设潍坊市审计局派出审计处、潍坊市政府性投资审计中心等事业单位。

审计成果 2018年，潍坊市县两级审计机关完成审计项目584个。查出主要问题金额1461.26亿元，其中违规金额28.41亿元、损失浪费金额359万元、管理不规范金额1432.82亿元；损益（收支）不实43.54亿元；审计处理处罚金额83.8亿元，其中应上缴财政27.61亿元、应减少财政拨款或补贴11.25亿元、应归还原渠道资金5.98亿元、应调账处理金额38.95亿元；审计发现非金额计量问题4897个；审计促进整改落实有关问题资金8.66亿元，其中增收节支3.89亿元、已调账处理金额4.01亿元，审计后挽回损失11.65亿元。移送司法机关、纪检监察机关和有关部门处理事项45件。出具审计报告和专项审计调查报告844篇。提出审计建议1373条，提交审计信息816篇、采用322篇。向社会公告审计结果19篇。

国家重大政策措施落实情况跟踪审计 根据上级审计机关统一安排，持续开展稳增长、促改革、调结构、惠民生政策措施落实情况跟踪审计，揭示存在的问题，分析问题产生的根源，提出建设性意见和建议。

财政审计 市审计局组织对市级预算执行情况和税收征管情况进行审计。组织对市人力资源和社会保障系统等4个行业系统和市交通局等6个部门单位预算执行情况进行审计，发现虚收空转、先收后返、变更科目等方式虚增财政收入问题。

经济责任审计 市县两级审计机关完成领导干部经济责任审计项目275个，查出主要问题金额179.74亿元。组织对奎文区、经济开发区、峡山生态经济发展区等3个区党政主要负责人任期经济责任情况进行审计。市审计局完成首个领导干部自然资源资产离任审计试点项目，并指导全市审计机关完成22个自然资源资产离任审计项目。

固定资产投资审计 市县两级审计机关完成张面河综合整治工程、市殡仪馆综合楼改建工程等审计项目97个，查出项目建设管理、资金使用、投资绩效等方面存在的问题，工程提报值68.12亿元，核减投资额12.14亿元。

民生资金（项目）审计 采取"上审下"方式对全市精准扶贫政策落实及资金管理使用情况进行审计，实现有扶贫任务的县（市、区）审计全覆盖。对市本级和6个县市区保障性安居工程进行跟踪审计，促进盘活闲置资金2.42亿元。

其他审计项目 组织市本级和全市11个县市区开展规范政府举债融资行为防控政府性债务风险专项审计调查；组织对市直和各县市区的境外机构和投资情况进行调查。 （撰稿人：王双姿）

【济宁市审计局】 2018年，济宁市审计局实有84人。局长胡良民，副局长孙进、苏桂双，总审计师王忠东，经济责任审计办公室主任胡忠启，政府投资审计处主任张旸，调研员王岱峰，副调研员王相武。设有办公室、人事科、法制审理科、财政审计科、企业审计科、农业和资源环保审计科、社会保障审计科、信息科、行政事业审计一科至六科、审计结果执行科、经济责任审计办公室、政府投资审计处、北湖省级旅游度假区分局；下设高新技术产业开发区分局（事业单位）。

审计成果 2018年，济宁市县两级审计机关完成审计项目1165个。查出主要问题金额849.74亿元，其中违规金额26.36亿元、损失浪费金额189万元、管理不规范金额823.36亿元、损益（收支）不实金额28.82亿元。审计处理处罚金额37.5亿元，其中应上缴财政13.78亿元、应减少财政拨款或补贴20.23亿元、应归还原渠道资金8616万元、应调账处理金额2.51亿元、应缴纳其他资金1189万元。审计发现非金额计量问题1251个；审计促进整改落实有关问题金额60.65亿元；审计后挽回（避免）损失20.28亿元。移送司法机关、纪检监察机关和有关部门处理事项98件，涉及233人。出具审计报告和专项审计调查报告1395篇。提交审计信息144篇，被批示、采用信息80篇；提出审计建议2036条，被采纳1476条。

国家重大政策措施落实情况跟踪审计 开展"放管服"改革、煤炭压减、自然保护区建设管理、规范政府举债融资行为防控债务风险等9项政策措施贯彻落实跟踪审计，揭示资金拨付不及时等问题，从体制、机制层面提出审计建议。

财政审计 市审计局对市本级预算执行和市发展改革委、经信委、人社局、教育局、食药监局、编办、扶贫办等7个预算部门单位2017年度预算执行、绩效管理、重点改革事项推进落实情况进行审计，揭示预算公开、预算编制、预算执行、财政资金绩效评估等6个方面存在的问题。

经济责任审计 市审计局完成18名领导干部的任中经济责任审计和32名领导干部的离任经济责任审计。组织全市审计机关开展12名领导干部自然资源资产管理和生态环境保护审计。

固定资产投资审计 对泗河综合开发、对口支援新疆建设情况、大运河产业带开发建设等136个政府投资项目进行跟踪审计。加大对县（市、区）投资审计工作的指导力度，推动公共投资建设项目高质量发展。

民生资金（项目）审计 对全市保障性安居工程进行审计，揭示棚户区改造开工任务未按期完成等问题。开展营养餐专项资金审计，揭示营养餐补助资金拨付不及时等问题。组织开展全市脱贫攻坚专项审计调查，揭示精准扶贫政策落实等方面的问题。 （撰稿人：徐东升　李成才）

【泰安市审计局】 2018年，泰安市审计局实有69人。局长辛海明，副局长刘安、程波、吴思、孟恒新，总审计师靳印龙，经济责任审计办公室主任张伟，政府投资审计局局长李兴昌，调研员张仁安、王燕华，副调研员汪培秋，姜浩刚（12月—）。设有办公室、人事科、法规科、财政审计科、金融审计科、行政事业审计一科、行政事业审计二科、社会保障审计科、农业与资源环保审计科、经贸审计科、派出审计科、经济责任审计办公室，设派出机构开发区分局、政府投资审计专业局、计算机审计技术中心。

审计成果 2018年，泰安市县两级审计机关完成审计项目275个。查出违规问题金额1.83亿元，移送司法机关、纪检监察机关和有关部门处理事项18件，促进增收节支1.99亿元。

国家重大政策措施落实情况跟踪审计 关注中央、省、市重大政策措施贯彻落实情况，对保障性安居工程、精准扶贫、对口支援新疆建设、境外投资、自然保护区建设、地方债务等政策措施落实情况进行审计和调查，促进政策措施实施和惠民政策落到实处。

财政审计 市县两级审计机关对98个部门单位开展预算执行审计，首次实现一般公共预算、政府性基金预算、国有资本经营预算、社保基金预算审计全覆盖。审计工作报告和结果报告得到同级人大、政府的肯定和好评，市政府办公室下发《关于做好2017年度市级预算执行和其他财政收支审计查出问题整改工作的通知》，加快推进整改工作。

经济责任审计 市县两级审计机关对173名领导干部开展经济责任审计。市审计局与市委组织部联合印发《泰安市市本级党政主要领导干部和国有企业领导人员任前经济责任告知办法（试行）》《领导干部履行经济责任风险防范手册》《关于认真整改审计发现突出问题的函》，完善经济责任审计程序，规范领导干部权力运行，督促被审计单位整改到位。受组织部委托，开展7个领导干部自然资源资产离任审计项目。

固定资产投资审计 市审计局对博阳路和桃花源路建设工程进行跟踪审计，对泰安一中新校区、泮河大街（南外环）项目开展竣工财务决算审计，对天平湖水源地保护开发工程开展结算审计，对泰城中央商务区、历史文化轴（一期）工程建设情况进行专项审计调查。提交的审计专报得到市委、市政府主要领导批示，推动问题整改。

相关工作 市审计局被市委表彰为争创“五型”机关建设示范单位，连续九年保持“省级文明单位”称号。 （撰稿人：杨　宁）

【威海市审计局】 2018年，威海市审计局实有38人。局长于松涛，副局长孙思深、李宁、王晓辉，经济责任审计办公室副主任房元芹，政府投资审计中心主任侯志勇，调研员黄涛。设有办公室、政工科（与办公室合署办公）、法规科、执行科、财政审计科、金融（外资）审计科、行政事业审计科、农业资源环保审计科、社会保障审计科、企业审计科、信息科；下设经济责任审计办公室、内部审计指导中心、政府投资审计中心。

审计成果 2018年，威海市区两级审计机关完成审计项目172个。查出违规金额3.08亿元、管理不规范金额531.82亿元，促进整改落实有关问题资金35.69亿元，移送违纪违法线索19件，推动建立健全规章制度 127 项，提出合理化建议 451 条。

市审计局实施的威海市 2016 年度市级预算执行和其他财政收支情况审计、荣成市审计局实施的荣成市 2016 年度市本级财政预算执行和其他财政收支情况审计 2 个审计项目，被省审计厅评为表彰审计项目。

财政审计 市审计局首次将 3 个国家级开发区全部纳入市级预算执行审计范围，实现市级预算执行审计全覆盖。组织开展政府性债务风险防控跟踪审计、税收征管审计和行政事业性收费审计，累计完成审计项目 67 个，查出违规及管理不规范金额 80.98 亿元，推动部门单位出台规章制度 21 项，促进 46 类、124 项问题得到整改落实。

经济责任审计 出台党政领导干部和国有企业领导人员任前告知和年度报告 2 个办法。市审计局通过优化组织形式，加大任中审计力度、突出重点离任审计、稳妥推进交接审计。任中审计项目比重达到 60%，完成 6 个重点离任审计项目。开展荣成市市长自然资源资产审计和自然保护区建设管理情况 2 项审计调查，通过揭示问题促进领导干部树立绿色发展理念和正确政绩观，切实维护生态环境安全和人民群众利益。

固定资产投资审计 制定《政府投资项目审计业务管理办法》等内部管理制度，协助修订《威海市政府投资项目审计监督办法》，确保投资审计依法依规开展。对 4 个政府投资项目实施竣工决算审计，审减工程造价 9123 万元，提出审计建议 9 条，规范工程建设管理，提升公共资金使用效益。

信息化建设 对政府投资审计、经济责任审计两个系统进行优化调整，实现审计项目立项、决策、实施、审理全过程质量管控。加快数据分析与审计项目的融合速度，自行筛查疑点 12.94 万条。

内部审计 将内部审计作为审计工作的前置和延伸，建设内部审计工作平台，实现对 259 家部门单位的动态管理。“两个方案、三张清单”的内部审计组织模式在全省内审工作座谈会上进行经验交流。

（撰稿人：戚琳琳）

【日照市审计局】 2018 年，日照市审计局实有 71 人。局长刘树东，副局长李兆勇、王茂森，经济责任审计办公室主任许鸿，调研员阚士梅，副调研员张传相。设有办公室、法规科、审计执行科（内部审计指导科与其合署）、财政金融审计科、行政事业审计科、农业与资源环保审计科、固定资产投资审计科、企业外资审计科、社会保障审计科；另设参公管理事业单位经济责任审计办公室（加挂固定资产投资审计办公室牌子）。

审计成果 2018 年，日照市县两级审计机关完成审计项目 247 个。查出主要问题金额 169.14 亿元，其中违规金额 21.98 亿元、损失浪费金额 4125 万元、管理不规范金额 146.75 亿元；损益（收支）不实金额 6.35 亿元；审计处理处罚金额 54.92 亿元。审计促进整改落实有关问题金额 12.17 亿元；审计促进拨付资金到位 1.12 亿元；审计后挽回（避免）损失 5.34 亿元。审计发现非金额计量问题 1298 个；移送司法机关、纪检监察机关和有关部门处理事项 50 件。出具审计报告和专项审计调查报告 362 篇。提交审计信息 351 篇，被批示、采用 16 篇。审计提出建议 775 条，被采纳 723 条；推动完善规章制度 11 项。

市审计局实施的岚山区委书记、区长任职期间经济责任履行情况审计项目，被省审计厅评为优秀审计项目。

国家重大政策措施落实情况跟踪审计 聚焦乡村振兴、新旧动能转换重大工程等决策部署，加大相关专项资金审计力度，跟踪审计“放管服”改革政策措施落实情况，查出涉企违规乱收费问题资金 1303 万元。

财政审计 深化财政预算执行审计，查出漏征税款、欠征防空地下室易地建设费等 2.9 亿元；揭示城建工程、创新创业等 11 个项目专项资金使用绩效不明显等问题。

经济责任审计 对 141 名领导干部开展经济责任审计，查出问题涉及违规和损失浪费金额 2.2 亿元。组织实施市城投集团、水产集团领导干部离任审计。运用 3S 等技术，破解“瓶颈”，开展自然资源资产离任审计。

固定资产投资审计 对日照综合客运站、科技文化中心等重大建设项目开展固定资产投资审计，审减工程造价 4.98 亿元。

民生资金（项目）审计 组织保障性安居工程、脱贫攻坚情况、抗灾救灾和恢复重建等审计，协助民政部门全面核查、清理清退不符合条件低保户。

企业审计 开展市属国有企业改革及运营情况专项审计调查。

相关工作 市审计局保持“山东省文明单位”称号，被评为日照市经济社会发展综合考核先进单位。（撰稿人：商晓峰）

【莱芜市审计局】 2018 年，莱芜市审计局实有 66 人。局长许荣利，副局长杨文安、王聚圣，总审计师韩秀君，经济责任审计办公室主任徐吉杰，政府投资审计办公室主任亓燕，调研员杨自菊，副调研员田晶。设有办公室、人事政工科、法规科、财政审计科、农业与资源环保审计科、企业审计科、社会保障审计科、执行科；下设经济责任审计办公室、政府投资审计办公室、审计监督检查处、审计信息中心。

审计成果 2018 年，莱芜市区两级审计机关完成审计和专项审计调查项目 128 个。查出主要问题金额 113.24 亿元，其中管理不规范金额 112.98 亿元、违规或损失浪费金额 2562 万元。发现非金额计量问题 1042 个，移送各类问题线索 27 件，提出整改意见、建议 320 余条。督促被审计单位完善制度 120 余项，补办审批手续 210 余件，收回滞留资金、出借资金或追缴社保基金等 14.3 亿元。提报审计综合报告、审计专报 19 篇，市领导批示 11 篇次。提报各类审计信息 85 篇次。

国家重大政策措施落实情况跟踪审计 组织规范政府举债融资行为防控政府性债务风险政策落实审计调查；开展美丽乡村标准化建设情况审计、山水林田湖草修复工程等政府投资项目跟踪审计；完成全市保障性安居工程跟踪审计、精准扶贫政策落实及资金管理使用情况审计。

财政审计 组织市区两级审计机关统一开展预算执行审计及编制、扶贫等 4 个行业系统审计，首次对 4 个市属功能区开展预算执行审计，对全市地税征管情况进行统管统审。

经济责任审计 统筹经济责任审计与自然资源资产离任审计，完成市、区组织部门委托经济责任审计项目 45 个，同步开展自然资源资产离任审计项目 14 个。

固定资产投资审计 开展政府投资审计项目 39 个，核减投资额 1.17 亿元。

农业与资源环保审计 按照“三年审一遍，一审审三年”的要求，铺开新一轮村级审计，全市完成村级审计项目 212 个，累计查出违规和管理不规范金额 3.54 亿元。

企业审计 对 6 家市属国有企业开展资产负债损益审计，规范企业投融资行为，帮助防范和化解经营风险。

交办任务 对照原市党政主要负责人经济责任审计、原市长自然资源资产离任审计和省级预算执行审计反馈的问题，协助市委、市政府“两办”完成市级层面的整改任务。完成党委、政府临时安排任务 45 项。

相关工作 坚持把党支部建在审计组，打造党建文化长廊，集体作出“十要十不准”承诺，常态化开展审计回访和党纪检查。市审计局党组被推荐为全省先进县级党组理论学习中心组，机关党委获评市级红旗党组织、五好基层党组织。

局内成立 6 个工作专班，在保质保量完成年度审计任务的同时，抓好行政区划调整期间的财务核算、资产管理、档案整理、信访维稳、机关保密等重点工作。组织全市审计调研、科研项目 22 项，获得市委、市政府优秀调研成果奖 4 项。获评全市脱贫攻坚实绩突出单位。

（撰稿人：解宏涛）

【临沂市审计局】 2018 年，临沂市审计局实有 82 人。局长李枝叶，副局长王宏祥、杨忠森、谢国光、朱海英，调研员陆光平，副调研员陈德法、吴清军、李进，经济责任审计办公室主任张金堂，经济责任审计办公室党总支书记殷宗建，重点建设项目审计办公室主任张现东。设有办公室、法规科、人事科、财政审计科、审计执行科、金融审计科、社会保障审计科、行政事业审计综合科、行政事业审计一科、行政事业审计二科、企业审计科、固定资产投资审计科、农业与资源环保审计科；下设经济责任审计办公室、重点建设项目审计办公室、审计计算机中心等事业单位。

审计成果 2018 年，临沂市县两级审计机关完成审计项目542个，其中专项审计调查项目32个。查出主要问题金额535.29亿元，其中违规金额7.16亿元、损失浪费金额15万元、管理不规范金额528.13亿元；审计发现非金额计量问题1409个；损益（收支）不实金额51.22亿元；出具审计报告和专项审计调查报告884篇。审计处理处罚金额53.58亿元，其中应上缴财政6.75亿元、应减少财政拨款或补贴6787万元、应归还原渠道资金2.56亿元、应缴纳其他资金157万元、应调账处理金额43.57亿元；移送司法机关、纪检监察机关和有关部门处理事项116件，移送处理人员40人，移送处理金额2.17亿元。审计促进整改落实有关问题资金14.62亿元；审计促进拨付资金到位1364万元；审计后挽回（避免）损失3556万元；核减投资额1.04亿元；移送处理落实事项33件。审计提出建议1629条，被采纳1531条；推动被审计单位制定整改措施202项，促进被审计单位建立、健全规章制度24项；提交审计信息412篇，被批示、采用181篇次。向社会公告审计结果21篇。

国家重大政策措施落实情况跟踪审计 对保障性安居工程等7项政策措施落实情况进行跟踪审计，促进各项政策措施落实。

财政审计 对132个单位预算执行情况进行审计，查出主要问题金额359.02亿元；对46个县区、乡镇开展财政决算审计，查出主要问题金额35.68亿元。

经济责任审计 对345个部门单位主要负责人进行任期经济责任审计，查出主要问题金额134.45亿元。开展市本级及6个县区林业局局长自然资源资产任期审计。对3280名村居干部进行经济责任审计，查出问题资金48亿元，移送处理478名村居干部。

固定资产投资审计 对火车站搬迁建设资金开展专项审计；对3个市级重点建设项目开展跟踪审计；对187个单体工程的结算审计，审减工程造价2422万元。

民生资金（项目）审计 对全市精准扶贫政策落实情况进行跟踪审计，收回、调整违规使用的扶贫资金573万元，避免和挽回损失157万元，促进扶贫资金发挥效益5467万元。

农业与资源环保审计 对临沂市自然保护区建设管理政策措施落实情况进行专项审计调查。

企业审计 对4家市级政府投融资平台公司进行审计，查出违规金额2657万元。

信息化建设 建立行业数据定期报送机制，归集存储相关电子数据超过30TB。在扶贫审计中，运用大数据审计帮助追回低保资金45.68万元。

相关工作 坚持市县两级审计机关党的建设“一盘棋”，制定《关于构建临沂审计党建大格局的实施意见》，全面落实从严治党的政治责任，抓好组织和制度建设，扎实开展纪律作风集中整顿活动，加强对普通党员的管理，加强审计现场纪律跟踪检查。市审计局连续第四年保持“全国文明单位”荣誉称号。

内部审计 全市有内部审计机构1094个，完成审计项目4056个，审计总金额1112.46亿元，促进增收节支4.41亿元。 （撰稿人：王传山）

【德州市审计局】 2018年，德州市审计局实有78人。局长刘清云，副局长刘国芹、梁富修、穆耀民，总审计师邵东，调研员戴希祥，经济责任审计办公室主任王力同，经济责任审计办公室副主任于成学、赵国强，副调研员黄洁。设有办公室、人事科、机关党委、法规科、执行科、财政金融审计科、行政事业审计科、企业与外资运用审计科、农业与资源环保审计科、社会保障审计科、电子数据审计科和科教文卫审计科；另设派出机构经济技术开发区分局、运河经济开发区分局；下设经济责任审计办公室、内部审计指导中心、政府投资审计中心等事业单位。

审计成果 2018年，德州市县两级审计机关完成审计项目234个，其中专项审计调查项目31个。查出主要问题金额345.01亿元，其中违规金额11.63亿元、损失浪费金额1075万元、管理不规范金额333.28亿元；审计发现非金额计量问题1707个；损益（收支）不实金额5.52亿元出具审计报告和专项审计调查报告312篇，被批示、采用1篇次。审计处理处罚金额13.12亿元，其中应上缴财政7.78亿元、应减少财政拨款或补贴7318万元、应归还原渠道资金3.53亿元、应缴纳其他资金6076万元、应调账处理金额4698万元；移送司法机关、纪检监察机关和有关部门处理事项140件，移送处理人员148人，移送处理金额1.17亿元。审计促进整改落实有关问题资金4.6亿元；审计后挽回（避免）损失3585万元；核减投资额3030万元；移送处理落实事项55件。审计提出建议665条，被采纳345条；推动被审计单位制定整改措施320项，促进被审计单位建立、健全规章制度86项；提交审计信息359篇，被批示、采用206篇次。向社会公告审计结果1篇。

齐河县委原书记任期经济责任履行情况审计项目被审计署评为优秀审计项目、被省审计厅评为优秀审计项目。禹城市本级财政预算执行和其他财政收支情况审计被省审计厅评为优秀审计项目；乐陵市财政局财政预算执行及2015—2016年度专项资金管理使用情况审计项目，被省审计厅评为表彰审计项目。

国家重大政策措施落实情况跟踪审计 围绕新旧动能转换，对“放管服”改革等5项政策措施落实情况进行跟踪审计，对全市政府举债融资情况开展审计调查，促进国家重大决策部署和有关政策措施的贯彻落实。

财政审计 开展市级预算执行和其他财政收支情况审计，对市财政局及人社、扶贫、食药监、编办等4个行业系统部门进行审计，重点审查10项专项资金。开展地税征管审计，延伸企业31户，查出少征、延期申报税款2760万元。

经济责任审计 实施领导干部经济责任审计项目20个；对25名领导干部开展离任交接；组织人员对全市13名领导干部开展自然资源资产离任审计。

民生资金（项目）审计 开展保障性安居工程和精准脱贫等专项审计，对临邑等3个县教育行业开展投资绩效审计调查。

企业审计 对德州市重点建设投资公司资产、负债及损益情况开展专项审计调查。

内部审计 组织各类培训10期，培训内部审计人员1500人次，对43个单位开展专项督查。

（撰稿人：张育源）

【聊城市审计局】 2018年，聊城市审计局实有78人。局长王连申，副局长张斌、周玉明、张朝彩，政府投资审计专业局局长吕广龙，经济责任审计办公室主任任国旭，副调研员刘军、寻广浩。设有办公室、人事科、法制科（加挂内部审计指导科）、财政金融审计科、社会保障审计科、企业审计科（加挂外资审计科）、农业与资源环保审计科、行政事业审计科、开发区审计分局、监察室、机关党总支；下设经济责任审计办公室、政府投资审计专业局、派出教育审计办公室、派出卫生审计办公室、派出政法审计办公室、派出城建审计办公室、审计科研所、审计培训中心、审计信息化办公室。

审计成果 2018年，聊城市县两级审计机关完成审计项目277个，其中专项审计调查项目34个。查出主要问题金额456.73亿元，其中违规金额29.9亿元、损失浪费金额234万元、管理不规范金额426.81亿元；审计发现非金额计量问题1857个；损益（收支）不实金额9.5亿元；出具审计报告和专项审计调查报告416篇。审计处理处罚金额45.31亿元，其中应上缴财政13.4亿元、应减少财政拨款或补贴1240万元、应归还原渠道资金13.81亿元、应调账处理金额14.48亿元；移送司法机关、纪检监察机关和有关部门处理事项410件，移送处理人员342人，移送处理金额8.17亿元。审计促进整改落实有关问题金额9.54亿元；审计促进拨付资金到位2952万元；审计后挽回（避免）损失1205万元；核减投资额1452万元；移送处理落实事项1件。审计提出建议1119条，被采纳412条；推动被审计单位制定整改措施113项，促进被审计单位制定、完善规章制度32项；提交审计信息314篇，被批示、采用176篇。

聊城市基本养老保险基金审计、东阿县2016年度本级预算执行及其他财政收支情况审计、阳谷县扶贫资金政策落实情况审计等3个项目，被省审计厅评为优秀审计项目。莘县财政局2016年度预算执行及财务收支情况审计项目被省审计厅评为表彰审计项目。

国家重大政策措施落实情况跟踪审计 完成政策落实跟踪审计项目6个，提交相关报告、要情、请阅件等7件。

财政审计 探索“市县乡”三级联动审计方式，拓展审计视野，加强对非预算单位使用财政资金情况审计监督，强化对政府债务及融资平台运营审计监督。

经济责任审计 完成经济责任审计项目 129 个，查出违规金额 5863.32 万元，移交纪检监察机关处理事项 12 件，移交部门处理事项 13 件。

固定资产投资审计 审计或跟踪审计大型项目 4 个，涉及财政投资约计 70 亿元，为财政增收节支 1.96 亿元，查出违规问题金额 5726 万元。

交办任务 完成交办的财信、财金公司等市级融资平台运营状况调查、三所一队拆迁补偿项目、五环项目整改项目、古楼改造项目整体划转组建市旅发集团清产核资和资产评估调查，孟达集团柳园新村拆迁涉税项目、裕昌集团在五岳电机项目代垫资金调查、土地储备集团资产核查等 8 个任务。完成巡视巡查、纪委办案、行业检查等项配合任务。

信息化建设 完善审计数据分析的基础建设，更新数据分析服务器；完成机房迁移和云平台存储扩容 50TB；对地税、精准扶贫、公立医院改革等 3 个行业进行大数据分析应用。

（撰稿人：齐　昊）

【滨州市审计局】 2018 年，滨州市审计局实有 82 人。局长王天祥，党组副书记谭拴海（—10 月），党组副书记、市经济责任审计办公室主任扈献民（—5 月），党组成员、副局长孙宝臣、孙玉芬、张经杰（2 月—），党组成员、总审计师王爱云（2 月—），调研员谭拴海、丁希安（—12 月）。设有办公室、人事科、法规科等 11 个职能科室和经济技术开发区、高新技术产业开发区、北海经济开发区 3 个审计分局；下设经济责任审计办公室、政府投资项目审计办公室等 8 个事业单位。

审计成果 2018 年，滨州市县两级审计机关完成审计项目 275 个。查出主要问题金额 710.96 亿元，其中违规金额 19.98 亿元、管理不规范金额 690.78 亿元；审计发现非金额计量问题 884 个；损益（收支）不实金额 50.98 亿元；审计发现侵害人民群众利益 1.27 亿元；出具审计报告和专项审计调查报告 438 篇，被批示、采用 9 篇。审计处理处罚金额 149.33 亿元；移送司法机关、纪检监察机关和有关部门处理事项 132 件，移送处理人员 350 人，移送处理金额 8.87 亿元。审计促进整改落实有关问题金额 10.19 亿元；审计后挽回（避免）损失 2.32 亿元；核减投资额 2.49 亿元。审计提出建议 743 条，被采纳 412 条；推动被审计单位制定整改措施 74 项，促进被审计单位制定、完善规章制度 47 项；提交审计信息 111 篇，被批示、采用 80 篇。

惠民县党政领导同步审项目，被省审计厅评为表彰审计项目。

国家重大政策措施落实情况跟踪审计 开展保障性安居工程、政府性债务、煤炭压减、安全生产、精准扶贫、自然保护区建设等 6 项政策跟踪审计，推动中央和省重大决策部署落地生根。抽调人员参加审计署、省审计厅重大审计项目。

财政审计 开展 2017 年度市级预算执行和其他财政收支审计，市委、市政府主要领导先后 3 次长篇批示审计报告；开展全市地方税收征管情况审计，对 11 个单位开展部门预算执行审计；首次对全市扶贫、人社、编办、食药等 4 个行业系统开展省市县三级全覆盖审计。

经济责任审计 对 152 名领导干部实施经济责任审计。制定出台《党政主要领导干部和国有企业领导人员任前经济责任告知办法（试行）》，与组织部等 7 部门出台《经济责任审计结果运用实施办法》，形成任前告知、任中报告、离任审计交接、审后结果运用等经济责任审计制度体系。开展 1 项自然资源资产离任审计。

固定资产投资审计 对 199 项工程进行竣工决算审计和跟踪审计，审减工程造价 6.9 亿元。

信息化建设 依托“金审工程”三期，组建大数据分析室，实施数据采集和整理，对财政本级审、地税、公积金等行业审计平台进行数据分析和疑点筛选。开展大数据审计实战，上报大数据审计案例 5 个。

相关工作 局机关党委连续四届被市直机关工委评为“先进基层党组织”，6 个党支部全部被评为“先进基层组织”。

内部审计 制定出台《滨州市内部审计协作机制实施办法》《内部审计工作推进办法》，整合形成内部审计监督合力，为全市内部审计工作提供机制保障。

（撰稿人：吕增祥）

【菏泽市审计局】 2018 年，菏泽市审计局实有73人。局长陈庆勇，副局长房福胜、樊廷卷，总审计师袁文增，经济责任审计办公室主任晁秀喜，投资审计中心主任王清刚，调研员毛宝军，副调研员汪如春。设有办公室、法规科、人事科、财政审计科、行政事业审计科、农业与资源环保审计科、固定资产投资审计科、金融审计科、企业审计科、社会保障审计科、外资运用审计科、政法审计科、经济责任审计办公室、投资审计中心、审计信息中心和机关党委。

审计成果 2018年，菏泽市县两级审计机关完成审计项目310个，其中专项审计调查项目23个。查出主要问题金额1268.72亿元，其中违规金额47.03亿元、损失浪费金额78万元、管理不规范金额1221.67亿元；审计发现非金额计量问题1943个；损益（收支）不实金额7.54亿元；出具审计报告和专项审计调查报告459篇，被批示、采用7篇次。审计处理处罚金额49.59亿元，其中应上缴财政16.18亿元、应减少财政拨款或补贴9.17亿元、应归还原渠道资金22.24亿元、应调账处理金额1.83亿元；移送司法机关、纪检监察机关和有关部门处理事项117件，移送处理人员165人，移送处理金额1.8亿元。审计促进整改落实有关问题资金26.96亿元；审计促进拨付资金到位4345万元；审计后挽回（避免）损失9.11亿元；核减投资额10.46亿元；移送处理落实事项21件。审计提出建议1252条，被采纳854条；推动被审计单位制定整改措施17项，促进被审计单位建立、健全规章制度7项；提交审计信息772篇，被批示、采用407篇次。向社会公告审计结果14篇。

国家重大政策措施落实情况跟踪审计 开展防范政府隐性债务风险政策落实跟踪审计调查，发现漏报政府隐性债务资金27.74亿元。开展扶贫审计、黄河滩区脱贫迁建等审计调查，发现64项11类问题，促进7.39亿元扶贫专项资金拨付到位，42名村干部因此受到处理。开展城市煤炭压减政策落实跟踪审计调查，促进2350.4万元配套资金拨付到位，137户气代煤用户安全通气，有关部门出台配套政策和改革措施3项。

财政审计 开展2017年度市级预算执行和其他财政收支审计，首次对市县两级编办、人社、扶贫办、食药监系统的预算执行和绩效管理情况进行联动审计。开展4次乡镇财政收入真实性审计调查。

经济责任审计 完成经济责任审计项目144个，其中任中审计38个，查出各类问题金额92.81亿元。对全市35个单位领导干部实行离任经济事项交接。

固定资产投资审计 开展21项政府投资审计，核减工程造价、为政府节约财政资金4.42亿元，其中市本级节约1.92亿元。

民生资金（项目）审计 市审计局连续第六年开展保障性安居工程跟踪审计，发现骗取安居工程财政补贴资金24.09万元，移送案件22起，44人被追究党政纪责任。开展农村人居环境提升工程专项审计调查，助推乡村振兴战略。

企业审计 开展涉企收费政策落实跟踪审计，以市委、市政府两办名义出台《关于深化国有企业和国有资本审计监督的实施意见》。开展安全生产领域改革发展情况审计调查，审计结果被市主要领导批示。

信息化建设 大数据中心和分析团队投入工作，34%的审计项目运用大数据分析方法；全市40岁以下审计人员全部参加计算机审计中级培训班，已有161人获得计算机中级审计资格，占一线审计人员39%。

内部审计 市政府办公室出台《关于进一步加强内部审计工作的意见》，推动进一步加强对内部审计的指导和监督，促进审计内部工作健康、快速发展。

（撰稿人：张　琰）

2018 年山东省所辖区、县(市)级审计工作统计表

金额单位:万元

审计机关	完成审计项目/个	审计查出主要问题金额	审计发现非金额计量问题/个	审计期间整改金额	出具审计报告和审计调查报告/篇	审计处理情况		审计促进整改落实有关问题资金	审计提出建议/条	提交审计信息/篇
						审计处理处罚金额	移送处理事项/件			
济南市										
济南市本级	77	4701752	478	204997	132	36914	133	71423	280	113
历下区审计局	28	19508	146		49	7	8	7	96	35
市中区审计局	35	379773	31	235	35	1661		1661	103	27
槐荫区审计局	14	38126	109	2542	15	2542			61	37
天桥区审计局	28	45956	122	224	42	997	3	38854	96	63
历城区审计局	31	73841	107	63089	48	4269	2	4239	55	33
长清区审计局	20	104842	141	31	20	171	11	171	64	45
章丘区审计局	25	7680	66	211	26	1367		1367	53	17
济阳区审计局	28	131625	139		45	1688	4	1688	76	9
平阴县审计局	31	291756	81	20	47	14761	5	9327	82	96
商河县审计局	26	39697	261	863	37	7117	100	7117	140	46
青岛市										
青岛市本级	88	5111546	331	818675	122	227972	48	110574	214	192
市南区审计局	65	932843	43	104	103	5086	1	4343	100	23
市北区审计局	67	533498	90		89		1	14981	162	108
西海岸新区审计局	81	2491691	43	11469	81	1305980	2	11432	127	96
崂山区审计局	77	1264070	125	13298	96	10170	4	9646	32	66
李沧区审计局	55	290700	51	210	55		28	29	107	6
城阳区审计局	71	1272857	255	2643	95	148030	9	58781	79	123
即墨区审计局	67	543704	102	13104	112	43554	4	39997	101	59
胶州市审计局	40	6228588	221	316	56	11021	11	10641	115	34
平度市审计局	38	119840	31		49	114662	8	21157	92	
莱西市审计局	54	180455	49	25248	54	53309	14	21226	71	21
淄博市										
淄博市本级	103	1967342	406	32144	165	101790	19	53349	270	32
淄川区审计局	92	260066	246	35230	124	14756	22	13863	34	9
张店区审计局	81	299662	181	2874	96	105579	49	43583	221	15

（续表）

审计机关	完成审计项目/个	审计查出主要问题金额	审计发现非金额计量问题/个	审计期间整改金额	出具审计报告和审计调查报告/篇	审计处理情况		审计促进整改落实有关问题资金	审计提出建议/条	提交审计信息/篇
						审计处理处罚金额	移送处理事项/件			
博山区审计局	120	346328	282	34586	161	16056	13	1684	403	
临淄区审计局	76	651354	253	100458	103	36130	19	14509	255	
周村区审计局	60	211826	269	187	91	37302	24	8581	419	1
桓台县审计局	60	133241	106	8155	82	60300	6	6078	146	5
高青县审计局	61	1724031	67	640	101	12754	3	12742	166	12
沂源县审计局	80	3829284	146	19608	110	39604	12	36958	244	
枣庄市										
枣庄市本级	38	645582	188	7978	41	19870		15688	103	18
市中区审计局	17	150285	25		22	10577		10577	34	
薛城区审计局	16	11262	64	2	24	413			50	
峄城区审计局	21	128941	30	34153	34	29272	1	66	49	
台儿庄区审计局	22	88379	30		34	78494		14193	50	20
山亭区审计局	25	29978	79	77	32	3212	1	1993	93	3
滕州市审计局	29	362968	90	1290	45	5215		403	112	41
东营市										
东营市本级	83	1221316	500	2886	128	61916	18	349627	176	20
东营区审计局	35	120069	107	82	57	35224	1	35110	70	
河口区审计局	25	5230	98		34	744		744	69	
垦利区审计局	36	246614	96	4665	59	2393		2175	85	
利津县审计局	33	13237	71	3	43	12500		12458	40	48
广饶县审计局	35	125608	121	236	52	15531	4	15531	28	58
烟台市										
烟台市本级	72	4954055	413	163568	106	282973	25	46707	154	234
芝罘区审计局	32	36985	45	513	49	28889	1	178	10	164
福山区审计局	48	997308	51	1545	75	41561	10	11397	13	8
牟平区审计局	53	138122	62	31	92	15106	4	15103	61	41
莱山区审计局	19	88250	61	7098	26	4670	5	81	14	29
龙口市审计局	141	251646	96	974	188	3865	48	3767	16	7
莱阳市审计局	63	64223	72	203	94	12273	2		198	3
莱州市审计局	43	43384	47	8	68	38690	8	29013	9	
蓬莱市审计局	32	428577	40	212	53	42770	5	42416	5	15
招远市审计局	36	226175	67	343	53	8939	4	8824	39	109
栖霞市审计局	19	64948	38	55	23	29149	11		17	12

（续表）

审计机关	完成审计项目/个	审计查出主要问题金额	审计发现非金额计量问题/个	审计期间整改金额	出具审计报告和审计调查报告/篇	审计处理情况		审计促进整改落实有关问题资金	审计提出建议/条	提交审计信息/篇
						审计处理处罚金额	移送处理事项/件			
海阳市审计局	38	131350	41	162	61	8397	8		19	8
长岛县审计局	22	4104	4	1	35	828	7	801	25	13
潍坊市										
潍坊市本级	80	2346445	474	10641	120	296930	9	11475	219	20
潍城区审计局	31	153063	50	43	45	15336		320	72	51
寒亭区审计局	30	52318	37	75	30	41840	2	41840	79	
坊子区审计局	25	194478	55	110	35	16974	1		69	182
奎文区审计局	24	187395	60	25239	28	14		339	88	1
青州市审计局	31	42719	77	6	47	5714			61	56
诸城市审计局	33	8215726	70	8	52	5996	5	5996	52	156
寿光市审计局	47	835914	87	1751	62	366491	1	8576	132	60
安丘市审计局	31	493742	46	2076	48	57767	7	3715	83	
高密市审计局	43	1055637	3566	55	63	3148	8	2967	115	127
昌邑市审计局	51	28893	105	41	79	15121		8426	126	
临朐县审计局	37	462798	42	2876	60	7252	7	1996	61	135
昌乐县审计局	47	143127	118	20	77	4638	5	913	117	1
高新区审计局	69	398982	110	77521	88	697			92	27
滨海区审计局	5	1401			10	89			7	
济宁市										
济宁市本级	177	5563924	339	92035	219	97187	25	336862	389	8
任城区审计局	127	109392	56	25	154	21936	1	18388	95	2
兖州区审计局	39	345379	65	1578	59	59830		59830	82	14
曲阜市审计局	80	83664	165	18	80	9087	57	8969	196	32
邹城市审计局	308	829020	217	1537	353	31454	8	31426	486	76
微山县审计局	67	400774	78	38989	78	24170		24170	143	
鱼台县审计局	74	383729	66	852	80	1681		2011	113	
金乡县审计局	100	12653	7	189	115	9021	1	9021	241	
嘉祥县审计局	45	23005	46	26	61	7693		7693	65	
汶上县审计局	65	46329	92	1872	75	5603	4	5603	78	
泗水市审计局	34	576673	33	2498	52	2498		2498	16	
梁山县审计局	49	122880	87	286	69	104858	2	99996	132	12
泰安市										
泰安市本级	79	775933	333	4147	139	20146	12	8671	120	76

（续表）

审计机关	完成审计项目/个	审计查出主要问题金额	审计发现非金额计量问题/个	审计期间整改金额	出具审计报告和审计调查报告/篇	审计处理情况		审计促进整改落实有关问题资金	审计提出建议/条	提交审计信息/篇
						审计处理处罚金额	移送处理事项/件			
泰山区审计局	26	84826	68	480	25			2310	38	65
岱岳区审计局	29	53325	72	72	36	72		72	188	49
新泰市审计局	29	745136	72	24	27	1533	2	846	89	55
肥城市审计局	48	275188	78	39	77	1386		1376	64	36
宁阳县审计局	31	20760	90	804	47	865		748	38	63
东平县审计局	33	34273	91	379	56	1298	4	1298	128	9
威海市										
威海市本级	46	3341932	428	167388	66	31073	13	275948	150	174
环翠区审计局	32	285831	153	543	55	15854	4	2710	84	16
文登区审计局	26	542609	88	2810	42	12773	2	2518	71	6
荣成市审计局	37	1014862	245	2189	59	69023		67380	89	100
乳山市审计局	31	163908	44	22925	50	64743		8399	57	
日照市										
日照市本级	118	586878	614	3381	166	78739	22	95588	340	101
东港区审计局	43	409603	284	438	69	167004	8	8429	99	21
岚山区审计局	35	561639	271	436	43	279331	10	206	154	1
五莲县审计局	25	18472	70	344	40	6238	6	2735	113	25
莒县审计局	26	114830	59	16	44	17851	4	14747	69	203
莱芜市										
莱芜市本级	58	904435	661	618	60	1569	27	327	167	54
莱城区审计局	46	92909	189	133	55	574		323	94	19
钢城区审计局	24	135106	192		25				59	12
临沂市										
临沂市本级	52	2876988	287	48137	73	416118	8	15551	166	106
兰山区审计局	25	332371	46	19737	43	3937	1	3626	74	39
罗庄区审计局	40	168026	99	44	57	2206	4	1209	103	29
河东区审计局	32	113515	114	7	47	37346	10	14512	102	
沂南县审计局	16	392244	101	3709	23	23739	46		72	74
郯城县审计局	34	182706	130	130	57	10439		9542	116	58
沂水县审计局	40	23373	33	4696	69	3053	15	2751	129	
兰陵县审计局	25	570929	118	570	37	3061	5		87	
费县审计局	46	143198	128	3308	78	4049	6	3946	150	86
平邑县审计局	47	381998	153	2075	79	28960	16	92290	158	2

（续表）

审计机关	完成审计项目/个	审计查出主要问题金额	审计发现非金额计量问题/个	审计期间整改金额	出具审计报告和审计调查报告/篇	审计处理情况		审计促进整改落实有关问题资金	审计提出建议/条	提交审计信息/篇
						审计处理处罚金额	移送处理事项/件			
莒南县审计局	86	35372	61	7285	158	48		13	222	
蒙阴县审计局	51	12880	55	635	83	541	2	502	128	8
临沭县审计局	48	119332	84	17048	80	2320	3	2294	122	10
德州市										
德州市本级	64	966552	427	6393	64	16479	30	675	161	25
德城区审计局	13	6704	74	940	17	1537	4	157	25	56
陵城区审计局	21	256642	212	3847	21	2940		800	34	74
乐陵市审计局	18	125801	182	5185	25	1631	14	1631	61	27
禹城市审计局	16	834249	137	5363	21	22250	14	3468	70	28
宁津县审计局	12	80215	89	216	16	963	4	884	38	12
庆云县审计局	14	217176	56	2477	19	20469	18	20469	25	21
临邑县审计局	18	359076	47	828	24	36212	4	11220	42	2
齐河县审计局	15	278401	108	36037	22	7570	3	235	44	6
平原县审计局	20	42709	142	839	27	2941	15	2848	53	12
夏津县审计局	18	154680	111	6942	25	10871	21	13919	47	54
武城县审计局	13	127911	123	10166	13	5433	13	4836	65	91
聊城市										
聊城市本级	59	2432232	594	28484	82	133400	106	2514	200	314
东昌府区审计局	24	128556	134	858	41	78184	14	858	68	46
临清市审计局	33	166830	120	1383	56	2679	19	34	180	87
阳谷县审计局	24	61712	112	6263	26	429	2	14	70	66
莘县审计局	18	447106	139	4506	24	96142	204	66203	124	33
茌平县审计局	25	308285	176	19305	36	40465	26	34	74	87
东阿县审计局	29	862600	165	169184	48	32718	6	19958	192	55
冠县审计局	25	104986	109	4693	35	67589	19	2975	78	107
高唐县审计局	40	54993	308	1067	68	1484	14	771	133	62
滨州市										
滨州市本级	80	6304826	346	294712	123	1411606	90	16067	217	111
滨城区审计局	37	135962	103	1794	70	5976	5	1236	107	27
沾化区审计局	29	50362	90	820	43	29383	9	28643	48	17
邹平市审计局	22	64593	47	82	41	18226	1	18358	37	3
惠民县审计局	22	54423	60	19	29	8073	1	22579	74	20
阳信县审计局	29	284452	87	29016	42	12740	10	11827	107	46

（续表）

审计机关	完成审计项目/个	审计查出主要问题金额	审计发现非金额计量问题/个	审计期间整改金额	出具审计报告和审计调查报告/篇	审计处理情况		审计促进整改落实有关问题资金	审计提出建议/条	提交审计信息/篇
						审计处理处罚金额	移送处理事项/件			
无棣县审计局	24	47280	47	3	37	3085	12	2687	68	7
博兴县审计局	32	167694	104	564	53	4210	4	512	85	5
菏泽市										
菏泽市本级	86	2277144	809	7530	119	167022	29	25000	357	18
牡丹区审计局	19	3566316	76	586	26	404			61	16
定陶区审计局	24	317132	136	1263	36	13616	20	13520	75	52
曹县审计局	28	308039	267	11	45	57971	27	2371	106	150
单县审计局	33	3234335	138	11535	53	130816		130765	123	233
成武县审计局	23	327407	60	4770	33	32779	20	32136	81	10
巨野县审计局	19	332897	141	35046	25	72911		45857	122	102
郓城县审计局	26	1140696	133	5423	40	20010	18	19892	121	139
鄄城县审计局	22	455261	36		35	99			126	50
东明县审计局	30	727925	147	12	47	311	3	7	80	2

河南省

【河南省审计厅】 2018 年，河南省审计厅实有行政编制人员 189 人，事业编制人员 117 人。厅机关设有办公室、法规处、财政审计一处、财政审计二处、行政事业审计一处、行政事业审计二处、行政事业审计三处、农业与资源环保审计处、投资审计一处、投资审计二处、金融审计处、企业审计处、社会保障审计处、经贸和外资运用审计处、经济责任审计局（设经济责任审计一处、经济责任审计二处）、人事教育处、机关党委、离退休干部工作处，另设有省纪委派驻纪检组；计划管理督察处、内部审计指导处 2 个加挂处；下设政策研究室、计算机审计中心审计干部培训中心、机关服务中心等事业单位。

领导成员

厅　　长：汪中山

副 厅 长：胡汉阳　孙志安　周　凯

刘翔煜

省经济责任审计工作领导小组办公室主任：吴晓春

经济责任审计局局长：吴晓春（兼，—11 月）

总审计师：张居贵（11 月—）

纪检组长：丁昌盛

巡 视 员：陈　静（—3 月）

副巡视员：李少宏（—1 月）

唐军平（—11 月）

审计成果 2018 年，河南省市县三级审计机关完成审计项目 5334 个。查出违规金额 514.03 亿元、损失浪费金额 61.02 亿元、损益或财政收支不实金额 342.08 亿元，为财政增收节支 65.82 亿元，核减项目投资或结算额 50.69 亿元；向被审计单位和有关部门提出审计建议 13419 条，被采纳 10511 条，制定整改措施 1329 项。省审计厅共向省委、省政府报送审计要情 42 期、审计专报 8 期。

省审计厅实施的河南能源化工集团有限公司资产负债损益审计、永城市审计局实施的永城市住房公积金管理中心主任任期经济责任履行情况审计等2个项目，被审计署评为地方优秀审计项目。济源市审计局实施的南召县2016年度扶贫资金审计，被审计署评为地方优秀扶贫审计项目；南阳市审计局实施的栾川县2016年财政扶贫资金审计被审计署评为地方表彰扶贫审计项目。

国家重大政策措施落实情况跟踪审计 对支持郑洛新国家自主创新示范区政策、重大投资项目推进、减税降费、涉企保证金清退、公共资源交易体制改革、社会保险费移交税务部门征管体制改革等政策措施落实情况进行跟踪审计，促进财政资金下达47.65亿元，专项资金整合后统筹安排7.04亿元，减少或清退违规收费3113.92万元，有效促进重大政策和重大项目落地落实。

财政审计 组织实施预算执行审计、税收征管审计、专项资金审计、援疆建设项目和国外贷援款项目审计等财政审计项目，揭示部门预算执行率低、应征未征税款、骗取套取财政资金、超概算投资、违规招投标等问题，核减项目投资或结算额50.69亿元，促进财政资金使用绩效的提高和规范管理。省人大常委会在审议审计工作报告时认为，审计工作认真细致、深入扎实，视野更加开阔，聚焦更加精准，成效更加明显。

在全省开展政府隐性债务全覆盖审计调查，采取异地交叉审计方式，全面摸清政府隐性债务底数，揭示风险，提出建议，为全省防范化解政府隐性债务风险做出积极贡献，得到中央领导和省委、省政府领导充分肯定。省委、省政府参考审计结果，制订防范化解债务风险一揽子计划，出台《关于防范化解地方政府隐性债务风险的实施意见》。

经济责任审计 对1637名领导干部开展经济责任审计或自然资源资产离任审计，其中省审计厅完成对28名省管领导干部的审计。揭示一些领导干部履职尽责不到位、担当精神不强、弄虚作假、违规用权等突出问题，查出领导干部负有直接责任的违规金额16.59亿元。组织全省市县审计机关通过直接参与和业务指导等方式，开展村（社区）两委换届经济责任审计，对52142名村（社区）干部作出审计结论，移送追究刑事责任12人、给予党政纪处理245人，保障村（社区）两委换届工作顺利进行，得到省委组织部领导的充分肯定。

全面开展领导干部自然资源资产审计。省委办公厅、省政府办公厅印发贯彻落实中央印发的《领导干部自然资源资产离任审计规定（试行）》的实施意见。省审计厅组织对6个省辖市主要领导和省水利厅主要领导进行自然资源资产审计，各省辖市审计局分别组织对1个县（市）开展领导干部自然资源资产审计。

民生资金（项目）审计 组织实施65个县（市）扶贫审计，促进违规财政资金上缴国库9619.13万元，盘活闲置资金1.46亿元，资金拨付到位7.58亿元，新增建档立卡贫困人口2435人，剔除识别不精准人口5962人，推动制定完善有关规章制度229项，有力服务全省脱贫攻坚战。在扶贫审计创建并实施“审计发现问题——建立工作台账——及时移交当地——逐个跟踪整改销号”的边审边改工作模式，使审计中发现的问题在审计结束时已整改85%，得到当地党委、政府和各方的好评。河南省审计机关开展扶贫审计工作的经验做法，得到审计署审计长、省纪委书记的充分肯定。组织开展保障性安居工程、基础教育政策落实、黄河滩区迁建、困难群众大病医疗保险基金、清欠农民工工资等审计项目，揭示一些地方和单位教育经费安排不足、保障性住房违规分配使用、医疗机构过度医疗、违规报销医疗保险费用等方面存在的问题，取消违规享受保障房资格2803户，追回违规领取补助补贴1548.33万元，清欠农民工工资1976.34万元。在全国保障性安居工程审计中期交流研讨会上，审计署对河南省保障性安居工程跟踪审计工作提出表扬。

农业与资源环保审计 对全省所有市、县及其乡村的环境污染治理情况开展异地交叉审计调查，聘请环保专家参与，揭示污染防治政策落实不到位、环保专项资金绩效不高等问题7486个，至年底已督促整改问题4108个。

审计管理体制改革 省发展改革委、财政厅、国资委相关职能和部分人员顺利划入、转隶到省审计厅；人员转隶29人，新增内设机构6个，增加行政编制65人。各市县相关职能划转、人员转隶工作完成。省级和部分市县级审计委员会办公室完成挂牌。9个省辖市审计局领导班子和主要负责同志进行调整，班子年龄结构、专业结构更加合理，能力素质进一步提升。

信息化建设 推进省市县在线实时联网审计系统建设，打造审计监督“新平台”。实现对省委、省政府所属部门、省管高校、重点国有企业、地方金融机构和医疗机构“五大板块”177家单位的在线实时联网审计，实现对市县8000余家单位的在线实时联网审计监督。同时，河南省审计厅首次利用联网大数据对省直一级预算单位实施全覆盖审计。

制度建设 通过建立完善省审计厅领导基层联系点制度、省辖市审计局主要负责人向省审计厅党组述职报告工作制度、全省审计项目计划审核备案制度，实施财政预算执行上下联动审计、全省大交叉审计组织方式和边审边改审计工作模式等，进一步强化全省审计“一盘棋”。通过完善落实“一审双报告”制度、优秀审计项目标准导向机制、审前调查和审前试点机制等，进一步强化审计质量管理和审计法规制度落实。省政府建立审计整改工作联席会议制度，常务副省长黄强担任联席会议召集人，3次召开联席会议集中交办审计整改事项。省委办公厅、省政府办公厅出台《关于进一步加强审计整改工作的意见》。部分市县审计局参照建立审计整改联席会议制度，加大审计整改督促问责力度。省审计厅强化与省纪委监委、省公安厅、省委巡视办的协作配合，分别推动印发相关意见。

相关工作 深入开展“新时代新作为新气象”全员大讨论活动，全体审计干部结合本单位、本岗位找出差距，实现自我规划、自我提升。在北京大学深圳研究生院举办全省审计机关领导干部能力提升培训班；在集中参加审计署“审计大讲堂”的同时，举办“河南审计讲坛”11期，有效提升全省审计干部的政策水平和综合素养；分层分类举办审计业务培训班23期，培训审计干部2515人次，有效提升全省审计队伍的专业能力；探索实施审计实务导师制培养锻炼基层年轻审计干部，首期培养锻炼干部133名。通过开展纪律作风专项整治及“回头看”巩固月等系列整治活动、审计现场廉政检查、“以案促改”警示教育等，强化纪律作风建设；对全省审计系统“五面旗帜”“十大标兵”感人事迹进行宣传弘扬，凝聚审计机关奋发向上正能量。加强文明单位创建工作，省审计厅及平顶山、安阳、鹤壁、许昌、漯河、南阳、商丘、信阳、周口、永城市审计局和郑州市金水区审计局12个单位顺利通过全国文明单位在届复查考核验收。省审计厅荣获2017年度全省综治和平安建设优秀单位、2017年度全省依法行政考核优秀等次等荣誉称号。

（撰稿人：信　焱）

【郑州市审计局】 2018年，郑州市审计局实有171人。局长刘啸峰，副局长徐平、桑富强、于士营、谢书明、郭全民、乔德宁、邹鹭，总审计师骆杉，纪检组长赵军，调研员方文改，副调研员刘兆煜。设有办公室、督查办、文宣办、项目办，行政事业一处、行政事业二处、投资处、投资审计中心、财政处、农水处、金融处、企业处、社保处、外资处、经责处、经责中心、综合审计一部、综合审计二部，机关党委、督察室、组织人事处、政策法规处、老干部处，信息中心、服务中心、审计学会、内部审计协会。

审计成果 2018年，郑州市县两级审计机关完成审计和审计调查项目904个。查出违规金额103.3亿元、管理不规范金额375.18亿元，发现非金额计量问题1541个，审减政府投资额25.15亿元，促进财政增收节支51.43亿元；移送有关部门处理事项35件，涉及人员545人；提出审计建议2332条，被采纳1522条；提交审计和专项审计调查报告982篇。

国家重大政策措施落实情况跟踪审计 按照2018年度市政府工作报告的重要部署，对贾鲁河综合治理、“河长制”落实等水生态文明建设、中央文化区CCD“四个中心”、轨道交通建设等项目实施跟踪审计。

财政审计 对郑州市2017年度财政预算执行和其他财政收支情况进行审计，对30家市属单位开展预算执行审计。市县审计机关对中央和省市相关财政税收政策的落实情况、市县政府财政收支平衡状况、综合治税保障机制运行、重点税源征收管理、社会保险费征收体制改革等内容实施专项审计。

经济责任审计 对36家单位开展经济责任审计，完成对中原区、荥阳市领导干部的自然资源资产现场审计工作。

民生资金（项目）审计　完成新郑市、登封市的基础教育、保障性安居工程、食品安全监管检测资金、医疗保险基金等重点项目跟踪审计。

其他审计项目　实现对开发区、县（市）区的2263个村、804个社区居委会的换届选举审计全覆盖。三大攻坚战审计推动重大风险防范化解，助力精准脱贫，促进污染防治。赴新乡市政府债务审计组和赴新郑市扶贫审计组被省审计厅评为先进集体。（撰稿人：张向伟）

【开封市审计局】　2018年，开封市审计局实有60人。局长翟放，副局长孙黎、赵守红、王珂、宋平均、湛静、罗永福，总审计师倪金宝，纪检组长赵伟，经济责任审计办公室主任刘齐心，调研员张同安。设有办公室、法制科、财政金融审计科、行政事业审计科、经贸审计科、农业与资源环保审计科、固定资产投资审计科、外资运用审计科、社会保障审计科、经济责任审计科、人事教育科、纪检监察室；下设审计科研所和审计服务中心2个事业单位。

审计成果　2018年，开封市县两级审计机关完成审计和审计调查项目200个，查出违规金额39.97亿元、管理不规范金额385.2亿元，促进整改落实有关问题资金31.89亿元。向有关单位出具审计预警提示书25份、审计建议辅导书2份、审计约谈规劝书1份。向纪检监察、司法机关和有关部门移送处理事项24件，已问责处理63人，其中党政纪处分20人，诫勉谈话、通报批评等处理43人。

财政审计　市审计局对市直8个部门进行预算执行审计，对财政收支平衡状况、综合治税保障机制运行、重点税源征收管理、社会保险费征收体制改革等4项内容开展专项审计。

经济责任审计　组织实施包括财政决算审计、自然资源资产任中审计和污染治理审计等内容的在内的领导干部经济责任审计，并且把审计结果和审计整改情况，纳入市管领导班子和领导干部年度综合考核内容。组织开展村（社区）“两委”换届经济责任审计。

固定资产投资审计　对市政府交办62个重点建设项目进行跟踪审计，累计完成的102个建设项目，送审金额66.88亿元，审减金额5.65亿元。

民生资金（项目）审计　重点开展对扶贫、基础教育、政府债务、污染防治、保障性安居工程等7项政策措施落实情况的跟踪审计。

其他审计项目　开展清理规范涉企保证金、清理拖欠民营企业中小企业账款等审计调查，配合省审计厅完成对开封SOS儿童村项目审计。参与市“僵尸企业”处置改革、市文投集团公司法人治理结构完善等涉及审计内容的工作。

（撰稿人：刘江航）

【洛阳市审计局】　2018年，洛阳市审计局实有78人。局长马春强，副局长李修新、李雅红、徐军智，总审计师程军，纪检组长刘广勇。设有办公室、法规科（审计督查科）、财政审计科、行政事业审计科、农业与资源环保审计科、固定资产投资审计一科、固定资产投资审计二科、金融审计科、企业审计科、社会保障审计科、经贸和外资运用审计科、经济责任审计办公室、人事科、机关党委、监察室和计算机审计中心（事业单位）。

审计成果　2018年，洛阳市审计机关共审计单位594个，查出违规问题金额22.47亿元、管理不规范金额376.28亿元、损失浪费金额6823万元，损益或财政收支不实问题金额4342万元；移送处理事项42件，移送处理人员280人，涉及金额4.78亿元。

洛阳市审计局和栾川县、嵩县、新安县审计局赴郑州审计组被表彰为全省地方政府性债务审计调查先进集体；洛阳市审计局被表彰为全省重大政策措施落实情况跟踪审计先进单位；洛阳市审计局和孟津县、伊川县、汝阳县审计局审计组被表彰为全省保障性安居工程跟踪审计先进集体。在省审计厅考核中，洛阳市审计局被表彰为全省审计工作先进单位。

国家重大政策措施落实情况跟踪审计　开展政府性债务专项审计调查、脱贫攻坚政策措施落实审计、污染治理与环境保护专项资金绩效审计、重大政策措施落实跟踪审计、保障性安居工程跟踪审计。

财政审计　关注政策措施实施效果和财政资金使用绩效，揭示和反映市级财政管理、地税征管、市级部门预算执行、推动实施三大攻坚战、重大政策措施落实、重点民生资金和项目、企业审计、审计移送的违纪违法问题线索等8个方面的22个问题。

经济责任审计 完成183个单位185名领导干部的经济责任审计，查出违规金额16.38亿元、管理不规范金额59.86亿元。完成洛宁县领导干部自然资源资产审计。

固定资产投资审计 对洛阳市轨道交通1号线、2号线工程，洛阳市310国道新建工程，洛吉快速通道黄河桥工程，引黄入洛工程实施跟踪审计；对洛阳市教育系统基础设施建设情况实施审计调查。

专项资金审计 围绕清理规范涉企保证金、基础教育、民政资金、人社资金等开展专项资金审计，多项成果得到市领导批示。

信息化建设 完成在线实时联网审计基本情况摸底调查，采集市本级、17个县（市、区）以及伊滨经开区、龙门管委会的财政电子数据，数据量达到45GB。在政府性债务审计、扶贫审计、环保审计和一些专项资金审计中运用电子数据进行关联对比分析，提高精准度，提升审计效能。

（撰稿人：王锦志）

【平顶山市审计局】 2018年，平顶山市审计局实有78人。局长张恩河，副局长邵小红、王家民、郭素霞（10月—），总审计师郭旭光，纪检组长张绍周（—10月），经济责任审计局局长马鹏飞。设有办公室、人事科、法制科、财政审计一科、财政审计二科、金融审计科、行政事业审计科、农业与资源环保审计科、社会保障审计科、投资审计一科、投资审计二科、经贸和外资运用审计科、经济责任审计局、计算机信息科、离退休干部工作科、监察室、机关党委；下设审计科研所。

审计成果 2018年，平顶山市县两级审计机关完成审计项目243个。查出违纪金额8.59亿元、管理不规范金额114.71亿元，促进增收节支1.15亿元。移交案件线索22件，追责问责43人。向市政府提交审计情况反映23篇，被市领导多次批示。

国家重大政策措施落实情况跟踪审计 对重大投资项目推进、减税降费、涉企保证金、财政税收政策落实、社会保险费移送地方税务部门征收管理体制改革、城市公立医院综合改革等政策措施落实情况跟踪审计。

财政审计 对31个预算执行部门开展延伸调查，通过审计整改，增加财政收入4206万元，促进资金拨付18472万元，出台制度35项。对信阳市本级及所属9个县（市、区）政府性债务情况进行交叉审计调查，并根据审计署二次核查要求，对信阳市本级和平桥区政府性债务再次开展审计调查。

经济责任审计 对73名领导干部开展经济责任审计，查出违规问题金额2.35亿元。结合经济责任审计，同步开展舞钢市市长自然资源资产离任审计。在全市开展村（社区）“两委”换届经济责任审计，派出118名审计人员，直接审计230个村（社区）；派出57名审计人员，指导督导审计1580个村（社区）。

固定资产投资审计 对23个项目开展竣工决算审计；市审计局完成政府投资建设项目单项工程造价审核44项，核减工程造价7573万元。

民生资金（项目）审计 市审计局对叶县、宝丰县、舞钢市实施扶贫审计，促进资金拨付到位3141万元，追回和盘活资金646万元，移送问题线索5件，追责问责13人。开展保障性安居工程、基础教育政策落实和资金绩效情况审计。

农业与资源环保审计 对信阳市本级及所属9个县（市、区）污染治理与环境保护政策落实及专项资金绩效情况进行交叉审计，查出问题322个，移送案件线索14件，推动项目建设23个，推动完善制度40件。

相关工作 树立“抓好党建是本职，不抓党建是失职，抓不好党建是不称职”的理念，加强理论学习，抓好党组中心组理论学习，严格“三会一课”制度；认真执行中央八项规定、党的六大纪律、审计“四严禁”工作要求、审计“八不准”工作纪律和其他各项廉政规定；按照德才兼备、以德为先，事业为上、人岗相适、人事相宜的原则，让公道正派，真正想干事、能干事、能干成事的干部有机会、有舞台，发挥优秀干部的正向激励作用。平顶山市审计局通过全国文明单位复查验收。

（撰稿人：黑相伟）

【安阳市审计局】 2018年，安阳市审计局实有81人。局长郭河山，副局长李著亮、高星闯、郝保旺，总审计师陈永太。设有办公室、法规科（审计督察科）、财政审计一科、财政审计二科、行政政法审计科、企业和外资运用审计科（内部审计指导科）、农业与资源环保审计科、社会保障审计科、教科文卫审计科、信息技术科、人事教育科、经济责任审计办公室、政府投资审计办公室。

审计成果 2018年，安阳市审计局完成审计和专项审计调查项目49个。查出各类违规金额32亿元、损失浪费金额3467万元、管理不规范金额83.6亿元，促进增收节支9986万元，上缴财政各类资金1.77亿元，促进专项资金拨付8200万元；审减工程造价6646.57万元；提出审计建议149条，促使相关单位建立健全各类规章制度29项；向纪检监察机关、司法机关和有关部门移送案件线索和事项19件，已给予党政纪处分21人，诫勉谈话37人。审计专报和审计报告被市领导批示17篇。

国家重大政策措施落实情况跟踪审计 完成城镇保障性安居工程、清理规范涉企保证金等8项重大政策措施落实跟踪审计，查出违规金额3673万元、管理不规范金额15.75亿元，促进资金拨付3500万元，促使6个项目及时开工建设和加快工程进度，向纪检监察机关移送处理事项5件。

财政审计 对安阳市财政局等37个单位实施审计，查出问题金额19.45亿元，上缴财政各类资金1.77亿元，促进拨付资金3500万元。对11个县区和市直单位进行审计，查出超标准安排工作餐、报销差旅费等问题。按照省审计厅的统一安排，对平顶山市本级及4县5区的政府性债务进行专项审计调查。

经济责任审计 完成15个单位的领导干部经济责任审计，查出违规金额1.55亿元，其中领导干部应承担的直接责任金额649万元、主管责任金额1.09亿元、领导责任金额3976万元。

固定资产投资审计 完成13个政府投资项目的审计或者专项审计调查，审计资金30.37亿元，为政府节约投资7900.44万元，移送案件线索7件，提出审计建议19条。

农业与资源环保审计 完成3个审计项目，查出违规金额0.89亿元、管理不规范金额6899万元，核减投资额1759万元。

民生资金（项目）审计 完成内黄县、汤阴县、滑县的扶贫政策落实情况审计，查出管理不规范金额4.04亿元，损失浪费金额2000万元，向纪检监察机关移送处理事项1件。组织完成全市8个县（市、区）脱贫攻坚驻村第一书记专项经费管理使用及项目建设绩效审计，涉及专项经费2602.5万元。

企业审计 完成安阳益和热力有限责任公司和安阳水务集团公司资产负债损益审计，查出违规金额7.19亿元。

信息化建设 全市能联通网络的预算单位554个，已联网采集数据单位499个，采集财务数据699套，采集业务数据31套。上报省审计厅审计数据综合分析成果80项，发现问题金额61.89亿元。 （撰稿人：龚　琳　邓全香）

【鹤壁市审计局】 2018年，鹤壁市审计局实有58人。局长李习和，副局长李路平、高国防、曹崇华，总审计师吴超，纪检组长张志平。设有办公室、法规科、财政审计一科、财政审计二科、社会保障审计科、经贸审计科、农业资源审计科、行政事业审计科、固定资产投资审计科9个内设科室和机关党委；下设计算机审计中心、经济责任审计中心、审计政策研究服务中心3个直属事业单位，市纪委派有纪检监察组。

审计成果 2018年，鹤壁市审计局完成审计项目31个，审计查出违规及管理不规范金额53.45亿元，促进财政增收节支及归还原渠道资金5366万元，核减项目投资额8771.83万元，提出审计建议90条，移送案件线索30件，向社会公告审计结果8篇，获得省审计厅表彰项目2个。

财政审计 创新财税审计方法，采取市县（区）联动审计模式，充分发挥大数据审计作用，通过提取全市房地产企业房屋备案数据进行比对，发现地税部门征管中存在的盲点，共查补税款440万元。根据省审计厅的统一安排，完成全省政府性债务异地交叉审计。

经济责任审计 完成领导干部经济责任审计

和自然资源资产管理情况项目8个，查出领导干部负有领导责任的违规金额5783万元。在村（社区）“两委”换届审计中，全市审计机关组织、指导中介机构，对898名村（社区）干部进行审计。

固定资产投资审计 完成鹤壁职业技术学院教学楼组团工程项目审计和节能减排示范市建设、海绵工程建设等审计项目。在对鹤壁市人民医院主病房楼项目竣工决算审计中，通过购买中介预审、组织专家复审的方式，审计工程造价4.78亿元，审减8771.83万元，审减率18.3%。

民生资金（项目）审计 组织完成全市脱贫攻坚审计。完成保障性安居工程跟踪审计、基础教育政策措施落实审计、清理规范涉企保证金政策落实审计等专项审计。在基础教育政策措施落实审计中，促使被审计单位下拨截留资金、收回挤占挪用资金618.26万元，对相关人员追责3项。根据省审计厅的统一安排，实施污染防治与环境保护异地交叉审计、扶贫异地审计。

信息化建设 实现对市直一级预算单位的在线实时联网，推进县区在线联网审计建设。

相关工作 坚持以政治建设为统领，严格落实管党治党政治责任，持之以恒正风肃纪，狠抓审计干部教育培训，促进高素质专业化审计队伍建设取得新成效。继续保持“全国文明单位”荣誉称号。（撰稿人：毛画雪）

【新乡市审计局】 2018年，新乡市审计局实有67人。局长邓京平，副局长牟振斌、周彦斌、张俊涛、贺成运，总审计师熊睿浩，副调研员赵文中。设有办公室、法规科（审计督察科）、财政审计一科、财政审计二科、行政事业审计一科、行政事业审计二科、行政事业审计三科、农业与资源环保审计科、投资审计一科、投资审计二科、金融审计科、企业经贸外资运用审计科、社会保障审计科、经济责任审计办公室、人事教育科、离退休干部工作科；下设事业单位审计信息中心（政府投资审计服务中心）。

审计成果 2018年，新乡市县两级审计机关完成审计项目460个，其中专项审计调查项目16个。查出违规金额7.7亿元、损失浪费金额931万元、管理不规范金额184.85亿元；审计发现非金额计量问题588个；损益（收支）不实金额1.67亿元；移送司法机关、纪检监察机关和有关部门处理事项37件，移送处理人员40人，移送处理金额1.2亿元。审计促进整改落实有关问题资金4389万元；审计促进拨付资金到位350万元；审计后挽回（避免）损失285万元；核减投资额1.16亿元。审计提出建议752条，被采纳507条；推动被审计单位制定整改措施112项，促进被审计单位建立、健全规章制度21项；提交审计信息64篇，被批示、采用22篇次。

原阳县审计局实施的县中医院原院长任期经济责任审计项目，被省审计厅评为优秀审计项目；市审计局实施的辉县市原市长任期经济责任审计项目，被省审计厅评为表彰审计项目。

国家重大政策措施落实情况跟踪审计 实施清理规范涉企保证金政策落实情况、财政税收政策落实情况审计。

财政审计 审计查出预算执行率低、出借财政资金未及时收回、置换债券资金未充分发挥效益等问题。审计工作报告、审计整改报告获得市人大常委会高度评价。根据省审计厅的统一安排，对南阳市实施地方政府性债务审计调查。

经济责任审计 完成76名领导干部经济责任审计，查出违规金额4312万元、管理不规范金额2.16亿元。实施市经济技术开发区管委会党工委书记、主任自然资源资产离任审计。

固定资产投资审计 完成政府投资审计项目299个，审计金额6.92亿元，审减额1.16亿元，审减率16.69%。

民生资金（项目）审计 在全市开展保障性安居工程跟踪审计，对辉县市、原阳县、封丘县实施扶贫审计和基础教育专项审计。

农业与资源环保审计 根据省审计厅的统一安排，对许昌市实施污染治理与环境保护政策落实及专项资金绩效审计。

其他审计项目 实施全市中小企业信用担保公司资产负债损益审计；实施4个企业审计项目，查出主要问题金额148.94亿元，其中资产不实1340万元。

相关工作 建立新乡市审计整改联席会议制度，并出台相关配套制度文件，从工作机制上保障做好审计“后半篇文章”。推进审计机构改革，全力服务各级巡视巡察，倾力抓好驻村帮扶工作。

坚持党的建设、业务建设“融合抓、双提升”，开展纪律作风专项整治、集中整训和“全员大讨论”活动。 （撰稿人：吴相元）

【焦作市审计局】 2018年，焦作市审计局实有54人。局长闫万国，党组成员王天富，副局长尹柯玲、王庆宝、范景致、司军江，纪检组长王天富（—5月）、刘玉梅（6月—），副调研员姚爱意。设有办公室、法规科、财政审计科、农业与资源环保审计科、固定资产投资审计科、经贸审计科、社会保障审计科、外资运用审计科、市经济责任审计局、行政事业审计一科、行政事业审计二科、行政事业审计三科、计算机信息科、人事科、离退休干部工作科等职能科（室）和纪委监察委派驻机构；下设事业单位基本建设工程预决算审计中心。

审计成果 2018年，焦作市县两级审计机关完成审计和审计调查项目345个。查出违规金额17.53亿元、管理不规范金额111.2亿元、损益财政收支不实金额2.7亿元；促进财政增收节支8亿多元，其中核减投资额1亿多元。移送案件线索和违纪违法事项83件，处理相关责任人94人。全市编报要情专报111篇，被领导批示99篇。

国家重大政策措施落实情况跟踪审计 对涉企保证金、保障性安居工程等6项重大政策落实情况进行跟踪审计，促进32个项目加快进度，督促5.18亿元资金拨付到位。

财政审计 开展市本级2017年度财政预算执行和其他财政收支审计，促进3.9亿元项目资金拨付到位；开展财税收入专项审计，促进增收节支5.36亿元。根据省审计厅的统一安排，对安阳市及相关县（市）政府性债务进行异地交叉审计。

经济责任审计 对16名县级干部、70多名乡科级干部进行经济责任审计。开展解放区领导干部自然资源资产审计。

固定资产投资审计 对十大基础建设项目进行审计，核减金额1亿多元，处理10名评标专家。

民生资金（项目）审计 开展扶贫审计，移送案件线索、违纪违法事项83件，94个相关责任人得到处理。对基础教育政策落实和资金绩效情况进行专项审计调查，审计资金16.93亿元，查出违规补偿款等1.1亿元。开展保障性安居工程审计，清退不符合保障房享受条件115户。

农业与资源环保审计 开展环保资金审计。对根据省审计厅的统一安排，实施开封市环境保护异地交叉审计。

信息化建设 印发《焦作市在线实时联网审计建设工作方案》，推进联网审计。全市联网采集1877个单位（含各级预算单位）的2011套财务数据、38套业务数据，市本级已联网采集135个单位财务数据。 （撰稿人：王海建）

【濮阳市审计局】 2018年，濮阳市审计局实有86人。局长李保国，副局长鲁付民、林松、王万东、辛同诗，纪检组长孟凡奇，经济责任审计中心主任刘俊民，调研员张正选，副调研员孙兆山、熊延铭。设有办公室、法规科（审计督察科）、财政审计一科、财政审计二科、行政事业审计一科、行政事业审计二科、农业与资源环保审计科、投资审计一科、投资审计二科、社会保障审计科、经贸和外资运用审计科（企业金融审计科）、人事教育科等12个科室和机关党委、离退休干部工作科；下设经济责任审计中心、计算机审计中心、机关后勤服务中心等3个事业单位。

审计成果 2018年，濮阳市县两级审计机关完成审计项目246个。查出主要问题金额386.14亿元，其中违规金额8.6亿元、损失浪费金额2621.19万元、管理不规范金额377.27亿元；损益（收支）不实金额5.13亿元。移送司法机关、纪检监察机关和有关部门处理事项138件，移送处理人员342人。出具审计报告和专项审计调查报告306篇，被批示、采用10篇次；提交审计信息472篇，被批示、采用88篇次。审计提出建议956条，被采纳795条；向社会公告审计结果82篇。

国家重大政策措施落实情况跟踪审计 对11个安居工程项目的建设管理情况进行检查，发现管理不规范金额12712万元、违规金额9003万元。

财政审计 关注政府预算体系和支出结构，揭示专项资金多头管理、交叉重复、资金分散、损失浪费等问题。

经济责任审计 对濮阳市115名领导干部开展经济责任审计，查出领导干部负有直接责任问题金额321万元。

固定资产投资审计 实施的投资审计项目为政府节约投资3.85亿元。

民生资金（项目）审计 开展扶贫政策落实及专项资金绩效审计，核查基础设施建设、产业扶贫和社会服务项目近400个，发现各类问题75个，向县级政府及纪检监察机关移送案件线索8件。

信息化建设 市审计局完成市委、市政府、公检法等160余家单位联网审计建设，实现联网数据自动采集和传输。市县两级审计机关通过数据分析技术在审计工作中应用，促进增收节支财政资金1.53亿元。（撰稿人：雷永善 孔丽娜）

【许昌市审计局】 2018年，许昌市审计局实有35人。局长燕万年，副局长贾付栓、朱臣峰、胡宝梅、李铮峰，纪检组长高留彬，经济责任审计工作领导小组办公室主任刘中伟，调研员申宝，副调研员王开一、黄喜全。设有办公室、政策法规科、人事科、财政科、金融科、行政事业科、经贸科、农业科、社保科、固定资产投资科、外资科、经责办、党办等13个科（室）；下设政府投资建设项目审计中心。

审计成果 2018年，许昌市县两级审计机关完成审计项目322个。查出主要问题金额93.19亿元，其中违规金额21.74亿元、管理不规范金额71.45亿元；审计发现非金额计量问题598个；出具审计报告和专项审计调查报告276篇，被批示、采用52篇。审计促进整改落实有关问题资金13.75亿元，其中增收节支13.26亿元、已调账处理金额4932万元；审计促进拨付资金到位1.36亿元。提交审计信息314篇，被批示、采用90篇；提出审计建议571条，被采纳476条。推动被审计单位完善规章制度27项；向社会公告审计结果99篇。

国家重大政策措施落实情况跟踪审计 通过跟踪审计，促进新开工或完工项目20个，加快实施项目354个，促进资金拨付1.3亿元，规范资金使用7.6亿元。

财政审计 采用“预算执行审计＋”模式，开展部门预算执行审计和专项资金审计，纳入本级预算执行审计结果报告，促进整改资金37.8亿元。按照省审计厅的统一安排，对三门峡市县两级实施地方政府隐性债务审计，调查180个单位、55个项目、133笔债务，摸清当地政府隐性债务底数。

经济责任审计 对121名地方和单位的领导干部实施经济责任审计，指导并开展村（社区）“两委”班子换届审计。

固定资产投资审计 实施政府投资建设项目审计88个，审计工程结算11.6亿元，审减1.7亿元。

民生资金（项目）审计 开展城镇保障性安居工程跟踪审计，促进资金拨付3440万元，促进保障房分配3229套，提出建议60多条。开展扶贫政策措施落实情况审计，抽查项目213个、扶贫资金7.4亿元，促进整改问题93项，推动完善制度11项。

农业与资源环保审计 开展污染治理政策落实及专项资金绩效审计，综合分析16类75项数据，核查环保政策措施42项，督促整改问题60多项。

信息化建设 运用自主研发的智慧审计系统，开展联网审计和大数据审计分析，“同级审”使用智慧审计系统发现审计疑点2万多条。

（撰稿人：孟长征 焦文秀）

【漯河市审计局】 2018年，漯河市审计局实有75人。局长陈会伟，副局长刘冠东、史秋学、崔凤罗、李军，纪检组长蒋伟（—3月）、张凤军（3月—），经济责任审计办公室主任屈耀伟，调研员李东升、陈银坤，副调研员屈钦宇、张万友。设有办公室、法规科、财政金融审计科、行政事业审计科、经贸审计科、农业与资源环保审计科、社会保障审计科、固定资产投资审计科、外资运用审计科、政府派出机构审计科、经济责任审计办公室等11个职能科（室）；下设审计信息中心、审计服务中心、政府投资建设项目审计服务中心。

审计成果 2018年，漯河市县两级审计机关完成审计及专项审计调查项目115个。查出各类违规问题金额7.42亿元，其中违规金额1.8亿元、管理不规范金额 5.62 亿元；审计发现非金额计量问题 415 个；审计促进整改落实有关问题资金 1.82 亿元。移送案件线索 15 件，15 名相关责任人受到党政纪处分。向社会公告审计结果 30 篇。市审计局提交审计报告、审计专报 69 篇，有 33 篇得到市领导批示。

市审计局实施的市发展投资公司资产负债损益审计、召陵区审计局实施的召陵区供销合作社党委书记主任经济责任审计 2 个项目被省审计厅评为表彰审计项目。

国家重大政策措施落实情况跟踪审计 组织开展保障性安居工程跟踪审计，涉企保证金政策落实情况审计，推动相关政策落实。

财政审计 组织开展预算执行审计，查出的 190 个问题，已整改 184 个。对财政收支平衡、综合治税、社会保险费征收、重点税源建设调查等进行专项审计调查。

经济责任审计 对 49 名领导干部进行经济责任审计。开展舞阳县县长自然资源资产任中审计、市林业局局长自然资源资产离任审计。

固定资产投资审计 市审计局完成白云山大道改扩建工程、市示范性教育基地、市精神病医院等政府投资项目审计，开展重点建设项目审计调查，核减政府投资 2240 万元。

民生资金（项目）审计 开展全市精准扶贫政策落实情况审计，发现 6 个方面 70 多个问题，违规金额 1200 多万元。

其他审计项目 完成市公交集团资产负债损益审计。开展“两改一替”专项资金审计、全民健身体育器材管理使用绩效审计，整改问题 13 项。

信息化建设 推进在线实时联网审计，实现与 169 相关单位的联通，获取 176 套数据。

（撰稿人：李富宗）

【三门峡市审计局】 2018 年，三门峡市审计局实有 48 人。局长范社民，副局长侯功亮、白提高、王永生，经济责任审计办公室主任张丰明，固定资产投资审计中心主任薛全生，调研员尚秀丽、刘树军，副调研员柳海峰。设有办公室、法规科、财政金融审计科、行政事业审计一科、行政事业审计二科、农业与资源环保审计科、经贸和外资运用审计科、社会保障审计科、经济责任审计办公室、机关党总支 10 个内设机构；下设固定资产投资审计中心、计算机审计中心 2 个事业单位。

审计成果 2018 年，三门峡市县两级审计机关完成审计项目 313 个，其中专项审计调查项目 7 个。查出主要问题金额 192.78 亿元，其中违规金额 12.06 亿元、损失浪费金额 283 万元、管理不规范金额 180.69 亿元；审计发现非金额计量问题 415 个；损益（收支）不实金额 22.47 亿元；出具审计报告和专项审计调查报告 357 篇，被批示、采用 20 篇次。审计处理处罚金额 40.84 亿元，其中应上缴财政 2.55 亿元、应减少财政拨款或补贴 8182 万元、应归还原渠道资金 19.68 亿元、应缴纳其他资金 1.44 亿元、应调账处理金额 16.35 亿元；移送司法机关、纪检监察机关和有关部门处理事项 84 件，移送处理人员 8 人，移送处理金额 4.76 亿元。审计促进整改落实有关问题资金 11.95 亿元；审计促进拨付资金到位 8373 万元；审计后挽回（避免）损失 1.25 亿元；移送处理落实事项 5 件。审计提出建议 641 条，被采纳 604 条。向社会公告审计结果 238 篇。

陕州区审计局实施的对区农业畜牧局预算执行审计项目被省审计厅评为优秀审计项目，卢氏县审计局实施的对木桐乡经济责任审计项目被省审计厅评为表彰审计项目。

国家重大政策措施落实情况跟踪审计 组织对涉企保证金清理规范、精准扶贫、财政税收政策落实、基础教育、生态环境、保障性安居工程等重大政策措施推进和落实情况进行跟踪审计。

财政审计 开展财政预算执行审计和税收征管审计，完成对 53 个单位的预算执行审计或财政决算审计，对市县政府财政收支平衡状况、综合治税保障机制运行、重点税源征收管理、社会保险费征收体制改革开展专项审计。按照省审计厅的统一安排，对濮阳市开展地方政府性债务审计调查。

经济责任审计 完成对 131 名领导干部的经济责任审计或自然资源资产审计，审计查出领导干部负有直接责任问题金额 4.19 亿元。

固定资产投资审计 完成对 126 个政府投资项目的跟踪审计或结算审计，核减投资额 1.17

亿元。

民生资金（项目）审计 组织对全市保障性安居工程进行跟踪审计，对渑池县开展扶贫审计。

农业与资源环保审计 对商丘市开展污染治理与环境保护审计。

企业审计 完成对4家国有企业的审计或专项审计调查，查出主要问题金额7365万元。

相关工作 全面推进市县在线实时联网审计系统建设。开展“审计整改年”活动，推动审计整改工作规范化。（撰稿人：武云景）

【南阳市审计局】 2018年，南阳市审计局实有82人。局长黄乐，副局长余耀伟、鲁德岑、孔雪飞、王匡、李冬晓，纪检组长谢男，副调研员舒建立、王刚、张清怀。设有办公室、法规科、人事教育科、信息管理科、财政审计科、金融审计科、行政事业审计一科、行政事业审计二科、投资审计一科、投资审计二科、经贸和外资运用审计科、农业与资源环保审计科、社会保障审计科；下设经济责任审计局。

审计成果 2018年，南阳市县两级审计机关完成审计项目468个，其中专项审计调查项目32个。查出主要问题金额86.78亿元，其中违规金额17.78亿元、损失浪费金额1810万元、管理不规范金额55.01亿元；审计发现非金额计量问题311个；损益（收支）不实金额263万元；出具审计报告和专项审计调查报告460篇，被批示、采用76篇次。审计处理处罚金额17.03亿元，其中应上缴财政5.41亿元、应减少财政拨款或补贴1.49亿元、应归还原渠道资金2.57亿元、应缴纳其他资金2.38亿元、应调账处理金额5.18亿元；移送司法机关、纪检监察机关和有关部门处理事项206件，移送处理人员53人，移送处理金额3377万元。审计促进整改落实有关问题资金13.02亿元；审计促进拨付资金到位3.04亿元；审计后挽回（避免）损失1.95亿元；核减投资额6302万元。审计提出建议1386条，被采纳1239条；提交审计信息1451篇，被批示、采用116篇次。向社会公告审计结果312篇。

市审计局组织实施的栾川县扶贫审计项目被审计署评为扶贫审计表彰项目。

国家重大政策措施落实情况跟踪审计 组织开展保障性安居工程、财政税收、清理规范涉企保证金、精准扶贫精准脱贫、扶贫和基础教育、污染治理与环境保护等6大类政策措施落实情况的跟踪审计。

财政审计 组织实施2018年度本级财政预算执行审计以及130个单位预算执行审计，促进提高财政资金使用绩效和规范管理。

经济责任审计 对138个单位的领导干部开展经济责任审计和自然资源资产离任（任中）审计，有效促进领导干部依法用权、担当作为。

固定资产投资审计 组织开展对“三馆一院”、内邓高速、市政府机关幼儿园、南阳月季园月季大道、东环路、高铁连线、南水北调精神教育基地等建设项目，梅溪河三里河、汉城河等综合整治工程项目，以及黄河路南延工程竣工决算的审计，审减工程造价、追回挪用资金和促进财政增收节支6304万元。

民生资金（项目）审计 组织开展政府隐性债务审计调查、扶贫审计、污染防治情况审计，以及基础教育、保障性安居工程等民生资金和项目审计。根据省审计厅的统一安排，对洛阳市交叉实施地方政府性债务审计调查。

信息化建设 全市在线实时联网审计工作推进顺利，至年底已连接单位63家。按照省审计厅规定时间节点，完成上报审验财政部门业务系统4套数据、6份报表。（撰稿人：谢 健）

【商丘市审计局】 2018年，商丘市审计局实有70人。局长陈书英，副局长吕义军、刘艳芳、朱彦强，纪检组长谢颖，经济责任审计局局长刘振营，经济责任审计局副局长陈广银，副处级调研员张建新、葛春河、焦海生。设有财政审计科、经贸审计科（内部审计指导科）、固定资产投资审计科、行政事业审计一科、行政事业审计二科、社会保障审计科、农业与资源环保审计科、金融与外资审计科、经济责任审计局、办公室、法规科、人事科、信息科、纪检监察室、机关党委；下设政府投资建设项目审计中心（事业单位）。

审计成果 2018年，商丘市审计局完成审计项目50个。查出问题金额133.09亿元，其中违纪违规金额28.46亿元、管理不规范金额103.85亿元、损失浪费金额0.77亿元，已整改问题金额

0.21亿元。全年移送案件线索82件，党政纪处理处级人员6人，处级以下人员139人。

国家重大政策措施落实情况跟踪审计 通过审计，促进拨付和盘活各类资金1.52亿元，促进减少或清退收费等5598万元，推动建立完善相关制度12项，移送处理处分56人。按照省审计厅的统一安排，完成对驻马店市的污染防治交叉审计。

财政审计 推动市财政局将4.45亿元非税收入缴入国库，推动市地税局补征税金891万元，促进长期闲置的2017年底被征地农民社会保障资金12.02亿元、部门单位零余额账户长期结余滞留资金22.26亿元发挥效益。督促收回财政出借资金1亿元。在对虞城和睢县政府2017年度财政决算审计期间，促使增加财政收入1360万元。按照省审计厅的统一安排，完成对开封市的政府债务交叉审计。

经济责任审计 对18名领导干部开展经济责任审计，落实省委组织部、省审计厅《关于加强经济责任审计促进干部监督工作》的通知要求，党政同步审计项目占全部项目的40%，办理移送事项11起。对民权县开展自然资源资产审计，涉及资金1.01亿元，揭示问题37条，促进资金拨付到位627万元，推动出台制度2项。

民生资金（项目）审计 对5个贫困县开展扶贫审计，抽查194个行政村，涉及资金29.14亿元，发现问题196个，当年已全部整改到位。对4个县开展基础教育审计，抽查209个学校，涉及资金15亿元，督促各县区按规定落实基础教育投入配套资金7271万元。

固定资产投资审计 审结22个工程项目，报审工程结算价款6.7亿元，审定工程结算价款5.7亿元，为政府节约财政资金0.97亿元。

企业审计 在企业审计中，查出违规金额26.12亿元，审计促使整改11.42亿元。揭示部分市属国有企业资产负债率偏高、企业资金链脆弱等方面问题。

（撰稿人：薛力源）

【信阳市审计局】 2018年，信阳市审计局实有70人。局长汪光明，副局长马彦忠、唐阳志、贾作平、万展武，总审计师卢世银，经济责任审计办公室主任赵树高，副调研员孙章明。设有办公室、法规科、财政金融审计科、行政事业审计科、农业与资源环保审计科、固定资产投资审计科、企业审计科、社会保障审计科、外资运用审计科、派出机构审计办公室、经济责任审计办公室、人事科、机关党委、离退休干部工作科、科研培训中心、政府投资项目审计中心。

审计成果 2018年，信阳市县两级审计机关完成审计项目159个。查出主要问题金额51亿元，促进增收节支8379万元，移送案件线索38件，69人受到处理。审计提出意见建议284条，促进被审计单位建立健全制度100多项。

财政审计 对市财政局、地税局等16家单位开展本级财政预算执行审计，审计报告、审计整改报告得到市人大常委会的充分肯定和高度评价。按照省审计厅的统一安排，对驻马店市交叉进行政府债务专项审计调查。

经济责任审计 对2015年以来任职的12名党政主要领导干部开展经济责任审计，其中市直部门单位领导干部10人，县委书记、县长2人。市纪委书记、监委主任对审计结果作出批示，要求9个纪检监察组督促驻在单位整改，整改后共出台规章制度8项，8人受到诫勉谈话，1人受到警告处分，2人受到党内警告处分。

固定资产投资审计 将市重点工程、具备审计条件的民生工程列入年度审计计划，推进投资审计全覆盖，市规划局采纳审计意见制定有关管理办法，加大城市建设项目规划监管力度。完成高铁快乐园主体工程、市传染病医院综合病房楼等9个项目的竣工决算审计，送审金额12.14亿元，审减2.35亿元。

民生资金（项目）审计 对信阳市7个贫困县开展扶贫审计，揭露8大类282个问题，追回、盘活扶贫资金1.68亿元，市委、市政府采纳审计建议出台《关于加强扶贫资金投入支持“两非”脱贫攻坚工作的指导意见》。按照省审计厅的统一安排，对周口市交叉开展环保审计。采纳审计意见，市地税、人社和财政三部门联合出台《信阳市社会保险费退费管理暂行办法》，打通社保费退费服务“最后一公里”；市住房公积金管理中心出台两项制度，强化全市住房公积金规范管理。

（撰稿人：熊安黎）

【周口市审计局】 2018年，周口市审计局实有63人。局长武仲坦，副局长张贵成、翟建伟、马培新、张建伟，总审计师魏学忠，纪检组长李耀杰（—10月）、陈华磊（10月—），副处级调研员王惠祥、杨凯。设有办公室、法制科、人事（老干部）科、财政金融审计科、行政事业审计一科、行政事业审计二科、经贸审计科、农林水审计科、固定资产投资审计科、外资运用审计科、社会保障审计科、纪检监察室、经济责任审计办公室和机关党委。

审计成果 2018年，周口市县两级审计机关完成审计项目244个。查出主要问题金额227.22亿元，其中违规金额27.24亿元、管理不规范金额199.98亿元；审计发现非金额计量问题713个；损益（收支）不实金额11.43亿元；出具审计报告和专项审计调查报告243篇。审计处理处罚金额45.56亿元，其中应上缴财政27.11亿元、应减少财政拨款或补贴7251万元、应归还原渠道资金1.16亿元、应缴纳其他资金1.72亿元、应调账处理金额14.85亿元；移送司法机关、纪检监察机关和有关部门处理事项67件，移送处理人员165人，移送处理金额5.26亿元。审计促进整改落实有关问题资金31.59亿元；审计促进拨付资金到位3.86亿元；审计后挽回（避免）损失3598万元；核减投资额4331万元；移送处理落实事项2件。审计提出建议517条，被采纳479条；推动被审计单位制定整改措施15项；提交审计信息12篇，被批示、采用12篇次。

市审计局组织实施的沈丘县人民政府2016年财政决算审计项目被河南省审计厅评为表彰审计项目。

国家重大政策措施落实情况跟踪审计 开展“放管服”改革政策措施推进情况审计、精准扶贫相关政策措施落实情况审计、污染治理与环境保护政策落实及专项资金绩效审计、保障性安居工程跟踪审计。

财政审计 完成市公安局、教育局等11个部门预算执行情况审计，揭示应缴未缴财政收入、挤占挪用财政专项资金、执行政府采购制度不严格等问题。

经济责任审计 完成37名党政领导干部经济责任审计，查出各类违规、管理不规范金额79亿元。向有关部门移交案件36件，撰写审计要情12篇。

固定资产投资审计 完成市行政中心人防工程等7个重点投资项目竣工决算审计，7个项目报审金额3.33亿元，审减金额4300万元。

民生资金（项目）审计 通过对淮阳、扶沟、沈丘、郸城、商水、西华6个县扶贫政策措施落实和扶贫资金分配管理使用情况的专项审计调查，促进盘活统筹使用资金2482万元，追回并上缴国库资金208万元；促进政策落实43项，制定完善规章制度21项；追责问责120人，其中追究党纪政纪责任55人。

农业与资源环保审计 组织市本级和县（市）区90余名审计人员，按照省审计厅的统一安排，对平顶山市本级及8个县（市）区进行污染治理与环境保护政策落实及专项资金绩效情况交叉进行专项审计调查，揭露问题361个，涉及资金2.37亿元。

（撰稿人：吴亚伟）

【驻马店市审计局】 2018年，驻马店市审计局实有66人。局长李向伟，副局长刘晓东、宋超燕、汪永华、林丽娜，党组成员李焕军，总审计师王文通，经济责任审计局局长黎文春，副调研员赵新政。设有办公室、法制综合科、财政审计科、金融审计科、经贸审计科、行政事业审计科、农业与资源环保审计科、重大项目投资审计科、城乡基础项目投资审计科、社会保障资金审计科、外资运用审计科、纪检监察室、机关党委、经济责任审计局、审计科研所和计算机审计中心。

审计成果 2018年，驻马店市审计局完成审计项目54个。查出问题金额36.61亿元，发现非金额计量问题75个，审计期间整改金额5.59亿元，审计促进整改落实有关问题资金1.21亿元，向有关部门移送案件线索和事项14件。

国家重大政策措施落实情况跟踪审计 开展对财政稳增长、扶贫、基础教育、政府投资重点项目推进、生态环保等政策措施落实情况的跟踪审计，共查出213个问题。在审计中边审边改，已整改问题102个。

财政审计 完成财政“同级审”项目11个，查出预算安排不合理、专项资金管理不规范、政府采购管理不到位等财政资金管理方面的问题共

63个，提出审计建议31条。同时，将政策跟踪审计、专项资金审计和保障房审计等内容纳入“同级审”报告。

经济责任审计 对23个单位的领导人员进行经济责任审计，查出问题金额13.97亿元，出具审计报告23篇，向有关部门移送案件线索和事项3件，提出审计建议94条。

固定资产投资审计 完成审计项目14个，发现问题金额2311.61万元，审计核减工程造价2458.99万元。在安居工程跟踪审计中，发现工程资金管理、工程建设管理、住房分配管理中存在着3个方面共10个问题。

民生资金（项目）审计 在对新蔡等5个贫困县的精准扶贫审计中，查出并上报8个方面共计126个问题，移交审计事项4项，问责7人，完善制度23项，向市、县政府报送审计专报14篇，促进资金拨付到位3873.55万元。在对平舆等5个县的基础教育政策落实和资金绩效情况审计中，发现5个方面共20个问题，向政府上报审计专报4篇。

（撰稿人：罗城伟）

【济源市审计局】 2018年，济源市审计局实有73人。局长孔庆功，副局长王陆平、李建成、樊其程、许梦玲，纪检组长孙恒文。设有办公室（人事教育科）、法规科、财政金融审计科（信息技术科）、行政事业审计科、农业与资源环保审计科、社会保障审计科、经贸与外资运用审计科、投资审计科等8个职能科室；按规定设置纪检（监察）机构；下设经济责任审计局、基本建设审计中心。

审计成果 2018年，济源市审计局完成审计项目64个。查出主要问题金额7.69亿元，促进财政增收节支5765万元；共报送审计要情、审计建议13份，出具移送处理书22份，80人受到处理。

市审计局实施的南召县2016年度扶贫资金审计项目被审计署评为全国扶贫审计优秀审计项目。

国家重大政策措施落实情况跟踪审计 对保障性安居工程、清理规范涉企保证金等重大政策措施落实情况进行跟踪审计，查出建设资金统筹管理不到位、保障房超期未建成、建成后长期不能交付使用、分配后长期闲置等问题，促使财政部门累计收缴保障房租金3100万元，补提廉租房建设资金2100万元，收缴土地出让金1.1亿元。

财政审计 开展政府性债务审计、财政预算执行和财政资金绩效审计，查出应征未征税款6401.07万元、社会保险费征缴中存在重复参保等问题，并督促整改。

经济责任审计 对9个部门10名领导干部进行任期经济责任审计，开展市水利局自然资源资产审计。

固定资产投资审计 开展济源市百城提质项目建设、美丽乡村建设试点项目、济源市水利局2014年以来重点水利工程等重大投资项目审计或者专项审计调查，核减项目投资3265万元。

民生资金（项目）审计 开展污染治理与环境保护政策落实及专项资金绩效情况审计调查、全市2018年扶贫资金使用情况及扶贫项目实施情况审计，出具移送处理书5份，提交审计要情、建议3份。在全市基础教育专项审计中，移交案件线索4件，查出市高级中学总务处副主任兼出纳侯某军挪用公款9325.35万元、贪污公款102.8万元、经手收取和保管账外资金总额420余万元的“小官巨贪”案件，侯某军被判处有期徒刑8年6个月。

信息化建设 济源市委办公室、市政府办公室联合印发《济源市在线实时联网审计建设工作方案》，推进在线实时联网审计。全市共联通党政机关77家，市属学校168家，重点国企20家，医疗机构22家。已报送财务数据679套，业务数据17套，实现一级预算单位联网率100％。

（撰稿人：郭晴晴）

2018 年河南省所辖区、县(市)级审计工作统计表

金额单位:万元

审计机关	完成审计项目/个	审计查出主要问题金额	审计发现非金额计量问题/个	审计期间整改金额	出具审计报告和审计调查报告/篇	审计处理情况		审计促进整改落实有关问题资金	审计提出建议/条	提交审计信息/篇
						审计处理处罚金额	移送处理事项/件			
郑州市										
郑州市本级	102	2297285			119	236619	19		419	42
中原区审计局	31	96602			33	4544			67	1
二七区审计局	95	291543			102	16106	2		241	3
管城回族区审计局	87	276952			89	14771	1		235	2
金水区审计局	79	279321			87	13993	2		202	3
上街区审计局	37	122765			34	4508			79	1
惠济区审计局	32	96543			29	4432	1		65	1
巩义市审计局	49	142723	57	682	60	1255	4	490	33	108
荥阳市审计局	82	278815			99	14852	1		221	2
新密市审计局	68	260948			67	10734	1		66	2
新郑市审计局	97	295135			111	16372	3		251	3
登封市审计局	98	309819			105	16515	2		239	3
中牟县审计局	96	299806			107	16378	2		248	2
开封市										
开封市本级	22	38551169	97	11540	42	305596	10	307236	43	171
龙亭区审计局	8	4690	1603		8				30	
顺河回族区审计局	9	583			9	18			21	25
鼓楼区审计局	20	6885	18	8	20	10	3	128	66	10
禹王台区审计局	11	37551	264		11		6		26	9
祥符区审计局	18	29916	2		18	24		19		
杞县审计局	49	27034				66		66	100	
通许县审计局	27	27089	31		27	129	5	126	58	3
尉氏县审计局	31	11435	3		31	11290	1	11290	17	32
兰考县审计局	17	74119	9	2942	18	3068	3	3068	39	2
新区审计局	5	266			5	4		4	3	
洛阳市										
洛阳市本级	57	1891563	378	4144	56	215352	21	125033	192	32
老城区审计局	20	7899			20	7899			45	
西工区审计局	13	15859		3084	13		2		16	
瀍河回族区审计局	62	10870			61	426	1	426	26	

（续表）

审计机关	完成审计项目/个	审计查出主要问题金额	审计发现非金额计量问题/个	审计期间整改金额	出具审计报告和审计调查报告/篇	审计处理情况		审计促进整改落实有关问题资金	审计提出建议/条	提交审计信息/篇
						审计处理处罚金额	移送处理事项/件			
涧西区审计局	16	3296	28	8	16			8	41	16
吉利区审计局	14	9121			14				32	
洛龙区审计局	26	6699	15	150	26	155			84	
偃师市审计局	40	19127	3		39	1348	2	878	93	9
孟津县审计局	68	21875	9	2809	68	2823	2	2823	245	
新安县审计局	23	12320	47		23	1541		1541	52	
栾川县审计局	44	1819672	9	76264	44	2331	7	76269	42	4
嵩县审计局	30	19074	35		32	3710	1	1200	46	
汝阳县审计局	20	27417	13		20	3356		3356	54	
宜阳县审计局	59	70624			58		1			4
洛宁县审计局	39	26937	7		38	619	1		41	
伊川县审计局	63	31956	96	9	62	5305	4	5300	38	
高新区审计局										
平顶山市										
平顶山市本级	40	905630	363	7601	42	94030	22	9747	105	86
新华区审计局	9	8851	7	2122	9			2670	12	
卫东区审计局	73	48468	12		73			293	180	17
石龙区审计局	8	46036	13		8			15893	16	68
湛河区审计局	62	53568	7	51064	62				37	6
舞钢市审计局	33	179728	20	98	31	8829	2	7394	64	14
汝州市审计局	49	271760	76	18	55	7906	13	2709	244	20
宝丰县审计局	161	5071	5	4571	161	19		4778	112	30
叶县审计局	18	12940			10	124	1	124	25	
鲁山县审计局	57	48336	26	6710	57	264		12692	22	25
郏县审计局	135	18924	50	506	135		1	506	105	10
安阳市										
安阳市本级	49	320000	27	8200	58	24346	19	836000	55	149
文峰区审计局	11	55576	5		11	3580			11	33
北关区审计局	10	118	4		10				10	41
殷都区审计局	7	313	2	5	7	336	11	5934	29	1
龙安区审计局	12	4524	6		12				12	29
林州市审计局	102	15000	53		102	336	11	5934	105	325
安阳县审计局	35	7668	13	1	35	1870	2	225	35	107

（续表）

审计机关	完成审计项目/个	审计查出主要问题金额	审计发现非金额计量问题/个	审计期间整改金额	出具审计报告和审计调查报告/篇	审计处理情况		审计促进整改落实有关问题资金	审计提出建议/条	提交审计信息/篇
						审计处理处罚金额	移送处理事项/件			
汤阴县审计局	23	19462	9	8	23	1353	12	553	23	79
滑县审计局	32	150136	26	4161	41	3795	1	4658	70	16
内黄县审计局	19	127	9		19	5		205	20	59
鹤壁市										
鹤壁市本级	31	534524	174	24870	31	32161	30	25990	90	146
鹤山区审计局	7	1524	12		9				19	
山城区审计局	18	14019	51		65	4	31	4	57	65
淇滨区审计局	14	226494	29	28	18	41204	1	41204	36	12
浚县审计局	28	398221	66		33	6016		6016	67	
淇县审计局	23	168454	15		25	8		8	29	25
新乡市										
新乡市本级	36	1632384	222	833	37	376629	22	3284	92	22
红旗区审计局	17	842	47	684	11	1061			69	1
卫滨区审计局	15	1227		2	15	352		352	48	
凤泉区审计局	31	36368	37	7	31	31672	1	650	51	
牧野区审计局	29	15061	5	15	29	2		32	35	
卫辉市审计局	33	5528	174		45	27		27	88	
辉县市审计局	15	2998	90		15	118			46	1
新乡县审计局	79	39116	3		93	60		17	67	
获嘉县审计局	47	146972	1		46	42			93	40
原阳县审计局	85	46722	14	1363	84	40935	14		114	
延津县审计局	72	82			72				27	
封丘县审计局	15	496	25		15	42		42	62	
长垣县审计局	32	23564	36	23564	32		6	1786	103	22
焦作市										
焦作市本级	56	609556	169	12878	50	186451	13	144479	47	13
解放区审计局	12	2239	3		12	260			25	
中站区审计局	18	13713	4	128	18	3179	1		34	
马村区审计局	5	297			5	117			3	
山阳区审计局	1	1061			1					
沁阳市审计局	31	248831	16	65	31	65		65	98	2
孟州市审计局	23	54383		779	23	1233	6	1233	61	
修武县审计局	26	11990	19		26	137		136	64	1

（续表）

审计机关	完成审计项目/个	审计查出主要问题金额	审计发现非金额计量问题/个	审计期间整改金额	出具审计报告和审计调查报告/篇	审计处理情况		审计促进整改落实有关问题资金	审计提出建议/条	提交审计信息/篇
						审计处理处罚金额	移送处理事项/件			
博爱县审计局	2	13			2	1				
武陟县审计局	33	257161	30		33		5		103	15
温县审计局	33	87652	62	2393	33	395	8	4	99	
濮阳市										
濮阳市本级	44	2871129	386	12079	58	42947	47	32526	164	239
华龙区审计局	46	368455	45	31054	70	19654	16	19654	281	69
清丰县审计局	38	114851	45	47	61	5861	4	5861	94	45
南乐县审计局	38	300176	80	102	36	232	21	227	112	32
范县审计局	22	8892	45		22	11	11	11	89	
台前县审计局	22	35009	76	20	25	156	10	156	69	6
濮阳县审计局	36	162861	33	52	34	15822	29		147	81
许昌市										
许昌市本级	53	541667	54777	162	54	139492	25	69349	152	9
魏都区审计局	27	7827	130	22	27	3015		3017	60	37
建安区审计局	37	155475	41741	43	31	41839	5	41826	86	208
禹州市审计局	33	94036	7501	215	33	5988	33	13100	38	6
长葛市审计局	22	45013	3	35	22	17591	7	9890	73	33
鄢陵县审计局	28	28403	3		28	28000	2		52	12
襄城县审计局	51	49585	43	90	64	35191	2	345	53	9
东城区审计局	71	9894		31	17				57	
漯河市										
漯河市本级	46	41529	308	1091	69	21218	10	12760	120	62
源汇区审计局	8	420	11		8	318		318	4	89
郾城区审计局	13	20144	1		13	401		401	24	40
召陵区审计局	16	424	31		16	181		96	54	
舞阳县审计局	20	9814	54	1157	32	3466	5	3510	78	176
临颍县审计局	12	1831	10	16	16	1116			14	12
三门峡市										
三门峡市本级	141	1044898	278	2792	214	48177	27	17646	192	20
湖滨区审计局	7	122854	13	196	7		2	14	25	
陕州区审计局	39	109977	8	1525	39	3705	6	2673	66	1
义马市审计局	23	17753	12		23			14682	47	
灵宝市审计局	21	181513	24	3374	21	144466	1	2376	78	6

（续表）

审计机关	完成审计项目/个	审计查出主要问题金额	审计发现非金额计量问题/个	审计期间整改金额	出具审计报告和审计调查报告/篇	审计处理情况		审计促进整改落实有关问题资金	审计提出建议/条	提交审计信息/篇
						审计处理处罚金额	移送处理事项/件			
渑池县审计局	59	118752	4	317	66	17140		6938	167	8
卢氏县审计局	25	283489	71	2062	25	194906	48	89871	55	7
南阳市										
南阳市本级	52	67270	353167	92330	52	92330	77	92330	159	219
宛城区审计局	28	12340	126	366	77	7703	10	28	91	3
卧龙区审计局	11	174904	31		11	7	8	37074	32	34
邓州市审计局	17	2258155	2	2253	14	7175	3	2366	76	9
南召县审计局	53	11500	65	5408	53	1009	4	4945	83	32
方城县审计局	25	100174		15492	25	23047	6	23047	79	47
西峡县审计局	103	89000	716	73000	109	156	9	21000	305	85
镇平县审计局	39	103432	86		39	994	2	103432	135	78
内乡县审计局	39	57800	13	227	39	10	11	295	53	11
淅川县审计局	33	7632	24	3240	33	246	7	3346	146	26
社旗县审计局	12	44005	216	683	12	43976	23	37404	61	11
唐河县审计局	17	63317	7	20	15	1058	31	7	49	93
新野县审计局	22	115202	128	279	22	18	7	279	163	18
桐柏县审计局	33	9465	2081	3484	587	3313	6	33	67	34
商丘市										
商丘市本级	50	1330908	74	94010	56	14669	29	16367	199	43
梁园区审计局	23	15137		39555	23	14				
睢阳区审计局	73	46317	39	777	73	1800	22		148	6
永城市审计局	71	73557	42	329	71	329	27		185	124
民权县审计局	20	21259		19110	18	21259	2	15200	47	12
睢县审计局	17	83069	15	149787	17	11809	10	3609	59	37
宁陵县审计局	31	34625	6	34522	31	6209	4	8595	97	52
柘城县审计局	49	41553	5	40601	49	77	60	1248	170	90
虞城县审计局	23	13408	1	47864	23	4893		8482	60	27
夏邑县审计局	35	214053	60	191414	35	31710	39	118967	211	17
信阳市										
信阳市本级	40	198517	192	93827	40	124556	35	10631	111	269
浉河区审计局	9	20851	30		9				25	70

（续表）

审计机关	完成审计项目/个	审计查出主要问题金额	审计发现非金额计量问题/个	审计期间整改金额	出具审计报告和审计调查报告/篇	审计处理情况		审计促进整改落实有关问题资金	审计提出建议/条	提交审计信息/篇
						审计处理处罚金额	移送处理事项/件			
平桥区审计局	20	16096	39	337	20	1562		1343	64	143
罗山县审计局	17	4447	3	79	17	446	2	446	52	50
光山县审计局	19	22599			19	2128			35	41
新县审计局	8	72059	1	79	8		1		19	47
商城县审计局	19	23661			19	5028			73	73
固始县审计局	34	72698	43	39	34	20766	3	109	204	13
潢川县审计局	9	67141	4		9	805		13	33	43
淮滨县审计局	8	11151		1115	8	1115		1088	33	46
息县审计局	10	76153	14		10	60			31	41
周口市										
周口市本级	39	1292107	247	183449	43	75772	64	2867	64	12
川汇区审计局	11	23777			9		1		23	
项城市审计局	41	13975	24		39	5506		5485	103	
扶沟县审计局	8	214425	61		8	142689	1	142689		
西华县审计局	10	231177	296		10	259			29	
商水县审计局	14	18352	5	3985	14	13568			41	
沈丘县审计局	19	21559	49		18	236	1	236	19	
郸城县审计局	29	223393	31		29	779		184	91	
淮阳县审计局	7	225625		4326	7	209669		158328	19	
太康县审计局	66	7829			66	7161		7161	128	
鹿邑县审计局	61	526198	14	1921	20	36	5	1090	43	15
驻马店市										
驻马店市本级	54	366072	75	55896	54	112043	14	12136	173	94
驿城区审计局	36	7173	21		36	13		13	88	3
西平县审计局	60	19120	22		60	57		57	175	3
上蔡县审计局	128	365753		35	128	7903	7	7903	482	
平舆县审计局	28	9109	4		27				68	
正阳县审计局	18	45636	35		18	4303		4244	162	1
确山县审计局	21	51251	8		21	46		46	109	12
泌阳县审计局	22	15730			22	28		28	52	
汝南县审计局	26	45233	5	1400	26	32	1		106	20

（续表）

审计机关	完成审计项目/个	审计查出主要问题金额	审计发现非金额计量问题/个	审计期间整改金额	出具审计报告和审计调查报告/篇	审计处理情况		审计促进整改落实有关问题资金	审计提出建议/条	提交审计信息/篇
						审计处理处罚金额	移送处理事项/件			
遂平县审计局	37	26077			37	37		37	104	
新蔡县审计局	22	406336	13	7	22	55790	1	23113	57	16
开发区审计局	22	2449	15	103	22	1	2	411	90	22
省直管										
济源市审计局	64	76900	496	31170	65	23264	25	18404	120	260

湖北省

【湖北省审计厅】 2018年，湖北省审计厅实有257人。设有办公室、人事处、综合处、法规处、财政审计处、金融审计处、行政事业审计处、经贸审计处、农业与资源环保审计处、社会保障审计处、固定资产投资审计处、外资运用审计处、机关党委、离退休干部处、经济责任审计局（内设综合协调处、地方党政领导干部经济责任审计处、省直党政部门领导干部经济责任审计处、省属高校领导人员经济责任审计处、省属企业领导人员经济责任审计处）；另设有派出机构：发展计划及投资审计处、经贸审计一处、经贸审计二处、科教卫审计处、政法审计处、农林水审计处、经济执法审计处、新闻出版及文化审计处、综合审计一处、综合审计二处；下设计算机审计中心、厅机关后勤服务中心、审计科研所、企事业单位内部审计指导中心和审计干部培训中心等事业单位。

领导成员

党组书记、厅长：周德刚

副 厅 长：陈智斌　刘彩霞　蔡　伟
焦跃华　汤汉琴

纪检监察组组长：吕　星（3月—）

经济责任审计局局长：刘永庆

二级巡视员：张文慧　高　军（—3月）

审计成果 2018年，湖北省市县三级审计机关完成审计项目15671个，其中专项审计调查项目808个。查出主要问题金额5150.19亿元，其中违规金额397.9亿元、损失浪费金额29.65亿元、管理不规范金额4722.64亿元；审计发现非金额计量问题14136个；损益（收支）不实金额143.4亿元；审计发现侵害人民群众利益2.62亿元；出具审计报告和专项审计调查报告6993篇，被批示、采用913篇次。审计处理处罚金额1857.03亿元，其中应上缴财政126.91亿元、应减少财政拨款或补贴23.42亿元、应归还原渠道资金332.43亿元、应缴纳其他资金160.97亿元、应调账处理金额1213.30亿元；移送司法机关、纪检监察机关和有关部门处理事项1307件，移送处理人员1655人，移送处理金额48.51亿元。审计促进整改落实有关问题资金974.45亿元；审计促进拨付资金到位101.32亿元；审计后挽回损失66.9亿元；审计核减和节约投资64.94亿元；移送处理落实事项551件。审计提出建议12050条，被采纳9743条；推动被审计单位制定整改措施3359项；促进被审计单位建立、健全规章制度494项；提交审计信息22499篇，被批示、采用10909篇次。向社会公告审计结果298篇。

全省有2个项目被审计署分别评为优秀审计项目和表彰审计项目。省审计厅继续保持全国文明单位、省级文明单位荣誉称号。获得省直机关年度目标、落实党风廉政建设责任制考核优秀单位，党建工作、信息宣传工作先进单位等荣誉40多项。

国家重大政策措施落实情况跟踪审计 组织

全省审计机关对贯彻国家重大政策措施落实情况开展跟踪审计。审计各类项目 3522 个，抽查相关单位 3057 个，反映问题 21 类，涉及问题金额 37.88 亿元。通过强化跟踪整改，促进相关部门和地区归还原渠道资金 6.02 亿元、统筹到位资金 1.27 亿元、促进下拨资金 2.18 亿元、促进政策相关资金落实 5174.88 万元、清退或缴库资金 760.29 万元、推进保障性住房合理分配使用 424 套，建立和完善规章制度 45 项。

财政审计 组织开展 2017 年度省级决算草案和预算执行审计。审计发现，省财政及相关职能部门在组织省级预算执行中存在部分省级预算编制和收入征缴不严格、部分专项转移支付的分配管理不够规范、部分专项转移支付绩效管理和资金使用不够到位、部分省级预算和专户资金使用不及时、财政借垫款清收不到位等问题。审计督促相关部门清理收回存量资金 42.42 亿元、上缴国有资产收益 2.8 亿元、征缴入库国有资本经营预算收入 1108 万元。运用“集中分析、重点核查”的方法，对 110 个省直部门及其所属 487 个二、三级预算单位开展全覆盖审计。派出 16 个审计组，对 16 个市县政府债务进行审计，采取见人、见账、见物、逐笔、逐项审核的审核方式，对财政部门提供的地方政府债务数据进行认真核实；审计后，与省财政厅联合发文，组织全省各市县审计机关按照政府性债务和隐性债务口径开展清理核实，及时补充、完善政府债务管理系统相关数据内容。

经济责任审计 组织省市县三级审计机关对 1426 名党政主要领导干部和国有企业领导人员开展经济责任审计，完成 202 名领导干部自然资源资产审计，查出领导干部负有责任的各类违纪违规和损失浪费问题金额 44.07 亿元、管理不规范问题金额 838.4 亿元；移送严重违纪违规问题线索 376 件，有关部门和被审计单位已对严重违纪违规的 136 名领导干部及相关公职人员进行组织处理和纪律处分；向各级党委、政府报送审计结果报告 1600 多篇。其中审计厅审计党政主要领导干部和国有企业领导人员 85 名、同步完成 33 名领导干部自然资源资产审计项目。湖北省作为全国三个省份之一在审计署经济责任审计高级研讨班上作经验交流发言；《“五个结合”打造领导干部自然资源资产审计新品牌》《把大数据应用作为推动经济责任审计事业发展的重要途径》的做法，被审计署作为实践创新典型向全国推广。

固定资产投资审计 组织对第七届军运会接待场所（东湖宾馆）接待设施改造及环境整治项目、天河机场市政配套工程项目、省委组织部信息系统建设项目进行审计。审计总金额 140 亿元，查出各类违纪违规问题金额 1 亿元，节约投资或挽回损失 0.6 亿元。

民生资金（项目）审计 组织对全省 16 个市县 2017 年度保障性安居工程进行跟踪审计。审计共查出保障性安居工程目标任务未完成、违规使用保障性安居工程专项资金、不符合条件人员享受住房保障待遇、残联“家庭无障碍改造工程”资金被骗取或损失浪费、账外列支奖励工资等违纪等违规等问题，涉及金额 104.2 亿元。向审计署和省委、省政府报送审计报告、审计专报 3 篇。组织对 23 个贫困县和 59 个非贫困县 2017 年度扶贫政策措施落实和扶贫资金管理使用情况进行审计。审计发现健康、教育、易地扶贫搬迁、金融等精准扶贫政策措施落实还不到位，资金拨付不及时，部分扶贫项目不落地导致资金闲置，资金监管不严格，套取挪用和超范围使用扶贫资金，扶贫项目管理不规范，部分工程项目被转包或发包给无资质的单位和个人，个别扶贫项目实施中脱离实际未实现预期效果等问题。审计查出扶贫资金未及时拨付使用，精准扶贫政策措施落实还不够到位，骗取套取、截留挪用扶贫资金和扶贫项目建设管理不到位等问题金额 2221.07 万元。组织对全省 23 个贫困地区义务教育保障机制政策落实情况审计。审计查出 23 个贫困地区在保障机制政策落实、专项资金管理使用和财务管理方面存在着政策落实不到位，滞留欠拨、挤占挪用专项资金和公款私存、违规发放等多个方面的问题，涉及问题资金 17 亿元。

农业与资源环保审计 组织对全省长江沿线 16 个市县区 2015 年至 2017 年水污染防治情况进行审计。重点审计各地环保、水利、住建、农业等相关职能部门，并延伸调查 34 个工业集聚（园）区、42 条河流、128 个湖泊、15 个水库、68 个饮用水水源地、14 个国家级和省级自然保护区、181 家排污企业单位和 129 个水污染防治项目。审计发现部分地方河湖长制落实不到位，阶段性目标任务未完成，地方水污染防控工作不到位或存在薄弱环节，水污染治理工程进展缓慢或实施效果不佳，地方未及时足额征收水资源费、污水处理费和排污费。

外资运用审计 组织对15个国外贷援款项目进行审计，审计揭示部分项目招投标和建设管理不规范、多计多结工程进度款、违规增加建设投资、部分国外贷援资金滞留欠拨、部分项目进展缓慢等问题，查出各类违纪违规金额2.42亿元。

企业审计 组织对武汉城市圈城际铁路2017年度运营损益、华侨华人专业人士创业发展洽谈会、中国共产党的故事湖北供给侧结构改革宣介活动、第二届中美省州立法机关合作论坛专项经费支出等进行审计，查出各类违规和管理不规范问题金额12.5亿元。

专项资金审计 组织对2018年支持新疆发展资金和项目进行跟踪审计。发现2个项目未依法公开招标、个别项目建设程序不规范、未取得施工许可即施工、5个项目未如期完成造成资金闲置、4个项目因配套资金或前期工作不到位尚未实施等问题，按程序向社会公告审计结果。

信息化建设 完成2018年湖北省财政收支电子数据采集报送和政联网系统验收，制定出台《湖北审计数据规划》《湖北省金审工程三期项目建设实施意见》《湖北省金审三期网络及安全系统建设指南》《大数据审计环境下审计工作流程》等规范。组织开发湖北审计数据智能采集校验报送工具。举办2期计算机审计中级培训班，培训人员117人。

审计科研 中标审计署2018—2019年度重点科研课题"新时代国家审计目标和功能研究"，完成2018年度中国审计学会合作课题"湖北省经济责任审计创新与发展研究"。《审计月刊》与北京世纪超星信息技术发展有限责任公司签署学术期刊"域出版"合作协议，实现移动终端的信息共享，初步形成传统纸媒发行与中国知网的PC端、超星"学习通"移动终端三位一体的传播格局。

内部审计 全省共有内部审计机构4227个，其中专职机构2037个；内部审计人员10676人，其中专职内部审计人员4796人。全年完成审计项目53883个，审计总金额10261.97亿元，增收节支34.02亿元；提出建议意见被采纳1952867条；建议给予行政处分105人，实际给予行政处分89人，向司法机关移送案件2起2人。

（撰稿人：石　方）

【武汉市审计局】 2018年，武汉市审计局实有174人。党组书记、局长刘生华，党组成员、副局长易晓、刘东喜、陈华林、易昌茂，党组成员、经济责任审计工作领导小组办公室副主任高志明（12月—），总审计师吴方，纪检监察组组长祝鹏。设有办公室、综合处、法制处、财政审计处、金融审计处、行政事业审计处、经贸审计处、农业与资源环保审计处、社会保障审计处、固定资产投资审计处、重点建设项目审计处、外资运用审计处、经济责任审计一处、经济责任审计二处、计算机审计处、政治处、机关党委等17个处室；发展计划及投资审计处、科教卫审计处、开发区审计处、农林水审计处、综合审计处等5个派出处；下设政府投资项目审计中心，以及社团组织武汉市审计学会、武汉市内部审计师协会等事业单位。

审计成果 2018年，武汉市区两级审计机关完成审计项目439个，其中专项审计调查项目41个。审计查出主要问题金额939.49亿元，审计处理处罚金额105.82亿元；移送司法机关、纪检监察机关和有关部门处理事项222件，移送处理人员151人，移送处理金额19.23亿元；审计促进整改落实有关问题资金100.54亿元；出具审计报告和专项审计调查报告572篇，提出审计建议1560条；提交审计信息1882篇，被批示、采用1111篇次，推动被审计单位制定整改措施和建立健全规章制度303项。

市审计局实施的中部医疗中心建设项目绩效审计项目被审计署评为优秀审计项目，江汉区审计局实施的区房地产公司总经理任期经济责任审计项目被省审计厅评为优秀审计项目一等奖。

国家重大政策措施落实情况跟踪审计 对第七届世界军人运动会执委会2017年度筹办经费使用、场馆设施建设等开展审计，促使4个项目及时开工，多个项目方案优化。开展市直部门"马上办、网上办、一次办"改革、中国（湖北）自贸区武汉片区改革措施落实情况审计调查，反映

“一网通办、全程网办”未完全落地等问题。

财政审计 对市本级预算执行、全市91家市直部门等开展审计，揭示收入未按规定上缴国库、部分预算项目未执行或推进迟缓、资金“撒胡椒面”、违反中央八项规定精神等问题，促成出台加强和规范预算单位往来资金管理等制度办法。市审计局审计发现问题整改工作在市人大常委会满意度测评中获“满意”评价。对财政专项资金和建设资金开展行业性审计，推动清理市直单位往来结余、收回长期挂账资金。

经济责任审计 对22个单位31名市管领导干部开展经济责任审计。同步开展的市农委、环投集团领导干部经济责任审计与自然资源资产审计，揭示废弃物处置不达标、农药使用监管不到位、违规填埋生活垃圾等突出问题，督促及时解决。

固定资产投资审计 开展东湖绿道二期建设及运营绩效审计；对轨道交通、武深高速武汉段、杨泗港快速通道四新段、中心城区排水工程等重大基础设施建设项目进行审计，审计项目资金1910.72亿元，揭示出高估冒算、部分工程涉嫌违规招投标等问题。

民生资金（项目）审计 对全市保障性安居工程、市直预算安排物业管理经费、助残资金等开展审计，揭示部分安居工程资金闲置、项目建设管理不规范、部分保障房闲置和违规用于经营牟利、基层社区小官微腐、部分残疾人补贴发放不规范、政策执行不到位等问题，督促市、区相关部门逐项整改。

农业与资源环保审计 开展财政支持农业农村发展专项资金、水污染防治项目审计；对武汉现代都市农业示范园区建设项目绩效进行专项审计调查。

企业审计 对市属国资国企改革管理情况开展审计调查，覆盖186户一级企业，揭示44家市直部门国资监管责任不明确、部分企业法人治理不完善等问题。

信息化建设 制发大数据审计三年行动计划，初步建成审计数据中心并纳入地税、公积金、财政、自然资源、ETC等8大类22亿条2TB数据。利用“云端武汉·政务”数据平台，建设全市自然资源资产和生态环境大数据共享平台、武汉市脱贫攻坚大数据审计分析平台、金融审计大数据分析平台。

（撰稿人：安　昌）

【黄石市审计局】 2018年，黄石市审计局实有54人。党组书记、局长姜健（12月—）、王雨银（—12月），副局长吴有祥、夏明省、徐锦坤、翁世成、张才大，总审计师戚军，政府投资审计局局长刘合雄，经济技术开发区审计分局局长汪从发，副调研员曹敏（—6月）。设有办公室、政工科（机关党委）、综合科、财政金融审计科、行政事业审计科、经贸审计科、农业与资源环保审计科、社会保障审计科、外资运用审计科、法制科（督办执行室）、信息化审计科、黄石市经济责任审计局等12个职能科室（局）；下设政府投资审计局、经济技术开发区审计分局。

审计成果 2018年，黄石市县两级审计机关完成审计项目204个。查出违规问题和管理不规范金额69.18亿元，促进增收节支7.13亿元，审计核减和节约投资6.48亿元；审计移送违纪违法问题线索16件；提交的审计专题报告和信息专报被批示、采用642篇次，审计提出建议被采纳518条。

国家重大政策措施落实情况跟踪审计 根据省审计厅的统一安排，对咸宁市咸安区和市本级重大政策措施落实情况交叉跟踪审计。

财政审计 将市直72家一级预算单位、140家二级及基层预算单位全部纳入审计范围，审计资金总额49.66亿元。代市政府向市人大作审计工作报告、整改报告，获全票或高票通过；主动接受并配合市人大对审计查出问题整改情况的跟踪监督。

经济责任审计 对71名领导干部开展经济责任审计，查出违纪违规和管理不规范金额12.27亿元。首次实行政治巡察与领导干部经济责任审计同步实施，强化监督合力。结合村（居）“两委”换届，指导全市审计机关组织开展75个村（社区）100多名村（居）主职经济责任审计。

固定资产投资审计 完成政府投资审计项目138个，审计政府投资额48.25亿元，审减投资额6.48亿元。

民生资金（项目）审计 开展保障性安居工程和扶贫资金审计，严查发生在群众身边的违纪违法问题。在保障性安居工程审计项目中，查出闲置资金 804.26 万元，追回棚改违规补偿资金 145.29 万元，分配闲置房源 1999 套，共移送案件线索 14 件。

农业与资源环保审计 从全市范围抽调 35 名审计人员，组成 3 个审计组，由市审计局统一组织对经济技术开发区、大冶市实施“上审下”扶贫审计；根据省审计厅的统一安排，对襄阳市保康县开展扶贫资金交叉审计。

外资运用审计 根据省审计厅的统一安排，完成亚洲开发银行黄冈市环境综合治理交叉审计项目。

信息化建设 完善计算机管理制度、信息安全管理办法等 11 项；完成 OA 系统三级等级保护工作。

相关工作 围绕市委、市政府中心，主动当担作为，完成“河湖长制”、“双千”工作、驻村扶贫等各项任务；实现驻点村年扶贫收益 20 万元以上，促使贫困人口人均年增加收入 1500 元以上；强化“一岗双责”责任落实，坚持每月定期报告主体责任落实情况；组织全市审计机关参加审计署、省审计厅和市审计局举办的各类培训 1500 余人次。

内部审计 市审计局主动深入劲牌公司、东贝集团、黄石电厂等重点骨干企业，送法规、送政策、送业务，助力提升内部审计职能作用。

（撰稿人：陈　健）

【十堰市审计局】 2018 年，十堰市审计局实有 105 人。局长陈勇，副局长金华、祁国凯、陆高明、刘蕾，总审计师李坚，党组成员、经济责任审计局局长王祖秀，党组成员、固定资产投资审计局局长李爱龙，经济责任审计领导小组办公室主任刘斌，工会主席张利山。设有办公室、综合科、机关党委办公室、人事教育科、法规科、老干科、财政审计科、金融审计科、外资审计科、投资审计科、农业与资源环保审计科、行政事业审计科、经贸审计科；另设综合审计、文卫审计、农林水审计、经济执法审计、政法审计、科教审计等派出办事处；下设经济责任审计局、固定资产投资审计局、社会保障审计局、白浪经济开发区分局、计算机中心和内部审计指导中心。

审计成果 2018 年，十堰市县两级审计机关完成审计项目 244 个，其中专项审计调查项目 20 个。查出主要问题金额 123.14 亿元，其中违规金额 26.88 亿元、损失浪费金额 1082 万元、管理不规范金额 96.15 亿元；审计发现非金额计量问题 302 个；损益（收支）不实金额 24.05 亿元；出具审计报告和专项审计调查报告 224 篇，被批示、采用 32 篇次。审计处理处罚金额 41.5 亿元，其中应上缴财政 13.29 亿元、应减少财政拨款或补贴 5153 万元、应归还原渠道资金 5.12 亿元、应缴纳其他资金 12.73 亿元、应调账处理金额 9.85 亿元；移送司法机关、纪检监察机关和有关部门处理事项 148 件，移送处理人员 302 人。审计促进整改落实有关问题资金 19.69 亿元；审计后挽回（避免）损失 5056 万元；核减投资额 1.82 亿元；移送处理落实事项 148 件。审计提出建议 717 条，被采纳 695 条；推动被审计单位制定整改措施 1250 项，促进被审计单位建立、健全规章制度 56 项，促进修改法规 48 条；提交审计信息 238 篇，被批示、采用 196 篇次。向社会公告审计结果 7 篇。

市审计局实施的 6 个县（市、区）惠民资金分配管理使用情况专项审计调查项目被审计署评为优秀审计项目；郧阳区审计局实施的 2015 年度本级财政预算执行及其他财政财务收支审计项目被审计署评为表彰审计项目。市审计局实施的市西苑医院院长任期经济责任审计、丹江口市审计局实施的 2017 年保障性安居工程跟踪审计、郧西县审计局实施的观音镇原党委书记、原镇长离任经济等 3 个审计项目，被省审计厅评为优秀审计项目。

国家重大政策措施落实情况跟踪审计 完成 4 个季度政策措施落实情况跟踪审计。对秭归县和谷城县义务教育保障机制落实情况、宜都市政策措施落实情况进行跟踪审计。

财政审计 对全市 9 县市区的财政数据、300 多家预算单位财务数据，公积金、就业等 20 多项业务数据进行大数据分析筛查和现场核查，涉及疑点问题金额 4.17 亿元。市县财政一体化审计全覆盖的经验做法被省审计厅简报刊载。完成对市扶贫办等 12 家市直单位预算执行和财务收支审计，审计工作报告获市人大常委会高票通过。对政府性五项基金、魅力中国城专项和第四届道教论坛筹委会、市委组织部人才资金、市台办对台资金等进行专项审计。

经济责任审计 完成对市国资委、市教育局、市委党校等18个单位主要领导干部的经济责任审计。根据省审计厅的统一安排，参与对兴山、通山县等地党政主要领导和湖北文理学院高校领导的经济责任审计，移交案件线索2件、问责4人。

固定资产投资审计 对武当山机场、高铁站、十堰北广场等66个项目开展审计，涉及总投资60.6亿元，核减工程造价款1.82亿元；移送案件线索3件，立案查处3人。

民生资金（项目）审计 完成对郧西等8个县市区的扶贫资金审计，市本级和郧阳区等6个县市区的保障性安居工程、就业补助资金审计，张湾等3个区新农合基金的审计。根据省审计厅的统一安排，对秭归县和谷城县扶贫资金、老河口市保障房、宜昌市快速道路外资利用等项目进行交叉审计。

农业与资源环保审计 完成中央环保资金、鄂州市长江流域水污染审计、泗河水资源污染审计。

相关工作 完成全市政务信息系统整合共享工作专项检查，协助市政府处理万秀城房地产纠纷和上佳信润融资问题；协助市纪委开展“四个专项”整治检查和对市公安局在武装押运保安公司核销费用问题进行审计认定。全面落实从严治党责任，坚持把抓党建与干部队伍建设作为主责主业主绩。开展机关党建“六化”管理，被市直机关工委确定为联创联建牵头单位，连续第7年荣获全市党建先进单位。

内部审计 全市内部审计机构完成审计项目1650个，审计总金额40亿元，提出并被采纳审计建议1449条。 （撰稿人：刘 俊）

【宜昌市审计局】 2018年，宜昌市审计局实有67人。党组书记、局长李鹏宇，党组成员、副局长潘兴华、金勇、张宜平，党组成员、经济责任审计局局长宋银教，党组成员、总审计师齐其芳，政府投资审计局局长朱心诗，二级调研员方正国。设有办公室、人事科（机关党委办公室与其合署办公）、综合审理科、审计执行督查科、社会保障审计科、农业与资源环保审计科、财政审计科、行政事业审计科、金融外资审计科、经贸审计科、固定资产投资审计科（加挂市政府投资审计局）等11个科室；下设经济责任审计局。

审计成果 2018年，宜昌市审计局完成审计项目105个。查出主要问题金额80.21亿元，其中违规金额13.41亿元、损失浪费金额1.83亿元、管理不规范金额64.97亿元；审计发现非金额计量问题194个；审计处理处罚金额17.15亿元，其中应上缴财政9.21亿元、应归还原渠道资金1861万元、应缴纳其他资金4.03亿元、应调账处理金额3.68亿元；审计促进整改落实有关问题金额14.05亿元，其中增收节支10.64亿元、已调账处理金额3.17亿元；审计促进拨付资金到位5469万元。移送司法机关、纪检监察机关和有关部门处理事项35起，涉及46人，金额1471.97万元。出具审计报告和专项审计调查报告105篇，被批示、采用5篇；提交审计信息335篇，被批示、采用274篇次。提出审计建议184条，被采纳132条；推动被审计单位建立健全规章制度31项。

市审计局组织实施的市国有资产管理委员会2016年度部门预算执行及财政财务收支审计、长阳土家族自治县2016年保障性安居工程跟踪审计等2个审计项目被省审计厅评为优秀审计项目。

国家重大政策措施落实情况跟踪审计 按照省审计厅的统一安排，完成松滋市贯彻落实国家重大政策措施跟踪审计，审计8.5亿元财政统筹资金、19.6亿元上级专项资金、抽查108个“四大补短板”项目。

财政审计 对市本级2017年度财政预算执行情况、市工商局等7个单位2017年度部门预算执行情况进行审计，对市直86个部门预算执行情况进行专项审计调查，实现市直预算单位的部门预算审计全覆盖，报送审计要情6篇。

经济责任审计 对22名领导干部进行经济责任审计，查出主要问题金额6.9亿元，其中违规金额3019万元。结合经济责任审计结论，参照审计问责建议，宜昌市纪委监委共追责问责67人。

固定资产投资审计 开展政府投资审计项目83个，其中决算审计项目20个、跟踪审计项目63个，发现问题125个，查出问题金额2.23亿元；审核工程投资额 22.88 亿元，审减工程投资额 1.61 亿元。

民生资金（项目）审计 完成保障性安居工程跟踪审计项目 4 个，移送案件线索 2 件，涉案金额 75.5 万元，涉案人员 7 人，司法判决 2 人，纪检部门给予党政纪处分 6 人。对枝江市等 5 个插花贫困市实施扶贫审计，审计资金总额 18.62 亿元，查出违纪违规和管理不规范问题金额 2.58 亿元。将扶贫审计与扶贫领域腐败和作风问题专项治理工作统筹结合起来，向纪检监察部门移送违纪违法问题线索 28 件，涉及资金 835.5 万元，涉及村级和乡镇党员干部 54 人。

信息化建设 采集、转换 86 个部门 378 家单位的 389 套财务电子数据，累计建立 5 大类 56 套行业数据库。在市本级部门预算全覆盖审计项目中，除沿用以往年度的 46 个审计模型外，另新增审计模型 8 个，共筛查出 3000 多个疑点。完成审计信息系统三级等保测评工作。

（撰稿人：杨　莹）

【襄阳市审计局】 2018 年，襄阳市审计局实有 102 人。局党组书记、局长张珍，局党组成员、副局长胡国志（—3 月）、王洪波、余淑琴，副局长柏松俊，局党组成员、总审计师潘武森，经济责任审计局局长邢志坚（—3 月）、朱卫东（7 月—），政府投资审计局局长贺季方（—5 月）、于赞军（7 月—）。设有办公室、综合科、法规和执行科、审理科、信息化建设科、离退休人员工作科、财政金融审计科、行政事业审计科、经贸审计科、农业和资源环保审计科、社会保障审计科、外资运用审计科、人事监察科；下设经济责任审计局、政府投资审计局两个直属事业单位。

审计成果 2018 年，襄阳市审计局完成审计项目 66 个，其中专项审计调查项目 14 个。查出主要问题金额 478.26 亿元，其中违规金额 9.38 亿元、损失浪费金额 3759 万元、管理不规范金额 468.5 亿元；审计发现非金额计量问题 625 个；损益（收支）不实金额 1.6 亿元；审计发现侵害人民群众利益 7068 万元；出具审计报告和专项审计调查报告 88 篇。审计处理处罚金额 371.56 亿元，其中应上缴财政 3.77 亿元、应减少财政拨款或补贴 5091 万元、应归还原渠道资金 15.11 亿元、应缴纳其他资金 1.38 亿元、应调账处理金额 350.8 亿元；移送司法机关、纪检监察机关和有关部门处理事项 31 件，移送处理人员 46 人，移送处理金额 3.17 亿元。审计促进整改落实有关问题资金 356.15 亿元；审计促进拨付资金到位 3436 万元；审计后挽回（避免）损失 9950 万元；核减投资额 9841 万元；移送处理落实事项 6 件。审计提出建议 238 条，被采纳 45 条；推动被审计单位制定整改措施 53 项。向社会公告审计结果 2 篇。

襄阳能源集团燃气热力公司 2013 年至 2015 年资产负债损益审计、郧西县 2016 年扶贫政策措施落实和扶贫资金分配管理使用情况审计等 2 个审计项目，被省审计厅评为优秀审计项目。

财政审计 开展襄阳市本级财政审计，查出预算草案与执行结果衔接不够、财政代编占比较大、预备费未足额预算等 3 大类 13 个方面问题。运用省审计厅下发的部门预算执行全覆盖审计模型，实施部门预算执行审计全覆盖，涉及市直 83 个部门及所属 287 家单位。对老河口市、枣阳市 2017 年财政预决算及财政收支管理情况进行审计。开展对襄阳市 2018 年市本级政府债务情况审计，向市政府报告情况。

经济责任审计 完成对市物价局、熊河水库、高新区法院等 18 个单位的领导干部任期经济责任审计，同步开展林业局、枣阳熊河、老河口梨花湖、襄州鹿门 4 个自然资源资产离任审计。按照省审计厅的统一安排，对十堰市竹溪县委书记、县长开展经济责任、自然资源同步审计。

固定资产投资审计 对东津新区奥体大道、人民路改造、市图书馆东津新馆建设等 8 个重点投资项目开展审计，查出问题金额 1.91 亿元，核减投资额 9841 万元。对中介机构办理的檀溪村二期改造、庞公新区棚户区改造等审计项目的质量进行专项审计调查，查出问题金额 1.02 亿元。开展精河县对口援疆项目、资金审计。

民生资金（项目）审计 组织完成市本级、宜城市、南漳县、谷城县 2017 年度保障性安居工程审计，组织宜城市、老河口市、枣阳市、襄州区扶贫专项资金的交叉审计。按照省审计厅的统一安排，抽调人员参加仙桃市 2017 年保障性安居工程跟踪审计项目；对五峰土家族自治县、十堰市茅箭区开展扶贫专项资金交叉审计。

农业与资源环保审计 开展汉江流域襄阳段干支流9个县市区水环境保护情况审计；开展襄州区和枣阳市2015年至2017年化肥农药使用量情况专项审计调查。按照省审计厅的统一安排，开展对洪湖市水污染防治交叉审计。

外资运用审计 按照省审计厅的统一安排，开展亚洲开发银行贷款黄石市水污染综合治理、意大利政府贷款废电池处理、德国政府贷款森林资源可持续经营等3个项目的财务收支及执行情况审计。

企业审计 开展襄阳能源集团公司2013年至2015年资产负债损益审计，查出问题11类，涉及违规金额5930万元，提出审计建议3条。

其他审计项目 对樊城区政府所属中心商务区建设指挥部开展财政财务收支审计，查出违规金额4.77亿元。按照省审计厅的统一安排，对监利县贯彻落实国家重大政策措施情况跟踪审计，对十堰市茅箭区、宜昌市五峰土家族自治县2016年至2017年义务教育保障机制落实情况开展交叉审计。配合省审计厅完成襄阳市土地出让金收支情况专项审计。

信息化建设 建成存储容量达30TB的数据中心，初步建立起财政收支电子数据采集和报送长效机制，形成财政、社保、公积金、医院、民政等多个行业数据库。按季度开展全市住房公积金缴存、使用、管理、效益情况及信息系统运行情况联网审计。开展襄阳市基本养老保险、基本医疗保险基金的征缴、管理、支付情况联网审计。

（撰稿人：邓智慧）

【鄂州市审计局】 2018年，鄂州市审计局实有47人。局长李志鹏，副局长周锦文、范金双、高兴周，总审计师许志勤，经济责任审计局局长刘冰文，政府投资审计局局长黄永忠，调研员肖运香（—3月）、李向平。设有办公室、综合信息科、法规科、财政金融审计科、行政事业审计科、农业与资源环保审计科、经贸审计科、社会保障审计科、人事教育科、计算机审计科、自然资源资产审计科、直属分局；另设有经济责任审计局、政府投资审计局。

审计成果 2018年，鄂州市审计局完成审计项目71个。查出主要问题金额142.25亿元，其中违规金额1245万元、损失浪费金额23万元、管理不规范金额142.12亿元；审计发现非金额计量问题89个；损益（收支）不实金额1896万元；出具审计报告和专项审计调查报告71篇。审计处理处罚金额140.72亿元，其中应上缴财政29.46亿元、应归还原渠道资金17.34亿元、应缴纳其他资金90.09亿元、应调账处理金额3.82亿元；移送司法机关、纪检监察机关和有关部门处理事项12件。审计促进整改落实有关问题资金13.15亿元；核减投资额1.33亿元。审计并采纳提出建议46条；提交审计信息26篇，被批示、采用22篇次。

财政审计 运用数据中心、基础应用平台和预算执行分析系统、经济责任审计管理系统、投资审计项目管理系统、自然资源资产离任审计监测分析系统，全面实现对77个部门单位2017年度预算执行审计监督全覆盖。

经济责任审计 对12个单位的13名领导干部实施经济责任审计。召开全市经济责任审计工作联席会议，通报上年度10个部门单位的审计整改情况，对6名审计对象、20名相关责任人员提出问责建议。在红莲湖管委会负责人经济责任审计中，同步开展自然资源资产离任审计。审计中通过与中南财经政法大学开展合作，探索建立6大方面涉及34个二级指标和100个三级指标的水资源审计评价指标体系。

固定资产投资审计 对葛山大道、凤凰大桥、市民中心等政府重大投资项目实施审计，促进节省投资1.33亿元，揭示出多计工程价款、征收补偿评估差异率较大和边设计边施工边预算等问题，引起市委、市政府主要领导高度重视。

民生资金（项目）审计 统筹市区审计力量，采取“上审下”和“交叉审”相结合的方式，开展全市扶贫资金审计和农村垃圾治理资金专项审计，查出问题金额1543.08万元，移送案件线索9件。实施对鄂城、华容和梁子湖区2017年度城镇保障性安居工程的跟踪审计，促进721套保障性安居工程项目建设全部开工，3.83亿元项目资金全部拨付到位。

相关工作 市审计局连续第四次获评全国文明单位。在有关考核评比中荣获全市目标责任制

考核先进单位、社会管理综合治理优胜单位、党建工作先进单位、全省审计工作年度量化考核优秀等次等荣誉。 （撰稿人：周红兵）

【荆门市审计局】 2018 年，荆门市审计局实有 68 人。党组书记、局长谢继先，党组副书记、副局长刘海泉，党组成员、副局长刘洪斌，党组成员、工会主席吴波粼，党组成员、总审计师周军，党组成员、经济责任审计局局长陈晓东（4 月—），荆门市政府投资审计局局长金涛，调研员肖正兰、祝军、吴玉金、张汉城（9 月—）、李亚林，副调研员陈红林（4 月—）。设有办公室、综合科、法规审理科、人事科、财政审计科、行政事业审计科、社保审计科、金融外资审计科、经贸审计科、农业与资源环保审计科；下设经济责任审计局、政府投资审计局、计算机审计中心。

审计成果 2018 年，荆门市审计局完成审计项目 32 个，其中专项审计调查项目 1 个。查出主要问题金额 55.7 亿元，其中违规金额 7.81 亿元、管理不规范金额 47.89 亿元；审计发现非金额计量问题 132 个；损益（收支）不实金额 2.05 亿元；出具审计报告和专项审计调查报告 32 篇，被批示、采用 68 篇次。审计处理处罚金额 23.78 亿元，其中应上缴财政 3.96 亿元、应减少财政拨款或补贴 873 万元、应归还原渠道资金 13.68 亿元、应缴纳其他资金 1244 万元、应调账处理金额 5.93 亿元；移送司法机关、纪检监察机关和有关部门处理事项 16 件，移送处理人员 31 人，移送处理金额 1.02 亿元。审计促进整改落实有关问题资金 1.18 亿元；审计后挽回（避免）损失 1044 万元；核减投资额 791 万元；审计提出建议 154 条，被采纳 146 条；推动被审计单位制定整改措施 13 项，促进被审计单位建立、健全规章制度 33 项；提交审计信息 675 篇，被批示、采用 387 篇次。

国家重大政策措施落实情况跟踪审计 组织 6 个市区审计局对高标准农田项目、乡镇生活污水治理工程、农村公路建设及“455”安防工程、水利设施补强工程等“四大补短板”政策措施落实情况进行跟踪审计。

财政审计 完成 12 个单位及所属 23 个二级单位的预算执行审计。对市直 70 个部门及所属 235 个二、三级单位 2017 年度部门预算执行情况进行数据分析，查出项目预算编制不细化不科学、滞留挪用财政资金等问题，市人大常委会对审计工作报告给予充分肯定。开展市本级及各县（市、区）债权债务情况专项审计，摸清政府债务总规模、构成明细、债务支出及效益情况。

经济责任审计 完成 4 个单位的原主要负责人的离任审计，6 个单位主要负责人的任中审计。在对 3 个扩权乡镇经济责任审计中，将领导干部自然资源资产审计捆绑实施，统一工作方案、统一组织实施，揭示矿山开发利用和生态恢复治理监管存在薄弱环节、部分城镇环保设施建设不到位等问题。制定出台《荆门市本级领导干部经济责任审计公示公开工作管理办法（试行）》。

固定资产投资审计 完成 2 个重点项目竣工决算审计，审减项目资金 792 万元，移送案件线索 2 件。

民生资金（项目）审计 完成 2017 年保障性安居工程审计。开展大柴湖经济开发区民生资金和融资平台审计。对省委巡视发现的涉及民生资金（项目）的 6 类 42 个问题进行审计核实，向市纪委监委移交案件线索 9 件。市审计局对各县（市、区）开展扶贫审计，并根据省审计厅的统一安排，对十堰市竹山县交叉开展扶贫审计。

外资运用审计 根据省审计厅的统一安排，完成德国政府贷款钟祥森林可持续经营项目审计。

企业审计 对市属国有企业湖北东光集团公司 2015 年至 2017 年资产负债损益进行审计，提出加强国有改制存续企业资产营运监督管理，确保企业国有资产运营安全的合理化建议。

交办任务 按照荆门市委、市政府安排，组织对党委、政府、人大、政协“四大家”、常委机构和驻外地办事处 14 个部门及所属二级单位开展财务专项检查，审计整改率达到 97.21%。

内部审计 制定《关于贯彻落实审计署关于内部审计工作的规定的实施意见》，印发《关于对内部审计工作开展调研检查的通知》，会同荆门市内部审计协会对 14 个重点单位内部审计质量进行检查，指出内部审计工作存在的问题，促进内部审计工作。 （撰稿人：贺婷婷）

【孝感市审计局】 2018 年，孝感市审计局实有57人。党组书记阳明军，局长金正谋，副局长田卫民、褚艺红、杨辉、梁和平（—10月），总审计师陈国庆，经济责任审计局局长彭斌，调研员梁和平（10月—），副调研员朱耀琴（—5月）、杨爱国（—4月）、黄惠芬、聂富华（—10月）、彭晓维（2月—）。设有党群工作科、综合科、法制与审理科、财政审计科、金融外资审计科、行政事业审计科、农业与资源环保审计科、社会保障审计科（经贸审计科）；下设经济责任审计局、政府投资审计局、审计局直属分局、计算机审计信息中心。

审计成果 2018年，孝感市县两级审计机关完成审计项目437个。查出主要问题金额94.57亿元，其中违规金额10.43亿元、管理不规范金额84.14亿元；审计处理处罚金额23.29亿元；移送司法机关、纪检监察机关和有关部门处理事项53件，移送处理人员100人，移送处理金额8208万元。

国家重大政策措施落实情况跟踪审计 组织实施并完成对天门市、市本级重大政策措施落实情况的跟踪审计。

财政审计 完成2018年度孝感市本级财政预算执行和财政决算草案审计，实现对市直87个一级预算单位及其二、三级单位的部门预算执行全覆盖审计。

经济责任审计 市审计局完成对市本级司法局等14名党政主要领导干部经济责任审计。组织完成对武汉市黄陂区和屈家岭主要负责人的经济责任审计。

固定资产投资审计 完成政府投资建设项目跟踪审计、工程竣工结（决）算审计项目43个，审计投资总额28.23亿元，审减投资额2.28亿元。

民生资金（项目）审计 完成市本级及5个县市区的扶贫审计。根据省审计厅的统一安排，完成对孝感市本级、孝南区、孝昌县以及潜江市城镇保障性安居工程跟踪审计，对黄冈市红安县义务教育保障机制及扶贫资金的交叉审计。配合省审计厅完成对民生资金大数据审计数据采集。

农业与资源环保审计 统筹市县两级审计机关开展全市环保系统履行生态环保责任行业审计。根据省审计厅的统一安排，完成对武汉市黄陂区长江流域水污染防治的交叉专项审计调查。

外资运用审计 组织并完成市临空区世界银行贷款湖北物流基础设施建设项目公证审计及德国援助贷款安陆森林经营项目公证审计。

相关工作 完成市委、市政府交办的对大悟县吕王镇吕王村委会财务收支专项审计、孝昌县花园镇财政财务专项审计。孝感市审计局顺利通过全国文明单位、湖北省机关档案工作目标管理省特级复查，继续保留荣誉称号。

（撰稿人：胡玲玲）

【荆州市审计局】 2018年，荆州市审计局实有76人。局长胡祥英，副局长李翠峰、黄发斌、吴方俊，总审计师杨光忠，经济责任和政府投资审计局局长肖舟，机关党委书记周祖兵，工会主席王诗银，副调研员田林。设有办公室、人事科、综合科、法规科、机关党委、财政金融审计科、行政事业审计科、经贸审计科、农业与资源环保审计科、社会保障审计科、固定资产投资审计科、外资运用审计科、计算机审计科、派出审计一科至五科；下设经济责任和政府投资审计局（事业单位）。

审计成果 2018年，荆州市县两级审计机关完成审计项目268个，其中专项审计调查项目2个。查出主要问题金额186.66亿元，其中违规金额27.22亿元、损失浪费金额337.51万元、管理不规范金额159.4亿元；审计发现非金额计量问题678个；损益（收支）不实金额13亿元；审计发现侵害人民群众利益2348.09万元；出具审计报告和专项审计调查报告290篇。审计处理处罚金额38.63亿元，其中应上缴财政23.28亿元、应减少财政拨款或补贴1175.28万元、应归还原渠道资金9.44亿元、应缴纳其他资金6681.17万元、应调账处理金额5.12亿元；移送司法机关、纪检监察机关和有关部门处理事项155件，移送处理人员234人，移送处理金额1.07亿元。审计促进整改落实有关问题资金32.35亿元；审计后挽回（避免）损失1.06亿元；核减投资额8.2亿元；移送处理落实事项13件。审计提出建议818条，被采纳657条；推动被审计单位制定整改措施181项；提交审计信息1638篇，被批示、采用769篇次。

市卫计委2016年度部门预算执行和公立医院收费政策执行审计、市长江河道管理局局长任期经济责任及自然资源资产管理和生态环境保护责任审计等2个项目，被省审计厅评为优秀审计项目。

国家重大政策措施落实情况跟踪审计 开展稳增长政策措施跟踪审计，争取各级党政部门、纪检监察部门的协调、配合，揭示和反映政策执行中的违纪违法违规行为，加大对审计发现问题的整改力度。

财政审计 统一搭建预算单位财务核算网络管理平台，采取统一领导、统一方案、统一模型、统一考核模式，统筹推进全市部门预算执行审计全覆盖工作，市县两级对一级预算单位审计覆盖面均达到100%。

经济责任审计 对市本级20名、各县市区76名领导干部开展经济责任审计。其中市本级移送案件线索7件，问责8人。市审计局对市国土、环保、农业、水利、长湖水产管理处、洪湖湿地管理局等6个部门，在开展的经济责任审计中，统筹开展自然资源资产审计。

固定资产投资审计 采取“两结合、两公开、两分离”，完善“三位一体”投审模式，统筹推进市县两级政府投资审计转型，完成各类投资审计项目140个，涉及投资总金额157.67亿元，通过审计为政府直接节约建设投资8.2亿元，移送案件线索11件，已立案3起，处理4起。

民生资金（项目）审计 组织全市审计机关开展扶贫资金审计，纠正违规使用、使用效益不充分等问题资金1.42亿元，移送案件线索11件；开展保障性安居工程跟踪审计，移送案件线索19件，追究党纪政纪责任45人，移送检察院5人，纪委立案审查19人。根据省审计厅的统一安排，完成房县、通城扶贫资金和义务教育保障机制政策落实、京山保障性安居工程、咸宁市长江经济带环境保护等交叉审计项目。

外资运用审计 完成世界银行贷款湖北荆州古城修复与保护项目审计，自主研发国外贷援款项目审计应用程序。

信息化建设 完成信息系统三级等保备案、测评，以及相应的局机关机房升级改造和门户网站改版。建成财政、医保、社保、公积金等8个行业数据库；预算执行审计数据库建设进一步完善，集中存放200余家预算单位的财务、业务数据。

内部审计 组织协调长江大学等单位内部审计人员参与巡察工作。组织内部审计工作培训，共计78人次。

（撰稿人：龚倩芸）

【黄冈市审计局】 2018年，黄冈市审计局实有48人。局长叶俊甫，副局长董瑞成、郭教育、张立平、缪丞，党组成员舒迎进，总审计师雷友华，纪检组长张飞雄，经济责任审计局局长周少勤。设有财政审计科、金融审计科、行政事业审计科、社会保障审计科、固定资产投资审计科、农业与资源环保审计科、经贸审计科、外资审计科、办公室、政工科、综合法规科；下设市经济责任审计局、计算机中心。

审计成果 2018年，黄冈市县两级审计机关完成审计项目654个，其中专项审计调查项目237个。查出主要问题金额113.14亿元，其中违规金额10.18亿元、损失浪费金额2.84亿元、管理不规范金额100.12亿元；审计发现非金额计量问题294个；损益（收支）不实金额10.46亿元；审计发现侵害人民群众利益1170万元；出具审计报告和专项审计调查报告654篇，被批示、采用305篇次。审计处理处罚金额67.23亿元，其中应上缴财政1.36亿元、应减少财政拨款或补贴7882万元、应归还原渠道资金31.37亿元、应缴纳其他资金9.28亿元、应调账处理金额24.43亿元；移送司法机关、纪检监察机关和有关部门处理事项66件，移送处理人员50人，移送处理金额6266万元。审计促进整改落实有关问题资金44.56亿元；审计促进拨付资金到位6.34亿元；审计后挽回（避免）损失1.58亿元；核减投资额2.56亿元；移送处理落实事项39件。审计提出建议1254条，被采纳874条；推动被审计单位制定整改措施240项；促进被审计单位建立、健全规章制度198项；促进修改法规21条；提交审计信息923篇，被批示、采用305篇次。向社会公告审计结果14篇。

市审计局实施的通城县2016年度扶贫政策落实和扶贫资金分配管理使用情况审计项目被审计署评为表彰审计项目，并被省审计厅评为项目特等奖。黄冈市市区 2016 年保障性安居工程跟踪审计、麻城市 2016 年度本级预算执行和其他财政收支审计、黄州区卫生计划生育局局长经济责任审计、团风县淋山河中心卫生院 2014—2016 年度财务收支情况审计等 4 个项目，被省审计厅评为优秀审计项目。

国家重大政策措施落实情况跟踪审计 组织实施稳增长等政策措施落实情况、保障性安居工程、重点贫困县和插花贫困重点县脱贫攻坚政策落实情况的跟踪审计。按照省审计厅的统一安排，派出审计组交叉实施大冶市重大政策措施落实情况跟踪审计、荆州咸宁两市长江经济带生态环境保护审计、恩施市扶贫审计和义务教育保障机制政策落实审计。

财政审计 采取数据分析与现场审计相结合的方法，对 23 个市直部门开展预算执行审计，揭示预算编制不精确、财务核算不规范、采购和财务报销手续不合规、项目绩效不高等问题。

经济责任审计 市县两级审计机关对 132 名领导干部开展经济责任审计，其中市审计局审计 30 人，查出问题金额 36.58 亿元，审计意见和建议被采纳 172 条。按照省审计厅的统一安排，派出审计组组织实施大冶市委书记经济责任审计。

固定资产投资审计 市县两级完成政府投资项目审计 316 个，审计投资项目总额 36.94 亿元，审减投资额 4.99 亿元。市本级对市政建设和园林绿化等 16 个政府投资项目进行审计，审计投资总额 6.98 亿元，审减投资额 1589.24 万元。报请黄冈市政府修订《政府投资项目审计办法》，市审计局配套出台《关于完善投资审计工作的意见》。

民生资金（项目）审计 在脱贫攻坚政策落实、扶贫资金分配管理使用及项目建设管理情况审计中，审计扶贫资金总额 63.3 亿元、涉及扶贫项目 6480 个，抽查扶贫资金 13.6 亿元、涉及扶贫项目 1168 个。经审计复核，红安县整体脱帽，符合退出条件，省人民政府下发《关于批准红安县等 3 县（林区）退出贫困县的通知》。

信息化建设 通过建立行业数据系统平台，完善审计专网平台，优化 AO（现场审计实施系统）和 OA 系统平台（审计管理系统），基本实现对所有审计项目的计算机审计、从审计立项到归档全过程网上管理、审计公文从起草到签发全过程网上流转、审计数据资源的高度集成和信息资源的即时互通。 （撰稿人：柯　鹏）

【咸宁市审计局】 2018 年，咸宁市审计局实有 64 人。局长陈礼高，副局长王三国、付冬、余梅枝、廖志军、潘和（4 月—），总审计师李真丽，经济责任审计局局长陈卫军，政府投资审计局局长张荀（4 月—），调研员李德春、熊振兴（—7 月），副调研员江红、栾克萍（—1 月）、洪新世（—8 月）、徐咏梅（—11 月）。设有办公室、人事科、综合科、法规科、财政审计科、金融外资审计科、行政事业审计科、农业与资源环保审计科、固定资产投资审计科、社会保障审计科、经贸审计科、高新区派出审计科、自然资源资产离任审计科、离退休干部科、信息技术科；下设事业单位经济责任审计局、政府投资审计局，社团组织内部审计协会、审计学会。

审计成果 2018 年，咸宁市县两级审计机关完成审计项目 241 个，其中专项审计调查项目 2 个。查出主要问题金额 35.52 亿元，其中违规金额 4.24 亿元、管理不规范金额 31.28 亿元；审计发现非金额计量问题 331 个；损益（收支）不实金额 2.54 亿元；出具审计报告和专项审计调查报告 241 篇，被批示、采用 25 篇次。审计处理处罚金额 18.83 亿元，其中应上缴财政 6376 万元、应归还原渠道资金 4.26 亿元、应缴纳其他资金 3924 万元、应调账处理金额 13.5 亿元；移送司法机关、纪检监察机关和有关部门处理事项 91 件，移送处理人员 74 人，移送处理金额 9407 万元。审计促进整改落实有关问题资金 14.6 亿元；审计促进拨付资金到位 1.58 亿元；审计后挽回（避免）损失 5772 万元；核减投资额 1.08 亿元；移送处理落实事项 59 件。审计提出建议 800 条，被采纳 721 条；推动被审计单位制定整改措施 397 项，促进被审计单位建立、健全规章制度 31 项；提交审计信息 1731 篇，被批示、采用 864 篇次。向社会公告审计结果 11 篇。

市中医医院院长、党组书记任期经济责任审计，嘉鱼县本级 2016 年度预算执行及其他财政收支审计，通山县民政局 2015 年至 2016 年度专项资金审计等 3 个项目，被省审计厅评为优秀审计项目。

国家重大政策措施落实情况跟踪审计　完成重大政策措施落实情况跟踪审计项目8个，推动政策措施贯彻落实。

财政审计　完成财政审计项目63个，其中市县本级预算执行和决算草案审计7个，市县部门预算执行审计43个，乡镇财政决算审计13个。市审计局以市带县，统筹推进预算执行审计“全覆盖”。

经济责任审计　市直单位负责人经济责任审计项目11个，县市区部门领导人经济责任审计53个，乡镇党政领导经济责任审计项目11个。对嘉鱼县鱼跃镇领导干部经济责任审计的同时，同步开展自然资源离任审计。根据省审计厅的统一安排，对石首市和监利县领导干部交叉开展经济责任审计。

固定资产投资审计　完成政府投资审计项目74个，审计投资额11.42亿元，发现问题金额2.99亿元，审计核减投资额1.08亿元。

民生资金（项目）审计　完成义务教育保障机制政策落实情况、扶贫、保障性安居工程等民生资金审计项目。根据省审计厅的统一安排，对长阳县和远安县的民生资金项目、鄂州市长江经济带生态环境保护项目开展交叉审计。

信息化建设　市审计局以调研督导、现场演示、在线答疑等形式对县市区大数据审计工作进行指导，目前各县市区已基本建立数字化审计平台，完成财政、税收、社保、公积金及政府投资审计五大行业数据更新和审计专网信息系统安全等级保护三级测评工作。

内部审计　市审计局向市政府提出加强内部审计工作的建议，市政府办公室根据审计建议印发《关于进一步加强内部审计工作的意见》。

（撰稿人：胡　澄）

【随州市审计局】　2018年，随州市审计局实有38人。局长张道亮，副局长廖朝宏、敖殷、齐新月，经济责任审计局局长敖宏伟，总审计师刘大江，副处级调研员黄旭洪、曾琼枝、郭芸。设有办公室、综合科、政工人事科、法规科、财政外资审计科、投资审计科、社会保障审计科、行政事业审计科、金融经贸审计科、农业资源环保审计科、计算机电子数据审计科；下设政府投资审计局、经济责任审计局。

审计成果　2018年，随州市审计局完成审计项目69个，其中专项审计调查项目2个。查出主要问题金额87.83亿元，其中违规金额6.74亿元、损失浪费金额3147万元、管理不规范金额80.78亿元；审计发现非金额计量问题59个；损益（收支）不实金额3.55亿元；出具审计报告和专项审计调查报告69篇，被批示、采用22篇次。审计处理处罚金额34.92亿元，其中应上缴财政3985万元、应减少财政拨款或补贴6543万元、应归还原渠道资金3.06亿元、应调账处理金额30.81亿元；移送司法机关、纪检监察机关和有关部门处理事项6件，移送处理人员3人，移送处理金额2714万元。审计促进整改落实有关问题资金24.01亿元；审计后挽回（避免）损失2902万元；核减投资额1.28亿元。审计提出建议159条，被采纳149条；推动被审计单位制定整改措施87项，促进被审计单位建立、健全规章制度33项；提交审计信息201篇，被批示、采用109篇次。向社会公告审计结果17篇。

万福店农场党委书记、场长任期经济责任及自然资源资产管理情况审计项目被省审计厅评为优秀审计项目。

国家重大政策措施落实情况跟踪审计　结合保障性安居工程审计、扶贫审计、新农合大病保险基金审计、国有企业审计调查等项目分季度实施重大政策措施落实情况跟踪审计。根据省审计厅的统一安排，对襄州区开展重大政策措施落实情况交叉审计。

财政审计　对223个市直预算单位预算执行情况进行审计，对48个单位进行重点延伸，揭示在预算编制、执行、财政资金管理、资产管理等方面存在的问题金额15.65亿元。

经济责任审计　对13个单位主要领导干部开展经济责任审计，审计查出主要问题金额66.06亿元，界定应负主管责任金额14.52亿元，应负领导责任金额51.54亿元。

固定资产投资审计　对27个重点项目开展投资审计，项目送审额13.51亿元，审减额1.69亿元。

民生资金（项目）审计　开展大洪山风景名胜区管理委员会扶贫审计、市本级及县市区新农合大病保险基金审计等项目。

企业审计　对市本级、曾都区政府直属及各级行政事业单位管理的国有独资企业、国有控股企业、国有参股企业、集体企业或注册资本来源不清的企业进行专项审计调查。

信息化建设　建成视频会议室和数据分析室，开展审计管理系统三级等级保护测评工作。开展全市行政事业单位信息系统审计调查。

相关工作　协助市委巡察组开展3轮巡察，配合市纪委开展财务报销违规问题、违规发放津补贴情况等专项检查工作。开展“纪律作风专项整治月”“强纪律、强作风、促落实、促提升”系列活动。在驻点村开展精准扶贫，安排贫困户参加免费就业培训20人次，帮助建成并投产肉兔、黄桃、青蛙、龙虾种养殖示范基地4个，农副产品电商展示平台1个，引进神农丰源等3家优质企业，户均增收5000余元，增加就业岗位60余个。

内部审计　对14个部门的内部审计工作开展质量检查和结果通报。　（撰稿人：姚其春）

【恩施土家族苗族自治州审计局】　2018年，恩施土家族苗族自治州（以下简称恩施州）审计局实有48人。局长彭元洪，副局长李东平、徐青安、蔡泽慧，总审计师陈宏，经济责任审计局局长杨岸军，副调研员向东红。设有办公室、政工人事科、综合与法规科、财政金融审计科、行政事业审计科、经贸审计科、农业与资源环保审计科、社会保障审计科、固定资产投资审计科、外资运用审计科、经济责任审计局；下设政府投资审计局、计算机审计中心2个事业单位。

审计成果　2018年，恩施州审计机关完成审计项目185个。审计查出主要问题金额69.98亿元，审计查出非金额计量问题574个，移送处理33人、移送处理金额7265万元。审计促进整改落实有关问题资金8.66亿元、审计促进拨付资金到位3.69亿元、核减投资额3.5亿元。审计提出建议490条，被采纳351条；提交的审计专题、综合性报告和信息简报等被各级批示、采用853篇次。被审计单位制定整改措施32项，审计推动出台相关制度办法26项。完成交办、配合事项106件。

国家重大政策措施落实情况跟踪审计　开展地方政府性债务、精准脱贫、污染防治、“放管服”改革、重大项目推进等重大政策措施落实情况跟踪审计。

财政审计　统筹推进州县两级本级预算执行和部门预算执行审计全覆盖，推进盘活存量资金、化解地方政府性债务风险等。审计查出主要问题金额42.68亿元。

经济责任审计　对42名领导干部进行经济责任审计，审计查出问题资金4.65亿元，应负直接责任金额235万元，移送纪检监察机关处理9人，提出并被采纳审计建议84条。开展领导干部自然资源资产离任审计项目12个，移送重大资源环境问题违纪违法线索10件，已查处6件，刑事处罚6人；提出并被采纳审计建议33条。

民生资金（项目）审计　统筹推进全州扶贫审计全覆盖，抽查扶贫资金45.91亿元，涉及88个乡镇534个村2715个项目，审计发现涉及8个方面的232个问题。组织实施全州保障性安居工程审计，移送问题线索7件。

固定资产投资审计　州审计局解决遗留投资审计项目12个；履行审计监督职能实施固定资产投资审计项目3个，对审计发现的工程财务和建设管理方面的问题向州委州政府报送审计专报2篇。

交办任务　按照州委州政府和省审计厅临时工作安排，抽调54人次参与省州巡视巡察、协助省州纪委案件查办和省纪委对纪委系统的财务检查，组织专班配合州委州政府督查组完成县市级社保资金和东西部扶贫协作资金的督查工作，州委组织部对县市党费管理和使用情况的审计等106项临时工作任务。　（撰稿人：胡绍宇）

【仙桃市审计局】　2018年，仙桃市审计局实有41人。局长王万琼，副局长蒋涛、管域、杨成红、邓飞，总审计师李敏，工会主席李红艳。设有办公室、财政审计科、金融外资审计科、农业环保资源审计科、经贸社保审计科、行政事业审计科、经济责任审计科、固定资产投资审计科、综合科、法规审理科、计算机中心、内部审计协会；下设经济责任审计局、投资审计中心2个事业单位。

审计成果 2018年，仙桃市审计局完成审计项目17个。查出主要问题金额22.77亿元，其中违规金额1.42亿元、管理不规范金额21.34亿元；审计发现非金额计量问题122个；出具审计报告和专项审计调查报告16篇。审计处理处罚金额20.19亿元，其中应上缴财政1.44亿元、应调账处理金额18.64亿元；移送司法机关、纪检监察机关和有关部门处理事项11件，移送处理人员4人，移送处理金额466万元。审计促进整改落实有关问题资金9.88亿元。提出并被采纳审计建议53条。向社会公告审计结果3篇。

仙桃市2016年保障性安居工作审计项目被省审计厅评为优秀审计项目。

国家重大政策措施落实情况跟踪审计 在重大项目推进实施、生态环境保护和污染防治政策落实、财政资金统筹使用、水污染防治等专项资金拨付使用及项目实施、防范化解重大风险、精准脱贫、深化供给侧结构性改革推进、保障和改善民生等方面，开展跟踪审计，保证政令畅通。

财政审计 市本级预算执行审计与77个市直一级预算单位部门预算全覆盖审计相结合，查出并纠正各类违纪违规问题金额13.6亿元。

经济责任审计 对干河办事处党工委书记颜志超等11名领导干部开展经济责任审计，对干河办事处、毛嘴镇2个镇办同步开展自然资源资产离任审计。通过审计共查出各类违纪违规问题金额4.17亿元，发现和纠正少数单位违规用人、违规收费、违规发放、违规占地、违规排污等问题，对部分重大违纪违法行为及时向市纪委监委移送。

民生资金（项目）审计 对西流河、长埫口、三伏潭、张沟等4镇34个重点贫困村和30个产业扶贫项目进行现场调查，查出部分产业扶贫项目毁损闲置、经营效益不佳、扶贫作用带动不明显、利益联结机制未全面落实等问题，督促相关单位迅速整改。

信息化建设 建成以计算机审计中心、大数据中心、数据分析室、视频会商室为构架的信息化审计大平台，分年度、分行业、分类型定期采集全市77个单位共308套财务，以及社保、公积金、地税、财政、编办、工商、车辆、房产等行业23套业务数据，在部门预算全覆盖审计、扶贫审计、经济责任审计等项目中运用。

相关工作 市审计局获省级文明单位称号。被市委、市政府被授予2017年度综合考核优秀单位、社会治安综合治理突出单位等称号。

（撰稿人：李军伟）

【潜江市审计局】 2018年，潜江市审计局实有72人。局长、党组书记庞大美，党组副书记张绪新，副局长周进、李先祥、袁振平，总审计师徐江红，工会主任雷春林。设有办公室、综合科、人教科、法规审理科、计算机审计科、财政金融审计科；下辖经济责任审计分局、投资审计分局、审计一分局、审计二分局、审计三分局、自然资源资产审计分局。

审计成果 2018年，潜江市审计局完成审计项目49个。查出主要问题金额54.5亿元，其中违规金额14.06亿元、损失浪费金额86万元、管理不规范金额40.43亿元；审计发现非金额计量问题56个；损益（收支）不实金额7650万元；出具审计报告和专项审计调查报告53篇。审计处理处罚金额13.85亿元，其中应上缴财政2.41亿元、应减少财政拨款或补贴1639万元、应归还原渠道资金10.18亿元；移送司法机关、纪检监察机关和有关部门处理事项25件，移送处理人员56人，移送处理金额2547万元。审计促进整改落实有关问题资金3.22亿元；核减投资额9655万元。审计提出建议180条，提交审计信息219篇。向社会公告审计结果1篇。

潜江市2016年城镇保障性安居工程跟踪审计项目被省审计厅评为优秀审计项目。

国家重大政策措施落实情况跟踪审计 对统筹整合财政资金及“四大补短板”项目、42个政府部门政务信息系统以及精准脱贫、污染防治、减税降费等政策措施落实情况进行审计和审计调查。

财政审计 开展市本级预算执行审计，对72个一级预算单位部门预算进行审计。揭示和反映“四本预算”执行、专项转移支付清理整合、存量资金盘活、“三公”经费及会议费、培训费支出等方面问题。

经济责任审计 完成33个部门35名党政领导干部经济责任审计，查出被审计领导干部负有责任的违规和损失浪费问题金额4.72亿元。对2

个乡镇和2个部门主要领导干部履行自然资源资产管理和生态环境保护情况开展审计。

固定资产投资审计 出台《潜江市政府投资审计实施办法》，对政府投资项目实行分类管理。完成政府投资审计项目16个，审减工程造价9655万元。

民生资金（项目）审计 完成“四化同步”项目资金审计、重点高中收费政策和财务管理情况审计。根据省审计厅的交叉审计安排，完成房县城镇保障性安居工程跟踪审计、崇阳县扶贫资金和义务教育保障机制政策落实审计。

信息化建设 建立和完善计算机管理及安全保密的相关制度和责任体系，完成信息系统三级等保测评。

内部审计 组织开展“审计报告质量提升”活动和内部审计业务培训。 （撰稿人：汪海滨）

【天门市审计局】 2018年，天门市审计局实有39人。局长刘水平，副局长陈爱红、段茂顺、蒋雄才，总审计师林茂国。设有办公室、财政金融审计科、行政事业审计科、农业审计科、社会保障审计科、经贸审计科、计算机审理中心、机关后勤服务中心；下设经济责任审计局、投资审计中心。

审计成果 2018年，天门市审计局完成审计项目29个。查出主要问题金额14.31亿元，其中违规金额1.13亿元、管理不规范金额13.17亿元；审计发现非金额计量问题18个；出具审计报告和专项审计调查报告37篇。审计处理处罚金额6766万元，其中应上缴财政2911万元、应归还原渠道资金3556万元；移送纪检监察机关和有关部门处理事项10件，移送处理人员10人，移送处理金额2921万元。审计促进整改落实有关问题金额6256万元，核减投资额2709万元；移送处理落实事项5件。审计提出建议并被采纳77条。向社会公告审计结果25篇。

九真镇党委书记履行经济责任审计项目被省审计厅评为优秀审计项目。

国家重大政策措施落实情况跟踪审计 对统筹使用财政资金及“四大补短板”等政策措施落实情况、乡镇工业园建设运营情况、财政资金统筹情况、市水产局自然资源资产管理情况进行跟踪审计。

财政审计 对2018年市本级预算执行及其他财政财务收支情况进行审计，组织对天门市口腔医院、天门市职业学院、天门市运输管理局、天门市民宗局4个单位财政财务收支情况进行审计。

经济责任审计 对市城管局、蒋场镇镇等13个单位部门14名党政领导干部和主要负责人任期履行经济责任情况进行审计，查出主要问题金额9646万元，提交审计报告和审计结果报告26篇。

固定资产投资审计 对天门园“茶和天下”扩建景观、天仙公路北侧绿化带提升改造项目、民政福利院项目及残疾人康复中心项目进行审计。送审金额1.46亿元，核减造价2350.81万元。

民生资金（项目）审计 对北湖小区等2个安置工程和扶贫资金筹集、分解、拨付、管理使用及项目实施完成情况进行审计。查出项目建成手续办理不规范问题、超范围安排使用农村危房改造补助资金等问题。

信息化建设 对计算机机房进行升级改造，信息系统安全达到等保三级要求。

内部审计 全市共有内部审计机构17个，内部审计人员62人。完成审计和专项审计调查项目108个，审计总金额8.96亿元。

（撰稿人：周　兰）

【神农架林区审计局】 2018年，神农架林区审计局实有26人。局长刘忠君，副局长刘运生、王栋梁。设有办公室、法规科、财政与金融审计科、经贸审计科、行政事业与外资运用审计科、农业与资源环保审计科、固定资产投资审计科；下设经济责任审计局、政府投资项目审计局、直属审计分局、计算机中心等事业单位。

审计成果 2018年，神农架林区审计局完成审计项目41个。查出管理不规范金额13.08亿元；审计发现非金额计量问题106个；出具审计报告和专项审计调查报告55篇。审计处理处罚金额1790万元；移送司法机关、纪检监察机关和有关部门处理事项2件，移送处理人员1人。审计促进整改落实有关问题资金1790万元；核减投资额2759.75万元。提出并被采纳审计建议143条；提交审计信息95篇。

国家重大政策措施落实情况跟踪审计 完成

“稳促调惠防”政策措施落实情况跟踪审计，查出各类违纪违规及管理不规范金额4731.89万元；完成2017年城镇保障性安居工程跟踪审计；完成扶贫政策落实及资金管理使用情况审计。

财政审计 完成林区2018年财政预算执行及其他财政收支审计，查出各类违纪违规及管理不规范金额61527.28万元。完成林区地税局2018年度地税征管及财政收支情况审计，审计发现非金额计量问题1个。实现对林区发展改革委、林区住房和城乡建设委员会等78个部门的预算执行审计全覆盖，查出各类违纪违规及管理不规范金额203.42万元。完成林区公务支出和公款消费审计、林区软件正版化情况专项审计。

经济责任审计 完成林区公安局、林区科技局等21个单位主要领导干部的经济责任审计，查出违纪违规和管理不规范金额8662万元。完成木鱼镇、大九湖镇主要领导干部自然资源资产离任审计，审计发现非金额计量问题25个。

固定资产投资审计 完成盘宋线改造工程竣工结算、国家公园管理局基础设施工程等政府投资审计项目9个，审计投资额6.52亿元，审减工程投资金额2759.75万元。

企业审计 完成对城建投资开发公司、神发水电公司等8家区属国有企业资产负债损益审计。

信息化建设 完成财政总预算、非税收入、转移支付和财政支付、财政指标数据的标准化和归集工作；完成社保数据标准化处理。

交办任务 参加神农架林区党委第四轮巡察工作。

相关工作 驻点帮扶村（新华镇高白岩村）59户165人贫困户通过国家考核验收，实现“村出列、户脱贫”。市审计局荣获“党建工作先进单位”和“法治神农架建设优秀单位”荣誉称号。

内部审计 内部审计协会吸收单位会员35个、个人会员68人。（撰稿人：高发艳）

2018年湖北省所辖区、县(市)级审计工作统计表

金额单位:万元

审计机关	完成审计项目/个	审计查出主要问题金额	审计发现非金额计量问题/个	审计期间整改金额	出具审计报告和审计调查报告/篇	审计处理情况		审计促进整改落实有关问题资金	审计提出建议/条	提交审计信息/篇
						审计处理处罚金额	移送处理事项/件			
武汉市										
武汉市本级	67	5811535	1159	65511	85	483391	139	435534	351	119
江岸区审计局	35	24662	63	177	44	18488	1	18488	150	161
江汉区审计局	39	254870	134	1706	57	14183	22	10660	122	172
硚口区审计局	27	94278	48		15	284			40	76
汉阳区审计局	30	368879	62	354	51	667	2	665	134	89
武昌区审计局	32	29275	66	2683	52	2190		2190	93	31
青山区审计局	20	48265	65	2374	25	222	5	222	63	114
洪山区审计局	20	75385	60	1129	26	6623	9	6623	80	176
东西湖区审计局	24	1142359	107		35		3		84	60
汉南区审计局	49	228788	111	14	63		8		132	274
蔡甸区审计局	27	10692	144	650	36	1106	17	48	99	285
江夏区审计局	23	652130	49	77612	29	385642	9	385656	71	157

（续表）

审计机关	完成审计项目/个	审计查出主要问题金额	审计发现非金额计量问题/个	审计期间整改金额	出具审计报告和审计调查报告/篇	审计处理情况		审计促进整改落实有关问题资金	审计提出建议/条	提交审计信息/篇
						审计处理处罚金额	移送处理事项/件			
黄陂区审计局	26	460323	85		26	144895	2	144895	73	150
新洲区审计局	20	193423	35	18	28	535	5	443	68	18
黄石市										
黄石市本级	65	361495	205	940	65	1102	16	1102	187	296
黄石港区审计局	19	7048	11		19				44	81
西塞山区审计局	14	5628	6	33	14	1244		1244	33	192
下陆区审计局	23	10192	55	11	23	836	3	836	83	59
铁山区审计局	13	31958	25		13	22627	2	20126	32	107
大冶市审计局	115	65587	105		115	12	16	8589	77	601
阳新县审计局	19	209922	16	26	19	106405	5	106405	50	214
十堰市										
十堰市本级	54	387098	122	85766	54	95383	40	85742	145	24
茅箭区审计局	4	179085		6	4	16	4		2	3
张湾区审计局	11	14585	1	9	11	14195			5	
郧阳区审计局	26	74160	11	2292	26	74160	10	74160	202	43
丹江口市审计局	40	61236	80	425	40	4781	31	4562	118	7
郧西县审计局	29	173258	41	226	29	33112	18	32264	96	31
竹山县审计局	25	143118	26	122	25	22663	17	107	86	113
竹溪县审计局	3	2034			3	2034			12	
房县审计局	20	192778	20	71	20	168433	27	72		17
武当山特区审计局	12	4109	1	1540	12	219	1		51	
宜昌市										
宜昌市本级	105	802106	194	5459	105	171516	35	140480	184	335
西陵区审计局	23	2789	5	1247	39	2162	5	418	63	124
伍家岗区审计局	20	46750	90	1166	26	5639	8	5639	74	151
点军区审计局	28	48697	60		31	27456		174	130	90
猇亭区审计局	43	160749	6	23	43	9023	2	1649	59	251
夷陵区审计局	112	12842		2517	117	11025	6	11083	55	372
宜都市审计局	23	106633	40	445	29	30242	17	22100	75	364
当阳市审计局	27	17836	22		31	4652	7	2442	214	265
枝江市审计局	36	479387	13	11556	42	96520	1	6670	21	173
远安县审计局	7	25856	20	201	11	3940	4	3940	26	205

（续表）

审计机关	完成审计项目/个	审计查出主要问题金额	审计发现非金额计量问题/个	审计期间整改金额	出具审计报告和审计调查报告/篇	审计处理情况		审计促进整改落实有关问题资金	审计提出建议/条	提交审计信息/篇
						审计处理处罚金额	移送处理事项/件			
兴山县审计局	21	180458	31	784	33	9189	9	1016	78	136
秭归县审计局	33	121684	31	139	37	3693	4	3693	205	545
长阳土家族自治县审计局	64	381435	7	665	76	3853	12	3284	59	121
五峰土家族自治县县审计局	22	81967	14	86	27	63620	16	46729	58	138
襄阳市										
襄阳市本级	66	4782582	625	17855	88	3715640	31	3561479	238	457
襄城区审计局	13	6519	46		21	363	12	362	53	227
樊城区审计局	17	65103	6	2956	17	150599	3	149155	43	249
襄州区审计局	72	119446	113	8388	98	9188	16	4702	192	274
老河口市审计局	63	149739	56	20	71	149718	6	149718	147	399
枣阳市审计局	18	52642	78		24	52271	13	52271	49	210
宜城市审计局	21	145563	39		34	112311	15	112311	52	286
南漳县审计局	49	1017185	40	21	55	975800	10	975800	114	698
谷城县审计局	11	35876	37		14	35876	1	35876	27	218
保康县审计局	21	67305	69		27	66738	14	66738	61	222
鄂州市										
鄂州市本级	71	1422491	89	322	71	1407196	12	131478	46	26
梁子湖区审计局	13	38244	20		13	36008		36008	60	21
华容区审计局	10	18781	26		10	18781		18781	36	17
鄂城区审计局	14	43467	41		19	43467		43467	40	16
荆门市										
荆门市本级	32	556973	132		32	237798	16	11849	154	675
东宝区审计局	48	243457	118	28175	48	28175	11	28175	120	198
掇刀区审计局	47	33263	6		47	33263	5		35	13
钟祥市审计局	45	52182	39	7136	45	7160	41	7160	93	236
京山县审计局	43	386884	35	26	43	74407	3	367515	93	195
沙洋县审计局	28	238205	73	12	27	1223	19	1223	88	243
屈家岭管理区审计局	13	14878	26	1	14		4	1	22	15
漳河新区审计局	14	315	18	214	14		1	101	28	
孝感市										
孝感市本级	89	481939	68	247	89	43842	11	43818	200	712

（续表）

审计机关	完成审计项目/个	审计查出主要问题金额	审计发现非金额计量问题/个	审计期间整改金额	出具审计报告和审计调查报告/篇	审计处理情况		审计促进整改落实有关问题资金	审计提出建议/条	提交审计信息/篇
						审计处理处罚金额	移送处理事项/件			
孝南区审计局	56	150949	18	2466	56	33843	2	33843	128	172
应城市审计局	47	78357	40	35	47	12135	1	10898	107	187
安陆市审计局	99	66558	6		99	66558	22	36869	118	367
汉川市审计局	35	35850	31	61	35	29677	2	24578	76	387
孝昌县审计局	32	3738	37		32	3723	5	3723	113	395
大悟县审计局	35	31912	36	187	35	12045	8	11843	108	117
云梦县审计局	44	96355	34		44	31096	2	31095	78	359
荆州市										
荆州市本级	55	555286	133	8022	57	246329	50	232340	198	649
沙市区审计局	13	34271	6		13	2	4		49	149
荆州区审计局	16	8136	19	33	14	4229	6		66	184
石首市审计局	44	107808	98	308	44	6108	17		177	207
洪湖市审计局	35	55548	70	1	35	1398	8	1	82	80
松滋市审计局	14	513447	13		14	76	4	76	39	79
公安县审计局	40	200785	107	2	48	43	24	43	117	173
监利县审计局	31	299758	193	526	45	90614	37	53595	33	50
江陵县审计局	20	91572	39	9	20	37465	5	37465	57	67
黄冈市										
黄冈市本级	59	51760	86	6421	61	34497	15	18082	168	287
黄州区审计局	36	10501		1639	36	10407	20	8516	91	136
麻城市审计局	49	546108	29	328771	53	192509	7	187116	228	197
武穴市审计局	28	44702	125		28	55	2	37907	62	30
团风县审计局	55	6924	15	2270	55	113	6	2270	162	70
红安县审计局	34	55425	47		34	55425	5	55425	98	113
罗田县审计局	27	13	36	12	25	13	15	12	27	5
英山县审计局	13	168050	7	87	13	290669	12	233170	38	9
浠水县审计局	126	21663	24	7911	126	7911	6	7911	301	284
蕲春县审计局	17	49695	23	576	17	576		576	85	9
黄梅县审计局	37	84552	7		37	184			70	44
咸宁市										
咸宁市本级	57	189245	83	17407	57	71694	24	68446	160	348
咸安区审计局	24	7087	34		24	7087	14	7087	71	128
赤壁市审计局	40	22052	19		40	1519		1510	184	190

（续表）

审计机关	完成审计项目/个	审计查出主要问题金额	审计发现非金额计量问题/个	审计期间整改金额	出具审计报告和审计调查报告/篇	审计处理情况		审计促进整改落实有关问题资金	审计提出建议/条	提交审计信息/篇
						审计处理处罚金额	移送处理事项/件			
嘉鱼县审计局	31	48065	13		31	48025	8	11856	153	241
通城县审计局	20	50161	95		20	50162	14	50155	57	169
崇阳县审计局	24	22653	15		24	2934	15	2935	67	224
通山县审计局	45	15919	72	2498	45	6926	16	4001	108	431
随州市										
随州市本级	69	878316	59	62	69	349194	6	240052	159	201
曾都区审计局	25	129993	70		25	93	6	5970	172	42
广水市审计局	36	152176	28	5175	36	4774	16	22150	107	120
随县审计局	40	55332	59	5902	40	75	14	5977	141	221
恩施土家族苗族自治州										
恩施土家族苗族自治州本级	19	94277	100	4965	32	38451	8	14242	54	471
恩施市审计局	11	91894	88	18	11	34668	2		51	190
利川市审计局	55	115013	45	117	55	114329	13	68607	37	244
建始县审计局	11	66313	9	312	13	441		262	61	356
巴东县审计局	16	86733	161	146	16	84565	11	4303	67	100
宣恩县审计局	14	34980	36	47	14	2287	4	2277	33	233
咸丰县审计局	16	105829	84	1429	19	383	2	9379	79	167
来凤县审计局	31	63639	32	9821	52	9670	4	515	62	90
鹤峰县审计局	12	41070	19	3077	15	3216	3		46	134
省直辖										
仙桃市审计局	16	227713	122	25221	16	201942	11	98834	53	9
潜江市审计局	49	544961	56	86	53	138477	25	32186	180	219
天门市审计局	29	143083	18	45	37	6766	10	6256	77	45
神农架林区审计局	41	130805	106		55	1790	2	1790	143	95

湖南省

【湖南省审计厅】 2018 年，湖南省审计厅实有 301 人。设有办公室、法规处、审理处、财政审计一处、财政审计二处、财政审计三处、社会保障审计处、金融审计处、行政事业审计一处、行政事业审计二处、行政事业审计三处、经贸审计一处、经贸审计二处、经贸审计三处、资源环保审计处、农业审计处、固定资产投资审计一处、固定资产投资审计二处、外资运用与境外审计处、经济责任审计一处、经济责任审计综合处、经济责任审计二处、经济责任审计三处、综合计划处、审计执行处、审计技术处、人事处、机关党委（工会）、离退休人员管理服务处；因机构改革，成建制转隶，设4个临时党支部；下设机关后勤服务中心、内部审计指导中心、国外贷援款项目审计服务中心、审计科研培训所4个事业单位。

领导成员

厅　　长：胡章胜

副 厅 长：张晓菊　王小华　陈庆林
　　　　　陈博彰　李全胜

经济责任审计工作领导小组办公室副主任：
傅向明（—10月）

纪检组组长：曾市南

总审计师：段培安

巡 视 员：方再启

副巡视员：黄日祥（—4月）　张知才

审计成果　2018年，湖南省市县三级审计机关完成审计项目5134个，其中项审计调查项目150个。查出主要问题金额7821.59亿元，其中违规金额293.6亿元、损失浪费金额12.36亿元、管理不规范金额7515.63亿元；审计发现非金额计量问题16220个；损益（收支）不实金额880.37亿元；审计发现侵害人民群众利益23.78亿元；出具审计报告和专项审计调查报告6998篇，被批示、采用252篇次。审计处理处罚金额1257.97亿元，其中应上缴财政231.32亿元、应减少财政拨款或补贴58.56亿元、应归还原渠道资金175.84亿元、应缴纳其他资金34.32亿元、应调账处理金额757.93亿元；移送司法机关、纪检监察机关和有关部门处理事项888件，移送处理人员810人，移送处理金额50.43亿元。审计促进整改落实有关问题资金711.13亿元；审计促进拨付资金到位37.23亿元；审计后挽回（避免）损失82.62亿元；核减投资额114.73亿元；移送处理落实事项96件。审计提出建议10857条，被采纳10364条；推动被审计单位制定整改措施171项，促进被审计单位建立、健全规章制度71项；提交审计信息4644篇，被批示、采用2824篇次。向社会公告审计结果813篇。

长沙市审计局实施的长沙市城市建设开发公司有关问题专项审计调查项目被审计署评为优秀审计项目。

国家重大政策措施落实情况跟踪审计　坚持把推动重大政策措施落实作为审计工作的首要任务，持续开展重大政策措施落实情况跟踪审计。制订全省统一的政策跟踪审计工作方案，每季度确定3个至5个重点，有序推进，滚动实施，突出审计重点，确保市县全覆盖。重点关注三大攻坚战、“5个100”产业项目、供给侧结构性改革等政策措施落实情况。省审计厅审计永州市、宁远县等市县政策措施落实情况，审计结果每季度向省政府和审计署报告，每半年向社会公告一次，边审计，边整改。

财政审计　组织省市县三级审计机关对964个行政事业单位开展预算执行和财务收支审计，关注预算编制执行及调整，国有资源资产管理、专项资金管理使用，以及党风廉政建设等情况，促进财政体制改革，提高财政资金管理使用效益。省审计厅重点对19个单位开展预算执行审计。对审计发现的问题，组织督查组，深入被审计单位、专项资金主管部门和相关市县，督促审计整改，并配合省人大常委会对审计整改情况开展满意度测评，促进被审计单位依法理财、依法行政。审计报告和审计整改情况均依法向社会进行公告。

经济责任审计　组织省市县三级审计机关对1149个单位1399名领导干部开展经济责任审计，其中省审计厅对53名省管干部、2名市州审计局局长开展经济责任审计。将审计对象分板块关注不同类型领导干部履职的特点，围绕权力运行轨迹，聚焦经济责任，客观公正地出具审计报告，对每名被审计领导干部，出具审计评价意见书，为省委、省政府和相关部门决策提供依据。省审计厅对15个县市区党政主要领导开展自然资源资产离任（任中）审计，指导122个市县审计机关全面推进领导干部自然资源资产离任审计。

固定资产投资审计　落实全国人大法工委和审计署要求，督促各地不得直接以审计结果作为竣工结算的依据。组织对湖南省对口援疆发展资金和项目开展跟踪审计，揭示部分项目违规立项审批、未严格履行基本建设程序等问题。组织对省政府投融资建设的在建高速公路开展跟踪审计，对部分投资超概算的项目开展调概审计，开展高速公路竣工决算审计，反映造价虚高、重复建设、损失浪费、违反基本建设程序等问题，促进提高投资管理综合效益。派出检查组，对中介机构高速公路跟踪审计组的工作开展情况进行检查，规范中介机构的跟踪审计工作。

民生资金（项目）审计　组织全省14个市州审计机关派出130余个审计组、1000余名审计人员，采取“上审下＋交叉审”方式，对全省122个县市区保障性安居工程资金、建设管理情况开展跟踪审计，揭示和反映项目建设管理不规范、资金管理不到位、住房分配及补贴发放不合规、后续运营管理未有效跟进等问题，维护人民群众的利益。组织对23个扶贫工作重点县开展专项审计，揭示部分产业项目按人头发放补贴、安置对象人均住房面积超标等问题；对省建工集团总承包的易地扶贫搬迁项目开展跟踪审计，重点关注政策措施落实、工程勘察设计、工程建设管理、易地扶贫搬迁资金筹集管理和使用等情况。

交办任务　完成各级党委、人大、政府和上级审计机关及有关部门交办、委托事项552项，较好发挥审计在服务全省改革发展中的积极作用。同时选派人员，参与省委巡视、省纪委办案和省委、省政府专项督查等工作，完成省委、省政府和有关领导交办的工作任务。

信息化建设　开展“金审工程”三期建设，成立项目建设领导小组和项目建设专家咨询委员会，与省政府发展研究中心联合申请立项，完成项目初步设计及投资概算编制，项目前置审查获省信息化建设领导小组审核通过。深化审计技术知识培训，开展地理信息技术及大数据运用技术培训、计算机审计中级水平培训，学员参加审计署计算机审计中级水平资格考试，通过率达53.3%。开展审计大数据分析，在全省预算执行审计、资源税征收审计、经济责任审计、省属国有企业运营情况专项审计和扶贫专项审计中发挥重要作用。

审计科研　申报并完成与中国审计学会合作的科研课题“经济责任审计创新与发展”，以县市区主要党政领导干部经济责任审计为切入点，阐述湖南省经济责任审计的创新做法，探索县市区主要领导干部经济责任审计的内容、查证方法、定性、处理处罚的标准等。对6个全省科研课题进行公开招标以及管理，组织专家对各课题组提交的科研报告进行结项评审。审计学会会刊《审计观察》每期选取一个热点问题或重点理论研究课题作为关注栏目，推出有较高水平的理论研究成果、重点评论文章和焦点报道。

相关工作　加强党的政治建设，出台《中共湖南省审计厅党组关于坚决维护党中央集中统一领导的具体规定》，积极推进“两学一做”学习教育常态化制度化，深入开展系列“主题党日”活动，推进党建与廉政、文化、扶贫和审计业务等深度融合。加强党风廉政建设，认真落实中央八项规定及其实施细则精神和湖南省实施办法精神，扎实开展纪律作风专项整治等活动；全省各级审计机关切实强化主体责任，层层传导压力，层层压实责任，审计人员的纪律意识进一步增强。切实加强文明创建工作，全省141个审计机关有123个被评为县级以上文明单位。加强审计能力建设，举办县级审计机关班子成员、扶贫审计、资源环保审计、大数据应用等各类培训班9期，培训人员600多人次；对市县审计机关开展“送教上门”14批，培训人员1800多人次；各市县审计机关结合实际，采取年中集训、专题讲座、案例教学等多种方式开展专题培训，审计人员的业务能力进一步提升。　（撰稿人：赵文曙）

【长沙市审计局】　2018年，长沙市审计局实有107人。局长李伟群，副局长段安娜（—10月）、彭保刚（—8月）、曹旨，总审计师关士麟，工会主席钟宏杰。设有办公室、法规审理处、审计计划执行处、政策跟踪审计处、财政审计一处、财政审计二处、金融与社会保障审计处、行政事业审计处、国有资产审计处、农业审计处、资源环保审计处、外资运用审计处、经济责任审计一处、经济责任审计二处、经济责任审计三处、内部审计指导处、审计技术处、人事处、机关党委、政府投资审计专业局；下设重点项目审计中心（事业单位）。

审计成果　2018年，长沙市县两级审计机关完成审计项目583个。查出违规金额14.74亿元，上缴财政9.18亿元，移送案件线索183件。促进被审计单位制定、完善规章制度100余项。提交审计信息被省级以上媒体采用或市级以上领导批示90多篇。向社会公告审计结果63篇。

长沙市审计局实施的市城市建设开发公司有关问题专项审计调查项目被审计署评为优秀审计项目、被省审计厅评为优秀审计项目。市财政局具体组织 2016 年本级预算执行及决算草案编制情况审计，雨花区东山街道原工委书记陈怀柏、办事处原主任杨欣任期经济责任审计等 2 个项目，被省审计厅评为优秀审计项目。天心区大托铺街道 6 名领导干部任期经济责任审计、开福区农业林业水利局局长李新民任期经济责任审计等 2 个项目，被省审计厅评为表彰审计项目。

国家重大政策措施落实情况跟踪审计 分季度对 9 个区县（市）重大政策措施贯彻落实情况开展跟踪审计，抽查省市重点建设项目 105 个，审计涉及资金 600 多亿元，推动完善和出台制度 9 项，收回违规使用资金 780 万元，收回财政借款 5000 万元。

财政审计 市审计局对市本级、湘江新区、长沙高新区，以及市公安局等 9 个部门单位的预算执行情况开展审计，对长沙县、雨花区政府财政决算开展审计。组织全市审计机关对市本级及 9 个区县（市）政府性债务开展专项审计，摸清政府性债务底数；配合市化债办开展市属融资平台公司政府性债务甄别和清退工作。

经济责任审计 长沙市县两级审计机关对 76 家单位的 115 名领导干部开展经济责任审计，其中县处级领导干部 25 名，查出违规问题金额 4990 万元、损失浪费金额 3712 万元。市审计局完成《地方党政主要领导干部经济责任及自然资源资产离任（任中）审计现场操作指引》的编写。

固定资产投资审计 市审计局完成政府投资审计项目 18 个，审计后挽回或避免损失 6940.6 万元，移送案件线索 12 件。

民生资金（项目）审计 组织全市审计机关对市本级和 9 个区县（市）保障性安居工程开展跟踪审计，追回财政资金 301.9 万元，盘活项目资金 2071.32 万元，取消保障对象资格或调整待遇 484 户。市审计局对长沙市扶贫资金开展专项审计，揭示出部分建档立卡贫困户识别不精准等问题 27 个。

企业审计 市审计局制发《2018 年度长沙市国有企业和国有资本审计指导性意见》，建立国企国资审计指引和法律法规库。对交通投资集团、城市建设投资集团、轨道交通运营公司等 8 家国有企业开展审计，查出主要问题金额 21.4 亿元，审计后挽回或避免损失 1.03 亿元，移送案件线索 13 件。

农业与资源环保审计 围绕打赢“蓝天、碧水、净土”三大保卫战，对农村污水治理情况、农村饮水安全工程开展专项审计；对重金属污染耕地修复治理开展专项审计，审计资金 6.53 亿元；对大气污染防治开展专项审计，揭示颗粒物在线监控系统建设任务未如期完成、油烟污染防治存在执法真空等问题。（撰稿人：夏海军）

【株洲市审计局】 2018 年，株洲市审计局实有 70 人。局长刘方，副局长邓海林、戴勇、王小琴、颜梦香，市领导干部经济责任审计领导小组办公室副主任刘运华，总审计师龚军军，国家投资审计处处长李荣贵，副调研员沈大毛。设有办公室、人事教育科、审计技术科、内部审计管理科、法制审理科、财政审计科、金融与社会保障审计科、行政事业审计科、固定资产投资审计科、外资运用审计科、农业与环保审计科、经贸审计科、经济责任审计一科、经济责任审计二科、政府平台公司审计科；按规定设立机关党委；下设国家投资审计处。

审计成果 2018 年，株洲市县两级审计机关完成审计项目 285 个，其中专项审计调查项目 12 个。查出主要问题金额 325.02 亿元，其中违规金额 68.08 亿元、损失浪费金额 6922 万元、管理不规范金额 256.25 亿元；审计发现非金额计量问题 1051 个；损益（收支）不实金额 79365 万元；审计发现侵害人民群众利益 4989 万元；出具审计报告及专项审计调查报告 411 篇，被批示、采用 13 篇。审计处理处罚金额 156.28 亿元，其中应上缴财政 65.04 亿元、应减少财政拨款或补贴 1132 万元、应归还原渠道资金 11.5 亿元、应缴纳的其他资金 1.45 亿元、应调账处理金额 78.18 亿元；移送司法机关、纪检监察机关和有关部门处理事项 102 件，移送处理人员 14 人，移送处理金额 6.76 亿元。审计促进整改落实有关问题资金 90.11 亿元；审计促进拨付资金到位 8.89 亿元；核减投资额 2.66 亿元；移送处理落实事项 12 件。提出并被采纳审计建议 701 条；提交审计信息 350 篇，被批示、采用220篇。向社会公告审计结果19篇。

株洲县2016年至2017年6月扶贫工作专项审计等6个审计项目，被省审计厅评为优秀审计项目、表彰审计项目。

国家重大政策措施落实情况跟踪审计 针对各县市区全年工作任务完成、财政收入质量、推进农业供给侧结构性改革、精准扶贫政策落实等有关情况，开展跟踪审计，以要情（专报）形式向市委、市政府报告党委、政府决策有效推进、中央决策部署落地落实情况。

财政审计 组织开展34家市级部门单位“三公”经费管理使用情况的专项审计调查，向26家问题所在单位发出审计整改通知书。开展的重点专项资金绩效审计，被列为市人大常委会重要研究课题，成为市人大关于财政专项资金绩效使用单位监督和评价的重要依据。

经济责任审计 组织对117个部门主要负责人开展经济责任审计。在全市范围内推开领导干部自然资源资产审计，探索编制的市级“自然资源自然资产清单及报表制度”获市人民政府批准。根据省审计厅的统一安排，参与郴州市安仁县委书记、县长的经责审计和自然资源资产离任审计。

固定资产投资审计 开展全市招投标跟踪审计、造价信息编制发布审计调查，并对部分平台公司自营项目建设情况进行审计。审计反映的价格信息失真导致政府投资项目价格虚高和损失浪费问题，成为市人大监督政府重点解决的问题。

企业审计 用首创的“支付审计法”，对平台公司承担政府债务情况、政府债务化解、平台公司转型开展审计，全面厘清政府与平台公司的债务清偿责任，提出政府隐性债务化解和平台公司转型方案，得到省政府和市委、市政府主要领导的高度评价并向全省推广。

民生资金（项目）审计 开展全市城镇保障性安居工程情况审计，向纪委、公安机关移送重大案件线索10余件，7名责任人员分别受到党纪、政纪处分；统筹全市审计力量，着力推动的全市扶贫审计和村级财务审计调查，促进反对群众身边的微腐败，助力乡村财务管理规范化。

（撰稿人：冯　立）

【湘潭市审计局】 2018年，湘潭市审计局实有65人。局长蒋文龙，副局长何爱莲、刘凤舞、罗百慧，党组成员陈本好，总审计师康海湘，工会主席石志刚。设有办公室、综合计划科、法制审理科、人事科、机关党委、监察室、财金审计一科、财金审计二科、经济责任审计科、行政事业审计科、经贸审计科、农业与资源环保审计科、社保审计科、审计执行科、计算机技术管理科和内部审计管理科。

审计成果 2018年，湘潭市县两级审计机关完成审计项目357个，其中专项审计调查项目4个。查出主要问题金额191.66亿元，其中违规金额8.2亿元、损失浪费金额2770万元、管理不规范金额183.19亿元；审计发现非金额计量问题548个；损益（收支）不实金额8.47亿元；出具审计报告和专项审计调查报告432篇。审计处理处罚金额20.22亿元，其中应上缴财政2.63亿元、应归还原渠道资金2.92亿元、应调账处理金额14.59亿元；移送司法机关、纪检监察机关和有关部门处理事项29件，移送处理人员41人，移送处理金额5.22亿元。审计促进整改落实有关问题资金8.04亿元；审计后挽回（避免）损失4.19亿元；核减投资额4.17亿元；移送处理落实事项12件。审计提出建议488条，被采纳473条；推动被审计单位制定整改措施112项，促进被审计单位建立、健全规章制度52项；提交审计信息147篇，被批示、采用118篇次。向社会公告审计结果8篇。

市审计局实施的湘潭产业投资发展集团有限公司原党委书记、董事长周红旗任期经济责任审计，市经济和信息化委员会党委书记、主任蒋立军任期经济责任审计，岳塘区审计局实施的经济开发区管理委员会财政财务收支审计等3个项目，被省审计厅评为表彰审计项目。

国家重大政策措施落实情况跟踪审计 分季度完成对4个县市区的政策跟踪审计，促进中央、省、市政策落到实处。

财政审计 完成财政审计项目120个，查出主要问题金额172.65亿元，审计工作报告和审计整改报告得到各级人大、政府充分肯定。

经济责任审计 完成领导干部经济责任审计项目75个，查出违规金额12.3亿元。第一次按照“八个统一”模式进行全市审计机关力量统筹，第一次实行5个县市区和市县交叉审计，第一次全面铺开领导干部自然资源资产离任（任中）审计，第一次在医卫系统全面开展大数据审计，第一次将巡察线索列为经济责任审计重点内容。

固定资产投资审计 完成固定资产投资审计项目232个，审计金额20.71亿元，核减投资额3.76亿元。

民生资金（项目）审计 开展对保障性安居工程、医保资金、扶贫资金、产业发展专项资金、农业发展专项资金等专项资金的审计和审计调查，审计金额34.03亿元，促进民生改善。

（撰稿人：王海文）

【衡阳市审计局】 2018年，衡阳市审计局实有83人。局长傅萍，副局长廖义伟、李康杏、邱文，党组成员许常礼，总审计师李焕勇，纪检组组长周其钢，经济责任审计工作领导小组办公室副主任段小军，固定资产投资审计中心主任彭云生，经济责任审计中心主任仇寿海，工会主席周紫娟。设有办公室、法规审理科、财政审计科、行政事业审计科、经贸审计科、农业与国土资源环保审计科、金融与社会保障审计科、外资外经审计科、内部审计指导科、审计技术科、行政科、组织人事科、离退休人员管理服务科，经济责任审计中心、固定资产投资审计中心。

审计成果 2018年，衡阳市县两级审计机关完成审计和专项审计调查项目664个。查出各类违规、损失浪费金额17亿元，上缴财政和减少财政拨款6.5亿元，归还原渠道资金3.6亿元，核减投资4.9亿元。向被审计单位和有关部门提出审计建议465条，促进建立健全相关制度；向各级纪委监委、司法机关及有关部门移送案件线索102件，涉及人员286人。

国家重大政策措施落实情况跟踪审计 市审计局对衡阳县、衡东县、衡山县开展政策落实情况跟踪审计，促进中央各项政策措施落地生根。

财政审计 市县两级审计机关开展预算执行审计和财政决算审计项目122个，提高财政资金使用绩效。

经济责任审计 市审计机关对102个单位、126名领导干部开展经济责任审计，促进领导干部依法用权和担当作为。

固定资产投资审计 市县两级审计机关完成固定资产投资审计项目397个，促进建设项目管理，提高投资效益。

专项资金审计 市县两级审计机关开展专项资金审计项目24个，跟进资金申请、分配、拨付、使用等关键环节，促进公共资金、公共资产、公共服务的合理分配，有效维护民生民利。

企业审计 市县两级审计机关对12家国有企业财务收支情况进行审计。

相关工作 市审计局保持“全国文明单位”称号；被市委、市政府评为全市目标管理绩效考核优秀单位、全市社会治安综合治理先进单位。

（撰稿人：朱思妍）

【邵阳市审计局】 2018年，邵阳市审计局实有71人。局长申建伟，副局长李伯升、刘喆、袁连文、宇向东，总审计师朱良华，市领导干部经济责任审计工作领导小组办公室副主任刘瑞华，副调研员曾颂君、宁光德。设有办公室、财政审计科、金融外资与社保审计科、行政事业审计科、农业与资源环保审计科、经贸审计科、基建投资审计一科、基建投资审计二科、政工科、法规审理科、计划执行科、经济责任审计一科、经济责任审计二科；下设基本建设投资审计中心、内部审计协会管理办公室。

审计成果 2018年，邵阳市县两级审计机关完成审计项目349个。查出主要问题金额288.6亿元；审计发现非金额计量问题451个；出具审计报告和专项审计调查报告422篇。审计处理处罚金额197.8亿元，移送案件线索34件，移送处理人员12人，移送处理金额7607万元。审计促进整改落实有关问题资金74.4亿元；审计促进拨付资金到位1.1亿元；审计后挽回（避免）损失5.5亿元；核减投资额5.3亿元；审计提出建议771条，被采纳714条；推动被审计单位制定整改措施48项；向社会公告审计结果47篇。

省审计厅组织市审计局实施的中共江永县委书记冯德校、江永县人民政府县长唐德荣任职期间经济责任审计项目被省审计厅评为表彰审计项目。

国家重大政策措施落实情况跟踪审计 按季

度对邵东县等4个县进行“稳增长”跟踪审计，发现资金使用率不高、涉农重点项目进展缓慢、贷款资金闲置等问题。

财政审计 统筹组织对市本级财政预算执行及税收征管情况和4个县市区的财政决算情况进行审计，查出违规问题17个，涉及金额8.3亿元。

经济责任审计 市审计局对9个单位的13名领导进行经济责任审计，查出问题金额3.1亿元，移送案件线索3件。首次独立实施2个单位4名领导干部的自然资源资产离任（任中）审计。县市区审计局均开展领导干部自然资源资产离任审计。

固定资产投资审计 市审计局完成政府投资审计项目50个，审计核减2.3亿元。针对工程造价审核中介机构库修改相应规章制度，修订印发《邵阳市国家建设项目审计监督实施办法》。

民生资金（项目）审计 组织对邵阳市2018年计划脱贫的3个县实施专项审计，对3个县的财政扶贫资金进行跟踪检查，揭露项目进度滞后等问题，推动地方修订出台精准扶贫配套措施7项。开展安居工程审计，查出违纪金额4000万元，移送案件线索2件。

外资运用审计 实施外资运用审计项目4个，发现设计变更手续不全、实际结算和设计的工程项目部分不符等问题。

信息化建设 完成新办公楼机房建设和信息系统迁移，“金审工程”三期项目部署完毕，基本实现市县两级审计机关互联互通。

（撰稿人：刘俊伟）

【岳阳市审计局】 2018年，岳阳市审计局实有73人。党组书记、局长谌亚忠，党组副书记、副局长干忠叶，党组成员、副局长周继祥，副局长丁湘平，党组成员曾建国，党组成员、经济责任审计办公室副主任毛朝晖，调研员张锐、李星吾、陈超、万春霞，副调研员罗友才。设有办公室、综合计划科、人事科、机关党委、内审指导科、工会、审计技术科、法规和审理科、行政事业审计一科、行政事业审计二科、农业与资源环保审计科、经贸外资审计科、经济责任审计科、财政金融审计科、固定资产投资审计科、开发区分局、直属分局；下设审计服务中心（事业单位）。

审计成果 2018年，岳阳市县级审计机关完成审计项目337个。查出主要问题金额479.06亿元，其中违规金额4.99亿元、损失浪费金额1722万元、管理不规范金额473.89亿元；审计发现非金额计量问题283个，损益（收支）不实金额6.39亿元；审计发现侵害人民群众利益2667万元；出具审计报告和专项审计调查报告381篇。审计处理处罚金额21.27亿元，其中应上缴财政3.37亿元、应归还原渠道资金5.41亿元、应调账处理金额12.37亿元；移送司法机关、纪检监察机关和有关部门处理事项79件，受到党纪政纪处分12人，移送处理金额4.32亿元。审计促进整改落实有关问题金额12.11亿元，核减投资额7.86亿元。审计提出建议691条，被采纳625条；市审计局向市委、市政府报送审计要情、审计专报18次，主要领导批示12篇。向社会公告审计结果12篇。

国家重大政策措施落实情况跟踪审计 针对放管服改革、精准扶贫、财政资金和非税收入等政策落实情况等开展跟踪审计，发现个别区县存在虚报固定资产投资额、虚增一般公共预算收入、非税收入不真实、1.4亿资金未统筹使用，违规对外借款8亿元等问题。

财政审计 对42个部门和单位的预算执行情况进行审计，查出违规问题123个。市本级预算执行审计时，整合审计资源，组织内部审计人员参加，实现国家审计和内部审计有效联动，提升审计工作效率。

经济责任审计 完成领导干部经济责任审计项目15个，查出管理不规范问题金额8.14亿元，违规问题金额6813.13万元，挽回国有资产损失1196.8万元，督促收回存量资金12.39亿元。

固定资产投资审计 对岳阳市湘北大道建设、科技信息大楼等6个投资审计项目进行竣工决算审计。完成市政府交办的中心城区十大棚户区改造项目审计。完成对105个工程结算项目的结算审核，2个项目的预算审核，2个项目的拆迁成本审核，为政府节省建设资金2386万元。

民生资金（项目）审计 对岳阳全市保障性安居工程的计划、投资、建设、分配、运营等情况，进行全过程跟踪审计，审计发现部分县市区在保障性安居工程资金分配不合理、工程建设程序不到位、工程建设管理不严格、工程竣工验收不及时，部分安居住房被闲置、挪用、违规分配等问题。

交办任务 完成省审计厅交办事项 6 件、岳阳市委和市政府交办事项 9 件；抽调 6 人参加湖南省委巡视组的巡察工作，抽调 31 人次参加岳阳市委巡察组的专项巡察工作。（撰稿人：戴 龙）

【常德市审计局】 2018 年，常德市审计局实有 62 人。局长张克武，副局长李卫、谷素君、陈位明（市政协副主席兼）、张峰、周罗生，总审计师李卫（兼），党组成员鄢辉霞，经济责任审计工作领导小组办公室副主任苏以政，政府投资审计专业处主任杨甫成，工会主席聂国骏，调研员廖华春，副调研员钱敏、李先波。设有办公室、人事科、综合计划科、机关党委、法制科、审理科、审计执行科、审计查证一科、审计查证二科、审计查证三科、审计查证四科、审计查证五科、审计查证六科、经济责任审计一科、经济责任审计二科、内部审计指导科、审计技术科；下设政府投资审计专业处（事业单位）。

审计成果 2018 年，常德市县两级审计机关完成审计项目 333 个，其中专项审计调查项目 3 个。查出主要问题金额 219.67 亿元，其中违纪违法问题金额 33.15 亿元、损失浪费金额 6847 万元、管理不规范金额 185.84 亿元；审计发现非金额计量问题 613 个；损益（收支）不实金额 10.34 亿元；出具审计报告和专项审计调查报告 437 篇，被批示、采用 6 篇。审计处理处罚金额 57.97 亿元，其中应上缴财政 12.3 亿元，应减少财政拨款或补贴 17.45 亿元、应归还原渠道资金 5.79 亿元、应缴纳其他资金 1712 万元、应调账处理金额 22.26 亿元；移送司法机关、纪检监察机关和有关部门处理事项 256 件，移送处理人员 496 人，移送处理金额 14.6 亿元。审计促进整改落实有关问题资金 52.17 亿元；审计促进拨付资金到位 2.82 亿元；审计后挽回（避免）17.21 亿元；核减投资额 19.93 亿元；移送处理落实事项 73 件。提出并被采纳审计建议 880 条；推动被审计单位制定整改措施 105 项，促进被审计单位建立、健全规章制度 65 项；提交审计信息 1233 篇，被批示、采用 573 篇次。向社会公告审计结果 179 篇。

汉寿县株木山街道办事处书记主任任期经济责任审计、石门县城管执法局原局长任期经济责任及 2016 年度部门预算执行情况审计、澧县卫生和计划生育局 2016 年度部门预算执行情况审计等 3 个项目，被省审计厅评为优秀审计项目。安乡县人民政府 2016 年度财政决算审计、桃花源旅游管理区管委会财政决算情况及投资绩效审计等 2 个项目，被省审计厅评为表彰审计项目。

国家重大政策措施落实情况跟踪审计 组织对 4 个县（市）、管理区进行政策措施落实情况跟踪审计，促进各级重大政策部署的落地。

财政审计 开展市本级预算执行审计，对财政资金施行“盘底”；对 3 个县、管理区实施财政决算审计。参与省审计厅对市本级和鼎城区的政府性债务审计，揭示政府隐性债务及财政收支的真实合法效益、预算管理、专项资金、财政存量资金等方面存在的问题。

经济责任审计 对 18 家市直单位、3 家县级审计机关主要负责人实施任期经济责任审计；授权 9 个区县市审计局对在地方法院、检察院主要负责人实施经济责任审计。根据省审计厅的统一安排，组织骨干力量交叉实施对湘西土家族苗族自治州永顺县党政主职、9 个乡镇或县直部门主要负责人的经济责任审计和自然资源资产离任审计。

固定资产投资审计 对 193 个重大建设、财政评审、概算调整超 10%及平台自营项目实施固定资产投资审计，核减投资额 15.9 亿元。

民生资金（项目）审计 实施保障性安居工程跟踪审计、城投公司棚改资金专项审计，按季度组织省建工集团统规统建易地扶贫搬迁项目跟踪审计，移送一批违纪违法案件线索。

企业审计 实施 3 家平台公司资产负债损益审计、2 家煤矿关闭退出审计、1 家企业债务清算审计。

信息化建设 完成“智慧审计”一、二期建设，三期建设稳步推进。启动审计项目计划管理系统的建设和审计档案信息管理系统的建设。建立审计数据联网采集制度，开发建设数据库及应

用系统，建成大数据分析室。（撰稿人：杜盼盼）

【张家界市审计局】 2018 年，张家界市审计局实有 48 人。局长向洁，副局长叶晓明、汤敬丁、刘阳，总审计师高智，纪检组长余湘峰（—9月）、杨再宝（10 月—），市经济责任审计办公室专职副主任胡家玉，副调研员唐立。设有办公室、法制科、综计科、技术科、执行科、财政审计科、行政事业审计科、农业与资源环保审计科、企业外资审计科、建设资金审计科、经济责任审计科、建设项目审计中心。

审计成果 2018 年，张家界市县两级审计机关完成审计项目 135 个。查出违规问题金额 99.12 亿元，审计处理处罚金额 14.28 亿元，其中应上缴财政和减少财政拨款 5.89 亿元，应归还原渠道资金 5.33 亿元，核减建设工程造价 2.46 亿元，促进整改落实有关问题资金 8.35 亿元，提出审计建议 290 条，提交审计信息 84 篇，编报审计要情和专报共 34 期，市委、市政府和区委、区政府主要领导批示审计报告、要情和专报 60 余篇。

2 个审计项目被省审计厅分别评为优秀审计项目、表彰审计项目。

国家重大政策措施落实情况跟踪审计 完成对 4 个区县政府政策措施落实情况的跟踪审计，揭示并查处财政存量资金规模较大、涉农重点项目进展缓慢、农业现代化建设 3 个“百千万”工程和省级重点工程项目实施过程中存在的违纪违规问题。

财政审计 全市审计机关首次依托“金审工程”三期大数据信息平台，实行数字化联网审计，对市、区县 535 个一级预算单位的部门预算执行情况进行数字比对审计，查出 203 个单位存在各类违纪违规问题和管理不规范金额 3.98 亿元。所作的审计工作报告和审计整改情况报告，得到同级人大常委会的高度肯定。市审计局配合市财政局对录入财政部政府性债务管理系统的市本级融资平台及相关单位债务资料进行审查复核，为制订政府隐性债务化债方案提供重要的决策依据。

经济责任审计 完成 24 个经济责任审计项目。重点关注执行重大决策部署、精准扶贫精准脱贫、地方政府债务管理、履行自然资源资产管理和环境保护责任、贯彻落实中央八项规定领导干部遵守有关廉洁从政规定等情况。完成对古丈县委书记、县长自然资源资产任中审计，市水利局局长自然资源资产离任审计等自然资源资产审计项目 6 个。

固定资产投资审计 完成工程结（决）算审计项目 343 个。建设单位送审工程造价 26.66 亿元，审减工程造价 3.34 亿元。以市政府办文件出台《加强政府投资审计监督办法》，进一步规范政府投资项目审计行为。

民生资金（项目）审计 实施市本级及两区两县 2017 年保障性安居工程跟踪审计。完成 2015 年至 2017 年张家界市帮扶资金投入前 10 位的后盾单位扶贫资金专项审计等审计项目 4 个。

企业审计 完成对市自来水公司 2016 年至 2017 年资产负债损益审计等 2 个企业审计项目，揭示监管漏洞和履职不到位等问题，对企业营商环境存在的问题提出审计意见。

信息化建设 深化应用数字化审计分析平台，处理完成全市 609 个单位的 1468 套财务和业务数据，助力实现部门预算执行审计全覆盖。

（撰稿人：张国华）

【益阳市审计局】 2018 年，益阳市审计局实有 51 人。党组书记、局长刘凌云，党组副书记、副局长谭超美，党组成员、副局长刘俊科、吴常青，副局长杨茜，总审计师李立贤，市经济责任审计领导小组办公室副主任李良平，副处长级干部易金术。设有办公室、法规科（审理科）、财政审计科、领导干部经济责任审计科、行政事业审计科、农业与资源环保审计科、经贸审计科、社保金融审计科、政府投资审计科、审计技术科（审计计划科）、审计执行科、内部审计指导科、人事科。

审计成果 2018 年，益阳市县两级审计机关完成审计项目 289 个，其中专项审计调查项目 11 个。查出主要问题金额 382.47 亿元，其中违规金额 3.79 亿元、损失浪费金额 477 万元、管理不规范金额 378.63 亿元；审计发现非金额计量问题 2234 个；损益（收支）不实金额 8.09 亿元；审计发现侵害人民群众利益 1292 万元；出具审计报告和专项审计调查报告 367 篇，被批示、采用 52

篇次。审计处理处罚金额 19.44 亿元，其中应上缴财政 6.58 亿元、应减少财政拨款或补贴 4065 万元、应归还原渠道资金 3.09 亿元、应调账处理金额 9.29 亿元；移送司法机关、纪检监察机关和有关部门处理事项 83 件，移送处理人员 94 人，移送处理金额 1.17 亿元。审计促进整改落实有关问题金额 14.19 亿元；审计促进拨付资金到位 4944 万元；审计后挽回（避免）损失 6.78 亿元；核减投资额 6.15 亿元；移送处理落实事项 63 件。提出并被采纳审计建议 821 条；推动被审计单位制定整改措施 51 项，促进被审计单位建立、健全规章制度 48 项；提交审计信息 90 篇，被批示、采用 54 篇次。向社会公告审计结果 107 篇。

市审计局实施的 2016 年度市本级预算执行审计和其他财政收支审计、大通湖审计分局实施北洲子镇 2014 年至 2016 年财政决算审计等 2 个审计项目，被省审计厅评为优秀审计项目。市审计局实施的沅江市 2015 年至 2016 年财政决算审计、南县审计局实施的支持湖南拓普竹麻产业开发有限公司二期工程建设指挥部专项资金审计调查等 2 个审计项目，被省审计厅评为表彰审计项目。

国家重大政策措施落实情况跟踪审计 市审计局按季度对 2 个区县（市）开展重大政策措施落实情况跟踪审计。

财政审计 对 182 个部门和行政事业单位开展预算执行或财务收支审计。市审计局完成市本级、高新区、大通湖区及市中级人民法院等 11 个部门（单位）的预算执行和财政收支审计，开展桃江县、赫山区 2016—2017 年度财政决算审计；对 5 个区县开展地方政府隐性债务审计。

经济责任审计 对 60 个单位、76 名领导干部开展经济责任审计；对 9 名领导干部开展自然资源资产离任审计。市审计局完成 6 名市管领导干部经济责任审计，并对市环保局长同步开展自然资源资产离任（任中）审计。根据省审计厅的统一安排，市审计局对怀化市沅陵县委书记、县长同步实施经济责任审计和自然资源资产离任审计。

固定资产投资审计 市审计局对“一园两中心”“资江风貌带”等重大投资项目进行跟踪审计，完成 3 个重点工程决算和 36 个市政工程造价结算审计。组织开展全市村级综合服务平台建设审计。

民生资金（项目）审计 市审计局完成市本级和 8 个区县（市）保障性安居工程跟踪审计；对 5 个区县市实施扶贫审计调查；开展化解中心城区大班额“三年行动计划”实施情况、城镇职工基本养老保险基金等 4 个民生审计项目。

企业审计 市审计局对市城建投资公司等 5 家公司进行清产核资，摸清资产、负债情况。

（撰稿人：周　丹）

【郴州市审计局】 2018 年，郴州市审计局实有 58 人。党组书记、局长段小卿，党组副书记、副局长韩湘萍，党组成员、副局长焦能飞、罗发旺、雷飞飞，党组成员肖敦武，副局长曹世香，党组成员、总审计师匡少兵，党组成员、经济责任审计领导小组办公室副主任谭南燕（—9 月），党组成员、工会主席罗湘粤。设有办公室、法规审理科、财政金融审计科、行政事业审计科、农业外资审计科、经贸审计科、固定资产投资审计综合科、经济责任审计（一、二）科、审计技术科、开发区园审计科、人事科、内部审计指导科、审计执行科；下设固定资产投资审计中心。

审计成果 2018 年，郴州市县两级审计机关完成审计项目 1143 个。查出主要问题金额 413.3 亿元，审计发现非金额计量问题 1099 个，审计促进整改落实有关问题资金 105.22 亿元；移送司法机关、纪检监察和有关部门处理事项 36 件。出具审计报告和审计调查报告 1300 篇，提出审计建议 1277 条，提交审计信息 139 篇。

3 个县级项目被省审计厅评为优秀审计项目；市审计局实施的 1 个项目被省审计厅评为表彰审计项目。

国家重大政策措施落实情况跟踪审计 关注地方政府和部门在政策执行、项目建设、放管服改革、供给侧结构性改革以及简政放权等方面落实的情况，每个季度完成 1 个县市区的政策落实跟踪审计，边审计、边报告、边督促、边整改。

财政审计 对 132 个财税部门和行政事业单位开展预算执行及财政财务收支审计，重点关注财政预决算编制和预算执行、政府性债务、专项资金管理、单位内部资产管理等方面存在的问题。

经济责任审计 组织对 123 个单位 176 名领

导干部开展经济责任审计，查出相关问题金额111.03亿元，其中违规金额5.05亿元。

固定资产投资审计 对919个政府投资项目开展竣工结算审计，重点关注项目管理、工程质量和建设资金使用等情况，核减政府投资额23.1亿元。

专项资金审计 组织对全市保障性安居工程、扶贫专项资金、易地扶贫搬迁专项资金、产业引导资金开展审计或专项审计调查，重点关注资金使用和项目实施，着力揭示和反映挤占挪用、虚报冒领、高估冒算等突出问题，促进资金科学分配、规范管理、高效使用，有效维护民生民利。

（撰稿人：曹永兵）

【永州市审计局】 2018年，永州市审计局实有48人。局长王衡平，副局长雷玖夏、王平波、曾庆廉，总审计师蒋跃军，市经济责任审计工作领导小组办公室副主任唐亚平。设有办公室、审计技术科、综合计划科、政工科、法规审理科、经济责任审计室、财政金融审计科、行政事业审计科、社会保障审计科、固定资产投资审计科、经贸审计科、农业资源环保外资审计科、内审指导科、审计执行科；归口管理市政府投资审计中心。

审计成果 2018年，永州市县两级审计机关完成审计项目359个，其中专项审计调查项目16个。查出主要问题金额253.57亿元，其中违规金额5.97亿元、管理不规范金额247.59亿元；审计发现非金额计量问题374个；损益（收支）不实金额10.99亿元；出具审计报告和专项审计调查报告413篇，被批示、采用93篇次。审计处理处罚金额54.53亿元，其中应上缴财政5.14亿元、应减少财政拨款或补贴2794万元、应归还原渠道资金13.26亿元、应调账处理金额35.84亿元；移送司法机关、纪检监察机关和有关部门处理事项31件，移送处理人员13人，移送处理金额4297万元。审计促进整改落实有关问题资金41.21亿元；审计促进拨付资金到位3.54亿元；审计后挽回（避免）损失8328万元；核减投资额7907万元；移送处理落实事项1件。审计提出建议835条，被采纳810条；推动被审计单位制定整改措施22项；提交审计信息221篇，被批示、采用128篇次。

永州市2016年度本级预算执行和其他财政收支情况审计项目被省审计厅评为优秀审计项目；道县两河口美丽乡村建设项目跟踪审计、祁阳县市政工程公司2015—2016年度资产负债损益情况审计、宁远县工程质量监督站2015—2016年度财务收支审计等3个项目，被省审计厅评为表彰审计项目。

经济责任审计 全市审计机关共对93个单位97名领导干部进行经济责任审计，其中任中审计37人、离任审计60人。审计查出主要问题金额9.58亿元，其中违规金额1562万元，管理不规范金额9.42亿元。全市11个县区审计局根据2018年度全市审计工作要点安排，分别对1个乡镇开展自然资源资产离任（任中）审计。根据湖南省审计厅的统一安排，市审计局从全市审计机关抽调人员组成审计组，对邵阳市新宁县委书记、县长进行自然资源资产离任（任中）审计。

（撰稿人：周　波）

【怀化市审计局】 2018年，怀化市审计局实有60人。局长骆磊，副局长刘序国、刘圣平、杨承连、姜小祥、宋先鸿、潘海波，总审计师杨春洪。设有办公室、法制科、人事科、综合计划科、财政金融审计科、行政事业审计科、经贸与外资运用审计科、固定资产投资审计科、农业与资源环保审计科、审计技术科、经济责任审计室、内部审计指导科、审计执行科、机关党委办；下设建设项目审计中心。

审计成果 2018年，怀化市县两级审计机关完成审计及专项审计调查项目561个。查出主要问题金额317.14亿元，其中违规金额8.01亿元；促进增收节支14.66亿元，审计后挽回损失11.18亿元，核减投资额11.45亿元。移送审计线索26件，回复立案40起，受党纪政纪处分54人，刑事拘留8人。提交审计专报17期，提出审计建议123条，其中采纳82条，审计要情、审计专报、审计报告先后获市委书记批示54次、市长批示52次，常务副市长批示58次。向社会公告审计结果2篇。

中方、鹤城、溆浦县区审计局实施的3个审计项目，被省审计厅评为优秀审计项目；市审计局实施的市规划局局长彭章南任期经济责任审计项目被省审计厅评为表彰审计项目。

国家重大政策措施落实情况跟踪审计 对4县市区的政策执行情况进行跟踪审计，促进健全制度，强化管理，推动政策落地生根和不断完善。

财政审计 市县两级审计进一步强化财政预算执行审计，加大对重点资金、重点部门、重点领域的审计监督。市审计局对5个部门的预算执行情况进行审计。

经济责任审计 市审计局对7名领导干部进行经济责任审计。各县市区局实施29个自然资源资产离任审计项目。根据省审计厅的统一安排，对邵阳市城步县委书记交叉开展经济责任审计。

固定资产投资审计 完成政府投资审计项目97个，审计金额23.24亿元，核减金额3.66亿元。

民生资金（项目）审计 开展全市农村饮水安全资金专项审计调查，抽查13个县市区70个乡镇，调查1494户农户、1.61亿元资金、155个项目。对怀化市扶贫资金进行专项整治督查，对5个拟脱贫的县进行扶贫资金督查，涉及扶贫资金2.56亿元。共涉及54个部门，延伸抽查94个扶贫项目，32个乡镇、66个村、112户448人。

（撰稿人：邹永红　唐　明）

【娄底市审计局】 2018年，娄底市审计局实有62人。党组书记王洪江，局长彭淑媛，副局长曾志伟、周海良、王志彪、殷革华，总审计师刘峰，经济责任审计工作领导小组办公室主任邹国民，建设项目监督中心主任杨志辉。设有办公室、综合管理科、人事科、法规科、财政审计科、金融与社会保障审计科、行政事业审计科、经贸审计科、农业与资源环境审计科、投资外资审计科、审计技术科、工程审计科、机关党委、离退休干部管理科、工会；下设经济责任审计一科、经济责任审计二科、建设项目审计监督中心。

审计成果 2018年，娄底市县两级审计机关完成审计项目169个。查出主要问题金额486.65亿元，其中违规金额12.36亿元、损失浪费金额6864万元、管理不规范金额473.6亿元；审计发现非金额计量问题429个；审计发现侵害人民群众利益4222万元；出具审计报告和专项审计调查报告259篇；移送司法机关、纪检监察机关和有关部门处理事项74件，移送处理人员25人，移送处理金额1.56亿元。审计促进整改落实有关问题资金7.33亿元，其中增收节支6.71亿元、已调账处理金额5247万元，审计促进拨付资金到位633万元，审计后挽回（避免）损失13.77亿元。提出审计建议488条，被采纳486条；提交审计信息487篇，被批示、采用433篇；向社会公告审计结果12篇。

娄底市本级2016年度财政预算执行和其他财政收支情况审计项目被省审计厅评为表彰审计项目。

国家重大政策措施落实情况跟踪审计 组织4个审计组，采取“上审下”审计模式，每季度选择1个县市区开展跟踪审计，推动资金落实、项目实施、政策落地和追责问责，并将跟踪审计结果在门户网站进行公示。

财政审计 开展2017年度市本级预算执行及其他财政收支情况审计。出台《娄底市财政专项资金审计监督办法》。

经济责任审计 坚持党政同责、同责同审，全市完成90个单位112名领导干部的经济责任审计，审计查出违规金额2.4亿元。在全市铺开乡镇主要领导干部自然资源资产离任审计，对县市区10个乡镇办事处主要领导开展自然资源资产离任（任中）审计。根据省审计厅的统一安排，组织实施怀化市麻阳县党政领导干部自然资源资产离任审计。

固定资产投资审计 完成固定资产投资项目结算审计214个，送审金额8.44亿元，核减金额7500万元。

民生资金（项目）审计 对省建工集团总承包建设的易地扶贫搬迁项目进行跟踪审计。开展保障性安居工程审计，移送虚报冒领农村危房改造补助资金等案件线索4件，处分7人。

企业审计 通过购买中介服务的方式，组织对全市8家市属投融资平台公司的资产负债及权益情况进行审计摸底，对市城投、市创投、市万宝投开展资产负债损益审计。（撰稿人：曹阿乔）

【湘西土家族苗族自治州审计局】 2018年，湘西土家族苗族自治州审计局实有55人。党组书记向能武，局长印钊，副局长龚道君、万前荣、唐海龙，总审计师瞿民，经济责任审计领导小组办公室副主任阙剑平，调研员高光忠。设有办公室、法规科、审理科、财政审计科、行政事业与外资运用审计科、经贸金融社保审计科、农业与资源环保审计科、固定资产投资审计科、经济责任审计室、人事科、审计技术科、审计执行科、离退休人员管理服务科、直属机关党委；下设政府投资审计中心、内部审计指导中心。

审计成果 2018年，湘西土家族苗族自治州县两级审计机关完成审计项目200个，其中专项审计调查项目1个。查出主要问题金额122.46亿元，其中违规金额18.9亿元、管理不规范金额103.55亿元；审计发现非金额计量问题512个；损益（收支）不实金额10.15亿元；出具审计报告和专项审计调查报告216篇。审计处理处罚金额35.31亿元，其中应上缴财政6.9亿元、应减少财政拨款或补贴2.52亿元、应归还原渠道资金18.45亿元、应调账处理金额7.38亿元；移送司法机关、纪检监察机关和有关部门处理事项24件，移送处理人员23人，移送处理金额912万元。审计促进整改落实有关问题金额11.49亿元；审计促进拨付资金到位7.64亿元；审计后核减投资额2.68亿元。审计提出建议539条，被采纳488条。向社会公告审计结果11篇。

龙山县2016年度县级财政预算执行审计被省审计厅评为表彰审计项目。

国家重大政策措施落实情况跟踪审计 开展对龙山县、花垣县、泸溪县稳增长等政策措施落实情况跟踪审计。

财政审计 对州本级财政及州财政局等11个部门单位预算执行、州本级税收征管情况实施审计，向社会公示审计结果。

经济责任审计 对怀化市靖州县党政主要负责人和州广播电视台原台长、州残联原理事长、州经信委主任，州交警支队和州农机局党政主要负责人实施经济责任审计。完成州委州政府交办的省审计厅对古丈县、保靖县、永顺县党政主要负责人经济责任审计的协调、配合等工作。

固定资产投资审计 对656个政府投资建设项目进行竣工结算审计，对州文体会展中心等9个州重点建设项目进行跟踪审计，开展州农委检验检疫综合楼概算审核工作。

民生资金（项目）审计 对全州保障性安居工程、全州物业专项维修资金2016年至2018年9月归集管理和使用情况、全州精准扶贫易地搬迁工程等开展专项审计。

企业审计 对州属国有资本2017年经营和收益情况进行审计。

信息化建设 实现公文内网审批、办理和传阅100%；建立计生、车辆、公积金、社保等外部数据库。

相关工作 参加审计署专项审计、省委巡视组、州委巡察组、州纪委监委专案组有关工作。开展作风专项整治活动，召开全州审计系统党风廉政会议，组织开展全州审计系统新进人员审计业务培训。收集编印常用法规业务手册、审计机关法治宣传手册、湘西州内部审计法规文件资料汇编等书籍。（撰稿人：胡贻江）

2018年湖南省所辖区、县(市)级审计工作统计表

金额单位:万元

审计机关	完成审计项目/个	审计查出主要问题金额	审计发现非金额计量问题/个	审计期间整改金额	出具审计报告和审计调查报告/篇	审计处理情况		审计促进整改落实有关问题资金	审计提出建议/条	提交审计信息/篇
						审计处理处罚金额	移送处理事项/件			
长沙市										
长沙市本级	82	15227070	725	196108	82	1598735	68	1089699	232	68
芙蓉区审计局	22	36491	103	4009	22	4236	23	4236	59	10

（续表）

审计机关	完成审计项目/个	审计查出主要问题金额	审计发现非金额计量问题/个	审计期间整改金额	出具审计报告和审计调查报告/篇	审计处理情况		审计促进整改落实有关问题资金	审计提出建议/条	提交审计信息/篇
						审计处理处罚金额	移送处理事项/件			
天心区审计局	22	400616	105	2	22	31699	7	31674	62	16
岳麓区审计局	82	81131	87	11	82	2712	6	1173	62	47
开福区审计局	15	254186	1364	630	15	212993	18	108181	60	62
雨花区审计局	19	67489	509	370	19	1163	4	6554	58	7
望城区审计局	130	3043608	75	24	130	19389	17	19389	73	31
浏阳市审计局	36	492372	623	173884	36	6325	11	6307	97	48
宁乡市审计局	19	2708121	339	416	20	637643	11	235335	98	73
长沙县审计局	156	75447	110	6021	156	8672	18	7025	55	37
株洲市										
株洲市本级	35	1246492			52	793213	32		97	133
荷塘区审计局	14	153184			20	90417	7		49	37
芦淞区审计局	14	43023			24	5296	7		32	35
石峰区审计局	34	188536			54	6871	10		150	43
天元区审计局	15	205444			22	77723	5		56	53
渌口区审计局	30	787152			37	388997	17		91	23
醴陵市审计局	20	94347			33	6628	4		42	2
攸县审计局	33	298103			33	109960	15		106	13
茶陵县审计局	19	78042			30	45447	3		38	11
炎陵县审计局	68	155897			81	23131	1		37	
湘潭市										
湘潭市本级	64	873529	291	17304	86	59352	18	2046	150	56
雨湖区审计局	6	173946	128		10	37566	1	2853	22	10
岳塘区审计局	48	34039	15	70	61	32381	1	32381	84	11
湘乡市审计局	57	408107	28		79	63366	3	43100	16	40
韶山市审计局	59	413068	52	18481	68	8455			53	11
湘潭县审计局	123	13956	34	855	128	1079	6	11	163	19
衡阳市										
衡阳市本级	110	1476281	291	8457	118	158100	46	121627	105	221
珠晖区审计局	13	187463	26		13				34	2
雁峰区审计局	25	14112	22		14	395		10	29	
石鼓区审计局	77	456	4	5	77	409		1545	18	86
蒸湘区审计局	9	1097	15		9	553	3	91	5	
南岳区审计局	14	2624	17	64	15	1500	6	1384	8	

（续表）

审计机关	完成审计项目/个	审计查出主要问题金额	审计发现非金额计量问题/个	审计期间整改金额	出具审计报告和审计调查报告/篇	审计处理情况		审计促进整改落实有关问题资金	审计提出建议/条	提交审计信息/篇
						审计处理处罚金额	移送处理事项/件			
耒阳市审计局	39	680099	54	41	96	52027	1	1094	24	49
常宁市审计局	42	14462	5	1	45	2778	18	3167	49	40
衡阳县审计局	119	33536	42	30202	119			3334	203	28
衡南县审计局	76	18286		3321	21	11377	1	11376	69	23
衡山县审计局	60	20142	27	4000	80	3463	2	744	116	28
衡东县审计局	49	119379	28		39	17149	5	17116	55	21
祁东县审计局	32	28119	25	560	38	379	3	343	63	18
邵阳市										
邵阳市本级	93	1351025	129	4177	118	644610	11	101898	154	165
双清区审计局	8	92196	18	2	8	90062		64154	38	16
大祥区审计局	9	32481	12	42	9	26146		2482	31	93
北塔区审计局	10	47239	5		15	46495		141	5	
武冈市审计局	44	126589	73	181	52	104212	5	99954	74	21
邵东县审计局	48	120399	40	14	48	91493	10	91383	110	140
新邵县审计局	15	333202	39		19	304675	2	283669	23	
邵阳县审计局	22	97278	24		27	6089	2	5905	50	150
隆回县审计局	20	22799	17		28	19321	2	19321	67	25
洞口县审计局	28	272321	24	75	37	272090		19800	60	70
绥宁县审计局	5	218503	1		6	204166	2	8030	15	8
新宁县审计局	39	86703	65	202	47	82960		38298	82	48
城步苗族自治县审计局	8	85429	4	2448	8	85181		9333	12	28
岳阳市										
岳阳市本级	41	3754637	131	493	50	72447	77	72241	113	18
岳阳楼区审计局	42	58157	28		55	299		275	103	1
云溪区审计局	34	79326	24		50	123		123	104	22
君山区审计局	7	70367	5	10	8	30103		1312	12	
汨罗市审计局	41	244250	13	2	24	67		171018	39	3
临湘市审计局	47	37660	9		61	25587		514	61	46
岳阳县审计局	41	29123	13		39	2416		1567	87	
华容县审计局	35	81500	30		48	42106		16272	51	
湘阴县审计局	8	362211		1701	8	23811		23804	50	10
平江县审计局	33	69350	5		33	11784	2	826	50	47

（续表）

审计机关	完成审计项目/个	审计查出主要问题金额	审计发现非金额计量问题/个	审计期间整改金额	出具审计报告和审计调查报告/篇	审计处理情况		审计促进整改落实有关问题资金	审计提出建议/条	提交审计信息/篇
						审计处理处罚金额	移送处理事项/件			
屈原管理区审计局	8	3988	25	1	5	3988		3940	21	1
常德市										
常德市本级	48	731481	153		73	268213	96	268213	128	195
武陵区审计局	33	40277	47		53	38261	31	38261	85	34
鼎城区审计局	26	260895	36		40	96205	11	40408	97	36
津市市审计局	74	361467	26		81	30150	1	27893	159	105
安乡县审计局	21	89087	40		31	19410	7	19410	63	173
汉寿县审计局	32	307859	122		39	18119	40	18315	96	195
澧县审计局	23	105499	61	6631	27	18159	21	18098	76	105
临澧县审计局	15	148594	45	13387	19	6698	11	6698	40	144
桃源县审计局	37	83960	61		40	57382	12	57382	67	96
石门县审计局	24	67573	22		34	27105	26	27058	69	150
张家界市										
张家界市本级	57	585200	128	352	62	67000	17	37884	124	34
永定区审计局	21	38923	38		24	36612	6	20552	32	20
武陵源区审计局	13	30413	46	7	13	367		365	42	7
慈利县审计局	6	276866	21	189	6	1325	8	1018	16	8
桑植县审计局	38	70493	45	22333	43	37458		23696	77	15
益阳市										
益阳市本级	81	2513497			97	39861	51		154	14
资阳区审计局	34	104886			37	7963	5		82	
赫山区审计局	22	52126			28	1912	6		67	
沅江市审计局	25	289555			39	93672	1		81	25
南县审计局	46	157088			54	18694	4		118	15
桃江县审计局	31	309373			43	5557	11		92	4
安化县审计局	22	189678			41	2592	1		46	23
益阳高新区审计分局	18	105656			18	7782	4		38	1
大通湖审计分局	10	102843			10	15645	4		145	8
郴州市										
郴州市本级	244	1293315	515	5119	272	685110	4	685092	188	38
北湖区审计局	67	74954	33	7836	70	7443	4	7451	31	4

（续表）

审计机关	完成审计项目/个	审计查出主要问题金额	审计发现非金额计量问题/个	审计期间整改金额	出具审计报告和审计调查报告/篇	审计处理情况		审计促进整改落实有关问题资金	审计提出建议/条	提交审计信息/篇
						审计处理处罚金额	移送处理事项/件			
苏仙区审计局	43	1003182	97	20	54	19271	8	19271	163	11
资兴市审计局	169	12454	94	41	190	11521	3	11521	108	22
桂阳县审计局	49	498762	50	3452	50	5275		5275	81	
宜章县审计局	101	127701	33	5312	117	5939	4	5939	127	46
永兴县审计局	97	295948	34		106	194777	2	194529	155	
嘉禾县审计局	80	79604	53		104	55391	5	55391	159	
临武县审计局	22	149731	46		22	32909	3	32909	50	4
汝城县审计局	70	162324	98	450	100	4732		4732	78	
桂东县审计局	120	44764	9		125	9312		9312	81	
安仁县审计局	81	390305	37		90	20732	3	20732	56	14
永州市										
永州市本级	33	1478548	117	238	40	60634	16	59032	114	4
零陵区审计局	40	103801	33	626	40	103746		19212	68	24
冷水滩区审计局	25	94015	15		25	20711	1	13158	71	67
祁阳县审计局	29	42201	55		43	10522		10522	57	29
东安县审计局	20	94929	37		24	93681	9	54357	43	
双牌县审计局	46	28608	25	2	52	2792	3	2637	77	14
道县审计局	15	338295	12		16	2460		2460	72	1
江永县审计局	55	156465	29		55	156678	2	156678	106	13
宁远县审计局	15	15177			27	1785		1785	84	
蓝山县审计局	15	13509	17	4896	15	4827		4827	26	5
新田县审计局	14	122679	5	77272	13	77360		77336	74	16
江华瑶族自治县审计局	59	47449	29	9285	63	10057		10057	43	48
怀化市										
怀化市本级	47	1884830	101	3663	150	92147	13	49388	123	21
鹤城区审计局	24	74192	5		122	30076		29173	72	
洪江市审计局	20	88447	223	364	28	8787	12	4151	33	17
中方县审计局	20	127581	109	16	23	16272	7	12859	58	7
沅陵县审计局	110	34325	66		158	1370	2	1308	253	32
辰溪县审计局	19	40657	56		164	26978	2	26978	26	11
溆浦县审计局	54	93202	159	28	57	29281		14382	92	55
会同县审计局	31	59794	53		95	59794		59794	35	

（续表）

审计机关	完成审计项目/个	审计查出主要问题金额	审计发现非金额计量问题/个	审计期间整改金额	出具审计报告和审计调查报告/篇	审计处理情况		审计促进整改落实有关问题资金	审计提出建议/条	提交审计信息/篇
						审计处理处罚金额	移送处理事项/件			
麻阳苗族自治县审计局	37	35966	59		53	13281	1	3873	76	1
新晃侗族自治县审计局	92	122619	33	216	119	20978	2	5818	287	277
芷江侗族自治县审计局	30	348748	48		38	6646	2	6646	33	54
靖州苗族侗族自治县审计局	18	220226	31		21	4195		4195	44	44
通道侗族自治县审计局	44	22416	19	3	198	18475	4	15272	23	15
洪江管理区审计局	18	19279	26	13	24	6190		1136	52	30
娄底市										
娄底市本级	37	2977259			57	101970	26		106	119
娄星区审计局	22	43077			41	3995	15		19	127
冷水江市审计局	29	63772			39	2152	10		57	35
涟源市审计局	28	1329925			47	13913			144	42
双峰县审计局	28	266352			37	34739	22		89	106
新化县审计局	24	186099			38	13733	1		73	58
湘西土家族苗族自治州										
湘西土家族苗族自治州本级	53	773795	250	7232	51	173286	22	18660	183	8
吉首市审计局	18	22911	16		27	169		167	54	
泸溪县审计局	16	77383	19	1466	16	72906		1399	19	1
凤凰县审计局	16	80581	72	66769	27	80193		78406	37	
花垣县审计局	27	53396	35		27	929	4	1456	42	1
保靖县审计局	16	144662	36	806	16	8449	2	8366	123	
古丈县审计局	13	41058	32		12	2250	1	1436	25	
永顺县审计局	17	15876	29	3	21	12121		2061	18	
龙山县审计局	25	14960	23	101	31	2986		2986	57	6

广东省

【广东省审计厅】 2018年，广东省审计厅共有行政编制325人，事业编制12人。省委审计委员会办公室设在省审计厅，设有秘书处。审计厅设办公室、综合计划处、法规审理处、财务管理处、整改监督处、内部审计指导监督处、电子数据审计处、经济责任审计一处、经济责任审计二处、财政审计处、金融债务审计处、行政政法审计处、教科文卫审计处、农业农村审计处、自然资源和生态环境审计处、固定资产投资审计一处、固定资产投资审计二处、企业审计处、社会保障审计处、涉外审计处、人事教育处等21个内设机构，以及机关党委和4个派出审计处；下设广东省计算机审计中心（事业单位）。

领导成员

党组书记：卢荣春

厅　　长：何丽娟（—3月）

　　　　　卢荣春（3月—）

党组副书记：何丽娟（—3月）

党组成员、副厅长：黄建勋　骆贵全

　　　　　　　　　李业章

党组成员、驻厅纪检监察　组组长：张穗汉

总审计师：刘柱棠

党组成员、副巡视员：黄　菁

巡 视 员：杨国光

副巡视员：肖炳祥

副厅级干部：冯祥雄

审计成果 2018年，广东全省审计机关完成审计（调查）项目3643个。查出违规问题金额264.87亿元，损失浪费问题金额107.03亿元，侵害人民群众利益问题金额17.65亿元，为国家增收节支196.19亿元，挽回或避免损失11.8亿元；移送司法、纪检监察和有关部门处理事项580件；出具审计报告5016篇，提交审计专题报告、综合性报告和信息简报2447篇；推动被审计单位建立健全规章制度721项。在重大财政资金安排、重大公共工程投资、重要资金和权力集中部门、重点民生领域和省属国企、高校等基本实现全方位审计监督。首次在公开《2017年度省级预算执行和其他财政收支审计工作报告》的同时，将39个省直部门单位2017年度预算执行等情况审计结果同步向社会公开，推动39个省直部门首次公开审计整改结果。

审计管理体制改革 7月20日，中共广东省委审计委员会成立，委员会办公室设在省审计厅。7月23日，省委书记、省委审计委员会主任李希主持召开省委审计委员会第一次会议。10月31日，省委审计委员会办公室正式揭牌。省发展改革部门重大项目稽察职责、财政部门省级预算执行情况和其他财政收支情况监督检查职责、国资监管部门国有企业领导干部经济责任审计和国有重点大型企业监事会职责以及相应的机构编制、人员划转省审计厅。

国家重大政策措施落实情况跟踪审计 组织全省审计机关重点审计供给侧结构性改革推进、支持实体经济发展、深化“放管服”改革和优化营商环境、农村合作金融机构防控金融风险、扩大对外开放、加强基层医疗卫生服务能力建设等政策措施的落实情况。出具审计报告197篇，反映在供给侧结构性改革、支持实体经济发展及降费减负、深化“放管服”改革和优化营商环境、农村合作金融机构防控金融风险、加强基层医疗卫生服务能力建设等5个方面存在的829个问题。

财政审计 开展省级财政管理及决算草案审计。审计表明，省级财政2017年度预算执行和决算总体情况良好，财政收支管理总体上较为规范。审计发现的主要问题有：省财政未按规定时间提前下达市县2017年度推进基础教育现代化奖补资金等7项转移支付指标共56.71亿元，未按规定及时下达市县2017年科技发展专项资金等13项一般公共预算转移支付资金7.13亿元；省级财政等主管部门未充分考虑上一年度项目预算执行情况，有资金沉淀的项目继续分别安排预算，致使沉淀资金增加；广东虎门大桥有限公司历年专项上缴利润16.92亿元未按规定上缴省国库纳入预算管理，结存彩票资金和诉讼费收入合计5.81亿元未及时上缴国库；未及时分配下拨各市调剂金和储备金。

开展市县财政管理审计。完成对佛山、梅州、肇庆、揭阳等4个市2016年度财政决算和其他财政收支情况审计。审计发现的主要问题有：多列或者少列预算收入、预算支出；有的市未完整编制国有资本经营预算，少征房产税及滞纳金，未及时征收污水处理费等非税收入，违规用财政资金为企业缴交税款，违规减免城市基础设施配套费，多征土地使用税，超范围安排预备费等。组织完成对广州海珠、深圳宝安等22个县市区的财政收支管理情况审计，审计发现存在的虚增财政收入、少列财政支出，有的县区财政预算管理存在无预算、超预算支出以及未按规定调整预算，非税收入应收未收或者未及时上缴国库等问题。

开展部门预算执行审计。完成对39个省级部门2017年度预算执行情况审计，延伸审计118家所属单位，共涉及资金总额212亿元（含延伸以前年度资金）。审计结果表明，财政部门进一步加大对部门预算执行的监管力度，深化预算管理制度改革，39个部门及所属单位预算执行规范化程度不断提高，“三公”经费、会议费逐年下降，预算执行情况总体较好。审计也发现一些部门单位存在的预算编制不完整、不准确、不细化，未将事业收入、动用以前年度结余纳入年初预算，未经批准改变预算支出用途等方面的问题。

开展省级部门以及市县财政支出绩效审计。在对省财政厅组织执行2017年度省级财政预算和决算草案、省政府办公厅等39个省级部门年度预算执行以及佛山、梅州、肇庆、揭阳等4个市2016年度财政决算和其他财政收支审计中发现支出绩效存在的问题主要有：省级财政安排市县的企业技术改造、促进民营经济发展、珠江西岸先进装备制造业发展项目、新能源汽车推广应用等4项财政资金，由于省有关部门项目计划下达不及时等原因未能充分发挥效益；省级财资金结存闲置，29个部门、30家所属单位451个项目预算执行率过低，有的项目进度缓慢，资金使用效益低。

开展职业教育建设资金与改革发展绩效审计（调查）。对省教育厅及其所属的12所职业院校、省人力资源社会保障厅及其所属的12所技工院校2014年至2016年教育建设与改革发展政策落实、相关资金和资产使用管理及绩效等情况开展审计调查。审计发现的主要问题有：省相关职能部门未能统筹推动市、县全面制定和落实职业院校生均定额拨款制度；职业教育师资力量配备不足，技工院校部分专业设置不合理；有5所技工院校一批使用时间超过10年技术落后的实训设备未及时更新，有的技工院校新购置的实训设备闲置，院校搬迁后原校区宿舍楼、教学楼等长期闲置，有的实验实训室、仪器设备长期闲置或使用率低。

开展国外贷援款项目绩效审计。对省发展改革委组织的广东省农村经济综合开发示范镇建设、省人力资源社会保障厅组织的广东城乡社保一体化和农民工培训、省农业农村厅组织的广东农业面源污染治理以及汕头市潮南区政府组织的广东省潮南水资源保护和利用示范等4个国外贷援款项目绩效进行审计，审计涉及当年投资4.72亿元。

三大攻坚战审计 开展防范化解重大风险攻坚战审计。组织全省审计机关完成对全省98家农村合作金融机构（包括农村信用合作联社和农商行，以下简称农合机构）2017年防控金融风险等情况进行审计调查，重点调查39家。调查结果表明，全省农合机构能根据防范化解系统性金融风险的工作要求，积极化解地方金融风险。审计也发现农村合作金融机构在内部控制、押作担保、违规向限制行业企业发放贷款，以及未实现全年“三农”贷款增速不低于当年各项贷款平均增速、贷款增量不低于上年同期水平的“两个不低于”监管目标等问题。

开展精准脱贫攻坚战审计。组织完成对汕头、韶关、河源、梅州、惠州、汕尾、阳江、湛江、茂名、肇庆、清远、潮州、揭阳、云浮等14个市2017年精准扶贫精准脱贫落实情况（第二轮）跟踪审计，审计各类扶贫资金总计450.75亿元。审计表明，14个市党委、政府认真贯彻落实中央和省委、省政府的各项扶贫决策部署，整体进展顺利。审计也发现部分市、县存在挤占挪用、骗取套取以及违规使用扶贫资金，项目安排不精准、项目招标或采购环节不合规、项目存在资金回收风险，惠民政策落实有缺欠，部分贫困人口未参加城乡居民养老保险，一些无劳动能力贫困人口未纳入政策性兜底，有5个市捐赠资金结余未及时安排使用，有的县区违规改变捐赠款使用用途或方向等问题。

开展自然资源资产管理及污染防治攻坚战审计。完成对珠海市斗门区等28个县区2012年至

2017年自然资源资产管理及污染防治情况进行审计。审计结果表明，28个县区能够贯彻中央和省关于生态文明建设决策部署，认真落实生态环境保护“党政同责”和“一岗双责”，扎实推进打好污染防治攻坚战的各项工作。审计也发现在自然资源税费征收、环境恢复保证金追缴、土地使用用途管理、矿山恢复治理、落实水资源保护措施、海洋功能区划、环保执法等方面存在的问题。

经济责任审计　坚持党政同责、同责同审，对1229个单位、1417名领导干部开展经济责任审计，查出违规金额163.5亿元、损失浪费金额5.43亿元、管理不规范金额2020.84亿元。对县镇两级地方党委、政府主要领导干部经济责任审计采取异地同步审计方式。首次在全省范围内组织开展县级法院主要领导干部经济责任审计。

固定资产投资审计　组织完成对广贺高速怀三（怀集至三水）段、西部沿海高速珠海段支线等2个项目进行竣工决算审计，对2017年新开工的63个重大基础设施建设项目推进情况进行审计调查，以及对广东省对口支援新疆、西藏、贵州、四川等项目和资金进行跟踪审计，审计涉及总投资364.12亿元。竣工决算审计发现广贺高速怀三段、珠海段支线等2个项目存在：多计建设成本2.49亿元，25项工程变更手续不完善，违规大额支付现金，建设单位管理费超概算，建设用地尚未办理审批手续等问题。63个省重大基础设施项目中，有31个项目由于前期审批工作或征地拆迁进展缓慢、资本金未到位以及规划问题等原因，建设推进缓慢，其中有15个项目或子项工程未开工。

对口支援资金项目审计　组织广州、深圳、佛山、东莞审计机关完成对2017年9月至2018年8月4个市对口支援新疆发展资金及项目建设管理情况审计，同时派出3个审计组按照“边审计、边整改、边规范、边提高”的原则，分别对2017年省对口援疆、援藏和援川前方工作队工作经费和项目实施情况进行审计。共跟踪审计222个（其中，援疆142个，含以前年度项目）援建项目，占394个计划项目的56.35%，提交审计报告7篇，提出审计建议23条。

民生资金（项目）审计　开展保障性安居工程跟踪审计。完成2017年全省保障性安居工程跟踪审计。审计发现部分安居工程政策落实不到位；少数县区未完成安居工程目标任务；安居工程资金管理使用问题；安居工程建设及管理存在问题；安居住房及补助的分配使用问题。

开展城乡医疗救助资金管理和使用情况审计调查。完成对河源、汕尾、湛江、茂名、肇庆、清远等6个市2016年至2017年6月城乡医疗救助资金管理和使用情况专项审计调查，涉及医疗救助资金22.52亿元。审计结果表明，6个市逐步推进城乡医疗救助工作，在保障底线民生等方面发挥较好作用，审计发现有的市未根据省级城乡医疗救助政策变化情况及时修订相应的政策文件；相关职能部门审核把关不严，导致不符合条件的人获得财政资助参加城乡医疗保险、违规享受医疗救助待遇；医疗救助政策落实不到位；发现有6个市挪用医疗救助资金1.89亿元用于平衡财政预算、工程建设及发放医疗救助对象生活费、伙食费等支出。

开展食品药品安全专项资金管理使用审计。组织完成对全省食品药品安全专项资金2014年至2016年管理使用情况审计，重点审计省食品药品监管局及其7个下属单位，河源、惠州、汕尾、肇庆、清远、云浮等6个市食品药品监管局及其下属单位、所属12个县（区）食药监部门，审计延伸部分农贸批发、零售市场和其他相关单位；审计涉及省财政专项资金11.63亿元。审计发现：省财政2014年拨付至各市县食药监局及检验机构省级专项资金，至2017年6月，仍有18个市、41个县区食药监局以及7家检验机构存在结余时间超过2年的省级专项资金共3035.59万元；部分市县食药监局未完成监督抽验任务；部分农贸市场食用农产品快速检测工作管理不到位，效果不明显。

外资运用审计　完成对5个审计署授权的国外贷援款项目2017年财务收支和项目执行情况审计，审计当年完成投资5.69亿元。审计发现某项目无依据将私营企业自资自建项目纳入世界银行贷款项目，涉嫌虚假世界银行贷款项目；有75个工程超出合同工期，影响项目绩效的发挥。

企业审计　完成对粤海公司等17户企业集团进行审计。审计发现存在项目论证不充分、未经审批及管理不善、违规出借资金有资金损失风险、工程和设备采购项目未按规定招投标、违规开展融资性贸易业务、应收账款长期未收回、财务核算及管理不规范；被抽查企业资产证券化率未达到60%的目标；产业缺乏规模优势，产业集中度不高等问题。

信息化建设 推进广东“数字政府”改革建设各项工作，完成信息系统的梳理，确认交接清单，进入信息系统共管阶段，为信息系统的全面接管及迁移上云做好准备。完成审计大数据中心扩容项目和审计大数据管理平台开发项目验收，升级改造中心机房，实现全省审计机关全高清视频会商，完成OA系统改版升级，订购知网数据库，完成厅互联网网站系统迁移上云。在2018年度部门预算执行全覆盖审计中，充分利用协同办公平台进行文件传输和信息沟通，提高工作效率。

审计科研 组织开展“广东地方金融风险与审计对策研究”“推进广东公共财政均等化与审计对策研究”“粤东西北区域协调发展与审计对策研究”等6个重点科研课题的研究。完成审计署重点调研课题“加强对被审计单位内部审计工作的指导和监督，更好发挥内部审计作用”和中国审计学会年度重点合作课题“经济责任审计创新与发展”的相关研究工作。举办第三届全省审计青年论坛，共收到全省审计系统青年审计干部报送的论文90余篇，评选优秀论文30篇。

相关工作 审计整改。组织对110个审计项目开展审计整改监督，督促审计查出2213个问题整改，有关地区、部门和单位通过上缴财政、补征税款、收回贷款、归还原资金渠道、统筹盘活、调账等方式整改金额314.71亿元，问责处理183人次，制定完善规章制度706项。至年底整改到位率58.88%。

党建工作。坚持把政治建设摆在首位，树牢“四个意识”，坚定“四个自信”，坚决做到“两个维护”。坚持以习近平新时代中国特色社会主义思想为指导，把深入学习贯彻习近平总书记在中央审计委员会第一次会议上的重要讲话精神和对广东工作的重要讲话、重要指示批示精神作为首要政治任务，开展“大学习、深调研、真落实”活动。落实全面从严治党主体责任，严明审计队伍纪律作风。加强制度建设，推进党建工作标准化，提高厅机关党建工作规范化水平，3次在省直机关党建工作会议上交流发言。

廉政建设。全年共召开20次党组会分析研究党风廉政建设工作，制定党组落实全面从严治党责任规定，形成五层“塔形”责任体系。扎实开展纪律教育学习月活动，开展纪律作风专项整治月活动。制定审计现场纪律检查监督工作办法等，组织开展对3个厅内设处室的全面从严治党专项检查。省审计厅机关党风廉政建设工作经验，在省直单位纪检监察工作会议上作交流发言。

队伍建设。组织开展2018年选调生工作，通过笔试、资格复审、面试、体检、考察等环节，选拔3名来自北大、清华和人大的高素质专业人才，另外通过商调、接收军转、整体转隶等方式引进人才21名，全年共引进编制内人才24名。全年共启动干部选拔2批次，提任副处级领导干部20名（含1名援疆干部）、调研员5名、副调研员3名。加强地市领导班子协管，制定出台办理地市审计局领导班子征求意见实施细则，及时了解市审计局领导班子建设情况。

内部审计 全省内部审计机构开展内部审计项目8.48万个，审计总金额36629.81亿元，增收节支1346.83亿元，提出并被采纳意见6.08万条，根据审计建议给予行政处分244人，向司法机关移交案件13件、人员22人。组织全省内部审计人员开展以“新时代内部审计的创新发展”和“审计项目服务外包的方式途径及风险防控”为主题的理论研讨活动，共征集论文109篇。

（撰稿人：黄河清）

【广州市审计局】 2018年，广州市审计局实有155人。党组书记、局长黎子良，党组成员、副局长严健蓓、刘南群，副局长陈启书，党组成员、纪检监察组组长张志鹏，党组成员、总审计师丘雷，副巡视员李家禄、张敏笙、张祥生、李章虎。设有办公室、法规审理处、财政税务审计处、行政事业审计处、固定资产投资审计处、企业审计处、社会保障审计处、农业与资源环境审计处、经济责任审计管理处、整改执法监督处、绩效审计处、电子数据审计处、人事处；下设审计信息中心、机关服务中心等事业单位。

审计成果 2018年，广州市审计局完成审计项目86个。查出违规金额1.62亿元；审计提出建议184条，被采纳134条；被批示、采用专题、综合性报告7篇次，审计信息6篇次。

1个经济责任审计项目被审计署评为地方表彰审计项目。

国家重大政策措施落实情况跟踪审计 按季度开展重大政策措施落实情况跟踪审计和“放管服”改革推进情况专项审计调查。政策跟踪审计共发现各类问题13个，形成4篇季度报告报送市政府和省审计厅，得到省审计厅的充分肯定和市领导的高度重视。

财政审计 实施市本级预算执行和其他财务收支审计，受市政府委托向人大常委会作审计工作报告，同步发布报告解读和相关审计结果公告23篇。大力推动审计整改，实行“阳光”整改，市长主持召开全市审计整改工作会议，推动被审计单位公告审计整改结果，较好地落实整改责任。

经济责任审计 全市对137名领导干部开展经济责任审计，查出负有直接责任问题金额1.41亿元。提前一年实现对广州市镇（街）审计全覆盖，市委专题召开区委书记会议研究相关工作，推动出台广州市加强基层党建工作意见，加快广州市基层组织治理能力建设。

固定资产投资审计 围绕工程建设项目审批制度改革，开展建设项目前期程序审批情况专项审计调查，推动出台《广州市工程建设项目审批制度改革试点实施方案》。

农业与资源环保审计 关注环境保护重点领域，尤其是与人民群众切身利益密切相关的生态环境保护和污染防治问题，开展全市水环境治理情况专项审计调查。

企业审计 组织开展广州市工业投资情况专项审计调查，向1081家工业企业发放调查问卷，揭示广州市工业投资方面存在的深层次问题。采用境内送达审计与境外现场审计相结合的方式，开展国有境外企业审计，将企业实施“走出去”战略的相关内容纳入审计范围，加强对境外投资企业投资运营和资金情况的监督。

信息化建设 在财政、社保、住房公积金、预算执行、地方金融审计等业务主线上实行数字化审计，推动审计理念、组织方式、工作方法变革，提升审计效能。（撰稿人：黄　羽）

【韶关市审计局】 2018年，韶关市审计局实有63人。党组书记、局长陈大川，党组成员、副局长李秋月、毛考清、钟定鸿，党组成员、总审计师罗文达，副调研员苏国强。设有办公室（计算机审计室）、人事科、计划和整改监督科、法规审理科、经济责任审计办公室、财税金融审计科、行政事业审计科、农业与资源环保审计科、经贸外资审计科、固定资产投资审计科等10个科（室）。

审计成果 2018年，韶关市县两级审计机关完成审计项目208个。查出非金额计量问题903个；查出问题金额85.89亿元，其中违规金额11.81亿元，为国家增收节支1.75亿元；审计促进整改落实有关金额2.26亿元。移送司法、纪检监察和有关部门处理事项31件。全市审计机关共出具审计报告296篇；向被审计单位或有关单位提出审计建议705条，被采纳627条。向韶关市委、市政府提交专题报告24篇，其中得到市委、市政府主要领导批示19篇。

国家重大政策措施落实情况跟踪审计 针对去杠杆、去库存行动计划推进情况，支持省实体经济十条政策落实情况，防控全市农合机构金融风险，推动全市农商行组建改革，“放管服”改革推进情况，加强基层医疗卫生服务能力建设情况、2018年以来促进韶关市各部门减税降费方面的情况等，开展跟踪审计。围绕市委、市政府重大决策部署，安排实施对芙蓉新城“三年基本成城”重点项目推进情况、产业园区建设推进情况、“放管服”改革推进情况等审计项目10个。

财政审计 运用数据审计方式，对财政预算执行情况进行审计，加强对财政运行全过程跟踪，严格检查财政资金管理使用和政策执行情况，加大财政资金绩效审计力度。围绕防范化解重大财政金融风险，对市本级政府性债务情况进行全面核查。

经济责任审计 完成经济责任审计项目87个，对88名领导干部开展经济责任审计，查出违规金额1488万元、管理不规范金额3.77亿元。开展翁源县森林及矿产资源开发利用和节约管理情况调查以及翁城镇党政主要领导干部自然资源资产离任审计。

固定资产投资审计 完成韶关市翁源县山区

五市中小河流项目龙仙河治理工程建设项目、芙蓉新区市妇幼保健计划生育服务中心项目的审计；完成芙蓉新城“三年基本成城”重点项目推进情况跟踪审计。

民生资金（项目）审计 围绕完善社会保障体系、基本公共就业创业服务制度和覆盖城乡的公共就业创业服务体系、深化社保制度改革、完善基本医疗保险制度和大病医保制度、完善住房保障制度等民生事项开展审计。组织全市审计机关开展对全市民政系统全覆盖审计、残联财务收支审计。

农业与资源环保审计 围绕打赢脱贫攻坚战，开展精准扶贫、农村人居环境整治、新农村建设“三合一”跟踪审计；围绕打赢污染防治攻坚战，开展对韶关市环境保护局及下属市环境监测中心站、市环境污染控制中心、市环境信息中心等环保系统全覆盖审计。

企业审计 完成对韶关市工贸资产经营有限公司 2017 年资产负债损益审计；完成对丹霞山管委会及旅游投资经营有限公司经营发展情况审计。

信息化建设 持续在预算执行审计、全市民政系统审计、地方金融机构运行风险审计调查、精准扶贫精准脱贫跟踪审计和企业养老保险审计中开展大数据审计。

内部审计 全市设有独立内部审计机构的单位 9 个，全市实有内部审计人员 522 人，开展审计项目 924 个，出具审计报告（含委托外部审计）51 个，审计报告反映累计问题金额 25.9 亿元。

（撰稿人：朱丽娟）

【深圳市审计局】 2018 年，深圳市审计局实有 175 人。局长陈倩雯（市政协副主席兼），局党组书记何锐军，党组成员、副局长沈安利、张美秀、袁经，党组成员、总审计师杨江涛，党组成员、机关党委副书记郑奕新，政府投资审计专业局局长沈安利（兼），经济责任审计专业局局长袁经（兼），副巡视员张志忠。设有办公室、综合处、审理处、财政处、金融处、行政处、资金处、企业处、资源环境处；下设政府投资审计专业局和经济责任审计专业局，主管深圳市审计学会、深圳市内部审计协会 2 个社团。

审计成果 2018 年，深圳市审计局完成审计和专项审计调查项目 71 个。查出违规金额 3.46 亿元、损失浪费金额 3.72 亿元、管理不规范金额 778.6 亿元，促进增收节支 2.56 亿元；出具审计和专项审计调查报告 86 篇，提交审计专题报告、综合性报告及信息简报 26 篇；提出审计建议 290 条，被审计单位根据审计建议制定整改措施 137 项、建立健全规章制度 61 项；向司法、纪检监察机关、有关部门移送处理事项 24 件，移送处理人员 9 人。

国家重大政策措施落实情况跟踪审计 关注去产能行动计划和补短板行动、投资项目“放管服”改革推进等情况，组织对投资项目“放管服”改革推进情况、广东自由贸易区前海蛇口片区的金融发展与创新情况、市本级政务信息系统建设运作情况等开展审计调查，审计结果向市政府和市人大常委会报告。围绕“城市质量提升年”的工作部署，以“深化供给侧结构性改革、服务民生发展”为专题，实施绩效审计项目 11 个。

财政审计 综合分析市本级 126 个一级预算部门共计 509 个预算单位的数据，首次对 14 个市区检察院、区级法院进行审计，首次将市本级决算草案纳入审计，实现市、区、街道三个层级财政管理审计监督一体化，首次利用多渠道提供的数据对 2017 年度失业保险基金、企业职工基本养老保险基金预算编制执行等进行分析核查，审计成果得到市政府的高度重视。对 2017 年度市本级国有资本经营预算执行进行审计。

经济责任审计 完成 15 名市管干部的经济责任审计，查出违规金额 1.19 亿元、管理不规范金额 1.12 亿元、损失浪费金额 6850 万元。市审计局对罗湖区原区长和盐田区原区长开展领导干部自然资源资产离任审计。

固定资产投资审计 完成政府投资审计项目 38 个，核减投资额 2757 万元。推进政府投资审计监督转型，起草并报请市政府印发政府投资项目结（决）算审核中介机构管理暂行办法，编印工作指引，指导和督促各有关单位规范政府投资项目结（决）算工作。

民生资金（项目）审计 组织对 2017 年保障性安居工程及配套基础设施相关情况、2017 年度失业保险基金、企业职工基本养老保险基金相关情况实施审计，关注有关企业涉及提供挂靠参保问题，揭示社保基金潜在的运营风险。组织对新能源汽车充电设施建设相关情况进行政策跟踪审计，查出全市配建充电桩缺口近2000个、新能源汽车推广工作存在短板等问题。

金融审计 抽查深圳农商行总行及下属28家支行等单位，组织审计市创新投2017年度资产负债损益情况等，出具4篇审计报告、2篇审计结果报告、2份审计移送处理书、2份审计决定书，查出损失浪费金额3425.48万元、违规金额1402.37万元、管理不规范金额72.4亿元，提出审计建议40条。

企业审计 对市投资控股有限公司、特区建设发展集团等市属国有企业经营管理情况进行审计，披露未经批准设立创新资金、境外和国内异地投资企业缺乏有效管理等问题。

相关工作 深入贯彻落实党的十九大和十九届二中、三中全会精神和习近平总书记广东重要讲话和对深圳重要批示精神，将有关精神落实到各项审计工作中。召开深圳市审计机关年度党的建设暨党风廉政建设工作会议，部署党风廉政建设和反腐败工作，加强对各区审计局党建工作的监督指导。依法加强审计质量控制，严格审计报告审理，组织审定区级审计工作报告，首次集中统一对外公告区级审计工作报告。

（撰稿人：黄小凤）

【珠海市审计局】 2018年，珠海市审计局实有59人。党组书记、局长戴伟辉，党组成员、副局长胡艳华、张跃进、苏牧、邓榜成。设有办公室、政策法规科、财政税务与金融审计科、行政事业审计科、公共投资审计科、企业审计科、经济责任审计科、资源环保审计科、整改监督科、数据分析科、政策跟踪审计科、审计执法分局。

审计成果 2018年，珠海市区两级审计机关完成审计和专项审计调查项目105个。查出主要问题金额79.47亿元，其中违规金额1.35亿元、损失浪费金额2200万元、管理不规范金额77.9亿元；审计发现非金额计量问题919个；损益（收支）不实1.96亿元；出具审计报告和专项审计调查报告143篇，被批示、采用15篇。审计处理处罚金额3.58亿元，其中应上缴财政6400万元、应减少财政拨款或补贴8500万元、应归还原渠道资金7100万元、应调账处理金额1.37亿元；移送纪检监察机关和有关部门处理事项29件，涉及金额2.73亿元；审计促进整改落实有关问题资金1.93亿元；审计后挽回（避免）损失8200万元，核减投资额8300万元。审计提出建议315条，被采纳87条；推动被审计单位制定整改措施1项，促进被审计单位建立、健全规章制度29项；提交审计信息104篇，被批示、采用22篇。

国家重大政策措施落实情况跟踪审计 致力于服务地方改革发展，围绕市委、市政府中心工作开展跟踪审计，从宏观层面揭示问题风险，提出切实可行的审计建议，在推动相关单位制定完善非法集资风险监测预警体制机制、促进“失信商事主体联合惩戒”、优化自贸区营商环境办法等多个方面取得成效。

财政审计 构建“横向到边、纵向到底”的财政审计监督体系，以大数据技术推动财政资金审计全覆盖，实现财政资金从预算编制到决算草案全过程监督、200多家市直一、二级部门预算单位的横向集中分析、转移支付资金到区镇（街）的纵向跟踪审计。查出问题金额28.81亿元。协助出台《关于改进审计查出突出问题整改情况向市人大常委会报告机制的实施意见》，联合纪委、组织、市府办等部门配套出台《珠海市审计机关审计整改监督管理办法》。

经济责任审计 加大对镇街、敏感部门、重大事项的审计力度，增强经济责任审计的威慑力和影响力。对25名党政、国有企业等领导干部进行任中、离任审计，查出主要问题金额20.88亿元，其中违规金额1.14亿元、损失浪费金额0.15亿元、管理不规范金额19.58亿元。以“四统筹”方式开展经济责任与自然资源资产离任同步审计。

固定资产投资审计 全过程跟踪，实施审计项目的各个关键环节，强化投资审计质量。市审计局完成政府投资审计项目11个，项目投资额37.44亿元，核减投资额7400万元，查出主要问题金额3.57亿元。

民生资金（项目）审计 开展对口帮扶阳江产业园建设专项资金审计，揭示对口帮扶专项资金管理不完善，共建机制落实不到位等问题48个，规范问题资金11.76亿元。按照省审计厅统一部署，参与云南省怒江傈僳族自治州、茂名市扶贫项目的交叉审计。

农业与资源环保审计 开展餐厨垃圾循环利用审计，发现各区未履行餐厨垃圾收运处理职责、欠款用地单位违规处理地块等问题21个，提出处理意见29条。

企业审计 完成国有企业及国有资本审计项目3个，查出问题金额4.55亿元。

（撰稿人：黄健梅）

【汕头市审计局】 2018年，汕头市审计局实有63人。党组书记、局长谷元新，党组副书记、副局长吴军（—12月），党组成员、副局长吴少青（—12月）、吴小琦、谢叙淦（—12月），党组成员、纪检组长林炎光，党组成员、总审计师杨光胜，党组成员、副调研员谢火燕、陈艾龙，经济责任和绩效审计分局局长卢晓云，副调研员林惠娟（—12月）。设有办公室、综合法规科、财政金融审计科、行政政法审计科、企业审计科、固定资产投资审计科、教科文审计科、农业与资源环保审计科、社会保障审计科等9个职能科室；下设经济责任和绩效审计分局（派出机构）、计算机审计中心（事业单位）。

审计成果 2018年，汕头市县两级审计机关完成审计项目159个。查出主要问题金额212.13亿元，其中违规金额1.99亿元、管理不规范金额210.14亿元；审计处理处罚金额2.6亿元，其中应上缴财政1.68亿元、应减少财政拨款或补贴1516万元、应归还原渠道资金3092万元、应调账处理金额4536万元；审计发现非金额计量问题1216个；审计促进整改落实有关问题金额1.17亿元，其中增收节支1.05亿元、已调账处理金额1247万元；审计后挽回（避免）损失1508万元。移送司法机关、纪检监察机关和有关部门处理事项4项。出具审计报告和专项审计调查报告218篇；提交审计信息41篇，被批示、采用27篇。提出审计建议266条，被采纳193条。向社会公告审计结果5篇。

国家重大政策措施落实情况跟踪审计 市审计局印发《关于完善我市重大政策措施落实情况跟踪审计情况综合统计及审计发现问题整改等管理工作的通知》，开展支持实体经济“新十条”落实情况、“放管服”改革推进情况、全市政府性债务、防控全省农合机构地方金融风险等专题的政策落实跟踪审计。

财政审计 市审计局开展年度本级财政预算执行及其他财政收支情况审计，对市公安局、市工商局财务收支进行专项资金审计。向人大常委会作审计工作报告、审计整改工作报告，将两个报告同步向社会公告发布。市政府召开全市审计整改工作会议，市审计局制订整改监督检查工作方案，组织对审计工作报告中涉及的8个问题的整改情况开展实地交叉检查。

经济责任审计 开展市环保局等5个部门的任中经济责任审计。首次对县级法院院长开展任期经济责任审计。根据省审计厅的统一安排，派出18名审计人员参加揭阳市惠来县委书记、县长经济责任异地同步审计。

固定资产投资审计 对汕头火车站综合客运枢纽首期工程等政府投资项目进行审计，对项目存在的执行合同、履行基建程序不到位，财务核算不规范等问题进行披露，提出规范PPP项目管理建设等建议。

民生资金（项目）审计 开展澄海区基础教育投入情况审计、企业职工基本养老保险基金财务收支情况审计、基层医疗服务能力建设审计和第三人民医院2015年至2017年财务收支情况审计。开展黑臭水体整治专项资金管理和使用情况审计，审计结果形成审计专报上报市政府。

企业审计 开展大洋（集团）公司、海晟投资发展有限公司资产负债损益情况专项审计。

相关工作 开展传达学习贯彻习近平总书记系列重要讲话精神活动，以召开党组会议、党组理论学习中心组会议和全市审计系统学习会议等形式，掀起学习宣传贯彻热潮，组织处级以上领导干部参加学习贯彻习近平总书记视察广东重要讲话精神专题培训班，各党支部召开组织生活会，组织专题学习。组织干部职工参观武汉中共五大会址纪念馆等爱国主义教育基地。全年共有553人次参加省审计厅和市委、市政府等组织的各类培训，组织全市审计系统70多名业务骨干赴中南财经政法大学进行脱产审计业务培训。

（撰稿人：黄漳宁）

【佛山市审计局】 2018年，佛山市审计局实有57人。党组书记、局长何内，党组成员、副局长温美球、杜惠萍（—1月）、金娥、李伟利（1月—），党组成员、纪检组组长董长文（—10月），党组成员、经济责任审计联席会议办公室主任蓝杰，总审计师谢慧茹，副调研员张启平。设有办公室、法规审理科、整改监督科、经济责任审计科、财税审计科、行政事业审计科、固定资产投资审计科、企业审计科、社会保障审计科、绩效审计科、数字化审计科等11个科室。

审计成果 2018年，佛山市区两级审计机关开展审计和专项审计调查项目106个。查出违规金额8.64亿元、损失浪费金额4.71亿元、管理不规范金额185.49亿元；为国家增收节支7.79亿元，其中上缴财政4224.51万元，归还原渠道资金7.36亿元。出具审计报告和专项审计调查报告134篇，提交专题、综合性报告及信息简报140篇。向被审计单位或有关单位提出审计建议357条，推动被审计单位健全规章制度68项。向社会发布审计结果公告10篇。

1个镇（街）经济责任审计项目被审计署评为表彰审计项目。

国家重大政策措施落实情况跟踪审计 市区两级审计机关统筹部署，重点对全市基础设施供给侧结构性改革、高新技术企业培育、扩大对外开放促进外贸增长、减税降费政策、创新型企业培育政策、利用外资若干政策措施、降低制造业企业成本、“放管服”改革推进，以及去产能补短板行动计划等9个方面政策措施落实情况进行跟踪审计。向市政府提交有关审计调研报告。

财政审计 对48个单位进行预算执行和决算审计，延伸审计单位136个。审计发现未有效盘活财政沉淀资金2.84亿元，某奖励基金使用效益不高及未及时清理上级专项转移支付结转结余资金1.26亿元等问题。向市政府上报关于现行市对区财政体制运行情况的调研报告。

经济责任审计 推进经济责任审计全覆盖，对22个单位领导责任人进行审计，查出违规金额7.83亿元。组织市、区两级审计机关力量对6个镇街党政领导干部进行任期经济责任审计，查出违规金额8.13亿元，追回财政资金1063.76万元。实行“现场指导、提前审理、二次审定”质量控制模式，审理人员到镇街经济责任审计现场提前介入审理工作，加强审计业务质量控制。

固定资产投资审计 对高速公路、粮食储备库、妇女儿童医院、佛山市第二水源后续工程项目等19个重点建设项目开展审计。审计发现未按进度支付工程款、多支付变更费用等问题，涉及金额3172.03万元。

信息化建设 投入近180万元建设佛山市数字化审计平台（一期）项目，年底平台进入试运行，导入近3年财政、部门预算和工商数据，实现审计全过程信息化管理。 （撰稿人：沈淑珍）

【江门市审计局】 2018年，江门市审计局实有57人。党组书记、局长陈新汉，党组成员、副局长梁小玲、凌健能，党组成员、总审计师梁兆政，党组成员、纪检组长林伟雄，副局长林文宇。设有办公室、法规审理科、经济责任审计科、财政审计科、行政事业审计科、固定资产投资审计科、企业审计科、社会保障审计科和绩效审计科等9个内设机构。

审计成果 2018年，江门市审计机关共审计单位187个，其中专项审计调查2个。查出主要问题金额216.83亿元，其中违规金额2309万元、损失浪费金额38万元、管理不规范金额216.6亿元；审计发现非金额计量问题520个；损益（收支）不实金额2.75亿元；审计发现侵害人民群众利益81万元；出具审计报告和专项审计调查报告246篇，被批示、采用15篇次。审计处理处罚金额2.81亿元，其中应上缴财政2276万元、应归还原渠道资金33万元、应调账处理金额2.58亿元；移送司法机关、纪检监察机关和有关部门处理事项20件，移送处理金额5602万元。审计促进整改落实有关问题资金12.85亿元。审计提出建议558条，被采纳518条；促进被审计单位建立、健全规章制度15项；提交审计信息32篇，被批示、采用9篇次。向社会公告审计结果2篇。

国家重大政策措施落实情况跟踪审计 江门市审计机关对供给侧结构性改革、“放管服”改革等重大改革推进情况，创新驱动发展重大战略实施以及支持实体经济新十条、减税降费、“小微双创”专项资金等重点任务落实情况开展跟踪审计，抽审项目175个，发现问题35个，涉及金额

1.17 亿元。

财政审计 江门市审计机关完成预决算审计项目 46 个，查出主要问题金额 190.37 亿元，出具审计报告 46 篇。其中江门市局完成 8 个部门的预算执行情况审计，揭示 3 个部门未及时追收或上缴非税收入、2 个单位违规发放津补贴等问题。

经济责任审计 江门市审计机关对 66 名领导干部开展经济责任审计，其中县处级领导 9 人，乡科级领导 56 人，地方企业、金融机构 1 人。查出违规金额 436 万元，审计发现侵害人民群众利益金额 60 万元，增收节支 160 万元，提交建议 230 条，被采纳建议 217 条。完成新会区原区长自然资源资产离任审计。

固定资产投资审计 江门市审计局对省道 S364 江门五邑路线外海大桥至江门大道段扩建工程、江门市珠西综合交通枢纽江门站进行跟踪审计，揭示工程建设推进缓慢，征地拆迁交地滞后，建设资金使用不规范，施工现场监管不力，投标单位资格审查不严等问题。

民生资金（项目）审计 江门市审计机关完成扶贫攻坚政策落实和重点项目资金使用情况跟踪审计，以及江门对口帮扶广西崇左市东西部扶贫协作资金和项目情况跟踪审计，揭示帮扶对象精准识别不到位、部分扶贫政策落实不到位等问题。对 2017 年度社会保险基金预算执行情况进行审计，揭示社保待遇发放审核不严、信息共享机制不够完善等问题。完成 2016 年至 2017 年江门市企业职工基本养老保险基金财务收支情况审计，摸清家底。

企业审计 江门市审计局推进国有企业审计，对江门融浩水业股份有限公司 2017 年度财务收支情况进行审计。查出企业存在管理制度不够完善，未按规定缴纳污水处理费等问题。

（撰稿人：曾丽萍）

【湛江市审计局】 2018 年，湛江市审计局实有 53 人。党组书记、局长符强，党组副书记、副局长何志东，党组成员、副局长宋进耀、王忠，党组成员、纪检组长陈苏平，党组成员、总审计师洪忠民，党组成员、副调研员李驰。设有办公室、法规审理科、经济责任审计科、财税金融审计科、行政事业审计科、经贸审计科、固定资产投资审计科、社会保障审计科、绩效审计科等 9 个职能科室和 1 个直属分局。

审计成果 2018 年，湛江市县两级审计机关完成审计和审计调查项目 151 个。查出主要问题金额 227.86 亿元，其中违规金额 9.69 亿元、管理不规范金额 218.17 亿元；审计查出损益（收支）不实资金 73.99 亿元；审计发现侵害人民群众利益 93 万元；审计期间整改金额 2653 万元；审计促进整改落实金额 10.19 亿元；提交审计报告和专项审计调查报告 225 篇；审计处理处罚金额 50.34 亿元，其中应上缴财政 96356 万元、应归还原渠道资金 1012 万元、应缴纳其他资金 1310 万元、应调账处理金额 40.47 亿元；移送处理事项 10 件，移送处理人员 8 人，涉及金额 2356 万元；审计促进整改落实有关问题资金 10.2 亿元，审计后挽回损失 126 万元，审计核减投资额 37 万元；提出审计建议 437 项，被采纳 287 项。

国家重大政策措施落实情况跟踪审计 完成政策跟踪审计项目 27 个。市审计局开展全市去杠杆、去库存行动计划推进情况跟踪审计、支持实体经济新十条落实情况跟踪审计、基层医疗服务能力建设政策跟踪审计及“放管服”改革推进情况审计调查，审计查出主要问题 300 多项。

财政审计 市县两级审计机关完成财政类审计项目 143 个。市审计局开展市财政预算执行和其他财政收支情况审计、霞山区财政决算审计以及湛江市公安局等 8 个市直单位的决算审计，财政审计已延伸审计 162 个单位，审计专项资金总额 20.6 亿元，审计项目投资额 1.7 亿元，查出主要问题金额 219.03 亿元。组织开展 15 个二级预算单位“三公”经费专项审计，查处“红包”礼金、私设“小金库”等违规违纪问题。

经济责任审计 市县两级审计机关对 74 名领导干部开展经济责任审计，涉及被审计单位 63 个，查出问题金额 85565 万元，提出审计建议 260 条。市审计局开展市财政局等 14 个市直单位领导干部经济责任审计、遂溪县江洪镇主要领导干部经济责任审计与自然资源资产离任审计同步审计。组织对 13 个乡镇主要领导干部经济责任异地交叉或者授权审计。

民生资金（项目）审计 市审计局开展湛江

市企业职工基本养老保险基金财务收支情况审计、住房公积金审计调查、湛江市十件民生事项审计调查、取消车辆通行费债务情况调查、雷州市乡村振兴政策和资金等审计项目。各县区审计局也根据情况开展相关民生资金的审计项目。

企业审计 完成企业审计项目5个，延伸审计单位6个，审计查出主要问题金额9235万元。

内部审计 湛江市有内部审计机构57个，内部审计人员207人，完成审计项目5039个，提出建议意见并被采纳2277条，建议给予行政处分9人。

（撰稿人：关南全）

【茂名市审计局】 2018年，茂名市审计局实有65人。党组书记、局长黄晓文，党组成员、副局长李家胜、梁文超，副局长柯筱兰，党组成员、总审计师冯广周，党组成员、副调研员赖贤海、罗华。设有办公室、综合科、财税金融社保审计科、行政事业审计科、经贸审计科、农业与资源环保审计科、固定资产投资审计科、经济责任审计科。

审计成果 2018年，茂名市县两级审计机关完成审计和专项审计调查项目185个。查出问题金额125.47亿元，促进增收节支8.16亿元，移送纪委监委、司法机关和有关部门处理事项18件，提出审计建议719条，被采纳653条，提交审计信息74篇，被采用57篇。

国家重大政策措施落实情况跟踪审计 全市审计187个部门单位，查出有问题的单位56个，涉及问题总金额1404.73万元，出具的36篇审计结果报告得到领导批示。

财政审计 对3个市县级政府预（决）算和108个部门预算单位及其所属217个下属单位的年度部门预算执行情况进行审计，查出问题金额112.24亿元，促进增收节支3.89亿元，提出并被采纳审计建议15条。

民生资金（项目）审计 组织开展取消车辆通行费债务情况、企业职工基本养老保险基金财务收支情况等18项民生专项资金审计，查出问题金额9004.88万元，提出审计建议68条。组织开展精准扶贫审计，查出问题金额2.22亿元，其中管理不规范金额2.06亿元、违规金额1570.62万元，向纪监委移送扶贫工作不作为等案件线索3件。

经济责任审计 对92名领导干部（人员）开展经济责任审计，查出问题金额6.06亿元，审计提出建议233条，提交审计报告和审计结果报告117篇，向纪监委及有关部门移送案件线索5件。

固定资产投资审计 对11个政府投资项目进行审计，涉及总投资2.13亿元，核减工程造价1449万元，提出并被采纳审计建议38条。

（撰稿人：黄秋华）

【肇庆市审计局】 2018年，肇庆市审计局实有42人。党组成员、局长何炼生，党组成员、副局长周敏华、苏汉中、谢秋萍（—9月）、李钺，党组成员、总审计师闲建中，党组成员、经济责任审计联席会议办公室主任余卓怡。设有办公室（与纪检组、监察室合署）、综合法规科、财税金融审计科、行政政法事业审计科、农业与资源及社会保障审计科、企业与外资运用审计科、固定资产投资审计科、经济责任审计科等8个科室；下设审计中心。

审计成果 2018年，肇庆市县两级审计机关完成审计项目148个，其中专项审计调查项目11个。查出主要问题金额102.06亿元，其中违规金额2900万元、损失浪费金额1200万元、管理不规范金额101.65亿元；审计发现非金额计量问题554个；损益（收支）不实金额37.82亿元；出具审计报告和专项审计调查报告207篇，被批示、采用16篇次。审计处理处罚金额11.77亿元，其中应上缴财政2400万元、应调账处理金额11.48亿元；移送司法机关、纪检监察机关和有关部门处理事项6件，移送处理金额2200万元。审计促进整改落实有关问题金额33.29亿元（含以前年度审计处理落实金额）；审计促进拨付资金到位10.97亿元。审计提出建议359条，被采纳327条；推动被审计单位制定整改措施220项，促进被审计单位建立、健全规章制度27项；提交审计信息102篇，被批示、采用39篇次。向社会公告审计结果11篇。

国家重大政策措施落实情况跟踪审计 针对“放管服”改革、支持实体经济新十条落实情况、防控农合机构金融风险、创新型企业培育政策落实和东西部扶贫协作资金管理使用情况、减税降费等10个方面，开展政策措施推进落实情况跟踪审计。

财政审计 对43个预算执行、6个财政决算项目进行审计，延伸审计37个所属单位，查出问题金额80.74亿元。向市人大常委会作审计工作报告和查出问题整改情况报告，并将两个报告向社会公开。按照省委、省政府要求，对全市8个县（市、区）的政府性债务及隐性债务情况进行审计，开展预算挂账专项审计，实现“摸清底数、清晰分类，总体评价、揭示问题，规范管理、提高绩效、防控风险、维护安全”的审计目标。创新采用“双随机”抽查方式，通过摇珠随机抽取项目10个，联合市财政局对肇庆市市直单位2017年重要会议和大型活动经费支出绩效和管理情况专项审计调查。

经济责任审计 完成59名党政领导干部和企业负责人的经济责任审计，查出问题金额4.55亿元，查出相关领导干部负有直接责任的问题金额68万元、负有主管责任的问题金额9536万元。按照省审计厅统一部署，组织全市20多名审计人员对云浮市新兴县委书记、县长交叉开展经济责任同步审计及自然资源资产离任审计。组织市区审计机关对8个乡镇镇委书记镇长经济责任交叉开展同步审计、乡镇领导干部自然资源资产审计。

固定资产投资审计 完成固定资产投资审计项目6个；对市政府交办的东调洪湖、市体育中心停车场、江滨堤等多个重大项目及时介入跟踪调查，提出供市政府决策的依据和意见。

民生资金（项目）审计 持续跟踪审计保障性安居工程推进情况，移送当地纪检监委处理事项1件；组织对2016年至2017年肇庆市企业职工基本养老保险基金财务收支结余情况审计；按照省审计厅统一部署，组织全市十多名审计人员赴清远市交叉开展2018年精准扶贫精准脱贫交叉跟踪审计。

企业审计 对1家市直国有企业财务收支情况进行审计，揭示其运营中存在的风险隐患。

内部审计 全市有内部审计机构186个，其中专职机构52个；内部审计人员673人，其中专职人员170人。完成内部审计项目2757个，增收节支2200万元，被采纳的审计意见建议890条。

（撰稿人：严颖璐）

【惠州市审计局】 2018年，惠州市审计局实有47人。党组书记、局长陈雪梅，党组成员、副局长骆英华、赖巨龙、叶肖彬，副局长李思，副调研员雷玉霖、王启彝、刘保瑞。设有办公室、法规审理科、综合信息科、财政税务审计科、专项资金审计科、经济责任审计科、固定资产投资审计科、企业审计科、审计督察科。

审计成果 2018年，惠州市审计局完成审计和专项审计调查项目72个。查出违规金额1700万元，审计处理应上缴财政600万元、应减少财政拨款或补贴金额1.68亿元、应归还原渠道资金1100万元，移送纪检监察机关及其他部门处理事项26件，提交审计报告、审计信息162篇；审计整改促进增收节支1.54亿元，促成有关部门和被审计单位建立健全规章制度9项，出台加强管理、堵塞漏洞的具体措施266项。

国家重大政策措施落实情况跟踪审计 对全市2018年贯彻落实国家和省重大政策措施情况进行跟踪审计。对市县政府性债务情况和2个县农合机构金融风险防控情况进行审计（调查）；对市2017年精准扶贫精准脱贫情况进行跟踪审计。

财政审计 对2017年度市本级财政预算“四本账”、大亚湾开发区、仲恺高新区预算执行和其他财政收支情况进行审计；对市科技局等24个单位的2017年度预算执行和其他财政收支情况、惠东县梁化镇等3个镇财政决算进行审计。

经济责任审计 对32名党政领导干部和国有企业领导人员履行经济责任情况进行审计；对惠东县梁化镇党政主要领导干部进行自然资源资产离任审计；根据省审计厅统一部署，交叉开展深圳市坪山区党政主要领导干部经济责任同步审计。

固定资产投资审计 对3项市政府重点工程结算进行审计；对9个市政府重点项目、1个省重大基础设施进行跟踪审计（调查）；市县镇村四级河涌整治工程、惠阳区水污染防治项目进行（跟踪）审计（调查）；对惠州市金山河小流域建设项目用地土地征收补偿情况进行审计调查。

民生资金（项目）审计 对市企业职工基本养老保险基金、市取消车辆通行费债务、市直及惠阳区基础教育投入、市事故隐患检查处理及整改、市卫生和健康十大工程、村村通自来水工程建设财政资金、市直科技专项资金等情况进行（跟踪）审计（调查）。

企业审计 对惠州市政动迁建设总公司、惠州广播电视传媒集团有限公司2016—2017年度财务收支进行审计。

审计管理体制改革 惠州市组建市委审计委员会，作为市委议事协调机构，市委审计委员会办公室设在市审计局。（撰稿人：张司政）

【梅州市审计局】 2018年，梅州市审计局实有43人。党组书记、局长黄立强（—11月），党组成员、副局长刘鸿涛（11月起主持工作）、丘加悦、徐位平、温爱生，党组成员、总审计师练清万，副调研员凌静娜、张敬浩。设有办公室、综合与法规审理科、财政金融审计科、行政事业审计科、经济责任审计科、固定资产投资审计科、经贸审计科、农业与资源环保审计科、财务管理科。梅州市经济责任审计联席会议办公室设在梅州市审计局，在经济责任审计科挂牌；下设绩效审计室、计算机审计中心2个事业单位。

审计成果 2018年，梅州市县两级审计机关完成审计和专项审计调查项目277个。查出违规金额4.38亿元、管理不规范金额196.86亿元；审计决定应上缴财政1.86亿元、应归还原渠道资金2.51亿元、应调账处理2.69亿元；向有关部门移送审计事项29项。

国家重大政策措施落实情况跟踪审计 组织开展农合机构风险和改革、全市政府性债务和隐性债务、“放管服”改革推进情况、减税降费政策措施落实、加强基层医疗卫生服务能力建设等8个专题的跟踪审计，涉及单位80个、资金560.08亿元。所提交的“放管服”改革推进情况跟踪审计调查报告成为推进梅州市“放管服”改革的重要决策依据。

财政审计 开展市本级预算执行审计和梅江区、兴宁市2017年度财政决算审计，对市发展改革局等11个一级预算单位部门预算执行情况进行审计。持续开展公务支出和公款消费情况审计，促进中央八项规定精神、厉行节约反对浪费条例等相关规定落到实处。

经济责任审计 推进以权力集中部门和资金、资产、资源密集领域领导干部为重点的党政领导干部经济责任轮审制度，对141名领导干部进行审计，查出领导干部负直接责任金额989万元。组织开展梅县区、兴宁市农村生活垃圾处理专项资金管理和使用情况审计等，揭示垃圾站选址不合理和资金管理使用不规范等问题；结合镇（街）党政主要领导干部经济责任审计，同步开展党政主要领导干部自然资源资产离任审计，取得初步成效。根据省审计厅的统一安排，抽调人员完成潮州市湘桥区党政主要领导干部经济责任同步审计、汕尾市开展精准扶贫审计。

固定资产投资审计 组织开展对高陂水利枢纽工程、城市扩容提质项目和重大政府投资项目等跟踪审计，揭示和反映项目在招投标、项目实施、项目决算等方面存在的问题。

民生资金（项目）审计 开展取消车辆通行费债务情况审计、蕉岭县基础教育投入审计，企业职工基本养老保险基金财务收支情况审计等，揭示和反映专项资金使用和管理中存在的问题，促进各地各单位补齐民生短板。

相关工作 落实新时期好干部标准，修订完善市审计局科级干部选拔任用工作规程和工作纪实制度，坚持实操能力、实绩导向，促进选人用人制度化规范化和留痕管理。坚持“干什么、学什么”“缺什么、补什么”的原则，通过“走出去、请进来、自己办”的方式，开展集中培训、以审代训、以会代培、视频培训以及举办“学思”讲坛等，提高干部专业胜任能力。

（撰稿人：宋德成）

【汕尾市审计局】 2018年，汕尾市审计局实有44人。党组书记、局长李林顺，党组成员、副局长赵国华、李明训、纪永坤，党组成员、总审计师吴燕。设有办公室、法规审理科、财税金融审计科、行政事业审计科、农业与资源环保审计科、经济贸易审计科、固定资产投资审计科、整改监督科等8个科室；下设经济责任审计办公室和事业单位审计中心。

审计成果 2018年，汕尾市县两级审计机关完成审计和专项审计调查项目130个。出具审计报告和专项审计调查报告174篇，查出主要问题金额14.41亿元，审计发现非金额计量问题316个；审计处理处罚8.03亿元，移送处理事项2

件；审计促进整改落实有关问题资金 7.82 亿元，审计期间整改金额 6940 万元，提出审计建议 422 条；市、县两级纪委监委针对审计发现问题进行核查，对 123 名相关负责人员进行责任追究；提交审计信息 81 篇，向社会公告审计结果 28 篇。

国家重大政策措施落实情况跟踪审计 针对"放管服"改革推进情况、去杠杆去库存行动计划推进情况、减税降费政策落实情况、加强基层医疗卫生服务能力建设政策落实情况、支持实体经济新十条落实情况、组建农村商业银行工作推进情况等开展政策跟踪审计，当好政策落实的督查员。

财政审计 施行全口径资金审计，审计对象继续从一级预算单位向二级预算单位，从行政机关向事业单位延伸拓展，揭示和披露预算管理不够细化，财政资金管理使用不够规范，整改落实不到位等问题，推动财政部门采取措施盘活财政存量资金 2.2 亿元。

经济责任审计 完成对 28 名领导干部经济责任审计。经济责任审计工作从县处级领导干部向镇（街道）党政主要领导干部拓展，对 6 个镇（街道）的党政主要领导干部开展任期经济责任同步审计，对 1 个镇领导干部开展自然资源离任审计。

固定资产投资审计 市审计局开展对市区红海中路、康平路、香洲路、汕马路（含通航路）、文明路、翠园街、兴华路等市政道路升级改造工程跟踪审计，开展对市振兴投资有限公司投资绩效、汕尾新区红草产业园区政府投资情况审计，提高政府投资绩效。

民生资金（项目）审计 市审计局对市、县、镇、村四级河（库）长制推进落实情况、省级新农村连片示范建设工程专项资金以及 2016 年至 2017 年广东省企业职工基本养老保险基金财务收支情况开展审计，规范资金使用，推动政策措施落实。

（撰稿人：王伟展）

【河源市审计局】 2018 年，河源市审计局实有 37 人。党组书记、局长黄敏，党组成员、调研员贺新彬，党组成员、总审计师谢统鹏。设有办公室、财税审计科、行政事业审计科、经济贸易审计科、农业与资源环保科、基建外资审计科、政策法规科、经济责任审计科、社会保障资金审计科、绩效审计分局；下设事业单位经济责任审计中心。

审计成果 2018 年，河源市县两级审计机关完成审计项目 164 个，其中专项审计调查项目 6 个。查出主要问题金额 138.66 亿元，其中违规金额 3.42 亿元、管理不规范金额 135.24 亿元；审计发现非金额计量问题 575 个；损益（收支）不实金额 12.15 亿元；出具审计报告和专项审计调查报告 245 篇。审计处理处罚金额 3.42 亿元，其中应上缴财政 1.97 亿元、应归还原渠道资金 1.45 亿元；移送司法机关、纪检监察机关和有关部门处理事项 6 件，移送处理人员 1 人，移送处理金额 3098 万元。审计促进整改落实有关问题资金 29.51 亿元；审计促进拨付资金到位 222 万元；审计后挽回（避免）损失 2666 万元。审计提出建议 802 条，被采纳 519 条；推动被审计单位制定整改措施 9 项；提交审计信息 17 篇。向社会公告审计结果 5 篇。

国家重大政策措施落实情况跟踪审计 完成农合机构风险防控、"放管服"改革推进、基层医疗卫生服务能力建设、取消车辆通行费等专题审计，揭示重大政策贯彻落实中弄虚作假、隐瞒实情，以及不作为、慢作为等问题。

财政审计 推进全口径财政预算执行审计，完成市县（区）2017 年度本级预算执行、2 个县（区）财政决算、42 个部门预算执行、9 个乡镇财政决算和市扶贫办财务收支审计。

经济责任审计 完成对 11 个市直单位、60 个县（区）直单位、12 个乡镇 24 名镇委书记镇长以及源城区法院等部门党政主要领导干部经济责任审计；组织对 6 个乡镇 12 名乡镇党委、政府主要领导干部进行自然资源资产离任审计。

固定资产投资审计 围绕加快基础设施项目建设，组织对市东江湾公园一期工程项目、太平古街改造修缮第一期第二阶段建设工程项目等 7 项重点工程进行审计，进一步规范政府投资管理，促进节约财政资金。

民生资金（项目）审计 组织开展 2016 年至 2017 年企业职工基本养老保险基金财务收支、2015 年至 2017 年水库移民后期扶持资金管理使用和项目实施情况等 7 项民生资金的审计，揭示资金筹集、管理、使用中存在的问题，维护人民群众的切实利益。

相关工作 认真落实全面从严治党主体责任，持之以恒抓好党风廉政建设，促进审计人员严格遵守审计“四严禁”工作要求和审计“八不准”工作纪律，公正执法、廉洁从审；坚持从严管理审计队伍，加强审计干部思想政治教育，通过教育培训，增强审计人员综合素质能力。

内部审计 全市内部审计机构完成审计项目317个，审计总金额5.3亿元，审计发现主要问题112个，查出管理不规范金额3077.81万元，提出审计意见建议234条。（撰稿人：袁雅君）

【阳江市审计局】 2018年，阳江市审计局实有49人。党组书记、局长谢英杰，党组成员、副局长陈小敏、明康颂、林志远，党组成员、总审计师茅卫华，经济责任审计联席会议办公室主任杜方杰。设有办公室、法规审理整改科、经济责任审计科、财税金融审计科、行政事业审计科、农业与资源环保审计科、固定资产投资审计科、绩效审计科、社会保障审计科、综合计划与整改监督科；下设经济责任审计中心（加挂“计算机审计技术中心”牌子）、基建审计中心2个事业单位。

审计成果 2018年，阳江市县两级审计机关完成审计和专项审计调查项目82个。查出主要问题金额82.39亿元，其中违规问题金额6.11亿元、损失浪费金额1.95亿元、管理不规范金额74.33亿元；损益（收支）不实金额302万元；审计处理处罚金额7.89亿元，其中应上缴财政4.63亿元、应归还原渠道资金2.26亿元；通过审计增收节支5.78亿元，出具审计报告和专项审计调查报告95篇，向被审计单位提出审计建议228条，被采纳174条，提交审计信息38篇，被批示、采用12篇。向纪检监察机关和有关部门移送处理事项4件，向公安机关移送问题线索1件。

国家重大政策措施落实情况跟踪审计 市审计局组织全市审计机关开展“放管服”改革推进情况、防控农合机构地方金融风险和推进农商行组建工作情况、地方政府债务领域去杠杆情况、去库存行动计划落实情况、支持实体经济新十条落实情况、减税降费政策措施落实情况、重大基础设施建设情况、精准扶贫精准脱贫审计以及加强基层医疗卫生服务能力建设政策落实情况等9个专题审计，抽审58个部门单位，向有关部门单位出具整改函共17份，移送问题线索2条。

财政审计 完成预算执行审计项目45个，财政决算项目2个，延伸审计单位11个，查出主要问题金额82.37亿元，其中未按规定纳入预算管理金额3.57亿元。

经济责任审计 对32名领导干部开展任中（离任）审计。查出主要问题属领导责任违规金额438万元、属领导责任管理不规范金额54300万元，提出审计建议52条。

固定资产投资审计 对政府投资建设的22项工程开展造价结算审计，在财政审定工程结算造价合计4.74亿元的基础上，再核减744.59万元。

民生资金（项目）审计 完成民生资金（项目）审计3个，查出管理不规范金额206万元。

信息化建设 抽调专业人员建立电子数据审计办公室，组织开展审计业务电子数据的采集、验收和整理工作，开展跨行业、跨部门、跨地区的数据分析。（撰稿人：林子琪）

【清远市审计局】 2018年，清远市审计局实有29人。党组书记、局长冯小华，党组成员、副局长杨志辉、练贤聪，党组成员、总审计师张锦星。设有办公室、法规科、经济责任审计科、财政金融审计科、行政事业审计科、农业与资源环保审计科、固定资产投资审计科、企业审计科。

审计成果 2018年，清远市县两级审计机关完成审计项目127个。查出主要问题金额329.64亿元，其中违规金额1.91亿元、管理不规范金额327.71亿元；审计发现非金额计量问题313个；损益（收支）不实金额7.08亿元；审计发现侵害人民群众利益1435万元。出具审计报告和专项审计调查报告178篇，审计处理处罚金额11.6亿元，移送处理事项25件，移送处理金额7703万元。审计促进整改落实有关问题资金2.48亿元；审计后挽回（避免）损失3714万元；核减投资额2051万元。

国家重大政策措施落实情况跟踪审计 市县两级审计机关投入6394人·日开展政策措施落实情况跟踪审计，抽查188个单位，涉及资金总额

625.81 亿元；抽查 123 个项目，涉及项目总投资额 488.92 亿元。

财政审计 完成预算执行审计项目 43 个，财政决算审计项目 21 个，查出主要问题金额 157.22 亿元。对 37 个行政事业单位开展财务收支审计，查出主要问题包括：未落实“收支两条线”和专户管理规定 1193 万元，违规改变项目计划和资金用途 777 万元。

经济责任审计 对 55 名领导干部开展经济责任审计，查出主要问题金额 6.85 亿元；对 8 个乡镇党委、政府主要领导干部交叉开展经济责任进行同步现场审计。实施英德市石牯塘镇党委书记镇长自然资源资产任期审计试点项目，并且与经济责任审计结合进行。

固定资产投资审计 审计 12 个投资审计项目，项目投资额 26.65 亿元，经审计核减投资额 2051 万元。

民生资金（项目）审计 关注和人民群众生产生活密切相关的领域资金管理和使用情况，对 9 个单位开展专项资金审计（调查），涉及资金总额 26.1 亿元。

企业审计 对 4 个企业（包括金融机构）进行审计，查出主要问题金额 9.02 亿元，包括违规经营 6.74 亿元、资产闲置 6956 万元等。

内部审计 全市有内部审计机构 206 个，内部审计人员 692 人，完成审计项目 1326 个，审计总金额 7.85 亿元，增收节支 368 万元，提出并被采纳建议意见 942 条。 （撰稿人：罗 彬）

【东莞市审计局】 2018 年，东莞市审计局实有 81 人。党组书记、局长卢炳辉，党组成员、副局长王汝铭、何志宇、赵志丹、谭丽珍，党组成员、总审计师何建东，党组成员、纪检监察组组长梁洁玲，经济责任审计工作联席会议办公室主任谢宇鹏，副调研员欧高峰。设有办公室、综合法规科、财政金融审计科、行政事业审计科、固定资产投资审计科、内审指导科、经贸审计科和经济责任审计分局、基层审计分局。

审计成果 2018 年，东莞市审计局完成审计项目 43 个。查出违规金额 5.32 亿元、损失浪费金额 1664 万元、管理不规范金额 88.59 亿元，促进整改落实有关问题资金 21.36 亿元，促进拨付资金到位 36.13 亿元，出具审计报告和专项调查报告 69 篇，提交专题审计报告 17 篇、信息 38 篇，移送处理事项 13 件。

国家重大政策措施落实情况跟踪审计 组织对“放管服”、减税降费等 11 项重大政策落实情况开展跟踪审计，抽查资金 55.02 亿元，出具综合性报告、整改函 27 份，促进减少或清退违规收费 1.44 亿元，落实对企业补助 9077 万元。

财政审计 组织对 8 个镇街和部门单位实施财政财务审计，对 10 个部门单位、专项资金的预算执行情况进行审计，查出违规金额 7832 万元、损失浪费金额 996 万元、管理不规范金额 14.6 亿元，促进上缴财政和归还原渠道 4495 万元，调账理顺 4409 万元。

经济责任审计 完成经济责任审计项目 15 个，审计领导干部 22 人，查出违规金额 1.38 亿元、损失浪费金额 561 万元、管理不规范金额 3.34 亿元，提交审计信息和结果报告 44 篇，向有关部门移送处理事项 9 件。

民生资金（项目）审计 加强对企业职工养老保险、取消车辆通行费等民生政策资金项目的审计，查出违规金额 1902 万元、管理不规范金额 53.15 亿元，促进归还原渠道资金 2283 万元。

其他审计项目 组织对防控农商行地方金融风险情况、东西部扶贫协作资金、茅洲河整治等 8 个政策资金项目进行审计，查出管理不规范金额 7222 万元，促进上缴财政和归还原渠道资金 310 万元，推动三大攻坚战相关政策资金落地生效。

相关工作 全年集中组织各类专题学习教育 20 余次，组织制定《审计组临时党支部管理办法》等制度，建立健全党建工作落实“五层塔形”责任机制。转任和招录公务员 2 名，吸收审计助理 12 名，组织 30 多人赴中山大学参加综合素质提升培训班，选派 35 人次参加上级组织的 5 个大型审计项目。 （撰稿人：梁志锋）

【中山市审计局】 2018 年，中山市审计局实有 75 人。党组书记、局长李庆，党组成员、副局长陈福成、杨伟文、冯欣荣、林文正，党组成员、纪检组长巫颖洁，党组成员、总审计师梁广凡，经济责任审计办公室主任陈玉全，副调研员钟汝梧。设有办公室、综合计划和法规审理科、经济责任审计办公室、财政税务审计科、行政事业审计科、社会保障审计科、农业与资源环保审计科、固定资产投资审计科、企业审计科、人事科、绩效审计与整改监督科、电子数据审计科；下设内部审计指导中心（事业单位）。

审计成果 2018年，中山市审计局完成审计项目33个，其中专项审计调查项目3个。查出主要问题金额134.13亿元，其中违规金额5.09亿元、损失浪费金额1798.99万元、管理不规范金额128.86亿元；审计发现非金额计量问题280个；损益（收支）不实金额10.66亿元；审计发现侵害人民群众利益2053.34万元；出具审计报告和专项审计调查报告42篇。审计处理处罚金额12.07亿元，其中应上缴财政4.39亿元、应归还原渠道资金7004.91万元、应调账处理金额6.97亿元；移送司法机关、纪检监察机关和有关部门处理事项11件，移送处理金额1.01亿元。审计促进整改落实有关问题金额47.71亿元。审计提出建议97条，被采纳67条；促进被审计单位制定、完善规章制度85项；提交审计信息98篇，被批示、采用21篇。向社会公告审计结果5篇。

国家重大政策措施落实情况跟踪审计 针对产业梯度转移、降低企业成本、扶贫协作资金管理使用、简政放权和金融运行风险等重大任务落实情况，开展跟踪审计。审计发现问题48个，向有关部门出具审计发现问题整改函19份，促进被审计单位完善各类制度文件8项。

财政审计 开展政府性债务和隐性债务、取消车辆通行费公路项目债务、财政暂存暂付挂账事项等审计项目，扩展财政联网审计系统功能，突出关注存量资金的使用和政府债务风险。

经济责任审计 对镇区、市直部门的8名主要领导干部开展经济责任审计，查出问题金额24.79亿元。对神湾镇开展自然资源资产审计。落实全省审计工作“一盘棋”要求，选派由局领导带队的19名业务骨干赴肇庆市广宁县，交叉开展对该县原县委书记、县长经济责任审计。

固定资产投资审计 突出抓好对城市地下综合管廊建设、东部外环高速公路（一期）等5个基础性重大投资项目的审计监督，揭示工程质量、建设进度、招投标等方面存在的问题和风险隐患，核减投资额154.33万元。

民生资金（项目）审计 开展对人社、社保、企业职工养老、卫生、公路、扶困助学等专项资金的审计监督，探索运用云计算技术有效查找审计疑点，揭示挤占挪用、损失浪费等问题。根据省审计厅的统一安排，选派审计业务骨干赴云南昭通开展东西部扶贫协作跟踪审计。开展城市黑臭水体整治情况专项审计调查。

相关工作 把学习习近平新时代中国特色社会主义思想作为党组第一议题，开展多种形式学习调研活动；组织党员干部到重庆、遵义开展党性教育，增强责任感和使命感；对照中央巡视组反馈的主要问题和整改意见，开展纪律作风专项整治月活动。全年派出业务骨干共22人次参加省委巡视、市委巡察和协助市纪委监委查办案工作；加强与市纪委监委、市检察院、市公安局、市建设局等部门的沟通配合和信息共享，向市纪委监委等部门移送线索11条，一批严重违纪违法案件得到有效查处。通过人大代表约谈被审计单位负责人、召开全市整改工作会议、专项整改协调会、审计现场整改等形式，打好“组合拳”，推进审计整改落实。

内部审计 全市内部审计机构开展审计项目1351个，审计总金额1213.69亿元，增收节支7519.16万元，提出并被采纳的意见2886条，向司法机关移交案件2件，涉及2人。

（撰稿人：郭文芳）

【潮州市审计局】 2018年，潮州市审计局实有42人。党组书记、局长邱怀球，副局长蔡舜娜，党组成员、副局长杨桂生、刘建春，党组成员、总审计师曾锐松。设有办公室、政策法规科、财税金融审计科、固定资产投资审计科、行政事业审计科、工交商贸审计科、经济责任审计一科、经济责任审计二科；下设审计信息中心。

审计成果 2018年，潮州市县两级审计机关完成审计项目92个，其中专项审计调查项目6个。查出主要问题金额112.34亿元，其中违规金额5887万元、损失浪费金额231万元、管理不规范金额111.73亿元；审计发现非金额计量问题701个；损益（收支）不实金额1.43亿元；审计发现侵害人民群众利益2879万元；出具审计报告和专项审计调查报告151篇。审计处理处罚金额1.22亿元，其中应上缴财政4573万元、应归还原渠道资金1314万元、应调账处理金额6325万元；移送司法机关、纪检监察机关和有关部门处理事项8件，移送处理金额1415万元。审计促进整改落实有关问题资金2.15亿元；移送处理落实事项1件。审计提出建议166条，被采纳158条；提交审计信息46篇。向社会公告审计结果4篇。

国家重大政策措施落实情况跟踪审计 围绕"放管服"改革、减税降费和加强基层医疗卫生服务能力建设等7个方面政策措施的落实推进情况进行跟踪审计，有效发挥审计"推进器"作用。

财政审计 组织开展2017年度潮州市和3个县（区）本级预算执行和其他财政收支情况审计、2017年枫溪区财政收支情况审计。市审计局对5个市级单位部门预算进行审计。参加省审计厅组织的地方政府性债务和隐性债务审计以及市县财政资金挂账审计。

经济责任审计 完成对54名领导干部的经济责任审计，查出违规金额3164万元、管理不规范金额10.58亿元。市审计局开展3个领导干部自然资源资产离任审计项目。根据省审计厅的统一安排，统筹全市审计力量组成审计组赴河源市源城区交叉开展区委书记、区长经济责任同步审计。

固定资产投资审计 开展潮州市凤城公园A区建设工程决算审计和潮州市基础设施供给侧结构性改革推进情况跟踪审计，有效地促进财政部门规范工程造价审核工作的管理，推动有关单位修订完善制度16项。

民生资金（项目）审计 组织开展保障性安居工程、精准扶贫精准脱贫跟踪审计。市审计局开展2016年至2017年潮州市企业职工基本养老保险财务收支结余情况的审计，对市环卫专项资金、2017年度校园足球工作资金使用情况的审计。

企业审计 开展饶平农信社防控地方金融风险、推进农商行组建、取消车辆通行费公路项目债务等对金融企业的审计项目。对2家国有企业开展审计，揭示国有资本管理中存在的问题。

相关工作 市审计局采取审计回访、上门督办、实地检查等方式，对达到审计项目整改期限的47个审计项目的被审计（调查）单位进行跟踪检查。全年为市政府依法行政和科学决策提供参考意见163项。 （撰稿人：杨　丹）

【揭阳市审计局】 2018年，揭阳市审计局实有43人。党组书记、局长郑旭亮，党组成员、副局长洪泽坤、黄跃、钟少贞，党组成员、总审计师郭少斌，党组成员、经济责任审计办公室主任林树宏。设有办公室、综合科、财税金融审计科（加挂外资运用审计科）、行政事业审计科、经济责任审计办公室（与揭阳市经济责任审计工作领导小组办公室合署办公）、固定资产投资审计科、经贸审计科、社会保障审计科、农业资源和环保审计科、整改监督科、财务科和直属分局；下设审计信息管理办公室、经济责任审计中心2个事业单位。

审计成果 2018年，揭阳市县两级审计机关完成审计项目130个。审计查出主要问题金额184.9亿元，其中违规金额6090万元、管理不规范金额183.77亿元；审计发现非金额计量问题470个；损益（收支）不实金额7.5亿元；审计发现侵害人民群众利益5829万元；出具审计报告和专项审计调查报告168篇。审计处理处罚金额11.76亿元，其中应上缴财政1643万元、应归还原渠道资金4449万元、应调账处理金额11.14亿元；向纪检监察机关移送事项4件，向有关部门移送事项8件，向纪检监察机关移送处理人员1人。审计促进增收节支4002万元。审计提出建议330条。提交审计信息158篇，被批示、采用7篇。向社会公告审计结果30篇。

国家重大政策措施落实情况跟踪审计 建立健全跟踪审计常态机制，先后对去杠杆、去库存行动计划推进情况、支持实体经济新十条落实情况、"放管服"改革推进情况、减税降费政策落实情况、防控全省农合机构地方金融风险和推进全省农商行组建工作情况、基层医疗服务能力建设情况和基层设施供给侧结构性改革推进情况等重大政策措施落实情况进行审计，对市卫生计生局、财政局、国土资源局、人力资源社会保障局等单位涉及的事项进行抽查。

财政审计 开展对市本级财政和社保基金预算执行及决算草案情况等"四本账"的审计；对地方政府性债务和隐性债务进行审计调查；对8

个市直单位进行部门预算执行情况审计。

经济责任审计 完成67个单位领导干部的经济责任审计，查出违规金额1067万元、管理不规范金额5.89亿元。参考审计结果得到肯定或使用的被审计领导干部61人。组织对榕城区东兴街道、普宁市南径镇、大南海石化工业区溪西镇3个乡镇交叉开展领导干部任期经济责任同步审计，结合开展自然资源资产离任审计。根据广东省审计厅统一部署，交叉实施对惠东县委书记、县长经济责任和自然资源资产离任审计。

固定资产投资审计 对揭阳市练江流域综合整治水利建设项目（普宁市练江流域综合整治项目水利部分）、揭阳港大南海东岸公共码头防波堤工程、揭阳港大南海东岸公共进港航道工程3个项目进行跟踪审计调查。

民生资金（项目）审计 对全市精准扶贫精准脱贫跟踪审计工作统一部署，实施审计项目7个，实现各县级行政区精准扶贫精准脱贫审计全覆盖。开展企业职工养老保险审计，对审计发现的违规收取参保缴费人员利息、申报缴费基数不实、挤占挪用企业职工养老保险基金等问题，依法作出处理并提出改进建议。

企业审计 对揭东区、惠来县农商行两个金融企业开展风险和改革情况审计；对普侨区、大南山侨区、市城市投资开发公司、市水务集团有限公司的资产和负债情况进行审计；对全市农林水渔等部门资产管理运营情况开展专项审计调查。

信息化建设 建成集实验教学和数据分析一体化的模拟实验室；搭建数字化审计平台，组建数字化审计团队，在精准扶贫精准脱贫审计中，利用扶贫工作数据、危房改造数据及其他行业数据进行对比分析，取得直接效果。

相关工作 在全市审计系统开展学习习近平总书记重要讲话精神培训活动和“大学习、大讨论、大调研、大培训”活动，开展“戴党徽、亮身份，当新时代审计奋斗者”的党建品牌创建，组织开展集中学习14场，组织召开专题研讨会12场，形成调研报告10份。成立审计管理体制改革工作领导小组，加强对县级审计机关的指导和督促。

内部审计 对市教育局、市公安局、市民政局、市国土资源局等10个单位的内部审计工作进行检查指导，将检查结果向市直单位通报。

（撰稿人：李晓链）

【云浮市审计局】 2018年，云浮市审计局实有30人。党组书记、局长曾树荣，党组成员、副局长冯杰焕、李菊，党组成员、纪检组长杨冠锋，党组成员、总审计师崔志荣。设有办公室、政策法规科、财税审计科、金融与社会保障审计科、行政事业审计科、企业审计科、农业与资源环保审计科、固定资产投资与外资运用审计科、经济责任审计科、绩效审计科。

审计成果 2018年，云浮市县两级审计机关完成审计项目120个，其中专项审计调查项目19个。查出主要问题金额38.55亿元，其中违规金额374万元、管理不规范金额38.51亿元；审计发现非金额计量问题567个；损益（收支）不实金额912万元；出具审计报告和专项审计调查报告147篇。审计处理处罚金额2522万元，其中应上缴财政357万元、应减少财政拨款或补贴2164万元；移送司法机关、纪检监察机关和有关部门处理事项7件，移送处理金额447万元。审计促进整改落实有关问题资金2503万元；审计后核减投资额2313万元。审计提出建议316条；提交审计信息60篇。向社会公告审计结果18篇。

国家重大政策措施落实情况跟踪审计 围绕推进经济高质量发展和打好三大攻坚战，针对去杠杆、去库存行动计划推进情况和支持实体经济新十条落实情况、推进“放管服”改革情况、防控农合机构金融风险、基层卫生能力建设等，开展跟踪审计，抽审项目78个，抽审单位162个，发现问题51个。

财政审计 完成预算执行审计项目44个，延伸审计单位106个，查出主要问题金额29.48亿元，其中未按规定征收缴纳收入5575万元、资金滞留闲置1034万元。完成财政决算审计15个，延伸审计单位25个，查出主要问题金额4.08亿元。

经济责任审计 完成17个单位的31名领导干部的经济责任审计，其中任中审计18人。查出主要问题金额13.49亿元，其中审计领导干部应负直接责任金额2330万元、应负主管责任金额1.55亿元、应负领导责任金额11.71亿元。

固定资产投资审计 完成44个投资审计项目，项目投资额4.03亿元，完成投资额3.3亿元，核减投资额2313万元。

民生资金（项目）审计 组织开展企业职工基本养老保险基金审计、市级医疗卫生资金专项审计调查、精准扶贫精准脱贫跟踪审计、基层医疗卫生服务能力建设审计等，跟进资金申请、分配、拨付、使用等关键环节，追踪民生政策落实的“最后一公里”，推动公共资金、公共资产和公共服务的合理有效分配。

农业与资源环保审计 组织开展省级环境整治资金审计调查，审计总额6603万元，查出主要问题金额350万元。

其他审计项目 开展企业审计项目1个，查出主要问题金额558万元。对10个单位管理的43.5亿元专项资金进行审计，查出主要问题金额9447万元。参加省审计厅组织安排的地方政府性债务和隐性债务审计、财政暂存性挂账事项审计调查、取消车辆通行费债务情况审计，组织开展农合机构金融风险和改制审计调查。

相关工作 巩固“两学一做”学习教育常态化制度化成果，开展“不忘初心、牢记使命”主题教育，完善党组领导班子党建工作目标责任制，推进机关党建与审计业务深度融合，全面开展模范机关创建活动。开展纪律作风专项整治活动和纪律教育学习月活动，落实党风廉政有关规定和以审计“四严禁”工作要求和审计“八不准”工作纪律为核心的各项审计廉政制度，支持市纪委监委和派驻纪检组开展监督工作，严格执纪问责。组织全市审计干部赴高校开展审计专业知识培训，更新知识结构，拓宽知识面，提升审计干部的专业胜任能力。

内部审计 全市有内部审计机构66个，其中专职机构11个；有内部审计人员222人，其中专职人员29人。完成审计项目1128个，审计总金额56.9亿元，提出建议意见被采纳537条。

（撰稿人：梁美红）

2018年广东省所辖区、县(市)级审计工作统计表

金额单位：万元

审计机关	完成审计项目/个	审计查出主要问题金额	审计发现非金额计量问题/个	审计期间整改金额	出具审计报告和审计调查报告/篇	审计处理情况		审计促进整改落实有关问题资金	审计提出建议/条	提交审计信息/篇
						审计处理处罚金额	移送处理事项/件			
广州市										
广州市本级	86	1757520	1175	351012	141	41607	16	205985	184	34
荔湾区审计局	26	100553	1633	1539	36	503	11	503	55	37
越秀区审计局	29	7006	110	983	34	805	6	286	110	60
海珠区审计局	19	317677	74	516	25	253501		813	37	74
天河区审计局	25	56371	102	2157	28	3690	2	967	57	32
白云区审计局	20	82401	107		21	15293	4	13733	24	8
黄埔区审计局	20	70181	51	22224	25	36150	2	508	20	1
番禺区审计局	26	114930	51	28723	35	5644	7	4567	54	62
花都区审计局	21	1261891	88	206293	27	856	2	847	67	27
南沙区审计局	18	53162	96	10035	23	7177	1	7177	27	6
从化区审计局	15	193182	277	177215	19	9	1	32	9	10

（续表）

审计机关	完成审计项目/个	审计查出主要问题金额	审计发现非金额计量问题/个	审计期间整改金额	出具审计报告和审计调查报告/篇	审计处理情况		审计促进整改落实有关问题资金	审计提出建议/条	提交审计信息/篇
						审计处理处罚金额	移送处理事项/件			
韶关市										
韶关市本级	45	280393	314	2618	63	122804	26	22325	142	25
武江区审计局	9	7015	60		10				50	7
浈江区审计局	11	21997	35	549	16	6			28	
曲江区审计局	18	72789	30	8	25	63		57	42	1
乐昌市审计局	18	208292	60		26	151			51	18
南雄市审计局	19	2150	98	121	27		4	7	106	2
始兴县审计局	15	176562	31		24	14			38	
仁化县审计局	18	54985	105		26		1		132	
翁源县审计局	18	5435	51		26				24	
乳源瑶族自治县审计局	21	27652	82		30				65	1
新丰县审计局	16	1648	37	12	23	164		164	27	
深圳市										
深圳市本级	71	7857757	447	272373	86	1033211	24	1032201	290	26
罗湖区审计局	34	87639	156	52187	44	5882	1	5169	117	5
福田区审计局	14	25924	57	29	17	4		873	60	1
南山区审计局	33	75143	157	270	39	70015		5982	146	43
宝安区审计局	35	38500	187	429	46	14637		12109	219	96
龙岗区审计局	74	711956	377	24307	87	113985		52797	302	12
盐田区审计局	28	6531	96	1	43	1700		929	113	34
龙华区审计局	18	388387	79	152700	29	1109		1094	71	37
坪山区审计局	19	735225	132	657565	23	1760	3	1571	136	4
光明区审计局	14	8820	66	220	16	812		812	52	
大鹏新区审计局	14	1139	27	358	15	336	1	329	24	
珠海市										
珠海市本级	56	497887	633	50185	86	18128	29	39896	188	77
香洲区审计局	17	13782	103		21	92		42	47	22
斗门区审计局	20	160755	86		23	3575		4117	38	
金湾区审计局	12	122315	97	9696	13	13994		11243	42	5
汕头市										
汕头市本级	42	1728912	700	2508	51	18303	1	8254	77	21
龙湖区审计局	11	108337	77		19	2523		509	32	3

（续表）

审计机关	完成审计项目/个	审计查出主要问题金额	审计发现非金额计量问题/个	审计期间整改金额	出具审计报告和审计调查报告/篇	审计处理情况		审计促进整改落实有关问题资金	审计提出建议/条	提交审计信息/篇
						审计处理处罚金额	移送处理事项/件			
金平区审计局	14	56374	70	1615	19	1216	1	1105	19	1
濠江区审计局	11	9744	58		14	761		740	16	
潮阳区审计局	30	25691	76	39	44	2041		22	9	2
潮南区审计局	30	1135	171		47	945	2	945	35	1
澄海区审计局	13	168199	10		13	82		82	42	
南澳县审计局	8	22873	54	46	11	90		90	36	13
佛山市										
佛山市本级	18	915686	435	24370	33	81281	19	81591	74	27
禅城区审计局	9	155119	53	367	11	21	1	108	25	5
南海区审计局	16	730089	173	33666	18	3559	2	301	48	16
顺德区审计局	38	137916	272	3755	41	655	7	756	125	35
三水区审计局	15	40466	103	21	20	561	11	610	37	1
高明区审计局	10	9206	168	65	11	398	2	379	48	56
江门市										
江门市本级	39	470810	280	3943	57	699	16	19998	140	4
蓬江区审计局	10	24757	13	4463	11	154	2		23	
江海区审计局	12	34735	17		15		1		27	
新会区审计局	33	139566	38	601	43	1			70	1
台山市审计局	26	22855	56	189	32	8055		8040	88	3
开平市审计局	27	12027	5		36	1080			70	1
鹤山市审计局	23	1373319	93	173256	28	17930	1	100412	85	2
恩平市审计局	17	90265	18		24	214			55	21
湛江市										
湛江市本级	40	951794	124	2054	72	120064	6	97917	140	33
赤坎区审计局	10	24733	4		16	9441	1	44	23	6
霞山区审计局	14	46729	38	184	19	20108	3	709	45	7
坡头区审计局	8	150647	51		10	1			27	
麻章区审计局	6	27673	20	3	8	36		15	15	2
廉江市审计局	17	226392	30	42	25	518			50	
雷州市审计局	8	519895	13	44	12	340464	1	15	18	8
吴川市审计局	19	252035	59	1	26	1667	1213	17	72	10
遂溪县审计局	17	33600	47	322	21	336	4	212	35	1
徐闻县审计局	12	45135	102		16	10719			27	3

（续表）

审计机关	完成审计项目/个	审计查出主要问题金额	审计发现非金额计量问题/个	审计期间整改金额	出具审计报告和审计调查报告/篇	审计处理情况		审计促进整改落实有关问题资金	审计提出建议/条	提交审计信息/篇
						审计处理处罚金额	移送处理事项/件			
茂名市										
茂名市本级	49	648501	364	29076	77	176870	5	56991	158	21
茂南区审计局	20	202725	21		28	168			55	11
电白区审计局	30	100540	51	905	43	82600	1	77520	112	10
高州市审计局	32	72113	76		53	26318	1	16450	198	12
化州市审计局	28	128211	21		41	3892	6	3525	107	11
信宜市审计局	26	102653	3		35	1448	5	1374	89	9
肇庆市										
肇庆市本级	29	410250	156	66555	36	99594	6	199780	75	38
端州区审计局	15	102425	33	158	23	44		32840	12	10
鼎湖区审计局	13	48035	49	4682	18	9318		9826	43	3
高要区审计局	9	2758	11	7	13	25		311	19	3
四会市审计局	24	24055	188	244	30	1305		6277	64	2
广宁县审计局	13	79384	23	4	19	6198		47559	39	9
怀集县审计局	18	144768	28	11257	30	648		255	27	26
封开县审计局	17	206665	32	9	24	387		35335	51	4
德庆县审计局	10	2293	34	831	14	233		687	29	7
惠州市										
惠州市本级	72	460997	1805	29290	99	59409	26	105121	194	63
惠城区审计局	33	36383	85	8527	48	9849	3	9365	32	2
惠阳区审计局	48	259915	365	99	70	450	5	645	178	
博罗县审计局	58	308564	191	2711	73	24334	30	18703	153	
惠东县审计局	29	46917	160	5870	33	35888	14	38943	98	35
龙门县审计局	55	345033	96	14468	68	71299	4	2454	127	
大亚湾区审计局	24	37609	92	215	29	430	6	279	94	25
仲恺高新区监察与审计局	10	1250	82	102	12	284		310	22	4
梅州市										
梅州市本级	59	903966	277	55533	89	27934	10	25446	195	34
梅江区审计局	16	5690	35	13	25	3555	3	3738	34	11
梅县区审计局	28	11930	37		45	573		287	74	2
兴宁市审计局	26	97086	103	19108	38	830		424	72	12
大埔县审计局	28	38024	42	256	45	810	4	810	89	13

（续表）

审计机关	完成审计项目/个	审计查出主要问题金额	审计发现非金额计量问题/个	审计期间整改金额	出具审计报告和审计调查报告/篇	审计处理情况		审计促进整改落实有关问题资金	审计提出建议/条	提交审计信息/篇
						审计处理处罚金额	移送处理事项/件			
丰顺县审计局	31	220058	70	195	48	6021	6	10536	91	
五华县审计局	26	307182	50	20	39	26118		17268	73	6
平远县审计局	32	242851	69	194	49	4392	2	4392	92	7
蕉岭县审计局	31	185559	40	1	47	611	4	562	123	29
汕尾市										
汕尾市本级	46	85049	164		69	75448	2	75359	167	53
城区审计局	16	40823	25	8	19	488		468	52	7
陆丰市审计局	24	7442	51	1817	32	4164		1969	85	8
海丰县审计局	21	9676	39	5107	24	20		5	49	6
陆河县审计局	23	1083	37	8	30	157		379	69	7
河源市										
河源市本级	43	748013	306	16742	81	23041	6	26953	145	4
源城区审计局	20	51441	52	4	29				57	1
紫金县审计局	24	98810	49	264	34	809		1603	246	
龙川县审计局	21	332055	30	2	27	9		257731	138	1
连平县审计局	21	102261	50		21	10346		35	89	11
和平县审计局	21	9163	74		28	7		7	84	
东源县审计局	14	44857	14	30000	25			8742	43	
阳江市										
阳江市本级	41	603620	175	2084	49	75318	5	57806	113	15
江城区审计局	7	93240	16		9			44	20	3
阳东区审计局	11	15412	45	8	14	49		45	31	19
阳春市审计局	7	100338	7	27000	7	3498		3340	24	1
阳西县审计局	10	8072	21		10	11			22	
海陵岛经济开发试验区审计局	6	3195	15		6	6			18	
清远市										
清远市本级	36	1738087	163	1282	47	18088	18	16318	123	18
清城区审计局	15	489508	7	11	15	36	3		19	25
清新区审计局	16	418998	34	14	20	7413	1	259	88	
英德市审计局	16	221576	29	2101	26	82588	1	2100	10	213
连州市审计局	17	196980	7		22	4287	1	3200	35	2

（续表）

审计机关	完成审计项目/个	审计查出主要问题金额	审计发现非金额计量问题/个	审计期间整改金额	出具审计报告和审计调查报告/篇	审计处理情况		审计促进整改落实有关问题资金	审计提出建议/条	提交审计信息/篇
						审计处理处罚金额	移送处理事项/件			
佛冈县审计局	21	83241	31	4257	14	912		912	32	29
阳山县审计局	9	13836	29	231	11	2429		2029	25	2
连山壮族瑶族自治县审计局	8	33201	3		10	16		16	16	13
连南瑶族自治县审计局	9	101001	10	166	13	215	1		22	1
东莞市										
东莞市本级	43	940691	263	14778	69	213544	13	213626	151	55
中山市										
中山市本级	33	1341297	280	210712	42	120714	11	477071	97	98
潮州市										
潮州市本级	37	921444	503	1193	67	9996	6	20158	86	44
湘桥区审计局	6	1465	20	25	6	4			28	2
潮安区审计局	17	161424	99	38	32	1558		884	25	
饶平县审计局	24	38691	53		33	649	2	449	21	
枫溪区审计局	8	372	26	3	13	4			6	
揭阳市										
揭阳市本级	36	1462767	254	21552	48	113731	1	15368	83	94
榕城区审计局	18	56148	4		18				71	8
揭东区审计局	10	75393	35		10	1480		1491	10	16
普宁市审计局	22	121114	109	1144	36	835		370	104	14
揭西县审计局	18	42726	55		30	1296	11	1296	16	8
惠来县审计局	26	90838	13	182	26	238		358	46	18
云浮市										
云浮市本级	21	315593	191	1897	33	174	3	164	81	25
云城区审计局	33	24369	44	17355	35	347		347	48	8
云安区审计局	18	13228	190		22	1385		1385	49	9
罗定市审计局	18	11123	39	564	25	4		4	37	9
新兴县审计局	9	18624	21	357	10				26	4
郁南县审计局	21	2562	82	64	22	612	4	603	75	5

广西壮族自治区

【广西壮族自治区审计厅】 2018 年，广西壮族自治区审计厅实有 234 人。设有办公室、法规处、财政审计处、行政事业审计处、农业与资源环保审计处、固定资产投资审计处、金融审计处、企业审计处、社会保障审计处、外资运用审计处、经济责任审计局、人事处、机关党委、离退休人员工作处；设有派出发展计划审计处、派出经济贸易审计处、派出教育科学审计处、派出政法审计处、派出资源环保审计处、派出民政社保审计处、派出交通建设审计处、派出农业水利林业审计处、派出文化体育新闻审计处、派出卫生计划生育审计处、派出工商质监审计处、派出旅游民族事务审计处；下设机关服务中心、内部审计指导中心、科学研究所、干部培训中心等事业单位。

领导成员

党组书记：苏海棠

厅　　长：眭国华（2 月—）

副 厅 长：李早春　陈勇新

何国烜（11 月—）　黄　伊

总审计师：农克宝（3 月—5 月）

桂忠才（11 月—）

经济责任审计局局长：桂忠才

自治区纪委监委驻审计厅纪检监察组组长：

黄仁兴（11 月—）

副巡视员：覃格知

审计成果 2018 年，广西壮族自治区各级审计机关完成审计项目 4633 个，通过审计促进增收节支和挽回（避免）损失 151.3 亿元。自治区审计厅完成审计和专项审计调查项目 99 个，查出主要问题金额 1534.99 亿元。审计处理决定应上缴财政 25.08 亿元，应减少财政拨款或补贴 2686 万元，应归还原渠道资金 655.78 亿元，应缴纳其他资金 1.37 亿元，应调账处理金额 87.67 亿元；核减投资额 3.19 亿元，审计后挽回（避免）损失 5997 万元；移送处理事项 54 件，移送处理人员 249 人，移送处理金额 27.27 亿元；出具审计报告和专项审计调查报告 108 篇，提出审计建议 250 条，向社会公告审计结果 27 篇，提交审计信息 169 篇，被批示、采用 70 篇。

2 个审计项目被审计署评为表彰审计项目，1 个审计项目被审计署评为扶贫审计表彰项目。

国家重大政策措施落实情况跟踪审计 全区各级审计机关对重大政策措施落实情况开展跟踪审计，揭示重大项目建设推进、环境保护等重大专项资金管理使用、政府性债务资金管理使用、精准扶贫政策落实、降低实体经济企业成本措施落实、优化营商环境措施落实等方面存在的 401 个问题，涉及问题金额 90.31 亿元。

财政审计 关注支出结构优化，支出绩效以及与支出政策的衔接匹配等，运用大数据对全区 124 个一级预算单位“三公”经费支出、政府定点采购、预算支出绩效等事项实现全覆盖。审计（调查）438 个单位的预算执行情况，查出主要问题金额 976.32 亿元；审计（调查）62 个单位的财政决算情况，查出主要问题金额 175.49 亿元。其中自治区审计厅审计（调查）22 个单位的预算执行情况，查出主要问题金额 391.31 亿元；审计 4 个单位的财政决算情况，查出主要问题金额 93.92 亿元。自治区主席陈武主持召开常务会议，专题研究部署 2017 年度自治区本级预算执行和其他财政收支审计整改工作。

全区各级审计机关对 519 个行政事业单位进行审计（调查），查出主要问题金额 170.44 亿元。其中，自治区审计厅审计（调查）3 个单位，查出主要问题金额 49.41 亿元。在对自治区人民政府驻广州办事处实施的审计中，发现在撤销和注销有关单位时，未按规定撤销银行结算账户，未反映长期借款，未及时办理产权变更及部分房产移交相关手续以及出租收入收取不及时，往来账款（挂账 3 年以上）不及时清理、账实不符等问题。

经济责任审计 自治区审计厅与纪委监委联合出台《纪检监察机关和审计机关在查处违纪违法问题线索中加强协作配合的实施办法》，制定经济责任审计项目发现重大问题向经济责任审计工作领导小组专报制度。全区各级审计机关完成对 663 名领导干部的经济责任审计，查出主要问题金额 1790.55 亿元。向纪检监察、检察、公安等有关部门移送问题线索 240 件、涉及 493 人，涉及金额52.81亿元。

全面铺开领导干部自然资源资产离任审计工作。自治区常务副主席秦如培连续对自然资源资产离任审计专报作出批示，要求自治区政府督查室会同有关部门对审计问题实行清单制跟踪督办，建立季报制度，加强通报约谈，推动问题整改落实。

固定资产投资审计 全区各级审计机关审计（调查）政府投资审计项目3265个，查出主要问题金额79.29亿元，核减投资额3.12亿元。其中，自治区审计厅审计（调查）项目31个，查出主要问题金额27.16亿元，核减投资额3.12亿元。对政府投资建设的30个重大民生项目进行审计，查出部分项目存在违法分包、虚报工程量、超标准多征永久性用地、项目建设用地手续尚未获批复、较大设计变更未获批复、未按设计施工、未经招标违规选择资质不达标的项目法人、违规变更土地性质等问题157个，涉及问题金额18.33亿元。

民生资金（项目）审计 组织对10个国定贫困县重点审计，对36个非贫困县（市、区）开展扶贫资金审计，同时对33个县东西部协作帮扶资金审计实现全覆盖。抽查扶贫资金73.43亿元（占58.93%），涉及1458个项目（占22.67%）、86个乡镇、556个行政村，入户调查农户1079户。审计查出违纪违规问题218个，涉及金额38.19亿元，涉及责任单位418个。向自治区纪委等部门移送问题线索40件，涉及人员191人、单位95个、金额7.73亿元。对全区33个国家扶贫开发工作重点县和滇桂黔石漠化片区县2016年至2017年东西部扶贫协作和对口支援资金情况进行专项审计，涉及327个项目、101个乡镇、132个行政村，入户调查农户395户。审计查出违规问题64个，涉及违规或管理不规范金额9079.71万元。

金融审计 全区各级审计机关对5个金融机构进行审计（调查），查出主要问题金额2.07亿元。自治区审计厅对广西金融投资集团有限公司实施的审计，以防范金融系统性风险为落脚点，运用金融大数据比对技术，发现集团本部备用金跨年未清理、中小担保公司部分其他应收款账龄划分不准确、金控资产公司未按要求计提准备金等问题。

外资运用审计 审计（调查）15个外资运用项目，查出主要问题金额9095万元。其中，自治区审计厅审计12个，项目投资额132.53亿元，利用外资66.88亿元。审计查出违规和管理不规范问题金额共9067万元。

企业审计 推动出台《广西关于深化国有企业和国有资本审计监督的实施意见》，进一步深化国企国资审计。至2018年底自治区属国有企业已基本轮审一遍。全区各级审计机关共审计（调查）企业36个，查出主要问题金额910.27亿元。其中，自治区审计厅审计（调查）7个企业，查出主要问题金额846.37亿元。自治区审计厅探索开展对国有企业境外投资及资产的实地延伸审计。

专项资金审计 全区各级审计机关对274个管理使用专项资金的单位进行审计（调查），查出主要问题金额238.31亿元。其中，自治区审计厅审计（调查）单位19个，查出主要问题金额115.21亿元。在对保障性安居工程的审计中，审计发现违规和管理不规范问题金额174.84亿元，涉及保障家庭134225户，保障性住房352874套，向纪检监察、司法机关等部门移送问题线索41件，涉案金额2316.17万元。

信息化建设 以“金审工程”三期为契机，明确13项重点任务，研究出台广西审计信息化建设的指导意见、审计信息化建设规划三年行动计划。完成自治区本级机房基础环境改造，完善拥有知识产权和源代码的广西数字化审计管理平台和广西审计决策支撑平台建设，建成行政事业单位、国有企业、经济责任、自然资源资产、扶贫、社保、投资审计等7大类行业基础数据库。大数据审计覆盖面向全区扩展，依托广西数字化审计业务管理平台，构建自治区、市、县“三位一体”的三级联动平台网络，出台《广西审计全覆盖三级联动业务核查工作管理办法》，有效突破基层信息化程度不高的瓶颈。组建大数据核心团队，集中开展财政审计、农业审计等7大专题数据攻关、加大非现场审计数据分析力度，依托计算机审计发现问题、移送问题线索大幅增长。继续加强对审计人员的计算机审计培训，明确普及全员、培养骨干、打造领军人才阶梯式培养目标，取得明显成效。自治区审计厅在2018年福州举办的首届数字中国建设峰会上，作为全国审计系统唯一一家受邀单位，展示大数据审计工作成果。

审计科研 会同广西审计学会立项确定并组织完成24项审计重点课题的研究任务，将其中5项研究成果推荐参加自治区社会科学优秀成果奖评选；组织参加中国审计学会全国审计青年论坛、自治区社科联广西发展论坛的论文征集；举办广西资源环境审计专题论文征集活动，收到论文65篇，评选的获奖论文已经汇编出版。为《中国审计年鉴》《广西年鉴》《广西社会科学年鉴》《广西图鉴》组织编撰、提供相关广西审计条目；完成三部《广西审计年鉴》的组稿、编辑。出版审计管理、审计技术方法、重点课题三本论文集，计168万字；编辑出版《广西审计》6期，刊登文章300多篇，计50万字。为广西审计志书第三轮编修准备文书档案资料，计1500万字。

相关工作 以政治建设为统领，坚持把党的建设、党风廉政建设与审计工作同部署、同落实、同检查、同考核，实现审计业务和党建工作有机融合。认真落实党风廉政建设主体责任，深入开展集中整训、纪律作风专项整治月活动以及形式主义、官僚主义突出问题专项整治行动。积极推进“两学一做”学习教育常态化制度化切实打造坚强战斗堡垒，党组织的凝聚力战斗力进一步增强，党员干部队伍的先锋模范作用进一步发挥。加强干部的培养和教育，制定干部教育培训三年规划，重点抓好领导干部、主审和计算机审计人才培养，自治区审计厅举办33个专题培训班，培训3374人次。全区各级126个审计机关中有107个获得各级文明单位称号，其中获得全国文明单位7个，自治区文明单位53个。

内部审计 全区设有内部审计机构1164个，其中专职机构776个；内部审计人员5467人，其中专职3182人。全年组织实施审计项目10.75万个，其中财务收支审计13875个，经济效益审计4894个，经济责任审计2079个，基本建设审计38416个，信息系统审计1089个，内控评审609个，其他46544个。审计总金额889.78亿元，通过审计实现增收节支4.57亿元，提出建议意见被采纳26281条。向司法机关移送案件4件，移送司法机关处理17人，建议给予行政处分269人。

（撰稿人：王晓凤）

【南宁市审计局】 2018年，南宁市审计局实有63人。局长徐铭斯，副局长黄辉武、杨连业、李生明，总审计师梁露霞，机关党委副书记唐爱武，经济责任审计办公室主任李栋沛，调研员颜军。设有办公室、人事科、法规科、局机关党委、行政事业与外资运用科审计科、电子数据审计科、财政金融审计科、社会保障审计科、企业审计科、农业与资源环保审计科、固定资产投资审计科、经济责任审计办公室；下设公共投资审计中心。

审计成果 2018年，南宁市县两级审计机关完成审计项目191个。查出违规金额9.32亿元、管理不规范金额83.41亿元，向相关部门移送审计线索15件，提出审计建议413条，向市委、市政府报送重要审计信息57篇，向市委、市政府报送15篇专题报告，获市领导批示19篇。

财政审计 通过综合运用计算机审计、财政大数据比对分析等技术方法，开展2017年度市本级预算执行和其他财政收支情况审计，查出主要问题金额32.14亿元。运用数据分析方法对全市374家一、二级预算单位的预算编制和执行情况进行全面筛查和集中分析，选取40家预算单位开展重点审计，查出问题金额1.78亿元，其中违规金额0.9亿元、管理不规范金额0.88亿元，向纪委监委移送问题线索9件，为市巡察工作提供单位资金使用疑点分析报告12份，向市政府上报专题报告2份，撰写审计信息6篇。

经济责任审计 采取经济责任审计与财政预算审计、自然资源资产审计等相结合的审计组织方式，开展领导干部经济责任审计项目141个，涉及53个单位，其中委托主管单位审计项目33个。查出问题金额56.02亿元，其中违规金额7亿元、管理不规范金额49.02亿元，提出审计建议147条。

固定资产投资审计 对南宁市园博园项目、轨道4号线工程、南湖水质改善等重大政府投资工程进行跟踪审计，查出主要问题金额10.4亿元。公共投资审计中心开展固定资产投资审计项目20个，审计金额410.81亿元，查出违规金额1.34万元、管理不规范金额8.08亿元，核减工程造价1.34亿元。

农业与资源环保审计 制订《南宁市本级2018—2020年扶贫审计三年滚动计划》，完成3个扶贫专项审计项目，查出问题金额4560.54万元，向市纪委移送扶贫领域腐败和作风问题案件线索8件，督促扶贫审计发现问题整改29条。开展城市内河黑臭水体治理审计调查等资源环保审计项目。

企业审计 将国有企业领导人员经济责任审计、国有企业财务收支审计、国有企业信息系统审计结合，开展5个企业项目审计。完成对南宁金融投资集团及其相关下属公司的审计，实现3年内对市属九大国有企业集团公司审计全覆盖的目标，涉及金额约26.22亿元。

（撰稿人：吴丽霞）

【柳州市审计局】 2018年，柳州市审计局实有74人。局长罗品文，副局长戴卫平、陈钧、刘秋文，总审计师李怡（—12月），经济责任审计局局长廖凤英，党组成员左付均。设有办公室、人事科、法规科、财政金融审计科、行政事业审计科、经贸审计科、农业与资源环保审计科、社会保障审计科、固定资产投资审计科、经济责任审计局；下设政府投资项目审计中心。

审计成果 2018年，柳州市县两级审计机关完成审计项目513个。查出主要问题金额116.95亿元。审计处理决定应上缴财政7.1亿元、应减少财政拨款或补贴3.13亿元、应归还原渠道资金59.7亿元、应调账处理金额8.51亿元；移送司法机关、纪检监察部门处理事项13件，建议有关部门处理事项1件。提交审计工作报告、信息24篇，被采用15篇。

融安县2014年至2015年财政扶贫资金审计项目被审计署评为扶贫审计表彰项目。

财政审计 完成财政审计项目35个，涉及金额59.25亿元。对17个行政事业单位和9个政府投资公司及其下属子公司进行调查，查出主要问题金额77.85亿元，揭示财政预算执行方面、部门预算执行、重点专项资金使用和管理、国有企业经营管理、政府投资项目建设管理等5个方面的29类问题。

经济责任审计 完成经济责任审计项目60个，查出主要问题金额9.6亿元，其中违规金额6.18亿元、损失浪费金额208万元、管理不规范金额3.4亿元，应负直接责任金额976万元。

固定资产投资审计 完成固定资产投资审计项目381个，审计项目完成投资金额23.4亿元，核减投资额3.15亿元，查出主要问题金额6.09亿元。发现项目投资手续办理不及时不完整、项目迁移补偿款解难、项目设计不按时完成、超概算增加投资等问题。

民生资金（项目）审计 完成社会保障审计项目5个，查出主要问题金额1.55亿元。发现部分公共租赁住房长期闲置、违规将不属于棚户区改造的拆迁对象抵顶棚户区改造国家任务拆迁对象、违规享受就业补助资金及职业培训补贴、未有效审核领取就业补助资金人员的资格等问题。

企业审计 完成企业审计项目7个，查出主要问题金额13.26亿元。审计后提出严格执行"三重一大"制度，进一步规范经营决策行为，加强风险管理、完善内控制度、防止国有资产损失的意见。

其他审计项目 完成行政事业单位审计项目55个，查出主要问题金额12.88亿元，发现行政审批使用多套系统导致信息共享程度低，影响审批效率；政府在处置企业闲置土地或低效用地方面缺乏行之有效的办法。完成专项资金审计（调查）项目34个，审计专项资金总额20.26亿元，查出主要问题金额6.17亿元。（撰稿人：杨靖云）

【桂林市审计局】 2018年，桂林市审计局实有94人。局长江建和，副局长唐正柱、赵素云、全宏星，总审计师张志文，纪检组长刘志权。设有办公室、法规科、财政金融审计科、行政事业审计科、经贸审计科、农业与资源环保审计科、社会保障审计科、固定资产投资审计一科、固定资产投资审计二科、旅游外资审计科、经济责任审计办公室、人事教育科、综合信息科；下设公共投资项目审计中心、审计干部培训中心。

审计成果 2018年，桂林市县两级审计机关完成审计项目186个。查出主要问题金额96.83亿元。审计处理决定应上缴财政2.46亿元、应归还原渠道资金 5477 万元、应调账处理金额 18.96 亿元。移送违纪违法问题线索 13 件。提交审计工作报告、信息 30 篇，被批示、采用 9 篇。

国家重大政策措施落实情况跟踪审计 抽查 137 个部门（单位）、198 个项目，涉及资金总量 64.08 亿元，出具跟踪审计结果报告 4 篇，揭示新增债券及专项资金未及时使用、项目存在资金缺口影响进度、部分县水污染防治项目实施进度缓慢等主要问题 29 个，涉及问题金额 6.57 亿元。

财政审计 审计（调查）54 个单位的预算执行情况，查出问题金额 42.06 亿元，出具审计报告 68 篇；审计（调查）4 个单位的财政决算情况，查出问题金额 30.15 亿元，出具审计报告 5 篇。通过审计揭示在财政管理、市直部门预算执行、重点专项资金管理使用等 8 个方面存在的 103 个问题。在对市工商局 2017 年度预算执行情况及其他财政收支情况审计中，发现其所使用的电子营业执照和全程电子化登记管理系统，功能不完善、数据共享不及时、材料审核、发放营业执照未实现信息化等问题。

经济责任审计 采用“经济责任审计＋”模式，将经济责任审计与重大政策贯彻落实跟踪审计、部门预算执行审计、政府投资审计等有机结合，扎实推进经济责任审计全覆盖。全年审计领导干部 80 人，查出问题金额 23.56 亿元，其中违规金额 3450 万元、管理不规范金额 23.21 亿元；被审计领导干部应负直接责任金额 580 万元、应负主管责任金额 16.68 亿元、应负领导责任金额 6.82 亿元。领导干部自然资源审计全面铺开。

固定资产投资审计 围绕桂林市建设国际旅游胜地的发展重心，开展政府投资项目审计 40 项，项目投资额 240.14 亿元，核减工程价款 5678 万元。

民生资金（项目）审计 审计（调查）单位 8 个，延伸审计（调查）单位 28 个，查出主要问题金额 4.03 亿元。

农业与资源环保审计 完成 13 个审计项目，根据具体案例编写的计算机审计实例《自然资源环境审计中如何巧用“电子眼”》获广西审计厅 AO 实例优秀奖。

其他审计项目 审计 60 个单位，查出问题金额 8.91 亿元，出具审计报告 102 篇。

（撰稿人：何　静）

【梧州市审计局】 2018 年，梧州市审计局实有 46 人。局长覃宏岩，副局长蒙泽江、彭雪梅、卢秋诚，总审计师麦庆。设有办公室、经济责任审计分局、财政金融审计科、行政事业审计科、社会保障审计科、农业与资源环保审计科、经贸审计科、固定资产投资审计科、外资运用审计科、法规科；下设政府投资审计中心。

审计成果 2018 年，梧州市审计局完成审计项目 39 个。查出主要问题金额 26.6 亿元，其中违规金额 1.23 亿元、管理不规范金额 25.27 亿元；审计处理处罚金额 24.72 亿元，其中应上缴财政 4.54 亿元、应缴纳其他资金 1727 万元、应调账处理金额 17.85 亿元；审计促进增收节支 4.52 亿元；移送纪委监委等部门处理事项 12 件，予以立案 7 件；审计提出建议 153 条；向市委、市政府报送信息 24 条。

财政审计 完成市本级 2017 年预算执行及其他财政收支情况和决算草案审计，查出主要问题金额 4.45 亿元。针对转移支付资金使用不及时、应计提未计提教育资金及农田水利建设资金、市本级征收的森林植被恢复费未安排使用等问题提出审计建议。

经济责任审计 审计单位 18 个，对 17 名领导干部开展经济责任审计，查出违规金额 11.15 亿元、管理不规范金额 10.95 亿元。

固定资产投资审计 完成长洲防洪堤正阳堤扩建工程项目审计、梧州机场迁建工程项目审计、粤桂合作特别试验区江南片区路网工程（一期至二期）项目建设情况审计。完成政府投资项目预、结算审核 106 个，审核造价 10.46 亿元，累计审减造价 1 亿元。

民生资金（项目）审计 对苍梧县、藤县、蒙山县、万秀区、长洲区保障性安居工程进行审计，查出部分公租房管理信息录入不规范、公租房租金收取不到位、公租房已交付使用部分公租房未及时分配等问题，主要问题金额 5.5 亿元。对苍梧县 2016 年至 2017 年扶贫政策措施落实和扶贫资金分配管理使用情况审计，审计中运用计算机技术对建档立卡贫困户数据与教育部门取得的就读学生名单数据以及从卫计、人社、民政等部门取得的医疗参保、“五保户”补助发放名单等数据进行分析对比筛查，查出不符合建档立卡标准、非建档立卡贫困户子女享受学前补助、部分人员未完全享受财政补助等问题。

其他审计项目 审计5个行政事业单位，查出主要问题金额2081.28万元。对2个单位开展专项资金审计调查，查出主要问题金额6468.46万元，揭示出应收未收建安劳保费、违规列支单位残疾人保障金等问题。（撰稿人：韦琴芳）

【北海市审计局】 2018年，北海市审计局实有34人。局长彭有朋，副局长刘文惠、李小文、何瑞强、王海强，总审计师唐冰。设有办公室、法规科、电子政务管理科、财政金融审计科、固定资产投资审计科、行政事业审计科、经济贸易企业审计科、外资运用审计科、社会保障审计科、交通与建设审计科、农业与资源环保审计科。

审计成果 2018年，北海市审计局完成审计项目111个。查出主要问题金额29.92亿元。审计处理决定应上缴财政1.11亿元、应减少财政拨款或补贴3.3亿元、应归还原渠道资金584万元、应调账处理金额16.35亿元。移送司法机关、纪检监察部门处理事项12件，建议有关部门处理事项19件。

国家重大政策措施落实情况跟踪审计 审计抽查单位129个、项目183个，查出问题14个，涉及金额2.41亿元，有效推动资金落实、项目实施和政策落地。在保障性安居工程跟踪审计中，发现保障性安居工程专项资金闲置、政府投资保障性安居工程已竣工备案未办理产权登记、保障房动态监管欠缺等问题。

财政审计 以北海市财政局组织的2017年度市本级预算执行和其他财政收支情况为核心，选取旅游发展专项资金、部分财政项目支出绩效等6个专题进行延伸审计，涉及228个部门和单位，完成预算执行审计项目4个，查出主要问题金额15.08亿元。

经济责任审计 完成20名党政领导干部离任（任期）经济责任审计，查出主要问题金额7.35亿元。经济责任审计项目与重大政策措施落实跟踪审计、扶贫资金审计相结合，把优化营商环境情况、扶贫资金使用情况列入经济责任审计必审内容，实现一审多果、一果多用。对铁山港区区委书记进行自然资源资产任中审计，审计中收集整合涉及工商、财政、税务、林业、国土、海洋、水利、环保等领域的基础业务数据，利用卫星遥感影像、GIS等地理信息测绘技术进行对比分析，定位问题图斑，辨识锁定地理坐标，外业检查现场核验，落实疑点取证，查出主要问题金额197.99万元。

固定资产投资审计 以节约投资为落脚点，抓住现场签证、设计变更等关键点，对重点项目的前期设计、工程招投标、项目管理、资金使用等环节进行全方位审计监督，完成投资审计项目78个，核减工程款32991.59万元。

民生资金（项目）审计 完成社会保障审计项目4个，查出主要问题金额2.75亿元。完成扶贫资金等专项资金审计（调查）项目3个，查出主要问题金额2498.06万元。（撰稿人：覃　婂）

【防城港市审计局】 2018年，防城港市审计局实有26人。局长黄日忠，副局长李毓森、池权锋，总审计师凌荣，经济责任审计分局局长李忆文。设有办公室、法规审理和内审监督科、财政和社保审计科、电子数据审计科、农业生态资源和企业审计科、经济责任审计分局、固定资产投资审计科。

审计成果 2018年，防城港市审计局完成审计项目57个。查出主要问题金额1.95亿元。审计处理决定应减少财政拨款或补贴3752万元、应归还原渠道资金1.91亿元、应调账处理金额3778万元。核减投资额8623万元，审计后挽回（避免）损失836万元。出具审计报告和专项审计调查报告57篇，提出审计建议116条。提交审计信息4篇，被批示、采用2篇次。

国家重大政策措施落实情况跟踪审计 把国家和自治区重大政策措施落实情况的跟踪审计延伸到其他审计项目中，作为重要内容，着力揭示弄虚作假、隐瞒实情，以及不作为、慢作为、假作为等懒政怠政庸政问题。

财政审计 审计（调查）4个单位的预算执行情况，查出管理不规范金额4.1亿元，发现存在问题58个，向市委、市政府提交审计要情1篇，向纪委监察及司法机关移送案件线索1件，涉及人员25人。

经济责任审计 对7名领导干部开展经济责任审计，查出主要问题金额8711万元。市县两级审计机关开展领导干部自然资源资产离任审计项目5个，重点关注森林资源、海洋资源、国土资源、水资源及生态环境保护情况。

固定资产投资审计 完成政府投资审计项目38个，审计金额2.24亿元，核减工程款2623万元。

民生资金（项目）审计 完成保障性安居工程跟踪审计、东兴市2016年至2017年扶贫政策措施落实和扶贫资金分配管理使用情况审计、“美丽广西·宜居乡村”活动财政专项资金审计调查等3个审计项目。在东兴市的扶贫审计中，查出11个问题，问题金额979万元。

（撰稿人：邓英俊）

【钦州市审计局】 2018年，钦州市审计局实有22人。局长张日辉，副局长陈洪珊、谭灵坚、郑康、陆静（1月—），经济责任审计分局局长滕基雄。设有办公室、法规综合科、财税审计科、行政事业审计科、企业审计科、农业与资源环境审计科、社会保障审计科、经济责任审计分局、金融外资审计科、固定资产投资审计科；下设公共投资审计中心、经济责任审计办公室等事业单位。

审计成果 2018年，钦州市县两级审计机关完成审计项目199个。查出主要问题金额18.17亿元。审计处理决定应上缴财政2.57亿元、应归还原渠道资金2889万元、应调账处理金额4.05亿元。移送司法机关、纪检监察部门、有关部门处理事项20件。提交审计工作报告、信息302篇，被采用56篇。

财政审计 完成财政预算执行项目11个，查出主要问题金额2.26亿元。实施的钦州市本级2017年度预算执行和其他财政收支情况审计，查出问题金额7332.24万元，审计发现未编制或无依据编制非税收入预算、部分单位应缴未缴社会保险费、违规扩大专项经费支出范围、部分项目资金支出进度缓慢等问题。

经济责任审计 完成对11名领导干部的经济责任审计，查出问题金额4.44亿元。

民生资金（项目）审计 开展浦北县2017年保障性安居工程审计，查出问题金额20833.28万元。通过对住建、财政、发改、公安、扶贫等多部门数据资料信息分析比对，发现保障性住房租金收入滞留非税收入专户未按规定上缴国库、项目资金结余较大、支出进度较慢、用安居工程配套资金支付非安居工程项目支出、未按规定从土地出让收益中安排保障性安居工程资金等问题。

企业审计 对钦州市滨海集团实施审计，查出问题金额6753.83万元。项目中首次尝试运用谷歌地图作为信息技术的辅助手段，描画出实际应获得赔偿的征拆地段的亩数，结合其合同中约定的范围和面积进行精确定位，从而测算出虚假获赔亩数。

其他审计项目 对7个行政事业单位开展审计，查出主要问题金额3.53亿元。在对钦州市第三中学2015年至2017年财政财务收支情况审计中，发现未按规定支付工程款、使用不合规票据入账、新校区迁建项目未办理竣工财务决算手续资产未入账、部分贫困学生未享受到国家助学金及减免学杂费政策等问题。 （撰稿人：易思丹）

【贵港市审计局】 2018年，贵港市审计局实有40人。局长杨伟明，副局长伍勤、彭毅云，总审计师潘家秩，纪检监察组组长王斌。设有办公室、财政金融审计科、行政事业审计科、社保与资源环境审计科、经济责任审计局、固定资产投资审计科、法规科、计算机信息科。下设公共投资审计中心。

审计成果 2018年，贵港市审计局完成审计项目114个。查出主要问题金额10.86亿元。审计处理决定应上缴财政4.36亿元、应减少财政拨款或补贴2.15亿元、应归还原渠道资金294万元、应调账处理及其他整改金额503万元。移送司法机关、纪检监察部门处理事项5件，移送处理金额1274万元。审计提出建议108条，被采纳98条。

国家重大政策措施落实情况跟踪审计 开展脱贫攻坚、污染防治和生态保护、“放管服”改革、防范化解重大风险等重大政策跟踪审计，抽查政府重大投资项目，审计或延伸审计（调查）单位近120个，按季度出具重大政策措施落实情况跟踪审计报告4份，出具整改建议函2份，审计发现问题41个，查出问题金额4230万元。

财政审计 完成市本级2017年度财政预算执行和其他财政审计，查出主要问题金额1.1亿元。审计发现非税收入未及时缴库、没有及时统筹安排财政资金、部分市直预算单位结转资金支出进度慢、部分市直预算单位经费支出和财务管理不够合规等问题。

经济责任审计 完成经济责任审计项目8个，查出主要问题金额4.67亿元。完成自然资源资产离任审计项目1个，查出主要问题金额1705.88万元，移送案件线索1件。

固定资产投资审计 完成审计项目98个，核减投资额2.15亿元，向相关部门移送案件线索2件。起草并提请市政府审议出台《关于规范和完善市本级政府投资项目审计工作机制的方案》，对政府投资项目实施分类管理，同时培育和发展中介市场。将市本级与三区审计局分别设置的4个协审中介机构库合并为1个统一的中介机构定点库，并纳入市政务服务中心的“中介超市”，防范协审服务廉政风险。

民生资金（项目）审计 完成保障性安居工程审计项目6个和扶贫审计项目1个。在对市本级及5个县（市、区）保障性安居工程审计项目中，查出主要问题56个，涉及金额2.83亿元。

（撰稿人：李银萍）

【玉林市审计局】 2018年，玉林市审计局实有40人。局长李克，副局长王熙、劳林灵、陈任诗，总审计师梁武波，经济责任审计分局局长曾敏。设有秘书科、法规科、财政税务审计科、行政事业审计科、综合经济审计科、社会保障审计科、固定资产投资审计科、经济责任审计分局、数据审计科、资源环境审计科；下设政府投资审计办公室。

审计成果 2018年，玉林市审计局完成审计项目36个。查出主要问题金额26.87亿元。审计处理决定应上缴财政76万元、应减少财政拨款或补贴2694万元、应归还原渠道资金476万元、应调账处理金额11万元。移送司法机关、纪检监察部门处理事项4件，建议有关部门处理事项3件。提交审计工作报告、信息3篇。

博白县2016年至2017年6月扶贫资金管理和使用情况的审计被自治区审计厅评为优秀审计项目；玉林市玉东新区建设投资有限公司2016年度建设项目招标（采购）专项审计被自治区审计厅评为表彰审计项目。

国家重大政策措施落实情况跟踪审计 组织市、县两级审计机关以优化营商环境、防范化解重大风险、精准脱贫、实施污染防治等4个方面的政策措施落实情况为审计重点，实施跟踪审计，向市政府上报综合报告4份，反映部分项目建设落地难、园区基础设施配套不完善、行政审批服务水平有待提高、保障性安居工程建设项目合同与招标文件实质性条款不一致、保障性安居住房被闲置等问题20个，涉及问题金额2.98亿元。

财政审计 完成财政预决算审计项目2个，查出主要问题金额21.27亿元，提出审计建议9条。审计发现市级财政借垫款消化比例未达到自治区要求、政府性债务规模超出国际公认的警戒线标准、政府平台公司政府性融资贷款规模较大等问题。

经济责任审计 完成经济责任审计项目8个，查出主要问题金额6.58亿元。向各相关部门移送线索共4件，促进整改问题金额1094.63万元，已归还原渠道资金745.41万元，上缴财政348.02万元。提交审计报告共16份，提出审计建议17条。

固定资产投资审计 完成政府投资审计项目15个，审计金额10.03亿元。核减工程造价2481.3万元。对发现的问题线索移送相关部门处理，线索落实后，暂停48名评委的评标资格12个月。

民生资金（项目）审计 完成社会保障审计项目8个，查出主要问题金额7015万元。审计发现部分地区安居工程目标任务未完成、安居工程租金收入未按规定实行“收支两条线”管理、未及时拨付安居工程资金、虚报骗取住房保障待遇等问题。

农业与资源环保审计 完成资源环境审计项目1个，查出主要问题16个，涉及金额3.22亿元，提出审计建议4条。（撰稿人：黄钰莹）

【百色市审计局】 2018年，百色市审计局实有42人。局长黄武能（—6月），副局长潘秋玲、黄彧、蔡伯伦，总审计师黄受飞。设有办公室、财政金融审计科、法规科、行政事业审计科、农业与资源环保审计科、社会保障审计科、经贸审计科、固定资产投资审计科、经济责任审计科；下设政府投资审计办公室、经济责任审计分局。

审计成果 2018年，百色市审计局完成审计项目30个。查出主要问题金额44.88亿元。审计处理决定应上缴财政2420万元、应减少财政拨款或补贴1.82亿元、应归还原渠道资金12.32亿元、应调账处理金额2亿元。移送纪检监察部门处理事项4件，移送处理人员14人。

国家重大政策措施落实情况跟踪审计 完成保障性安居工程投资、建设、分配、运营情况，城镇污水处理设施建设及资金管理情况，精准脱贫政策落实情况，大气污染防治专项资金管理使用情况等的跟踪审计，抽查33个部门及单位、19个项目，涉及财政资金2.88亿元，发现精准脱贫政策落实不到位等问题。

财政审计 在市本级预算执行情况审计中，延伸核查25个一级预算单位，发现部分新增债券闲置不用、资金滞留在相关部门及相关企业账户、向高耗能企业支付电价补贴、地方政府性债务负担重、部门项目资金支出执行率较低等问题。

固定资产投资审计 促成市政府发布《百色市政府投资建设项目审计监督办法》。组织实施龙景核心区路网改造工程、市职业教育中心（一期）、国际导航台新台址项目平台土石方排污及弃土场工程、百色起义纪念馆附属馆工程竣工决算等4个年度计划内审计项目。完成市政府后期签批交办的22个政府投资项目审计，核减工程造价1.82亿元。

民生资金（项目）审计 组织对全市2017年保障性安居工程进行审计，发现问题138个，问题金额合计11.83亿元，问题涉及安居住房套数合计63917套，揭示工程基本建成但分配未完成、工程项目未依法履行招投标程序、保障房分配入住和管理不到位、违规发放农村危房改造资金等问题。组织对田东县、靖西市、那坡县、田林县4个国定贫困县（市）粤桂扶贫协作对口支援项目资金，田东县、靖西市2个县（市）易地扶贫搬迁专项补助资金进行审计，市委、市政府成立3个督导组对审计发现问题的整改进行专项督查。

企业审计 对广西田东石化总厂2015年至2017年度财务收支情况进行审计，揭示虚增政府补助收入、隐瞒反映企业收入、个别工程项目未招标、未及时处置报废固定资产等问题。

（撰稿人：陆青松）

【贺州市审计局】 2018年，贺州市审计局实有43人。局长古培林，副局长李红征、黄自珍、张平，总审计师吴荣林。设有办公室、法规科、企业审计科、财政金融审计科、行政事业单位审计科、固定资产投资科、社保审计科、经济责任审计分局、政府投资审计中心、审计信息管理中心。

审计成果 2018年，贺州市审计局完成审计项目41个。查出主要问题金额36.97亿元。审计处理决定应上缴财政1.83亿元、应归还原渠道资金455万元；移送司法机关、纪检监察部门处理事项4件。提交审计工作报告、信息82篇，被采用59篇。

国家重大政策措施落实情况跟踪审计 围绕推进重大项目建设情况、地方政府债务资金管理使用情况、降低实体经济企业成本措施落实情况、化解过剩产能措施落实情况及政府债务管理情况等内容，实施政策落实情况跟踪审计，按季报告审计情况。审计中强化数据先行，通过数据筛选，找出问题疑点后审计人员跟进追查，提高审计工作成效。

财政审计 关注市本级全口径预算执行、部门预算执行、重大政策措施贯彻落实、重点专项资金、政府投资项目等内容，实施财政审计项目5个，查出主要问题金额11.72亿元。

经济责任审计 坚持党政同责，同责同审，着力监督检查领导干部履行发展、环保、民生、安全、绩效、廉政等责任履行情况，实施经济责任审计项目5个，查出主要问题金额2457万元。完成领导干部自然资源资产离任审计项目1个，发现部分采矿许可范围与基本农田重叠、未经审批违规占用土地、采矿企业未经审批非法占用林地等问题。

固定资产投资审计 完成计划内政府投资审计项目25个，查出主要问题金额11.58亿元，促进节约投资额8600万元，揭示一些项目建设单位未按规定比例支付工程进度款，建设单位和监理单位审核不严、概预算编报不规范等问题。

企业审计 完成贺州正通投资建设有限公司2017年度财务收支审计，查出主要问题金额7900万元，发现企业挤占工程项目费用、未及时将已验收合格的工程结转入固定资产等问题。

其他审计项目 完成专项资金审计项目5个，查出主要问题金额2140万元，发现个别专业合作社存在以虚假材料申报扶贫和信贷资金等问题。

（撰稿人：练　军）

【河池市审计局】 2018年，河池市审计局实有30人。局长乔彩荣，副局长黄汉龙、蒙红宁，总审计师覃慧琴，政府投资审计中心主任韦景升，经济责任审计分局局长黄辉。设有办公室、法规科、财政金融审计科、行政事业审计科、社会保障审计科、企业与外资运用审计科、农业与资源环保审计科、固定资产投资审计科、经济责任审计分局、计算机审计与信息管理办公室；下设政府投资审计中心。

审计成果 2018年，河池市审计局完成审计项目41个。查出主要问题金额71.67亿元。审计处理决定应上缴财政13.45亿元、应归还原渠道资金15.1亿元、应缴纳其他资金7397万元、应调账处理金额41.91亿元。核减投资额216万元。移送处理事项33件，移送处理人员53人，移送处理金额2988万元。出具审计报告和专项审计调查报告41篇，提出并被采纳审计建议491条，提交审计信息122篇。

1个审计项目被审计署评为地方表彰审计项目。

国家重大政策措施落实情况跟踪审计 组织实施对罗城、南丹、凤山和大化等4个县419个项目的稳增长跟踪审计工作，审计金额9亿元，发现问题52个，提出建设性建议16条。

财政审计 完成市本级和5个部门2017年度财政预算执行情况审计、1个县2017年度财政决算审计，延伸审计单位23个，查出主要问题金额28.44亿元。审计发现预算编制不准确、未代扣应由个人负担部分的医疗保险费、非税收入未上缴财政、往来款长期挂账等问题。

经济责任审计 完成经济责任审计项目8个，审计查出主要问题金额29.99亿元。对市公安局交通警察支队支队长职务期间经济责任履行情况的审计，审计报告反映问题20个，涉及问题金额1.79亿元。

固定资产投资审计 完成固定资产投资审计项目515个，审计金额4.49亿元，核减投资额（工程款）1.04亿元。对全市超概算、超合同价的58个项目落实整改情况进行跟踪审计。

民生资金（项目）审计 完成审计署统一部署的市本级和全市11个县（区）2017年保障性安居工程跟踪审计，对165个安居工程项目的建设管理情况进行重点检查，对632户农村危房改造家庭作入户调查，查出主要问题金额1956.45万元；向纪检监察和相关部门移交案件线索23件，移送处理人员37人，被党政处分或追究责任人数16人；审计提出建议62条。完成对金城江区、宜州区、环江毛南族自治县、天峨等4个县（区）2017年度扶贫政策措施落实及扶贫资金分配管理使用情况审计、对环江毛南族自治县等7个国定贫困县东西部扶贫协作和对口帮扶项目资金的专项审计，查出主要问题金额4.03亿元，审计促进整改落实有关问题资金3.38亿元，向有关部门移交案件线索3件。

企业审计 对市城投公司2012年1月至2017年6月财务收支开展审计，查出主要问题金额56.32亿元，向纪检监察和相关部门移交案件线索2件，3人被判处有期徒刑。

（撰稿人：杨　素）

【来宾市审计局】 2018年，来宾市审计局实有21人。局长韦祖乾，副局长覃敬钧、钟世权，总审计师覃锦平。设有办公室、法规科、财政金融审计科、行政事业审计科、固定资产投资审计科、农业与资源环保审计科、经贸审计科、经济责任审计分局；下设政府投资审计中心、经济责任审计中心。

审计成果 2018年，来宾市审计局完成审计项目41个。查出主要问题金额24.49亿元。审计处理决定应上缴财政1.4亿元、应归还原渠道资金2061万元。移送司法机关、纪检监察部门处理事项14件，有关部门正在处理事项5件。提交审计工作报告、信息41篇。

国家重大政策措施落实情况跟踪审计 完成对来宾市本级及下辖6个县（市、区）2017年城镇保障性安居工程等政策措施落实情况跟踪审计项目4个，查出问题17个，查出主要问题金额12.21亿元。审计发现已办理竣工验收备案的经济适用房至2017年底空置时间超过3年，部分保障性住房租金收缴困难，2016年中央土壤污染防治专项资金使用进度缓慢，部分高中毕业录取高职、本科的建档立卡贫困户学生未享受"雨露计划"补助等问题。

财政审计 完成2017年度市本级预算执行和其他财政收支情况审计，查出主要问题金额9.94亿元。审计发现未及时分配上级下达的专项转移支付资金、未及时上缴非税收入、未及时清理核对应缴未缴墙改基金收入等问题。

经济责任审计 对12名领导干部开展经济责任审计，查出主要问题金额1.84亿元。审计发现公务接待无公函，发放劳务费、发放薪酬、使用公务车不合规等违反中央八项规定精神的问题。完成武宣县县长任职期间自然资源资产经济责任审计，审计发现部分土地整治项目进展缓慢及林业专项资金使用进度缓慢等问题。

固定资产投资审计 完成政府投资建设项目审计13个，其中结算审计项目8个、前期费用审计项目5个。审计项目资金5.02亿元，核减投资额9406.99万元。

民生资金（项目）审计 完成扶贫审计项目3个，查出主要问题金额2171.16万元。审计发现，金秀县和忻城县分别收到广东省茂名市扶贫协作和对口支援资金2170万元，两县均存在资金违规拨付、支出进度缓慢、未达到绩效支出目标的问题。

（撰稿人：吴文波）

【崇左市审计局】 2018年，崇左市审计局实有33人。局长李剑，副局长黄财政、韦青培、李峥玄，总审计师梁敬东，政府性投资审计办公室主任梁海珠。设有办公室、法规科、财政金融审计科、行政事业审计科、社会保障审计科、企业审计科、固定资产投资审计科、经济责任审计一科、经济责任审计二科；下设政府性投资审计办公室。

审计成果 2018年，崇左市审计局完成审计项目36个。查出违纪金额4.67亿元、管理不规范金额9.34亿元，移送案件线索11件。完成政府投资审计项目59个，送审工程造价6.78亿元，审减工程投资4523万元。

财政审计 组织开展2017年度市本级财政预算执行情况审计和对市环保局、市卫计委、市民政局等3个市直部门2017年度预算执行和其他财政收支情况审计，查出主要问题金额1.01亿元，提出整改意见和建议12条。

经济责任审计 完成经济责任审计项目6个，查出主要问题金额2.62亿元，其中违纪违规金额5105.8万元、管理不规范金额2.11亿元；审计查出的问题金额中，被审计领导干部应负直接责任金额3.11万元，应负主管责任金额2.21亿元，应负领导责任金额4093.7万元。审计提出整改意见和建议21条，被采纳21条；向有关部门移送案件线索9件；下达审计决定书3份。

固定资产投资审计 完成结算审计项目13个、跟踪审计项目2个，送审金额3.17亿元，核减金额970.8万元。完成计划内固定资产投资审计项目16个，审计金额4.48亿元，核减投资额2457.19万元。完成其他政府性投资审计项目43个，审计送审投资额2.3亿元，核减工程造价2065.51万元。

民生资金（项目）审计 完成社会保障审计项目7个，查出主要问题金额1.05亿元，提出审计建议26条，全部得到被审计单位采纳。完成民生类专项资金审计项目4个，查出主要问题金额1105.69万元。对天等县、大新县、宁明县2016年至2017年东西部扶贫协作和对口支援资金开展的审计调查，发现项目实施和土地使用未按规定办理相关手续、部分项目未按合同约定时间竣工等32个问题。

农业与资源环保审计 完成1个审计项目，查出主要问题金额3.36亿元。审计发现饮用水水源保护区存在污染、部分生态环境保护规划未制订或未完成、养殖场未办理环境影响登记备案手续、存在侵占和破坏自然资源行为等问题24个。

企业审计 完成1个企业审计项目，查出问题金额3758.56万元，向纪检监察部门移送案件线索1件，案件涉嫌损失金额866.52万元。

（撰稿人：周海明）

2018年广西壮族自治区所辖区、县(市)级审计工作统计表

金额单位:万元

审计机关	完成审计项目/个	审计查出主要问题金额	审计发现非金额计量问题/个	审计期间整改金额	出具审计报告和审计调查报告/篇	审计处理情况		审计促进整改落实有关问题资金	审计提出建议/条	提交审计信息/篇
						审计处理处罚金额	移送处理事项/件			
南宁市										
南宁市本级	126	927408	271	18505	55	149846	4	497263	413	57
兴宁区审计局	10	3707	52	1	12		1	1788	39	
青秀区审计局	26	28616	1	11142	24	11142			46	
江南区审计局	25	10369	44	123	11		1	2946	65	
西乡塘区审计局	19	4543	63	1	17			3849	65	
良庆区审计局	16	219201	47	23	18	149	1		53	12
邕宁区审计局	10	1825	38		12	1825		1274	48	12
武鸣区审计局	19	71110	45	3	18	49		2844	48	
隆安县审计局	22	30278	175	10047	22	10055			57	
马山县审计局	25	54444	153	13970	35	13981	3	2	74	
上林县审计局	14	3941	76	897	13	621		898	25	
宾阳县审计局	16	32271	27	6	15	99		9113	63	
横县审计局	18	5512	41	109	17	1161			52	
柳州市										
柳州市本级	86	946351	345	63572	83	706597	9	601099	201	16
城中区审计局	55	740	91	98	63	740		712	113	
鱼峰区审计局	19	3582	35	160	35	3446		3544	110	1
柳南区审计局	81	5527	12	1365	84	5240		3411		
柳北区审计局	6	801	26	538	7	649		763	14	1
柳江区审计局	30	128981	12	16406	33	765	3	719	18	2
柳城县审计局	11	8603	9	2917	20	3865		3158	30	
鹿寨县审计局	95	13010	15		95	10434		6290	173	
融安县审计局	48	7983	143	4067	48	4581	2	4778	94	
融水苗族自治县审计局	65	17473	59		67	16791		16419	65	
三江侗族自治县审计局	12	36404	53	1902	12	33300		23244	23	4
桂林市										
桂林市本级	62	513366	165	20056	87	23143	1	25392	192	2

（续表）

审计机关	完成审计项目/个	审计查出主要问题金额	审计发现非金额计量问题/个	审计期间整改金额	出具审计报告和审计调查报告/篇	审计处理情况		审计促进整改落实有关问题资金	审计提出建议/条	提交审计信息/篇
						审计处理处罚金额	移送处理事项/件			
秀峰区审计局	6	15341	11	6	8	3	5	2	18	11
叠彩区审计局	4	377	18		7	377				
象山区审计局	4	107213	12		6	106128			60	3
桂林高新七星区审计局	5	546	20		9				19	
雁山区审计县	2	176		176	2				1	
临桂区审计局	1	17851		17851	1				11	
荔浦市审计局	5	3022		5		3022				
阳朔县审计局	11	23518	10		19				24	
灵川县审计局	5	1860	33		2	38			25	
全州县审计局	24	194079	9	47	26	29273			4	
兴安县审计局	7	58006	3	24	10	54049		95	17	
永福县审计局	8	7757	15	75	12	9		1	37	2
灌阳县审计局	6	779	23		6	778		777	42	6
龙胜各族自治县审计局	8	7709	39	50	11	5735	6	3648	29	
资源县审计局	10	12409	14	75	15	6245		2	32	
平乐县审计局	6	1288	43	677	8	589	12	43	26	5
恭城瑶族自治县审计局	12	2956	53	2244	18	712			45	1
梧州市										
梧州市本级	45	265958	193	25606	159	247183	12	85656	153	2
万秀区审计局	3	21750	14	30	5	21250		21196	10	
长洲区审计局	6	458	11	80	5	317		193	16	1
龙圩区审计局	10	90769	39	67	10	904	1	79722	44	
岑溪市审计局	17	300329	9	4	25	294343		87942	12	
苍梧县审计局	11	77995	14	786	13	26472		786	73	
藤县审计局	19	36445	76	17248	169	17457	24	19041	56	
蒙山县审计局	9	6194	41	370	428	673		436	36	
北海市										
北海市本级	111	299177	121	12102	121	208703	21	175330	392	17
海城区审计局	26	13730	4	1037	26	8044		6122	40	
银海区审计局	31	46036	32	87	36	5578		518	98	
铁山港区审计局	28	6013	6		28	6013		525	71	

（续表）

审计机关	完成审计项目/个	审计查出主要问题金额	审计发现非金额计量问题/个	审计期间整改金额	出具审计报告和审计调查报告/篇	审计处理情况		审计促进整改落实有关问题资金	审计提出建议/条	提交审计信息/篇
						审计处理处罚金额	移送处理事项/件			
合浦县审计局	28	8469	20	1296	28	6504		1717	82	16
防城港市										
防城港市本级	45	19462	125	10091	49	19462		15853	116	
港口区审计局	53	1551	54	2	56	1551		1551	86	
防城区审计局	148	126754	4	17339	147	7830		911	15	
东兴市审计局	20	153899			15	149689		91441	39	
上思县审计局	39	1110	5	1110	39	690		1110	45	
钦州市										
钦州市本级	95	117810	500	39102	104	45189	7	88875	110	35
钦南区审计局	61	4006	133	1690	64	3404	2	1754	19	
钦北区审计局	17	15166	333	5200	22	578	6	7911	33	8
灵山县审计局	7	8063	9	262	7	7745	3	4097	20	
浦北县审计局	19	36687	12	21671	19	13986	2	34783	35	
贵港市										
贵港市本级	114	108577	83	7242	121	65845	4	21701	108	
港北区审计局	350	6244		2	353	5703	2	5570	52	
港南区审计局	6	3493	17	3374	7	3309		3306	18	
覃塘区审计局	218	4350	24		218	4106		4106	19	2
桂平市审计局	124	48425	127	72	127	4700		3325	110	
平南县审计局	203	5185	26	6	208	3905		3890	210	
玉林市										
玉林市本级	38	268422	123	6594	46	3275		3109	86	3
玉州区审计局	24	136776	37	1128	23	3894		3894	24	
福绵区审计局	25	26314	41		27	250	2	238	45	7
北流市审计局	26	231018	38		33	50226		30467	58	
容县审计局	48	58308	41		48	1722		1722	67	
陆川县审计局	130	75084	47	303	137	21678		11764	203	
博白县审计局	29	196441	34	9971	32	10604	4	1783	56	2
兴业县审计局	30	2483			30	2472		2472		
百色市										
百色市本级	30	448777	99	45308	35	163792	4	97130	88	90
右江区审计局	19	88961	13	7168	28	1184		57577	34	
靖西市审计局	10	38779	29	3165	16	1840	2	5005	20	

（续表）

审计机关	完成审计项目/个	审计查出主要问题金额	审计发现非金额计量问题/个	审计期间整改金额	出具审计报告和审计调查报告/篇	审计处理情况		审计促进整改落实有关问题资金	审计提出建议/条	提交审计信息/篇
						审计处理处罚金额	移送处理事项/件			
田阳县审计局	22	99236	20	2343	33	81259		57761	73	
田东县审计局	10	87727	16	963	13	632		86602	31	
平果县审计局	3	36511	4	32	3	2341		2373	10	
德保县审计局	3	27874	1	4	4	176		4	5	3
那坡县审计局	5	34005	16	721	8	1496		2212	16	
凌云县审计局	2	5057	4	3418	2	1425		3418	10	1
乐业县审计局	6	5580	5	88	7	42	1	129	30	8
田林县审计局	3	32780	6	967	5	27269		3357	10	
西林县审计局	7	7278	24	6368	12	56		6386	34	
隆林各族自治县审计局	3	3790	15	144	3	3645		3790	10	3
贺州市										
贺州市本级	41	369684	155	19642	42	19528		3052	53	1
八步区审计局	25	508211			25	849			83	
平桂区审计局	18	48701	21		18	11			25	
昭平县审计局	41	4007	33	19	41	4007		1112		
钟山县审计局	55	10777	14	887	55	2166		1083	15	
富川瑶族自治县审计局	56	6446	14		56	126			9	
河池市										
河池市本级	41	673703	165	55446	41	711983	25	142240	491	122
金城江区审计局	54	47881	6	1851	54	47881		255		
宜州区审计局	34	88475	9		38	6148			53	
南丹县审计局	172	16354	10	9239	172			9239		
天峨县审计局	3				86					
凤山县审计局	9	686		682	8	686		682	10	
东兰县审计局	66	9725	12	8200	57	8200		9725		
罗城仫佬族自治县审计局	2	112460		4580	2	71156			3	
环江毛南族自治县审计局	44	100516	7	381	43	1793		1778	22	
巴马瑶族自治县审计局	168	4581	8	474	166	2238	7	1141	56	5
都安瑶族自治县审计局	9	66281	28		9	24355			5	1

（续表）

审计机关	完成审计项目/个	审计查出主要问题金额	审计发现非金额计量问题/个	审计期间整改金额	出具审计报告和审计调查报告/篇	审计处理情况		审计促进整改落实有关问题资金	审计提出建议/条	提交审计信息/篇
						审计处理处罚金额	移送处理事项/件			
大化瑶族自治县审计局	9	14			9	14		14	7	
来宾市										
来宾市本级	33	243274	25	2067	33	16249			17	
兴宾区审计局	50	4672		21	50	4192	1		47	
合山市审计局	14	25414		292	14	3045			40	
忻城县审计局	15	176817		10330	15	10379		10328		
象州县审计局	65	1701			65	1701		1701	214	
武宣县审计局	14	79159	15	43795	14	43807		621		
金秀瑶族自治县审计局	6	341			6	341		311		
崇左市										
崇左市本级	41	140162	187	19131	43	13027	2	9731	96	1
江州区审计局	6	15056	8	3	6	14932		3	37	
凭祥市审计局	5	12321	6	5425	5	12		1037	11	24
扶绥县审计局	11	8787	21	7062	11	43	1	7062	32	
宁明县审计局	9	21330	1	1	9				51	
龙州县审计局	6	38244	3	7653	6				21	
大新县审计局	10	22639		3735	13	3823	5		31	26
天等县审计局	11	27366	14	2747	11	13355			43	

海南省

【海南省审计厅】 2018年，海南省审计厅实有138人。设有办公室、组织人事处（含机关党委、机关工会、老干部工作处、机关团委）、政策法规处（内部审计监督指导处）、财政审计处、金融审计处、行政政法审计处、农业审计处（农垦审计处）、资源环境审计处、教科文卫审计处、社会保障审计处、政府投资审计处、企业审计处、经济责任审计处、电子数据审计处；下设审计科研所（事业单位）。

领导成员

厅　　长：张震华（—2月）
　　　　　刘劲松（2月—）
副 厅 长：林长彬　邓伟强　李映红
总审计师：贺庆华
经济责任审计工作联席会议办公室主任：
　　　　　王生辉
党组成员：伍学云（11月—）
　　　　　王守书（11月—）
　　　　　李长征（11月—）
　　　　　莫裕宽（11月—）
副巡视员：王旭平　周　云（—5月）

审计成果　2018年，海南省市县三级审计机关完成审计和专项审计调查项目1074个。查出主要问题金额 631.83 亿元，审计处理处罚金额 141.89 亿元，其中应上缴财政 37.56 亿元、应减少财政拨款或补贴金额 10.69 亿元、应归还原渠道资金 7.16 亿元、应调账处理金额 86.48 亿元；审计促进增收节支 33.49 亿元；出具审计报告和专项审计调查报告 1021 篇，被批示、采用 23 篇次。移送司法机关、纪检监察机关和有关部门处理事项 104 件，移送处理人员 200 人，移送金额 12.1 亿元。审计提出建议 2065 条，被采纳 797 条，促进制度完善 265 项；提交审计信息 659 篇，被批示、采用 477 篇次。向社会公告审计结果 8 篇。

国家重大政策措施落实情况跟踪审计 省审计厅建立重大政策跟踪审计平台，推行“1 拖 N”审计模式，把中央和省委、省政府重大政策落实情况贯穿到每一个审计项目中，推动各项决策部署落地见效。梳理 151 项国家和省委、省政府颁布的重大政策措施文件，制定《2018 年国家重大政策措施贯彻落实情况跟踪审计实施意见》，统一审计目标、审计实施和审计报告时间，明确审计基本原则和重点，统筹全省审计力量，围绕国家重大政策措施的落地，开展 7 个方面的审计内容：围绕深化供给侧结构性改革，持续关注“三去一降一补”等任务落实，聚焦海南 12 个重点产业，招商引资项目落地、乡村振兴战略实施等情况；加快完善社会主义市场经济体制，关注部门权力和责任清单制度、小微企业优惠政策落实情况；防范化解重大风险，关注地方政府隐性债务、防控系统性金融风险，房地产政策风险隐患情况；助力精准脱贫，聚焦“两不愁三保障”，扶贫同扶志、扶智相结合的政策措施落实情况；加强污染防治，关注对违法建筑整治、城乡环境综合整治、城镇内河（湖）水污染治理、大气污染防治、土壤环境综合治理、林区生态修复和湿地保护等专项整治行动的情况；促进经济稳步发展，关注“一带一路”等重点项目建设情况；保障和改善民生情况。通过跟踪审计，揭示和预警存在的风险，促进政令畅通，推动海南全面深化改革开放相关政策落地见效。

财政审计 对 2017 年省本级预算执行、决算草案进行审计，审计表明总体情况良好，比较真实完整地反映各项收支情况，审计也发现在非税收入管理、省本级地方一般公共预算支出、预拨经费使用等方面还存在一些需要改进的问题。在对省本级各部门财务数据进行大数据分析后，重点审计 40 个部门，发现“三公”经费、会议、培训经费支出仍然存在违规违纪行为，存在违规发放津补贴现象，问题金额 526.88 万元；资金资产管理不规范，涉及金额 1.54 亿元等问题。开展省本级及 11 个市县政府性债务和隐性债务审计。

紧扣财政资金绩效，开展全省地方税收征管审计，重点审计小微企业税收优惠政策落实情况、耕地占用税、契税和土地增值税征管情况。从审计情况看，2017 年省地税局利用信息化管理，提升征管工作的质量和效率。审计发现土地增值税未及时入库税款 6.3 亿元；全省符合土地增值税清算条件 375 个项目中，有 175 个项目年内不能及时清算；16 个市县应征未征耕地占用税 2.38 亿元；小微企业税收优惠政策落实不到位等问题。

经济责任审计 对 233 名领导干部任期经济责任履行情况进行审计，揭示贯彻执行重大政策决策部署、预算执行和财政财务收支管理、国有资产管理等领域方面存在的问题，涉及资金 116.84 亿元，其中直接责任问题金额 8.99 亿元。省审计厅在对 2 户企业 3 名领导干部经济责任审计中，发现企业对外投资效益低、亏损企业比例大，投资项目长期未实施；违规发放节日补助、通信补助、演出补助；企业财务管理不善等问题。

海南省委办公厅、省政府办公厅印发《关于开展领导干部自然资源资产离任审计工作的实施意见》；省审计厅会同省纪委监委制定《关于建立领导干部自然资源资产离任审计问题线索移送机制的函》，初步建立资源环境审计问题移送事项沟通协调机制。对 35 名领导干部开展自然资源资产离任审计。其中，省审计厅实施 7 个项目，对原省海洋与渔业厅、原省生态环境保护厅和万宁、五指山、昌江、屯昌、保亭 5 个市县的主要领导干部共 12 人开展自然资源资产离任（任中）审计，揭示出自然资源管理和生态环境保护职责履行不到位、环保设施闲置浪费、环保收费应征收未征收等方面突出问题 130 多个，查出管理不规范金额 4 亿多元，应征收未征收财政非税收入 4137 万元。

固定资产投资审计 对 18 个省重点项目和

60个市县重点项目进行预算执行和政策跟踪等审计，审计金额120.12亿元，发现违规金额7.99亿元。审计发现，63个重点建设项目进展缓慢，其中应开工未开工15个；3个项目违规多计工程造价6.06亿元；5个项目违规招投标，涉及资金76.44亿元。在对7个市县农村公路进行审计中发现，2个市县部分项目招投标工作不规范，围（串）标问题突出；7个市县部分项目施工单位偷工减料；非交通部门实施的183个农村公路标段，有129个存在不修路肩、缩减路面结构层厚度等质量问题。省审计厅开展固定资产投资审计项目25个，查出主要问题金额10.03亿元，直接审减工程造价3.32亿元、损失浪费金额4519.73万元、管理不规范金额6.25亿元；移送司法机关、纪检监察机关和有关部门处理事项16件，移送处理人员29人。

民生资金（项目）审计 对18个市县开展健康扶贫、教育扶贫、农村贫困户危房改造、产业扶贫和生态扶贫移民搬迁等审计，审计资金41.57亿元，查出问题金额4.13亿元，揭示部分市县扶贫政策不精准、措施不到位、扶贫资金管理使用不规范等问题。开展18个市县保障性安居工程跟踪审计，揭示拖欠工程款1871万元、棚改项目贷款3亿元闲置超过1年、违规将资金用于其他支出3347万元、2285套保障房空置等问题。开展省级储备粮油清算情况审计；开展5个市县的农村饮水安全工程审计。

农业与资源环保审计 对5个市县闲置土地清理处置情况进行专项审计，发现5个市县45宗面积3816.42亩土地闲置认定政府原因的依据不充分；4个市县违规非净地出让176宗；4个市县闲置土地清理处置认定程序操作不规范。

金融审计 对省农村信用社联合社、海南银行2家地方金融机构进行审计，重点反映企业经营中的财务、信用、债务等风险，推动防范化解风险任务落实。审计发现，省农信系统部分行社不良贷款率偏高、大部分行社资本充足率偏低、单一集团客户授信集中度偏高等问题，显示地方商业银行防范化解重大风险能力不足，提出审计建议，推动两个金融机构追回违规发放的贷款7400万元。审计过程运用数据分析比对方法，发现借名贷款1.79亿元的问题。

信息化建设 树立“向信息化要资源，向大数据要效率”的思维，坚持以用为本，树立人人会用大数据的理念，将过去的“不敢用、不会用、要我用”转为“我敢用、我能用、我要用”。与省直18个部门和各市县政府建立数据采集定期报送机制，采集财政、社保、税务、公积金等数据，借助全省政务信息共享平台，实现数据的云采集和审计对象的全覆盖。与海南测绘地理信息局合作开发领导干部自然资源资产离任审计大数据平台，推动地理信息技术与大数据分析方法在审计领域的运用。在实施重大审计项目中，努力实现大数据分析全覆盖，分析问题疑点记录逾20万条，提升审计工作效率和效果。全厅对50岁以下的干部进行大数据应用能力考核，开展定点定向实训，培养数据分析团队和应用人才。

审计管理体制改革 根据中央和省委统一部署，做好机构改革工作。省审计厅在省委、省政府主要领导的关心支持下，增设7个内设机构，18名从省发展改革委、国资委转隶人员已经参与到审计项目中，在较短时间内实现转隶工作人合、心合、事合。加强网格化管理，帮助市县审计机关解决困难和问题，开展审计项目质量检查和整改督促，指导市县审计机关提高审计质量。

相关工作 创新审计方式方法，搭建财政审计、政策落实跟踪审计、领导干部经济责任审计和自然资源资产离任审计“四个平台”，实行“平台＋N”审计工作模式。依托财政审计平台，整合扶贫、12个重点产业资金等审计项目，同步审计省本级和18个市县；依托领导干部经济责任审计与自然资源资产离任审计“两个平台”，整合房地产风险防控、“放管服”改革等13个方面的审计内容。认真贯彻省委书记关于抓好审计发现问题整改的批示精神，省审计厅与省委组织部共同起草经济责任审计整改操作规程，对审计发现问题全部建立台账，专人跟踪督办；对整改情况开展专项核查，确保整改真实有效到位。

认真贯彻落实习近平总书记“三立”要求，努力建设信念坚定、业务精通、作风务实、清正廉洁的高素质专业化审计干部队伍。组织“不忘初心、牢记使命”系列教育培训、井冈山红色教育、以党建促脱贫攻坚等系列活动，组织党的知识测试，增强党性修养，使审计干部理想信念更加坚定，宗旨意识更加牢固，工作热情更加高涨。

狠抓自身建设，正风肃纪，增强干部队伍向心力、凝聚力和战斗力。参加审计署组织的“审计大讲堂”学习。全面落实省政府提高执行力 15 条措施，查找问题，强化审计执行力。突出自身培训特色，每两周组织一次周末集中培训。强力推进 7 大类 83 个专项培训项目，教育培训审计干部 8453 人次。组织国家审计准则、计算机审计技能测试，增强依法审计能力。省审计厅荣获省直机关全面从严治党工作责任考核二等奖，在全省组织工作会议上介绍抓班子、带队伍的经验。

内部审计 省政府以第 280 号令发布《海南省内部审计工作规定》，省直机关带头贯彻落实，37 个省政府部门实现内部审计机构全覆盖，其中 14 个内部审计机构系独立设置。全省内部审计机构完成审计项目 2411 个，促进增收节支 98503 万元，提出建议意见被采纳 1944 条，根据内部审计建议，给予 5 人行政处分。 （撰稿人：高　原）

【海口市审计局】 2018 年，海口市审计局实有 38 人。局长冯明，副局长曹德静，总审计师刘桂云，副调研员周勇。设有办公室、政策法规处、经济责任审计处、财政审计处、企业审计处、行政事业审计处、农业与资源环保审计处、政府投资审计处、社会保障审计处；下设海口市工程项目审计中心（事业单位）。

审计成果 2018 年，海口市审计局完成审计项目 188 个。审计发现问题 415 个，查出问题金额 184.44 亿元，核减工程造价 5.52 亿元。提出审计建议 271 条，移送案件线索 1 件，发布各类审计工作信息 114 条，7 条信息被审计署采用，16 条信息被市政府、省审计厅等采用。

财政审计 组织实施市本级政府预算执行情况及决算草案编制情况审计，揭示问题 11 个，涉及金额 164.42 亿元。开展 4 个单位预算执行审计和 5 个单位财务收支审计，发现问题 56 个，涉及金额 2.19 亿元。

经济责任审计 对 10 个单位的 11 名领导干部开展经济责任审计，发现问题 52 个，涉及金额 21.96 亿元，移交市纪委线索 3 件，提出审计建议 16 条。对 1 个区政府、1 个部门单位的主要负责人开展自然资源资产离任审计，查出问题 11 个，涉及资金（抽查）23.16 万元，提出审计建议 7 条。

固定资产投资审计 实施跟踪审计项目 53 个，出具跟踪审计报告 46 份、审计月报 383 份，跟踪审计整改建议函 109 期，发现问题 204 个，提出审计建议 200 条。完成竣工结算审计项目 126 个，送审金额 30.89 亿元，核减金额 5.52 亿元，提出审计处理意见 132 条。

民生资金（项目）审计 对市本级 39 个为民办实事事项开展专项审计调查，揭示问题 11 个，涉及资金 581.52 万元。抽查 6 个部门（单位）的 11 个安居工程项目，入户调查 52 户农村危房改造家庭，揭示问题 9 个，涉及金额 1480.63 万元，移送案件线索 1 件。

企业审计 对 49 家市属国有企业 2014—2017 年度“三公”经费开支情况进行审计，发现部分单位普遍存在公务接待审批手续不严、程序不规范等共性问题并对被审计单位提出整改建议。开展 3 家市属国企及下属单位年度资产负债损益情况审计，发现问题 38 个，提出审计建议 13 条，并以审计要情报告市政府，督促落实整改。

其他审计项目 开展市农业综合开发项目资金审计，查出被审计单位尚未建立农发项目库等 3 大方面的问题，提出整改建议 3 条。对市政府 927 项议事事项提出意见建议，上级审计机关查出的问题，共有 67 个得到整改销号，纠正问题金额 299.06 亿元。

相关工作 市审计局严格按照《海口市直属机关党建标准化建设考评细则》推进党建标准化建设，严格执行民主集中制，实现“三重一大”议事清单化管理；严格落实党风廉政四级责任制，组织开展纪律作风专项整治月和集中整训活动；抓强队伍建设，组织专题业务培训 3 次，参加各类培训 52 次 1000 余人次；机关党支部获评全市先进基层党组织。 （撰稿人：吴川醌）

【三亚市审计局】 2018 年，三亚市审计局实有 47 人。局长唐彪，副局长廖沙、陈运球、陈浩洁，总审计师汪祥山，经济责任审计室主任杨明宝。设有办公室、行政事业审计科、财政审计科、企业审计科、农业与资源环保审计科、经济责任审计室、固定资产投资审计科、法规一科、法规二科；下设政府投资审计中心（事业单位）。

审计成果 2018年，三亚市审计局完成审计项目167个。出具审计报告和专项审计调查报告167篇，查出主要问题金额111.48亿元，其中违规金额36.86亿元、损失浪费金额1000万元、管理不规范金额74.27亿元；审计处理处罚金额69.25亿元，其中应减少财政拨款或补贴3.95亿元，应归还原渠道资金33.8亿元；审计促进增收节支32亿元；审计发现非金额计量问题106个。协助纪委办案7件，移送纪检监察机关和有关部门案件线索13件；提交审计要情1份，专题综合报告4篇和审计建议51条。

财政审计 完成财政审计项目3个，查出主要问题金额105.71亿元，其中违规金额35.55亿元、管理不规范金额70.15亿元。出具3篇审计报告，提出审计建议13条。

经济责任审计 通过经济责任审计，发现违法、违规及管理等方面存在的突出问题81个，查出问题金额24.69亿元。针对存在的问题，向被审计单位提出加强和改进管理建议25条，向纪委移送案件线索6件。以专题报告的形式，对审计中发现的一些共性或者典型问题，向市委、市政府领导反映。对3个单位的领导干部开展自然资源资产离任审计。

固定资产投资审计 依托2015年以来研发的《三亚市公共投资审计网络平台》，投资审计工作从数量规模向质量规模的转变、从单一工程造价审计向全面投资审计转变，完成审计项目207个，审计金额38.91亿元，核减8.02亿元。审计项目实现6个菜单式审计和审计各环节痕迹管理，查出投资领域存在的各种不规范和违纪违规问题，提高审计质量。

农业与资源环保审计 对三亚主城区水系开展生态环保审计，揭示污染防治及自然资源资产管理方面存在的问题，移送重大问题案件线索1件。

相关工作 市审计局将党建和业务工作高度融合，认真谋划，大胆创新，精心部署，取得较好的成绩，在党的建设、精神文明建设、业务建设和精准扶贫等工作上取得一定的成绩，获得市委先进基层党组织、市政府"好班子"单位等光荣称号。 （撰稿人：王世方）

【儋州市审计局】 2018年，儋州市审计局实有28人。局长王平，副局长谭必丹、梁启辉，总审计师黄玉仙，副调研员覃景标。设有办公室、法制科、财政金融审计科、政府投资审计科、行政事业审计科、社会保险审计科；下设政府投资审计中心（事业单位）。

审计成果 2018年，儋州市审计局完成审计项目93个。查出主要问题金额10.34亿元，核减工程款6391万元，为财政增收节支2623万元。有针对性地提出审计建议124条，上报审计报告和信息30余篇，向纪检监察、住建等相关部门移送案件线索16件。

财政审计 完成财政审计项目2个。在市本级财政预算执行和其他财政收支情况审计中，揭示出民生支出的增长比例小于总支出增长比例，部分支出科目支出进度缓慢当年完成率低，有的支出科目年初预算编制不细化，调整预算数与年初预算差异较大等问题。

经济责任审计 完成经济责任审计项目27个。揭示土地无集体收益、违规挪用森林生态效益补偿基金、违规公款私存、违规发放奖金补助等问题，为党委考察、使用干部提供参考依据。

固定资产投资审计 实施公共投资审计项目58个，查出主要问题金额3254万元，核减工程款6391万元，为财政增收节支2615万元，提出合理化建议70条，移交案件线索3件。市审计局通过建立政府投资审计平台，加强政府投资审计，强化投资审计力度，聚焦建设项目管理、促进建设单位提升管理规范化水平。

民生资金（项目）审计 开展专项资金审计或者专项审计调查项目6个，通过审计揭露出教育、健康和产业扶贫政策落实不到位、产业扶贫资金管理不规范等问题，向市纪委移交案件线索1件。完成2017年度扶贫资金项目和政策执行情况审计

专项资金审计 完成2017年度土地征收资金管理使用情况、市2017年度森林生态效益补偿资金发放及执行情况等专项审计，为相关部门查办案件、规范管理提供参考。强化审计整改责任落实，采取多方措施，追回上缴财政资金3.32亿元，出台和修订规章制度64项，处分或问责处理25人次。 （撰稿人：余锶钒）

2018 年海南省所辖区、县(市)级审计工作统计表

金额单位:万元

审计机关	完成审计项目/个	审计查出主要问题金额	审计发现非金额计量问题/个	审计期间整改金额	出具审计报告和审计调查报告/篇	审计处理情况		审计促进整改落实有关问题资金	审计提出建议/条	提交审计信息/篇
						审计处理处罚金额	移送处理事项/件			
海口市										
海口市本级	188	1844400			188	403153	1		271	114
秀英区审计局	16	4668			20	485	1		42	3
龙华区审计局	6	26838			7	32	1		25	2
琼山区审计局	11	318			11	113			30	9
美兰区审计局	16	2707			16	2695	11		79	3
三亚市										
三亚市本级	167	1114805			167	412969	13		56	81
海棠区审计局	56	10982			56	10237			70	2
吉阳区审计局	6	3058			6				24	3
天涯区审计局	44	3364			44	1307	1		124	3
崖州区审计局	9	2985			9	325			27	2
儋州市										
儋州市本级	93	103402			93	40145	16		124	30
省直辖										
五指山市审计局	33	95234			39	34283			81	3
琼海市审计局	32	155795			17	48	2		53	5
文昌市审计局	18	49249			18	22183	6		72	15
万宁市审计局	10	639079			11	53729	2		25	4
东方市审计局	70	16353			70	15560	3		98	4
定安县审计局	18	186463			18	186462			43	4
屯昌县审计局	10	1733			10	1233	2		56	5
澄迈县审计局	88	392931			101	141711	1		173	13
临高县审计局	11	24962			11	11025	1		33	2
白沙黎族自治县审计局	13	14641			16	12823	1		208	3
昌江黎族自治县审计局	5	52422			5	6820	7		15	7
乐东黎族自治县审计局	12	271621			12	4064	5		45	5
陵水黎族自治县审计局	22	251100			13	43893	2		96	6
保亭黎族苗族自治县审计局	17	79451			17	4491	2		52	2
琼中黎族苗族自治县审计局	7	70499			7				11	4

重庆市

【重庆市审计局】 2018年，重庆市审计局实有295人。设有办公室、综合处（整改督查处）、法规处、经济责任审计处、财政审计处、金融审计处、固定资产投资审计处、行政事业审计处、经贸审计处、农业审计处、社会保障审计处、外资运用审计处、工业审计处、市政建设审计处、教科文审计处、商贸审计处、资源环保审计处、交通审计处、内部审计管理处、计算机应用管理处、人事处、机关党委（与机关工会、机关团委合署办公）、财务处、离退休人员工作处等24个职能处室，另设有纪检监察组、重庆市审计中心（事业单位）。市经济责任审计工作联席会议办公室设在重庆市审计局。

领导成员

局　　长：袁天长（—3月）

　　　　　郑立伟（3月—）

副 局 长：邓开伟　丁时勇（—3月）

　　　　　戴　希　黄家登

纪检组长：张海坤

总审计师：朋　薇

党组成员：刘　强（10月—）

经济责任审计工作联席会议办公室主任：

　　　　　李嘉荣

巡 视 员：李新建（—7月）

审计成果 2018年，重庆市县两级审计机关完成审计项目2222个，其中专项审计调查项目88个。查出主要问题金额7358.44亿元，其中违规金额219.42亿元、损失浪费金额5.21亿元、管理不规范金额7133.81亿元；审计发现非金额计量问题7792个；损益（收支）不实金额162.42亿元；审计发现侵害人民群众利益10.89亿元；出具审计报告和专项审计调查报告2322篇，被批示、采用658篇次。审计处理处罚金额323.58亿元，其中应上缴财政157.18亿元、应减少财政拨款或补贴4575万元、应归还原渠道资金60.85亿元、应缴纳其他资金207万元、应调账处理金额105.08亿元；移送司法机关、纪检监察机关和有关部门处理事项781件，移送处理人员615人，移送处理金额69.11亿元。审计促进整改落实有关问题资金491.47亿元；审计促进拨付资金到位52.92亿元；审计后挽回（避免）损失51.89亿元；核减投资额88.15亿元；移送处理落实事项230件。审计提出建议9781条，被采纳8897条；推动被审计单位制定整改措施1485项；促进被审计单位建立、健全规章制度601项；提交审计信息3609篇，被批示、采用2050篇次。向社会公告审计结果20篇。

重庆市审计局完成审计项目183个，其中专项审计调查项目7个。查出主要问题金额2859.06亿元；审计发现非金额计量问题1097个；损益（收支）不实金额6.39亿元；出具审计报告和专项审计调查报告191篇，被批示22篇次。审计处理处罚金额33.72亿元；移送司法机关、纪检监察机关和有关部门处理事项45件，移送处理人员87人，移送处理金额23.08亿元。审计促进整改落实有关问题金额185.34亿元；审计促进拨付资金到位6.69亿元；审计后挽回（避免）损失4.33亿元；核减投资额16.6亿元。审计提出建议394条，被采纳230条；推动被审计单位制定整改措施328项，促进被审计单位制定完善规章制度203项；提交审计信息72篇，被批示、采用45篇次。向社会公告审计结果10篇。

市审计局实施的沙坪坝区委书记、原区长任期经济责任履行情况审计项目被审计署评为地方表彰审计项目，2017年重庆市扶贫资金审计项目被审计署评为地方优秀扶贫审计项目。

国家重大政策措施落实情况跟踪审计 紧紧围绕中央、审计署及市委市政府决策部署和工作安排，按月下发跟踪审计要点，组织全市审计机关重点关注“六稳”“放管服”改革、涉企减负、创新驱动发展、乡村振兴等方面政策措施落实及重大项目推进情况，进行跟踪审计，揭示问题并督促整改落实，促进完善100余项规章制度，推动重点项目加速建设，促进中央及市委、市政府重大决策部署落地生根。围绕打好防范化解重大风险攻坚战，对36个区县政府债务和隐性债务开展审计核查。

财政审计 对市和区县两级财政预算执行和决算（草案）、税收征管情况实施异地同步交叉审计，完成111个市级部门单位2017年度预算执行审计。揭示预决算编制、专项资金管理、税收征管等方面的普遍性、典型性问题，提出健全财政资金预算、分配和监督相分离机制以及制定财政支出绩效评价实施细则、完善公车租赁和定点维修相关管理制度等建议，推动提高财政资金使用绩效。

经济责任审计 按照“党政同责、同责同审”要求，完成市管领导干部经济责任审计项目40个。审计报告严格遵循“三个区分开来”要求，坚持恪守边界定责、专题督促整改落实，有力促进领导干部依法主动有效作为。向市委、市政府报送2017年度市管领导干部经济责任审计情况和整改情况报告，并对整改情况开展现场督查，推动举一反三、建章立制。提请市委、市政府印发《重庆市贯彻落实领导干部自然资源资产离任审计规定（试行）实施方案》，以点促面、注重统筹，在经济责任、专项资金等审计中，加强对自然资源资产开发利用、管理责任履行等情况的审计。市审计局完成对铜梁区、万盛经开区党政主要领导自然资源资产离任审计。

固定资产投资审计 审计工程项目7个，其中竣工决算项目4个，平均政府投资审减率7.67%。持续对全市2018年交通行动计划落实情况及四号线、五号线、十号线一期、环线二期4条轨道线建设开展跟踪审计，完成对市地产集团等3户市属国企储备土地运行情况的审计调查，对1所高校建设管理实施审计，通报发现问题并提出审计建议，促进项目顺利推进、规范管理、提高绩效。提请市政府出台《重庆市公共投资建设项目审计办法》并认真贯彻落实，对区县投资审计定位、履职的范围边界等进行全面规范。持续开展对社会中介机构投资审计报告的核查工作，对报告存在重大质量问题的中介机构移送相关主管部门处理，督促有关中介机构规范诚信执业。

民生资金（项目）审计 围绕打好精准脱贫攻坚战，建立健全与审计署重庆特派办及纪检监察、巡视、相关主管部门的工作协作机制，修订完善全市扶贫资金审计工作方案，聚焦“精准、安全、绩效”主线，对全市33个有扶贫开发工作任务区县的扶贫资金实施审计，按季对18个深度贫困乡镇脱贫攻坚情况进行跟踪审计，协同相关主管部门督促抓好审计整改，推动精准扶贫精准脱贫政策措施落实。完成全市2017年保障性安居工程跟踪审计、全市2016—2017年度残疾人事业发展情况专项审计调查等项目，揭示存在的问题，提出相关审计建议。

农业与资源环保审计 全面开展40个区县河长制执行情况审计，完成对3个县长江经济带生态环境保护情况审计，揭示部分污染防治和生态修复项目未按期开（完）工、项目建成后效果不佳等问题，提出审计建议，督促有关方面整改，助力山清水秀美丽之地建设。实施三峡后续工作专项资金审计，重点关注三峡库区后续项目实施、资金使用效益等方面问题，促进三峡后续工作专项资金规范管理、高效运行。

金融审计 依托3家地方银行审计数据分析平台，持续对地方金融风险防控及资金流向情况进行跟踪审计，发送风险提示9次，推动国有担保公司完善内控制度72项。

外资运用审计 组织完成8个审计署授权国外贷援款项目的审计，抽查子项目单位26个，出具审计报告8篇。审计揭示多计多结工程款、提款报账不实、对项目管理咨询单位履行职责监管不到位、履约保证金合同条款执行不到位、设备使用率不高等问题，发挥审计在促进利用外资质量、保证外资安全、降低政府偿债风险等方面的作用。

企业审计 开展8户市属重点国企财务收支审计和46户国企经营收益专项审计调查，揭示国企经营管理中存在的典型问题，促进国有资本保值增值。

审计管理体制改革 深入贯彻党中央、审计署及市委市政府关于推进审计管理体制改革、履行审计监督职责等方面重要部署要求，研究制定30余项贯彻文件并逐项推进落实。按照《重庆市机构改革方案》，制订印发审计机关机构改革工作方案，严格按节点有序推进机构改革各项工作。成立市委审计委员会，市审计局职责划入、转隶干部接收、新“三定”规定起草等工作有序推进。完善区县审计机关人财物统一管理体制，制定《区县审计局主要负责同志述职报告工作办法》，健全完善审计整改督查、资产采购、干部教育培训以及年度考核等管理制度，持续加强对区县审计局的审计计划统一审批、审计工作报告审核和审计业务质量检查，市审计局对区县审计局的干部、业务、财务、政务等统筹管理不断加强。

相关工作 始终以党的政治建设为统领，印发坚决维护党中央集中统一领导的实施意见，制订学习贯彻落实党的十九大精神工作方案，开展党组理论学习中心组（扩大）学习18次52学时，持续学习宣传贯彻党的十九大、十九届二中三中全会和习近平总书记系列重要讲话精神。严格执行《关于新形势下党内政治生活的若干准则》，严肃党内政治生活，局党组成员全年累计以普通党员身份参加支部组织生活70次、讲党课30次。严格落实中央八项规定及实施细则精神和市委实施意见，制定完善审计外勤经费、公务用车、财务管理等内控制度，严肃财经纪律。扎实开展纪律作风专项整治月活动和“以案四说”警示教育，加强对审计现场执行审计“四严禁”工作要求、审计“八不准”工作纪律和各项廉洁纪律情况的监督检查、廉政回访，发现问题及时约谈提醒，促进依法文明廉洁审计。深入践行习近平总书记“以审计精神立身、以创新规范立业、以自身建设立信”的要求，努力建设信念坚定、业务精通、作风务实、清正廉洁的高素质专业化审计干部队伍。建设学习型机关，印发全市审计机关2018年至2022年干部教育培训规划，累计8500余人次参加“审计大讲堂”、业务骨干专业能力提升、审计专题研讨等培训，开展全市审计机关“数字化审计”技能挑战赛。健全完善选人用人制度，严格落实干部分层管理机制，严格按照干部选拔任用条例相关规定任免区县审计局2名正职、13名副职领导干部。

内部审计 贯彻落实审计署加强内部审计工作的规定和全国内部审计工作座谈会精神，组织召开全市内部审计工作会，启动《重庆市内部审计工作办法》修订前期工作。通过内部审计项目计划指导、内部审计座谈交流、内部审计人员培训、内部审计监督检查等方式加强指导监督。全市2500多个内部审计机构全年完成审计项目3万个，促进增收节支25.8亿元。（撰稿人：陈　驰）

【万州区审计局】 2018年，万州区审计局实有44人。局长蔡森川，副局长张忠玲、程驰、熊智海，纪检组长邓天旗，经济责任审计工作联席会议办公室主任付勇，正处长级干部陈建云，副调研员曹文军。设有办公室、电子数据审计科、法规审理科、整改督查与内审管理科、重大政策跟踪审计科、财政审计科、企事业审计科、经济责任审计科、农业与资源环保审计科、投资审计科；另设纪检组、机关党委；下设审计中心。

审计成果 2018年，万州区审计局完成审计项目59个，其中专项审计调查项目1个。查出主要问题金额83.69亿元，其中违规金额1.02亿元、管理不规范金额82.67亿元；审计发现非金额计量问题278个；损益（收支）不实金额1.86亿元；审计发现侵害人民群众利益3.06亿元；出具审计报告和专项审计调查报告59篇，被批示、采用20篇次。审计处理处罚金额4.96亿元，其中应上缴财政1.12亿元、应归还原渠道资金324万元、应调账处理金额3.9亿元；移送司法机关、纪检监察机关和有关部门处理事项31件，移送处理人员17人，移送处理金额22万元。审计促进整改落实有关问题资金9.09亿元；审计后挽回（避免）损失1.64亿元；核减投资额4.76亿元；移送处理落实事项16件。审计提出建议298条，被采纳296条；促进被审计单位建立、健全规章制度19项；提交审计信息117篇，被批示、采用110篇次。

万州区农委主任任期经济责任审计项目被市审计局评为优秀审计项目；万州区分水镇原党委书记和原镇长任期经济责任审计项目被市审计局评为表彰审计项目。

国家重大政策措施落实情况跟踪审计 围绕中央和市委、市政府重大决策部署，对30个部门单位、17户企业的行政审批、涉企保证金清理、重点项目推进等情况进行跟踪审计，按季度对深度贫困的龙驹镇扶贫资金进行跟踪审计。

财政审计 开展云阳县2017年度全市财政预算执行和决算（草案）审计。查出主要问题金额71.49亿元，其中违规金额9182万元、管理不规范金额70.57亿元。

经济责任审计 开展6个镇乡（街道）、2个区级部门、5个副处级事业单位的19名领导的经济责任审计。出具审计报告和审计结果报告13篇，提出并被采纳审计建议34条。

固定资产投资审计 完成固定资产投资审计

项目38个，完成交办、配合审计事项71个。

民生资金（项目）审计 完成2017年保障性安居工程跟踪审计和2016—2017年度残疾人事业发展情况专项审计调查。

信息化建设 实现与重庆市审计局数据平台互联互通，采集各级预算单位及14家国有企业2014—2017年度财务数据和财政预算指标系统、2家医院HIS系统、财政供养人员等27项业务数据共879GB。

内部审计 万州区有内部审计机构73个，其中专职机构15个；有内部审计人员164人，其中专职人员45人；完成审计项目3120个，审计总金额893.61亿元，促进增收节支2.5亿元，提出并被采纳审计建议598条。（撰稿人：肖茹月）

【涪陵区审计局】 2018年，涪陵区审计局实有49人。局长王平，副局长周德勇、陈仁勇、蒋青峰，纪检组长徐晓琼，副处级干部王六一、肖忠学，副调研员严廷龙。设有办公室、法规审理科、整改督查与内审管理科、重大政策跟踪审计科、财政审计科、企事业审计科、农业与资源环保审计科、投资审计科、经济责任审计科（经济责任审计工作联席会议办公室）、电子数据审计科；下设审计中心。

审计成果 2018年，涪陵区审计局完成审计项目98个，其中专项审计调查项目1个。查出主要问题金额353.85亿元，其中违规金额19.24亿元、管理不规范金额334.61亿元；审计发现非金额计量问题140个；损益（收支）不实金额16.73亿元；出具审计报告和专项审计调查报告98篇，被批示、采用97篇。审计处理处罚金额42.71亿元，其中应上缴财政1.98亿元、应归还原渠道资金17.26亿元、应调账处理金额23.45亿元；移送司法机关、纪检监察机关和有关部门处理事项38件，移送处理人员1人，移送处理金额21.2亿元。审计促进整改落实有关问题金额7.69亿元；审计促进拨付资金到位275万元；核减投资额7.08亿元；移送处理落实事项1件。审计提出建议125条，被采纳123条；推动被审计单位制定整改措施12项；促进被审计单位制定、完善规章制度15项；提交审计信息111篇，被批示、采用46篇。向社会公告审计结果2篇。

重庆市第二交通技工学校2017年度部门预算执行和其他财政财务收支情况审计被市审计局评为优秀审计项目。

国家重大政策措施落实情况跟踪审计 围绕创新驱动发展战略实施、市场主导类建设项目推进、涉企保证金清理以及“放管服”“稳就业”和民生政策贯彻落实等重点内容，每月持续开展重大政策措施落实情况跟踪审计。

财政审计 对30个区级部门（单位）2017年度预算执行和其他财政财务收支情况进行同步审计，对10个乡镇（街道）财政决算实施同步审计。按照市审计局的统一安排，对丰都县2017年度预算执行和决算草案实施交叉审计。

经济责任审计 对6个单位7名党政领导干部和1名企业领导人员实施任期经济责任审计；开展太极集团（上市公司）3名主要领导人员任期经济责任审计。督促28个单位完成33名领导干部经济事项离任交接。

固定资产投资审计 组织开展涪陵区125个政府投资建设项目竣工结（决）算审计；对涪陵中医院迁建工程、大华公寓公租房项目等13个政府投资建设项目实施全过程跟踪审计。

民生资金（项目）审计 开展涪陵区2016—2017年度残疾人事业发展情况专项审计调查、2017年度保障性住房跟踪审计；实施2018年度交通行动计划落实情况跟踪审计；对涪陵区2017年5月至2018年9月河长制执行情况实施专项审计。

企业审计 对区属国有企业新城区开发集团、龙桥园区集团实施2017年度财务收支审计。

信息化建设 完成审计数据分析专网建设；集中对171个五年轮审规划单位的财务数据进行采集；修订完善《数据中心管理办法》《电子数据保密安全管理办法》。

内部审计 核定37个单位年度内部审计项目备案计划，完成40余份内部审计报告报备。全区完成内部审计项目592个，促进增收节支1.51亿元。

（撰稿人：姚　平）

【渝中区审计局】 2018年，渝中区审计局实有26人。局长方晓，副局长陈子进、高亚男、曾春艳，经济责任审计联席会议办公室主任周小波（9月—），调研员缪跃华。设有办公室、法规审理科、投资审计科、财政金融审计科、企事业审计科、经济责任审计科、整改督查与内审管理科、电子数据审计科8个科室；下设审计中心（事业单位）。

审计成果 2018年，渝中区审计局完成审计项目37个。查出主要问题金额85.56亿元，其中违规金额1.68亿元、损失浪费金额6866万元、管理不规范金额83.19亿元；审计发现非金额计量问题156个；损益（收支）不实金额5966万元；审计发现侵害人民群众利益3348万元；出具审计报告和专项审计调查报告37篇。审计处理处罚金额2.27亿元，其中应上缴财政1.38亿元、应减少财政拨款或补贴2182万元、应调账处理金额6694万元；移送司法机关、纪检监察机关和有关部门处理事项5件，移送处理人员7人，移送处理金额512万元。审计促进整改落实有关问题资金1.54亿元；核减投资额6694万元；移送处理落实事项3件。提出并被采纳审计建议140条；促进被审计单位建立、健全规章制度5项；提交审计信息13篇，被批示、采用9篇次。

国家重大政策措施落实情况跟踪审计 将重大政策跟踪审计与财政审计、投资审计相融合，做到项目同步安排、协同实施，成果共享。查出应归还原渠道资金3349万元。

财政审计 根据市审计局的统一安排，完成2017年度南岸区财政和税收预算执行审计，并延伸抽查区民防办等40个部门及企事业单位，下达审计决定1.4亿元，增强预算执行审计的整体合力和影响力。

经济责任审计 完成经济责任审计项目11个，查出问题金额10.45亿元，提出并被采纳审计建议29条。

固定资产投资审计 全面实行“五审并举”，完成投资项目（不含限额以下）审计9个，送审金额4亿元，审减6694.59万元。

企业审计 对2户区属重点国有企业开展领导任期经济责任暨2017年度财务收支审计，查出经营管理、财务管理等方面8大类55个问题，涉及管理不规范金额18.23亿元、违规金额2427.72万元。

相关工作 严肃党内政治生活，认真贯彻民主集中制，召开2次专题民主生活会、15次党组会、16次局长办公会、11次审计项目审理会、13次中心组学习；组织开展支部主题党日暨廉政教育专题教育活动6次。局党组成员以普通党员身份参加支部组织生活12次、主题党日活动12次，讲党课4次。

内部审计 内部审计机构完成审计项目64个，审计总金额16.94亿元，促进增收节支2252.06万元。区审计局开展6次专项检查，形成内部审计工作调研报告1篇，把全区26家单位的内部审计工作计划、总结、审计报告和整改情况等105份资料作备案。 （撰稿人：唐　红）

【大渡口区审计局】 2018年，大渡口区审计局实有21人。局长龙子武，副局长吴蔚翔、单珺、武如清，纪检组长吴蔚翔（兼），副调研员陈静。设有办公室（电子数据审计科）、法规审理科、整改督查与内审管理科、财政审计科（重大政策跟踪审计科）、投资审计科、经济责任审计科（经济责任审计工作联席会议办公室）；下设审计中心（事业单位）。

审计成果 2018年，大渡口区审计局完成审计项目51个，其中专项审计调查项目2个。查出主要问题金额48.48亿元，其中违规金额9260万元、管理不规范金额47.56亿元；审计发现非金额计量问题131个；出具审计报告和专项审计调查报告55篇。审计处理处罚金额1.31亿元，其中应上缴财政8168万元、应归还原渠道资金1072万元、应调账处理金额3899万元；移送司法机关、纪检监察机关和有关部门处理事项6件，移送处理人员13人，移送处理金额9604万元。审计促进整改落实有关问题资金8480万元；审计后挽回（避免）损失595万元；核减投资额4248万元。审计提出建议219条，被采纳200条；促进被审计单位建立、健全规章制度31项；提交审计信息119篇，被批示、采用69篇次。向社会公告审计结果2篇。

国家重大政策措施落实情况跟踪审计 对大渡口区北上通道建设、土壤生态治理、“增绿添园”工程、社区养老服务中心、职业就业培训补贴等方面开展跟踪审计，涉及20多个区级部门和相关企业。

财政审计 对23个单位开展部门预算执行情况审计，进一步提升部门预算约束力。按照市审计局统一安排，对綦江区财政、税收预算执行和财政决算草案进行交叉审计。

经济责任审计 以各单位部门落实中央八项规定精神、反对浪费厉行节约相关要求为重点，对11个单位的18名领导干部开展经济责任审计。

固定资产投资审计 对13个政府投资建设项目开展竣工结算审计和跟踪审计，首次开展工程竣工决算审计。推动区政府修订《大渡口区政府投资建设项目审计办法》，规范大渡口区政府投资项目建设管理。制定《社会中介机构相关报告核查工作办法》，并首次开展专项核查，规范社会中介机构及从业人员的执业行为，提升投资审计质量。

企业审计 对2家区属国有企业同步开展经济责任审计和财务收支审计，加强对国有资产的审计监督。

民生资金（项目）审计 组织实施保障性安居工程跟踪审计、残疾人事业发展情况专项审计等社会保障项目2个；首次组织开展河长制执行情况审计。

信息化建设 全覆盖采集大渡口区一、二级预算单位的审计电子数据约170GB，对11个经济责任审计和23个部门预算执行审计项目集中进行数据审计思路分析。

内部审计 全区设有内部审计机构31个，其中专职机构4个；配备内部审计人员81人，其中专职人员14人。完成审计项目87个，提出并被采纳审计建议意见54条。（撰稿人：任 娟）

【江北区审计局】 2018年，江北区审计局实有29人。局长魏成发，副局长陈世滨、冯利娜，纪检组长罗翠渝，经济责任审计工作联席会议办公室主任胡建。设有办公室、法规审理科、整改督查与内审管理科、财政审计科（重大政策跟踪审计科）、企事业审计科、投资审计科、经济责任审计科（经济责任审计工作联席会议办公室）、电子数据审计科；下设审计中心。

审计成果 2018年，江北区审计局完成审计项目35个，其中专项审计调查项目4个。查出主要问题金额630.3亿元，其中违规金额15.43亿元、损失浪费金额603万元、管理不规范金额614.81亿元；审计发现非金额计量问题138个；损益（收支）不实金额1339万元；出具审计报告和专项审计调查报告43篇，被批示、采用20篇次。审计处理处罚金额16.82亿元，其中应上缴财政14.73亿元、应归还原渠道资金4736万元、应调账处理金额1.62亿元；移送司法机关、纪检监察机关和有关部门处理事项26件，移送处理人员6人，移送处理金额1760万元。审计促进整改落实有关问题资金16.82亿元；审计后核减投资额1.53亿元；移送处理落实事项26件。提出并被采纳审计建议219条；提交审计信息129篇，被批示、采用115篇次。

2018年度全市河长制执行情况审计、2017年度全市财政预算执行和决算（草案）审计等2个项目，被市审计局评为优秀审计项目；区卫生系统2016年度内控制度建立及执行情况专项审计调查、江北区城市管理局党委书记局长任期经济责任审计等2个项目，被市审计局评为表彰审计项目。

国家重大政策措施落实情况跟踪审计 围绕深化供给侧结构性改革、聚焦“三去一降一补”任务完成等情况开展跟踪审计。审计部门单位15个，发现问题16个，查出违规金额16.75万元、管理不规范金额317.89万元。

财政审计 围绕财政政策执行情况、政府性债务管理及政府采购情况、违规设立“小金库”等开展财政审计，查出违规金额14.71亿元、管理不规范金额601.84亿元。

经济责任审计 加强经济责任审计信息化建设，建立审计对象数据库，完成经济责任审计项目12个，查出管理不规范金额1.04亿元。

固定资产投资审计 立足“五审并举”，强化中介机构审计质量审核和过程监督。完成竣工结算审计项目108个，审减工程造价1.59亿元。

民生资金（项目）审计 完成或者参与重庆市残疾人事业发展情况专项审计调查、重庆市2018年河长制执行情况审计等专项审计项目7个，查出管理不规范金额8383万元。

企业审计 贯彻江北区《深化国有企业审计监督的实施办法》要求，完成企业审计项目2个，查出管理不规范金额5829万元。

信息化建设 采集全区234家单位近3年财务数据1017套，21个单位业务数据56类，数据总量115.87GB。出台《“互联网＋”审计中心数据安全管理实施方案（试行）》等制度。

相关工作 持续深化机关党风廉政建设，认真履行全面从严治党主体责任，落实好“两学一做”学习教育常态化制度化各项举措。健全落实党风廉政建设的领导体制与工作机制，全面夯实“两个责任”和“一岗双责”。综合运用监督执纪“四种形态”，加强执纪问责。

内部审计 健全完善内部审计业务指导监督机制，利用江北区数字化审计平台，结合审计项目监督等方式，对被审计单位内部审计工作开展及质量效果情况等进行监督检查。

（撰稿人：陈　诗）

【沙坪坝区审计局】 2018年，沙坪坝区审计局实有33人。局长赵卫红，副局长林国勇、廖承东，正处级干部李春雷。设有办公室、财政审计科、企事业审计科、经济责任审计科、投资审计科、法规审理科、整改督查与内审管理科、电子数据审计科；下设审计中心（事业单位）。

审计成果 2018年，沙坪坝区审计局完成审计项目24个，其中专项审计调查项目2个。查出主要问题金额24.29亿元，其中违规金额6464万元、管理不规范金额23.64亿元；审计发现非金额计量问题103个；损益（收支）不实金额2265万元；出具审计报告和专项审计调查报告27篇。审计处理处罚金额6461万元，其中应上缴财政4327万元、应归还原渠道资金2074万元；移送纪检监察机关和有关部门处理事项11件，移送处理人员6人，移送处理金额172万元。审计促进整改落实有关问题资金8.55亿元；审计促进拨付资金到位1726万元；审计后挽回（避免）损失1659万元；核减投资额1599万元。审计提出建议105条，被采纳103条；提交审计信息447篇，被批示、采用142篇次。

沙坪坝区审计局江北区实施的2017年保障性安居工程跟踪审计项目被市审计局评为优秀审计项目。

国家重大政策措施落实情况跟踪审计 每月针对优化营商环境、“放管服”改革等政策措施落实情况实施跟踪审计，对减税降费、清理拖欠民营企业中小企业账款等开展专项审计，反映偏离宏观调控预期目标的倾向性问题，提出建议并督促整改。

财政审计 开展财政审计项目3个，在区级预算执行和其他财政财务收支审计及地方税收暨非税收入征管情况审计中，分模块部署财政及部门预算执行审计数据分析系统，有序完成对财政预算编制、政府采购及财政决算等业务系统数据的归集分析及具体审计业务开展的全覆盖模块化作业。

经济责任审计 开展经济责任审计项目8个，涉及9名领导干部。组织开展1个党政领导干部履行自然资源资产管理和生态环境保护责任情况任中审计项目，查出餐饮油烟污染突出等涉及生态环境保护方面问题4个，提出审计建议3条。

固定资产投资审计 开展固定资产投资审计15个，核减工程造价1112.3万元。推动区政府出台《关于进一步加强沙坪坝区公共投资建设项目结算和审计工作的通知》，着力加强和规范全区公共投资建设项目审计监督。

民生资金（项目）审计 开展涉及民生类资金的审计项目4个。查出巡河发现问题整改落实不到位等问题14个，提出健全河长制管理制度等审计建议6条。

信息化建设 依托自行开发构建的项目实施情况管理台账及审计文书档案数据库等内控模块，创新推动计划管理、质量管控、整改督查及政务运转等各板块工作电子化、一体化。

内部审计 设有内部审计机构75个，其中专职机构3个；配备内部审计人员283人，其中专职人员15人。完成审计项目898个，审计总金额41亿元。

（撰稿人：李　缇）

【九龙坡区审计局】 2018年，九龙坡区审计局实有35人。局长彭觉贵，副局长李霞、姜道云，纪检组长刘昆，经济责任审计联席会议办公室主任章丽，调研员兰华。设有办公室、法规审理科、整改督查与内审管理科、财政审计科、企事业审计科、经济责任审计科、投资审计科、电子数据审计科8个职能科室；下设审计中心。

审计成果 2018年，九龙坡区审计局完成审计项目30个，其中专项审计调查项目2个。查出主要问题金额118.87亿元，其中违规金额7.34亿元、管理不规范金额111.54亿元；审计发现非金额计量问题184个；出具审计报告和专项审计调查报告33篇，被批示、采用11篇。审计处理处罚金额9.96亿元，其中应上缴财政7.28亿元、应归还原渠道资金564万元、应调账处理金额2.62亿元；移送司法机关、纪检监察机关和有关部门处理事项21件，移送处理人员1人，移送处理金额8198万元。审计促进整改落实有关问题金额9.91亿元；审计后挽回（避免）损失8753万元；核减投资额1.57亿元；移送处理落实事项16件。提出并被采纳审计建议92条；提交审计信息17篇，被批示、采用2篇。

西部物流公司党委书记、董事长尹勇任期经济责任审计项目被市审计局评为表彰审计项目。

国家重大政策措施落实情况跟踪审计 对九龙坡区创新驱动发展战略推进实施、就业创业政策落实及就业资金使用、公共资源交易中心“放管服”、推进社区养老服务“千百工程”民生实事任务执行等政策措施落实情况开展跟踪审计，发现问题13个。

财政审计 完成渝北区财政预算执行及决算草案审计、税收预算执行审计。审计查出主要问题金额101.69亿元，其中未按规定征收缴纳收入3.75亿元。

经济责任审计 完成8个单位10名处级领导干部的经济责任审计，其中任中审计8人、离任审计2人。

固定资产投资审计 完成140个公共投资建设项目审计，审核建设资金22.46亿元，形成审计报告140篇。

民生资金（项目）审计 开展九龙坡区2016年至2017年残疾人事业发展情况专项审计调查。根据市审计局的统一安排，完成大渡口区2017年保障性安居工程跟踪审计，参与全市河长制执行情况审计、重庆市基础设施建设提升战略行动计划（交通行动计划）落实情况跟踪审计等。

企业审计 结合经济责任审计，完成对九龙园公司、西部物流公司、高开投集团、区保安公司、创驿公司等5个区属国有企业的审计。

信息化建设 制定并出台《计算机审计工作流程细则》《电子信息保密考核办法》，规范数字化审计的程序、严控信息的安全保密。

内部审计 设有专职内部审计机构88个，专职内部审计人员29人；完成审计项目246个，审计总金额161.54亿元，促进增收节支5513万元，提出并被采纳审计建议意见353条。

（撰稿人：诸伟仪）

【南岸区审计局】 2018年，南岸区审计局实有34人。局长卢盛国，副局长赵勇（—3月）、杨柳（—3月）、钟蜀海（3月—）、王凌颖，纪检组长刘柳，经济责任审计工作联席会议办公室主任蔺艳，副调研员赵勇（3月—）、赵开颜、李志林。设有办公室、法规审理科、整改督查与内审管理科、财政审计科（重大政策跟踪审计科）、企事业审计科、投资审计科、经济责任审计科、电子数据审计科；下设审计中心。

审计成果 2018年，南岸区审计局完成审计项目22个，其中专项审计调查项目1个。查出主要问题金额23.33亿元，其中违规金额8023万元、管理不规范金额22.53亿元；审计发现非金额计量问题83个；损益（收支）不实金额2587万元；出具审计报告和专项审计调查报告23篇。审计处理处罚金额1.72亿元，其中应上缴财政7788万元、应归还原渠道资金382万元、应调账处理金额9033万元；移送司法机关、纪检监察机关和有关部门处理事项33件，移送处理人员40人，移送处理金额3162万元。审计促进整改落实有关问题资金1.4亿元；审计后挽回（避免）损失5816万元；核减投资额9000万元；移送处理落实事项7件。审计提出建议68条，被采纳44条；推动被审计单位制定整改措施43项，促进被审计单位建立、健全规章制度9项；提交审计信息137篇，被批示、采用71篇次。

区城市管理局2017年度部门预算执行和其他财政财务收支审计项目被市审计局评为表彰审计项目。

国家重大政策措施落实情况跟踪审计 对创新驱动发展战略推进实施、“千百工程”民生实事任务执行、就业创业政策落实、公共资源交易中心“放管服”政策落实、涉企保证金清理等政策落实情况进行跟踪审计，揭示政策落实过程中的潜在风险和重大问题。

财政审计 开展67个区级部门预算执行和财政财务收支审计、财政及税收预算执行审计，揭示专项补助资金使用效益较差、虚增财政收入等问题。

经济责任审计 完成对5名领导干部的经济责任审计，查出问题金额2671万元，揭示工作经费管理不规范、公务卡使用不规范、“三重一大”制度执行不到位、国有资产管理监督不到位等问题。

固定资产投资审计 完成公共投资建设项目审计29个，核定投资额24.68亿元，核减投资额1.22亿元。梳理区政府出台的规范性文件及执行情况，退出与审计职责不适应的议事协调机构。

民生资金（项目）审计 根据市审计局的统一安排，开展重庆市2016—2017年度残疾人事业发展情况专项审计调查和重庆市2017年城镇保障性安居工程跟踪审计，查出管理不规范金额4048万元、违规金额376万元，向公安机关移送保障性安居工程案件线索1件。

信息化建设 对财政财务数据开展数据收集、转换，编写审计模型，开发“轻松导”疑点导出工具，自动分析、生成出审计疑点近2万条。

内部审计 指导全区内部审计机构完成项目749个，审计总金额439.43亿元，促进增收节支1.88亿元，提出并被采纳审计建议意见278条。区审计局组织内部审计人员参加各类培训260人次，开展区级部门内部审计检查及评优，提高内部审计人员积极性。 （撰稿人：沈　扬）

【北碚区审计局】 2018年，北碚区审计局实有31人。局长李厚杰，副局长唐小勤、张渝玲、廖振华，纪检组长侯相红，经济责任审计工作联席会议办公室主任张筱枫。设有办公室、法规审理科、整改督查与内审管理科、财政审计科、企事业审计科、投资审计科、经济责任审计科、电子数据审计科；下设审计中心。

审计成果 2018年，北碚区审计局完成审计项目58个，其中专项审计调查项目11个。查出主要问题金额249.16亿元，其中违规金额6.5亿元、管理不规范金额242.67亿元；审计发现非金额计量问题197个；损益（收支）不实金额25.01亿元；出具审计报告和专项审计调查报告58篇。审计处理处罚金额6.5亿元，其中应上缴财政6.5亿元；移送司法机关、纪检监察机关和有关部门处理事项10件，移送处理人员20人，移送处理金额327万元。审计促进整改落实有关问题资金5.94亿元；审计后核减投资额1.23亿元；提出并被采纳审计建议204条；促进被审计单位建立、健全规章制度9项；提交审计信息75篇，被批示、采用62篇次。

国家重大政策措施落实情况跟踪审计 抽查部门（街镇）28个、企事业单位45个、重大项目13个，涉及财政资金1.12亿元，发现科技创新券兑现不及时、项目进程缓慢、政策落实不到位、涉企收费清理不到位等问题，提出审计建议22条。

财政审计 运用大数据对全区3个街镇、6家国有企业、13个部门2017年度财政预算执行情况和其他财政收支情况同步开展审计。根据市审计局的统一安排，对沙坪坝区2017年度财政及税收预算执行和财政决算（草案）编制情况进行交叉审计。

经济责任审计 完成经济责任审计项目17个，涉及区级部门、街镇及学校等10个单位23名党政领导干部。落实经济责任审计联席会议制度，推进经济责任审计结果与干部监督、廉政建设、责任追究等各项制度的有机衔接。首次开展领导干部自然资源资产离任审计，涉及2个单位3名党政领导干部。

固定资产投资审计 完成工程竣工决算审计项目1个，送审金额820万元；完成工程竣工结算审计项目72个，送审金额21.05亿元，审减1.23亿元。

民生资金（项目）审计 完成保障性安居工程跟踪审计，查出问题7个，提出审计建议3条。参与开展全区河长制执行情况审计。根据市审计局的统一安排，对丰都县进行扶贫资金审计。

信息化建设 推进数字化、系统化审计方式，同步完成多部门预算执行审计项目；建立区级数据定期采集报送机制，收集近3年全区自然资源资产数量、质量、分布、开发利用等数据，采集全区245个单位2017年财务及业务数据76.7GB，提交规划库数据13.15GB。在各类项目中提供查询及分析结果 9.45 万条。

内部审计 全区内部审计机构实施内部审计项目 278 个，审计监控资金 23.71 亿元，促进增收节支 1.33 亿元，提出并被采纳审计建议 186 条。组织内部审计人员集中培训交流 270 余人次。

（撰稿人：马洪涛）

【綦江区审计局】 2018 年，綦江区审计局实有 42 人。局长郑平，副局长陈正好、尹政权、吴秀兵，纪检组长杨云德，经济责任审计工作联席会议办公室主任李开强。设有办公室、法规审理科、整改督查与内审管理科、财政审计科（重大政策跟踪审计科）、企事业审计科、投资审计科、经济责任审计科（经济责任审计工作联席会议办公室）、电子数据审计科；下设审计中心（事业单位）。

审计成果 2018 年，綦江区审计局完成审计项目 119 个，其中专项审计调查项目 3 个。查出主要问题金额 83.63 亿元，其中违规金额 28.53 亿元、管理不规范金额 55.1 亿元；审计发现非金额计量问题 128 个；出具审计报告和专项审计调查报告 126 篇，被批示、采用 75 篇次。审计处理处罚金额 29.42 亿元，其中应上缴财政 27.4 亿元、应归还原渠道资金 9425 万元、应调账处理金额 1.08 亿元；移送司法机关、纪检监察机关和有关部门处理事项 29 件，移送处理人员 42 人，移送处理金额 3797 万元。审计促进整改落实有关问题资金 22.54 亿元；审计后核减投资额 9886 万元；移送处理落实事项 2 件。审计提出建议 482 条，被采纳 460 条；推动被审计单位制定整改措施 116 项；促进被审计单位建立、健全规章制度 16 项；提交审计信息 150 篇，被批示、采用 80 篇次。向社会公告审计结果 1 篇。

区财政局 2017 年度部门预算管理情况审计、2018 年度河长制执行情况审计、2017 年度全市地方税收收入征管情况审计、2016—2017 年度残疾人事业发展情况专项审计调查项目等 4 个项目，被市审计局评为优秀审计项目。

国家重大政策措施落实情况跟踪审计 审计发现部分重点项目推进缓慢，部分单位违规设置保证金、超比例扣留质量保证金等问题，采取提建议或专题报告方式，促进区政府建章立制。

财政审计 对区 2017 年预算执行及其他财政收支情况及相关部门进行审计，发现应收未收土地出让金和城市建设配套费、应缴未缴国有资产收益等问题。

经济责任审计 对 23 个单位、36 名党政主要领导干部实施经济责任、自然资源资产离任（任中）审计，出具审计报告 36 篇。

固定资产投资审计 对 46 个政府投资项目进行审计，送审金额 8.59 亿元，核减工程造价款 9886 万元。促成区政府出台《綦江区政府投资工程建设领域不良行为记录管理办法》。

民生资金（项目）审计 完成涉及民生的 12 项专项资金 50 个子项目的审计，涉及金额 6.82 亿元，发现存在虚报冒领、部分资产闲置、应收未收各类资金等问题。

企业审计 对 6 户区属国有重点企业进行审计，查出各类问题 33 个、违纪违规和管理不规范金额 2.73 亿元，提出审计建议 25 条。

信息化建设 促成区政府出台《审计电子数据采集办法》，采集 25 个部门财务、业务数据 55 类，开发审计模型 84 个。与区财政局、区发展改革委实现政府投资工程信息资源共享。

内部审计 内部审计机构完成内部审计项目 234 个，审计总金额 9.6 亿元，促进增收节支 93 万元，提出审计建议 329 条。（撰稿人：毛开军）

【大足区审计局】 2018 年，大足区审计局实有 41 人。局长黄珍扬（—8 月）、蓝兴友（8 月—），副局长邓施全、刘朝树、欧洋，纪检组长陈清伦，经济责任审计办公室主任黎娟，副调研员罗代光、姚晓红、胡正权。设有办公室、法规审理科、整改督查与内审管理科、财政审计科、企业事业审计科、投资审计科、经济责任审计科、电子数据审计科；下设审计中心（事业单位）。

审计成果 2018 年，大足区审计局完成审计项目 63 个，其中专项审计调查项目 2 个。查出主要问题金额 67.41 亿元，其中违规金额 2.8 亿元、损失浪费金额 951.72 万元、管理不规范金额 64.52 亿元；审计发现非金额计量问题 112 个；审计发现侵害人民群众利益 4888.14 万元，出具审计报告和专项审计调查报告 63 篇，被批示 16 篇次。审计处理处罚金额 4.73 亿元，其中应上缴财政2.21亿元、应归还原渠道资金5844.2万元、应调账处理金额1.93亿元；移送司法机关、纪检监察机关和有关部门处理事项8件，移送处理金额3960.61万元。审计促进整改落实有关问题资金2.2亿元；审计后挽回（避免）损失2.04亿元；核减投资额1.91亿元。审计提出建议299条，被采纳299条；推动被审计单位制定整改措施78项，促进被审计单位建立、健全规章制度8项；提交审计信息10篇，被批示8篇次。

国家重大政策措施落实情况跟踪审计 审计查出问题金额8067.45万元，提出审计建议12条，推动5个重点建设项目实施进度和6项政策落实，促进整改落实资金1643.63万元。

财政审计 审计查出问题金额47.01亿元，促进整改落实资金1078.08万元，挽回（避免）损失1138.08万元。推动被审计单位制定整改措施59项、出台制度1项。

经济责任审计 对18名区管领导干部进行任期经济责任审计，查出问题金额1.87亿元，通过促进整改挽回（避免）损失152.98万元。

固定资产投资审计 对98个投资项目进行审计，查出问题金额1.97亿元，通过促进整改挽回（避免）损失19125.81万元。

民生资金（项目）审计 实施2个涉及民生的专项审计，查出问题金额180.86万元，推动被审计单位制定整改措施19项、出台制度7项。

企业审计 对1个区属国有企业实施审计，查出问题金额15.73亿元。

信息化建设 完成250个单位、1000多套财务数据，财政、国土、民政等21个部门业务数据的采集；运用中友金审数字化分析平台，实现与AO（现场审计实施系统）对接，提高工作效率。

相关工作 加强党建工作，开展主题党日活动12次，举办党建知识竞赛活动2次，组织开展党风廉政风险排查和检查5次，14人次参与巡视巡察督查。开展志愿服务和慰问帮扶4次。

内部审计 设有内部审计机构70个，其中专职机构12个；有内部审计人员131人，其中专职人员27人。完成审计项目161个，审计总金额11.92亿元；促进增收节支1420.82万元；提出并被采纳审计建议意见108条。

（撰稿人：胡春斌）

【渝北区审计局】 2018年，渝北区审计局实有44人。局长李梅，副局长曹霞、欧林、刘静，纪检组长谢贤友，党组成员张彬，经济责任审计工作联席会议办公室主任黄明荣（3月—），调研员曾泉，副调研员桂木元。设有办公室、法规审理科、整改督查与内审管理科、财政审计科、企事业审计科、投资审计科、经济责任审计科、电子数据审计科；下设审计中心（事业单位）。

审计成果 2018年，渝北区审计局完成审计项目92个，其中专项审计调查项目8个。查出主要问题金额58.39亿元，其中违规金额1.37亿元、管理不规范金额57.02亿元；审计发现非金额计量问题168个；损益（收支）不实金额546万元；出具审计报告和专项审计调查报告103篇，被批示、采用78篇次。审计处理处罚金额2.89亿元，其中应上缴财政1.27亿元、应归还原渠道资金1265万元、应调账处理金额1.5亿元；移送司法机关、纪检监察机关和有关部门处理事项26件，移送处理人员26人，移送处理金额8988万元。审计促进整改落实有关问题资金9.77亿元；审计促进拨付资金到位80万元；审计后挽回（避免）损失2.03亿元；核减投资额2.23亿元。审计提出建议529条，被采纳500条；推动被审计单位制定整改措施44项，促进被审计单位建立、健全规章制度9项；提交审计信息93篇，被批示、采用30篇次。

区城管局2017年度部门预算执行和其他财政财务收支审计项目被市审计局评为优秀审计项目。

国家重大政策措施落实情况跟踪审计 对重点建设项目推进、市创新驱动发展战略推进实施等6项政策措施的落实情况开展审计，发现研发补贴资金审核把关不严等问题。

财政审计 对区工商联等29个部门单位预算执行和其他财政财务收支情况进行审计，促进存量资金上缴财政6389.75万元。根据市审计局的统一安排，完成对北碚区财政预算执行和税收的交叉审计。

经济责任审计 对木耳镇、区人民医院等9个单位、16名区管领导干部进行经济责任审计。

固定资产投资审计 完成政府投资项目结算审计246个，审计金额29.98亿元、审减金额

1.65 亿元。持续开展区人民医院、环湖雅居安置房等 18 个政府投资重点项目的跟踪审计任务，出具跟踪审计建议函 32 份。组织开展中介机构报告核查。

民生资金（项目）审计 对区残疾人事业发展专项资金进行审计调查；开展 2018 年渝北区“交通三年行动计划”落实情况跟踪审计；开展河长制执行情况审计。根据市审计局的统一安排，完成 2016 年度北碚区保障性安居工程跟踪审计项目，完成璧山区扶贫资金审计项目。

企业审计 以“三重一大”事项、投融资活动等情况为重点，对区属 2 家国有公司开展审计，揭示出招商引资管理和考核督查机制不健全、国有投资存在损失风险等问题。

信息化建设 健全数字化审计工作制度，完善数据安全保密、信息反馈机制，确立“1＋N”的数字化审计模式。完善“渝北区审计数据管理系统”，建立审计数据定期报送机制，完成财政及部门预算执行审计数据分析平台建设，新建审计模型 220 个。

内部审计 完善内部审计审计项目计划及执行管理机制。与区政府督查室、区国资委等开展内部审计计划执行情况的督查。

（撰稿人：唐迪姣）

【巴南区审计局】 2018 年，巴南区审计局实有 33 人。局长肖秋生，副局长黄均（—2 月）、苏小平、刘方宇、李渐鸿（2 月—），纪检组长曹际宏，经济责任审计工作联席会议办公室主任李蓉。设有办公室、法规审理科、内审管理与整改督查科、财政审计科、企事业审计科、投资审计科、经济责任审计科、电子数据审计科；下设审计中心。

审计成果 2018 年，巴南区审计局完成审计项目 26 个，其中专项审计调查项目 1 个。查出主要问题金额 123.64 亿元，其中违规金额 5.67 亿元、管理不规范金额 117.97 亿元；审计发现非金额计量问题 105 个；损益（收支）不实金额 3.08 亿元；出具审计报告和专项审计调查报告 61 篇，被批示 33 篇次。审计处理处罚金额 9.5 亿元，其中应上缴财政 5.61 亿元、应归还原渠道资金 590.75 万元、应调账处理金额 3.79 亿元；移送司法机关、纪检监察机关和有关部门处理事项 15 件，移送处理人员 22 人，移送处理金额 1.17 亿元。审计促进整改落实有关问题资金 18.58 亿元；审计核减投资额 1.88 亿元；移送处理落实事项 3 件。提出并被采纳审计建议 178 条；推动被审计单位制定整改措施 37 项，促进被审计单位建立、健全规章制度 22 项；提交审计信息 99 篇，被批示、采用 79 篇次。

2018 年度重大政策措施落实情况跟踪审计被市审计局评为优秀审计项目。

国家重大政策措施落实情况跟踪审计 聚焦三大攻坚战、“三去一降一补”“放管服”等情况进行跟踪审计。揭示铁路东环征地拆迁项目债券资金结余未及时使用、矿山地质环境治理恢复保证金未按规定取消等问题。

财政审计 采取“统一数据分析＋单位自核自证＋现场重点核查”的方式对 31 个部门（单位）预算执行和其他财政收支进行审计，揭示应缴未缴非税收入、少征收垃圾处置费、违规收取保证金等问题。按照市审计局的统一安排，对九龙坡区财政及税收进行交叉审计，发现问题金额 107.34 亿元，促进增收节支 13.81 亿元。

经济责任审计 对 11 个单位 13 名领导干部实施经济责任审计。推动出台巴南区贯彻落实《领导干部自然资源资产离任审计规定（试行）》实施方案。

固定资产投资审计 完成结（决）算项目 37 个，揭示工程项目中存在的工程变更审批程序执行不严、招投标管理不规范、部分项目建设管理不到位等问题。开展专项核查，揭示 1 家中介机构出具的结算审核报告结算价虚高 703.47 万元的问题，已移送相关部门处理。

民生资金（项目）审计 对保障性安居工程、扶贫资金、残疾人事业发展情况等项目开展审计，揭示专项资金在管理、使用、政策执行等方面的问题。

信息化建设 实现全区 321 个预算单位数据定期采集报送全覆盖。

内部审计 推动出台《关于进一步加强内部审计工作的通知》，加大审计整改和内部审计工作指导监督检查力度。

（撰稿人：涂蕊玲）

【黔江区审计局】 2018年，黔江区审计局实有39人。局长秦建川，副局长任国林、王明昌、施方林，纪检组长杨春亚（—12月），经济责任审计办公室主任石晓红，调研员王海军，副调研员龙林平、肖玉昌。设有办公室、法规审理科、整改督查与内审管理科、重大政策跟踪审计科、财政审计科、企事业审计科、农业与资源环保审计科、投资审计科、经济责任审计科（经济责任审计工作联席会议办公室）、电子数据审计科；下设审计中心。

审计成果 2018年，黔江区审计局完成审计项目38个，其中专项审计调查项目3个。查出主要问题金额53.51亿元，其中违规金额3.72亿元；审计发现非金额计量问题188个；出具审计报告和专项审计调查报告38篇。审计处理处罚金额6.63亿元，其中应上缴财政3.7亿元、应归还原渠道资金297万元、应调账处理金额2.9亿元；移送纪检监察机关和有关部门处理事项57件，移送处理人员37人，移送处理金额1069万元。审计促进整改落实有关问题资金5.81亿元；核减投资额2.9亿元；移送处理落实事项4件。审计提出建议197条，被采纳197条；促进区人民政府建立、健全规章制度4项；提交审计信息91篇，被批示、采用71篇次。

国家重大政策措施落实情况跟踪审计 对科技创新券等20项政策落实情况进行跟踪审计，提出审计建议20条。

财政审计 开展地方隐性债务审计。对区一级预算部门（单位）进行全覆盖审计，共揭示问题36个，促成相关单位修改完善规章制度3项。按照市审计局的统一安排，对秀山县财政及税收预算执行进行交叉审计。

经济责任审计 完成40名领导干部（含8个村居23名专职干部）的经济责任审计，揭示问题103个，促成部门制定规章制度12项。完成9名领导干部的自然资源资产离任审计，出具审计报告7篇。将遥感技术（RS）、地理信息系统（GIS）、全球定位系统（GPS）技术运用到自然资源资产离任审计实践中。

固定资产投资审计 完成投资审计项目134个，累计送审金额15.84亿元，审减1.19亿元，消化疑难项目21个，促成区人民政府出台规章制度1项。对投资备案项目开展专项审计调查。

民生资金（项目）审计 实施保障性安居工程审计、残疾人事业发展审计。

内部审计 全区有内部审计机构46个、内部审计人员115人。实施内部审计项目194个，促进增收节支476万元，提出并被采纳审计建议98条。

（撰稿人：向楞渝）

【长寿区审计局】 2018年，长寿区审计局实有41人。局长聂华甫，副局长黄忠勇、李敏、舒畅（—7月），纪检组长陈湧健，经济责任审计联席会议办公室主任邱健斌，调研员余永惠，副调研员杨川、周华军。设有办公室、法规审理科、整改督查与内审管理科、财政审计科（重大政策跟踪审计科）、企事业审计科、投资审计科、经济责任审计科（经济责任联席会议办公室）、电子数据审计科；下设审计中心（事业单位）。

审计成果 2018年，长寿区审计局完成审计项目31个，其中专项审计调查项目2个。查出主要问题金额91.95亿元，其中违规金额4.11亿元、管理不规范金额87.84亿元，审计发现非金额计量问题203个。出具审计报告40篇，被批示、采用39篇次。移送司法机关、纪检监察机关和有关部门处理事项8件，移送处理人员5人，移送处理金额1445万元。审计促进整改落实有关问题资金5.87亿元；审计后核减投资额2.49亿元；移送处理落实事项7件。提出并被采纳审计建议281条。提交审计信息92篇。审计处理处罚金额6.6亿元，其中应上缴财政3.03亿元。向社会公告审计结果2篇。

国家重大政策措施落实情况跟踪审计 围绕简政放权、防范化解等重要事项推进重大政策措施落实开展跟踪审计，延伸调查24个单位、43个项目、资金规模14.32亿元，促进清退违规占压企业保证金3452万元、取消10户企业科技型企业补助和创新券兑付资格。

财政审计 对区级财政预算执行及决算草案编制情况、税收预算执行情况的交叉审计中延伸审计单位35个、资金规模221亿元，揭示各方面问题7大类25项，查出管理不规范金额123亿元。

经济责任审计 全年实施经济责任审计项目

10个，涉及10个单位、13名区管领导干部，查出违规违纪资金1.47亿元，追回或收缴财政161万元。探索开展区管领导干部自然资源资产离任审计项目2个，查出自然资源资产管理等3个方面14项问题。

固定资产投资审计 完成市审计局批准的计划项目5个、区政府批准的计划项目4个、跨年度结转项目115个，揭示招投标、项目验收等环节的突出问题132个；核查中介机构办理的结（决）算项目35个，核减投资额6057万元。

民生资金（项目）审计 开展全区重点自然资源资产和重点生态环境保护审计调查，揭示贯彻落实生态环境保护重大决策部署不到位等问题5类38项。开展河长制审计，揭示领导机制不健全等问题6类20项。开展残疾人事业发展情况专项审计，揭示资金安排使用和管理不规范等问题4类23项。

信息化建设 大数据分析平台新归集各类数据11GB，与市审计局平台实现连接。

内部审计 组织内部审计人员9人次参与区审计局审计项目8个，组织30名内部审计人员开展区内交叉审计项目16个。全区内部审计机构审计资金额9亿元，查出违纪违规金额409万元、管理不规范金额342万元，促进增收节支57.7万元。（撰稿人：赵 勇 刘园园）

【江津区审计局】 2018年，江津区审计局实有48人。局长张进洪，副局长陆成林、曹树容、廖胤，纪检组长刘德福，经济责任审计工作联席会议办公室主任刘燕，副调研员陈家富。设有办公室、法规审理科、监察室、财政审计科、企事业审计科、经济责任审计科、政府投资审计科、整改督查与内审管理科、电子数据审计科；下设审计中心。

审计成果 2018年，江津区审计局完成审计项目117个。查出主要问题金额378.83亿元，其中违规金额2724万元、管理不规范金额378.55亿元；审计处理处罚金额2.15亿元，其中应上缴财政582万元、应归还原渠道金额288万元、应调账处理金额2.06亿元；审计发现非金额计量问题180个；审计促进整改落实有关问题金额25.89亿元，其中增收节支1258万元、已调账处理金额9.96亿元；审计后挽回（避免）损失2.22亿元。移送司法机关、纪检监察机关和有关部门处理事项10件。出具审计报告和专项审计调查报告125篇，提出审计建议218条，提交审计信息93篇，被批示、采用56篇。

2017年度全市财政预算执行和决算草案审计项目被市审计局评为优秀审计项目。

财政审计 按照市审计局的统一安排，对璧山区2017年财政预算执行和决算编制情况进行交叉审计，揭露问题63个，其中金额性问题30个，涉及问题金额72.18亿元，促进征收11.36亿元、归还原渠道资金408.41万元；非金额性问题33个，提出审计建议6条。

经济责任审计 完成领导干部经济责任审计项目13个，查出问题127个，涉及金额17.41亿元，提出审计建议31条，促进被审计单位完善制度8个。向区纪委监委移送案件线索2条。

固定资产投资审计 完成政府投资结算审计项目208个，送审金额34.35亿元，审减金额1.72亿元。出具159篇投资结算审计报告，其中发现工程结算或管理问题123个，向被审计单位提出建议87条。

企业审计 完成7个企业的资产、负债、损益审计，发现企业法人治理结构不清、经济效益不好等6方面的问题，形成专报向区委区府报告，提出规范企业治理结构、加强企业经营动态监管等7条建议。

内部审计 全区设有内部审计机构52个，其中专职机构11个；配备内部审计人员318人，其中专职审计人员58人。完成内部审计项目720个，审计资金总额100.52亿元，促进增收节支1.45亿元。（撰稿人：彭 翔）

【合川区审计局】 2018年，合川区审计局实有45人。局长屈直，副局长陈忠、陈余，纪检组长李建忠，调研员李关海，副调研员谭华、李永惠、程倩、邹勇、罗弋奕。设有办公室、法规审理科、整改督查与内审管理科、重大政策跟踪审计科、财政审计科、企事业审计科、农业与资源环保审计科、投资审计科、经济责任审计科、电子数据审计科；下设审计中心（事业单位）。

审计成果 2018年，合川区审计局完成审计项目72个，其中专项审计调查项目1个。查出主要问题金额45.79亿元，其中违规金额2.83亿元、损失浪费金额220万元、管理不规范金额42.94亿元；审计发现非金额计量问题351个；损益（收支）不实金额4.33亿元；出具审计报告和专项审计调查报告72篇。审计处理处罚金额4.87亿元，其中应上缴财政2.12亿元、应归还原渠道资金7082万元、应调账处理金额2.04亿元；移送司法机关、纪检监察机关和有关部门处理事项50件，移送处理人员35人，移送处理金额5.13亿元。审计促进整改落实有关问题金额7亿元；审计后挽回（避免）损失1.97亿元；核减投资额1.98亿元；移送处理落实事项12件。审计提出建议179条，被采纳135条；推动被审计单位制定整改措施24项；促进被审计单位制定、完善规章制度9项；提交审计信息50篇，被批示、采用36篇。

草街街道党工委书记、办事处主任任期经济责任审计项目、沙鱼镇原镇长任期经济责任审计项目被市审计局评为优秀审计项目。

国家重大政策措施落实情况跟踪审计 围绕涉企保证金清理以及"放管服""稳就业"等重点内容，持续开展重大政策措施跟踪审计，促进一批重点项目加快建设，及时清退涉企保证金5051万元。

财政审计 上下联动对区财政及37个预算单位组织开展预算执行及决算审计，查出问题金额1.08亿元，上报审计专报5期。

经济责任审计 开展14个单位28名领导干部的经济责任审计，推动区委、区政府在干部管理、财政体制等方面出台系列制度措施。

固定资产投资审计 对39个政府投资项目开展决（结）算审计，对2个重点建设项目继续实施跟踪审计，核减投资1.81亿元。开展交通行动计划跟踪审计，发现并揭示上级补助资金未严格按照批准项目使用等问题。

民生资金（项目）审计 开展2016—2017年度残疾人事业发展情况审计调查，针对残疾人社会保障政策落实等方面的问题提出建议。

信息化建设 实行审计业务、大数据审计"双主审"制度，促进大数据审计技术方法在全局蓬勃开展、广泛应用，5篇审计技术方法在全市交流推广。

内部审计 全区60个内部审计机构共开展498个审计项目，审计总金额17.78亿元，促进增收节支3748万元，提出并被采纳审计建议486条。

（撰稿人：陈倩云）

【永川区审计局】 2018年，永川区审计局实有40人。局长龙晓燕，副局长王永群、刘荣，纪检组长杨泽露。设有办公室、法规审理科、整改督查与内审管理科、财政审计科（重大政策跟踪审计科）、企事业审计科、投资审计科、经济责任审计科（经济责任审计工作联席会议办公室）；下设审计中心（事业单位）。

审计成果 2018年，永川区审计局完成审计项目47个，其中专项审计调查项目3个。查出主要问题金额67.05亿元，其中违规金额5.3亿元、损失浪费金额1614万元、管理不规范金额61.59亿元；审计发现非金额计量问题200个；损益（收支）不实金额1923万元；出具审计报告和专项审计调查报告47篇。审计处理处罚金额6.72亿元，其中应上缴财政4.8亿元、应归还原渠道资金4909万元、应调账处理金额1.42亿元；移送纪检监察机关和有关部门处理事项29件，移送处理金额1092万元。审计促进整改落实有关问题金额4.62亿元；审计促进拨付资金到位2.92亿元；审计后挽回（避免）损失422万元；核减投资额1.14亿元。审计提出建议163条，被采纳158条；促进被审计单位建立健全规章制度14项；报送审计专报11篇，区委、区政府主要领导批示报告、专报10篇。

2016年度永川区级财政预算执行和决算（草案）审计项目被审计署评为地方优秀审计项目。区交委党委书记主任任期经济责任审计被市审计局评为优秀审计项目。

国家重大政策措施落实情况跟踪审计 开展跟踪审计发现问题29个，问题金额1.65亿元，促进增收节支金额464.05万元。推动出台《永川区重点项目管理办法》等8项制度。

财政审计 关注民生资金、"三公"经费管理使用和执行中央八项规定精神情况，首次实现对全区71个一级预算部门审计全覆盖。完成政府性债务清理核查工作，推动出台《永川区防范化解重大风险攻坚战运行机制》。根据市审计局的统一安排，对江津区财政及税收预算执行和财政决算（草案）编制情况开展交叉审计。

经济责任审计 完成对14个单位18名领导干部的经济责任审计，查出违规金额4143万元、管理不规范金额3.2亿元，向区监察委移送案件线索11件，向主管部门移送案件线索3件。首次开展自然资源资产审计，运用“3S”技术查实基本农田保护区范围内出现林地、部分矿区超审批范围开采等问题。

固定资产投资审计 完成市审计局计划项目19个、区县审批竣工结算审计项目7个，送审金额12.01亿元，审减2959.01万元。开展重庆市基础设施建设提升战略行动计划落实情况跟踪审计。

民生资金（项目）审计 开展保障性安居工程、全市河长制执行情况审计、全市2017年度扶贫审计等行业审计。对13家企业、8个片区污水管网、39公里雨污分离管道进行开展调查。根据市审计局的统一安排，交叉开展石柱县2017年度扶贫审计。

企业审计 实施39家国有企业投资、担保及对外借款情况专项审计调查，开展兴永公司、政鑫公司、房地产测量队、中小企业担保公司等4个企业财务收支审计。

内部审计 全区设有内部审计机构48个，其中专职机构10个；配备内部审计人员108人，其中专职审计人员29人。完成审计项目333个，促进增收节支1.57亿元，提出并被采纳审计建议意见191条。

（撰稿人：刘燕花）

【南川区审计局】 2018年，南川区审计局实有32人。局长刘长华（9月—），副局长刘虹、金华、陈娟，纪检组长娄忠敏，经济责任审计工作联席会议办公室主任王华娟，调研员陈纯秀、余碧容，副调研员唐继伦（—1月）、尹家琪。设有办公室、政策法规科、财政审计科、行政事业审计科、经济责任审计和内部审计指导科、固定资产投资审计科、经贸审计科、区经济责任审计工作联席会议办公室；下设审计中心（事业单位）。

审计成果 2018年，南川区审计局完成审计项目23个，其中专项审计调查项目1个。查出主要问题金额23.02亿元，其中违规金额1.45亿元、管理不规范金额21.57亿元；审计发现非金额计量问题64个；损益（收支）不实金额1.53亿元；出具审计报告和专项审计调查报告23篇。审计处理处罚金额6.12亿元，其中应上缴财政1.26亿元、应归还原渠道资金1899万元、应调账处理金额4.67亿元；移送纪检监察机关和有关部门处理事项3件，移送处理金额1582万元。审计促进整改落实有关问题金额6.12亿元；核减投资额4.42亿元。提出并被采纳审计建议86条；促进被审计单位建立健全规章制度14项；报送审计专报11篇，区委、区政府主要领导批示报告、专报10篇。

国家重大政策措施落实情况跟踪审计 出具审计征求意见稿4份，审计结果通知5份，整改报告4份，审计后挽回（避免）损失、促进增收节支1.15亿元，促成被审计单位出台规范性文件3份。

财政审计 运用大数据对全区61个部门（单位）2017年度财政预算执行情况和其他财政收支情况同步开展审计。根据市审计局的统一安排，对万盛经开区2017年度财政及税收预算执行和财政决算（草案）编制情况进行交叉审计，查出主要问题金额15.3亿元。

经济责任审计 完成7个单位、10名领导干部的经济责任审计，查出主要问题金额3783万元，提出审计建议18条。

固定资产投资审计 完成2018年重庆市基础设施建设提升战略行动计划（交通行动计划）落实情况的跟踪审计。出具投资审计报告（含结果通知书）40份，核减投资额4.42亿元。印发《区审计局公共投资审计项目风险防控办法（试行）》，促成区政府出台《关于进一步规范投资审计工作的通知》。

民生资金（项目）审计 完成2017年保障性安居工程审计、2016—2017年度残疾人事业发展情况的专项审计调查、2018年度全市河长制执行情况审计等3个审计项目

企业审计 对重庆市金瀚投资开发有限公司2017年财务收支进行审计，发现非金额计量问题9个，提出可行性建议3条。

信息化建设 完成新办公楼大数据分析室建

设。采集全区一、二级预算单位财务等 8 大类电子数据 26GB。

相关工作 扎实推进“两学一做”学习教育常态化制度化，制定《中心组学习制度》等 8 项制度，将意识形态工作与审计业务工作同部署、同检查。开展机关纪律作风专项整治活动，发现问题 81 个，提出整改措施 81 条。组织职工参加各类学习培训 150 余人次。

内部审计 全区有专兼职内部审计机构 17 个，内部审计人员 60 人。完成审计项目 146 个，审计总金额 12.75 亿元，经审计减少损失浪费、促进增收节支 1001.24 万元，提出并被采纳审计建议意见 292 条。（撰稿人：罗源棋）

【璧山区审计局】 2018 年，璧山区审计局实有 32 人。局长舒朝勇，副局长杨用明、戴雪平（1 月—）、龚建烈，纪检组长周波，经济责任审计办公室主任刘诚（—1 月）、张伟（5 月—），调研员黄志强。设有办公室、法规审理科（电子数据审计科）、整改督查与内审管理科、财政审计科（重大政策跟踪审计科）、企事业审计科、投资审计科、经济责任审计科（经济责任审计工作联席会议办公室）；下设审计中心（事业单位）。

审计成果 2018 年，璧山区审计局完成审计项目 24 个，其中专项审计调查项目 1 个。查出主要问题金额 71.19 亿元，其中违规金额 24.09 亿元、管理不规范金额 47.09 亿元；审计发现非金额计量问题 113 个；出具审计报告和专项审计调查报告 24 篇。审计处理处罚金额 25.14 亿元，其中应上缴财政 23.98 亿元、应归还原渠道资金 1146 万元、应调账处理金额 1.04 亿元；移送司法机关、纪检监察机关和有关部门处理事项 30 件，移送处理人员 20 人，移送处理金额 4.03 亿元。审计促进整改落实有关问题资金 24.98 亿元；审计后挽回（避免）损失 1.16 亿；核减投资额 1.04 亿元；移送处理落实事项 25 件。审计提出建议 187 条，被采纳 173 条；促进区委、区政府完善制度 11 项；提交审计信息 137 篇，被批示、采用 96 篇次。

丁家街道党工委书记和办事处原主任任期经济责任审计项目被市审计局评为优秀审计项目，区城乡建委 2017 年度部门预算执行和其他财政财务收支审计项目被市审计局评为表彰审计项目。

国家重大政策措施落实情况跟踪审计 对 8 项重大政策落实情况进行跟踪审计，涉及财政资金 1.5 亿元，发现问题 19 个。

财政审计 根据市审计局的统一安排，对永川区 2017 年度财政预算执行和财政决算（草案）编制情况、组织税收收入和税收征管情况开展交叉审计，发现问题金额 45.54 亿元。

经济责任审计 将领导干部自然资源资产和生态环境保护情况纳入审计范围，开展 13 个部门（单位）16 名领导干部的经济责任审计工作，查出问题 135 个。对重庆两山建设投资有限公司董事长兼总经理开展任期经济责任审计，查出管理不规范金额 111.22 万元，非金额计量问题 5 个。

固定资产投资审计 完成投资审计项目 50 个，送审金额 12.4 亿元，审减 1.04 亿元。移送处理 4 件，1 人受到纪委处理。

民生资金（项目）审计 开展保障房跟踪审计、残疾人事业发展专项审计调查、河长制执行情况、扶贫资金交叉审计等项目。

信息化建设 建立 79 个数据分析模型，涉及 218 个单位（部门），通过数据分析利用查出问题金额 4.53 亿元，编制计算机审计案例 7 个。

相关工作 组织党员干部集中学习习主席重要讲话和有关会议精神，按月开展主题党日活动。抓好意识形态和党风廉政建设，建立干部廉政档案，开展“作风大约谈”。组织干部职工参加重庆市审计局组织的审计技能挑战赛，获组织奖和重庆市总工会金牌班组。

内部审计 印发《璧山区内部审计业务工作规程（试行）》《璧山区内部审计工作考核办法（试行）》，明确内部审计项目的工作流程和技术规范。（撰稿人：李昌芮）

【铜梁区审计局】 2018 年，铜梁区审计局实有 29 人。局长罗昌西，副局长刘黎、向红、骆辉，纪检组长徐德富，经济责任审计工作联席会议办公室主任符蓉（5 月—），副调研员姚永春、冷华琮、蒲克福。设有办公室（电子数据审计科）、法规审理科、整改督查与内审管理科、财政审计科（重大政策跟踪审计科）、企事业审计科、投资审计科、经济责任审计科（经济责任审计工作联席会议办公室）；下设审计中心（事业单位）。

审计成果 2018年，铜梁区审计局完成审计项目28个，其中专项审计调查项目1个。查出主要问题金额88.16亿元，其中违规金额6383万元、管理不规范金额87.52亿元；审计发现非金额计量问题113个；出具审计报告和专项审计调查报告28篇。审计处理处罚金额4.1亿元，其中应上缴财政5159万元、应调账处理金额3.58亿元；移送司法机关、纪检监察机关和有关部门处理事项8件，移送处理人员3人，移送处理金额465万元。审计促进整改落实有关问题金额4.74亿元；审计后挽回（避免）损失3.66亿元；核减投资额4.38亿元。审计提出建议394条，被采纳317条；提交审计信息108篇，被批示、采用14篇。

国家重大政策措施落实情况跟踪审计 围绕重大水利项目建设情况、2017年重点项目推进情况、重庆市科技创新券使用情况、稳就业政策执行情况等进行跟踪审计，促进国家和地方重大政策措施在铜梁区的贯彻落实。

财政审计 围绕财政资金的效益分析与风险管控，开展财政预算执行审计项目8个，查出主要问题金额81.64亿元。

经济责任审计 开展13个单位15名党政领导干部的经济责任审计，查出主要问题金额1.16亿元、管理不规范金额1.12亿元。

固定资产投资审计 加强重点建设项目审计监督，促进改善政府投资结构，全年开展政府投资审计项目248个，核减投资额4.38亿元。

民生资金（项目）审计 围绕城镇保障性安居工程、残疾人事业发展情况等方面的内容，关注财政专项资金的分配情况及运用成效。完成民生类专项资金审计（调查）项目2个，延伸审计单位30个，审计专项资金总额1.05亿元，查出主要问题金额106万元。

信息化建设 推动定期报送审计电子数据工作机制落实，制定《审计电子数据采集使用管理办法》《2018年度审计信息化建设工作要点》，利用数字化审计分析平台开展20个单位预算执行审计和8个镇街财政决算审计。

相关工作 加强组织领导，落实从严治党责任，建立党风廉政建设定期研究机制和“一岗双责”责任追究机制，制定廉政谈话制度并实行全员、全面承诺，保证依法审计、文明审计。

内部审计 全区设有内部审计机构55个，配备内部审计人员216人。完成审计项目595个，提出并被采纳审计建议和意见492条。

（撰稿人：刘　琳）

【潼南区审计局】 2018年，潼南区审计局实有32人。局长杨德海，副局长莫刚、李晓兰、陈建明，纪检组长陈世军，调研员袁成佑，副调研员王劲松、郑世春（10月—），副处长级干部傅强。设有办公室（电子数据审计科）、法规审理科、整改督查与内审管理科、财政审计科（重大政策跟踪审计科）、企事业审计科、投资审计科、经济责任审计科（经济责任审计工作联席会议办公室）；下设审计中心（事业单位）。

审计成果 2018年，潼南区审计局完成审计项目40个。查出主要问题金额53.36亿元，其中违规金额8.3亿元、损失浪费金额904万元、管理不规范金额44.97亿元；审计发现非金额计量问题138个；损益（收支）不实金额6.49亿元；出具审计报告和专项审计调查报告47篇。审计处理处罚金额9.61亿元，其中应上缴财政6.92亿元、应归还原渠道资金1.38亿元、应调账处理金额1.31亿元；移送司法机关、纪检监察机关和有关部门处理事项14件，移送处理人员25人，移送处理金额455万元。审计促进整改落实有关问题资金9.6亿元；审计促进拨付资金到位143万元；审计后挽回（避免）损失1.39亿元；核减投资额1.31亿元；移送处理落实事项1件。提出并被采纳审计建议163条；推动被审计单位制定整改措施312项，促进被审计单位建立、健全规章制度48项；提交审计信息54篇，被批示、采用53篇次。向社会公告审计结果2篇。

2017年部门预算执行和其他财政收支审计项目被市审计局评为优秀审计项目。

国家重大政策措施落实情况跟踪审计 对市级重点项目、民生实事等政策落实情况开展跟踪审计，促进国家重大政策措施落地生根。

财政审计 完成2017年度区本级财政预算执行审计和30个部门预算执行审计，查出5.17亿元上级转移支付资金使用不及时等问题。

经济责任审计 完成15个单位20名领导干部的经济责任审计，发现对特困人员供养审查不严导致重复享受特困人员供养金和农村低保金、违规发放民政补助资金等问题。

固定资产投资审计 完成投资审计项目266个，送审金额14.24亿元，审定金额12.93亿元，审减金额1.31亿元。

专项资金审计 完成专项资金审计3个。审计发现廉租住房租金补贴未按规定发放、虚报享受农村危房改造补助资金、重复领取廉租住房租赁补贴、保障性安居住房运营管理不规范等问题。

信息化建设 在30个部门预算执行审计中，新建大数据分析模板20个，从多个维度分析各部门"三公"经费、广告费、宣传费、会议费、餐饮费等存在的疑点。

相关工作 深入贯彻落实党的十九大和十九届二中、三中全会精神，以及中央审计委员会第一次会议精神，认真落实全面从严治党和意识形态工作主体责任，增强"四个意识"，始终与党中央保持高度一致。派出4名队员专职负责扶贫帮扶工作。

内部审计 内部审计机构完成审计项目123个，审计总金额40.65亿元，促进增收节支158.47万元，提出审计建议82条，给予行政处分3人。（撰稿人：胡妮娜）

【荣昌区审计局】 2018年，荣昌区审计局实有33人。局长刘定朝，副局长杜冬梅、刘君建（1月—）、杨勇（—1月），纪检组长邓文成，经济责任审计工作联席会议办公室主任李晓燕，调研员李恭林，副调研员李可农。设有办公室（电子数据审计科）、法规审理科、整改督查与内审管理科、财政审计科（重大政策跟踪审计科）、企事业审计科、投资审计科、经济责任审计科、经济责任审计工作联席会议办公室、监察室；下设审计中心（事业单位）。

审计成果 2018年，荣昌区审计局完成审计项目39个，其中专项审计调查项目1个。查出主要问题金额191.45亿元，其中违规金额3027万元、管理不规范金额191.15亿元；审计发现非金额计量问题91个；损益（收支）不实金额454万元；审计发现侵害人民群众利益400万元；出具审计报告和专项审计调查报告40篇。审计处理处罚金额6317万元，其中应上缴财政659万元、应归还原渠道资金2361万元、应调账处理金额3296万元；移送司法机关、纪检监察机关和有关部门处理事项17件，移送处理人员6人，移送处理金额264万元。审计促进整改落实有关问题资金3.81亿元；审计后挽回（避免）损失3367万元；核减投资额3288万元；移送处理落实事项14件。提出并被采纳审计建议190条；促进被审计单位建立、健全规章制度11项；提交并被采用审计信息11篇次。向社会公告审计结果1篇。

国家重大政策措施落实情况跟踪审计 对重大水利项目建设情况、高新技术企业创新券使用情况、涉企保证金清退情况、三大攻坚战、"八项行动计划"落地推进情况等进行跟踪审计。

财政审计 组织实施荣昌报社等22个单位2017年度预算执行和其他财政财务收支审计。根据市审计局的统一安排，抽派5人赴合川区开展2017年度财政预算执行和决算（草案）审计。

经济责任审计 对区财政局等5个单位的7名领导干部的任期经济责任进行审计。开展区水务局局长自然资源资产离任（任中）审计。

固定资产投资审计 建立针对公共投资项目审减率过高的问责机制。完成46个公共投资项目结算审计，审计公共投资5.16亿元，审定公共投资4.84亿元，核减投资3288万元。完成2018年重庆市交通行动计划落实情况跟踪审计。

企业审计 围绕企业资产、负债、主营业务收入、成本等方面，实施兴荣公司2017年财务收支审计。

民生资金（项目）审计 完成荣昌区2016—2017年度残疾人事业发展情况专项审计调查、荣昌区2017年保障性安居工程跟踪审计、荣昌区2018年度河长制执行情况审计。

信息化建设 加强数据存储区建设和数据采集力度，数据总容量1.51TB。开发完成投资项目审计管理智能系统。加强财政和部门预算执行联网审计系统运用，提高数字化审计质效。

内部审计 设有内部审计机构44个，另有46个单位授权本单位内设机构履行内部审计职责；各单位现配备专兼职内部审计人员283人。全年实施内部审计项目281个，促进增收节支

2825.31万元，提出并被采纳审计建议意见234条。

（撰稿人：胡乃元）

【开州区审计局】 2018年，开州区审计局实有37人。局长宋定学，副局长庞辉、姜平、王忠芬。设有办公室、法规审理科、整改督查与内审管理科、财政审计科、投资审计科、经济责任审计科、电子数据审计科；下设审计中心（事业单位）。

审计成果 2018年，开州区审计局完成审计项目158个，其中专项审计调查项目2个。查出主要问题金额130.07亿元，其中违规金额8.49亿元、管理不规范金额121.58亿元；审计发现非金额计量问题314个；损益（收支）不实金额2.01亿元；审计发现侵害人民群众利益4242万元；出具审计报告和专项审计调查报告160篇。审计处理处罚金额12.99亿元，其中应上缴财政4.9亿元、应归还原渠道资金3.6亿元、应调账处理金额4.5亿元；移送纪检监察机关和有关部门处理事项22件，移送处理人员6人，移送处理金额6307万元。审计促进整改落实有关问题资金14.46亿元；审计后挽回（避免）损失2.08亿元；核减投资额2亿元；移送处理落实事项2件。提出并被采纳审计建议375条；促进被审计单位建立、健全规章制度5项；提交审计信息195篇，被批示、采用141篇次。

2016年31个区级部门（单位）预算执行和其他财政财务收支暨决算（草案）审计项目被市审计局评为表彰审计项目。

国家重大政策措施落实情况跟踪审计 对26个部门（单位）涉及13项重大政策措施落实情况进行跟踪审计。出具审计报告4篇、审计结果通知书20份，提交审计专报2篇、审计信息4篇。促进开州区委区政府完善制度7项。

财政审计 完成预算执行及决算草案审计、税务审计等审计项目3个，延伸审计122个单位。提交的1篇创新审计思路方法动态被市审计局作为审计经验推广。

经济责任审计 对13名区管领导干部进行任期经济责任审计，其中乡镇党政领导干部6人，政府工作部门3人、事业单位4人。出具审计报告和审计结果报告13篇，提出审计建议26条。

固定资产投资审计 完成审计项目207个，审计政府投资金额26.25亿元，审计减少政府投资金额2.04亿元。

民生资金（项目）审计 完成2017年保障性安居工程跟踪审计、2016—2017年度残疾人专项资金审计。

企业审计 完成国有企业审计项目1个，延伸审计单位36个，查出主要问题金额6.04亿元，其中财务收支核算不实2.56亿元。

信息化建设 采取全面建设、全员参与、全程运用方式，投入47.3万元进一步完善数据分析室的建设，持续开发大数据分析模型。

内部审计 全区设有内部审计机构51个，其中专职机构9个；内部审计人员185人，其中专职人员21人。完成审计项目430个，审计总金额37.57亿元，促进增收节支1230万元，提出审计建议401条。

（撰稿人：王　漓）

【梁平区审计局】 2018年，梁平区审计局实有34人。局长涂善俊，副局长程伟、高保勇、刘坚，纪检组长廖忠文，副调研员孔令。设有办公室（电子数据审计科）、法规审理科、整改督查与内审管理科、财政审计科（重大政策跟踪审计科）、企事业审计科、投资审计科、经济责任审计科（经济责任审计工作联席会议办公室）；下设审计中心（事业单位）。

审计成果 2018年，梁平区审计局完成审计项目34个，其中专项审计调查项目2个。查出主要问题金额89.19亿元，其中违规金额3.23亿元、管理不规范金额85.96亿元；审计发现非金额计量问题101个；损益（收支）不实金额1.22亿元；审计发现侵害人民群众利益6643万元；出具审计报告和专项审计调查报告36篇。审计处理处罚金额3.23亿元，其中应上缴财政1.44亿元、应归还原渠道资金1.79亿元；移送司法机关、纪检监察机关和有关部门处理事项60件，移送处理人员37人，移送处理金额7085万元。审计促进整改落实有关问题资金2.96亿元；审计后核减投资额1.99亿元；移送处理落实事项39件。提出并被采纳审计建议71条；促进被审计单位建立、健全规章制度8项；提交审计信息132篇，被批示、采用74篇次。

区卫生计生委2017年度部门预算执行和其他财政财务收支审计项目被市审计局评为优秀审计项目。

国家重大政策措施落实情况跟踪审计 关注供给侧结构性改革、“三去一降一补”等政策措施落实情况开展跟踪审计，揭露和反映有令不行、有禁不止等行为，促进政府及时废止规范性文件2份，区级部门出台管理制度5项。

财政审计 根据市审计局的统一安排，对长寿区2017年度财政预算和其他财政收支情况、长寿区地税局2017年度地方税收征管情况开展交叉审计，促进增收节支9.03亿元，完善财政管理制度7项，完善税收征管制度1项。

经济责任审计 完成21名领导干部任期、离任经济责任审计，对10个单位领导干部离任经济责任事项交接工作进行督查，建立经济责任审计整改台账，督促被审计单位认真整改。

固定资产投资审计 完成政府投资建设项目审计57个，审计投资额18.72亿元，审计核减工程投资1.99亿元。

民生资金（项目）审计 完成2016—2017年度残疾人事业发展情况和2016—2017年度城乡医疗救助资金管理使用情况的审计，促进政府和相关部门出台管理制度7项。

企业审计 完成重庆新梁投资开发（集团）有限公司2017年度财务收支情况审计，审计发现在建工程应核销未核销、违规对外借款等问题，涉及主要问题金额26.38亿元。

信息化建设 发布数据目录清单，建立数据收集长效机制，持续优化和升级财政及部门预算执行审计分析平台。

内部审计 全区设有内部审计机构80个，其中专职机构7个；有内部审计人员270人，其中专职人员22人。完成审计项目153个，审计总金额6.41亿元，促进增收节支547万元。

（撰稿人：蒋德平）

【武隆区审计局】 2018年，武隆区审计局实有21人。局长龚文，副局长刘太友、谢成甫、谭建梅，纪检组长苏永国，经济责任审计办公室主任蔡洁，副调研员谭明波。设有办公室（电子数据科）、法规审理科、财政审计科（重大政策跟踪审计科）、经济责任审计科、投资审计科、企事业审计科、整改督查与内审管理科；下设审计中心（事业单位）。

审计成果 2018年，武隆区审计局共完成审计项目40个，其中专项审计调查项目2个。查出主要问题金额132.54亿元，其中违规金额1.02亿元、管理不规范金额131.52亿元；审计发现非金额计量问题245个；损益（收支）不实金额368万元；审计发现侵害人民群众利益695万元；出具审计报告和专项审计调查报告46篇。审计处理处罚金额1.28亿元，其中应上缴财政9789万元、应归还原渠道资金407万元、应调账处理金额2606万元；移送司法机关、纪检监察机关和有关部门处理事项8件，移送处理人员4人，移送处理金额222万元。审计促进整改落实有关问题资金3888万元；审计后挽回（避免）损失2051万元；核减投资额2446万元；移送处理落实事项4件；审计提出建议201条，被采纳159条；提交审计信息73篇，被批示、采用34篇次；向社会公告审计结果和整改结果报告各1篇。

国家重大政策措施落实情况跟踪审计 完成2018年中央和重庆市重大政策措施落实情况跟踪审计（含18个深度贫困乡镇扶贫资金跟踪审计）。完成重庆市基础设施建设提升战略行动计划（交通行动计划）落实情况跟踪审计。

财政审计 完成2017年度部门预算执行情况和区决算（草案）审计。根据市审计局的统一安排，对2017年度黔江区财政预算执行情况和决算（草案）开展交叉审计。

经济责任审计 完成16个单位28名主要领导干部的经济责任审计，结合开展领导干部自然资源资产离任审计，查出违规金额4326万元、管理不规范金额12.96亿元。

固定资产投资审计 完成31个政府投资或以政府投资为主的工程项目结（决）算审计。通过审计促进有关单位出台《关于进一步规范国有投资工程招投标活动的规定》《武隆区国有投资非必须招标工程建设项目备选承商随机抽取暂行办法》等规定，促进武隆区国有投资建设项目的规范管理。

民生资金（项目）审计 完成2016—2017年度环保专项资金使用及绩效专项审计调查、

2016—2017 年度残疾人事业发展情况专项审计调查。

企业审计 组织完成 1 个区级国有企业财务收支情况审计。

信息化建设 采集各类电子数据 316.24GB。

内部审计 全区设有内部审计机构 9 个，其中专职机构 6 个；配备内部审计人员 35 人，其中专职人员 14 人。完成内部审计项目 120 个，审计总金额 424.05 亿元，促进增收节支 1177 万元，提出并被采纳审计建议意见 125 条。

（撰稿人：崔钟云　王红胜）

【城口县审计局】 2018 年，城口县审计局实有 25 人。局长王克云，副局长汪元媛、袁其飞，纪检组长熊学东，经济责任审计工作联席会议办公室主任王旭。设有办公室（电子数据审计科）、法规审理科、整改督查与内审管理科、财政审计科、经济责任审计科、投资审计科；下设审计中心（事业单位）。

审计成果 2018 年，城口县审计局完成审计项目 29 个，其中专项审计调查项目 4 个。查出主要问题金额 16.15 亿元，其中违规金额 1.92 亿元、管理不规范金额 14.23 亿元；审计发现非金额计量问题 93 个；损益（收支）不实金额 18 万元；出具审计报告和专项审计调查报告 27 篇。审计处理处罚金额 2.51 亿元，其中应上缴财政 6380 万元、应归还原渠道资金 1.52 亿元；移送司法机关、纪检监察机关和有关部门处理事项 1 件。审计促进整改落实有关问题资金 3003 万元；核减投资额 1246 万元。审计提出建议 150 条，被采纳 76 条；提交审计信息 21 篇，被批示、采用 8 篇次。

财政审计 对县本级预算执行情况、部门预算执行及乡镇财政决算、地方税收管理情况进行审计。揭示预算管理及执行方面的问题，提出细化财政预算管理、完善政府专项资金使用、健全重大政策落实长效机制的意见和建议。

经济责任审计 对 14 名领导干部开展任期（离任）经济责任审计，查出主要问题金额 7.38 亿元、违规金额 4173 万元，提出审计建议 27 条。对 3 个国有企业主要负责人开展任期经济责任审计，揭示出国有企业管理不规范、财务制度执行不到位的问题。

固定资产投资审计 对交通道路通畅、基础设施建设、重大项目落实等 15 个政府重点建设项目开展投资审计，送审金额 8.47 亿元，核减投资 3373.44 万元。

民生资金（项目）审计 聚焦重大政策落实，开展保障性安居工程审计，按季度对沿河乡、鸡鸣乡等 2 个深度贫困乡进行扶贫资金跟踪审计，全面实施年度扶贫资金交叉审计，揭示被审计单位贯彻落实重大政策存在的突出问题，提出意见并督促整改落实。

信息化建设 完成全县 2015—2017 年度财政供养人员数据，一、二级预算单位决算报表等数据采集。运用大数据推进残疾人事业发展专项审计和二季度重大政策跟踪审计，查出政策落实不到位、违规收取保证金等问题。

相关工作 深化落实全面从严治党责任，层层签订全面从严治党责任书，健全责任体系。强力推进“两学一做”学习教育常态化制度化，制订学习计划，开展理论学习近 14 场次，进一步提高政治站位，树牢“四个意识”，坚定“四个自信”，做到“两个维护”。加强干部教育培养，制定出台《干部教育培养实施办法》，激励广大干部考职称、学专业，形成正确的培养教育导向。

内部审计 推进内部审计备案工作。指导内部审计机构开展审计项目 43 个，审计总金额 20.28 亿元，促进增收节支 2592 万元，提出并被采纳审计建议意见 40 条。（撰稿人：吴　鹏）

【丰都县审计局】 2018 年，丰都县审计局实有 37 人。局长汪智洋，副局长吴小平、梁军权，纪检组长陈丽莉，党组成员张增新、张华。设有办公室（电子数据审计科）、法规审理科、整改督查与内审管理科、财政审计科（重大政策跟踪审计科）、企事业审计科、投资审计科、经济责任审计科（经济责任审计工作联席会议办公室）；下设审计中心（事业单位）。

审计成果 2018 年，丰都县审计局完成审计项目 160 个，其中专项审计调查项目 1 个。查出主要问题金额 53 亿元，其中违规金额 2.71 亿元、管理不规范金额 50.28 亿元；审计发现非金额计量问题 204 个；损益（收支）不实金额 6399 万元；出具审计报告和专项审计调查报告 164 篇。审计处理处罚金额 4 亿元，其中应上缴财政 2.7 亿元、应调账处理金额 1.3 亿元；移送司法机关、纪检监察机关和有关部门处理事项 24 件，移送处理人员 12 人，移送处理金额 6586 万元。审计促进整改落实有关问题资金 6.95 亿元；审计促进拨付资金到位 3.98 亿元；审计后挽回（避免）损失 1.02 亿元；核减投资额 1.26 亿元。审计提出建议 80 条，被采纳 78 条；促进被审计单位建立、健全规章制度 1 项；提交审计信息 99 篇，被批示、采用 74 篇次。向社会公告审计结果 2 篇。

2014—2016 年度教育重点专项资金审计调查、2017 年度重大政策措施落实情况跟踪审计等 2 个项目，被市审计局评为优秀审计项目。

国家重大政策措施落实情况跟踪审计 抽查 20 个部门、6 个乡镇、12 个企事业单位以及 16 个建设项目，涉及财政资金 5.01 亿元。

财政审计 对全县 71 个县级一级预算单位预算执行情况开展审计，结合经济责任审计开展 5 个乡镇财政决算审计。按照市审计局统一安排，对梁平区 2017 年度财政及税收预算执行和财政决算（草案）编制情况进行交叉审计。

经济责任审计 完成对 10 个单位 16 名党政领导干部的经济责任审计，针对被审计单位工程项目建设、生态环境保护及财政财务收支等方面存在的问题和薄弱环节提出整改意见和建议 40 条。

固定资产投资审计 对 121 个政府投资项目进行审计，工程竣工结算送审总金额为 12.44 亿元，审定金额为 11.17 亿元，审计核减工程价款 1.27 亿元。

民生资金（项目）审计 完成丰都县 2017 年保障性安居工程跟踪审计、丰都县 2016—2017 年度残疾人事业发展情况专项审计调查。首次开展丰都县河长制执行情况审计，重点揭示河长制工作机制建立运行、河长责任落实、水资源和河库水域岸线管理保护、水污染防治和水环境治理等方面存在的问题。按照市审计局统一安排，对合川区 2017 年度扶贫资金管理使用情况进行交叉审计。

企业审计 全面调查 3 个国有企业，揭示国有企业资产管理、内部管理制度等方面存在的问题。

内部审计 内部审计机构完成审计项目 364 个，审计总金额 8.99 亿元，促进增收节支 121.86 万元，提出并被采纳审计建议 138 条。

（撰稿人：江　舟）

【垫江县审计局】 2018 年，垫江县审计局实有 15 人。局长曾庆超，副局长朱华章、周兴福、白云，纪检组长罗志陶，审计中心主任李一奎。设有办公室、法规审理科、整改督查与内审管理科、财政审计科、企事业审计科、投资审计科、经济责任审计科；下设审计中心（事业单位）。

审计成果 2018 年，垫江县审计局完成审计项目 27 个，其中专项审计调查项目 1 个。查出主要问题金额 42.12 亿元，其中违规金额 1.26 亿元、管理不规范金额 40.85 亿元；审计发现非金额计量问题 188 个；损益（收支）不实金额 2.98 亿元；审计发现侵害人民群众利益 481 万元；出具审计报告和专项审计调查报告 29 篇。审计处理处罚金额 1.53 亿元，其中应上缴财政 1.21 亿元、应归还原渠道资金 559 万元、应调账处理金额 2667 万元；移送司法机关、纪检监察机关和有关部门处理事项 5 件，移送处理金额 2337 万元。审计促进整改落实有关问题资金 4.23 亿元；审计促进拨付资金到位 14.92 亿元；审计后挽回（避免）损失 7879 万元；核减投资额 8070 万元；提出并被采纳审计建议 290 条；推动被审计单位制定整改措施 7 项；提交审计信息 59 篇，被批示、采用 30 篇次。

国家重大政策措施落实情况跟踪审计 开展 2018 年中央和重庆市重大政策追踪审计工作，按照项目计划出具审计结果通知书 12 份。

财政审计 按照市审计局统一安排，对石柱土家族自治县 2017 年度的财政预算执行、税收征管情况开展交叉审计，发现财政供养人员违规领取生育生活津贴事项等问题。

经济责任审计 完成领导干部经济责任审计项目 7 个，查出主要问题金额 5656 万元，其中管理不规范金额 5546 万元、违规金额 110 万元。

固定资产投资审计 对明月大道、春花大道、东方大道二期等 7 个工程进行跟踪审计，强化政府投资结算审计。对近几年竣工尚未审计的固定资产投资项目进行全面清理，对部分已经竣工的固定资产投资项目进行结算审计。开展重庆市基础设施建设提升战略行政计划（交通行动计划）落实情况跟踪审计。

民生资金（项目）审计 开展县农业综合开发资金审计、2017 年保障性安居工程跟踪审计、2016—2017 年度残疾人事业发展情况专项审计调查、河长制执行情况审计等项目，促使相关单位和部门建立健全专项资金长效管理机制。

信息化建设 完善数据中心的使用和管理制度，通过一人一号、进出登记等形式，加强数据资源管理，保障数据安全。

相关工作 完善和规范基层党建工作规范化建设，认真落实“三会一课”、组织生活会、民主生活会、民主评议党员、党费收缴等制度。通过开展重温入党誓词等活动，让党员干部职工提升认识，真正让党章党规党纪内化于心，外化于行。

内部审计 根据市内部审计协会培训计划安排，组织内部审计培训 60 余人次，涉及行政事业单位财政财务收支、经济责任、绩效审计等内容，进一步提高内部审计人员业务水平。

（撰稿人：郭　娟）

【忠县审计局】 2018 年，忠县审计局实有 37 人。局长易文明，副局长肖晓明、范宏、沈仁平，纪检组长王洪春。设有办公室、法规审理科、整改督查与内审管理科、财政审计科、企事业审计科、投资审计科、经济责任审计科；下设审计中心（事业单位）。

审计成果 2018 年，忠县审计局完成审计项目 49 个，其中专项审计调查项目 1 个。查出主要问题金额 98.82 亿元，其中违规金额 8.15 亿元、管理不规范金额 90.67 亿元；审计发现非金额计量问题 343 个；损益（收支）不实金额 327 万元；出具审计报告和专项审计调查报告 49 篇。审计处理处罚金额 9.37 亿元，其中应上缴财政 5.53 亿元、应归还原渠道资金 2.62 亿元、应调账处理金额 1.22 亿元；移送司法机关、纪检监察机关和有关部门处理事项 8 件，移送处理人员 6 人，移送处理金额 732 万元。审计促进整改落实有关问题资金 8.99 亿元；审计促进拨付资金到位 7.46 亿元；审计后挽回（避免）损失 8335 万元；核减投资额 9961 万元；移送处理落实事项 4 件。审计提出建议 909 条，被采纳 839 条；推动被审计单位制定整改措施 10 项；促进被审计单位建立、健全规章制度 6 项；提交审计信息 60 篇，被批示、采用 16 篇次。

国土房管局 2017 年度预算执行和其他财政财务收支审计、2018 年度重大政策措施落实情况跟踪审计等 2 个项目，被市审计局评为表彰审计项目。

国家重大政策措施落实情况跟踪审计 每月开展重大政策措施落实情况的跟踪审计，发现问题 35 个，促进相关责任单位积极整改，建立健全制度 3 个。

财政审计 开展 25 个一级单位部门预算执行审计，提高预算执行审计覆盖面。根据市审计局统一安排，对垫江县 2017 县级财政预算执行及决算（草案）编制情况、税收收入暨非税收入征管情况开展交叉审计。

经济责任审计 完成县委组织部委托的经济责任审计项目 24 个，查出管理不规范金额 5.52 亿元、违规金额 2970 万元，其中应负主管责任金额 890 万元、应负领导责任金额 2079 万元。

固定资产投资审计 促成忠县人民政府出台投资审计规范性文件 2 个，彻底扭转“以审代结”方式，实现经费财政预算保障、项目计划管理。对基础设施建设提升行动计划落实情况开展审计。

民生资金（项目）审计 开展城镇保障性安居工程、2017 年扶贫资金、残疾人事业发展资金等的审计或者跟踪审计，查出和纠正违规改变资金用途、应缴未缴专项资金、虚报冒领等违纪违规问题。

企业审计 对新生港建设发展有限公司、橘城旅游投资开发有限责任公司等 2 个国有企业资产负债情况和损益情况进行审计。

内部审计 印发《关于分片指导内部审计工作的通知》，督促各乡镇（街道）和各部门、各国有企事业单位建立健全内部审计工作制度，开展内部审计工作。制订《忠县内部审计工作专项检查方案》，推动完善审计监督体系，夯实审计监督全覆盖基础。

（撰稿人：秦　玲）

【云阳县审计局】 2018 年，云阳县审计局实有36人。局长秦茂涛，副局长姜翠平、韩家骧、向定成，纪检组长蒲庆华，经济责任审计办公室主任向兵。设有办公室（电子数据科）、法规审理科、整改督查与内审管理科、财政审计科（重大政策跟踪审计科）、企事业审计科、投资审计科、经济责任审计科（经济责任审计工作联席会议办公室）；下设审计中心（事业单位）。

审计成果 2018年，云阳县审计局完成审计项目34个，其中专项审计调查项目2个。查出主要问题金额44.37亿元，其中违规金额1.44亿元、管理不规范金额42.93亿元；审计发现非金额计量问题164个；损益（收支）不实金额3.23亿元；出具审计报告和专项审计调查报告34篇。审计处理处罚金额1.03亿元，其中应上缴财政8857万元、应减少财政拨款或补贴1397万元；移送司法机关、纪检监察机关和有关部门处理事项2件，移送处理金额677万元。审计促进整改落实有关问题金额15.49亿元，其中增收节支金额1.49亿元，已上缴财政1.17亿元，已减少财政拨款或补贴金额2732万元，已归还原渠道资金金额468万元，已调账处理金额8.49亿元；审计促进拨付资金到位8.7亿元，核减投资额3285万元。提出并被采纳审计建议233条；提交审计信息104篇，被批示、采用57篇。

国家重大政策措施落实情况跟踪审计 开展跟踪审计项目15个，揭示部分项目未开工建设、招商引资项目未完成协议约定事项、创业担保贷款贴息资金发放不到位等问题32个，促进重大项目加快建设，推动重大决策部署落地。

财政审计 开展50个部门2017年度预算执行和其他财政财务收支审计，长期挂账未清理，无预算支出、决算编报不准确、执行财经纪律有偏差等普遍和倾向性问题。按市审计局统一部署，开展对开州区财政预算执行情况的交叉审计，揭示审计问题22个，增收节支7187.67万元。

经济责任审计 实施经济责任审计项目13个、涉及18名领导干部。将自然资源和河长制纳入审计内容，持续推动经济责任审计向审计履职转变，全面反映干部履职情况。

固定资产投资审计 完成竣工决算审计4个，开展工程结算审计125个，平均审减率降到2.31%，提高政府投资效益，推进廉政建设。

民生资金（项目）审计 开展扶贫资金、保障性安居工程、残疾人事业发展、慈善捐赠等专项审计6个，推动精准扶贫、CD级危房改造、易地扶贫搬迁、廉租房、公租房、残疾人事业等惠民政策落地。

信息化建设 完善数字审计平台，采集全县行政事业单位财务数据及社保、民政、国资等22个大类业务数据，新增审计模型65个，使各类审计数据模型增加到近700个。

内部审计 印发《内部审计工作要点》，对全县内部审计工作进行总体安排和部署。统筹各单位内部审计项目计划，开展业务培训，建立完善业务交流平台，推动工作开展。开展检查指导，通过日常指导和报告备案、自查、抽查，对全县内部审计工作开展情况进行检查和指导，实地抽查5家单位，及时发现和解决突出问题。

（撰稿人：张　倩）

【奉节县审计局】 2018年，奉节县审计局实有40人。局长刘廷权，副局长刘刚、周斌、肖斌，经济责任审计工作联席会议办公室主任周娅。设有办公室（电子数据审计科）、法规审理科、整改督查与内审管理科、财政审计科（重大政策跟踪审计科）、企事业审计科、投资审计科、经济责任审计科；下设审计中心（事业单位）。

审计成果 2018年，奉节县审计局完成审计项目40个，其中专项审计调查项目1个。查出主要问题金额41.41亿元，其中违规金额9555万元、管理不规范金额40.46亿元；审计发现非金额计量问题115个；出具审计报告和专项审计调查报告40篇。审计处理处罚金额3.53亿元，其中应上缴财政9204万元、应归还原渠道资金585万元、应调账处理金额2.55亿元；移送司法机关、纪检监察机关和有关部门处理事项25件，移送处理金额1484万元。审计促进整改落实有关问题金额6.63亿元；审计后挽回（避免）损失8790万元；核减投资额2.38亿元。提出并被采纳审计建议186条；推动被审计单位建立健全规章制度4项；提交审计信息1篇，被批示、采用1篇。

国家重大政策措施落实情况跟踪审计 持续开展简政放权、减税降费、重大项目建设、深度贫困乡镇脱贫等重点任务的跟踪审计，促进各项政策措施落实落地。

财政审计 对6个单位和部门开展财政预算执行和决算（草案）审计，查出主要问题金额37.5亿元。

经济责任审计 实施经济责任审计项目10个，涉及领导干部16人，查出主要问题金额1.46亿元。

固定资产投资审计 实施政府投资审计项目22个，送审投资额19.51亿元，完成投资额17.25亿元，核减2.26亿元，节约政府财政资金。

交办任务 完成兴隆镇安淌村、六垭村相关事项的调查任务，为相关问题处理提供依据。

信息化建设 建立健全电子数据动态采集机制，加强被审计单位财务及业务数据采集，已采集73个部门相关数据，数据量42GB。进一步调整优化分析团队，提高数据采集和分析运用能力。

相关工作 认真落实党建责任，牢固树立局党组党建主业意识；学习贯彻党的十九大会议精神，深入推进“两学一做”学习教育常态化制度化，扎实开展“作风建设深化年”活动。制定党风廉政建设责任书，坚持党风廉政建设与审计业务工作同部署、同检查、同考核、同落实。出台关于加强审计干部队伍建设的指导意见，鼓励职工参加各类层次培训。

内部审计 设有内部审计机构47个，配备内部审计人员209人，其中专职审计人员13人。完成内部审计项目266个，审计资金总额3.9亿元，提出并被采纳审计建议意见352条。

（撰稿人：汪　文）

【巫山县审计局】 2018年，巫山县审计局实有28人。局长熊跃权，副局长唐宇、王世权、陆忠贵，纪检组长陈玲，经济责任审计工作联席会议办公室主任向天泉，副调研员王碧、毛勇。设有办公室（电子数据审计科）、法规审理科、整改督查与内审管理科、财政审计科（重大政策跟踪审计科）、企事业审计科、投资审计科、经济责任审计科（经济责任审计工作联席会议办公室）；下设审计中心（事业单位）。

审计成果 2018年，巫山县审计局完成审计项目47个，其中专项审计调查项目4个。查出问题金额33.99亿元，其中违规金额15.58亿元、管理不规范金额18.42亿元；审计发现非金额计量问题191个。审计处理处罚金额16.05亿元，其中应上缴财政1.82亿元、应减少财政拨款或补贴135万元、应归还原渠道资金13.74亿元、应调账处理4751万元；审计发现非金额计量问题191个，提出审计建议124条；移送纪检监察机关和主管部门处理事项10件，涉及问题金额2697万元，涉及人员14人。出具的审计报告和专项审计调查报告被县领导批示25篇；审计信息、审计专报和审计建议被县领导批示17篇。

财政审计 开展财政审计项目16个，重点对全县财政及税收预决算、扶贫资金筹集管理使用、河长制执行情况、保障性安居工程建设等8个行业性审计项目进行审计，运用大数据审计方式对17个部门2017年度预算执行和其他财政收支进行审计。

经济责任审计 开展乡镇（部门）经济责任审计项目14个，涉及审计党政领导干部15人、村干部8人，查出问题金额2.2亿元，提出审计建议39条。

固定资产投资审计 开展投资审计项目15个，送审金额5.55亿元，审减金额3512.46万元，发现主要问题金额2.12亿元。

民生资金（项目）审计 对全县2014—2017年度农村建设用地土地复垦专项资金、26个乡镇（街道）2017年度债务、2016—2017年度特色效益农业资金、2016—2017年度健康扶贫专项资金开展专项审计调查。

企业审计 开展企业审计项目1个，揭示无依据领取施工补助、为其他公司垫付资金、工程项目管理不规范和人员管理不规范等需要纠正和改进的问题。

内部审计 设有专兼职内部审计机构62个，专兼职内部审计人员253人。完成内部审计项目331个，审计总金额20.92亿元，促进增收节支809.24万元，提出并被采纳审计建议意见227条。

（撰稿人：吴运文）

【巫溪县审计局】 2018年，巫溪县审计局实有29人。局长冉立新，副局长童清沛、许建川、谭清泉，纪检组长姚谊厚，经济责任审计工作联席会议办公室主任冉文宁。设有办公室（电子数据审计科）、法规审理科、整改督查与内审管理科、财政审计科（重大政策跟踪审计科）、投资审计科、经济责任审计科（经济责任审计工作联席会议办公室）；下设审计中心（事业单位）。

审计成果 2018年，巫溪县审计局完成审计项目40个，其中专项审计调查项目1个。查出主要问题金额24.69亿元，其中违规金额7.36亿元、管理不规范金额17.34亿元；审计发现非金额计量问题201个；损益（收支）不实金额4040万元；出具审计报告和专项审计调查报告40篇，被批示、采用40篇次。审计处理处罚金额12.1亿元，其中应上缴财政1.73亿元、应归还原渠道资金5.63亿元、应调账处理金额4.75亿元；移送司法机关、纪检监察机关和有关部门处理事项20件，移送处理人员1人，移送处理金额3.91亿元。审计促进整改落实有关问题资金7.9亿元；核减投资额5645万元；移送处理落实事项1件。提出并被采纳审计建议145条；提交审计信息89篇，被批示、采用89篇次。

国家重大政策措施落实情况跟踪审计 抽查单位23个，涉及项目47个，发现问题24个，查出主要问题金额1122万元。

财政审计 根据市审计局的统一安排，对巫山县2017年度财政及税收预算执行和财政决算（草案）编制情况进行交叉审计。

经济责任审计 开展12个部门20名党政领导干部的任期经济责任审计。完成巫溪县城市建设有限公司领导人员任期经济责任审计。

固定资产投资审计 完成政府投资审计项目15个，项目送审金额5.08亿元，审定金额4.51亿元，审减金额5645万元；移送问题线索5件。

民生资金（项目）审计 完成2016—2017年度残疾人事业发展情况专项审计调查、巫溪县基础设施建设提升战略行动计划（交通行动计划）落实情况跟踪审计、河长制执行情况审计。开展2个中介机构报告核查工作。根据市审计局的统一安排，完成梁平区2017年度扶贫资金管理使用情况的交叉审计。

信息化建设 完成大数据分析室和分析平台建设，持续建立数据分析模型。确定1名计算机人才专职负责信息化建设。

相关工作 坚持围绕审计抓党建，抓好党建促审计。领导干部讲党课8次，以多种形式通报违规违纪案例18次，对试用期满转正的4名中层干部、预备党员和外出开展交叉审计的审计组开展廉政谈话5次。2018年度，巫溪县审计局获得重庆市审计机关2018年度综合目标考核一等奖。

内部审计 新增内部审计机构9个，新增专兼职内部审计人员39人。全区有40个单位开展内部审计工作，完成项目235个，促进增收节支4209万元。

（撰稿人：任　磊）

【石柱土家族自治县审计局】 2018年，石柱土家族自治县（以下简称石柱县）审计局实有28人。局长张平，副局长廖俊忠、周巧巧、崔林，纪检组长谭生钊，经济责任审计工作联席会议办公室主任谭春林（—5月），审计中心主任王金宁。设有办公室、法规审理科、财政审计科、企事业审计科、整改督查与内审管理科、经济责任审计科、投资审计科；下设审计中心。

审计成果 2018年，石柱县审计局完成审计项目28个，其中专项审计调查项目1个。查出主要问题金额29.26亿元，其中违规金额1.3亿元、损失浪费金额257万元、管理不规范金额27.93亿元；审计发现非金额计量问题101个；损益（收支）不实金额1.23亿元；审计发现侵害人民群众利益2.35亿元；出具审计报告和专项审计调查报告28篇，被批示、采用39篇次。审计处理处罚金额1.59亿元，其中应上缴财政1.21亿元、应归还原渠道资金302万元、应调账处理金额3517万元；移送司法机关、纪检监察机关和有关部门处理事项26件，移送处理人员10人，涉及金额2.55亿元。审计促进整改落实有关问题资金3.03亿元；审计促进拨付资金到位184万元；审计后挽回损失3517万元；核减投资额7662万元；移送处理落实事项18件。提出并被采纳审计建议80条；推动被审计单位制定整改措施96项，促进被审计单位建立、健全规章制度17项；提交审计要情信息14篇，被批示、采用14篇次。

保障性安居工程审计项目被市审计局评为优秀审计项目。

国家重大政策措施落实情况跟踪审计 抽查

40 个单位，发现问题 29 个，推进问题整改 23 件。

财政审计 根据市审计局的统一安排，对忠县 2017 年度财政及税收预算执行和财政决算（草案）编制情况开展交叉审计，揭示预算编制及执行、转移支付管理等 6 类 21 条问题。

经济责任审计 实施 10 个单位 15 名党政领导干部的经济责任审计，查出问题金额 7.48 亿元，其中违规金额 214 万元、管理不规范金额 7.43 亿元、损失浪费金额 257 万元。

固定资产投资审计 审结政府投资项目 95 个，送审金额 9.32 亿元，审定金额 8.56 亿元，审减 7662 万元。

民生资金（项目）审计 开展保障性安居工程跟踪审计，上年城市棚户区改造开工 392 套，货币化安置棚户区改造 334 户，农村危房改造 1143 户。根据市审计局的统一安排，对渝北区 2017 年度扶贫资金审计、2016—2017 年度石柱县残疾人事业专项交叉开展专项审计调查。

企业审计 对石柱国有资产经营管理集团有限公司开展审计，审计资金 73.99 亿元，查出问题金额 26.51 亿元，揭示建设项目推进不力、债务管理不到位等 7 大类 24 个问题，移送案件线索 5 件。

信息化建设 建立健全数据采集管理使用制度，专线接入市审计局数据分析平台，已采集数据累计 639GB，采集财务账套 1729 个，新建数据分析模型 129 个使模型总数达 401 个。

内部审计 设有内部审计机构 30 个，专兼职人员 128 人。完成审计项目 352 个，审计金额 12.93 亿元，促进增收节支 1405 万元，提出并被采纳审计建议 159 条。 （撰稿人：李云泉）

【秀山土家族苗族自治县审计局】 2018 年，秀山土家族苗族自治县审计局实有 25 人。局长雷天军，副局长刘军、张玉芬、杨诚，纪检组长余秀祥，经济责任审计工作联席会议办公室主任吴科林。设有办公室、法规审理科、整改督查与内审管理科、财政审计科（重大政策跟踪审计科）、企事业审计科、投资审计科、经济责任审计科（经责审计工作联席会议办公室）；下设审计中心。

审计成果 2018 年，秀山土家族苗族自治县审计局完成审计项目 30 个，其中专项审计调查项目 2 个。查出主要问题金额 334.4 亿元，其中违规金额 1.6 亿元、管理不规范金额 332.8 亿元；审计发现非金额计量问题 271 个；出具审计报告和专项审计调查报告 30 篇，被批示、采用 25 篇次。审计处理处罚金额 1.6 亿元，其中应上缴财政 3750 万元、应归还原渠道资金 1.23 亿元；移送司法机关、纪检监察机关和有关部门处理事项 9 件，移送处理人员 2 人，移送处理金额 402 万元。审计促进整改落实有关问题资金 1.06 亿元；审计促进拨付资金到位 2722 万元；审计后挽回（避免）损失 7636 万元；核减投资额 1.46 亿元；提出并被采纳审计建议 120 条；提交审计信息 141 篇，被批示、采用 70 篇次。向社会公告审计结果 1 篇。

国家重大政策措施落实情况跟踪审计 重点对涉企保证金清退情况、重点建设项目推进情况、创新驱动发展战略推进实施、“稳就业”政策措施落实等情况开展跟踪审计，抽查 9 个部门、3 个乡镇（街道）、18 个企事业单位、8 个项目，提出审计建议 12 条，被采纳 12 条，帮助被审计单位建立和完善相关制度 5 项，促进各项政策措施落地生根。

财政审计 对县交委、县商务局等 14 个部门预算执行进行审计，促进各单位严格预算执行。根据市审计局的统一安排，对酉阳土家族苗族自治县 2017 年度财政预算执行决算（草案）和 2017 年税收征管情况进行交叉审计。

经济责任审计 完成对县规划局等 5 个单位 6 名领导干部的任期经济责任审计，推动领导干部依法履职尽责。

固定资产投资审计 完成政府投资审计项目 136 个，审减投资金额 1.46 亿元；备案项目 212 个，审减 1865 万元；对 37 个重点建设项目实施跟踪审计；向相关部门发出审计移送处理书 4 份。

民生资金（项目）审计 完成 2017 年保障性安居工程跟踪审计、2016—2017 年残疾人事业发展情况专项审计调查，促进各项惠民政策的落实。根据市审计局的统一安排，对綦江区扶贫资金进行交叉审计。

企业审计 对 10 户县属国有重点企业 2017 年度资产负债损益情况进行审计，实现国有重点企业审计全覆盖。

信息化建设 建成县财政及部门预算执行审计数据分析系统和建设工程审计管理系统，建立数据定期报送机制，采集113个单位数据733.9GB。

内部审计 完成内部审计项目372个，提出并被采纳审计建议意见136条，给予行政处分2人，内部审计“第一道防线”的作用得到有效发挥。

（撰稿人：杨 荣）

【酉阳土家族苗族自治县审计局】 2018年，酉阳土家族苗族自治县审计局实有33人。局长张鹰，副局长冉鹂霜、倪亚梅，纪检组长梁胜举，副调研员田维君（—4月）。设有办公室、法规审理科、财政审计科、投资审计科、整改督查与内审管理科；下设审计中心（事业单位）。

审计成果 2018年，酉阳土家族苗族自治县审计局完成审计项目28个，其中专项审计调查项目1个。查出主要问题金额24.67亿元，其中违规金额2.55亿元、管理不规范金额22.11亿元；审计发现非金额计量问题98个；损益（收支）不实金额6351万元；出具审计报告和专项审计调查报告44篇。审计处理处罚金额4.26亿元，其中应上缴财政2.46亿元、应归还原渠道资金892万元、应调账处理金额1.71亿元；移送司法机关、纪检监察机关和有关部门处理事项3件，移送处理金额2031万元。审计促进整改落实有关问题资金1.29亿元；审计后挽回（避免）损失1.7亿元；核减投资额2亿元。审计提出建议237条，被采纳229条；提交审计信息14篇。

国家重大政策措施落实情况跟踪审计 对脱贫攻坚政策措施落实情况、重点建设项目推进情况、民生实事、污水处理厂管网建设推进情况、公共资源交易中心“放管服”改革政策落实情况、新建社区养老服务站完成情况等进行跟踪审计。

财政审计 实施县民政局、县商务局、团县委、县文化委等17个重点部门预算执行审计。根据市审计局的统一安排，完成彭水苗族土家族自治县2017年财政预算执行和其他财政财务收支的交叉审计。

经济责任审计 对12名党政领导干部实施经济责任审计，依法对领导干部权力运行过程中的不作为、慢作为、乱作为等问题进行揭露。

固定资产投资审计 对2011年廉租房建设项目工程、钟渤快速通道延伸段安置房工程，县教委教育教研继教中心综合楼建设工程、县中医院迁建工程等项目进行审计。出具政府投资项目结算审计报告51个，核减投资额2亿元。

民生资金（项目）审计 对2016—2017年度残疾人事业发展情况进行专项审计调查，关注社会保障政策、公共服务政策落实、残疾人就业保障金征收等方面。

企业审计 完成6个国有企业的资产情况进行审计，发现公益性资产抵押、贷款资金未用于指定用途、部分固定资产无法盘点、报账不及时等问题。

信息化建设 数据处理中心建成数据存储区和数据分析室，完成数据分析平台和财政及部门预算分析子系统300多个审计模型的建设，制定出台《数据中心管理办法》《数据安全保密制度》等内控制度。

（撰稿人：田 明）

【彭水苗族土家族自治县审计局】 2018年，彭水苗族土家族自治县审计局实有23人。局长张和奎，副局长廖建华、李昕屿、尤文锋（—8月），党组成员周平天，经济责任审计办公室主任陶红，副调研员陈敬蓉。设有办公室、法规科、经责科、财政科、投资科、整改督查与内部审计科等6个科室；下设审计中心（事业单位）。

审计成果 2018年，彭水苗族土家族自治县审计局完成审计项目50个，其中专项审计调查项目1个。查出主要问题金额262亿元，其中违规金额1.14亿元、损失浪费金额5950万元、管理不规范金额260.27亿元；审计发现非金额计量问题301个；损益（收支）不实金额78.21亿元；审计发现侵害人民群众利益5815万元；出具审计报告和专项审计调查报告50篇；审计处理处罚金额4.54亿元，其中应上缴财政1.11亿元、应归还原渠道资金339万元、应调账处理金额3.4亿元，移送司法机关、纪检监察机关和有关部门处理事项13件，移送处理人员22人，移送处理金额1150万元；审计促进整改落实有关问题金额13.98亿元；移送处理落实事项6件。提出并被采纳审计建议296条；推动被审计单位制定整改措施 57 项，促进被审计单位制定、完善规章制度 4 项；提交审计信息 129 篇，被批示、采用 87 篇。

2017 年保障性安居工程跟踪审计项目被市审计局评为优秀审计项目。

国家重大政策措施落实情况跟踪审计 持续开展重大政策跟踪审计，涉及 2 个乡镇、16 个部门、5 个企业，涉及资金 58.69 亿元，揭露政策落实、资金使用、项目推进、涉企减负等突出问题，促进各项政策措施落地见效。

财政审计 对 265 个单位开展财政预决算审计，实现财政预决算审计全覆盖，查出问题金额 122.17 亿元。按照市审计局的统一安排，派出审计组对武隆区 2017 年度财政预算执行和税收征管情况进行交叉审计。

经济责任审计 完成经济责任审计项目 10 个，涉及党政领导干部和国有企业领导人员 14 人。查出问题金额 26.25 亿元，提交审计报告 10 篇，提出审计建议 56 条。首次独立开展县林业局、县环保局领导干部自然资源资产离任（任中）审计。

固定资产投资审计 完成审计项目 26 个，送审投资额 28.56 亿元，核减工程价款 3.41 亿元。

民生资金（项目）审计 完成 2017 年保障性安居工程跟踪审计、残疾人事业发展情况专项审计、扶贫资金管理使用情况审计和 2017 年度河长制执行情况审计。

企业审计 实现县属国有企业审计全覆盖。查出问题金额 139.49 亿元，撰写审计报告、审计专报、审计要情 6 期，被领导批示 6 期，促进被审计单位及时整改，成效显著。

信息化建设 全方位采集基础数据 653GB，持续充实审计信息数据库，采取有效措施，加强数据安全管理。推进数据应用，在财政预决算审计等多个项目中广泛运用数据分析手段，筛出疑点数据 1 万余条，帮助核实问题线索 20 余项，涉及问题金额 70.85 亿元。

内部审计 做好对内部审计的指导和监督，通过统筹内部审计计划、开展业务培训、经验交流等措施，加大对内部审计工作的业务指导，扎实推进审计监督体系建设。 （撰稿人：冉仕飞）

【两江新区审计局】 2018 年，两江新区审计局实有 5 人。局长谢毅，副局长裴家勇、盈德华、谢芳，调研员杨清惠。设有办公室、综合审计部、法规审理部、经济责任审计部（电子数据部）、财政金融审计部、投资审计部、企事业审计部、整改督查与内审管理部、重大政策跟踪审计部；下设审计中心。

审计成果 2018 年，两江新区审计局完成审计项目 36 个，其中专项审计调查项目 1 个。查出主要问题金额 73.73 亿元，其中违规金额 4688 万元、管理不规范金额 73.26 亿元；审计发现非金额计量问题 103 个；损益（收支）不实金额 1.48 亿元；出具审计报告和专项审计调查报告 36 篇。审计处理处罚金额 3.79 亿元，其中应上缴财政 4374 万元、应减少财政拨款或补贴 220 万元、应归还原渠道资金 321 万元、应调账处理金额 3.3 亿元；移送有关部门处理事项 6 件，移送处理金额 516 万元。审计促进整改落实有关问题资金 3.71 亿元；审计后挽回（避免）损失 3.73 亿元；核减投资额 4.8 亿元；移送处理落实事项 3 件。审计提出建议 742 条，被采纳 736 条；提交审计信息 33 篇，被批示、采用 22 篇次。

龙兴工业园区定向商品房 C 组团（三标段）工程结算审计项目被市审计局评为区县优良审计项目。

国家重大政策措施落实情况跟踪审计 聚焦重大项目推进等 7 个重要方面工作，抽查 30 个部门、8 个街道、32 个企事业单位、11 个项目，涉及财政资金 2.64 亿元。

财政审计 开展两江新区 24 家直属事业单位 2017 年度预算执行和其他财政财务收支审计，收回财政资金 0.49 亿元。按照市审计局的统一安排，对渝中区 2017 年度财政预算执行和决算（草案）项目开展交叉审计，查出不规范金额 33.99 亿元，收回财政资金 400 万元。

经济责任审计 按照“1＋N”的计划模式，将重庆港务物流集团有限公司原董事长离任审计、企业财务收支审计和工会经费收支审计同布置、同推进，形成“一审多果、一果多用”的格局。

固定资产投资审计 完成投资审计项目 458 个，其中市级项目 16 个，区级交办项目 442 个。送审金额 112.97 亿元，审减金额 4.8 亿元，提出审计建议 711 条。

民生资金（项目）审计 探索河长制审计，审计抽查河长制资金 2.74 亿元；完成保障性安居工程跟踪审计，入户调查 490 户公共租赁住房家庭，涉及财政资金 579.6 万元。完成两江新区残疾人事业发展情况审计调查，涉及资金 5200 万元。

企业审计 实施对重庆悦来投资集团有限公司的 2017 年度财务收支审计，发现问题 18 个。

信息化建设 采集各类数据 31.3GB，建立项目集中支付审计模型 57 个，筛选审计疑点 7301 条，经落实，揭示 2 个单位 2017 年非税收入未及时入库金额 0.49 亿元。

内部审计 督促指导新设立内部审计机构 6 家；组织企事业单位进行内部审计培训 125 人次；出具内部审计工作调研报告 1 篇，提出建议 11 条；对 32 家单位的内部审计工作开展专项检查，抽查项目 117 个。 （撰稿人：肖可莉）

【万盛经济技术开发区审计局】 2018 年，万盛经济技术开发区审计局实有 33 人。局长胡小成，副局长朱启学、唐勇、李曦，纪检组长何刚，调研员任永明。设有办公室（电子数据审计科）、法规审理科、整改督查与内审管理科、财政审计科（重大政策跟踪审计科）、投资审计科、经济责任审计科（经济责任审计工作联席会议办公室）；下设审计中心。

审计成果 2018 年，万盛经济技术开发区审计局完成审计项目 36 个，其中专项审计调查项目 1 个。查出主要问题金额 54.06 亿元，其中违规金额 5005 万元、管理不规范金额 53.56 亿元；审计发现非金额计量问题 98 个；损益（收支）不实金额 4879 万元；出具审计报告和专项审计调查报告 37 篇。审计处理处罚金额 4931 万元，其中应上缴财政 4368 万元、应减少财政拨款或补贴 30 万元、应归还原渠道资金 539 万元；移送有关部门处理事项 9 件，移送处理金额 337 万元。审计促进整改落实有关问题资金 17 万元；审计后挽回（避免）损失 4970 万元；核减投资额 4970 万元；移送处理落实事项 3 件。审计提出建议 114 条，被采纳 30 条；提交审计信息 28 篇，被批示、采用 15 篇次。

国家重大政策措施落实情况跟踪审计 开展创新驱动发展战略推进实施情况、涉企保证金清理、高新技术企业财税优惠政策、市场主导类项目推进情况等跟踪审计项目，审计发现 4 个问题，提出合理化建议 4 条，力促清退保证金 529.49 万元，促进政策落地生根。

财政审计 开展万盛经开区城市管理局 2017 年区级专项资金审计，发现问题 3 个，管理不规范金额 498.48 万元。根据市审计局的统一安排，对巴南区 2017 年度财政预算执行和决算草案开展交叉审计，发现在组织财政收入、转移支付管理、财政管理等方面存在的 11 个问题。

经济责任审计 对发展改革局等 7 个部门和 1 个企业的 9 名领导干部任期经济责任进行审计，出具审计报告 9 份，审计决定书 1 份，审计建议函 1 份。

固定资产投资审计 完成投资审计项目 8 个，其中结算项目 5 个，竣工决算项目 3 个。

民生资金（项目）审计 对 2017 年全市城镇保障性安居工程跟踪审计。发现部分安居工程建设管理不合规、安居住房分配不符合条件等问题，从体制、机制、制度上提出建设性意见 3 条。实施 2016—2017 年度残疾人事业发展情况专项审计调查，通过对残联、财政、人力社保、地税等部门涉及残疾人事业发展资金筹集、安排、使用和项目执行的情况审计调查，发现问题 22 个，提出完善政策措施的意见和建议 4 条。

相关工作 认真学习贯彻党的十九大、深学笃用习近平新时代中国特色社会主义思想，扎实开展“两学一做”专题学习教育，全面落实党风廉政建设责任制，全年无违纪违规现象发生。

内部审计 研究印发 2017—2021 年五年轮审规划，按照关于编制报送 2018 年度内部审计项目计划的通知，确定 27 个单位实施 83 个内部审计项目。 （撰稿人：黄　帅）

2018 年重庆市本级及所辖区、县(市)级审计工作统计表

金额单位:万元

审计机关	完成审计项目/个	审计查出主要问题金额	审计发现非金额计量问题/个	审计期间整改金额	出具审计报告和审计调查报告/篇	审计处理情况		审计促进整改落实有关问题资金	审计提出建议/条	提交审计信息/篇
						审计处理处罚金额	移送处理事项/件			
重庆市本级	183	28590558	1097	28678	191	337162	45	1853437	394	72
万州区审计局	59	836909	278	130166	59	49552	31	90903	298	117
涪陵区审计局	98	3538512	140	615	98	427099	38	76916	125	111
渝中区审计局	37	855624	156	74	37	22673	5	15425	140	13
大渡口区审计局	51	484810	131	420	55	13140	6	8480	219	119
江北区审计局	35	6303005	138	283746	43	168245	26	168246	219	129
沙坪坝区审计局	24	242850	103	2067	27	6461	11	85493	105	447
九龙坡区审计局	30	1188692	184	32833	33	99551	21	99102	92	17
南岸区审计局	22	233327	83	35	22	17204	33	13973	68	137
北碚区审计局	58	2491637	197	1812	58	64968	10	59437	204	75
綦江区审计局	119	836307	128	2083	126	294233	29	225385	482	150
大足区审计局	63	674086	112	99466	63	47318	8	22006	299	10
渝北区审计局	92	583887	168	2792	103	28943	26	97667	529	93
巴南区审计局	26	1236388	105	15483	26	94590	15	185747	178	99
黔江区审计局	38	535104	188	1340	38	66289	57	58083	197	91
长寿区审计局	31	919491	203		40	65962	8	58669	281	92
江津区审计局	117	3788270	180	27112	125	21462	10	258900	218	93
合川区审计局	72	457874	351	17911	72	48675	50	70018	179	50
永川区审计局	47	670531	200	36162	47	67203	29	46190	163	11
南川区审计局	23	230203	64	14642	23	61229	3	61229	86	167
璧山区审计局	24	711861	113	46210	24	251387	30	249800	187	137
铜梁区审计局	28	881609	113	11251	28	40953	8	47434	394	108
潼南区审计局	40	533577	138	30510	47	96052	14	96037	164	54
荣昌区审计局	39	1914499	91	38030	40	6317	17	38153	190	12
开州区审计局	158	1300710	314	4204	160	129868	22	144646	378	195
梁平区审计局	34	891920	101	65721	36	32334	60	29649	73	132
武隆区审计局	40	1325399	245	22329	46	12802	8	3888	201	73
城口县审计局	29	161515	93	61	27	25073	1	3003	150	21
丰都县审计局	160	529953	204	2120	164	40004	24	69478	80	99

（续表）

审计机关	完成审计项目/个	审计查出主要问题金额	审计发现非金额计量问题/个	审计期间整改金额	出具审计报告和审计调查报告/篇	审计处理情况		审计促进整改落实有关问题资金	审计提出建议/条	提交审计信息/篇
						审计处理处罚金额	移送处理事项/件			
垫江县审计局	27	421186	188	2796	29	15322	5	42334	294	59
忠县审计局	49	988162	343	106455	49	93689	8	89935	909	60
云阳县审计局	34	443705	164	44037	34	10255	2	154875	233	104
奉节县审计局	40	414127	115	1011	40	35323	25	66323	186	1
巫山县审计局	47	339930	191	31861	47	160505	10	14038	124	13
巫溪县审计局	40	246945	201	2290	40	121045	20	78984	145	89
石柱土家族自治县审计局	28	292559	101	35798	28	15942	26	30263	80	14
秀山土家族苗族自治县审计局	30	3344039	271	288	30	16013	9	10576	120	141
酉阳土家族苗族自治县审计局	28	246683	98	12451	44	42617	3	12926	237	14
彭水苗族土家族自治县审计局	50	2620032	301	384828	50	45428	13	139832	296	129
两江新区审计局	36	737259	103	8615	36	37949	6	37141	742	33
万盛经济技术开发区审计局	36	540643	98	6913	37	4931	9	17	114	28

四川省

【四川省审计厅】 2018 年，四川省审计厅实有 247 人（含事业人员 44 人）。设有省委审计办秘书处；设有办公室、综合与计划管理处、法规处、审理处、内部审计监督指导处、电子数据审计处、财政审计处、政策跟踪审计处、经济责任审计处、教科文卫审计处、农业农村审计处、固定资产投资审计处、社会保障审计处、自然资源与生态环境审计处、企业审计处、金融审计处、涉外审计处、人事处、离退休人员工作处 19 个内设机构和派出审计一处、派出审计二处、派出审计三处、派出审计四处、派出审计五处、派出审计六处 6 个派出机构；按省委有关规定，设机关党办、驻厅纪检监察组；下设直属审计局和审计科学研究所、机关服务中心（省审计干部培训中心）、计算机技术中心、政府投资审计中心 4 个事业单位。

领导成员

厅　　长：陶志伟

副 厅 长：蔡文强（—6 月）

沈　健（11 月—）

唐　萍　戴华虎（—9 月）

朱大兴　郭　西（10 月—）

康东进（8 月—）

总审计师：康东进（—8 月）

周　兵（8 月—）

纪检组长：龚　敏

机关党委书记：陈代勇

省经济责任审计工作联席会议办公室主任：

李文双

一级巡视员：蔡文强（—10 月）

唐　萍（4 月—）

二级巡视员：孙志刚（1 月—）　胡　晓

冷　天（5 月—）
曹国华（5 月—）
何雪萍（5 月—12 月）

审计成果　2018 年，四川省三级审计机关共完成审计项目 6965 个，其中专项审计调查项目 376 个。查出主要问题金额 4632.74 亿元，其中违规金额 266.45 亿元、损失浪费金额 10.88 亿元、管理不规范金额 4355.41 亿元；审计发现非金额计量问题 13790 个；损益（收支）不实金额 218.83 亿元；审计发现侵害人民群众利益 650 万元；出具审计报告和专项审计调查报告 7322 篇，被批示、采用 342 篇。审计处理处罚金额 716.65 亿元，其中应上缴财政 155.94 亿元、应减少财政拨款或补贴 36.83 亿元、应归还原渠道资金 145.29 亿元、应缴纳其他资金 59.03 亿元、应调账处理金额 319.56 亿元；移送司法机关、纪检监察机关和有关部门处理事项 1128 件，移送处理人员 1774 人，移送处理金额 80.88 亿元。审计促进整改落实有关问题金额 530.45 亿元；审计促进拨付资金到位 21.65 亿元；审计后挽回（避免）损失 69.27 亿元；核减投资额 64.98 亿元；移送处理落实事项 140 件。审计提出建议 17479 条，被采纳 12550 条；推动被审计单位制定整改措施 605 项，促进被审计单位制定、完善规章制度 287 项；提交审计信息 5988 篇，被批示、采用 2608 篇。向社会公告审计结果 961 篇。

省审计厅实施的 2016 年度省本级财政预算执行和总决算草案编制审计项目被审计署评为表彰审计项目。

国家重大政策措施落实情况跟踪审计　以推动项目落地、资金保障、简政放权、政策落实和风险防范为抓手，聚焦三大攻坚战、保障改善民生、重点项目推进、减轻企业负担等重点领域，“专项审”与“结合审”并行，组织开展扶贫专项资金、长江经济带生态环保、保障性安居工程、惠农补贴使用“一卡通”、城商行和农商行（农信社）风险防控、政府隐性债务、“项目年”决策部署、减税降费、涉企保证金清理、“最多跑一次”改革、清理拖欠民营企业中小企业账款等系列审计，审计成果被多次批示，有效促进中央和省委、省政府决策部署的贯彻落实，审计服务于国家治理的作用进一步显现。

财政审计　首次在同一年度实现对省级一级预算单位的审计全覆盖。应用大数据手段对 243 个单位的预算、核算、决算开展数据分析，对其中 80 个单位进行重点核查。紧盯管理漏洞和薄弱环节审深审透，将在财政部门发现的线索向下延伸至主管部门和资金使用单位，将在项目单位发现的问题向上追踪至主管部门和财政部门，使问题反映更具整体性和系统性。

经济责任审计　统筹组织对 59 名省管领导干部开展经济责任审计。5 年间省本级经济责任审计对象达到 265 名，基本完成五年规划任务。加强指导督促，市县经济责任审计重点更加聚焦、实施程序不断规范、监督力度持续加大，推进从严管党治吏的作用进一步发挥。深化审计成果运用，与省委组织部联合印发市县党政等 4 类领导干部履行经济责任重点风险提示清单，此做法得到中央领导肯定，中纪委专程赴四川开展调研。为扩大提示清单推广应用，牵头编制配套案例，在全省引起积极反响。

固定资产投资审计　落实审计署关于投资审计“三个转变”的要求，推动省人大常委会及时修订政府投资审计条例，省政府转发完善政府投资审计的意见，省审计厅还将 5 个县确定为投资审计工作示范县，对 20 个市州贯彻落实“项目年”情况开展专项审计调查，继续“8·8”九寨沟地震灾后恢复重建跟踪审计。坚决制止“以审代结”和“唯审减论英雄”等不良倾向，引导投资审计回归主业。

民生资金（项目）审计　加强民生资金项目审计，研究制定《进一步深化扶贫审计的实施意见》《帮扶凉山加强扶贫审计工作方案》。对 26 个国定贫困县开展重点审计，对教育扶贫等 5 个扶贫专项、“四项扶贫基金”等进行审计，省纪委监委、省委组织部联合对问题突出地方的党政主要负责人进行约谈，省扶贫办将审计发现问题纳入督查暗访，将扶贫领域作风方面存在的共性问题通报全省各市县。

农业与资源环保审计　组织对 5 个县区、183 个乡镇、306 名党政主要领导干部实施自然资源资产离任（任中）审计，开展长江经济带生态环境保护审计。结合经济责任审计对自然资产管理和生态环境保护情况进行重点检查，审计结果被纪检监察和组织部门作为领导干部考核评价和责任追究的重要依据。这项工作被收入全省《改革典型试点案例集》，是生态文明改革领域唯一入选案例。

金融审计 组织对16个市县政府性债务和隐性债务进行两轮审计核实，推动全省政府债务特别是隐性债务的治理工作，督促相关地方政府撤销违规出具的政府债务承诺担保函261份，促进及时偿还债务18.34亿元。对21个地方金融机构防范化解重大风险情况实施专项审计调查，省政府召开专题会议研究部署整改工作，促进金融机构及时整改问题贷款23.54亿元。

交办任务 推进完善审计制度框架意见明确的改革事项，起草《四川省领导干部自然资源资产离任审计办法（试行）》《四川省省本级党政主要领导干部和国有企业事业单位主要领导人员经济责任审计工作规划2019—2023年》，并提请省委审计委员会第一次会议审议。抽派审计人员参与扶贫、灾后重建、环保督查等专项检查和省委巡视等工作，在推进全面从严治党、强化正风肃纪等方面发挥积极作用。

信息化建设 有序推进"金审工程"三期，已向省发展改革委正式提出立项申请并达成独立建设审计云的建设要求。开展等保测评和风险评估、漏洞扫描、应急演练、信息通报、攻防演练和网络安全培训等工作，网络安全综合防护能力得到进一步提升。软件正版化工作稳步推进，获国家督查组充分肯定，并在省直部门督查反馈会上作交流发言。创新信息化技术研究，升级完善移动办公技术、研究应用"桌面云"和"单向导入"技术，促使审计工作方式更加高效、灵活。

相关工作 全省审计机关持续加强审计机关自身建设，努力打造信念坚定、业务精通、作风务实、清正廉洁的高素质专业化审计干部队伍。坚持把党的政治建设摆在首位，认真履行管党治党责任，引导全体审计干部增强"四个意识"，坚定"四个自信"，做到"两个维护"。深化"五好党支部"创建活动，抓好审计现场和转隶人员临时党支部建设，严格党内政治生活，机关党建工作为审计事业深化发展提供坚强的思想保证、政治保证和组织保证。采取全员培训、骨干培训、审前培训、以审代训、上挂下派等方式，加强审计干部教育培训，省审计厅共举办培训班17期，培训人员1300人次，推动干部队伍的业务能力和综合素质整体提升。严格执行审计职责权限、审计程序、审计方式、审计标准，组织对全省1000多个审计项目开展质量检查，法治精神和法治原则在审计工作中得到更好落实。加大争创优秀审计项目组织指导力度，全省有4个项目获得审计署表彰。抓实审计质量管理和风险防范，省审计厅17起行政诉讼案件无一败诉，34起行政复议事项无一变更或撤销。不断深化对意识形态工作的根本性、战略性、全局性意义的认识，健全完善以门户网站、官方微博微信等为主要载体的审计宣传形式，引导审计舆情、讲好审计故事、展示审计风采，全省共公告审计结果961篇，制作的《大凉山上审计人》等7部作品被审计署评为优秀，四川审计公信力进一步提升。压紧压实党风廉政建设主体责任，组织开展"纪律作风专项整治月"活动，分类梳理全省审计机关的违纪违法典型案例，加强警示教育，推进审计组现场执纪巡查全覆盖，审计作风更加优良、纪律更加严明。各地在加强队伍建设上都采取创新做法，泸州、甘孜等地积极推行校地合作，狠抓骨干人才培养；巴中、南充等地实行审计组长竞聘制、审计队伍动态管理，激发干事创业激情；乐山、宜宾等地在审计组建党小组、设立廉政监督员，加强干部教育管理监督，均取得良好效果。

内部审计 召开全省内部审计工作座谈会学习传达署会议精神和内部审计规定，研究制定贯彻举措，来自省直机关、国有重点企业、大专院校等内部审计机构的100多位代表交流研讨、总结经验。通过调研座谈、培训授课、以审代训等方式，加大对内部审计工作的指导力度。联合教育厅对全省76所公办高校内部审计人员进行培训，对高校内部审计质量检查发现问题进行通报。对省属重点国企进行督导调研，促进内部审计工作发展。

（撰稿人：青林林）

【成都市审计局】 2018年，成都市审计局实有126人。局长曾军，副局长李永平、何敏（—3月）、葛云伦、黄少泉、邓勉（5月—），总审计师邓勉（—5月）、杨艳（8月—），巡视员蒲元和（—11月），副巡视员陈跃超（—8月）、周世秀，副局级干部曾京（—3月）。设有办公室、法规处、财政审计处、行政政法审计处、教科文卫审计处、农业与资源环保审计处、重点投资项目审计处、企业与金融审计处、社会保障审计处、综合与计划管理审计处、电子数据审计处、内部审计监督指导处、政策跟踪审计处、人事处、经济责任审计局；下设财政投资和国资投资项目审计中心等事业单位。

审计成果 2018年，成都市县两级审计机关开展审计和专项审计调查项目1772个。查出主要问题金额1540.88亿元，促进增收节支和挽回损失31.4亿元，审减政府投资26.39亿元，推动建立健全规章制度131项，移送违纪违法问题线索102件。提交的608篇审计专题报告、信息简报，被党政领导批示和有关部门采用233篇次。

市审计局实施的成都传媒集团原董事长、党委书记任期经济责任履行情况审计被审计署评为地方表彰审计项目，被省审计厅评为优秀审计项目。

国家重大政策措施落实情况跟踪审计 先后对降费政策措施落实、“河长制”制度推行、金融对接清单推进、农业供给侧结构性改革和涉企保证金管理等进行跟踪审计。组织开展全市保障性安居工程跟踪审计，对180户农村危房改造实施情况进行入户调查，查出问题金额28.93亿元。

财政审计 开展市县两级预算执行、决算草案、税收征管等审计项目130个，查出主要问题金额440.37亿元。依托大数据审计平台，首次实现108家市级部门预算执行审计全覆盖。牵头组织对全市隐性债务的清查核实工作，揭示风险隐患，维护经济运行安全。

经济责任审计 审计领导干部249名，查出主要问题金额750.87亿元，提出审计建议843条。编制5张市本级提示清单。完成区县和乡镇领导干部自然资源资产离任审计22个，编写《乡镇（街道）党政领导干部自然资源资产离任（任中）审计操作指南》。

固定资产投资审计 开展各类审计项目1296个，节约政府财政资金26.39亿元。重点抽查项目64个。对天府国际机场等8个省市重点建设项目开展跟踪审计，发现问题26项。

民生资金（项目）审计 对简阳市进行扶贫资金跟踪审计，开展惠农补贴使用“一卡通”情况和5个扶贫专项实施情况审计调查，查出主要问题金额1.37亿元。围绕“四改六治理”，以交叉审计的方式对34个街道的191个院落进行抽查。

企业审计 开展各类企业审计项目22个，查出主要问题金额159.28亿元。实现19户市属国有企业审计监督3年内全覆盖，揭示问题230个，推动被审计单位建章立制115项。

信息化建设 研究起草全市大数据审计指导意见，先后组织召开全市审计系统大数据审计工作汇报会和全市审计系统大数据审计经验交流。大数据审计工作经验在央视新闻频道《新闻直播间》栏目播出。各地审计机关及市级部门前来调研交流110多批次、2200多人次。

（撰稿人：王小青）

【自贡市审计局】 2018年，自贡市审计局实有54人。局长何忠，副局长张碧辉、刘同、赵嗣利、罗宏，机关党总支书记郭晋荣，总审计师杨俊鑫。设有办公室、法制科、财政审计科、农业与资源环保（外资）审计科、经济责任审计科、企业审计科、基本建设投资审计科、行政事业审计科、电子数据审计科、审计执行督查科、组织人事科；下设政府投资审计中心（事业单位）。

审计成果 2018年，自贡市县两级审计机关完成审计项目169个，其中专项审计调查项目11个。查出主要问题金额50.7亿元，其中违规金额3.17亿元、损失浪费金额128万元、管理不规范金额47.52亿元；审计发现非金额计量问题286个；损益（收支）不实金额3.34亿元；出具审计报告和专项审计调查报告183篇。审计处理处罚金额30.16亿元，其中应上缴财政1.71亿元、应减少财政拨款或补贴6.13亿元、应归还原渠道资金4.16亿元、应缴纳其他资金2635万元、应调账处理金额17.25亿元；移送司法机关、纪检监察机关和有关部门处理事项42件，移送处理人员93人，移送处理金额1.74亿元。审计促进整改落实有关问题资金20.84亿元；审计促进拨付资金到位3072万元；审计后挽回（避免）损失2.28亿元；核减投资额2.21亿元。审计提出建议426条，被采纳224条；推动被审计单位制定整改措施16项，促进被审计单位建立、健全规章制度13项；提交审计信息265篇。向社会公告审计结果20篇。

市审计局实施的2016年扶贫专项资金审计项目被省审计厅评为表彰审计项目。

国家重大政策措施落实情况跟踪审计 分季度组织开展重大政策措施落实情况跟踪审计，推动重大项目、营改增等决策部署落实。

财政审计 开展地方财政预决算审计、地税审计和部门预算执行、政府投资基金、政务信息系统审计等审计项目76个。开展荣县农信社防范化解重大风险情况专项审计调查。

经济责任审计 开展1个区（县）2名党政主要领导和26个部门（单位）主要领导干部经责审计；开展10名主要领导干部自然资源资产离任（任中）审计。

固定资产投资审计 开展“项目年”决策部署、重大项目跟踪及工程竣工结（决）算审计项目80个。

民生资金（项目）审计 开展保障性安居工程、“一卡通”、5个扶贫专项实施情况、“厕所革命”审计调查。

信息化建设 印发《关于推进大数据审计工作的意见》，推广数字化审计方式。

相关工作 开展“不忘初心、牢记使命”主题教育，推进政治机关、党风廉政和队伍能力建设。承担的四川省审计厅2个科研课题结题。

内部审计 印发《进一步加强内部审计工作的五条举措》。组织全市内部审计人员开展业务培训。 （撰稿人：杨 瑶）

【攀枝花市审计局】 2018年，攀枝花市审计局实有54人。局长张雷，副局长程兴国、曾妍妍、汪沛川，总审计师顾民，党组成员杨兆雄。设有办公室、法规科、内部审计监督指导科、财政审计科、行政事业审计科、农业与资源环保审计科、企业与金融审计科、社会保障与外资审计科、固定资产投资审计科、人事科、经济责任审计分局11个职能科（室）、分局；下设固定资产投资审计中心。

审计成果 2018年，攀枝花市县两级审计机关完成审计项目176个，其中专项审计调查项目20个。查出主要问题金额31.65亿元，其中违规金额1.5亿元、管理不规范金额30.15亿元；审计发现非金额计量问题250个；损益（收支）不实金额7881万元；审计发现侵害人民群众利益302万元；出具审计报告和专项审计调查报告177篇。审计处理处罚金额20.74亿元，其中应上缴财政1.24亿元、应减少财政拨款或补贴1.27亿元、应归还原渠道资金2.93亿元、应缴纳其他资金3.92亿元、应调账处理金额11.37亿元；移送司法机关、纪检监察机关和有关部门处理事项34件，移送处理人员23人，移送处理金额1.15亿元。审计促进整改落实有关问题资金14.87亿元；审计促进拨付资金到位1296万元；审计后挽回（避免）损失1.49亿元；核减投资额1.37亿元；移送处理落实事项5件。审计提出建议591条，被采纳450条；推动被审计单位制定整改措施16项，促进被审计单位建立、健全规章制度2项；提交审计信息402篇。向社会公告审计结果20篇。

攀枝花市商业银行原董事长离任经济责任审计项目被省审计厅评为表彰审计项目。

财政审计 开展39个预算执行情况审计项目，6个财政决算审计项目，查出主要问题金额24.51亿元。

经济责任审计 对48名领导干部开展经济责任审计，查出主要问题金额2.58亿元。

固定资产投资审计 修订《攀枝花市政府投资项目审计办法》，全年核减工程投资额1.37亿元。

民生资金（项目）审计 对仁和区、米易县、盐边县强农惠农财政补贴资金使用“一卡通”情况开展专项审计调查，向纪检监察机关移送违纪违法事项7件。对仁和区、米易县、盐边县5个扶贫专项2017年实施方案重点内容开展专项审计调查，向市纪检监察机关移送违纪违法问题线索5件。对市本级、各县（区）和钒钛高新区开展2017年保障性安居工程跟踪审计，向公安机关和有关部门移送违纪违法线索5件。

（撰稿人：周梦娇）

【泸州市审计局】 2018年，泸州市审计局实有60人。局长龚百川，副局长宋革会、张蓉波、古刚、周刁兵，总审计师毛能均，机关党委书记吴念霞，经济责任审计分局局长蔡浩，经济责任审计工作联席会议办公室主任邓芳（7月—）。设有办公室、政策法规科、内部审计监督指导科、审计执行督查科、财政审计科、行政事业审计科、农业外资审计科、固定资产投资审计科、企业与金融审计科、社会保障审计科、电子数据审计科、人事科、机关党委；下设经济责任审计分局、政府投资审计服务中心和计算机技术中心。

审计成果 2018年，泸州市县两级审计机关完成审计项目195个。查出主要问题金额101.41亿元，其中违规金额22.49亿元、损失浪费金额623万元、管理不规范金额78.87亿元；损益（收支）不实金额10.88亿元；审计处理处罚金额17.54亿元，其中应上缴财政1.06亿元、应减少财政拨款或补贴3586万元、应归还原渠道资金4.41亿元、应调账处理金额1.59亿元；审计发现非金额计量问题344个；审计促进整改落实有关问题金额13.93亿元，其中增收节支2.11亿元、已调账处理金额761万元；审计促进拨付资金到位2472万元；审计后挽回（避免）损失5746万元。移送司法机关、纪检监察机关和有关部门处理事项49件，移送处理人员108人，移送处理金额8953万元。出具审计报告和专项审计调查报告191篇；提交审计信息85篇，被批示、采用19篇。提出审计建议460条，被采纳275条；推动完善规章制度13项。向社会公告审计结果35篇。

古蔺县“五小水利”工程项目竣工决算审计被省审计厅评为优秀审计项目；叙永县2016年度扶贫政策落实和资金管理使用情况审计被省审计厅评为表彰审计项目。

国家重大政策措施落实情况跟踪审计 围绕三大攻坚战、“三去一降一补”等政策措施落实情况开展跟踪审计。

财政审计 完成涉及财政资金的审计和专项审计调查项目40个。

经济责任审计 对33名党政领导干部开展经济责任审计，对8个乡镇党政领导干部开展自然资源资产离任（任中）审计。

固定资产投资审计 完成投资审计项目60个，核减投资额3.09亿元。

民生资金（项目）审计 完成涉及民生资金的审计项目20个，实现扶贫审计全覆盖。

信息化建设 对全市500多家单位的电子数据情况进行摸底，采集转换200余家单位电子数据，建立健全相关管理制度6项。

相关工作 注重审计人员能力提升，组织市县两级审计机关集中培训3次，450余人次参加。

内部审计 出台内部审计相关政策文件1个，推动设立9个内部审计机构，140余人参加各类培训。

（撰稿人：魏宁航）

【德阳市审计局】 2018年，德阳市审计局实有70人。局长向庆田，副局长张泽琴（—9月）、李晖、杨龙虎，总审计师张泽琴（9月—），纪检组长段存林（—6月），机关党委书记余锡贵。设有办公室、政工人事科、政策法规科、财政审计科、行政事业和社保审计科、农业和外资审计科、金融和企业审计科、投资审计科、经济责任审计分局；下设政府投资审计中心、审计信息管理中心。

审计成果 2018年，德阳市县两级审计机关完成审计项目70个，其中专项审计调查项目12个。查出主要问题金额85.7亿元，其中违规金额1.04亿元、管理不规范金额84.66亿元；审计发现非金额计量问题299个；出具审计报告和专项审计调查报告86篇。审计处理处罚金额7.7亿元，其中应上缴财政1.03亿元、应归还原渠道资金1205万元、应缴纳其他资金2.94亿元；移送司法机关、纪检监察机关和有关部门处理事项28件，移送处理人员107人，移送处理金额5.18亿元。审计促进整改落实有关问题资金8.73亿元；审计促进拨付资金到位3.37亿元；审计后挽回（避免）损失199万元；核减投资额8652万元。审计提出建议216条，被采纳177条。向社会公告审计结果21篇。

广汉市2015年及2016年上半年医疗保险基金审计被省审计厅评为表彰审计项目。

国家重大政策措施落实情况跟踪审计 通过审计，发现政策措施落实、减税降费等方面问题57个，提出审计建议47条，促使闲置资金加快拨付7.52亿元。

财政审计 开展市本级预算执行及其他财政

收支情况审计、市本级财政决算草案审计、税收政策执行和税收征管及专项经费预算执行情况审计，对市纪委部门预算执行开展审计。开展市本级18个部门（单位）2017年度贯彻落实中央八项规定和国务院“约法三章”情况专项审计调查。

经济责任审计 对17名主要领导干部开展经济责任审计。推动建立“两张责任风险提示清单”。开展新都区党政主要领导自然资源资产离任（任中）审计和乡镇领导干部自然资源资产责任审计。

固定资产投资审计 加快投资审计“三个转变”，全市4个区已基本退出工程结算审核职责。

民生资金（项目）审计 开展强农惠农资金“一卡通”审计、保障性安居工程跟踪审计和扶贫资金审计。开展“河长制”工作推进情况专项审计调查。

金融审计 对绵竹市农村商业银行开展审计。

信息化建设 筹建审计大数据库和审计数据分析平台，完成2015年至2017年审计数据的采集工作，出台电子数据报送相关制度。

内部审计 完成德阳市内部审计师协会与德阳市审计局脱钩工作。 （撰稿人：谢海英）

【绵阳市审计局】 2018年，绵阳市审计局实有78人。局长王刚，副局长张勇、冯庆友、黎峰，总审计师康运金，机关党委书记曹蓉，园区经济审计局局长何渝，经济责任审计局局长刘厚伟。设有办公室、法规科、内部审计监督指导科、财政审计科、行政事业审计科、农业与资源环保审计科、固定资产投资与外资运用审计科、金融与社会保障审计科、企业审计科、人事科；下设园区经济审计局、经济责任审计局。

审计成果 2018年，绵阳市县两级审计机关完成审计和专项审计调查项目353个。查出违规金额4.84亿元、管理不规范金额168.33亿元，审计发现非金额计量问题869个。审计后挽回（避免）损失1.99亿元，核减投资额1.98亿元，上缴财政4.83亿元，减少财政拨款或补贴1.98亿元，归还原渠道资金432万元，调账处理金额1048万元。审计提出建议1274条，被采纳615条；提交审计信息简报、专报180条，被批示、采用164条；向社会公布公告审计结果144篇。移送处理事项90件，涉及109人，已落实21件，涉及56人。

国家重大政策措施落实情况跟踪审计 发现问题190个，涉及问题资金9.99亿元，出具整改建议函18份。

财政审计 完成财政项目27个，延伸审计71个部门单位。查出各类违法违规金额12.1亿元，审计处理收缴财政1.42亿元，归垫专项资金4199万元，责令冲转、调整和其他纠正处理10.26亿元，提出审计建议意见79条。

经济责任审计 对65名领导干部开展经济责任审计，查出问题金额15.51亿元，其中违规金额7.46亿元，提出审计建议116条，移送纪检监察机关和有关部门处理事项15项，促进增收节支820.74万元。

固定资产投资审计 组织完成“项目年”专项审计调查、全市21个省市重点项目的2次跟踪审计、九寨沟“8·8”地震灾后重建项目跟踪审计等项目，核减投资额（工程款）1.98亿元。加快“5·12”灾后重建项目的审计收尾工作，挽回经济损失2.16亿元。

民生资金（项目）审计 审计资金48.61亿元，揭示和反映脱贫攻坚领域问题金额5855.85万元，移送司法机关、纪检监察或有关部门调查处理25件，纪检监察和司法机关已立案46人，34名干部受到党纪、政纪、司法处理，促进扶贫政策措施落实或完善规章制度22项。

金融审计 审计调查资金59.95亿元，发现问题3类8个，涉及资金1.75亿元，提出审计建议4条。

企业审计 对50余户市属国有企业资产规模、经营状况进行专项审计调查，实施水务（集团）公司、交通发展集团公司、武都水利水电集团等3家国有企业领导人员的经济责任审计。审计涉及资产总额为130.57亿元，审计发现问题41个，涉及资金8.64亿元，提交审计建议函3份，出具移送处理书1份，提出审计建议20余条。

信息化建设 对210多个市级预算部门、700多个财务账套数据进行整理，推动县市区财政联网审计平台建成投入运行，实现对1800余个县级部门财务数据的全覆盖。

相关工作 在省审计厅综合考核评比中，绵阳市审计工作蝉联全省优秀单位单位；开展的重大政策措施落实情况跟踪审计、扶贫审计、县（市、区）党政主要领导干部经济责任审计、投资审计等4个单项审计工作被四川省审计厅评为先进单位。

内部审计 完成内部审计项目3698个，审计总金额125.95亿元，促进增收节支9.09亿元，提出各项审计建议意见2478条，建议给予行政处分6人。

（撰稿人：杨馨皓）

【广元市审计局】 2018年，广元市审计局实有72人。局长周杰，副局长张焕良、昝鹏程（—3月）、王慧利、何晓蓉（4月—），总审计师韩和林（—11月），调研员昝鹏程（3月—），经济责任审计工作联席会议办公室主任王晓蓉，机关党委书记高明。设有办公室、法规科、内部审计监督指导科、经济责任审计科、财政审计科、行政事业审计科、农业与资源环保审计科、固定资产投资审计科、金融外资运用审计科、企业审计科、社会保障审计科、人事科、机关党委；下设直属审计分局、审计信息中心、投资审计中心。

审计成果 2018年，广元市县两级审计机关完成审计项目107个。查出主要问题金额11.71亿元，移送案件线索32件，21人受到处罚，提交并被采纳审计建议200余条，促进被审计单位建立健全相关制度60余项。审计工作得到领导批示53件。提交审计信息被采用56篇。向社会公告审计结果26项。

青川县主要领导干部自然资源资产责任履行情况审计项目被省审计厅评为优秀审计项目；昭化城区至广元快速通道改建工程征地拆迁资金管理使用情况专项审计调查项目被省审计厅评为表彰审计项目。

国家重大政策措施落实情况跟踪审计 抽审单位及项目1400多个，涉及资金1300多亿元，查出建设进度缓慢、项目管理不规范等问题106个，加快财政资金下达1亿多元。

财政审计 完成2017年度市级财政预算执行情况及决算（草案）编制审计、市法院等7个部门预算执行情况及决算（草案）编制审计、2017年度市本级税收征管情况审计。

经济责任审计 完成市政府驻成都办事处主任等16名领导干部经济责任审计，促进领导干部履职尽责，依法依规行权。完成苍溪县漓江镇、剑阁县龙源镇、旺苍县国华镇、青川县马公乡、利州区金洞乡、昭化区石井铺镇、朝天区转斗镇等7个乡镇14名领导干部自然资源资产任中审计。完成对南充市顺庆区党政主要领导干部自然资源资产离任（任中）交叉审计。

固定资产投资审计 完成“项目年”决策部署推进情况专项审计调查，提出审计建议16条，规范建设项目管理资金4000余万元，盘活闲置资金4000余万元；完成17个省市重点建设项目跟踪审计阶段性任务，督促相关单位整改问题5类18个，促进建章立制12项；完成31个竣工决（结）算项目审计，审减2.78亿元。开展投资审计“三个转变”示范建设工作。

民生资金（项目）审计 完成昭化区、朝天区、青川县2017年扶贫审计，除剑阁县外的6个县区2015年至2017年惠农补贴使用“一卡通”情况专项审计调查，苍溪、旺苍、利州3个县区教育、健康、文化惠民、社会保障和易地扶贫搬迁5个扶贫专项审计调查，市本级2017年保障性安居工程跟踪审计。

金融审计 完成四川苍溪农村商业银行股份有限公司2015年至2017年防范化解重大风险情况专项审计调查。

企业审计 完成广元城建投资有限公司和广元交旅集团有限公司2017年度资产负债损益情况审计。

交办任务 完成广北二专道路债务审计等34个交办事项。

信息化建设 成立数据分析团队，建成数据分析室，出台《关于加快推进全市审计信息化工作的意见》《审计数据分析组管理办法》等文件，报送审计信息化应用案例14篇。

相关工作 开展争创“一流队伍、一流业绩”活动，队伍建设取得显著成效，工作质效明显提升。论文《基于层次分析法下领导干部自然资源资产离任审计评价方法研究及应用》被审计署评为一等奖，并在全国性大会交流发言。

内部审计 制定《单位内部审计工作开展情况评价指标量化表》《内部审计项目质量指标评价

量化表》。推动市本级被审计单位新设立内部审计机构5个。（撰稿人：王银贤）

【遂宁市审计局】 2018年，遂宁市审计局实有42人。局长蔡立春，副局长何玉毅、邓兵、敬杰秀，总审计师杨晓春，经济责任审计分局局长李顺通。设有办公室、人事教育科、法规科、财政审计科、综合信息化建设科、行政事业审计科、社会保障审计科、内审监督与外资审计科、农业与资源环保审计科、企业金融审计科、投资审计科、经济责任审计科；下设政府投资审计中心、电子审计技术中心。

审计成果 2018年，遂宁市县两级审计机关完成审计项目109个。查出主要问题金额37.12亿元，审计期间整改金额7.82亿元，促进整改落实有关问题资金20.11亿元。提出并被采纳审计建议336条，推动建立健全制度170项，向社会公告审计结果19篇。

遂宁市本级财政预算执行和决算（草案）编制情况审计项目被省审计厅评为优秀审计项目。

国家重大政策措施落实情况跟踪审计 对遂宁市贯彻落实国家重大政策措施和宏观调控部署情况进行跟踪审计，出具政策跟踪审计报告4期。

财政审计 完成2017年度市本级财政预算执行和决算（草案）审计，揭示问题9个，提出建议15条。参与省审计厅对遂宁市有关企业使用科技资金和相关事项的审计项目。

经济责任审计 完成6个单位主要领导干部的任期经济责任审计，推动遂宁市人民政府出台《遂宁市城乡规划管控办法（试行）》。对8名乡镇主要领导干部离任（任中）自然资源资产管理和生态环境保护责任履行情况开展审计调查。完成对巴中市恩阳区党政主要领导干部经济责任的交叉审计。

固定资产投资审计 对40个重点项目开展审计，项目投资额420.59亿元。推动市政府出台《关于进一步完善和规范政府投资建设项目审计工作的意见》和《遂宁市推进重大项目工作五大机制》。完成土地整理项目审计3个，送审总金额1925.03万元，审减金额127.17万元。

民生资金（项目）审计 开展三大攻坚战审计，揭示反映和严重问题事项40余项，移送107人，其中纪委监委立案30人。开展2017年保障性安居工程跟踪审计，查出问题40个，涉及金额2.39亿元，移送重大违纪违法问题线索7件。“一卡通”审计中的2个案例纳入本地电视台《阳光问廉》栏目专题。

外资运用审计 完成中德财政合作四川森林可持续经营项目船山区子项目财务收支和项目执行情况审计。

金融审计 完成对四川蓬溪农村商业银行股份有限公司专项审计调查，移送问题金额5946.16万元，移送问题线索6件。

信息化建设 完成210个市级预算部门、10余个行业系统业务数据信息集中收集存储、分类整理工作。

相关工作 选派业务骨干24人次，参与省、市巡视和纪委监委办等工作。450人次参加审计署、省审计厅、高校组织的培训。

内部审计 “以审带训”，指导内部审计机构完成全市医保基金审计工作，查出重复参保等问题12个。（撰稿人：张兴隆）

【内江市审计局】 2018年，内江市审计局实有45人。局长何勇，副局长葛明、王应全，总审计师马燕，机关党委书记柳大鹏，纪检组长李永强。设有办公室、机关党办、法规科、财政审计科、行政事业审计科、农业与资源环保审计科、固定资产投资审计科、金融审计科、企业审计科、社会保障与外资运用审计科、人事（政工）科、经济责任审计分局；下设投资审计分局、审计信息中心2个事业单位。

审计成果 2018年，内江市县两级审计机关完成审计项目214个。查出主要问题金额208.21亿元，其中违规金额3.94亿元、管理不规范金额204.27亿元；审计发现非金额计量问题614个；损益（收支）不实金额15.85亿元；出具审计报告和专项审计调查报告226篇。审计处理处罚金额43.17亿元，其中应减少财政拨款或补贴3.91亿元、应归还原渠道资金1.93亿元、应缴纳其他资金3.61亿元；移送司法机关、纪检监察机关和有关部门处理事项27件，移送处理金额14.94亿元。审计促进整改落实有关问题金额38.08亿元，其中增收节支6.88亿元；审计促进拨付资金到位

3495 万元；审计后挽回（避免）损失 1.83 亿元。审计提出建议 610 条，被采纳 147 条。提交审计信息 94 篇，向社会公告审计结果 86 篇。

中共盐亭县委原书记和县政府原县长任期经济责任审计项目被省审计厅评为表彰审计项目。

国家重大政策措施落实情况跟踪审计 开展政策措施落实情况跟踪审计，抽审资金总量 146.83 亿元，揭示政策落实不到位问题 79 个。

财政审计 完成预算执行审计项目 47 个、财政决算审计项目 23 个、行政事业审计项目 29 个，查出问题金额 178.92 亿元。

经济责任审计 对 42 名领导干部开展经济责任审计，其中任中审计 36 人、离任审计 6 人。对全市 5 个县（市、区）8 名乡镇领导干部实施自然资源资产离任（任中）审计。印发市直部门（单位）和市属中学、中职学校主要领导干部履行经济责任重点风险提示两张清单。

固定资产投资审计 推进投资审计“三个转变”，开展“项目年”决策部署推进情况专项审计调查，完成政府投资项目竣工决算审计 135 个。

民生资金（项目）审计 开展扶贫专项审计调查、惠民惠农财政补贴资金“一卡通”管理情况专项审计调查。开展保障性安居工程跟踪审计。

内部审计 全市内部审计机构完成审计项目 1445 个，促进增收节支 6483 万元。

（撰稿人：林智明）

【乐山市审计局】 2018 年，乐山市审计局实有 64 人。局长黄国兵，副局长何振华、何棱（7 月—）、颜宇（7 月—）、金中强，总审计师何棱（—7 月），调研员雷邦军，机关党委书记郑祝彬。设有办公室、法规科、综合科、财政审计科、电子数据审计科、行政事业审计科、社保审计科、固定资产投资审计科、农业与资源环保审计科、企业金融与外资审计科、乐山市经济责任审计分局；下设事业单位政府投资审计中心。

审计成果 2018 年，乐山市县两级审计机关完成审计项目 266 个，其中专项审计调查项目 12 个。查出主要问题金额 101.81 亿元，其中违规金额 2.3 亿元、损失浪费金额 2.13 亿元、管理不规范金额 97.37 亿元；审计发现非金额计量问题 376 个；损益（收支）不实金额 1.32 亿元；出具审计报告和专项审计调查报告 332 篇。审计处理处罚金额 19.53 亿元，其中应上缴财政 4061 万元、应减少财政拨款或补贴 1.48 亿元、应归还原渠道资金 1.79 亿元、应缴纳其他资金 1.43 亿元、应调账处理金额 14.43 亿元；移送司法机关、纪检监察机关和有关部门处理事项 37 件，移送处理金额 1.14 亿元。审计促进整改落实有关问题资金 4.53 亿元；审计促进拨付资金到位 2519 万元；审计后挽回（避免）损失 2.45 亿元；核减投资额 2.33 亿元；移送处理落实事项 1 件。审计提出建议 845 条，被采纳 608 条；推动被审计单位制定整改措施 36 项；提交审计信息 385 篇，被批示、采用 158 篇次。向社会公告审计结果 186 篇。

夹江县农村信用合作联社 2015 年度资产负债和损益审计项目被省审计厅评为表彰审计项目。

国家重大政策措施落实情况跟踪审计 按季度实施重大政策措施跟踪审计，抽查 350 个单位 148 个项目，抽审资金总量 163.28 亿元，涉及投资额 71.41 亿元。

财政审计 完成 2017 年地税预算执行及税收征管情况审计、市本级财政预算执行审计和 2 个市级部门预算执行审计，对财政改革和资金管理的 7 个事项进行专项审计调查。

经济责任审计 对 50 名领导干部进行经济责任审计，查出主要问题金额 43.32 亿元。对 11 个县（市、区）17 名乡镇领导干部实施自然资源资产审计，揭示问题 5 大类 25 个。

固定资产投资审计 对概算总投资 17.43 亿元的政府投资项目开展竣工结（决）算审计，核减工程结算不实金额 2.33 亿元。

民生资金（项目）审计 对 2017 年保障性安居工程进行审计，抽审资金 18.38 亿元、工程项目 31 个，核查家庭信息 51628 户，推动闲置住房投入使用 558 套。对 1 个贫困县 2017 年扶贫资金、8 个县（市、区）强农惠农资金使用“一卡通”情况和 3 个县（市、区）的 2017 年度 5 个扶贫专项实施方案重点内容进行专项审计，审计资金 41.42 亿元，挽回损失 68.48 万元，促进资金发放到位 4447.03 万元。

农业与资源环保审计 根据省审计厅的统一安排，参与宜宾市长江经济带生态环境保护审计项目。

信息化建设 采集财政收支、房产、土地、公积金缴存等实时数据和市级部门财务电子数据。

相关工作 开展“大学习、大讨论、大调研”活动，组织各类学习活动 41 场次，专题培训 6 场次。

内部审计 全市设有 205 个内部审计机构，完成审计项目 257 个，促进增收节支 289 万元，提出审计建议 102 条。市审计局组织对内部审计人员的培训 280 人次。 （撰稿人：李 培）

【南充市审计局】 2018 年，南充市审计局现有 62 人。局长陈勇，副局长陆斌、杨永红（5 月—）、杨博（5 月—），总审计师岳友普，经济责任审计分局局长陈长清，调研员吴小华，副调研员伍庭亮、何培浩。设有办公室、法规科、内部审计监督指导科、财政审计科、行政事业审计科、农业与资源环保审计科、固定资产投资审计科、企业审计科、金融外资审计科、社会保障审计科、经济责任审计办公室、人事科、政策措施落实跟踪审计科、审计计划综合及审计结果执行科、机关党委；下设事业单位政府投资审计中心、审计信息技术服务中心。

审计成果 2018 年，南充市县两级审计机关完成审计项目 125 个。查出主要问题金额 72.87 亿元，增收节支 1.46 亿元，核减投资额 1.13 亿元。向司法、纪检监察机关移送案件 40 件，涉及人员 43 人，涉案金额 4224.17 万元。

市审计局实施的南充市本级 2017 年医疗保险基金审计、阆中市审计局实施的阆中市供销合作社联合社主任牛小勇同志经济责任审计等 2 个审计项目，被省审计厅评为表彰审计项目。

国家重大政策措施落实情况跟踪审计 抽查 124 个部门单位、延伸调查企业 183 户，涉及财政资金 60.54 亿元。审计揭示各类问题 106 个，促进 15 个重大项目加快实施进度，推动加快财政资金拨付 8.87 亿元，督促清退违规收取保证金 384 万元，规范行政审批类事项 15 项，促进清理或取消 4 项。

财政审计 对市本级财政预算和 3 个部门预算执行审计、市级 52 个部门决算（草案）以及本级税收征管开展审计、审签。

经济责任审计 对全市 9 名县级领导干部实施经济责任审计，推动领导干部理好财、用好权、尽好责。对 9 个乡镇的党委书记、乡（镇）长开展自然资源资产离任（任中）审计。

固定资产投资审计 完成政府投资结（决）算审计项目 43 个，审计审减工程造价 1.02 亿元。

民生资金（项目）审计 开展强农惠农补贴“一卡通”情况专项审计，查出违纪问题资金 4.62 亿元，发现违纪违法案件线索 28 条，处理人员 110 人。对 62 个安居工程项目的建设管理情况进行重点检查，新增发放住房租赁补贴任务 2560 户，农村危房改造任务 39169 户。

信息化建设 完善计算机中心负责人、安全审计员、系统管理员、安全保密管理员、安全保密员等五级信息安全员岗位职责。

（撰稿人：高黎明）

【眉山市审计局】 2018 年，眉山市审计局实有 56 人。局长杨志忠，副局长张征、刘志勇、张亚平（9 月—）、冉晓天（9 月—），总审计师张亚平（—9 月）、叶勇军（11 月—），党组成员李建辉，经济责任审计分局局长刘锦兵（9 月—）。设有办公室、法制科、人事监察科、财政审计科、固定资产投资分局、经济责任审计一科、经济责任审计二科、行政事业审计科、社会保障审计科、企业审计科、农业审计科、资源环境审计科、金融审计科、内部审计管理科；下设事业单位直属分局、电子数据审计中心。

审计成果 2018 年，眉山市审计局完成审计项目 70 个。查出违规和管理不规范金额 34.59 亿元，促进增收节支和挽回损失 4.27 亿元，移送司法、纪检等机关线索 31 件 178 人，审计提出建议 133 条。

国家重大政策措施落实情况跟踪审计 审计抽查相关单位 561 个，涉及资金 544.2 亿元，促进财政资金统筹使用和重点资金到位 4138.63 万元，促进扶贫资金发挥效益 6574.52 万元。

财政审计 完成市本级及部门预算执行情况审计项目 12 个，查出主要问题金额 13.3 亿元；完成决算（草案）审签项目 11 个，查出主要问题金额 168.52 万元。

经济责任审计 对 60 名领导干部实施经济责任审计，查出违规金额 1418.68 万元、管理不规范金额 2.22 亿元。实施 11 个领导干部自然资源资产离任（任中）审计项目。

固定资产投资审计 完成计划项目 15 个，指导业主委托中介实施项目 42 个，为节约政府投资 1.21 亿元。落实投资审计“三个转变”，推动投资审计转型发展。市本级及 6 区县修订和完善《投资审计办法》7 个，出台规范投资审计工作制度 16 个。

民生资金（项目）审计 完成 2017 年度保障性安居工程跟踪审计，查出问题金额 6047.18 万元；开展强农惠农补贴“一卡通”使用专项审计，查出问题金额 7221.7 万元；完成扶贫专项审计，查出问题金额 1113.27 万元。

金融审计 完成农村商业银行防范化解重大风险专项审计调查项目 1 个，查出主要问题金额 1.32 亿元。

相关工作 审计报告、审计信息等获得市委、市政府主要领导肯定性批示 30 次，25 项工作受到审计厅或市委、市政府表彰。印发《关于深入贯彻“三个区分开来”要求，建立审计容错免责机制的指导意见（试行）》，被《中国审计报》、审计署、省审计厅网站转载报道；在上海国家会计学院举办全市资源环境审计专项培训班。

内部审计 市审计局在全省内部审计工作会上作经验交流发言；完成《关于 2017 年度市本级预算执行和其他财政收支的审计工作报告》所列审计发现问题的整改检查，形成整改情况报告。

（撰稿人：杨杰丽）

【宜宾市审计局】 2018 年，宜宾市审计局实有 83 人。局长杨发成，副局长肖军、许波、何胜伟，总审计师邓维莲，经济责任审计分局局长魏伟，机关党总支书记何钦元，副调研员孙蓉。设有办公室、人事科、综合与计划管理科、政策法规科、财政审计科、经济责任审计科、企业与金融审计科、行政事业审计科、社会保障审计科、农业与资源环保外资审计科、固定资产投资审计科；下设事业单位投资审计中心、审计信息中心。

审计成果 2018 年，宜宾市审计局完成审计项目 60 个，其中专项审计调查项目 1 个。查出主要问题金额 122.85 亿元，其中违规金额 2.39 亿元、管理不规范金额 120.46 亿元；审计发现非金额计量问题 511 个；损益（收支）不实金额 2.98 亿元；出具审计报告和专项审计调查报告 65 篇。审计处理处罚金额 8.93 亿元，其中应上缴财政 1.63 亿元、应减少财政拨款或补贴 83 万元、应归还原渠道资金 7 亿元、应缴纳其他资金 222 万元、应调账处理金额 2678 万元；移送司法机关、纪检监察机关和有关部门处理事项 45 件，移送人员 65 人，移送金额 5.81 亿元。审计促进整改落实有关问题资金 8.91 亿元；审计促进拨付资金到位 1057 万元；审计后挽回（避免）损失 7258 万元；核减投资额 7338 万元；移送处理落实事项 11 件。审计提出建议 163 条，被采纳 33 条；推动被审计单位制定整改措施 17 项，促进被审计单位建立、健全规章制度 26 项；提交审计信息 220 篇（条），被批示、采用 60 篇次。向社会公告审计结果 20 篇。

宜宾市审计局实施的中共资阳市雁江区委原书记和区政府原区长任期经济责任审计被省审计厅评为优秀审计项目。

国家重大政策措施落实情况跟踪审计 分 4 个季度对三大攻坚战、“三去一降一补”、“放管服”改革、长江经济带等国家重大战略推进、地方政府隐性债务、“三公”经费和会议费管理使用等情况开展跟踪审计，推动政策措施有效实施。

财政审计 开展预算执行及决算草案等财政审计事项 13 个，查出违纪违规问题金额 4154 万元，促进增收节支 2263 万元，移送司法和纪监委案件线索 5 件，立案审查 10 人，党纪政纪处分 6 人。组织市县审计机关分别开展 2018 年财政专项审计调查、2016 年至 2017 年市级财政奖补资金专项审计调查和 2016 年至 2017 年度三峡集团捐赠资金专项审计调查工作。按照市审计局的统一安排，参与峨眉山市地方政府债务核实工作。

经济责任审计 开展经济责任审计项目 12 个，查出主要问题金额 156.27 亿元，向纪委监委和有关部门移送审计线索 8 件。开展对五粮液集团原董事长唐桥的经济责任审计。对全市 13 个乡镇 25 名党政主要领导干部开展自然资源资产离任审计工作。

固定资产投资审计 推进投资审计“三个转变”，完成宜宾机场迁建工程全过程跟踪审计等年度项目计划 17 个，为政府节约投资 4.13 亿元。

要情、专报获市委、市政府主要领导肯定性批示5次。牵头完成宜宾宜彝绕城高速公路审计清查认定。

民生资金（项目）审计 开展10个县（区）2017年城镇保障性安居工程跟踪审计、强农惠农“一卡通”专项审计调查工作、3个县（区）的医保资金审计。

农业与资源环保审计 开展农业与资源环保审计项目18个，查出主要问题金额6595.01万元，移送案件线索24件。按照市审计局的统一安排，参与对眉山市市长江经济带生态环境保护审计。

金融审计 开展宜宾市商业银行防范化解重大风险专项审计调查工作。

外资运用审计 按照省审计厅工作统一安排，对屏山县、珙县、高县2017年度中德财政合作四川森林可持续经营项目财务收支和项目执行情况进行审计。

交办任务 完成市国资公司投资高县天顺建材有限公司审计核查，开展智规交通示范线、三江口CBD、成贵高铁站前广场、港航运营补贴政策落实情况，以及红星电子有限公司搬迁补偿使用情况等审计核查工作。

信息化建设 开展政务信息系统整合共享专项审计调查，归集部门、乡镇7702个财务账套；归集21个部门42个信息系统业务核心数据。

相关工作 扎实推进“党建＋”系列工程。聘请65位审计监督员。接受市委第二巡视组的巡视巡察工作。选派审计干部上挂下派锻炼。完成调研课题20个，形成调研成果汇编1册。

内部审计 举办全市内部审计培训班。表彰15名内部审计工作先进集体及23名先进工作者。

（撰稿人：李常亮）

【广安市审计局】 2018年，广安市审计局实有43人。局长李茂军，副局长黎毅翔、蒋锡德、唐思平，总审计师蔡曦，经济责任审计分局局长狩家果，机关党委书记熊凤梅（—6月）。设有办公室、人事科、政策法规科、综合与计划管理科、财政金融审计科、行政政法审计科、教科文卫审计科、农业与资源环保审计科、固定资产投资与外资运用审计科、经贸审计科、社会保障审计科、经济责任审计分局；下设事业单位政府投资审计中心、审计信息中心。

审计成果 2018年，广安市县两级审计机关完成审计项目724个，其中专项审计调查项目22个。查出主要问题金额133.83亿元，出具审计报告和专项审计调查报告732篇。审计处理处罚金额25.51亿元；移送司法机关、纪检监察机关和有关部门处理事项130件，移送处理人员156人。审计后挽回（避免）损失7.76亿元；核减投资额5.42亿元。审计提出建议924条，被采纳603条；促进被审计单位建立、健全规章制度93项；提交审计信息477篇，被批示、采用75篇次。向社会公告审计结果227篇。

广安市审计局实施的广安日报社原总编辑任期经济责任审计项目被审计署评为地方表彰审计项目，被省审计厅评为优秀审计项目；岳池县审计局实施的龙孔镇原党委书记、原镇长任期经济责任审计项目被省审计厅评为表彰审计项目。

国家重大政策措施落实情况跟踪审计 组织对稳增长等宏观政策措施执行情况进行持续跟踪审计，分季度重点关注保障和改善民生、金融风险和“项目年”活动等重大决策部署落实情况，揭示弄虚作假、有令不行及履职不到位等问题。

财政审计 对41个部门开展预算执行审计，对19个部门开展决算草案审签。首次运用大数据方法对部门（单位）2017年度预算执行情况进行集中分析、重点核查。

经济责任审计 实施经济责任审计项目41个，审计领导干部55人。探索开展水务、法院系统经济责任审计，得到省审计厅领导高度评价。以市政府办名义印发《领导干部履行经济责任问题纠正清单》《领导干部履行自然资源资产管理和生态环境保护责任问题纠正清单》。会同市纪委监委、市委巡察办联合出台《广安市审计监督与纪检监察、巡察监督协作办法》。

固定资产投资审计 推动政府投资审计“三个转变”，武胜试点工作稳步推进。全市投资审计核减投资额5.42亿元，综合审减率9.34%。市审计局开展的投资审计移送案件线索16件，涉及31人，其中有6人受到刑事处理。

企业审计 对四川爱众发展集团有限公司资产、负债及损益情况进行专项审计，对广安保安服务总公司开展财务收支审计，对武胜县农商行开展专项审计调查；各区市县局共组织开展国有企业审计项目 8 个。

相关工作 深入推进“学习型、质量型、效率型、廉洁型”审计机关建设，推行投资审计干部个人有关事项报告制度。建立区市县局主要负责人向市审计局党组述职报告工作制度。

（撰稿人：罗 伟）

【达州市审计局】 2018 年，达州市审计局实有 55 人。局长徐云川，副局长胡若东、屈戈林、蒋普辉、梁经勇，总审计师王雷，机关党委书记刘登奎。设有办公室、党建办（人事科）、法制科、内部审计监督指导科、财政审计科、金融审计科、行政事业审计科、农业与资源环保审计科、社会保障审计科、外资运用审计科、固定资产投资审计科、企业审计科、经济责任审计分局、计算机信息审计中心、政府投资审计中心。

审计成果 2018 年，达州市县两级审计机关完成审计项目 1090 个。查出主要问题金额 80.34 亿元，审计发现非金额计量问题 637 个，审计处理处罚金额 37.82 亿元，移送司法机关、纪检监察机关和有关部门处理事项 79 件，移送后受到党纪政纪或组织处理 103 人。审计促进整改落实有关问题金额 1.01 亿元，核减投资额 6.94 亿元，审计提出建议被采纳 920 条，推动被审计单位制定整改措施 142 项，促进被审计单位建立、健全规章制度 62 项。向社会公告审计结果 178 篇。

国家重大政策措施落实情况跟踪审计 每季度围绕 1～2 个重点，持续开展跟踪审计，出具审计建议函 11 篇，提出并被采纳审计建议 13 条，推动解决具体困难 16 个。

财政审计 对市级预算执行、决算草案编制和税收征管情况进行审计，对市检察院、市政府法制办等 4 个市级部门（单位）财政财务收支、决算草案编制进行审计（签）。

经济责任审计 对市规划局、市供销社等 6 个市级部门（单位）主要领导任期经济责任进行审计。对 7 个乡镇 12 名乡镇领导干部开展自然资源资产离任审计。按照省审计厅的统一安排，对广元市朝天区党政主要领导开展经济责任审计。

固定资产投资审计 完成政府投资项目竣工决（结）算审计 40 个，节约财政资金 8000 余万元。对达万达巴高速公路征地拆迁资金进行审计。

民生资金（项目）审计 连续 6 年实施保障性安居工程跟踪审计。对强农惠农财政补贴资金使用“一卡通”情况、5 个扶贫专项实施方案重点内容完成情况进行审计调查。

信息化建设 建立健全审计电子数据定期报送工作机制，市级预算单位财务账套数据、业务数据报送基本实现全覆盖和常态化。

内部审计 推动 6 个市级部门（单位）成立独立的内部审计机构，2 个市级部门（单位）成立合署办公的内部审计机构，18 个市级部门（单位）明确内部审计工作职责和人员。

（撰稿人：曹春城）

【雅安市审计局】 2018 年，雅安市审计局实有 32 人。局长王锐，副局长郑文翔、陈浮、李春，总审计师张晓东，机关党组织书记白彬。设有办公室、固定资产投资审计分局、经济责任审计分局、人事科、财政审计科、行政事业审计科、社会保障审计科、农业环保外资审计科、企业金融审计科、法规科、综合与计划管理科；下设政府投资审计中心、电子数据审计中心等事业单位。

审计成果 2018 年，雅安市县两级审计机关完成审计和专项审计调查项目 1912 个。查出违纪违规金额 2.73 亿元、管理不规范金额 39.01 亿元，审计处理处罚应上缴财政 1.67 亿元，移送问题线索 29 件。

国家重大政策措施落实情况跟踪审计 检查单位 318 个，抽查项目 166 个，发现问题 41 个，查出违规及管理不规范金额 5.89 亿元。督促退还违规收费 300 万元，追回被虚报冒领、违规使用、骗取的财政资金 4200 万元，避免财政资金损失 32 万元。

财政审计 对 8 个雅安市级部门（单位）开展部门预算执行审计，查出管理不规范金额 4900 万元。

经济责任审计 完成 28 个项目，对 31 名领导干部开展经济责任审计。制订《雅安市领导干部自然资源资产离任审计试点实施方案》，实施四川蜂桶寨国家级自然保护区管理局局长自然资源资产管理责任和生态环境保护责任审计。根据省审计厅的统一安排，完成对攀枝花西区区委书记、区长经济责任审计。

固定资产投资审计 开展雅安“项目年”决策部署落实情况专项审计调查和部分重点项目、政府与社会资本合作项目专项审计调查，对部分省级重点建设项目开展阶段跟踪审计。

民生资金（项目）审计 开展保障性安居工程跟踪审计，追回被套取挪用、违规使用的资金3.53亿元，退还应减免的行政事业性收费262.29万元，取消保障对象资格或调整保障待遇55户，追回违规领取补贴补助资金4.38万元。对2016年雅安市扶贫工作开展情况实施审计，发现违规问题91个，提请相关单位关注事项37个，移送问题线索4条。

企业审计 对蒙顶山茶交所2016年资产负债损益进行审计，提出审计建议8条。

信息化建设 开展计算机审计项目7个，开展数据分析项目6个，通过运用计算机数据分析，查出疑点23560条，发现问题43个。

（撰稿人：张 薛）

【巴中市审计局】 2018年，巴中市审计局实有51人。局长黄拥军，副局长李水清、李三荣、易旭东，经济责任审计分局局长赵智勇，总审计师刘迎春，机关党委书记刘飞，纪检组长刘星远。设有办公室、法制科、人事教育科、综合与计划管理科、电子数据审计科、财政审计科、行政事业审计科、社会保障审计科、企业与金融审计科、农业审计科，投资审计中心、审计信息中心；下设经济责任审计分局、固定资产投资审计分局、经开区审计分局。

审计成果 2018年，巴中市县两级审计机关共审计单位201个。查出主要问题金额81.06亿元，促进增收节支4.6亿元，移送问题线索38件，给予党政纪处分25人，约谈和诫勉谈话189人；提交审计专题报告和信息简报被批示、采用132篇次，提出审计建议被采纳606条。

通江县委书记和县政府县长经济责任审计项目被省审计厅评为优秀审计项目。

国家重大政策措施落实情况跟踪审计 以推进深化供给侧结构性改革为主线，聚焦中央和省委政策措施的贯彻落实，将市委、市政府出台的稳增长政策措施纳入监督范畴，坚持一个季度一个主题，按季度形成审计报告和要情专报，揭示问题84个，提出整改建议被采纳80条。

财政审计 突出预算管理和执行、财政资金绩效、防范政府性债务风险等方面重点，对6个市级预算部门和10个所属单位预算执行进行延伸审计，查出管理不规范金额15.18亿元，通过加大税收征管审计，促进税款追缴入库1800万元。

经济责任审计 采取部门预算执行与经济责任审计合并开展方式，对市住房和城乡建设局、市统计局、市民政局等12个部门的领导干部实施经济责任审计，提出审计建议意见被采纳43条。对全市5个乡镇10名党政领导干部自然资源资产进行审计，揭示问题24个，提出对策建议13条。根据省审计厅的统一安排，完成绵阳市安州区党政主要领导干部经济责任跨市交叉审计。

固定资产投资审计 开展“项目年”决策部署推进情况专项审计调查，跟踪审计巴中恩阳机场、红鱼洞水库等省市重点建设项目40个，通过跟踪审计，反映项目推进不理想、筹资渠道较单一、要素保障不到位等问题45个，提出各类审计建议38条。全市完成政府投资竣工决算审计项目235个，送审投资总额37.42亿元，通过审计节约财政资金3.49亿元。

民生资金（项目）审计 坚持专项审计和交叉审计相结合，完成巴州区2017年度扶贫资金专项审计，开展对全市2015年至2017年强农惠农财政补贴资金使用“一卡通”专项审计调查，组织对市本级、通江县、南江县、平昌县5个扶贫专项2017年度实施方案重点内容推进情况进行专项审计调查，共抽审扶贫项目336个，审计资金总额49.71亿元，查出违纪违规问题金额2.3亿元，提出整改建议56条。 （撰稿人：张 尧）

【资阳市审计局】 2018年，资阳市审计局实有49人。局长金世永，副局长廖念俊、王志友、段有阔、刘小军，党组成员王忠，总审计师田碧清，经济责任审计工作联席会议办公室主任邓晓燕，投资审计中心主任韩志林。设有办公室、人事科、政策法规科（内部审计监督指导科）、财政审计科、行政事业审计科、经济责任审计科、农业与资源环保审计科、企业和金融审计科、社会保障审计科、电子数据审计科，代管资阳市投资审计中心。

审计成果 2018年，资阳市审计局完成审计和审计调查项目84个。查出主要问题金额82.98亿元，为国家增收节支3.88亿元，促进资金拨付到位8200万元，帮助被审计单位和有关单位挽回或避免损失3100万元，审计核减政府工程投资额9400万元。

国家重大政策措施落实情况跟踪审计 配合省审计厅开展对市本级和安岳县的政府债务审计调查工作，完成2018年城镇保障性安居工程、惠农补贴使用“一卡通”情况等专项审计调查。

财政审计 实施2018年度市级财政预算执行和税收计划执行情况、部门预算执行情况等审计项目17个，查出问题金额64.74亿元。

经济责任审计 对6名领导干部开展经济责任审计。完成对乐山市沐川县党政主要领导任期自然资源资产责任履行情况的审计；组织各县（区）审计机关完成对3个乡镇4名党政主要领导干部的自然资源资产责任审计。

固定资产投资审计 审结54个项目（含工程结算项目），核减投资额0.94亿元，扎实推进成安渝高速公路审计工作。

相关工作 配合审计署驻成都特派办对资阳市落实2018年重大政策措施情况的延伸审计，主动做好省审计厅对资阳市党政主要领导任期经济责任审计整改工作，抽调20余人次审计人员，支持市纪委监委、市巡察办、市委“大学习、大讨论、大调研”活动工作推进小组、中国牙谷和九曲河综合整治指挥部办公室工作。依法向监察机关和相关部门移送28件线索和相关资料。

信息化建设 收集30个单位、90个账套的财务数据，规范电子数据的采集、存储、使用；形成审计信息化应用成果1个，开展大数据审计分析应用并形成审计案例4个。

（撰稿人：林天植）

【阿坝藏族羌族自治州审计局】 2018年，阿坝藏族羌族自治州（以下简称阿坝州）审计局实有37人。局长宋宁，副局长张泽宇，经济责任审计工作联席会议办公室主任韩卫东。设有办公室、法规科、财政金融审计科、行政事业审计科、企业审计科、固定资产投资审计科、经济责任审计科、审计信息科、固定资产投资审计中心。

审计成果 2018年，阿坝州县两级审计机关共审计单位244个。查出各类违规金额2355万元、损失浪费金额27万元。通过审计处理后上缴财政2000万元，减少财政拨款或补贴1051万元，归还原渠道资金8万元，审减工程造价4550.09万元；移送涉嫌违纪违法问题线索8件，提交信息1535篇，被采纳审计意见建议587条，州政府主要领导对审计工作肯定性批示14次。向社会公告审计结果2篇。

国家重大政策措施落实情况跟踪审计 坚持以推动各项重大政策措施贯彻落实和促进经济社会持续健康发展为目标，围绕推动经济高质量发展和供给侧结构性改革，聚焦防范化解重大风险、精准脱贫、污染防治三大攻坚战推进，减税降费政策落实，“放管服”改革深化，重大工程项目建设等情况，持续开展4个季度的重大政策措施落实情况跟踪审计，并对以往审计发现问题的整改情况进行跟踪检查。

财政审计 以预算执行全口径审查为抓手，对政策落实的效果性、财政收支的完整性、预算编制的科学性、预算执行的及时性、预算调整的合规性、决算草案编制的真实性、财政管理的规范性等预算执行主线进行监督。持续关注存量资金盘活情况，加大对财政存量资金清理和利用情况的审查力度。采取“同级审”的方式，完成全地方州税收征管情况的审计。

经济责任审计 坚持“积极稳妥、量力而行，提高质量、防范风险”的原则，全州共对29名领导干部经济责任履行情况实施审计。州本级采取与部门预算同步开展，分段、分步、分项的审计模式，对州环保局、汶川县第一中学、松潘林业局、州文化旅游发展有限责任公司主要领导人员经济责任履行情况实施审计。按照省审计厅统一安排，完成对若尔盖县委书记、县长的经济责任审计。对13个县（市）的辖区内各1个乡镇19名乡镇党政领导干部开展自然资源资产离任（任中）审计工作，延伸检查单位89个，入户调查214户，并检查有关主管部门履行自然资源资产管理职责等情况。

固定资产投资审计 贯彻落实审计署、省审计厅关于投资审计“三个转变”的要求，持续推动全州政府投资审计聚焦审计本职、回归审计监督主业。由审计厅统一组织，省、州、县审计机关三级联动，开展两个阶段的九寨沟地震灾后恢复重建跟踪审计；对3个县交通运输部扶贫项目（农村公路建设情况）实施专项审计调查。

民生资金（项目）审计 采取“上审下”的方式，统筹全州审计力量，对4个摘帽县开展扶贫审计；对8个县的5个扶贫专项及惠农补贴使用“一卡通”情况实施专项审计调查。共移送涉嫌违纪违法问题线索6件。

相关工作 以“找差距、补短板、重统筹、提质量”为基本遵循，通过“作风建设年”“能力提升年”等活动，落实主体责任，加强思想政治建设、纪律作风建设、业务能力建设等，全面推进作风转变和能力提升，打造审计铁军。

内部审计 州人民政府印发《关于进一步加强内部审计工作的意见》，从政府层面保障和推动内部审计发展。组织11个内部审计机构参加“2018年审计报告质量提升”优秀成果展示活动，其中2篇审计报告被评选为四川省优秀审计报告。

（撰稿人：邓维学）

【甘孜藏族自治州审计局】 2018年，甘孜藏族自治州（以下简称甘孜州）审计局实有46人。局长辛勤，副局长陈军、吴建刚、翟玉萍（10月—），总审计师何琼英，经济责任审计工作联席会议办公室主任童红英，副调研员王明强。设有办公室、法规科、审计执行监督科、财政金融审计科、行政事业审计科、固定资产投资审计科、企业审计科、农业审计科、资源环保审计科、社会保障审计科、经济责任审计分局；下设事业单位审计信息和投资审计中心。

审计成果 2018年，甘孜州县两级审计机关开展审计和专项审计调查项目418个。查出主要问题金额12.12亿元，其中违规金额5877万元、管理不规范金额11.43亿元；审计发现非金额计量问题1295个。核减投资额7309万元，促进整改落实问题资金2.36亿元，挽回损失2.01亿元。审计提出建议1624条，移送有关问题线索83件。

甘孜州审计局实施的德格县2016年扶贫资金和扶贫政策措施落实情况审计项目被审计署评为表彰扶贫审计项目，被省审计厅评为优秀审计项目；“11·22”康定地震灾后恢复重建跟踪审计获四川省人民政府表彰。

国家重大政策措施落实情况跟踪审计 围绕三大攻坚战、“项目年”决策部署等政策措施落实情况，跟踪检查350个部门、160个建设项目，促进解决重点项目建设要素10余项、落实减税降费措施3项、清理行政审批事项282个。

财政审计 完成州级和县（市）财政预（决）算、税收征管情况和40个州县部门预算执行情况审计，揭示问题12类184个，审计提出建议71条。

经济责任审计 开展13个县（市）14名公安局局长任期经济责任审计；完成19名县、乡领导干部和阿坝州红原县党政主要领导干部任期经济责任审计，移送有关问题线索16件，提出审计建议187条。选取3个县（市）的3个乡（镇）开展领导干部自然资源资产责任审计试点。

固定资产投资审计 完成“项目年”决策部署推进情况专项审计调查19个，实施重点项目跟踪和竣工决（结）算审计87个，对94个已完成结（决）算项目进行审计复核，移送相关部门事项8项，提出审计建议51条。

民生资金（项目）审计 完成6个县（市）扶贫审计、18个县（市）惠农惠民财政补贴资金“一卡通”和3个县5个扶贫专项实施方案审计调查，查出违规和管理不规范金额1894.47万元，移送违纪违规问题线索46件，提出审计建议97条。完成甘孜州本级和18个县（市）保障性安居工程、州本级就业专项资金、甘孜州住房公积金管理中心财务收支情况的审计或者专项审计调查，揭示存在问题11类42个，提出审计建议39条。

农业与资源环保审计 指导15县（市）完成资源环境审计，移送有关问题线索6件，提出审计建议12条。

企业审计 完成康定国家粮食储备库、甘孜州交通建设投资有限公司财务收支审计；实施甘孜州农村信用联社防范化解重大风险情况审计调查。揭示存在问题10类49个，提出审计建议10条。

信息化建设 运用大数据开展财税审计，采集州级166个一级、二级预算单位2016年以来各类数据，完成州级财政审计基础数据库构建，开展数据分析和标准化，推进州级部门预算执行审计全覆盖。对州级部门政务信息系统整合共享开展审计调查。

相关工作 持续深入学习贯彻十九大精神，常态化制度化推进“两学一做”学习教育，深化推进“大学习、大讨论、大调研”等活动。狠抓党风廉政主体责任，认真履行甘孜州反腐败协调小组成员、甘孜州经济责任审计联席会议成员及办公室工作职责。做好“河长制”及联系群众、寺庙、村等工作。

（撰稿人：何 宇 刘玉瑶 安俊洁 王 凯）

【凉山彝族自治州审计局】 2018年，凉山彝族自治州（以下简称凉山州）审计局实有68人。局长高为民，副局长伍皎辉、胡晓华，机关党委书记胡国亮，经济责任审计分局局长刘亚良（—10月）。设有办公室、人事科、法规科、财政审计科、外资与金融审计科、固定资产投资审计科、行政事业审计科、农业与资源环保审计科、企业审计科、内部审计指导科、社会保障审计科、经济责任直属分局和信息中心。

审计成果 2018年，凉山州县两级审计机关完成审计项目722个。查出主要问题金额57.79亿元，其中违规金额9.22亿元。审计促进政府增收节支7.78亿元。审计后挽回（避免）损失4亿元。审计处理处罚金额14.25亿元。审计核减投资额3.96亿元。移送司法机关、纪检监察机关及有关部门案件线索65件，移送人员817人。移送处理落实事项14件，移送处理落实人员37人（其中已追究刑事责任11人，已给予党纪政纪处分19人，有关部门已处理7人）。提出审计建议1882条，被采纳1790条。向社会公告审计结果49篇。

国家重大政策措施落实情况跟踪审计 州县两级审计机关组织274人次对重大政策措施落实情况进行跟踪审计，抽查州、县重点项目41个，估算总投资72.77亿元。

财政审计 州审计局完成相关审前调查、数据采集数据分析工作，向县（市）下发疑点503条；制订全州2018年地方税收审计工作方案，完成2018年地税预算执行及税收征管情况审计；完成财政管理改革事项推进、政府投资基金等财政专项审计调查；完成2017年度州本级财政预算执行及财政决算（草案）审计。对州委组织部2016年10月至2017年12月财务收支情况、州公安局2017年度部门预算执行情况实施审计。完成对凉山州本级和17个县（市）2018年上半年公款消费和公务支出项目的汇总，发现违纪违规金额共计854.61万元。

经济责任审计 州县两级审计机关对108名领导干部开展经济责任审计，查出主要问题金额12.91亿元。其中州审计局先后对39名领导干部进行经济责任审计，查出主要问题金额11.03亿元。

固定资产投资审计 州县两级审计机关完成固定资产投资审计项目331个，核减投资额（工程款）3亿元。

民生资金（项目）审计 按照审计署、省审计厅和州委州政府统一安排，州县两级审计机关投入审计人员121人次，采取“上审下”“交叉审”等方式完成国定扶贫县审计项目6个、“插花”扶贫县市审计项目6个、文化惠民等5个扶贫专项审计调查项目4个，抽审各类扶贫资金70.54亿元，抽审项目583个，抽审单位224个、乡镇241个、行政村838个，入户调查3052户。向各级纪委监委、公安机关和主管部门移送扶贫和涉农领域案件线索28件，涉及人员433人，涉及违纪违法金额4.13亿元。州审计局组织18个审计组、75名审计人员，对凉山州2017年保障性安居工程的计划、投资、建设、分配、运营等情况以及配套基础设施建设情况进行审计，查出工程建设管理领域问题线索3件移送发展改革委处理，涉及金额1085万元。

外资运用审计 州审计局组织24人次对美姑县、金阳县、布拖县、昭觉县世界银行贷款贫困片区产业扶贫试点示范项目2017年度财务收支和项目执行情况进行审计。

企业审计 州审计局对四川省西昌运输（集团）有限责任公司2016年度资产、负债、损益情况进行送达审计，被审计单位根据审计建议，制定和完善相关管理制度 14 项。

信息化建设 州审计局对凉山州本级政务信息系统整合共享情况进行就地专项审计调查，重点抽查 73 个部门建设（购买）的 142 个信息系统。

（撰稿人：张保权）

2018 年四川省所辖区、县(市)级审计工作统计表

金额单位：万元

审计机关	完成审计项目/个	审计查出主要问题金额	审计发现非金额计量问题/个	审计期间整改金额	出具审计报告和审计调查报告/篇	审计处理情况		审计促进整改落实有关问题资金	审计提出建议/条	提交审计信息/篇
						审计处理处罚金额	移送处理事项/件			
成都市										
成都市本级	122	8513991	222	77681	122	517385	34	46591	237	30
锦江区审计局	64	227131	15	509	64		1		147	
青羊区审计局	80	7666	14	6417	80		1	6452	79	97
金牛区审计局	148	15664	28	95	148	4538	1	16894	22	26
武侯区审计局	96	111273	50	8444	96	8094	4	5397	186	5
成华区审计局	62	41165	66	3	62	7356	1	7356	79	7
龙泉驿区审计局	34	392844	116	171006	35	1493	1	1485	125	108
青白江区审计局	17	38125	32	26054	17	26825		26054	40	1
新都区审计局	38	263946	9	113	45		17	187424	115	95
温江区审计局	51	795176	191	18705	51	36704	5	17849	87	19
双流区审计局	24	2251440	74	27	16	10	1	10	82	
郫都区审计局	58	579805	82		58	1676	9	1676	157	113
都江堰市审计局	27	18128			27	411	5	411	50	23
彭州市审计局	105	155490	60	296	108		3		93	4
邛崃市审计局	208	78469	38	6816	208	2007	9	8869	59	27
崇州市审计局	115	197107	48	88	115	1	2		98	1
简阳市审计局	100	599822	73	3995	100	33437	45	33437	191	60
金堂县审计局	43	362967	72	7206	43		9	362967	82	144
大邑县审计局	26	166590	50	11649	26	13337	6	11649	67	22
蒲江县审计局	49	13344	1	17	49		3	13344	57	21
新津县审计局	104	259562	23	1311	112	441	5	117050	165	62
高新区审计局	230	71564	48	42	230		3	68474	41	6
天府新区审计局	114	833000	92	68400	109		10	791200	98	23
自贡市										
自贡市本级	37	298728	160	10537	45	157608	36	115869	123	59

（续表）

审计机关	完成审计项目/个	审计查出主要问题金额	审计发现非金额计量问题/个	审计期间整改金额	出具审计报告和审计调查报告/篇	审计处理情况		审计促进整改落实有关问题资金	审计提出建议/条	提交审计信息/篇
						审计处理处罚金额	移送处理事项/件			
自流井区审计局	18	57632	14	7	18	55749		7050	51	30
贡井区审计局	22	25269	48	99	22	23420	2	25170	34	28
大安区审计局	9	14979	17	2	9	8332		8329	56	40
沿滩区审计局	20	9288	11	5476	20	9287	2	5492	65	32
荣县审计局	27	61323	17	95	29	7444	2	7308	32	38
富顺县审计局	36	39781	19		40	39775		39140	65	38
攀枝花市										
攀枝花市本级	54	136170	102	4765	54	94677	33	45665	236	114
东区审计局	27	90592	27	10439	27	84589		84587	53	45
西区审计局	12	1701	26	975	12	204		101	33	69
仁和区审计局	36	7366	26	3575	37	3770		3770	108	42
米易县审计局	22	64806	20	234	22	13663	1	12598	68	84
盐边县审计局	25	15861	49	5369	25	10492		1960	93	48
泸州市										
泸州市本级	35	320416	79	107629	43	121678	20	116071	76	59
江阳区审计局	19	40395	28	17	21	3482	1	602	29	19
纳溪区审计局	17	52737		14	17	176	7	260	60	82
龙马潭区审计局	18	10301	36	2	18	708	4	708	59	63
泸县审计局	26	133864	49	317	23	2780	11	829	45	16
合江县审计局	28	206989	103		40	212	6	801	67	7
叙永县审计局	21	65450	13	5	11			65445	34	82
古蔺县审计局	31	184737	49	4332	39	4312		8	90	126
德阳市										
德阳市本级	70	856964	299	3027	86	76967	28	87296	216	225
旌阳区审计局	25	101103	123	32868	33	32881		2412	80	73
罗江区审计局	22	71840	143	12080	22	12975		6037	61	58
广汉市审计局	46	59170	96	9643	50	22401	1	21238	85	89
什邡市审计局	33	113594	35	2369	43	43710	1	42707	95	4
绵竹市审计局	34	342742	94	161	36	63339		35087	99	
中江县审计局	30	169899	88	7884	62	8699	6	8522	140	210
经开区审计局	95	607								
绵阳市										
绵阳市本级	64	880064	266		64	3950	33	3950	593	7

（续表）

审计机关	完成审计项目/个	审计查出主要问题金额	审计发现非金额计量问题/个	审计期间整改金额	出具审计报告和审计调查报告/篇	审计处理情况		审计促进整改落实有关问题资金	审计提出建议/条	提交审计信息/篇
						审计处理处罚金额	移送处理事项/件			
涪城区审计局	40	17775	122		40	4217	8	4217	51	100
游仙区审计局	27	25412	53		30	3197	2	3197	67	3
安州区审计局	26	29333	30	28	26	620	22	620	112	
江油市审计局	43	371728	18		43	38233	3	38182	44	2
三台县审计局	50	236979	147	7178	50	14497	15	14485	170	6
盐亭县审计局	14	45944	41	4	14	1058	1	1022	31	3
梓潼县审计局	20	25526	20	3	20	294	4	294	78	2
北川羌族自治县审计局	25	88210	113		25	1475		1475	51	
平武县审计局	44	10690	59		44	2213	2	2213	77	57
广元市										
广元市本级	107	117085	589	1648	52	38361	27	30692	203	56
利州区审计局	42	44986	76	5926	44	44986	7	40516	232	338
昭化区审计局	25	9463	72	298	21	7186	8	7186	77	21
朝天区审计局	20	17941	9		24	12129	3	12059	186	19
旺苍县审计局	23	4065	156	7	33	1406	11	1021	83	4
青川县审计局	59	2894	39	2753	59	2894	18	2894	100	
剑阁县审计局	28	5007	129	41	33	1053	2	1053	110	99
苍溪县审计局	69	22787	70	15392	69	10216	15	10079	120	142
遂宁市										
遂宁市本级	38	196749	193	53673	38	179501	45	121053	104	20
船山区审计局	11	10684	51	8783	11	10657	2	290	38	
安居区审计局	10	91176	24	200	10	89370		27207	46	
蓬溪县审计局	12	6518	70	3900	12	6518		5882	78	1
射洪县审计局	29	33286	37	11616	29	33287	2	13884	48	4
大英县审计局	9	32761	19		9	32761		32746	22	
内江市										
内江市本级	48	1213917	350	44425	57	87642	15	44811	159	41
市中区审计局	20	13143	27	5748	17	6784	2		50	47
东兴区审计局	20	312864	109	15	23	312864		312864	81	6
隆昌市审计局	19	129258	37		15	12585	1	11285	25	
威远县审计局	54	359788	56		61	1844	7	1844	121	
资中县审计局	53	53146	35		53	9949	2	9949	174	

（续表）

审计机关	完成审计项目/个	审计查出主要问题金额	审计发现非金额计量问题/个	审计期间整改金额	出具审计报告和审计调查报告/篇	审计处理情况		审计促进整改落实有关问题资金	审计提出建议/条	提交审计信息/篇
						审计处理处罚金额	移送处理事项/件			
乐山市										
乐山市本级	44	681424	150	55300	53	3224	21	2361	122	96
市中区审计局	9	115675	72	154	17	97207		18196	22	60
沙湾区审计局	31	5074	8	5074	35	5074		5074	132	35
五通桥区审计局	15	31936	15	436	23	15925	1		27	2
金口河区审计局	17	802	4	802	21	802		802	67	11
峨眉山市审计局	24	36529	53	5	28	713	4	695	69	54
犍为县审计局	9	56702	18	13682	20	1376		2	46	47
井研县审计局	29	22346	32	3745	34	3745		3745	124	11
夹江县审计局	18	53309			24	52934	5	219	69	15
沐川县审计局	23	11399	8		26	11399	6	11373	69	4
峨边彝族自治县审计局	26	2004	14	194	30	2004		2004	67	15
马边彝族自治县审计局	21	870	2	870	21	870		870	31	35
南充市										
南充市本级	88	731957	234		92	69465	33	66484	108	36
顺庆区审计局	27	672630	3	773	36	671022	3	659012	61	5
高坪区审计局	30	551031	49		30	99029		26432	66	
嘉陵区审计局	35	39783	72		41	2798		2690	102	
阆中市审计局	26	112196	33		29	19674		19674	56	8
南部县审计局	40	150531			40	4078		4078	14	11
营山县审计局	51	2498	20		55	1708		1708	98	
蓬安县审计局	27	5048	49		27	5045	2	5045	67	
仪陇县审计局	40	311173	100	77	42	137008	3	133607	48	
西充县审计局	50	144717	49	3	54	12747	11	4299	75	
眉山市										
眉山市本级	69	345889	118	16992	82	41271	31	31084	134	39
东坡区审计局	39	30191	8	6	48	15600	9	7562	84	58
彭山区审计局	23	107961	13	80	36	107961	2	7017	51	97
仁寿县审计局	51	994380	76	439397	70	993501	9	964690	119	22
洪雅县审计局	15	58704		3792	20	58704		58704	32	2
丹棱县审计局	23	33848	11		34	7536	2	5496	64	27
青神县审计局	21	21906	28	622	26	21906	4	958	59	1

（续表）

审计机关	完成审计项目/个	审计查出主要问题金额	审计发现非金额计量问题/个	审计期间整改金额	出具审计报告和审计调查报告/篇	审计处理情况		审计促进整改落实有关问题资金	审计提出建议/条	提交审计信息/篇
						审计处理处罚金额	移送处理事项/件			
宜宾市										
宜宾市本级	60	1228503	511	4038	65	89300	45	89107	163	220
翠屏区审计局	33	42558	14	219	43	14976			37	138
南溪区审计局	38	13484	41	11	40	7421	6	6308	91	150
叙州区审计局	16	577245	27	555	16	608		579	30	73
江安县审计局	59	71645	29		59	3669	3	2048	83	79
长宁县审计局	45	61586	44		46	61586		39838	101	24
高县审计局	15	8351	7	40	16	2982	3	2980	29	74
珙县审计局	23	14577	32	2403	35	4977	7	4251	69	90
筠连县审计局	31	19536	26	43	36	10597	13	74	113	124
兴文县审计局	30	73545	51	43	30	13866	10	13618	152	186
屏山县审计局	20	78937	62	23	20	334	5	239	48	84
广安市										
广安市本级	82	696165	315	52645	87	80759	66	67462	85	96
广安区审计局	126	110771	82	9223	126	10754	12	9396	228	125
前锋区审计局	57	145825	49	12	57	145421	6	5799	72	27
华蓥市审计局	43	121479	102	15	46	3435	7	3116	101	6
岳池县审计局	174	67530	12		364	129	6	10217	22	25
武胜县审计局	78	105528	52	9	124	7787	14	4279	296	46
邻水县审计局	164	91032	259	232	164	6780	19	6689	120	152
达州市										
达州市本级	98	6458	154	3531	67	1324	16	8821	56	27
通川区审计局	112	115326	16	313	115	38607	22	12679	73	5
达川区审计局	644	29585			698	28591	9	26425	236	
万源市审计局	27	64419	3		27	214		64419	87	
宣汉县审计局	92	7120	26	100	93	7020	15	7020	138	20
开江县审计局	33	351878	173	6041	41	278950		5576	94	45
大竹县审计局	36	8385	60	10	45	4		1606	87	37
渠县审计局	48	220253	205	76	48	23459	17	5355	149	10
雅安市										
雅安市本级	68	129598	122	5535	41	5537	14	182	126	100
雨城区审计局	243	56455	37	1050	16	2332	4	4942	86	300
名山区审计局	105	73781	18	48562	17	48567	2	32426	46	

（续表）

审计机关	完成审计项目/个	审计查出主要问题金额	审计发现非金额计量问题/个	审计期间整改金额	出具审计报告和审计调查报告/篇	审计处理情况		审计促进整改落实有关问题资金	审计提出建议/条	提交审计信息/篇
						审计处理处罚金额	移送处理事项/件			
荥经县审计局	67	52357	24	42960	101		3	52357	138	13
汉源县审计局	83	118520		991	14		1	347	356	51
石棉县审计局	87	9287	37	6645	19	6043	6	9040	47	151
天全县审计局	84	12260	4	9295	11	9438	2	9159	22	7
芦山县审计局	58	66301	29	46064	57	9986	12	34514	171	145
宝兴县审计局	64	10139	11		11		3	3678	38	4
巴中市										
巴中市本级	54	249939	147	36	54	153425	26	101980	217	46
巴州区审计局	22	62453	24	16769	22	62377	1		41	17
恩阳区审计局	23	120666	64	129	23	59070	5	56251	62	41
通江县审计局	31	20773	32		31		2		126	62
南江县审计局	33	82009	50	8724	33	82009	3	82009	76	26
平昌县审计局	38	275412	49	326	38	25792	1	25792	84	18
资阳市										
资阳市本级	43	829764	117	16853	48	67341	30	95239	174	82
雁江区审计局	25	10454	24	202	33	9645	1	37	58	
安岳县审计局	68	623270	49		74	10789	13	10789	44	
乐至县审计局	32	7449			36	7323	13			
阿坝藏族羌族自治州										
阿坝藏族羌族自治州本级	17	23268	72	225	21	7349	7	6319	64	68
马尔康市审计局	14	1414		1414	15	236		236	40	
汶川县审计局	13	5577	36		18	3449			82	
理县审计局	9	499	10		9	337		11	82	19
茂县审计局	8	1819	27	782	9	70	1	15	70	8
松潘县审计局	16	1590	3	125	16	1280		165	62	
九寨沟县审计局	7	1875	5		8	1875		1875	41	
金川县审计局	24	2151	25		26	2151		93	101	
小金县审计局	10	149			11	149		149	46	
黑水县审计局	7	353	11	11	8	280			28	4
壤塘县审计局	9	317		13	11	304		266	28	2
阿坝县审计局	9	14	6		9	14		7	37	2

（续表）

审计机关	完成审计项目/个	审计查出主要问题金额	审计发现非金额计量问题/个	审计期间整改金额	出具审计报告和审计调查报告/篇	审计处理情况		审计促进整改落实有关问题资金	审计提出建议/条	提交审计信息/篇
						审计处理处罚金额	移送处理事项/件			
若尔盖县审计局	8	9			8	9		9	33	
红原县审计局	7	4830	10		8	4830		1601	35	
甘孜藏族自治州										
甘孜藏族自治州本级	48	40477	289	67	48	18771	30	767	178	91
康定市审计局	25	3489	86		25	1506	6		90	2
泸定县审计局	18	2658	55	205	18	77	2	3	60	23
丹巴县审计局	26	1042	39		26	570	5		47	
九龙县审计局	25	2256	40		25	724	2		61	
雅江县审计局	18	327	49	33	18	325	2	93	93	12
道孚县审计局	18	12102	75		18	10677	6	123	110	2
炉霍县审计局	17	982	39		17	981	1		122	
甘孜县审计局	17	428	40	138	16	196	2	30	50	
新龙县审计局	19	1777	92		19	1777		23	56	
德格县审计局	18	14991	47	13805	18	14694	3	14525	47	
白玉县审计局	17	6647	81		17	5996			56	2
石渠县审计局	16	742	23	655	16	70			28	
色达县审计局	26	10206	45	4993	26	9965	1	5094	56	
理塘县审计局	20	3893	38	13	20	192	5	11	60	52
巴塘县审计局	18	12331	27	1502	18	6180	5	2572	92	61
乡城县审计局	18	4293	122	15	18	321	3	304	93	18
稻城县审计局	26	1886	63		26	1838	5	10	143	
得荣县审计局	28	692	45		28	462	5	20	182	54
凉山彝族自治州										
凉山彝族自治州本级	48	248735	264	54794	48	62332	36	195	189	110
西昌市审计局	116	19342	63		116	18051		17883	214	134
木里藏族自治县审计局	13	6238	33		13	3065		3065	36	67
盐源县审计局	31	71873	10		31	1241		1241	88	9
德昌县审计局	57	28790	11		8	1620		1620	61	52
会理县审计局	20	22397	47	4985	78	6926		6584	56	78
会东县审计局	40	17035	8	1945	45	2150	6	2136	46	136
宁南县审计局	23	40132	11	94	23	7879		7879	60	1

（续表）

审计机关	完成审计项目/个	审计查出主要问题金额	审计发现非金额计量问题/个	审计期间整改金额	出具审计报告和审计调查报告/篇	审计处理情况		审计促进整改落实有关问题资金	审计提出建议/条	提交审计信息/篇
						审计处理处罚金额	移送处理事项/件			
普格县审计局	77	15990	34		77	3361		3361	289	32
布拖县审计局	16	3012	28	177	16	1019		207	50	28
金阳县审计局	22	4563	6		53	4027		4027	53	48
昭觉县审计局	24	2412	4		24	2412		2412	73	6
喜德县审计局	67	40216	34		67	3355		16785	176	34
冕宁县审计局	14	12929	39	589	14	4863		4863	52	52
越西县审计局	41	28246	12		41	6535		6535	81	1
甘洛县审计局	58	4989	87		58	4135	5	3808	107	55
美姑县审计局	15	169	12		15	169		164	44	32
雷波县审计局	40	10819	25		40	9357		9197	117	46

贵州省

【贵州省审计厅】 2018 年，贵州省审计厅实有 201 人。设有办公室、计划管理与整改督察处、法规处、审理处、内部审计指导监督处、电子数据审计处、财政审计处、教科文卫审计处、行政政法审计处、农业农村审计处、固定资产投资审计处、社会保障审计处、自然资源和生态环境审计处、金融审计处、企业审计处、涉外审计处、经济责任审计处、人事教育处（机关党委办公室）等 18 个内设机构；设有省委机关审计处、宣传审计处、统战审计处、外事及驻外机构审计处、政法审计处、教育审计处、科学技术审计处、工信建设审计处、民政社保审计处、资源环境审计处、交通运输审计处、农业水利审计处、贸易审计处、卫生体育审计处、社会管理审计处、经济执法审计处、广电通讯审计处、发展统计审计处、群团文化旅游审计处、地方金融机构审计处、省企业审计一处、省企业审计二处、省企业审计三处、省企业审计四处、省企业审计五处、省企业审计六处、省企业审计七处、省企业审计八处等 28 个派出审计机构和贵安新区审计局；下设政府投资审计中心、审计信息技术服务中心、审计培训中心、机关服务中心等 4 个事业单位。

领导成员

厅　　长：卢　伟

副 厅 长：孙福强　李　凌　朱　平

总审计师：谢　俊

纪检组长：葛木兰

经济责任审计办公室主任：胡立平

审计成果 2018 年，贵州省市（州）县三级审计机关完成审计项目 1363 个。查出违规金额 269.69 亿元、管理不规范金额 3570.05 亿元，发现非金额计量问题 13921 个，移送处理事项 261 件，移送处理人员 122 人，为国家增收节支 78.14 亿元，挽回（避免）损失 17.78 亿元，核减工程投资 43.85 亿元。审计提出建议 4305 条，被采纳 3061 条。省审计厅在 113 个省直单位年度绩效考核中进入 20 个免检单位序列。

财政审计 组织完成 2017 年度省级预算执行和编制省级决算草案、省地税局 2017 年税收计划执行情况、国家金库贵州省分库办理 2017 年度省级预算收入收纳划分留解和预算支出拨付情况审计，10 个省级部门 2017 年度预算执行及其他财政收支审计。财政审计重点关注财政支出的结构优化和使用绩效，财政资金分配的公平公正，财政预算管理的规范性等；持续关注财政资金的存量、增量和统筹整合情况，地方政府债务规模底数、结构变化等情况；进一步探索省级决算草案审计和部分财政科目专项的省、市、县三级上下联动审计，不断深化财政审计。部门预算审计紧紧围绕推动部门预算和财政管理体制改革，重点关注预算编制的准确性和合理性、预算执行绩效情况，提高预算管理的科学性，推进构建全面规范、公开透明的预算管理制度。受省政府委托，省审计厅厅长卢伟向省人大常委会作审计工作报告和查出问题整改情况的报告。

经济责任审计 坚持党政同责、应审尽审，加大对领导干部权力的监督，增强领导干部依法履行经济责任意识，完善领导干部管理和监督机制，促进惩治和预防腐败体系建设，促进勤政廉政。对231个单位的320名领导干部进行经济责任审计，移送纪检监察机关14人。出台《贵州省贯彻落实〈领导干部自然资源资产离任审计规定(试行)〉的实施意见》。组织全省350余名审计人员，统一组织实施长江经济带环境保护审计、21个地区（部门）领导干部自然资源资产离任（任中）审计，揭示问题396个，提出审计建议95条。在经济责任审计、自然资源资产离任（任中）审计的组织方式方面进行调整，集中全省审计力量，实行异地交叉同步审计，增强独立性，形成审计监督合力；对审计方法进行改进，坚持数据先行，组建省级数据分析团队，加强审计多维分析，制定《数据疑点核查指南》，指导审计组准确、快速开展现场核查，确保核查问题的精准度，提高现场审计工作效率；结合审计实施开展理论研究，省审计厅与南京审计大学合作的《贵州省自然资源资产离任审计评价体系》课题研究通过验收，探索建立领导干部自然资源资产离任审计评价指标体系，组织撰写的《领导干部自然资源资产离任审计大数据应用研究》获得全国一等奖。

固定资产投资审计 完成政府投资审计项目253个，核减工程投资43.85亿元，促进资金规范管理和项目稳步推进，投资审计工作质量和效益不断提高。制定《审计机关向社会购买专业审计辅助服务管理办法》等制度，建立贵州省审计机关购买社会服务管理平台，加强对社会中介机构参与审计的监管，规范聘用社会中介机构参与投资审计工作。整合全省投资审计力量，将贵安新区投资审计项目作为“单一工程造价向全面投资审计”转型试点项目，推动投资审计创新转型。

民生资金（项目）审计 省审计厅抽调全省审计机关700余人次，采取“上审下”等方式对90个县（市、区、特区）2017年度易地扶贫搬迁情况进行审计，共抽查1150个政府部门和单位，实地抽查418个易地扶贫搬迁项目（含以前年度），走访5815户移民户，审计揭露各地在实施易地扶贫搬迁过程中在政策落实、资金筹集分配和管理使用以及住房分配方面存在的问题。按照审计署统一部署，组织260余人次分三批对长顺、水城、台江、德江等24个国定贫困县开展扶贫审计，审计揭露个别地方扶贫政策措施落实不精准、脱贫攻坚资金管理使用不规范、扶贫建设项目建设成效执行不到位、运营管理不科学等问题。组织实施20个极贫乡（镇）脱贫攻坚审计、部分县市东西部扶贫协作资金审计等项目。

省审计厅抽调全省各级审计机关700余人，采取“上审下”的方式实施全省2017年保障性安居工程跟踪审计。审计发现各地保障性安居工程在任务管理、资金管理和使用、建设管理、运营管理等方面存在的问题。处理处分责任人228人，追回违规使用资金17.75亿元，促进腾退违规分配、使用的保障性住房939套，促进完善制度49项。

企业审计 完成对贵州盘江国有资本运营有限公司等10户国有企业的审计，查出问题金额8.5亿元。审计揭示部分企业重大投资决策不规范、主业不聚焦、内部控制薄弱等问题，指出在国有资产管理方面存在的薄弱环节和潜在风险。

外资运用审计 根据审计署授权，组织对中德财政合作贵州省森林可持续经营项目等9个国外贷援款项目开展审计，提出具体审计建议，挽回资金损失，规范项目管理，促进积极、合理、有效利用外资。

信息化建设 推动审计方法从传统审计向大数据审计转变，有效提升审计效率和审计发现问题能力。加大数据采集力度，打牢大数据审计基础。按照审计署要求完成全省财政数据、扶贫小额贷款数据采集工作，并对采集到的数据进行标准化处理，贯通全省财政数据工作，为财政审计提供数据分析支持。组建审计数据分析团队，推动审计方式创新发展。按照统一组建、专业融合的原则，由省审计厅数据分析处牵头组建数据分析团队，下设财政、扶贫、资源环保、企业及金融、投资等5个审计领域数据分析团队。以审计项目为导向，集中攻关，定期研讨，为实现审计目标开展数据分析。坚持数据先行、集中分析，有效提升审计效能。在具体审计项目实施前，数据分析团队建立多个数据分析模型，提前对采集到的数据进行分析比对，发现审计疑点。审计组进驻被审计单位开始现场审计后，审计人员根据数据分析比对发现的疑点进行现场核查，提升审计效率和审计发现问题精准度。

审计质量管理 出台《贵州省审计厅关于审计工作方案编制的审定办法》《贵州省审计厅关于严格执行审计项目进度控制有关规定的通知》《贵州省审计厅审计业务重大事项会商制度》《贵州省审计厅行业审计项目审后总结培训办法（试行）》和《贵州省审计厅法律顾问工作规则》等5个审计业务管理制度。组织市（州）、省直管县（市）审计局法制工作负责人以及省审计厅审计业务骨干40余人，对9个市（州）审计局及每个市（州）随机抽查的2个县级审计局实施的共计63个项目审计质量进行检查。对各市（州）、县2017年度实施的本级财政预算执行情况审计项目、经济责任审计项目、投资审计项目审计成果进行检查考评，并将考评结果进行通报督促整改，推动全省各级审计机关依法审计、文明审计。组织开展全省优秀审计项目评选活动，共评选出优秀审计项目和表彰项目16个，其中厅机关5个，市（州）审计机关11个；评出扶贫资金审计优秀项目2个。

审计管理体制改革 参照审计署“三定”规定，结合职责划转情况，按照审计全覆盖和省委机改办要求，科学编制省审计厅“三定”规定及相关说明。完成省发展改革委、省财政厅、省国资委相关职责划转和人员转隶任务，划入编制82名，转隶人员35人。省委组建省委审计委员会，作为省委议事协调机构；省委审计委员会办公室设在省审计厅。组建中共贵州省审计厅委员会，不再保留中共贵州省审计厅党组。

（撰稿人：刘光美）

【贵阳市审计局】 2018年，贵阳市审计局实有135人。局长周毅，副局长罗继荣，总审计师朱云进，纪检组长向静，机关党委书记李晓林，固定资产投资审计评审中心主任王辉。设有办公室、法规处、财政审计处、固定资产投资审计一处、固定资产投资审计二处、经济责任审计处、行政事业审计处、外资与农业资源审计处、社会保障审计处、绩效审计处、企业审计处、人事处、计算机审计处、离退休干部处、机关党委办公室、监察室等16个职能处（室）；下设固定资产投资审计评审中心（事业单位）。

审计成果 2018年，贵阳市县两级审计机关完成审计项目116个，其中专项审计调查项目5个。查出主要问题金额814.21亿元，其中违规金额6.87亿元、损失浪费金额0.62亿元、管理不规范金额806.71亿元；审计发现非金额计量问题351个；损益（收支）不实金额2.48亿元；出具审计报告和专项审计调查报告125篇。审计处理处罚金额41.48亿元，其中应上缴财政5.83亿元、应减少财政拨款或补贴3500万元、应归还原渠道资金4.31亿元、应缴纳其他资金23.55亿元、应调账处理金额7.43亿元；移送司法机关、纪检监察机关和有关部门处理事项28件，移送处理人员6人，移送处理金额1.34亿元。审计促进整改落实有关问题金额33.69亿元；审计后挽回（避免）损失4700万元；核减投资额20.67亿元。审计提出建议307条，被采纳183条；推动被审计单位制定整改措施2项；促进被审计单位制定、完善规章制度2项；提交审计信息892篇，被批示、采用177篇。向社会公告审计结果2篇。

财政审计 审计预算执行单位59个，延伸审计有关单位20个，查出主要问题金额153.28亿元。

经济责任审计 完成经济责任审计项目31个，审计查出违规金额1400万元、管理不规范金额19.86亿元，移送主管部门及纪检监察部门处理事项3件。市审计局修订完善《贵阳市领导干部自然资源资产离任（责任）审计制度》以及《贵阳市领导干部经济责任及自然资源资产离任（任中）审计结果运用暂行办法》，报市委深改领导小组审议通过并印发执行。

固定资产投资审计 完成投资审计项目21个，审计总金额13.23亿元，核减投资1.34亿元。制定完善《贵阳市政府投资建设项目招标控制价审核实施办法（试行）》，经市人民政府研究同意印发执行。

民生资金（项目）审计 市审计局完成对贵阳市10个区（市、县）人民政府2017年度脱贫攻坚政策贯彻落实、扶贫资金分配管理使用、扶贫项目建设管理等情况审计工作。按照贵州省审计厅统一安排，市审计局完成对安顺市2017年保障性安居工程、遵义市易地扶贫搬迁的交叉审计。

金融审计 完成对贵阳银行、贵阳农村商业银行2017年至2018年上半年经营业绩和风险监管核心指标的专项审计调查。

企业审计 完成对贵阳市城市轨道交通有限公司2017年度资产、负债、损益审计。

专项资金审计 完成对贵阳金竹粮食储备仓库2017年度供应金竹镇水淹区农民粮食价差及费用情况的专项审计调查工作。

信息化建设 市审计局建成“数据铁笼”平台，运用数据分析手段加强项目管理力度，规范审计人员执法行为。组建大数据审计分析专业团队，以预算审计全覆盖为突破口，按照“立足实际，现易后难，积极稳妥”的原则推进大数据审计。

（撰稿人：卫小芳）

【六盘水市审计局】 2018年，六盘水市审计局实有51人。党组书记、局长代云盘，党组成员、副局长卢德正、李成培、董巍娜、张立敏，党组成员、总审计师王小月，党组成员、纪检组长邵建梅（—6月），经济责任审计联席会议办公室主任张立敏（兼），政府投资审计中心主任王坤平，调研员邢华。设有办公室、政策法规科、财政审计科、行政事业审计一科、行政事业审计二科、农业与资源环保审计科、固定资产投资审计一科、固定资产投资审计二科、金融与外资审计科、经济责任审计一科、经济责任审计二科、企业审计科、社会保障审计科；下设政府投资审计中心（事业单位）。

审计成果 2018年，六盘水市县两级审计机关完成审计项目77个。查出主要问题金额473.1亿元，审计处理处罚金额48.47亿元，核减固定资产投资1.5亿元，移送纪检监察机关、司法机关处理事项6件。提出审计建议232条，向市委、市政府和省审计厅提交审计专题、综合报告和审计信息173篇次，被批示、采用84篇次。

财政审计 完成市县两级同级财政预算执行情况审计和21个部门预算执行情况审计，查出预算编报不真实不完整25.47亿元、未按规定征收缴纳收入9.89亿元、违规改变项目计划和资金用途1.25亿元。

经济责任审计 完成经济责任审计项目12个，查出违规金额9525万元、管理不规范金额340.91亿元，提出审计建议46条。

固定资产投资审计 完成政府投资结（决）算审计项目29个，审计总金额9.88亿元，核减投资1.5亿元。

民生资金（项目）审计 完成各类民生专项资金审计项目10个，审计专项资金总额38.68亿元，查出主要问题金额3.2亿元。按照贵州省审计厅统一安排，抽派54名审计人员到贵阳市交叉开展保障性安居工程跟踪审计，移送贵阳市纪委监委违纪违规事项2件6人。

其他审计项目 按照省审计厅关于全面落实“全国审计‘一盘棋’下的全省审计‘一盘棋’”的统一部署，抽派150余人参与省审计厅统一组织的贵安新区投资项目审计、保障性安居工程跟踪审计、易地扶贫搬迁项目实施及资金管理使用情况审计、各县（市、特区、区）领导干部经济责任审计、领导干部自然资源资产离任（任中）审计，德江、思南世界银行贷款农村公路项目审计和长江经济带审计等项目，完成省审计厅安排的各项任务。

（撰稿人：王　鹏）

【遵义市审计局】 2018年，遵义市审计局实有32人。党组书记、局长翁永厚，党组成员、副局长李镇薇、张辉，党组成员、总审计师付同涛，调研员雷以怀，副调研员周显能。设有办公室、固定资产投资审计科、财政金融审计科、经济贸易审计科、经济责任审计科、农业与资源环保审计科、行政事业审计科、政策法规科、计算机技术审计科。

审计成果 2018年，遵义市县两级审计机关完成审计项目136个。查出主要问题金额448.3

亿元，其中违规金额14.16亿元、管理不规范金额434.13亿元；审计发现非金额计量问题329个；损益（收支）不实金额363.26亿元；出具审计报告和专项审计调查报告148篇。审计处理处罚金额25.06亿元，其中应上缴财政1.24亿元、应减少财政拨款或补贴5.21亿元、应归还原渠道资金5.54亿元、应调账处理12.8亿元、应缴纳其他资金2700万元；移送司法机关、纪检监察机关和有关部门处理事项31件，移送处理人员15人，移送处理金额900万元。审计促进整改落实有关问题金额22亿元；审计后挽回（避免）损失2100万元；核减投资额6400万元。审计提出建议470条，被采纳333条；推动被审计单位制定整改措施15项；促进被审计单位制定、完善规章制度6项；提交审计信息285篇，被批示、采用89篇。向社会公告审计结果8篇。

财政审计　完成预算执行和财政决算审计项目70个，查出主要问题金额80.05亿元。

经济责任审计　完成经济责任审计项目36个，审计领导干部和国有企业领导人员53人，查出主要问题金额367.34亿元，其中违规金额2.62亿元、损失浪费金额100万元、管理不规范金额36.47亿元。抽调30人参与省审计厅统一组织的全省领导干部自然资源资产离任（任中）审计，协调实施仁怀市市长、正安县县长领导干部自然资源资产离任（任中）审计。

固定资产投资审计　审计核减工程投资额6400万元。汇川区、绥阳县、余庆县、正安县、赤水市、习水县等针对政府投资项目审计和委托社会中介机构参与政府投资建设项目审计工作相继出台相关管理办法，进一步规范投资审计工作。

民生资金（项目）审计　抽调102名审计人员参加全省易地扶贫搬迁专项资金交叉审计，并担任毕节市威宁、赫章、织金等9个县（新区）以及铜仁市石阡县、沿河县的主审。抽调68名审计人员参加2017年全省保障性安居工程跟踪审计，对毕节市、七星关区、织金县、纳雍县、威宁县、赫章县、金沙县、大方县和黔西县2017年保障性安居工程的计划、投资、建设、分配、运营及配套基础设施建设情况进行审计。

（撰稿人：李　励）

【安顺市审计局】　2018年，安顺市审计局实有29人。局长郑玉和，副局长甘宗祥、徐晓艳、汪泽荣，总审计师陈敏，纪检组长徐家猛，固定资产投资审计中心主任陈华，经济责任审计联席会议办公室主任吴宏祥。设有办公室等10个科室，安顺市经济责任审计工作联席会议办公室设在审计局；下设固定资产投资审计中心（事业单位）。

审计成果　2018年，安顺市县两级审计机关完成审计项目86个。查出主要问题金额63.14亿元，其中违规金额11.26亿元、损失浪费金额3.95亿元、管理不规范金额47.93亿元；审计发现非金额计量问题296个；损益（收支）不实金额5亿元；出具审计报告和专项审计调查报告88篇。审计处理处罚金额8.53亿元，其中应上缴财政7535万元、应减少财政拨款或补贴77万元、应归还原渠道资金2.66亿元、应缴纳其他资金1.66亿元、应调账处理金额3.46亿元；移送司法机关、纪检监察机关和有关部门处理事项7件，移送处理金额278万元。审计促进整改落实有关问题资金4.4亿元；审计促进拨付资金到位2737万元；审计后挽回（避免）损失8227万元；核减投资额1.24亿元；审计提出建议337条，被采纳301条；推动被审计单位制定整改措施12项；提交审计信息286篇，被批示、采用94篇次。向社会公告审计结果1篇。

财政审计　对2018年度本级财政、地税、金库开展预算执行情况审计，对3个市直部门开展部门预算执行和财政财务收支审计，发现相关单位未按规定征收缴纳收入1.11亿元，未按规定纳入预算管理资金6692.41万元，应上缴财政1.25亿元。对安顺市第三届石材博览会财务收支、安顺市环保局2017年度专项资金、2018年新型农村合作医疗大病保险资金、安顺驻青岛办事处财务收支进行审计。根据省委巡视组和市委的批示，组织审计力量完成对市旅发委2013年至2018年财务收支审计。

经济责任审计　对供水总公司董事长开展任期经济责任审计，发现挪用污水处理费116.34万元，应缴未缴污水处理费1250.12万元；未及时足额缴纳水资源费368.61万元。对市农科院党委书记，民族宗教事务委员会党组书记、主任开展任期期间经济责任审计。对镇宁县委书记、县长开展任期经济责任审计，发现存在上级下达的生态环境保护目标任务未完成、社会保障政策部分未落实到位、虚增地方财税收入、县财政总预算账务出借资金未及时清理收回等问题。

固定资产投资审计 完成市规划展览馆、安顺市职业技术学院新校区建设的项目跟踪审计、安顺市二环路建设项目竣工决算审计，发现多计工程款8942万元。对未列入审计计划、建设单位直接委托中介机构审计并告知审计机关的项目进行指导，根据审计情况及时提出审计建议，加强项目规范建设，促进相关单位建章立制完善管理制度。

民生资金（项目）审计 根据省审计厅的统一安排，组织实施对涉及安顺市2个极贫乡（镇）前三季度脱贫攻坚资金的跟踪审计，实地抽查项目19个，其中基础设施建设12个、产业发展7个。通过审计发现存在的教育、金融扶贫政策措施落实不精准，建设资金未按合同约定管理使用，项目未按实施方案内容实施、未达到实施方案要求，有的项目未按规定进行公开招标，部分因灾因病返贫的困难群众低保保障政策落实不到位等问题。

企业审计 对安顺黄铺物流园区开发投资有限公司进行审计，发现少计无形资产摊销、购买固定资产直接计入当期管理费用、未严格按照相关合同协议计提核算担保费、融资3.5亿元未报市政府审批等问题。

相关工作 配合完成省委巡视组交办的审计任务；派出2名业务骨干参加省、市的巡视巡察工作。配合黔南布依族苗族自治州审计局、铜仁市审计局对镇宁布依族苗族自治县、紫云苗族布依族自治县的审计。（撰稿人：佟建飞）

【毕节市审计局】 2018年，毕节市审计局实有61人。局长王雄伟，副局长陈志勇、李明祥、项学新，总审计师杨大莲，政府投资审计中心主任陈国忠。设有办公室、法制科、信息科、财政农业审计科、经济责任审计科、企业审计科、行政事业审计科、固定资产投资审计科；下设事业单位政府投资审计中心、经济责任审计办公室。

审计成果 2018年，毕节市县两级审计机关完成审计项目101个。查出主要问题金额428.19亿元，其中违规金额17.59亿元、管理不规范金额410.58亿元；审计发现非金额计量问题236个；损益（收支）不实金额95.96亿元；出具审计报告和专项审计调查报告108篇，被批示、采用105篇次。审计处理处罚金额45.06亿元；移送司法机关、纪检监察机关和有关部门处理事项47件，移送处理人员37人，移送处理金额20.09亿元。审计促进整改落实有关问题资金48.92亿元；审计促进拨付资金到位3.71亿元；移送处理落实事项1件。审计提出建议254条，被采纳202条；推动被审计单位制定整改措施20项；提交审计信息272篇，被批示、采用122篇次。向社会公告审计结果1篇。

大方县党政主要领导干部经济责任审计、黔西县金兰镇党政主要领导干部经济责任审计等2个项目，被省审计厅评为表彰审计项目。

国家重大政策措施落实情况跟踪审计 组织实施中央、省、市重大政策措施落实情况跟踪审计；组织全市审计人员参加全省易地扶贫搬迁资金审计，督促相关单位进行整改，促进政策落实。

财政审计 完成地税税收征管、金库资金收纳、本级财政预算执行和部门预算执行情况审计，揭示非税收入未及时缴入国库、国有资产损失等问题。

经济责任审计 完成44名领导干部的经济责任审计，查出违规违纪金额7200万元、管理不规范金额6.11亿元；移送纪检监察机关及主管部门的问题线索30件，涉及问题金额9800万元。

固定资产投资审计 围绕加强和改进政府投资建设项目管理，促进资金安全有效使用的目标，逐步改变凡投必审、以审代结的思路，形成投资审计法治化、规范化、质量化的新格局。

民生资金（项目）审计 根据省审计厅工作安排，从全市组织55名审计人员，赴黔西南布依族苗族自治州开展保障性安居工程跟踪审计，重点审计政策措施贯彻落实、保障和改善民生绩效、资金筹集管理使用、工程建设管理和住房分配等情况，移送问题线索17件。（撰稿人：蒋　贤）

【铜仁市审计局】 2018年，铜仁市审计局实有50人。局长任廷跃，副局长田仁华、文玉宏、姚茂海，总审计师陈静，纪检组长田峰，经济责任审计工作联席会议办公室主任庞晓旭。设有办公室、审计质量监督复核科、财政金融审计科、监察室、行政事业审计科、经贸科、农业外资科、固定资产投资审计科、经济责任审计一科、经济责任审计二科；下设固定资产投资审计评审中心、审计信息中心等事业单位。

审计成果 2018 年，铜仁市县两级审计机关完成审计项目 127 个。查出主要问题金额 287.83 亿元，其中违规金额 4.38 亿元、损失浪费金额 800 万元、管理不规范金额 283.37 亿元；审计发现非金额计量问题 364 个；损益（收支）不实金额 5.32 亿元；出具审计报告和专项审计调查报告 164 篇。审计处理处罚金额 24.07 亿元；移送司法机关、纪检监察机关和有关部门处理事项 56 件，移送处理人员 7 人。审计促进整改落实有关问题资金 7900 万元；核减投资额 2.28 亿元。审计提出建议 420 条，被采纳 315 条；促进被审计单位建立、健全规章制度 7 项；提交审计信息 270 篇，被批示、采用 143 篇次。向社会公告审计结果 3 篇。

财政审计 完成预算执行及行政事业审计项目 90 个，出具审计报告 123 篇，查出主要问题金额 277.18 亿元。

经济责任审计 对 36 个单位的 56 名领导干部开展经济责任审计，查出违规金额 7900 万元。同步完成对印江土家族苗族自治县、玉屏侗族自治县党政主要领导干部经济责任审计及自然资源资产责任履行情况审计。

固定资产投资审计 完成审计项目 29 个，审计项目投资额 13.56 亿元，核减结决算投资额 2.28 亿元。

专项资金审计 完成审计项目 8 个，审计专项资金总额 29.47 亿元，查出未按规定征收缴纳收入 1100 万元、违规改变项目计划和资金用途 900 万元、资金滞留闲置 7200 万元。

相关工作 组织市县两级审计机关主管领导和业务骨干 100 人，赴南京审计大学参加干部业务能力提升专题培训班。 （撰稿人：陈真平）

【黔西南布依族苗族自治州审计局】 2018 年，黔西南布依族苗族自治州（以下简称黔西南州）审计局实有 38 人。局长雷宪春，副局长沈浩廷、龙敏，总审计师张亚非，经济责任审计办公室主任张时龙。设有办公室、人教科、法规科、财政编制金融审计科、行政事业外资审计科、农林水资源环保社保审计科（政策落实跟踪审计科）、企业审计科、固定资产投资审计科、经济责任审计一科和二科、监察室；下设政府性投资建设项目前置审计中心、决算审核中心（加挂州国家基本建设预结算审核中心）、审计信息技术服务中心。

审计成果 2018 年，黔西南州县两级审计机关完成审计项目 97 个。查出主要问题金额 100.29 亿元，审计处理决定应上缴财政 2.23 亿元、应归还原渠道资金 4.61 亿元、应调账处理金额 17.26 亿元；移送司法、纪检监察和有关部门处理事项 12 件。出具审计报告 97 篇，获州领导批示 9 篇；提出并被采纳审计建议 216 条。

财政审计 审计财税部门和金库 26 个，查出问题 68 个，涉及违规金额 6.74 亿元、管理不规范金额 50.49 亿元，提出审计意见和建议 92 条。受州政府委托向人大常委会作审计工作报告，获全票通过。

经济责任审计 完成经济责任审计项目 14 个，查出违纪违规金额 6200 万元、管理不规范金额 19.28 亿元，向纪委等部门移交涉嫌经济问题 12 项，移送 13 人。配合州委组织部完成离任县处级领导干部监交工作 15 项。配合安顺市审计局对普安县自然资源资产离任（任中）交叉审计。

固定资产投资审计 整合力量进一步加强政府投资工程建设项目竣工结（决）算审计，组织实施政府性投资审计项目 14 项，审减（节约支出）8400 万元；另备案项目 754 项，审减资金 1.27 亿元。

民生资金（项目）审计 组织对晴隆县三宝乡、贞丰县鲁容乡、册亨县双江镇、望谟县郊纳镇等 4 个极贫乡（镇）扶贫项目资金实施跟踪审计。根据省审计厅的安排，对黔东南苗族侗族自治州镇远县实施资源环保交叉审计。实施全州 40 个风景保护区审计调查，形成的调研报告获“全州政府系统 2018 年度大兴调查研究之风破解发展难题竞赛活动优秀成果评选”一等奖。

交办任务 按照省审计厅“一盘棋”要求，

抽调194人次参加保障性安居工程、扶贫、易地移民搬迁、经济责任、自然资源资产、外资、环境保护等11批次审计任务，参与全省审计监督全覆盖。

相关工作 州审计局荣获2015—2017年度“全国文明单位”，获评州直机关党建示范点、州直工会规范化建设示范点和州民族团结进步示范单位。（撰稿人：刘崇方）

【黔东南苗族侗族自治州审计局】 2018年，黔东南苗族侗族自治州（以下简称黔东南州）审计局实有48人。党组书记、局长李昌钦，副局长欧勤远、刘才泉、周小燕，总审计师李志军，纪检组长李万秉，经济责任审计办公室主任朱珠，前置审计中心主任龙家茂。设有办公室、法制科、财政金融审计科、行政事业审计科、固定资产投资审计局、企业与外资运用审计科、农业与资源环保审计科、监察室；下设经济责任审计办公室、政府投资前置审计中心。

审计成果 2018年，黔东南州两级审计机关完成审计项目184个。查出违规金额4.97亿元、管理不规范金额154.53亿元，移送问题线索12件，审计促进整改落实问题资金7.81亿元；提出针对性审计建议623条，被相关单位采纳589条，促进被审计单位制定整改措施15条，建立健全规章制度5件。提交审计信息749篇，被批示、采用662篇次。

财政审计 完成财政预算执行情况审计项目53个，延伸审计单位35个，提出审计建议159条。

经济责任审计 完成对35个单位52名领导干部的经济责任审计，其中自然资源资产审计离任（任中）审计项目2个。查出主要问题金额37.61亿元，审计处理处罚金额3000万元，移送处理事项2件，涉及金额2500万元。

固定资产投资审计 完成39个政府投资项目的竣工决算审计，核减投资1.79亿元。对社会中介库50家备选单位中的41家参审中介机构进行考核，其中考核为优秀等次39家中介机构下年度将继续使用。停止2家中介机构参与政府委托审计工作的资格。

民生资金（项目）审计 完成2017年度全州保障性安居工程跟踪审计，实施易地扶贫搬迁审计，开展4个省级极贫乡镇脱贫攻坚资金跟踪审计，开展国家扶贫开发重点县扶贫政策落实及资金管理使用审计，开展全州扶贫产业子基金投资项目审计，开展6个贫困县减贫摘帽扶贫资金专项审计，实施2017年度全州东西部协作杭州市对口帮扶资金审计。

企业审计 完成对8家州属国有企业的审计，摸清企业经营管理情况，推动完善建章立制，规范经营管理。（撰稿人：吴永海）

【黔南布依族苗族自治州审计局】 2018年，黔南布依族苗族自治州（以下简称黔南州）审计局实有40人。局长李先文，副局长罗宪平、林雪洪，总审计师冯丽芳，纪检组长司文丽，经济责任审计联席会议办公室主任杨爱民，调研员管跃敏。设有办公室、政策法规科、财政金融审计科、社保与行政事业审计科、农业与资源环保审计科、经济责任审计科、经贸外资审计科、固定资产投资审计科；下设固定资产投资审计中心。

审计成果 2018年，黔南州审计机关完成审计项目162个。查出主要问题金额125.82亿元。其中违规金额13.27亿元、管理不规范金额112.46亿元；审计处理处罚金额81.38亿元；审计发现非金额计量问题494个；审计促进整改落实有关问题金额14.48亿元；审计促进拨付资金到位13.96亿元；审计后挽回（避免）损失15.04亿元。移送司法机关、纪检监察机关和有关部门处理事项29件，涉及18人。出具审计报告151篇，被批示、采用10篇；提交审计信息244篇，被批示、采用79篇。提出审计建议541条，被采纳488条，被审计单位制定整改措施3项；向社会公告审计结果1篇。

罗甸县2016年12月贯彻落实稳增长等政策措施情况跟踪审计，被省审计厅评为市州表彰审计项目。

财政审计 完成65个预算执行和财政决算类审计项目，查出问题金额120.92亿元。州审计局代表州政府所作的审计工作报告和审计查出突出问题整改情况的报告，被州人大常委会审议通过。

经济责任审计 完成对22名领导干部的经济责任审计，查出主要问题金额97.3亿元。在省审计厅统一组织下开展对罗甸、长顺两县党政领导干部自然资源资产离任（任中）审计。州委、州政府印发《黔南州领导干部自然资源资产离任审计实施方案》。

固定资产投资审计 完成投资审计项目74个，涉及金额40.69亿元，核减工程款6.03亿元。印发《黔南州人民政府办公室关于进一步加强政府投资项目建设管理和审计监督的通知》。

民生资金（项目）审计 组织选派200余人次参加和开展保障性安居工程、易地扶贫搬迁、国家级贫困县扶贫资金、极贫乡镇脱贫攻坚资金及广州市扶贫协作和对口支援资金审计等项目。

相关工作 2名审计干部被省委评为“全省脱贫攻坚优秀第一书记”，其中1名获得全国审计机关“十佳第一书记”，受到审计长接见。

（撰稿人：韦昭丽）

2018年贵州省所辖区、县(市)级审计工作统计表

金额单位:万元

审计机关	完成审计项目/个	审计查出主要问题金额	审计发现非金额计量问题/个	审计期间整改金额	出具审计报告和审计调查报告/篇	审计处理情况		审计促进整改落实有关问题资金	审计提出建议/条	提交审计信息/篇
						审计处理处罚金额	移送处理事项/件			
贵阳市										
贵阳市本级	28	6114682	99	5512	31	29759	5	193	66	110
南明区审计局	10	49353	44	48265	10	49353	1	49035	29	73
云岩区审计局	12	79023	22		12				12	117
花溪区审计局	7	275919	68	7	7	251	12		33	83
乌当区审计局	8	271046	15	280	8	438	7	389	31	62
白云区审计局	8	560898	14	3283	10	6399	1	6399	26	78
观山湖区审计局	9	316067	32		9	237766		237766	33	141
清镇市审计局	9	195304	11		9	43271		43147	12	46
开阳县审计局	10	84418	7	489	10	40316	1	1	17	57
息烽县审计局	9	83035	32		9	7209	1		32	55
修文县审计局	6	112369	7	271	6				16	70
六盘水市										
六盘水市本级	26	3668874	321	40	26	283007		101883	70	85
钟山区审计局	16	263568	21	28629	16	192266	2	30139	45	15
六枝特区审计局	10	7875	11	1364	10	3145		335	25	42
盘州市审计局	9	407958	36		9	5000	4		40	19
水城县审计局	16	382535	3	7	16	1285		1166	52	12
遵义市										
遵义市本级	15	3865359			13000		3	18	52	1
红花岗区审计局	10	937	189			746	4	10	20	
汇川区审计局	6	905	18	136				6	15	63
播州区审计局	10	19848	7	1411	11058	7234		11	27	33

（续表）

审计机关	完成审计项目/个	审计查出主要问题金额	审计发现非金额计量问题/个	审计期间整改金额	出具审计报告和审计调查报告/篇	审计处理情况		审计促进整改落实有关问题资金	审计提出建议/条	提交审计信息/篇
						审计处理处罚金额	移送处理事项/件			
赤水市审计局	10	96688					2	17	28	37
仁怀市审计局	11	207045					3	11	50	10
桐梓县审计局	9	46949			18	384	9	9	24	24
绥阳县审计局	7	7436				11	5	8	16	
正安县审计局	5	5227	11		109	3998		4	8	
道真仡佬族苗族自治县县审计局	9	66533	516		319	64965		9	18	
务川仡佬族苗族自治县审计局	10	73983	8	50458	3479	14382	1	10	30	
凤冈县审计局	9	6571	3359		33			9	14	41
湄潭县审计局	8	61816	2274	8	24500	34973		8	27	38
余庆县审计局	5	11293	1490	7		338		6	26	16
习水县审计局	9	6729	3736	105	35	755	2	9	90	5
新蒲新区审计局	3	5673	750		2805	216	2	3	25	17
安顺市										
安顺市本级	24	631074			85	68429	7	85	320	271
西秀区审计局	10	15532			10	10719	3	10	44	48
平坝区审计局	13	11198			14			14	41	21
普定县审计局	10	71462			10	575		10	55	39
镇宁布依族苗族自治县审计局	8	6991			10	635		10	16	8
关岭布依族苗族自治县审计局	10	7740			10	6175	1	10	28	26
紫云苗族布依族自治县审计局	4	138375			4	47		4	12	8
开发区审计局	3	12755			3	412		3	13	24
黄果树审计局	4	2801			4	2801	1	4	14	24
毕节市										
毕节市本级	18	373163	110	3171	20	159598	12	9407	49	51
七星关区审计局	4	2484362	2	4	4	73529	5	4	5	2
大方县审计局	10	165493	14	21	7	145821	8	89548	34	22
黔西县审计局	8	74389	8	239	8	7027	16	6906	30	118
金沙县审计局	11	561522	14	1051	17	23562	1	378586	28	
织金县审计局	9	155328	8		9	771		711	16	

（续表）

审计机关	完成审计项目/个	审计查出主要问题金额	审计发现非金额计量问题/个	审计期间整改金额	出具审计报告和审计调查报告/篇	审计处理情况		审计促进整改落实有关问题资金	审计提出建议/条	提交审计信息/篇
						审计处理处罚金额	移送处理事项/件			
纳雍县审计局	12	338463	18	10	11	1396	1	1050	13	11
威宁彝族回族苗族自治县审计局	12	5649	35		12	1345		2919	32	14
赫章县审计局	11	123382	17		11	37321	3		27	2
百里杜鹃管理区审计局	6	103	8	106	9	188	1	49	20	52
铜仁市										
铜仁市本级	19	1119094	183	412	25	14110	8	1820	85	42
碧江区审计局	10	467278	27	10	13	10807	5	959	35	22
万山区审计局	13	109664	8		17	91	1	36	38	30
江口县审计局	8	60126	2	90	8	2568	4	1809	24	16
玉屏侗族自治县审计局	10	20423	20	23	12	6370	1		26	6
石阡县审计局	9	11015	53	3036	13	6170	23		44	15
思南县审计局	11	175050	29	247	15	104	6	26	48	23
印江土家族苗族自治县审计局	9	476005	12	1936	12	45887		3308	26	40
德江县审计局	12	107003	5		18	159			29	38
沿河土家族自治县审计局	10	319213	22	2	11	152706	6		40	2
松桃苗族自治县审计局	16	13433	3	3854	20	1716	2		45	36
黔西南布依族苗族自治州										
黔西南布依族苗族自治州本级	23	218563	128	2329	25	57867	5	11504	57	155
兴义市审计局	8	172710	3	7626	9	172559		9056	24	41
兴仁市审计局	9	188843	4	2	9				15	30
普安县审计局	7	182742	10	2772	8	1	1	15164	16	34
晴隆县审计局	9	40646	19	351	10	829	2	829	26	32
贞丰县审计局	9	52036	6	79	12	913		913	21	30
望谟县审计局	9	76209	18		10			3891	21	11
册亨县审计局	11	2206	5	211	13	2206		221	23	30
安龙县审计局	7	50074	20		7		4	46750	51	1
义龙新区审计局	5	17365	12	650	5	10083		1143	19	11

（续表）

审计机关	完成审计项目/个	审计查出主要问题金额	审计发现非金额计量问题/个	审计期间整改金额	出具审计报告和审计调查报告/篇	审计处理情况		审计促进整改落实有关问题资金	审计提出建议/条	提交审计信息/篇
						审计处理处罚金额	移送处理事项/件			
黔东南苗族侗族自治州										
黔东南苗族侗族自治州本级	21	415895	317	6555	21	8287	4	1075	97	83
凯里市审计局	11	13864	2	13531	11	274			46	14
黄平县审计局	9	145319	3	51	9	43144	2	95	12	11
施秉县审计局	7	46793	7	4345	7	15		15	14	30
三穗县审计局	12	64736	14	1040	12	39611		39611	47	61
镇远县审计局	10	45225	3	267	10	41	1		18	43
岑巩县审计局	10	3834	45	3143	10	390	2	130	41	110
天柱县审计局	10	15275	18	1447	10	12113		8167	31	41
锦屏县审计局	9	56814	5	1595	9	706		5	23	65
剑河县审计局	8	302426	12	2083	8				21	26
台江县审计局	7	42804	3	5	7	61		61	11	12
黎平县审计局	14	27749	5	465	14	17456		3954	38	18
榕江县审计局	14	184341	36		14	1587		287	27	79
从江县审计局	8	4002	24	3999	8	2	2	2	52	25
雷山县审计局	14	94344	74		14	2013	1	109	41	27
麻江县审计局	8	59687	5	2623	8	4365		3585	22	81
丹寨县审计局	12	22230	5		12	20988		20966	82	23
黔南布依族苗族自治州										
黔南布依族苗族自治州本级	12	616145	315	258	12	534955	2	7299	42	54
都匀市审计局	8	99557	26	2299	8	13859	2	13938	30	92
福泉市审计局	7	78743	5	1346		8943	9	1849	9	
荔波县审计局	7	21548	28	20	6	10886	1	8145	13	1
贵定县审计局	6	9395	3		6		1	4	26	7
瓮安县审计局	8	41357	5	7462	3	41357	2	21905		
独山县审计局	9	128974	8	37565	9	128974	3	37565	32	42
平塘县审计局	10	35267	20	526	10	3806	1	3041	28	2
罗甸县审计局	10	99763	36	2619	10	1223		19219	34	
长顺县审计局	8	15629	14	884	8	15636	1	10467	29	4
龙里县审计局	63	82578	15	2736	63	43826	7	11682	60	37

（续表）

审计机关	完成审计项目/个	审计查出主要问题金额	审计发现非金额计量问题/个	审计期间整改金额	出具审计报告和审计调查报告/篇	审计处理情况		审计促进整改落实有关问题资金	审计提出建议/条	提交审计信息/篇
						审计处理处罚金额	移送处理事项/件			
惠水县审计局	8	18255	18	8599	11	9823		9585	238	
三都水族自治县审计局	6	10975	1	154	5	562		79		5

云南省

【云南省审计厅】 2018年，云南省审计厅实有326人。设有办公室、审计委员会办公室秘书处、计划财务处、法规处、审理督查处、电子数据审计处、财政审计处、行政事业审计处、农业农村审计处、固定资产投资审计一处、固定资产投资审计二处、金融审计处、企业审计处、社会保障审计处、自然资源和生态环境审计处、涉外审计处、经济责任审计一处、经济责任审计二处、经济责任审计三处、派出审计一处、派出审计二处、派出审计三处、派出审计四处、派出审计五处、派出审计六处、派出审计七处、派出审计八处、派出审计九处、派出审计十处、派出审计十一处、派出审计十二处、派出审计十三处、派出审计十四处、派出审计十五处和机关党委（人事处）、离退休人员办公室；下设机关服务中心、审计科研培训中心、计算机技术中心、内部审计指导中心4个事业单位。

领导成员

厅　　长：吴绍吉
副 厅 长：王洪斌（10月—）　谢　健
　　　　　苏　莉　李　芸　杨晓源
　　　　　谢　凡（3月—）
纪检组长：龚学艺
巡 视 员：任晓珍（—3月）
副巡视员：桑　锐（—4月）
省政府国有企业监事会主席：
　　　　　付　霞（10月—）
　　　　　李国沛（10月—）
　　　　　李明秋（10月—）
　　　　　单治光（10月—）
重点项目稽查特派员：刘晓云（10月—）
　　　　　任　安（10月—）
　　　　　聂继媛（10月—）
　　　　　曹永恒（10月—）
　　　　　刘艳清（10月—）
　　　　　徐绍文（10月—）

审计成果 2018年，云南省市县三级审计机关完成审计项目8023个，其中专项审计调查项目251个。查出主要问题金额2791.72亿元，其中违规金额317.39亿元、损失浪费金额29.84亿元、管理不规范金额2444.49亿元；审计发现非金额计量问题23434个；损益（收支）不实金额71.91亿元；审计发现侵害人民群众利益3.2亿元；出具审计报告和专项审计调查报告8600篇。审计处理处罚金额499.95亿元，其中应上缴财政72.82亿元、应减少财政拨款或补贴32.9亿元、应归还原渠道资金177.44亿元、应缴纳其他资金20.41亿元、应调账处理金额196.38亿元；移送司法机关、纪检监察机关和有关部门处理事项690件，移送处理人员337人，移送处理金额107.13亿元。审计促进整改落实有关问题资金318.74亿元；审计促进拨付资金到位23.7亿元；审计后挽回（避免）经济损失59.14亿元；核减投资额95.12亿元；移送处理落实事项183件。审计提出建议21338条，被采纳19817条；推动被审计单位制定整改措施332项，促进被审计单位建立、健全规章制度293项；提交审计信息4886篇，被采用1739篇次。向社会公告审计结果3984篇。

国家重大政策措施落实情况跟踪审计 坚持

以促进重大政策措施贯彻落实为主线，连续第5年开展重大政策措施落实情况跟踪审计。全年审计单位3517个（次）、项目7381个，分4次上报11个方面的审计报告，反映问题60个，涉及金额289.17亿元。组织对8个州市“放管服”改革情况审计，促进出台制度措施29项。

财政审计 开展5个州市本级5个县的政府债务和隐性债务情况审计调查。在省本级和16个州市本级财政决算审计中，初步构建财政大数据审计格局，连续2年对129家省级一级预算单位实现审计全覆盖。在全省地税系统税收征管和发改系统预算执行一条线审计中，揭示的行业性、倾向性问题，引起省委、省政府领导的高度重视，在全省开展专项治理。

经济责任审计 联合省纪委、省委组织部等7个部门出台审计全覆盖实施意见、分类管理、任前告知、年度报告、离任交接5项制度。全省审计机关对953名领导干部开展经济责任审计，对1510名领导干部进行任前告知，完成离任交接项目197个。

固定资产投资审计 根据《云南省政府投资建设项目审计办法》出台实施意见，全省修订地方性规章52项，出台相关制度144个，清理退出不具备审计条件的项目226个，要求限时完成审计项目787个，推动政府投资审计实现重点项目决算审计有计划地实施事后监督、重点工程跟踪审计有计划地阶段性进行、招投标前置审计有计划地稳步退出“三个有计划”转向。组织开展全省35条在建高速公路专项审计调查和阶段性跟踪审计。

民生资金（项目）审计 制订脱贫攻坚战三年行动审计方案、乡村振兴战略审计实施意见，加大对民生资金、项目的审计力度。采取“滚动计划、统筹实施、横向到边、纵向到底”的方式，开展30个县的扶贫审计、121个县异地扶贫搬迁“一条线”审计。组织开展全省保障性安居工程跟踪审计，审计项目638个，入户调查6752户。上报的3篇审计信息被审计署采用并得到国务院有关领导批示。

农业与资源环保审计 贯彻落实省委办公厅、省政府办公厅出台的《关于贯彻执行〈领导干部自然资源资产离任审计规定（试行）〉的通知》，全面推开领导干部自然资源资产离任审计，全年共开展审计项目195个，通过审计促进各级领导干部严格落实生态文明建设主体责任。组织开展3个州（市）长江经济带生态环境保护审计，发现问题48个、移送处理事项3件。持续开展九大高原湖泊保护治理“十三五”规划实施情况审计，审计单位88家，抽查项目80个，抽查资金25.87亿元。

金融审计 聚焦防范和化解金融风险，开展省金融办、云南资本运营公司、富滇银行等金融机构审计，揭示推进金融监管不到位，信贷风险管理流于形式，内控制度不健全、不落实，部分人员失职、渎职，造成重大经济损失等问题，移送案件线索9件，涉及57人。

外资运用审计 根据审计署授权，开展世界银行贷款云南城市环境建设项目、世界银行贷款昆明城市轨道交通项目等11个国外贷援款项目的财务收支及项目执行情况审计。审计结果得到亚洲开发银行和世界银行等国际金融组织的充分肯定，有效推动各相关单位合理规范利用外资，切实维护政府公信力和对外履约信誉。

企业审计 推进国有企业和国有资本审计全覆盖，开展省交通运输厅原所属56户划转企业纳入省级经营性国有资产统一监管落实情况跟踪审计，促进企业管理体制改革顺利推进。探索开展省建设投资控股集团有限公司、省能源投资集团有限公司境外国有资产投资、运营和管理情况专项审计，促进加快研究制定完善境外投资管理、责任追究和外部监督等制度，加强对国有企业境外投资经营行为的规范和风险管控。

专项资金审计 开展昆明高新技术产业开发区等8个开发区以及省水文水资源局2017年度财政财务收支审计，揭示预算管理、财政财务收支、建设用地征管用等5大类70个问题。开展地方政府债券资金审计，抽查1672个单位、5998个项目。

交办任务 应省委组织部、省委巡视办、省纪委等部门要求，派出审计人员27批74人次参与巡视、督查、配合专案、专项检查等工作。抽调人员按照工作要求，发挥审计人员专业技能，做好交办工作，得到抽调部门的肯定和好评，展示审计干部队伍的良好形象。

信息化建设 稳步推进“金审工程”三期建设，初步完成建设方案及安全体系方案的编制。健全完善数字化审计数据基础，完成财政、税收、社保、住房、车辆、工商、民政、国有企业等行业数据归集，归集数据68TB。持续深入推进财政、社保大数据审计平台升级应用，财政联网审计在16个州市审计机关全面推开，采集处理9.32万个单位503.9GB近1.5亿条数据。强化信息化审计人才队伍的建设，开展2期计算机审计中级培训、1期大数据审计分析应用培训。

审计科研 立足审计实践开展理论创新研究，不断提高审计服务国家治理水平。《云南省地方政府性债务风险防控研究》和《云南省国有企业债务性风险防控研究》2个课题顺利通过评审结题。开展审计全覆盖、审计职业化建设等9个专题调研，5个调研成果被审计署采用。推进领导干部自然资源资产离任审计评价办法课题研究，完成2个州市的试点，形成初步成果。

审计管理体制改革 省委审计委员会办公室挂牌，召开省委审计委员会第一次会议。省审计厅“三定”方案得到批复，省发展改革委、省财政厅、省国资委转隶的76名人员通过培训到岗到位。人财物统一管理改革稳中有进，完成省以下审计机关资产上划，首次完成对8个州市的综合考核，首次与州市审计机关主要负责人签订党建和党风廉政责任书，首次完成州市审计机关主要负责人向厅党组述职报告工作。

内部审计 组织召开全省内部审计工作座谈会，制定出台《云南省审计厅关于加强内部审计工作的意见》《云南省内部审计培训办法》《云南省内部审计文书基本格式》等7项制度规定。强化内部审计人才培养，举办培训班6期，培训人员750余人次；精心组织国际内部注册审计师（CIA）考试，共有562人取得国际内部注册审计师资格。全省1769个内部审计机构，完成审计项目9948个，审计资金总额8678.78亿元，促进增收节支3.41亿元。

相关工作 开展“万名党员进党校”活动，实现党的十九大精神培训全省全员覆盖；推进支部规范化建设和“基层党建巩固年”活动，推广运用“云岭先锋”App；参加省直机关“双微”实操比赛获二等奖；在全省审计机关集中开展纪律作风专项整治月活动，夯实管党治党政治责任；健全干部培养机制，选派25名年轻干部进行轮岗交流或挂职锻炼；持续推进精神文明建设，新增省级文明单位21家，全省建成各级文明单位137家，云南审计系统连续保持“省级文明行业”称号。

（撰稿人：崔龙封）

【昆明市审计局】 2018年，昆明市审计局实有123人。局长陈静（4月—），副局长林英、陈林、后文杰、杜建宝，总审计师龚迎燕（2月—），经济责任审计办公室主任智云。设有办公室、法规处、财政审计处、金融审计处、行政事业审计处、企业审计处、农业与资源环保审计处、社会保障审计处、固定资产投资审计处、涉外审计处、信息处、审计执行检查处、内部审计办公室、经济责任审计一处、经济责任审计二处、经济责任审计三处、人事教育处（离退休办）、机关党委；下设投资审计中心（事业单位）。

审计成果 2018年，昆明市审计机关完成审计项目766个，其中专项审计调查项目19个。查出主要问题金额312.85亿元，其中违规金额14.79亿元、损失浪费金额32.15万元、管理不规范金额298.06亿元；审计发现非金额计量问题311个；损益（收支）不实金额3.76亿元；审计发现侵害人民群众利益1.95亿元；出具审计报告和专项审计调查报告827篇。审计处理处罚金额74.05亿元，其中应上缴财政12.08亿元、应减少财政拨款或补贴5.32亿元、应归还原渠道资金40.83亿元、应缴纳其他资金3.52亿元、应调账处理金额12.3亿元；移送司法机关、纪检监察机关和有关部门处理事项57件，移送处理人员50人，移送处理金额9071.28万元。审计促进整改落实有关问题金额28.56亿元；审计促进拨付资金到位274.7万元；审计后挽回（避免）损失5.11亿元；核减投资额16.11亿元；移送处理落实事项9件。审计提出建议2280条，被采纳1995条；促进被审计单位建立、健全规章制度10项；提交审计信息581篇，被批示、采用191篇次。向社会公告审计结果559篇。

国家重大政策措施落实情况跟踪审计 组织开展昆明区域性国际中心城市建设、城镇棚户区及城乡危房改造、地方政府债券资金管理、九大高原湖泊保护治理等政策措施落实情况审计。

财政审计 组织开展税收征管联网审计，对市移民局等49家一级预算单位开展全覆盖审计，对西郊安置所等15家事业单位进行审计调查。

经济责任审计 对16名市管领导干部开展经济责任审计，发现问题135个，移送处理事项5件。完成昆明云内动力股份公司董事长经济责任审计。首次运用地理信息系统开展领导干部自然资源资产离任审计。

固定资产投资审计 完成环湖南路古城段提升改造等竣工决（结）算审计项目16个，对33个重点建设项目进行跟踪审计。

民生资金（项目）审计 开展保障性安居工程审计和寻甸县专项扶贫审计；在发改系统一条线审计中，重点关注易地扶贫搬迁项目建设和资金使用情况。

其他审计项目 完成12家融资平台公司专项审计调查。开展昆明公共自行车服务系统、工业引导资金等专项审计，全年完成农业与资源环保审计项目22个。

信息化建设 深化财政联网“1拖15”审计管理系统运用；完成431个单位1069个电子账套的采集、转换，归集数据334GB。

相关工作 完成19名科级正职竞争上岗和12名干部轮岗；组织专业技能培训1168人次；筹措、协调148万元进行挂钩帮扶工作。

（撰稿人：李吉鹏）

【曲靖市审计局】 2018年，曲靖市审计局实有53人。局长郭建春，副局长张乔明、王清林、徐安民、吴兴斌，经济责任审计局局长李启功，副调研员陈健、缪仑、陈守忠。设有办公室、法规科、科技信息科、财政审计科、经济责任审计科、投资审计一科、投资审计二科、经贸审计科、社会保障审计科、行政事业审计科、农业审计科、资源环保审计科、金融与外资运用审计科。

审计成果 2018年，曲靖市审计机关完成审计项目550个，其中专项审计调查项目8个。查出主要问题金额33.91亿元，其中违规金额2.5亿元、管理不规范金额31.41亿元；审计发现非金额计量问题332个；损益（收支）不实金额2.29亿元；出具审计报告和专项审计调查报告631篇。审计处理处罚金额2.33亿元，其中应上缴财政2.01亿元、应归还原渠道资金1384.45万元、应调账处理金额1849.89万元；移送司法机关、纪检监察机关和有关部门处理事项15件，移送处理人员10人，移送处理金额3543.48万元。审计促进整改落实有关问题资金2.33亿元；审计促进拨付资金到位7335.34万元；审计后挽回（避免）经济损失3.35亿元；核减投资额3.35亿元；移送处理落实事项11件。审计提出建议1061条，被采纳1043条；促进被审计单位建立、健全规章制度8项；提交审计信息341篇，被采用213篇次。向社会公告审计结果423篇。

麒麟区农业局2015年度预算执行及其他财政财务收支情况审计项目被省审计厅评为优秀审计项目。

财政审计 完成财政决算审计项目39个，预算执行审计项目144个，其中市级一级预算单位预算执行实现审计全覆盖。

经济责任审计 完成经济责任审计项目79个，查出违规金额914.58万元，促进增收节支655.2万元。开展2个县和9个乡镇党政主要领导干部自然资源资产离任审计项目11个。

固定资产投资审计 完成政府投资工程竣工决算审计项目227个，核减工程投资额3.35亿元。

民生资金（项目）审计 组织对9个县（市、区）保障性安居工程跟踪审计、易地扶贫搬迁“一条线”审计；开展对宣威、富源、会泽、马龙、师宗等县（市）13个贫困乡（镇、街道）、374个贫困村脱贫攻坚政策落实情况专项审计。

企业审计 完成市（县）属国有企业审计项目42个，查出主要问题金额4.38亿元。

相关工作 开展纪律作风专项整治月活动，审计队伍建设、纪律作风、机关管理得到明显改进和加强；完成内控体系建设试点，出台更新16项内部管理制度，编制完成《内部控制管理手册（试行）》。

（撰稿人：陈守忠）

【玉溪市审计局】 2018年，玉溪市审计局实有65人。局长曾敏（—2月）、方洪（3月—），副局长许立贞、李国录，副调研员王宇、刘家伟、田伟。设有办公室、法规科、信息科、财政金融审计科、经济责任审计一科、经济责任审计二科、农业与资源环保审计科、经贸与社会保障审计科、行政与科教文卫审计科、固定资产投资前置审计科、固定资产投资决算审计科；下设投资审计中心（事业单位）。

审计成果 2018 年，玉溪市县两级审计机关完成审计项目 672 个，其中专项审计调查项目 10 个。查出主要问题金额 262.84 亿元，其中违规金额 15.02 亿元、损失浪费金额 140.91 万元、管理不规范金额 247.81 亿元；审计发现非金额计量问题 520 个；损益（收支）不实金额 12.57 亿元；出具审计报告和专项审计调查报告 728 篇。审计处理处罚金额 15.71 亿元，其中应上缴财政 12.98 亿元、应减少财政拨款或补贴 411.49 万元、应归还原渠道资金 6296.44 万元、应缴纳其他资金 36.26 万元、应调账处理金额 2.06 亿元；移送司法机关、纪检监察机关和有关部门处理事项 111 件，移送处理人员 36 人，移送处理金额 1.06 亿元。审计促进整改落实有关问题资金 9.97 亿元；审计促进拨付资金到位 4097.72 万元；审计后挽回（避免）经济损失 24.37 亿元；核减投资额 24.35 亿元；移送处理落实事项 23 件。审计提出建议 1368 条，被采纳 1292 条；促进被审计单位建立健全规章制度 20 项；提交审计信息 536 篇，被采用 247 篇次。向社会公告审计结果 564 篇。

国家重大政策措施落实情况跟踪审计 完成城镇棚户区及农村危房改造、易地扶贫搬迁、玉溪三湖治理、减税降费等政策措施落实情况审计。

财政审计 开展地税税收征管审计、政府债券资金审计、市本级及高新区预算执行审计，首次对 25 家市级一级预算单位开展全覆盖审计调查。

经济责任审计 出台全覆盖实施意见及 4 个配套制度，完成 77 名领导干部经济责任审计，开展任前告知项目 54 个。开展 1 个县和 10 个乡镇领导干部自然资源资产离任审计项目。

固定资产投资审计 全面停止前置审计，研究制定中介机构参与政府投资审计管理办法和考核细则，全年开展投资审计项目 454 个。

民生资金（项目）审计 开展保障性安居工程实施跟踪审计，在易门等 2 个县脱贫攻坚审计中抽查安置点 33 个，移送处理事项 3 件。

农业与资源环保审计 完成 54 个抚仙湖流域生态保护修复工程跟踪审计项目。

交办任务 抽调 30 人完成省、市巡察、专案、督查及其他交办工作 10 项。

信息化建设 完成市级 199 家部门单位财务和业务数据采集，完成审计工作智慧管理平台部署，启动大数据分析平台和大数据监测中心建设。

（撰稿人：段旭晖）

【保山市审计局】 2018 年，保山市审计局实有 35 人。局长李东伟，副局长李红霞、胡艳顺、杨国寿。设有办公室、财政金融审计科、行政事业审计科、农业与资源环保审计科、社会保障审计科、经济责任审计一科、经济责任审计二科、经贸审计科、固定资产投资审计一科、固定资产投资审计二科、电子数据审计科、法规科、内部审计指导科。

审计成果 2018 年，保山市县两级审计机关完成审计项目 474 个，其中专项审计调查项目 32 个。查出主要问题金额 44.55 亿元，其中违规金额 7.89 亿元、管理不规范金额 36.66 亿元；审计发现非金额计量问题 532 个；损益（收支）不实金额 1.17 亿元；出具审计报告和专项审计调查报告 516 篇。审计处理处罚金额 25.67 亿元，其中应上缴财政 2.08 亿元、应减少财政拨款或补贴 1.55 亿元、应归还原渠道资金 4.19 亿元、应缴纳其他资金 3053.32 万元、应调账处理金额 17.54 亿元；移送司法机关、纪检监察机关和有关部门处理事项 82 件，移送处理人员 49 人，移送处理金额 5470.21 万元。审计促进整改落实有关问题资金 25.51 亿元；审计促进拨付资金到位 205.59 万元；审计后挽回（避免）经济损失 2.58 亿元；核减投资额 5.89 亿元；移送处理落实事项 17 件。审计提出建议 1561 条，被采纳 1561 条；提交审计信息 240 篇，被采用 87 篇次。向社会公告审计结果 331 篇。

隆阳区芒宽乡原党委书记经济责任审计项目被省审计厅评为优秀审计项目；昌宁县 2016 年度预算执行及其他财政收支审计、腾冲市腾越镇村级财务收支审计项目被省审计厅评为表彰审计项目。

国家重大政策措施落实情况跟踪审计 组织完成地方政府债券管理使用、城镇棚户区及农村危房改造、精准脱贫等重大政策措施落实情况审计。

财政审计 首次对市本级财政决算草案编制进行审计，采用“22＋3”模式首次开展市级部门预算执行全覆盖审计，连续3年对“三公”经费进行跟踪审计。

经济责任审计 制定《保山市领导干部自然资源资产离任审计工作规划（2016—2020）》，对37名领导干部开展经济责任审计。

固定资产投资审计 组织开展重点建设项目竣工决算审计、跟踪审计项目8个，核减工程款5.88亿元。

民生资金（项目）审计 制订《保山市审计局扶贫攻坚跟踪审计五年计划》，持续开展保障性安居工程和脱贫攻坚跟踪审计。

相关工作 制订党风廉政建设工作计划，建立领导班子成员与县级审计机关挂钩指导制度；组织承办全省审计机关精神文明建设现场推进会，市审计局连续保持“全国文明单位”称号，昌宁县审计局建成全省县级审计机关全国文明单位。

（撰稿人：林　洲）

【昭通市审计局】 2018年，昭通市审计局实有64人。局长李绍军，副局长赵萍、郑成才、雷凤德、李文胜、秦绍平，总审计师王加良，经济责任审计办公室主任陈道义，调研员王兴宝，副调研员曹廷义。设有办公室、法制科、财政审计科、固定资产投资审计科、固定资产投资前置审计科、外资金融审计科、行政事业审计科、社会保障审计科、农业与资源环保审计科、经济责任审计一科、经济责任审计二科；下设计算机技术中心、投资审计中心2个事业单位。

审计成果 2018年，昭通市审计机关完成审计项目473个，其中专项审计调查项目45个。查出主要问题金额133.72亿元，其中违规金额16.74亿元、损失浪费金额828万元、管理不规范金额116.9亿元；审计发现非金额计量问题543个；损益（收支）不实金额7.42亿元；出具审计报告和专项审计调查报告473篇。审计处理处罚金额27.61亿元，其中应上缴财政3.47亿元、应减少财政拨款或补贴5.6亿元、应归还原渠道资金6.23亿元、应缴纳其他资金4.34亿元、应调账处理金额7.98亿元；移送司法机关、纪检监察机关和有关部门处理事项55件，移送处理人员30人，移送处理金额25.44亿元。审计促进整改落实有关问题资金35.2亿元；审计促进拨付资金到位376.2万元；审计后挽回（避免）经济损失809.12万元；核减投资额6.49亿元；移送处理落实事项33件。审计提出建议1220条，被采纳1194条；提交审计信息214篇，被采用164篇次。向社会公告审计结果99篇。

昭通市交通建设投资开发集团公司2011—2015年度资产负债损益审计、昭通市城市建设投资开发公司2011—2015年度资产负债损益审计和永善县扶贫办2016年度预算执行和其他财政财务收支审计等3个项目，被省审计厅评为优秀审计项目。

国家重大政策措施落实情况跟踪审计 开展保障性安居工程、脱贫攻坚等重大政策措施贯彻落实审计项目36个。

财政审计 开展市本级财政预算执行及决算草案审计、地税税收征管审计等项目24个；对75个市级一级预算单位开展全覆盖审计调查。

经济责任审计 全市共开展领导干部经济责任审计项目50个。

固定资产投资审计 完成投资项目竣工决算审计、跟踪审计项目115个，核减投资额6.13亿元。

民生资金（项目）审计 组织开展保障性安居工程审计、扶贫攻坚审计、城镇职工大病补充医疗保险及城镇居民大病医疗审计等。

相关工作 组织100名审计干部到厦门大学、上海财经大学开展综合能力提升培训，组织100名党员干部到延安开展党性修养提升培训。市审计局连续保持“全国文明单位”称号，镇雄、彝良等9个县（市）审计局继续保持“省级文明单位”称号。

（撰稿人：杜永富）

【丽江市审计局】 2018年，丽江市审计局实有34人。局长赵怀，副局长冷德华、李新梅、周启彬，经济责任审计办公室主任钱万定，调研员陈秀英，副调研员木少志。设有办公室、法规科、财金审计科、农业与资源环保审计科、经贸投资审计科、行政事业审计科、内部审计指导科、经济责任审计办公室、电子数据审计科；下设投资审计中心（事业单位）。

审计成果 2018年，丽江市县两级审计机关完成审计项目317个，其中专项审计调查项目5个。查出主要问题金额140.06亿元，其中违规金额3.42亿元、损失浪费金额148.42万元、管理不规范金额136.63亿元；审计发现非金额计量问题402个；损益（收支）不实金额4.84亿元；出具审计报告和专项审计调查报告336篇。审计处理处罚金额31.67亿元，其中应上缴财政5.98亿元、应减少财政拨款或补贴1.42亿元、应归还原渠道资金11.98亿元、应缴纳其他资金1.05亿元、应调账处理金额11.24亿元；移送司法机关、纪检监察机关和有关部门处理事项12件，移送处理人员3人，移送处理金额825.99万元。审计促进整改落实有关问题资金13.27亿元；审计促进拨付资金到位7614.38万元；审计后挽回（避免）经济损失3.65亿元；核减投资额2.68亿元。审计提出建议905条，被采纳705条；提交审计信息39篇，被采用41篇次。向社会公告审计结果81篇。

玉龙县县长任期经济责任审计、玉龙县扶贫办2016年度预算执行和其他财政财务收支情况审计等2个项目，被省审计厅评为优秀审计项目。

国家重大政策措施落实情况跟踪审计 开展易地扶贫搬迁、地方政府债券、九大高原湖泊保护治理等重大政策贯彻落实审计。

财政审计 持续开展市本级财政决算草案审计，对152个市级预算部门开展预算执行审计调查，对其中41个部门进行重点审计。

经济责任审计 对24名领导干部实施经济责任审计，对15名领导干部进行任前告知。对6名领导干部开展自然资源资产离任审计，

固定资产投资审计 进一步规范投资审计行为，完成投资审计项目169个，核减投资2.68亿元。

民生资金（项目）审计 开展全市保障性安居工程审计、易地扶贫搬迁“一条线”审计和宁蒗县、玉龙县扶贫审计。

农业与资源环保审计 持续开展泸沽湖、程海水环境保护治理跟踪审计。

专项资金审计 完成专项资金审计项目73个，查出主要问题金额11.53亿元。

信息化建设 建立电子数据定期报送机制，制定计算机审计应用考核办法。

相关工作 全市党风廉政建设考核被评为优秀单位；依托院校合作举办审计干部综合素质提升研修班2期70人次；全市4个审计机关建成省级文明单位。

（撰稿人：陈友莲）

【普洱市审计局】 2018年，普洱市审计局实有38人。局长段萍，副局长罗恒林、李海鹰、宋春、胡庆明，总审计师刘永一。设有办公室、法规科、财政金融审计科、行政事业审计科、农业与资源环保审计科、固定资产投资审计科、社会保障与外资审计科、计算机运用审计科、经济责任审计一科、经济责任审计二科、内部审计指导科；下设政府投资审计中心（事业单位）。

审计成果 2018年，普洱市县两级审计机关完成审计项目434个，其中专项审计调查项目4个。查出主要问题金额87.46亿元，其中违规金额3.11亿元、损失浪费金额193.73万元、管理不规范金额84.33亿元；审计发现非金额计量问题739个；损益（收支）不实金额6517.78万元；出具审计报告和专项审计调查报告496篇。审计处理处罚金额15.43亿元，其中应上缴财政1.39亿元、应减少财政拨款或补贴1.19亿元、应归还原渠道资金8031.96万元、应缴纳其他资金4082.74万元、应调账处理金额11.64亿元；移送司法机关、纪检监察机关和有关部门处理事项22件，移送处理人员10人，移送处理金额7563.91万元。审计促进整改落实有关问题金额13.42亿元；审计促进拨付资金到位142.96万元；审计后挽回（避免）损失1.42亿元；核减投资额1.19亿元；移送处理落实事项2件。审计提出建议1413条，被采纳1378条；促进被审计单位制定、完善规章制度7项；提交审计信息212篇，被批示、采用27篇。向社会公告审计结果282篇。

市环境监测站2013年至2016年财务收支情况审计、澜沧县卫生和计划生育局原局长任期经济责任审计等2个项目，被省审计厅评为优秀审

计项目。

国家重大政策措施落实情况跟踪审计 开展脱贫攻坚、保障房建设、易地扶贫搬迁、债券资金管理使用等重大政策落实情况审计。

财政审计 组织开展全市发改系统预算执行“一条线”审计、市级财政和6个市级部门决算草案审计，对71个市级一级预算单位开展全覆盖审计调查。

经济责任审计 制定全覆盖实施意见及相关配套制度，全年开展经济责任审计项目52个，领导干部自然资源资产审计项目11个。

固定资产投资审计 规范投资审计行为，完成投资项目230个，核减投资额1.19亿元。

民生资金（项目）审计 组织开展保障性安居工程审计、脱贫攻坚审计、玉磨铁路普洱段征地拆迁审计等68个民生资金（项目）审计。

相关工作 开展“基层党建巩固年”“纪律作风专项整治月”活动，全面推行权力清单、廉政风险清单制度。举办道德讲堂、走进新时代职工文艺汇演。8家审计机关顺利通过省级文明单位复核，连续2届保持“省级文明行业”称号。

（撰稿人：藤建云）

【临沧市审计局】 2018年，临沧市审计局实有51人。局长吴杰，副局长邓绍华、字绍和、郑国琼，总审计师罗雪雁，纪检监察组组长王为民。设有办公室、法制科、财政金融审计科、行政事业审计科、农业审计科、资源环保审计科、投资审计一科、投资审计二科、投资审计三科、经济责任审计一科、经济责任审计二科、经济责任审计三科、社会保障审计科、信息化科；下设投资审计中心、电子数据分析处理中心等事业单位。

审计成果 2018年，临沧市县两级审计机关完成审计项目315个，其中专项审计调查项目8个。查出主要问题金额133.15亿元，其中违规金额10.9亿元、管理不规范金额122.26亿元；审计发现非金额计量问题564个；损益（收支）不实金额5.42亿元；出具审计报告和专项审计调查报告314篇。审计处理处罚金额46.94亿元，其中应上缴财政2589.06万元、应归还原渠道资金12.71亿元、应缴纳其他资金1.7亿元、应调账处理金额32.27亿元；移送司法机关、纪检监察机关和有关部门处理事项54件，移送处理人员7人，移送处理金额3601.61万元。审计促进整改落实有关问题资金8.85亿元；审计促进拨付资金到位1.11亿元；审计后挽回（避免）损失1.83亿元；核减投资额3.33亿元。审计提出建议862条，被采纳840条；提交审计信息177篇，被批示、采用29篇次。向社会公告审计结果119篇。

耿马县勐撒镇原党委副书记、镇长2013年至2015年经济责任审计项目被省审计厅评为优秀审计项目。

国家重大政策措施落实情况跟踪审计 围绕“放管服”改革、民生保障、产业发展等开展政策落实情况审计项目170个，查出问题金额26.78亿元。

财政审计 采用“总体关注、重点分析、分组核查”方式，对75个市级一级预算单位进行全面数据分析、筛查疑点，重点对市民政局等8个部门进行审计。

经济责任审计 开展经济责任审计项目66个，编发审计信息20篇，推动政府和相关部门制定整改措施6项。

固定资产投资审计 落实《云南省政府投资建设项目审计办法》，完成投资审计项目144个，核减投资额3.33亿元。

民生资金（项目）审计 开展脱贫攻坚、易地扶贫搬迁、保障性安居工程等民生资金和项目审计10个，查出违纪违规问题111个。

信息化建设 举办信息化培训班9期，7人通过国际信息系统审计师（CISA）考试，41篇信息化相关论文被国家级、省级刊物和网站采用。

相关工作 坚持中心组学习制度，深入开展“万名党员进党校”和“党的光辉照边疆、边疆人民心向党”实践活动；加强人才队伍建设，选派139名业务骨干到相关高校交流学习。

（撰稿人：梁楚瑶）

【楚雄彝族自治州审计局】 2018年，楚雄彝族自治州审计局实有46人。局长刘平，副局长徐永金、胡晓雯、李秋洪、陈绍能、陶光明、顾姝倩。设有办公室、人事培训科、党总支办公室、信息科、法规科、财政审计科、行政事业审计科、农业与资源环保审计科、社会保障审计科、经贸审计科、投资审计一科、投资审计二科、金融与外资运用审计科、经济责任审计一科、经济责任审计二科、派出审计一科、派出审计二科、派出审计二科、派出审计三科、派出审计四科、派出审计五科、派出审计六科。

审计成果 2018 年，楚雄彝族自治州两级审计机关完成审计项目 582 个，其中专项审计调查项目 7 个。查出主要问题金额 66.15 亿元，其中违规金额 8.81 亿元、管理不规范金额 57.33 亿元；审计发现非金额计量问题 635 个；损益（收支）不实金额 4598.31 万元；审计发现侵害人民群众利益 1.22 亿元；出具审计报告和专项审计调查报告 671 篇。审计处理处罚金额 12.37 亿元，其中应上缴财政 3.37 亿元、应减少财政拨款或补贴 1.96 亿元、应归还原渠道资金 2.56 亿元、应缴纳其他资金 1.87 亿元、应调账处理金额 2.61 亿元；移送司法机关、纪检监察机关和有关部门处理事项 47 件，移送处理人员 6 人，移送处理金额 2.07 亿元。审计促进整改落实有关问题资金 10.94 亿元；审计促进拨付资金到位 2.53 亿元；审计后挽回（避免）经济损失 2.6 亿元；核减投资额 3.2 亿元；移送处理落实事项 9 件。审计提出建议 1611 条，被采纳 1386 条；推动被审计单位制定整改措施 10 项；提交审计信息 529 篇，被采用 166 篇次。向社会公告审计结果 326 篇。

国家重大政策措施落实情况跟踪审计 开展城镇棚户区及城乡危房改造、易地扶贫搬迁等政策措施落实情况审计。

财政审计 开展本级预算执行及决算草案编制审计、地税部门税收征管联网审计、重点部门预算执行审计等项目。

经济责任审计 开展经济责任审计项目 100 个，移送处理案件线索 12 件。出台领导干部自然资源资产审计实施意见和工作规划，开展审计项目 17 个。

固定资产投资审计 修订《楚雄彝族自治州政府投资建设项目审计办法》，开展投资审计项目 321 个。

民生资金（项目）审计 组织开展脱贫攻坚审计、保障性安居工程审计、新型农村合作医疗大病保险资金审计等项目。

企业审计 完成楚雄国家粮食储备库 2015 年至 2017 年资产负债和所有者权益审计。

信息化建设 健全完善数据采集和定期报送机制，完成审计数据分析平台建设开发、政务“僵尸”信息系统清理。

交办工作 抽调 15 名审计干部完成巡察、督查及其他专项工作，并按规定提供 18 个部门的相关审计情况。

相关工作 组织各类业务能力培训 600 余人次，参加 60 周年州庆筹备并完成专项审计。

（撰稿人：杨崇显）

【红河哈尼族彝族自治州审计局】 2018 年，红河哈尼族彝族自治州审计局实有 49 人。局长李朝晖，副局长何仕华、陈红欣、张德文、普发俊。设有办公室、人事科、法规科、经济责任审计一科、经济责任审计二科、事业企业审计科、固定资产投资审计科、行政政法审计科、财政金融审计科、农业与环保审计科、社会保障审计科；下设计算机技术中心、投资审计中心 2 个事业单位。

审计成果 2018 年，红河哈尼族彝族自治州州县两级审计机关完成审计项目 506 个，其中专项审计调查项目 17 个。查出主要问题金额 68.7 亿元，其中违规金额 3.47 亿、管理不规范金额 65.24 亿元；审计发现非金额计量问题 939 个；损益（收支）不实金额 6228.23 万元；出具审计报告和专项审计调查报告 615 篇。审计处理处罚金额 15.76 亿元，其中应上缴财政 1.32 亿元、应减少财政拨款或补贴 1.29 亿元、应归还原渠道资金 5.53 亿元、应调账处理金额 7.62 亿元；移送司法机关、纪检监察机关和有关部门处理事项 32 件，移送处理人员 66 人，移送处理金额 6717.35 万元。审计促进整改落实有关问题金额 9.73 亿元；审计促进拨付资金到位 3981.01 万元；审计后挽回（避免）损失 1.32 亿元；核减投资额 2.02 亿元。审计提出建议 1447 条，被采纳 1388 条；推动被审计单位制定整改措施 5 项；促进被审计单位制定、健全规章制度 2 项；提交审计信息 316 篇，被批示、采用 122 篇次。向社会公告审计结果 120 篇。

红河县 2017 年度财政扶贫资金跟踪审计项目被省审计厅评为优秀审计项目。

国家重大政策措施落实情况跟踪审计　组织实施政府性债券、保障性安居工程、生态环境保护等政策措施落实情况审计。

财政审计　完成预（决）算执行审计项目 87 个，查出主要问题金额 20.69 亿元。

经济责任审计　完成领导干部经济责任审计项目 112 个，查出主要问题金额 13.82 亿元。

固定资产投资审计　完成固定资产投资审计项目 209 个，审计项目投资额 43.47 亿元，核减投资额 2.02 亿元。

专项资金审计　完成专项资金审计项目 64 个，查出主要问题金额 10.75 亿元。

相关工作　坚持党组中心组学习制度，突出抓好“基层党建巩固年”工作，着力推进支部规范化建设；加强理想信念教育，引导党员干部牢固树立“四个意识”，坚定“四个自信”，坚决做到“两个维护”；强化文明创建目标引领，提升精神文明创建成果。围绕队伍建设、审计职责履行、审计质量提升强化审计管理，组织开展审计数据分析、办公室综合业务、干部人事管理、审计执法、计算机技术运用等技能素质培训。

（撰稿人：杨建明）

【文山壮族苗族自治州审计局】　2018 年，文山壮族苗族自治州审计局实有 46 人。局长何淑清，副局长陆明会、李云山、李洪光、朱丽琼，总审计师甘志林。设有办公室、综合法规科、人教科、经济责任审计局、行政事业审计科、企业金融审计科、农业审计科、社会保障审计科、投资审计科；下设投资审计中心、计算机技术中心 2 个事业单位。

审计成果　2018 年，文山壮族苗族自治州审计机关完成审计项目 798 个，其中专项审计调查项目 26 个。查出主要问题金额 66.14 亿元，其中违规金额 15.32 亿元、损失浪费金额 400.2 万元、管理不规范金额 50.78 亿元；审计发现非金额计量问题 282 个；损益（收支）不实金额 1.39 亿元；出具审计报告和专项审计调查报告 824 篇。审计处理处罚金额 21.63 亿元，其中应上缴财政 4.56 亿元、应减少财政拨款或补贴 6.64 亿元、应归还原渠道资金 5.72 亿元、应缴纳其他资金 712.51 万元、应调账处理金额 4.64 亿元；移送司法机关、纪检监察机关和有关部门处理事项 7 件，移送处理金额 1041.9 万元。审计促进整改落实有关问题资金 18.1 亿元；审计促进拨付资金到位 1205.72 万元；审计后挽回（避免）经济损失 3.87 亿元；核减投资额 6.67 亿元。审计提出建议 1766 条，被采纳 1694 条；推动被审计单位制定整改措施 3 项；提交审计信息 506 篇，被采用 111 篇次。向社会公告审计结果 587 篇。

国家重大政策措施落实情况跟踪审计　组织开展全州城镇棚户区及农村危房改造、地方税收征收管理、政府债券资金管理使用、减税降费等政策措施落实情况审计。

财政审计　开展州、县本级财政预决算草案编制情况审计及部门单位预算执行审计项目 115 个，查出主要问题金额 37.84 亿元。

经济责任审计　开展 26 名领导干部进行任期经济责任审计，完成领导干部任前告知项目 43 个。组织对丘北原县委书记、县长及 8 名乡镇长自然资源资产离任审计，发现违规排污入河等问题 70 个。

固定资产投资审计　规范政府投资审计行为，退出拦标价审计。完成政府投资审计项目 582 个，核减投资 6.67 亿元。

民生资金（项目）审计　组织对马关县、富宁县扶贫项目实施情况进行跟踪审计，发现问题 25 个；对州本级及 8 个县（市）妇幼保健院信息系统及财务数据进行审计，发现问题 81 个。

企业审计　对 61 家县属国有及控股企业经营情况开展审计调查，发现问题 52 个。

（撰稿人：李　蕊）

【西双版纳傣族自治州审计局】　2018 年，西双版纳傣族自治州审计局实有 24 人。局长周娜，副局长安永祥、蒋凌云、周红英。设有办公室、法规科、财政审计科、经贸审计科、经济责任审计科、固定资产投资审计科、电子数据审计科、社会保障审计科；下设内部审计指导中心（事业单位）。

审计成果　2018 年，西双版纳傣族自治州州县两级审计机关完成审计项目 264 个，其中专项审计调查项目 8 个。查出主要问题金额 57.62 亿元，其中违规金额 6.02 亿元、管理不规范金额

51.6亿元；审计发现非金额计量问题251个；损益（收支）不实金额2.14亿元；出具审计报告和专项审计调查报告271篇。审计处理处罚金额15.6亿元，其中应上缴财政2.59亿元、应减少财政拨款或补贴3.6亿元、应归还原渠道资金4.65亿元、应缴纳其他资金2964.86万元、应调账处理金额4.47亿元；移送司法机关、纪检监察机关和有关部门处理事项31件，移送处理人员5人，移送处理金额1.25亿元。审计促进整改落实有关问题金额13.41亿元；审计促进拨付资金到位1.44万元；审计后挽回（避免）损失1.86亿元；核减投资额3.67亿元；移送处理落实事项3件。审计提出建议719条，被采纳662条；提交审计信息265篇，被批示、采用28篇次。向社会公告审计结果26篇。

国家重大政策措施落实情况跟踪审计 组织开展地方政府债券资金、地方政府性债务和隐性债务等政策措施贯彻落实情况审计。

财政审计 组织开展州本级财政决算草案编制情况审计，对全州328个预算单位进行预算执行和其他财政财务收支情况审计调查，对地税部门税收征管开展联网审计，在全州发改系统开展预算执行“一条线”审计。

固定资产投资审计 在规范投资审计行为和减数量求质量上下功夫，完成投资审计项目173个。

经济责任审计 制定9个相关配套制度，开展经济责任审计项目36个，对93名领导干部进行任前告知，完成离任交接项目6个。结合经济责任审计开展领导干部自然资源资产离任审计项目5个。

民生资金（项目）审计 开展保障性安居工程跟踪审计，查出主要问题金额1596万元；开展中等职业教育专项资金审计，揭示助学金、奖学金长期挂账等问题。 （撰稿人：李蔚兰）

【大理白族自治州审计局】 2018年，大理白族自治州审计局实有56人。局长彭云宁，副局长施黄、梁育鸿、沈万炳，总审计师柴建荣。设有办公室、经济责任一科、经济责任二科、电子数据科、项目管理科、法制科、固定资产投资科、前置科、农业环保科、行政事业科、社保科、财金科、经贸科、成果运用科及海开委审计分局、创新工业园区审计分局。

审计成果 2018年，大理白族自治州州县两级审计机关完成审计项目1117个，其中专项审计调查项目16个。查出主要问题金额67.53亿元，其中违规金额13.8亿元、管理不规范金额53.73亿元；出具审计报告和专项审计调查报告1121篇。审计处理处罚金额25.31亿元，其中应上缴财政7.68亿元、应减少财政拨款或补贴3.71亿元、应归还原渠道资金2.77亿元、应缴纳其他资金6264.02万元、应调账处理金额10.52亿元；移送司法机关、纪检监察机关和有关部门处理事项12件，移送处理金额2602.25万元。审计促进整改落实有关问题资金6.08亿元；审计促进拨付资金到位698.08万元；审计后挽回（避免）损失2.99亿元；核减投资额4.74亿元。审计提出建议2429条，被采纳2374条；推动被审计单位制定整改措施17项；提交审计信息238篇，被批示、采用60篇次。向社会公告审计结果259篇。

漾濞县县长自然资源资产离任审计、弥渡县苴力镇镇长经济责任审计等2个项目，被省审计厅评为表彰审计项目。

国家重大政策措施落实情况跟踪审计 跟踪重大项目建设、资金保障、简政放权等政策贯彻落实，开展保障性安居工程、易地扶贫搬迁、债券资金管理使用等审计项目。

财政审计 开展州本级及12个县市本级决算（草案）编制审计、6个州级部门预算执行及决算草案编制审计；运用大数据审计技术对全州1953个预算单位开展审计或审计调查。

经济责任审计 对10名领导干部开展经济责任审计，对27名领导干部进行任前告知，完成离任交接项目35个。开展3个县长、12个乡镇长自然资源资产离任审计。

固定资产投资审计 出台贯彻落实投资建设项目审计办法的意见，完成审计项目867个，核减投资额4.74亿元。

民生资金（项目）审计 完成对南涧彝族自治县、云龙县、剑川县、大理市脱贫攻坚专项审计和保障性安居工作跟踪审计。

农业与资源环保审计 持续开展洱海等湖泊水环境保护治理跟踪审计。

信息化建设 举办2期数字化审计培训班，3名审计人员通过国际注册信息系统审计师考试；探索开展民政精神病医院信息系统审计。

相关工作 建立班子成员挂钩联系县市工作制度、责任目标考核制度、党建责任和重点工作督查制度；开展文明单位、文明科室、文明家庭、文明市民创建活动，深化精神文明创建工作。

（撰稿人：王学仪）

【德宏傣族景颇族自治州审计局】 2018年，德宏傣族景颇族自治州审计局实有32人。局长杨善武，副局长杨常纪、摆岩相补，副调研员侯天辉。设有办公室、法制科、行政事业审计科、农业与资源环保审计科、财政金融审计科、社会保障审计科、固定资产投资审计科、经济责任审计一科、经济责任审计二科；下设投资审计中心（事业单位）。

审计成果 2018年，德宏傣族景颇族自治州州县两级审计机关完成审计项目269个，其中专项审计调查项目7个。查出主要问题金额135.3亿元，其中违规金额31.13亿元、管理不规范金额104.17亿元；审计发现非金额计量问题249个；损益（收支）不实金额3895.06万元；出具审计报告和专项审计调查报告286篇。审计处理处罚金额1.93亿元，其中应上缴财政4312.44万元、应减少财政拨款或补贴1884.13万元、应归还原渠道资金9059.53万元、应缴纳其他资金112.74万元、应调账处理金额3921.27万元；移送司法机关、纪检监察机关和有关部门处理事项19件，移送处理人员2人，移送处理金额873.34万元。审计促进整改落实有关问题资金1.84亿元；审计促进拨付资金到位1.21亿元；审计后挽回（避免）损失6607.95万元；核减投资额8108.95万元；移送处理落实事项2件。提出审计建议907条，被采纳904条；推动被审计单位制定整改措施1项；促进被审计单位建立健全规章制度3项；提交审计信息248篇，被批示、采用130篇次。向社会公告审计结果72篇。

国家重大政策措施落实情况跟踪审计 组织完成地方政府性债务、保障性安居工程、扶贫攻坚等国家重大政策措施落实情况跟踪审计。

财政审计 完成州财政本级及部门2017年度预算执行审计项目40个，对州委办等50个部门单位预算执行情况开展审计调查。

经济责任审计 组织对31名州管领导干部开展任期经济责任审计，对280名领导干部进行任前告知；开展5名村干部任期经济责任审计。

固定资产投资审计 整合社会中介力量开展投资审计，完成州中级法院审判法庭、州公安局业务技术用房等投资审计项目116个，核减投资8108.95万元。

民生项目（资金）审计 围绕重点领域、重点部门和重点资金开展审计监督，对阿昌族整乡推进整族帮扶等73个惠民项目进行跟踪审计。

（撰稿人：李志远）

【怒江傈僳族自治州审计局】 2018年，怒江傈僳族自治州审计局实有38人。局长杨勇强，副局长陈坤良、赵书云、杨金艳。设有办公室、法制综合科、财政金融审计科、行政事业审计科、农业与资源环保审计科、企业与外资审计科、社会保障审计科、经济责任审计一科、经济责任审计二科、计算机审计应用科、计划统计科；下设固定资产投资审计中心（事业单位）。

审计成果 2018年，怒江傈僳族自治州州县两级审计机关完成审计项目202个，其中专项审计调查项目10个。查出主要问题金额37.94亿元，其中违规金额5747.26万元、损失浪费金额34.6万元、管理不规范金额37.37亿元；审计发现非金额计量问题1098个；损益（收支）不实金额2432.13万元；审计发现侵害人民群众利益304.18万元；出具审计报告和专项审计调查报告216篇。审计处理处罚金额3.82亿元，其中应上缴财政1607.53万元、应减少财政拨款或补贴3861.18万元、应归还原渠道资金7413.79万元、应缴纳其他资金1151.52万元、应调账处理金额2.42亿元；移送司法机关、纪检监察机关和有关部门处理事项59件，移送处理人员1人，移送处理金额1.86亿元。审计促进整改落实有关问题金额5253.57万元；审计后挽回（避免）损失184.18万元；核减投资额7486.72万元；移送处理落实事项2件。审计提出建议959条，被采纳896条；提交审计信息62篇，被批示、采用19篇次。向社会公告审计结果39篇。

国家重大政策措施落实情况跟踪审计　组织开展城镇棚户区及城乡危房改造、易地扶贫搬迁、地方政府债券资金管理使用等重大政策落实情况审计。

财政审计　开展2017年度州财政本级和7个部门预算执行及决算（草案）审计、2017年度地方税收征收管理审计，对全州民族宗教及民政系统开展“一条线”审计。

经济责任审计　开展13名领导干部经济责任审计和6名领导干部自然资源资产离任审计，完成34名领导干部任前告知和24名离任交接工作。

固定资产投资审计　出台进一步完善和规范投资审计工作的通知，推动投资审计转型发展，完成投资审计项目103个。

民生资金（项目）审计　组织开展3个县保障性安居工程跟踪审计、62个计划退出贫困村审计调查，4篇审计信息得到州委、州政府领导批示。

信息化建设　投入“金审工程”三期建设资金100万元，促成“珠海·怒江”审计信息化帮扶共建机制，探索建立“集中分析、分散核查、精准出击”的计算机审计模式。

相关工作　州审计局被评为省级文明单位、州党风廉政建设责任制检查考核优秀单位、州直机关党建目标责任考核优秀党组织。开展审计干部素质提升教育培训，组织各类交流学习培训6期120人次。（撰稿人：刘　婕）

【迪庆藏族自治州审计局】　2018年，迪庆藏族自治州审计局实有24人。局长杨继文，副局长张柱能、傅冰，总审计师王文珍。设有办公室、综合法规科、行政事业审计科、财政金融审计科、固定资产投资审计科、经济责任审计科；下设政府投资审计中心、计算机技术中心2个事业单位。

审计成果　2018年，迪庆藏族自治州州县两级审计机关完成审计项目111个，其中专项审计调查项目1个。查出主要问题金额29.16亿元，其中违规金额6.44亿元、管理不规范金额22.72亿元；审计发现非金额计量问题56个；损益（收支）不实金额60万元；出具审计报告和专项审计调查报告111篇。审计处理处罚金额1.61亿元，其中应上缴财政1380.76万元、应归还原渠道资金5915.75万元、应缴纳其他资金718.36万元、应调账处理金额8060.83万元。审计促进整改落实有关问题资金1156.11万元；审计促进拨付资金到位856.22万元；审计后挽回（避免）经济损失2718.05万元；核减投资额2644.37万元。审计提出建议277条，被采纳92条；提交审计信息156篇，被采用19篇次。向社会公告审计结果25篇。

国家重大政策措施落实情况跟踪审计　完成地方政府性债务管理使用情况等4个重大政策落实审计项目。

财政审计　完成地税税收征管、地方债券、州本级预算执行及决算草案审计、发展改革委等部门预算执行及其他财务收支情况审计等8个审计项目。

经济责任审计　完成对州卫生计生委主任、州水务局局长等5名领导干部经济责任审计。完成州水务局党组书记、局长自然资源资产责任审计。

固定资产投资审计　完成对州政府工作网络与信息服务网络建设（一期）项目竣工决算审计等10个投资审计项目。

企业审计　完成对州开发投资集团有限公司、州交通集团等2个企业审计项目。

专项资金审计　完成60周年州庆专项经费审计、对口帮扶香格里拉中学友好合作资金审计、丽香铁路征拆资金审计等5个专项审计。

信息化建设　抓好“金审工程”三期建设，完成第一批数据库服务器、应用服务器部署，推进数据分析技术在财政审计应用，完成州环保局数字环保信息系统审计。

相关工作　开展“新时代新担当新作为”主题学习教育，深入贯彻习近平新时代中国特色社会主义思想和党的十九大精神；开展纪律作风专项整治月活动，不断夯实审计机关作风建设基础；开展精神文明创建活动，州审计局被评为迪庆州第十三批（2018—2020年度）文明单位。

（撰稿人：郑永平）

2018 年云南省所辖区、县(市)级审计工作统计表

金额单位:万元

审计机关	完成审计项目/个	审计查出主要问题金额	审计发现非金额计量问题/个	审计期间整改金额	出具审计报告和审计调查报告/篇	审计处理情况		审计促进整改落实有关问题资金	审计提出建议/条	提交审计信息/篇
						审计处理处罚金额	移送处理事项/件			
昆明市										
昆明市本级	81	2741777	188	7329	75	562170	10	125646	272	5
五华区审计局	23	15882	5	221	21	1936	4		154	2
盘龙区审计局	52	22995			52	22995	1	22995	170	63
官渡区审计局	41	21320	32	661	49	3663		3028	142	89
西山区审计局	38	13948	4	151	47	13614	15	10732	107	98
东川区审计局	31	26747		184	40	957		499	121	3
呈贡区审计局	51	56589	2		57	56589	1	56589	253	2
晋宁区审计局	33	34009	1	28	34	7469	7	7390	126	3
安宁市审计局	47	23904		65	47	14941		6230	131	
富民县审计局	44	110084	21	1500	46	14889	7	14853	38	121
宜良县审计局	50	2622	2	112	61	2622	9	2598	146	66
石林彝族自治县审计局	116	12772			122	12772	1	12758	225	70
嵩明县审计局	69	9731	25	913	78	9690		9690	183	3
禄劝彝族苗族自治县审计局	46	10765		3401	46	10765		7363	114	
寻甸回族彝族自治县审计局	44	25367	31	4105	52	5421	2	5421	98	56
曲靖市										
曲靖市本级	158	100540	227	3566	177	16237	2	16225	243	77
麒麟区审计局	28	3209			32	241	1	241	76	21
沾益区审计局	26	16620	44	8046	29	1061	2	1061	41	48
马龙区审计局	47	60115	24		51	659	1	659	117	27
宣威市审计局	51	88583	3	18556	55	262	4	262	44	29
陆良县审计局	50	3285	10	20	67	5	1	5	136	43
师宗县审计局	28	34181	4	8249	38	2450	1	2450	86	30
罗平县审计局	45	1612	10	2	50	1062		1062	106	29
富源县审计局	89	4522	10	1171	99	493		493	199	16
会泽县审计局	28	26430		5	33	810	3	810	13	21

（续表）

审计机关	完成审计项目/个	审计查出主要问题金额	审计发现非金额计量问题/个	审计期间整改金额	出具审计报告和审计调查报告/篇	审计处理情况		审计促进整改落实有关问题资金	审计提出建议/条	提交审计信息/篇
						审计处理处罚金额	移送处理事项/件			
玉溪市										
玉溪市本级	81	1621046	256	102132	89	122517	46	87885	166	128
红塔区审计局	51	251490	7	1621	57	3316	1	712	137	5
江川区审计局	80	40036	14	21	88	425	7	446	173	
澄江县审计局	77	186799	47	162	77	3577	15	2586	188	132
通海县审计局	159	41868	64	26	162	888	6	1063	224	90
华宁县审计局	44	71466	58		48	1158	8	202	91	37
易门县审计局	55	15805	6	7309	59	1222	3	1166	118	
峨山彝族自治县审计局	61	10557	26		67	587	2	81	127	24
新平彝族傣族自治县审计局	28	286466	5	8	40	23053	18	5091	63	102
元江哈尼族彝族傣族自治县审计局	36	102886	37		41	406	5	490	81	18
保山市										
保山市本级	65	90017	164	2520	70	33251	18	33248	184	35
隆阳区审计局	87	69977	191	23406	95	25151	26	25151	252	52
腾冲市审计局	92	141276	29	12463	95	143867	10	142819	176	59
施甸县审计局	97	97585	70		97	32333	21	32211	493	23
龙陵县审计局	54	4967	10		69	4951	5	4951	80	50
昌宁县审计局	79	41683	52	1967	90	17125	2	16733	376	21
昭通市										
昭通市本级	102	940722	280	35454	102	210465	32	210310	350	96
昭阳区审计局	24	51483	32	177	24	236	2	243	57	17
水富市审计局	24	11331	28	100	24	4243	4	4242	42	2
鲁甸县审计局	20	14498	20	9058	20	14498		14498	45	2
巧家县审计局	27	11010		8	27	9374	3	8438	43	4
盐津县审计局	28	36756	36		28	1922	1	1811	89	34
大关县审计局	86	20073	45	3943	86	2127		1950	189	8
永善县审计局	32	22814	2	13439	32	22809	8	96931	70	22
绥江县审计局	21	22646	3	809	21	967	3	967	64	16
镇雄县审计局	58	7059	36	1814	58	7059		10280	111	1
彝良县审计局	24	196732	59	19403	24	1112		1112	85	12

（续表）

审计机关	完成审计项目/个	审计查出主要问题金额	审计发现非金额计量问题/个	审计期间整改金额	出具审计报告和审计调查报告/篇	审计处理情况		审计促进整改落实有关问题资金	审计提出建议/条	提交审计信息/篇
						审计处理处罚金额	移送处理事项/件			
威信县审计局	27	2040	2	120	27	1272	2	1263	75	
丽江市										
丽江市本级	49	984262	192	10866	48	190188	1	107141	163	22
古城区审计局	53	80378	56	5522	53	41110		5522	220	
玉龙纳西族自治县审计局	85	176593	55	1423	85	20034	11	13634	152	7
永胜县审计局	51	47414	33	1197	51	6903		6110	162	
华坪县审计局	52	40317		25718	77	29874		16	156	
宁蒗彝族自治县审计局	27	71645	66	210	22	28592		300	52	10
普洱市										
普洱市本级	66	641709	590	1664	81	38314	16	20772	197	67
思茅区审计局	27	118652	31	1350	35	61737	1	60505	80	41
宁洱哈尼族彝族自治县审计局	26	4366			32	4366		4339	55	17
墨江哈尼族自治县审计局	55	16398	46	1201	65	4656	2	4652	180	32
景东彝族自治县审计局	47	4029	3	181	55	1628		1643	120	38
景谷傣族彝族自治县审计局	43	9083		1363	48	9084	1	8029	95	
镇沅彝族哈尼族拉祜族自治县审计局	27	13725		187	27	1457		1457	67	2
江城哈尼族彝族自治县审计局	38	13214	3	86	38	11556		1556	96	15
孟连傣族拉祜族佤族自治县审计局	32	23597	4	21	37	1048		893	89	
澜沧拉祜族自治县审计局	43	19500	47	14974	46	19500	2	19409	338	
西盟佤族自治县审计局	30	10279	15	524	32	990		990	96	
临沧市										
临沧市本级	52	654556	285	28002	50	30861	12	45703	135	26
临翔区审计局	44	94987			44	452		71	67	31
凤庆县审计局	72	58994	112	22467	72	4714	26	4470	175	
云县审计局	36	15497	9	223	36	12042		12036	84	29

（续表）

审计机关	完成审计项目/个	审计查出主要问题金额	审计发现非金额计量问题/个	审计期间整改金额	出具审计报告和审计调查报告/篇	审计处理情况		审计促进整改落实有关问题资金	审计提出建议/条	提交审计信息/篇
						审计处理处罚金额	移送处理事项/件			
永德县审计局	25	178984	32	19	25	176760	2	988	163	1
镇康县审计局	29	84238	43	401	29	84238	2	4293	48	48
双江拉祜族佤族布朗族傣族自治县审计局	12	118646	30	531	12	118646	1	728	64	2
耿马傣族佤族自治县审计局	22	84307	21	632	22	18099	3		66	
沧源佤族自治县审计局	23	41325	32	372	24	23612	8	20167	60	40
楚雄彝族自治州										
楚雄彝族自治州本级	67	172256	106	2780	77	66884	9	52756	161	23
楚雄市审计局	68	84052	169		78	22424		22321	250	22
双柏县审计局	57	112381	139	201	67	4018		4018	214	
牟定县审计局	41	24429	72	96	48	1559	8	1514	148	202
南华县审计局	56	25793	22	1	68	8582	1	8582	110	
姚安县审计局	57	36119	65		66	2007	6	2007	190	88
大姚县审计局	49	14219	23		57	6139	5	6126	99	4
永仁县审计局	44	17336	10		53	2344		2342	115	
元谋县审计局	48	40183	9		56	1459	1	1459	41	156
武定县审计局	44	3559	15	1	50	2934	6	2933	142	
禄丰县审计局	51	131169	23		51	5357	11	5318	141	34
红河哈尼族彝族自治州										
红河哈尼族彝族自治州本级	91	459804	480	62718	113	99400	2	60035	292	38
个旧市审计局	60	8987	9	2384	73	2342		1962	120	43
开远市审计局	33	15738	23	165	43	4262	1	3966	87	54
蒙自市审计局	25	75215	20	61	31	7582	2	3993	51	50
弥勒市审计局	38	2675	53	173	40	2135	1	2087	164	3
屏边苗族自治县审计局	37	2076	24	27	43	320		306	87	
建水县审计局	37	34828	110	1491	45	7586	3	4262	133	55
石屏县审计局	35	41670	39	327	38	1769		1769	101	52
泸西县审计局	15	11997			19	11997		11997	43	20

（续表）

审计机关	完成审计项目/个	审计查出主要问题金额	审计发现非金额计量问题/个	审计期间整改金额	出具审计报告和审计调查报告/篇	审计处理情况		审计促进整改落实有关问题资金	审计提出建议/条	提交审计信息/篇
						审计处理处罚金额	移送处理事项/件			
元阳县审计局	33	3903	57	1058	43	1746	12	1724	85	1
红河县审计局	33	2922	82	372	39	2828	11	1209	86	
金平苗族瑶族傣族自治县审计局	41	17305	26	14	49	14446		2890	116	
绿春县审计局	15	9223	5		20	1195		1121	42	
河口瑶族自治县审计局	13	697	11		19	27			40	
文山壮族苗族自治州										
文山壮族苗族自治州本级	109	188840	88	18140	113	109716	3	88003	249	91
文山市审计局	88	171947	44	34	90	26134	1	23177	202	47
砚山县审计局	94	67979	54	2405	95	3078		3078	178	29
西畴县审计局	40	30709	48	38	44	28946		20014	77	46
麻栗坡县审计局	72	55763	28	791	73	10279		8776	132	31
马关县审计局	135	83624	20	39468	138	6601	1	6601	250	10
丘北县审计局	63	16985		22	64	9350	2	9352	189	160
广南县审计局										
西双版纳傣族自治州										
西双版纳傣族自治州本级	45	261731	26	3015	45	43525	3	33478	118	71
景洪市审计局	67	197243	26	31	74	78434	19	25220	187	47
勐海县审计局	109	90300	184	2906	109	5714	3	4289	307	68
勐腊县审计局	43	26926	15	3433	43	28368	6	71084	107	79
大理白族自治州										
大理白族自治州本级	156	183655	146	23228	156	37654	5	32675	371	61
大理市审计局	117	15187		7682	117	15187		7683		16
漾濞彝族自治县审计局	75	28832	26	45	74	2452		2223	118	68
祥云县审计局	34	150102		2597	34	129648			111	
宾川县审计局	109	9816	19	2	112	655	1	602	403	41
弥渡县审计局	115	6889		2	115	4633		4633	147	22
南涧彝族自治县审计局	106	2276			106	2305		1169	108	

（续表）

审计机关	完成审计项目/个	审计查出主要问题金额	审计发现非金额计量问题/个	审计期间整改金额	出具审计报告和审计调查报告/篇	审计处理情况		审计促进整改落实有关问题资金	审计提出建议/条	提交审计信息/篇
						审计处理处罚金额	移送处理事项/件			
巍山彝族回族自治县审计局	20	79054	20	2382	21	598	2	598	43	25
永平县审计局	180	50621	55		184	44322		5081	551	3
云龙县审计局	44	13000	801	2247	44	1083	3	1052	126	
洱源县审计局	13	123437	3	1349	13	2582	1	1440	43	2
剑川县审计局	24	3697			24	3306		3306	78	
鹤庆县审计局	121	8689		8441	121	8689		313	330	
德宏傣族景颇族自治州										
德宏傣族景颇族自治州本级	45	454336	125	8801	48	7441	2	6918	302	72
瑞丽市审计局	81	332742	28		79	2557	3	2557	139	46
芒市审计局	49	351214	31	297	51	3724	1	3345	149	49
梁河县审计局	21	89454	9	2040	25	2117	11	2116	90	15
盈江县审计局	36	107883	7		41	1332	2	1332	117	32
陇川县审计局	37	17386	49	842	42	2119		2119	110	34
怒江傈僳族自治州										
怒江傈僳族自治州本级	44	235175	866	559	49	23861	46	2746	172	30
泸水市审计局	23	17481	57	72	26	4536	3	402	55	13
福贡县审计局	34	22060	109	5248	37	4232	5	166	290	6
贡山独龙族怒族自治县审计局	53	24042	9	20642	54	3271	3	184	294	12
兰坪白族普米族自治县审计局	48	80674	57	656	50	2320	2	1755	148	1
迪庆藏族自治州										
迪庆藏族自治州本级	32	212219		5326	32	9948		150	81	42
香格里拉市审计局	18	8128	13	3850	18	2543		149	43	17
德钦县审计局	17	41181	43	46	17	636			51	69
维西傈僳族自治县审计局	44	30117		856	44	2948		857	102	28

西藏自治区

【西藏自治区审计厅】

领导成员

党组书记、副厅长：次　多

党组副书记、厅长：孙秀春

党组成员、纪检组长：扎西卓玛

党组成员、副厅长：王洪勇　尹摇山

拉巴次仁

次仁彭多（11月—）

刘世新（1月—）

祝遵宏

吴陵涌（10月—）

党组成员、副巡视员：徐俊琴（—11月）

审计成果　2018年，西藏自治区审计厅完成审计项目197个。提交审计报告和专题报告207篇，查出各类违法违规问题金额947.73亿元，促进增收节支21.3亿元，上报审计要情10篇，向有关部门移送涉嫌违纪违法问题线索103件。

国家重大政策措施落实情况跟踪审计　按照区党委、政府和审计署的安排部署，自治区审计厅全力服务区党委、政府工作大局，对简政放权、营改增、“放管服”改革、保障改善民生、防范经济风险隐患等7个方面的重大政策措施落实情况进行审计，按季度报告审计结果，持续跟踪督促整改。按照审计署的统一部署，对山南、日喀则、昌都3个市的政府隐性债务开展抽查，全面摸清隐性债务底数，揭示地方政府在债务举借、管理和使用中存在的问题以及风险隐患。各地审计机关在完成自治区审计厅统一部署工作任务的同时，紧贴本地实际，有针对性地拓展政策跟踪审计的内容，有效服务当地经济社会健康发展。自治区审计厅、林芝市审计局等单位全力配合和保障审计署审计组对自治区开展国家重大政策落实跟踪审计和扶贫审计。

财政审计　围绕推动贯彻执行预算法、推动各项财政政策加力提效，持续开展财政资金分配、预算执行管理和决算草案，中央八项规定及其实施细则精神落实、国务院“约法三章”要求落实等情况的审计。组织全区审计机关对30家单位开展预算执行和财务收支审计，对2所区属高校开展财务收支和资金管理情况审计，涉及资金675.06亿元，促进增收节支3.61亿元，揭示出财政改革举措落实不到位、资金管理不规范等多个问题，在推动盘活沉淀资金、统筹整合专项资金、提高财政资金使用绩效等方面发挥积极作用。区市两级审计机关全面高质量地向人大常委会做“两个报告”，得到两级人大常委会的充分肯定。

经济责任审计　制定出台《西藏自治区关于推进经济责任审计全覆盖的实施意见》，为规范开展全区经济责任审计工作提供重要遵循。始终坚持党政同责、同责同审，对领导干部履行经济责任情况进行有重点、有成效的审计监督。聚焦权力运行和责任落实，重点对拉萨市城关区、西藏民族大学、西藏矿业发展股份有限公司等党政机关和国有企事业单位110名领导干部进行经济责任审计，揭示出违规决策、乱发津补贴、损失浪费、监管不力的问题。自治区审计厅查出各类违纪违规问题资金120.06亿元，上报审计要情9篇，向地方政府和有关部门移送违纪违规问题和转办线索21件次，向区党委、政府上报专题报告2篇，上报的专题报告得到区党委、政府主要领导高度重视，作出重要批示，并在全区经济工作会议上予以通报，有效促进领导干部守法守纪、守规尽责。

固定资产投资审计　全区审计机关对13个政府投资项目开展审计或者专项审计调查，涉及水利、公路、基建等多个领域，查出违规违纪问题资金62.89亿元，促进增收节支10亿多元。自治区审计厅面向区内外，通过公开招标的方式建立30家中介机构组成的政府投资审计协审中介库，从中抽取23家中介机构参与国道318线林芝至拉萨公路改建项目审计，重点揭示和反映建设市场管理不规范、多计工程结算价款、招标不规范、违反基本建设程序等问题21类，促进财政资金使用效益提高和建设领域管理水平提升。

民生资金（项目）审计　制订《西藏自治区扶贫审计工作滚动计划（2018年—2020年）》，组织全区审计机关开展27个县（区）精准扶贫项目资金审计，查出各类违纪违规问题金额19.2亿元，移送相关部门问题线索3件。区党委、政府主要领导同志在报送的专题报告上作出批示，被审计单位高度重视审计结果，全区开展扶贫对象动态调整工作，共清理不符合建档立卡对象32380人，归还原渠道资金237.44万元，挽回损失419.95万元，追回贷款资金400万元，重新调整使用资金600万元，规范易地扶贫搬迁和产业发展资金管理使用3811万元。截至年底，全区扶贫审计覆盖面达到2/3。全区审计机关开展扶贫审计相关做法得到审计署充分肯定，组织《光明日报》《工人日报》等5家媒体赴藏采访并报道宣传。配合区纪委开展扶贫领域腐败和作风问题专项治理，向纪检监察机关移送扶贫领域腐败和作风问题145个。开展对自治区本级及部分地区公立医院取消药品加成及政府补贴政策落实情况的专项审计调查，揭示出政策落实不到位、医疗服务项目价格应调未调、取消药品加成政府补助资金未拨付、采购药品不规范等问题，涉及资金2458.36万元。审计中发现的昌都市人民医院医疗耗材违规加价问题，已经移送相关部门进行处理。连续7年对全区保障性安居工程开展跟踪审计，促进补充安排或盘活保障性安居工程资金222.41万元，督促保障性住房及时开工建设。针对保障性安居工程累计结余资金量大的问题，起草《关于进一步加强保障性安居工程跟踪审计发现问题整改工作的通知》，以区政府名义下发各市（地）要求按期整改。山南市审计局开展农村低保资金管理使用专项审计调查，查出挤占挪用专项资金等问题。

农业与资源环保审计 推动各级领导干部牢固树立“绿水青山就是金山银山”的理念，在昌都市和贡觉县、曲松县同步开展领导干部自然资源资产离任审计，自治区政府高度重视审计报告揭示的问题，要求相关单位持续抓好整改落实，促进资源环境保护。

信息化建设 自治区审计厅党组印发《推进大数据审计工作实施意见》，明确总体目标和基本要求，从加强大数据审计工作统筹管理、优化大数据审计组织模式、加大数据采集与标准化力度、加快大数据审计人才队伍建设等方面，提出具体的任务措施，全面部署推进全区大数据审计工作。推进“金审工程”三期项目建设，积极向审计署汇报争取，“金审工程”三期建设得到署党组和四川省审计厅的大力支持，已完成项目可研，争取2019年完成主要建设内容的部署。审计数据分中心机房、网络监控和审计指挥室等项目正在建设当中。努力推进大数据审计，在扶贫审计、社保审计等项目中充分利用已经采集的电子数据，取得较好成效。在财政审计中，组建财政数据贯通攻关组，通过建立业务模型和数据模型，实现总待分指标、处室待分指标、单位可执行指标的三层财政数据和国库支付数据横向贯通，形成可复制可推广的审计模型11个，为全面开展部门预算执行大数据审计试点打下良好基础。

审计科研 结合审计工作重点难点问题，在国家社科基金、西藏社科院、中国审计学会立项科研课题5项，形成总结经验、指导实践方面极具价值的研究成果，发挥审计科研推动审计工作和培养锻炼审计队伍的作用。

相关工作 树立干事创业鲜明导向。贯彻中办《关于进一步激励广大干部新时代新担当新作为的意见》，严格按照20字“好干部”标准和干部选拔任用相关规定，把重实干重实绩的导向贯穿选人用人全过程，全区审计机关风清气正的选人用人氛围正在形成。加强能力建设。针对能力短板，分层分类开展审计职业教育培训，全年培训全区审计人员1500多人次；组织全区审计机关60人参加为期54天的审计署计算机审计提高培训班，为推动全区大数据审计工作奠定人才基础。出台《加强青年干部队伍建设的实施意见》，启动审计实务导师制，帮助年轻同志更快熟悉审计业务。区市两级审计机关还注重采取以审代训、结对带学等措施帮助县级审计机关提升业务能力。加强审计机关机构和队伍建设。截至年底，全区37个县（区）已设立审计局，配备110名审计人员。深入开展“党员干部进村入户、结对认亲交朋友”活动，自治区审计厅扎实开展驻村工作，落实办实事办好事项目18件、资金200余万元；组织厅机关112名党员干部结对帮扶148户贫困群众，捐款捐物折资10万余元。2018年自治区审计厅获得全区创先争优强基础惠民生活动优秀组织单位奖，一名驻村干部获全国审计机关优秀驻村第一书记荣誉称号。（撰稿人：曲　鹏）

【拉萨市审计局】 2018年，拉萨市审计局实有44人。局长彭多，副局长赵文生、格桑平措

(—12 月)、魏建华、杜春梅(5 月—),经济责任审计处处长曲松,副调研员黄兴奎(—6 月)、罗素彬。设有办公室、法规科、财政金融审计科、基本建设投资审计科、行政事业与社会保障资金审计科、经济责任审计处、经贸企业审计科、农业与资源环保审计科、信息中心。

审计成果 2018 年,拉萨市县两级审计机关完成审计项目 26 个,涉及 84 个单位。审计总金额 560.21 亿元,查出主要问题金额 12.06 亿元,其中违纪违规金额 2.03 亿元、管理不规范金额 10.04 亿元;出具审计报告和专项审计调查报告 20 篇。应上缴财政 2.15 亿元、应加强自行管理纠正 8.79 亿元、应归还原渠道资金 9353.76 万元、应调账处理金额 1806.28 万元。核减投资额 317.1 万元。提出并被采纳审计建议 76 条;提交审计业务信息 33 篇,被批示、采用 6 篇。

国家重大政策措施落实情况跟踪审计 按照国务院统一部署和审计署统一要求,对拉萨市 2018 年贯彻落实稳增长、促改革、调结构、惠民生、防风险政策措施落实情况进行跟踪审计,促进有关政策的落实。提出并被采纳审计建议 11 条。

财政审计 组织开展 2017 年市本级预算执行情况和其他财政收支情况审计、曲水县 2015 年至 2017 年本级预算执行情况和财政收支情况审计、市住房和城乡建设局 2016 年至 2017 年财政财务收支情况审计,完成城关区蔡公堂乡 2015 年至 2016 年财政财务收支情况审计。

经济责任审计 完成市国土资源局原党组书记、副局长强巴江才离任经济责任审计,市民政局党组副书记、局长白玛玉珍任中经济责任审计,拉萨市自来水公司原总经理普布次仁离任审计。根据自治区审计厅的统一安排,完成对那曲市那曲县(色尼区)原县委书记曹永寿和县委副书记、县长赤来塔吉的经济责任审计。

固定资产投资审计 完成北京援藏城关区扎细街道团结新村棚户区基础设施改造项目的跟踪审计。提出并被采纳审计建议 8 条。完成柳梧新区乡镇干部职工周转房建设、尼木县县城供暖工程三期建设项目审计、经济技术开发区人才公寓项目的竣工决算审计。

民生资金(项目)审计 加强对精准扶贫精准脱贫资金的审计力度,完成当雄县、林周县、达孜区 2016 年至 2017 年精准扶贫精准脱贫政策落实及扶贫资金分配管理使用情况审计。完成拉萨市 2017 年城镇保障性安居工程跟踪审计,完成拉萨市 2017 年生态综合补偿资金专项审计调查。

企业审计 以“把握总体、揭露隐患、服务发展”为总体思路,以企业资产、负债、所有者权益的真实性为基础,开展企业审计。完成市城市规划设计院 2013 年至 2016 年财务收支情况审计;完成对拉萨布达拉旅游文化集团有限公司、拉萨净土产业投资开发有限公司的 2017 年财务收支审计。对市暖心燃气热力有限责任公司开展专项审计调查。

相关工作 推进“两学一做”学习教育常态化制度化,按照中央的统一部署,在区、市党委的正确领导下,制订实施方案及学习计划,精心组织实施,确保集中教育培训时间不少于 32 学时。高度重视党风廉政建设和反腐败工作,认真履行全面从严治党责任和党风廉政建设主体责任,形成“党政齐抓共管,领导干部各负其责,党员干部积极参与”的党风廉政建设工作新局面,全面提高党员干部的政治思想觉悟和反腐倡廉意识。以建设学习型、服务型、创新型、引领型、战斗型基层党组织为目标,加强党支部标准化建设,发挥基层党组织的战斗堡垒作用。组织开展“不忘初心、牢记使命”主题教育和“做合格党员、当先锋模范”教育,落实“三会一课”制度以及开展支部主题党日活动,引导党员干部树牢“四个意识”,坚定“四个自信”,做到“两个维护”。组织党员到林周县当杰村开展党员干部结对联系贫困户帮扶慰问活动 4 次,倾听群众意见,采取切实可行的帮扶措施。 (撰稿人:沈士虹)

【日喀则市审计局】 2018 年,日喀则市审计局实有 51 人。局长徐伟,副局长次仁、边巴次仁(—2 月)、尼玛多吉、刘德安、成善忠、孙庆利,纪检组长毛来峰,经济责任审计处处长平措,调研员扎西卓玛(11 月—)。设有经济责任审计处、办公室(政工人事科)、法规科、财政金融审计科、行政事业审计科、社会保障审计科、市直经济责任审计科、县区经济责任审计科、固定资产投资审计科、经贸企业审计科、农业与资源环保审计科、5 个派出审计科；下设事业单位机关后勤服务中心、信息网络中心、政府投资审计中心。

审计成果 2018 年，日喀则市审计局完成审计项目 22 个，其中专项审计调查项目 1 个。查出主要问题金额 120.03 亿元，其中违规金额 29.01 亿元、管理不规范金额 91.02 亿元；审计期间整改金额 2316 万元；审计发现非金额计量问题 40 个；出具审计报告和专项审计调查报告 8 篇。审计处理处罚金额 2.46 亿元，其中应上缴财政 1.8 亿元、应归还原渠道资金 1470 万元、应缴纳其他资金 4 万元、应调账处理金额 4438 万元；移送司法机关、纪检监察机关和有关部门处理事项 3 件，移送处理金额 191 万元。移送处理落实事项 3 件。提出并被采纳审计建议 30 条；促进被审计单位建立、健全规章制度 5 项；提交审计信息 26 篇，被批示、采用 3 篇次。

日喀则市 2016 年医保基金筹集管理使用情况专项审计项目被自治区审计厅评为表彰审计项目。

财政审计 对市本级、定结县及市发展改革委预决算执行情况开展审计，向市人大常委会作 2017 年度市本级预算执行和其他财政收支审计工作报告，报告查出违规和管理不规范问题金额 76.61 亿元，上缴财政 1313.58 万元、自行纠正 204.04 万元，已制订整改计划 77.57 万元；采纳审计建议 25 条，建立和完善内部管理制度 8 项。

经济责任审计 对 5 名县处级、1 名地厅级党政领导干部开展经济责任审计，其中任中审计 2 人，离任审计 4 人。查出主要问题金额 1.78 亿元，领导干部负主管责任 5745 万元，负领导责任 6167 万元。提交审计报告和审计结果报告 6 篇，提出审计建议 11 条。

固定资产投资审计 开展城镇保障性安居工程跟踪审计，审计专项资金总额 7.39 亿元，延伸审计单位 4 个，查出主要问题金额 24.43 万元，查出问题 3 项。开展 EPC 建设项目的跟踪审计。委托中介机构，对市教育局负责实施的第四高级中学改扩建项目、第二职业技术学校一期建设项目、第四幼儿园、齐鲁小学建设项目的跟踪审计，已向市教育局送达跟踪审计工作联系单 14 份。委托中介机构，对市第二职业技术学校二期建设项目、樟木口岸地质灾害防治工程一期建设项目安排进行跟踪审计。

民生资金（项目）审计 对萨迦、定结、聂拉木、定日 4 个县开展 2016 年至 2017 年度精准扶贫精准脱贫政策落实情况审计，审计发现建档立卡贫困户识别不精准；涉农财政资金统筹整合政策落实不力造成滞留扶贫资金 1.08 亿元；扶贫产业项目实施率较低；政府风险补偿金撬动作用发挥不明显；扶贫搬迁政策落实不力；生态岗位补偿与政策性补助资金发放不规范；易地扶贫搬迁住房入住率低等问题。运用大数据技术，对市 2016 年度医疗保障基金专项资金进行审计，审计资金总额 2.02 亿元，延伸审计单位 5 个，查出问题 14 项，金额 2966 万元。市审计局协同组织纪检、财政等部门，对白朗、康马、亚东、萨迦、拉孜、昂仁、定日、吉隆和聂拉木共 9 个县进行扶贫资金、灾后重建资金管理支付及扶贫产业项目实施、灾后重建项目质量的督查，形成专题报告上报市委、市政府。市审计局派出 9 人次，参与市纪委监委、脱贫攻坚指挥部、财政局对扶贫资金的监督审查。

信息化建设 在上海市审计局的帮助支持下，投入 170 万元，建立综合数据分析中心和远程视频会商系统，选派 4 名优秀干部到南京审计大学参加审计署大数据审计培训，请上海市审计局人员到日喀则市审计局开展大数据审计讲座。

相关工作 强化主体责任意识，定期研究党建党风廉政建设工作，推进党建工作与审计业务工作“两不误、两促进”；认真贯彻落实《中国共产党党委（党组）工作条例》，切实发挥党组核心作用；扎实开展审计机关集中整训活动、党员政治纪律教育活动和党员政治教育活动，全年开展党组理论学习中心组学习 32 次，党员干部集中学习 30 次。

（撰稿人：张学强）

【昌都市审计局】 2018 年，昌都市审计局实有 40 人。党组书记周卫东，局长益西群培，副局长吴波、四朗央宗、张远成、王学琼，副调研员土登扎西、任邦珍。设有办公室、法规科、财政金融审计科、行政事业审计科、社会保障审计科、经济责任审计处、固定资产投资审计科、经贸农业与资源环保审计科、派出一科、派出二科；下设事业单位审计事务服务中心、信息中心。

审计成果 2018年，昌都市县两级审计机关完成审计项目67个。查出问题金额103.72亿元，其中管理不规范金额89.6亿元、违规金额1385.45万元。审计处理问题金额8.55亿元，其中应上缴财政2021万元、应缴纳其他资金1498万元、应调账处理及归还原渠道资金3.86亿元，移送案件线索7件，提出并被采纳审计建议175条。提交审计信息140篇。

国家重大政策措施落实情况跟踪审计 重点审计重大建设项目推进情况和政策措施的落实情况，审计察雅县财政存量资金盘活和行政事业性收费情况。查出各类问题金额8.87亿元，应上缴财政1652.41万元，应调账处理金额4367.54万元，应归还原渠道资金169.43万元。

财政审计 完成市本级2017年财政预算执行和其他财政收支情况、察雅县2015年至2017年财政决算及其他财政收支情况、八宿县2015年至2017年财政管理及运行情况的审计或者专项审计调查。关注财政财务收支的真实合法效益、专项资金清理整合、贯彻中央八项规定等情况，查出主要问题金额90.62亿元，应上缴财政3245万元，应缴纳其他资金115万元，应调账处理金额4.19亿元，促进公共资金依法安全高效使用，推动财政政策更加积极有效。

经济责任审计 根据市委组织部和市政府国资委委托，完成对29名领导干部的经济责任审计，查出违纪违规金额4.77亿元，其中主管责任9485万元，领导责任3.82亿元。召开昌都市经济责任审计工作领导小组联席会议，明确经济责任审计工作领导小组各成员单位的工作职责、工作机制，强化审计结果运用，推动问责和责任追究机制的健全和完善。

民生资金（项目）审计 对昌都市2017年保障性安居工程的计划、投资、建设、分配、运营等情况进行审计，针对滞留专项资金4464万元等问题提出整改意见。完成丁青县、洛隆县、边坝县和江达县精准扶贫精准脱贫政策落实情况审计工作，查出问题金额1.06亿元。针对产业项目实施滞后、项目建设程序不规范、未及时兑现征地补偿资金、超规定面积建设异地搬迁安置房等问题，提出审计意见。

相关工作 党员领导干部切实发挥“关键少数”的示范和表率作用，强化党课引领，以学习原文、集中研讨、座谈交流、外出培训等形式，推动广大党员干部深入领会习近平新时代中国特色社会主义思想。把全面从严治党各项要求落到实处，全面推进党的政治建设、思想建设、组织建设、作风建设、纪律建设。把政治纪律教育延伸到审计工作的最前沿，将政治纪律教育与审计业务工作紧密结合，全面从严治党，正风肃纪，纠正“四风”，强化中央八项规定精神落实，运用监督执纪“四种形态”，及时发现纠正苗头性、倾向性问题。严格执行好干部标准，注重培养专业能力、专业精神，引导和不断增强审计干部的学习本领、政治领导本领、改革创新本领、科学发展本领、依法执政本领、群众工作本领、狠抓落实本领，打造高素质专业化审计队伍。

（撰稿人：秦　茹）

【林芝市审计局】 2018年，林芝市审计局实有33人。党组书记、副局长泽旺江村，党组副书记、局长刘应萍，党组成员、副局长尼玛仓决、李友金、旺堆，党组成员、经济责任审计处处长李萍。设有办公室、政工人事科、经济责任审计处（下设经济责任审计一科、二科）、法规科、行政事业审计科、财政金融审计科、固定资产投资审计科、经贸农业与资源环保审计科、派出审计一科、派出审计二科。

审计成果 2018年，林芝市县两级审计机关完成审计项目18个，其中专项审计调查项目2个。查出主要问题金额6.13亿元，其中违规金额6.01亿元、损失浪费金额950万元、管理不规范金额251.92万元；审计发现非金额计量问题44个；损益（收支）不实金额4695.04万元；出具审计报告18篇。审计处理处罚金额5.66亿元，其中应上缴财政2850万元、应归还原渠道资金837.04万元、应调账处理金额5.29亿元。审计促进整改落实有关问题资金1.53亿元；审计促进拨付资金到位158.77万元；审计后挽回（避免）损失7.51亿元；提出并被采纳审计建议35条；推动被审计单位制定整改措施11项；促进被审计单位建立、健全规章制度2项；提交审计信息3篇。

国家重大政策措施落实情况跟踪审计 市审

计局开展重大政策措施跟踪审计，发现问题 5 个，针对审计发现的突出问题，向自治区审计厅报送 2 篇综合性跟踪审计报告，向市委、市政府报送专题报告 2 篇。

财政审计 完成市本级 2017 年财政预算执行和其他财政收支情况审计、市委政法委（综治办）2017 年部门预算执行及其他财政收支情况审计。通过审计，发现预算执行中存在滞留应缴预算资金、闲置资金、扩大开支、损失浪费等问题，涉及违规金额 5.42 亿元，针对存在的问题提出审计建议 7 条。

经济责任审计 根据林芝市委组织部委托，实施对市政法委（综治办）、市职业技术学校领导干部的经济责任审计，审计发现存在滞留应缴预算资金、挤占挪用资金、扩大开支、违反中央八项规定精神等问题，涉及违规金额 5068 万元，针对存在的问题，审计处理处罚金额 1132 万元，提出审计建议 6 条。根据自治区审计厅的统一安排，市审计局派出 9 名审计人员赴昌都市开展贡觉县党政主要领导干部经济责任、自然资源资产管理及环境保护责任的交叉审计。

民生资金（项目）审计 市审计局实施对墨脱县、朗县、米林县精准扶贫精准脱贫审计，深入 37 个村，实地走访 33 个扶贫项目和 50 多户贫困户。发现存在贫困户识别不精准、超面积建设安置房、资金闲置、挤占挪用和损失浪费等问题，涉及违规金额 1628 万元，审计从提高贫困户精准识别信息化水平、加强扶贫资金管理、建立健全产业扶贫项目与贫困农牧民利益链接长效机制等方面，提出 9 条审计建议。

企业审计 根据市政府要求，市审计局通过购买第三方服务的形式，完成对市客运公司、江南运业公司“县际县内”客运班线进行清产核资专项审计，重点关注大宗资产处置及运营中存在的重大风险隐患。

交办任务 按照林芝市委、市纪委、市委巡察办的工作部署，市审计局选派 14 名业务骨干参加市委巡察、不作为慢作为、文山会海等形式主义、官僚主义突出问题、援藏资金、波密县精准扶贫精准脱贫、朗县登木乡财务等工作的专项督导检查。

信息化建设 运用数据分析和权重打分的方法，在对昌都市贡觉县主要领导干部的交叉审计中，对 146 个政府投资项目进行项目资金量权重、项目建设工程定额类别重要性系数、项目国民经济行业类别重要性系数进行分析，采集到投资偏差、资金缺口、工程发包异常集中等问题数据，为全面系统评价当地政府投资项目的决策和建设管理情况提供技术支撑和逻辑基础。

（撰稿人：周　龙）

【山南市审计局】 2018 年，山南市审计局实有 44 人。党组书记、副局长张洪林，党组副书记、局长巴桑次仁，党组成员、副局长夏朝红、索朗达杰、张文宗、陈雪峰、秦好、丁传立，党组成员、总审计师王显琼，经济责任审计处处长索朗央金，调研员扎西罗布。设有经济责任审计处，办公室、法规科、财政金融审计科、行政事业审计科、社会保障审计科、固定资产投资审计科、经贸外资审计科、农业与资源环保审计科、派出审计一科、派出审计二科、派出审计三科、派出审计四科；下设审计信息中心（事业单位）。

审计成果 2018 年，山南市审计局完成审计项目 18 个。查出主要问题金额 113.25 亿元，其中管理不规范金额 112.13 亿元、违规金额 1.12 亿元。上缴市县两级国库金额 1.07 亿元，提出审计建议 55 条，移送案件 6 件。上报的审计报告、审计信息等被市委、市政府主要领导批示 15 人次。

2 个审计项目，分别被自治区审计厅评为优秀审计项目、表彰审计项目。

国家重大政策措施落实情况跟踪审计 开展稳增长、促改革、调结构、惠民生、防风险政策措施落实情况的跟踪审计。

财政审计 对市本级及 5 个部门进行预算执行和其他财政财务收支审计，查出主要问题金额 111.96 亿元，其中管理不规范金额 110.89 亿元、违规金额 1.06 亿元，上缴市国库金额 1.06 亿元，提出审计建议 22 条。

经济责任审计 对 2 名领导干部进行经济责任审计，查出主要问题金额 4060.7 万元，其中管理不规范金额 3972.94 万元、违规金额 87.76 万元，针对存在的问题提出审计建议 6 条。

固定资产投资审计 完成对 2 个政府投资项目的审计，查出主要问题金额 4572.74 万元，针对存在的问题，提出审计建议5条。

民生资金（项目）审计 完成对农村低保资金管理使用情况进行专项审计调查、对精准扶贫精准脱贫政策落实情况审计等7个目，共查出主要问题金额4246.42万元，其中管理不规范金额4192.3万元、违规金额54.03万元，针对存在的问题提出审计建议20条。

信息化建设 湖北、湖南、安徽三省审计机关选派12名审计业务骨干，分别组成固定资产投资审计、经济责任审计、本级预算执行审计3个专家组，与市审计局开展联合审计，通过以审代训、座谈交流、信息互通，现场指导运用大数据的方式方法，提升山南审计干部的实战能力，实现审计业务工作的新突破。

相关工作 制订下发党建工作计划、党建责任清单、“七型”党组织创建活动方案等30多份文件，以党建引领审计工作，推动党建与审计业务深度融合。建立审计项目廉政责任制，压实党风廉政建设主体责任，做到廉洁从审。推进审计管理制度改革，清理完善机关制度65项。合理制订审计项目计划，整合人力、财力、物力、信息等资源，实行人员优化组合，提高审计质量。组织审计人员参加内地计算机审计等业务培训班，加大计算机审计的运用和推广。从市审计局有限的经费中挤出45万元解决3个县审计局办公经费不足的问题。（撰稿人：蒋艳华）

【那曲市审计局】 2018年5月，那曲撤地设市，那曲地区审计局更名为那曲市审计局，实有27人。局党组书记、副局长索朗央金（—5月）、卫色（5月—），局党组副书记、局长嘎多罗布，局党组成员、副局长俞继业、次仁罗布、桑嘎扎西、方燕青，局党组成员、经济责任审计处处长白玛欧珠。设有办公室、政策法规科、财政金融审计科（农业和资源保护审计科）、经济责任审计处、行政事业审计科（社会保障审计科）、固定资产投资审计科（经贸外贸审计科）、机关后勤服务中心。

审计成果 2018年，那曲市审计局完成审计项目31个。查出问题金额137.26亿元，其中违规金额84.07亿元、管理不规范金额52.67亿元、促进增收节支5303.34万元。出具审计报告46篇，出具审计决定29篇，向有关部门移送案件线索4件，形成审计专报（要情）7篇，提出审计建议108条，发现问题301个，开展审计整改检查工作1次；完成民生资金检查5次。

国家重大政策措施落实情况跟踪审计 围绕贯彻落实国务院和区党委、区政府，以及市委、市政府的决策部署，以深化简政放权、放管结合、优化服务等改革为重点内容，以促进经济平稳运行、健康发展为目标，从项目落地、资金保障、简政放权、政策落实、风险防范5个方面进行跟踪审计，完成第二、三、四季度稳增长跟踪审计，对那曲市财政局、交通运输管理局和部分县贯彻落实国家重大政策措施情况进行跟踪审计，形成审计报告并上报相关部门。

财政审计 以“财政同级审”为主平台，按照“收入一个笼子、预算一个盘子、支出一个口子”的要求，开展对市本级2017年预算执行情况及其他财政收支情况审计、对市政法委部门预算执行情况和其他财政收支进行审计。

经济责任审计 受市委组织部委托，安排经济责任审计项目21个，对39名领导干部开展审计，出具审计报告36篇、审计决定21份。向有关部门移送案件线索2件，提出审计建议73条，发现问题214个（含同责同审），涉及金额3.91亿元，其中违规金额8441.53万元、管理不规范金额2.92亿元、促进增收节支1450.66万元。完成自治区审计厅安排的日喀则仁布县党政主要领导干部经济责任交叉审计。

民生资金（项目）审计 对市住建局、市财政局及11个县（区）2017年保障性安居工程进行审计，对政府购买棚改服务和货币安置，安居工程管理和保障性住房分配使用情况进行检查，客观评价安居工程资金的筹集、管理和使用、项目实施情况，如实反映存在的问题和不足，并提出合理的审计建议。按照市委、市政府脱贫攻坚战的安排部署，主动作为，制订分年度审计工作方案，组织县（区）审计业务人员开展精准扶贫审计培训，完成安多县、聂荣县、嘉黎县的2016年至2017年精准扶贫精准脱贫政策落实情况审计，查出问题金额9.92亿元，将违纪问题线索向有关部门进行移送，将发现的普遍性问题形成审计专报。

企业审计 聘请中介机构协助，完成那曲城投公司、牧发公司的资产负债及所有者权益审计，审计报告得到市委、市政府主要领导的高度重视并作出批示。

交办任务 联合市委组织部、市纪检委，组成审计整改情况检查小组，对2017年审计中查出问题的18个单位和5个乡镇，就问题整改落实情况进行全面检查。审计查出的184个问题中，已整改141个；审计查出的问题金额9.55亿元中，已整改金额7.76亿元，整改率有较大提高。

相关工作 制订全面深化改革的工作方案、审计机关重大事项报告制度（试行）、市县（区）审计机关综合考核办法，加强对上下级审计机关协调统一；进一步健全党组负总责、党支部具体抓党建工作的目标责任制，以党建助推审计各项工作，组织开展“两学一做”学习，使党员干部思想理念意识、政治素质、工作作风得到明显增强；强化意识形态领域工作，开展“四讲四爱”“政治纪律和政治规矩”主题教育活动，增强政治敏锐性和政治鉴别力；常抓党风廉政建设，从严落实主体责任和班子成员“一岗双责”制，廉政工作与业务工作同部署、同检查、同考核；加强队伍建设，选派领导干部和审计人员参加学习、研讨、培训，强化业务能力、提升综合素质；积极开展机关群团组织活动，落实党内关爱机制，关心离退休老干部和单位低收入职工，帮扶达恰拉姆居委会困难户，支援第七批援藏“合作组织”库巴村、若宗卡村。（撰稿人：米玛次仁）

【阿里地区审计局】 2018年，阿里地区审计局人员实有30人。党组书记、副局长庞兴圃，党组副书记、局长罗杰，党组成员、副局长谢天芳、雷德丰，党组成员、调研员桑杰多吉、中次仁，经济责任审计处处长普布。设有办公室、法规科、经济责任审计处、行政事业和社会保障审计科（财政金融审计科）、固定资产投资审计科、农业与资源环保审计科、派出审计一科、派出审计二科；下设政府投资审计中心（事业单位）。

审计成果 2018年，阿里地区审计局完成审计和专项审计调查项目27个。查出问题金额8.28亿元，其中违规金额2.05亿元、管理不规范金额6.2亿元、损失浪费金额292.83万元；审计处理处罚金额8504.73万元，其中上缴财政2319.31万元、归还原渠道资金982.37万元、调账处理资金5203.05万元；移送有关问题线索56件，提出审计建议114条。

国家重大政策措施落实情况跟踪审计 分季度完成阿里地区稳增长、促改革、调结构、惠民生、防风险政策措施贯彻落实情况跟踪审计，查出问题金额2699.17万元，其中违规金额2688.48万元；移送有关问题线索6件，提出审计建议10条。

财政审计 开展噶尔县财政预算执行及其他财政财务收支情况的审计。通过审计，查出问题金额2.39亿元，其中违规金额1.13亿元、管理不规范金额1.24亿元、损失浪费金额137.09万元；处理处罚上缴财政162.68万元；提出审计建议3条。

经济责任审计 完成地直单位6名主要领导干部任职期间经济责任审计，完成自治区审计厅统一安排的日喀则市昂仁县党政主要领导干部经济责任同步交叉审计。通过审计，查出违规金额318万元，其中应负直接责任金额168万元、应负主管责任金额145万元、应负领导责任金额4万元；查出管理不规范金额3662万元，其中应负直接责任金额3303万元、应负主管责任金额216万元、应负领导责任金额142万元；查出损失浪费直接责任金额108万元；移送有关问题线索4件，提出审计建议29条。

固定资产投资审计 完成8个建设项目竣工决算审计，项目总投资1.98亿元。通过审计，查出主要问题金额7089万元，其中违规金额3655万元、管理不规范金额3387万元、损失浪费金额47万元；审计处理处罚金额1818万元，审减投资金额680.73万元。移送有关问题线索29件，提出审计建议29条。

民生资金（项目）审计 实施日土县、札达县2016年至2017年精准扶贫精准脱贫政策落实情况审计。通过审计，查出问题金额2.59亿元，其中违规金额1595.78万元、管理不规范金额2.43亿元；移送案件线索1件，提出审计建议6条。完成地区旅游局2016年旅游从业人员技能培训专项资金审计和日土等3个县的退牧还草专项资金审计。通过审计，查出主要问题金额1.39亿元，其中违规金额 648.3 万元、管理不规范金额 1.33 亿元；移送有关问题线索 16 件，提出审计建议 23 条。

企业审计　完成对地区建筑勘察规划设计院资产清查审计，对地区工程建设监理等 4 家分公司进行延伸审计。通过审计，查出主要问题金额 5142.81 万元，其中违规金额 255.18 万元、管理不规范金额 4887.63 万元；审计处理处罚金额 5134.57 万元；提出审计建议 14 条。

（撰稿人：许昌平）

2018 年西藏自治区所辖区、县(市)级审计工作统计表

金额单位：万元

审计机关	完成审计项目/个	审计查出主要问题金额	审计发现非金额计量问题/个	审计期间整改金额	出具审计报告和审计调查报告/篇	审计处理情况		审计促进整改落实有关问题资金	审计提出建议/条	提交审计信息/篇
						审计处理处罚金额	移送处理事项/件			
拉萨市										
拉萨市本级	21	120625	35	2502	20			120625	76	28
城关区审计局										
堆龙德庆区审计局	2	205	8	205	2				6	9
达孜区审计局										
林周区审计局										
当雄县审计局										
尼木县审计局	1				1				3	
曲水县审计局										
墨竹工卡县审计局	2	24	3	3	2			24	5	
日喀则市										
日喀则市本级	22	1200304	40	2316	8	24623	3		30	26
桑珠孜区审计局										
南木林县审计局										
江孜县审计局										
拉孜县审计局										
谢通门县审计局										
吉隆县审计局										
昌都市										
昌都市本级	36	985580			36	40943	7	40943	126	131
卡若区审计局	21	2895		2823	6	18		1944	9	3
江达县审计局	2	477			2			477	14	
丁青县审计局	1	347			1				2	1
八宿县审计局	4	47744		4000	4			41909	16	2

（续表）

审计机关	完成审计项目/个	审计查出主要问题金额	审计发现非金额计量问题/个	审计期间整改金额	出具审计报告和审计调查报告/篇	审计处理情况		审计促进整改落实有关问题资金	审计提出建议/条	提交审计信息/篇
						审计处理处罚金额	移送处理事项/件			
芒康县审计局	3	185		185	2			185	8	3
林芝市										
林芝市本级	15	61123		15267	15	56593		15267	26	
工布江达县审计局										
察隅县审计局	3	208	1	5	3			202	8	3
山南市										
山南市本级	18	1120447	82		18	618809	3	363441	96	8
那曲市										
那曲市本级	31	1372613	43		46		4	673931	108	150
阿里地区										
阿里地区本级	27	82771	40		27	8505	56		114	17
普兰县审计局										
改则县审计局										

陕西省

【陕西省审计厅】 2018 年，陕西省审计厅实有 253 人。设有办公室、法规审理处、财政审计处、派出市县财政审计处、金融审计处、派出经济执法审计处、行政事业审计处、派出教育科技审计处、企业审计处、派出经济贸易审计处、农业与资源环保审计处、派出农林水利审计处、社会保障审计处、派出民政社保审计处、固定资产投资审计处、派出交通建设审计处、外资运用审计处、派出外事外贸审计处、派出发展统计审计处、经济责任审计一处、经济责任审计二处、人事处、机关党委、离退休人员服务管理处、派出国资监管审计处；下设审计研究所、报送审计中心、计算机技术信息中心；另设省纪委驻厅纪检组。

领导成员

厅　　长：李　健（—3 月）
　　　　　赵宝田（3 月—）
副 厅 长：张海成　马玉红
　　　　　赵宝田（—3 月）　王志高
　　　　　王　健　陈则孚（5 月—）
总审计师：牟军利
纪检组长：冯志文
副巡视员：阎观臻　贠东福　杨　啸
　　　　　宋宝中（10 月—）

审计成果 2018 年，陕西省市县三级审计机关完成审计项目 6836 个，其中专项审计调查项目 121 个。查出主要问题金额 2482.34 亿元，其中违规金额 318.87 亿元、损失浪费金额 5.79 亿元、管理不规范金额 2157.68 亿元；审计发现非金额计量问题 26533 个；损益（收支）不实金额 57.98 亿元；审计发现侵害人民群众利益 1297 万元；出具审计报告和专项审计调查报告 7128 篇。审计处理处罚金额 681.97 亿元，其中应上缴财政 151.07 亿元、应减少财政拨款或补贴 27.24 亿元、应归还原渠道资金 63.1 亿元、应缴纳其他资金 240.38 亿元、应调账处理金额 200.18 亿元；

移送司法机关、纪检监察机关和有关部门处理事项860件，移送处理人员1329人，移送处理金额28.69亿元。审计促进整改落实有关问题金额332.91亿元，拨付资金到位31.21亿元，挽回（避免）损失26.76亿元；核减投资额52.2亿元；移送处理落实事项207件。审计提出建议12186条，被采纳9034条；推动被审计单位制定整改措施1032项；促进被审计单位制定、完善规章制度24项；提交审计信息1312篇，被批示、采用943篇。向社会公告审计结果469篇。

国家重大政策措施落实情况跟踪审计　全省审计机关分季度对各市、县（区）进行审计，抽查2158个单位、2401个项目，涉及财政资金1557.75亿元。西安、铜川、汉中等3市审计局分别对房地产调控政策、减税降费政策落实、优化提升营商环境情况开展审计调查。落实情况跟踪审计为推动供给侧结构性改革、“放管服”改革和“三去一降一补”重大政策措施落实、“追赶超越目标完成”，促进政令畅通发挥重要作用。

财政审计　全省审计机关统一开展预算执行和财政决算审计，审计市、县政府、财税部门和预算执行单位1078个，查出主要问题金额804.2亿元。省审计厅牵头负责，会同财政厅、人社厅统一组织开展全省工资津贴补贴发放情况的自查和专项检查工作。省审计厅受省政府委托，向省人大作《关于陕西省2017年省级预算执行和其他财政收支情况的审计工作报告》，对存在问题的单位逐个点名列示，得到省委、省人大、省政府的充分肯定和高度评价。向社会公开审计工作报告内容，引起舆论较大反响。

全省审计机关派出140个审计组1500余名审计人员，对省、市、县政府性债务进行审计，摸清政府性债务底数，揭示债务管理和资金使用效益方面存在的问题，省委、省政府领导对审计结果高度重视，省政府多次召开会议专题研究并作出部署。

经济责任审计　全省审计机关紧扣经济责任、突出权力运行和责任落实，深化内容，将领导干部贯彻重大政策措施、政府性债务、机构编制、自然资源资产和高校基建项目等情况纳入经济责任审计监督范围。共对1380名领导干部实施经济责任审计，其中地厅级19人、县处级195人、乡科级1034人、其他132人；任中审计508人、离任审计872人。查出违规问题金额23.17亿元，其中属领导干部直接责任金额4.36亿元、主管责任金额6.94亿元、领导责任金额11.87亿元；查出损失浪费问题金额2101万元，其中属领导干部主管责任金额1224万元、领导责任金额877万元；查出管理不规范问题金额398.27亿元，其中属领导干部直接责任金额1.68亿元、主管责任金额59.18亿元、领导责任金额337.41亿元。省审计厅在安康组织召开村级组织主要负责人经济责任审计推进会，在全省推广安康经验，扩大审计试点。

固定资产投资审计　围绕投资拉动战略实施，组织开展3576个固定资产投资项目审计，审计项目投资金额512.8亿元，揭示项目建设程序、项目招标投标、合同执行、成本控制等方面存在的主要问题，节约建设资金32.7亿元。

民生资金（项目）审计　根据审计署统一部署，省审计厅组织全省审计机关136个审计组918名审计人员，对2017年全省保障性安居工程进行审计，发现安居工程政策和扶持措施未落实到位、骗取侵占安居工程资金和住房等问题。西安、咸阳、渭南、延安、榆林等5个市审计局分别对全市城乡社会救助体系建设运营情况、新农合大病医疗保险资金、医疗保险基金、治沟造地与移民搬迁项目、建设领域拖欠工程款清理、社会兜底保障专项资金等进行审计和审计调查，推动保障和改善民生政策有效落实。

全省审计机关派出234个审计组1180名审计人员，对56个国定贫困县和40个有扶贫任务的县（市）压茬开展脱贫攻坚全覆盖审计。审计资金564.15亿元，涉及扶贫项目19704个，抽查1586个行政村、5533户农户，查出违纪违规和管理不规范金额50.31亿元。中央巡视组来陕巡视时，省审计厅先后12次向巡视组提供扶贫审计相关资料，巡视组先后召开3次会议听取省审计厅汇报。省审计厅上报中央巡视组的涉及扶贫领域存在的问题被中央巡视组采用，上报省政府的特色现代农业龙头企业审计情况报告部分内容被中纪委报告采用。

农业与资源环保审计　全省审计机关积极践行“绿水青山就是金山银山”理念，因地制宜开展领导干部自然资源资产离任审计。全省派出182个审计组共1000余名审计人员，对282名领导干部开展自然资源资产离任审计。咸阳市审计局首次开展县委书记、县长自然资源资产离任审计，西安市审计局开展全市治污减霾政策落实情况审计调查，推动地方经济绿色发展和环境保护。

金融审计 省审计厅开展对陕西金控集团、陕国投等6户金融机构的审计或者专项审计调查，揭示地方金融机构在经营管理中存在的风险隐患，提出加强管理、防范风险、提高服务实体经济水平的建议，省政府针对审计发现的问题，先后召开4次专题会议，研究部署防范金融风险等问题，推动早预防、早化解、早处置，维护金融安全。

外资运用审计 完成亚洲开发银行贷款西安城市路网完善项目等7项外资项目审计，向审计署和国外贷援款机构出具中英文审计报告8份。

企业审计 全省开展对53户重点企业的审计，查出违规经营、虚报隐瞒转移收入、少计虚列成本费用等违规行为金额193.16亿元。省审计厅开展对陕煤化集团等4家省管企业在境外投资的5户境外投资企业专项审计调查，对省管企业加强境外投资管理提出有针对性的审计建议。

信息化建设 持续推进大数据应用，全省审计机关在保障房审计、领导干部自然资源资产审计、政府债务审计中，充分利用地理信息、高分卫星遥感影像监测分析和跨行业综合数据分析等新技术、新方法，将审计业务数据和相关外围数据结合起来进行关联分析，查出大量疑点问题，大数据审计分析取得初步成绩。省审计厅组建数据分析团队，着力推进省级一级预算单位公共资金审计和省属国有企业审计全覆盖相关专项数据库和专项分析模型体系建设，开展对240多家省级部门和企事业单位信息系统专项审计调查；西安、咸阳、延安、榆林、汉中、韩城等6市在新农合大病医疗保险资金、治沟造地、移民搬迁和固定资产投资、预算执行、政府性债务、精准扶贫、保障性安居工程等审计中推行大数据应用。

审计科研 开展全省重点审计科研课题研究工作，坚持课题研究与审计项目相结合、与审计改革相结合，坚持审学研“三结合”，19项课题如期结项；《习仲勋在西北的监督实践》课题终审稿完成；完成1项审计署公开招标课题，承担的省社科基金课题通过评审，阶段性成果在《中国审计》刊发；充分利用《现代审计与经济》和《审计科研动态》两个平台，刊发省级重点课题和优秀青年论坛论文，发挥审计理论对审计实践的服务指导作用。

相关工作 持续推进“两学一做”学习教育常态化制度化，深入学习习近平新时代中国特色社会主义思想和党的十九大精神，开展“读好书、强素质、促发展”“学习宣传贯彻党的十九大精神”主题党课宣讲、“我为新时代审计献一策”“我与党的十九大”主题征文等系列活动。狠抓基层党组织建设，严格落实“三会一课”制度，全面推行党员积分制管理和在审计一线建立临时党支部制度，以党建统领审计工作，促进审计工作的顺利开展。召开全省审计机关党风廉政建设工作电视电话会议，安排部署2018年党风廉政建设工作。各级审计机关把经常性反腐倡廉教育纳入重要学习内容，层层签订《党风廉政建设目标责任书》，强化主体责任，落实监督责任。全力配合支持各级纪委派驻纪检组工作，自觉接受监督。扎实开展“冯新柱案‘以案促改’专题学习和警示教育”“纪律作风专项整治月”“全省审计机关集中整训”“集中整治形式主义官僚主义”“集中开展违规收送礼金问题专项整治”等活动，在处以上干部中开展“讲政治、敢担当、改作风”专题教育。全省审计机关认真学习深入领会习近平总书记在党的新闻舆论座谈会上的讲话精神，贯彻落实省委办公厅《党委（党组）意识形态工作责任制实施细则》和中省部署，党组书记认真履行第一责任人职责，把意识形态工作纳入目标责任考核中，狠抓意识形态工作落实，强化意识形态的管理。完善贯彻落实“三项机制”配套制度，严把选人用人关。全省审计机关先后组织开展审计系统先进事迹巡回演讲和学习“三秦楷模”“最美审计人”“我的家风故事”征集和“党员示范岗”“陕西好人”“道德模范”等评选活动。开展计算机中级资格、政策法规、保密纪律、重大政策跟踪审计、债务审计、扶贫审计、中央八项规定审计等培训。

内部审计 全省审计机关认真贯彻落实《审计署关于内部审计工作的规定》（审计署第11号令），进一步加强对内部审计工作的指导和监督。

省审计厅制定《关于进一步加强内部审计工作业务指导和监督的意见》，起草的《陕西省内部审计条例（草案）》，已列入2019年省人大、省政府立法机关立法项目。全省内部审计机构完成审计项目37516个，审计资金总额1685.98亿元，促进增收节支2.2亿元，提出并被采纳审计建议50355条。（撰稿人：高　航）

【西安市审计局】 2018年，西安市审计局实有87人。局长李永奇（—12月），局党组书记徐琳茹（12月—），副局长马少民、王建军、阎金平，总审计师贺成志，纪检组长白丽萍，副局级巡视员梁建文。设有办公室、组织人事处、财政金融审计处、行政事业审计处、农业与资源环境审计处、固定资产投资审计一处、固定资产投资审计二处、企业审计处、社会保障审计处、经济责任审计办公室（下设经济责任审计一处、经济责任审计二处）、审理稽核处、审计整改处等职能处（室）；按照党章规定设置机关党的机构；下设计算机审计信息中心（事业单位）。

审计成果 2018年，西安市县两级审计机关完成审计项目544个，其中专项审计调查项目31个。查出主要问题金额743.59亿元，其中违规金额62.65亿元、损失浪费金额1.25亿元、管理不规范金额679.68亿元；审计发现非金额计量问题782个；损益（收支）不实金额7.59亿元；出具审计报告和专项审计调查报告558篇。审计处理处罚金额135.48亿元，其中应上缴财政38.14亿元、应减少财政拨款或补贴5016万元、应归还原渠道资金24.69亿元、应缴纳其他资金12.15亿元、应调账处理金额60亿元；移送司法机关、纪检监察机关和有关部门处理事项326件，移送处理人员855人，移送处理金额3.43亿元。审计促进整改落实有关问题金额100.39亿元；审计促进拨付资金到位19.85亿元，审计后挽回（避免）损失2.51亿元；核减投资额9.29亿元；移送处理落实事项152件。审计提出建议1416条，被采纳1092条；推动被审计单位制定整改措施550项；促进被审计单位制定、完善规章制度261项；提交审计信息385篇，被批示、采用466篇次。向社会公告审计结果44篇。

5个审计项目被省审计厅评为优秀审计项目。

国家重大政策措施落实情况跟踪审计 按季度分4次对13个区县重大政策措施落实情况和追赶超越目标完成情况开展跟踪审计，涉及14个市级部门、219个区县级单位、259个项目、225.04亿元财政资金，查出10类109个问题，涉及问题金额105.14亿元，提出审计建议82条。对全市2017年至2018年一季度房地产调控政策措施落实情况开展跟踪审计调查，揭示房价上涨过快、市场供需差异过大等5个方面的问题，提出针对性建议4条。

财政审计 对142个部门单位预算执行、财政决算情况开展审计，延伸审计169个单位，查出主要问题金额146亿元，发现问题112个，提出审计建议65条。

经济责任审计 对198名领导干部开展经济责任审计，查出领导干部负有直接责任问题金额3.95亿元、主管责任问题金额7291万元、领导责任问题金额1239万元。开展25名领导干部自然资源资产离任审计。

固定资产投资审计 开展投资审计项目84个，审计资金159.15亿元，核减工程投资额9.29亿元。市审计局对李家河大坝工程、西安殡仪馆迁建工程、水务集团污水厂改扩建工程等项目实施工程结算审计，对文昌门至和平门、含光门至朱雀门下穿立交实施竣工决算审计，对曲江廉租房、三桥公租房等项目开展审计，共审减工程投资2.11亿元。

民生资金（项目）审计 对全市2017年保障性安居工程投资、建设、分配、运营等情况进行跟踪审计，向纪检机关和主管部门移送问题线索56件。组织对5个区县2015—2017年度精准扶贫专项资金开展跟踪审计，对周至县2018年扶贫开发项目资金进行专项审计，走访25个街办（乡镇）、61个村、242个贫困户，检查104个项目，查出87个问题，涉及违规金额3.22亿元，督促整改问题73个，收回资金6271.43万元，兑现贫困户分红250万元。

农业与资源环保审计 对全市农业供给侧结构性改革情况开展审计调查，深入4个区县抽查42个项目，发现6类14个方面的问题。对全市治污减霾政策措施落实情况开展审计调查，调查11个部门、4个区县、16个项目，延伸调查9家企业，揭示问题13个，涉及资金1252.17万元。

企业审计 市审计局对陕鼓集团和中国标准集团原领导人任职期间经济责任履行情况进行审计，查出6大类22个问题，移送市纪委和市国资委问题线索11件。对市级国有企业"去杠杆"情况实施审计调查，针对发现的7个方面的问题，提出积极构建市级国有企业统一监管体系、加快设立西安市企业兼并重组基金、建立有效的调杠杆管理考核体系等5条建议。

专项资金审计 组织区县审计机关对全市13个区县及榆林市政府性债务情况开展交叉审计。对全市2016年至2017年现代服务业专项资金开展审计调查，发现个别企业提供虚假申报资料、有关部门审核把关不严、部分区县配套资金不到位等14类22个问题。

交办任务 全市审计机关先后抽调57人次参加省市区巡视、巡察工作，46人次参加省市纪委协查工作，100多人次参加秦岭北麓违建别墅专项整治工作。其中市审计局8月至10月暂停所有审计项目，先后抽调8批次、82人次，由局长带队参与秦岭北麓违规建别墅问题专项整治工作，为市委、市政府决策提供大量真实准确的数据和信息。完成高新区托管区域移交审计、高铁新城移交专项审计、金融办专项核查、涉税事项核查、西旅集团清产核资等市委、市政府临时交办的任务。

信息化建设 推进数字化审计全面应用，完成财政、地税、保障房等审计项目的数据采集、转换及分析工作，提升审计工作质量和效率。开展信息化建设调研，征询各区县审计局对市审计局信息化建设和大数据审计的需求和建议。

相关工作 市审计局党组中心组集体学习研讨19次，带领全局党员干部深入学习习近平新时代中国特色社会主义思想和党章党纪党规。印发《局党组抓基层组织建设工作责任清单》《处室负责人报告工作制度》。开展"强化忠诚意识 严守纪律规矩 坚决打赢秦岭保卫战"专题警示教育月活动和冯新柱案"以案促改"等工作。印发《西安市审计局干部行为规范"九禁令"》《处室（单位）负责人党风廉政建设责任清单》《审计组组长廉政建设责任清单》《关于加强干部队伍建设打造西安审计铁军的实施办法》，加强廉政建设。采取多种方式，组织培训438人次。

内部审计 市审计局加强对内部审计协会的指导，进一步规范协会的组织管理，对68个会员单位进行重新审核登记。内部审计协会组织通过举办讲座、举办《审计署关于内部审计工作的规定》解读培训班、开展优秀论文征集活动等方式，推进内部审计工作发展。（撰稿人：张良忠）

【铜川市审计局】 2018年，铜川市审计局实有54人。局长成小民，副局长季铜章（—6月）、邵学军（6月—）、张金川、张岗战，纪检组长李建民，总审计师石建雄，经济责任审计局局长王桂芝，固定资产投资审计局（铜川审计处）副局长（副处长）张民堂、吴宝华。设有办公室、法规审理科、行政事业审计科、财政金融审计科、经贸审计科、农业与资源环保审计科、社会保障审计科等7个科室和经济责任审计局；下设固定资产投资审计局（省审计厅铜川审计处）、内部审计管理中心、计算机信息中心。

审计成果 2018年，铜川市县两级审计机关完成审计项目549个。查出主要问题金额31.19亿元，审计发现非金额计量问题311个，出具审计报告和审计调查报告380篇，审计处理处罚金额21.03万元，移送处理事项40件，审计期间整改金额5127.24万元，审计促进整改落实有关问题资金2.33亿元，审计提出建议728条，提交审计信息167篇。

国家重大政策措施落实情况跟踪审计 组织市县两级审计机关195人次，抽查单位351个，项目626个；抽审资金总量70.98亿元，其中财政专项扶贫资金10.06亿元；抽查项目投资27.78亿元，其中中央财政投资12.41亿元；发现问题44个，问题金额4.87亿元。

财政审计 完成部门预算执行审计项目6个，县区财政收支审计项目1个。审计查出主要问题金额8.6亿元、管理不规范金额8.8亿元，审计发现非金额计量问题17个。

经济责任审计 完成11名县级领导干部的经济责任审计。对2名县级领导干部开展自然资源资产离任审计。

固定资产投资审计 完成铜川市新区西环路等7个项目的竣工决（结）算审计，审计投资总额1.61亿元，核减工程价款3254.16万元，移送审计事项3件。

民生资金（项目）审计 对铜川市2017年度城镇保障性安居工程进行跟踪审计，审计发现资金管理、项目管理等方面的问题12个，提出审计建议3条，移送案件线索11件。开展精准扶贫、苏陕扶贫协作项目全覆盖审计，审计资金总额42亿元，涉及项目1195个，抽查单位、乡镇行政村120个，入户调查306户，纠正问题42个，查出管理不规范金额3.1亿元，移送市纪委案件线索16件，移送主管部门案件线索3件。

企业审计 对铜川市公交公司2017年度资产负债损益情况进行审计，审计资金总额1.61亿元，查出管理不规范金额1015.83万元。针对审计发现的会计核算不规范、长期投资无收益、公务接待不合规等6大类问题，提出审计意见及建议。

专项资金审计 对51个单位开展中央八项规定及其《实施细则》落实情况的审计调查，覆盖面35%以上，促使全市所有部门开展自查整改，完善、规范内控制度65项。

信息化建设 启用OA（审计管理系统），处理公文89件，阅文420人次；应用AO（现场审计实施系统），铜川市老干局局长任期经济责任审计AO应用实例获全省优秀奖，铜川市档案局局长任期经济责任审计AO应用实例获全省应用奖。

相关工作 层层签订全面从严治党责任书；组织市审计局干部职工到梁家河开展“追寻初心之旅”主题党日、“学习贯彻新党章、纪律处分条例，争做新时代标兵”知识竞赛、《中国共产党纪律处分条例》知识测试等活动，增强不忘初心、牢记使命、坚定信念的责任担当。坚持实行区县审计局局长、局属各科室向市审计局党组述职述廉制度。市审计局荣获全省保障性安居工程跟踪审计先进单位，3个审计报告在省审计厅组织的评比中得到表彰。

内部审计 召开铜川市内部审计工作座谈会，学习《审计署关于内部审计工作的规定》。出台内部审计人员动态管理办法，更新内部审计人才库，指导相关单位制订内部审计年度计划。

（撰稿人：张　婷）

【宝鸡市审计局】 2018年，宝鸡市审计局实有67人。局长景东成，宝鸡审计处处长陈金仓，副局长王兴英、汪彩玲、刘红霞，纪检组长董兴功，总审计师谭鸿彬，调研员王连强、王世辉。设有办公室、法规内审管理科、财政金融审计科、行政事业审计科、农业和资源环保审计科、固定资产投资审计一科、固定资产投资审计二科、企业审计科、社会保障审计科、经济责任审计科、政策审计科、宝鸡审计处和监察室、机关党委；下设计算机审计信息中心。

审计成果 2018年，宝鸡市审计局完成审计项目46个。审计查出主要问题金额142.88亿元，促进上缴财政、归还原渠道、挽回损失、调账处理等资金2.36亿元。移送案件线索69件，出具审计报告和审计调查报告100篇，提出审计建议189条，提交审计信息118篇。

市审计局实施的天健医药公司领导人员经济责任审计项目被审计署评为全国地方表彰审计项目。

国家重大政策措施落实情况跟踪审计 分季度对全市重大政策措施落实和追赶超越目标任务完成情况实施审计，重点揭示中央省市重大政策措施落实不到位、项目推进慢、追赶超越季度目标完成不达标等方面的突出问题36个，提出审计建议，并及时向政府报告审计情况、跟进督促整改，促进2968万元资金发挥效益、1742万元财政资金统筹使用，化解重大风险资金3127万元。

财政审计 实施同级财政预算执行、县区财政决算等审计项目2个，开展部门预算执行审计项目3个，组织对35个市级部门和单位开展内部审计自查和审计抽查。代表市政府向市人大作审计情况报告整改落实工作报告。按照审计署部署和省审计厅统一安排，对汉中市开展政府性债务交叉审计，摸清12个县区政府性债务底子，揭示政府债务管理制度不健全、融资平台清理不到位等问题，提交审计要情2篇，移送案件线索2件。

民生资金（项目）审计 围绕扶贫政策落实、政府性扶贫资金使用和贫困县退出，分季度开展审计，审计扶贫资金66.1亿元，查出违规违纪和管理不规范金额1.9亿元，提出审计建议19条，督促整改问题45个，规范资金管理1.4亿元。持续开展保障性安居工程跟踪审计，清退违规享受保障房 236 套，收回欠缴租金 56 万元，向纪检监察、主管部门和县区人民政府移送案件线索 16 件，分别被省审计厅和市政府表彰为保障性安居工程建设工作先进单位。

经济责任审计 实施县区党委、政府和市级部门领导干部经济责任审计项目 8 个，查出违规金额 3 亿元，管理不规范金额 13.7 亿元，收缴违纪资金 892.9 万元，移送案件线索 19 件。开展领导干部自然资源资产离任审计，查出资源环境领域等非计量问题 24 个。

固定资产投资审计 完成政府投资项目审计 10 个，核减工程造价 7843 万元，移送案件线索 3 件。

专项资金审计 开展体育彩票公益金、行政事业单位落实中央八项规定精神情况、工资津贴补贴发放情况、党费收缴管理使用、政务信息系统建设情况审计和专项审计调查，查出管理不规范金额 6776.4 万元，收缴违规金额 26.2 万元，提出审计建议 20 条。

信息化建设 完成被审计单位数据库管理系统的开发，启动建设财政审计分析系统、部署审计业务考试系统。推进 OA（审计管理系统）应用，指导编制计算机审计案例分析 21 篇。

相关工作 深入学习领会党的十九大精神和习近平新时代中国特色社会主义思想，扎实开展“不忘初心、牢记使命”主题教育，推动“两学一做”学习教育常态化制度化，及时部署推进“讲政治、敢担当、改作风”专题教育。强化执纪监督，开展审计组廉政巡回督查 15 次。加强对县区局工作的指导，实行县区审计局负责人向市审计局党组述职报告工作。每季度聘请专家学者集体授课，组织全局干部“走出去”赴厦门大学继续教育学院参加培训，提升队伍综合素质。

（撰稿人：白松涛）

【咸阳市审计局】 2018 年，咸阳市审计局实有 63 人。局长薛泰峰，副局长刘敏轩、张建伟、张梦华，咸阳审计处处长栾翎，副处长黄青文、张莉（5 月—），总审计师樊延平，纪检组长刘毓，经济责任审计处处长祝朝霞（4 月—），副调研员杨小科。设有秘书科、法规审理科、监察室、审计质量督导室、财政金融审计科、社会保障审计科、行政事业审计科、企业审计科、农业与环保资源审计科、固定资产投资审计一科、固定资产投资审计二科、经济责任党政审计科、经济责任企事业审计科，省属企事业审计科；下设内部审计管理中心，计算机审计中心。

审计成果 2018 年，咸阳市县两级审计机关完成审计项目 594 个，其中专项审计调查项目 9 个。查出主要问题金额 76.33 亿元，其中违规金额 1.41 亿元、管理不规范金额 74.93 亿元；审计发现非金额计量问题 482 个；损益（收支）不实金额 1.04 亿元；出具审计报告和专项审计调查报告 707 篇。审计促进整改落实有关问题资金 6.04 亿元；审计促进拨付资金到位 2481 万元；审计后挽回（避免）损失 2524 万元；核减投资额 8072 万元；移送处理落实事项 10 件。审计提出建议 1091 条，被采纳 880 条；提交审计信息 201 篇，被批示、采用 100 篇次。向社会公告审计结果 60 篇。

2017 年度全省保障性安居工程跟踪审计、旬邑县人民政府 2016 年度扶贫政策措施和扶贫资金分配管理情况审计等 2 个项目，被省审计厅评为优秀审计项目。

国家重大政策措施落实情况跟踪审计 重点关注供给侧结构性改革等关键事项开展政策措施落实情况跟踪审计，查出问题 12 类 34 个，清退不符合条件的住户 906 户，腾退租赁性住房 171 户，移送案件线索 9 件。

财政审计 市县两级审计机关对市本级财政、地税部门等 159 个部门 2017 年度预算执行情况进行审计，对渭城区、武功县人民政府财政决算进行审计，对大西安功能区管委会、市仲裁委员会等 177 个单位财务收支情况进行审计，对市创建办、台办等 12 个单位 2016 年单位预算执行及财务收支情况进行内部审计自查和抽查。根据省审计厅统一安排，对宝鸡市及全市 112 个乡镇政府债务情况进行交叉审计，涉及 306 个单位、482 个项目，揭示隐性债务存量等风险隐患的情况。

经济责任审计 市县两级审计机关对 142 个单位 155 名领导干部进行任期经济责任审计，配合省审计厅开展陕西有色集团董事长任期经济责任和陕西天宏硅材料有限责任公司 2016 年度资产负债损益情况审计。

固定资产投资审计 市县两级审计机关对光明路改造工程、市体育馆改造工程等155个重点工程项目实施工程概算和竣工决算审计，揭示多计工程造价、超概算等问题60余个。

民生资金（项目）审计 对全市63个单位进行审计，延伸审计120个单位，审计专项资金总额64.05亿元。组织对4个国定贫困县及7个有扶贫任务县2015年度以来精准扶贫工作情况进行专项审计，涉及扶贫项目868个，扶贫资金41.2亿元，揭示主要问题8类24个，移送案件线索3件。

相关工作 认真落实“三会一课”，制定主体责任清单，落实纪实管理，签订责任书和承诺书，严格执行个人重大事项报告等制度。向全市审计人员及被审计单位翻印《审计“四严禁”工作要求》及《审计“八不准”工作纪律》口袋书。制定《党组议事规则》。开展改革开放40周年征文、“不忘初心、牢记使命”演讲比赛、观看话剧《共产党宣言》、赴梁家河参观等活动，加强党性教育。采取以审代培、专家讲座、外出学习、挂职锻炼、参加在线教育等多种形式，对审计人员开展培训。提升综合素质。 （撰稿人：杨萌涵）

【渭南市审计局】 2018年，渭南市审计局实有63人。局长、渭南审计处处长王建军，副局长王忠义、朱福秦、胡振江、陈展羽（11月—），纪检组长袁崇义，经济责任审计局局长陈展羽（—10月），总审计师李美娟，渭南市审计处副处长张健，调研员张春喜。设有经济责任审计局、固定资产投资审计处、党政办公室、监察室、法规审理科、财政金融审计科、行政事业审计科、农业与资源审计科、经贸与社保审计科、驻渭单位审计科、报送审计科、计算机信息中心、内部审计管理中心。

审计成果 2018年，渭南市县两级审计机关完成审计项目651个，其中专项审计调查项目5个。查出问题金额34.84亿元，出具审计报告和专项审计调查报告632篇，提出审计整改意见和建议1561条，被采用1338条。其中市审计局完成财务收支审计项目23个、经济责任审计项目13个、政府投资审计项目28个，查出违规违纪金额26.11亿元、管理不规范金额25.09亿元，审计促进整改落实有关问题金额21.44亿元。向党委、政府和上级部门提交报告、信息196篇，被批转、批示和采用153篇。向社会公告审计结果263篇。

国家重大政策措施落实情况跟踪审计 对渭南市本级和10个县（市、区）2018年4个季度重大政策落实和追赶超越目标完成情况进行审计。抽审342个部门和单位、632个项目，涉及财政资金189.73亿元，提交综合报告4份，上报审计要情1期。

财政审计 对439个单位开展财政审计，延伸单位227个，查出主要问题金额37.74亿元。市审计局组织开展咸阳市本级政府性债务审计和渭南市10个县（市、区）政府性债务审计，完成对市财政局、地税局、交通局等14个单位2017年度预算执行和其他财政收支审计。完成澄城县、华阴市2018年度财政决算审计。对市财政局、市发展改革委、市公安局等81个单位及高新区、经开区、卤阳湖管委会2017年贯彻落实中央八项规定及其《实施细则》精神情况进行专项审计。

经济责任审计 对121名领导干部开展经济责任审计，查出问题金额2.13亿元。市审计局开展蒲城县、澄城县、潼关县党政主要领导“同步审”，完成高新区党政主要领导以及商务局、水务局等8个单位和部门领导干部的经济责任审计。监督9个单位和部门开展前后任领导工作交接工作。

固定资产投资审计 市审计局完成对鸿基世业大厦、奥体中心、华山景区Wi-Fi网络及位置大数据、东部生态公园等28个建设项目的审计，送审造价18.45亿元，审减造价1.46亿元，移送案件线索2件。

民生资金（项目）审计 完成全市2017年保障性安居工程审计，发现部分县（市、区）安居工程任务未完成、项目程序不规范、目标任务分解下达不科学、资金管理不到位、违规享受保障待遇等问题，移交案件线索9件并全部得到处理。实施合阳县和富平县医疗保险基金审计。

企业审计 以保障国有资产安全、增值，促进国有企业完善内控制度、提高企业经济效益为目标，审计国有企业1户，查出主要问题金额353万元。

相关工作 坚持“两学一做”学习教育常态化制度化，加强支部建设，机关第一党支部被市直机关工委评为全市五星级党支部。认真落实主体责任、履行“一岗双责”和“五个一”要求，签订廉政建设目标责任书、党风廉政建设承诺书，围绕重点岗位廉政风险防控目录，落实责任。

内部审计 全市现有内部审计机构135个，其中专职机构45个；内部审计人员332人，其中专职人员120人。完成审计项目577个，促进增收节支1243万元，提出建议被采纳375条。

（撰稿人：刘 洋）

【延安市审计局】 2018年，延安市审计局实有74人。局长张建朝，副局长郑春阳、刘江、高宝军（8月—），纪检组长齐统贤，总审计师刘宏伟，调研员屈宏（—8月），副调研员常森堂，经济责任审计局局长杜延君，经济责任审计局副局长马帆，副调研员羽建英（—8月），陕西省审计厅延安审计处处长李海生，陕西省审计厅延安审计处副处长王继儒（11月—），固定资产投资审计处处长李海生（兼），固定资产投资审计处副处长王丽萍。设有政秘科、法制科、行政事业审计科、财政金融审计科、农业与资源环保审计科、派出新区审计室、监察室、市直企业审计处、内部审计管理中心、审计信息中心、机关总支；下设有经济责任审计局、省审计厅延安审计处、固定资产投资审计处。

审计成果 2018年，延安市县两级审计机关完成审计项目和专项审计调查项目1666个。查出问题金额496.08亿元，其中违规金额114.48亿元、损失浪费金额1008万元、管理不规范金额381.51亿元。应上缴财政27.18亿元、应归还原渠道资金2.57亿元、应调账处理22.03亿元。核减工程投资额17.84亿元。提出审计建议被采纳1090条。向社会公告审计结果61篇。

财政审计 市审计局对市本级及12个部门单位2017年度预算执行和其他财政收支情况，对延川、吴起、宜川、黄龙4个县县级财政决算实施审计，审计发现问题金额71.66亿元。对全市13个县区政府债务和隐性债务情况进行全面审计，摸清各县区政府债务底数，反映各县区政府性债务的结构及增减变化情况。

经济责任审计 市县两级审计机关对199名领导干部开展经济责任审计。其中任中审计84人，离任审计115人。审计查出违规金额4.47亿元，其中应负直接责任金额2414万元、应负主管责任金额1548万元、应负领导责任金额4.07亿元。提出审计建议被采纳297条。对延川、吴起等4个县和市国土局领导干部自然资源资产管理和生态环境保护责任情况实施审计。

固定资产投资审计 市审计局对62个政府投资项目开展审计，投资总额84.03亿元，核减建安工程投资9.62亿元。

民生资金（项目）审计 市审计局对市本级和13个县区2015年至2017年底扶贫资金及安塞、延长2个县的现代农业龙头企业精准扶贫资金开展跟踪审计，审计相关单位230个，审计项目719个，抽查项目354个，审计资金总额117.63亿元，抽审扶贫资金量101.3亿元。揭示在扶贫政策落实、扶贫资金管理、扶贫项目建设运营等方面存在的问题170个，查出各类违规违纪及管理不规范金额7.93亿元。

相关工作 通过局党组扩大会传达讨论、干部大会重点强调、纪检组辅导讲解、机关内网微信发送权威解读等形式，加强党风廉政宣传教育。以“三会一课”为抓手，开展关于党的十九大精神、习近平新时代中国特色社会主义思想、《中国共产党章程》、《关于新形势下党内政治生活的若干准则》等一系列的政治理论学习；开展“不忘审计初心使命，我为党旗添彩”主题实践活动、“纪律教育宣传月”等政治纪律教育活动和机关集中整训等一系列活动；抽调14名县区审计干部参加市审计局为期1年的以审代培，派出16名干部参加中央、省、市举办的各种业务培训，举办“审计大讲堂”6次，8名局处领导和审计干部走上讲台，进行业务知识专题辅导。

（撰稿人：刘建国）

【汉中市审计局】 2018年，汉中市审计局实有63人。局长王玲，副局长刘义成、马海波、陈文红，纪检组长曹华，总审计师毛林，经济责任审计处处长刘义成，经济责任审计处副处长袁怀兰，汉中审计处副处长李纪明，固定资产投资中心主任彭泽鑫。设有经济责任审计处，办公室、法制审理科、经贸金融审计科、中省属企事业审计科、财政审计科、行政事业审计科、农业与资源环保审计科、政策审计科、社会保障资金审计科、开发区审计科；下设经济责任审计处、固定资产投资审计中心。

审计成果 2018年，汉中市审计局完成审计项目63个。查出违规金额14.03亿元、管理不规范金额21.38亿元、损益不实1200万元，审计处理处罚金额2.52亿元，核减工程决算4.9亿元。审计移送处理65件，发出审计整改建议函19份，提出审计建议246条，审计要情及审计报告被批示、批转34份。审计促成规范制度、机制办法128个，全年问责处理60人。

市审计局实施的洋县2016年精准扶贫审计项目被审计署评为地方表彰审计项目。

国家重大政策措施落实情况跟踪审计 对11个县区728个部门单位重大政策措施落实情况进行跟踪审计，抽查企业204个、抽查项目553个，抽查资金总量累计168.49亿元。每季度对审计发现问题建立台账，进行销号管理，强化跟踪整改督促。

财政审计 组织开展对2017年市本级财政预算执行和其他财政收支审计、税收预算执行审计；对2个县2017年财政决算收支进行审计；完成2016年度市本级财政预算执行和其他财政收支审计查出问题整改工作。根据省审计厅的安排，对商洛市政府性债务情况开展交叉审计。

经济责任审计 对11名领导干部进行任期经济责任审计，查出违规金额321万元、管理不规范金额3.11亿元，提出审计建议36条，向县委告知事项1件。完成留坝县、宁强县领导干部自然资源资产离任（任中）审计。受省审计厅委托，开展陕西有色集团原董事长、党委书记黄晓平，原总经理党委副书记马宝平任期经济责任审计。

固定资产投资审计 对城固县陕南移民搬迁、244国道汉台至南郑公路改建工程、中心城区地下综合管廊（PPP）等重点项目开展跟踪审计。完成93个工程建设项目的竣工结算及财务决算审计。

民生资金（项目）审计 对市本级和10县区2017年保障性安居工程开展跟踪审计，查出问题159个，移送案件38件，提出审计建议40条，追回被套取挪用资金2383.52万元，退还多收取税费867.42万元，盘活资金8669万元，取消保障资格或调整保障待遇1150户，追回补贴补助资金106.22万元，收回或加快分配住房5589套。对市民政系统养老、救助、优抚、助残等社会兜底保障专项资金进行审计，揭示和反映5个方面54个问题，移送案件线索4件。对南郑、宁强、镇巴3个县区精准扶贫情况进行审计，对留坝县整体脱贫摘帽进行审计。组织市县两级审计机关对10个县区和市本级10个部门的扶贫政策和扶贫等政府性资金进行跟踪审计，聚焦流向龙头企业、扶贫互助合作社等新型经营主体的资金，审计查出4个方面142个问题。

企业审计 受省审计厅委托，开展汉中锌业有限责任公司2016年度资产负债损益审计。

相关工作 局党组中心组每月开展一次专题理论学习研讨交流活动，全局每月至少组织开展一次领导干部讲党课、讲政策，科长讲业务、讲案例，普通干部谈感受、谈体会为主要内容的“两讲一谈”活动。坚持外出审计党小组与党支部学习活动同时间、同内容、同要求、同流程的外出审计党小组学习制度。通过开展干部作风集中警示谈话、审前廉政谈话、观看廉政教育片、集中学习违纪问题通报、到廉政教育基地学习等方式，开展干部廉洁教育。坚持将实践作为年轻干部培养的“第一跑道”，在全局年轻党员干部中开展“比学习、比业务、比奉献”为载体的三比展示活动。

（撰稿人：熊建华）

【榆林市审计局】 2018年，榆林市审计局实有83人。局长张宇，副局长强少炜、冯占廷、张随平，总审计师曹炯，陕西省审计厅榆林审计处处长强少炜（兼），陕西省审计厅榆林审计处副处长郭鹏、惠亚风、思文耿，经济责任审计办公室主任冯占廷（兼），经济责任审计办公室副主任张向东、李胜国，开发区审计处处长惠艳芹，副调研员刘新中、贺忠勋。设有政秘科、法规审理科、财政金融审计科、行政事业审计科、社会保障审计科、农业与资源环保审计科、企业审计科和教科文审计科；下设陕西省审计厅榆林审计处（榆林市固定资产投资审计处）、经济责任审计办公室、开发区审计处。

审计成果 2018年，榆林市县两级审计机关完成审计项目1778个，其中专项审计调查项目9个。查出主要问题金额214.5亿元，其中违规金额8.24亿元、损失浪费金额1.31亿元、管理不规范金额204.94亿元；审计发现非金额计量问题686个；损益（收支）不实金额1417万元；出具审计报告和专项审计调查报告1824篇。审计处理处罚金额12.64亿元，其中应上缴财政1.07亿元、应减少财政拨款或补贴2.23亿元、应归还原渠道资金6884万元、应缴纳其他资金2.22亿元、应调账处理金额6.43亿元；移送司法机关、纪检监察机关和有关部门处理事项39件，移送处理人员13人，移送处理金额4795万元。审计促进整改落实有关问题资金12.8亿元；审计促进拨付资金到位8715万元；审计后挽回（避免）损失1.15亿元；核减投资额23.63亿元；移送处理落实事项21件。审计提出建议2664条，被采纳1951条；推动被审计单位制定整改措施24项；提交审计信息61篇，被批示、采用61篇次。向社会公告审计结果19篇。

4个审计项目被省审计厅评为优秀审计项目或者表彰审计项目。

国家重大政策措施落实情况跟踪审计 完成12个县市区地方政府性债务审计，根据省审计厅的统一安排抽调20名审计人员赴铜川市开展交叉审计。完成对米脂、清涧、佳县等3个县2017年度精准扶贫专项审计，完成全市2015年至2017年扶贫资金分配管理使用、扶贫政策措施落实、扶贫项目建设运营管理等情况的跟踪审计。开展中央八项规定实施细则落实情况专项审计调查。持续开展国家重大政策措施落实情况暨追赶超越目标完成情况跟踪审计。

财政审计 完成市本级预算执行审计，向市政府提交市本级预算执行及其他财政收支情况审计结果报告，并代市政府向市人大常委会作工作报告。

经济责任审计 完成15名领导干部的任期经济责任审计。完成26名党政领导干部自然资源资产离任（任中）审计。将领导干部自然资源资产离任审计和任期经济责任审计与财政决算审计统筹安排、同步实施。

固定资产投资审计 完成市民大厦、王圪堵水库移民工程等市级重点建设项目竣工决算审计。持续深化投资项目审计改革，除市级重点项目外，其余项目实行备案制，由建设单位组织中介机构开展造价审计。

民生资金（项目）审计 连续第六年开展全市保障性安居工程跟踪审计。

交办任务 与市政府督查室、市纪委（监察委）组成联合检查组，对12个县市区、21个市直部门单位审计查出问题整改情况和全市行政事业单位贯彻落实中央八项规定精神审计整改情况进行检查。整改报告在市政府常务会议上专题通报。配合市人大开展预算法执法情况检查；完成市委组织部交办的全市党费专项审计，配合市纪委调查相关案件；完成榆林西南新区清产核资、榆阳机场二期建设临时国际厅预算评审、全市建设领域拖欠工程款清理、全市PPP项目清查、全市行政事业单位工资津贴补贴发放情况专项监督检查以及违规发放津贴补贴专项治理等工作。

内部审计 加强内部审计的指导和监督，完成内部审计协会换届工作，开展县市区内部审计工作情况检查。（撰稿人：薛元元）

【安康市审计局】 2018年，安康市审计局实有50人。局长陈国进，副局长兰天安（9月—）、刘昕玫、郭峰，纪检组长兰天安（—9月），省属事企业审计处处长兰天安（兼，9月—），省属事企业审计处副处长张本财，经济责任审计处处长刘际和，总审计师杨宁。设有政办科（监察室）、法制科、财政金融审计科、行政事业审计科、经贸社保审计科、农业与资源环保审计科、固定资产投资与外资审计一科、固定资产投资与外资审计二科、党政经济责任审计科、事企业领导经济责任审计科、省属事业审计科、省属企业审计科、电子数据审计科；代管安康市村级财务审计指导办公室。

审计成果 2018年，安康市县两级审计机关完成审计项目434个。安康市审计局完成审计项目102个，查出主要问题金额39.29亿元，审计发现非金额计量问题357个，发出审计报告和专项审计调查报告123篇，移送处理事项148件，移送处理人员7人，提出审计建议409条，被采用222条，向市政府报送审计要情30期，提交综合报告8篇。

国家重大政策措施落实情况跟踪审计 组织实施追赶超越目标任务完成情况、精准脱贫情况、保障和改善民生情况、防范化解重大风险情况、重大项目推进情况、提升营商环境情况等审计项目。

财政审计 市审计局对旬阳县、平利县2017年度财政决算实施审计，审计查出主要问题金额38.84亿元。

经济责任审计 对平利县委书记县长、旬阳县公安局、白河县人民法院、安康电视台、市司法局、市旅游局、市移民开发局、共青团安康市委、市残联、安康公路管理局、市中心医院、市房管局、市天然林保护管理中心、市盐业公司等单位共15名主要负责人实施经济责任审计，查出主要问题金额8758万元。

固定资产投资审计 实施汉滨区西坝片区棚户区改造工程、中心城区长春片区棚户区改造工程及追加项目的结算及决算审计，核减投资额4992万元。

企业审计 对新兴路桥公司、市建筑设计研究院、市盐业公司、市公交公司等4户国有及国有控股企业进行审计，查出主要问题金额4509万元，审计建议得到市政府主要领导批示。

内部审计 督促指导202个市属预算执行单位对2017年度财务收支情况和市属34户国有企业对2017年度资产负债情况进行内部审计自查，将其中25个单位转为审计项目进行审计。

（撰稿人：刘　冲）

【商洛市审计局】 2018年，商洛市审计局实有49人。局长李久敏，副局长徐丹红，总审计师郭正，纪检组长于天翔，商洛审计处副处长王代军，经济责任审计办公室主任赵飞虎，调研员卫星（—2月）、赵晓伟、杨朝英。设有办公室、审理稽核科、财政金融审计科、行政事业审计科、农业与资源保护审计科、固定资产投资审计科、经贸审计科、社会保障审计科、经济责任审计办公室；下设省审计厅商洛审计处、内部审计管理中心、审计信息中心。

审计成果 2018年，商洛市县两级审计机关完成审计项目267个，其中专项审计调查项目7个。查出主要问题金额150.95亿元，其中违规金额21.47亿元、损失浪费金额104万元、管理不规范金额129.47亿元；审计发现非金额计量问题710个；损益（收支）不实3.05亿元；出具审计报告和专项审计调查报告257篇。审计处理处罚金额42.24亿元，其中应上缴财政3572万元、应减少财政拨款或补贴16.99亿元、应归还原渠道资金9.32亿元、应调账处理金额13.85亿元；移送司法机关、纪检监察机关和有关部门处理事项81件，移送处理229人，移送处理金额6903万元。审计促进整改落实有关问题资金22.32亿元；审计促进拨付资金到位1.97亿元；审计后挽回（避免）损失1333万元；核减投资额1.51亿元；移送处理落实事项43件。审计提出建议707条，被采纳465条；推动被审计单位制定整改措施272项；提交审计信息25篇，被批示、采用21篇。向社会公告审计结果32篇。

国家重大政策措施落实情况跟踪审计 按季度组织实施国家重大政策措施落实情况跟踪审计暨追赶超越目标任务完成情况审计，从追赶超越目标任务完成情况、防范化解重大风险等方面进行重点审计。跟踪审计综合报告被市政府领导批示2次。

财政审计 组织对韩城市和商洛市7个县区政府债务情况开展审计；对市本级2017年度财政预算执行及其他财政收支情况和柞水县2017年度财政决算进行审计；完成市公安局交通警察支队商州大队等5个单位2016年至2017年财政收支审计。实施贯彻落实中央八项规定精神专项审计，向市政府报送《强力推进公务卡结算制度》和《规范单位保留公务用车使用管理降低运行成本》2个审计专题报告，相关部门按照市政府领导批示要求积极整改，并出台新的规章制度。

经济责任审计 市县两级审计机关完成经济责任审计项目89个，查出主要问题金额6.86亿元，移送纪检监察机关2人，促进领导干部遵规守纪、履职尽责。各县区审计局组织实施村级组织负责人经济责任审计项目24个，将村级干部经济责任审计纳入“管理”范围。组织市县两级审计机关对1个县、5个部门和5个镇党政主要领导干部履行自然资源资产管理及生态环境保护责任情况进行审计，审计发现36类问题，提出建议

35 条，被采纳 32 条，进一步促进生态文明建设。

固定资产投资审计 市县两级审计机关对全市 2017 年保障性安居工程有关情况进行审计，向市政府报送提高资金使用效益等 3 个专题报告。市审计局实施市惠民小区二期保障房尾留项目和附属工程竣工决算等审计，发现未严格履行基本建设程序、擅自扩大建设规模等问题。

民生资金（项目）审计 市县两级审计机关对全市 2015 年至 2017 年扶贫资金进行跟踪审计，涉及资金 49.78 亿元，涉及 110 个单位、47 个乡镇、652 个项目。查出 5 类 59 个问题，向纪检监察机关移交案件线索 6 件，提出加强信息共享等审计建议 21 条，促进全市扶贫资金高效使用。

（撰稿人：李怡斌）

【杨凌示范区审计局】 2018 年，杨凌示范区审计局实有 5 人。局长贺群。

审计成果 2018 年，杨凌示范区审计局完成审计项目 146 个。审计资金 125.91 亿元，发现各类问题 145 个，促进增收节支和盘活资金 1.99 亿元，查出其他问题金额 2.87 亿元，提出审计建议 194 条。

国家重大政策措施落实情况跟踪审计 抽查 70 个单位 83 个建设项目，涉及资金总额 26.57 亿元。揭示问题 39 个，上报省审计厅和示范区管委会专项报告 10 篇，提出整改建议 26 条。

财政审计 完成 2017 年度杨陵区财政预算执行情况和其他财政收支、预算外资金收支情况审计，审计资金总额 10.14 亿元，查出不合规金额 5500 万元。对杨陵区政府 2017 年底政府隐性债务进行审计，摸清 57 个单位 277 个项目的债务情况，认定隐性债务 131 笔，揭示财政债务系统数据账实不符等 4 个方面的 6 个问题。抽查党工委管委会办公室、示范区国土资源局等 16 个单位 2013 年、2015 年、2017 年 3 个年度“三公”经费等情况，审计 2017 年度贯彻落实中央八项规定及《实施细则》情况。

经济责任审计 对杨陵区揉谷镇、大寨街道办、农业园区办等 7 个单位的原任领导干部实施离任经济责任审计，涉及金额 3.45 亿元，查出不合规资金 2817 万元，盘活财政资金 144.33 万元，提出审计整改意见建议 31 条。对李台街道办南庄村、五泉镇椒生村两个村开展村级主要负责人开展经济责任审计试点，涉及金额 603.4 万元，查出不合规金额 190.7 万元，提出整改意见建议 7 条。

固定资产投资审计 审计投资项目 303 个，涉及工程造价 24.18 亿元，核减工程造价 1.52 亿元；对古邰国遗址公园、种子产业园研发聚集区种子大厦、杨凌自贸大厦、杨凌文体综合体等 PPP 项目实施跟踪审计。

民生资金（项目）审计 对示范区、杨陵区 2017 年保障性安居工程及配套基础设施建设情况进行审计，查出安居工程资金支持和优惠政策落实等 3 个方面的 8 个问题，提出审计建议 6 条，促进盘活资金 5092.46 万元。对 2015 年至 2017 年底对杨陵区扶贫政策措施落实、资金管理使用、项目建设运营、侵害群众利益等情况进行审计，抽审资金 4349.52 万元、扶贫项目 2 个，抽查部门单位 14 个、乡镇 5 个、行政村 10 个、农户 52 户，向被审计单位反馈 3 个方面的 5 个问题。

金融审计 对杨凌农村商业银行 2018 年 6 月底资产负债及损益情况进行审计调查。

企业审计 对杨凌城乡公交公司 2016 年 11 月至 2017 年 10 月份的财务收支情况进行审计，查出不合规金额 22 万元，提出审计意见建议 11 条。

其他审计项目 对第二十五届农高会、2018 年杨凌农科城国际马拉松赛财务收支进行跟踪审计。配合审计署、省审计厅赴杨凌审计组完成示范区政府隐性债务审计、三季度重大政策跟踪审计、原党工委书记主任经济责任审计和自然资源资产离任审计等审计任务。（撰稿人：杨　静）

【西咸新区审计局】 2018 年，西咸新区审计局实有 14 人。局长杨志辉，副局长万永平。设有整改部、审理部、项目部。

审计成果 2018 年，西咸新区审计局完成审计项目 25 个。

国家重大政策措施落实情况跟踪审计 完成 4 个季度国家重大政策措施落实情况暨追赶超越目标完成情况审计，发现并揭示政策执行中存在的问题并推动解决，促进政策落地生根。

财政审计 组织开展新区 2017 年财政预算执

行情况审计和5个新城2017年财政决算审计，抽审大王镇中心学校、正阳街道办等5家单位财务收支情况，揭示财政收支管理过程中存在的问题。按照省审计厅统一安排，完成扶贫资金专项审计、八项规定专项审计及行政事业人员津补贴发放专项检查工作。配合省审计厅完成地方隐形债务审计。

经济责任审计 立足新区实际和审计工作现状，开展村（社区）组织主要负责人经济责任审计试点工作。

固定资产投资审计 对艺墅大厦改造及装修工程、沣东新城沣河3#雨水泵站等3项工程进行竣工结算审计，核减投资金额1.84亿元。对文教园国际文创小镇、轨道办地铁1号线等16个项目进行跟踪审计，保证重大项目建设依法依规推进。

民生资金（项目）审计 实施校车使用情况审计、王寺街道卫生院等审计，推动民生事业的健康有序发展。开展西咸新区精准扶贫资金审计。

企业审计 完成西咸集团及其子公司和5个新城集团公司审计，摸清家底，揭露问题，促进新区新城国有企业完善治理结构。完成管委会交办的山水实业有限公司收购沣太花园房地产项目审计、西咸水务集团股权转让事宜审核。

交办任务 完成专项审计任务3项。开展上林苑土地开发整理复核审计，提出审计建议17条，核减金额2.72亿元。

相关工作 围绕"党建＋中心工作"，夯实审计监督责任，推进审计工作高质量发展；坚持审计方针政策，严把审计法规关口，通过审计组、审理部、局业务会三级审理，提高审计工作质量。

内部审计 建立健全内部审计指导监督工作机制，将内部审计工作业务指导和监督列入新区、新城审计局主要工作职责；建立健全内部审计备案、成果运用及主管部门协作机制，形成监督合力。

（撰稿人：陈 明）

【韩城市审计局】 2018年，韩城市审计局实有48人。局长毋晓维，副局长师战奎、贺天学、梁红刚，总审计师丁光明（—7月），纪检组长文冲，领导干部任期经济责任审计办公室主任宋明霞，领导干部任期经济责任审计办公室副主任李军伟，政府投资项目审计办公室主任孙宏伟。设有办公室、法规科、投资一科、投资二科、财政金融科、行政事业科、农业与资源环保科、经济责任科、政策科、信息科；下设领导干部任期经济责任审计办公室、政府投资项目审计办公室等事业单位。

审计成果 2018年，韩城市审计局完成审计项目96个。查出主要问题金额1.41亿元，其中违规金额1452万元、管理不规范金额1.27亿元；审计发现非金额计量问题68个；损益（收支）不实金额394万元；出具审计报告和专项审计调查报告96篇。审计促进整改落实有关问题资金8321万元；审计促进拨付资金到位671.11万元；审计后挽回（避免）损失3125万元；核减投资额3265万元；移送处理落实事项5件。审计提出建议286条，被采纳156条；推动被审计单位制定整改措施59项；促进被审计单位建立、健全规章制度26项；提交审计信息36篇，被采用32篇次。向社会公告审计结果11篇。

国家重大政策措施落实情况跟踪审计 围绕重大政策措施落实和追赶超越目标任务完成情况，对49个部门和单位、15个企业、103个项目进行审计，涉及资金15.59亿元，提出审计建议24条。

财政审计 开展预算执行及财政财务收支审计7个，财政决算审计1个，专项审计调查项目6个，移交案件线索4件。开展韩城市行政事业单位贯彻落实中央八项规定精神专项审计、违规发放津补贴专项检查和节会专项审计。根据省审计厅的统一安排，对杨凌示范区政府性债务进行交叉审计，配合商洛审计组完成对韩城市政府性债务的审计工作。

经济责任审计 完成16名领导干部的经济责任审计项目。开展韩城市姚庄村和乔南社区主要干部经济责任同步审计，提出建议4条，向韩城市委报送特约稿件1篇。结合年度项目计划和韩城市实际情况，开展对森林、水、湿地等自然资源资产离任审计。

固定资产投资审计 完成审计项目53个，审计投资总额5.9亿元，促进节约政府投资6000余万元。探索投资审计由事后审计向全过程跟踪审计转变，开展太史大街西延桥PPP项目等跟踪审计，提出意见建议12条。

民生资金（项目）审计 完成全市扶贫专项资金及政策措施落实情况审计，通过审计促进13项政策得到落实，制定完善8个规章制度，移送问题线索3件。

企业审计 完成经开区建设投资公司、城建投资发展公司、市瀑水河生态建设开发公司、市黄河特色渔业发展公司等4个企业的资产、负债、损益以及投融资、重点建设项目审计。

相关工作 筑牢思想理论基础，不断提高政治站位；夯实管党治党责任，建强支部战斗堡垒；坚持好干部标准，不断加强干部队伍建设；坚持从严治党，切实加强党风廉政建设；四项举措狠抓党风廉政建设工作，并制定出台《审计执法过错责任追究办法（试行）》。

内部审计 对全市各单位内部审计机构及内部审计工作开展情况进行摸底调查，制定出台《进一步加强内部审计工作的实施意见》。

（撰稿人：张冰峰）

2018年陕西省所辖区、县(市)级审计工作统计表

金额单位：万元

审计机关	完成审计项目/个	审计查出主要问题金额	审计发现非金额计量问题/个	审计期间整改金额	出具审计报告和审计调查报告/篇	审计处理情况		审计促进整改落实有关问题资金	审计提出建议/条	提交审计信息/篇
						审计处理处罚金额	移送处理事项/件			
西安市										
西安市本级	72	6293842	422	32125	74	909833	134	651488	282	296
新城区审计局	29	10748	20	1298	32	10744		4701	70	5
碑林区审计局	32	67458	15		33		37	47718	70	8
莲湖区审计局	16	9233			16	9220	11	123	33	1
灞桥区审计局	21	41245	38		21	12702		93	88	9
未央区审计局	32	79669	33	1477	32	3227		14396	64	13
雁塔区审计局	33	137224	46	641	33	8157	1	3976	211	7
阎良区审计局	28	73074	17	3640	28	73087	3	71176	56	8
临潼区审计局	28	241018	22	75	28	237081	12	20320	78	4
长安区审计局	43	33113	10	814	51	25308	2	25702	59	4
高陵区审计局	19	281172	5	164	19		7	102911	50	6
鄠邑区审计局	59	126214	24		59	47575	2	47575	151	10
蓝田县审计局	105	24833	95	678	105	2021	110	678	187	9
周至县审计局	27	17013	35	164	27	15651	7	13017	17	5
铜川市										
铜川市本级	43	229772	136	829	48		18	12209	92	56
王益区审计局	209	268	26	128	32			268	108	72
印台区审计局	75	4171	59	4171	75	1		4171	191	24
耀州区审计局	73	76390	90		76	12	4	6641	75	15
宜君县审计局	149	1255			149	8	18		262	

（续表）

审计机关	完成审计项目/个	审计查出主要问题金额	审计发现非金额计量问题/个	审计期间整改金额	出具审计报告和审计调查报告/篇	审计处理情况		审计促进整改落实有关问题资金	审计提出建议/条	提交审计信息/篇
						审计处理处罚金额	移送处理事项/件			
宝鸡市										
宝鸡市本级	46	1428752	86	18211	100	23635	69	23101	189	118
渭滨区审计局	38	8110	152	7089	38		17	7089	114	134
金台区审计局	21	23348	72	3167	21	37	9	230	89	42
陈仓区审计局	46	7035		7034	46	4	7	7034	35	60
凤翔县审计局	72	42275	14	18729	76	3	28	7003	146	43
岐山县审计局	42	11053	2		42	13	3	13	70	42
扶风县审计局	33	29439	18	9520	33	1	8	19919	112	13
眉县审计局	40	16790	33	1290	40	825	12	13432	88	118
陇县审计局	28	361		361	27	361		361	78	13
千阳县审计局	21	41670	23	9603	21	10593	7	187	56	15
麟游县审计局	11	74494			11	1817	13	1817	30	22
凤县审计局	19	20875	20	686	19	786	6	786	47	30
太白县审计局	11	18824	5	18759	12	7753	7	7753	85	30
咸阳市										
咸阳市本级	46	123907	35	35	62	52478	9	36579	57	2
秦都区审计局	21	49852			21			2428	23	9
渭城区审计局	58	4900			58		1	3945	156	6
兴平市审计局	30	293855	51		46	21		21	81	
彬州市审计局	107	15411	102	135	107	12162	23	12162	154	13
三原县审计局	50	6946	92	135	50	5197		13	58	11
泾阳县审计局	23	2539	43		29		4	120	90	23
乾县审计局	27	40967	53	1203	27	23	1	495	53	23
礼泉县审计局	37	144214	58	239	44	2015	3	2011	73	14
永寿县审计局	45	10398	14	128	90	856	3	856	127	140
长武县审计局	58	25852	25		72	5		5	91	21
旬邑县审计局	54	4431	24		54	3590	2	2372	52	38
淳化县审计局	49	2756	14	1875	57	1612		1612	53	5
武功县审计局	37	19	5	5	41	19		19	47	1
渭南市										
渭南市本级	64	261098	90	1690	43	12531	7	214434	149	196
临渭区审计局	57	7362	6		57	47	1	34	62	13

（续表）

审计机关	完成审计项目/个	审计查出主要问题金额	审计发现非金额计量问题/个	审计期间整改金额	出具审计报告和审计调查报告/篇	审计处理情况		审计促进整改落实有关问题资金	审计提出建议/条	提交审计信息/篇
						审计处理处罚金额	移送处理事项/件			
华州区审计局	113	12326	186	3568	113	79	7	7983	320	42
华阴市审计局	81	1656	25	138	81	135	4	1786	203	58
潼关县审计局	46	6516	173		45	19	1		112	36
大荔县审计局	26	766	4	198	26	8		198	71	24
合阳县审计局	58	19151	52		58	101	2	1634	55	2
澄城县审计局	6	234	2		6	38			17	32
蒲城县审计局	113	10613	202	4094	113	139	30	6519	328	36
白水县审计局	58	8909	10	380	58	2454		50	188	27
富平县审计局	24	19733	2	14	32	4245	4	55	56	38
延安市										
延安市本级	161	4283618	908	39444	161	281999	107	100	226	43
宝塔区审计局	188	97283	59	812	188	1	7	612	356	12
安塞区审计局	385	39270	35		385	6	1	3	47	25
延长县审计局	152	25804		15802	152		1	1167	146	5
延川县审计局	152	34294	47	31587	152			2250	68	
子长县审计局	138	92216	71	7399	138	72784	1	34387	256	16
志丹县审计局	102	1397	55	790	102	1	2	790	113	10
吴起县审计局	212	154217	26	9094	212	2	1	137233	200	11
甘泉县审计局	310	66172	61	46	310	7	5	46	214	3
富县审计局	132	13274		10861	132		5	1788	262	12
洛川县审计局	37	19667	36	968	37	8	20	9268	32	10
宜川县审计局	100	24571	72		100	3533		3533	95	
黄龙县审计局	43	53078	30	20535	43	8001	1	16762	90	8
黄陵县审计局	101	85075	31	3040	102	3967	1	40319	135	10
汉中市										
汉中市本级	63	354119	797		250	24179	17	63	105	1
汉台区审计局	39	110	3		4	1	4	171	46	35
南郑区审计局	112	41281	3387		595	9508	23	115	221	
城固县审计局	32	55101	80	413	72	407	36	32	67	
洋县审计局	124	2574	130		20		40	126	239	
西乡县审计局	18	54081	50		228	5848	3	13	191	4
勉县审计局	29	807	171		8	319	9	29	99	2

（续表）

审计机关	完成审计项目/个	审计查出主要问题金额	审计发现非金额计量问题/个	审计期间整改金额	出具审计报告和审计调查报告/篇	审计处理情况		审计促进整改落实有关问题资金	审计提出建议/条	提交审计信息/篇
						审计处理处罚金额	移送处理事项/件			
宁强县审计局	65	18213	280		6038	33836	12	14	212	
略阳县审计局	39	15417	88	653			12	39	107	
镇巴县审计局	101	2824	59		98		7	109	44	46
留坝县审计局	22	7999	7688			4		19	30	8
佛坪县审计局	53	6791	2				25	52	197	30
榆林市										
榆林市本级	35	919524	4840		12	135	3	55	174	80
榆阳区审计局	423	177034	1060		5996			423	939	
横山区审计局	97	117021	3524	5315	97	290	5	97	38	
神木市审计局	137	34701	1094	1269	337		4	137		
府谷县审计局	200	295562	45			250		200	357	
靖边县审计局	75	11904					10	75	313	22
定边县审计局	153	352659	110	14587	441	63576	15	153	91	
绥德县审计局	11	512	40				1	17		
米脂县审计局	74	1482						74	63	
佳县审计局	108	85431	2	1109		48		108	201	
吴堡县审计局	132	2659						132	248	
清涧县审计局	226	6199					1	235	34	
子洲县审计局	107	140159						118	206	
安康市										
安康市本级	102	392885	357	22256	123	81678	148	22256	409	5
汉滨区审计局	62	14518		916	68	1038	2	916	24	43
汉阴县审计局	26	9002	22		29	375			60	
石泉县审计局	22	12928	49	40	22	2122	2	40	21	
宁陕县审计局	48	29723	29	580	52	4583	4	580	98	
紫阳县审计局	26	286474		68	27	33933		68	18	
岚皋县审计局	21	24742	15		28	1324	9		45	
平利县审计局	32	23362	47	23346	32	23351		23346	69	9
镇坪县审计局	18	9066	40	122	16	2113	3	122	46	3
旬阳县审计局	45	4808	17	8	45	1024	3	8	45	
白河县审计局	32	6507		136	32	6057	2	136	25	
商洛市										
商洛市本级	32	655318	245	167914	9058	6123	46	32	131	9

（续表）

审计机关	完成审计项目/个	审计查出主要问题金额	审计发现非金额计量问题/个	审计期间整改金额	出具审计报告和审计调查报告/篇	审计处理情况		审计促进整改落实有关问题资金	审计提出建议/条	提交审计信息/篇
						审计处理处罚金额	移送处理事项/件			
商州区审计局	58	4058	6					32	51	6
洛南县审计局	45	97748	534		1127	194	3	59	314	
丹凤县审计局	16	289405	69		67	10085	5	18	35	
商南县审计局	30	209383	85	1911	75931	87323		34	94	10
山阳县审计局	43	243821	1385		7015	34767	18	50	46	
镇安县审计局	26	9390	1244			10	9	15	11	7
柞水县审计局	17	364	1					17	25	1
省直管										
杨凌示范区审计局	127	28700	100		35			19900	194	
杨陵区审计局	19	8339	45		19			144	49	
韩城市审计局	96	14140	68	3125	96	14139	10	8321	286	36
西咸新区审计局	223	23157	344	16700	218		4	10375	1175	190

甘肃省

【甘肃省审计厅】 2018 年，甘肃省审计厅实有 208 人。设有办公室、法规处、审计监督处、社会审计核查处、经济责任审计工作办公室、经济责任审计一处、经济责任审计二处、经济责任审计三处、财政审计处、行政事业审计处、农业审计处、资源环境保护审计处、固定资产投资审计一处、固定资产投资审计二处、金融审计处、企业审计处、社会保障审计处、外资运用审计处、人事处、机关党委；下设事业单位机关后勤服务中心、审计科研培训中心、电子数据审计中心；设有省纪委、监察厅驻审计厅纪检监察室。

领导成员

厅　　长：马自学（1 月—）

副 厅 长：张　奇　李洁丽（8 月—）

　　　　　苏　琦（10 月—）　魏　炜

党组成员：罗卫东

副巡视员：李　虹

审计成果　2018 年，甘肃省市县审计机关完成审计和专项审计调查项目 5846 个。查出违规问题金额 203.27 亿元、管理不规范金额 2252.94 亿元。通过审计处理，上缴财政 19.14 亿元，促进增收节支 46.86 亿元；向各级党委、政府和上级审计机关提交审计报告、审计信息等 1934 篇，向被审计单位提出审计建议 9419 条，向纪检监察、司法机关及有关部门移送案件线索 458 件，移送处理人员 78 人。

国家重大政策措施落实情况跟踪审计　围绕中央和省委、省政府重大政策措施落实，立足甘肃省实际，对 9 个市州创新驱动发展战略、防范化解重大风险等政策落实情况进行跟踪审计。加强与审计署兰州特派办的沟通协调，持续跟进督促整改审计发现问题，每季度按期汇总上报审计署兰州特派办对甘肃省重大政策措施跟踪审计报告的反馈意见和整改情况。通过审计，促进新开工、完工项目 77 个，推动加快审批和实施进度项目 134 个，促进拨付到位资金 4.56 亿元、归还原渠道资金 0.72 亿元。

财政审计 依法对省级预算执行和其他财政收支情况，特别是对资金量大、项目安排多的财政等10个部门和单位进行审计，受省政府委托，向省人大常委会作审计工作报告和审计整改情况报告，报告对审计查出的问题不回避、不遮掩，敢于亮丑揭短，受到省人大常委会组成人员的高度评价。在《甘肃日报》等媒体公告审计结果，社会反响良好。

按照审计署要求，重点对天水等4市州本级及陇西等6县区政府债务和隐性债务管理情况进行审计。审计发现债务数据尚不够完整和准确等问题，反映真实债务水平，推动完善地方政府债务管理制度，积极稳妥化解存量债务，有效防范债务风险。

经济责任审计 采取与预算执行审计、专项审计等相结合的“1拖N”方式，对1个市州、8个省直部门、9所大专院校、5户国有企业的39名省管领导干部进行经济责任审计，与省委组织部等相关部门密切协作，共同召开审计进点会、共同实施审计项目督查、共同抓好审计问题整改。

组织开展甘南州党政主要领导、省生态环境厅原厅长自然资源资产离任审计，授权兰州市等10个市州审计局对榆中县等10个县区党政主要领导干部开展自然资源资产离任审计，相关做法和经验被审计署推广到全国审计机关交流学习。

固定资产投资审计 对引洮供水二期工程等6个重点项目进行审计，关注投资结构和投资绩效，着力反映投资结构不合理、重复建设、损失浪费等问题。

民生资金（项目）审计 抽调全省审计人员400人次，对11个市州25个县区2017年扶贫政策措施落实和扶贫资金分配管理使用情况进行专项审计调查。抽查扶贫资金99.05亿元，延伸审计乡镇144个、行政村483个，入户走访1657个贫困家庭。揭示和反映部分县区精准扶贫政策措施落实不到位、扶贫资金统筹整合不到位，虚报冒领、重复申报等方面违纪违规金额13.47亿元，移送案件线索6件。组织400多名审计人员组成14个审计组，对14个市州、86个县区2017年保障性安居工程进行审计，审计查出27类426个问题，向各级纪委监委和有关主管部门移送案件线索35件，移送涉案人员28人，涉案问题金额56.11亿元。组织审计力量对全省抗洪救灾资金等进行跟踪审计，促进救灾款物拨付到位，确保资金项目发挥效益。

外资运用审计 对16个外资项目进行公证审计，查出滞留项目资金1.39亿元，提出整改意见和建议。

企业审计 对5户省属国有企业进行审计，将发现的重大违纪违规问题线索移交省纪委监委和省政府国资委。开展省属6户企业境外资金资产及绩效情况专项审计调查，督促建立健全境外投资内部控制制度，完善监管体系。

交办任务 省审计厅抽调业务骨干40多人（次）配合、参与中央纪委监委、中央巡视组和省纪委监委、省委巡视办的工作，为查办案件提供相关资料、查阅档案资料30多次。按照省委组织部要求，对全省补交党费进行专项审计。

信息化建设 制定甘肃省“金审工程”三期项目建设规划，根据审计署印发的“金审工程”三期项目《重点任务实施方案》等，深化和完善项目设计，推进“金审工程”三期项目开展，完成网络综合布线系统施工，完成全省审计机关高清视频会议系统、数据中心机房、“金审工程”三期项目监理服务的招标。完成1100多个预算单位的财务和业务数据的标准化，完成全省14个市州和兰州新区、86个县区等财政收支数据的采集。在扶贫审计、政策审计、经济责任审计和一些部门预算执行审计中运用采集存储的数据进行关联对比分析，提高审计效能。

审计质量管理 严格依照法定职责、权限、程序、方式、标准开展审计工作，做到审计监督事项合法、审计程序合规、问题定性处理准确。先后制定出台《审计项目质量百分制管理标准》等166项审计质量管控方面的制度，构建审计权力监督制约机制。加大依法审计能力培训力度，着力夯实审计工作基础。严把质量关口，完善审计结果会议审核机制，对审计查出的重要问题认真研议和分析把关，确保审计质量。在审计项目审理工作中严格坚持“十查十看”，从审计实施方案编制及执行、审计程序、审计证据、审计记录、审计发现问题定性及处理处罚意见、法律法规适用、审计业务文书等方面设防把关，切实筑牢审计质量“防火墙”。省审计厅对6个市州及11个县区审计局的审计项目质量进行检查，采取清单式实名通报方式，通报审计项目中存在的质量问题，督促整改，提高质量。接受审计署对甘肃省审计质量情况的全面检查，审计质量管控措施受到审计署检查组的好评。发挥优秀审计项目的示范引领作用，组织年度全省优秀审计项目评选活动，全省评出优秀和表彰项目30个，并向审计署推荐上报，有1个审计项目被审计署表彰。

党建工作 省审计厅党组旗帜鲜明讲政治，坚持全面从严治党，深化党风廉政建设，切实履行管党治党主体责任，把党建工作与审计业务工作同部署同落实同考核，分解任务，明晰工作职责，形成厅党组主抓党建，机关党委组织实施，各党支部贯彻落实，一级抓一级、层层抓落实的机关党建工作格局。把全面从严治党延伸到审计一线，把主体责任落实到审计一线。加强和改进政治理论学习，通过厅党组（扩大）会议和中心组学习、专题研讨和辅导讲座、集体学习和个人自学相结合等方式，学习习近平新时代中国特色社会主义思想，学习贯彻党的十九大和十九届二中、三中全会精神及省第十三次党代会精神。组织全省审计机关1600多名党员干部参加各种宣讲报告会和专题培训、讲座；省审计厅领导深入市县审计局、一线审计组和扶贫联系点宣讲新思想，带头讲党课10次，各党支部书记讲党课28次；在省委党校举办处级干部学习贯彻党的十九大精神暨基层党组织建设专题培训班；在厅机关举办以“不忘初心、牢记使命、做合格党员”为主题的党建知识竞赛。落实“三会一课”、组织生活、谈心谈话、民主评议党员等制度，开展主题党日活动，加强党风廉政教育，强化机关内部重要岗位、关键环节权力运行的制约和监督，梳理廉政风险防控点，制定风险防控措施，把风险防控融入审计权力运行的各环节。省审计厅党组集中约谈党支部负责人3次，厅党组书记、班子成员和驻厅纪检监察组、机关党委、机关纪委对220多名党员干部、审计组人员和新进人员分别进行审前廉政谈话和集体约谈。深查细找机关党建工作和纪律作风中存在的问题，全面整改，取得实效。开展领导干部利用名贵特产类特殊资源谋取私利问题的自查自纠。

队伍建设 按照习近平总书记关于以审计精神立身、以创新规范立业、以自身建设立信的要求，进一步加强高素质专业化审计干部队伍建设。省审计厅党组要求班子成员提升党组意识，把履行好党内职务作为首要职责，健全完善厅党组议事决策程序，认真执行民主集中制，对重大事项均通过会议集体研究决定。按照审计署和人社部门对干部招录、遴选的要求，在全省范围内公开遴选公务员12名，进一步充实审计力量；邀请审计署、兰州特派办、天津市审计局等单位的审计专家授课，选派业务骨干赴外学习培训，举办全系统大数据审计、综合能力提升等培训班19期，培训人员4000多人次。

审计管理体制改革 按照《甘肃省机构改革方案》和省委办公厅、省政府办公厅《关于省级涉改部门和单位机构人员转隶工作实施方案》要求，落实机构改革任务，接收转隶人员，将转隶党员编入临时党支部管理，进行为期半个月的集中培训，保证转隶人员思想不乱、工作不断、队伍不散、干劲不减。

相关工作 省审计厅高度重视审计查出问题的整改，按照省领导的多次批示，向有关部门、单位和地方下达整改通知，列出清单，对账销号，并将审计查出问题的整改落实情况纳入后续审计内容，盯紧整改；对市州和厅机关审计项目的整改落实情况进行集中检查并进行“回头看”。增强审计工作全省“一盘棋”意识，推进审计一体化，加强对下级审计机关的领导，按照干部双重管理相关规定，协调市州党委做好下级审计机关领导班子配备、调整工作。合理调配省市县三级力量，采取“上审下、交叉审”等方式，做到“大项目”同步安排、“大兵团”协同开展，增强审计工作整体性。组织召开内部审计机构座谈会及内部审计理论研讨，贯彻落实《审计署关于内部审计工作的规定》，加强对全省审计机关向社会力量购买服务工作的管理，以公开招标的方式选择执业质量高、社会信誉好和具有相应资质的中介机构，建立中介机构备选库，为实现审计全覆盖目标打好基础。省审计厅选派8名优秀年轻干部担任村第一书记或驻村帮扶工作队长，全厅180名干部联系帮扶368户贫困户，联系的静宁县原安镇被评为全省脱贫攻坚奖先进集体，受到省委、省政府表彰。

（撰稿人：梁馨予）

【兰州市审计局】 2018年，兰州市审计局实有104人。局长程华，副局长王新晖、张永花、包永胜，经济责任审计分局局长魏晓洲。设有机关党委、办公室、人事处、法规处、计算机审计处、财政金融审计处、行政事业审计处、企业审计处、农业审计处、三农资金审计处、资源环境保护审计处、社会保障审计处、内部审计监督处、社会审计核查处、审计执法监督处、园区审计处、经济责任审计分局、经济责任审计一处、经济责任审计二处、经济责任审计三处、政府投资建设项目审计办公室、新区审计分局、工程项目结决算审计处等部门。

审计成果 2018年，兰州市县两级审计机关完成审计项目297个，其中专项审计调查项目7个。查出主要问题金额94.39亿元，其中违规金额1.44亿元、损失浪费金额814万元、管理不规范金额9.29亿元；审计发现非金额计量问题660个；出具审计报告和专项审计调查报告305篇。审计处理处罚金额8.15亿元，其中应上缴财政5.67亿元、应减少财政拨款或补贴1937万元、应归还原渠道资金3318万元、应缴纳其他资金5054.7万元、应调账处理金额1.45亿元；移送司法机关、纪检监察机关和有关部门处理事项29件，移送处理人员23人。审计促进整改落实有关问题金额6.32亿元；审计后挽回（避免）损失612万元；核减投资额16.29亿元。提出并被采纳审计建议616条；提交审计信息396篇。

市审计局实施的兰州市农民专业合作社政策措施落实和管理运营情况专项审计调查被省审计厅评为优秀审计项目；兰州市城关区审计局实施的2016年区残疾人扶助经费管理使用情况专项审计调查被省审计厅评为表彰审计项目。

国家重大政策措施落实情况跟踪审计 建立市区（县）两级审计机关协作联动机制，按照每季度确定的脱贫攻坚、“放管服”改革、“三重三一”落实情况等重点进行审计或审计调查，提交专题报告4篇。

财政审计 对财政、地税、建设、规划等15个部门和单位财政预算执行和决算草案及其他财政收支情况开展审计，受市政府委托向市人大常委会作同级财政审计工作报告和审计整改情况报告。

经济责任审计 通过离任审计、任中审计、离任经济责任事项交接等多种举措，采取经济责任审计和预算执行审计、专项审计、投资项目审计相结合方式，开展37名党政主要领导干部的经济责任审计工作。完成省审计厅授权的省属两所高校党委书记、院长的经济责任审计。组织实施榆中县党政主要领导干部自然资源资产离任审计，指导开展7个区县所属乡镇或部门的领导干部自然资源资产离任审计。

固定资产投资审计 对列入计划的5个政府投资项目和历年结转的137个重大建设及民生项目进行跟踪审计，出具投资审计报告55篇，揭示投资项目存在的问题108个，完成退件和移交项目37个。完成市级社会中介机构审计服务入围库的公开招标，建立中介机构备选库，规范社会服务机构选用。

民生资金（项目）审计 组织开展全市基本公共卫生服务政策落实及财政补助资金管理使用情况、市属公立医院医疗设备购置情况、市公安局信息化建设专项资金使用情况审计调查，实施全市村、社区办公活动场所建设资金审计。完成省审计厅交办的白银市保障性安居工程交叉跟踪审计、“7·22”两县一区抗洪救灾款物跟踪审计。

企业审计 完成兰州市扶持企业挂牌“新三板”奖励资金管理使用情况、兰州市佛慈制药股份有限公司及8家国有企业资产损益情况审计。

信息化建设 投资建成大数据审计分析中心，在部门预算执行审计、扶贫审计、政策措施落实跟踪审计、资源环保审计等项目中发挥大数据分析作用。

相关工作 把党建工作与审计业务相融合，以党建引领促进审计业务提升，逐级签订目标责任书，层层传导压力，靠实责任，细化任务；扎实推进机关党建标准化建设，落实“三会一课”、党员谈心谈话、民主评议党员等制度，开展主题党日活动，增强党支部的凝聚力。持续推动审计廉政风险防控，增强审计干部廉洁意识，筑牢思想防线。树立正确用人导向，准确识人用人，加强交流培训，全方位培养干部的专业精神和综合能力。开展帮扶助困活动，筹集帮扶资金389万元，用于帮扶村道路硬化、饮水安全、农业发展和改善居住环境，连续3年被评为脱贫攻坚帮扶先进单位。

内部审计 兰州市8个区县审计局中城关区、红古区、皋兰县已设立内部审计科，其余5个区县审计局指定专人兼职从事内部审计工作。全市建立内部审计机构18个，专职内部审计人员36人、兼职人员45人。（撰稿人：张 文）

【嘉峪关市审计局】 2018年，嘉峪关市审计局实有27人。局党组书记、局长于永梅，局党组成员、副局长王南林，总审计师赵明，基建投资审核专员相炎军，副调研员高廷秀、茹作臻（—4月）。设有办公室、法制科、经济责任审计科、行政事业审计科、社保金融审计科、社会审计核查科、经贸审计科、固定资产投资审计科等行政科室；下设基建审核中心、涉农资金审计中心、资源环境保护资金审计中心等事业单位。

审计成果 2018年，嘉峪关市审计局完成审计项目90个。审计或者延伸审计单位134个，审计资金427.93亿元，查出违纪违规金额和管理不规范金额17.12亿元，核减工程造价为政府节约资金5000万元，向市委、市政府和上级审计机关及市属有关部门提交综合报告等51篇，向市纪委监委移送问题线索6件，提出并被采纳审计意见建议159条。

市审计局实施的嘉峪关市财政局2017年度预算执行及其他财政收支情况审计项目被省审计厅评为表彰审计项目。

国家重大政策措施落实情况跟踪审计 完成2017年世界文化遗产公园建设等44项政府重大投资项目跟踪审计，完成对嘉峪关市2015年、2016年保障性安居工程跟踪审计查出问题的整改工作。按照省审计厅统一安排，先后4次派出32人赴金昌市完成2017年保障性安居工程的交叉审计，赴武威市古浪县、民勤县、平凉市交叉开展2018年三、四季度贯彻落实党中央、国务院和省委、省政府重大政策措施情况跟踪审计。审计资金139.19亿元，查出违纪违规和管理不规范金额6.14亿元。

财政审计 完成市级预算执行和其他财政收支情况和地方税收征管情况审计，市法院、市检察院、市国土局等6个部门预算执行和其他财政收支情况审计，同步审计基本公共卫生服务补助资金、环境污染减排与监测监管项目资金等14项重点专项资金，审计资金29.98亿元，查出违纪违规和管理不规范金额5.82亿元，提出审计建议31条。受市政府委托，向人大常委会作审计工作报告；向市政府报送审计发现问题整改报告。

经济责任审计 合理配置审计力量，结合年度预算执行审计、资源环境审计，完成市文物局、市农林局等单位8名领导干部的经济责任审计，审计资金6.37亿元，查出违纪违规和管理不规范金额4600万元，提出审计建议21条；完成市发展改革委、市卫计委等单位16名领导离任经济责任事项交接工作。

固定资产投资审计 完成长城区建设社区服务中心建设项目等40项竣工决算审计，完成2015年高效节水灌溉项目竣工决算等6个项目的结果复核。审计资金6.7亿元，查出违纪违规和管理不规范金额1900万元，核减工程造价为政府节约投资5000万元，提出审计建议34条。修订《嘉峪关市审计局委托中介机构审计政府投资建设项目实施办法》，进一步规范社会中介机构行为，防范审计风险。对既有备选库内社会中介机构的审计工作案卷进行复核考评，按考核排名情况优胜劣汰。

民生资金（项目）审计 完成2017年扶贫政策措施落实和扶贫资金分配管理使用情况审计，审计资金578万元，提出审计建议3条。

农业与资源环保审计 对市环保局管理的省级2017年大气污染防治“以奖代补”环保专项资金进行延伸审计，审计资金1044万元，发现问题3个。完成污水处理建设项目资金专项审计；完成环境监测化验室专用设备购置建设项目、关城以北污染场地治理工程等5个工程项目竣工决算审计。

企业审计 完成对市属涉改20家国有企业和3个事业单位的25名领导人员经济责任履行或财务收支情况审计调查，审计资金19.72亿元，查出违纪违规和管理不规范金额4.2亿元，提出审计建议41条。

交办任务 完成全市招标投标及政府采购工作专项审计调查；对社会组织党工委、非公企业工委下拨省管补交党费管理使用情况和正常党费和补交党费管理使用情况进行审计。联合印发《关于纪检监察机关和审计机关在审查调查中进一步加强协作配合的意见》，抽调人员配合、参与十八大以来发现问题整改督查、第一轮巡视反馈问题自查自纠活动督查、转变作风改善发展环境建设年活动督查，以及甘肃省委组织的巡视。抽调人员配合、参与全省住房保障交叉考核，对省直有关部门及14个州市补交党费使用情况的专项审计。

信息化建设 在实施本年审计计划时，贯彻“数据先行”的理念，进点前由数据分析组对预算执行、专项资金、项目资金、低保资金等相关数据进行分析，筛选出500万元以上、支付进度缓慢的13项重点专项资金，纳入“同级审”范围。进行审计数据库建设，采集财政数据，赴省审计厅采集低保数据。与软件公司联合开发公共资金审计平台。

相关工作 以习近平新时代中国特色社会主义思想为指导，深入学习党的十九大和十九届二中、三中全会精神，认真贯彻落实中央审计委员会第一次会议精神，开展“转变作风改善发展环境建设年”活动。

内部审计 以促进发展、加强管理、提高效益、强化内控、防范风险为出发点和落脚点，开展内部审计工作，审计资金总额2773.51万元，提出意见建议83条。通过开展财务收支审计和内部控制评审，在加强单位财务管理，强化内部约束机制和提高部门管理水平等方面发挥积极的作用，促进各单位财务管理工作的规范化和制度化运行，切实发挥内部审计工作的监督和服务作用。

（撰稿人：高　鑫）

【金昌市审计局】 2018年，金昌市审计局实有27人。党组书记、局长张健，党组成员、副局长梁福山，党组成员、经济责任审计联席会议办公室主任谢淑霞。设有办公室、法制科、经济责任审计科、财政审计科、行政事业审计科、企业和社会保障审计科、基本建设审计科（农业和资源环境审计科）、固定资产投资审核中心等8个职能科室。

审计成果 2018年，金昌市审计局完成审计项目39个。查出各类管理不规范金额7.9亿元，核减政府投资额7300万元，提出针对性审计建议52条。

国家重大政策措施落实情况跟踪审计 完成2017年保障性安居工程跟踪审计。完成对金川区第一季度，全市第二季度，永昌县第三、四季度的重大政策措施落实情况跟踪审计，查出管理不规范金额5.24亿元，创业担保贷款和项目资金闲置共计1000万元。

财政审计 完成对市财政局、市教育局、市旅游局、市卫计委、市住建局、市农牧局、市林业局等7个单位2017年度预算执行及决算草案情况的审计，查出管理不规范金额821万元。

经济责任审计 完成对市公安局交通警察大队队长的任中审计，对市人大常委会办公室、市交通运输管理局、市公路运输管理处、金昌驻兰州办公室等单位领导干部的任职期间经济责任履行情况的审计，查出管理不规范金额3300万元。对市农牧局党组书记局长开展自然资源资产离任审计，发现在生态环境质量状况、生态环境保护法律法规、资金征用和项目建设运行、生态环境保护监督责任等4个方面22个问题。

固定资产投资审计 完成对金昌市职业技术学院迁建、金昌宇恒镍网厂区东侧路（新华路—延安路）道路等19个工程项目的审计，查出5100万元项目设计未招标的问题，发现项目超概算4300万元、超付监理费1.79万元、工程价款结算不实1.03亿元，核减投资额7300万元。

其他审计项目 完成对金昌市2017年度住房公积金归集管理使用情况、市级财政在中央环保督查整改工作中下达资金管理使用情况、金昌铁业集团化解钢铁过剩产能财政专项奖补资金使用情况、市文化旅游投资开发公司财务收支情况等审计项目，查出管理不规范金额1200万元。

（撰稿人：李文辉）

【白银市审计局】 2018年，白银市审计局实有39人。局长杨子明，副局长王世勇、李文辉、史文娟，总审计师杨玉杰，经济责任审计办公室主任杨子松，调研员马志武，副调研员狄长元。设有办公室、法规科、财政金融审计科等8个科室；下设经济责任审计办公室和基本建设审计中心等事业单位。

审计成果 2018年，白银市审计局完成审计项目54个。查出主要问题金额16.23亿元，其中违规金额1.68亿元、损失浪费金额1100万元、管理不规范金额14.44亿元；审计发现非金额计量问题251个；出具审计报告和专项审计调查报告80篇。审计处理处罚金额5.79亿元，其中应上缴财政1.74亿元、应减少财政拨款或补贴9900万元、应归还原渠道资金800万元、应调账处理金额2.98亿元；移送纪检监察机关和有关部门处理事项28件，移送处理金额7800万元。审计促进整改落实有关问题资金2.63亿元；审计促进拨付资金到位2.01亿元；核减投资额9900万元；移送处理落实事项28件。提出并被采纳审计建议84条；推动被审计单位制定整改措施48项；促进被审计单位建立、健全规章制度23项；提交审计信息57篇，被批示、采用57篇次。向社会公告审计结果1篇。

国家重大政策措施落实情况跟踪审计 按照省审计厅统一安排，重点对全市改善发展环境、创新驱动发展、“三重”“三一”工作落实、清理拖欠民营企业和中小企业账款等方面进行审计。

财政审计 以促进规范预决算编报和管理、盘活财政资金存量、揭露违纪违法问题为目标，对市财政局、原市地税局预算执行和税收征管进行审计。以部门预算收支的真实性、合法性为基础，对13个市直部门单位2017年度预算执行情况进行审计。对2017年地方政府隐形债务进行核实。

经济责任审计 依照组织部门的委托，完成领导干部任中经济责任审计项目12个、离任审计项目18个。按照《领导干部自然资源资产离任审计规定》，经省审计厅授权，完成平川区党政主要领导干部自然资源资产任中审计。

固定资产投资审计 按照审计署《关于进一步完善和规范投资审计意见》精神，围绕项目审批、征地拆迁、工程招投标、项目资金管理等关键环节开展审计，完成政府投资审计项目8个。根据省审计厅的安排，组织人员对抗洪救灾专项资金进行跟踪审计，其间向上报审计动态15期。

民生资金（项目）审计 统筹全市审计力量，对5个县区2017年扶贫政策措施落实和扶贫资金分配管理使用情况进行审计。根据省审计厅统一安排，对陇南市2017年度保障性安居工程进行交叉审计。

企业审计 根据市政府安排，完成市公交公司2015年至2018年经营情况审计、市动力公司2015年至2017年经营管理及绩效审计。

信息化建设 利用建成的信息化平台，在重大政策跟踪落实、财政预算执行、扶贫资金、生态环保和社保资金等方面开展大数据运用审计。

（撰稿人：李生军）

【天水市审计局】 2018年，天水市审计局实有78人。党组书记、局长薄海明，党组副书记、副局长吴方勇，党组成员、副局长付新顺，副局长焦继军，党组成员、总审计师马群，调研员葛南翔，副调研员张意志，经济责任审计办公室主任王荣，电子数据审计中心主任祁建荣。设有办公室、综合科、财政审计科、金融外资审计科、行政事业审计科、经贸审计科、农业审计科、资源环境保护审计科、社会保障资金审计科、固定资产投资审计一科、固定资产投资审计二科、审计监督与核查科、财政专项资金审计科、教科文审计科、天水经济开发区审计分局；下设经济责任审计办公室、电子数据审计中心等事业单位。

审计成果 2018年，天水市县两级审计机关完成审计项目493个，其中专项审计调查项目5个。查出主要问题金额41.63亿元，其中违规金额10.46亿元、损失浪费金额82.87万元、管理不规范金额31.16亿元；审计发现非金额计量问题1228个；损益（收支）不实金额1.02亿元；出具审计报告和专项审计调查报告610篇。审计处理处罚金额17.19亿元，其中应上缴财政6.34亿元、应减少财政拨款或补贴1645.05万元、应归还原渠道资金2.63亿元、应缴纳其他资金2066.09万元、应调账处理金额7.85亿元；移送司法机关、纪检监察机关和有关部门处理事项59件，移送处理人员60人，移送处理金额2.23亿元。审计促进整改落实有关问题资金15.45亿元；审计后挽回（避免）损失3190.26万元；核减投资额1.1亿元；移送处理落实事项21件。提出并被采纳审计建议1298条；推动被审计单位制定整改措施74项；提交审计信息219篇，被批示、采用149篇。

麦积区马跑泉镇党委书记、镇长任期经济责任审计项目被审计署评为优秀审计项目。张家川党政主要领导干部自然资源资产离任试点审计、麦积区2016年度新型农村合作医疗基金管理使用情况审计等2个项目，被省审计厅评为优秀审计项目。

国家重大政策措施落实情况跟踪审计 对7个县（区）和经济开发区贯彻落实重大政策措施情况进行跟踪审计，抽查250个项目，涉及296个政府部门和单位，涉及资金96.45亿元，查出制度措施不健全、行政许可政策执行不到位、项目未落地、工程进度缓慢、资金闲置、招投标程序不规范等方面270多个问题。

财政审计 对市级财政预算执行和其他财政收支情况、市级重点专项资金的管理使用情况和税收征管情况进行审计，完成对秦州区、甘谷县财政决算上审下的全面审计，审计发现应缴未缴预算收入、存量资金二次沉淀、公务卡强制结算项目比例偏低等问题，涉及资金8.34亿元。

经济责任审计 对2名省管干部、31名市管干部、1名区管干部进行经济责任审计，发现违规金额133.46万元、管理不规范金额651.61万元，移送线索2件，涉及资金40.12万元。按照省审计厅的统一安排部署，对清水县委书记、县长任期土地森林水资源管理和生态环境保护责任履行情况进行审计。

固定资产投资审计 完成天水市众创空间及电子商务中心、市第一中学麦积校区新装供电工程、全面改薄项目等500万元以上政府投资项目等竣工决算审计项目36个，审计投资总额23.2亿元，核减工程造价、节约财政资金9065万元。

民生资金（项目）审计 整合全市审计力量组成6个审计组，对全市6县（区）2017年度新型农村合作医疗基金的筹集、管理、使用情况进行审计，延伸审计14家公立医院、52家民营医院、54个乡镇卫生院、234个村卫生室，审计资金总额15.8亿元，查出违规违纪金额3342.25万元。对武山县、清水县2017年度扶贫政策措施落实和资金管理使用情况，全市6个县（区）东西部协作帮扶资金进行专项审计，发现重复申报、虚报危房改造资金、金融扶贫政策执行不到位等问题，查出违纪违规金额8.01亿元。对麦积区、秦安县、张家川2017年度城乡居民最低生活保障资金的筹集、管理、使用和相关政策落实情况进行专项审计，查出12个方面的问题。根据省审计厅的统一安排部署，对定西市2017年保障性安居工程的计划、投资、建设、分配、运营及配套基础设施建设情况进行交叉审计，延伸调查76个村的362户农村危房改造家庭，对30个安居工程项目的建设管理情况进行检查，审计资金10.13亿元，查出10类违纪问题67个，移送有关部门问题线索3件，涉及资金2.02亿元。

企业审计 对市第一粮库有限公司、曲溪城乡供水工程公司、市工业国有资产投资有限公司等3户企业的运营绩效情况进行审计，发现企业管理不规范金额1772.58万元。

相关工作 编撰出版首部《天水市审计志》；首次获得审计署优秀审计项目奖；荣获省级脱贫攻坚先进集体荣誉；举办天水审计系统书画摄影展、庆七一演讲比赛和学习十九大知识考试等系列活动，巩固省级精神文明单位成果。审计资源得到进一步整合，构建市县“一盘棋”审计新格局。

（撰稿人：张　静　倪琼洁）

【武威市审计局】 2018年，武威市审计局实有30人。局长李天忠，总审计师马忠民，副局长祁贵，经济责任审计局局长李建玲，调研员李镜（—12月），副调研员曹海宇。设有办公室、法规科、财政金融审计科、经济责任审计一科、经济责任审计二科、行政事业审计科、农业和资源环保审计科、社会保障审计科、固定资产投资审计科；下设资源环境与投资审计中心（事业单位）。

审计成果 2018年，武威市县两级审计机关完成审计项目263个，其中专项审计调查项目2个。查出主要问题金额96.54亿元，其中违规金额37.71亿元、损失浪费金额129万元、管理不规范金额58.82亿元；审计发现非金额计量问题3932个；损益（收支）不实金额3179万元；出具审计报告和专项审计调查报告332篇。审计处理处罚金额51.44亿元，其中应上缴财政3449万元、应减少财政拨款或补贴1847万元、应归还原渠道资金5.93亿元、应调账处理金额36.88亿元；移送司法机关、纪检监察机关和有关部门处理事项 65 件，移送处理人员 4 人，移送处理金额 2.73 亿元。审计促进整改落实有关问题资金 48.91 亿元；审计促进拨付资金到位 5428 万元；审计后挽回（避免）损失 258 万元；核减投资额 3990 万元；移送处理落实事项 5 件。审计提出建议 196 条，被采纳 153 条。向社会公告审计结果 1 篇。

凉州区土地资源管理及土地专项资金收支情况审计被省审计厅评为优秀审计项目。

国家重大政策措施落实情况跟踪审计 完成全市第四季度重大政策措施落实及省市列为民办实事落实情况审计和 2018 年前三季度重大政策措施落实情况审计。

财政审计 完成对 23 个单位的预算执行情况和财政财务收支情况审计，全面公开 2017 年度市级财政预算执行及其他财政收支审计结果。

经济责任审计 完成领导干部经济责任审计项目 103 个，开展全市农牧系统资源资产离任（任中）审计。

固定资产投资审计 完成政府投资项目审计 82 项，查出主要问题金额 2.5 亿元，核减投资额 3990 万元；完成 2014 年以来政府重点投资建设项目实施情况专项审计调查，抽查 48 个建设项目，涉及 29 个建设单位。

民生资金（项目）审计 完成全市 2017 年至 2018 年扶贫政策措施落实和资金分配管理使用情况审计、全市 2017 年至 2018 年三县一区重点产业扶贫项目实施进展情况审计、酒泉市 2017 年保障性安居工程专项审计。

农业与资源环保审计 开展祁连山自然保护区生态环境问题跟踪审计调查，全市土地资源利用及土地专项资金收支情况审计、全市林业森林湿地资源资产审计。

内部审计 全市内部审计机构完成审计项目 207 个，审计总金额 5.74 亿元，促进增收节支 45 万元，提出并被采纳审计建议意见 370 条。

（撰稿人：严锦钰）

【张掖市审计局】 2018 年，张掖市审计局实有 42 人。党组书记、局长俞文海，党组成员、副局长龙建国、刘煜，党组成员、总审计师王维力，经济责任审计工作联席会议办公室副主任陈维文，调研员赵光源、王天荣，副调研员谭运忠。设有办公室、综合法制科、经济责任审计一科、经济责任审计二科、财政金融审计科、农业与资源环保审计科、行政事业审计科、固定资产投资审计科、社会保障审计科、外资经贸审计科、信息化管理科。所属市经济责任审计工作联席会议办公室、审计核查整改办公室。

审计成果 2018 年，张掖市县两级审计机关完成审计项目 237 个。查出主要问题金额 61.22 亿元，其中违规金额 3.85 亿元、管理不规范金额 57.37 亿元；审计发现非金额计量问题 317 个；损益（收支）不实金额 5934 万元。出具审计报告和专项审计调查报告 294 篇。审计处理处罚金额 11.54 亿元，其中应上缴财政 1781 万元、应归还原渠道资金 808 万元、应缴纳其他资金 335 万元、应调账处理金额 11.25 亿元；纪检监察和有关部门处理事项 81 件，移送处理人员 4 人，移送处理金额 3.65 亿元。审计促进整改落实有关问题金额 15.67 亿元；审计后挽回（避免）损失 222 万元；核减投资额 2502 万元。审计提出建议 337 条，被采纳 299 条；促进被审计单位制定、完善规章制度 8 项；提交审计要情、审计专报共计 53 篇。

市审计局实施的武威市 2017 年保障性安居工程跟踪审计、民乐县审计局实施的县财政局 2017 年度预算执行和其他财政收支情况审计等 2 个项目，被省审计厅评为表彰审计项目。

财政审计 对 2017 年度市级预算执行与决算草案编制、政府采购预算编制和执行、国库集中支付制度执行、专项转移支付资金使用、财政存量资金管理使用、国有资产管理、国有资本经营收益收缴、公务用车制度改革、部门预决算编制进行审计。对市金苑投资公司、市国资办等 7 个单位的财政财务收支情况，对市卫计委、市残联等 4 个单位的部门决算编制情况进行审计。受张掖市政府委托，向张掖市大常委会做审计工作报告。对市工信委、市委党校等 4 个单位债务的化解情况，对市城投集团、第二人民医院等单位组织实施的 10 项工程的债券资金安排使用情况，对 5 家市属国有企业地方政府性债务举借和融资情况进行审计和审计调查。

经济责任审计 对市委组织部委托的市农业局、民宗委、卫计委、农机局、残联、文广新局、科技局、畜牧兽医局，市委党史研究室，以及高台检察院、高台县湿地管理局、临泽县公安局、肃南县公安局、肃南县法院、民乐县审计局等15个部门单位的领导干部进行经济责任审计。抽调审计机关及相关专业人员共12人，对临泽县党政主要领导干部自然资源资产职责履行情况开展任中审计。

固定资产投资审计 按照市委、市政府关于加强对重点建设项目和重大民生保障基础设施建设工程审计监督的要求，整合审计资源，委托社会审计机构对张掖地质博物馆、市第二人民医院、黑河城区段治理工程一期、培黎国际职业学院建设、黑河西总干渠维修、市公安局交警支队机动车驾驶员培训考试基地等项目进行审计，已完成项目涉及资金12.3亿元，查出建设程序、建设项目管理、财务管理和工程造价等方面的问题49个，工程价款结算不实7388.01万元。市审计局对2017年省级下达市本级41个重点项目的资金使用及建设程序的合规合法性及实施进度进行延伸审计调查。

民生资金（项目）审计 从全市审计机关抽调32人组成7个审计组，采取交叉审计的方式对市本级及6县区2016年至2017年扶贫政策措施落实和扶贫资金分配管理使用情况进行审计调查，对全市6县区37个乡镇、77个行政村的153个扶贫项目进行实地抽查，涉及资金5.38亿元。对甘州区、临泽县、高台县和市环保局黑河湿地湖泊生态环境保护项目进行审计。在财政审计项目中对社保资金的征缴及资金管理进行审计和审计调查。根据省审计厅统一安排，从全市审计机关抽调24人组成4个审计组，对武威市2017年城镇保障性安居工程进行交叉跟踪审计；抽调8人赴甘南州迭部县配合省审计厅对扶贫资金进行审计。

企业审计 委托社会审计机构完成对市属5个投融资公司的绩效审计。参与市五色建材公司改制前的清产核资工作，对其2013年1月至2018年4月资产负债损益情况进行全面审计，摸清企业家底，为市政府妥善解决企业改制遗留问题提供可靠依据。

其他审计项目 按照市委、市政府安排，组织实施城区热电联产集中供热管网工程财务决算、七一剧团演艺公司的财政财务收支、市交通运输从业人员培训中心财务收支、市就业中心创业担保贷款资金管理使用情况、全市司法救助资金管理使用情况、市本级福利彩票公益金管理使用情况等审计项目。按照省委组织部、省审计厅通知要求，对全市6县区和市直机关工委补交党费收缴使用管理情况进行审计。

相关工作 开展“转变作风改善发展环境建设年”活动和全省审计机关“纪律作风整治月”活动，在全体审计人员中牢固树立“审人需先审自己、打铁必须自身硬”的理念。将审计质量摆在审计业务工作的首要位置，树立“审计质量是审计工作生命线”理念，规范审计执法行为，切实维护审计的权威性和公信力。加强对审计干部的教育培训，选派72人次参加审计署、省审计厅举办的大数据审计、领导干部自然资源资产离任审计等业务培训，全员参加全省审计机关为期10天的集中整训。（撰稿人：王　敏）

【平凉市审计局】 2018年，平凉市审计局实有49人。局长王旺德，副局长席瑞林、李博、杨尚辉，总审计师王耀军，调研员朱江，副调研员李修范、万巧珍。设有办公室、法制科、财金科、投资科、经贸科、经责科、行政事业科、农业科、社会审计核查科、宏观政策审计科；下设电子审计中心、审计服务中心等事业单位。

审计成果 2018年，平凉市县两级审计机关完成审计项目323个，其中专项审计调查项目3个。查出主要问题金额104.67亿元，其中违规金额15.15亿元、管理不规范金额89.52亿元；审计发现非金额计量问题444个；损益（收支）不实金额3.51亿元；出具审计报告和专项审计调查报告444篇。审计处理处罚金额22.7亿元，其中应上缴财政6.56亿元、应归还原渠道资金7.85亿元、应缴纳其他资金4445.38万元、应调账处理金额7.83亿元；移送司法机关、纪检监察机关和有关部门处理事项37件，移送处理金额1386.19万元。审计促进整改落实有关问题资金13.17亿元；核减投资额4627.12万元；移送处理落实事项16件。审计提出审计建议532条，被采纳483条；提交审计信息43篇，被批示、采用38篇。

静宁县2017年扶贫政策措施落实和扶贫资金分配管理使用情况审计、静宁县2017年度县级财政预算执行和其他财政财务收支情况审计等2个项目，被省审计厅评为表彰审计项目。

国家重大政策措施落实情况跟踪审计 以围绕国家和省委、省政府重大政策措施和宏观调控部署贯彻落实为目标，开展跟踪审计项目3个，查出主要问题金额24.4亿元。

财政审计 以促进规范预决算编报和管理、优化财政支出结构、规范转移支付资金管理和提高财政资金使用效益为主要目标，开展财政审计项目112个，查出主要问题金额67.97亿元。

经济责任审计 围绕领导干部执行政策、推动发展、依法行政、廉洁自律等方面，组织对133名领导干部的经济责任进行审计，发现领导干部应负领导责任主要问题金额2.13亿元。

固定资产投资审计 以规范政府重大投资管理水平和资金使用效益为目标，组织开展固定资产投资审计项目28个，查出主要问题金额1.13亿元，核减工程投资4627.12万元。

民生资金（项目）审计 组织开展全市扶贫专项政策落实和扶贫资金管理使用情况等民生资金审计项目22个，查出主要问题金额6.82亿元，推动为民惠民富民项目资金的有效使用。

农业与资源环保审计 组织开展全市河沟道管理保护专项经费、污水处理费等农业与资源环保审计项目15个，查出主要问题金额1.31亿元。

企业审计 开展企业审计项目10个，查出主要问题金额9062.13万元，对企业的资产质量、债务风险、经营状况进行综合分析，提出加强管理、规范核算的意见建议。

内部审计 全市各内部审计机构完成审计项目244个，促进增收节支246万元。

（撰稿人：李　艳）

【酒泉市审计局】 2018年，酒泉市审计局实有42人。局长刘红艺，经济责任审计联席会议办公室主任李翠萍，副局长李际平、白嘉念、郭建荣，总审计师李建华，调研员张东平，副调研员程军。设有办公室、综合法制科、经济责任审计一科、经济责任审计二科、财政金融审计科、行政事业审计科、经贸审计科、农业与资源环境审计科、社会保障审计科、固定资产投资与外资运用审计科、计算机审计管理科、社会审计核查与内部审计监督科；下设政府投资审计中心（市经济责任审计工作联席会议办公室）。

审计成果 2018年，酒泉市审计局完成审计项目70个。查出违纪违规和管理不规范金额8.58亿元，促进财政增收节支1.03亿元；向纪委监委、财政、建设等部门移送问题线索23件，涉及金额2378.63万元；提交审计报告、综合报告和审计专报等96篇，被领导批示50余篇，提出合理化审计意见和建议120余条。

国家重大政策措施落实情况跟踪审计 坚持全市“一盘棋”，组织市县两级审计机关，采取“上审下”“交叉审”“联合审”等方式，一、二季度分别对酒泉市本级及肃州、玉门、瓜州、敦煌等县（市、区）进行审计，发现财政存量资金较大、“放管服”改革措施不到位、工程项目推进缓慢、等问题，向市委、市政府主要领导上报5份《审计专报》。

财政审计 对市级预算执行及决算草案情况、税收征管以及12个部门开展预算执行及决算草案审计，向市政府提交结果报告。受市政府委托，向人大常委会作审计工作报告及查出问题整改情况的报告。

经济责任审计 对市人社局、林业局、交警支队及肃州区城市执法管理局、肃州区街道社区等23个部门（单位）和2个高配乡镇27名领导干部经济责任履行和机构编制情况进行审计。揭示相关政策措施落实不到位，违规列支费用，应收未收、应缴未缴非税收入，资金闲置或拨付不及时，资产管理不规范，政府采购不合规，往来款项长期挂账等问题。研究起草《酒泉市领导干部经济责任审计结果量化评分办法》。开展以污染防治和环境保护为主要内容的肃州区党政领导干部自然资源资产离任审计。

固定资产投资审计 落实审计署《关于进一步完善和规范投资审计工作的意见》，对政府投资重大建设项目进行监督。组织力量或通过购买社会审计服务等方式，对2015年润和家园公共租赁住房、棚户区改造，二水厂迁址扩建等20个建设项目进行竣工决算审计，揭示设计、监理或室外附属工程不招标，审批手续不齐全、竣工验收不及时、多计工程价款等问题，核减工程造价8234.14万元。

民生资金（项目）审计 围绕精准扶贫、精准脱贫，对玉门、瓜州2个扶贫插花县的重点扶贫乡镇（独山子乡、广至乡）进行审计，发现资金管理最末端存在的扶贫政策落实不到位、资金管理使用不合规、扶贫项目管理不规范等问题，以审计专报向酒泉市委、市政府主要领导汇报审计情况。根据省审计厅安排，对张掖市及其下辖6个县区城镇保障性安居工程进行交叉跟踪审计，对存在问题的整改落实情况定期进行跟踪督查。对武威市审计局查出酒泉市安居工程存在问题的整改进行督查。

交办任务 根据市政府安排，对市直9个出租出借及闲置房屋资产存在权属不清、有矛盾纠纷的部门单位进行专项调查；对玉门油田医院、农垦技工学校移交地方资产负债情况进行审计；配合组织部门对补交党费情况进行专项审计检查。

相关工作 推动审计项目与科研课题结合，课题“经济责任审计创新与审计组织方式研究”已经审批立项。围绕贯彻国家审计准则举办全市审计系统业务全员培训班，在南京审计大学举办两期为期14天的全市审计系统依法审计能力提高培训班，组织全市审计干部参加审计署、省审计厅举办的为期10天的集中整训，组织干部职工收听收看审计署“审计大讲堂”8期。

（撰稿人：郭建荣　白玉玮　于建华）

【庆阳市审计局】 2018年，庆阳市审计局实有33人。局长曹维斌，副局长李崇峰、汪彦锋、王芳，总审计师冯明，经济责任审计办公室主任李国科。设有人事秘书科、综合法制科、社会审计核查科、财政金融审计科、行政事业审计科、基建外资审计科、经贸社保审计科、农业环保审计科、重大政策落实审计科；下设经济责任审计办公室、经济责任审计联席会议办公室、政府投资项目审计中心等事业单位。

审计成果 2018年，庆阳县两级市审计机关完成审计项目376个，其中专项审计调查项目3个。查出主要问题金额40.45亿元，其中违规金额2682万元、管理不规范金额40.18亿元；审计发现非金额计量问题292个；损益（收支）不实金额4036万元；出具审计报告和专项审计调查报告490篇。审计处理处罚金额10.65亿元，其中应上缴财政2109万元、应减少财政拨款或补贴436万元、应归还原渠道资金1.67亿元、应缴纳其他资金1.06亿元、应调账处理金额7.66亿元；移送司法机关、纪检监察机关和有关部门处理事项12件，移送处理金额314万元。审计促进整改落实有关问题资金6.44亿元；审计促进拨付资金到位289万元；核减投资额696万元。审计提出建议534条，被采纳497条；推动被审计单位制定整改措施20项；提交审计信息34篇，被批示、采用8篇。

财政审计 对122个单位预算执行情况进行审计，查出主要问题金额27.48亿元。通过审计，促进资金到位1.27亿元，规范管理10.5亿元，收缴收回财政1.07亿元，加快支出进度4.91亿元，促进337个项目开工、完工或者加快工程进度。市审计局对市政府办公室、市人大办公室、市政协办公室、市机关事务管理局、市政府驻兰州办事处、驻北京联络处的财务收支进行审计。

经济责任审计 对151个单位的153名领导干部和国有企业领导人员开展经济责任审计，其中任中29人、离任124人。查出主要问题金额4.84亿元，其中违规金额561万元、管理不规范金额4.79亿元、促进增收节支188万元。对合水县党政主要领导干部自然资源资产管理和环境保护情况进行审计。

固定资产投资审计 对50个单位开展固定资产投资审计，查出主要问题金额914万元，其中工程结算款不实488万元，超规模超标准381万元。市审计局对省子午岭林业管理局宁县分局机关公租房及配套基础设施建设项目、桂花塬林场综合楼建设项目、市委政法委雪亮工程项目竣工决算进行审计。

民生资金（项目）审计 市审计局对市级饮用水水源地环境保护专项资金、8个县区村镇建设补助资金管理使用情况进行审计；对西峰区、华池县2017年扶贫政策落实和资金管理情况进行审计。配合陇南市审计局对庆阳市本级和8个县区保障性安居工程进行审计。根据省审计厅统一安排，从全市抽调审计人员组成审计组赴天水市对市本级及7个县（区）2017年保障性安居工程进行交叉审计，对以前年度审计查出问题整改情况进行检查。

企业审计 审计5个国有企业，其中金融类企业3个。查出主要问题金额6074万元，其中财务收支核算不实976万元、少计或虚列成本费用376万元、账外资产820万元。

内部审计 全市44个单位设有内部审计机构，其中独立设置12个，与纪检、财务部门合署办公32个；有内部审计人员135人，其中专职46人。内部审计机构完成审计项目549个，审计金额4.42亿元，发现各类问题395个，出具内部审计报告等504篇，提出整改意见和建议378条，促进增收节支2668.31万元。（撰稿人：焦文艺）

【定西市审计局】 2018年，定西市审计局实有32人。局长李世荣，副局长张晓伟、谢晓妍、李宏军、王国会，经济责任审计办公室主任郑晓炜，总审计师张华荣，调研员潘欣，副调研员冯跃。进设有办公室、法规监核科、财政金融审计科、行政事业企业审计科、农业与资源环保审计科、固定资产投资审计科、社会保障审计科、经济责任审计办公室；下设计算机审计中心（事业单位）。

审计成果 2018年，定西市审计局完成审计项目45个，其中专项审计调查项目4个。查出主要问题金额24.32亿元，其中违规金额4804.83万元、管理不规范金额23.83亿元；审计发现非金额计量问题81个；损益（收支）不实金额1.23亿元。出具审计报告和专项审计调查报告66篇。审计处理处罚金额10.16亿元，其中应上缴财政922.01万元、应归还原渠道资金7.96亿元、应缴纳其他资金5420.54万元、应调账处理金额1.57亿元；移送有关部门处理事项6件，移送处理金额65.78万元。审计促进整改落实有关问题金额5.39亿元。提出审计建议116条，被采纳105条；提交审计信息108篇，被批示、采用49篇。向社会公告审计结果2篇。

国家重大政策措施落实情况跟踪审计 根据审计署和省审计厅统一部署和工作要求，统筹市县区审计力量，持续开展重大政策措施落实情况跟踪审计。前三季度配合省审计厅对定西市创新驱动发展战略和改善发展环境等政策措施落实情况、天水市重大政策措施落实情况、天水市政府性债务情况进行跟踪审计。第四季度对通渭县等5个县政府隐性债务进行审计。

财政审计 结合领导干部经济责任审计，采取“一次审计、两个报告”的方式组织实施，对财政局、税务局、组织部等13个单位进行预算执行审计，审计查出预算编制不完整、虚列财政收入支出等问题金额6.91亿元。

经济责任审计 完成市委组织部委托的20个部门和单位主要负责人经济责任审计，查出政府采购行为不规范、挤占专项资金等问题金额1.26亿元，移送有关部门处理事项3件。组织市县审计力量，对漳县党政主要领导干部自然资源资产管理和生态环境保护责任履行情况进行任中审计，查出森林资源、土地资源和相关生态环境保护情况等3个方面的问题61个，涉及资金2.52亿元。

固定资产投资审计 按照审计署和省审计厅关于进一步完善和规范投资审计工作的新要求，争取市县区政府领导支持，引导市县区审计机关和审计人员落实投资审计“三个转变”的要求。联合市财政局通过公开招标的方式，建立社会审计服务中介机构备选库。

民生资金（项目）审计 对陇西县2017年度扶贫政策措施落实和扶贫资金分配管理使用情况进行专项审计调查，从扶贫政策落实、扶贫资金安全、扶贫项目绩效和管理等3个方面指出问题49个，涉及问题金额3.56亿元，移送有关部门处理3件。开展抗洪救灾物资跟踪审计工作，对救灾资金和物资进行全过程、全方位审计检查。按照省审计厅统一安排，组织市县审计机关成立8个审计组，对平凉市本级及所属6县1区2016年度保障性安居工程进行交叉跟踪审计。

企业审计 对市城投公司、水投公司和广升担保公司等3家企业2017年资产负债损益情况进行审计调查，查出账务处理不规范、少记收入等问题金额4861.06万元。（撰稿人：姚洁琼）

【陇南市审计局】 2018年，陇南市审计局实有37人。局长张荣中，副局长王东红、李晖、张俭，经济责任审计办公室主任李红易，总审计师姬瑛。设有经济责任审计办公室、办公室、法制（审理）科、财政审计科、社会保障审计科、外资和企业审计科、政府投资审计科、经济责任审计一科、经济责任审计二科、社会和内部审计监督核查科、行政事业审计科、资源环保审计科、三农资金审计科、审计信息中心等内设机构。

审计成果 2018年，陇南市审计局完成审计项目51个，其中专项审计调查项目2个。查出主要问题金额22.84亿元，其中违规金额3978万元、管理不规范金额22.44亿元；审计发现非金额计量问题428个；出具审计报告和专项审计调查报告51篇。审计处理处罚金额2.7亿元，其中应上缴财政5875万元、应归还原渠道资金2.11亿元；移送有关部门处理事项4件。审计促进拨付资金到位9915万元；审计提出建议42条，被采纳38条；提交审计信息34篇，被批示、采用17篇。

市审计局实施的宕昌县2017年度扶贫政策措施落实和扶贫资金分配管理使用情况审计项目被省审计厅评为优秀审计项目。

国家重大政策措施落实情况跟踪审计 市审计局对陇南3县开展重大政策落实跟踪审计，涉及71个单位、319个项目、审计资金73.89亿元，查出问题100个。通过审计促进财政资金统筹使用和重点资金到位9.05亿元。

财政审计 完成市本级2017年度财政预算执行和政府债务审计，查出主要问题金额10.44亿元，其中管理不规范金额9.59亿元；审计促进整改落实有关问题资金6.06亿元，促进增收节支5469万元。

经济责任审计 市审计局完成35名县级领导干部的经济责任审计，查出主要问题金额2257万元，促进整改落实有关问题资金1305万元；完成2017年宕昌县党政主要领导干部自然资源资产任中审计，查出主要问题金额4725万元，审计促进整改落实有关问题资金1036万元。

民生资金（项目）审计 组织全市审计机关完成2个县2017年度财政扶贫资金审计，查出主要问题金额1.7亿元，其中管理不规范金额1.68亿元；审计促进整改落实问题资金1623万元，其中增收节支375万元，促进拨付资金到位965万元。

（撰稿人：*石　杰*）

【临夏回族自治州审计局】 2018年，临夏回族自治州审计局实有69人。局长戴永华，副局长崔永奎、罗宏志、马黎明，总审计师何临平，经济责任审计办公室主任宗淑芳。设有人事秘书科、法规科、财政金融审计科、行政事业审计科、农业和资源环保审计科、社会保障审计科、固定资产投资审计科；内设经济责任审计办公室；下设计算机信息中心（事业单位）。

审计成果 2018年，临夏回族自治州审计局完成审计项目91个，其中专项审计调查项目6个。查出主要问题金额46.94亿元，其中违规金额10.06亿元、管理不规范金额36.88亿元；审计发现非金额计量问题38个；损益（收支）不实金额1.42亿元；出具审计报告和专项审计调查报告135篇。审计处理处罚金额6.22亿元，其中应上缴财政5177万元、应归还原渠道资金3.28亿元、应调账处理金额2.07亿元；移送司法机关、纪检监察机关和有关部门处理事项3件，移送处理金额59万元。审计促进整改落实有关问题资金32.61亿元；核减投资额6010万元。审计提出建议359条，被采纳298条；提交审计信息36篇。

国家重大政策措施落实情况跟踪审计 对积石山县第一季度、永靖县第二季度、和政县第四季度稳增长、促改革、调结构、惠民生、防风险政策措施落实情况进行跟踪审计。按照省审计厅的统一安排，以推动惠民政策贯彻落实，促进保障和改善民生为目标，组织全州审计机关对甘南州本级及8县市2017年保障性安居工程进行交叉审计。

财政审计 对2017年度州级预算执行情况进行审计，延伸审计州检察院等10个州直部门一级预算执行单位的预算执行及其部分二级预算单位财政财务收支情况；对和政县2016—2017年度财政决算的真实性、合法性进行审计。组织8县市审计机关对全州产业发展互助社资金进行交叉审计。

经济责任审计 完成经济责任审计项目44个，其中任中审计项目23个、离任审计项目21个。根据《领导干部自然资源资产离任审计规定（试行）》规定，开展积石山县县委书记、县长自然资源资产离任审计。

固定资产投资审计 完成重点建设项目竣工决算审计11个，针对项目建设中存在的多计工程价款、漏缴税金、挤占建设资金、项目超概算等问题，依法进行处理处罚；核减工程价款 6010 万元。

民生资金（项目）审计 组织全州审计机关重点对 6 个县 2017 年教育、卫生、民政领域民生资金和项目进行审计。在省审计厅审计临夏市、临夏县、广河县 2017 年扶贫资金的同时，组织全州审计机关对本州其他 5 个县 2017 年扶贫资金进行交叉审计。对全州 2015—2017 年度厦门市东西扶贫协作资金管理使用情况、2017 年度村级产业发展互助社资金分配管理使用情况进行交叉审计。用对每个县市随机抽查 4 个贫困村的方式，对 8 县市共 32 个贫困村 2018 年 1 月至 7 月脱贫攻坚政策贯彻落实情况进行专项抽查。对州本级和 8 县市 2018 年度 1 月至 10 月扶贫资金使用情况、扶贫项目实施情况、扶贫政策落实情况进行审计调查。

（撰稿人：马娅莉）

【甘南藏族自治州审计局】 2018 年，甘南藏族自治州（以下简称甘南州）审计局实有 47 人。局党组书记、局长李世忠，局党组成员、副局长牛勇、陈克明，局党组成员、经济责任审计局局长吕保平，局党组成员、总审计师贺荣华，经济责任审计局副局长行燕。设有办公室、法规和内部审计监督科、社会审计核查科、财政金融审计科、行政事业审计科、农业审计科、资源环境审计科、固定资产投资审计科、企业审计科、社会保障审计科、计算机信息审计科（大数据审计中心）；下设经济责任审计局。

审计成果 2018 年，甘南藏族自治州审计机关完成审计和专项审计调查项目 623 个。查出违规问题资金 23.58 亿元，其中管理不规范金额 23.28 亿元、损失浪费金额 94 万元；审计处理处罚意见要求应上缴财政 1.14 亿元、应归还原渠道资金 526 万元、应缴纳其他资金 365 万元、应调账处理资金 2284 万元。共核减投资额 7418 万元。出具审计（调查）报告 623 篇，提出建议 1052 条，被采纳 934 条。依法向纪委监委和有关主管部门移送问题线索 39 件。提交审计专题、综合性报告和信息简报 300 篇，被批示、采用 120 篇次。其中自治州审计局查出主要问题金额 11.06 亿元，针对发现的问题提出审计处理处罚意见中应上缴财政 1.07 亿元；核减工程款 1720 万元。

国家重大政策措施落实情况跟踪审计 按季度开展跟踪审计。对临潭县、舟曲县地方政府隐性债务情况进行跟踪审计，涉及单位 32 个；对州本级、卓尼县、夏河县在深化“放管服”改革中推行“四办”改革，优化政务服务方面目标实现和措施落实等工作完成情况进行跟踪审计；总结玛曲县、碌曲县 2017 年扶贫政策落实和扶贫资金分配管理使用情况审计调查成果上报州政府、省审计厅。

财政审计 对 2018 年州级预算执行及决算草案和舟曲县人民政府 2016 年至 2017 年财政决算及其他财政收支和州财政局、州公安局等 14 个单位预算执行、财政财务收支进行审计。受州政府的委托，向人大常委会作审计工作报告，得到州人大常委会充分肯定。

经济责任审计 对 115 名领导干部进行经济责任审计，审计查出主要问题金额 1893 万元。及时向州委、州政府和州委组织部报送审计结果。受省审计厅委托，对甘肃民族师范学院党委书记任中和原院长离任经济责任进行审计，向省审计厅上报审计结果。对州农牧局主要领导开展自然资源资产离任审计与任职期间经济责任。配合省审计厅对甘南州主要领导开展的自然资源资产离任审计。

固定资产投资审计 对 323 个政府投资项目进行审计，涉及项目完成投资额 16.59 亿元，审计核减投资 8009 万元。贯彻审计署《关于进一步完善和规范投资审计工作的意见》和《关于进一步规范聘请中介机构参与投资审计工作的通知》等规定要求，修订完善《甘南州政府投资建设项目审计监督办法》和《甘南州购买社会审计服务管理办法》，对进入甘南州审计系统的工程造价咨询机构进行公开招标。

民生资金（项目）审计 “7·18”特大暴洪灾害发生后，州、县审计机关迅速行动，对全州县（市）财政、民政、国土、水利水电、乡镇及街道办事处等部门管理、分配、使用的抗洪救灾资金和物资按月进行跟踪审计，涉及资金 9011.82 万元，物资 1.8 万件（顶、套、张），保证救灾资金和物资的规范使用，促进灾后重建项目顺利实施。自治州审计局对州本级 2016—2017

年度生育保险基金筹集管理使用情况进行审计，涉及参保资金 3168 万元。按照省审计厅统一安排的全省审计机关“交叉”审计方式，由临夏州审计局对甘南州保障性安居工程进行的交叉跟踪审计，涉及全州 27 个基本建成、54 个开工棚户区改造项目的建设管理情况。

交办任务 配合中央、省级环保督查和省委巡视、州纪委监委、州委巡察办、州政府督查的工作，抽调业务骨干 15 人次参与办案，为查办案件提供相关资料、查阅档案资料 20 多次。完成州委组织部委托的 40 余名拟提拔任用或转正任职的县级、科级干部审计情况的审查。

信息化建设 全面建设完成“金审工程”二期，完善审计专网建设，优化审计专网传输系统。补充升级视频会议设备，满足省州县三级审计机关利用高清视频会议系统开展审计指挥和业务会商需求。根据省审计厅要求，完成财政、税务等单位的数据采集上报。

相关工作 选派 20 余人参加审计署和省审计厅的各类培训，抽调 20 多人次参加审计署、省审计厅和州审计局统一组织的审计项目，组织 400 多人次收听收看审计署“审计大讲堂”。持续帮扶临潭县羊沙乡下河村脱贫攻坚，继续选派 1 名优秀干部担任 1 个联系村第一书记、帮扶工作队队长，2018 年该村顺利完成县级、州级贫困村退出验收和贫困人口退出验收核查工作。落实全州民族宗教工作会议精神，开展民族团结创建，到迭部县旺藏寺院开展帮扶调研，宣讲党的宗教政策和民族政策，赠送藏汉双语宣传资料 50 余册，解决寺院基础设施维修资金 5 万元。

内部审计 州直部门建有内部审计机构 9 个，其中专职机构 5 个；从业人员 21 人，其中专职人员 12 人。完成审计项目 73 个，审计资金总额 7.77 亿元，提出并被采纳审计建议 92 条。

（撰稿人：张　楠）

【甘肃矿区审计局】 2018 年，甘肃矿区审计局实有 7 人。副局长杜瑞军。设有综合科、企业审计科。

审计成果 2018 年，甘肃矿区审计局完成审计项目 1 个。审计发现非金额计量问题 7 个，提交审计报告 1 篇。

固定资产投资审计 对甘肃矿区粮油购销公司福中站粮库 5000 吨平房仓建设项目及“粮安工程”应急粮食仓储设施维修改造项目进行竣工财务决算审计，对项目调整是否合规，项目建设是否超标准、超规模、超概算，竣工财务决算是否正确、资料是否完整等进行审核，提出并被采纳审计建议 5 条。

相关工作 甘肃矿区审计局以习近平新时代中国特色社会主义思想为指导，学习领会党的十九大精神，切实把思想和行动统一到中央审计委员会第一次会议精神上，履行审计监督职责，统筹审计资源，合理安排年度审计工作。强化对审计人员教育培训，参加上级部门组织的各种培训班，全年有 22 人次参加 10 个培训班的学习。

（撰稿人：柴雪映）

【兰州新区审计局】 2018 年，兰州新区审计局实有 19 人。局长李玉和。设有综合处、行政事业审计处、项目审计处、企业审计处、审计执法监督处。

审计成果 2018 年，兰州新区审计局完成审计项目 110 个，其中专项审计调查项目 4 个。查出主要问题金额 16.76 亿元，其中管理不规范金额 8.78 亿元；审计发现非金额计量问题 311 个；出具审计报告和专项审计调查报告 110 篇。审计处理处罚金额 1800 万元；核减投资额 7.81 亿元。审计提出建议 311 条，被采纳 210 条；提交审计信息 45 篇，被批示、采用 4 篇次。

财政审计 完成中川镇中心学校、教文体局 2 个单位 2017 年度预算执行及其他财政财务收支情况的审计，并延伸审计部分二级预算单位，查出管理不规范金额 3916 万元。

经济责任审计 对新区国土资源局、监察审计局、经济发展局原任领导开展经济责任离任审计，发现管理不规范金额 2774 万元。对原新区监察审计局负责组织实施的 10 项经济责任离任审计整改情况“回头看”，相关问题已全部整改到位。

固定资产投资审计 完成固定资产投资审计项目 98 个，送审金额 59.51 亿元，审定金额 51.7 亿元，提高公共投资绩效，规范新区建设市场。

民生资金（项目）审计 完成 2016、2017 年度惠农资金和社保专项资金审计，发现管理不规范金额 2.43 亿元，调账处理金额 1800 万元，及时跟踪督办，促进被审计单位整改落实到位。

企业审计 完成对市政集团、商投集团、科文旅集团 3 个企业的审计，发现管理不规范金额 2954 万元，对企业的资产质量、债务风险、经营状况进行综合分析，提出加强管理、规范核算、提高效益的意见建议。完成企业扶持奖励资金审计项目 1 个，查出管理不规范金额 5.38 亿元。

交办任务 配合新区党工委两轮巡察；配合新区公安局、纪工委开展涉密案件调查，通过审计手段发现疑点，为案件侦破提供支持；全面配合审计署兰州特派办、省审计厅在新区开展的审计项目，协调新区各部门对审计发现问题认真整改并将情况汇总报告。 （撰稿人：张琼友）

2018 年甘肃省所辖区、县(市)级审计工作统计表

金额单位：万元

审计机关	完成审计项目/个	审计查出主要问题金额	审计发现非金额计量问题/个	审计期间整改金额	出具审计报告和审计调查报告/篇	审计处理情况		审计促进整改落实有关问题资金	审计提出建议/条	提交审计信息/篇
						审计处理处罚金额	移送处理事项/件			
兰州市										
兰州市本级	61	269972	209	16591	61	22956	22	1762	160	205
城关区审计局	18	164711	237	93	18	234	2	236	14	36
七里河区审计局	27	87829	18	888	27	43215			64	31
西固区审计局	32	14292	35		32		1	1338	94	51
安宁区审计局	7	41980	9	26232	7	1354		26232	22	13
红古区审计局	36	281002	26	12637	37	403	2	401	64	21
永登县审计局	49	15516	94		49		1	13229	50	12
皋兰县审计局	46	58861	20	495	53	4705	1	3442	89	13
榆中县审计局	21	9699	12	1771	21	8670		16520	59	14
嘉峪关市										
嘉峪关市本级	14	72023			14	4151			35	6
金昌市										
金昌市本级	39	79000			39	750	1		52	12
金川区审计局	28	10488	40	457	28		15	8134	79	
永昌县审计局	18	12745	11	12706	27	12745	3	12742	19	
白银市										
白银市本级	54	162300	251	4875	80	57900	28	26315	84	57
白银区审计局	49	73767	46	1	78	12293	6	9159	124	51
平川区审计局	53	13033	13	3	64	150	1	100	182	20
靖远县审计局	38	85651	85	134	59	29608	2	11575	138	21
会宁县审计局	63	52660	38	162	84	4409	1	4239	224	32

（续表）

审计机关	完成审计项目/个	审计查出主要问题金额	审计发现非金额计量问题/个	审计期间整改金额	出具审计报告和审计调查报告/篇	审计处理情况		审计促进整改落实有关问题资金	审计提出建议/条	提交审计信息/篇
						审计处理处罚金额	移送处理事项/件			
景泰县审计局	36	53121	41		62	6323	4	1682	39	24
天水市										
天水市本级	119	279974	976	224	144	63322	48	50765	341	20
秦州区审计局	70	25043	55	1376	63	23583	5	21718	144	112
麦积区审计局	37	13756	40	2	37	13756		12439	106	
清水县审计局	33	6553	14	2780	33	3577		3577	79	19
秦安县审计局	51	59537	57		63	59537	1	59537	133	15
甘谷县审计局	31	17876	8		31	4799	4	4799	52	41
武山县审计局	125	1262	57		150			1262	356	
张家川回族自治县审计局	24	12274	21	2053	24	2060	1	1456	87	69
武威市										
武威市本级	51	795624	3797	3	60	394901	21	371751	28	
凉州区审计局	47	19100	189	23	47	3280	16	6527	95	
民勤县审计局	76	140331	12	6	109	2548	19	1858	28	
古浪县审计局	70	9399	26	23	102	7611	26	4748	88	
天祝藏族自治县审计局	34	1998	28	7	34	1869	12	1533	27	
张掖市										
张掖市本级	45	93869	91	219	56	10823	5	53675	62	13
甘州区审计局	20	67137	29	220	22	6	6		14	2
肃南裕固族自治县审计局	27	38099	8	157	34	676	6	523	52	8
民乐县审计局	29	102675	27	304	29	102078	20	101479	67	10
临泽县审计局	41	83441	25	13887	55	221	8	91	20	7
高台县审计局	38	95184	96	32	57		24		57	2
山丹县审计局	37	132380	42	22	45	1570	12	915	70	11
平凉市										
平凉市本级	78	341984	212	223	100	29440		29025	155	43
崆峒区审计局	39	102253	68	616	57	9453		9453	111	
华亭市审计局	20	48969	14		20	1565	7	1565	43	
泾川县审计局	33	72464	3	34	41	68709		68709	4	
灵台县审计局	44	113735	20		74		13		69	
崇信县审计局	33	8966	7		51	8966		8966	56	

（续表）

审计机关	完成审计项目/个	审计查出主要问题金额	审计发现非金额计量问题/个	审计期间整改金额	出具审计报告和审计调查报告/篇	审计处理情况		审计促进整改落实有关问题资金	审计提出建议/条	提交审计信息/篇
						审计处理处罚金额	移送处理事项/件			
庄浪县审计局	39	117234	18	2725	64	94826	1	3	16	
静宁县审计局	37	241098	102	148	37	13995	16	13995	78	
酒泉市										
酒泉市本级	70	85785	100	6854	95	66168	23	69353	120	127
肃州区审计局	45	228333	20	771	63	2510	14	1427	69	88
玉门市审计局	53	44762	28	1769	53	27415	13	27415	62	145
敦煌市审计局	54	78154	242	750	69	7559	6	9611	134	122
金塔县审计局	45	23212	8	12	62	1051	2	33	26	152
瓜州县审计局	97	67758	60		97	6315	53	18971	196	537
肃北蒙古族自治县审计局	44	70358	9	25	51	2486	3	2370	52	
阿克塞哈萨克族自治县审计局	30	28146	6		30	1	1	28146	61	
庆阳市										
庆阳市本级	54	208997	109	37	73	22997	1	34112	68	23
西峰区审计局	45	1440	2	801	51	1034		801	7	25
庆城县审计局	54	56149	112		83	30920		11	156	
环县审计局	24	25732	34		28	25740		25740	46	8
华池县审计局	34	54518			45		7		26	
合水县审计局	39	30213	4		29	7		187	75	
正宁县审计局	53	1625	3		77	13		9	17	
宁县审计局	29	3949	17	135	46	3587		3587	65	1
镇原县审计局	44	22167	11		58	22163	1		74	
定西市										
定西市本级	45	243166	81	5124	66	101601	6	116	108	
安定区审计局	150	14473	12	8077	166	1328	1	220		
通渭县审计局	162	83960	178	84	183	25091		335		
陇西县审计局	77	242572	35	571	95	238420	16	135		
渭源县审计局	182	35574	19	10796	193	24566	2	86		
临洮县审计局	350	79090	31		545	79090		22		
漳县审计局	220	16498	34	39	239	16459		268		
岷县审计局	183	11805	12	54	209	7390		201		
陇南市										
陇南市本级	51	228382	428	37209	51	26973	4	5862	42	34

（续表）

审计机关	完成审计项目/个	审计查出主要问题金额	审计发现非金额计量问题/个	审计期间整改金额	出具审计报告和审计调查报告/篇	审计处理情况		审计促进整改落实有关问题资金	审计提出建议/条	提交审计信息/篇
						审计处理处罚金额	移送处理事项/件			
武都区审计局	71	20275	36	895	71	296		235	129	20
成县审计局	33	30077	2		33				103	10
文县审计局	148	14368	120	24	148	24		24	370	36
宕昌县审计局	199	4492	98	3649	199		2	4087	135	3
康县审计局	20	4578		4109	20			3		
西和县审计局	32	204702	9		32	148303		2839	18	21
礼县审计局	80	11371	16	524	80	11173		372	163	15
徽县审计局	24	1755	30	125	24	360		360	43	25
两当县审计局	12		5		12				7	3
临夏回族自治州										
临夏回族自治州本级	91	469360	38	13859	135	62166	3	326056	359	36
临夏市审计局	65	61404	32	3491	89	4992		2677	262	18
临夏县审计局	96	1258			128	1258			146	20
康乐县审计局	105	2492	1	897	109	2408		2408	194	6
永靖县审计局	58	34234	53	47	76	27170		21604	54	7
广河县审计局	53	7119		835	73	7119			83	13
和政县审计局	84	307		24	104	307		12	64	11
东乡族自治县审计局	45	396		54	72	141		29	88	7
积石山保安族东乡族撒拉族自治县审计局	35	22581	2		46	929		680	20	5
甘南藏族自治州										
甘南藏族自治州本级	66	110638	56	12115	81	10713		10679	125	36
合作市审计局	38	19651	4	132	44	149		108	63	
临潭县审计局	39	3594			60	149	14		57	
卓尼县审计局	125	78527	10	1474	146	882		882	183	
舟曲县审计局	109	199	1	52	136	1		6	196	
迭部县审计局	132	22433	104	1	148	2307	21	1024	209	24
玛曲县审计局	39	486	7		57	142		92	87	
碌曲县审计局	17				21				24	
夏河县审计局	73	282		86	73	282		86	126	

（续表）

审计机关	完成审计项目/个	审计查出主要问题金额	审计发现非金额计量问题/个	审计期间整改金额	出具审计报告和审计调查报告/篇	审计处理情况		审计促进整改落实有关问题资金	审计提出建议/条	提交审计信息/篇
						审计处理处罚金额	移送处理事项/件			
省直管										
甘肃矿区审计局	1	1			1	8			5	
兰州新区审计局	110	167616				2221			311	45

青海省

【青海省审计厅】 2018 年，青海省审计厅实有 150 人。设有省委审计委员会办公室秘书处、厅办公室、法规审理处、电子数据审计处、财政审计处、行政事业审计处、农业农村审计处、固定资产投资审计一处、固定资产投资审计二处、社会保障审计处、自然资源和生态环境审计处、金融与外资运用审计处、内部审计指导监督处（企业审计处）、重大政策跟踪审计处、经济责任审计一处、经济责任审计二处、人事处、机关党委（纪委）、离退休干部处、派出审计一局、派出审计二局、派出审计三局、派出审计四局；下设审计信息中心、后勤服务中心等 2 个事业单位。

领导成员

厅　　长：王继卿（—3 月）

朱　清（3 月—）

副 厅 长：朱　清（—3 月）　张得庆

竺向东（—4 月）

何世海（6 月—）

李　敏（6 月—）

徐　强（6 月—）

总审计师：何世海（—6 月）

经济责任审计局局长：贾翠丽（—11 月）

纪检组组长：多吉南杰（—7 月）

董晓淇（7—月）

副巡视员：党天林（—2 月）

李　敏（—6 月）　段霄江

审计成果 2018 年，青海省市（州）县三级审计机关完成审计和审计调查项目 1154 个，促进增收节支和挽回损失 8.2 亿元，推动盘活存量资金 290 亿元，推动健全完善制度 36 项，移送重大问题线索 70 件、移送处理 199 人。青海省审计厅完成审计和审计调查项目 46 个，查出违规金额 6.89 亿元、损失浪费金额 296 万元、管理不规范金额 866.65 亿元，审计处理处罚金额 5.29 亿元，促进增收节支和挽回损失 1.62 亿元，提出审计建议 141 条，向有关部门移送重大问题线索 31 件。

国家重大政策措施落实情况跟踪审计 紧盯党中央、国务院和青海省委、省政府政策目标和宏观调控部署，按季度跟踪审计各地各部门落实国家重大政策措施情况，重点关注三大攻坚战相关政策落实、“三去一降一补”任务落地、“放管服”改革推进以及科技体制创新、实体经济发展等国家重大战略实施情况，促进 12 项政策落实到位，促进 57 个项目开工或加快进度，推进 33 个项目建成后实现收益或闲置项目投入使用，促进整合、督促拨付和统筹使用资金 3160 万元。

财政审计 开展省本级预算执行审计，揭示未盘活存量资金、未按规定及时下达资金，以及个别单位和部门预算执行不严格、应交未交非税收入、挪用项目资金等问题，促进预算安排更加适应供给侧结构性改革、保障民生兜底等需要，推动盘活沉淀资金、统筹整合专项资金、提高财政资金使用绩效；对 12 个州（市）、县（市）本级地方政府债务和隐性债务情况进行审计，摸清有关地区政府债务的规模、结构、类型和管理情况，为青海省下一步化解政府存量债务奠定基础。

经济责任审计 受省委组织部委托，省审计厅先后对省环境保护厅、省科技厅、省创安公司等党委、政府所属部门、国有企业14名领导进行经济责任审计。在对政府部门领导干部的审计中，揭示违规发放津补贴、私设“小金库”、重大事项决策机制不健全，以及超预算支出接待费、出国费等问题；在对国有企业领导人的审计中，深入揭示欠缴职工养老金及住房公积金、未经集体决策减免补偿款、违规将企业资金存入个人银行储蓄账户等问题。针对问题线索及时移送有关部门处理，促进领导干部依法作为、主动作为、有效作为。对海南州、贵德县等9个地区领导干部进行自然资源资产离任审计，深入揭示资源损毁、损失浪费、效益不高的突出问题，推进自然资源资产节约集约利用。

固定资产投资审计 对机场、公路、土地整理、贫困地区农村义务教育改薄等政府重大投资项目进行审计，探索开展PPP投资模式海东城市地下管廊建设项目审计，深入揭示建设单位违规乱用项目管理费、多计工程款及损失浪费等问题，严肃查处围标、串标及虚报工程量骗取国家建设资金等违纪违法行为。有关部门依据审计移送的问题线索，对多个施工单位进行罚款处理和信誉通报。

民生资金（项目）审计 组织对同仁县等17个贫困县2017年扶贫政策措施落实和扶贫资金管理使用情况进行审计，查出违规金额17.47亿元，向纪检监察部门移送审计发现的违纪违规问题线索14件，135人受到问责处理。组织开展城乡困难群众基本生活保障资金和保障性安居工程等审计，揭示违规享受低保、违规分配使用住房等问题，督促收缴违规财政金额5610万元。

农业与资源环保审计 对三江源、祁连山生态保护与建设等重点生态资金，西宁市、青海湖周边地区等生态环境防治项目等进行审计，揭示超范围发放、挤占挪用草原奖补资金，以及违规征占用牧草地、污染治理项目滞后，污水处理厂超负荷运行、饮用水水源地保护区存在安全隐患等问题，促进资源环境保护。

金融审计 组织开展青海银行信贷业务审计，深入揭示资金投向“两高一剩”及房地产行业占比较大、掩盖不良贷款、虚构交易事项骗取贷款等风险隐患，防范地方金融风险。

外资运用审计 根据审计署授权，对青海西宁环境综合治理项目利用世界银行贷款项目、青海职业教育发展利用科威特政府贷款项目、国际农业发展基金青海省六盘山片区扶贫项目、亚洲开发银行贷款青海东部地区农村水资源综合利用项目等7个外资项目进行审计，揭示部分项目进度缓慢、配套资金未及时足额到位、多付合同价外工程款、未批先建等方面的问题，防范外资运用风险，促进提高外资项目绩效。

信息化建设 研究制定《审计信息化2018至2020年发展规划》，稳步推进“金审工程”三期建设，基本完成移动审计支撑系统建设、审计业务系统省级政务云迁移部署等工作，构建数据审计平台、建设全省三级审计视频会商系统。不断加大大数据分析技术在财政预算、资源环保、民生资金等领域的实践运用力度，逐步提高审计工作的智能化、精准度和时效性。

审计管理体制改革 认真贯彻落实深化机构改革决策部署，扎实做好省发展改革委、财政厅、国资委等相关职能划转和人员转隶工作。成立临时党支部，加强政治引领，开展岗前培训，搭建实战平台；认真做好审计厅“三定”方案起草、报批和执行，实现机构合理设置和职能优化整合。坚持向内聚力，集中兵力开展全国和全省统一组织项目，并采取“1+N”等模式开展政策执行审计，进一步提升审计工作整体效能；注重向外借力，采取购买社会服务、招聘编制外审计人员等形式，利用外部资源参与部分审计项目，一定程度上缓解审计任务重与审计力量不足的矛盾。

相关工作 在青海省委、省政府和审计署的领导下，青海省审计厅坚持以习近平新时代中国特色社会主义思想为指导，深入贯彻落实党中央、国务院和省委、省政府决策部署，紧紧围绕统筹推进“五位一体”总体布局和协调推进“四个全面”战略布局，深入实施“五四战略”，推进“一优两高”，依法履行审计监督职责。报请省委、省政府出台《青海省全面加强审计工作的意见（试行）》，为新时代青海审计工作指明方向。全面深入推进经济经济责任审计的发展。进一步加大审计结果公告力度，公开预算执行、民生改善、生态建设、政府投资、外资运用等25个具体审计项目的审计结果19份。为民和县西沟乡凉坪村、大滩村协调落实人饮工程、村道硬化、村级文化广场新建等项目，从工作经费中挤出专项用于扶贫村基础设施建设资金 30 万元、保障扶贫工作队生活和工作经费 11.52 万元，并形成经费保障长效机制，荣获省级脱贫攻坚先进单位。

（撰稿人：安志宙）

【西宁市审计局】 2018 年，西宁市审计局实有 67 人。党组书记、局长何平，党组成员、副局长郭秀萍、李学虎、李红。设有办公室、政策法规处、财政金融审计处等 9 个处（室）；下设西宁市经济责任审计局。

审计成果 2018 年，西宁市审计局完成审计项目 43 个。查出主要问题金额 13.38 亿元；审计发现非金额计量问题 67 个，审计期间整改金额 154 万元；出具审计报告和专项审计调查报告 43 篇，被批示 7 篇；审计处理处罚金额 4.78 亿元；审计促进整改落实有关问题资金 2.81 亿元；核减工程投资额 5427 万元；上缴财政 452 万元；审计提出建议 45 条。向社会公告审计结果 2 篇。

国家重大政策措施落实情况跟踪审计 对西宁市国家重大政策措施落实情况进行跟踪审计，抽查部门、单位 224 个，抽审项目 127 个，涉及财政资金 14.17 亿元。

财政审计 开展 2017 年度西宁市本级财政预算执行和其他财政收支情况的审计，查出未及时下达专项转移支付资金等 11 个问题，对涉及问题的单位下发审计报告，提出督促整改建议。

经济责任审计 实施湟中县政府主要领导干部 2015 年至 2017 年任职期间自然资源资产管理和生态环境保护责任履行情况审计。对 15 名党政领导和国有企业负责人进行经济责任审计，查出违规金额 6.26 亿元。

固定资产投资审计 实施畅通西宁“外环内网”、西宁市委党校等 11 个投资项目竣工决算审计，开展海湖新区绿道生态网络景观工程和道路设施提标整治工程等 4 个工程的结算审计。

民生资金（项目）审计 实施 2017 年市本级保障性安居工程审计；实施湟中县 2017 年度扶贫政策实施及资金管理使用情况专项审计调查。

交办任务 对西宁市 2016 年至 2017 年冬春季期间储备活体猪牛羊补贴、2017 年至 2018 年冬春季肉菜水产品储备及重点超市平价蔬菜销售、2018 年“三节”期间蔬菜直补限价补贴资金、2017 年至 2018 年日常蔬菜配送补贴资金等情况进行审核，核减直补限价及蔬菜配送补贴 345.76 万元。

相关工作 采取“党组＋党支部＋党小组＋业务处室＋审计小组”五位一体的学习模式，强化政治教育和理想信念教育；出台《西宁市审计局关于在外出审计组中设立临时党小组的意见》，做到审计工作走到哪里，党建工作就跟进到哪里，西宁市直机关工委组织 78 家单位到市审计局学习观摩。在全市审计机关开展纪律作风专项整治月活动和内部巡察，强化审计风险防控。分别在西南财大和山东财大举办全市审计系统自然资源资产审计和专业能力素质培训班，全市 100 余名审计干部参加培训。开展“我们的节日”“道德讲堂”“党员志愿者”等主题活动。2018 年市审计局被评为西宁市 2016—2017 年度文明单位标兵。

（撰稿人：达成红）

【海东市审计局】 2018 年，海东市审计局实有 14 人。局长赵晓静，副局长俞彩虹（5 月—）、严得煜（6 月—）、莫方霞（—10 月），调研员莫方霞（10 月—）。设有局办公室、财政金融审计科、行政事业审计科、农业资金环保审计科、经济责任审计科、法规科。

审计成果 2018 年，海东市县两级审计机关完成审计和专项审计调查项目 150 个。查出主要问题金额 7.57 亿元，其中违规金额 5536 万元、管理不规范金额 7.01 亿元；发现非金额计量问题 211 个。审计处理处罚金额 4 亿元，其中应上缴财政 2.26 亿元、应归还原渠道资金 5805 万元，提出审计建议 52 条。其中海东市审计局完成审计和专项审计调查项目 22 个，查出管理不规范金额 4.5 亿元、违规金额 2509 万元。

国家重大政策措施落实情况跟踪审计 对贯彻落实国家重大政策措施和宏观调控部署情况进行跟踪审计，关注财政存量资金及结转项目资金和重大项目建设进展情况、“放管服”改革、减轻企业负担情况、落实“三降一补”情况等 19 项改革措施，涉及 131 个单位 230 个项目，资金 101.6 亿元。

财政审计 对市本级 2017 年度预算执行及其

他财政财务收支情况进行审计，委托社会中介机构延伸审计全市61个预算执行单位。对循化县财政决算进行审计，查出违纪金额2509万元，并依法下达处理决定书，对特别严重违规行为处罚4万元。

经济责任审计 对30名领导干部进行任期经济责任审计，查出主要问题金额9495万元。其中海东市审计局审计领导干部12人，查出管理不规范金额9489万元。完成循化县县长韩兴斌任期自然资源资产审计，对领导干部履行自然资源资产管理责任情况进行客观评价。

专项资金审计 按照审计监督全覆盖的要求，加大专项资金审计监督力度。县（区）级审计机关结合当地实际，市审计局组织人员对市本级和县（区）2017年保障性安居工程进行跟踪审计，针对发现的不符合条件人员享受补助、虚支公租房收入等20多个问题，提出审计建议。完成全市住房公积金归集、管理和使用情况审计。完成民政救助资金审计，针对社会救助政策执行不到位、审批不规范、多发和重复享受救助资金等问题，市政府召开专题会议安排整改工作。抽调12人赴海西蒙古族藏族自治州参加全国政府性债务核查工作。完成市政府交办的地下管廊征地拆迁审计、7户国有企业改制前审计确认和市纪委交办的线索查证等工作。（撰稿人：马应孝）

【海北藏族自治州审计局】 2018年，海北藏族自治州审计局实有14人。局长李刚，副局长黄金刚、李肖楠，副调研员叶宝。设有办公室、财政审计科、经贸投资审计科、行政事业审计科、经济责任审计局（科）。

审计成果 2018年，海北藏族自治州州县两级审计机关完成审计项目72个。查出主要问题金额3.59亿元，非金额计量问题23个，出具审计报告82篇，移送处理事项6件，移送处理金额6786万元。审计促进整改落实有关问题资金9085万元，其中已上缴财政6372万元、已归还原渠道资金2017万元、已调账处理118万元，审计促进拨付资金到位490万元。审计后挽回（避免）损失1.01亿元。

国家重大政策措施落实情况跟踪审计 前三个季度审计涉及财政资金8927.81万元，其中中央财政投资1873.5万元。第四季度对减税降费政策措施落实情况、地方政府债务和隐性债务等部分政策落实情况进行审计。

财政审计 开展对州委办公室、州人大办公室的预算执行审计，完成2017年度本级财政预算执行审计工作。探索开展政府购买第三方审计服务，对州国土局、环境保护局、检察院财务收支进行审计。

经济责任审计 开展祁连县政府县长林业资源管理责任履行情况审计，重点审计2015年至2017年林业资源管理、利用、保护和林业行政执法等情况，对重要事项进行审计延伸和追溯。

民生资金（项目）审计 完成保障性安居工程跟踪审计，对20个安居工程项目的建设管理情况进行重点检查，并对项目涉及的13个乡镇及276户农村危房改造家庭开展入户调查，对4个乡镇卫生院、学校保障房的使用及管理情况进行延伸审计。完成城乡困难群众基本生活保障资金审计，主要涉及民政、财政、乡镇政府、社区等相关部门和单位，对低保对象进行入户调查。对省审计厅下发的财政供养享受待遇等7个方面的2386条疑点信息逐条（逐户）进行核查，对审计核查出的违规享受最低生活保障待遇831户、1876人进行核实。

其他审计项目 根据全域旅游领导小组三年规划安排，开展全域旅游项目审计调查，重点揭示项目建设单位在项目建设、财务管理、工程项目管理和工程决算中存在的问题和不足，提出切实可行的整改意见，提高建设资金使用效益。

相关工作 州审计局获评党风廉政建设工作优秀领导班子、全州民族团结进步创建工作“先进单位”、2015—2017年度州级文明单位等荣誉。

（撰稿人：王海蓉）

【黄南藏族自治州审计局】 2018年，黄南藏族自治州审计局实有16人。局长马文斌，副局长哈进芬、张万军。设有综合科、行政事业和社会保障科、经济责任审计科、农牧与资源环保审计科、财政经贸审计科、投资审计中心。

审计成果 2018年，黄南藏族自治州州县两级审计机关完成审计和专项审计调查项目113个。查出主要问题金额14.7亿元，移送涉嫌违纪违规问题线索7件；促进完工和加快实施进度等整改项目60个；审计促进整改落实资金1.27亿元；向社会公告审计结果27篇。

国家重大政策措施落实情况跟踪审计 开展重大政策措施落实情况跟踪审计，审计总金额6.26亿元，查出主要问题金额3882.57万元。对2017年第四季度至2018年审计查出问题整改情况进行督促检查，督促落实整改问题34项并将整改报告上报省、州两级政府。

财政审计 州本级和4县分别开展2017年度本级财政预算执行情况审计，审计查出问题金额4.43亿元；对2016年度本级预算执行和其他财政收支审计查出问题的整改情况进行跟踪督查。受政府委托，向州、县人大常委会提交审计工作报告和整改情况报告。开展行政事业单位财务收支审计项目17个，查出问题金额913.25万元，其中违规金额182.97万元。

经济责任审计 完成43名领导干部的任期经济责任审计，查出违规金额512.87万元、管理不规范金额3227.69万元，应上缴财政5.07万元。对河南县人民政府县长开展领导干部自然资源资产任中审计，查出问题7个，提出审计建议4条。

固定资产投资审计 通过购买第三方审计服务共开展审计项目16个，查出15类问题40条，涉及金额1.01亿元，其中违纪违规金额3641.77万元，审减项目资金196.07万元，已上缴项目结余资金39.76万元，未上缴项目结余资金412万元，提出整改建议22条，向州纪委移交涉嫌违纪违规问题线索2件。其中在对州卫计委妇幼保健医院业务用房建设项目阶段性审计中，查出4类6个问题，审减项目资金135.17万元。

民生资金（项目）审计 完成民生审计项目12个，查出违规金额7674.41万元、管理不规范金额1.19亿元，应上缴财政51.48万元，应归还原渠道资金61.5万元，移送案件线索3件。

农业与资源环保审计 完成资源环境审计项目10个，涉及资金11.57亿元，对审计发现的生态治理工程进展缓慢、生态建设资金落实不到位等问题，提出合理建议，督促加快整改。

交办任务 按照州、县两级党委、政府要求，全面配合完成中央、省、州、县四级巡视巡察工作任务，先后抽调审计人员14人次参与巡视巡察工作；完成“小金库”专项清理整顿、州委原书记州政府原州长离任经济责任审计整改报告的督促汇总上报等工作。州审计局配合天津市审计局完成对天津援建资金的审计。（撰稿人：斗毛吉）

【海南藏族自治州审计局】 2018年，海南藏族自治州审计局实有20人。局长李建琪（—8月），副局长胡忠民、牟生桂（—4月）、杜汉伟（7月—），副调研员张朴。设有办公室、法规科、财税金融审计科、行政事业与社会保障审计科、外资运用及固定资产投资审计科、经济责任审计科、农牧与资源环保审计科；下设建设项目投资审计中心（事业单位）。

审计成果 2018年，海南藏族自治州（以下简称海南州）州县两级审计机关完成审计项目180个。查出主要问题金额8074万元，其中违规金额3474万元、管理不规范金额4599万元；审计处理处罚金额4689万元，其中应上缴财政3381万元、应减少财政拨款或补贴327万元、应归还原渠道资金342万元、应调账处理金额638万元，向有关部门移送处理事项4件；共出具审计报告215篇，提出审计建议278条。海南州审计局共完成审计项目28个，查出主要问题金额5926万元，其中违规金额3090万元、管理不规范金额2835万元；审计处理处罚金额3546万元，其中应上缴财政2890万元、应归还原渠道资金89万元，应调账处理金额567万元。

国家重大政策措施落实情况跟踪审计 分季度开展重大政策措施落实情况跟踪审计，关注产业扶贫措施、财政涉农资金统筹整合政策、简政放权政策落实情况和扶贫资金阳光化管理、科技资金拨付使用和项目管理、政策性基金筹集管理使用等情况，出具审计报告4篇，审计查出支出范围与项目实施方案不符等问题，提出审计建议7条。

财政审计 开展州本级2017年度预算执行情况审计。对贵南县2017年度财政决算及其他财政收支情况进行审计，延伸2个部门4个项目的资金使用情况，提出合理控制预算稳定调节基金的规模、严格存量资金的管理使用的审计建议。

经济责任审计 组织开展海南州委党校、州编办、州环保局等9个部门和地方政府领导干部经济责任审计，针对审计查出的问题提出审计建议5条。组织开展对兴海县人民政府县长草原资源资产进行经济责任审计和贵南、兴海两县三江源生态保护和建设工程（二期）项目实施及资金管理使用情况审计，揭示应缴未缴草原植被恢复费、应缴未缴财政资金和挤占项目管理费等问题。

固定资产投资审计 组织开展2个固定资产投资审计项目和2个专项资金审计项目，揭示恰卜恰镇应急供水管网建设项目结余资金未及时收缴财政的问题。通过对固定资产投资和专项经费的审计，减少投资浪费，提高固定资产投资和专项资金的使用效益。

民生资金（项目）审计 在2017年度城镇保障性安居工程跟踪审计中，采取“上审下”和“交叉审”相结合方式，对各县城镇保障性安居工程的投资、建设、分配、运营等情况进行审计，并就审计中查出的保障性安居工程建设项目问题向相关部门进行移送处理。指导各县审计局完成2015年至2017年城乡困难群众基本生活保障资金审计。（撰稿人：赵国瑾）

【果洛藏族自治州审计局】 2018年，果洛藏族自治州（以下简称果洛州）审计局实有8人。局长党周吉，副局长管全军、陈启福。设有综合科、综合审计科、财政审计科、企业与投资审计科。

审计成果 2018年，果洛州审计机关完成审计项目或专项审计调查项目59个。查出违规金额2691万元、管理不规范金额4641万元，提出审计建议158条。其中果洛州本级完成审计或审计调查项目10个，查出管理不规范金额3973万元，提出审计建议34条。

国家重大政策措施落实情况跟踪审计 分季度开展重大政策措施落实情况跟踪审计，涉及农牧业资金使用及项目落实、残疾人保障金征收使用、脱贫攻坚政策贯彻落实及资金管理、科技创新、简政放权等内容。通过审计，摸清政策措施的执行情况，客观评价取得的成效，对政策措施不完善、不配套、不衔接以及政策目标未实现等问题进行反映，并提出审计意见建议。

财政审计 开展2017年度州本级预算执行和其他财政收支情况进行审计，主要审计州财政局具体组织执行州本级预算和决算草案情况，并对地税部门2017年州本级税收征缴、部分州直预算单位财政收支情况进行延伸审计，揭示州本级补充核算不规范、往来清理不及时等问题。

经济责任审计 开展2名领导干部任期经济责任审计，重点关注审计对象所在单位财政、财务收支的真实性、合法性和效益性，核实和分清责任人在任职期间内的经济责任，揭露领导干部任期内是否存在管理不善、违反民主决策等问题。开展玛多县党政主要领导干部2016年至2018年草资源资产责任履行情况审计，关注贯彻落实中央重大决策部署、履行草原资源资产管理和环境保护责任等情况，揭示草原资源资产及环境领域存在的突出问题。

民生项目（资金）审计 开展2015年至2017年城乡困难群众基本生活保障资金审计，关注城乡困难群众基本生活保障制度、工作机制建立运行、资金监督管理使用等情况，通过审计，果洛州取消1599户4141人的低保资格，核减已死亡的172人低保，追缴270.69万元的违规资金。对果洛州2017年各类城镇保障性安居工程的投资、建设、分配、运营等情况进行审计，重点关注有无挤占挪用资金和严重损失浪费、效益低下和以前年度审计发现问题的整改情况等，揭示影响和损害群众利益的突出问题，促进资金规范化管理。开展甘德、达日2县扶贫审计，重点关注扶贫资金管理情况、扶贫资金分配情况、扶贫项目建设等情况，揭示扶贫工作中普遍存在的突出问题，促进扶贫资金的规范化管理。

（撰稿人：吕　剑）

【玉树藏族自治州审计局】 2018年，玉树藏族自治州审计局实有12人。局长赵玉良，副局长王秀红（—8月）、龙保。设有办公室、政策法规和固定资产投资审计科、农牧环保审计科、行政事业与社会保障审计科、财税金融审计科和经济责任审计中心。

审计成果 2018年，玉树藏族自治州州县两级审计机关完成审计项目87个。查出主要问题金额10.45亿元，其中违规金额5979万元、管理不规范金额9.86亿元，审计处理处罚金额8114万元，提出审计建议262条，被采纳249条。州审计局完成审计项目30个，查出主要问题金额8.42亿元，其中违规金额2940万元、管理不规范金额8.13亿元，审计发现非金额计量问题101个，审计处理处罚金额1796万元，提出审计建议119条，被采纳113条。

国家重大政策措施落实情况跟踪审计 分季度开展重大政策措施落实情况跟踪审计，揭示农牧产业发展项目实施进展缓慢、资金滞留县级财政、产业扶贫配套资金未到位等问题，促进党中央、国务院各项重大决策部署落地生根，推动全州经济高质量发展。

财政审计 对州财政局、州政府办公室、州金融办2017年度的预算执行情况进行审计监督，揭示资金滞留、挤占政府采购项目资金、往来款长期挂账未及时清理、固定资产未入账等问题，促进完善公共财政框架体系和财政管理制度，进一步提高预算的法律约束力和资源配置效率。

经济责任审计 对州旅游局、州委办公室、州发展改革委、曲麻莱县委组织部等7名领导干部进行任期经济责任审计，发现部分单位存在擅自扩大开支范围、不合规发票报账、违规发放津贴补贴等问题，提出处理处罚意见和建议。对曲麻莱县人民政府县长履行草原资源资产管理和生态环境保护责任情况进行任中审计，揭示建设项目占用草原、个别生态治理项目未按作业设计要求完成治理任务、个别砂石场关停不彻底等问题。

固定资产投资审计 开展杂多县、囊谦县地震灾后恢复重建项目资金跟踪审计，重点关注项目落地、资金管理、工程建设管理等关键环节，揭示工程未按规定进行质量监督、未签订合同、自筹资金未到位、建设资金未进行专户核算等问题。

民生资金（项目）审计 开展2017年保障性安居工程跟踪审计，揭示部分安居工程住房闲置、设计勘察未招标等问题，涉及问题金额661.58万元，审计移送处理4件。开展治多、杂多两县扶贫政策措施落实和资金分配管理使用情况的审计，针对已建成的项目未发挥效益、项目未实施形成资金闲置等问题提出审计建议。开展2015年至2017年城乡困难群众基本生活保障资金审计，重点关注城乡困难群众基本生活保障资金预算安排、保障资金使用等情况，揭示部分地区存在违规享受低保、城乡低保制度执行和审核审批程序等不严格不规范、相关部门间未建立救助家庭的收入及财产核查机制等问题。（撰稿人：赵 璟）

【海西蒙古族藏族自治州审计局】 2018年，海西藏族自治州审计局实有23人。党组书记高海源（—4月）、刘启发（5月—），局长刘凤莲，副局长刘涛、李占鳌（—5月），副调研员魏玉金、郭睿（5月—）。设有办公室、经济责任审计局、财金行政事业审计科、固定资产投资企业审计科、农林牧水审计科；下设政府投资审计中心。

审计成果 2018年，海西蒙古族藏族自治州审计机关完成审计项目232个。查出主要问题金额1.72亿元，其中违规金额613万元、管理不规范金额1.66亿元；审计发现非金额计量问题761个；损益（收支）不实金额664万元；出具审计报告和专项审计调查报告296篇。审计处理处罚金额4111万元，其中应上缴财政870万元、罚没1万元、应归还原渠道资金2743万元、应调账处理金额497万元；审计促进整改落实有关问题资金3506万元，其中增收节支3033万元、已上缴财政821万元、已归还原渠道资金2211万元、已调账处理金额473万元。核减投资额2957万元。审计提出建议569条，被采纳496条；提交审计信息19篇，被批示、采用8篇。

国家重大政策措施落实情况跟踪审计 为确保国家重大政策措施在海西落实，让群众真正享受政策红利，州审计局采取重点抽查和本级审方式进行，每季度按照省审计厅具体要求实施跟踪审计，为促进地方经济持续健康发展起到有力的推动作用。

财政审计 完成2017年度州本级财政预算执行和其他财政收支审计，对州经信委、州民政局、柴达木报社部门进行延伸审计。对州接待处2017年度财务收支进行审计。

经济责任审计 完成州人民政府办公室、州科技局、州法制办、格尔木市委常委政法委等8个单位的领导干部经济责任审计。

固定资产投资审计 完成市民广场及景观工程、州体育活动场馆室外基础设施等15个工程项目结算（决算）审计，审计投资完成额2.79亿元，核减投资工程款 895 万元。

专项资金审计 完成茫崖、冷湖行政委员会行政区划改革资产债权债务审计、州歌舞团专项资金使用情况审计等 5 项专项审计。

相关工作 州审计局荣获“脱贫攻坚定点扶贫先进单位”“省级卫生单位”“青海省人民满意的公务员集体”等荣誉称号。（撰稿人：王学平）

2018 年青海省所辖区、县(市)级审计工作统计表

金额单位：万元

审计机关	完成审计项目/个	审计查出主要问题金额	审计发现非金额计量问题/个	审计期间整改金额	出具审计报告和审计调查报告/篇	审计处理情况		审计促进整改落实有关问题资金	审计提出建议/条	提交审计信息/篇
						审计处理处罚金额	移送处理事项/件			
西宁市										
西宁市本级	43	133806	67	154	43	47820		28115	32	
城东区审计局	9	14224	6		9	13756		4015	17	3
城中区审计局	26	3691	28		26	3691		3540	39	
城西区审计局	13	7414	16		13	5392		5046	44	25
城北区审计局	16	4840	8		16	3714		53	7	
大通回族土族自治县审计局	26	11649	27	7133	26	11631	20	7510	2	3
湟中县审计局	14	71141	14	6495	14	6641			14	5
湟源县审计局	18	2626	4	29	18	2552		2482	53	
海东市										
海东市本级	22	43315	56	721	35	29554		712	46	4
乐都区审计局	20	23149	13	23149	26			23149	27	54
平安区审计局	15	10286	8	10286	21				7	32
民和回族土族自治县审计局	39	5211	76	115	39	1982	1	1528	82	28
互助土族自治县审计局	39	2690		871	46	2299		347	57	66
化隆回族自治县审计局	9	224		128	11		1	224		2
循化撒拉族自治县审计局	11	1514	9		11	900			32	7
海北藏族自治州										
海北藏族自治州本级	8	32			8				17	65
门源回族自治县审计局	22	12389			24	8452	2		40	45

（续表）

审计机关	完成审计项目/个	审计查出主要问题金额	审计发现非金额计量问题/个	审计期间整改金额	出具审计报告和审计调查报告/篇	审计处理情况		审计促进整改落实有关问题资金	审计提出建议/条	提交审计信息/篇
						审计处理处罚金额	移送处理事项/件			
祁连县审计局	16	2742			20	326	3		11	40
海晏县审计局	13	20712			16	11			30	43
刚察县审计局	13	42			14	25	1		23	33
黄南藏族自治州										
黄南藏族自治州本级	22	120717	81	55021	39	57259	7	1980	73	55
同仁县审计局	45	19449	31	5660	62	18685		5666	95	42
尖扎县审计局	13	2637	1		13	2596		2596	38	5
泽库县审计局	16	3331	30	601	21	1208		1702	17	5
河南蒙古族自治县审计局	17	865	15	106	17	426		718	44	71
海南藏族自治州										
海南藏族自治州本级	28	5926		709	46	3546	3	1589	16	24
共和县审计局	77	820		375	84	694		616	161	
同德县审计局	15	385	4	8	17	157	1	14	17	72
贵德县审计局	34	263			36	263			60	12
兴海县审计局	12	4			14	4			16	5
贵南县审计局	14	673		16	20	21		16	8	4
果洛藏族自治州										
果洛藏族自治州本级	13	4724	7	447	13	50			38	37
玛沁县审计局	12	4405	12	17	12	2253		383	51	57
班玛县审计局	15				15				25	30
甘德县审计局	10	103			10	17		17	26	37
达日县审计局	11	8			11	8			22	32
久治县审计局	11	18		15	11	15		18	42	31
玛多县审计局	12				12				32	34
玉树藏族自治州										
玉树藏族自治州本级	36	87038	113	14	56	2531	4	590	152	1
玉树市审计局	24	8420	42	7	25	1655		1655	89	
杂多县审计局	15	10102	33	515	15	5534	1	4541	21	
称多县审计局	7	131		35	8			35	10	

（续表）

审计机关	完成审计项目/个	审计查出主要问题金额	审计发现非金额计量问题/个	审计期间整改金额	出具审计报告和审计调查报告/篇	审计处理情况		审计促进整改落实有关问题资金	审计提出建议/条	提交审计信息/篇
						审计处理处罚金额	移送处理事项/件			
治多县审计局	22	120	11		23	81			38	
囊谦县审计局	21	46748	13	568	21	6	2		46	
曲麻莱县审计局	15	3006	20		17	37		9	39	
海西蒙古族藏族自治州										
海西蒙古族藏族自治州本级	44	8318			70	255	10		94	10
格尔木市审计局	61	6142			80	3499			225	2
德令哈市审计局	31	221			37	230			66	
茫崖市审计局	7				8					
乌兰县审计局	17	227			20	15	1		37	
都兰县审计局	23	993			25	80			63	
天峻县审计局	33	1302			40	35			58	
冷湖行委审计局	7				7					
大柴旦行委审计局	9				9				26	7

宁夏回族自治区

【宁夏回族自治区审计厅】 2018 年，宁夏回族自治区审计厅实有 156 人。设有财政金融审计处、行政事业审计处、企业审计处、农业审计处、资源环保审计处、社会保障审计处、重大项目投资审计处、外资运用审计处、经济责任审计局、计算机与公共投资审计处、政策执行审计处等 11 个业务处（局）和办公室、社会审计管理监督与法规审理处、机关党委 3 个综合处室；下设科研培训中心、信息中心、计算机审计监督局等 3 个事业单位。

领导成员

党组书记、厅长：胡仲秋

副 厅 长：刘　佳　宋卫中　张　龙

纪检监察组组长：朗治钧

经济责任审计局局长：宋晋钧（—11 月）

总审计师：李　珍（1 月—）

副巡视员：马　其　马忠林

审计成果 2018 年，宁夏回族自治区三级审计机关不断深化重大政策措施跟踪审计以及预算执行、扶贫、民生、经济责任、资源环境等各领域审计，完成审计和专项审计调查项目 603 个，查出违规及损失浪费金额 72 亿元，报送审计报告和信息 1757 篇，提出建议 1368 条，推动建立健全规章制度 53 项，促进整改落实有关问题金额 77 亿元。

国家重大政策措施落实情况跟踪审计 重点关注供给侧结构性改革、“放管服”改革、国资国企改革、减税降费等重大任务落实情况，抽查部门、单位 116 个，抽审项目 155 个，有效促进政策落地生根、项目加快实施、资金规范使用。按照审计署统一安排和自治区党委、政府决策部署，对全区 9 个重点贫困县和 13 个非贫困县实施精准脱贫审计全覆盖和常态化跟踪审计，查出各类违规金额4.5亿元。

财政审计 组织全区120余名审计干部对全区政府债务和隐性债务进行审计，摸清隐性债务底数，督促有关市县通过市场化、法治化方式积极稳妥化解存量、严控增量，坚决防控隐性债务风险积累可能引发的连锁反应。

经济责任审计 全区组织开展对205名领导干部的经济责任审计。审计中紧紧围绕经济责任、权力运行和责任落实三条主线，加大对重大决策落实、生态环境保护、民生保障等方面的监督检查，同时，严格落实“三个区分开来”要求，客观审慎作出评价。各地探索对经济责任审计对象实行分类管理，中卫市审计局经济责任审计率先实现全覆盖。与自治区党委组织部联合印发《宁夏回族自治区本级党政主要领导干部和国有企事业单位主要领导人员任前经济责任告知办法（试行）》。

全区审计机关全面推开自然资源资产审计，重点关注耕地、森林、矿产及相关生态环境保护情况，促进领导干部认真履行自然资源资产管理和生态环境保护责任。结合宁夏实际，研究起草领导干部自然资源资产离任审计规定实施意见，已经以自治区两办文件印发。

民生资金（项目）审计 组织开展保障性安居工程、养老服务体系建设等审计项目，揭示资金闲置、部分项目建设进展缓慢、基本建设程序不合规等问题，促进盘活闲置资金5000万元，促进加快建成保障房5562套，促进加快实施养老服务体系建设项目22个。

农业与资源环保审计 组织开展全区水污染防治专项资金管理使用情况专项审计调查，查出水污染防治政策措施落实不到位、项目资金管理使用不规范等问题，促进相关部门及时采取措施，加快项目建设进度。

信息化建设 自治区审计厅与相关部门沟通协调，聘请专业咨询机构，修改完善“金审工程”三期项目可研报告。在全区审计机关推广应用财政联网审计子系统，提高系统运用水平。

相关工作 坚持当好改革的促进派，注重发挥审计的建设性作用，注重从制度机制层面提出建议，促进全面深化改革。推进审计法治化、规范化建设，研究起草的《关于进一步加强审计整改工作的意见》已经以自治区两办文件印发；研究起草的《关于进一步完善和规范投资审计工作的通知》已经以办公厅文件印发。坚持全国全区审计工作“一盘棋”，优化审计资源配置，组织全区审计机关统一开展署定及涉及全区的审计项目，充分发挥审计监督整体效能。强化上级审计机关对下级审计机关的领导，建立地级市审计局主要负责人每年向自治区审计厅党组述职报告工作制度。开展审计项目质量检查并进行通报，强化依法审计意识。认真落实分级质量控制责任，加大审核、复核、审理力度。

全区审计机关组织开展“审计干部队伍素质提升年”活动，建设信念坚定、业务精通、作风务实、清正廉洁的高素质专业化审计干部队伍。通过制度建设、培训教育、实践锻炼等方式大力解决审计人员宏观视野不够宽、审计理念陈旧等问题。全年安排宏观经济战略、审计业务、信息化建设等各类培训40多项1000多人（次），持续提升审计人员职业胜任能力。深入开展违反中央八项规定精神突出问题专项治理和纪律作风专项整治月等活动，大力整治机关干部职工在纪律作风方面存在的突出问题，营造风清气正的机关氛围。

（撰稿人：金　荣）

【银川市审计局】 2018年，银川市审计局实有47人。局长昝世英，副局长张国华（—8月）、马立鹏、郭文斌，纪检组长赵立东，调研员赵玲。设有财政金融审计处、固定资产投资审计处、经济责任审计处、政策跟踪审计处、综合处。

审计成果 2018年，银川市审计局完成审计项目45个。查出管理不规范金额14.79亿元，审计处理处罚金额14.77亿元，其中应上缴财政结余资金2.09亿元。提出审计意见和建议115条，向市委、市政府提交审计要情11篇，重要事项移送处理27项。

银川市2017年度城乡居民最低生活保障管理使用情况审计、银川市2016—2017年度扶贫专项资金管理使用情况审计等2个项目，被自治区审计厅评为优秀审计项目。

国家重大政策措施落实情况跟踪审计 按照审计署和地方政府相关要求，紧紧围绕防范化解重大风险、精准脱贫、污染防治三大攻坚战，扎实开展重点项目审计。完成迎接自治区“六十”大庆建设项目进行跟踪审计，反映在政策措施落实和项目建设中存在的问题和风险隐患，推动中央重大决策部署贯彻落实，促进政令畅通。

财政审计 整合审计力量，采取大财政审计方式，按照1个财政审计组、1个数据组＋多个延伸审计组组成的“1＋N”审计模式，组织开展对银川市财政局具体组织2017年度市本级预算执行和其他财政收支情况审计工作。审计组延伸审计代建局、住建局、金融局等10个预算部门和25个市发展改革委批复重点项目，发现预算编制不合理、不细化，非税收入未及时上缴，结转结余资金未及时发挥效益，国有资本经营收益应收未收等问题。在审计过程中，通过出具审计整改函的方式，及时通告，及时整改，规范财政预算执行。结合财政预算执行审计，关注地方财政收入增减变化情况和政府性债务情况，了解和掌握债务真实规模，关注债务化解和举债情况、债务资金使用效益以及债务本息资金归还渠道，督促落实好政府性债务风险评估和预警机制，防范财政风险。

经济责任审计 完成市国资委主任、市第九中学校长、市园林规划设计院院长等经济责任审计项目19个，客观公正评价被审计领导干部贯彻执行法律法规、政策部署，贯彻落实中央八项规定，重大经济决策制定和执行以及遵守廉洁自律规定等情况。审计中发现个别领导干部存在扩大范围支出专项资金、保证金退回不及时等问题。

固定资产投资审计 组织实施银川黄河金岸华夏河图生态小镇公园工程、银川滨河新区万亩葡萄产业园项目、艾依河阅海湾段设施提升改造项目等7个项目的工程结算审计，报审金额8.88亿元，审定金额7.29亿元，核减投资金额1.59亿元。对北京师范大学银川学校一期EPC项目和银川丝路园基础设施项目进行全过程跟踪审计，对该项目前期手续不全，项目进展缓慢，总承包合同存在缺陷等问题下达建设项目跟踪审计意见书，督促建设单位及时整改。

民生资金（项目）审计 市审计局完成扶贫、保障性安居工程等审计和专项审计调查项目10个。围绕银川市脱贫富民战略及三年行动计划，以掌握情况、反映成效、揭示问题、促进完善为目标，安排对银川市2016—2017年度扶贫专项资金管理使用情况进行审计，对审计发现的扶贫政策落实不到位、部分扶贫资金管理使用不规范、扶贫项目实施和效益有待提升等问题，上报市脱贫攻坚领导小组并督促尽快整改落实。完成对住宅专项维修资金的审计，发现的重大问题专报报送市领导，市政府主要领导对此作出重要批示。

农业与资源环保审计 以推进绿色发展，促进资源节约和高效利用、加快改善生态环境为目标，开展环保专项资金管理使用审计，发现存在环保专项资金结余结转量大、挪用滞留、项目建设进度慢、验收不及时等导致资金闲置未发挥效益等问题。

（撰稿人：张　瑞）

【石嘴山市审计局】 2018年，石嘴山市审计局实有42人。局长梁涛，副局长王立山、杨珍、张惠勇。设有办公室、社会审计管理监督与法规审理科、经济责任审计局、财政金融审计科、行政事业审计科、社会保障审计科、重大项目投资审计科、企业审计科、计算机与公共投资审计科。

审计成果 2018年，石嘴山市审计局完成审计项目56个。查出主要问题金额10.7亿元，其中违规金额146万元、管理不规范金额10.69亿元；审计处理处罚金额2.16亿元，其中应上缴财政358万元、应归还原渠道资金233万元、应缴纳其他资金405万元、应调账处理金额2.06亿元；审计发现非金额计量问题101个；审计促进整改落实有问题资金4.9亿元，其中增收节支317万元、已调账处理金额1559万元、审计后挽回（避免）损失4230万元；移送有关部门处理事项1件；出具审计报告和专项审计调查报告42篇，提出审计建议102条；提交审计信息358篇。

国家重大政策措施落实情况跟踪审计 对市直相关部门稳增长政策措施落实情况进行跟踪审计，抽查53个单位56个项目，涉及资金58.37亿元，及时反映专项转移支付收入增长幅度远高于一般性转移支付收入总体增长幅度、工程进展缓慢、财政未按工程进度拨付资金等问题22个，提出审计建议8条，审计推进项目建设及调整12个，收回财政资金286.15万元。对市贺兰山自然保护区清理整治指挥部、市国土局、市园林局及三县区清理整治情况和生态环境综合整治专项资金管理使用情况进行第二阶段跟踪审计，对63个无主整治点生态治理工程项目进行跟踪检查。

财政审计 以预算执行合规性、真实性、效益性为重点，开展2017年度市本级财政预算执行审计，同时开展38个部门预算执行审计项目，按时向市人民政府报告审计结果，并受市政府委托，向市人大作审计工作报告。

经济责任审计 组织实施对市卫生和计划生育局等10名领导干部的经济责任审计和1名领导干部的自然资源资产离任（任中）审计。

固定资产投资审计 对市老年活动中心建设项目、市政务服务中心室内装修及信息工程等5项政府重点投资项目进行竣工决算审计，审计金额3.46亿元，核减投资6478万元；对社会中介机构出具的34个政府投资项目结算审核结果进行核查，核查金额4.87亿元。持续对沙湖星海湖水系连通及水资源调度工程等26个重大投资项目实行全程跟踪审计，涉及工程概算30.36亿元，纠正问题后节约政府投资2086万元，避免损失浪费7249万元。

民生资金（项目）审计 对2017年度保障性安居工程进行跟踪审计，重点关注棚户区改造及配套基础设施建设项目、保障性住房分配和管理情况，揭示出项目建设管理、住房保障分配管理、住房使用和运营管理3个方面存在的7个问题。

企业审计 对2家市属国有企业进行资产负债损益审计，针对企业在内部经营和管理控制方面存在的问题和漏洞，提出意见建议8条，均被企业采纳。

（撰稿人：张金鹏）

【吴忠市审计局】 2018年，吴忠市审计局实有27人。局长马克林，副局长李鹏、梁吉鸿（12月—）、孙培军。设有办公室、经济责任审计局、财政审计科、行政农业审计科、经贸投资审计科、法规科。

审计成果 2018年，吴忠市审计局完成审计项目43个。查出问题金额7.7亿元，其中违规问题金额1.02亿元、管理不规范金额6.68亿元。经审计处理，上缴财政2215万元、归还原渠道资金3041万元、调账处理金额6.82亿元，移送处理事项12件。

市审计局组织实施的红寺堡区2017年度保障性安居房工程跟踪审计项目，被自治区审计厅评为优秀审计项目。

国家重大政策措施落实情况跟踪审计 开展对支持加快农业特色优势产业发展政策措施、促进吴忠市旅游业发展政策措施、进一步促进就业创业的政策措施和市本级创城资金的专项审计。开展减税降费政策措施落实情况专项审计调查。开展利通区、青铜峡市政策措施落实情况跟踪审计，重点对财政管理、精准扶贫、基本养老服务体系、保障性安居工程、水污染防治和重大建设项目推进情况等进行审计，查找在国家和地方重大政策措施落实方面存在的问题。

财政审计 对2017年度市本级财政预算执行、市公安局等6个部门预算执行进行审计。审计关注“四本预算”收入、支出的真实性、规范性、结构性以及债券置换情况、国库支付方式等方面，审计中坚持把披露问题与查出违纪违规相结合，突出绩效分析，重点关注政策落实情况和民生事项，着力从体制机制上查找原因，提出整改意见建议。

经济责任审计 以“1拖N”同步审计方式，将领导干部经济责任审计与财政预算执行审计、专项审计相结合，全面了解领导干部履行经济责任情况。全年完成领导干部经济责任审计项目10个。发现部门年度预算执行有偏差、资产管理不到位、往来款项清理不及时、虚列支出等问题。

固定资产投资审计 对市人民医院迁建、吴忠市黄河文化体育会展中心建设、国道344线吴忠至灵武段公路建设等3个市重点投资项目进行跟踪审计，重点关注项目合同执行、设计变更和签证的真实性，投资控制、资金使用情况，工程结算及决算等情况，涉及投资金额33.55亿元。对吴忠市区城镇棚户区金积新镇七期改造、利通区孙家滩高效节水灌溉、吴忠市民政局敬老院老年活动中心、十万头奶牛园区供水工程等4个项目的竣工决算进行审计，涉及投资额3.08亿元。

民生资金（项目）审计 开展市本级、红寺堡区、青铜峡市、盐池县、同心县2017年保障性安居工程跟踪审计，发现在目标任务完成、资金分配管理、工程建设程序及管理、住房分配管理以及住房使用和运营管理等方面存在的一些问题。开展吴忠市本级、利通区和青铜峡市3个非贫困县的扶贫资金审计，重点查找扶贫政策措施落实、扶贫资金分配管理使用和扶贫项目建设运营等方面存在的问题。（撰稿人：蒲建芳）

【固原市审计局】 2018年，固原市审计局实有15人。局长景清海，副局长李国安（—10月）、蒙卫斌。设有办公室、法规审理与社会审计管理监督科、财政金融和社保审计科、行政事业与农业资源环保审计科、投资与企业审计科、经济责任审计局、政策执行审计科等7个科室。

审计成果 2018年，固原市审计局围绕中心工作，突出重点工作，着眼于推进审计监督全覆盖和服务全市经济社会发展大局，完成审计项目106个。

国家重大政策措施落实情况跟踪审计 完成三大攻坚战政策执行跟踪审计；抽查实施扶贫项目的市直部门（单位）7个，2次到县（区）开展扶贫资金使用管理存在问题整改情况专项督查。配合自治区审计厅完成地方政府债务审计；配合自治区审计厅开展污染防治资金和项目审计。

财政审计 对市本级预算执行情况开展审计，发现未缴当年财政收入7627万元、长期占用财政资金53192万元、滞留专项资金276万元、扩大政府预备费开支范围2350万元，以及预算绩效管理中一些需要加以纠正的问题。对市财政局等7个部门开展预算执行审计。

经济责任审计 对14个部门单位的领导干部以及六盘山旅游集团、九龙集团领导人员开展经济责任审计，其中有2个自然资源资产审计项目。

固定资产投资审计 完成审计项目73个。

民生资金（项目）审计 开展养老、医疗保险基金、住房公积金等项目的审计，发现相关工作持续得到加强，服务管理不断完善，保障能力稳步提高，同时也发现仍有一些用人单位存在拖欠职工养老保险金问题，社会保险费欠费1780万元。配合自治区审计厅完成保障性住房安居工程跟踪审计。

队伍建设 按照市委和自治区审计厅要求，市审计局班子成员参加全市领导干部增强依法执政本领、聚焦打好精准脱贫攻坚、领导干部资源环境审计等专题培训班，参加领导干部马克思主义民族宗教观专题学习班。处级、科级干部全员参加市委党校举办的干部理想信念教育、学习贯彻习近平新时代中国特色社会主义思想和党的十九大精神等专题研讨班。组织局机关干部职工开展一周时间的集中整训。在西南财经大学举办一期固原市审计系统干部素质能力提升专题培训班，市县（区）审计机关56名干部参加培训。选派多名干部参加市委、市政府举办的脱贫攻坚、党风廉政、政务公开、财务管理、意识形态等专题培训，党组书记和机关支部委员还参加自治区审计厅党组安排的审计系统党务知识培训班。选派1人到审计署重庆特派办挂职锻炼1年。

（撰稿人：钱丽琴）

【中卫市审计局】 2018年，中卫市审计局实有20人。局长魏列忠，副局长张军、吴金柱。设有办公室、法制科、财贸审计科、行政事业审计科、农业与环保审计科、固定资产投资审计科（挂政府投资项目审计科牌子）、经济责任审计局、政策执行科。

审计成果 2018年，中卫市审计局完成审计项目58个。查出各类管理不规范金额4亿元，促进节约投资1.06亿元。提出审计建议92条，审计决定督办率达到100%。

国家重大政策措施落实情况跟踪审计 聚焦扶贫领域，对市本级及两县一区2016年至2017年脱贫攻坚政策落实、扶贫资金分配管理使用、扶贫项目建设管理等情况进行跟踪审计。重点抽查市财政局、市扶贫开发办、市交通运输局等11个部门，宣和镇、兴仁镇、喊叫水乡等21个乡（镇），海和村、高庄村等41个贫困村，审计扶贫资金16.14亿元，发现扶贫资金拨付不及时、扶贫项目安排不够精准等33类问题，查出管理不规范金额7201万元，提出审计意见和建议3条。

财政审计 有效整合审计资源，采取“一拖N”方式，完成市本级及部门预算执行审计10项，延伸审计部门（单位）7个，查出各类违规和管理不规范金额3.77亿元。开展市本级地方政府性债务情况专项审计，进一步摸清政府承诺以财政资金偿还的债务、隐性债务、政府可能承担一定救助责任的债务情况，查出超限额举债、债务管理制度不健全、融资平台公司管理不规范等6个方面的问题，针对性提出审计意见和建议。

经济责任审计 实行领导干部经济责任审计轮审制，对经济责任审计对象实行分类管理，完成市委组织部委托的领导干部经济责任审计16项，其中任中审计8项、离任审计8项，查出各类管理不规范金额2300万元。

固定资产投资审计 进一步规范投资审计工作程序，依规退出招标控制价复核审计，全面清理购买社会服务审计费并提请政府纳入财政预算，谋划投资审计工作平稳转型。开展2017年保障性安居工程跟踪审计，进一步规范保障性住房建设、分配，为改善困难群众居住条件、推进新型城镇化建设发挥作用。完成政府投资项目审计26个，审计工程资金7.79亿元，节约政府投资1.06亿元。

民生资金（项目）审计 完成扶贫、黄河中卫城市过境段水生态治理与保护、中医院迁建等审计项目。

企业审计 对启源房地产开发有限公司2017年度经营情况进行专项审计调查，揭示和反映公司经营中存在的问题，为市委、市政府决策提供依据。

相关工作 梳理全年各项工作任务，制订印发《精细化管理分工方案》，对扶贫帮困、政务公开、依法行政、计划生育、城市“六创”、安全保密等工作以及机关工会、团支部、妇委会等群团组织下达任务要求，明确责任科室、责任人及完成时限，做到事事有人抓，件件有着落，保证各项工作齐头并进按时完成。编修《中卫审计志》，厘清审计发展历程，激发审计干部干事创业的责任感和自豪感。

（撰稿人：陈淑兰）

2018年宁夏回族自治区所辖区、县（市）级审计工作统计表

金额单位：万元

审计机关	完成审计项目/个	审计查出主要问题金额	审计发现非金额计量问题/个	审计期间整改金额	出具审计报告和审计调查报告/篇	审计处理情况		审计促进整改落实有关问题资金	审计提出建议/条	提交审计信息/篇
						审计处理处罚金额	移送处理事项/件			
银川市										
银川市本级	35	188731			40	65875	21		115	106
兴庆区审计局	9	1415370				1668	1		47	47
西夏区审计局	5	69898			5	23469			12	12
金凤区审计局	17	160939				144379			42	42
灵武市审计局	6	8182				4	1			
永宁县审计局	7	281179				78034			68	68
贺兰县审计局										
石嘴山市										
石嘴山市本级	56	107013			43	21220	1		102	273
大武口区审计局	17	14921			9	746			9	84
惠农区审计局	21	6814			14	80			33	40
平罗县审计局	83	80949			90	4816	10		125	183

（续表）

审计机关	完成审计项目/个	审计查出主要问题金额	审计发现非金额计量问题/个	审计期间整改金额	出具审计报告和审计调查报告/篇	审计处理情况		审计促进整改落实有关问题资金	审计提出建议/条	提交审计信息/篇
						审计处理处罚金额	移送处理事项/件			
吴忠市										
吴忠市本级	43	77002			59	73480	12		79	6
利通区审计局	32	33461			32	1356			74	72
红寺堡区审计局	14	3021			13		1		38	
青铜峡市审计局	8	47060			14	22278	1		24	19
盐池县审计局	21	13627			31	9387	4		12	
同心县审计局	34	143311			43	3272	2		87	9
固原市										
固原市本级	45	151996			69	13289	2		42	38
原州区审计局	77	10971			176	1130	17		223	44
西吉县审计局	11	64147			11	1245			17	55
隆德县审计局	16	38415			31	1959			41	3
泾源县审计局	5	1287			5	248			18	17
彭阳县审计局	4	6157			10	6157	2		19	
中卫市										
中卫市本级	38	50257			53	6772			128	69
沙坡头区审计局	57	9870			39	1387	2		70	5
中宁县审计局	20	373437			22	8198			52	166
海原县审计局	16	525			16		32		17	26

新疆维吾尔自治区

【新疆维吾尔自治区审计厅】 2018年，新疆维吾尔自治区审计厅实有239人。设有办公室、法制处、督察处、财政审计处、行政事业审计处、农业与资源环保审计处、金融审计处、企业审计处、社会保障审计处、外资运用审计处、经济责任审计一处、经济责任审计二处、经济责任审计三处、计划财务处、人事处、内部审计管理处等16个内设机构；机关党委、离退休干部工作处2个工作处室；派出审计一处、派出审计二处、派出审计三处、派出审计四处、派出审计五处、派出审计六处共6个派出审计机构；下设固定资产投资审计局、审计科学研究所、计算机技术中心、审计干部宣传教育中心、机关服务中心等5个事业单位。

领导成员

党组书记、副厅长：沙拉买提·买买提明

厅　　长：李　成（—12月）

党组副书记、厅长：王彦楼（12月—）

党组成员、副厅长：维力功　薛　江

冯　力（—11月）

肖文英（11月—）

王　军

贺建荣（审计署援疆）

总审计师：王　璐（—11 月）

经济责任审计工作联席会议办公室主任：

刘　博（—11 月）

巡 视 员：冯　力（11 月—）

副巡视员：袁　成（—11 月）

郭部员（—10 月）　柳海云

副厅长级干部：王　璐（11 月—）

审计成果　2018 年，新疆维吾尔自治区审计机关完成审计项目 3293 个。查出主要问题金额 2297.52 亿元，其中违规金额 93.31 亿元、损失浪费金额 5.49 亿元、管理不规范金额 2198.73 亿元；审计发现非金额计量问题 5812 个；损益（收支）不实金额 58.09 亿元；出具审计报告和专项审计调查报告 3502 篇，被批示、采用 164 篇次。审计处理处罚金额 190.48 亿元，其中应上缴财政 31.39 亿元、应减少财政拨款或补贴 11.93 亿元、应归还原渠道资金 96.17 亿元、应缴纳其他资金 6 亿元，应调账处理金额 44.98 亿元；移送司法机关、纪检监察机关和有关部门处理事项 334 件，移送处理人员 358 人，移送处理金额 38.28 亿元。审计促进整改落实有关问题资金 48.25 亿元；审计促进拨付资金到位 1.3 亿元；审计后挽回（避免）损失 8.09 亿元；核减投资额 29.23 亿元；移送处理落实事项 10 件。审计提出建议 6928 条，被采纳 3170 条；推动被审计单位制定整改措施 82 项；促进被审计单位建立、健全规章制度 19 项；提交审计信息 1395 篇，被批示、采用 619 篇次。向社会公告审计结果 11 篇。

国家重大政策措施落实情况跟踪审计　持续加大跟踪审计力度，重点关注供给侧结构性改革、“放管服”、生态环境污染防治等重大政策措施落实，以及丝绸之路经济带核心区建设、乡村振兴战略、旅游产业发展等重点工作推进情况，注重反映重大政策措施落实、经济社会运行中存在的突出问题。统一组织自治区本级和全区 14 个地（州、市）审计机关实施重大政策措施落实情况跟踪审计，揭示供给侧结构性改革政策落实不到位、部分地（州）地下水超采严重等问题，从体制机制层面分析原因、提出建议，促进稳增长、促改革、调结构、惠民生、防风险政策落地见效。

财政审计　以提高财政资金使用绩效、保障公共资金安全为目标，完成预算执行审计和审计调查项目 297 个、财政决算审计和审计调查项目 65 个，重点关注财政收支真实合法效益、存量资金盘活、专项资金统筹整合和管理分配、决算草案编制、中央八项规定、自治区十条规定贯彻落实、“三公”经费和会议费管理使用情况，查出主要问题金额合计 1944.26 亿元。提出推动盘活财政存量资金，促进优化支出结构，提高财政资金使用绩效的意见和建议。

经济责任审计　开展经济责任审计项目 264 个，审计领导干部及企业领导人员 456 人。审计中聚焦权力运行和责任落实，坚持监督和服务并重，充分听取被审计领导及单位的意见，客观评价定责，对涉嫌违纪违法的问题线索移送相关部门进一步查处，促进领导干部依法用权和担当作为。提请自治区印发经济责任审计结果通报，起到较好的警示和震慑作用，推进整改。

按照中央及自治区要求，推进领导干部自然资源资产离任审计工作，在前两年试点的基础上全面推开，全年实施领导干部自然资源资产离任（任中）审计项目 15 个。起草并提请自治区印发领导干部自然资源资产离任审计实施意见，建立领导干部自然资源资产离任审计制度。完善工作机制，做好自然资源资产离任审计与经济责任审计的统筹衔接，突出生态环境问题与领导干部尽责情况的关联。建立协作机制，有效借助测绘地理信息技术力量，重点关注领导干部履行自然资源资产管理和环境保护责任情况，揭示自然资源利用保护方面存在的问题，促进生态保护和自然资源资产合理开发利用。

固定资产投资审计　对水利、交通、地震灾后恢复重建、防沙治沙工程等政府投资项目、援疆资金项目，开展跟踪审计项目 2335 个。审计中采取直接审计和委托审计相结合的方式，着力揭示投资结构不合理、重复建设、损失浪费等问题，核减投资额 29.23 亿元

民生资金（项目）审计　按照审计署统一部署，组织开展保障性安居工程审计，组织 11 个地（州、市）审计机关开展 2017 年保障性安居工程审计，揭示违规使用安居工程资金、违规分配使用保障性住房等问题，从加快建立多元化住房保障体系、合理配置住房资源等方面提出建议，推

动公共租赁住房管理等方面制度办法的出台和修订。对自治区城镇居民基本医疗保险基金和新型农牧区合作医疗保险基金整合情况进行专项审计调查，揭示部分地（州）基金安全存在一定风险隐患等问题，从加大基金监管力度等方面提出建议，促进规范管理。

按照自治区扶贫领域腐败和作风问题专项治理要求，组织全区审计机关采取“六统一”“上审下”和“交叉审”的方式，实现对35个贫困县扶贫专项审计全覆盖。突出精准、安全、绩效，揭示扶贫政策落实不到位、挤占挪用扶贫资金、部分扶贫项目效益不佳等问题，推动扶贫政策落地生根、扶贫资金和项目发挥实效。共审计扶贫资金105亿元，发现主要问题305个，促进资金拨付1.01亿元，追回或挽回损失1.21亿元，移送司法机关处理12人，党纪行政处分310人，组织处理654人。自治区领导对审计专题报告作出批示，要求高度重视审计发现的问题，对违纪违法人员严肃处理，并抓好整改工作。自治区党委、政府专题研究部署整改工作，将主要问题纳入2017年扶贫开发工作成效情况通报，对整改不到位的县（市）进行约谈。完成北疆12个县扶贫资金专项检查工作，督促拨付资金2.71亿元，盘活结余资金1487.8万元。研究制定《关于贯彻落实自治区脱贫攻坚战三年行动实施意见进一步深化扶贫审计的通知》，对今后的扶贫审计工作作出全面部署。

外资运用审计　以维护国家利用外资法律法规规章制度的严肃性和国际信誉，促进积极、合理、有效利用外资，提高外债偿还能力，发挥外资预期效益为目标，对13个国外贷援款项目进行审计，查出主要问题金额2247万元。

企业审计　对18个国有企业进行审计，查出主要问题金额44.56亿元。对规范企业财务收支活动的真实性、合法性，完善企业内部管理和实现经营目标等方面发挥重要作用。

专项资金审计　全区开展专项资金审计项目303个，审计专项资金总额447.73亿元，查出主要问题金额173.16亿元。重点关注政策落实、预算安排、资金拨付和使用等方面情况，通过揭露和查处问题促进管理，保障专项资金落实到位并发挥效益。

交办任务　全区审计机关完成交办任务546项，查出主要问题金额2.35亿元。

信息化建设　坚持科技强审，贯彻“以用为本”的导向，以强化大数据思维和大数据审计为目标，制订《全区审计信息化工作推进方案》和《自治区审计厅审计业务电子数据管理（试行）办法》，进一步加快新疆“金审工程”三期建设步伐。积累充实审计业务电子数据，加大数据分析使用力度，加强跨行业、跨部门、跨地区电子数据关联分析，在数据层面实现全覆盖。结合财政、扶贫业务审计特点，建设以财政业务数据为支撑的财政预算执行审计和扶贫审计数据库和方法体系。在“一中心三平台一分析室一分析团队”的大数据基础框架基础上，完成移动审计（移动办公）支持系统、财政预算执行审计分析平台和扶贫审计信息平台的开发部署工作，实现移动办公，满足审计人员外出审计时与审计厅信息共享、交互的需求，提高办事效率。探索建立更为完善的组织方式和工作流程，坚持上下联动，横向联合，强化专业融合和成果共享。

审计科研　参与审计署关于经济责任审计做法、经验和创新的相关联合课题，及时沟通，解决相关问题，并组织专家进行专题会审，提出修改意见和建议，向审计署报送课题“围绕总目标　依法全面加强经济责任审计”。围绕新时代审计工作新变化，与经济责任审计工作联席会议办公室联合完成课题“经济责任审计创新与发展”。收集整理全区审计干部近5年获得审计署计算机优秀审计案例作品，协同中国时代出版社编辑出版《新疆计算机审计案例》，为审计干部开展大数据审计提供参考，为科技强审助力。

相关工作　按照自治区党委“1+3+3+改革开放”工作部署，不断提高政治站位，加强党对审计工作的领导，全区审计机关各级党组织认真履行全面从严治党政治责任，积极推进机关党建与审计业务深度融合。严守党的政治纪律和政治规矩，严格执行新形势下党内政治生活若干准则，加强基层党组织建设，深化党纪党规教育，引导干部在维护祖国统一和民族团结等大是大非面前坚决做到旗帜鲜明、立场坚定。严格落实中央八项规定及其实施细则精神，严格执行审计“四严禁”工作要求和审计“八不准”工作纪律，树立审计人员的良好形象。牢固树立“干部作风不实是我们最大的敌人”的理念，按照“信念坚定、业务精通、作风务实、清正廉洁”的要求，集中开展纪律作风专项整治月和自治区第二十个党风廉政教育月活动。持续深入推进“访惠聚”驻村工作，夯实维稳根基、做好群众工作、促进民族团结、保障改善民生、推进脱贫攻坚，为全区稳定发展大局做贡献。引导全区审计干部职工热爱新疆、甘于奉献、坚守岗位、履职尽责、忘我工作。加强领导班子和干部队伍建设，不断提高领导班子谋全局、抓发展、带队伍的能力。严格执行好干部标准、突出政治标准，注重加强干部基层历练，注重在复杂环境和反分裂斗争一线、“访惠聚”驻村工作中培养、考察、选拔使用干部。举办各类培训班 14 期，培训 1750 余人次，选送 83 名审计干部赴审计署及中央党校、自治区党校进修学习，选派 6 人赴审计署挂职锻炼，稳步提升干部队伍能力素质。

内部审计 全区内部审计机构完成审计项目 9236 个，审计总金额 1.03 亿元，提出建议意见被采纳 18261 条，建议给予行政处分 236 人，实际给予行政处分 234 人，促进各部门单位完善内部管理，提高效益。 （撰稿人：李　喜）

【乌鲁木齐市审计局】 2018 年，乌鲁木齐市审计局实有 120 人。党组书记李万刚，局长黎忠，副局长樊伟（—11 月）、白莉，总审计师李里（—3 月），经济责任审计室主任许建平（—11 月）。设有办公室、政治处、政策法规处、财政审计处、固定资产投资审计处、行政事业审计处、经济责任审计室、农牧与资源环保审计处、外资运用与金融审计处、社会保障审计处、科教文卫审计处、企业审计处、政法审计处、督察处、综合计划处、审计信息中心、政府投资审计中心。

审计成果 2018 年，乌鲁木齐市县两级审计机关完成审计项目 202 个。查出主要问题金额 69.17 亿元，其中违规金额 9.05 亿元、损失浪费金额 2.76 亿元、管理不规范金额 57.35 亿元；审计发现非金额计量问题 505 个；损益（收支）不实金额 8.72 亿元；出具审计报告和专项审计调查报告 228 篇。审计处理处罚金额 21.82 亿元，其中应上缴财政 3.05 亿元、应减少财政拨款或补贴 4.33 亿元、应归还原渠道资金 1 亿元、应缴纳其他资金 1229 万元、应调账处理金额 13.31 亿元；移送司法机关、纪检监察机关和有关部门处理事项 13 件，移送处理人员 5 人，移送处理金额 1854 万元。审计促进整改落实有关问题资金 3.53 亿元；审计后挽回（避免）损失 713 万元；核减投资额 7.66 亿元；移送处理落实事项 2 件。审计提出建议 600 条，被采纳 461 条；推动被审计单位制定整改措施 8 项；提交审计信息 101 篇，被批示、采用 43 篇。

国家重大政策措施落实情况跟踪审计 重点关注保障和改善民生、精准脱贫、化解过剩产能、清理规范涉企收费等政策措施落实情况，持续加大对跟踪审计反映问题的整改力度，切实发挥审计促进重大决策部署落实的保障作用。

财政审计 围绕财政体制改革，开展预算执行和其他财政收支情况审计，关注财政资金的存量与增量，促进减少财政资金沉淀，盘活存量资金，推动财政资金合理配置、高效使用。

经济责任审计 围绕对权力运行的监督和制约，聚焦经济责任，客观公正评价，促进领导干部廉洁用权。完成对 16 个单位 26 名领导干部的经济责任审计，查出主要问题金额 29.61 亿元。

固定资产投资审计 以促进加强项目建设管理，提高投资效益为目标，节约政府投资，规范建设市场秩序，完成审计项目 135 个，查出主要问题金额 7.23 亿元。完成市委、市政府交办的小额投资审计项目 294 个，核减投资额 1.51 亿元。

民生资金（项目）审计 将百姓关注的民生项目和资金作为审计重点，揭示政策落实不到位、目标未实现、资金管理存在的问题，推进惠民政策落实到位。

农业与资源环保审计 审计资金总额 4.78 亿元，查出主要问题金额 1738 万元，审计促进整改落实有关问题金额 812 万元。

企业审计 完成审计项目 5 个，查出主要问题金额 19.87 亿元。

专项资金审计 审计专项资金总额 1.36 亿元，促进完善管理制度，提高专项资金使用效益。

信息化建设 建成以各区（县）审计机关接入乌鲁木齐市审计局 MCU 模式，实现审计会商系统四级互联互通。继续完善大数据审计分析平台功能，开发政府投资审计管理系统。

内部审计 开展全市内部审计机构摸底，夯实内部审计监督工作基础。参加《审计署关于内部审计工作的规定》知识竞赛，并获得自治区内部审计协会优秀组织奖。 （撰稿人：李亚萍）

【克拉玛依市审计局】 2018年，克拉玛依市审计局实有27人。党组书记、局长王朝晖，副局长、总审计师房文祖，副局长罗莉莉。设有办公室、法制监察科、财政审计科、经贸与金融审计科、行政事业与社会保障审计科、经济责任审计科、固定资产投资审计科和农业资源与环保审计科；下设经济责任审计室。

审计成果 2018年，克拉玛依市区两级审计机关完成审计项目14个，其中专项审计调查项目3个。查出主要问题金额7.1亿元，其中违规金额5.43亿元、管理不规范金额1.67亿元；审计发现非金额计量问题59个；损益（收支）不实金额99万元；出具审计报告和专项审计调查报告22篇。审计处理处罚金额2亿元，其中应上缴财政1.89亿元、应归还原渠道资金8万元、应调账处理金额1049万元；移送司法机关、纪检监察机关和有关部门处理事项1件，移送处理金额4.47亿元。审计促进整改落实有关问题金额1.89亿元；审计提出建议39条，被采纳36条；促进被审计单位制定整改措施5项；提交审计信息13篇，被批示、采用2篇。

国家重大政策措施落实情况跟踪审计 围绕保障和改善民生、科技创新驱动发展，稳金融、稳投资等情况，每季度完成重大政策措施落实情况跟踪审计报告，上缴财政200.61万元，推动供给侧结构性改革任务落实。

财政审计 加强预算执行审计，查出预算单位预算指标执行率低、非税收入征管不到位、税收政策执行不严格等问题，提出加强预算管理，深化财税体制改革的建议，推动盘活财政存量资金，促进优化支出结构，提高财政资金使用绩效。

经济责任审计 完成经济责任审计项目5个，审计领导干部5人，查出主要问题金额5.05亿元。开展水务局领导干部自然资源资产离任审计试点工作，积累经验，为推进领导干部自然资源资产离任审计奠定基础。

民生资金（项目）审计 对市本级及4个区2017年保障房项目资金及项目建设、管理情况进行审计，查出主要问题金额1897万元。

相关工作 鼓励审计干部参加在职学历学位教育、计算机操作技能教育和专业技术职称资格考试，提高审计队伍综合素质。加大培训力度，采取外派学习、以审代培、组织各项培训班等方式，提升审计干部业务水平。强化审计风险意识，全面控制审计质量，规范审计处理处罚自由裁量权的行使。加强审计项目完成时限的管理控制，确保审计工作提速增效。把作风建设贯穿于审计干部队伍建设的始终，把提高审计工作效能作为审计干部队伍建设的重要标准，加强作风建设，打造公正廉明的审计队伍。 （撰稿人：张银珠）

【吐鲁番市审计局】 2018年，吐鲁番市审计局实有29人。党组书记戴万成，局长郭红兵，副局长田桂林、赵永俊，调研员艾尔肯·艾木都拉，副调研员索成英。设有办公室、法规科等9个职能部门。

审计成果 2018年，吐鲁番市县两级审计机关完成审计项目54个。查出主要问题金额26.21亿元，其中违规金额1.26亿元、管理不规范金额24.94亿元；审计发现非金额计量问题306个；审计处理处罚金额6708万元，其中应上缴财政705万元、应减少财政拨款或补贴295万元、应归还原渠道资金5420万元、应调账处理金额286万元；审计促进整改落实有关问题资金1022万元；审计后挽回（避免）损失1835万元，核减投资额3511万元。提出审计建议113条，被采纳69条。提交审计信息12篇，被批示、采用3篇。

国家重大政策措施落实情况跟踪审计 把推动国家和自治区重大政策措施贯彻落实情况作为审计的重中之重，纳入所有审计项目，第一季度重点关注保障性安居工程建设，第二、三季度重点关注扶贫情况，第四季度重点关注稳投资和落实减税降费政策措施、减轻企业税收负担等方面情况，按季度及时上报跟踪审计结果。

财政审计 加强财政审计，延伸审计调查16个预算单位的专项资金、公用经费、非税收入征缴管理等有关情况。受市政府委托向人大常委会作审计工作报告，受到与会代表充分肯定。

经济责任审计 完成10个单位14名领导干部的经济责任审计项目，审计查出主要问题金额2.66亿元。针对3个聚焦总目标积极性不高、工作打折扣的单位先行审计，移送处理事项1件。组织召开2018年经济责任审计工作联席会议。

固定资产投资审计 完成审计项目31个，审计投资金额1.13亿元，查出主要问题金额1736万元，核减投资额3511万元。

民生资金（项目）审计 开展2017年保障性安居工程跟踪审计，审计及延伸调查涉及市区县81个单位，抽查56个安居工程项目，对276户城镇保障和农村危房改造家庭进行入户调查。针对审计查出的问题，依法依规责成各区县政府追究相关人员的责任，移送处理事项1件。根据自治区审计厅的统一安排，组成7人审计组，赴伊犁州尼勒克县开展扶贫专项交叉审计。

相关工作 按照“两个全覆盖”和包户住户“应下尽下、应住尽住”的要求，每名干部每个月至少下沉15天，到联系村开展包户住户工作，在夯实维稳根基、建强基层组织、做好群众工作、促进民族团结、保障改善民生、推进脱贫攻坚等方面做了大量工作，为稳定发展大局做出贡献。

（撰稿人：黄利君）

【哈密市审计局】 2018年，哈密市审计局实有33人。党组书记许咸敏，副局长艾合买提·买买提、李生华、刘正强，总审计师谢云飞，副调研员艾尼瓦尔·依明。设有办公室、经济责任审计科、固定资产投资审计科、法制科、督察科、农牧与环境资源审计科、财政金融审计科、企业审计科、行政事业审计科；下设经济责任审计办公室、固定资产投资审计中心、审计信息技术室等事业单位。

审计成果 2018年，哈密市县两级审计机关完成审计项目106个。查出主要问题金额31.43亿元，其中违规金额2.2亿元、损失浪费金额1.3亿元、管理不规范金额27.93亿元；审计发现非金额计量问题215个；损益（收支）不实金额8575万元；出具审计报告和专项审计调查报告109篇。审计处理处罚金额5.94亿元，其中应上缴财政2.5亿元、应减少财政拨款或补贴8142万元、应归还原渠道资金1.6亿元、应缴纳其他资金5319万元、应调账处理金额4972万元；移送司法机关、纪检监察机关和有关部门处理事项39件，移送处理金额3495万元。审计促进整改落实有关问题资金1.44亿元；审计促进拨付资金到位65万元；审计后挽回（避免）损失8153万元；核减投资额9465万元。审计提出建议192条，被采纳72条；提交审计信息14篇，被批示、采用5篇次。

国家重大政策措施落实情况跟踪审计 抽审单位123个，涉及项目142个、资金131.74亿元。审计发现精准脱贫、污染防治、“放管服”等方面存在问题26个，提出审计建议23条，落实整改问题24个。

财政审计 注重规范财政收支行为，优化财政支出结构，提高财政资金效益。完成审计单位9个，延伸审计单位6个，查出主要问题金额28.01亿元。

经济责任审计 完成对11个单位16名领导干部的经济责任审计，查出主要问题金额8563万元。

固定资产投资审计 采用自审和委托社会中介审计的方式完成政府投资审计项目78个，查出主要问题金额1.1亿元。

民生资金（项目）审计 完成哈密市2017年保障性安居工程跟踪审计、哈密市2015年至2017年7月新型农牧区合作医疗调剂金和大病保险基金专项审计及扶贫专项审计，促进惠民政策有效落实。

信息化建设 完成审计管理系统（OA）的设备安装、调试和运行，现场审计实施系统（AO）的单机部署和使用。实现审计会商系统四级互联。

相关工作 加强党建和党风廉政建设工作，提升审计干部综合素质，注重树立审计人员的良好形象。

内部审计 加强内部审计人员培训，开展内部审计岗位资格证书年检工作。

（撰稿人：赵 华）

【昌吉回族自治州审计局】 2018年，昌吉回族自治州审计局实有48人。局长黄建新，副局长肖莉，总审计师张民杰（—5月），经济责任审计联席会议办公室专职主任吴辉，调研员张永信。

设有办公室、法制科、财政审计科、行政事业审计科、经济责任审计科、农业资源环保与社会保障审计科、经贸与金融审计科、督察科；下设政府投资审计中心（事业单位）。

审计成果 2018年，昌吉回族自治州审计机关完成审计项目180个。查出主要问题金额58.29亿元，其中违规金额2.46亿元、损失浪费金额160万元、管理不规范金额55.82亿元；审计发现非金额计量问题369个；损益（收支）不实金额5亿元；出具审计报告和专项审计调查报告225篇，被批示、采用33篇次。审计处理处罚金额7.35亿元，其中应上缴财政2.13亿元、应减少财政拨款或补贴4.36亿元、应归还原渠道资金355万元、应缴纳其他资金3822万元、应调账处理金额4489万元；移送司法机关、纪检监察机关和有关部门处理事项26件，移送处理人员7人，移送处理金额1.52亿元。审计促进整改落实有关问题资金6.62亿元；审计促进拨付资金到位9534万元；审计后挽回（避免）损失4.36亿元；核减投资额4.4亿元。审计提出建议289条，被采纳226条；促进被审计单位建立、健全规章制度1项；提交审计信息273篇，被批示、采用146篇。

国家重大政策措施落实情况跟踪审计 开展7个县市2017年、2018年扶贫项目建设及资金管理使用情况审计和全州保障性安居工程审计，要求被审计单位及时整改审计查出的问题，对违纪违法问题线索及时移交纪检监察机关。按照自治区审计厅的统一安排，抽调18名干部完成对莎车、泽普和叶城3个深度贫困县的扶贫专项资金交叉审计。

财政审计 关注专项资金管理及绩效，存量资金盘活和使用情况，政府债务、“三公”经费、部门预算执行情况等内容，实施审计项目36个，查出主要问题金额45.69亿元。

经济责任审计 完成审计项目34个，审计领导干部52人，查出主要问题金额3.23亿元。对州水利局和4个乡镇领导干部开展自然资源资产离任（任中）审计。

固定资产投资审计 完成审计项目98个，审计项目投资额2.95亿元，核减投资额4.4亿元，查出主要问题金额7.35亿元。

农业与资源环保审计 开展州本级环保部门及4个县市节能环保专项审计，对审计发现的问题明确整改要求，促进规范管理，提高效益。

交办任务 全年抽调2人参加巡察工作；多次配合纪委监委派驻纪检组、财政、民政、扶贫等相关部门开展少数民族发展资金、扶贫资金、民政专项资金监督检查、债务清理认定和债务化解等工作。

（撰稿人：郭　斌）

【博尔塔拉蒙古自治州审计局】 2018年，博尔塔拉蒙古自治州审计局实有35人。党组书记欧友提，局长张自贤，副局长韩军、周娟，党组成员王京辉，副调研员沈菊仙、王祥照。设有政府投资审计中心，办公室、法制科、经济责任审计科、财政审计科、行政事业审计科、经贸审计科、计算机审计科。

审计成果 2018年，博尔塔拉蒙古自治州审计机关完成审计项目44个。查出主要问题金额14.79亿元，其中违规金额214万元、管理不规范金额14.77亿元；损益（收支）不实金额25万元；审计处理处罚金额8017万元，其中应上缴财政393万元、应减少财政拨款或补贴6788万元、应缴纳其他资金443万元、应调账处理金额392万元；审计发现非金额计量问题59个；审计促进整改落实有关问题金额25万元；审计促进拨付资金到位2032万元；审计后挽回（避免）损失7304万元；核减投资额6549万元；移送处理落实事项3件。审计提出建议51条，出具审计报告和专项审计调查报告44篇。

国家重大政策措施落实情况跟踪审计 按照自治区审计厅转发的《审计署关于印发2018年国家重大政策措施落实情况跟踪审计工作指导意见的通知》，重点审计民生政策落实情况，抽查4个县市42个政府部门、20个项目，涉及公共财政资金20.25亿元。

财政审计 开展自治州2017年度本级财政预算执行及其他财政收支情况审计，重点关注财政收支的真实合法效益，地方政府性债务管理，专项资金绩效以及中央八项规定贯彻落实情况，揭示问题，加强综合分析，提出完善制度的审计建议。

经济责任审计 受党委组织部门委托，对2

个单位的3名领导干部开展经济责任审计，实施领导干部自然资源资产离任审计示范项目3个、涉及被审计领导6人。

固定资产投资审计 完成审计项目29个，审计项目投资额6.21亿元，核减投资额6544万元，查出主要问题金额1.15亿元。

民生资金（项目）审计 制定审计促进精准扶贫精准脱贫政策落实的相关规划和措施，统筹谋划“十三五”时期扶贫审计监督全覆盖，组织开展扶贫专项审计。根据自治区审计厅统一安排，组织业务骨干组成审计组，对塔城地区和丰县开展扶贫专项资金交叉审计。

专项资金审计 采用州县联合审计的方式，对精河县“8·9”6.6级地震救灾专项资金和物资的分配、拨付、管理和使用情况以及灾后重建工程进行审计。对审计发现的问题提出整改要求，促进被审计单位建立健全救灾资金物资的管理制度，完善内部管理和控制制度。

信息化建设 2县2市及州本级审计会商系统于9月正式联通，推动审计信息化建设再上新台阶。 （撰稿人：姜 楠）

【巴音郭楞蒙古自治州审计局】 2018年，巴音郭楞蒙古自治州审计局实有40人。党组书记孟宪清，副局长马志永，调研员韩贵兵、韩志民，总审计师陈志军，经济责任审计处处长耿志强，固定资产投资审计处处长铁木尔巴图。设有办公室、法制科、财政审计科、行政事业与社保审计科、经贸审计科、金融与外资审计科、农业资源与环保审计科、纪检监察室、经济责任审计处、固定资产投资审计处、计算机审计中心。

审计成果 2018年，巴音郭楞蒙古自治州州县两级审计机关完成项目128个。查出主要问题金额60.53亿元，其中违规金额7845万元、管理不规范金额59.72亿元、损失浪费金额259万元。审计促进整改落实有关问题资金3.51亿元，审计后挽回（避免）损失1087万元。审计提出建议361条，被采纳284条；提交审计信息483篇，被采用239篇。

国家重大政策措施落实情况跟踪审计 围绕项目落地、资金保障、简政放权、政策落实、风险防范5个方面，关注去产能、去库存、去杠杆、降成本、补短板任务落实情况，揭示制约发展的深层次问题和风险隐患，促进重大决策部署贯彻落实，保障经济社会健康发展。

财政审计 以促进完善预算管理体系、健全透明预算制度、优化支出结构、保障财政资金安全、提高财政资金使用绩效为目标，围绕预算执行的真实性、完整性和科学性，实施财政审计项目51个，查出主要问题金额92.36亿元。开展地税联网等延伸审计项目。

经济责任审计 坚持党政同责、同责同审，对26个单位的42名领导干部开展经济责任审计，查出主要问题金额6.12亿元。推进领导干部自然资源资产离任审计，持续助力打好污染防治攻坚战。

固定资产投资审计 开展政府投资和援疆项目审计项目32个，项目投资额1.16亿元，查出主要问题金额3465万元，核减投资额1545万元。

民生资金（项目）审计 组织对和静县保障性住房和扶贫专项审计。根据自治区审计厅统一安排，派出3个审计组对阿图什市、乌恰县、阿合奇县3个国家级贫困县（市）进行专项审计，揭示问题，督促整改落实，保障惠民政策落到实处。

企业审计 开展新疆四运等3个国有企业审计，促进国有企业深化改革，防范国有资产流失。

信息化建设 开展计算机审计，对社保、低保、财政、工商、地税、公安车辆、公积金等大数据平台进行分析研判，发现问题线索，探索审计监督新思路。

相关工作 统筹抓好“访惠聚”驻村工作、精神文明创建和党建工作，积极参与州党委巡察、扶贫考察等工作。 （撰稿人：清毕丽克）

【阿克苏地区审计局】 2018年，阿克苏地区审计局实有50人。党组书记依明·尼亚孜，局长刘艳，副局长潘志勇、艾克拜尔·阿布都瓦依提。设有财政金融审计科、文行科、农林水牧外资审计科、经贸审计科、法制科、人事教育科、计算机审计中心、办公室、经济责任审计中心和政府投资审计中心。

审计成果 2018年，阿克苏地县两级审计机关完成审计项目392个。查出违规金额9846万元、损失浪费金额419万元、管理不规范金额81.26亿元，审计促使已上缴财政9514万元，移送司法机关、纪检监察机关和有关部门处理事项33件，移送处理人员11人，提交审计报告和专项审计调查报告417篇，审计提出建议763条，被采纳495条。

国家重大政策措施落实情况跟踪审计 关注供给侧结构性改革、“放管服”、生态环境污染防治等重大政策措施落实，以及丝绸之路经济带核心区建设、乡村振兴战略、旅游产业发展等重点工作推进情况，反映重大政策措施落实、经济社会运行中存在的问题，从体制机制层面分析原因、提出建议，促进稳增长、促改革、调结构、惠民生、防风险政策落地见效。

财政审计 关注预算执行、财政收支的真实合法效益、重点专项资金绩效、“三公”经费使用情况，促进加强预算管理，提高财政资金绩效。

经济责任审计 聚焦权力运行和责任落实，坚持监督和服务并重，完成审计项目53个，查出主要问题金额10.25亿元。提请地委行署印发《阿克苏地区贯彻落实〈领导干部自然资源资产离任审计规定（试行）〉的实施意见》。

固定资产投资审计 开展政府投资审计和援疆项目跟踪审计，完成审计项目235个，审计项目投资额13.57亿元，查出主要问题金额2.5亿元，核减投资额1.9亿元。

民生资金（项目）审计 开展保障性安居工程审计、扶贫资金审计、住房公积金审计、全民健康体检和国家基本公共卫生服务项目专项审计，保障惠民政策有效落实。

相关工作 完善审计权力运行、现场管理、质量控制、移送处理、整改落实等方面的相关制度，规范审计行为，防范审计风险；建立完善审计业务会议制度，集体会商审计项目和审计整改情况，实现“阳光决策”。坚决落实各项维稳措施，强化“访惠聚”驻村工作，为脱贫攻坚打好基础；扎实开展“民族团结一家亲”和民族团结联谊活动，深入推进干部进村住户“双覆盖”等工作，贴近群众、服务群众、促进各族群众交流交往交融，夯实群众基础，筑牢维护社会稳定的钢铁长城。

（撰稿人：张松龄）

【克孜勒苏柯尔克孜自治州审计局】 2018年，克孜勒苏柯尔克孜自治州审计局实有38人。党组书记吐尔洪·依热力（—11月）、阿布力米提·衣干白地（11月—），局长赵永忠，副局长亚生江·艾力，副县级调研员刘艳娥、张永先。设有办公室、法制科、财政金融审计科、行政事业审计科、经贸审计科、农业与资源环保审计科、社会保障审计科、固定资产投资审计科、经济责任审计科；下设计算机技术中心、投资评审中心、经济责任审计中心等事业单位。

审计成果 2018年，克孜勒苏柯尔克孜自治州州县两级审计机关完成审计项目597个。其中专项审计调查项目2个。查出主要问题金额21.03亿元，其中违规金额12.96亿元、损失浪费金额112万元、管理不规范金额8.06亿元；审计发现非金额计量问题888个；损益（收支）不实金额7566万元；出具审计报告和专项审计调查报告597篇。审计处理处罚金额2.14亿元，其中应上缴财政1377万元、应减少财政拨款或补贴51万元、应归还原渠道资金1.79亿元、应缴纳其他资金1963万元、应调账处理金额134万元；移送司法机关、纪检监察机关和有关部门处理事项41件，移送处理金额1.01亿元。审计促进整改落实有关问题资金51万元；核减投资额1.06亿元。审计提出建议774条。

国家重大政策措施落实情况跟踪审计 开展重大政策措施落实情况跟踪审计，促进政策落地生根、不断完善和发挥实效。

财政审计 完成审计项目29个，查出主要问题金额17.37亿元，督促问题整改落实，促进财政资金提高使用效益。

经济责任审计 完成审计项目22个，审计领导干部77人，审计查出主要问题金额7.27亿元。

固定资产投资审计 开展政府投资项目审计555个，审计查出主要问题金额1.13亿元，核减投资额1.06亿元。

民生资金（项目）审计 开展扶贫资金审计，规范管理，促进惠民政策有效落实。

信息化建设 争取援疆资金40万元，单位自筹10万元，实施审计数字平台建设，部署预算执行审计子系统，学习借鉴江苏省审计厅先进经验，将实现全州一级预算单位审计全覆盖，此项工作已完成招标、硬件部署，下一步将开展子系统部署和数据采集工作。

相关工作 按照“党要管党、从严治党”的要求，切实加强党的建设，完善党组议事规则、议事范围、“三重一大”“四个不直接分管”工作制度，召开专题民主生活会和组织生活会，开展集体学习讨论、领导讲党课、召开民主生活会、组织生活会等，推动党内政治生活有效开展。严格履行党风廉政建设主体责任和监督责任，推进惩治和预防腐败体系建设工作，强化监督，狠抓落实，全局上下形成党风端正、纪律严明、行为规范、廉洁从审的良好氛围。加强干部队伍建设，提升审计能力建设，审计干部综合素质进一步提高。认真贯彻落实党中央、自治区关于打好精准脱贫攻坚战的决策部署，坚持精准扶贫、精准脱贫基本方略，全力以赴抓好脱贫攻坚各项工作，取得成效。聚焦总目标，全面压实维护稳定工作责任；开展“访惠聚”驻村工作、“民族团结一家亲”工作，持续开展发声亮剑活动。

（撰稿人：于丽娟）

【喀什地区审计局】 2018 年，喀什地区审计局实有 44 人。局长尚军，副局长热夏提·阿不拉、赵东岳、何晓燕、孙佐戈、何国成，党组成员、纪检组长阿西姑力·吾拉音木（—2 月），总审计师李玉枝。设有行政办公室、法制科、财政审计科、金融外资审计科、固定资产投资审计科、行政事业审计科、农牧审计科、经济责任审计一科、经济责任审计二科、人事教育科、审计督察科、社会保障与经贸审计科；下设计算机审计中心、固定资产投资审核中心。

审计成果 2018 年，喀什地县两级审计机关完成审计项目 1113 个，其中专项审计调查项目 57 个。查出主要问题金额 293.69 亿元，其中违规金额 23.47 亿元、损失浪费金额 505 万元、管理不规范金额 270.17 亿元；审计发现非金额计量问题 770 个；损益（收支）不实金额 8.16 亿元；出具审计报告和专项审计调查报告 1132 篇。审计处理处罚金额 98.73 亿元，其中应上缴财政 5.57 亿元、应减少财政拨款或补贴 1.17 亿元、应归还原渠道资金 81.86 亿元、应缴纳其他资金 2.59 亿元、应调账处理金额 7.54 亿元；移送司法机关、纪检监察机关和有关部门处理事项 49 件，移送处理人员 5 人，移送处理金额 6055 万元。审计促进整改落实有关问题金额 6568 万元；审计后挽回（避免）损失 1.35 亿元；核减投资额 4.59 亿元。审计提出建议 2759 条，被采纳 839 条；推动被审计单位制定整改措施 25 项；提交审计信息 46 篇，被批示、采用 7 篇。

国家重大政策措施落实情况跟踪审计 按照审计署统一部署，自年初，地区审计局组建重大政策跟踪审计组，采取“同级审”方式，按照一个季度一个主题的要求，聚焦脱贫攻坚扶贫政策落实和民生建设，分季度对全地区各部门、单位重大政策落实情况进行跟踪审计，确保国家重大政策措施落地生根。

财政审计 围绕“两个报告”，重点对贯彻落实重大政策、一般公共预算收支、政府性基金收支、国有资本经营预算收支、地区本级社会保险基金预算收支、存量资金收支、政府性债务、“三公”经费支出等方面进行审计，完成审计项目 23 个，查出主要问题金额 160.72 亿元。受行政公署委托，向地区人大工委报告 2017 年度本级预算执行和其他财政收支情况审计工作报告，得到充分肯定。

经济责任审计 结合脱贫攻坚扶贫审计，全地区共组织实施领导干部经济责任审计项目 9 个，审计领导干部 21 人，查出主要问题金额 3.16 亿元。起草《喀什地区贯彻落实自治区党委关于领导干部自然资源资产离任审计的实施意见》。

固定资产投资审计 对交通、水利、城市基础设施建设、灾后重建等政府投资基本建设项目和对口援疆项目进行审计，完成审计项目 1011 个，审计项目投资额 98.42 亿元，审计查出主要问题金额 5.23 亿元，核减投资额（工程款）4.56 亿元。

民生资金（项目）审计 开展保障性安居工程审计。按照喀什地委、行署关于脱贫攻坚总体部署和《中央第六巡视组指出新疆扶贫领域干部作风问题进行立行立改的意见》，把扶贫作为审计监督执纪问责重点，整合审计资源，深入开展扶贫审计，保障惠民政策有效落实。

（撰稿人：刘　军）

【和田地区审计局】 2018年，和田地区审计局实有28人。党组书记周南平，局长艾热提·热介甫，副局长陈刚，调研员李文玲、周民。设有办公室、财政审计科、农牧审计科、经济责任审计科、行政事业审计科、社会保障审计科、固定资产投资审计中心。

审计成果 2018年，和田地县两级审计机关完成审计和专项审计调查项目53个。查出违规金额13.96亿元、管理不规范金额28.19亿元、损失浪费金额800万元，非金额计量问题157个。审计决定应上缴财政4621万元，应归还原渠道资金1.72亿元，出具审计报告47篇，提出审计建议204条，被采纳146条。

国家重大政策措施落实情况跟踪审计 地区审计局组织本级和各县市审计局完成4个季度国家重大政策措施落实情况跟踪审计，发现个别县市存在项目实施进度慢、项目管理不规范、建设项目未按规定及时编报结（决）算、部分人员违规享受土地再分配政策、城乡医疗救助资金供需矛盾突出、未按合同规定支付工程款等问题。

财政审计 完成对公共财政收支、基金收支、专项资金分配管理情况及农业综合开发专项资金、部门预算编制、国库制度改革情况等审计项目，促进合理安排和调度财政资金。

民生资金（项目）审计 在精准脱贫攻坚战方面，按照地区扶贫领域腐败和作风问题专项治理要求，组织和田地区审计机关采取审计检查、“交叉审”的方式，实现对各县市扶贫专项审计全覆盖。突出精准、安全、绩效，揭示扶贫政策落实不到位、挤占挪用扶贫资金、部分扶贫项目效益不佳等问题，推动扶贫政策落地生根、扶贫资金和项目发挥实效，并加强督促整改。

固定资产投资审计 完成政府投资审计和援疆资金项目跟踪审计，发现主要问题金额1503万元，揭示投资结构不合理、重复建设、损失浪费等问题。

专项资金审计 完成全地区维稳资金管理使用情况审计，针对发现的普遍性、典型性、突出性问题提出规范管理、解决问题和完善机制等意见建议，推动全地区各项维稳资金使用和项目管理安全有序、措施到位。 （撰稿人：汪小刚）

【伊犁哈萨克自治州审计局】 2018年，伊犁哈萨克自治州审计局实有52人。党组书记张新民，局长胡尔曼哈力·洪海，副局长军卡、张华阳（11月—）。设有办公室、法制处、财政金融审计处、行政事业审计处、农业与资源环保审计处、社会保障审计处、固定资产投资审计处、经贸审计处、经济责任审计处、离退休干部工作处等10个处室；下设固定资产投资审计中心、计算机技术中心等事业单位。

审计成果 2018年，伊犁哈萨克自治州州县两级审计机关完成审计项目233个、专项审计调查项目8个。查出主要问题金额81.59亿元，其中违规金额3.66亿元、损失浪费金额7074万元、管理不规范金额77.23亿元；审计发现非金额计量问题396个；损益（收支）不实金额9.91亿元；出具审计报告和专项审计调查报告246篇，被批示、采用19篇次。审计处理处罚金额9.04亿元，其中应上缴财政1.15亿元、应减少财政拨款或补贴2972万元、应归还原渠道资金1.4亿元、应缴纳其他资金4210万元、应调账处理金额5.76亿元；移送司法机关、纪检监察机关和有关部门处理事项24件，移送处理人员104人，移送处理金额2014万元。审计促进整改落实有关问题资金7.38亿元；审计后挽回（避免）损失2982万元；核减投资额6.27亿元。审计提出建议404条，被采纳314条；推动被审计单位制定整改措施9项；提交审计信息183篇，被批示、采用51篇次。

国家重大政策措施落实情况跟踪审计 完成2018年中央、自治区重大政策措施落实情况跟踪审计，通过加大对经济社会运行中各类风险隐患揭示力度和重点民生资金和项目审计力度，为政府决策提供参考依据。

财政审计 完成审计项目79个，查出主要问题金额69.71亿元。

经济责任审计 对46个单位76名党政领导干部及企业领导人员进行经济责任审计，查出主要问题金额4.07亿元。

固定资产投资审计 完成审计项目48个，涉及项目投资总额3.29亿元，共核减投资额6.27亿元，查出主要问题金额1.28亿元。

民生资金（项目）审计 深入开展扶贫审计，

披露各类违纪违法问题 2.8 亿元，移送处理 97 人。

企业审计 完成审计项目 4 个，查出主要问题金额 2.09 亿元。

专项资金审计 完成专项资金审计项目 60 个，审计专项资金总额 35.81 亿元，查出主要问题金额 3.62 亿元。

交办任务 抽调 20 人次参加州纪委、政法委、组织部巡察、督查、查办案件、干部考核、民运会等工作。

信息化建设 加强《现场审计实施系统》和《审计管理系统》的应用，强化数据的交互和共享，组织征集 AO 审计典型案例 18 篇。

相关工作 持续深入推进党建和廉政建设工作，加强人员队伍建设，全力保障中央治疆方略和自治区党委、政府的决策部署有效落实。

（撰稿人：付晓洁）

【塔城地区审计局】 2018 年，塔城地区审计局实有 30 人。党组书记赛力克·吐尔逊，局长丁正全，副局长邓明强，总审计师廖军，经济责任审计联席会议办公室主任王志红，副调研员王秀英。设有办公室、法制科、财政金融审计科、文教行政事业审计科、经贸审计科、固定资产投资审计科、经济责任审计科、督察审理科、社会保险科 9 个科室；下设固定资产投资审计中心。

审计成果 2018 年，塔城地区审计局完成审计项目 39 个。查出主要问题金额 2.13 亿元，其中违规金额 1596 万元、管理不规范金额 1.98 亿元；审计发现非金额计量问题 165 个；出具审计报告和专项审计调查报告 39 篇，被批示、采用 8 篇次。审计处理处罚金额 833 万元，其中应上缴财政 7 万元、应归还原渠道资金 566 万元、应缴纳其他资金 15 万元、应调账处理金额 243 万元；核减投资额 1062 万元。审计提出建议 45 条，被采纳 20 条；提交审计信息 22 篇。

国家重大政策措施落实情况跟踪审计 组织 5 县市对重大扶贫政策措施落实情况实施跟踪审计，查出主要问题金额 1442 万元。

财政审计 关注财政资金的真实合法效益开展财政审计。对地区和 7 县（市）政府性债务进行审计，提出深化财税体制改革、推动盘活财政存量资金的建议，促进地区财政优化支出结构。

经济责任审计 对 1 名领导干部开展经济责任审计，查出主要问题金额 1187 万元。

固定资产投资审计 完成政府投资审计项目 29 个，核减投资额 1062 万元。

民生资金（项目）审计 开展 2017 年保障性安居工程审计，查出主要问题金额 1474.51 万元。组织全地区 2015 年至 2017 年新型农村合作医疗保险基金专项审计，查出主要问题金额 633.02 万元。组织塔城地区城乡居民、城镇职工大病保险基金管理使用情况审计，查出主要问题金额 862.03 万元。

交办任务 关注改革和社会热点问题，完成地方党委、政府交办的各项工作任务，为推进改革、促进管理发挥作用。

信息化建设 完成数据分析室建设工作，完善工作制度，购置设备已投入使用。

相关工作 围绕自治区社会稳定和长治久安总目标和地委、行署工作中心，加强党建工作。认真履行监督职责，组织审计业务培训，加强审计队伍建设，落实党风廉政建设责任制，加大审计执法力度，提升审计质量。（撰稿人：张 颖）

【阿勒泰地区审计局】 2018 年，阿勒泰地区审计局实有 30 人。党组书记努克什·艾尼瓦尔别克，局长许玲（—5 月）、刘新斌（5 月—），总审计师兼经济责任审计工作联席会议办公室主任姜淑英。设有办公室、监察综合室、法制科、督察和内部审计管理科、财政金融审计科、行政事业和社会保障审计科、农业与资源环保审计科、固定资产投资外资和企业审计科 8 个职能科室；下设经济责任审计中心。

审计成果 2018 年，阿勒泰地县两级审计机关完成审计项目 54 个。查出主要问题金额 40.53 亿元，其中违规金额 6.52 亿元、管理不规范金额 34.01 亿元；审计处理处罚金额 7.49 亿元，其中应上缴财政 2.32 亿元、应归还原渠道资金 2.65 亿元、应调账处理金额 2.52 亿元、应缴纳其他资金 17 万元；审计发现非金额计量问题 318 个；审计期间整改金额 5.33 亿元；审计促进整改落实有关问题资金 5.17 亿元，其中增收节支 2.56 亿元、已上缴财政 7752 万元、已调账处理金额 2.57 亿元、已归还原渠道资金1.78亿元；核减投资额5781万元。移送司法机关、纪检监察机关和有关部门处理事项21件，移送处理金额5128万元。出具审计报告和专项审计调查报告105篇，被批示、采用22篇；提交审计信息186篇，被批示、采用审计信息68篇；提出审计建议103条，被采纳43条。

国家重大政策措施落实情况跟踪审计　关注“放管服”、精准脱贫、防范化解重大风险、民生领域等方面政策措施落实情况，开展跟踪审计。地县两级延伸审计单位230个，查出主要问题金额3609万元。对保障国家重大决策部署贯彻落实，促进政令畅通，推动经济平稳健康发展，发挥重要作用。

财政审计　关注预算编制和执行合理性、完整性，预决算公开、政府债务管理、绩效管理等方面的政策落实情况，审计重点向支出预算绩效和政策落实情况拓展，完成审计项目17个，查出主要问题金额34.15亿元。

经济责任审计　党政同责、同责同审，对7个单位17名领导干部开展经济责任审计，查出主要问题金额1.71亿元。

固定资产投资审计　完成审计项目9个，延伸审计单位33个，审计项目投资额33.56亿元，查出主要问题金额3022万元。

民生资金（项目）审计　对哈巴河县、福海县、富蕴县2018年保障性安居工程资金投入和使用绩效进行审计，重点审计棚户区改造和公共租赁住房的投资、建设、分配、使用和后续管理等情况。完成扶贫审计项目8个，查出主要问题金额2.41亿元。

（撰稿人：古丽娜尔）

2018年新疆维吾尔自治区所辖区、县(市)级审计工作统计表

金额单位：万元

审计机关	完成审计项目/个	审计查出主要问题金额	审计发现非金额计量问题/个	审计期间整改金额	出具审计报告和审计调查报告/篇	审计处理情况		审计促进整改落实有关问题资金	审计提出建议/条	提交审计信息/篇
						审计处理处罚金额	移送处理事项/件			
乌鲁木齐市										
乌鲁木齐市本级	44	333866	114	8001	54	173752	11	13100	64	11
天山区审计局	9	87	12		11				25	3
沙依巴克区审计局	5	22	2		7				13	
新市(高新技术开发)区审计局	14	50630	4	3	14	109	2	3	35	
水磨沟区市审计局	4	204726	4		7	24		24	8	22
头屯河(经济技术开发)区审计局	105	24091	317		108	23482		22001	348	
达坂城区审计局	4	117	24		4			39	12	
米东区审计局	12	15032		1821	12	13054		130	71	2
乌鲁木齐县审计局	5	63106	28	6982	11	7735			24	63
克拉玛依市										
克拉玛依市本级	8	70628	59	17635	9	19990	1	18908	29	13

（续表）

审计机关	完成审计项目/个	审计查出主要问题金额	审计发现非金额计量问题/个	审计期间整改金额	出具审计报告和审计调查报告/篇	审计处理情况		审计促进整改落实有关问题资金	审计提出建议/条	提交审计信息/篇
						审计处理处罚金额	移送处理事项/件			
独山子区审计局										
克拉玛依区审计局										
白碱滩区审计局	6	364			10				10	
乌尔禾区审计局										
吐鲁番市										
吐鲁番市本级	15	17130	21	3683	18			3	17	
高昌区审计局	9	243403	27	455	11	5688	7		31	
鄯善县审计局	16	526	217		20	21		20	21	
托克逊县审计局	14	999	41		14	999		999	44	12
哈密市										
哈密市本级	5	53593	58		5	36390			10	7
伊州区审计局	59	135022	115	6	62	13418	39	6254	109	7
巴里坤哈萨克自治县审计局	11	1490	16	1069	11	1079			1	
伊吾县审计局	31	124142	26	50	31	8553		8152	72	
昌吉回族自治州										
昌吉回族自治州本级	36	171822	131	246	48	24006	3	22060	70	60
昌吉市审计局	11	28940	52		16	1469		1005	34	
阜康市审计局	14	159130	88		18	14034	12	14012	61	1
呼图壁县审计局	11	60809	8		13	138			33	
玛纳斯县审计局	14	8383	9	63	23	3514		1899	25	39
奇台县审计局	5	14898	16	3780	8	5667	4	3782	9	
吉木萨尔县审计局	71	91461	27		72	7270	5	7258	20	16
木垒哈萨克自治县审计局	18	47500	38	1930	27	17445	2	16181	37	157
博尔塔拉蒙古自治州										
博尔塔拉蒙古自治州本级	2	2338	5	25	2	305		25	7	1
博乐市审计局	3	94254	1	36702	3	78	1		4	1
阿拉山口市审计局	28	17683	48		28	7559	3		30	

（续表）

审计机关	完成审计项目/个	审计查出主要问题金额	审计发现非金额计量问题/个	审计期间整改金额	出具审计报告和审计调查报告/篇	审计处理情况		审计促进整改落实有关问题资金	审计提出建议/条	提交审计信息/篇
						审计处理处罚金额	移送处理事项/件			
精河县审计局	9	33273	3	14264	9				6	
温泉县审计局	2	387	2		2	74			4	
巴音郭楞蒙古自治州										
巴音郭楞蒙古自治州本级	22	185467	147	18520	29	17065	15	5184	63	18
库尔勒市审计局	11	107820	29	14979	11	15848		15848	39	30
轮台县审计局	17	77946	29		19	479		383	38	33
尉犁县审计局	11	33261	23	5917	16	6854	12	6007	30	72
若羌县审计局	7	3699	22	8	8		3		44	12
且末县审计局	28	26313	64	59	37	421		421	97	
焉耆回族自治县审计局	11	3779	14	2226	11	3349		2226	4	30
和静县审计局	7	33160	51	5028	9	5028	2	5028	27	60
和硕县审计局	9	41108	13	25567	10	15212		14		
博湖县审计局	5	92766	19	2	5	2	1	2	19	228
阿克苏地区										
阿克苏地区本级	40	114676	74	324	54	75	6	75	109	1
阿克苏市审计局	27	174459	30	64	25		3		65	
温宿县审计局	28	11350	82	319	39	11343	5	9714	90	
库车县审计局	23	126670	20	20032	23	3312		1024	57	1
沙雅县审计局	23	108129	88		23	105126	9	77228	98	
新和县审计局	14	114832	61	3717	14	3163			53	5
拜城县审计局	17	53120	42	70	17	36	4		58	
乌什县审计局	7	2759		302	7	15			56	
阿瓦提县审计局	207	79614	63	59804	209	17739	6		149	
柯坪县审计局	6	37254	46		6	37132			28	
克孜勒苏柯尔克孜自治州										
克孜勒苏柯尔克孜自治州本级	26	110521	63	18	26		32		68	
阿图什市审计局										
阿克陶县审计局	478	28905			478		8		542	
阿合奇县审计局	82	7684	91	17	82	17	1		164	
乌恰县审计局	11	63189	734	1790	11	21420		51		

（续表）

审计机关	完成审计项目/个	审计查出主要问题金额	审计发现非金额计量问题/个	审计期间整改金额	出具审计报告和审计调查报告/篇	审计处理情况		审计促进整改落实有关问题资金	审计提出建议/条	提交审计信息/篇
						审计处理处罚金额	移送处理事项/件			
喀什地区										
喀什地区本级	125	2337303	262	45999	128	897463	48	124	361	16
喀什市审计局	2	75543			2				6	7
疏附县审计局	24	256511	47	420	25	1225			24	
疏勒县审计局	131	20500	5		131				132	
英吉沙县审计局	101	121361	27		103	9009		4618	37	7
泽普县审计局	15	2077			22	898		684	5	
莎车县审计局	60	7705	138		60	5123		1140	788	
叶城县审计局	563	29896	270		563	11796			1391	5
麦盖提县审计局	10	14321	7	11135	12		1		13	10
岳普湖县审计局	41	10836	2	2602	45	8139				
伽师县审计局	7	2566	12		7					17
巴楚县审计局	34	58241		55843	34	53682			2	
塔什库尔干塔吉克自治县审计局										
和田地区										
和田地区本级	1	83219	5	15064	2	13700		15064	5	
和田市审计局	7	132091	9	14565	1	2316		73058	15	
和田县审计局	4	6836	14	143	4	144	4	1171	17	
墨玉县审计局	2	3658	1		2				2	
皮山县审计局	19	43094	50	9	18	5019		28	86	
洛浦县审计局	3	2823			3	627			5	
策勒县审计局	7	30143	40		7		3	30		
于田县审计局	4	77338	20	7	4	11		7	16	
民丰县审计局	6	43019	18	601	6				28	21
伊犁哈萨克自治州										
伊犁哈萨克自治州本级	46	184759	178	2992	46	7468	22	3620	98	4
伊宁市审计局	23	26925	4		20	27			8	25
奎屯市审计局	36	16544	25	27	54	3065			99	37
霍尔果斯市审计局	10	6099	33	4860	9					
伊宁县审计局	22	4631	11		25	4196			7	
察布查尔锡伯自治县审计局	20	5097	5		20	4982			7	

（续表）

审计机关	完成审计项目/个	审计查出主要问题金额	审计发现非金额计量问题/个	审计期间整改金额	出具审计报告和审计调查报告/篇	审计处理情况		审计促进整改落实有关问题资金	审计提出建议/条	提交审计信息/篇
						审计处理处罚金额	移送处理事项/件			
霍城县审计局	8	55113	2	1370	8	53912		53659	1	
巩留县审计局	24	49005	31	8	20	536		348	47	51
新源县审计局	14	26116	65		14	16166		16128	71	6
昭苏县审计局	6	229135	16		6	4	2		7	
特克斯县审计局	12	155005	16		22	5		1	32	30
尼勒克县审计局	12	57452	10		12				27	30
塔城地区										
塔城地区本级	39	21349	165		39	833			45	22
塔城市审计局										
乌苏市审计局										
额敏县审计局										
沙湾县审计局										
托里县审计局										
裕民县审计局										
和布克赛尔蒙古自治县审计局										
阿勒泰地区										
阿勒泰地区本级	13	78443	182	577	15	18007	17	6983	19	90
阿勒泰市审计局	7	73465	16	1407	11	3036		43	18	19
布尔津县审计局	2	43603	11		5	10101		626	4	28
富蕴县审计局	11	58392	48		14	67			24	17
福海县审计局	4	7976	1	7576	6					8
哈巴河县审计局	4	96620	11	102	5	3				
青河县审计局	5	3207	27	11	8	17		436	23	
吉木乃县审计局	8	43629	22	43629	9	43629	4	43629	15	24

新疆生产建设兵团

【新疆生产建设兵团审计局】 2018 年，新疆生产建设兵团审计局实有 28 人。设有办公室（审计信息化处）、法制处（审计整改监督处）、财金审计处、企业审计处、固定资产投资审计处、社会保障及专项资金审计处、经济责任审计处、资源环保审计处。

领导成员

党组书记、局长：梅新顺

党组成员、副局长：向春华

刘　宇（援疆干部）

丁　峰

总审计师：治建和

纪检组长：马小惠

审计成果 2018年，新疆生产建设兵团兵师两级审计机关完成审计项目和专项审计调查项目416个。查出问题金额498.71亿元，审计期间整改5.16亿元，审计处理处罚金额45.22亿元。上报各类审计报告、审计信息501篇，审计提出建议828条，被采纳612条；被审计单位制定整改措施22条，推动各级各部门单位建立健全各项管理制度15项。向各级有关部门移送处理132件43人，移送处理金额24.44亿元。

兵团第六师审计局实施的兵团第六师14家国有监管企业2012年至2016年资产质量及重大投资收益情况专项审计调查项目被审计署评为优秀审计项目。

国家重大政策措施落实情况跟踪审计 兵团审计局组织兵师两级审计机关335名审计人员，对兵团各级382个部门单位、1385个项目开展重大政策措施贯彻落实情况跟踪审计。审计发现各类问题169个，违规问题金额19.72亿元，避免和挽回经济损失金额40万元，提出并被采纳审计建议152条。对部分整改难度大、长期整改不到位的问题及时移交兵团各级有关部门作出处理，切实推动中央、国务院重大政策措施在兵团各级贯彻落实到位。

财政审计 以财政预算执行审计为主导，结合党政领导干部任期、离任经济责任审计，组织对兵团质监局、人社局、住建局和机要局2017年度预算执行情况进行审计。针对审计发现的部分单位财政财务收支、预算执行、资金管理使用及资产管理中存在的突出问题，移送纪委监委处理3件，向主管部门移送1件，向兵团出具专题报告2份，有针对性地提出审计意见建议。

兵团审计局和各师市审计局对70个党政机关和参照公务员管理的事业单位及所属企业，贯彻落实中央八项规定精神、《党政机关厉行节约反对浪费条例》和兵团有关规定的执行情况进行审计。内容涉及公务接待费、公务用车配备和运行费、培训费、会议费、出国经费的管理使用5个方面，发现问题178个。针对不按规定执行的单位依法提出审计处理意见，责成限期整改落实；对违规违纪的单位和个人，依法移送。

经济责任审计 兵团审计局组织兵师审计人员，对30名党政领导干部开展经济责任审计，其中离任审计29人、任中审计1人。查出主要问题金额15.36亿元，其中违规金额3.11亿元、损失浪费金额84万元、管理不规范金额12.24亿元。提交审计报告和审计结果报告29篇，提出并被采纳审计建议4条。对审计查出的部分被审计单位在预算管理、预算执行、预算调整、重大投资、国有资产监管等方面问题，依据法定程序作出处理，限期落实整改。

兵团审计局对第十师北屯市领导干部开展自然资源资产离任审计。重点关注土地、水、森林等自然资源和相关生态环境保护情况，抽查第十师国资委、第十师财政局、第十师国土资源局、第十师水利局、第十师农业（农林牧）局、第十师发展改革委、第十师住房和城乡建设局、第十师环保局、第十师商务局，对部分事项延伸审查181团、183团、184团、187团、188团及北屯市工业园区。审计揭示在政策落实和制度建设、自然资源资产管理使用、目标责任制完成、履行生态环境保护监督责任、资金管理使用等6个方面22类问题，移送兵团纪委监委处理2件。

固定资产投资审计 兵团审计局组织对兵团水利信息化建设项目、北屯市迎宾中路与将台路连接（得仁山）建设项目、兵团纪委监委0316建设项目（一期）进行审计和审计调查。发现部分建设项目存在项目决策不科学、挪用项目建设资金、招投标不规范、超概算、超资质承揽工程、肢解发包工程、多计工程款、资产管理不到位造成损失、项目建设效益未达预期等问题，查出违规金额1.23亿元；移送兵团纪委监委线索5件，涉及金额5805.95万元；移送主管部门违规事项3项，涉及金额4231.41万元；向兵团提交审计专题报告2篇。

民生资金（项目）审计 兵团审计局组织各师审计机关对2017年兵团保障性安居工程及配套基础设施的计划、投资、建设、分配、运营等情况进行跟踪审计，延伸调查180个安居工程项目的建设管理情况。审计查出有部分团场未完成安居工程目标任务，采取编造虚假拆迁资料、虚列支出的方式，套取、骗取安居工程财政资金，用于支付实际拆迁补偿款和基础设施配套建设，违规将安居工程专项资金改变用途、变相使用等问题，提出有针对性的审计意见建议，督促各级有关部门单位整改落实。

兵团审计局组织兵师审计机关对第二师铁门关市、第三师图木舒克市、第六师五家渠市、第九师、第十师北屯市、第十四师昆玉市2017年至2018年9月扶贫专项进行审计，发现扶贫工作领域各类问题101个，涉及扶贫资金问题金额8.07亿元。针对突出问题提出意见建议，向兵团纪委监委移送问题线索9件，向兵团建设局移送问题线索2件。

债务审计 兵团审计局牵头，兵团财政局、兵团金融办参加，共同完成政府性债务审计工作，出具《2018年兵团政府性债务审计结果报告》；对2013年6月至2018年10月兵团存量政府性债务情况进行审计核实。

信息化建设 按照审计署"统一规划、两级部署、以用为本"的原则，稳步推进兵团"金审工程"三期项目建设，完成兵团审计视频会商系统建设，实现兵师审计机关两级工作联动。整合审计力量，组建大数据审计团队，同步开展大数据采集、标准化及数据分析工作，积极探索大数据审计方法，统筹推进兵团审计信息化建设和数据审计工作。

相关工作 兵团审计局党组继续选派6名党员干部分别驻克苏阿瓦提县英艾日克乡托万克兰杆村和第三师44团六连开展"访惠聚"工作。工作队聚焦新疆工作总目标，开展入户走访、加强基层党组织建设、精准扶贫、打击"两面人"和"去极端化"等各项工作，切实维护当地社会稳定。当年，兵团审计局投入40余万元，加强所驻村（连）基层党组织阵地建设，助力困难职工群众脱贫增收。

兵团审计局先后在中秋节、古尔邦节、劳动节、国庆节等节日6次组织全局结亲干部与第三师44团六连的结亲群众开展"民族团结一家亲"活动，与职工群众同吃、同住、同学习、同劳动，宣传党的各项方针政策，捐资捐物，帮助解决贫困家庭的实际困难，用真心交真情，促进各民族间的交往交流交融。援疆干部争取到"澳大利亚魏基成慈善列车"项目和爱心人士孔蕙兰女士，分别为44团六连群众捐赠御寒棉衣。

依托审计署"智力援疆、送教上门"和"走出去"等多种培训方式，组织和选派兵师两级审计机关审计业务骨干共计338人次分别参加审计署、兵团培训共48期（次），组织参加审计署视频培训（会议）5次，自行组织培训3次，选派13人参加在兵团党委党校、兵团干部教育学院举办的兵团干部教育培训班。 （撰稿人：丁 博）

【第一师阿拉尔市审计局】 2018年，第一师阿拉尔市审计局实有30人。党组书记、局长邓凯平（—3月），党组书记、局长黄疆萍（4月—），党组成员、第二审计中心主任侯民伟，副局长万丛书。设有财金和固定资产投资科、法制科、综合审计科；下设第一审计中心、第二审计中心。

审计成果 2018年，第一师阿拉尔市审计局完成审计项目42个，其中专项审计调查项目5个。查出主要问题金额25亿元，其中违规金额1.47亿元、损失浪费资金8359万元、管理不规范金额22.69亿元；审计发现非金额计量问题237个；损益（收支）不实金额163万元；出具审计报告和专项审计调查报告56篇，审计处理处罚金额11.96亿元，其中应上缴财政3589万元、应归还原渠道资金7.19亿元、应缴纳其他资金106万元、应调整处理金额4.4亿元；移送司法机关、纪检监察机关和有关部门处理事项19件，移送处理金额3.47亿元；审计后挽回损失234万元；核减投资额203万元；移送处理落实事项1件。审计提出建议139条，被采纳127条；提交审计信息7篇，被批示、采用4篇次。

国家重大政策措施落实情况跟踪审计 参加兵团统一组织的政府性债务审核；开展团场政府性债务和经营性债务划分，完成一师存量政府性债务数据核实工作。经师市党委常委会研究通过的扶贫审计专题整改报告上报兵团，师团两级纪委对出现问题的7人进行党政纪处分。对一师环保监测执法业务用房项目实施竣工决算审计。与财政等部门一起初步摸清师辖范围拖欠民营企业账款情况。

财政审计 开展本级预算执行和其他财政收支审计，受市政府委托，审计局向阿拉尔市人大常委会作审计工作报告，经审议通过。

经济责任审计 召开师市经济责任审计工作联席会议，推动经济责任审计的规范化。完成18

名领导干部经济责任审计，提交审计报告和结果报告29篇，查出违规金额1.42亿元、管理不规范金额16.77亿元、损失浪费金额7745万元，移送纪委监委及相关部门事项7件。对第一师阿拉尔市发展改革委原主任开展自然资源资产离任审计，标志着第一师阿拉尔市自然资源资产正式纳入审计监督范围。

固定资产投资审计 开展政府投资项目和援疆项目审计17个。在施工单位、业主审核二审的基础上，审计通过三审核减工程投资203万元。

企业审计 坚持问题导向，反腐开路，对师属聚天红果业公司等3家企业进行审计，以书记专题会解决该公司问题1次，上报审计专报4份、审计要情1份，审计成果转化取得良好效果。派员参与师市塔河矿业部分股权转让审核工作。派出2人参与团改办组成的两个督导组，深入团办企业调研，推进团办企业改革。

相关工作 以问题为导向，加大案件查处力度，扩大审计震慑和影响力，移送处理事项19件，挽回经济损失234万元。在审计过程中提出审计建议139条，被采纳127条，重大问题及时请示汇报，取得党政领导支持。为推进团场综合配套改革工作地顺利进行，分组分批对10团十六连、十二连和十一连共140户开展走访入户工作，了解一线职工生活上的困难，与两委班子成员沟通，解决他们工作、生活当中遇到的疑难，力所能及地解决职工群众生产、生活中的困难。

全面落实民族团结一家亲“结亲周”、“斋月”下沉和“两个全覆盖”任务，与亲戚同吃同住同劳动同学习，向亲戚解读十九大精神，讲清党的惠民政策，讲清非法宗教75种表现形式，帮助解决结亲户生活中遇到的实际困难。由师市审计局牵头与党委宣传部、师市直党工委、计生委等7个部门，在托喀依乡1队队部，联合举办“中国农民丰收节”民族团结联谊活动。连续两年派出审计干部参加南疆学前双语教育干部支教。

内部审计 设有企事业单位内部审计机构7个，完成审计项目17个。（撰稿人：王先灵）

【第二师铁门关市审计局】 2018年，第二师铁门关市审计局实有5人（未含审计中心人数）。局长鲁军，副局长曹丽珍，第一审计中心主任王道琴。设有财金审计科、企业审计科；另设第一审计中心、第二审计中心、第三审计中心。

审计成果 2018年，第二师铁门关市审计局完成审计项目25个，其中专项审计调查项目4个。查出主要问题金额3.77亿元，其中违规金额1.94亿元、管理不规范金额1.83亿元；审计处理处罚金额1.02亿元，其中应上缴财政375万元、应归还原渠道资金9796万元、应调账处理金额41万元；提出审计建议79条；出具审计报告和审计调查报告25篇，印发移送处理书17份、审计整改通知15篇，被批示18条。

国家重大政策措施落实情况跟踪审计 按季度完成第二师铁门关市重大政策措施落实情况跟踪审计，按时向兵团审计局提交审计报告。及时揭示在政策落实等方面存在的问题，促进中央和兵团重大决策部署落地生根，发挥实效。

财政审计 围绕财政资金收支与管理主线，加大对预算编制合理性，预算执行真实性、效益性分析，完成对2017年铁门关市本级、铁门关经济技术开发区的预算执行及其他财政收支情况审计，受政府委托，向铁门关市人大常委会作审计工作报告。

经济责任审计 完成对9个单位17名领导干部的经济责任审计，查出套取、挪用财政资金、利用职权谋取私利等问题。对22团开展领导干部自然资源资产离任审计，通过揭示部分防护林管护不到位、林业资源遭受病虫害等问题，增强领导干部保护生态环境的自觉性。

民生资金（项目）审计 完成2017年城镇保障性安居工程跟踪审计，发现在资金管理、工程管理方面存在的问题。完成铁门关市拆迁资金专项审计调查，发现多付司法鉴定费、拆迁信息未公开不透明、挤占拆迁资金等问题。完成第二师铁门关市扶贫、义教经费“三个增长”、“三馆”（博物馆、团史馆、陈列馆）专项资金的审计调查，发现挪用专项资金、违规报销差费、培训费、隐匿“三公”经费等问题。

相关工作 按照要求安排10人次配合兵团审计局开展的审计项目；持续跟踪整改审计发现问题，整改率达95%。专项资金审计保障惠民政策的贯彻落实；加强党建工作，坚持“三会一课”制度，全年召开支部大会11次、支部书记上党课

4次，政治理论学习47次。审计中心被中共第二师铁门关市委员会评为先进基层党支部；审计局荣获2017年度兵团审计系统先进集体称号。

（撰稿人：张秀芬）

【第三师图木舒克市审计局】 2018年，第三师图木舒克市审计机构实有35人。局长何小强（—6月）、武维明（7月—），副局长王进、贾霞云，调研员王国华，副调研员郑海鹰（6月—），第一审计中心主任程雅丽（6月—）。除审计局相关处室外，下设第三师农牧团场第一审计中心、第二审计中心和固定资产投资审计中心等事业单位。

审计成果 2018年，第三师图木舒克市审计机构完成审计项目26个，其中专项审计调查项目3个。查出主要问题金额38.57亿元，其中违规金额4403万元、损失浪费金额2828万元、管理不规范金额37.84亿元；审计发现非金额计量问题87个；出具审计报告和专项审计调查报告45篇，审计调账处理金额7012万元；审计提出建议59条，被采纳46条。

被兵团审计局授予2018年度兵团审计系统先进集体，4人荣获2018年度兵团审计系统先进个人称号。

国家重大政策措施落实情况跟踪审计 开展地方性债务审计，推动遏制债务增量、稳妥化解债务存量的工作落实，对2013年6月末至2018年10月末审计认定的政府性债务的存量进行核实，最终确定尚未偿还的政府性债务为1.65亿元。开展对口支援第三师图木舒克市发展资金及重点建设项目跟踪审计，确保援建资金规范使用。

财政审计 对第三师2017年度预算执行及其他财政收支情况、图木舒克市2017年度预算执行及其他财务收支情况、图木舒克市地方税务局2017年税收征管情况、图木舒克市电视台2015年至2017年预算执行及其他财政收支情况进行审计。

经济责任审计 对第三师图木舒克市委党校原常务副校长、新疆昆仑神农股份有限公司董事长等14名领导干部（人员）任职期间经济责任履行情况进行审计，提出并被采纳审计建议27条。对41团原团长任职期间自然资源资产管理和生态环境保护责任履行情况进行试点审计。

民生资金（项目）审计 完成兵团2017年保障性安居工程跟踪审计，涉及51团、53团、41团、44团、伽师总场、莎车农场等6个团场，发现非金额计量问题3个，提出审计建议3条。完成第三师图木舒克市“三馆”（博物馆、团史馆、陈列馆）使用财政资金情况的专项审计调查。

企业审计 对2016年前海集团有限责任公司资产负债损益情况进行审计。对新疆前海集团有限公司、新疆叶河阳光有限公司、新疆疆南牧业有限公司进行专项审计调查。完成图木舒克市宾馆2007年至2017年经营情况、兵团草湖纺织服装产业园项目专项审计调查（调研）等项目，核实企业财务的总体状况，提出审计建议供师市党委、领导决策参考。根据安排，抽调局领导到前昆工建集团、师市企业改制办公室，负责或者参与企业改制，定期向师领导汇报工作进展，为师市深化国资国企改革做了大量工作。

（撰稿人：崔永昌）

【第四师可克达拉市审计局】 2018年，第四师可克达拉市审计局实有28人。局长孔德忠，副局长张荣华，第一审计中心主任张萍，第二审计中心主任马吉新，第三审计中心主任石正国。下设第一、第二、第三审计中心。

审计成果 2018年，第四师可克达拉市审计机构完成审计项目48个。查出主要问题金额4.62亿元，其中违规金额2076万元、损失浪费金额240万元、管理不规范金额4.39亿元；审计发现非金额计量问题78个；损益（收支）不实金额2643万元；出具审计报告48篇。审计处理处罚金额4915万元，其中应上缴财政2万元、应归还原渠道资金4913万元；移送司法机关、纪检监察机关和有关部门处理事项2件，移送处理人员1人，移送处理金额33万元。核减投资额2.55亿元。

国家重大政策措施落实情况跟踪审计 按照审计署的部署，完成稳增长、促改革、调结构、惠民生、防风险政策措施落实情况跟踪审计，每季度按时上报跟踪审计报告。

财政审计 对2017年度第四师可克达拉市本级预算执行和其他财政收支进行审计，出具审计报告2篇。

经济责任审计 完成对13个单位14名领导的任期经济责任审计，出具审计报告14篇。对63团开展自然资源资产离任审计，出具审计报告1篇。

固定资产投资审计 完成28个固定资产投资项目竣工决算审计，发现未履行招投标程序擅自发包工程、未经批准擅自变更投资规模、未及时编制竣工财务决算和工程项目资料收集不及时不完整不符合规定的问题。

民生资金（项目）审计 对师市2017年保障性安居工程的计划、投资、建设、分配、运营等情况及配套基础设施建设情况进行审计。

其他审计项目 对5个团场的学校、医院资产清查及团场企业不良资产中介的清查鉴证报告进行抽查，在中介机构出具的鉴证报告基础上调增1434.74万元，调减814.59万元，另外还发现中介机构未按合同约定期限提供鉴证报告，确认资产损失证据不充分等问题。选派人员，参加对一师、三师、九师、十四师的政府性债务交叉审计，对三师、十四师的扶贫资金进行交叉审计，对三师的水利资金信息化进行交叉审计。

交办任务 配合纪委监委、扶贫办督促检查师市扶贫资金审计发现问题的整改；选派人员，参加师市巡察办的全年巡察，配合师市金融办完成团场存量金融债务的划分确认，参加师市2017年度扶贫对象建档立卡，参加师市纪委监委案件初核等工作。

内部审计 全师市设有专职内部审计机构2个，专职人员5人；完成审计项目36个，审计总金额291.08亿元。 （撰稿人：王　蕾）

【第五师双河市审计局】 2018年，第五师双河市审计局实有5人（未含审计中心人数）。局长罗红梅，副局长余平安，第一审计中心主任杨砾（—7月）、刘红（12月—），第二审计中心主任刘武（12月—）。下设农牧团场第一审计中心、农牧团场第二审计中心。

审计成果 2018年，第五师双河市审计机构完成审计项目35个，其中专项审计调查项目10个。查出主要问题金额3.13亿元，其中违规金额3.04亿元、管理不规范金额886万元；审计发现非金额计量问题103个；出具审计报告和专项审计调查报告43篇。审计处理处罚金额7362万元，其中应上缴财政4156万元、应归还原渠道资金3188万元、应缴纳其他资金17万元；移送纪检监察机关处理事项3件，移送处理人员3人，核减投资额5216万元；提出审计建议48条，被采纳审计建议48条；提交审计信息3篇。

国家重大政策措施落实情况跟踪审计 对师市2018年稳增长、惠民生、促发展重大政策措施落实情况、2017年师市保障性安居工程、师市援疆项目资金进行跟踪审计。

财政审计 对本级和9个农牧团场预算执行情况进行全面审计，查出隐瞒转移截留资金1.28亿元、未按规定纳入预算管理406万元、配套资金不落实3524万元等问题，促进被审计单位加强财政资金在执行环节的管理使用。

经济责任审计 受兵团审计局、师市组织部委托，对11名党政领导干部进行审计，移送师市监委案件3人。纪委监委对相关人员作出开除党籍开除公职处分，涉案人员已作有罪判决。

固定资产投资审计 修订完善制度办法，以师市文件出台《第五师双河市政府投资项目审计管理办法》和《第五师双河市政府投资项目审计实施细则》，委托中介机构累计审减工程造价5216万元。对艾湖金林国际建设项目审计调查，在合同价基础上审减1465万元，避免国有资金损失。与师市财政局、发展改革委组成联合调查组，对全师各团场历年所有未移交的已完工、停建、续建、新建共计635个项目的资金使用情况进行全面清理，为师市领导决策提供有价值的审计信息。对89团“泰和佳苑”建设项目进行审计调查，帮助89团理顺与城投公司债权债务关系。

其他审计项目 开展学校财务收支审计，查出有3个学校违规发放津贴、补贴23.91万元。配合兵团纪委对83团、90团的农业综合开发、水利、短绒销售等事项进行专项审计调查，查出的违法违规问题已移送有关部门，涉案人员已被立案调查。配合师市监委对师新华社区部分群众享受城市低保以及各类补贴补助情况进行专项审计调查，涉及违规违纪人员10余人。

交办任务 完成师市领导交办的配合师市检察院完成“83团邓小军刘全挪用公款案”证据链

整理、对瑞林工程监理有限公司领导人员兼职取酬的审计调查、抽调人员协助兵团监委厘清和确定涉嫌行贿受贿案件线索、配合师市公安机关对“8·9专案”进行调查取证、对89团双河市规划房屋征收及土地征用专项资金进行审计调查等任务13项。

内部审计 新赛股份公司内部审计机构成审计项目5个，审计总金额34398万元，提出建议意见被采纳25条。（撰稿人：刘 红）

【第六师五家渠市审计局】 2018年，第六师五家渠市审计局实有24人。党组书记、局长邱建江（5月—），党组成员、副局长卢萍（—4月，主持工作）、王苏平，审计中心主任周明亮（—11月）、杜月英（—12月），第二审计中心主任苏合（10月—）。设有办公室、法制科、财金科、企业科、经责科、投资科、计算机科；下设第一审计中心、第二审计中心、第三审计中心。

审计成果 2018年，第六师五家渠市审计局完成审计项目39个。查出主要问题金额137.04亿元，其中违规金额7.59亿元、损失浪费金额22万元、管理不规范金额129.44亿元；审计发现非金额问题163个，审计处理处罚金额8.4亿元，审计促进整改落实问题资金270万元。提出审计建议102条，被采纳28条；撰写审计信息45篇；移送事项17件，移送人员23人，移送金额2431万元。

第六师国有监管企业2012年至2016年资产质量及重大投资效益情况专项审计调查项目，被审计署评为表彰审计项目。第六师国有监管企业2012年至2016年资产质量及重大投资效益情况专项审计调查、第六师五家渠市2016年度市本级预算执行及其他财政收支审计等2个项目，分别被兵团审计局评为优秀审计项目、表彰审计项目。

国家重大政策措施落实情况跟踪审计 对政府性债务和企业金融债务、脱贫攻坚政策落实和资金使用，重点项目推进和惠民项目落实，清理拖欠民营企业中小企业账款任务落实等情况持续进行跟踪审计，发现存在的问题18个，督促整改问题13个。

财政审计 对2017年度市本级财政预算执行和其他财政收支情况进行审计，审计发现，政府性债务数额较大、存在一定风险、偿债压力大；基本建设预算调整占比较大；批复行政事业单位部门预算不完整；部门预算执行中存在无依据发放市内交通补助、公务用车监督管理不到位、未严格执行公务接待管理规定；政府采购未履行政府统采手续；固定资产管理不到位。针对存在的问题提出审计意见。对交通局、司法局和第一小学的预算执行和其他财政收支情况进行审计。开展政府隐性债务审计，由审计局牵头联合财政部门、金融机构对师市本级及15家农牧团场2013年6月底的50亿元政府性债务余额，进行专项审核，逐笔理清截至2018年10月的债务结存情况。配合兵团审计局对师市截至2017年12月末的金融债务、政府性债务进行核实。安排6人参加兵团审计局对兵团投资公司、一师、二师、四师、九师、十四师的政府性债务进行的实地核实。

经济责任审计 根据兵团审计局安排和师市党委组织部委托，对9名领导干部进行任期或者离任经济责任进行审计，查出主要问题金额29.67亿元，其中违规金额6.61亿元。师市审计局统筹安排，在对原106团政委开展离任经济责任审计时，结合开展自然资源与环境保护专项审计。

固定资产投资审计 完成建设项目审计25个，项目计划投资额4.44亿元，完成投资额1.89亿元，审计查出主要问题金额7878万元，核减工程款2835万元。完成对口援疆6个项目的审计。对师市团场及企业870个在建工程项目及款项进行专项审计调查，核实未完工程215个项目，已完工程未结转固定资产655个项目，对其提出限期整改的要求。

民生资金（项目）审计 对第六师五家渠市2017年度城镇保障性安居工程进行跟踪审计，查出新增发放租赁补贴目标任务未完成，部分保障房闲置，住房保障基础工作薄弱，住房保障对象“一户一档”档案资料、信息不完整等问题。对师市2014年至2017年扶贫审计整改情况进行调查，列出问题清单，对整改情况进行回头看；配合兵团纪委、师市纪委及扶贫办联合开展扶贫工作检查、督查。根据兵团审计局的统一安排，对第六师2017年至2018年9月脱贫攻坚政策措施落实，扶贫项目资金使用和绩效管理等情况进行交叉审计，向兵团归纳汇总上报 10 个问题。配合兵师专项核查，对师市本级财政局、教育局提供的 2014 年至 2017 年教育投入经费拨款及财政经常性收入、生均事业费、“三个增长”方面欠拨、补拨资金的落实等进行核查，延伸抽查师市奇台农场、芳草湖农场、五家渠一中等 13 个学校。

其他审计项目 由审计局牵头，信访、劳动局配合，对五家渠经济技术开发区申请解决民工工资资金情况进行审核。由审计局牵头，联合商务局对师市 2017 年至 2018 年拨付的电子商务进农村综合示范项目 680.75 万元资金使用情况进行核查。联合国资委、国资公司组成 4 人审计调查小组，对鑫宝公司 1.1 亿元畜牧业发展专项基金使用情况进行专项审计调查。完成对兵团交办的师军垦博物馆、102 团文史馆的抽审。

相关工作 配合师市党委、纪委和相关部门开展各项工作 43 批次。按照兵团审计局和师市党委部署要求，加大对审计查出问题整改的跟踪督办力度，采取由局领导带队，由法制科和原审计组的人员组成联合落实审计决定检查组，到被审计单位现场督导检查，对整改结果进行现场核实。做好“民族团结一家亲”和“两个全覆盖”工作，组织开展联谊活动 12 次。师市审计局被兵团审计局授予兵团审计系统先进集体，6 人荣获兵团审计系统先进个人称号。 （撰稿人：丁梅华）

【第七师审计局】 2018 年，第七师审计局实有 28 人。党支部书记、局长朱金红，副局长王峰，第一审计中心主任蒲冬梅。下设第一审计中心（固定资产投资审计中心）、第二审计中心。

审计成果 2018 年，第七师审计局完成审计和专项审计调查项目 44 个。查出主要问题金额 1.81 亿元，其中违规金额 181.68 万元、管理不规范金额 1.79 亿元；审计发现非金额计量问题 69 个；出具审计（调查）报告 44 篇；移送纪检监察机关和有关部门处理事项 8 件；提出审计建议 50 条；向师领导报送审计专题报告 8 篇。

国家重大政策措施落实情况跟踪审计 持续跟踪检查第七师落实稳增长、促改革、调结构、惠民生、防风险政策措施情况，统筹安排，将稳增长政策措施落实跟踪审计与经济责任等审计项目相结合，同步实施，及时汇总上报跟踪结果。

财政审计 对师工会、妇联、团委 2017 年度预算执行及其决算情况专项审计调查，揭示出困难帮扶专项资金未及时拨付、未严格按规定报销培训费、发放大学生志愿者生活补贴管理不规范等问题。

经济责任审计 根据第七师党委组织部门的委托，开展 28 个领导干部经济责任审计项目，揭示出在贯彻落实上级决策部署、重大经济事项的决策、财政财务管理、落实中央八项规定及其实施细则精神等方面存在的问题 122 个。开展五五工业园区原党工委书记任期自然资源资产离任审计，揭示部分企业未通过项目环保竣工验收已投入生产、部分宗地闲置满 2 年以上未及时处理等问题。

固定资产投资审计 对胡杨河市道路基础设施建设项目等 9 个政府性投资项目开展竣工决算审计，揭示出先开工后招标、后办理施工许可证等共性问题，移送主管部门处理事项 3 件。对淮安对口援助资金实施跟踪审计和项目竣工决算审计，揭示出资金未及时拨付、个别项目进展缓慢等问题。完成 73 个建设项目造价审核，核减投资额 2.07 亿元。

民生资金（项目）审计 对第七师团场农牧职工社保减负资金使用和管理情况开展专项审计调查，揭示个别团场减负资金未直补到位、以扣代发等不规范行为，收回个别团场超范围发放减负资金 3.86 万元。配合财政局对各团场扶贫资金进行检查。

其他审计项目 对第七师所属“三馆”（博物馆、团史馆、陈列馆）使用财政资金等情况审计，查出个别团场将项目结余资金用于“三馆”建设、多支付工程款等问题。对师财政局等单位政务信息系统开展专项审计调查。对中介机构完成的清产核资结果进行抽查审计，对个别单位重复申资产损失等问题进行纠正。对 126 团文化场馆使用财政资金情况进行专项审计调查，揭示项目资金使用、项目建设管理方面存在的 7 个问题。配合兵团审计局完成对口支援七师发展资金和项目跟踪审计、地方性隐性债务、扶贫资金使用情况及团场义务教育经费“三个增长”情况审计。对天北矿业准南东煤矿 2014 年安全改造项目进行专项审计调查，通过审计揭示项目未按照批复的实施方案建设，擅自变更建设内容，项目未实施招投标，未竣工验收擅自交付使用等6个问题。

相关工作 开展“民族团结一家亲”和“两个全覆盖”工作，五轮“结亲周”共开展政策、法律宣传224次，帮助结亲户解决困难32件，办好事、实事148件。举办“庆三八妇女节”和“庆丰收迎国庆”等民族团结一家亲联谊活动，促进各民族干部职工交流交往交融。

（撰稿人：杨建芳）

【第八师石河子市审计局】 2018年，第八师石河子市审计局实有57人。党组书记、局长刘文，副局长方玉凤、魏建新、禹延，审计中心主任段志江、沈芳、钱玉玲、余红。设有综合科（办公室）、法制科、财金审计科、行政事业审计科、企业审计科、固定资产投资审计科、经济责任审计科；下设4个审计中心。

审计成果 2018年，第八师石河子市审计局完成审计项目35个。查出违规金额1.03亿元、管理不规范金额7.76亿元、损益不实金额6471万元；审计发现非金额计量问题83个，审计期间整改金额313万元；经审计处理处罚金额1.04亿元；移送纪委处理事项1件涉及金额446万元，报送审计要情1篇。

新疆西部农资物流有限公司2015年度资产负债损益项目被兵团审计局评为优秀审计项目。

国家重大政策措施落实情况跟踪审计 审计中关注中央和兵团稳增长、促改革、调结构、惠民生、防风险的政策措施在师市的落地情况，营改增、“放管服”改革中收费改革等政策落实情况，“供给侧”结构性改革中支持企业科技创新等财政性的资金投入和使用情况。审计指出的问题，相关部门已整改。

财政审计 关注预算编制和执行情况，开展本级财政预算审计，查出部分财政存量资金及企业借款清收尚不够及时，个别财政补助项目未达到预期效果，税收征管中有不规范现象等问题。审计指出问题后，财政局、地税局等部门积极采取措施进行整改。完成师市本级及开发区、北泉镇、高新区预算执行情况审计。对2018年度市本级及部门预算执行审计查出问题的整改落实情况进行跟踪检查。

经济责任审计 完成经济责任审计项目16个，查出违规金额93万元，其中直接责任4万元；管理不规范金额2359万元，其中直接责任243万元。

固定资产投资审计 完成政府投资建设项目审计370个。其中工程结算审核造价项目352个，送审金额为22.3亿元，核减2.96亿元；招标控制价审核项目18个，送审额1.08亿元，核减300万元。对第八师2017年城镇保障性住房安居工程、第八师S101至石河子市公路、石河子第十三中学建设项目、辽宁省对口支援第八师援建项目开展跟踪审计，查出管理不规范金额3.04亿元。完成竣工决算审计项目5个，审计投资总额6.21亿元，查出管理不规范金额1.93亿元。

专项资金审计 对市区保障性住房专项资金、向民营企业拨付的项目补助资金及市法院补助办案专款等4项财政专项资金进行审计，将发现的重要事项向师市报送审计要情，移送师市纪委监委或有关主管部门处理。

相关工作 派员参与兵团的经济责任审计项目、英才评选活动的组织和优秀项目的评选；派出人员配合纪委进行案件调查和财经纪律检查，配合财政及国资委开展团场医院、学校经费、资产清查等。派出人员入驻努尔巴克村和清真寺开展“访惠聚”工作。扎实开展好“民族团结一家亲”活动，全局干部认亲结对全覆盖。加强服务型党组织建设，形成在职党员“工作在单位、服务在社区”新格局。选派优秀干部6人次参加中兵团组织的青年干部、公务员任职、科级干部、双语基础及妇女干部培训班。师市审计局机关和审计局第一审计中心被兵团审计局评为先进集体。10名审计干部被兵团审计局评为先进个人。

（撰稿人：白　静）

【第九师审计局】 2018年，第九师审计局实有25人。局长涂海滨，副局长张艳丽，审计中心主任刘静、王红。设有综合法制科、财金和专项资金审计科、企业审计科和经济责任审计科；下设2个审计中心。

审计成果 2018年，第九师审计局完成审计项目28个。提交审计报告28篇，提出审计建议78条。查出违规金额527万元、管理不规范金额

1.1 亿元。审计处理应上缴财政 119 万元，责令归还原渠道资金 33 万元，调账处理金额 3344 万元。移送纪检监察机关、有关部门处理违纪案件 4 起、2 人、涉案金额 4723.06 万元。

国家重大政策措施落实情况跟踪审计 按季度组织重大政策措施落实情况跟踪审计，提交跟踪审计报告 4 篇。重点关注兵师党委制定的重大决策部署的贯彻落实、精准扶贫精准脱贫、重大建设项目推进和重点资金保障、积极财政政策等重大决策部署贯彻落实情况，推动各项决策部署有效发挥作用。

财政审计 对九师畜牧兽医站、动物检验检疫所等 6 个单位开展预算执行及财务收支审计，发现部分单位在公务接待、差旅费报销、会议培训等方面存在的问题。根据被审计单位存在的普遍性问题，审计局向行业主管部门提交建议书 2 份。按照兵团要求，联合师财政局、金融办对 2013 年 6 月全师政府性债务截至 2018 年 10 月存量情况进行审核，摸清隐性债务底数，促进遏制隐性债务增量，积极稳妥化解隐性债务风险。

经济责任审计 对 8 个单位 10 名领导干部进行经济责任审计，查出问题金额 1.08 亿元，其中违规金额 397 万元、损失浪费金额 189 万元、管理不规范金额 1.02 亿元。移送案件线索 2 件、涉案人员 3 人。尝试性开展团结农场领导干部自然资源离任审计，出具审计报告 1 篇。

民生资金（项目）审计 对第九师 164 团、167 团开展扶贫审计，重点关注精准扶贫精准脱贫政策措施落实、扶贫资金分配管理使用、扶贫项目绩效等情况，揭露扶贫资金使用、绩效、项目建设等方面存在的违纪违规问题。

固定资产投资审计 对团结农场民兵训练基地、163 团垃圾填满场等 4 个重点建设项目实施竣工决算和财务审计，反映投资领域结构不合理、重复建设、损失浪费等问题。与对口支援市审计局组成联合审计组，开展竣工决算审计项目 6 个，送审金额 12679.77 万元，审减 1719.29 万元。审计局草拟，师出台《第九师财政投资建设项目审计监督办法》，为进一步规范区域内投资建设项目管理提供制度保障。

相关工作 结合部门绩效考核、“两学一做”学习教育、“民族团结一家亲”活动，大力改进工作作风，加强审计干部党员党性教育，落实全面从严治党主体责任，健全各项工作制度，有效促进审计质量提高。 （撰稿人：王红军）

【第十师北屯市审计局】 2018 年，第十师北屯市审计局实有 8 人（不含审计中心人数）。局长韩光俊，调研员兼审计中心主任蒋红，副局长蒋桂华，助理调研员涂志刚。设有经责科、法制科；下设农牧团场审计一中心、审计二中心。

审计成果 2018 年，第十师北屯市审计局完成审计项目 24 个。查出违规金额 2.89 亿元、管理不规范的金额 19.06 亿元、损失浪费金额 370.1 万元，损益不实金额 1.06 亿元；审计处理调账处理金额 626.3 万元，罚没款 33.82 万元，发现非金额计量问题 85 个，提出并被采纳审计建议 47 条；移送纪委、财政局等相关部门处理事项 35 件。提交审计报告 22 篇，编发审计要情 2 期，提交审计信息 42 篇。

北屯城投公司公共投资项目及投资管理使用情况专项审计被兵团审计局评为优秀审计项目；第十师国资公司原董事长经济责任审计被兵团审计局评为表彰审计项目。

国家重大政策措施落实情况跟踪审计 组织 4 期重大政策措施落实情况审计，对相关单位在项目建设、落实政策等方面的不作为、慢作为、乱作为的情况进行揭示反映，促进政令畅通。

财政审计 对 2017 年度师市预算收支情况进行审计，揭示出财政政策贯彻不到位等问题。组织完成北屯市地税局 2017 年度税收征管情况的审计，核实年度各项地方税收征管总体情况，揭示征管过程中的薄弱环节。完成师市 2017 年度公务支出和公款消费情况的审计调查，揭示部分单位在公务支出预算方面存在的问题，促进第十师构建公务支出规范运行长效机制。

经济责任审计 对 186 团政委自然资源资产管理和生态环境保护情况进行审计，审查贯彻执行中央、兵团、师市生态文明建设方针政策等情况。

固定资产投资审计 加强对入围师市政府投资审计的中介机构业务质量的考核和检查，实行通报批评和退出机制。完成 2018 年度黑龙江省对口支援师市 16 个援疆项目的审计，揭示出签证不全等问题。

民生资金（项目）审计 开展2017年度保障性住房专项审计，重点关注保障房新建、空置情况，揭示资金管理使用和绩效情况。完成第十师扶贫审计工作，重点审计扶贫政策落实等内容，推动师市扶贫攻坚工作开展。

企业审计 对国有控股企业北屯汇祥有限公司专项审计，防止国有资产损失扩大化。对北屯电力公司经营管理效益等情况进行审计，揭示存在风险。委托中介机构对13家国有及国有控股企业2017年度资产负债损益情况和主要经营指标完成情况进行审计，为深化国有企业改革提供数据支撑。

专项资金审计 开展师市“三馆”（博物馆、团史馆、陈列馆）运行维护和人员支出情况的审计调查，重点对全师6个馆所的财政资金使用和运行维护费等情况进行全面审计。

相关工作 围绕建设信念坚定、业务精通、作风务实、清正廉洁的审计干部队伍的目标，抓好队伍建设，参加审计署组织培训共31人次，241天；参加兵团审计局组织培训7人次，18天，参加师市组织培训共33人次，93天。第十师北屯市审计局被兵团审计局评为审计系统先进集体，4人被兵团审计局评为审计系统先进个人。

（撰稿人：陈孟雪）

【第十一师审计局】 2018年，第十一师审计局实有10人。局长曹建辉，副局长张燕。

审计成果 2018年，第十一师审计局完成审计项目19个，其中专项审计调查项目2个。查出问题金额2.6亿元，提出审计建议64条，出具审计报告14篇，推动各单位建立健全各项管理制度13项。

国家重大政策措施落实情况跟踪审计 通过整合审计项目和资源，做到国家重大政策跟踪审计、政府预算执行审计与各类专项审计同步进行。及时发现政策执行中存在的问题并推动解决，促进政策落实到位。

财政审计 配合财务局、纪委，开展财经纪律大检查，关注财政资金使用情况，为推动财政体制改革、防范和化解金融风险建言献策。抽调6名审计人员参加兵团政府性债务审计调查。

经济责任审计 对兵团一建、兵团六建、水利水电、盛天投资、建工集团、北新路桥、北新国际、国资公司8家单位的11名领导人员进行以任中为主的经济责任审计，关注企业贯彻落实国家重大方针政策，推进国资国企改革和向南发展情况，促进领导干部加强履职尽责意识。

企业审计 师审计局牵头出台《十一师深化国有资本审计监督实施办法》，配合国企改革工作，推进国有企业和国有资本审计全覆盖。师审计局对建工集团、建资集团、德坤集团2017年资产负债所有者权益进行审计，以确保国有资产和国有资源的安全性，防止国有资产流失。配合国资委、财政局全面细致摸清5团团办企业底数，与师财政局成立联合工作组全面开展清产核资，完全剥离政府性资产和生产经营性资产、政府性债务和生产经营性债务，协助开展5团团办企业改革工作。

相关工作 开展审计回访、跟踪，对上年度审计发现问题整改落实情况进行监督检查，责成落实不到位的单位限期整改。师审计局响应“向南发展”号召，派出2人分别到5团挂职和开展5团土地确权工作，在5团地区开展“民族团结一家亲”活动，定期到结亲户家走访慰问。派出3人次前往审计署审计干部教育学院分别进行财政审计和计算机审计学习。在工作中发扬以老带新、以审代培的传统，引导和培养年轻干部。

内部审计 师属企业设有审计部（科）15个，企业审计人员37人，重点就企业资产负债和所有者权益真实性、重大项目建设开展审计项目38个，查出违规金额3.2亿元，提出审计意见和建议50条。

（撰稿人：党美璇）

【第十二师审计局】 2018年，第十二师审计局实有12人。局长林海英，副局长王燕。

审计成果 2018年，第十二师审计局完成审计和审计调查项目24个。查出各类违规金额201.19亿元，其中管理不规范金额191.07亿元；收回资金1.83亿元，移送案件线索4件，提出审计建议63条。其中，按照师党委的工作部署，完成专项审计调查项目5个，审计发现问题38个，查出管理不规范金额6.97亿元，提出审计意见和建议16条。

国家重大政策措施落实情况跟踪审计 对第十二师相关部门和相关单位贯彻落实国家、兵团党委和师党委各项政策措施情况进行跟踪审计，对损失浪费、风险隐患、违纪违规、纠正有令不行、有禁不止等问题及时发现和披露。

经济责任审计 按照团审计局的委托及师党委的安排，完成领导干部经济责任审计项目 5 个，审计发现问题 114 个，发现管理不规范等问题金额 177.21 亿元，提出审计意见和建议 27 条。印发审计决定书 1 份，涉及金额 10.03 亿元。对第十二师三坪农场原场长开展自然资源资产离任审计，审计中结合被审计团场资源禀赋和生态环境特点，重点关注团场土地、林业和水资源的管理情况和贯彻落实国家、自治区、兵团和师有关自然资源资产和生态环境保护重要法律法规、决策部署情况，发现问题 16 个，提出审计意见和建议 4 条。

固定资产投资审计 开展国土、农业、公共基础设施、信息平台等建设项目竣工财务决算审计项目 8 个，涉及招投标、建设实施、按期决算及资金结余等内容，发现问题 14 个，涉及问题金额 464.62 万元，提出审计意见和建议 14 条。完成委托审计项目 126 个，其中核实造价类项目 101 个，财务决算审计项目 25 个。完成结算审核项目 62 个，送审金额 10.01 亿元，审减金额 1.55 亿元。完成对头屯河东岸综合整治建设项目的征地拆迁资金的专项审计调查。根据《审计署关于贯彻落实第五次全国人口支援新疆工作会议精神的意见》，开展 2018 年援助兵团发展资金和项目跟踪审计，揭示援疆资金和项目中存在的问题，提出改进意见。

民生资金（项目）审计 开展保障性安居工程审计，从货币化安置、工程建设和住房分配使用、资金供应和管理使用等 3 个方面，查出问题 8 个，金额 9146.13 万元，提出审计意见和建议 4 条。对兵团 47 团财务状况及扶贫专项资金开展专项审计调查。

企业审计 选定并组织 30 多家中介机构，对 9 个集团公司 160 亿元资产进行评估，对约 300 亿资产进行审计。开展团场综合配套改革审计，抽查 6 个团场 48 户企业，21 个行政事业单位，抽查资产总额 177.78 亿元，出具审计报告 7 篇，揭示各团场在清产核资工作中存在的共性 3 类 17 项问题。对新疆国立鑫商业投资有限公司财务情况开展专项审计调查。

相关工作 派出 1 人参加兵团“访惠聚”工作组驻永丰乡永丰村工作队，开展“民族团结一家亲”及“结亲周”活动，为群众办实事，办好事，惠及群众数 22 户，以“微行动”汇聚民族团结的强大正能量。

（撰稿人：林海英）

【第十三师审计局】 2018 年，第十三师审计局实有 19 人。局长徐进萍，第一审计中心主任陈艳荔，第二审计中心主任张慎宝。

审计成果 2018 年，第十三师审计局完成审计项目 21 个。出具审计报告 15 篇，审计决定书 3 份。查出问题金额 1.42 亿元，其中违规金额 4683.03 万元、损失浪费金额 62.57 万元、管理不规范金额 9483.34 万元。审计处理处罚 3253.12 万元，其中责令上缴财政 246.85 万元、归还原渠道资金 2189.12 万元、调账处理金额 817.15 万元。查出问题 89 个，向师纪检监察机关移送审计事项 1 件，向有关行业主管部门移送审计事项 5 件。

国家重大政策措施落实情况跟踪审计 围绕三大攻坚战中防范化解重大风险及民生领域中政策措施贯彻落实情况进行跟踪审计，实施穿插在每个单项审计项目中，向兵团审计局报送季报及半年报共 4 次。

财政审计 完成师职业技术学校 2017 年度预算执行及其他财务收支审计。开展债务审计，对师 2013 年 6 月末债务余额截至 2018 年 10 月份的化解、余额情况进行甄别、核实；对全师各单位应收款项、对外投资等资产类债权进行清查摸底；配合兵团审计局完成师深化改革中政府性债务的初审。完成 2018 年第十三师“三馆”（博物馆、团史馆、陈列馆）使用财政资金情况专项审计。开展公务支出和公款消费情况专项审计。

经济责任审计 完成兵团审计局授权开展的经济责任审计项目 3 个，涉及单位 3 个、领导 3 人；完成师党委组织部委托经济责任审计项目 6 个，涉及单位 4 个、领导 6 人；试点开展红山农场党政领导干部自然资源资产离任审计。

固定资产投资审计 完成援疆资金项目跟踪

审计。开展政府投资审计项目3个；配合师纪委监委办案需要，完成1个涉及固定资产投资项目的专项审计调查。全年组织10家入围中介机构开展政府投资审计项目29个，涉及金额2.08亿元，已出具审计报告20篇，审计局其中14个项目进行审计质量考核，在中介核减1078.21万元的基础上又抽查出107万元的误差。

民生资金（项目）审计 完成2016年度十三师城镇保障性安居工程跟踪审计；完成2017年兵团保障性住房安居工程跟踪审计，向师领导及兵团审计局上报审计查出问题，并向师建设局及相关单位提出意见建议。完成2017年度扶贫专项资金审计，涉及团场4个。

相关工作 扎实推进“两学一做”学习教育常态化制度化，齐抓共管支部党建、绩效管理、民族团结一家亲、两个全覆盖等各项工作；外派参与上级部门及师相关工作15人次；选送11人参加南京举办的财政收支、计算机审计中级等培训班的学习。

（撰稿人：李杉杉）

【第十四师昆玉市审计局】 2018年，第十四师昆玉市审计局实有9人。局长庞开洪，副局长（审计中心主任）郭建盛。下设农牧团场审计中心。

审计成果 2018年，第十四师昆玉市审计局完成审计和专项审计调查项目17个。出具审计报告17篇，作出移送处理4件。审计发现问题102个，查出管理不规范金额1114.99万元、违规金额4170.5万元，提出审计建议58条。

第十四师职业技术学校2016年财务收支情况审计项目被兵团审计局评为表彰审计项目。

国家重大政策措施落实情况跟踪审计 完成第十四师2018年4个季度重大政策落实跟踪审计、北京援助十四师发展资金和重点项目跟踪审计。

财政审计 完成第十四师2016年公务支出和公款消费情况审计、“三馆”（博物馆、团史馆、陈列馆）使用财政资金情况审计、第十四师昆玉市职业技能教育培训中心2017年财务收支审计等审计项目。完成第十四师昆玉市清理拖欠民营企业中小企业账款专项审计。

经济责任审计 完成对第十四师水利局局长、建设局局长、统计局局长、编办主任、科技局局长等5名领导干部的经济责任审计。完成对第十四师亚鑫公司党委书记、董事长、总经理的离任经济责任审计。

固定资产投资审计 实施完成第十四师一牧场2014—2016年度基本建设项目审计。

民生资金（项目）审计 完成第十四师2017年保障性安居工程跟踪审计、第十四师2017年扶贫政策和资金项目专项审计。

企业审计 完成第十四师2017年度各团场利润审核和师市国有企业利润审核工作，提交综合报告2篇。实施第十四师昆玉城市建设投资经营有限责任公司2017年资产负债损益情况审计、第十四师皮山农场南和牧业专业合作社2017年度财务收支审计。

信息化建设 按照兵团审计局统一部署，建立“金审工程”三期视频会商系统，实现兵师两级审计机关同步参加审计署各类全国性视频会商。

（撰稿人：刘　莉）

2018年新疆生产建设兵团本级及所辖师（市）审计工作统计表

金额单位：万元

审计机关	完成审计项目/个	审计查出主要问题金额	审计发现非金额计量问题/个	审计期间整改金额	出具审计报告和审计调查报告/篇	审计处理情况		审计促进整改落实有关问题资金	审计提出建议/条	提交审计信息/篇
						审计处理处罚金额	移送处理事项/件			
新疆生产建设兵团本级	53	489422	276	43645	50	82343	33	44728	4	2
第一师阿拉尔市审计局	42	249997	237	796	56	119617	19		139	7
第二师铁门关市审计局	25	37696	66	29	25	17706	21	33977	79	5
第三师图木舒克市审计局	26	385678	87		40	7012			59	
第四师可克达拉市审计局	48	46188	78		48	4915	2		12	
第五师双河市审计局	35	31287	103	5	43	7362	3	122	48	3
第六师五家渠市审计局	39	1370373	163	246	39	84046	17	270	102	8
第七师审计局	44	18089	135	74	44	2802	8	1613	50	8
第八师石河子市审计局	35	87984	83	313	48	10464	1	9022	89	1
第九师审计局	28	11848	93	879	28	3497	6	29	59	13
第十师北屯市审计局	24	219881	85	118257	22	34	35	122422	47	42
第十一师审计局	19	26000	73		14			2313	61	
第十二师审计局	24	2011903	121	1923479	19	100810	4	100315	63	2
第十三师审计局	21	14229	68		15	3253	6	1968	37	
第十四师昆玉市审计局	17	4171			16	1	4		58	

科研、培训、出版、学术团体

【审计署审计科研所】 2018年，审计署审计科研所实有62人。设有科研所办公室、财政审计研究室、金融审计研究室、企业审计研究室、自然资源资产审计研究室、审计法制研究室、数据审计研究室、审计史研究室、科研管理处、人事处等10个内设机构。

领导成员

所　　长：姜江华

副 所 长：杜光宇　刘力云

李春兰（9月—）

陈基湘（4月—）

工作综述 2018年，审计署审计科研所在审计署党组的正确领导下，认真学习贯彻习近平新时代中国特色社会主义思想，深入学习贯彻落实党的十九大及十九届二中、三中全会精神和习近平总书记在中央审计委员会第一次会议重要讲话精神，认真落实全国审计工作会议精神和胡泽君审计长对审计科研工作的指示，将政治建设放在各项工作的首位，继续扭住“抓党建、转作风、促科研”工作思路，紧密围绕审计中心工作，重点开展改革审计管理体制、新时代中国特色社会主义审计理论与实践、财政审计、深化国有企业审计系列、金融风险防控、自然资源资产离任审计、大数据审计、审计思想史等课题的研究。

完成重点审计理论课题 完成《中国国家审计学》《中国国家审计学案例》书稿的编写并送印；初步完成《中外国家审计比较研究》《中国共产党审计工作史》等重点书稿的编写和修改；《中国审计思想史》《中美国家审计比较研究》《国家审计若干理论问题研究》《国家审计业务专题研究》《国家审计发展回顾与思考》《国家审计案例研究》编写进展顺利，部分已经完成初稿。《审计知识问答》已完成撰写。

撰写印发《审计研究报告》 全年完成刊发47期。其中：中外审计体制系列研究系列为6期，分别为中国古代（先秦—清末）审计体制研究、新民主主义革命时期（1921—1949年）审计体制研究、立法型审计体制国家（美国、英国、澳大利亚、加拿大）研究、司法型审计体制国家（法国、意大利、巴西）研究、独立于立法行政司法部门的审计体制国家（德国、日本、俄罗斯）研究、监审合一审计体制国家（韩国）研究。《新时代审计职业荣誉感的认识》分析了审计职业荣誉感的内涵、特征、渊源、具体体现，以及面临的考验和风险，提出增强审计职业荣誉感的建议。对《新时代我国审计干部应具备哪些知识和技能》281份调查表进行统计分析，得出新时代我国审计干部专业胜任能力框架，包括应具备的6类知识和技能。审计署领导对部分研究报告作肯定性的批示。

编译印发《国外审计动态》 全年完成编译刊发25期。对美国审计署等国外审计机关进行跟踪研究，及时了解国外审计机关审计业务开展情况和特点，供审计人员从中获得有益的参考、借鉴。

制定《审计科研工作2019—2022年发展规划》 为加强对全国审计科研工作的指导，更好服务新时代审计事业发展，根据审计署党组要求起草全国审计科研工作发展规划，征求署内外各单位意见，经审计长会议审议后由署办公厅印发。

整合力量开展审计理论研究 3月，组织召开全国审计科研协作会议，明确年度理论研究工作的目标方向和重点任务，强化联合开展审计理论研究的工作机制。全年组织与署机关业务司局的审计理论研讨6次，邀请专家开展学术交流活动6次，参加各级各类审计学术会议20余次。与南京审计大学等高校和科研机构立项联合研究课题16项，完成5项国家社科基金申报课题的组织工作。参加审计理论研究领域的征文活动，获得各级各类奖励10余次。4月，审计科研所正式通过2018年北京市自然科学基金依托单位注册申请的审核。

博士后工作站建设及审计署优秀博士论文评选工作　招收3名博士后，1名博士后顺利出站。组织对7名在站博士后的开题审核、中期检查和出站答辩工作。首次召开博士后述职考核会议，对全体在站博士后进行考核。组织2018年审计署优秀博士论文评选工作，对17篇博士学位论文进行书面和会议评审。

审计实践和对外交流　选派科研人员调研、参加审计项目和机关工作，多种途径推动理论研究与审计实践地有机结合。全年组织各级各类调研活动20余次，先后安排20多人次参与重大审计项目，7人到业务司局或综合部门交流锻炼。根据审计署统一安排，参加“国家审计走进高校”宣讲活动。5人参加世界审计组织的相关会议和专题活动。1人参加由中组部组织的博士服务团，到新疆挂职锻炼，被评为到新疆建设服务锻炼优秀博士。

党建工作　深入学习贯彻习近平新时代中国特色社会主义思想，在“提升政治素养、强化纪律作风、增强职业荣誉”上持续用力。扎实推进“两学一做”学习教育常态化制度化，制定出台贯彻落实中央国家机关部门直属事业单位加强和改进党建工作相关要求的意见，加强党支部建设，落实“三会一课”制度，召开支委会11次，全体党员大会8次，党小组会议100余次，所领导共讲党课5次，组织以“庆祝改革开放40周年”“党风廉政建设”等为主题的党日活动4次。坚持作风建设常抓不懈，持续巩固作风建设成果。严守意识形态纪律，切实加强对意识形态的管控。开展党建理论研究，《马克思主义政治建设理论的创新与发展》一文，获得中央和国家机关工委举办的纪念马克思诞辰200周年理论研讨会征文二等奖。

内设机构调整与队伍建设　根据审计署党组决定，原国资委监事会工作技术研究中心的11名人员全部转隶到科研所工作。审计科研所举行欢迎转隶人员会议，副审计长孙宝厚出席会议并讲话。在充分征求意见的基础上，较短时间内对转隶人员作出比较合适的安排，使转隶同志很快投入新的工作岗位。根据工作需要，修订《审计署审计科研所工作规则》；经审计署批准对内设机构及处级领导职数进行调整；完成9名中层管理人员聘任并办理聘任手续；聘任4人担任专业技术岗位职务。

（撰稿人：方　平）

【审计署审计干部培训中心（审计宣传中心）】　2018年，审计署审计干部培训中心（以下简称审计宣传中心）实有32人。设有办公室、新闻协调处、新闻信息处、网络舆情处和音像制作处。

领导成员

主　　任：魏　强（兼）

副 主 任：董维明（4月—）

俞国庆　曹志勇　张　莹

工作综述　2018年，审计宣传中心坚持以习近平新时代中国特色社会主义思想为指导，全面贯彻落实党的十九大和十九届二中、三中全会精神以及中央审计委员会第一次会议精神，践行习近平总书记关于宣传思想工作的要求，在署党组的领导下，按照审计署审计宣传（政务公开）工作领导小组的统一部署，在审计署办公厅的指导下，全面落实审计署2018年度审计宣传工作方案和各阶段宣传工作重点，认真履行审计宣传工作职责，完成各项工作任务。审计署门户网站更新稿件11777篇次，其中转载3339篇次，加载8438篇次。审计署政务微信公众号推送信息1395条，总阅读量超过320万人次，订阅用户数量13.9万人。审计署今日头条公众号推送文章1614篇，图文阅读总量632.1万次，订阅用户数量14.96万人。提交舆情动态14期、舆情要报24期；一季度网民答复回应工作得到国务院办公厅秘书局表扬。

融入中央宣传工作大局，宣传贯彻中央精神　审计署门户网站、政务微信公众号和今日头条公众号持续开展习近平新时代中国特色社会主义思想宣传，全年转发中央媒体权威报道综述、视频等近300多条，第一时间对时政要闻进行转载，做到不缺位、不失声。宣传法治建设成果，转发宪法修正案全文等新闻和权威解读，在审计署政务微信公众号、审计专网同步组织宪法知识有奖答题，34646人次参与微信答题。宣传深化党和国家机构改革的重大意义，报道各级审计机关学习贯彻习近平总书记在中央审计委员会第一次会议上的重要讲话精神情况。

全方位宣传审计重点工作，传播审计声音 加强对审计署党组重大决策部署的宣传力度。第一时间转发全国审计工作会议、审计署传达学习党的十九届三中全会精神党员大会、审计署传达学习全国两会精神干部职工大会、审计机关党风廉政建设工作视频会议等重要署内会议稿件。制作“图解2017年全国审计工作会议”，被人民网、经济日报微信等36家署外媒体转载，阅读量超过4万人次；H5“2018，审计工作这样干”，总点击量达到4.4万人次。开展审计工作报告、公告和审计整改情况报告的宣传。审计署门户网站同步转载35个省、自治区、直辖市和计划单列市审计机关的审计工作报告和审计整改情况报告，助推地方审计机关加大政务公开工作。宣传审计机关从严治党的举措和成效，在重要节日前，转发审计署加强作风建设、教育提醒的通知。开设“领导干部自然资源资产离任审计经验交流”“‘三区三州’扶贫审计行”等专栏，组织人员深入审计现场采访，有效宣传审计机关在发挥党和国家监督体系中的重要作用。

开展主题策划，多视角宣传审计风采 审计机关成立35周年之际，策划“老照片”专栏；策划年度“成绩单”、全国文明单位、“暖冬整改行”等专题。针对青年群体，开设“审计青年”栏目，制作17期原创产品，以鲜活文字加微视频、动图等组合方式，展现新时代审计青年奋发有为的精神风貌，发挥正面典型的宣传、鼓舞、激励作用，被新华社客户端、凤凰网、网易网等媒体转载，总浏览量超过70万人次。结合元旦、五一、七一等重要节日、纪念日开展主题策划，反映审计人爱岗敬业、热爱生活的精神风貌。

在审计署和共青团中央指导下，与中国青年报社联合主办“国家审计走进高校”财经法治宣传教育活动。活动第一阶段请54名大学生记者走入审计署重庆、沈阳、京津冀特派办以及广东、浙江、山东省审计厅（含所属市、县）等6家单位审计一线和审计署定点扶贫丹寨县，共计走访18个市（县）的28个一线审计项目。活动第二阶段走进19个省（市）的24所高校，直接接触达近万名师生。宣讲活动共有69名司局级以上干部出席，650余名工作人员参与保障，126余万人通过直播收看，260余万元网友通过微博等形式参与互动，在全国高校掀起热潮，新华社、中央人民广播电台等媒体进行多次报道。其间审计署校园招录宣传片《审计人　家国情》、反映审计人扶贫工作的《审计人　丹寨情》和《大学生走进审计一线》等3个视频引起广泛好评。

发挥音像宣传优势，提高宣传的感染力 全年原创宣传产品90余个。在党和国家机构改革、组建中央审计委员会的大背景下，制作《红色审计　薪火相传》专题片，激励广大审计人员增强政治责任感、历史使命感和职业荣誉感。在全国审计系统组织“新时代审计人”3分钟短视频及“随手拍”摄影作品大赛，评出优秀短视频作品30件、优秀摄影作品50件，受到广泛关注和点赞。制作《审计故事》12期，展示审计人风采，讲述审计故事。《审计故事——永不褪色的军旗》在全国党媒优秀原创视频评选活动中被评选为“十佳政务短视频”。

综合管理 承办审计署审计新闻宣传（政务公开）工作培训研讨班；首次引入一线采访、新闻发布和舆情应对两个情景模拟课程；协助办公厅组织开展“审计一线媒体体验营”活动；组织邀请《人民日报》、新华社等10多家媒体记者，深入审计一线和审计署定点帮扶县，刊发近30篇正能量报道。在审计署机关图书馆引进自助查询、自助借还和在线阅读设备，“审计署移动阅览室”正式上线，策划开展“世界读书日”图书赠阅活动、向驻署武警执勤分队捐建图书室等活动。完成审计署领导在世界审计组织大数据工作组第二次会议开幕式上的讲话、审计署“两优一先”表彰大会宣介、全国审计机关优秀驻村干部代表座谈会人物专题片、审计署庆祝改革开放40周年演讲会专题片等重要会议、重大事项、重要审计现场的视频拍摄制作。

党建工作 认真学习习近平总书记关于中央和国家机关党的政治建设重要批示精神，促进党员干部牢固树立“四个意识”，坚定“四个自信”，做到“两个维护”，开展党员落实全面从严治党责任承诺践诺活动。认真学习党的十九届二中、三中全会，全国两会，十九届中央纪委二次全会，习近平总书记在庆祝改革开放40周年大会上的重要讲话和在中央审计委员会第一次会议上的重要讲话，查找中心党支部政治建设的薄弱环节，制定具体措施，抓好整改。认真学习《中国共产党支部工作条例（试行）》，研究修订中心党支部工作规则，加强支部建设，严肃党内政治生活，召开党员大会6次，支委会9次，党小组会24次，讲党课6次。丰富党建工作形式，赴国家档案馆参加“不忘初心、牢记使命”主题党日活动，赴上海和嘉兴瞻仰中共一大、二大会址和南湖红船，参观中国古代官德文化展、纪念马克思诞辰200周年主题展览、“伟大的变革——庆祝改革开放40周年”大型展览等，加强党性修养。强化党风廉政建设，纪检委员列席中心主任会议，监督“三重一大”等事项决策，紧盯节假日期间“四风”问题，组织领导干部报告个人事项工作，巩固落实中央八项规定及实施细则精神的成果。进一步严格安全保密和新闻宣传纪律，公务出差主动交纳伙食交通费、集中住宿，严格执行审计“四严禁”工作要求和审计“八不准”工作纪律。

队伍建设 加强领导班子建设，领导班子带头严守纪律要求，创新宣传工作思路，注重加强思想政治工作，坚持民主集中制，对“三重一大”事项召开中心主任会议集体研究决策，全年召开中心主任会议27次，印发中心主任会议纪要21期、中层管理人员选拔和专业技术职务聘任专题会议纪要8期。加强青年干部培养，深化实务导师制，选派4人赴中央主流媒体挂职交流，安排20余人参加宣传活动组织、采访、拍摄、主持等工作，选派4人次赴专业机构参加摄影和后期制作培训，在实践中提高业务水平。严格按照干部选聘规定，选拔中层管理人员6名，聘任专业技术人员4名。承担的署年度重点科研课题《国家审计学科的属性和建设研究》顺利结题。2人获评2016—2018年度审计署优秀共产党员、优秀党务工作者称号；7人获副高和中级职称。审计宣传中心被评为2015—2017年度首都文明单位。

（撰稿人：杨明月）

【审计署计算机技术中心】 2018年，审计署计算机技术中心实有33人。设有办公室、网络管理处、系统运行处、信息系统审计处、数据管理处、安全保密处、国家审计仿真实验室、标准化处等8个处室。

领导成员

主　　任：杨蕴毅

副 主 任：杨　莉　陈丽华

工作综述 2018年，审计署计算机技术中心在审计署党组的正确领导下，以习近平新时代中国特色社会主义思想为指导，全面贯彻党的十九大和十九届二中、三中全会精神，认真落实习近平总书记在中央审计委员会第一次会议上的重要讲话精神，坚决贯彻执行署党组的各项决策和部署，牢固树立信息化服务于审计大局的理念，落实全面从严治党主体责任，认真履行职责，加强自身建设，稳步推进“金审工程”三期建设、信息系统保障维护、审计数据采集国际标准制定等各项工作，取得新的进步。

推进“金审工程”三期 根据《“金审工程”三期项目重点任务实施方案》所规划的时间表和路线图，在审计署项目办的统一领导下，推进“金审工程”三期项目的建设。完成中央本级建设项目相关招投标，正式启动工程建设，完成审计署本级基础环境年度建设任务、应用系统主体功能第一阶段开发任务。参与完善顶层设计，编制并印发审计数据规划，与国家电子政务外网管理中心共同推进IPv6规模部署试点。通过实地调研、组建地方专家组参与建设、下发问卷调查等多种方式，广泛收集地方审计机关的需求和建议，纳入“金审工程”三期总体需求，贯彻落实以用为本的要求。组织编写“金审工程”三期标准规范，规划软硬件采购需求，合理评估投资规模，多措并举指导全国地方审计机关加快建设进度。

承担信息化保障支持 持续发挥技术优势，为审计项目提供技术支持服务，保障审计项目的顺利进行；推进基于国产数据库的审计数据建设，探索数据支持新方式，助力提升审计人员发现问题的效率。承担机构改革期间信息化保障支持，对网络进行调整改造，为3家直属单位搬家、新组建机构提供网络环境，为转隶人员提供计算机设备，其间集中人力物力对工作流程、时间节点、人员分工进行周密计划和推演，中心内部各处通力配合，实现机构改革期间新机构、转隶和调整人员信息化工作环境的无缝衔接。

全力做好审计署系统运维 优化运维团队管理，提升团队服务质量，继续承担审计署“金审工程”一期、二期建设成果的日常管理、升级维护、持续运行，保障应用系统、服务器存储设备以及网络和安全设备的正常运转。加强常态化监控，定期组织巡检，确保审计署信息系统全年整体运行平稳有序。

落实网络安全各项要求 强化网络安全建设与管理，确保审计署网络系统安全。精心组织，开展网络安全检查与等保分保测评；开展加强应急体系建设，开展应急演练，增强抗风险能力；建立软件正版化工作长效机制，加强日常安全保密工作，落实网络安全部门的工作安排，配合各项大型检查；加强对审计行业网络与信息安全的指导、监督，促使地方审计机关信息化主管单位扎实做好网络安全工作。

探索新技术应用的途径和方法 紧密结合审计实际需求，通过起草《审计署关于加强信息系统审计工作指导意见》，参与中国计算机用户协会数据中心分会组织的数据中心建设行业标准编制，承担国家自然科学基金、北京市自然科学基金项目承担单位的管理，开展审计工作对非结构化文档信息的利用等，探索新技术新方法在审计中的应用。

推进审计数据采集标准国际化 中国审计署承担的国际标准化组织（ISO）审计数据采集国际标准项目（ISO/PC 295）取得丰硕成果，先后组织召开2次委员会会议、6次工作组视频会议和若干次国内专家组会议，完成委员会草案和国际标准草案文本的编制。开展在国际标准化组织（ISO）内设立审计数据服务技术委员会的各项申报准备。

加强信息化专业队伍建设 新招聘应届毕业生2名，接收安置军转干部1名，持续充实信息化专业队伍，优化人员结构。在机关党委（人事教育司）指导下，制订并发布《2018年中层管理干部选拔聘任工作方案》，选拔中层管理正职岗位4名、副职岗位1名。2018年度计算机技术中心被审计署评为2015—2017年度司局级文明单位，被中央国家机关文明办评为2015—2017年度首都文明单位标兵。

（撰稿人：彭　涛）

【国外贷援款项目审计服务中心】 2018年，国外贷援款项目审计服务中心（以下简称外资中心）实有19人。设有综合管理部、审计一部、审计二部、审计三部。

领导成员

主　　任：李凤雏（—9月）

陈达时（兼，9月—）

副 主 任：刘　瑛

审计成果 2018年，外资中心审计项目单位20个，出具审计报告39篇，其中外资中心直接组织实施的审计项目出具审计报告30篇，原外资司和特派办组织实施审计、提交外资中心审核出具审计报告9篇。39个项目总投资1979亿元，其中国外贷（赠）款212亿元，涉及农业、能源、环保等多个领域，审计报告披露滞留和虚报冒领项目资金、出国管理不规范、项目进度缓慢等各类问题77个，涉及金额2.39亿元；提出审计建议77条，被采纳77条；提交审计信息2篇，被采用2篇。此外，外资中心派员参加科技部、中国残疾人联合会2017年度预算执行情况等审计，审计系统领导干部经济责任审计等审计项目，并参与编发审计要情1篇、重要审计信息要目1篇。

党建工作 深入学习贯彻党的十九大精神和习近平新时代中国特色社会主义思想，强化思想理论武装。通过支部书记讲党课、集中学习、分专题研讨、主题党日活动等多种形式，深入学习党的十九大和十九届二中、三中全会以及中央审计委员会第一次会议精神，会同审计署金融审计司、国际合作司和原外资审计司举办“学习十九大，踏上新征程”主题联学英语交流活动，教育引导党员干部自觉用习近平新时代中国特色社会主义思想武装头脑、指导实践、推动工作。围绕全国两会、纪念马克思诞辰200周年、庆祝改革开放40周年等重要时间节点，推动党员干部学习宪法和《中共中央关于深化党和国家机构改革的决定》《深化党和国家机构改革方案》《习近平总书记在纪念马克思诞辰200周年大会上的讲话》等重点篇目。学习习近平总书记关于党的政治建设重要指示精神，从历史的角度回顾党在长期发展中始终高度重视党的政治建设的历程，并深入查找自身在政治建设中的短板和不足，研究提出改进措施。坚持把“两学一做”学习教育融入日常、抓在经常，扎实推进“两学一做”学习教育常态化制度化。全年各党小组先后开展学习活动16次，支部召开支委会和党员大会22次，班子成员讲党课4次，支部凝聚力战斗力进一步增强。在微信群中开辟“十九大精神学习专栏”“《大众哲学》每日学”“一日一英语”“一月一案例”等多个专栏；向《新时代党建》专栏投稿《微信小平台，党建新天地》，分享信息化条件下党建工作经验。坚持问题导向，深入开展纪律作风专项整治，深入查摆问题，进行整改，切实转变作风，坚定不移推进党风廉政建设。扎实开展警示教育活动，以案释纪、警钟长鸣，筑牢拒腐防变“防火墙”；持之以恒正风肃纪，不断巩固落实中央八项规定及其实施细则精神成果，加大对审计现场执行审计“四严禁”工作要求和审计“八不准”工作纪律的监督检查，对20家被审计单位进行廉政回访，实现廉政回访全覆盖，促进依法审计、廉洁用权。

队伍建设 以政治建设为统领，按照“信念坚定、业务精通、作风务实、清正廉洁”的要求，坚持以审计精神立身、以创新规范立业、以自身建设立信，努力建设高素质专业化外资审计干部队伍。强化政治建设，着力提升党员干部党性修养和政治修养。先后选派5名党员干部参加中共审计署党校处级干部进修班、学习习近平总书记关于党的建设和组织工作重要思想培训班和纪检干部培训班，组织党员干部深入学习黄群、宋月才、姜开斌同志为代表的抗险救灾英雄群体和王继才同志先进事迹，集中收看《榜样3》，引导大家对标先进、见贤思齐。注重加强实践锻炼，提升干部的业务能力。在完成外资中心工作任务的同时，服从统一安排，服务审计工作大局。选派2人到特派办交流锻炼，先后派出30多人次参加审计署统一组织实施的预算执行审计、审计系统领导干部经济责任审计等项目，参加涉外审计司组织开展的2018年涉外审计调研工作。先后选派16人次参加大数据分析能力提高班、外资审计人员高级培训班等业务培训，选派4人作为师资承担外资审计高级培训班和外资审计人员工程投资审计培训班的授课任务。定期举办读书会，帮助干部职工掌握最新动态，开拓视野。开展干部轮岗交流，进一步优化处室人员结构。根据干部学历、专业、工作经历、个人特点和工作需要，按照人岗相适、人事相宜原则，对7名处级及以下干部开展轮岗交流，实现综合管理岗和审计业务岗交叉任职，进一步优化各处室人员结构，提升干部综合素质。鼓励干部职工考取技术职称和职业资格，提升职业能力。共有7人参加审计师、注册会计师等技术职称考试，其中5人通过考试并取得技术资格证书。

审计理论研究与宣传 承担或参与《生态文明建设评价指标体系》《涉外审计若干问题研究》等课题研究工作，参与《外资资讯》编纂和《世界银行亚洲开发银行贷款项目审计指南》（英文版）编译工作，5人在《中国审计》《金融研究》等杂志发表理论文章4篇；围绕学习贯彻习近平总书记在中央审计委员会第一次会议上的重要讲话精神等，撰写上报工作动态3期，审计署专网和门户网站予以转载；结合具体业务工作实际和宣传报道需要，撰写“喜迎新时代，不忘初心、砥砺前行”“警示净化心灵，珍惜自由之路”等多篇宣传材料，先后在署专网、门户网站、微信公众号登载10多篇次，对促进宣传外资审计工作起到较好作用。（撰稿人：马　勇）

【中共审计署党校　审计署审计干部教育学院】 2018年，中共审计署党校、审计署审计干部教育学院实有31人（其中6名交流干部）。设有综合事务部、教研部、教务部、信息化部、考试部。

领导成员

党校校长：胡泽君

党校第一副校长：李晓钟（—6月）

党校常务副校长，教育学院党委书记、院长：彭华彰

党校校务委员会委员、教育学院副院长：

王晓峥（—6月）

刘　军（10月—）　曹　山

工作综述 审计干部教育学院成立于2011年8月，是审计署为加强国家审计人员的教育培训，

培养和造就高素质专业化审计干部队伍而主办的培训机构。2015 年 12 月，经中央编办批复，教育学院加挂审计署党校牌子。2016 年 12 月，审计署党校、教育学院全面承担审计署教育培训任务，成为审计署唯一的教育培训机构，培训类型涵盖党性教育、审计业务、计算机应用和国际培训等多个领域，同时，还承担全国审计专业技术资格考试等职责。2018 年，审计干部教育学院举办培训班 61 期，培训学员 5917 人次、9.94 万人（天），其中署党校培训班 5 期，培训学员 346 人次、6744 人（天）。此外，还举办 2 期网络培训，培训学员 4.28 万人次。

服务审计大局，打造特色班次　首次举办新任省级审计机关主要负责人专题研讨班，促进提高依法领导本地区审计工作的能力。增设 1 期处级干部进修班春季学期班，切实加强对署内党员干部党的理论教育和党性教育。贯彻落实习近平总书记关于科技强审的重要指示精神，组织举办 3 期计算机审计中级培训班。贯彻落实扶贫攻坚战略部署，组织举办审计署对口支援和定点扶贫地区审计机关审计业务培训班。此外，为不断扩大中国在审计领域的国际影响力，举办 5 期面向国外审计干部的培训。

优化课程设计，突出培训重点　强化理论武装，把习近平新时代中国特色社会主义思想作为最重要的学习内容纳入培训课程，将党的十九大精神、习近平关于党的建设重要论述、中央审计委员会第一次会议精神等作为必修课，全面提升学员的政治站位和政治能力。加强业务培训，帮助学员熟悉掌握审计领域的政策要求、前沿知识和发展趋势。加强法治教育，强化法治思维和法治意识，提升学员依法审计能力。加强纪律教育，教育引导学员自觉做守纪律、讲规矩的模范。

创新教学方式，提升培训成效　将理论教学和实务教学相结合，案例教学占比已超过 20%。将课堂讲授和学习研讨相结合，在部分班次中试行结构化研讨，精心办好学员论坛，增进学员交流、促进学思践悟、提升学习效果，举办学员论坛 7 次。将课堂教学和现场教学相结合，组织成立 4 个现场教学团队，自行深度开发“党建引领乡村振兴”等课程，有 25 个班次 2395 名学员接受现场教学。

优化师资结构，打造师资团队　推动健全完善审计署司局级以上领导干部上讲台制度，落实领导干部到党校讲党课制度。审计署党组书记、审计长兼署党校校长胡泽君等多位署领导先后莅临署党校、教育学院为学员授课达 26 人次，还多次通过远程视频为广大学员作报告。注重挑选政治素质过硬、理论素养深厚、审计经验丰富、富有教学热情的审计实务专家充实核心师资队伍，与南京审计大学等高校及科研院所密切合作，引进高水平师资。举办 2 期审计案例教学师资培训班，培训学员 72 名。建立健全教师激励考核机制，促进提高教学质量。至年底审计署党校、教育学院有师资 1355 人，其中审计署和地方审计机关师资占 57.2%、审计系统外师资占 42.8%。

加强教学管理，培育优良学风　坚持以管促学，制定短期班工作规则及长期班滚动管理清单，严格执行教学、考试等各项制度和纪律；安排专人随堂听讲，确保教学质量；充分发挥临时党支部的战斗堡垒作用，审计署党校所有培训班和 5 天以上（含 5 天）的教育学院培训班均设临时党支部，临时党支部设置率超过 90%。注重以评促教，制定评估操作规范，出具评估结果报告 38 份，实现审计署党校、教育学院主办班次评估全覆盖。探索开展精品班次、精品课程和精品教学（管理）项目评选，促进提升教学工作质量。加强学风建设，培育尊师重教、勤奋钻研、严谨治学、求真务实的优良学风。

履行考试职能，做好考试工作　制定《审计署考试中心审计专业技术资格考试安全保密工作规定》，进一步促进审计专业技术资格考试工作的保密安全、科学规范。审计专业技术资格考试的征题、命审题、考务组织等各项工作均进展顺利，全年有 6.13 万人报名，报考人数同比增长 9.28%。

履行主体责任，加强党建工作　始终坚持“党校姓党”原则，一切教学、教研和办学活动都坚持党性原则、遵循党的政治路线。教育学院党委切实加强政治建设，牢固树立“四个意识”，坚定“四个自信”，坚决做到“两个维护”。强化理论武装，认真组织学习习近平新时代中国特色社会主义思想，学习党章党规党纪和党的理论方针政策，组织开展专题学习 5 次；通过开展主题联学、现场教学以及播放红色电影等方式，丰富学习形式；打造学习品牌，持续开展“每月精读一本书”活动，举办“审计大课堂”，开展4次读书经验交流会、组织10次专题报告。加强支部建设，选强配齐支委班子，加强对党支部委员的工作指导；严格党员日常教育管理监督，做好党内激励关怀帮扶工作；创新党日活动形式和内容，党委、各党支部开展29次党日活动；强化对入党积极分子的教育、培养和考察，注重加强对群团工作的领导，支持基层工会积极开展工作，推动成立妇委会，切实维护干部职工合法权益，工会、妇委会通过各种形式组织慰问干部职工达50多次。

严肃党风党纪，推进廉政建设 支持和配合审计署党组派驻纪检组长履职尽责，主动及时向纪检组长报告校（院）重要工作，涉及财务、人事、资产等重大事项邀请纪检组长参会研究。党委和各党支部（含临时党支部）纪检委员积极开展工作，加强廉政风险防控，严格执纪问责。组织开展党风廉政教育，注重家庭、家教、家风建设，做到防微杜渐。根据审计署党组统一部署，开展纪律作风专项整治月活动和警示教育活动，认真查摆问题，及时抓好整改落实。

加强内部管理，夯实办学基础 全年制定6项制度办法、修订4项制度办法，逐步建立一套完备的制度体系，确保各项工作有章可循、有据可依。不断优化内部工作流程，全力落实上级部署要求，圆满完成保密检查、普法自查、中央和国家机关培训疗养机构专项核查等多项任务。强化综合保障，组织实施新一轮后勤社会化服务政府采购，推动完成教育学院建设项目不动产权证办理和工程结算、决算等有关工作。着力打造“数字化校园”，完成项目招投标并进入实质性建设阶段。加强与南京审计大学的沟通协调，研究部署教学管理、师资培养、后勤服务等合作事宜。加强与审计署各单位、地方审计机关以及各级党校、行政学院、其他高校和科研院所的密切合作，争取各单位在教育培训、后勤服务、信息化建设等方面的大力支持，推进署党校、教育学院的各项工作。 （撰稿人：丁传栋）

【审计博物馆】 2018年，审计博物馆在编人员实有3人。设有综合管理部、展陈部。

领导成员

副 馆 长：华海峰（—12月）

胡胜校（4月—）

工作综述 2018年，审计博物馆在审计署党组和分管署领导的正确领导下，认真学习宣传贯彻党的十九大和十九届二中、三中全会精神，深入学习习近平新时代中国特色社会主义思想，认真学习贯彻习近平总书记在中央审计委员会第一次会议上的重要讲话精神，严格落实全面从严治党各项要求，紧紧围绕审计署中心工作，明确窗口单位职能定位，不断提升服务水平。

展览陈列 在基本陈列区继续向公众开放中国古代审计、近代审计、新中国审计和审计结果公告等4个展厅，策划《不忘初心 砥砺奋进——党的十八大以来全国审计工作情况专题展》《榜样——地方审计机关先进人物事迹展（1986—1990）》两个专题展览，全年接待观众27302人次，其中未成年人4393人次。设计制作《许迪粜米案》《刘式审查三司账籍》《唐代御史台审查景陵贪污舞弊案》《御史王恽审计案》等4个审计历史动画片，丰富展陈的内容和形式。依托地方，组织开展以“传承红色基因 争做时代新人”为主题的小小讲解员暑期系列实践活动。在《财务与会计》微信公众号发布《走进审计博物馆，带你一起回味中国审计史》，扩大中国审计文化的影响。

藏品征集 召开审计藏品征集联络员会议，总结2017年度专项征集情况，部署2018年度征集任务。征集省级审计机关成立35周年的资料及中国革命根据地的审计制度法规，全年征集到28家省级审计机关的实物资料和数据1329件（套）；向审计署各司局级单位专项征集反映党的十八大以来开展有关工作情况的实物资料和数据，收集线索2000余条，实物资料和数据800余件（套）；通过接受捐赠、购买等常规征集方式，征集实物藏品281件，包括副审计长崔建民出访获赠的木质手提密码箱、第一个省长经济责任审计组全体成员签名照片、国有企业监事会原办公点牌匾等。

馆藏利用 利用馆藏，为中央电视台、审计署审计科研所、审计署驻南京特派员办事处、南京审计大学、国防大学勤务学院等单位提供科研、展示数据资料2778条。为审计署在署机关举办的“庆祝改革开放40周年主题展览”提供审计署成立大会视频、祁田任命书、《审计通讯》创刊号等实物和数据资料59件。

藏品研究 根据1989年出版的《中国革命根据地审计史料汇编》，结合2018年中国革命根据地审计制度法规征集成果及相关文献，新梳理革命根据地审计史料470条，拟汇编成册。参与审计署审计科研所组织的审计思想史编纂工作，查阅中国第二历史档案馆相关史料，获得线索4000余条，初步确定下一步征集目标。

数字博物馆 组织策划口述历史访谈，派人前往河北、上海、浙江、安徽、河南、湖北、湖南、广东、四川和陕西等10个省的审计机关，采访17位省级审计机关首任厅（局）长和1986年审计机关先进人物，拍摄总时长约1800分钟的原始视频素材并制作口述历史片。继续做好馆藏文字资源的扫描与数据识别。

馆舍安全 落实审计署关于安全工作的一系列部署，认真执行文博单位安全管理规范，围绕社会治安综合治理年度工作目标任务，牢固树立底线思维，强化安全防范和风险隐患排查整治，统筹推进安全工作顺利开展。通过严格落实安全责任、抓好日常安全、强化保密安全、加强藏品安全等工作，有效维护博物馆的安全，为各项安全开放提供保障。

党建工作 以党的政治建设为统领，全面落实新时代党的建设总要求和全面从严治党战略部署，牢固树立“四个意识”，坚定“四个自信”，坚决维护习近平总书记党中央的核心、全党的核心地位，坚决维护党中央权威和集中统一领导，不折不扣贯彻落实署党组各项决策部署。扎实开展纪律作风专项整治月活动，认真排查和防控风险，明确问题，落实整改。与审计干部教育学院共同开展廉政教育，举行廉政倡议活动，引导干部职工进一步强化“红线”意识，筑牢廉洁底线，充分发挥党支部战斗堡垒作用。开展纪律作风专项整治月活动，博物馆与党员干部签订全面从严治党责任书，与普通职工签订廉洁承诺书。组织党建活动，前往中共一大会址，开展“不忘初心、牢记使命”主题党日活动，全体党员在现场重温入党誓词；集中整训期间，与审计干部教育学院共同开展“不忘入党初心　牢记审计使命”主题党日活动，在博物馆开展审计历史现场教学。

（撰稿人：汤　菁）

【中国审计报社】 2018年，中国审计报社实有29人。设有办公室、总编室、新闻部、专刊部、技术信息部、记者部、财务部、发行部、广告部等9个部门。

领导成员

社长、总编辑：黄　峥（4月—）

副 社 长：黄　峥（主持工作，—4月）

孔凡青　赵　萍

副社长兼副总编辑：赵晓强

工作综述 2018年，中国审计报社在审计署党组的正确领导下，着力在提高政治站位上下功夫，在抓好基层组织建设上下功夫，在整饬干部队伍作风上下功夫，在履行好审计宣传职责上下功夫，在优化内部管理、向管理要效益上下功夫，各项工作取得一定成效。2018年，《中国审计报》入选第三届全国“百强报纸”，获得中国产经媒体“新媒体影响力指数”进步奖，多部作品在中国行业报协会、中国经济传媒协会、人民日报社等组织的各类赛事中获奖。

坚持政治家办报 中国审计报作为党和国家审计事业的新闻舆论阵地，始终坚持党媒姓党，不断提高自身政治站位，服务审计事业发展大局。注重把宣传阐释习近平新时代中国特色社会主义思想落到实处，开设“习近平新时代中国特色社会主义思想指引下——新时代新作为新篇章”专栏，展现审计工作和党的建设、国家建设同频共振。关注国家经济社会热点问题，做好全国两会宣传报道工作。全国两会期间专刊版共刊发两会专版9个，对美丽中国、政府工作报告、国家预算、精准脱贫和污染防治等取得的成效进行报道。及时宣传党中央对审计工作的要求，中央审计委员会第一次会议召开后，报纸头版开设“贯彻中央审计委员会第一次会议精神”栏目，及时对各省委、省政府及领导贯彻相关要求、推出举措等情况进行报道。审计长向全国人大常委会作审计工作报告时，推出特别报道《聚集攻坚决胜助力全面小康》，解读2017年度审计工作报告。全国审计工作会议期间，报社微信公众号以多种形式进行宣传报道，开设要闻、评论、理论文章、代表声音、走进一线审计人等栏目，发布 H5 作品 1 篇，新闻类稿件近 20 篇。生动展现审计人助力打赢“三大攻坚战”的精神风貌，开设“走在扶贫路上”栏目，对各地驻村“第一书记”的帮扶进行报道，刊登人物通讯近 50 余篇。参与审计署组织的“三区三州”扶贫审计报道活动，撰写通讯、制作图文、视频等 24 篇（条）。围绕政策跟踪审计、实行审计全覆盖、探索自然资源资产离任审计，继续办好“推进审计监督全覆盖”“探索自然资源资产离任审计”等栏目。多角度多层次报道“最美审计人”，刊发《寻宝记》，讲述审计博物馆联络员的故事，反映审计历史与文化的保护与传承；继续做好《近距离》《发现身边的感动》《说你说我》栏目，共刊发《峰岩，云朵上的村庄》《捧在手心里的大鲵》等相关稿件近 30 篇。关注内部审计发展，结合中央审计委员会第一次会议精神、审计署 11 号令、审计署内部审计工作座谈会精神，撰写《开启新时代内部审计工作新征程》的评论员文章，开设《新时代内审大家谈》栏目。

提升审计宣传时效 切实发挥“喉舌”作用，打造立体化宣传格局。通过报纸、微信公众号、审计之声 App、审计数字在线网等宣传平台，利用图文、音频、视频、动画、H5 等形式，重点围绕党的重大方针政策和署党组重要决策部署开展宣传，突出对审计工作交流、审计理论研究、审计先进典型和审计文化建设等的宣传。继续挖掘 H5 产品的潜力，推出《民生审计地图》《赞！全国两会出发！审计新征程》《中央审计委员会来了！这些审计时刻，了解一下》等产品，在人民网微博、微信公众号浏览量均超 50 万次。试水短视频，《35 年，我们一起走过》，微信阅读量达 3.6 万次。《中国审计署审计长接任亚审组织秘书长》《3 分钟带你了解亚审组织》等作品，被人民网等多家主流媒体转发。打造音频栏目《一诗一话》，以审计人员原创诗歌为重点，挖掘审计系统“好声音”，构筑审计文化精神家园。组织实施好审计移动传播服务平台项目，构建“审计之声”客户端、审计“融合号”、主流媒体生产体系对接和“融媒体工作室”孵化，将为策、采、编、发、评一体化工作提供有力支撑。

落实全面从严治党 以党建统领各项工作，落实全面从严治党主体责任。坚决执行民主集中制，切实发挥党的政治优势和组织优势，凡涉及报社“三重一大”事项，均通过社务会集体研究决定，做到规范用权、科学决策。强化“三会一课”和党课宣讲，严格规范党内政治生活，利用每周三学习日，开展“中国共产党纪律处分条例”“习近平总书记关于宣传思想工作的重要论述”等主题党课宣讲。联系工作实际开展主题联学活动，与审计署办公厅、宣传中心、出版社共同参观中央档案馆，增强党员的责任感和使命感；与审计署机关党委（人教司）、宣传中心、出版社一起参观学习体验媒体融合发展最新成果；组织全社职工参观“纪念马克思诞辰 200 周年主题展览”和“庆祝改革开放 40 周年成就展”，增强理想信念和使命担当。全年共召开支委会 12 次、支部党员大会 12 次、党小组会 15 次、组织生活会 2 次、党课宣讲 9 次。构建长效机制，用制度管人管事，每年组织党员干部分层级、全覆盖签订承诺书。组织开展党建制度修订工作，共修订《党支部关于落实“三会一课”制度的有关规定》等 8 项党建类制度，以制度为抓手，强化党风廉政责任制落实。

队伍建设 研究部室职责调整方案，确定岗位职责，优化人员配置，加强队伍建设，打造干事创业平台。强化业务能力培训，组织 H5 培训班，40 余人参加培训；组织“审计之声”客户端、审计“融合号”培训班，社内相关人员和全国 31 个省、自治区、直辖市通讯员 50 余人参加。组织对报社相关人员进行办公自动化 OA 培训、“审计之声”客户端培训、采编联动平台培训等。派员参加中国记协、行业报协举办的培训；创造轮岗、交流、锻炼机会，派出干部到派出局审计一线锻炼、到署机关司局交流、到人民日报媒体技术公司实习。

内部管理 多管齐下，提升内部管理的规范化和科学化水平，向管理要效益。党建引领，统一制订业务工作年度计划，明确业务重点任务，每月定期召开部门负责人工作汇报会，建立工作督办台账，全年共完成 215 项督办事项。强化发行目标责任，拓展渠道，2018 年报纸发行量 14.6 万份。构建符合报社实际的办公自动化系统（OA），规范办公流程，提高工作效率。以作风建设为突破口，以制度清理、岗位设置、新媒体建设等工作为抓手，在业务工作、队伍建设、日常管理等方面同向发力，打出组合拳，修订《中国审计报社工作规则》等6大类24项制度，开展纪律作风专项整治月活动，组织党员干部认真查找问题，分析原因，督促整改。坚持党建和业务工作月报制度、财务工作季度报告制度、事前审批制度、廉政承诺制度。对审计署相关纪律规定，以及在工作生活中应知应会并须严格遵守的安全、保密、交通、社会治安等法律法规等进行学习讲解。开展以案示警教育活动，组织参观恭王府廉政教育基地，组织学习中纪委公布的违反廉政纪律案例，邀请审计署机关纪委书记到报社进行警示案例宣讲。严管和厚爱相结合，购买职工统一午餐服务，关注职工生活和健康，重大节日看望退休人员，定期开展文体活动，丰富职工生活。

（撰稿人：只　洋）

【中国时代经济出版社】　2018年，中国时代经济出版社实有71人。设有办公室、总编室、财务部、人力资源与行政管理部、《中国审计》编辑部、图书编辑一部、图书编辑二部、图书编辑三部、外版图书编辑部、数字出版部、大客户部、发行部。

领导成员

党委书记：董维明（—4月）
　　　　　吴兆军（4月—）
社长兼总编辑：董维明（—4月）
副 社 长：乔晚根　鹿云飞
纪检组长：郑云龙（—9月）

工作综述　2018年，中国时代经济出版社在审计署党组的正确领导下，深入学习贯彻习近平新时代中国特色社会主义思想和党的十九大精神，认真学习贯彻全国宣传思想工作会议、中央审计委员会第一次会议精神，以《中共中国时代经济出版社委员会关于进一步加强党建工作的意见》统领全社各项工作，确立“党建统领、机制重构、塑造精品、做强做优”的发展思路，坚守意识形态阵地，压紧压实工作责任，切实发挥审计宣传主阵地作用。

审计宣传与期刊出版　坚持正确的政治方向和舆论导向，坚持把社会效益放在首位，经济效益与社会效益相统一，不断增强《中国审计》《审计观察》的传播力、引导力、影响力、公信力。深入宣传习近平新时代中国特色社会主义思想，全面展现审计机关学习情况和贯彻举措，推动习近平新时代中国特色社会主义思想在审计系统深入人心、落地生根。认真做好中央审计委员会第一次会议精神的宣传报道工作，约请审计系统有关领导和基层审计人员撰写体会，展开深入解读。着力做好庆祝改革开放40周年宣传报道工作，宣传报道改革开放40周年成就及审计工作成效。努力完成好审计署重点宣传任务。全国两会、全国审计工作会议、审计长向全国人大常委会所作的审计工作报告和审计整改报告，两刊均作出全方位立体化报道和权威解读；对审计助力打好三大攻坚战，加强对内部审计的指导监督，以及领导干部自然资源资产离任审计等重要工作部署，两刊均进行了重点报道。参加审计署组织的“三区三州”扶贫审计行等采访活动，采撷最鲜活的审计故事。有效发挥审计机关经验交流平台和学术研讨园地作用，刊发大量观点鲜明、学术味浓、共享性强的文章，《生态文明建设的胶州样本》《重大政策措施落实的广东审计新作为》等文章被人民网转载，点击阅读量超过10万次。

审计专业图书出版　振兴图书出版，采取加大选题论证和发行力度、开展专题研讨等多种举措振兴图书出版。创建选题论证制度，成立图书选题论证委员会，实行两级选题论证模式，强化顶层设计和统筹谋划，促进丰富品种和效益提升。准确把握审计工作需求，依据审计人员实际需求组织策划图书，完成《领导干部自然资源资产离任审计法律法规汇编》《审计现场管理手册》等审计实务类图书和“审计知识图解”系列丛书，致力打造服务审计人员提升职业能力的图书品牌。审计人员职称考试、保险机构培训和任职资格考试教材等其他图书出版也取得较好成绩。突出图书载体在立体化审计宣传格局中的作用，出版的《最美审计人》《人民审计官》《审计利剑》等文艺作品，深入刻画、充分展现审计人员履职尽责、攻坚克难的精神风貌。

数字出版与审计知识服务　推动审计知识服务平台转型发展，实现从项目建设为主向市场化运营推广的转化，初步形成以“审计知识服务”

为核心的数字出版模式。2018 年，出版社被列为国家知识资源服务中心知识服务模式试点单位，成为“金审工程”三期知识管理分系统承建商，被国务院机关事务管理局列为 4 个会计人员继续教育网络支持单位之一。“中国审计数字在线”网站注册人数已达 36.5 万人，年度活跃用户近 20 万人。与审计署资源环境审计司合作开展领导干部自然资源资产离任审计业务线上培训班，参加培训人数达 3.1 万人次。

改革改制与内部管理 根据中央文化体制改革和发展工作领导小组要求，中宣部、财政部关于中央文化企业公司制改制工作实施方案，在审计署出版社公司制改制工作领导小组的具体指导下，精心谋划实施，扎实细致地做好全体职工的思想工作，稳步有序推进，改制工作方案和章程经全社员工大会审议通过，报审计署党组研究上报后，于 2018 年底前得到批准，并完成工商变更登记等工作，确保改制工作平稳顺利进行。重构内部管理机制，研究建立图书出版事前审读等质量控制、图书选题论证等 7 项规章制度，结合公司制改制，根据经营发展新形势，对经营管理目标责任聘期、机构设置、人员编制、目标与责任等进行调整完善，强化内部管理，优化管理流程，提高管理效率。

党建工作 坚持把政治建设放在首位，旗帜鲜明讲政治，持续开展坚定理想信念、增强“四个意识”，坚定“四个自信”，做到“两个维护”教育，坚决把贯彻落实党中央、署党组各项决策部署作为首要任务，牢牢把握好宣传出版工作的政治方向。认真履行管党治党责任，坚持以党建统领各项工作，把党建工作与企业经营管理同部署、同实施、同检查、同考核，出台《关于进一步加强党建工作的意见》，对全面加强出版社党建工作提出明确要求和具体措施。认真落实中央八项规定及其实施细则精神，持之以恒整顿作风，以“六大纪律”执行情况、宣传出版业务合法经营情况和“三重一大”集体决策的执行情况为重点，全面梳理排查工作中存在的风险隐患，研究制定防控化解措施，引导党员职工习惯在监督和约束环境下工作和生活。以提升组织力为重点加强基层党组织建设，不断提高支部建设标准化规范化水平。

队伍建设 认真贯彻落实民主集中制，发挥社党委把方向、管大局、保落实的作用，凡属“三重一大”事项都经领导班子充分酝酿讨论、集体研究决定，坚持深入审计机关一线，调研收集审计宣传出版需求，听取意见建议，实现“审计知识服务”与审计干部素质建设、能力提升直接对接。同时开展出版业界横向调研交流，促进管理，完善机制，提质增效。开展员工教育培训，通过举办专题讲座、安排参加脱产专业培训、组织参加继续教育、组织外出参观等多种形式，使员工普遍能够获得接受教育培训和提升素质能力的机会。通过署统招和社招相结合方式，充实力量，解决人力匮乏问题。切实关心党员干部职工的工作生活和职业发展，做好细致扎实的思想政治工作，社主要负责同志与其他社领导、中层干部、分管部门员工谈心谈话 40 余人次，其他社领导与分管部门员工谈心谈话全覆盖，进一步激发了全体员工干事创业的积极性、主动性和创造性。

（撰稿人：安　超）

【中国审计学会】 2018 年，中国审计学会有单位会员 174 个、个人会员 1877 名。学会第七届理事会有理事 179 人、常务理事 60 人。设有计算机审计分会、审计教育分会、环境审计专业委员会 3 个分支机构；学术委员会、编辑委员会、培训委员会 3 个专业委员会。学会办事机构为秘书处，实有 6 人。秘书处设办公室和《审计研究》编辑部 2 个处室。学会主办《审计研究》杂志。

领导成员

会　　长：董大胜

副 会 长：孙　斌　张继勋　姜江华
耿建新　晏维龙　高培勇
谢　平　蔡　春

秘 书 长：姜江华（兼）

副秘书长：周维培　刘力云　尹　平
尚　锐　丁　雁
张广春　杨　莉

工作综述 2018 年，中国审计学会依据章程规定，在审计署党组的正确领导下，坚持以习近平新时代中国特色社会主义思想为指导，深入贯彻落实党的十九大和十九届二中、三中全会精神以及习近平总书记在中央审计委员会第一次会议上的重要讲话精神，认真组织开展审计理论研究和交流，大力推动理论创新和研究成果转化，努力为充分发挥审计在党和国家监督体系中的重要作用提供理论支撑。

省级审计学会及审计署特派办理论研究会秘书长会议 3月在杭州召开。会议的主要议题是深入学习贯彻党的十九大精神，贯彻落实全国审计工作会议的部署，总结上年度工作情况，研究落实2018年各项工作任务。各省级审计学会以及审计署各特派办理论研究会秘书长等50余人参加会议。

第四次理事论坛 4月在南京举办。主题是“国家审计的改革、创新与未来发展”。审计署党组书记、审计长胡泽君参加论坛，以“以习近平新时代中国特色社会主义思想为指引 推动审计工作新发展”为题发表主旨演讲。学会理事、理事代表、各省级审计学会秘书长、有关专家共110多人参加论坛，14位理事作交流发言。

第四届全国审计青年论坛 9月在郑州举办。审计署党组书记、审计长胡泽君出席论坛，以“坚定信念 砥砺奋进 为新时代审计事业发展奉献青春和力量”为题发表主旨演讲。审计署党组成员、副审计长孙宝厚主持开幕式，河南省副省长徐光出席论坛并致辞。本次论坛共收到论文160篇。经专家评审，28篇论文分获一、二、三等奖，16位获奖论文作者在论坛上作交流发言，来自全国审计机关及高等院校的审计青年100余人参加论坛。论坛向全国审计系统青年干部发出题为《让青春在新时代审计新征程中绽放光彩》的倡议书。

2018海峡两岸暨港澳地区审计理论与实务研讨会 8月在鄂尔多斯市举办。来自海峡两岸暨港澳地区审计界的40余名专家和代表参加会议。与会代表围绕“审计促进可持续发展”和“审计人员专业能力提升”两个专题展开研讨交流，14位代表进行专题发言，6位代表作点评。研讨成果对审计机关更好地在经济社会发展中发挥作用具有重要的指导意义，研讨会还增进了两岸审计同人的同胞亲情。

审计理论研究骨干培训班 5月在南京举办。全国各级审计机关和审计专业硕士培养院校的150多名审计理论研究骨干参加培训。审计署党组成员、副审计长孙宝厚出席开班式并授课；邀请国务院发展研究中心、国务院扶贫办、国家发展改革委、有关高校和审计署专家为培训班授课。培训班围绕审计工作如何推动高质量发展，建设现代化经济体系；审计工作如何进一步聚焦推动打好三大攻坚战，更好发挥审计在党和国家监督体系中的重要作用；如何把握当前审计理论研究的形势和任务，围绕构建集中统一、全面覆盖、权威高效的审计监督体系的要求，更好地开展审计理论研究等方面进行研讨交流。

组织课题研究 组织对2018—2019年度审计署重点科研课题和立项评审，经审计署批准的2018—2019年度审计署重点科研课题有“审计管理体制改革研究”“新时代国家审计目标和功能研究”“领导干部自然资源资产离任审计研究”“大数据审计研究”“国家审计在防范和化解重大风险方面的作用和途径研究”“国家审计在推动深化供给侧结构性改革中的作用研究”“国家审计在乡村振兴战略中的作用研究”等7个课题研究方向，最终确定5个课题研究方向的14项课题为立项课题。组织对2017—2018年度审计署重点科研课题的中期检查和结项评审，专家对10项中期检查课题提出修改完善建议，确定9个课题“结项”或“修改后结项”，1个课题因未按照中期检查意见进行修改、未实现研究目标、课题研究论证不充分不深入等原因未通过结项评审。选定与中国审计学会的合作课题研究单位，确定14个省级审计学会和2个特派办为“深化预算执行审计”课题的合作单位；15个省级审计学会和10个特派办理论研究会为“经济责任审计创新与发展”课题的合作单位，组织召开7次小型研讨会和专题研讨会汇报研究成果；组织开展“进一步加强和改进审计署重点科研课题管理”专题研究工作，课题组对相关单位开展调研，形成研究报告。

编辑出版《审计研究》杂志 《审计研究》杂志获得国家社科基金资助，全年共编辑出版6期，版面由112页增加到128页，全年刊登论文102篇，总计170余万字。每期安排2篇至4篇文章围绕专题展开讨论，开设有学习宣传贯彻党的十九大精神、大数据审计、市县审计机关发展、审计机关审计风险管理、国家审计创新与发展、审计技术方法、审计史研究等专题。7月，在陕西省西安市召开杂志通联发行座谈会，来自各省级审计学会共计40多名代表参加会议。

调查研究工作 7月至11月，中国审计学会组成调研组，先后赴贵州、云南、浙江、江苏、山东、广东、重庆7省（市），就省以下审计机关人财物管理改革试点情况开展专题调研。调研结束后，调研组向审计署领导提交《中国审计学会关于省以下审计机关人财物管理改革试点调研情况的报告》。

地方审计学会和特派办理论研究会工作 29个省级审计学会和12个特派办理论研究会与中国审计学会开展合作课题研究。多地学会积极搭建交流平台，开展优秀论文评选、青年论坛等活动；编辑出版刊物，聚焦推广审计经验，宣传审计成果。部分特派办强化审计理论研究会的组织建设，建立研究团队，搭建交流平台，发挥推动理论研究的作用。

分支机构工作 审计教育分会以“习近平新时代中国特色社会主义思想指引下的审计工作发展研究”为主题召开年会；出版2期《中国审计评论》，刊发论文20篇。计算机审计分会组织编写《信息系统审计主流方法和技术工具研究》课题报告，开展与计算机审计相关的5个课题的研究，启动计算机审计分会换届前期准备工作。环境审计专业委员会举办“全国审计机关领导干部自然资源资产离任审计研讨会暨领导干部自然资源资产离任审计助力绿色发展”高端论坛，评选出18篇优秀论文。中国政府审计研究中心全年举办18期“双周论坛”，44位嘉宾作主题报告，参加论坛累计人数达1000人。 （撰稿人：赵　娜）

【中国内部审计协会】 2018年，中国内部审计协会（以下简称中内协）秘书处实有27人。下设综合业务部、准则与学术部、职业教育部、公共宣传部、事业发展部（国际事务部）共5个业务部门。

领导成员

名誉会长：李金华
会　　长：鲍国明（9月—）
副 会 长：鲍国明（—9月）
　　　　　佟吉禄（—9月）
　　　　　刘志远（—9月）
　　　　　高　林（—9月）
　　　　　赵　宏（—9月）
　　　　　席　晟（9月—）
　　　　　王文宗（9月—）
　　　　　秦荣生（9月—）
　　　　　晏维龙（9月—）
　　　　　张海坤（9月—）
　　　　　王建军（9月—）
　　　　　肖　伟（9月—）
　　　　　沈立强（9月—）
　　　　　陈　巍（9月—）
　　　　　李如祥（9月—）
秘 书 长：鲍国明（兼，—9月）
　　　　　沈立强（兼，9月—）
副秘书长：沈立强（—9月）
　　　　　吴晓军（9月—）
　　　　　王　娜（9月—）

工作综述 2018年，中内协全面深入学习贯彻党的十九大，十九届二中、三中全会和中央经济工作会议精神，认真贯彻落实党和政府的决策部署，紧紧围绕“服务、管理、宣传、交流”的办会宗旨，全力做好各项业务工作，努力推动内部审计事业不断向前发展。

召开中国内部审计协会第七届会员代表大会，完成协会换届工作 9月19日，召开第七届会员代表大会，选举产生第七届理事会和首届监事会，审议通过第六届理事会工作报告、修订后的协会章程等一系列文件。当天分别召开第七届理事会、常务理事会和首届监事会第一次会议，推选出协会名誉会长，选举产生新一届会长、副会长、秘书长、副秘书长，推选产生首任监事长，审议通过第七届理事会工作发展规划和专业委员会工作规则，以及4个专业委员会组成人员名单。

搭建宣传交流平台，推动落实内审新规定 学习宣传《审计署关于内部审计工作的规定》（以下简称《规定》）。1月，中内协负责人就修订出台《规定》接受中央电视台记者采访，在央视“新闻联播”和“新闻30分”栏目中播出。通过协会微信公众号发表《努力开创审计机关与内审协会协同推进内部审计事业繁荣发展的新局面》的评论文章。2月，在北京召开专题座谈会，邀请部分中央企业、金融机构内部审计分管领导或内审部门负责人，畅谈如何贯彻落实《规定》，与会者接受《经济日报》记者的联合采访。3月，在北京召开庆祝“三八妇女节”内审单位女领导工作座谈会，座谈会上畅谈学习贯彻落实《规定》的思路和举措，探讨新时代内部审计和中内协发展的任务与方向。5月，与北京中天恒会计师事务所合作在北京举办“新时代内部审计创新发展”研讨会，邀请审计署法规司相关人员解读《规定》。6月，派出调研组赴安徽省开展《规定》宣传贯彻及内审准则执行情况的调研活动。11月，与审计署内部审计指导监督司联合开展《规定》知识竞赛，参赛总人数近20万人。

举办第六届金融行业会员单位交流活动 12月，在北京市举办主题为“金融行业内部审计人才建设”的第六届金融行业会员单位交流活动，来自101家金融机构的代表共170余人参加本次活动。

《中国内部审计》杂志改版 内容质量进一步提高，电子版发行渠道有所扩大。中内协微信公众号全年共推送微信400余条，全年关注人数和阅读总量均比上年增加两倍以上。中内协网站完成改版上线。

加强国际和海峡两岸交流，持续深化对外交流合作 8月，在深圳市举行“变革时代内部审计面对的机遇和挑战”专题报告会，邀请国际内部审计师协会秘书长兼首席执行官、亚洲内部审计师协会联合会执委会副主席等专家就内部审计发展的趋势作专题演讲，300多名来自全国各地的内审人员和内审协会人员参加报告会。

12月，在台北市召开以“合规趋势”为主题的第十八届海峡两岸内部审计交流研讨会。中内协派出10人组成的大陆代表团赴台参加。这次研讨会是中内协与台湾内部稽核协会双方换届后领导人的首次聚会。

派员赴阿联酋参加以“用创新连接世界”为主题的IIA年会，赴美国参加IIA年终秘书长会议，赴马来西亚参加以“数字化时代内部审计的相关性”为主题的亚洲内部审计大会。

深入开展理论研讨，总结推广实践经验，创新职业教育 组织开展以“新时代内部审计的创新与发展”为主题的群众性理论研讨活动，共收到地方内审协会、会员单位推荐的理论研讨论文409篇，创历史新高。经中内协学术委员会评选，共评出一等奖12篇、二等奖53篇、三等奖127篇、提名奖162篇，45家单位获得理论研讨组织奖。

为总结推广各类组织内部审计报告质量提升的经验，发挥优秀经验成果的示范和导向作用，中内协组织开展“审计报告质量提升”优秀成果展示活动，中内协各分会、部分地方内部审计（师）协会和部分中央单位会员向中内协推荐154篇审计报告及相关质量提升经验材料，经专家评审，有75篇审计报告及相关经验材料被评为中国内部审计协会2018年“审计报告质量提升优秀成果”。

协会培训教育工作延续“创新”主旋律，在26个培训地点，举办5大类别29个专题、总计83期面授培训班，开设网络培训3大类别43科课程，面授和网络培训人次均创历年新高。培训班宣传工作进一步加大，教学管理持续加强。11月，由中内协与南京审计大学合办的“中内协内部审计学院”正式揭牌。

完成中内协首次承接的咨询服务项目《交通运输部部属单位内部审计操作指南》的编写任务。

国际资格证书考试的组织工作 全年共开展4次国际注册内部审计师资格证书（CIA）、内部控制自我评估专业资格证书（CCSA）的计算机考试，实际考试科数为2.9万余科，同比增长30.67%。全年共有3000余人获得资格证书。

相关工作 中内协党支部坚持开展“三会一课”和多种形式的主题党日活动，加强对党员的教育、管理和监督。3月，召开2017年度民主生活会，开展民主评议党员活动。针对查找出的不足，建立“党员整改承诺书”和整改督促机制。5月，中内协与北京市内部审计协会联合开展“庆六一，献爱心”主题公益活动，向外来务工子弟学校赠送桌椅及少儿图书；7月，赴中共一大会址参观，开展“不忘初心，重温入党志愿书”主题党日活动；12月，参观“伟大的变革——庆祝改革开放四十周年大型展览”。11月，按照中央和国家机关工委的要求，开展党的纪律建设情况对照检查，提交自查报告。12月，派员参加中央和国家机关行业协会商会警示教育大会。

根据脱钩后新的人事管理制度，首次开展秘书处部门副主任、高级主管的选拔工作，进一步充实中内协中层管理力量。组织对新任职干部开展内审基础知识和内审法规准则等方面的业务培训，进一步提高中内协工作人员的业务能力和素质，对各部门职责进行优化。

此外，协会秘书处按照中央行业协会商会脱钩改革的要求，7 月腾退占用的行政办公用房，迁入新址办公。至此，协会在机构、职能、资产财务、人员管理和党建、外事等方面的脱钩改革任务全面完成。（撰稿人：李云頔）

【南京审计大学】 2018 年，南京审计大学共有全日制在校本科生、研究生、留学生共 1.6 万余名。专任教师 970 余人。拥有浦口、莫愁两个校区，占地 145 公顷。学校设有政府审计学院、会计学院等 16 个专业学院（教学部），审计科学研究院、瑞华审计与会计学院等 19 个特色学院（研究院）；设有 35 个本科专业。

领导成员

党委书记：晏维龙

党委副书记：刘旺洪　张建红　王会金

纪委书记：王书龙

党委常委：晏维龙　刘旺洪　张建红
王会金　俞安平　张钦文
裴　育　杭连生　王书龙
董必荣　李乾文　强　飙
张　维　李　群（—9 月）

校　　长：刘旺洪

副 校 长：王会金　张金城　俞安平
张钦文　裴　育　杭连生
董必荣　李　群（—9 月）

签署协议　8 月，与中央军委审计署签署战略合作框架协议。军委审计署副审计长孙斌、驻东部战区审计局局长师德荣、军委审计署综合局副局长吴畏、军委审计署信息化办公室主任周红等，校党委书记晏维龙、校长刘旺洪等校领导及相关职能部门负责人出席仪式。

3 月 28 日上午，与南京市审计局签署战略合作协议。校党委书记晏维龙，校长刘旺洪，党委副书记、副校长王会金，副校长裴育、李群，南京市审计局局长姬桂玲，副局长周奇、朱益强、张彦勤，总审计师任慧莉以及双方相关部门负责人出席，签约仪式由王会金主持。

学校建设　2 月，全国哲学社会科学规划办公室和教育部社会科学司公布 2017 年度国家社科基金重大项目立项结果和教育部哲学社会科学研究重大课题攻关项目评审结果。综合项目数量与级别，南京审计大学位列全国高校人文社科研究竞争力排行榜第 77 位。在江苏省内，位列第九。

3 月 27 日，南京审计大学获批新增 8 个硕士学位授权点，包含 4 个一级学科学术学位硕士点和 4 个专业学位硕士点。新增 4 个一级学科学术学位硕士点为法学、统计学、计算机科学与技术、公共管理。新增 4 个专业学位硕士点为应用统计硕士、国际商务硕士、法律硕士、工程硕士。至此，南京审计大学硕士学位授权点总数已达 14 个。

7 月 1 日，江苏省首家监察学院在南京审计大学正式成立。省政协副主席周继业，省人大法工委主任王腊生，省政府法制办公室主任高建新，省纪委监察委员会组织部副部长成竹，校党委书记晏维龙、校长刘旺洪等部分校领导，以及来自江苏省部分高校法学院的专家参加揭牌仪式。

5 月，2018 年“创青春杯”江苏省大学生创业大赛决赛在南京审计大学举办。大赛由共青团江苏省委、江苏省教育厅、江苏省人力资源和社会保障厅、江苏省科协、江苏省学联主办，南京审计大学、浦口区人民政府承办。41 所高校 61 个项目获得金奖，21 所高校获得“优胜杯”。南京审计大学“南京痕迹网络科技有限公司”获得金奖，3 支队伍进入国赛。《新华日报》、江苏卫视等多家媒体关注报道。

6 月 3 日，2018 年南京市高校辩论赛结束，南京审计大学校辩论队 5∶0 战胜南京大学，夺得南京市赛冠军，程璟昊获得赛事的全程最佳辩手。

7 月，由特许公认会计师公会（ACCA）举办的 30 周年庆典在北京钓鱼台国宾馆隆重召开。庆典举行表彰活动中，南京审计大学获评 ACCA 卓越教育奖。南京审计大学经过 20 余年的发展，已培养3000多名ACCA毕业生，被特许公认会计师公会评为“全球培养ACCA人才最多的大学”。11月1日至2日，“第九届中国高校国际化人才培养与ACCA项目管理研讨会”在西安外国语大学举行，会议旨在探讨会计学科高等教育的成长与转型，并对在ACCA教学上取得优异成绩的高校进行表彰。南京审计大学凭借在会计类特色国际化人才培养上的突出表现，荣获“2018年度ACCA优秀高校”。2018年3月的ACCA全球统考中，2015级冯晨睿荣获“P2公司报告(Corporate Reporting)”科目中国大陆单科第一的好成绩；国际审计学院2015级ACCA班刘诗琴在2017年12月举行的全球统考中，获得“P1治理、风险与道德（Governance，Risk and Ethics)”课程中国大陆单科成绩第一名；会计学院2015级ACCA班孙奕青在2018年6月举行的全球统考中，获得“P5高级业绩管理（Advanced Performance Management)”课程中国大陆单科成绩第一名；会计学院审计学（ACCA方向）2014级学生钱洁莹在ACCA全球统考9月份考季中获得战略专业阶段考试平均分大陆第一。

会议与培训　4月28日，召开2018年学科与科研工作会议，全面总结学科与科研工作取得的成绩和经验，分析面临的机遇和挑战，谋划未来学科与科研工作的目标和思路，完善学科与科研工作的文件和制度。全体校领导，二级学院全体班子成员，各教学部、书院、各部门主要负责人、教授、润泽学者等200余人参会，共商南审学科建设与科研发展，讨论《南京审计大学学科建设管理办法》《南京审计大学学术期刊分类奖励目录》等文件。

7月10日至11日，举行本科人才培养工作会议。校长刘旺洪作题为《坚持立德树人深化体制改革推动本科人才培养质量迈上新台阶》的报告，总结2014年以来的人才培养成果。12月3日，南京审计大学召开2018年人才工作会议。全体校领导、中层干部，长江学者、千人计划、润泽学者、教授、学科带头人、系主任、学工系统科级以上干部、部分教师代表等参加本次会议。参会人员分组研讨主题报告和《南京审计大学人事人才制度汇编》等文件

1月9日至15日，南京审计大学党委举行为期一周的处级以上领导干部学习贯彻党的十九大精神集中学习班。

审计长奖学金　6月20日下午，第六届审计长奖学金表彰大会在敏达学术报告厅二楼举行，副审计长秦博勇为陈艳琪等30名获奖者颁奖。审计署党校常务副校长，审计干部教育学院党委书记、院长彭华彰；审计署人事教育司副司长苏丹；校党委书记晏维龙、校长刘旺洪等校领导以及部分师生代表见证盛典。

成立“中内协内部审计学院”　11月21日，南京审计大学“中内协内部审计学院”成立大会暨新时代内部审计发展论坛在审计署审计干部教育学院国际报告厅举行。校党委书记晏维龙、校长刘旺洪出席成立大会，来自审计署、中国内部审计协会、高校、中央企业的领导、专家以及学校党政领导、各学院负责人等共40余名代表，首批42名本科生、30余名内部审计方向研究生共110余人共同见证“中内协内部审计学院”的成立，并为学院发展建言献策。成立大会由校党委副书记、副校长王会金主持。

相关工作　根据省委巡视工作领导小组的部署，1月19日，省委第二巡视组向学校党委反馈巡视情况。省委第二巡视组组长庄同保主持召开会议，传达省委书记娄勤俭在省委书记专题会议上关于巡视工作的讲话精神。晏维龙向领导班子反馈会议并就做好巡视整改工作作表态讲话。

（撰稿人：曹兴华）

审计理论与科研

科研成果综述

2018年，审计署审计科研所以党的十九大及十九届二中、三中全会精神为指导，认真学习贯彻习近平新时代中国特色社会主义思想，深入学习领会习近平总书记在中央审计委员会第一次会议上的重要讲话精神，在署党组的正确领导下，紧密围绕审计中心工作和热点话题，开展审计理论研究工作。重点开展了新时代国家审计的经济监督功能、推动打好三大攻坚战中审计的不可替代作用、新时代全面深化依法审计实践、科技强审战略、国际资源环境审计系列研究、国外主要国家审计发展及相关立法情况对我国审计法修改的启示、中国共产党领导下的审计立法规律初探、国家审计视角下的社会审计质量问题研究、新时代审计职业荣誉感的认识等。同时，完成中外审计体制系列研究等课题的研究。开展国外审计研究，翻译美国审计署部分审计报告，解读美国政府财务报告和世界审计组织战略规划述评等。这些研究成果形成审计研究报告和国外审计动态。

审计研究报告有：扶贫审计档案规范化管理研究，中国古代审计体制研究（先秦—清末），新民主主义革命时期审计体制研究（1921—1949年），美国、英国、澳大利亚、加拿大国家审计体制研究——立法型审计体制国家研究，法国、意大利、巴西国家审计体制研究——司法型审计体制国家研究，德国、日本、俄罗斯国家审计体制研究——独立于立法、行政、司法部门的审计体制国家研究，韩国审计体制研究——监审合一审计体制国家研究，对新时代审计职业荣誉感的几点认识，国外财政审计的发展与启示，领导干部自然资源资产离任审计的环境公正观，跨境电商零售进口税收政策演进及审计发挥作用的路径研究，浙江审计工作建立“容错免责”机制的实践与思考，党领导下革命根据地的审计工作，新时代国家审计的经济监督功能研究，推动打好三大攻坚战中审计的不可替代作用研究，新时代全面深化依法审计实践研究，科技强审战略研究，2018年亚洲审计组织环境审计委员会第七次研讨会综述，最高审计机关在大数据审计实践方面的发展及启示——20个最高审计机关在“世界审计组织大数据工作组第二次会议”上的大数据审计经验综述，我国政府债务风险管理与审计监督作用研究，国家审计视角下的社会审计质量问题研究，浅谈国有企业审计助力混合所有制改革，对审计全覆盖含义的再认识及其实现路径探索，审计精神的历史传承及其在新时代的丰富发展，金融审计防控“中国式影子银行”风险研究，美印等国审计署派出审计机构设立情况研究，中美审计机关核查社会审计报告职能比较分析，资源环境审计深化发展的路径研究，建立全国统筹协调、层次清晰的大数据审计云平台体系，规划审计行业大数据标准体系，构建行业通用、开源共享的审计大数据分析模型体系，防风险金融监管政策演进的三个阶段，防风险金融监管政策定性审计评估，防风险金融监管政策效果量化审计评估，金融审计在防控非标准化债权资产风险中的作用研究，以社会主义核心价值观为基础构建新时代审计文化，新时代我国审计干部应具备哪些知识和技能——基于281份调查表的统计分析，最高审计机关战略工作的实践与启示——20个最高审计机关战略工作经验综述，国外主要国家审计发展及相关立法情况对我国审计法修改的启示，中国共产党领导下的审计立法规律初探，环境影响评价审计的国际经验做法及启示，海洋领域气候变化和海洋酸化应对政策措施审计的国际经验做法及启示，提高环境审计质量及影响力的国际经验与启示，20世纪七八十年代美国审计署资源环境审计特点及启示，英国审计署政府环境责任审计与借鉴，当前国有企业境外投资发展形势及审计对策研究，财政审计促进全面实施预算绩效管理研究。

国外审计动态有：13期美国审计署审计报告要览（2017年10月—2018年10月）和美国审计署2018—2023年战略规划概要、美国审计署当前面临的挑战及应对措施、近年来国际同业复核报告列示的美国审计署良好实务、成本收益法在美国金融监管分析中的应用研究、世界审计组织战略规划述评、全美政府间审计论坛第22届双年会议研讨情况简介、当前美国联邦单位面临的7个共性问题——对61份联邦监察长报告的汇总分析、2017财年美国联邦政府合并财务报表审计结果、解读美国政府财务报告（2018版）、美国审计署对科技的审计、评价和研究工作综述、金融业的网络风险：量化评估框架（2018年6月）、英国审计署良好实践指南一：审计委员会如何在数字化转型中发挥作用（2018年5月公布）。

一、扶贫审计档案规范化管理研究。精准扶贫、精准脱贫是广大贫困群众追求美好生活的最直接、最迫切需要，是党和国家当前和今后一段时期一项极为重要的攻坚任务，事关决胜全面建成小康社会能否如期实现。近年来，审计署高度重视扶贫审计工作，通过专项审计、政策跟踪审计等持续加大扶贫审计力度，扶贫审计档案随之逐年增加。它真实记录审计机关和审计人员开展扶贫审计的工作部署、审计过程、业务成果等，客观反映精准扶贫、精准脱贫政策贯彻落实情况及扶贫资金管理使用绩效，揭示扶贫领域重大违纪违法案件线索和体制机制制度性问题，具有重要的现实意义和开发潜力。课题组在深入调研的基础上，结合近年来对扶贫审计档案的检查指导，总结归纳出当前扶贫审计档案存在工作机制不健全、档案资料收集不完整、整理归档不规范、档案保管不统一、开发利用不到位等问题，并逐一剖析原因，提出改进意见和建议，以期对今后完善制度、加强管理提供参考借鉴，进一步促进扶贫审计档案的规范化管理和深度开发利用。

二、国外财政审计的发展与启示。党的十九大报告提出，要加快建立现代财政制度。该文通过对国外财政审计发展历程的研究，探讨了审计监督如何更好地在促进建立现代财政制度等方面发挥重要作用。国外财政审计大致经历了账目审计、财务审计与绩效审计、常规审计基础上的财政风险预测与评估等发展历程。早期的账目审计关注财政收支的合法合规性；绩效审计与财务审计关注政府运营绩效，提高财政信息质量；二十一世纪以来，财政审计更加关注国家财政状况和未来财政风险。在审计职能的拓展中，对审计人员队伍进行专业化建设。从发展历史看，国外主要国家审计机关能够顺应政府财政改革，适时调整、扩展审计职能；关注财政政策落实情况，推动政策不断完善和取得实效；注重维护国家财政安全，发挥审计机关“专家”作用。在当前加快完善社会主义市场经济体制的背景下，我国审计机关需要进一步通过财政审计促进建立现代财政制度、推动维护国家财政安全、推进财政资金绩效管理、推动财政政策贯彻落实取得实效，并适应财政审计工作需要加强财政审计队伍专业化建设。

三、跨境电商零售进口税收政策演进及审计发挥作用的路径研究。跨境电商是当今互联网时代发展最为迅速的贸易方式，为更多企业、更多群体带来了新的发展机遇。传统税制模式下，跨境电商这一新兴业态与传统业态、跨境零售进口商品与国内商品存在不公平竞争。为了促进新兴业态与传统业态共同发展，营造公平竞争的市场环境，国家有关部门出台了一系列税收新政，并带来了税收征管工作的一系列变化。本文结合跨境电商零售进口的发展背景，回顾相关税收政策的发展沿革，介绍了税收新政的主要内容及影响，指出该新兴业态税收领域存在的主要问题，并提出审计机关面对新的市场环境、征管工作的新变化，促进跨境电商零售进口贸易业态健康有序发展的主要路径。

四、浙江审计工作建立“容错免责”机制的实践与思考。党的十八大以来，习近平总书记多次强调要在从严治吏的同时，坚持“三个区分开来”。在全面从严治党新形势下，探索建立鼓励创新、宽容失败的审计“容错免责”机制有十分重要的现实意义。本文从落实中央重大决策部署的具体体现、提升审计价值的客观要求、审计监督独特优势等方面分析审计工作建立“容错免责”

机制的现实意义，随后着重介绍浙江审计工作建立“容错免责”机制的创新实践，包括容错纠错要求的制度化常态化、容错情形的清单化具体化以及容错机制结果应用的标准化规范化。在此基础上对推动“容错免责”机制落地见效进行了理性思考，强调要强化容错纠错的改革导向、把握“容错免责”的基本尺度、健全“容错免责”机制的配套保障措施等。

五、党领导下革命根据地的审计工作。中共中央印发《深化党和国家机构改革方案》，明确成立中央审计委员会，构建集中统一、全面覆盖、权威高效的审计监督体系。党中央关于审计管理体制改革的决策部署，加强了党对审计工作的领导，体现了新时代中国特色社会主义审计制度的鲜明特征。早在新民主主义革命时期，虽然出现了不同形式的审计体制，但革命根据地的审计工作一直在党的有力领导下，不断完善组织机构和规章制度，在预决算监督、反贪污浪费斗争、商业政策落实、维护经济秩序等方面发挥了积极有效的作用，为以后的审计工作提供了宝贵经验。本文回顾了土地革命时期、抗日战争时期、解放战争时期党领导下革命根据地的审计工作开展情况，特别是阐述了党直接或者间接领导下的审计机构设置及其审计工作的特点。

六、2018年亚洲审计组织环境审计委员会第七次研讨会综述。本文基于亚洲审计组织环境审计委员会第7次研讨会暨第6次工作会议各参会国最高审计机关关于“信息技术在环境审计中的应用”和“各国特色环境审计”两个主题的审计经验介绍，分别概括了这些国家最高审计机关应用信息技术开展环境审计的做法和成果，以及各国特色的环境审计情况及案例。归纳了各参会国最高审计机关信息技术在环境审计中的作用、面临的挑战，以及新形势下推进信息技术应采取的措施和环境审计的共性经验、合作审计的开展等方面的共识，对进一步推动我署引领亚洲环境审计发展、创新环境审计技术方法、讲好中国审计故事，具有积极意义。

七、最高审计机关在大数据审计实践方面的发展及启示——20个最高审计机关在“世界审计组织大数据工作组第二次会议”上的大数据审计经验综述。世界审计组织（简称世审组织）大数据工作组（简称工作组）成立于2016年12月，隶属于世审组织战略目标三“知识分享与知识服务”委员会，旨在确定最高审计机关在大数据时代面临的挑战和机遇，推动各国审计机关在大数据及大数据审计领域内的信息分享与经验交流。2017年4月17日至19日，工作组第一次会议在南京召开，各国参会代表交流了大数据审计工作的经验，并在工作组职责权限、工作流程和工作计划等方面达成了共识。2018年4月19日至20日，工作组第二次会议在美国华盛顿举行，来自20个国家的43名代表参加了本次会议，会议主题是大数据审计在实现国家可持续发展目标中的作用。本文基于各参会国最高审计机关的大数据审计经验介绍，概括了这些国家最高审计机关在大数据审计方面的实践经验及探索发展，列举了部分国家最高审计机关的具体做法，并对我国大数据审计工作的团队建设、交流合作和技术方法应用等三方面提出了建议。

八、浅谈国有企业审计助力混合所有制改革。混合所有制改革是深化国有企业改革的重要内容，是进一步增强国有企业活力和市场竞争力，更好地发挥国有企业作为党和国家事业发展的重要物质基础和政治基础作用的关键举措。国有企业审计是审计机关的法定职责，是深化国有企业改革中强治理、反腐败、控风险、防流失的重要监督力量之一。为稳健推进国有企业混合所有制改革，国有企业审计应站在新的起点，明确审计方向，突出审计重点，把握关键环节，消除政策“中梗阻”，确保国有企业做强做优做大。报告对国有企业混合所有制改革的内涵和发展历程进行了阐述，提出了改革的目标和要求，分析当前改革面临的困难，并从妥善处理混合所有制改革的三个关系、关注混合所有制改革的五个因素和关键环节，以及突出改革的四个重点内容方面提出了对策建议。

九、审计精神的历史传承及其在新时代的丰富发展。早在革命根据地时期，审计机关和审计人员在党的领导下，克服重重困难，以高度认真负责的精神状态投入到审计工作中，形成了为实现民族独立、人民解放的革命精神，信念坚定、百折不挠的奋斗精神，独立客观、恪尽职守的敬业精神。2018年5月中央审计委员会第一次会议上，习近平总书记要求，加强审计机关自身建设，以审计精神立身，以创新规范立业，以自身建设立信。从中央革命根据地时期到中国特色社会主义新时代，审计精神是一代代审计人优秀品质的历史沉淀，更是一辈辈审计人一脉相承的精神财富。本文回顾了革命根据地时期的审计精神，总结概括了新时代的审计精神，包括信仰法律、崇尚法治、客观公正、忠于职守的精神，脚踏实地、扎实苦干、敬业奉献、为国为民的精神，与时俱进、开拓创新的精神。分析了审计精神与审计实践的辩证统一，以及践行新时代审计精神的路径，即在具体工作中践行新时代的审计精神、通过有关制度进行保障和约束、发挥先进典型的示范和引领作用等。

十、金融审计防控“中国式影子银行”风险研究。影子银行是指没有受到与商业银行同等程度监管，但从事类信贷活动，并可能导致系统性风险和监管套利的信用中介实体或业务。中国影子银行产生动机是监管套利，其目的是为了追求超额收益、规避信贷规模管制、降低资本消耗、少计提拨备和投向“两高一剩”等限制性行业。本文从金融审计的视角，深刻剖析了中国影子银行的产生、类型及其潜在的风险，并给出了促进相关部门建立健全法律制度、完善管理体制，加强对影子银行体系估值系统的审计、防止金融机构利用估值系统实现刚性兑付，加大对影子银行业务审计力度、防控系统性金融风险，促进金融监管部门畅通社会融资渠道、弱化影子银行的类银行功能等相应的审计应对策略。

十一、中美审计机关核查社会审计报告职能比较分析。习近平总书记在中央审计委员会第一次会议上明确要求，“调动内部审计和社会审计的力量，增强审计监督合力”。胡泽君审计长在2018年全国审计机关深化国企国资审计视频会议上指出，要重视对社会审计成果的运用，做好审计报告质量核查工作。本文介绍了中美审计机关核查职能的产生背景、职能定义和法律依据，围绕核查范围、组织实施方式、核查内容和方法等三个方面开展比较分析，并在此基础上提出三点建议。加强制度建设，进一步规范和指引核查工作；加强成果运用，探索建立执业良好对象库和重点检查对象库等奖优惩劣机制；加强监督合力，建立与其他监督部门的协作配合、监督成果公开和共享等机制。

十二、资源环境审计深化发展的路径研究。习近平生态文明思想是资源环境审计发展的指导思想，生态文明建设“三期叠加”是资源环境审计发展的时代背景，助力打好污染防治攻坚战是资源环境审计发展的现实目标，党和国家机构改革为资源环境审计发展提供制度支持。在此基础上，本文分析了资源环境审计深化发展需要关注的问题：项目安排上，如何实现资源环境审计的统筹整合；组织方式上，如何更有成效地上下联动；审计方法上，如何在“科技强审”中实现跨越式发展；审计结果运用上，如何在更高层次上发挥切实作用；人力资源建设上，如何尽快建立高素质专业化的资源环境审计队伍。文章进一步提出了资源环境审计深化发展的路径：一是搭建污染防治攻坚战跟踪审计平台，与领导干部自然资源资产离任审计和资源环境专项审计统筹实施；二是建设领导干部自然资源资产离任审计对象数据库；三是依托审计管理体制改革，建立资源环境审计上下联动的制度体系；四是加强顶层设计，建立资源环境审计结果运用的一体化机制；五是出台资源环境审计“科技强审”和人员队伍建设方面的一揽子措施。

十三、大数据审计建设“三要素”分析研究。报告之一，建立全国统筹协调、层次清晰的大数据审计云平台体系；报告之二，规划审计行业大数据标准体系；报告之三，构建行业通用、开源共享的审计大数据分析模型体系。习近平总书记在中央审计委员会第一次会议上指出，“要坚持科技强审，加强审计信息化建设”。胡泽君审计长2018年3月在“金审工程”三期建设推进培训班上强调：“必须坚持科技强审，革新传统审计方法，加强信息化基础建设，更好运用互联网技术和信息化手段开展审计，向信息化要资源、向大数据要效率，通过信息化、数字化、网络化，提高审计监督、过程控制、决策支撑能力，积极推进审计全覆盖。”应用大数据技术是实现审计全覆盖目标的必由之路，大数据审计建设是影响审计事业未来发展的核心技术工程事项。本系列报告研究总结了当前大数据审计建设的三个关键要素，对每个要素存在的问题、建设的重要意义和建设构想进行了探索分析，归纳为大数据审计建设中的三个要素及其“三化”。研究认为大数据审计建设的三个核心要素应该是，审计大数据分析的计算平台、审计大数据的数据标准和分析处理数据的审计技术方法。其建设的目标应该是审计大数据分析计算平台的云架构化、审计大数据的标准化和数据分析技术方法的模型化。

十四、防风险金融监管政策效果审计研究。报告之一，防风险金融监管政策演进的三个阶段；报告之二，防风险金融监管政策定性审计评估；报告之三，防风险金融监管政策效果量化审计评估。从 2017 年以来一系列中央高层重要会议来看，十九大、第五次全国金融工作会议、中央经济工作会议等都释放出防范金融风险、加强金融监管的强信号。从金融监管机构监管政策发布密集程度和实施力度来看，我国从 2017 年开始进入了金融强监管阶段，防风险成为监管的主导思想。本系列报告从国家审计的视角，从三个层面评估了防风险金融监管政策是否达到了防范系统性金融风险的目标。第一个层面，梳理回顾现有的金融监管系列政策，分析监管政策阶段性演进的特征，关注重点监管政策及影响，为监管政策效果审计评估奠定基础。第二个层面，从监管政策制定与实施过程来定性评估金融监管政策的有效性，发现金融监管机构在及时性、科学性和协调性方面存在需要进一步改进的地方。第三个层面，从定量审计评估出发，通过指标体系法和面板数据多元回归法，量化评估防风险金融监管政策出台前后系统性金融风险在数量上呈现的边际变化，发现信用风险应是未来金融监管工作重点关注的风险。

十五、金融审计在防控非标准化债权资产风险中的作用研究。根据原银监会的定义，非标准化债权资产（以下简称非标资产），是指未在银行间市场及证券交易所市场交易的债权性资产。本课题从追求超额利润、突破信贷规模限制、节约资本、拨备压力和投向限制性行业五个方面分析了非标资产迅速发展的原因。从金融审计的视角，剖析了买入返售票据、信托贷款/委托贷款、资管计划受益权转让、同业代付/同业代持、明股实债/产业基金五种典型的非标投资业务运作模式。揭示通过非标资产可以为商业银行非清洁出表和调表提供渠道；可以助推信用扩张，将资金投向限制性行业和高风险领域；可以增加交叉性金融产品风险。最后，根据非标资产典型运作模式和揭示的风险，给出了相应的审计应对策略。

十六、以社会主义核心价值观为基础构建新时代审计文化。党的十八大以来，思想文化建设取得重大进展，社会主义核心价值观广泛弘扬。党的十九大报告指出，社会主义核心价值观是当代中国精神的集中体现，要把社会主义核心价值观融入社会发展各方面，转化为人们的情感认同和行为习惯。对于审计机关和审计人员来说，践行社会主义核心价值观的根本要义在于以国家层面为目标、以社会层面为取向、以个人层面为准则构建新时代审计文化，并积极落地具体措施保障审计文化根植于心，为审计事业的发展提供不竭的精神动力。

十七、最高审计机关战略工作的实践与启示——20 个最高审计机关战略工作经验综述。国家审计作为党和国家监督体系的重要组成部分，要努力构建集中统一、全面覆盖、权威高效的审计监督体系。在这一进程中，最高审计机关的战略规划工作具有重要的意义。本文基于全球审计领导人会商机制第四次会议各参会国最高审计机关关于“最高审计机关的战略工作”主题的审计经验介绍，比较分析了 20 个国家和地区的最高审计机关的战略工作程序与特点，指出良好的审计战略工作需要参照相应的准则、依靠有关理论与方法的支撑而建立一个周期性、分层次、系统的战略规划体系，战略制定过程需要多方面、多层次的人员参与，综合考量各种因素和多项指标，并注重突出高风险和重大项目，这对于改进我国审计机关的战略工作、推动构建一个系统的、动态的国家审计战略工作框架，具有借鉴意义。

十八、当前国有企业境外投资发展形势及审计对策研究。中共中央办公厅、国务院办公厅《关于深化国有企业和国有资本审计监督的若干意见》强调，要围绕国有企业境外投资，加强国有资本审计监督。国有企业是我国境外投资的“主力军”，在“走出去”和“一带一路”建设中取得了巨大的成绩，同时面临着内外部发展环境变化、境外投资增长“天花板”、在全部对外投资中占比下降等不确定性因素影响。为促进防范和化解境外投资风险，审计机关明确审计目标，积极开展境外投资审计，在境外审计组织机构设置、审计发展规划、审计实践、审计操作指引等方面都进行了一些积极探索，但审计人员思想认识、管辖权和实践操作等方面仍然面临挑战。要推动我国境外投资审计进一步发展，必须不断完善既符合国际惯例又可操作的国有企业境外投资审计法律制度，加快推进境外投资审计的信息化基础制度建设，以及优化国有企业境外投资的组织管理制度，稳步推进境外投资审计全覆盖。

审计研究报告概述

一、新时代国家审计的经济监督功能研究

本研究论证了经济监督作为国家审计首要功能的历史逻辑和现实逻辑，阐述了新时代国家审计经济监督功能的内涵和特征，并提出新时代充分发挥国家审计经济监督功能优势和作用的建议。

（一）正确认识经济监督功能的历史逻辑和现实逻辑。

传统审计界对审计功能的观点，主要有两种，即“单一功能论”和“多功能论”。前者认为审计只有一项功能，即经济监督；后者认为审计具有经济监督、经济评价、经济鉴证等功能，且经济监督为基本功能。对于审计监督的首要功能是经济监督的认识不仅在理论界存在共识，也是历史逻辑和现实逻辑的有机统一。

第一，从国家审计发展史来看，国家审计一直聚焦经济监督。我国官计和上计制度时期、比部和三司审计时期、科道审计时期等，均把加强财经活动监督、稽查考核官吏财经方面的政绩和经济责任作为主要审计职责。国外，奴隶制度下的古埃及、古罗马和古希腊时代，审计人员就以听证（Alldt）的方式，对掌管国家财物和赋税的官吏进行考核，对经济责任履行情况进行监督。世界审计组织第九届大会通过的《利马宣言》更明确指出，监督责任当局恰当有效使用公共资金是设立审计机关的主要任务。

第二，从现行法律法规以及党和国家部署要求来看，国家审计一直高度重视发挥经济监督功能。1982年宪法确立审计制度以来，国家审计的对象和内容一直以经济活动和经济责任为主。党的十八大以来，党中央、国务院对审计机关和审计人员提出了一系列新部署和新要求。《国务院关于加强审计工作的意见》中提出“对稳增长、促改革、调结构、惠民生、防风险等政策措施落实情况，以及公共资金、国有资产、国有资源、领导干部经济责任履行情况进行审计，实现审计监督全覆盖”。《关于完善审计制度若干重大问题的框架意见》再次明确“对公共资金、国有资产、国有资源和领导干部履行经济责任情况实行审计全覆盖，做到应审尽审、凡审必严、严肃问责”。

第三，新时代对国家审计更好发挥经济监督功能提出了更高要求。党的十九大报告明确“改革审计管理体制”，在十三届全国人大一次会议审议通过的国务院机构改革方案中提出了“优化审计署职责，将国家发展和改革委员会的重大项目稽查、财政部的中央预算执行情况和其他财政收支情况的监督检查、国务院国有资产监督管理委员会的国有企业领导干部经济责任审计和国有重点大型企业监事会的职责划入审计署，构建统一高效审计监督体系”。党的十九届三中全会通过的《深化党和国家机构改革方案》提出要“组建中央审计委员会”，并在中央审计委员会主要职责中强调了“审议年度中央预算执行和其他财政支出情况审计报告”的经济监督职能。

可以看出，新的时代特点、新的政策思路和新的历史使命对审计机关在经济监督方面的功能赋予了更重要的使命，将其他部门相关的经济监督功能并入审计机关，加大审计资源统筹整合力度，避免重复检查和监督盲区，增强了审计机关在经济监督方面的权威性和整体性。

（二）准确认识国家审计经济监督功能的内涵和边界。

第一，新时代国家审计经济监督功能的内涵和特征。新时代国家审计的经济监督功能，是指审计机关作为经济监督的专门机关，对被审计单位和个人的经济活动和经济责任进行监督，即对管理、分配和使用公共资金、公共资产、公共资源的部门单位是否忠实履行法定职责、严格财经纪律，对其经济活动是否真实、合法、有效，依法进行检查和评价，对党政领导干部和国有企业领导人员履行经济责任情况依法进行检查和评价。

主要包括两个方面：一是敢于和善于发现经济问题。二是积极推动解决经济问题。新时代国家审计的经济监督功能具有权威性和整合性特征。

第二，准确把握发挥经济监督功能的权力和责任边界。审计机关是宪法规定的专司经济监督的专门机关，在发挥经济监督功能的过程中，必须准确把握审计监督权力和责任边界。一方面要严格依法行权履责，不缺位。对于宪法、审计法律法规规章、党和国家部署要求的职责范围内的经济活动和经济责任要做到应审尽审，避免“片面履责”。另一方面要做到明晰权力和责任边界，不越位。审计对象和范围的确定、审计内容的界定、审计方式的运用、审计处理处罚权以及审计结果的运用，都需要严格遵循法律法规的规定。监督内容上应当突出经济监督内容，避免“包打天下”式监督。

第三，注重把握发挥经济监督功能的效率和效果。党的十九大对党和国家监督体系提出了“权威高效”的要求，也对审计监督体系提出了“权威高效”的要求。因此，审计机关在发挥经济监督功能时，对内要加强审计资源和审计力量的统筹协调，提高审计质量和效率，加强对社会审计和内部审计的指导和监督，形成治理协同效应；对外要注重发挥比较优势，充分运用审计机关严谨、专业、独立的业务形态，突出经济监督功能的专业性，与其他监督主体充分贯通配合，增强合力。

（三）充分发挥新时代的经济监督功能优势和作用。

第一，发挥全覆盖优势，推动党和国家重大政策措施贯彻落实，促进经济高质量发展。以经济监督为着眼点，立足财政财务收支审计，聚焦重大政策措施涉及的资金和项目，促进提高公共资金、公共资产、公共资源绩效，切实提高经济发展质量和效益。如围绕三大攻坚战，及时分析和反映经济社会运行中的薄弱环节和潜在风险，为维护国家经济安全提供及时、客观、可靠的信息；及时揭露扶贫资金分配管理使用、扶贫项目绩效等问题，推动追责问责，促进精准脱贫攻坚任务目标实现；及时反映领导干部履行自然资源资产管理和环境保护责任情况，推动实现经济发展和环境保护双赢。

第二，发挥建设性优势，推动完善体制机制制度，促进全面深化改革。围绕中心、服务大局，紧扣中央精神和改革发展要求，遵循“三个区分开来”，及时为党和国家提供富有建设性的决策参考。如进一步鼓励改革创新，推动建设创新引领、协同发展的产业体系；保护基层首创精神，对于审计发现的影响创新、制约发展、阻碍改革的制度规定，及时反映并坚决推动改进和完善。通过进一步深化投资审计、企业审计等各专项审计，推动建设发挥市场作用、更好发挥政府作用的经济体制，推动建设统一开放、竞争有序的市场体系。

第三，充分发挥权力监督优势，聚焦权力运行和责任落实，促进经济权力规范运行。不断推进对领导干部经济责任审计和自然资源资产离任审计工作的制度化、规范化、科学化，进一步探索审计评价标准和方式，坚持党政同责、同责同审。坚持聚焦权力运行和责任落实，加强对领导干部经济权力运行的监督，深入揭示重大改革事项推进、重大经济决策落实、“三重一大”制度执行等方面的突出问题，促进规范权力的配置和运行，发挥权力运行“紧箍咒”的作用。

第四，充分发挥反腐利剑优势，紧盯经济活动运行的重点领域和关键环节，促进反腐倡廉。紧盯公共权力运行、公共资金使用、公共资源交易、公共资产运营、公共工程建设，密切关注财政资金分配、重大项目建设、银行贷款和资本运作、国有股权转让、矿产资源交易等重点领域和关键环节，靶向发力，充分发挥审计在打击经济犯罪、惩治腐败方面专业性强、涉及面广、反应快速的反腐利剑优势和作用。

二、新时代全面深化依法审计实践研究

本研究在分析新时代全面深化依法审计实践研究的基础上，重点对坚持审计职权法定、审计程序合法、审计方法遵法、审计标准依法和审计保障用法等5个方面进行了理论分析和法律风险分析后，并提出改进建议。

（一）坚持审计职权法定。

1. 理论分析。第一，审计机关的职权必须由法律设定。第二，审计机关必须严格依照法律、法规和规章的规定行使职权。第三，审计机关必须全面有效履行审计职权。

2. 法律风险。第一，权力越位。该类法律风

险的核心问题是越权，不能正确认识是否有权。第二，权力错位。该类法律风险的核心问题是滥用权力，不能严格依照法律、法规和规章的规定行使职权。第三，权力缺位。该类法律风险的核心问题是失职，不能全面有效履行职权。

3. 改进建议。第一，全面推行权力清单制度。审计机关及审计人员应当恪守审计职权边界，切实按法定权限用权、按权力清单用权，不得法外设定权力，做到“不越雷区、不踩红线、不逾规矩”。第二，全面推行责任清单制度。在建立“权力清单”的同时，还应当相应建立“责任清单”。第三，全面构建责任追究制度。应当重点明确责任追究的各项构成要件，责任追究的机构与程序，处理、处罚的种类及内容等。

（二）坚持审计程序合法。

1. 理论分析。第一，审计机关应当树立行政程序法治观念，坚持程序与实体并重。第二，审计机关在审计过程中必须遵循程序正当原则，保障被审计单位的合法权益。第三，审计机关应当正确处理程序与效率的关系。作为法治所追求的两大价值目标，效率与程序具有同等的重要性，不存在孰优孰劣的问题。

2. 法律风险。第一，漏程序。该类法律风险的核心问题是遗漏法定必经程序。第二，补程序。该类法律风险的核心问题是颠倒法定程序的先后顺序。第三，形式化。该类法律风险的核心问题是虽然遵照了法定程序规定，但没有落实程序的实质内容。

3. 改进建议。第一，依法履行审计程序实质内容。审计机关应当进一步深入推进审计程序的法治化，用严密的程序遏制权力的任性和恣意，逐渐从形式法治转向实质法治，真正落实法治的内涵，避免形式化。第二，全面履行审计必要程序。针对不同审计项目和情形，厘清必经程序与非必经程序。对于必经程序，必须全面履行。第三，有序履行审计程序。遵循审计程序的先后性，不能盲目追求效率，而忽略了程序的顺序。

（三）坚持审计方法遵法。

1. 理论分析。第一，非法证据排除原则的适用。应使用合法的手段和方式获取证据材料，排除来源和形式非法的证据材料。第二，必要性原则的适用。必要性原则要求行政行为不能超越实现目的的必要程度，即为达到目的面对多种可能选择的手段时，应尽可能采取对人民利益影响最轻微的手段。第三，以德治国在依法审计中的适用。文明审计是以德治国对审计行为的更高要求，审计机关应当夯实“文明审计”这一保障线，切实做到严格规范公正文明执法。

2. 法律风险。第一，方法不合规。该类法律风险的核心问题是在审计过程中使用了一些不合规、不可用的方法。第二，方法不恰当。该类法律风险的核心问题是在审计过程中没有依法、恰当使用审计方法。第三，方法不文明。该类法律风险的核心问题是审计工作方式方法不文明、工作作风不实。

3. 改进建议。第一，运用合法审计方法。不得使用审计法、审计法实施条例和国家审计准则规定之外的方式方法，特别是一些违法手段。第二，正确使用审计方法。严格按照审计法、审计法实施条例和国家审计准则的要求，正确行使检查权、调查权、行政处罚权，不得超出权限范围。第三，文明审计。

（四）坚持审计标准依法。

1. 理论分析。第一，以法律为准绳。第二，以事实为依据。坚持以事实为根据，就是要全面客观、实事求是。第三，自由裁量合理适当。

2. 法律风险。第一，标准适用不规范。该类法律风险的核心问题是没有依法适用审计标准。第二，主观随意性大。该类法律风险的核心问题是在合理的标准范围内没有结合客观实际恰当适用审计标准。第三，证据材料不全。该类法律风险的核心问题是审计结论缺乏全面客观的证据材料支撑。

3. 改进建议。第一，严格落实“三个区分开来”。第二，严格规制自由裁量权。第三，证据材料要全面客观、以理服人。审计机关及审计人员在审计过程中一定要坚持“以事实为依据，以法律为准绳”，注重对证据材料的全面收集，真正做到用证据说话，以理服人。

（五）坚持审计保障用法。

1. 理论分析。第一，制度保障。完备的审计法律规范体系，是依法审计的制度基础。要坚持立法先行，实现立法和改革决策相衔接，做到重大改革于法有据、立法主动适应改革和经济社会发展需要。第二，运行保障。审计机关为了有效履行宪法赋予的审计监督权，必须具备一定的职能权力，并在合理范围内予以充分保障，设定相应的责任条款。例如，检查权、调查取证权、行政处罚权和提请协助权等。第三，人才保障。加强审计队伍建设是提升审计能力的重要保障，是全力推进审计职业化建设的重要途径之一。

2. 法律风险。第一，审计法和审计法实施条例规定的部分审计权限适用性不强。第二，审计人员保障力度不够。第三，上级审计机关对下级审计机关的领导得不到有效保障。有的审计项目的审计工作方案或实施方案的内容未体现上级审计机关指导意见。

3. 改进建议。第一，通过立改废释保障审计监督权的有效落实。一方面，将党的政策文件要求转化为法律法规和规章；另一方面，细化审计权的适用规定，并设定相应的责任条款。第二，通过建章立制的方式推进审计队伍正规化、专业化、职业化建设，有效提升审计人员的法治素养和依法审计能力。

三、科技强审战略研究

习近平总书记在中央审计委员会第一次会议上指出，要坚持科技强审，加强审计信息化建设。本研究论述了科技强审战略的重要性，深入分析了实施科技强审战略需要重点解决三个方面的问题，并提出了构建有利于科技强审战略落地生效机制的三点建议。

（一）充分认识实施科技强审战略的重要性。

1. 科技强审战略是新时代更好发挥审计在党和国家监督体系中作用的重要保障。当前审计发展与中央审计委员会成立后对审计工作的要求还不相适应，与科技日新月异的发展趋势不相适应，与全面建设社会主义现代化国家的客观需要不相适应。各级审计机关要积极有效推动审计全覆盖，实现对党的机关和行政机关的全面监督，实现对所有公共资金、公共资源、公共资产、领导干部经济责任履行情况的监督，切实回应社会主要矛盾转化背景下人民对美好生活的现实需要。

2. 科技强审战略是推进审计机关技术现代化的重要支撑。当前科技手段在审计各领域应用的不平衡不充分问题还比较突出，科学技术与审计工作融合有待进一步加强，科学思维模式对审计监督方式方法的影响还有待进一步加强，对现代科技手段的应用还不能完全适应新时代审计改革发展需要。这些问题深层次制约国家审计技术现代化，影响国家审计长远发展。

3. 科技强审战略是提高审计工作效率和质量的重要手段。推动新时代审计工作新发展，落实审计改革各项任务，靠增加人手、增加编制，虽能缓解审计任务繁重与审计力量不足的矛盾，但很难实现更高质量的发展。只有依靠科技强审，审计机关才能尽早熟悉被审计单位科技进步新实践，才能在监督审计对象时领先一步，才能跟上不断改进工作效率和质量的时代步伐。

（二）实施科技强审战略的重点。

为推动审计工作深层次变革，彰显中国特色社会主义审计的先进生产力、制度优越性和国际影响力，深入实施科技强审战略需要重点解决三个方面的问题：一是推动不同类型科学技术与审计工作的有机融合；二是将审计信息化嵌入审计工作各环节；三是分析探索前沿技术、颠覆性技术与审计工作融合的前景。

1. 推动不同类型科学技术与审计工作的有机融合。一是可应用于审计工作的技术方法工具；二是深刻改变审计监督对象发展状况的科学技术。

2. 将审计信息化嵌入审计工作各环节。一是以审计各领域全面信息化为抓手，推动整合审计资源，提高审计工作效率和质量。二是规范数据采集应用方式，建立健全审计对象个体信息、审计对象行业数据、审计项目信息等基础数据库，打破内外部数据信息资源共享与审计项目开展之间的瓶颈，加快构建国家审计数据中心和数字化审计平台，为开展各审计项目提供丰富的信息资源。三是培养大数据审计思维，将政策研究与数据分析有机融合，向信息化要资源，向大数据要效率，创新拓展大数据技术应用，提升大数据审计能力。

3. 分析探索前沿技术、颠覆性技术与审计工作融合的前景。成功的战略设计必须前瞻性分析可能诱发行动的新情况。科技强审战略需要及时回应前沿科技创新对审计工作的重大挑战。区块链、量子通信、高性能计算、人工智能、机器学习、人机交互等新一代信息技术将有可能根本性改变审计组织模式、审计工作方式、审计报告体系；新材料研发应用、新能源汽车、合成生物技术、转基因生物新品种培育、新型生物医药技术等正深刻影响审计监督内容。

（三）构建有利于科技强审战略落地生效的机制。

1. 强化战略思维意识，定期评估科技强审战略实施的外部环境。首先要强化战略思维意识，改变长期以来把科学技术主要当作审计工具方法的观念，深刻认识审计监督内容与科学技术的紧密联系，从而发挥科技在推动审计工作创新发展中的引领和支撑作用。同时，围绕审计环境和科技环境变化情况，及时制定和完善科技强审战略规划，根据问题导向、需求导向，前瞻性分析审计工作中面临的科技议题，对与审计工作密切相关的科学技术进展有准确预判，明确科技强审战略目标和实现路径，精准设计影响审计长远发展的关键领域科技创新路径，认真分析与审计监督内容交叉密切的科技创新领域，集合精锐力量作出战略性安排。

2. 建立健全有利于科技与审计深度融合发展的长效机制。一是加强对关系根本和全局的科学问题的了解和认识，跟踪重大科技前沿进展情况，尤其是了解信息、生命、制造、能源等领域的前沿技术、颠覆性技术，了解不同技术之间交叉融合趋势，把科技融入审计工作的各个方面、各个环节，不断提高审计推动科技创新的能力和水平。二是建立健全审计工作中科技创新及推广应用机制，加大审计技术创新及应用推广的投入，推动科学技术先进成果转化到审计工作中，分析对审计工作具有重大支撑作用的技术推广应用存在的问题，将科技创新作为考核评价单位队伍管理建设的重要指标，充分调动审计人员对审计技术创新应用的积极性主动性。三是建立健全与重要科研机构的长期合作机制，搭建丰富、有效的交流平台。积极利用外部资源，推动共享科研设施、科技文献和相关数据，降低创新应用成本；建立全国性审计机关审计技术交流推广平台，鼓励相邻区域组建形式多样的交流平台，定期举办技术交流座谈、培训、推广等活动，共享先进经验和优秀技术创新成果。

3. 形成有利于科技人才脱颖而出的良性机制。一是培养一批熟悉科技前沿的专家队伍，打造审计领域的科学家团队。二是提高全体审计人员熟悉和运用相关业务范围内专门技术的能力。三是加强对先进技术方法使用的培训力度。

四、我国政府债务风险管理与审计监督作用研究

本研究重点分析了政府债务及其风险评估方法，客观评价了政府债务管理取得的成效以及审计发挥的重要作用，指出了目前仍然存在的问题及相关建议。

（一）政府债务及其风险评估方法。

1. 客观看待政府债务。债务是经济活动正常且必要的杠杆。无论是家庭、企业还是政府，一旦预算支出大于预算收入，就必然要通过外部融资渠道弥补资金缺口。政府通过发行债券弥补财政赤字的行为便产生了政府债务。适度的政府债务有利于经济增长，尤其是有效需求不足的情况下，适度举债并用于资本性支出，可在短期内增加投资，从而达到扩大就业、稳定增长的目的。当然，政府债务并非越多越好，过重的债务负担必然造成较高的风险，导致财政不可持续。

2. 政府债务风险评价方法。评估政府债务风险，实践中往往采用警戒值法，理论研究中还可以进行债务可持续性分析。警戒值法借助国际常用的债务风险评价指标，比如负债率指标和债务率指标等。负债率指标方面，根据欧洲共同体《马斯特里赫特条约》（1991）和欧盟《稳定与增长公约》（1997）的规定，政府赤字率不得超过3%，政府负债率不得高于GDP的60%。债务率指标方面，参考国际通用的80%～120%地方政府债务率标准并结合我国国情，财政部将不超过100%的债务率水平作为我国地方政府债务整体风险警戒线。警戒值评价方法可操作性较强，应用较为广泛。

分析表明，政府负债率主要受两个因素的影响：一是利率与增长率之差，二是财政赤字率。给定赤字率（国际安全线一般为3%）的情况下，当政府债券利率高于经济增长率，负债率具有扩张趋势，即债务累积的“雪球效应”，导致政府债务不可持续；当政府债券利率低于经济增长率，负债率具有收敛趋势，政府债务可持续。

（二）我国政府债务风险得到有效防控。

在计算我国政府整体负债率和地方政府债务

率的基础上，运用警戒值法可以判断我国政府债务负担轻重；而债务可持续性分析有助于从理论上研判风险走向。

1. 我国政府债务负担总体下降。我国政府的债务负担可以通过整体负债率和地方政府债务率两个指标来体现。负债率指的是年末政府债务总额与当年 GDP 的比率，衡量的是一国政府的整体债务负担；地方政府债务率是地方政府债务额与综合财力的比率，衡量的是地方政府债务负担。2014 年修订的预算法施行后，我国政府债务规模变化如图 1 和图 2 所示。

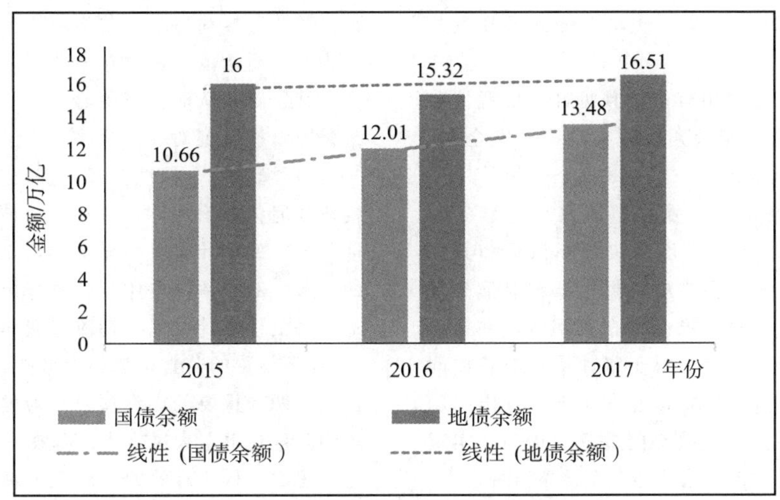

图 1 2015—2017 年我国政府债务余额及增长趋势

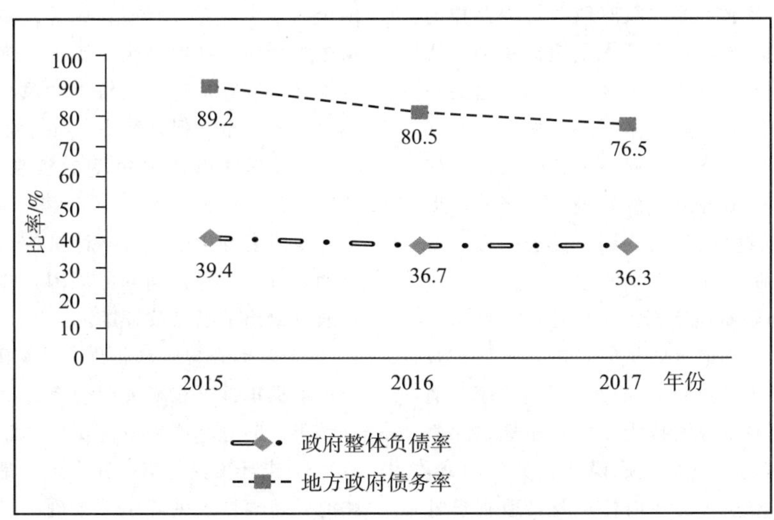

图 2 2015—2017 年我国政府债务负担状况

2. 我国政府债务整体可持续。如前所述，运用可持续性分析方法可以判断政府整体负债率的变动趋势，判断的关键在于经济增速与债券利率之差。若经济增速持续高于债券利率，则政府整体负债率将呈现稳步下降态势，反之则呈上升态势。经济增速方面，2015 年至 2017 年，我国经济增速分别为 6.9%、6.7%和 6.9%，2018 年仍保持健康平稳运行，处于合理增长区间。地方政府债券发行利率方面，财政部数据显示，2018 年 1—6 月，地方政府债券平均发行利率 3.98%，其中一般债券 3.97%、专项债券 4.00%。截至 2018 年 6 月末，地方政府债券剩余平均年限 4.5 年，其中一般债券 4.4 年、专项债券 4.6 年；平均利率 3.44%，其中一般债券 3.45%、专项债券 3.42%。由此可见，我国地方政府债券利率远低于经济增长率，整体负债率呈现收敛趋势。

（三）审计监督显著提升政府债务风险防控能力。

审计监督充分利用自身的预见性、敏锐性和实效性优势，为政府债务管理构筑了“安全网”和“防火墙”。

1. 通过严格审计并强化整改实现全链条监督。2014 至 2017 财政年度中央预算执行和其他财政收支的审计工作报告中，揭示了政府债务发行、使用和风险防控等方面存在的问题，并提出具有针对性的审计建议。对于审计揭示的各类问题，审计署强化整改监督，并在年末的查出问题整改情况报告中公开财政部门的整改措施，实现对政府债务资金“借、用、还”全链条监督。

2. 借助好做法及典型事例发挥正面引导作用。从 2016 年第四季度的政策跟踪审计开始，相关审计公告持续揭示了地方政府债务管理存在的重大问题或薄弱环节，曝光了大量违规举债、违规担保或债务资金使用效率不高的案例，起到一定的警示作用。值得一提的是，除了揭示问题和曝光案例，相关审计公告还列举了整改效果较好的典型事例和防范债务风险的好做法好经验，以激励地方政府积极整改相关问题，促进地方政府健全债务管理机制。

3. 有力推动政府债务相关制度建设。揭示问题和提出建议并不是审计的最终目的，审计监督的落脚点在于推动完善制度和促进深化改革。通过规范地方政府举债融资行为，揭示违规变相举债和违规担保等可能增加政府隐性债务的问题，强化问题整改，推动我国政府债务管理取得良好制度性成果。

（四）目前仍然存在的问题及相关建议。

1. 目前政府债务管理仍然存在的问题。第一，违规变相举债和违规担保现象虽显著减少但仍有发生。第二，诸如政府投资基金项目、PPP 项目中承诺保底收益或者回购之类的行为都可能增加未来支出事项，它们和违规变相举债、违规担保一样，将增加政府隐性债务。第三，抽审发现个别地方政府债务资金结存于财政部门或者使用效率不高，表明对于债务资金使用绩效也需要给予重点关注，从以往关注资金使用对不对转到资金使用好不好上来。

2. 相关建议。当前审计主要通过查找问题、督促整改和推动建章立制不断规范政府融资用资行为。今后防范化解政府债务风险需要进一步拓宽审计思路，从对债务资金“借、用、还”的全链条监督扩展到对“举债主体”“债务本身”和“举债环境”的全局性监督，推动建立长效机制，构建政府债务治理体系。对“举债主体”和“举债环境”的审计监督略显薄弱，是今后需要加强的环节。对“举债主体”的监督可以结合领导干部经济责任审计（以下简称经责审计）进行；对“举债环境”的监督可以结合政策跟踪审计进行。依托这两项重要的审计项目，为健全政府债务管理和防范化解重大风险增力提效。

总之，构建有效的政府债务治理体系需要多方共同发力，审计监督对象也应从以“债务本身”为主拓展到举债主体、债务客体和融资机构组成的全局，实现对政府债务相关人员、机构，以及债务资金使用绩效的全面监督，进一步提升审计成果，切实打好防范化解重大风险攻坚战，维护国家经济安全，促进经济高质量发展。

五、国家审计视角下的社会审计质量问题研究

本研究分析了社会审计机构执业质量存在的问题，分析了存在问题的原因，并就提高社会审计质量给出了三点政策建议。

（一）社会审计机构执业质量问题表现。

根据审计署对相关社会审计机构审计报告核查结果，问题具体表现在以下方面：

1. 未严格执行审计程序。一是在制定审计策略时，重要性水平确定不准确。二是质量控制部门未严格履行复核程序，未能发现审计重要性水平确定错误。三是未依照准则要求对现金流量表相关审验工作做记录。四是未及时做余额调节。

2. 违反注册会计师应当遵守有关独立性的要求。

3. 未能识别企业超过重要性水平的错报。一是未识别少计提坏账准备的重大错报。二是未识别关联方交易未披露问题。三是未识别延期确认收入的重大错报。四是未识别合并财务报表抵销不充分的重大错报。五是未能发现企业违规开展融资性贸易、循环交易等问题。

4. 未按规定披露重要事项。一是未按规定披露企业被人民法院强制执行的重大事项。二是未按规定披露企业被行政处罚的重大事项。三是未按规定披露资产所有权已经转移的重大事项。

（二）存在问题的原因分析。

1. 社会审计与国家审计的差异分析。

一是审计权限不同。权限差异具体表现在：（1）在审计银行存款、销售收入等的真实性时，社会审计机构和人员一般采取函证方式，如果银行或购货单位不按要求回函甚至不回函，社会审计机构只能采取证明力较弱的其他替代程序，或者出具保留审计意见类型的报告等措施；而国家审计则有权直接向相关银行或购货单位查询，这些单位有义务提供相关资料。（2）对被审计单位存货、股票等资产计价的检查，社会审计机构只能在被审计单位的配合下实施审计盘查等程序，而国家审计则可以在对被审计单位资产进行封存后再实施审计程序。（3）国家审计所具有的对违法违规行为的纠正权、对被审计单位和相关人的处罚权、审计决定权、审计情况通报与审计结果公告权，虽然不能直接帮助国家审计查出更多问题，但保证了国家审计的权威性和威慑力，使被审计单位和人员更可能配合审计工作。

二是审计独立性不同。社会审计接受被审计单位委托开展审计，属于合同双方公平对等的市场行为，与国家审计的法定性、强制性有所不同，国家审计更加具有法律上的独立性。在经费来源上，社会审计通常接受被审计单位的委托开展审计，因此经费来源于被审计单位；国家审计按照年初制订的计划对纳入法定职责的单位进行审计，预算由政府财政资金予以保障，审计的独立性更强。

三是审计目标存在差异。社会审计的目标是对被审计单位编制的会计报表的合法性、公允性和一贯性发表审计意见；而国家审计的目标是对被审计单位财政财务收支的真实、合法和效益进行审计监督，宏观层面的目标则是维护国家财政经济秩序，提高财政资金使用效益，促进廉政建设，保障国民经济和社会健康发展。

四是审计重点各有侧重。社会审计侧重于会计报表的合法性、公允性和一贯性。国家审计侧重于财政财务收支及背后反映业务的真实性、合法性和效益性。国家审计还要关注企业落实国家宏观政策的情况、企业重大决策情况等。

五是审计技术方法存在差异。社会审计普遍采用函证、抽样等技术方法，国家审计则倾向于搜集更加权威的审计证据和检查更多样本。

2. 社会审计机构自身原因。

一是违背职业道德。审计中发现，有些事务所违背职业道德规范提供会计服务，既当运动员又当裁判员，严重影响了审计独立性。

二是执业谨慎不足。在国有企业审计过程中，一些注册会计师认为国有企业财务管理比较规范，审计程序没必要过于严格，对一些企业存在的财务收支问题，未能及时发现。

三是审计的独立性不足。一方面，管理者同时作为审计对象和审计费用的承担者，可能会出于利益考虑向注册会计师施加压力。再加上非标意见对国有企业及其管理者会带来不利影响，管理人员具有强烈动机购买对自己有利的审计意见。另一方面，我国审计市场竞争激烈，市场集中度低，一些社会审计机构审计收费谈判能力弱，在收入严重依赖主要客户的情况下，其审计独立性受到一定程度的影响。

四是审计质量控制缺陷。主要存在以下问题：部分社会审计机构对复核制度执行不力，主要是没有设置单独的部门人员来进行复核；项目合伙人间的复核缺乏统一的评价标准；业务繁忙时，少数社会审计机构为了赶工作进度，会降低审计业务的复核要求，简化重要的审计程序，从而增加审计风险。对分歧意见的处理，部分社会审计机构没有遵循审计质量控制制度，缺乏统一标准，审计人员也没有形成统一认知，这可能会产生审计风险。一些社会审计机构接手项目以后，没有认真分析项目特点，审计计划不明确，缺乏合理规避项目风险的具体措施；项目实施过程中，对业务开展指导不到位，业务监控力度不到位，对审计工作的审稿复核不到位，方法或程序不合理。

（三）提高社会审计质量的政策建议。

根据核查中发现的社会审计相关报告质量问

题表现和原因来看，提高社会审计质量应通过加强核查和完善监管制度加以解决。

1. 完善审计机关对社会审计机构的核查制度。一是明确开展社会审计机构核查的审计机关内部实施机构。二是加快培养一支高素质的核查队伍。三是制定和完善核查业务操作规程，不断提升核查业务的深度和广度。四是通过核查导向，实现社会审计目标与国家审计目标的有机结合，核查社会审计机构出具的国有企业审计报告是否体现了企业重大决策、重大损失浪费、落实宏观调控政策等国家审计关注的目标和内容。

2. 健全国家审计对社会审计的监管制度。一是要通过立法明确审计机关对从事国有企业审计业务的社会审计机构的监管主体地位。二是探索建立国有企业社会审计的独立委托制度，社会审计机构在国家审计机关、国资监管部门等行政部门的监督下，由专门委员会等第三方来委托，或建立国有企业审计基金等第三方来支付相关费用，以提高社会审计机构从事国有企业审计的独立性。三是加强事中事后监管，实行“黑名单”制度。增加其违法违规的成本，并追究社会审计机构及其相关责任人员的责任，促进提高国有企业社会审计质量。

3. 加强审计机关与其他行政监管部门的协调配合。一是加强与财政部门的协调配合，推动财政部门完善对国有企业社会审计的相关准则、制度，要求参加国有企业社会审计的社会审计机构在审计目标方面更加突出合法、合规，在审计重点和审计内容方面更多地满足国家审计的需求，在审计准则方面更多地强调与国家审计的协调配合。二是加强与国资监管部门的协调配合，建立良好的信息沟通与资源共享机制，推动形成对国有企业社会审计监管的合力。三是加强与证券监管机构的协调配合。

六、美印等国审计署派出审计机构设立情况研究

本报告主要对美国、印度、巴西、南非、加拿大和英国六个国家审计署的派出审计机构设立情况进行了研究，并对各国派出审计机构的特点进行了分析。

（一）美国审计署派出审计机构设立情况。

美国审计署从1952年起正式建立了办事处制度，当时还在欧洲和远东设立了分支机构。目前美国审计署在洛杉矶、旧金山、西雅图等11个城市设有派出审计机构即办事处。

1. 派出审计机构的人员规模及主要职责。美国审计署派出审计机构规模不等，大致分为近百人、40～80人、40人以下等三类。美国审计署的人员总规模约3200人，70%集中在总部，30%分布在办事处，办事处总人数为近900人。美国审计署派出审计机构的工作目标与审计署总部是完全一致的，主要职责包括：

一是审查评价联邦政府履行职责情况。

二是对联邦重大外交、军事、经济政策执行情况进行跟踪审计，评价政策的有效性并提出完善建议。

三是针对重大政治、经济、社会和国家安全等方面的风险开展前瞻性政策分析，提出咨询意见和立法建议。

四是在联邦政府部门制定的规章生效前，依法评价制定过程是否遵守法定程序，国会将依据评价意见对规章进行表决。

五是依法裁定联邦官员是否应对财政资金使用中的问题承担责任；对政府采购招投标中利益相关人的投诉作出裁决。

六是开展舞弊审计和调查，美国审计署拥有广泛的调查权和灵活的调查手段。如美国审计署曾对前副总统切尼涉嫌舞弊案件进行调查，并向法院起诉美国总统府和切尼本人。

七是开展信息系统安全审计，审查联邦政府及各政府机构的信息系统安全，包括计划、建设、运行和监控等环节。

八是对联邦政府及其机构的财政决算、年度财务报告和国有资产经营管理发表审计意见。

2. 美国审计署及其派出审计机构与地方审计机构的关系。

美国是联邦制国家，地方审计机关对地方议会负责。因此美国审计署及其派出机构与地方审计机构之间没有领导与被领导关系，但地方审计机构执行美国审计署制定的审计准则并接受美国审计署的业务指导。

（二）印度审计署派出审计机构设立情况。

印度的审计体制只有中央一级审计机关，不设地方审计机关，一竿子插到底。主计审计长是其最高首长，总部设在首都新德里。除总部外，在印度各地及海外设有各类派出和分支机构共138个，其中派出机构123个，培训机构15个，共约46000名员工。印度最高审计机关的各类派出机构，按主要职责划分为四大类，分别是中央部门审计、地方政府审计、地方政府记账、境外审计和国际组织外部审计师。

一是负责中央部门审计。此类机构与我国审计署的派出审计局和驻地方特派员办事处职能类似，共有49个。

二是负责地方政府审计。此类机构与我国的省（自治区、直辖市）审计厅局职能类似，共有41个，分别负责所在邦的地方审计工作。

三是负责地方政府记账。此类机构的设立源自印度最高审计机关的独特职能，即地方政府的记账职能。其主要职责包括编制和汇总邦级政府的会计账户等、审批地方政府人员的工资和津贴、审批地方政府退休金的支付，并负责管理地方政府的积累基金账户。此类机构在印度全国共设有28个。

四是境外审计派出机构和国际组织外部审计师。印度最高审计机关在伦敦、华盛顿、吉隆坡等3个地区设有派出机构，负责所在地区的印度驻外使领馆和境外国有资产的审计工作。此外，印度是联合国审计委员会成员和国际知识产权组织外部审计师，因此在纽约和日内瓦分别设立了外部审计师办公室。

（三）巴西联邦审计法院派出审计机构设立情况。

巴西属于司法型审计体制，巴西联邦审计法院是巴西的最高审计机关，主要职能是协助国会实施对联邦财务和预算管理的外部控制。

1. 派出审计机构的人员规模。在26个州共设有27个派出机构，联邦审计法院现有人员2600多人，其中审计法官1500多人。

2. 派出审计机构的主要职责。一是对公共机构和公营单位的财务、预算、经营及财产进行审计检查。二是对公共机构和公营单位管理责任人聘用程序的合法性（通过司法决议任命的除外）、公务员录用程序的合法性、文职及军队人员养老金和退休金拨付的合法性进行检查评价。三是检查联邦政府拨付给特区、州、市的转移支付资金及资源的使用情况。四是监督联邦政府参股跨国企业中有关巴西方面的账目。五是全程监督私有化过程，监控公共服务的外包和公共特许经营的绩效。

（四）加拿大审计署派出审计机构设立情况。

加拿大国家审计体制是立法模式，加拿大审计署向众议院公共账目委员会报告工作。《审计长法》是政府审计的最高法律。加拿大审计署负责评价政府责任和业绩，提出审计建议。

1. 派出审计机构的人员规模及主要职责。加拿大共有10个省和3个地区，目前加拿大审计署总共约有575名雇员，其中，总部有450人左右，每个派出机构通常为10～20人。最小的2个派出机构平均约有10名员工，较大的2个派出机构平均雇员约20人。每个派出机构都有1名审计负责人。派出机构的主要职责有：对所在区域的政府部门、机关和公用事业单位、企业的财务报告进行财务审计，以及偶尔的特别检查，向议会、各特区立法机构、皇家公司、政府等提供客观信息、建议和保证。过去10年中，加拿大审计署只有渥太华总部的审计人员才负责组织和开展绩效审计。派出机构不开展绩效审计，主要对联邦一级的项目和服务进行财务审计，如武装部队、公民和移民、自然资源等。

2. 派出审计机构与地方审计机构的关系。加拿大审计署派出审计机构与地方各级审计机关互相独立地开展工作，没有隶属关系，且都独立于政府并向本级议会负责。但派出审计机构与省级审计机关的员工往往互相认识，当双方提供培训课程时，偶尔会互相邀请，也通过网络（IT、培训、人力资源、高级管理）来分享信息。

（五）英国审计署派出审计机构设立情况。

1983年根据《国家审计法》成立英国审计署。目前，英国审计署总部设在伦敦，在纽卡斯尔设立办事处。

1. 派出机构人员规模及主要职责。目前，英国审计署有863人，纽卡斯尔办公机构有约10%的员工，负责审计社区和地方政府、环境、农村事务、就业及退休保障等部门的工作。

2. 审计署及派出审计机构与地方审计机构的关系。英国审计署与地方审计机构没有领导与被领导关系，因而派出机构与地方审计机关也不存在隶属关系，但英国审计署对地方审计机构进行业务指导并组织技术交流。1998年，英国成立了由英国审计署、苏格兰审计署、威尔士审计署共同参加的公共审计论坛，以加强业务交流。近年来，随着对苏格兰、威尔士的权力下放，英国逐渐从单一制国家向半联邦国家过渡，从而也影响着英国最高审计机关与地方审计机关之间的关系。根据《2014年地方审计与责任法案》，负责对英格兰和威尔士的地方政府进行审计的审计委员会被取消，地方审计事务移交给相关机构完成。同时，英国审计署成立了地方审计准则和指南小组，负责编写、出版、修订地方审计实务准则和指南，以加强对地方审计机关的实务指导。

（六）南非审计署派出审计机构设立情况。

南非审计署是南非共和国的最高审计机构，具有完全的法定资格和独立地位，只服从于宪法和审计相关法律。南非审计署不仅要审计和报告南非共和国公共部门的财务管理情况，也要向立法者（国会议员）解释执行者（内阁部长）处理和支配纳税人税费的情况，向公众解释其自身为保证履行宪法职责所采取的措施，并证明其自身保持了独立性。

南非审计署在南非的9个省都设有派出机构，对其所在省以及省办事处所在市开展审计。这些省的审计机关和南非审计署的其他部门遵守相同的政策和程序，并向南非审计署报告。目前，南非审计署共有3483人。在9个省的派出机构人员分布情况为：林波波省191人；普马兰加省151人；西北省157人；豪登省1841人（包含省级派出机构和总部人数）；北开普敦省150人；自由邦194人；夸祖鲁·纳塔尔省252人；东开普省292人；西开普敦省255人。

（七）各国派出审计机构特点分析。

1. 设立派出审计机构的初衷基本相同。设立在业务比较集中的地区，既方便对以某个城市为中心的辐射地区开展审计，促进政府全面高效履行职责，又降低了审计工作成本。

2. 派出审计机构与最高审计机关遵循的法规准则、审计目标和审计权限一致。主要服从总部的统一安排，代表最高审计机关对所在区域及周边区域内政府项目的财务收支情况、实施效果等情况开展审计，并参与最高审计机关统一组织的项目，审计权限也没有差别。

3. 派出审计机构的机构设置、人员配备和预算经费由最高审计机关安排。除个别国家的派出审计机构有少量自主招聘权外，基本都由最高审计机关决定。

4. 派出审计机构与地方审计机关相互独立，不存在隶属关系。派出机构服从最高审计机关管理，审计任务和分工由最高审计机关统一分配和组织，但是在业务上可能会有交流和合作。

5. 印度、南非基于本国国家体制和职责特点，地方未设审计机关，所以派出审计机构除审计中央政府财务所涉单位以外，还要审计地方政府的财务收支情况，负责全国的审计工作。

七、国外主要国家审计发展及相关立法情况对我国审计法修改的启示

本研究在总结分析国外审计的主要发展趋势和相应立法情况的基础上，结合我国实际对《中华人民共和国审计法（修订征求意见稿）》（以下简称《征求意见稿》）提出了建议。

（一）随着审计工作的发展，各国逐渐将绩效审计在法律中予以明确。

1. 英国在《国家审计法》中对公共部门的绩效审计作出专门规定。1983年，英国颁布《国家审计法》，其中第二部分专门对公共部门的绩效审计作出规定，主计审计长有权对公共部门（包括政府部门、管理机构或其他团体）和主要由公共基金资助的其他部门（在财政年度内一半以上收入来自公共基金的管理机构或团体）在履行职责时使用资源的经济性、效率性和效果性进行审查。

2. 美国审计署的绩效审计可以追溯到20世纪60年代，出台了一系列推动绩效审计的相关法案。20世纪60年代，应国会要求，美国审计署开始大规模地开展项目评估，即绩效审计。1974年颁布的《国会预算和扣押控制法》进一步扩大了美国审计署开展项目评估的职责范围，并授权美国审计署雇佣外部专家协助开展项目评估，而且还要求美国审计署设立专门的项目评估机构。20世纪90年代，美国开展“重塑政府”运动，相继出台了《政府绩效和成果法案》《政府管理改革法》《联邦财务管理改进法》等，2006年出台《联邦资金责任和透明度法》，2010年出台《政府绩效与成果现代化法》等，这些法律进一步推动

了美国审计署绩效审计的发展。如今，美国审计署把“改进政府治理、提升政府绩效”作为重要工作目标之一。

3. 澳大利亚在审计长法中对绩效审计的实施范围、审计标准、报告使用等情况作出相关规定。《澳大利亚审计长法》第四章第 2 节中专门对绩效审计作出规定，包括第 17 条规定了联邦机构、联邦公司及其附属单位的绩效审计；第 18 条是对绩效审计的一般规定；第 18A 条对绩效审计的标准作出规定。

（二）为促进政府财务管理，在相关法律中对财务报告审计作出详细规定。

1. 美国出台多项相关法律，对政府部门财务报告、综合财务报告审计作出明确规定。1990 年美国国会通过的《首席财务官法案》中列示了 24 个联邦政府部门，美国第 107 届国会通过的第 289 号公共法案《税收问责法案》（2002 年 11 月 7 日）进一步扩大了财务报告主体的范围，要求大多数其他行政部门需每年编制财务报表并对其进行审计。美国第 103 届国会通过的第 356 号公共法案《政府管理改革法》（1994 年 10 月 13 日）第 405（c）款中规定，美国审计署负责每年对美国联邦政府合并财务报告进行审计。

2. 英国在议会层面颁布了《政府资源与会计法案》，对政府财务报告审计、审计获取信息权限、审计报告的提交等作出详细规定。2000 年，英国议会通过并正式颁布了《政府资源与会计法案》，要求英国政府停止使用预算和会计的收付实现制，全面采用权责发生制，合并编制政府财务报告，并且必须经审计署审计确认，为中央政府实行权责发生制预算与会计提供了法律保障。

（三）为解决谁来监督审计者的问题，对审计机关的外部监督作出法律规定。

世界审计组织对审计机关的外部监督有原则性的规定，2010 年约翰内斯堡世界审计组织第二十届大会通过的《透明度和问责制原则》（ISSAI20）第九条规定，“最高审计机关可以利用外部的和独立的建议提高自身工作的质量和信誉”；2013 年北京世界审计组织第二十一届大会通过的《最高审计机关国际准则 12：最高审计机关的价值与作用——在公众的生活中发挥重要作用》第 8 条原则指出，审计机关要发挥作用，必须保障最高审计机关有必要的透明度和问责机制。

在实践中，世界各国在审计法中对审计机关的外部监督制度进行规定，但形式有所不同，主要包括以下几种做法：

一是建立外部审计师制度。英国、美国、加拿大、澳大利亚等国都建立了外部审计师制度，其中，英国《1983 年国家审计法》第一部分第四条第五款中规定，议会公共账目委员会负责对英国审计署的监督检查和相关工作，并负责任命英国审计署的外部审计师；《2011 年预算责任和国家审计法》进一步明确规定，外部审计师必须对英国审计署每个财年的账目进行审计。澳大利亚《1997 年审计长法》第七章中规定了对澳大利亚审计署的审计，确立了对澳大利亚审计署进行外部审计的独立审计师的法律地位。

二是建立监察长制度。美国审计署除了聘请外部审计师外，还建立监察长制度，根据《2008 年美国审计署法案》第 705 条规定，按照美国一般公认审计准则要求，美国审计署设立监察长办公室，监察长由审计长任命，向审计长报告，并接受审计长的全面监督，但审计长不得阻碍或者禁止监察长履职。如果监察长履职出现问题，审计长也有权将其免职，但须向参众两院作出书面说明。

三是设立检察院。根据法国《2016 年审计法院法》，法国在审计法院内常设检察院，用来监督和协助审计法院的工作，总检察长在审计法院行使检察院职责，并向各大区及地方审计法庭派驻检察官员，履行检察院的职责。

（四）为增强审计机关的独立性，对审计工作经费不受行政部门控制作出法律规定。

1977 年世界审计组织第九届大会通过的《利马宣言——审计规则指导原则》从四个方面对审计机关的独立性作出规定，包括职能、组织、人员、财务等方面的独立；2007 年《墨西哥独立性宣言》提出有关独立性的八项核心原则，进一步细化最高审计机关独立性方面的规定。在实践中，为进一步增强审计机关的独立性，许多国家审计机关的预算不受行政部门的控制，并在法律中予以明确规定。

1. 美国审计署的预算由审计长上报国会审批，总统和其他行政部门无权干涉。美国审计署是国会的一个机构，它既不属于众议院也不属于参议院，与参议院、众议院、国会预算办公室、国会大厦、国会图书馆等部门一起，其经费是由立法部门拨款法案资助的，其预算按照立法部门的预算程序执行。

2. 英国审计署的预算由公共账目委员会审批，主计审计长的薪金由统一基金直接发放。英国的《国家审计法》第四条国家审计署的费用和账目中，第一款规定国家审计署的费用应该从议会提供的经费中列支，第四款规定主计审计长提交的经费预算由公共账目委员会审查后，直接提交下议院审批，不经财政部门。

（五）几点启示。

通过对国外审计发展趋势及其法律建设情况的分析，对我国当前修改审计法有以下几点启示：

1. 可以考虑在审计法中明确绩效审计方面的内容。借鉴国外审计经验，在此次修改审计法中，可以考虑明确“绩效审计”的含义，这样一方面可以提高绩效审计法律依据的准确性，另一方面可以使绩效审计工作更具有操作性。

2. 可以在审计法中专设条款对财务报告审计内容作出具体规定，为政府财务报告审计提供制度基础。在此次修订的《征求意见稿》中，已将“对政府财务报告进行审计监督”纳入审计法条款中，但内容不具体，尚未对部门财务报告审计、综合财务报告审计情况进行区分，也没有对审计组织方式、审计报告、审计公开等作出明确具体规定，为此，可以考虑在审计法中专设条款对政府财务报告审计内容作出具体规定，为政府财务报告审计提供制度依据。

3. 可以在审计法中进一步明确审计机关外部监督制度，探索建立外部独立审计师制度。为了更好地提高审计外部监督，可以考虑探索建立外部独立审计师制度，由各级审计委员会负责任命外部独立审计师，并赋予其财政财务收支审计和绩效审计两类职权：一方面可以对审计机关的预算执行、决算草案和部门财务报告进行审计，另一方面可以对审计机关承担的重要项目开展绩效评价。

4. 可以考虑在审计法中明确审计机关的预算不受行政部门的控制，而由同级审计委员会预审后，直接报同级人大审批。深化审计机构改革以后，由于审计机关的审计工作计划由同级审计委员会批准，而审计计划的实施必须由相应的预算来保障，两者是一体的，审计机关的预算也应由审计委员会预审更为合理。为此，可以考虑在审计法或其他相关法律中明确，审计机关的预算编制完成后，提交同级审计委员会预审，然后提交同级人大批准，不受财政等行政部门的干涉。

八、中国共产党领导下的审计立法规律初探

该研究全面总结了党领导下各个时期制定审计法律法规的实践经验，并就中国共产党领导下的审计立法规律进行了初步探索。

（一）坚持党对审计立法的领导。

习近平总书记指出，中国共产党的领导是中国特色社会主义法治之魂。回顾近百年中国共产党领导下的审计工作史可以看出，党领导立法的过程就是将党的政治主张和方针政策法律化、制度化、具体化的过程。坚持党领导立法，是审计立法工作一直遵循的重大政治原则。

1. 党的思想理论和政治主张决定审计立法目标。无论是我党局部执政时期还是新中国成立后长期执政时期，党的思想理论和政治主张都凝结了中国共产党人带领人民不懈探索的智慧和心血，并为当时的立法工作提供方向指引和理论支撑。革命战争时期，审计立法始终坚持马克思主义、毛泽东思想，全面服务于革命战争需要和夺取并巩固革命政权的政治主张。新中国成立后，自1982年宪法确立审计监督制度以来，审计立法始终坚持以马克思主义中国化的最新成果为理论指引，坚决服从党的政治主张和总路线总方针。每一次理论进步、实践发展、制度创新，每一次审计体制、审计职责权限、审计程序的设计和变化，都是基于对中国特色社会主义发展阶段、根本任务、发展动力的科学认识，体现了中国特色社会主义理论的思想路线和基本要求。党的十八大以来，以习近平同志为核心的党中央以全新的视野深化对共产党执政规律、社会主义建设规律、人类社会发展规律的认识，经过艰辛理论探索，形成了习近平新时代中国特色社会主义思想，是当下及今后审计立法的重要指导思想。

2. 党和国家的中心任务决定审计内容和重点。不同历史时期，党领导下的审计立法始终围绕中心，服务大局，紧紧围绕党和国家的中心任务和重点工作确定审计内容和重点。革命战争时期，党在夺取并巩固革命政权的过程中，根据不同时期的突出问题和情况确定中心任务。新中国成立后，自1982年宪法确立审计监督制度以来，每一时期的中心任务和重要政策方针都会影响审计立法的内容和重点。改革开放初期，党的十一届三中全会作出了把工作重心转移到经济建设上来的战略决策。为加强财政经济管理，建立健全经济监督机制，维护国家财经法纪，保障改革开放和经济建设健康发展，1982年宪法中确立了社会主义审计监督制度，并紧紧围绕对内改革、对外开放的中心任务开始审计法制建设。

3. 党和国家关于审计工作的政策是审计立法的直接依据。执政党的政策是国家法律、法规最核心的内容，法律是最高权威的政策形式，党和国家关于审计工作的政策是审计立法的直接依据。党的十八大以来，以习近平同志为核心的党中央站在新的历史起点上，提出了统筹推进“五位一体”总体布局和协调推进“四个全面”战略布局。新时代的治国理政新理念新思想新战略不断发展，也对国家审计作用机制提出了新的要求。

4. 党的组织领导方式决定了审计立法方式。法律是上层建筑的重要组成部分，法律具有政治性和意识形态内涵，因此立法必然具有政治倾向性，必须由执政党来领导。在我们党领导的审计工作史中，每一次审计立法都是在党组织的直接领导和推动下实现的。革命战争时期，立法机关同党的决策机关大部分时间是合一的，法律法规的制定由党组织直接领导。新中国成立后，1954年宪法中正式确立人民代表大会制度，党通过确立立法工作方针、审定立法规划、提出立法建议、审定重要法律草案等方式对立法工作进行领导。1982年向宪法修改委员会作出说明，介绍了设立审计机关的必要性、审计机关的基本职责和审计独立性。党的十八大以来，党和国家围绕加强审计工作、完善审计制度、改革审计管理体制制定了一系列具有法规作用的政策性文件，都是在党的直接领导下，以中办、国办的名义颁布的，已经成为审计工作的直接依据，也应在下一步审计立法过程中尽快上升为法律制度。

（二）适应经济社会发展的客观需要。

1. 革命战争时期：适应严峻经济形势。这一时期的审计立法主要适应了当时根据地和解放区的经济环境，即长期面对经济封锁、经济压力大、财政经济困难。同时服务于党的方针和中心工作，即巩固政权，同时“精兵简政、压缩开支、增加财源、减轻民负、反对贪污浪费”，通过审计维护严格的财政收支和量入为出的预决算制度。因此，这一时期审核、规范最基本的军需开支和维持根据地各项工作的正常运作所需的款项、粮秣、被服、武器等就成为战时审计立法的重要内容。

2. 新中国成立至党的十八大：推动社会主义市场经济体制建立完善。新中国成立初期，我国实行计划经济体制，没有设立独立的审计机关，对财政财务收支的监督主要由财政、税务等部门结合行业或业务管理进行，也没有相应的专门审计立法。自1982年宪法确立审计监督制度以来，审计机关始终围绕国家中心工作，自觉融入经济社会发展大局，在中国特色社会主义法律框架内，不断完善审计体制和审计运行机制，健全审计法律规范，调整审计职责权限。

3. 党的十八大以来：适应新常态，践行新理念。党的十八大以来，我国经济发展进入新时代，其基本特征就是我国经济已由高速增长阶段转向高质量发展阶段。这一时期的审计立法必须立足新时代中国特色社会主义的主要矛盾变化和经济发展特征，将之上升为法律制度，更好地适应我国经济社会各领域的全面深度变革，更好地在党和国家监督体系中发挥作用。

（三）切合审计实践发展规律。

1. 体现了审计管理体制的变化。从历史规律来看，审计管理体制作为国家政治制度的重要组成部分，从来都不是一成不变的，而是随着国家治理目标和审计监督目标的变化不断演进的，审计立法也会随之不断作出调整。革命战争时期，审计机关的隶属、级别、监督内容进行过多次探索和尝试。自1982年宪法确立审计监督制度以来，根据宪法和审计法的规定，国务院和县级以上地方人民政府设立审计机关，实行双重领导体制。党的十八大以来，根据党和国家完善审计制度、改革审计管理体制、深化党和国家机构改革的决策部署，组建中央审计委员会，优化审计署职责，强化上级审计机关对下级审计机关的领导，探索省以下人财物管理改革，推进审计职业化建设等，这些审计管理体制的变化也应当在新时期审计立法中予以体现。

2. 体现了审计对象和范围的变化。随着审计在党和国家监督体系中的作用不断加强，审计对象和范围也不断根据实际情况创新、变化、发展，并通过审计立法进行授权和规范。

3. 体现了审计职权和方法的变化。审计职权和审计方法的多样化在一定程度上影响着审计监督的效率和效果，不同历史时期，审计职权和方法随着审计对象和范围的变化不断作出相应调整，并及时以法律法规的形式固定下来。

（四）严格遵循立法原则及法定程序。

习近平总书记指出，“要抓住立法质量这个关键，深入推进科学立法、民主立法，完善立法体制和程序，努力使每一项立法都符合宪法精神、反映人民意愿、得到人民拥护”。在不同历史时期，党领导审计立法都严格遵循了立法原则及法定程序。

1. 符合宪法精神，依据上位法和党中央文件制定或修改。第一，符合宪法精神。宪法是国家的根本法，具有最高的法律地位，是制定其他法律的依据和基础，一切法律、行政法规和地方性法规都不得同宪法相抵触。第二，有上位法或党中央文件依据。审计监督权是一项重要的国家权力，是宪法根据人民的意志设定并赋予审计机关行使的，但是它的有效运行还需要进一步的细化和分解，转化为具体的审计职权。这个细化和分解的过程就是审计立法的过程，通过制定法律法规规章和其他规范性文件来赋予审计机关必要的职权。我国审计立法过程充分发挥党的政策的先导和指引作用，并严格遵循了“下位法不得违反上位法、单行法不得与基本法相冲突”的原则。

2. 严格遵循立法基本原则。第一，立法主体与立法层级相对应。即根据法律文件的地位和效力层级不同，由对应的立法主体进行制定和发布。第二，立法内容与权限范围相适应。第三，立法机制体现科学性、民主性。

3. 严格遵循立法程序要求。我国宪法、立法法、行政法规制定程序条例及规章制定程序条例等法律法规对不同层级法律规范的立法程序作出了专门规定，设置法定程序。

审计立法是审计事业不断探索、建设和发展的重要依据和保障。党的十八大以来，以习近平同志为核心的党中央提出了一系列治国理政新理念新思想新战略，新时期审计立法工作应当紧紧围绕党的路线方针政策，适应新形势新要求，加大对审计实践的经验总结，推进科学立法、民主立法、依法立法，以良法促进审计事业科学发展，更好地发挥审计在党和国家监督体系中的重要作用。

九、国际资源环境审计系列研究报告之一：环境影响评价审计的国际经验做法及启示

该研究介绍了环境影响评价在环境管理中的地位及作用，分析了环境影响评价审计开展情况，剖析了实施情况及面临的新要求，并就立足我国实际，借鉴国际经验，更好发挥环境影响评价审计的作用提出五点建议。

环境影响评价（EIA）是许多国家、国际组织强调的重要决策支持工具，在改善环境质量、防治污染、保护栖息地和生物多样性等方面发挥了积极作用。一些国家审计机关的经验证明，组织实施 EIA 审计不仅有助于加强对政府绩效的问责、防止腐败，还可以提供更加公开透明的信息，促进政策制定科学化及实施过程不断优化，保障经济、社会与环境的协调健康发展，为实现可持续发展做出积极贡献。

（一）环境影响评价在环境管理中的地位及作用。

1. 环境评价是国际公认的基本环境管理工具。环境评价是在项目、方案和政策等实施前评价其对环境所产生后果的方法与制度，其目的在于尽量减少项目所导致的自然资本和环境退化、人类健康受损以及经济代价剧增等影响，从而保障公共福祉和经济社会可持续发展。

2. 项目环境影响评价是实现可持续发展的重要决策支持工具。项目环境影响评价（EIA）是环境评价的一种类型①，侧重于项目层面，是在决策之前确定项目的环境、社会和经济影响的决策支持工具和规划工具。

一是 EIA 通过将环境问题整合到发展决策中

① 环境评价主要可分为三种类型：战略环境评价、区域环境评价以及（项目）环境影响评价。本报告重点研究（项目）环境影响评价。

推动可持续发展理念的贯彻落实。二是EIA通过提高公众参与程度推动实现国家的社会生态文明。三是EIA通过提高决策流程透明度和问责制，推动实现民主治理。四是EIA通过开展项目影响管理和分析来维护社会生态完整性。

（二）国际上环境影响评价审计开展情况。

1. 环境影响评价审计的主要作用机制。一是EIA审计通过提升公众参与EIA的程度、促进更广泛的政策辩论、向决策者提供深思熟虑的改进建议、提升透明度和促进反腐败，推动EIA制度机制的完善并提高其实施有效性。二是对EIA管理系统进行审计，可以发现损害EIA有效性的问题，并通过评估政策制定者是否将资金用于符合立法规定的预期目的，促进政策制定者更好地履行监管职责，为各级政府、管理部门把好决策关提供重要保障。三是审计可以揭示项目实施中所面临的重大风险，减少或避免项目实施对环境、经济等方面的不利影响，保障经济、社会与环境的协调健康发展。四是审计还可以通过向立法机构、相关部门机构以及其他利益相关者提供建设性意见，从而加强问责、提高透明度并促进良好治理。

2. 各国环境影响评价审计发现的主要问题。根据世界审计组织环境审计工作组（INTOSAI WGEA）对20个国家审计机关的调研情况，EIA存在实施流程有结构性缺陷、缺乏支持决策的充分分析、政府部门之间职责不明确等10个最主要的问题。审计发现的这10个问题，可以归类到EIA系统的三个方面①，即制度建设、决策质量及报告质量、缓解措施等。一是EIA制度建设方面存在的问题。二是EIA决策质量及报告质量方面存在的问题。三是实施缓解措施及活动方面存在的问题。

3. 环境影响评价审计所面临的挑战及应对措施。一是EIA立法和有些部门指南的内容不够明确。二是EIA项目的规模和类型的多样性对界定审计标准及明确审计方法的影响。三是需要获取的审计资料数量较多、质量较低。四是相关单位不愿提供信息、所需相关信息无法获取。五是审计人员缺乏有关EIA的专业知识及技术专长。

4. 各国环境影响评价审计标准的主要来源。受访的11个国家的审计机关中，有9个表示其国家立法是标准来源，1个国家完全依赖其审计部门制定的审计法规遵循的通用标准。

（三）我国环境影响评价审计的实施情况及面临的新要求。

1. 我国环境影响评价审计的实施情况。我国审计机关在环境审计、重大建设项目审计中将EIA作为重要审计内容，发现和反映了EIA制度落实方面存在的一些问题。从我国已经开展的涉及EIA内容的审计可以看出，我国EIA审计主要是融合在其他审计项目中开展的，在目标上主要以评价环评程序的规范性、资金使用效果、政策贯彻落实情况、有关主管部门履责情况等为主，审计揭示的问题也主要是未批先建等程序性问题，审计标准是有关部门审批的环评报告，审计发挥的作用主要体现在促进环评流程的规范、加强部门责任等。

2. 我国环境影响评价的新发展及对审计的新要求。环境影响评价是当前环境法律制度中唯一的预防性法律制度。如何在新构建的EIA体系制度框架下，更为科学、有效地发挥好EIA在环境保护中的积极作用，成为当前乃至今后一段时间的重要工作。适应EIA新发展新要求，加强对EIA的审计不仅是更好发挥好预防性法律制度、推动EIA最新技术导则贯彻落实的客观需要，更是贯彻落实好习近平生态文明思想、促进打好污染防治攻坚战的重要保障。

（四）立足我国实际，借鉴国际经验，更好发挥环境影响评价审计的作用。

1. 充分认识EIA审计的重要性，进一步发挥EIA审计服务可持续发展的作用。EIA审计是贯彻落实“预防为主”理念、从源头保护环境的重要抓手。因此，需要积极发挥审计在促进EIA立法完善方面的作用，反映当前环评制度自身存在的不完善、不合理的地方及其与相关法律之间相互割裂的情况，促进环境影响评价法与其他法律法规之间建立起联动和反馈的良性互动关系，创建适应当前可持续发展战略的完备的环境法律体系，更好推动EIA规范有效实施。

---

① Momtaz S. and Kabir S. M. Evaluating Environmental and Social Impact Assessment in Developing Countries. Amsterdam：Elsevier，2013.

2. 统筹协调 EIA 审计与其他审计内容的关系，构建横向上相互融合、纵向上全过程覆盖的审计模式。进一步明确 EIA 审计在资源环境审计中的地位和作用，将 EIA 审计与其他审计内容紧密融合，前移环境审计关口，强化环境风险评价和预警机制，注重环境监测和决策的事前控制，预防性地确保环境保护的长期效益。EIA 审计需要对项目决策、项目实施、实施结果等全过程进行监督，既揭示项目未批先建的情况，也揭示项目建设运营后实际产生的环境影响，跟踪监督污染防治、生态保护、风险防范等方面的问题，以及偏离 EIA 报告中的技术标准、缓解措施要求的情况，从而确保 EIA 各项要求真正落地落实。

3. 紧密结合当前自然资源和生态环境审计的总体目标，科学确定 EIA 审计目标和审计标准。围绕当前 EIA 职责目标及相关法律要求，科学客观确定 EIA 审计目标。一是揭示相关部门、各级政府在贯彻落实好党中央、国务院相关文件中有关 EIA 要求中的问题，推动政令畅通。二是揭示并推动解决环境恶化的根源以及处理社会和经济问题之间的联系，推动完善环境影响评价绩效的质量控制机制，改进并实施有效的监测、跟踪和核查制度，更好发挥 EIA 价值。三是揭示相关部门、各级政府在依法实施 EIA 并充分发挥其价值中存在的问题，揭示 EIA 相关政策规划、制度建设、实施过程等存在的问题，推动完善 EIA 制度机制，促进各责任主体强化生态环境责任、改进环境质量。四是以项目为重要抓手，揭示可预见的生态环境责任后果，纠正可能造成环境污染、生态破坏的行为，促进科学决策。

4. 加强 EIA 相关数据采集及分析使用，提供高质量审计证据。加强沟通协调，畅通数据获取机制。推动建立稳健的数据库，统一数据标准，确保审计证据质量。可以根据项目特点及项目所涉及的决策、政策和制度，有针对性地设计连续、可靠和稳健的程序，定期收集、分析有价值的环境数据和信息，逐渐形成标准统一的高质量数据库，满足审计工作对高质量审计证据的需求。

5. 适应 EIA 审计对专业判断、专业能力的更高要求，加强对审计人员的专业培训或者聘请外部专家提供技术支持。持续加强对审计人员的专业知识培训，补充跨学科知识，提升对环境影响的预测分析能力及专业判断能力。积极组建技术团队，充分利用专家力量，打破专业壁垒。根据不同 EIA 审计项目特点及专业技术需要，有针对性、灵活地组建由多学科人才组成的技术团队，适当聘请外部专业科学家或者工程师提供技术指导或者相关专业性认证。

十、国际资源环境审计系列研究报告之二：海洋领域气候变化和海洋酸化应对政策措施审计的国际经验做法及启示

本研究对 2016 年世界审计组织环境审计工作组（INTOSAI WGEA，以下简称世审环境组）发布了气候变化和海洋酸化相关政策措施审计研究报告进行了梳理和分析，针对我国应对气候变化工作和海洋环境保护现状，提出了审计中需要关注的重点，以期能够为我国审计机关开展气候变化和海洋酸化相关针对性政策措施审计提供更多的信息。

（一）气候变化和海洋酸化应对政策措施及相关审计。

1. 气候变化和海洋酸化给海洋环境造成的影响。一是气候变化和海洋酸化可能导致海洋生态系统和海岸栖息地产生巨大变化。二是气候变化会对沿海地区基础设施和相关产业造成重大风险。三是气候变化和海洋酸化还可能会给沿海地区的旅游业带来负面影响。

2. 政府和国际机构采取的针对性政策和措施。一是建造防波堤、高架建筑等防护设施。二是生态化应对措施。三是综合运用多种政策手段。

3. 应对政策措施审计的审计内容。一是政策措施的合理性和有效性。二是政府对海洋环境风险和海岸带抗风险能力的评估情况。三是气候变化和海洋酸化的衍生风险。四是部门间的协作情况。

2014 年，美国审计署开展了海洋酸化的应对措施审计，通过调阅相关机构的公文、与海洋酸化防治相关机构人员开展座谈等方式，对各部门在海洋酸化应对方面的协作情况进行了审计。审计发现，尽管联邦政府于 2009 年通过了联邦海洋酸化研究和监测法，并成立了由 11 个部门参与的海洋酸化问题工作组，但该工作组主要职能是为海洋酸化问题相关的研究和监测提供支持，各部门在海洋酸化防治中承担的任务和职能不够明确，部门间的协作还需进一步加强，并建议成立国家海洋酸化计划办公室来统筹协调海洋酸化相关研究成果的转化，以及监测计划的实施。

（二）审计中面临的问题及处理方法。

1. 主要问题。一是缺乏统一有效的审计标准。在海洋领域的气候变化和海洋酸化问题方面缺乏中央政府层面的具体审计标准，很少有法律和条例可以指导政府就这些问题采取行动。许多国家和地区在应对气候变化和海洋酸化给海洋环境造成的影响方面鲜有作为，最高审计机关无法对这方面的相关政策措施进行评价。二是责任主体不够明确。三是审计人员的专业知识和培训不足。四是最高审计机关权限受限。

2. 问题的应对方法。一是参考国际公约有关规定和世界审计组织的相关管理标准，以及其他审计机关的相应做法。审计机关在面临缺乏审计标准、责任主体不明确等问题时，可参照联合国气候变化框架公约（UNFCCC，以下简称气候变化公约）、《巴黎协定》等气候变化方面国际公约的有关规定。最高审计机关可以参考采用世界审计组织发布的风控或内控标准来确定应对气候变化的各责任主体，并对其采取的气候变化应对措施开展评价。最高审计机关可以将被审计部门的计划、方法、流程或程序与其他国家的类似部门进行比对，以此提高审计评价的客观性、审计方法的有效性以及审计建议的可靠性。二是开展多种形式的外部合作，适时拓展审计范围。最高审计机关可考虑开展各种形式的外部合作，以解决审计人员的专业知识和培训不足、最高审计机关权限受限、审计力量不足等问题。针对审计权限受限的问题，最高审计机关通过对项目实施机构的上级部门实施审计来延伸至具体项目，或者与地方审计机关开展合作审计来实现对项目的审计监督。审计机关还可以在既有审计项目的基础上拓宽视野，将气候变化和海洋酸化问题纳入审计范围。

（三）我国气候变化和海洋酸化应对政策措施审计重点。

1. 产业政策的合理性和前瞻性。需要以国家制定的应对气候变化战略规划为依据，对相关产业政策的合理性和前瞻性进行评价，关注相关产业政策是否符合国家应对气候战略相关要求，是否充分考虑了气候变化可能给产业带来的冲击。

2. 政府对气候变化造成的风险，特别是海洋环境风险的评估情况。可在沿海地区公共基础设施融资、农业渔业保险等相关的金融审计中，关注有关部门对气候变化造成的风险敞口评估情况，保证相关风险可控，降低长期风险和政府承受的损失。

3. 海岸线修复整治和沿海地区基础设施建设等项目的效果性。在进行海岸线修复整治工程和沿海地区基础设施相关审计时，要关注项目是否符合有关部门气候变化行动方案的要求，充分考虑气候变化可能导致的海岸线侵蚀加剧和对基础设施的破坏。

4. 应对气候变化与生态环境系统工作的衔接融合情况。要将应对气候变化工作与环境污染防治、生态保护工作的统筹融合情况、协同增效情况纳入关注范围。从监测到目标制定、政策制定、规划制定，到监督实施，多角度评估环境污染治理、生态保护和应对气候变化工作的协同情况。

5. 气候变化相关国际公约的履约情况。作为全球治理体系改革和建设的积极参与者，中国的履约情况对于彰显全球治理体系在应对全球气候变化上的有效性具有重要意义。同时，可以通过对履约情况的审计进一步评估气候变化公约相关战略和减灾计划的制订情况、具体计划和方案的执行情况，以及易受气候变化影响地区的范围确定和应对措施的执行情况。

十一、国际资源环境审计系列研究报告之三：提高环境审计质量及影响力的国际经验与启示

本研究对2016年世界审计组织环境审计工作组（INTOSAI WGEA）“如何提高环境审计的质量及影响的指南研究报告”的主要观点进行介绍，结合我国目前环境审计面临的问题，提出对我国提升环境审计质量及影响力的几点启示。

（一）提高环境审计质量的经验。

1. 影响环境审计质量的因素。工作组认为影响环境审计质量的因素主要分为投入因素和过程因素两部分：一是投入因素，包括展现适当的价值观、道德观和态度，具备客观性、正直性、独立性、专业能力、适当的关怀和职业怀疑态度，具有足够的知识、技能和经验，有充分的时间执行审计项目；二是过程因素，包括审计人员采用严格的审计程序和符合法律、法规及适用标准的质量控制程序。

2. 提高环境审计质量的具体做法。工作组认为应从环境审计的基础阶段、计划阶段、执行阶段、审计报告和建议阶段、跟踪审计阶段等五个阶段，提高环境审计质量。

在审计基础阶段，一是可靠的审计方法，二是合格的审计人员，三是全面的信息收集。

在审计计划阶段，一是选择与人民生活密切相关的审计议题，二是制定聚焦结果的审计目标，三是超越合规性审计，四是准确把握关键的审计时机。五是关注环境退化的驱动因素。

在审计执行阶段，从四个方面提高审计质量：一是掌握可靠的数据，预测并评估数据需求，这是关键一步。二是观察发现的证据，根据标准比较现实情况和目标要求，从两者间的差异发现审计结果，确定问题产生的根本原因。三是开展审计复核，有效提高审计项目质量。四是加强相互沟通，促进审计信息交流。

在审计报告和建议阶段，从两个方面提高审计质量：一是通过汇总过滤技术，对审计信息进行优先排序和分析，最终形成审计报告。二是发挥审计建议的多米诺骨牌效应。建议审计人员：(1) 熟悉公共政策，包括国际条约、国内立法和法规、政府指令和政策等。明确各项政策之间的关系，关注政策与社会经济、环境之间的潜在冲突。(2) 了解利益相关者，包括政府部门、非政府组织、学术机构等，通过对利益相关者分类，确定审计建议的潜在"反对者"和"支持者"，以及实施建议后可能产生的影响。(3) 扩大思考范围，例如以城市水污染为重点的审计，不应仅限于检查城市水污染情况，应该对城市地区的流域综合管理和土地使用规划进行系统性思考和检查。

在跟踪审计阶段，要把握开展审计的时间和方法。首先，建议跟踪审计在初始审计几年后进行。其次，跟踪审计方法要视情况而定。再次，在最高审计机关中建立审计报告跟踪部门。这将确保报告所述利益攸关方采取的行动得到有效执行。

（二）提高环境审计影响力的举措。

工作组认为环境审计主要在两方面产生影响（见表1）。此外，环境审计还可以通过分享独立信息，激发公众辩论来促使立法者、政府、媒体和其他关键利益者更多地关注具体的环境问题，提高对需要改进领域的认识，在广泛的层面上确保公共资金得到适当的使用并达到预期的效果，产生积极的影响。

表1　环境审计的主要影响

改善项目管理（输出）	改善环境质量（结果）
降低风险，改善缓解措施	减少排放水平，推广清洁能源，减少废物生产
加强监督治理，更清晰的角色和职责	更可持续地使用自然资源（例如水、能源、鱼类）
健全完善法律法规和规章制度	改善生态系统环境，增加生物多样性，对入侵物种的控制
厉行节约，提高程序效率	保护濒危物种

工作组建议从以下方面提高审计影响力：一是选择正确的审计主题。二是有效传达审计报告信息。三是跟踪审计建议落实情况。四是加强相互交流合作。五是创新审计方法手段。

（三）对提高我国环境审计质量和影响力的启示。

1. 审计立项要聚焦影响人们生活的突出环境问题。我国审计机关在环境审计主题的选择上，要牢牢把握十九大报告提出的持续实施大气污染防治行动，打赢蓝天保卫战，加快水污染防治，实施近岸海域综合治理，强化土壤污染管控和修复，加强固体废弃物和垃圾处置，全面落实土壤污染防治行动计划的要求，着力开展大气污染整治审计、重点流域水污染防治审计、近海环境保护审计等，解决人民迫切关注的问题。

2. 借鉴国内外标准，不断完善环境审计标准。我国审计机关在环境审计中，对相关的体制机制、政策以及资金管理情况等方面展开综合考量时，不应局限于现有的权威机构颁布的公认标准和行业标准，要及时关注所审计领域的行业标准的更新情况，通过加强与相关部门的合作、咨询专家、与被审计单位进行充分沟通就审计标准达成共识等方式，增加审计标准的适用性。

3. 创新审计技术方法，用科技助推环境审计质量的提升。我国审计人员面对海量而质量参差不齐的环境审计数据，需要更多借助现代科学技术，提高审计质量。首先，利用先进技术收集审计数据和资料。其次，加大对地理信息数据和相关业务、财务等数据的挖掘和分析力度。再次，坚持审计数据动态化补充完善，形成完整系统的自然资源资产和环境保护情况“数据流”，使“历史数据”能够满足“现实审计”的需要。

4. 完善环境审计结果运用机制，扩大审计成果影响力。建立联合整改机制，针对环境审计发现的问题，要求被审计单位在规定时间内提出整改措施，限期抓好整改落实。建立跟踪检查机制，强化各级政府督办，要求各级党委、政府将审计结果运用落实情况列入工作督查范围，促进审计结果切实运用到位。

十二、国际资源环境审计系列研究报告之四：二十世纪七八十年代美国审计署资源环境审计特点及启示

本研究分析了二十世纪七八十年代美国审计署从无到有探索发展资源环境审计的特点，认为当前我国在经济发展水平、资源环境形势、资源环境审计任务等方面与此时期的美国具有相似性，提出了深化我国资源环境审计的几点启示。

（一）二十世纪七八十年代美国审计署资源环境审计兴起的时代背景。

1. 随着经济社会发展，美国资源环境问题日益严重。二战后，美国经济高速发展，经济结构、产业结构、能源结构、生活方式等发生重大变迁，资源能源消耗、环境污染问题日益严重，空气污染、水污染、土壤污染和退化、食品中有毒或有害物质含量上升和人体内污染物和有毒物质富集量增加，并引发大范围、多领域的环境事件。

2. 公众对资源环境与经济发展之间关系的认识发生重大转变。二十世纪六七十年代，美国公众环保意识日益高涨，兴起公民广泛参与的环保运动。公民不再一味追求物质富足、经济增长和经济效率，而是迫切要求更高质量的生活水平。

3. 资源环境法律体系和管理体制发生重大调整。面对严峻的资源环境问题，美国联邦政府积极调整角色和作用，制定或修订了《国家环境政策法》《清洁水法》《清洁空气法》《濒危物种法》《综合环境响应、补偿与责任法》等一大批法律，形成了比较完整的资源环境法律体系。联邦政府积极改革资源环境领域监管体制，为强化资源能源管理和改善环境质量提供了有力的制度保障。

（二）二十世纪七八十年代美国审计署资源环境审计特点。

1. 同等重视对资源问题与环境问题的监督检查。二十世纪七八十年代，美国审计署发布1000多份以自然资源与环境为主题的审计报告，范围广，持续性强。其中，资源领域约占47%，环境领域约占50%，其他内容约占3%。

2. 不仅开展资源环境要素的专项审计，还关注相关机构职责履行情况。资源环境领域问题复杂、治理难度大，这决定了不能只开展某一方面的审计项目，而要多管齐下，注重从不同角度揭示问题、推动完善相关制度。美国审计署立足改善政府责任，对环境保护局、国防部、内政部、能源部等联邦机构开展项目评价、政策评估，关注某一方面的职责履行情况。

3. 对具有联邦职责权重大、治理难度大、对环境和健康威胁大等特点的事项开展持续审计。一是持续跟踪废弃物尤其是危险废弃物管理处置情况。二是持续跟踪核废料管理情况。三是持续跟踪超级基金项目进展情况。四是持续跟踪有毒化学品管制情况。五是持续检查污水控制建设补助项目。

4. 及时深化审计内容，跟踪资源环境领域新趋势。一是关注租赁、特许权、许可证、排放交易等基于市场的资源环境政策实施情况。二是关注臭氧、污染事件治理、室内空气污染、生物多样性、资源能源开发利用对环境的影响等新兴问题治理情况。三是关注环境正义、全球气候变化等新议题。

5. 为满足国会需求推动审计署内部变革。二十世纪七十年代，美国审计署设立资源和经济发展局、能源和特别项目局，推动加强对资源环境事项的监督检查。同时，审计署改变了以往部门负责人不具体从事审计项目的做法，以团队工作模式代替层级工作模式，降低行政层级对内部信息流动的限制。

（三）对我国深化资源环境审计的启示。

深化资源环境审计是新时代审计机关推动打好污染防治攻坚战、促进经济高质量发展的客观需要，有助于更好地发挥审计在党和国家监督体系中的重要作用。

1. 全面评估资源环境发展形势，定期梳理更新资源环境审计重点。当前，我国资源环境问题集中显现，污染重、损失大、风险高的生态环境状况还没有根本扭转。深化资源环境审计，需要认真梳理打好污染防治攻坚战的重点举措，紧紧抓住具有牵涉面广、治理难度大、对环境影响深远、对群众健康损害严重等特点的突出问题，并及时跟进新问题，推动生态环境的系统治理。

2. 处理好资源环境专项审计与领导干部自然资源资产离任审计之间的关系。资源环境专项审计与领导干部自然资源资产离任审计构成审计机关推动打好污染防治攻坚战的两大抓手。审计机关在资源环境审计项目计划安排上应统筹考虑，既要重视领导干部自然资源资产离任审计在强化责任落实方面的作用，也要重视专项审计在深化体制机制改革、揭示新情况新趋势新变化方面的作用，从而推动生态环境治理的系统性、整体性、协同性。

3. 注重创新审计项目组织方式和报告机制。对资源环境领域事项进行全覆盖监督，既要求拓展审计监督广度深度，增加审计报告频次，更要求研究资源环境问题背后的思想观念问题、产业和能源结构问题、生活方式问题、体制机制问题，预判技术变迁对资源环境问题的影响。这需要改变以往的审计项目组织方式和报告机制，为深入分析资源环境问题背后的症结提供人力、时间、智力等支撑，以提升审计报告的科学深度和专业厚度。

十三、国际资源环境审计系列研究报告之五：英国审计署政府环境责任审计与借鉴

该研究通过介绍英国审计署政府部门环境责任审计，为我国深入开展相关资源环境审计和领导干部自然资源资产离任审计提供一些借鉴。

（一）英国政府的环境责任。

1. 英国政府环境责任的内容。英国政府的环境责任分为两个大的方面，即环境保护和可持续发展。环境保护的目的在于保持并在必要的时候恢复健康的自然环境，包括 10 个关键的环境领域：大气污染和气候变化、空气污染、生物多样性、森林、土壤、洪水和海岸保护、资源效率与废物、淡水环境、水的可用性和海洋环境。可持续发展则包括有益于当代和未来长期公平增长的环境、社会和经济目标。事实上，政府环境责任也可以按照政府与环境的双重关系分为两种责任：一是政府作为环境管理者的责任，即政府部门应当制定政策、施加管理推动环境改善和社会可持续发展；二是政府作为环境参与者的责任，即政府部门自身应当是“绿色的”、环保的，努力成为社会的典范。

2. 英国政府部门的环境责任。政府的环境责任由各个部门共同履行，环境食品和乡村事务部（DEFRA）以及能源和气候变化部（DECC）在环境保护和可持续发展方面发挥着关键的作用。具体各部门的责任主要是：环境食品和乡村事务部负责废物、水、渔业、洪水、农业、森林、在治理中嵌入可持续发展、适应气候变化；能源和气候变化部负责低碳能源、碳预算、燃料缺乏；内阁办公室负责采购政策和框架；财政部与税收和海关负责环境税；商业创新和技术部负责可持续经济增长、绿色金融和研究；社区和地方政府部负责规划纲要和建立规章；交通部负责低碳运输；职业和养老金部、健康部负责健康和社会保障事务；内政部和司法部负责刑事审判；文化媒体和体育部负责遗产资产和旅游；教育部负责教育；外国和英联邦办公室、国际发展部、国防部等负责可持续发展的国际行动。

（二）英国审计署政府环境责任审计。

1. 英国审计署政府环境责任审计的主要内容。一是政府在环境保护领域的工作进展情况和效果。审计署对环境保护领域各项改进情况进行检查，并综合各领域情况得出总体趋势。二是政府部门遵循可持续性的情况。英国政府的可持续发展 2011 展望，树立了一个将可持续发展“融入”包括政策和决策、采购与资产管理的政府活动所有方面的目标。审计署通过检查部门的可持续性报告和其他专项审计活动，对中央部门遵循可持续性的情况进行审计。

2. 英国审计署政府环境责任审计的结果形式。一是发布《环境保护和可持续发展简要指南》。主要包括英国审计署对英国政府在环境保护和可持续发展方面的行动、资金支出情况、近期及计划的变革、需要关注的事务等几方面情况的概述。二是向议会相关委员会提交简报。主要有

《部门观察》和《部门可持续性观察》等。《部门观察》是英国审计署向议会有关委员会提交的反映部门活动和绩效的综合报告，主要以审计署和被审计部门已发布的出版物为基础编制。《部门可持续性观察》是英国审计署对中央部门在“绿色化政府承诺”的要求下，在包括部门治理、资产管理和运营、采购和合同管理、政策制定等所有活动中嵌入可持续性的总体情况的报告，通常还展示政府部门贯彻可持续发展的良好实践。三是发布部门环境审计报告。部门环境审计报告是反映某一专业环境部门或者机构的环境治理情况和存在问题的报告，内容比较具体、针对性强。

3. 英国审计署政府环境责任审计报告的特点。一是引用其他机构的数据与评价，多方面反映政府环境责任。二是推广部门的良好实践，发挥审计的促进作用。三是进行预期分析，为政府环境责任履行提供参考。四是在财务审计等其他审计中关注政府环境责任，揭示政府环境责任风险。

（三）英国审计署政府环境责任审计借鉴。

1. 在相关审计中进一步关注政府环境责任的职责履行情况。当前，我国审计机关的审计实践已经涉及了政府责任履行，并在审计结果公告中加以反映。审计机关可以梳理现行法律法规关于政府部门环境责任的规定，在相关审计中进一步关注政府环境责任的履职情况，并运用专业性和独立性的优势，就审计发现的问题与相关政府部门沟通交流，推动政府部门更好地履行环境责任。

2. 开发政府环境责任研究型综合审计报告。研究型综合审计报告以已发布的审计报告和其他信息资料为基础，从宏观和历史的视角，全面、充分反映所审计事项在国家治理背景下的发展进程、重要性、存在问题及其解决途径，凝聚社会各方关注形成合力，推进问题的解决和政策的完善。

3. 在揭示问题的同时推广政府环境责任的良好实践。审计机关不仅要发现经济社会运行中的主要问题、突出矛盾和风险隐患，维护财经法纪和经济安全，也要发现好的做法，推进各项政策措施的落实。审计机关可以将经审计的政府部门履职良好实践进行专门的反映，通过推广良好实践肯定成绩积累经验，也为其他部门履行环境职责提供借鉴。

十四、中外审计体制系列研究报告之一：中国古代审计体制研究（先秦—清末）

该研究从审计制度入手研究审计体制，展示了不同时期审计制度的发展脉络，将审计界定为对财政财务收支的监督及对官吏经济责任履行情况的评价。

（一）上计审计制度。

春秋战国时期，列国纷争，为求生存和发展，各国先后实施变法，松散的分封制逐步演变为中央集权的郡县制，世袭制演变为官吏任免制。地方官本人或由其派遣的官吏向君主或上级有关官员报告任期内辖区内人户、田地、赋税、财物等方面的增减变动及相关情况，即上计；君主或有关官员对其进行审查考核和奖惩，某种程度上履行了审计监督的职责，实行的是上计审计制度。如：《吕氏春秋·知度》“赵襄子之时，以任登为中牟令。上计，言於襄子”，指中牟令任登向赵国的国君赵襄子报告工作；《韩非子·难二》“李兑治中山，苦陉令上计而入多”，指苦陉县令向其直接上级，即治理中山的李兑报告工作。上计审计制度中对地方主要官员经济责任履行情况的检查考核，呈现出当时审计监督与管理相结合、上计审计监督已经制度化的特点。

秦代只有短短15年，发现的上计活动记载较少，里耶秦简8－145记载“八人与吏上计”“一人与吏上计”，表明当时迁陵县上计的点滴情况。

汉代历时较久，有关上计活动的记载较多。汉代上计分为两个层次，一是县向郡国上计，二是郡国向朝廷上计。汉武帝对上计十分重视，据《汉书·武帝纪》记载，汉武帝分别于元封五年（公元前106年）三月、太初元年（公元前104年）春、天汉三年（公元前98年）三月、太始四年（公元前93年）三月主持过四次受计仪式。

东汉后期，上计制度呈现出衰落的趋势，这与东汉地方势力的逐渐强大密切相关。西汉时郡国负责上计的官吏，主要是郡丞、长史，甚至有郡守，而东汉则主要由郡丞、长史的下属，即“上计掾”“上计吏”负责上计。尤其是到了东汉后期，地方割据势力抬头，皇权受到削弱，政治陷入混乱，上计制度更加衰落。

春秋战国、秦汉时期，上计审计制度成为统治者了解地方政治、经济、财政和社会状况的重要途径，也是考核官吏、整饬吏治的重要手段，对于加强对地方的控制发挥了积极的作用。

（二）御史监察审计制度。

秦灭六国，建立了幅员空前辽阔的国家，在地方实行郡县制，在中央设丞相、太尉和御史大夫三公，丞相掌政事，太尉掌军事，御史大夫掌图籍、奏章和监察审计百官。在郡设监御史，监御史隶属于御史大夫，作为常驻地方的监察审计官员，其主要职责是对郡太守、郡府属官及属县执行监察审计任务。由此开启了延续2000多年的御史监察审计制度。

西汉基本延续了秦代御史监察审计制度，御史大夫相当于副丞相，丞相职位空缺一般由御史大夫递补。东汉御史品秩虽有所降低，被归入九卿之一的少府，但作为皇帝的亲信，地位特殊，《通典·职官六》载："哀帝元寿二年，御史中丞更名御史长史。后汉光武复改为中丞，两梁冠，铜印青绶。与尚书令、司隶校尉朝会，皆专席而坐，京师号为'三独坐'，言其尊也。"

唐代御史大夫正三品，《新唐书·百官志》载监察御史分察巡按十道，"其一，察官人善恶；其二，察户口流散，籍账隐没，赋役不均；其三，察农桑不勤，仓库减耗；其四，察妖猾盗贼，不事生业，为私蠹害；其五，察德行孝悌，茂才异等，藏器晦迹，应时用者；其六，察黠吏豪宗兼并纵暴，贫弱冤苦不能自申者"。其中第二、第三都属于审计的内容。

宋代设御史台，御史大夫从二品。元丰二年（公元1079年）置六察于御史台，其中户察检查监督户部、三司及司农寺等，工察检查监督少府、将作等。由于钱谷之事最为繁杂，故户察配备七名人员，在各察中是最多的。六察对京师六部诸司的检查监督采取定期巡视按察的方法，重大事项报请皇帝，小事直接处理。宋代对地方的监察审计主要由监司负责，宋太宗开始正式设置转运使。随着事权的扩大，转运使逐渐成为一路的实际长官，为分割转运使的事权，朝廷又陆续设置提点刑狱司、提举常平司等官署，形成路一级多元派出机构，由于这些司都具有监察审计职能，被统称为"监司"，其中转运使司和提举常平司在管理赋税钱粮的同时，履行较多的审计监督职能。

元代至元五年（公元1268年）七月，世祖忽必烈设御史台，御史大夫从一品。世祖"敕中书省、枢密院，凡有事与御史台官同奏①"。御史台与中书省、枢密院鼎足而立。御史台下设殿中司和察院，在地方设两个行御史台，在包括中书省在内的十一个省设立二十二道肃政廉访司，形成以御史台为中心，行御史台为重点，各道廉访司为经纬的三级监察审计网络，御史通过照刷文卷进行审计。

明初在中央设中书省、都督府、御史台，分掌全国行政、军事和监察审计。洪武十三年（公元1380年）朱元璋因胡惟庸案，废中书省和丞相，对掌握监察大权的御史台也产生疑虑，罢设御史大夫，设左、右中丞（正二品）和左、右侍御史（正四品），不久后撤御史台。后又认识到御史监察审计的重要性，洪武十五年（公元1382年）设都察院，洪武十六年（公元1383年）都察院设左右都御史各一人，正三品，次年升都御史正二品，与六部尚书品级相同。都察院负责查处百官违法行为，其中与钱粮和经济有关的主要包括巡视光禄寺、仓场、内库、盐务、茶马、漕运、屯田、查算钱粮等。十三道监察御史对地方的监察分专差和按差两类，专差是就某一专门事项而进行的检查，专差御史包括巡盐御史、巡茶御史、巡漕御史、巡关御史、巡屯御史、巡仓御史等；按差则代天子巡狩，对多个方面的内容进行较为全面的检查。

清承明制，设立都察院。都察院左都御史，初制，满员一品，汉员二品。顺治十六年（公元1659年）并改二品。康熙六年（公元1667年）仍升满员为一品，九年（公元1670年）并定正二品。雍正八年（公元1730年）升从一品。顺治元年（公元1644年），都察院设河南、江南、浙江、山东、山西、陕西等十五道监察御史。十五道"监察御史掌纠察内外百司之官邪，在内刷卷，巡视京营，监文武乡会试，稽察部院诸司；在外巡盐、巡漕、巡仓等及提督学政，各以其事专纠察。"② 监察御史通过刷卷审查对被审计单位的财政财务收支及物资管理进行监督检查。

（三）比部审计制度。

《唐六典》卷六《刑部尚书》比部郎中注：

① 《元史》本纪第六。

② 《清文献通考》卷82。

"魏氏置，历晋、宋、齐、后魏、北齐皆有郎中。后周天官府有计部中大夫，盖其任也。梁、陈、隋并为侍郎，炀帝曰比部郎。自晋、宋、齐、梁、陈皆吏部尚书领比部，后魏、北齐及隋则都官尚书领之，皇朝因焉。""比"从字面理解，有"校比"的含义，可以引申为稽核、钩稽或勾覆。吏部尚书负责官员的录用和考核，晋、宋、齐、梁、陈吏部尚书领比部，比部参与对官员业绩的检查考核顺理成章。而都官尚书负责司法，后魏、北齐、隋朝都官尚书领比部，比部参与对违法行为的查处也合情合理。最具有代表性的是唐前期的比部审计制度，不仅持续时间长而且规范。

唐代比部隶属于尚书省刑部，由于刑部完全独立于其他各部及地方政府，因此刑部下属的比部也完全独立于其所审计的这些对象。唐代比部是中国古代少有的专职、独立、常设审计机构。比部"掌勾会内外赋敛、经费、俸禄、公廨、勋赐、赃赎、徒役课程、逋欠之物，及军资、械器、和籴、屯收所入。京师仓库，三月一比，诸司、诸使、京都，四时勾会于尚书省，以后季勾前季；诸州，则岁终总勾焉[①]"。比部的职责就是对中央各部门、地方、军镇等所有的收入、支出及物资等进行审计，与御史等包括钱粮、刑名等内容的监督相比更为专职。

唐前期形成了较为规范的比部审计制度，唐代的法律规范体系由并行的律、令、格、式组成。律相当于刑法典，《唐律》规定了各类官员违法犯罪须承担的责任，为处罚被审计单位及相关人员提供了依据；同时也规定了勾检官的责任，审计人员作为勾检官，其职掌是勾检稽失，如果检覆有失，要承担法律责任，受到刑事处罚。令相当于政府及有关单位业务方面的法规，《考课令》《户令》《赋役令》《仓库令》《厩牧令》等对考课、户口、赋役、仓库和畜牧管理等作出了规定，是比部用于监督检查相关内容的重要依据。《官品令》规定了比部郎中、员外郎的品级，《职员令》规定了比部官员的构成和职掌。格与式相当于业务性工作流程和规范，格的牵涉面较广，式则主要规范某一部门或机构的工作。唐格共二十四篇，以尚书省二十四司为篇名，其中有《比部格》；唐式共三十三篇，《比部式》为其中的一篇，后来又增加了《勾账式》。《比部格》《比部式》和《勾账式》都是专门的审计法规，具体规定了被审计单位和审计机关、审计人员必须遵守的工作程式。

安史之乱后出现了藩镇割据的局面，中央对地方的控制能力减弱，比部对地方的审计工作基本上由户部、度支、盐铁三司的内设监督机构承担，比部的审计职能弱化。

宋代刑部下设比部，元丰三年（公元 1080 年）废三司，三司所属监督机构的审计职能大部分划归比部，比部的审计职能一度得到加强，比部设郎中、员外郎，"掌勾覆中外帐籍。凡场务、仓库出纳在官之物，皆月计、季考、岁会，从所隶监司检察以上比部，至则审覆其多寡登耗之数，有陷失，则理纳。钩考百司经费，有隐昧，则会问同否而理其侵负。"[②] 元祐初（公元 1086 年），门下侍郎司马光认为："天下钱谷之数，五曹各得支用，户部不知出纳见在，无以量入为出。"建议："尚书兼领左、右曹，钱谷财用事有散在五曹、寺监者，并归户部，使尚书周知其数，则利权归一。"[③] 司马光的建议被采纳，比部的审计职能大部分转由户部履行。

明代初期刑部之下曾设置比部。洪武六年（公元 1373 年），刑部下设总部、比部、都官部、司门部。据《明太祖实录》卷十三的记载，比部"掌赃赎、勾覆及钱粮户役、婚姻、田土、茶盐、纸札、俸给、囚粮、断狱诸奸之属"，履行审计职责，并兼部分司法事务。洪武二十三年，刑部下设机构改为河南、北平、山东、山西等十二部，比部被撤销。

（四）财政（物资）管理部门内设监督机构履行部分审计监督职能。

安史之乱后，唐朝前期行之有效的职官制度已不能适应新的形势，朝廷越来越多地采用派遣使职的方式。财政使职多由皇帝直接任命，只对皇帝负责，不受宰相节制，同时也可置旧有的律令格式于不顾，具有直接、简易，且从中央直贯地方的特点，其效率高于原尚书省户部。财政使职在履行财政职能的同时，也履行部分审计职能。

唐朝后期，度支、盐铁转运、户部三司使下

---

① 《新唐书》志第三十六。

② 《宋史》卷 163。

③ 同上。

各设判官数人，诸判官在分判司内钱谷文案的同时，也对簿籍进行勾检，负责“月计岁会之课”，体现了三司判官对财务簿籍的定期审核检查。三司使下还设有巡官，地位较判官略低，出使勾覆，比判官更具有审计的特色。三司使内部具体从事审核检查工作的是各类胥吏，包括孔目官、勾检官、勾覆官、勾押官等。三司使还在地方设置巡院，知院官为巡院长官，掌院内财务出纳、钱货收支；知院官下，设判官、巡官数人，职掌与三司使下的判案官、巡官相似。巡院负责勾检的胥吏有巡覆官、勾检官、勘会官、巡检官等，分别负责账簿钩稽与检覆巡查。

宋朝前期，三司之下设置三部勾院、都磨勘司、马步军专勾司等。三部勾院几次分合，但“掌钩稽天下所申三部金谷百物出纳帐籍，以察其差殊而关防之”① 的审计职能始终不变，三部勾院主要负责钩稽中央各部门和地方各级衙门上报的账籍。都磨勘司是三司另一个监督机构，宋初设有点检三司勘合司，太宗端拱二年（公元 989 年），置三司都磨勘司②，都磨勘司设“判司官一人，以朝官充。掌覆勾三部帐籍，以验出入之数③”。三部勾院勾销过的账籍，有的还要经过都磨勘司的勾覆。

三司设立马步军专勾司。淳化三年（公元 992 年）根据户部使樊知古的要求，“置勾当马、步军专勾司官各一人”④。淳化六年（公元 995 年），“合两司为一”⑤。马步军专勾司负责审计军队俸禄、出纳账计，“特掌骑兵、徒兵给受之数，犹未及诸司也”⑥。元丰二年（公元 1079 年）六月，“合马、步军两院为一，置两专勾司分勾百官、诸军请受。”⑦ 两专勾司即诸军专勾司和诸司专勾司，从其“分勾百官、诸军请受”和“遂以其一主诸司”可以看出，诸军专勾司与原马步军专勾司职掌一样，仍负责钩稽诸军请受，而诸司专勾司则负责分勾“诸司”“百官”请受。诸军专勾司和诸司专勾司合称诸军诸司专勾司。

元丰改制废三司，专勾司成为太府寺的一个机构，一直延续到南宋。南宋建炎元年（公元 1127 年），为避高宗赵构讳，将诸军诸司专勾司改名为诸军诸司审计司。诸军诸司审计司也称审计院，与登闻检院、登闻鼓院、粮料院、官告院、进奏院合称六院。诸军诸司审计司（院）成为我国审计史上第一次以“审计”命名的专职审计机构。

（五）其他审计制度

两汉时期丞相司直监督制度。司直协助丞相工作，其职掌是发现和纠举百官的不法行为，也就是从事监督方面的工作，其中包括了经济监督方面的内容。司直归属于丞相府，属于行政型监督体制。

元代检校和照磨官审计制度。元代中书省掾属包括了履行审计职责的检校官和照磨官，元代行中书省以属官的形式设置了履行审计职责的检校所和照磨所，检校官检查、核对官府案牍是否迟滞和错失，还对钱粮、营缮支出等进行稽查审核。照磨官查核的对象主要为钱谷、营缮出纳，其体现的审计专职程度较高。此外，在中书省设检校官、照磨官，在行中书省设检校所、照磨所，体现了行政型审计体制的特点。

纵观中国审计发展历史及不同时期的审计体制，不同时期体现出不同的特点。春秋战国时期，实行较为单一的上计审计制度，地方官吏向君主或上级报告任期内工作情况，君主或有关官员对报告进行审核分析评价，对相关官员进行奖惩。自秦代到清末历朝历代，除了实行强有力的御史监察审计制度，还辅以不同形式的其他审计监督制度，如：秦汉的上计审计制度，汉代的丞相司直监督制度，自魏晋南北朝至隋唐宋的比部审计制度，唐后期及宋代的三司内设机构监督制度，元代的检校、照磨制度。御史监察审计制度以其地位高，独立性强、持续时间长而居于主导地位。御史监察审计制度与其他审计制度协调配合，在维护政治、经济社会发展秩序中发挥了极其重要的作用。

十五、中外审计体制系列研究报告之二：新民主主义革命时期审计体制研究（1921—1949 年）

1921 年到 1949 年是中国新民主主义革命时

① 《宋史》卷 162。

② 《宋会要》职官五之二五。

③ 《宋史》卷 162。

④ 《续资治通鉴长编》卷 33。

⑤ 同上。

⑥ 《咸淳临安志》卷 8。

⑦ 《续资治通鉴长编》卷 298。

期。1921年中国共产党成立后经历了创建初期、大革命时期、土地革命战争时期、全民族抗日战争时期、全国解放战争时期，先后创建和发展了中央、陕甘宁等根据地，不断加强各项建设，带领全国人民完成了新民主主义革命，建立了中华人民共和国。我党历来高度重视审计工作，在艰苦的条件下建立了审计制度。早在大革命时期，就在省港罢工委员会下设立了审计局，土地革命战争时期，建立了由中华苏维埃共和国最高政权机关——中央执行委员会直接领导的审计机构。全民族抗日战争时期和全国解放战争时期，审计体制虽然几经演变，但是审计机关依然持续存在并开展工作。各个时期的审计机关，加强对财政财务收支的监督，推动改进财政管理，严厉惩治贪污腐化和浪费，为推动革命事业发挥了积极的作用。

（一）大革命时期的审计体制。

1924年至1927年，中国爆发了反对帝国主义、反对封建军阀的革命运动，通常被称为“大革命”或“国民革命”，这一时期被称为大革命时期。

1. 隶属关系。大革命时期，中国有了资本主义工商业，一些帝国主义国家在上海、广州等地开办工厂，形成了相对聚集、规模庞大的产业工人群体。中国共产党深入工人中间开展工作，创办工人夜校，成立工人俱乐部，提高工人政治觉悟。1925年，省港大罢工期间设立了审计局，隶属于省港罢工委员会。省港罢工委员会是1925年7月6日，在中国共产党的领导下于广州成立的，是省港罢工的最高执行机关，下设财政、纠察、法制、审计等多个办事机构。广州国民政府财政部每月资助罢工委员会经费1万元，并在物资上给予罢工工人不少帮助①。省港罢工委员会的审计局，与财政委员会、法制局、干事局等机构并列，同为罢工委员会的办事机构。这是党领导下成立的最早以“审计”命名的机构。

2. 职责权限。为规范省港罢工委员会审计局的工作，1926年3月29日，罢工委员会公布《审计局组织法》②，对审计局的人员构成及职责作出了规定。审计局共设委员11人，有审计省港罢工委员会以下各机关所有经常费用的权力，并须每日1次将已审计的数目单据，汇表呈报省港罢工委员会，如审计发现进出数目及购办物件有舞弊现象，应及时据实呈报省港罢工委员会查办。同时颁布的《财政委员会组织法》也规定，“凡省港罢工委员会各部分领的经常费，必须列明预算，交审计局审核后转财政委员会照准执行；如特别费用，除送交审计局审核后转财政委员会照准，仍需呈交省港罢工委员会批准，始行执行”。

（二）土地革命战争时期的审计体制。

1927年大革命失败以后，中国共产党领导的人民革命斗争进入最艰苦的年代，这就是土地革命战争时期。

1. 隶属关系。1928年党的六大以后，党组织发动农民开展游击战争，实行土地革命，建立革命政权，开展经济建设和节省运动，整顿财政秩序，反对贪污浪费。1931年11月7日至20日，中华苏维埃第一次全国代表大会在瑞金召开，大会制定并通过了《中华苏维埃共和国宪法大纲》，选举产生了中华苏维埃共和国中央执行委员会，宣告了中华苏维埃共和国临时中央政府的成立，标志着中国共产党领导的政权开始以国家形态登上了中国的政治舞台。1934年10月，中共中央、中央军委率中央红军主力开始了长征。1936年10月红二、红四方面军完成长征。

这一时期先后建立的三个审计机关，分别有三种不同的隶属关系：一是隶属于中央财政人民委员部的审计处。二是隶属于人民委员会的中央审计委员会。三是隶属于中央执行委员会的中央审计委员会。

2. 职责权限。中央审计委员会的职权是审核国家的岁入和岁出，监督国家预算的执行。根据1934年2月20日临时中央政府主席毛泽东签署命令颁布的《中华苏维埃共和国中央政府执行委员会审计条例》③，中央审计委员会具体的职责

---

① 中共中央党史研究室：《中国共产党历史》第一卷（1921－1949）（上册），中共党史出版社，2011年版，第136页。

② 中国审计学会、审计署审计科研所：《中国革命根据地审计史料汇编》，北京工业大学出版社，1990年版，第204页。

③ 中共江西省委党史研究室等：《中央革命根据地历史资料文库政权系统8》，中央文献出版社、江西人民出版社出版，2013年版，第1444页。

是：审计岁入岁出的总预决算；全国行政费的预决算；海陆空军的预决算；关于经济建设的收支预决算；由中央政府发补助费的群众团体的预决算。

中央审计委员会对于下级苏维埃财政收支，认为有调查必要时，可以随时派遣审计人员实地调查。中央审计委员会审查决算认为有浪费或贪污应处罚的，以及应负赔偿责任的，随时报告中央主席团执行。中央审计委员会随时检查各机关现用簿记，不合格的通知更正。

中央审计委员会成立后，开展了预决算审计、国家企业财务审计、群众团体财政收支审计以及节省运动专项审计，肯定了各部门、各级政府在预算决算工作中所取得的成绩，同时检举了政府部门、国家企业及群众团体存在的浪费现象，推动惩治了贪污腐化行为。

3. 与地方审计机关的关系。中央审计委员会对省及中央直属市审计委员会有领导关系。省及中央直属市审计委员会除了随时将审计情形报告中央审计委员会之外，还要向中央审计委员会报告相关事项：向中央审计委员会提出该省或该市预算的原则；如查出各级苏维埃及地方部队对于财政收支事项有违背法令或不正当的事情时，要向主席团提出解决的办法，并报告中央审计委员会；每个会计年度末，将一年审计经过报告中央审计委员会。

（三）全民族抗日战争时期的审计体制。

1937 年 7 月 7 日的卢沟桥事变，标志着中国全面抗战的开始。1945 年 9 月 2 日，日本在投降书上签字，中国抗日战争结束。这一时期是全民族抗日战争时期。

1. 隶属关系。在边区政府成立之前，隶属于临时中央政府的国家审计委员会（1937 年 2 月—1937 年 5 月）已经存在。当时的国家审计委员会，基本上是沿用土地革命战争时期中央苏区所设立的审计委员会的组织形式。

全民族抗日战争时期，陕甘宁边区的审计机构处于比较频繁的变动之中，曾经分别隶属于党委、政府和财政部门。其具体的隶属关系大体经历了以下几个阶段的演变：

一是隶属于边区政府的审计处（1937 年 5 月—1938 年 3 月）。边区政府审计处同其他政府机构一起，在 1937 年 5 月已经基本形成并开始工作了。

二是隶属于边区政府财政厅的审计科（1938 年 3 月—1939 年 1 月）。自 1938 年 3 月 29 日，边区审计处曾一度由政府的直属机构改为财政厅下属的审计科。

三是恢复隶属于边区政府的审计处（1939 年 1 月—1939 年 12 月）。1939 年 1 月，边区参议会通过了《陕甘宁边区政府组织条例》，明确规定了在边区政府下，设立秘书处、民政厅、财政厅、教育厅、建设厅、保安司令部、保安处和审计处八个机构。

四是隶属于党中央财政经济部的审计处（1939 年 12 月—1940 年 10 月）。1939 年 12 月，党中央财政经济部建立了审计处，对陕甘宁边区党政军的经费支出进行审计。由于该审计处与边区政府审计处职能重叠，后者随之被撤销。

五是分别隶属于党中央、军队、边区政府的多种审计机构并存（1940 年 10 月—1942 年 7 月）。1940 年 10 月中央财政经济部宣告撤销，并按党中央机关、军队系统、边区党政系统分别设立三个财政经济处，在三个系统的财经处下均设立审计科，负责对下属单位的经费预决算进行审计。

六是隶属于边区政府财政厅的审计科（1942 年 7 月—1945 年 8 月）。1942 年 7 月，边区政府审计处撤销，原来审计处的工作划归边区政府财政厅负责。

2. 职责权限。1939 年 1 月，边区参议会通过了《陕甘宁边区政府组织条例》，在第十七条中原则规定了审计处的八项职权。

根据 1939 年 6 月 5 日中共中央书记处发布的《中央关于严格建立财政经济制度的决定》的规定，中央财政经济部建立会计处与审计处，职责是检查、审核各机关、学校、部队的会计账目及开支情况。

从 1940 年 10 月到 1942 年 7 月，边区审计工作处于按系统分级实施审计的阶段。审计机构的主要职责与任务为：（1）审计机关、学校及分区各县的决算是否和预算相符；（2）审查一切临时预算是否必要，有无应增或应减之处；（3）审核边区政府所属机关学校团体人员马匹的编制是否符合精兵简政的原则，是否合理；（4）审核自给生产计划与实施是否符合政府总的原则，管理是否合理；（5）必要时将派人详细抽查。

从 1942 年 7 月到 1945 年 8 月，边区审计工作处于由财政机构管理的阶段。这个阶段，财政厅只审核供给开支部分，不管自给开支部分，造成财政工作很大的局限性，引发了随意开支和损失浪费等问题。

陕甘宁边区的审计机关，一般拥有某些直接处理权，如更正权、批准核销权、检举反映权、奖励权。通过审计机关发现的违法贪污嫌疑，可以移送法院查办。

（四）全国解放战争时期的审计体制。

1946 年至 1949 年的三年国内战争，中国共产党最终消灭了国民党数百万军队，解放了中国大陆。

1. 隶属关系。全国解放战争时期，陕甘宁边区的审计机构经历过四个阶段的变化，曾经分别隶属于财政部门、边区政府行政委员会、中共中央西北局。

一是隶属于财政部门的审计机构（1945 年 8 月—1946 年 6 月）。陕甘宁边区审计工作由边区财政厅主管，主要任务是为缓解财政困难，打击贪污浪费、虚报冒领等违反法规行为。

二是隶属于边区政府行政委员会的审计处（1946 年 10 月—1947 年 3 月）。1946 年 10 月 17 日颁发的《陕甘宁边区宪法草案》中，确立了在行政委员会下设审计处。1947 年 3 月，国民党军队进犯边区占领延安市，审计制度中断。

三是隶属于西北局的西北审计委员会（1948 年初—1948 年 8 月）。1948 年初西北审计委员会成立，由西北局①指定党政军财等方面的 5 人组成，下设审计处为其日常办事机关。

四是隶属于西北局的财经委员会（1948 年 8 月—1950 年）。1948 年 8 月，西北中央局委员会通过的《西北局财经委员会组织工作规程》规定，在西北局直接领导下的财经委员会负责财政审计及其他工作，在财经委员会下设立审计处，为日常办事机关，掌管审计工作。

1950 年 1 月，随着陕甘宁边区政府的撤销，审计处不复存在。

2. 职责权限。1948 年初设立的西北审计委员会的职权为：负责审定财政厅编造年度季度概算和核销年度季度决算；规定供给标准；审定各级政府机关、学校、部队及公营企业人员、马匹增减情况；批审和核销各单位一切临时收支预算②。

1948 年 8 月设立的西北财委会在审计方面的职权为：审定财政厅编造年度、季度概算，核销年度、季度决算；规定供给标准。财委会还审查核实各级政府机关、学校、部队及公营企业人员马匹增减，审核有关财政开支的应鼓励或废除事宜，批审与核销各单位一切临时收支预决算，核销边区一级事业费③。

3. 与地方审计机关的关系。1948 年初设立的西北审计委员会，对地方审计机关有领导关系。1948 年 8 月设立的西北财委会，对地方审计机关有领导关系。

十六、中外审计体制系列研究报告之三：美国、英国、澳大利亚、加拿大国家审计体制研究——立法型审计体制国家研究

该研究将美英澳加等最高审计机关体制类似的国家归为立法型审计体制国家。

（一）隶属关系。

立法机关是现代国家的重要制度安排，审计机关与立法机关的关系是各国国家审计制度的重要内容。美英澳加最高审计机关与立法机关的关系都比较密切，无论从体制沿革，还是从体制运行现状，四国审计机关与立法机关的关系都既有相似之处，又有自身特点。

一是美英加最高审计机关成立之前与财政部门关系密切。二是美澳最高审计机关成立后不断明确与立法机关的关系。虽然美国审计署 1921 年成立，但是《1945 年立法机关重组法》才明确审计署是立法分支的一部分。虽然澳大利亚审计署 1901 年就已经成立，但是《1997 年审计长法》才

---

① 根据 1942 年的《关于统一抗日根据地党的领导及调整各组织间关系的决定》，陕甘宁边区中央局与西北工作委员会合并成立中共中央西北局。

② 中国审计学会、审计署审计科研所：《中国革命根据地审计史料汇编》，北京工业大学出版社，1990 年版，第 35 页。

③ 中国审计学会、审计署审计科研所：《中国革命根据地审计史料汇编》，北京工业大学出版社，1990 年版，第 46 页。

明确规定审计长是议会的独立官员。三是英澳加最高审计机关主要向立法机关中专门委员会报告工作。四是四国最高审计机关与立法机关的制度设计，与本国政治制度现实高度相关。

（二）审计长任免及任期。

作为最高审计机关主要负责人，审计长的任免及任期是审计体制的重要内容。在四国审计长任免各环节，立法机关与行政机关相互制衡，以维护审计长的独立性。同时，四国审计长任期时间较长，只任一届。但由于具体政治制度差异，四国最高审计机关在审计长制度上也存在一些差别。

一是四国审计长任免程序复杂，需经多个环节。二是四国审计长任期较长，不得连任。美国审计长任期 15 年，不受总统和国会换届影响。英澳加审计长任期 10 年。三是美澳加都强调审计长党派的中立性。四是四国都强调审计长不得随意罢免。

（三）审计职责。

一是英澳加最高审计机关财务审计比重较大，美国审计署财务审计比重较小。二是四国最高审计机关逐渐加大绩效审计力度，注重对政府履职尽责情况进行分析评价。三是四国最高审计机关审计任务与立法机关工作要求有很大关系。

（四）与地方审计机关的关系。

单一制和联邦制是现代国家中央与地方关系的两大基本形式，不同国家基于不同的历史条件、制度传统会衍生出多样化的制度运行架构。各国最高审计机关与地方审计机关的关系反映了各国中央与地方关系的制度传统、政治现实。四国最高审计机关与地方审计机关的关系具有以下特征。

一是四国最高审计机关与地方审计机关之间没有领导与被领导关系。二是四国最高审计机关负责制定国家审计准则，地方审计机关采用全国统一的审计准则、审计标准。三是美英澳最高审计机关注重与地方审计机关建立业务交流机制。

（五）外部监督机制。

审计机关的外部监督机制是解释谁来监督审计机关问题的重要依据。各国审计机关外部监督机制与其政治体制、审计制度和政府财务管理制度高度相关。四国最高审计机关都将建立健全外部监督机制作为增强审计独立性、权威性、透明度的重要途径。四国最高审计机关的外部监督机制具有以下特征。

一是四国最高审计机关建立了外部审计师制度，将财务审计交由外部审计师完成。二是英澳加最高审计机关外部审计师与议会关系密切，审计报告交由立法机关审查。三是美澳加最高审计机关注重开展国际同业复核。

十七、中外审计体制系列研究报告之四：法国、意大利、巴西国家审计体制研究——司法型审计体制国家研究

世界上一些国家的最高审计机关采用了司法体制，审计机关在具有审计职能的同时，还拥有司法职能，审计机关的名称为审计法院。这些国家包括法国、意大利、希腊、比利时、葡萄牙、西班牙、巴西等国。本报告选取了法国、意大利、巴西作为研究对象。

（一）隶属关系。

审计法院是同时具有审计职能和司法职能的独立机构，不隶属于行政机关，也不隶属于议会。

1. 法国。法国实行立法、行政、司法三权分立的政治制度，是半总统半议会制的民主共和国家。议会是国家的立法机构，由国民议会和参议院组成，总统是国家元首、军队统帅，总统任命总理。总理是政府首脑，领导政府实施行政权。法国国有经济占有较高的比重，政府调控经济结构与发展的一个重要手段就是掌控或参与国有企业。

2. 意大利。意大利宪法确立了共和国政体及国民主权原则，建立了常规的议会制政府。共和国的组织包括议会、总统、政府、司法、区省市等，实行立法、行政和司法的三权分立制度，同时建立制衡机制。意大利议会由参议院与众议院组成，每年批准政府提出的预算和决算。总统为国家元首并代表国家，政府由内阁（总理和各部部长共同组成）、国家行政机关、辅助机关①组成，辅助机关包括国家经济与劳动委员会、国务

① 意大利宪法设立了监督性的辅助机构，使握有广泛权力的政府置于一定的监督之下，是防止行政集权的一种制衡手段。

委员会和审计法院。意大利的司法体系由普通法院、特别法院和宪法法院三大部分组成，对行政机关的行政活动均有司法审查权，审计法院与行政法院、军事法庭都属于特别法院①。总体来说，意大利的经济是以混合型经济为主。宪法不仅规定了协调公共利益与私营经济的措施，还规定对那些提供公共服务、能源或者有垄断倾向的企业实行国有化，并给予补偿。

3. 巴西。自 1889 年建立共和国以来，巴西的国家体制一直是联邦制和两院制。国会是国家最高权力机构，由参众两院构成，主要职能包括制定联邦法律，制定年度和长期预算，审查总统的账目等。巴西总统既是国家元首，也是政府首脑。内阁受总统的直接领导，由政府各部组成。20 世纪 90 年代巴西主要围绕国有企业私有化、贸易自由化和金融自由化进行改革，减少政府对经济的干预。劳工党上台后政府加强了对经济的控制力。现行宪法规定了联邦审计法院审查共和国总统每年提交的账目，评估负责直接或间接管理公共资金、财产以及有价债券的管理者和其他人的账目等职能，9 名大法官的任命，地方审计机关以及国家内部审计监督体系等内容。

（二）审计法院院长任免及任期。

审计法院院长通常在具有相当资格的法官中选出，经由法定程序决议之后由总统任命。审计法院院长为终身制，一经任命则不能被免职或者撤销，除非因为自愿、年龄、受到司法判决等原因。

1. 法国。法国审计法院内的所有法官均由总统任命。需要经内阁会议决议后由总统任命的审计法院人员有：院长、检察院总检察长、各法庭庭长、高级法官，其中院长由总统在政府现任高级官员或审计法院的总检察长、庭长中挑选，经内阁会议决议后由总统任命。

2. 意大利。意大利审计法院院长人选在已经真正承担至少三年领导职能的法官之中，经部长委员会审议和审计法院院长理事会建议，部长委员会主席提议，由共和国总统法令任命。在空缺的情况下，审计法院院长的职责由审计法院法庭资格最老的庭长担任。

3. 巴西。巴西联邦审计法院设有 9 名大法官，其中三分之二由国会任命，2 名大法官从法院的候补大法官和总检察长办公室成员中选出，1 名大法官由总统确定，但须经参议院批准。审计法院院长从 9 名审计大法官中平等选举产生。审计大法官终身任职，直至 70 岁退休。

（三）职责权限。

司法型的审计法院通常既具有审计职责，又拥有一定的司法职责。

审计职责主要有：对政府机关、部门和其他公共机构的账目进行审查；对国有企业财务进行审计；开展私有化审计等。司法职责表现在审计法院对发现的造成国家财产损失的贪污、舞弊和不当行为有一定的司法处理权限，可以进行司法裁判。各国的司法裁判权也存在着差异。另外，法国审计法院的公共政策评估、账目情况说明；意大利审计法院关于具有特别重要性的特殊事项的财务概况报告、地区和地方财政事务报告，以及对养老金事项的司法裁判；巴西联邦审计法院对公务员的录用和退休、官员的收入财产申报进行审核，限制在近五年审计中有问题的责任人的被选举权等，都是这些国家比较特殊的职责。

（四）与地方审计法院的关系。

法国、意大利和巴西均设立了地方审计法院，各国审计法院与地方审计法院的关系各不相同。

1. 法国。1982 年大区及地方审计法庭建立，协助国家审计法院对地方一级政府机构预算支出进行监督。大区及地方审计法庭的人事管理权在审计法院。大部分大区及地方审计法庭按地域来划分各个分庭，有时也按审计主题来划分。各分庭庭长由院长从审计法院的法官中调派。

2. 意大利。审计法院的联合法庭位于罗马（西西里和撒丁有自己的审计法院），由两部分组成：中央审计法庭和地方审计法庭。

3. 巴西。巴西的国家权力比较分散，中央、州和市政府均为自主治理机构，巴西各州、市参照巴西宪法的有关规定，设立相应层级的审计法院。

（五）外部监督机制。

审计法院属于司法体制，法律保障法官的独

① 除普通法院系统外，意大利宪法还规定了审计法院、行政法院和军事法庭等特别司法机关，分别对公共账目案件、对抗公共行政的案件以及军事罪等法律所规定的事项享有裁判权。

立性。因而审计法院的外部监管通常来自司法体系自身。当然，议会通过预算审批、公众通过信息公开，也形成对审计法院的外部监督。

1. 法国。一是议会的监督。二是检察院的监督。三是同业监督。

2. 意大利。一是最高司法理事会对法官的管理。二是司法部长对法官的外部管理。三是议会和公众的外部监督。

3. 巴西。巴西联邦审计法院向国会报告工作，每季度向国会提交一份审计工作报告，年底提交年度报告，并接受国会的监督。

十八、中外审计体制研究系列报告之五：德国、日本、俄罗斯国家审计体制研究——独立于立法、行政、司法部门的审计体制国家研究

目前，德国、日本、俄罗斯、荷兰、卢森堡等国家采用了最高审计机关独立于立法、行政和司法部门之外的无隶属型审计体制。采用这种审计体制的国家（除俄罗斯外）多为内阁制，国会的多数党负责组阁建立政府，在立法、行政和司法部门之外设立最高审计机关，可以在一定程度上排除政党因素对于政府审计的干扰，保证了最高审计机关能够切实履行财政监督的职责，客观全面地开展审计工作。在采用无隶属型审计体制的国家中，德国（当时的普鲁士）最早设置独立于立法、行政和司法部门之外的最高审计机关，此举对后来日本的审计体制建设产生了重要影响，德国和日本也被认为是无隶属型审计体制的典型。而俄罗斯联邦审计院因为具有处罚权，在无隶属型审计体制中具有一定的代表意义。

（一）隶属与报告关系。

1. 法律地位。在德日俄三国的审计体制中，最高审计机关均为宪法机构，其独立性受宪法和最高审计机关相关法律的保障。对比三者可以发现，日本和俄罗斯的审计体制保障了最高审计机关的机构独立性，而德国的审计体制除此之外，还保障了审计院各决策成员的个体独立性。德国的这一特殊设计不仅保证了联邦审计院的工作不受其他机构的干涉，同时保证了审计院内各基层部门的工作不受领导层的干涉。

2. 机构级别。采用无隶属型审计体制的国家实行的是联邦制或地方自治，其最高审计机关均为中央级权力机构。

3. 报告关系。由于在国家权力体系中的级别不同，德日俄三国最高审计机关的报告频率和报告对象也有所差异。

（二）领导人的任命及决策层的产生。

在领导人的任命和决策层的产生方面，德日俄三国的最高审计机关具有较高的独立性。各国的审计院院长、副院长及其他决策人员均不得由国会议员或政府官员兼任，且审计院院长、副院长的任期不受国会解散的影响。在审计院院长、副院长的任命程序上，德国和日本均是由内阁提名，经过国会两院表决同意后，由国家元首进行任命（或对任命会签）。与德日两国不同，俄罗斯联邦审计院院长、副院长及审计委员的提名和任命权分别由联邦总统和国会两院掌握。

（三）职责权限。

德日两国在最高审计机关职责权限方面的规定比较接近，主要体现在：两国的最高审计机关都拥有审计权、公告权、建议权等权限，对于在审计中发现的违法违规行为，最高审计机关只能要求审计对象的主管部门进行处理，或直接移交司法机关，并无处理处罚权；两国最高审计机关的职责都是根据宪法和审计院法规定，对政府的预算执行和决算报告进行审计和确认，对国有资产的管理情况进行监督，对公共项目支出进行绩效审计。与德日相比，俄罗斯联邦审计院的职责范围更广，审计权限更高。除了要对政府的财政行为和中央财政资金的使用进行监督之外，联邦审计院还担负着反腐败审计和国家战略审计的职责。

（四）与地方审计机关的关系。

由于德日俄三国采用的是联邦制或地方自治，最高审计机关与地方审计机关之间没有隶属关系和业务指导关系。这种中央与地方平行的审计体制，一方面明确了最高审计机关与地方审计机关的监督对象和职责范围，另一方面也避免了最高审计机关对州市审计机关的干预、重复审计。同时，这种体制也存在着一些弊端，比如在日本，由于地方监察委员人数有限，监督范围较广，审计监督不到位已经成为制约地方审计发展的重要因素。

（五）外部监督机制。

在最高审计机关的外部监督机制方面，德日俄三国的制度设计各有差异。

德国在联邦国会两院的预算委员会下设立审计委员会，负责审计联邦审计院的账目，并审核批准其预算和决算，审计重点主要是年终决算和财政预算执行情况。日本并没有针对审计院建立外部监督机制。由于审计院独立于内阁、国会和法院，三者都可以从外部对审计院进行监督。俄罗斯联邦权力机构的财政监督由联邦审计院、联邦财政部、联邦国库局、联邦财政预算监督局共同负责。联邦审计院的财务收支情况由以上部门进行监督审计。

十九、中外审计体制系列研究报告之六：韩国审计体制研究——监审合一审计体制国家研究

韩国审计监查院具有审计与监察双重职能，实行监审合一的审计体制。在监审合一的审计体制下，韩国审计监查院既开展财政财务收支审计，又对行政机关和公务员开展职务监察，一方面可以实现“人”和“账”一起审，从源头上避免了重复审计；另一方面也使国家审计具有行政强制力，提高了国家审计能力和效率。

（一）隶属关系。

韩国宪法第 97 条规定，为监督国家年度财政收支决算、国家及法律规定的其他机构的会计账目、行政机关及公务员履行职责的情况，在总统的直接领导下设立审计监查院。宪法第 99 条规定，审计监查院应每年检查财政收支决算，并在下一年度向总统和国会报告结果。除此之外，韩国审计监查院还应国会要求开展不定期审计并报告审计结果。相应地，国会在讨论立法、预算等政府事项的时候会广泛运用到审计监查院的审计结果，或要求审计监查院院长就审计结果当面回答国会委员的质询。在向国会报告审计结果的同时，审计监查院应向总统报告决算审计和其他重要审计的结果，以及未能落实的审计决定。

韩国审计监查院受总统的直接领导，但在行使职权的时候，保持法律上的独立性，不受立法、行政、司法机关的影响。在职责方面，韩国《审计监查院法》规定，审计监查院在总统领导下建立，行使职责时保持独立地位；审计监查院在人员任免、组织、经费预算方面享有最大程度的独立性。审计监查院的经费由政府企划财政部提出，列入国家财政预算，交政府国务会议、总统审核，国会批准，并保证其逐年增加。

（二）审计监查院院长及其他官员任命。

审计监查院院长代表审计监查院，是审计监查院的最高行政长官。根据韩国宪法第 98 条的规定，审计监查院院长经国会批准，由总统任命。院长任期 4 年，可连选连任一次。院长最高退职年龄可以到 70 岁。院长的薪金水平较高，介于总理和国务委员之间。院长因故不能行使职权时，由任职时间最长的监查委员行使其职权。审计监查院下设立咨询委员会，为院长在审计指导原则、职能地位、重大政策、审计战略等总体方面提供咨询。

审计监查院下设立审计监查委员会，是审计监查院的最高权力机构。审计监查委员会有包括审计监查院院长在内的审计监查委员 7 名。审计监查委员经院长提名，由总统任命。审计监查委员任期 4 年，可连选连任一次，退职年龄为 65 岁。

（三）职责权限。

审计监查院的基本职责有以下五个方面：一是国家财政收支决算审计。二是法定单位财务收支账目审计。三是职务监察。四是对政府行政行为的调查。五是对会计法律事宜发表意见。韩国审计监查院的权限有以下八个方面：一是赔偿责任判定权。二是纪律处分权。三是责令纠正权。四是警告权。五是责令改进权。六是建议权。七是通报批评权。八是指控权。

（四）与地方审计监查机构的关系。

韩国地方政府包括一个特别市（首尔）、6 个广域市和 9 个道（省）政府，行政管理实行自治制度。市（道）和区两级地方自治团体设立地方审计监查机构。审计监查院对地方审计监查机构进行业务指导，地方审计监查机构每年向审计监查院提交年度审计工作报告。

（五）外部监督机制。

审计监查院应向国会报送战略计划、年度绩效计划和报告等，以便国会能够监督审计监查院工作的绩效。此外，根据国家预算法的有关规定，审计监查院还应向企划财政部提交年度绩效报告，并附上过去年度的预算执行情况和下一年度的预算申请。从 2003 年开始，除涉及国家安全的报告外，审计监查院主动在官网上公开了全部的审计报告，以便公众能够了解和监督审计监查院工作。

（撰稿人：方　平）

审计研究报告选登

【对新时代审计职业荣誉感的几点认识】 培育和践行社会主义核心价值观，是习近平新时代中国特色社会主义思想的重要组成部分，与中国特色社会主义发展要求相契合，是我们党凝聚全党全社会价值共识作出的重要论断。社会主义核心价值观涵盖国家层面的价值目标、社会层面的价值取向和公民个人层面的价值准则。作为社会主义核心价值观重要内容之一的“敬业”属于公民个人层面的价值准则，也是职业荣誉感的外在体现。有了职业荣誉感，才能发自内心的爱岗敬业，恪尽职守，才可能为国家、为社会、为家庭、为自己创造未来。

审计职业荣誉感是审计精神的重要承载，更是审计事业创新发展的内在要求和必要条件。随着审计监督在党和国家监督体系中发挥越来越重要的作用，在新时代更需要大力倡导审计职业荣誉感。审计署党组书记、审计长胡泽君同志多次强调指出，广大审计人员要不断增强政治责任感、历史使命感和职业荣誉感，干一行爱一行专一行精一行，更加奋发有为地投入到审计工作实践中去。

一、什么是审计职业荣誉感

职业荣誉感是审计人员身上最大的闪光点，是审计人员的精神之魂，看不见，摸不着，但又无时不体现在审计人员的一言一行中，内化于心，外化于行。

（一）中国特色社会主义职业荣誉感的内涵及其特征。

中国特色社会主义职业荣誉感是指每个职业人员在自己职业范围内做好自己职责范围内事情的职业责任感，以及做好本职工作之后在社会上获得尊敬和由此感受到的自豪、光荣。其本质内涵是职业本身所带来的社会认可和尊重，其前提是忠于职守、敬业爱岗、克己奉公、服务人民，充分体现社会主义职业精神。中国特色社会主义职业荣誉感具有以下三个特征：

首先，基于对良好制度环境和价值追求的情感认同。职业对于个体而言具有双重意义，它不仅是安身立命、养家糊口的岗位，更是实现人生价值和理想的载体。职业荣誉感说到底是世界观人生观价值观的问题，个体对制度环境的认可、共同的价值追求，都会彰显职业荣誉感。中国共产党领导下坚持和发展中国特色社会主义制度的优越性、以人民为中心的发展理念，决定了绝大部分职业具有为民性和奉献性，是为国家谋利，是为人民群众造福，因此工作最苦最累也心甘情愿，乐在其中，这也正是中国特色社会主义职业荣誉感的源头活水。一些学者把职业荣誉感归结为人的自身需求，即尊重需求和自我实现需求，还有些学者认为职业荣誉感建立在爱与归属的需要基础之上，都忽视了职业荣誉感的阶级性和人民性。

其次，具有社会评价和自我认知两重属性。职业荣誉感具有很强的社会属性，是社会群体对一种职业的集中评价，同时也与自身的努力程度和内心感受有密切的关系。简言之，职业荣誉感是客观存在与主观认知的辩证统一。一方面是由职业本身所具有的崇高、神圣、光荣或者受人尊重所带来的，另一方面也是由自身对所从事职业的热爱、投入所产生的。其核心是自身的价值得到社会认可和尊重，它与职业忠诚度有极为密切的联系，两者呈正相关的关系。

再次，具有一定的波动性。在社会主义制度下，人们的职业荣誉感总体较强，但由于发展不平衡不充分的一些突出问题尚未解决，收入分配差距较大，社会评价标准还不健全，一些改革部署和重大政策措施需要进一步落实，国家治理体系和治理能力有待加强，体现到个体或某一群体职业荣誉感方面，会出现波动性，呈现出阶段性的衰退、失落、职业倦怠、职业厌倦甚至抵触，具体表现为：心不在焉，工作效率低下，时常出差错，经常在他人面前抱怨和流露负面情绪；严重时，会听不进意见，不服从指挥，身在曹营心在汉，甚至“跳槽”。

（二）审计职业荣誉感的内涵及其本质特征。

审计职业荣誉感是指因依法忠诚、出色履行审计监督职责，从而获得的光荣感、自豪感和成就感，它属于审计人员精神层面的范畴。

审计职业荣誉感的本质特征是光荣感、自豪感和成就感。审计机关是经济监督的主角，最根本的任务是依法维护党和国家利益，维护人民群众根本利益。审计人员最大的成绩是揭示问题并促进解决问题，最高的荣誉是得到党中央、国务院的肯定和人民群众的赞扬，最令人敬仰的是敢于碰硬和无私奉献。审计人员虽然没有统一着装，甚至没有象征某一特定职业的统一标识，职业外在特征并不明显，但所从事的工作却具有很强的职业特征，要求具有很强的专业能力和专业精神。绝大部分审计人员都懂得，要依法履行好审计监督职责，就要与违纪违法和损害人民群众利益的行为作坚决斗争，打铁必须自身硬，因此必须忠诚党和人民，必须克己奉公，无私无畏，选择了审计这一行，就意味着奉献。可以说，审计人员生产的是一种人人共享的公共产品，这种公共产品就是促进党和国家方针政策措施的落实，维护国家财政经济秩序，促进廉政建设等。因此，审计工作需要各方面的理解和支持，更值得每一名审计人员珍惜。

（三）审计职业荣誉感的渊源。

审计人员的职业荣誉感来自审计工作的本质属性，主要包括审计工作在党和国家监督体系中较高的地位，在国家经济社会发展中不可替代的作用，在人民群众心目中良好的社会形象，以及对审计人员较好的保障。

其一，党和政府信任重视。党内法规文件确立了审计在党和国家监督体系中的重要地位。党的十八大以来，以习近平同志为核心的党中央高度重视审计监督。2015 年 12 月，中共中央办公厅、国务院办公厅印发《关于完善审计制度若干重大问题的框架意见》，首次明确在实行审计全覆盖中要“党政同责、同责同审”，并要求“各级党委和政府要定期听取审计工作情况汇报，帮助解决实际困难和问题，支持审计机关依法履行职责，保障审计机关依法独立行使审计监督权，不受其他行政机关、社会团体和个人的干涉”。2016 年 10 月，《中国共产党党内监督条例》规定，“各级党委应当支持和保证同级人大、政府、监察机关、司法机关等对国家机关及公职人员依法进行监督，人民政协依章程进行民主监督，审计机关依法进行审计监督”，“审计机关发现党的领导干部涉嫌违纪的问题线索，应当向同级党组织报告，必要时向上级党组织报告，并按照规定将问题线索移送相关纪律检查机关处理”。2017 年 1 月，中共中央发布的《县以上党和国家机关党员领导干部民主生活会若干规定》第八条规定：“领导班子遇到重大或者普遍性问题，出现重大决策失误或者对突发事件处置失当，经纪律检查、巡视和审计发现重要问题，以及发生违纪违法案件等情况的，应当专门召开民主生活会，及时剖析整改。”中办、国办先后印发了《关于深化国有企业和国有资本审计监督的若干意见》和《领导干部自然资源资产离任审计规定（试行）》。党的十九大报告提出，要改革审计管理体制。这些都充分体现了党中央对审计监督的高度重视，突出了审计监督在党和国家监督体系中的重要地位。

其二，审计职业神圣。一是政治地位高。体现在具有宪法地位，在党统一领导下，对行政首长直接负责。二是在国家治理体系中扮演了重要角色。审计监督制度是国家治理体系中一种重要的制度设计，也是先进文化的重要体现。作为党和国家监督体系的重要组成部分，承担着重要的法定职责，如重大政策措施落实情况跟踪审计、领导干部经济责任审计、自然资源资产离任审计、民生领域审计等。中国特色社会主义事业“五位一体”总体布局、“四个全面”战略布局、防范化解重大风险、精准脱贫、污染防治三大攻坚战，都与审计工作密切相关。可以说，审计工作涉及经济社会发展各领域和国家治理各环节，发挥着不可替代的重要作用。三是专门与经济领域的消极腐败行为作斗争，对违纪违法行为具有很强的震慑力，溢出效应明显。

其三，社会形象良好。一是审计机关公信力强。审计机关依法开展审计，依法揭示问题，依法督促整改，依法公开审计结果，在社会上有较强烈的正能量作用。二是口碑好。一代又一代审计人的无私奉献和顽强拼搏，以及审计机关纪律严明，清正廉洁，敢于碰硬，善于碰硬，已为全社会所共识。人民群众一谈到审计工作，往往由衷称赞，敬从心生。三是审计人员受到尊重。审计工作体面有尊严，其原因除了审计工作的特殊性外，也与审计人员普遍具有比较过硬的工作作风和专业能力有很大关系。

其四，审计未来充满希望。一是审计工作越来越重要。随着党中央、国务院越来越重视审计工作，随着审计管理体制改革的不断推进，审计监督制度将进一步完善，到 2020 年，基本形成与国家治理体系和治理能力现代化相适应的审计监督机制，从而更好地发挥审计在保障国家重大决策部署贯彻落实、维护国家经济安全、推动深化改革、促进依法治国、推进廉政建设中的重要作用。二是人民群众对审计机关和审计工作充满期盼。这是审计事业不断前进的重要精神动力。

其五，审计人员提高发展空间较大。一是得到培养。由于审计工作的特殊性，各级审计机关都高度重视抓审计干部队伍的思想作风建设和能力建设，重视岗位培训和实战锻炼，重视发挥青年同志和各个层次审计干部的积极性，使广大审计干部在良好的环境下不断得到提高。二是得以施展。一方面与审计人员打交道的对象很多是专业人才或者领导干部，工作过程中能够学到真本事、真本领；另一方面，审计工作所具有的政治性、专业性、综合性特征，决定了只有思想作风过硬、学习能力和创新意识强、业务熟练的审计人员才能胜任审计工作，因此，相对而言，在审计机关学到的更多，施展余地更大。三是得到爱护。审计机关要求高，规矩足，内控严，尽管也有被“围猎”的危险，但相对而言，比较廉洁、干净，总体上讲，比较安全。

2017 年 7 月，审计署党组书记、审计长胡泽君同志在学习贯彻习近平总书记系列重要讲话精神和治国理政新理念新思想新战略专题研讨班上，十分深刻地指出：审计工作十分重要，审计事业使命光荣，审计队伍值得信赖，审计未来充满希望。这四个方面构成了审计职业荣誉感的主要渊源，也是每名审计人员砥砺前行的强大动力和坚实基础。

二、审计职业荣誉感体现在哪些方面

审计职业荣誉感主要体现在以下两个方面：一是对审计工作的热爱和投身审计事业的自豪感；二是通过依法履职、敬业奉献所带来的满足感、成就感和获得感。

（一）对审计工作的热爱和投身审计事业的自豪感。

审计人员对审计工作的热爱和自豪感，主要体现在以下几个方面：一是主观上认知审计工作是一份实现自我价值、放大自己“正能量”、服务于人民群众和国家治理的光荣职业，进入审计行列足以令人自豪、令家人自豪；二是面对困难、委曲、挫折而不动摇，无法磨灭对审计事业的热爱；三是能够把对审计事业的热爱付诸实际行动中，恪尽职守，尽责担当，出色完成各项审计工作。

（二）依法履职、敬业奉献所带来的成就感和获得感。

这方面主要体现在：一是依法履职带来的成就感和获得感。审计人员通过依法履职，在促进党和国家重大决策部署落实、维护国家经济安全、推动深化改革、促进依法治国、推进廉政建设等方面，发挥积极作用，很多成果看得见、摸得着，由此带来的成就感和获得感。二是敬业奉献带来的成就感和获得感。审计人员在揭示违纪违法问题过程中，在攻坚克难过程中，以苦为乐，乐在其中，为大我舍小我，在这个过程中实现自己的人生价值。

三、为什么要大力倡导审计职业荣誉感

职业荣誉感既是催人奋进的动力源泉，也是社会公平正义的具体体现。职业荣誉感与审计队伍的战斗力存在着高度的互动关系。审计机关承担着维护党和人民群众根本利益的重任。审计人员的职业荣誉感强弱直接制约着审计队伍全面依法履行法定职责的使命要求。同时，职业荣誉感也与审计人员个人职业发展有必然的内在联系，有没有职业荣誉感，职业荣誉感强不强，直接影响着甚至决定着一个人的职业情趣和职业发展，是大至一项事业小至个人前途命运的重要影响因素。

（一）职业荣誉感是审计人员坚定理想信念、增强责任感和使命感的重要动力源泉。

审计职业荣誉感与审计人员的理想信念以及责任感和使命感呈完全正向关系。职业荣誉感能够提升审计人员投身审计事业的热情，增强拼搏意识和顽强作风，出色完成各项工作。更为重要的是，职业荣誉感会使审计人员心系国家，心系人民，心怀对党、对国家、对人民的感恩，更加坚定理想信念，对实现共产主义远大理想和中国特色社会主义共同理想充满信心；会鼓舞审计人员正确应对并勇于战胜各种困难和挑战的勇气，增强责任感和使命感。反之，当审计人员不再为

自己从事的审计工作感到光荣和自豪时，审计人员的社会责任感和职业操守就会相应淡化，就容易心浮气躁，心态失衡，学习和钻研劲头就会下降，还有可能产生急功近利思想，甚至陷入深渊。

（二）职业荣誉感是提升审计人员专业能力和专业精神的重要条件。

专业能力是指为了胜任一种具体职业而应当具备的能力或职业资格。专业精神是指对工作执着于专业的规范、要求，是在专业技能基础上发展起来的一种对工作极其热爱和投入的品质。专业能力和专业精神是审计人员适应新时代中国特色社会主义审计事业发展要求的必备条件，也是攻坚克难、出色完成审计任务的一种能力体现。审计职业荣誉感与审计专业能力与专业精神是一个相辅相成、相互促进的关系。良好的审计职业荣誉感会启发审计人员的智慧，激励工作热情，在实践中磨砺过硬作风，见贤思齐，主动地对标找差距，自觉自愿去充电补课，不断提升专业能力和专业精神，以适应审计事业发展的新要求。审计职业荣誉感缺失，审计专业精神就无从谈起，审计专业能力也会大打折扣。

（三）职业荣誉感是审计人员增强职业操守和防范审计权力异化的必要保障。

审计职业荣誉与维护党和人民群众根本利益是完全一致的，在思想意识、道德观念和理想信念上与审计工作的本质属性是完全契合的。良好的职业荣誉感会促使审计人员恪守党和人民利益至上的原则作出正确的行为选择，遵循对审计人员的特殊要求，增强自我约束意识，遵守职业道德规范，不徇私情、不以审谋私，更加自觉地坚持依法审计和文明审计，坚守审计权力边界，谦虚谨慎，平等待人，以理服人，不以势压人，自觉抵制不良风气。

（四）当前审计职业荣誉感面临的考验和风险。

审计人员担负着神圣职责，但也不是生活在真空之中，其职业荣誉感同样面临着严峻的考验和风险。一是外部风险。随着我国社会主义市场经济快速发展，多元化的社会思潮涌动，多元化的利益主体并存，多元化的价值观激荡碰撞，社会上的不良风气从精神层面侵蚀了少数审计人员的思想认同和价值认同。个别理想信念不坚定的审计人员因此心态失衡，降低甚至丧失了职业荣誉感。二是内部考验。由于审计工作的性质，超时间、超负荷、高强度、高压力成为常态，又经常会得罪人，少数审计人员因为能力、专业、身体、经济、家庭等原因难以胜任工作要求，产生紧张、焦虑、烦躁、抱怨等情绪，甚至想打退堂鼓，职业荣誉感渐行渐远。

四、增强审计职业荣誉感的几点建议

审计人员良好的职业荣誉感要靠正确引导和实践养成，同时也要注意发挥政策的引导作用。

（一）大力加强铸魂建设，从精神上树立起审计人员共同的价值追求。

一是制定新时代审计人员的职业道德准则、职业行为规范，完善职业道德评价机制。把对党和人民忠诚、敢于揭示问题和反映问题，作为评价审计人员职业忠诚度的核心要素，从思想铸魂、作风铸魂、担当铸魂等方面，大力加强审计机关的铸魂建设，发挥审计职业荣誉的精神引领作用。二是将审计职业荣誉感教育纳入“不忘初心、牢记使命”主题教育的重要内容。加强职业伦理、职业操守教育，更好唤醒审计人员的职业荣誉感，彰显共同的价值追求。

（二）大力加强审计文化建设，从思想上筑起审计人员的归属感。

一是大力开展中国近代史和新民主主义革命史教育、审计史教育、建功立业教育。使责任感和使命感植入到审计人员的精神中，成为审计人员的DNA，成为审计人员的行事方式和精神理念，使审计文化的软实力成为推动新时代审计事业改革创新发展的强大动力。二是加强思想政治建设。制定审计人员思想政治工作指引，建立健全审计人员统一培训和入职晋级宣誓制度。

（三）加强激励与宣传工作，从心理上树立起审计人员的自豪感。

一是加大从一线审计人员中选树先进典型的力度。发挥先进典型的示范、鼓舞和引导作用。通过传统媒体和新媒体等多种形式加大宣传报道力度，最大限度地激发审计人员锐意创新的勇气、敢为人先的锐气、蓬勃向上的朝气，为审计事业创新发展拼搏进取、贡献力量。二是完善审计人员考核评价办法。重点考核评价审计人员的思想作风、工作作风、审计工作质量和效率。考核评价结果计入业绩档案，作为审计人员职级管理、评优奖励和晋级的重要依据，更好地发挥考核的激励和正向引导作用。三是加强审计人员荣誉制度建设。通过建立审计机关荣誉室、为退休审计人员颁布荣誉证书等方式，进一步增强审计人员的集体荣誉感和责任意识。

（四）完善审计人员职业保障，从政策上激发审计人员想干事、干成事的动力和潜能。

一是进一步完善审计人员职业保障制度。积极争取有关部门的支持，适当提高外勤补贴标准；推进省域内审计人员同城、同岗位、同待遇。二是扩大审计业务培训的覆盖面，增强针对性和实用性。注重运用网络、视频等现代化手段，提高培训效率；合理划分审计署和省级审计机关的培训管理职责和培训范围，建立分级分层集中培训制度；紧密结合审计实践需要，开设“审计大讲堂”，更好地提升审计人员的专业能力和专业精神。

（撰稿人：姜江华）

【领导干部自然资源资产离任审计的环境公正观】 党的十九大将生态文明建设提升到了新的高度，提出生态文明建设是中华民族永续发展的千年大计、人与自然是生命共同体等重要论断，将坚持人与自然和谐共生作为新时代坚持和发展中国特色社会主义的基本方略重要内容，把“美丽”写入社会主义现代化强国目标，强调改革生态环境监管体制。作为加快推进生态文明建设和生态文明体制改革的重要组成部分，领导干部自然资源资产离任审计需要在理论上吸收资源环境研究领域的最新成果、解决实际问题，在实践上进一步创新审计理念、厘清工作思路，更好地发挥作用。本文基于环境公正理论的视角，对领导干部自然资源资产离任审计的原则、内涵、目标和着力点等方面进行了探讨。

一、环境公正的缘起和发展

（一）环境公正的产生。

环境公正的研究起源于美国。二十世纪七十年代，美国学术界已经有一些早期的研究报告了社会经济地位与环境污染分布之间的显著相关性。但是，这些研究在学术界和实际的社会运动中都没有激起浪花。二十世纪八十年代后，研究者们开始越来越多地关注环境污染分布和种族之间的相关性。尤其是在1982年的瓦伦抗议之后，一系列的研究发现种族是研究美国的环境污染设施选址的最关键变量。1983年，美国审计署对美国东南部的几个大型工商业有害垃圾填埋场附近的社区进行调查，显示75%的填埋厂位于非洲裔美国人社区，但是非洲裔美国人仅占当地总人口的20%。随后，一项奠基性的研究，美国联合基督教会种族正义委员会（United Church of Christ Commission for Racial Justice，UCC）的《美国的有毒废气物和种族》，证明了美国的有毒废弃物处理设施在选址上的不平等和歧视。UCC的执行主任本杰明·查维斯（Benjamin Chavis）第一次提出了环境种族主义（Environmental Racism）的概念，“环境种族主义是一种环境政策制定、环境法律法规实施中的种族歧视。它指的是有毒废弃物处理设施在选址中故意地坐落于有色人种社区，对生活有危害的有毒物和污染在这些社区中存在的正式许可，以及将有色人种从生态运动的领导中排除出去的社会现象。”UCC的报告和环境种族主义概念的提出，震惊了许多环保运动者，并在美国开始引起关注，为环境运动注入新的重要维度和推动力，也开始扩展环境研究的视野。

二十世纪九十年代以来，环境种族运动的发展大大刺激了学术界对环境种族主义这一现象开展更加广泛、更加深入的研究。这一主题的研究正式走向学术舞台，并开始受到越来越多的重视，逐渐形成一个独立的学术领域。这一时期，一些重要的研究成为该领域的奠基之作。1990年，后被称作“环境公正之父”的社会学家罗伯特·布拉德（Robert Bullard）出版了重要的著作《倾倒在美国南部：种族、阶层和环境质量》。这是第一本关于环境种族主义的专业性研究，将美国南部的危害物设施选址同住宅区的种族隔离之间的关联进行了历史性的研究。1991年10月，美国第一届“全国有色人种环境领袖会议”（First National People of Color Environmental Leadership Summit）在华盛顿召开，通过了“环境公正原则”（Principles of Environmental Justice），这些原则共分为十七条，涉及广泛的国内和国际间的环境议题，阐明了人类与自然之间关系的基本主张。

二十一世纪以来，环境公正研究发展极为迅

速，大量的研究成果不断涌现。研究开始从环境种族主义（Environmental Racism）扩展到环境不平等（Environmental Inequality）和环境不公正（Environmental Injustice），“环境公正研究”（Environmental Justice Studies）这一词语渐渐成为该学术共同体的标签。同时，这一领域也不断向新的议题如气候变化、转基因食品、全球电子废弃物转移等方面拓展，日趋发展成为一个成熟的、跨学科的学术阵地。

（二）环境公正的发展。

自二十世纪九十年代起，尤其是进入二十一世纪以来，环境公正理论的发展主要体现在以下四个方面。

1. 同环境不公正相连接的社会范畴的拓展。

在早期的环境公正研究中，学者们分析的都是环境危害在不同种族、不同阶层之间的不平等分布。自二十世纪九十年代尤其是二十一世纪以来，越来越多的研究揭示出其他社会范畴同环境风险不平等分布之间的联系。这些范畴包括年龄、性别、公民权、移民身份、原住民性（Indigeneity）、国家等等。如梅尼斯（Jeremy Mennis）和乔丹（Lisa Jordan），以及帕斯特（Manuel Pastor）等人指出，在不同的社会背景下，年龄、贫困、阶层等同环境污染分布之间的关联度要大于种族。不同维度的社会范畴同环境污染之间关系的研究，大大拓展了人们对于环境公正的认识，也是环境公正学术发展中的一个重要线索。

2. “环境”和“环境污染”概念的拓展。

环境研究已经将“环境”的概念从传统的包括自然、荒野、非人类生物、海洋、森林等范围拓展至人们生活、工作、学习、娱乐、祈祷等方面。环境公正理论中的“环境”概念也在一系列研究的推动下发展到工作场所、住房、学校、交通运输系统、城市规划、国际贸易等方面。这样，环境公正理论中的“环境污染”概念也从传统的有毒废弃物的选址问题（Siting Question）扩展为包括有环境危害的工作场所、不合格的住房、靠近有毒物的学校、歧视性的交通运输设施、不平等取向的城市规划、采掘型工业开发、各种“自然”灾害等内容。例如，布拉德和怀特（Beverly Wright）的研究揭示了美国社会对“卡特里娜”飓风的应对和灾后恢复中的族群不平等，以及如何加剧了自然灾害向社会灾害的转变，挑战了已有研究的“地理脆弱性”观点。“环境”概念和“环境污染”概念在环境公正领域中的拓展，使越来越多的环境议题得以在环境公正的视域中考察。这一领域也越来越具有跨学科的特点。

3. 环境不公正产生的原因。

综合来看，目前环境不公正产生的原因有三种解释：经济解释、社会政治解释和种族歧视解释。经济解释偏重从市场机制（Market Dynamics）方面阐释环境不公正问题的出现，认为工业的最大化利益、最大程度成本节约和居民在经济上的搬迁能力，造成了污染工厂选址和弱势群体居住选择的双重集中。社会政治解释认为工业企业和政府在寻求危害废弃物处理和污染设施选址时遵循“最小抵抗路径（The Path of Least Resistance）”的原则。种族歧视解释则将重点放在种族歧视态度和意向在选址决定和对少数族群的环境关心缺乏回应等问题所产生的作用上。

4. 环境公正的新议题。

随着环境问题的日益严峻和环境议题的全球化程度不断加深，环境公正研究领域中出现了一些新的议题，并成为渐渐壮大的子领域。这些议题有环境权力（Environmental Privilege）、气候公正、食品公正、可持续发展、公共健康、全球电子废弃物贸易等。这些研究代表了环境公正研究的一些崭新方向，也反映了当前全球社会中比较关键的环境议题。例如，佩罗（David Pellow）关于国际间废弃物（包括合法的和非法的）进口的研究表明，进口废弃物的国家通常是地缘政治和经济上的边缘国家、殖民地民族和有色人种居住区。他指出，全球废弃物贸易实际上是跨国的环境不平等，并且强化了全球的南北划分。

（三）环境公正的概念。

在研究中，学者们也相继提出了自己对于环境公正的理解。布拉德将环境公正界定为“所有公民和社区都享有环境和公共健康法律法规的平等保护”。布尼安·布莱恩特（Bunyan Bryant）关于环境公正的定义则最为广泛接受，“环境公正涉及那些确保人人可以在安全、滋养和有生产力的可持续社区中生活的文化规范、价值、制度、规章、行为、政策和决议。环境公正为人人能够实现他们最大的潜力服务……环境公正是由体面安全有酬的工作、高质量的学校和娱乐、舒适的住房、充足的健康关怀、民主决议、个人赋权、无暴力无毒品无贫困社区等所支持的。在这些社区中，文化多样性和生物多样性受到尊重，并得以最大程度的保留，同时分布正义得到保障。”

这些界定涉及的范围较庞杂，且内涵和外延交叠在一起。本文认为，环境公正指的是社会中所有主体在环境资源和环境机会的使用以及环境风险和环境危害的分布上一律平等，享有同等的权利，负有同等的义务；环境公正既是一个视角也是一个目标，强调社会中没有任何一个群体（尤其是弱势群体）不公平地遭受污染或其他环境威胁的社会正义和生态可持续性诉求，追求人与自然的和谐、共生和永续发展。环境风险分布、环境政策参与、环境法律法规执行等都是环境公正研究中进一步的具体分析性概念。

二、环境公正是领导干部自然资源资产离任审计的重要拓展内容

（一）环境公正推动审计关注污染中的“生活者”。

从直接目标来看，领导干部自然资源资产离任审计旨在评价被审计领导干部的自然资源资产管理和生态环境保护责任。政策落实、法律遵守、决策审批、目标完成、监督履行、资金管理等各个方面，无不体现着领导干部的角色。但是，领导干部的自然资源资产管理和生态环境保护责任，是无法忽视辖区内生活的人民的。从环境公正的角度来看，污染中的人是最重要的。从现实情况来看，生活在环境污染中的群体易遭受贫困、传统生计破坏、健康损害、生存环境恶化等困境。因此，作为一项推动生态文明建设的社会制度，领导干部自然资源资产离任审计是通过对领导干部的环保履职监督和责任追究，推动改善当地的环境质量，满足人民的优美生态环境需要，实现以人民为中心的发展。具体而言，审计可以通过实地观察、深度访谈等方式，深入了解生活在污染中人民的情况并进行描述和分析，作为反映和评价当地领导干部自然资源资产管理和生态环境保护责任的一个重要路径。同时，采取相应的政策干预措施，为避免和减少未来的环境群体性事件和社会冲突做出贡献，降低社会风险，推动生态环境领域的国家治理体系和治理能力现代化。

（二）环境公正推动审计关注环境问题的不平衡性。

环境问题，通常是作为一个整体性的笼统概念出现的。在我国的突出环境问题中，环境污染分为大气污染、水污染、土壤污染、农业面源污染、固体废弃物污染等。这些对于我们认识工业文明所导致的生态环境后果有重要意义。然而，环境公正理论所带给我们的启示是，环境问题在社会阶层、收入水平、年龄、性别、族群、区域、国别等各个社会范畴中存在不平衡性。也就是说，环境污染、资源损毁、生态破坏等问题是附着在这些社会范畴上的，并且呈现不平衡的分布状态。这大大拓宽了我们对于资源环境问题的认识视域。领导干部自然资源资产离任审计需要关注到资源环境问题的不平衡性，发现被审计领导干部所在地区最需要解决的资源环境问题、最需要化解的生态环境风险隐患、最需要改善的生态环境短板等。鉴于资源环境问题本身的不平衡特征，审计中加入这一思路，不仅能够有针对性地评价领导干部的自然资源资产管理和生态环境保护责任，而且可以帮助聚焦、分析和揭示资源环境领域的体制机制性障碍，助力打好污染防治攻坚战。

（三）环境公正推动审计关注当地社区的发展。

环境公正研究揭示了社会中存在的各种环境不公正现象，最终目标是促进当地社区的发展。例如，环境公正原则强调所有物种的生态统一性和互相依存性，以及他们免遭生态破坏的权利；要求基于人类和其他生物赖以为生的地球可持续发展之考量，以伦理的、注重平衡性的和负责任的方式使用土地和可再生资源；主张城市和农村的生态政策必须整顿和重建一个与自然平衡的城市和农村，为所有社群提供享有所有资源的公平通道等。领导干部自然资源资产离任审计对环境公正思想的借鉴，在目标上要落实到人与自然和谐共生的现代化建设上来，落实到形成节约资源和保护环境的空间格局、产业结构、生产方式、生活方式上来，落实到补齐生态环境这块突出短板，增进民生福祉的发展上来。这些都是通过实现环境公正促进当地社区发展的体现。进一步，环境公正更涉及“发展的环境成本是否公正的承担”这一核心议题。因为，欠缺公正这一关键维度的发展，最后会导致发展失去真正的、内生的动力。领导干部自然资源资产离任审计对环境公正的考量，能够促进当地社区在人与自然、社会与自然、人与人的关系等层面上公平正义地发展，推动走上生产发展、生活富裕、生态良好的文明发展道路。

三、环境公正视域下领导干部自然资源资产离任审计的着力点

在审计实施中，领导干部自然资源资产离任审计可以通过聚焦以下内容，推动环境公正目标的实现。

（一）环境风险分布。

环境风险分布是环境公正理论中的基本概念，指的是环境污染和环境风险在不同社会范畴中的分布情况。在领导干部自然资源资产离任审计中，环境风险分布要求审计关注被审计地区生态环境问题的差异分布，尤其是生态环境问题的区域分布。例如，从环境公正的角度看，区域分布上从大中城市到小城镇、再到乡村，常呈现出环境污染和生态破坏渐趋严重的分布格局。一方面城市环境是环保部门的治理重点，而在许多地方环境保护仍未“下乡”，乡村常常成为污染防治的死角和污染企业的天堂；另一方面城市的防灾和救护能力要远远强于乡村，而乡村更容易受到环境污染和生态破坏的侵蚀。环境风险的区域不平衡分布，会影响到不同社会群体采取不同的行动，最终影响生态环境危机治理的效果和演变的方向。因此，对环境风险分布情况进行审计，既利于全面地发现领导干部对当地负有的生态环境保护责任，又能有效地确定审计重点，更好地发挥审计监督作用。

（二）本土环保参与。

本土环保参与是环境公正研究的又一个重要维度。本土环保参与指的是本土社区和人群在当地的环境保护过程（包括环境决策的制定、环境保护的内容、环境保护的实施等）中的参与程度。尽管领导干部自然资源资产离任审计是在评价被审计领导干部的自然资源资产管理和生态环境保护责任，尤其涉及领导干部在这方面的重大决策情况，但是现代社会中一个地区的生态环境保护同本土环保参与息息相关。许多环境群体性事件和环境冲突的发生，也都与本土环保参与的缺乏有关联。一方面，基层社区与特定的自然资源形成了相互依存的关系，他们依赖自然资源而生存，也需要保护自然资源和生态环境而可持续地生存。所以，没有基层社会的参与，环境保护常常面临无力阻止外来势力对生态环境破坏，以及当地人因缺少信任而参与生态环境破坏的问题。另一方面，当前大众环境权利意识日益高涨，政府在进行资源开发和环境影响项目建设时，需要尊重公众相关的环境权利，建立起符合环境公正原则的决策模式，使各阶层尤其是利益相关方在政策制定中享有平等的参与权，消弭环境政策在程序、地理和社会上的不公正。而我国的发展经验表明，国家的持续推动是当地社区发挥作用的关键。因此，领导干部自然资源资产离任审计作为国家审计在生态环境领域的重要工作，应当反映被审计地区的本土环保参与情况，揭示被审计领导干部在推动基层社会参与环境治理方面的行政行为和效果。

（三）环保法规执行。

环境保护法律法规的执行，常常涉及环境公正的问题。具体而言，在环境公正的视域中，环保法规执行指的是，资源环境类法律法规在不同社会群体和各个利益相关方中公正和平等的执行情况。我国目前的环保法规执行中，还存在一系列环境不公正问题。例如，地方行政基于各种考虑对环境保护进行非正常干预；污染企业在建厂时没有经过法律规定的环评审查；政府发现企业违法排污或造成污染后，处罚力度严重不足甚至“不作为”；污染造成明显的侵害后果后，民众要求制止污染的诉求得不到支持，赔偿要求得不到满足；部门利益保护导致适用法律时相互切割；因执法难度、地理位置、上级重视程度等选择性执法；环保执法效果背离环境保护目标等。作为推动生态文明建设的一项国家审计制度，领导干部自然资源资产离任审计应当着力关注和揭示这方面的问题，充分发挥审计监督作用，推动环保法治领域中全面依法治国的建设。

（四）环境治理承担。

环境治理承担，指的是在环境保护和生态治理实践中，哪些群体承担了环境治理的成本。与此相连的是，哪些群体又从环境治理中受益。领导干部自然资源资产离任审计，不仅需要关注到被审计领导干部贯彻执行生态文明建设方针政策、决策部署和重要改革任务，以及相关约束性、规划性指标和重点任务的完成情况；而且需要关注到这些环境保护和生态治理措施是否产生了环境效益，是否使当地人民受益，以及环境治理的成本是否由各个利益相关方公正平等的承担。也就是说，在评价被审计领导干部的自然资源资产管理和生态环境保护责任时，不仅要有自上而下的视角，而且要有自下而上的视角，使国家审计与当地发展和生态文明建设真正结合起来。

综上所述，在推进新时代生态文明建设中，领导干部自然资源资产离任审计应吸纳环境公正的理论成果，拓宽审计思路，不断总结实践经验，形成规范完善的审计制度，促进人与自然和谐共生，助力建设美丽中国，推动实现永续发展。

（撰稿人：郭鹏飞）

【推动打好三大攻坚战中审计的不可替代作用研究】 5 月 23 日，习近平总书记在中央审计委员会第一次会议发表的重要讲话中指出，审计是党和国家监督体系的重要组成部分。审计机关成立 30 多年来，在维护国家财政经济秩序、提高财政资金使用效益、促进廉政建设、保障经济社会健康发展等方面发挥了重要作用。特别是党的十八大以来，为促进党中央令行禁止、维护国家经济安全、推动全面深化改革、促进依法治国、推进廉政建设等做出了重要贡献①。当前，为坚决打好防范化解重大风险、精准脱贫、污染防治的三大攻坚战提供有力的审计监督保障，是党和国家赋予审计机关的重大任务，是实现审计全覆盖的重中之重，是充分发挥审计不可替代作用的重大机遇。

一、审计不可替代性的理论分析

与党和国家监督体系中的其他监督形式相比，审计具有以下几个方面不可替代性。

一是权威性。党的十九届三中全会审议通过的《深化党和国家机构改革方案》提出，为加强党中央对审计工作的领导，构建集中统一、全面覆盖、权威高效的审计监督体系，组建中央审计委员会。习近平总书记亲自担任中央审计委员会主任，李克强总理、赵乐际书记担任副主任②。以加强党对审计工作的集中统一领导为主线，这次审计管理体制的历史性重大改革极大地增强了审计的权威性。宪法是我国的根本大法，拥有最高的法律效力和法律权威。审计制度在 1982 年作为国家的一项重要监督制度获得了宪法的确认，中央和地方审计机关获得了宪法地位。宪法第九十一条和第一百零九条对审计监督的基本原则、体制和基本制度作了原则性规定。审计机关是依照宪法规定设立，代表国家依法独立行使审计监督权的行政机关。党和国家机构改革制度设计和宪法规定决定了审计在党和国家监督体系中具有权威性与不可替代性。

二是独立性。审计机关依法独立行使审计监督权，不受其他行政机关、社会团体和个人的干涉。同时，审计机关不参与各类与审计法定职责无关的、可能影响依法独立进行审计监督的议事协调机构或工作，不参与被审计单位的管理工作。对被审计单位来讲，审计监督是独立的外部监督。审计机关还可以组织多种形式的跨部门审计，更加体现外部监督的独立性特点。审计的独立性还体现在审计人员专业的独立思维。审计独立性是审计不可替代性的必要条件。

三是专业性。审计监督的基本功能是经济监督，具有很强的专业特性，在党和国家监督体系中具有独特性和唯一性。审计对审计事实的判断和认定需要依赖一定的专业知识和特殊的技术方法。审计人员需要具有广博和深厚的专业知识及其运用能力。在长期的审计实践中，审计机关和人员在各个审计领域中积累了丰富的审计经验，形成了系统的审计专业知识、专业能力、专业素养，受到了各级党委、政府的信任。审计的专业性构成了审计不可替代性的能力基础。党和国家机构改革后，相关部门的重大项目稽察、预算执行情况和其他财政收支情况的监督检查、国有企业领导干部经济责任审计和国有重点大型企业监事会的职责划入审计机关后，审计的专业性进一步凸显。

① 《习近平主持召开中央审计委员会第一次会议强调 加强党对审计工作的领导 更好发挥审计在党和国家监督体系中的重要作用 李克强赵乐际出席》，新华社北京 2018 年 5 月 23 日电。

② 同上。

四是综合性。审计具有触角广的优势。审计监督的领域和层次涉及国计民生的各个领域，涉及微观、中观、宏观的各个层次，辐射国家社会经济生活的各个方面，可以为各级党委、政府提供全面的、系统的审计意见和建议，并与其他监督形式形成合力，服务党和政府中心工作。

五是灵敏性。审计具有反应快速、灵活机动的优势。审计监督除了按照年初审计计划的安排实施常规的项目外，可以根据党和国家中心工作的安排以及国民经济运行形势变化的需要，随时抽调力量开展应急性质的专项审计，及时向党中央、国务院报送相关信息，供党中央、国务院及时掌握真实情况。此类专项审计既可以与既有审计项目结合实施，也可以单独实施。

二、审计不可替代性的实践分析

近些年来，全国各级审计机关围绕党和国家中心工作，充分发挥审计多方面的优势和特性，坚持依法审计、改革创新，审计事业取得显著成绩，发挥了不可替代的重要作用。如，2012 年至 2017 年，全国共审计 65 万多个单位，促进增收节支和挽回损失 2.5 万亿元，推动健全完善制度 2.38 万项，移送违纪违法问题线索 2.35 万件①。从实践角度看，审计发挥不可替代作用主要体现在以下几个方面。

（一）推动党中央、国务院重大政策措施贯彻落实，发挥审计促进提高经济发展质量的不可替代作用。

在政策跟踪审计实施过程中，审计发挥了权威性、独立性、专业性、综合性、灵敏性多个方面的不可替代性，特别是发挥了独立性和灵敏性的优势。发挥独立性体现在审计以独立第三方的角度掌握重大政策措施落实的真实情况和实施效果。发挥灵敏性的特点体现在审计机关可以按季度或按月向党中央、国务院上报审计报告，以便党中央、国务院及时掌握最新情况。自 2014 年 8 月起，审计署组织全国审计机关持续跟踪审计各地方、各部门贯彻落实中央政策措施情况及效果，密切关注供给侧结构性改革、“放管服”推进、营改增实施、重大项目落地、金融服务实体经济等情况，着力推动稳增长、促改革、调结构、惠民生、防风险。全国共促进 2.7 万多个项目开工、完工或加快进度；促进取消、合并、下放行政审批事项、资质认定、收费等 1700 多项。积极配合各级政府督查工作，及时提供相关情况，仅 2017 年国务院第 3 次大督查通报的 16 个典型案例中，就有 14 个是审计提供的线索②，充分发挥了审计的不可替代性，得到了党中央、国务院、相关地方和部门以及社会各界的广泛好评。以金融审计为例，审计机关开展对国有重点商业银行、政策性金融机构开展跟踪审计，密切关注金融机构推进供给侧结构性改革、服务实体经济等情况，深入揭示突出问题和潜在风险，促进提高金融服务实体经济的质量和水平，推动进一步加强金融监管，重点体现了审计的专业性和独立性。

（二）深入揭示和促进防范风险，发挥审计推动深化改革的不可替代作用。

审计机关发挥独立性、综合性等优势，重点关注财政、金融、政府债务、国企国资等领域，及时揭示部分地方政府债务增长较快、一些金融机构违规经营、部分企业投资经营风险管控薄弱等问题，推动有关方面及时完善防范措施，切实维护经济安全。对审计发现的问题，充分发挥专业性优势，深入分析体制机制原因，提出有针对性、可操作、能见效的审计建议，推动从根本上解决。如，2012 年至 2017 年 5 年间，全国审计机关共报送各类审计报告、专题报告等 120 多万篇，发布审计结果公告 5 万多篇；提出防范风险、完善制度、深化改革等方面建议 130 多万条，被采纳 99 万多条，推动建立健全规章制度 2.38 万项③。审计在揭示和促进防范风险、推动深化改革中的不可替代作用在 2017 年审计工作报告中的到了充分体现，2017 年的审计工作报告更加着眼于从推动健全制度、完善管理、深化改革等方面提出建议。

（三）严肃揭示违纪违法问题线索，发挥审计反腐倡廉的不可替代作用。

审计机关重点关注公共资金、国有资产、国有资源，密切关注财政资金分配、重大项目建设、

---

① 胡泽君：《以习近平新时代中国特色社会主义思想为指导，奋力开创新时代审计事业发展新局面》，在全国审计工作会议上的讲话，2018 年 1 月 9 日。

② 同上。

③ 同上。

银行贷款和资本运作、国有股权转让、矿产资源交易等重点领域和关键环节，充分发挥审计经济监督的专业性优势，揭示了若干重大问题线索。全国审计机关以经济责任审计为平台，以监督制约权力、促进领导干部依法主动有效作为为目标，促进了各级领导干部更加规范地履行经济责任。近些年，审计机关组织开展领导干部自然资源资产离任审计，一方面着力推动领导干部牢固树立“绿水青山就是金山银山”的意识，促进生态文明建设，另一方面揭示自然资源利用和环境保护领域的重大违纪违法问题线索，体现了审计独立性和灵敏性的特点。民生审计方面，组织开展了“三农”、扶贫、教育、医疗、社保、保障性安居工程等民生资金和项目审计，持续开展扶贫政策落实跟踪审计，连续5年组织开展全国保障性安居工程审计，既揭示重大违纪违法线索，又反映人民群众痛恨的各种形式的微腐败线索，切实维护人民群众利益，重点体现了审计综合性和灵敏性的特点。

（四）跟踪督促审计查出问题的整改，发挥审计推动解决问题的不可替代作用。

审计的价值不仅在于揭示问题，更在于推动解决问题。着力推动解决问题充分体现了审计权威性特点，即审计监督利用宪法和法律赋予的权威性，并积极作为，严肃、认真、刚性地推动被审计单位整改提高。党的十八大以来，按照党中央、国务院部署要求，审计机关加大对审计查出问题整改的跟踪督促力度，推动审计整改进一步提高。自2015年起，全国人大常委会听取并审议审计查出问题整改情况的报告。各地建立健全了整改情况报告制度，通过审计整改跟踪督促，有关地方、部门和单位通过制定完善规章制度，处理处分相关责任人，上缴国库、补征税款、收回贷款和结转结余等方式有力地加快了整改问题的进度。如财政审计方面，审计机关深化预算执行和决算草案审计，持续加大对财政存量、转移支付、专项资金、“三公”经费，以及中央八项规定精神、国务院“约法三章”要求落实情况的审计力度，推动盘活沉淀资金、统筹整合专项资金，促进提高财政资金使用绩效。又如国企国资审计方面，审计机关积极推进境内境外审计一体化，重点关注企业经营业绩、法人治理、重大决策、深化改革、提质增效和风险管控等情况，推动国有资本做强做优做大和国有资产保值增值。2016年以来连续开展涉企收费专项审计，摸清情况、提出建议、促进清理规范。

（五）充分发挥溢出效应，发挥审计约束示范的不可替代作用。

对未被审计的单位来讲，审计的溢出效应一般体现在两个方面：约束效应和示范效应。审计报告、审计决定等审计文书具有一定的“判例”性质，相关单位从媒体或“口口相传”了解到与本单位类似的“判例”后，为了规避风险，会主动进行相应的调整和自我约束，形成国家审计约束效应。比如，十八大以后，审计署连续对“三公”经费的使用情况进行审计，审计结果由审计署代表国务院向全国人大常委会报告后，经媒体广泛宣传，在全社会形成了很强的约束效应，起到了良好的效果。近几年，审计查出涉及“三公”经费的违规问题和金额已经大幅度下降。另一方面，未接受审计的单位依据审计反映的好的经验、好的做法等正面的“审计判例”，及时调整和规范相关行为和制度，形成国家审计对未接受审计单位的示范效应。如在国家重大政策措施落实情况跟踪审计中，审计机关及时反映了一些地方结合本地区经济社会发展特点贯彻落实政策措施典型案例。其中一些典型案例经媒体广泛传播后，起到了较好的示范效应。

三、充分发挥审计不可替代作用，为三大攻坚战提供更加有力监督保障

未来3年，按照习近平总书记的要求，审计机关围绕打好三大攻坚战发挥不可替代的监督保障作用，可以在以下几个方面打好决战、歼灭战、闪击战和持久战，不断提高审计工作质量和效率，更好发挥审计在党和国家监督体系中的重要作用。

一是组织审计大项目，打好决战。针对围绕打好三大攻坚战涉及全国的重要领域，特别是数据化程度、标准化程度较高，地域差别相对较小的重要领域，由中央审计委员会办公室、审计署统一全国各级审计机关适时开展大项目审计，打好决战。如政府性债务审计，中央审计委员会办公室、审计署可以组织全国审计机关对财政、金融、国企国资、政府融资平台等领域开展统一的政府性债务审计。及时揭示部分地方政府债务增长较快、一些金融机构违规经营、部分企业投资经营风险管控薄弱等问题，推动有关方面及时完善防范措施，切实维护经济安全。并对审计发现的问题，深入分析体制机制原因，提出有针对性、可操作、能见效的审计建议，推动从根本上解决。

二是完成急难险重任务，打好歼灭战。围绕打好三大攻坚战，以问题导向，坚持“善于发现问题、敢于揭示问题”，重点发现和揭示阻碍打好三大攻坚战相关政策措施贯彻落实的突出问题，及时反映各地区、各部门在落实三大攻坚战相关政策措施过程中遇到的制度障碍、政策瓶颈和出现的新情况、新问题，打好歼灭战。如在坚决打赢脱贫攻坚战中，开展扶贫审计，持续深入开展扶贫资金专项审计和政策跟踪审计，持续揭露扶贫资金被挪用滥用、贪污侵占等问题，以及作风不实、搞形式主义、弄虚作假甚至失职渎职等问题，推动追责问责，保证扶贫资金的安全。在2020年前后，开展专项审计，对全国各地“到2020年我国现行标准下农村贫困人口实现脱贫，贫困县全部摘帽”的攻坚战目标实现情况进行审计，确保“脱真贫、真脱贫”，确保脱贫目标的实现经得起历史考验。

三是及时提供决策依据，打好闪击战。全国审计机关和审计人员围绕三大攻坚战工作重心，以项目、资金、政策落实、风险防范等为突破口，对各地区各部门落实打好三大攻坚战的情况快速开展专项审计，摸清真实情况，及时向党中央、国务院报实情、讲实话、提供权威数据。同时，围绕影响打好三大攻坚战的普遍性和根本性问题，加强综合分析，及时向党中央、国务院报送综合分析报告，为党中央、国务院决策提供重要参考。如，在金融审计中，审计机关根据党中央、国务院的短期和临时需求，对信贷、债市、股市、汇市等领域运行情况进行专项审计，在维护金融市场稳定、防范金融风险中继续发挥重要作用。

四是推动健全长效机制，打好持久战。围绕打好三大攻坚战，审计机关发现、揭示历史遗留问题和体制机制问题后，着力推动解决问题，加大审计查出问题整改的跟踪督促力度，推动整改和追责问责，打好持久战。如，贯彻落实2017年9月中办、国办印发的《领导干部自然资源资产离任审计规定（试行）》，不断创新审计方式方法，久久为功，促进加快生态文明建设，推动实现经济发展和环境保护双赢。（撰稿人：杜相乾）

【对审计全覆盖含义的再认识及其实现路径探索】 审计全覆盖的提出，不仅是完善国家审计制度过程中的一件大事，更是国家治理体系和治理能力现代化建设过程中的一件大事，在我国审计事业发展进程中具有里程碑式的重要意义，受到各方面的高度关注。但也应该看到，在审计全覆盖成为热词的同时，就其含义和实现路径的研究探讨还不够充分，有待在思想认识上达成更为广泛的共识，这无疑给推进实现审计全覆盖带来较大的影响。

一、审计全覆盖是新时期党中央、国务院对审计工作的新要求

2014年10月23日，党的十八届四中全会审议通过《中共中央关于全面推进依法治国若干重大问题的决定》，提出“对公共资金、国有资产、国有资源和领导干部履行经济责任情况实行审计全覆盖”的总体要求。2014年10月27日，《国务院关于加强审计工作的意见》发布，在指导思想中明确“实现审计监督全覆盖，促进国家治理现代化和国民经济健康发展”。2015年12月8日，中共中央办公厅、国务院办公厅印发《关于完善审计制度若干重大问题的框架意见》及相关配套文件的通知，在总体目标中规定“对公共资金、国有资产、国有资源和领导干部履行经济责任情况实行审计全覆盖，做到应审尽审、凡审必严、严肃问责”。2018年2月28日，党的十九届三中全会审议通过《中共中央关于深化党和国家机构改革的决定》，提出“构建统一高效审计监督体系，实现全覆盖”。《深化党和国家机构改革方案》强调“构建集中统一、全面覆盖、权威高效的审计监督体系”。2018年5月23日，习近平总书记在中央审计委员会第一次会议上指出，“审计机关要拓展审计监督广度和深度，消除监督盲区，加大对党中央重大政策措施贯彻落实情况跟踪审计力度，加大对经济社会运行中各类风险隐患揭示力度，加大对重点民生资金和项目审计力度”。

综上所述，审计全覆盖是新时期党中央、国务院对审计工作的新要求，我国审计事业从此迈进一个全新的时代，即审计全覆盖时代。审计全覆盖是在我国发展开启新时代、踏上新征程的历史条件下，加强国家治理体系和治理能力现代化建设的必然选择。

二、多维度全面理解审计全覆盖的含义

正确理解审计全覆盖含义是推进审计工作的前提，但应当防止简单化。既不能简单理解为按现有监督方式对现有对象的全部审计，也不能简单用“有重点有步骤有深度有成效”推进全覆盖来回应审计任务与力量之间的巨大矛盾。我们应当立足新时代国家审计面临的环境和需求变化，从审计目标、审计范围、审计内容和审计频率等多个维度，全面理解审计全覆盖的含义。

（一）从审计目标的角度理解：审计全覆盖是对审计监督制度目标的重塑，应当将确保党中央令行禁止和维护国家经济安全调整为优先目标。

习近平总书记在中央审计委员会第一次会议讲话中充分肯定了审计机关在“维护国家财政经济秩序、提高财政资金使用效益、促进廉政建设、保障经济社会健康发展等方面”发挥的重要作用，同时又特别强调，审计在“促进党中央令行禁止、维护国家经济安全、推动全面深化改革、促进依法治国、推进廉政建设等方面”做出了重要贡献。习总书记的讲话，深刻揭示了新时期审计的环境和需求变化，笔者认为，新时期审计的制度目标应当是：确保党中央令行禁止、维护国家经济安全、推动全面深化改革、促进依法治国、推进廉政建设。审计全覆盖正是在这样的大背景和大逻辑下提出的，并强调审计要发挥宏观管理职能作用。因此，审计全覆盖的含义中，首要的是从审计监督制度目标重塑的高度来理解，即为实现新的宏观管理目标，一个年度或一段时期内需要多少样本，审计机关就应该完成多少具体的审计项目。

（二）从审计范围的角度理解：审计全覆盖要求按公共性原则拓展现有的审计范围，应将公共资金、公共资产、公共资源、公共政策和公共权力等都纳入审计监督。

1995年施行的审计法规定，审计机关的审计对象除国家机关外，其他法定审计对象范围主要是按照是否属于国有（包括国有控股或占主导地位）来确定，即将所有制性质作为确定审计对象范围的主要原则。2006年2月28日，第十届全国人大常委会第二十次会议通过《关于修改〈中华人民共和国审计法〉的决定》，将属于审计监督范围单位的主要负责人增列为审计机关的审计对象。这些都是基于我国经济制度，在改革开放历史进程中确立起来的。但从国家治理现代化建设的角度看，仅按所有制性质将国有单位作为审计对象，已不适应产权制度改革和政府职能转变的需要，必须把公共资金、公共资产、公共资源、公共项目、公共政策和公共权力都纳入审计监督，即按公共性原则确定审计范围。理解审计全覆盖的含义，不能囿于现有的法定对象范围，审计全覆盖应当是对公共领域全面的经济监督。

（三）从审计内容的角度理解：审计全覆盖是审计监督内容的全面深化，审计内容应覆盖政策执行、资金绩效、生态环境、民生保障、财政财务管理和权力运行各方面。

根据审计法的规定，审计监督内容可粗略概括为预算的执行和决算、财务收支、资产负债损益和经济责任履行情况等，即审计监督主要内容是财政财务收支和经济责任履行情况。随着我国经济快速发展和社会主要矛盾变化，党中央要求完善审计制度，国务院要求强化审计的监督和保障职能，党中央和国务院出台领导干部自然资源资产离任审计制度，并对构建集中统一权威高效审计监督体系作出全面部署。这一系列要求必然要体现到政策跟踪审计、资金绩效审计、生态环境审计、民生审计、领导干部经济责任和自然资源资产审计等审计内容上，审计监督内容已在实践中逐步拓展，审计类型多样化的特征鲜明。理解审计全覆盖的含义，应当基于国家治理要求来认识丰富的审计种类和审计内容。

（四）从审计频率的角度理解：审计全覆盖也体现了审计监督频率的规定性，对领导干部应在任期内有计划地全面审计，对涉及国家经济安全等重要领域则应实时监督。

审计全覆盖的含义中，最直接的还是审计机关对管辖范围内审计对象如何全部监督的问题。审计机关成立30多年来，基本的监督方式是对审计对象一家一户进行审计，既有规范的审计程序，也有明确的质量标准。但按现有规定点对点地对全部对象进行审计，并不符合提出审计全覆盖的初衷。审计机关的基本责任是对审计目标的实现负责。基于审计全覆盖是重塑对审计目标的认识，从审计目标实现角度，不同审计对象的具体审计目标有差异，审计方式也应当有所区别。例如，预算执行应当每年审计，对经济风险应当实时监控，领导干部应当在任期内逐步全面审计，等等。审计全覆盖时代，审计机关已经不可能像过去那样，只对年度内审计具体项目的质量负责，还必须对实现新的审计制度目标负责。审计全覆盖必须有审计频率的要求，但应当是基于新的审计目标和职能，以新的监督方式来提高审计频率，没有全新的审计制度，不改变离散式的监督方式，审计频率很难有大的提高，也难以高质量地实现审计全覆盖。

三、在改革创新中推动实现审计全覆盖

认真学习领会党中央、国务院关于加强审计工作的系列决策部署，是推进审计全覆盖的前提，尤其要深刻领会习近平总书记在中央审计委员会第一次会议上关于“要深化审计制度改革，解放思想、与时俱进，创新审计理念，及时揭示和反映经济社会各领域的新情况、新问题、新趋势”的重要指示精神，创新完善审计制度、重视审计能力建设、加快审计职业化步伐，在改革创新中推动实现审计全覆盖。

（一）创新完善审计制度。

修订审计法和审计法实施条例，创新完善国家审计制度。一是将“确保党中央令行禁止、维护国家经济安全、推动全面深化改革、促进依法治国、推进廉政建设”作为新的审计监督制度目标。以审计新目标引领审计新制度，相应拓展审计范围，深化审计内容。二是完善审计监督方式，将“点对点的离散式审计”监督方式，改为既可以点对点地审计，也可以针对一类审计对象进行由点到面、举一反三的“点面有机结合式审计”监督，将目前审计调查的监督方式予以转化，扩大适用审计调查监督方式的法定情形，提高审计监督的效率和效果。三是强化审计监督职权，明确审计机关在一段时期里对全部审计对象进行多种方式审计监督的法律规定，赋予审计机关按年度收集全部审计数据、分散核查问题、及时处理问题的法定权力，构建大数据条件下的新型审计监督模式，优化审计监督格局。四是改进审计业务管理，重点是改进审计计划管理和完善审计组织方式。建立符合新制度目标的风险导向式计划项目形成机制，加强计划项目和审计内容的统筹。以解决审计人力资源主要配置给具体审计项目和过多配置到现场审计等问题为重点，加强日常基础性审计业务管理，完善审计项目组织方式，不断提高审计监督的质量和效率。

（二）切实加强审计能力建设。

推进审计全覆盖必须加强审计能力建设。审计能力包括审计机关能力和审计人员能力。审计机关能力是审计人员能力建设的基础，审计人员能力是审计机关能力建设的保证。一是以审计知识为核心加强审计机关能力建设。审计知识来自审计实践经验的总结提升，即把审计经验转变为审计知识。审计机关应以审计准则、审计指南、审计案例和审计教科书等为载体，以非现场审计和现场审计思路方法为重点，以审计对象管理、数据管理、政策管理和成果管理为基础，以科技强审为突破口，将各类审计的思路方法、审计质量管理等经验转化为审计知识，丰富审计知识体系，提高审计知识的话语权。二是以思维方法为重点加强审计人员能力建设。在审计实践锻炼中培养审计人员的个人能力，终身学习与思考总结是能力提升的基本方法，其中科学的思维方法是审计人员能力的重中之重，必须着重培养审计人员的法治思维、系统思维、辩证思维和创新思维能力。

（三）建设职业化审计队伍。

按照高门槛准入、专业化发展要求，建立审计专业类公务员职务序列，实行公务员职务与职级并行、职级与待遇挂钩。完善审计职业资格制度，遵循审计人员能力与权责相匹配原则设定审计专业类公务员的职务层级，建立审计专业类公务员业绩评价体系和职务晋升机制。建立审计职业准入、职业发展标准，保证“增量”审计队伍的职业水平，同时建立健全审计职业化培训体系，加强专兼职教师队伍、职业化培训大纲和培训教材建设，重视新进人员上岗、业务骨干能力提升和各类专业领域知识更新培训工作，加快“存量”审计队伍的职业发展步伐。研究符合审计监督特点的预算标准与定额，将部分基础性、可量化、

标准清晰的基础管理业务和技术性审计工作，通过购买服务的方式完成，逐步提高审计人员职业活动的价值含量。加快好班子、好队伍、好梯队推进力度，高度重视年轻审计人才培养，努力建设政治坚定、业务精湛、作风优良、社会公认的职业化审计干部队伍。（撰稿人：高占江）

【建立全国统筹协调、层次清晰的大数据审计云平台体系】

一、全国大数据审计平台建设面临的问题

在调研中发现，随着全国各级审计机关对审计大数据分析工作的重视，省市级和部分县级审计机关都分别建设了区域性审计数据分析平台，其中只有少部分地方审计机关搭建了云架构的大数据分析平台，绝大多数地方审计机关搭建的都是传统架构的审计数据分析平台。地方审计机关这些探索实践为审计大数据平台建设积累了丰富经验，为促进辖区内审计全覆盖提供了有力技术支撑，但从全国大数据审计建设的角度来看，还存在缺乏系统性规划的问题。地方审计机关的大数据分析平台建设基本处于各自为战的状态，缺乏全国统筹协调的基础架构规划。由于建设的各个层级审计数据分析平台分别采用了不同厂商的产品架构和各自确定的数据标准，在软件重复设计和硬件重复建设中耗费了大量的人力和物力资源，随着各自独立的数据分析平台日渐丰富和完善，还将一定程度上造成不同区域审计机关大数据互联互通障碍，对未来将要进行的全国性审计大数据分析带来一系列的困难。

二、大数据审计云平台建设的价值

（一）云平台可使大数据审计拥有超强计算能力。

云计算是分布式计算、网络存储、虚拟化、负载均衡、热备份冗余等传统计算机和网络技术发展融合的产物。云计算架构主要分为四层，即显示层、中间件层、基础设施层和管理层，前三个层次负责提供云计算能力及用户界面服务，最后的管理层负责对前三个层次提供管理和维护。大规模服务器在云架构下可以提供的超强计算能力，很好地满足大数据审计分析计算的需要。地方审计机关的实践表明，其可以完成传统架构无法完成的审计数据计算任务，是实现高效审计数据计算的技术基础。审计大数据分析涉及的数据量大、来源广、结构复杂，具备典型的多源异构、跨领域关联的大数据特征，基于“服务器—客户端”的传统数据库架构模式已无法满足多发、并行、海量审计大数据分析需要。基于分布式存储、分布式计算技术的云架构数据分析平台，是大数据审计计算平台建设的必由技术路径。

（二）云平台可使大数据审计具有远端存储和计算能力。

云平台架构通过对各类信息资源的整合，形成信息资源服务套餐，为用户提供资源服务。在基础设施云的环境下，用户可以根据自己的需求进行配置申请。申请的服务经管理者审核通过后将生成与真实资源对应的服务实例。图 3 为基础设施云架构示意图。

由图 3 可见，基础设施层向用户提供计算能力、存储能力和网络能力的基础设施类服务，在此基础上配套相应的平台服务层提供的类似传统计算机的操作系统和开发工具功能，及大数据审计云平台后台技术人员构建的软件服务层。审计人员只要拥有笔记本电脑、台式机或平板电脑等终端设备，就可以通过网络远端访问大数据审计云平台，不必移动数据到本地计算分析，不必依赖终端设备的性能，就可以对审计大数据进行分析或完成其他审计工作任务，免去了在大型审计项目审计现场配置服务器和审计人员携带笔记本电脑带来的风险及不便。

（三）云平台能为大数据审计建设节约成本、提高性能。

云架构平台具有成本优势。一是云平台可以实现对数据的集中化管理，将分散计算和存储转变为集中计算和存储。可以将县市省各级审计机关、审计署各特派办和审计署机关各自分散建设的数据分析平台，按照统一规划集中到一个或几个数据中心中的云架构平台，避免各层级审计机关重复建设的资源大量浪费。二是云架构可由廉价的节点设备来构成，其建设成本都大幅低于传统的数据平台架构，并且具有很高的稳定性，其维护成本也相对较低。三是云架构平台是一种处理能力可以根据需要进行扩展和收缩的计算服务，它的管理方式比传统架构平台更简洁和高效，有效降低开发运维难度和成本。

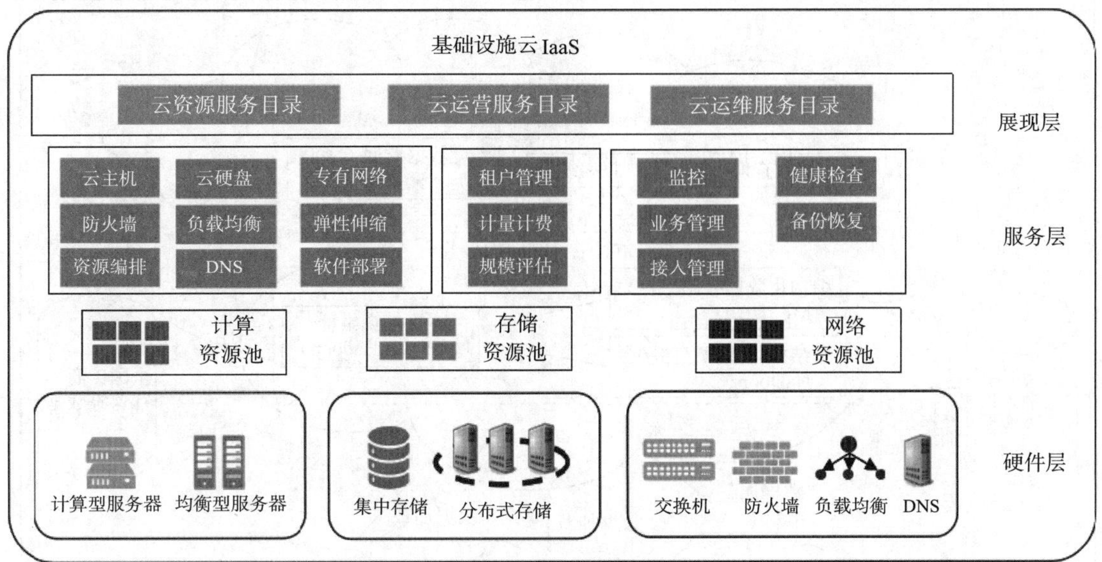

图 3 基础设施云平台示意图

云架构平台具有高可靠性和通用性。云架构为审计大数据存储和计算提供了高可靠性技术解决方案，云架构基于对数据多副本冗余存储、计算节点结构相同且可互换等技术来提供高可靠性，使用云架构平台比本地计算机具有更高可靠性。云平台的基础架构并不针对某些特定的运用场景，可以满足多种应用需求，同一个云架构平台可以同时支持多种服务应用。

三、大数据审计云平台体系建设构想

构建全国统筹规划的审计署、省审计厅或部分省会城市审计局构成层级清晰的全国大数据审计云平台体系，是审计机关实现数据集中统一的可行方案。

（一）构建国家、省或部分省会城市审计机关两级架构大数据审计云平台体系。

为了避免地方审计机关在建设区域性审计大数据分析平台中部分功能相近组件重复设计、重复建设问题，及未来地方审计数据分析平台可能发展成大数据孤岛的问题，亟须从国家层面统筹规划，构建全国大数据审计云平台体系。审计署整合署机关和特派办数据资源，构建审计署统一的大数据审计分析云平台，形成审计署大数据审计云。各省审计厅整合辖区市县的审计数据资源，构建覆盖各个省数据的省级大数据审计云。如果某些省会城市审计局的大数据审计云平台已经建设比较成熟，也可以允许其单独构建一个大数据审计云。

审计署国家层级大数据审计云是总云，各个省审计厅或省会城市审计局大数据审计是子云，形成一个全国基础架构协调、两级部署的大数据审计云平台体系。其中，国家层级大数据审计云平台集中了审计署系统的数据，包括国家层面的财政、金融、税收等经济数据，以及公安、工商、社保、司法等政务数据。省、省会城市大数据审计云平台集中各自所辖区域的财政金融及政务等审计大数据。在具体审计项目中，审计署的总云可以根据审计需要在获得授权的前提下调用各个子云数据，形成由结构化和非结构化数据组成的全国性审计项目资源池，这样既可以提高计算效率，又可以节约大量重复调用数据的时间和网络成本，在资源池基础上进行深度审计数据挖掘分析，审计项目结束时可以释放所占用存储和网络资源。具体结构如图 4 所示。

（二）构建架构协调、相互联通的全国大数据审计云平台体系。

建议在审计署层面统筹考虑大数据审计云平台体系中各层级云平台特殊应用需求的基础上，规划一个大数据审计云平台建设指引，有助于构建架构协调、相互联通的大数据审计云平台体系。一方面，可以适当减少各个地方大数据审计云平

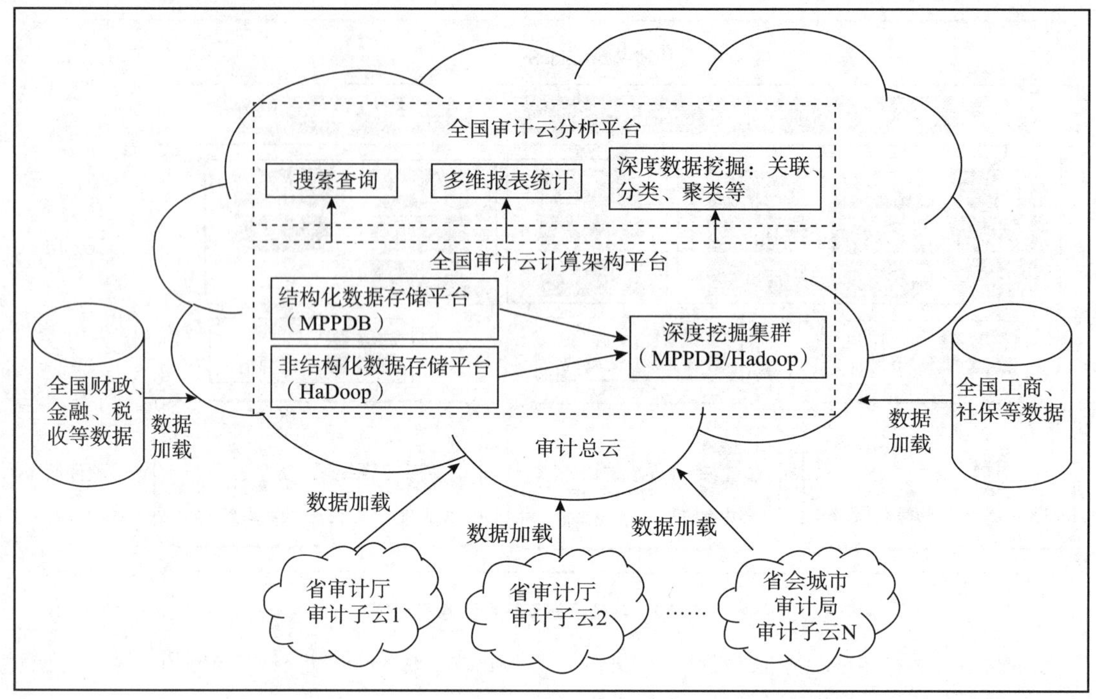

图 4　国家、省或省会城市两级架构大数据审计云平台体系图

台具有共性的部分功能重复规划、设计的费用。另一方面，增强了大数据审计云平台体系内，子云之间、子云和总云之间架构兼容性，为实现全国审计大数据集中统一奠定架构的基础。

（三）构建突出审计特点的大数据审计云平台体系。

大数据审计云平台主要功能是满足全国各级审计机关进行大数据分析的需要，其应用场景与阿里云等满足电商需求的云平台具有显著的区别。因此，大数据审计云平台建设必须突出审计行业大数据分析的特点。一是国家审计对数据分析计算的精度要求较高。考虑到大数据审计计算精度要求和各类架构平台计算运行特点，可以搭建混合架构的云平台。例如，成都市审计局进行了有价值的探索，搭建了云计算与关系型数据库混合架构平台。二是当前阶段不同层级大数据审计云对流数据处理需求不同。在联网审计比较完善的地方审计机关，在进行大数据审计分析平台架构时，要充分考虑对实时的流数据进行分析预警的需要。从国家审计总云的层面，由于业务的特点，审计署运用联网审计较少，但总云的架构层面在设计中仍需充分考虑到未来大数据审计对流数据计算可能的需求。三是跨数据库关联分析要求高。审计大数据中包括财政、金融、企业、工商、社保等众多领域数据，进行大数据审计分析时，需要跨不同领域数据库进行数据关联比对分析，进而发现审计线索。这种大量跨数据库调用数据会消耗大量时间和网络资源，降低大数据审计分析效率，在大数据审计云架构规划时要充分考虑审计数据分析这项特殊需求。四是安全性要求极高。数据安全是大数据审计分析的前提和生命线，应以各特派办、审计厅或审计组为单位，分别建立各自的云租户，每个云租户使用独立的计算、存储、网络等资源，各租户间进行有效逻辑隔离。大数据审计云平台的安全性，需要大数据审计专有云服务机构，对未经授权的用户访问实施有效的控制，对审计大数据进行加密等一系列安全措施，需要大数据审计平台构建中规划合理的数据架构来支撑。

四、地方审计机关大数据审计云平台建设实践经验

在审计实践中，成都市、杭州市审计局分别搭建了各自的大数据审计云平台，利用大数据云架构将不同形式的审计数据进行集中存储和管理，

有效地推动了辖区审计监督的全覆盖。

（一）成都市审计局构建基于云计算与关系型数据库混合技术架构的大数据审计云平台。

成都市审计局在审计署2018年8月份集中整训中分享了经验，我们进行了总结梳理。成都市审计局搭建了大数据审计云架构平台，完成了电子档案、数据交换、处理、在线服务的建设，搭建了拥有高性能计算能力、大规模数据存储能力的大数据审计云平台。成都市审计局大数据智慧审计云平台采用的架构，能够减轻客户端主机负担、降低审计人员使用难度。

根据审计工作需求特点，大数据智慧审计云平台将大数据技术和审计业务进行了有机结合。平台采用Hadoop框架以及分布式并行计算技术，并创新性地使用云计算与关系型数据库混合技术架构，这样的技术架构充分利用了不同技术优势，优化了海量行业数据查询分析速度，既能利用大数据技术的特长，在大量用户并发下保持平台访问速度、支持多媒体以及其他应用格式数据，又能够达到关系型数据库的数据分析能力。

基于审计云平台，审计人员可以根据需要对审计对象的全方位信息进行整体检索、分类标识、重点分析，极大提升发现疑点线索的概率。另外，这种混合模式的技术架构在处理海量数据查询方面具有极大的优势：以社保数据为例，利用中文自动分词、全文搜索引擎技术，在上亿条社保数据中查询检索时间不超过0.5秒。解决了以往数据审计中处理海量数据等待时间过长的问题，提高了审计工作效率。

（二）杭州市审计局在“数字杭州”政务云大环境下，初步建成杭州审计数据中心和审计数据综合分析平台。

杭州智慧审计项目建设紧密围绕“智慧、开放、安全”的建设目标，基于杭州政务云（阿里云）平台，不断降低大数据审计分析应用的技术门槛，打造“人人能用、人人易用、人人好用”的大数据审计平台，初步实现了五个“智能”：一是对海量政务数据的智慧搜索。智慧搜索既能搜索以标准数据库形式存放的结构化电子数据，也能搜索以Word、PDF等文本形式存放的非结构化电子数据。既支持“精确搜索”和“模糊搜索”两种搜索方式，也支持“全库搜索”和“按主题搜索”两种搜索途径。二是对常用审计模型的智慧分析。对财政审计、社保审计、部门预算执行审计等重点审计行业的历年审计方法进行分类汇总，提炼适用同类审计事项的多个审计方法间的共同点，构建常用审计模型，用一个审计模型实现某一类审计问题的固定分析。三是对政务系统数据的智慧关联。智慧关联是杭州智慧审计平台的灵魂所在。所谓智慧关联就是通过构建财政、社保、民政、环保等智慧政务系统内部和系统间的数据关联关系库，智能辅助审计人员开展大数据审计关联分析。四是对不同应用场景的智慧计算。针对不同类型的数据应用场景，采用相应的云数据处理技术，体现杭州智慧审计平台大数据计算的智慧性。五是对系统平稳运行的智慧管理。通过建设辅助管理系统，实现智慧审计平台的自我监督和自我管理，大大减轻系统管理员的工作量。

（撰稿人：隋学深　陈彦达）

【新时代我国审计干部应具备哪些知识和技能——基于281份调查表的统计分析】

一、引言

（一）研究背景。

近年来，随着经济社会的发展，审计作为党和国家监督体系的重要组成部分，成为推动国家治理现代化的重要力量。党中央、国务院对审计工作提出了新的要求，社会各界对审计工作寄予越来越高的期望。2018年5月23日召开的中央审计委员会第一次会议，明确要求审计机关要紧扣我国社会主要矛盾变化，拓展审计监督广度和深度，消除监督盲区，加大对党中央重大政策措施贯彻落实情况跟踪审计力度，加大对经济社会运行中各类风险隐患揭示力度，加大对重点民生资金和项目审计力度，促进经济高质量发展，促进全面深化改革，促进权力规范运行，促进反腐倡廉。这次会议要求审计机关创新审计理念，及时揭示和反映经济社会各领域的新情况、新问题、新趋势；坚持科技强审，加强审计信息化建设；加强自身建设，以审计精神立身，以创新规范立业，以自身建设立信，努力建设信念坚定、业务精通、作风务实、清正廉洁的高素质专业化审计干部队伍，更好地发挥审计在党和国家监督体系中的作用。

保持和提升审计干部的胜任能力对于审计机

关来说至关重要，因为它事关审计工作的质量、绩效，审计工作目标的实现和审计作用的发挥。经过30多年的发展，我国审计工作取得了长足的进步，发挥了重要作用，这离不开一支具有胜任能力的审计干部队伍。审计机关适应新形势和新要求，履职尽责，完成使命，完成新时代赋予的新任务，必须保持和提升审计干部的胜任能力。根据审计干部应具备的知识和技能，研究建立一套与新任务和新要求相匹配的胜任能力框架，是审计机关保持和提升审计干部胜任能力、提高专业化水平的重要举措之一，也是进行审计职业化建设的重要方面。

（二）研究范围和相关概念界定。

1. 审计干部。

我国审计机关的审计干部遵循公务员管理框架，分成若干层级。从审计业务管理角度讲，在一个审计机关中，我们可以将审计干部大致划分成审计机关负责人、审计项目组组长或主审、其他审计干部三类。审计机关负责人和审计项目组组长或主审的能力和水平，对于审计工作质量、绩效和审计目标的实现，具有直接和重要的影响。基于这一考虑，我们针对这两类审计干部的胜任能力进行了调查研究设计，而没有将其他审计干部的胜任能力列入本次调查研究范围。

2. 审计机关负责人和审计项目组组长或主审的职责。

所谓的胜任能力是指胜任其岗位职责的能力。审计机关负责人和审计项目组长或主审的职责是有很大不同的。

审计机关负责人作为审计机关的行政首长，是审计机关的领导者，负责组织和管理审计机关的各项工作。我国国家审计准则第一百八十六条规定了审计机关负责人在审计质量控制中的工作职责：审定审计项目目标、范围和审计资源的配置；指导和监督检查审计工作；审定审计文书和审计信息；审计管理中的其他重要事项。本条款中还规定，审计机关负责人对审计项目实施结果承担最终责任。

审计组组长对于完成审计项目具有至关重要的作用。依据国家审计准则第一百七十七条规定，审计组组长的工作职责包括：编制或者审定审计实施方案；组织实施审计工作；督导审计组成员的工作；审核审计工作底稿和审计证据；组织编制并审核审计组起草的审计报告、审计决定书、审计移送处理书、专题报告、审计信息；配置和管理审计组的资源；审计机关规定的其他职责。

审计组主审是根据需要设立的。依据国家审计准则第一百八十条规定，在一个审计项目组中，审计组设立主审，根据审计分工和审计组组长的委托，主要履行下列职责：起草审计实施方案、审计文书和审计信息；对主要审计事项进行审计查证；协助组织实施审计；督导审计组成员的工作；审核审计工作底稿和审计证据；组织审计项目归档工作；完成审计组组长委托的其他工作。

从上述审计准则规定来看，审计组组长和主审的职责有相似的地方。实际工作中，审计项目主审多是由审计业务骨干来承担。鉴于此，为分析简便起见，本文不再区分审计组组长和审计项目主审，而是用“审计业务骨干”一词来代替他们。

3. 审计干部的胜任能力、应具备的知识和技能。

审计干部的胜任能力包括政治能力和专业胜任能力两方面。审计干部的政治能力是指审计干部把握方向、把握大势、把握全局的能力，即保持政治定力、驾驭政治局面、防范政治风险的能力。审计干部必须牢固树立政治理想，正确把握政治方向、坚定站稳政治立场，严格遵守政治纪律，提高政治站位、政治觉悟，增强政治定力、政治担当，做政治上的明白人。保持和提高审计干部政治能力的途径包括：不断锤炼对党忠诚的政治品格；提升马克思主义理论素养；自觉接受党内政治生活锻炼；增强做好群众工作的本领；严格遵守党的纪律规矩；坚持知行合一改进作风；在复杂斗争实践中积累政治经验；自觉把旗帜鲜明讲政治贯穿于党性锻炼全过程；使自己的政治能力与担任的领导职责相匹配①。审计干部的政治能力是衡量审计干部是否胜任审计工作的第一标准。

审计干部的专业胜任能力指审计干部从事审计工作的能力，包括知识和技能两部分。其中，

① 参见《领导干部如何提高政治能力》，本书课题组，中央党校出版社，2018年版。

知识是指习得的相关理论和实践经验，技能是指通过训练和经验积累而掌握和熟练运用相关技术的能力。本次调查研究的是审计干部的专业胜任能力。对于审计干部具体如何保持和提升政治能力，我们将专文进行分析讨论。

（三）调查研究设计和分析。

为研究新时代审计干部需要怎样的专业胜任能力框架，我们以 2018 年 5 月底和 6 月上旬在审计干部教育学院参加审计理论研究骨干培训班和市县审计局长培训班的学员为对象，分两次发放了调查表，就新时代审计机关负责人和审计项目组组长或主审（业务骨干）应具备的知识和技能进行了调查。我们请调查对象填列其认为审计机关负责人和审计项目组组长或主审（业务骨干）应具备的知识和技能，以及除此之外的其他素质。两次调查共收到 281 份调查表，其中审计理论骨干培训班 139 份，市县审计局长班 142 份。这里需要说明的是，参加本次审计理论研究骨干培训班的学员共计 152 人，其中担任审计机关负责人的仅 6 人（其中 5 人为市县审计局副局长）。来自审计专业硕士培养院校的青年教师 28 人中，有部分教师参加过审计机关组织的审计项目或者在审计机关挂职过。剩余的来自审计机关的理论骨干都是业务骨干。应该说本次培训班调查对象绝大部分为审计业务骨干，因此针对本次培训班学员的调查结果事实上代表了审计业务骨干的认识。以下分析中包含的审计局局长和审计业务骨干的看法的比较，是根据两个培训班的调查结果的比较来展开的。

我们对 281 份调查表在逐份详细审阅的基础上进行了统计：首先将填列人员按照两个培训班分两组，对审计机关负责人和审计业务骨干应具备的知识和技能，根据填列人数多少分别进行排序，并取填列人数相对集中的前 6 项作为初步共识，分别代表市县审计局局长的认识和审计业务骨干的认识，然后我们再将两组数据汇总，形成总体的调查结果，并取前 6 项作为最终结论。本文以下将详细陈述调查结果，并根据调查结果提出新时代我国审计干部的专业胜任能力框架，主要是应具备的知识和技能，为审计机关提升审计干部专业胜任能力提出一些改进建议。

二、关于审计机关负责人应具备的知识和技能

（一）审计机关负责人应具备的知识。

1. 审计机关负责人应具备的知识中，排在前 6 位的是：相关专业知识，审计知识，宏观政策知识，管理学知识，人文社科知识，计算机基础、互联网和信息化知识。图 5 列示了关于审计机关负责人应具备的知识的调查结果排在前 6 位的知识。其中相关专业知识和审计知识这两项，与现行审计专业技术资格考试中两个科目的内容是一致的。调查结果显示，宏观政策和政策过程、政策分析、政策评价等知识，在审计机关负责人应具备的知识中，排在第 3 位，这一结果可能与近年来审计机关开展政策措施落实情况跟踪审计，在各类审计项目中都关注政策执行，把督促推进政策落实作为工作目标有关；管理学知识排在第 4 位，其中主要集中在领导艺术和公共管理知识两个方面；审计机关负责人应具备的计算机基础、互联网和信息化知识指的是这些领域的一些基础知识。审计机关负责人应具备的 6 类知识的具体含义，详见表 2。

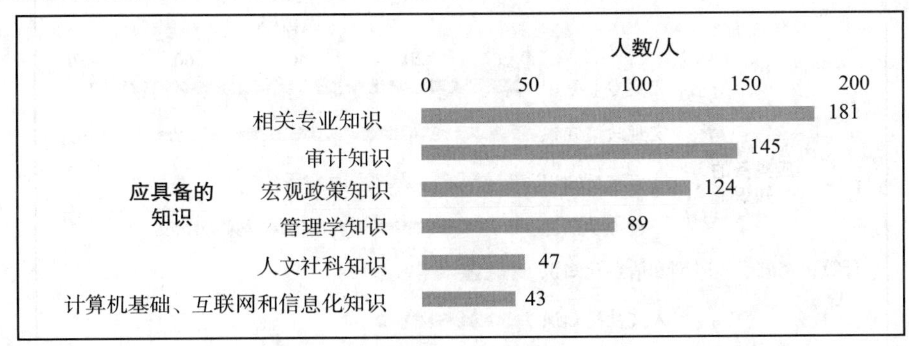

图 5　审计机关负责人应具备的知识

表 2　审计机关负责人应具备的 6 类知识的含义

知识类别	简释
相关专业知识	与审计业务相关的知识，包括相关法律法规、经济学、财政、金融、财务管理和会计等。
审计知识	包括审计法律、审计准则、审计规定、审计基本原理和技术方法等知识。
宏观政策知识	包括国家政策措施内容，政策过程、政策分析和评价知识，经济社会发展趋势等知识。
管理学知识	包括领导艺术、公共管理、组织行为学、人事管理等知识。
人文社科知识	文化历史哲学和社会科学知识。
计算机基础、互联网和信息化知识	计算机基础知识、互联网和信息化知识。

2. 审计局局长和审计业务骨干对于审计机关负责人应具备哪些知识的认识是相同的，但是对同类别知识重要性的认识是不同的

我们发现，针对审计机关负责人应具备的知识，审计局局长和审计业务骨干的认识是相同的，但是相同类别的知识在二者调查结果中显示的排位略有差异，说明审计局局长和审计业务骨干对同类别的知识的重要性认识不同：审计局局长的认识与上述总体分析结果是一致的，见图 6；审计业务骨干对于审计机关负责人应具备的知识的排位依次是：相关专业知识，宏观政策知识，审计知识，管理学知识，计算机基础、互联网和信息化知识，人文社科知识，见图 7。

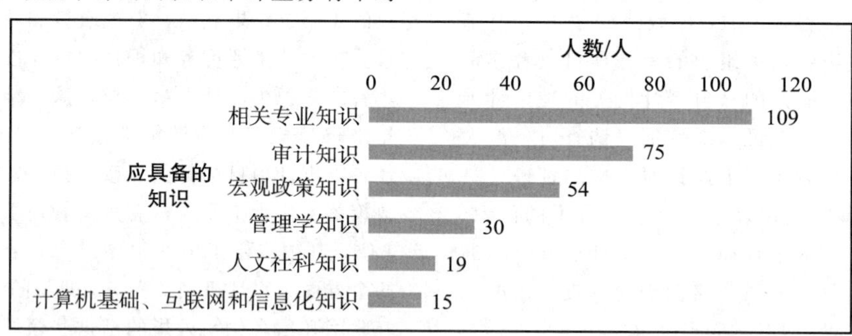

图 6　审计机关负责人应具备的知识——市县审计局局长的认识

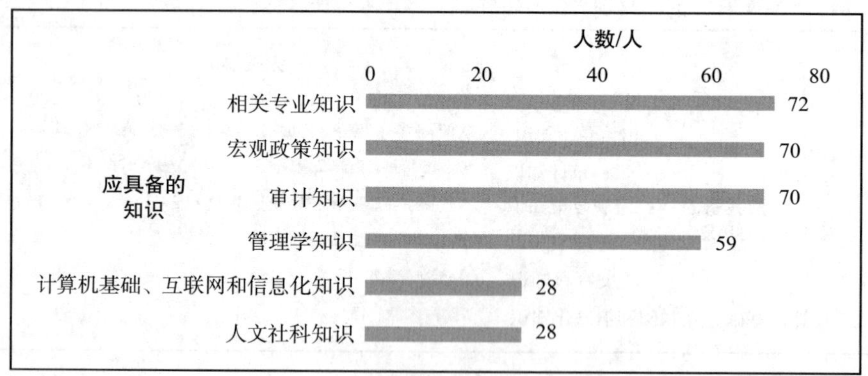

图 7　审计机关负责人应具备的知识——审计业务骨干的认识

（二）审计机关负责人应具备的技能。

1. 审计机关负责人应具备的技能中，排在前6位的是：组织领导、科学决策、外部协调、具体业务能力、沟通能力、基本的计算机技能。

图8列示了关于审计机关负责人应具备的技能的调查结果中，排在前6位的技能。表3列示了这6种技能的含义。调查结果显示，在组织领导项下，排在前3位的是统筹驾驭全局能力、抓班子带队伍凝聚团队积极性能力和识人用人能力，这三种能力在281份调查表中被提到的份数分别是46、47和23，说明对于审计机关负责人来说，具备这三种能力是十分重要的。

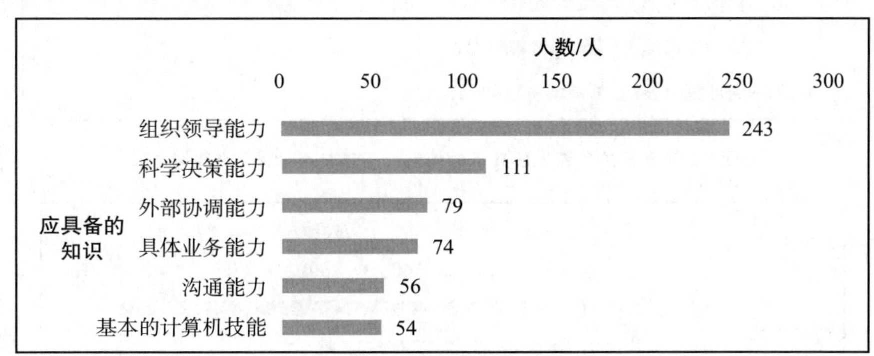

图8　审计机关负责人应具备的技能

表3　审计机关负责人应具备的6种技能的含义

技能类别	简释
组织领导能力	包括整合各项资源，统筹驾驭全局，能够抓好班子带好队伍增强团队凝聚力和积极性，识人用人能力，能够处置应急情况的能力。
科学决策能力	包括宏观分析和综合判断，精准把握政策，善于运用“三个区分开来”，决策思路清晰，擅于解决问题的能力。
外部协调能力	包括与党委政府、其他有关部门以及与上下级审计机关的协调能力等。
具体业务能力	指具体的审计业务能力，其中包括控制审计质量能力、降低审计风险能力等。
沟通能力	与他人进行沟通信息的能力，包括如汇报工作、倾听等等。
基本的计算机技能	包括运用常见的计算机软件，处理不复杂的问题的能力。

2. 审计局局长与审计业务骨干对于审计机关负责人应具备哪些技能的认识是相同的，但对于科学决策能力、对外协调能力和计算机能力的重要性的认识是不同的。图9、图10分别列示了审计局局长和审计业务骨干对于审计机关负责人应具备的技能的认识。可以看出，审计局局长对于审计机关负责人应具备的技能的认识，与本文上述总体分析结果是相同的，但审计业务骨干认为的审计机关负责人应具备的技能按重要性排序与上述总体分析结果不同，依次为：组织领导能力、科学决策能力、基本的计算机技能、具体业务能力、外部协调能力、沟通能力。

对于审计机关负责人应具备的科学决策能力，审计局局长将其排在第3位，居于外部协调能力之后，而审计业务骨干将其排在第2位。造成该差异的原因可能是，实践中审计机关负责人要做大量的外部协调工作，这一点审计局局长们有更深的体会，所以他们认为外部协调能力重要性仅次于最重要的组织领导能力。而审计业务骨干由于不在审计机关领导岗位上，其主要工作在于执行领导的决定，对外部协调工作相对缺乏感同身受，因此认为审计机关负责人的科学决策能力更加重要。

对于审计机关负责人应具备的基本的计算机技能的重要性，审计局局长与审计骨干的认识差异较大：审计局局长们将其排在第6位，审计骨

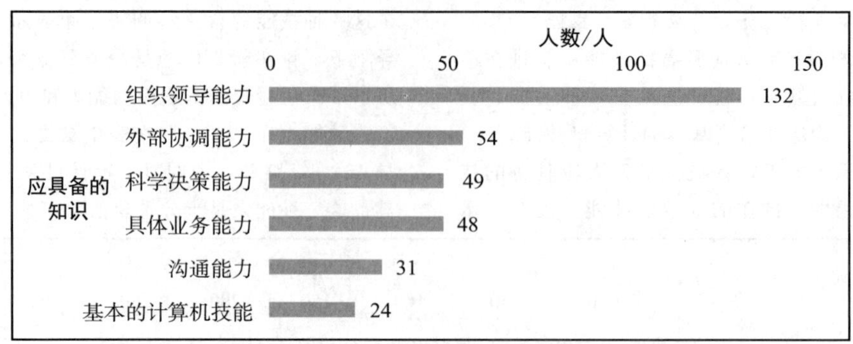

图 9　审计机关负责人应具备的技能——市县审计局局长的认识

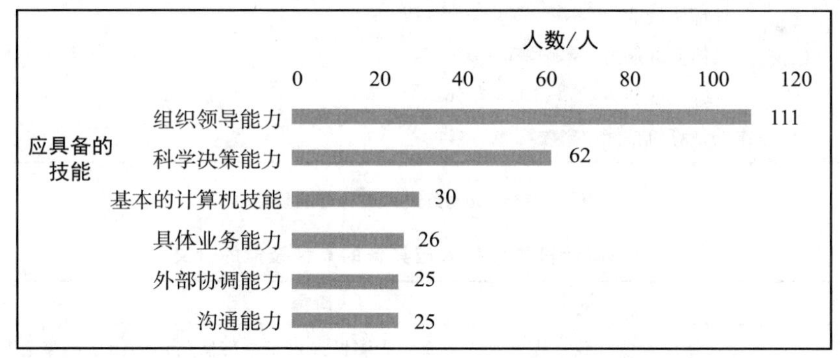

图 10　审计机关负责人应具备的技能——审计业务骨干的认识

干将其排在第 3 位。对此审计局局长们的认识与上述有关审计机关负责人应具备基本的计算机基础、互联网和信息化知识相一致，相应地具备一定的计算机技能即可。而审计业务骨干常年在具体的审计工作一线，计算机是其基本工具，相对来说更重视计算机能力，因此将基本的计算机能力列在重要位置。

（三）审计机关负责人应具备的其他素质。

调查结果显示，排在前 3 位的审计机关负责人应具备的其他素质是：宏观视野和前瞻性、担当和公道正派、情商，在 281 份调查表中被提及的份数分别是 34、27、13。我们也发现，对于审计机关负责人应具备的其他素质，审计局局长和审计业务骨干的认识也有差别：审计局局长们认为，排在前 3 位的依次是宏观视野和前瞻性、担当和公道正派、自我约束；而审计业务骨干认为排在前 3 位的依次为宏观视野和前瞻性、担当和公道正派、情商。这一细微的差别，可能是由于审计机关负责人的自我感知与下属对于领导的期望的不同造成的。

需要说明的是，由于本次调查重点在审计干部应具备的知识和技能方面，对于审计机关负责人应具备的其他素质，一些调查对象并没有填写，其统计排序结果说服力相对弱一些，本文仅仅作为本次调查结果的一部分呈现在这里供参考。

三、关于审计业务骨干应具备的知识和技能

（一）审计业务骨干应具备的知识。

1. 审计业务骨干应具备的知识，排在前 6 位的是：相关专业知识，审计知识，计算机、网络和系统安全、大数据知识，宏观政策知识，管理学知识，心理学知识。

图 11 列出了关于审计业务骨干应具备的知识的调查结果排在前 6 位的知识①。表 4 解释了审计业务骨干应具备的这 6 类知识的具体含义。我们发现，审计业务骨干与审计机关负责人应具备

① 关于审计业务骨干应具备的知识的调查结果中，“人文社科知识”排在第 7 位，与第 6 位“心理学”的提及人数相差不多，说明人文社科知识对于审计业务骨干来说也比较重要。

的知识有些不同：除相关专业知识、审计知识、宏观政策知识、管理学知识外，审计机关负责人应具备人文社科知识、计算机基础以及互联网和信息化知识，而审计业务骨干需要具备计算机、网络和系统安全、大数据知识，以及心理学知识。这一不同体现了审计机关负责人和审计业务骨干在工作性质上的差异，前者的工作重在组织管理，而后者的工作重在操作和执行，由此导致后者应具备的知识较前者应具备的知识更具体细致和更具操作性。

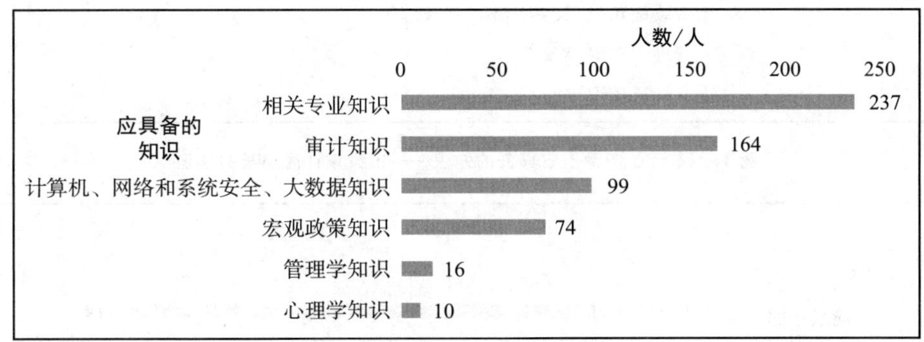

图 11　审计业务骨干应具备的知识

表 4　审计业务骨干应具备的 6 类知识的含义

知识类别	简释
相关专业知识	与审计业务的相关知识，包括相关法律法规、经济学、财政、金融、财务管理和会计等知识。
审计知识	包括审计法律、审计准则、审计规定、审计基本原理和技术方法等知识。
计算机、网络和系统安全、大数据知识	计算机知识、网络安全和系统安全知识、大数据知识。
宏观政策知识	包括国家政策措施内容，政策过程、政策分析和评价知识，经济社会发展趋势等知识。
管理学知识	包括领导艺术、公共管理、组织行为学、人事管理等知识。
心理学知识	有关人的行为和心理活动的知识。

2. 审计局局长与审计业务骨干对于审计业务骨干应具备哪些知识的认识存在较小的差别，主要在是否需要具备心理学和人文社科知识方面。

图 12 和图 13 分别展示了审计局局长和审计业务骨干对于审计业务骨干应具备的知识的认识。比较两图后发现，审计局局长和审计业务骨干都认为，审计业务骨干应具备的知识包括：相关专业知识，审计知识，计算机、网络和系统安全、大数据知识，宏观政策知识和管理学知识。审计局局长认为审计业务骨干应具备一些人文社科知识，而审计业务骨干认为他们应该具备一定的心理学知识。

（二）审计业务骨干应具备的技能。

1. 审计业务骨干应具备的技能中排在前 6 位的是：具体业务能力，组织协调能力，计算机操作、数据处理与分析能力，文字综合与写作，沟通能力，语言和口头表达能力。

图 14 列出了关于审计业务骨干应具备的技能的调查结果排在前 6 位的技能①。每类技能包含

① 关于审计业务骨干应具备的技能的调查结果中，“学习能力”排在第 7 位，与第 6 位“语言和口头表达能力”提及人数相差不多，说明学习能力也比较重要。

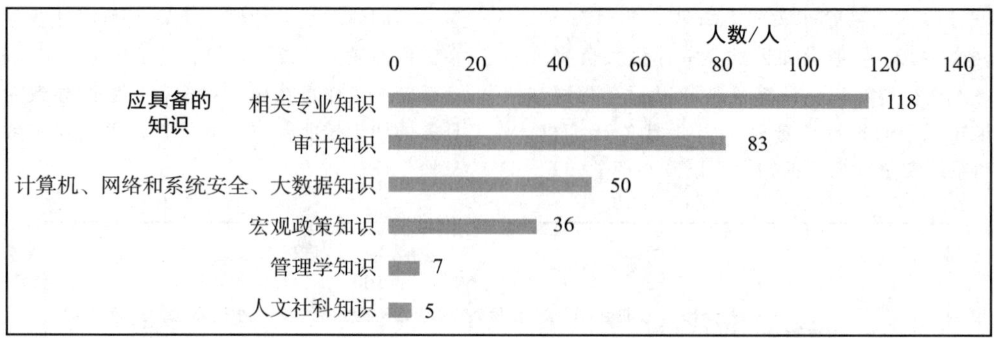

图 12　审计业务骨干应具备的知识——市县审计局局长的认识

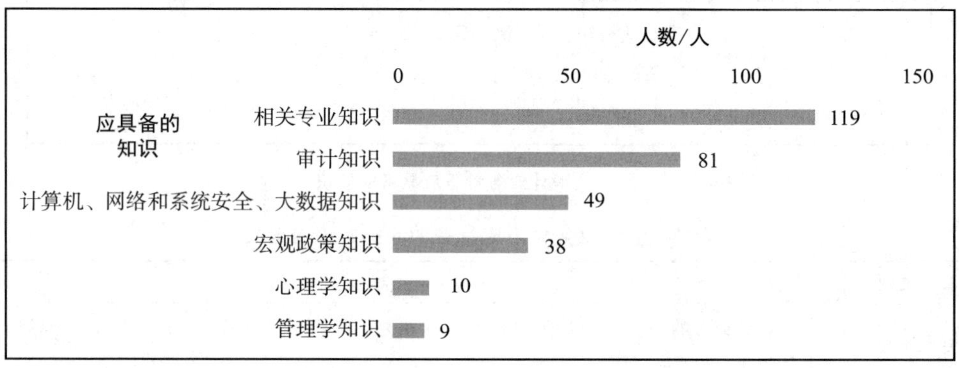

图 13　审计业务骨干应具备的知识——审计业务骨干的认识

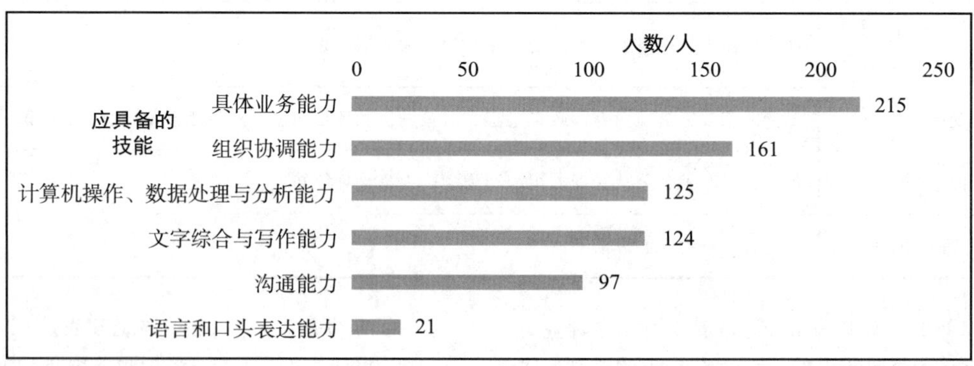

图 14　审计业务骨干应具备的技能

的具体内容如表 5 所示。

表 5　审计业务骨干应具备的 6 种技能的含义

技能类别	简释
具体业务能力	职业敏感性、洞察力，调查取证、谈话突破、职业判断、综合分析等能力。
组织协调能力	组织审计计划和实施，合理分工和协调、团队建设、指导等能力。
计算机操作、数据处理与分析能力	运用互联网进行审计的能力、使用审计软件的能力，应用相关分析技术进行数据处理和分析等能力。

续表

技能类别	简释
文字综合和写作能力	运用文字层次清楚、逻辑清晰地说明情况和阐释问题的能力。
沟通能力	与他人进行沟通信息的能力，包括与被审计单位和审计组人员沟通、与上下级沟通等能力。
语言和口头表达能力	层次清楚、逻辑清晰地口头说明情况和阐释问题的能力。

调查结果显示，审计业务骨干需要具备的具体业务能力，相比审计机关负责人应具备的业务能力而言，更加强调审计一线工作所需的职业敏感性、洞察力、调查取证、谈话突破、职业判断、综合分析等能力；审计业务骨干应具备的组织协调能力，多与审计项目的组织实施有关；审计业务骨干应具备技能中的计算机操作、数据处理与分析能力，显然较审计机关负责人应具备的基本的计算机技能的要求更高更具体。这一调查结果与现实是相符的，在实际工作中，仅掌握一些基本的计算机技能对工作在一线的审计业务骨干而言，显然是不够的，更需要一些具体的数据分析和处理的能力。文字综合与写作能力以及语言和口头表达能力没有排进审计机关负责人应具备的技能的前 6 位，而这两种能力在审计业务骨干应具备的技能中分别排第 4 位和第 6 位。

2. 审计局局长与审计业务骨干对于审计业务骨干应具备技能的认识有不同，主要是在文字综合与写作能力、语言和口头表达能力、学习能力三方面。

图 15 和 16 分别列示了审计局局长和审计业务骨干认为的审计业务骨干应具备技能中排在前 6 位的技能。审计局局长的认识与上述总体调查结果相同。调查结果显示，审计局局长认为审计业务骨干应有语言和口头表达能力，而审计业务骨干认为他们具备学习能力比具备语言和口头表达能力更重要；二者都认为审计业务骨干应具备计算机操作、数据处理和分析能力以及文字综合与写作能力，但对于这两种能力的排位稍有差别。

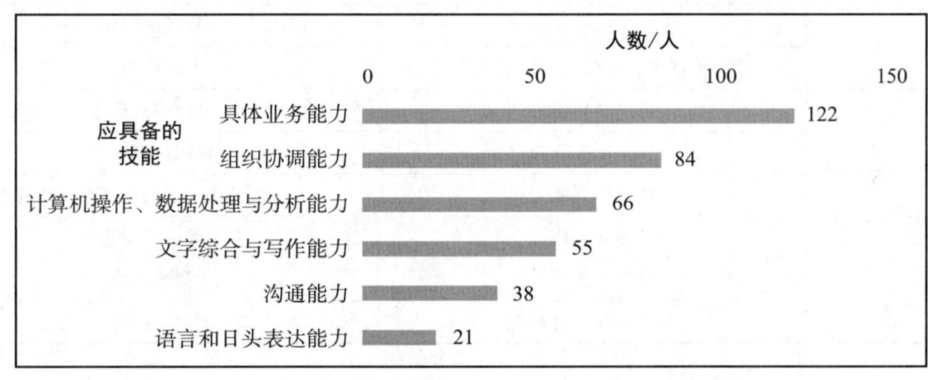

图 15　审计业务骨干应具备的技能——市县审计局局长的认识

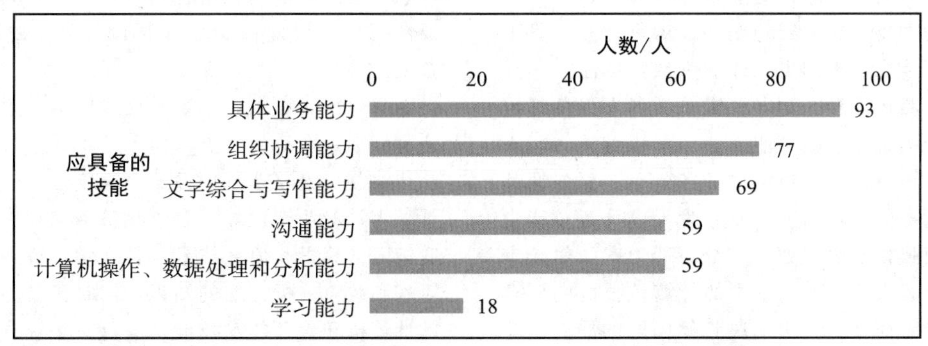

图 16　审计业务骨干应具备的技能——审计业务骨干的认识

（三）审计业务骨干应具备的其他素质。

调查结果显示，除应具备的知识和技能外，排在前 3 位的审计业务骨干应具备的其他素质是：大局观念和宏观思维、责任心与锲而不舍精神、情商，在 281 份调查表中被提及的份数分别是 21、14、9。通过调查结果，我们发现审计局局长与审计业务骨干对于审计业务骨干应具备的其他素质方面填列内容差别很大。审计局局长们认为，审计业务骨干应具备的其他素质中，排名前 3 位的是大局观念和宏观思维，责任心与锲而不舍精神，公道正派；而审计业务骨干自身认为他们应具备的其他素质按重要性排序依次为：情商，大局观念和宏观思维，责任心与锲而不舍精神、埋头苦干甘于奉献、抗压等并列其后。

同样如前所述，对于“审计业务骨干应具备的其他素质”，由于一些调查对象并没有填写，其统计排序结果说服力相对弱一些，此处也仅是作为本次调查结果的一部分呈现在这里供参考。

四、结论、启示和进一步的研究机会

（一）本次调查的结论。

本次调查结果勾勒出了新时代我国审计干部专业胜任能力框架。审计机关负责人和审计业务骨干承担的职责和角色任务不同，需要具备不尽相同的知识和技能，表 6 是根据本次调查结果总结提炼的新时代我国审计干部专业胜任能力框架。

表 6　新时代审计干部专业胜任能力框架

	审计机关负责人	审计业务骨干
一、应具备的知识	相关专业知识	相关专业知识
	审计知识	审计知识
	宏观政策知识	计算机、网络和系统安全、大数据知识
	管理学知识	宏观政策知识
	人文社科知识	管理学知识
	计算机基础、互联网和信息化知识	心理学知识
二、应具备的技能	组织领导能力	具体业务能力
	科学决策能力	组织协调能力
	外部协调能力	计算机操作、数据处理与分析能力
	具体业务能力	文字综合与写作能力
	沟通能力	沟通能力
	基本的计算机技能	语言和口头表达能力

通过对比审计机关负责人和业务骨干的胜任能力框架，我们发现：对于审计机关负责人专业胜任能力的要求相对宏观一些，对审计业务骨干专业胜任能力要求则更具体和细致，更注重实践操作性。具体地看，对审计机关负责人强调其组织领导能力、科学决策能力、外部协调能力、宏观视野和前瞻性；而对审计业务骨干，更强调其具体的业务能力，如审计业务骨干应具备技能中的计算机操作、数据处理与分析能力，显然较审计机关负责人应具备的基本的计算机技能的要求更技术性，而且更突出解决具体问题的能力。此外，我们还发现，相同类别的知识和技能对于审计机关领导和业务骨干来说排位不同，说明这些知识和技能对于不同角色的审计干部，其相对重要性不同，对此前文已作详细阐述，这里不再赘述。

与以往认识相比，新时代我国审计干部胜任能力框架具有新的特点：强调了审计干部在具备法律法规、经济学、财政、金融、财务管理和会计、审计专业知识外，还要具备不同程度的宏观政策、计算机和信息技术、管理学，特别是公共管理和政策分析方面的知识，同时具备不同程度的计算机和信息技术技能，以及文字综合与写作能力等。

（二）本次调查结果的启示。

当前，深入学习贯彻中央审计委员会第一次会议精神，努力建设一支信念坚定、业务精通、作风务实、清正廉洁的高素质专业化审计干部队伍，是我国各级审计机关的一项重要任务。本次调查的结果，对于推进审计职业化建设和加强审计干部队伍建设，具有积极的参考意义，至少给我们提供了以下五点启示：

1. 增加对审计机关新招录工作人员的测试和考查内容。可根据新时代审计干部应具备的知识和技能，有针对性地增加对管理学、公共政策、计算机和数据应用、文字综合和写作等方面知识的测试与考查。

2. 广大审计干部可对照专业胜任能力框架有针对性地进行自检、自主学习和提升。审计机关不同层级的审计干部可对照应具备的知识和技能目录进行自检，加强学习和积累，弥补自身不足，提高专业胜任能力。

3. 进一步完善审计干部培训内容和课程安排。我们在调查研究过程中取得了审计干部教育学院近三年的市县审计局局长和审计组组长主审培训班的课程安排，经与上述应具备的知识和技能目录进行对照，我们认为在培训内容和课程安排方面，还有进一步优化完善的空间。例如，不同程度地增加一些管理学、公共政策分析和评价方法、计算机知识和数据分析方法等方面的课程内容；在旨在提高操作能力的培训班上，增加一些讨论和交流等。

4. 适时调整审计专业技术资格考试的内容结构。审计专业技术资格考试是对审计人员专业技术水平的一种重要检测手段。目前审计专业技术资格考试范围涉及上述新时代审计干部应具备的知识中的前两类即相关专业知识和审计知识①。可以考虑在相应科目中适当增加计算机和互联网知识、管理学知识，包括公共管理、组织行为学、公共政策评价和分析，以及计算机审计、数据审计等内容。

5. 审计机关在配置审计工作资源时可以拓展所借助外部专家的来源。按照中央审计委员会第一次会议的要求，审计机关要及时揭示和反映经济社会各领域的新情况、新问题、新趋势。审计工作涉及的领域越来越广，审计机关难免会遇到审计干部对具体某一政策或领域知识和技能储备不足，从而难以高质量完成审计任务的情形。审计机关可以进一步拓展借助外部专家范围，在更大范围内配置审计工作所需要的资源和力量。借鉴美国审计署的做法，根据审计项目需要，既可以购买社会审计服务，也可以聘用一些政策分析和社会科学研究机构或者专家来帮助审计。

（三）本次调查的局限和进一步的研究机会。

本次调查具有一定的局限：一是调查对象中的审计局局长，只是参加市县审计局局长培训班的学员，其中市级和县级审计局局长究竟具体地各占多少，没有做区分；二是用参加审计理论研究骨干班的学员替代了审计业务骨干，事实上二者虽绝大部分是同一批人，但终不能完全等同；三是在调查表填写后，没有做必要的访谈，对于导致结果的可能原因分析得不够充分。今后我们可以在此基础上做进一步细致的分析和研究。主要包括：

1. 开展对审计机关副职的专业胜任能力框架的研究。本次调研内容中没有对审计机关负责人中副职的专业胜任能力进行调查研究。从实际工作看，审计机关副职与正职的角色任务和工作职责不同，相应需具备的知识、技能和其他素质也应有所差异。

2. 对审计业务人员进行细分，分别研究他们应具备的知识和技能。例如我们可将审计业务人员细分为审计组组长、主审和一般审计业务人员，以勾勒出每一层级审计业务人员的专业胜任能力框架。

3. 细化分析专业胜任能力框架中的每一项知识和技能包含的具体内容。例如就审计机关业务骨干来说，需要撰写的文字材料包括公文、审计报告、调研报告、理论研究文章等，不同的文字材料对作者的要求不同，进一步细化分析“文字综合与写作能力”的具体含义和要求，可以为提升审计业务骨干的文字综合与写作能力提供更具

---

① 关于审计专业技术资格考试范围，初中级部分参见《2018审计专业技术资格考试辅导教材——审计理论与实务》中的审计专业技术资格考试大纲，高级部分参见《2018年高级审计师资格考试复习指南》中的2018年高级审计师资格考试大纲。

体和有针对性的依据。

4. 对不同层级审计机关的审计干部专业胜任能力开展研究。从实际工作看，不同层级的审计机关面对的审计对象规模、工作复杂程度等都是不同的，而本次调研没有区分审计机关的层级。未来可进一步对省级、市级、县级的审计机关的审计干部专业胜任能力进行分层级分析研究，为采取措施保持和提升新时代我国审计干部的专业胜任能力提供决策依据和参考。

五、结束语

我们进入了改革和创新的新时代。在新时代，审计环境具有许多新的特点，审计工作面临许多前所未有的新挑战。审计干部必须不断提升胜任能力，适应新形势和新要求，当前迫在眉睫的就是要增加管理学、公共政策分析和评价、计算机和信息化、网络和数据分析等方面的知识和能力。2018 年 5 月，美国审计署首席科学家提摩西·珀森斯在全美政府审计论坛上发表演讲，分析了大数据、人工智能、区块链等数字分布式技术给审计工作带来的机遇和挑战。他在演讲中还提出，未来对于审计职员（Clerk）的需求会大大减少，对于审计师（Auditor）的需求增长将放缓，而对于管理分析师（Management Analyst）的需求会大幅增加，因此当前审计人员面临着技能再造和提升，未来审计人员的知识和技能主要包括数学和统计、编程和数据库、领域知识和软技能、沟通和可视化四个方面。我国审计机关和审计干部也应高度重视现代信息技术发展对审计工作带来的全方位的影响，做好应对准备，拥抱信息技术发展带来的便利，充分利用信息技术提升审计效率效果，同时也要适应信息技术发展对审计工作模式、流程和方法的改变，及时进行知识更新和技能再造，迎接扑面而来的新的机遇和挑战。

（撰稿人：刘力云　沈　玲　王晓峥）

【财政审计促进全面实施预算绩效管理研究】

一、全面实施预算绩效管理的目标和主要内容

二十世纪九十年代起，绩效理念开始受到重视，我国政府及财政部门引入绩效财政理论，逐步探索建立以实施预算绩效考评、建立预算绩效评价体系为突破口的实践（相关制度一览表见附件）。在我国经济由高速增长阶段转向高质量发展阶段，正处在转变发展方式、优化经济结构、转换增长动力的攻关期[①]，加强预算绩效管理作用更加凸显。它可以通过促进公共资源高效、合理配置，有效缓解当前财政收支紧张的矛盾，促进提升财政管理科学化精细化水平；可以通过财政管理方式由“重分配”“重支出”向“重管理”“重绩效”转变，带动和促进我国财政体制改革；可以通过强化政府支出责任和管理效率，促进政府更好履行经济调控、市场监管、社会管理、公共服务等职责，建设高效、责任、透明政府。

预算绩效管理是一个由绩效评估、绩效目标设定、绩效运行跟踪监控管理、绩效评价实施、绩效评价结果反馈和应用组成的综合系统。实施全面预算绩效管理的目标是将绩效理念深度融入预算管理全过程，使之与预算编制、预算执行、预算监督共同成为预算管理的有机组成部分，逐步建立“预算编制有目标、预算执行有监控、预算完成有评价、评价结果有反馈、反馈结果有应用”的全过程预算绩效管理机制[②]。全面实施预算绩效管理的主要内容可以概括为：绩效管理全覆盖、贯穿预算全过程、绩效方法全系列和评价对象全方位[③]、绩效成果强应用、责任追究强力度和绩效信息全公开。

二、中央层面全面实施预算绩效管理的现状和问题

自财政部组织全面实施预算绩效管理以来，逐步深入，初步构建了预算绩效管理体系基本框架，已将中央部门项目和中央对地方转移支付纳入预算绩效管理范围。

（一）预算绩效目标管理已经覆盖全部中央部门项目和中央对地方专项转移支付项目。

绩效目标管理覆盖全部中央部门一般公共预算项目。2016 年，财政部组织对 153 个中央部门的 2024 个一级项目绩效目标进行审核，当年下达

---

① 《决胜全面建成小康社会　夺取新时代中国特色社会主义伟大胜利——在中国共产党第十九次全国代表大会上的报告》。

② 《行政事业单位内部控制规范（试行）》（财会〔2012〕21 号）第二十四条。

③ 肖捷：《全面实施预算绩效管理 提高财政资源配置效率》，载于《学习时报》，2018 年 3 月 16 日。

中央部门预算时，财政部首次将一级项目的绩效目标及具体绩效指标同资金一并批复。2017年和2018年，中央部门项目支出绩效目标覆盖范围从一般公共预算拓展到政府性基金预算和国有资本经营预算，并随同年初预算一并批复，基本确立绩效目标与预算同步申报、同步审核、同步批复机制。

绩效目标管理覆盖全部中央对地方专项转移支付项目。2016年，财政部对93个中央对地方专项转移支付项目绩效目标及指标进行审核并修改完善；2017年，对所有中央对地方专项转移支付整体绩效目标进行审核，当年下达资金时，首次将专项转移支付分区域绩效目标随同资金一起下达或要求地方在收到补助资金后报财政部及相关主管部门备案。

目前，绩效目标管理已经覆盖所有中央部门的本级项目、中央对地方专项转移支付，以及大部分中央政府性基金和国有资本经营预算项目，初步建立了比较规范的绩效指标体系。

（二）绩效目标执行监控范围覆盖中央部门全部项目支出。

2016年起，财政部启动中央部门项目支出绩效目标执行监控试点，首先在教育部、水利部等15个中央部门开始试点，要求试点部门自行选择3至5个一级项目及其所属二级项目进行绩效目标执行监控，对照年初绩效目标，跟踪查找项目执行中资金使用和业务管理的薄弱环节，及时弥补管理中的“漏洞”，纠正绩效目标执行中的偏差①，并在9月底前将相应一级项目1月至8月的绩效目标、指标完成情况报财政部，试点部门同时根据绩效监控结果及时纠正偏差、提出调整预算资金和绩效目标的申请。2017年起，将绩效监控试点范围扩大到所有中央部门，每个部门选择3至5个一级项目实施绩效目标监控；2018年，绩效监控试点已覆盖至中央部门所有项目。

（三）绩效评价体系不断扩展。

在绩效自评方面，全面实施绩效自评，落实部门绩效管理主体责任。2016年，要求中央部门组织对所有项目开展绩效自评，并按照不低于本部门项目支出总金额50%的比例选取部分一级项目绩效自评结果报送财政部②；2017年，组织中央部门对本部门全部项目支出开展绩效自评；2018年，准备将绩效自评范围扩展至中央对地方所有专项转移支付资金③。各地方、各部门和资金使用单位对照年初批复的绩效目标，对绩效指标实施进度进行量化打分，并对未完成原因进行逐条分析，研究提出解决措施。

在重点绩效评价方面，从2016年起，财政部对中央财政重点民生政策和重大专项支出，建立了绩效评价常态化机制。2016年，财政部对25项重点民生政策和重大专项支出开展了重点绩效评价，涉及资金3092亿元。2017年，实施重点绩效评价的项目和政策增加到35个，涉及资金3786亿元。2018年，实施重点绩效评价的项目和政策增加到51个，涉及资金7469亿元，基本涵盖教育、科技、社会保障、卫生、交通、环境保护等领域。今后，准备将绩效评价重点由项目支出拓展到部门整体支出和政策、制度、管理等方面。

（四）绩效信息公开的力度不断加大。

2016年以来，逐步建立绩效信息随同预决算向全国人大报告制度，加大向社会公开力度。

在绩效目标公开方面，2017年中央预算草案中，首次将教育部、科技部等10个部门的高层次人才计划、大气水土壤污染防治等10个重点项目绩效目标提交全国人大常委会审议，审议通过后的绩效目标随同有关部门预算向社会公开，并将审核后的66项中央对地方专项转移支付整体绩效目标作为参阅材料提交全国人大财经委。2018年，提交审议绩效目标的重点项目数量增加到36个。

在绩效评价结果公开方面，2015年度中央决算报告中，首次将财政部为主体开展的教育部师范生免费教育政策等5个重点项目和政策绩效评价报告提交全国人大常委会参阅。2016年提交10个重点项目和政策绩效评价报告，2017年进一步增加到15个。

---

① 《关于开展2016年度中央部门项目支出绩效目标执行监控试点工作的通知》（财办预〔2016〕85号）。

② 《关于开展中央部门项目支出绩效自评工作的通知》（财办预〔2016〕213号）。

③ 肖捷：《全面实施预算绩效管理 提高财政资源配置效率》，载于《学习时报》，2018年3月16日。

在绩效自评结果方面，2016 年度中央决算草案中，首次选取 99 个中央部门的 111 个一级项目绩效自评结果提交全国人大常委会审议，其中绝大部分项目绩效自评结果随同有关部门决算向社会公开。2017 年度提交全国人大常委会审议绩效自评结果的项目增加到 182 个。

（五）绩效评价结果开始得到运用。

绩效评价结果和完善政策、改进管理和安排预算的挂钩机制初步建立并在实践中得到初步运用。例如，在完善政策方面，国家发展改革委针对重点绩效评价发现的大豆目标价格补贴落实难、行政成本高、补贴机制不科学问题，调整完善了大豆目标价格补贴政策；在改进管理方面，工业和信息化部、商务部等针对专项转移支付管理存在的问题，督促地方落实整改要求，并收回部分长期沉淀和用途不合理的资金；在安排预算方面，原农业部、民政部、水利部将 2016 年评价结果作为分配 2017 年专项转移支付预算的参考依据。

（六）当前预算绩效管理存在的主要问题。

我国实施预算绩效管理工作时间较短，相关制度体系尚处于建立完善中，具体管理实践也存在一些薄弱之处和突出问题。

1. 预算绩效管理的理念尚未被广泛接受。

西方国家实施绩效管理是在几十年探索中逐步建立和完善的，我国是最近十余年才开始引入和实施这项工作的，不少部门和地方不能把预算绩效管理提升到提高财政资源配置效率、改善财政管理乃至促进建立高效责任透明政府的高度，“重投入、轻管理，重支出、轻绩效”的意识根深蒂固，未形成政府花钱必须讲求绩效的观念。

2. 绩效管理广度和深度不足。

根据《中共中央　国务院关于全面实施预算绩效管理的意见》，预算绩效管理的目标是将四本预算的各级政府收支预算全过程纳入绩效管理之中，当前实施的预算绩效管理尚未覆盖全部财政资金并融入预算管理全过程，个别省份和大部分市县还未正式启动这项工作。如 2017 年，审计发现国家发展改革委未按要求对分配的中央本级项目开展绩效目标管理。

3. 全国范围内预算绩效管理工作很不均衡。

按中央、省、市、县等层级分析，中央各部门（单位）已按党中央、国务院和财政部门要求开展工作，省级层面也比较积极、主动开展，而大部分市县热情不高、尚未启动。按全国东中西部地区分析，东部和部分中部地区绩效管理工作开展力度大，部分中部和西部地区进展缓慢。

4. 预算绩效目标设定不够科学合理。

预算绩效目标的设定是全面实施预算绩效管理的核心和难点问题，实际执行中，预算绩效目标的设定与要求仍存在一定差距，主要表现在：绩效目标设置不够完整、明确、清晰，未能反映项目的主要内容，未对项目预期产出和效果进行充分、恰当的反映；绩效指标不完整不细化，缺少效益指标和满意度指标；绩效指标量化程度不够，定性指标为主，定量指标少；绩效指标特别是效益指标可衡量性不够，难以获得相关数据，实际打分困难；绩效指标设置不规范，二级、三级指标分类不正确，权重设置不科学、存在一定随意性；绩效指标值脱离工作实际，存在设置过高、过低或设置简单等问题；绩效指标与项目匹配度不高，与项目关联性不强，与预算资金不匹配等。

5. 绩效运行监控缺乏有效的手段，未能真正落实。

当前绩效管理要求各级政府和各部门各单位对绩效目标实现程度和预算执行进度实行“双监控”，但实际执行中，主要由部门和单位在年中向财政部门报送一次预算绩效目标中期实现情况，有的地区还尚未开展绩效运行监控，实施效果不明显；各级财政部门也尚未建立健全重大政策、项目绩效跟踪机制，未能明确有效的监控手段、实施路径和操作指南。

6. 重点绩效评价和绩效自评存在评价覆盖面小、自评不严格等问题。

2017 年，国家审计揭示了财政部对 16 个中央本级项目支出进行了绩效评价，项目资金覆盖面仅 1.38%，结果也未全部公开；8 个部门的 14 个项目自评结果不实，其中资金使用率自评 100% 的 2 个项目实际支出为零。

7. 绩效评价结果未真正运用，与预算安排等存在“两张皮”现象。

预算绩效管理要真正发挥作用，必须进一步强化预算绩效管理约束，建立相应奖惩机制，将绩效评价结果与预算安排、政策调整、干部考核等挂钩，并实行绩效终身责任追究制。目前绩效评价结果与预算安排和政策调整等方面的挂钩机制尚未有效建立，预算绩效管理的作用尚未凸显。

三、财政审计促进全面实施预算绩效管理应关注的重点内容及主要审计方法

财政审计可以从两方面促进全面实施预算绩效管理，一方面，应促进预算绩效管理工作的全面、深入实施，推动全面实施预算绩效管理框架结构的建立健全；另一方面，应关注和监督检查财政部门和各地方、各部门以及资金使用单位实施预算绩效管理取得的进展、存在的具体问题，提出有针对性的意见建议，促进预算绩效管理水平的提高。财政审计促进全面实施预算绩效管理的方式有两种，一是实施专门绩效审计项目的方式，二是结合财政部具体组织中央预算执行及其他财政收支审计、中央部门预算执行等情况审计、地方财政收支审计等审计项目的方式。本报告是在第二种方式下，研究已实施预算绩效管理的中央部门项目和中央对地方专项转移支付的审计。

（一）审查预算绩效目标设定、审核、批复和调整情况。

预算绩效目标设定、审核、批复和调整是预算绩效目标管理的主要内容，同样也是国家审计应关注的重点内容。

1. 审查预算绩效目标设定依据是否充分合理。

预算绩效目标设定责任在各部门和单位。对中央部门项目和专项转移支付预算绩效目标设定的审计内容包括：具体审查各部门和单位目标设定是否符合国家法律法规、国民经济和社会发展规划、国家宏观调控总体要求；是否符合中期财政规划和年度预算管理具体要求；是否符合项目和专项所适用的行业标准、历史数据和计划标准等。对中央部门项目，还应关注预算绩效目标的设定是否符合本部门（单位）职责、中长期发展规划、年度工作计划或项目规划；对专项转移支付，还应关注预算绩效目标的设定是否符合中央和地方事权与支出责任划分的有关规定和专项转移支付管理规定，是否符合设立该专项转移支付的特定政策目标、资金管理办法及其实施细则、项目申报指南等。

2. 审查预算绩效目标的设定是否符合相关规定。

预算绩效目标包括总体绩效目标、绩效指标和绩效标准。应围绕预算绩效目标设定的规范完整、指向明确、细化量化、合理可行和相应匹配等要求实施审计，并积极推动建立健全预算绩效目标指标体系。

在完整性方面，主要审查绩效目标是否完整、明确、清晰，是否包含了预期产出、预期效益和满意度的内容，预期效益是否体现了预期产出对经济、社会、环境等全方面的影响以及服务对象和项目受益人对产出和影响的满意度。

在相关性方面，主要审查是否对申报的绩效目标设定了相关联的绩效指标；设立的指标体系中是否涵盖了产出、效益和满意度等指标，重点关注是否缺少效益指标和满意度指标；设定的绩效指标是否与部门职责、事业发展规划紧密相关，是否与项目（或专项）政策目标、用途、使用范围、预算支出内容紧密相关，是否与预算资金和计划期内任务数或计划数相匹配和对应等。

在科学性方面，重点关注绩效指标是否全面、充分、细化、量化，主要审查是否选取了最能体现总体目标实现程度的关键指标并明确了具体指标值；产出、效益和满意度指标是否能被衡量并做到了细化量化，特别是效益指标是否存在空泛、不可衡量的情况，指标难以量化时对其定性描述是否充分具体、具备可衡量性；二级指标分类是否重复或空白，其指标值是否简单设为“是”或“否”，二级项目指标间是否可比、便于数据汇总；三级指标及其权重设置是否科学、符合实际情况。

在可行性方面，审查绩效指标是否经过科学论证、合理测算；是否符合行业正常水平或者事业发展规律，与其他同类项目相比，预期绩效是否合理；是否符合客观实际，能够在一定期限内如期实现；为实现项目和专项所采取的措施是否切实可行、能按期完成。

在预算绩效标准方面，主要审查设定预算绩效指标所依据的标准是否合理，是否明显违背了项目和专项所适用的历史标准、行业标准、计划标准或财政部认可的其他标准。

除上述内容之外，还应该审计预算绩效目标指标体系的建设情况，重点审查财政部《预算绩效评价共性指标体系框架》的科学性和适用性，财政部门是否会同其他部门建立了关于中央部门项目和专项转移支付的分领域或同类项目的个性指标体系。

3. 审查对预算绩效目标的审核情况。

应重点审查预算绩效目标审核部门如财政部门、主管部门等是否切实履行了全部审核程序，是否按照完整性、相关性、适当性、可行性等具体要求对预算绩效目标进行全面审核；是否存在预算绩效目标审核不合格就直接进入项目库并进入下一步预算安排流程的情况，具体讲，对于审核结果为“良”的，是否存在未与相关部门或单位协商完善绩效目标，直接进入预算安排流程的情况，对于审核结果为“中”的，是否存在相关部门或单位未修改完善预算绩效目标并按程序重新报审，直接进入预算安排流程的情况，对于审核结果为“差”的，是否存在未予以否决而进入预算安排流程的情况。

4. 审查预算绩效目标批复和调整情况。

预算绩效目标应同预算一同批复，财政部、中央部门、各级财政部门按照权限批复或下达预算时，一共批复绩效目标。应重点审查是否存在只批复预算未同时批复预算绩效目标的情况；财政部门和各主管部门批复的绩效目标是否完整、清晰、可量化，是否有利于具体预算执行和项目（专项）实施；审查调整预算绩效目标的原因是否适当，需要调整的是否按照绩效目标管理要求和预算调整流程进行报批。

（二）审查预算绩效运行监控情况。

按照当前预算绩效管理工作安排，2018 年已将中央部门所有项目纳入预算绩效执行监控范围。审计中需重点关注两方面内容：一是中央部门项目和专项转移支付纳入监控范围的完整性；二是纳入监控范围的项目和专项的实际监控情况和效果。

具体而言，需对比现有中央部门所有项目和全部专项转移支付与纳入监控范围的中央部门项目和专项转移支付，通过查找二者差异审查中央部门项目和专项转移支付是否全部纳入预算绩效运行监控范围；审查主管部门是否同时对一级项目和二级项目进行监控；审查是否按计划使用预算资金、按期执行项目和专项，相关项目和专项是否能按计划的数量和质量实现预期产出；审查相关主管部门是否充分利用了预算指标、项目库、银行账户、用款计划、资金支付、会计核算等数据信息对预算资金进行分析与监控；审查执行单位是否定期采集汇总预算绩效的实施信息，并结合预期绩效目标，进一步审查预算绩效实施信息中的产出指标、效益指标和满意度指标实现程度，从而确定执行单位对项目、专项绩效目标到期完成程度的预测是否现实以及对不能完成的原因分析是否准确；审查是否切实通过分析所采集汇总预算绩效的实施信息，确定偏离预期预算绩效目标的异常情况和业务管理“漏洞”，问题严重的是否暂停甚至停止拨付预算资金或项目执行；对偏离预期预算绩效目标的异常情况和业务管理“漏洞”，是否从经费、制度、人员和硬件条件等方面分析其原因，并从预算执行及调整、制度保障、项目管理等方面提出改进建议。

此外，还应通过审计反映部门、财政运行的预算绩效管理中存在的具体问题，推动将部门、财政运行的整体支出绩效纳入监控范围，进行动态分析与监控。

（三）审查绩效评价情况。

预算部门和单位是绩效自评的主体，对本单位预算绩效进行评价，于每年 6 月份之前将上年度预算绩效评价结果报送财政部门。财政部门在各单位绩效自评基础上，选择重大发展类、民生类或金额较大、群众关切的项目进行重点绩效评价。预算部门和单位、财政部门可以根据需要适当引入第三方机构参与绩效评价。

审计中需分别审查重点绩效评价、绩效自评和第三方机构绩效评价的评价程序是否适当，评价内容是否全面，评价方法选择是否合理、运用是否正确，评价结果和结论是否客观、准确，评价报告内容是否完整、真实；还应通过审计反映绩效自评、第三方评价中出现的具体问题及其对预算绩效管理工作的不良影响，督促财政部门不断扩大重点绩效评价覆盖面和覆盖资金数量，提升重点绩效评价质量。

另外，财政部门作为全面实施预算绩效管理的主管部门，还应对绩效自评和第三方绩效评价进行检查，督促这两种评价方式工作质量不断提高。因此，需要审查财政部门是否切实承担起绩效管理责任，当前可通过复核财政部门所实施的中央部门项目和专项转移支付重点绩效评价结果，审查财政部门是否对绩效自评和第三方绩效评价的评价程序、评价内容、评价方法、评价结果和结论、评价报告等进行了恰当审核，最终推动建立健全包括重点绩效评价、绩效自评和第三方绩效评价在内的评价体系。

对于第三方机构评价，还应采取一些专门审计程序。包括审查财政部门，中央部门、单位和第三方机构各自的责任，如审查财政部门，中央部门、单位履行引入第三方机构评价的责任、直接组织第三方机构评价的职责，第三方机构保证评价结果真实性的责任；审查研究机构、高校、中介机构等第三方机构资质、专业名誉和信用，判断第三方机构能否保证评价工作的专业性、独立性和权威性；审查第三方机构评价结果的利用程度，判断财政部门和中央部门、单位是否将绩效评价结果反馈给相关部门和单位，提出整改要求，并将评价结果作为调整政策、安排以后年度预算和改进项目（专项）管理的依据。

（四）审查绩效评价结果运用情况。

绩效评价结果与预算安排和政策调整的有效挂钩是绩效管理发挥实效的关键环节，审计应重点关注。应在检查对绩效评价发现问题是否切实整改的基础上，审查是否真正建立并实施了绩效评价结果运用机制。具体讲，审计中应从预算绩效评价结果是否真正运用，以及预算安排和政策调整中是否真正参考了预算绩效评价结果两方面进行审查。

对于第一方面，应追踪中央部门预算绩效评价结果的使用，审查是否真正根据中央部门项目和专项转移支付绩效评价结果对以后年度相应项目和专项的预算安排、政策进行调整，即对绩效工作开展不积极、绩效目标设置和运行中存在较大问题、评价结果较差或对存在的绩效问题整改不到位的项目和专项，是否真正调整了以后年度的预算安排和政策。对中央部门项目而言，应审查项目绩效评价结果是否与项目库建设和预算安排、预算管理进行了结合。对专项转移支付而言，应审查是否根据绩效目标审核、绩效自评和重点绩效评价结果等建立专项转移支付的整合、调整和退出机制，逐步实现对绩效目标相近或雷同的予以整合，对绩效目标发生变动或实际绩效与目标差距较大的予以调整，对绩效目标已经实现或取消的予以退出。对于后一方面，应审查预算和政策调整是否真正参考了预算绩效评价结果，是否存在预算安排和政策调整与绩效管理仍是“两张皮”的情况。

值得注意的是，应通过审计促进建立绩效考核结果与相关责任人员的待遇（绩效工资）挂钩机制，形成重视和运用绩效的激励制度；通过审计促进建立绩效问责机制，通过将预算绩效管理工作纳入部门（单位）、地方政府和项目主要负责人绩效考核范围，对绩效管理工作开展不力、绩效评价结果较差、财政资金损失浪费等问题涉及的相关负责人进行问责。

（五）审查绩效信息报告和公开情况。

考虑2018年已基本实现将中央部门项目和专项转移支付预算绩效目标及绩效评价报告和自评结果提交全国人大常委会审议批准并向社会公开，审计中应对比分析所有项目和专项转移支付数量与报送人大常委会的绩效信息涉及的项目和专项转移支付具体数量、向社会公开的绩效信息涉及的项目和专项转移支付具体数量，判断是否将所有项目和专项转移支付的预算绩效目标随同有关预算一并报送人大常委会审议并向社会公开，是否将所有绩效评价报告和自评结果报送人大常委会并向社会公开；查阅公开结果，关注公开的绩效信息是否完整、清晰、易懂，便于人大和社会各界监督。通过审计推进将所有项目和专项转移支付预算绩效目标、重点绩效评价报告、部门自评结果、绩效管理存在的主要问题和整改情况等预算绩效信息报送人大常委会审议并向社会公开。

未来一段时间，应通过审计推动将涉及一般公共预算等财政资金的政府投资基金、主权财富基金、政府和社会资本合作（PPP）、政府采购、政府购买服务、政府债务项目纳入绩效管理；推动将政府性基金预算、国有资本经营预算、社会保险基金预算全部纳入绩效管理，加强四本预算的衔接。

（六）主要的审计方法及其具体运用。

审计方法的选取主要取决于审计目标、审计环境、审计对象特点和不同审计方法的优劣势。对中央部门项目和专项转移支付预算绩效审计，除了可以继续运用审阅、抽样、分析性复核等传统财务审计方法外，还需要运用专业性较强的、针对预算绩效管理的审计方法。

1. 审阅法。这种方法虽然基础却应用广泛。首先，用于研究专项、项目涉及的书籍、报刊、研究报告、网页、以往审计和评估档案等资料，以了解专项、项目的相关政策背景、业务内容等；其次，更主要的是用于相关的政策、法律法规、业务管理（如合同、报告等）、财务管理（如账务资料、预算等）和对未来运营情况预测等文件、制度或资料，通过研究这些文件或制度的全面性、健全性、有效性，综合判断专项、项目业务管理、项目控制和财务管理等过程的恰当性。

2. 对比分析法。对预算绩效实施情况的审计，很大程度上是将预算绩效目标实现情况和预定目标进行比较，判断预定目标实现程度的过程。审计中可以将项目或专项实际效果和绩效目标对比、当期与历史等情况对比、工程实际投资额与批复的概算预算对比、项目或专项实际工期与计划工期对比、项目或专项实际生产能力和设计能力对比、绩效目标中数量和质量指标实现量与年度任务数或计划数对比、相同性质项目或专项对比，以及不同部门地区同类项目或专项对比等，从而判断项目绩效实现、同类项目或专项间，以及不同期间（部门、地区）之间绩效差异、项目或专项开支是否控制在预算之内、项目或专项是否按期完成、提供产品或服务是否符合预定目标、项目或专项政策目标是否实现等。

3. 实地考察法。对涉及的项目建设、运营和管理实地考察，了解项目周边环境、管理程序和具体流程、项目实际建设情况、实物资产是否存在及是否闲置、预算资金使用情况等，以便确定项目确实存在、相关资金确实投入项目建设，并审查项目管理是否科学规范、资金是否高效使用等。

4. 调查走访法。可以走访专项、项目建设地址周边居民和实际用户、惠及人群等，了解项目实施的实际影响，实际用户或惠及人群对专项、项目的获得感和满意度；可以利用调查问卷方式，了解和判断因专项、项目受到影响的部门（单位）、公众或个人的满意程度；还可以走访财政、发改和项目涉及的主管部门，了解中央和地方关于项目、专项和资金的政策，所涉及行业管理运作模式和资金管理等特点，项目或专项对涉及地区发展的促进作用、运行中存在的具体困难等。

5. 分析性复核。除上述对比分析法外，在绩效管理审计中用到的分析性复核方法，主要还包括比率分析法和趋势分析法。一是比率分析法。通过计算专项、项目的资金到位率、到位及时率等指标，判断资金是否足额、按时落实；通过计算专项、项目的实际完成率、完成及时率、质量达标率和成本节约率等指标，判断项目、专项产出的绩效目标实现程度，或预算资金预期提供公共产品或服务实现程度；通过计算经济效益（如产品或服务增加率、当地税收增加率和 GDP 增长率）、社会效益（如脱贫率、医疗保障人数提高率、就业人数增加率）和生态效益（如单位产品或服务能源消耗降低率、污染物排放量减少率、自然资源保护面积增长率）等具体指标值，并与选定的参考指标值对比，初步判断各种效益是否实现预期目标。对于投资建设项目，还可以通过计算或运用项目的净现值或盈利、内含报酬率、投资回收期、利息偿还倍数等金额（比率）或运用本量利分析法，来判断项目投资方案是否最佳、项目经济效益实现程度和项目资金筹集情况等。二是趋势分析法。通过计算一定时期内经济效益、社会效益和生态效益等指标值，通过分析指标值整体变动趋势中的异常值从而确定各方面效益变动原因，或者通过整体趋势分析判断长期内专项、项目的各方面效益实现程度。

6. 利用外部专家法。绩效管理涉及领域非常宽泛，预算绩效审计也需涉及不同领域专业知识，如工程造价、资产评估、精算、气象、水利、农业等，专业性之强可能超出了审计人员的知识和技能范围，在这种情况下需要聘用相关领域专家来辅助审计。如，与专家一起研究、评价相关领域个性指标设置的科学性；利用专家对工程造价、资产评估、精算、生态环境、农业等方面意见，作为具体审计证据等。值得注意的是，尽管可以利用专家辅助审计工作，但审计机关或审计人员需对专家胜任能力和独立性、专家意见作出正确的评估，并对专家的最终意见负责。

7. 综合分析法。除了上述单个审计方法外，还需要运用综合分析法。综合分析项目、专项的各个绩效指标的实现情况，形成对项目、专项整体的预算绩效实施情况审计结论，综合分析研判同类型的多个项目、专项的预算绩效审计结论，形成对相应项目、专项所涉及的行业、地区的预算绩效实施情况的总体判断。具体而言，基于将专项或项目实际产出成果与预算绩效目标总体予以对比的思路，将专项或项目立项规范、绩效目标设置合理性、绩效指标明确性，与业务和财务管理制度健全性和执行有效性、资金落实情况、资金使用与监控、专项或项目实际产出、专项或项目效益单项审计的具体结果综合起来，判断专项、项目整体绩效或者某地区、全国范围内专项、项目绩效目标和所涉及政策目标实现程度，分析各个指标实际完成情况与预算绩效目标的差异，确定预算绩效目标设置和执行中存在的问题，从主观与客观、宏观与微观等角度分析导致绩效差异的原因，从而在政策制定、决策、项目或专项执行和管理、财务管理等方面提出改进建议。

此外，预算绩效审计中还会运用到成本效益分析法、因素分析法、座谈会法、研讨会法、案例研究法、公众评判法、最低成本法和一些数理统计方法等，这里不再一一阐述。

（撰稿人：杨亚军　张巧婷）

重要财经审计法规文件

中共中央 国务院关于全面加强生态环境保护 坚决打好污染防治攻坚战的意见

2018年6月16日

良好生态环境是实现中华民族永续发展的内在要求，是增进民生福祉的优先领域。为深入学习贯彻习近平新时代中国特色社会主义思想和党的十九大精神，决胜全面建成小康社会，全面加强生态环境保护，打好污染防治攻坚战，提升生态文明，建设美丽中国，现提出如下意见。

一、深刻认识生态环境保护面临的形势

党的十八大以来，以习近平同志为核心的党中央把生态文明建设作为统筹推进"五位一体"总体布局和协调推进"四个全面"战略布局的重要内容，谋划开展了一系列根本性、长远性、开创性工作，推动生态文明建设和生态环境保护从实践到认识发生了历史性、转折性、全局性变化。各地区各部门认真贯彻落实党中央、国务院决策部署，生态文明建设和生态环境保护制度体系加快形成，全面节约资源有效推进，大气、水、土壤污染防治行动计划深入实施，生态系统保护和修复重大工程进展顺利，核与辐射安全得到有效保障，生态文明建设成效显著，美丽中国建设迈出重要步伐，我国成为全球生态文明建设的重要参与者、贡献者、引领者。

同时，我国生态文明建设和生态环境保护面临不少困难和挑战，存在许多不足。一些地方和部门对生态环境保护认识不到位，责任落实不到位；经济社会发展同生态环境保护的矛盾仍然突出，资源环境承载能力已经达到或接近上限；城乡区域统筹不够，新老环境问题交织，区域性、布局性、结构性环境风险凸显，重污染天气、黑臭水体、垃圾围城、生态破坏等问题时有发生。这些问题，成为重要的民生之患、民心之痛，成为经济社会可持续发展的瓶颈制约，成为全面建成小康社会的明显短板。

进入新时代，解决人民日益增长的美好生活需要和不平衡不充分的发展之间的矛盾对生态环境保护提出许多新要求。当前，生态文明建设正处于压力叠加、负重前行的关键期，已进入提供更多优质生态产品以满足人民日益增长的优美生态环境需要的攻坚期，也到了有条件有能力解决突出生态环境问题的窗口期。必须加大力度、加快治理、加紧攻坚，打好标志性的重大战役，为人民创造良好生产生活环境。

二、深入贯彻习近平生态文明思想

习近平总书记传承中华民族传统文化、顺应时代潮流和人民意愿，站在坚持和发展中国特色社会主义、实现中华民族伟大复兴中国梦的战略高度，深刻回答了为什么建设生态文明、建设什么样的生态文明、怎样建设生态文明等重大理论和实践问题，系统形成了习近平生态文明思想，有力指导生态文明建设和生态环境保护取得历史性成就、发生历史性变革。

坚持生态兴则文明兴。建设生态文明是关系中华民族永续发展的根本大计，功在当代、利在千秋，关系人民福祉，关乎民族未来。

坚持人与自然和谐共生。保护自然就是保护人类，建设生态文明就是造福人类。必须尊重自然、顺应自然、保护自然，像保护眼睛一样保护生态环境，像对待生命一样对待生态环境，推动形成人与自然和谐发展现代化建设新格局，还自然以宁静、和谐、美丽。

坚持绿水青山就是金山银山。绿水青山既是

自然财富、生态财富，又是社会财富、经济财富。保护生态环境就是保护生产力，改善生态环境就是发展生产力。必须坚持和贯彻绿色发展理念，平衡和处理好发展与保护的关系，推动形成绿色发展方式和生活方式，坚定不移走生产发展、生活富裕、生态良好的文明发展道路。

坚持良好生态环境是最普惠的民生福祉。生态文明建设同每个人息息相关。环境就是民生，青山就是美丽，蓝天也是幸福。必须坚持以人民为中心，重点解决损害群众健康的突出环境问题，提供更多优质生态产品。

坚持山水林田湖草是生命共同体。生态环境是统一的有机整体。必须按照系统工程的思路，构建生态环境治理体系，着力扩大环境容量和生态空间，全方位、全地域、全过程开展生态环境保护。

坚持用最严格制度最严密法治保护生态环境。保护生态环境必须依靠制度、依靠法治。必须构建产权清晰、多元参与、激励约束并重、系统完整的生态文明制度体系，让制度成为刚性约束和不可触碰的高压线。

坚持建设美丽中国全民行动。美丽中国是人民群众共同参与共同建设共同享有的事业。必须加强生态文明宣传教育，牢固树立生态文明价值观念和行为准则，把建设美丽中国化为全民自觉行动。

坚持共谋全球生态文明建设。生态文明建设是构建人类命运共同体的重要内容。必须同舟共济、共同努力，构筑尊崇自然、绿色发展的生态体系，推动全球生态环境治理，建设清洁美丽世界。

习近平生态文明思想为推进美丽中国建设、实现人与自然和谐共生的现代化提供了方向指引和根本遵循，必须用以武装头脑、指导实践、推动工作。要教育广大干部增强“四个意识”，树立正确政绩观，把生态文明建设重大部署和重要任务落到实处，让良好生态环境成为人民幸福生活的增长点、成为经济社会持续健康发展的支撑点、成为展现我国良好形象的发力点。

三、全面加强党对生态环境保护的领导

加强生态环境保护、坚决打好污染防治攻坚战是党和国家的重大决策部署，各级党委和政府要强化对生态文明建设和生态环境保护的总体设计和组织领导，统筹协调处理重大问题，指导、推动、督促各地区各部门落实党中央、国务院重大政策措施。

（一）落实党政主体责任。落实领导干部生态文明建设责任制，严格实行党政同责、一岗双责。地方各级党委和政府必须坚决扛起生态文明建设和生态环境保护的政治责任，对本行政区域的生态环境保护工作及生态环境质量负总责，主要负责人是本行政区域生态环境保护第一责任人，至少每季度研究一次生态环境保护工作，其他有关领导成员在职责范围内承担相应责任。各地要制定责任清单，把任务分解落实到有关部门。抓紧出台中央和国家机关相关部门生态环境保护责任清单。各相关部门要履行好生态环境保护职责，制定生态环境保护年度工作计划和措施。各地区各部门落实情况每年向党中央、国务院报告。

健全环境保护督察机制。完善中央和省级环境保护督察体系，制定环境保护督察工作规定，以解决突出生态环境问题、改善生态环境质量、推动高质量发展为重点，夯实生态文明建设和生态环境保护政治责任，推动环境保护督察向纵深发展。完善督查、交办、巡查、约谈、专项督察机制，开展重点区域、重点领域、重点行业专项督察。

（二）强化考核问责。制定对省（自治区、直辖市）党委、人大、政府以及中央和国家机关有关部门污染防治攻坚战成效考核办法，对生态环境保护立法执法情况、年度工作目标任务完成情况、生态环境质量状况、资金投入使用情况、公众满意程度等相关方面开展考核。各地参照制定考核实施细则。开展领导干部自然资源资产离任审计。考核结果作为领导班子和领导干部综合考核评价、奖惩任免的重要依据。

严格责任追究。对省（自治区、直辖市）党委和政府以及负有生态环境保护责任的中央和国家机关有关部门贯彻落实党中央、国务院决策部署不坚决不彻底、生态文明建设和生态环境保护责任制执行不到位、污染防治攻坚任务完成严重滞后、区域生态环境问题突出的，约谈主要负责人，同时责成其向党中央、国务院作出深刻检查。对年度目标任务未完成、考核不合格的市、县，党政主要负责人和相关领导班子成员不得评优评先。对在生态环境方面造成严重破坏负有责任的干部，不得提拔使用或者转任重要职务。对不顾生态环境盲目决策、违法违规审批开发利用规划和建设项目的，对造成生态环境质量恶化、生态严重破坏的，对生态环境事件多发高发、应对不力、群众反映强烈的，对生态环境保护责任没有落实、推诿扯皮、没有完成工作任务的，依纪依法严格问责、终身追责。

四、总体目标和基本原则

（一）总体目标。到 2020 年，生态环境质量总体改善，主要污染物排放总量大幅减少，环境风险得到有效管控，生态环境保护水平同全面建成小康社会目标相适应。

具体指标：全国细颗粒物（$PM_{2.5}$）未达标地级及以上城市浓度比 2015 年下降 18%以上，地级及以上城市空气质量优良天数比率达到 80%以上；全国地表水Ⅰ—Ⅲ类水体比例达到 70%以上，劣Ⅴ类水体比例控制在 5%以内；近岸海域水质优良（一、二类）比例达到 70%左右；二氧化硫、氮氧化物排放量比 2015 年减少 15%以上，化学需氧量、氨氮排放量减少 10%以上；受污染耕地安全利用率达到 90%左右，污染地块安全利用率达到 90%以上；生态保护红线面积占比达到 25%左右；森林覆盖率达到 23.04%以上。

通过加快构建生态文明体系，确保到 2035 年节约资源和保护生态环境的空间格局、产业结构、生产方式、生活方式总体形成，生态环境质量实现根本好转，美丽中国目标基本实现。到二十一世纪中叶，生态文明全面提升，实现生态环境领域国家治理体系和治理能力现代化。

（二）基本原则。

——坚持保护优先。落实生态保护红线、环境质量底线、资源利用上线硬约束，深化供给侧结构性改革，推动形成绿色发展方式和生活方式，坚定不移走生产发展、生活富裕、生态良好的文明发展道路。

——强化问题导向。以改善生态环境质量为核心，针对流域、区域、行业特点，聚焦问题、分类施策、精准发力，不断取得新成效，让人民群众有更多获得感。

——突出改革创新。深化生态环境保护体制机制改革，统筹兼顾、系统谋划，强化协调、整合力量，区域协作、条块结合，严格环境标准，完善经济政策，增强科技支撑和能力保障，提升生态环境治理的系统性、整体性、协同性。

——注重依法监管。完善生态环境保护法律法规体系，健全生态环境保护行政执法和刑事司法衔接机制，依法严惩重罚生态环境违法犯罪行为。

——推进全民共治。政府、企业、公众各尽其责、共同发力，政府积极发挥主导作用，企业主动承担环境治理主体责任，公众自觉践行绿色生活。

五、推动形成绿色发展方式和生活方式

坚持节约优先，加强源头管控，转变发展方式，培育壮大新兴产业，推动传统产业智能化、清洁化改造，加快发展节能环保产业，全面节约能源资源，协同推动经济高质量发展和生态环境高水平保护。

（一）促进经济绿色低碳循环发展。对重点区域、重点流域、重点行业和产业布局开展规划环评，调整优化不符合生态环境功能定位的产业布局、规模和结构。严格控制重点流域、重点区域环境风险项目。对国家级新区、工业园区、高新区等进行集中整治，限期进行达标改造。加快城市建成区、重点流域的重污染企业和危险化学品企业搬迁改造，2018 年年底前，相关城市政府就此制订专项计划并向社会公开。促进传统产业优化升级，构建绿色产业链体系。继续化解过剩产能，严禁钢铁、水泥、电解铝、平板玻璃等行业新增产能，对确有必要新建的必须实施等量或减量置换。加快推进危险化学品生产企业搬迁改造工程。提高污染排放标准，加大钢铁等重点行业落后产能淘汰力度，鼓励各地制定范围更广、标准更严的落后产能淘汰政策。构建市场导向的绿色技术创新体系，强化产品全生命周期绿色管理。大力发展节能环保产业、清洁生产产业、清洁能源产业，加强科技创新引领，着力引导绿色消费，大力提高节能、环保、资源循环利用等绿色产业技术装备水平，培育发展一批骨干企业。大力发展节能和环境服务业，推行合同能源管理、合同节水管理，积极探索区域环境托管服务等新模式。鼓励新业态发展和模式创新。在能源、冶金、建材、有色、化工、电镀、造纸、印染、农副食品加工等行业，全面推进清洁生产改造或清洁化改造。

（二）推进能源资源全面节约。强化能源和水资源消耗、建设用地等总量和强度双控行动，实行最严格的耕地保护、节约用地和水资源管理制度。实施国家节水行动，完善水价形成机制，推进节水型社会和节水型城市建设，到2020年，全国用水总量控制在6700亿立方米以内。健全节能、节水、节地、节材、节矿标准体系，大幅降低重点行业和企业能耗、物耗，推行生产者责任延伸制度，实现生产系统和生活系统循环链接。鼓励新建建筑采用绿色建材，大力发展装配式建筑，提高新建绿色建筑比例。以北方采暖地区为重点，推进既有居住建筑节能改造。积极应对气候变化，采取有力措施确保完成2020年控制温室气体排放行动目标。扎实推进全国碳排放权交易市场建设，统筹深化低碳试点。

（三）引导公众绿色生活。加强生态文明宣传教育，倡导简约适度、绿色低碳的生活方式，反对奢侈浪费和不合理消费。开展创建绿色家庭、绿色学校、绿色社区、绿色商场、绿色餐馆等行动。推行绿色消费，出台快递业、共享经济等新业态的规范标准，推广环境标志产品、有机产品等绿色产品。提倡绿色居住，节约用水用电，合理控制夏季空调和冬季取暖室内温度。大力发展公共交通，鼓励自行车、步行等绿色出行。

六、坚决打赢蓝天保卫战

编制实施打赢蓝天保卫战三年作战计划，以京津冀及周边、长三角、汾渭平原等重点区域为主战场，调整优化产业结构、能源结构、运输结构、用地结构，强化区域联防联控和重污染天气应对，进一步明显降低$PM_{2.5}$浓度，明显减少重污染天数，明显改善大气环境质量，明显增强人民的蓝天幸福感。

（一）加强工业企业大气污染综合治理。全面整治“散乱污”企业及集群，实行拉网式排查和清单式、台账式、网格化管理，分类实施关停取缔、整合搬迁、整改提升等措施，京津冀及周边区域2018年年底前完成，其他重点区域2019年年底前完成。坚决关停用地、工商手续不全并难以通过改造达标的企业，限期治理可以达标改造的企业，逾期依法一律关停。强化工业企业无组织排放管理，推进挥发性有机物排放综合整治，开展大气氨排放控制试点。到2020年，挥发性有机物排放总量比2015年下降10%以上。重点区域和大气污染严重城市加大钢铁、铸造、炼焦、建材、电解铝等产能压减力度，实施大气污染物特别排放限值。加大排放高、污染重的煤电机组淘汰力度，在重点区域加快推进。到2020年，具备改造条件的燃煤电厂全部完成超低排放改造，重点区域不具备改造条件的高污染燃煤电厂逐步关停。推动钢铁等行业超低排放改造。

（二）大力推进散煤治理和煤炭消费减量替代。增加清洁能源使用，拓宽清洁能源消纳渠道，落实可再生能源发电全额保障性收购政策。安全高效发展核电。推动清洁低碳能源优先上网。加快重点输电通道建设，提高重点区域接受外输电比例。因地制宜、加快实施北方地区冬季清洁取暖五年规划。鼓励余热、浅层地热能等清洁能源取暖。加强煤层气（煤矿瓦斯）综合利用，实施生物天然气工程。到2020年，京津冀及周边、汾渭平原的平原地区基本完成生活和冬季取暖散煤替代；北京、天津、河北、山东、河南及珠三角区域煤炭消费总量比2015年均下降10%左右，上海、江苏、浙江、安徽及汾渭平原煤炭消费总量均下降5%左右；重点区域基本淘汰每小时35蒸吨以下燃煤锅炉。推广清洁高效燃煤锅炉。

（三）打好柴油货车污染治理攻坚战。以开展柴油货车超标排放专项整治为抓手，统筹开展油、路、车治理和机动车船污染防治。严厉打击生产销售不达标车辆、排放检验机构检测弄虚作假等违法行为。加快淘汰老旧车，鼓励清洁能源车辆、船舶的推广使用。建设“天地车人”一体化的机动车排放监控系统，完善机动车遥感监测网络。推进钢铁、电力、电解铝、焦化等重点工业企业和工业园区货物由公路运输转向铁路运输。显著提高重点区域大宗货物铁路水路货运比例，提高沿海港口集装箱铁路集疏港比例。重点区域提前实施机动车国六排放标准，严格实施船舶和非道路移动机械大气排放标准。鼓励淘汰老旧船舶、工程机械和农业机械。落实珠三角、长三角、环渤海京津冀水域船舶排放控制区管理政策，全国主要港口和排放控制区内港口靠港船舶率先使用岸电。到2020年，长江干线、西江航运干线、京杭运河水上服务区和待闸锚地基本具备船舶岸电供应能力。2019年1月1日起，全国供应符合国六标准的车用汽油和车用柴油，力争重点区域提前供应。尽快实现车用柴油、普通柴油和部分船舶用油标准并轨。内河和江海直达船舶必须使用硫含量不大于10毫克/千克的柴油。严厉打击生产、销售和使用非标车（船）用燃料行为，彻底清除黑加油站点。

（四）强化国土绿化和扬尘管控。积极推进露天矿山综合整治，加快环境修复和绿化。开展大规模国土绿化行动，加强北方防沙带建设，实施京津风沙源治理工程、重点防护林工程，增加林草覆盖率。在城市功能疏解、更新和调整中，将腾退空间优先用于留白增绿。落实城市道路和城市范围内施工工地等扬尘管控。

（五）有效应对重污染天气。强化重点区域联防联控联治，统一预警分级标准、信息发布、应急响应，提前采取应急减排措施，实施区域应急联动，有效降低污染程度。完善应急预案，明确政府、部门及企业的应急责任，科学确定重污染期间管控措施和污染源减排清单。指导公众做好重污染天气健康防护。推进预测预报预警体系建设，2018年年底前，进一步提升国家级空气质量预报能力，区域预报中心具备7至10天空气质量预报能力，省级预报中心具备7天空气质量预报能力并精确到所辖各城市。重点区域采暖季节，对钢铁、焦化、建材、铸造、电解铝、化工等重点行业企业实施错峰生产。重污染期间，对钢铁、焦化、有色、电力、化工等涉及大宗原材料及产品运输的重点企业实施错峰运输；强化城市建设施工工地扬尘管控措施，加强道路机扫。依法严禁秸秆露天焚烧，全面推进综合利用。到2020年，地级及以上城市重污染天数比2015年减少25%。

七、着力打好碧水保卫战

深入实施水污染防治行动计划，扎实推进河长制湖长制，坚持污染减排和生态扩容两手发力，加快工业、农业、生活污染源和水生态系统整治，保障饮用水安全，消除城市黑臭水体，减少污染严重水体和不达标水体。

（一）打好水源地保护攻坚战。加强水源水、出厂水、管网水、末梢水的全过程管理。划定集中式饮用水水源保护区，推进规范化建设。强化南水北调水源地及沿线生态环境保护。深化地下水污染防治。全面排查和整治县级及以上城市水源保护区内的违法违规问题，长江经济带于2018年年底前、其他地区于2019年年底前完成。单一水源供水的地级及以上城市应当建设应急水源或备用水源。定期监（检）测、评估集中式饮用水水源、供水单位供水和用户水龙头水质状况，县级及以上城市至少每季度向社会公开一次。

（二）打好城市黑臭水体治理攻坚战。实施城镇污水处理“提质增效”三年行动，加快补齐城镇污水收集和处理设施短板，尽快实现污水管网全覆盖、全收集、全处理。完善污水处理收费政策，各地要按规定将污水处理收费标准尽快调整到位，原则上应补偿到污水处理和污泥处置设施正常运营并合理盈利。对中西部地区，中央财政给予适当支持。加强城市初期雨水收集处理设施建设，有效减少城市面源污染。到2020年，地级及以上城市建成区黑臭水体消除比例达90%以上。鼓励京津冀、长三角、珠三角区域城市建成区尽早全面消除黑臭水体。

（三）打好长江保护修复攻坚战。开展长江流域生态隐患和环境风险调查评估，划定高风险区域，从严实施生态环境风险防控措施。优化长江经济带产业布局和规模，严禁污染型产业、企业向上中游地区转移。排查整治入河入湖排污口及不达标水体，市、县级政府制定实施不达标水体限期达标规划。到2020年，长江流域基本消除劣Ⅴ类水体。强化船舶和港口污染防治，现有船舶到2020年全部完成达标改造，港口、船舶修造厂环卫设施、污水处理设施纳入城市设施建设规划。加强沿河环湖生态保护，修复湿地等水生态系统，因地制宜建设人工湿地水质净化工程。实施长江流域上中游水库群联合调度，保障干流、主要支流和湖泊基本生态用水。

（四）打好渤海综合治理攻坚战。以渤海海区的渤海湾、辽东湾、莱州湾、辽河口、黄河口等为重点，推动河口海湾综合整治。全面整治入海污染源，规范入海排污口设置，全部清理非法排污口。严格控制海水养殖等造成的海上污染，推进海洋垃圾防治和清理。率先在渤海实施主要污染物排海总量控制制度，强化陆海污染联防联控，加强入海河流治理与监管。实施最严格的围填海和岸线开发管控，统筹安排海洋空间利用活动。渤海禁止审批新增围填海项目，引导符合国家产业政策的项目消化存量围填海资源，已审批但未开工的项目要依法重新进行评估和清理。

（五）打好农业农村污染治理攻坚战。以建设美丽宜居村庄为导向，持续开展农村人居环境整治行动，实现全国行政村环境整治全覆盖。到2020年，农村人居环境明显改善，村庄环境基本干净整洁有序，东部地区、中西部城市近郊区等有基础、有条件的地区人居环境质量全面提升，管护长效机制初步建立；中西部有较好基础、基本具备条件的地区力争实现90%左右的村庄生活垃圾得到治理，卫生厕所普及率达到85%左右，生活污水乱排乱放得到管控。减少化肥农药使用量，制修订并严格执行化肥农药等农业投入品质量标准，严格控制高毒高风险农药使用，推进有机肥替代化肥、病虫害绿色防控替代化学防治和废弃农膜回收，完善废旧地膜和包装废弃物等回收处理制度。到2020年，化肥农药使用量实现零增长。坚持种植和养殖相结合，就地就近消纳利用畜禽养殖废弃物。合理布局水产养殖空间，深入推进水产健康养殖，开展重点江河湖库及重点近岸海域破坏生态环境的养殖方式综合整治。到2020年，全国畜禽粪污综合利用率达到75%以上，规模养殖场粪污处理设施装备配套率达到95%以上。

八、扎实推进净土保卫战

全面实施土壤污染防治行动计划，突出重点区域、行业和污染物，有效管控农用地和城市建设用地土壤环境风险。

（一）强化土壤污染管控和修复。加强耕地土壤环境分类管理。严格管控重度污染耕地，严禁在重度污染耕地种植食用农产品。实施耕地土壤环境治理保护重大工程，开展重点地区涉重金属行业排查和整治。2018年年底前，完成农用地土壤污染状况详查。2020年年底前，编制完成耕地土壤环境质量分类清单。建立建设用地土壤污染风险管控和修复名录，列入名录且未完成治理修复的地块不得作为住宅、公共管理与公共服务用地。建立污染地块联动监管机制，将建设用地土壤环境管理要求纳入用地规划和供地管理，严格控制用地准入，强化暂不开发污染地块的风险管控。2020年年底前，完成重点行业企业用地土壤污染状况调查。严格土壤污染重点行业企业搬迁改造过程中拆除活动的环境监管。

（二）加快推进垃圾分类处理。到2020年，实现所有城市和县城生活垃圾处理能力全覆盖，基本完成非正规垃圾堆放点整治；直辖市、计划单列市、省会城市和第一批分类示范城市基本建成生活垃圾分类处理系统。推进垃圾资源化利用，大力发展垃圾焚烧发电。推进农村垃圾就地分类、资源化利用和处理，建立农村有机废弃物收集、转化、利用网络体系。

（三）强化固体废物污染防治。全面禁止洋垃圾入境，严厉打击走私，大幅减少固体废物进口种类和数量，力争2020年年底前基本实现固体废物零进口。开展“无废城市”试点，推动固体废物资源化利用。调查、评估重点工业行业危险废物产生、贮存、利用、处置情况。完善危险废物经营许可、转移等管理制度，建立信息化监管体系，提升危险废物处理处置能力，实施全过程监管。严厉打击危险废物非法跨界转移、倾倒等违法犯罪活动。深入推进长江经济带固体废物大排查活动。评估有毒有害化学品在生态环境中的风险状况，严格限制高风险化学品生产、使用、进出口，并逐步淘汰、替代。

九、加快生态保护与修复

坚持自然恢复为主，统筹开展全国生态保护与修复，全面划定并严守生态保护红线，提升生态系统质量和稳定性。

（一）划定并严守生态保护红线。按照应保尽保、应划尽划的原则，将生态功能重要区域、生态环境敏感脆弱区域纳入生态保护红线。到2020年，全面完成全国生态保护红线划定、勘界定标，形成生态保护红线全国“一张图”，实现一条红线管控重要生态空间。制定实施生态保护红线管理办法、保护修复方案，建设国家生态保护红线监管平台，开展生态保护红线监测预警与评估考核。

（二）坚决查处生态破坏行为。2018年年底前，县级及以上地方政府全面排查违法违规挤占生态空间、破坏自然遗迹等行为，制定治理和修复计划并向社会公开。开展病危险尾矿库和“头顶库”专项整治。持续开展“绿盾”自然保护区监督检查专项行动，严肃查处各类违法违规行为，限期进行整治修复。

（三）建立以国家公园为主体的自然保护地体系。到2020年，完成全国自然保护区范围界限核准和勘界立标，整合设立一批国家公园，自然保护地相关法规和管理制度基本建立。对生态严重退化地区实行封禁管理，稳步实施退耕还林还草和退牧还草，扩大轮作休耕试点，全面推行草原禁牧休牧和草畜平衡制度。依法依规解决自然保护地内的矿业权合理退出问题。全面保护天然林，推进荒漠化、石漠化、水土流失综合治理，强化湿地保护和恢复。加强休渔禁渔管理，推进长江、渤海等重点水域禁捕限捕，加强海洋牧场建设，加大渔业资源增殖放流。推动耕地草原森林河流湖泊海洋休养生息。

十、改革完善生态环境治理体系

深化生态环境保护管理体制改革，完善生态环境管理制度，加快构建生态环境治理体系，健全保障举措，增强系统性和完整性，大幅提升治理能力。

（一）完善生态环境监管体系。整合分散的生态环境保护职责，强化生态保护修复和污染防治统一监管，建立健全生态环境保护领导和管理体制、激励约束并举的制度体系、政府企业公众共治体系。全面完成省以下生态环境机构监测监察执法垂直管理制度改革，推进综合执法队伍特别是基层队伍的能力建设。完善农村环境治理体制。健全区域流域海域生态环境管理体制，推进跨地区环保机构试点，加快组建流域环境监管执法机构，按海域设置监管机构。建立独立权威高效的生态环境监测体系，构建天地一体化的生态环境监测网络，实现国家和区域生态环境质量预报预警和质控，按照适度上收生态环境质量监测事权的要求加快推进有关工作。省级党委和政府加快确定生态保护红线、环境质量底线、资源利用上线，制定生态环境准入清单，在地方立法、政策制定、规划编制、执法监管中不得变通突破、降低标准，不符合不衔接不适应的于2020年年底前完成调整。实施生态环境统一监管。推行生态环境损害赔偿制度。编制生态环境保护规划，开展全国生态环境状况评估，建立生态环境保护综合监控平台。推动生态文明示范创建、绿水青山就是金山银山实践创新基地建设活动。

严格生态环境质量管理。生态环境质量只能更好、不能变坏。生态环境质量达标地区要保持稳定并持续改善；生态环境质量不达标地区的市、县级政府，要于2018年年底前制定实施限期达标规划，向上级政府备案并向社会公开。加快推行排污许可制度，对固定污染源实施全过程管理和多污染物协同控制，按行业、地区、时限核发排污许可证，全面落实企业治污责任，强化证后监管和处罚。在长江经济带率先实施入河污染源排放、排污口排放和水体水质联动管理。2020年，将排污许可证制度建设成为固定源环境管理核心制度，实现“一证式”管理。健全环保信用评价、信息强制性披露、严惩重罚等制度。将企业环境信用信息纳入全国信用信息共享平台和国家企业信用信息公示系统，依法通过“信用中国”网站和国家企业信用信息公示系统向社会公示。监督上市公司、发债企业等市场主体全面、及时、准确地披露环境信息。建立跨部门联合奖惩机制。完善国家核安全工作协调机制，强化对核安全工作的统筹。

（二）健全生态环境保护经济政策体系。资金投入向污染防治攻坚战倾斜，坚持投入同攻坚任务相匹配，加大财政投入力度。逐步建立常态化、稳定的财政资金投入机制。扩大中央财政支持北方地区清洁取暖的试点城市范围，国有资本要加大对污染防治的投入。完善居民取暖用气用电定价机制和补贴政策。增加中央财政对国家重点生态功能区、生态保护红线区域等生态功能重要地区的转移支付，继续安排中央预算内投资对重点生态功能区给予支持。各省（自治区、直辖市）合理确定补偿标准，并逐步提高补偿水平。完善助力绿色产业发展的价格、财税、投资等政策。大力发展绿色信贷、绿色债券等金融产品。设立国家绿色发展基金。落实有利于资源节约和生态环境保护的价格政策，落实相关税收优惠政策。研究对从事污染防治的第三方企业比照高新技术企业实行所得税优惠政策，研究出台“散乱污”企业综合治理激励政策。推动环境污染责任保险发展，在环境高风险领域建立环境污染强制责任保险制度。推进社会化生态环境治理和保护。采用直接投资、投资补助、运营补贴等方式，规范支持政府和社会资本合作项目；对政府实施的环境绩效合同服务项目，公共财政支付水平同治理绩效挂钩。鼓励通过政府购买服务方式实施生态环境治理和保护。

（三）健全生态环境保护法治体系。依靠法治保护生态环境，增强全社会生态环境保护法治意识。加快建立绿色生产消费的法律制度和政策导向。加快制定和修改土壤污染防治、固体废物污染防治、长江生态环境保护、海洋环境保护、国家公园、湿地、生态环境监测、排污许可、资源综合利用、空间规划、碳排放权交易管理等方面的法律法规。鼓励地方在生态环境保护领域先于国家进行立法。建立生态环境保护综合执法机关、公安机关、检察机关、审判机关信息共享、案情通报、案件移送制度，完善生态环境保护领域民事、行政公益诉讼制度，加大生态环境违法犯罪行为的制裁和惩处力度。加强涉生态环境保护的司法力量建设。整合组建生态环境保护综合执法队伍，统一实行生态环境保护执法。将生态环境保护综合执法机构列入政府行政执法机构序列，推进执法规范化建设，统一着装、统一标识、统一证件、统一保障执法用车和装备。

（四）强化生态环境保护能力保障体系。增强科技支撑，开展大气污染成因与治理、水体污染控制与治理、土壤污染防治等重点领域科技攻关，实施京津冀环境综合治理重大项目，推进区域性、流域性生态环境问题研究。完成第二次全国污染源普查。开展大数据应用和环境承载力监测预警。开展重点区域、流域、行业环境与健康调查，建立风险监测网络及风险评估体系。健全跨部门、跨区域环境应急协调联动机制，建立全国统一的环境应急预案电子备案系统。国家建立环境应急物资储备信息库，省、市级政府建设环境应急物资储备库，企业环境应急装备和储备物资应纳入储备体系。落实全面从严治党要求，建设规范化、标准化、专业化的生态环境保护人才队伍，打造政治强、本领高、作风硬、敢担当，特别能吃苦、特别能战斗、特别能奉献的生态环境保护铁军。按省、市、县、乡不同层级工作职责配备相应工作力量，保障履职需要，确保同生态环境保护任务相匹配。加强国际交流和履约能力建设，推进生态环境保护国际技术交流和务实合作，支撑核安全和核电共同走出去，积极推动落实 2030 年可持续发展议程和绿色“一带一路”建设。

（五）构建生态环境保护社会行动体系。把生态环境保护纳入国民教育体系和党政领导干部培训体系，推进国家及各地生态环境教育设施和场所建设，培育普及生态文化。公共机构尤其是党政机关带头使用节能环保产品，推行绿色办公，创建节约型机关。健全生态环境新闻发布机制，充分发挥各类媒体作用。省、市两级要依托党报、电视台、政府网站，曝光突出环境问题，报道整改进展情况。建立政府、企业环境社会风险预防与化解机制。完善环境信息公开制度，加强重特大突发环境事件信息公开，对涉及群众切身利益的重大项目及时主动公开。2020 年年底前，地级及以上城市符合条件的环保设施和城市污水垃圾处理设施向社会开放，接受公众参观。强化排污者主体责任，企业应严格守法，规范自身环境行为，落实资金投入、物资保障、生态环境保护措施和应急处置主体责任。实施工业污染源全面达标排放计划。2018 年年底前，重点排污单位全部安装自动在线监控设备并同生态环境主管部门联网，依法公开排污信息。到 2020 年，实现长江经济带入河排污口监测全覆盖，并将监测数据纳入长江经济带综合信息平台。推动环保社会组织和志愿者队伍规范健康发展，引导环保社会组织依法开展生态环境保护公益诉讼等活动。按照国家有关规定表彰对保护和改善生态环境有显著成绩的单位和个人。完善公众监督、举报反馈机制，保护举报人的合法权益，鼓励设立有奖举报基金。

新思想引领新时代，新使命开启新征程。让我们更加紧密地团结在以习近平同志为核心的党中央周围，以习近平新时代中国特色社会主义思想为指导，不忘初心、牢记使命，锐意进取、勇于担当，全面加强生态环境保护，坚决打好污染防治攻坚战，为决胜全面建成小康社会、实现中华民族伟大复兴的中国梦不懈奋斗。

中共中央　国务院关于完善国有金融资本管理的指导意见

2018 年 6 月 30 日

国有金融资本是推进国家现代化、维护国家金融安全的重要保障，是我们党和国家事业发展的重要物质基础和政治基础。国有金融机构是服务实体经济、防控金融风险、深化金融改革的重要支柱，是促进经济和金融良性循环健康发展的重要力量。近年来，我国国有金融资本规模稳步增长，实力日益壮大，管理体制机制不断健全，国有金融机构改革持续推进，运营效益明显提升，为促进社会主义市场经济平稳健康发展作出了重要贡献。但也要看到，当前国有金融资本管理还存在职责分散、权责不明、授权不清、布局不优，以及配置效率有待提高、法治建设不到位等矛盾和问题，需要进一步完善国有金融资本体制机制，优化管理制度。面向未来，在决胜全面建成小康社会、实现社会主义现代化和中华民族伟大复兴的进程中，要认真贯彻落实党中央、国务院决策部署，按照全国金融工作会议要求，继续发挥国有金融资本的重要作用，依法依规管住管好用好、坚定不移做强做优做大国有金融资本，不断增强国有经济的活力、控制力、影响力和抗风险能力。现就完善国有金融资本管理提出如下意见。

一、总体要求

（一）指导思想。高举中国特色社会主义伟大旗帜，以习近平新时代中国特色社会主义思想为指导，全面贯彻党的十九大和全国金融工作会议精神，坚持和完善社会主义基本经济制度，以依法保护各类产权为前提，以提高国有金融资本效益和国有金融机构活力、竞争力和可持续发展能力为中心，以尊重市场经济规律和企业发展规律为原则，以服务实体经济、防控金融风险、深化金融改革为导向，统筹国有金融资本战略布局，完善国有金融资本管理体制，优化国有金融资本管理制度，促进国有金融机构持续健康经营，为推动金融治理体系和治理能力现代化，保障国家金融安全，促进经济社会持续健康发展提供强大支撑。

（二）基本原则。

——坚持服务大局。毫不动摇地巩固和发展公有制经济，保持国有金融资本在金融领域的主导地位，保持国家对重点金融机构的控制力，更好服务于我国社会主义市场经济的发展。

——坚持统一管理。通过法治思维和法治方式推动国有金融资本管理制度创新。加强国有金融资本的统一管理、穿透管理和统计监测，强化国有产权的全流程监管，落实全口径报告制度。

——坚持权责明晰。厘清金融监管部门、履行国有金融资本出资人职责的机构和国有金融机构的权责，完善授权经营体系，清晰委托代理关系。放管结合，健全激励约束机制，严防国有金融资本流失。

——坚持问题导向。聚焦制约国有金融资本管理的问题和障碍，加强协调，统筹施策，理顺管理体制机制，完善基本管理制度，促进国有金融资本布局优化、运作规范和保值增值，切实维护资本安全。

——坚持党的领导。落实全面从严治党要求，加强国有金融机构党的领导和党的建设，推动管资本与管党建相结合，保证党的路线方针政策和重大决策部署不折不扣贯彻落实。

（三）主要目标。

建立健全国有金融资本管理的“四梁八柱”，优化国有金融资本战略布局，理顺国有金融资本管理体制，增强国有金融机构活力与控制力，促进国有金融资本保值增值，更好地实现服务实体经济、防控金融风险、深化金融改革三大基本任务。

——法律法规更加健全。制定出台国有金融资本管理法律法规，明晰出资人的法律地位，实现权由法授、权责法定。履行国有金融资本出资人职责的机构依法行使相关权利，按照权责匹配、权责对等原则，承担管理责任。

——资本布局更加合理。有进有退、突出重点，进一步提高国有金融资本配置效率，有效发挥国有金融资本在金融领域的主导作用，继续保持国家对重点国有金融机构的控制力，显著增强金融服务实体经济的能力。

——资本管理更加完善。以资本为纽带，以

产权为基础，规范委托代理关系，完善国有金融资本管理方式，创新资本管理机制，强化资本管理手段，发挥激励约束作用，加强基础设施建设，进一步提高管理的科学性、有效性。

——党的建设更加强化。加强党对国有金融机构的领导，强化国有金融机构党的建设，巩固党委（党组）在公司治理中的法定地位，发挥党委（党组）的领导作用，为国有金融资本管理提供坚强有力的政治保证、组织保证和人才支撑。

二、完善国有金融资本管理体制

国有金融资本是指国家及其授权投资主体直接或间接对金融机构出资所形成的资本和应享有的权益。凭借国家权力和信用支持的金融机构所形成的资本和应享有的权益，纳入国有金融资本管理，法律另有规定的除外。

（四）优化国有金融资本配置格局。统筹规划国有金融资本战略布局，适应经济发展需要，有进有退、有所为有所不为，合理调整国有金融资本在银行、保险、证券等行业的比重，提高资本配置效率，实现战略性、安全性、效益性目标的统一。既要减少对国有金融资本的过度占用，又要确保国有金融资本在金融领域保持必要的控制力。对于开发性和政策性金融机构，保持国有独资或全资的性质。对于涉及国家金融安全、外溢性强的金融基础设施类机构，保持国家绝对控制力。对于在行业中具有重要影响的国有金融机构，保持国有金融资本控制力和主导作用。对于处于竞争领域的其他国有金融机构，积极引入各类资本，国有金融资本可以绝对控股、相对控股，也可以参股。继续按照市场化原则，稳妥推进国有金融机构混合所有制改革。

（五）明确国有金融资本出资人职责。国有金融资本属于国家所有即全民所有。国务院代表国家行使国有金融资本所有权。国务院和地方政府依照法律法规，分别代表国家履行出资人职责。按照权责匹配、权责对等、权责统一的原则，各级财政部门根据本级政府授权，集中统一履行国有金融资本出资人职责。国务院授权财政部履行国有金融资本出资人职责。地方政府授权地方财政部门履行地方国有金融资本出资人职责。履行出资人职责的各级财政部门对相关金融机构，依法依规享有参与重大决策、选择管理者、享有收益等出资人权利，并应当依照法律法规和企业章程等规定，履职尽责，保障出资人权益。

（六）加强国有金融资本统一管理。完善国有金融资本管理体制，根据统一规制、分级管理的原则，财政部负责制定全国统一的国有金融资本管理规章制度。各级财政部门依法依规履行国有金融资本管理职责，负责组织实施基础管理、经营预算、绩效考核、负责人薪酬管理等工作。严格规范金融综合经营和产融结合，国有金融资本管理应当与实业资本管理相隔离，建立风险防火墙，避免风险相互传递。各级财政部门根据需要，可以分级分类委托其他部门、机构管理国有金融资本。

（七）明晰国有金融机构的权利与责任。充分尊重企业法人财产权利，赋予国有金融机构更大经营自主权和风险责任。国有金融机构应当严格遵守有关法律法规，加强经营管理，提高经济效益，接受政府及其有关部门、机构依法实施的管理和监督。国有金融机构应当依照法律法规以及企业章程等规定，积极支持国家重大战略实施，建立和完善法人治理结构，健全绩效考核、激励约束、风险控制、利润分配和内部监督管理制度，完善重大决策、重要人事任免、重大项目安排和大额度资金运作决策制度。

（八）以管资本为主加强资产管理。履行国有金融资本出资人职责的机构应当准确把握自身职责定位，科学界定出资人管理边界，按照相关法律法规，逐步建立管理权力和责任清单，更好地实现以管资本为主加强国有资产管理的目标。遵循实质重于形式的原则，以公司治理为基础，以产权监管为手段，对国有金融机构股权出资实施资本穿透管理，防止出现内部人控制。按照市场经济理念，积极发挥国有金融资本投资、运营公司作用，着力创新管理方式和手段，不断完善激励约束机制，提高国有金融资本管理的科学性、有效性。

（九）防范国有金融资本流失。强化国有金融资本内外部监督，严格股东资质和资金来源审查，加快形成全面覆盖、制约有力的监督体系。坚持出资人管理和监督的有机统一，强化出资人监督，动态监测国有金融资本运营。加强对国有金融资本重大布局调整、产权流转和境外投资的监督。

完善国有金融机构内部监督体系，明确相关部门监督职责，完善监事会监督制度，强化内部流程控制。加强审计、评估等外部监督和社会公众监督，依法依规、及时准确披露国有金融机构经营状况，提升国有金融资本运营透明度。

三、优化国有金融资本管理制度

（十）健全国有金融资本基础管理制度。建立健全全流程、全覆盖的国有金融资本基础管理体系，完善产权登记、产权评估、产权转让等管理制度，做好国有金融资本清产核资、资本金权属界定、统计分析等工作。加强金融企业国有产权流转管理，及时、全面、准确反映国有金融资本产权变动情况。规范金融企业产权进场交易流程，确保转让过程公开、透明。加强国有金融资本评估监管，独立、客观、公正地体现资产价值。整合金融行业投资者保险保障资源，完善国有重点金融机构恢复和处置机制，强化股东、实际控制人及债权人自我救助责任。

（十一）落实国有金融资本经营预算管理制度。按照统一政策、分级管理、全面覆盖的原则，加强金融机构国有资本收支管理。规范国家与国有金融机构的分配关系，全面完整反映国有金融资本经营收入，合理确定国有金融机构利润上缴比例，平衡好分红和资本补充。结合国有金融资本布局需要，不断优化国有金融资本经营预算支出结构，建立国有金融机构资本补充和动态调整机制，健全国有金融资本经营收益合理使用的有效机制。国有金融资本经营预算决算依法接受人大及其常委会的审查监督。

（十二）严格国有金融资本经营绩效考核制度。通过界定功能、划分类别，分行业明确差异化考核目标，实行分类定责、分类考核，提高考核的科学性、有效性，综合反映国有金融机构资产营运水平和社会贡献，推动金融机构加强经营管理，促进金融机构健康发展，有效服务国家战略。加强绩效考核结果运用，建立考核结果与企业负责人履职尽责情况、员工薪酬水平的奖惩联动机制。

（十三）健全国有金融机构薪酬管理制度。对国有金融机构领导人员实行与选任方式相匹配、与企业功能性质相适应、与绩效考核相挂钩的差异化薪酬分配办法。对党中央、国务院，地方党委和政府及相关机构任命的国有金融机构领导人员，建立正向激励机制，合理确定基本年薪、绩效年薪和任期激励收入。对市场化选聘的职业经理人，实行市场化薪酬分配机制。探索建立国有金融机构高管人员责任追究和薪酬追回制度。探索实施国有金融企业员工持股计划。

（十四）加强金融机构和金融管理部门财政财务监管。财政部门负责制定金融机构和金融管理部门财务预算制度，并监督执行。进一步完善金融企业财务规则，完善中国人民银行独立财务预算制度和其他金融监管部门财务制度，建立金融控股公司等金融集团和重点金融基础设施财务管理制度。各级财政部门依法对本级国有金融机构进行财务监管，规范企业财务行为，维护国有金融资本权益。继续加强银行、证券、保险、期货、信托等领域保障基金财政财务管理，健全财务风险监测与评价机制，防范和化解财务风险，保护相关各方合法权益。

四、促进国有金融机构持续健康经营

（十五）深化公司制股份制改革。加大国有金融机构公司制改革力度，推动具备条件的国有金融机构整体改制上市。推进凭借国家权力和信用支持的金融机构稳步实施公司制改革。根据不同金融机构的功能定位，逐步调整国有股权比例，形成股权结构多元、股东行为规范、内部约束有效、运行高效灵活的经营机制。

（十六）健全公司法人治理结构。规范股东（大）会、董事会、监事会与经营管理层关系，健全国有金融机构授权经营体系，出资人依法履行职责。推进董事会建设，完善决策机制，加强董事会在重大决策、选人用人和激励机制等方面的重要职责。按照市场监管与出资人职责相分离的原则，理顺国有金融机构管理体制。建立董事会与管理层制衡机制，规范董事长、总经理（总裁、行长）履职行为，建立健全权责对等、运转协调、有效制衡的国有金融机构决策执行监督机制，充分发挥股东（大）会的权力机构作用、董事会的决策机构作用、监事会的监督机构作用、高级管理层的执行机构作用、党委（党组）的领导作用。

（十七）建立国有金融机构领导人员分类分层管理制度。坚持党管干部原则与董事会依法产生、董事会依法选择经营管理者、经营管理者依法行使用人权相结合，不断创新实现形式。上级党组织和履行国有金融资本出资人职责的机构按照管理权限，加强对国有金融机构领导人员的管理，根据不同机构类别和层级，实行不同的选人用人方式。推行职业经理人制度，董事会按市场化方式选聘和管理职业经理人，并建立相应退出机制。

（十八）推动国有金融机构回归本源、专注主业。推动国有金融机构牢固树立与实体经济俱荣俱损理念，加强并改进对重点领域和薄弱环节的服务，围绕实体经济需要，开发新产品、开拓新业务。规范金融综合经营，依法合规开展股权投资，严禁国有金融企业凭借资金优势控制非金融企业。发挥好绩效目标的导向作用，引导国有金融机构把握好发展方向、战略定位、经营重点，突出主业、做精专业，提高稳健发展能力、服务能力与核心竞争力。

（十九）督促国有金融机构防范风险。强化国有金融机构防范风险的主体责任。推动国有金融机构细化完善内控体系，严守财务会计规则和金融监管要求，强化自身资本管理和偿付能力管理，保证充足的风险吸收能力。督促国有金融机构坚持审慎经营，加强风险源头控制，动态排查信用风险等各类风险隐患，健全风险防范和应急处置机制。规范产融结合，按照金融行业准入条件，严格限制和规范非金融企业投资参股国有金融企业，参股资金必须使用自有资金。各级财政部门、中央和国家机关有关部委以及地方政府不得干预金融监管部门依法监管。

五、加强党对国有金融机构的领导

（二十）充分发挥党委（党组）的领导作用。坚持党要管党、从严治党，坚持党对国有金融机构的领导不动摇，发挥党委（党组）的领导作用。坚持党的建设与国有金融机构改革同步谋划、党的组织及工作机构同步设置、党委（党组）负责人及党务工作人员同步配备、党建工作同步开展。国有金融机构党委（党组）把方向、管大局、保落实，重点管政治方向、领导班子、基本制度、重大决策和党的建设，切实承担好、落实好从严管党治党责任。把加强党的领导和完善公司治理统一起来，将党建工作总体要求纳入国有金融机构章程，明确国有金融机构党委（党组）在公司治理结构中的法定地位，规范党委（党组）参与重大决策的内容和程序规则，把党委（党组）会议研究讨论作为董事会决策重大问题的前置程序。合理确定党委（党组）领导班子成员和董事会、监事会、管理层双向进入、交叉任职比例。

（二十一）进一步加强领导班子和人才队伍建设。坚持党管干部原则，坚持好干部标准，建设高素质领导班子。按照对党忠诚、勇于创新、治企有方、兴企有为、清正廉洁的要求，选优配强国有金融机构一把手，认真落实“一岗双责”。把党委（党组）领导与董事会依法选聘管理层、管理层依法行使用人权有机结合起来，加大市场化选聘力度。健全领导班子考核制度。培养德才兼备的优秀管理人员，造就兼具经济金融理论与实践经验的复合型人才。制订金融高端人才计划，重视从一线发现人才，精准引进海外高层次人才，加快建立健全国有金融机构集聚人才的体制机制。

（二十二）切实落实全面从严治党“两个责任”。压紧压实国有金融机构党委（党组）主体责任和纪检监察机构监督责任。健全国有金融机构领导人员职业道德约束制度，加强党性教育、法治教育、警示教育，引导国有金融机构领导人员坚定理想信念，正确履职行权，廉洁从业，勤勉敬业。依法依规规范金融管理部门工作人员到金融机构从业行为，相关部门要制定实施细则，严格监督执行，限制金融管理部门工作人员离职后到原任职务管辖业务范围内的金融机构、原工作业务直接相关的金融机构工作，规范国有金融机构工作人员离职后到与原工作业务相关单位从业行为，完善国有金融管理部门和国有金融机构工作人员任职回避制度，杜绝里应外合、利益输送行为，防范道德风险。坚持运用法治思维和法治方式反腐败，完善标本兼治的制度体系，加强纪检监察、巡视监督和日常监管，严格落实中央八项规定及其实施细则精神，深入推进党风廉政建设和反腐败斗争，努力构筑国有金融机构领导人员不敢腐、不能腐、不想腐的有效机制。

六、协同推进强化落实

（二十三）加强法治建设。健全国有金融资本管理法律法规体系，做好相关法律法规的立改废释工作。按照法定程序，加快制定国有金融资本管理条例，明确授权经营体制，为完善国有金融资本管理体制机制夯实法律基础。研究建立统一的国有金融资本出资人制度，明确出资人的权利、义务和责任。完善和落实国有金融资本管理各项配套政策。

（二十四）加强协调配合。履行国有金融资本出资人职责的机构要与人民银行、金融监管部门加强沟通协调和信息共享，形成工作合力。履行国有金融资本出资人职责的机构在制定完善国有金融资本管理制度时，涉及其他金融管理部门有关监管职责的，应当主动征求有关部门意见。其他金融管理部门在制定发布相关监管政策时，要及时向履行国有金融资本出资人职责的机构通报相关情况。

（二十五）严格责任追究。建立健全国有金融机构重大决策失误和失职、渎职责任追究倒查机制，严厉查处侵吞、贪污、输送、挥霍国有金融资本的行为。建立健全国有金融资本管理的监督问责机制，对形成风险没有发现的失职行为，对发现风险没有及时提示和处置的渎职行为，加大惩戒力度。对重大违纪违法问题敷衍不追、隐匿不报、查处不力的，严格追究有关部门和相关人员责任，构成犯罪的，坚决依法追究刑事责任。

（二十六）加强信息披露。建立统一的国有金融资本统计监测和报告制度，完整反映国有金融资本的总量、投向、布局、处置、收益等内容，编制政府资产负债表，报告国有金融机构改革、资产监管、风险控制、高级管理人员薪酬等情况。国有金融资本情况要全口径向党中央报告，并按规定向全国人大常委会报告国有金融资产管理情况，具体报告责任由财政部承担。各级财政部门定期向同级政府报告国有金融资本管理情况。国务院和地方政府应当对履行出资人职责机构的履职情况进行监督，依法向社会公布国有金融资本状况，接受社会公众的监督。

各级党委和政府要统一思想，以高度的政治责任感和历史使命感，切实履行对完善国有金融资本管理工作的领导责任。要根据本意见，结合实际制定实施意见，加强统筹协调、明确责任分工、细化目标任务、强化督促落实，确保国有金融资本管理得到有效加强。

中共中央　国务院
关于全面实施预算绩效管理的意见

2018 年 9 月 1 日

全面实施预算绩效管理是推进国家治理体系和治理能力现代化的内在要求，是深化财税体制改革、建立现代财政制度的重要内容，是优化财政资源配置、提升公共服务质量的关键举措。为解决当前预算绩效管理存在的突出问题，加快建成全方位、全过程、全覆盖的预算绩效管理体系，现提出如下意见。

一、全面实施预算绩效管理的必要性

党的十八大以来，在以习近平同志为核心的党中央坚强领导下，各地区各部门认真贯彻落实党中央、国务院决策部署，财税体制改革加快推进，预算管理制度持续完善，财政资金使用绩效不断提升，对我国经济社会发展发挥了重要支持作用。但也要看到，现行预算绩效管理仍然存在一些突出问题，主要是：绩效理念尚未牢固树立，一些地方和部门存在重投入轻管理、重支出轻绩效的意识；绩效管理的广度和深度不足，尚未覆盖所有财政资金，一些领域财政资金低效无效、闲置沉淀、损失浪费的问题较为突出，克扣挪用、截留私分、虚报冒领的问题时有发生；绩效激励约束作用不强，绩效评价结果与预算安排和政策调整的挂钩机制尚未建立。

当前，我国经济已由高速增长阶段转向高质量发展阶段，正处在转变发展方式、优化经济结构、转换增长动力的攻关期，建设现代化经济体系是跨越关口的迫切要求和我国发展的战略目标。发挥好财政职能作用，必须按照全面深化改革的要求，加快建立现代财政制度，建立全面规范透明、标准科学、约束有力的预算制度，以全面实施预算绩效管理为关键点和突破口，解决好绩效管理中存在的突出问题，推动财政资金聚力增效，提高公共服务供给质量，增强政府公信力和执行力。

二、总体要求

（一）指导思想。以习近平新时代中国特色社会主义思想为指导，全面贯彻党的十九大和十九届二中、三中全会精神，坚持和加强党的全面领导，坚持稳中求进工作总基调，坚持新发展理念，紧扣我国社会主要矛盾变化，按照高质量发展的要求，紧紧围绕统筹推进“五位一体”总体布局和协调推进“四个全面”战略布局，坚持以供给侧结构性改革为主线，创新预算管理方式，更加注重结果导向、强调成本效益、硬化责任约束，力争用3～5年时间基本建成全方位、全过程、全覆盖的预算绩效管理体系，实现预算和绩效管理一体化，着力提高财政资源配置效率和使用效益，改变预算资金分配的固化格局，提高预算管理水平和政策实施效果，为经济社会发展提供有力保障。

（二）基本原则。

——坚持总体设计、统筹兼顾。按照深化财税体制改革和建立现代财政制度的总体要求，统筹谋划全面实施预算绩效管理的路径和制度体系。既聚焦解决当前最紧迫问题，又着眼健全长效机制；既关注预算资金的直接产出和效果，又关注宏观政策目标的实现程度；既关注新出台政策、项目的科学性和精准度，又兼顾延续政策、项目的必要性和有效性。

——坚持全面推进、突出重点。预算绩效管理既要全面推进，将绩效理念和方法深度融入预算编制、执行、监督全过程，构建事前事中事后绩效管理闭环系统，又要突出重点，坚持问题导向，聚焦提升覆盖面广、社会关注度高、持续时间长的重大政策、项目的实施效果。

——坚持科学规范、公开透明。抓紧健全科学规范的管理制度，完善绩效目标、绩效监控、绩效评价、结果应用等管理流程，健全共性的绩效指标框架和分行业领域的绩效指标体系，推动预算绩效管理标准科学、程序规范、方法合理、结果可信。大力推进绩效信息公开透明，主动向同级人大报告、向社会公开，自觉接受人大和社会各界监督。

——坚持权责对等、约束有力。建立责任约束制度，明确各方预算绩效管理职责，清晰界定权责边界。健全激励约束机制，实现绩效评价结果与预算安排和政策调整挂钩。增强预算统筹能力，优化预算管理流程，调动地方和部门的积极性、主动性。

三、构建全方位预算绩效管理格局

（三）实施政府预算绩效管理。将各级政府收支预算全面纳入绩效管理。各级政府预算收入要实事求是、积极稳妥、讲求质量，必须与经济社会发展水平相适应，严格落实各项减税降费政策，严禁脱离实际制定增长目标，严禁虚收空转、收取过头税费，严禁超出限额举借政府债务。各级政府预算支出要统筹兼顾、突出重点、量力而行，着力支持国家重大发展战略和重点领域改革，提高保障和改善民生水平，同时不得设定过高民生标准和擅自扩大保障范围，确保财政资源高效配置，增强财政可持续性。

（四）实施部门和单位预算绩效管理。将部门和单位预算收支全面纳入绩效管理，赋予部门和资金使用单位更多的管理自主权，围绕部门和单位职责、行业发展规划，以预算资金管理为主线，统筹考虑资产和业务活动，从运行成本、管理效率、履职效能、社会效应、可持续发展能力和服务对象满意度等方面，衡量部门和单位整体及核心业务实施效果，推动提高部门和单位整体绩效水平。

（五）实施政策和项目预算绩效管理。将政策和项目全面纳入绩效管理，从数量、质量、时效、成本、效益等方面，综合衡量政策和项目预算资金使用效果。对实施期超过一年的重大政策和项目实行全周期跟踪问效，建立动态评价调整机制，政策到期、绩效低下的政策和项目要及时清理退出。

四、建立全过程预算绩效管理链条

（六）建立绩效评估机制。各部门各单位要结合预算评审、项目审批等，对新出台重大政策、项目开展事前绩效评估，重点论证立项必要性、投入经济性、绩效目标合理性、实施方案可行性、筹资合规性等，投资主管部门要加强基建投资绩效评估，评估结果作为申请预算的必备要件。各级财政部门要加强新增重大政策和项目预算审核，必要时可以组织第三方机构独立开展绩效评估，审核和评估结果作为预算安排的重要参考依据。

（七）强化绩效目标管理。各地区各部门编制预算时要贯彻落实党中央、国务院各项决策部署，分解细化各项工作要求，结合本地区本部门实际情况，全面设置部门和单位整体绩效目标、政策及项目绩效目标。绩效目标不仅要包括产出、成本，还要包括经济效益、社会效益、生态效益、可持续影响和服务对象满意度等绩效指标。各级财政部门要将绩效目标设置作为预算安排的前置条件，加强绩效目标审核，将绩效目标与预算同步批复下达。

（八）做好绩效运行监控。各级政府和各部门各单位对绩效目标实现程度和预算执行进度实行“双监控”，发现问题要及时纠正，确保绩效目标如期保质保量实现。各级财政部门建立重大政策、项目绩效跟踪机制，对存在严重问题的政策、项目要暂缓或停止预算拨款，督促及时整改落实。各级财政部门要按照预算绩效管理要求，加强国库现金管理，降低资金运行成本。

（九）开展绩效评价和结果应用。通过自评和外部评价相结合的方式，对预算执行情况开展绩效评价。各部门各单位对预算执行情况以及政策、项目实施效果开展绩效自评，评价结果报送本级财政部门。各级财政部门建立重大政策、项目预算绩效评价机制，逐步开展部门整体绩效评价，对下级政府财政运行情况实施综合绩效评价，必要时可以引入第三方机构参与绩效评价。健全绩效评价结果反馈制度和绩效问题整改责任制，加强绩效评价结果应用。

五、完善全覆盖预算绩效管理体系

（十）建立一般公共预算绩效管理体系。各级政府要加强一般公共预算绩效管理。收入方面，要重点关注收入结构、征收效率和优惠政策实施效果。支出方面，要重点关注预算资金配置效率、使用效益，特别是重大政策和项目实施效果，其中转移支付预算绩效管理要符合财政事权和支出责任划分规定，重点关注促进地区间财力协调和区域均衡发展。同时，积极开展涉及一般公共预算等财政资金的政府投资基金、主权财富基金、政府和社会资本合作（PPP）、政府采购、政府购买服务、政府债务项目绩效管理。

（十一）建立其他政府预算绩效管理体系。除一般公共预算外，各级政府还要将政府性基金预算、国有资本经营预算、社会保险基金预算全部纳入绩效管理，加强四本预算之间的衔接。政府性基金预算绩效管理，要重点关注基金政策设立延续依据、征收标准、使用效果等情况，地方政府还要关注其对专项债务的支撑能力。国有资本经营预算绩效管理，要重点关注贯彻国家战略、收益上缴、支出结构、使用效果等情况。社会保险基金预算绩效管理，要重点关注各类社会保险基金收支政策效果、基金管理、精算平衡、地区结构、运行风险等情况。

六、健全预算绩效管理制度

（十二）完善预算绩效管理流程。围绕预算管理的主要内容和环节，完善涵盖绩效目标管理、绩效运行监控、绩效评价管理、评价结果应用等各环节的管理流程，制定预算绩效管理制度和实施细则。建立专家咨询机制，引导和规范第三方机构参与预算绩效管理，严格执业质量监督管理。加快预算绩效管理信息化建设，打破“信息孤岛”和“数据烟囱”，促进各级政府和各部门各单位的业务、财务、资产等信息互联互通。

（十三）健全预算绩效标准体系。各级财政部门要建立健全定量和定性相结合的共性绩效指标框架。各行业主管部门要加快构建分行业、分领域、分层次的核心绩效指标和标准体系，实现科学合理、细化量化、可比可测、动态调整、共建共享。绩效指标和标准体系要与基本公共服务标准、部门预算项目支出标准等衔接匹配，突出结果导向，重点考核实绩。创新评估评价方法，立足多维视角和多元数据，依托大数据分析技术，运用成本效益分析法、比较法、因素分析法、公众评判法、标杆管理法等，提高绩效评估评价结果的客观性和准确性。

七、硬化预算绩效管理约束

（十四）明确绩效管理责任约束。按照党中央、国务院统一部署，财政部要完善绩效管理的责任约束机制，地方各级政府和各部门各单位是预算绩效管理的责任主体。地方各级党委和政府主要负责同志对本地区预算绩效负责，部门和单位主要负责同志对本部门本单位预算绩效负责，项目责任人对项目预算绩效负责，对重大项目的责任人实行绩效终身责任追究制，切实做到花钱必问效、无效必问责。

（十五）强化绩效管理激励约束。各级财政部门要抓紧建立绩效评价结果与预算安排和政策调整挂钩机制，将本级部门整体绩效与部门预算安排挂钩，将下级政府财政运行综合绩效与转移支付分配挂钩。对绩效好的政策和项目原则上优先保障，对绩效一般的政策和项目要督促改进，对交叉重复、碎片化的政策和项目予以调整，对低效无效资金一律削减或取消，对长期沉淀的资金一律收回并按照有关规定统筹用于亟需支持的领域。

八、保障措施

（十六）加强绩效管理组织领导。坚持党对全面实施预算绩效管理工作的领导，充分发挥党组织的领导作用，增强把方向、谋大局、定政策、促改革的能力和定力。财政部要加强对全面实施预算绩效管理工作的组织协调。各地区各部门要加强对本地区本部门预算绩效管理的组织领导，切实转变思想观念，牢固树立绩效意识，结合实际制定实施办法，加强预算绩效管理力量，充实预算绩效管理人员，督促指导有关政策措施落实，确保预算绩效管理延伸至基层单位和资金使用终端。

（十七）加强绩效管理监督问责。审计机关要依法对预算绩效管理情况开展审计监督，财政、审计等部门发现违纪违法问题线索，应当及时移送纪检监察机关。各级财政部门要推进绩效信息公开，重要绩效目标、绩效评价结果要与预决算草案同步报送同级人大、同步向社会主动公开，搭建社会公众参与绩效管理的途径和平台，自觉接受人大和社会各界监督。

（十八）加强绩效管理工作考核。各级政府要将预算绩效结果纳入政府绩效和干部政绩考核体系，作为领导干部选拔任用、公务员考核的重要参考，充分调动各地区各部门履职尽责和干事创业的积极性。各级财政部门负责对本级部门和预算单位、下级财政部门预算绩效管理工作情况进行考核。建立考核结果通报制度，对工作成效明显的地区和部门给予表彰，对工作推进不力的进行约谈并责令限期整改。

全面实施预算绩效管理是党中央、国务院作出的重大战略部署，是政府治理和预算管理的深刻变革。各地区各部门要更加紧密地团结在以习近平同志为核心的党中央周围，把思想认识和行动统一到党中央、国务院决策部署上来，增强"四个意识"，坚定"四个自信"，提高政治站位，把全面实施预算绩效管理各项措施落到实处，为决胜全面建成小康社会、夺取新时代中国特色社会主义伟大胜利、实现中华民族伟大复兴的中国梦奠定坚实基础。

中共中央办公厅　国务院办公厅印发《关于加强国有企业资产负债约束的指导意见》

2018 年 9 月 13 日

为深入贯彻习近平新时代中国特色社会主义思想和党的十九大精神，落实中央经济工作会议、全国金融工作会议和中央财经委员会第一次会议部署，加强国有企业资产负债约束，降低国有企业杠杆率，推动国有资本做强做优做大，增强经济发展韧性，提高经济发展质量，现提出如下指导意见。

一、总体要求

（一）总体目标。加强国有企业资产负债约束是打好防范化解重大风险攻坚战的重要举措。要通过建立和完善国有企业资产负债约束机制，强化监督管理，促使高负债国有企业资产负债率尽快回归合理水平，推动国有企业平均资产负债率到 2020 年年末比 2017 年年末降低 2 个百分点左右，之后国有企业资产负债率基本保持在同行业同规模企业的平均水平。

（二）基本原则。

——坚持全面覆盖与分类管理相结合。所有行业、所有类型国有企业均纳入资产负债约束管理体制。同时，根据不同行业资产负债特征，分行业设置国有企业资产负债约束指标标准。突出监管重点，对超出约束指标标准的国有企业，结合企业所处发展阶段，在综合评价企业各类财务指标和业务发展前景基础上，根据风险大小采取适当管控措施。严格控制产能过剩行业国有企业资产负债率，适度灵活掌握有利于推动经济转型升级发展的战略性新兴产业、创新创业等领域的国有企业资产负债率。

——坚持完善内部治理与强化外部约束相结合。加强国有企业资产负债约束要与深化国有企业改革、建立现代企业制度、优化企业治理结构等有机结合，建立健全长效机制。同时，通过强化考核、增强企业财务真实性和透明度、合理限制债务融资和投资等方式，加强国有企业资产负债外部约束。

——坚持提质增效与政策支持相结合。各有关方面要积极主动作为，根据总体目标要求进一步明确高负债国有企业降低资产负债率的目标、步骤、方式，并限期完成。国有企业要坚持提质增效、苦练内功，通过扩大经营积累增强企业资本实力，在严防国有资产流失前提下，不断降低资产负债率。同时，要为高负债国有企业降低资产负债率创造良好政策和制度环境，完善资本补充机制，扩大股权融资，支持盘活存量资产，稳妥有序开展债务重组和市场化债转股。

二、分类确定国有企业资产负债约束指标标准

国有企业资产负债约束以资产负债率为基础约束指标，对不同行业、不同类型国有企业实行分类管理并动态调整。原则上以本行业上年度规模以上全部企业平均资产负债率为基准线，基准线加5个百分点为本年度资产负债率预警线，基准线加10个百分点为本年度资产负债率重点监管线。国有企业集团合并报表资产负债率预警线和重点监管线，可由相关国有资产管理部门根据主业构成、发展水平以及分类监管要求确定。邮政、铁路等特殊行业或无法取得统计数据行业的企业资产负债率预警线和重点监管线，由相关国有资产管理部门根据国家政策导向、行业情况并参考国际经验确定。

由国务院国资委履行出资人职责的中央企业，资产负债率管控工作继续执行现行要求，实践中再予以调整完善。金融类国有企业资产负债约束按照现有管理制度和标准实施。

三、完善国有企业资产负债自我约束机制

（一）合理设定资产负债率水平和资产负债结构。国有企业要根据相应资产负债率预警线和重点监管线，综合考虑市场前景、资金成本、盈利能力、资产流动性等因素，加强资本结构规划与管理，合理设定企业资产负债率和资产负债结构，保持财务稳健、有竞争力。

（二）加强资产负债约束日常管理。国有企业经营管理层要忠实勤勉履职，审慎开展债务融资、投资、支出、对外担保等业务活动，防止有息负债和或有债务过度累积，确保资产负债率保持在合理水平。在年度董事会或股东（大）会议案中，要就资产负债状况及未来资产负债计划进行专项说明，并按照规范的公司治理程序，提交董事会或股东（大）会审议。在企业可能或已实质陷入财务困境时，要及时主动向相关债权人通报有关情况，依法依规与相关债权人协商，分类稳妥处置相关债务。

（三）强化国有企业集团公司对所属子企业资产负债约束。国有企业集团公司要根据子企业所处行业等情况，按照国有企业资产负债率控制指标要求，合理确定子企业的资产负债率水平，并将子企业的资产负债约束纳入集团公司考核体系，确保子企业严格贯彻执行。国有企业集团公司要进一步强化子企业资产、财务和业务独立性，减少母子企业、子企业与子企业之间的风险传染。

（四）增强内源性资本积累能力。国有企业要牢固树立新发展理念，以提高发展质量和效益为中心，着力提升经营管理水平，进一步明确并聚焦主业瘦身健体，通过创新驱动提高生产率，增强企业盈利能力，提高企业资产和资本回报率，为企业发展提供持续的内源性资本。

四、强化国有企业资产负债外部约束机制

（一）建立科学规范的企业资产负债监测与预警体系。相关国有资产管理部门要建立以资产负债率为核心，以企业成长性、效益、偿债能力等方面指标为辅助的企业资产负债监测与预警体系。对资产负债率超过预警线和重点监管线的国有企业，相关国有资产管理部门要综合分析企业所在行业特点、发展阶段、有息负债和经营性负债等债务类型结构、短期负债和中长期负债等债务期限结构，以及息税前利润、利息保障倍数、流动比率、速动比率、经营活动现金净流量等指标，科学评估其债务风险状况，并根据风险大小程度分别列出重点关注和重点监管企业名单，对其债务风险情况持续监测。

（二）建立高负债企业限期降低资产负债率机制。对列入重点监管企业名单的国有企业，相关国有资产管理部门要明确其降低资产负债率的目标和时限，并负责监督实施。不得实施推高资产负债率的境内外投资，重大投资要履行专门审批程序，严格高风险业务管理，并大幅压减各项费用支出。依据市场化法治化原则，与业务重组、提质增效相结合，积极通过优化债务结构、开展股权融资、实施市场化债转股、依法破产等途径有效降低企业债务水平。

（三）健全资产负债约束的考核引导。相关国有资产管理部门要加强过程监督检查，将降杠杆减负债成效作为企业考核和评价的重要内容。对列入重点关注和重点监管企业名单的企业，要将企业资产负债率纳入年度经营业绩考核范围，充分发挥考核引导作用，督促企业贯彻落实资产负债管控要求。

（四）加强金融机构对高负债企业的协同约束。对资产负债率超出预警线的国有企业，相关金融机构要加强贷款信息共享，摸清企业表外融资、对外担保和其他隐性负债情况，全面审慎评估其信用风险，并根据风险状况合理确定利率、抵质押物、担保等贷款条件。对列入重点关注企业名单或资产负债率超出重点监管线的国有企业，新增债务融资原则上应通过金融机构联合授信方式开展，由金融机构共同确定企业授信额度，避免金融机构无序竞争和过度授信，严控新增债务融资。对列入重点监管企业名单的国有企业，金融机构原则上不得对其新增债务融资。

（五）强化企业财务失信行为联合惩戒机制。加强企业财务真实性和透明度审核监督。国有企业负责人对企业财务真实性负全责，要确保企业不虚报资产隐匿债务，财务信息真实可靠。会计师事务所等专业中介机构要严格按照会计准则规范出具审计报告，客观准确反映企业资产负债状况。加强社会信用体系建设，完善企业财务失信行为联合惩戒机制，将违法违规企业、中介机构及相关责任人员纳入失信人名单，并依法依规严格追究责任，加大处罚力度。

五、加强国有企业资产负债约束的配套措施

（一）厘清政府债务与企业债务边界。坚决遏制地方政府以企业债务的形式增加隐性债务。严禁地方政府及其部门违法违规或变相通过国有企业举借债务，严禁国有企业违法违规向地方政府提供融资或配合地方政府变相举债；违法违规提供融资或配合地方政府变相举债的国有企业，应当依法承担相应责任。多渠道盘活各类资金和资产，积极稳妥化解以企业债务形式形成的地方政府存量隐性债务，保障国有企业合法权益。进一步完善国有企业参与国家或地方发展战略、承担公共服务等的合法权益保障机制。各级政府和社会组织要严格落实减轻企业负担的各项政策，一般情况下，不得强制要求国有企业承担应由政府或社会组织承担的公益性支出责任。国有企业自愿承担的，应严格履行相应决策程序。加快推进“三供一业”分离移交，减轻国有企业办社会负担，协助解决国有企业历史遗留问题。

（二）支持国有企业盘活存量资产优化债务结构。鼓励国有企业采取租赁承包、合作利用、资源再配置、资产置换或出售等方式实现闲置资产流动，提高资产使用效率，优化资源配置。鼓励国有企业整合内部资源，将与主业相关的资产整合清理后并入主业板块，提高存量资产利用水平，改善企业经营效益。鼓励国有企业加强资金集中管理，强化内部资金融通，提高企业资金使用效率。支持国有企业盘活土地使用权、探矿权、采矿权等无形资产，充分实现市场价值。积极支持国有企业按照真实出售、破产隔离原则，依法合规开展以企业应收账款、租赁债权等财产权利和基础设施、商业物业等不动产财产或财产权益为基础资产的资产证券化业务。推动国有企业开展债务清理，减少无效占用，加快资金周转。在风险可控前提下，鼓励国有企业利用债券市场提高直接融资比重，优化企业债务结构。

（三）完善国有企业多渠道资本补充机制。以增加经营效益为前提，进一步完善国有企业留存利润补充资本机制。与完善国有经济战略布局相结合，实现国有资本有进有退动态管理，将从产能过剩行业退出的国有资本用于急需发展行业和领域国有企业的资本补充。充分发挥国有资本经营预算资金的作用，在逐步解决企业历史遗留问题及相关改革成本后，更多作为资本投向关系国家安全、国民经济命脉的重要行业和关键领域。充分运用国有资本投资、运营公司，吸收社会资金转化为资本。积极推进混合所有制改革，鼓励国有企业通过出让股份、增资扩股、合资合作等方式引入民营资本。鼓励国有企业充分通过多层次资本市场进行股权融资，引导国有企业通过私募股权投资基金方式筹集股权性资金，扩大股权融资规模。支持国有企业通过股债结合、投贷联动等方式开展融资，有效控制债务风险。鼓励国有企业通过主动改造改制创造条件实施市场化债转股。

（四）积极推动国有企业兼并重组。支持通过兼并重组培育优质国有企业。鼓励国有企业跨地区开展兼并重组。加大对产业集中度不高、同质化竞争突出行业国有企业的联合重组力度。鼓励各类投资者通过股权投资基金、创业投资基金、产业投资基金等形式参与国有企业兼并重组。

（五）依法依规实施国有企业破产。充分发挥企业破产在解决债务矛盾、公平保障各方权利、优化资源配置等方面的重要作用。支持国有企业依法对扭亏无望、已失去生存发展前景的“僵尸子企业”进行破产清算。对符合破产条件但仍有发展前景的子企业，支持债权人和国有企业按照法院破产重整程序或自主协商对企业进行债务重组。对严重资不抵债失去清偿能力的地方政府融资平台公司，依法实施破产重整或清算，坚决防止“大而不能倒”，坚决防止风险累积形成系统性风险。同时，要做好与企业破产相关的维护社会稳定工作。

六、加强国有企业资产负债约束的组织实施

（一）明确各类责任主体。国有企业是落实资产负债约束的第一责任主体，要按照本指导意见要求，明确企业资产负债率控制目标，深化内部改革，强化自我约束，有效防范债务风险，严防国有资产流失，确保企业可持续经营。相关金融机构要根据国有企业资产负债和经营情况，审慎评估企业债务融资需求，平衡股债融资比例，加强贷后管理，开展债务重组，协助企业及时防范和化解债务风险。对落实本指导意见不力和经营行为不审慎导致资产负债率长期超出合理水平的国有企业及其主要负责人，相关部门要加大责任追究力度。对落实本指导意见弄虚作假的国有企业，相关部门要对其主要负责人及负有直接责任人员从严从重处罚。

（二）建立部门信息共享和社会公开监督约束机制。相关国有资产管理部门要将列入重点关注和重点监管企业名单的企业及其债务风险状况，报送积极稳妥降低企业杠杆率工作部际联席会议（以下简称联席会议）办公室，并由联席会议办公室通报相关部门，为相关部门开展工作提供必要基础信息。各级相关国有资产管理部门要将各类企业资产负债率预警线和重点监管线以及按照规定应公开的企业财务信息，通过“信用中国”等媒介向社会公开，接受社会监督。

（三）加强国有企业资产负债约束实施工作的组织协调。各级相关国有资产管理部门要按照本指导意见确定的降低国有企业资产负债率目标和约束标准，分解落实、细化要求、加强指导、严格考核，有关情况及时报告联席会议办公室。各级审计部门要依法独立开展审计监督，促进国有企业资产负债约束落实到位。相关金融管理部门要按照本指导意见进一步明确规则，加强对金融机构的业务指导和督促。各级政府向本级人大常委会报告国有资产管理情况时，应报告国有企业资产负债情况和资产负债率控制情况。联席会议要加强组织领导、统筹协调、检查督导和监督问责，确保国有企业降低资产负债率取得实效。重大问题要及时报告党中央、国务院。

国务院关于推进国有资本投资、运营公司改革试点的实施意见

国发〔2018〕23号　2018年7月14日

各省、自治区、直辖市人民政府，国务院各部委、各直属机构：

改组组建国有资本投资、运营公司，是以管资本为主改革国有资本授权经营体制的重要举措。按照《中共中央　国务院关于深化国有企业改革的指导意见》《国务院关于改革和完善国有资产管理体制的若干意见》有关要求和党中央、国务院工作部署，为加快推进国有资本投资、运营公司改革试点工作，现提出以下实施意见。

一、总体要求

（一）指导思想。

全面贯彻党的十九大和十九届二中、三中全

会精神，以习近平新时代中国特色社会主义思想为指导，坚持社会主义市场经济改革方向，坚定不移加强党对国有企业的领导，着力创新体制机制，完善国有资产管理体制，深化国有企业改革，促进国有资产保值增值，推动国有资本做强做优做大，有效防止国有资产流失，切实发挥国有企业在深化供给侧结构性改革和推动经济高质量发展中的带动作用。

（二）试点目标。

通过改组组建国有资本投资、运营公司，构建国有资本投资、运营主体，改革国有资本授权经营体制，完善国有资产管理体制，实现国有资本所有权与企业经营权分离，实行国有资本市场化运作。发挥国有资本投资、运营公司平台作用，促进国有资本合理流动，优化国有资本投向，向重点行业、关键领域和优势企业集中，推动国有经济布局优化和结构调整，提高国有资本配置和运营效率，更好服务国家战略需要。试点先行，大胆探索，及时研究解决改革中的重点难点问题，尽快形成可复制、可推广的经验和模式。

（三）基本原则。

坚持党的领导。建立健全中国特色现代国有企业制度，把党的领导融入公司治理各环节，把企业党组织内嵌到公司治理结构之中，明确和落实党组织在公司法人治理结构中的法定地位，充分发挥党组织的领导作用，确保党和国家方针政策、重大决策部署的贯彻执行。

坚持体制创新。以管资本为主加强国有资产监管，完善国有资本投资运营的市场化机制。科学合理界定政府及国有资产监管机构，国有资本投资、运营公司和所持股企业的权利边界，健全权责利相统一的授权链条，进一步落实企业市场主体地位，培育具有创新能力和国际竞争力的国有骨干企业。

坚持优化布局。通过授权国有资本投资、运营公司履行出资人职责，促进国有资本合理流动，优化国有资本布局，使国有资本投资、运营更好地服务于国家战略目标。

坚持强化监督。正确处理好授权经营和加强监督的关系，明确监管职责，构建并强化政府监督、纪检监察监督、出资人监督和社会监督的监督体系，增强监督的协同性、针对性和有效性，防止国有资产流失。

二、试点内容

（一）功能定位。

国有资本投资、运营公司均为在国家授权范围内履行国有资本出资人职责的国有独资公司，是国有资本市场化运作的专业平台。公司以资本为纽带、以产权为基础依法自主开展国有资本运作，不从事具体生产经营活动。国有资本投资、运营公司对所持股企业行使股东职责，维护股东合法权益，以出资额为限承担有限责任，按照责权对应原则切实承担优化国有资本布局、提升国有资本运营效率、实现国有资产保值增值等责任。

国有资本投资公司主要以服务国家战略、优化国有资本布局、提升产业竞争力为目标，在关系国家安全、国民经济命脉的重要行业和关键领域，按照政府确定的国有资本布局和结构优化要求，以对战略性核心业务控股为主，通过开展投资融资、产业培育和资本运作等，发挥投资引导和结构调整作用，推动产业集聚、化解过剩产能和转型升级，培育核心竞争力和创新能力，积极参与国际竞争，着力提升国有资本控制力、影响力。

国有资本运营公司主要以提升国有资本运营效率、提高国有资本回报为目标，以财务性持股为主，通过股权运作、基金投资、培育孵化、价值管理、有序进退等方式，盘活国有资产存量，引导和带动社会资本共同发展，实现国有资本合理流动和保值增值。

（二）组建方式。

按照国家确定的目标任务和布局领域，国有资本投资、运营公司可采取改组和新设两种方式设立。根据国有资本投资、运营公司的具体定位和发展需要，通过无偿划转或市场化方式重组整合相关国有资本。

划入国有资本投资、运营公司的资产，为现有企业整体股权（资产）或部分股权。股权划入后，按现行政策加快剥离国有企业办社会职能和解决历史遗留问题，采取市场化方式处置不良资产和业务等。股权划入涉及上市公司的，应符合证券监管相关规定。

（三）授权机制。

按照国有资产监管机构授予出资人职责和政

府直接授予出资人职责两种模式开展国有资本投资、运营公司试点。

1. 国有资产监管机构授权模式。政府授权国有资产监管机构依法对国有资本投资、运营公司履行出资人职责；国有资产监管机构根据国有资本投资、运营公司具体定位和实际情况，按照“一企一策”原则，授权国有资本投资、运营公司履行出资人职责，制定监管清单和责任清单，明确对国有资本投资、运营公司的监管内容和方式，依法落实国有资本投资、运营公司董事会职权。国有资本投资、运营公司对授权范围内的国有资本履行出资人职责。国有资产监管机构负责对国有资本投资、运营公司进行考核和评价，并定期向本级人民政府报告，重点说明所监管国有资本投资、运营公司贯彻国家战略目标、国有资产保值增值等情况。

2. 政府直接授权模式。政府直接授权国有资本投资、运营公司对授权范围内的国有资本履行出资人职责。国有资本投资、运营公司根据授权自主开展国有资本运作，贯彻落实国家战略和政策目标，定期向政府报告年度工作情况，重大事项及时报告。政府直接对国有资本投资、运营公司进行考核和评价等。

（四）治理结构。

国有资本投资、运营公司不设股东会，由政府或国有资产监管机构行使股东会职权，政府或国有资产监管机构可以授权国有资本投资、运营公司董事会行使股东会部分职权。按照中国特色现代国有企业制度的要求，国有资本投资、运营公司设立党组织、董事会、经理层，规范公司治理结构，建立健全权责对等、运转协调、有效制衡的决策执行监督机制，充分发挥党组织的领导作用、董事会的决策作用、经理层的经营管理作用。

1. 党组织。把加强党的领导和完善公司治理统一起来，充分发挥党组织把方向、管大局、保落实的作用。坚持党管干部原则与董事会依法产生、董事会依法选择经营管理者、经营管理者依法行使用人权相结合。按照“双向进入、交叉任职”的原则，符合条件的党组织领导班子成员可以通过法定程序进入董事会、经理层，董事会、经理层成员中符合条件的党员可以依照有关规定和程序进入党组织领导班子。党组织书记、董事长一般由同一人担任。对于重大经营管理事项，党组织研究讨论是董事会、经理层决策的前置程序。国务院直接授权的国有资本投资、运营公司，应当设立党组。纪检监察机关向国有资本投资、运营公司派驻纪检监察机构。

2. 董事会。国有资本投资、运营公司设立董事会，根据授权，负责公司发展战略和对外投资，经理层选聘、业绩考核、薪酬管理，向所持股企业派出董事等事项。董事会成员原则上不少于9人，由执行董事、外部董事、职工董事组成。保障国有资本投资、运营公司按市场化方式选择外部董事等权利，外部董事应在董事会中占多数，职工董事由职工代表大会选举产生。董事会设董事长1名，可设副董事长。董事会下设战略与投资委员会、提名委员会、薪酬与考核委员会、审计委员会、风险控制委员会等专门委员会。专门委员会在董事会授权范围内开展相关工作，协助董事会履行职责。

国有资产监管机构授权的国有资本投资、运营公司的执行董事、外部董事由国有资产监管机构委派。其中，外部董事由国有资产监管机构根据国有资本投资、运营公司董事会结构需求，从专职外部董事中选择合适人员担任。董事长、副董事长由国有资产监管机构从董事会成员中指定。

政府直接授权的国有资本投资、运营公司执行董事、外部董事（股权董事）由国务院或地方人民政府委派，董事长、副董事长由国务院或地方人民政府从董事会成员中指定。其中，依据国有资本投资、运营公司职能定位，外部董事主要由政府综合管理部门和相关行业主管部门提名，选择专业人士担任，由政府委派。外部董事可兼任董事会下属专门委员会主席，按照公司治理结构的议事规则对国有资本投资、运营公司的重大事项发表相关领域专业意见。

政府或国有资产监管机构委派外部董事要注重拓宽外部董事来源，人员选择要符合国有资本投资、运营公司定位和专业要求，建立外部董事评价机制，确保充分发挥外部董事作用。

3. 经理层。国有资本投资、运营公司的经理层根据董事会授权负责国有资本日常投资运营。董事长与总经理原则上不得由同一人担任。

国有资产监管机构授权的国有资本投资、运营公司党组织隶属中央、地方党委或国有资产监管机构党组织管理，领导班子及其成员的管理，以改组的企业集团为基础，根据具体情况区别对待。其中，由中管企业改组组建的国有资本投资、运营公司，领导班子及其成员由中央管理；由非中管的中央企业改组组建或新设的国有资本投资、运营公司，领导班子及其成员的管理按照干部管理权限确定。

政府直接授权的国有资本投资、运营公司党组织隶属中央或地方党委管理，领导班子及其成员由中央或地方党委管理。

国有资本投资、运营公司董事长、董事（外部董事除外）、高级经理人员，原则上不得在其他有限责任公司、股份有限公司或者其他经济组织兼职。

（五）运行模式。

1. 组织架构。国有资本投资、运营公司要按照市场化、规范化、专业化的管理导向，建立职责清晰、精简高效、运行专业的管控模式，分别结合职能定位具体负责战略规划、制度建设、资源配置、资本运营、财务监管、风险管控、绩效评价等事项。

2. 履职行权。国有资本投资、运营公司应积极推动所持股企业建立规范、完善的法人治理结构，并通过股东大会表决、委派董事和监事等方式行使股东权利，形成以资本为纽带的投资与被投资关系，协调和引导所持股企业发展，实现有关战略意图。国有资本投资、运营公司委派的董事、监事要依法履职行权，对企业负有忠实义务和勤勉义务，切实维护股东权益，不干预所持股企业日常经营。

3. 选人用人机制。国有资本投资、运营公司要建立派出董事、监事候选人员库，由董事会下设的提名委员会根据拟任职公司情况提出差额适任人选，报董事会审议、任命。同时，要加强对派出董事、监事的业务培训、管理和考核评价。

4. 财务监管。国有资本投资、运营公司应当严格按照国家有关财务制度规定，加强公司财务管理，防范财务风险。督促所持股企业加强财务管理，落实风险管控责任，提高运营效率。

5. 收益管理。国有资本投资、运营公司以出资人身份，按照有关法律法规和公司章程，对所持股企业的利润分配进行审议表决，及时收取分红，并依规上交国有资本收益和使用管理留存收益。

6. 考核机制。国有资本投资公司建立以战略目标和财务效益为主的管控模式，对所持股企业考核侧重于执行公司战略和资本回报状况。国有资本运营公司建立财务管控模式，对所持股企业考核侧重于国有资本流动和保值增值状况。

（六）监督与约束机制。

1. 完善监督体系。整合出资人监管和审计、纪检监察、巡视等监督力量，建立监督工作会商机制，按照事前规范制度、事中加强监控、事后强化问责的原则，加强对国有资本投资、运营公司的统筹监督，提高监督效能。纪检监察机构加强对国有资本投资、运营公司党组织、董事会、经理层的监督，强化对国有资本投资、运营公司领导人员廉洁从业、行使权力等的监督。国有资本投资、运营公司要建立内部常态化监督审计机制和信息公开制度，加强对权力集中、资金密集、资源富集、资产聚集等重点部门和岗位的监管，在不涉及国家秘密和企业商业秘密的前提下，依法依规、及时准确地披露公司治理以及管理架构、国有资本整体运营状况、关联交易、企业负责人薪酬等信息，建设阳光国企，主动接受社会监督。

2. 实施绩效评价。国有资本投资、运营公司要接受政府或国有资产监管机构的综合考核评价。考核评价内容主要包括贯彻国家战略、落实国有资本布局和结构优化目标、执行各项法律法规制度和公司章程，重大问题决策和重要干部任免，国有资本运营效率、保值增值、财务效益等方面。

三、实施步骤

国有资本投资、运营公司试点工作应分级组织、分类推进、稳妥开展，并根据试点进展情况及时总结推广有关经验。中央层面，继续推进国有资产监管机构授权的国有资本投资、运营公司深化试点，并结合本实施意见要求不断完善试点工作。同时推进国务院直接授权的国有资本投资、运营公司试点，选择由财政部履行国有资产监管职责的中央企业以及中央党政机关和事业单位经营性国有资产集中统一监管改革范围内的企业稳步开展。地方层面，试点工作由各省级人民政府结合实际情况组织实施。

四、配套政策

（一）推进简政放权。围绕落实出资人职责的定位，有序推进对国有资本投资、运营公司的放权。将包括国有产权流转等决策事项的审批权、经营班子业绩考核和薪酬管理权等授予国有资本投资、运营公司，相关管理要求和运行规则通过公司组建方案和公司章程予以明确。

（二）综合改革试点。国有资本投资、运营公司所持股国有控股企业中，符合条件的可优先支持同时开展混合所有制改革、混合所有制企业员工持股、推行职业经理人制度、薪酬分配差异化改革等其他改革试点，充分发挥各项改革工作的综合效应。

（三）完善支持政策。严格落实国有企业重组整合涉及的资产评估增值、土地变更登记和国有资产无偿划转等方面税收优惠政策。简化工商税务登记、变更程序。鼓励国有资本投资、运营公司妥善解决历史遗留问题、处置低效无效资产。制定国有资本投资、运营公司的国有资本经营预算收支管理政策。

五、组织实施

加快推进国有资本投资、运营公司改革试点，是深化国有企业改革的重要组成部分，是改革和完善国有资产管理体制的重要举措。国务院国有企业改革领导小组负责国有资本投资、运营公司试点工作的组织协调和督促落实。中央组织部、国家发展改革委、财政部、人力资源社会保障部、国务院国资委等部门按照职责分工制定落实相关配套措施，密切配合、协同推进试点工作。中央层面的国有资本投资、运营公司试点方案，按程序报党中央、国务院批准后实施。

各省级人民政府对本地区国有资本投资、运营公司试点工作负总责，要紧密结合本地区实际情况，制订本地区国有资本投资、运营公司改革试点实施方案，积极稳妥组织开展试点工作。各省级人民政府要将本地区改革试点实施方案报国务院国有企业改革领导小组备案。

国务院关于优化科研管理提升科研绩效若干措施的通知

国发〔2018〕25号　2018年7月18日

各省、自治区、直辖市人民政府，国务院各部委、各直属机构：

为了贯彻落实党中央、国务院关于推进科技领域“放管服”改革的要求，建立完善以信任为前提的科研管理机制，按照能放尽放的要求赋予科研人员更大的人财物自主支配权，减轻科研人员负担，充分释放创新活力，调动科研人员积极性，激励科研人员敬业报国、潜心研究、攻坚克难，大力提升原始创新能力和关键领域核心技术攻关能力，多出高水平成果，壮大经济发展新动能，为实现经济高质量发展、建设世界科技强国作出更大贡献，现就有关事项通知如下：

一、优化科研项目和经费管理

（一）简化科研项目申报和过程管理。聚焦国家重大战略任务，优化中央财政科技计划项目形成机制，合理确定项目数量。加快完善国家科技管理信息系统，2018年底前要将中央财政科技计划（专项、基金等）项目全部纳入。逐步实行国家科技计划年度指南定期发布制度，并将指南提前在网上公示，加强项目查重、避免重复申报，增加科研人员申报准备时间；精简科研项目申报要求，减少不必要的申报材料。针对关键节点实行“里程碑”式管理，减少科研项目实施周期内的各类评估、检查、抽查、审计等活动；自由探索类基础研究项目和实施周期三年以下的项目以承担单位自我管理为主，一般不开展过程检查。

（二）合并财务验收和技术验收。由项目管理专业机构严格依据任务书在项目实施期末进行一次性综合绩效评价，不再分别开展单独的财务验收和技术验收，项目承担单位自主选择具有资质的第三方中介机构进行结题财务审计，利用好单位内外部审计结果。

（三）推行“材料一次报送”制度。整合科技管理各项工作和计划管理的材料报送相关环节，实现一表多用。国家科技管理信息系统按权限向项目承担单位、项目管理专业机构、行业主管部门等相关主体开放，加强数据共享，凡是国家科技管理信息系统已有的材料或已要求提供过的材料，不得要求重复提供。项目管理专业机构和承担单位要简化报表及流程，加快建立健全学术助理和财务助理制度，允许通过购买财会等专业服务，把科研人员从报表、报销等具体事务中解脱出来。

（四）赋予科研人员更大技术路线决策权。科研人员具有自主选择和调整技术路线的权利，科研项目申报期间，以科研人员提出的技术路线为主进行论证，科研项目实施期间，科研人员可以在研究方向不变、不降低申报指标的前提下自主调整研究方案和技术路线，报项目管理专业机构备案。科研项目负责人可以根据项目需要，按规定自主组建科研团队，并结合项目实施进展情况进行相应调整。

（五）赋予科研单位科研项目经费管理使用自主权。直接费用中除设备费外，其他科目费用调剂权全部下放给项目承担单位。项目承担单位应完善管理制度，及时为科研人员办理调剂手续。对于接受企业或其他社会组织委托取得的项目经费，纳入单位财务统一管理，由项目承担单位按照委托方要求或合同约定管理使用。高校和科研院所要简化科研仪器设备采购流程，对科研急需的设备和耗材，采用特事特办、随到随办的采购机制，可不进行招投标程序，缩短采购周期；对于独家代理或生产的仪器设备，按程序确定采取单一来源采购等方式增强采购灵活性和便利性。

（六）避免重复多头检查。科技部、财政部要会同相关部门加强科研项目监督检查工作统筹，制订统一的年度监督检查计划，在相对集中时间开展联合检查，避免在同一年度对同一项目重复检查、多头检查。探索实行“双随机、一公开”检查方式，充分利用大数据等信息技术提高监督检查效率，实行监督检查结果信息共享和互认，最大限度降低对科研活动的干扰。

二、完善有利于创新的评价激励制度

（七）切实精简人才“帽子”。在中央人才工作协调小组的领导下，对科技领域人才计划进行优化整合。西部地区因政策倾斜获得人才计划支持的科研人员，在支持周期内离开相关岗位的，取消对其相应支持。开展科技人才计划申报查重工作，一个人只能获得一项相同层次的人才计划支持。科技人才计划突出人才培养和使用导向，明确支持周期，人才计划项目结束后不得再使用有关人才称号。主管部门、用人单位要逐步取消入选人才计划与薪酬待遇和职称评定等直接挂钩的做法。科研项目申报书中不得设置填写人才“帽子”等称号的栏目。不得将科研项目（基地、平台）负责人、项目评审专家等作为荣誉称号加以使用、宣传。

（八）开展“唯论文、唯职称、唯学历”问题集中清理。由科技部会同教育部、人力资源社会保障部、中科院、工程院及相关行业主管部门在2018年底前对项目、人才、学科、基地等科技评价活动中涉及简单量化的做法进行清理，建立以创新质量和贡献为导向的绩效评价体系，准确评价科研成果的科学价值、技术价值、经济价值、社会价值、文化价值。减少评价频次，对于评价结果连续优秀的，实行一定期限免评的制度。

（九）加大对承担国家关键领域核心技术攻关任务科研人员的薪酬激励。对全时全职承担任务的团队负责人（领衔科学家/首席科学家、技术总师、型号总师、总指挥、总负责人等）以及引进的高端人才，实行一项一策、清单式管理和年薪制。项目承担单位应在项目立项时与项目管理专业机构协商确定人员名单和年薪标准，并报科技部、人力资源社会保障部、财政部备案。年薪所需经费在项目经费中单独核定，在本单位绩效工资总量中单列，相应增加单位当年绩效工资总量。项目范围、年薪制具体操作办法由科技部、财政部、人力资源社会保障部细化制定。单位从国家关键领域核心技术攻关任务项目间接费用中提取的绩效支出，应向承担任务的中青年科研骨干倾斜。完善以科技成果为纽带的产学研深度融合机制，建立科研机构和企业等各方参与的创新联盟，落实相关政策，支持高校、科研院所科研人员到国有企业或民营企业兼职开展研发和成果转化，加大高校、科研院所和国有企业科研人员科技成果转化股权激励力度，科研人员获得的职务科技成果转化现金奖励计入当年本单位绩效工资总量，但不受总量限制，不纳入总量基数。

三、强化科研项目绩效评价

（十）推动项目管理从重数量、重过程向重质量、重结果转变。明确设定科研项目绩效目标，项目指南要按照分类评价要求提出项目绩效目标。目标导向类项目申报书和任务书要有科学、合理、具体的项目绩效目标和适用于考核的结果指标，并按照关键节点设定明确、细化的阶段性目标，用于判断实质性进展；立项评审应审核绩效目标、结果指标与指南要求的相符性，以及创新性、可行性、可考核性，实现项目绩效目标的能力和条件等；要加强项目关键环节考核，项目实施进度严重滞后或难以达到预期绩效目标的，及时予以调整或取消后续支持。

（十一）实行科研项目绩效分类评价。基础研究与应用基础研究类项目重点评价新发现新原理新方法新规律的重大原创性和科学价值、解决经济社会发展和国家安全重大需求中关键科学问题的效能、支撑技术和产品开发的效果、代表性论文等科研成果的质量和水平，以国际国内同行评议为主。技术和产品开发类项目重点评价新技术、新方法、新产品、关键部件等的创新性、成熟度、稳定性、可靠性，突出成果转化应用情况及其在解决经济社会发展关键问题、支撑引领行业产业发展中发挥的作用。应用示范类项目绩效评价以规模化应用、行业内推广为导向，重点评价集成性、先进性、经济适用性、辐射带动作用及产生的经济社会效益，更多采取应用推广相关方评价和市场评价方式。

（十二）严格依据任务书开展综合绩效评价。强化契约精神，严格按照任务书的约定逐项考核结果指标完成情况，对绩效目标实现程度作出明确结论，不得“走过场”，无正当理由不得延迟验收，应用研究和工程技术研究要突出技术指标刚性要求，严禁成果充抵等弄虚作假行为。突出代表性成果和项目实施效果评价，对提交评价的论文、专利等作出数量限制规定。目标导向类项目可在结束后2～3年内进行绩效跟踪评价，重点关注项目成果转移转化、应用推广以及产生的经济社会效益。有关单位和企业要如实客观开具科研项目经济社会效益证明，对虚开造假者严肃处理。

（十三）加强绩效评价结果的应用。绩效评价结果应作为项目调整、后续支持的重要依据，以及相关研发、管理人员和项目承担单位、项目管理专业机构业绩考核的参考依据。对绩效评价优秀的，在后续项目支持、表彰奖励等工作中给予倾斜。要区分因科研不确定性未能完成项目目标和因科研态度不端导致项目失败，鼓励大胆创新，严惩弄虚作假。项目承担单位在评定职称、制定收入分配制度等工作中，应更加注重科研项目绩效评价结果，不得简单计算获得科研项目的数量和经费规模。

四、完善分级责任担当机制

（十四）建立相关部门为高校和科研院所分担责任机制。项目管理部门应建立自由探索和颠覆性技术创新活动免责机制，对已履行勤勉尽责义务但因技术路线选择失误导致难以完成预定目标的单位和项目负责人予以免责，同时认真总结经验教训，为后续研究路径等提供借鉴。单位主管部门、项目管理部门和其他相关部门要支持高校和科研院所按照国家科技体制改革要求和科技创新规律进行改革创新，合理区分改革创新、探索性试验、推动发展的无意过失与明知故犯、失职渎职、谋取私利等违纪违法行为。对科研活动的审计和财务检查要尊重科研规律，减少频次，与工作对象对相关政策理解不一致时，要及时与政策制定部门沟通，调查澄清。

（十五）强化高校、科研院所和科研人员的主体责任。主管部门要在岗位设置、人员聘用、内部机构调整、绩效工资分配、评价考核、科研组织等方面充分尊重高校和科研院所管理权限。高校和科研院所要根据国家科技体制改革要求，制定完善本单位科研、人事、财务、成果转化、科研诚信等具体管理办法，强化服务意识，推行一站式服务，让科研人员少跑腿。强化科研人员主体地位，在充分信任基础上赋予更大的人财物支配权，强化责任和诚信意识，对严重违背科研诚信要求的，实行终身追究、联合惩戒。

（十六）完善鼓励法人担当负责的考核激励机制。以科研机构评估为统领，协调推进项目评审、人才评价、机构评估相关工作，形成合力，压实项目承担单位对科研项目和人才的管理责任。主管部门在对所属高校、科研院所开展考核时，应当将落实国家科技体制改革政策情况作为重要内容。对于落实国家科技体制改革政策到位、科技创新绩效突出的高校、科研院所，在申请国家科技计划和人才项目、核定绩效工资总量、布局建设国家科技创新基地、核定研究生招生指标等方面给予倾斜支持。

五、开展基于绩效、诚信和能力的科研管理改革试点

科技部、财政部会同教育部、中科院在教育部直属高校和中科院所属科研院所中选择部分创新能力和潜力突出、创新绩效显著、科研诚信状况良好的单位开展支持力度更大的“绿色通道”改革试点。

（十七）开展简化科研项目经费预算编制试点。项目直接费用中除设备费外，其他费用只提供基本测算说明，不提供明细。进一步精简合并其他直接费用科目。各项目管理专业机构要简化相关科研项目预算编制要求，精简说明和报表。

（十八）开展扩大科研经费使用自主权试点。允许试点单位从基本科研业务费、中科院战略性先导科技专项经费等稳定支持科研经费中提取不超过20%作为奖励经费，由单位探索完善科研项目资金的激励引导机制。奖励经费的使用范围和标准由试点单位在绩效工资总量内自主决定，在单位内部公示。对试验设备依赖程度低和实验材料耗费少的基础研究、软件开发、集成电路设计等智力密集型项目，提高间接经费比例，500万元以下的部分为不超过30%，500万元至1000万元的部分为不超过25%，1000万元以上的部分为不超过20%。对数学等纯理论基础研究项目，可进一步根据实际情况适当调整间接经费比例。间接经费的使用应向创新绩效突出的团队和个人倾斜。

（十九）开展科研机构分类支持试点。对从事基础前沿研究、公益性研究、应用技术研究开发等不同类型的科研机构实施差别化的经费保障机制，结合科研机构职责定位，完善稳定支持和竞争性经费支持相协调的保障机制。对基础前沿研究类机构，加大经常性经费等稳定支持力度，适当提高人员经费补助标准，保障合理的薪酬待遇，使科研人员潜心长期从事基础研究。

（二十）开展赋予科研人员职务科技成果所有权或长期使用权试点。对于接受企业、其他社会组织委托项目形成的职务科技成果，允许合同双方自主约定成果归属和使用、收益分配等事项；合同未约定的，职务科技成果由项目承担单位自主处置，允许赋予科研人员所有权或长期使用权。对利用财政资金形成的职务科技成果，由单位按照权利与责任对等、贡献与回报匹配的原则，在不影响国家安全、国家利益、社会公共利益的前提下，探索赋予科研人员所有权或长期使用权。

科技部、财政部、教育部、中科院等相关部门和单位要加快职能转变，优化管理与服务，加强事中事后监管，放出活力与效率，管好底线与秩序，为科研活动保驾护航。要开展对试点单位落实改革措施的跟踪指导和考核，对推进试点工作不力、无法达到预期目标的，及时取消试点资格、终止支持。对证明行之有效的经验和做法，及时总结提炼在全国推广。

国务院办公厅关于保持基础设施领域补短板力度的指导意见

国办发〔2018〕101号　2018年10月11日

各省、自治区、直辖市人民政府，国务院各部委、各直属机构：

补短板是深化供给侧结构性改革的重点任务。近年来，我国固定资产投资结构不断优化，为增强经济发展后劲、补齐基础设施短板、带动就业和改善民生提供了有力支撑。但今年以来整体投资增速放缓，特别是基础设施投资增速回落较多，一些领域和项目存在较大投资缺口，亟需聚焦基础设施领域突出短板，保持有效投资力度，促进内需扩大和结构调整，提升中长期供给能力，形成供需互促共进的良性循环，确保经济运行在合理区间。为贯彻落实党中央、国务院决策部署，深化供给侧结构性改革，进一步增强基础设施对促进城乡和区域协调发展、改善民生等方面的支撑作用，经国务院同意，现就保持基础设施领域补短板力度提出以下意见。

一、总体要求

（一）指导思想。

以习近平新时代中国特色社会主义思想为指

导，全面贯彻党的十九大和十九届二中、三中全会精神，坚持稳中求进工作总基调，坚持以供给侧结构性改革为主线，围绕全面建成小康社会目标和高质量发展要求，坚持既不过度依赖投资也不能不要投资、防止大起大落的原则，聚焦关键领域和薄弱环节，保持基础设施领域补短板力度，进一步完善基础设施和公共服务，提升基础设施供给质量，更好发挥有效投资对优化供给结构的关键性作用，保持经济平稳健康发展。

（二）基本原则。

——聚焦短板。支持“一带一路”建设、京津冀协同发展、长江经济带发展、粤港澳大湾区建设等重大战略，围绕打好精准脱贫、污染防治攻坚战，着力补齐铁路、公路、水运、机场、水利、能源、农业农村、生态环保、公共服务、城乡基础设施、棚户区改造等领域短板，加快推进已纳入规划的重大项目。

——协同发力。充分发挥市场配置资源的决定性作用，积极鼓励民间资本参与补短板项目建设，调动各类市场主体的积极性、创造性。更好发挥政府作用，加强补短板重大项目储备，加快项目审核进度，积极发挥政府投资引导带动作用，为市场主体创造良好的投资环境。

——分类施策。加大对储备项目的协调调度力度，加快推进前期工作，推动项目尽早开工建设。在依法合规的前提下，统筹保障在建项目合理资金需求，推动在建项目顺利实施，确保工程质量安全，早日建成发挥效益，避免形成“半拉子”工程。

——防范风险。坚持尽力而为、量力而行，根据地方财政承受能力和地方政府投资能力，严格项目建设条件审核，合理安排工程项目建设，坚决避免盲目投资、重复建设。规范地方政府举债融资，管控好新增项目融资的金融“闸门”，牢牢守住不发生系统性风险的底线。

二、重点任务

（一）脱贫攻坚领域。深入推进易地扶贫搬迁工程，大力实施以工代赈，加强贫困地区特别是“三区三州”等深度贫困地区基础设施和基本公共服务设施建设。大力支持革命老区、民族地区、边疆地区和资源枯竭、产业衰退地区加快发展。（发展改革委、扶贫办按职责分工牵头负责）

（二）铁路领域。以中西部为重点，加快推进高速铁路“八纵八横”主通道项目，拓展区域铁路连接线，进一步完善铁路骨干网络。加快推动一批战略性、标志性重大铁路项目开工建设。推进京津冀、长三角、粤港澳大湾区等地区城际铁路规划建设。加快国土开发性铁路建设。实施一批集疏港铁路、铁路专用线建设和枢纽改造工程。（发展改革委、中国铁路总公司牵头负责，交通运输部、铁路局按职责分工负责）

（三）公路、水运领域。加快启动一批国家高速公路网待贯通路段项目和对“一带一路”建设、京津冀协同发展、长江经济带发展、粤港澳大湾区建设等重大战略有重要支撑作用的地方高速公路项目，加快推进重点省区沿边公路建设。加快推进三峡枢纽水运新通道和葛洲坝航运扩能工程前期工作，加快启动长江干线、京杭运河等一批干线航道整治工程，同步推动实施一批支线航道整治工程。（交通运输部、水利部按职责分工负责）

（四）机场领域。加快北京大兴国际机场建设，重点推进一批国际枢纽机场和中西部支线机场新建、迁建、改扩建项目前期工作，力争尽早启动建设，提升国际枢纽机场竞争力，扩大中西部地区航空运输覆盖范围。（民航局牵头负责）

（五）水利领域。加快建设一批引调水、重点水源、江河湖泊治理、大型灌区等重大水利工程，推进引江济淮、滇中引水、珠江三角洲水资源配置、碾盘山水利水电枢纽、向家坝灌区一期等重大水利工程建设，进一步完善水利基础设施网络。加快推进中小河流治理等灾后水利薄弱环节建设。（水利部牵头负责）

（六）能源领域。进一步加快金沙江拉哇水电站、雅砻江卡拉水电站等重大水电项目开工建设。加快推进跨省跨区输电，优化完善各省份电网主网架，推动实施一批特高压输电工程。加快实施新一轮农村电网改造升级工程。继续推进燃煤机组超低排放与节能改造，加大油气勘探开发力度，做好天然气产供储销体系和重点地区应急储气能力建设。积极推进一批油气产能、管网等重点项目。（能源局牵头负责）

（七）农业农村领域。大力实施乡村振兴战略，统筹加大高标准农田、特色农产品优势区、畜禽粪污资源化利用等农业基础设施建设力度，促进提升农业综合生产能力。持续推进农村产业融合发展。扎实推进农村人居环境整治三年行动，支持农村改厕工作，促进农村生活垃圾和污水处理设施建设，推进村庄综合建设。（中央农办、发展改革委、农业农村部按职责分工负责）

（八）生态环保领域。加大对天然林资源保护、重点防护林体系建设、水土保持等生态保护重点工程支持力度。支持城镇生活污水、生活垃圾、危险废物处理设施建设，加快黑臭水体治理。支持煤炭减量替代等重大节能工程和循环经济发展项目。支持重点流域水环境综合治理。（发展改革委、生态环境部、住房城乡建设部、水利部、林草局按职责分工牵头负责）

（九）社会民生领域。支持教育、医疗卫生、文化、体育、养老、婴幼儿托育等设施建设，进一步推进基本公共服务均等化。推进保障性安居工程和城镇公共设施、城市排水防涝设施建设。加快推进“最后一公里”水电气路邮建设。（教育部、卫生健康委、文化和旅游部、体育总局、广电总局、民政部、住房城乡建设部、邮政局等按职责分工牵头负责）

三、配套政策措施

（一）加强重大项目储备。根据重大战略部署、国民经济和社会发展规划纲要、重大建设规划以及财政承受能力和政府投资能力等，对接经济发展和民生需要，依托国家重大建设项目库，分近期、中期、长期三类储备一批基础设施等重点领域补短板重大项目，形成项目储备和滚动接续机制。（发展改革委牵头负责，工业和信息化部、生态环境部、住房城乡建设部、交通运输部、水利部、农业农村部、能源局、林草局、铁路局、民航局、中国铁路总公司等按职责分工负责，地方各级人民政府负责）

（二）加快推进项目前期工作和开工建设。加强沟通协调，强化督促调度，加快规划选址、用地、用海、环评、水土保持等方面前期工作，加大征地拆迁、市政配套、水电接入、资金落实等推进力度，推动项目尽早开工建设。（发展改革委、工业和信息化部、自然资源部、生态环境部、住房城乡建设部、交通运输部、水利部、农业农村部、能源局、林草局、铁路局、民航局、中国铁路总公司等按职责分工负责）

（三）保障在建项目顺利实施，避免形成“半拉子”工程。坚决打好防范化解重大风险攻坚战，对确有必要、关系国计民生的在建项目，统筹采取有效措施保障合理融资需求，推动项目顺利建成，避免资金断供、工程烂尾，防止造成重大经济损失、影响社会稳定，有效防范“处置风险的风险”。（地方各级人民政府负责）

（四）加强地方政府专项债券资金和项目管理。财政部门要完善地方政府专项债券制度，优化专项债券发行程序，合理安排发行进度。分配地方政府专项债券规模时，在充分考虑债务水平基础上，还要考虑在建项目和补短板重大项目资金需求，以及国家重大建设项目库项目储备情况。允许有条件的地方在专项债券发行完成前，对预算已安排的专项债券资金项目通过先行调度库款的办法，加快项目建设进度，债券发行后及时归垫。地方政府建立专项债券项目安排协调机制，加强地方发展改革、财政部门间的沟通衔接，做好项目前期工作，按照财政部确定的专项债券额度，提出专项债券项目安排意见，确保专项债券发行收入可以迅速使用，重点用于在建项目和补短板重大项目。加大财政性资金支持力度，盘活各级财政存量资金，利用以往年度财政结余资金，保障项目建设。（发展改革委、财政部按职责分工负责，地方各级人民政府负责）

（五）加大对在建项目和补短板重大项目的金融支持力度。对已签订借款合同的必要在建项目，金融机构可在依法合规和切实有效防范风险的前提下继续保障融资，对有一定收益或稳定盈利模式的在建项目优先给予信贷支持。鼓励通过发行公司信用类债券、转为合规的政府和社会资本合作（PPP）等市场化方式开展后续融资。在不增加地方政府隐性债务规模的前提下，引导商业银行按照风险可控、商业可持续的原则加大对资本金到位、运作规范的必要在建项目和补短板重大项目的信贷投放力度，支持开发性金融机构、政策性银行结合各自职能定位和业务范围加大相关支持力度。发挥保险资金长期投资优势，通过债权、股权、股债结合、基金等多种形式，积极为在建项目和补短板重大项目提供融资。（银保监会牵头负责，发展改革委、财政部、人民银行、证

监会按职责分工负责，地方各级人民政府负责）

（六）合理保障融资平台公司正常融资需求。金融机构要在采取必要风险缓释措施的基础上，按照市场化原则保障融资平台公司合理融资需求，不得盲目抽贷、压贷或停贷，防范存量隐性债务资金链断裂风险。在严格依法解除违法违规担保关系的基础上，对必要的在建项目，允许融资平台公司在不扩大建设规模和防范风险的前提下与金融机构协商继续融资，避免出现工程烂尾。按照一般企业标准对被划分为“退出为一般公司类”的融资平台公司审核放贷。在不增加地方政府隐性债务规模的前提下，对存量隐性债务难以偿还的，允许融资平台公司在与金融机构协商的基础上采取适当展期、债务重组等方式维持资金周转。支持转型中的融资平台公司和转型后市场化运作的国有企业，依法合规承接政府公益性项目，实行市场化经营、自负盈亏，地方政府以出资额为限承担责任。（银保监会、发展改革委、财政部等按职责分工负责）

（七）充分调动民间投资积极性。贯彻落实各项已出台的促进民间投资政策，细化配套措施，持续激发民间投资活力。尽快在交通、油气、电信等领域推介一批投资回报机制明确、商业潜力大的项目。引导社会力量增加学前教育、健康、养老等服务供给，积极依法合规参与扶贫、污染防治等领域基础设施建设。鼓励金融机构和全国信用信息共享平台、地方有关信息平台加强合作，充分运用民营企业纳税等数据，推动开展“银税互动”等。积极发挥国家融资担保基金作用，支持省级再担保公司开展业务，推动符合条件的民营企业参与补短板重大项目。（发展改革委、财政部、银保监会、税务总局按职责分工牵头负责）

（八）规范有序推进政府和社会资本合作（PPP）项目。鼓励地方依法合规采用政府和社会资本合作（PPP）等方式，撬动社会资本特别是民间投资投入补短板重大项目。对经核查符合规定的政府和社会资本合作（PPP）项目加大推进力度，严格兑现合法合规的政策承诺，尽快落实建设条件。积极推动符合条件的政府和社会资本合作（PPP）项目发行债券、规范开展资产证券化。加强政府和社会资本合作（PPP）项目可行性论证，合理确定项目主要内容和投资规模。规范政府和社会资本合作（PPP）操作，构建合理、清晰的权责利关系，发挥社会资本管理、运营优势，提高项目实施效率。规范有序盘活存量资产，鼓励采取转让—运营—移交（TOT）、改建—运营—移交（ROT）等方式，将回收资金用于在建项目和补短板重大项目建设。（发展改革委、财政部按职责分工牵头负责）

（九）深化投资领域“放管服”改革。依托全国投资项目在线审批监管平台，对各类投资审批事项实行“一码运转、一口受理、一网通办”，发挥在线平台电子监察、实时监控功能，切实压减审批时间。加大在线平台应用力度，推动投资管理向服务引导转型，优化投资环境。加快投资项目综合性咨询和工程全过程咨询改革，切实压减审批前的评价评估环节。推进工程建设项目审批制度改革，聚焦工程设计管理体制、施工许可环节等，压减报建时间。（发展改革委、住房城乡建设部按职责分工牵头负责）

（十）防范化解地方政府隐性债务风险和金融风险。地方政府建设投资应当量力而行，加大财政约束力度，在建设项目可行性研究阶段充分论证资金筹措方案。严格项目建设条件审核，区分轻重缓急，科学有序推进。严禁违法违规融资担保行为，严禁以政府投资基金、政府和社会资本合作（PPP）、政府购买服务等名义变相举债。金融机构要审慎合规经营，尽职调查、严格把关，按照市场化原则评估借款人财务能力和还款来源，综合考虑项目现金流、抵质押物等审慎授信。（地方各级人民政府负责）

各地区、各部门要把基础设施领域补短板作为推进供给侧结构性改革、巩固经济稳中向好态势、促进就业和提升国家长期综合竞争力的重要举措，按照职责分工抓好贯彻落实，强化分类指导，层层压实责任，加强沟通协调，形成工作合力，确保各项政策及时落地生效。

企业投资项目事中事后监管办法

国家发展和改革委员会令第 14 号
2018 年 1 月 4 日

第一章 总 则

第一条 为加强对企业投资项目的事中事后监管，规范企业投资行为，维护公共利益和企业合法权益，依据《中华人民共和国行政许可法》《中华人民共和国行政处罚法》《企业投资项目核准和备案管理条例》等法律法规，制定本办法。

第二条 各级发展改革部门根据核准和备案职责，对企业在境内投资建设的固定资产项目（以下简称项目）核准和备案的事中事后监督管理，适用本办法。

第三条 项目事中事后监管是指各级发展改革部门对项目开工前是否依法取得核准批复文件或者办理备案手续，并在开工后是否按照核准批复文件或者备案内容进行建设的监督管理。

各级发展改革部门开展项目事中事后监管，应当与规划、环保、国土、建设、安全生产等主管部门的事中事后监管工作各司其职、各负其责，并加强协调配合。

第四条 各级发展改革部门对项目实施分级分类监督管理。

对已经取得核准批复文件的项目，由核准机关实施监督管理；对已经备案的项目，由备案机关实施监督管理。对项目是否依法取得核准批复文件或者办理备案手续，由项目所在地县级以上地方发展改革部门实施监督管理。

第五条 各级发展改革部门应当建立健全行政监督和监管执法程序，加强监管执法队伍建设，保障监管执法经费，依法行使监督管理职权。

对政府投资项目以及企业投资项目使用政府投资的稽察工作，按照有关规定执行。

第二章 对核准项目的监管

第六条 核准机关对本机关已核准的项目，应当对以下方面进行监督管理：

（一）是否通过全国投资项目在线审批监管平台（以下简称在线平台），如实、及时报送项目开工建设、建设进度、竣工等建设实施基本信息；

（二）需要变更已核准建设地点或者对已核准建设规模、建设内容等作较大变更的，是否按规定办理变更手续；

（三）需要延期开工建设的，是否按规定办理延期开工建设手续；

（四）是否按照核准的建设地点、建设规模、建设内容等进行建设。

第七条 核准机关应当根据行业特点、监管需要和简易、可操作的原则，制定、上线核准项目报送建设实施基本信息的格式文本，并对报送的建设实施基本信息进行在线监测。

第八条 核准机关对其核准的项目，应当在项目开工后至少开展一次现场核查。

第九条 已开工核准项目未如实、及时报送建设实施基本信息的，核准机关应当责令项目单位予以纠正；拒不纠正的，给予警告。

第十条 项目未按规定办理核准批复文件、项目变更批复文件或者批复文件失效后开工建设的，核准机关应当依法责令停止建设或者责令停产，并依法处以罚款。

第十一条 项目未按照核准的建设地点、建设规模、建设内容等进行建设的，核准机关应当依法责令停止建设或者责令停产，并依法处以罚款。

对于有关部门依法认定项目建设内容属于产业政策禁止投资建设的，核准机关应当依法责令停止建设或者责令停产并恢复原状，并依法处以罚款。

第十二条 县级以上地方发展改革部门发现本行政区域内的项目列入《政府核准的投资项目目录》，但未依法办理核准批复文件、项目变更批复文件或者批复文件失效后开工建设的，应当报告对该项目有核准权限的机关，由核准机关依法责令停止建设或者责令停产，并依法处以罚款。

第三章 对备案项目的监管

第十三条 备案机关对本机关已备案的项目，

应当对以下方面进行监督管理：

（一）是否通过在线平台如实、及时报送项目开工建设、建设进度、竣工等建设实施基本信息；

（二）是否属于实行核准管理的项目；

（三）是否按照备案的建设地点、建设规模、建设内容进行建设；

（四）是否属于产业政策禁止投资建设的项目。

第十四条 备案机关应当根据行业特点、监管需要和简易、可操作的原则，制定、上线备案项目报送建设实施基本信息的格式文本，并对报送的建设实施基本信息进行在线监测。

第十五条 项目自备案后2年内未开工建设或者未办理任何其他手续的，项目单位如果决定继续实施该项目，应当通过在线平台作出说明；如果不再继续实施，应当撤回已备案信息。

前款项目既未作出说明，也未撤回备案信息的，备案机关应当予以提醒。经提醒后仍未作出相应处理的，备案机关应当移除已向社会公示的备案信息，项目单位获取的备案证明文件自动失效。对其中属于故意报备不真实项目、影响投资信息准确性的，备案机关可以将项目列入异常名录，并向社会公开。

第十六条 备案机关对其备案的项目，应当根据“双随机一公开”的原则，结合投资调控实际需要，定期制订现场核查计划。对列入现场核查计划的项目，应当在项目开工后至少开展一次现场核查。列入现场核查计划的项目数量比例，由备案机关根据实际确定。

第十七条 已开工备案项目未如实、及时报送建设实施基本信息的，备案机关应当责令项目单位予以纠正；拒不纠正的，给予警告。

第十八条 项目建设与备案信息不符的，备案机关应当责令限期改正；逾期不改正的，依法处以罚款并列入失信企业名单，向社会公开。

对于有关部门依法认定项目建设内容属于产业政策禁止投资建设的，备案机关应当依法责令停止建设或者责令停产并恢复原状，并依法处以罚款。

第十九条 县级以上地方发展改革部门发现本行政区域内的已开工项目应备案但未依法备案的，应当报告对该项目有备案权限的机关，由备案机关责令其限期改正；逾期不改正的，依法处以罚款并列入失信企业名单，向社会公开。

第二十条 对本行政区域内的已开工项目，经有关部门依法认定属于产业政策禁止投资建设的，县级以上发展改革部门应当依法责令停止建设或者责令停产并恢复原状，并依法处以罚款。

第四章 监管程序和方式

第二十一条 各级发展改革部门对项目的现场核查，可以自行开展，也可以发挥工程咨询单位等机构的专业优势，以委托第三方机构的方式开展。

委托第三方机构开展现场核查的，应当建立核查机构名录，制定核查工作规范，加强对核查工作的指导和监督。委托第三方机构开展现场核查的经费由委托方承担。

第二十二条 各级发展改革部门应当依托在线平台，运用大数据、互联网、移动计算等信息技术手段，加强对各类信息的分析研判，提高发现问题线索的能力。

第二十三条 各级发展改革部门应当畅通投诉举报渠道，对投诉举报反映的问题线索及时予以处理。

第二十四条 各级发展改革部门对发现的涉嫌违法问题，应当按照法定权限和程序立案查处，并作出处理决定。

对发现的涉及其他部门职权的违纪违法线索，应当及时移送。涉嫌犯罪的，应当移送司法机关追究刑事责任。

第二十五条 各级发展改革部门对项目的行政处罚信息，应当通过在线平台进行归集，并通过在线平台和“信用中国”网站向社会公开。

对在项目事中事后监管中形成的项目异常名录和失信企业名单，应当通过在线平台与全国信用信息平台共享，通过“信用中国”网站向社会公开，并实施联合惩戒。

第二十六条 各级发展改革部门应当与规划、环保、国土、建设、安全生产等主管部门建立健全协同监管和联合执法机制，参加本级人民政府开展的综合执法工作，提高监管执法效率。

第二十七条 各级发展改革部门应当建立健

全项目事中事后监管责任制和责任追究制，通过约谈、挂牌督办、上收核准权限等措施，督促下级发展改革部门落实工作责任。

第五章　法律责任

第二十八条　本办法第九条、第十七条所称的警告，均指《行政处罚法》规定的行政处罚罚种，各级发展改革部门应当依照法定程序和要求实施。

第二十九条　核准机关对未按规定办理核准手续的项目，未按照核准的建设地点、建设规模、建设内容等进行建设的项目，处以罚款的情形和幅度依照《企业投资项目核准和备案管理条例》第十八条执行。

第三十条　备案机关对未依法备案的项目，建设与备案信息不符的项目，处以罚款的情形和幅度依照《企业投资项目核准和备案管理条例》第十九条执行。

第三十一条　对属于产业政策禁止投资建设的项目，处以罚款的情形和幅度依照《企业投资项目核准和备案管理条例》第二十条执行。

第三十二条　违反本办法规定，但能够积极配合调查、认真整改纠正、主动消除或者减轻危害后果的，可以在法定幅度内减轻处罚。

第六章　附　　则

第三十三条　外商投资项目事中事后监督管理另有规定的，从其规定。

第三十四条　事业单位、社会团体等非企业组织在境内投资建设的项目事中事后监督管理适用本办法，但通过预算安排的项目除外。

第三十五条　本办法由国家发展和改革委员会负责解释。

第三十六条　本办法自 2018 年 2 月 4 日起实施。

国家发展改革委　工业和信息化部　财政部　人民银行关于做好 2018 年降成本重点工作的通知

发改运行〔2018〕634 号　2018 年 4 月 28 日

公安部、民政部、司法部、人力资源社会保障部、自然资源部、生态环境部、住房城乡建设部、交通运输部、水利部、农业农村部、商务部、国资委、海关总署、税务总局、市场监督管理总局、统计局、银行保险监督管理委员会、证监会、能源局、林业和草原局、民航局、外汇局、知识产权局、全国总工会、残疾人联合会、铁路总公司办公厅（办公室、综合司），各省、自治区、直辖市、计划单列市、副省级省会城市、新疆生产建设兵团发展改革委、经信委（工信委、工信厅）、财政厅（局）、物价局，人民银行上海总部、各分行、营业管理部、各省会（首府）城市中心支行、各副省级城市中心支行：

在党中央、国务院坚强领导下，经过各方共同努力，两年来降低实体经济企业成本工作取得显著成效，年度目标任务顺利完成。党的十九大报告指出，必须坚持质量第一、效益优先，以供给侧结构性改革为主线，推动经济发展质量变革、效率变革、动力变革，提高全要素生产率。为不断增强我国经济的创新力和竞争力，切实提高供给体系质量，显著增强我国经济质量优势，按照中央经济工作会议和《降低实体经济企业成本工作方案》（国发〔2016〕48 号）要求，结合近两年工作实践，降低实体经济企业成本工作部际联席会议 2018 年将重点组织落实好 9 个方面 30 项任务。

一、2018 年降成本目标任务和总体要求

深入学习贯彻习近平新时代中国特色社会主义思想和党的十九大精神，坚持稳中求进工作总基调，深化供给侧结构性改革，持续推进降成本工作，确保完成国发〔2016〕48 号文件提出的 3 年左右使实体经济企业综合成本合理下降，盈利能力较为明显增强的目标任务。

在降成本工作中，更加注重中长期目标确立和长效机制建设，把降成本与产业转型升级、提升持续发展能力结合起来，以提高实体经济供给体系质量为重点，持续增强我国经济质量优势。坚持统筹谋划、分类实施，坚持远近结合、标本兼治，坚持外部减负、内部挖潜，坚持上下联动、互相借鉴。在降低制度性交易成本、税费成本和要素成本上协同发力，降低企业负担。

二、持续降低税费负担

（一）通过结构性减税支持实体经济发展。统筹推进增值税改革，优化调整增值税税率，落实支持创业创新的税收优惠政策，落实对中小微企业、科技型企业的税收优惠政策，下调部分产品进口关税。

（二）提高纳税便利程度。尽快推出分行业扩大小规模纳税人自行开具增值税专用发票试点范围等具体改革措施；研究推出改进税收优惠备案方式、简并优化申报表、建立信用积分制度等具体改革措施。规范办税程序，推进纳税服务一体化。推进异地纳税便利化，实施“互联网＋税务”行动计划，推行全国统一规范的电子税务局，加快实现电子与实体服务同质化，营造良好税收环境。

（三）归并减免政府性基金和合理降低行政事业性收费。修订《行政事业性收费标准管理暂行办法》。对行政事业性收费情况进行梳理，降低偏高的收费标准。落实排污交易改革思路。

（四）进一步清理规范经营服务性收费。降低电信资费，督促基础电信企业进一步落实取消手机国内长途和漫游费等降费措施，进一步降低流量资费、中小企业专线标准资费和国际港澳台漫游资费。取消、降低部分服务性收费和相关行业协会商会收费。

（五）依法查处各类涉企违法违规收费。检查涉企收费目录清单落实情况，确保收费目录清单执行到位。重点查处电子政务平台、行政审批中介服务、行业协会等领域违规收费行为。严格落实中央和地方已印发的关于行政审批中介服务事项清理规范的文件，梳理重点部门行政审批前置中介服务及相关政策法规依据，应当由行政机关委托中介机构并付费的，督促有关部门及时整改。继续深化行业协会商会与行政机关脱钩改革，规范行业协会商会收费，着力消除利用行政影响力收费现象。

（六）深化收费目录清单制管理。建立公布《政府定价的经营服务性收费目录清单》，建立目录清单动态调整机制，根据形势发展变化及时调整。凡具备竞争条件的经营服务性收费项目一律放开，不具备放开条件的均列入收费目录清单，严格监管。

三、合理降低融资成本

（七）加强和改进对制造业的金融支持和服务。鼓励金融机构坚持区别对待、有扶有控原则，不断优化金融支持方向和结构，在风险可控、商业可持续原则下，着力加强对制造业科技创新和技术改造升级的中长期金融支持，合理安排融资利率、授信期限和还款方式。引导金融机构积极开发符合企业资金需求特点的流动资金贷款产品，鼓励有条件的依法合规开展“应收账款融资”及“年审制”等合理金融创新。

（八）发展普惠金融支持小微企业发展。落实好对普惠金融领域贷款达到一定标准的金融机构的定向降准政策，持续推进中小微企业信用体系建设，积极运用信贷政策支持再贷款、再贴现等工具，引导金融机构加大对小微企业的支持力度。积极稳妥推进村镇银行培育发展，督促村镇银行全面提升支农支小服务能力和水平。深化“银税互动”和“银税合作”，有效解决银企信息不对称难题，降低银行风险管控成本。

（九）发展融资担保支持小微企业发展。推动融资担保机构回归服务小微和“三农”本源、专注融资担保主业。尽快设立国家融资担保基金，支持地方政府性担保机构发展，改善小微企业融资环境。推动省级农业信贷担保机构向市县延伸。

（十）提升金融对实体经济的服务能力。继续推进多层次资本市场建设，提高直接融资比重。积极支持符合条件的企业通过资本市场进行股权融资。进一步简化中小企业股份转让许可，完善融资制度安排，创新融资品种和服务。继续推动债券市场创新发展，增强服务实体经济能力。进一步完善和细化全口径跨境融资宏观审慎管理政策，在有效防范外债风险的前提下，继续拓宽境内企业融资渠道。不断优化和完善人民币跨境业务政策，引导企业在对外贸易及相关投融资活动中使用人民币进行计价结算。

四、着力降低制度性交易成本

（十一）营造公平竞争市场环境。全面实施公平竞争审查制度，打破行政垄断、地区分割，维护全国统一市场。加大对公用事业、网络型行业等领域的反垄断执法力度。全面实施“双随机、一公开”监管，完善监督检查工作机制，推动跨部门联合检查。强化企业公共信用监管的作用，进一步完善企业经营异常名录和严重违法失信企业名单管理，推动部门间企业公共信用信息共享和失信联合惩戒。推进检验检测结果互认，采信第三方认证结果，提升监管效率。推动认证国际合作，推进“一审多证”，减轻企业负担。

（十二）在全国推开“证照分离”改革，全面规范“多证合一”改革。抓好“证照分离”改革提速，推动“照后减证”，着力解决准入不准营的问题，大幅缩短商标注册周期。建立国家层面统一的“多证合一”整合目录，推进全国范围内“多证合一”改革模式的规范统一。鼓励有条件的地区开展减证便民行动，全面清理各级政府机关及所属事业单位在行使行政职权和提供公共服务时要求行政相对人提供的证明材料。

（十三）进一步压缩企业开办时间。通过大力推进企业登记全程电子化和电子营业执照应用、加快企业名称登记管理改革等多项措施，着力提升企业登记注册便利度。选择北上广深作为重点地区，落实地方政府主体责任，狠抓具体部门和工作环节，大幅压缩企业开办时间，争取 2018 年年底前在北上广深率先实现企业开办时间（包括工商登记事项办理、刻制印章、申领发票）不超过 8.5 天。及时总结推广先进经验，缩小与国际先进水平的差距。研究开展取消新设企业开立基本存款账户许可事项试点。加强信息共享和业务协同，探索实践更加简化、便捷的市场准入退出机制。

（十四）持续优化营商环境。与国际营商环境先进水平进行对标，建立完善开办企业时间统计通报制度。鼓励有条件的地区开展营商环境对标提升行动，查找存在问题和差距，持续改进。

（十五）推进“互联网＋政府服务”。鼓励有条件的地区在现有省级电子政务服务平台的基础上，不断丰富完善服务事项网上办理功能，加快政府信息系统互联互通，打破信息孤岛，实现数据共享，变串联审批为并联审批；推进“最多跑一次”改革、“不见面”审批服务。

（十六）简化企业投资项目审批程序。鼓励有条件的地区对非核准类项目实施企业投资项目承诺制试点，加快项目报建手续办理；探索通过强化“区域能评、环评＋区块能耗、环境标准”机制，推动简化项目能评、环评工作内容，避免重复评价，精简审批程序。

（十七）进一步压减工业产品生产许可。除涉及安全、环保事项外，凡是技术工艺成熟、通过市场机制和事中事后监管能保证质量安全的产品，一律推动取消生产许可；对与消费者生活密切相关、通过认证能保障产品质量安全的，一律推动转为认证，加强事中事后监管。确需保留的，严格实行目录清单管理，简化审批程序。

五、延续“五险一金”缴存比例等政策降低人工成本

（十八）保持政策连续性降低人工成本。加快落实《划转部分国有资本充实社保基金实施方案》。延长阶段性降低住房公积金缴存比例、企业职工基本养老保险单位缴费比例和失业保险费率实施期限；保持工伤保险行业基准费率不变，阶段性对符合条件省份的费率进行下调。完善城镇职工基本养老保险和城乡居民基本养老保险制度，建立企业职工基本养老保险基金中央调剂制度。修订《失业保险条例》，扩大失业保险基金支出范围。

（十九）完善残疾人就业保障金和工会会费缴纳政策。研究修改《残疾人就业条例》，调整完善残疾人就业保障金政策。研究工会经费收缴使用的科学性、合理性。

（二十）实施技能人才培训福利计划。鼓励有条件的地方通过政府购买服务等方式，支持职业院校、企业和社会培训机构开展职业技能培训。按规定落实职业培训和职业技能鉴定补贴政策，为产业转型升级、经济结构调整提供技能人才支撑。

六、有效降低用能用地成本

（二十一）合理降低用能成本。深化电力、天然气价格改革。继续开展电力市场化交易，制定完善电力市场化交易细则，推进建立有利于促进公平竞争、交易电量和交易比例大幅提升的市场

结构及市场体系，更好地发挥市场在资源配置中的决定性作用。持续深入推进输配电价格改革，开展区域电网输电价格和跨省跨区专项输电工程输电价格的成本监审和价格审核。通过清理规范电网环节收费，临时性降低输配电价、扩大跨省区电力交易规模以及降低政府性基金等措施，一般工商业电价平均降低10%。支持有条件的企业自建分布式能源，支持新能源发电与用能企业就近就地进行交易。指导地方加强省内天然气管道运输和配气价格监管。

（二十二）降低企业用地综合成本。指导地方研究出台长期租赁、先租后让、租让结合等方式供应土地的实施细则，加快政策落地。对省（区、市）层面统筹推进的重大项目，优先保障用地计划，加快用地审查报批，提高用地配置效率。

（二十三）积极推进不动产登记制度改革。通过优化工作流程、增设服务窗口、增加办事人员、创新信息化服务举措等方式，进一步精简办事环节、压缩抵押登记等办理时限。健全信息互通共享机制，大力推行不动产登记、交易“一窗受理、并联办理”，提高不动产登记效率和便利化程度。

七、加快降低物流成本

（二十四）规范公路、港口和车辆检审收费。加快推进《收费公路管理条例》修订，深化收费公路制度改革，降低过路过桥费用。进一步规范公路治超执法，督促指导各地落实《关于治理车辆超载超限联合执法常态化制度化工作的实施意见（试行）》。落实货运车辆年检年审依法合并工作。推行高速公路通行费增值税电子普通发票开具工作。稳步扩大高速公路分时段差异化收费试点。加强价格行政执法，规范市场自主定价的港口经营服务性收费行为，推动港口企业调减港口作业包干费收费标准。

（二十五）通过多种途径优化运输方式。大力发展先进运输组织方式，充分发挥各种运输方式比较优势，提高运输组织效率。深化铁路改革，提升运输效率和服务水平，发展集装箱等成组化运输，发挥铁路在多式联运中的突出作用，积极提升铁路货运比例。支持无车承运人等“互联网+”物流新业态发展，促进物流资源合理配置，降低货车空驶率，提高物流运作效率。加快修订《道路运输条例》，完善相关法规制度，推动无车承运人有序健康发展。推进物流配送网络建设，实施城乡高效配送专项行动。加大物流标准化推广力度，完善托盘、周转筐、包装、集装箱等相关物流设施设备标准。开展物流降本增效综合改革试点，进一步破除制约物流降本增效和创新发展的体制机制障碍。

（二十六）支持重要节点物流基础设施建设。加强物流规划和用地管理，将物流用地纳入土地利用总体规划、城市总体规划，并在城乡规划中综合考虑物流发展用地，统筹安排物流及配套设施用地选址和布局。充分利用存量物流用地资源，提高闲置土地资源利用效率，合理增加物流设施用地。研究开展供应链创新与应用试点，积极推进供应链平台建设工作。

八、提高资金周转效率

（二十七）继续清理规范涉企保证金。修订农民工工资保证金管理办法，落实差异化缴存措施。推广银行保函替代现金形式保证金。

九、激励企业内部挖潜

（二十八）支持引导企业降本增效。支持企业围绕智能化、绿色化等方向进行技术升级改造，瞄准国际标杆，全面提高产品技术、工艺装备、能效环保、质量效益和安全水平。鼓励有条件的地区通过事后奖补等手段，支持企业技术研发创新和升级改造。引导企业重视供应链管理和精细化物流管理，降低能源原材料采购成本。鼓励地方有关部门和行业协会总结内部挖潜、降本增效工作成效显著的典型企业做法，梳理企业提升内部管理、降低能耗物耗和各项费用等方面的有效途径，引导其他企业对标挖潜、降本增效。

十、加强长效机制建设

（二十九）深入推进降成本长效机制建设。不断完善降成本工作推进体系和工作机制，充分发挥相关领导小组、协调机制的作用，加强部门之间、部门地区之间的相互配合、信息沟通、协调会商，协同推进降成本工作。建立台账制度，将任务逐项分解落实，逐条明确相关要求。建立动态跟踪制度，加强统筹协调，密切跟踪配套政策制定情况、重点任务进展完成情况，及时解决政策推进中的困难和问题。

（三十）加强政策宣传和经验推广。充分利用各种宣传渠道和手段，加大降成本政策宣传力度，向企业传达解读各项优惠、扶持政策，为企业享受政策红利创造条件。有关部门和各地应充分听取企业意见，强化对企业反映问题的反馈和及时处置。降低实体经济企业成本工作部际联席会议将加强对各地好的经验、做法和案例的梳理，加强宣传和推广。

同时，按照国发〔2016〕48 号文件要求，组织做好降成本总结评估工作，切实解决评估中发现的问题，确保降成本目标任务圆满完成。

请各单位认真做好相关重点工作。

财政部关于全面加强脱贫攻坚期内各级各类扶贫资金管理的意见

财办〔2018〕24 号　2018 年 6 月 16 日

部机关各司局，财政部驻有关省、自治区、直辖市财政监察专员办事处，各有关省、自治区、直辖市财政厅（局）：

为深入贯彻党的十九大精神和习近平总书记扶贫思想，认真落实《中共中央　国务院关于打赢脱贫攻坚战的决定》《中共中央　国务院打赢脱贫攻坚战三年行动的指导意见》等重要文件精神，切实加强脱贫攻坚期内各级各类扶贫资金管理，明确资金监管责任，提高资金使用效益，现就全面加强各级各类扶贫资金管理提出如下意见：

一、深刻认识全面加强各级各类扶贫资金管理的重要意义

确保到 2020 年农村贫困人口实现脱贫，是全面建成小康社会最艰巨的任务。各级各类扶贫资金是支持打赢打好精准脱贫攻坚战的粮草军需。党中央、国务院对加强扶贫资金管理高度重视，习近平总书记强调："扶贫资金是贫困群众的'救命钱'，一分一厘都不能乱花。"近年来，各级财政多渠道加大脱贫攻坚投入，认真履行资金监管职责，不断提升扶贫资金使用效益，为实现精准脱贫，提高脱贫质量提供了有力保障。随着脱贫攻坚工作的不断深入，新情况和新问题不断出现，客观上对扶贫资金监管提出了新的更高要求。与此同时，财政扶贫资金管理使用仍存在一些问题，有待进一步完善。

各级财政部门要牢固树立"四个意识"，进一步增强政治责任感和历史使命感，主动对标对表，坚持问题导向，聚焦薄弱环节，创新工作举措，把全面加强各级各类扶贫资金管理作为一项重大政治任务抓紧抓好，为阳光扶贫、廉洁扶贫夯实基础。

二、总体思路

坚持以习近平新时代中国特色社会主义思想为指导，全面贯彻党的十九大和十九届二中、三中全会精神，深刻领会习近平总书记关于打赢打好精准脱贫攻坚战的系列重要讲话精神，认真落实党中央、国务院决策部署，坚持精准扶贫、精准脱贫基本方略，坚持中央统筹、省负总责、市县抓落实的工作机制，坚持大扶贫格局，进一步理顺各级各类扶贫资金管理体系，对扶贫资金全面实施绩效管理，完善资金监管机制。明确扶贫资金范围，以县级脱贫攻坚规划和项目库为依据，将各级各类扶贫资金和项目全部纳入台账，形成全国扶贫资金总台账。运用信息技术手段，推动上下级、内外部大数据共享融合，利用扶贫资金动态监控平台等信息系统加强监控，合理设置预警指标，实现各级各类扶贫资金全过程实时监控、流程追溯和智能检索。严格执行扶贫资金项目公告公示制度，接受群众和社会监督。抓好扶贫项目资金绩效管理制度落地，加强扶贫资金日常监管和专项检查，切实提高扶贫资金管理水平。

三、基本原则

（一）全面覆盖，不留死角。将所有明确用于支持脱贫攻坚的各级各类扶贫资金实行全面管理、动态监控。

（二）上下贯通，纵向到底。按照中央统一部署，地方分级负责，实现各级扶贫资金动态监控信息上下贯通，打通扶贫资金项目管理的"最先一公里"和"最后一公里"。

（三）部门联通，横向到边。强化行业部门对归口管理扶贫资金监管的主体责任，积极推动实现地方各级财政和同级主管部门信息数据的有效共享。

（四）完善制度，延伸链条。及时调整完善资金分配、下达、支付、绩效管理以及项目管理等各个环节的制度，规范业务流程，为实现全过程动态监控提供制度保障。

（五）流程融合，线上操作。完善信息系统功能，将预算分配、执行和项目资金绩效目标编报审核、绩效目标跟踪监控等业务流程逐步融入扶贫资金动态监控平台操作，实现自动提取和汇总，确保总台账数据的全面性、真实性、及时性。

四、资金范围

中央层面的各类扶贫资金是指用于支持实现现行标准下脱贫攻坚目标的各类转移支付资金（含对个人和家庭的补助）。包括：纳入贫困县统筹整合使用财政涉农资金范围的资金、纳入扶贫项目资金绩效管理的资金、其他行业扶贫资金和政府性基金等资金（详见附件）。

地方各级财政结合本地实际，参照中央资金范围，考虑地方政府债券、东西扶贫协作等各方面用于扶贫的财政资金，确定地方各级扶贫资金的具体范围。

五、主要措施

（一）实现扶贫资金动态监控。

以预算编制为源头，以绩效目标为依据，以支付环节为依托，以动态监控为抓手，以自动取数为保障，整合信息系统资源，运用云计算、大数据等现代信息技术，建立简便实用、实时同步的动态监控体系，实现对扶贫资金和项目全面、真实、准确的实时动态监管。

一是开发并在中央和省两级部署扶贫资金动态监控平台，将各级各类扶贫资金的预算下达纳入系统管理，做好与国库支付系统的对接，并在县级或适当层级实现扶贫资金与项目信息对应。

二是明确动态监控要求，对扶贫对象、项目措施、资金使用不精准，挤占、挪用、虚报冒领扶贫资金，违规下达资金，资金使用结构不合理、资金闲置等问题进行有效监控和实时预警。

三是各地按照《国务院办公厅关于印发〈政务信息系统整合共享实施方案〉的通知》（国办发〔2017〕39 号）要求，创造条件，逐步建立与扶贫、人社、卫健、民政、教育、交通、公安、市场监管、税务等部门及银行间数据共享机制，将部门有关数据与资金项目等信息进行自动比对，提升扶贫资金动态监控效果。

按照由内到外、由易到难的原则，统筹规划、分步实施。在试运行的基础上，2018 年 6 月 30 日前实现扶贫资金动态监控平台上线，掌握扶贫资金从中央层层下达到具体项目的情况和数据；8 月 15 日之前实现支付系统与扶贫资金动态监控平台对接；落实“省负总责”要求，在县级层面实现扶贫项目资金匹配和绩效目标省级汇总等功能，成熟一家、上线一家，在 2018 年底前实现 28 个省份全覆盖。同时，地方在系统建设中要创造条件，逐步实现扶贫资金动态监控平台与相关部门、银行等信息系统对接。

（二）形成扶贫资金总台账。

依托动态监控体系，形成与预算执行、资金使用全流程实时同步的扶贫资金总台账。扶贫资金总台账要反映扶贫资金预算安排总量和构成、分配下达、财政实际支付以及项目情况、实施和支出进度等完整信息。具备对扶贫资金运行情况的总体概览、流程追溯、风险监控、绩效目标执行监控、智能检索、汇总分析等功能，在全程跟踪扶贫资金运行情况的基础上，进行多视角的监控和多维度展示。

（三）落实扶贫项目资金绩效管理有关要求。

按照《扶贫项目资金绩效管理办法》（国办发〔2018〕35 号）有关规定，市县级财政部门及有关部门应当依据职责，对扶贫项目资金相关预算的编制、执行和决算实施全过程绩效管理，资金使用单位承担绩效主体责任。市县级财政部门要充分利用相关动态监控信息系统，开展绩效目标执行监控。市县级资金使用部门或单位在编制年度部门预算、单位预算时，要对纳入扶贫资金总台账范围的每一笔资金，根据中央和本地区关于预算编制的规定、县级脱贫攻坚规划和项目库等，明确用于脱贫攻坚的具体项目和对应的资金规模，在线填报扶贫项目资金使用情况和绩效目标执行情况，并上传相关证明资料。对于扶贫项目资金绩效目标执行监控发现的问题，市县级财政部门要按规定及时处理和督促整改。

（四）做好扶贫资金日常监管和专项检查。

财政部驻各地财政监察专员办事处要加强对各级各类扶贫资金的日常监管，财政部监督检查局不定期组织有关地方财政部门和专员办开展财政支持脱贫攻坚政策落实情况专项检查，统一制订专项检查方案，组织推动专项检查工作开展，及时向部党组报告专项检查情况，依法处理专项检查发现的各类违规违法问题。地方各级财政监督检查部门也要根据工作需要，组织开展财政支持脱贫攻坚政策落实情况专项检查，坚持问题导向，深入基层，重点关注扶贫资金闲置、挪用、损失浪费、虚报冒领、贪污等问题，按照有关法律法规和财经纪律严肃处理，涉嫌违纪违法的，移送相关部门处理。同时，在日常监管和检查过程中，要核实扶贫资金总台账和动态监控系统反映的情况是否与实际相符，完善动态监控预警机制，及时发现数据失真等问题。

（五）严格执行扶贫资金项目公告公示制度。

财政部办公厅牵头在财政部门户网站开设专栏，公开有关扶贫的政策、制度、办法和中央财政各项扶贫资金的分配结果，并督促地方各级财政部门在门户网站及时公开各项财政扶贫资金安排分配情况和政策办法，按照扶贫资金项目公告公示制度，落实“两个一律”公开要求（省、市、县扶贫资金分配结果一律公开，乡、村两级扶贫项目安排和资金使用情况一律公告公示），把扶贫资金的总量、分配结果、使用方向和使用单位等情况公开。地方财政部门要主动配合有关部门落实对乡村两级资金项目的公告公示，接受群众和社会监督。

（六）建立考核奖惩机制。

鼓励各地积极探索、创新实践、主动作为，配合中央尽快建立扶贫资金总台账，推动扶贫资金动态监控平台和相关信息系统不断完善，逐步建立与相关职能部门及银行间信息资源共享机制。财政部将把各地全面加强各类扶贫资金管理和扶贫资金动态监控工作开展情况纳入财政专项扶贫资金绩效评价，对资金项目信息真实全面准确、动态监控机制运行有效、扶贫资金管理成效显著的地方，在分配中央财政专项扶贫资金时给予适当奖励或倾斜，对工作落实不力的地方予以通报。

（七）明确职责分工。

全面加强各级各类扶贫资金管理是触及财政资金管理体制的深层次变革，是支持打好精准脱贫攻坚战的重要抓手。各级财政部门要在同级扶贫开发领导小组的统一领导下，统一思想、提高认识、完善制度、提升手段、克服困难、倒排工期，跳出旧的管理思维模式，切实提高工作效率，将各项工作举措落到实处。

一是财政部统筹部署各级各类扶贫资金管理工作。农业司根据扶贫资金总台账，统一汇总分析各相关司局按归口管理的扶贫资金的有关数据和情况，监控扶贫资金使用情况，针对问题提出相关建议后，定期向部党组或部脱贫攻坚领导小组报告；部内相关司局要把加强扶贫资金管理作为脱贫攻坚期的一项重点工作，按照职责分工，细化扶贫资金管理要求，协调督促对口部门和地方加强扶贫资金监管，对发现的问题要查找原因、及时整改，完善顶层设计、强化政策措施、加强工作环节，并将问题和整改情况抄送农业司汇总；国库司牵头会同农业司，以县级脱贫攻坚规划和项目库为依据，建立扶贫资金总台账，已经明确列入用于脱贫攻坚的资金要全部纳入台账，实行精细化管理，利用扶贫资金动态监控平台等信息系统加强监控，合理设置预警指标，及时发现闲置、挪用扶贫资金等问题，并及时向农业司、预算司和相关司局通报监控情况；预算司牵头会同各相关司局做好扶贫项目资金绩效管理各项工作，指导地方财政部门完善预算管理等信息化系统；信息网络中心为扶贫资金动态监控提供技术支持，指导省级财政部门实现与财政部实时交换扶贫资金动态监控信息；监督检查局会同相关司局不定期组织开展对重点地区财政支持脱贫攻坚政策落实情况专项检查；财政部驻各地财政监察专员办事处要把扶贫资金监管作为履行事前、事中监管职责的重点，将发现的问题及时报送农业司、预算司；办公厅牵头在财政部门户网站开设专栏公开中央财政各项扶贫资金的分配结果和有关制度办法，督促地方各级财政部门做好扶贫资金信息公开、落实对乡村两级资金项目的公告公示，同时负责统筹督导扶贫资金管理的各项工作。

二是各有关省、自治区、直辖市财政厅（局）应当由主要领导部署推动，明确厅（局）内部分工，建立工作协调机制，会同有关部门按照中央统一部署，结合本地实际，做好相关工作，并指导市县落实扶贫资金项目管理要求。

三是市县财政部门应会同同级有关部门，依职责细化扶贫项目资金管理要求，资金使用或项目实施单位承担主体责任，具体落实到项目负责人，不得要求村级填表报数。

附件：纳入扶贫资金总台账的中央层面资金清单

附件：

纳入扶贫资金总台账的中央层面资金清单

预算司（3项）
（1）重点生态功能区转移支付
（2）县级基本财力保障机制奖补资金
（3）老少边地区转移支付（不含专项扶贫资金）
科教司（6项）
（4）城乡义务教育补助经费
（5）农村义务教育薄弱学校改造补助资金
（6）改善普通高中学校办学条件补助资金
（7）现代职业教育质量提升计划专项资金
（8）新疆西藏等少数民族地区教育特殊补助
（9）学生资助补助经费
文化司（2项）
（10）旅游发展基金
（11）中央补助地方公共服务体系建设专项资金（中央部门部分重点项目）
经建司（9项）
（12）农村环境连片整治示范资金
（13）车辆购置税收入补助地方用于一般公路建设项目资金（支持农村公路部分）
（14）产粮大县奖励资金
（15）生猪（牛羊）调出大县奖励资金（省级统筹部分）
（16）服务业发展专项资金（支持新农村现代流通服务网络工程部分）
（17）中央基建投资用于"三农"建设部分（不包括重大引调水工程、重点水源工程、江河湖泊治理骨干重大工程、跨界河流开发治理工程、新建大型灌区、大中型灌区续建配套和节水改造、大中型病险水库水闸除险加固、生态建设方面的支出）
（18）电信普遍服务补助资金
（19）中央基建投资用于易地扶贫搬迁部分
（20）可再生能源电价附加用于光伏扶贫部分
农业司（12项）
（21）中央财政专项扶贫资金
（22）水利发展资金
（23）农业生产发展资金
（24）林业改革发展资金
（25）农业综合开发补助资金
（26）农村综合改革转移支付
（27）中央专项彩票公益金支持扶贫资金
（28）农业资源及生态保护补助资金（对农民的直接补贴除外）
（29）林业生态保护恢复资金
（30）中央水库移民扶持基金
（31）大中型水库移民后期扶持资金
（32）土地整治工作专项资金
社保司（9项）
（33）农村危房改造补助资金
（34）城乡居民基本养老保险补助经费
（35）城乡居民医疗保险转移支付
（36）困难群众救助补助资金
（37）就业补助资金
（38）残疾人事业发展补助资金
（39）公共卫生服务补助资金
（40）基本药物制度补助资金
（41）医疗救助补助资金
金融司（1项）
（42）农业保险保费补贴

审计署关于内部审计工作的规定

中华人民共和国审计署令第11号
2018年1月12日

第一章　总　　则

第一条　为了加强内部审计工作，建立健全内部审计制度，提升内部审计工作质量，充分发挥内部审计作用，根据《中华人民共和国审计法》《中华人民共和国审计法实施条例》以及国家其他有关规定，制定本规定。

第二条 依法属于审计机关审计监督对象的单位（以下统称单位）的内部审计工作，以及审计机关对单位内部审计工作的业务指导和监督，适用本规定。

第三条 本规定所称内部审计，是指对本单位及所属单位财政财务收支、经济活动、内部控制、风险管理实施独立、客观的监督、评价和建议，以促进单位完善治理、实现目标的活动。

第四条 单位应当依照有关法律法规、本规定和内部审计职业规范，结合本单位实际情况，建立健全内部审计制度，明确内部审计工作的领导体制、职责权限、人员配备、经费保障、审计结果运用和责任追究等。

第五条 内部审计机构和内部审计人员从事内部审计工作，应当严格遵守有关法律法规、本规定和内部审计职业规范，忠于职守，做到独立、客观、公正、保密。

内部审计机构和内部审计人员不得参与可能影响独立、客观履行审计职责的工作。

第二章 内部审计机构和人员管理

第六条 国家机关、事业单位、社会团体等单位的内部审计机构或者履行内部审计职责的内设机构，应当在本单位党组织、主要负责人的直接领导下开展内部审计工作，向其负责并报告工作。

国有企业内部审计机构或者履行内部审计职责的内设机构应当在企业党组织、董事会（或者主要负责人）直接领导下开展内部审计工作，向其负责并报告工作。国有企业应当按照有关规定建立总审计师制度。总审计师协助党组织、董事会（或者主要负责人）管理内部审计工作。

第七条 内部审计人员应当具备从事审计工作所需要的专业能力。单位应当严格内部审计人员录用标准，支持和保障内部审计机构通过多种途径开展继续教育，提高内部审计人员的职业胜任能力。

内部审计机构负责人应当具备审计、会计、经济、法律或者管理等工作背景。

第八条 内部审计机构应当根据工作需要，合理配备内部审计人员。除涉密事项外，可以根据内部审计工作需要向社会购买审计服务，并对采用的审计结果负责。

第九条 单位应当保障内部审计机构和内部审计人员依法依规独立履行职责，任何单位和个人不得打击报复。

第十条 内部审计机构履行内部审计职责所需经费，应当列入本单位预算。

第十一条 对忠于职守、坚持原则、认真履职、成绩显著的内部审计人员，由所在单位予以表彰。

第三章 内部审计职责权限和程序

第十二条 内部审计机构或者履行内部审计职责的内设机构应当按照国家有关规定和本单位的要求，履行下列职责：

（一）对本单位及所属单位贯彻落实国家重大政策措施情况进行审计；

（二）对本单位及所属单位发展规划、战略决策、重大措施以及年度业务计划执行情况进行审计；

（三）对本单位及所属单位财政财务收支进行审计；

（四）对本单位及所属单位固定资产投资项目进行审计；

（五）对本单位及所属单位的自然资源资产管理和生态环境保护责任的履行情况进行审计；

（六）对本单位及所属单位的境外机构、境外资产和境外经济活动进行审计；

（七）对本单位及所属单位经济管理和效益情况进行审计；

（八）对本单位及所属单位内部控制及风险管理情况进行审计；

（九）对本单位内部管理的领导人员履行经济责任情况进行审计；

（十）协助本单位主要负责人督促落实审计发现问题的整改工作；

（十一）对本单位所属单位的内部审计工作进行指导、监督和管理；

（十二）国家有关规定和本单位要求办理的其他事项。

第十三条 内部审计机构或者履行内部审计职责的内设机构应有下列权限：

（一）要求被审计单位按时报送发展规划、战略决策、重大措施、内部控制、风险管理、财政财务收支等有关资料（含相关电子数据，下同），以及必要的计算机技术文档；

（二）参加单位有关会议，召开与审计事项有关的会议；

（三）参与研究制定有关的规章制度，提出制定内部审计规章制度的建议；

（四）检查有关财政财务收支、经济活动、内部控制、风险管理的资料、文件和现场勘察实物；

（五）检查有关计算机系统及其电子数据和资料；

（六）就审计事项中的有关问题，向有关单位和个人开展调查和询问，取得相关证明材料；

（七）对正在进行的严重违法违规、严重损失浪费行为及时向单位主要负责人报告，经同意作出临时制止决定；

（八）对可能转移、隐匿、篡改、毁弃会计凭证、会计账簿、会计报表以及与经济活动有关的资料，经批准，有权予以暂时封存；

（九）提出纠正、处理违法违规行为的意见和改进管理、提高绩效的建议；

（十）对违法违规和造成损失浪费的被审计单位和人员，给予通报批评或者提出追究责任的建议；

（十一）对严格遵守财经法规、经济效益显著、贡献突出的被审计单位和个人，可以向单位党组织、董事会（或者主要负责人）提出表彰建议。

第十四条 单位党组织、董事会（或者主要负责人）应当定期听取内部审计工作汇报，加强对内部审计工作规划、年度审计计划、审计质量控制、问题整改和队伍建设等重要事项的管理。

第十五条 下属单位、分支机构较多或者实行系统垂直管理的单位，其内部审计机构应当对全系统的内部审计工作进行指导和监督。系统内各单位的内部审计结果和发现的重大违纪违法问题线索，在向本单位党组织、董事会（或者主要负责人）报告的同时，应当及时向上一级单位的内部审计机构报告。

单位应当将内部审计工作计划、工作总结、审计报告、整改情况以及审计中发现的重大违纪违法问题线索等资料报送同级审计机关备案。

第十六条 内部审计的实施程序，应当依照内部审计职业规范和本单位的相关规定执行。

第十七条 内部审计机构或者履行内部审计职责的内设机构，对本单位内部管理的领导人员实施经济责任审计时，可以参照执行国家有关经济责任审计的规定。

第四章　审计结果运用

第十八条 单位应当建立健全审计发现问题整改机制，明确被审计单位主要负责人为整改第一责任人。对审计发现的问题和提出的建议，被审计单位应当及时整改，并将整改结果书面告知内部审计机构。

第十九条 单位对内部审计发现的典型性、普遍性、倾向性问题，应当及时分析研究，制定和完善相关管理制度，建立健全内部控制措施。

第二十条 内部审计机构应当加强与内部纪检监察、巡视巡察、组织人事等其他内部监督力量的协作配合，建立信息共享、结果共用、重要事项共同实施、问题整改问责共同落实等工作机制。

内部审计结果及整改情况应当作为考核、任免、奖惩干部和相关决策的重要依据。

第二十一条 单位对内部审计发现的重大违纪违法问题线索，应当按照管辖权限依法依规及时移送纪检监察机关、司法机关。

第二十二条 审计机关在审计中，特别是在国家机关、事业单位和国有企业三级以下单位审计中，应当有效利用内部审计力量和成果。对内部审计发现且已经纠正的问题不再在审计报告中反映。

第五章　对内部审计工作的指导和监督

第二十三条 审计机关应当依法对内部审计工作进行业务指导和监督，明确内部职能机构和专职人员，并履行下列职责：

（一）起草有关内部审计工作的法规草案；

（二）制定有关内部审计工作的规章制度和规划；

（三）推动单位建立健全内部审计制度；

（四）指导内部审计统筹安排审计计划，突出审计重点；

（五）监督内部审计职责履行情况，检查内部审计业务质量；

（六）指导内部审计自律组织开展工作；

（七）法律、法规规定的其他职责。

第二十四条 审计机关可以通过业务培训、交流研讨等方式，加强对内部审计人员的业务指导。

第二十五条 审计机关应当对单位报送的备案资料进行分析，将其作为编制年度审计项目计划的参考依据。

第二十六条 审计机关可以采取日常监督、结合审计项目监督、专项检查等方式，对单位的内部审计制度建立健全情况、内部审计工作质量情况等进行指导和监督。

对内部审计制度建设和内部审计工作质量存在问题的，审计机关应当督促单位内部审计机构及时进行整改并书面报告整改情况；情节严重的，应当通报批评并视情况抄送有关主管部门。

第二十七条 审计机关应当按照国家有关规定对内部审计自律组织进行政策和业务指导，推动内部审计自律组织按照法律法规和章程开展活动。必要时，可以向内部审计自律组织购买服务。

第六章 责任追究

第二十八条 被审计单位有下列情形之一的，由单位党组织、董事会（或者主要负责人）责令改正，并对直接负责的主管人员和其他直接责任人员进行处理：

（一）拒绝接受或者不配合内部审计工作的；

（二）拒绝、拖延提供与内部审计事项有关的资料，或者提供资料不真实、不完整的；

（三）拒不纠正审计发现问题的；

（四）整改不力、屡审屡犯的；

（五）违反国家规定或者本单位内部规定的其他情形。

第二十九条 内部审计机构或者履行内部审计职责的内设机构和内部审计人员有下列情形之一的，由单位对直接负责的主管人员和其他直接责任人员进行处理；涉嫌犯罪的，移送司法机关依法追究刑事责任：

（一）未按有关法律法规、本规定和内部审计职业规范实施审计导致应当发现的问题未被发现并造成严重后果的；

（二）隐瞒审计查出的问题或者提供虚假审计报告的；

（三）泄露国家秘密或者商业秘密的；

（四）利用职权谋取私利的；

（五）违反国家规定或者本单位内部规定的其他情形。

第三十条 内部审计人员因履行职责受到打击、报复、陷害的，单位党组织、董事会（或者主要负责人）应当及时采取保护措施，并对相关责任人员进行处理；涉嫌犯罪的，移送司法机关依法追究刑事责任。

第七章 附 则

第三十一条 本规定所称国有企业是指国有和国有资本占控股地位或者主导地位的企业、金融机构。

第三十二条 不属于审计机关审计监督对象的单位的内部审计工作，可以参照本规定执行。

第三十三条 本规定由审计署负责解释。

第三十四条 本规定自 2018 年 3 月 1 日起施行。审计署于 2003 年 3 月 4 日发布的《审计署关于内部审计工作的规定》（2003 年审计署第 4 号令）同时废止。

审计署贯彻落实《关于人大预算审查监督重点向支出预算和政策拓展的指导意见》的意见

审财发〔2018〕13 号 2018 年 5 月 31 日

各省、自治区、直辖市和计划单列市、新疆生产建设兵团审计厅（局），署机关各单位、各派出审计局、各特派员办事处、各直属单位：

为贯彻落实中共中央办公厅《关于人大预算审查监督重点向支出预算和政策拓展的指导意见》（以下简称《指导意见》），更好发挥审计在党和国家监督体系中的重要作用，促进政府预算有效贯彻落实党中央重大方针政策和决策部署，提出以下意见：

一、坚持以习近平新时代中国特色社会主义思想为指导，充分认识贯彻落实《指导意见》的重要意义

党的十八大以来，全国各级审计机关认真贯彻落实党中央、国务院重大决策部署，紧紧围绕统筹推进"五位一体"总体布局和协调推进"四个全面"战略布局，坚持依法审计、改革创新、固本强基，始终把推进廉政建设作为审计监督的重要职责，始终把揭示和反映经济社会运行中的风险隐患作为重要任务，着力推动党中央、国务院重大政策措施贯彻落实，自觉接受人大监督，根据审计法的规定每年向本级人大常委会提出预算执行和其他财政收支的审计工作报告，审计查出的问题和提出的建议成为人大预决算审查监督的重要依据。

贯彻落实《指导意见》，推动人大预算审查监督重点向支出预算和政策拓展，是全面贯彻党的十九大精神，增强监督合力，提高审计监督效能的重要举措，是提高财政资金使用绩效和政策实施效果的客观需要，也是贯彻落实审计法、预算法、监督法的内在要求。有利于强化政策对支出预算的指导和约束作用，使预算安排和政策更好地贯彻落实党中央重大方针政策和决策部署；有利于加强和改善宏观调控，有效发挥财政在宏观经济管理中的重要作用；有利于提高支出预算编制质量和预算执行的规范化水平，实施全面规范透明、标准科学、约束有力的预算制度，全面实施绩效管理；有利于加强对政府预算的全口径审查和全过程监管，更好发挥财政在国家治理中的基础和重要支柱作用，更好发挥人民代表大会制度支撑国家治理体系和治理能力的根本政治制度作用。各级审计机关和全体审计人员要以习近平新时代中国特色社会主义思想为指导，全面贯彻党的十九大精神，认真学习并深入领会《指导意见》精神，充分认识《指导意见》的重要意义，结合审计工作实际，推动《指导意见》各项部署落地生根、有效发挥作用。

二、紧扣人大预算审查监督要求，进一步聚焦审计重点

（一）着力加强对支出预算总量与结构的审计。

围绕党中央重要决策、重大规划和重要部署，关注中期财政规划与国家战略发展规划、宏观调控政策、相关行业和领域中长期发展规划的衔接情况，加强对财政可承受能力和支出政策可持续性的审计，加强对落实重大民生政策资金保障情况的审计。关注3年滚动财政规划对年度预算的约束和年度预算对支出的约束情况，揭示无预算安排支出、代编预算不合理、追加预算较晚、年初预算不细化等问题，促进硬化预算约束。关注跨年度预算平衡机制的建立健全情况，推动改进年度预算控制方式，完善财政政策的逆周期调节功能。关注绩效管理的实施情况、预决算公开情况，揭示政策目标未实现、绩效评价结果不运用、预决算公开不完整不细化等问题，促进建立预算安排与资金使用效果挂钩的激励约束机制，提高预决算透明度和财政资金使用效益。关注财政支出结构的调整优化情况，审计政府性楼堂馆所、财政供养人员以及"三公"经费等一般性支出的压减情况，揭示财政支出结构固化、重点支出缺乏保障等问题，促进提高财政支出的公共性和普惠性，确保对供给侧结构性改革、脱贫攻坚、生态环保、教育、医疗卫生等领域和重点项目的支持。关注财政支出结果和政策落实情况是否体现党中央对各重要领域提出的重大方针政策和决策部署要求，切实提高财政资金配置效率，保障党的路线方针政策得到全面贯彻和有效执行。

（二）着力加强对重点支出与重大投资项目的审计。

关注重点支出和重大投资项目的政策依据、支出标准、绩效目标、保障机制等情况，反映重点支出与重大投资项目的绩效管理和政策目标实现方面存在的突出问题，推动健全重点支出和重大投资项目的决策机制，保障党中央确定的重点支出和重大投资项目的资金需求，推动实体经济发展和经济结构转型升级，切实落实重要民生政策和生态文明政策。关注党中央重大方针政策和决策部署对重点支出安排的指导和约束作用，抓住重点支出预算安排、预算批复、预算下达、资金拨付、资金管理、资金使用、项目实施、绩效评价等关键环节，加大对"三农"、创新驱动、民生改善、科技创新等领域财政支出的审计力度，揭示重点支出安排同财政收支增幅或生产总值不合理挂钩、对重点领域保障不足、支出标准不科学、支出效益低、资金长期闲置等问题，促进重点支出根据推进改革的需要和确需保障的内容统筹安排、优先保障。关注发展规划、产业政策、行业标准等对重大投资项目的引导作用，抓住重大投资项目审批、征地拆迁、环境保护、工程招投标、物资采购、工程结算、资金管理等关键环节，加大对全局性、战略性、基础性重大公共基础设施工程的审计力度，揭示投资结构不合理、重复建设、损失浪费等问题，促进提高公共投资绩效，推动深化投融资体制改革。

（三）着力加强部门预算执行审计。

关注部门预算贯彻落实党中央重大方针政策和决策部署情况，审计部门预算编制的完整性，关注是否将所有应纳入部门预算的单位、项目、收支纳入预算管理，揭示为自收自支单位、非预算单位编制基本支出预算等问题。关注重点支出预算安排标准的建立健全情况，揭示基本支出定员定额管理范围小、项目支出标准体系建设进度慢等问题，促进发挥支出标准对预算编制的基础性作用。关注部门项目库建设、项目支出预算与支出政策衔接匹配情况，揭示项目立项随意性大、项目储备不足、项目支出内容不清晰、绩效自评不规范等问题，促进项目支出聚焦重大改革、重要政策和重点项目。关注盘活财政存量资金情况，揭示结转和结余资金规模大、资金沉淀闲置等问题，促进结余结转资金与当年预算资金统筹安排使用，提高预算执行效率和资金使用效益。关注部门重大项目支出绩效目标设定、实现及评价结果运用情况，揭示绩效评价指标和目标不合理、不科学等问题，促进绩效目标管理与预算安排有机结合。

（四）着力加强对财政转移支付的审计。

审计政府间财政关系、中央与地方财政事权和支出责任划分改革的进展情况，关注按照党中央重大决策部署科学界定各级政府财政事权和支出责任情况，揭示分领域财政事权和支出责任划分改革推进慢、基本公共服务保障标准脱离实际、转移支付结构不合理、支出责任分担方式不合理等问题，推动地区间基本公共服务均等化，不断满足人民日益增长的美好生活需要。审计转移支付结构和规模变动情况，关注一般性转移支付增长机制的建立完善情况和专项转移支付清理整合情况，揭示一般性转移支付和专项转移支付功能定位不清晰、在一般性转移支付中安排具有指定用途支出、虚假整合专项转移支付等问题。关注转移支付项目设立、资金分配、资金拨付、使用管理、绩效评价、信息公开等情况，揭示虚报、冒领、截留、挪用、滞留专项转移支付资金等问题，推动建立专项转移支付设立审批、定期评估和退出机制。关注转移支付预算执行和政策实施情况，重点审计预算经人大批准后是否在规定时间内批复下达，资金是否及时落地并发挥效益，是否有效解决资金管理的“最后一公里”等问题。

（五）着力加强对政府债务和财政收入的审计。

各级审计机关要深刻认识防范化解地方政府债务风险对于坚决打好防范化解重大风险攻坚战的重要意义，结合实际，认真履行职责，切实做到掌握本级地方政府债务管理情况、隐性债务的规模和结构、资金来源和去向，揭示 2017 年 7 月全国金融工作会议后违规举债“上新项目、铺新摊子”的问题，发现一起、查处一起、移交一起。审计地方政府偿债能力，通过分析债务率、利息负担率、新增债务率等风险指标，结合债务资金安排使用和偿还计划，及时揭示地方政府累积的债务风险。审计地方化解隐性债务、整改违规举债过程中出现的新情况和新问题，推动严格遏制增量隐性债务、稳妥处置存量隐性债务。

关注预算收入安排与经济社会发展水平、财政政策的衔接情况，揭示财政收入预测方法不科学、设定收入任务等问题，促进依法征收、应收尽收。关注地方税体系建立健全、营改增全面推开、减税降费政策接续等情况，揭示减税不深化、降费不到位、优惠政策不落实等问题，推动降低实体经济运行成本，促进激发各类市场主体活力。审查政府预算收入执行情况和财政收入质量，关注税收收入和非税收入的真实性、完整性和合规性，揭示地方政府通过虚收空转、预征预借、应退不退、人为调整财政收支数据等手段人为调整财政收入情况，确保财政收入真实完整。

三、紧密结合审计工作实际，建立完善相关工作机制

（一）加强审计计划和项目管理，提高审计监督整体效能。

各级审计机关要提高政治站位，更新审计理念，站在更好推进审计事业长远发展的高度，积极配合做好人大预算审查监督重点向支出预算和政策拓展的相关工作。要充分发挥审计项目计划的引领作用，围绕落实党中央重大方针政策和决策部署，合理调配审计资源，加强资源整合，在政策跟踪、财政、金融、企业、投资、民生、资源环境、经济责任等各项审计中，科学设定审计目标，合理确定审计内容，进一步聚焦审计重点。要加强各领域审计工作的资源共享、信息共享和成果共享，审计质量控制部门要将审计重点向支出预算和政策拓展的情况作为评价审计项目质量的重要内容，促进更好发挥审计监督作用。

（二）建立健全工作机制，形成监督合力。

各级审计机关要加强与本级人大相关工作机构的沟通联络，研究提出下一年度审计监督重点内容和重点项目时，应当征求本级人大常委会预算工作委员会等工作机构的意见建议，形成监督合力。完善每年向本级人大常委会提出的预算执行和其他财政收支的审计工作报告机制，对审计工作报告反映问题的整改情况进行跟踪督促检查，建立健全审计查出突出问题整改情况向本级人大常委会报告的机制，依法依规向本级人大常委会报告年度预算执行和其他财政收支审计查出问题的整改情况，自觉接受人大监督。

（三）突出审计重点，依法全面履行审计监督职责。

各级审计机关要加大改革创新力度，进一步加强预算执行和决算草案、转移支付、资金统筹整合等审计，推动建立权责清晰、财力协调、区域均衡的中央和地方财政关系，促进建立全面规范透明、标准科学、约束有力的预算制度，保障公共资金安全高效使用。在依法全面审计的基础上，各级审计机关应当充分利用大数据审计，加强对支出预算的分析和政策拓展，进一步加大对专项资金绩效和政策执行的审计监督力度，严肃揭示重大违纪违法问题，深入揭示风险隐患，从体制机制层面提出深化改革的建议，并作为每年向本级人大常委会报告年度预算执行和其他财政收支的审计工作报告的重点，为本级人大常委会开展支出决算和政策审查监督提供服务。

（四）积极推进全国审计“一盘棋”，切实提高工作成效。

要积极构建集中统一、全面覆盖、协同高效的审计监督体系，强化审计署对全国审计工作的主管和领导责任，强化上级审计机关对下级审计机关的领导，上级审计机关要加强对贯彻落实《指导意见》的政策解读，及时总结推广经验，指导基层解决落实改革措施过程中的问题和困难，地方各级审计机关要根据本地区本部门实际情况，因地制宜开展好工作，及时向上级审计机关反映工作开展情况和存在的问题，形成审计工作“全国一盘棋”，构建各司其职、上下联动、有序运转的审计监督网络，切实提高发现问题、评价判断、宏观分析的能力，进一步提升贯彻落实党中央重大方针政策和决策部署的成效。

审计署关于在乡村振兴战略实施中加强审计监督的意见

审农发〔2018〕27号　2018年8月30日

各省、自治区、直辖市和计划单列市、新疆生产建设兵团审计厅（局），署机关各单位、各派出审计局、各特派员办事处、各直属单位：

为深入贯彻党的十九大精神，落实中央经济工作会议、中央农村工作会议和《中共中央　国务院关于实施乡村振兴战略的意见》的部署要求，现就乡村振兴战略实施中加强审计监督，提出以下意见：

一、总体要求

（一）切实提高认识。习近平总书记强调，各地区各部门要充分认识实施乡村振兴战略的重大意义，把实施乡村振兴战略摆在优先位置，坚持五级书记抓乡村振兴，让乡村振兴成为全党全社会的共同行动，要坚持乡村全面振兴，抓重点、补短板、强弱项，实现乡村产业振兴、人才振兴、文化振兴、生态振兴、组织振兴，推动农业全面升级、农村全面进步、农民全面发展。农业农村农民问题是关系国计民生的根本性问题，没有农业农村的现代化，就没有国家的现代化。党的十九大提出实施乡村振兴战略并写入党章，是以习近平同志为核心的党中央着眼党和国家事业全局，深刻把握现代化建设规律和城乡关系变化特征，顺应亿万农民对美好生活的向往，对“三农”工作作出的重大决策部署，是决胜全面建成小康社会、全面建设社会主义现代化国家的重大历史任务，是新时代做好“三农”工作的总抓手。当前，我国发展不平衡不充分问题在乡村最为突出，实施乡村振兴战略，是解决人民日益增长的美好生活需要和不平衡不充分的发展之间矛盾的必然要求，是实现“两个一百年”奋斗目标的必然要求，是实现全体人民共同富裕的必然要求。

（二）强化责任担当。审计是党和国家监督体系的重要组成部分。在乡村振兴战略实施中加强审计监督，是审计机关的重要职责和任务，是审计监督推动政策落实、维护人民根本利益、推进国家治理体系和治理能力现代化的必然要求。各级审计机关和审计干部要提高政治站位，牢固树立“四个意识”，坚决维护习近平总书记核心地位，坚决维护党中央权威和集中统一领导，自觉在思想上政治上行动上同以习近平同志为核心的党中央保持高度一致，认真落实党中央对审计工作的部署要求，将加强乡村振兴相关审计作为贯彻落实党和国家重大决策部署的重要政治任务，自觉增强政治责任感、历史使命感和职业荣誉感，在乡村振兴战略实施中充分发挥好促进经济高质量发展、促进全面深化改革、促进权力规范运行、促进反腐倡廉的审计监督和保障作用。

（三）把握基本原则。各级审计机关要坚持以习近平新时代中国特色社会主义思想为指导，全面贯彻党的十九大精神，坚持稳中求进工作总基调，坚持新发展理念，紧扣我国社会主要矛盾变化，紧紧围绕统筹推进“五位一体”总体布局和协调推进“四个全面”战略布局，在乡村振兴战略实施中依法全面履行审计监督职责，把握以下原则：

——依法审计，问题导向。依法履行审计监督职责，坚持问题导向，加大对农民群众最关心最直接最现实的利益问题的审计监督力度，严肃揭示侵害农民利益的不正之风和腐败问题，做到应审尽审、凡审必严、严肃问责。

——客观求实，注重激励。尊重基层和群众在农业农村改革发展中的首创精神，落实“三个区分开来”的重要要求，坚持事业为上、实事求是、依纪依法、容纠并举，结合动机态度、客观条件、程序方法、性质程度、后果影响以及挽回损失等情况，全面辩证地看待审计发现的问题，客观审慎作出评价和结论，推动建立健全激励机制和容错纠错机制，鼓励干部担当作为、干事创业。

——压实责任，提升质量。把“中央统筹、省负总责、市县抓落实”的工作机制，落实到乡村振兴相关审计工作中，统筹整合好署、省、市、县四级审计资源，进一步加强审计计划统筹、审计资源整合、审计项目融合、审计成果共享，推进全国审计工作一盘棋，切实提升审计质量，充分发挥审计监督的整体性和宏观性作用。

二、突出审计监督重点

各级审计机关要紧紧围绕实施乡村振兴战略的目标任务和总体要求，突出以下审计重点：

（四）着力监督检查乡村振兴规划制定和实施情况。

——突出规划引领作用，围绕国家乡村振兴战略规划（2018—2022年）提出的目标任务、工作重点和政策措施开展审计，检查规划部署的主要指标和重大工程、重大计划、重大行动的推进落实情况。重点关注各地区各部门根据国家规划科学编制乡村振兴地方规划或方案、专项规划或指导意见情况，规划实施督促检查和评估机制建立开展情况等。着力反映规划目标任务不明确，政策措施不实不细，缺少科学明确的约束性指标，缺乏可操作性，各类规划之间统筹衔接不够，未形成城乡融合、区域一体、多规合一的规划体系，未落实统筹城乡发展空间、优化乡村发展布局要求，以及未根据当地实际情况准确聚焦阶段任务、科学把握节奏力度、分类有序推进乡村发展等问题，对随意撤并村庄搞大社区，违背农民意愿大拆大建等现象要坚决揭示和纠正。

（五）着力监督检查乡村振兴各项政策措施落实情况。

——紧紧围绕“产业兴旺、生态宜居、乡风文明、治理有效、生活富裕”的总要求，对提升农业发展质量、推进乡村绿色发展、繁荣兴盛农村文化、加强农村基层基础工作、提高农村民生保障水平、打好精准脱贫攻坚战、改革完善农村产权制度和要素市场化配置、强化乡村振兴人才支撑和投入保障等推动乡村全面振兴的各类政策措施落实情况，持续开展跟踪审计，着力揭示责任不落实、机制不完善、方法不恰当、弄虚作假等影响政策措施落实的问题，促进各项政策措施落地生根、不断完善。

——以推进农业供给侧结构性改革为主线，关注构建现代农业产业体系、生产体系、经营体系，完善农业支持保护制度，强化农业科技支撑，发展多种形式适度规模经营，培育新型农业经营主体和服务主体，促进农村一、二、三产业融合发展，发展壮大乡村产业，推进农业绿色发展，保障国家粮食安全，改善农村人居环境，加强乡村生态保护与修复，加强农村基础设施建设和公共服务供给，改革完善农村集体产权制度和农村土地制度等相关政策措施落实情况和任务目标完成情况，着力反映阻碍乡村振兴政策措施落实、制约农业农村改革深化等体制障碍、制度缺陷和管理漏洞。

（六）着力监督检查乡村振兴战略投入保障情况。

——围绕建立健全财政投入保障制度和优化财政供给结构，加强对实施乡村振兴战略财政预算安排的审计，着力反映公共财政支出未按要求向“三农”倾斜，财政投入不能与乡村振兴目标任务相适应，财政资金未能充分发挥引导作用，未能形成财政优先保障、金融重点倾斜、社会积极参与的多元投入格局等问题。

——加大对涉农资金统筹整合使用的审计力度，推动加快建立涉农资金统筹整合长效机制。关注高标准农田建设等新增耕地指标和城乡建设用地增减挂钩节余指标跨省域调剂机制落实情况，检查各地是否将所得收益通过支出预算全部用于巩固脱贫攻坚成果和支持实施乡村振兴战略；关注调整完善土地出让收入使用范围，进一步提高农业农村投入比例政策的落实情况。

——关注金融机构对乡村振兴支持力度和农业信贷担保、农业保险等农村金融创新发展情况，推动金融机构更好服务乡村振兴；关注涉农领域金融风险情况，促进防范金融风险。

——加强对重点支出与重大投资项目的审计，分析各地是否科学评估财政承受能力、集体经济实力和社会资本动力，依法合规谋划筹资渠道；关注地方政府债务规模和风险水平，着力揭示借乡村振兴之名违法违规变相举债、盲目上项目搞建设、搞形象工程、政绩工程，甚至刮风搞运动等劳民伤财问题。

（七）着力监督检查乡村振兴资金安全和绩效情况。

——加大对基层小微权力腐败惩处力度，严肃揭示惠农补贴、集体资产管理、土地征收等领域侵害农民利益的不正之风和腐败问题。持续加强对中央和地方各级财政安排的涉农专项转移补助资金，涉农基建投资，农村基础设施资金，农村教育、就业、社会保障、卫生健康、文化等社会事业发展资金，农村人居环境整治资金，乡村生态保护与修复资金，脱贫攻坚资金等各类涉农资金的审计监督，着力揭示资金分配管理使用中存在的骗取套取、侵占挪用、贪污私分、挥霍浪费、优亲厚友、雁过拔毛、借机牟利等问题。关注乡村振兴相关资金使用和项目安排公告公示制度落实情况，促进畅通群众和社会监督渠道，推动完善乡村财务政务公开透明和阳光化管理。

——加大对乡村振兴资金支出经济性、效率性和效果性的审计，关注绩效评价制度建立落实情况，从行业、区域、时间等多维度对资金绩效总体情况开展审计评价，重点揭示重申请轻管理、重投放轻绩效，以及重大损失浪费、重大生态破坏等问题，切实保障乡村振兴资金安全和绩效。

审计中，还要注重发现和总结各地区各部门在实施乡村振兴战略中好的经验和做法。

三、工作要求

（八）加强组织领导，推进审计全覆盖。审计署领导全国乡村振兴相关审计工作，加强审计计划统筹管理，定期组织开展专项审计（调查），组织派出机构对中央部门贯彻落实乡村振兴战略情况开展审计，加强乡村振兴审计业务培训和调研督导。各省（自治区、直辖市）审计厅（局）要立足长远、统筹谋划，对乡村振兴审计全覆盖负总责，按照乡村振兴战略阶段性目标任务和工作重点，稳步实现对乡村振兴各类政策、资金和涉及到的所有县级行政区划的审计全覆盖；科学制订审计计划并按程序报审计署备案，每年至少安排一次统一组织的乡村振兴审计项目，及时向审计署报告审计情况，重大情况随时报告，并将全省开展乡村振兴审计总体情况作为主要负责人向审计署党组述职的重要内容。市、县审计机关要认真落实上级审计机关项目计划，围绕本地农业农村工作特点和实施乡村振兴战略安排部署，有计划、有重点地加强对强农惠农政策和资金的审计监督，严肃揭示问题、如实反映问题，及时向上级审计机关报告审计发现的重大违纪违法问题线索。上级审计机关要加强对下级审计机关乡村振兴审计业务的指导检查，确保审计质量和效果。

（九）统筹衔接脱贫攻坚与乡村振兴审计任务。党中央强调，把打好精准脱贫攻坚战作为实施乡村振兴战略的优先任务，推动脱贫攻坚与乡村振兴有机结合相互促进。在脱贫攻坚期内，贫困地区乡村振兴主要任务是脱贫攻坚。省级审计机关要统筹衔接本辖区内脱贫攻坚与乡村振兴审计任务，每年都要统一组织开展乡村振兴审计项目，其中，2020 年以前对贫困县的乡村振兴审计任务主要是脱贫攻坚审计。

（十）加强统筹协调，形成审计监督合力。各级审计机关要将乡村振兴政策措施落实情况和资金管理使用情况，统筹纳入国家重大政策措施落实情况跟踪审计以及财政、金融、企业、民生、资源环境、经济责任等各项审计，实现各专项审计资源共享、信息共享和成果共享，做到深度协同，形成审计监督合力。上下级审计机关之间要加强沟通协调，统筹安排审计资源，避免重复检查、消除监督盲区。要进一步加强对相关部门单位内部审计工作的指导和监督，有效运用内部审计对乡村振兴相关政策和资金的审计成果。要进一步完善审计发现问题整改跟踪检查机制，对侵害群众利益等严重违纪违法问题线索要及时移送纪检监察、司法机关等，推动严肃追责问责；对审计发现的典型性、普遍性和倾向性问题，督促有关部门和地方及时研究，完善管理制度和工作机制，切实增强监督实效。

（十一）创新技术方法，提升审计成效。各级审计机关应根据农业农村工作特点和乡村振兴审计特点，进一步探索“总体分析、发现疑点、分散核实、系统研究”的数字化审计模式，创新大数据环境下的乡村振兴审计思路和技术方法，提高运用大数据查核问题、评价判断、宏观分析的能力。各省级审计机关要按照审计署统一要求做好数据采集报送工作，进一步加大乡村振兴战略实施相关信息数据的统一采集，强化数据保密安全管理；要坚持“以用为本”，加强对审计人员大数据思维和分析能力的培养，更加注重数据深度挖掘和跨行业、跨部门、跨地区关联分析，更加注重从区域整体和宏观层面进行大数据关联分析，提高审计监督的质量和效果。

（十二）加强队伍建设，提高审计能力。各级审计机关要把党的政治建设摆在首位，结合乡村振兴相关审计项目特点，加强审计组临时党组织建设，切实发挥基层党组织的战斗堡垒作用和党员的先锋模范作用。要把懂农业、爱农村、爱农民作为基本要求，激发审计干部珍惜时代、珍惜职业、珍惜团队的自豪感。要持续改进工作作风，严格落实中央八项规定及实施细则精神，严格执行审计“四严禁”工作要求和审计“八不准”工作纪律。要引导审计干部加强对乡村振兴战略和相关政策的学习研究，通过多种方式加强乡村振兴审计业务培训、提高培训效果，切实提高审计干部依法履职尽责、服务乡村振兴战略的能力素质和业务水平。

审计署关于进一步加强减税降费政策措施落实情况审计监督的意见

审财发〔2018〕28 号　2018 年 8 月 31 日

各省、自治区、直辖市和计划单列市、新疆生产建设兵团审计厅（局），署机关各单位、各派出审计局、各特派员办事处：

2018 年《政府工作报告》明确要求，全年要为企业和个人减税 8000 多亿元，为市场主体减轻非税负担 3000 多亿元。近日，国务院常务会议决定再推新举措支持实体经济发展，预计全年再减轻企业税负超过 450 亿元。为进一步推动减税降费政策措施贯彻落实，促进积极财政政策落地生根，提升企业和群众对减税降费的获得感。根据国务院常务会议要求，现就加强减税降费政策措施落实情况审计监督提出以下意见：

一、提高政治站位，充分认识推动减税降费政策措施落实的重要性

减税降费是积极的财政政策聚力增效的主要体现，是深化供给侧结构性改革、降低实体经济成本的重要举措。2018 年以来中央出台了一系列减税降费措施，支持小微企业发展、推动创业创新。全国审计机关在近几年的政策跟踪审计中始终把推动减税降费政策落实作为重要内容，取得了较好的效果。根据党中央、国务院的最新部署，各级审计机关要进一步充分认识促进减税降费政策措施贯彻落实的重要性、紧迫性，进一步加强审计监督，持续关注各地区、各部门在推进减税降费过程中的职责履行情况、已出台政策措施的落地情况以及执行过程中出现的新情况新问题，推动相关政策贯彻落实，促进积极的财政政策有效贯彻落实。

二、突出审计重点，促进减税降费政策措施贯彻落实

（一）减轻企业税收负担方面。

一是围绕深化增值税改革，持续关注降低增值税税率、统一增值税小规模纳税人标准和试行留抵退税等增值税改革措施的落实情况和效果；持续关注对涉农贷款和境外机构投资境内债券市场等增值税优惠政策的落实情况和效果。

二是围绕支持小微企业发展税收优惠政策，持续关注固定资产一次性税前扣除税收优惠政策落实情况和效果；持续关注小微企业减半征收企业所得税优惠政策落实情况和效果；持续关注小微企业等贷款利息收入免征增值税优惠政策落实情况和效果。

三是围绕鼓励研发创新，持续关注研发费用加计扣除税收优惠政策落实情况和效果；持续关注高新技术企业和科技型中小企业所得税优惠政策落实情况和效果；持续关注创业投资企业和天使投资个人投向科技型企业所得税优惠政策落实情况和效果；持续关注提高一般企业职工教育经费税前扣除等所得税优惠政策落实情况和效果。

四是围绕进一步降低企业成本、激发市场活力，持续关注完善提高部分产品出口退税率政策落实情况和效果；持续关注政策性停产停业企业税收优惠政策落实情况和效果；持续关注社会保障基金和基本养老保险基金有关投资业务税收优惠政策落实情况和效果。

（二）清理规范涉企收费方面。

一是关注涉企收费目录清单执行情况。要对照政府性基金和行政事业性收费目录清单、政府定价的经营服务性收费目录清单，关注是否存在继续收取取消、停征、免征的行政事业性收费，未经批准自立名目收费以及自行提高收费标准等违规收费情况。

二是关注行政审批中介服务收费情况。要按照国务院和各级人民政府清理规范行政审批中介服务事项的规定，关注是否存在违反规定将应由政府部门承担的费用转嫁企业承担等情况。

三是关注依托行政资源、行政权力及影响力收费情况。要系统梳理所审计部门、地区涉企收费情况，关注是否存在利用职权和行业垄断地位、以保证金等形式变相收费情况；是否存在针对企业的乱收费、乱罚款和摊派等情况；是否存在通过指定服务、违规开展培训或评比达标等向企业收费等情况；是否存在行业协会商会代行政府职能自立项目收费、强制收费等情况。

四是关注电子政务平台、物流领域等收费情况。要重点关注是否存在通过电子政务平台以技术维护费、服务费、电子介质成本费等名义收费情况；是否存在铁路、港口、公路等领域将职责内的工作另行设立收费项目收费、超标准收费、转嫁费用等情况。

五是关注企业融资过程收费情况。要重点关注是否存在巧立名目收费情况；是否存在商业银行利用贷款强势地位，以财务顾问费等名义捆绑强制收费；是否存在将银行自身应承担的费用转嫁给企业承担；是否存在未执行收费减免优惠政策或超标准收费情况。

三、周密部署，按时保质完成专项审计工作

各级审计机关要按照审计署统一部署，将减税降费审计作为政策跟踪审计项目的专项审计工作，迅速部署实施。各级地方审计机关要在今后的地方财政收支审计中加大对非税收入的审计监督力度。审计署各业务司、特派办、派出局在各类审计项目中都要把减税降费政策落实情况作为审计的重要内容，对发现的问题除在政策跟踪审计报告中反映外，还要在2018年9月底前，将促进各地区、各部门减税降费工作的主要做法、发现的主要问题、取得成效以及意见建议，向审计署报送专题报告。

审计结果公告

中华人民共和国审计署审计结果公告（2018年第1号）

审计署移送违纪违法问题线索的查处情况

（2018 年 1 月 8 日公告）

审计署对移送有关部门单位调查的违纪违法问题线索，定期跟踪了解其查处情况。现将至2017 年 12 月底已有处理结果的违纪违法问题有关情况公告如下：

一、中国南方电网有限责任公司原副总经理肖鹏涉嫌利用职务之便谋利问题

审计发现，2007 年至 2010 年，肖鹏涉嫌利用职务之便，为供应商承接业务提供便利，并收受贿赂。2014 年 12 月，审计署将此线索移送最高人民检察院调查。2017 年 8 月，广东省江门市中级人民法院以滥用职权罪、受贿罪判处肖鹏有期徒刑 5 年 2 个月，并处罚金 10 万元。

二、中国船舶工业集团公司所属江南造船（集团）有限责任公司原总经理顾逖泉涉嫌违规操作造成国有权益损失问题

审计发现，2008 年至 2012 年，顾逖泉在钢材采购业务中，涉嫌通过以次充好、超过市价采购等方式向特定关系人输送利益，造成国有权益损失，并收受贿赂。2013 年 8 月，审计署将此线索移送中央纪委调查。2017 年 11 月，上海市第一中级人民法院以受贿罪、贪污罪判处顾逖泉有期徒刑 13 年。

三、广东电网公司原党委书记黄建军涉嫌利用职务影响力为亲友谋利问题

审计发现，2010 年至 2013 年，黄建军涉嫌在重大物资采购中利用其职务影响力，为亲友非法牟利并收受贿赂。2015 年 2 月，审计署将此线索移送中央纪委调查。2017 年 3 月，广东省江门市中级人民法院以受贿罪判处黄建军有期徒刑 3 年，并处罚金 20 万元。

四、中国电力科学研究院高电压研究所原所长李光范涉嫌受贿问题

审计发现，李光范在某试验基地建设中，涉嫌利用职务便利收受施工单位钱款。2014 年 12 月，审计署将此线索移送最高人民检察院调查。2016 年 6 月，北京市海淀区人民法院以受贿罪判处李光范有期徒刑 2 年（缓刑 3 年），并处罚金 15 万元；追回赃款 20 万元。

五、江西省丰城市发展改革委原主任雷剑鸿涉嫌挪用公款问题

审计发现，2013 年至 2014 年，雷剑鸿在兼任丰城市投资公司法定代表人期间，涉嫌违规决策向其他企业出借资金 4300 多万元。2014 年 10 月，审计署将此线索移送江西省人民检察院调查。2017 年 9 月，江西省高级人民法院以挪用公款罪、受贿罪判处雷剑鸿有期徒刑 18 年；目前相关资金正在追缴中。

六、云南省 11 个县扶贫办涉嫌审核把关不严致扶贫资金被骗取问题

审计发现，2012 年至 2015 年，云南省砚山、麻栗坡等 11 个县扶贫办涉嫌审核把关不严，致使 680 多万元扶贫资金被骗取。2016 年 9 月，审计署将相关线索移送云南省监察厅调查。至 2016 年 12 月，纪检监察部门给予 29 名责任人党内严重警告、警告、诫勉谈话、行政记过等党纪政纪处分。

七、黑龙江省同江市农业机械管理局原局长朱浩等人涉嫌弄虚作假协助他人骗取财政资金问题

审计发现，2012 年，朱浩等人通过编造虚假资料帮助他人成立农机专业合作社，骗取农机具购置补贴500多万元。2016年6月，审计署将此线索移送黑龙江省纪委调查。2017年1月，黑龙江省佳木斯市郊区人民法院以滥用职权罪判处朱浩有期徒刑3年（缓刑5年）；同年4月，佳木斯市纪委、监察局给予朱浩开除党籍、开除公职处分。

八、江苏省泗洪县有关乡镇干部涉嫌弄虚作假套取财政资金问题

审计发现，2013年至2015年，江苏省泗洪县车门乡等乡镇涉嫌通过伪造资料、虚构标的物等方式，套取农业保险保费财政补贴1700多万元。2016年6月，审计署将此线索移送江苏省委、省政府调查。2017年12月，泗洪县纪委对县扶贫办、农险办副主任刘怀阳等15名责任人给予警告、诫勉谈话等处理处分；已追回全部被套取资金。

九、黑龙江省2个县有关单位负责人涉嫌违规操作套取财政资金问题

审计发现，2007年至2013年，黑龙江省绥滨县发展和改革局时任局长周文、龙江县河道管理站时任站长鲁义祥，涉嫌授意下属以报销燃油费、餐饮费等名义套取财政资金400多万元，用于单位招待送礼或发放职工福利等。2016年8月，审计署将相关线索移送黑龙江省纪委调查。2016年12月至2017年3月，鹤岗市、龙江县纪检监察部门分别给予周文、鲁义祥等7名责任人党内严重警告、警告等处分。

十、四川省中江县欣旺水果专业合作社涉嫌套取财政资金问题

审计发现，2011年至2014年，欣旺水果专业合作社涉嫌通过编造虚假资料套取农业补贴等170多万元。2016年7月，审计署将此线索移送四川省德阳市政府调查。2016年11月，中江县纪委、监察局给予合作社主要负责人万友明留党察看2年处分，给予中江县财政局（农发办）5名工作人员党内警告、行政记过等处分；已追回全部被套取资金。

十一、四川省兴文县林业局涉嫌套取财政资金问题

审计发现，2012年至2013年，兴文县林业局涉嫌使用虚假发票套取林业专项资金70多万元，其中30万元用于送礼、发放奖金。2015年11月，审计署将此线索移送四川省纪委调查。2017年9月，四川省纪委等部门给予57名相关责任人党内严重警告、行政记大过等处分。

十二、黑龙江省齐齐哈尔市国土资源局原局长李东义涉嫌违规操作造成国有权益损失问题

审计发现，2004年至2009年，李东义涉嫌违规为一家公司在企业注册、购地、承揽土地整治项目等方面提供便利，造成国有权益损失250多万元。2015年2月，审计署将此线索移送黑龙江省纪委调查。2017年10月，齐齐哈尔市纪委给予李东义开除党籍处分。

十三、山西省祁县农业综合开发办公室原主任武中铎涉嫌违规审批造成财政资金被套取问题

审计发现，2013年，武中铎明知祁县天顺肉牛专业合作社重复申报，仍违规批准致使45万元财政资金被套取。2016年8月，审计署将此线索移送山西省人民检察院调查。2017年8月，祁县监察委给予武中铎行政记过处分。

十四、黑龙江省龙江县水产总站原站长王志兴涉嫌弄虚作假协助他人骗取财政补贴问题

审计发现，2012年，王志兴涉嫌帮助渔业企业编造虚假渔船信息，套取成品油价格改革渔业补贴20多万元。2016年8月，审计署将此线索移送黑龙江省纪委调查。2017年3月，龙江县纪委给予王志兴党内警告处分。

十五、吉林省通榆县新华农场原场长张绍斌涉嫌审核把关不严造成财政资金被套取问题

审计发现，2013年，张绍斌涉嫌在奶牛标准化规模养殖项目实施中审核把关不严，致使不符合申报条件的企业套取财政资金80万元。2016年5月，审计署将此线索移送吉林省纪委调查。2016年10月，通榆县纪委给予张绍斌党内严重警告处分。

十六、甘肃省兰州市徐家湾旧城改造项目征收指挥部审核组原组长张富林等人涉嫌玩忽职守造成财政资金损失问题

审计发现，2014年，张富林等人在征地拆迁工作中涉嫌玩忽职守，致使4万多元拆迁安置费被骗取。2016年7月，审计署将此线索移送甘肃省纪委调查。2017年4月，兰州市城关区纪委、监察局给予张富林等4名责任人党内严重警告、行政记过、行政警告、诫勉谈话等处理处分，对骗取的财政资金予以追缴。

十七、重庆市巫溪县农业综合开发办公室原主任郑承赞涉嫌利用职务之便收受钱款问题

审计发现，2008年至2012年，郑承赞涉嫌违规为有关单位和个人在项目推荐、申报财政资金方面提供便利，从中收受钱款100多万元。2015年9月，审计署将此线索移送重庆市纪委调查。2016年9月，巫溪县纪委、监察局给予郑承赞开除党籍、行政撤职处分。

十八、农业银行北京分行有关人员涉嫌违规操作基金销售等事项谋利问题

审计发现，2014年5月，农业银行北京分行私人银行部时任副总经理王超和高级产品经理关琦等人，涉嫌违规为第三方募集和销售基金，从中谋取不正当利益。2016年5月，审计署将此线索移送公安部调查。2017年11月，北京市中级人民法院以受贿罪判处王超、关琦有期徒刑各3年。同月，北京银监局给予该行主管副行长陈英顺取消3年董事、高级管理人员任职资格的行政处罚。

十九、山西省交通运输厅2家所属企业涉嫌对外投资管理不到位造成国有权益损失问题

审计发现，山西省交通运输厅所属太旧高速公司、交通信息通信公司对外投资管理不到位，国有投资600万元面临损失风险。2015年7月，审计署将此线索移送山西省交通运输厅调查。2017年2月，山西省交通运输厅党组给予7名责任人警告、诫勉谈话、批评教育等处理处分。

二十、山西省太原市沙沟社区居委会涉嫌违规使用项目经费问题

审计发现，2013年至2015年，太原市沙沟社区居委会等在“城中村”改造期间，在项目经费中违规开支餐费、发放奖金等600多万元（审计期间退回450万元）。2017年5月，审计署将此线索移送太原市纪委调查。2017年8月，太原市万柏林区纪委给予2名责任人党内严重警告处分。

二十一、甘肃省榆中县有关人员涉嫌弄虚作假骗取社保基金问题

审计发现，2015年，榆中县岳红霞等3人涉嫌伪造异地住院病历和发票等，骗取新农合医疗基金和城乡居民大病保险资金。2017年1月，审计署将此线索移送甘肃省公安厅调查。2017年8月，榆中县人民法院以保险诈骗罪判处岳红霞等3人8个月至10个月不等有期徒刑，追回全部被骗资金，并处罚金共4万元。

二十二、广州新市医院投资人林俊杰涉嫌违规侵占医院资金等问题

审计发现，2010年至2017年，林俊杰涉嫌长期以“借用”名义违规侵占医院资金，该院还存在大量使用来源不明的医疗器械等问题。2017年7月，审计署将此线索移送广州市卫计委调查。2017年9月，广州市卫计委责令林俊杰归还侵占资金7000多万元，对新市医院予以警告。

二十三、陕西省西安市3家医院涉嫌违规分包诊疗业务问题

审计发现，2011年至2017年，中铁一局集团西安中心医院、西安都市医院、周至烈贞眼科医院等3家医院涉嫌违规对外分包部分科室等。2017年，审计署将相关线索移送陕西省卫计委调查。2017年9月，西安市、莲湖区、周至县卫计委共没收上述医院违法所得150多万元、罚款4.8万元，对其中两家医院负责人给予严重警告等处分。

二十四、重庆医科大学附属第一医院眼科原副主任李平华涉嫌利用职权谋利问题

审计发现，2011年至2015年，李平华涉嫌违规帮助一公司承揽重庆医科大学附属第一医院眼科耗材供应业务，并接受该公司安排旅游等好处。2017年3月，审计署将此线索移送重庆市卫计委调查。2017年4月，重庆医科大学附属第一医院给予李平华警告、免职等处理处分。

二十五、安徽日报报业集团及所属企业涉嫌违规处置资产问题

审计发现，2012年至2014年，安徽日报报业集团及所属新安传媒公司、安徽商报社，涉嫌违规将抵顶广告收入的手表、手机、汽车等用于送礼、发放福利、低价处置等。2016年6月，审计署将此线索移送安徽省委、省政府调查。2017年5月，安徽省纪委给予安徽日报社党委委员、新安传媒公司原董事长张望梅等2名责任人撤销党内职务、警告等处分；追回违纪所得119.7万元。

二十六、陕西省榆林市水务局原副局长安举强涉嫌违规兼职取酬及从事营利性活动问题

审计发现，2011 年至 2013 年，安举强涉嫌违规在一些单位兼职，并私自承揽水利工程谋利。2016 年 12 月，审计署将此线索移送陕西省纪委调查。2017 年 7 月，榆林市纪委给予安举强党内警告处分，对其违纪所得予以收缴。

二十七、重庆市云阳县水务局违规办企业谋利问题

审计发现，2005 年至 2015 年，重庆市云阳县水务局挪用公款设立公司，并依托行政权力获取收入 2800 多万元，部分用于吃喝送礼等。2016 年 8 月，审计署将此线索移送重庆市纪委调查。2016 年 10 月，云阳县监察局给予 6 名相关责任人警告、记过、调离岗位等处理处分。

二十八、黑龙江省佳木斯市桦川县农业局场县共建办原副主任周文学涉嫌违规经商办企业问题

审计发现，2011 年至 2015 年，周文学涉嫌以其子名义成立公司，违规依托经营项目获取财政资金 670 多万元，其中扶贫资金 116 万元。2017 年 4 月，审计署将此线索移送黑龙江省纪委调查。2017 年 8 月，桦川县纪委、监察局给予周文学留党察看 1 年、行政撤职处分，其他相关责任人也受到党内严重警告、行政记过等处分。

二十九、江西省上饶县纪委原书记童晓闻等人涉嫌公款私存问题

审计发现，2012 年至 2016 年，童晓闻等人涉嫌将 690 多万元罚没收入私存私放。2017 年 4 月，审计署将此线索移送江西省纪委调查。2017 年 7 月，江西省纪委给予童晓闻等 6 名责任人严重警告、警告和诫勉谈话等处理处分。

三十、甘肃省静宁县农村供水工程管理总站原站长方俊贤涉嫌挪用公款问题

审计发现，2010 年至 2014 年，方俊贤涉嫌挪用农村供水项目工程款 15 万元进行营利活动。2017 年 6 月，审计署将此线索移送甘肃省人民检察院调查。2017 年 11 月，甘肃省静宁县人民法院以挪用公款罪判处方俊贤拘役 3 个月（缓刑 6 个月），并处没收挪用资金及孳息。

三十一、陕西省有关单位 16 名公职人员涉嫌违反中央八项规定精神问题

审计发现，2013 年 7 月，陕西省西安市人力资源和社会保障局、宝鸡市工伤保险事业管理处、渭南市工伤和生育保险经办处等 3 个单位的 16 名公职人员涉嫌公费旅游、多报差旅费等。2016 年 6 月，审计署将此线索移送陕西省纪委调查。至 2017 年 6 月，其中 14 名责任人被给予警告、诫勉谈话等处理处分。

三十二、53 家企业涉嫌虚开增值税专用发票问题

审计发现，广东今来药业有限公司等 53 家企业涉嫌通过虚构销售业务、虚增药品售价等方式虚开增值税专用发票 180 多亿元，造成税款流失 34 亿多元。2015 年 12 月，审计署将此线索移送国家税务总局调查。至 2017 年 1 月，29 名涉案人员被处以 2 年（缓刑 3 年）至 15 年不等有期徒刑、共处罚金 40 万元。

三十三、5 家商贸企业涉嫌套取黄金增值税专用发票问题

审计发现，2014 年至 2015 年，陈辉等人控制的 5 家商贸企业涉嫌通过黄金交易套取增值税专用发票 20 多亿元用于对外虚开，造成税款流失 1.79 亿元。2016 年 6 月，审计署将此线索移送国家税务总局调查。2017 年 8 月，江西省九江市中级人民法院以虚开增值税发票罪判处陈辉无期徒刑、剥夺政治权利终身并处没收全部财产，其他 5 名涉案人员分别被处以 2 年至 8 年不等有期徒刑、共处罚金 90 万元。

三十四、山东省日照天桥贸易有限公司涉嫌弄虚作假向境外非法转移资金问题

审计发现，2015 年，日照天桥贸易有限公司涉嫌通过虚构转口贸易等方式向境外非法转移资金 1500 多万美元。2016 年，审计署将此线索移送外汇局调查。2017 年 4 月，外汇局对该公司处以罚款 290 多万元。

中华人民共和国审计署审计结果公告（2018年第2号）

2017年第四季度国家重大政策措施落实情况跟踪审计结果

（2018年4月18日公告）

2017年第四季度，审计署深入学习贯彻党的十九大精神，以习近平新时代中国特色社会主义思想为指导，坚持稳中求进工作总基调，紧紧围绕我国社会主要矛盾变化，按照高质量发展的要求，以推进供给侧结构性改革为主线，继续组织对31个省、自治区、直辖市（以下统称省）和30个中央部门、10户中央企业进行跟踪审计，抽查了1952个单位、3813个项目，涉及资金4916.51亿元，其中中央财政资金320.61亿元。这一阶段的审计，着眼统筹推进稳增长、促改革、调结构、惠民生、防风险各项工作，聚焦防范化解重大风险、精准脱贫、污染防治三大攻坚战相关政策措施落实情况，以资金、项目、政策和重大改革任务推进情况为重点，持续关注“三去一降一补”任务落实、“放管服”改革深化等方面情况，同时对本年度审计查出问题的整改情况进行了全面检查。

一、2017年度跟踪审计总体情况

2017年以来，全国各级审计机关共审计各类项目7.53万个，累计抽查相关单位7.66万个。其中，审计署直接审计项目9252个，抽查单位5420个，反映问题3446个，涉及问题金额4634.83亿元。审计机关坚持边审计、边督促整改，对查出的问题及时通报，督促各地区、各部门加强整改；按季度出具审计报告并向社会公告审计结果。相关地区和部门对2514名相关责任人进行了追责问责，并举一反三，加强制度建设，完善体制机制，健全整改长效机制，推动相关工作取得积极进展。

（一）促进加强财政金融风险防范，推动统筹盘活财政存量资金。审计重点揭示反映了地方财政收支和政府性债务、银行信贷和资本市场运行等方面的风险隐患及财政资金统筹盘活等方面的问题，针对部分地方政府违规举债、违规担保、财政资金统筹整合不到位等问题积极提出建议，促进出台配套政策措施79项，纠正违规举债、违规担保等问题金额606.28亿元；促进8家重点商业银行制定完善制度43项，通过收回违规发放的贷款等方式整改问题金额175.37亿元；促进及时下达和落实资金330.38亿元，收回沉淀资金和统筹安排使用财政资金176.21亿元。

（二）促进脱贫攻坚政策落实，推动民生领域补短板。审计持续关注并反映了脱贫攻坚、城乡低保、保障性住房建设等重点民生领域政策落实和重大项目推进情况，针对相关政策落实不到位、工程推进不力等问题提出建议，促进相关地区和部门出台配套政策389项，推动5037个扶贫项目加快实施，推动8.18万套保障性住房及时分配使用。

（三）促进加强污染防治，推动生态环境保护。审计持续关注环保专项资金分配管理使用、重要生态系统保护和重大修复工程项目进展情况，揭示并促进解决大气、水、土壤污染防治，固体废弃物和垃圾处置等方面存在的突出问题，推动752个污染防治和重要生态系统保护、重大修复工程项目加快实施，督促纠正违规生产、排放等行为1379起，促进出台、完善配套政策制度173项。

（四）促进“三去一降一补”任务落实，推动供给侧结构性改革。审计重点关注了钢铁和煤炭等行业化解过剩产能、房地产去库存等供给侧结构性改革任务完成情况，针对部分地区化解过剩产能工作进展缓慢、违规新增产能、房地产去库存不到位等问题提出建议，促进相关地区和部门出台配套政策及改革措施149项，推动15.53亿元中央专项财政奖补资金发挥效益。

（五）促进深化“放管服”改革，推动优化营商环境。审计持续关注了各地区各部门推进行政审批制度改革、清理规范涉企收费等政策落实情况，针对行政审批事项取消下放及职业资格取消不及时、清理行政审批中介服务和小微企业税收优惠政策落实不到位等问题提出建议，促进取消下放行政审批事项、减少审批前置条件等 294 项，取消职业资格许可和认定、企业资质认定等 46 项，停止或取消收费 230 项，减少或清退收费金额 122.08 亿元，出台配套政策措施 243 项，进一步减轻企业负担。

二、第四季度政策措施落实的好做法好经验

从第四季度审计情况看，有关地区和部门积极落实国家重大战略和政策措施，一些方式方法富有成效，一些经验值得研究推广。

（一）多方持续发力，推进精准扶贫。商务部利用中国进出口商品交易会平台加大对贫困地区企业支持力度，助力贫困地区企业发展；原卫生计生委积极推进四川省凉山州艾滋病防治和健康扶贫攻坚行动；辽宁省葫芦岛市积极构建认养扶贫模式，促进贫困户增收；吉林省和龙市大力发展电商扶贫和旅游扶贫；黑龙江省、四川省乐山市关注贫困家庭病患及失能群体，为贫困人口构筑健康“保障网”；河南省、宁夏回族自治区创新金融扶贫举措，加快金融助推脱贫攻坚步伐。

（二）强化生态环境保护，加大污染防治力度。水利部全面推行河长制，推进水资源保护和水污染防治工作；能源局加大燃煤电厂超低排放和节能改造力度，推进大气污染防治；黑龙江省哈尔滨市加大力度整治黑臭水体，改善人居环境质量；山东省加大政策支持力度，推进长岛海洋生态保护和持续发展。

（三）防范化解重大风险，推进预算绩效管理。原保监会强化监管，加大治理保险行业乱象力度；中国出口信用保险公司充分发挥专业优势，助力防范风险；河北省财政部门推进标准化绩效管理改革，建立健全激励约束机制；山东省实施省直部门预算管理绩效综合评价，促进提升预算管理水平；上海市强化土地市场监管，推进租售并举住房供给体系建设。

（四）持续深化“放管服”改革，不断优化营商环境。原环境保护部落实环境影响评价备案改革，提高建设项目环评效率；山西、浙江、河南、湖南 4 省进一步降低通行成本，促进降本增效；山西省试行企业投资项目承诺制，缩减备案制企业投资项目审批时间；广东省采取措施调整企业用电价格，降低企业制造成本。

（五）着力改革创新，持续推进国家重大战略实施。科技部加大对发展中国家技术培训力度，促进科技合作，助推“一带一路”倡议实施；民航局发力民航供给侧改革，服务“一带一路”和京津冀协同发展；北京市将疏解整治与便民商业网点建设相结合，超计划完成市场和物流中心疏解提升任务；天津市出台成建制企业引进落户政策，助力京津冀产业转移接续。

同时，有关地区和部门积极采取措施，进一步整改跟踪审计发现的问题。河北、江西、陕西、甘肃等 9 个省和能源局等有关部门加强财政资金整合使用，妥善处理政府性债务，积极化解财政风险；黑龙江、广西、四川等 9 省的相关地区积极规范扶贫资金使用，加强扶贫项目建设管理，推动扶贫政策落实；北京、安徽、湖北等 6 省的相关部门加快推进污染防治等项目建设，推动生态环保政策落实；交通运输部、天津等 8 个部门和地方以及中国铁路总公司及时清退违规收费，推进增值税发票开具等，降低企业成本，不断优化营商环境。

三、第四季度审计发现的主要问题

（一）部分地区违规举债或虚增财力，个别银行不良贷款统计存在风险隐患。一是 5 个省的 6 个市县通过违规出具承诺函、融资租赁、签订工程类政府购买服务协议等方式变相举债，形成政府隐性债务 154.22 亿元。二是湖南省长沙市芙蓉区、宁夏回族自治区银川市虚增财政收入 5.5 亿元。三是中国农业发展银行将逾期 91 天以上的 33.84 亿元贷款仍划分为正常类。四是陕西省农村信用社联合社虚减不良贷款 120.4 亿元。

（二）一些地区扶贫政策落实不到位，项目管理不规范，甚至违规使用扶贫资金。一是 16 个省的 18 个市县落实易地扶贫搬迁、教育扶贫、健康扶贫、金融扶贫等政策不到位。二是 7 个省的 7 个县有 115 个扶贫项目管理不规范。三是 8 个省的 9 个县因资金统筹盘活不到位、项目推进缓慢等，8985.25 万元资金闲置 1 年以上。四是 4 个省的 4 个县有 106 个项目未实现预期效果，涉及资金 4046.8 万元。五是 6 个省的 7 个市县有 53 个单位或个人套取、违规使用资金 1390.01 万元。

（三）部分地区污染防治目标任务未完成或未严格落实污染物减排政策，有的环保项目建设缓慢或建成后闲置。一是7个省的部分地区未完成国家大气、水污染防治方面目标任务。二是9个省的24个生态环境保护项目推进缓慢或建成后闲置，涉及投资9.43亿元。三是浙江省排污权交易中心未严格落实建设项目主要污染物排放减量替代政策。

（四）个别地区违规新增产能或未按规定用途使用奖补资金。一是云南省违规新增水泥熟料产能450万吨。二是湖北省阳新县和赤壁市未按规定用途使用化解过剩产能奖补资金3474.02万元。

（五）部分部门和地区“放管服”改革措施落实不到位，有的仍违规收费。一是13个部门和地区17项“放管服”改革事项落实不到位。二是10个部门和地区的57家单位依托行政资源或行业影响力通过指定服务、强制培训、垄断经营等违规收费2.38亿元。三是11个部门和地区的28家单位违规收取或未及时清退各类保证金6.74亿元。四是3家单位违规开展评比等活动并收费490.02万元。

（六）一些项目推进缓慢或建成后未发挥效益，部分施工单位拖欠农民工工资。一是11个省及中国铁路总公司的20个基础设施建设、铁路建设、保障性住房等项目未按期开工完工、建设管理不规范或建成后使用效益低等，涉及投资467.45亿元。二是11个省的21个施工单位拖欠农民工工资1.56亿元，相关单位正在积极整改中。

（七）未及时统筹盘活财政存量资金，部分专项资金分配使用不规范。一是5个省4.32亿元财政资金结存2年以上。二是5个省部分单位向不符合使用条件的单位或个人安排财政专项资金6667.86万元。

附件：1. 有关部门和地区推进国家重大政策措施落实的具体举措
2. 整改效果较好的事例
3. 2017年第四季度跟踪审计发现的主要问题

附件1：

有关部门和地区推进国家重大政策措施落实的具体举措

一、多方持续发力、推进精准扶贫方面

（一）商务部利用中国进出口商品交易会平台加大对贫困地区企业支持力度，助力贫困地区企业发展。商务部规定，自2017年第122届中国进出口商品交易会起至2020年，对贫困地区参展的企业免收展位费。其中，2017年第122届中国进出口商品交易会期间，共为572家贫困地区企业减免展位费1569万元，同时增设贫困地区特色产品展位197个，促成成交额2536万美元。

（二）原卫生计生委积极推进四川省凉山州艾滋病防治和健康扶贫攻坚行动。2017年9月，原卫生计生委联合四川省启动了凉山州艾滋病防治和健康扶贫攻坚行动，在4个疫情重点县全面开展健康教育、重点人群干预等工作，在保障各项艾滋病防治工作正常开展的基础上，每年还安排1100万元中央专项转移支付资金，并积极争取450万美元国际项目经费，加强技术支持和对口帮扶。截至2017年11月底，4县已完成健康体检47580人。

（三）辽宁省葫芦岛市积极构建认养扶贫模式，促进贫困户增收。2017年4月以来，葫芦岛市积极构建政府、社会、贫困户共同参与的认养扶贫模式，组织政府机关以及社会力量对果树、家禽（畜）等农产品实行“一对一”帮扶认养认购。截至2017年底，累计帮扶认养果树3637株、家禽（畜）25682只（头），受助贫困户增收347.08万元。

（四）吉林省和龙市大力发展电商扶贫和旅游扶贫。2017年，和龙市通过建立市、镇、村三级扶贫攻坚信息网络平台，积极打造“金达莱丝路”电商平台，惠及全市40个贫困村；通过新增护林员等实施生态扶贫，全力推进民宿旅游、边境旅游和红色旅游，打造具有地方特色的扶贫旅游路线。

（五）黑龙江省、四川省乐山市关注贫困家庭病患及失能群体，为贫困人口构筑健康“保障网”。黑龙江省开展贫困家庭先天性心脏病儿童免

费治疗，4家医疗机构免费救治88名贫困家庭患儿，减轻贫困群体的医疗费用负担244.73万元；四川省乐山市采取“居家救助、集中供养”的方式帮扶有失能、半失能人员的贫困家庭，解决了家庭成员因看护需要不能外出就业的问题，并对接受救助的人员和承接家庭或社会组织给予补助，截至2017年底，全市已投入补助资金近1400万元，帮扶受助对象3399人，释放劳动力2108人，惠及群众9403人。

（六）河南省、宁夏回族自治区创新金融扶贫工作机制，加快金融助推脱贫攻坚步伐。河南省总结卢氏县扶贫小额信贷试点经验，2017年8月出台了《河南省扶贫小额信贷助推脱贫攻坚实施方案（暂行）》等6个一揽子工作方案，推动构建“金融服务、信用评价、风险防控、产业支撑”四位一体的金融扶贫整体框架。截至2017年底，卢氏县发放扶贫小额信贷3.26亿元，帮助1045户贫困家庭实现脱贫。宁夏回族自治区通过为建档立卡贫困户建立电子信用档案，实行10万元以下贷款免担保、免抵押、基准利率放贷、政府按基准利率贴息等措施，分解落实贫困村金融扶贫任务，为贫困人口购买补充医疗保险、优势特色产业保险等，加快金融助推脱贫攻坚步伐。

二、强化生态环境保护、加大污染防治力度方面

（一）水利部全面推行河长制，推进水资源保护和水污染防治工作。自推行河长制以来，水利部先后组织33个督导组对各地区推进河长制情况进行督导检查。截至2017年底，全国共明确省、市、县、乡四级河长32万名，提前半年完成中央有关要求，促进河湖管护责任更加清晰，推动了水资源防护和污染防治工作。

（二）能源局加大燃煤电厂超低排放和节能改造力度，推进大气污染防治。能源局会同相关部门通过严控新建燃煤机组，对相关地区暂缓核准、暂缓新开工煤电项目，合理安排在建煤电项目投产时序等方式，推动燃煤电厂超低排放和节能改造工作。2017年，煤电行业累计完成超低排放改造2.088亿千瓦、节能改造超过1.41亿千瓦，淘汰关停落后产能超600万千瓦。

（三）黑龙江省哈尔滨市加大力度整治黑臭水体，改善人居环境质量。哈尔滨市加大对建成区内3条黑臭水体整治修复力度，通过对水体周边企业排污整治和专项督查，关停取缔违法排污企业、畜牧养殖户300余家。同时，从截污纳管、清淤疏浚、垃圾清理、河道护砌等方面疏堵结合，清理垃圾底泥49.38万立方米、敷设截污管线24公里。截至2017年底，沿线河面、河岸已无明显漂浮物和垃圾，违法排污口均已封堵，公众满意度提高。

（四）山东省加大政策支持力度，推进长岛海洋生态保护和持续发展。山东省通过出台保护修复海岛海洋生态、加快交通基础设施建设、加大财税金融保障力度等15项措施，积极推进长岛海洋生态保护和可持续发展，为创建国家生态文明试验区、旅游度假区、军民融合发展示范区奠定基础。

三、防范化解重大风险、推进预算绩效管理方面

（一）原保监会强化监管，加大治理保险行业乱象力度。2017年4月以来，原保监会组织对“公司治理”“保险资金运用”“大病保险”等重点领域安排8次全国性专项自查，开展9项监管检查，全面清查保险公司资金违规运用、股东虚假注资、公司治理失效、信息披露不实等问题，给予306家保险机构、447名责任人行政处罚。

（二）中国出口信用保险公司充分发挥专业优势，助力防范风险。中国出口信用保险公司利用已建立的覆盖200多个国家和地区的资信渠道，重点研究国别风险和海外买家风险，定期发布《国家风险分析报告》《全球投资风险分析报告》，以及“一带一路”沿线国家政治风险报告和行业研究报告等，为相关部门、金融机构及企业提供风险管控参考和指引。

（三）河北省财政部门推进标准化绩效管理改革，建立健全激励约束机制。河北省财政部门在标准化绩效管理改革中，通过设立绩效目标和分级指标，将目标任务逐级分解量化，切实做到周记月结，每项工作过程留痕，实现预算编制、资金拨付、资金使用、资金监管、跟踪问效全过程覆盖，推动地方财政管理机制转型。同时将绩效结果作为干部选任、年度考核、评先评优、奖励惩戒的重要依据，建立健全激励约束机制。

（四）山东省实施省直部门预算管理绩效综合

评价，促进提升预算管理水平。山东省推动实施省直部门预算管理绩效综合评价，将绩效评价结果与年度预算安排挂钩，为以后年度安排预算、加强和改进预算管理提供依据，促进省直部门预算管理水平整体提升。

（五）上海市强化土地市场监管，推进租售并举住房供给体系建设。为促进房地产市场平稳健康发展，上海市探索建立了商品住房用地交易资金来源监管制度，将对土地交易资金来源的实质性审查由事后申报核查前移至竞买申请环节，并在现场竞价、后续核查等各环节持续跟踪交易资金流向，取消违规者的竞拍资格。同时，通过优化租赁住房建设规划、加强租赁住房用地受让人管理等，有序推进住房租赁市场建设。

四、深化“放管服”改革、优化营商环境方面

（一）原环境保护部落实环境影响评价备案改革，提高建设项目环评效率。原环境保护部研究出台《建设项目环境影响登记表备案管理办法》，统一布设网上备案系统，建设单位自行填报、在线提交登记表，环保部门公开备案信息并开展监督检查，用户办理时间从改革前最长的15天缩短到不超过10分钟。系统运行11个月以来，全国已有69.7万个环境影响登记表完成了网上备案，平均每天备案2989个项目，提高了建设项目环评效率。

（二）山西、浙江、河南、湖南4省进一步降低通行成本，促进降本增效。2017年7月，交通运输部指导山西、浙江、河南、湖南4省开展高速公路分时段、分路段、分区域、分车型差异化收费试点工作，进一步提升路网运行效率和服务水平。湖南省从2016年10月起，对使用“湘通储值卡”和外省ETC卡结算的合法装载货运车辆分别给予通行费9折和9.8折优惠，至2017年底累计为1026.54万次货运车辆减免通行费9635万元。

（三）山西省试行企业投资项目承诺制，缩减备案制企业投资项目审批时间。2017年5月，山西省选定10个试点开发区，对省级备案类企业投资项目试行承诺制管理模式，将原有的12项强制性技术标准改为企业承诺事项，改先批后建为先建后验，压缩项目审批时间。

（四）广东省采取措施调整企业用电价格，降低企业制造成本。2017年8月起，广东省政府将电网企业向用户收取的高可靠性供电费用标准及临时接电费用标准降低30%，将天然气发电的上网电价每千瓦时降低3分，使全省工商业企业的用电价格每千瓦时平均降低2.33分，据测算累计可减少企业年电费支出276亿元。

五、着力改革创新、推进国家重大战略实施方面

（一）科技部加大对发展中国家技术培训力度，促进科技合作，助推“一带一路”倡议实施。科技部采取修订培训管理办法、优化培训项目结构、改进管理和服务机制、举办境外培训等举措，充分发挥技术资源优势，加大对“一带一路”沿线国家技术人员的培训力度，2014年以来培训57个国家的学员3080人。

（二）民航局发力民航供给侧改革，服务“一带一路”和京津冀协同发展。民航局通过扩大航空市场准入、试点开放航权等措施鼓励航空公司开通“一带一路”沿线国家国际航线，2017/2018冬春航季通航我国的“一带一路”沿线国家已达43个；出台统筹京津冀区域机场运行管理、推动空铁联程联运等措施，成立京津冀民航协同发展研究中心，全面提升区域航空保障能力和运输服务水平。

（三）北京市将疏解整治与便民商业网点建设相结合，超计划完成市场和物流中心疏解提升任务。北京市按照“升级为导向、建关相结合”的原则，建立市区两级疏解提升工作协调和司法服务保障工作机制，与津冀两地联动出台《环首都1小时鲜活农产品流通图规划》等配套政策，积极推进疏解提升工作。截至2017年底，全市疏解提升市场235个、物流中心55个，分别完成全年计划数的196%、145%。

（四）天津市出台成建制企业引进落户政策，助力京津冀产业转移接续。为便利京津冀产业转移，天津市通过放宽户籍准入条件、优化审核流程、建立上门服务和实地直查联审机制等措施，为成建制落户天津的京冀企业解决职工落户、社保接续和子女就学问题。政策自2017年7月推出4个月内为5家京冀企业或研发机构175名职工解决了异地缴纳社保问题，为28名家属办理了在津落户。

附件 2:

整改效果较好的事例

一、防范化解财政风险，加强财政资金管理

（一）关于陕西省韩城市、甘肃省兰州新区的6家单位违规举借政府性债务5.78亿元问题。韩城市和兰州新区召开专题会议，抓紧研究清理方案。截至2017年底，韩城市安排财政偿债准备金偿还了违规举借的政府性债务；甘肃省对负有领导责任的5名相关人员进行诫勉谈话等，新区农林水务局向新区管委会作出深刻检查。

（二）关于吉林省白山市及所属6个区县虚增财政收入2.79亿元问题。白山市迅速组织市本级有关单位及各区县举一反三开展自查自纠，2017年11月底前虚增的财政收入已全部完成退库。

（三）关于中国石油和化学工业联合会评估工作失误导致多发放成品油质量升级贴息2388万元问题。能源局立即开展追查核实，函告财政部及时追回多下达的财政贴息补助资金2388万元，并对贴息情况开展专项检查，杜绝此类问题再次发生。

（四）关于财政资金长期结存问题。河北省沙河市、江西省赣州市等11个市县及时组织对结存资金进行清理，截至2017年底，统筹盘活财政存量资金9.18亿元。

二、规范扶贫资金管理，推动扶贫政策落实

（一）关于1.37万名建档立卡贫困家庭学生未享受教育资助问题。广东省、江西省修水县和余干县、重庆市武隆区及时制订补发方案，筹措资金向上述贫困家庭学生补发教育资助资金3569.34万元。

（二）关于13个单位违规使用扶贫资金1.03亿元问题。广西壮族自治区龙胜县、四川省凉山州扶贫和移民工作局、昭觉县现代农业投资发展有限责任公司及时归还违规用于市政基础设施建设等非扶贫用途的1.02亿元资金，黑龙江省桦南县等4个县（区）及时追回套取挪用的资金107.88万元。各地区修订完善扶贫资金管理制度，确保扶贫资金安全使用。

（三）关于宁夏回族自治区固原市原州区部分安置住房面积超标，贫困户举债搬迁问题。原州区收回了78户超标准预选但尚未装修入住移民的预选房屋，并安排其重新选择符合标准的住房。同时，还通过为247名负担过重的贫困搬迁移民安排公益性岗位、引导部分移民到地方企业就业等方式，增加移民收入。

（四）关于四川省甘洛县、广西壮族自治区靖西市扶贫项目招投标不规范或违规转包问题。两市县严肃处理扶贫项目建设管理不规范问题，将不符合建筑资质的施工单位清理出场，禁止违规分包公司进入当地建筑市场，并出台政府投资工程建设项目招标投标及采购管理办法，对3名相关人员给予党内警告等处分。

（五）关于辽宁省清原满族自治县、吉林省长白朝鲜族自治县、四川省丹巴县的4个扶贫项目进展缓慢问题。3县及时分解落实整改责任，优化资金审批拨付机制，倒排工期加快推进项目建设。截至2017年底，清原满族自治县筐子沟村满族特色村寨已竣工，改造完成的45座满族特色民居已投入使用；长白朝鲜族自治县2个兴边富民道路建设项目已竣工并通车；丹巴县涉及的学生宿舍楼、教学综合楼等项目已建设完工。

（六）关于黑龙江省青冈县523名建档立卡贫困户未享受优惠利率贷款问题。2017年9月，青冈县农村信用合作联社将贷款未到期的518名建档立卡贫困户的贷款利率全部调整为规定的优惠利率，为贫困户节约利息81.58万元；对5名贷款已结清贫困户的差额利息全额返还。

三、加快项目建设，推动生态环保政策落实

（一）关于北京华能热电厂燃气热电中心建设未按时完工问题。北京市抓紧项目锅炉化学清洗，积极开展系统调试和试运行工作，2017年11月华能热电厂燃气热电中心已投产运行，为北京市清洁能源发电和城市供热提供保障。

（二）关于安徽省淮南市、吉林省长春市九台区18座垃圾处理设施等未按期完工问题。淮南市和九台区加强项目调度，协调解决项目建设过程梗阻，至2017年底各项目已全部建成。

（三）关于湖北省20个岩溶地区石漠化综合治理工程未按计划开工问题。湖北省发展改革委要求相关市县抢抓季节开展植树造林、坡改梯等工程建设，推进项目尽快实施。截至2017年底，房县、郧西县、利川市的3个治理工程已实施完

毕，巴东县、丹江口市等 11 个项目进度已超过 60%。

（四）关于湖南省株洲市霞湾港重金属污染治理二期工程进展缓慢问题。株洲市责成项目实施单位及时落实资金，并协调环保、水利等部门加快推进工程验收，截至 2017 年底霞湾港重金属污染治理二期工程已建设完工。

（五）关于深圳市部分港口岸电设施使用效率不高问题。深圳市修订绿色低碳港口建设补贴办法，降低岸电设施使用费。截至 2017 年底，深圳港累计连接岸电设施船舶 57 艘次，供电量 152.47 万千瓦时，有效减少船舶柴油发电产生的污染排放。

四、取消清退违规收费，降低企业成本

（一）关于中国铁路总公司和 7 个省的 15 家单位未按规定清退违规收取或应予返还的保证金 3.7 亿元问题。相关地区和单位积极与项目招标人、代理人、投标人取得联系，抓紧开展清退工作。截至 2017 年 12 月，已全部退还保证金。

（二）关于 2 个省 7 家单位依托行政权力或影响力违规收费问题。天津市财政局印发文件，明确自 2017 年 5 月起取消新建住宅配套非经营性公建配套费，并责成 6 家单位及时清退 1.31 亿元违规收取的配套费。湖南省长沙市食品药品监督管理局约谈技术提供商，对接入食品药品远程视频监管系统的医药企业不再收取后续服务费。

（三）关于收费公路通行费收费系统无法开具增值税专用发票问题。财政部、交通运输部、税务总局联合发布收费公路通行费增值税发票开具工作实施方案及运营与服务规则等文件，通过统筹部署、重点督导、专项培训等措施，推进全国高速公路电子不停车收费联网清分结算中心系统和发票服务平台建设，至 2017 年底已实现向纳税人开具发票。

附件 3：

2017 年第四季度跟踪审计发现的主要问题

一、防范化解重大风险方面

（一）5 个省的 6 个市县通过违规出具承诺函、融资租赁、签订工程类政府购买服务协议等方式变相举债，形成政府隐性债务 154.22 亿元。

序号	涉及地区	举借债务时间	具体问题	截至 2017 年末债务余额（亿元）
1	内蒙古自治区包头市	2015 年 12 月至 2016 年 9 月	2015 年 12 月至 2016 年 9 月，包头市 4 家融资平台公司通过贷款、融资租赁或设立基金等方式，借款 81 亿元用于市政道路建设、棚户区改造项目等，包头市政府出具承诺函承诺上述借款本息或基金由财政资金偿还、回购。截至 2017 年底，债务余额 52.36 亿元形成政府隐性债务。	52.36
2	湖南省邵阳市	2017 年 8 月至 2017 年 11 月	2017 年 8 月至 11 月，邵阳市融资平台公司邵阳市城市建设投资经营集团有限公司通过利用政府道路管网等公益性资产开展融资租赁、发行中期票据等方式，从银行、信托投资公司和融资租赁公司等机构举债 72.33 亿元，主要用于偿还到期债务和市政基础设施建设。	72.33
3	湖南省双峰县	2012 年至 2016 年	2012 年至 2016 年，经双峰县人大常委会、县政府同意并经政府承诺由财政资金兜底后，双峰县城市建设投资开发有限责任公司等 3 家融资平台公司以 10%至 12%的利率向全县行政事业单位职工及部分单位集资 6.68 亿元，主要用于娄双大道等公益性项目建设。截至 2017 年底，债务余额 4.05 亿元。	4.05

（续表）

序号	涉及地区	举借债务时间	具体问题	截至2017年末债务余额（亿元）
4	四川省乐山市高新区	2016年11月至2017年6月	2016年11月至2017年6月，经乐山市政府同意，乐山市高新区以乐山市高新投资发展集团有限公司的名义，取得乐山市商业银行流动资金贷款3.89亿元，用于征地拆迁等支出，乐山市高新区财政局出具承诺函承诺以本级财政收入作为还款来源。截至2017年底，债务余额3.83亿元形成政府隐性债务。	3.83
5	甘肃省白银市	2016年5月至2017年5月	2016年5月至2017年5月，经白银市政府同意借款本息由市财政负责偿还后，白银市白银区财政局、白银市动迁安置补偿办公室通过白银市政基础设施投资有限公司，从白银市城市综合管廊管理有限公司借款2亿元，用于地下综合管廊项目沿线厂房和居民的搬迁安置。截至2017年底，债务余额2亿元。	2
6	宁夏回族自治区银川市西夏区	2017年6月	2017年6月，在财政部发文明确要求不得将建筑物新建、改建、扩建及其相关建设工程作为政府购买服务项目的情况下，西夏区违规与项目承建企业签署兴泾镇回乡风情特色小镇城镇化工程项目政府购买服务协议，并承诺将19.65亿元购买服务价款纳入银川市财政预算，形成政府隐性债务。	19.65
合计				154.22

（二）2个省的2个市区虚增财政收入5.5亿元。

序号	地区	时间	具体情况	问题金额（亿元）
1	湖南省长沙市芙蓉区	2017年11月	2017年11月，湖南省长沙市芙蓉区财政局通过先征后返、资金“空转”的方式将拆迁补偿款等1.5亿元列入非税收入。	1.5
2	宁夏回族自治区银川市	2017年3月	2017年3月，在相关资产未履行国有资产处置程序、转让双方未签订转让合同、未办理资产过户手续的情况下，银川市财政局将银川通联资本投资运营有限公司缴纳的4亿元预付款作为“国有资源（资产）有偿使用收入”上缴国库，虚增财政收入4亿元。	4
合计				5.5

（三）中国农业发展银行将逾期91天以上的33.84亿元贷款仍划分为正常类。

截至2017年10月底，中国农业发展银行有33.84亿元自营性贷款逾期超过91天，但分类仍划分为“正常”或“关注”。

（四）陕西省农村信用社联合社不良贷款率不实。

截至2017年11月底，陕西省农村信用社联合社账面不良贷款中，未包含所属26家农村信用合作社、农村商业银行2012年至2016年与26家县（区）国有林场的林权标的进行不实置换的120.4亿元，不良贷款率实际应为12.02%，账面仅为 8.28%。

二、脱贫攻坚方面

（一）16 个省的 18 个市县落实易地扶贫搬迁、教育扶贫、健康扶贫、金融扶贫等政策不到位。

序号	政策措施	具体问题	涉及地区	涉及人（户/人次）	涉及项目数	涉及资金（万元）
1	易地扶贫搬迁	截至 2017 年底，由于未完成道路、生活用水用电配套设施建设等，4 个县易地扶贫搬迁项目已完工 1 年以上，349 户贫困家庭未能及时入住。	内蒙古自治区科尔沁右翼中旗；四川省屏山县；甘肃省靖远县、华亭县	349	4	—
		环江县将已于 2015 年、2016 年完成危房改造的 307 户建档立卡贫困户又在 2017 年重新纳入“十三五”易地扶贫搬迁规划，涉及资金 687.12 万元。	广西壮族自治区环江县	307	—	687.12
		屏山县在 2016 年易地扶贫搬迁项目未完工、部分 2017 年项目未开工、2 亿多元项目资金未使用的情况下，于 2017 年 5 月贷款 13245 万元用于实施 2018 年和 2019 年易地扶贫搬迁相关项目。截至 2017 年底，2017 年部分项目仍未开工，2018 年、2019 年项目未实施，贷款闲置 6 个月。	四川省屏山县	—	—	13245
		2016 年、2017 年华亭县将应由地方政府承担的易地扶贫搬迁征地费用转嫁给搬迁户，增加 496 户搬迁户负担 422.4 万元。	甘肃省华亭县	496	—	422.4
2	教育扶贫	2016 年至 2017 年，2 个县部分建档立卡贫困户学生未享受学前教育、义务教育、高中或中职教育阶段的费用减免、助学金等教育扶贫资助政策，涉及 1401 人次，金额 123.84 万元。	河北省灵寿县、重庆市彭水县	1401	—	123.84
		因项目前期地质勘测工作不到位等原因，永仁县民族小学运动场建设项目建设进展缓慢，逾期 1 年多未完工。	云南省永仁县	—	1	268.5
3	健康扶贫	由于信息不共享、宣传不到位、未能实现依托医保网络的“一站式”自助结算等原因，宁夏回族自治区以及河北省、重庆市、湖北省的 3 个县的贫困人口未及时享受医疗费用报销、先诊疗后付费等医疗救助政策，涉及 43103 人次，金额 3895.38 万元。	宁夏回族自治区、河北省灵寿县、湖北省蕲春县、重庆市彭水县	43103	—	3895.38
		截至 2017 年底，靖宇县、和龙市和安图县的 304 个村级卫生室中有 87 个未实现与新型农村合作医疗联网报销，影响农民在卫生室就医报销门诊药费。	吉林省靖宇县、和龙市、安图县	—	87	—

（续表）

序号	政策措施	具体问题	涉及地区	涉及人（户/人次）	涉及项目数	涉及资金（万元）
4	金融扶贫	2016年至2017年10月，安顺市相关区县在对24785个贫困户发放扶贫小额贷款时，要求贫困户购买与扶贫小额贷款无关的个人人身保险，保费699.22万元由贫困户自行承担。	贵州省安顺市	24785	—	699.22
		3个县660笔扶贫小额贷款未享受基准利率、免抵押免担保及贴息政策，涉及贷款1413.15万元。	河北省灵寿县、山西省兴县、内蒙古自治区科尔沁右翼中旗	660	—	1413.15
5	对口帮扶	3个对口帮扶项目未实施，造成757万元对口支援与合作交流专项资金闲置，其中463万元闲置两年以上。	上海市、贵州省安顺市	—	3	463
6	交通扶贫	因前期工作不到位、施工管理不善等，2个县有5个应于2016年底前完工的农村公路、桥梁建设等交通扶贫项目至2017年底尚未完工验收，涉及项目投资21492.8万元。	河南省淅川县、四川省屏山县	—	5	21492.8
7	光伏扶贫	由于相关单位协调不力，榆中县219个2016年已并网发电的村级电站未获得售电收入38.97万元。	甘肃省榆中县	—	1	38.97
		靖宇县2017年6月竣工的10兆千瓦集中式光伏发电项目，因并网线路改造缓慢仅并网1.1兆千瓦。	吉林省靖宇县	400	1	—
8	未建立利益联结机制	3个县在实施产业扶贫项目时没有明确实施单位与贫困户的收益分配方案、未与贫困户建立利益联结机制，贫困户权益无保障。	山西省兴县、黑龙江省富裕县、海南省琼中县	691	144	2590.5
合计				72192	246	45339.88

（二）7个省的7个县有115个扶贫项目管理不规范。

序号	具体问题	涉及地区	涉及项目数	涉及金额（万元）
1	5个县的45个光伏产业扶贫、农村公路建设等扶贫项目存在未按规定执行政府采购或招投标程序、违规转包分包问题，涉及合同金额36382.32万元。	黑龙江省富裕县、湖南省龙山县、江西省永新县、重庆市彭水县、四川省屏山县	45	36382.32

（续表）

序号	具体问题	涉及地区	涉及项目数	涉及金额（万元）
2	3个县的11个产业扶贫、农村公路建设等扶贫项目存在虚假招标、围标串标等问题，涉及合同金额4310.57万元。	黑龙江省富裕县、吉林省靖宇县、重庆市彭水县	11	4310.57
3	3个县的59个农村饮水建设、产业扶贫等项目存在未严格履行竣工验收、项目监理不合规等问题，涉及项目投资7267.51万元。	湖南省龙山县、陕西省扶风县、吉林省靖宇县	59	7267.51
合计			115	47960.4

（三）8个省的9个县因资金统筹盘活不到位、项目推进缓慢等，8985.25万元资金闲置1年以上，其中2305.54万元闲置2年以上，包括易地扶贫搬迁、发展资金等。

序号	涉及地区	具体问题	闲置1年以上（万元）	其中闲置2年以上（万元）
1	辽宁省康平县	截至2017年底，康平县财政局2015年12月收到的中央财政少数民族发展资金70万元和2016年6月收到的少数民族乡村农业基础设施建设项目补助资金184万元仍未使用。	254	70
2	黑龙江省富裕县	2014年，富裕县民政局未对富路镇兴隆村等4个贫困村受灾情况进行核实，下拨灾后重建资金32.63万元。截至2017年底，上述资金仍闲置未用。	32.63	32.63
3	山东省单县	因单县扶贫办等相关部门未及时制订使用方案，2016年9月到位的现代农业发展资金及农业技术推广资金700万元，截至2017年底仍未下拨。	700	—
4	河南省宁陵县	2016年，宁陵县收到扶持村级集体经济发展试点项目财政资金482.4万元。截至2017年底，由于部分试点项目仍处于招投标和前期施工阶段，126.35万元财政资金在宁陵县财政局滞留1年以上，用此项资金购买的门面房也处于闲置状态。	126.35	—
5	湖北省英山县	截至2017年底，英山县各乡镇2015年度财政扶贫资金结转结余资金110.5万元尚未统筹盘活，闲置1年以上；英山县茶叶产业化办公室2016年1月收到的扶贫资金仍有8.96万元未支出，闲置1年以上。	119.46	—
6	湖南省龙山县	截至2017年底，龙山县2015年收到的对口帮扶资金中尚有437.77万元未使用，闲置2年以上；2016年度易地扶贫搬迁项目资金1569.24万元尚未使用，闲置1年以上。	2007.01	437.77

（续表）

序号	涉及地区	具体问题	闲置1年以上（万元）	其中闲置2年以上（万元）
7	重庆市彭水县	截至2017年底，彭水县民政局、龙射镇等单位结存财政扶贫资金700.34万元超过1年，其中685.34万元结存超过2年。	700.34	685.34
8	贵州省关岭县、紫云县	截至2017年底，关岭县共有1770.93万元财政扶贫等资金闲置在县财政局、县扶贫办和各乡镇1年以上。截至2017年11月底，紫云县共有3274.53万元财政扶贫等资金闲置在县财政局和12个乡镇，其中1079.8万元闲置2年以上。	5045.46	1079.8
合计			8985.25	2305.54

（四）4个省的4个县有106个项目未实现预期效果，涉及资金4046.8万元。

序号	涉及地区	具体问题	涉及项目数量	涉及资金（万元）
1	吉林省靖宇县	2016年至2017年，靖宇县为提高产业项目覆盖率，未考虑贫困户实际情况，靖宇县投入扶贫资金2213.34万元向4634户家庭成员均无劳动能力的贫困户，安排需要通过体力劳动开展的种植、养殖项目102个。	102	2213.34
2	湖南省龙山县	2016年4月，龙山县交通运输局、龙潭河水库建设领导小组在明知龙潭河道路项目未进行线路勘察的情况下仍通过了行业审查并组织施工。截至2017年底，施工现场多次塌方、出现山体滑坡裂缝导致项目停建。2017年6月，县发展改革局上报工程进度时，虚报该工程于2017年5月竣工并交付使用。	1	1720
3	江西省横峰县	2017年，因项目选址不当，横峰县莲荷乡莲荷村部分黄桃树苗种植在被污染的土壤上未能存活，涉及扶贫资金13.2万元。	1	13.2
4	重庆市彭水县	2017年，彭水县投入31.58万元新建的29个羊肚菌种植大棚因设计不合理被大雪压塌，棚内种植的羊肚菌全部冻死；2016年，彭水县投入68.68万元建设的新家村饮水安全精准扶贫工程，因建设单位自行变更建设地点，当年4月完工后无法使用，闲置至今。	2	100.26
合计			106	4046.8

（五）6个省的7个市县有53个单位或个人套取、违规使用扶贫资金1390.01万元。

一是3个省的3个县有24个单位或个人通过虚报资料等方式套取资金42.2万元。

序号	涉及地区	具体问题	涉及单位或个人数量	涉及资金（万元）
1	河北省灵寿县	2017年9月，灵寿县南营乡团泊口村干部在易地扶贫搬迁项目中，利用职务之便将本人及亲属等不符合贫困户标准的4户、21人列入易地扶贫搬迁建档立卡贫困人口，违规申请扶贫资金14.7万元。	21	14.7
2	黑龙江省桦南县	2017年1月，桦南县扶贫开发工作办公室审核把关不严，批准并支付了桦南县培黎学校虚报的扶贫培训费用4.8万元。	1	4.8
3	江西省横峰县	2015年至2016年，横峰县人社局未按规定对培训学校资格进行审查，导致不具备办学条件的横峰县飞翔电脑培训学校和横峰县树人职业学校通过虚假培训及考试方式培训人员227人，套取“雨露计划”资金22.7万元。	2	22.7
合计			24	42.2

二是3个省的4个市县有29个单位违规将扶贫资金1347.81万元用于景区、市政等基础设施建设等支出。

序号	涉及地区	具体问题	涉及单位或个人数量	涉及资金（万元）
1	贵州省关岭县	2015年9月至2017年2月，关岭县花江镇以支付核桃种植项目管护费名义将149.31万元财政资金出借给企业。	1	149.31
2	重庆市彭水县	2015年12月至2017年4月，彭水县26个贫困村村委会违规对外出借780万元村级集体经济发展资金，用于景区、市政等基础设施建设。	26	780
3	四川省乐山市、屏山县	2013年至2017年，乐山市扶贫开发协会、屏山县扶贫开发协会将社会扶贫资金418.5万元违规出借给企业和个人。	2	418.5
合计			29	1347.81

三、污染防治方面

（一）7个省的部分地区未完成国家大气、水污染防治方面目标任务。

序号	文件名称	任务目标	涉及地区	具体问题
1	《国务院关于印发大气污染防治行动计划的通知》（国发〔2013〕37号）	到2017年，除必要保留的以外，地级及以上城市建成区基本淘汰每小时10蒸吨及以下的燃煤锅炉，禁止新建每小时20蒸吨以下的燃煤锅炉；其他地区原则上不再新建每小时10蒸吨以下的燃煤锅炉。	山西省太原市、晋城市、晋中市	2014年至2017年，山西省太原市、晋城市和晋中市仍违规新建663台10蒸吨以下的燃煤锅炉。截至2017年12月，上述违规新建的燃煤锅炉仍有125台未淘汰。
2		到2015年，淘汰2005年底前注册营运的黄标车……到2017年，基本淘汰全国范围的黄标车。	黑龙江省	截至2017年底，黑龙江省仍有1573辆2005年底前注册营运的黄标车未淘汰。

（续表）

序号	文件名称	任务目标	涉及地区	具体问题
3	《国务院关于印发水污染防治行动计划的通知》（国发〔2015〕17号）	加油站地下油罐应于2017年底前全部更新为双层罐或完成防渗池设置。	天津市、黑龙江省	截至2017年底，天津市应完成改造加油站地下油罐4109个，实际完成改造1351个，仍有68%未完成；黑龙江省应完成改造地下油罐9388个，实际完成4363个，仍有53.5%未完成。
4		敏感区域（重点湖泊、重点水库、近岸海域汇水区域）城镇污水处理设施应于2017年底前全面达到一级A排放标准。	江西省九江市	截至2017年底，江西省九江市德安县、庐山市等6个县的污水处理厂提标改造工程还未完成。
5		2017年底前，工业集聚区应按规定建成污水集中处理设施，并安装自动在线监控装置。	青海省、湖南省	截至2017年底，青海省有3个工业园、湖南省有12个工业园未建成污水集中处理设施。
6		直辖市、省会城市、计划单列市建成区要于2017年底前基本消除黑臭水体。	吉林省长春市	截至2017年底，吉林省长春市有5处黑臭水体因清淤工程未完工、配套污水管网建设不到位等原因尚未完成治理。

（二）9个省的24个生态环境保护项目推进缓慢或建成后闲置，涉及投资9.43亿元。

序号	项目类型	涉及地区	问题类型	项目个数	涉及总投资（万元）	具体问题
1	土壤污染防治项目	湖北省黄石市、四川省犍为县	未开工	14	44500	湖北省黄石市作为土壤污染综合防治先行区，由于土壤污染治理底数不清、治理技术标准和方向不明等，截至2017年底13个示范项目未开工。四川省犍为县农用地土壤污染治理与修复试点示范项目应于2017年完工，由于前期准备工作不充分，截至2017年底项目尚未开工。
2	重金属污染治理项目	湖南省永兴县、广西壮族自治区南丹县、河南省孟州市	未完工	3	14731.09	湖南省永兴县太和工业园周边土壤治理工程、广西壮族自治区南丹县大厂班塘历史遗留重金属污染综合治理工程、河南省孟州市老蟒河河道底泥无害化综合治理项目等3个中央重金属污染防治专项资金支持的项目，应于2016年底前完工。由于相关单位推动不力、前期工作缓慢等，截至2017年底仍未完工。

（续表）

序号	项目类型	涉及地区	问题类型	项目个数	涉及总投资（万元）	具体问题
3	污水处理项目	辽宁省康平县、甘肃省兰州市	未开工	3	10112.61	辽宁省康平县城北污水处理厂改扩建工程、甘肃省兰州市西固污水处理厂和雁儿湾污水处理厂恶臭治理工程等3个项目，由于前期工作进展缓慢、主管部门推进不力等，截至2017年底项目逾期1年仍未开工。
		四川省乐山市、吉林省四平市	未完工	3	14476	四川省乐山市第三污水处理厂配套管网工程、吉林省四平市叶赫镇污水处理工程、四平市循环经济示范区污水管网建设工程3个项目，应于2015年或之前完工。因前期规划和设计方案变更等，截至2017年底项目仍未完工。
		江苏省7个县	闲置	1	10449.77	江苏省7个县（市、区）在覆盖拉网式农村环境综合整治项目中建设的195个污水处理设施有146个闲置，涉及投资10449.77万元。
合计				24	94269.47	

（三）浙江省排污权交易中心未严格落实建设项目主要污染物排放减量替代政策，2016年至2017年少收取7家企业排污权有偿使用费115.48万元。

四、去产能方面

（一）云南省违规新增水泥熟料产能450万吨。按照规定，未经国家发展改革委、工业和信息化部认定，或已经认定的水泥产能违规在建项目未按规定完善相关手续前，不得继续建设，建成项目不得投产。截至2017年11月，未经认定的昆明东山水泥生产有限公司年产75万吨水泥熟料项目、已认定但未完善相关手续的文山海螺水泥有限责任公司等3家公司年产375万吨水泥熟料项目建成投产，共计新增产能450万吨。

（二）湖北省阳新县和赤壁市未按规定用途使用化解过剩产能奖补资金3474.02万元。截至2017年11月，阳新县财政局向相关企业拨付的2016年专项奖补资金中有950.4万元未按规定用途使用，而是用于股东偿还债务。赤壁市财政局向相关企业拨付的2016年专项奖补资金中有2523.62万元未按规定用途使用，其中用于8名股东退股减资款1805万元、偿还贷款本息602.74万元、偿还货款51.95万元、补缴税款63.93万元。

五、深化“放管服”改革、优化营商环境方面

（一）13个部门和地区17项“放管服”改革事项落实不到位。

序号	涉及单位	涉及事项	具体问题
1	山西省人社厅	山西省城乡居民医保信息系统与原新农合信息系统尚未有效整合，影响医保报销效率	2016年1月，国务院要求各地对城镇居民基本医疗保险和新农合医疗保险进行整合。但截至2017年底，一是山西省有10个地市仍未移交历史数据，部分地区新农合信息系统关停；二是运城、临汾、长治3个市新农合家庭账户收支无法及时导入城乡居民医保系统，人社部门难以及时准确掌握新农合家庭账户情况；三是7个地市的1300个乡镇卫生院、乡镇医保定点机构尚未开发好软件接口，报销时需再次人工录入，影响医保报销效率。

（续表）

序号	涉及单位	涉及事项	具体问题
2	福建省国土资源厅、福建省发展改革委	用地预审与后续审批事项部分报批材料重复	福建省国土资源厅实施用地预审，要求项目单位提交社会稳定风险评估报告，后续发展改革部门实施企业投资项目核准审批，也需要项目单位提供第三方中介机构出具的维护社会稳定风险评估报告。
3	甘肃省相关县（区）民政部门	城乡低保户和农村五保户免费用电政策没有得到全面落实，减免电费未返还	由于民政部门提供的“两保户”信息与供电公司登记的居民用户信息不一致，且民政部门未主动推进解决，2015年1月至2017年底，全省86个县（区）中仍有49个县（区）的“两保户”免费用电政策未落实到位，未返还“两保户”减免电费共17118.83万元。
4	甘肃省林业厅	未按规定受理审批，造成项目前期手续办理和建设进度缓慢	甘肃省林业厅未按规定受理应由其审批的黄河兰州段湿地修复工程项目可行性研究报告和初步设计，造成项目前期手续办理时间长达1年，影响预期年吸收二氧化硫16.4吨、粉尘49.2吨典型示范项目的建设进度。
5	云南省卫生计生委、公共资源交易管理局、食品药品监督管理局、物价局等联席会议成员单位	云南省药品集中采购平台信息长期未更新	自2011年以来，云南省药品集中采购平台信息长达7年未更新，原中标药品品规、价格等信息更新滞后，导致部分药品在平台采购中出现经常缺药、部分医疗机构自行线下采购未入围药品等问题。
6	吉林省长春市、公主岭市、桦甸市	食品药品便民服务站发挥效果不佳	截至2017年底，吉林省建设并升级改造食品药品便民服务站1300个。抽查发现长春市、公主岭市、桦甸市等358个便民服务站基本未开展面向群众的食品检测相关服务，其中87个已停止使用。
7	河北省邯郸市环境保护局，湖北省襄阳市发展改革委，四川省乐山市发展改革委，广西壮族自治区南宁市城乡建设委员会，广西壮族自治区凭祥市、百色市右江区、岑溪市、昭平县等4县（市、区）的国土部门，黑龙江省水利厅	行政审批中介服务违规由申请单位负担费用	2016年1月至2017年12月，河北省邯郸市环境保护局等9个地方行政审批部门在审批过程中委托开展的环评文件技术评估、建设项目可行性研究报告评审等8项行政审批中介服务事项，仍由申请单位负担中介服务费用702万元。
8	全国高等学校学生信息咨询与就业指导中心、教育部学位与研究生教育发展中心	教育部高等教育学位、学历管理信息系统及认证业务未整合，增加高校及认证人负担	全国高校学历、学位2个信息系统管理以及认证业务分别由教育部2个事业单位开展，信息采集和认证流程未整合，增加高校及认证人负担。2017年1月至9月，有40678人（占同期申请学位认证人数的21.49%）同时申请同一学校的学历和学位认证，重复交纳认证费、邮寄费2477.66万元。

（续表）

序号	涉及单位	涉及事项	具体问题
9	国家文物局	对第三方评估咨询机构监督检查不到位，其出具的评审意见书编制质量较差	国家文物局对其委托的第三方评估机构监督检查不到位，2016年至2017年，负责“全国重点文物保护单位安全防护工程设计方案”评审的北京中安质环技术评价中心有限公司所出具的885件评审意见书中，有68件由于编制质量较差被退回，影响项目评审进展。
10	原国家食品药品监管总局药品审评中心	已上市药品转换为上市许可持有人审批进展缓慢	2017年3月至12月，药品审评中心共受理27份药品上市许可持有人申请，涉及27家企业或集团、290种取得上市许可及批准文号的药品。截至2017年底，完成审评审批166个品种，其余124个品种仍在审评审批过程中，其中116个已超过审评审批时限。

（二）10个部门或地区的57家单位依托行政资源、行政职权及影响力通过指定服务、强制培训、垄断经营等违规收费2.38亿元。

<table>
<tr><th>序号</th><th>涉及单位</th><th>收费事项</th><th>收费时间</th><th>具体问题</th><th>相关规定</th><th>资金（万元）</th></tr>
<tr><td>1</td><td>北京技术市场管理办公室</td><td>技术交易奖酬金领取单办理手续费</td><td>2016年1月至2017年12月</td><td>北京技术市场管理办公室为企业办理《技术交易奖酬金领取单》时，按每项每次30元收取手续费。</td><td rowspan="2">《财政部　国家发展改革委　工业和信息化部关于开展涉企收费专项清理规范工作的通知》（财税〔2015〕45号）：严禁借助行政权力垄断经营、强制服务、强行收费。</td><td>279.52</td></tr>
<tr><td>2</td><td>天津市地下空间规划管理信息中心</td><td>地下管网信息查询费</td><td>2016年1月至2017年12月</td><td>天津市地下空间规划管理信息中心以“技术服务费”名义向建设单位收取地下管网信息查询费，主要用于日常经费开支。</td><td>2355.35</td></tr>
<tr><td>3</td><td>浙江省环保产业协会</td><td>技术人员继续教育培训费</td><td>2016年1月至2017年11月</td><td>浙江省环保产业协会在开展2项服务能力评价业务中，强制要求申请单位付费参加相关技术人员培训。</td><td>《财政部　国家发展改革委　工业和信息化部关于开展涉企收费专项清理规范工作的通知》（财税〔2015〕45号）：坚决制止行业协会商会……强制企业付费参加各类会议、培训……等行为。</td><td>416.04</td></tr>
<tr><td>4</td><td>浙江浙环环保科技有限公司</td><td>污染治理设施运行服务能力评价业务评审费</td><td>2016年1月至2017年11月</td><td>浙江省环保产业协会通过下属浙江浙环环保科技有限公司违规向申请单位收取污染治理设施运行服务能力评价业务评审费。</td><td>中国环保产业协会《污染治理设施运行服务能力评价指南（试行）》（中环协〔2014〕61号）：能力评价工作不向申请单位收取评价费。</td><td>74.4</td></tr>
</table>

（续表）

序号	涉及单位	收费事项	收费时间	具体问题	相关规定	资金（万元）
5	浙江省环境监测中心	在用机动车排气污染物检测人员持证上岗培训费	2016年9月至2017年11月	2016年7月，环境保护部发文取消了对在用机动车排放污染物定期检测机构的相关检测人员的准入限制。但浙江省环境监测中心仍以“持证上岗”名义，通过下属企业发文组织开展检测人员培训。	《国务院办公厅关于清理规范各类职业资格相关活动的通知》（国办发〔2007〕73号）：严禁强制开展考前培训以及以考试为名推行培训。	187.39
6	湖北中楚建设工程咨询有限公司等35家平台招标代理机构	采购文件费	2017年1月至2017年10月	通过黄石市公共资源交易信息网下载电子标书的投标单位，需向招标代理机构缴纳200元至300元的“采购文件费”。	《湖北省物价局 省公共资源交易监督管理局关于规范招标领域投标保证金和收费行为等有关事项的通知》（鄂价工服〔2016〕134号）：规范招标领域有关收费行为（一）招标人提供的电子版资格预审文件、招标文件不得收取任何费用。	98.1
7	湖北省襄阳市公共资源交易监督管理局	平台交易使用费	2016年5月至2017年10月	襄阳市公共资源交易监督管理局要求，投标单位每次通过襄阳市公共资源交易网上交易系统下载电子标书时，需向交易平台的软件开发公司缴纳“平台交易使用费”100元。	《财政部 国家发展改革委 工业和信息化部关于规范电子政务平台收费管理的通知》（财综函〔2011〕14号）：各级行政机关、代行政府职能的事业单位、社会团体及其他组织通过电子政务平台提供政府公开信息和办理有关业务……不得以技术维护费、服务费、电子介质成本费等名义向企事业单位和个人收取任何经营服务性费用。	181.5
8	湖北省黄石市公共资源交易监督管理局	平台交易使用费	2016年1月至2017年12月	黄石市公共资源交易监督管理局要求，投标单位每次使用黄石市公共资源交易网投标时，需向交易平台的软件开发公司缴纳“平台交易使用费”40元。		140.98
9	吉林省合格评定管理协会、吉林省机动车安全技术检验行业协会	机动车检验机构等企业相关人员培训费	2016年1月至2017年9月	吉林省合格评定管理协会和机动车安全技术检验行业协会利用吉林省质量技术监督局等行政机关的影响，开展面向机动车检验机构等企业相关人员的培训、考试和证件发放等经营性活动。收入除用于培训业务成本等支出外，2017年还支出33.2万元用于海南等地考察、餐费以及发放津补贴等。	《财政部 民政部关于加强社会组织反腐倡廉工作的意见》（民发〔2014〕227号）：社会组织不得利用业务主管部门影响或者行政资源牟利。	33.2

（续表）

序号	涉及单位	收费事项	收费时间	具体问题	相关规定	资金（万元）
10	广西壮族自治区南宁市城规地理信息技术中心	规划公示牌制作费	2016年1月至2017年10月	南宁市城规地理信息技术中心依托南宁市规划局行政权力及影响，对基本建设项目高价收取规划公示牌制作费463.44万元，增加企业负担。	《国务院办公厅关于进一步加强涉企收费管理减轻企业负担的通知》（国办发〔2014〕30号）：严禁以各种方式强制企业赞助捐赠、订购报刊、参加培训、加入社团、指定服务。	463.44
11	重庆市北碚区建筑业协会	上岗证补考费、补（换）证费	2016年5月至2017年11月	北碚区建筑业协会依靠代行重庆市北碚区城乡建委负责的北碚区建设行业专业管理人员岗位证书考务等工作职能，自行提高收费标准，将上岗证补考费从50元/人·科提高到100元/人·科，补（换）证费从5元/本提高到150元/本。	《财政部　国家发展改革委　工业和信息化部关于开展涉企收费专项清理规范工作的通知》（财税〔2015〕45号）：整顿规范行业协会商会收费。严禁行业协会商会依靠代行政府职能或利用行政资源擅自设立收费项目、提高收费标准。	14.55
12	重庆蔡家路易安机动车检验检测有限公司	机动车安全技术检测	2016年1月至2017年10月	重庆市公安局所属重庆蔡家路易安机动车检验检测有限公司违规开展与本部门行政审批相关的“机动车安全技术检测”等中介服务。	公安部、质检总局《关于印发〈关于加强和改进机动车检验工作的意见〉的通知》（公交管〔2014〕138号）：严禁公安、质量监督等政府部门及下属企事业单位、社会团体举办检验机构，已举办的要立即清理。	985.8
13	重庆市都安工程勘察技术咨询有限公司	勘察文件设计	2016年2月至2017年9月	重庆市城乡建委直属企业重庆北域建设有限公司控股的重庆市都安工程勘察技术咨询有限公司，违规开展本部门行政审批相关的“勘察文件设计”等中介服务。	《重庆市人民政府贯彻落实国务院关于规范行政审批行为改进行政审批有关工作通知的通知》（渝府发〔2015〕28号）：加快推进中介机构与行政机关职能、人员、资产、财务、住所等“五脱钩”，坚决清除与部门捆绑的其他中介机构。	3425.38
14	中国老龄协会所属老年人才信息中心	咨询服务费	2016年11月至12月	2016年11月至12月，老年人才信息中心利用作为中国老龄协会直属事业单位的影响力，以承诺协助争取全国养老大数据应用平台及基础设施建设项目、争取地方政府养老信息平台建设项目等为由，预收华录健康养老发展有限公司10年咨询服务费400万元。同时，在未实际出资的情况下，通过股权代持的方式取得企业干股400万元，且未将该股权纳入账内核算。	《国务院办公厅关于进一步加强涉企收费管理减轻企业负担的通知》（国办发〔2014〕30号）：各有关部门要加强协同配合，坚决制止各类针对企业的乱收费、乱罚款和摊派等行为。	800

（续表）

序号	涉及单位	收费事项	收费时间	具体问题	相关规定	资金（万元）
15	全国金融专业学位研究生教育指导委员会等7个指导委员会	工作经费、公共活动费	2016年1月至2017年11月	2016年1月至2017年11月，全国金融专业学位研究生教育指导委员会等7个教育指导委员会以工作经费、公共活动费等名义，向开设相关专业学位教育的高校等单位收费2085.2万元。	《中共中央办公厅　国务院办公厅关于转发财政部〈关于治理乱收费的规定〉的通知》：以下几种乱收费行为必须立即停止，坚决纠正：……（五）利用职权和行业垄断地位，以保证金、抵押金、储蓄金、集资、赞助等形式变相收费。	2085.2
16	北京中强认产品标志技术服务中心	标志费	2015年1月至2017年12月	国家认证认可监督管理委员会违规将职责范围内的标志管理职能交由所属北京中强认产品标志技术服务中心实施并收费。	《国务院关于印发2015年推进简政放权放管结合转变政府职能工作方案的通知》（国发〔2015〕29号）：深入推进收费清理改革。不得将政府职责范围内的事项交由事业单位或中介组织承担并收费。	12226
合计						23766.85

（三）11个部门和地区的28家单位违规收取或未及时清退各类保证金6.74亿元。

序号	涉及单位	涉及事项	具体问题	金额（万元）
1	江苏省淮安市淮安区公路管理站、江苏省淮安市淮安区溪河镇人民政府、江苏省高速公路交通运输执法总队京沪及宁连支队	道路修复保证金、安全保证金等	2016年8月至2017年6月，江苏省淮安市淮安区公路管理站、淮安市淮安区溪河镇人民政府、江苏省高速公路交通运输执法总队京沪及宁连支队违规收取中铁上海工程局集团有限公司徐盐铁路工程指挥部道路修复保证金、安全保证金等共计245万元。	245
2	江西省公路路政管理总队下属11个高速公路路政管理支队	高速公路清障施救履约保证金	自2011年起，江西省公路路政管理总队下属11个高速公路路政管理支队共向32家单位收取高速公路清障施救履约保证金889.7万元，截至2017年底仍有849.2万元未及时清理退还。	849.2
3	湖北省大冶市水利建设资金管理办公室	项目承诺金	2014年12月，湖北省大冶市水利建设资金管理办公室向中铁十一局集团第二工程有限公司武九客专湖北段一标段项目经理部收取大冶湖大桥项目承诺金200万元，截至2017年底尚未清理退回。	200

（续表）

序号	涉及单位	涉及事项	具体问题	金额（万元）
4	青海大学科技园投资开发股份有限公司	工程质量保证金	截至2017年底，青海大学科技园投资开发股份有限公司未及时清退青海大学科技园孵化器综合楼项目中超额预留的工程质量保证金1450.9万元。	1450.9
5	山东省章丘市国土资源局、山东省莒南县国土资源局、青荣城际铁路有限责任公司等单位	土地复垦保证金、工程质量保证金	一是2015年12月至2017年12月，章丘市国土资源局、莒南县国土资源局等单位在办理新建济青高速铁路和鲁南高速铁路项目临时用地使用手续时，向施工企业收取土地复垦保证金7177万元，截至2017年底仍未清退。二是截至2017年12月20日，青岛至荣成城际铁路的缺陷责任期已超过2年，但青荣城际铁路有限责任公司仍未及时向符合条件的施工企业返还16751.34万元工程质量保证金。	23928.34
6	贵州省高速公路集团有限公司	资格审查保证金、安全保证金、廉政保证金	贵州省高速公路集团有限公司在扎佐至南北贵遵复线（扎南）高速公路等项目中累计向施工单位收取资格审查保证金2118.79万元、安全保证金1575.42万元、廉政保证金922.39万元。截至2017年底仍未按规定退还企业。	4616.6
7	湖南省高速公路建设开发总公司、湖南省各级环保部门	企业投标保证金、环保“三同时”保证金等	一是截至2017年底，湖南省高速公路建设开发总公司仍有1991.52万元在衡桂高速、炎汝高速等项目中向施工企业收取的企业投标保证金等未按时返还。二是截至2017年底，湖南省各级环保部门仍有以前年度收取的环保“三同时”保证金31346.18万元未及时清退返还。	33337.7
8	浙江省辐射环境监测站	预付款保证金、政府采购履约保证金	截至2017年底，浙江省辐射环境监测站仍有555.05万元自2016年以来向中标单位违规收取的保证金未及时清理退回，其中违规收取的预付款保证金530.53万元，超额收取政府采购履约保证金24.52万元。	555.05
9	太原铁路局、呼和浩特铁路局	施工安全风险抵押金	2004年12月至2017年4月，太原铁路局和呼和浩特铁路局累计向施工单位收取施工安全风险抵押金5987.24万元，截至2017年底仍有966.33万元未按规定退还。	966.33
10	四川省乐山城投公司	履约保证金、投标保证金等	截至2017年底，乐山城投公司有1200.73万元保证金应退未退，其中履约保证金1172.73万元，投标保证金28万元。	1200.73
11	中国物资再生协会	预收违约金	中国物资再生协会在企业并未违约的情况下，违规向17家报废汽车回收拆解企业预收违约金，截至2017年底有5万元未及时清退。	5
	合计			67354.85

（四）3家单位违规开展评比等活动并收费490.02万元。

<table>
<tr><th>序号</th><th>涉及单位</th><th>收费事项</th><th>收费时间</th><th>具体问题</th><th>相关规定</th><th>资金（万元）</th></tr>
<tr><td>1</td><td>贵州省企业联合会</td><td>资料费</td><td>2016年1月至2017年12月</td><td>贵州省企业联合会组织审定“省级企业管理现代化创新成果”，向获评企业收取资料费25.2万元。</td><td rowspan="3">《全国评比达标表彰工作协调小组关于印发〈关于社会组织评比达标表彰活动管理暂行规定〉的通知》（国评组发〔2012〕2号）：未经批准保留的社会组织评比达标表彰项目应当一律停止。不得在评选前后收取各种相关费用或者通过其他方式变相收费。</td><td>25.2</td></tr>
<tr><td>2</td><td>贵州省质量协会</td><td>交流活动费</td><td>2016年1月至2017年12月</td><td>贵州省质量协会组织评选全省“优秀质量验证小组”和“质量信得过班组”，并以交流活动费名义向参评获优企业收费20.11万元。</td><td>20.11</td></tr>
<tr><td>3</td><td>中国烹饪协会</td><td>认定评估费</td><td>2016年1月至2017年11月</td><td>中国烹饪协会开展“中国菜系之乡”等3个项目的认定工作并对每项认定收取单价2万元至20万元不等的评估费。</td><td>444.71</td></tr>
<tr><td colspan="6">合计</td><td>490.02</td></tr>
</table>

六、重大项目建设方面

（一）11个省及中国铁路总公司的20个项目未按期开工完工、违规建设或建成后使用效益低等，涉及投资467.45亿元。

一是浙江省、重庆市和中国铁路总公司的4个项目因前期工作进展滞后等逾期1年以上未开工，涉及投资198.2亿元。

序号	地区或部门	项目名称	具体问题	涉及投资（亿元）
1	浙江省	杭甬高速复线宁波段一期工程项目	2016年5月，杭甬高速复线宁波段一期工程列入浙江省参与长江经济带建设重点交通建设项目，并明确于2016年内开工，估算总投资183.9亿元。由于项目前期准备工作不充分等，截至2017年底项目尚未开工。	183.9
2	重庆市南岸区	南岸区奥源晶典安置房项目	2010年9月，重庆市南岸区人民政府委托所属融资平台公司与重庆市奥源建设发展有限公司签订协议，约定由其修建“奥源晶典”安置房，项目涉及投资3.5亿元，计划于2011年10月22日前开工。截至2017年10月底，重庆市奥源建设发展有限公司一直未与南岸区就安置房项目回购价款达成一致，也未办理安置房项目施工许可证，项目仅完成部分场地平整等工程，基础及主体工程未正式开工建设。	3.5

（续表）

序号	地区或部门	项目名称	具体问题	涉及投资（亿元）
3	中国铁路总公司	薛店、南阳2个铁路二级物流基地项目	根据中国铁路总公司项目建设计划和实施方案，薛店、南阳2个铁路二级物流基地应于2016年底前建成投产，其中，薛店物流基地项目估算总投资5.8亿元，计划工期12个月；南阳铁路物流基地项目估算总投资5亿元，计划工期18个月。截至2017年底，上述2个项目均处于前期工作阶段，尚未开工。	10.8
合计				198.2

二是5个省的10个项目因项目单位推进不力、施工进度缓慢等逾期1年以上未完工，涉及投资61.63亿元。

序号	地区或部门	项目名称	具体问题	涉及投资（万元）
1	安徽省六安市	S366公路新建骆家庵至叶集段工程等3个项目	安徽省六安市S366公路新建骆家庵至叶集段工程等3个项目应于2015年完工，由于项目建设资金不足、建设单位推进不力、用地指标未落实等，截至2017年底仍未完工，涉及投资43.82亿元。	438200
2	青海省循化县	循化县2015年新增公租房建设项目	2015年3月，海东市城乡规划和建设局下达循化县当年新增公租房建设任务1118套，建设年限为2015年至2016年。截至2017年11月，循化县仍有9个公租房项目394套公租房未完工。	2096.08
3	云南省陆良县、鲁甸县、景东县、普洱市	陆良县大坝冲水库扩建工程等4个项目	陆良县大坝冲水库扩建工程、鲁甸县月亮湾水库和景东县青龙水库项目应于2014年底前建成，计划投资11.91亿元，普洱市五里河水库项目应于2016年底前建成，计划投资2.61亿元，但由于地方政府组织项目用地征地拆迁不到位、项目实施单位工作推进不力等，截至2017年底上述项目均未完工。	145200
4	吉林省吉林市	吉林市经开区糖厂国有工矿棚户区改造项目	2014年6月，吉林市经开区糖厂国有工矿棚户区改造项目计划总投资24841万元，其中中央预算内投资1952.6万元，计划改造国有工矿棚户区1502套、于2015年建成。截至2017年11月底，该项目尚未完工，实际完成投资14300万元、建成安置住宅999户。	24841
5	广东省阳山县	阳山县岩溶地区石漠化综合治理工程	阳山县岩溶地区石漠化综合治理工程规划于2012年至2014年实施，项目总投资6000万元，由于项目前期工作耗时长、项目配套资金未落实等，造成项目进展缓慢。截至2017年11月底，项目仅完成投资4133万元（占比69%）。	6000
合计				616337.08

三是3个省的3个项目由于配套工程未实施、设计标准偏低等，建成后闲置未用或使用效益低，涉及投资191.26亿元。

序号	地区或部门	项目名称	具体问题	涉及投资（万元）
1	湖北省襄阳市	襄阳市樊城区胥营供水改扩建工程	樊城区胥营供水改扩建工程于2016年11月完工，工程概算投资1998.61万元，因项目配套管网没有铺设到位，该工程建成至今仍未投入使用。	1998.61
2	山东省	德龙烟铁路	德龙烟铁路由德大、大莱龙和龙烟3段组成，于2017年9月全部通车，涉及投资188.37亿元。处于中段的大莱龙铁路与两端铁路技术标准不统一，且因项目法人与沿线政府存在股权争议等，其扩能改造工程无法立项，实际运行速度仅为每小时50至60公里，铁路的能力利用率仅为35%，制约德龙烟铁路整体效能发挥。	1883700
3	陕西省榆林市	榆林市米脂县“温馨家园”保障性住房项目	2011年3月，米脂县人民政府违规批复同意在陕西金泰氯碱化工有限公司二期20万吨/年聚氯乙烯扩建项目1000米卫生防护距离之内建设“温馨家园”保障性住房，截至2017年底已建成1490套。由于不符合卫生防护距离要求，上述房屋无法交付使用。	26936.73
合计				1912635.34

四是张家口宁远机场改扩建工程综合楼、郑州至阜阳铁路、郑州至济南铁路3个项目未按规定招标、监理工作不到位等，涉及投资16.35亿元。

序号	地区或部门	项目名称	具体问题	涉及投资（万元）
1	河北省张家口市	张家口宁远机场改扩建工程综合楼项目	2017年10月，张家口机场建设发展有限公司在未进行公开招标和签订正式合同的情况下，先行确定了宁远机场改扩建工程综合楼项目的施工单位、设计单位和监理单位，截至2017年底已完成基坑土方开挖工程10118立方米。	1000
2	中国铁路总公司	郑州至阜阳铁路5标段项目、郑济铁路5标段项目	郑州至阜阳铁路5标段项目中，天津新亚太工程建设监理有限公司监理人员配备不足，且存在未经业主单位批准而擅自变更监理人员的情况；郑济铁路5标段项目中，成都西南交大工程建设咨询监理有限责任公司未经建设单位批准自行变更进场监理人员。	162539
合计				163539

（二）11个省的21个单位拖欠农民工工资1.56亿元。11个省的15个城乡环境综合整治等项目由于政府投资项目手续不完备或自身财力紧张未及时拨付财政资金，以及部分单位之间相互拖欠工程款，21个施工单位未及时取得工程款，拖欠农民工工资1.56亿元。相关单位正在积极整改中。

七、财政资金统筹盘活及分配使用方面

（一）截至2017年底，5个省4.32亿元财政资金结存2年以上，涉及城市重点工程建设资金、服务业发展资金等。

序号	涉及地区	具体问题	资金金额（万元）
1	江西省	截至2017年底，江西省人民政府办公厅等5个省本级预算单位或省属企业3167.53万元财政资金结存超过2年，涉及花卉良种繁育中心项目建设款、省级服务业发展专项资金和省级节能专项资金等。上饶市财政局违规将保障房资金、国债基建资金等13项结存时间超过2年以上的存量资金在预算列支后转入非税收入财政专户，涉及资金29324.6万元。	32492.13
2	湖北省	截至2017年底，湖北省残疾人康复中心260.19万元资金结存超过3年未统筹使用；襄阳市财政局往来资金财政专户中1567.45万元结存超过3年未收回统筹使用；襄阳市农业技术推广中心仓库和初检室迁建项目长期未开工建设，304.43万元资金闲置3年以上。	2132.07
3	贵州省	贵州省中小企业发展促进中心项目“第二批民营经济中小企业发展项目”等16个项目的121.36万元资金结存超过3年。	121.36
4	河南省平顶山市、洛阳市、商丘市、周口市	截至2017年底，平顶山市等4市的5个项目因前期工作进展滞后、施工进度缓慢等应完工未完工，4470.82万元资金结存2年以上。	4470.82
5	辽宁省沈阳市	2015年3月，沈阳市财政局拨付一市属单位机构用房经费4000万元，截至2017年底，上述经费累计支出26.21万元，其余3973.79万元闲置2年以上。	3973.79
合计			43190.17

（二）5个省部分单位向不符合使用条件的单位或个人安排国家工业转型升级、创业担保贷款贴息等财政专项资金6667.86万元。

序号	涉及地区	具体问题	资金金额（万元）
1	青海省	2014年11月，由于青海省科技厅审核把关不严，导致不符合专项资金申报条件的青海伟毅新型材料有限公司获得中央财政补助资金300万元。	300
2	宁夏回族自治区	2011年至2017年9月，由于宁夏回族自治区部分市县人力资源和社会保障部门及妇女联合会审核不严，导致不符合条件人员违规获得创业担保贷款和农村妇女创业担保贷款3647.5万元，为此财政支付贴息资金328.32万元。	328.32

（续表）

序号	涉及地区	具体问题	资金金额（万元）
3	广西壮族自治区柳州市	2013年12月，柳州市城中区人民政府以课题名义，安排柳州市城市投资建设开发有限公司科技专项经费1500万元，用于建设城中区人民政府租赁办公的河东管理大厦项目安保等系统。	1500
4	吉林省	2016年11月，在未按照规定组织专家评审且项目没有明确可转化成果的情况下，吉林省科技厅将吉林省经济干部管理学院食品加工技术项目列入中试中心，并拨付财政资金900万元。截至2017年12月，上述资金结存在吉林省经济干部管理学院所属项目公司。	900
5	安徽省芜湖市	2014年以来，由于芜湖市人民政府审核把关不严，26家企业虚假出口获得出口奖励资金3639.54万元。	3639.54
合计			6667.86

中华人民共和国审计署审计结果公告（2018年第3号）

长江经济带生态环境保护审计结果

（2018年6月19日公告）

为深入贯彻党的十九大和十九届二中、三中全会精神，推动落实习近平总书记关于长江经济带发展的重要指示和国务院“十三五”生态环境保护规划，2017年12月至2018年3月，审计署对长江经济带11省市（包括云南省、四川省、贵州省、重庆市、湖北省、湖南省、江西省、安徽省、江苏省、浙江省、上海市，本报告对省级行政区统称为省，以下统称11省）2016年至2017年生态环境保护相关政策措施落实和资金管理使用情况进行了审计，重点抽查了59个地级市（区）。现将审计情况公告如下：

一、基本情况和取得的主要成效

11省面积约205万平方公里，其中：森林、湖泊湿地分别为96.7万平方公里和14.8万平方公里，共设立自然保护区、风景名胜区等自然保护地3065处、面积38.7万平方公里；2017年水资源总量1.34万亿立方米，用水总量2475.87亿立方米。各级政府加大生态环境保护力度，2016年和2017年投入相关财政资金共2518.24亿元，其中中央财政1722.12亿元、地方各级财政796.12亿元。

从审计情况看，11省认真学习贯彻党中央、国务院关于长江经济带发展的方针政策和决策部署，积极采取各种措施保护生态环境，取得了一些成效。

（一）生态环境保护有序推进。2016年以来，11省共召开相关会议152次，制定或修订制度等293项，15.99万名党政领导干部担任河长、湖长；开展各类专项行动665次，查处非法倾倒、偷排偷放、乱占滥用、乱砍滥伐等违法案件9.78万件，移送司法机关处理4147件、2635人，较好地遏制了生态环境破坏行为。

（二）污染防治能力有所增强。据相关部门数据反映，11省污水和垃圾处理能力近两年分别增加8%和11%。水、大气等污染治理部分阶段性工作任务完成情况较好，各省共取缔“十小”企业2486户，占已公布取缔名单的99.84%，省级及以上工业集聚区约9成已建成污水集中处理设施。

（三）生态环境质量有所改善。据11省提供的资料，2017年化学需氧量、氨氮、二氧化硫和氮氧化物等主要污染物排放总量比上年分别削减

2.97％、4％、9.24％和3.97％；国家地表水环境质量监测考核断面的水质优良率为73.9％，比上年提高0.6个百分点，劣Ⅴ类水质断面（3％）比上年下降约0.3个百分点。

二、审计发现的主要问题

（一）生态环境保护相关资金管理使用方面存在的问题。

一是截至2017年底，8个省有12.56亿元水污染防治、石漠化综合治理等专项资金结存在相关地方财政部门，有8.21亿元结存在项目主管部门及实施单位，均超过1年。

二是2013年12月至2018年1月，8个地方政府主管部门及所属单位违规使用生态环境保护相关资金2580.49万元，主要用于弥补行政经费、其他项目支出等；5个县级地方政府重复申报退耕还林还草专项资金105.6万元。

三是10个省有197个污染治理和生态修复项目未按期开（完）工，5省有19个项目建成后效果不佳。

（二）资源开发和生态保护方面存在的问题。

一是截至2017年底，10个省已建成小水电2.41万座，最小间距仅100米，开发强度较大。5个省“十二五”期间新增小水电超过规划装机容量，8个省有930座小水电未经环评即开工建设，6个省在自然保护区划定后建设78座小水电，7个省有426座已报废停运电站未拆除拦河坝等建筑物，7个省建有生态泄流设施的6661座小水电中有86％未实现生态流量在线监测。过度开发致使333条河流出现不同程度断流，断流河段总长1017公里。

二是7个省有关市县突破国家、省两级审批制度，自行设立开发区249个（其中2016年以来新设8个），占地447万亩，其中有72个设立5年以上但建成率不足5成，还有10个与基本农田重叠2.77万亩。有62个开发区位于重点生态功能区或与禁止开发区域重叠，其中18个是在全国主体功能区规划实施之后设立或扩建的。

三是10个省有501家单位无证取水，60家单位超量取水；截至2017年底，7个省有667个违规占用岸线项目尚未整改到位。

四是2016年以来，3个省有21个新建或扩建的化工、造纸等项目，未履行环评或产能置换等审批手续。

五是网络非法销售电鱼机等问题缺乏监管，助长了非法电鱼行为。11个省近4年共发生非法电鱼案件3.46万起，年均增长8.8％，其中149起发生在珍稀鱼类保护区内，胭脂鱼等珍稀鱼类被电亡，还导致超过30人死亡。

（三）污染治理方面存在的问题。

一是长期持续整治的洞庭湖、鄱阳湖等5个国家重要湖泊，由于统筹治理不到位等原因，2017年的水质仍为Ⅳ类及以下。

二是75个开发区未依法开展规划环境影响评价；106个开发区未建设污水集中处理设施；70个开发区虽建成污水集中处理设施，但未按规定安装在线监控装置或与环保部门联网；46个开发区因管网不配套等，污水处理效果不佳。

三是截至2017年底，9个省有118座敏感区域的城镇污水处理厂未按国家要求达到一级A排放标准。因污水处理能力不足、管网损坏等，6个省2017年有2.24亿吨污水未有效收集处理或直排入河。

四是截至2017年底，3个省的9个垃圾填埋场或焚烧厂超负荷运行；2个省132处无防渗措施的非正规垃圾堆放点未完成清理；5个省的20个垃圾填埋场或中转站产生的285.75万吨渗滤液排入城市管网或周边水体，还有197万吨渗滤液积存场内。7个省的48家单位未按规定存储、转运或处置危险废物，4个省的6家单位未按规定处置医疗废物。

五是截至2017年底，9个省的56个饮用水水源地一级保护区内存在排污口、养殖场等建设项目；3个省的7个城市饮用水水源地和71个乡镇饮用水水源地断面水质超标。

六是截至2017年底，10个省有5.61万个地下储油罐（占应改造总数的52％）未更换为双层罐或进行防渗改造；3个省有348台10蒸吨及以下燃煤小锅炉未淘汰；2个省的个别市县还有8家小型造纸、电镀企业未关停；3个省有46户禁养区内规模以上畜禽养殖场应关未关，3个省有413家养殖场未建配套治污设施。

三、审计处理和初步整改情况

对以上审计查出的问题，审计署已依法出具审计报告，提出处理意见，并要求有关地方政府在整改期限截止后依法向社会公告整改结果。目前，有关部门正在组织对小水电过度开发问题进行专项整改，相关地方对违规占用岸线等问题已制定整改措施，淘汰 10 蒸吨以下（含）燃煤锅炉 275 台，关闭或拆除 9 个饮用水水源地保护区范围内的建设项目，有关单位已收回部分财政资金。审计署将继续跟踪检查后续整改情况，进一步督促审计发现问题整改到位。

附件 1：

审计发现的生态环境保护相关资金结存超过一年问题及初步整改情况

序号	涉及地方	主要问题	初步整改情况
1	云南省曲靖市	至 2017 年底，由于热水镇 2.5 公里沟道整治等工程进展缓慢，宣威市水务局结存岩溶地区石漠化综合治理工程中央预算内投资 463 万元。	正在整改
2	云南省曲靖市	至 2017 年底，宣威市林业局结存退耕还林还草工程中央预算内投资 3900 万元。	正在整改
3	云南省昭通市	至 2017 年底，镇雄县林业局结存退耕还林还草工程中央预算内投资 13816.44 万元。	正在整改
4	云南省昭通市	至 2017 年底，巧家县林业局结存退耕还林还草工程中央预算内投资 1704.28 万元。	正在整改
5	贵州省铜仁市	至 2017 年底，铜仁市财政局、环境保护局结存重金属污染防治专项资金及省级配套资金 1008.63 万元。	正在整改
6	贵州省铜仁市	至 2017 年底，石阡县发展和改革局结存岩溶地区石漠化综合治理工程中央预算内投资 113.08 万元。	正在整改
7	贵州省黔南布依族苗族自治州	至 2017 年底，由于中小河流建设任务未完成，瓮安县水务局结存中小河流治理专项资金 4747.04 万元。	正在整改
8	四川省泸州市	至 2017 年底，由于项目招标未按期完成等原因，泸州市纳溪区林业局结存中央财政湿地保护补助资金 220 万元。	正在整改
9	四川省泸州市	至 2017 年底，由于画稿溪国家级自然保护区建设项目选址多次变更等原因，画稿溪国家级自然保护区管理处结存禁止开发区补助资金 825 万元。	正在整改
10	四川省乐山市	至 2017 年底，由于水土保持项目进展缓慢，犍为县财政局结存农业综合开发补助资金 261 万元。	正在整改
11	四川省眉山市	至 2017 年底，由于黑龙滩生态环境保护治理项目进展缓慢，眉山市黑龙潭风景区管理委员会结存水污染防治专项资金 13874.4 万元。	正在整改
12	重庆市大足区	至 2017 年底，由于龙水湖湿地自然保护区项目等 2 个项目进展缓慢，大足区环境保护局结存水污染防治专项资金 4651.24 万元。	正在整改
13	重庆市荣昌区	至 2017 年底，由于荣昌区濑溪河流域荣峰河等支流环境综合整治项目进展缓慢，重庆市昌泰市政工程有限公司结存水污染防治专项资金 3394.83 万元。	正在整改

（续表）

序号	涉及地方	主要问题	初步整改情况
14	重庆市丰都县	至2017年底，由于仙女湖镇2014年岩溶石漠化综合治理工程等5个项目进展缓慢，丰都县财政局结存岩溶地区石漠化综合治理工程中央预算内投资300.26万元。	正在整改
15	重庆市丰都县	至2017年底，重庆市永旺林业投资有限公司结余2012年三合街道龙河消落区生态恢复建设项目三峡后续工作专项资金448.8万元。	正在整改
16	湖北省黄石市	至2017年底，由于黄石市矿山地质环境示范工程计划任务未完成，黄石市财政局结存资源枯竭型城市矿山地质环境治理重点工程资金和矿山地质环境治理示范工程资金71025万元。	正在整改
17	湖北省黄石市	至2017年底，由于大冶市矿山地质环境重点工程、示范工程计划任务未完成，大冶市财政局结存资源枯竭型城市矿山地质环境治理重点工程资金和矿山地质环境治理示范工程资金45056万元。	正在整改
18	湖北省黄石市	至2017年底，黄石市铁山区东部旅游新城管理委员会结存重金属污染防治专项资金3043万元。	正在整改
19	湖北省宜昌市	至2017年底，由于宜昌市夷陵区2015年、2016年石漠化综合治理项目未按期完工，宜昌市夷陵区财政局结存岩溶地区石漠化综合治理工程中央预算内投资及省级配套资金1183万元。	正在整改
20	湖北省宜都市	至2017年底，由于宜都市2015年、2016年石漠化综合治理项目未按期完工，宜都市财政局结存岩溶地区石漠化综合治理工程中央预算内投资及省级配套资金578.12万元。	正在整改
21	湖南省长沙市	至2017年底，由于土壤样品保持库建设项目进展缓慢，湖南省农业资源与环境保护管理站结存长株潭地区重金属污染耕地修复及种植结构调整试点资金2895.96万元。	正在整改
22	湖南省常德市	至2017年底，由于自动监测站项目未建设，西洞庭管理区财政局结存省级环保专项资金60万元。	正在整改
23	湖南省常德市	至2017年底，由于自动监测站项目进展缓慢，西湖管理区财政局结存省级环保专项资金60万元。	正在整改
24	湖南省郴州市	至2017年底，临武县财政局和临武县农业发展有限公司结存重金属污染防治专项资金3151.24万元。	正在整改
25	安徽省安庆市	至2017年底，由于黄大湖生态环境保护项目未按期完工，宿松县环境保护局等结存水污染防治专项资金25408.6万元。	正在整改
26	江西省南昌市	至2017年底，由于南昌市新建区溪霞流域农业面源污染综合治理试点项目进展缓慢，南昌市新建区财政局结存农业环境突出问题治理项目中央基建投资预算资金1048.17万元。	正在整改
27	江西省南昌市	至2017年底，进贤县财政局结存重金属污染防治专项资金2408.18万元。	正在整改
28	江西省九江市	至2017年底，由于鄱阳湖湿地保护与恢复工程进展缓慢，都昌县财政局、林业局结存湿地保护工程中央基建投资预算468万元。	正在整改
29	江西省抚州市	至2017年底，由于未安排落实项目，抚州市东乡区财政局结存城镇污水处理设施配套管网专项资金524万元。	正在整改

（续表）

序号	涉及地方	主要问题	初步整改情况
30	江西省抚州市	至2017年底，抚州市临川区城市管理局结余“十二五”期间城镇污水处理设施配套管网建设项目资金667万元。	正在整改
31	江西省抚州市	至2017年底，由于洪门水库水环境及湿地生态监测站项目未开工，南城县环境保护局结存江河湖泊生态环境保护项目资金500万元。	正在整改

附件2：

审计发现的生态环境保护相关资金违规申报使用问题及初步整改情况

序号	涉及地方	主要问题	初步整改情况
1	云南省昭通市	2015年至2017年，巧家县将已实施的退耕还林项目重复申报，涉及面积565.56亩，资金45.24万元。	正在整改
2	云南省昭通市	2015年至2017年，盐津县将已实施的退耕还林项目重复申报，涉及面积392.84亩，资金31.43万元。	正在整改
3	云南省昭通市	2015年至2017年，大关县将已实施的退耕还林项目重复申报，涉及面积166.77亩，资金13.34万元。	正在整改
4	云南省昭通市	2015年至2017年，彝良县将已实施的退耕还林项目重复申报，涉及面积120.36亩，资金9.63万元。	正在整改
5	云南省昭通市	2015年至2017年，镇雄县将已实施的退耕还林项目重复申报，涉及面积77亩，资金6.16万元。	正在整改
6	云南省昭通市	2017年2月至2018年1月，绥江县中城镇后坝农业综合开发服务中心挪用退耕还林资金14.95万元，用于支付管理人员工资、办公设备费等。	正在整改
7	贵州省遵义市	2017年11月，桐梓县人民政府批复同意县财政局将600万元岩溶地区石漠化综合治理工程中央预算内投资按涉农资金整合用于县交通局“组组通”公路建设项目，致使桐梓县2017年度岩溶地区石漠化综合治理工程项目至今未实施。	已归还原资金渠道
8	贵州省	2017年7月至12月，贵州省地质环境监测院挪用土壤污染防治专项资金、贵州省耕地质量地球化学调查评价项目资金161.11万元用于办公楼租赁及物业管理费等支出。	已归还原资金渠道
9	贵州省黔南布依族苗族自治州	2017年12月，都匀市水务局将江河湖库水系综合整治资金1000万元借予都匀市财政局用于补充流动资金，截至2018年2月尚未收回。	正在整改
10	贵州省黔南布依族苗族自治州	2017年，黔南布依族苗族自治州环境保护局将水污染防治专项资金34.3万元用行政支出。	正在整改
11	贵州省黔南布依族苗族自治州	2016年6月，贵定县环境保护局将水污染防治专项资金29.67万元用于行政支出。	正在整改
12	贵州省黔南布依族苗族自治州	2016年，龙里县环境保护局将水污染防治专项资金35.56万元用于行政支出。	正在整改
13	四川省眉山市	2013年12月，青神县人民政府违规决定将城镇污水处理设施配套管网专项资金704.9万元用于与配套管网建设无关的路面、路基等工程。	已归还原资金渠道

附件 3:

审计发现的污染治理和生态修复项目未按期开（完）工和建成后效果不佳问题及初步整改情况

序号	涉及地方	主要问题	初步整改情况
1	云南省	10 个项目应完工未完工。	正在整改
2	贵州省	2 个项目应完工未完工。	正在整改
3	重庆市	30 个项目应完工未完工。	正在整改
4	四川省	2 个项目应完工未完工。	正在整改
5	湖北省	11 个项目应完工未完工，13 个项目建成后未发挥预期效益。	正在整改
6	湖南省	4 个项目应完工未完工，1 个项目应开工未开工，1 个项目建成后未发挥预期效益。	正在整改
7	江西省	76 个项目应完工未完工，2 个项目应开工未开工，2 个项目建成后未发挥预期效益。	正在整改
8	安徽省	48 个项目应完工未完工，1 个项目建成后未发挥预期效益。	正在整改
9	江苏省	4 个项目应完工未完工。	正在整改
10	上海市	7 个项目应完工未完工，2 个项目建成后未发挥预期效益。	正在整改

中华人民共和国审计署
审计结果公告
（2018 年第 4 号）

中国华电集团有限公司 2016 年度财务收支等情况审计结果

（2018 年 6 月 20 日公告）

根据《中华人民共和国审计法》的规定，2017 年 5 月至 6 月，审计署对中国华电集团有限公司（以下简称中国华电）2016 年度财务收支等情况进行了审计，重点审计了中国华电总部及所属中国华电科工集团有限公司（以下简称华电科工）等 3 家二级单位，对有关事项进行了延伸和追溯。

一、基本情况

中国华电成立于 2002 年，主要从事电源开发、投资、建设、经营和管理，组织电力（热力）生产销售，电力工程建设与监理等。据其 2016 年度合并财务报表反映，中国华电 2016 年底拥有全资和控股子公司 743 家、参股公司 208 家；资产总额 7791.45 亿元，负债总额 6352.52 亿元，所有者权益 1438.93 亿元，资产负债率 81.53%；当年营业总收入 1873.71 亿元，利润总额 131.23 亿元，净利润 85.45 亿元，净资产收益率 6.02%；国有资本保值增值率 104.46%。立信会计事务所（特殊普通合伙）对此合并财务报表出具了标准无保留意见的审计报告，该审计报告在中国货币网公开。

审计署审计结果表明，中国华电加快公司产业转型升级，不断调整优化电源结构布局，加快发展清洁能源；完善法人治理结构，优化管控机制和内部管理，强化全面风险体系建设；认真整改审计发现问题。审计也发现，中国华电在财务管理和会计核算、经营管理、落实中央八项规定精神及廉洁从业规定等方面还存在一些问题。

二、审计发现的主要问题

（一）财务管理和会计核算方面。

1. 2016 年，中国华电总部及所属贵州华电安顺华荣投资有限公司（以下简称贵州华荣公司）等 9 家企业未按规定计提折旧、摊销无形资产、确认投资损失等，造成多计利润 1.03 亿元。

2. 2016 年，中国华电编制合并财务报表时，合并范围不准确，涉及资产 8072.2 万元，造成多计利润 163.54 万元；对所属企业间关联交易抵销不充分，造成少计利润 1231.65 万元。

3. 2016 年，中国华电所属华电榆林天然气化工有限责任公司等 9 家企业资产减值准备、存货跌价准备、资产处置净收益等核算不准确，造成少计利润 4543.09 万元。

4. 2016 年，所属华电科工等 4 家企业列支交通补贴等工资性支出 3246.54 万元，未纳入工资总额核算。

（二）经营管理方面。

1. 2013 年至 2016 年，所属华电科工违规将项目对外分包，涉及合同金额 80.21 亿元，其中 2016 年 14.27 亿元。

2. 2013 年至 2014 年，所属华鑫国际信托有限公司 8 个资金信托计划尽职调查及后期监管不到位，造成 11.21 亿元信托资金未按规定用途使用或存在损失风险。

3. 2015 年，中国华电未按规定报备所属华电科工出资 4.6 亿元对外收购股权事项。

4. 至审计时，所属太仓华电开发建设有限公司的建设用地长期闲置，已计提减值准备 3.32 亿元。

5. 2011 年至 2016 年，所属华电科工向中介机构支付的 1.92 亿元代理费依据不充分。

6. 2014 至 2016 年，中国华电所属 7 家企业工资总额管理不规范，涉及金额 1.87 亿元。

7. 2014 年，中国华电收购一个天然气项目后未按规定报备，2016 年该项目亏损 1.19 亿元。

8. 2005 年至 2012 年，中国华电所属一家企业违规收购一家煤矿股权出资 8176 万元，后因该矿列入过剩产能关闭名单，至 2017 年 4 月已全额计提资产减值准备。

9. 2013 年 12 月至 2014 年 2 月，所属华电新疆发电有限公司等两家企业未经集团批准收购 3 个发电项目，其中两个项目至 2016 年底累计亏损 7380.55 万元。

10. 2014 年，中国华电未经报备同意下属单位购买股票，至 2017 年 6 月 15 日形成浮亏 5465.68 万元。

11. 2014 年，所属贵州华电华和能源有限公司违规对外提供担保 5000 万元，因承担连带责任面临损失风险。

12. 至审计时，中国华电所属一家企业未实现对控股子公司的管理控制权，还代偿其涉诉债务形成损失 3744.38 万元。

13. 2013 年，中国华电所属一家企业在处置股权过程中，违规将在用资产报废，涉及资产净值 3019.96 万元。

14. 2016 年，中国华电的集中招标采购不合规，涉及合同金额 2921.78 万元。

15. 所属贵州华荣公司一个工程建设项目未及时开工，至 2017 年 4 月 2130 万元建设资金已闲置 3 年。

16. 2011 年，所属华电科工未经批准预付项目收购款，后项目难以推进，至审计时还有 1575.23 万元预付款未收回，存在损失风险。

17. 2016 年，中国华电违规获取项目资金 1510.62 万元。

18. 2014 年至审计时，中国华电所属一家企业未经批准停建部分工程，造成 163.2 亩工业用地闲置。

19. 2014 年至 2015 年，所属华电煤业集团有限公司未报经煤炭行业主管部门批准，违规同意 3 个煤矿由基建期转入试生产阶段，至 2016 年底累计生产煤炭 4396.49 万吨。

20. 2013 年至 2016 年，中国华电所属 10 家企业未按规定报经集团审批新开立 40 个银行账户。

21. 至审计时，中国华电未对所属 4 家企业的 5 项违规决策问题进行问责追责。

22. 至 2016 年底，中国华电未按要求完成低效无效资产处置、化解过剩产能等任务；2015 年，中国华电未按要求完成年度应收账款和存货压控工作。

23. 2016 年 3 月至 6 月，中国华电未按要求取消或暂缓建设电力盈余地区的煤电项目。

24. 至2016年底，中国华电已建成投产的9个电源项目未取得建设用地审批手续，涉及土地1.12万亩。

（三）落实中央八项规定精神及廉洁从业规定方面。

1. 2015年至2016年，中国华电所属一家企业列支超集团内部标准的业务招待餐费8755.5万元，其中2016年4559.53万元。

2. 2014年至2016年，所属贵州乌江水电开发有限责任公司等5家企业部分中高层管理人员和职工超标准乘坐交通工具，涉及金额219.8万元，其中2016年15.1万元。

3. 2014年至2016年，所属贵州乌江水电开发有限责任公司等两家企业违规购买香烟和高档酒水57.83万元。

4. 2009年9月至2015年12月，中国华电所属企业一名中层管理人员违规持有该企业间接控股的一家公司股权，并转让获利29.89万元。

三、审计处理及整改情况

对以上审计发现的问题，审计署依法出具了审计报告、下达了审计决定书。中国华电通过调整有关会计账目和财务报表、建立健全相关制度等方式进行整改，具体整改情况由其自行公告。

中华人民共和国审计署
审计结果公告
（2018年第5号）

原神华集团有限责任公司 2016年度财务收支等情况审计结果

（2018年6月20日公告）

根据《中华人民共和国审计法》的规定，2017年5月至6月，审计署对原神华集团有限责任公司（以下简称神华集团）2016年度财务收支等情况进行了审计，重点审计了神华集团总部及所属神华销售集团有限公司等4家二级单位，对有关事项进行了延伸和追溯。

一、基本情况

神华集团成立于1995年，主要从事煤炭等资源性产品、煤制油、电力等领域的投资及生产经营活动等，2017年与中国国电集团公司合并重组为国家能源投资集团有限责任公司。据其2016年度合并财务报表反映，神华集团2016年底拥有全资和控股子公司413家、参股公司111家；资产总额9792.59亿元，负债总额4637.49亿元，所有者权益5155.1亿元，资产负债率47.36%；当年营业总收入2479.4亿元，利润总额360.56亿元，净利润259.26亿元，净资产收益率5.13%；国有资本保值增值率104.57%。天职国际会计师事务所（特殊普通合伙）对此合并财务报表出具了标准无保留意见的审计报告，该审计报告在中国货币网公开。

审计署审计结果表明，神华集团按照清洁能源发展战略，推动煤炭清洁生产和企业转型升级；进一步完善公司治理结构，不断深化企业改革；持续优化内部管理，全面推行成本预算，强化财务管理，不断提高企业资产质量。审计也发现，神华集团在财务管理和会计核算、经营管理、落实中央八项规定精神及廉洁从业规定等方面还存在一些问题。

二、审计发现的主要问题

（一）财务管理和会计核算方面。

1. 2016年，所属神华杭锦能源有限责任公司等7家企业少计提减值准备、安全生产管理费和维简费等，多计利润25.69亿元。

2. 2016年，所属神华国能集团有限公司等6家企业营业外支出、长期待摊费用核算不准确，造成少计利润8.09亿元。

3. 2016年，所属神华销售集团有限公司等两家企业延期确认煤炭销售收入和成本等，少计当年利润3.49亿元。

4. 2016年，所属中国神华煤制油化工有限公司等14家企业超工资总额列支补贴等工资性支出5865.28万元。

5. 2016年，所属神华销售集团有限公司对煤炭采购业务重复记账或预估入账，造成多计资产2250.48万元、负债2250.48万元。

6. 2016年，所属神华中海航运有限公司等9家企业违规列支应由职工个人承担的保险费用41.07万元。

（二）经营管理方面。

1. 2015年，所属福建罗源湾电厂未取得土地转用审批等手续即开工建设，至2016年底累计投资29.22亿元。

2. 至2016年底，所属神华新疆能源有限责任公司等两家企业违规出借的5.32亿元资金尚未收回。

3. 2016年，所属神华（福建）能源有限责任公司实施的一个总价4.54亿元的收购项目，未按规定纳入集团年度投资计划。

4. 2016年，所属神华物资集团有限公司等3家企业违反集团规定，应招标未招标或采用单一来源方式采购物资4.2亿元。

5. 2010年至2016年，神华集团总部及所属乌海能源公司等3家企业的项目资金存在超范围使用、长期闲置等问题，涉及金额4.19亿元。

6. 2014年，神华集团一家所属企业未充分考虑产品价格下跌风险对一个项目增资2.48亿元。至2016年底，该项目部分停建，0.21亿元资产闲置。

7. 至2016年底，神华集团一家所属企业因可行性研究不充分，无法按时启动开发项目，前期投入的1.25亿元已确认损失。

8. 2016年，所属中国神华国际工程有限公司在两个项目的评标过程中履职不到位，未发现投标单位涉嫌串标，涉及金额5155.08万元。

9. 2015年，所属神华宁夏煤业集团有限责任公司违反集团暂停项目建设的要求，调增投资计划4518.85万元。

10. 2016年，所属神华准格尔能源有限责任公司未经上级公司批准建设一个项目，至2017年5月已投资4215.45万元。

11. 2014年至2016年，神华集团所属16个煤矿在证照不齐的情况下，累计开采原煤1.56亿吨。

12. 2014年至2016年，神华集团所属36个煤矿超核定生产能力开采原煤1.03亿吨。

13. 2014年至2016年，所属神华国能集团有限公司下属3个电厂未取得电力业务许可即投入生产，累计发电95.57亿千瓦时。

14. 至2016年底，神华集团未按要求完成低效无效资产清理处置、房地产业务退出、所属企业清理整合、公务用车改革等任务。

15. 2014年至2016年，神华集团未按内部规定对5家存在环保问题的单位及相关责任人进行追责。

16. 2016年，神华集团对外捐赠资金未按规定细化捐赠项目。

17. 2014年，所属国华能源投资有限公司依据失效的评估报告挂牌出售股权。

（三）落实中央八项规定精神及廉洁从业规定方面。

2015年，所属神华铁路货车运输有限责任公司购买高档酒水30万元。

此外，审计署2014年对神华集团审计中指出，神华集团部分下属煤矿证照不全，至此次审计时，其中3个煤矿尚未整改到位。

三、审计处理及整改情况

对以上审计发现的问题，审计署依法出具了审计报告、下达了审计决定书。国家能源投资集团有限责任公司通过调整有关会计账目和财务报表、建立健全相关制度等方式进行整改，具体整改情况由其自行公告。

中华人民共和国审计署审计结果公告

（2018年第6号）

中国电信集团有限公司 2016年度财务收支等情况审计结果

（2018年6月20日公告）

根据《中华人民共和国审计法》的规定，2017年5月至6月，审计署对中国电信集团有限公司（以下简称中国电信）2016年度财务收支等情况进行了审计，重点审计了中国电信总部及所属中国电信股份有限公司等3家二级单位，对有关事项进行了延伸和追溯。

一、基本情况

中国电信成立于2000年，主要从事基础电信业务、增值电信业务，与通信及信息业务相关的系统集成、技术开发、技术服务、设计施工，承包境外电信工程和境内国际招标工程等。据其2016年度合并财务报表反映，中国电信2016年底拥有全资和控股子公司428家、参股公司138家；资产总额8048.83亿元，负债总额3441.78亿元，所有者权益4607.05亿元，资产负债率42.76%；当年营业总收入4144.58亿元，利润总额245.48亿元，净利润181.3亿元，净资产收益率3.97 %；国有资本保值增值率100.3%。中审众环会计师事务所（特殊普通合伙）对此合并财务报表出具了标准无保留意见的审计报告。

审计署审计结果表明，中国电信逐步推进通信主业战略转型和混合所有制改革，通过业务、平台和终端融合创新，培育新增长点；加快基础电信业务升级换代，推进4G移动网络建设和开展提速降费工作；优化公司治理结构，逐步完善内控体系和业务流程规范。审计也发现，中国电信在财务管理和会计核算、经营管理、落实中央八项规定精神及廉洁从业规定等方面还存在一些问题。

二、审计发现的主要问题

（一）财务管理和会计核算方面。

1. 2016年，中国电信总部多计成本，造成少计利润1.6亿元。

2. 2016年，所属一家企业通过实收资本弥补未分配利润、成本费用列支不规范等方式，多派发股息1312.56万元。

3. 2016年，中国电信及所属两家企业工资性支出1047.23万元列支不规范。

4. 2016年，中国电信及所属两家企业提供给职工的通信费补贴741.38万元列支不规范。

（二）经营管理方面。

1. 2015年至审计时，所属上海国脉实业有限公司等两家企业违反内部规定开展货物购销业务，造成损失983.16万元。

2. 2016年，所属一家企业劳务外包不规范，涉及金额20.32亿元。

3. 至2015年底，中国电信未按规定将闲置土地、房屋资产上报，未上报资产涉及账面金额16.84亿元。

4. 2015年12月，所属宁波分公司等4家企业违规开展业务，造成损失3013.64万元。

5. 2011年和2013年，所属北京分公司、上海分公司未经集团批准购置生产办公用房，涉及金额4.72亿元。

6. 2016年，所属广东分公司违反内部规定选择回收商处置废旧铜缆，涉及金额7505.11万元。

7. 2016年，所属四川分公司等3家企业未经招标采购物资和服务，涉及金额3.41亿元。

8. 2012年至2015年，所属上海电信工程有限公司违反内部规定确定项目施工方，涉及合同金额2.08亿元。

9. 2011年至2015年，所属中捷通信有限公司未经报备对外签订销售合同，在应收账款逾期后继续发起新业务，致使逾期应收账款1.59亿元难以收回。

10. 2013年8月至2014年6月，所属广州分公司未及时计取一家公司语音和数据业务集成服务相关费用，造成6270.95万元欠费难以收回。

11. 至2017年6月，所属天翼电信终端有限公司个别产品库存积压842.81万元。

12. 2015年至审计时，所属江苏分公司违反内部规定未经评估对外出租4处房屋，涉及租金1756.39万元。

13. 2013年11月，所属广州分公司在承揽的项目建设中未按合同约定先收款再采购，因对方违约，至审计时垫付的设备款等367.11万元一直未收回。

14. 所属九江分公司未经集体决策，减免出租营业厅应收房租，2012年6月至2015年6月少收租金50.41万元。

15. 2013年12月至2014年9月，所属湖南省电信实业集团有限公司未向评估公司提供评估资产的实际情况，违规转让下属公司股权。

16. 至2016年底，所属北京分公司等3家企业在批准使用期结束后仍违规继续使用公务免费手机卡。

17. 至2016年底，对个别已连续3年亏损、资产负债率高的所属企业，中国电信未按规定认定为特困企业。

18. 2012年至审计时，中国电信未按要求完成资产投资计划以及2项规划事项，同时尚有少量移动用户实名制身份证登记不准确；2016年，中国电信未按要求完成一年以上应收账款压控工作。

（三）落实中央八项规定精神及廉洁从业规定方面。

2012年至2014年，所属上海市信产通信服务有限公司违规聘任已退休总经理为顾问，未按规定及时免去其在子公司兼任的董事长职务，支付补贴和薪酬168.7万元。

三、审计处理及整改情况

对以上审计发现的问题，审计署依法出具了审计报告、下达了审计决定书。中国电信通过调整有关会计账目和财务报表、建立健全相关制度等方式进行整改，具体整改情况由其自行公告。

中华人民共和国审计署 审计结果公告 （2018年第7号）

中国移动通信集团有限公司 2016年度财务收支等情况审计结果

（2018年6月20日公告）

根据《中华人民共和国审计法》的规定，2017年5月至6月，审计署对中国移动通信集团有限公司（以下简称中国移动）2016年度财务收支等情况进行了审计，重点审计了中国移动总部及所属广东有限公司、江苏有限公司等6家二级单位，对有关事项进行了延伸和追溯。

一、基本情况

中国移动成立于2000年，主要从事基础电信、增值电信等业务，经营与信息通信业务相关的系统集成、漫游结算清算、技术开发、技术服务、设备销售和进出口业务等。据其2016年度合并财务报表反映，中国移动2016年底拥有全资和控股子公司173家、参股公司46家；资产总额17126.74亿元，负债总额5464.21亿元，所有者权益11662.53亿元，资产负债率31.9%；当年营业总收入7116.11亿元，利润总额1296.13亿元，净利润935.99亿元，净资产收益率8.03%；国有资本保值增值率109.8%。普华永道中天会计师事务所（特殊普通合伙）对此合并财务报表出具了标准无保留意见的审计报告。

审计署审计结果表明，中国移动深化“四网”协同策略，加强网络基础设施建设，实现从语音经营为主向数据流量经营为主的业务转型；建立全面预算编制和审核模型，加强生产、市场和管理等各方面系统化、规范化的内控体系建设，不断提升运营管理水平。审计也发现，中国移动在财务管理和会计核算、经营管理、落实中央八项规定精神及廉洁从业规定等方面还存在一些问题。

二、审计发现的主要问题

（一）财务管理和会计核算方面。

1. 2016年，所属辽宁有限公司少确认预存充值卡收入销售折扣折让，多计利润1.93亿元。

2. 2016年，所属江苏有限公司等3家企业未按规定调整固定资产折旧年限、直接在成本费用中列支资本性支出、提前确认费用等，少计利润1.11亿元。

3. 2016年，中国移动未将实际控制的3家企业纳入合并财务报表范围，涉及资产2.52亿元。

4. 2016年，所属安徽有限公司、北京有限公司列支年休假补贴等工资性支出7502.44万元，未纳入工资总额核算。

5. 2016年，所属安徽有限公司等3家企业未按规定列支劳保支出等5657.68万元。

6. 2016年，所属北京有限公司、辽宁有限公司阜新分公司未按规定将拆迁补偿款等确认为收入，少计利润442.67万元。

（二）经营管理方面。

1. 2016年，所属广东有限公司等企业审批程序不规范的项目涉及投资43.4亿元。

2. 2016年，中国移动总部及所属江苏有限公司等6家企业存在合同签订不及时等问题，涉及金额29.06亿元；2016年，所属中国移动设计院违规转包监理项目，涉及金额5065.13万元。

3. 2011年至2015年，中国移动投资25.79亿元建设的洛阳呼叫中心等6个项目，因超规模建设等导致部分房屋、土地闲置。

4. 2016年，所属北京有限公司等5家企业酬金管理不规范等，涉及金额2.29亿元。

5. 2012年至2016年，中国移动总部及所属辽宁有限公司等3家企业存在资产管理、账户开立、通信费和充值卡管理不规范等问题，涉及金额1.85亿元，其中2016年321.12万元。

6. 2014年至2016年，中国移动总部及所属安徽有限公司未按规定严格控制办公楼和培训中心建设，先后批准实施6个项目，涉及办公用房面积14.34万平方米、培训中心面积1.46万平方米。

7. 至2016年底，所属黑龙江有限公司一个建设项目建成后闲置，涉及金额236.52万元。

8. 至2016年底，中国移动未按要求完成低效无效资产清理处置工作。

（三）落实中央八项规定精神及廉洁从业规定方面。

1. 2012年至2016年，所属广东有限公司等3家企业5名中层管理人员和60名职工违规兼职、经商办企业，涉及金额3.08亿元，其中2016年3276.99万元。

2. 2012年至2013年，所属辽宁有限公司超标准购买10辆公务用车，涉及金额689.6万元。

3. 2013年，所属安徽有限公司在业务招待费中列支礼品等支出336.84万元。

4. 2010年，所属黑龙江有限公司采购高档酒水363.13万元，至审计时用于公务接待266.33万元，其中2013年以来5.56万元。

三、审计处理及整改情况

对以上审计发现的问题，审计署依法出具了审计报告、下达了审计决定书。中国移动通过调整有关会计账目和财务报表、建立健全相关制度等方式进行整改，具体整改情况由其自行公告。

中华人民共和国审计署
审计结果公告
（2018年第8号）

中国机械工业集团有限公司
2016年度财务收支等情况审计结果

（2018年6月20日公告）

根据《中华人民共和国审计法》的规定，2017年5月至6月，审计署对中国机械工业集团有限公司（以下简称国机集团）2016年度财务收支等情况进行了审计，重点审计了国机集团总部及所属中国一拖集团有限公司、中国第二重型机械集团有限公司（以下简称二重集团）等6家二级单位，对有关事项进行了延伸和追溯。

一、基本情况

国机集团成立于1997年，主要从事机械装备研发与制造、工程承包、贸易与服务、金融与投资等。据其2016年度合并财务报表反映，国机集团2016年底拥有全资和控股子公司874家、参股公司127家；资产总额2720.16亿元，负债总额1856.52亿元，所有者权益863.64亿元，资产负债率68.25%；当年营业总收入2141.61亿元，利润总额86.66亿元，净利润60.5亿元，净资产收益率5.57%；国有资本保值增值率105.19%。信永中和会计师事务所（特殊普通合伙）对此合并财务报表出具了标准无保留意见的审计报告。

审计署审计结果表明，国机集团围绕打造完整产业链，优化产业结构，先后完成对所属二重集团等企业的重组；积极参与“一带一路”建设，境外工程承包业务收入持续增加；不断完善企业制度，强化内部管理，开展内控自我评价及项目投资后评价工作，实施总部事业部制改革，推进国有独资公司董事会试点，在32家二级企业建立董事会。审计也发现，国机集团在财务管理和会计核算、经营管理、落实中央八项规定精神及廉洁从业规定等方面还存在一些问题。

二、审计发现的主要问题

（一）财务管理和会计核算方面。

1. 2016年，所属中机西南能源科技有限公司将递延收益一次性计入营业外收入，多计利润6955.29万元。

2. 2016年，所属国机重工（洛阳）有限公司等3家企业减值准备核算不准确等，多计利润2277.75万元。

3. 2016年，所属一家企业提前确认收入成本，多计利润331.79万元。

（二）经营管理方面。

1. 所属中机国能工程有限公司违反集团规定为内部企业提供担保，2016年底担保余额为43.5亿元。

2. 至审计时，国机集团未有效盘活长江码头等10.35亿元闲置资产。

3. 2016年，所属中国能源工程集团有限公司、江苏辉伦太阳能科技有限公司违规出借资金10.8亿元，至审计时，本息12.1亿元均未收回。

4. 至审计时，所属中国电力工程有限公司（以下简称中电公司）等两家企业总承包的6个工程项目，因疏于监管及后续处理不善等已支付延期赔款1.48亿元，预计亏损9.93亿元。

5. 2010年至2013年，所属中国农业机械化科学研究院分拆一项目投资以规避审批。至审计时，由于技术不成熟、市场需求不足等，该项目处于停产状态，已建成的12.85万平方米厂房闲置，涉及投资5.12亿元。

6. 2008年以来，所属江苏苏美达船舶工程有限公司等两家企业为关联企业垫资或提前向其支付合同款，因关联企业资金链断裂等，至审计时垫资资金4.8亿元面临损失风险。

7. 2009年至2010年，所属济南铸造锻压机械研究所有限公司等3家公司未经充分论证，投资建设农业装备基地等3个项目，至审计时，上述项目累计亏损4.64亿元。

8. 2011年，所属一家企业未充分考虑风险收购一家公司。至审计时，被投资企业收购后经营亏损3.5亿元。

9. 2016年，所属江苏苏美达成套设备工程有限公司借用其他公司名义投标并对外承揽工程项目5个，涉及合同金额1.7亿元。

10. 2010年，所属中国福马机械集团有限公司未经集团审批投资一条生产线。由于设备运行不稳定、原材料供应不足等，该项目至2016年底已全面停产，确认损失1.6亿元。

11. 2016年，所属中国重型机械有限公司尚未开展实质贸易的情况下，向一家外部企业付款2亿元，代为偿还集团其他企业债务，其中1.5亿元存在损失风险。

12. 2011年至2014年，所属一家企业投资的房地产、酒店等项目累计亏损1.09亿元，3560.63万元前期投入面临损失风险。

13. 2016年，所属一家企业未经集团审批，违规将其对外部单位1.02亿元到期债权转为股权投资。

14. 2016年，所属一家企业未经充分论证购买债券，因债券到期无法兑付，9165.94万元投资面临损失。

15. 2013年，所属一家企业未经集团审批，以8500万元收购股权。

16. 2015年，所属一家企业第五事业部违反内部规定介入其他事业部负责的承包业务引发纠纷，至审计时，已支付和解费用1740.59万元。

17. 2011年，所属天津工程机械研究院有限公司投资建设的研发中心大楼工程停建，前期已支付的1188.2万元资金面临损失风险。

18. 2008年至2013年，中电公司在未经集团审批和相关部门核准等情况下，设立并运营3家子公司。

19. 2015年，所属一家企业投资建设的光伏电站超过批复规模400兆瓦。

20. 至审计时，国机集团未按要求制订出台本企业全面深化改革总体方案，也未建立督促检查机制。

21. 至审计时，国机集团未按要求完成低效无效资产清理处置及压缩管理层级减少法人户数等工作。

（三）落实中央八项规定精神及廉洁从业规定方面。

1. 2013年和2017年，国机集团总部及所属一家企业在高档酒店等举办表彰会、联欢会及新春团拜会，支出117.49万元。

2. 2013年以来，所属一家企业违规购买礼品等143.29万元。

3. 2013年，所属中国汽车工业工程有限公司等两家企业超标准购置轿车4辆，涉及金额266.8万元。

三、审计处理及整改情况

对以上审计发现的问题，审计署依法出具了审计报告、下达了审计决定书。国机集团通过调整有关会计账目和财务报表、建立健全相关制度、积极挽回损失、对相关责任人进行党纪政纪处分等方式进行整改，具体整改情况由其自行公告。

中华人民共和国审计署
审计结果公告
（2018年第9号）

中国东方电气集团有限公司
2016年度财务收支等情况审计结果

（2018年6月20日公告）

根据《中华人民共和国审计法》的规定，2017年5月至6月，审计署对中国东方电气集团有限公司（以下简称东方电气集团）2016年度财务收支等情况进行了审计，重点审计了东方电气集团总部及所属东方电气股份有限公司、东方电气集团国际合作有限公司（以下简称东方电气、国合公司）等3家二级单位，对有关事项进行了延伸和追溯。

一、基本情况

东方电气集团成立于1958年，主要从事大型发电成套设备制造、电站工程承包、环保节能设备制造及贸易等。据其2016年度合并财务报表反映，东方电气集团2016年底拥有全资和控股子公司53家，参股公司14家；资产总额1043.5亿元，负债总额753.03亿元，所有者权益290.47亿元，资产负债率72.2%；当年营业总收入370.37亿元，利润总额－20.98亿元，净资产收益率－6.8%；国有资本保值增值率90.6%。信永中和会计师事务所（特殊普通合伙）对此合并财务报表出具了标准无保留意见的审计报告，该审计报告在中国货币网公开。

审计署审计结果表明，东方电气集团坚持做大发电设备产业，加强技术优化和产品升级，提升主业竞争力；实施创新驱动，构建覆盖全集团、多层次的创新体系，加快培育新产业；推进董事会试点工作，健全董事会的制度及职责权限，完善公司治理结构。审计也发现，东方电气集团在财务管理和会计核算、经营管理、落实中央八项规定精神及廉洁从业规定等方面还存在一些问题。

二、审计发现的主要问题

（一）财务管理和会计核算方面。

1. 2016年，所属东方电气风电有限公司（以下简称东方风电）未按规定确认风电机组收入成本，由此多计利润2551万元。

2. 2016年，所属东方电气集团东方电机有限公司（以下简称东方电机）未按规定转增国有资本2494万元。

3. 2016年，所属东方电气集团东方汽轮机有限公司（以下简称东方汽轮机）未将归属于当期的材料成本差异进行分摊，多计成本2338.8万元。

4. 2016年，所属国合公司、东方电气股份有限公司国际工程分公司（以下简称工程分公司）违规对非货币性项目计算汇兑损益，少计财务费用630.26万元。

5. 2016年，所属东方电气投资管理有限公司（以下简称投资公司）等4家企业超工资总额列支补贴、奖金等工资性支出489.99万元。

6. 2016年，所属东方汽轮机、东方电气集团东方锅炉股份有限公司（以下简称东方锅炉）未将已达到预定可使用状态的在建工程及时结转为固定资产，少计折旧481.44万元。

（二）经营管理方面。

1. 2006年至2016年，东方电气集团总部及所属两家企业因未有效防范市场和投资管理等风险，3个项目投资形成亏损，至2017年底已计提减值准备31.6亿元。

2. 2003 年至 2016 年，东方电气集团总部及所属两家企业违反内部决策程序购买固定资产等，涉及金额 23.98 亿元。

3. 2008 年至 2016 年，所属工程分公司 10 起诉讼事项未按规定报备，涉及金额 4.11 亿元。

4. 所属东方电气以前年度承揽的 4 个供货项目，因合同风险管控不到位等相关存货及应收款项面临损失，至审计时已计提减值准备 2.91 亿元。

5. 至 2016 年底，所属峨眉半导体材料研究所、东方电气（广州）重型机器有限公司因采购计划不合理、项目停滞等造成物资积压及资金闲置，涉及资金 1.39 亿元。

6. 2011 年，所属东方电气集团东汽投资发展有限公司未经尽职调查对外销售产品，之后因客户无支付能力，3039 万元货款未能收回，在 2014 年已全额计提坏账准备。

7. 2012 年，所属东方锅炉、东方汽轮机超概算投资 2710.91 万元。

8. 2010 年 4 月，东方电气集团在年度投资计划外使用 2084.07 万元购买 27 套商品房及车位，至审计时长期闲置。

9. 2011 年至 2016 年 1 月，所属东方电机、东方风电违规向未列入合格供应商范围的企业采购物资 1970.94 万元。

10. 2013 年至 2016 年，所属东方日立（成都）电控设备有限公司违规向未提供相关服务的外部企业支付代理费 818.98 万元。

11. 至审计时，东方电气集团未按要求完成低效无效资产清理处置、退出房地产业务工作；2016 年，东方电气集团未按要求完成年度应收账款和存货压控工作。

（三）落实中央八项规定精神及廉洁从业规定方面。

1. 2012 年至 2013 年，所属东方电机、东方锅炉超标准购车 7 辆，涉及金额 381 万元。

2. 2015 年至 2016 年，所属东方锅炉等 9 家企业消费高档烟酒 118.43 万元，其中 2016 年 90.94 万元。

3. 2013 年，所属投资公司违规以会议费名义向参会人员发放购物卡，涉及金额 10.94 万元。

三、审计处理及整改情况

对以上审计发现的问题，审计署已依法出具了审计报告、下达了审计决定书。东方电气集团通过调整有关会计账目和财务报表、建立健全相关制度、追责问责等方式进行整改，具体整改情况由其自行公告。

中华人民共和国审计署审计结果公告（2018 年第 10 号）

原武汉钢铁（集团）公司 2016 年度财务收支等情况审计结果

（2018 年 6 月 20 日公告）

根据《中华人民共和国审计法》的规定，2017 年 5 月至 6 月，审计署对原武汉钢铁（集团）公司（以下简称武钢）2016 年度财务收支等情况进行了审计，重点审计了武钢总部及所属广西钢铁集团有限公司、武钢集团昆明钢铁集团有限公司（以下分别简称广西钢铁公司、昆钢公司）等 9 家二级单位，对有关事项进行了延伸和追溯。

一、基本情况

武钢成立于 1958 年，主要从事冶金产品及副产品、冶金矿产品和钢铁延伸产品等，2016 年和宝钢集团有限公司合并重组为中国宝武钢铁集团有限公司。据其 2016 年度合并财务报表反映，武钢 2016 年底拥有全资和控股子公司 140 家、参股公司 97 家；资产总额 1765.67 亿元，负债总额 1195.02 亿元，所有者权益 570.65 亿元，资产负债率 67.68%；当年营业总收入 773.41 亿元，利润总额－3.72 亿元，净利润－9.11 亿元，净资产收益率－1.91%；国有资本保值增值率 95.1%。大信会计师事务所（特殊普通合伙）对此合并财务报表出具了标准无保留意见的审计报告。

审计署审计结果表明，武钢认真落实与宝钢集团有限公司的战略重组部署，完成了重组方案设计、上市公司换股合并等工作；坚持“一厂一策”和“一人一策”原则，推进落实“去产能”任务和职工安置分流；加强企业内部管理，完善“三重一大”决策制度和内控流程，规范党委和董事会议事规则，逐步规范经营管理活动。审计也发现，武钢在财务管理和会计核算、经营管理、落实中央八项规定精神及廉洁从业规定等方面还存在一些问题。

二、审计发现的主要问题

（一）财务管理和会计核算方面。

1. 2016 年，武钢总部将应在当年确认的长期租船合同损失调减 2015 年期初未分配利润，多计利润 6.28 亿元。

2. 2016 年，所属广西钢铁公司等 3 家企业关联方及交易披露不完整，涉及金额 10.47 亿元。

3. 至审计时，所属一家企业长期未将机旁库备件纳入存货管理，形成账外资产 4.65 亿元。

4. 2016 年，所属广西钢铁公司防城港项目多计提借款利息，虚增在建工程账面价值 2446.25 万元。

5. 2016 年，所属冷轧厂将应由职工承担的个人所得税列入管理费用，少计利润 78.85 万元。

（二）经营管理方面。

1. 2016 年，武钢未经集体决策，将对所属一家公司的 48 亿元股权投资转为委托贷款。

2. 2010 年，武钢未充分考虑市场风险参与一家公司首次公开发行股票配售，至 2016 年底浮亏 2.23 亿元。

3. 2016 年，武钢未经集体决策购买理财产品 28 亿元。

4. 2014 年，所属昆钢公司未经审批，发行 20 亿元企业债券用于偿还贷款。

5. 2015 年至 2016 年，所属金属资源有限责任公司废钢采购未执行集中采购内部规定，涉及金额 3.43 亿元，其中 2016 年 1.21 亿元。

6. 所属昆钢公司、山东省武新物资贸易有限公司通过虚构交易等方式，帮助外部企业获取银行融资。至审计时，两家公司已承担连带偿还责任 2.91 亿元，且未采取有效措施追回相关款项。

7. 2010 年，武钢违规代合作投资项目的参股股东出资，且超股比承担运营费用，涉及金额 2.7 亿元。

8. 2012 年至 2014 年，所属武钢集团国际贸易有限公司、武汉钢铁建工集团有限责任公司在明知客户货款已违约或抵押物不合规的情况下，仍继续供货和承接工程，造成 2.26 亿元应收账款难以收回。

9. 2015 年至 2016 年，武钢未经集体决策，为参股企业 2.13 亿元的项目建设贷款提供担保，至审计时该项目已暂停开发。

10. 2013 年 6 月至审计时，武钢无偿将医疗设备等资产提供给合资单位使用，涉及账面价值 9427.53 万元；至审计时，武钢无偿将 11 处房产提供给外部单位使用，涉及面积 5848 平方米。

11. 2010 年，武钢未经董事会批准支付咨询费 8740.62 万元。

12. 2015 年至 2016 年，所属营销中心发放合同工工资 5709 万元，未纳入核定工资总额统计管理。

13. 2016 年，所属广西钢铁公司实施的防城港基地建设项目未按规定公开招标，涉及金额 1999.8 万元。

14. 至审计时，所属武汉钢铁集团物流有限公司购买的 26 台通勤车闲置超过 2 年，涉及金额 1157 万元。

15. 2012 年至 2015 年，所属一家企业违规将不符合资质要求的供应商纳入供应商目录范围，并签订合同金额 769.74 万元。

16. 2013 年至 2014 年，所属广西钢铁公司未按规定没收两家自愿放弃中标单位的投标保证金 160 万元。

17. 至审计时，所属武钢资源集团有限公司（以下简称武钢资源集团）等 3 家单位无偿借用参股或改制单位 8 台车辆。

18. 至 2016 年 12 月，武钢年金理事会及其成员未按规定改选，也未向委托人和监管部门提交基金管理和财务会计等报告。

19. 2015 年，所属武钢资源集团因一个矿业权及部分矿业权点的资源量未完全探明且后期维护费用高等，未经集团批准即予以放弃。

20. 至审计时，所属昆钢公司一个已投产项目未取得建设用地审批手续。

21. 2015 年，武钢未按规定完成降低综合能耗目标，万元产值综合能耗比 2012 年增加 5.56%。

22. 2016 年，武钢未按要求完成应收账款和存货压控工作。

23. 至 2016 年底，武钢总部及所属 5 家企业的 6 个信息系统未按规定备案，一家所属企业财务软件数据接口不符合国家标准。

（三）落实中央八项规定精神及廉洁从业规定方面。

1. 2015 年至 2016 年，武钢总部及所属武钢资源集团等两家企业报销接待费用未附明细清单，涉及金额 460.33 万元，其中 2016 年 125.72 万元。

2. 2013 年至 2016 年，所属平顶山市平远贸易有限责任公司等 3 家企业购买高档礼品等 230.5 万元。

3. 2016 年，所属武汉钢铁重工集团有限公司一名管理人员未在岗上班却领取工资 6.51 万元。

三、审计处理及整改情况

对以上审计发现的问题，审计署依法出具了审计报告、下达了审计决定书。中国宝武钢铁集团有限公司通过调整有关会计账目和财务报表、建立健全相关制度等方式进行整改，具体整改情况由其自行公告。

中华人民共和国审计署
审计结果公告
（2018 年第 11 号）

中国远洋海运集团有限公司 2016 年度财务收支等情况审计结果

（2018 年 6 月 20 日公告）

根据《中华人民共和国审计法》的规定，2017 年 5 月至 6 月，审计署对中国远洋海运集团有限公司（以下简称中国远洋海运）财务收支等情况进行了审计，重点审计了原中国远洋运输（集团）总公司、原中国海运（集团）总公司（以下分别简称中远集团、中国海运）的集团总部及所属 13 家二级单位，对有关事项进行了延伸和追溯。

一、基本情况

中国远洋海运由中远集团和中国海运于 2016 年 2 月合并设立，主要从事航运、物流、造船、码头和租箱等。据其 2016 年度合并财务报表反映，中国远洋海运 2016 年底拥有全资和控股子公司 1532 家；资产总额 6587.57 亿元，负债总额 4204.67 亿元，所有者权益 2382.9 亿元，资产负债率 63.83%；当年营业总收入 1975.94 亿元，利润总额 160.72 亿元，净利润 39.88 亿元，净资产收益率 1.62%；国有资本保值增值率 89.8%。天职国际会计师事务所（特殊普通合伙）对此合并财务报表出具了标准无保留意见的审计报告。

审计署审计结果表明，中国远洋海运优化产业结构，积极推动企业合并后各业务板块重组；不断拓展海外市场，参与“一带一路”建设，拓展亚非拉等新兴市场航线，实现了北极航道双向航行；完善法人治理结构，制定、修订内部制度，规范集团和核心企业董事会建设，建立了决策授权体系和工作评价机制。审计也发现，中国远洋海运以及中远集团、中国海运在财务管理和会计核算、经营管理、落实中央八项规定精神及廉洁从业规定等方面还存在一些问题。

二、审计发现的主要问题

（一）财务管理和会计核算方面。

1. 2016 年底，中国远洋海运所属企业违规将 3 艘租入船舶按租金成本全额确认为预计负债，造成少计利润 2.86 亿元。

2. 2016 年，中国远洋海运合并财务报表时对所属企业内部交易抵销不充分，造成少计利润 192.66 万元。

3. 2016 年，中国远洋海运未将拥有实际控制权的两家企业纳入合并范围，涉及资产 1349.78 万元，造成少计利润 185.52 万元。

4. 2016 年，中国远洋海运所属 4 家企业违规核算业务招待费等支出 62.76 万元。

（二）经营管理方面。

1. 2014 年至 2015 年，中远集团违规批准中远散货运输（集团）有限公司等两家所属企业出资 17.27 亿元收购、续建写字楼；中国海运所属中海集团财务有限公司（以下简称中海财务）以存放同业名义出资 3 亿元变相持有房地产信托项目。

2. 至 2015 年 12 月，中远集团未按要求完成非主业宾馆酒店分离重组，持有 10 家非主业宾馆酒店股权 13.89 亿元。至 2016 年 12 月，中国海运所持有的一家非主业宾馆股权未按要求完成分离重组，涉及资产 4530.17 万元。

3. 2015 年，中国海运未严格执行内部决策程序批准一家所属企业将 13.08 亿元债务转增资本公积。

4. 2013 年，中国海运所属一家企业违规使用资金 11.35 亿元投资股票。

5. 2015 年，中国海运违反规定以投资资产管理计划名义对外借款 9 亿元，2016 年收回本息 9.58 亿元。

6. 2014 年，中远集团未严格执行内部决策程序批准所属企业订造 4 艘船舶，涉及金额 7.1 亿元。

7. 2015 年，中远集团在获得批准前同意一家所属企业购买股票 6.42 亿元。

8. 2013 年至 2014 年，中国海运及所属一家企业未严格执行内部决策程序处置股票，涉及金额 5.62 亿元。

9. 至审计时，中远集团所属一家企业 3 年以上未清理的集装箱超期使用费 3.35 亿元仍未按规定处理。

10. 2015 年，中国海运所属中海集团投资有限公司未经总经理办公会审议出资 2.84 亿元承接了一家公司 1409.47 万股股票。至审计时，出售股票损失 6281.79 万元，浮亏 2444 万元。

11. 2015 年，中国海运所属中海集团租赁有限公司违规在年度投资计划外投资基金 1.45 亿元，2016 年 5 月赎回取得收益 456.65 万元。

12. 2014 年 5 月和 2015 年 2 月，中远集团未经董事会批准处置 4 艘计划外废旧船舶，涉及账面净值 8685.69 万元。

13. 2015 年和 2016 年，中远集团所属湛江中远物流有限公司未报经上级公司批准与外部企业签订委托服务协议，涉及金额 3584.87 万元。

14. 2013 年至 2014 年，中国海运所属中海油轮运输有限公司未经评估处置 3 条废钢船，处置价格 3396.25 万元。

15. 2015 年至 2016 年，中国海运所属中海集装箱运输股份有限公司（以下简称中海集运）下属口岸公司违规与集团禁止业务往来的 8 家企业开展货运代理等业务，涉及金额 3288.17 万元。

16. 2014 年，中国海运所属中海华东物流有限公司在供应商已经出现违约的情况下继续垫付运费 2505.95 万元，至审计时已全额计提坏账准备，面临损失风险。

17. 2015 年，中远集团未严格执行内部决策程序批准所属企业将对下属参股公司的 1960 万元借款转为股权。至 2015 年底，上述股权投资全额计提减值准备。

18. 2014 年至 2016 年，中国海运所属中海集运下属口岸公司未严格执行集团内部运价管理规定，承运业务运价低于集团内部结算价 1923.04 万元。

19. 2013 年至 2014 年，中远集团所属中远集装箱运输有限公司未经集团审批，将 4 艘船舶委托系统外船舶修理厂修理，发生费用 1503.19 万元。

20. 中国海运所属中海财务投资建设的财务结算系统在集团合并重组后暂停开发，至审计时一直闲置，涉及投资 491.3 万元。

21. 2015 年，中远集团所属大连中远船务工程有限公司违规将工程发包给无资质的公司，涉及结算价格 209.78 万元。

22. 2013 年至 2015 年，中远集团所属一家企业未经集团批准对外捐赠款物 59.22 万元。

23. 2015 年，中国海运所属一家公司未经评估以 1 美元的价格转让账面净资产为负的股权。

24. 2016 年底，中国远洋海运所属中海集团物流有限公司对尚未有明确证据证明可能损失的业务计提预计负债。

25. 至 2017 年 4 月，中国远洋海运未按要求完成低效无效资产清理处置工作。

26. 至 2015 年 12 月，中远集团、中国海运未按要求完成压缩管理层级工作。

27. 至2016年底，中远集团未按要求完成个人代持股份公司清理等工作。

（三）落实中央八项规定精神及廉洁从业规定方面。

1. 2013年至合并重组前，中远集团、中国海运所属4家企业业务招待费支出无使用明细、超标准接待集团内部人员等，涉及金额361.18万元。

2. 2013年至2015年，中国海运总部在高档酒店等召开会议12次，涉及金额310.35万元。

3. 2013年至合并重组前，中远集团、中国海运所属8家企业购买高档礼品等488.75万元；中国海运所属中海工业（江苏）有限公司（以下简称中海江苏工业）2张高尔夫球卡至审计时仍未按要求登记上报。

4. 2013年，中国海运所属中海江苏工业以船用食品等名义虚列支出套取现金120万元。

5. 2013年至合并重组前，中远集团、中国海运及所属企业33名高管违规领取补贴、薪酬38.06万元；中远集团所属4家企业12名高管享受车改补贴的同时仍使用公司统一调度用车，9人公款打高尔夫球9次涉及1.83万元。

此外，审计署2010年、2014年对中远集团审计指出，所属一家公司2007年收购项目中有1114亩属违法用地，所属海南中远博鳌有限公司原定用于高尔夫球场和别墅等项目建设的土地由于整体规划调整等未开发，至此次审计时仍未整改到位。

三、审计处理及整改情况

对以上审计发现的问题，审计署依法出具了审计报告、下达了审计决定书。中国远洋海运通过调整会计账目和财务报表、建立健全相关制度等方式进行整改，具体整改情况由其自行公告。

中华人民共和国审计署审计结果公告

（2018年第12号）

中国储备粮管理集团有限公司2016年度财务收支等情况审计结果

（2018年6月20日公告）

根据《中华人民共和国审计法》的规定，2017年5月至6月，审计署对中国储备粮管理集团有限公司（以下简称中储粮集团公司）2016年度财务收支等情况进行了审计，重点审计了中储粮集团公司总部及所属中储粮油脂有限公司（以下简称油脂公司）、北京分公司等8家二级单位，对有关事项进行了延伸和追溯。

一、基本情况

中储粮集团公司成立于2000年，主要从事中央储备粮棉油的经营管理，执行国家粮棉油购销调存等任务。据其2016年度合并财务报表反映，中储粮集团公司2016年底拥有全资和控股子公司572家、参股公司25家；资产总额13220.63亿元，负债总额12523.36亿元，所有者权益697.27亿元，资产负债率94.73%；当年营业总收入1752.8亿元，利润总额42.04亿元，净利润36.79亿元，净资产收益率5.62%；国有资本保值增值率106.52%。大华会计师事务所（特殊普通合伙）对此合并财务报表出具了标准无保留意见的审计报告。

审计署审计结果表明，中储粮集团公司突出中央事权粮油经营管理主业，适当收缩产业链条，清理退出非主业经营业务；推进直属库区域一体化、财务集团管控和物流公司专业化等改革，完善相关制度，强化内部管控；加强仓储设施建设和改造，推动智能化粮库建设，探索现代化监管手段，提升仓储能力和条件。审计也发现，中储粮集团公司在财务管理和会计核算、经营管理、落实中央八项规定精神及廉洁从业规定等方面还存在一些问题。

二、审计发现的主要问题

（一）财务管理和会计核算方面。

1. 2016 年，所属海伦直属库等 45 家单位将收购费用、烘干费结余以及超范围列支的部分费用在往来科目挂账，造成少计利润 3.75 亿元。

2. 2016 年，所属南京直属库等 7 家单位未将实际控制的 7 家子公司纳入合并报表范围，涉及资产 2.05 亿元。

3. 2016 年，所属保定直属库等 24 家单位将收取的政策性粮油出库费等在往来科目挂账，造成少计利润 1.22 亿元。

4. 2016 年，所属油脂公司等 5 家单位未将利息收入等冲减当期财务费用、未按规定计提坏账准备等，造成多计利润 9206.62 万元。

5. 2016 年底，所属湖南分公司将以前年度发生的小麦转运费和粮食调拨结算尾款在往来科目挂账，造成少计利润 429.55 万元。

6. 2016 年，所属新港直属库、中储粮邢台仓储有限责任公司未将已完工并交付使用的新建仓房及附属设施结转固定资产并计提折旧，造成多计利润 343.12 万元。

7. 2014 年至 2016 年，所属合肥直属库等 31 家单位对部分收入未按规定申报纳税。

（二）经营管理方面。

1. 至审计时，所属松原直属库等 10 个粮食仓储设施项目未按期完成，涉及投资 7.29 亿元。

2. 2013 年至审计时，所属绥棱直属库等 11 家单位未经批准或超范围开展粮食购销业务、转让资产等，涉及金额 5.59 亿元，其中 1.2 亿元面临损失。

3. 至审计时，所属北京分公司、吉林分公司未将建设粮库转让资金、政策性粮油销售差价款等及时上缴，涉及金额 1.85 亿元。

4. 2013 年至 2016 年，所属石家庄直属库等 5 家单位使用个人账户存储粮食收购资金，涉及金额 1.34 亿元，其中 2016 年 241.14 万元。

5. 2010 年至审计时，所属丹东直属库等 4 家单位未按约定执行合同、业务监管不到位、利润分成计算不准确等，造成对外赔偿 5988.9 万元、多支付分成 413.82 万元。

6. 2016 年，中储粮集团公司智能化粮库项目未按规定招标，涉及合同金额 2812 万元。

7. 2011 年至 2015 年，所属上饶直属库等 15 家单位多计政策性粮油账面库存 3310.2 万斤。

8. 2013 年至 2016 年，所属衡阳直属库等 15 家单位违规收购及保管不当等，造成储备粮油非正常损耗 553.19 万斤等。

9. 2013 年至审计时，中储粮集团公司超设计仓容储存储备粮油、违规轮换储备粮、未完成储备大豆 2016 年度轮换计划。

10. 2013 年至 2016 年 9 月，所属油脂公司采购不符合标准的大豆，造成储备大豆达标率低。

11. 2013 年至审计时，中储粮集团公司未按规定程序审批购买理财产品、对外转让股权等。

12. 至 2016 年底，中储粮集团公司粮库产权上收工作推进缓慢，474 个尚未完成上收。

13. 2015 年至 2016 年，所属油脂公司未按规定操作期货套期保值业务，部分时间空头持仓量超过现货持仓量。

14. 至审计时，中储粮集团公司未按要求完成低效无效资产清理处置、公务用车改革等工作。

（三）落实中央八项规定精神及廉洁从业规定方面。

1. 2013 年至 2016 年，所属营口直属库等 134 家单位购买高档烟酒等 254.76 万元，其中 2016 年 3.81 万元。

2. 2013 年至 2015 年，中储粮集团公司违规组织 3 次团组出国，并承担 5 名外部人员费用 28.8 万元。

3. 2013 年，所属随州直属库、眉山直属库违规组织公款旅游等，涉及金额 20.05 万元。

此外，审计署 2014 年对中储粮集团公司审计指出的土地闲置、培训中心闲置、个别无资格库点储存储备粮和进口增值税退税款挂账等 4 个问题，至此次审计时尚未整改到位。

三、审计处理及整改情况

对以上审计发现的问题，审计署依法出具了审计报告、下达了审计决定书。中储粮集团公司通过调整有关会计账目和财务报表、建立健全相关制度、追责问责等方式进行整改，具体整改情况由其自行公告。

中华人民共和国审计署审计结果公告（2018年第13号）

国家开发投资集团有限公司 2016年度财务收支等情况审计结果

（2018年6月20日公告）

根据《中华人民共和国审计法》的规定，2017年5月至6月，审计署对国家开发投资集团有限公司（以下简称国投）2016年度财务收支等情况进行了审计，重点审计了国投总部及所属中国投融资担保有限公司、中国成套设备进出口（集团）总公司（以下分别简称中投保公司、中成集团）等6家二级单位，对有关事项进行了延伸和追溯。

一、基本情况

国投成立于1995年，主要从事基础产业、前瞻性战略性产业、金融与服务业等。据其2016年度合并财务报表反映，国投2016年底拥有全资和控股子公司289家、参股公司235家；资产总额4671.16亿元，负债总额3324.45亿元，所有者权益1346.71亿元，资产负债率71.17%；当年营业总收入870.45亿元，利润总额180.23亿元，净利润140.5亿元，净资产收益率10.19%；国有资本保值增值率106.71%。立信会计师事务所（特殊普通合伙）对此合并财务报表出具标准无保留意见的审计报告，该审计报告在上海证券交易所网站公开。

审计署审计结果表明，国投进一步明确战略目标，较好发挥了投资导向、结构调整和资本经营作用；探索国有资本投资公司试点改革工作，推动总部职能优化，对子公司进行分类授权改革；完善公司内部治理，建立以管战略、管资金为主的管控体系和大监督体系。审计也发现，国投在财务管理和会计核算、经营管理、落实中央八项规定精神及廉洁从业规定等方面还存在一些问题。

二、审计发现的主要问题

（一）财务管理和会计核算方面。

1. 2016年，所属国投创新投资管理有限公司未按合同约定收取基金管理费且未作账务处理，少计收入2152万元。

2. 2016年，所属国投新疆罗布泊钾盐有限责任公司（以下简称国投罗钾）违规将已计入递延收益、尚未摊销完成的专项资金一次性转入营业外收入，多计利润769.35万元。

3. 2016年，所属世源科技工程有限公司超工资总额列支补贴等工资性支出66.54万元；所属中投保公司列支通信费补贴3.36万元，未纳入工资总额核算。

4. 2016年，所属雅砻江流域水电开发有限公司（以下简称雅砻江公司）将工程庆典费用计入在建工程，少计当期费用28.53万元。

（二）经营管理方面。

1. 2014年至2016年，国投总部决策由下属企业投资9.68亿元建设一个燃料乙醇项目，因与市场封闭运行及销售网络建设不同步等，完工后未能正常生产。

2. 2013年，所属国投洋浦港有限公司（以下简称洋浦港公司）违规协议转让218亩国有土地使用权，涉及金额1.6亿元。

3. 国投总部2010年未经充分论证即决策由下属企业实施一个乙醇项目，因未获得有关许可、原料供给不足等于2013年底停工，涉及投资1.52亿元。

4. 2015年至审计时，所属国投瑞银基金管理有限公司（以下简称国投瑞银）违规提供无息借款1.49亿元，按同期银行存款利率测算少收利息56.69万元。

5. 2011年至2013年，所属国投资产管理公司违反资产处置方案处置资产，导致1.42亿元投资面临损失风险。

6. 2016年，所属国投罗钾等两家企业工程、物资和服务采购招标不合规，涉及金额1.42亿元。

7. 2013年，所属雅砻江公司开工建设的营地项目未按规定列入年度投资计划和报备，涉及概算投资1.26亿元。

8. 2011年至2012年，所属一家企业在钢贸担保业务中违反内部规定提高授信额度等，

9481.24万元面临损失风险。

9. 至审计时，所属国投创益产业基金管理公司违规将管理的基金5110万元投向包含房地产业务的项目。

10. 2012年，所属中投保公司未完成资产评估程序即决策收购一家公司25%股权，至审计时被收购企业未正常经营，1050万元投资面临损失风险。

11. 2016年，所属北京世纪源博科技股份有限公司通过挂靠方式获取行业资质，支付挂靠费用176.99万元。

12. 至审计时，国投未按要求完成低效无效资产清理处置、公务用车改革、退出房地产业务等工作；2016年，国投未按要求完成年度应收账款压控工作。

（三）落实中央八项规定精神及廉洁从业规定方面。

1. 2013年至审计时，所属中投保公司将2007年购置的一栋别墅作为内部会议场所使用。

2. 2013年至审计时，所属雅砻江公司等5家企业购买高档烟酒和礼品805.38万元。

3. 2013年，所属中投保公司花费93.73万元举办公司年会，后因场地变更被扣除违约金后返还17.2万元消费卡，用于下属部门消费。

4. 2013年至审计时，所属国投瑞银、中投保公司违规持有高尔夫球会员卡并支付会员费等36.65万元。

5. 2013年，所属中成集团、中国国投国际贸易有限公司组织境外考察时，两名高管人员超标准乘坐飞机头等舱多报销2.88万元，考察团超预算、超标准报销住宿费等11.91万元。

此外，审计署2012年对国投审计中指出，洋浦港公司违规经营高尔夫球场，至此次审计时尚未整改到位。

三、审计处理及整改情况

对以上审计发现的问题，审计署依法出具了审计报告、下达了审计决定书。国投通过调整有关会计账目和财务报表、建立健全相关制度、补缴税费、追责问责等方式进行整改，具体整改情况由其自行公告。

中华人民共和国审计署
审计结果公告
（2018年第14号）

中国商用飞机有限责任公司
2016年度财务收支等情况审计结果

（2018年6月20日公告）

根据《中华人民共和国审计法》的规定，2017年5月至6月，审计署对中国商用飞机有限责任公司（以下简称中国商飞）2016年度财务收支等情况进行了审计，重点审计了中国商飞总部及所属上海飞机制造有限公司、上海飞机设计研究院（以下分别简称上飞公司、上飞院）等7家二级单位，对有关事项进行了延伸和追溯。

一、基本情况

中国商飞成立于2008年，主要从事民用飞机研制生产等。据其2016年度合并财务报表反映，中国商飞2016年底拥有全资和控股公司19家、参股公司10家；资产总额543.99亿元，负债总额268.09亿元，所有者权益275.9亿元，资产负债率49.28%；当年营业总收入31.75亿元，利润总额－8.38亿元，净利润－8.38亿元，净资产收益率－3.05%；国有资本保值增值率97.85%。大华会计师事务所（特殊普通合伙）对此合并财务报表出具了标准无保留意见的审计报告，该审计报告在上海清算所网站公开。

审计署审计结果表明，中国商飞坚持贯彻关于发展大型客机的战略部署，三大型号飞机项目取得重大进展；加强内部控制体系建设，建立健全全面风险管理；围绕补短板目标提质增效，推进管理创新、技术创新和体制创新。审计也发现，中国商飞在财务管理和会计核算、经营管理、落实中央八项规定精神及廉洁从业规定等方面还存在一些问题。

二、审计发现的主要问题

（一）财务管理和会计核算方面。

1. 2016年，中国商飞科研成本支出13.58亿元以存货名义挂账，未按规定计入研发支出。

2. 2016 年，所属上飞院外协支出 2.21 亿元以收据入账，未及时取得合规发票。

3. 2016 年，中国商飞总部及所属 6 家单位超工资总额列支补贴等工资性支出 1.06 亿元。

4. 至 2016 年底，所属中航商用飞机有限公司将应转为债权的 9932.64 万元在长期待摊费用科目挂账。

5. 2016 年，中国商飞将通过超短融等形式筹集资金无偿提供给两家所属企业使用，公司总部承担利息 6230 万元。

（二）经营管理方面。

1. 2016 年，中国商飞将 3.94 万平方米暂未使用的新总部 2、3 号楼对外出租，占总面积的 29.45％。

2. 2011 年至审计时，所属上飞院和上飞公司未能正常履约的科研外协合同有 96 份，涉及合同金额 4.23 亿元。

3. 至审计时，所属上飞院的 3 个基建项目超概算 1.12 亿元。

4. 2014 年至 2016 年，中国商飞在未严格执行内部决策程序的情况下，同意所属上飞公司为一家非控制企业提供连带责任担保 8636 万元，其中 2016 年 4712 万元。

5. 2016 年，所属上飞院、上航公司物业管理有限公司部分科研外协、服务采购等项目应招标未招标，涉及采购金额 1043.95 万元。

6. 2014 年，所属两家单位财务预算超支 208.73 万元，占预算总额的 42.6％，未按规定报经集团批准。

7. 2013 年，所属上海航空工业（集团）有限公司未经批准列支装修费 142.86 万元。

8. 2015 年以来，所属一家单位未经批准将部分办公楼对外出租，累计收取租金 135.52 万元，其中 2016 年 69.85 万元。

9. 2012 年至审计时，中国商飞在已缴纳职工医疗保险的情况下，违规为部分人员直接报销协议医院医药费 124.01 万元，其中 2016 年 19.66 万元。

10. 至审计时，所属一家单位在已有公务用车且使用率低的情况下，支出租车费用 94.66 万元。

11. 2013 年，所属北京民用飞机技术研究中心在不具备安装条件下安排供应商供货，额外增加调试费 73 万元。

12. 至审计时，中国商飞信息系统供应商数据未实现标准化编码。

13. 至审计时，中国商飞未按要求完成低效无效资产清理处置、退出房地产业务等工作。

（三）落实中央八项规定精神和廉洁从业规定方面。

1. 2013 年至 2014 年，中国商飞购买高档酒水 14.25 万元。

2. 2012 年 12 月至 2014 年 12 月，中国商飞所属单位以购买食品和会议费等名义，列支礼品费用、招待外单位人员餐费共 54.72 万元。

三、审计处理及整改情况

对以上审计发现的问题，审计署依法出具了审计报告、下达了审计决定书。中国商飞通过调整有关会计账目和财务报表、建立健全有关制度等方式进行整改，具体整改情况由其自行公告。

中华人民共和国审计署审计结果公告（2018 年第 15 号）

中国节能环保集团有限公司 2016 年度财务收支等情况审计结果

（2018 年 6 月 20 日公告）

根据《中华人民共和国审计法》的规定，2017 年 5 月至 6 月，审计署对中国节能环保集团有限公司（以下简称中国节能集团）2016 年度财务收支等情况进行了审计，重点审计了中国节能集团总部及所属中国新时代控股（集团）公司、中节能（天津）投资集团有限公司（以下分别简称新时代控股、天津公司）等 5 家二级单位，对有关事项进行了延伸和追溯。

一、基本情况

中国节能集团成立于1988年，主要从事节能减排和环境保护等。据其2016年度合并财务报表反映，中国节能集团2016年底拥有全资和控股子公司543家、参股公司109家；资产总额1487.84亿元，负债总额1006.12亿元，所有者权益481.72亿元，资产负债率67.62%；当年营业总收入481.93亿元，利润总额24.67亿元，净利润12.47亿元；国有资本保值增值率90.68%。中勤万信会计师事务所（特殊普通合伙）对此合并财务报表出具了标准无保留意见的审计报告。

审计署审计结果表明，中国节能集团明确战略定位和发展目标，初步形成了节能、环保、清洁能源、资源循环利用和节能环保综合服务的业务布局；贯彻节能减排政策，积极发展节能、环保、清洁能源业务；完成由总经理负责制向以董事会为核心的公司治理机制转变，推动全面预算管理和资金集中管理，不断提升内部管理水平。审计也发现，中国节能集团在财务管理和会计核算、经营管理、落实中央八项规定精神及廉洁从业规定等方面还存在一些问题。

二、审计发现的主要问题

（一）财务管理和会计核算方面。

1. 2016年，所属一家企业列支的6.77亿元市场服务费未取得发票。

2. 2016年，所属天津公司等两家企业将未实质控制的两家公司纳入合并范围，多计利润3.52亿元。

3. 2016年，所属中国第四冶金建设有限责任公司（以下简称四冶公司）合并财务报表时内部交易抵销不充分，多计资产、负债各3.14亿元。

4. 至审计时，所属天津公司未按规定对已终止的融资租赁业务产生的固定资产评估增值进行调整，多计利润2.16亿元。

5. 2016年，所属新时代控股少计销售收入1.26亿元。

6. 2016年，所属中国地质工程集团公司未按规定确认两个建设项目成本，多计利润8296.95万元。

7. 2016年，所属中节能工业节能有限公司提前确认未完工项目收入、成本，多计利润796.49万元。

8. 2016年，所属天津公司未按规定对应收资不抵债企业的款项足额计提坏账准备，多计利润4430.1万元。

（二）经营管理方面。

1. 至审计时，所属天津公司违规开展货物购销业务，涉及金额15.54亿元。

2. 至2016年底，所属中节能实业发展有限公司（以下简称中节能实业）杭州西溪小镇项目实际投资额超过批复规模8.84亿元。

3. 2010年，所属新时代控股未充分考虑中介机构风险提示，收购一家企业的股权。至2016年底，被投资企业累计亏损4.11亿元，新时代控股的2.1亿元收购资金和1.12亿元应收账款面临损失风险。

4. 中国节能集团部分项目建设资金使用不规范，至审计时有2.29亿元未经报批调整用于其他项目，2000万元长期闲置。

5. 2013年至2016年底，所属天津公司在开展货物购销、代理进口和合作经营等业务中，审核把关和风险控制不严等，涉及金额1.55亿元。

6. 2012年和2013年，所属中节能实业未经资产评估和充分论证，向两家外部企业投资1.05亿元。至2016年底，被投资企业已进入破产重整程序或停产，上述投资款面临损失风险。

7. 至审计时，所属海特光电有限责任公司计划2016年底完成的一个项目实际仅完成投资28.17%，涉及总投资额3.38亿元。

8. 2014年，所属一家企业未经评估，转让对外投资3000万元。

9. 2012年，中国节能集团未充分考虑尽职调查报告风险提示，无偿接收四冶公司51%的股权。2013年至2016年，该公司多次违规出借资质供他人承揽项目。

10. 至2016年底，中国节能集团未按要求完成低效无效资产清理处置、退出房地产业务、应收账款和存货压控等工作；2016年度利润总额和经济增加值等经营业绩考核指标也未完成。

11. 至2016年底，中国节能集团未按要求制订并上报董事会职权试点等4个专项工作方案，也未组建董事会战略管理委员会。

（三）落实中央八项规定精神及廉洁从业规定方面。

1. 2013年至2016年，所属中英低碳创业投资有限公司等15家企业以咨询服务费等名义列支购买购物卡121.42万元。

2. 2013年至2016年，中国节能集团总部及所属10家企业购买或消费高档烟酒92.25万元；所属宁夏中节能新材料有限公司等16家企业报销休闲娱乐费用2.34万元。

三、审计处理及整改情况

对以上审计发现的问题，审计署依法出具了审计报告、下达了审计决定书。中国节能集团通过调整有关会计账目和财务报表、建立健全相关制度等方式进行整改，具体整改情况由其自行公告。

中华人民共和国审计署审计结果公告（2018年第16号）

中国煤炭科工集团有限公司2016年度财务收支等情况审计结果

（2018年6月20日公告）

根据《中华人民共和国审计法》的规定，2017年5月至6月，审计署对中国煤炭科工集团有限公司（以下简称中国煤炭科工）2016年度财务收支等情况进行了审计，重点审计了中国煤炭科工总部及所属天地科技股份有限公司、煤科集团沈阳研究院有限公司等3家二级单位，对有关事项进行了延伸和追溯。

一、基本情况

中国煤炭科工成立于2008年，主要从事煤炭等工程勘察、设计、服务、承包，矿用设备、安全技术装备研发制造等。据其2016年度合并财务报表反映，中国煤炭科工2016年底拥有全资和控股子公司125家、参股公司1家；资产总额448.17亿元，负债总额216.04亿元，所有者权益232.13亿元，资产负债率48.21%；当年营业总收入163.78亿元，利润总额10.78亿元，净利润7.92亿元，净资产收益率3.46%；国有资本保值增值率102.43%。瑞华会计师事务所（特殊普通合伙）对此合并财务报表出具了标准无保留意见的审计报告。

审计署审计结果表明，中国煤炭科工推动企业改革，加强产业板块整合重组，提升集团整体运作效率，培养核心业务市场竞争力；实施全面预算管理，完善风险管理体系，推进全面风险管理标准化、制度化；强化科技创新，不断探索建立适合自身特点的科技创新体系。审计也发现，中国煤炭科工在财务管理和会计核算、经营管理、落实中央八项规定精神及廉洁从业规定等方面还存在一些问题。

二、审计发现的主要问题

（一）财务管理和会计核算方面。

1. 2016年，中国煤炭科工总部未按规定计提坏账准备，造成多计利润1亿元。

2. 2016年，所属北京华宇工程有限公司将从集团申领的5870.48万元科技创新基金用于与科研项目无关支出。

3. 2016年，所属中煤科工物流有限公司未将办公用房计入固定资产，造成少计资产2248.96万元、折旧53.41万元。

4. 2016年，中国煤炭科工总部未按规定向一家所属企业收取股权转让款利息，造成少计收入1028.66万元。

（二）经营管理方面。

1. 2009年至2016年，中国煤炭科工12项产权类投资事项未按规定由总经理办公会或董事会决策，涉及金额5.95亿元。

2. 2009年至2016年，所属中煤科技集团有限公司等两家企业违规开展货物购销业务，3.29亿元资金存在损失风险。

3. 2016年，所属中煤科工集团南京设计研究院有限公司等两家企业5个工程项目的采购业务应招标未招标，涉及金额3.05亿元。

4. 2010年，中国煤炭科工在所属天地科技股份有限公司未经可行性研究的情况下，同意其对下属企业增资2550万元。2016年增资对象已停产，上述投资面临损失风险。

5. 2009年，所属天地科技股份有限公司未报集团审批，为下属企业贷款2380万元提供担保，至2016年底承担连带责任代为偿还的1323.92万元本金及利息存在损失风险。

6. 2016年，中国煤炭科工违规对外出借资金300万元，至2017年4月仍未收回。

7. 中国煤炭科工未按规定退出房地产业务，2013年和2016年违规批准所属企业开发商业性房地产项目。

8. 至审计时，中国煤炭科工一个2014年已列入国家优先实施项目清单的重大建设项目仅完成可行性研究等前期工作。

9. 2017年，中国煤炭科工与外部企业签订框架协议，拟通过虚假转让股权方式取得其产能指标，规避去产能政策要求。

10. 2016年，中国煤炭科工未按要求完成年度应收账款和存货压控工作。

11. 中国煤炭科工计划于2012年底前完成的小煤矿兼并重组工作进展缓慢。

12. 中国煤炭科工15家二级单位法人治理结构不健全，至审计时仍存在未设董事会、公司决策层与经理层重叠等问题。

13. 中国煤炭科工信息系统不够统一完整，缺少生产运营管理信息系统，集团和所属企业信息系统数据交换不畅。

（三）落实中央八项规定精神及廉洁从业规定方面。

1. 2013年和2015年，所属沈阳研究院有限公司超标准购置2辆公务用车，涉及金额132.18万元。

2. 2013年至2016年，中国煤炭科工总部及所属3家企业人员公务出国存在超批复时间和地点、超标准报销费用等问题，涉及金额85.46万元。

三、审计处理及整改情况

对以上审计发现的问题，审计署依法出具了审计报告、下达了审计决定书。中国煤炭科工通过调整有关会计账目和财务报表、建立健全相关制度等方式进行整改，具体整改情况由其自行公告。

中华人民共和国审计署
审计结果公告
（2018年第17号）

中国化学工程集团有限公司
2016年度财务收支等情况审计结果

（2018年6月20日公告）

根据《中华人民共和国审计法》的规定，2017年5月至6月，审计署对中国化学工程集团有限公司（以下简称中国化学工程）2016年度财务收支等情况进行了审计，重点审计了中国化学工程总部及中国成达工程有限公司、中化二建集团有限公司（以下分别简称成达公司、中化二建）等4家二级单位，对有关事项进行了延伸和追溯。

一、基本情况

中国化学工程成立于1953年，主要从事化工工程、化工建筑等。据其2016年度合并财务报表反映，中国化学工程2016年底拥有全资和控股子公司110家、参股公司14家；资产总额855.18亿元，负债总额542.72亿元，所有者权益312.46亿元，资产负债率63.46%；当年营业总收入542.24亿元，利润总额22.57亿元，净利润18.2亿元，净资产收益率5.96%；国有资本保值增值率106.02%。立信会计师事务所（特殊普通合伙）对此合并财务报表出具了标准无保留意见的审计报告。

审计署审计结果表明，中国化学工程探索以投资带动工程业务、投资运营与工程承包相结合的发展模式，推进结构调整，拓展业务范围，加快转型升级；持续推进各项改革任务，规范企业运行机制，完善内部控制制度，加强预算等方面管理。审计也发现，中国化学工程在财务管理和会计核算、经营管理、落实中央八项规定精神及廉洁从业规定等方面还存在一些问题。

二、审计发现的主要问题

（一）财务管理和会计核算方面。

1. 2016 年，所属中化二建超工资总额列支补贴、奖金等工资性支出 2043.35 万元。

2. 2016 年，所属中国化学工程第九建设有限公司未将一家控股子公司纳入合并财务报表范围，涉及资产 1260.52 万元。

3. 至审计时，所属中国化学工程第十一建设有限公司未按集团要求，扣回以前年度未纳入工资总额发放的补贴、奖金等工资性支出 900 万元。

4. 2016 年，所属中国化学工程重型机械化有限公司少缴企业所得税 52.44 万元。

（二）经营管理方面。

1. 2014 年至审计时，中国化学工程向按规定应逐步退出的一个非主业在建项目增加投资 21.32 亿元。

2. 2016 年，所属中化二建等 8 家企业 31 个项目存在违规转分包或招标过程不合规等问题，涉及金额 7.95 亿元。

3. 所属成达公司未经集团批准，累计违规对外提供担保 22.28 亿元，至 2016 年底其中 3.87 亿元面临损失风险。

4. 所属东华工程科技股份有限公司未经充分调查对工程项目施工垫资，至审计时有 3.39 亿元垫资款面临损失风险。

5. 2014 年至审计时，所属企业 10 个新建及购置项目，未列入集团年度投资计划或未经集团批准即开工建设，完成投资共计 1.16 亿元。

6. 2013 年，所属中国化学工程第七建设有限公司在对市场、技术规范等了解不全面的情况下投标并中标项目，至审计时项目预计亏损 1.08 亿元。

7. 2016 年，所属中国化学工程第四建设有限公司未经集团批准违规投资成立两家控股子公司，认缴注册资本共计 8000 万元。

8. 至审计时，中国化学工程未按规定向主管部门申办 11 家子企业的产权登记，涉及注册资本 2926.53 万元。

9. 2016 年，所属一家企业未严格按照集团要求签订工程合同，1827.46 万元投资面临损失风险。

10. 2015 年，中国化学工程在所属成达公司未完成 2014 年度考核目标情况下，未按规定要求其退回之前发放的中长期激励收入 1213.45 万元。

11. 2015 年，中国化学工程违规批准所属企业出资 500 万元设立非主业机构。

12. 至 2016 年底，中国化学工程未按要求完成低效无效资产清理处置、房地产业务退出、所属企业公务用车改革等工作；2016 年，中国化学工程未按要求完成年度应收账款和存货压控工作。

13. 2015 年至 2016 年，中国化学工程所属二级单位信息化建设资金不到位，仅占批准预算的 49.9%。

（三）落实中央八项规定精神及廉洁从业规定方面。

1. 至审计时，中国化学工程超编制、超标准配备公务用车 4 辆，涉及金额 181.1 万元。

2. 2015 年，中国化学工程未严格执行中央八项规定精神，出台内部制度允许所属企业负责人国内出行乘坐头等舱和商务舱。2015 年至 2016 年，所属中化二建等 4 家企业负责人根据上述规定国内出行乘坐头等舱和商务舱 138 人次。

三、审计处理及整改情况

对以上审计发现的问题，审计署依法出具了审计报告、下达了审计决定书。中国化学工程通过建立健全相关制度、补缴税费等方式进行整改，具体整改情况由其自行公告。

中华人民共和国审计署
审计结果公告
（2018年第18号）

中国盐业总公司
2016年度财务收支等情况审计结果

（2018年6月20日公告）

根据《中华人民共和国审计法》的规定，2017年5月至6月，审计署对中国盐业总公司（以下简称中盐公司）2016年度财务收支等情况进行了审计，重点审计了中盐公司总部及所属中盐安徽红四方股份有限公司、中盐吉兰泰盐化集团有限公司（以下分别简称中盐红四方、中盐吉兰泰）等5家二级单位，对有关事项进行了延伸和追溯。

一、基本情况

中盐公司成立于1950年，主要从事采、制盐及相关盐化工生产，食盐专营及相关产品贸易，盐业勘查、工程设计、相关产品技术开发和服务等。据其2016年度合并财务报表反映，中盐公司2016年底拥有全资和控股子公司269家；资产总额473.08亿元，负债总额384.54亿元，所有者权益88.54亿元，资产负债率81.28%；当年营业总收入208.88亿元，利润总额4.46亿元，净利润1.11亿元，净资产收益率1.28%；国有资本保值增值率99.18%。立信会计师事务所（特殊普通合伙）对此合并财务报表出具了标准无保留意见的审计报告，该审计报告在中国货币网公开。

审计署审计结果表明，中盐公司调整企业发展战略，逐渐收缩盐化工业务规模，优化资产结构和业务结构，促进企业转型发展；推进盐业体制改革，探索政企分开等体制机制创新；完善管理程序，加强制度体系建设，注重发挥董事会在战略引领、投资决策、风险管理等方面的作用。审计也发现，中盐公司在财务管理和会计核算、经营管理、落实中央八项规定精神及廉洁从业规定等方面还存在一些问题。

二、审计发现的主要问题

（一）财务管理和会计核算方面。

1. 2016年，中盐公司合并财务报表范围不完整、内部交易抵销不充分，涉及资产2.52亿元，多计利润0.15亿元。

2. 2016年，所属中盐红四方少计提固定资产折旧及少摊销无形资产费用，多计利润942.54万元。

（二）经营管理方面。

1. 2016年，所属中盐红四方开具无真实贸易背景银行承兑汇票从金融机构获取资金8.39亿元。

2. 2016年，中盐公司未按约定用途使用资金5.61亿元。

3. 2016年，中盐公司所属企业存在应招标未招标等问题，涉及金额1.03亿元。

4. 2014年，所属中盐天津市长芦盐业有限公司违规开展货物购销业务，涉及金额8000万元，至审计时本息合计8636.44万元面临损失风险。

5. 至审计时，中盐公司未严格执行集体决策程序处置3家所属企业房产、土地、设备等，涉及金额8182.78万元。

6. 2015年，所属中盐红四方未经中盐公司批准建设“5000吨/年三氯化铁项目”等两个项目，至审计时累计完成投资7513.83万元。

7. 2014年至审计时，所属中盐红四方未经中盐公司批准对外投资6062.6万元。

8. 2015年，所属中盐河北盐业专营有限公司未经中盐公司批准、未进行资产评估等，即按初始投资3450万元转让3个股权投资项目。

9. 2016年，所属中盐金坛盐化有限责任公司（以下简称中盐金坛）一个矿区扩能增产项目未经环评审批即开工建设，至审计时已完成投资1415.09万元。

10. 2006年至2008年，中盐公司未经批准为5名职工违规购买补充商业养老保险，涉及金额共计50.09万元。

11. 至审计时，中盐公司对2014年2月已获主管部门批复的《中国盐业总公司贯彻落实“三重一大”决策制度实施办法》，未在系统内印发执行。

12. 至审计时，中盐公司未按要求建立境外投资管理体系，对无实质经营的境外企业未按要求及时注销。

13. 至2016年底，中盐公司对所属中盐能源有限公司等6家二级企业控股不控权，管控能力较弱。

14. 至审计时，中盐公司未按要求成立剥离国有企业办社会职能和解决历史遗留问题专项工作小组，未出台相关落实措施；未按要求制订本企业培训疗养机构改革实施方案，也未上报培训机构改革的相关资料。

15. 至审计时，中盐公司未按要求完成低效无效资产清理处置、公务用车改革、棚户区改造、压缩法人管理层级等工作；2016年，中盐公司未按要求完成应收账款压控工作。

16. 中盐公司各信息系统间数据交互困难，所属二级企业的数据难以实时传输、统一管理。

（三）落实中央八项规定精神及廉洁从业规定方面。

1. 至审计时，所属中盐红四方、中盐金坛77名中层以上管理人员违规间接持有4家参股公司或关联公司股份。

2. 2013年，所属中盐吉兰泰违规举办公司周年庆典活动，涉及金额103.9万元。

此外，审计署2012年授权地方审计机关对中盐公司所属15家企业审计中指出，所属中盐勘察设计院有限公司5年以上应收款171.82万元难以收回，所属宁夏回族自治区盐业公司在其他应付款中挂账10年以上的收入80.87万元未清理，所属中盐广西盐业有限公司购置办公楼未取得房产权属证书，所属中盐甘肃省盐业（集团）有限责任公司投资的一个项目存在一定风险等4个问题，相关单位至此次审计时尚未整改。

三、审计处理及整改情况

对以上审计发现的问题，审计署依法出具了审计报告、下达了审计决定书。中盐公司通过调整有关会计账目和财务报表、建立健全相关制度等方式进行整改，具体整改情况由其自行公告。

中华人民共和国审计署
审计结果公告
（2018年第19号）

原中国中材集团有限公司
2016年度财务收支等情况审计结果

（2018年6月20日公告）

根据《中华人民共和国审计法》的规定，2017年5月至6月，审计署对原中国中材集团有限公司（以下简称中材集团）2016年度财务收支等情况进行了审计，重点审计了中材集团总部及所属中国中材股份有限公司、中国建筑材料工业地质勘查中心、甘肃祁连山水泥集团有限公司（以下分别简称中材股份、中材地勘中心、祁连山水泥股份）等8家二级单位，对有关事项进行了延伸和追溯。

一、基本情况

中材集团成立于1983年，主要从事水泥制品、玻璃纤维等非金属材料及合成材料的研究、开发、设计、生产，工程承包，非金属矿产品及制品的加工等，2016年8月重组为中国建材集团有限公司。据其2016年度合并财务报表反映，中材集团2016年底拥有全资和控股子公司485家、参股公司32家；资产总额1196亿元，负债总额778.6亿元，所有者权益417.4亿元，资产负债率65.1%；当年营业总收入699.6亿元，利润总额19.4亿元，净利润12.6亿元，净资产收益率3.17%；国有资本保值增值率102.5%。信永中和会计师事务所（特殊普通合伙）对此合并财务报表出具了标准无保留意见的审计报告，该审计报告在中国债券信息网、中国货币网公开。

审计署审计结果表明，中材集团积极贯彻新发展理念，优化资源配置，加强基础管理，推进技术创新，通过国际产能合作、国际化经营等方式推进结构调整，进一步完善治理结构，推进全面风险管理和内控体系建设。审计也发现，中材集团在财务管理和会计核算、经营管理、落实中央八项规定精神及廉洁从业规定等方面还存在一些问题。

二、审计发现的主要问题

（一）财务管理和会计核算方面。

1. 至审计时，中材集团未按规定及时将增资款计入实收资本，涉及金额15.81亿元。

2. 2016年，中材集团未将实质控制的中达建材矿产公司等7家单位纳入合并财务报表范围，涉及资产3284.32万元，多计利润90.69万元。

3. 2016年，所属祁连山水泥股份及下属公司在职工福利费中列支节日补助84.6万元，未纳入工资总额核算。

4. 2016年，所属新疆天山建材（集团）房地产开发有限公司提前确认房产销售收入，多计利润19.51万元。

5. 至审计时，中材股份未将改制前拥有的512.1平方米的房产纳入账内核算。

（二）经营管理方面。

1. 2016年，所属泰山玻璃纤维有限公司等7家单位未经招投标或违规招投标建设项目和物资采购，涉及金额8.61亿元。

2. 2013年至2015年，中材集团投资1.55亿元建设的3条生产线，未达到规定的产能规模。

3. 2016年，中材集团承建的水泥项目因对工程量预计不足等，形成亏损1.22亿元。

4. 2013年至2016年，所属西藏中材祁连山水泥有限公司等3家单位未经评估，开展资产收购和转让等业务，2016年亏损2944.03万元。

5. 至审计时，所属中材矿业发展有限公司未按合同约定向合作方支付土地租金等，合作方因此提出终止项目，导致公司已投入的2676.91万元面临损失风险。

6. 2015年10月，所属中材科技股份有限公司未按约定收取股份认购方保证金1800万元。

7. 至2014年11月，中材集团所属办公区改造因未取得规划意见书而停止，已支付的规划咨询费等1267.12万元形成损失。

8. 至审计时，所属甘肃祁连山建材控股有限公司对外出借资金813.69万元长期未收回，面临损失风险。

9. 至审计时，所属新疆天山巨鑫商品混凝土有限责任公司投资800万元的一个矿山项目采矿权，到期后不符合延续条件，投资面临损失风险。

10. 2011年至2015年，所属中材地勘中心贵州总队等4家单位在未经上级单位批准或立项的情况下，开展4项投资和权益转让，至2016年底形成损失320万元。

11. 2012年至2016年，所属中材建设有限公司等3家单位未按规定经核准或备案开展非主业投资等，至2016年底形成亏损139.84万元。

12. 2011年至2017年，所属青海祁连山水泥有限公司等4家单位存在超核准规模建设水泥生产线以及水泥业务同业竞争等问题。

13. 2016年，所属建材广州地质工程勘察院等3家单位违规对外出借勘查资质。

14. 中材集团亏损企业专项治理进展缓慢，2014年至2016年亏损子企业分别为144家、171家和182家，数量呈上升趋势。

15. 至审计时，所属兰州红古祁连山水泥股份有限公司两台设备应淘汰未淘汰，涉及产能80万吨。

16. 所属天水中材水泥有限责任公司等7家单位违法占用农用地开采矿产，涉及土地5249.75亩。

17. 至2016年8月重组时，中材集团未按规定完成低效无效资产清理处置、法人管理层级压减、退出房地产业务等工作。

18. 2015年至2016年，所属祁连山水泥股份在冬季水泥错峰停产期间生产水泥熟料72.57万吨，其中2016年59.28万吨。

（三）落实中央八项规定精神及廉洁从业规定方面。

1. 2013年至审计时，所属中材地勘中心贵州总队等4家单位违规公务接待，涉及金额176.62万元。

2. 2014年至2016年，中材集团总部及所属一家单位违规为公司高管配置手机，涉及金额5.98万元。

3. 至审计时，中材集团总部及所属南京玻璃纤维研究设计院有限公司3名高管违规在外单位兼职和持有下属单位股权。

三、审计处理及整改情况

对以上审计发现的问题，审计署依法出具了审计报告、下达了审计决定书。中国建材集团有限公司通过调整有关会计账目和财务报表、建立健全相关制度等方式进行整改，具体整改情况由其自行公告。

中华人民共和国审计署审计结果公告（2018年第20号）

北京矿冶科技集团有限公司 2016年度财务收支等情况审计结果

（2018年6月20日公告）

根据《中华人民共和国审计法》的规定，2017年5月至6月，审计署对北京矿冶科技集团有限公司（以下简称矿冶集团）2016年度财务收支等情况进行了审计，重点审计了矿冶集团总部及所属北京当升材料科技股份有限公司、北矿科技股份有限公司（以下分别简称当升科技、北矿科技），对有关事项进行了延伸和追溯。

一、基本情况

矿冶集团成立于1956年，主要从事与矿产资源开发利用相关的工程与技术服务、先进材料技术研发与产品开发生产等。据其2016年度合并财务报表反映，矿冶集团2016年底拥有全资和控股子公司37家、参股公司19家；资产总额57.58亿元，负债总额19.57亿元，所有者权益38.01亿元，资产负债率34%；当年营业总收入25.64亿元，利润总额1.69亿元，净利润1.43亿元，净资产收益率3.83%；国有资本保值增值率102.12%。瑞华会计师事务所（特殊普通合伙）对此合并财务报表出具了标准无保留意见的审计报告。

审计署审计结果表明，矿冶集团进一步明确发展规划，突出工程与技术服务等三大主业；推动企业改革和内部资源优化整合，实施重大资产并购重组；推进科研平台建设和科研业务开展，加快机构与实验室认证；加强内控体系建设，制定和完善了一系列规章制度。审计也发现，矿冶集团在财务管理和会计核算、经营管理、落实中央八项规定精神及廉洁从业规定等方面还存在一些问题。

二、审计发现的主要问题

（一）财务管理和会计核算方面。

1. 2016年，矿冶集团总部及所属企业超工资总额列支交通和午餐补贴、劳务费等工资性支出446.93万元。

2. 2016年，矿冶集团将当期应费用化的支出资本化等，多计利润381.58万元。

3. 2016年，矿冶集团总部科研项目管理费结转不及时等，少计利润313.57万元。

4. 2016年，矿冶集团总部提前确认部分技术服务收入，多计利润83.97万元。

5. 2016年，矿冶集团总部承担所属企业内部退养人员费用26.1万元。

6. 2016年，矿冶集团总部部分房产未入账核算，涉及建筑面积7767平方米。

（二）经营管理方面。

1. 2007年至2015年，所属两家企业存在资金使用不规范、效果未达到预期等问题，涉及资金2.02亿元。

2. 2016年，所属当升科技12个工程项目和设备采购项目未按规定公开招标，涉及金额8701.5万元。

3. 2007年至2016年，所属北矿科技因管理不严等造成存货、资产处置等损失7623.81万元，其中2016年23.39万元。

4. 2012年至2016年，矿冶集团6个科研及产业化等项目未按计划实施或进展缓慢，涉及资金6900.22万元。

5. 2009年至2014年，矿冶集团总部及所属北矿新材科技有限公司的10个项目支出内容列报不实3623.77万元。

6. 2007年至2014年，所属北矿科技将3270.37万元机器设备提供给3家外部企业无偿使用。

7. 矿冶集团总部钨钼异型材生产线自2014年以后基本处于停产闲置状态，涉及投资1493.52万元。

8. 2012年9月，矿冶集团总部在北京北矿锌业有限责任公司持续亏损的情况下，投资1361.35万元收购其66.7%的股权，2014年全额计提了减值准备。

9. 2007年至2010年，矿冶集团总部承包的工程项目因设计漏项和管理不善等原因，亏损948.1万元。

10. 至审计时，矿冶集团总部对长期停业的公司未注销和采取有效措施处理，涉及资产903.31万元。

11. 2007年9月，所属北矿科技未经集团审批收购外部企业股权，因被收购企业持续亏损，至2016年底形成损失661.47万元。

12. 2011年4月，矿冶集团总部未经批准出资440万元参股基金管理公司，因该基金管理公司成立后未正常开展业务等，至2016年底形成损失274万元。

13. 2010年至2016年，矿冶集团总部将部分业务违规分包给不具备相应资质的企业，涉及金额435万元，其中2016年65万元。

14. 2012年和2015年，所属北矿科技固安分公司、北矿磁材（阜阳）有限公司发生两起生产事故，形成直接经济损失113万元。

15. 2011年，所收购的株洲火炬工业炉有限责任公司（以下简称株洲公司）仅向原股东单方分配应由双方共享的公司利润，造成国有权益损失83.85万元。

16. 至2016年底，矿冶集团未按要求完成低效无效资产清理处置。

17. 2016年，矿冶集团未按时制订企业改革实施方案、未完成应收账款和存货压控等工作。

18. 2012年12月，矿冶集团总部在未评估股权价值的情况下，向所属株洲公司增资1846万元，增资取得的股权比例确认依据不足。

19. 矿冶集团总部申请增建的科研楼，2013年5月完工后至2016年底一直用于出租。

20. 2012年8月，所属江苏当升材料科技有限公司生产基地项目一期工程在未取得施工等许可的情况下即开工建设。

（三）落实中央八项规定精神及廉洁从业规定方面。

1. 2007年至2014年，北矿科技以咨询费、劳保用品等名义购买436.58万元购物卡向员工发放，其中中央八项规定出台后涉及金额30.49万元。

2. 2007年至2016年，所属北矿科技、北京中鼎高科自动化技术有限公司以培训费、业务招待费等名义列支员工旅游费等164.03万元，其中中央八项规定出台后列支16.06万元。

3. 2007年至2015年，矿冶集团总部14名高管人员在所属企业兼职取酬40.14万元，其中中央八项规定出台后领取15.89万元。

4. 至审计时，矿冶集团总部1名中层管理人员未按规定将其持有的下属公司股权转让。

三、审计处理及整改情况

对以上审计发现的问题，审计署已依法出具了审计报告，下达了审计决定书。矿冶集团通过调整有关会计账目和财务报表、建立健全相关制度、挽回损失等方式进行整改，具体整改情况由其自行公告。

中华人民共和国审计署审计结果公告（2018年第21号）

中国中车集团有限公司 2016年度财务收支等情况审计结果

（2018年6月20日公告）

根据《中华人民共和国审计法》的规定，2017年5月至6月，审计署对中国中车集团有限公司（以下简称中车集团）2016年度财务收支等情况进行了审计，重点审计了中车集团总部及青岛四方机车车辆股份有限公司、中车长春轨道客车股份有限公司（以下分别简称四方股份、长客股份）等10家二级单位，对有关事项进行了延伸和追溯。

一、基本情况

中车集团成立于2015年，主要从事铁路运输设备和城市轨道交通制造及相关技术研究、服务等。据其2016年度合并财务报表反映，中车集团2016年底拥有全资和控股子公司401家、参股公司109家；资产总额3588.7亿元，负债总额2306.95亿元，所有者权益1281.75亿元，资产负债率64.3%；当年营业总收入2330.93亿元，利润总额163.84亿元，净利润133.3亿元，净资产收益率10.9%；国有资本保值增值率111.2%。大华会计师事务所（特殊普通合伙）对此合并财务报表出具了标准无保留意见的审计报告，该审计报告在上海证券交易所网站公开。

审计署审计结果表明，中车集团进一步明确发展战略目标，突出主业优势，企业生产能力和科研水平稳步提升；建立健全企业管控架构和制度体系，保障了重组后集团正常运转和平稳过渡；加强精细化管理，不断提升产品质量，为企业发展提供持续动力。审计也发现，中车集团在财务管理和会计核算、经营管理、落实中央八项规定精神及廉洁从业规定等方面还存在一些问题。

二、审计发现的主要问题

（一）财务管理和会计核算方面。

1. 2016年，所属天津南车投资租赁有限公司等两家企业少计提坏账准备，多计利润5.16亿元。

2. 2016年，所属四方股份多计提存货跌价准备，少计利润8481.5万元。

3. 2016年，所属四方股份等4家企业超工资总额列支补贴等工资性支出6479.25万元。

4. 2016年，所属中车四方车辆有限公司（以下简称四方车辆公司）未将维修费结转成本，多计利润3764.08万元。

5. 2016年，所属中车株洲电力机车研究所有限公司（以下简称株洲研究所）提前确认尚未发生的咨询费，造成少计利润600万元。

（二）经营管理方面。

1. 2016年，所属长客股份将部分地铁车辆生产业务违规分包，涉及金额19.94亿元。

2. 中车集团2011年9月开工建设的一个项目，因产业政策调整等暂停，已建部分长期无法投入使用，涉及投资9.78亿元。

3. 2016年，所属中车物流有限公司违规开展货物购销业务，涉及金额8.22亿元。

4. 所属齐齐哈尔轨道交通装备有限责任公司一个技术改造项目2015年建成后产能利用率低，累计亏损8亿元。

5. 2009年11月至2014年1月，所属北京北车中铁轨道装备有限公司及下属企业违规多付货款5.57亿元，至审计时仍有2.43亿元预付款未收回。

6. 2016年，所属四方股份、中车株洲电力机车有限公司（以下简称株洲机车）应招标未招标采购物资和服务3.12亿元。

7. 2015年5月至6月，所属两家企业未经集团审批购买股票2.82亿元。

8. 2015年至2016年，所属四方股份等3家企业未按规定集中采购电缆等物资2.54亿元。

9. 2015年3月，所属中国北车股份有限公司为收回下属企业1.79亿元债权，以承债方式收购债务人企业，至2016年底累计亏损5630.84万元。

10. 所属株洲机车对其2008年至2013年列支1.3亿元委托代理费，无法提供有效的支付依据。

11. 所属湖北北车能源有限公司2012年违规向外部企业出借的1.16亿元资金，至2016年底仍未收回，面临损失风险。

12. 2011年至2016年，所属四方股份违规仅通过一代理商采购，涉及货款3189.86万元、增加采购成本758.12万元。

13. 2011年12月，所属株洲研究所未完成评估审核，即报经集团批准以2558.4万元对外收购股权。

14. 2013年至2014年，所属四方车辆公司违反集团要求由外部单位为其新建厂房并租用，至

2016 年底已支付租金 1457.8 万元。

15. 2010 年 10 月，所属齐齐哈尔东湖房地产开发有限责任公司未经集团批准，向外部企业收购其尚未取得产权的土地及房产。至审计时，对方仍未取得产权且已注销，1350 万元收购款面临损失风险。

16. 2010 年 8 月至 2016 年 12 月，中车集团总部及所属一家企业董事会有 559 项议案的会议记录不够规范。

17. 至 2016 年底，所属一家企业未制定承租人信用评估和风险预警机制等管理制度。

18. 2015 年，所属株洲研究所、株洲中车时代电气股份有限公司未将连续两年业绩未达标的收购项目纳入相关人员年度绩效考核。

19. 至 2016 年底，中车集团未按规定退出房地产业务，机车、货车等产业整合不到位，应收账款和存货压控、亏损企业数量和亏损额逐年双下降等工作均未完成。

20. 至审计时，所属资阳机车厂等 3 家企业的 3 个重大建设项目进展缓慢。

（三）落实中央八项规定精神及廉洁从业规定方面。

1. 2013 年 1 月至 5 月，所属长客股份及下属两家企业超标准购置 5 辆公务用车，金额合计 215.77 万元。

2. 2016 年，所属长客股份 16 名在职高管享受车改补贴 32.07 万元的同时仍使用公司统一调度用车。

3. 2014 年 2 月至 2017 年 6 月，所属四方股份一名员工长期不上班仍全额领取薪酬 23.16 万元，该名员工为四方车辆公司高管亲属。

三、审计处理及整改情况

对以上审计发现的问题，审计署依法出具了审计报告、下达了审计决定书。中车集团通过调整有关会计账目和财务报表、建立健全相关制度、追责问责等方式进行整改，具体整改情况由其自行公告。

中华人民共和国审计署
审计结果公告
（2018 年第 22 号）

中国铁路通信信号集团有限公司
2016 年度财务收支等情况审计结果

（2018 年 6 月 20 日公告）

根据《中华人民共和国审计法》的规定，2017 年 5 月至 6 月，审计署对中国铁路通信信号集团有限公司（以下简称中国通号集团）2016 年度财务收支等情况进行了审计，重点审计了中国通号集团总部及所属中国铁路通信信号股份有限公司（以下简称通号股份），对有关事项进行了延伸和追溯。

一、基本情况

中国通号集团成立于 1953 年，主要从事轨道交通控制系统设计研发、设备制造及工程服务等。据其 2016 年度合并财务报表反映，中国通号集团 2016 年底拥有全资和控股子公司 90 家；资产总额 539.28 亿元，负债总额 276.07 亿元，所有者权益 263.21 亿元，资产负债率 51.19%；当年营业总收入 297.85 亿元，利润总额 38.92 亿元，净利润 32.48 亿元，净资产收益率 13.06%；国有资本保值增值率 112.75%。安永华明会计师事务所（特殊普通合伙）对此合并财务报表出具了标准无保留意见的审计报告，该审计报告在中国通号网公开。

审计署审计结果表明，中国通号集团强化战略引领，实现了快速发展，完成了高铁相关技术由引进消化吸收到自主创新的突破；深化企业改革，推动了结构调整，推动完善了与主业相关的产业链；完善制度建设，加强资金集中管控，规范重点领域和关键环节管理。审计也发现，中国通号集团在财务管理和会计核算、内部管理、落实中央八项规定精神及廉洁从业规定等方面还存在一些问题。

二、审计发现的主要问题

（一）财务管理和会计核算方面。

1. 2016 年，所属北京全路通信信号研究设计院集团有限公司（以下简称设计院集团）等 3 家单位未及时确认收入成本，少计利润 1.09 亿元。

2. 2016 年，所属通号股份、设计院集团提前确认收入，多计利润 5238.45 万元。

3. 2016 年，所属设计院集团等 6 家单位超工资总额列支补贴、奖金等工资性支出 1959.41 万元。

4. 2016 年，所属通号股份多计提坏账准备，少计利润 558 万元。

5. 2016 年，所属设计院集团在安全生产费中超范围支出 177.18 万元。

6. 2016 年，所属通号股份两个在建工程未及时转入固定资产核算，少计折旧 156.6 万元。

（二）经营管理方面。

1. 2014 年至 2016 年，中国通号集团未按规定报备非主业投资计划和完成情况，涉及金额 14.26 亿元，其中 2016 年 5.58 亿元。

2. 2013 年至 2016 年，中国通号集团所属单位向应纳入集团采购黑名单的企业采购物资 1.07 亿元，其中 2016 年 2220.26 万元。

3. 2016 年 7 月，所属设计院集团年度投资计划外购置办公楼，涉及金额 5974 万元。

4. 2011 年 3 月至 2015 年 8 月，所属通号股份、中国铁路通信信号上海工程局集团有限公司（以下简称上海工程局）在依据不充分的情况下，对外支付资金 2153 万元。

5. 2015 年 11 月，所属通号创新投资有限公司（以下简称创投公司）投资非主业，至审计时形成亏损 1188.45 万元，其中 2016 年 942.55 万元。

6. 2015 年 4 月，中国通号集团在尚未完成有关测试认证、量产不确定的情况下对外收购企业，至审计时累计亏损 850.77 万元。

7. 2016 年，所属上海工程局未按规定招标进行物资和技术采购，涉及金额 437 万元。

8. 2014 年至 2016 年，所属通号建设集团有限公司等 4 家单位未按规定退出房地产业务。

9. 2015 年和 2016 年，中国通号集团未完成应收账款和存货压控工作。

（三）落实中央八项规定精神及廉洁从业规定方面。

1. 2013 年至审计时，所属上海工程局等两家单位超标准购置公务用车 11 辆、使用应封存的公务用车 5 辆等，涉及金额 734.52 万元。

2. 2013 年，所属设计院集团等两家单位违规组织公款旅游，涉及 1517 人、金额 718.99 万元。

3. 2013 年至审计时，所属创投公司等 4 家单位 778 人次超标准乘坐交通工具，多报销 23.76 万元。

4. 2015 年至 2016 年，所属设计院集团违规公务接待和发放购物卡，涉及金额 17.87 万元，其中 2016 年 7.82 万元。

三、审计处理及整改情况

对以上审计发现的问题，审计署依法出具了审计报告、下达了审计决定书。中国通号集团公司通过调整有关会计账目和财务报表、建立健全相关制度等方式进行整改，具体整改情况由其自行公告。

中华人民共和国审计署
审计结果公告
（2018 年第 23 号）

中国交通建设集团有限公司
2016 年度财务收支等情况审计结果

（2018 年 6 月 20 日公告）

根据《中华人民共和国审计法》的规定，2017 年 5 月至 6 月，审计署对中国交通建设集团有限公司（以下简称中交集团）2016年度财务收支等情况进行了审计，重点审计了中交集团总部及所属中交投资有限公司、中交房地产集团有限公司、中国港湾工程有限责任公司（以下分别简称中交投资、中交房地产、中国港湾）等9家二级单位，对有关事项进行了延伸和追溯。

一、基本情况

中交集团成立于2005年，主要从事港口和航道疏浚、交通基础设施投资和房地产开发等。据其2016年度合并财务报表反映，中交集团2016年底拥有全资和控股子公司890家、参股公司37家；资产总额10199.32亿元，负债总额7863.38亿元，所有者权益2335.94亿元，资产负债率77.1%；当年营业总收入4700.22亿元，利润总额240.58亿元，净利润179.68亿元，净资产收益率8.02%；国有资本保值增值率109.7%。瑞华会计师事务所（特殊普通合伙）对此合并财务报表出具了标准无保留意见的审计报告，该审计报告在中国货币网公开。

审计署审计结果表明，中交集团积极推进结构调整，构建多元化业务格局，承担了港珠澳大桥等国家重特大工程；加快“走出去”步伐，连续10年成为亚洲最大国际工程承包商；加强基础管理，推动完善内部治理体系和全面风险管理体系。审计也发现，中交集团在财务管理和会计核算、经营管理、落实中央八项规定精神及廉洁从业规定等方面还存在一些问题。

二、审计发现的主要问题

（一）财务管理和会计核算方面。

1. 2016年，中交集团财务报表合并范围不完整、抵销不充分，涉及资产55.97亿元，由此多计利润0.99亿元。

2. 至2016年底，所属中国交通建设股份有限公司（以下简称中交股份）多计不符合确认条件的资产26.07亿元、负债32.13亿元。

3. 2016年，所属中交第三航务工程局有限公司（以下简称三航局）等3家企业未按规定将有追索权的保理业务确认为负债，造成少计资产、负债各9.17亿元。

4. 2016年，所属三航局、中交第一公路工程局有限公司（以下简称一公局）将业主尚未认可的合同变更款和变更索赔确认收入、项目成本计入存货等，多计利润8.3亿元。

5. 2016年，所属中交股份将应于当年实施的工程结算推迟至2017年，造成少计利润0.1亿元。

6. 2016年，中交股份总部及所属5家企业未按规定计提坏账准备等，造成多计利润1.91亿元。

7. 至2016年底，所属沈阳裕宁房地产开发有限公司债转股事项未及时进行账务处理，少计资本公积1.26亿元。

8. 2016年，所属中交股份总部、中交城市投资控股有限公司3个工程项目对临时设施提前摊销、多确认预计负债等，并按完工百分比法确认收入，多计收入1.27亿元、成本1.25亿元。

9. 2016年，所属中国港湾超工资总额列支工资性支出961.93万元；所属中交第四航务工程局有限公司（以下简称四航局）等4家企业列支工资性支出610.59万元，未纳入工资总额核算。

10. 2016年，所属中交第二公路工程局有限公司（以下简称二公局）多计营业外收入1386.62万元。

11. 2016年，所属中交投资下属4家企业少确认房屋租赁费用，造成多计利润1120.56万元。

12. 2016年，所属三航局等3家企业通过虚开发票等方式获取26.6万元，用于税费支出等。

（二）经营管理方面。

1. 2016年，所属一公局等4家企业部分工程项目未按规定招标或公开招标，涉及金额52.65亿元；所属一公局等5家企业违规转分包，涉及金额58.01亿元。

2. 2014年、2016年，中交集团总部及所属企业先定价后评估或未经评估对外收购股权，涉及金额57.54亿元。

3. 2009年至审计时，所属二公局等9家企业存在未经审批或越权审批签订合同、支付费用、设立分支机构等问题，涉及金额69.85亿元。

4. 2010年至2016年，所属中交广州航道局有限公司等4家企业未经批准出借资金或投资项目，至2016年底有30亿元未收回。

5. 2013年至审计时，所属中国路桥工程有限责任公司违规出借银行账户。

6. 2010年至审计时，所属中交股份19名职工投资入股的公司违规与集团内部企业发生业务往来17.52亿元；所属两家企业未按计划完成职工持股清理，涉及资产5008.34万元。

7. 2014年，所属中交股份总部未报经核准同意下属企业投资建设一个非主业项目，至审计时已投资5.01亿元。

8. 2013年1月和2014年10月，所属一家单位违规承揽两个转包工程，且未经审批为业主提供担保4.94亿元，其中1002.56万元保函面临损失风险。

9. 至审计时，所属中国公路工程咨询集团有限公司（以下简称中咨集团）等两家企业对24家全资或控股企业未取得实际控制权，涉及注册资本3.75亿元。

10. 2013年，所属一家企业前期调查不充分即增资2.03亿元控股一家公司，至2016年底被收购企业已连续3年亏损共3.7亿元。

11. 2013年，所属中国港湾下属一家单位未经批准承揽一个高速公路项目，至审计时预计亏损3.15亿元。

12. 2012年至2013年，所属中交天津航道局有限公司及下属企业3个项目未签合同即开工建设，涉及金额26.93亿元。因未办理环评手续等多次停复工，至审计时已垫付工程款1.99亿元。

13. 2014年，所属四航局以1.23亿元收购已纳入地方淘汰落后产能范围的船厂，至审计时处于停产闲置状态。

14. 2013年，所属中交股份未充分考虑自身没有行业经验等投资建设一钻井船项目，投入1.12亿元后已暂缓实施。

15. 至审计时，所属二公局一办公楼项目超批复投资2597.05万元。

16. 2013年至2016年，所属中咨集团违规出借设计资质并收取管理费2538.5万元，其中2016年265.34万元。

17. 至审计时，所属中交股份科技城项目因前期论证不充分，累计亏损2062.14万元。

18. 2014年，所属中交隧道工程局有限公司和中交投资未落实建设项目批复要求，银行贷款未落实即开工建设，擅自提高项目公司持股比例，其中一个项目已累计形成亏损2049.11万元。

19. 至审计时，所属上海振华重工（集团）股份有限公司2.1万平方米办公楼闲置5年，所属二公局64亩土地闲置2年。

20. 2011年、2013年、2016年，所属一公局确定的合格分包商名录中无资质企业占9.36%、12.3%、11.94%。

21. 至审计时，中交集团未按期完成3项国有资本投资公司试点任务。

22. 至审计时，中交集团未按要求完成压缩管理层级减少法人户数、低效无效资产清理处置和房地产去库存工作；2016年，中交集团未按要求完成年度应收账款和存货压控工作。

23. 至审计时，中交集团有9个项目未经环评即开工建设，4个科研项目未按期完成；未按规定返还工程保证金20.98亿元。

（三）落实中央八项规定精神及廉洁从业规定方面。

1. 2013年至2017年1月，所属中国港湾等3家企业超标准购置公务用车，涉及金额402.79万元。

2. 2013年至审计时，中交集团总部及所属5家企业购买高档烟酒、礼品等207.13万元。

3. 2013年至2017年1月，所属中交房地产等5家企业96名管理人员违规领取项目评审费、超标准报销乘坐飞机头等舱费用等，涉及金额45.56万元。

4. 2012年4月至2017年3月，所属三航局等两家企业购买购物卡等39.55万元。

三、审计处理及整改情况

对以上审计发现的问题，审计署依法出具了审计报告、下达了审计决定书。中交集团通过调整有关会计账目和财务报表、建立健全相关制度、挽回损失、追责问责等方式进行整改，具体整改情况由其自行公告。

中华人民共和国审计署审计结果公告（2018年第24号）

中国中丝集团有限公司2016年度财务收支等情况审计结果

（2018年6月20日公告）

根据《中华人民共和国审计法》的规定，2017年5月至6月，审计署对中国中丝集团有限公司（以下简称中丝集团）2016年度财务收支等情况进行了审计，重点审计了中丝集团总部及所属中国中丝集团海南公司、中丝辽宁化工物流有限公司（以下分别简称中丝海南公司、中丝辽化公司）等7家二级单位，对有关事项进行了延伸和追溯。

一、基本情况

中丝集团成立于1986年，主要从事丝绸、物流和商贸业务。据其2016年度合并财务报表反映，中丝集团2016年底拥有全资和控股子公司36家；资产总额52亿元，负债总额50.71亿元，所有者权益1.29亿元，资产负债率97.51%；当年营业总收入93.32亿元，利润总额5040.73万元，净利润887.55万元，净资产收益率5.56%；国有资本保值增值率38.91%。天职国际会计事务所（特殊普通合伙）对此合并财务报表出具了保留意见的审计报告。

审计署审计结果表明，中丝集团明确转型发展战略，巩固丝绸基础业务，与云南、四川两地政府及农户合作建立了丝绸原料基地；发展物流业商贸业，推动开展化工物流新业务；优化集团管理机构，整合内部资源。审计也发现，中丝集团在财务管理和会计核算、经营管理、落实中央八项规定精神及廉洁从业规定等方面还存在一些问题。

二、审计发现的主要问题

（一）财务管理和会计核算方面。

1. 2016年，所属中丝海南公司少计提坏账准备，多计利润3627.42万元。

2. 2016年，中丝集团合并财务报表内部交易抵销错误，多计利润1683.69万元。

3. 2016年，所属中丝辽化公司少计提折旧，多计利润448.16万元。

（二）经营管理方面。

1. 2016年，中丝集团在未收到正式评估报告的情况下，将抵偿应收账款的房产按协议价格12.62亿元入账。

2. 2014年，中丝集团违规同意所属一家无成品油经营资质的企业开展成品油业务，至审计时累计销售9.54亿元。

3. 2016年，中丝集团总部及一家所属企业向中丝（大连）石化有限公司（以下简称中丝大连公司）累计借款5.44亿元，并作为法人股东为其1.2亿元贷款提供全额担保，中丝大连公司的个人股东未按出资比例承担相应的担保责任。

4. 2011年5月，所属一家企业未经核准开工建设物流项目，涉及投资5.89亿元。

5. 2016年，所属中丝海南公司在无相关贸易背景的情况下，违规开具银行承兑汇票2.28亿元。

6. 2012年，中丝集团在未按规定进行评估的情况下，将一处房产以1.1亿元的价格出售。

7. 2011年至2012年，所属中丝辽化公司违反内部规定，指定应由项目承包方采购设备的供应商，涉及金额3604.75万元。

8. 2012年，中丝集团在未充分考虑相关市场行情波动的情况下，决定开展环氧树脂委托加工业务，至审计时造成1799万元经营损失，1355万元资金面临损失风险。

9. 2014年，所属秦皇岛嘉业化工进出口有限公司在未确认货权的情况下全额支付货款，至审计时有1867.08万元货款面临损失风险。

10. 2015年，所属中丝海南公司存放在外部企业的原材料去向不明，形成损失风险840.18万元。

11. 所属一家境外公司2012年至2015年应上缴的476.24万元利润，至审计时仍未上缴。

12. 2012年至2016年，所属一家企业未签订合同、未明确支付标准即支付佣金120.07万元，其中2016年15.04万元。

13. 至审计时，中丝集团未按要求完成低效无效资产清理处置工作；2016年中丝集团未按要求完成年度应收账款和存货压控工作。

14. 至审计时，中丝集团超批复多保留5辆公务用车。

（三）落实中央八项规定精神及廉洁从业规定方面。

1. 2014年至审计时，所属中丝大连公司在接待活动中无事前审批及招待清单，列支业务招待费341.4万元。

2. 2013年至审计时，所属中丝海南公司等5家企业购买礼品162.43万元、无领用记录消费酒水76.33万元。

3. 2013年至2015年，所属中丝海南公司两名管理人员违规报销费用、超标准乘坐交通工具，涉及金额13.79万元。

三、审计处理及整改情况

对以上审计发现的问题，审计署依法出具了审计报告、下达了审计决定书。中丝集团通过调整有关会计账目和财务报表、建立健全相关制度等方式进行整改，具体整改情况由其自行公告。

中华人民共和国审计署审计结果公告（2018年第25号）

中国林业集团有限公司 2016年度财务收支等情况审计结果

（2018年6月20日公告）

根据《中华人民共和国审计法》的规定，2017年5月至6月，审计署对中国林业集团有限公司（以下简称中林集团）2016年度财务收支等情况进行了审计，重点审计了中林集团总部及所属中国林产品有限公司、绥芬河国林木业城投资有限公司（以下简称林产品公司、国林木业城）等4家二级单位，对有关事项进行了延伸和追溯。

一、基本情况

中林集团成立于1996年，主要从事木材贸易、煤炭贸易、种子种苗、生态旅游等。据其2016年度合并财务报表反映，中林集团2016年底拥有全资和控股子公司119家、参股公司36家；资产总额504.87亿元，负债总额365.74亿元，所有者权益139.13亿元，资产负债率72.44%；当年营业总收入698.45亿元，利润总额3.44亿元，净利润2.87亿元，净资产收益率2.59%；国有资本保值增值率105.24%。中天运会计师事务所（特殊普通合伙）对此合并财务报表出具了带强调事项段的无保留意见的审计报告。

审计署审计结果表明，中林集团明确战略定位和发展思路，调整业务结构，整合有效资源，打造和培育产业链，推动木材加工储备交易基地建设，探索“互联网＋”的线上交易新模式；加大投资收购力度，优化组织架构，建立集团总部各部门、各子公司及关键岗位业绩考核指标库，完善激励机制。审计也发现，中林集团在财务管理和会计核算、经营管理、落实中央八项规定精神及廉洁从业规定等方面还存在一些问题。

二、审计发现的主要问题

（一）财务管理和会计核算方面。

1. 2016年，所属林产品公司在编制合并财务报表时虚增关联交易金额，少计收入、成本各77.96亿元。

2. 2016年，所属中林森旅控股有限公司（以下简称中林森旅控股）违规通过职工个人账户办理旅游团组费用支出971.46万元。

3. 2016年，所属中林森旅控股虚构业务为外部单位虚开发票，多计收入232.34万元。

4. 2016年，所属国林木业城未按内部规定计提坏账准备，多计利润175.14万元。

5. 2016年，中林集团超工资总额向职工发放交通费、通信费补贴36.54万元。

6. 2016年，所属中林森旅控股使用不合规发票套取资金8.34万元，用于向职工发放奖金。

（二）经营管理方面。

1. 2016年，所属林产品公司在没有真实贸易背景的情况下，开立信用证、银行承兑汇票等，导致10家外部企业获取银行资金12.38亿元。上述信用证、票据到期已归还。

2. 2014年至2016年，所属林产品公司等5家企业以预付货款、股东借款等名义，违规向外部企业出借资金8.21亿元，其中2016年1.11亿元。至审计时有1.14亿元尚未收回。

3. 2014年，中林集团评估报告审核中未能发现漏评3.2亿元的资本性支出事项，批准所属林产品公司依据评估金额出资10.66亿元对外收购股权。

4. 至审计时，中林集团尚未对2003年前划入的部分造林项目投资和国债项目投资完成确权，涉及金额2.19亿元。

5. 2016年，中林集团没有严格履行评估报告审核程序，未能发现该报告存在4990.59万元资产重复计算，批准所属中国林场集团有限公司据此作价3.6亿元对外收购股权。

6. 2014年，所属中国林业物资有限公司沈阳分公司未经批准，越权开展玉米的质押监管业务，形成损失风险2600万元。

7. 2015年，所属国林木业城违规为外部企业2240万元流动资金借款提供担保。

8. 2013年，所属一家企业因管理不善，财务档案及文件资料灭失，导致存放境外的1645.6万元资金无法汇回国内。

9. 2015年，中林集团未充分进行可行性研究批准所属企业出资1000万元投资菌草项目，至审计时累计亏损497.6万元。

10. 至审计时，所属中国林场集团有限公司2014年购买林地支付的保证金96万元，因卖方未执行合同滞留在第三方账户，该公司一直未采取措施收回，面临损失风险。

11. 至审计时，中林集团与外部企业合作终止后长期未收回被其占用的18.8亩自有土地。

12. 中林集团“三重一大”决策制度有关向集团外企业拆借资金的条款不符合主管部门相关规定。

13. 中林集团信息化建设较为滞后，贸易购销等业务尚未建立信息系统。

14. 至审计时，中林集团未按要求完成低效无效资产清理处置、压缩管理层级工作；2016年，中林集团未按要求完成年度应收账款压降工作。

15. 至审计时，中林集团对纳入合并报表范围的43家混合所有制企业未依法履行股东职责，存在未设立董事会或未在重要岗位派驻人员等情况。

（三）落实中央八项规定精神及廉洁从业规定方面。

1. 2013年至审计时，中林集团总部和二级单位部分负责人共17人超标准乘坐飞机头等舱44次、涉及金额15.96万元，其中2016年2次、涉及金额0.85万元。

2. 2013年至2016年，中林集团总部违规向职工发放物业费补贴44.57万元，其中2016年11.83万元。

3. 2013年，所属上海胜握胜林业有限公司购买高档礼品等1.26万元。

三、审计处理及整改情况

对以上审计发现的问题，审计署依法出具了审计报告、下达了审计决定书。中林集团通过调整有关会计账目和财务报表、建立健全相关制度、追责问责等方式进行整改，具体整改情况由其自行公告。

中华人民共和国审计署
审计结果公告
（2018年第26号）

中国医药集团有限公司
2016年度财务收支等情况审计结果

（2018年6月20日公告）

根据《中华人民共和国审计法》的规定，2017年5月至6月，审计署对中国医药集团有限公司（以下简称国药集团）2016年度财务收支等情况进行了审计，重点审计了国药集团总部及所属中国生物技术股份有限公司、国药控股股份有限公司（以下分别简称国药中生、国药控股）等7家二级单位，对有关事项进行了延伸和追溯。

一、基本情况

国药集团成立于1998年，主要从事医药健康相关产品的分销、零售、研发及生产。据其2016年度合并财务报表反映，国药集团至2016年底拥有全资或控股子公司767家、参股公司144家；资产总额2555.14亿元，负债总额1631.52亿元，所有者权益923.62亿元，资产负债率63.85％；当年营业总收入3176.16亿元，利润总额135.73亿元，净利润105.37亿元，净资产收益率11.88％；国有资本保值增值率112.85％。天职国际会计师事务所（特殊普通合伙）对此合并财务报表出具了标准无保留意见的审计报告。

审计署审计结果表明，国药集团围绕自身发展战略，推进医药分销物流配送网络建设，加强生物制品、化学制药等资源整合和转型升级，加快推进研发中心建设；落实董事会职权改革试点，实施董事会中长期发展规划，开展经营层高管人员选聘、薪酬和重大财务事项管理等改革工作，强化特困企业治理，持续降本增效；健全授权决策体系，扩大二级子公司经营决策权，逐步完善以经营业绩、节能减排等为主要内容的考核体系。审计也发现，国药集团在财务管理和会计核算、经营管理、落实中央八项规定精神及廉洁从业规定等方面还存在一些问题。

二、审计发现的主要问题

（一）财务管理和会计核算方面。

1. 2016年，所属一家企业在货物未发生转移的情况下提前确认收入，多计利润3745.3万元。

2. 2016年，所属中国医药投资有限公司等5家企业超实际发生额计提职工福利费，少计利润254.27万元。

3. 2016年，所属国药控股未按规定确认两家联营企业投资亏损，多计利润133.73万元。

4. 2016年，国药集团未将5家全资子公司纳入合并财务报表范围，涉及资产602.35万元，少计利润23.21万元。

（二）经营管理方面。

1. 所属国药中生下属企业一产业基地建设项目边设计边施工、擅自大量调整建设内容，国药中生未实施有效管控。至审计时，部分已建成生产线和生产车间闲置，涉及投资9.04亿元。

2. 2012年至审计时，所属一家企业违规以职工个人名义开立账户用于转存公司销售回款、支付采购款等，累计发生额5.96亿元。

3. 2016年，所属一家企业未经集团批准、未完成资产评估，即实施股权投资项目，涉及金额5.1亿元。

4. 2016年至审计时，所属国药控股盐城有限公司等19家企业违反集团内部规定，在资产负债率超警戒线的情况下新增贷款3.43亿元，其中2016年1.29亿元。

5. 2010年至2016年，所属两家企业未经环评即开工建设11个项目，涉及金额2.6亿元，其中2016年2525.42万元。

6. 2013年，所属国药中生产业化基地建设项目因前期论证不充分、建设缺乏统筹规划等暂停实施，已建成的4.93万平方米厂房至审计时一直闲置，涉及金额1.77亿元。

7. 2014年，所属一家企业未经批准，使用自有土地与外部企业联合开发建设办公用房，涉及投资9400万元。

8. 2010年，所属国药控股投资7000万元收购一家经营业务违反国家行业管理规定的公司股权。因被收购企业业绩持续下滑，上述投资款面临损失风险。

9. 2013年，所属一家企业未经集体决策，向承担公司债券发行保荐和承销工作的公司支付财务顾问费1520万元。

10. 2016年，所属国药控股江苏有限公司等4家企业违反对关联企业担保不得超过其持股比例的内部规定，为下属企业提供担保1413.31万元。

11. 2014年，国药中生因拟收购目标公司未达协议约定要求，未经批准自行终止该项收购业务，且在未界定违约责任和通过法律程序主张权益的情况下，向目标公司股东支付解约补偿金746.76万元。

12. 2013年，国药集团未经董事会决策批准所属企业设立一家子公司，涉及注册资金613万元。

13. 至2016年底，所属一家企业2012年以来获得的34个产品批准文号中仅有7个投产，且累计亏损577.55万元。

14. 2014 年，所属中国科学器材有限公司未按规定公开企业改制信息，直接引入特定企业进行改制。

15. 至审计时，国药集团未按要求完成制订和完善全面深化国有企业改革实施方案、低效无效资产清理处置、压缩管理层级减少法人户数、实施所属混合所有制试点单位工资总额备案管理等工作。

16. 至审计时，国药集团 40 个信息系统未设计数据接口，所属 12 家二级子公司未接入集团内部信息网络。

（三）落实中央八项规定精神及廉洁从业规定方面。

1. 2013 年以来，所属中国医药工业研究总院等 23 家企业为 44 名新任职高管人员超标准配备公务车。

2. 2014 年至 2016 年，所属无锡医疗器械有限公司等 12 家企业购买高档烟酒 53.19 万元，其中 2016 年 25.56 万元。

三、审计处理及整改情况

对以上审计发现的问题，审计署依法出具了审计报告、下达了审计决定书。国药集团通过调整有关会计账目和财务报表、建立健全相关制度等方式进行整改，具体整改情况由其自行公告。

中华人民共和国审计署
审计结果公告
（2018 年第 27 号）

中国保利集团有限公司
2016 年度财务收支等情况审计结果

（2018 年 6 月 20 日公告）

根据《中华人民共和国审计法》的规定，2017 年 5 月至 6 月，审计署对中国保利集团有限公司（以下简称保利集团）2016 年度财务收支等情况进行了审计，重点审计了保利集团总部及所属保利房地产（集团）股份有限公司、保利置业集团有限公司等 9 家二级单位，对有关事项进行了延伸和追溯。

一、基本情况

保利集团成立于 1993 年，主要从事军民品贸易、房地产开发、文化艺术经营、资源领域投资开发、民用爆炸物品产销及相关服务等。据其 2016 年度合并财务报表反映，保利集团 2016 年底拥有全资和控股子公司 1055 家、参股公司 299 家；资产总额 6647.7 亿元，负债总额 5072.1 亿元，所有者权益 1575.6 亿元，资产负债率 76.3％；当年营业总收入 2093.2 亿元，利润总额 246.5 亿元，净利润 168.6 亿元，净资产收益率 11.44％；国有资本保值增值率 109.37％。立信会计师事务所（特殊普通合伙）对此合并财务报表出具了带强调事项段的无保留意见审计报告。

审计署审计结果表明，保利集团积极推进产业结构调整，促进主业融合和转型升级，拓展业务领域；落实深化企业改革要求，推进企业“走出去”，不断开拓海外市场；完善“三重一大”制度，规范财务收支体系，经营业绩快速增长。审计也发现，保利集团在财务管理和会计核算、经营管理、落实中央八项规定精神及廉洁从业规定等方面还存在一些问题。

二、审计发现的主要问题

（一）财务管理和会计核算方面。

1. 2016 年，所属一家企业提前确认收入和成本，多计利润 3674.8 万元。

2. 2016 年，所属一家企业未按规定摊销无形资产，少计利润 1743.81 万元。

3. 2016 年，所属新时代民爆（辽宁）股份有限公司多确认营业外收入，多计利润 1469 万元。

4. 2016 年，所属保利民爆济南科技有限公司将尚未发生的工资福利等计入管理费用，少计利润 1072 万元。

5. 2016 年，所属一家企业未将收到的违约金确认为收入，少计利润 1000 万元。

6. 2016 年，所属一家企业无依据计提费用，少计利润 357.33 万元。

7. 2016 年，保利集团少计缴营业税等，多计利润 101.28 万元。

（二）经营管理方面。

1. 2010 年至 2013 年，所属湖北保利投资有限公司、深圳保利房地产开发有限公司未经评估对外收购资产，涉及金额 15.02 亿元。

2. 2010 年至 2011 年，所属保利矿业投资有限公司违规收购两家矿山企业，后因矿石品位未达到预期、环保整治等停产，投入的 4.72 亿元资金面临损失风险。

3. 2010 年至审计时，所属保利建设集团有限公司（以下简称保利建设）等 3 家企业经营管理及项目建设不规范，造成 1.67 亿元资金损失，另有 8488.69 万元资金面临损失风险。

4. 2011 年，所属一家企业违规收购股权，另行垫付应由原股东支付的征地拆迁款 1.55 亿元资金至审计时尚未收回。

5. 2010 年至 2016 年，所属一家企业在项目设计招标后，选择一家未中标且无资质的公司签订了 13 份设计合同，涉及金额 1.23 亿元。

6. 2010 年，所属一家企业违规以“项目前期费用”名义支付合作方 5000 万元。

7. 2016 年，所属一家企业编造施工进度和支付申请等材料取得工程贷款 4400 万元，未按约定用途使用。

8. 2012 年和 2014 年，所属华越商业有限公司违规开展货物购销业务，至审计时 3075.78 万元资金面临损失风险。

9. 2009 年，所属重庆鼎瑞有限公司未经招标指定工程项目物资供应商，增加工程成本 2373.66 万元。

10. 2016 年，所属北京保利国际拍卖有限公司、保利香港拍卖有限公司未经公开招标与外部企业签订印刷等合同，涉及金额 2270.28 万元。

11. 2013 年，所属一家企业未经集团审批与外部企业各出资 1000 万元成立合资公司开发项目，对方公司未按出资比例向项目提供股东贷款和委托贷款担保。

12. 至审计时，所属一家企业的 1 个棚户区改造项目推进缓慢，680 万元改造资金滞留集团达 16 个月；保利集团 2 个境外项目也存在进度滞后情况。

13. 2012 年，所属一家企业的 2 名高管未严格执行风险控制规范，直接指定两家楼盘销售中介机构，并批准支付咨询服务费 658.52 万元。

14. 2015 年至 2016 年，所属一家企业违规向无资质企业采购价值 290 万元的电石 585 吨，并对外销售。

15. 2011 年至 2012 年，所属保利民爆济南科技有限公司使用不合规发票报销费用 39.64 万元。

16. 2011 年，所属一家企业未经评估对外转让 30%股权，至 2016 年底尚未向受让方收取股权转让款。

17. 保利集团在 2012 年的一次股权收购业务中，未充分考虑内部机构风险提示，全额支付收购款后，至审计时仍有部分资产产权未解决。

18. 2014 年，所属保利建设工作人员未经集团批准擅自使用“保利”字号，违规以保利建设的名义投资设立合资公司，至审计时这些投资形成的股权因保利建设其他涉诉案件已被法院冻结。

19. 2010 年至 2016 年，所属一家企业违规转分包 39 个工程项目。

20. 至 2016 年底，保利集团未按要求完成低效无效资产清理处置、房地产去库存等工作。

21. 所属一家企业库存酒水存在账账、账实不符问题。

（三）落实中央八项规定精神及廉洁从业规定方面。

1. 2010 年至审计时，所属湖北保利建筑工程有限公司一名中层管理人员、保利建设一名高管的亲属分别设立公司，承揽保利集团系统内的建筑劳务工程等，合同总额 1.51 亿元。

2. 2013 年至审计时，所属企业 70 人超标准乘坐飞机头等舱 509 人次，报销费用 190.84 万元；所属一家企业 53 人次因公出国（境）未按规定报集团审批，报销费用 140.62 万元。

3. 2013 年和 2014 年，所属一家企业支付 182.93 万元购买购物卡等。

4. 2009 年至审计时，所属保利民爆科技集团股份有限公司一名负责人在领取 32.81 万元交通补贴的同时，继续使用公务用车；保利集团对主管部门巡视发现的超标配备公务用车问题，未按规定对责任人给予处理处罚。

5. 至审计时，保利集团92名三级及以上公司高管人员违反规定内部兼职未取酬1987个，兼职数量均超过7个；两名高管人员未经批准在外部单位兼职未取酬。

三、审计处理及整改情况

对以上审计发现的问题，审计署依法出具了审计报告、下达了审计决定书。保利集团通过调整有关会计账目和财务报表、建立健全相关制度等方式进行整改，具体整改情况由其自行公告。

中华人民共和国审计署
审计结果公告
（2018年第28号）

中国轻工集团有限公司
2016年度财务收支等情况审计结果

（2018年6月20日公告）

根据《中华人民共和国审计法》的规定，2017年5月至6月，审计署对中国轻工集团有限公司（以下简称中轻集团）2016年度财务收支等情况进行了审计，重点审计了中轻集团总部及所属中国海诚工程科技股份有限公司、中国造纸装备有限公司（以下分别简称中国海诚、造纸装备公司）等7家二级单位，对有关事项进行了延伸和追溯。

一、基本情况

中轻集团于1999年由中国轻工物资供销总公司更名而来，主要从事轻工产品及装备研发与制造、相关工程承包与设计、贸易物流与服务等。据其2016年度合并财务报表反映，中轻集团2016年底拥有全资和控股子公司86家、参股公司75家；资产总额145.75亿元，负债总额97.8亿元，所有者权益47.95亿元，资产负债率67.1%；当年营业总收入135.89亿元，利润总额1.98亿元，净利润1.02亿元，净资产收益率2.14%；国有资本保值增值率103.5%。致同会计师事务所（特殊普通合伙）对此合并财务报表出具了标准无保留意见的审计报告。

审计署审计结果表明，中轻集团加强产业链整合重组，强化专业化经营，推进设计单位转型发展，开拓节能环保产业新业务；参与制定修订国际、国家及行业标准，鼓励企业参与国际科技合作项目，实施国际合作和援建项目，不断拓展境外业务和合作；完善企业制度，加强内部管理，建立内部控制体系和全面风险管理机制。审计也发现，中轻集团在财务管理和会计核算、经营管理、落实中央八项规定精神及廉洁从业规定等方面还存在一些问题。

二、审计发现的主要问题

（一）财务管理和会计核算方面。

1. 2016年，所属中国中轻国际控股公司（以下简称中轻控股公司）未按规定对已竣工结算的承包项目确认收入和成本，少计利润4300万元。

2. 至审计时，所属中国轻工业广州工程有限公司私设的“小金库”结余924.38万元。

3. 2016年，中轻集团合并财务报表编制不准确，涉及资产1176.42万元，少计利润340.52万元。

4. 2016年，所属中国海诚等4家企业列支的404.88万元奖金等工资性支出未纳入工资总额核算。

5. 2016年，所属中国海诚国际工程投资总院将员工安置补贴等支出计入其他应付款，少计费用358.71万元。

6. 2016年，所属中国制浆造纸研究院（以下简称造纸院）违规将25.33万元科研专项资金用于发放职工工资。

（二）经营管理方面。

1. 2014年至2016年，所属一家企业未报上级公司批准，累计办理经营透支性贷款融资4.44亿元，支付利息3378.4万元。

2. 2011年至2015年，所属中国轻鑫工程厦门有限公司（以下简称轻鑫厦门公司）因未对贸易风险进行有效控制等，煤炭销售业务累计亏损3.77亿元。

3. 2010年，所属中国轻工业对外经济技术合作公司（以下简称中轻对外公司）将总承包的一个建设项目违规分包给集团内部无建筑施工安全生产许可的单位，项目层层分包形成差价共计2.45亿元。

4. 2012年，所属中国食品发酵工业研究院（以下简称食品院）未对市场风险、营销模式进行充分调研即投资建设营养餐项目，至审计时累计亏损2亿元。

5. 2014年，所属造纸装备公司未经集团批准，与外部单位签订具有担保性质的融资租赁设备回购协议，涉及设备价款1.8亿元。

6. 2012年，所属食品院违规改变一栋科研生产楼的规划用途整体对外出租，至审计时共收取租金1亿元。

7. 2011年至2013年，所属造纸装备公司未按规定将一项目概算调整方案及时报集团审批，超批复概算投资9755万元。

8. 2010年，所属中轻对外公司在核准文件已失效的情况下开工建设一个投资项目，建设过程中调增投资5.62亿元，至2016年底该项目累计亏损8379万元。

9. 2014年至2015年，所属造纸装备公司未充分考虑尽职调查报告提示的风险意见，投资一家濒临破产的企业。2017年，被投资企业破产，造纸装备公司5342.74万元投资款及预付货款等已形成损失，另有3955.56万元货款面临损失风险。

10. 2012年至审计时，所属中国轻工业武汉设计工程有限责任公司垫资建设房地产项目，在开发商资金不足的情况下未按合同约定及时采取措施，5659万元垫资存在损失风险。

11. 2010年，所属长沙长泰智能装备有限公司在对市场需求预估不足等情况下，投资3224.27万元实施一个切纸机研发项目。至2016年底，该公司一直未发生切纸机销售业务。

12. 中轻集团及部分下属企业财产保护内部控制不健全，其中所属轻鑫厦门公司、中轻外经国际工程有限公司（以下简称中轻外经公司）未定期实施存货盘点等，致使9.25万吨煤灭失，形成损失3129.48万元。

13. 2012年至审计时，所属中轻控股公司未按规定在产权交易所公开挂牌处置23项资产，涉及金额2702.31万元，其中2016年553.25万元。

14. 2015年，所属造纸装备公司违规对外出借资金2000万元，至审计时仍未收回。

15. 2017年，所属广东中食营科生物科技有限公司高管擅自对外出借企业资金2000万元，2017年7月收回本息。

16. 2015年，所属轻鑫厦门公司未经资产评估，按出资额1106.25万元回购员工持股，实际已支付296.92万元。

17. 2011年，所属中国轻工建设工程有限公司（以下简称中轻建设公司）陕西分公司未经授权对外签订两个建设项目合同，至审计时项目建设成本中发生不合规支出1437.45万元。

18. 2013年，所属中轻外经公司未严格执行集团内部合同审查和业务回款的规定，煤炭购销业务损失944.4万元。

19. 2012年至2014年，所属中轻建设公司未充分进行风险评估、未报上级公司批准，签订融资租赁协议，造成损失769万元。

20. 2012年，所属中国轻工业西安设计工程有限公司在总承包造船项目成本中列支不合规支出307万元。

21. 至审计时，所属造纸院未按规定报送4个科研项目决算及完成情况报告，涉及资金354万元。

22. 至2016年底，中轻集团未按要求完成应收账款压控、低效无效资产清理处置等工作。

（三）落实中央八项规定精神及廉洁从业规定方面。

1. 2013年至审计时，中轻集团未按规定在业务招待消费清单中列明招待对象等内容，总部及所属两家子公司购买或消费高档酒水88.37万元，其中2016年3.44万元。

2. 2015年至审计时，中轻集团9名高管人员在核定薪酬外报销物业供暖费28.1万元，其中2016年12.1万元。

3. 2014年至2016年，所属中国食品工业

(集团)公司一名高管人员违规使用公务用车,并违规报销个人停车位费用4700元。

三、审计处理及整改情况

对以上审计发现的问题,审计署依法出具了审计报告、下达了审计决定书。中轻集团通过调整有关会计账目和财务报表、建立健全相关制度、对相关人员追责问责等方式进行整改,具体整改情况由其自行公告。

中华人民共和国审计署审计结果公告（2018年第29号）

中国煤炭地质总局 2016年度财务收支等情况审计结果

(2018年6月20日公告)

根据《中华人民共和国审计法》的规定,2017年5月至6月,审计署对中国煤炭地质总局(以下简称中煤地质总局)2016年度财务收支等情况进行了审计,重点审计了中煤地质总局总部及所属中化地质矿山总局、江苏煤炭地质局(以下分别简称中化矿山总局、江苏局)等10家二级单位,对有关事项进行了延伸和追溯。

一、基本情况

中煤地质总局成立于1953年,主要从事矿产资源勘查与开发等。据其2016年度合并财务报表反映,中煤地质总局2016年底拥有全资和控股子公司149家、参股公司35家、事业单位95家;资产总额148.44亿元,负债总额80.9亿元,所有者权益67.54亿元,资产负债率54.5%;当年营业总收入167.57亿元,利润总额3.51亿元,净利润2.51亿元,净资产收益率3.81%;国有资本保值增值率103.5%。中审众环会计师事务所(特殊普通合伙)对此合并财务报表出具了标准无保留意见的审计报告。

审计署审计结果表明,中煤地质总局坚持突出矿产勘查等业务板块,推进市场化经营转型;整合内设机构,加大资金统筹,启动薪酬与岗位、绩效挂钩等改革;完善内部管理制度和投资决策程序,开展投资项目后评价,推行总会计师委派制,加强财务风险防控。审计也发现,中煤地质总局在财务管理和会计核算、经营管理、落实中央八项规定精神及廉洁从业规定等方面还存在一些问题。

二、审计发现的主要问题

(一)财务管理和会计核算方面。

1. 至2016年底,所属中煤建工集团有限公司(以下简称中煤建工集团)等3家企业少计人工成本、坏账准备等,多计利润1923.98万元。

2. 2016年,所属中化矿山总局合并财务报表范围不完整,涉及资产271.85万元,少计利润78.8万元;所属青海煤炭地质局合并财务报表时多计投资收益1213.19万元。

3. 2016年,所属水文地质勘查局下属单位违规使用专项资金5.28万元发放股利、奖金等。所属中煤地质工程总公司(以下简称工程总公司)两个矿产项目资金结余1188.79万元至审计时未按规定上缴。

4. 2016年,所属中煤地质总局勘查研究总院(以下简称勘查总院)多计支出539.82万元。

5. 2016年,所属中煤地质总局普查队未按规定将房租收入146.43万元纳入税收核定范围。

6. 2016年,所属中煤建工集团超工资总额列支补贴等工资性支出74.49万元;所属广东煤炭地质局列支补贴等工资性支出36.55万元,未纳入工资总额核算。

(二)经营管理方面。

1. 2010年至审计时,所属中煤矿业发展有限公司(以下简称中煤矿业)等4家单位违规开展货物购销业务,涉及金额6.73亿元,有1.13亿元未收回。

2. 2015年,所属中煤地建设工程有限公司、地球物理勘探研究院未经批准对外签订工程合同,涉及金额4.08亿元。因项目逾期未完工等,至审计时支付违约金或未收回履约保证金 1004.33 万元。

3. 2016 年，所属广东中煤东泰建材有限公司未按规定集中招标采购物资等，涉及合同金额 2.98 亿元。

4. 2013 年 4 月至 2015 年 10 月，所属江苏长江机械化基础工程公司违规转分包工程，涉及金额 2.63 亿元。

5. 2013 年，中煤地质总局未经可行性研究出资 2 亿元组建中煤矿业，该公司成立后未开展矿业权经营等核心业务，而实际经营煤炭、燃料油贸易等。

6. 2012 年至 2014 年，所属广东中煤地瑞丰建设集团有限公司邢台分公司违规对外担保或出借资金，涉及金额 1.89 亿元。至审计时，6189.72 万元出借资金逾期未收回，承担担保债务 8519.99 万元。

7. 2008 年 12 月至 2013 年 11 月，所属中化矿山总局河南地质勘探院、第一勘探局一二九勘探队未经批准或评估，与其他企业合作开发矿业权，后因合作协议变更按约定应收回前期投资等 6482.18 万元，至审计时尚未收回。

8. 2015 年至 2017 年 1 月，所属中化矿山总局湖北地质勘查院未经批准，以应收款为质押向银行贷款 4600 万元。

9. 2013 年，中煤地质总局未经集体决策，批准所属中煤航测遥感集团有限公司（以下简称航测遥感局）向其控股子公司增资 4000 万元。

10. 2009 年至 2016 年，所属中化矿山总局未经批准转让探矿权 6 宗，合同总价款 3827.89 万元。

11. 2013 年，中煤地质总局未充分进行可行性研究，仅凭项目建议书和方案即决定建设一个工业园区，至审计时仅建成一个车间且闲置，涉及投资 3528.8 万元。

12. 2013 年至 2016 年，所属中煤建工集团等 8 家单位违规出借工程资质并收取费用 1900.69 万元，其中 2016 年 636.91 万元。

13. 中煤地质总局一个改造装修项目 2013 年终止后，其资产一直未采取有效措施盘活，投入的 1025.08 万元未发挥效益。

14. 2014 年，所属江苏金石稀土有限公司违反内部规定与一家外部企业合资成立公司，新公司因经营不善进入破产清算程序，937 万元投资款面临损失风险。

15. 2011 年至 2013 年，所属工程总公司在未与矿业权所有人签订协议的情况下违规开展勘探业务，涉及投资 664.28 万元。

16. 所属第一勘探局 2009 年未经集体研究签订拆迁补偿协议，涉及房屋拆迁面积 1.69 万平方米；2011 年未经评估出租 1.2 万平方米房产，年租金 270 万元。

17. 2012 年至 2014 年，所属勘查总院未按规定报批将承担的两个课题项目部分委托给其他单位实施，涉及合同金额 110 万元。

18. 2013 年，所属航测遥感局在收购所属企业股权过程中，多支付 79.09 万元。

19. 2016 年，所属勘查总院虚列科研项目会议费支出 42.84 万元，用于支付物业费。

20. 至审计时，中煤地质总局部分信息系统或模块仍未建成，已建成的系统也未实现全面集成。

21. 至 2016 年底，中煤地质总局未按要求有效推进企业化改革，未完成低效无效资产清理处置、公务用车改革等工作。

（三）落实中央八项规定精神及廉洁从业规定方面。

1. 2013 年至审计时，所属青海煤炭地质勘查院 3 名中高层管理人员违规兼职取酬 64.36 万元，其中 2016 年 17.17 万元。

2. 2014 年至 2016 年，所属江苏局购买高档香烟 6.95 万元，其中 2016 年 1.95 万元。

3. 2014 年至 2016 年，所属中煤建工集团、江苏局 7 名中高层管理人员超标准乘坐飞机头等舱和高铁商务座，超标金额 4.28 万元。

三、审计处理及整改情况

对以上审计发现的问题，审计署依法出具了审计报告、下达了审计决定书。中煤地质总局通过调整有关会计账目和财务报表、建立健全相关制度、挽回损失、追责问责等方式进行整改，具体整改情况由其自行公告。

中华人民共和国审计署
审计结果公告
（2018年第30号）

中国民航信息集团有限公司 2016年度财务收支等情况审计结果

（2018年6月20日公告）

根据《中华人民共和国审计法》的规定，2017年5月至6月，审计署对中国民航信息集团有限公司（以下简称中国航信）2016年度财务收支等情况进行了审计，重点审计了中国航信总部及所属中航信云数据有限公司、青岛民航凯亚系统集成有限公司（以下分别简称中航信云数据、青岛凯亚）等10家二级单位，对有关事项进行了延伸和追溯。

一、基本情况

中国航信成立于2002年，主要从事航空业务管理系统应用和代理结算清算等。据其2016年度合并财务报表反映，中国航信2016年底拥有全资和控股子公司45家、参股公司10家；资产总额202.03亿元，负债总额42.47亿元，所有者权益159.56亿元，资产负债率21.02%；当年营业总收入62.22亿元，利润总额28.62亿元，净利润24.73亿元，净资产收益率16.55%；国有资本保值增值率113.37%。天职国际会计师事务所（特殊普通合伙）对此合并财务报表出具了标准无保留意见的审计报告。

审计署审计结果表明，中国航信进一步明确构建大平台、汇聚大数据、开展大服务的发展路径，加快企业转型发展；创新管理组织体系，加强对新业务创新的引导和扶持；完善企业管理制度，内控和风险管理体系实现境内外全覆盖，探索中长期激励机制。审计也发现，中国航信在财务管理和会计核算、经营管理、落实中央八项规定精神及廉洁从业规定等方面还存在一些问题。

二、审计发现的主要问题

（一）财务管理和会计核算方面。

1. 中国航信2010年、2011年收到土地补偿资金9.1亿元，2015年和2016年才确认收入，其中2016年多计收入5亿元。

2. 2016年，所属中航信云数据少计提固定资产折旧2452.56万元。

3. 2016年，所属中航信云数据未及时确认资产出租等收入1161.93万元。

（二）经营管理方面。

1. 2005年至2016年，中国航信对免费提供给客户使用的2.28亿元设备未建立完整的资产实物台账，也缺乏有效管理。

2. 2016年，所属北京亚科技术开发有限责任公司未经上级公司批准支付1.31亿元营销费用。

3. 至2016年底，中国航信取得的873.21万美元（折合人民币6057.46万元）业务收入长期存放在所属境外公司代收账户，有的超过3年。

4. 2009年至2016年，中国航信在未签订合同或合同未经审批的情况下，聘用外协技术人员维护设备，支付相关费用2339.3万元。

5. 2009年至2011年，中国航信少收取部分信息系统使用费1611.97万元。

6. 2016年，中国航信在未按规定程序决策的情况下，支付中介服务费用1344.34万元。

7. 2016年，中国航信未经招标采购1010.25万元设备材料。

8. 2013年，中国航信在与外部企业协议约定开发信息系统时，对履约风险估计不足，后因违约赔偿造成损失918.8万元。

9. 2005年至2009年，中国航信在外部企业出现拖欠信息处理服务费589万元的情况下，未及时终止相关合作，新增欠费671万元。

10. 中国航信对2011年收购的上海捷行电子商务有限公司管控不力，至2016年底该公司已资不抵债，528万元收购投资面临损失风险。

11. 2012年至2015年，中国航信向外部企业支付注册建造师挂靠费用278.89万元。

12. 2012年10月，中国航信违反合同约定，减免应收外部企业合作项目收入150万元。

13. 至2016年底，中国航信原定完成的21个子系统研发工作推进较慢，实际完成14个。

14. 至2016年底，中国航信未按规定程序决策在浙江省嘉兴市建设共用信息（灾备）服务中心项目，建成后未达到预期目标，机房使用率仅为6.25%。

15. 至审计时，中国航信投资的新数据中心项目因对配套设施不完备的困难预计不足等，项目建设较慢，部分土地未有效使用。

16. 2010年10月，中国航信在未签订合同的情况下，将外部企业销售系统作为内部测试系统直接接入生产主机，未收取相应的服务费。

17. 2009年至2012年，中国航信违规报销机票费用14.64万元。

18. 2007年至2014年，中国航信违反内部规定开立5个银行账户。

19. 至2016年底，中国航信未按内部规定向所有境外子公司派驻财务负责人，部分境外子公司财务管控薄弱。

20. 至2016年底，中国航信9家三级境外子公司中有8家处于微利或亏损状态。

21. 至2017年3月，中国航信6个外部科技研究类项目超出计划完成时间尚未完成验收。

22. 至2016年底，中国航信未及时制订全面深化改革总体方案，未按要求完成低效无效资产清理处置、应收账款和存货压控等工作。

23. 至2016年底，中国航信尚未建立集中统一的采购管理制度，未明确部分部门采购权限，未对采用非招标方式采购信息进行规范。

（三）落实中央八项规定精神及廉洁从业规定方面。

1. 2008年至2016年，中国航信一名管理人员的亲属控股企业承接该集团业务，取得技术服务费252.71万元；一名管理人员的亲属所设立企业免费使用中国航信信息系统，涉及资金18.43万元；所属青岛凯亚与其一名高管人员亲属设立的企业发生业务往来4945.16万元。

2. 2012年12月至2013年，中国航信在会议费中列支演出费用、购买高档礼品等与会议无关费用36.13万元，购买高档酒水10.42万元。

3. 2011年至2013年，中国航信一名管理人员报销个人消费4.64万元。

三、审计处理及整改情况

对以上审计发现的问题，审计署依法出具了审计报告、下达了审计决定书。中国航信通过调整有关会计账目和财务报表、建立健全相关制度等方式进行整改，具体整改情况由其自行公告。

中华人民共和国审计署
审计结果公告
（2018年第31号）

中国航空油料集团有限公司 2016年度财务收支等情况审计结果

（2018年6月20日公告）

根据《中华人民共和国审计法》的规定，2017年5月至6月，审计署对中国航空油料集团有限公司（以下简称中国航油）2016年度财务收支等情况进行了审计，重点审计了中国航油总部及所属中国航空油料有限责任公司、中航油进出口有限责任公司（以下分别简称航油公司、进出口公司）等5家二级单位，对有关事项进行了延伸和追溯。

一、基本情况

中国航油成立于2002年，主要从事航空油品采购、运输、储存、检测、销售、加注等。据其2016年度合并财务报表反映，中国航油2016年底拥有全资和控股子公司13家、参股公司8家；资产总额423.41亿元，负债总额167.71亿元，所有者权益255.7亿元，资产负债率39.61%；当年营业总收入1633.47亿元，利润总额60.85亿元，净利润46.44亿元，净资产收益率14.49%；国有资本保值增值率115.55%。中勤万信会计师事务所（特殊普通合伙）对此合并财务报表出具了标准无保留意见的审计报告。

审计署审计结果表明，中国航油明确战略目标，强化战略引领，优化业务结构，不断开拓海外市场，提高市场占有率；积极推进企业深化改革和提质增效，经营业绩持续提升；重视安全生产管理体系建设，保障航油供应平稳。审计也发现，中国航油在财务管理和会计核算、经营管理、落实中央八项规定精神及廉洁从业规定等方面还存在一些问题。

二、审计发现的主要问题

（一）财务管理和会计核算方面。

1. 2016年，所属航油公司多计提安全生产费，少计利润2.4亿元。

2. 2016年，所属中国航油天津石油有限公司多计提预计负债，少计利润7990.34万元。

3. 2016年，所属中国航油福建石油有限公司部分贸易业务未按规定缴纳印花税，多计利润260.39万元。

4. 2016年，中国航油违规在职工福利费中列支员工子女意外伤害和健康保险费用183.68万元。

（二）经营管理方面。

1. 2016年，所属空港公司在未取得航空煤油经销资质的情况下，违规采购航空煤油，涉及金额10.9亿元。

2. 2016年，中国航油总部及所属航油公司、中国航油集团物流有限公司部分采购合同未执行“三重一大”决策制度，涉及金额1.87亿元。

3. 2009年至2016年，中国航油投资6.73亿元建设的两个项目，一个建设停滞，一个完工后闲置，累计亏损3.58亿元。

4. 2014年9月，中国航油未经主管部门批准与外部企业合作建设总部办公楼并预付建设资金。至2016年底，该建设事项未进行清理和纠正。

5. 2011年，所属贵州石油有限公司违规通过两个自然人代办3个加油站相关手续，支付代理费4150万元。

6. 2016年，所属进出口公司、航油公司华东分公司建设工程和采购项目等未按规定公开招标，涉及合同金额3177.84万元。

7. 至2016年底，中国航油未按规定将闲置土地上价值275.01万元的附属物作为低效无效资产上报；未将所属一家连续3年亏损且扭亏无望的企业作为特困企业上报。

8. 至2016年，中国航油未按规定对一家所属企业制定统一的薪酬标准。

9. 1997年至2014年，中国航油因机场搬迁造成891亩土地闲置，至2016年底尚未制订处置计划。

（三）落实中央八项规定精神及廉洁从业规定方面。

1. 至2016年，所属中国航油大厦管理中心购买高档烟酒、食材235.02万元，其中2016年21.21万元。

2. 至2016年，所属重庆泽胜公司购买高档烟酒、礼品和报销餐饮、娱乐会所等支出158.58万元，其中2016年50.17万元。

3. 2013年至2016年，所属空港公司购买高档礼品、报销公司高管打高尔夫球费用和娱乐会所支出等合计38.49万元，其中2016年2.9万元。

三、审计处理及整改情况

对以上审计发现的问题，审计署依法出具了审计报告、下达了审计决定书。中国航油通过调整有关会计账目和财务报表、建立健全相关制度等方式进行整改，具体整改情况由其自行公告。

中华人民共和国审计署 审计结果公告 （2018年第32号）

中国能源建设集团有限公司 2016年度财务收支等情况审计结果

（2018年6月20日公告）

根据《中华人民共和国审计法》的规定，2017年5月至6月，审计署对中国能源建设集团有限公司（以下简称中国能建）2016年度财务收支等情况进行了审计，重点审计了中国能建总部及所属中国电力工程顾问集团有限公司、广东火电工程有限公司（以下分别简称中电工程、广东火电）等4家二级单位，对有关事项进行了延伸和追溯。

一、基本情况

中国能建成立于2011年，主要从事电力和能源规划咨询、勘察设计、施工及工程总承包，电力装备制造、水泥和民爆产品生产等。据其2016年度合并财务报表反映，中国能建2016年底拥有全资和控股子公司596家、参股公司2家；资产总额3070.34亿元，负债总额2281.87亿元，所有者权益788.47亿元，资产负债率74.32%；当年营业总收入2254.07亿元，利润总额92.36亿元，净利润72.28亿元，净资产收益率10.24%；国有资本保值增值率109.12%。立信会计师事务所（特殊普通合伙）对此合并财务报表出具了标准无保留意见的审计报告，该审计报告在上海证券交易所网站公开。

审计署审计结果表明，中国能建以市场为导向，在巩固传统国内电力工程业务基础上，逐步向工程总承包、国际业务和非电业务转型发展；推进实施企业整体改制，实现了所属中国能源建设股份有限公司H股整体上市；加强全面预算管理、项目管理和成本管理，企业效益稳步提升。审计也发现，中国能建在财务管理和会计核算、经营管理、落实中央八项规定精神及廉洁从业规定等方面还存在一些问题。

二、审计发现的主要问题

（一）财务管理和会计核算方面。

1. 2016年，所属东北电力第二工程有限公司未将实际控制的一家企业纳入合并财务报表，涉及资产4840.23万元。

2. 2016年，所属广东拓奇电力技术发展有限公司违规获取资金3927.73万元，用于发放劳务派遣人员工资、奖金等。

3. 2016年，所属中国电力工程顾问集团中南电力设计院（以下简称中南电力设计院）、中国电力建设工程咨询有限公司未按完工百分比法对16个总承包工程项目确认收入，少计收入3137.89万元。

4. 2016年，中国能建总部及所属8家企业超工资总额列支职工交通费等工资性项目，多计成本费用2373.48万元。

5. 2016年，所属广西水利电力建设集团有限公司未按规定计提相关费用，多计利润101.73万元。

（二）经营管理方面。

1. 2016年，所属中国葛洲坝集团股份有限公司未经批准签订3个PPP项目施工总承包合同；所属中国葛洲坝集团投资控股有限公司（以下简称葛洲坝投资公司）未经批准收购一家公司股权，涉及金额5.61亿元。

2. 2013年至2016年，所属中电工程未经批准向外部企业提供委托贷款51亿元，其中2016年5亿元。

3. 2015年6月、2016年6月，所属葛洲坝集团绿园科技有限公司未经核准分别出资5.5亿元、3.25亿元，与外部企业设立合资公司开展非主业业务。

4. 2014年12月、2016年3月，中国能建总部在未经核准的情况下，同意所属葛洲坝投资公司分别出资4.73亿元、1.71亿元进行非主业投资。

5. 2015年，所属中南电力设计院在未经批准的情况下，投资4.33亿元建设风电场项目。

6. 2010年至2016年，所属天津电力建设有限公司等5家企业违规将承揽的工程对外分包，涉及合同金额35.55亿元，其中2016年1894.58万元；所属一家企业2015年违规出借资质，至审计时收取管理费用39.29万元。

7. 2016年，所属中电工程等两家企业在工程项目分包和物资采购中未按规定招标，涉及合同金额10.23亿元。

8. 2014年11月、2016年4月，所属葛洲坝集团水泥有限公司和葛洲坝投资公司未按规定将资产评估报告上报集团审核备案，分别出资5.98亿元、1.65亿元收购两家外部企业股权。

9. 2014年，所属陕西电力设计院有限公司违规发放自行管理的企业年金2447.37万元。

10. 2017年，所属中国葛洲坝集团房地产开发有限公司违规竞拍土地，增加投资600万元。

11. 至审计时，中国能建未出台中介费用支付具体管理办法，导致相关费用支付标准不一。

12. 至审计时，中国能建机构整合不到位，境外代表机构较多。

13. 至审计时，中国能建尚未建成覆盖集团各层级和主要业务的信息系统，327 家法人单位未使用集团统一的财务集中核算系统，184 家法人单位未纳入集团电子集中采购管理平台。

14. 至审计时，中国能建未按要求完成低效无效资产清理处置、压缩管理层级减少法人户数工作；2016 年，中国能建未按要求完成年度应收账款和存货压控工作。

（三）落实中央八项规定精神及廉洁从业规定方面。

1. 2013 年 5 月至 7 月，所属西北电力建设工程有限公司超标准购买 3 辆公务用车，涉及金额 143.51 万元。

2. 2013 年 1 月，所属广东火电邀请外部单位人员开展联谊活动，使用公款支付餐费等 9.41 万元。

三、审计处理及整改情况

对以上审计发现的问题，审计署依法出具了审计报告、下达了审计决定书。中国能建通过调整有关会计账目和财务报表、建立健全相关制度、补缴税费、追责问责等方式进行整改，具体整改情况由其自行公告。

中华人民共和国审计署审计结果公告（2018 年第 33 号）

中国黄金集团有限公司 2016 年度财务收支等情况审计结果

（2018 年 6 月 20 日公告）

根据《中华人民共和国审计法》的规定，2017 年 5 月至 6 月，审计署对中国黄金集团有限公司（以下简称中国黄金）2016 年度财务收支等情况进行了审计，重点审计了中国黄金总部及所属中金黄金股份有限公司、中国黄金集团黄金珠宝有限公司（以下分别简称中金黄金、中金珠宝）等 7 家二级单位，对有关事项进行了延伸和追溯。

一、基本情况

中国黄金成立于 2002 年，主要从事贵金属及伴生金属资源开发等。据其 2016 年度合并财务报表反映，中国黄金 2016 年底拥有全资和控股子公司 252 家、参股公司 11 家；资产总额 1031.22 亿元，负债总额 723.4 亿元，所有者权益 307.82 亿元，资产负债率 70.15%；当年营业总收入 1078.84 亿元，利润总额 4.55 亿元，净利润 −6800 万元，净资产收益率 −0.23%，国有资本保值增值率 97.12%。瑞华会计师事务所（特殊普通合伙）对此合并财务报表出具了标准无保留意见的审计报告，该审计报告在中国货币网公开。

审计署审计结果表明，中国黄金以质量和效益为主题，制定了创新驱动、内生增长和国际化经营的发展战略；推进企业“走出去”，注重境外资源合作开发利用；通过提高选矿回收率、降低采选冶成本、集中采购大宗物资、推广全过程成本管控体系等措施促进实现降本增效，同时规范决策程序，加强并购等环节风险防控。审计也发现，中国黄金在财务管理和会计核算、经营管理、落实中央八项规定精神及廉洁从业规定等方面还存在一些问题。

二、审计发现的主要问题

（一）财务管理和会计核算方面。

1. 2016 年，所属河南中原黄金事业发展中心合并报表范围不完整，涉及资产 1.18 亿元，造成多计利润 391.43 万元。

2. 2016 年，所属中金（西安）重型钢结构有限公司等 5 家企业少计提安全生产费，多计利润 4661 万元。

3. 2016 年，所属河南中原黄金冶炼厂有限责任公司（以下简称中原冶炼厂）未确认受托加工收入，少计利润 2236.97 万元。

4. 2016 年，所属中金珠宝等 3 家企业超工资总额列支补贴等工资性支出 1256.16 万元；所属广西黄金公司等 10 家企业列支交通补贴等工资性支出 350.6 万元，未纳入工资总额核算。

5. 2016 年，所属中原冶炼厂等两家企业未将购销合同确认为印花税应纳税凭证，少缴印花税 463.88 万元。

6. 2016 年，中国黄金未按规定对已灭失的两宗探矿权进行资产减值处理，涉及金额 398.6 万元。

7. 2016 年，中国黄金总部在管理费用中列支的 230.57 万元宣传费等无明细清单。

8. 2016 年，中原冶炼厂向自然人采购黄金以交接单据为凭证列入采购成本，未取得正式发票。

（二）经营管理方面。

1. 2012 年至 2014 年，中国黄金未按规定进行评估收购 3 项资产，涉及金额 8.6 亿元。

2. 2014 年，中国黄金收购的一宗矿业权在完成交割前，未按规定向税务机关提交股权转让有关资料，涉及交易金额 5.3 亿元。

3. 2014 年 6 月至 2015 年底，中国黄金集团国际贸易有限公司（以下简称中金国贸）等 5 家单位违规对外出借资金 4.73 亿元，至审计时尚有本息 4.22 亿元未收回。

4. 2016 年，中国黄金一个工程建设项目未按规定公开招投标，涉及金额 1.12 亿元。

5. 2014 年 4 月，中国黄金集团建设有限公司未经批准，投资开展螺纹钢期货业务，至 2016 年 4 月已损失 9504 万元。

6. 2013 年 12 月至审计时，所属西峡金泰矿业有限公司等 19 家企业因安全监管不力等发生工程修复及赔偿等金额 7691.2 万元；所属中原冶炼厂等 17 家企业因污染问题被罚款 376.35 万元。

7. 2014 年，所属中金国贸开展铜金属贸易时，未按要求及时止损造成额外损失 1400.99 万元。

8. 2015 年 7 月至 2016 年 12 月，所属中金珠宝违规开展非套期保值需求的黄金买卖延期交货业务，造成损失 1012.8 万元。

9. 2014 年至 2016 年，所属中金珠宝违规向首饰加工企业和自然人销售标准金 53.25 吨。

10. 2014 年至 2016 年，中国黄金总部未按规定报备投资计划或未经审核实施 8 项股权投资、3 项非主业投资。

11. 至审计时，中国黄金未按要求完成低效无效资产清理处置工作；2016 年，中国黄金未按要求完成年度应收账款和存货压控工作。

12. 至审计时，中国黄金财务系统与业务系统无数据接口，无法实现数据互通。

（三）落实中央八项规定精神及廉洁从业规定方面。

1. 2014 年，所属中国黄金集团贸易有限公司一名高管人员违规批准下属企业与其亲属开办的公司发生业务往来，涉及金额 7192.59 万元。

2. 2014 年至审计时，中国黄金总部员工和部分下属企业高管人员共计 66 人存在超标准乘坐交通工具、违规兼职取酬等问题，涉及金额 270.2 万元。

3. 2014 年至 2016 年，所属中金黄金等两家企业购买或消费高档烟酒、礼品等 111.77 万元；中国黄金总部送礼和超标准接待，涉及资金 86.07 万元。

三、审计处理及整改情况

对以上发现的问题，审计署已依法出具了审计报告、下达了审计决定书。中国黄金通过调整有关会计账目和财务报表、建立健全相关制度、补缴税费、追责问责等方式进行整改，具体整改情况由其自行公告。

中华人民共和国审计署审计结果公告（2018 年第 34 号）

中国广核集团有限公司 2016 年度财务收支等情况审计结果

（2018 年 6 月 20 日公告）

根据《中华人民共和国审计法》的规定，2017 年 5 月至 6 月，审计署对中国广核集团有限公司（以下简称中广核集团）2016 年度财务收支等情况进行了审计，重点审计了中广核集团总部及所属中国广核电力股份有限公司、中国广核新能源控股有限公司等 10 家二级单位，对有关事项进行了延伸和追溯。

一、基本情况

中广核集团成立于 1994 年，主要从事以核能为主的电力生产、热力生产和供应、相关专业技术服务等。据其 2016 年度合并财务报表反映，中广核集团 2016 年底拥有全资和控股子公司 611 家、参股公司 64 家；资产总额 5204.6 亿元，负债总额 3732.01 亿元，所有者权益 1472.59 亿元，资产负债率 71.7%；当年营业总收入 657.92 亿元，利润总额 125.93 亿元，净利润 110.37 亿元，净资产收益率 7.98%；国有资本保值增值率 109.7%。信永中和会计师事务所（特殊普通合伙）对此合并财务报表出具了标准无保留意见的审计报告，该审计报告在中国货币网公开。

审计署审计结果表明，中广核集团调整优化产业布局，加强科技创新，形成以核电、新能源为主的产业布局；围绕主业开拓境外市场，参与“一带一路”建设；完善公司治理机制，加强制度建设，完善内控体系；强化核安全管理，确保核电机组安全运行。审计也发现，中广核集团在财务管理和会计核算、经营管理、落实中央八项规定精神及廉洁从业规定等方面还存在一些问题。

二、审计发现的主要问题

（一）财务管理和会计核算方面。

1. 2016 年，中广核集团总部列支的 112.75 万元补贴等工资性支出未纳入工资总额核算。

2. 2016 年，中广核集团总部未按规定将所属公司有关会计估计变更事项上报集团董事会批准和对外披露。

（二）经营管理方面。

1. 所属中广核能源开发有限公司对一个水电项目建设管控不到位，延期 3 年完工并超概算 5.57 亿元，2013 年至 2015 年累计亏损 9351 万元。

2. 所属中广核太阳能开发有限公司对一个发电项目追加投资论证不充分，2015 年至 2016 年累计亏损 2.66 亿元。

3. 2014 年至 2016 年，中广核集团未经正式报备开展融资租赁等金融业务，3 个金融业务项目出现逾期，涉及金额 2.56 亿元。

4. 2013 年至 2016 年，所属中广核能源开发有限公司等两家企业收购的 5 个水电项目因前期论证不充分等，自投入运营后累计亏损 2.4 亿元。

5. 2016 年，所属中广核工程有限公司未按规定公开招标，签订工程项目施工、设备采购等合同 4 份，涉及金额 7271 万元。

6. 2010 年至 2016 年，所属中广核服务集团有限公司阳江分公司等 21 家企业未按规定采用竞争性方式采购物业服务，涉及金额 6071.25 万元。

7. 2017 年，所属中广核富盈互联网金融服务有限公司违规超标准发行金融产品 1880 万元。

8. 中广核集团一个风电项目因前期论证不充分等投产后未实现预期收益，其中 2016 年亏损 1257 万元。

9. 2009 年，所属中广核产业投资基金管理有限公司违反协议约定，将一个产业投资项目委托给其他企业管理。

10. 2016 年，中广核集团未按要求完成低效无效资产清理及一年以上应收账款和非正常存货余额压控等工作。

11. 至审计时，所属中广核风电有限公司、中广核太阳能开发有限公司的 89 个风电、光伏发电项目未完成施工许可等手续即投入运营，涉及装机容量 470.8 万千瓦。

（三）落实中央八项规定精神及廉洁从业规定方面。

至审计时，所属深圳市核电物业有限公司和阳江核电基地开发有限公司的两名高管人员违规从事营利性经营活动或投资入股与任职企业经营同类业务的企业，涉及认缴出资额 975 万元。

三、审计处理及整改情况

对以上审计发现的问题，审计署依法出具了审计报告、下达了审计决定书。中广核集团通过建立健全相关制度、追责问责等方式进行整改，具体整改情况由其自行公告。

中华人民共和国审计署审计结果公告（2018年第35号）

华侨城集团有限公司 2016年度财务收支等情况审计结果

（2018年6月20日公告）

根据《中华人民共和国审计法》的规定，2017年5月至6月，审计署对华侨城集团有限公司（以下简称华侨城集团）2016年度财务收支等情况进行了审计，重点审计了华侨城集团总部及所属深圳华侨城股份有限公司、康佳集团股份有限公司，对有关事项进行了延伸和追溯。

一、基本情况

华侨城集团成立于1985年，主要从事房地产、酒店开发经营，旅游及相关文化产业经营，电子及配套包装产品制造等。据其2016年度合并财务报表反映，华侨城集团2016年底拥有全资和控股子公司186家、参股公司44家；资产总额1740.72亿元，负债总额1182.93亿元，所有者权益557.79亿元，资产负债率67.96%；当年营业总收入542.56亿元，利润总额95.39亿元，净利润74.29亿元，净资产收益率13.96%；国有资本保值增值率108.41%。瑞华会计师事务所（特殊普通合伙）对此合并财务报表出具了标准无保留意见的审计报告，该审计报告在中国货币网公开。

审计署审计结果表明，华侨城集团加强战略规划，形成"文化＋旅游＋城镇化"和"旅游＋互联网＋金融"的发展模式，推进多元化经营；不断优化产业布局，完成对部分省属国有企业的战略重组，整合生产经营资源，推动新项目落地，发展动力进一步增强。审计也发现，华侨城集团在财务管理和会计核算、经营管理、落实中央八项规定精神及廉洁从业规定等方面还存在一些问题。

二、审计发现的主要问题

（一）财务管理和会计核算方面。

1. 2016年，华侨城集团未按规定将承销费抵减债券初始确认金额，造成多计资产和负债各3300万元。

2. 2016年，所属西安华侨城实业有限公司少结转装修成本，造成多计利润1726.67万元。

（二）经营管理方面。

1. 2016年，所属深圳华侨城房地产有限公司等29家企业未经公开招标确定施工单位和工程类物资采购供应商，涉及金额23.33亿元。

2. 2014年至2015年，所属华侨城建筑安装工程有限公司违规对外转包54个工程项目，涉及金额5.72亿元。

3. 2014年至审计时，所属成都天府华侨城实业发展有限公司等10家企业，在未经上级公司批准等情况下销售和转让房产，涉及金额5.3亿元。

4. 2015年，所属云南华侨城实业有限公司未经上级公司批准，自行决定一个在建项目停工，前期已投入的2.42亿元成本面临损失风险。

5. 2015年，所属深圳华侨城都市娱乐投资公司未经上级公司批准，对承租方给予装修补贴9167.19万元。

6. 2012年至审计时，所属华侨城建筑安装工程有限公司在已知其分包工程被违规转包给无资质的自然人后，仍向该自然人控制的企业支付1688.7万元工程款。

7. 至审计时，华侨城集团违反规定出租房产，涉及面积6491.31平方米。

8. 至审计时，华侨城集团未按要求完成低效无效资产处置、公务用车改革等工作，且房地产去库存缓慢；2016年，华侨城集团未按要求完成年度应收账款和存货压控工作。

9. 2015年，华侨城集团通过收购所属特困企业资产方式，助其实现账面盈利。

10. 2015年5月至10月，华侨城集团未采取有效应对措施，失去对一家所属企业的控制权。

11. 至审计时，华侨城集团信息化建设和管理不够到位，各财务系统与业务系统缺乏信息共享机制，还存在录入数据不完整、不准确现象。

（三）落实中央八项规定精神及廉洁从业规定方面。

1. 至审计时，华侨城集团所属企业的 19 名高管人员违规投资 4717.53 万元入股企业，部分入股企业与所在单位经营同类业务。

2. 2014 年至审计时，华侨城集团总部及 5 家所属企业存在公务接待制度不健全及执行不严格等问题，涉及金额 3704.54 万元。

3. 2014 年至审计时，华侨城集团超标准报销出国费、境内差旅费等 182.65 万元。

4. 华侨城集团未按规定清理所属会所，2014 年至 2015 年违规在会所公务接待 21 次，涉及金额 14.3 万元。

三、审计处理及整改情况

对以上审计发现的问题，审计署依法出具了审计报告，下达了审计决定书。华侨城集团通过建立健全相关制度、挽回损失等方式进行整改，具体整改情况由其自行公告。

中华人民共和国审计署
审计结果公告
（2018 年第 36 号）

南光（集团）有限公司
2016 年度财务收支等情况审计结果

（2018 年 6 月 20 日公告）

根据《中华人民共和国审计法》的规定，2017 年 5 月至 6 月，审计署对南光（集团）有限公司（以下简称南光集团）2016 年度财务收支等情况进行了审计，重点审计了南光集团总部及所属南光（上海）投资有限公司等 7 家二级单位，对有关事项进行了延伸和追溯。

一、基本情况

南光集团成立于 1985 年，主要从事日用消费品贸易（包括原油和成品油贸易）等。据其 2016 年度合并财务报表反映，南光集团 2016 年底拥有全资和控股子公司 100 家、参股公司 69 家；资产总额 193.28 亿元，负债总额 32.04 亿元，所有者权益 161.24 亿元，资产负债率 16.58%；当年营业总收入 413.28 亿元，利润总额 10.13 亿元，净利润 9.08 亿元，净资产收益率 6.21%；国有资本保值增值率 112.1%。瑞华会计师事务所（特殊普通合伙）对此合并财务报表出具了标准无保留意见的审计报告。

审计署审计结果表明，南光集团进一步明确发展战略，坚持根植澳门、进军内地、稳健投资；积极履行社会责任，不断加大民生项目投入和经济适度多元发展相关项目的培育，服务澳门的繁荣稳定；推动解决历史遗留问题，加快公司发展建设。审计也发现，南光集团在财务管理和会计核算、经营管理、落实中央八项规定精神及廉洁从业规定等方面还存在一些问题。

二、审计发现的主要问题

（一）财务管理和会计核算方面。

1. 至 2016 年底，南光集团总部未按规定将 46.3 亿元增资款在实收资本中反映，全额计入了资本公积。

2. 2016 年，南光集团未按规定将实际控制的 3 家企业纳入合并财务报表范围，涉及资产 3524.6 万元。

3. 至 2016 年底，南光集团总部为员工购买保险形成的在保险公司公共账户的资金结余 375.36 万元，未纳入集团账务核算。

（二）经营管理方面。

1. 2005 年至 2009 年，南光集团总部及所属 3 家企业未经批准开设 8 个临时存款账户，2016 年超范围收付资金 16.56 亿元。

2. 2010 年，南光集团总部未严格执行内部集体决策程序，决定以 6.37 亿元收购一家公司 80%股权。

3. 2009 年，南光集团总部在下属单位未完成资产评估程序的情况下，决策投资 1.39 亿元收购一家公司 22%的股权，此项投资因被收购方资不抵债、申请破产面临损失。

4. 2006年至审计时，所属南光（上海）投资有限公司等5家企业未经评估对外出租办公楼等，涉及租金1.2亿元。

5. 2010年至2016年，所属一家企业违反内部规定越权与两家企业合作经营橡胶购销业务且发生亏损。至审计时，未采取有效措施追索合作方应分担的亏损1.01亿元。

6. 2012年至审计时，所属一家企业将集团总部名下的商铺出租给下属企业，该下属企业通过转租赚取差价收入8032.89万元，并累计支付其非国有股东分红款2978.69万元。

7. 2016年，所属一家企业部分工程招投标不合规，涉及合同金额351.58万元。

8. 2006年至2017年，南光集团常务董事会未经董事会授权，审定72项基本管理制度。

9. 至审计时，所属一家企业未按要求完成相关资产的产权登记或公司注销工作。

10. 至审计时，所属8家单位未按要求建立主营业务信息系统。

11. 至审计时，南光集团两个房地产项目部分土地长期未开发，涉及土地面积25.08万平方米。

12. 至审计时，南光集团未按要求完成低效无效资产清理处置，还有部分低效无效资产未纳入清理计划。

（三）落实中央八项规定精神及廉洁从业规定方面。

1. 2005年至2011年，南光集团总部违规使用账外资金203.23万元为部分管理人员购买保险。

2. 2009年7月以来，南光集团总部一名中层管理人员未经批准违规兼任7家其他企业法定代表人、董事长等职务。

三、审计处理及整改情况

对以上审计发现的问题，审计署依法出具了审计报告、下达了审计决定书。南光集团通过调整有关会计账目和财务报表、建立健全相关制度等方式进行整改，具体整改情况由其自行公告。

中华人民共和国审计署审计结果公告（2018年第37号）

中国西电集团有限公司 2016年度财务收支等情况审计结果

（2018年6月20日公告）

根据《中华人民共和国审计法》的规定，2017年5月至6月，审计署对中国西电集团有限公司（以下简称中国西电集团）2016年度财务收支等情况进行了审计，重点审计了中国西电集团总部及所属陕西宝光集团有限公司等7家二级单位，对有关事项进行了延伸和追溯。

一、基本情况

中国西电集团成立于1959年，主要从事输变电及控制保护设备的研究、制造、服务等。据其2016年度合并财务报表反映，中国西电集团2016年底拥有全资和控股子公司54家、参股公司13家；资产总额392.44亿元，负债总额159.18亿元，所有者权益233.26亿元，资产负债率40.56%；当年营业总收入164.57亿元，利润总额12.32亿元，净利润10.43亿元，净资产收益率4.54%；国有资本保值增值率103.32%。致同会计师事务所（特殊普通合伙）对此合并财务报表出具了标准无保留意见的审计报告。

审计署审计结果表明，中国西电集团坚持创新驱动，加快产品结构调整，实现规模较快增长；转变发展方式，推动主业降本增效，优化国内外产业布局；完善集团管控模式，不断健全预算管理和业绩考核评价体系，提升经营管理水平。审计也发现，中国西电集团在财务管理和会计核算、经营管理、落实中央八项规定精神及廉洁从业规定等方面还存在一些问题。

二、审计发现的主要问题

（一）财务管理和会计核算方面。

1. 所属西安西电鹏远重型电炉制造有限公司

等两家企业将2015年应计提的存货跌价准备推迟到2016年计提，造成2016年少计利润1816.84万元。

2. 2016年，中国西电集团合并财务报表时，对内部关联交易抵销不充分，造成多计利润1398.11万元；未将一家实际控制的子公司纳入合并报表范围，涉及资产486.9万元，少计利润28.18万元。

3. 2016年，中国西电集团总部及所属两家单位列支交通补贴、通信费等工资性支出198.5万元，未纳入工资总额核算。

4. 2016年，所属成都西电蜀能电器有限责任公司等两家企业推迟确认设备销售收入，造成少计当年利润22.39万元。

（二）经营管理方面。

1. 2006年至2016年，中国西电集团16个事项未严格履行决策程序或办理审核备案手续，涉及金额29.23亿元。

2. 2010年至2016年，所属西安西电高压开关有限责任公司等10家企业的2.59亿元咨询费支出未按规定向集团备案。

3. 2008年，中国西电集团未严格履行决策程序，同意一家所属企业对外提供担保，至审计时上述担保事项已形成损失风险2.01亿元。

4. 2010年7月，中国西电集团批准所属单位收购外部企业股权。由于收购时风险考虑不充分、收购后运营管理不到位等，至2016年底被收购企业累计亏损1.82亿元。

5. 2016年，所属西安西电电力电容器有限责任公司投资1.45亿元的技术改造项目，因产品市场占有率下滑等，年产值未达到预期目标。

6. 2011年，中国西电集团批准一家所属企业新建的部分产能不符合国家产业政策。至2016年底，该企业累计亏损1.44亿元。

7. 2012年，中国西电集团在尚未取得正式批复文件的情况下，投资9635.1万元认购股票。

8. 2009年，中国西电集团违反逐步降低对所属西安天翼新商务酒店有限公司持股的承诺，仍出资493.19万元增持至100%股权，至2016年底该企业累计亏损8399.37万元。

9. 2009年，中国西电集团将一个已基本完工项目作为新建项目，申请并获取建设资金7305万元。

10. 2014年至2016年，中国西电集团与外部企业成立的合资公司，由于产品在目标市场未取得突破等，累计亏损6317.3万元。

11. 至审计时，因对贸易业务风险控制不到位，中国西电集团所属一家企业有5207.4万元应收账款逾期未收回。

12. 至审计时，中国西电集团所属一家企业的3个项目因前期调查不充分等面临损失或形成亏损4145.56万元。

13. 2006年，在所属西安西电变压器有限责任公司（以下简称西电西变公司）未经评估的情况下，中国西电集团同意其对控股子公司增资2000万元。

14. 2008年，所属西电西变公司未严格履行决策程序为供应商融资2000万元。

15. 2011年，中国西电集团所属一家企业未经充分评估风险成立合资公司，后因持续亏损将股份转让，形成损失320万元。

16. 2016年，所属西电西变公司未按内部规定通过公开招标方式销售废旧物资，涉及金额258.39万元。

17. 2013年至2015年，中国西电集团未严格履行决策程序，向所属企业发放奖金140万元。

18. 2016年，所属西安西电光电缆有限责任公司贷款长期逾期，新增罚息136.43万元。

19. 2016年，所属西电西变公司违规内部拆借资金34.16万元。

20. 2013年，所属陕西宝光集团有限公司未报经集团批准，减持股票245万股。

21. 至审计时，中国西电集团3个项目未按时建成，实际完成计划总投资的67.4%。

22. 至审计时，中国西电集团未按要求完成产权股权类低效无效资产清理处置工作；2015年至2016年，中国西电集团未按要求完成年度应收账款和存货压控部分工作。

23. 2014年至2017年，中国西电集团违反关于财务公司年度投资额度不应超过其净资产70%的规定，调高所属西电集团财务有限责任公司的年度投资额度。

24. 至2016年底，中国西电集团未按要求及时开展投资项目后评价工作。

（三）落实中央八项规定精神及廉洁从业规定方面。

1. 2014 年，所属成都西电蜀能电器有限责任公司等 7 家企业的 22 名中高层管理人员，未按规定报批出国参加培训项目，发生费用 86.41 万元。

2. 2013 年至审计时，中国西电集团及所属西安西电开关电气有限公司的 21 名高管人员存在领取交通补贴的同时使用公务用车以及超标准乘坐交通工具等问题，涉及金额 38.7 万元。

3. 2014 年至 2016 年，中国西电集团及所属西安西电开关电气有限公司列支招待费用报销程序不合规，涉及金额 7.03 万元。

三、审计处理及整改情况

对以上审计发现的问题，审计署依法出具了审计报告、下达了审计决定书。中国西电集团通过调整有关会计账目和财务报表、建立健全相关制度等方式进行整改，具体整改情况由其自行公告。

中华人民共和国审计署审计结果公告（2018 年第 38 号）

中国国新控股有限责任公司 2016 年度财务收支等情况审计结果

（2018 年 6 月 20 日公告）

根据《中华人民共和国审计法》的规定，2017 年 5 月至 6 月，审计署对中国国新控股有限责任公司（以下简称中国国新）2016 年度财务收支等情况进行了审计，重点审计了中国国新总部及所属中国文化产业发展集团、国星集团有限公司等 6 家二级单位，对有关事项进行了延伸和追溯。

一、基本情况

中国国新成立于 2010 年，主要从事授权范围内国有资产经营与管理、国有股权经营与管理、受托管理、资本运营，以及国资委授权、委托的其他业务。据其 2016 年度合并财务报表反映，中国国新 2016 年底拥有全资和控股子公司 158 家、参股公司 54 家；资产总额 2044.72 亿元，负债总额 727.11 亿元，所有者权益 1317.61 亿元，资产负债率 35.6%；当年营业总收入 65.22 亿元，利润总额 48.69 亿元，净利润 47.42 亿元，净资产收益率 3.87%；国有资本保值增值率 101.1%。大信会计师事务所（特殊普通合伙）对此合并财务报表出具了标准无保留意见的审计报告，该审计报告在中国货币网公开。

审计署审计结果表明，中国国新明确企业战略规划，推动相关制度体系建设，完善选人用人机制；搭建中央企业金融服务平台，推进产业基金设立和运营，参与促进中央企业重组整合，指导所出资企业健全法人治理结构。审计也发现，中国国新在财务管理和会计核算、经营管理、落实中央八项规定精神及廉洁从业规定等方面还存在一些问题。

二、审计发现的主要问题

（一）财务管理和会计核算方面。

1. 2016 年，中国国新总部未按规定采用公允价值对股权投资进行后续计量，造成少计资产 2.44 亿元。

2. 2016 年，中国国新所属 3 家单位未在资产负债表中正确列示应交税金，造成中国国新合并财务报表少计资产、负债各 4367.23 万元。

3. 2016 年，中国国新未将两家全资子公司纳入合并财务报表范围，造成少计利润 3661.15 万元。

4. 2016 年，所属国星集团有限公司计提应于 2015 年计提的商誉减值准备，造成少计当年利润 4209.31 万元。

5. 2016 年，中国国新所属一家企业未按规定核算固定资产，造成少计固定资产 938.36 万元。

（二）经营管理方面。

1. 2016 年 11 月，中国国新在未经报备的情况下即同意所属单位支付股权收购资金 19.21 亿元。

2. 2013 年，一家代持股企业未经充分论证，出资 19.8 亿元收购一家公司股权，至审计时被收购公司累计亏损13.71亿元。

3. 2014年，国新国际投资有限公司有5.98亿元资金的投向不符合要求。

4. 2016年，中国国新未经集体决策，向所属中国文化产业发展集团提供5.4亿元借款。

5. 2012年至审计时，所属中国文化产业发展集团违反内部规定，签订56份租期超过3年的出租合同，合同总金额2.69亿元。

6. 2012年，中国国新未经充分论证同意所属企业出资2.45亿元对外收购一公司股权并增资，收购形成的资产长期闲置。

7. 2012年，所属国星集团有限公司一个投资项目未按规定向集团报批，建成后形成的1.34亿元资产长期闲置。

8. 2017年4月，中国国新在所属单位未经评估的情况下，同意其以8210万元的价格对外转让债权。

9. 2014年9月至审计时，中国国新所属单位未经集团批准投资5508万元购买股票，至2017年4月底已形成浮亏1455.24万元。

10. 2011年至2014年，所属中国印刷总公司、中国印刷物资总公司未取得建设工程规划许可即对厂房实施改扩建，增加面积1.75万平方米。

11. 至审计时，中国国新未按要求及时向一家企业拨付资金。

12. 中国国新一只产业投资基金未按要求吸纳社会资本，该基金投资的5个项目不符合投向要求。

13. 中国国新落实推动中央企业布局结构调整和改革重组的要求成效不明显，仅在组建后两年内接收重组过两家公司。

14. 2016年，中国国新未按要求将所属一家符合特困企业及“僵尸企业”条件的企业上报纳入清理范围。

15. 至审计时，中国国新未按要求完成低效无效资产清理处置、公司制改革、公务用车改革和所属企业清理销户等工作。

16. 至审计时，中国国新未按要求制定信息系统建设总体规划。

（三）落实中央八项规定精神及廉洁从业规定方面。

1. 2015年至2016年，中国国新总部超标准租用公务用车25辆，支付租金257.4万元。

2. 2014年至2015年，中国国新总部购买高档礼品等支出3.59万元。

三、审计处理及整改情况

对以上审计发现的问题，审计署依法出具了审计报告、下达了审计决定书。中国国新通过调整有关会计账目和财务报表、建立健全相关制度等方式进行整改，具体整改情况由其自行公告。

中华人民共和国审计署
审计结果公告
（2018年第39号）

中国工商银行股份有限公司
2016年度资产负债损益审计结果

（2018年6月20日公告）

根据《中华人民共和国审计法》的规定，2017年7月至9月，审计署对中国工商银行股份有限公司（以下简称工商银行）2016年度资产负债损益情况进行了审计，重点审计了工商银行总行和所属北京、上海、河北、江苏、浙江分行及工银金融租赁有限公司（以下简称工银租赁）等9家二级单位，对有关事项进行了延伸和追溯。

一、基本情况

工商银行于2006年10月在上海证券交易所和香港联合交易所挂牌上市。据其2016年度合并财务报表反映，工商银行2016年底资产总额241372.65亿元，负债总额221561.02亿元，所有者权益19811.63亿元；当年营业收入6758.91亿元，净利润2791.06亿元。毕马威华振会计师事务所对此合并财务报表出具了无保留意见的审计报告，该审计报告在工商银行官方网站公开。

审计署审计结果表明，工商银行坚持稳健经营，完善行业信贷政策，优化区域布局，对接国家重大战略，资产总额和净利润实现较大增长；完善法人治理，较好地落实“三重一大”决策制度；推动国际化发展，建立全球化服务网络，参与“一带一路”建设；加强全功能银行系统、境外综合业务系统和综合价值管理系统三个信息系统平台建设，提升科技创新能力。审计也发现，工商银行在业务经营、公司治理和内部管理、风险管控、落实中央八项规定精神及廉洁从业规定等方面还存在一些问题。

二、审计发现的主要问题

（一）业务经营方面。

1. 2011 年至 2016 年，上海、江苏等 8 家分行和票据营业部上海分部未严格执行贷前审核，违规向不符合条件的企业办理贷款、票据贴现、黄金租赁等业务，涉及金额 134.08 亿元。

2. 2012 年至 2016 年，黑龙江、河南、湖北等 8 家分行理财业务存在违规同业发售、调节收益及向不符合条件客户提供融资、未纳入统一授信管理等问题，涉及金额 666.1 亿元。

3. 2012 年至 2014 年，工银租赁在弥补不良资产损失、办理融资等方面存在不合规问题，涉及金额 23.22 亿元。

4. 2013 年至 2016 年，河北、上海、浙江分行违规向被环保处罚且未整改完毕、产能过剩等企业提供新增融资 14.96 亿元。

5. 2013 年至 2016 年，河北、江苏分行未严格执行监管规定，违规向房地产企业发放并购贷款 36.24 亿元。

6. 2016 年，浙江分行违规将个人理财资金投向股票二级市场等，涉及金额 11.45 亿元。

7. 2014 年至 2016 年，上海、浙江分行向实际承担地方政府融资平台功能的机构提供贷款、理财融资等 119.32 亿元。

8. 2012 年至 2016 年，工商银行在未实质性提供服务等情况下，向小微企业、融资平台公司等收取财务顾问费 24.13 亿元。

9. 工商银行小微企业贷款统计不准确，涉及金额 896.77 亿元。

（二）公司治理和内部管理方面。

1. 至 2016 年底，工商银行公司章程中关于董事会审议监事薪酬的规定，尚未按照商业银行公司治理指引要求及时修订。

2. 2011 年至 2016 年，工商银行总行及北京、河北、上海、浙江 4 家分行以职工福利费、工会经费等名义发放津补贴 11.6 亿元，未纳入工资总额管理；费用列支不规范等，涉及金额 6959.19 万元。

3. 2015 年至 2016 年，河北、北京、云南、上海 4 家分行存在建设项目未按规定及时竣工决算、个别土地及房产长期闲置或处置程序不规范等问题。

4. 2011 至 2016 年，工商银行及所属河北、浙江分行未严格执行集中采购制度，存在外部专家比例规定不明确、未按规定报告、未按规定招标等问题，涉及金额 205.29 亿元。

5. 2016 年，工商银行代销保险限额管控不严格，超限额代销 11 家保险公司保险产品 1188.21 亿元。

6. 2012 年至 2014 年，河北分行等 8 家分支机构为完成时点考核任务，用借入的保险资金虚增一般性存款 32.9 亿元。

（三）风险管控方面。

1. 至 2016 年底，工商银行总行、浙江分行部分理财产品投资项目因投资对象破产清算等存在违约风险，涉及金额 45.55 亿元。

2. 2012 年以来，工银租赁部分境内外投融资项目因国际油价下跌等出现风险，涉及金额 12.34 亿元。

3. 2010 年以来，工银国际控股有限公司（以下简称工银国际）、中国工商银行（亚洲）有限公司境内贷款或投资尽职调查不充分，3.12 亿美元融资面临损失。

4. 工商银行 11 家境外机构未采取有效汇率风险防范措施，形成不良资产 4100.45 万美元。

5. 工银瑞信基金管理有限公司引入的担保机构被吊销业务许可，至审计时尚有担保余额 23.8 亿元。

6. 个别分支机构信贷管理中存在资产风险分类不准确、地域性“担保圈”、行业过度授信等风险问题。

（四）落实中央八项规定精神及廉洁从业规定方面。

1. 2013 年至 2014 年，上海、云南分行存在购买购物卡、礼品等问题，涉及金额 1248.8

万元。

2. 2013年至2015年，工银国际管理层领用以前年度购入的高档红酒18支用于商务接待。

三、审计处理及整改情况

对以上审计发现的问题，审计署依法出具了审计报告，下达了审计决定。工商银行正在组织整改，至2018年5月整改率96%，完善制度258项，处理责任人662人次，具体整改结果由其自行公告。

中华人民共和国审计署审计结果公告（2018年第40号）

中国农业银行股份有限公司 2016年度资产负债损益审计结果

（2018年6月20日公告）

根据《中华人民共和国审计法》的规定，2017年7月至9月，审计署对中国农业银行股份有限公司（以下简称农业银行）2016年度资产负债损益情况进行了审计，重点审计了农业银行总行和所属北京、上海、广东、福建、陕西、深圳分行及农银汇理基金管理有限公司（以下简称农银汇理公司）等7家二级单位，对有关事项进行了延伸和追溯。

一、基本情况

农业银行于2010年7月在上海证券交易所和香港联合交易所挂牌上市。据其2016年度合并财务报表反映，农业银行2016年底资产总额195700.61亿元，负债总额182484.7亿元，所有者权益13215.91亿元；当年营业收入5060.16亿元，净利润1840.6亿元。普华永道中天会计师事务所（特殊普通合伙）对此合并财务报表出具了标准无保留意见的审计报告，该审计报告在农业银行官方网站公开。

审计署审计结果表明，农业银行积极加大对重大战略、重大项目的信贷支持，创新小微、涉农信贷业务，服务实体经济；推进经营机制改革，全面推开三农金融部改革；加强内控风险管理，修订完善内控制度，加强案件防控和问责整改。审计也发现，农业银行在业务经营、公司治理和内部管理、风险管控、落实中央八项规定精神及廉洁从业规定等方面还存在一些问题。

二、审计发现的主要问题

（一）业务经营方面。

1. 2013年至2016年，河北、福建、深圳、上海、广东5家分行违规向提供虚假资料的企业提供贷款、办理票据贴现等，涉及金额40.69亿元。

2. 2014年10月至2016年底，农业银行通过理财资金向房地产企业提供融资、违规向土地储备中心和部分建筑工程施工许可证等“四证”不全的房地产企业等提供融资，涉及金额96.44亿元。

3. 2015年至2016年，上海、广东2家分行及农银国际（中国）投资有限公司违规向地方政府融资平台或实际承担融资平台功能的企业提供融资17.37亿元。

4. 2014年至2016年，农业银行三农金融部贷款增速等信贷指标未完成有关考核要求；未严格执行涉农贷款统计制度，将向城市法人和长期居住地为城市的个人发放贷款按涉农贷款统计，至2016年底余额227.54亿元。陕西分行向具有城镇户口或公职身份的人员发放农民安家贷款211.89万元。

5. 2015年和2016年，农业银行将向不符合小微企业标准的金融机构、企事业单位发放的贷款按小微企业贷款统计，至2016年底余额228.35亿元。2015年底、2016年底的小微企业贷款余额中，单户500万元以下占比偏低，仅为4.41%和3.56%。

6. 2016年，福建省分行在监管部门明确禁止的情况下，违规设立时点性存款规模考核指标。

7. 2014年10月和2015年1月，北京分行违规为从事虚拟货币交易的两家企业提供结算服务。

8. 2015年1月，农业银行将按其行内标准评估为常规合作的保险公司调整为重点合作公司并下达保费指导计划。

9. 2014年至2016年，福建、上海2家分行在未提供实质性服务的情况下，向企业收取顾问费等1711.71万元。

10. 2014年11月和2015年6月，农业银行借助信托等通道将理财资金15.24亿元违规投资本行非公开发行优先股。

（二）公司治理和内部管理方面。

1. 至2016年2月，农业银行有4项董事会议案、3项股东大会议案未按规定提交党委会审议，有51项境内机构调整事项事后未按规定报告董事会。

2. 2013年至2016年，上海、北京2家分行及农银汇理公司、武汉培训学院在工资总额之外发放补贴1.92亿元，总行及陕西、福建等3家分行、农银汇理公司存在损益不实、费用报销管理不规范等问题2429.76万元。

3. 至2016年底，农业银行有5处房产长期闲置，涉及14.71万平方米；北京市分行未严格按照总行批复要求签订房屋租赁合同，至审计时已按合同支付租金和物业费1538.31万元，租用的房屋因未完成工程竣工验收备案手续一直无法使用。

4. 2007年至2016年，农业银行总行及所属信用卡中心、北京分行等单位在集中采购管理中，存在未按规定聘请外部专家、未向主管财政部门报告、未严格执行采购价格等问题，涉及金额3040.59万元。

5. 2014年至2016年，农业银行重要信息系统突发事件定级不够准确，10起系统突发事件未及时上报；C3信贷管理系统部分数据不准确。

（三）风险管控方面。

1. 2011年至2016年，北京分行因未严格执行票据出入库制度、未经批准销售非本行理财产品等，39.15亿元资金面临损失风险。

2. 至2016年底，农业银行部分理财资金投向其他金融机构发行的理财产品。

3. 个别分支机构信贷管理中存在资产风险分类不准确、地域性“担保圈”、行业过度授信等风险问题。

（四）落实中央八项规定精神及廉洁从业规定方面。

1. 2015年，农业银行总行10名部门总经理级别人员在国内出差乘坐飞机头等舱并全额报销15次。

2. 中央八项规定出台后，所属长春培训学院、福建省分行仍存在消费高档酒水问题。

三、审计处理及整改情况

对以上审计发现的问题，审计署依法出具了审计报告，下达了审计决定。农业银行正在组织整改，已制定修改相关制度、办法等35个，完善系统建设5项，处理有关责任人670人次，具体整改情况由其自行公告。

中华人民共和国审计署
审计结果公告
（2018年第41号）

中国中信集团有限公司
2016年度资产负债损益审计结果

（2018年6月20日公告）

根据《中华人民共和国审计法》的规定，2017年7月至9月，审计署对中国中信集团有限公司（以下简称中信集团）2016年度资产负债损益情况进行了审计，重点审计了中信集团本级及所属中信银行股份有限公司、中信信托有限责任公司（以下简称中信银行、中信信托）等36家二级单位，对有关事项进行了延伸和追溯。

一、基本情况

中信集团成立于1979年，是经国务院批准设立的金融服务与实业投资的综合性企业集团。据其2016年度合并财务报表反映，中信集团2016年底资产总额65204.44亿元，负债总额58555.87亿元，所有者权益6648.57亿元；当年营业收入3511.14亿元，净利润538.5亿元。普华永道中天会计师事务所（特殊普通合伙）对此合并财务报表出具了标准无保留意见的审计报告。

审计署审计结果表明，中信集团注重落实金融支持实体经济，参与“走出去”和“一带一路”建设，加大对战略性新兴产业投入；完善公司治理，加强风险管控，实施全面预算管理，加大对重大项目及重要风险领域等的内审监督力度。审计也发现，中信集团在业务经营、公司治理和内部管理、风险管控、落实中央八项规定精神及廉洁从业规定等方面还存在一些问题。

二、审计发现的主要问题

（一）业务经营方面。

1. 2015 年 1 月至审计时，所属中信信托、中信银行和中信金融租赁有限公司违规向地方政府融资平台或实际承担融资平台功能企业提供融资 205.1 亿元。

2. 2013 年至审计时，所属中信银行、中信信托未严格执行监管规定，向“四证”不全或低密度房地产项目提供融资 211.01 亿元，另有部分融资被用于缴纳土地出让金。

3. 2014 年 10 月至 2015 年 8 月，所属中信银行、中信信托向高污染、高耗能企业提供新增融资 105 亿元。

4. 至审计时，所属中信泰富特钢集团有限公司下属 5 家企业有 3 台设备未按规定淘汰，有 14 个项目未经环评即开工实施或投入生产等。

5. 2011 年至 2015 年，所属中信银行 5 家分支机构通过安排借款企业循环质押存单融资或提供质价不符的财务顾问服务等方式，向 12 家企业多收取利息和财务顾问费等 1741.79 万元。

6. 2016 年，所属中信银行、中信信托在小微企业、理财业务、集合信托等方面，有 3 项指标未达到监管要求。

7. 2013 年至审计时，所属中信银行的 2 家分行向贸易背景不真实的企业融资 21.38 亿元，另有 2 家分行 10.38 亿元贷款被挪用；3 家分支机构违规使用一般客户理财资金为企业股权收购项目提供融资 66.25 亿元。

8. 2015 年 3 月至 6 月，所属中信银行 2 家分行通过“存贷挂钩”等方式虚增存款规模 12.2 亿元。

9. 2014 年 3 月至 2016 年 3 月，所属中信和业投资有限公司等 5 家企业存在违反合同约定多支付项目单位奖金、超标准新建办公楼和国有资产处置不规范等问题，涉及金额 19.49 亿元。

（二）公司治理和内部管理方面。

1. 2010 年至审计时，中信集团和所属 12 家企业存在违规决策或决策不审慎、超授权审批和先决策后报批等问题。

2. 2011 年至 2015 年，所属中信银行因董事会调整而未有效落实公司发展战略规划要求，11 项可量化指标未完成；所属中信证券股份有限公司股东大会议事规则中未明确对董事会的授权原则和内容。

3. 至审计时，中信集团未按要求压缩股权和管理层级，所属中信旅游集团有限公司等 7 家企业仍存在交叉持股问题。

4. 2011 年至 2015 年，中信集团发展规划部分重要财务指标未完成，同时存在产业布局广、行业多、低效资产比例偏高等问题，影响金融控股集团综合经营优势发挥。

5. 2011 年至审计时，中信集团及所属 20 家企业在工资总额外发放津补贴等 1.39 亿元，会计核算不规范等涉及金额 10.71 亿元。

6. 2011 年至审计时，所属中信银行等 12 家企业在采购管理中存在违反招标规定等问题，涉及金额 44.24 亿元。

7. 至审计时，所属中信旅游集团有限公司及其下属 25 家企业，在使用“中信”商标等方面存在不规范问题。

8. 至审计时，中信集团及所属 3 家企业存在信息管理平台建设工作推进缓慢，信息科技人员占比不符合监管要求，以及 IT 治理未按制度要求执行等问题。

9. 至 2017 年底，所属中信重工机械股份有限公司和中信机电制造公司 3 个重点项目推动落实缓慢；中信国安集团有限公司落实混合所有制改革要求不到位。

（三）风险管控方面。

1. 2016 年，所属中信银行个别分支机构和另外 2 家所属企业资产风险分类不够准确。

2. 2012 年至 2014 年，所属中信重型机械有限责任公司等 4 家企业抵质押和实物资产管理不到位，5.61 亿元资产面临损失风险；中信银行 1

家分行有18.1亿贷款因对借款人资金流缺乏有效制约，面临质权悬空风险。

3. 2015年以来，中信信托未严格落实清理资金池、不得新增非标资产投资的监管要求，继续以“非标转标”方式新增低流动性资产，至审计时余额75.65亿元。

4. 2015年5月至10月，所属中信银行2家分支机构购买其他银行违规销售的理财产品53.5亿元。

5. 至审计时，中信集团中澳铁矿石项目已形成重大亏损且未来盈利预期仍不明确，面临较大风险。

（四）落实中央八项规定精神及廉洁从业规定方面。

1. 2009年至审计时，中信集团及所属2家企业存在管理人员兼职取酬或违规发放高管人员等薪酬奖金问题，涉及金额2609.94万元。

2. 中央八项规定出台后，所属10家企业仍然存在高标准公务消费和超标准配备公务用车、乘坐交通工具等问题。

三、审计处理及整改情况

对以上审计发现的问题，审计署依法出具了审计报告、下达了审计决定书。中信集团正在组织整改，至2018年4月，已制定和修订制度146项，处理责任人219人次，具体整改情况由其自行公告。

中华人民共和国审计署审计结果公告（2018年第42号）

审计署移送违纪违法问题线索查处情况

（2018年6月20日公告）

审计署对移送有关部门的违纪违法问题线索，定期跟踪了解其查处情况。现将近期了解到的查处情况公告如下：

一、辽宁省委原书记王珉利用职务便利为他人谋利问题

审计发现，2012年，时任辽宁省委书记王珉涉嫌在土地出让中违规操作，为他人投资房地产谋取不正当利益。2015年4月，审计署将此问题线索移送中央纪委调查。2016年8月，中央纪委、原监察部经与其他问题线索合并调查，给予王珉开除党籍、开除公职处分；2017年8月，河南省洛阳市中级人民法院以受贿罪、贪污罪、玩忽职守罪判处王珉无期徒刑，并处没收全部个人财产。

二、中国华能集团公司原副总经济师宝玉等挪用公款等问题

审计发现，2009年，宝玉在担任华能能源交通产业控股有限公司执行董事期间，涉嫌指使下属企业铜川西川矿业有限公司总经理胡亮低价销售煤炭25万吨、造成损失1442万元；伙同煤炭业务部经理王满长违规对外出借资金7亿元。2013年2月，审计署将此问题线索移送中央纪委调查。2016年12月，辽宁省大连市中级人民法院以挪用公款罪、受贿罪、为亲友非法牟利罪等，判处宝玉和王满长无期徒刑、胡亮有期徒刑4年，并处没收个人财产100万元、罚金180万元。

三、上海市电力公司原总经理冯军违规干预资产处置造成国有权益损失问题

审计发现，2013年，冯军涉嫌利用职务便利，违规干预上海市电力公司下属企业资产处置业务，造成国有权益损失。2014年11月，审计署将此问题线索移送中央纪委调查。2017年3月，上海市第一中级人民法院以受贿罪判处冯军无期徒刑，剥夺政治权利终身。

四、湖南中烟工业有限责任公司原总经理周昌贡等人受贿、挪用资金等问题

审计发现，2007年至2012年，周昌贡涉嫌利用职务便利为他人谋取巨额利益；湖南中烟工业有限责任公司所属湖南嘉华房地产开发有限公司财务总监雷玉亮，涉嫌挪用资金5500万元进行个人营利活动。2013年至2014年，审计署将上述问题线索分别移送中央纪委和最高人民检察院调查。至2017年8月，湖南省衡阳市中级人民法院以受贿罪判处周昌贡无期徒刑，剥夺政治权利终身，并处没收个人全部财产，追缴所有违法所得；长沙市中级人民法院以挪用公款罪判处雷玉亮有期徒刑6年。

五、中国电子第六研究所原所长助理李明浩受贿问题

审计发现，2008年至2014年，李明浩在兼任北京华胜计算机有限公司总经理期间，涉嫌违规开展融资性贸易造成1亿多元资金面临损失风险，并收受贿赂。2015年11月，审计署将此问题线索移送最高人民检察院调查。2017年6月，北京市第四中级人民法院以受贿罪、挪用公款罪、贪污罪，判处李明浩有期徒刑16年，并处罚金120万元。

六、中国电子科技集团第十四研究所原党委书记、副所长郁蔚铭违规发放委托贷款问题

审计发现，2011年至2015年，郁蔚铭涉嫌滥用职权，违规向控股企业发放委托贷款19亿多元，部分被挪用或去向不明，造成国有权益损失。2015年4月，审计署将此问题线索移送最高人民检察院调查。2018年1月，江苏省南京市中级人民法院以国有事业单位人员滥用职权罪判处郁蔚铭有期徒刑3年（缓刑5年）。

七、中远散货运输（集团）有限公司好望角船队原总经理向世超等人受贿问题

审计发现，2008年至2013年，向世超等人涉嫌在租船业务中利用职务便利收受贿赂。2015年2月，审计署将此问题线索移送中央纪委调查。2017年8月至12月，天津市第一中级人民法院、天津市和平区人民法院等以受贿罪判处向世超等7人有期徒刑6个月至8年6个月不等，并处罚金82万元；追回相关资金851.63万元。

八、抚顺矿业集团有限公司原董事长尹亮为他人非法经营提供便利问题

审计发现，2010年至2012年，尹亮涉嫌违规为他人倒卖煤炭提供便利。2016年10月，审计署将此问题线索移送辽宁省纪委调查。2017年3月，辽宁省纪委经与其他问题线索合并调查，给予尹亮开除党籍处分，涉嫌犯罪的问题线索已移送司法机关处理。

九、长庆油田分公司原副总经理杨再生违反廉洁从业规定问题

审计发现，2010年至2012年，杨再生涉嫌默许其子在业务管辖范围内从事营利性活动并收受他人钱款。2017年1月，审计署将此问题线索移送中国石油天然气集团公司调查。2017年5月，中国石油天然气集团公司给予杨再生撤销党内职务、行政撤职处分；追回相关资金578.4万元。

十、水利部及其所属单位16名公职人员本人或亲属违规入股企业问题

审计发现，2005年以来，水利部水土保持司副司长郭索彦等16名司处级干部本人或亲属先后违规入股该司原司长焦居仁（已退休）所办的企业。2017年6月，审计署将此问题线索移送水利部调查。2017年12月，水利部党组给予焦居仁、郭索彦等20人党内除名、严重警告等处理处分。

十一、中国新闻社原社长刘北宪等人输送利益问题

审计发现，2003年至2015年，中国新闻社原社长刘北宪、原副总编辑刘小青等人涉嫌违规决策，向有关企业输送利益。2017年5月，审计署将此问题线索分别移送主管部门和纪检机关调查。2017年11月，刘北宪、刘小青等人受到开除党籍、党内严重警告和免除职务、取消退休待遇等处理处分；涉嫌犯罪的问题线索已移送司法机关处理，追回相关资金1100万元。

十二、四川省凉山彝族自治州有关人员收受工程回扣等问题

审计发现，2014年至2015年，凉山州越西县中所镇和平村原村支书俄里布古、村委会原主任吉潘木古，涉嫌利用职务便利收受工程回扣28.5万元；喜德县公安局政委阿说火铁涉嫌利用职务便利，安排会计谢宇挪用公款20万元出借给其亲属。2016年，审计署将上述问题线索分别移送四川省纪委和四川省人民检察院调查。至2017年12月，越西县人民法院以受贿罪判处俄里布古、吉潘木古有期徒刑3年（缓刑3年），并处罚金10万元；凉山州纪委、原监察局给予阿说火铁开除党籍、行政降级处分，给予谢宇行政记大过处分。

十三、四川省古蔺县有关部门及管理人员违规操作造成扶贫资金损失问题

审计发现，2012年至2016年，古蔺县有关主管部门涉嫌审核不严造成扶贫资金被骗取套取，管理人员朱文国、姜河等人在扶贫开发项目中利用职务便利承揽工程、兼职取酬等，涉及资金700多万元。2017年，审计署将相关问题线索移送四川省纪委调查。至2017年9月，黄文松、宋财富、杨刚等3名企业法定代表人被以诈骗罪判处有期徒刑2年（缓刑2年）至5年不等，并处罚金2万元；朱文国、姜河等17名责任人受到党内严重警告、党内警告、诫勉谈话等处理处分；已追回相关资金361.5万元。

十四、四川省苍溪县友谊猕猴桃专业合作社骗取扶贫资金问题

审计发现，2015年，该合作社涉嫌通过伪造建档立卡贫困户入股信息、提供虚假项目实施方案等方式，骗取扶贫资金120万元。2017年7月，审计署将此问题线索移送四川省纪委调查。2017年7月，苍溪县纪委给予6名责任人党内严重警告、党内警告等处分。

十五、云南省昆明市东川区铜都街道办事处紫牛村委会原主任段美明骗取扶贫资金问题

审计发现，2012年至2013年，段美明涉嫌通过虚构枣苗采购数量骗取扶贫资金。2016年9月，审计署将此问题线索移送云南省纪委调查。2017年4月，昆明市东川区人民法院以贪污罪判处段美明有期徒刑3年（缓刑5年），并处罚金20万元；已追缴违法所得28.26万元。

十六、甘肃省庆阳市宁县焦村镇王咀村原党支部书记马仲元等人骗取扶贫资金问题

审计发现，2014年，马仲元等人涉嫌通过虚假支付苗木款等方式骗取扶贫资金。2016年7月，审计署将此问题线索移送甘肃省纪委调查。2017年10月，宁县纪委给予马仲元等3名责任人撤销党内职务、党内严重警告等处分；已追回违纪所得1.3万元。

十七、陕西省2个县区有关部门审核把关不严致使扶贫资金被骗取问题

审计发现，2012年至2016年，安康市汉滨区和汉中市西乡县有关部门及部分村镇审核把关不严，导致613户非贫困户享受扶贫补助18万多元，1家企业违规获得金融扶贫创业贷款100万元。2017年4月，审计署将此问题线索移送陕西省人民政府调查。2017年5月至7月，汉滨区、西乡县纪检监察部门给予55名责任人党内严重警告、行政警告等处分；已追回相关资金18.92万元。

十八、四川省北川县通口镇小坪村村委会主任祝仕彬违规承揽扶贫工程谋利问题

审计发现，2014年，祝仕彬在组织实施该村风貌改造及基础设施扶贫项目中，涉嫌利用职务便利违规承揽工程，涉及扶贫资金130多万元。2017年2月，审计署将此问题线索移送四川省纪委调查。2017年7月，通口镇纪委给予祝仕彬党内严重警告处分，对其他3名相关责任人进行了诫勉谈话。

十九、海南省琼中县有关部门和公职人员违规操作造成扶贫资金损失等问题

审计发现，2012年至2015年，琼中县委宣传部、发展改革委、民族宗教委等3个部门涉嫌审核把关不严，造成38万多元财政资金被套取骗取；县水务局3名公职人员涉嫌利用职务便利，借用资质承揽扶贫工程设计业务。2016年，审计署将上述问题线索移送海南省人民政府调查。至2016年底，琼中县纪检监察部门给予6名责任人党内严重警告、党内警告、行政记过等处分；已追回相关资金32.5万元。

二十、海南省五指山市扶贫办违规列支扶贫经费问题

审计发现，2016年12月，五指山市扶贫办涉嫌违规列支扶贫经费6万多元，用于弥补以前年度超市购物欠款。2018年1月，审计署将此问题线索移送海南省人民政府调查。2018年1月，五指山市纪委给予2名责任人党内严重警告处分。

二十一、山西省吕梁市兴县部分村干部违规分配扶贫补贴等问题

审计发现，2014年至2017年，兴县圪垯上乡、孟家坪乡、蔡家崖乡、高家村镇等4个乡镇的6名村干部，涉嫌违规为本人或亲友安排扶贫财政补贴和优惠政策。2017年12月，审计署将此问题线索移送兴县脱贫攻坚领导小组调查。2018年1月，6名责任人受到党内严重警告、党内警告等处分，违规享受的扶贫优惠政策已取消；已追回财政补贴49.66万元。

二十二、宁夏回族自治区卫生和计划生育委员会干部培训中心原主任李生苍骗取财政资金问题

审计发现，2015年10月和12月，李生苍在协助组织财务管理人员培训班、全科医生培训班期间，涉嫌通过虚开发票等方式骗取财政资金14万元。2017年6月，审计署将此问题线索移送宁夏回族自治区纪委调查。至2018年3月，李生苍受到留党察看一年和行政撤职处分，并全额退缴了违纪所得资金。

二十三、3家创业投资管理公司骗取科技型中小企业创业投资引导基金问题

审计发现，2010年至2015年，乔继昌等人控制的北京乐邦乐成创业投资管理有限公司等3家公司，涉嫌串通30家企业弄虚作假骗取科技型中小企业创业投资引导基金3400多万元。2015年12月，审计署将此问题线索移送公安部调查。2017年10月，江苏省淮安市中级人民法院以诈骗罪判处乔继昌等4人有期徒刑3年至12年不等，并处罚金105万元，1人因犯罪情节轻微免予刑事处罚；已追回相关资金823.04万元。

二十四、辽宁省昌图振宇农资配送有限公司法定代表人王振宇骗取财政资金问题

审计发现，2011年至2012年，王振宇涉嫌通过伪造项目建设审批手续、财务资料等方式，骗取财政资金160多万元。2016年6月，审计署将此问题线索移送辽宁省公安厅调查。2017年7月，辽宁省开原市人民法院以诈骗罪判处王振宇有期徒刑3年（缓刑3年），并处罚金10万元；已追回相关资金164万元。

二十五、贵州省石阡县水利水电工程施工有限责任公司原总经理李润川等人套取财政资金问题

审计发现，2013年2月，李润川和时任副总经理董忠云涉嫌利用虚假发票套取资金16.4万元，用于送礼等开支。2017年2月，审计署将此问题线索移送贵州省原监察厅调查。2018年2月，石阡县人民法院判处李润川、董忠云犯贪污罪，免予刑事处罚，没收赃款16.4万元。

二十六、陕西省汉中市西乡县两部门套取财政资金问题

审计发现，2013年，西乡县移民搬迁工作办公室与水利局涉嫌重复申报水库避险解困搬迁和移民搬迁项目，套取资金72万元。2017年4月，审计署将此问题线索移送陕西省人民政府调查。2017年9月，西乡县纪检监察部门给予2名责任人党内警告、行政记过等处分。

二十七、沈阳铁路局霍林郭勒车务段违规收费问题

审计发现，2013年至2015年，霍林郭勒车务段涉嫌未经批准违规向企业收取开办费、代运营费等300多万元，未列入法定账簿核算且去向不明。2017年3月，审计署将此问题线索移送沈阳铁路局调查。2017年6月，沈阳铁路局给予2名责任人党内严重警告、党内警告和职务调整等处理处分。

二十八、望洲财富投资管理有限公司非法吸收公众存款问题

审计发现，2014年至2016年，该公司涉嫌非法吸收公众存款。2016年4月，审计署将此问题线索移送公安部调查。2018年2月，浙江省杭州市江干区人民法院以非法吸收公众存款罪，判处该公司法定代表人杨卫国等4人有期徒刑3年至9年6个月不等，并处罚金80万元。

二十九、贵州从江月明村镇银行违规出借同业结算账户问题

审计发现，2015年7月至10月，该行涉嫌违规出借同业结算账户，供票据中介开展票据交易。2016年9月，审计署将此问题线索移送原银监会调查。2017年5月，原银监会黔东南银监分局对该行处以罚款20万元，给予法定代表人警告处分，并罚款5万元；其他5名责任人被给予记大过、警告等处分，并罚款8万元。

三十、农业银行湛江分行违规发放贷款问题

审计发现，2014年3月至8月，该分行涉嫌违规向一家公司发放固定资产贷款12960万元。2016年7月，审计署将此问题线索移送原银监会调查。2017年至2018年，原银监会湛江监管分局对该行罚款50万元，给予2名责任人取消任职资格等行政处罚；其他20名相关责任人被给予记大过、记过等处分，并处罚款62.96万元。

三十一、广东省惠来县农村信用合作联社违规发放贷款问题

审计发现，2012年至2015年，该联社涉嫌违规发放贷款32亿多元。2017年2月，审计署将此问题线索移送原银监会调查。2017年4月，原银监会揭阳监管分局对该社罚款40万元；给予4名责任人取消银行从业资格、警告等行政处罚，共处罚款60万元；惠来县农村信用合作联社给予38名相关责任人免职、降职等处理处分。

三十二、山东鑫秋农业科技股份有限公司虚增业绩问题

审计发现，2015年，该公司在全国中小企业股份转让系统发行股票时，涉嫌虚增收入和利润。2016年8月，审计署将此问题线索移送证监会调查。2018年4月，证监会对该公司给予警告，并处罚款60万元；对7名责任人给予警告，并处罚款56万元。

中华人民共和国审计署审计结果公告（2018年第43号）

中央预算单位 2017年度预算执行等情况审计结果

（2018年6月20日公告）

外交部2017年度预算执行等情况审计结果

根据《中华人民共和国审计法》的规定，2017年12月至2018年3月，审计署对外交部2017年度预算执行等情况进行了审计，重点审计了部本级和所属外交部机关及驻外机构服务中心（以下简称服务中心）、外交学院，对驻外使领馆账目进行了抽查，对有关事项进行了延伸审计。

一、基本情况

外交部为中央财政一级预算单位，部门预算由部本级和285个二级预算单位的预算组成。财政部批复外交部2017年度部门财政拨款预算1209579.3万元，本次审计1193265.57万元、占98.65%。审计结果表明，外交部本级及本次审计的所属单位2017年度预算收支基本遵守了预算法及相关法律法规，财务管理和会计核算基本符合会计法及有关财会制度规定，内部控制制度比较健全。

二、审计发现的主要问题

（一）外交部部分项目2016年底结余资金未及时清理，涉及金额1644.81万元。

（二）2017年，外交部部分驻外使领馆规费收入上缴不及时、不完整，涉及金额2105.59万元。

（三）2016年至2017年，外交部部分驻外使领馆国有资产处置收入未及时上缴，涉及金额66.6万元，其中2017年58.65万元。

（四）2017年，外交部违规采取单一来源方式将采购事项委托给下属企业，涉及金额162.56万元。

（五）外交部在申报2017年度项目预算中，存在超出项目测算金额多申报项目预算问题，涉及金额10061.99万元。

三、审计处理情况和建议

对上述问题，审计署已依法出具了审计报告。对部分项目结余资金未及时清理的问题，要求严格执行相关规定，及时清理上报结余资金；对部分驻外使领馆规费收入上缴不及时、不完整的问题，要求责成上述驻外使领馆执行国家关于行政事业性收费缴库管理的相关规定，及时、足额上缴规费收入；对部分驻外使领馆国有资产处置收入未及时上缴的问题，要求责成上述驻外使领馆严格执行非税收入管理有关规定，及时上缴国有资产处置收入；对违规采取单一来源方式将采购事项委托给下属企业的问题，要求严格执行政府采购规定；对多申报项目预算问题，要求严格执行有关规定，按实际需求编制项目预算。

针对审计发现的问题，审计署建议：外交部应加强结余资金管理，规范项目预算和政府采购管理，并进一步加强资产管理。

四、审计发现问题的整改情况

目前，外交部已对项目结余资金予以确认，将与2018年清理确认的结余资金一并上缴财政；有关驻外使领馆应缴未缴的规费收入和国有资产处置收入，已全额上缴财政；其他问题正在整改。具体整改结果由外交部向社会公告。

发展改革委2017年度
预算执行等情况审计结果

根据《中华人民共和国审计法》的规定，2018年1月至3月，审计署对发展改革委2017年度预算执行等情况进行了审计，重点审计了委本级和所属国家节能中心、中国交通运输协会，对有关事项进行了延伸审计。

一、基本情况

发展改革委为中央财政一级预算单位，部门预算由委本级和21个二级预算单位的预算组成。财政部批复发展改革委2017年度部门财政拨款预算166394.26万元，本次审计120522.68万元、占72.43%。审计结果表明，发展改革委本级及本次审计的所属单位2017年度预算收支基本符合预算法及相关法律法规，财务管理和会计核算基本符合会计法及有关财会制度规定。

二、审计发现的主要问题

（一）2015年至2017年，发展改革委应对气候变化国际合作经费项目在上年分别结转0.22亿元、1.19亿元、2.36亿元的情况下，仍安排预算1.2亿元、1.5亿元、1.5亿元；2017年底该项目结转2.78亿元，2018年仍按1.5亿元申报预算。

（二）2017年，发展改革委未将4098万元委托咨询评估费纳入部门预算。

（三）2017年，发展改革委委托所属国家节能中心开展节能审查数据统计分析工作，在相关工作尚未开展的情况下支付合同款，多计支出30万元。

（四）2017年，发展改革委未经批准出租行政房产，出租收入690.83万元未按规定上缴财政。

（五）至2017年底，所属国家节能中心已竣工验收项目资金结余累计661.28万元，未按规定上报财政部。

（六）2016年至2017年，所属中国交通运输协会下属13个分支机构违规自定会费标准、收取会费347.64万元（2017年214.94万元），其中有5个分支机构收取的109.06万元会费未纳入协会财务统一核算（2017年87.96万元）。

（七）至2017年底，所属中国交通运输协会未按合同约定及时向承包单位收取委托经营收益284.07万元。

此外，所属中国交通运输协会违规将10个分支机构委托民营企业运营管理。

三、审计处理情况和建议

对上述问题，审计署已依法出具了审计报告、下达了审计决定书。对个别项目连年大额结转仍申报预算问题，要求结合实际支出需求合理编制年度预算；对委托咨询评估费未纳入部门预算问题，要求纳入部门预算；对多计支出问题，要求督促相关单位尽快完成相关工作；对未经批准出租行政房产且出租收入未上缴财政问题，要求按规定办理出租审批手续，并将出租收入上缴财政；对结余资金未及时上缴财政问题，要求责成相关单位按规定将结余资金清理上报财政部，并根据财政部审核意见办理；对协会分支机构违规自定会费标准收取会费问题，要求按规定予以纠正；对未及时收取委托经营收益问题，要求责成相关单位调整有关会计账目和决算草案并及时收取经营收益；对违规将分支机构委托民营企业运营管理问题，要求责成相关单位按规定纠正。

针对审计发现的问题，审计署建议：发展改革委应加强预算和决算管理，规范房产出租使用，进一步加强对所属单位的监督管理。

四、审计发现问题的整改情况

目前，发展改革委督促所属国家节能中心开展了节能审查数据统计分析工作；其他问题正在整改。具体整改结果由发展改革委向社会公告。

教育部2017年度
预算执行等情况审计结果

根据《中华人民共和国审计法》的规定，2017年12月至2018年3月，审计署对教育部2017年度预算执行等情况进行了审计，重点审计了部本级和所属北京中医药大学、北京交通大学、国家教育行政学院等8个单位，对有关事项进行了延伸审计。

一、基本情况

教育部为中央财政一级预算单位，部门预算由部本级和111个二级预算单位的预算组成。财政部批复教育部2017年度部门财政拨款预算

1476.96 亿元，本次审计 157.89 亿元、占 10.69%。审计结果表明，教育部本级及本次审计的所属单位 2017 年度预算收支基本遵守了预算法及相关法律法规，财务管理和会计核算基本符合会计法及有关财会制度规定。

二、审计发现的主要问题

（一）预算执行中存在的问题。

1. 2017 年，教育部本级年度会议计划不完整，未将年度会议费预算细化到具体会议项目，涉及预算金额 2633.92 万元；报销的 2 个三类会议超过规定参会人数 299 人、超过综合定额标准 54.87 万元。

2. 至 2017 年底，教育部本级及所属留学服务中心未按规定清理财政专项结余资金 1594.66 万元（2018 年 3 月底结余 1527.93 万元）。

3. 2016 年至 2017 年，所属大连理工大学附属高级中学事业收支各 1351.49 万元未纳入学校预决算管理，其中 2017 年 554.18 万元。

4. 2017 年，所属北京中医药大学组织 34 人赴法国参加相关活动，其中 4 人持因私护照出国，并从民营公司专项资助款中支付出国相关费用 199.71 万元。

5. 2016 年，所属北京中医药大学超过教育部批复的国外代表人数 22 人召开国际会议，承担外方会议代表费用 20.64 万元。

6. 2016 年，所属北京中医药大学未经批准举办校庆活动，共支出 135.3 万元，其中由下属企业承担费用 19.85 万元。

7. 2015 年至 2017 年，所属北京中医药大学下属企业将学校部分房产对外出租，出租收入 1531.76 万元未在学校账内核算，其中 2017 年 527.1 万元。

8. 2016 年和 2017 年，所属留学服务中心分别超预算列支因公出国（境）经费 15.61 万元、23.99 万元。

9. 2017 年，所属国家教育行政学院公务用车处置收入 10 万元未按规定上缴国库。

10. 2017 年，所属国家教育行政学院年度决算中少列公务招待费 4 万元。

11. 2016 年至 2017 年，所属教育管理信息中心组织举办 2 个论坛，向参加论坛的人员违规收取费用 197.66 万元，其中 2017 年 114.44 万元。

12. 2012 年至 2016 年，所属中国矿业大学（徐州）用非捐赠资金申报并获得捐赠配比财政专项资金，涉及金额 2988.47 万元。

13. 2016 年至 2017 年，所属北京大学从财政专项向附属中小学等单位支付 2245.88 万元，用于其发放人员岗位津贴、年终绩效奖等，其中 2017 年 1300.83 万元。

14. 至 2017 年底，所属北京大学软件与微电子学院违规持有理财产品 14580 万元。

15. 2016 年至 2017 年，所属北京林业大学等 18 所高校违规向食堂承包单位收取食堂管理费、租赁费 12208.3 万元，其中 2017 年 6405.28 万元。

16. 2016 年至 2017 年，所属北京邮电大学等 2 所高校附属公办幼儿园共收取保教费 1359.92 万元，未实行“收支两条线”管理，其中 2017 年 689.74 万元。

17. 2017 年，所属孔子学院总部等 4 个单位违反零余额账户有关规定使用财政资金 2902.44 万元。

18. 2016 年至 2017 年，教育部全国网络考试办公室未履行招投标等政府采购程序购买技术支持等服务，涉及金额 8333.3 万元，其中 2017 年 5269.79 万元。

19. 2016 年至 2017 年，所属中国农业大学等 4 所高校的保安、保洁服务未履行招投标等政府采购程序，涉及合同金额合计 2525.7 万元，其中 2017 年 1355.08 万元。

20. 至 2017 年底，所属北京交通大学横向科研课题经费、留学服务中心 2012 年以前收取的学历认证费等共计 1606.87 万元在往来款挂账，未及时确认收入。

（二）其他方面问题。

1. 至 2017 年底，教育部本级 7 个信息系统未按规定登记资产账和会计账。

2. 2015 年至 2017 年，教育部将应由本级核算的财政专项下达给所属单位核算，涉及金额 16500 万元，其中 2017 年 5500 万元。

3. 2015 年至 2017 年，教育部本级未按规定对合同实施归口管理，涉及合同金额 13354.25 万元，其中 2017 年 8470.97 万元。

4. 至 2017 年底，所属北京中医药大学未经教育部审批将房产提供给下属企业等单位使用，涉及房屋面积 2831.2 平方米、账面价值 649.59 万元。

5. 至 2017 年底，所属武汉理工大学等 33 所高校的 153 个基建项目未及时办理竣工决算，涉及建筑面积 317.65 万平方米、基建投资资金 941389 万元。

三、审计处理情况和建议

对上述问题，审计署已依法出具了审计报告、下达了审计决定书。对会议管理和经费使用不规范问题，要求严格执行有关规定；对结余资金未及时清理问题，要求将结余资金清理上报财政部，根据财政部审核意见办理；对预决算编报不完整问题，要求责成相关单位严格预算管理，调整决算草案；对因公出国（境）团组管理和经费使用问题，要求责成相关单位严格执行因公出国（境）团组及预算管理相关规定；对违规出租出借房产和资产处置收入未上缴问题，要求责成相关单位收回房租收入，按规定上缴收入并调整会计账目和决算草案；对庆典、论坛活动管理不规范问题，要求责成相关单位加强对节庆活动的管理并责成北京中医药大学退回由下属单位承担的费用；对超范围列支、违规申报捐赠配比资金问题，要求责成相关单位追回资金，调整有关会计账目和决算草案；对违规收费问题，要求责成相关单位停止收费；对资金、账户管理不规范、未实行“收支两条线”问题，要求责成相关单位严格执行相关规定；对未按规定执行政府采购程序问题，要求责成相关单位今后严格执行相关规定；对收支核算不规范问题，要求责成相关单位予以纠正，调整会计账目和决算草案；对无形资产未入账问题，要求按规定将信息系统入账，调整有关会计账目和决算草案；对合同管理和财务管理不规范问题，要求严格按照相关规定进行合同归口管理和会计核算；对未及时办理工程项目竣工决算问题，要求责成所属高校尽快办理。

针对审计发现的问题，审计署建议：教育部应进一步强化预算和财务管理，加大对所属单位的监督管理力度，加强信息系统统筹整合。

四、审计发现问题的整改情况

目前，所属北京大学软件与微电子学院已停止购买理财产品；其他问题正在整改。具体整改结果由教育部向社会公告。

科技部 2017 年度
预算执行等情况审计结果

根据《中华人民共和国审计法》的规定，2017 年 12 月至 2018 年 3 月，审计署对科技部 2017 年度预算执行等情况进行了审计，重点审计了部本级和所属火炬高技术产业开发中心、中国科学技术交流中心、科技评估中心等 5 个单位，对有关事项进行了延伸审计。

一、基本情况

科技部为中央财政一级预算单位，部门预算由部本级和 20 个二级预算单位的预算组成。财政部批复科技部 2017 年度部门财政拨款预算 4129950.18 万元，本次审计 2154671.7 万元、占 52.17%。审计结果表明，科技部本级及本次审计的所属单位 2017 年度预算收支基本遵守了预算法及相关法律法规，财务管理和会计核算基本符合会计法及有关财会制度规定。

二、审计发现的主要问题

（一）预算执行中存在的问题。

1. 2017 年，科技部本级计划外召开四类会议 21 次。

2. 2016 年至 2017 年，科技部本级未按规定履行政府采购程序，涉及金额 1426.12 万元，其中 2017 年 1057.12 万元。

3. 2017 年，科技部本级 241.82 万元科技合作援外经费项目支出报销不及时。

4. 2000 年至 2017 年，科技部本级及部分所属单位软件资产 2438.95 万元未按规定进行管理，其中 2017 年 142 万元。

5. 2017 年，所属专家公寓未经批准对外出租房产，房租收入 250.83 万元未执行“收支两条线”。

6. 至 2017 年底，所属科技评估中心 1269.21 万元预收账款未及时确认收入。

（二）其他方面问题。

1. 2017 年，科技部 3 名退休领导干部违规在中国发明协会兼职取酬 26.21 万元。

2. 至 2018 年 3 月，科技部 8 个政务信息系统整合工作尚未完成。

3. 2009 年至 2018 年，所属国家科学技术奖励工作办公室以协议形式将《中国科技奖励》杂志交由民营公司经营。

三、审计处理情况和建议

对上述问题，审计署已依法出具了审计报告、下达了审计决定书。对计划外召开会议、未按规定履行政府采购程序、报销不及时、未经批准对外出租房产和收入未执行“收支两条线”、以协议形式将杂志经营权交由民营公司问题，要求严格执行相关规定；对软件资产未按规定管理、预收账款未及时确认收入问题，要求调整相关会计账目和决算草案；对退休领导干部违规兼职取酬问题，要求规范领导干部的兼职任职行为，严格执行相关规定；对政务信息系统整合工作未完成问题，要求责成相关单位尽快完成政务信息系统整合工作。

针对审计发现的问题，审计署建议：科技部应加强预算管理，严格履行政府采购程序，规范政府采购行为，强化国有资产管理，确保国有资产安全、完整。

四、审计发现问题的整改情况

目前，所属机关服务中心已对软件资产进行了登记与核算；所属科技评估中心已将预收账款全部确认收入；其他问题正在整改。具体整改结果由科技部向社会公告。

工业和信息化部 2017 年度预算执行等情况审计结果

根据《中华人民共和国审计法》的规定，2017 年 12 月至 2018 年 3 月，审计署对工业和信息化部 2017 年度预算执行等情况进行了审计，重点审计了部本级和所属机关服务中心、中国信息通信研究院、电子科学技术情报研究所，对有关事项进行了延伸审计。

一、基本情况

工业和信息化部为中央财政一级预算单位，部门预算由部本级和 70 个二级预算单位的预算组成。财政部批复工业和信息化部 2017 年度部门财政拨款预算 3206138.72 万元，本次审计 843279.82 万元、占 26.30%。审计结果表明，工业和信息化部本级及本次审计的所属单位 2017 年度预算收支基本遵守了预算法及相关法律法规，财务管理和会计核算基本符合会计法及有关财会制度规定。

二、审计发现的主要问题

（一）预算执行中存在的问题。

1. 2015 年至 2017 年，工业和信息化部本级由其他单位承担因公出国团组同传费用 15.13 万元，其中 2017 年 6.67 万元。

2. 2017 年，工业和信息化部本级超标准支出国际会议费 3 万元。

3. 2017 年，工业和信息化部本级部分项目化整为零规避招标程序，涉及金额 913 万元。

4. 至 2017 年底，工业和信息化部本级未将 2015 年底已投入使用的专用系统作为资产入账，涉及金额 16391.4 万元。

5. 2017 年，所属中国信息通信研究院 4 辆公务用车未按规定用途使用。

（二）其他方面问题。

1. 2016 年和 2017 年，工业和信息化部本级未履行立项审批程序建设 8 个电子政务信息系统，涉及金额 6020.95 万元，其中 2017 年 4820.95 万元。

2. 至 2017 年底，所属 3 家疗养机构未按要求纳入脱钩范畴。

3. 至 2017 年底，所属中国信息通信研究院未经批准出借办公用房，面积 796.69 平方米。

4. 至 2017 年底，所属机关服务中心未及时为实际投入使用多年的基建项目办理竣工决算，涉及金额 29074.18 万元。

三、审计处理情况和建议

对上述问题，审计署已依法出具了审计报告、下达了审计决定书。对由其他单位承担因公出国费用问题，要求将资金退回承担单位；对超标准支出国际会议费问题，要求严格执行会议费管理规定；对规避招标程序等问题，要求严格按照相关规定执行；对资产未入账问题，要求调整有关会计账目及决算草案；对未按规定用途使用公务用车问题，要求加强公务用车管理；对未履行立项审批程序问题，要求严格执行相关规定；对疗养机构未按要求纳入脱钩范畴问题，要求按照规定推进脱钩工作；对未经批准出借办公用房问题，要求进一步加强办公用房管理；对未及时办理竣工决算问题，要求按规定及时办理竣工财务决算。

针对审计发现的问题，审计署建议：工业和信息化部应进一步规范、加强预算管理、资产管理和政府采购管理等工作。

四、审计发现问题的整改情况

目前，工业和信息化部正在组织整改。具体整改结果由工业和信息化部向社会公告。

国家民委2017年度
预算执行等情况审计结果

根据《中华人民共和国审计法》的规定，2017年12月至2018年3月，审计署对国家民委2017年度预算执行等情况进行了审计，重点审计了委本级和所属中央民族大学、民族文化宫、中央民族歌舞团等7个单位，对有关事项进行了延伸审计。

一、基本情况

国家民委为中央财政一级预算单位，部门预算由委本级和21个二级预算单位的预算组成。财政部批复国家民委2017年度部门财政拨款预算568049.49万元，本次审计126487.01万元、占22.27%。审计结果表明，国家民委本级及本次审计的所属单位2017年度预算收支基本遵守了预算法及相关法律法规，财务管理和会计核算基本符合会计法及有关财会制度规定。

二、审计发现的主要问题

（一）预算执行中存在的问题。

1. 2016年至2017年，国家民委本级未按要求报送中央本级项目支出的标准建设计划和建设应用情况，也未编制项目定额的部门内部标准。

2. 2017年，国家民委本级超国家规定标准安排6人出访，涉及金额16.3万元。

3. 2017年，国家民委本级以拨代支项目经费706.46万元。

4. 2017年，所属民族文化宫公务用车处置收入17.28万元未上缴国库。

5. 2016年至2017年，所属中央民族干部学院政府采购预算编制不完整，涉及金额226.28万元，其中2017年78.72万元。

6. 2017年，所属中央民族干部学院应委托未委托集中采购机构代理采购音响设备，涉及金额44.65万元。

7. 2017年，所属中央民族大学新增资产配置预算编制不完整，涉及金额336.19万元。

8. 2016年至2017年，所属中央民族歌舞团虚列水电费支出117.04万元，其中2017年62.57万元。

9. 至2017年底，所属中央民族歌舞团等2个单位固定资产未入账，涉及金额41007万元。

（二）其他方面问题。

1. 2017年，国家民委本级“中央高校改善基本办学条件”等2个项目绩效评价不真实，涉及金额63357.18万元。

2. 2017年，国家民委本级未按规定时限完成信息系统整合。

3. 至2017年，所属民族文化宫未报经国家民委批准擅自改变艺术馆建设方案，工程完工后又自行组织竣工验收，涉及金额1992万元。

4. 所属中国民族语文翻译中心等3个单位未经批准对外出租房屋，2017年共收取租金550.86万元。

三、审计处理情况和建议

对上述问题，审计署已依法出具了审计报告、下达了审计决定书。对未编制和报送项目支出的标准建设问题，要求严格按照规定编报；对出国超出规定人数的问题，要求严格规范；对以拨代支问题，要求调整会计账目和决算草案；对公务用车处置收入未上缴问题，要求责成相关单位及时上缴资产处置收入，并调整会计账目和决算草案；对政府采购预算和新增资产配置预算编制不完整问题，要求责成相关单位严格按规定编报部门预算；对未按规定采购设备问题，要求责成相关单位完善采购程序，按照相关规定执行；对虚列水电费支出问题，要求责成相关单位调整会计账目和决算草案；对固定资产未入账问题，要求责成相关单位调整会计账目和决算草案；对项目绩效评价不真实问题，要求按规定开展绩效评价工作；对未按规定时限完成信息系统整合问题，要求加快推进信息系统整合；对未经批准改变建设方案并自行组织竣工验收和未经批准对外出租国有资产问题，要求责成相关单位执行国家相关规定。

针对审计发现的问题，审计署建议：国家民委应加强“三公”经费和政府采购的预算管理以及决算草案编制；加强对项目定额标准、绩效评价管理，按照要求整合相关信息系统；加强资产管理，取得的非税收入应及时上缴国库。

四、审计发现问题的整改情况

目前，国家民委正在组织整改。具体整改结果由国家民委向社会公告。

公安部2017年度预算执行等情况审计结果

根据《中华人民共和国审计法》的规定，2017年12月至2018年3月，审计署对公安部2017年度预算执行等情况进行了审计，重点审计了部本级和所属警用物资储备中心、物证鉴定中心、证券犯罪侦查局北京分局，对有关事项进行了延伸审计。

一、基本情况

公安部为中央财政一级预算单位，部门预算由部本级和42个二级预算单位的预算组成。财政部批复公安部2017年度部门财政拨款预算为1950736.04万元，本次审计1174176.88万元、占60.19%。审计结果表明，公安部本级及本次审计的所属单位2017年度预算收支基本遵守了预算法及相关法律法规，财务管理和会计核算基本符合会计法及有关财会制度规定。

二、审计发现的主要问题

（一）预算执行中存在的问题。

1. 2017年，公安部多核定机关服务中心保留34辆公务用车。

2. 2017年，公安部未按规定清理上报结余资金73.13万元。

3. 2013年至2014年，公安部个别内设机构违规发放津补贴29.26万元。

4. 至2017年底，公安部本级无形资产账卡不符，差额39577.27万元。

5. 2013年至2015年，公安部个别内设机构购置电脑、打印机等办公设备15.81万元，未纳入资产账统一管理。

6. 2017年，所属出入境证件核心技术中心收入3334.45万元、支出745.58万元未纳入公安部部门预算。

7. 2017年，所属铁道警察学院和物证鉴定中心违反规定分别从零余额账户向实有资金账户划款或变相转款243.51万元和107.26万元，合计350.77万元。

8. 至2017年底，所属警犬技术学校623.43万元资产未入账；所属2个基地部分资产未按实际成本入账。

9. 至2017年底，所属南京警犬研究所和警犬技术学校对外投资850万元未在长期投资科目反映。

10. 至2017年底，所属中国工作犬管理协会沈阳、昆明、南昌办事处取得收入120.9万元，列支23.03万元，均未纳入中国工作犬管理协会财务统一核算、管理。

（二）其他方面问题。

1. 2010年至2011年，公安部未经批准，将所属中国维和民事警察培训中心43台车辆调拨给地方公安机关使用，涉及金额1821.33万元。

2. 公安部本级信息系统整合不到位，8个司局的信息系统未纳入整合范围，2个独立信息系统仍以司局名义存在。

3. 至2017年底，所属警用装备采购中心等单位办公用房闲置393.34平方米、超标准1987.72平方米。

4. 2013年，所属物证鉴定中心未履行审批手续，违规无偿出借部分房产给下属企业用于对外经营。

三、审计处理情况和建议

对上述问题，审计署已依法出具了审计报告、下达了审计决定书。对多核定机关服务中心保留车辆的问题，要求严格妥善处理多核定的车辆；对未按规定清理上报结余资金的问题，要求将结余资金清理上报财政部，并根据财政部审核意见办理；对违规发放津补贴问题，要求依规纠正；对无形资产账卡不符的问题，要求加强无形资产管理，确保账卡相符；对固定资产未入账或未按实际成本入账的问题，要求责成相关单位合理确定未入账或未按实际成本入账的资产入账价值，纳入固定资产管理，并调整有关会计账目和决算草案；对预算编报不完整的问题，要求将所属出入境证件核心技术中心收支编入预算；对违反规定从零余额账户向实有资金账户划款等问题，要求责成相关单位严格执行零余额账户使用规定；

对相关社团分支机构收支未按规定纳入社团核算的问题，要求责成相关单位将办事处收支纳入单位财务统一核算、管理，相应调整南昌、昆明警犬基地会计账目和决算草案；对未经批准调拨车辆问题，要求向财政部报批，并办理相关手续；对于信息系统整合不到位的问题，要求加快进度，严格按照规定完成信息系统整合工作；对办公用房闲置、超标准和违规出借国有资产问题，要求责成相关单位严格执行相关规定。

针对审计发现的问题，审计署建议：公安部应进一步强化预算管理，规范预算编制；进一步加强和规范财政拨款结转结余资金管理，及时清理结余资金；进一步加强资产管理，严格执行相关规章制度。

四、审计发现问题的整改情况

目前，违规发放的津补贴已追回并上缴公安部；所属南京警犬研究所和警犬技术学校已将对外投资纳入长期投资科目反映并调整会计账目；所属警用装备采购中心及相关部门超标准和闲置办公用房已进行了腾退等处理；其他问题正在整改。具体整改结果由公安部向社会公告。

民政部 2017 年度
预算执行等情况审计结果

根据《中华人民共和国审计法》的规定，2017 年 12 月至 2018 年 3 月，审计署对民政部 2017 年度预算执行等情况进行了审计，重点审计了部本级和所属信息中心、社会福利与社会进步研究所等 8 个单位，对有关事项进行了延伸审计。

一、基本情况

民政部为中央财政一级预算单位，部门预算由部本级和 12 个二级预算单位的预算组成。财政部批复民政部 2017 年度部门财政拨款预算 302459.09 万元，本次审计 115245.47 万元、占 38.1%。审计结果表明，民政部本级及本次审计的所属单位 2017 年度预算收支基本遵守了预算法及相关法律法规，财务管理和会计核算基本符合会计法及有关财会制度规定。

二、审计发现的主要问题

（一）预算执行中存在的问题。

1. 2017 年，民政部本级超范围支出会议费 27.8 万元；超标准支出会议费 3.32 万元；1 个会议的费用转由地方民政部门承担，涉及金额 3.77 万元。2016 年和 2017 年，所属社会福利与社会进步研究所 2 个会议费用转由所属中国民政杂志社承担，涉及金额 31.15 万元，其中 2017 年 15.21 万元。2016 年还存在会议人数超标准 42 人问题。

2. 2017 年，民政部本级和所属北京社会管理职业学院“社会福利和社会工作人才培训”等 2 个项目结余资金 21.12 万元清理不到位。

3. 2016 年，所属紧急救援促进中心违规向企业收取物资保障委员会会费、“十三五”城市应急体系建设研讨会参会费、赞助费等费用 87.22 万元，资金汇入企业，未纳入单位财务账册，形成“小金库”。

4. 至 2017 年底，所属紧急救援促进中心对外投资 1000 万元股权未在财务账册反映。

5. 2017 年，所属紧急救援促进中心违规收取“应急救援员”职业资格考试费 89.08 万元。

6. 2017 年，所属中国殡葬协会违规开展全国火化机产品质量行业检测并收取检测费 164.5 万元。

7. 2016 年和 2017 年，所属机关服务局未经批准出租办公用房并取得房租收入 1045.13 万元，其中 2017 年 576.2 万元。

8. 2013 年，所属信息中心未公开招标，将民政高清卫星视频会议系统建设项目委托企业实施，2013 年至 2017 年共支付费用 958.91 万元，其中 2017 年 74.6 万元；2015 年，所属中国儿童福利和收养中心未公开招标，将中国儿童福利大厦物业服务委托给企业实施，至审计时，共支付 2015 年至 2017 年物业费 543 万元，其中 2017 年 160 万元。

9. 2017 年，所属一零一研究所虚列支出 108.5 万元。

10. 至 2017 年底，所属中国儿童福利和收养中心往来款 4892.33 万元长期挂账未清理。

（二）其他方面问题。

1. 2017 年，民政部本级 11 名退休领导干部违反规定在社会团体兼职并取酬 8.5 万元。

2. 2016 年，所属紧急救援促进中心未经批准核销资产 607.84 万元。

3. 2015 年至 2017 年，所属中国民政杂志社以工作经费名义向地方民政部门部分工作人员个人账户返还资金 219.65 万元，其中 2017 年 70.54 万元。

三、审计处理情况和建议

对上述问题，审计署已依法出具了审计报告、下达了审计决定书。对超范围、超标准列支会议费和会议人数超标准等问题，要求严格按照会议费和会议管理相关规定执行；对结余资金清理不到位问题，要求清理上报财政部，根据财政部审核意见办理；对由地方民政部门和所属单位承担会议费用问题，要求将资金退回，调整会计账目和决算草案；对向企业收费账外存放形成“小金库”问题，要求对“小金库”进行清理，追回账外存放资金，建议按规定追究有关人员责任；对对外投资未在账内核算问题，要求责成相关单位及时登记入账，调整会计账目和决算草案；对违规收取考试费问题，要求责成相关单位停止收费行为，按程序报有关部门审核批准后实施；对违规收取检测费问题，要求责成相关单位停止违规收费行为；对未经批准出租办公用房问题，要求责成相关单位报经财政部审批；对未公开招标问题，要求责成相关单位完善政府采购程序；对虚列支出问题，要求责成相关单位调整会计账目和决算草案；对往来款长期挂账问题，要求责成相关单位清理往来款，调整会计账目和决算草案；对领导干部违反规定兼职取酬问题，要求规范领导干部的兼职任职行为；对未经批准核销资产问题，要求责成相关单位调整会计账目和决算草案；对以工作经费名义向民政部门部分工作人员个人账户返还资金问题，要求责成相关单位予以纠正，严格按照国家规定执行。

针对审计发现的问题，审计署建议：民政部应加强会议费管理，清理整顿领导干部兼职取酬行为，严格执行资产使用和处置规定，规范政府采购行为，加强对所属单位的监管，规范所属单位经济业务活动。

四、审计发现问题的整改情况

目前，所属紧急救援促进中心已将对外投资登记入账，停止收取考试费，并对未经批准核销的资产调整了会计科目；所属一零一研究所已就虚列支出问题调整了会计账目；所属中国儿童福利和收养中心已调整了往来款相关会计账目；其他问题正在整改。具体整改结果由民政部向社会公告。

司法部2017年度
预算执行等情况审计结果

根据《中华人民共和国审计法》的规定，2017 年 12 月至 2018 年 3 月，审计署对司法部 2017 年度预算执行等情况进行了审计，重点审计了部本级和所属直属煤矿管理局、机关服务局、信息中心等 4 个单位，对有关事项进行了延伸审计。

一、基本情况

司法部为中央财政一级预算单位，部门预算由部本级和 14 个二级预算单位的预算组成。财政部批复司法部 2017 年度部门财政拨款预算 148764.6 万元，本次审计 87035.44 万元、占 58.51%。审计结果表明，司法部本级及本次审计的所属单位 2017 年度预算收支基本遵守了预算法及相关法律法规，财务管理和会计核算基本符合会计法及有关财会制度规定。

二、审计发现的主要问题

（一）预算执行中存在的问题。

1. 2017 年，司法部预算编报不完整，4 个事业单位收入 438.12 万元、支出 419.21 万元未纳入部门预算管理。

2. 至 2017 年底，司法部本级和所属中央司法警官学院未按规定上报或上缴相关项目财政拨款净结余和财政拨款基建结余，涉及金额 912.05 万元。

3. 2017 年，司法部本级违规从零余额账户向实有资金账户拨款 456 万元。

4. 至 2017 年底，司法部本级和所属中央司法警官学院、直属煤矿管理局房屋出租、煤矿转让款利息等非税收入 1015.1 万元未按规定上缴，其中 2017 年 576.05 万元，包括司法部本级未经批准对外出租房产收入 396.01 万元、所属中央司法警官学院非税收入 180.04 万元。

5. 2017年，司法部本级项目预算中安排补助地方司法机关资金11938万元。

6. 至2017年底，所属司法鉴定科学研究院违反规定配备使用警车9辆。

7. 2017年，所属机关服务局未按规定履行政府采购程序，涉及金额38.52万元。

8. 至2017年底，所属直属煤矿管理局固定资产账实不符，涉及金额156.06万元。

（二）其他方面问题。

1. 2016年，所属中央司法警官学院向全院在职及退休人员发放保定市精神文明奖342.5万元，未按规定扣缴个人所得税。

2. 至2017年底，所属南戴河干警培训中心1994年完工的7座房屋未纳入资产核算，建筑面积合计6325.46平方米。

三、审计处理情况和建议

对上述问题，审计署已依法出具了审计报告、下达了审计决定书。对预算编报不完整问题，要求将4个相关单位的收支编入部门预算；对结余资金清理不到位问题，要求按规定上报或上缴结余资金；对未按规定程序从零余额账户向实有资金账户拨款问题，要求今后严格遵守零余额账户使用管理规定；对未按规定上缴非税收入问题，要求上缴国库并调整有关会计账目和决算草案；对在部本级项目预算中安排补助地方司法机关资金问题，要求按规定申报部门预算；对违反规定配备使用警车问题，要求责成相关单位严格执行相关规定；对未按规定履行政府采购程序问题，要求完善政府采购程序，按照相关规定执行；对固定资产账实不符问题，要求责成相关单位调整有关账目和决算草案；对未按规定扣缴个人所得税问题，要求责成相关单位按照相关规定补缴税款；对固定资产未入账问题，要求责成相关单位调整有关会计账目。

针对审计发现的问题，审计署建议：司法部应进一步加强预算管理，规范预算编制，规范政府采购资金的管理和使用，及时清理结余资金，提高财政资金使用效益。

四、审计发现问题的整改情况

目前，司法部正在组织整改。具体整改结果由司法部向社会公告。

财政部2017年度
预算执行等情况审计结果

根据《中华人民共和国审计法》的规定，2018年1月至3月，审计署对财政部2017年度预算执行等情况进行了审计，重点审计了部本级和所属中国资产评估协会、预算评审中心等5个单位，对有关事项进行了延伸审计。

一、基本情况

财政部为中央财政一级预算单位，部门预算由部本级和59个二级预算单位的预算组成。财政部批复本部2017年度部门财政拨款预算1407033.97万元，本次审计1225497.02万元、占87.10%。审计结果表明，财政部本级及本次审计的所属单位2017年度预算收支基本遵守了预算法及相关法律法规，财务管理和会计核算基本符合会计法及有关财会制度规定。

二、审计发现的主要问题

（一）2017年12月，财政部收到年度中央外债统借统还资金预算指标1414.87万元后，全额列作部门决算收入和支出，实际当年支出609.2万元，影响部门决算草案准确性。

（二）2017年，所属中国资产评估协会提前列支2018年房屋租金、物业管理费，造成决算草案多计支出179.02万元。

（三）所属中国资产评估协会和预算评审中心违反相关规定，工会经费未单独开设银行账户。

三、审计处理情况和建议

对上述问题，审计署已依法出具了审计报告、下达了审计决定书。对中央外债统借统还项目资金核算管理不规范问题，要求加强相关核算管理，调整有关会计账目和决算草案；对提前列支造成决算草案多计支出问题，要求责成相关单位加强支出管理，调整有关会计账目和决算草案；对工会经费未单独开设银行账户的问题，要求责成相关单位严格执行规定，加强工会经费管理。

针对审计发现的问题，审计署建议：财政部应进一步做好相关账户管理，依法依规加强相关资金管理，做好决算对账工作，确保决算草案编制收支真实、数额准确。

四、审计发现问题的整改情况

目前，财政部正在组织整改。具体整改结果由财政部向社会公告。

人力资源社会保障部 2017 年度预算执行等情况审计结果

根据《中华人民共和国审计法》的规定，2017 年 12 月至 2018 年 3 月，审计署对人力资源社会保障部 2017 年度预算执行等情况进行了审计，重点审计了部本级和所属机关服务中心、教育培训中心（以下简称教培中心）等 4 个单位，对有关事项进行了延伸审计。

一、基本情况

人力资源社会保障部为中央财政一级预算单位，部门预算由部本级和 27 个二级预算单位的预算组成。财政部批复人力资源社会保障部 2017 年度部门财政拨款预算 379785.17 万元，本次审计 164053.96 万元、占 43.2%。审计结果表明，人力资源社会保障部本级及本次审计的所属单位 2017 年度预算收支基本遵守了预算法及相关法律法规，财务管理和会计核算基本符合会计法及有关财会制度规定。

二、审计发现的主要问题

（一）2017 年，人力资源社会保障部本级 8 个会议超标准列支会议费 15.07 万元，由所属单位、地方人社部门承担会议费 2.92 万元。

（二）2016 年至 2017 年，人力资源社会保障部本级及 2 家所属单位以高于对外价格结算培训费用，变相补助下属培训基地 176.95 万元，其中 2017 年 113.89 万元。

（三）2017 年，人力资源社会保障部本级及 13 家所属单位公务机票未通过政府采购方式购买，涉及金额 1759.97 万元。

（四）2017 年，人力资源社会保障部本级实际使用公务用车 13 辆，违规占用所属企事业单位车辆 7 辆，其中所属事业单位 4 辆、企业单位 3 辆。

（五）2017 年，所属教培中心承德培训基地通过编造承办的人力资源社会保障部本级 2 个培训班的住宿费清单，虚报套取财政资金 9.65 万元。

（六）2017 年，所属教培中心以报销移动电话费的形式，违规发放通信补贴 2.97 万元。

（七）2017 年，所属教培中心在承办人力资源社会保障部本级 2 个培训班时租用高档车辆，发生租车费 1.32 万元。

（八）2017 年，所属教培中心未按规定使用公务卡结算办公费、差旅费等，并以现金支付劳务费，涉及金额 111.71 万元。

（九）所属教培中心 2017 年财务账簿与部门决算草案账表不符，“在建工程”科目差异 6669.14 万元。

（十）2017 年，所属机关服务中心公务用车编制 2 辆，实际配备公务用车 3 辆，超编制配备 1 辆。

（十一）至 2017 年底，所属机关服务中心往来账款 590.13 万元长期未清理，对外投资 90.1 万元长期未核销。

三、审计处理情况和建议

对上述问题，审计署已依法出具了审计报告、下达了审计决定书。对会议费、培训费管理和公务机票采购的问题，要求严格按照会议费、培训费管理和政府采购有关规定执行；对公务用车管理的问题，要求进行全面清理，退回占用车辆；对套取财政资金的问题，要求责成相关单位追回有关财政资金，调整会计账目和决算草案；对违规发放津贴补贴的问题，要求责成相关单位纠正违规发放津贴补贴行为，严格执行有关规定；对违规现金结算的问题，要求责成相关单位加强财务管理，严格执行有关规定；对决算账表不符的问题，要求责成相关单位调整相关会计账目和决算草案，严格执行有关规定；对往来款项及对外投资的问题，要求责成相关单位对往来款项及对外投资进行清理，严格执行有关规定。

针对审计发现的问题，审计署建议：人力资源社会保障部应加强预算管理和决算草案编制，规范政府采购行为，严格贯彻落实中央八项规定精神，强化“三公”经费和会议费、培训费管理，严格执行公务卡结算，加强对所属单位的管理，确保经济事项依法合规。

四、审计发现问题的整改情况

目前，人力资源社会保障部本级已将占用所属企事业单位的 5 辆车退回、1 辆车报废；所属机关服务中心已将超编制配备的 1 辆车报废；所属教培中心承德培训基地已将套取的财政资金

9.65万元退回；所属教培中心已在财务账簿“在建工程”科目补记办公楼维修改造支出497.49万元；其他问题正在整改。具体整改结果由人力资源社会保障部向社会公告。

原国土资源部2017年度预算执行等情况审计结果

根据《中华人民共和国审计法》的规定，2017年12月至2018年3月，审计署对原国土资源部2017年度预算执行等情况进行了审计，重点审计了部本级及所属中国地质调查局、中国地质科学院、中国地质调查局发展研究中心、中国地质科学院矿产资源研究所（以下分别简称地调局、地科院、地调局发展研究中心、资源所）等13个单位，对有关事项进行了延伸审计。

一、基本情况

原国土资源部属中央一级预算单位，部门预算由部本级和66个二级预算单位的预算组成。财政部批复原国土资源部2017年度部门财政拨款预算1205037.38万元，本次审计249095.19万元、占20.67%。审计结果表明，原国土资源部本级及本次审计的所属单位2017年度预算收支基本符合预算法和其他财经法规规定，财务管理和会计核算基本符合会计法和财务制度规定。

二、审计发现的主要问题

（一）预算执行中存在的问题。

1. 原国土资源部本级及所属单位共12个单位在非定点饭店召开会议75次；所属信息中心等3个单位的9个会议超过报到和疏散天数，所属天津地质调查中心等3个单位的6个会议超过规定天数，所属咨询研究中心等10个单位46个会议超过规定参会人数；所属地调局发展研究中心1个会议支出超标；所属中国土地勘测规划院等2个单位8次会议未按规定在单位内部会议室召开，支出共计10.91万元。

2. 2017年，所属资源所未按规定将22个项目结余资金620.69万元清理上报。

3. 所属地调局发展研究中心超编制配备6辆公务用车，2017年度公务用车运行维护费超预算支出2.33万元；所属地调局批准下属8家事业单位超标准保留17辆公务用车。

4. 所属人力资源开发中心等4个事业单位个人公务交通费报销福利化，按照处级每人800元/月、处级以下每人500元/月的标准报销。

5. 2017年，所属咨询研究中心和中国土地勘测规划院在公务接待费中列支职工加班餐费等与公务接待无关的支出4.19万元。

（二）其他方面问题。

1. 至2017年底，所属地科院预收账款48.35万元、其他应收款85万元、其他应付款13.71万元均超过三年以上未进行清理。

2. 个别单位固定资产管理不规范。

（1）2017年，所属资源所、地科院合计9辆野外业务用车全年闲置或使用率低，而2家单位共发生野外作业租车费等861.07万元。

（2）所属资源所固定资产台账中有105件设备等资产丢失或无法核实，涉及金额69.47万元。

（3）所属地科院未经批准出借7件科研设备等固定资产给地调局系统内所属单位，涉及金额3226.38万元；所属资源所、地科院48名退休、离职职工占用886.23万元固定资产未归还。

（4）至2018年3月，所属地调局下属天津地质调查中心等6个单位固定资产台账中，有164辆野外用车已于2004年7月通过委托管理方式借给相关单位使用，车辆登记在使用单位名下并由使用者承担相关费用。上述车辆已报废5辆，159辆仍在用。

（5）至2017年底，所属信息中心对开发或升级形成的44个软件资产未纳入无形资产管理，2017年升级改造软件资产支出1014.17万元。

（6）至2017年底，所属地科院地质力学所2个已完工基建工程未及时转入固定资产核算，涉及金额1833.6万元。

3. 2017年，所属人力资源开发中心违规收取外事服务费136.19万元，所属地调局发展研究中心违规收取地质成果资料费23.67万元，所属中国土地学会擅自将部分团体会员单位年度会费标准从4000元上涨至20000元。

4. 至2017年底，所属中国地质环境监测院下属的国土资源西峰寺培训中心未按规定纳入党政机关培训疗养机构改革范围。

三、审计处理情况和建议

对上述问题，审计署已依法出具了审计报告、下达了审计决定书。对会议管理和经费使用问题，要求严格按照规定执行；对结余资金未及时清理问题，要求责成相关单位及时清理上报财政部；对公务用车管理和公务交通费报销问题，要求责成相关单位严格执行公车运行预算及批复，避免个人公务交通费用报销福利化；对在公务接待费中列支与公务接待无关支出问题，要求责成相关单位严格执行公务接待审批控制制度；对部分往来款长期挂账未及时清理问题，责成有关单位根据实际情况及时清理挂账；对固定资产管理不规范问题，要求加强资产管理，做好日常监督检查，提高资产使用效率；对违规收费问题，要求责成有关单位停止收费；对个别培训机构未纳入改革范围问题，要求统筹考虑培疗机构改革，做到应改尽改。

针对审计发现的问题，审计署建议：自然资源部应进一步规范相关会议费和公务用车等经费管理，严格落实中央八项规定精神，加大对所属单位的管理和监督力度；加强对相关财政资金的监管，及时清缴财政结余资金，清理收费项目；进一步加强国有资产管理，健全内部控制制度，提高资产使用绩效。

四、审计发现问题的整改情况

目前，对会议费和公务用车等问题，相关单位调整了有关科目，修订有关制度和办法；所属地科院对长期挂账往来款进行了清理；相关单位正在清理固定资产并出台相关管理制度；对违规收费问题，有关单位已停止收费；国土资源西峰寺培训中心已改为办公区，不再承揽收费会议和培训等业务；其他问题正在整改。具体整改结果由自然资源部向社会公告。

原环境保护部 2017 年度预算执行等情况审计结果

根据《中华人民共和国审计法》的规定，2017 年 12 月至 2018 年 3 月，审计署对原环境保护部 2017 年度预算执行等情况进行了审计，重点审计了部本级和所属中国环境监测总站、核与辐射安全中心等 8 个单位，对有关事项进行了延伸审计。

一、基本情况

原环境保护部为中央财政一级预算单位，部门预算由部本级和 36 个二级预算单位的预算组成。财政部批复原环境保护部 2017 年度部门财政拨款预算 472770.43 万元，本次审计 389682.92 万元、占 82.43%。审计结果表明，原环境保护部本级及本次审计的所属单位 2017 年度预算收支基本遵守了预算法及相关法律法规，财务管理和会计核算基本符合会计法及有关财会制度规定。

二、审计发现的主要问题

（一）预算执行中存在的问题。

1. 2017 年，原环境保护部本级及所属机关服务中心多编报并获得财政资金 2470.62 万元。

2. 2017 年，原环境保护部未按规定清理、上报项目结余资金 1511.07 万元，其中部本级 1245.68 万元，所属中国环境监测总站、中日友好环境保护中心、中国环境科学学会共计 265.39 万元。

3. 2017 年，所属核与辐射安全中心计划外出国，无预算列支出国费用，涉及金额 28.45 万元。

4. 2017 年，所属中国环境科学研究院、华北督察局存在未设立公务用车台账、用车记录不全、信息登记不规范、特种专业技术用车未进行标识化管理等问题；所属华北核与辐射安全监督站、华北督察局、核与辐射安全中心等 3 家单位特种专业技术用车 132 次被用于取送文件、办理银行业务等。

5. 2017 年，所属中国环境科学研究院、核与辐射安全中心存在计划外召开会议、超人数召开会议、超标准列支会议费等问题，涉及金额 15.54 万元。

6. 2017 年，所属中国环境科学研究院未将利息收入 778.73 万元编报其他收入预算。

7. 2017 年，所属环境工程评估中心政府采购预算编报不完整，涉及金额 531.98 万元；2016 年至 2017 年，所属中日友好环境保护中心邀请招标不规范，并违规追加采购货物，涉及金额 137.8 万元，其中 2017 年 90.1 万元。

8. 2017 年，所属中国环境监测总站举办培训班收费未全额纳入财务账核算，造成决算收支不实，涉及金额 56.04 万元。

此外，所属中国环境科学研究院代编所属环境工程评估中心等 2 家单位 2017 年住房改革支出预算 118.34 万元。

（二）其他方面问题。

1. 2014年9月至2016年2月，原环境保护部厅局级干部违规兼职取酬6.95万元。

2. 2016年至2017年，所属中国环境科学学会在其年度学术会议中开展与收费挂钩的论文发表活动，违规收费18.91万元，其中2017年9.1万元。

3. 所属中环联合（北京）认证中心有限公司对“中国环境标志”认证的监管不够到位，个别持证企业违反污染防治管理制度受到处罚后，其认证仍处于有效状态。

三、审计处理情况和建议

对上述问题，审计署已依法出具了审计报告、下达了审计决定书。对多编报并获得财政资金的问题，要求追回相关财政资金，调整有关会计账目和决算；对未按规定清理、上报结余资金的问题，要求尽快清理结余资金，对属于地方的结余资金退回地方财政统筹使用，其他结余资金根据财政部审核意见办理；对违反“三公”经费及会议费管理相关规定的问题，要求责成相关单位加强管理，严格执行相关规定；对预算编制不完整的问题，要求责成相关单位进一步规范预算编制，完整编报本单位预算；对政府采购方面的问题，要求责成相关单位严格执行政府采购程序，严格政府采购审核和管理；对决算收支不实的问题，要求责成相关单位规范财务核算，调整有关会计账目和决算；对代编预算的问题，要求责成相关单位进一步加强预算管理，细化预算编制；对厅局级干部违规兼职取酬的问题，要求规范领导干部的兼职任职行为，严格执行相关规定；对违规收费的问题，要求责成相关单位停止收费行为；对“中国环境标志”认证监管不够到位的问题，要求责成相关单位加强监管。

针对审计发现的问题，审计署建议：生态环境部应坚持细化预算原则，规范相关预算管理，提高预算编制科学性和精细化水平；加强对相关单位“三公”经费、会议费的管理，强化监督，严格履行政府采购程序，加强对政府采购的审核和管理。

四、审计发现问题的整改情况

目前，违规兼职领取的报酬已退回；其他问题正在整改。具体整改结果由生态环境部向社会公告。

住房城乡建设部2017年度预算执行等情况审计结果

根据《中华人民共和国审计法》的规定，2017年12月至2018年3月，审计署对住房城乡建设部2017年度预算执行等情况进行了审计，重点审计了部本级和所属城乡规划管理中心、中国城市规划设计研究院等12个单位，对有关事项进行了延伸审计。

一、基本情况

住房城乡建设部为中央财政一级预算单位，部门预算由部本级和17个二级预算单位的预算组成。财政部批复住房城乡建设部2017年度部门财政拨款预算135254.02万元，本次审计108118.47万元、占79.94%。审计结果表明，住房城乡建设部本级及本次审计的所属单位2017年度预算收支基本符合预算法和其他财经法规的规定，财务管理基本符合会计法和其他相关规定。

二、审计发现的主要问题

（一）预算执行中存在的问题。

1. 2017年，所属城乡规划管理中心违规向276家单位收取会议费84.03万元。

2. 2017年，所属机关服务中心房租收入、房屋征收补偿收入共计642.4万元未执行“收支两条线”管理。

此外，住房城乡建设部本级在编报2017年预算时，对预算资金1514万元未提出细化分配方案。

（二）其他方面问题。

1. 住房城乡建设部本级住房信息系统未完成建设目标，无法发挥相应效益，涉及2017年度预算资金1521.3万元。

2. 住房城乡建设部本级2017年政务信息系统整合不到位，有2个信息系统尚未完成整合。

三、审计处理情况和建议

对上述问题，审计署已依法出具了审计报告、下达了审计决定书。对违规收取会议费问题，要求责成相关单位严格执行会议费管理相关规定，杜绝此类问题发生；对房租收入、房屋征收补偿收入未执行“收支两条线”管理问题，要求责成相关单位上缴国库；对于预算未细化问题，要求进一步加强预算管理，在编制预算时将预算细化到具体项目；对于住房信息系统未完成建设目标问题，要求尽快向国家发展改革委报告，并研究制定解决办法；对于政务信息系统整合不到位问题，要求加快政务信息系统整合进度，尽快完成信息系统整合。

针对审计发现的问题，审计署建议：住房城乡建设部应进一步加强部门预算管理，提高财政资金使用绩效，加强对所属单位的监管，严格执行会议费管理有关规定，规范所属单位国有资产出租、处置收入管理。

四、审计发现问题的整改情况

目前，住房城乡建设部正在组织整改。具体整改结果由住房城乡建设部向社会公告。

交通运输部2017年度预算执行等情况审计结果

根据《中华人民共和国审计法》的规定，2017年12月至2018年3月，审计署对交通运输部2017年度预算执行等情况进行了审计，重点审计了部本级和所属海事局、水运科学研究所、路网监测和应急处置中心，对有关事项进行了延伸审计。

一、基本情况

交通运输部为中央财政一级预算单位，部门预算由部本级和21个二级预算单位的预算组成。财政部批复交通运输部2017年度部门财政拨款预算2431963.13万元，本次审计159099.79万元、占6.54%。审计结果表明，交通运输部本级及本次审计的所属单位2017年度预算收支基本遵守了预算法及相关法律法规，财务管理和会计核算基本符合会计法及有关财会制度规定。

二、审计发现的主要问题

（一）预算执行中存在的问题。

1. 2017年，所属海事局有2个会议未在定点饭店召开，会议总费用12.71万元。

2. 2017年，所属海事局未明确界定特岗人员范围，也未报经审批，使用财政专项资金331.34万元为全体人员购买人身意外险。

3. 2017年，所属水运科学研究所未将下属单位事业收入1886.88万元纳入预算。

4. 至2017年底，所属水运科学研究所的3项工程项目和7个设备购置项目均已投入使用，累计完成投资18357.92万元，未转入固定资产。

5. 2015年，所属水运科学研究所在工程不具备施工条件的情况下，提前支付电缆工程款246.77万元。

6. 至2017年底，所属路网监测和应急处置中心承担的9项课题研究任务均已全部完成，课题经费543.99万元未计入事业收入。

7. 2017年，所属路网监测和应急处置中心未按规定履行政府采购程序购买服务等469.64万元。

8. 2017年，所属公路科学研究所召开会议5次，会议费等收入448.96万元、相关支出284.64万元在其所属承办企业核算，结余164.32万元仍结存在承办企业。

（二）其他方面问题。

1. 至2017年底，交通运输部未经批准出借办公用房168平方米。

2. 自2013年6月起，所属水运科学研究所未经批准出租25529.4平方米的划拨土地及地上建筑物使用权，共取得租金收入405.35万元，其中2017年收入91万元。

三、审计处理情况和建议

对上述问题，审计署已依法出具了审计报告、下达了审计决定书。对会议费管理不规范的问题，要求责成相关单位今后严格执行会议费管理规定；对使用财政专项资金购买团体意外伤害险问题，要求责成相关单位明确界定特岗人员，追回为非特岗人员购买保险的财政资金，调整有关会计账目；对预算编制不完整问题，要求责成相关单位今后完整编报预算；关于少计固定资产、课题研究经费收入的问题，要求责成相关单位调整有关会计账目和决算草案；对提前支付工程款问题，要求责成相关单位尽快完成已付款项目的建设任务，今后严格按照进度支付财政资金；对未按规定履行政府采购程序购买服务的问题，要求责成相关单位今后严格执行政府采购的相关规定；对会议收支核算不规范的问题，要求责成相关单位将结余资金纳入本单位核算，调整有关会计账目和决算草案；对未经批准出借办公用房、出租划拨土地及地上建筑物使用权问题，要求今后严格执行相关管理规定。

针对审计发现的问题，审计署建议：交通运输部应进一步规范预算编报、加强预算管理，规范政府采购行为，加强对所属的单位监管，督促所属单位加强财务管理、规范会计核算。

四、审计发现问题的整改情况

目前，所属水运科学研究所已将下属单位经营收入编入2018年部门预算，将3项工程计入固定资产；所属路网监测和应急处置中心已将课题经费收入调入事业收入；所属公路科学研究所已将会议费结余收回；其他问题正在整改。具体整改结果由交通运输部向社会公告。

水利部2017年度预算执行等情况审计结果

根据《中华人民共和国审计法》的规定，2017年12月至2018年3月，审计署对水利部2017年度预算执行等情况进行了审计，重点审计了部本级和所属中国水利水电科学研究院（以下简称水科院）、灌溉排水发展中心、淮河水利委员会等9个单位，对有关事项进行了延伸审计。

一、基本情况

水利部为中央财政一级预算单位，部门预算由部本级和28个二级预算单位的预算组成。财政部批复水利部2017年度部门财政拨款预算1720647.37万元，本次审计197792.42万元、占11.49%。审计结果表明，水利部本级及本次审计的所属单位2017年度预算收支基本遵守了预算法及相关法律法规，财务管理和会计核算基本符合会计法及有关财会制度规定。

二、审计发现的主要问题

（一）预算执行中存在的问题。

1. 2017年，水利部因公出国实际执行与计划存在差异，63个因公出国团组属于计划外团组。

2. 2017年，所属灌溉排水发展中心、淮河水利委员会通信总站超规定人数标准召开四类会议9个，超标准368人。

3. 2017年，所属水科院未严格落实公务用车改革要求，公务交通费支出超改革前59.1万元。

4. 2017年，所属水科院在供货商尚未发货的情况下，提前列支设备和软件采购款802.78万元。

5. 2017年，所属水情教育中心超出合同范围使用财政资金支付其他公司支出22.98万元。

6. 2013年至2017年，所属新闻宣传中心长期租摆花卉绿植，涉及金额12.59万元。

（二）其他方面问题。

1. 2017年，所属水科院出租原值3129万元的房屋，未经审批，也未按规定公开招租。

2. 水利部原水库移民开发局未严格履行管理职责，全国水库移民后期扶持管理信息系统运行管理至2017年底尚未实现预期目标。

三、审计处理情况和建议

对上述问题，审计署已依法出具了审计报告。对因公出国实际执行与计划存在差异问题，要求加强因公出国计划管理，严格按照因公出国管理的相关规定执行；对会议人数超标准问题，要求责成相关单位严格按照会议费管理相关规定执行；对未严格落实公务用车改革要求问题，要求责成相关单位加强公务用车经费管理；对提前列支设备和软件采购款、超出合同范围使用财政资金支付其他公司支出的问题，要求责成相关单位严格执行相关规定，调整有关会计账目和决算草案；对房屋出租未经审批，未公开招租问题，要求责成相关单位按规定办理出租报批手续，加强房屋出租管理；对信息系统运行管理未实现目标问题，要求责成相关单位加强系统运行管理，提高资金使用绩效。

针对审计发现的问题，审计署建议：水利部应进一步加强“三公”经费和会议费管理，加大对所属单位预算执行管理和监督力度，强化国有资产管理。

四、审计发现问题的整改情况

目前，所属新闻宣传中心已停止租摆花卉绿植；所属水科院调整了提前列支设备和软件采购款相关账目；所属水情教育中心已将超出合同范围列支的其他公司支出资金全部收回并调整了有关账目；其他问题正在整改。具体整改结果由水利部向社会公告。

原农业部 2017 年度预算执行等情况审计结果

根据《中华人民共和国审计法》的规定，2017 年 12 月至 2018 年 3 月，审计署对原农业部 2017 年度预算执行等情况进行了审计，重点审计了部本级和所属中国兽医药品监察所、中国农业科学院（以下简称农科院）等 5 个单位，对有关事项进行了延伸审计。

一、基本情况

原农业部为中央财政一级预算单位，部门预算由部本级和 47 个二级预算单位的预算组成。财政部批复原农业部 2017 年度部门财政拨款预算 3396940.14 万元，本次审计 1298178.89 万元、占 38.22%。审计结果表明，原农业部本级及本次审计的所属单位 2017 年度预算收支基本遵守了预算法及相关法律法规，财务管理和会计核算基本符合会计法及有关财会制度规定。

二、审计发现的主要问题

（一）2016 年至 2017 年，所属中国兽医药品监察所虚列会议费支出，涉及金额 25.46 万元，其中 2017 年 12.18 万元。

（二）2017 年，所属农科院后勤服务中心将产权属于农科院的 33 处房产对外出租，租金收入 2173.66 万元未纳入农科院本级账户核算。

（三）至 2017 年底，所属农科院本级两处房产未记入固定资产账簿进行管理，面积合计 5.17 万平方米。

三、审计处理情况和建议

对上述问题，审计署已依法出具了审计报告、下达了审计决定书。对虚列会议费支出问题，要求责成相关单位追回资金，归还原资金渠道，并调整有关会计账目和决算草案；对房租收入未纳入农科院本级账户核算问题，要求将房屋出租收入纳入农科院本级账户核算；对房产未计入固定资产的问题，要求责成相关单位加强国有资产监管，将房产计入固定资产管理，并调整有关会计账目和决算草案。

针对审计发现的问题，审计署建议：农业农村部应进一步强化相关预算管理；加大对所属单位财务的管理和监督力度；加强国有资产监管，严格执行国有资产管理有关规定。

四、审计发现问题的整改情况

目前，农业农村部正在组织整改。具体整改结果由农业农村部向社会公告。

商务部 2017 年度预算执行等情况审计结果

根据《中华人民共和国审计法》的规定，2017 年 12 月至 2018 年 3 月，审计署对商务部 2017 年度预算执行等情况进行了审计，重点审计了部本级和所属国际贸易经济合作研究院、流通产业促进中心、国际商报社，对中央储备糖、储备肉操作单位中粮集团有限公司所属的华商储备商品管理中心有限公司（以下简称华商中心）有关事项进行了延伸审计。

一、基本情况

商务部为中央财政一级预算单位，部门预算由部本级和 169 个二级预算单位的预算组成。财政部批复商务部 2017 年度部门财政拨款预算 2893471.57 万元，本次审计 2723110.74 万元、占 94.11%。审计结果表明，商务部本级和本次审计的单位 2017 年度预算收支基本遵守了预算法及相关法律法规，财务管理和会计核算基本符合会计法及有关财会制度规定。

二、审计发现的主要问题

（一）预算执行中存在的问题。

1. 商务部本级 77.84 万元结余资金未按规定进行清理。

2. 2016 年和 2017 年，商务部本级组织邀请招标不规范，邀请参加竞标的企业中存在公司法人代表为同一人的公司，涉及合同金额 3472.73 万元，其中 2017 年 2080 万元。

3. 至 2017 年底，中央储备糖专项资金中累计有 1982.2 万元仓库仓租保管费未按规定标准拨付到位，结存华商中心储备糖专户，其中 2017 年 315.82 万元。

4. 至 2017 年，华商中心和其全资子公司北京华商储备商品交易所有限责任公司（以下简称华商交易所）14256.89 万元非税收入未上缴中央财政。

（1）至 2017 年底，华商中心未按规定将收取的储备肉违约储存保证金和收回的储备肉货款历史欠款 4164.2 万元上缴财政，而是全部用于结构性理财，其中 2017 年 149.5 万元。

（2）商务部委托华商交易所办理储备糖竞价交易业务。2015 年至 2017 年，华商交易所将收取企业的投标履约保证金在合约占用期间滚动用于结构性理财，累计获得利息收入 945.67 万元未按规定上缴财政，其中 2017 年 226.99 万元。

（3）至 2017 年底，华商中心未将收取的储备糖交易违约金 4742 万元上缴财政。

（4）2015 年至 2017 年，华商中心将股权转让款 3927.08 万元进行理财，累计取得收益 477.94 万元。上述资金合计 4405.02 万元未上缴财政，其中 2017 年 154.49 万元。

5. 2016 年和 2017 年，所属国际商报社 2 次组织在非定点饭店召开会议，其中 2016 年度年会超标准支出 1.37 万元。

6. 2017 年，所属国际商报社预算编制不完整，少申报"中国国际财经杂志"项目预算收入 12 万元。

7. 2014 年 3 月至 2016 年 5 月，所属国际商报社业务接待领用董酒 78 瓶、汾酒 60 瓶、至尊上匠酒 60 瓶。上述白酒为报社广告收入置换取得，未纳入国际商报社财务账核算。

8. 2017 年，所属国际商报社将应在工会账核算的购买肉食费用在"事业支出"科目核算，涉及金额 14.55 万元。

9. 华商交易所擅自变更储备糖密钥押金性质，取得收入 42.4 万元，其中 2017 年 5.32 万元。

10. 所属流通产业促进中心在 1 个项目 2016 年和 2017 年绩效目标未全面完成的情况下，仍按三年项目计划为该项目申报 2018 年预算。

（二）其他方面问题。

1. 至 2017 年底，商务部 2015 年完工的办公楼修缮项目未办理竣工决算。

2. 2017 年，商务部部分信息系统进行建设、采购和升级，支出 249.82 万元未纳入商务部资产核算管理。

3. 至 2017 年底，所属国际商报社违规出租其所有的《中国国际财经》期刊刊号，累计收取费用 85 万元。

此外，国际商报社及其所属公司人员领用龙凤普洱茶具等 10 套瓷器，用于公务活动。

三、审计处理情况和建议

对上述问题，审计署已依法出具了审计报告、下达了审计决定书。对结余资金未按规定进行清理问题，要求将上述结余资金清理上报财政部，并根据财政部审核意见办理；对招标不规范问题，要求今后严格执行政府采购相关规定；对未按规定标准拨付储备糖仓库仓租保管费问题，要求配合相关部门责成相关单位规范储备糖仓库仓租保管费管理，将结存的专项资金上缴国库；对非税收入未上缴中央财政问题，要求配合相关部门责成相关单位将取得的非税收入及时上缴中央财政；对会议未在定点饭店召开，且会议支出超标准问题，要求责成相关单位严格按照会议费管理相关规定执行；对预算编制不完整，少编报预算收入问题，要求责成相关单位将全部收入纳入预算；对白酒未纳入账簿核算、费用核算不规范问题，要求责成相关单位将广告收入纳入账簿核算；对在事业账核算发放职工肉食费用问题，要求责成相关单位调整相关账目和决算草案；对向企业收取押金收入问题，要求配合相关部门责成相关单位将违规取得收入退还企业；对项目绩效目标未全面完成，绩效评价结果未有效应用问题，要求责成相关单位加强对项目实施过程的监督检查，提高财政资金使用效益；对修缮工程未及时办理竣工决算问题，要求及时办理竣工决算手续；对部分信息系统未纳入资产核算管理问题，要求将购买、建设的软件纳入部门资产核算管理，调整会计账目和决算草案；对违规出租期刊刊号问题，要求相关单位停止出租行为，严格遵守期刊出版相关规定。

针对审计发现的问题，审计署建议：商务部应加强部本级预算编报和部门（所属单位）预算执行及管理工作；及时、足额上缴应上缴国库资金；加强国有资产出租和登记管理，确保国有资产安全。

四、审计发现问题的整改情况

目前，商务部已经将信息系统登记入账；所属国际商报社已经将购买肉食费用调整到工会账支出；其他问题正在整改。具体整改结果由商务部向社会公告。

原文化部 2017 年度
预算执行等情况审计结果

根据《中华人民共和国审计法》的规定，2017 年 12 月至 2018 年 3 月，审计署对原文化部 2017 年度预算执行等情况进行了审计，重点审计了部本级和所属故宫博物院、机关服务中心，对文化部民族民间文艺发展中心和国家艺术基金管理中心等有关事项进行了延伸审计。

一、基本情况

原文化部为中央财政一级预算单位，部门预算由部本级和 32 个二级预算单位的预算组成。财政部批复原文化部 2017 年度部门财政拨款预算 815184.44 万元，本次审计 409841.79 万元、占 50.28%。审计结果表明，原文化部本级及本次审计的所属单位 2017 年度预算收支基本遵守了预算法及相关法律法规，财务管理和会计核算基本符合会计法及有关财会制度规定。

二、审计发现的主要问题

（一）预算执行中存在的问题。

1. 至 2017 年底，原文化部公务用车处置收入 12.5 万元未及时上缴国库。

2. 2017 年，原文化部本级公务接待费决算报表少反映支出 42 万元。

3. 2017 年，所属故宫博物院违规保留 1 辆公务用车，部分已领取交通补贴的领导违规使用公务用车。

4. 2016 年至 2017 年，所属故宫博物院收支核算不完整，涉及金额 3111.26 万元，其中 2017 年 2408.23 万元。

5. 至 2017 年底，所属故宫博物院部分非税收入未按规定通过国库单一账户体系收缴和存储，其中 2017 年 29828.85 万元。

6. 2017 年，所属民族民间文艺发展中心使用财政资金 559.08 万元购买银行理财产品。

7. 2017 年，所属机关服务中心未按规定上缴出租产权属于原文化部的房产收入 32.66 万元。

8. 至 2018 年 3 月底，所属中国东方演艺集团有限公司退回的文化产业发展专项资金结余 2719.41 万元滞留原文化部本级，未及时上报财政部并上缴国库。

（二）其他方面问题。

1. 至 2017 年底，原文化部政务信息系统整合不到位，仍有以司局、处室名义存在的独立信息系统。

2. 至 2017 年底，所属故宫博物院 1 名领导干部在社团兼职未按规定履行报批程序。

3. 至 2017 年底，所属故宫博物院 72.95 万元的软件资产未纳入资产管理。

4. 至 2017 年底，所属故宫博物院部分软件著作权被开发方占有。

三、审计处理情况和建议

对上述问题，审计署已依法出具了审计报告、下达了审计决定书。对公务用车处置收入未上缴国库、未按规定上缴国有资产出租收入问题，要求及时将相关收入上缴国库；对公务接待费决算报表反映不完整问题，要求按规定调整决算报表相关科目；对违规使用公务用车、违规用财政资金购买银行理财产品、领导干部未经批准在社团兼职问题，要求责成相关单位严格执行相关规定；对收支核算不完整问题，要求责成相关单位完整核算各项经济业务事项；对部分非税收入未按规定通过国库单一账户体系收缴和存储问题，要求责成相关单位予以纠正并及时、足额上缴国库；对文化产业发展专项资金结余滞留本级问题，要求及时上报财政部并上缴国库；对政务信息系统整合不到位问题，要求加快推进整合工作；对部分软件资产未纳入资产管理、部分软件著作权被开发方占有问题，要求责成相关单位及时登记入账、收回有关著作权。

针对审计发现的问题，审计署建议：文化和旅游部应进一步规范相关预算编制和执行管理，及时上缴非税收入和结余资金，严格执行中央关于厉行节约的相关规定，督促所属单位进一步加强国有资产管理，维护国有资产的安全。

四、审计发现问题的整改情况

目前，所属故宫博物院已停用保留的公务用车，将软件资产登记入账，对现有软件系统进行清理并准备申报知识产权；其他问题正在整改。具体整改结果由文化和旅游部向社会公告。

原卫生计生委2017年度预算执行等情况审计结果

根据《中华人民共和国审计法》的规定，2017年12月至2018年3月，审计署对原卫生计生委2017年度预算执行等情况进行了审计，重点审计了委本级及所属国际交流与合作中心、中国医学科学院等9个单位，对有关事项进行了延伸审计。

一、基本情况

原卫生计生委为中央财政一级预算单位，部门预算由委本级和72个二级预算单位的预算组成。财政部批复原卫生计生委2017年度部门财政拨款预算1755700.35万元，本次审计851050万元、占48.47%。审计结果表明，原卫生计生委本级及本次审计的所属单位2017年度预算收支基本遵守了预算法及相关法律法规，财务管理和会计核算基本符合会计法及有关财会制度规定。

二、审计发现的主要问题

（一）预算执行中存在的问题。

1. 政府采购管理不规范。2017年，原卫生计生委本级未按规定执行政府购买服务，涉及金额91.05万元；所属中国医学科学院药用植物研究所本级及海南分所未按规定履行政府采购程序，涉及金额3905.91万元；所属国际交流与合作中心政府采购预算编报不完整，涉及金额4561.79万元；所属国家食品安全风险评估中心全资公司违规转包1个中标项目，涉及合同金额91.93万元；所属国际交流与合作中心等3家单位未按规定优先购买政府采购机票，涉及金额61.59万元。

2. 至2017年底，原卫生计生委本级参与分配的1项专项转移支付项目未按规定开展绩效评价，涉及金额746066万元。

3. 2017年，原卫生计生委本级决算草案多计支出90.07万元。

4. 2017年，所属中国人口宣传教育中心等3家单位公务用车运行费结余不实，涉及金额68.86万元。

5. 会议和会议费管理不规范。2017年，所属中国人口宣传教育中心未按规定制定会议费管理规定和编制会议计划，召开三类会议和四类会议各1个，涉及金额8.18万元；所属国家医学考试中心计划外召开四类会议17个，涉及金额45.88万元；所属中国疾病预防控制中心职业卫生与中毒控制所和中国疾病预防控制中心营养与健康所2家单位有9个在京外召开的四类会议，参会人员均以在京单位为主，涉及金额16.62万元。

6. 至2017年底，所属人才交流服务中心等2家单位结余资金未及时清理上报并按规定处理，涉及金额255.82万元。

7. 2017年，所属人才交流服务中心将技术服务费等收入放在往来科目核算，少计收入1102.39万元。

（二）其他方面问题。

1. 至2017年底，所属中国人口宣传教育中心未经报批出租房产1045.38平方米，取得租金收入200万元，其中2017年100万元。

2. 至2017年底，所属中国人口宣传教育中心等2个单位已完工并交付使用的9个基建项目未按规定办理竣工财务决算，涉及项目投资6054.3万元。

3. 至2017年底，所属机关服务局有680万元往来款长期挂账未及时清理。

4. 2012年至2017年，所属中国人口与发展研究中心5个软件系统未按规定计入无形资产，涉及金额2307.58万元。

三、审计处理情况和建议

对上述问题，审计署已依法出具了审计报告、下达了审计决定书。对未按规定实行政府购买服务、政府采购预算编报不完整、未按规定履行政府采购程序、违规转包、未按规定优先购买政府采购机票问题，要求今后严格执行政府采购规定；对参与分配的中央专项转移支付资金绩效评价方面问题，要求加强项目绩效评价管理；对多计支出、少计收入问题，要求加强决算对账工作，调整有关会计账目和决算草案；对公务用车、会议管理不规范问题，要求责成相关单位加强管理，今后严格执行有关规定；对结余资金未及时清理上报问题，要求责成相关单位及时清理上报，并按规定处理；对未经报批出租房产问题，要求责成相关单位按规定办理出借审批手续，严格执行相关规定；对未按规定办理竣工财务决算问题，要求责成相关单位按规定办理竣工财务决算；对往来款长期挂账问题，要求责成相关单位及时清理；对无形资产未入账问题，要求责成相关单位入账核算。

针对审计发现的问题，审计署建议：卫生健康委应进一加强相关政府采购管理，规范政府采购行为；加强对财政结转结余资金的管理，做好决算数字的对账工作；严格对所属单位的公务用车和会议费的管理和使用，加强对会议费等方面的财务管理和预算监督；强化资产管理，督促严格遵守相关制度。

四、审计发现问题的整改情况

目前，委本级已追回决算不实的 90.07 万元，并调整相关会计账目和决算草案，对参与分配的 1 项专项转移支付项目开展绩效评价，32 个省份（含兵团）已完成省级自评；所属国际交流与合作中心已将 2018 年援外医疗器械和药品采购编入政府采购预算，出台《关于进一步加强公务机票购买管理有关事项的通知》，规范公务机票的采购及报销管理；所属国家食品安全风险评估中心已终止违规转包的政府采购合同，停止支付采购资金，印发《科研结题结账及结余经费管理实施细则》，加强对科研项目结余经费的管理；所属中国医学科学院药用植物研究所对 2017 年全年差旅费进行全面清查，要求相关人员补缴未按规定优先购买政府采购优惠票价的差价；所属人才交流服务中心已清理上报 121.11 万元委托项目结余资金，将少计的 1102.39 万元收入调整会计账目，并在决算草案中反映；所属中国人口与发展研究中心已将 2307.58 万元无形资产登记入账；其他问题正在整改。具体整改结果由卫生健康委向社会公告。

人民银行 2017 年度财务收支等情况审计结果

根据《中华人民共和国审计法》的规定，2017 年 12 月至 2018 年 3 月，审计署对人民银行 2017 年度财务收支等情况进行了审计，重点审计了行本级和其管理的国家外汇管理局（以下简称外汇局），所属的天津分行等 8 家分支机构，主管的中国金融学会等 2 家社团，以及中国人民银行清算总中心、中国银联股份有限公司（以下分别简称清算总中心、中国银联）等 9 家所属所管单位，对有关事项进行了延伸审计。

一、基本情况

人民银行为中央财政一级预算单位，部门预算由行本级和 45 个二级预算单位的预算组成。审计结果表明，人民银行本级及本次审计的其他单位 2017 年度财务收支基本符合国家有关预算和其他财经法规的规定，会计核算和财务管理基本符合会计法及有关财会制度规定。

二、审计发现的主要问题

（一）预算执行中存在的问题。

1. 人民银行本级及个别分支机构违规招标采购。其中人民银行货币金银局采购进口设备未按规定报批，2010 年至 2017 年支付采购价款 1.72 亿元；所属郑州中心支行 2017 年有 5 个不符合邀标条件的项目通过邀标进行采购，涉及金额 71430.19 万元；2016 年至 2017 年，所属湘潭市中心支行、洛阳市中心支行将总额达到公开招标标准的项目拆分为多个项目进行邀标，涉及采购金额 519.55 万元。

2. 2010 年至 2017 年，人民银行本级、外汇局和所属济南分行、长沙中心支行、郑州中心支行、重庆营业管理部少计固定资产处置等收入 5944.82 万元，其中少计 2017 年收入 1078.34 万元。

3. 个别分支机构 2017 年度预算编报不实。其中所属天津分行在本行预算中为经费自理单位编列房屋租赁支出预算 153.73 万元并实际支付；所属株洲市中心支行编报基建项目预算比实际价款少报 81.8 万元，不足部分由地方财政补助资金结余部分弥补。

4. 2017 年，所属郑州中心支行列支应由职工个人承担的物业费 196.51 万元。

5. 外汇局及个别分支机构账户、资金管理不规范。至 2017 年底，外汇局仍在本级财务账内核算工会经费，所属济宁市中心支行仍在支行基本户内核算济宁市金融学会收取的费用；2017 年，所属洛阳市中心支行以大额现金形式发放奖金 336.15 万元；所属郑州中心支行征信查询费收缴管理不规范。

6. 外汇局和所属洛阳市中心支行挂账资金清理不及时。至 2017 年底，外汇局将以前年度收取的汇回利润保证金 4174.67 万元在“长期应付款”

科目核算，挂账超过 8 年；洛阳市中心支行未按规定及时上划“支付系统运行维护资金”余额 53.51 万元，挂账超过 1 年。

7. 所属长沙中心支行在编报 2017 年预算时，对 13856 万元行政事业类支出未细化至具体项目。

（二）其他方面问题。

1. 人民银行本级和部分分支机构资产管理不到位。其中，人民银行本级和所属哈尔滨、昆明和郑州中心支行存在未经批准出借办公用房等固定资产的问题；所属武汉分行、临夏州中心支行未按规定公开处置子公司股权及房屋等国有资产；人民银行本级、外汇局、所属天津分行和哈尔滨中心支行 2.84 亿元固定资产或软件资产，及所属郑州中心支行 3013.54 平方米土地及附属建筑账实不符，人民银行本级、外汇局、所属天津分行和哈尔滨中心支行还存在房屋等固定资产及软件资产闲置问题。

2. 外汇局机关服务中心 1 名退休干部违规到原单位所属公司任职。

3. 1998 年至 2017 年，直属事业单位清算总中心、金融时报社和直属企业中国金融出版社少计手续费、发行费、房租等收入 6954.23 万元，其中少计 2017 年收入 5903.75 万元。

4. 2002 年至 2017 年，金融时报社和人民银行管理企业中国银联的所属公司成本费用不实 2114.02 万元，其中 2017 年 74.46 万元。

5. 至 2017 年底，直属事业单位中国人民银行征信中心（以下简称征信中心）所属企业未按规定上交投资收益。

6. 2014 年至 2017 年，征信中心未经国家发展改革委批准，收取动产融资租赁平台注册费 1054.64 万元。

7. 2005 年至 2015 年，清算总中心、征信中心在上海、天津等地支出 4.74 亿元购置周转住房。至 2017 年底，部分住房闲置已超过 2 年。

8. 2017 年，清算总中心 6 个项目未按规定公开招标，涉及合同金额 5054.1 万元。

9. 2012 年，清算总中心未经土地部门批准，与其他单位签订国有土地使用权置换及还建协议，至 2017 年底，还建工程尚未开工且仍未办理土地审批和变更手续。

10. 2015 年至 2017 年，中国银联违规为职工超比例缴纳年金。

11. 2010 年至 2017 年，主管的中国金融学会所属分会在评奖活动中采用“中国”字样，未按规定报批。

三、审计处理情况和建议

对上述问题，审计署已依法出具了审计报告、下达了审计决定书。对违规招标采购、预算编报不实、账户及资金管理不规范、年金管理不规范等问题，要求今后加强管理，严格执行有关规定；对少计收入、违规列支费用等问题，要求调整有关会计账目和决算草案；对于挂账资金清理不及时的问题，要求责成相关单位加快清理挂账资金；对未经批准出借办公用房的问题，要求尽快办理审批手续；对于资产处置不规范，要求责成相关单位尽快完善有关手续；对于资产闲置问题，要求尽快盘活，妥善处理闲置资产；对于未经批准收费的问题，要求责成相关单位取消该收费项目或按规定报批后实施。

针对审计发现的问题，审计署建议：人民银行应进一步加强预算和财务管理，维护财经纪律；强化资产管理，严格执行资产出租、出借、处置等相关规定；加强对社团和所属企事业单位的管理，督促相关单位严格执行财经制度。

四、审计发现问题的整改情况

目前，人民银行本级和所属湘潭市中心支行已将 250.64 万元固定资产出租收入计入收入并调整相关账目；人民银行本级已将应计的 11 辆车辆纳入固定资产账内核算并调整相关账目；天津分行已将代编并实际支付的 153.73 万元收回并调整相关账目；外汇局已开始处置闲置软件资产，所属公司已解聘了在该公司违规任职的某退休干部；清算总中心和中国金融出版社分别将应计的 5558.65 万元手续费收入和 272.81 万元房租收入计入了收入并调整相关账目；其他问题正在整改。具体整改结果由人民银行向社会公告。

国资委 2017 年度
预算执行等情况审计结果

根据《中华人民共和国审计法》的规定，2017 年 12 月至 2018 年 3 月，审计署对国资委 2017 年度预算执行等情况进行了审计，重点审计了委本级和所属信息中心、机关服务中心等 5 个单位，对有关事项进行了延伸审计。

一、基本情况

国资委为中央财政一级预算单位，部门预算由委本级和 45 个二级预算单位的预算组成。财政部批复国资委 2017 年度部门财政拨款预算 330356.16 万元，本次审计 85874.86 万元、占 25.99%。审计结果表明，国资委本级及本次审计的所属单位 2017 年度预算收支基本遵守了预算法及相关法律法规，财务管理和会计核算基本符合会计法及有关财会制度规定。

二、审计发现的主要问题

（一）预算执行中存在的问题。

1. 国资委本级在零余额账户中提取福利费和职工教育经费 920.92 万元并划拨至本单位实有账户，至 2017 年底上述资金共结存 849.5 万元。

2. 国资委本级政府采购预算编报不完整，超预算采购金额 427.94 万元。

3. 至 2017 年底，国资委本级资产台账登记的 45 辆车无对应实物，实际在用的 69 辆车和从其他部门接收的金宏工程资产（投资 1688.61 万元）未登记资产台账和财务账。

4. 2015 年至 2016 年，所属轻工机关服务中心虚报人数，多申领财政资金 45.43 万元，至 2017 年底资金结存在该单位基本户中。

5. 所属国资委信息中心在对国资委国有企业大数据综合监测分析系统项目进行公开招标时，设定了与项目建设实际需要关系不密切的条款。

6. 至 2017 年底，国资委委托所属机关服务中心管理的 1614 万元股权投资未记入国资委或所属机关服务中心会计账簿核算。

7. 2016 年至 2017 年，国资委所管理的中国石油和化学工业联合会举办会议时，由其所属承办单位及其他代理机构收取会议费和赞助费 586.49 万元、列支 123.36 万元，未在规定账簿核算，其中，2017 年分别为 302.43 万元、70.41 万元。

（二）其他方面问题。

2016 年 5 月，审计署出具的国资委 2015 年度预算执行等情况的审计报告反映了国资委信息中心违规收费的问题，并提出停止收费的整改要求，国资委信息中心当年整改并停止收费；2017 年，国资委信息中心又通过其控股企业以会议服务费名义变相继续收费 501 万元。

三、审计处理情况和建议

对上述问题，审计署已依法出具了审计报告、下达了审计决定书。对向本单位实有账户划拨资金问题，要求依照规定退回原资金渠道；对超预算采购、在项目招标书中设置不合理条款问题，要求今后工作中加强对政府采购的管理；对公务用车账实不符、移交行政资产未及时入账、委托所属机关服务中心管理的股权投资未登记会计账簿问题，要求加强资产管理，据实登记资产台账和会计账簿，调整决算草案；对虚报人数多申领财政资金问题，要求责成相关单位将问题资金上缴国库；对会议费等收支未在规定账簿核算问题，要求责成相关单位收回结余资金，调整会计账目和决算草案；对以前年度审计报告反映问题整改不到位问题，要求其及时进行整改。

针对审计发现的问题，审计署建议：国资委应进一步加强预算管理，保证预算的真实完整；加强资产管理，严格执行国有资产管理制度；加强监督检查，保证审计发现问题落实整改到位。

四、审计发现问题的整改情况

目前，国资委正在组织整改。具体整改结果由国资委向社会公告。

海关总署 2017 年度预算执行等情况审计结果

根据《中华人民共和国审计法》的规定，2017 年 12 月至 2018 年 3 月，审计署对海关总署 2017 年度预算执行等情况进行了审计，重点审计了署本级和所属全国海关信息中心、中国海关出版社等 7 个单位，对有关事项进行了延伸审计。

一、基本情况

海关总署为中央财政一级预算单位，部门预算由署本级和 58 个二级预算单位的预算组成。财政部批复海关总署 2017 年度部门财政拨款预算 2534391.33 万元，本次审计 567906.71 万元、占 22.41%。审计结果表明，海关总署本级及本次审计的所属单位 2017 年度预算收支基本遵守了预算法及相关法律法规，财务管理和会计核算基本符合会计法及有关财会制度规定。

二、审计发现的主要问题

（一）预算执行中存在的问题。

1. 出国（境）管理和经费使用方面的问题。2016年至2017年，海关总署因公出国（境）费少计支出397.72万元，其中2017年99.46万元，2016年实际超预算265.5万元，向社会公告时少公告298.26万元。还存在2017年，海关总署本级因公出国（境）团组超标准报销境外城市内租车、机场贵宾休息室和住宿费等费用32.9万元。

2. 公务用车管理和经费使用方面的问题。海关总署无预算支出619.17万元购置公务用车，其中2017年111.92万元；部分车辆未按规定回单位停放，支出在外停车费10.18万元，其中2017年5.34万元；至2018年2月底，海关执法执勤用车（不含缉私）有931辆尚未涂装执法车辆标识；至2018年3月底，所属厦门海关等5个直属海关超编制配备公务用车11辆。

3. 2016年至2017年，海关总署本级转由下属单位承担会议费10.89万元，其中2017年1.32万元。

4. 2016年至2017年，海关总署本级在培训费中超范围列支海关系统人员应由个人负担的学费和住宿费890.34万元，其中2017年440.96万元。

5. 2016年和2017年，海关总署37名退休干部违规兼职取酬、报销费用98.02万元，其中2017年43.62万元。

6. 预算编制方面的问题。2017年海关总署虚设二级预算单位“海关总署本级”用于编制年初未细化到具体单位和项目的预算收入558512.41万元；2016年至2017年，海关总署多申请财政资金5659.23万元，其中2017年2077.92万元。

7. 至2017年底，海关总署监管查验技术设备资金106854.26万元闲置，268395.64万元采购的设备滞留在生产厂家，不能发挥效益。

8. 2015年至2017年，海关系统人员违规领取杂志发行费、稿费368.61万元，其中2017年163.72万元。

9. 海关总署所属单位将70.18万元资金账外存放，用于发放个人津贴等。

10. 2016年，海关总署多计发所属鑫海锦江大酒店经营团队奖金41.58万元；此外，抽查还发现2012年多计发奖金3.72万元。

11. 2016年和2017年，海关总署向主管的4个社会团体购买部分属于政府职责范围或应当由政府直接提供、不适合社会力量承担的服务事项，涉及财政资金1282.5万元，其中2017年641.25万元。

12. 2016年至2017年，海关总署未经批准无偿出借办公用房至少流失13.46万元，其中2017年5.77万元。

13. 2016年至2017年，海关总署未按合同约定扣除3家企业误期赔偿费103.71万元。

14. 至2017年底，海关总署为院内家属楼和回迁楼住户代垫取暖费和物业费76.14万元未收回，物业管理社会化改革未完成。

15. 2016年至2017年，海关总署本级向中国海关管理干部学院以拨代支多计支出49.1万元，其中2017年18.04万元。

16. 2015年至2017年，所属缉私局先后支付385万元向海关所属公司等企业采购海关进出口贸易数据等信息，其中2017年128.5万元。

17. 至2017年底，所属单位资产出租收入334.5万元、文化产业发展专项资金结余259.35万元未上缴财政，其中2017年65.67万元。

18. 资产管理方面存在的问题。至2017年底，所属北京鑫海大厦管理有限公司未向中国电子口岸数据中心收取589.68万元/年的租金；海关总署本级和5个直属海关有14处办公用房等1.9万平方米未入账；大连等3个直属海关未经批准拆除的办公用房等7处房屋1.36万平方米未核销；6个所属海关未经批准出租6处技术用房等16656平方米、2个所属海关6处办公用房21711平方米到期未收回；海关信息中心向所属企业支付租金228.9万元，租用尚未进行资产分割的自身资产；海关总署本级17辆价值526.38万元的公务用车未登记或核销固定资产账。

19. 2017年底，所属上海海关学院在信息化建设项目经费中提前列支2018年的线路租金37.41万元。

（二）其他方面问题。

1. 至2018年3月底，海关总署上报国务院已整合完成的171个海关政务信息系统仍在独立运行，尚未整合；在用的71个信息系统中，有

51个未按规定进行安全等级定级备案。

2. 海关系统收费方面存在的问题。2016年至2017年，所属企业和下属单位对外提供信息并收费563.18万元；向各进出口企业提供企业自身进出口统计信息并收费1131.37万元，其中2017年841.3万元；所属企业向进出口企业销售系统身份认证安全产品及服务收费15598万元，其中2017年2555.99万元；向企业推销图书按销售额35%收取出版社费用373.24万元。

3. 以前年度部分问题整改还不到位。至2018年3月底，2016年5月向海关总署出具的审计报告中的海关总署本级2015年非税收入43826万元未按规定实行“收支两条线”管理等3个问题尚未整改到位。

4. 至2018年3月底，海关总署本级未清理长期挂账1487.85万元。

此外，所属单位和个别司局还存在出国计划、宴请和购票等程序不合规，出版书刊不规范，未公开竞价招租停车位，跨年度报销会议费等管理不规范问题，涉及资金98.35万元。

三、审计处理情况和建议

对上述问题，审计署已依法出具了审计报告、下达了审计决定书。对出国（境）、公务用车、会议费管理和经费使用方面的问题，要求按照中央八项规定精神纠正并追究相关人员责任；对超范围列支培训费、退休干部违规兼职取酬、领取“稿费”、发行费、资金账外存放、向经营单位无偿出借办公用房、损失误期赔偿费、多计发经营团队奖金等问题，要求追回相关资金，调整会计账目和决算草案并追究相关人员责任；对预算编制方面的问题，要求严格按规定编制预算，退回多报的财政资金；对监管查验技术设备采购和资金方面的问题，要求提高资金和设备使用绩效；对向社会团体购买服务不规范问题，要求规范购买服务；对代垫取暖费和物业费问题，要求尽快清理收回相关费用；对收入未上缴财政、多计支出、提前列支、资产管理等方面的问题，要求收入上缴财政、调整相关账目和决算草案；对采购海关数据和海关系统收费等问题，要求责成相关单位纠正并按国家相关规定处理；对政务信息系统未整合和信息系统未按规定进行安全等级评定备案以及管理不规范等问题，要求按照国家相关规定执行。

针对审计发现的问题，审计署建议：海关总署应强化预算约束，加强财务管理，严格执行“收支两条线”，加快盘活财政存量资金；严格贯彻落实中央八项规定精神，加强“三公”经费、会议费和培训费管理；完善内部控制制度，厉行勤俭节约，避免损失浪费；规范内设机构刊物出版行为，规范与社会团体和经济实体经济往来；切实加强海关系统资产、所属单位和政府采购管理，进一步清理规范涉企收费，加大审计整改力度。

四、审计发现问题的整改情况

目前，海关总署已清退因公出国（境）团组超标准列支的住宿费，对有关房产、公务用车等固定资产账目按规定进行了调整；其他问题正在整改。具体整改结果由海关总署向社会公告。

原工商总局2017年度预算执行等情况审计结果

根据《中华人民共和国审计法》的规定，2017年12月至2018年3月，审计署对原工商总局2017年度预算执行等情况进行了审计，重点审计了局本级和所属中国消费者协会、商标局等5个单位，对有关事项进行了延伸审计。

一、基本情况

原工商总局为中央财政一级预算单位，部门预算由局本级和13个二级预算单位的预算组成。财政部批复原工商总局2017年度部门财政拨款预算117199.59万元，本次审计106912.55万元、占91.22%。审计结果表明，原工商总局本级及本次审计的所属单位2017年度预算收支基本遵守了预算法及相关法律法规，财务管理和会计核算基本符合会计法及有关财会制度规定。

二、审计发现的主要问题

（一）预算执行中存在的问题。

1. 2016年至2017年，原工商总局本级及所属中国消费者协会的会议费转由企业承担，涉及金额9.52万元，其中2017年4.02万元。

2. 至2017年底，所属商标局2个收入过渡性存款账户尚未撤销，涉及金额36138.58万元。

3. 2017年，所属商标审查协作中心商标档案扫描服务85未履行政府采购程序，涉及金额

1270.43万元。

（二）其他方面问题。

1. 2016年至2017年，所属中国广告协会未经批准开展评奖活动，收取各类费用1630.21万元，其中2017年837.66万元。

2. 2017年，所属中国广告协会和中华商标协会，通过举办广告节、广告论坛、商标品牌节等活动，收取参加单位费用2673.86万元。

三、审计处理情况和建议

对上述问题，审计署已依法出具了审计报告、下达了审计决定书。对会议费由企业承担问题，要求将费用退回企业，并调整会计账目和决算草案；对收入过渡性存款账户尚未撤销问题，要求责成相关单位尽快按照规定撤销；对商标档案扫描服务未履行政府采购程序问题，要求责成相关单位严格履行政府采购程序；对通过举办活动收取参加单位费用问题，要求责成相关单位停止收费行为。

针对审计发现的问题，审计署建议：市场监管总局应进一步加强相关会议费管理，切实强化对所属单位监管，严格履行招投标程序和账户管理，规范收费行为。

四、审计发现问题的整改情况

目前，市场监管总局正在组织整改。具体整改结果由市场监管总局向社会公告。

原质检总局2017年度
预算执行等情况审计结果

根据《中华人民共和国审计法》的规定，2017年12月至2018年3月，审计署对原质检总局2017年度预算执行等情况进行了审计，重点审计了局本级和所属国家认证认可监督管理委员会（以下简称国家认监委）、中国信息安全认证中心、中国标准化研究院，对有关事项进行了延伸审计。

一、基本情况

原质检总局为中央财政一级预算单位，部门预算由局本级和50个二级预算单位的预算组成。财政部批复原质检总局2017年度部门财政拨款预算1495355.67万元，本次审计143544.78万元、占9.60%。审计结果表明，原质检总局本级及本次审计的所属单位2017年度预算收支基本遵守了预算法及相关法律法规，财务管理和会计核算基本符合会计法及有关财会制度的规定。

二、审计发现的主要问题

（一）预算执行中存在的问题。

1. 2017年，原质检总局本级超出会议费预算编制会议计划，超预算支出会议费402.81万元；违规在京外召开以京内人员为主的会议，列支会议费6.45万元；超人数规模办会17次，涉及支出58.92万元。

2. 2017年，原质检总局本级未按规定清理上报“部门机动费”等项目结余1801.23万元，直接用于当年支出。

3. 2017年，原质检总局本级未履行政府采购程序，直接委托相关单位承担研究和宣传任务，部分事项未按规定公开招投标，涉及金额3575.1万元；所属国家认监委未履行政府采购程序，直接委托其所属信息中心承担信息化档案管理服务等工作，涉及金额1140.67万元。

4. 2017年，原质检总局本级“质检服务与监管信息化保障专项”的预算编制不科学，年底结转15002.39万元，占项目当年预算的93.90%，影响财政资金使用效益。

5. 原质检总局本级固定资产账账不符、账实不符，至2017年底，少计小轿车价值99.84万元，未调减已处置小轿车和电脑等资产219.92万元；少计“电子检验检疫主干系统信息交换平台”资产1083.2万元。

6. 2017年，所属中国信息安全认证中心违规从事经营活动，收取实验室检测费47.5万元。

7. 2015年至2017年，所属国家质量监督检验检疫总局信息中心及其下属公司虚假招投标，涉及合同金额2290万元，其中2017年708万元；2016年和2017年，所属中国标准化研究院下属公司违规参与本院采购项目投标并中标，涉及合同金额576.2万元，其中2017年329.8万元。

8. 2017年，所属国家认监委信息中心提前拨付项目款405.1万元。

9. 至2017年底，所属国家认监委多计项目支出137.25万元；少计“进口注册备案管理系统”等6个信息化管理软件资产1482.86万元。

10. 2017年，原质检总局“食品安全检（监）测能力建设专项”年初预算4亿元未细化至具体项目和承担单位，预算资金下达较晚，至年底结转 2.89 亿元。

（二）其他方面问题。

1. 原质检总局本级未经批准长期出租出借房产约 1 万平方米，房产及收入未按规定清理；2014 年自行出借给所属单位的 3000 万元至 2017 年底未收回。

2. 至 2017 年底，原质检总局仍有 59 个分散独立的信息系统未整合，未按要求与统一数据共享交换平台实现数据对接，部分信息资源未共享。

3. 所属中国计量科学研究院个别退休干部于 2014 年至 2017 年在中国质量万里行促进会兼职取酬 22.37 万元，其中 2017 年 6.61 万元。

4. 所属中国标准化研究院下属公司以虚假协议收取供应商设备采购返款 185 万元。

5. 所属中国标准化研究院下属集团公司 2013 年购买价款共 4.8 万元的高档酒，至 2018 年 3 月其中部分（价款 1.52 万元）已消费。

6. 2017 年，所属国家认监委、国家质量监督检验检疫总局信息中心开展绩效目标自评的项目设定的绩效指标不科学不完整，自我评价的结果与实际不符，存在夸大预算执行率等情况。

三、审计处理情况和建议

对上述问题，审计署已依法出具了审计报告、下达了审计决定书。对超规模和天数办会、会议费超预算、违规京外召开会议等问题，要求严格按规定执行；对未按规定清理结余资金问题，要求清理上报并按财政部要求办理；对未履行政府采购程序、虚假招投标、招投标不规范问题，要求严格执行相关规定；对预算编制不科学问题，要求合理编制预算并严格执行相关规定；对少计支出、少计资产、未及时调减资产以及固定资产账账不符、账实不符问题，要求调整有关会计账目和决算草案；对违规从事经营活动和收费问题，要求责成相关单位停止经营活动；对未按进度拨款问题，要求责成相关单位加强预算支出管理；对自行出租出借总局权属房产问题，要求清理；对自行出借资金问题，要求尽快收回并严格执行规定；对政务信息系统整合缓慢问题，要求加快进度；对未经批准兼职取酬问题，要求责成相关单位规范干部兼职行为；对下属公司以虚假协议收取供应商款项问题，要求责成相关单位清理规范；对购买和消费高档酒问题，要求责成相关单位严格管理并建议追究相关人员责任；对项目绩效自评结果质量不高问题，要求责成相关单位加强管理。

针对审计发现的问题，审计署建议：市场监管总局应进一步规范相关预算编制和执行，规范会议管理和支出；加大对所属单位和下属企业的监管力度，加强国有资产管理，严格执行政府采购规定，规范收费行为。

四、审计发现问题的整改情况

目前，市场监管总局正在组织整改。具体整改结果由市场监管总局向社会公告。

体育总局 2017 年度
预算执行等情况审计结果

根据《中华人民共和国审计法》的规定，2017 年 12 月至 2018 年 3 月，审计署对体育总局 2017 年度预算执行等情况进行了审计，重点审计了局本级和所属冬季运动管理中心、国家奥林匹克体育中心（以下分别简称冬运中心、奥体中心）等 5 个单位，对有关事项进行了延伸审计。

一、基本情况

体育总局为中央财政一级预算单位，部门预算由局本级和 42 个二级预算单位的预算组成。财政部批复体育总局 2017 年度部门财政拨款预算 401274.63 万元，本次审计 152732.68 万元、占 38.06%。审计结果表明，体育总局本级及本次审计的所属单位 2017 年度预算收支基本遵守了预算法及相关法律法规，财务管理和会计核算基本符合会计法及有关财会制度规定。

二、审计发现的主要问题

（一）预算执行中存在的问题。

1. 2017 年，体育总局本级召开的 2 个国际会议支出未纳入预算，涉及金额 44.25 万元。

2. 2017 年，体育总局本级未经公开招标签订服务合同，涉及金额 215 万元。

3. 2017 年，所属冬运中心超编制使用公务用车 2 辆。

4. 2017 年，所属冬运中心部分干部在已领取公务交通补贴的情况下，违规使用公务用车共计

182车次。

5. 2016年，所属冬运中心未按规定履行政府采购程序，涉及金额688.4万元。

6. 2017年，所属奥体中心政府采购超预算2386.59万元。

7. 2017年，所属奥体中心少计收入60万元。

8. 至2017年底，所属社会体育指导中心结余资金清理不到位，涉及金额170.19万元。

（二）其他方面问题。

至2018年3月，体育总局本级政务信息系统整合不到位。

三、审计处理情况和建议

对上述问题，审计署已依法出具了审计报告、下达了审计决定书。对国际会议支出未纳入预算问题，要求加强会议经费管理，严格执行相关规定；对未经公开招标签订服务合同、未按规定履行政府采购程序、政府采购超预算问题，要求加强政府采购管理，严格执行政府采购管理相关规定；对超编制使用公务用车、违规使用公务用车问题，要求责成相关单位加强公务用车管理，严格执行公务用车管理相关规定；对少计收入问题，要求责成相关单位调整有关会计账目和决算草案；对结余资金清理不到位问题，要求责成相关单位清理上报财政部，并根据财政部审核意见办理；对于政务信息系统整合不到位问题，要求加快推进整合工作。

针对审计发现的问题，审计署建议：体育总局应进一步加强会议、公务用车管理工作，规范政府采购行为，严格执行相关规定。

四、审计发现问题的整改情况

目前，所属冬运中心已退回违规配备的车辆，纠正了干部既领取公务交通补贴又违规使用公务用车问题；其他问题正在整改。具体整改结果由体育总局向社会公告。

原安全监管总局2017年度预算执行等情况审计结果

根据《中华人民共和国审计法》的规定，2017年12月至2018年3月，审计署对原安全监管总局本级2017年度预算执行等情况进行了审计，对有关事项进行了延伸审计。

一、基本情况

原安全监管总局为中央财政一级预算单位，部门预算由局本级和50个二级预算单位的预算组成。财政部批复原安全监管总局2017年度部门财政拨款预算455081.92万元，本次审计57288.82万元、占12.59%。审计结果表明，原安全监管总局本级2017年度预算收支基本遵守了预算法及相关法律法规，财务管理和会计核算基本符合会计法及有关财会制度规定。

二、审计发现的主要问题

（一）预算执行中存在的问题。

1. 2017年，原安全监管总局本级在当年培训计划之外组织了9个培训班次，支出培训费339.52万元。

2. 2017年，原安全监管总局编报的本级会议费预算中，有3个项目未详细列明预算测算过程，涉及金额57万元。

3. 2017年，原安全监管总局召开的1个二类会议参会总人数超标23人，工作人员数超出会议代表人数的15%。

4. 2016年至2017年，原安全监管总局在分配3.81亿元非煤矿山尾矿库“头顶库”“采空区”综合治理专项转移支付资金时，未按规定的测算方式进行测算。其中2017年2.6亿元。

5. 2015年至2017年，所属重庆煤矿安全监察局以列支会议费、住宿费等方式，向会议接待单位付款12.73万元，由会议接待单位作为预存款项管理，形成账外资金。

6. 2017年，所属四川煤矿安全监察局取得纳入预算管理非税收入67.74万元，应缴未缴国库。

7. 2017年，所属煤炭总医院自行直接采购列入集中采购目录的复印纸，涉及金额11.37万元。

（二）其他方面问题。

1. 2017年，原安全监管总局以司局和处室名义存在的独立政务信息系统60个，其中27个未按要求于2017年底前完成清理整合工作。

2. 2014年至2017年，原安全监管总局67个各类信息系统中，40个安全保护等级第二级以上的信息系统未取得公安机关颁发的信息系统安全等级保护备案证明，22个信息系统未按要求进行安全保护等级定级。67个信息系统运营以来，原安全监管总局未开展对信息系统的信息安全等级测评工作。

3. 至 2017 年底，原安全监管总局未完成 2017 年项目支出标准建设任务，也未将其建设及应用情况上报财政部。

4. 所属宁夏煤矿安全监察局安全技术中心未按规定对行政审批中介服务进行清理规范，其安全评价机构甲级资质 2016 年 12 月 31 日到期后，开展的相关安全评价业务仍未停止，2015 年 4 月至 2017 年 12 月取得收入 274.31 万元，其中 2017 年 142.36 万元。

三、审计处理情况和建议

对上述问题，审计署已依法出具了审计报告、下达了审计决定书。对计划外开展培训、部分会议费预算编报不细化、二类会议参会人员数量超标、专项转移支付资金未按规定测算方式进行分配、非税收入未及时上缴国库、未按规定履行政府采购程序、未按规定时间完成信息系统清理整合工作、信息系统未按要求备案测评的情况下运行使用、未按要求停止安全评价服务以及未按要求完成项目支出定额标准体系建设等问题，要求严格执行相关规定；对以虚列会议费等方式套取资金形成账外资金问题，要求责成相关单位追回资金，调整相关会计账目和决算草案。

针对审计发现的问题，审计署建议：应急部应加强相关预算管理，提高项目支出、会议费等预算编报的准确性，强化预算约束；严格按照规定分配中央专项转移支付资金，严格按照预算批复管理使用资金，将纳入预算管理的非税收入及时足额上缴国库；加强对所属单位财务管理工作，严格执行国家法律法规和财经纪律；加强对信息系统的管理，规范所属单位政府采购工作；推进政府职能转变，规范所属单位中介服务行为，推动行政审批制度改革，促进中介服务市场健康发展。

四、审计发现问题的整改情况

目前，所属四川煤矿安全监察局已将非税收入全额上缴国库；其他问题正在整改。具体整改结果由应急部向社会公告。

原食品药品监管总局 2017 年度预算执行等情况审计结果

根据《中华人民共和国审计法》的规定，2017 年 12 月至 2018 年 3 月，审计署对原食品药品监管总局 2017 年度预算执行等情况进行了审计，重点审计了局本级及所属药品审评中心、中国食品药品检定研究院、国家中药品种保护委员会（以下分别简称药审中心、中检院、中保委）等 6 个单位，对有关事项进行了延伸审计。

一、基本情况

原食品药品监管总局为中央财政一级预算单位，部门预算由局本级和 14 个二级预算单位的预算组成。财政部批复原食品药品监管总局 2017 年度部门财政拨款预算 206680.97 万元，本次审计 147091 万元、占 71.17%。审计结果表明，原食品药品监管总局本级及本次审计的所属单位 2017 年度预算收支基本遵守了预算法及相关法律法规，财务管理和会计核算基本符合会计法及有关财会制度规定。

二、审计发现的主要问题及审计处理意见

（一）预算执行中存在的问题。

1. 2017 年度原食品药品监管总局厅局级及以下人员因公临时出国限量团组数超控制标准 31 个、96 人次；厅局级及以下人员因公临时出国次数未从严控制，有 38 人（86 人次）一年 2 次以上，其中，4 次的 3 人，3 次的 4 人，2 次的 31 人。

2. 2017 年，原食品药品监管总局未经批准召开二类会议，涉及金额 26.94 万元；个别司局及所属国家药典委员会会议费 6.05 万元由事业单位、企业承担；所属中保委未按规定编制会议计划，召开四类会议 278 个，共计支出 670.75 万元。

3. 至 2017 年底，原食品药品监管总局以前年度并账转入的专项款、合作费等资金 688.35 万元在往来款挂账，未及时清理。

4. 2017 年，原食品药品监管总局本级及所属中检院、中国食品药品国际交流中心未按规定实施政府采购，涉及金额 3342.66 万元；原食品药品监管总局本级及所属药审中心出国机票未执行政府采购，涉及金额 13.47 万元；所属中保委政府采购预算编制不完整，涉及金额 1683.49 万元。

5. 2015 年至 2017 年，原食品药品监管总局本级整顿规范市场秩序等 5 个项目支出绩效指标不明确、不细化；所属药品评价中心项目论证不充分，影响项目绩效及资金使用效果；原食品药品监管总局安排专项转移支付资金未考虑绩效目标完成情况。

6. 至2017年底，所属中检院6辆超编制公务用车未及时处置。

7. 至2017年底，所属药审中心财政项目结余资金11552.02万元未及时清理。

8. 2017年，所属审核查验中心境外现场检查出国费用649.47万元未纳入“三公”经费预算管理；药审中心等6家单位出国费81.37万元由中国食品药品国际交流中心承担。

9. 2017年，所属审核查验中心、中保委违规发放挂职人员劳务补贴264.3万元。

10. 2017年，所属高级研修学院少计收入99.5万元。

（二）其他方面问题。

至2017年底，所属中检院已投入使用的实验室项目未及时编报竣工财务决算，涉及金额1792.89万元。

三、审计处理情况和建议

对上述问题，审计署已依法出具了审计报告、下达了审计决定书。对因公临时出国（境）限量团组数超控制标准、因公临时出国次数未从严控制问题，要求今后严格控制因公临时出国（境）团组数量，严格按规定控制出访人员次数；对出国费、会议费由其他单位承担问题，要求责成相关单位退还相关费用并调账；对未经批准召开二类会议、未按规定编制会议计划问题，要求严格执行会议费管理相关规定；对往来款长期挂账问题，要求及时清理；对未按规定实施政府采购问题，要求责成相关单位严格执行政府采购有关规定；对部分项目绩效指标不明确、不细化、项目论证不充分、未考虑绩效目标完成情况问题，要求严格按照规定编制项目绩效指标、绩效目标、合理安排资金；对超编制公务用车未及时处置问题，要求责成相关单位加快处置超编制公务车辆；对财政项目结余资金未及时清理问题，要求责成相关单位清理上报并根据财政部意见办理；对境外现场检查出国费用未纳入“三公”经费预算管理问题，要求商财政部将上述出国费用纳入“三公”经费预算管理；对违规发放挂职人员劳务补贴问题，要求责成相关单位停止发放挂职人员劳务补贴；对少计收入问题，要求责成相关单位调账；对未及时编报竣工财务决算问题，要求责成相关单位尽快编报。

针对审计发现问题，审计署建议：市场监管总局应对相关单位加强项目预算申报、审批、执行、考核各环节的管理，提高财政资金使用效益；加强政府采购管理，严格执行政府采购相关规定；加强“三公”经费和会议费管理，严格按照预算规定用途和标准支出各项经费。

四、审计发现问题的整改情况

目前，市场监管总局已组织对往来款长期挂账进行清理；其他问题正在整改。具体整改结果由市场监管总局向社会公告。

知识产权局2017年度
预算执行等情况审计结果

根据《中华人民共和国审计法》的规定，2017年12月至2018年3月，审计署对知识产权局2017年度预算执行等情况进行了审计。重点审计了局本级和所属专利局本级、专利复审委员会、机关服务中心等4个单位，对有关事项进行了延伸审计。

一、基本情况

知识产权局为中央财政一级预算单位，部门预算由局本级和12个二级预算单位的预算组成。财政部批复知识产权局2017年度部门财政拨款预算607318.35万元，本次审计583609.39万元、占96.10%。审计结果表明，知识产权局本级和本次审计的所属单位2017年度预算收支基本遵守了预算法及相关法律法规，财务管理和会计核算基本符合会计法及有关财会制度规定。

二、审计发现的主要问题

（一）预算执行中存在的问题。

1. 2017年，知识产权局本级和所属专利局未按规定用途使用公务用车；所属中国专利信息中心超编制配备公务用车2辆；所属国家知识产权局专利检索咨询中心无偿占用下属企业车辆3辆；所属中国知识产权报社无偿占用下属企业车辆1辆。

2. 2015年至2017年，所属专利局、专利复审委员会虚列劳务支出1414.93万元，其中2017

年 615.31 万元。

3. 2017 年，所属专利局公开招标中违规设置不合理条件对供应商实行差别待遇，涉及金额 11605.52 万元；所属专利复审委员会政府采购服务未按规定履行政府采购程序，涉及金额 441.6 万元。

4. 2017 年，所属专利局提前列支机关服务中心 2018 年辅助工作人员劳务费，造成多计支出 400 万元。

（二）其他方面问题。

1. 2013 年至 2017 年，知识产权局委托中国知识产权报社违规开展评比达标表彰活动，共支付委托合同款 190 万元，其中 2017 年 30 万元。

2. 2017 年，所属国家知识产权局专利局专利审查协作北京中心未经审批对外出租房屋获得租金收入 1185.78 万元。

3. 所属中国专利信息中心未及时将知识产权局 2010 年划转的企业股权计入财务账簿，对外投资记录不完整，形成账外资产。2017 年底，企业净资产合计 21439.64 万元。

4. 2015 年至 2017 年，所属机关服务中心未经许可经营劳务派遣业务，获得管理费收入 937.6 万元，其中 2017 年 322.36 万元。

5. 2013 年至 2017 年，所属知识产权出版社 4 名工作人员违反规定在关联企业投资入股。

三、审计处理情况和建议

对上述问题，审计署已依法出具了审计报告、下达了审计决定书。对公务用车使用管理方面存在的问题，要求严格执行公务用车管理有关规定，责成相关单位退回违规配备的公务用车；对虚列劳务支出问题，要求责成相关单位收回 2017 年虚列资金并调整会计账目和决算草案；对招标和政府采购方面存在的问题，要求责成相关单位今后严格执行政府采购规定；对多计支出问题，要求责成相关单位调整会计账目和决算草案；对委托违规开展评比达标表彰活动问题，要求停止相关评比达标表彰活动；对未经批准对外出租房屋问题，要求责成相关单位今后严格执行国有资产使用管理的有关规定；对账外资产问题，要求责成相关单位将相关投资纳入单位财务账统一核算；对未经许可经营劳务派遣业务问题，要求责成相关单位规范劳务派遣经营行为；对工作人员违规在关联企业投资入股问题，要求责成相关单位纠正个人在关联企业投资入股行为。

针对审计发现的问题，审计署建议：知识产权局应进一步强化预算执行管理，加强对招标和政府采购的管理，切实履行对所属单位的监督管理职责。

四、审计发现问题的整改情况

目前，知识产权局已停止相关评比达标表彰活动；其他问题正在整改。具体整改结果由知识产权局向社会公告。

原旅游局 2017 年度
预算执行等情况审计结果

根据《中华人民共和国审计法》的规定，2017 年 12 月至 2018 年 3 月，审计署对原旅游局 2017 年度预算执行等情况进行了审计，重点审计了局本级和所属机关服务中心、信息中心等 10 个单位，对有关事项进行了延伸审计。

一、基本情况

原旅游局为中央财政一级预算单位，部门预算由局本级和 4 个二级预算单位的预算组成。财政部批复原旅游局 2017 年度部门财政拨款预算 79014.23 万元，本次审计 79014.23 万元。审计结果表明，原旅游局 2017 年度预算收支基本遵守了预算法及相关法律法规，财务管理和会计核算基本符合会计法及有关财会制度规定。

二、审计发现的主要问题

（一）预算执行中存在的问题。

1. 2017 年，原旅游局本级未将所属事业单位公务用车改革保留车辆向相关部门备案，也未在批复所属事业单位车改方案完成后 3 个月内，将有关情况进行汇总报中央公务用车制度改革领导小组办公室备案；未按规定批准所属企业公车改革保留车辆；违规批复机关服务中心等 3 家单位人员以发放交通补贴方式参加公车改革，涉及金额 47.86 万元。

2. 2017 年，原旅游局本级印刷业务未按规定执行政府集中采购，涉及金额 36.2 万元。

3. 2017 年，原旅游局本级对未按规定明确说明已申报其他专项资金的 2 个项目，重复安排旅游发展基金补助地方项目资金 500 万元。

4. 至2017年底，原旅游局本级未及时清理3年及以上的往来款项，涉及金额4617.35万元。

5. 至2017年底，原旅游局本级少计固定资产3362.6万元。

此外，2017年，原旅游局本级驻外宣传费9000万元预算编制未细化到具体项目。

（二）其他方面问题。

1. 2017年，已脱钩的4家协会未经报批仍租用局属办公用房16间。

2. 所属机关服务中心未及时收回其控股的2家公司计提分配的现金股利1018.48万元。

三、审计处理情况和建议

对上述问题，审计署已依法出具了审计报告、下达了审计决定书。对公务用车改革不规范问题，要求按照规定进行纠正；对未按规定进行政府采购问题，要求严格执行政府采购规定；对重复安排旅游发展基金补助地方项目资金问题，要求今后严格审核把关，加强专项转移支付资金统筹安排；对往来款未及时清理问题，要求加强清理工作；对资产未入账问题，要求加强管理，调整相关会计账目和决算草案；对未经报批仍租用办公用房问题，要求完善审批手续；对未及时收回股利问题，要求责成相关单位及时收回。

针对审计发现的问题，审计署建议：文化和旅游部应进一步加强相关财务管理，严格执行公车改革相关规定，规范资产管理和政府采购行为，加大统筹安排中央专项转移支付资金力度。

四、审计发现问题的整改情况

目前，文化和旅游部已将公车改革情况及保留车辆向相关部门备案，所属3家事业单位已停止发放公务交通补贴，重新制订公车改革方案，所属企业不再保留空岗岗位专车；已清理往来款项985.66万元；补记了资产并调整了相关会计账目和决算草案；其他问题正在整改。具体整改结果由文化和旅游部向社会公告。

原宗教局2017年度预算执行等情况审计结果

根据《中华人民共和国审计法》的规定，2017年12月至2018年3月，审计署对原宗教局2017年度预算执行等情况进行了审计，重点审计了局本级和所属机关服务局、宗教研究中心、培训中心，对有关事项进行了延伸审计。

一、基本情况

原宗教局为中央财政一级预算单位，部门预算由局本级和3个二级预算单位的预算组成。财政部批复原宗教局2017年部门财政拨款预算28645.86万元，本次审计28645.86万元。审计结果表明，原宗教局2017年度预算收支基本遵守了预算法及相关法律法规，财务管理和会计核算基本符合会计法及有关财会制度规定。

二、审计发现的主要问题

（一）预算执行中存在的问题。

1. 2017年，原宗教局委托所属培训中心举办2个培训班，培训费用59.79万元全部由所属培训中心承担。

2. 2017年，原宗教局未按规定对14.9万元多功能一体机实行政府采购。

3. 原宗教局在编制2017年度部门决算时，未对本级与其他二级单位预算拨款往来造成的虚增收支进行调整，导致部门决算多计收入1755万元、多计支出1558.27万元。

4. 2017年，所属机关服务局聘用人员部分工资分别由原宗教局本级、培训中心列支，少计支出51.67万元。

（二）其他方面问题。

1. 2017年，原宗教局未将购买的价值33.16万元的软件计入资产账。

2. 2017年，原宗教局超计划组织出国（境）团组3批次，3名国家工作人员出国（境）超限制次数。

3. 2010年至2017年，原宗教局未经批准持续对全国宗教工作系统政务信息报送工作进行年度考核评比。

4. 至2017年底，原宗教局尚未制定所属事业单位会议费制度。

5. 至2017年底，所属宗教研究中心小武基办公区房屋768.10平方米未计入固定资产账。

6. 所属培训中心部分房屋资产长期闲置，涉及金额987.96万元。

三、审计处理情况和建议

对上述问题，审计署已依法出具了审计报告、下达了审计决定书。对培训费由所属培训中心承担和少计支出问题，要求退回资金，调整有关会计账目和决算草案；对政府采购不规范问题要求加强政府采购预算编制管理，严格执行政府采购程序；对部门决算多计收入和支出问题，要求调整决算草案；对资产未入账问题，要求调整有关会计账目，将资产入账核算；对超计划组织出国团组、超限制次数出国（境）等问题，要求加强出国（境）管理；对违规开展考核评比问题，要求严格按规定开展评比达标表彰活动；对未制定所属单位会议费制度问题，要求制定相关制度；对于部分房屋资产长期闲置问题，要求责成相关单位加强管理，提高房屋资产使用效率，避免闲置浪费。

针对审计发现的问题，审计署建议：中央统战部应进一步加强相关财务收支、政府采购和资产管理，严格执行出国（境）、评比表彰等相关规定，加强对所属单位的管理。

四、审计发现问题的整改情况

目前，中央统战部正在组织整改。具体整改结果由中央统战部向社会公告。

中科院 2017 年度
预算执行等情况审计结果

根据《中华人民共和国审计法》的规定，2017 年 12 月至 2018 年 3 月，审计署对中科院 2017 年度预算执行等情况进行了审计，重点审计了院本级及所属高能物理研究所、中国科学院大学、力学研究所（以下分别简称高能所、国科大、力学所）等 10 个单位，对有关事项进行了延伸审计。

一、基本情况

中科院为中央财政一级预算单位，部门预算由院本级和 138 个二级预算单位的预算组成。财政部批复中科院 2017 年度部门财政拨款预算 4474719.66 万元，本次审计 694032.65 万元、占 15.51%。审计结果表明，中科院本级及本次审计的所属单位较为重视预算和财务管理工作，2017 年度预算收支基本遵守了预算法及相关法律法规。

二、审计发现的主要问题

（一）预算执行中存在的问题。

1. 2017 年，中科院本级未将下属企业上缴的收入 7.9 亿元编入预算；所属高能所未将科研项目收入、技术收入等 3603.06 万元编入预算；所属电子学研究所未将房屋出租收入 157.02 万元编入预算。

2. 2017 年，中科院本级违规在京外召开会议，涉及金额 2.54 万元；所属高能所会议费超预算支出 68.8 万元。

3. 至 2017 年底，中科院本级未按规定及时清理 2014 年及以前年度财政拨款项目结转资金 557.2 万元。

4. 未按规定履行公开招投标程序，涉及金额 4798.37 万元，其中 2017 年 2828.37 万元。其中：2011 年，中科院本级委托 2 家公司承担全院“十二五”科教基础设施建设项目可行性研究报告编制工作，合同金额 1970 万元；2017 年，中科院本级委托所属企业承担中科院会务、食堂、物业等公共服务，合同金额 1258.13 万元；2017 年，所属国科大、所属高能所购买物业管理服务，合同金额分别为 1298.62 万元、271.62 万元。

5. 公务用车管理和经费使用不规范，涉及金额 99.98 万元，其中 2017 年 25.88 万元。其中：所属高能所编制外租用 3 辆公务用车，涉及金额 25.8 万元，其中 2017 年 21.5 万元；2010 年，所属力学所以中国力学学会名义购买 1 辆大型客车，涉及金额 61.11 万元；2017 年，所属数学与系统科学研究院公务用车运行费超预算支出 1.12 万元；所属国科大在非定点公司进行车辆补胎、更换电瓶等维修服务，涉及金额 11.95 万元，其中 2017 年 3.26 万元。

6. 所属力学所虚列支出转移财政资金 1977 万元。

7. 2017 年，所属高能所无预算列支出国经费 3.58 万元。

8. 少计收入 2470.56 万元。其中：2017 年，所属化学研究所专利、股权转让和许可收入 1600.3 万元未确认为收入，在往来科目挂账；至 2017 年底，所属力学所未将技术服务收入、收取的园区停车费等共计 870.26 万元确认为收入，在往来款中核算。

9. 至 2017 年底，所属生态环境中心尚未对 2012 年以专利技术作价 500 万元的对外投资进行账务处理。

10. 至2017年底，所属力学所228个验收结题超过3年以上的财政科研项目未及时结转收入，涉及金额2023.9万元。

（二）其他方面问题。

1. 房产出租出借不规范。其中：至2017年底，中科院本级未收取2014年至2017年未经批准出租给所属公司房产的租金41.94万元，其中2017年10.49万元；2013年至2017年，中科院本级未报财政部备案，将账面价值21.81万元的房产，无偿出借给所属公司使用；2009年至2017年，所属行政管理局未按规定履行审批程序对外出租50处房产，2017年收到租金2620.58万元。

2. 至2017年底，所属国科大新园区建设项目、所属力学所钱学森工程科学实验基地项目、所属化学所天津武清基地项目未按规定及时办理竣工决算并进行账务处理；2017年，所属国家授时中心精密导航定位与定时技术试验研究平台项目在未获得环评批复、未取得规划及施工许可证的情况下，先行开工建设。

3. 至2017年底，所属力学所未按规定将14台（套）价值1345.65万元的仪器设备纳入国家网络管理平台。

三、审计处理情况和建议

对上述问题，审计署已依法出具审计报告、下达了审计决定书。对部分收入未编入预算问题，要求科学完整编报预算；对违规在京外召开会议、超预算支出会议费问题，要求加强会议费使用和管理；对未及时清理财政结转资金问题，要求将上述资金清理上报财政部，并根据财政部审核意见办理；对未按规定履行公开招投标程序问题，要求严格执行政府采购相关规定；对公务用车管理和经费使用不规范问题，要求责成相关单位按规定纠正处理；对虚列支出转移财政资金问题，要求责成相关单位追回虚列转移的资金，调整有关会计账目和决算草案；对无预算列支出国费问题，要求责成相关单位加强出国费管理；对少计收入、少计对外投资、结题不结账方面的问题，要求责成相关单位严格会计核算，按规定履行相关手续，调整有关会计账目和决算草案；对未经批准对外出租房产问题，要求加强房产管理；对未及时办理工程建设项目竣工决算和先行开工建设问题，要求责成相关单位及时办理竣工决算，严格执行相关规定；对未按规定将仪器设备纳入国家网络管理平台问题，要求责成相关单位及时将仪器设备纳入管理平台。

针对审计发现的问题，审计署建议：中科院应进一步规范预算编报、执行，强化“三公”经费、会议费管理和科研经费管理；严格遵守政府采购、房屋资产、科研仪器设备、对外投资管理等相关规定。

四、审计发现问题的整改情况

目前，中科院正在组织整改。具体整改结果由中科院向社会公告。

工程院2017年度
预算执行等情况审计结果

根据《中华人民共和国审计法》的规定，2017年12月至2018年3月，审计署对工程院2017年度预算执行等情况进行了审计，重点审计了院本级和所属战略咨询中心，对有关事项进行了延伸审计。

一、基本情况

工程院为中央财政一级预算单位，部门预算由院本级和1个二级预算单位的预算组成。财政部批复工程院2017年度部门财政拨款预算54687.23万元，本次审计50859.12万元、占93%。审计结果表明，工程院本级及本次审计的所属单位2017年度预算收支基本遵守了预算法及相关法律法规，财务管理和会计核算基本符合会计法及有关财会制度规定。

二、审计发现的主要问题

（一）预算执行中存在的问题。

1. 工程院在已知2017年度车辆运行维护费用为56万元的情况下，在2017年度部门预算中申报并获得公务用车车辆运行费用预算金额96.55万元，多申报预算40.55万元。

2. 工程院本级公务用车管理未实行单车核算，1辆公务用车未纳入统一管理。

3. 2017年度，工程院未按规定制订单位年度会议计划，全年召开各类会议共计80次，支出会议费1033.31万元。

4. 至2017年底，工程院院士科技咨询项目14个结题项目形成的不继续留用的结余资金

309.68 万元未及时收回；26 个项目未按时结题，涉及金额 7231.75 万元。

5. 2017 年，工程院对采购工作监督检查不到位，项目协建单位采购的 138 台（套）设备未履行政府集中采购程序，涉及金额 122.92 万元；所属战略咨询中心购买的 361 张公务机票未执行政府采购，涉及金额 59.22 万元。

6. 工程院将 2018 年度计算机及网络系统日常维护费用支出 24 万元列为 2017 年度支出，导致 2017 年度决算多计支出 24 万元。

此外，工程院在编报 2017 年预算时，院士科技咨询经费预算资金 2.8 亿元未细化到具体项目。

（二）其他方面问题。

1. 2015 年至 2017 年，工程院未经批准将办公用房无偿出借给所属战略咨询中心使用。

2. 2015 年 10 月至 2017 年 12 月，工程院 1 名退休干部在光华工程科技奖励基金会兼职取酬共计 12.8 万元，其中 2017 年 6.36 万元。

三、审计处理情况和建议

对上述问题，审计署已依法出具了审计报告、下达了审计决定书。对公务用车预算编制不合理问题，要求今后科学编制预算；对公务用车未实行单车核算和未纳入统一管理问题，要求今后严格按照相关规定执行；对未按规定制订单位年度会议计划问题，要求按规定编制会议计划；对院士科技咨询项目结余资金未及时收回和未及时结题问题，要求尽快收回项目结余资金、清理逾期未结题项目；对购买公务机票和采购设备未按规定履行政府采购程序问题，要求责成相关单位严格执行政府采购有关规定；对决算多计支出问题，要求调整有关会计账目和决算草案；对预算编制不细化问题，要求今后将预算细化到具体项目；对违规出借办公用房问题，要求其上报机关事务管理部门，按批复执行；对退休人员兼职取酬问题，要求规范领导干部的兼职任职行为。

针对审计发现的问题，审计署建议：工程院应进一步加强预决算管理，科学规范编制预算及决算，提高资金使用效益；提高项目管理的规范性，严格执行有关规章制度；强化内部管理，按规定制定会议计划，加强公务用车管理。

四、审计发现问题的整改情况

目前，工程院已责成光华工程科技奖励基金会办理辞退兼职取酬退休人员的手续；其他问题正在整改。具体整改结果由工程院向社会公告。

发展研究中心 2017 年度预算执行等情况审计结果

根据《中华人民共和国审计法》的规定，2017 年 12 月至 2018 年 3 月，审计署对发展研究中心 2017 年度预算执行等情况进行了审计，重点审计了中心本级和所属信息中心、企业研究所、金融研究所及公共管理与人力资源研究所等 7 个单位，对有关事项进行了延伸审计。

一、基本情况

发展研究中心为中央财政一级预算单位，部门预算由中心本级和 7 个二级预算单位的预算组成。财政部批复发展研究中心 2017 年度部门财政拨款预算 14820.59 万元，本次审计 14820.59 万元。审计结果表明，发展研究中心 2017 年度预算收支基本遵守了预算法及相关法律法规，财务管理和会计核算基本符合会计法及有关财会制度规定。

二、审计发现的主要问题

（一）预算执行中存在的问题。

1. 2017 年，发展研究中心本级中国发展高层论坛项目收支未全额纳入部门预算，涉及金额 2575.85 万元。

2. 2017 年，所属信息中心少计收入 25.2 万元。

（二）其他方面问题。

1. 2011 年至 2017 年，发展研究中心本级违规举办“中国发展研究奖”评选活动，涉及金额 135.07 万元。

2. 2014 年至 2017 年，发展研究中心对所属单位合作方虚假宣传举办培训班谋取利益缺乏监管。

3. 至 2017 年底，所属《中国经济年鉴》社未经资产评估，支付 1745.9 万元退出控股企业。

三、审计处理情况和建议

对上述问题，审计署已依法出具了审计报告。对项目收支未全额纳入部门预算问题，要求将项目收支金额纳入部门预算；对少计收入问题，要求责成相关单位调整会计账目和决算草案；对违规举办“中国发展研究奖”评选活动问题，要求严格执行相关规定；对虚假宣传举办培训班谋取利益缺乏监管问题，要求加强对所属单位和社会机构合作培训项目的监督管理；对未经资产评估退出控股企业问题，要求加强监管并责成相关单位按照规定程序办理相关事宜，确保国有资产不流失。

针对审计发现的问题，审计署建议：发展研究中心应进一步强化部门预决算管理，保证预算编制的真实性、完整性和预算执行的真实性和合规性；完善内控制度，加强对所属单位及合作项目的监督管理。

四、审计发现问题的整改情况

目前，发展研究中心已暂停颁发“中国发展研究奖”；所属信息中心已对少计收入调整了会计账目和决算草案；其他问题正在整改。具体整改结果由发展研究中心向社会公告。

原行政学院 2017 年度预算执行等情况审计结果

根据《中华人民共和国审计法》的规定，2017 年 12 月至 2018 年 3 月，审计署对原行政学院 2017 年度预算执行等情况进行了审计，重点审计了院本级和所属机关服务中心、培训中心、领导人员考试测评研究中心（以下简称考试测评中心），对有关事项进行了延伸审计。

一、基本情况

原行政学院为中央财政一级预算单位，部门预算由院本级和 3 个二级预算单位的预算组成。财政部批复原行政学院 2017 年度部门财政拨款预算 25942.93 万元，本次审计 25942.93 万元。审计结果表明，原行政学院 2017 年度预算收支基本遵守了预算法及相关法律法规，财务管理和会计核算基本符合会计法及有关财会制度规定。

二、审计发现的主要问题

（一）预算执行中存在的问题。

1. 2016 年至 2017 年，原行政学院本级研究生学费收入 2378.07 万元未按规定执行“收支两条线”管理，其中 2017 年 1018.58 万元。

2. 至 2017 年底，原行政学院本级对收购的企业北京市皇苑大酒店未确认长期投资和债权，且未进行产权登记，涉及金额 60000 万元。

3. 2017 年，原行政学院将所属机关服务中心、培训中心、考试测评中心 3 个单位的预算收入和支出编入本级收支预算，涉及收入、支出各 14350 万元。

4. 2011 年至 2017 年，所属欣正实业发展总公司出租学院房产收入 2074.83 万元未上缴学院本级核算，其中 2017 年 339.24 万元。

（二）其他方面问题。

至 2017 年底，所属欣正实业发展总公司将部分投资收益在往来账核算，少计投资收益 1167.2 万元。

三、审计处理情况和建议

对上述问题，审计署已依法出具了审计报告、下达了审计决定书。对研究生学费收入未执行“收支两条线”管理问题，要求严格执行“收支两条线”管理，并上缴财政；对资产未确认长期投资和债权问题，要求调整有关会计账目和决算草案，并进行产权登记；对代编预算问题，要求加强预算管理；对房产出租收入未上缴本级核算问题，要求收回相关收入，调整有关会计账目和决算草案；对少计投资收益问题，要求责成相关单位调整有关会计账目。

针对审计发现的问题，审计署建议：行政学院应加强相关财务管理工作，严格执行资产管理制度，加大对所属单位的监管力度。

四、审计发现问题的整改情况

目前，所属欣正实业发展总公司已调整有关会计账目，确认投资收益 1167.2 万元；其他问题正在整改。具体整改结果由行政学院向社会公告。

气象局 2017 年度预算执行等情况审计结果

根据《中华人民共和国审计法》的规定，2017 年 12 月至 2018 年 3 月，审计署对气象局 2017 年度预算执行等情况进行了审计，重点审计了局本级和所属中国气象科学研究院等 6 个单位，对有关事项进行了延伸审计。

一、基本情况

气象局为中央财政一级预算单位，部门预算由局本级和 53 个二级预算单位的预算组成。财政部批复气象局2017年度部门财政拨款预算1785963.01万元，本次审计111350.28万元、占6.23%。审计结果表明，气象局本级及本次审计的所属单位2017年度预算收支基本遵守了预算法及相关法律法规，财务管理和会计核算基本符合会计法及有关财会制度规定。

二、审计发现的主要问题

（一）2017年，所属气象干部培训学院、公共气象服务中心培训费47.42万元转由参训人员和所在单位承担。

（二）2015年至2017年，所属北京市气象局房产处置收入946.95万元未实行“收支两条线”管理。

（三）至2017年底，所属北京市气象局下属两家事业单位收支未纳入部门预算和决算管理，其中2017年收入4337.98万元、支出3533.32万元。

（四）2017年，所属中国气象科学研究院采购进口科研仪器设备未按规定履行备案程序，涉及金额118万元。

（五）至2017年底，所属中国气象科学研究院2010年修购项目680万元长期未完成，气象局未履行监督管理职责。

（六）至2017年底，所属中国气象科学研究院资产账实不符1334.3万元。

（七）2017年，所属机关服务中心、国家气象中心、国家卫星气象中心、国家气象信息中心、公共气象服务中心将在编不在岗的129人作为实有人员数编报部门预算。

此外，气象局2015年预算中有3636万元项目支出未细化分配方案、未实际执行，至2017年底仍未清理处置，资金闲置未用。

三、审计处理情况和建议

对上述问题，审计署已依法出具了审计报告、下达了审计决定书。对由参训人员和所在单位承担培训费问题，要求退回相关费用；对房产处置收入未实行“收支两条线”管理问题，要求责成相关单位将有关收入上缴财政；对收支未纳入部门预算和决算管理问题，要求纳入预决算管理；对未按规定履行备案程序、资产账实不符问题，要求责成相关单位严格履行程序进行备案，加强资产管理；对未履行监督管理职责问题，要求加强管理并进行检查和督促；对在编不在岗人员申报预算问题，要求责成相关单位加强预算编制审核；对预算未细化问题，要求加强预算管理。

针对审计发现的问题，审计署建议：气象局应进一步加强预算和财务管理，增强预算和财务制度约束力，强化财政结转结余资金管理，加强对所属单位财务工作的监督和检查。

四、审计发现问题的整改情况

目前，气象局正在组织整改。具体整改结果由气象局向社会公告。

原银监会2017年度预算执行等情况审计结果

根据《中华人民共和国审计法》的规定，2017年12月至2018年3月，审计署对原银监会2017年度预算执行等情况进行了审计，重点审计了会本级和所属原河南、吉林、重庆、云南等4个银监局，对有关事项进行了延伸审计。

一、基本情况

原银监会为中央财政一级预算单位，部门预算由会本级和36个二级预算单位的预算组成。财政部批复原银监会2017年度部门财政拨款预算558453.39万元，本次审计107215.75万元、占19.20%。审计结果表明，原银监会及本次审计的所属单位2017年度预算收支基本遵守了预算法及相关法律法规，财务管理和会计核算基本符合会计法及有关财会制度规定。

二、审计发现的主要问题

（一）预算执行中存在的问题。

1. 至2017年底，原银监会机关将以前年度横向课题经费等余额64.72万元在往来科目长期挂账，未及时进行清理。

2. 2017年，原银监会机关通过往来科目核算讲课费和个人所得税手续费返还收入，造成少计收入79.84万元。

3. 至2017年底，所属原北京银监局未将2012年收到的房屋拆迁补偿收入168万元纳入“收支两条线”管理，上述资金已累计支出84.53万元，余额83.47万元。

4. 2017年，所属原吉林银监局违规向吉林省银行业协会收取费用22.49万元，用于公用经费支出。

（二）其他方面问题。

1. 至 2017 年底，原银监会机关在委托经营合同到期 1 年后仍未收回廊坊教学基地的经营权，尚未对于 2015 年 1 月撤销的培训中心 2.87 万平方米房产和 6.09 公顷土地办理产权更名手续。

2. 至 2017 年底，原云南银监局下属怒江银监分局原办公楼已闲置 8 年，涉及建筑面积 1153.7 平方米、账面价值 154.72 万元。

3. 至 2017 年底，原河南银监局下属洛阳银监分局持有的、由人民银行洛阳中心支行 2003 年划转来的 1621.62 平方米办公楼仍未办理产权更名手续；下属洛阳银监分局财务账簿显示的 6.35 万元职工宿舍已于 2012 年拆除，致使账实不符，涉及建筑面积 424 平方米。

此外，原银监会本级未及时根据最新的事业单位会计制度调整会计信息系统。

三、审计处理情况和建议

对上述问题，审计署已依法出具了审计报告、下达了审计决定书。对未及时清理往来款项问题，要求纠正上述行为，调整有关会计账目和决算草案；对少计收入问题，要求纠正违规行为，收缴应当上缴的财政收入，调整有关会计账目和决算草案；对违规收费问题，要求责成相关单位纠正违规行为，退回资金，调整会计账目和决算草案；对固定资产管理不规范问题，要求责成相关单位严格执行资产管理相关规定，进一步规范固定资产管理；对未及时调整会计信息系统问题，要求及时按照相关规定调整会计信息系统。

针对审计发现的问题，审计署建议：银保监会应进一步加强相关预算管理和财务核算，严格收入和往来款项目的管理，规范固定资产管理，执行最新的事业单位会计制度。

四、审计发现问题的整改情况

目前，银保监会正在组织整改。具体整改结果由银保监会向社会公告。

证监会 2017 年度预算执行等情况审计结果

根据《中华人民共和国审计法》的规定，2017 年 12 月至 2018 年 3 月，审计署对证监会 2017 年度预算执行等情况进行了审计，重点审计了会本级和所属 3 个证监局以及深圳证券交易所等会管单位，对有关事项进行了延伸审计。

一、基本情况

证监会为中央财政一级预算单位，部门预算由会本级和 38 个二级预算单位的预算组成。财政部批复证监会 2017 年度部门财政拨款预算 125499.94 万元，本次审计 58025.47 万元、占 46.24%。审计结果表明，证监会本级及本次审计的其他单位 2017 年度较好地执行了预算法和其他相关财经法规，财务处理基本符合会计法、相关会计准则和会计制度规定。

二、审计发现的主要问题

（一）预算执行中存在的问题。

1. 2015 年至 2017 年，证监会本级及相关人员将住宿费、培训费、场地租赁费等转由会管单位承担，涉及金额 790.21 万元，其中 2017 年 377.05 万元。

2. 2017 年，所属宁波、厦门、河北证监局未经财政部门批准，从零余额账户向实有资金账户划转资金，涉及金额 254.94 万元。

3. 至 2017 年底，所属海南和福建证监局未将公务用车加油储值卡余额冲减充值时列支的公务用车费用，涉及金额 30.47 万元。

（二）其他方面问题。

1. 至 2017 年底，管理的深圳证券交易所会计核算不准确，涉及金额 926.65 万元。

2. 2017 年，管理的中国证券业协会财务报表编制不完整，未将所属培训中心各项资产、负债和损益纳入财务报表。

3. 自 2002 年起，管理的天津市证券业协会无偿使用会员单位办公用房且由会员单位承担房屋相关费用，3 名工作人员也由该会员单位派出并负担基本工资。

三、审计处理情况和建议

对上述问题，审计署已依法出具了审计报告、下达了审计决定书。对转由会管单位承担费用、加油卡余额未及时冲减费用、无偿使用办公场所等问题，要求予以纠正，严格执行相关规定；对于违规从零余额账户划转资金问题，要求加强管理，严格执行相关规定；对会计核算不准确、财务报表编制不完整问题，要求责成相关单位规范会计核算，调整有关账目和会计报表。

针对审计发现的问题，审计署建议：证监会应切实加强财务管理，严格执行财经纪律；加大对所属单位预算执行情况的监督检查力度，强化相关资金的管理，规范会计核算。

四、审计发现问题的整改情况

目前，海南、福建证监局已在年终决算中按加油卡余额冲减相关费用；河北证监局已完善资金支付渠道；其他问题正在整改。具体整改结果由证监会向社会公告。

原保监会 2017 年度预算执行等情况审计结果

根据《中华人民共和国审计法》的规定，2017 年 12 月至 2018 年 3 月，审计署对原保监会 2017 年度预算执行等情况进行了审计，重点审计了会本级和所属黑龙江、深圳、湖南等 3 个保监局，对有关事项进行了延伸审计。

一、基本情况

原保监会为中央财政一级预算单位，部门预算由会本级和 36 个二级预算单位的预算组成。财政部批复原保监会 2017 年度部门财政拨款预算 106939.75 万元，本次审计 34956.77 万元、占 33%。审计结果表明，原保监会本级及本次审计的所属单位 2017 年度较好地执行了相关财经法规，财务处理基本符合会计法、相关会计准则和会计制度规定。

二、审计发现的主要问题

（一）预算执行中存在的问题。

2017 年，原保监会本级举办党校春季处级干部进修班，超标准列支培训费用 20.24 万元。

（二）其他方面问题。

1. 2015 年至 2017 年，黑龙江省保险行业协会违反决策程序收取宣传基金 275.1 万元，其中 2017 年 97 万元。

2. 至 2017 年底，黑龙江省保险行业协会自律违约罚金等项收入 203.62 万元，长期挂账往来科目未结转收入。

三、审计处理情况和建议

对上述问题，审计署已依法出具了审计报告。对超标准列支培训费用问题，要求严格执行培训经费管理相关规定，杜绝超标准列支情况；对违反决策程序收取宣传基金问题，要求责成相关单位遵循相关程序、严格执行相关制度规定；对资金长期结转未处理问题，要求责成相关单位加强财务管理和会计核算。

针对审计发现的问题，审计署建议：银保监会应加强相关预算管理，维护财经纪律的严肃性，严格落实预算执行规定，杜绝超标准列支费用等情况。规范财务管理和会计核算，加强对下属单位的财务管理工作。

四、审计发现问题的整改情况

目前，银保监会正在组织整改。具体整改结果由银保监会向社会公告。

社保基金会 2017 年度预算执行等情况审计结果

根据《中华人民共和国审计法》的规定，2017 年 12 月至 2018 年 3 月，审计署对社保基金会 2017 年度预算执行等情况进行了审计，重点审计了会本级和所属机关服务中心，对有关事项进行了延伸审计。

一、基本情况

（一）社保基金会部门预算执行基本情况。

社保基金会为中央财政一级预算单位，部门预算由会本级预算组成。财政部批复社保基金会 2017 年度部门财政拨款预算 13668.73 万元，本次审计 13668.73 万元。

（二）社保基金和养老基金管理运营基本情况。

1. 至 2017 年底，社保基金会管理的社保基金资产总额 22230.31 亿元，基金权益 20716.14 亿元，其中全国社保基金权益 18301.47 亿元，个人账户基金权益 1273.95 亿元，地方委托基金权益 1140.72 亿元。2017 年，财政性拨入社保基金的资金及股份合计 597.83 亿元，社保基金投资收益额 1844.11 亿元，投资收益率 9.67%，已实现收益率 5.55%。

2. 至 2017 年底，社保基金会管理的养老基金资产总额 3155.19 亿元，基金权益 2819.01 亿元，其中本金 2731.5 亿元，记账收益 83.43 亿元，风险准备金 0.88 亿元，受托管理养老基金风险基金 3.88 亿元。2017 年，养老基金收到委托资金共计 1731.5 亿元，养老基金投资收益额

87.83亿元，投资收益率5.23%，已实现收益率4.55%。

审计结果表明，社保基金会2017年度预算收支基本遵守了预算法及相关法律法规，财务管理和会计核算基本符合会计法及有关财会制度规定；基金投资管理体制和内控机制不断完善，投资运营科学化水平得到提高，总体实现了社保基金和养老基金保值增值目标。

二、审计发现的主要问题

（一）预算执行中存在的问题。

1. 2017年3月，社保基金会在公用经费中列支应由职工福利基金支出的职工用餐协议餐厅装修费20.93万元。

2. 2017年，社保基金会在专用基金中列支应由工资福利支出科目列支的残疾人保障基金49.08万元。

（二）其他方面问题。

2015年2月至3月，社会基金会投资的一只基金组合发生的6笔融券回购业务突破投资方针，涉及金额13.34亿元，社保基金会及托管行未能及时检查发现。

此外，2016年和2017年，社保基金所投资2只股权投资基金的管理人召开年会，分别支出1032.5万元和511.6万元，社保基金会按其出资比例分别承担57.97万元和36.35万元，以上会议内容、参会人员和开支范围超出了股权投资基金合伙协议相关约定。

三、审计处理情况和建议

对上述问题，审计署已依法出具了审计报告。对列支科目不规范问题，要求严格执行有关规定；对投后管理中存在的问题，要求加强对投资管理人投资情况的监督检查工作；对社保基金分摊的部分基金年会费用超出基金投资合伙协议约定范围问题，要求与私募基金管理人完善基金费用的分摊比例和具体内容。

针对审计发现的问题，审计署建议：社保基金会应进一步强化预算管理工作，加强财务管理工作；采取有效措施切实履行社保基金和养老基金的投后管理责任，防范投资风险。

四、审计发现问题的整改情况

目前，社保基金会已将在公用经费中列支的职工用餐协议餐厅装修费和在专用基金中列支的残疾人保障基金作调账处理；其他问题正在整改。具体整改结果由社保基金会向社会公告。

中华全国供销合作总社2017年度预算执行等情况审计结果

根据《中华人民共和国审计法》的规定，2017年12月至2018年3月，审计署对中华全国供销合作总社（以下简称供销合作总社）2017年度预算执行等情况进行了审计，重点审计了社本级和所属北京商业管理干部学院（以下简称商干院）、中华全国供销合作总社职业技能鉴定指导中心，以及财政专项资金由其投资管理的中国供销集团有限公司（以下简称供销集团），对有关事项进行了延伸审计。

一、基本情况

供销合作总社为中央财政一级预算单位，部门预算由社本级和16个二级预算单位的预算组成。财政部批复供销合作总社2017年度部门财政拨款预算288176.3万元，本次审计266201.84万元、占92.37%。审计结果表明，供销合作总社本级及本次审计的其他单位2017年度预算收支基本遵守了预算法及相关法律法规，财务管理和会计核算基本符合会计法及有关财会制度规定。

二、审计发现的主要问题

（一）预算执行中存在的问题。

1. 2016年至2017年，供销合作总社本级在编报财政拨款公用经费支出预算时，多申报人员编制45人，多申领公用经费289.94万元。其中，2017年152.55万元。

2. 2015年至2017年，供销合作总社本级由企业承担培训费86.69万元。其中，2017年34.52万元。

3. 2017年，供销合作总社本级为其他单位人员承担出国费40.78万元。

4. 2016年至2017年，供销集团所属中国供销电子商务有限公司使用财政资金的13项采购未公开招标，涉及合同金额6147.96万元（2017年850.1万元）。其中，1项招标采购存在关联方企业参与投标问题，涉及合同金额1806万元。

5. 2017年，所属商干院违规使用自有资金发放过节费8.25万元。

（二）其他方面问题。

1. 至 2017 年底，供销合作总社本级长期投资账实不符，涉及金额 36077.75 万元；无法收回长期投资 210.05 万元，未及时清理。

2. 至 2017 年底，所属商干院 1 处建筑面积 2130.3 平方米的房产未纳入账簿核算。

3. 2017 年，所属商干院未经批准出租 3 处房产，涉及建筑面积 8762.07 平方米，房产原值 2313.91 万元。

4. 2014 年至 2016 年，所属商干院处置 2 项对外投资未履行报批程序。

5. 2015 年至 2017 年，所属中华全国供销合作总社科技推广中心、主管的社会组织中国茶叶流通协会、中宠宠物及用品发展服务中心无资质开展职业技能鉴定并收费 372.08 万元。其中，2017 年 185.2 万元。

三、审计处理情况和建议

对上述问题，审计署已依法出具了审计报告、下达了审计决定书。对多申领公用经费、由企业承担培训费、为其他单位人员承担出国费、招投标管理不规范、房产出租和对外投资处置未履行报批程序问题，要求严格执行有关规定；对违规发放过节费问题，要求责成相关单位按规定纠正；对账实不符问题，要求进行清理；对房产未入账问题，要求责成相关单位纳入账簿核算；对无资质开展职业技能鉴定并收费问题，要求责成相关单位进行清理，取消违规收费。

针对审计发现的问题，审计署建议：供销合作总社应加强对部门预决算编报和执行工作的管理，管好用好专项资金；加强对长期投资、固定资产等资产的管理，规范所属单位的资产处置行为；加强职业资格鉴定监管，清理不合理收费项目。

四、审计发现问题的整改情况

目前，供销合作总社正在组织整改。具体整改结果由供销合作总社向社会公告。

信访局 2017 年度预算执行等情况审计结果

根据《中华人民共和国审计法》的规定，2017 年 12 月至 2018 年 3 月，审计署对信访局 2017 年度预算执行等情况进行了审计，重点审计了局本级和所属机关服务中心、信息中心，对有关事项进行了延伸审计。

一、基本情况

信访局为中央财政一级预算单位，部门预算由局本级和 2 个二级预算单位的预算组成。财政部批复信访局 2017 年度部门财政拨款预算 16939.45 万元，本次审计 16939.45 万元。审计结果表明，信访局 2017 年度预算收支基本遵守了预算法及相关法律法规，财务管理和会计核算基本符合会计法及有关财会制度规定。

二、审计发现的主要问题

（一）预算执行中存在的问题。

1. 2017 年，信访局因公出国（境）费超预算支出 5.5 万元。

2. 至 2017 年底，信访局未经立项，调剂使用其他项目资金 1224.52 万元建设新门户网站。

3. 2017 年，信访局未按规定使用公务卡结算差旅费 98.7 万元。

4. 2017 年，信访局决算草案少报政府采购支出 727.05 万元。

此外，信访局在编制 2017 年部门预算时，少反映上年结转 1593.68 万元，少编报本年收入 511 万元。

（二）其他方面问题。

信访局未经批准向所属企业出租房产。

三、审计处理情况和建议

对上述问题，审计署已依法出具了审计报告、下达了审计决定书。对因公出国（境）费超预算支出、未经立项建设新门户网站、未按规定使用公务卡结算差旅费等问题，要求严格执行因公临时出国经费、项目建设、公务卡管理等制度；对决算草案少报政府采购支出问题，要求调整决算草案；对 2017 年预算少反映上年结转和本年收入问题，要求严格依规编制预算；对未经批准向所属企业出租房产问题，要求按规定办理房产出租审批手续。

针对审计发现的问题，审计署建议：信访局应进一步加强预决算管理，及时清理、修订、完善部门规章制度，规范项目建设程序；加强资产管理，严格执行房产出租审批等各项制度。

四、审计发现问题的整改情况

目前，信访局正在组织整改。具体整改结果

由信访局向社会公告。

能源局2017年度
预算执行等情况审计结果

根据《中华人民共和国审计法》的规定，2017年12月至2018年3月，审计署对能源局2017年度预算执行等情况进行了审计，重点审计了局本级和所属中国电力传媒集团、中国电力企业联合会，对有关事项进行了延伸审计。

一、基本情况

能源局为中央财政一级预算单位，部门预算由局本级和25个二级预算单位的预算组成。财政部批复能源局2017年度部门财政拨款预算46073.65万元，本次审计19645.38万元、占42.64%。审计结果表明，能源局本级及本次审计的所属单位2017年度预算收支基本遵守了预算法及相关法律法规，财务管理和会计核算基本符合会计法及有关财会制度规定。

二、审计发现的主要问题

（一）预算执行中存在的问题。

1. 2015年至2017年，能源局本级以租用所属中国电力传媒集团车辆方式超编制配置公务用车，前两年分别支付40万元和45万元，2017年费用尚未支付。

2. 2016年，能源局本级在华举办国际会议中，赞助收入247.68万元未纳入预算管理，会议支出603.46万元未由能源局负责人签署协议。

3. 2011年10月至2017年底，能源局本级未将外方捐赠收入2350.32万元及支出1708.49万元纳入预算管理，其中2017年收入77万元、支出224.12万元。

4. 2015年12月，能源局本级将49.8万元项目工程款提前支付给承建单位，再转汇至能源局本级基本存款账户、在往来科目挂账。

（二）其他方面问题。

1. 2015年至2017年，所属中国电力传媒集团向其子公司出借3107万元用于房地产开发（其中2017年出借2000万元），至2018年2月底尚有2307万元本金未收回。

2. 至2018年3月，所属中国电力企业联合会与其代管的中国电力技术市场协会、中国电力发展促进会、中国电力建设企业协会、中国电力规划设计协会，未按规定的时间要求完成脱钩工作。

三、审计处理情况和建议

对上述问题，审计署已依法出具了审计报告、下达了审计决定书。对超编制配置公务用车问题，要求清理编制外租用的公务用车；对赞助收入、外方捐赠收支未纳入预算管理等问题，要求严格执行有关规定，加强管理；对提前支付导致决算不实的问题，要求调整有关会计账目和决算草案；对出借资金进行房地产开发问题，要求责成相关单位加强资金监管；对未按规定的时间要求完成脱钩工作问题，要求责成相关单位尽快完善相关手续，按相关规定完成脱钩工作。

针对审计发现的问题，审计署建议：能源局应切实加强预决算、其他收入和对所属单位的管理，保障国有资产的安全。

四、审计发现问题的整改情况

目前，能源局正在组织整改。具体整改结果由能源局向社会公告。

邮政局2017年度
预算执行等情况审计结果

根据《中华人民共和国审计法》的规定，2017年12月至2018年3月，审计署对邮政局2017年度预算执行等情况进行了审计，重点审计了局本级和所属发展研究中心、机关服务中心、北京邮政管理局，对有关事项进行了延伸审计。

一、基本情况

邮政局为中央一级预算单位，部门预算由局本级和36个二级预算单位的预算组成。财政部批复邮政局2017年度部门财政拨款预算119989.65万元，本次审计27213.3万元、占22.68%。审计结果表明，邮政局本级及本次审计的所属单位2017年度预算收支基本遵守了预算法及相关法律法规，财务管理和会计核算基本符合会计法及有关财会制度规定。

二、审计发现的主要问题

（一）预算执行中存在的问题。

1. 至2017年底，邮政局分营资金未纳入部门预算管理，年末余额4138.36万元。

2. 2017年，邮政局本级未将所属机关服务中心收支纳入部门预决算编报范围，涉及收入230.26万元、支出229.92万元。

3. 2017年，邮政局本级未履行政府采购程序将项目直接委托所属单位实施，涉及金额130万元；将项目委托无承接能力的所属单位实施，涉及金额927.4万元，部分项目未经政府采购。

4. 2017年，邮政局本级多申请项目财政资金70万元。

5. 2017年，邮政局本级未及时调整会议计划，涉及会议7个，会议费支出41.92万元。

（二）其他方面问题。

1. 至2017年底，邮政局本级办公楼维修改造工程未及时办理竣工财务决算。

2. 至2017年底，邮政局本级无偿为所属企业和协会提供行政办公用房636.62平方米。

3. 至2017年底，邮政局所属部分地方邮政管理局15789.28万元资产尚未办理产权登记。

4. 至2017年底，所属发展研究中心违规登记无形资产，涉及金额33万元。

5. 2017年，所属发展研究中心向企业摊派绿植租摆费和印刷费11.39万元。

此外，至2017年底，邮政局本级仍有1600万元借款尚未收回；2017年，邮政局本级违规按每张20元的标准支付机票服务费。

三、审计处理情况和建议

对上述问题，审计署已依法出具了审计报告、下达了审计决定书。对部门预算编报不完整的问题，要求调整纳入预决算；对政府采购方面存在的问题，要求严格执行政府采购管理规定；对多申请财政资金的问题，要求今后杜绝此类问题；对会议计划调整不及时的问题，要求严格会议计划管理；对未及时办理竣工财务决算、部分房产未进行产权登记等问题，要求尽快履行相关程序；对为企业和社团提供行政办公用房的问题，要求收回被占用行政用房；对违规登记无形资产的问题，要求追回相关资金；对向企业摊派费用等问题，要求责成相关单位退回资金。

针对审计发现的问题，审计署建议：邮政局应进一步加强部门预决算管理，严肃预算和计划管理刚性约束，严格规范财政资金使用和政府采购行为，加强国有资产管理，强化对所属单位的监督管理。

四、审计发现问题的整改情况

目前，邮政局正在组织整改。具体整改结果由邮政局向社会公告。

国防科工局2017年度预算执行等情况审计结果

根据《中华人民共和国审计法》的规定，2017年12月至2018年3月，审计署对国防科工局2017年度预算执行等情况进行了审计，重点审计了局本级和所属机关服务中心、经济技术发展中心等7个单位，对有关事项进行了延伸审计。

一、基本情况

国防科工局为中央财政一级预算单位，部门预算由局本级和14个二级预算单位的预算组成。审计结果表明，国防科工局本级及本次审计的所属单位2017年预算收支基本遵守了预算法及相关法律法规，财务管理和会计核算基本符合会计法及有关财会制度规定。

二、审计发现的主要问题

（一）预算执行中存在的问题。

1. 2014年，国防科工局以核应急检测用车（非执法执勤特种专业技术用车）名义变相保留4辆丰田越野车。

2. 至2017年底，国防科工局项目结余和经费结转资金4403.14万元未清理。

3. 至2017年底，国防科工局本级国有资产账实不符，涉及金额4370.78万元。

4. 2017年，所属经济技术发展中心违规从零余额账户向实有资金账户转移资金53.52万元。

5. 2017年，所属机关服务中心少计收入391.66万元，少计支出230.57万元。

（二）其他方面问题。

1. 2009年，国防科工局本级未经审批无偿出借机关办公用房给所属新闻宣传中心使用，涉及面积523.95平方米。

2. 国防科工局管理的5名退休干部在所属事业单位或企业兼职取酬159.9万元，其中2017年36万元。

3. 2017年，所属审核中心以大额提现方式支付劳务费等579.93万元。

三、审计处理情况和建议

对上述问题，审计署已依法出具了审计报告、下达了审计决定书。对变相配备公务用车问题，要求退回违规配备的车辆；对结转结余资金未清理到位问题，要求清理上报财政部，并根据财政部审核意见办理；对账实不符，少计收入和支出问题，要求调整会计账目和决算草案；对违规从零余额账户向实有资金账户划拨资金问题，要求责成相关单位加强零余额账户管理；对未经审批出借机关办公用房问题，要求按规定办理出租出借审批手续；对退休干部在所属事业单位或企业兼职取酬问题，要求严格执行相关规定；对现金管理不规范问题，要求责成相关单位加强现金管理。

针对审计发现的问题，审计署建议：国防科工局应进一步加强财务管理，规范预算执行，严格贯彻落实中央八项规定精神，强化所属单位财务监督和检查。

四、审计发现问题的整改情况

目前，国防科工局正在组织整改。具体整改结果由国防科工局向社会公告。

原国务院三峡工程建设委员会办公室 2017年度预算执行等情况审计结果

根据《中华人民共和国审计法》的规定，2017年12月至2018年3月，审计署对原国务院三峡工程建设委员会办公室（以下简称原三峡办）2017年度预算执行等情况进行了审计，重点审计了办本级和所属机关服务中心，对有关事项进行了延伸审计。

一、基本情况

原三峡办为中央财政一级预算单位，部门预算由办本级和2个二级预算单位的预算组成。财政部批复原三峡办2017年度部门财政拨款预算30174.03万元，本次审计30174.03万元。审计结果表明，原三峡办2017年度预算收支基本遵守了预算法及相关法律法规，财务管理和会计核算基本符合会计法和有关财会制度规定。

二、审计发现的主要问题

（一）预算执行中存在的问题。

1. 至2017年底，原三峡办办公楼维修改造项目财政存量资金663.43万元未及时清理。

2. 2017年以前，原三峡办取得项目收入367.79万元未纳入预算管理，2017年支出39.47万元，2017年底余额328.32万元。

3. 原三峡办3个项目未按规定公开招标，涉及金额950万元。

4. 2016年至2017年，所属机关服务中心未履行政府采购程序，直接选定2家企业为食品原材料供应商，涉及金额447.38万元。

（二）其他方面问题。

1. 2014年至2017年，原三峡办未经批准无偿出借办公用房，涉及建筑面积2143.97平方米。

2. 2013年至2017年，原三峡办提高标准计提福利费46.09万元，其中2017年多计提9.87万元。

3. 至2017年底，原三峡办垫付职工宿舍改造资金21.2万元仍在往来科目挂账未清理。

4. 2014年12月至2017年2月，所属机关服务中心提高标准发放事业单位车改补贴10.79万元，未按要求及时处置2台车辆。

5. 所属机关服务中心北戴河基地、老干部活动中心固定资产480.22万元未按规定登记入账。

三、审计处理情况和建议

对上述问题，审计署已依法出具了审计报告、下达了审计决定书。对财政存量资金未及时清理以及收入未纳入预算管理等问题，要求及时清理上缴并调整有关会计账目和决算草案；对未履行政府采购程序、未按规定公开招标、提高标准计提福利费问题，要求今后严格按规定执行政府采购程序、组织招投标、计提福利费；对固定资产账实不符、往来科目挂账等问题，要求调整会计账目和决算草案。

针对审计发现的问题，审计署建议：水利部应进一步加强相关预算管理，按规定清理财政存量资金，将各项收入全部纳入预算管理；进一步规范政府采购和资产管理，严格执行相关制度，确保固定资产安全完整。

四、审计发现问题的整改情况

目前，水利部已调整有关会计账目；其他问题正在整改。具体整改结果由水利部向社会公告。

原国务院南水北调工程建设委员会办公室2017年度预算执行等情况审计结果

根据《中华人民共和国审计法》的规定，2017年12月至2018年3月，审计署对原国务院南水北调工程建设委员会办公室（以下简称原南水北调办）2017年度预算执行等情况进行了审计，重点审计了办本级和所属南水北调工程建设监管中心（以下简称监管中心）、南水北调工程设计管理中心、国务院南水北调工程建设委员会办公室政策及技术研究中心，对有关事项进行了延伸审计。

一、基本情况

原南水北调办为中央财政一级预算单位，部门预算由办本级和3个二级预算单位的预算组成。财政部批复原南水北调办2017年度部门财政拨款预算2403809.86万元（含政府性基金2296056万元），本次审计2018463.59万元、占83.97%。审计结果表明，原南水北调办本级及本次审计的所属单位2017年度预算收支基本遵守了预算法及相关法律法规，财务管理和会计核算基本符合会计法及有关财会制度规定。

二、审计发现的主要问题

（一）2017年，原南水北调办未按规定将已退休办领导于当年4月交还的1辆公务用车上交原配车部门，自行安排用于机要通信等公务活动，造成公务用车超编制。

（二）2017年，原南水北调办及所属3家事业单位共有283人次超标准乘坐高铁商务座、一等座等，违规报销4.93万元，其中原南水北调办本级79人次、违规报销1.51万元。

（三）2015年至2017年，原南水北调办编制上报财政部批准的38个重大水利工程建设基金项目中，有7个项目由于不具备实施条件或建设内容调整等原因没有实施，涉及金额954994万元，其中2017年为189929万元。

（四）2017年，所属监管中心为原南水北调办本级代编设备升级改造项目预算215万元，至2017年底已支出94.37万元。

三、审计处理情况和建议

对上述问题，审计署依法出具了审计报告。对超编制配备公务用车、违规报销交通费用等预算执行问题，要求按规定进行整改；对重大水利工程建设基金项目支出预算编制不符合要求和代编预算问题，要求加强预算编制工作。

针对审计发现的问题，审计署建议：水利部应严格执行中央八项规定精神和财经制度，加强相关预算编制和执行管理。

四、审计发现问题的整改情况

目前，原南水北调办已将超编制公务用车退还国家机关事务管理局；责成有关人员退回违规报销的交通费用，修订了相关经费支出管理办法；其他问题正在整改。具体整改情况由水利部向社会公告。

国务院扶贫办2017年度预算执行等情况审计结果

根据《中华人民共和国审计法》的规定，2017年12月至2018年3月，审计署对国务院扶贫办2017年度预算执行等情况进行了审计，重点审计了办本级和所属中国国际扶贫中心、国务院扶贫办信息中心等4个单位，对有关事项进行了延伸审计。

一、基本情况

国务院扶贫办为中央财政一级预算单位，部门预算由办本级和4个二级预算单位的预算组成。财政部批复国务院扶贫办2017年度部门财政拨款预算21370.19万元，本次审计21370.19万元。审计结果表明，国务院扶贫办2017年度预算收支基本遵守了预算法及相关法律法规，财务管理和会计核算基本符合会计法及有关财会制度规定。

二、审计发现的主要问题

（一）至2017年底，国务院扶贫办已处置的1辆公务用车，未进行账务核销处理。

（二）至2017年底，所属事业单位未将2017年公务用车拍卖收入27.2万元上缴国库。

（三）2017年，所属信息中心未按规定将用于软件采购和系统建设的财政资金支出957.47万元计入无形资产。

三、审计处理情况和建议

对上述问题，审计署已依法出具了审计报告、下达了审计决定书。对已处置的公务用车未及时进行账务核销的问题，要求按照行政单位会计制度等相关规定，调整有关账目和决算草案；对公务用车拍卖收入未及时上缴国库的问题，要求责成相关单位将拍卖收入及时上缴国库，并加强对所属事业单位的非税收入管理；对采购软件和系统建设的支出未计入无形资产的问题，要求责成相关单位严格遵守相关规定，加强资产管理，同时调整相关账目。

针对审计发现的问题，审计署建议：国务院扶贫办应加强预决算管理，强化预算约束；完善内控制度，提升财务管理水平；加强资产管理，规范资产管理基础工作。

四、审计发现问题的整改情况

目前，国务院扶贫办已将公车拍卖收入27.2万元上缴国库；其他问题正在整改。具体整改结果由国务院扶贫办向社会公告。

档案局2017年度预算执行等情况审计结果

根据《中华人民共和国审计法》的规定，2018年1月至3月，审计署对档案局2017年度预算执行等情况进行了审计，重点审计了局本级和所属中国第一历史档案馆、中国第二历史档案馆（以下分别简称第一历史档案馆、第二历史档案馆）等7个单位，对有关事项进行了延伸审计。

一、基本情况

档案局为中央财政一级预算单位，部门预算由局本级和7个二级预算单位的预算组成。财政部批复档案局2017年度部门财政拨款预算57808.27万元，本次审计53357.03万元、占92.30%。审计结果表明，档案局本级及本次审计的所属单位2017年度预算收支基本遵守了预算法及相关法律法规，财务管理和会计核算基本符合会计法及有关财会制度规定。

二、审计发现的主要问题

（一）档案局本级及所属档案报社、第二历史档案馆资产出租收入366.11万元未上缴财政。

（二）2017年，档案局本级及所属第一历史档案馆部分收入、支出在往来科目核算，少计收入766.67万元、支出318.48万元。

（三）2016年至2017年，所属第二历史档案馆多发放补贴87.36万元，其中2017年28.39万元。

（四）2017年，所属第二历史档案馆未经公开招标购买服务，涉及合同金额650万元。

（五）2015年至2017年，所属档案学会、档案报社以咨询服务费、宣传费名义违规收费977万元，其中2017年350.5万元。

（六）2016年至2017年，所属档案学会未将委托3家公司承办会议并向参会人员收取的会议费用174.2万元、支出148.98万元纳入本单位账务核算。其中2017年收入36.17万元，支出28.3万元。

（七）2017年，所属教育中心无依据计提养老保险、职业年金和津贴补贴等费用786.5万元。

三、审计处理情况和建议

对上述问题，审计署已依法出具了审计报告、下达了审计决定书。对出租收入未上缴财政问题，要求按规定上缴出租收入，并调整有关会计账目和决算草案；对收支不实问题，要求调整有关会计账目和决算草案；对多发补贴问题，要求责成相关单位按规定纠正违规发放津贴补贴行为；对购买服务未招标问题，要求责成相关单位严格执行相关规定；对违规收费问题，要求责成相关单位取消此类收费。

针对审计发现的问题，审计署建议：档案局应进一步严格财经纪律，加强预算管理，强化预算执行，提高财政资金使用效益；加大对所属单位的管理和监督力度，督促严格落实国务院清理涉企收费的相关规定。

四、审计发现问题的整改情况

目前，档案局正在组织整改。具体整改结果由档案局向社会公告。

中华全国总工会2017年度预算执行等情况审计结果

根据《中华人民共和国审计法》的规定，2018年1月至3月，审计署对中华全国总工会（以下简称全国总工会）2017年度预算执行等情况进行了审计，重点审计了会本级和所属中国劳动关系学院（以下简称劳动关系学院）、中国职工对外交流中心、工人日报社，对有关事项进行了延伸审计。

一、基本情况

全国总工会为中央财政一级预算单位，部门预算由会本级和 7 个二级预算单位的预算组成。财政部批复全国总工会 2017 年度部门财政拨款预算 222903.43 万元，本次审计 220205.38 万元、占 98.79%。审计结果表明，全国总工会本级及本次审计的所属单位 2017 年度预算收支基本遵守了预算法及相关法律法规，财务管理和会计核算基本符合会计法及有关财会制度规定。

二、审计发现的主要问题

（一）预算执行中存在的问题。

1. 2017 年，全国总工会本级计划外召开会议 18 个，会议费支出 119.27 万元；9 个会议超标准列支会议费 9.64 万元；所属劳动关系学院超预算列支会议费 41.51 万元，并在会议费中列支与会议无关费用 4.15 万元。

2. 2017 年，全国总工会本级在财政专项经费中列支各项出国费用后，收回的垫付费用等 30.89 万元未冲抵财政专项经费支出，造成多计支出 30.89 万元。

3. 至 2017 年 10 月，所属劳动关系学院尚有 1349.99 万元学费收入在往来科目挂账，未按规定上缴财政专户。

4. 至 2017 年底，所属劳动关系学院接收划转的土地和原值 4359.3 万元的房屋及其他构筑物未入账。

5. 至 2017 年底，所属事业单位公务用车改革尚未完成。

（二）其他方面问题。

2017 年，所属工人日报社未经批准对外出租房产，租金收入 1032.56 万元。

三、审计处理情况和建议

对上述问题，审计署已依法出具了审计报告、下达了审计决定书。对会议费管理使用问题，要求严格执行会议管理相关规定，加强会议计划管理，规范会议费开支；对多计财政专项支出、未全额上缴学费收入、资产未入账等问题，要求调整相关会计账目和决算草案，及时上缴剩余收入，将资产登记入账；对公车管理问题，要求严格执行相关规定，尽快完成公务用车改革；对未经批准对外出租房产问题，要求责成相关单位严格按规定履行资产出租审批手续。

针对审计发现的问题，审计署建议：全国总工会应加强会议费的管理使用；严格执行公务用车改革相关规定；进一步加大对所属单位的监督管理力度，加强对预算和财务管理工作的指导。

四、审计发现问题的整改情况

目前，全国总工会正在组织整改。具体整改结果由全国总工会向社会公告。

共青团中央委员会 2017 年度预算执行等情况审计结果

根据《中华人民共和国审计法》的规定，2017 年 12 月至 2018 年 3 月，审计署对共青团中央委员会（以下简称团中央）2017 年度预算执行等情况进行了审计，重点审计了团中央本级和所属中央团校（中国青年政治学院）、中国少年儿童新闻出版总社等 4 个单位，对有关事项进行了延伸审计。

一、基本情况

团中央为中央财政一级预算单位，部门预算由团中央本级和 1 个二级预算单位的预算组成。财政部批复团中央 2017 年度部门财政拨款预算 40189.89 万元，本次审计 38498.03 万元、占 95.79%。审计结果表明，团中央本级及本次审计的所属单位 2017 年度预算收支基本遵守了预算法及相关法律法规，财务管理和会计核算基本符合会计法及有关财会制度规定。

二、审计发现的主要问题

（一）预算执行中存在的问题。

1. 2017 年，团中央本级公务用车运行维护费预算超出定额标准 16.96 万元。

2. 会议和论坛管理不规范。2017 年，团中央本级未编报会议计划；2016 年至 2017 年，团中央本级内设机构及所属单位未经审批举办 2 个论坛。

3. 团中央本级建设的网络平台“青少年维权在线”与“青年之声”部分功能重复，财政资金未能充分发挥效益。

4. 2017 年，团中央本级将其他部门拨付的经费收支在往来科目核算，少计收入 287.69 万元、支出 170.94 万元。

5. 至 2017 年底，所属中央团校（中国青年政治学院）未按规定完成公务用车制度改革。

6. 至2017年底，所属中央团校（中国青年政治学院）结余资金175.46万元清理不到位。

（二）其他方面问题。

1. 至2017年底，团中央本级固定资产财务明细账和资产台账余额不符，相差1378.02万元。

2. 2017年，所属中央团校（中国青年政治学院）未经批准出租房产，租金收入1884.38万元。

3. 至2017年底，所属中央团校（中国青年政治学院）图书实验楼项目投资超概算2265.11万元未报相关部门核定；16个在建和完工基本建设项目未按规定核算，涉及投资31760.02万元，其中13个已完工并投入使用的基本建设项目未办理竣工财务决算和暂估入账，涉及投资31280.56万元。

4. 2017年，所属中国少年儿童新闻出版总社刊登广告未按规定标注广告标识，涉及金额27.5万元。

5. 2017年，所属中国少年儿童新闻出版总社少计收支62.44万元。

三、审计处理情况和建议

对上述问题，审计署已依法出具了审计报告、下达了审计决定书。对公务用车运行维护费预算超出定额标准问题，要求按规定编制预算；对会议和论坛管理不规范问题，要求按相关规定执行；对所建网络平台部分功能重复问题，要求采取有效措施整合网络平台功能，提高财政资金使用绩效；对少计收支、资产账实不符、基本建设未按规定核算问题，要求调整相关会计账目；对公务用车制度改革不到位问题，要求责成相关单位加快公务用车制度改革；对结余资金清理不到位问题，要求责成相关单位按规定清理上报财政部，并根据财政部审核意见办理；对未经审批出租房产问题，要求责成相关单位加强资产管理，按规定报批；对基本建设项目投资超概算未经核定、未及时办理竣工财务决算和未暂估入账问题，要求责成相关单位严格执行相关规定，及时办理竣工财务决算并按规定入账；对未按规定标注广告标识问题，要求责成相关单位严格执行有关规定。

针对审计发现的问题，审计署建议：团中央应加强预算编制和执行管理，强化会议和论坛管理，加强对下属单位的监督指导。

四、审计发现问题的整改情况

目前，所属中央团校（中国青年政治学院）已对结余资金予以确认清理，调整2017年决算并上报审核；已将基建账相关科目余额并入财务账；所属中国少年儿童新闻出版总社已调整少计收支相关会计账目；其他问题正在整改。具体整改结果由团中央向社会公告。

中华全国妇女联合会2017年度预算执行等情况审计结果

根据《中华人民共和国审计法》的规定，2017年12月至2018年3月，审计署对中华全国妇女联合会（以下简称全国妇联）2017年度预算执行等情况进行了审计，重点审计了全国妇联本级和所属机关服务局、中国妇女发展基金会、中国妇女儿童博物馆、中国妇女出版社（以下分别简称妇基会、博物馆、出版社）等16个单位，对有关事项进行了延伸审计。

一、基本情况

全国妇联为中央财政一级预算单位，部门预算由全国妇联本级和4个二级预算单位的预算组成。财政部批复全国妇联2017年度部门财政拨款预算72749.71万元，本次审计72749.71万元。审计结果表明，全国妇联2017年度预算收支基本遵守了预算法及相关法律法规，财务管理和会计核算基本符合会计法及有关财会制度规定。

二、审计发现的主要问题

（一）预算执行中存在的问题。

1. 至2017年底，全国妇联本级1辆价值27.98万元的公务用车闲置，未按规定上交有关部门；所属机关服务局未按规定上报车改方案；所属妇基会车辆处置工作未完成。

2. 2017年，全国妇联本级部分会议印刷费未纳入会议费核算，涉及金额9.05万元。

3. 2017年，所属机关服务局未按规定公开招标，对外签订全国妇联机关办公楼物业服务合同，涉及金额312.19万元。

4. 至2017年底，所属机关服务局1个对外投资项目未纳入账簿核算，涉及金额49.62万元。

（二）其他方面问题。

1. 至2017年底，全国妇联本级及所属中华女子学院2个2015年底前已完工并投入使用的基建项目未及时办理竣工财务决算。

2. 2015年6月至2018年1月，全国妇联本级及所属中国儿童中心3名退休干部违反规定在社团兼职取酬39.97万元，其中2017年20.03万元。

3. 至2017年底，所属博物馆未单独开设银行账户核算工会经费，2016年至2017年通过基本账户等累计支付工会经费20.26万元，其中2017年9.15万元。

4. 至2017年底，所属中国儿童中心将2013年至2017年收到的2个委托项目资金在往来科目核算，未及时确认收入，涉及金额162.65万元，其中2017年56.86万元。

5. 至2017年底，所属出版社将2015年收到的图书出版资金在往来科目核算，未及时确认收入，涉及金额335万元。

6. 至2017年底，所属交流与合作中心部分款项长期挂账未及时清理，涉及金额409.52万元。

三、审计处理情况和建议

对上述问题，审计署已依法出具了审计报告、下达了审计决定书。对公务用车管理、会议费管理、招标管理不规范等问题，要求严格按照规定执行；对公务用车改革不到位问题，要求责成相关单位加快完成公车改革事项；对对外投资未纳入账内核算问题，要求责成相关单位将股权投资纳入单位会计账簿统一核算和管理，调整有关会计账目和决算草案；对基建项目未及时办理竣工财务决算、退休干部兼职取酬问题，要求相关单位严格按照规定执行；对工会经费未独立核算问题，要求责成相关单位加强工会经费管理，按照要求独立核算；对未及时确认收入问题，要求责成相关单位及时准确核算收入，调整有关会计账目；对部分款项长期挂账未及时清理问题，要求责成相关单位及时对相关会计科目分类清理，根据清理情况调整会计账目。

针对审计发现的问题，审计署建议：全国妇联应进一步加强预算、决算和财务管理基础工作，加大对所属单位的监管力度。

四、审计发现问题的整改情况

目前，全国妇联闲置的公务用车已经上交有关部门；其他问题正在整改。具体整改结果由全国妇联向社会公告。

人民日报社2017年度预算执行等情况审计结果

根据《中华人民共和国审计法》的规定，2017年12月至2018年3月，审计署对人民日报社2017年度预算执行等情况进行了审计，重点审计了报社本级和所属人民日报传媒广告有限公司等3个单位，对有关事项进行了延伸审计。

一、基本情况

人民日报社为中央财政一级预算单位，部门预算由报社本级预算组成。审计结果表明，人民日报社本级和本次审计的所属单位2017年度预算收支基本遵守了预算法及相关法律法规，财务管理和会计核算基本符合会计法及有关财会制度规定。

二、审计发现的主要问题

（一）预算执行中存在的问题。

1. 至2017年底，人民日报社超标准配置公务用车78辆。

2. 2016年至2017年，人民日报社团队建设费管理使用不规范，报销个人因私费用20.37万元，其中2017年11.33万元。

3. 2016年至2017年，人民日报社将融媒体工作室费用、外包视频制作费282.3万元转由所属公司承担，其中2017年263.95万元。

4. 人民日报社“人民城市3D交互传播平台”项目资金836.06万元连续结存时间超过两年。

5. 所属分社2014年5月未经审批处置旧办公楼并新建办公楼，1203.03万元固定资产账实不符并多计折旧204.68万元，其中2017年多计折旧57.12万元。

（二）其他方面问题。

1. 人民日报社在往来科目核算所属分社办公楼处置等收入12219.43万元。

2. 至2017年底，人民日报社未将所属国内分社的12宗土地使用权和1栋写字楼计入无形资产账或固定资产账，也未登记实物卡片。

3. 至2017年底，人民日报社未及时对已建成投入使用的印务中心等3个项目办理工程竣工财务决算，59359.82万元建设支出未结转计入固定资产账。

4. 至2017年底，所属管理保障局交通服务处账外存放资金37.1万元。

5. 2015年至2017年，所属单位未经审批举办15个评奖活动并收取费用510万元，其中2017年260万元。

6. 2017年，所属单位未确认应收账款440.78万元。

三、审计处理情况和建议

对上述问题，审计署已依法出具了审计报告、下达了审计决定书。对公务用车超标、团队建设费使用不规范、未经审批开展评奖活动问题，要求按规定进行清理规范；对由其他单位承担费用、未经审批处置及新建办公楼并多计成本、在往来科目核算收入、土地使用权等资产未在账卡反映、账外存放资金、未确认应收账款问题，要求按规定履行审批程序、及时进行会计核算，并调整账表；对结余资金问题，要求清理上报财政部；对未及时办理竣工决算和登记固定资产问题，要求按规定办理竣工决算手续，及时登记固定资产。

针对审计发现的问题，审计署建议：人民日报社应严格落实中央有关规定，切实加强资产和基本建设管理，防范国有资产流失；强化预算编制和执行，提高财政资金使用效益。

四、审计发现问题的整改情况

目前，人民日报社本级已将所属分社房产计入固定资产账；所属管理保障局交通处账外存放资金37.1万元已登记入账；所属单位对应收账款440.78万元确认收入并调整会计账目；其他问题正在整改。具体整改结果由人民日报社向社会公告。

光明日报社2017年度预算执行等情况审计结果

根据《中华人民共和国审计法》的规定，2017年12月至2018年3月，审计署对光明日报社2017年度预算执行等情况进行了审计，重点审计了报社本级和所属光明网传媒有限公司、光明日报出版社等5个单位，对有关事项进行了延伸审计。

一、基本情况

光明日报社为中央财政一级预算单位，部门预算由报社本级预算组成。审计结果表明，光明日报社2017年度预算收支基本遵守了预算法及相关法律法规，财务管理和会计核算基本符合会计法及有关财会制度规定。

二、审计发现的主要问题

（一）预算执行中存在的问题。

1. 2017年，光明日报社本级未按规定制订单位年度因公临时出国计划和会议计划。

2. 2011年至2017年，光明日报社购买的公务用车中有3辆价格超过规定标准。

3. 至2017年底，光明日报社本级购置的426.43万元相机、手机等数码设备闲置。

（二）其他方面问题。

1. 至2017年底，光明日报社本级3578平方米房屋资产未登记资产台账，形成账外资产；6771.62平方米房屋资产账实不符；价值169.49万元的固定资产丢失。

2. 至2017年底，光明日报社本级未经批准，将4874平方米办公用房出租出借，租金收入760.84万元，其中2017年402.28万元。

3. 至2017年底，光明日报社本级3名在职领导干部、3名退休干部未经批准，在社会团体兼职。

4. 2015年至2017年，光明日报社所属6家企业处于停业状态，未开展经营。

三、审计处理情况和建议

对上述问题，审计署已依法出具了审计报告、下达了审计决定书。对因公临时出国、会议未制订计划问题，要求严格执行规定，规范计划管理；对公务用车超标准、干部兼职、所属企业停业未经营等问题，要求按规定进行清理；对资产闲置、账实不符、办公用房违规出租或出借等问题，要求按规定进行清理、调整会计账目、办理审批手续。

针对审计发现的问题，审计署建议：光明日报社应严格落实中央关于厉行节约、反对浪费的要求；切实加强公务用车和干部兼职管理，强化执纪监督、严格责任追究；强化资产管理，确保国有资产物尽其用，防止国有资产流失。

四、审计发现问题的整改情况

目前，光明日报社已按规定加强干部兼职管

理，违规兼职干部已辞去兼职或补办了审批手续；其他问题正在整改。具体整改结果由光明日报社向社会公告。

中国日报社 2017 年度预算执行等情况审计结果

根据《中华人民共和国审计法》的规定，2017 年 12 月至 2018 年 3 月，审计署对中国日报社 2017 年度预算执行等情况进行了审计，重点审计了报社本级和所属北京英信联信息咨询公司、英文二十一世纪（北京）教育传媒发展中心，对有关事项进行了延伸审计。

一、基本情况

中国日报社为中央财政一级预算单位，部门预算由报社本级预算组成。审计结果表明，中国日报社 2017 年度预算收支基本遵守了预算法及相关法律法规，财务管理和会计核算基本符合会计法及有关财会制度规定。

二、审计发现的主要问题

（一）2017 年，中国日报社本级未通过政府采购方式购买公务机票，涉及金额 116.34 万元。

（二）至 2017 年底，中国日报社本级超过 3 年的发行、广告应收款长期挂账未收回，涉及金额 1420.4 万元。

（三）至 2017 年底，中国日报社本级一处房产未登记入账，涉及建筑面积 176.76 平方米。

（四）至 2017 年底，中国日报社本级个别项目资产闲置，涉及金额 253.42 万元。

三、审计处理情况和建议

对上述问题，审计署已依法出具了审计报告、下达了审计决定书。对未严格执行公务机票政府采购规定问题，要求严格执行相关规定，通过政府采购方式购买公务机票；对收入长期挂账问题，要求加快催收进度，及时清理往来款；对于房产未登记入账问题，要求补登入账，并调整会计账目；对项目资产闲置问题，要求尽快投入使用。

针对审计发现的问题，审计署建议：中国日报社应加强财务管理，严格财经纪律，提高项目资金使用绩效。

四、审计发现问题的整改情况

目前，中国日报社正在组织整改。具体整改结果由中国日报社向社会公告。

中国残疾人联合会 2017 年度预算执行等情况审计结果

根据《中华人民共和国审计法》的规定，2017 年 12 月至 2018 年 3 月，审计署对中国残疾人联合会（以下简称中国残联）2017 年度预算执行等情况进行了审计，重点审计了中国残联本级和所属中国康复研究中心、中国残疾人辅助器具中心、中国残疾人体育运动管理中心、中国听力语言康复研究中心（以下分别简称康复中心、辅具中心、体管中心、语康中心）等 7 个单位，对有关事项进行了延伸审计。

一、基本情况

中国残联为中央财政一级预算单位，部门预算由中国残联本级和 13 个二级预算单位的预算组成。财政部批复中国残联 2017 年度财政拨款预算 146133.46 万元，本次审计 135424.57 万元、占 92.67%。审计结果表明，中国残联本级及本次审计的所属单位 2017 年度预算收支基本遵守了预算法及相关法律法规，财务管理和会计核算基本符合会计法及有关财会制度规定。

二、审计发现的主要问题

（一）预算执行中存在的问题。

1. 2011 年至 2017 年，中国残联本级未经批准将中国视障文化资讯服务中心大楼交由所属华夏文化集团、华夏时报社使用且未按约定收取房屋使用费；将大楼机动车停车位出租，2013 年至 2017 年取得收入 34.94 万元未按规定上缴，其中 2017 年 8.8 万元；所属华夏文化集团未经批准出租其中 4 间房屋，取得的租金收入 86 万元未按规定上缴，其中 2017 年 23 万元；所属华夏时报社 2012 年至 2017 年未经批准将其中 7 间房屋无偿出借。

2. 2014 年至 2016 年，中国残联部门决算编报不完整，少计收入 6161.29 万元、支出 5551.25 万元。

3. 2015 年至 2017 年，所属康复中心在已向职工发放采暖补贴的情况下，为职工支付采暖费 273.46 万元，其中 2017 年 91.15 万元。

4. 至 2017 年底，所属康复中心一科室 2010 年至 2015 年取得的劳务费收入 7.67 万元一直未纳入单位法定账簿统一核算。

5. 至 2017 年底，所属康复中心 4 个基建项目未单独建账核算，导致少计资产 1535.85 万元；1 个项目支出 10844.51 万元未纳入预算管理，且在往来科目核算，其中 2017 年 253.48 万元。

6. 2015 年至 2017 年，所属康复中心在往来科目核算部分收支，导致少计收入 1406.02 万元、支出 1555.92 万元，其中 2017 年少计收入 521.29 万元、支出 606.46 万元。

7. 至 2017 年底，所属康复中心将提取的课题管理费等在往来科目核算，结余 168.15 万元未清理；对 1 家公司投资的 50 万元在往来科目核算，未纳入长期投资核算和管理。

8. 2011 年至 2016 年，所属语康中心在往来科目核算收入 269.95 万元，导致少计收入 269.95 万元。

9. 2017 年，所属辅具中心以与实际不符的业务资料在中国残联本级多报销资金 8.88 万元。

10. 2017 年，所属辅具中心在组织由财政资金保障的 1 期培训班的同时，以举办相关培训辅导班等名义收取费用 17.7 万元。

11. 2013 年至 2015 年，所属体管中心使用财政资金 100.57 万元支付与预算内容不一致的活动场所修建费用。

（二）其他方面问题。

1. 至 2017 年底，所属语康中心、辅具中心等 5 家单位部分资产未按规定纳入法定账簿核算、涉及金额 12886.63 万元，所属康复中心、华夏文化集团和体管中心也存在房产、股权、设备等未按规定入账核算的问题。

2. 至 2017 年底，所属全国残疾人用品开发供应总站营销中心库存商品账面余额比实物余额多 23.41 万元；通过与实际业务不符的资料申请获取和列支的资金 176.88 万元长期未清理处置。

3. 2015 年至 2017 年，所属体管中心未经审批调拨器材给国家残疾人体育训练基地使用，涉及金额 5937.09 万元，相关基地未纳入账内核算；行政事业单位资金往来结算票据使用不规范，涉及金额 3231.77 万元。

4. 所属华夏时报社等 3 家单位的 3 名领导干部未经审批在企业兼职或兼职取酬。

三、审计处理情况和建议

对上述问题，审计署已依法出具了审计报告、下达了审计决定书。对未经批准使用、调拨资产，未按规定上缴资产出租收入问题，要求严格按照规定履行报批程序，上缴出租收入，加强资产管理；对收支未纳入部门决算问题，要求加强决算编报管理；对为职工支付采暖费问题，要求责成相关单位收回资金，调整有关会计账目；对收入、资产等未纳入单位法定账簿核算，账实不符问题，要求责成相关单位进行清理，依法进行会计核算，相应调整决算草案；对会计核算中少计收支、资产，基建项目未单独建账核算问题，以及资金在往来科目挂账问题，要求责成相关单位严格按照规定对基建项目单独建账核算，清理往来款项，调整有关会计账目和决算草案；对组织开展培训时收取费用问题，要求责成相关单位退回资金，加强培训管理；对财政资金用途与预算内容不一致，支出未纳入预算管理问题，要求责成相关单位加强资金管理，将全部支出纳入预算管理；对资金往来结算票据使用不规范问题，要求责成相关单位加强票据管理；对领导干部未经审批在企业兼职或兼职取酬问题，要求责成相关单位规范兼职行为。

针对审计发现的问题，审计署建议：中国残联应加强对所属单位的管理，加大对预算资金规模较大单位的监管力度，完善内部控制制度，严格执行责任追究制度，确保公共资金安全完整；加强对领导干部的管理，规范领导干部兼职行为，清理整顿领导干部兼职取酬问题。

四、审计发现问题的整改情况

目前，中国残联已将相关收支纳入 2017 年度部门决算草案；所属康复中心已就为职工支付采暖费，会计核算中少计收支问题，调整了有关会计账目，将未纳入单位法定账簿核算的部分收入、资产登记入账；所属辅具中心已将未纳入固定资产核算管理的资产纳入核算，并调整了有关会计账目；所属语康中心已针对会计核算中少计的收入、未纳入单位法定账簿核算的资产调整了有关会计账目；其他问题正在整改。具体整改结果由中国残联向社会公告。

原全国老龄工作委员会办公室
2017 年度预算执行等情况审计结果

根据《中华人民共和国审计法》的规定，2017 年 12 月至 2018 年 3 月，审计署对原全国老龄工作委员会办公室（以下简称原全国老龄办）2017年度预算执行等情况进行了审计，重点审计了办本级和所属中国老龄科学研究中心、中国老龄协会机关服务中心（以下分别简称老龄科研中心、机关服务中心）等5个单位，对有关事项进行了延伸审计。

一、基本情况

原全国老龄办为中央财政一级预算单位，部门预算由办本级和1个二级预算单位的预算组成。财政部批复原全国老龄办2017年度部门财政拨款预算7072.65万元，本次审计7072.65万元。审计结果表明，原全国老龄办2017年度预算收支基本遵守了预算法及相关法律法规，财务管理和会计核算基本符合会计法及有关财会制度规定。

二、审计发现的主要问题

（一）预算执行中存在的问题。

1.2017年，原全国老龄办1个三类会议超过参会人员限额12人；1个会议在参会人员均为在京人员的情况下，安排住宿等支出3.59万元。

2.2016年至2017年，所属老龄科研中心事业收入1200.1万元未纳入预算，其中2017年465.06万元。

（二）其他方面问题。

1.至2017年底，原全国老龄办未将对外投资的3家公司编入对外投资情况表，造成国有资产年度决算报告不完整。

2.2016年至2017年，原全国老龄办未经批准，将机关大楼部分房屋出租，取得租金收入280万元，其中2017年120万元。

3.2014年至2017年，原全国老龄办未按规定程序报批，以宣传先进典型人物的名义，开展4次评选表彰活动。

4.2013年和2015年，所属老龄科研中心和机关服务中心未经主管部门批准分别注册成立1家公司。

5.2017年，所属机关服务中心实有在编人数9人，超出编制数3人。

6.2017年，所属机关服务中心未按规定对职工部分收入代扣代缴个人所得税，涉及应纳税所得额9.42万元。

7.2017年，所属中国老年杂志社部分会计核算与实际发生的经济业务事项不符，涉及资金40.41万元。

三、审计处理情况和建议

对上述问题，审计署已依法出具了审计报告、下达了审计决定书。对会议管理不规范的问题，要求严格按照会议管理相关规定执行；对预算编报不完整的问题，要求责成相关单位今后按规定编制预算，将各项收入全部纳入预算管理；对未经批准对外出租房产、开展评选表彰活动、注册成立公司问题，要求严格执行资产管理使用规定，按规定程序申报活动，严格执行对外投资相关规定；对人员超编制、未按规定代扣代缴个人所得税问题，要求责成相关单位严格执行相关规定；对部分会计核算与实际发生的经济业务事项不符问题，要求责成相关单位调整有关会计账目。

针对审计发现的问题，审计署建议：卫生健康委应加强相关预算管理，确保预算编报的完整性和真实性；严格执行会议费管理的相关规定，规范评比达标表彰行为。加强资产管理，规范对外投资等活动，确保资产安全。加强财务管理，督促各单位严格遵守相关财经法规，健全内部控制，确保各项经济活动依法合规。

四、审计发现问题的整改情况

目前，所属机关服务中心已补缴个人所得税及滞纳金；其他问题正在整改。具体整改结果由卫生健康委向社会公告。

中华人民共和国审计署
审计结果公告
（2018年第44号）

审计署2017年度
预算执行等情况检查结果

（2018年6月20日公告）

为加强对审计署预算执行等情况的监督，2018年3月至4月，审计署派出由行政政法审计司等司局和特约审计员组成的检查组，对审计署2017年度预算执行等情况进行了检查。重点检查了审计署办公厅管理的署本级和所属计算机技术中心（以下简称计算中心）等4个单位，对有关事项进行了延伸检查。

一、基本情况

审计署为中央财政一级预算单位，部门预算由署本级和28个二级预算单位的预算组成。财政部批复审计署2017年度部门财政拨款预算215768.2万元，本次检查100511.91万元、占46.58%。检查结果表明，审计署本级及本次检查的所属单位2017年度预算收支基本遵守了预算法及相关法律法规，财务管理和会计核算基本符合会计法及有关财会制度规定。

二、检查发现的主要问题

（一）预算执行中存在的问题。

1. 2017年，所属计算中心、审计科研所、国外贷援款项目审计服务中心在法定人员经费安排不足的情况下，在项目支出中列支人员经费或人员经费占用公用经费355.9万元。

2. 2017年，所属审计干部培训中心（审计宣传中心）与计算中心通过往来科目核算培训费、活动专项经费，少计收入125.49万元、支出203.49万元。

（二）其他方面问题。

2017年，审计署价款共271.88万元的笔记本电脑等资产未在本级核算，而是由所属计算中心核算；本级软件升级支出45万元未增记固定资产价值。

三、检查处理情况

对上述问题，检查组已按规定出具了检查报告。对在项目支出中列支人员经费或人员经费占用公用经费问题，要求责成相关单位严格按预算法及相关规定执行，同时商财政部解决人员经费不足问题；对少计收支问题，要求责成相关单位尽快清理往来款项，调整有关会计账目和决算草案；对资产管理不规范问题，要求调整有关会计账目和决算草案。

四、检查发现问题的整改情况

目前，审计署已将上述软件升级支出增记本级固定资产价值；其他问题正在整改。具体整改结果由审计署向社会公告。

中华人民共和国审计署
审计结果公告
（2018年第45号）

2018年第一季度国家重大政策措施落实情况跟踪审计结果

（2018年6月20日公告）

审计署以习近平新时代中国特色社会主义思想为指导，深入学习贯彻党的十九大和十九届二中、三中全会精神，坚持稳中求进工作总基调，坚持新发展理念，紧紧围绕我国社会主要矛盾变化，按照高质量发展的要求，以推进供给侧结构性改革为主线，持续深化国家重大政策措施落实跟踪审计。2018年第一季度，组织对31个省、自治区、直辖市（以下统称省）、新疆生产建设兵团和41个中央部门、10户中央企业进行审计，重点聚焦防范化解重大风险、精准脱贫、污染防治三大攻坚战相关政策措施落实情况，持续关注“三去一降一补”任务落实、“放管服”改革深化、重大项目建设推进等方面情况，并对以往审计发现问题的整改情况进行了跟踪检查。此次抽查了1907个单位、2178个项目，涉及资金3493.46亿元，其中中央财政资金342.35亿元。

一、落实国家重大政策措施的好做法好经验

从2018年第一季度审计情况看，有关地区和部门围绕推进供给侧结构性改革，结合实际积极主动开展工作，一些方式方法和经验值得总结推广。

（一）深化财政管理改革，防范化解债务风险。各地积极推进风险防控机制建设、加强财政资金监管，违规举债问题总体得到有效遏制。如交通运输部出台指导意见加强交通运输行业债务风险防控；山东省清理规范财政专户，强化财政资金安全管理；甘肃省构建全省财政数据平台，加强财政资金监管。

（二）多方主动作为，助力脱贫攻坚。各地区、各部门认真落实党中央、国务院精准扶贫精准脱贫决策部署，脱贫攻坚取得明显成效。如中国医学科学院药用植物研究所发挥中药材专业领域优势，推进中药材产业扶贫；原新闻出版广电总局组织利用电视资源开展“广告精准扶贫”活动；湖南省湘西土家族苗族自治州通过搭建服务平台积极推动电商扶贫；四川省叙永县通过信息化手段助力脱贫攻坚提质增效。

（三）加强污染防治，推进生态文明建设。各地围绕打好污染防治攻坚战，大力推进大气、水、土壤污染治理任务落实和项目建设。如山西省推进燃煤机组超低排放改造工作，促进绿色发展；广西壮族自治区南宁市“控源截污”，对城市黑臭水体进行全流域治理。

（四）深化“放管服”改革，构建高效服务体系。各地区、各部门着力整合资源、转变监管方式，提高审批便利化水平，优化政府服务。如商务部积极推进自由贸易试验区汽车平行进口试点工作；浙江省打造对外贸易公共服务平台“品浙行”，助力生产型外贸企业发展；河南省长葛市、吉林省长春市以便民服务为导向，提高政务服务水平；山东省打破信息孤岛，积极推进全省政务信息系统整合。

（五）着力改革创新，推动高质量发展。各地通过发挥区域优势，优化创新环境，因地制宜发展高新技术和特色产业。如安徽省合肥市打造新型显示产业集群，带动区域经济发展；广东省采取扶持政策，推动新型研发机构发展；湖北省潜江市、贵州省六盘水市水城县打造特色农业产业。

二、以往审计发现问题的整改情况

有关地区和部门细化落实责任，严格督查督办，对跟踪审计查出的问题积极改进相关工作，健全相关长效机制，整改工作取得较好成效。

一是盘活财政存量资金，归还违规举债。宁夏、吉林等 4 个省财政部门收回和统筹盘活财政资金 2.25 亿元，江西省提前归还违规举借的 4 亿元政府性债务。

二是加快扶贫项目建设，纠正有关扶贫政策落实不到位问题。国家能源局、辽宁省和四川省积极推进光伏电站、易地扶贫搬迁配套基础设施等 113 个扶贫项目建设，甘肃省及时向城乡低保户和特困户返还电费 2.3 亿元，湖北、贵州等 4 个省向 1458 名建档立卡贫困家庭学生补发教育资助 198 万元，并对 6 名相关责任人进行问责或立案调查。

三是改进相关审批工作，清退违规占压的保证金。原食品药品监管总局药品审评中心优化理顺药品上市持有人试点工作中已上市药品审批流程，上海市农业委员会清理肥料登记行政审批前置条件，天津市公安局受理居住证业务时不再要求申请人提供照片认证回执并直接通过信息库自动提取；鄂尔多斯南部铁路有限责任公司和安徽、山东等 4 个省积极清退各类保证金 3.13 亿元。

四是加快落实去产能任务。黑龙江省加快淘汰 10 蒸吨/小时及以下燃煤小锅炉 4652 台，吉林省、重庆市停止给予产能严重过剩行业企业电费补贴。

三、2018 年第一季度审计发现的主要问题

从审计情况看，有关地区和部门积极落实稳增长、促改革、调结构、惠民生、防风险各项政策，取得较好成效。但一些部门和地区在规范财政资金管理、防控地方政府性债务风险，落实精准扶贫、污染防治、重大基础设施建设任务，淘汰化解过剩产能，“放管服”改革推进和推动创业创新等方面还存在一些突出问题，有的还具有一定普遍性。主要表现在以下 7 个方面：

（一）防范化解重大风险方面。一是黑龙江省大庆市、重庆市南岸区通过向企业借款等方式违规举借政府性债务 19.7 亿元。二是 6 个省的 10 个市县（区）虚增 2017 年财政收入 17.59 亿元。三是辽宁省本溪市未经该市人大批准安排部门预算支出 15.27 亿元。

（二）推进脱贫攻坚方面。一是甘肃省华亭县、和政县和广西壮族自治区三江县在易地扶贫搬迁项目建设方面存在弄虚作假、增加贫困户负担等问题。二是黑龙江省拜泉县扶贫小额贷款优惠政策落实不到位。三是 4 个省的 4 个市县因项目推进缓慢等，936.48 万元扶贫资金闲置 1 年以上。四是 3 个省的 3 个县有 5 个扶贫项目建成后闲置或未实现预期效果，涉及资金 1043.85 万元。

五是黑龙江省拜泉县、泰来县和四川省叙永县有13个扶贫项目管理不规范，涉及资金5562.91万元。

（三）推进污染防治方面。一是7个省部分地方未完成大气、水污染防治方面目标任务。二是5个省的9个市县有37个污染防治项目未按期开（完）工或建成后闲置，涉及投资4.49亿元。三是云南省威信县、镇雄县和宁夏回族自治区盐池县对自然保护区生态保护不到位。四是海南省和山东省的5个市县生活垃圾处理能力不足。

（四）去产能方面。吉林省珲春市1处开采范围与自然保护区重叠且矿业权后于保护区设立的煤矿未在规定期限内关闭退出，涉及产能30万吨。

（五）深化“放管服”改革、优化营商环境方面。一是12个部门和地区13项“放管服”改革事项落实不到位。二是福建省、重庆市的59家单位在市场经济活动中违规设置地域限制条件。三是湖南省、安徽省的3家单位在国家明令停征、免征后仍违规继续征收行政事业性收费1387.74万元。四是7个部门和地区的35家单位依托行政资源、行政权力及影响力或通过指定服务、违规培训等方式向企业、高校等收费2836.07万元。五是5个部门和地区的6家单位在开展继续教育、职业资格培训、人员考核等活动中违规向相关人员收费491.65万元。六是9个地区的24家单位执行国家保证金政策不到位，应征未征或违规收取、未及时清退各类保证金等16.72亿元。

（六）创新驱动发展等战略实施方面。一是工业和信息化部中小企业局管理的国家中小企业发展基金落实支持区域及领域要求不到位。二是科技部、财政部管理的5亿元科技成果转化引导基金未及时发挥效益。三是4个省的创业投资引导基金未能及时使用。四是河北省发展改革委在该省拟成立的“央企合作发展基金”未经省政府批准成立的情况下申请并获得政府出资，造成5亿元资金闲置。

（七）重大项目建设和财政资金统筹盘活方面。一是部分水利、通信、铁路、公路等重大项目建设缓慢，质量隐患维修完善工作推进不力或建成后闲置。二是8个部门和地区16.46亿元财政资金统筹盘活不到位。

附件：1. 有关部门和地区推进国家重大政策措施落实的具体举措

2. 整改效果较好的事例

3. 2018年第一季度跟踪审计发现的主要问题

附件1：

有关部门和地区推进国家重大政策措施落实的具体举措

一、深化财政管理改革，防范化解债务风险

（一）交通运输部出台指导意见加强交通运输行业债务风险防控。2017年11月，交通运输部办公厅印发了《关于防范和化解交通运输行业债务风险的指导意见》（交办财审〔2017〕163号），指导各地交通运输部门妥善处理交通运输行业存量债务，遏制政府隐性债务增量，进一步规范交通运输领域举债融资行为。

（二）山东省清理规范财政专户，强化财政资金安全管理。2017年以来，山东省深入开展财政专户清理整顿工作，共撤销财政专户1042个，将经审核批准予以保留的2950个专户全部纳入财政专户管理信息系统，实行“一户一档”动态管理。在此基础上完善单位账户管理机制，严格执行新增专户核准备案制度，为规范财政资金运行和盘活财政存量资金打好基础。

（三）甘肃省构建全省财政数据平台，加强财政资金监管。2017年，甘肃省财政厅在统一全省财政一体化业务系统版本、标准和编码的基础上，实时采集全省14个市州、86个县级财政和17800多家预算单位的具体支出明细数据，建成了省市县三级贯通的全省财政数据平台，实现财政资金从指标下达到支付全过程的实时动态监控，提升财政资金信息化监管水平。

二、多方主动作为、助力脱贫攻坚

（一）中国医学科学院药用植物研究所发挥中药材领域专业优势，推进中药材产业扶贫。中国医学科学院药用植物研究所通过与贫困地区合建规范化种植基地、指导农户按操作规程种植中药材、开展新技术研究推广和中药材病虫害防治技术培训等，因地制宜带动贫困户脱贫；同时，依托行业组织，推动医药企业到贫困县

开展“百企帮百县”活动，帮助贫困地区做强绿色经济。

（二）原新闻出版广电总局组织利用电视资源开展“广告精准扶贫”活动。原新闻出版广电总局组织原中央电视台开展“国家品牌计划——广告精准扶贫”活动，对主产区位于国家扶贫开发工作重点县、全国集中连片特殊困难县的优质农副产品在原中央电视台 5 个频道进行推介，每个产品每日免费播放 10 次广告片。2017 年，共播出青海高原菜籽油等 22 种农产品广告，投入屏幕时间近 4000 分钟，直接受益贫困人口达 150 余万人。

（三）湖南省湘西土家族苗族自治州积极推动电商扶贫。湘西土家族苗族自治州通过搭建服务平台，加大业务培训，推广传统电商、媒体电商、移动电商与原产地优质农产品相结合的电商扶贫模式，培育打造“游湘西文化、品湘西特产”等特色扶贫项目。2017 年，该州农业电商销售收入突破 10 亿元，服务辐射建档立卡贫困户 31 万人，1.7 万户贫困户享受电商扶贫红利。

（四）四川省叙永县通过信息化手段助力脱贫攻坚提质增效。叙永县在扶贫工作中开发建设智慧管理系统，将 23 个扶贫专项行动部门数据接入系统，设置“企业招聘”“我要就业”“我要销售”等模块，帮助 1360 余户贫困户多销售 500 多万元农特产品；开发“叙永县就业扶贫综合应用系统”，对照地方需求有针对性地培训贫困劳动力 2400 多人并推荐上岗。

三、加强污染防治，推进生态文明建设

（一）山西省推进燃煤机组超低排放改造工作，促进绿色发展。山西省通过狠抓节能降耗、推进绿色制造、严格脱硫脱硝及控制烟尘排放等举措，于 2017 年底完成了全省 30 万千瓦以上燃煤机组超低排放改造，全省单位地区生产总值能耗下降 3.37%。

（二）广西壮族自治区南宁市“控源截污”，对城市黑臭水体进行全流域治理。南宁市针对黑臭水体治理难点，对 470 个污水直排口进行“控源截污”整治，融合海绵城市及河道综合整治等建设内容，进行全流域治理，保障河道水质达标。截至 2017 年底，南宁市已基本消除建成区内黑臭水体。

四、深化“放管服”改革，构建高效服务体系

（一）商务部积极推进自由贸易实验区汽车平行进口试点工作。根据中央关于在自由贸易试验区开展汽车平行进口试点工作的要求，商务部会同相关部门出台《关于促进汽车平行进口试点的若干意见》（商建发〔2016〕50 号），提出简化进口许可、放宽平行进口汽车 3C 认证申请要求，改革汽车强制性认证制度，推动环保和维修信息公开等措施。在总结 4 个自由贸易试验区试点经验的基础上，2016 年 9 月开始，将开展平行进口的范围扩大至 13 个省市（含计划单列市）。据统计，2017 年，试点企业平行进口汽车已达 13.6 万辆，进口金额 70.07 亿美元，同比增长 113.2%，进口车型超过 180 款，部分车型销售价格下降 15%左右。

（二）浙江省打造对外贸易公共服务平台“品浙行”，助力生产型外贸企业发展。2017 年 1 月，浙江省将全省外贸企业仓储资源整合服务、采购服务、国际营销服务、数据集中挖掘服务和法律援助进行了全流程整合，引导多方共建对外贸易公共服务平台“品浙行”，帮助企业更便捷地开展业务。截至 2018 年 2 月底，平台共连接浙江省 35 家拥有海外仓储企业的仓储物流管理系统；帮助 170 家浙江企业通过联合国供应商资格认证，发布近 3000 条订单信息；为全省 3000 余家生产型外贸企业提供涉及国际贸易摩擦的法律服务；通过集中进出口贸易等数据为主管部门研判外贸形势提供支撑。

（三）河南省长葛市、吉林省长春市以便民服务为导向，提高政务服务水平。自 2017 年 10 月起，长葛市将直接面向社会公众服务的 233 个事项定为网上服务事项，通过智慧政务服务平台联通全市 41 家行政部门和服务机构开展网上服务，使群众办事时间从平均 12 天缩短为 3 天半。2018 年 1 月，为解决审批项目“体外循环”、优化基层政务服务，长春市将市县区各行业主管部门 550 枚实体印章集中到政务公开办公室统一托管，并启用行政审批专用章电子印章，实现了证照或批复统一集中出具，提高了行政审批效率。

（四）山东省积极推进全省政务信息系统整合。为解决政务信息系统建设“各自为政、条块分割、信息孤岛”等问题，山东省关停 260 多个僵尸系统、影子系统，梳理编制 42 万多条目录信息，与国家政务信息资源目录系统对接，并完成省市平台互通和省直部门接入工作，实现全省县级以上（含）政务服务大厅与省市共享交换平台的联通。

五、着力改革创新，推动高质量发展

（一）安徽省合肥市打造新型显示产业集群，带动区域经济发展。作为综合保税区平台和综合性国家科学中心，合肥市充分利用在用地保障、能源供给、金融财税政策等方面的优势，通过产业布局精准谋划、产业人才聚集创业、产业项目引领带动等举措，全力推动新型显示产业集群建设。截至 2017 年底，合肥市谋划显示产业重点项目总投资 1300 多亿元；并设立产业投资基金 9 亿元，带动新型显示产业项目 11 个、社会资本 100 多亿元。

（二）广东省采取扶持政策，推动新型研发机构发展。广东省通过委托开展项目研发、仪器设备购置费用补助、运维费用补助等形式对新型研发机构予以扶持，并在政府项目承担、职称评审、人才引进、用地审批、资金筹集等方面给予其与国有研发机构同等待遇，推动社会资本创建新型研发机构。截至 2017 年底，经广东省政府批准认定的新型研发机构共 219 家，初步形成产学研协同创新格局。

（三）湖北省潜江市、贵州省六盘水市水城县打造特色农业产业。潜江市以小龙虾产业为主线，推广集小龙虾良种繁育、健康养殖、冷链物流、加工出口、餐饮品牌、节庆文化于一体的全产业链协同的发展模式。截至 2017 年底，共发展“虾稻共作”养殖面积 49.5 万亩，年产值 30 亿元。水城县通过建立国有投资公司、村级合作社以及多个实施主体联合参与的发展模式，打造猕猴桃种植产业园和深加工区，2017 年共建成 5 万亩标准化种植产业园区，生产销售猕猴桃 0.8 万吨，农民人均增收 8071 元。

附件 2：

整改效果较好的事例

一、关于部分单位违规向不符合使用条件的单位或个人安排财政资金问题。宁夏回族自治区各级人力资源社会保障部门、吉林省科技厅、广西壮族自治区柳州市城中区政府等单位通过核实人员身份信息、发送催息通知单、上门动员等方式，开展追缴工作。截至 2018 年 3 月底，共收回违规安排的科技创新、创业担保贷款贴息等财政专项资金 2728.32 万元。

二、关于北京市通州区、吉林省白山市江源区和安图县支持学前教育发展等财政资金 1.98 亿元长期未发挥效益问题。通州区财政局、吉林省财政厅及时清理预算单位结转结余财政资金，截至 2018 年 3 月底，已收回了长期闲置资金并安排用于地方“煤改电”工程、长白山保护开发区池北区幼儿园改扩建工程等项目建设。

三、关于江西省九江市违规举借政府性债务 4 亿元并长期闲置问题。2017 年 10 月，江西省九江市土地储备中心将上述长期闲置的贷款资金提前偿还九江银行股份有限公司。

四、关于 8 个省 65 个集中式光伏扶贫电站项目建设进度缓慢或未并网发电，贫困对象未按期获得收益问题。国家能源局积极督促地方加快项目建设，截至 2018 年 3 月底，50 个项目已完工并实现并网发电，其余 15 个未开工项目已全部开工。2018 年 3 月 7 日，国家能源局会同财政、扶贫等相关部门共同印发《关于公布可再生能源电价附加资金补助目录（光伏扶贫项目）的通知》（财建〔2018〕25 号），确定享受电价补助的光伏电站项目范围和补助办法。

五、关于 2 个省 48 个道路、水利、电力等易地扶贫搬迁配套基础设施项目未按期完工问题。辽宁省抚顺市清原满族自治县、四川省宜宾市屏山县政府对上述建设项目采取了倒排工期、工程进度与奖惩考核挂钩等推动措施，加快推进项目建设。截至 2018 年 3 月底，48 个项目主体工程已经完工。

六、关于甘肃省 49 个县低保户和特困户未享受免费用电政策问题。甘肃省民政厅协调甘肃省电力公司等部门，及时对 49 个县未享受免费用电政策的城乡低保户和特困户进行核实返还，同时举一反三对全省其他地方城乡低保户和特困户免费用电政策进行全面核查。截至 2018 年 2 月底，甘肃省已向 375.63 万户次“两保户”返还电费

2.3 亿元。

七、关于 4 个县 1458 名建档立卡贫困家庭学生未享受教育资助问题。湖北省蕲春县、贵州省望谟县、湖南省龙山县、重庆市彭水县教育、民政等相关单位及时将建档立卡贫困人口与学生信息进行数据比对、核实符合补助政策学生人数，向 874 名贫困家庭高中生补发教育资助 87.05 万元，向 584 名接受职业教育的贫困家庭学生补发“雨露计划”职业教育扶贫补助 110.95 万元。望谟县人民政府对 1 名责任人进行问责，县纪检监察部门对 5 名相关责任人立案调查。

八、关于已上市药品转换上市许可持有人审批进展缓慢问题。原食品药品监管总局迅速研究整改，优化理顺审评审批流程，细化完善药品注册申请任务管理规范，明确相关审评审批岗位工作时限，保障审批任务按时限完成。2018 年 1 月至 3 月，原食品药品监管总局药品审评中心共收到已上市品种的药品上市许可持有人申请 23 件，已完成审评审批 10 件，其余 13 件正在按规定审理。

九、关于上海市农业委员会违规设置肥料登记行政审批前置条件问题。上海市农业委员会及时出台文件，明确在新办、续展肥料登记时不再要求申请企业提交产品检测报告，对期满后办理续展的企业，不再要求提供以往已提供且未发生变更的材料。

十、关于天津市办理居住证要求申请人提供天津市证件数码相片检测中心出具的照片认证回执并增加申请人费用问题。天津市公安局于 2018 年 2 月印发《关于对天津市居住证管理办法开展修订完善工作的通知》，不再要求申请人提供照片认证回执，直接通过公安部全国人口信息库自动提取申请人照片。

十一、关于鄂尔多斯南部铁路和安徽、江西、山东、广东 4 省的 8 家单位违规收取或未及时清退各类保证金 3.13 亿元问题。鄂尔多斯南部铁路有限责任公司、安徽省六安市公共资源交易管理局等 8 家单位及时开展清理退还工作，截至 2018 年 3 月底，上述 3.13 亿元保证金已全部退还给施工企业。

十二、关于黑龙江省 2017 年淘汰燃煤小锅炉工作任务推进缓慢问题。黑龙江省政府、环保厅、市县相关部门多次召开会议研究推进全省燃煤小锅炉淘汰改造工作，先后派出 10 个督查组开展检查督导，并通过给予清洁能源改造补贴、拆除淘汰奖励等奖补措施加快淘汰工作进度。截至 2017 年底，全省共淘汰完成建成区 10 蒸吨/小时及以下燃煤小锅炉 4652 台，超额完成当年目标。

十三、关于吉林省能源局、重庆市经济和信息化委员会违规给予产能严重过剩行业企业电费补贴 2.83 亿元问题。吉林省能源局、重庆市经济和信息化委员会等部门开展涉企优惠政策文件清理工作，废止了给予落后产能补贴政策的文件 2 份，停止对产能严重过剩行业企业的用电奖励政策，并修订完善工业和信息化专项资金管理办法等 3 项制度，规范专项资金用途。

附件 3：

2018 年第一季度跟踪审计发现的主要问题

一、防范化解重大风险方面

（一）黑龙江省大庆市、重庆市南岸区通过向企业借款等方式违规举借政府性债务 19.7 亿元。

1. 2017 年 8 月至 12 月，黑龙江省大庆市政府通过大庆市城市建设投资开发有限公司等企业，采取发行企业债券、贷款等方式融资 12.78 亿元。上述资金到位后并未用于企业生产经营，而是由大庆市财政局统筹安排用于偿还政府性债务、工程欠款等支出，并由大庆市财政局负责偿还融资本息。

2. 2017 年 8 月至 2018 年 3 月，因无法直接从金融机构获得融资，重庆市南岸区隧道工程建设办公室等 4 家单位与重庆市南岸区城市建设发展（集团）有限公司等 3 家区属企业签订借款协议，约定以土地出让收入或财政资金偿还的方式违规举借债务 6.92 亿元，用于土地收储、归还银行贷款等支出。

（二）6 个省的 10 个市县（区）虚增 2017 年财政收入 17.59 亿元。

序号	涉及地区	具体问题	涉及资金（万元）
1	江西省玉山县	2017年，江西省玉山县通过将财政资金拨付至单位工作人员个人账户再以耕地占用税、土地增值税缴库方式，虚增财政收入18788.5万元。	18788.5
2	云南省红河州及蒙自市、建水县	2017年，云南省红河州及蒙自市、建水县，通过虚假转让城区道路、将企业经营性收入上缴国库等方式虚增财政收入97850.93万元。	97850.93
3	贵州钟山经济开发区	2017年，贵州钟山经济开发区通过所属国有企业，将财政拨款等资金作为土地增值等税收收入缴库及将收回存量资金作为其他收入缴库的方式，虚增财政收入6570.6万元。	6570.6
4	青海省海东工业园区	2017年，青海省海东工业园区管理委员会通过所属国有企业，将棚户区改造基础设施专项资金等财政资金作为国有资源（资产）有偿使用收入缴入国库，虚增财政收入11269.12万元。	11269.12
5	湖北省咸宁市、潜江市	2017年，湖北省咸宁市、潜江市财政局将教育收费及医院诊疗费收入缴入国库，虚增财政收入33049.02万元。	33049.02
6	重庆市南岸区、奉节县	2017年，重庆市南岸区、奉节县将学校教育收费缴入国库，虚增财政收入8353.81万元。	8353.81
合计			175881.98

（三）辽宁省本溪市未经该市人大批准安排部门预算支出15.27亿元。2016年至2017年，因财政收入下降明显、收支矛盾压力较大等原因，本溪市政府未经该市人大批准，超额安排本级支出15.27亿元，占用大量国库库款，降低了财政支付能力。

二、脱贫攻坚方面

（一）甘肃省华亭县、和政县和广西壮族自治区三江县在易地扶贫搬迁项目建设方面存在弄虚作假、增加贫困户负担等问题。

序号	涉及地区	具体问题	涉及资金（万元）
1	甘肃省华亭县	甘肃省华亭县在2017年易地扶贫搬迁安置区建设中，在西华镇草滩安置点的贫困户住房尚未建设厕所等生活设施的情况下，将专项资金391.34万元用于建设铺设花岗岩的休闲广场、生肖景观墙、喷泉等形象性景观。	391.34
2	甘肃省和政县	2016年至2017年，甘肃省和政县将应由地方政府承担的易地扶贫搬迁征地费用转嫁给搬迁户，增加296户建档立卡搬迁户负担712.32万元。	712.32
3	广西壮族自治区三江县	2017年12月，广西壮族自治区三江县在向广西壮族自治区移民搬迁专责小组上报易地扶贫搬迁项目进度时，将竣工住房套数虚报为3691套，为实际竣工954套的3.87倍。	—
合计			1103.66

（二）黑龙江省拜泉县扶贫小额贷款优惠政策落实不到位。

2016年至2017年，黑龙江省拜泉县78名建档立卡贫困人口贷款未享受扶贫小额贷款优惠政策，涉及贷款 332.9 万元。

（三）4 个省的 4 个市县因项目推进缓慢等，936.48 万元扶贫资金闲置 1 年以上。

序号	涉及地区	具体问题	闲置 1 年以上资金（万元）
1	辽宁省本溪市	截至 2018 年 3 月底，由于项目前期工作耗时较长等，辽宁省本溪矿柱林总场彩屯林场危旧房改造项目进展缓慢，2016 年中央国有贫困林场扶贫资金 18.36 万元闲置 1 年以上。	18.36
2	黑龙江省泰来县	截至 2018 年 3 月底，由于黑龙江省泰来县扶贫办和江桥镇前期调研不充分等原因，泰来县 2 个旱田改水田项目仍未开工建设，2016 年下达的 350 万元扶贫资金闲置 1 年以上。	350
3	山东省夏津县	截至 2018 年 3 月底，由于山东省夏津县教育局尚未完成第二实验小学未成年人教育综合实验基地项目前期工作，2016 年省级公益事业扶贫资金 461.36 万元闲置 1 年以上。	461.36
4	浙江省开化县	截至 2018 年 3 月底，由于前期手续报批缓慢等，浙江省开化县护林房建设项目的 4 个子项目尚未完工，2016 年中央国有贫困林场扶贫资金 106.76 万元闲置 1 年以上。	106.76
合计			936.48

（四）3 个省的 3 个县有 5 个扶贫项目建成后闲置或未实现预期效果，涉及资金 1043.85 万元。

序号	涉及地区	具体问题	涉及项目数量	涉及资金（万元）
1	黑龙江省拜泉县	截至 2018 年 3 月底，由于未考虑建设水井工程等配套设施、农机具配套设备未到位，黑龙江省拜泉县兴农镇守林村 25 栋大棚及永勤乡永勤村 2 台农机具闲置无法使用，涉及财政扶贫资金 148.85 万元。	2	148.85
2	四川省叙永县	截至 2018 年 3 月底，由于水电等配套设施建设不到位等原因，四川省叙永县已建成的鸡舍、牛舍、寄养场等产业扶贫项目闲置未发挥效益，涉及财政扶贫资金 865 万元。	2	865
3	辽宁省桓仁县	截至 2018 年 3 月底，由于基础工程超规模建设导致无资金采购制冷设备，辽宁省桓仁县桓仁镇凤鸣村投入扶贫资金 30 万元建成的 6 间冷库库房无法投入使用。	1	30
合计			5	1043.85

（五）黑龙江省拜泉县、泰来县和四川省叙永县有 13 个扶贫项目管理不规范，涉及资金 5562.91 万元。

序号	涉及地区	具体问题	涉及项目数量	涉及资金（万元）
1	黑龙江省拜泉县、四川省叙永县	黑龙江省拜泉县、四川省叙永县的7个蔬菜深加工、农村公路建设等扶贫项目存在未按规定招标、违规转包等问题，涉及合同金额1154.91万元。	7	1154.91
2	黑龙江省拜泉县、泰来县	黑龙江省拜泉县、泰来县的6个产业扶贫、农村抗旱井等项目存在未按设计施工、偷工减料、多支付工程款312.87万元等问题，涉及项目投资4408万元。	6	4408
合计			13	5562.91

三、污染防治方面

（一）7个省部分地方未完成大气、水污染防治方面目标任务。

序号	文件名称	任务目标	涉及地区	具体问题
1	《国务院关于印发大气污染防治行动计划的通知》（国发〔2013〕37号）	到2017年，地级及以上城市建成区基本淘汰每小时10蒸吨以下的燃煤锅炉，禁止新建每小时20蒸吨以下的燃煤锅炉。	吉林省长春市	2017年，吉林省长春市质量监督部门违规批准新建每小时10蒸吨以下的燃煤锅炉10台。
2		到2017年基本淘汰全国范围的黄标车。	重庆市江津区	2017年至2018年1月，重庆市江津区应于以前年度淘汰的139辆黄标车仍在使用。
3	《国务院关于印发水污染防治行动计划的通知》（国发〔2015〕17号）	加油站地下油罐应于2017年底前全部更新为双层罐或完成防渗池设置。	山东省、湖南省、吉林省长春市、湖北省潜江市	截至2018年3月底，湖南省、山东省、吉林省长春市和湖北省潜江市尚有12913个地下油罐未按规定完成改造。
4		2017年底前，工业集聚区应按规定建成污水集中处理设施，并安装自动在线监控装置。	黑龙江省、陕西省商洛市、吉林省长春市	截至2018年3月底，黑龙江省、陕西省商洛市、吉林省长春市共有14个工业集聚区未按要求配建污水集中处理设施及安装自动在线监控装置；吉林省长春市有3个工业集聚区虽建成污水集中处理设施，但未安装自动在线监控装置。
5		2017年底前，依法关闭或搬迁禁养区内的畜禽养殖场（小区）和养殖专业户。	吉林省、陕西省商洛市所辖商南县等7个区县	截至2017年底，吉林省1610个需关停或搬迁的畜禽养殖场（小区）和养殖专业户未按要求关停或搬迁；陕西省商洛市所辖商南县等7个区县畜禽养殖禁养区内养殖场（小区）和养殖专业户关闭或搬迁工作尚未进行。
6		敏感区域（重点湖泊、重点水库、近岸海域汇水区域）城镇污水处理设施应于2017年底前全面达到一级A排放标准。	湖南省	截至2018年3月底，湖南省洞庭湖区域34座城镇污水处理厂中仅有5座达到一级A排放标准，完成率为14.71%。

（二）5 个省的 9 个市县有 37 个污染防治项目未按期开（完）工或建成后闲置，涉及投资 4.49 亿元。

序号	项目类型	涉及地区	问题类型	项目个数	具体问题
1	土壤污染防治	辽宁省本溪市、江西省萍乡市	未开工	7	截至 2018 年 3 月底，辽宁省本溪市、江西省萍乡市 7 个土壤污染防治项目由于前期工作滞后等原因逾期 1 年以上仍未开工，涉及投资 6456 万元。
2		湖南省长沙市和郴州市	未完工	3	截至 2018 年 3 月底，湖南省长沙市和郴州市 3 个应于 2015 年底前完工的重金属污染治理项目仍未完工，涉及投资 25214.92 万元。
3		广西壮族自治区博白县	闲置	23	截至 2018 年 3 月底，广西壮族自治区博白县 23 个已建成的镇级垃圾转运站由于未确定后续运营单位、后续运营资金安排不足等原因，尚未投入运营，涉及投资 6268.25 万元。
4	水污染防治	辽宁省桓仁县、吉林省图们市	未完工	2	截至 2018 年 3 月底，辽宁省桓仁县、吉林省图们市 2 个应于 2016 年及以前年度完工的污水处理厂改造或污水处理工程管网建设项目，因项目前期调研论证不充分、地方财政无配套资金等原因仍未完工，涉及投资 5354.83 万元。
5		辽宁省本溪县、江西省玉山县	闲置	2	截至 2018 年 3 月底，辽宁省本溪县连山关镇乡镇污水处理设施闲置 4 年以上未投入使用，江西省玉山县下镇镇农村饮水安全工程建成后由于因水源污染等原因闲置 3 年以上未投入使用，涉及投资 1561.02 万元。
合计				37	

（三）云南省威信县、镇雄县和宁夏回族自治区盐池县对自然保护区生态保护不到位。

序号	相关规定	涉及地区	具体问题
1	《中华人民共和国渔业保护法》第三十二条：在鱼、虾、蟹洄游通道建闸、筑坝，对渔业资源有严重影响的，建设单位应当建造过鱼设施或者采取其他补救措施及《长江上游珍稀特有鱼类国家级自然保护区（云南段）生态补偿实施方案》的有关规定。	云南省威信县、镇雄县	由于成贵铁路穿越长江上游珍稀特有鱼类国家级自然保护区，云南省威信县、镇雄县应于 2016 年之前编制特有鱼类保护应急预案、安装孵化设施等。截至 2018 年 3 月底，上述保护工程尚未实施。

（续表）

序号	相关规定	涉及地区	具体问题
2	《中华人民共和国自然保护区条例》第三十二条：……在自然保护区的实验区内，不得建设污染环境、破坏资源或者景观的生产设施。	宁夏回族自治区盐池县	2017年，宁夏回族自治区盐池县违规在哈巴湖国家级自然保护区实验区内新建占地50亩的养殖场。

（四）海南省和山东省有5个市县生活垃圾处理能力不足。海南省万宁市和山东省济南市、章丘区、商河县、平阴县生活垃圾处理能力不足，5个垃圾处理厂（填埋场）超设计负荷运行或超期运行，存在污染隐患。

四、去产能方面

吉林省珲春市瑞丰矿业有限公司依力煤矿未按规定关闭退出。按照规定，开采范围与自然保护区等重叠且矿业权后于自然保护区设立的煤矿，应全部纳入2017年去产能范围。珲春市瑞丰矿业有限公司依力煤矿产能30万吨，处于吉林珲春东北虎国家级自然保护区范围内，且属于保护区成立后设立的煤矿，但吉林省未将该煤矿纳入2017年去产能计划，导致该煤矿截至2018年3月底仍未关闭退出。

五、深化“放管服”改革、优化营商环境方面

（一）12个部门和地区13项“放管服”改革事项落实不到位。

序号	涉及地区或单位	涉及事项	具体问题
1	广东省住房和城乡建设厅、福建省水利厅等61个单位	部分行政审批事项未按要求进行整合	国务院印发文件要求对投资项目报建审批事项中的24项进行整合，截至2018年3月底，广东省住房和城乡建设厅、福建省水利厅等61个单位未按要求对其中“水工程建设规划同意书审查”等13项行政审批事项进行整合。
2	福建省福州市经济和信息化委员会	无依据设置行政审批前置条件	国务院办公厅发文要求，对法律法规没有明确规定为行政审批前置条件的，一律不再作为前置审批。2017年，福州市经济和信息化委员会仍将安全预评价等4个法律法规未明确须在核准前完成的事项作为“工业和信息化领域企业投资项目核准”前置条件。
3	四川省泸州市质量技术监督局、安全生产监督管理局	未按规定取消行政审批前置条件	2017年，泸州市质量技术监督局等2家单位在实施“电梯特种设备使用许可”等2项审批时，仍要求申请人提供已取消的“提供电梯合格证”等2项前置审批资料。
4	广西壮族自治区道路运输管理局	未按规定取消行政审批事项	根据交通运输部的相关规定，道路旅客运输经营许可事项中道路客运起讫站点不再作为许可事项，改由道路客运企业与客运站协商一致后办理备案。2017年3月至2018年3月，广西壮族自治区道路运输管理局共违规开展已取消的“道路客运起讫站点”审批事项127件。

（续表）

序号	涉及地区或单位	涉及事项	具体问题
5	江西省、宁夏回族自治区、上海市、广东省深圳市、黑龙江省大庆市	投资项目在线审批监管平台尚未实现互联互通、数据共享或全面应用	依据相关要求，2017 年 2 月起，各类投资项目相关审批事项必须通过全国投资项目在线审批监管平台办理。抽查发现，截至 2018 年 3 月底，江西省、宁夏回族自治区、深圳市、黑龙江省大庆市等 4 个地方未实现平台互联互通和数据共享，上海市尚有 11 个部门共 68 项审批事项未接入平台，监管平台未能全面应用。
6	中华全国供销合作总社职业技能鉴定指导中心	违规批准设立行业职业技能考核鉴定机构	依据相关规定，行业职业技能考核鉴定机构设立由人力资源社会保障部审批。截至 2018 年 3 月底，中华全国供销合作总社职业技能鉴定指导中心自行批准设立了 85 家“鉴定分中心”“鉴定工作站”等鉴定机构。
7	辽宁省人民政府	仍对省属国有企业投资项目进行审核批复	2015 年，国务院要求将国有资产监管机构行使的重大事项决策等出资人权利，授权国有资本投资公司行使。截至 2018 年 3 月底，辽宁省政府仍对省属国有企业年度投资计划和投资项目进行审核批复。其中 2016 年至 2017 年共审批省属国有企业投资项目 29 个。
8	上海市住房和城乡建设管理委员会	审批过程中委托开展的技术性服务费用违规由申请单位承担	按照国务院规定，防雷装置检测由审批部门委托有关机构开展。2017 年至 2018 年 1 月，上海市住房和城乡建设管理委员会仍由企业提供上述检测报告并承担检测服务费 148.4 万元。
9	黑龙江省住房和城乡建设厅		2017 年至 2018 年 3 月，黑龙江省住房和城乡建设厅未修改相关规定，导致该省各级住建部门由企业承担施工图审查费用 2200.39 万元。
10	福建省国土资源评估中心		2017 年，福建省国土资源厅下属福建省国土资源评估中心在开展矿产资源储量评审工作中，出具储量评审意见书，向申请人收取评审费 433.19 万元。
11	重庆市规划局	未改制或脱钩的事业单位仍开展与本部门行政审批相关的中介服务	2017 年至 2018 年 3 月，重庆市规划局下属 3 个事业单位在未改制或脱钩的情况下，开展与本部门行政审批相关的“规划核实测量”等 3 项中介服务，并取得收入 7306.37 万元。
12	山东省青岛市人民政府	港口管理体制改革措施落实不到位	2004 年以来，国家要求将沿海港口引航机构从港口企业中分离，港口拖轮、理货服务要引入竞争机制。2007 年，山东省青岛市将青岛港引航站从青岛港集团有限公司（以下简称青岛港集团）剥离划为事业单位，2016 年将青岛港引航站交由青岛港集团控股的青岛港引航站有限公司管理。截至 2018 年 3 月底，青岛港引航站资产和实际业务运行均由青岛港集团控制，青岛港理货、拖轮等业务均由青岛港集团下属公司承担，缺乏竞争，改革措施落实不到位。
13	江西省国土资源交易中心、江西省产权交易所	多收取公共资源交易平台服务费等	按照江西省的有关规定，各级公共资源交易平台的各行业交易服务费按 50%收取。2017 年至 2018 年 3 月，江西省国土资源交易中心、江西省产权交易所仍按江西省矿业权交易服务费、产权交易服务费的最高价征收，多收取相关服务费 773.07 万元。

（二）福建省和重庆市的59家单位在市场经济活动中违规设置地域限制条件。

序号	涉及单位	涉及事项	具体问题
1	福建省福州市财政投资评审中心	选择评审单位时，采取地域限制政策	2017年，福建省福州市财政投资评审中心在筛选协助其开展财政投资项目预算、结算等评审单位时，要求造价评审类助审机构的注册地在福州市。
2	重庆市南岸区城乡建设管理委员会等58家单位	发布招标公告时，要求提供已取消办理的入渝备案登记证	2017年2月至2017年底，重庆市南岸区城乡建设管理委员会等58家单位在105份施工监理、勘察设计招标公告中，违规要求投标企业提供已取消办理的入渝备案登记证并将其作为投标条件。

（三）湖南省和安徽省的3家单位在国家明令停征、免征后仍违规继续征收行政事业性收费1387.74万元。

序号	涉及单位	涉及事项	具体问题	相关规定	涉及资金（万元）
1	湖南省长沙县国土资源局、县疾病预防控制中心	房屋转让手续费、预防性体检费	2017年4月至12月，湖南省长沙县国土资源局、县疾病预防控制中心违规征收房屋转让手续费、预防性体检费等共计191.93万元。	财政部、发展改革委《关于清理规范一批行政事业性收费有关政策的通知》（财税〔2017〕20号）：自2017年4月1日起，取消或停征41项中央设立的行政事业性收费……住房城乡建设部门房屋转让手续费，卫生计生部门预防性体检费，水利部门河道采砂管理费。	191.93
2	安徽省霍山县砂石管理局	河道采砂管理费	2017年4月至2018年3月，安徽省霍山县砂石管理局以综合服务费名义继续收取河道采砂管理费1195.81万元。		1195.81
合计					1387.74

（四）7个部门和地区的35家单位依托行政资源、行政权力及影响力或通过指定服务、违规培训等向企业、高校等收费2836.07万元。

序号	涉及单位	收费事项	具体问题	相关规定	涉及资金（万元）
1	湖北省潜江市人民政府支援油田建设办公室	工作协调费	2017年，湖北省潜江市人民政府支援油田建设办公室违规向中国石油化工股份有限公司江汉油田分公司收取工作协调费31万元。	《国务院办公厅关于进一步加强涉企收费管理减轻企业负担的通知》（国办发〔2014〕30号）：坚决查处各种侵害企业合法权益的违规行为……坚决制止各类针对企业的乱收费、乱罚款和摊派等行为。	31

（续表）

序号	涉及单位	收费事项	具体问题	相关规定	涉及资金（万元）
2	全国工程专业学位研究生教育指导委员会等15个教育指导委员会	以收取会费名义违规收费	全国专业学位研究生教育指导委员会作为协助行政主管部门对高校相关专业进行指导并核查评估等的专业组织，依托履职影响力，通过学位与研究生教育学会身份向开设相关专业的高校等单位以会费名义收费，2017年共收取1610.5万元。	《中共中央办公厅　国务院办公厅关于转发财政部〈关于治理乱收费的规定〉的通知》：以下几种乱收费行为必须立即停止，坚决纠正……利用职权和行业垄断地位，以保证金、抵押金、储蓄金、集资、赞助等形式变相收费。	1610.5
3	陕西省建筑业协会	评审费	2017年，陕西省建筑业协会组织陕西省建设工程长安杯奖等2项评审活动，向参评企业收取评审费47.55万元。	《中共中央办公厅　国务院办公厅关于印发〈评比达标表彰活动管理办法（试行）〉的通知》：党中央、国务院负责审批中央和国家机关、人民团体、有关社团的评比达标表彰项目。 全国评比达标表彰工作协调小组《社会组织评比达标表彰活动管理暂行规定》（国评组发〔2012〕2号）：表彰评比坚持非营利性原则……不得向评选对象收取任何费用……以前未经批准保留的社会组织评比达标表彰项目应当一律停止，确需开展的应当按照本规定提出申请。未提出申请或者申请未予批准的，一律不得继续开展评比达标表彰活动。	47.55
4	国家工业信息安全发展研究中心、中国社区卫生协会		2017年，国家工业信息安全发展研究中心、中国社区卫生协会未经审批，组织开展“中国国际软件博览会金奖”“全国百强社区卫生服务中心”2项评比达标表彰活动。		—
5	国资委主管的中国食品工业协会等16家协会	证书费、评审费等	2016年至2017年，中国生物发酵产业协会等10家协会违规开展16项评比达标表彰活动并收取费用319.56万元、中国煤炭工业协会等6家协会开展7项评比、评价或评奖活动并违规收费419.12万元。		738.68
6	青岛港国际股份有限公司通安分公司	搬捣费用、物业管理费、设备监护费	2017年至2018年3月，青岛港国际股份有限公司通安分公司依托负责青岛港港区门卫管理和码头限制区域监管等便利，自立名目、自设标准，向进港的物料供应公司、港区内经营场站等收取搬捣费用、物业管理费、设备监护费等408.34万元。	交通运输部、发展改革委《港口收费计费办法》（交水发〔2017〕104号）：港口收费包括实行政府定价、政府指导价和市场调节价的经营服务性收费，其中实行政府定价的港口收费包括货物港务费、港口设施保安费；实行政府指导价的港口收费包括引航（移泊）费、拖轮费……实行市场调节价的港口收费包括港口作业包干费、堆存保管费……港口经营人和引航机构不得超出以上范围另行设立港口收费项目等。	408.34
合计					2836.07

（五）5个部门和地区的6家单位在开展继续教育、职业资格培训、人员考核等活动中违规向相关人员收费491.65万元。

序号	涉及单位	收费事项	具体问题	相关规定	涉及资金（万元）
1	江西省卫生计生委	继续教育电子信息化管理系统服务费	2017年至2018年3月，江西省卫生计生委以提供卫生系统继续教育电子信息化管理系统登录权限和网络服务等名义，向江西省医疗卫生单位医护人员收取服务费211.14万元。	财政部、发展改革委、工业和信息化部《关于规范电子政务平台收费管理的通知》（财综函〔2011〕14号）：各级行政机关、代行政府职能的事业单位、社会团体及其他组织通过电子政务平台提供政府公开信息和办理有关业务……不得以技术维护费、服务费、电子介质成本费等名义向企事业单位和个人收取任何经营服务性费用。	211.14
2	浙江省住房和城乡建设厅干部学校	培训费	2017年，浙江省住房和城乡建设厅干部学校组织实施建筑施工企业主要负责人（A证）安全生产知识考试时，强制要求考生先参加其组织的考前培训并缴纳培训费，2017年至2018年3月，累计收取90.29万元。	《中华人民共和国行政许可法》：不得组织强制性的资格考试的考前培训。	90.29
3	宁夏建筑职业资格注册管理中心	“三类人员”安全生产考核费	2017年，宁夏回族自治区住房和城乡建设厅下属宁夏建筑职业资格注册管理中心将其承办的“三类人员”安全生产考核委托考核机构开展，并通过该机构收取考核费68.69万元。	《住房城乡建设部关于印发建筑施工企业主要负责人、项目负责人和专职安全生产管理人员安全生产管理规定实施意见的通知》（建质〔2015〕206号）：“三类人员”安全生产考核不得收取费用。	68.69
4	中国饭店协会、中国汽车流通协会	培训费、注册费、年审费、会务费等	2017年，中国饭店协会、中国汽车流通协会2家协会通过违规开展或变相继续开展国家已取消或未设立的职业资格认证活动并收取费用36.83万元。	《人力资源社会保障部关于减少职业资格许可和认定有关问题的通知》（人社部发〔2014〕53号）：行业管理确有需要且涉及人数较多的职业，可报国务院人力资源社会保障部门批准后设置为水平评价类职业资格……取消国务院部门和全国行业协会、学会自行设置的水平评价类职业资格，确有必要保留的，经国务院人力资源社会保障部门批准后纳入国家统一规划管理。	36.83
5	中国教育学会	培训费、认证费	2017年，中国教育学会在国家规定职业资格目录外举办“教育咨询师资格”“蒙台梭利学前教育教师资质认证”2项职业资格培训、认证活动并收取费用84.7万元。		84.7

（续表）

序号	涉及单位	收费事项	具体问题	相关规定	涉及资金（万元）
5	中国教育学会	培训费、认证费	2017年，中国教育学会在国家规定职业资格目录外举办“教育咨询师资格”“蒙台梭利学前教育教师资质认证”2项职业资格培训、认证活动并收取费用84.7万元。	《人力资源社会保障部关于公布国家职业资格目录的通知》（人社部发〔2017〕68号）：国家按照规定的条件和程序将职业资格纳入国家职业资格目录，实行清单式管理，目录之外一律不得许可和认定职业资格……行业协会、学会等社会组织和企事业单位依据市场需要自行开展能力水平评价活动，不得变相开展资格资质许可和认定。	84.7
合计					491.65

（六）9个地区的24家单位执行国家保证金政策不到位，应征未征或违规收取、未及时清退各类保证金等16.72亿元。

序号	涉及单位	涉及事项	具体问题	涉及资金（万元）
1	吉林省辽源市住房和城乡建设局	农民工工资保证金	自2016年起，吉林省辽源市住房和城乡建设局以该市工程办理施工许可证滞后不能及时缴纳农民工工资保证金等为由，停止收取农民工工资保证金。截至2018年2月底，辽源市农民工工资保证金账户余额为零，未能及时对2017年辽源市发生的8起农民工欠薪案件相关农民工权益予以保障。	—
2	黑龙江省哈尔滨市政府采购中心	投标保证金、履约保证金	截至2018年3月底，黑龙江省哈尔滨市政府采购中心未及时向供应商退还收取的已到期限的投标保证金、履约保证金等合计150.43万元。	150.43
3	吉林省吉林市劳动监察支队	农民工工资保证金利息	2017年，吉林省吉林市劳动监察支队未按规定向24家企业退还农民工工资保证金利息收入，共涉及利息19.16万元。	19.16
4	广西隆百高速公路有限公司、广西金港高速公路有限公司	工程质量保证金、履约保证金、农民工工资保证金	截至2018年2月底，广西隆百高速公路有限公司等2家公司未按要求退还已到期的质量保证金、履约保证金、农民工工资保证金等各类保证金18770.46万元。	18770.46

（续表）

序号	涉及单位	涉及事项	具体问题	涉及资金（万元）
5	湖南省长沙经济技术开发区集团有限公司	工程质量保证金、投标保证金、小区建房保证金、图纸押金等	截至2018年2月底，湖南省长沙经济技术开发区集团有限公司未按要求退还已到期的工程质量保证金、投标保证金和已取消的小区建房保证金等各种保证金、押金等428.74万元。	428.74
6	湖北省潜江市人民政府杨市办事处	工程进度保证金	截至2018年3月底，湖北省潜江市人民政府杨市办事处未及时清退工程进度保证金132.53万元。	132.53
7	江西省萍乡市公共资源交易中心、江西省医药采购服务中心、萍乡市公路运输管理处	投标保证金、履约保证金	截至2018年3月底，江西省萍乡市公共资源交易中心等3家单位未及时退还已到期的投标保证金、履约保证金等5434.31万元。	5434.31
8	湖北省咸宁市、仙桃市公共资源交易中心	投标保证金	截至2018年3月底，湖北省咸宁市、仙桃市公共资源交易中心未及时退还已到期的投标保证金225.86万元。	225.86
9	云南省国土资源厅	矿业权价款保证金	截至2018年3月底，云南省国土资源厅未及时清退矿业权价款保证金135625.38万元。	135625.38
10	四川高速公路建设开发总公司等6家单位	防空地下室易地建设保证金、货物质量保证金、履约保证金	截至2018年3月底，四川高速公路建设开发总公司等6家单位未及时清退违规收取的防空地下室易地建设保证金、货物质量保证金等1995万元，以及超比例收取的履约保证金等29.12万元。	2024.12
11	四川省水电投资经营集团有限公司	质量保证金	四川省水电投资经营集团有限公司在已收取履约保证金的情况下又预留质量保证金，截至2018年3月底仍有质量保证金25.94万元未清退。	25.94
12	吉林省梅河口市物业管理中心	物业服务保证金、物业维修保证金等	截至2018年3月底，吉林省梅河口市物业管理中心自行设立收取的物业服务保证金、物业维修保证金等尚有3212.71万元未清退。	3212.71
13	吉林省吉林市渣土管理中心	渣土保证金	截至2018年2月底，吉林省吉林市渣土管理中心未按规定清退以前年度收取的渣土保证金10万元。	10
14	河南省淮阳县国土资源局、沈丘县国土资源局	土地复垦费保证金	截至2018年3月底，河南省淮阳县、沈丘县国土资源局未按要求清退违规收取的土地复垦费保证金1161.84万元。	1161.84
合计				167221.48

六、创新驱动发展方面

（一）中小企业发展基金落实支持区域及领域要求不到位。

截至 2018 年 3 月底，工业和信息化部中小企业局管理的国家中小企业发展基金成立的 4 只子基金共投资项目 153 个，其中投向北京、广东等发达地区的项目 126 个，投资领域主要为制造业、信息业等竞争较充分的行业，与基金合伙协议中约定的“鼓励在中西部地域开展投资”以及“鼓励围绕具有一定竞争性但存在市场失灵的重点领域或薄弱环节开展投资”要求契合不够。

（二）科技成果转化引导基金 5 亿元未及时发挥效益。

按照财政部、科技部 2011 年出台的文件，开展贷款风险补偿是利用国家科技成果转化引导基金、支持科技成果转化利用的方式之一。2015 年，两部委又进一步要求通过招标方式确定合作银行。截至 2018 年 3 月底，由于贷款风险补偿合作银行尚未确定、科技成果转化项目库尚未完善等，科技部 2017 年度部门预算中安排用于贷款风险补偿的 5 亿元科技成果转化引导基金闲置未发挥效益。

（三）4 个省的创业投资引导基金未能及时使用。

截至 2018 年 3 月，云南、陕西、江西、宁夏 4 省设立的 5 只创业投资引导基金共到位资金 74.31 亿元，已使用资金 14.49 亿元，还有 58.82 亿元未使用。

（四）河北省发展改革委在拟成立的基金未经省政府批准成立的情况下申请并获得政府出资，造成 5 亿元资金闲置。

为推进河北省与中央企业合作，充分发挥财政资金引导放大作用，河北省拟成立“央企合作发展基金”，主管部门为河北省发展改革委。2016 年 9 月和 2017 年 3 月，在省政府尚未批准成立该基金的情况下，经省发展改革委申请，省财政厅分别将 2.4 亿元、2.6 亿元资金拨至冀财产业引导股权投资基金有限公司。截至 2018 年 3 月，河北省政府尚未批准成立该基金，该基金无法正式运营，5 亿元资金闲置至今。

七、重大建设项目建设和财政资金统筹盘活方面

（一）部分水利、通信、铁路、公路等重大项目建设缓慢、质量隐患维修完善工作推进不力或建成后闲置。

序号	问题类别	具体问题
1	项目推进缓慢	截至 2018 年 2 月底，全国 2017 年高效节水灌溉面积 2165.12 万亩（涉及项目 4628 个）中，有 16.6%的灌溉面积未按规定同步建设节水计量设施，其中黑龙江、吉林、辽宁、湖南、天津 5 省未安装节水计量设施的面积占比超过 50%。
2	逾期一年以上应完工未完工	中国联通集团总部、云数据有限公司和贵州、宁夏 2 个省分公司的智能语音导航系统基础设施配套建设工程等 11 个项目按计划应于 2016 年底前建成，因设计方案多次修改等，截至 2018 年 3 月底，上述项目未按计划完工，涉及投资 2.19 亿元。
3	建成后闲置	江苏省丰县至沛县铁路工程于 2015 年完工并通过初步验收，耗资 9.76 亿元，因沿线的 2 个铁路道口不符合铁路运输安全规定，至今未投入运营。
4	质量隐患维修完善工作推进不力	截至 2018 年 3 月底，由于甘肃省人民政府对天水至定西高速公路质量隐患维修完善工作推动不力，部分路基、路面、桥涵、隧道等质量问题和病害未得到解决，该公路于 2010 年 12 月建成通车后已带病运营 7 年无法竣工验收，存在安全隐患。

（二）8 个部门和地区 16.46 亿元财政资金统筹盘活不到位。

序号	涉及地区	具体问题	涉及资金（万元）
1	上海市松江区	截至2018年3月底，上海市松江区国有资产管理委员会有2015年收到的3亿元产业发展专项资金结转2年以上未及时统筹使用；上海市松江区土地储备中心有12.79亿元以前年度统筹盘活的存量资金闲置1年以上未用，形成“二次沉淀”。	157900
2	江西省萍乡市	截至2018年3月底，江西省萍乡市财政局、萍乡市煤炭管理局共有2850.79万元2013年及以前年度收到的可再生能源建筑应用示范专项资金、棚户区改造及配套基础设施建设资金结转超过2年以上。	2850.79
3	吉林省环境监测中心站	截至2018年3月底，吉林省环境监测中心站有国家环境监测网点位优化调整等11个已经完成的项目，形成财政结余资金784.55万元闲置2年以上。	784.55
4	黑龙江省绥化市	2015年10月，黑龙江省绥化市财政局收到省级就业补助资金549万元。截至2018年3月底，上述资金中有510万元在绥化市劳动就业局结转2年以上。	510
5	安徽省铜陵市	2014年10月，安徽省铜陵市财政局收到安徽福来缘建材有限公司加气砌块砖项目中央投资补助800万元。截至2018年3月底，上述资金中有400万元在铜陵市财政局结转2年以上。	400
6	辽宁省林业基金管理总站	2008年至2009年，辽宁省林业基金管理总站收到林业贷款贴息工作经费106.81万元。截至2018年3月底，上述资金结转8年以上。	106.81
7	中国出生缺陷干预救助基金会	截至2018年3月底，中国出生缺陷干预救助基金会共有1742.93万元2015年度收到的出生缺陷干预救助项目中央彩票公益金，结转超过2年未统筹使用。	1742.93
8	原新闻出版广电总局下属中国广播影视出版社等3家单位	2013年10月至2015年9月，原新闻出版广电总局下属中国广播影视出版社、中华版权代理中心、电影剧本规划策划中心3家单位共收到“中国广播影视学术资源服务平台”等项目补助资金3500万元。截至2018年3月底，有292.83万元在上述单位结转超过2年。	292.83
合计			164587.91

中华人民共和国审计署审计结果公告（2018年第46号）

145个贫困县扶贫审计结果

（2018年6月20日公告）

审计署以习近平新时代中国特色社会主义思想为指导，全面贯彻党的十九大和十九届二中、三中全会精神，认真落实习近平总书记对脱贫攻坚工作的重要指示和“十三五”脱贫攻坚规划要求，把扶贫审计作为重中之重持续推进。2018年1月至3月，审计署组织各级审计机关重点对20个省（自治区、直辖市）的145个国家扶贫开发工作重点县（含集中连片特殊困难地区县，以下简称贫困县）2017年扶贫政策措施落实和扶贫资金管理使用情况，以及部分东部省份落实东西部扶贫协作相关政策情况进行了审计。审计中抽查扶贫资金625.85亿元，涉及1159个乡镇、4013个行政村和2603个单位，并入户走访了1.52万个贫困家庭。现将审计情况公告如下：

总体上看，地方各级党委和政府认真贯彻落

实党中央、国务院精准扶贫精准脱贫决策部署，脱贫攻坚责任层层压实，政策措施进一步落实，深度贫困地区攻坚力度加大，东西部扶贫协作和定点帮扶资金投入分别是 2016 年的 2 倍和 1.57 倍，脱贫攻坚取得明显成效。据国务院扶贫办提供的数据，145 个贫困县中已有 7 个县和 2580 个村脱贫摘帽，贫困人口减少 173.19 万人，贫困发生率平均下降 3.89 个百分点，贫困地区生产生活条件明显改善，贫困群众获得感明显增强。此次审计共查出违纪违法、损失浪费、管理不规范等问题金额 39.75 亿元，占抽审资金的 6.35%，较 2016 年下降 1.6 个百分点。

一、部分地方脱贫攻坚规划和计划难落实，涉农资金统筹整合不够到位

一是 11 个市县未充分考虑当地实际，脱贫攻坚规划或计划投资规模过大、反复调整等，导致有关建设任务难以落实。二是 18 个县财政涉农资金统筹整合政策落实不到位，涉及资金 19.12 亿元。其中，12.1 亿元实际仍由原主管部门按原途径安排使用，7.02 亿元未按规定纳入整合范围。此外，由于项目进展缓慢等原因，39 个县的 6.7 亿元扶贫资金闲置 1 年以上，其中 2.23 亿元闲置 2 年以上。

二、部分地方落实教育、健康、产业、金融等精准扶贫政策措施不够到位

一是 43 个市县由于教育、卫生、扶贫等部门工作不够衔接、数据共享不充分等原因，导致 30.4 万贫困人口（户）未享受教育、健康扶贫政策。其中，27 个市县的 1.66 万人（次）贫困家庭学生未能按规定享受国家助学金等补贴 1557.38 万元；27 个县的 28.74 万贫困人口（户）未能享受新型农村合作医疗个人缴费补贴等健康扶贫政策，涉及资金 6916.01 万元。此外，由于未开展村医培训、卫生室器械配备不足等原因，6 个县 312 个卫生室建成后未发挥效用。

二是 1 个省和 10 个县由于项目配套设施不全、后续扶持及资金未落实等原因，有 1.3 万多贫困人口（户）存在“搬不出，留不住，难致富”的困难，有 605 贫困人口（户）未能享受危房改造补贴 1386.74 万元。

三是 36 个县在产业扶贫等项目中“垒大户”、简单发钱发物等，未能有效激发贫困户内生动力，涉及资金 12.29 亿元。其中，9 个县将 3.16 亿元产业扶贫等“造血”资金直接发放给贫困户；18 个县将 8.92 亿元扶贫资金直接投向企业、合作社或大户，但未与贫困户建立利益联结机制；12 个县 65 家合作社、企业未按协议向贫困户分红等，涉及资金 2094.63 万元。

四是 29 个县在金融扶贫政策制定和落实方面存在制度不完善、投放不精准、贷款闲置等问题。其中，4 个县未按规定完善风险防控、考核等金融扶贫配套制度；12 个县由于扶贫贷款带动目标制定不合理、工作推进缓慢，脱贫带动效果不显著；2 个县擅自降低扶贫保险保障标准、超基准利率发放扶贫贷款，损害贫困户利益；10 个县 7236 名贫困人口（户）未能享受扶贫贷款贴息补助等 743.7 万元；7 个县用于扶贫的 10.03 亿元贷款、政府债券、财政贴息等资金闲置。

五是 14 个市县落实贫困户相关利益不到位。其中，10 个市县的 1.3 万名符合条件的贫困人口未能享受养老保险待遇、社会救助补贴等，涉及资金 109.18 万元；4 个县 1682 名贫困人口（户）未能享受就业扶贫等地方优惠政策，涉及补贴资金 103.1 万元。

六是 3 个东部省市落实东西部扶贫协作和帮扶政策不到位。截至 2018 年 2 月底，3 个东部省市未向 30 个结对帮扶县安排扶贫协作干部，未及时确定结对帮扶关系，有的结对后未编制扶贫协作规划，也未安排帮扶项目和资金。

审计还发现，43 个市县建档立卡基础工作不扎实，有 1.38 万名贫困人口存在信息不完整、贫困识别不精准等问题。

三、部分地方扶贫资金管理存在薄弱环节

一是 43 个县审核把关不严，107 个单位和 158 人通过编造虚假资料、重复申报等方式虚报冒领、套取骗取 6467.32 万元扶贫资金。二是 6 个县 10 名基层干部在扶贫开发中涉嫌贪污侵占、优亲厚友等，涉及资金 94.76 万元。三是 32 个市县违规将 5.47 亿元扶贫资金用于市政建设、弥补经费支出、景观建设等非扶贫领域。四是 4 个县在扶贫工作中存在违规收费、“搭车销售”等问题，涉及资金 123.67 万元。五是 40 个市县违规将 12.31 亿元扶贫贷款转贷给企业或用于建房、装修等。六是 6 个县 9 个单位的少数干部在扶贫工作中接受接待等，涉及资金 113.92 万元；1 个县 1 个单位以清理存量资金的名义将 1350 万元扶贫资金用于发放绩效工资。此外，60 个市县超标准、超范围或重复发放扶贫补贴资金 5796.43 万元，3 个县 865.4 万元资金滞拨，影响资金使用效益。

四、部分扶贫项目绩效不佳、管理不规范。

一是 20 个市县的 47 个扶贫项目由于配套设施不完善、技术支持不到位等原因建成后闲置或无法使用，涉及资金 6258.09 万元。二是 10 个县的 126 个项目由于前期工作不到位、项目选择不合理等原因建成后效益不佳，涉及扶贫资金 1.17 亿元。三是 8 个县的 10 个项目由于重复实施、停工废弃、高价采购等形成损失浪费 1500.88 万元。四是 38 个县 407 个项目未按规定招投标或出现工程质量问题。此外，由于项目推进不力，工程质量监管不到位等原因，42 个县的 1012 个项目进展缓慢。

五、部分地方存在脱贫工作不实等问题

一是 13 个市县对脱贫标准把握不准，或为完成脱贫任务，审核验收走形式，1.97 万名贫困人口在住房、医疗、安全饮水无保障的情况下被确定为脱贫，20 个村摘帽时饮水安全等未达标。二是 2 个县脱贫数字造假，虚增贫困村收入虚假脱贫，或随意调整脱贫人数，涉及 20 个村、2343 名贫困人口。三是 8 个县为完成上级对扶贫相关工作考核，存在虚报完工进度等问题。

对以上审计查出的问题，审计署和各相关地方审计机关已依法出具审计报告，提出处理意见，并要求有关地方政府在整改期限截止后依法向社会公告整改结果。审计中发现的一些基层部门在扶贫工作中失职渎职造成财政资金损失流失，个别基层干部利用管理扶贫资金项目的便利牟取私利、侵害群众利益等违纪违法问题线索 84 件，已经或正在依法移送有关部门进一步调查处理。审计提出问题后，有关部门和地方高度重视，目前已追回或盘活扶贫资金 5.32 亿元，促进扶贫政策落实和完善规章制度 7 项，28 人受到党纪政纪处分。审计署将继续跟踪后续整改情况，进一步督促审计发现问题整改到位。

附件：1. 审计抽查的 145 个贫困县名单

2. 审计发现违规使用、损失浪费和管理不规范问题汇总表

附件 1：

审计抽查的 145 个贫困县名单

省份	贫困县名称	省份	贫困县名称
河北省	临城县	山西省	和顺县
	阳原县		宁武县
	顺平县		神池县
	盐山县		永和县
	承德县		中阳县
	宣化区		石楼县
	武强县	内蒙古自治区	宁城县
	崇礼区		察哈尔右翼后旗
	赤城县		喀喇沁旗
	蔚县		库伦旗
	滦平县		锡林郭勒盟苏尼特右旗
	新河县		武川县
	康保县		

（续表）

省份	贫困县名称
吉林省	安图县
	和龙市
黑龙江省	拜泉县
	泰来县
	克东县
	林甸县
	龙江县
	明水县
	桦川县
安徽省	利辛县
	舒城县
	金寨县
	寿县
	宿松县
江西省	南康区
	吉安县
	井冈山市
	赣县区
	横峰县
	会昌县
	修水县
河南省	卢氏县
	洛宁县
	镇平县
	范县
	柘城县
	商城县
	淮阳县
	上蔡县
湖北省	鹤峰县
	五峰土家族自治县
	麻城市
	保康县
	房县
	竹山县
	大悟县

省份	贫困县名称
湖南省	溆浦县
	江华瑶族自治县
	麻阳苗族自治县
	新宁县
	永顺县
	沅陵县
广西壮族自治区	融水苗族自治县
	上林县
	凌云县
	融安县
	龙州县
	隆林各族自治县
	昭平县
	西林县
	田阳县
	乐业县
	三江侗族自治县
海南省	保亭黎族苗族自治县
	临高县
重庆市	黔江区
	石柱土家族自治县
	万州区
	武隆区
	云阳县
	巫溪县
	奉节县
四川省	叙永县
	马边彝族自治县
	巴州区
	广安区
	朝天区
	昭化区
	沐川县
	美姑县
	喜德县
	嘉陵区
	南部县
	剑阁县

（续表）

省份	贫困县名称	省份	贫困县名称
贵州省	剑河县	陕西省	商南县
	长顺县		镇安县
	水城县		宜川县
	德江县		佳县
	台江县		米脂县
	荔波县		清涧县
云南省	宣威市		陇县
	昌宁县		麟游县
	东川区		白水县
	富源县		白河县
	鲁甸县		汉阴县
	孟连傣族拉祜族佤族自治县		平利县
甘肃省	通渭县		石泉县
	皋兰县		镇坪县
	临潭县		南郑区
	天祝藏族自治县		宁强县
青海省	海晏县		镇巴县
	互助土族自治县		淳化县
	玛沁县		长武县
	门源县		岚皋县
	兴海县		宁陕县
	玉树市	宁夏回族自治区	盐池县
			彭阳县
			原州区

附件 2：

审计发现违规使用、损失浪费和管理不规范问题汇总表

单位：万元

省（区、市）	抽审市县	扶贫资金管理使用不规范等问题	扶贫项目绩效不佳或损失浪费问题	扶贫项目管理不规范等问题
合计		192687.77	19423.61	185387.73
河北省	阳原县	1246.67	140.92	
	蔚县	33.78		
	宣化区	1042.6	620.8	
	武强县	308.42		

（续表）

省（区、市）	抽审市县	扶贫资金管理使用不规范等问题	扶贫项目绩效不佳或损失浪费问题	扶贫项目管理不规范等问题
河北省	顺平县	14.18		
	滦平县	301.64		
	新河县	18.47		2399.87
	盐山县	41.78		1034
	临城县	139.57		
	崇礼区	118.52	69	
	康保县	29.87		12877.54
山西省	神池县	530		
	石楼县	7	3	
	宁武县	274.71		
	永和县	4.29	259.94	6139.19
	中阳县	34.58		
内蒙古自治区	库伦旗	9.26		
	察哈尔右翼后旗	22.75	58.48	289.6
	武川县			548
	尼特右旗	56.09		
	喀喇沁旗	64.63	4.82	
吉林省	安图县	139.46		
	和龙市	8893		
黑龙江省	拜泉县	309.66	148.85	50.8
	泰来县	23.21		
	克东县	2.25	740.6	
	林甸县	0.3		
安徽省	金寨县			319.45
	宿松县		16	
	利辛县	27.52		
	舒城县	12.38	30.4	
江西省	横峰县	2.88		
	修水县	9.36	32	
	南康区	44891.5		
	吉安县	2.09		36
	井冈山市	14.5		
河南省	卢氏县	3965		
	范县	1.3		

（续表）

省（区、市）	抽审市县	扶贫资金管理使用不规范等问题	扶贫项目绩效不佳或损失浪费问题	扶贫项目管理不规范等问题
河南省	上蔡县	6		
	商城县	11.44		
	洛宁县		132.96	
	柘城县	66.82		
湖北省	五峰土家族自治县	120.22		307.04
	鹤峰县	277.98		6686.98
	麻城市	6.73		
	保康县	3		345.87
	房县	75.14		
	竹山县	91.75		
	大悟县	1.94		
湖南省	溆浦县	5593.98		1599.98
	江华瑶族自治县	47.3	25.58	
	麻阳苗族自治县	150.08		612.93
	新宁县	36.8		
	永顺县	94.04		
	沅陵县	26	74.18	
广西壮族自治区	三江侗族自治县	20607.53	259.65	74389.17
	融水苗族自治县	281.31		
	上林县	109.33	166.63	292
	凌云县	2235.97		5380.76
	龙州县	14.08		
	西林县	1508.86		
	田阳县	16987.76		
	乐业县	9979.88		1552.98
	隆林各族自治县	11731.12		
	融安县	32.17		
海南省	保亭黎族苗族自治县	183.23		830.52
重庆市	奉节县	606.77	411	
	巫溪县	29.24	50	15083.53
	云阳县	1006.06		193.32
	黔江区	165.01		
	万州区		547.35	
	石柱土家族自治县	50.92		
	武隆区	70.4		

（续表）

省（区、市）	抽审市县	扶贫资金管理使用不规范等问题	扶贫项目绩效不佳或损失浪费问题	扶贫项目管理不规范等问题
四川省	马边彝族自治县	7446.66		
	叙永县	2551.41	1319.99	1118
	朝天区	20.59		786.97
	剑阁县	471.16		
	沐川县	13.51		
	嘉陵区	1666.25		2794.83
	喜德县	172.57	4.20	
	美姑县	156.18		39123.06
	巴州区	1417.5		
	广安区	4.41		
	南部县	770.79		2968
	昭化区	8.44		
贵州省	黔东南苗族侗族自治州	9.4	835.15	
	剑河县	24061.88		
	水城县	0.88		
	荔波县	1767.51		241.98
	德江县	272.85	9.95	245
	长顺县	2.34		77.61
	台江县	26.93	690.29	508.4
云南省	曲靖市	2017.99		
	宣威市	19.49		1045.57
	东川区	5223.98		
	鲁甸县	5.96		
	孟连傣族拉祜族佤族自治县	966.34		
陕西省	商南县	28.28	2770.57	518.22
	宜川县			473.94
甘肃省	皋兰县	795.16	45	
	通渭县	5823.3		4413.83
	临潭县	73.85		
青海省	海晏县	2072.49	851.71	
	互助土族自治县	17.59		
	玛沁县		1851.09	
	门源县		35	
	兴海县			102.79
	玉树市		7191.5	

中华人民共和国审计署审计结果公告（2018年第47号）

2017年保障性安居工程跟踪审计结果

（2018年6月20日公告）

为促进党中央、国务院关于保障性安居工程政策的全面贯彻落实，2017年12月至2018年3月，审计署组织地方各级审计机关对2017年全国保障性安居工程（含公共租赁住房等保障性住房和各类棚户区改造、农村危房改造，以下统称安居工程）的计划、投资、建设、分配、运营及配套基础设施建设等情况进行了审计，重点审查了安居工程项目1.77万个，共涉及项目投资2.52万亿元，并对13.03万户农村危房改造家庭做了入户调查。现将审计情况公告如下：

一、安居工程实施基本情况和取得的主要成效

根据相关部门和单位提供的数据，2017年，全国各级财政共筹集安居工程资金7841.88亿元（其中中央财政2487.62亿元），项目单位等通过银行贷款、发行企业债券等社会融资方式筹集安居工程资金21739.02亿元。2017年全国棚户区改造开工609.34万套、基本建成604.18万套，公共租赁住房基本建成81.56万套，农村危房改造开工190.59万户，分别完成当年目标任务的101.48%、183.97%、124.4%和100%。

从审计情况看，2017年，各地各部门积极贯彻落实中央决策部署和各项政策要求，加快推进各类安居工程及配套基础设施建设，进一步改善了住房困难群众的居住条件，进一步加强了安居工程住房分配使用和管理，较好地满足了中低收入家庭基本住房需求，促进了社会和谐稳定和新型城镇化健康发展。

（一）安居工程住房有效供给进一步加大，为建立多渠道保障的住房制度提供有力支持。

各地加大安居工程建设推进力度，积极保障安居工程建设用地供应，各类保障性住房和棚户区改造按计划建成和投入使用。2017年，全国公共租赁住房、棚户区改造共开工617.7万套，基本建成685.74万套，以货币补贴形式支持中低收入困难家庭到市场自主租房242.32万户。各类安居工程住房有效供给不断增加，向困难群众提供基本住房保障的能力不断增强，为建立多主体供给、多渠道保障、租购并举的住房制度提供了有力支持。

（二）城乡住房困难群众居住条件进一步改善，为解决发展不平衡不充分问题发挥积极作用。

各地进一步完善分配方式，加大对重点人群的保障力度，使更多住房困难群众受益。2017年底，公共租赁住房在保家庭1658.26万户，涉及4100多万城镇中低收入住房困难群众。全年完成棚户区拆迁66756.66万平方米，524.59万户家庭出棚进楼，城市棚户区居住条件得到提升，林区、垦区、国有工矿等棚户区面貌得到改观。中央财政全年安排农村危房改造资金266.9亿元，并提高补助标准，集中支持建档立卡贫困户等4类重点对象，地方各级政府加大对农村住房困难群众的支持力度，全年共有176.73万户农村贫困家庭建成安全住房，为打赢精准脱贫攻坚战创造了有利条件。

（三）安居工程住房分配使用和管理进一步加强，为提升住房保障政策效果夯实基础。

各级政府不断加强目标责任管理，将公共租赁住房建成和分配纳入考核范围，层层落实主体责任，并加大配套基础设施建设力度，2017年中央财政投入专项资金962.7亿元，推动加快公共租赁住房和棚户区改造住房交付使用；落实深化“放管服”改革要求，优化完善公共租赁住房申请和分配流程，提高审批效率，使群众享受住房保障的便捷程度进一步增强。同时，各地进一步完善安居工程后续管理，健全准入和退出机制，59.69万户家庭按规定退出公共租赁住房保障，保障精准程度不断提高；各地还积极采取措施控制棚户区改造成本，抓好棚户区改造腾空土地出让偿还项目贷款，努力实现市域范围内棚户区改造资金总体平衡，促进棚户区改造良性可持续发展。

（四）安居工程投资稳增长作用进一步凸显，有力促进了经济平稳健康发展。

各地积极拓宽融资渠道，创新融资方式，

2017年筹集安居工程及配套基础设施建设资金29580.9亿元，比上年增长6.34%，保障公共租赁住房和棚户区改造及配套基础设施建设资金需求。棚户区改造当年完成投资1.84万亿元，带动了相关行业投资和消费，为推动经济平稳增长提供了动力支持，同时城中村改造促进了农民就地转化为市民，推动了以人为核心的新型城镇化进程。

二、审计发现的主要问题

（一）部分地区存在骗取侵占安居工程资金和住房等违法违规问题。

276个单位或个人套取挪用或骗取侵占安居工程资金25.67亿元，用于其他非公共项目支出等；91个单位违规扩大保障范围或提高补偿标准，多支付拆迁补偿款2.85亿元。3.68万户不符合条件家庭违规享受城镇住房保障货币补贴8639.9万元，住房2.66万套；1.84万户不符合条件家庭违规享受农村危房改造补助资金1.46亿元；3.53万户家庭条件发生变化不再符合保障条件但未按规定及时退出，仍享受住房2.75万套、货币补贴1384.43万元。683个项目未依法履行招投标程序，涉及合同金额696.43亿元；294个项目未取得建设用地批准而占地1440.54公顷进行建设；883个已开工在建项目未取得建筑工程施工许可证等基本建设审批手续。

（二）部分地区安居工程住房和资金管理使用绩效不高。

由于配套基础设施建设滞后等原因，9.71万套住房已基本建成1年以上未分配或分配后无法入住；由于供需不匹配、规划设计不合理、地址偏远等原因，14.21万套已竣工验收的住房至2017年底空置超过1年。截至2017年底，有147.92亿元财政专项资金、472.54亿元银行贷款等市场化融资未及时安排使用。1211个安居工程项目建成后由于前期手续不齐全等原因无法办理竣工验收备案，427个项目存在未按照设计图纸施工等问题。

（三）部分地区安居工程政策和扶持措施未落实到位。

403个项目未按规定享受应减免税费，多支付9.18亿元；13个项目扩大棚户区改造范围违规享受税费减免政策，少缴纳4039.69万元；0.99万户家庭由于棚户区改造项目建设进展缓慢等原因未能如期回迁安置，多支付安置费5.86亿元。

三、审计处理和初步整改情况

以上审计查出的问题，地方各级审计机关已依法出具审计报告、提出处理意见。审计查出的相关涉嫌违纪违法问题线索，已依法移送有关部门进一步调查处理。审计指出问题后，有关地方积极组织整改，截至2018年3月底，共追回被套取挪用资金11.29亿元，退还多收取税费7184.99万元，盘活资金14.42亿元，取消保障资格或调整保障待遇1.68万户，追回补贴补助资金3553.36万元，收回和加快分配住房8602套。其他问题正在进一步整改中，审计署将持续跟踪检查后续整改情况，督促整改到位。

附件：审计发现的主要问题及初步整改情况表

附件：

审计发现的主要问题及初步整改情况表

序号	问题类型	单位/项目/保障对象	问题事项	初步整改情况
1	部分地区存在骗取侵占安居工程资金和住房等违法违规问题	北京市海淀区部分棚户区改造对象	不符合条件家庭多获得征地拆迁补偿款341.29万元。	正在整改中。
2		白银市景泰县部分棚户区改造对象	不符合条件家庭多获得征地拆迁补偿款341.1万元。	正在整改中。
3		丽江市宁蒗彝族自治县城市投资经营有限公司	虚报城市保障性住房修缮项目，套取棚户区改造贷款资金2643万元。	已全部追回。

（续表）

序号	问题类型	单位/项目/保障对象	问题事项	初步整改情况
4		绵阳市三台县发展和改革局	以未纳入目标任务考核的南寺坝城中村改造项目申报，违规获取基础设施配套资金 1104 万元。	正在整改中。
5		九江市永修县八角岭垦殖场	在申请获取安居工程资金过程中通过报多建少等手段违规获取资金 290 万元。	已全部上缴财政。
6		黔东南苗族侗族自治州三穗县城市建设投资有限公司	在申请获取安居工程资金过程中通过报多建少等手段违规获取资金 168.27 万元。	正在整改中。
7		桂林市荔浦县房地产管理局	荔浦中学教师公共租赁住房配套基础设施项目工程结算价多计费用 85.69 万元。	正在整改中。
8		上海绿地南翔置业有限公司	将云翔拓展基地经济适用住房项目贷款 20370 万元，用于非公共项目支出。	已全部追回。
9		红河哈尼族彝族自治州蒙自市棚户区改造投资建设有限公司	将棚户区改造贷款资金 14000 万元，出借给蒙自川渝房地产开发经营有限公司、蒙自天马房地产开发经营有限公司。	已全部追回。
10	部分地区存在骗取侵占安居工程资金和住房等违法违规问题	柳州市祥源投资发展有限公司	将棚户区改造项目配套基础设施建设补助资金 4000 万元，作为入股柳州市荣城资产管理有限公司资本金。	正在整改中。
11		宁波市奉化区溪口镇	将廉租住房资金 3766.55 万元，用于大佛景区建设。	已全部追回。
12		青岛市红岛经济区棚户区改造领导小组、红岛街道棚户区改造指挥部、河套街道棚户区改造指挥部	将安居工程专项资金 648.78 万元，用于“三公”经费、应由部门预算安排的人员和办公经费等。	正在整改中。
13		海口市美兰区演丰镇（墟）片区旧改项目	以违规扩大保障范围、乱发津贴补贴等方式违规获取征收补偿和安置，涉及资金 441.53 万元。	已追回资金 398.25 万元，其他正在整改中。
14		白山市江源区部分城镇住房保障对象	个人申报材料不实，相关部门审核把关不严，352 户不符合条件家庭违规享受住房保障待遇，获得补贴资金 46.46 万元。	正在整改中。
15		德宏傣族景颇族自治州芒市部分城镇住房保障对象	个人申报材料不实，相关部门审核把关不严，340 户不符合条件家庭违规享受住房保障待遇，其中 3 户获得补贴资金 0.74 万元，337 户享受公共租赁住房实物配租。	已收回全部补贴资金和住房。
16		潮州市部分城镇住房保障对象	个人申报材料不实，相关部门审核把关不严，298 户不符合条件家庭违规享受住房保障待遇，获得补贴资金 36.4 万元。	正在整改中。

（续表）

序号	问题类型	单位/项目/保障对象	问题事项	初步整改情况
17	部分地区存在骗取侵占安居工程资金和住房等违法违规问题	沈阳市部分城镇住房保障对象	个人申报材料不实，相关部门审核把关不严，115 户不符合条件家庭违规享受住房保障待遇，其中 108 户获得补贴资金 34.7 万元，7 户享受公共租赁住房实物配租。	正在整改中。
18		张家口市沽源县部分农村危房改造补助对象	个人申报材料不实，相关部门审核把关不严，420 户不符合条件家庭违规取得农村危房改造资格。	已全部取消保障资格。
19		柳州市三江侗族自治县部分农村危房改造补助对象	个人申报材料不实，相关部门审核把关不严，204 户不符合条件家庭取得农村危房改造资格，获得补助资金 336.1 万元。	正在整改中。
20		抚州市广昌县部分农村危房改造补助对象	个人申报材料不实，相关部门审核把关不严，165 户不符合条件家庭取得农村危房改造资格，获得补助资金 334.2 万元。	正在整改中。
21		宁波市部分城镇住房保障对象	保障对象动态管理不到位，退出机制不健全，449 户不再符合保障条件未及时退出，其中 91 户违规享受住房租赁补贴 5.14 万元，358 户享受公共租赁住房实物配租 358 套。	正在整改中。
22		鞍山市立山区部分城镇住房保障对象	保障对象动态管理不到位，退出机制不健全，427 户不再符合保障条件未及时退出，享受公共租赁住房实物配租 427 套。	正在整改中。
23		赣州市于都县部分城镇住房保障对象	保障对象动态管理不到位，退出机制不健全，385 户不再符合保障条件未及时退出，其中 45 户违规享受住房租赁补贴 1.53 万元，340 户享受公共租赁住房实物配租 340 套。	正在整改中。
24		蚌埠市禹会区部分城镇住房保障对象	保障对象动态管理不到位，退出机制不健全，287 户不再符合保障条件未及时退出，其中 6 户违规享受住房租赁补贴 0.41 万元，281 户享受公共租赁住房实物配租 281 套。	已追回补贴 0.41 万元，其他正在整改中。
25		内江市市中区部分城镇住房保障对象	保障对象动态管理不到位，退出机制不健全，273 户不再符合保障条件未及时退出，其中 20 户违规享受住房租赁补贴 1.1 万元，253 户享受公共租赁住房实物配租 253 套。	正在整改中。
26		阳江市部分城镇住房保障对象	保障对象动态管理不到位，退出机制不健全，218 户不再符合保障条件未及时退出，其中 97 户享受公共租赁住房实物配租 97 套，121 户享受其他住房 121 套。	正在整改中。
27		张家口市蔚县部分城镇住房保障对象	保障对象动态管理不到位，退出机制不健全，208 户不再符合保障条件未及时退出，享受公共租赁住房实物配租 208 套。	正在整改中。

（续表）

序号	问题类型	单位/项目/保障对象	问题事项	初步整改情况
28	部分地区存在骗取侵占安居工程资金和住房等违法违规问题	呼伦贝尔市满洲里市部分城镇住房保障对象	保障对象动态管理不到位，退出机制不健全，146户不再符合保障条件未及时退出，享受公共租赁住房实物配租146套。	正在整改中。
29		伊春市带岭区部分城镇住房保障对象	保障对象动态管理不到位，退出机制不健全，94户不再符合保障条件未及时退出，其中93户违规享受住房租赁补贴17.41万元，1户享受公共租赁住房实物配租1套。	已追回补贴14.31万元，其他正在整改中。
30		郑州市惠济区金洼村棚户区改造项目	主体工程施工、勘察、设计等未按规定履行招投标程序。	正在整改中。
31		金华市浦江县金狮湖一期安置房项目	施工未按规定履行招投标程序。	正在整改中。
32		防城港市行政中心安置小区项目	施工未按规定履行招投标程序。	已缴纳罚款103.96万元。
33		济宁市邹城市大束镇黄疃新村三期城市棚户区改造项目	勘察、设计、监理、施工等未按规定履行招投标程序。	正在整改中。
34		苏州市张家港市香山花苑1#地块安置房项目	勘察、设计、市政后配套工程等未按规定履行招投标程序。	正在整改中。
35		南通市启东市双庆村安置房项目	施工招标设置不合理条件。	正在整改中。
36		安阳市林州市曲山棚户区改造安置房项目	施工招标违规采用费率招标。	正在整改中。
37		聊城市阳谷县金紫南苑小区项目	未取得建设用地批准而占地建设，涉及土地面积102794平方米。	正在整改中。
38		晋城市城区圪塔社区回迁安置楼项目	未取得建设用地批准而占地建设，涉及土地面积84600.42平方米。	正在整改中。
39		保定市阜平县天生桥镇棚户区改造项目	未取得建设用地批准而占地建设，涉及土地面积43773平方米。	正在整改中。
40		河源市西优工程一期棚户区改造项目	未取得建设用地批准而占地建设，涉及土地面积22100平方米。	正在整改中。
41		武汉市左岭新镇四期CD地块、五期安居工程项目	已开工未取得建设工程规划许可证、建筑工程施工许可证。	正在整改中。
42		贵阳市乌当区振华园区（083基地）棚户区改造项目	已开工未取得建筑工程施工许可证。	正在整改中。

（续表）

序号	问题类型	单位/项目/保障对象	问题事项	初步整改情况
43	部分地区存在骗取侵占安居工程资金和住房等违法违规问题	济南市历城区潘庄田庄城中村改造项目	已开工未取得建设工程规划许可证、建筑工程施工许可证。	正在整改中。
44		合肥市长丰县银河苑二期和凤麟兰亭棚户区改造项目	已开工未取得建筑工程施工许可证。	正在整改中。
45		兰州市榆中园区棚户区（城中村）改造项目	已开工未取得建筑工程施工许可证。	正在整改中。
46		莆田市涵江区塘北社区一期改造项目	已开工未取得建设工程规划许可证。	正在整改中。
47		上饶市玉山县怀玉山垦殖场水阁小区等3个棚户区改造项目	已开工未取得建设工程规划许可证、建筑工程施工许可证。	正在整改中。
48	部分地区安居工程住房和资金管理使用绩效不高	七台河市汪清湖花园小区公共租赁住房项目	由于配套基础设施建设滞后，导致已基本建成1年以上的3205套住房未交付使用。	正在整改中。
49		许昌市中原电气谷尚东小区棚户区改造项目	由于配套基础设施建设滞后，导致已基本建成1年以上的3177套住房未交付使用。	正在整改中。
50		娄底市娄星区恩口棚户区改造项目	由于配套基础设施建设滞后，导致已基本建成1年以上的2182套住房未交付使用。	正在整改中。
51		芜湖市江北集中区公共租赁住房项目	由于配套基础设施建设滞后，导致已基本建成1年以上的852套住房未交付使用。	正在整改中。
52		临汾市尧都区临纺城市棚户区改造项目	由于配套基础设施建设滞后，导致已基本建成1年以上的828套住房未交付使用。	正在整改中。
53		曲靖市妇幼保健院南苑医院公共租赁住房项目	由于配套基础设施建设滞后，导致已基本建成1年以上的812套住房未交付使用。	正在整改中。
54		渭南市澄城县华和春城公共租赁住房项目	由于配套基础设施建设滞后，导致已基本建成1年以上的740套住房未交付使用。	正在整改中。
55		湛江市财政局、住房和城乡建设局	上级财政预算安排的安居工程专项资金22394.98万元未分配使用，至2017年底已超过1年。	正在整改中。
56		长春市二道区财政局	上级财政预算安排的安居工程专项资金7700.04万元未分配使用，至2017年底已超过1年。	正在整改中。
57		宁德市福鼎市国有资产投资经营有限公司、城市建设投资有限公司	上级财政预算安排的安居工程专项资金6329万元未分配使用，至2017年底已超过1年。	已拨付使用1725.15万元，其他正在整改中。
58		淄博市博山区住房和城乡建设局、房产管理局	上级财政预算安排的安居工程专项资金6053.91万元未分配使用，至2017年底已超过1年。	正在整改中。

（续表）

序号	问题类型	单位/项目/保障对象	问题事项	初步整改情况
59	部分地区安居工程住房和资金管理使用绩效不高	益阳市资阳区财政局	上级财政预算安排的安居工程专项资金 4548.68 万元未分配使用，至 2017 年底已超过 1 年。	正在整改中。
60		昆明市财政局滇池国家旅游度假区分局	本级财政预算安排的安居工程专项资金 30925.71 万元未分配使用，至 2017 年底已超过 1 年。	正在整改中。
61		西安市保障性住房管理中心	本级财政预算安排的安居工程专项资金 14128.88 万元未分配使用，至 2017 年底已超过 1 年。	正在整改中。
62		武汉市汉南区财政局	本级财政预算安排的安居工程专项资金 13172.87 万元未分配使用，至 2017 年底已超过 1 年。	正在整改中。
63		承德市滦平县财政局	本级财政预算安排的安居工程专项资金 10120.81 万元未分配使用，至 2017 年底已超过 1 年。	正在整改中。
64		安顺市财政局	本级财政预算安排的安居工程专项资金 9568.48 万元未分配使用，至 2017 年底已超过 1 年。	正在整改中。
65		锦州市财政局	本级财政预算安排的安居工程专项资金 7364.79 万元未分配使用，至 2017 年底已超过 1 年。	正在整改中。
66		邯郸市住房保障和房产管理局	收到的安居工程财政补助资金有 15000 万元至 2017 年底未支付使用已超过 2 年。	正在整改中。
67		宁夏农垦集团有限公司	收到的安居工程财政补助资金有 8368.43 万元至 2017 年底未支付使用已超过 2 年。	正在整改中。
68		山西焦化集团有限公司	收到的安居工程财政补助资金有 6441.66 万元至 2017 年底未支付使用已超过 2 年。	正在整改中。
69		韶关市城市投资发展集团有限公司	收到的安居工程财政补助资金有 6278.05 万元至 2017 年底未支付使用已超过 2 年。	正在整改中。
70		福州市马尾区土地发展中心	收到的安居工程财政补助资金有 6245 万元至 2017 年底未支付使用已超过 2 年。	已全部拨付。
71		资阳市安岳县财政局	收到的安居工程财政补助资金有 6193.47 万元至 2017 年底未支付使用已超过 2 年。	正在整改中。
72		延边朝鲜族自治州延吉市住房和城乡建设局	收到的安居工程财政补助资金有 4790 万元至 2017 年底未支付使用已超过 2 年。	正在整改中。
73		西宁惠东城市建设投资开发有限公司	收到的安居工程财政补助资金有 3252.95 万元至 2017 年底未支付使用已超过 2 年。	正在整改中。
74		包头市土默特右旗规划局	收到的农村危房改造补助资金有 857.62 万元至 2017 年底未支付使用已超过 2 年。	正在整改中。
75		兰州市西固区城乡发展投资有限公司	收到的安居工程项目贷款资金等有 77532.38 万元至 2017 年底结存未用已超过 1 年。	正在整改中。
76		重庆市巴南区房屋管理局	收到的安居工程项目贷款资金有 35028.97 万元至 2017 年底结存未用已超过 1 年。	正在整改中。

（续表）

序号	问题类型	单位/项目/保障对象	问题事项	初步整改情况
77	部分地区安居工程住房和资金管理使用绩效不高	海口市统筹城乡发展（集团）有限公司	收到的安居工程项目贷款资金有 30000 万元至 2017 年底结存未用已超过 1 年。	已全部收回。
78		淮南市城市建设投资有限责任公司	收到的安居工程项目贷款资金有 25640.79 万元至 2017 年底结存未用已超过 1 年。	正在整改中。
79		鹤岗市棚户区改造办公室	收到的安居工程项目贷款资金有 13870 万元至 2017 年底结存未用已超过 1 年。	正在整改中。
80		徐州高新技术产业开发区国有资产经营有限公司	收到的安居工程项目贷款资金有 6089.7 万元至 2017 年底结存未用超过 1 年。	正在整改中。
81		盐城市东台市国有资产经营有限公司	收到的安居工程企业债券资金有 148875 万元至 2017 年底结存未用已超过 1 年。	已拨付使用 52000 万元。
82		四川简州城投有限公司	收到的安居工程企业债券资金有 94488 万元至 2017 年底结存未用已超过 1 年。	正在整改中。
83		大连市普兰店市建设投资有限公司	收到的安居工程企业债券资金有 66874.77 万元至 2017 年底结存未用已超过 1 年。	正在整改中。
84		商丘市梁园区凯旋新苑棚户区改造项目	因前期建设手续不全导致已基本建成 1 年以上的 5400 套住房未办理竣工验收备案。	正在整改中。
85		天津市西青区溪悦园城市棚户区改造项目	因规划和环保验收未完成导致已基本建成 1 年以上的 4424 套住房未办理竣工验收备案。	正在整改中。
86		北京市朝阳区东坝驹子房二期城市棚户区改造项目	因前期建设手续不全导致已基本建成 1 年以上的 4413 套住房未办理竣工验收备案。	正在整改中。
87		大连市金州区普皖经济区新家园项目	因消防专项验收未完成导致已基本建成 1 年以上的 3500 套住房未办理竣工验收备案。	正在整改中。
88		唐山市骏安园小区城市棚户区改造项目	因前期建设手续不全导致已基本建成 1 年以上的 2236 套住房未办理竣工验收备案。	正在整改中。
89		大同市南环路西延东侧公共租赁住房项目	未按规定办理竣工验收就交付使用，涉及住房 10489 套。	正在整改中。
90		昭通市昭阳区祥和佳园公共租赁住房项目	未按规定办理竣工验收就交付使用，涉及住房 8880 套。	正在整改中。
91		西安市上庄村公共租赁住房项目	未按规定办理竣工验收就交付使用，涉及住房 6002 套。	正在整改中。
92		中卫市中宁县石空五标段公共租赁住房项目	未按规定办理竣工验收就交付使用，涉及住房 2582 套。	正在整改中。

（续表）

序号	问题类型	单位/项目/保障对象	问题事项	初步整改情况
93	部分地区安居工程政策和扶持措施未落实到位	西咸新区沣东新城财政局	未按规定减免沣东新城芊域阳光二期棚户区改造项目城市基础设施配套费、新型墙体材料专项费用等共计14785.45万元。	正在整改中。
94		淮安市规划局经济开发区分局	未按规定减免淮安开发控股公司富士康安置小区二期、三期城市基础设施配套费等共计3332.62万元。	正在整改中。
95		杭州市萧山区财政局	未按规定减免杜湖项目城市基础设施配套费2422.3万元。	已全部退还。
96		巴中市平昌县住房和城乡建设局	未按规定减免金宝片区棚户区改造项目城市基础设施配套费、新型墙体材料专项基金、散装水泥专项基金等共计623.62万元。	正在整改中。
97		重庆市渝兴建设投资有限公司	帝豪富达城项目中非保障性安居工程住房违规享受人防易地建设费、营业税等税费减免共计1774.19万元。	正在整改中。

中华人民共和国审计署审计结果公告（2018年第48号）

2018年第二季度国家重大政策措施落实情况跟踪审计结果

（2018年9月25日公告）

审计署以习近平新时代中国特色社会主义思想为指导，深入学习贯彻党的十九大和十九届二中、三中全会精神，认真落实党中央、国务院对审计工作的部署要求，持续加大对国家重大政策措施贯彻落实情况跟踪审计力度。2018年第二季度，继续组织对31个省、自治区、直辖市（以下统称省）、新疆生产建设兵团和37个中央部门、10户中央企业进行审计，重点关注了“十三五”规划重大工程项目建设，防范化解重大风险、精准脱贫、污染防治三大攻坚战推进，“一带一路”倡议落实，“放管服”改革深化等情况，并对以往审计发现问题的整改情况进行了跟踪检查。此次抽查了1540个单位、2439个项目，涉及资金4187.45亿元，其中中央财政资金451.12亿元。

一、落实国家重大政策措施的好做法好经验

从2018年第二季度审计情况看，有关地区和部门围绕推进供给侧结构性改革，结合实际，主动作为，一些经验做法值得总结推广。

（一）规范清理政府和社会资本合作（PPP）项目，推进风险防控机制建设。如新疆维吾尔自治区加强政府债务预算管理，稳妥有序防范化解债务风险；山东省集中清理规范政府和社会资本合作（PPP）项目。

（二）结合产业发展、生态保护等落实扶贫政策，加大民生投入。如文化和旅游部推动实施乡村旅游扶贫工程；上海市扶持发展小规模、多功能的社区养老服务机构；广西壮族自治区停收部分贫困山区高速公路一类桥隧车辆通行费；吉林省加大对贫困残疾人帮扶投入；湖南省落实尘肺病农民工基本医疗救治救助政策。

（三）推进重点区域大气、水环境治理，加强生态修复工程建设。如京津冀三地加强大气污染联防联控机制建设；湖北省宜昌市通过分类管理、引导企业转型升级等方式破解“化工围江”难题；江西省推进电能替代工作，减少煤炭等带来的污染物排放；宁夏回族自治区隆德县加大投资治理黄河支流渝河水体污染；甘肃省庆阳市实施“再造子午岭”生态修复工程。

（四）深化“放管服”改革，降低企业成本。如商务部推进商务综合行政执法体制改革试点；安徽省依托电子政务内网对国家重大政策落实情况实行“账单式”管理；广东省佛山市出台降低制造业企业成本措施；重庆市清理规范“村（社区）证明事项”。

（五）创新管理模式，推进产业转型升级。如中国铁路太原局集团有限公司积极开展多式联运建设，助力物流业升级；陕西省细化工业结构调整任务，推动落实“中国制造 2025”各项工作；湖南省长沙县积极探索乡村产业振兴新模式。

（六）加快推动“一带一路”倡议落实。福建省加快 21 世纪海上丝绸之路核心区建设；中欧班列持续“降成本、提质量、保时效”；健康快车项目助力沿线国家民心相通；“丝绸之路影视桥”密切人文交流。

二、以往审计发现问题的整改情况

有关地区和部门细化落实责任，严格自查自纠，积极整改审计发现的问题，举一反三，建立长效机制，取得较好成效。

（一）化解地方政府隐性债务，盘活存量资金。宁夏回族自治区银川市西夏区取消相关建设项目、稳妥有序解除政府购买服务协议，规范项目建设融资；湖南省邵阳市、双峰县提前归还违规举借的 63.06 亿元政府隐性债务；辽宁省丹东市、广电总局盘活长期结存的财政资金 2654.69 万元。

（二）推动民生项目建设，促进扶贫政策落实。重庆市彭水县和吉林省和龙市等 3 个市县积极推进建档立卡贫困人员医疗补助发放和村级卫生室新农合联网建设；辽宁省桓仁县、四川省叙永县、陕西省扶风县推进产业扶贫等 19 个民生项目建设；浙江省安排 202 名东西部扶贫协作干部结对帮扶贵州兴仁等 80 个贫困县。

（三）停止、清退违规收费和保证金，规范职业技能鉴定工作，提高行政审批效率。教育部全面取消国内高等教育学历学位认证服务收费；6 个地区的 7 家单位停止向企业违规收取行政审批中介服务费等费用；8 个地区的 13 家单位及时清退各类保证金 4.62 亿元；供销合作总社职业技能鉴定指导中心取消违规批准的 85 家鉴定分中心或工作站的供销行业技能鉴定资格；黑龙江省大庆市投资项目在线审批监管平台实现与政务服务平台的互联互通。

（四）防范环境污染风险，加快落实去产能任务。上海市完成 48 小时内医疗废物收集和运送工作；云南省加快 135 万吨水泥熟料产能置换工作，并责令 3 家违规水泥熟料企业停止生产。

但审计中也发现，个别地区、单位整改不力，导致审计反映的问题长时间得不到解决。如 2016 年第二季度审计反映的甘肃省兰州市城关区兰钢小区棚户区改造开工不及时问题，项目原设计方案与兰州市现行城市规划政策冲突，但甘肃省和兰州市两级政府未采取有效措施督促项目实施单位调整设计方案。截至 2018 年 6 月，该项目无实质性进展，立项长达 4 年仍未开工建设。

三、2018 年第二季度审计发现的主要问题

从审计情况看，有关地区和部门围绕推动高质量发展，积极落实稳增长、促改革、调结构、惠民生、防风险各项政策，取得较好成效。但一些地区和部门在推进重大工程项目建设，防控地方财政风险，落实精准扶贫、污染防治任务，深化“放管服”改革，推动创业创新、落实改革任务、加强财政资金管理使用等方面还存在一些突出问题，有的还具有一定普遍性。

（一）部分重大工程项目任务清单不够细化，项目进展缓慢或建成后闲置等。审计重点抽查了部分国家“十三五”规划重大工程项目、科技重大专项（民口）及部分基础设施建设等推进情况。各部门、各地区能够认真落实国家“十三五”规划等工作要求，认真制订推进方案并及时明确责任分工，采取积极措施推进重大项目建设，但纳入国家“十三五”规划的 165 项重大工程项目仍有部分事项责任分工和任务清单不够细化，部分项目监测监督不到位，有的项目进度慢；部分科技重大专项（民口）立项审批周期较长；47 个基础设施项目逾期未开工完工或建成后闲置。

（二）部分地区违规举债、虚增财力或挪用财政专项资金。被审计地区、有关部门积极采取措施加强政府债务预算管理，规范清理违规举债行为，在有序化解地方政府隐性债务、遏制债务增

量和加强财政收支管理等方面取得了一定效果，但仍有6个省的9个市县（区）以签订政府购买服务协议等方式，形成地方政府隐性债务88.63亿元；6个省的11个市县（区）虚增财政收入48.33亿元；吉林省6个市县挪用财政专项资金48.3亿元，形成支出缺口。

（三）一些地区扶贫政策落实不到位，部分资金、项目未实现预期效果，甚至违规使用扶贫资金。本季度共抽查32个贫困县，其中国家扶贫开发工作重点县（含集中连片特殊困难地区县）24个，抽审资金167亿元，涉及1156个项目、426个单位、259个乡镇和778个村，入户走访1524个贫困家庭。从审计情况看，相关地区持续加大民生投入，加大对残疾、重病等贫困人群的救助力度，发挥产业扶贫对脱贫攻坚的带动作用，但仍有18个地区落实易地扶贫搬迁、教育扶贫、健康扶贫、金融扶贫等扶贫政策不到位；16个地区存在违规将资金用于非扶贫领域、骗取套取扶贫资金、超标准超范围发放等问题，涉及金额共计11.38亿元；9个地区资金统筹整合不到位、项目推进缓慢，3.63亿元资金闲置1年以上，其中2.59亿元资金闲置2年以上；7个县的16个扶贫项目建成后效益低下或损失浪费，涉及资金538.97万元；7个地区存在多报脱贫人口、虚报扶贫工作完成进度问题。

（四）部分地区未完成污染防治任务，未严格落实生态保护与修复等工作，有的项目建设缓慢或建成后闲置。被审计地区和有关部门持续加强生态环境保护工作，加大污染防治资金投入，积极推动相关目标任务完成，推进生态环境修复等项目建设，但仍有13个省部分地区未完成大气、水污染防治目标任务；3个省部分园区循环化改造和项目环境影响评价等工作未按要求完成；14个省的59个环保项目未按期开（完）工、建成后闲置或未经环评违规建设，涉及投资17.62亿元；2个省的水源保护区内尾矿库综合治理等2项生态保护与修复工作不到位；2个省的3个市县部分污水直排。

（五）一些地区和部门“放管服”改革事项落实不到位，有的违规设置地域限制等条件，有的仍违规收费。被审计地区和部门能够不断推进简化审批事项、优化审批服务、探索创新监管理念和方式，继续做好深化“放管服”改革各项工作，但仍有5个地区和部门的5项行政审批事项改革落实不到位；3个省的19家单位在工程项目招标、土地拍卖等活动中设置地域等不合理限制条件；9个地区或部门的15家单位违规继续征收已停征的行政事业性收费，或依托行政职权、行政资源及影响力通过垄断经营、指定服务、强制培训等违规收费3.45亿元；13个地区的41家单位违规收取、未及时清退各类保证金等6.12亿元。

（六）个别地区创业创新资金分配管理使用不符合相关政策。被审计地区和部门能够按照实施创新驱动发展战略的要求，因地制宜细化实化政策规定，加大投入，着力增强自主创新能力，但仍发现陕西省西安投资控股有限公司发行的小微企业增信集合债券资金部分用于支持大中型企业，未充分发挥支持小微企业发展作用；江西省景德镇直升机战略新兴产业专项资金部分未用于支持直升机产业或技术发展；广东省科技发展专项资金分配针对性不强；南京高新技术产业开发区以虚假资料获得苏南国家自主创新示范区奖补资金2340万元。

（七）3个部门承担的2项改革任务未按期完成、1项监管职责履行不到位。此次抽查了农业农村发展、危险化学品安全综合治理、电力体制改革等3个方面42项具体改革任务。有关部门积极出台落实方案、细化任务分工、明确时间节点，推动改革任务落实，但原农业部承担的长江流域水生生物保护区实现全面禁捕、原安全监管总局承担的研究制定高危化学品目录2项任务未按期完成；国家能源局承担的“电网企业投资建设可再生能源发电项目配套接网工程”监管职责履行不到位。

（八）部分项目绩效评价不到位或资金未充分发挥效益。有关部门进一步加强预算绩效目标管理，加大绩效评价结果应用，不断提高财政资金使用绩效。但审计发现，12个中央部门和吉林省的75个项目存在绩效目标设计不合理、绩效目标未完成、绩效评价结果运用不充分、绩效自评不规范等问题；2个省的省本级和4个省的4个市县（区）3.34亿元财政资金统筹盘活不到位。

附件：1. 有关部门和地区积极推进国家重大政策措施落实的具体举措

2. 整改效果较好的事例

3. 2018年第二季度跟踪审计发现的主要问题

附件1：

有关部门和地区积极推进国家重大政策措施落实的具体举措

一、规范清理政府和社会资本合作（PPP）项目，推进风险防控机制建设

（一）新疆维吾尔自治区加强政府债务预算管理，稳妥有序防范化解债务风险。2017年7月全国金融工作会议后，新疆维吾尔自治区印发《关于对各级地方政府违规举债问题严肃追责问责的通知》等文件，要求对违规举债问题从严追责问责，遏制债务增量，堵住违规举债漏洞，开展PPP项目管理库集中清理工作，规范PPP项目运作。截至2018年6月底，自治区本级累计归还违规举借债务53.78亿元，清退不合规PPP项目225个。

（二）山东省集中清理规范政府和社会资本合作（PPP）项目。按照“规范管理、防范风险”的原则，山东省自主开发并启用“山东省PPP综合信息管理平台”，出台新入库项目审核标准，并通过规范项目储备筛选、运作管理、制度建设等19条具体措施，推动PPP项目清退和优化工作，防止借PPP项目违法违规变相举债。截至2018年6月底，共清退项目220个，涉及投资额1687亿元。

二、结合产业发展、生态保护等落实扶贫政策，加大民生投入

（一）文化和旅游部推动实施乡村旅游扶贫工程。为发挥乡村旅游对脱贫攻坚的带动作用，文化和旅游部制订系列旅游扶贫行动方案，组织8项扶贫行动支持乡村旅游基础设施和公共设施建设，开展旅游规划公益扶贫，总结推广旅游扶贫模式。截至2018年6月底，已组织全国374家甲级、乙级资质的旅游规划设计机构对525个试点村编制旅游规划，总结推出280个全国旅游扶贫示范项目，累计培训3900名村干部和乡村旅游带头人。

（二）上海市扶持发展小规模、多功能的社区养老服务机构。上海市积极贯彻国务院关于加快发展养老服务业若干意见的要求，提出“社区嵌入式”养老服务模式，试点建设长者照护之家，将机构式的专业服务、功能、资源嵌入社区，融合居家、社区和机构养老，为老年人就近提供专业的机构式社区全托照护。截至2017年底，上海长者照护之家已初步实现中心城区和郊区城市化地区的各街镇全覆盖。

（三）广西壮族自治区停收部分贫困山区高速公路一类桥隧车辆通行费。自2017年7月1日起，广西壮族自治区试点停收六寨至河池、河池至都安2条贫困山区高速公路一类桥隧车辆通行费，政策实施一年来共减免2515.5万元。从2018年7月1日起，全面停收6条贫困山区高速公路一类桥隧车辆通行费。

（四）吉林省加大对贫困残疾人帮扶投入。2017年，吉林省向各市县下达专项资金1.25亿元，完成2900多户贫困残疾人家庭无障碍改造，开展残疾人技能培训25000多人（次），帮助7800多名残疾人实现就业创业，为11.21万名残疾人提供了31项基本康复服务。

（五）湖南省落实尘肺病农民工基本医疗救治救助政策。2017年3月，湖南省出台《湖南省尘肺病农民工基本医疗救治救助实施方案》，制定了降低医疗总费用、提高医保报销比例、开展财政专项救助的“一降一提一助”三大措施，对建档立卡贫困户患者诊疗费用全额补助。截至2018年6月，已救助患者1.4万多人次，总医疗费用1.19亿元，其中患者自付仅602万元，报销比例达到95%。

三、推进重点区域大气、水环境治理，加强生态修复工程建设

（一）京津冀三地联防联控落实大气污染防治。根据三地联合制订的大气污染治理联防联控方案，北京市运用科技手段，推动建立自动监控系统，实时、连续、有效监控重点单位的污染排放；天津市对污染治理统一规划、统一标准、统一执法、统一预警、统一减排，助推联防联控建设；河北省强化源头防治，集中开展各领域污染整治专项行动，统筹推进压能、减煤、治企、降尘、控车、增绿等各项措施落实，最大限度减少污染物排放。

（二）湖北省宜昌市通过分类管理、引导企业转型升级等方式破解“化工围江”难题。2016年以来，宜昌市按照“一企一策、分类实施”的原则，对宜昌市134家化工企业按关停、搬迁、改造升级、转产退出等方式进行分类管理，并通过化工产业股权投资基金、拓宽企业融资渠道等途径引导化工企业转型升级。2017年，宜昌市依法关停化工企业25家，沿江总磷浓度降低，考核断面水质改善。

（三）江西省推进电能替代工作，减少煤炭等带来的污染物排放。2016年以来，江西省通过环保约束、政策激励、资金奖励和技术引领等措施，引导和鼓励社会力量参与电能替代技术和运营方式的创新，推进电力等清洁能源替代工作，形成清洁、安全、智能的新型能源消费方式。截至2017年底，江西省推动实施港口、陶瓷等行业电能替代项目3200多个，完成替代电量48亿千瓦时，减少二氧化碳排放345万吨，减少二氧化硫、氮氧化物等排放3.96万吨。

（四）宁夏回族自治区隆德县加大投资治理黄河支流渝河水体污染。2015年以来，隆德县累计投资2.6亿元实施渝河水污染防治系列工程，通过截污治污、河库整治、生态修复等系列举措，封堵渝河沿线17处非法排污口，实施6个水环境综合治理项目，培育主河道湿地610亩、氧化塘90座。2018年一季度，渝河省界断面水质由劣Ⅴ类提高为Ⅲ类，水质明显好转。

（五）甘肃省庆阳市实施“再造子午岭”生态修复工程。2013年起，庆阳市实施“再造子午岭”生态修复工程，建立荒山培育生态林与经济林相结合的生态补偿机制，农户将每亩荒山栽植成林后，可间伐四分之三的树木获取经济收益，剩余四分之一作为生态林经营享受国家公益林补贴。5年来，庆阳市累计投入财政资金4.61亿元，新增苗林400多万亩，生态环境得到改善。

四、深化“放管服”改革，降低企业成本

（一）商务部推进商务综合行政执法体制改革试点。自2016年起，商务部牵头组织北京等10个城市开展商务综合行政执法体制改革试点，通过试点，逐步建立规范的商务综合行政执法体制，10个试点城市2016年结案率达到99%。2017年底和2018年初，商务部等部门对试点城市成果进行总结，形成5种典型监管模式、17项可复制可推广的经验和做法试点在全国推广，提升了商务领域的执法能力。

（二）安徽省依托电子政务内网对国家重大政策落实情况实行“账单式”管理。安徽省依托电子政务内网，“线上”建立重大决策落实工作台账、任务清单、责任清单、时限清单的“一账三单”，将工作任务细化分解，明确责任主体和办理时限，每周跟踪调度办理情况；“线下”以督查为手段，年中审查台账、年底办结台账，实现政策过程督办、跟踪问效、闭合管理。截至目前，已建立3533件重大决策部署贯彻落实台账，推动国家重大政策贯彻落实。

（三）广东省佛山市出台降低制造业企业成本措施。2017年9月，佛山市出台《佛山市降低制造业企业成本支持实体经济发展若干政策措施》，涉及企业税收负担、用地成本、社会保险负担以及支持培育制造业新兴支柱产业、支持企业开展产业链整合和技术改造等10个方面、25项具体措施。截至2017年底已为制造业企业减负122.5亿元。

（四）重庆市清理规范“村（社区）证明事项”。重庆市开展清理各种不合理证明、循环证明、重复证明工作，将有法律法规依据、与人民群众生产生活密切相关、确需村（社区）提供的12项证明事项整合规范为10项，取消其余35项证明事项，一律不再要求群众提供或变相提供10项之外的证明。

五、创新管理模式，推进产业转型升级

（一）中国铁路太原局集团有限公司（以下简称太原局）积极开展多式联运建设，助力物流业升级。近年来，太原局探索应用物流仓储信息化、标准化、智能化模式，建成以太原枢纽（北六堡）物流中心为核心的现代物流枢纽，推动多式联运功能区中鼎物流园建设，应用云平台技术，与船舶公司、港务局开展战略合作，促进当地物流业提档升级。截至2018年6月底，顺丰等60余家知名企业入驻物流园，园区仓库整体运用率达到85%以上，货物吞吐量累计403.5万吨，实现营业收入2.55亿元。

（二）陕西省细化工业结构调整任务，推动落实“中国制造2025”各项工作。陕西省组建7个产业推进组和协作配套推进组，将14个产业培育工作落实到推进组，明确各产业的发展目标和重点任务，制订并发布了民用飞机等16个产业链推进方案，促进全省推进工业结构调整和转型升级；

健全工业结构调整落实情况全省考核评估指标体系，对部分地市未制订重点产业行动计划、未设立相关的扶持基金等情况制定整改意见并督促落实，推动落实“中国制造 2025”各项工作。

（三）湖南省长沙县积极探索乡村产业振兴新模式。2016 年以来，长沙县依托国家级现代农业示范区建设，先行探索企业带动村级集体经济发展和农民致富增收的乡村产业振兴新模式，通过资源整合和标准化建设推动民居变民宿，通过绿色发展和市场化运作推动村庄变景区，通过基地建设和合伙化经营推动农民变合伙人，通过品牌塑造和网络化营销推动农副产品变旅游产品。近两年，接待游客 30 余万人次，带动群众就业 1500 多人。

六、加快推进“一带一路”倡议落实

（一）福建省加快 21 世纪海上丝绸之路核心区建设。福建省加快建设海空枢纽港、交通干线和物流基地等基础设施，已建成万吨级以上泊位 171 个，开辟沿海港口集装箱外贸航线 121 条；推动重大项目和境外产业合作园区落地，对外直接投资企业和境外分支机构 2533 家，中方协议投资额 266.4 亿美元；以特色文化为基础，成功举办福建品牌海丝行、中国—小岛屿国家海洋部长圆桌会议、丝绸之路国际电影节等国际交流活动。

（二）中欧班列持续“降成本、提质量、保时效”。中国铁路总公司不断优化中欧班列开行线路，推行双向均衡运输，增强运输能力，降低物流成本，提升服务质量，提高运输时效。班列单箱全程物流收费价格从最初平均 1 万美元最低降至 6000 美元，最高降幅 40%。国内段运行时间平均压缩近 24 小时，宽轨段运行时间最快压缩至 135 小时，如到达德国全程运行时间由开行初期的 26 至 28 天，压缩至 14 天左右。

（三）健康快车项目助力沿线国家民心相通。2016 年以来，原卫生计生委国际交流中心、中华健康快车基金会和健康快车香港基金以火车医院为载体，实施“健康快车国际光明行”。先后为斯里兰卡、缅甸和巴基斯坦等国的 1500 多名患者实施免费白内障复明手术，并开展疑难病会诊、学术交流、人员培训等工作，获得“一带一路”沿线国家人民广泛赞誉。

（四）“丝绸之路影视桥”密切人文交流。近年来，原新闻出版广电总局、广播电视总局围绕新闻报道、联合采访、影视创作、译制播出、影视节展等，持续组织实施“丝绸之路影视桥”工程，开展了《电视中国剧场》、“熊猫小记者”全球追访“一带一路”大型公益新闻接力行动等 400 多个文化交流项目，传播文化，增进友谊。

附件 2：

整改效果较好的事例

一、关于宁夏回族自治区银川市西夏区通过政府购买服务用于兴泾镇回乡风情特色小镇城镇化建设形成政府隐性债务 19.65 亿元问题。宁夏回族自治区人民政府召开专题会议，研究部署整改措施，西夏区人民政府取消了原规划建设的部分办公楼及文体中心等项目，解除了与项目承建企业的政府购买服务协议，并将特色小镇建设项目中符合棚户区改造政策的村庄整体搬迁项目纳入 2018 年城镇棚户区改造项目计划，规范融资行为。

二、关于湖南省邵阳市通过融资租赁等形成政府隐性债务 85.03 亿元问题。邵阳市委、市政府召开政府性债务风险防控工作会议，责成邵阳市城市建设投资经营集团有限公司尽快制订债务偿还计划。截至 2018 年 6 月，该公司筹集自有资金和邵阳市人民政府清理盘活的财政资金，提前退还银行 59.01 亿元。同时，邵阳市开展自查，停换调撤非紧急项目减少新增债务，筹集资金清理既有债务，并出台化解政府性债务三年行动计划，加强对政府隐性债务增长及风险的管控。

三、关于湖南省双峰县违规集资形成政府隐性债务 4.05 亿元问题。双峰县按照“谁使用，谁归还”原则，明确还款主体，制订分批次还款计划。截至 2018 年 4 月，双峰县通过清缴企业欠缴土地出让金等方式筹集资金，分批次将上述 4.05 亿元集资资金全部偿还。

四、关于辽宁省丹东市、原新闻出版广电总局财政资金 2654.69 万元长期未发挥效益问题。相关单位加快结余资金的清理盘活工作，截至 2018 年 6 月，已盘活国有房产转制基金、扶困助学资金等 2241.86 万元用于棚户区改造、精准脱贫等民生支出，其余 412.83 万元项目建设结余资金全部上缴财政。

五、关于重庆市彭水县6803名建档立卡贫困人员医疗补助发放不及时，加重贫困人员负担问题。重庆市彭水县相关部门认真审核医疗结算明细，筹措资金补发医疗补助资金。截至2018年6月，上述6803名建档立卡贫困人员医疗补助已发放到位。

六、关于吉林省和龙市、靖宇县、安图县87个村级卫生室未实现新农合联网报销影响农民报销门诊药费问题。3市县相关部门为尚未联网的村级卫生室购置电脑、打印机、读卡器等设备，并接通网络连入各县新农合系统。截至2018年6月，上述市县的村级卫生室已全部实现新农合联网。

七、关于辽宁省桓仁县、四川省叙永县14个产业扶贫项目建成后闲置和陕西省扶风县5个农村饮水安全工程建设未达标问题。3县人民政府研究产业扶贫等项目推进中存在问题，筹措资金完善制冷设备、水电、消毒设备等相关配套设施。截至2018年6月，涉及的8个村集体生猪寄养场和6个冷库项目已全部投入使用，5个农村安全饮水项目净化水质经检测全部达标。

八、关于浙江省未对贵州省兴仁县等31个“携手奔小康”行动结对帮扶县安排东西部扶贫协作干部问题。浙江省按照每个帮扶县至少安排1名扶贫协作干部的要求，共选派202名干部前往结对帮扶县，2018年4月已到岗，覆盖全部80个结对帮扶县。

九、关于教育部高等教育学位、学历管理信息系统及认证业务未整合，增加高校及认证人负担问题。教育部与相关单位专题研究取消国内高等教育学历学位认证服务收费的办法和措施。2018年6月，教育部、财政部和国家发展改革委联合印发《关于全面取消国内高等教育学历学位认证服务收费的通知》（教财厅〔2018〕1号），明确自2018年7月1日起，全面取消国内高等教育学历学位认证服务收费，减轻认证人负担。

十、关于6个地区的7家单位依托行政权力及影响力或通过举办评比、培训等向企业收费问题。截至2018年6月，北京、河北、广西等省的6个地区的7家单位已暂停有关评比、培训和收费项目，给予2名责任人行政警告处分及诫勉谈话处理。

十一、关于8个地区的13家单位违规收取或未及时清退各类保证金4.99亿元问题。湖北、江西、四川等省的8个地区的13家单位积极与项目代理人、投标人等取得联系，抓紧开展清退工作。截至2018年6月，已退还企业4.62亿元，150.13万元因资金收取时间久远无法联系到相关人的，已上缴财政，剩余3619.6万元正在积极清退中。

十二、关于供销合作总社职业技能鉴定指导中心违规批准85家鉴定分中心或工作站开展供销行业技能鉴定工作问题。2018年6月，供销合作总社职业技能鉴定指导中心印发《关于规范供销合作社行业职业技能鉴定相关工作的通知》（供销职鉴字〔2018〕8号），要求上述85家鉴定机构不得开展相关职业技能鉴定活动和收取费用。

十三、关于黑龙江省大庆市投资项目在线审批监管平台未能有效应用问题。大庆市人民政府责成市发展改革委、行政服务中心等部门进一步加强与省级主管部门的沟通协调，完善后台数据库建设。截至2018年6月，政务服务平台与在线审批监管平台的数据已实现互联互通，提高了行政审批效率。

十四、关于上海市社区卫生服务中心收集、运送医疗废物不及时，存在环境污染风险问题。该市环保局会同市固废处置中心积极整改，通过增加专职工作人员和优化收运路线等方式推进医疗废弃物安全处置。截至2018年6月，全市社区卫生服务中心已实现48小时内完成医疗废物收集和运送等工作。

十五、关于云南省违规新增水泥熟料产能450万吨问题。昆明、保山、文山、大理工信委组织相关部门进行现场核查，加快处理违规新增的落后产能。截至2018年6月，135万吨水泥熟料生产项目已完成产能置换，另外3个项目停止了生产，涉及产能315万吨。

附件3：

2018年第二季度跟踪审计发现的主要问题

一、重大工程项目推进方面

（一）纳入国家“十三五”规划重大工程项目

的部分事项责任分工和任务清单不够细化、项目推进缓慢，涉及“十三五”规划确定的 165 项重大工程中的 22 项工程及细化的 49 个任务。

1.15 项重大工程、39 个任务责任分工和任务清单不够细化。

<table>
<tr><th>序号</th><th>责任单位</th><th>涉及的项目名称及项目数量</th><th>涉及的任务名称及任务数量</th><th>具体问题</th><th>管理要求</th></tr>
<tr><td>1</td><td>国家发展改革委</td><td>10.3①“四沿”通道、10.6 城市群交通、10.7 城市交通、11.1 高效智能电力系统、11.7 能源储备设施、19.4 交通扶贫、16.5 循环发展引领等 7 项</td><td>10.3.9 建设乌鲁木齐、兰州重要节点城市铁路国际班列物流平台等 12 个任务</td><td>建设乌鲁木齐、兰州重要节点城市铁路国际班列物流平台等 11 个任务尚未细化责任分工和任务清单，未建立实施时间表和路线图，也不掌握实施进展情况；“建设 50 个工业废弃物综合利用产业基地”任务尚未明确责任分工，未制订实施方案。</td><td rowspan="5">《中共中央办公厅　国务院办公厅关于建立健全国家“十三五”规划纲要实施机制的意见》关于“各地区各部门要根据有关职责分工，制定《纲要》涉及本地区本部门的主要目标和任务实施方案，明确责任主体、实施时间表和路线图”的要求；《国家发展改革委关于统筹推进“十三五”165 项重大工程项目实施工作的意见》（发改规划〔2017〕730 号）关于“牵头单位要按照《意见》确定的任务分工，将所负责工程项目中的各项具体任务，进一步分解明确到各参与单位，形成细化分工方案……由各牵头单位负责按照任务清单研究制订可操作、可追踪的实施方案，明确时间表和路线图，提出分年滚动工作计划表”，及“各牵头单位定期梳理所负责工作进展情况”等要求。</td></tr>
<tr><td>2</td><td>教育部</td><td>20.7 教师队伍建设</td><td>20.7.6 实施中西部中小学首席教师岗位计划</td><td>任务实施方案正在和相关部委沟通，尚未正式实施。</td></tr>
<tr><td>3</td><td>自然资源部</td><td>18.3 国土综合整治</td><td>18.3.6 推进边疆地区国土综合开发、防护和整治</td><td>推进边疆地区国土综合开发、防护和整治任务尚未细化责任分工和任务清单，未制订实施方案。</td></tr>
<tr><td>4</td><td>住房城乡建设部</td><td>13.5 绿色、森林城市，13.8 美丽乡村等 2 项</td><td>13.5.3 普及绿色交通，加快推进公共交通电动化等 7 个任务</td><td>绿色、森林城市和美丽乡村项目尚未细化责任分工和任务清单，未建立实施时间表和路线图；住房城乡建设部作为第一牵头单位，对其他部门参与的普及绿色交通，加快推进公共交通电动化等 7 个任务不掌握进展情况。</td></tr>
<tr><td>5</td><td>交通运输部</td><td>10.5 港航设施、10.8 农村交通、10.9 交通枢纽、10.10 智能交通等 4 项</td><td>10.5.1 优化提升环渤海、长三角、珠三角港口群等 18 个任务</td><td>港航设施等 4 个项目涉及的 18 个任务尚未分解到各参与部门，也未与参与部门协商建立跨部门实施方案，未细化年度目标和任务。</td></tr>
</table>

① 10.3 是“十三五”规划确定的 165 项重大工程项目细化分工方案和任务清单中对应工程项目的编号；10.3.9 是“十三五”规划 165 项重大工程项目细化分工方案和任务清单中对应工程项目涉及具体任务的任务编号，下同。

2.8项重大工程、25个任务的监测监督不到位。

序号	责任单位	涉及的项目名称及项目数量	涉及的任务名称及任务数量	具体问题	管理要求
1	国家发展改革委	9.1宽带中国、9.4“互联网+”行动	9.1.1建设高速大容量光通信传输系统、9.1.3扩容互联网国际出入口带宽、9.4.2“互联网+”协同制造等3个任务	建设高速大容量光通信传输系统、扩容互联网国际出入口带宽任务涉及的16个固定资产投资项目，和“互联网+”协同制造任务涉及的201个固定资产投资项目未纳入全国投资项目在线审批监管平台实施在线监测。	《国家发展改革委关于统筹推进“十三五”165项重大工程项目实施工作的意见》（发改规划〔2017〕730号）关于“三、强化监测监督（五）建立实施台账。实行重大工程项目进展情况季度报告制度，各牵头单位定期梳理所负责工作进展情况，按季度送发展改革委汇总。对实际进展情况与实施方案关键节点进行定期对照，对进度滞后的工程项目要深入分析原因，提出更有力的推进措施，工程实施完毕及时销账。（六）实施在线监测。各牵头单位应组织有关方面将重大工程项目中的固定资产投资项目纳入全国投资项目在线审批监管平台，实现平台受理、在线办理、限时办结，定期调度工程项目实施进展情况”等要求。
2	国家能源局	11.5非常规油气	11.5.1建设沁水盆地、鄂尔多斯盆地东缘和贵州毕水兴煤层气产业化基地	非常规油气项目涉及的6个固定资产投资项目，未纳入全国投资项目在线审批监管平台实施在线监测。	
3	交通运输部	10.2高速公路、10.5港航设施、10.8农村交通、10.9交通枢纽、10.10智能交通等5项	10.2.2提高长江经济带、京津冀地区高速公路网络密度和服务水平等21个任务	5项重大工程项目、21个任务涉及的固定资产投资项目未纳入全国投资项目在线审批监管平台，也未利用该平台实施监测。	

3.4项重大工程涉及的项目推进缓慢。

序号	涉及地区或部门	具体项目名称	具体问题	总投资（亿元）
1	山东	10.3“四沿”通道	文登至莱阳高速公路项目应于2017年建成，由于项目法人变更、土地征用手续未办理完毕等，截至2018年6月，累计完成投资29.4亿元，占总投资的22.8%。岚山至罗庄高速公路项目应于2015年开工，由于项目用地不符合土地利用总体规划等，截至2018年6月尚未开工。	215.82
2	重庆	12.3重点水源	重庆市金佛山水利工程由于项目所在地规划调整、设计深度不足等，水库枢纽工程和渠系工程分别滞后计划工期7个月、15个月以上。	20.37
3	广电总局	25.3公共文化设施建设	截至2018年6月，应于2016年底完成的中央电视节目无线数字化覆盖骨干发射台站建设和中央广播节目无线数字化覆盖试点工作尚未完成；应于2016年底出台的中央广播节目无线数字化覆盖总体方案及分年实施计划尚未出台。	70.12

（续表）

序号	涉及地区或部门	具体项目名称	具体问题	总投资（亿元）
4	国家卫生健康委	21.3 出生缺陷防治	2017 年 3 月，原卫生计生委印发分工方案，针对“十三五”规划中出生缺陷综合防控的任务，提出要“加强防治策略研究，形成防治方案报国务院，研究制定相关政策文件”。截至 2018 年 6 月末，国家卫生健康委尚未出台相关文件。	—
合计				306.31

（二）国家科技重大专项（民口）项目立项审批周期较长。现有重大专项（民口）管理制度未对年度项目立项审批环节的时限作出明确要求，项目立项推进缺少时间节点约束，立项审批周期较长。重大专项实施管理办公室分别于 2017 年 7 月下旬起陆续发布 8 个民口专项 2018 年度项目（课题）申报指南，10 月中旬申报受理截止，但截至 2018 年 6 月底，项目实施计划综合平衡意见尚未下达，项目（课题）立项尚未批复。

（三）47 个基础设施项目逾期未开工完工，建成后闲置或未充分发挥效益。

序号	具体问题	涉及地区及部门	项目个数	涉及总投资（亿元）
1	7 个省的 13 个铁路、水利灌区等项目因项目初期论证不充分、前期工作进展滞后，主管部门把关不严或互相推诿等，逾期 1 年未开工，涉及投资 207.66 亿元。	内蒙古自治区、重庆市、浙江省、云南省、黑龙江省、吉林省、甘肃省	13	207.66
2	8 个省和中国铁路总公司的 25 个铁路、防洪工程等项目因建设单位推进不力、施工进度缓慢等逾期 1 年以上未完工，涉及投资 189.41 亿元。	内蒙古自治区、福建省、四川省、广西壮族自治区、深圳市、云南省、浙江省、山东省、中国铁路总公司	25	189.41
3	6 个省和中国铁路总公司的 9 个灌区骨干工程、铁路货运设备设施等项目由于选址不合理、配套工程未实施等，建成后闲置无法使用或使用效益低，涉及投资 18.16 亿元。	黑龙江省、宁夏回族自治区、湖南省、深圳市、辽宁省、甘肃省、中国铁路总公司	9	18.16
合计			47	415.23

二、防范化解重大风险方面

（一）6 个省的 9 个市县（区）以签订政府购买服务协议等方式，形成地方政府隐性债务 88.63 亿元。

序号	地区	具体问题	举债金额（亿元）
1	黑龙江省兰西县	2017年12月，兰西县将非贫困村的美丽乡村建设项目包装成贫困村提升项目，并出具该项目已纳入兰西县“十三五”扶贫攻坚规划的虚假证明，同时违规承诺使用财政涉农资金作为还款来源向金融机构贷款1.2亿元。截至2018年6月底，已实际到位贷款5000万元，形成政府隐性债务。	0.5
2	浙江省杭州市余杭区	2017年7月和9月，余杭区所属部门与相关单位签订农居房整治、道路修缮及建筑物拆除等内容的政府购买服务协议合同，协议金额52.78亿元，协议约定购买服务资金纳入财政预算。截至2018年6月底，杭州市余杭区通过政府购买服务形成政府隐性债务40.07亿元。	40.07
3	陕西省延安市新区管理委员会	2017年8月至2018年3月，延安市新区管理委员会从延安市新区投资开发建设有限公司等单位借款11.18亿元，统筹用于延安新区基础设施建设、道路工程等支出，截至2018年5月底，形成政府隐性债务11.18亿元。	11.18
4	贵州省纳雍县	2017年12月，纳雍县人民政府通过贵州省雍泰建设工程有限公司向建信信托有限责任公司取得信托贷款4亿元，统一安排用于农村饮用水等项目建设，并承诺上述贷款由财政资金偿还。截至2018年5月，纳雍县人民政府通过县属企业借款形成政府隐性债务4亿元。	4
5	四川省乐山市沙湾区、五通桥区、峨眉山市	2017年11月至12月，经当地政府批准，乐山市国土资源局沙湾区分局、五通桥区财政局、峨眉山市土地和房屋征收局等部门以14159名失地农民名义向金融机构贷款16.9亿元，用于缴纳应由政府支付的拆迁安置社保费用，并承诺贷款本息由政府纳入财政预算，形成政府隐性债务16.9亿元。	16.9
6	四川省蓬安县	2017年8月，蓬安县财政国库支付中心从该县两家融资平台公司借款2亿元，用于发放该县2016年度目标奖及离退休人员专项慰问金，形成政府隐性债务。	2
7	广西壮族自治区来宾市	2018年3月，广西壮族自治区来宾市城乡建设委员会与来宾市城市建设投资集团签订来宾市古三“三产”安置小区工程等3个工程建设类项目的政府购买服务协议，合同金额13.98亿元，形成政府隐性债务。	13.98
合计			88.63

（二）6个省的11个市县（区）虚增财政收入48.33亿元。

序号	地区	具体问题	问题金额（万元）
1	湖北省荆州市及沙市区	2017年，荆州市财政局、荆州市沙市区财政局分别通过将教育收费21638.69万元、2193.69万元缴入国库的方式，虚增当年一般公共预算收入23832.38万元。	23832.38
2	江西省丰城市、上栗县	2017年，丰城市财政局通过将学杂费收入和医院诊疗费收入从财政专户缴入国库的方式，虚增当年一般公共预算收入合计16146万元；上栗县财政局以扶持企业发展名义通过4家公司将财政资金拨付到105家企业后，再以企业缴税名义虚增当年县级一般公共预算收入9303.88万元。	25449.88

（续表）

序号	地区	具体问题	问题金额（万元）
3	广东省汕头市澄海区、龙湖区、金平区和湛江经济技术开发区	2017年，汕头市澄海区、龙湖区通过将医疗药品收入和学费收入等缴入国库的方式，虚增当年一般公共预算收入7.07亿元。2017年，湛江经济技术开发区和汕头市金平区通过向相关公司、医院、街道办事处拨付财政资金，再以罚款、集中收入等名义收缴入库的方式，虚增当年一般公共预算收入32.47亿元。	395410.46
4	贵州省纳雍县	2017年2月，纳雍县财政局在无真实收入项目情况下，收取纳雍县道桥建筑有限公司1722万元作为其他非税收入缴入国库，虚增当年一般公共预算收入。	1722
5	陕西省志丹县	2017年1月，志丹县通过虚假转让客运站等资产的方式，由相关公司将融资租赁获得的30391.25万元资金缴入国库，虚增当年一般公共预算收入。	30391.25
6	广西壮族自治区合山市	2017年1月至2018年5月，合山市财政局通过资金“空转”等方式，虚增国有资本经营收入6459万元，其中：2017年4910万元，2018年1549万元。	6459
合计			483264.97

（三）吉林省6个市县挪用财政专项资金48.3亿元用于弥补支出缺口。

截至2017年12月底，吉林省延边朝鲜族自治州本级、延吉市、公主岭市、榆树市、德惠市、农安县等6个市县共计挪用中央专项转移支付等各类财政资金48.3亿元，用于拆迁补偿、偿还债务等支出，形成财政支出缺口。

三、脱贫攻坚方面

2018年二季度，审计抽查了32个贫困县，其中24个为国家扶贫开发工作重点县（含集中连片特殊困难地区县），抽审资金167亿元，涉及1156个项目、426个单位、259个乡镇和778个村，入户走访1524个贫困家庭。从审计情况看，相关地区持续加大民生投入，加大对残疾、重病等贫困人群的救助力度，发挥产业扶贫对脱贫攻坚的带动作用。但有的地区和单位仍存在落实易地扶贫搬迁等扶贫政策不到位，扶贫资金管理使用不规范、虚报脱贫工作进度等问题。

（一）18个地区落实易地扶贫搬迁、教育扶贫、健康扶贫、金融扶贫等扶贫政策不到位。

序号	政策措施	具体问题	涉及地区	涉及人（户）数	涉及项目数	涉及资金（万元）
1	扶贫规划	贵州省瓮安县“十三五”脱贫攻坚规划编制不够精准，计划于2017年投入118.84亿元，超过同期财力的3倍多。	贵州省瓮安县	—	—	—
		云南省广南县“十三五”脱贫攻坚规划引领作用不强。按照规划，应于2017年前投资19.98亿元完工72个项目，截至2018年5月仅完成总投资的29%。	云南省广南县	—	—	—

（续表）

序号	政策措施	具体问题	涉及地区	涉及人（户）数	涉及项目数	涉及资金（万元）
2	产业扶贫	2016年至2017年，4个市县34个产业扶贫项目未与贫困户建立利益联结机制或未将产权明确给贫困户，涉及金额3430.7万元。	海南省儋州市；陕西省洋县；青海省祁连县；重庆市城口县	—	34	3430.7
		2017年，四川省黑水县的7个资产收益扶贫项目的分红资金未及时分配给贫困户，涉及金额15.75万元。	四川省黑水县	—	7	15.75
		截至2018年5月，贵州省瓮安县将脱贫攻坚投资基金扶贫产业子基金用于与扶贫无关的磷化工项目，涉及金额17647.06万元。	贵州省瓮安县	—	1	17647.06
3	易地扶贫搬迁	2016年至2017年，1个省、1个县在实施的易地搬迁项目中，未将基础设施、公共服务设施和后续扶持项目等配套设施与住房建设同步进行，影响10923名搬迁对象的基本生产生活。	河北省尚义县；青海省	10923	—	—
4	健康扶贫	2016年至2018年，由于相关部门信息沟通不充分等，4个市县231402名参加新型农村合作医疗保险、城乡居民基本医疗保险的建档立卡贫困人口未按规定享受个人缴费部分的财政补贴，涉及资金3320.99万元。	山东省济宁市；贵州省瓮安县；四川省黑水县；重庆市城口县	231402	—	3320.99
		2017年至2018年，3个县3081名贫困户未享受先诊疗后付费、大病医疗救助等政策，涉及金额1241.41万元；2016年至2018年，2个县2234名贫困户未享受规定政策，少报销住院费用79.32万元。	河北省尚义县；广西壮族自治区德保县；黑龙江省兰西县；重庆市城口县；宁夏回族自治区同心县	5315	—	1320.73
5	教育扶贫	2016年至2018年，由于相关部门工作对接不够等，1个省、2个市（州）、3个县9887名困难家庭学生未能按规定享受国家助学金、免除学杂费等补贴，涉及金额1371.24万元。	广东省；贵州省黔南州；海南省儋州市；湖北省咸丰县；河北省尚义县；黑龙江省兰西县	9887	—	1371.24
6	金融扶贫	2016年至2018年，由于贵州省黔南州小额扶贫贷款贴息对象不精准，262名非贫困户违规获取贴息，涉及金额40.41万元。	贵州省黔南州	262	—	40.41
		2015年至2017年，3个县未对858名贫困户扶贫小额贷款办理贴息，贫困户少享受贴息资金213.81万元。	四川省黑水县；河北省尚义县；黑龙江省兰西县	858	—	213.81
		截至2018年5月，山西省2017年设立的省级扶贫周转金中，有1.87亿元省级财政资金一直未使用。	山西省省本级	—	—	18700

（续表）

序号	政策措施	具体问题	涉及地区	涉及人（户）数	涉及项目数	涉及资金（万元）
7	以工代赈	2015年和2017年，贵州省黔南州和吉林省长岭县5个以工代赈项目未安排或未优先安排贫困农民参加，已完工的16个项目发放建档立卡贫困农民劳务报酬低于规定比例，共涉及金额329.6万元。	贵州省黔南州；吉林省长岭县	—	17	329.6
合计			18	258647	59	46390.29

（二）16个地区存在违规将资金用于非扶贫领域、骗取套取扶贫资金、超标准超范围发放等问题，涉及金额11.38亿元。

序号	具体问题	涉及地区	金额（万元）
1	2015年至2018年1月，5个县的14个单位通过虚报培训课时、提供虚假材料、虚报工程造价等方式，骗取套取扶贫资金225.7万元。	甘肃省庆城县	182
		黑龙江省兰西县	34.15
		青海省祁连县	4.51
		四川省黑水县	3.06
		辽宁省东洲区	1.98
2	2015年至2018年3月，3个县违规将扶贫贷款等10.51亿元用于城市开发、拆迁补偿等非扶贫领域支出。	重庆市城口县	87100
		陕西省商南县	10000
		四川省邻水县	8000
3	2015年和2016年，四川省阿坝州扶贫局、黑水县扶贫局将扶贫资金18.44万元用于与脱贫攻坚无关的接待、住宿等支出。	四川省阿坝州、黑水县	18.44
4	2015年至2018年6月，8个地区在基本医疗保险、农村危房改造等补助资金发放过程中提高标准、扩大范围、政策重复，超标准发放各类补贴8434.8万元。	广西壮族自治区	4604.29
		海南省儋州市	2312.35
		江西省兴国县	1275.31
		安徽省六安市裕安区	104.1
		宁夏回族自治区同心县	53.27
		云南省文山州	43.26
		甘肃省庆城县	39.79
		广东省	2.43
合计		16	113778.94

（三）9个地区资金统筹整合不到位、项目推进缓慢，3.63亿元资金闲置1年以上，其中2.59亿元资金闲置2年以上未发挥效益。

序号	具体问题	涉及地区（单位）	涉及资金（万元）	
			闲置1年以上	其中：闲置2年以上
1	截至2018年5月底，因多预估人数，福建省本级财政2016年为易地扶贫搬迁发放的地方政府债券8.3亿元中，剩余16279万元闲置两年以上。	福建省	16279	16279
2	截至2018年5月底，1个州、7个县因资金统筹盘活不到位、项目推进缓慢等，20000.56万元财政扶贫资金闲置1年以上，其中9598.42万元闲置2年以上。	贵州省黔南州、重庆市城口县、河北省尚义县、云南省广南县、贵州省瓮安县、湖北省咸丰县、黑龙江省兰西县、山东省泗水县	20000.56	9598.42
合计		9	36279.56	25877.42

（四）7个县的16个扶贫项目建成后效益低下或损失浪费等，涉及资金538.97万元。

具体问题	涉及地区	涉及项目数	涉及资金（万元）
2013年至2018年5月，因决策不当、相关配套设施或产业不完善等，7个县16个扶贫项目建成后效益低下或损失浪费，涉及资金538.97万元。	福建省宁化县	3	78
	江西省兴国县	1	253.64
	甘肃省庆城县	2	84.21
	辽宁省抚顺县	1	40
	四川省黑水县	2	32
	重庆市城口县	6	15.24
	河北省尚义县	1	35.88
合计	7	16	538.97

（五）7个地区多报脱贫人口，虚报扶贫工作完成进度。

序号	具体问题	涉及地区	涉及人（户）数	涉及资金（万元）
1	截至2018年6月，1个省、6个州县，将住房、饮水等“两不愁三保障”未落实的13001贫困人口（户）认定为脱贫人口。	广西壮族自治区、山东省济宁市、云南省文山州、贵州省黔南州、河北省尚义县、湖南省邵阳县、重庆市城口县	13001	—
2	2018年，河北省尚义县为完成考核指标虚报“十三五”易地扶贫搬迁入住人员2102人。	河北省尚义县	2102	—
3	2017年12月，重庆市城口县为保财政支出进度，虚列扶贫项目支出1192.32万元。	重庆市城口县	—	1192.32
合计		7	15103	1192.32

四、污染防治方面

（一）13 个省部分地区未完成大气、水污染防治目标任务。

序号	文件名称	任务目标	涉及地区	具体问题
1	《国务院关于印发大气污染防治行动计划的通知》（国发〔2013〕37 号）	到 2017 年，地级及以上城市建成区……禁止新建每小时 20 蒸吨以下的燃煤锅炉；其他地区原则上不再新建每小时 10 蒸吨以下的燃煤锅炉。	江西省吉安市、抚州市、南昌市、宜春市、上饶市、新余市	2015 年后，江西省吉安市、抚州市 2 市仍违规在城市建成区内新建 20 蒸吨/时以下燃煤锅炉 2 台；南昌市、宜春市等 6 市仍违规在城市建成区以外的其他地区新建 10 蒸吨/时及以下燃煤锅炉 27 台。
2	《国务院关于印发水污染防治行动计划的通知》（国发〔2015〕17 号）	加油站地下油罐应于 2017 年底前全部更新为双层罐或完成防渗池设置。	河北省、内蒙古自治区、广西壮族自治区和江西省宜春市、吉林省吉林市	截至 2018 年 6 月底，河北省、内蒙古自治区、广西壮族自治区 3 省和江西省宜春市、吉林省吉林市 2 市尚有 22962 个地下油罐未完成改造。
3		2017 年底前，工业集聚区应按规定建成污水集中处理设施，并安装自动在线监控装置。	河北省、甘肃省、广西壮族自治区、吉林省	截至 2018 年 6 月底，河北省、甘肃省、广西壮族自治区、吉林省 4 省共有 12 个工业集聚区未按要求建成污水集中处理设施及安装自动在线监控装置等。
4		2017 年底前，依法关闭或搬迁禁养区内的畜禽养殖场（小区）和养殖专业户。	北京市延庆区、黑龙江省兰西县、宁夏回族自治区中卫市沙坡头区、甘肃省白银市	截至 2018 年 6 月底，北京市延庆区、黑龙江省兰西县、宁夏回族自治区中卫市沙坡头区、甘肃省白银市 8 个需关停或搬迁的畜禽养殖场（小区）未按要求关停或搬迁。
5		开展饮用水水源规范化建设，依法清理饮用水水源保护区内违法建筑和排污口。	广西壮族自治区北海市、吉林省辽源市、浙江省金华市	截至 2018 年 6 月底，广西壮族自治区北海市、吉林省辽源市 2 个饮用水水源地保护区内存在 12 个畜禽养殖场；浙江省金华市沙金兰水库水源地一级保护区未完人口搬迁等排查整治工作，部分畜禽粪便、生活污水等未经有效处理直接排放，存在水源污染隐患。
6		垃圾填埋场等区域应进行必要的防渗处理。	吉林省辽源市	截至 2018 年 6 月底，辽源市简易垃圾填埋场在未按照国家有关规定完成防渗等治理的情况下使用，存量垃圾约 80 万吨，存在水污染和大气污染隐患。
7		敏感区域（重点湖泊、重点水库、近岸海域汇水区域）城镇污水处理设施应于 2017 年底前全面达到一级 A 排放标准。	辽宁省清原县、陕西省安康市、湖南省郴州市、广西壮族自治区北海市、钦州市、防城港市、甘肃省永昌县	截至 2018 年 6 月底，辽宁省清原县、陕西省安康市、湖南省郴州市、广西壮族自治区近岸海域汇水区域、甘肃省永昌县的 14 个污水处理厂未全面达到一级 A 排放标准。
8		现有污泥处理处置设施应于 2017 年底前基本完成达标改造。	湖南省	截至 2018 年 6 月底，湖南省仍有 27 个污泥处理处置设施达标改造任务未完成。

（二）3个省部分园区循环化改造和项目环境影响评价等工作未按要求完成。

序号	涉及地区	具体问题	具体规定
1	山东省	截至2018年6月底，山东省尚未制订全省园区循环化改造工作推进方案、年度推进计划和相应的年度改造园区名单，“十二五”期间计划开展循环化改造的65个园区中仍有16个未开展，临沂经济技术开发区等3个循环化改造试点园区有11个项目应完工未完工（其中3个拟取消），涉及投资12.46亿元。	《发展改革委　财政部关于推进园区循环化改造的意见》（发改环资〔2012〕765号）：“各地方循环经济发展综合管理部门、财政部门要会同有关部门制订本地区园区循环化改造的推进工作方案”。发展改革委等《关于印发〈循环发展引领行动〉的通知》（发改环资〔2017〕751号）：“地方各级政府相关部门要……制定本地区的循环发展规划或引领行动，明确目标任务”。
2	陕西省	截至2018年6月，陕西省水利厅未按规定对2016年8月修编的《陕西省小水电开发利用规划》开展小水电开发利用规划的环境影响评价工作。	《规划环境影响评价条例》：“国务院有关部门、设区的市级以上地方人民政府及其有关部门，对其组织编制的……水利、交通、城市建设、旅游、自然资源开发的有关专项规划（以下称专项规划），应当进行环境影响评价”。
3	黑龙江省哈尔滨市	截至2018年6月底，黑龙江省哈尔滨市落实畜禽规模养殖场环评制度不到位，397家规模养殖场未获环评批复和通过环评验收，占规模养殖场总数的64.55%，对周围生态环境造成污染隐患。	《国务院办公厅关于加快畜禽养殖废弃物资源化的意见》（国办发〔2017〕48号）：“新建、改建、扩建畜禽养殖场、养殖小区，应当符合畜牧业发展规划、畜禽养殖污染防治规划，满足动物防疫条件，并进行环境影响评价”。

（三）14个省的59个环保项目未按期开（完）工、建成后闲置或未经环评违规建设，涉及投资17.62亿元。

序号	涉及领域	涉及地区	问题类型	项目个数	具体问题
1	蓝天保卫战	山东省蓬莱市	项目闲置	1	截至2018年6月底，已于2017年7月建成验收的山东省蓬莱市粪污处理沼气提纯压缩项目由于经营许可证无法办理等，尚未投入运营，涉及投资1.02亿元。
2		吉林省榆树市、德惠市	未完工	2	截至2018年6月底，吉林省榆树市、德惠市2个2016年秸秆综合利用试点项目因相关部门组织推进不到位，逾期1年以上仍未完工，涉及投资2200万元。

（续表）

序号	涉及领域	涉及地区	问题类型	项目个数	具体问题
3	碧水保卫战	江西省宜春市、西藏自治区达孜区	未开工	5	截至2018年6月底，江西省宜春市、西藏自治区达孜区5个生活垃圾分类及无害化处理设施项目因前期准备不足、选址未确定等逾期1年以上仍未开工，涉及投资2607万元。
4		辽宁省抚顺市，黑龙江省哈尔滨市，江西省南昌市、萍乡市、宜春市，四川省阿坝藏族羌族自治州、黑水县，西藏自治区达孜区、江孜县，湖南省新化县，海南省儋州市	未完工	12	截至2018年6月底，黑龙江省哈尔滨市等7省11个地区的12个污水处理和生活垃圾收运系统工程等项目因选址、征地等前期工作缓慢等逾期1年以上仍未完工，涉及投资140667.85万元。
5		北京市延庆区，辽宁省东洲区、抚顺县、丹东市，安徽省怀远县、定远县、和县、当涂县，宁夏回族自治区利通区，西藏自治区吉隆县、错那县	项目闲置	36	截至2018年6月底，北京市延庆区等5省11个地区的36个已建成的生活垃圾综合利用处理场和污水处理等项目由于运营管护不力、配套设施建设缓慢等，尚未投入运营或面临损失浪费，涉及投资16374.86万元。
6		陕西省西安市	未经环评违规建设	1	陕西省西安市曲江新区社会事业管理服务中心在未取得项目土地、环评、规划等相关审批手续且选址未避开环境敏感区的情况下，于2017年11月完成设备用房等建设并试运行，涉及投资2687万元。
7	净土保卫战	湖北省竹溪县、辽宁省海城市	未开工	2	截至2018年6月底，湖北省竹溪县2014年重金属污染防治项目、辽宁省海城市2016年黑土地保护利用试点项目因主管部门未及时完善方案筹措资金、项目实施单位推动不到位等，逾期1年以上仍未开工，涉及投资1420万元。

（四）2个省的水源保护区内尾矿库综合治理等2项生态保护与修复工作不到位。

序号	涉及地区	问题类型	具体问题
1	辽宁省抚顺市	未开工	截至2018年6月底，辽宁省抚顺市大伙房水源保护区罕王上章党矿业有限公司尾矿库综合治理等15个尾矿库综合治理项目，因企业自筹配套资金难以落实、实施主体变更等，逾期2年以上仍未开工，涉及投资4074万元。

（续表）

序号	涉及地区	问题类型	具体问题
2	广东省	规划重叠	广东省于2017年10月编制出台的《广东省海岸带综合保护与利用总体规划》中承担开发建设功能的建设用海空间，有2193.90亩与按规定禁止任何人进入的"湛江红树林国家级自然保护区""大亚湾水产资源省级自然保护区"的核心区重叠；规划进行生态保护的陆域、海域生态空间有145.65万亩与713个高标准农田建设项目重叠。

（五）2个省的3个市县部分污水直排污染环境。

截至2018年6月底，因江西省宜春市铁路以南片区部分市政道路及管网建设滞后，导致大量生活污水直排污染环境；因江西上高工业园区污水处理厂配套管网未建，导致33家企业产生的污水直排污染环境；因贵州省纳雍县城东污水处理厂扩建工程等3个污水处理厂建设缓慢，导致部分污水未经处理直排污染环境。

五、深化"放管服"改革、优化营商环境方面

（一）5个地区和部门的5项行政审批改革事项落实不到位。

序号	涉及地区或单位	涉及事项	具体问题
1	广东省8个市县水务局	未按规定取消行政审批事项	2017年9月，国务院决定取消由省、市、县级水行政主管部门实施的建设项目水资源论证报告书审批，截至2018年6月底，广东省仍有8个市县违规保留此审批事项。
2	吉林省5个县	部分行政审批事项未按要求整合	2016年，国务院印发文件要求对投资项目报建审批事项进行整合，截至2018年6月底，吉林省5个县未按要求对"临时占用城市绿地审批"等13项行政审批事项进行整合。
3	宁夏回族自治区银川市		宁夏回族自治区银川市未按规定对"占用、挖掘城市道路审批"等3项行政审批事项进行整合。
4	国家发展改革委	外债发行备案工作进展较慢	根据相关规定，企业须向国家发展改革委申请办理备案登记手续后才能发行外债。2018年4月至6月，国家发展改革委收到97个外债备案申请，其中28个（占29%）办理时间超过12个工作日的规定办理期限，到期后未明确是否予以备案。
5	国家能源局	煤层气对外合作项目审批改备案进展缓慢	2017年1月，《国务院关于扩大对外开放积极利用外资若干措施的通知》（国发〔2017〕5号）要求将石油、天然气领域对外合作项目由审批制改为备案制。截至2018年6月底，由于《中华人民共和国对外合作开采陆上石油资源条例》尚未修订，国家能源局仍对项目业主单位制订的《对外合作总体开发方案》中"是否合理开发并有效利用了资源"等开展评估和审批。

（二）3个省的19家单位在工程项目招标、土地拍卖等活动中设置地域等不合理限制条件。

序号	涉及单位	涉及事项	具体问题	相关规定
1	浙江省水文局、浙江省水资源管理中心等8家单位	发布政府采购招标公告时，要求供应商具备已取消或与合同履行无关的资质	2017年1月至2018年6月，浙江省水文局等8家单位在10项政府采购招标公告中将已取消的“水文、水资源调查评价或建设项目水资源论证资质”作为供应商资格要求。浙江省水资源管理中心在14项涉及水土保持综合管理类事务的政府采购招标公告中，要求投标供应商具备生产建设项目水土保持方案编制单位或监测单位水平评价相应星级证书。	《中华人民共和国政府采购法实施条例》：“采购人或者采购代理机构有下列情形之一的，属于以不合理的条件对供应商实行差别待遇或者歧视待遇……（八）以其他不合理条件限制或者排斥潜在供应商”。
2	湖北省荆州市土地资产管理委员会	土地拍卖过程中违规设置限制条件	2017年12月，荆州市土地资产管理委员会在纪南文化旅游区某地块招标公告中，规定“经荆州纪南生态文化旅游区管理委员会出具书面认可文件后方可申请参与本宗地的竞买活动”。该地块拍卖时只有1家本地企业申请登记，并以起拍价成交。	《招标拍卖挂牌出让国有建设用地使用权规定（2007修订）》（2007年国土资源部第39号令）：“中华人民共和国境内外的自然人、法人和其他组织……均可申请参加国有建设用地使用权招标拍卖挂牌出让活动。出让人在招标拍卖挂牌出让公告中不得设定影响公平、公正竞争的限制条件”。
3	湖北省十堰市郧阳区农业局、浠水县洗马镇人民政府等6家单位	发布招标公告时，违规设置地域限制条件	十堰市郧阳区农业局、浠水县洗马镇人民政府等6家单位在政府采购等招标公告中，分别设定了投标人注册地在十堰市郧阳区内、注册地在浠水县境内或项目法定代表人是浠水籍等条件。	《中华人民共和国招标投标法》：“任何单位和个人不得违法限制或者排斥本地区、本系统以外的法人或者其他组织参加投标，不得以任何方式非法干涉招标投标活动……招标文件不得要求或者标明特定的生产供应者以及含有倾向或者排斥潜在投标人的其他内容”。
4	江西省鄱阳县人民政府、新余市住房和城乡建设委员会	招标时要求设立子公司（分公司）或法定代表人等必须到场	鄱阳县人民政府、新余市住房和城乡建设委员会在财政投资项目、建设工程等招标中，要求外省（地）法人公司中标后必须在本省（地）注册登记分公司或子公司，或法定代表人等必须持身份证到场参加投标会。	《国家税务总局　住房和城乡建设部　财政部关于进一步做好建筑行业营改增试点工作的意见》（税总发〔2017〕99号）：第七条“坚决打破区域市场准入壁垒，任何地区和单位不得违法限制或排斥本地区以外的建筑企业参加工程项目投标，严禁强制或变相要求外地建筑企业在本地设立分公司或子公司”。

（续表）

序号	涉及单位	涉及事项	具体问题	相关规定
5	江西省南昌市人民政府、南昌市城乡建设委员会	在政府投资工程项目招标中实行预选承包商库制度或要求企业办理重复登记	2017年11月至2018年6月，南昌市及下属区县96个政府投资工程项目招标仍实行预选承包商库制度。	《国家发展改革委　财政部　商务部　工商总局　国务院法制办关于印发〈公平竞争审查制度实施细则（暂行）〉的通知》（发改价监〔2017〕1849号）第十四条："市场准入和退出标准……（三）不得限定经营、购买、使用特定经营者提供的商品和服务，包括但不限于……没有法律法规依据，通过设置项目库、名录库等方式，排斥或者限制潜在经营者提供商品和服务"。
			按规定，建筑企业纳入全省统一的建筑市场监管信息系统后，可在工程所在地省级行政区域内承揽业务，无须向省内各级住房城乡建设主管部门重复报送信息，南昌市城乡建设委员会要求外地企业在本地进行诚信登记后，才能参与南昌市建筑市场活动，2016年以来共要求130家省外企业、64家省内外地企业办理诚信登记。	《住房城乡建设部关于推动建筑市场统一开放的若干规定》（建市〔2015〕140号）："工程所在地省级住房城乡建设主管部门收到建筑企业报送的基本信息后，应当及时纳入全省统一的建筑市场监管信息系统……企业录入基本信息后，可在工程所在地省级行政区域内承揽业务。省级行政区域内各级住房城乡建设主管部门不得要求建筑企业重复报送信息，或每年度报送信息"。

（三）9个地区或部门的15家单位违规征收已停征的行政事业性收费，或依托行政职权、行政资源及影响力通过垄断经营、指定服务、强制培训等违规收费3.45亿元。

序号	涉及单位	涉及事项	具体问题	相关规定	涉及金额（万元）
1	湖南省永州市食品质量安全监督检验中心	食品检验费	湖南省要求自2017年4月1日起，停征食品检验费，相关经费由同级财政预算予以保障。截至2018年6月底，永州市食品质量安全监督检验中心仍继续向食品企业生产的产品收取检验费102.82万元。	湖南省财政厅、湖南省发展和改革委员会《关于清理规范一批行政事业性收费有关政策的通知》（湘财综〔2017〕16号）："停征的涉企行政事业性收费……食品药品监督部门……15. 检验费（包括：食品检验费……）"。	102.82
2	北京市土地整理储备中心	土地入市交易服务费	2017年1月至2018年6月，北京市土地整理储备中心在招拍挂国有建设用地使用权时，以土地入市交易服务费的名义，向土地一级开发主体收取土地招拍挂代理费9901.76万元。	《财政部　国土资源部　中国人民银行关于印发国有土地使用权出让收支管理办法的通知》（财综〔2006〕68号）："土地出让收支全额纳入地方政府基金预算管理。收入全部缴入地方国库，支出一律通过地方政府基金预算从土地出让收入中予以安排"。	9901.76

（续表）

序号	涉及单位	涉及事项	具体问题	相关规定	涉及金额（万元）
3	黑龙江省哈尔滨市城市管理局	树木移植赔偿费	2017 年 1 月至 2018 年 6 月，哈尔滨市城市管理局在审批“城市树木移植”行政许可过程中，无依据向 74 家工程建设单位收取“树木移植赔偿费” 3904.06 万元。	《国务院办公厅关于进一步加强涉企收费管理减轻企业负担的通知》（国办发〔2014〕30 号）：“坚决查处各种侵害企业合法权益的违规行为……严禁擅自提高收费标准、扩大收费范围”。	3904.06
4	广西壮族自治区来宾市兴宾区和武宣县部分乡镇、兴宾区糖业发展办公室	甘蔗劳务费、高产高糖基金	2017 年 1 月至 2018 年 5 月，来宾市兴宾区和武宣县部分乡镇、兴宾区糖业发展办公室以甘蔗劳务费、高产高糖基金等名义向辖区内制糖企业收取费用 1381.11 万元，通过先缴后返、直接坐支等方式主要用于办公经费、人员工资等。	《国务院办公厅关于进一步加强涉企收费管理减轻企业负担的通知》（国办发〔2014〕30 号）：“坚决查处各种侵害企业合法权益的违规行为……坚决制止各类针对企业的乱收费、乱罚款和摊派等行为”。	1381.11
5	天津中富信安科技发展有限公司	电子认证服务费	天津市人力资源和社会保障局指定天津中富信安科技发展有限公司向社保用户提供社保电子认证服务并收费，2017 年 7 月，天津市人力资源和社会保障局要求其停止收费，2018 年 4 月至 6 月底，中富信安公司仍向社保用户违规收取电子认证服务费 201.1 万元。	《财政部　国家发展改革委　工业和信息化部关于规范电子政务平台收费管理的通知》（财综函〔2011〕14 号）：“各级人民政府及其部门和单位不得利用电子政务平台从事任何商业经营活动……不得采取强制或变相强制的方式要求企业或个人购买第三方电子认证服务……不得以技术维护费、服务费、电子介质成本费等名义向企事业单位和个人收取任何经营服务性费用”。	201.1
6	黑龙江省建设信息中心		2018 年 1 月至 6 月，黑龙江省建设信息中心通过变相强制外省建筑施工企业购买电子政务平台第三方电子认证服务方式，收费 145.85 万元。		145.85
7	广西报废车回收拆解行业协会	回收证明费	广西壮族自治区商务厅指定由广西报废车回收拆解行业协会向区内 15 家报废汽车回收企业发放《报废汽车回收证明》。2015 年至 2018 年 6 月，广西报废车回收拆解行业协会依托该职责，自定标准，向报废汽车回收企业出售该证明，收费 59.4 万元。	《报废汽车回收管理办法》：“《报废汽车回收证明》样式由国家经济贸易委员会规定。任何单位和个人不得买卖或者伪造、变造《报废汽车回收证明》”。	59.4

（续表）

序号	涉及单位	涉及事项	具体问题	相关规定	涉及金额（万元）
8	北京市朝阳区民办教育协会	培训费	朝阳区教育委员会规定区内民办学校向其报送年度报告时，须通过朝阳区民办教育协会统一提交审计报告。2016 年至 2017 年，朝阳区民办教育协会依托该职责，向区内民办学校指定 6 家会计师事务所，并在未实际提供培训的情况下，以讲解民办教育政策法规和年度审计工作要求的名义，向上述会计师事务所收费 89.2 万元。	财政部、国家发展改革委、工业和信息化部《关于开展涉企收费专项清理规范工作的通知》（财税〔2015〕45 号）：“整顿规范行业协会商会收费……严禁行业协会商会依靠代行政府职能或利用行政资源擅自设立收费项目、提高收费标准”。财政部、民政部《关于加强社会组织反腐倡廉工作的意见》（民发〔2014〕227 号）：“社会组织不得利用业务主管部门影响或者行政资源牟利”。	89.2
9	重庆市质量安全考试中心	培训费	2017 年 1 月至 2018 年 6 月，重庆市质量安全考试中心组织质量安全人员职业资格认定过程中，通过下属民办学校开展培训服务 2545 项次，收取培训费 228.39 万元。	国务院办公厅《关于清理规范各类职业资格相关活动的通知》（国办发〔2007〕73 号）：“举办职业资格考试的单位和机构一律不得组织与考试相关的培训”。	228.39
10	重庆市建设岗位培训中心	上岗证考核费	《重庆市建筑管理条例》规定建筑企业的技术管理人员和工人应接受专业培训，经考核合格后，由市建设行政主管部门统一核发岗位证书。2017 年 1 月至 2018 年 5 月，重庆市城乡建委所属建设岗位培训中心在组织考核颁证过程中，未经审批收取上岗证考核费 678.73 万元。	《财政部　国家发展改革委关于发布〈行政事业性收费项目审批管理暂行办法〉的通知》（财综〔2004〕100 号）：“国务院和省、自治区、直辖市人民政府及其财政、价格主管部门按照国家规定权限审批管理收费项目。除国务院和省级政府及其财政、价格主管部门外，其他国家机关、事业单位、社会团体，以及省级以下（包括计划单列市和副省级城市）人民政府，均无权审批收费项目”。	678.73
11	浙江水利水电学院	培训费	2017 年 1 月至 2018 年 6 月，浙江水利水电学院强制职业技能鉴定申请人参加其组织的考前培训，累计收取培训费用 220.86 万元。	国务院办公厅《关于清理规范各类职业资格相关活动的通知》（国办发〔2007〕73 号）：“整治各类职业资格培训秩序，严禁强制开展考前培训以及以考试为名推行培训”。	220.86
			浙江省水利厅要求省外进浙水利建设施工和监理企业在浙授权委托人应每年参加由浙江水利水电学院承办的安全生产培训。2017 年至 2018 年 6 月，该学院共培训 520 人次，收取培训费 20.8 万元。	《浙江省安全生产条例》（浙江省人大常委会公告 2016 年第 45 号）第十三条：“负有安全生产监督管理职责的部门对生产经营单位的主要负责人和安全生产管理人员进行培训的，不得收费”。	20.8

（续表）

序号	涉及单位	涉及事项	具体问题	相关规定	涉及金额（万元）
12	河北省建筑业协会、河北省建筑业协会工程建设质量分会	“安济杯”、“三优一诚信”、优秀质量管理小组评比	2016年至2018年6月，河北省建筑业协会未经批准，组织开展“安济杯”“三优一诚信”评比活动，并向参评企业收费199.43万元；2016年至2018年6月，河北省建筑业协会工程建设质量分会未经批准，举办5项优秀质量管理小组评比活动，并向参评企业收费111.85万元。	全国评比达标表彰工作协调小组《社会组织评比达标表彰活动管理暂行规定》（国评组发〔2012〕2号）：“表彰评比坚持非营利性原则……不得向评选对象收取任何费用……以前未经批准保留的社会组织评比达标表彰项目应当一律停止，确需开展的应当按照本规定提出申请。未提出申请或者申请未予批准的，一律不得继续开展评比达标表彰活动”。	311.28
13	安标国家矿用产品安全标志中心	矿用产品安全标志认证	原安全监管总局自2011年起，授权安标国家矿用产品安全标志中心作为唯一机构，承担矿用产品安全标志的审核发放与监督管理工作。该中心2015年至2017年，通过开展该项工作取得收入17270.4万元。	《财政部　发展改革委　工业和信息化部关于开展涉企收费专项清理规范工作的通知》（财税〔2015〕45号）：“清理规范强制垄断性的经营服务性收费……严禁借助行政权力垄断经营”。	17270.4
合计					34515.76

（四）13个地区的41家单位执行国家保证金政策不到位，违规收取、未及时清退各类保证金等6.12亿元。

序号	涉及单位	涉及事项	具体问题	涉及资金（万元）
1	陕西省环境保护厅、陕西省延安市新区管理委员会	排污权交易保证金、渣土车管理保证金	陕西省环境权交易所有限公司受陕西省环境保护厅排污权储备管理中心委托，向参加排污权竞买交易的企业收取排污权交易保证金，截至2018年6月底尚有478.89万元未清退；延安市新区管理委员会违规设立并收取的渣土车管理保证金中有239.24万元未按规定清退。	718.13
2	广西壮族自治区来宾市政务和公共资源交易管理局、来宾市公共资源交易中心	农民工工资保障金、投标保证金	截至2018年6月底，广西来宾市政务和公共资源交易管理局等2家单位未及时退还农民工工资保障金、投标保证金8955.28万元。	8955.28
3	湖北省武汉市公共资源交易管理办公室等3家单位	投标保证金	截至2018年6月，湖北省武汉市公共资源交易管理办公室、湖北省招标股份有限公司、武汉恒骥招标代理有限公司等单位未及时退还已到期的投标保证金2031.91万元。	2031.91

（续表）

序号	涉及单位	涉及事项	具体问题	涉及资金（万元）
4	江西省宜春市公共资源交易管理中心、宜春市市场和质量监督管理局	投标保证金	截至2018年6月，江西省宜春市公共资源交易管理中心等2家单位未及时退还已到期的投标保证金202.89万元。	202.89
5	天津市和平区等4个区教育局	办学风险保证金	天津市和平区等4个区教育局在12所民办学校已满足不用提取办学风险保证金条件的情况下，仍要求12所民办学校向区教育局、金融机构、民办学校三方共管账户缴存2017年度办学风险保证金12.68万元。	12.68
6	吉林省长春市规划局绿园分局	日照补偿金	2013年3月，长春市规划局自定文件，规定建设单位预存2倍日照补偿金后，规划局可以核发相关规划许可。2013年12月至2018年5月，长春市规划局绿园分局指定的账户已收取建设单位预存的日照补偿金7185.87万元。2018年6月底，尚有3057.01万元未返还。	3057.01
7	河南省濮阳市河道管理处	施工保证金	截至2018年6月底，河南省濮阳市河道管理处2017年违规收取的施工保证金40万元未按要求清退。	40
8	甘肃省宁县土地开发储备中心等11家单位	临时用地复垦保证金	截至2018年6月底，甘肃省宁县土地开发储备中心等11家单位，向15家高速公路施工单位违规收取临时用地复垦保证金1191.08万元未按要求清退。	1191.08
9	新疆维吾尔自治区塔城、和田、喀什地区及所属9个县市交通、水利、教育、住建等部门及鄯善县人民政府	工程质量保证金、履约保证金等	截至2018年6月底，新疆塔城、和田、喀什地区及所属9个县市交通、水利等部门收取履约保证金的同时预留工程质量保证金、超过规定比例收取的工程质量保证金，涉及11136.24万元；鄯善县人民政府违规收取施工企业的诚意金尚有3600万元未退还。	14736.24
10	西藏自治区财政厅、交通厅	投标保证金	截至2018年6月底，西藏自治区财政厅、交通厅未及时清退投标保证金341.95万元。	341.95
11	渝利铁路有限责任公司	质量保证金	渝利铁路有限责任公司在渝利铁路通车已超过4年的情况下，仍未清退14家施工和监理单位质量保证金27085.24万元。	27085.24
12	国网物资有限公司	投标保证金	截至2018年6月底，国网物资有限公司未按规定及时清退系统外部单位招投标保证金2349.54万元，其中1791.72万元保证金结存超过7年。	2349.54
13	上海轨道交通十二号线发展有限公司	施工单位安全风险抵押金	截至2018年6月，上海轨道交通十二号线发展有限公司未及时清退施工单位安全风险抵押金467.93万元。	467.93
合计				61189.88

六、支持创业创新方面

（一）陕西省西安投资控股有限公司发行的小微企业增信集合债券资金部分用于支持大中型企业，未充分发挥支持小微企业发展作用。按规定，西安投资控股有限公司通过发行小微企业增信集合债券筹集的资金，应以委托贷款形式向辖区内小微企业投放。截至2018年5月底，已发放的委托贷款中，有51.9%（3.75亿元）发放给9家大中型企业，未能发挥支持小微企业发展作用。

（二）江西省景德镇直升机战略新兴产业专项资金部分未用于支持直升机产业或技术发展。2014年，江西景德镇成为直升机战略新兴产业区域集聚发展试点地区。2015年12月，景德镇高新技术产业开发区管理委员会财政局拨付景德镇合盛产业投资发展有限公司试点补助资金5500万元，用于发起设立景德镇直升机产业创投基金。截至2018年6月底，该基金投资的豪威科技、微贷网等全部17个项目均与直升机产业无关。

（三）广东省科技发展专项资金分配针对性不强。2016年和2017年，广东省财政厅共计安排科技发展专项资金1.3亿元，用于支持机器人产业前沿与关键技术创新发展。广东省科技厅采取平均分配的方式，将资金平均分配于26个项目，不利于企业攻克核心零部件中难度较大的高精度减速器等“短板”项目。

（四）南京高新技术产业开发区以虚假资料获得苏南国家自主创新示范区奖补资金2340万元。按要求，2016年度苏南国家自主创新示范区奖补资金在申报截止日前使用完毕方可申请2017年的奖补资金。2017年4月，南京高新技术产业开发区在2016年获得的奖补资金尚未使用的情况下，以虚假的资金支出材料申报并获得2017年奖补资金2340万元。截至2018年5月，2016年奖补资金仍结存在高新区管理委员会。

七、重大改革任务落实方面

此次抽查的农业农村发展、危险化学品安全综合治理、电力体制改革等3个方面42项具体改革任务中，有2项任务未按时完成，1项监管职责履行不到位。

序号	牵头单位	任务来源	问题类型	具体改革任务	问题表述	要求完成时限
1	原农业部	《中共中央　国务院关于深入推进农业供给侧结构性改革加快培育农业农村发展新动能的若干意见》及落实意见	未按期完成任务	长江流域水生生物保护区实现全面禁捕工作	根据《中共中央　国务院关于深入推进农业供给侧结构性改革加快培育农业农村发展新动能的若干意见》及相关落实意见要求，2017年在长江流域水生生物保护区实施全面禁捕。截至2018年6月底，长江流域水生生物保护区全面禁捕工作实施方案尚未出台，禁捕工作未全面开展。	2017年底前
2	原安全监管总局	《国务院办公厅关于印发危险化学品安全综合治理方案的通知》（国办发〔2016〕88号）	未按期完成任务	研究制定高危化学品目录	根据《危险化学品安全综合治理方案》要求，原安全监管总局牵头的制定高危化学品目录工作应于2018年3月底前完成，截至2018年6月底尚未完成。	2018年3月底前

（续表）

序号	牵头单位	任务来源	问题类型	具体改革任务	问题表述	要求完成时限
3	国家能源局	《中共中央　国务院关于进一步深化电力体制改革的若干意见》及配套文件	监管职责履行不到位	“电网企业投资建设可再生能源发电项目配套接网工程”监管责任	根据《中共中央　国务院关于进一步深化电力体制改革的若干意见》及配套文件的要求，国家能源局承担“电网企业投资建设可再生能源发电项目配套接网工程”监管责任。由于国家能源局未明确监管措施，未对内蒙古、宁夏58个违规工程实施有效监管，涉及投资6.71亿元。	—

八、财政资金管理使用方面

（一）部分财政资金安排项目的绩效评价工作不到位。

12个部门和吉林省的75个财政资金安排项目，存在绩效目标设计不合理、绩效目标未完成、绩效评价结果运用不充分、绩效自评不规范等问题。

序号	相关规定	涉及部门	类别	具体问题
1	财政部《关于印发〈中央部门预算绩效目标管理办法〉的通知》（财预〔2015〕88号）	工业和信息化部、住房城乡建设部、原文化部、供销合作总社、民航局	绩效目标设计	工业和信息化部、住房城乡建设部、原文化部、供销合作总社、民航局5个部门19个项目存在绩效目标未细化、量化等问题，目标设定不合理，未能清晰反映预算资金的预期产出和效果。
2		商务部、原卫生计生委	绩效目标完成	商务部“流通管理工作”项目、原卫生计生委“新药创制生物学评价关键技术体系仪器购置”项目绩效目标未按计划如期完成。
3		科技部、商务部、民航局	绩效评价	科技部、商务部、民航局3个项目开展绩效自评时未考虑有效利用以前阶段绩效评价结果。
4		科技部、原国土资源部、原环境保护部、住房城乡建设部、体育总局、地震局、吉林省	绩效自评	6个部门和吉林省51个预算项目绩效自评不规范，存在自评范围不完整、自评不客观、自评结果与实际情况不符等问题。

（二）2个省的省本级和4个省的4个市县（区）3.34亿元财政资金统筹盘活不到位。

序号	地区或单位	具体问题	资金金额（万元）
1	江西省本级、宜春市	截至2018年6月底，江西省财政厅、宜春市财政局共有3504.91万元结余资金及结转2年以上的财政资金未统筹使用。	3504.91
2	陕西省本级	截至2018年6月底，陕西省财政厅未对陕西金融控股集团有限公司结转超过2年以上的省级服务业项目等财政补助资金22278万元进行统筹盘活。	22278
3	黑龙江省哈尔滨市呼兰区	2017年10月，哈尔滨市呼兰区黑土地保护利用试点项目实施完成，截至2018年6月底，该项目尚有90.5万元净结余资金结存在呼兰区财政金融局国库账户，未及时统筹盘活。	90.5
4	山东省泗水县	截至2018年6月底，由于部门工作不衔接等，泗水县大中型水库避险解困试点项目补助资金中有2680万元闲置2年以上。	2680
5	湖北省荆州市	截至2018年6月底，荆州市财政局财政专户核算的资金中，有4895.68万元结转2年以上的财政资金未统筹使用。	4895.68
合计			33449.09

中华人民共和国审计署审计结果公告（2018年第49号）

2018年第三季度国家重大政策措施落实情况跟踪审计结果

（2018年12月10日公告）

审计署以习近平新时代中国特色社会主义思想为指导，深入学习贯彻党的十九大和十九届二中、三中全会精神，认真贯彻落实党中央、国务院对审计工作的部署要求，持续加大对国家重大政策措施落实情况跟踪审计力度。2018年第三季度，继续组织对31个省、自治区、直辖市（以下统称省）、新疆生产建设兵团和38个中央部门、10户中央企业进行审计，围绕推动经济高质量发展和供给侧结构性改革，聚焦防范化解重大风险、精准脱贫、污染防治三大攻坚战推进，减税降费政策落实，“放管服”改革深化，重大工程项目建设等情况，关注了稳就业、稳金融、稳外贸、稳外资、稳投资、稳预期相关工作的推进情况，并对以往审计发现问题的整改情况进行了跟踪检查。此次抽查了1510个单位、3018个项目，涉及资金4185.69亿元，其中中央财政资金312.72亿元。

一、落实国家重大政策措施的好做法好经验

从2018年第三季度审计情况看，有关地区和部门围绕推进经济高质量发展和供给侧结构性改革，结合实际，主动作为，一些经验做法值得总结推广。

（一）积极落实健康扶贫、产业扶贫及生态扶贫政策，推进脱贫攻坚。重庆市、宁夏回族自治区开展健康扶贫医疗救助“一站式”报销结算工作；陕西省镇安县推进实施“社区工厂”模式；国家林草局组织选聘建档立卡贫困人口担任生态护林员。

（二）加快新旧动能转换和科技创新，促进实体经济转型升级。山东省稳步推进新旧动能转换重大工程实施；天津市加大政策和服务支持，发展智能科技产业；江西省鹰潭市推进移动物联网建设及应用，开展“智慧城市”建设。

（三）深化“放管服”改革，优化营商环境。四川省成都市城乡建设委员会和辽宁省大连长兴岛经济技术开发区探索企业投资项目承诺制审批；广西壮族自治区北海市推行“打包审批、勘审同

步”行政审批模式；外交部积极推动往来便利化，优化领事服务工作。

（四）降低融资成本，减轻企业负担。江西省设立小微企业转贷基金；广东省中山市推出“助保贷”业务；重庆市深化知识价值信用贷款改革工作。

二、以往审计发现问题的整改情况

有关地区和部门细化落实责任，积极整改审计发现问题，取得较好成效。其中，吉林省长春市使用土地出让金提前偿还地方政府隐性债务1.7亿元；广西壮族自治区合山市对虚增的财政收入1549.6万元进行退库处理；河北省阳原县、辽宁省抚顺县等4个地区或单位积极盘活财政资金7052.22万元用于农村饮水安全等民生支出；山东省济宁市、四川省黑水县、重庆市城口县、甘肃省和政县4个地区补发或返还参保补助金和易地搬迁征地补偿费3487.85万元；宁夏回族自治区盐池县拆除哈巴湖国家级自然保护区内违规新建的养殖场；湖南省永兴县加快推进太和工业园周边土壤治理；辽宁省锦州市、湖北省武汉市等18个地区和部门的34家单位停止或清退违规收费，破除违规设定的地域限制，优化营商环境；山东省淄博市妥善完成1户钢铁企业去产能职工安置工作；中国联合网络通信集团有限公司推进未及时完工的项目建设，完成联通云数据有限公司沃云平台产品服务能力软件研发等7个重大项目。

三、2018年第三季度审计发现的主要问题

从审计情况看，有关地区和部门围绕推进经济高质量发展，积极落实稳增长、促改革、调结构、惠民生、防风险各项政策，取得较好成效。但一些地区和部门在推进防范化解重大风险、精准脱贫、污染防治三大攻坚战，落实减税降费政策措施，深化“放管服”改革，做好稳就业、稳金融、稳外贸、稳外资、稳投资、稳预期工作等方面还存在一些突出问题。

（一）部分地区违规举债形成地方政府隐性债务。多数被审计地区积极采取措施加强政府债务预算管理，在有序化解地方政府隐性债务等方面取得了一定效果，但仍有4个省的4个地区以签订借款合同等方式新增地方政府隐性债务30.01亿元。

（二）部分地区扶贫政策落实不到位，扶贫资金和项目未实现预期效果。本季度重点抽查了31个贫困县，其中国家扶贫开发工作重点县（含集中连片特殊困难地区县）23个，抽审资金121.63亿元，涉及964个项目、384个单位、214个乡镇、468个村，入户走访740个贫困家庭。被审计地区持续加大民生投入，加大对残疾、重病等贫困人群的救助力度，发挥产业扶贫对脱贫攻坚的带动作用，但仍有20个地区落实产业扶贫、健康扶贫、教育扶贫等9项扶贫政策不到位；7个地区存在扶贫资金闲置、套取扶贫资金、将扶贫资金用于非扶贫领域等问题，涉及金额1.38亿元；9个地区的26个扶贫项目存在建成后闲置或无法使用、进展缓慢、管理不规范等问题，涉及金额6834.79万元；7个地区的12510名贫困人口在农村饮水安全、基本医疗和住房安全等“两不愁三保障”不达标情况下“被脱贫”。

（三）部分地区污染防治目标任务未完成，污水和垃圾未有效处理，环境保护项目建设缓慢或建成后闲置。审计重点关注了污染防治目标任务完成、水源地保护等情况，重点抽查了污水、垃圾等环境保护项目实施情况。被审计地区和部门深入实施国家污染防治行动计划，加大生态系统保护和修复工程支持力度，但仍有10个地区的淘汰黄标车等5项污染防治目标任务或工作未按要求完成；15个地区污水和垃圾未有效处理，或饮用水水源地保护不到位；8个地区的8个环境保护项目未按期开（完）工，或建成后闲置，涉及投资4.59亿元。

（四）部分地区和部门落实降低企业负担政策不到位，仍存在违规收费、未及时清退保证金等问题。审计重点关注了部分地区和部门减税降费政策落实情况，抽查了有关地区和部门执行涉企收费目录清单制度、清理规范行政审批中介服务、依托行政资源或权力收费等事项。被审计地区和部门不断加大减税降费政策措施贯彻落实力度，提升企业和群众对减税降费的获得感，但仍有9个地区和部门的10家单位违规开展行政审批中介服务并收费，或要求企业承担中介服务费用4.38亿元；6个地区的8家单位违规征收已停征的行政事业性收费，或通过借助行政权力垄断经营等方式违规收费1.96亿元；89家单位违规征收或未及时清退 22 类保证金 23.07 亿元。

（五）部分地区和部门简政放权政策执行不到位，营商环境有待进一步优化。审计重点关注了规范行政审批行为、改进行政审批工作、清理违规设置不合理限制条件等政策措施落实情况。被审计地区和部门能够不断推进简化审批事项、优化审批服务、探索创新监管理念和方式，但 5 个地区和部门的 5 家单位落实取消行政审批前置条件、清理修订政策文件等简政放权政策措施不到位；4 个地区的 9 家单位违规设置不合理限制条件或违规指定经营。

（六）部分地区稳就业、稳金融、稳外贸、稳外资、稳投资、稳预期工作有待进一步加强。审计重点抽查了中央就业补助资金管理使用、就业失业数据统计、金融机构风险管理等“六稳”相关政策措施落实情况。各地区和部门积极采取措施扎实做好稳定和扩大就业工作，加强金融风险管控，推进重大项目建设，取得一定成效，但 1 个省存在就业失业数据不实等问题；6 个省的个别金融机构存在掩盖不良贷款、拨备覆盖率低等问题；43 个重大工程项目进展缓慢或建成后效益不高；1 个外商投资项目进展缓慢。

附件：1. 有关地区和部门积极推进国家重大政策措施落实的具体举措
2. 整改效果较好的事例
3. 2018 年第三季度跟踪审计发现的主要问题

附件 1：

有关地区和部门积极推进国家重大政策措施落实的具体举措

一、积极落实健康扶贫、产业扶贫及生态扶贫政策，推进脱贫攻坚

（一）重庆市、宁夏回族自治区开展健康扶贫医疗救助“一站式”报销结算工作。2018 年 5 月，重庆市开通建档立卡贫困人口健康扶贫医疗救助“一站式”结算平台，贫困人口在全市基本医疗保险定点机构就医，只需缴纳个人负担部分，医疗机构在垫付符合救助报销政策部分后，与区县健康扶贫相关部门按月结算，改变了贫困人员先缴费再报销的做法。截至 2018 年 9 月底，通过平台享受健康扶贫医疗救助已达 14.66 万人次。2018 年以来，宁夏回族自治区建立覆盖全区的健康扶贫医疗保障“一站式”结算信息平台，建档立卡贫困人口基本信息与定点医疗机构、民政、人社等部门间实现互联互通，全区 83 万名建档立卡贫困就医患者已实现住院就诊时在医院内“一站式”结算报销。

（二）陕西省镇安县推进实施“社区工厂”模式。镇安县将易地扶贫搬迁规划和产业规划相结合，实施“社区工厂”脱贫模式，围绕移民搬迁安置点设立产业项目，将移民搬迁安置人口转化为产业工人，并建立产业扶贫基金扶持产业项目发展，推动移民搬迁安置人口从产业项目收益中享受分红，逐渐实现脱贫。2017 年以来，镇安县共围绕移民搬迁安置点实施各类产业项目 217 个，辐射带动 3100 余户贫困户就业增收。

（三）国家林草局组织选聘建档立卡贫困人口担任生态护林员。2016 年以来，国家林草局（原国家林业局）将促进贫困人口脱贫和加强森林资源管护相结合，在集中连片特殊困难地区和国家扶贫开发工作重点县，加大资金投入，组织选聘 37 万名建档立卡贫困人口担任生态护林员，对森林、湿地、沙地等资源进行巡护管理，带动贫困人口稳定增收。

二、加快新旧动能转换和科技创新，促进实体经济转型升级

（一）山东省稳步推进新旧动能转换重大工程实施。2018 年 7 月，山东省出台《关于支持新旧动能转换重大工程的若干财政政策》《关于财政金融政策协同配合支持新旧动能转换重大工程的实施意见》等文件，综合运用股权投资、贷款贴息、风险补偿等政策工具，围绕传统产业提质增效等 7 个重点方向，采取财政转移支付分配与新旧动能转换成效挂钩、对财政收入结构优化给予奖励等措施，实施精准调节，定向支持山东省新旧动能转换重大工程。

（二）天津市加大政策和服务支持，发展智能科技产业。天津市出台“智造十条”实施细则等政策，支持企业智能化、工业互联网、机器人产业等 10 个重点领域的科技产业发展，免费为企业提供智能化改造评估评测，对企业购置智能化设

备给予补助，建成投运一批云平台并发放“云惠券”支持企业上云，为企业实施智能制造提供服务支撑。截至2018年9月底，天津滨海工业云平台已有用户7200余家。

（三）江西省鹰潭市推进移动物联网建设及应用，开展“智慧城市”建设。鹰潭市大力推动移动物联网产业发展，建成覆盖全域的移动物联网网络，搭建移动物联网公共服务平台，开展设备检测、产品孵化、技术研发、标准制定等工作，探索移动物联网示范应用。截至2018年9月底，鹰潭市聚集物联网企业150余家，基于移动物联网技术实施“智慧城市”改造，全市智能水表、智能路灯的改造率均在90%以上。

三、深化“放管服”改革，优化营商环境

（一）四川省成都市城乡建设委员会和辽宁省大连长兴岛经济技术开发区探索企业投资项目承诺制审批。2018年以来，成都市城乡建设委员会针对施工许可实行企业作承诺、政府强监管的“告知承诺制”审批模式，施工许可的办理要件从21项精简到9项，办理时限从6个工作日减少至3个工作日；2017年3月以来，大连长兴岛经济技术开发区将涉及投资项目审批的22个承诺事项、72项承诺内容一次性告知企业，企业作出承诺后政府实行“容缺、并联”审批，截至2018年9月底，该区已对10个投资项目实行承诺制审批管理，部分项目开工时间比实施承诺制前提前8个月。

（二）广西壮族自治区北海市推行“打包审批、勘审同步”行政审批模式。2018年以来，北海市将15项行政审批事项分类整合为“市政项目审批包”“旅客运输审批包”等6个审批包，实行同时受理、同时审核、同时勘验、同时审批。截至2018年9月底，北海市共办理各类审批包222个，打包后平均办理时间比打包前压缩50%以上。

（三）外交部积极推动往来便利化，优化领事服务工作。外交部积极推进简化签证手续、免签或落地签等人员往来便利化协议商签工作，不断提升中国护照“含金量”；采取严格规范使（领）馆自由裁量权，公开“只跑一次”和“一次性告知”便民服务承诺，降低认证服务费用等措施，不断优化领事服务工作。2018年以来，约14万申请护照的海外侨胞受益于“只跑一次”服务。

四、降低融资成本，减轻企业负担

（一）江西省设立小微企业转贷基金。2015年以来，江西省人民政府推动各级市县人民政府设立小微企业转贷基金，帮助小微企业解决续贷资金难题，降低企业“过桥”资金成本。截至2018年9月底，江西省各市县已设立转贷基金107支，基金规模达85.22亿元，累计为企业节约“过桥”资金成本约14.51亿元。

（二）广东省中山市推出“助保贷”业务。2017年以来，中山市出台降低制造业企业成本支持实体经济发展的若干政策措施，安排2.5亿元财政资金设立小微企业融资扶持担保金，与银行合作推出“助保贷”业务，为小微企业向银行贷款提供增信，并对银行由此产生的本金损失按50%的比例给予补偿。截至2018年9月底，累计撬动各合作银行采取“助保贷”方式为全市423家企业发放贷款64.39亿元。

（三）重庆市深化知识价值信用贷款改革工作。2018年以来，重庆市探索建立知识价值信用评价体系，设立知识价值信用贷款风险补偿基金，为科技型中小企业信用贷款提供免费担保，引导银行支持科技型中小企业创新创业。截至2018年9月底，重庆市已有20个区县设立风险补偿基金，总规模达26亿元，帮助396家科技型中小企业获得银行贷款11亿元。

附件2：

整改效果较好的事例

一、吉林省、广西壮族自治区等6个地区或单位及时化解地方政府隐性债务，清退虚增财政收入，盘活财政结存资金

（一）关于吉林省长春市经济技术开发区金融服务办公室通过政府购买服务形成隐性债务1.7亿元的问题。长春市经济技术开发区金融服务办公室解除了与项目承接主体签订的政府购买服务合同，并用土地出让收入提前偿还了1.7亿元融资款。

（二）关于广西壮族自治区合山市虚增非税收入1549.6万元的问题。合山市人民政府责成合山市财政局开展自查自纠。2018 年 9 月，合山市财政局将虚增的非税收入 1549.6 万元退还企业，并作退库处理。同时，合山市财政局还组织修订完善收入质量监管制度，着力建立长效机制。

（三）关于 4 个地区或单位的 7052.22 万元财政资金长期结存的问题。河北省阳原县、辽宁省抚顺县、山东省泗水县的资金结存单位和中华全国供销合作总社组织开展结存资金的清理盘活。截至 2018 年 9 月底，上述结存资金已盘活用于农村饮水安全、光伏扶贫项目建设等民生支出。

二、山东省、四川省、重庆市、甘肃省 4 个省的 4 个地区补发或返还建档立卡贫困人口参保补助金和易地搬迁征地补偿费，促进扶贫政策落实

（一）关于 3 个地区 14.79 万名参加医疗保险的建档立卡贫困人口未按规定享受个人缴费部分财政补贴的问题。山东省济宁市、四川省黑水县、重庆市城口县及时筹集资金发放上述漏补人员财政补贴 2319.65 万元。济宁市相关部门还通过加强数据比对，摸清了全市享受医疗保险补贴政策的扶贫对象底数，并在医疗保险系统中标识，截至 2018 年 9 月底，标识的扶贫对象已全部享受个人缴费部分财政补贴。

（二）关于甘肃省和政县将易地扶贫搬迁征地费 712.32 万元转嫁给 296 户建档立卡搬迁户承担的问题。和政县筹集资金将转嫁的征地费全部返还给上述搬迁户，并给予 12 名相关责任人员诫勉谈话等处分，还成立专项工作小组对全县易地扶贫搬迁转嫁征地费情况开展调查，截至 2018 年 9 月底，共向 568 户搬迁户返还征地费 1168.2 万元。

三、宁夏回族自治区盐池县严肃处理破坏自然保护区问题，湖南省永兴县加快土壤污染治理工作进度

（一）关于宁夏回族自治区盐池县违规在哈巴湖国家级自然保护区内新建 50 亩养殖场的问题。盐池县人民政府及时组织有关部门入户协调整治，补偿养殖户建设成本，拆除违规建设的养殖场，并给予 5 名相关责任人员党内严重警告等处分，还制订贫困村后续产业发展扶持工作方案，着力促进贫困村经济与环境可持续发展。

（二）关于湖南省永兴县太和工业园周边土壤治理工程项目应完工未完工的问题。湖南省人民政府责成永兴县人民政府协调施工单位及时完善工程技术方案，加快推进土壤污染治理工作。截至 2018 年 9 月底，该项目已完工，修复太和工业园周边重金属污染土壤 13.04 万平方米，土壤表层和地下水已达到相关环境标准。

四、辽宁省锦州市、江西省新余市等 18 个地区或部门的 34 家单位停止或清退违规收费，破除违规设定的地域限制，优化营商环境

（一）关于福建省、海南省等 13 个地区部分税务机关免费数字证书提供不到位、涉税第三方公司数字证书收费的问题。税务总局召开专题会议部署整改，印发《国家税务总局办公厅关于落实第三方 CA 证书收费整改工作的通知》（税总办发〔2018〕65 号）等文件，要求停止第三方向纳税人收取网上办税平台数字证书认证费，并通过网上公告等方式加快推广免费数字证书使用。截至 2018 年 9 月底，全国范围内纳税人均可使用免费数字证书，为纳税人提供了便利。

（二）关于北京市、辽宁省锦州市等 12 个地区或部门的 13 家单位违规征收已停征、免征的行政事业性收费或在开展职业资格培训等活动中向企业或个人收费的问题。上述地区或部门及时印发通知，停止地质成果资料费、环境监测服务费、建筑工人培训考核费等 11 项收费，将行政审批技术评估论证费等 4 项收费纳入部门预算予以保障，并通过网上公告等方式向社会公布。

（三）关于河北省文安县、湖南省长沙县等 5 个地区的 8 家单位违规收取或未及时清退保证金 1.03 亿元的问题。5 个地区人民政府认真组织整改，要求收费单位逐笔梳理、全面清查，及时联系企业做好保证金清退工作。截至 2018 年 9 月底，上述保证金已全部退还给施工企业。

（四）关于江西省新余市、湖北省浠水县在政府采购项目招标时设置限制条件排斥潜在投标人的问题。新余市和浠水县相关部门印发通知，取消房屋建筑和市政基础设施等招标中要求法定代表人到场开标、投标人注册地在本地区等规定，消除外地企业参与市场竞争的障碍。

（五）关于宁夏回族自治区银川市、广东省茂名市等 10 个地区的 5 项行政审批事项未按要求取消或整合的问题。上述地区人民政府召开专题会议，明确要求相关部门严格落实国务院简政放权政策措施，迅速组织整改。截至 2018 年 9 月底，“占用、挖掘城市道路审批”等 5 项行政审批事项已按要求取消或整合。

五、山东省加快整改去产能任务落实缓慢问题，中国联合网络通信股份有限公司推进未及时完工的重大项目建设

（一）关于山东省淄博市 1 户钢铁企业去产能工作推进缓慢的问题。山东省及淄博市的人力资源社会保障部门及时加强与国家有关部门沟通，截至 2018 年 9 月底，该钢铁企业实际符合安置条件但未纳入人力资源社会保障部门核定数的 1811 名下岗职工已全部得到安置，维护了职工利益。

（二）关于中国联合网络通信集团有限公司 7 个项目应完工未完工的问题。中国联合网络通信集团有限公司通过建立问题台账、落实配套政策、下发督办通知等多种形式督导各单位加强整改。截至 2018 年 9 月底，联通云数据有限公司沃云平台产品服务能力软件研发等 7 个项目已完工并投入使用，提升了通信服务质量。

附件 3：

2018 年第三季度跟踪审计发现的主要问题

一、防范化解重大风险方面

4 个省的 4 个地区以签订借款合同等方式，新增地方政府隐性债务 30.01 亿元。

序号	涉及地区	具体问题	举债金额（亿元）
1	陕西省咸阳市	2017 年 8 月至 2018 年 8 月，陕西省咸阳高新技术产业开发区管理委员会通过签订借款合同的方式分别从咸阳高科建设开发有限责任公司、咸阳高新保障性住房建设有限公司借款 3.88 亿元、7.53 亿元，用于基础设施建设等。截至 2018 年 8 月底，共计形成以财政资金偿还的政府隐性债务 11.41 亿元。	11.41
2	广西壮族自治区桂林市	2018 年 4 月，经广西壮族自治区桂林市人民政府同意，桂林市教育局同意桂林中学向银行融资解决新校区建设资金，并承诺以财政资金偿还贷款本金及利息。截至 2018 年 8 月底，形成以财政资金偿还的政府隐性债务 1.92 亿元。	1.92
3	黑龙江省七台河市	2017 年 9 月，黑龙江省七台河市城市建设投资发展有限公司向信托公司借款 3 亿元，用于偿还棚户区改造建设项目相关借款，七台河市财政局明确将上述融资的还款资金纳入财政预算。截至 2018 年 8 月底，形成以财政资金偿还的政府隐性债务 3 亿元。	3
4	湖南省湘潭市	2017 年 8 月至 2018 年 3 月，湖南省湘潭城乡建设发展集团有限公司通过将市政道路等公益性资产售后回租的方式违规融资 14.6 亿元，用于借新还旧及市政基础设施建设。截至 2018 年 9 月底，形成以财政资金偿还的政府隐性债务 13.68 亿元。	13.68
合计			30.01

二、脱贫攻坚方面

本季度重点抽查了 31 个贫困县，其中国家扶贫开发工作重点县（含集中连片特殊困难地区县）23 个，抽审资金 121.63 亿元，涉及 964 个项目、384 个单位、214 个乡镇、468 个村，入户走访 740 个贫困家庭。被审计地区持续加大民生投入，加大对残疾、重病等贫困人群的救助力度，发挥产业扶贫对脱贫攻坚的带动作用，但有的地区仍存在落实产业扶贫等扶贫政策不到位、扶贫项目和资金管理不规范、脱贫工作不精准等问题。

（一）20 个地区落实产业扶贫、健康扶贫、教育扶贫等 9 项扶贫政策不到位。

序号	政策措施	涉及地区	具体问题	涉及人(户)数	涉及项目个数	涉及资金(万元)
1	产业扶贫	海南省定安县、山西省天镇县、湖南省新晃侗族自治县、重庆市巫山县、云南省宁蒗彝族自治县、陕西省旬阳县、黑龙江省延寿县、山东省沂水县	2015年至2018年9月底，8个地区的184个产业扶贫项目未与贫困户建立利益联结机制，而是简单发钱发物，不能充分发挥带动作用，涉及金额10037.72万元。	—	184	10037.72
2	健康扶贫	江西省瑞金市、黑龙江省延寿县、湖南省新晃侗族自治县	2017年至2018年9月底，3个地区的2136名建档立卡贫困人口应享受未享受大病保险补偿、残疾人生活补贴、医疗救助等政策，涉及金额172.1万元。	2136	—	172.1
3	教育扶贫	云南省丽江市、河北省围场满族蒙古族自治县、贵州省威宁彝族回族苗族自治县、吉林省通榆县、四川省稻城县、山东省临清市、湖北省神农架林区	2016至2018年9月底，7个地区的4794名贫困家庭学生未按规定享受国家助学金、雨露计划资助、免除普通高中学杂费等教育扶贫政策，涉及金额627.44万元。	4794	—	627.44
4	金融扶贫	湖南省新晃侗族自治县、河北省围场满族蒙古族自治县、黑龙江省延寿县	2017年至2018年9月底，湖南省新晃侗族自治县扶贫小额信贷资金未用于2309名贫困人口自身发展生产；河北省围场满族蒙古族自治县“政银企户保”金融扶贫贷款项目未向2993名贫困人口发放分红；黑龙江省延寿县的328名贫困人口未获得扶贫小额保险理赔。	5630	—	236.16
5	危房改造	青海省贵德县	2016年至2017年，青海省贵德县未按贫困户标准向113户建档立卡贫困户发放危房改造补助资金，造成少发补助资金117万元。	113	—	117
6	易地扶贫搬迁	河北省围场满族蒙古族自治县、甘肃省玛曲县、重庆市巫山县	截至2018年9月底，3个地区涉及2890人的易地扶贫搬迁应完工未完工或后续扶持措施未同步落实。	2890	—	—

（续表）

序号	政策措施	涉及地区	具体问题	涉及人（户）数	涉及项目个数	涉及资金（万元）
7	就业扶贫	海南省定安县、黑龙江省延寿县	2015年至2018年9月底，2个地区的15个以工代赈项目主管部门不掌握贫困人口务工情况或未安排贫困人口务工，涉及金额1204.69万元。	—	15	1204.69
8	交通扶贫	四川省绵阳市、湖南省新晃侗族自治县	截至2018年9月底，2个地区的41个生命安全防护工程和客运站应开工未开工或应完工未完工，19个项目未按设计施工，涉及资金5873.39万元。	—	60	5873.39
9	兜底保障	广东省、云南省丽江市、海南省定安县、四川省稻城县	截至2018年9月底，4个地区的7823名符合条件的建档立卡贫困人员，应纳入未纳入农村最低生活保障；四川省稻城县1595名已脱贫建档立卡贫困人口未参加城乡居民基本养老保险。	9418	—	—
合计				24981	259	18268.5

（二）7个地区存在扶贫资金闲置、套取扶贫资金、将扶贫资金用于非扶贫领域等问题，涉及金额1.38亿元。

序号	涉及地区	具体问题	涉及金额（万元）
1	湖北省神农架林区、四川省稻城县、山西省天镇县、黑龙江省延寿县	截至2018年9月底，4个县的易地扶贫搬迁等扶贫资金结存在相关单位未下拨或使用，闲置2年以上，涉及资金9203.03万元。	9203.03
2	宁夏回族自治区石嘴山市惠农区、四川省稻城县、山西省天镇县	截至2018年9月底，3个地区违规将扶贫资金2001.41万元用于办公楼建设等非扶贫领域。	2001.41
3	广东省广州市、四川省稻城县、河北省围场满族蒙古族自治县	2012年至2018年9月底，3个地区通过虚假合同、票据等资料套取扶贫资金2558.99万元。	2558.99
合计			13763.43

（三）9个地区的26个扶贫项目存在建成后闲置或无法使用、进展缓慢、管理不规范等问题，涉及金额6834.79万元。

序号	涉及地区	具体问题	涉及人（户）数	涉及项目个数	涉及资金（万元）
1	黑龙江省延寿县、山东省临清市、辽宁省昌图县、山西省天镇县	截至2018年9月底，4个地区的16个扶贫项目建成后闲置或无法使用，涉及投资847.51万元。	—	16	847.51
2	湖南省新晃侗族自治县、四川省稻城县、河北省围场满族蒙古族自治县	截至2018年9月底，3个地区的4个扶贫项目进展缓慢，涉及投资5284万元。	96	4	5284
3	海南省定安县、四川省稻城县	截至2018年9月底，2个地区的2个扶贫项目存在重复建设、被用于政府部门办公房等问题，涉及投资597.42万元。	—	2	597.42
4	广西壮族自治区忻城县、黑龙江省延寿县	2个地区的4个村（屯）级道路硬化项目存在路肩工程未施工等偷工减料影响质量的问题，涉及资金105.86万元。	—	4	105.86
合计			96	26	6834.79

（四）7个地区的12 510名贫困人口在农村饮水安全、基本医疗和住房安全等“两不愁三保障”不达标情况下“被脱贫”。

序号	问题类型	涉及地区	涉及领域	涉及人数
1	贫困人口在农村饮水安全、基本医疗和住房安全等“两不愁三保障”不达标情况下“被脱贫”	河北省围场满族蒙古族自治县	饮水安全	375
2		山西省天镇县	基本医疗、住房安全	21530
3		湖南省新晃侗族自治县	住房安全	367
4		广西壮族自治区忻城县	住房安全	427
5		云南省宁蒗彝族自治县	住房安全	5161
6		贵州省毕节市	住房安全	69856
7		山东省临清市	饮水安全	7494
		合计		105210

三、污染防治方面

（一）10个地区的淘汰黄标车等5项污染防治目标任务或工作未按要求完成。

序号	涉及地区	文件名称	目标任务或工作	具体问题
1	贵州省	《国务院关于印发大气污染防治行动计划的通知》（国发〔2013〕37号）	到2017年，基本淘汰全国范围的黄标车。	截至2018年9月底，贵州省仍有未淘汰黄标车32857辆，占全省应淘汰黄标车173466辆的18.94%。

（续表）

序号	涉及地区	文件名称	目标任务或工作	具体问题
2	辽宁省鞍山市、吉林省通化市、四川省绵阳市	《国务院关于印发水污染防治行动计划的通知》（国发〔2015〕17号）	2017年底前，工业集聚区应按规定建成污水集中处理设施，并安装自动在线监控装置。	截至2018年9月底，3个地区的8个工业集聚区未按要求建成污水集中处理设施。
3	陕西省咸阳市和延安市、广西壮族自治区北海市、西藏自治区林芝市		2017年底前，依法关闭或搬迁禁养区内的畜禽养殖场（小区）和养殖专业户。	截至2018年9月底，4个地区的450个需关闭或搬迁的畜禽养殖场（点）未按要求关停或搬迁。
4	广西壮族自治区北海市		2017年底前全面清理非法或设置不合理的入海排污口。	截至2018年9月底，广西壮族自治区北海市有3个非法或设置不合理的入海排污口清理不彻底，仍有污水流出，未完全截流。
5	河北省秦皇岛市	《中华人民共和国自然保护区条例》	在自然保护区的核心区和缓冲区内，不得建设任何生产设施。	截至2018年9月底，昌黎黄金海岸国家级自然保护区存在海产品养殖场等大量生产设施，其中核心区内有海产品养殖场8982.80亩、稻田5亩，缓冲区内有海产品养殖场76617.90亩。
6	湖南省张家界市			截至2018年9月底，湖南张家界大鲵国家级自然保护区存在24.63万平方米网箱养殖，其中核心区内23.16万平方米、缓冲区内1.45万平方米。

（二）15个地区污水和垃圾未有效处理，或饮用水水源地保护不到位。

序号	涉及地区	问题类型	具体问题
1	辽宁省黑山县	出水水质不达标	截至2018年9月底，辽宁省黑山县污水处理厂由于项目资金来源论证用时较长等原因，未按规定于2017年底前完成提标改造，出水水质未达到一级A排放标准。
2	内蒙古自治区通辽市、满洲里市，宁夏回族自治区银川市、石嘴山市、吴忠市、固原市、中卫市	饮用水水源地水质不达标	2017年10月至2018年9月，内蒙古自治区通辽市、满洲里市的3个饮用水水源地的氨氮浓度等指标超标，水质未达到2015年自治区与原环境保护部签订的《水污染防治目标责任书》关于自治区8个水源地水质在2016年至2020年不低于2014年水质的要求。 2018年1月至9月，宁夏回族自治区银川市等5个地区的12个县级以上饮用水水源地水质不达标，其中固原市贺家湾水库等11个饮用水水源地为Ⅳ类水质、固原市彭阳县县城水源地为Ⅴ类水质。

（续表）

序号	涉及地区	问题类型	具体问题
3	山东省菏泽市定陶区、郓城县，宁夏回族自治区西吉县	未依法划定饮用水水源地保护区	截至2018年9月底，3个地区的4个饮用水水源地，尚未依法划定饮用水水源地保护区。
4	吉林省延吉市	饮用水水源地一级保护区未实现封闭管理	截至2018年9月底，吉林省延吉市五道水库生活饮用水水源地一级保护区未按要求实现封闭管理，保护区范围内仍有2个村庄存在生活面源污染隐患。
5	山东省长岛县	垃圾直排倾倒入海	2018年1月至9月，山东省长岛县大黑山岛焚烧式垃圾集中处理站，由于缺乏垃圾外运资金等原因，累计将1042吨无法焚烧的垃圾直接倾倒在海边陡坡沟内，造成海洋环境污染。
6	黑龙江省延寿县	垃圾渗滤液积存	截至2018年9月底，项目主体工程已于2018年1月投入使用的黑龙江省延寿县垃圾卫生填埋处理场，因项目需配套建设的渗滤液处理设施未与主体工程同步设计、施工和投入使用，导致垃圾填埋产生的大量渗滤液积存场内。
7	广西壮族自治区平乐县	垃圾露天堆放	截至2018年9月底，广西壮族自治区平乐县九丈垃圾填埋场，在已出现污染事故且被平乐县人民政府先后2次下达停用通知的情况下，仍未停用，而是作为平乐县生活垃圾中转站用于露天堆放生活垃圾；同时，已于2014年3月投入试生产的桂林市平乐县城区生活垃圾填埋场，因政府沟通协调不到位，却未能正常运行。

（三）8个地区的8个环境保护项目未按期开（完）工，或建成后闲置，涉及投资4.59亿元。

序号	涉及地区	问题类型	具体问题	涉及项目个数	涉及投资（万元）
1	浙江省海宁市	未开工	截至2018年9月底，浙江海宁经编产业园区开发有限公司污水集中处理及循环利用项目由于调整合作方等原因，逾期1年以上仍未开工。	1	18600
2	吉林省临江市、山东省莱阳市、湖南省衡南县	未完工	截至2018年9月底，3个地区的3个湿地生态修复或污水处理项目由于部分污水管网设计变更、前期准备工作不充分等原因，逾期1年以上仍未完工。	3	12400.15
3	山东省烟台市福山区、蓬莱市，四川省绵阳市，贵州省织金县	项目闲置	截至2018年9月底，4个地区的4个污染防治项目由于入户污水收集管网未配套建设或损毁停用、正处于调试阶段等原因，尚未投入运行或未充分发挥效益。	4	14929.1
合计				8	45929.25

四、降低企业负担方面

（一）9 个地区和部门的 10 家单位违规开展行政审批中介服务并收费，或要求企业承担中介服务费用 4.38 亿元。

<table>
<tr><th>序号</th><th>涉及单位</th><th>收费名称</th><th>具体问题</th><th>相关规定</th><th>涉及金额（万元）</th></tr>
<tr><td>1</td><td>广西壮族自治区桂林市水利局</td><td>水利保持设施方案评审费</td><td>2017 年至 2018 年 9 月，广西壮族自治区桂林市水利局违规将应由政府部门承担的水利保持设施方案评审费用转嫁企业承担，涉及 38 个单位的 53 个项目 19.29 万元。</td><td rowspan="3">《国务院办公厅关于清理规范国务院部门行政审批中介服务的通知》（国办发〔2015〕31 号）规定，“（四）规范中介服务收费。审批部门在审批过程中委托开展的技术性服务活动，必须通过竞争方式选择服务机构，服务费用一律由审批部门支付并纳入部门预算”。《国务院关于第二批清理规范 192 项国务院部门行政审批中介服务事项的决定》（国发〔2016〕11 号）附件第 95 项规定，“新建、改建、扩建建（构）筑物防雷装置检测……不再要求申请人提供……防雷装置检测报告，改由审批部门委托有关机构开展……防雷装置检测”。</td><td>19.29</td></tr>
<tr><td>2</td><td>黑龙江省科学技术厅</td><td>鉴定费</td><td>2017 年至 2018 年 9 月，黑龙江省科学技术厅违规将应由政府部门承担的科学技术成果鉴定费用转嫁企业承担，涉及资金 17.25 万元。</td><td>17.25</td></tr>
<tr><td>3</td><td>浙江省杭州市及台州市、江西省瑞金市、云南省德宏傣族景颇族自治州的住房城乡建设部门</td><td>防雷装置检测费</td><td>2017 年 1 月至 2018 年 8 月底，浙江省杭州市及台州市、江西省瑞金市、云南省德宏傣族景颇族自治州的住房城乡建设部门违规将应由政府部门承担的防雷检测服务费转嫁给企业承担，涉及资金 70.05 万元。</td><td>70.05</td></tr>
<tr><td>4</td><td>甘肃省兰州市勘察测绘研究院</td><td>测绘费</td><td>2016 年至 2018 年 7 月，甘肃省兰州市勘察测绘研究院在未脱钩情况下，依托上级主管部门的行政审批事项违规开展中介服务，收费 22048.95 万元。</td><td rowspan="4">《国务院办公厅关于清理规范国务院部门行政审批中介服务的通知》（国办发〔2015〕31 号）规定，“审批部门所属事业单位、主管的社会组织及其举办的企业，不得开展与本部门行政审批相关的中介服务，需要开展的应转企改制或与主管部门脱钩”。</td><td>22048.95</td></tr>
<tr><td>5</td><td>吉林省长春市测绘院</td><td>测绘费</td><td>2017 年至 2018 年 9 月，吉林省长春市测绘院在未脱钩情况下，违规依托上级主管部门的行政审批事项开展中介服务事项，收费 2154.64 万元。</td><td>2154.64</td></tr>
<tr><td>6</td><td>四川省绵阳市水利规划设计研究院</td><td>服务费</td><td>2017 年至 2018 年 8 月，四川省绵阳市水利规划设计研究院在未改制或脱钩的情况下，违规开展与本部门行政审批相关的中介服务，收费 735.72 万元。</td><td>735.72</td></tr>
<tr><td>7</td><td>中国信息通信研究院</td><td>检测费</td><td>2017 年 7 月至 2018 年 9 月，工业和信息化部所属事业单位中国信息通信研究院以其内设部门泰尔终端实验室等 3 家检测机构名义，违规开展本部门行政审批的前置中介服务，收取检测费 18801.7 万元。</td><td>18801.7</td></tr>
<tr><td colspan="4">合计</td><td></td><td>43847.6</td></tr>
</table>

（二）6 个地区的 8 家单位违规征收已停征的行政事业性收费，或通过借助行政权力垄断经营等方式违规收费 1.96 亿元。

序号	涉及单位	收费名称	具体问题	相关规定	涉及金额（万元）
1	江西省农业科学院农产品质量安全与标准研究所	检验检测费	2017 年 4 月至 2018 年 9 月，江西省农业科学院农产品质量安全与标准研究所违规收取国家已取消的农作物委托检验检测费 114.16 万元。	《财政部　国家发展改革委关于清理规范一批行政事业性收费有关政策的通知》（财税〔2017〕20 号）规定，“自 2017 年 4 月 1 日起，取消或停征 41 项中央设立的行政事业性收费……农业部门……检验检测费”。	114.16
2	陕西省西安市规划委员会办公室	咨询服务费	2010 年至 2016 年，陕西省西安市规划委员会办公室违规要求 73 家单位通过西安市科技咨询服务中心报送规划，并收取咨询费 384 万元。	《财政部　国家发展改革委　工业和信息化部关于开展涉企收费专项清理规范工作的通知》（财税〔2015〕45 号）规定，“清理规范强制垄断性的经营服务性收费……严禁借助行政权力垄断经营”。	384
3	江西省鹰潭市城乡规划测绘院	建设项目竣工测绘费	2017 年 1 月至 2018 年 9 月，江西省鹰潭市城乡规划测绘院依托上级主管部门城乡规划局规划验线权力，垄断了该市建设项目竣工测绘业务，收取费用 730.35 万元。	《财政部　国家发展改革委　工业和信息化部关于开展涉企收费专项清理规范工作的通知》（财税〔2015〕45 号）规定，“清理规范强制垄断性的经营服务性收费……严禁借助行政权力垄断经营”。	730.35
4	黑龙江省哈尔滨市出租汽车管理处	出租车经营权使用费	2018 年 1 月至 7 月，在国家要求城市出租汽车经营权实行无偿使用情况下，黑龙江省哈尔滨市出租汽车管理处仍按照原规定一次性向出租车经营企业收取 2018 年至 2024 年的出租车经营权使用费 865.04 万元。	《国务院办公厅关于深化改革推进出租汽车行业健康发展的指导意见》（国办发〔2016〕58 号）规定，“改革经营权管理制度。新增出租汽车经营权全部实行无偿使用，并不得变更经营主体……对于现有的出租汽车经营权未明确具体经营期限或已实行经营权有偿使用的，城市人民政府要综合考虑各方面因素，科学制订过渡方案，合理确定经营期限，逐步取消有偿使用费”。	865.04
5	浙江经贸商务中心	代办出口许可证费用	2017 年 1 月至 2018 年 8 月，浙江经贸商务中心在受浙江省商务厅委托办理出口许可证等事项过程中，通过有偿代办出口许可证，违规向办事企业收取代办服务费 55.22 万元。	《财政部　国家发展改革委　工业和信息化部关于开展涉企收费专项清理规范工作的通知》（财税〔2015〕45 号）规定，“坚决取消不合理的经营服务性收费。不得将政府职责范围内的事项交由事业单位或中介组织承担并收取费用”。	55.22

（续表）

序号	涉及单位	收费名称	具体问题	相关规定	涉及金额（万元）
6	辽宁数字证书认证管理有限公司	数字证书服务费	2017年至2018年8月，辽宁省大连市人力资源和社会保障数据管理中心指定辽宁数字证书认证管理有限公司提供数字证书服务，企业购买数字证书后方可使用企业社会保险互联网申报系统的服务。辽宁数字证书认证管理有限公司据此向用户收费153.72万元。	《财政部关于规范电子政务平台收费管理的通知》（财综函〔2011〕14号）规定，“各级行政机关、代行政府职能的事业单位、社会团体及其他组织利用电子政务平台向社会提供公共服务过程中，需引入第三方电子认证服务的，不得以任何形式参与电子认证服务经营或收取费用，不得采取强制或变相强制的方式要求企业或个人购买第三方电子认证服务”。	153.72
7	辽宁省大连市社会保险事业服务中心	社会化管理移交费用	2006年1月至2018年8月，辽宁省大连市社会保险事业服务中心在接收缴费企业24.09万名退休人员时，违规收取退休人员活动经费及社会化管理费17230万元。	《中共中央办公厅　国务院办公厅关于转发劳动和社会保障部等部门〈关于积极推进企业退休人员社会化管理服务工作的意见〉的通知》规定，“财政部门在编制预算时，要统筹考虑企业退休人员社会化管理服务工作所需经费”。	17230
8	石家庄英杰缔华科技发展有限公司	服务费	河北省人力资源和社会保障厅要求用工企业使用石家庄英杰缔华科技发展有限公司的劳动用工备案系统。截至2018年9月底，河北省人力资源和社会保障厅未向该公司支付该系统的建设和运维费用，而允许其向使用该系统的企业收取服务费55.97万元。	《财政部　国家发展改革委　工业和信息化部关于规范电子政务平台收费管理的通知》（财综函〔2011〕14号）规定，“电子政务平台是各级人民政府及有关部门为社会提供公共服务的窗口，应免费向企业、个人和社会开放”。 《河北省物价局关于公布取消取缔规范放开经营服务性收费项目的通知》（冀价经费〔2013〕24号）规定，“各级政府部门电子政务平台建设、运行费用由同级财政负担，承担政府部门电子政务平台建设、运行维护的社会机构不得以任何形式向企事业单位和个人收取费用”。	55.97
合计					19588.46

（三）89家单位违规征收或未及时清退22类保证金23.07亿元。

序号	涉及地区或单位	问题类型	保证金类型	涉及单位个数	涉及金额（万元）
1	天津市、陕西省、新疆维吾尔自治区、云南省	违规征收	复垦保证金、诚意金、工程质量保证金、恢复林业生产条件保证金	17	26658.42
2	北京市、上海市、四川省、贵州省、山东省、陕西省、甘肃省、广西壮族自治区、湖北省、重庆市、江西省、青海省、宁夏回族自治区、黑龙江省、天津市、国家电网、南方电网、中国铁路总公司、天津大学	未及时清退	履约保证金、投标保证金、图纸押金、绿化配套建设资金、农民工工资保证金、工程质量保证金、劳动保障费、矿山地质环境治理恢复保证金、道路污染撒漏清理保证金、建筑垃圾处置保证金、建房保证金、安全风险抵押金、质量安全文明施工保证金、卫生保证金、项目建设保证金、采砂保证金、渣土保证金、现场考核金、工程质量保修保证金	82	204029.53
合计				99	230687.95

五、深化“放管服”改革、优化营商环境方面

（一）5个地区和部门的5家单位落实取消行政审批前置条件、清理修订政策文件等简政放权政策措施不到位。

序号	涉及单位	涉及事项	具体问题	相关规定
1	四川省绵阳市城市管理行政执法局	未按要求取消行政审批前置条件	截至2018年9月底，四川省绵阳市城市管理行政执法局在办理“设置大型户外广告及在城市建筑物、设施上悬挂、张贴宣传片”行政审批事项时，仍要求申请人提供“场地所有权或使用权证明”。	《国务院关于规范国务院部门行政审批行为改进行政审批有关工作的通知》（国发〔2015〕6号）规定，“各省、自治区、直辖市人民政府可参照本通知要求，结合实际，研究制定本地区规范行政审批行为、改进行政审批工作的意见或办法”。《四川省人民政府政务服务管理办公室关于印发市、县部门取消、调整和保留的行政审批项目前置条件目录的通知》（川府政管〔2016〕4号）规定，“凡未列入保留目录的，一律不得再作为前置条件实施”，同时规定，取消“场地所有权或使用权的证明”作为办理“设置大型户外广告及在城市建筑物、设施上悬挂、张贴宣传片审批”时的前置条件。
2	辽宁省工业和信息化委员会	未按要求修订与盐业体制改革政策措施不符的政策文件	截至2018年9月底，负责辽宁省盐业管理工作的辽宁省工业和信息化委员会仍未按《国务院关于印发盐业体制改革方案的通知》（国发〔2016〕25号）及修订后的《食盐专营办法》关于放开盐产品价格、取消食盐准运证等方面的要求，对《辽宁省盐业管理条例》进行修订。	《国家发展改革委办公厅　工业和信息化部办公厅关于进一步落实盐业体制改革有关工作的通知》（发改办经体〔2017〕604号）规定，“要加快清理地方性法规和政策中与《盐业体制改革方案》精神不符的条款，2017年6月30日前要完成清理工作”。

（续表）

序号	涉及单位	涉及事项	具体问题	相关规定
3	宁夏回族自治区教育厅	要求行政相对人提供已取消的或未纳入清单的中介服务资料	截至2018年9月底，宁夏回族自治区教育厅在办理本科及以上教育的高等学校（含独立学院、民办高校）的设立、分立、合并、变更和终止审批时，仍要求申请人提供国家规定已明确取消的资产审计报告。	《国务院办公厅关于清理规范国务院部门行政审批中介服务的通知》（国办发〔2015〕31号）规定，“除法律、行政法规、国务院决定和部门规章按照行政许可法有关行政许可条件要求规定的中介服务事项外，审批部门不得以任何形式要求申请人委托中介服务机构开展服务，也不得要求申请人提供相关中介服务材料”。
4	应急管理部		截至2018年9月底，应急管理部开展“海洋石油天然气企业安全生产许可证的颁发和管理”行政审批事项时，要求申请人提供未纳入国务院审改办公布的行政审批中介服务清单的检验报告或证书。	
5	山东省经济和信息化委员会	行业协会虚假脱钩	2017年6月，山东省民政厅向社会公告山东省经济和信息化委员会已与其下属5家行业协会脱钩。审计发现，截至2018年9月底，5家协会均由山东省经济和信息化委员会下属二级事业单位山东省企业管理协会办公室代管（一套人马、六块牌子），在机构、职能、资产、财务、人员等方面均未实现分离。	《中共中央办公厅　国务院办公厅关于印发〈行业协会商会与行政机关脱钩总体方案〉的通知》规定，“取消行政机关（包括下属单位）与行业协会商会的主办、主管、联系和挂靠关系”。

（二）4个地区的9家单位违规设置不合理限制条件或违规指定经营。

序号	涉及单位	涉及事项	具体问题	相关规定
1	重庆市合川区文物管理所、重庆市合川区工业园区管理委员会	政策采购招标公告中或选择工程建设项目施工单位时，违规设置注册资本、区域等限制性条款	2017年12月至2018年3月，重庆市合川区文物管理所、重庆市合川区工业园区管理委员会在政府采购公开招标公告中设置要求“外地企业须……取得相应入渝准入许可”“须2015年至2017年在重庆设有办事处或分支机构，工作人员大于10人”等限制性条件。	《中华人民共和国政府采购法实施条例》规定，“采购人或者采购代理机构有下列情形之一的，属于以不合理的条件对供应商实行差别待遇或者歧视待遇……（八）以其他不合理条件限制或者排斥潜在供应商”。《国家发展改革委　财政部　商务部　工商总局　国务院法制办关于印发〈公平竞争审查制度实施细则（暂行）〉的通知》（发改价监〔2017〕1849号）规定，“行政机关以及法律法规授权的具有管理公共事务职能的组织，在制定市场准入、产业发展、招商引资、招标投标、政府采购、经营行为规范、资质标准等涉及市场主体经济活动的规章、规范性文件和其他政策措施时，应当进行公平竞争审查，评估对市场竞争的影响，防止排除、限制市场竞争”。
2	吉林省长春市公路管理处等5家单位		2017年至2018年9月，吉林省长春市公路管理处等5家单位在开展道路养护、节水灌溉续建配套等6个政府采购项目工程招标过程中，对投标企业的注册资本设置限制条件，对投标企业进行资格审查，差别对待中小企业。	
3	江西省瑞金市人民政府办公室		2018年9月，江西省瑞金市人民政府办公室出台文件规定，政府投资的工程建设项目施工单项合同估算价在400万元以下、100万元以上的项目，须从瑞金市本地企业中采用公开摇号方式确定。	

（续表）

序号	涉及单位	涉及事项	具体问题	相关规定
4	辽宁省北镇市经济和服务业局	违规指定经营，限制市场竞争	2011年7月，在辽宁省北镇市有两家禽类定点屠宰单位的情况下，北镇市经济和服务业局下发文件，直接指定北镇市沟帮子食品有限公司为散禽定点屠宰单位。截至2018年9月底，北镇市仍按上述文件要求执行。	《中华人民共和国反垄断法》规定，"行政机关和法律、法规授权的具有管理公共事务职能的组织不得滥用行政权力，限定或者变相限定单位或者个人经营、购买、使用其指定的经营者提供的商品"。

六、稳就业、稳金融、稳外贸、稳外资、稳投资、稳预期方面

（一）1个省存在就业失业数据不实等问题。

1. 湖北省武汉市洪山区就业失业数据不实。2017年、2018年1月至8月，洪山区人力资源局分别将1354名、2853名失业人员虚报为新增就业人员，实际失业人数分别是其上报人数的1.16倍、1.37倍。

2. 湖北省孝感市2家单位挪用中央就业补助资金945.33万元。2016年至2018年，孝感市劳动就业管理局将中央就业补助资金445.33万元用于支付孝感市人力资源和社会保障局社保基金数据中心建设和维护费用；2018年，孝感市财政局将2017年中央就业补助资金500万元用于支付湖北工程技师学院的征地款。

（二）6个省的个别金融机构存在掩盖不良贷款、拨备覆盖率低等问题。

1. 5个省的个别金融机构通过人为调整资产评级等方式掩盖不良贷款13.39亿元。

序号	涉及地区	具体问题	涉及金额（亿元）
1	安徽省	截至2018年6月底，安徽省农村商业银行系统人为调整资产评级，将不良类信贷资产划为"正常"或"关注"类，掩盖不良贷款4.67亿元。	4.67
2	黑龙江省、江西省、吉林省	截至2018年9月底，黑龙江省农村信用社联合社、江西省赣州银行股份有限公司总行营业部及所属27家支行、吉林省通化农村商业银行股份有限公司分别有3.29亿元、2.37亿元、1.38亿元贷款逾期1年以上，但仍分类为"正常"或"关注"贷款。	7.04
3	四川省	2017年7月，四川省资阳农村商业银行股份有限公司在信贷资产风险管理责任未发生转移的情况下，将1.68亿元不良贷款转让给四川发展资产管理有限公司，该银行仍承担上述不良贷款清收义务并承诺补偿清收差额。	1.68
合计			13.39

2. 辽宁省农村信用社联合社下辖49家法人行社拨备覆盖率低。截至2018年8月底，辽宁省农村信用社联合社下辖49家法人行社不良贷款余额为562.52亿元，计提拨备金额146.77亿元，平均拨备覆盖率仅为26.09%，远低于拨备覆盖率120%至150%的监管要求。

（三）43个重大工程项目进展缓慢或建成后效益不高。

1. 纳入国家"十三五"规划的4个重大工程项目由于前期手续办理缓慢等原因进展缓慢或停工，涉及投资27.05亿元。

序号	涉及地区	具体问题	涉及项目个数	涉及总投资（亿元）
1	新疆维吾尔自治区	G216线阿勒泰至红山嘴口岸三级公路项目总投资26.31亿元，截至2018年9月底，由于土地预审、环境影响评价等前期手续办理缓慢等原因，停工1年以上。	1	26.31
2	黑龙江省	黑龙江省重点流域水环境综合治理项目中的3个子项目总投资0.74亿元，截至2018年9月底，由于主管部门监管推动不到位、项目单位调整设计、增加征地面积等原因，逾期3个月未开工。	3	0.74
合计			4	27.05

2.39个基础设施及民生项目逾期未开（完）工，或建成后未充分发挥效益，涉及投资281.29亿元。

序号	涉及地区	具体问题	涉及项目个数	涉及总投资（亿元）
1	辽宁省、黑龙江省、浙江省、山东省、贵州省	5个地区的12个水利、污水处理厂等项目因初期论证不充分，前期工作进展滞后等原因，逾期1年以上未开工。	12	149.42
2	北京市、天津市、辽宁省、吉林省、山东省、甘肃省、重庆市、云南省、四川省、广西壮族自治区、西藏自治区、深圳市、中国铁路总公司	12个地区和中国铁路总公司的24个铁路、防洪工程等项目因建设单位推进不力、施工进度缓慢等原因，逾期1年以上未完工。	24	125.34
3	山东省、四川省、陕西省	3个地区的3个供水、铁路站房等项目由于前期评估不够、后期应用条件不满足等原因，建成后闲置或使用效益低。	3	6.55
合计			39	281.31

（四）江苏省如东县人民政府未严格履行环保承诺，外商投资项目进展缓慢。江苏如东小洋口健康产业园项目为江苏省2015年重点项目，其中温泉康复理疗基地项目计划总投资147.12亿元，建设单位为中外合资企业，因如东县人民政府未履行承诺解决沿海化工园存在的环境污染问题，截至2018年9月底，该项目计划完成投资约30亿元，实际仅完成投资约10亿元。

中华人民共和国审计署审计结果公告（2018年第50号）

长江三峡水利枢纽升船机工程竣工财务决算审计结果

（2018年12月10日公告）

2018年3月至5月，审计署组织对中国长江三峡集团有限公司（以下简称三峡集团公司）建设的长江三峡水利枢纽升船机（以下简称三峡升船机）工程竣工财务决算进行了审计。现将审计结果公告如下：

一、基本情况

按照原国务院三峡工程建设委员会（以下简称原三峡建委）2003年批准的总体方案，以及原三峡建委办公室2007年审查通过的总体设计，三峡升船机工程采用齿轮齿条爬升式方案，设计过船规模3000吨级，最大提升高度113米。工程于2008年4月开工续建，2016年5月通过试通航前验收，同年9月进入试通航阶段。竣工财务决算报告显示，决算基准日（2016年12月31日）累计完成投资56.31亿元，其中建筑安装工程投资21.28亿元、设备投资17.31亿元、待摊投资17.72亿元。总投资控制在批复的概算范围内。

（一）建设管理较为规范，工程质量总体优良。三峡集团公司执行基本建设程序较为规范，不断健全工程质量管理体系，落实原三峡建委办公室及相关部门稽察和专项质量检查要求比较到位。原三峡建委组织的技术验收结果表明工程质量总体优良。

（二）组织技术与工艺研发，推动了机电设备国产化和自主创新。三峡升船机是目前世界上提升高度最高、重量最大的升船机。在原三峡建委办公室及相关部门指导下，三峡集团公司组织国内设计、施工、科研等单位进行全过程技术攻关，通过引进消化吸收再创新，先后攻克了一系列技术难题，填补了我国大型齿轮齿条爬升式垂直升船机建造技术空白。核心设备部件实现国产化，一定程度上带动了我国装备产业水平的提升。

（三）加强运行组织管理，工程运行总体安全有效。三峡升船机试通航以来，相关部门和单位加强组织协调和通航配套设施建设，开展实船试航、通航暨竣工安全鉴定等工作。三峡升船机工程运行总体正常，一定程度上缓解了三峡水利枢纽通航能力不足的问题，为促进长江经济带发展发挥了作用。

二、审计发现的主要问题

（一）竣工财务决算多计投资38400.5万元。三峡集团公司编制的竣工财务决算投资为563071.33万元，经审计核实，实际应为524670.83万元，多计投资38400.5万元，占竣工财务决算投资的6.82%。

1. 多计建筑安装工程投资3903.73万元，占决算列示该项投资的1.83%。一是多计算工程量、高套单价、违反合同规定多结算工程款等，造成多计已完工项目投资2806.7万元；二是多计尾工项目投资934.6万元；三是多计与三峡升船机工程无关的投资等162.43万元。

2. 多计设备投资6489.01万元，占决算列示该项投资的3.75%。一是违反合同约定多结算工程款等，造成多计已完工项目投资2207.69万元；二是多计尾工项目投资4219.96万元；三是多计与三峡升船机工程无关的投资61.36万元。

3. 多计待摊投资28007.76万元，占决算列示该项投资的15.8%。一是未按实际情况调整应分摊三峡枢纽工程的临时工程费用，造成多计投资15231.07万元；二是多计尾工项目投资等8320.39万元；三是多计与三峡升船机工程无关的投资3452.76万元；四是重复列支、违规支付设计费用等，造成多计投资1003.54万元。

（二）工程概算和决算编制不够规范。一是多报工程价差概算，涉及金额13476.26万元，漏报2项设备及安装工程概算，涉及金额1591.88万元；二是在工程结算未完成且预计尾工投资超过规定比例的情况下，编制竣工财务决算报告；三是在编制竣工财务决算报告前，未据实调整142笔错列的会计核算科目，涉及金额17583.76万元，也未按规定盘点工程实物资产。

（三）部分项目未依法依规进行招标，涉及金额56029.64万元。一是违反应公开招标的规定，以邀请招标、单一来源采购等方式签订施工、物资采购及服务类合同67份，涉及金额32398.12万元；二是违规将应公开招标的升船机屋面防水排水工程等4个项目，以工程变更的形式委托给施工单位实施，涉及金额5978.89万元；三是违规将个别项目的第二中标候选人确定为中标人，涉及金额17652.63万元。

（四）建设管理不规范增加投资7999.23万元。一是超过合同约定补偿施工单位及设备供应商5520.16万元；二是超标准列支监理费、招标代理费2166.63万元；三是现场管理不善等增加投资312.44万元。

对于上述问题，审计署已依法出具审计报告，并建议三峡集团公司进一步规范工程后续财务管理、建设管理和运行管理。目前，三峡集团公司正在积极组织整改，审计署将继续对此跟踪了解，具体整改情况将由三峡集团公司向社会公告。

大 事 记

审计署领导重要活动大事记

1月

3日上午　审计长胡泽君列席国务院第196次常务会议。

3日上午　副审计长陈尘肇在京出席全国宣传部长会议。办公厅负责同志参加会议。

3日上午　副审计长陈尘肇在署机关出席财务制度修订情况讲解培训班开班式并讲话。

3日上午　总审计师李晓钟在署机关出席2018年领导干部个人有关事项报告工作视频培训会。署机关各单位、各派出审计局、在京直属单位、驻署纪检组处级以上干部在署机关主会场，各特派员办事处、京外直属单位处级以上干部在分会场参加会议。

3日下午　李克强总理主持召开会议，听取审计署2017年度审计工作情况汇报。审计长胡泽君作汇报。署领导孙宝厚、秦博勇、陈尘肇、张通、袁野、李晓钟、郑振涛、刘正均以及办公厅和政策研究室（以下简称政研室）负责同志参加会议。

2日下午和4日上午　党组书记胡泽君在署机关主持召开座谈会，分别与署机关、派出局、直属单位和特派办党员干部、群众代表座谈，听取他们对署党组及党组成员的意见建议。党组成员孙宝厚、陈尘肇、袁野、李晓钟和刘正均出席。副审计长秦博勇，总经济师、服务局局长张力，办公厅、政研室、机关党委（人教司）和机关纪委（巡视办）负责同志参加座谈会。

4日下午　党组书记胡泽君在署机关主持召开党组会议，传达学习李克强总理在听取审计工作汇报时的重要讲话精神、中央农村工作会议精神，研究有关人事事项和《胡泽君同志在全国审计工作会议上的讲话》等文稿。党组成员孙宝厚、陈尘肇、张通、袁野、李晓钟和刘正均出席。总经济师、服务局局长张力，办公厅、政研室、机关党委（人教司）、机关纪委（巡视办）、驻署纪检组和审计科研所（以下简称科研所）负责同志列席相关议题的研究。

5日下午　副审计长袁野在文化部预算执行审计现场调研。财政审计司（以下简称财政司）主要负责同志参加调研。

5日至6日　副审计长秦博勇在重庆市就长江经济带生态环境保护审计工作开展调研，出席民建中央有关会议。

8日　副审计长秦博勇在审计署审计干部教育学院（以下简称教育学院）出席蒙古审计官员培训研讨班开班式。国际合作司（以下简称国际司）主要负责同志参加开班式。

8日下午　副审计长袁野在国家旅游局预算执行审计现场调研。财政司负责同志参加调研。

8日下午　署党组成员、总审计师、机关党委书记李晓钟在署机关主持召开机关党委会。机关党委委员参加会议。

5日至8日　审计长胡泽君在中央党校参加新进中央委员会的委员、候补委员和省部级主要领导干部学习贯彻习近平新时代中国特色社会主义思想和党的十九大精神研讨班。

9 日至 10 日上午　全国审计工作会议在署机关召开。审计长胡泽君作工作报告，副审计长孙宝厚传达李克强总理在听取审计工作汇报时所作的重要指示，并在闭幕会上作讲话，总审计师李晓钟宣读审计署关于表彰 2017 年优秀审计项目的决定，副审计长陈尘肇主持会议。署领导秦博勇、张通、袁野、刘正均，全国人大常委会预算工作委员会主任刘昆，中央军委审计署审计长郭春富出席会议。各省、自治区、直辖市，各计划单列市、副省级省会城市、新疆生产建设兵团审计厅（局），署机关各单位、各派出审计局、各特派员办事处和各直属单位主要负责同志，署特约审计员和有关受邀单位代表参加会议。

11 日下午　党组书记胡泽君在署机关主持召开党组会议，传达学习习近平总书记在省部级主要领导干部学习贯彻习近平新时代中国特色社会主义思想和党的十九大精神研讨班开班式上的重要讲话精神和中央有关文件，研究有关人事事项和《中共审计署党组 2017 年度民主生活会实施方案》等文稿。党组成员孙宝厚、陈尘肇、袁野、李晓钟和刘正均出席。副审计长秦博勇，办公厅、政研室、机关党委（人教司）、机关纪委（巡视办）和驻署纪检组负责同志列席相关议题的研究。

12 日上午　审计署召开会议，党组书记胡泽君出席会议并讲话。署各单位党组织主要负责同志向胡泽君同志递交全面从严治党责任承诺书，副审计长袁野传达十九届中央纪委二次全会精神，副审计长陈尘肇宣读表彰审计署 2015 至 2017 年度司局级文明单位决定，总审计师李晓钟主持会议。署领导孙宝厚、秦博勇和刘正均出席。总经济师、机关服务局局长张力，署机关各单位、各派出审计局、在京直属单位司局级干部，各特派员办事处、京外直属单位主要负责同志参加会议。

12 日上午　审计署召开会议，党组书记胡泽君出席会议并讲话。副审计长孙宝厚传达中央有关文件精神，总审计师李晓钟主持会议。署领导秦博勇、陈尘肇、袁野和刘正均出席。总经济师、服务局局长张力，署机关各单位、各派出审计局、各特派员办事处、各直属单位党员主要负责同志，驻署纪检组负责同志参加会议。

11 日至 13 日上午　十九届中央纪委第二次全体会议在京召开，审计长胡泽君出席 11 日上午的开幕会，纪检组长郑振涛全程参加会议。

13 日下午至 15 日　纪检组长郑振涛参加十九届中央纪委委员学习贯彻习近平新时代中国特色社会主义思想和党的十九大精神研讨班。

2017 年 11 月 15 日至 2018 年 1 月 15 日　纪检组长郑振涛在中央党校参加第 62 期省部级干部进修班学习。

16 日上午　党组书记胡泽君在署机关主持召开党组会议，传达学习十九届中央纪委二次全会精神，研究有关人事事项和《审计署党组 2017 年度工作总结》等文稿。党组成员孙宝厚、陈尘肇、袁野、李晓钟、郑振涛和刘正均出席。副审计长秦博勇，总经济师、服务局局长张力，办公厅、政研室、机关党委（人教司）、机关纪委（巡视办）和驻署纪检组负责同志列席相关议题的研究。

16 日下午　纪检组长郑振涛在署机关为驻署纪检组全体党员讲党课。

17 日上午　审计长胡泽君列席国务院第 197 次常务会议。

17 日下午　党组书记胡泽君在署机关主持召开党组会议，研究有关文稿。党组成员孙宝厚、陈尘肇、袁野、李晓钟、郑振涛和刘正均出席。副审计长秦博勇，总经济师、服务局局长张力，办公厅、政研室、机关党委（人教司）、机关纪委（巡视办）和驻署纪检组负责同志列席会议。

17 日下午　副审计长袁野在署机关为财政司全体党员和 2017 年秋季学期中共审计署党校处级干部进修班学员讲党课。

18 日下午　副审计长陈尘肇在署机关出席博士后科研工作站博士后合作导师聘任仪式。

18 日　副审计长秦博勇在署机关出席长江经济带生态环境保护审计项目中期汇报会。资源环境审计司（以下简称资环司）主要负责同志参加会议。

19 日上午　纪检组长郑振涛在署机关出席驻署纪检组和机关纪委（巡视办）联合举办的十九届中央纪委二次全会精神专题学习会，向署党组派驻纪检组长传达十九届中央纪委二次全会精神。

19 日下午　副审计长孙宝厚在署机关参加金融审计司（以下简称金融司）“鹿鸣讲堂”活动。

18 日至 19 日　审计长胡泽君出席中国共产党第十九届中央委员会第二次全体会议。

22 日上午 审计长胡泽君出席国务院第 8 次全体会议。

22 日下午 审计长胡泽君参加李克强总理主持召开的听取专家学者和企业界人士对《政府工作报告（征求意见稿）》意见座谈会。

23 日上午 党组书记胡泽君在署机关主持召开署党组 2017 年度民主生活会。党组成员孙宝厚、陈尘肇、袁野、李晓钟、郑振涛和刘正均出席。副审计长秦博勇，办公厅、政研室、机关党委（人教司）、机关纪委（巡视办）和驻署纪检组负责同志列席会议。第 30 督导组和中央纪委机关有关人员到会指导。

23 日下午 审计长胡泽君列席中央全面深化改革领导小组第 2 次会议。

22 日至 23 日 总审计师李晓钟在京出席中央政法工作会议和全国扫黑除恶专项斗争电视电话会议。

24 日上午 审计长胡泽君参加李克强总理主持召开的听取各民主党派、全国工商联负责人和无党派人士对《政府工作报告（征求意见稿）》意见座谈会。

24 日下午 审计长胡泽君和总审计师李晓钟在京出席中央国家机关第三十二次党的工作会议暨第三十次纪检工作会议。

24 日 副审计长孙宝厚在署机关出席保障性安居工程跟踪审计中期交流会。

25 日上午 党组书记胡泽君在署机关主持召开党组会议，传达学习党的十九届二中全会精神和全国组织部长、宣传部长会议精神，研究有关文件和《中共审计署党组关于 2017 年度干部选拔任用工作情况报告》等文稿。党组成员孙宝厚、陈尘肇、袁野、李晓钟、郑振涛和刘正均出席。副审计长秦博勇，办公厅、政研室、机关党委（人教司）、机关纪委（巡视办）和驻署纪检组负责同志列席相关议题的研究。

25 日上午 审计长胡泽君在署机关主持召开审计长会议，听取 2018 年会议计划安排情况和关于 2018 至 2019 年度审计署重点科研课题选题情况的汇报。署领导孙宝厚、秦博勇、陈尘肇、袁野、李晓钟、郑振涛和刘正均出席。办公厅、政研室、固定资产投资审计司（以下简称投资司）、资环司、经济责任审计司（以下简称经责司）、机关党委（人教司）、机关纪委（巡视办）、驻署纪检组、科研所和中国审计报社（以下简称报社）负责同志列席相关议题的研究。

25 日上午 审计长胡泽君在署机关主持召开审计业务会议，研究《2018 年国家重大政策措施落实情况跟踪审计工作指导意见》等文稿。署领导孙宝厚、秦博勇、陈尘肇、袁野、李晓钟、郑振涛和刘正均出席。办公厅、政研室、财政司、金融司、企业审计司（以下简称企业司）、境外审计司（以下简称境外司）、经责司和科研所负责同志列席相关议题的研究。

25 日下午 副审计长秦博勇在京参加最高人民检察院组织召开的党外人士座谈会。

25 日下午 副审计长陈尘肇在京出席全国安全生产电视电话会议。

25 日下午 纪检组长郑振涛在中央纪委机关出席传达党的十九届二中全会精神会议。驻署纪检组负责同志参加会议。

26 日上午 2017 年度审计署领导班子和署领导考核工作会议、审计署 2017 年度选人用人“一报告两评议”会议在署机关召开。党组书记、审计长胡泽君主持会议并作中共审计署党组关于 2017 年度干部选拔任用工作情况报告。署领导孙宝厚、秦博勇、陈尘肇、袁野、李晓钟、郑振涛和刘正均出席。署机关各单位、各派出审计局、在京直属单位、驻署纪检组司局级干部，各特派员办事处和京外直属单位主要负责同志参加会议，中央组织部有关同志到会指导。

26 日下午 副审计长孙宝厚在署机关出席中央经济责任审计工作部际联席会议办公室会议。联席会议办公室成员及联络员参加会议。

26 日下午 副审计长陈尘肇在署机关为企业司全体党员讲党课。

29 日上午 党组书记胡泽君在署机关主持召开党组会议，传达学习全国安全生产电视电话会议精神，研究有关人事事项。党组成员孙宝厚、陈尘肇、袁野、李晓钟、郑振涛和刘正均出席。办公厅、政研室、机关党委（人教司）、机关纪委（巡视办）和驻署纪检组负责同志列席相关议题的研究。

29 日上午 审计长胡泽君在署机关主持召开审计长会议，听取关于 2017 年度审计业务工作定量考核办法修订建议等情况的汇报。署领导孙宝厚、陈尘肇、袁野、李晓钟、郑振涛和刘正均出席。办公厅、政研室、法规司、财政司、农业审计司（以下简称农业司）、投资司、社会保障审计司（以下简称社保司）、资环司、金融司、企业司、经责司、机关党委（人教司）、机关纪委（巡视办）、驻署纪检组、离退休办和服务局负责同志列席相关议题的研究。

29 日下午 审计长胡泽君在署机关会见古巴驻华大使米格尔·拉米雷斯一行。国际司负责同志参加会见。

29 日下午 纪检组长郑振涛参加驻署纪检组司局级党员领导干部民主生活会。

29 日晚 副审计长陈尘肇在京出席外交部新年招待会。

30 日下午 审计长胡泽君列席中央政治局第 3 次集体学习。

30 日下午 署党组成员、总审计师、机关党委书记李晓钟在署机关主持召开机关党委会。机关党委委员参加会议。

30 日 受署党组委托，党组成员、法规司司长刘正均到河北省顺平县开展扶贫慰问。

29 日至 31 日 副审计长袁野在上海市指导上海特派办分党组民主生活会，并到基层联系点浦东新区开展调研。法规司负责同志参加上述活动。

2 月

1 日上午 副审计长袁野在署机关主持召开会议，听取中央部门预算执行审计中期汇报。财政司和各派出审计局主要负责同志参加会议。

1 月 28 日至 2 月 1 日 副审计长秦博勇率中国审计代表团赴泰国出席亚洲审计组织第 7 次环境审计研讨会暨环境审计委员会第 6 次工作会议。国际司主要负责同志参加上述活动。

1 月 31 日至 2 月 2 日 副审计长陈尘肇在江苏省南京市指导南京特派办分党组民主生活会，并到基层联系点昆山市开展调研。

1 日至 2 日 总审计师李晓钟在基层联系点安徽泾县开展调研。

1 日至 2 日 纪检组长郑振涛在四川省成都市指导成都特派办分党组民主生活会。

1 月 30 日至 2 月 3 日 副审计长孙宝厚先后赴江西省会昌县开展扶贫慰问，赴基层联系点广东省仁化县开展调研，赴广东省广州市指导广州特派办分党组民主生活会。社保司负责同志参加上述活动。

1 月 31 日至 2 月 3 日 审计长胡泽君在甘肃省兰州市指导兰州特派办分党组民主生活会，并到基层联系点靖远县开展调研。

1 月 31 日至 2 月 3 日 党组成员、法规司司长刘正均在基层联系点新疆维吾尔自治区昌吉县开展调研。

4 日 总审计师李晓钟在山东省济南市指导济南特派办分党组民主生活会。

5 日 党组书记胡泽君在署机关主持召开会议，听取 10 位省级审计机关主要负责同志向署党组述职报告工作。党组成员孙宝厚、陈尘肇、袁野、李晓钟、郑振涛和刘正均出席。副审计长秦博勇，办公厅、政研室、机关党委（人教司）、机关纪委（巡视办）负责同志列席会议，天津、山西、内蒙古、江苏、江西、山东、海南、重庆、云南等省（市、区）审计厅（局）主要负责同志述职报告了工作。

5 日下午 副审计长孙宝厚在人民大会堂参加全国人大有关专题学习。

6 日 审计长胡泽君在署机关出席部分单位主要负责人现场述职会议并讲话。总审计师李晓钟主持会议，署领导孙宝厚、秦博勇、陈尘肇、袁野、郑振涛和刘正均出席。税收征管审计司（以下简称税收司）、资环司、企业司、教育审计局、卫生药品审计局、培训中心（宣传中心）、18 个特派办主要负责同志分别进行述职。署机关各单位、各派出审计局、在京直属单位司局级干部在署机关主会场，各特派员办事处、京外直属单位处级以上干部在各分会场参加会议。

7 日上午 审计长胡泽君列席国务院第 198 次常务会议。

7 日上午 副审计长孙宝厚在署机关指导投资司司局级党员领导干部民主生活会。

7 日上午 副审计长陈尘肇在京指导贸易审计局司局级党员领导干部民主生活会。

7 日上午 副审计长袁野在署机关指导财政

司司局级党员领导干部民主生活会。

7日上午 总审计师李晓钟在京指导农林水利审计局司局级党员领导干部民主生活会。

7日下午 审计长胡泽君在京指导资源环境审计局司局级党员领导干部民主生活会。

7日下午 副审计长孙宝厚在京指导审计报社司局级党员领导干部民主生活会。

7日下午 副审计长陈尘肇在署机关指导企业司司局级党员领导干部民主生活会。

7日下午 副审计长袁野在京指导交通运输审计局司局级党员领导干部民主生活会。财政司主要负责同志参加会议。

6日至7日 党组成员、法规司司长刘正均在天津市指导京津冀特派办分党组民主生活会，并到基层联系点滨海新区开展调研。

8日上午 党组书记胡泽君在署机关主持召开党组会议，研究有关文件和有关人事事项。党组成员孙宝厚、陈尘肇、袁野、李晓钟、郑振涛和刘正均出席。副审计长秦博勇，办公厅、机关党委（人教司）、机关纪委（巡视办）和驻署纪检组负责同志列席相关议题的研究。

8日上午 党组书记、署党风廉政建设领导小组组长胡泽君在署机关主持召开党风廉政建设领导小组会议，副组长袁野、李晓钟和郑振涛出席。领导小组成员单位主要负责同志参加会议。

8日上午 副审计长孙宝厚在署机关参加社保司党支部读书学习会。

8日下午 审计长胡泽君在署机关指导办公厅司局级党员领导干部民主生活会。

8日下午 副审计长陈尘肇在署机关主持召开2018年科研所专业技术岗位专家评审会议。财政司、教科文卫审计司（以下简称教科司）主要负责同志和有关专家参加会议。

8日下午 总审计师李晓钟在署机关指导机关党委（人教司）司局级党员领导干部民主生活会。

8日下午 纪检组长郑振涛在京指导国资监管审计局司局级党员领导干部民主生活会。

9日上午 审计署离退休干部审计工作情况通报暨新春团拜会在双榆树事业单位办公楼举行。审计长胡泽君出席并讲话，副审计长孙宝厚通报2017年审计工作情况。署领导秦博勇、陈尘肇、袁野、李晓钟、刘正均，署老领导吕培俭、任景德、罗进新、郑力、翟熙贵、王道成、安国出席。离退休干部工作领导小组成员单位主要负责同志以及离退休干部约150余人参加活动。

9日下午 审计署2018年新春团拜会在署机关举行，审计长胡泽君致新春贺词。署领导孙宝厚、秦博勇、陈尘肇、张通、袁野、李晓钟、郑振涛和刘正均出席。署机关各单位、各派出审计局和在京各直属单位全体干部职工参加团拜会。

10日 总审计师李晓钟在署机关出席2017年度基层党建现场述职评议考核会议并讲话。署机关、派出审计局、特派员办事处和直属单位的18位基层党组织书记现场进行了述职。

11日上午 审计长胡泽君到中国时代经济出版社（以下简称出版社）和报社看望慰问干部职工。副审计长孙宝厚和办公厅主要负责同志参加慰问。

11日下午 审计长胡泽君赴北京市审计局调研。办公厅主要负责同志陪同调研。

13日上午 审计长胡泽君看望慰问驻署武警官兵和物业后勤人员。副审计长陈尘肇，总经济师、服务局局长张力和办公厅主要负责同志参加慰问。

13日上午 审计长胡泽君到署值班室看望慰问值班工作人员并致以节日问候。

14日上午 副审计长孙宝厚、秦博勇在人民大会堂出席中共中央、国务院2018年新春团拜会。

24日上午 副审计长陈尘肇在国务院小礼堂出席国务院各部门负责人及办公厅（室）主任会议。办公厅主要负责同志参加会议。

24日下午 审计长胡泽君列席中央政治局第4次集体学习。

26日上午 党组书记胡泽君在署机关主持召开党组会议，传达学习中央有关文件，研究有关人事事项。党组成员孙宝厚、陈尘肇、袁野、李晓钟、郑振涛和刘正均出席。副审计长秦博勇，办公厅、机关党委（人教司）、机关纪委（巡视办）和驻署纪检组负责同志列席相关议题的研究。

26日上午 审计长胡泽君在署机关主持召开审计长会议，研究《审计署办公厅关于做好调查研究工作的通知》等文稿。署领导孙宝厚、秦博勇、陈尘肇、袁野、李晓钟、郑振涛和刘正均出席。办公厅、政研室、电子数据审计司（以下简称数据司）、财政司、农业司、资环司、金融司、机关党委（人教司）和机关纪委（巡视办）负责同志列席会议。

26 日上午 审计长胡泽君在署机关主持召开审计业务会议，研究有关审计工作方案。署领导孙宝厚、秦博勇、陈尘肇、袁野、李晓钟、郑振涛和刘正均出席。办公厅、政研室、数据司、财政司、资环司、金融司、经责司和科研所负责同志列席相关议题的研究。

26 日下午 副审计长孙宝厚、陈尘肇在署机关出席 2018 年度重点科研课题中期检查会议。

26 日 副审计长陈尘肇分别与在京分管单位领导班子成员进行廉政集体谈话。

26 日下午至 28 日 审计长胡泽君在京出席中国共产党第十九届中央委员会第三次全体会议。

2018 年春节前夕 署领导分别到署老领导和离休干部家中走访慰问。署离退休干部工作领导小组成员单位和相关司局负责同志参加走访慰问。

3 月

2 月 27 日下午至 3 月 1 日 副审计长孙宝厚在人民大会堂参加新任全国人大代表专题学习。

1 日上午 审计长胡泽君在人民大会堂出席纪念周恩来同志诞辰 120 周年座谈会。

1 日上午 副审计长袁野在署机关主持召开财政审计工作领导小组会议。办公厅、政研室、财政司、农业司、资环司、社保司、投资司、金融司、企业司和境外司主要负责同志参加会议。

1 日下午 党组书记胡泽君在署机关主持召开党组会议，传达学习党的十九届三中全会精神，听取机关党委（人教司）有关情况汇报。党组成员袁野、李晓钟、郑振涛和刘正均出席。副审计长秦博勇，总经济师、服务局局长张力，办公厅、政研室、机关党委（人教司）、机关纪委（巡视办）和驻署纪检组负责同志列席相关议题的研究。

1 日下午 审计长胡泽君在署机关主持召开审计长会议，听取关于举办“审计大讲堂”有关事项的汇报，研究《审计署 2018 年度培训项目计划安排》等文稿。署领导秦博勇、袁野、李晓钟、郑振涛和刘正均出席。总经济师、服务局局长张力，办公厅、政研室、国际司、机关党委（人教司）、机关纪委（巡视办）和审计署计算机技术中心（以下简称计算中心）负责同志列席相关议题的研究。

2 日上午 副审计长孙宝厚在出版社调研。

2 日下午 审计署召开党员大会，传达学习党的十九届三中全会精神。审计长胡泽君主持会议并讲话。总审计师李晓钟传达会议精神。署领导孙宝厚、袁野、郑振涛、刘正均，署老领导吕培俭、罗进新、郑力、翟熙贵、王道成、安国出席会议。总经济师、服务局局长张力，署机关各单位、各派出审计局、在京直属单位、中央纪委驻署纪检组全体党员，离退休党员代表，各特派员办事处、京外直属单位主要负责同志参加会议。

4 日 副审计长孙宝厚出席十三届全国人大一次会议预备会议。

5 日上午 总审计师李晓钟在八宝山殡仪馆参加崔冀霖同志遗体送别仪式。

5 日下午 审计长胡泽君参加十三届全国人大一次会议天津代表团全体会议，听取意见建议。办公厅和政研室负责同志参加会议。

5 日下午 副审计长袁野在署机关主持召开专题会议，研究部署推进“金审工程”三期建设有关工作。数据司和计算中心负责同志参加会议。

6 日下午 审计长胡泽君参加办公厅党总支第一党支部专题组织生活会。

6 日下午 副审计长陈尘肇参加全国政协十三届一次会议界别联组（民建 7、8 组）会议，听取意见建议。政研室负责同志参加会议。

7 日下午 审计长胡泽君在人民大会堂出席“三八”国际妇女节中外妇女招待会。

12 日下午 副审计长袁野在署机关主持召开专题会议，研究部署中央部门预算执行审计有关工作。财政司主要负责同志和中央部门预算执行审计各审计组组长参加会议。

14 日上午 副审计长袁野在署机关主持召开专题会议，研究部署“金审工程”三期建设有关工作。办公厅、数据司和计算中心负责同志参加会议。

8 日上午、15 日上午 副审计长陈尘肇列席全国政协十三届一次会议第二次全体会议和闭幕会。

2日至15日 副审计长秦博勇在京出席全国政协十三届一次会议。

20日上午 副审计长袁野在署机关主持召开专题会议，研究部署“两个报告”有关工作。政研室和财政司负责同志参加会议。

20日下午 首届中国—巴基斯坦审计研讨会开幕式在署机关举行。审计长胡泽君与巴基斯坦审计署审计长贾韦德·杰汉吉尔共同出席开幕式并致辞。农业司、国际司和科研所主要负责同志参加开幕式。

5日至20日 审计长胡泽君分别列席十三届全国人大一次会议开幕会、第二至第七次全体会议和闭幕会。

5日至20日 副审计长孙宝厚在京出席十三届全国人大一次会议。

21日上午 审计长胡泽君列席国务院第1次常务会议。

21日上午 副审计长孙宝厚在人民大会堂列席十三届全国人大常委会第一次会议。

21日下午 副审计长孙宝厚在署机关出席中巴审计研讨会。国际司和科研所主要负责同志参加研讨会。

21日下午 副审计长袁野到中国航天科技集团调研。数据司和计算中心负责同志参加调研。

23日上午 审计署召开干部职工大会，传达学习全国两会精神，审计长胡泽君出席会议并讲话。副审计长孙宝厚传达会议精神，署领导袁野、李晓钟出席。总经济师、服务局局长张力，署机关各单位、各派出审计局、在京直属单位、中央纪委驻署纪检组全体干部职工，各特派员办事处和京外直属单位主要负责同志以及离退休干部代表在主会场；各特派员办事处和京外直属单位其他人员在分会场通过视频直播参加会议。

23日上午 纪检组长郑振涛在京参加中央纪委、国家监委机关干部大会。

23日下午 总审计师李晓钟在署机关主持召开2018年度公务员录用考试工作动员大会。机关党委（人教司）主要负责同志参加会议。

19日至23日 副审计长秦博勇在中央党校参加第4期省部级干部学习贯彻习近平新时代中国特色社会主义思想和党的十九大精神研讨班学习。

24日上午 审计长胡泽君在京参加深化党和国家机构改革协调小组工作会议。

23日、26日至27日上午 审计署党组以“深入学习贯彻党和国家机构改革的决定以及方案精神，扎实推进审计管理体制改革，更好发挥审计在党和国家监督体系中的重要作用”为主题，召开2018年第一季度中心组学习（扩大）会。党组书记胡泽君主持会议并讲话。党组成员孙宝厚、袁野、李晓钟、郑振涛和刘正均出席。副审计长秦博勇，总经济师、服务局局长张力，署机关各单位、各派出审计局、各特派员办事处、各直属单位主要负责同志和中央纪委驻署纪检组负责同志参加学习会。

27日上午 纪检组长郑振涛参加中央纪委、国家监委传达全国两会精神会议。

27日下午 党组书记胡泽君在署机关主持召开党组会议，宣布了中央有关人事决定，研究有关人事事项和《审计署2018年审计宣传工作方案》等文稿。党组成员孙宝厚、王文斌、陈尘肇、袁野、李晓钟、郑振涛和刘正均出席。副审计长秦博勇，总经济师、服务局局长张力，办公厅、政研室、国际司、机关党委（人教司）、机关纪委（巡视办）、驻署纪检组、报社、出版社和科研所负责同志列席相关议题的研究。

27日下午 审计长胡泽君在署机关主持召开审计长会议，听取关于“金审工程”三期建设及中央预算执行单位财务数据标准化工作等有关事项的汇报，研究《“金审工程”三期项目重点任务实施方案》等文稿。署领导孙宝厚、秦博勇、王文斌、陈尘肇、袁野、李晓钟、郑振涛和刘正均出席。总经济师、服务局局长张力，办公厅、政研室、数据司、机关党委（人教司）、机关纪委（巡视办）和计算中心负责同志列席会议。

27日下午 审计长胡泽君在署机关主持召开审计业务会议，研究有关审计工作方案。署领导孙宝厚、秦博勇、王文斌、陈尘肇、袁野、李晓钟、郑振涛和刘正均出席。总经济师、服务局局长张力，办公厅、政研室、数据司、金融司、境外司和科研所负责同志列席会议。

28日上午 审计长胡泽君列席国务院第2次常务会议。

28 日上午 副审计长孙宝厚在署机关会见加拿大助理审计长郑南希一行。国际司主要负责同志参加会见。

28 日上午 副审计长秦博勇在署机关出席世界审计组织金融现代化与监管改革工作组第 5 次会议开幕式并作主旨演讲。

28 日上午 总审计师李晓钟在署机关主持召开署国家安全人民防线建设、保密（密码管理）、信访、宣传（政务公开）、社会管理综合治理、精神文明建设等领导小组会议。各领导小组成员单位主要负责同志参加会议。

28 日下午 审计长胡泽君在署机关会见来华参加世界审计组织金融现代化与监管改革工作组第 5 次会议的沙特阿拉伯审计长胡萨姆·阿兰卡里先生一行。副审计长秦博勇和国际司主要负责同志陪同参加会见。

28 日下午 副审计长孙宝厚在署机关会见人民银行副行长范一飞一行。金融司主要负责同志参加会见。

28 日下午 纪检组长郑振涛在署机关主持召开驻署纪检组干部会议，传达学习赵乐际同志在中央纪委、国家监委机关干部大会上的讲话和杨晓渡同志在传达全国两会精神会议上的讲话。驻署纪检组全体干部参加会议。

29 日上午 副审计长袁野在署机关出席 2017 年度北京冬奥会跟踪审计工作汇报会。办公厅、投资司、北京市审计局、河北省审计厅、京津冀特派办、南京特派办、哈尔滨特派办负责同志参加会议。

29 日下午 2017 年度审计署高级审计师评审会在署机关举行。评审委员会主任委员、审计长胡泽君主持会议。署领导孙宝厚、袁野、李晓钟和刘正均出席。评审委员会委员参加会议。

30 日上午 副审计长孙宝厚在教育学院为 2018 年度审计案例教学师资班学员授课。

30 日上午 副审计长秦博勇在署机关会见巴西审计法院大法官维塔尔·雷戈一行。资环司和国际司主要负责同志参加会见。

30 日下午 审计长胡泽君在署机关主持召开地方审计机关主要负责同志座谈会。署领导秦博勇、王文斌、袁野、李晓钟、郑振涛和刘正均出席。各省、自治区、直辖市和计划单列市、新疆生产建设兵团审计厅（局）主要负责同志参加座谈。办公厅、政研室、机关党委（人教司）负责同志列席会议。

30 日 审计署召开“金审工程”三期建设推进培训会，审计长胡泽君出席会议并讲话。副审计长袁野讲解“金审工程”三期项目重点任务实施方案。署领导王文斌、李晓钟、郑振涛和刘正均出席。各省、自治区、直辖市和计划单列市、新疆生产建设兵团审计厅（局）主要负责同志和信息化部门负责人，署机关各单位、各派出审计局、各特派员办事处、各直属单位主要负责同志，中央纪委驻署纪检组负责同志参加培训会。

31 日上午 审计长胡泽君出席国务院机构改革推进会议。

31 日上午 副审计长袁野在京参加 2018 年共和国部长义务植树活动。

4 月

2 日下午 审计长胡泽君列席中央财经委员会第 1 次会议。

2 日下午 副审计长孙宝厚在署机关主持召开会议，听取金融司工作情况汇报。金融司全体干部参加会议。

3 日上午 党组书记胡泽君在署机关主持召开党组会议，传达学习中央有关会议精神，研究有关人事事项和《审计署 2018 年全面从严治党工作要点》等文稿。党组成员孙宝厚、王文斌、袁野、李晓钟和刘正均出席。副审计长秦博勇，总经济师、服务局局长张力，办公厅、政研室、经责司、机关党委（人教司）、机关纪委（巡视办）和驻署纪检组负责同志列席相关议题的研究。

3 日上午 审计长胡泽君在署机关主持召开审计长会议，研究《审计署 2018 年定点扶贫和对口支援工作计划》《审计署 2017 年大事记》《审计署公务用车管理办法》等文稿。署领导孙宝厚、秦博勇、王文斌、袁野、李晓钟和刘正均出席。总经济师、服务局局长张力，办公厅、政研室、财政司、农业司、投资司、金融司、企业司、经责司、机关党委（人教司）、机关纪委（巡视办）、驻署纪检组和科研所负责同志列席相关议题的研究。

3 日下午 副审计长孙宝厚在署机关参加服务局组织的健康讲座。

3 日下午 副审计长秦博勇在署机关出席科研所博士后论文开题审核会。

4 日上午 审计长胡泽君列席国务院第 3 次常务会议。

4 日上午 副审计长孙宝厚在署机关出席地方审计机关审计文物联络员会议。

4 日上午 副审计长袁野在署机关会见中央统战部副部长冉万祥一行。行政政法审计司（以下简称行政司）主要负责同志参加会见。

4 日下午 副审计长孙宝厚在署机关会见证监会副主席方星海一行。金融司主要负责同志参加会见。

8 日上午 审计长胡泽君在署机关主持召开审计署机构改革工作小组第一次会议。会议宣布改革工作小组成员名单，审议《审计署机构改革组织实施工作方案》，通报了近期工作进展情况。改革工作小组成员单位发展改革委、财政部、国资委负责同志，署领导王文斌、李晓钟出席会议。总经济师、服务局局长张力，署办公厅、政研室、机关党委（人教司）、机关纪委（巡视办）主要负责同志，发展改革委、财政部、国资委相关司局负责同志参加会议。

10 日上午 副审计长孙宝厚在全国人大机关出席金融企业国有资产管理情况座谈会。金融司主要负责同志参加会议。

10 日下午 审计长胡泽君在署机关会见香港审计署署长孙德基一行。副审计长秦博勇陪同参加会见，并与代表团举行了工作会谈。财政司、国际司（港澳台办）和机关党委（人教司）主要负责同志参加上述活动。

11 日上午 党组书记胡泽君在署机关主持召开党组会议，传达中央有关文件精神，研究有关人事事项和《中共审计署党组巡视工作规划（2018—2022 年）》等文稿。党组成员孙宝厚、王文斌、李晓钟、郑振涛和刘正均出席。办公厅、政研室、经责司、机关党委（人教司）、机关纪委（巡视办）和驻署纪检组负责同志列席相关议题的研究。

11 日上午 审计长胡泽君在署机关主持召开审计业务会议，研究有关审计工作方案。署领导孙宝厚、王文斌、李晓钟、郑振涛和刘正均出席。办公厅、政研室、数据司、财政司、教科司、社保司、科研所和计算中心负责同志列席机关议题的研究。

11 日 副审计长秦博勇在京出席民建第十一届中央委员会专门委员会成立大会。

11 日晚 党组书记胡泽君在署机关主持召开党组会议，研究机构改革有关事项。党组成员孙宝厚、王文斌、陈尘肇、袁野、李晓钟、郑振涛和刘正均出席。副审计长秦博勇，总经济师、服务局局长张力，办公厅、政研室、机关党委（人教司）、机关纪委（巡视办）、驻署纪检组、服务局和计算中心负责同志列席会议。

12 日上午 审计长胡泽君列席国务院第 4 次常务会议。

12 日上午 副审计长王文斌在署机关出席相关事业单位办公地点搬迁动员大会并讲话。总经济师、服务局局长张力和办公厅主要负责同志参加会议。

12 日下午 审计长胡泽君在署机关主持召开会议，向署老领导传达中央有关文件并通报近期审计署机构改革工作情况。署领导孙宝厚，近期退出领导班子的老领导和离退休老领导石爱中、张通、吕培俭、任景德、罗进新、郑力、翟熙贵、王道成、安国出席会议。

13 日上午 审计长胡泽君在署机关会见审计署对口支援县江西省会昌县委书记蔡小卫一行。

13 日晚 党组书记胡泽君在署机关主持召开党组会议，研究机构改革和有关人事事项。党组成员孙宝厚、王文斌、陈尘肇、袁野、李晓钟、郑振涛和刘正均出席。副审计长秦博勇，总经济师、服务局局长张力，办公厅、政研室、机关党委（人教司）、机关纪委（巡视办）和驻署纪检组负责同志列席相关议题的研究。

9 日至 13 日 副审计长袁野在中央党校参加第 6 期省部级干部学习贯彻习近平新时代中国特色社会主义思想和党的十九大精神研讨班学习。

16 日上午 审计长胡泽君出席国务院任命的国家工作人员宪法宣誓仪式。副审计长王文斌参加宣誓。

16 日下午 副审计长袁野在署机关会见国家邮政局局长马军胜一行。交通运输局负责同志参加会见。

16 日晚 党组书记胡泽君在署机关主持召开党组会议，研究机构改革有关事项，听取关于追加 2018 年度审计项目计划有关情况的汇报。党组成员孙宝厚、王文斌、陈尘肇、袁野、李晓钟、郑振涛和刘正均出席。副审计长秦博勇，总经济师、服务局局长张力，办公厅、政研室、机关党委（人教司）、机关纪委（巡视办）和驻署纪检组负责同志列席相关议题的研究。

17 日上午 副审计长袁野在署机关会见海关总署副署长邹志武一行。税收司主要负责同志参加会见。

17 日下午 审计长胡泽君在署机关会见澳门审计署审计长何永安一行。副审计长秦博勇陪同参加会见，并与代表团举行工作会谈。国际司（港澳台办）和机关党委（人教司）主要负责同志参加上述活动。

17 日下午 总审计师李晓钟在署机关参加机关党委（人教司）党支部专题学习。

18 日上午 审计长胡泽君列席国务院第 5 次常务会议。

18 日上午 总审计师李晓钟在署机关主持召开转隶人员临时党支部书记座谈会。第一至第九临时党支部书记参加座谈。总经济师、服务局局长张力，办公厅和机关党委（人教司）主要负责同志列席座谈会。

18 日下午 审计长胡泽君在署机关主持召开审计署机构改革工作小组第 2 次会议。改革工作小组成员单位发展改革委、财政部、国资委负责同志，署领导王文斌、李晓钟出席会议。总经济师、服务局局长张力，署办公厅、政研室、机关党委（人教司）、机关纪委（巡视办）主要负责同志，发展改革委、财政部、国资委相关司局负责同志参加会议。

18 日下午 副审计长袁野在署机关会见人民日报社副社长张建星一行。广电通讯审计局负责同志参加会见。

17 日至 18 日 副审计长孙宝厚在人民大会堂出席全国人大财政经济委员会第二次全体会议。

19 日上午 审计署欢迎转隶人员大会在署机关举行，审计长胡泽君出席会议并讲话。副审计长孙宝厚主持会议，副审计长王文斌宣读党中央、国务院有关审计改革的决定和方案，总审计师李晓钟宣读中共审计署机关委员会关于成立转隶人员 9 个临时党支部的通知。署领导秦博勇、袁野、郑振涛和刘正均出席。审计署在京单位司局级干部、全体转隶人员参加会议。

19 日上午 受署党组委托，副审计长袁野在署机关主持召开会议，宣布贸易审计局主要负责同志任免决定。机关党委（人教司）负责同志，贸易审计局处级以上干部参加会议。

19 日下午 审计署 2018 年第一期“审计大讲堂”在署机关举办。国务院发展研究中心主任李伟作宏观经济形势分析报告。审计长胡泽君主持报告会。署领导孙宝厚、秦博勇、王文斌、郑振涛、刘正均出席。署机关各单位、各派出审计局、全体转隶人员、各特派员办事处、各直属单位、中央纪委驻署纪检组，部分地方审计机关干部职工分别在署机关主会场和各地分会场聆听报告。

19 日下午 副审计长袁野出席国务院有关专题会议。

20 日上午 副审计长孙宝厚在署机关为转隶人员培训班学员授课。

20 日上午 副审计长王文斌在双榆树事业单位办公区调研。总经济师、服务局局长张力陪同调研。

20 日下午 副审计长孙宝厚在署机关出席 2018 年养老保险基金和医疗保障基金审计视频培训班并作动员讲话。

21 日上午 受署党组委托，副审计长陈尘肇在济南特派办全体干部大会上宣布该办主要负责同志任免决定。机关党委（人教司）负责同志参加会议。随后，副审计长陈尘肇对济南特派办党风廉政建设情况进行调研。

21 日下午 副审计长孙宝厚在教育学院为 2018 年度市县审计局长培训班学员授课。

20 日至 21 日 全国网络安全和信息化工作会议在京举行。审计长胡泽君和副审计长袁野出席 20 日上午的全体会议。

22 日上午 副审计长孙宝厚在教育学院为 2018 年度审计组组长和主审案例研讨班学员授课。

23 日下午 审计长胡泽君列席中央政治局第

5 次集体学习。

23 日下午 副审计长孙宝厚在教育学院为新任省级审计机关主要负责人专题研讨班学员授课。

24 日上午 纪检组长郑振涛在教育学院为新任省级审计机关主要负责人专题研讨班学员授课。

24 日下午 审计长胡泽君在署机关会见坦桑尼亚审计署审计长穆萨·朱马·阿萨德一行。投资司和国际司主要负责同志参加会见。

24 日下午 副审计长袁野在署机关通过远程视频系统为新任省级审计机关主要负责人专题研讨班学员授课。

24 日 副审计长孙宝厚在人民大会堂参加全国人大常委会组成人员和专门委员会组成人员履职学习专题讲座。

25 日上午 审计长胡泽君列席国务院第 6 次常务会议。

25 日上午 受署党组委托，副审计长袁野在署机关主持召开会议，宣布旅游侨务审计局、教育审计局主要负责同志任免决定。机关党委（人教司）负责同志，旅游侨务审计局、教育审计局全体干部参加会议。

25 日下午 审计署举办先进事迹报告会，邀请吕建江同志先进事迹报告团为全署干部职工作报告，副审计长王文斌出席并主持报告会。会前，王文斌会见吕建江同志先进事迹报告团全体成员。

25 日 总审计师李晓钟在教育学院为新任省级审计机关主要负责人专题研讨班学员授课。

26 日上午 审计长胡泽君在南京出席中国审计学会第四次理事论坛，作题为“以习近平新时代中国特色社会主义思想为指引推动审计工作新发展”的主旨演讲。中国审计学会会长董大胜主持论坛。审计学会理事、理事代表，各省级审计学会秘书长和有关专家共 110 余人参加论坛。

26 日上午 总审计师李晓钟在中共审计署党校为 2018 年春季学期处级党员干部进修班学员授课。

26 日下午 审计长胡泽君在教育学院为新任省级审计机关主要负责人专题研讨班和 2018 年度市县审计局长培训班等 8 个培训班学员授课。办公厅、教育学院和南京审计大学负责同志参加活动。

26 日下午 审计长胡泽君在教育学院，与参加新任省级审计机关主要负责人专题研讨班的全体学员座谈，听取关于审计工作、审计机构改革等方面的意见和建议。总审计师李晓钟出席。办公厅、教育学院和南京审计大学负责同志参加座谈会。

27 日上午 审计长胡泽君出席国务院第一次廉政工作会议。

27 日下午 党组书记胡泽君在署机关主持召开党组会议，传达学习中央有关文件和国务院第一次廉政工作会议精神，听取机关纪委（巡视办）有关违纪问题审查情况、办公厅关于内审协会资产划分使用建议等情况的汇报，研究有关人事事项。党组成员王文斌、袁野和郑振涛出席。总经济师、服务局局长张力，办公厅、法规司、经责司、机关党委（人教司）、机关纪委（巡视办）和驻署纪检组负责同志列席相关议题的研究。

27 日下午 审计长胡泽君在署机关主持召开审计长会议，研究《审计署 2017 年度预算执行等情况审计报告》等文稿。署领导王文斌、袁野和郑振涛出席。总经济师、服务局局长张力，办公厅、法规司、财政司、行政司、金融司、企业司、境外司和科研所负责同志列席相关议题的研究。

27 日下午 审计长胡泽君在署机关主持召开审计业务会议，研究有关专项审计调查工作方案。署领导王文斌、袁野和郑振涛出席。总经济师、服务局局长张力，办公厅、数据司、企业司、境外司和科研所负责同志列席会议。

27 日下午 署党组成员、总审计师、机关党委书记李晓钟在京出席中央和国家机关各单位机关党委主要负责人会议。

25 日至 27 日 副审计长孙宝厚在人民大会堂列席十三届全国人大常委会第二次会议。

28 日上午 审计长胡泽君在署机关主持召开转隶人员培训工作领导小组会议。署领导王文斌、李晓钟出席。总经济师、服务局局长张力，办公厅、政研室、机关党委（人教司）、机关纪委（巡视办）和计算中心负责同志参加会议。

28 日上午 副审计长袁野在发展改革委出席促进大数据发展部际联席会议第三次会议暨政务信息系统整合共享推进落实工作领导小组第四次会议。数据司负责同志参加会议。

28 日下午 副审计长袁野在署机关会见财政

部部长助理许宏才一行。财政司主要负责同志参加会见。

3月1日至4月28日 副审计长陈尘肇在中央党校参加省部级干部进修班（第63期）——“全面加强党的领导和党的建设”研究专题的学习。

22日至29日 副审计长秦博勇率中国审计代表团访问挪威审计署，并赴卢森堡出席全球审计领导人会商机制第5次会议。

5月

2日上午 审计长胡泽君列席国务院第7次常务会议。

2日下午 副审计长陈尘肇在署机关召集各特派办主要负责同志进行了集体谈话，并对近期企业审计工作进行调研座谈。

3日上午 审计署举办第二期“审计大讲堂”，邀请清华大学教授、中国工程院院士钱易作“生态文明建设与可持续发展”专题讲座。副审计长秦博勇主持专题讲座，署领导孙宝厚、王文斌、陈尘肇、郑振涛、刘正均出席。署机关各单位、各派出审计局、第一至第九临时党支部、各特派员办事处、各直属单位，驻署纪检组，各省、自治区、直辖市和计划单列市、新疆生产建设兵团审计厅（局）全体干部分别在主会场和各分会场聆听讲座。

3日下午 审计长胡泽君在署机关会见日本审计院院长河户光彦一行。副审计长秦博勇，国际司、机关党委（人教司）主要负责同志参加会见。

3日下午 副审计长孙宝厚在双榆树办公区参加科研所2018年招聘人员面试工作。

3日下午 副审计长王文斌在署机关主持召开全国人大代表建议、全国政协委员提案交办协调会。办公厅和相关司局负责同志参加会议。

3日下午 副审计长王文斌在署机关主持召开署企事业单位公务用车制度改革工作组会议。工作组成员单位负责同志参加会议。

3日下午 副审计长袁野在署机关会见民政部副部长唐承沛一行。民政社保审计局主要负责同志参加会见。

4日上午 审计长胡泽君在人民大会堂出席纪念马克思诞辰200周年大会。

4日上午 副审计长孙宝厚在署机关出席科研所博士后开题审核会。

4日下午 党组书记胡泽君在署机关主持召开党组会议，研究机构改革有关事项和《审计署关于2017年度中央预算执行和其他财政支出情况的审计报告》等文稿。党组成员孙宝厚、王文斌、陈尘肇、李晓钟、郑振涛和刘正均出席。副审计长秦博勇，总经济师、服务局局长张力，办公厅、政研室、财政司、经责司、机关党委（人教司）、机关纪委（巡视办）和驻署纪检组负责同志列席相关议题的研究。

5日 副审计长孙宝厚在京出席审计干部职业教育培训教材建设专项工作研讨会。

6日下午 副审计长秦博勇在南京会见来华参加2018年柬埔寨审计官员研修班学员。国际司负责同志参加会见。

7日上午 审计长胡泽君和总审计师李晓钟出席国务院机构改革第二次推进会。

7日上午 副审计长秦博勇在教育学院出席资源环境审计研讨班开班式并作动员讲话。

7日下午 审计长胡泽君在署机关会见财政部部长刘昆一行。副审计长袁野，政研室和财政司负责同志参加会见。

7日下午 副审计长孙宝厚在署机关参加社保司党支部读书学习活动。

8日上午 全国审计机关党风廉政建设视频会议在署机关召开，审计长胡泽君出席会议并讲话，纪检组长郑振涛受署党组委托作工作报告，副审计长孙宝厚主持会议。署领导王文斌、陈尘肇、袁野、刘正均出席。署机关各单位、各派出审计局、第一至第九临时党支部、在京直属单位、驻署纪检组全体干部职工在主会场；各省、自治区、直辖市审计厅（局），各计划单列市、副省级省会城市和新疆生产建设兵团审计局，各特派员办事处、京外直属单位，以及有视频转播条件的市、县级审计机关全体干部职工在分会场参加会议。中央和国家机关工委有关同志到会指导。

8日上午 副审计长王文斌在教育学院出席2018年度审计计划统计和审计新闻宣传（政务公开）工作培训研讨班开班式，并作动员讲话。8

日下午至9日下午，先后在教育学院、江苏省审计厅、南京特派办和审计博物馆调研。

8日下午　党组书记胡泽君在署机关主持召开党组会议，听取关于暂缓推进中国审计报社转企改制等有关情况的汇报。党组成员孙宝厚、陈尘肇、袁野、郑振涛和刘正均出席。总经济师、服务局局长张力，办公厅、机关党委（人教司）、机关纪委（巡视办）、驻署纪检组、报社和出版社负责同志列席会议。

8日下午　审计长胡泽君在署机关主持召开审计长会议，研究有关文稿。署领导孙宝厚、陈尘肇、袁野、郑振涛和刘正均出席。总经济师、服务局局长张力，办公厅、政研室、财政司和科研所负责同志列席会议。

9日下午　副审计长陈尘肇在署机关参加企业司党支部专题学习。

9日下午至10日　审计长胡泽君赴河北省顺平县就定点扶贫工作开展调研。办公厅和机关党委（人教司）主要负责同志参加调研。

11日下午　审计长胡泽君在署机关会见中央军委审计署审计长田义祥一行。总审计师李晓钟，机关党委（人教司）主要负责同志参加会见。

7日下午至11日　副审计长秦博勇赴云南参加全国政协组织的“深度贫困地区脱贫攻坚”调研活动。

9日至11日　副审计长孙宝厚在上海市调研金融审计工作和审计专业硕士教育工作。

14日　副审计长秦博勇赴河北省唐山市开展资源环境审计调研。资环司负责同志参加调研。

15日上午　党组书记胡泽君在署机关主持召开党组会议，研究有关人事事项。党组成员王文斌、陈尘肇、袁野、李晓钟、郑振涛和刘正均出席。副审计长秦博勇，总经济师、服务局局长张力，机关党委（人教司）、机关纪委（巡视办）和驻署纪检组负责同志列席会议。

15日下午　审计长胡泽君在署机关会见来署调研的全国人大常委会预算工作委员会主任史耀斌一行，并进行座谈。副审计长袁野，办公厅、政研室、财政司、机关党委（人教司）负责同志参加上述活动。

16日上午　审计长胡泽君列席国务院第8次常务会议。

16日下午　党组书记胡泽君在署机关主持召开党组会议，研究提交中央审计委员会会议审议的有关材料。党组成员王文斌、陈尘肇、袁野、李晓钟、郑振涛和刘正均出席。总经济师、服务局局长张力，办公厅、政研室和机关党委（人教司）负责同志列席会议。

16日下午　派驻纪检组长向署党组述职会议在署机关召开，党组书记胡泽君出席会议并讲话。党组成员王文斌、陈尘肇、袁野、李晓钟、郑振涛和刘正均出席。办公厅、政研室、机关党委（人教司）、机关纪委（巡视办）和驻署纪检组负责同志列席会议。

16日下午　副审计长秦博勇在教育学院为2018年度第二期市县审计局长培训班学员授课。

17日下午　副审计长秦博勇出席国务院有关专题会议。

14日至18日　副审计长孙宝厚赴河北、宁夏参加全国人大常委会统计法执法检查活动。

18日至19日　全国生态环境保护大会在京举行。审计长胡泽君出席18日的全体会议。副审计长秦博勇全程参加会议。

21日下午　副审计长孙宝厚在全国人大机关参加全国人大常委会预算工作委员会有关会议。

21日下午　副审计长陈尘肇赴太原特派办在京企业审计组调研。

22日上午　党组书记胡泽君在署机关主持召开党组会议，传达学习中央有关文件和全国环境保护大会会议精神，研究有关人事事项，听取办公厅关于党中央、国务院重点工作任务责任分工建议情况的汇报。党组成员孙宝厚、王文斌、陈尘肇、袁野、郑振涛和刘正均出席。副审计长秦博勇，总经济师、服务局局长张力，办公厅、政研室、数据司、财政司、农业司、投资司、资环司、金融司、企业司、经责司、机关党委（人教司）、机关纪委（巡视办）和驻署纪检组负责同志列席相关议题的研究。

22日上午　审计长胡泽君在署机关主持召开审计业务会议，研究有关审计情况的报告及公告稿。署领导孙宝厚、秦博勇、王文斌、陈尘肇、袁野、郑振涛和刘正均出席。总经济师、服务局局长张力，办公厅、政研室、财政司、资环司和科研所负责同志列席会议。

22 日下午 副审计长孙宝厚在京参加全国人大常委会预算工作委员会有关会议。

23 日上午 审计长胡泽君列席国务院第 9 次常务会议。

23 日上午 副审计长孙宝厚在署机关出席 2018 年养老保险基金审计中期交流会。

23 日下午 习近平总书记主持召开中央审计委员会第一次会议，中央审计委员会委员，中央审计委员会办公室主任、审计长胡泽君出席会议。副审计长袁野，政研室、财政司负责同志列席会议。

23 日下午 副审计长秦博勇赴北京市审计局开展领导干部自然资源资产离任审计调研。资环司主要负责同志参加调研。

24 日上午 党组书记胡泽君在署机关主持召开党组会议，传达学习中央审计委员会第一次会议精神。党组成员孙宝厚、王文斌、陈尘肇、袁野、郑振涛和刘正均出席。副审计长秦博勇，总经济师、服务局局长张力，办公厅、政研室、财政司、机关党委（人教司）、机关纪委（巡视办）和驻署纪检组负责同志列席会议。

24 日下午 审计署召开会议，向署老领导传达中央审计委员会第一次会议精神。审计长胡泽君出席并讲话，副审计长孙宝厚主持会议。老领导董大胜、余效明、石爱中、李勇库、吕培俭、罗进新、翟熙贵、王道成、安国出席会议。办公厅和离退休干部办公室负责同志列席会议。

24 日下午 副审计长孙宝厚在署机关出席 2018 年医疗保障基金审计中期交流会。

25 日上午 审计长胡泽君出席国务院全体会议。

25 日上午 副审计长孙宝厚在京参加全国人大常委会预算工作委员会有关会议。

25 日上午 副审计长秦博勇在署机关听取资环司关于开展调研情况的汇报。

25 日上午 副审计长王文斌在署机关会见审计署定点扶贫县河北省顺平县委书记一行。机关党委（人教司）主要负责同志参加会见。

25 日上午 副审计长陈尘肇赴沈阳特派办在京企业审计组调研。

25 日上午 副审计长袁野出席全国人大常委会预算工作委员会会议，就 2017 年度中央预算执行和其他财政收支的审计工作报告有关情况作介绍。政研室、财政司负责同志参加会议。

25 日下午 副审计长陈尘肇在署机关参加企业司党支部专题学习。

26 日下午 副审计长陈尘肇在署机关主持召开会议，听取企业审计情况汇报。在京的各特派办相关负责同志参加会议。

21 日至 27 日 总审计师李晓钟率中国审计代表团访问匈牙利，并赴俄罗斯出席圣彼得堡国际经济论坛审计分会。

28 日上午 审计长胡泽君在京出席 2018 年两院院士大会开幕式。

28 日上午 副审计长袁野在署机关主持召开会议，研究数据采集有关工作。数据司、资环司、农林水利审计局、资源环保审计局负责同志参加会议。

28 日 纪检组长郑振涛在京出席中央纪委省区市纪检监察工作座谈会。

29 日下午 纪检组长郑振涛主持召开驻署纪检组全体干部会议，传达学习中央纪委省区市纪检监察工作座谈会会议精神。

29 日上午 党组书记胡泽君在署机关主持召开党组会议，传达中央纪委有关会议精神，听取关于出版社、报社改革发展有关事项的汇报，研究《审计署关于组织开展作风纪律建设专项整治月活动的通知》等文稿。党组成员王文斌、陈尘肇、袁野、李晓钟、郑振涛出席。总经济师、服务局局长张力，办公厅、政研室、机关党委（人教司）、机关纪委（巡视办）和驻署纪检组负责同志列席相关议题的研究。

29 日上午 审计长胡泽君在署机关主持召开审计业务会议，研究有关审计情况的报告及公告稿。署领导王文斌、陈尘肇、袁野、李晓钟、郑振涛出席。总经济师、服务局局长张力，办公厅、政研室、法规司、财政司、社保司和科研所负责同志列席会议。

29 日上午 审计长胡泽君在署机关会见内蒙古自治区政府主席布小林一行。副审计长王文斌，办公厅和财政司负责同志参加会见。

28 日至 29 日 副审计长孙宝厚在教育学院分别为审计署党校处级干部进修班、审计理论研究骨干培训班等 3 个培训班学员授课。

30日上午 审计长胡泽君列席国务院第10次常务会议。

30日上午 副审计长孙宝厚在署机关召集会议，研究出版社公司制改制工作方案。总经济师、服务局局长张力，机关党委（人教司）、出版社主要负责同志参加会议。

31日上午 审计长胡泽君出席全国人大财政经济委员会全体会议，就2017年度中央预算执行和其他财政收支的审计工作报告有关情况作介绍。副审计长袁野，政研室和财政司负责同志参加会议。

31日 副审计长孙宝厚在京出席十三届全国人大财政经济委员会第五次全体会议。

6月

5月28日至6月1日 副审计长秦博勇在浦东干部学院参加省部级干部深化供给侧结构性改革专题研讨班学习。

5月30日至6月1日上午 审计署党组以“传达学习贯彻习近平总书记在中央审计委员会第一次会议上的重要讲话精神，坚决维护党中央对审计工作的集中统一领导，更好发挥审计在党和国家监督体系中的重要作用”为主题，召开2018年第二季度中心组学习（扩大）会。党组书记胡泽君主持会议并作讲话。党组成员孙宝厚、王文斌、陈尘肇、袁野、李晓钟出席。各省、自治区、直辖市和计划单列市、新疆生产建设兵团审计厅（局），署机关各单位、各派出审计局、第一至第九临时党支部、各特派员办事处、各直属单位主要负责同志，驻署纪检组负责同志参加学习会。

1日上午 副审计长孙宝厚在人民大会堂参加全国人大常委会统计法执法检查组第二次全体会议。

5月29日至6月3日 党组成员、法规司司长刘正均率中国审计代表团赴古巴出席第三届审计、控制和监察国际研讨会。

4日上午 副审计长孙宝厚出席全国人大财政经济委员会第六次全体会议。

4日下午 副审计长陈尘肇在署机关参加企业司党支部学习。

4日下午 副审计长陈尘肇赴南京特派办在京企业审计组调研。

5日上午 党组书记胡泽君在署机关主持召开党组会议，研究有关人事事项。党组成员孙宝厚、王文斌、袁野出席。机关党委（人教司）、机关纪委（巡视办）和驻署纪检组负责同志列席会议。

5日上午 审计长胡泽君在署机关主持召开审计长会议，听取关于2018年度审计项目计划实施时间调整安排建议情况的汇报。署领导孙宝厚、王文斌、袁野出席。办公厅、政研室、法规司、财政司、行政司、教科司和经责司负责同志列席会议。

5日上午 审计长胡泽君在署机关主持召开审计业务会议，研究有关审计情况的报告。署领导孙宝厚、王文斌、袁野出席。办公厅、政研室、法规司、财政司、农业司和科研所负责同志列席会议。

5日上午 副审计长陈尘肇在财政部出席国有资产报告工作部际协调机制工作会议。企业司主要负责同志参加会议。

5日下午 副审计长陈尘肇赴济南特派办在京企业审计组调研。

6日上午 审计长胡泽君列席国务院第11次常务会议。

5日下午至6日 副审计长孙宝厚在署机关出席商业银行审计项目中期交流会。

7日上午 副审计长孙宝厚在署机关出席审计干部职业教育培训教材建设专项工作研讨会。

7日下午 副审计长王文斌在署机关会见中央军委审计署副审计长孙斌一行。办公厅和计算中心负责同志参加会见。

8日上午 审计署举办第三期“审计大讲堂”，邀请中国科学技术协会党组书记、常务副主席、书记处第一书记怀进鹏同志作“科技前沿与国家创新体系建设”专题讲座。副审计长孙宝厚主持专题讲座。署机关各单位、各派出审计局、第一至第九临时党支部、各特派员办事处、各直属单位，驻署纪检组，各省、自治区、直辖市和计划单列市、新疆生产建设兵团审计厅（局）全体干部分别在主会场和各分会场聆听讲座。

8日上午 副审计长陈尘肇在京出席首都规划委员会会议。投资司主要负责同志参加会议。

4 日至 8 日 副审计长秦博勇在中央社会主义学院参加学习贯彻习近平新时代中国特色社会主义思想和中共十九大精神专题研讨班。

4 日至 8 日 党组成员、法规司司长刘正均在国家行政学院参加建设法治政府专题研讨班。

6 日下午至 8 日 审计长胡泽君赴江西省会昌县就定点扶贫工作开展调研。办公厅和机关党委（人教司）负责同志参加调研。

10 日上午 副审计长陈尘肇赴郑州特派办在京审计组调研。

11 日上午 审计长胡泽君在署机关会见三峡集团董事长卢纯一行。副审计长陈尘肇和投资司主要负责同志参加会见。

11 日上午 党组成员、法规司司长刘正均在教育学院为第三期市县审计局长培训班学员授课。

12 日上午 副审计长秦博勇在署机关会见加拿大不列颠哥伦比亚省审计长卡罗尔·贝尔林格。政研室和国际司负责同志参加会见。

11 日至 12 日 副审计长陈尘肇赴河北张家口对北京冬奥会审计工作进行调研。投资司主要负责同志参加调研。

13 日上午 审计长胡泽君列席国务院第 12 次常务会议。

13 日上午 副审计长孙宝厚在北京国家会计学院出席国际会计行业高峰论坛。

13 日上午 副审计长陈尘肇在署机关为第三期市县审计局长培训班学员通过远程视频授课。

13 日下午 审计长胡泽君在署机关会见牙买加审计长帕梅拉·梦露·埃利斯。国际司主要负责同志参加会见。

13 日下午 副审计长陈尘肇赴国家电网公司进行调研，并到审计组现场进行了调研。企业司主要负责同志参加调研。

13 日 副审计长秦博勇赴上海市出席民建中央会议。

1 日至 15 日 纪检组长郑振涛在井冈山干部学院参加省部级干部“学习贯彻习近平新时代中国特色社会主义思想，加强党性修养”专题培训班。

19 日上午 党组书记胡泽君在署机关主持召开党组会议，宣布中央有关决定，研究有关人事事项，听取关于审计署“三定”规定等情况的汇报。党组成员孙宝厚、王文斌、陈尘肇、袁野、郑振涛出席。副审计长秦博勇，办公厅、政研室、法规司、经责司、机关党委（人教司）、机关纪委（巡视办）和驻署纪检组负责同志列席相关议题的研究。

20 日上午 审计长胡泽君列席国务院第 13 次常务会议。

20 日上午 副审计长秦博勇在教育学院先后出席援外讲师培训班开幕式、亚洲审计组织环境审计委员会合作审计及科研项目联合会议开幕式、老挝审计官员研修班开幕式并致辞，国际司主要负责同志参加上述活动。

20 日上午 副审计长袁野在署机关主持召开会议，听取第 22 届全美政府间审计论坛双年会议有关情况的汇报。数据司和科研所负责同志参加会议。

20 日下午 受国务院委托，审计长胡泽君在十三届全国人大常委会第三次会议上作《国务院关于 2017 年度中央预算执行和其他财政收支的审计工作报告》。副审计长袁野列席会议。

20 日下午 副审计长秦博勇在南京审计大学出席第六届审计长奖学金颁奖仪式、2018 届“中国政府审计奖学金”审计专业硕士研究生毕业典礼暨学位授予仪式并致辞。

21 日上午 副审计长袁野在人民大会堂参加十三届全国人大常委会第三次会议分组审议。

21 日下午 副审计长袁野在署机关主持召开会议，研究部署审计数据分析有关工作。数据司、财政司和金融司负责同志参加会议。

19 日至 22 日 副审计长孙宝厚在人民大会堂列席十三届全国人大常委会第三次会议。

22 日至 23 日 中央外事工作会议在京召开。审计长胡泽君出席 22 日上午的全体会议，副审计长秦博勇全程参加会议。

25 日上午 副审计长孙宝厚在八宝山殡仪馆出席离休干部张国维同志遗体告别仪式。

25 日下午 审计长胡泽君出席中央政法委员会有关会议。

25 日晚上 副审计长孙宝厚在北京国家会计学院出席中国注册会计师协会第六次全国会员代表大会预备会。

26 日上午 审计长胡泽君在人民大会堂出席

中国共产主义青年团第十八次全国代表大会开幕式。

26 日下午 党组书记胡泽君在署机关主持召开党组会议，听取关于纪律作风专项整治月活动开展情况和修改《审计“八不准”工作纪律》等情况的汇报，研究有关人事事项和《中国时代经济出版社公司制改制工作方案》等文稿。党组成员孙宝厚、陈尘肇、袁野、郑振涛和刘正均出席。总经济师、服务局局长张力，办公厅、政研室、数据司、财政司、机关党委（人教司）、机关纪委（巡视办）、中央纪委国家监委驻审计署纪检监察组（以下简称驻署纪检监察组）和出版社负责同志列席相关议题的研究。

26 日下午 审计长胡泽君在署机关主持召开审计长会议，研究有关文稿。署领导孙宝厚、陈尘肇、袁野、郑振涛和刘正均出席。总经济师、服务局局长张力，办公厅、机关党委（人教司）、机关纪委（巡视办）、离退休办、驻署纪检监察组和服务局负责同志列席相关议题的研究。

27 日上午 审计长胡泽君列席国务院第 14 次常务会议。

27 日上午 副审计长孙宝厚在双榆树办公区出席离退休干部二季度例会。离退休办负责同志参加会议。

27 日上午 副审计长袁野在署机关会见发展改革委副主任林念修一行。农业司负责同志参加会见。

27 日下午 审计长胡泽君在署机关主持召开专题会议，传达中央领导同志有关指示精神，听取开展相关审计工作情况汇报。署领导孙宝厚、王文斌、陈尘肇、袁野和刘正均出席。总经济师、服务局局长张力，办公厅、政研室、财政司、机关党委（人教司）负责同志列席会议。

25 日至 27 日 副审计长秦博勇在人民大会堂出席全国政协十三届常委会第二次会议。

28 日上午 国务院召开全国深化“放管服”改革转变政府职能电视电话会议，审计长胡泽君在主会场出席会议。署领导孙宝厚、王文斌、陈尘肇、袁野、郑振涛、刘正均以及署机关各单位、各派出审计局、第一至第九临时党支部、在京各直属单位处级以上干部在署机关分会场参加会议。

29 日上午 审计署 2016 至 2018 年度优秀共产党员、优秀党务工作者和先进基层党组织表彰大会在署机关举行。审计长胡泽君出席会议并讲话，署领导孙宝厚、秦博勇、王文斌、陈尘肇、袁野、郑振涛、刘正均出席。署机关各单位、各派出审计局、第一至第九临时党支部、各特派员办事处、各直属单位、离退休党员代表分别在主会场和分会场参加会议。

29 日下午 审计长胡泽君列席中央政治局第 6 次集体学习。

29 日下午 审计长胡泽君在署机关主持召开审计长会议，听取关于“金审工程”三期招投标有关事项的汇报。署领导秦博勇、王文斌、陈尘肇、袁野、郑振涛、刘正均出席。总经济师、服务局局长张力，办公厅、数据司、机关纪委（巡视办）、计算中心负责同志列席会议。

29 日下午 副审计长王文斌在署机关主持召开署基建领导小组会议。基建领导小组成员单位负责同志参加会议。

30 日 审计长胡泽君赴新疆维吾尔自治区审计厅调研。办公厅主要负责同志陪同调研。

7 月

4 日上午 受审计长胡泽君委托，副审计长孙宝厚列席国务院第 15 次常务会议。

4 日下午 副审计长孙宝厚在署机关出席《党政主要领导干部和国有企业领导人员经济责任审计规定》修订小组会议。

2 日至 4 日 副审计长陈尘肇赴贵州省审计厅、重庆市审计局和重庆特派办以及基层联系点贵州省丹寨县调研。

5 日下午 副审计长孙宝厚在中央档案馆参加社保司党支部主题党日活动。

5 日晚上 副审计长孙宝厚在京出席 2018 年度审计专业技术资格考试审题专家会。

5 日至 6 日 副审计长秦博勇赴基层联系点黑龙江省铁力市调研。资环司主要负责同志参加调研。

4 日至 6 日 副审计长王文斌赴基层联系点青海省门源回族自治县调研。办公厅和机关纪委（巡视办）负责同志参加调研。

8 日下午 副审计长孙宝厚在京出席 2018 年

度审计专业技术资格考试命审题预备会。

9 日下午 副审计长孙宝厚出席国务院机构改革第三次推进会。机关党委（人教司）主要负责同志参加会议。

1 日至 9 日 审计长胡泽君率中国审计代表团赴吉尔吉斯斯坦出席上海合作组织最高审计机关领导人第 4 次会议，访问了塔吉克斯坦和蒙古国最高审计机关。

9 日上午、10 日 副审计长孙宝厚在人民大会堂列席十三届全国人大常委会第四次会议。

11 日上午 党组书记胡泽君在署机关主持召开党组会议，传达学习中央有关文件和全国组织工作会议精神，研究有关人事事项，听取办公厅关于制定印发《审计“四严禁”工作要求》有关情况的汇报。党组成员孙宝厚、王文斌、陈尘肇、袁野、郑振涛和刘正均出席。副审计长秦博勇，总经济师、服务局局长张力，办公厅、政研室、机关党委（人教司）、机关纪委（巡视办）和驻署纪检监察组负责同志列席相关议题的研究。

11 日上午 审计长胡泽君在署机关主持召开审计业务会议，听取关于数据审计相关标准用语建议情况的汇报。署领导孙宝厚、秦博勇、王文斌、陈尘肇、袁野、郑振涛和刘正均出席。总经济师、服务局局长张力，办公厅、政研室、数据司、财政司、金融司、企业司和科研所负责同志列席会议。

11 日下午 副审计长孙宝厚在京出席 2018 年度审计专业技术资格考试命审题会议。

11 日下午 副审计长秦博勇在署机关出席 2018 年领导干部自然资源资产离任（任中）审计中期汇报会。资环司、参审特派办和派出审计局负责同志参加会议。

11 日下午 副审计长王文斌在署机关主持召开迎接中央保密办、国家保密局进驻式保密检查动员部署会。

11 日晚上 副审计长孙宝厚在京出席 2018 年享受国务院政府特殊津贴推荐人选专家评议会。

12 日上午 党组书记胡泽君在署机关出席审计署党组 2018 年第一轮巡视工作动员部署会并讲话。副审计长王文斌主持会议，纪检组长郑振涛宣布了巡视组组长授权任职及任务分工的决定。署领导秦博勇、刘正均出席。署巡视工作领导小组成员单位负责同志，署党组第一至第六巡视组全体成员，被巡视单位党组织主要负责同志，以及机关党委（人教司）选人用人专项检查组全体同志参加会议。

12 日 副审计长孙宝厚在京出席中央和国家机关党的政治建设推进会。机关党委（人教司）主要负责同志参加会议。

11 日至 12 日 副审计长陈尘肇在京出席审计专业技术资格考试命审题会议。

13 日上午 审计长胡泽君列席国务院第 16 次常务会议。副审计长袁野和政研室负责同志参加相关议题。

13 日上午 副审计长孙宝厚在南京出席南京审计大学“学习习近平总书记在中央审计委员会第一次会议上的重要讲话精神”研讨会。

13 日下午 审计长胡泽君列席中央财经委员会第 2 次会议。

16 日上午 副审计长王文斌在署机关出席中央保密办、国家保密局进驻式保密检查组进点会。

16 日上午 副审计长袁野在署机关与部分派出审计局主要负责同志集体谈话。机关党委（人教司）负责同志参加谈话。

16 日下午 党组书记胡泽君在署机关主持召开党组扩大会议，传达学习中央有关文件。党组成员孙宝厚、王文斌、陈尘肇、袁野、郑振涛、刘正均，副审计长秦博勇，署老领导张通、吕培俭、任景德、罗进新、郑力、王道成、安国出席会议。

16 日下午 审计长胡泽君在署机关会见厄瓜多尔审计长巴勃罗·塞利·德拉托雷。副审计长秦博勇，办公厅、国际司负责同志参加会见。

17 日上午 党组书记胡泽君在署机关主持召开党组会议，研究有关人事事项，听取办公厅关于 2018 年细化预算及预算调剂情况的汇报。党组成员孙宝厚、王文斌、陈尘肇、袁野、郑振涛和刘正均出席。副审计长秦博勇，总经济师、服务局局长张力，办公厅、机关党委（人教司）、机关纪委（巡视办）和驻署纪检监察组负责同志列席相关议题的研究。

16 日至 17 日上午 副审计长孙宝厚在京出席全国人大财政经济委员会全体会议。

17 日下午 审计长胡泽君在署机关会见航天

科技集团公司董事长吴燕生一行。办公厅、数据司、企业司和计算中心负责同志参加会见。

18日上午 审计长胡泽君列席国务院第17次常务会议。

19日 审计长胡泽君赴天津市和京津冀特派办调研。政研室负责同志参加调研。

20日 审计长胡泽君赴北京冬奥会跟踪审计现场调研。投资司主要负责同志参加调研。

18日至22日 副审计长袁野赴基层联系点西藏自治区日喀则市调研。

23日上午 审计长胡泽君列席国务院第18次常务会议。

23日上午 副审计长陈尘肇在署机关出席2018年审计署对口援疆审计工作座谈会。来自19个对口援疆省市、新疆维吾尔自治区、新疆生产建设兵团审计（厅）局分管投资审计的负责同志、投资处处长和投资司主要负责同志参加会议。

23日下午 副审计长陈尘肇在署机关与部分派出审计局司局级干部个别谈话。

23日 副审计长袁野在署机关与部分派出审计局司局级干部个别谈话。

24日上午 审计署2018年第四期“审计大讲堂”在署机关举办。邀请农业农村部部长韩长赋同志作“乡村振兴战略”专题讲座。审计长胡泽君主持专题讲座。署领导秦博勇、王文斌、郑振涛和刘正均出席。署机关各单位、各派出审计局、第一至第九临时党支部、各直属单位、驻署纪检监察组，各省、自治区、直辖市和计划单列市、新疆生产建设兵团审计厅（局）干部职工分别在署机关主会场和各分会场聆听讲座。

24日上午 副审计长陈尘肇在署机关出席2018年北京冬奥会跟踪审计培训班并讲话。北京市审计局、河北省审计厅，办公厅、财政司、投资司、文化体育审计局、京津冀特派办、哈尔滨特派办和南京特派办主要负责同志参加会议。

24日上午 副审计长袁野在署机关与部分派出审计局主要负责同志集体谈话。

24日下午 党组书记胡泽君在署机关主持召开党组会议，传达学习中央有关文件，研究机构改革和有关人事事项以及《审计署2018年度集中培训实施方案》。党组成员王文斌、陈尘肇、袁野、郑振涛和刘正均出席。副审计长秦博勇，总经济师、服务局局长张力，办公厅、政研室、数据司、经责司、机关党委（人教司）、机关纪委（巡视办）、驻署纪检监察组和计算中心负责同志列席相关议题的研究。

24日下午 审计长胡泽君在署机关主持召开审计长会议，研究《审计署关于在乡村振兴战略实施中加强审计监督的意见》和《审计署关于贯彻落实脱贫攻坚战三年行动指导意见进一步深化扶贫审计的通知》等文稿，听取了关于数据中心扩容和异地备份中心建设方案情况的汇报。署领导秦博勇、王文斌、陈尘肇、袁野、郑振涛和刘正均出席。总经济师、服务局局长张力，办公厅、政研室、数据司、财政司、农业司、机关党委（人教司）、机关纪委（巡视办）、科研所和计算中心负责同志列席相关议题的研究。

25日上午 副审计长袁野出席国务院扶贫开发领导小组第三次会议。

25日下午 党组书记胡泽君在署机关主持召开审计署党组与派出审计局司局级干部集体谈话会并讲话。党组成员王文斌、袁野和郑振涛出席。副审计长秦博勇，总经济师、服务局局长张力，办公厅、政研室、机关党委（人教司）、机关纪委（巡视办）和驻署纪检监察组负责同志列席会议。

25日下午 副审计长陈尘肇在京出席第24届冬季奥林匹克运动会工作领导小组会议。

18日至26日 副审计长孙宝厚率中国审计代表团赴美国纽约出席联合国与世界审计组织联合主办的国际研讨会，访问阿根廷审计署。

27日上午 副审计长孙宝厚在双榆树办公区出席科研所欢迎转隶人员大会。机关党委（人教司）主要负责同志参加会议。

25日下午至27日 审计长胡泽君赴上海市和浙江省义乌市调研。办公厅和政研室负责同志参加调研。

26日至27日 纪检组长郑振涛赴基层联系点河北省正定县调研。

28日上午 审计长胡泽君在京出席深化党和国家机构改革第二次推进会。

30日上午 审计长胡泽君列席国务院第19次常务会议。

30日下午 审计长胡泽君在署机关会见越南审计署副审计长段春鲜一行。副审计长秦博勇参加会见并与来宾进行工作会谈。国际司主要负责同志参加上述活动。

30日下午 党组书记胡泽君在署机关主持召开党组会议，传达中央领导同志有关讲话精神和中央纪委有关会议精神，研究有关人事事项。党组成员孙宝厚、王文斌、陈尘肇、袁野、郑振涛和刘正均出席。副审计长秦博勇，总经济师、服务局局长张力，办公厅、政研室、机关党委（人教司）、机关纪委（巡视办）和驻署纪检监察组负责同志列席相关议题的研究。

30日下午 审计长胡泽君在署机关主持召开审计长会议，听取关于审计计划安排建议情况的汇报。署领导孙宝厚、秦博勇、王文斌、陈尘肇、袁野、郑振涛和刘正均出席。总经济师、服务局局长张力，办公厅、政研室、财政司、资环司、金融司、企业司、经责司、机关党委（人教司）和机关纪委（巡视办）负责同志列席会议。

30日下午 副审计长孙宝厚在署机关出席审计干部职业教育培训教材建设专项工作研讨会。机关党委（人教司）和科研所主要负责同志参加研讨会。

30日下午 副审计长陈尘肇在署机关参加企业司党支部学习。

30日下午 副审计长陈尘肇在署机关会见铁路总公司副总经理郭竹学一行。企业司主要负责同志参加会见。

31日上午 审计长胡泽君到驻地慰问驻署武警官兵。副审计长王文斌，总经济师、服务局局长张力参加慰问。

31日下午 审计长胡泽君在署机关主持召开省级审计机关主要负责同志座谈会并讲话。署领导孙宝厚、秦博勇、王文斌、陈尘肇、袁野、郑振涛和刘正均出席。各省、自治区、直辖市、新疆生产建设兵团审计厅（局）主要负责同志参加会议。总经济师、服务局局长张力，办公厅、政研室、机关党委（人教司）、机关纪委（巡视办）和驻署纪检监察组负责同志列席会议。

8月

16日上午 审计长胡泽君在署机关出席2018年度全国审计机关集中整训动员会并作主题报告。副审计长孙宝厚主持会议，署领导秦博勇、王文斌、陈尘肇、袁野、郑振涛和刘正均出席。署各单位、驻署纪检监察组和全国各级审计机关干部职工分别在署机关主会场和各分会场参加会议。

16日上午 受审计长胡泽君委托，副审计长秦博勇列席国务院第20次常务会议。

16日至17日 审计署党组以“深入学习贯彻习近平新时代中国特色社会主义思想和党的十九大精神，扎实推进党的政治建设和组织建设，切实加强意识形态工作，积极推动生态文明建设，更好发挥审计在党和国家监督体系中的重要作用”为主题，召开第三季度中心组学习会。党组书记胡泽君主持学习会并作题为“强基固本谋发展，奋力推进审计事业新时代有新作为”的中心发言。党组成员孙宝厚、陈尘肇、袁野、郑振涛和刘正均出席。副审计长秦博勇，总经济师、服务局局长张力，办公厅、政研室、机关党委（人教司）、机关纪委（巡视办）和驻署纪检监察组负责同志列席学习会。

20日下午 审计长胡泽君在署机关会见宁夏回族自治区主席咸辉一行。副审计长袁野，办公厅、农业司主要负责同志参加会见。

21日上午 审计长胡泽君在京出席全国宣传思想工作会议第一次全体会议。

20日至21日 副审计长王文斌在京出席国务院第五次大督查动员部署暨培训工作会议。

22日上午 审计长胡泽君列席国务院第21次常务会议。

20日至22日 副审计长秦博勇在京出席全国政协十三届常委会第三次会议。

23日上午 副审计长孙宝厚在北京医院看望署老领导郭振乾。总经济师、服务局局长张力和离退休办负责同志陪同看望。

23日上午 副审计长袁野在署机关为金融司和金融派出审计局全体干部授课。

24日下午至26日 副审计长袁野赴陕西省延安市出席深入扶贫领域腐败和作风问题专项治理工作推进会。

28日上午 党组书记胡泽君在署机关主持召开党组会议，传达学习全国宣传思想工作会议精神，研究有关人事事项。党组成员陈尘肇、袁野、郑振涛、刘正均出席。副审计长秦博勇，总经济师、服务局局长张力，办公厅、政研室、机关党委（人教司）、机关纪委（巡视办）和驻署纪检监察组负责同志列席相关议题的研究。

28 日上午 审计长胡泽君在署机关主持召开审计长会议，听取关于优秀审计项目评选标准修订建议情况的汇报，研究《审计署关于进一步加强对口援疆审计工作的意见》等文稿。署领导秦博勇、陈尘肇、袁野、郑振涛、刘正均出席。总经济师、服务局局长张力，办公厅、政研室、法规司、数据司、财政司、税收司、行政司、教科司、农业司、投资司、社保司、资环司、金融司、企业司、外资司、境外司、经责司、机关党委（人教司）、机关纪委（巡视办）、计算中心和科研所负责同志列席相关议题的研究。

28 日上午 审计长胡泽君在署机关主持召开审计业务会议，研究有关审计工作方案。署领导秦博勇、陈尘肇、袁野、郑振涛、刘正均出席。总经济师、服务局局长张力，办公厅、政研室、财政司、行政司、教科司、经责司和科研所负责同志列席相关议题的研究。

28 日上午 副审计长秦博勇在署机关参加金融司、外资司、国际司和外资中心党支部共同组织的“学习十九大，踏上新征程”联学英语活动。

28 日下午 副审计长袁野在署机关出席“金审工程”三期项目启动会。数据司、计算中心负责同志，各项目承建单位有关同志参加会议。

29 日上午 审计署召开全国审计机关“聚焦脱贫攻坚三年行动，进一步深化扶贫审计”视频会议，审计长胡泽君出席会议并讲话。副审计长袁野主持会议，署领导郑振涛和刘正均出席。各省、自治区、直辖市和计划单列市、新疆生产建设兵团审计厅（局），署机关各单位、相关派出审计局、各特派员办事处干部职工分别在署机关主会场和各分会场参加会议。

29 日上午 副审计长陈尘肇在人民大会堂出席第十次全国归侨侨眷代表大会开幕式。

16 日至 29 日 审计署组织开展 2018 年度全国审计机关集中整训。整训分为集中学习和各单位自行组织两个阶段。集中学习阶段，主要围绕学习贯彻习近平总书记在中央审计委员会第一次会议上的重要讲话精神、加强审计机关党的政治建设、审计信息化建设与大数据审计等内容，举办了一系列专题讲座和辅导报告。署领导分别出席相关活动。署各单位、驻署纪检监察组和全国各级审计机关干部职工分别在署机关主会场和各分会场参加学习。

28 日下午至 29 日 副审计长秦博勇赴山西省太原市出席中俄审计研讨会。

30 日上午 审计长胡泽君列席国务院第 22 次常务会议。

31 日上午 副审计长秦博勇在人民大会堂出席博茨瓦纳总统访华欢迎仪式。

27 日下午至 31 日 副审计长孙宝厚在人民大会堂列席十三届全国人大常委会第五次会议。

9月

8 月 22 日至 9 月 2 日 副审计长王文斌作为国务院第六督查组组长，在辽宁省开展国务院第五次大督查工作。

3 日上午 党组书记、署巡视工作领导小组组长胡泽君在署机关主持召开会议，听取 2018 年第一轮巡视工作情况汇报。巡视工作领导小组副组长孙宝厚、王文斌和郑振涛出席。6 位巡视组组长分别汇报巡视情况。机关纪委（巡视办）主要负责同志参加会议。

3 日下午 审计长胡泽君出席中非合作论坛北京峰会开幕式。副审计长秦博勇，办公厅、外资司、国际司主要负责同志参加开幕式。

3 日下午 副审计长陈尘肇在署机关与企业司领导班子成员集体谈话。

4 日下午 党组书记胡泽君在署机关主持召开党组会议，宣布中央有关人事决定，传达学习中央有关文件，研究有关人事事项和《关于纪律作风专项整治月活动的总结报告》等文稿。党组成员孙宝厚、王文斌、陈尘肇、郑振涛、陈健和刘正均出席。副审计长秦博勇，办公厅、政研室、机关党委（人教司）、机关纪委（巡视办）和驻署纪检监察组负责同志列席相关议题的研究。

5 日上午 副审计长王文斌在教育学院出席第二期纪检干部培训班并为学员授课。

5 日上午 总审计师陈健到数据司、计算中心走访了解工作。

5 日 副审计长孙宝厚在教育学院为 2018 年

度第二期审计案例教学师资班、2018 年度新录用公务员初任培训班学员授课。

6 日上午 审计长胡泽君列席国务院第 23 次常务会议。

6 日上午 副审计长王文斌在署机关主持召开署国家安全人民防线建设领导小组、保密委员会（密码工作领导小组）、信访工作领导小组、审计宣传（政务公开）工作领导小组、社会管理综合治理领导小组和精神文明建设领导小组等工作领导小组会议。总审计师陈健出席。署机关各单位、各派出审计局、各直属单位以及各工作领导小组成员单位负责同志参加会议。

8 月 30 日至 9 月 6 日 副审计长袁野赴宁夏回族自治区开展 2018 年脱贫攻坚督查巡查。农业司主要负责同志参加活动。

7 日上午 副审计长孙宝厚和党组成员、法规司司长刘正均在人民大会堂出席全国人大常委会立法工作会议。

7 日上午 副审计长陈尘肇在黑龙江省哈尔滨市出席 2018 年度全国审计通联宣传工作座谈会并讲话。出版社、报社主要负责同志参加会议。

7 日上午 总审计师陈健到办公厅、政研室、机关党委（人教司）、机关纪委（巡视办）、驻署纪检监察组走访了解工作。

7 日下午 副审计长秦博勇在京出席民建中央会议。

6 日下午至 7 日 审计长胡泽君赴内蒙古自治区呼和浩特市开展工作调研。办公厅和政研室负责同志参加调研。

8 日上午 审计长胡泽君在署机关会见新疆维吾尔自治区党委副书记李鹏新一行。党组成员、法规司司长刘正均，办公厅、财政司、资环司和兰州特派办主要负责同志参加会见。

10 日上午 总审计师陈健赴发展统计审计局调研。

11 日上午 全国内部审计工作座谈会在署机关召开，审计长胡泽君出席座谈会并讲话。副审计长孙宝厚主持会议，署领导陈健、刘正均出席。各中央有关单位、国务院各部委、各直属机构、民主党派中央委员会、人民团体和社会团体、各相关中央企业、金融企业、高等院校、中央媒体内审部门负责同志，各省、自治区、直辖市和计划单列市、新疆生产建设兵团审计厅（局），署机关各单位、各派出审计局负责同志参加会议。

11 日下午 党组书记胡泽君在署机关主持召开党组会议，研究机构改革有关事项，听取关于启动国际标准化组织审计数据服务技术委员会申报工作有关情况的汇报。党组成员孙宝厚、王文斌、陈尘肇、郑振涛、陈健和刘正均出席。副审计长秦博勇，办公厅、政研室、数据司、国际司、机关党委（人教司）、机关纪委（巡视办）、计算中心和驻署纪检监察组负责同志列席相关议题的研究。

10 日至 11 日 全国教育大会在京举行。审计长胡泽君出席 10 日召开的第一次、第二次全体会议。副审计长袁野全程参加会议。

12 日上午 审计长胡泽君列席国务院第 24 次常务会议。

12 日上午 副审计长袁野在署机关会见财政部副部长刘伟一行。财政司主要负责同志参加会见。

12 日下午 副审计长袁野在署机关会见中国航天科技集团副总经理张建恒一行。数据司、计算中心负责同志参加会见。

13 日上午 第四届全国审计青年论坛在河南省郑州市举行，审计长胡泽君出席论坛并讲话。副审计长孙宝厚主持开幕式，河南省副省长徐光出席并致辞，中国审计学会会长董大胜致开幕词。

13 日 副审计长秦博勇在教育学院为外资审计培训班学员授课。

14 日上午 副审计长孙宝厚在教育学院为 2018 年社保知识更新和审计能力提升研讨班作开班动员。

14 日上午 副审计长秦博勇在署机关主持召开会议，研究涉外审计工作。法规司、企业司、外资司、境外司和国际司负责同志参加会议。

14 日上午 副审计长袁野在人民大会堂出席中国残疾人联合会第七次全国代表大会开幕式。

14 日下午 副审计长孙宝厚在教育学院为 2018 年度第二期审计组组长、主审案例研讨班学员授课。

12 日下午至 14 日 总审计师陈健赴福建省审计厅和基层联系点福建省福鼎市审计局调研。法规司负责同志参加调研。

13日至14日 副审计长陈尘肇赴长沙特派办、湖南省审计厅和基层联系点湖南省岳阳市平江县审计局调研。投资司主要负责同志参加调研。

13日下午至14日 审计长胡泽君赴河南省郑州市开展工作调研。办公厅、政研室和机关党委（人教司）负责同志参加调研。

17日上午 副审计长孙宝厚在京出席中央单位定点扶贫工作推进会。机关党委（人教司）主要负责同志参加会议。

17日下午 党组书记胡泽君在署机关主持召开党组会议，研究有关人事事项。党组成员孙宝厚、王文斌、陈尘肇、郑振涛和陈健出席。副审计长秦博勇，机关党委（人教司）、机关纪委（巡视办）和驻署纪检监察组负责同志列席会议。

17日下午 副审计长孙宝厚在京出席中央单位驻河北定点扶贫工作座谈会。机关党委（人教司）负责同志参加会议。

18日上午 副审计长秦博勇在京出席民建中央纪念黄炎培先生诞辰140周年座谈会。

19日上午 副审计长孙宝厚在京出席中国内部审计协会第七届会员代表大会。

19日下午 副审计长孙宝厚在署机关出席2018年毛里求斯审计官员研修班结业典礼。

17日至20日 副审计长王文斌赴统战审计局、科技审计局、群团文化审计局、金融审计三局和企业审计二局、企业审计四局、企业审计六局、企业审计八局8个派出审计局实地调研工作运行、后勤保障和队伍纪律建设情况。

18日至20日 总审计师陈健赴西安特派办、陕西省审计厅和基层联系点陕西省延川县审计局调研。政研室负责同志参加调研。

19日至20日 副审计长秦博勇赴内蒙古自治区呼和浩特市开展资源环境审计及民建工作调研。

21日上午 审计署举办第五期“审计大讲堂”，邀请中国工程院院士方滨兴作“论网络空间主权”专题讲座。副审计长王文斌主持讲座，署领导孙宝厚、秦博勇、陈尘肇、郑振涛、陈健出席。各省、自治区、直辖市和计划单列市、新疆生产建设兵团审计厅（局），署机关各单位、各派出审计局、各特派员办事处、各直属单位，驻署纪检监察组干部职工分别在署机关主会场和各分会场聆听讲座。

21日下午 署党组成员、副审计长、机关党委书记孙宝厚在署机关主持召开机关党委会。机关党委委员参加会议。

21日下午 总审计师陈健赴双榆树办公区走访了解工作，并到科研所调研。

15日至23日 副审计长袁野赴牙买加出席世界审计组织责任与作用工作组会议，访问了苏里南。

18日至23日 审计长胡泽君率中国审计代表团赴越南河内出席亚洲审计组织第14届大会、第7届国际研讨会暨第52、53次理事会。

25日 总审计师陈健赴审计署定点扶贫县河北省顺平县调研。机关党委（人教司）负责同志参加调研。

26日上午 审计长胡泽君列席国务院第26次常务会议。

26日上午 副审计长王文斌在署机关出席2018年度督查工作培训班并讲话。

26日下午 党组书记胡泽君在署机关主持召开党组会议，传达学习中央有关文件，听取2018年第一轮巡视工作情况汇报，研究有关人事事项。党组成员孙宝厚、王文斌、陈尘肇、袁野、郑振涛、陈健和刘正均出席。副审计长秦博勇，总经济师、服务局局长张力，办公厅、政研室、数据司、财政司、行政司、教科司、资环司、金融司、企业司、境外司、经责司、机关党委（人教司）、机关纪委（巡视办）、科研所和驻署纪检监察组负责同志列席相关议题的研究。

26日晚 审计长胡泽君在京会见蒙古国副审计长布仁巴图·索德一行。副审计长秦博勇和国际司主要负责同志参加会见。

20日、26日 副审计长陈尘肇在署机关主持召开会议，听取企业审计情况汇报。企业司和各企业审计局主要负责同志参加会议。

27日上午 审计长胡泽君在署机关主持召开审计长会议，听取关于全国统一组织审计项目计划安排建议情况的汇报。署领导孙宝厚、秦博勇、陈尘肇、袁野、郑振涛、陈健和刘正均出席。办公厅、政研室、财政司、农业司和社保司负责同志列席会议。

27日上午 副审计长王文斌在中国人民大学

出席“国家审计走进高校”财经法治宣传教育活动启动仪式并致辞。

27 日上午 副审计长袁野在署机关会见国家自然基金委员会主任李静海一行。科技审计局主要负责同志参加会见。

27 日下午至 28 日上午 审计署举办各单位主要负责同志研讨班，审计长胡泽君出席研讨班并讲话。署领导孙宝厚、秦博勇、王文斌、陈尘肇、袁野、郑振涛、陈健和刘正均出席。总经济师、服务局局长张力，各省、自治区、直辖市和计划单列市、新疆生产建设兵团审计厅（局），署机关各单位、各派出审计局、各特派员办事处、各直属单位主要负责同志，驻署纪检监察组负责同志参加会议。

28 日下午 副审计长袁野在署机关主持召开会议，听取 2018 年第三季度政策落实跟踪审计情况汇报。各相关业务司、派出审计局主要负责同志参加会议。

28 日下午 总审计师陈健赴出版社调研。

29 日上午 副审计长孙宝厚在京出席京津冀审计协同发展合作框架协议签约仪式。

29 日上午 副审计长秦博勇在山西省太原市出席民建中央会议。

29 日下午 副审计长孙宝厚在京出席中央和国家机关警示教育大会。办公厅、财政司、税收司、投资司、机关党委（人教司）、机关纪委（巡视办）、企业审计一局负责同志参加会议。

29 日下午 副审计长陈尘肇在署机关参加企业司党支部学习。

29 日下午 副审计长袁野在署机关主持召开会议，听取减税降费审计相关情况的汇报。财政司和各特派办负责同志参加会议。

30 日上午 党组书记胡泽君在署机关主持召开党组会议，传达学习中央有关文件，研究有关人事事项。党组成员孙宝厚、王文斌、陈尘肇、袁野、郑振涛、陈健和刘正均出席。副审计长秦博勇，总经济师、服务局局长张力，机关党委（人教司）、机关纪委（巡视办）和驻署纪检监察组负责同志列席相关议题的研究。

30 日上午 审计长胡泽君在署机关主持召开审计业务会议，研究有关审计报告和审计方案。署领导孙宝厚、秦博勇、王文斌、陈尘肇、袁野、郑振涛、陈健和刘正均出席。总经济师、服务局局长张力，秘书局、办公厅、政研室、审理司、财政司、资环司、金融司、企业司、涉外审计司（以下简称涉外司）、经责司、科研所负责同志列席相关议题的研究。

30 日晚 审计长胡泽君在人民大会堂出席庆祝中华人民共和国成立 69 周年国庆招待会。

10 月

8 日上午 审计长胡泽君列席国务院第 27 次常务会议。

8 日下午 审计署召开党员干部警示教育大会，审计长胡泽君出席会议并讲话。副审计长孙宝厚传达中央和国家机关警示教育大会精神，副审计长王文斌主持会议。署领导陈尘肇、郑振涛、陈健和刘正均出席。在京各单位处级及以上干部，各特派员办事处、京外直属单位主要负责同志参加会议。

9 日上午 党组书记胡泽君在署机关主持召开党组会议，研究有关人事事项。党组成员孙宝厚、王文斌、郑振涛、陈健和刘正均出席。副审计长秦博勇，总经济师、服务局局长张力，机关党委（人教司）、机关纪委（巡视办）和驻署纪检监察组负责同志列席会议。

9 日上午 审计长胡泽君在署机关主持召开审计长会议，听取关于后勤保障服务工作整改落实等情况的汇报。署领导孙宝厚、秦博勇、王文斌、郑振涛、陈健和刘正均出席。总经济师、服务局局长张力，秘书局、办公厅、政研室、财政司、涉外司、国际司、机关党委（人教司）和科研所负责同志列席相关议题的研究。

9 日上午 副审计长陈尘肇在京出席全国国有企业座谈会。企业司主要负责同志参加会议。

10 日 总审计师陈健赴科学技术审计局、金融审计一局、群团文化审计局和农业水利审计局调研。

11 日 全国审计机关领导干部自然资源资产离任审计研讨会暨“领导干部自然资源资产离任审计助力绿色发展”高端论坛在署机关举行，副审计长秦博勇出席并致辞。总审计师陈健宣布研讨会论文评选结果。各省、自治区、直辖市和计划单列市、新疆生产建设兵团审计厅（局）、各特派员办事处负责同志，资环司、科研所主要负责同志以及优秀论文单位代表参加会议。

12 日上午 总审计师陈健赴企业审计一局和资源环境审计局调研。

12 日 副审计长陈尘肇在署机关主持召开会议，研究讨论《审计署关于进一步加强国有资产审计监督的实施意见》。办公厅、政研室、法规司、财政司、资环司、金融司、企业司和涉外司负责同志参加会议。

10 日至 12 日 审计长胡泽君赴山东、山西省开展工作调研。秘书局、办公厅和机关党委（人教司）负责同志参加调研。

11 日至 12 日 副审计长孙宝厚赴贵州省丹寨县调研。

9 日至 13 日 副审计长袁野在中央党校参加“建立现代财政制度”专题研讨班。

12 日下午、15 日上午 “金审工程”三期国家审计指挥分系统和审计业务管理子系统设计需求展示会在署机关召开。审计长胡泽君出席 15 日上午的会议并讲话。署领导孙宝厚、秦博勇、王文斌、陈尘肇、袁野和陈健出席。办公厅、政研室、法规司、审理司、数据司、财政司、社保司、金融司、企业司、机关党委（人教司）和计算中心负责同志参加会议。

15 日上午 总审计师陈健在教育学院出席 2018 年度复核审理能力提高培训班开班式并为培训班学员授课。

15 日下午 审计署召开全国审计机关深化国企国资审计视频会议，审计长胡泽君出席会议并讲话。副审计长陈尘肇主持会议。署领导孙宝厚、秦博勇、王文斌和刘正均出席。署各单位、驻署纪检监察组，全国各级审计机关干部职工分别在署机关主会场和各分会场参加会议。

16 日上午 党组书记胡泽君在署机关主持召开党组扩大会议，传达学习中央有关文件。党组成员孙宝厚、王文斌、陈尘肇、郑振涛、陈健、刘正均，副审计长秦博勇，署老领导石爱中、张通、吕培俭、罗进新、郑力、翟熙贵、王道成、安国和李勇库出席会议。

16 日上午 党组书记胡泽君在署机关主持召开党组会议，听取关于审计法修订若干问题初步意见情况的汇报，研究有关人事事项。党组成员孙宝厚、王文斌、陈尘肇、郑振涛、陈健和刘正均出席。副审计长秦博勇，总经济师、服务局局长张力，秘书局、办公厅、政研室、法规司、审理司、内部审计指导监督司（以下简称内审司）、数据司、财政司、税收司、教科司、农业司、投资司、社保司、资环司、金融司、企业司、涉外司、经责司、机关党委（人教司）、机关纪委（巡视办）、科研所和驻署纪检监察组负责同志列席相关议题的研究。

17 日上午 副审计长秦博勇在京出席全国脱贫攻坚奖表彰大会暨首场脱贫攻坚先进事迹报告会。农业司主要负责同志参加活动。

10 日至 11 日、18 日 副审计长陈尘肇赴 8 个企业审计局进行工作调研。企业司主要负责同志参加调研。

16 日下午至 18 日 审计长胡泽君赴广东、海南省开展工作调研。秘书局、办公厅和机关党委（人教司）负责同志参加调研。

16 日下午至 18 日 总审计师陈健赴江西省会昌县调研。审理司主要负责同志参加调研。

19 日上午 审计署举办第六期审计大讲堂，邀请中国人民银行行长易纲作“货币政策、经贸摩擦和金融稳定”专题讲座。审计长胡泽君主持讲座。署领导秦博勇、王文斌、陈尘肇、郑振涛和陈健出席。署各单位、驻署纪检监察组，全国各级审计机关干部职工分别在署机关主会场和各分会场聆听讲座。

18 日至 19 日上午 副审计长孙宝厚在京出席全国人大财政经济委员会前三季度经济形势分析会。

19 日下午 副审计长孙宝厚在双榆树办公区参加科研所博士后招考面试工作。

19 日下午 总审计师陈健在署机关主持召开审计法修订工作座谈会。法规司负责同志和审计法修订工作组全体同志参加座谈会。

21 日 由审计署和人力资源社会保障部共同组织的 2018 年度审计专业技术资格考试在全国统一举行。21 日上午，副审计长孙宝厚和人力资源社会保障部副部长汤涛到北京市相关考点进行了考试巡视。21 日下午，副审计长孙宝厚在署机关参加 2018 年度审计专业技术资格考试总值班。

22日上午 审计长胡泽君在京出席中国工会第十七次全国代表大会开幕式。

22日上午 审计长胡泽君在署机关主持召开会议，听取关于国际标准化组织审计数据采集项目委员会第四次全体会议暨工作组会议筹备情况的汇报。署领导秦博勇和袁野出席。办公厅、数据司、国际司、计算中心和国际标准化组织审计数据采集项目委员会负责同志参加会议。

22日上午 副审计长孙宝厚在署机关为学习习近平总书记关于党的建设和组织工作重要思想培训班学员讲党课。

22日下午 审计长胡泽君列席国务院第28次常务会议。

22日下午 副审计长陈尘肇在京出席中央新疆工作协调小组专题会议。

23日上午 党组书记胡泽君在署机关出席学习习近平总书记关于党的建设和组织工作重要思想培训班并讲话。署领导秦博勇、王文斌、陈尘肇、郑振涛和陈健出席。各特派员办事处分党组书记，署机关各单位、各派出审计局、各直属单位党委、党总支、党支部书记，驻署纪检监察组党支部书记，以及各单位党务、人事、群团干部共230余人参加培训班。

23日下午 审计长胡泽君在署机关主持召开座谈会，听取关于审计计划安排情况的意见建议。署领导秦博勇、王文斌、陈尘肇、袁野和刘正均出席。总经济师、服务局局长张力，署机关各单位和科研所负责同志参加座谈会。

24日上午 党组书记胡泽君在署机关主持召开党组会议，传达学习全国党委秘书长会议精神，研究有关人事事项。党组成员王文斌、陈尘肇、袁野、郑振涛、陈健和刘正均出席。副审计长秦博勇，总经济师、服务局局长张力，秘书局、办公厅、政研室、机关党委（人教司）、机关纪委（巡视办）和驻署纪检监察组负责同志列席相关议题的研究。

24日上午 审计长胡泽君在署机关主持召开审计长会议，研究《审计署派出审计局列席参加被审计单位有关会议暂行规定》。署领导秦博勇、王文斌、陈尘肇、袁野、郑振涛、陈健和刘正均出席。总经济师、服务局局长张力，秘书局、办公厅、政研室、法规司、财政司、金融司、企业司、机关党委（人教司）和科研所负责同志列席会议。

24日上午 审计长胡泽君在署机关主持召开审计业务会议，研究有关审计报告和公告稿。署领导秦博勇、王文斌、陈尘肇、袁野、郑振涛、陈健和刘正均出席。总经济师、服务局局长张力，秘书局、办公厅、政研室、法规司、审理司、财政司、社保司和科研所负责同志列席会议。

24日下午 审计长胡泽君在署机关会见中国光大集团股份有限公司董事长李晓鹏一行。副审计长袁野和金融司负责同志参加会见。

24日下午 总审计师陈健在署机关主持召开审计法修订工作座谈会。法规司和科研所负责同志以及审计法修订工作组全体同志参加座谈会。

24日至25日 副审计长袁野在杭州出席国际标准化组织“审计数据采集”项目委员会第四次全体会议。数据司、国际司和计算中心负责同志参加会议。

26日上午 总审计师陈健在署机关主持召开审计法修订工作座谈会。修订工作组全体同志参加会议。

26日下午 副审计长陈尘肇赴首都体育馆，对冬奥会审计工作情况进行调研。投资司和京津冀特派办主要负责同志参加调研。

22日下午至26日 副审计长孙宝厚在人民大会堂列席十三届全国人大常委会第六次会议。

25日至26日 副审计长秦博勇赴广西壮族自治区审计厅和基层联系点扶绥县审计局调研。资环司负责同志参加调研。

29日上午 副审计长孙宝厚在双榆树办公区出席2017至2018年度审计署重点科研课题结项评审会。

29日中午 副审计长孙宝厚在双榆树办公区会见海南省委常委、副省长毛超峰。财政司和深圳特派办主要负责同志参加会见。

29日下午 审计长胡泽君在署机关主持召开会议，听取关于审计法修订工作情况的汇报。署领导孙宝厚、陈健出席。总经济师、服务局局长张力，署机关各单位和科研所负责同志以及审计法修订工作组全体同志参加会议。

30日上午 审计长胡泽君和副审计长秦博勇在京出席中国妇女第十二次全国代表大会开幕会。

30 日上午 副审计长孙宝厚在署机关会见十三届全国人大常委会委员、华侨委员会副主任委员罗保铭。财政司和深圳特派办主要负责同志参加会见。

30 日上午 总审计师陈健在署机关参加审理司党支部学习。

30 日下午 党组书记胡泽君在署机关主持召开党组会议，研究有关人事事项和《审计法修订征求意见稿》。党组成员孙宝厚、王文斌、袁野、郑振涛和陈健出席。副审计长秦博勇，总经济师、服务局局长张力，秘书局、办公厅、政研室、法规司、机关党委（人教司）、机关纪委（巡视办）和驻署纪检监察组负责同志列席相关议题的研究。

30 日下午 审计长胡泽君在署机关主持召开审计长会议，听取关于调整署机关 2 个办公区办公室有关情况的汇报。署领导孙宝厚、秦博勇、王文斌、袁野、郑振涛和陈健出席。总经济师、服务局局长张力，秘书局、办公厅、机关党委（人教司）、机关纪委（巡视办）和驻署纪检监察组负责同志列席会议。

31 日下午 审计长胡泽君在署机关会见中粮集团有限公司董事长吕军一行。

31 日 副审计长孙宝厚、袁野在署机关出席审计专业学位研究生教育工作研讨会。

11 月

2 日上午 审计长胡泽君列席国务院第 29 次常务会议。

2 日上午 副审计长孙宝厚在京出席中国审计学会教育分会 2018 学术年会。

2 日上午 副审计长秦博勇在八宝山革命公墓礼堂出席王光英同志遗体送别仪式。

2 日上午 副审计长袁野在署机关主持召开会议，听取金融审计局工作情况汇报。金融司、金融审计一局、金融审计二局和金融审计三局负责同志参加会议。

2 日下午 副审计长孙宝厚在署机关出席编制自然资源资产负债表与生态环境损害责任终身追究制研究课题组总结会。

2 日下午 总审计师陈健在署机关参加审计法修订工作组专题学习。修订工作组全体同志参加学习。

5 日上午 2018 年南太平洋地区高级审计研讨班在署机关举办，审计长胡泽君出席开班仪式并就中国国家审计理论与实践发展情况作主旨演讲。副审计长秦博勇主持开班仪式。国际司主要负责同志参加活动。

5 日下午 副审计长秦博勇在署机关为 2018 年南太平洋地区高级审计研讨班学员作专题讲座。国际司主要负责同志参加讲座。

6 日上午 党组书记胡泽君在署机关主持召开党组会议，传达中央纪委国家监委有关会议和国务院常务会议精神，研究有关人事事项，听取关于《中国国家审计学》和《中外国家审计比较研究》出版工作有关情况的汇报。党组成员孙宝厚、王文斌、袁野、郑振涛和陈健出席。副审计长秦博勇，秘书局、办公厅、政研室、法规司、财政司、金融司、企业司、涉外司、国际司、机关党委（人教司）、机关纪委（巡视办）、科研所、出版社和驻署纪检监察组负责同志列席相关议题的研究。

6 日上午 副审计长袁野在署机关为 2018 年南太平洋地区高级审计研讨班学员作专题讲座。国际司主要负责同志参加讲座。

7 日上午 审计长胡泽君在署机关主持召开专题会议，研究怀柔培训场所有关事宜。署领导孙宝厚、王文斌出席。总经济师、服务局局长张力，办公厅、机关党委（人教司）、机关纪委（巡视办）和教育学院主要负责同志参加会议。

8 日上午 审计长胡泽君列席李克强总理主持召开的经济形势专家和企业家座谈会。

8 日下午 党组书记胡泽君在署机关出席审计署党组 2018 年第二轮巡视工作动员部署会并讲话。副审计长孙宝厚宣布了巡视组组长授权任职及任务分工的决定，副审计长王文斌主持会议。纪检组长郑振涛出席会议。署巡视工作领导小组成员单位负责同志，署党组第一至第六巡视组全体成员，各派出审计局处级以上干部参加会议。

8 日下午 审计长胡泽君在署机关会见四川省省长尹力一行。办公厅主要负责同志参加会见。

8 日下午 副审计长秦博勇在人民大会堂出席古巴国务委员会主席兼部长会议主席迪亚斯·卡内尔的欢迎仪式。

8 日下午 副审计长王文斌在署机关会见四川省省长尹力一行。成都特派办负责同志参加会见。

10 月 30 日至 11 月 18 日 副审计长陈尘肇率中国审计代表团，赴印尼出席中印尼审计研讨会，并访问了泰国审计署。

6 日下午至 8 日 总审计师陈健赴江苏省调研。法规司负责同志参加调研。

9 日上午 审计长胡泽君列席国务院第 30 次常务会议。

6 日至 9 日 副审计长袁野赴浙江乌镇出席第五届世界互联网大会（乌镇峰会），并到上海调研。

9 日至 10 日 副审计长秦博勇陪同南太平洋地区高级审计研讨班代表团赴黑龙江省考察。国际司主要负责同志参加考察活动。

12 日上午 副审计长孙宝厚在京出席全国干部教育培训工作会议。机关党委（人教司）主要负责同志参加会议。

12 日下午 审计长胡泽君赴怀柔基地调研。副审计长王文斌和总经济师、服务局局长张力参加调研。

13 日上午 党组书记胡泽君在署机关主持召开党组会议，传达学习中央有关文件，研究有关文件和有关人事事项。党组成员孙宝厚、王文斌、陈尘肇、袁野、郑振涛和陈健出席。副审计长秦博勇，总经济师、服务局局长张力，秘书局、办公厅、政研室、法规司、机关党委（人教司）、机关纪委（巡视办）、报社、出版社和驻署纪检监察组负责同志列席相关议题的研究。

13 日上午 审计长胡泽君在署机关主持召开审计长会议，研究《加强和改进审计业务质量管理若干重点工作分工方案》。署领导孙宝厚、秦博勇、王文斌、陈尘肇、袁野、郑振涛和陈健出席。总经济师、服务局局长张力，秘书局、办公厅、政研室、法规司、审理司和机关党委（人教司）负责同志列席会议。

13 日下午 副审计长孙宝厚在京参加 2018 年审计专业技术资格考试评阅工作。

13 日下午 总审计师陈健在署机关主持召开会议，研究审计法修订工作。法规司负责同志参加会议。

14 日下午 总审计师陈健在署机关主持召开会议，研究加强和改进审计业务管理有关工作。秘书局、办公厅、政研室、法规司、审理司、内审司、数据司、税收司、经责司和机关党委（人教司）负责同志参加会议。

15 日下午 署党组成员、副审计长、机关党委书记孙宝厚在署机关主持召开机关党委会。机关党委委员参加会议。

15 日下午 总审计师陈健在署机关主持召开会议，研究加强和改进审理有关工作。审理司负责同志参加会议。

16 日上午 总审计师陈健在署机关主持召开会议，研究法治政府建设有关工作。法规司负责同志参加会议。

16 日下午 审计署召开司局级干部大会，传达学习中央有关文件精神，观看中央宣传部制发的有关专题片。署领导胡泽君、秦博勇、袁野和陈健出席。副审计长孙宝厚主持会议。在京各单位司局级干部参加会议。

13 日至 16 日 副审计长袁野赴青海省西宁市和甘肃省兰州市扶贫审计现场调研。农业司主要负责同志参加调研。

19 日上午 副审计长袁野在署机关主持召开会议，研究信息化有关工作。办公厅和各业务司主要负责同志参加会议。

19 日下午 副审计长袁野在署机关主持召开会议，听取金融审计有关工作情况汇报。金融司主要负责同志参加会议。

20 日上午 审计长胡泽君出席国务院任命的国家工作人员宪法宣誓仪式。总审计师陈健参加宣誓。

20 日下午 党组书记胡泽君在署机关主持召开党组会议，传达学习中央有关文件，研究有关人事事项，听取关于 2018 年组织地方审计机关审计工作经费和国外贷援款项目公证审计经费支付建议等有关情况的汇报。党组成员孙宝厚、陈尘肇、袁野、郑振涛和陈健出席。副审计长秦博勇，总经济师、服务局局长张力，秘书局、办公厅、政研室、法规司、数据司、涉外司、机关党委（人教司）、机关纪委（巡视办）、计算中心、教育学院和驻署纪检监察组负责同志列席相关议题的研究。

20日下午 审计长胡泽君在署机关主持召开审计业务会议，研究《2018财政审计年度审计总体方案》和有关专项审计调查情况的报告。署领导孙宝厚、秦博勇、陈尘肇、袁野、郑振涛和陈健出席。总经济师、服务局局长张力，秘书局、办公厅、政研室、法规司、审理司、数据司、财政司、税收司、农业司、金融司、企业司、涉外司和科研所负责同志列席相关议题的研究。

21日上午 审计长胡泽君列席国务院第31次常务会议。

21日上午 副审计长孙宝厚在京参加全国人大常委会预算工作委员会组织召开的医药企业座谈会。

21日下午 审计长胡泽君在署机关主持召开座谈会，听取外部专家对审计法修订工作的意见建议。总审计师陈健出席。12位专家以及审计法修订工作组全体同志参加座谈会。

21日下午 副审计长陈尘肇赴中国铁路总公司审计现场调研。企业司主要负责同志参加调研。

21日下午 副审计长袁野在署机关主持召开会议，听取金融审计有关工作情况汇报。金融司主要负责同志及各审计组有关同志参加会议。

14日至21日 副审计长王文斌率中国审计代表团，赴俄罗斯出席世界审计组织理事会第71次会议，并访问黑山共和国审计署。

22日上午 审计长胡泽君在署机关主持召开座谈会，听取地方审计机关负责同志对审计法修订工作的意见建议。总审计师陈健出席。10位省级审计机关负责同志以及审计法修订工作组全体同志参加座谈会。

23日上午 副审计长陈尘肇在署机关对投资审计大数据应用情况进行调研。投资司主要负责同志参加调研。

23日下午 审计长胡泽君在署机关主持召开座谈会，听取中央和国家机关、中央企业、高校等相关单位对审计法修订工作的意见建议。总审计师陈健出席。中央和国家机关、中央企业、高校等相关单位代表以及审计法修订工作组全体同志参加座谈会。

23日下午 副审计长陈尘肇在署机关会见中国海洋石油集团有限公司总经理汪东进一行。企业司主要负责同志参加会见。

23日下午 副审计长陈尘肇在署机关对企业审计大数据应用情况进行调研。企业司主要负责同志参加调研。

22日至24日 副审计长孙宝厚赴安徽保障性安居工程资金投入和使用绩效试点审计现场调研。社保司主要负责同志参加调研。

26日上午 审计长胡泽君在署机关会见中央军委审计署审计长田义祥一行。副审计长陈尘肇，秘书局、办公厅、法规司和企业司负责同志参加会见。

26日下午 审计长胡泽君列席中央政治局第10次集体学习。

26日下午 副审计长袁野在署机关出席2018年政策落实情况跟踪审计和部门预算执行审计培训会。财政司、税收司、农业司和各参审派出审计局主要负责同志参加培训会。

26日 副审计长孙宝厚在教育学院分别为2018年经济责任审计高级研讨班和2018年秋季学期党校处级干部进修班学员授课。

27日上午 审计长胡泽君在署机关主持召开审计长会议，研究有关文稿。署领导孙宝厚、秦博勇、王文斌、陈尘肇、袁野和陈健出席。总经济师、服务局局长张力，秘书局、办公厅、政研室、法规司、审理司、内审司、数据司、财政司、税收司、教科司、农业司、投资司、社保司、资环司、金融司、企业司、涉外司、经责司和科研所负责同志列席相关议题的研究。

27日上午 审计长胡泽君在署机关主持召开审计业务会议，研究有关审计调查报告和有关审计工作方案。署领导孙宝厚、秦博勇、王文斌、陈尘肇、袁野和陈健出席。总经济师、服务局局长张力，秘书局、办公厅、政研室、法规司、审理司、财政司、资环司、金融司、企业司、涉外司和科研所负责同志列席相关议题的研究。

27日下午 署领导胡泽君、孙宝厚、秦博勇、王文斌、陈尘肇、陈健赴国家博物馆参观"伟大的变革——庆祝改革开放40周年"大型展览。

28日上午 审计长胡泽君列席国务院第32次常务会议。

28日下午 审计长胡泽君在署机关会见中国长江三峡集团有限公司董事长雷鸣山一行。副审计长王文斌，办公厅、内审司主要负责同志参加会见。

28 日 总审计师陈健赴天津市审计局调研。审理司负责同志参加调研。

29 日上午 审计署举办第七期“审计大讲堂”，邀请中国财政科学研究院院长刘尚希作“关于财政职能的几点思考”专题讲座。署领导胡泽君、王文斌出席，总审计师陈健主持讲座。署各单位、驻署纪检监察组，全国各级审计机关干部职工分别在署机关主会场和各分会场聆听讲座。

29 日上午 副审计长陈尘肇在教育学院分别为 2018 年秋季学期党校处级干部进修班和投资审计研讨班学员授课。

27 日至 29 日 副审计长袁野赴四川省成都市扶贫审计现场调研。农业司主要负责同志参加调研。

28 日至 29 日 副审计长秦博勇在京出席全国政协十三届常委会第四次会议。

30 日上午 审计长胡泽君出席全国人大财政经济委员会第 17 次全体会议，就 2017 年度中央预算执行和其他财政收支审计查出问题整改情况作汇报。副审计长袁野参加会议。

30 日下午 副审计长袁野在署机关主持召开会议，听取 2018 年度大数据审计研讨班准备情况的汇报。数据司负责同志参加会议。

29 日至 30 日 副审计长孙宝厚在京出席全国人大财政经济委员会全体会议。

12 月

1 日下午 副审计长秦博勇在京会见生态环境部副部长庄国泰一行。资环司和资源环保审计局负责同志参加会见。

11 月 29 日至 12 月 1 日 副审计长王文斌赴江西省会昌县调研，出席“审爱教育助学金”发放仪式。

3 日 2018 年度大数据审计研讨班在署机关举行，署领导胡泽君、孙宝厚、王文斌、陈尘肇、陈健出席，副审计长袁野主持研讨班。各省、自治区、直辖市和计划单列市、新疆生产建设兵团审计厅（局），署各业务司、各派出审计局、各特派员办事处、相关直属单位负责同志参加研讨班。

3 日下午 审计署庆祝改革开放 40 周年审计历史资料文物展和职工书画摄影展暨老同志座谈会在署机关举办，审计长胡泽君出席并讲话。署领导孙宝厚、王文斌出席。署老领导、离退休干部代表以及部分离退休党支部负责同志，总经济师、服务局局长张力，秘书局、办公厅、政研室、法规司、机关党委（人教司）、机关纪委（巡视办）、离退休办、科研所负责同志参加活动。

11 月 30 日至 12 月 3 日 副审计长秦博勇在京出席民建中央会议。

4 日上午 党组书记胡泽君在署机关主持召开党组会议，宣布中央有关决定，传达学习中央有关文件，研究有关人事事项和《审计署 2019 年度外事工作计划（草案）》《审计法修订征求意见稿》。党组成员孙宝厚、王文斌、陈尘肇、袁野、陈健和宋依佳出席。副审计长秦博勇，总经济师、服务局局长张力，秘书局、办公厅、政研室、法规司、涉外司、国际司、机关党委（人教司）、机关纪委（巡视办）和驻署纪检监察组负责同志列席相关议题的研究。

4 日上午 审计长胡泽君在署机关主持召开审计长会议，研究《审计署关于加强信息系统审计工作指导意见》。署领导孙宝厚、秦博勇、王文斌、陈尘肇、袁野和陈健出席。总经济师、服务局局长张力，秘书局、办公厅、政研室、法规司、审理司、数据司、财政司、金融司、企业司、计算中心和科研所负责同志列席会议。

4 日下午 副审计长袁野在署机关会见福建省副省长郑新聪一行。财政司主要负责同志参加会见。

5 日上午 审计长胡泽君列席国务院第 33 次常务会议。

5 日上午 副审计长秦博勇在京出席中央统战部有关会议。

5 日上午 副审计长袁野在署机关会见中国民用航空局副局长吕尔学一行。财政司和交通运输审计局主要负责同志参加会见。

5 日下午 副审计长孙宝厚和王文斌在署机关会见中央编办机构改革调研组一行并进行座谈。总经济师、服务局局长张力，秘书局、办公厅、机关党委（人教司）、机关纪委（巡视办）负责同志参加座谈。

5 日下午 副审计长袁野到农业水利审计局调研。财政司主要负责同志参加调研。

6 日下午 审计长胡泽君出席国家科技领导小组第一次会议。

7 日上午 审计署举办第八期“审计大讲堂”，邀请司法部党组书记、副部长袁曙宏作“习近平总书记关于宪法的重要论述和我国宪法的修改”专题讲座。审计长胡泽君主持讲座，署领导孙宝厚、秦博勇、王文斌、陈尘肇、袁野和陈健出席。署各单位、驻署纪检监察组，全国各级审计机关干部职工分别在署机关主会场和各分会场聆听讲座。

7 日上午 副审计长袁野在署机关会见民政部副部长高晓兵一行。民政社保审计局主要负责同志参加会见。

7 日下午 署党组成员、副审计长、机关党委书记孙宝厚在署机关主持召开机关党委会。机关党委委员参加会议。

7 日下午 副审计长袁野到资源环境审计局调研。

7 日下午 总审计师陈健在署机关主持召开审计署 2018 年优秀审计项目评选会议。秘书局、办公厅、政研室、法规司、审理司、内审司、数据司、财政司、税收司、教科司、农业司、投资司、社保司、资环司、金融司、企业司、涉外司、经责司、机关党委（人教司）、机关纪委（巡视办）、计算中心和科研所负责同志参加会议。

10 日上午 审计长胡泽君在署机关会见老挝审计署审计长万通・西潘敦一行。副审计长秦博勇和国际司主要负责同志参加会见。

10 日上午 副审计长孙宝厚在教育学院为 2018 年度处级干部任职培训班学员授课。

10 日下午 副审计长陈尘肇在署机关会见中国铁路总公司副总经理郭竹学一行。企业司主要负责同志参加会见。

11 日上午 党组书记胡泽君在署机关主持召开党组会议，传达学习中央有关文件，研究有关人事事项。党组成员孙宝厚、王文斌、陈尘肇、袁野、陈健和宋依佳出席。副审计长秦博勇，秘书局、办公厅、政研室、法规司、审理司、内审司、数据司、财政司、教科司、资环司、金融司、企业司、涉外司、经责司、机关党委（人教司）、机关纪委（巡视办）、科研所和驻署纪检监察组负责同志列席相关议题的研究。

11 日上午 审计长胡泽君在署机关主持召开审计长会议，听取办公厅关于 2019 年春节前相关工作安排的汇报，研究《审计科研工作 2019—2023 年发展规划》《审计署审计项目计划管理办法（修订稿）》等文稿。署领导孙宝厚、秦博勇、王文斌、陈尘肇、袁野、陈健和宋依佳出席。秘书局、办公厅、政研室、法规司、审理司、财政司、资环司、金融司、企业司、经责司、机关党委（人教司）、机关纪委（巡视办）、离退休办、服务局、科研所和审计学会负责同志列席相关议题的研究。

11 日上午 审计长胡泽君在署机关主持召开审计业务会议，研究有关审计工作方案。署领导孙宝厚、秦博勇、王文斌、陈尘肇、袁野、陈健和宋依佳出席。秘书局、办公厅、政研室、法规司、审理司、数据司、财政司、社保司、金融司、企业司和科研所负责同志列席会议。

11 日下午 审计长胡泽君在署机关主持召开高级审计师资格评审会。署领导孙宝厚、陈尘肇、袁野、陈健出席评审会。

12 日上午 审计长胡泽君列席国务院第 34 次常务会议。

12 日上午 副审计长孙宝厚在京出席全国人大财经工作座谈会。

12 日上午 副审计长秦博勇在署机关出席中国印尼双边审计研讨会。国际司主要负责同志参加研讨会。

12 日上午 副审计长袁野到广电通讯审计局调研。财政司主要负责同志参加调研。

12 日 副审计长王文斌在署机关主持召开部分中央和国家机关内部审计工作座谈会。内审司主要负责同志参加座谈会。

13 日上午 副审计长袁野到教育审计局调研。财政司主要负责同志参加调研。

13 日下午 审计长胡泽君列席中央政治局第 11 次集体学习。

13 日下午 副审计长袁野到卫生体育审计局调研。财政司主要负责同志参加调研。

14 日上午 审计长胡泽君在署机关出席扶贫审计工作座谈会并讲话，副审计长袁野主持座谈会。参加深度贫困地区扶贫审计的同志参加座谈。秘书局、办公厅、政研室、审理司、数据司、财政司、农业司、金融司、企业司、经责司、机关党委（人教司）负责同志列席座谈会。

14 日晚 审计长胡泽君在人民大会堂出席观看了庆祝改革开放 40 周年文艺晚会。

14 日 副审计长王文斌在署机关主持召开部分中央金融机构内部审计工作座谈会。内审司主要负责同志参加座谈会。

17 日上午 全国审计机关优秀驻村干部代表座谈会在署机关召开，审计长胡泽君出席并讲话。副审计长孙宝厚主持座谈会，副审计长王文斌出席。12 位优秀驻村干部代表参加座谈。秘书局、办公厅、政研室、农业司、机关党委（人教司）、机关纪委（巡视办）、报社、出版社、驻署纪检监察组负责同志列席座谈会。

17 日上午 纪检组长宋依佳在京出席国家监委第一届特约监察员聘请会议。

17 日下午 副审计长王文斌在署机关会见全国政协提案委员会驻会副主任陈因一行并进行座谈。有关司局负责同志参加座谈会。

17 日下午 副审计长袁野在京出席国务院扶贫开发领导小组第五次会议。

18 日上午 审计长胡泽君和副审计长秦博勇在人民大会堂出席庆祝改革开放 40 周年大会。

18 日下午 党组书记胡泽君在署机关主持召开党组会议，听取驻署纪检监察组有关问责调查情况的汇报，研究有关人事事项和《审计法（修订审议稿）》。党组成员孙宝厚、王文斌、袁野、陈健和宋依佳出席。秘书局、办公厅、政研室、法规司、审理司、内审司、数据司、财政司、税收司、教科司、农业司、投资司、社保司、资环司、金融司、企业司、涉外司、经责司、国际司、机关党委（人教司）、机关纪委（巡视办）、离退休办、科研所和驻署纪检监察组负责同志列席相关议题的研究。

18 日下午 审计长胡泽君在署机关主持召开审计长会议，研究《2018 年优秀审计项目评选结果报告》《审计署 2019 年会议计划安排》。署领导孙宝厚、王文斌、袁野、陈健和宋依佳出席。秘书局、办公厅、政研室、法规司、审理司、内审司、数据司、农业司、投资司、资环司、经责司、机关党委（人教司）和机关纪委（巡视办）负责同志列席相关议题的研究。

18 日下午 副审计长秦博勇赴河北参加民建中央有关活动。

18 日晚 审计长胡泽君在京会见俄罗斯联邦审计院院长库德林一行。副审计长秦博勇和办公厅、国际司主要负责同志参加会见。

19 日上午 副审计长袁野在署机关出席 2019 年扶贫审计、乡村振兴相关政策和资金等审计项目和部署清理拖欠民营企业、中小企业欠款审计工作审前培训班。数据司、财政司、农业司、金融司、企业司、各派出审计局负责同志参加培训班。

19 日下午 副审计长孙宝厚在署机关主持召开西部地区和其他少数民族地区挂职干部座谈会。总经济师、服务局局长张力，办公厅、机关党委（人教司）、机关纪委（巡视办）负责同志参加座谈会。

19 日 副审计长王文斌在江苏省南京市主持召开部分地方审计机关内部审计工作座谈会。内审司主要负责同志参加座谈会。

20 日下午 副审计长孙宝厚在双榆树办公楼参加科研所优秀博士论文评审。

19 日至 20 日 副审计长秦博勇赴浙江省开展资源环境审计和涉外审计调研。资环司和涉外司主要负责同志参加调研。

21 日上午 受署党组委托，副审计长王文斌在署机关对兰州特派办相关同志进行诫勉谈话。机关纪委（巡视办）、驻署纪检监察组负责同志参加诫勉谈话。

19 日至 21 日上午 审计长胡泽君在京出席中央经济工作会议。

21 日下午 审计署举办庆祝改革开放 40 周年演讲会，审计长胡泽君出席并讲话。署领导孙宝厚、秦博勇、王文斌、陈尘肇、袁野、陈健和宋依佳出席。署机关各单位、各派出审计局、各特派员办事处、各直属单位、驻署纪检监察组全体干部职工和离退休干部代表分别在署机关主会场和各分会场观看了演讲会。

24 日上午 受国务院委托，审计长胡泽君在十三届全国人大常委会第七次会议上作《国务院关于 2017 年度中央预算执行和其他财政收支审计查出问题整改情况的报告》。副审计长袁野列席会议。

24日上午 受审计长胡泽君委托，副审计长秦博勇列席国务院第35次常务会议。

24日下午 党组书记、署巡视工作领导小组组长胡泽君在署机关主持召开会议，听取2018年度第二轮巡视工作情况汇报。巡视工作领导小组副组长王文斌、宋依佳出席。6位巡视组组长分别汇报巡视情况。机关纪委（巡视办）主要负责同志参加会议。

24日下午 副审计长袁野在署机关出席“金审工程”三期建设阶段性成果汇报会。数据司、计算中心负责同志参加会议。

25日上午 党组书记胡泽君在署机关主持召开党组会议，传达学习中央有关文件和中央经济工作会议精神，宣布中央纪委国家监委有关决定，听取关于审计工作的汇报提纲和2019年“一下”预算等有关情况的汇报，研究有关人事事项和《中共审计署党组2018年度民主生活会实施方案》。党组成员王文斌、陈尘肇、袁野、陈健和宋依佳出席。副审计长秦博勇，总经济师、服务局局长张力，秘书局、办公厅、政研室、法规司、机关党委（人教司）、机关纪委（巡视办）和驻署纪检监察组负责同志列席相关议题的研究。

25日上午 审计长胡泽君在署机关主持召开审计长会议，研究《2018年全国审计工作会议方案》《审计署关于统筹规范审计业务情况通报的办法》。署领导秦博勇、王文斌、陈尘肇、袁野、陈健和宋依佳出席。总经济师、服务局局长张力，秘书局、办公厅、政研室、法规司、审理司、内审司、数据司、财政司、农业司、金融司、企业司、机关党委（人教司）、机关纪委（巡视办）、离退休办、科研所、审计学会和驻署纪检监察组负责同志列席相关议题的研究。

26日上午 副审计长秦博勇在署机关会见越南审计署代表团。国际司主要负责同志参加会见。

26日上午 副审计长袁野在署机关主持召开会议，研究2019年度金融审计有关工作。金融司、金融审计一局、金融审计二局和金融审计三局主要负责同志参加会议。

26日上午 纪检组长宋依佳在京出席中央纪委有关专项工作会议。服务局负责同志参加会议。

26日下午 副审计长陈尘肇参加企业司党支部学习。

26日下午 纪检组长宋依佳在署机关主持召开驻署纪检监察组组长办公会。驻署纪检监察组局级干部参加会议。

27日上午 审计长胡泽君在署机关会见波兰审计长克日什托夫·克维亚特科夫斯基一行。副审计长秦博勇和国际司主要负责同志参加会见。

27日上午 副审计长袁野在署机关主持召开会议，研究部署部门预算执行审计全覆盖有关工作。数据司、财政司、税收司、教科司、农业司、金融司和承担预算执行审计任务的相关派出审计局主要负责同志参加会议。

27日上午 副审计长袁野在人民银行出席有关专题会议。金融司负责同志参加会议。

27日下午 副审计长王文斌在署机关主持召开司局级干部大会，传达学习中央有关文件精神。署各单位司局级干部参加会议。

27日下午 副审计长袁野在京参加十三届全国人大常委会第七次会议分组审议。

27日下午 副审计长袁野在京出席全国扶贫开发工作会议全体会议。

29日上午 审计长胡泽君在署机关与新任职司局级干部集体谈话，纪检组长宋依佳与新任职的司局级干部进行廉政谈话。署领导秦博勇、王文斌、陈尘肇和陈健出席。署机关各单位、各派出审计局、各特派员办事处、各直属单位主要负责同志，驻署纪检监察组负责同志，2017年以来新任职的司局干部参加谈话活动。

27日下午至29日上午 审计署党组2018年第四季度中心组学习（扩大）会在署机关召开，党组书记胡泽君主持学习会并讲话。署领导秦博勇、王文斌、陈尘肇、袁野、陈健和宋依佳参加学习会并作交流发言。总经济师、服务局局长张力，署机关各单位、各派出审计局、各特派员办事处、各直属单位主要负责同志，驻署纪检监察组负责同志以及参加任职培训的司局级干部列席学习会。

29日上午 审计署任命的国家工作人员宪法宣誓仪式在署机关举行，审计长胡泽君出席并监誓。副审计长王文斌主持宣誓仪式。署领导秦博勇、陈尘肇、陈健和宋依佳出席。2017年以来新任职的司局级干部、署机关和派出审计局处级干部依法进行宣誓。

23 日下午至 29 日 副审计长孙宝厚在人民大会堂列席十三届全国人大常委会第七次会议。

28 日至 29 日 副审计长袁野在京出席中央农村工作会议。

审计署 2018 年大事记

一、认真学习贯彻中央审计委员会第一次会议精神

5 月 23 日，习近平总书记主持召开中央审计委员会第一次会议并发表重要讲话。习近平强调，改革审计管理体制，组建中央审计委员会，是加强党对审计工作领导的重大举措。要落实党中央对审计工作的部署要求，加强全国审计工作统筹，优化审计资源配置，做到应审尽审、凡审必严、严肃问责，努力构建集中统一、全面覆盖、权威高效的审计监督体系，更好发挥审计在党和国家监督体系中的重要作用。5 月 30 日，审计署党组召开 2018 年第二季度中心组学习（扩大）会，传达学习习近平总书记 5 月 23 日在中央审计委员会第一次会议上的重要讲话精神，研究推进审计管理体制改革相关工作措施。

中央审计委员会办公室设在审计署。胡泽君任中央审计委员会办公室主任（兼）。截至 2018 年底，27 个省级党委成立审计委员会，审计委员会办公室设在本级审计机关，由审计机关主要负责同志兼任审计委员会办公室主任。

二、扎实推进审计管理体制改革工作

审计署认真贯彻党中央决策部署，扎实推进审计管理体制改革。截至 2018 年底，审计署改革任务顺利完成，已通过中央编办验收。

——成立机构改革工作小组，建立健全工作协调机制。

——4 月 19 日，召开转隶干部大会，按照中央规定时间节点，如期推动发展改革委、财政部、国资委相关职能划转和 340 名人员转隶工作。

——组建中央审计委员会办公室秘书局，负责中央审计委员会办公室日常事务等。

——严格落实请示报告制度，建立健全向中央审计委员会报送审计工作重大事项和重要审计文稿工作机制。

——进一步优化机构职责和人员配置，向业务一线倾斜，设置 30 个派出审计局，在派出审计局设置上实现对中央部门、中央企业和金融机构的全覆盖。

三、坚定不移推进党的政治建设和党风廉政建设

2018 年，审计署深入学习贯彻习近平总书记关于加强党的政治建设的重要指示精神以及中央和国家机关党的政治建设推进会的部署要求，认真贯彻落实《中共中央政治局关于加强和维护党中央集中统一领导的若干规定》，教育引导党员干部树牢“四个意识”，坚定“四个自信”，做到“两个维护”。

——审计署党组全年开展中心组理论学习 4 次，其中 2 次扩大到署各单位主要负责人，1 次扩大到全国省级审计机关和署各单位主要负责人。

——5 月 8 日，审计署召开全国审计机关党风廉政建设工作视频会议。会议强调，要以党的政治建设为统领，以强化对权力运行监督制约为重点，推进落实两个责任，持之以恒正风肃纪，把审计机关全面从严治党、党风廉政建设和反腐败工作引向深入，为新时代审计事业发展提供坚强保证。

——5 月，审计署机关纪委牵头组成工作组，围绕学习宣传贯彻落实党的十九大精神情况、审计权力运行情况、审计现场纪律执行情况、审计组党组织建设情况 4 个方面，对部分审计现场开展专项检查，进行审计干部警示教育案例宣讲，增强审计人员纪律规矩意识，促进加强现场管理。

——6 月至 7 月，审计署党组在各级审计机关集中组织开展纪律作风专项整治月活动，出台审计“四严禁”工作要求，重申审计“八不准”

工作纪律，进一步加强干部队伍纪律作风建设。

四、坚定不移深化政治巡视

——5月7日，审计署党组印发《中共审计署党组巡视工作规划（2018－2022年）》以及巡视工作领导小组及其办公室等工作规则，形成内容协调、程序严密、配备完备、有效管用的巡视制度体系。

——7月12日，审计署党组第一轮巡视动员部署会召开，决定对6个特派办开展巡视。这是党的十九大以来审计署党组启动的第一轮巡视。

——11月8日，审计署党组第二轮巡视动员部署会召开，决定对完成机构改革任务的30个派出审计局开展巡视。审计署党组第二轮巡视工作启动。

五、建立地方审计机关向审计署述职报告制度

——1月16日，审计署党组印发《省级审计机关主要负责同志向审计署党组述职报告工作的办法》，要求各省级审计机关［包括省、自治区、直辖市和新疆生产建设兵团审计厅（局）］主要负责同志每年12月底前向审计署党组报送书面述职报告，每年安排10名左右省级审计机关主要负责同志现场述职报告工作，审计署领导结合分管工作进行评议。

——2月5日，天津、山西、内蒙古、江苏、江西、山东、湖南、海南、重庆、云南等10名省级审计机关主要负责同志在京向审计署党组现场述职报告工作。

六、全面加强对内部审计工作的指导监督

——1月12日，胡泽君审计长签发审计署第11号令公布新修订的《审计署关于内部审计工作的规定》，自2018年3月1日起施行。新规定补充完善了内部审计职责范围，强化了内部审计独立性，加强了对内部审计成果的运用，细化完善了审计机关对内部审计的指导监督职责，为当前和今后一个时期的内部审计工作提供了基本遵循和制度保障。

——9月11日至12日，召开全国内部审计工作座谈会，全面贯彻落实党的十九大，十九届二中、三中全会和习近平总书记在中央审计委员会第一次会议上的重要讲话精神，交流内部审计工作经验做法，促进加强对内部审计工作的业务指导和监督。

——12月12日至19日，分层次、分领域召开4次内部审计工作专题座谈会。

七、向全国人大常委会作审计工作报告和审计查出问题整改情况报告

——6月20日，受国务院委托，审计署党组书记、审计长胡泽君向十三届全国人大常委会第三次会议作《国务院关于2017年度中央预算执行和其他财政收支的审计工作报告》，会议审议通过。出席人员对审计工作报告表示赞成，强调要深入贯彻习近平总书记在中央审计委员会第一次会议上的重要讲话精神，落实党中央对审计工作的要求，依法全面履行审计监督职责，认真做好审计查出问题的整改工作，加强对违纪违法行为的问责追责，完善各领域政策措施和制度规则。

——12月24日，受国务院委托，审计署党组书记、审计长胡泽君向十三届全国人大常委会第七次会议作《国务院关于2017年度中央预算执行和其他财政收支审计查出问题整改情况的报告》，会议审议通过。出席人员指出，要深入学习贯彻习近平总书记在中央审计委员会第一次会议上的重要讲话精神，进一步拓展审计监督广度和深度，加大对党中央重大政策措施贯彻落实情况的审计力度，推进审计查出问题整改工作制度化长效化，督促有关部门加强预算管理，完善转移支付，落实好减税降费措施，保障经济社会健康发展。

按照国务院部署，审计署牵头汇总相关部门对全国人大常委会关于审计工作报告、审计查出问题整改情况报告审议意见的落实情况，向全国人大常委会报告。

八、圆满完成全年各项审计任务

——重点完成2017年度中央预算执行和其他财政收支的审计工作。对2017年度财政部具体组织中央预算执行情况和编制决算草案情况、发展改革委组织分配年度中央财政投资等情况、57个中央部门年度预算执行和其他财政收支情况以及决算草案进行审计。

——持续加大对国家重大政策措施落实情况跟踪审计力度。直接对31个省（自治区、直辖市）、新疆生产建设兵团和38个中央部门、6户

中央企业和13户金融机构进行国家重大政策措施落实情况跟踪审计，同时组织全国各级审计机关开展此项审计工作。

——开展地方政府性债务审计。组织全国各级审计机关对部分地区地方政府债务和隐性债务规模、结构和风险情况进行核实，督促各级地方建立健全台账，为防范化解债务风险奠定基础。

——稳步推进领导干部经济责任审计和自然资源资产离任审计。对8名中央部门主要领导干部、10名省级地方党政主要领导干部、4名省级人民法院和人民检察院主要领导干部、4名中管高校领导人员、23名中央企业领导人员和5名中央金融机构领导人员任职期间经济责任履行情况进行了审计，对10名省级地方党政主要领导干部和2名中央部门主要领导干部开展了自然资源资产离任（任中）审计，有力促进了被审计领导干部守法、守纪、守规、尽责。

——扎实推进扶贫审计工作。组织开展中西部20个省145个贫困县审计、东部9个省东西部扶贫协作资金项目审计、237个贫困县扶贫政策措施落实跟踪审计，重点对"三区三州"等深度贫困地区开展审计。截至2018年底，已累计覆盖全国832个国家扶贫开发工作重点县（含集中连片特困地区县）中的766个，覆盖面为92%。

——持续开展北京冬奥会促进京津冀协同发展重大政策措施跟踪审计，对北京冬奥会场馆、京张高铁等配套基础设施项目建设管理情况实施现场审计。

——连续3年开展保障性安居工程跟踪审计，组织对部分省份企业职工养老保险基金、医疗保障基金进行审计。

——认真做好长江经济带生态环境保护情况审计。组织开展长江经济带11个省（直辖市）本级和59个市（地、州）的生态环境保护情况审计，客观反映了长江经济带生态环境保护的成效，揭示了生态环境保护协同机制等方面存在的问题。

——组织开展52户中央企业专项审计调查，初步摸清中央企业家底和有关情况。

九、大力推进"金审工程"三期项目建设

——完成总承包招标，正式启动工程建设。

——完善顶层设计，编制并印发《重点任务实施方案》和网络系统、安全系统、应用系统支撑环境方面的建设指南等7个文件指导地方审计机关开展建设。

——与国家发展改革委联合印发《关于加快推进"金审工程"三期项目建设的通知》（发改办高技〔2018〕803号），明确"金审工程"三期地方审计机关项目加快立项、审计云与地方政务云关系等事宜，为地方审计机关"金审工程"建设提供依据。

——完成需求调研，编制并印发22个审计数据规划，审计管理系统、现场审计作业云等应用系统进入试运行。

十、健全完善法规制度及审计业务指导意见

——启动审计法修订工作。10月底形成《中华人民共和国审计法（修订征求意见稿）》，先后印发全国审计系统，以及省级地方党委办公厅、党中央和国务院各部委办公厅（室），有关中央企业、金融机构、高等院校办公厅（室）等单位征求意见，并召开3次座谈会当面听取意见。12月，修订工作组根据相关意见建议进一步修改完善，提请审计署党组会审议。

——修订完善《审计署制度》。5月23日，印发修订后的《审计署制度》。新修订的审计署制度共分为工作规则类、党的建设类、综合监督类、人事管理类、行政事务类、审计业务类、信息化建设类以及内网制度等8部分，共计60余万字，为严格依法审计、规范内部管理提供了制度保障。同时还配套开发了《审计署制度》专业知识数据库，供审计人员查询检索。

——制定各类业务指导文件。根据审计工作安排，印发了涉及重大政策措施跟踪审计、防范化解重大风险、深化扶贫审计、加强对口援疆审计、加强和改进审计业务管理、推动清理拖欠民营企业中小企业账款等方面的审计业务指导意见。

十一、加强国（境）外交流合作

积极开展与"一带一路"沿线和周边国家的双边交流活动，接待多个国家和地区审计长来华访问，不断增强中国审计的国际影响力。

——3月20日，首届中国—巴基斯坦审计研讨会在京举办。

——3月28日至29日，世界审计组织金融现代化与监管改革工作组第五次会议在北京举办。这是中国审计署首次承办该会议。

——4月19日至20日，中国审计署在美国华盛顿以“大数据审计在实现国家可持续发展目标中的作用”为主题，组织召开大数据工作组第二次会议。来自大数据工作组20个成员国的43名代表参加了此次会议。

——6月20日，首届“中国政府审计奖学金”审计专业硕士研究生毕业典礼在南京举办，来自世界各国审计机关的47名留学生获颁审计硕士学位。

——7月4日至5日，审计署党组书记、审计长胡泽君赴吉尔吉斯斯坦出席上海合作组织最高审计机关领导人第4次会议，就预算支出绩效审计、最高审计机关在国家政策实施领域的作用等议题同与会代表进行研讨。会议前后，胡泽君访问了吉尔吉斯斯坦、塔吉克斯坦和蒙古最高审计机关，就进一步深化双边审计交流合作达成共识。

——9月19日至22日，审计署党组书记、审计长胡泽君赴越南出席亚洲审计组织第14届大会、第7届研讨会暨第52次理事会，并主持第53次理事会，正式接任亚洲审计组织秘书长。接任亚洲审计组织秘书处是中国审计署继担任联合国审计委员会委员、世界审计组织主席后，又一次担任国际组织重要职务。

——11月5日，第四届南太平洋地区高级审计研讨班开班仪式在北京举行。

十二、认真做好西部地区、民族地区、革命老区，以及老工业基地的援派工作

4月，审计署党组选派4名干部赴西藏、新疆地区及新疆生产建设兵团审计机关交流挂职，派出7名干部到贵州、黑龙江、江西等西部地区、老工业基地和革命老区挂职锻炼；接收15名西藏、新疆地区及新疆生产建设兵团审计机关干部到特派办挂职，接收4名云南、宁夏等西部地区、民族地区干部到审计署机关交流挂职。

9月，按照中组部统一部署，审计署党组派出干部考察组，对11名援藏援青援疆干部进行集中考核，并根据政治表现和工作实绩，提拔5名干部担任司处级职务。

十三、扎实推进定点扶贫与对口支援工作

从抓党建、发挥审计行业特色两方面入手，积极推动所帮扶的贵州丹寨县、河北顺平县、江西会昌县脱贫出列。审计署党组书记、审计长胡泽君切实履行定点扶贫第一责任人职责，定期组织研究帮扶工作，先后赴顺平、会昌调研指导；审计署其他领导多次到3县调研指导，统筹协调多方资源，帮助完善交通、水利等基础设施，发展特色产业和民生事业，促进生态环境保护。

十四、大力推进审计理论研究

——4月26日，中国审计学会以“国家审计的改革、创新与未来发展研究”为主题，举办第四次理事论坛。

——9月13日，中国审计学会举办第四届全国审计青年论坛。

十五、召开全国审计工作会议

2019年1月13日，全国审计工作会议在北京召开。会议传达了习近平总书记重要批示和李克强总理重要指示，对2018年优秀审计项目进行了表彰。会议的主要任务是，深入学习贯彻党的十九大和十九届二中、三中全会及中央经济工作会议精神，认真落实习近平总书记对审计查出问题整改工作的重要批示，以及李克强总理在听取审计工作汇报时的重要指示，总结2018年审计工作，研究部署2019年审计工作，更好地发挥审计在党和国家监督体系中的重要作用。

十六、审计署负责同志调整

中共中央决定：

——3月，王文斌同志任审计署党组成员、副审计长。

——5月，免去李晓钟同志审计署党组成员职务；6月，免去李晓钟同志审计署总审计师职务。

——8月，陈健同志任审计署党组成员；9月，陈健同志任审计署总审计师。

——10月，免去刘正均同志审计署党组成员职务。

——11月，宋依佳同志任中央纪委国家监委驻审计署纪检监察组组长、审计署党组成员，免去郑振涛同志的审计署党组成员职务。

审计工作统计

2018 年审计工作综合情况统计表
——全国审计机关

指标名称	计量单位	合计	审计署本级汇总	审计署派出局汇总	审计署特派办汇总	地方审计机关汇总
一、审计单位	个	110108	71	161	278	109598
审计	个	105740	71	161	226	105282
专项审计调查	个	4368			52	4316
二、审计查出主要问题金额	万元	2401775797	202600825	13723277	746308134	1439143561
违规金额	万元	187591335	86408331	188981	29027580	71966443
损失浪费金额	万元	13337612	21996	3774	8550634	4761209
管理不规范金额	万元	2200846898	116170498	13530522	708729920	1362415958
三、审计发现非金额计量问题	个	356457	319	530	8841	346767
四、损益(收支)不实	万元	134915988	154140	350232	48813952	85597665
五、审计发现侵害人民群众利益	万元	2772748	977	6155	574909	2190708
六、审计期间整改金额	万元	47719467	106001	32798	5287370	42293298
七、审计报告和专项审计调查报告	篇	131374	74	124	270	130906
被批示、采用审计报告和专项审计调查报告	篇·次	8614	5	14	28	8567
八、审计处理情况	—	—	—	—	—	—
审计处理处罚	万元	324312501	83474018	457267	71758591	168622625
其中:应上缴财政	万元	31129402	17091	88048	2241702	28782561
其中:罚没	万元	293253				293253
应减少财政拨款或补贴	万元	5342383		54	73	5342255
应归还原渠道资金	万元	134389896	83239974	9150	13132209	38008563
应缴纳其他资金	万元	12523815	6206	4349	488303	12024957

（续表）

指标名称	计量单位	合计	审计署本级汇总	审计署派出局汇总	审计署特派办汇总	地方审计机关汇总
应调账处理金额	万元	140927005	210747	355667	55896304	84464287
移送处理事项	件	17959	9		342	17608
司法机关	件	313	6		71	236
纪检监察机关	件	9980	3		110	9867
有关部门	件	7666			161	7505
移送处理人员	人	20575	22		1059	19494
司法机关	人	607	16		88	503
纪检监察机关	人	13843	6		333	13504
有关部门	人	6125			638	5487
移送处理金额	万元	49146874	71342		9156599	39918933
司法机关	万元	4947191	70911		4371520	504760
纪检监察机关	万元	10671712	431		107536	10563745
有关部门	万元	33527971			4677543	28850428
九、审计处理结果落实情况	—	—	—	—	—	—
审计促进整改落实有关问题资金	万元	200921363	26561403	63990	50514744	123781226
其中：增收节支	万元	40337116	3356773	50025	2998071	33932247
已上缴财政	万元	17445573	2768	49090	1529725	15863989
已减少财政拨款或补贴	万元	4838794			4837	4833958
已归还原渠道资金	万元	18052531	3354005	934	1463510	13234082
已缴纳其他资金	万元	9650935	72	125	7157563	2493175
已调账处理金额	万元	55762448	590459	7152	6376872	48787965
审计促进拨付资金到位	万元	16818351		1371	2974557	13842422
审计后挽回（避免）损失	万元	9104633	27	22371	284867	8797367
核减投资额	万元	14476608				14476608
移送处理落实事项	件	3172			16	3156
司法机关已处理	件	95			3	92
纪检监察机关已处理	件	1613	1		5	1607
有关部门已处理	件	1465			8	1457
移送处理落实人员	人	7090			39	7051
已追究刑事责任	人	255			11	244
已给予党纪政纪处分	人	3322	13		22	3287
有关部门已处理人员	人	3527			6	3521
十、审计成果利用情况	—	—	—	—	—	—

（续表）

指标名称	计量单位	合计	审计署本级汇总	审计署派出局汇总	审计署特派办汇总	地方审计机关汇总
审计提出建议	条	258015	160	279	2884	254692
其中：建议制定修改部门规定	条	3214	1	3	29	3181
建议制定修改法律法规	条	213			5	208
被采纳审计建议	条	207098	151	225	2176	204546
被审计单位制定整改措施	项	33838	410	81	3089	30258
被审计单位建立健全规章制度	项	7326	16	9	511	6790
促进修改法律法规	条					
提交审计信息	篇	96895	23	36	564	96272
审计专题、综合性报告	篇	13835		23	24	13788
信息简报	篇	57058	23	13	527	56495
其中：重要审计信息	篇	7176	19	8	252	6897
被批示、采用审计信息	篇·次	48410	18	11	625	47756
审计专题、综合性报告	篇·次	7609		7		7602
信息简报	篇·次	27850	18	4	617	27211
其中：重要审计信息	篇·次	4567	18	1	517	4031
审计信息移送案件事项	项	641	49		101	491
涉案人员	人	872	257		120	495
涉案金额	万元	20551299	6162122		13567785	821392
十一、向社会公告审计结果	篇	11814	49			11765
十二、被审计领导干部	人	32459	7	6	40	32406
其中：负直接责任问题金额	万元	26428780	60100			26368680
涉嫌个人经济问题人数	人	7				7
金额	万元	479				479
十三、交办、配合事项	件	20394		25	21	20348
十四、审计机关	个	3232	1	30	18	3183
审计署及其派出机构	个	49	1	30	18	
省级审计机关	个	32				32
地级审计机关	个	435				435
县级审计机关	个	2716				2716
十五、审计人员	人	103938	725	611	2405	100197
审计署及其派出机构	人	3741	725	611	2405	
省级审计机关	人	7718				7718
地级审计机关	人	25232				25232
县级审计机关	人	67247				67247

注：因项目实施时间调整等原因，审计署2018年领导干部经济责任审计项目相关审计成果纳入2019年统计数据。

2018 年审计工作综合情况统计表
——审计署派出审计局

指标名称	单位	审计署派出局汇总	中央机关审计局	宣传审计局	统战审计局	外交审计局
一、审计单位	个	107	2	2	2	1
审计	个	107	2	2	2	1
专项审计调查	个					
二、审计查出主要问题金额	万元	7540064			540	
违规金额	万元	123420				
损失浪费金额	万元					
管理不规范金额	万元	7416644			540	
三、审计发现非金额计量问题	个	321			6	5
四、损益(收支)不实	万元	297395				
五、审计发现侵害人民群众利益	万元	6155				
六、审计期间整改金额	万元	18647				
七、审计报告和专项审计调查报告	篇	92			1	1
被批示、采用审计报告和专项审计调查报告	篇·次	12				
八、审计处理情况	—	—	—	—	—	—
审计处理处罚	万元	291813				
其中:应上缴财政	万元	26439				
其中:罚没	万元					
应减少财政拨款或补贴	万元	54				
应归还原渠道资金	万元	6283				
应缴纳其他资金	万元	4349				
应调账处理金额	万元	254689				
九、审计处理结果落实情况	—	—	—	—	—	—
审计促进整改落实有关问题资金	万元	4648				

（续表）

指标名称	单位	审计署派出局汇总	中央机关审计局	宣传审计局	统战审计局	外交审计局
其中:增收节支	万元	426				
已上缴财政	万元	413				
已减少财政拨款或补贴	万元					
已归还原渠道资金	万元	13				
已缴纳其他资金	万元	125				
已调账处理金额	万元	1499				
审计促进拨付资金到位	万元	1371				
审计后挽回(避免)损失	万元					
核减投资额	万元					
十、审计成果利用情况	—	—	—	—	—	—
审计提出建议	条	194				5
其中:建议制定修改部门规定	条	2				
建议制定修改法律法规	条					
被采纳审计建议	条	178				5
被审计单位制定整改措施	项	78				5
被审计单位建立健全规章制度	项	8				
促进修改法律法规	条					
提交审计信息	篇	32				
审计专题、综合性报告	篇	23				
信息简报	篇	9				
其中:重要审计信息	篇	7				
被批示、采用审计信息	篇·次	11				
审计专题、综合性报告	篇·次	7				
信息简报	篇·次	4				
其中:重要审计信息	篇·次	1				
十一、交办、配合事项	件	21				2

（续表）

指标名称	单位	政法审计局	教育审计局	科学技术审计局	工信建设审计局	民政社保审计局
一、审计单位	个	5	6	7	2	8
审计	个	5	6	7	2	8
专项审计调查	个					
二、审计查出主要问题金额	万元	72038	229918	42448	192187	32498
违规金额	万元	48339	13466	1859		3226
损失浪费金额	万元					
管理不规范金额	万元	23700	216452	40589	192187	29273
三、审计发现非金额计量问题	个	17	17	25		18
四、损益（收支）不实	万元	47325	79274	1293		6022
五、审计发现侵害人民群众利益	万元					
六、审计期间整改金额	万元	879				96
七、审计报告和专项审计调查报告	篇	5	6	5	2	8
被批示、采用审计报告和专项审计调查报告	篇·次					
八、审计处理情况	—	—	—	—	—	—
审计处理处罚	万元	48339	75387	2773		135
其中：应上缴财政	万元	2000	6736			
其中：罚没	万元					
应减少财政拨款或补贴	万元					
应归还原渠道资金	万元		2266			45
应缴纳其他资金	万元	343	3607	310		90
应调账处理金额	万元	45996	62778	2463		
九、审计处理结果落实情况	—	—	—	—	—	—
审计促进整改落实有关问题资金	万元		1167			135
其中：增收节支	万元					10
已上缴财政	万元					

（续表）

指标名称	单位	政法审计局	教育审计局	科学技术审计局	工信建设审计局	民政社保审计局
已减少财政拨款或补贴	万元					
已归还原渠道资金	万元					10
已缴纳其他资金	万元					125
已调账处理金额	万元		1167			
审计促进拨付资金到位	万元					1040
审计后挽回（避免）损失	万元					
核减投资额	万元					
十、审计成果利用情况	—	—	—	—	—	—
审计提出建议	条	6	32	15		9
其中：建议制定修改部门规定	条					
建议制定修改法律法规	条					
被采纳审计建议	条	6	32	15		9
被审计单位制定整改措施	项			4		
被审计单位建立健全规章制度	项					
促进修改法律法规	条					
提交审计信息	篇	1		3		
审计专题、综合性报告	篇	1		3		
信息简报	篇					
其中：重要审计信息	篇					
被批示、采用审计信息	篇·次	1				
审计专题、综合性报告	篇·次	1				
信息简报	篇·次					
其中：重要审计信息	篇·次					
十一、交办、配合事项	件		2			

（续表）

指标名称	单位	资源环境审计局	交通运输审计局	农业水利审计局	贸易审计局	卫生体育审计局
一、审计单位	个	3	10	3	10	2
审计	个	3	10	3	10	2
专项审计调查	个					
二、审计查出主要问题金额	万元	38	68012		737174	1413
违规金额	万元		1964		14308	
损失浪费金额	万元					
管理不规范金额	万元	38	66048		722866	1413
三、审计发现非金额计量问题	个	3	39	7	44	3
四、损益(收支)不实	万元		103		36552	
五、审计发现侵害人民群众利益	万元					
六、审计期间整改金额	万元				9006	
七、审计报告和专项审计调查报告	篇	1	10	2	10	2
被批示、采用审计报告和专项审计调查报告	篇·次		2			
八、审计处理情况	—	—	—	—	—	—
审计处理处罚	万元		160		16589	
其中:应上缴财政	万元				16317	
其中:罚没	万元					
应减少财政拨款或补贴	万元					
应归还原渠道资金	万元		160		22	
应缴纳其他资金	万元					
应调账处理金额	万元				250	
九、审计处理结果落实情况	—	—	—	—	—	—
审计促进整改落实有关问题资金	万元		331			
其中:增收节支	万元					
已上缴财政	万元					

（续表）

指标名称	单位	资源环境审计局	交通运输审计局	农业水利审计局	贸易审计局	卫生体育审计局
已减少财政拨款或补贴	万元					
已归还原渠道资金	万元					
已缴纳其他资金	万元					
已调账处理金额	万元		331			
审计促进拨付资金到位	万元		331			
审计后挽回(避免)损失	万元					
核减投资额	万元					
十、审计成果利用情况	—	—	—	—	—	—
审计提出建议	条		21	5	41	6
其中:建议制定修改部门规定	条					
建议制定修改法律法规	条					
被采纳审计建议	条		20	5	41	6
被审计单位制定整改措施	项		4		5	
被审计单位建立健全规章制度	项				4	
促进修改法律法规	条					
提交审计信息	篇		13			
审计专题、综合性报告	篇		11			
信息简报	篇		2			
其中:重要审计信息	篇		2			
被批示、采用审计信息	篇·次		5			
审计专题、综合性报告	篇·次		3			
信息简报	篇·次		2			
其中:重要审计信息	篇·次					
十一、交办、配合事项	件				1	3

（续表）

指标名称	单位	社会管理审计局	经济执法审计局	广电通讯审计局	发展统计审计局	群团文化审计局
一、审计单位	个	3	11	5	10	3
审计	个	3	11	5	10	3
专项审计调查	个					
二、审计查出主要问题金额	万元	64870	51566	342356	120239	
违规金额	万元		9525	1122		
损失浪费金额	万元					
管理不规范金额	万元	64870	42041	341234	120239	
三、审计发现非金额计量问题	个	6	16	40	24	4
四、损益(收支)不实	万元		542	126257	25	
五、审计发现侵害人民群众利益	万元		6092			
六、审计期间整改金额	万元			8637	25	
七、审计报告和专项审计调查报告	篇	3	10	5	10	1
被批示、采用审计报告和专项审计调查报告	篇·次		1		8	
八、审计处理情况	—	—	—	—	—	—
审计处理处罚	万元		5230	141774		
其中:应上缴财政	万元			1385		
其中:罚没	万元					
应减少财政拨款或补贴	万元		54			
应归还原渠道资金	万元		2364			
应缴纳其他资金	万元					
应调账处理金额	万元		2813	140389		
九、审计处理结果落实情况	—	—	—	—	—	—
审计促进整改落实有关问题资金	万元			413	2598	
其中:增收节支	万元			413		
已上缴财政	万元			413		

（续表）

指标名称	单位	社会管理审计局	经济执法审计局	广电通讯审计局	发展统计审计局	群团文化审计局
已减少财政拨款或补贴	万元					
已归还原渠道资金	万元					
已缴纳其他资金	万元					
已调账处理金额	万元					
审计促进拨付资金到位	万元					
审计后挽回(避免)损失	万元					
核减投资额	万元					
十、审计成果利用情况	—	—	—	—	—	—
审计提出建议	条		7	5	28	3
其中：建议制定修改部门规定	条					
建议制定修改法律法规	条					
被采纳审计建议	条		4		26	
被审计单位制定整改措施	项		14	4	33	
被审计单位建立健全规章制度	项		1		3	
促进修改法律法规	条					
提交审计信息	篇		4			
审计专题、综合性报告	篇		4			
信息简报	篇					
其中：重要审计信息	篇					
被批示、采用审计信息	篇·次		4			
审计专题、综合性报告	篇·次		3			
信息简报	篇·次		1			
其中：重要审计信息	篇·次		1			
十一、交办、配合事项	件				1	

（续表）

指标名称	单位	金融审计一局	金融审计二局	金融审计三局	企业审计一局	企业审计二局
一、审计单位	个	2	1	1	4	1
审计	个	2	1	1	4	1
专项审计调查	个					
二、审计查出主要问题金额	万元	288	5000600		152991	402002
违规金额	万元	288				502
损失浪费金额	万元					
管理不规范金额	万元		5000600		152991	401500
三、审计发现非金额计量问题	个		6	3	8	6
四、损益(收支)不实	万元					
五、审计发现侵害人民群众利益	万元					
六、审计期间整改金额	万元	4				
七、审计报告和专项审计调查报告	篇	1	1	1	2	1
被批示、采用审计报告和专项审计调查报告	篇·次					
八、审计处理情况	—	—	—	—	—	—
审计处理处罚	万元	4				
其中:应上缴财政	万元					
其中:罚没	万元					
应减少财政拨款或补贴	万元					
应归还原渠道资金	万元	4				
应缴纳其他资金	万元					
应调账处理金额	万元					
九、审计处理结果落实情况	—	—	—	—	—	—
审计促进整改落实有关问题资金	万元	4				
其中:增收节支	万元	4				
已上缴财政	万元					

（续表）

指标名称	单位	金融审计一局	金融审计二局	金融审计三局	企业审计一局	企业审计二局
已减少财政拨款或补贴	万元					
已归还原渠道资金	万元	4				
已缴纳其他资金	万元					
已调账处理金额	万元					
审计促进拨付资金到位	万元					
审计后挽回(避免)损失	万元					
核减投资额	万元					
十、审计成果利用情况	—	—	—	—	—	—
审计提出建议	条		9			
其中:建议制定修改部门规定	条					
建议制定修改法律法规	条					
被采纳审计建议	条		9			
被审计单位制定整改措施	项		9			
被审计单位建立健全规章制度	项					
促进修改法律法规	条					
提交审计信息	篇		8	2		
审计专题、综合性报告	篇		3			
信息简报	篇		5	2		
其中:重要审计信息	篇		5			
被批示、采用审计信息	篇·次			1		
审计专题、综合性报告	篇·次					
信息简报	篇·次			1		
其中:重要审计信息	篇·次					
十一、交办、配合事项	件				1	

（续表）

指标名称	单位	企业审计三局	企业审计四局	企业审计五局	企业审计六局	企业审计七局	企业审计八局
一、审计单位	个		1			1	1
审计	个		1			1	1
专项审计调查	个						
二、审计查出主要问题金额	万元		1486				27400
违规金额	万元		1423				27400
损失浪费金额	万元						
管理不规范金额	万元		63				
三、审计发现非金额计量问题	个		13			8	3
四、损益(收支)不实	万元						
五、审计发现侵害人民群众利益	万元		63				
六、审计期间整改金额	万元						
七、审计报告和专项审计调查报告	篇		1			1	2
被批示、采用审计报告和专项审计调查报告	篇·次						1
八、审计处理情况	—	—	—	—	—	—	
审计处理处罚	万元		1423				
其中:应上缴财政	万元						
其中:罚没	万元						
应减少财政拨款或补贴	万元						
应归还原渠道资金	万元		1423				
应缴纳其他资金	万元						
应调账处理金额	万元						
九、审计处理结果落实情况	—	—	—	—	—	—	
审计促进整改落实有关问题资金	万元						
其中:增收节支	万元						
已上缴财政	万元						

（续表）

指标名称	单位	企业审计三局	企业审计四局	企业审计五局	企业审计六局	企业审计七局	企业审计八局
已减少财政拨款或补贴	万元						
已归还原渠道资金	万元						
已缴纳其他资金	万元						
已调账处理金额	万元						
审计促进拨付资金到位	万元						
审计后挽回(避免)损失	万元						
核减投资额	万元						
十、审计成果利用情况	—	—	—	—	—	—	—
审计提出建议	条						2
其中:建议制定修改部门规定	条						2
建议制定修改法律法规	条						
被采纳审计建议	条						
被审计单位制定整改措施	项						
被审计单位建立健全规章制度	项						
促进修改法律法规	条						
提交审计信息	篇		1				
审计专题、综合性报告	篇		1				
信息简报	篇						
其中:重要审计信息	篇						
被批示、采用审计信息	篇·次						
审计专题、综合性报告	篇·次						
信息简报	篇·次						
其中:重要审计信息	篇·次						
十一、交办、配合事项	件	3		1	4	3	

2018年审计工作综合情况统计表
——审计署派出审计局(机构改革撤并单位)

指标名称	单位	审计署派出局汇总(机构改革撤并单位)	外交外事审计局	工业审计局	民族宗教审计局
一、审计单位	个	54	4	5	3
审计	个	54	4	5	3
专项审计调查	个				
二、审计查出主要问题金额	万元	6183213	19425	348931	205440
违规金额	万元	65561	12499	15	194
损失浪费金额	万元	3774			
管理不规范金额	万元	6113878	6926	348915	205245
三、审计发现非金额计量问题	个	209	3	30	16
四、损益(收支)不实	万元	52837			41318
五、审计发现侵害人民群众利益	万元				
六、审计期间整改金额	万元	14151			
七、审计报告和专项审计调查报告	篇	32	1	2	3
被批示、采用审计报告和专项审计调查报告	篇·次	2			1
八、审计处理情况	—	—	—	—	—
审计处理处罚	万元	165454		16407	44683
其中:应上缴财政	万元	61609			17
其中:罚没	万元				
应减少财政拨款或补贴	万元				
应归还原渠道资金	万元	2867		15	177
应缴纳其他资金	万元				
应调账处理金额	万元	100978		16391	44489
九、审计处理结果落实情况	—	—	—	—	—
审计促进整改落实有关问题资金	万元	59342			

（续表）

指标名称	单位	审计署派出局汇总（机构改革撤并单位）	外交外事审计局	工业审计局	民族宗教审计局
其中：增收节支	万元	49599			
已上缴财政	万元	48678			
已减少财政拨款或补贴	万元				
已归还原渠道资金	万元	921			
已缴纳其他资金	万元				
已调账处理金额	万元	5654			
审计促进拨付资金到位	万元				
审计后挽回（避免）损失	万元	22371			
核减投资额	万元				
十、审计成果利用情况	—	—	—	—	—
审计提出建议	条	85		26	12
其中：建议制定修改部门规定	条	1			
建议制定修改法律法规	条				
被采纳审计建议	条	47		12	
被审计单位制定整改措施	项	3			
被审计单位建立健全规章制度	项	1			
促进修改法律法规	条				
提交审计信息	篇	4			1
审计专题、综合性报告	篇				
信息简报	篇	4			1
其中：重要审计信息	篇	1			1
被批示、采用审计信息	篇·次				
审计专题、综合性报告	篇·次				
信息简报	篇·次				
其中：重要审计信息	篇·次				
十一、交办、配合事项	件	4	1		

（续表）

指标名称	单位	资源环保审计局	建设审计局	农林水利审计局	文化体育审计局
一、审计单位	个	2	5	11	2
审计	个	2	5	11	2
专项审计调查	个				
二、审计查出主要问题金额	万元	5501	24476	172019	40240
违规金额	万元		2057	25	1473
损失浪费金额	万元			3774	
管理不规范金额	万元	5501	22419	168220	38767
三、审计发现非金额计量问题	个	5	21	18	6
四、损益（收支）不实	万元		1415	25	3171
五、审计发现侵害人民群众利益	万元				
六、审计期间整改金额	万元			838	73
七、审计报告和专项审计调查报告	篇	1	3	5	2
被批示、采用审计报告和专项审计调查报告	篇·次				
八、审计处理情况	—	—	—	—	—
审计处理处罚	万元		23097	25	36050
其中：应上缴财政	万元		642		32764
其中：罚没	万元				
应减少财政拨款或补贴	万元				
应归还原渠道资金	万元		615	25	
应缴纳其他资金	万元				
应调账处理金额	万元		21840		3286
九、审计处理结果落实情况	—	—	—	—	—
审计促进整改落实有关问题资金	万元				36050
其中：增收节支	万元				32764
已上缴财政	万元				32764

（续表）

指标名称	单位	资源环保审计局	建设审计局	农林水利审计局	文化体育审计局
已减少财政拨款或补贴	万元				
已归还原渠道资金	万元				
已缴纳其他资金	万元				
已调账处理金额	万元				175
审计促进拨付资金到位	万元				
审计后挽回(避免)损失	万元				
核减投资额	万元				
十、审计成果利用情况	—	—	—	—	—
审计提出建议	条		6	13	
其中:建议制定修改部门规定	条				
建议制定修改法律法规	条				
被采纳审计建议	条		3	13	
被审计单位制定整改措施	项		3		
被审计单位建立健全规章制度	项		1		
促进修改法律法规	条				
提交审计信息	篇				
审计专题、综合性报告	篇				
信息简报	篇				
其中:重要审计信息	篇				
被批示、采用审计信息	篇·次				
审计专题、综合性报告	篇·次				
信息简报	篇·次				
其中:重要审计信息	篇·次				
十一、交办、配合事项	件				

（续表）

指标名称	单位	卫生药品审计局	国资监管审计局	旅游侨务审计局	地震气象审计局
一、审计单位	个	7	7	3	5
审计	个	7	7	3	5
专项审计调查	个				
二、审计查出主要问题金额	万元	29271	5312546	11107	14256
违规金额	万元	11412	36850	40	994
损失浪费金额	万元				
管理不规范金额	万元	17858	5275697	11067	13262
三、审计发现非金额计量问题	个	47	43	11	9
四、损益(收支)不实	万元	2308		3266	1334
五、审计发现侵害人民群众利益	万元				
六、审计期间整改金额	万元	3621		4873	4745
七、审计报告和专项审计调查报告	篇	5	5	2	3
被批示、采用审计报告和专项审计调查报告	篇・次				1
八、审计处理情况	—	—	—	—	—
审计处理处罚	万元	15012	23292	4559	2328
其中:应上缴财政	万元	11325	15914		946
其中:罚没	万元				
应减少财政拨款或补贴	万元				
应归还原渠道资金	万元	87	1899		47
应缴纳其他资金	万元				
应调账处理金额	万元	3600	5479	4559	1334
九、审计处理结果落实情况	—	—	—	—	—
审计促进整改落实有关问题资金	万元		23292		
其中:增收节支	万元		16835		
已上缴财政	万元		15914		

（续表）

指标名称	单位	卫生药品审计局	国资监管审计局	旅游侨务审计局	地震气象审计局
已减少财政拨款或补贴	万元				
已归还原渠道资金	万元		921		
已缴纳其他资金	万元				
已调账处理金额	万元		5479		
审计促进拨付资金到位	万元				
审计后挽回（避免）损失	万元		22371		
核减投资额	万元				
十、审计成果利用情况	—	—	—	—	—
审计提出建议	条	17		6	5
其中：建议制定修改部门规定	条				1
建议制定修改法律法规	条				
被采纳审计建议	条	10		6	3
被审计单位制定整改措施	项				
被审计单位建立健全规章制度	项				
促进修改法律法规	条				
提交审计信息	篇			1	2
审计专题、综合性报告	篇				
信息简报	篇			1	2
其中：重要审计信息	篇				
被批示、采用审计信息	篇·次				
审计专题、综合性报告	篇·次				
信息简报	篇·次				
其中：重要审计信息	篇·次				
十一、交办、配合事项	件	1	2		

2018 年审计工作综合情况统计表
——审计署驻地方特派员办事处

指标名称	单位	审计署特派办汇总	京津冀特派办	太原特派办	沈阳特派办
一、审计单位	个	278	21	19	12
审计	个	226	17	15	10
专项审计调查	个	52	4	4	2
二、审计查出主要问题金额	万元	746308134	31647573	18071560	32824279
违规金额	万元	29027580	59098	3402	6896417
损失浪费金额	万元	8550634	955034	1196565	40
管理不规范金额	万元	708729920	30633442	16871593	25927821
三、审计发现非金额计量问题	个	8841	315	313	296
四、损益(收支)不实	万元	48813952	3411323	1803668	1114979
五、审计发现侵害人民群众利益	万元	574909	16536	392	296
六、审计期间整改金额	万元	5287370	345920	8258	413
七、审计报告和专项审计调查报告	篇	270	21	19	8
被批示、采用审计报告和专项审计调查报告	篇·次	28			
八、审计处理情况	—	—	—	—	—
审计处理处罚	万元	71758591	878977	1307085	661348
其中:应上缴财政	万元	2241702	20387	252	44410
其中:罚没	万元				
应减少财政拨款或补贴	万元	73			
应归还原渠道资金	万元	13132209	4378	1260	61786
应缴纳其他资金	万元	488303	1374		832
应调账处理金额	万元	55896304	852839	1305573	554320
移送处理事项	件	342	7	52	34
司法机关	件	71	1	1	7
纪检监察机关	件	110	2	10	1
有关部门	件	161	4	41	26

(续表)

指标名称	单位	审计署特派办汇总	京津冀特派办	太原特派办	沈阳特派办
移送处理人员	人	1059	11	63	24
司法机关	人	88	2		2
其中:地厅级及以上	人				
县处级	人				
乡科级及以下	人	88	2		2
纪检监察机关	人	333	7	37	1
其中:地厅级及以上	人	27			
县处级	人	79	1	1	
乡科级及以下	人	227	6	36	1
有关部门	人	638	2	26	21
其中:地厅级及以上	人	13	1		
县处级	人	217			
乡科级及以下	人	408	1	26	21
移送处理金额	万元	9156599	107060	13419	1296029
司法机关	万元	4371520	384	959	640126
纪检监察机关	万元	107536	128	937	2
有关部门	万元	4677543	106548	11522	655901
九、审计处理结果落实情况	—	—	—	—	—
审计促进整改落实有关问题资金	万元	50514744	944096	1662726	5345646
其中:增收节支	万元	2998071	71863	814	254167
已上缴财政	万元	1529725	64570	511	68578
已减少财政拨款或补贴	万元	4837	15		
已归还原渠道资金	万元	1463510	7278	303	185588
已缴纳其他资金	万元	7157563	190	420	470
已调账处理金额	万元	6376872	314350	5872	4
审计促进拨付资金到位	万元	2974557	36479	1072652	39791
审计后挽回(避免)损失	万元	284867	4957	17307	
移送处理落实事项	件	16	5		2

（续表）

指标名称	单位	审计署特派办汇总	京津冀特派办	太原特派办	沈阳特派办
司法机关已处理	件	3			
纪检监察机关已处理	件	5			1
有关部门已处理	件	8	5		1
移送处理落实人员	人	39	12		8
已追究刑事责任	人	11	5		
已给予党纪政纪处分	人	22	7		4
有关部门已处理人员	人	6			4
十、审计成果利用情况	—	—	—	—	—
审计提出建议	条	2884	206	150	297
其中：建议制定修改部门规定	条	29			
建议制定修改法律法规	条	5		1	
被采纳审计建议	条	2176	142	143	297
被审计单位制定整改措施	项	3089	522	241	107
被审计单位建立健全规章制度	项	511	61	37	
促进修改法律法规	条				
提交审计信息	篇	564	51	45	17
审计专题、综合性报告	篇	24			
信息简报	篇	527	51	45	17
其中：重要审计信息	篇	252	13	45	1
被批示、采用审计信息	篇·次	625	128	94	6
审计专题、综合性报告	篇·次				
信息简报	篇·次	617	128	94	6
其中：重要审计信息	篇·次	517	125	94	
审计信息移送案件事项	项	101	11	5	13
涉案人员	人	120	12	6	1
涉案金额	万元	13567785	64286	30437	650537
十一、交办、配合事项	件	21	4	2	

（续表）

指标名称	单位	哈尔滨特派办	上海特派办	南京特派办	武汉特派办	广州特派办
一、审计单位	个	10	15	17	21	14
审计	个	8	13	15	17	12
专项审计调查	个	2	2	2	4	2
二、审计查出主要问题金额	万元	18353909	29795909	94039093	31551823	66331832
违规金额	万元	36598	6138392	6005297	132364	851866
损失浪费金额	万元	237305	795883	5216	35	56630
管理不规范金额	万元	18080006	22861634	88028580	31419424	65423336
三、审计发现非金额计量问题	个	83	360	367	914	584
四、损益(收支)不实	万元	94400	326819	1070207	89983	612373
五、审计发现侵害人民群众利益	万元	20273	17259	5435	15700	276769
六、审计期间整改金额	万元		1146504	148345	67440	647160
七、审计报告和专项审计调查报告	篇	7	13	17	22	15
被批示、采用审计报告和专项审计调查报告	篇·次		1			
八、审计处理情况	—	—	—	—	—	—
审计处理处罚	万元	432481	19317191	4205428	3979438	844623
其中:应上缴财政	万元	1814	65104	1793309	28015	157300
其中:罚没	万元					
应减少财政拨款或补贴	万元					
应归还原渠道资金	万元		11286080	4825	63162	9087
应缴纳其他资金	万元	18625	424	156		28
应调账处理金额	万元	412043	7965585	2407137	3888260	678208
移送处理事项	件	20	11	23	13	12
司法机关	件	9	4	2	3	1
纪检监察机关	件	9	3	19	7	5
有关部门	件	2	4	2	3	6
移送处理人员	人	38	3	19	28	72

（续表）

指标名称	单位	哈尔滨特派办	上海特派办	南京特派办	武汉特派办	广州特派办
司法机关	人	21			4	7
其中：地厅级及以上	人					
县处级	人					
乡科级及以下	人	21			4	7
纪检监察机关	人	15	1	19	19	53
其中：地厅级及以上	人					17
县处级	人		1	3		31
乡科级及以下	人	15		16	19	5
有关部门	人	2	2		5	12
其中：地厅级及以上	人					
县处级	人				1	
乡科级及以下	人	2	2		4	12
移送处理金额	万元	14313	16663	3484679	82969	2204530
司法机关	万元	13034	636	3461000	81106	92200
纪检监察机关	万元	383	9192	16406	91	2224
有关部门	万元	896	6835	7273	1771	2110106
九、审计处理结果落实情况	—	—	—	—	—	—
审计促进整改落实有关问题资金	万元	298362	7729465	7467631	2623731	4361551
其中：增收节支	万元	4630	5876	941018	31300	3529
已上缴财政	万元		152	940518	15753	
已减少财政拨款或补贴	万元	4502				320
已归还原渠道资金	万元	128	5724	500	15547	3209
已缴纳其他资金	万元	15	6638827	156		211805
已调账处理金额	万元		120397	1155072	2592431	114542
审计促进拨付资金到位	万元	46289	497444	20448	346	150584
审计后挽回（避免）损失	万元	37	5081	1131		4092
移送处理落实事项	件		1	4	1	1

（续表）

指标名称	单位	哈尔滨特派办	上海特派办	南京特派办	武汉特派办	广州特派办
司法机关已处理	件			2	1	
纪检监察机关已处理	件			2		1
有关部门已处理	件		1			
移送处理落实人员	人		2	14		1
已追究刑事责任	人			5		
已给予党纪政纪处分	人		1	9		
有关部门已处理人员	人		1			1
十、审计成果利用情况	—	—	—	—	—	—
审计提出建议	条	127	62	133	418	219
其中：建议制定修改部门规定	条	2				1
建议制定修改法律法规	条	2				1
被采纳审计建议	条	112	29	106	165	213
被审计单位制定整改措施	项	159	240	398	10	254
被审计单位建立健全规章制度	项	54	32	57		56
促进修改法律法规	条					
提交审计信息	篇	39	5	45	17	50
审计专题、综合性报告	篇		2			
信息简报	篇	26	3	45	17	50
其中：重要审计信息	篇	1		45	10	9
被批示、采用审计信息	篇·次	53		97	10	2
审计专题、综合性报告	篇·次					
信息简报	篇·次	45		97	10	2
其中：重要审计信息	篇·次	1		97	10	1
审计信息移送案件事项	项		4	9	7	8
涉案人员	人		4	13	7	6
涉案金额	万元		7478	4198	264556	69767
十一、交办、配合事项	件	3	1	1	1	1

（续表）

指标名称	单位	郑州特派办	济南特派办	西安特派办	兰州特派办	昆明特派办
一、审计单位	个	14	10	15	13	22
审计	个	10	6	12	11	19
专项审计调查	个	4	4	3	2	3
二、审计查出主要问题金额	万元	9700069	19575981	75259822	30104053	68768259
违规金额	万元	254766	44747	437167	468903	499590
损失浪费金额	万元	208031	227517	6375	60331	2246996
管理不规范金额	万元	9237273	19303717	74816279	29574819	66021674
三、审计发现非金额计量问题	个	936	214	249	659	431
四、损益(收支)不实	万元	3141573	9387134	1203247	4048865	15294923
五、审计发现侵害人民群众利益	万元	6679	418	89013	17822	39252
六、审计期间整改金额	万元	290817	783	236701	265581	937991
七、审计报告和专项审计调查报告	篇	14	10	15	15	20
被批示、采用审计报告和专项审计调查报告	篇・次				27	
八、审计处理情况	—	—	—	—	—	—
审计处理处罚	万元	2158522	8290281	12758484	2319975	1450450
其中:应上缴财政	万元	31158		75652		
其中:罚没	万元					
应减少财政拨款或补贴	万元	73				
应归还原渠道资金	万元	169165	8000	284028	40672	
应缴纳其他资金	万元	187612				
应调账处理金额	万元	1770515	8282281	12398804	2279303	1450450
移送处理事项	件	18	9	43	7	2
司法机关	件	2	2	31	1	
纪检监察机关	件	6		3	3	1
有关部门	件	10	7	9	3	1
移送处理人员	人	323	13	54	15	2

（续表）

指标名称	单位	郑州特派办	济南特派办	西安特派办	兰州特派办	昆明特派办
司法机关	人	2	4	32	2	
其中：地厅级及以上	人					
县处级	人					
乡科级及以下	人	2	4	32	2	
纪检监察机关	人	5		9	9	1
其中：地厅级及以上	人			3		
县处级	人	1		3	2	
乡科级及以下	人	4		3	7	1
有关部门	人	316	9	13	4	1
其中：地厅级及以上	人	6			2	
县处级	人	29			2	
乡科级及以下	人	281	9	13		1
移送处理金额	万元	868301	595442	13194	53140	181
司法机关	万元	1371	25894	2166	6	
纪检监察机关	万元	1772		1854	134	160
有关部门	万元	865157	569548	9174	53000	21
九、审计处理结果落实情况	—	—	—	—	—	—
审计促进整改落实有关问题资金	万元	252688	82	3658729	2257406	4472888
其中：增收节支	万元	121548	82	611729	866	268446
已上缴财政	万元	362	82	316945		79672
已减少财政拨款或补贴	万元					
已归还原渠道资金	万元	121186		294783	866	188774
已缴纳其他资金	万元			220000		1
已调账处理金额	万元	29050		8	9383	714182
审计促进拨付资金到位	万元	125697	22504	36488	91347	156271
审计后挽回（避免）损失	万元	125	84		5697	40628
移送处理落实事项	件					

（续表）

指标名称	单位	郑州特派办	济南特派办	西安特派办	兰州特派办	昆明特派办
司法机关已处理	件					
纪检监察机关已处理	件					
有关部门已处理	件					
移送处理落实人员	人					
已追究刑事责任	人					
已给予党纪政纪处分	人					
有关部门已处理人员	人					
十、审计成果利用情况	—	—	—	—	—	—
审计提出建议	条	171	81	66	55	196
其中：建议制定修改部门规定	条	4			2	3
建议制定修改法律法规	条					
被采纳审计建议	条	171	74	66	38	127
被审计单位制定整改措施	项	208	131	183	8	146
被审计单位建立健全规章制度	项	70	1	15	11	66
促进修改法律法规	条					
提交审计信息	篇	24	15	44	6	6
审计专题、综合性报告	篇					
信息简报	篇	24	15	44	6	6
其中：重要审计信息	篇	11	5	24		4
被批示、采用审计信息	篇·次	20	21	111	1	6
审计专题、综合性报告	篇·次					
信息简报	篇·次	20	21	111	1	6
其中：重要审计信息	篇·次	11	7	111		4
审计信息移送案件事项	项			3		10
涉案人员	人			6		3
涉案金额	万元			11615		343960
十一、交办、配合事项	件	2	4			

（续表）

指标名称	单位	成都特派办	长沙特派办	深圳特派办	长春特派办	重庆特派办
一、审计单位	个	17	18	18	10	12
审计	个	15	14	16	7	9
专项审计调查	个	2	4	2	3	3
二、审计查出主要问题金额	万元	62384742	67814720	20226337	42552523	27305651
违规金额	万元	86636	3759493	3302281	41428	9136
损失浪费金额	万元	705	9854	22831	581563	1939723
管理不规范金额	万元	62297400	64045373	16901224	41929532	25356792
三、审计发现非金额计量问题	个	888	920	284	262	766
四、损益(收支)不实	万元	603998	653666	6022	3774534	2176237
五、审计发现侵害人民群众利益	万元	2117	57425	214	5678	3630
六、审计期间整改金额	万元	18252	134194	416586	21824	600600
七、审计报告和专项审计调查报告	篇	13	21	18	10	12
被批示、采用审计报告和专项审计调查报告	篇·次					
八、审计处理情况	—	—	—	—	—	—
审计处理处罚	万元	328603	2690044	5792408	951882	3391370
其中:应上缴财政	万元			23717	586	
其中:罚没	万元					
应减少财政拨款或补贴	万元					
应归还原渠道资金	万元	83151	45	156032	86983	873556
应缴纳其他资金	万元		6842	16672	255739	
应调账处理金额	万元	245452	2683158	5595988	608575	2517814
移送处理事项	件	31	32	15	2	11
司法机关	件	5		1	1	
纪检监察机关	件	9	18	7		7
有关部门	件	17	14	7	1	4
移送处理人员	人	214	67	93	4	16

（续表）

指标名称	单位	成都特派办	长沙特派办	深圳特派办	长春特派办	重庆特派办
司法机关	人	10		1	1	
其中：地厅级及以上	人					
县处级	人					
乡科级及以下	人	10		1	1	
纪检监察机关	人	12	48	85		12
其中：地厅级及以上	人	7				
县处级	人	4	11	16		5
乡科级及以下	人	1	37	69		7
有关部门	人	192	19	7	3	4
其中：地厅级及以上	人	3		1		
县处级	人	183		1		1
乡科级及以下	人	6	19	5	3	3
移送处理金额	万元	301845	61660	41898	524	754
司法机关	万元	51701		438	500	
纪检监察机关	万元	51854	15906	6368		124
有关部门	万元	198291	45755	35092	24	630
九、审计处理结果落实情况	—	—	—	—	—	—
审计促进整改落实有关问题资金	万元	18329	1754609	5855163	968215	843427
其中：增收节支	万元	77	284442	180413	103602	113671
已上缴财政	万元		12641	23717	5544	679
已减少财政拨款或补贴	万元					
已归还原渠道资金	万元	77	271801	156696	98058	112992
已缴纳其他资金	万元		82143	1058	2477	
已调账处理金额	万元	3911	1177709		38567	101392
审计促进拨付资金到位	万元		67142	7017	585312	18747
审计后挽回（避免）损失	万元		10630	192713	2341	45
移送处理落实事项	件		1			1

（续表）

指标名称	单位	成都特派办	长沙特派办	深圳特派办	长春特派办	重庆特派办
司法机关已处理	件					
纪检监察机关已处理	件		1			
有关部门已处理	件					1
移送处理落实人员	人		2			
已追究刑事责任	人		1			
已给予党纪政纪处分	人		1			
有关部门已处理人员	人					
十、审计成果利用情况	—	—	—	—	—	—
审计提出建议	条	303	61	100	197	42
其中：建议制定修改部门规定	条		5	3	3	6
建议制定修改法律法规	条					1
被采纳审计建议	条	240	6	8	197	42
被审计单位制定整改措施	项	80	309	29	49	15
被审计单位建立健全规章制度	项		11	8	30	2
促进修改法律法规	条					
提交审计信息	篇	14	70	21	13	82
审计专题、综合性报告	篇	4	4	11	2	1
信息简报	篇	10	66	10	11	81
其中：重要审计信息	篇		4	5	10	65
被批示、采用审计信息	篇·次	6	10	4	19	37
审计专题、综合性报告	篇·次					
信息简报	篇·次	6	10	4	19	37
其中：重要审计信息	篇·次				19	37
审计信息移送案件事项	项		19	5	7	
涉案人员	人		57	5		
涉案金额	万元		18597	24806	12077550	
十一、交办、配合事项	件			2		

2018 年审计工作综合情况统计表
——地方审计机关

指标名称	单位	地方审计机关汇总	北京市	天津市	河北省
一、审计单位	个	109598	996	553	3021
审计	个	105282	963	510	2954
专项审计调查	个	4316	33	43	67
二、审计查出主要问题金额	万元	1439143561	39945454	33214251	55868810
违规金额	万元	71966443	372650	620049	698407
损失浪费金额	万元	4761209	219119	280153	67908
管理不规范金额	万元	1362415958	39353685	32314049	55102495
三、审计发现非金额计量问题	个	346767	2903	1185	6347
四、损益(收支)不实	万元	85597665	1868788	253468	10339500
五、审计发现侵害人民群众利益	万元	2190708		2232	138964
六、审计期间整改金额	万元	42293298	375094	240945	554875
七、审计报告和专项审计调查报告	篇	130906	1278	751	3535
被批示、采用审计报告和专项审计调查报告	篇·次	8567	116	46	80
八、审计处理情况	—	—	—	—	—
审计处理处罚	万元	168622625	629713	3544291	1560784
其中:应上缴财政	万元	28782561	244789	361815	470591
其中:罚没	万元	293253	22		427
应减少财政拨款或补贴	万元	5342255	135102	1093	145338
应归还原渠道资金	万元	38008563	54313	154446	74950
应缴纳其他资金	万元	12024957	346	26996	34203
应调账处理金额	万元	84464287	195162	2999942	835702
移送处理事项	件	17608	132	99	581
司法机关	件	236	11		
纪检监察机关	件	9867	35	65	291
有关部门	件	7505	86	34	290
移送处理人员	人	19494	100	341	74
司法机关	人	503	78		

（续表）

指标名称	单位	地方审计机关汇总	北京市	天津市	河北省
其中：地厅级及以上	人				
县处级	人				
乡科级及以下	人	503	78		
纪检监察机关	人	13504	16	321	68
其中：地厅级及以上	人	84	1	4	
县处级	人	533		22	1
乡科级及以下	人	12887	15	295	67
有关部门	人	5487	6	20	6
其中：地厅级及以上	人	9			
县处级	人	51		5	
乡科级及以下	人	5427	6	15	6
移送处理金额	万元	39918933	261345	94641	127533
司法机关	万元	504760	63654		
纪检监察机关	万元	10563745	22997	24435	36469
有关部门	万元	28850428	174695	70206	91064
九、审计处理结果落实情况	—	—	—	—	—
审计促进整改落实有关问题资金	万元	123781226	6234572	1541732	1223343
其中：增收节支	万元	33932247	367864	213931	581739
已上缴财政	万元	15863989	216716	183151	384036
已减少财政拨款或补贴	万元	4833958	57268	15	155380
已归还原渠道资金	万元	13234082	93881	30765	42322
已缴纳其他资金	万元	2493175	17156	1013	17513
已调账处理金额	万元	48787965	1407428	923408	623561
审计促进拨付资金到位	万元	13842422	18	9457	89452
审计后挽回（避免）损失	万元	8797367	21076	15	137214
核减投资额	万元	14476608	221030	11162	279318
移送处理落实事项	件	3156	27	12	84
司法机关已处理	件	92			
纪检监察机关已处理	件	1607		7	55
有关部门已处理	件	1457	27	5	29

（续表）

指标名称	单位	地方审计机关汇总	北京市	天津市	河北省
移送处理落实人员	人	7051		8	66
已追究刑事责任	人	244			
已给予党纪政纪处分	人	3287		1	57
有关部门已处理人员	人	3521		7	9
十、审计成果利用情况	—	—	—	—	—
审计提出建议	条	254692	3130	1097	6142
其中：建议制定修改部门规定	条	3181	51	4	
建议制定修改法律法规	条	208			
被采纳审计建议	条	204546	2674	587	4349
被审计单位制定整改措施	项	30258	2010	179	129
被审计单位建立健全规章制度	项	6790	400	28	18
促进修改法律法规	条				
提交审计信息	篇	96272	1411	1535	1715
审计专题、综合性报告	篇	13788	98	22	152
信息简报	篇	56495	983	1421	1309
其中：重要审计信息	篇	6897	191	8	207
被批示、采用审计信息	篇・次	47756	562	1137	1189
审计专题、综合性报告	篇・次	7602	30	13	114
信息简报	篇・次	27211	274	1045	945
其中：重要审计信息	篇・次	4031	81	8	92
审计信息移送案件事项	项	491		3	
涉案人员	人	495		21	
涉案金额	万元	821392		15726	
十一、向社会公告审计结果	篇	11765	226	3	36
十二、被审计领导干部	人	32406	277	336	566
其中：负直接责任问题金额	万元	26368680	5092	18519	51762
涉嫌个人经济问题人数	人	7		1	
金额	万元	479		35	
十三、交办、配合事项	件	20348	24	135	4

（续表）

指标名称	单位	山西省	内蒙古自治区	辽宁省	吉林省
一、审计单位	个	5274	2536	3533	1978
审计	个	5220	2489	3187	1863
专项审计调查	个	54	47	346	115
二、审计查出主要问题金额	万元	133942636	11039424	54149471	12668972
违规金额	万元	8312033	2367393	2016379	1001535
损失浪费金额	万元	85232	11450	171624	2620
管理不规范金额	万元	125545371	8660582	51961468	11664818
三、审计发现非金额计量问题	个	14667	2034	10923	2319
四、损益(收支)不实	万元	7173432	1111215	953208	726091
五、审计发现侵害人民群众利益	万元	154200	834	5475	7837
六、审计期间整改金额	万元	1116948	584930	916560	737050
七、审计报告和专项审计调查报告	篇	5355	2723	4490	2206
被批示、采用审计报告和专项审计调查报告	篇·次	389	90	412	120
八、审计处理情况	—	—	—	—	—
审计处理处罚	万元	12832780	3532123	4037447	9639468
其中:应上缴财政	万元	3284950	440698	566384	169415
其中:罚没	万元	245176	1019	358	668
应减少财政拨款或补贴	万元	47257	121051	25893	39694
应归还原渠道资金	万元	1046016	1072438	2568022	2142528
应缴纳其他资金	万元	1937453	348437	299832	68038
应调账处理金额	万元	6517103	1549499	577315	7219792
移送处理事项	件	937	573	223	76
司法机关	件	2	3	7	
纪检监察机关	件	322	105	98	32
有关部门	件	613	465	118	44
移送处理人员	人	1082	36	225	11
司法机关	人		3	6	
其中:地厅级及以上	人				

（续表）

指标名称	单位	山西省	内蒙古自治区	辽宁省	吉林省
县处级	人				
乡科级及以下	人		3	6	
纪检监察机关	人	480	27	170	8
其中：地厅级及以上	人	1			1
县处级	人	6	1	16	2
乡科级及以下	人	473	26	154	5
有关部门	人	602	6	49	3
其中：地厅级及以上	人				
县处级	人	1		3	
乡科级及以下	人	601	6	46	3
移送处理金额	万元	20071560	1112599	228414	8909
司法机关	万元	1359	352	1687	
纪检监察机关	万元	95582	18550	25340	3179
有关部门	万元	19974619	1093697	201387	5730
九、审计处理结果落实情况	—	—	—	—	—
审计促进整改落实有关问题资金	万元	8160558	1462693	1808095	6969181
其中：增收节支	万元	2253271	312173	1130457	1455559
已上缴财政	万元	1836593	118962	210961	203156
已减少财政拨款或补贴	万元	9587	99450	74096	23848
已归还原渠道资金	万元	407091	93761	845399	1228555
已缴纳其他资金	万元	199515	17803	27347	16201
已调账处理金额	万元	1014588	665549	264685	5222233
审计促进拨付资金到位	万元	634956	157595	132911	1910582
审计后挽回（避免）损失	万元	30930	27321	53612	653213
核减投资额	万元	1955037	245094	53474	46268
移送处理落实事项	件	223	44	42	6
司法机关已处理	件	2	1	4	
纪检监察机关已处理	件	77	7	13	5
有关部门已处理	件	144	36	25	1

（续表）

指标名称	单位	山西省	内蒙古自治区	辽宁省	吉林省
移送处理落实人员	人	324	8	111	5
已追究刑事责任	人	4		4	1
已给予党纪政纪处分	人	147	1	42	3
有关部门已处理人员	人	173	7	65	1
十、审计成果利用情况	—	—	—	—	—
审计提出建议	条	9643	4034	7874	2536
其中：建议制定修改部门规定	条	69	103	118	106
建议制定修改法律法规	条		1	2	1
被采纳审计建议	条	5742	2393	5412	1776
被审计单位制定整改措施	项	269	182	1721	29
被审计单位建立健全规章制度	项	100	13	143	2
促进修改法律法规	条				
提交审计信息	篇	1384	2805	1444	973
审计专题、综合性报告	篇	254	266	389	50
信息简报	篇	1028	2388	560	551
其中：重要审计信息	篇	61	170	33	85
被批示、采用审计信息	篇·次	297	1020	341	494
审计专题、综合性报告	篇·次	40	142	131	65
信息简报	篇·次	242	732	99	152
其中：重要审计信息	篇·次	7	153	8	37
审计信息移送案件事项	项		1	19	1
涉案人员	人			27	1
涉案金额	万元		1	30033	
十一、向社会公告审计结果	篇	5	12	32	10
十二、被审计领导干部	人	1160	1048	1536	786
其中：负直接责任问题金额	万元	471289	11018	35324	79728
涉嫌个人经济问题人数	人				
金额	万元				
十三、交办、配合事项	件	11	449	98	9

（续表）

指标名称	单位	黑龙江省	上海市	江苏省	浙江省
一、审计单位	个	3158	786	3043	2733
审计	个	3120	729	2865	2345
专项审计调查	个	38	57	178	388
二、审计查出主要问题金额	万元	11087473	19580856	135743101	33918976
违规金额	万元	825139	1058584	1375797	1322287
损失浪费金额	万元	9419	80895	108714	95401
管理不规范金额	万元	10252915	18441376	134258590	32501287
三、审计发现非金额计量问题	个	9650	5897	13924	22800
四、损益(收支)不实	万元	117259	609609	7614588	366729
五、审计发现侵害人民群众利益	万元	31559		24071	39875
六、审计期间整改金额	万元	66961	553264	13779373	1448104
七、审计报告和专项审计调查报告	篇	4848	1023	3986	3469
被批示、采用审计报告和专项审计调查报告	篇・次	160	114	401	328
八、审计处理情况	—	—	—	—	—
审计处理处罚	万元	1726389	1051098	10053781	6531562
其中:应上缴财政	万元	156175	209030	1543912	1056644
其中:罚没	万元	1310		205	149
应减少财政拨款或补贴	万元	44549	77188	705079	193716
应归还原渠道资金	万元	513735	252926	1414415	1042911
应缴纳其他资金	万元	19161	8309	235321	54385
应调账处理金额	万元	992769	503645	6155054	4183906
移送处理事项	件	1952	94	590	714
司法机关	件	21		2	27
纪检监察机关	件	1733	71	341	413
有关部门	件	198	23	247	274
移送处理人员	人	331	24	358	712
司法机关	人	74		2	45
其中:地厅级及以上	人				

（续表）

指标名称	单位	黑龙江省	上海市	江苏省	浙江省
县处级	人				
乡科级及以下	人	74		2	45
纪检监察机关	人	243	12	264	538
其中：地厅级及以上	人		1	7	7
县处级	人	5	8	14	43
乡科级及以下	人	238	3	243	488
有关部门	人	14	12	92	129
其中：地厅级及以上	人			9	
县处级	人	1		9	
乡科级及以下	人	13	12	74	129
移送处理金额	万元	1289559	1419306	530450	1692236
司法机关	万元	5248		2158	5222
纪检监察机关	万元	538928	1221939	404145	1477344
有关部门	万元	745383	197367	124147	209670
九、审计处理结果落实情况	—	—	—	—	—
审计促进整改落实有关问题资金	万元	818903	3474885	5523443	6293085
其中：增收节支	万元	379820	483029	1683542	1575113
已上缴财政	万元	59224	189698	581713	528053
已减少财政拨款或补贴	万元	32081	80300	597366	218700
已归还原渠道资金	万元	288516	213031	504463	828360
已缴纳其他资金	万元	6299	6626	132228	93205
已调账处理金额	万元	359198	135611	3599715	4489184
审计促进拨付资金到位	万元	214662	7074	92509	116658
审计后挽回（避免）损失	万元	54764	6798	406579	609248
核减投资额	万元	183207	128760	1379870	669277
移送处理落实事项	件	129	9	85	213
司法机关已处理	件	1		3	14
纪检监察机关已处理	件	109		61	96
有关部门已处理	件	19	9	21	103

（续表）

指标名称	单位	黑龙江省	上海市	江苏省	浙江省
移送处理落实人员	人	152	23	166	419
已追究刑事责任	人	23		6	47
已给予党纪政纪处分	人	125	7	104	208
有关部门已处理人员	人	4	16	57	164
十、审计成果利用情况	—	—	—	—	—
审计提出建议	条	5267	2396	8715	8109
其中：建议制定修改部门规定	条	51	77	26	315
建议制定修改法律法规	条		4	3	11
被采纳审计建议	条	4825	1706	7001	6662
被审计单位制定整改措施	项	11	1744	1684	1713
被审计单位建立健全规章制度	项	10	536	399	494
促进修改法律法规	条				
提交审计信息	篇	976	940	2256	6429
审计专题、综合性报告	篇	180	106	512	830
信息简报	篇	579	459	1397	4814
其中：重要审计信息	篇	120	105	156	119
被批示、采用审计信息	篇·次	497	451	1558	4024
审计专题、综合性报告	篇·次	95	131	478	866
信息简报	篇·次	321	198	727	2519
其中：重要审计信息	篇·次	112	65	124	99
审计信息移送案件事项	项	42	2	7	3
涉案人员	人	39	5	6	46
涉案金额	万元	5394	299	4155	60
十一、向社会公告审计结果	篇	52	277	522	1243
十二、被审计领导干部	人	1783	392	1335	1196
其中：负直接责任问题金额	万元	25748	36	23099344	21161
涉嫌个人经济问题人数	人				
金额	万元				
十三、交办、配合事项	件	43	4	6469	107

（续表）

指标名称	单位	安徽省	福建省	江西省	山东省
一、审计单位	个	5887	2736	5543	7165
审计	个	5628	2536	5452	6740
专项审计调查	个	259	200	91	425
二、审计查出主要问题金额	万元	43299650	14598907	16206019	171433195
违规金额	万元	5114066	919531	910200	3072360
损失浪费金额	万元	213294	46113	38864	501054
管理不规范金额	万元	37972338	13633264	15256955	167859780
三、审计发现非金额计量问题	个	10427	14673	8978	27832
四、损益(收支)不实	万元	1463544	618538	863959	13128149
五、审计发现侵害人民群众利益	万元	4585	4074	279	899416
六、审计期间整改金额	万元	1124841	219680	765742	3417900
七、审计报告和专项审计调查报告	篇	7841	3636	6387	10248
被批示、采用审计报告和专项审计调查报告	篇·次	641	390	106	79
八、审计处理情况	—	—	—	—	—
审计处理处罚	万元	7199269	1406679	1941259	9374651
其中：应上缴财政	万元	2506691	331156	153651	1747766
其中：罚没	万元	2329	458	5810	184
应减少财政拨款或补贴	万元	237949	84801	29972	857163
应归还原渠道资金	万元	1342109	584550	449597	2316260
应缴纳其他资金	万元	1660955	22808	164657	220865
应调账处理金额	万元	1451564	383364	1143382	4232597
移送处理事项	件	221	279	588	1754
司法机关	件	6	2	27	47
纪检监察机关	件	100	173	391	875
有关部门	件	115	104	170	832
移送处理人员	人	294	170	3427	2028
司法机关	人	10	1	64	42
其中：地厅级及以上	人				

（续表）

指标名称	单位	安徽省	福建省	江西省	山东省
县处级	人				
乡科级及以下	人	10	1	64	42
纪检监察机关	人	243	159	1833	1301
其中：地厅级及以上	人	1		6	7
县处级	人	12	1	56	30
乡科级及以下	人	230	158	1771	1264
有关部门	人	41	10	1530	685
其中：地厅级及以上	人				
县处级	人	4		3	
乡科级及以下	人	37	10	1527	685
移送处理金额	万元	207320	105341	345508	1412765
司法机关	万元	26	19	40351	18443
纪检监察机关	万元	193495	89410	71708	206740
有关部门	万元	13800	15912	233449	1187582
九、审计处理结果落实情况	—	—	—	—	—
审计促进整改落实有关问题资金	万元	5558917	909672	1560104	3655913
其中：增收节支	万元	2092272	644958	328578	1624112
已上缴财政	万元	1171760	264230	76782	581598
已减少财政拨款或补贴	万元	414405	81497	6462	754150
已归还原渠道资金	万元	506106	299231	245334	288364
已缴纳其他资金	万元	186344	920	448291	17928
已调账处理金额	万元	1227502	219529	460689	880280
审计促进拨付资金到位	万元	392509	120382	157127	261534
审计后挽回（避免）损失	万元	720359	99571	310561	873828
核减投资额	万元	670569	115052	255148	957784
移送处理落实事项	件	52	54	55	288
司法机关已处理	件	1	6		4
纪检监察机关已处理	件	20	35	33	149
有关部门已处理	件	31	13	22	135

（续表）

指标名称	单位	安徽省	福建省	江西省	山东省
移送处理落实人员	人	66	78	818	786
已追究刑事责任	人	5	6	3	11
已给予党纪政纪处分	人	26	55	84	266
有关部门已处理人员	人	35	17	731	509
十、审计成果利用情况	—	—	—	—	—
审计提出建议	条	15419	7558	11497	17836
其中：建议制定修改部门规定	条	206	56	87	223
建议制定修改法律法规	条	16		10	
被采纳审计建议	条	12405	6043	7455	12406
被审计单位制定整改措施	项	1885	765	193	4521
被审计单位建立健全规章制度	项	289	293	89	745
促进修改法律法规	条				
提交审计信息	篇	4493	5787	1282	5423
审计专题、综合性报告	篇	698	695	137	820
信息简报	篇	2567	3917	735	3567
其中：重要审计信息	篇	1200	90	31	695
被批示、采用审计信息	篇·次	2445	3325	503	2687
审计专题、综合性报告	篇·次	576	371	76	436
信息简报	篇·次	1186	2273	361	1747
其中：重要审计信息	篇·次	411	69	22	407
审计信息移送案件事项	项	2	1	165	106
涉案人员	人	1		10	249
涉案金额	万元	79	82	312	12084
十一、向社会公告审计结果	篇	899	50	16	231
十二、被审计领导干部	人	1385	1014	1609	3701
其中：负直接责任问题金额	万元	27127	4951	41977	316399
涉嫌个人经济问题人数	人		1		
金额	万元		283		
十三、交办、配合事项	件	930	176	147	875

（续表）

指标名称	单位	河南省	湖北省	湖南省	广东省
一、审计单位	个	5350	4144	5134	3643
审计	个	5205	4042	4984	3330
专项审计调查	个	145	102	150	313
二、审计查出主要问题金额	万元	73748921	42555032	78215904	132420369
违规金额	万元	5140346	3521930	2936000	2648667
损失浪费金额	万元	610168	260301	123647	1070349
管理不规范金额	万元	67998408	38772801	75156258	128701353
三、审计发现非金额计量问题	个	11788	14136	16220	32723
四、损益(收支)不实	万元	3420816	1434018	8803741	9951749
五、审计发现侵害人民群众利益	万元	276	17329	237737	176511
六、审计期间整改金额	万元	1467910	454512	888988	4324233
七、审计报告和专项审计调查报告	篇	5705	4631	6998	5016
被批示、采用审计报告和专项审计调查报告	篇・次	442	631	252	267
八、审计处理情况	—	—	—	—	—
审计处理处罚	万元	4540751	18570281	12579669	9158728
其中:应上缴财政	万元	1079242	1269129	2313223	1723793
其中:罚没	万元	7640	9285	8136	319
应减少财政拨款或补贴	万元	186924	234162	585608	60503
应归还原渠道资金	万元	1159528	3324309	1758356	919560
应缴纳其他资金	万元	368739	1609695	343232	29393
应调账处理金额	万元	1746320	12132986	7579251	6425479
移送处理事项	件	985	1218	888	580
司法机关	件	1	7	12	4
纪检监察机关	件	436	1032	616	290
有关部门	件	548	179	260	286
移送处理人员	人	2096	1549	810	356
司法机关	人	1	11	6	2
其中:地厅级及以上	人				

（续表）

指标名称	单位	河南省	湖北省	湖南省	广东省
县处级	人				
乡科级及以下	人	1	11	6	2
纪检监察机关	人	1635	1431	757	324
其中：地厅级及以上	人	3	9	5	16
县处级	人	19	48	8	67
乡科级及以下	人	1613	1374	744	241
有关部门	人	460	107	47	30
其中：地厅级及以上	人				
县处级	人		4		3
乡科级及以下	人	460	103	47	27
移送处理金额	万元	1384342	475860	504308	2648742
司法机关	万元		888	5414	22543
纪检监察机关	万元	1142869	341920	327017	2106843
有关部门	万元	241473	133051	171878	519356
九、审计处理结果落实情况	—	—	—	—	—
审计促进整改落实有关问题资金	万元	2703157	9744511	7111270	17026584
其中：增收节支	万元	1165201	1520473	2850893	2225105
已上缴财政	万元	434899	646443	1489480	1353697
已减少财政拨款或补贴	万元	120487	154915	557836	60901
已归还原渠道资金	万元	609814	719114	803576	810611
已缴纳其他资金	万元	134822	115417	210645	15590
已调账处理金额	万元	490783	6334820	3651551	7122332
审计促进拨付资金到位	万元	233073	1013226	372327	4150787
审计后挽回（避免）损失	万元	343550	662878	826240	118565
核减投资额	万元	506935	540560	1147258	79432
移送处理落实事项	件	232	510	96	59
司法机关已处理	件	3	23	3	1
纪检监察机关已处理	件	105	395	65	30
有关部门已处理	件	124	92	28	28

（续表）

指标名称	单位	河南省	湖北省	湖南省	广东省
移送处理落实人员	人	1229	1014	180	226
已追究刑事责任	人	3	58	10	
已给予党纪政纪处分	人	614	708	103	94
有关部门已处理人员	人	612	248	67	132
十、审计成果利用情况	—	—	—	—	—
审计提出建议	条	13419	12050	10857	11504
其中：建议制定修改部门规定	条	468	145		115
建议制定修改法律法规	条	14	9		1
被采纳审计建议	条	10511	9743	10364	9011
被审计单位制定整改措施	项	1329	3359	171	4091
被审计单位建立健全规章制度	项	149	494	71	1021
促进修改法律法规	条				
提交审计信息	篇	3209	22499	4644	2453
审计专题、综合性报告	篇	678	3741	486	612
信息简报	篇	2188	5823	2177	1762
其中：重要审计信息	篇	242	862	214	197
被批示、采用审计信息	篇·次	1641	10484	2824	624
审计专题、综合性报告	篇·次	291	1466	274	237
信息简报	篇·次	1131	3004	1159	349
其中：重要审计信息	篇·次	158	783	204	124
审计信息移送案件事项	项	62	5	1	37
涉案人员	人	66	4		
涉案金额	万元	44124	472	503	3809
十一、向社会公告审计结果	篇	596	298	813	659
十二、被审计领导干部	人	1637	1427	1399	1417
其中：负直接责任问题金额	万元	840850	117535	26287	322660
涉嫌个人经济问题人数	人				2
金额	万元			4	4
十三、交办、配合事项	件	1380	608	552	1039

（续表）

指标名称	单位	广西壮族自治区	海南省	重庆市	四川省
一、审计单位	个	4633	698	2222	6965
审计	个	4523	661	2134	6589
专项审计调查	个	110	37	88	376
二、审计查出主要问题金额	万元	25708174	10932522	73584398	46327391
违规金额	万元	8704116	843112	2194213	2664528
损失浪费金额	万元	81367	16211	52071	108794
管理不规范金额	万元	16922691	10073199	71338113	43554070
三、审计发现非金额计量问题	个	7387	1874	7792	13790
四、损益(收支)不实	万元	438908	10149	1624233	2188334
五、审计发现侵害人民群众利益	万元	7833	4749	108858	650
六、审计期间整改金额	万元	1009830	724032	1555235	1497233
七、审计报告和专项审计调查报告	篇	5564	706	2322	7322
被批示、采用审计报告和专项审计调查报告	篇·次	713	23	658	342
八、审计处理情况	—	—	—	—	—
审计处理处罚	万元	11493813	1747052	3235788	7166537
其中:应上缴财政	万元	856313	278441	1571760	1559399
其中:罚没	万元	544	2026	19	1136
应减少财政拨款或补贴	万元	200186	77607	4575	368334
应归还原渠道资金	万元	7669969	312497	608474	1452922
应缴纳其他资金	万元	167986	236301	207	590330
应调账处理金额	万元	2599359	842206	1050772	3195552
移送处理事项	件	240	45	781	1128
司法机关	件	2	1	13	16
纪检监察机关	件	181	34	323	678
有关部门	件	57	10	445	434
移送处理人员	人	493	109	615	1774
司法机关	人			29	107
其中:地厅级及以上	人				

（续表）

指标名称	单位	广西壮族自治区	海南省	重庆市	四川省
县处级	人				
乡科级及以下	人			29	107
纪检监察机关	人	485	104	491	1559
其中：地厅级及以上	人	1		1	1
县处级	人	8	8	105	16
乡科级及以下	人	476	96	385	1542
有关部门	人	8	5	95	108
其中：地厅级及以上	人				
县处级	人			5	2
乡科级及以下	人	8	5	90	106
移送处理金额	万元	528107	6203	691062	808849
司法机关	万元	899	0	319	1694
纪检监察机关	万元	375289	2941	434888	165183
有关部门	万元	151919	3261	255855	641972
九、审计处理结果落实情况	—	—	—	—	—
审计促进整改落实有关问题资金	万元	3863314	607136	4914658	5304460
其中：增收节支	万元	1234543	385620	2668284	2268942
已上缴财政	万元	282988	19769	1614632	930403
已减少财政拨款或补贴	万元	150981	72624	227990	315247
已归还原渠道资金	万元	800574	293227	825661	1022972
已缴纳其他资金	万元	48413	57517	207	279021
已调账处理金额	万元	1340154	143799	1462849	1765050
审计促进拨付资金到位	万元	1253222	21894	529208	216483
审计后挽回(避免)损失	万元	278188	24674	518909	692654
核减投资额	万元	736351	100586	881539	649757
移送处理落实事项	件	35	18	230	140
司法机关已处理	件	1		3	8
纪检监察机关已处理	件	12	15	65	88
有关部门已处理	件	22	3	162	44

（续表）

指标名称	单位	广西壮族自治区	海南省	重庆市	四川省
移送处理落实人员	人	57	25	111	441
已追究刑事责任	人			4	39
已给予党纪政纪处分	人	46	25	62	196
有关部门已处理人员	人	11		45	206
十、审计成果利用情况	—	—	—	—	—
审计提出建议	条	7258	1446	9781	17479
其中：建议制定修改部门规定	条	146	16	4	246
建议制定修改法律法规	条	6	1		20
被采纳审计建议	条	4706	797	8897	12550
被审计单位制定整改措施	项	214	14	1485	605
被审计单位建立健全规章制度	项	53	1	601	287
促进修改法律法规	条				
提交审计信息	篇	673	35	3609	5988
审计专题、综合性报告	篇	189	10	553	695
信息简报	篇	458	17	3026	4798
其中：重要审计信息	篇	250		584	568
被批示、采用审计信息	篇·次	217	14	2050	2608
审计专题、综合性报告	篇·次	61	2	395	395
信息简报	篇·次	141	11	1636	2062
其中：重要审计信息	篇·次	39	1	402	240
审计信息移送案件事项	项	3			19
涉案人员	人	5			1
涉案金额	万元	166			3773
十一、向社会公告审计结果	篇	73	10	20	961
十二、被审计领导干部	人	663	114	740	1274
其中：负直接责任问题金额	万元	183667	2405	5250	69311
涉嫌个人经济问题人数	人	1	1	1	
金额	万元	78		75	
十三、交办、配合事项	件	60	166	3084	993

（续表）

指标名称	单位	贵州省	云南省	西藏自治区	陕西省
一、审计单位	个	1363	8023	132	6836
审计	个	1352	7773	124	6715
专项审计调查	个	11	250	8	121
二、审计查出主要问题金额	万元	38468383	27917125	9614943	24823394
违规金额	万元	2696860	3173883	551182	3188665
损失浪费金额	万元	71015	298394	1649	57958
管理不规范金额	万元	35700508	24444847	9062111	21576771
三、审计发现非金额计量问题	个	13921	23439	512	26533
四、损益(收支)不实	万元	6382927	719101	79605	579803
五、审计发现侵害人民群众利益	万元	23	31993		1298
六、审计期间整改金额	万元	716750	1120385	3716	1632138
七、审计报告和专项审计调查报告	篇	1290	8598	116	7128
被批示、采用审计报告和专项审计调查报告	篇·次	44	395	50	434
八、审计处理情况	—	—	—	—	—
审计处理处罚	万元	5372722	4999437	1596063	6819654
其中:应上缴财政	万元	688743	728113	841865	1510704
其中:罚没	万元	68	1650	63	1381
应减少财政拨款或补贴	万元	85054	329002	235	272419
应归还原渠道资金	万元	1246891	1774436	23974	630976
应缴纳其他资金	万元	613062	204069	3536	2403768
应调账处理金额	万元	2738972	1963818	726452	2001787
移送处理事项	件	261	690	41	860
司法机关	件		17		1
纪检监察机关	件	163	354	2	336
有关部门	件	98	319	39	523
移送处理人员	人	122	337	9	1329
司法机关	人		17		1
其中:地厅级及以上	人				

（续表）

指标名称	单位	贵州省	云南省	西藏自治区	陕西省
县处级	人				
乡科级及以下	人		17		1
纪检监察机关	人	101	244		283
其中：地厅级及以上	人		6		
县处级	人	3	14		10
乡科级及以下	人	98	224		273
有关部门	人	21	76	9	1045
其中：地厅级及以上	人				
县处级	人				3
乡科级及以下	人	21	76	9	1042
移送处理金额	万元	397835	1069994	13608	286912
司法机关	万元		333729		19
纪检监察机关	万元	129021	602803		42241
有关部门	万元	268815	133463	13608	244652
九、审计处理结果落实情况	—	—	—	—	—
审计促进整改落实有关问题资金	万元	2327414	3160316	469197	3329103
其中：增收节支	万元	781431	1220695	117802	1478828
已上缴财政	万元	326347	417510	116126	1215985
已减少财政拨款或补贴	万元	70025	308372	.	67430
已归还原渠道资金	万元	385060	494813	1676	195413
已缴纳其他资金	万元	66760	104208	388	176964
已调账处理金额	万元	391422	1671500	350969	988009
审计促进拨付资金到位	万元	415097	237020	255485	312107
审计后挽回（避免）损失	万元	177780	591274	132104	267551
核减投资额	万元	438471	951155	1225	522005
移送处理落实事项	件	18	169	1	207
司法机关已处理	件		10		2
纪检监察机关已处理	件	10	70		67
有关部门已处理	件	8	89	1	138

（续表）

指标名称	单位	贵州省	云南省	西藏自治区	陕西省
移送处理落实人员	人	35	172		332
已追究刑事责任	人	2	6		4
已给予党纪政纪处分	人	11	125		101
有关部门已处理人员	人	22	41		227
十、审计成果利用情况	—	—	—	—	—
审计提出建议	条	4305	21328	442	12210
其中：建议制定修改部门规定	条	61	57	13	118
建议制定修改法律法规	条	12	34		39
被采纳审计建议	条	3061	19808	292	9058
被审计单位制定整改措施	项	127	316	3	1032
被审计单位建立健全规章制度	项	40	284		25
促进修改法律法规	条				
提交审计信息	篇	2895	4885	21	1312
审计专题、综合性报告	篇	162	445		407
信息简报	篇	2178	3746	21	508
其中：重要审计信息	篇	33	187		163
被批示、采用审计信息	篇·次	1460	1735	11	943
审计专题、综合性报告	篇·次	72	257	1	289
信息简报	篇·次	1136	1325	10	555
其中：重要审计信息	篇·次	36	159		54
审计信息移送案件事项	项	1	6		3
涉案人员	人		14		
涉案金额	万元		700222		84
十一、向社会公告审计结果	篇	11	3984	14	469
十二、被审计领导干部	人	320	953	49	1380
其中：负直接责任问题金额	万元	25292	384223	309	60389
涉嫌个人经济问题人数	人				
金额	万元				
十三、交办、配合事项	件	1173	461		477

（续表）

指标名称	单位	甘肃省	青海省	宁夏回族自治区	新疆维吾尔自治区	新疆生产建设兵团
一、审计单位	个	6009	1154	641	3293	416
审计	个	5946	1107	616	3186	394
专项审计调查	个	63	47	25	107	22
二、审计查出主要问题金额	万元	24815340	9397871	5954206	22975246	4987147
违规金额	万元	2058264	141406	179728	933138	403993
损失浪费金额	万元	4371	296	208	54851	17697
管理不规范金额	万元	22752705	9256169	5774270	21987256	4565457
三、审计发现非金额计量问题	个	10585	2440	1529	5812	1727
四、损益(收支)不实	万元	265136	8690	1347595	580857	553924
五、审计发现侵害人民群众利益	万元	282991	2800	4256		
六、审计期间整改金额	万元	206545	96621	115796	525520	51587
七、审计报告和专项审计调查报告	篇	7613	1401	756	3502	462
被批示、采用审计报告和专项审计调查报告	篇·次	571	17	86	164	6
八、审计处理情况	—	—	—	—	—	—
审计处理处罚	万元	3058986	285458	579372	1904792	452229
其中：应上缴财政	万元	605305	69004	106346	313904	23611
其中：罚没	万元	1922	133	46	667	103
应减少财政拨款或补贴	万元	67587	1109	3801	119306	
应归还原渠道资金	万元	690536	55587	259729	961694	129912
应缴纳其他资金	万元	257940	25620	8651	60039	622
应调账处理金额	万元	1437619	134139	200845	449849	298085
移送处理事项	件	481	70	61	334	132
司法机关	件		1		3	3
纪检监察机关	件	53	23	12	212	77
有关部门	件	428	46	49	119	52
移送处理人员	人	79	199	3	358	43
司法机关	人				4	
其中：地厅级及以上	人					

（续表）

指标名称	单位	甘肃省	青海省	宁夏回族自治区	新疆维吾尔自治区	新疆生产建设兵团
县处级	人					
乡科级及以下	人				4	
纪检监察机关	人	26	197	2	157	25
其中：地厅级及以上	人	3			3	
县处级	人	2			2	6
乡科级及以下	人	21	197	2	152	19
有关部门	人	53	2	1	197	18
其中：地厅级及以上	人					
县处级	人			1	1	6
乡科级及以下	人	53	2		196	12
移送处理金额	万元	454883	37982	1075556	382762	244441
司法机关	万元		344		58	336
纪检监察机关	万元	155301	13153	2574	208074	83368
有关部门	万元	299582	24485	1072982	174631	160737
九、审计处理结果落实情况	—	—	—	—	—	—
审计促进整改落实有关问题资金	万元	4947815	1565086	874485	483210	154415
其中：增收节支	万元	513142	80198	93914	187498	13262
已上缴财政	万元	203245	45158	81540	78874	259
已减少财政拨款或补贴	万元	62189	520		59836	
已归还原渠道资金	万元	247708	34519	12374	48788	13003
已缴纳其他资金	万元	40921	11518	13948	28392	57
已调账处理金额	万元	1147082	28153	122608	142629	141096
审计促进拨付资金到位	万元	483259	2109	36678	13021	
审计后挽回（避免）损失	万元	31169	27022	8245	80934	10539
核减投资额	万元	279598	12956	22353	292296	143079
移送处理落实事项	件	83	15	3	10	7
司法机关已处理	件				1	1
纪检监察机关已处理	件	7	2	2	7	

(续表)

指标名称	单位	甘肃省	青海省	宁夏回族自治区	新疆维吾尔自治区	新疆生产建设兵团
有关部门已处理	件	76	13	1	2	6
移送处理落实人员	人	96	45	7	31	20
已追究刑事责任	人	2			6	
已给予党纪政纪处分	人	28	23	3	22	
有关部门已处理人员	人	66	22	4	3	20
十、审计成果利用情况	—	—	—	—	—	—
审计提出建议	条	9860	2340	1404	6928	828
其中:建议制定修改部门规定	条	35	94	117	42	12
建议制定修改法律法规	条		3	7	6	8
被采纳审计建议	条	8575	1218	10737	3170	612
被审计单位制定整改措施	项	170	40	163	82	22
被审计单位建立健全规章制度	项	55	42	74	19	15
促进修改法律法规	条					
提交审计信息	篇	1982	743	1037	1395	39
审计专题、综合性报告	篇	416	14	72	85	14
信息简报	篇	1447	599	582	877	13
其中:重要审计信息	篇	162	10	55	89	10
被批示、采用审计信息	篇·次	1023	302	647	619	24
审计专题、综合性报告	篇·次	189	5	64	33	7
信息简报	篇·次	755	297	487	315	17
其中:重要审计信息	篇·次	39	1	58	26	12
审计信息移送案件事项	项	1	1			
涉案人员	人					
涉案金额	万元	4	1			8
十一、向社会公告审计结果	篇	134	28	69	11	1
十二、被审计领导干部	人	1793	238	227	456	195
其中:负直接责任问题金额	万元	2717	1690	735	94257	21627
涉嫌个人经济问题人数	人					
金额	万元					
十三、交办、配合事项	件	294	18	2	546	14

（续表）

指标名称	单位	大连市	宁波市	厦门市	青岛市	深圳市
一、审计单位	个	294	366	168	699	354
审计	个	252	316	137	644	332
专项审计调查	个	42	50	31	55	22
二、审计查出主要问题金额	万元	8447845	1137848	1914901	19772218	9937028
违规金额	万元	24334	175929	523122	161198	95100
损失浪费金额	万元		2244	35970	2331	42252
管理不规范金额	万元	8423512	959675	1355809	19608689	9799676
三、审计发现非金额计量问题	个	749	3660	1027	1341	1781
四、损益（收支）不实	万元	41858	22437	133737	3888407	1469522
五、审计发现侵害人民群众利益	万元		37327		5984	
六、审计期间整改金额	万元	313049	82972	42963	885071	1160444
七、审计报告和专项审计调查报告	篇	486	368	253	1005	445
被批示、采用审计报告和专项审计调查报告	篇·次	34	92	17	6	2
八、审计处理情况	—	—	—	—	—	—
审计处理处罚	万元	44734	327579	157538	2042035	1243457
其中：应上缴财政	万元	41773	155724	10340	153836	84954
其中：罚没	万元			20		
应减少财政拨款或补贴	万元		10326	869	239337	16874
应归还原渠道资金	万元	2118	76296	125183	8629	4729
应缴纳其他资金	万元		700	16	7392	
应调账处理金额	万元	843	84533	21131	1632842	1136900
移送处理事项	件	21	97	30	130	24
司法机关	件	2	2		4	1
纪检监察机关	件	10	51	20	62	1
有关部门	件	9	44	10	64	22
移送处理人员	人	18	79	25	75	11
司法机关	人	4	1		4	
其中：地厅级及以上	人					

（续表）

指标名称	单位	大连市	宁波市	厦门市	青岛市	深圳市
县处级	人					
乡科级及以下	人	4	1		4	
纪检监察机关	人	14	67	21	66	3
其中：地厅级及以上	人		1			
县处级	人	4	6		8	
乡科级及以下	人	10	60	21	58	3
有关部门	人		11	4	5	8
其中：地厅级及以上	人					
县处级	人					1
乡科级及以下	人		11	4	5	7
移送处理金额	万元	27011	45599	10302	726680	24510
司法机关	万元	101	55		142	87
纪检监察机关	万元	2208	3371	9459	49210	
有关部门	万元	24702	42172	843	677328	24423
九、审计处理结果落实情况	—	—	—	—	—	—
审计促进整改落实有关问题资金	万元	27402	364427	91886	329121	1661659
其中：增收节支	万元	27318	235213	83767	287445	152640
已上缴财政	万元	26235	115639	19128	48103	132964
已减少财政拨款或补贴	万元		38313	852	239337	16748
已归还原渠道资金	万元	1083	81261	63787	6	2928
已缴纳其他资金	万元		35205	16		
已调账处理金额	万元	84	76134	8078	41676	1501619
审计促进拨付资金到位	万元		48832	7		6500
审计后挽回（避免）损失	万元	46	362714	852	239337	17743
核减投资额	万元	980	423437	852	253062	17380
移送处理落实事项	件	7	61	1	5	7
司法机关已处理	件	1	6			
纪检监察机关已处理	件	3	20	1	2	

（续表）

指标名称	单位	大连市	宁波市	厦门市	青岛市	深圳市
有关部门已处理	件	3	35		3	7
移送处理落实人员	人	3	96	2	17	
已追究刑事责任	人		10		5	
已给予党纪政纪处分	人	3	37	2	2	
有关部门已处理人员	人		49		10	
十、审计成果利用情况	—	—	—	—	—	—
审计提出建议	条	1470	1366	583	1200	1533
其中：建议制定修改部门规定	条	29	42	43		16
建议制定修改法律法规	条		4			
被采纳审计建议	条	1364	1171	405	610	1486
被审计单位制定整改措施	项	1120	370		21	713
被审计单位建立健全规章制度	项	58	223	17	1	178
促进修改法律法规	条					
提交审计信息	篇	660	498	450	431	259
审计专题、综合性报告	篇	174	154	73	105	50
信息简报	篇	131	282	304	316	166
其中：重要审计信息	篇		26	15	8	111
被批示、采用审计信息	篇·次	115	401	236	173	142
审计专题、综合性报告	篇·次	43	185	48	67	14
信息简报	篇·次	12	155	155	83	91
其中：重要审计信息	篇·次		29	11	8	64
审计信息移送案件事项	项		1		10	
涉案人员	人		1		169	
涉案金额	万元				499	
十一、向社会公告审计结果	篇	13	179	2	13	426
十二、被审计领导干部	人	186	132	93	337	70
其中：负直接责任问题金额	万元	7278		0	55	
涉嫌个人经济问题人数	人					
金额	万元					
十三、交办、配合事项	件	7	107	17	9	68

附　录

2018年审计署优秀审计项目和表彰审计项目名单

一、审计署优秀审计项目(10个)

1. 财政审计司具体组织实施,18个特派办、交通运输审计局、经济执法审计局、原旅游侨务审计局、原地震气象审计局联合参与实施的财政部具体组织2016年度中央预算执行和编制中央决算草案情况审计

2. 金融审计司、哈尔滨特派办、济南特派办、太原特派办、长春特派办、上海特派办、郑州特派办、成都特派办联合实施的某公司法定代表人任期经济责任履行情况审计

3. 税收征管审计司、南京特派办、广州特派办联合实施的税务总局局长、党组书记任期经济责任履行情况审计

4. 沈阳特派办实施的辽宁省2017年国家重大政策措施落实情况跟踪审计

5. 哈尔滨特派办实施的黑龙江省2017年国家重大政策措施落实情况跟踪审计

6. 南京特派办实施的江苏省国税局2016年度预算执行等情况审计

7. 重庆特派办实施的重庆市2017年国家重大政策措施落实情况跟踪审计

8. 成都特派办实施的四川省2017年国家重大政策措施落实情况跟踪审计

9. 长春特派办实施的吉林省2017年国家重大政策措施落实情况跟踪审计

10. 广州特派办实施的广东省2017年国家重大政策措施落实情况跟踪审计

二、审计署表彰审计项目(16个)

1. 金融审计司、京津冀特派办、重庆特派办、哈尔滨特派办、广州特派办、济南特派办、西安特派办、深圳特派办联合实施的人民银行2016年度财务收支等情况审计

2. 京津冀特派办、重庆特派办、长沙特派办、南京特派办、武汉特派办、西安特派办、金融审计司联合实施的某金融机构原法定代表人任期经济责任履行情况审计

3. 沈阳特派办、金融审计司、兰州特派办、昆明特派办、武汉特派办、广州特派办、深圳特派办、西安特派办联合实施的某金融机构原法定代表人任期经济责任履行情况审计

4. 沈阳特派办实施的某公司原法定代表人任期经济责任履行情况审计

5. 长沙特派办实施的广西壮族自治区2017年国家重大政策措施落实情况跟踪审计

6. 京津冀特派办实施的某公司原法定代表人任期经济责任履行情况审计

7. 郑州特派办实施的青海省党政原主要领导干部任期经济责任与自然资源资产管理责任履行情况审计

8. 长沙特派办实施的湖南省2017年国家重大政策措施落实情况跟踪审计

9. 成都特派办实施的西藏自治区党政原主要领导干部任期经济责任与自然资源资产管理责任履行情况审计

10. 兰州特派办实施的甘肃省2017年国家重大政策措施落实情况跟踪审计

11. 重庆特派办实施的某公司法定代表人任期经济责任履行情况审计

12. 西安特派办实施的陕西省2017年国家重大政策措施落实情况跟踪审计

13. 武汉特派办实施的某公司原法定代表人任期经济责任履行情况审计

14. 上海特派办实施的上海市2017年国家重大政策措施落实情况跟踪审计

15. 京津冀特派办实施的北京市2017年国家

重大政策措施落实情况跟踪审计

16. 广州特派办、深圳特派办、长春特派办联合实施的某公司原法定代表人任期经济责任履行情况审计

2018年地方优秀审计项目和表彰审计项目名单

一、地方优秀审计项目(15个)

1. 河南省审计厅实施的某公司2013年9月至2016年8月资产负债损益审计

2. 江西省审计厅实施的永修县财政惠农补贴"一卡通"资金和村级使用的涉农财政资金审计

3. 山东省审计厅实施的山东省德州市夏津县原县委书记任期经济责任履行情况审计

4. 杭州市审计局实施的杭州市部分城区社会保险基金运行管理情况审计

5. 浙江省审计厅实施的台州市2016年某工程跟踪审计

6. 武汉市审计局实施的某建设项目绩效审计

7. 西藏自治区审计厅实施的林芝市市委书记和市长任期经济责任履行情况审计

8. 山东省德州市审计局实施的齐河县原县委书记任期经济责任履行情况审计

9. 重庆市永川区审计局实施的2016年度永川区级财政预算执行和决算(草案)审计

10. 湖南省长沙市审计局实施的长沙某公司有关问题专项审计调查

11. 河北省邯郸市审计局实施的邯郸市2014年至2016年某专项资金审计调查

12. 湖北省十堰市审计局实施的2015年至2016年6个县(市、区)惠民资金分配管理使用情况专项审计调查

13. 山东省胶州市审计局实施的胶州市九龙街道党工委原书记、办事处原主任任期经济责任履行情况审计

14. 河南省永城市审计局实施的永城市某中心主任任期经济责任履行情况审计

15. 内蒙古自治区包头稀土高新技术产业开发区审计局实施的包头稀土高新技术产业开发区卫生监督所原所长任期经济责任履行情况审计

二、地方表彰审计项目(30个)

1. 四川省审计厅实施的2016年度省本级财政预算执行和总决算草案编制审计

2. 南京市审计局实施的2016年度市本级某专项资金管理和使用情况专项审计调查

3. 重庆市审计局实施的沙坪坝区区委书记、原区长任期经济责任履行情况审计

4. 安徽省审计厅实施的安徽某公司董事长任期经济责任履行情况审计

5. 厦门市审计局实施的厦门市第三医院2015年度财务收支情况审计

6. 江苏省审计厅实施的江苏某金融机构党委书记、董事长及行长任期经济责任履行情况审计

7. 成都市审计局实施的成都某集团原董事长、党委书记任期经济责任履行情况审计

8. 河北省审计厅实施的衡水某金融机构2016年度风险状况专项审计调查

9. 广东省审计厅实施的广东省2014年至2016年6月某专项资金管理和使用情况审计

10. 北京市审计局实施的北京某公司2014年至2016年财务审计

11. 上海市审计局实施的上海市民政局局长2015年4月至2016年12月任期经济责任履行情况审计

12. 广州市审计局实施的广州某公司董事长、党委书记任期经济责任履行情况审计

13. 广西壮族自治区审计厅实施的崇左市本级2016年某工程跟踪审计

14. 陕西省审计厅实施的某高速公路改扩建项目工程决算审计

15. 内蒙古自治区审计厅实施的科尔沁区主要领导干部自然资源资产离任审计

16. 安徽省宿州市审计局实施的砀山县原县长任期经济责任履行情况及某专项资金情况的审计

17. 四川省广安市审计局实施的广安日报社总编辑任期经济责任履行情况审计

18. 新疆生产建设兵团第六师审计局实施的兵团第六师14家国有监管企业2012年至2016年资产质量及重大投资收益情况专项审计调查

19. 辽宁省锦州市审计局实施的锦州市2014年至2016年某专项资金管理使用绩效情况专项审计调查

20. 黑龙江省伊春市审计局实施的带岭区(局)

原区（局）长离任经济责任履行情况审计

21. 陕西省宝鸡市审计局实施的宝鸡某公司原董事长、现董事长任期经济责任履行情况审计

22. 广东省佛山市审计局实施的乐从镇原镇委书记、原镇长任期经济责任履行情况审计

23. 广西壮族自治区河池市审计局实施的河池市金城江区人民政府原区长任期经济责任履行情况审计

24. 江西省宜春市审计局实施的宜春市公安局袁州分局原局长任期经济责任履行情况审计

25. 湖北省十堰市郧阳区审计局实施的郧阳区2015年度本级财政预算执行及其他财政财务收支审计

26. 浙江省嵊州市审计局实施的嵊州市机关事业单位某资产管理使用情况专项审计调查

27. 山东省济南市天桥区审计局实施的天桥区2014年至2016年非税收入收缴情况专项审计调查

28. 浙江省宁波市北仑区审计局实施的北仑区文体局原局长任期经济责任履行情况审计

29. 江苏省响水县审计局实施的响水县某公司原董事长、总经理任期经济责任履行情况审计

30. 福建省上杭县审计局实施的上杭县旧县镇原党委书记、原镇长任期经济责任履行情况审计

2018年优秀扶贫审计项目和表彰扶贫审计项目名单

一、审计署优秀扶贫审计项目（3个）

1. 成都特派办实施的四川省2017年第一季度扶贫审计

2. 重庆特派办实施的重庆市2017年第一季度扶贫审计

3. 昆明特派办实施的云南省2017年第三季度扶贫审计

二、地方优秀扶贫审计项目（5个）

1. 重庆市审计局实施的重庆市2017年扶贫资金审计

2. 河北省邯郸市审计局实施的康保县人民政府2015—2016年度扶贫工作审计

3. 山东省淄博市审计局实施的淄博市精准扶贫专项资金专项审计调查

4. 陕西省安康市审计局实施的紫阳县2016年度精准扶贫资金和项目审计

5. 河南省济源市审计局实施的南召县2016年度扶贫资金审计

三、审计署表彰扶贫审计项目（5个）

1. 长春特派办实施的吉林省2017年第四季度扶贫审计

2. 京津冀特派办实施的河北省2017年第一季度扶贫审计

3. 哈尔滨特派办实施的黑龙江省2017年第一季度扶贫审计

4. 西安特派办实施的陕西省2016年第四季度扶贫审计

5. 郑州特派办实施的河南省2016年第一季度扶贫审计

四、地方表彰扶贫审计项目（11个）

1. 河北省审计厅实施的赞皇县2014—2016年扶贫政策和资金分配管理使用审计

2. 甘肃省审计厅实施的东乡县2015至2016年扶贫政策措施落实和扶贫资金分配管理使用情况专项审计调查

3. 河北省唐山市审计局实施的平乡县人民政府2015至2017年度扶贫政策落实和扶贫资金分配管理使用情况审计

4. 山西省忻州市审计局实施的五寨县人民政府2016、2017年扶贫专项审计

5. 湖北省黄冈市审计局实施的通城县2016年度扶贫政策落实和扶贫资金分配管理使用情况审计

6. 陕西省汉中市审计局实施的洋县2016年精准扶贫审计

7. 河南省南阳市审计局实施的栾川县2016年财政扶贫资金审计

8. 广西壮族自治区柳州市审计局实施的融安县2014至2015年财政扶贫资金审计

9. 山东省巨野县审计局实施的巨野县扶贫开发领导小组办公室2016年1月至2017年6月精准扶贫政策落实及资金使用管理情况审计

10. 四川省甘孜藏族自治州审计局实施的德格县2016年扶贫资金和政策措施落实情况审计

11. 西藏自治区审计厅实施的日喀则市2016年至2017年上半年精准扶贫精准脱贫政策落实情况审计